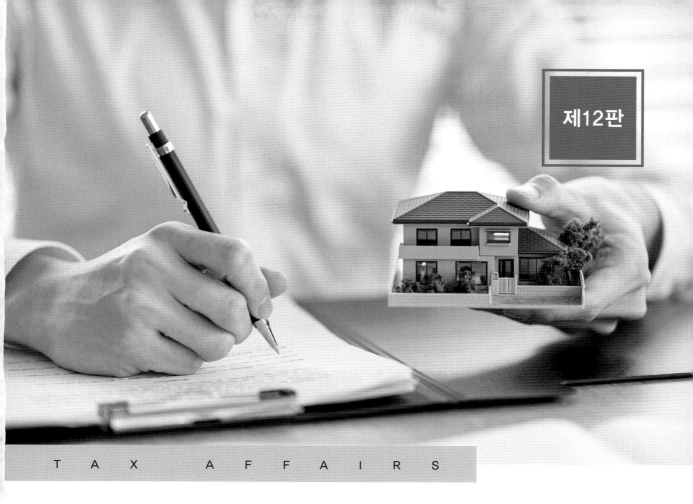

제12판

TAX AFFAIRS

상속·증여세 실무해설

박 훈 · 채현석 · 허 원 · 문희수 공저

SAMIL | 삼일인포마인

2010년 4월 첫 초판을 발간하고, 매년 개정판을 2020년 4월까지 내다가 이번에 3년만에 개정판을 내게 되었습니다. 이 책의 주된 검토대상이 되는 법령으로서 「상속세 및 증여세법」이 매년 개정되는 사항에서 개정할 사항은 계속 쌓이게 되었는데, 학부때부터 제자였던 문희수 세무사가 공동저자로 이번에 합류하면서 실무적인 부분과 세밀한 부분까지 좀 더 수정이 이루어 질 수 있었습니다. 세법 관련 전문서가 항상 그렇듯 책을 개정할 때마다 부족한 점, 현행 규정에 맞지 않는 점이 눈에 띄게 되는데, 서울시립대학교 학과 및 세무전문대학원에서 이루어진 상중세 수업에서 학생들이 수정사항을 비롯해서 제안해 준 내용들도 반영되었습니다.

3년간의 주요한 「상속세 및 증여세법」의 내용을 살펴보면 다음과 같습니다. 2020년 12월 개정시 성실공익법인과 공익법인이 통합되고, 상속의 범위에 「신탁법」상 유언대용신탁과 수익자연속신탁을 추가하여 해당 신탁의 수익이 상속세로 과세됨이 명확하게 되었고, 상속세 또는 증여세가 과세되는 가상자산은 해당 자산의 거래규모 및 거래방식 등을 고려하여 평가하도록 재산평가 근거를 마련하였습니다. 나중 2022년 12월 가상자산으로 발생한 소득에 세금을 부과하는 시점을 2023년 1월 1일에서 2년 더 유예하는 소득세법 개정이 있었지만, 가상자산에 대한 재산평가규정은 현재 적용이 됩니다.

2021년 12월 개정시에는 가업상속공제 대상이 되는 중견기업의 기준이 연매출 3천억원 미만에서 4천억원 미만으로 확대되었고, 영농상속공제 한도액이 15억원에서 20억원으로 상향되었고, 역사적·학술적·예술적 가치가 있는 문화재·미술품에 대하여 물납이 허용되었지만 그 시행은 2023년 1월 1일부터 하기로 하였습니다. 2022년 12월 개정시에는 가업상속공제의 대상이 되는 중견기업의 기준을 연매출 '4천억원 미만'에서 '5천억원 미만'으로 확대하고, 가업상속공제 금액의 최대 한도를 '500억원'에서 '600억원'으로 상향 조정하였으며, 영농상속공제의 한도를 20억원에서 30억원으로 확대하였습니다.

2022년 12월 개정사항을 좀 더 살펴보면 다음과 같습니다.

1) 종전 비과세되었던 국가지정문화재 등에 대해서도 상속세를 부과하되, 상속인이 이를 유상으로 양도하기 전까지는 해당 상속세액의 징수를 유예하도록 함(제12조 제2호 삭제, 제74조).

2) 가업 승계 지원을 위한 가업상속공제 제도 개선(제18조의 2 신설)으로서 이미 살펴보았듯이 가업상속공제의 대상이 되는 중견기업의 기준을 연매출 '4천억원 미만'에서 '5천억원 미만'으로 확대하고, 가업상속공제 금액의 최대 한도를 '500억원'에서 '600억원'으로 상향 조정하고, 가업상속공제를 받은 상속인이 일정 기간 가업에 종사하여야 하는 등의 의무를 부담하는 사후관리 기간을 7년에서 5년으로 단축하고, 사후관리 기간 동안 적용되는 가업용 자산의 처분 제한 기준, 정규직 근로자의 수와 총급여액의 유지 기준 등을 완화함.

3) 영농상속공제 제도 합리화(제18조의 3 신설)로서 영농상속공제의 한도를 20억원에서 30억원으로 확대하는 한편, 영농과 관련하여 피상속인이나 상속인이 조세포탈 행위 등으로 징역형 등이 확정된 경우에는 영농상속공제를 적용하지 아니하도록 함.

4) 종전에는 특수관계법인과의 거래를 통한 이익의 증여의제 시 수혜법인의 전체 영업이익을 기준으로 증여의제이익을 계산하였으나, 앞으로는 수혜법인이 사업부문별로 회계를 구분하여 기록하는 등 일정 요건을 갖춘 경우에는 사업부문별로 증여의제이익을 계산할 수 있도록 특수관계법인과의 거래를 통한 증여의제이익 계산을 합리화함(제45조의 3 제1항 후단 신설).

5) 종전에는 중소기업을 제외한 기업의 최대주주 또는 최대출자자의 주식이나 출자지분의 가액을 평가하는 경우 그 가액의 100분의 20을 가산하여 평가하도록 하였으나, 앞으로는 대통령령으로 정하는 중견기업의 최대주주 등의 주식 등도 할증 평가하지 않도록 함(제63조 제3항 전단).

6) 종전에는 일정 요건을 갖추어 중소기업 또는 중견기업을 상속받은 경우 상속재산 중 해당 상속재산이 차지하는 비율이 100분의 50 이상인 경우에만 최대 20년의 연부연납을 허가받을 수 있었으나, 앞으로는 해당 상속재산의 비율에 관계없이 최대 20년의 연부연납을 허가받을 수 있도록 함(제71조 제2항 제1호 가목).

7) 가업상속에 대한 상속세 납부유예 제도 도입(제72조의 2 신설)

8) 공익법인 등의 회계감사 의무 위반에 대한 가산세 신설(제78조 제5항 제3호) 등이 있었습니다.

이러한 법률 개정에 이어, 시행령, 시행규칙 개정도 있었고, 구법이나 개정법하에서 새로운 판례, 예규 등도 나오고, 관련 논문이나 책들도 계속해서 나오고 있습니다. 상속세, 증여세가 꼭 「상속세 및 증여세법」만 관련된 것이 아니고 조세특례제한법, 국세기본법 등도 관련성을 갖고 있고 심지어 민법등 세법 이외의 법령의 변화도 영향을 받습니다. 책 개정시 이러한 사항까지 최대한 반영하려고 노력하였지만, 부족한 부분은 저자들의 몫으로 여전히 남아 있다고 할 수 있습니다. 이번 개정과 관련하여 삼일인포마인의 이희태 대표이사님, 조원오 전무님, 여러 편집 관계자분들께 다시금 감사드립니다.

상속세, 증여세에 대한 자산가들의 관심이 더욱 많아지고 있지만, 국제적으로 경쟁력 있고 조세원칙에 부합되고 납세자나 과세관청 모두에게 보다 명확한 조세제도가 될 수 있도록 하는 것은 여러 조세전문가들의 의무이기도 합니다. 이 책이 이러한 논의의 토대가 되는데 기여하기를 기원해 봅니다.

2023년 5월

집필 대표 박훈 씀

상속세와 증여세는 부의 무상이전에 대해 매기는 세금이다. 이러한 세금에 대해 「상속세 및 증여세법」이라는 단행법률이 존재하고 이를 제대로 이해하는 것이 우리나라의 상속세와 증여세에 대한 이해의 첫걸음일 것이다. 그렇지만 상속세 및 증여세법은 하위법령인 같은 법 시행령, 같은 법 시행규칙에 위임된 내용까지 파악하여야 정확히 실제 부담하여야 할 세금의 내용을 파악할 수 있다. 한편 법령의 내용 하나하나에 들어가면 상속, 증여 등 민법상 논의를 이해해야 세법의 내용을 파악할 수 있는 경우가 많다. 상속세와 증여세가 민법분야와 밀접성을 갖는 것은 부의 무상이전에 따른 민법상 권리의무의 승계와 관련되어 있기 때문이다. 세법도 파악하기 어려운데 민법도 알아야 상속세와 증여세를 제대로 알 수 있는 것이다.

이러한 상속세와 증여세에 대해 독자들의 이해를 높이기 위한 방법은 어떠한 것이 있을까? 시중에 세법 전반에 대해 다룬 개설서와 상속세와 증여세만을 다룬 개별세법책도 이러한 고민을 하였을 것이고 그 과정에서 편제나 내용에 있어 다양한 모습을 보이고 있다. 이 책을 쓰면서 저자들도 마찬가지로 좀 더 체계적이고 쉽게 내용 전달을 하는 방법을 고민해 보았다. 또한 시중에 관련 서적들이 이미 출간되어 있는데 이 책을 써서 기여할 바가 또 무엇일까에 대한 것 역시 고민의 한 부분을 차지했다.

일단 기본적인 설명과 상속세 및 증여세의 이해를 위해 필요한 만큼의 보론 및 심화검토를 시도해 보았다. 그리고 기본설명의 경우에는 「상속세 및 증여세법」의 기본체계와는 달리 상속세는 상속세대로, 증여세는 증여세대로 민법상 개념부터, 납세의무자, 과세대상, 과세표준, 세액계산, 신고납부, 부과징수, 불복, 처벌 등으로 일련의 내용을 최근의 개정내용(2010년 1월 1일 개정된 법률과 같은 해 2월 18일 개정된 시행령 및 입법예고된 시행규칙)을 반영하여 정리하였다. 그 개정된 주요 내용은 다음과 같다.

개정된 상속세 및 증여세법(법률 제9916호, 2010. 1. 1.) 및 상속세 및 증여세법 시행령(대통령령 제22042호, 2010. 2. 18.)에서는, 납세자의 편의를 제고하기 위하여 배우자상속공제의 신청절차를 간소화하고, 계부·계모와 자녀 간의 증여에 대해서도 직계존속과 자녀 간의 증여와 동일하게 증여세를 공제하고, 중소기업 가업상속공제 적용요건 중 피상속인의 대표이사 재직기간을 가업 영위기간 중 100분의 80 이상에서 100분의 60 이상으로 완화하여 기업 활동을 오래 한 중소기업의 가업승계를 지원하고, 성실공익법인 요건 중 운용소득의 공익목적사업 의무사용비율을 100분의 90에서 100분의 80으로 완화하며, 상속·증여세를 신고한 후 납부하지 아니한 경우에도 납세고지서상 납부기한까지는 연부연납을 신청할 수 있도록 하는 한편, 그 밖에 현행 제도의 운영상 나타난 일부 미비점을 개선·보완하고, 어려운 용어를 쉬운 용어로 바꾸며, 길고 복잡한 문장을 간결하게 하는 등 국민이 법 문장을 이해하기 쉽게 정비하려 하였다.

증여가 있고 상속이 있어 증여와 상속을 함께 고려하여 상속세와 증여세를 계산하여야 하는 경우도 있지만, 상속세와 증여세를 이해하는 데 있어 내용이 다소 중복되는 단점이 있지만 각 세목별로 따로 기본설명을 시도하였다. 「상속세 및 증여세법」에 대한 판례 및 예규 등, 계산사례, 그리고 해당 조문의 개정연혁은 기본설명과 세부설명시에도 일부 소개가 되기는 하겠지만, 그 자체가 보충자료로서 의미가 있다는 점에서 별도의 편으로 소개하였다. 이에 따라 이 책의 전체 구성을 다음과 같이 하였다.

제1편 상속세에 대한 해설
제2편 증여세에 대한 해설
제3편 보충자료
　　　제1장 판례 및 예규 등
　　　제2장 계산사례
　　　제3장 조문별 개정연혁

저자들은 대학에서 상속세와 증여세를 강의 및 연구해 온 경험, 조세심판원이나 과세관청의 불복관련 심판관 또는 심사위원으로서 경험, 실제 납세자를 대리하면서 실무에서 쌓은 경험 등 서로 다른 경험을 공유하면서 책을 쓰면서 이론과 실무를 책 내용에 담아내려 했다. 그렇지만 상속세 및 증여세에 대한 선행연구의 도움도 많이 받았고, 특히 상속세 및 증여세에 대한 심화검토의 경우에는 논문이나 단행본으로 축적된 연구성과물이 큰 도움이 되었다. 최대한 각주를 통해 해당 쟁점에 대한 선행연구의 출처 및 견해를 밝히려 하였다. 제한된 시간 내에 책이 나오기까지는 서울시립대학교 세무전문대학원의 허원 박사, 최보람 세무사, 조찬래 회계사, 김노창 학생, 문예영 학생, 세무학과의 정용헌 학생, 법학전문대학원의 김미아 학생 그리고 강릉대학교 김태완 교수의 기초자료 조사 및 검토가 큰 도움이 되었다. 또한 이 책의 출간을 허락하신 삼일인포마인의 이정민 대표이사님, 책의 기획을 담당해주신 조원오 이사님, 그리고 방대한 분량의 편집을 수고해 주신 조윤식 부장님과 편집부 여러분께도 감사드립니다.

2010년 4월

공저자 박훈, 채현석

Contents
목 차

상 속 · 증 여 세 실 무 해 설

제 2 장　상속세 납세의무

제 3 장　　상속세 계산

제 4 장　상속재산의 평가

제 5 장　　상속세 신고 및 납부

제 6 장   상속세 부과 및 징수

제 7 장 상속세에 대한 불복

제 8 장 상속세에 대한 처벌

제 2 편　증여세

제 1 장　증여 및 증여세에 관한 기본개념

제 2 장　증여세 납세의무

제 3 장   증여세 계산

제 4 장   증여재산의 평가

【보론】

상속세

상속세

상속 및 상속세에 관한 기본개념

제1절

제1절　상속[1]에 관한 기본개념

Ⅰ 상속제도

> **이해의 맥**
>
> 상속제도는 재산의 사유가 전제될 때 피상속인 개인의 의사를 원칙으로 공유관계의 청산과 생존가족의 생활보장 등을 위한 실정법적 제도이다.
>
> 이에 따라 현행 민법은 인간의 존엄과 남녀평등을 실현하려는 헌법이념에 입각하여, 모든 상속인은 성별, 결혼 여부, 혼인 중의 자인지 여부 등에 무관하게 균등한 상속분을 가지도록 규정하여 완전한 공평을 이루었다.

1. 상속제도의 존재이유

1) 사유재산제

무엇보다도 상속제도는 사유재산제와 불가분의 관계에 있다. 다시 말해 사유재산제를 인정하는 사회에서는 당연히 그 표현으로서 개인의 다른 개인에 의한 상속을 인정하여야 할 것이다. 자유시장경제질서는 사적 소유를 노동과 이윤획득의 동기로서 보장하고 있으므로, 이러한 동기 부여의 연장선상에서 재산의 상속도 당연히 인정되는 것이다. 사유재산의 상속성은 자본의 축적과 장기적인 투자를 촉진하는 측면이 있는데, 이는 사유재산제를 보충하는 기능을 갖는다. 상속제도는 사유재산제의 일부분인 것이다. 이와 같이 사유재산제를 근간으로 하는 자본주의체제에서는 상속제도 역시 부정될 수 없으며, 이러한 사실은 상속제도가 사유재산제와 불가분의 관계에 있음을 보여주는 것이다. 물론 사유재산제를 부정하는 사회주의 사회에서는 상속제도의 폐지를 주장하기도 한다. 마르크스는 생산수단에 대한 사적 소유권의 폐지를 통해 그 당연한 결과로서 상속

---

1) 이하 민법상 상속에 관한 기술은 주로 김주수 · 김상용, 「친족 · 상속법」, 법문사, 2007, 499~757쪽 참조

제도의 폐지를 주장한다. 그는 이러한 중요한 생산수단은 개인이 소유하지 못하게 하고, 상속될 수 없도록 함으로써 노동력 착취의 구조를 근본적으로 바꿀 수 있다고 생각한 듯하다. 이렇게 볼 때, 마르크스가 생산수단에 대한 사유나 상속을 반대한 것이지 모든 상속을 부정한 것은 아닌 것으로 보인다. 이 점에 관해서 보면, 사회주의 국가에서도 개인적인 소유물에 대한 상속은 인정되고 있다. 즉 생산수단에 대해서는 사회적 소유를 금지하지만, 임금, 예금, 개인적인 사용용품 등 개인적인 소비와 사용의 대상에 대해서는 개인적인 소유권을 인정한 것이다.

2) 피상속인의 의사

이것은 피상속인의 의사에 상속의 근거를 구하고, 사유재산 아래에서는 재산의 소유자에게 재산처분의 자유가 인정되는 한, 그 사후에 효력이 생기는 유언 등도 또한 자유롭지 않으면 안 된다고 한다. 유언의 자유란 죽음을 넘어서 연장하는 소유권의 자유라고 주장한다. 이 주장에 있어서는 유언상속이 본질이고 법정상속은 다만 유언 없이 사망한 경우의 보충적인 것이며 사자의 의사를 추측한 것에 불과하다고 한다. 그러나 현행 민법이 법정상속제를 원칙으로 하고 있고, 유언의 자유가 인정되기는 하지만 상속인의 유류분을 인정한다는 점에서, 이 주장만으로는 현행 상속제도와 조화를 이루는 데에 어려움이 있다.

3) 공유관계의 청산과 생존가족원의 생활보장

현행 민법이 배우자와 직계비속, 직계존속 등 피상속인과 가까운 친족을 법정상속인으로 규정하고 있는 사실에서도 상속제도의 존재이유를 유추할 수 있다. 오늘날의 실제 생활관계에 있어서 공동생활을 하는 가족은 부부와 자녀로 이루어진 경우가 많다. 그리고 배우자 등이 가계유지를 통해 피상속인의 재산증가에 기여한다. 이처럼 피상속인의 재산의 형성은 가족구성원의 절약과 협력에 직·간접적으로 기여받는 것이다. 아울러 주택이나 일상생활용품은 피상속인과 가족이 공동으로 사용하던 것으로 생활의 중요한 기초가 된다.

따라서 상속을 통하여 이러한 재산이 가족에게 승계됨으로써 피상속인이 사망한 후에도 기존의 생활환경이 가능한 한 그대로 유지되어 생존배우자와 가족의 생활을 경제적, 정서적으로 안정시키게 된다.

결론적으로, 사람이 사망했을 때 가까운 가족에게 상속을 인정하는 것은 공동생활의 종료에 따른 잠재적 공유관계(가족원의 기여분)의 청산과 생존가족원의 생활보장을 위한 유산의 분배에 그 근거가 있는 것이다. 이러한 이유로 현행 민법에는 법정상속제 및 유류분 제도를 두고 있으며, 가족 간의 부양의무[2]를 규정하고 있는 것이다.

그러나 이러한 이론도 피상속인과 공동생활관계에 있지 않았던 친족(예컨대 일반적인 가족관계에 기초해 볼 때, 형제자매나 4촌 이내의 방계혈족)에까지 상속권을 인정하는 민법의 규정에 대하여 설득력 있는 설명을 제공하지 못한다.

4) 그 밖의 논의

① 혈연의 대가

단순히 상속을 혈연의 대가로 인식하는 견해가 있다. 이 견해에 의하면, 혈연관계에 있는 자는 모두 상속을 받아야 옳을 것이나, 생각지도 못한 유산을 얻게 되는 자를 탄생시킨다는 점에서 비합리적이다. 또한 이러한 견해는 상속인의 범위를 제한하고, 상속인의 순위를 정하는 점을 설명하지 못한다.

② 공익상 필요

이는 상속제도가 있음으로써 자손에게 재산을 남기기 위해 근검절약하게 되고 부의 축적동기가 부여된다는 것이다. 또한 국가가 피상속인의 사망으로 주인 없는 재산이 된 상속재산을 방치함에 따른 혼란을 막기 위해, 공익의 견지에서 그 귀속을 결정하기 위해 상속제도를 두었다고 주장하기도 한다. 그러나 이 견해는 왜 일정한 사람을 상속인으로 고르느냐를 설명하지 못한다.

5) 정리

결국 상속제도의 존재이유는 위의 어느 하나의 견해만으로는 완벽한 설명을 하기 곤란하며, 각 견해가 주장하는 바의 결합에 의해서만 가능하다. 그러므로 상속제도는 사유재산제를 본질적인 전제로 하고, 피상속인 개인의 의사를 넘어 공동생활자인 가족원의 유산에 대한 기여분의 청산과 생존가족원의 생활보장이라는 목적을 위한 것이라고 설명할 수 있을 것이다.

---

2) 민법에서 '부부 사이의 부양의무'는 제826조 제1항에 규정되어 있고, '부모의 미성년자에 대한 부양의무'는 제913조(친자관계 그 자체에서 발생하는 것으로 해석하기도 한다)에 규정하고 있고, '친족 간의 부양관계'는 제974조 이하에 그 근거가 있다.

2. 우리나라 상속제도의 연혁

1) 우리나라 관습 : 균분(均分)주의에서 불균분주의로

우리나라 상속제도는 주로 중국의 종법제[3]의 영향을 받아서 중국의 것과 매우 유사했다. 우리나라의 상속제도는 다른 나라와 달리 제사상속과 재산상속이 본질상 동일체가 아니고, 즉 재산상속이 신분상속의 일부가 아니라, 어디까지나 제사상속과 재산상속은 별개의 것으로서 서로 대립되어 있었다. 물론 제사를 상속하는 자에게 일정분을 더 주는 경우는 찾아볼 수 있었다.

재산상속은 부모의 유산을 자녀사이에 분배하는 것을 원칙으로 하였고, 제1순위 상속인은 자녀였다. 자녀는 남녀를 불문하고 균등의 상속분으로서 공동상속인이 되었다. 자녀가 없을 때에는 생존배우자가 그 종신에 한하여 사망한 배우자의 유산을 상속하였었다. 선조의 가산이 他族에게 돌아가는 것을 희망하지 않았기 때문에 생존배우자의 일신에 한하여 상속하게 하여 결국 사망한 배우자의 가산은 본족이 상속하게 되는 것이었다. 이 모든 것이 종법제의 유지에 목적을 둔 것이었다.

이와 같이 조선시대에는 재산상속은 제사상속과 대립되는 공동분할상속제도였고, 남녀가 균등하였는데, 그 후 점차 관습이 달라져서 조선시대의 그러한 순수한 의미에 있어서의 공동분할상속제도는 그 모습을 찾아볼 수 없게 되었고, 재산상속과 호주상속을 동시에 하는 경우와 재산상속만을 하는 경우(피상속인이 호주가 아닌 가족인 경우)가 나누어져서, 호주상속과 동시에 재산상속이 개시되는 경우에는 호주상속하는 장남이 유산을 일단 독점상속하였다가 중자(장남 이외의 아들)들이 분가할 때 이에 대하여 일정한 비율로써 分財를 해 주었다(그러므로 실질에 있어서는 공동상속제이다). 이 경우에 과거와 같이 여자도 평등하게 상속에 참가하는 것이 아니라 상속에서 완전히 제외되었다. 그리고 피상속인이 호주가 아닌 가족일 경우에는 공동상속제인데 그 피상속인이 장남인 경우에는 여자가 제외되어 있었다. 물론 장남의 경우 상속비율이 더 높았다. 그렇다면 왜 상속인에서 여자와 처가 제외되고 장남의 상속분이 상대적으로 많았을까? 그것은 아마도 家의 유산이 점차 적어진 데 그 원인이 있다고 보아야 할 것이다.

---

3) 종법이란 봉건귀족의 친족조직으로서, 씨족제도의 일종이다. 그 특징은 ① 父系적, ② 父權적, ③ 父治적이다. 부계적이란 혈통에 의하여 친족을 계산하는 데 부계만을 계산하는 것이고, 부권적이란 부의 신분과 권리가 子에게 전해지는 것을 말한다. 부치적이란 일족의 권력이 부에게 있고, 자녀가 부의 지배를 받는 것을 말한다. 이외에도 족외혼제와 장자상속제도의 특징을 지닌다.

2) 호주상속이 인정되던 민법 : 불균분주의 채택

이러한 관습의 영향으로 민법제정당시에는 공동상속을 원칙으로 하고 호주가 호주상속과 동시에 재산상속을 하는 경우에는 그 고유의 상속분에 5할을 가산하도록 한 것이었다. 그리고 직계비속여자의 상속분은 남자보다도 적었다. 즉, 불균분주의를 채택하고 있었다. 그리고 처도 직계비속자녀와 동순위로 상속인이 되며 직계비속이 없을 때에는 직계존속과 동순위로 상속인이 되며, 직계존속도 없을 때에는 단독으로 상속하도록 하였다.

그리고 종래에는 호주상속에 반드시 재산상속이 수반하였으나, 민법제정당시에 이를 분리하여 호주상속에만 생전상속이 인정되고 재산상속에는 사망상속만 인정함으로써 호주상속은 상당히 약화된 호주권과 분묘 등 일정의 재산에 대한 소유권만 승계하도록 하였었다. 이와 같은 호주상속과 재산상속의 분리는 호주권의 약화와 함께 상속을 사회사정에 맞추어 재산중심주의로 하려는 것이었다.

3) 1990년 개정 민법 : 호주승계로 전환, 완전균분주의로 전환

1990년 민법 일부개정에 의하여, 호주상속은 호주승계로 바뀌어서 상속편에서 친족편으로 옮겨졌으며 그 승계할 호주권이 거의 보잘 것 없는 것일 뿐만 아니라, 분묘 등의 소유권도 호주에게 당연히 승계되는 것이 아니고 제사를 주재하는 사람이 승계하는 것으로 되었다. 그리고 상속인의 범위에 있어서도 기존의 8촌 이내에서 4촌 이내로 축소시키고, 배우자의 상속순위에 있어서 남편이 상속인인 경우와 처가 상속인인 경우를 나누어 규정하던 것을 부부평등하게 상속순위를 개정하였다. 상속분의 경우 완전균분주의 상속제를 채택하여 동일가적 내의 유무와 관계없이 여자도 동일한 상속분이 보장되도록 하였다.

4) 현행 민법 : 호주제 폐지(2005년 개정, 2008년 시행), 완전공평주의로 평가

2005년 민법 일부개정에서는 2008년 1월 1일부터 호주제도가 완전히 폐지되고 가족관계등록부로 대체됨으로써 호주승계제도도 폐지되었다. 또한 기여분권리자에 "상당한 기간 동거, 간호 그 밖의 방법으로 피상속인을 특별히 부양한 자"를 추가하였다.

그리고 현행 민법은 모든 상속인은 남자 · 여자, 기혼 · 미혼, 혼인 중의 자 · 혼인 외의 자, 분가 여부 등에 무관하게 균등한 상속분을 가지도록 규정하여 완전한 공평을 이루었다. 결국 현행 민법에서는 헌법이념에 입각하여 인간의 존엄과 남녀평등을 실현하려고 노력한 점을 발견할 수 있다.

Ⅱ 민법상의 상속

이해의 맥

상속은 피상속인의 사망에 의하여 상속인이 피상속인에 속하였던 모든 재산상의 지위 (또는 권리의무)를 사망과 동시에 당연히 포괄적으로 승계하는 것을 말하므로(공동상속의 경우는 각자의 상속분만큼 분할을 할 때까지 공유로 한다), 유증 등을 포함하지 않으며 이 점에서 세법상의 상속과 다르다.

1. 상속의 의의

상속은 피상속인의 사망에 의하여 상속인이 피상속인에 속하였던 모든 재산상의 지위 (또는 권리의무)를 포괄적으로 승계하는 것을 말한다.

민법은 '피상속인의 재산에 관한 포괄적 권리의무를 승계한다'고 규정하고 있으나(민법 제1005조 본문), 여기서 승계되는 것은 매도인이나 매수인의 지위, 대주나 차주로서의 법률 관계 혹은 계약성립 전의 청약자로서의 지위 등을 포함한다. 이와 같이 승계되는 것은 협의의 권리의무에 한정되지 않으므로, 상속은 재산상의 지위의 승계라고 정의하는 것이 타당하다. 그러나 피상속인의 일신에 전속하는 것은 예외이다(민법 제1005조 단서).

2. 상속권의 의의

상속을 권리로서 이해할 때, 상속은 상속권이라고 일컫는다. 상속권은 곧 재산상속권을 의미하는데, 이러한 재산상속권은 인간의 본래적 자연권이 아니며 국가가 법률에 의하여 창설하거나 시인함으로써 존재하게 된 것이다.

상속권은 두 가지의 뜻으로 사용되고 있다. 즉 그 하나는 상속개시 전에 상속인이 기대 권으로 가지는 상속권이다. 그런데 이러한 의미의 상속권은 권리라기보다는 오히려 일종 의 기대에 불과하다고 볼 수 있다. 다만, 그 희망을 가지는 지위는 일정한 결격사유[4]가 없으면 상실되지 않으며(민법 제1004조), 유류분[5]을 가지는 상속인에 대해서는 일정한 수준 의 보호가 인정된다(민법 제1112조). 그리고 본래의 상속인이 상속권을 상실한 경우에는 경우

---

4) 이 책 '납세의무자 – 상속결격자' 참조
5) 이 책 '현행 민법상 상속법의 특징 – 유류분제도' 참조

에 따라 대습상속[6]을 할 수 있다(민법 제1001조). 그러나 상속인이 상속권을 취득하는 시기는 피상속인의 사망시점이며, 그 이전에는 어떠한 종류의 실체법적 권리도 취득하지 못하는 것이므로, 상속이 개시되기 전에 권리로서의 상속권을 인정하기는 어렵다.

상속권의 두 번째 의의는 상속개시 후에 있어서 상속인이 상속적 효과를 받을 수 있는 권리와 그 지위를 말하고 있다. 이러한 상속권은 다시 두 가지로 나눌 수 있다. 즉 아직 승인하지 않은 단계의 상속권으로, 승인함으로써 상속재산을 자기의 것으로 할 수 있는 권리(형성권적 상속권)와 승인에 의하여 상속재산을 구성하는 권리의무를 승인 취득한 상태 (기득권적 상속권)이다. 이 상속인의 지위는 확정된 것이고, 이를 침해받은 자에게는 이른바 '상속회복청구'[7]가 허용된다(민법 제999조).

상속개시 전	상속개시 후	
	승인 전	승인 후
기대권으로서의 상속권	형성권적 상속권	기득권적 상속권

3. 현행 민법상 상속법[8]의 특징

현행 상속법은 헌법이 추구하는 인간의 존엄과 남녀평등의 원칙에 입각하여 다음과 같은 특질을 가지고 있다.

1) 균분공동상속

현행 민법은 남자 · 여자, 기혼 · 미혼, 장남 여부, 호주 여부(2005년 민법개정으로 2008년 1월 1일부터 폐지됨), 분가 여부, 적자 · 서자 등에 따른 어떠한 차별도 없는 완전한 균분상속이 며, 공동상속이다. 물론 배우자의 경우에는 일정분의 가산이 있다.

2) 재산상속

1991년 1월 1일 이후 호주상속이 호주승계로 변경됨에 따라 현행 민법상 상속은 재산상 속만을 의미한다. 뿐만 아니라 2005년에 호주제가 폐지됨에 따라 호주승계까지도 완전 히 없어졌다.

---

6) 이 책 '납세의무자 - 대습상속인' 참조
7) 이 책 '보론 13 상속회복청구권' 참조
8) 이하 민법 '제5편 상속' 편을 '상속법'이라 부른다.

3) 상속인 범위의 축소

민법 제정당시에는 배우자·직계비속·직계존속·형제자매에 8촌 이내의 방계혈족에 게까지 상속범위를 두었으나, 실제로 피상속인[9]과 가족공동생활을 하지 않는 자에게 까지 상속을 인정하는 것은 상속제도(상속권)의 본질에 합당하지 않았다. 그리하여 1990 년 민법 개정으로 현재는 4촌 이내의 방계혈족으로 범위가 축소되었다. 그러나 이 경우 에도 같은 이유로 논란의 여지가 여전히 존재한다.

4) 여자상속권의 확립

현행 민법은 여자의 상속권을 확립하고 있다. 이전 민법에서는 출가외인이라 하여 혼인 한 딸에게 상속권을 전혀 주지 않거나, 주더라도 남자상속분의 일정비율로 상속분을 낮 추는 등의 차별이 있었다. 그러나 1990년의 민법 개정시 여자의 상속분에 대한 차등을 완전히 없애고 다른 상속인과 평등하게 하였다. 그리고 부(夫)의 상속분도 처의 상속분 과 동등하게 하여 상속분에 있어서 남녀 간의 불평등을 완전히 해소하였다.

5) 혼인 중의 子와 혼인 외의 子의 상속분의 동등

민법은 또한 혼인 중의 출생자와 혼인 외의 출생자의 상속분에 있어서 차등을 두지 않 았다. 사람은 태어날 때 혼인 중의 출생자로 태어날 것인지 혼인 외의 출생자로 태어날 것인지 자신의 의사로 선택하는 것이 아니므로, 출생시 부모가 혼인 중이었는지의 여부 에 따라 차별을 받게 하는 것은 부당하다. 따라서 혼인 외의 출생자의 상속분을 혼인 중의 출생자와 동등하게 한 것은 타당하다(구민법은 이를 차별하고 있었다). 그러나 이에 대하 여는 봉건적 가족제도의 유물인 동시에 그에 포함되는 첩제도, 나아가 일부다처제도를 조장하는 결과를 가져온다는 주장도 있다.

6) 기여분제도

민법에는 기여분제도가 없었는데, 1990년 민법의 일부 개정에 의하여 신설되었다(민법 제1008조의 2). 기여분제도의 구체적 내용은 다음과 같다.

(1) 의의

기여분이란 공동상속인 중에서 상당한 기간 동거, 간호 그 밖의 방법으로 피상속인 을 특별히 부양하거나 피상속인의 재산의 유지 또는 증가에 관하여 특별히 기여한

---

9) 사망한 사람을 피상속인이라 하며, 자연인만이 피상속인이 될 수 있다.

자가 있을 경우에는 이를 상속분의 산정에 고려하여 공동상속인 간의 실질적 평등을 구현하려는 제도이다(민법 제1008조의 2). 이에 의할 때 피상속인이 상속개시 당시에 가지고 있던 재산의 가액에서 기여상속인의 기여분을 공제한 것을 상속재산으로 보고 법정(대습)상속분을 산정하고, 이 산정된 상속분에다 기여분을 가산한 액을 기여상속인의 상속분으로 한다.

(2) 기여분의 산정

① 기여분은 공동상속인간의 협의에 의해 결정되나, 협의에 도달하지 못한 경우 법원이 청구에 따라 결정한다.

② 기여분은 상속이 개시된 때의 피상속인의 상속재산의 가액에서 유증의 가액을 공제한 금액의 범위 내가 아니면 아니되므로(민법 제1008조의 2 제3항), 유증과 생전증여가 기여분에 우선한다.

③ 기여상속인과 특별수익자가 병존하는 경우에는, 먼저 기여분의 산정을 하여 그것을 공제한 것을 상속재산으로 정한 다음 이를 기초로 하여 특별수익자의 상속분을 산정하여야 한다.

④ 기여분과 유류분(민법 제1112조)은 서로 관계가 없다. 기여분제도는 공동상속인 간의 실질적 평등을 실현하기 위한 제도이므로 비록 기여분이 유류분을 침해하더라도 합당한 기여분이라면 그것이 실질적 공평이기 때문이다. 따라서 유류분반환청구권의 대상이 되지 않는다.

보론 1 **상속분**[10]

공동상속인은 상속이 개시되면 각자의 상속분에 따라 상속재산을 공유하게 된다. 그 상속분은 민법규정에 의해서 정해진다.

1. 상속분의 의의

상속분이란 준상속재산에 대한 각 상속인의 관념적 · 분량적인 몫의 비율을 말한다. 상속분은 보통, 예컨대 상속재산의 2분의 1, 3분의 1과 같이 상속개시 시에 있어서의 상속재산 전체의 가액에 대한 계수적 비율에 의하여 표시된다.

2. 상속분의 결정

상속분은 피상속인의 의사 또는 법률의 규정에 의하여 정해진다. 전자를 지정상속분, 후자를 법정상속분이라 한다.

---

10) 김주수 · 김상용, 「친족 · 상속법」, 법문사, 2007, 589~613쪽 참조

(1) 지정상속분

피상속인은 법정상속분에 우선하여 유언에 의하여 공동상속인의 상속분을 지정할 수 있다. 구체적으로는 피상속인이 생전에 공동상속인에 대하여 포괄적 유증을 하는 방식[11]으로 이루어진다. 이러한 포괄적 유증은 실질적으로 상속분의 지정과 다를 바 없다.

현행 민법은 유류분제도를 두고 있으므로(민법 제1112조~제1118조), 유류분에 반하는 지정을 하였을 경우에는 침해를 받은 유류분권리자는 반환을 청구할 수 있다(민법 제1115조).

상속채무에 대해서는 그것을 부담할 비율을 유언으로 지정할 수 없다. 만약 이를 가능하게 하면 무자력 내지 변제능력이 없는 상속인이 지정됨으로써 상속채권자를 해할 것이기 때문이다.

민법은 상속분지정에 대해 직접 명문의 규정을 두지 않고 일반적인 유증규정에 의하게 하므로 생전행위에 의한 지정은 허용되지 않는다.

(2) 법정상속분

피상속인이 공동상속인의 상속분을 지정하지 않았을 때에는 그 상속분은 민법이 규정하는 바에 따른다(민법 제1009조·제1010조). 상속분을 지정하는 경우가 많지 않으므로 주로 법정상속분에 따른다.[12]

① 동순위상속인 사이의 상속분

동순위의 상속인이 수인인 경우에는 그 상속분은 균분으로 한다(민법 제1009조 제1항 본문). 즉 현행 민법은 완전한 균분상속주의를 채택하고 있다.

② 배우자의 상속분

피상속인의 배우자의 상속분은 직계비속과 공동으로 상속하는 때에는 직계비속의 상속분의 5할을 가산하고, 직계존속과 공동으로 상속하는 경우에는 직계존속의 상속분의 5할을 가산한다(민법 제1009조 제2항).

---

11) 예를 들어 배우자와 갑, 을, 병 3인의 자녀에 대하여 배우자는 상속재산의 1/2, 자녀 갑은 상속재산의 1/4 그리고 을과 병은 각각 상속재산의 1/8을 받는다는 취지의 유증을 하는 것과 같은 방식이다.

12) 민법상 상속분의 비율(상증세법 집행기준 3-0-4)

구 분	상 속 인	상 속 분	비 율
자녀 및 배우자가 있는 피상속인의 경우	장남, 배우자만 있는 경우	장남 1, 배우자 1.5	2/5, 3/5
	장남, 장녀(미혼), 배우자만 있는 경우	장남 1, 장녀 1, 배우자 1.5	2/7, 2/7, 3/7
	장남, 장녀(출가), 2남, 2녀, 배우자가 있는 경우	장남 1, 장녀 1, 2남 1, 2녀 1, 배우자 1.5	2/11, 2/11, 2/11, 2/11, 3/11
자녀는 없고 배우자 및 직계존속(부·모)이 있는 피상속인의 경우		부 1, 모 1, 배우자 1.5	2/7, 2/7, 3/7

③ 대습상속인의 상속분

대습상속인의 상속분은 피대습자의 상속분에 의한다(민법 제1010조 제1항). 그리고 피대습자의 직계비속이 수인인 경우에는 그 상속분은 피대습자의 상속분의 한도에서 민법 제1009조의 법정상속분에 의하여 정한다(민법 제1010조 제2항 전단). 배우자가 대습상속하는 경우에도 마찬가지이다(민법 제1010조 제2항 후단).

3. 증여 또는 유증을 받은 자(특별수익자)의 상속분

① 공동상속인 중에 피상속인으로부터 재산의 증여 또는 유증을 받은 자(특별수익자)가 있는 경우에 그 수증재산이 자기의 상속분에 달하지 못한 때에는 그 부족한 한도에서 상속분이 있다(민법 제1008조). 이와 같이 하지 않으면 상속인 사이에 불공평한 결과가 되므로 이러한 증여 또는 유증을 상속분의 선급으로 보고 현실의 상속분의 산정에서 이를 참작하도록 한 것이다(대법원 94다16571, 1995. 3. 10.). 이를 특별수익자의 반환의무[13]라 한다.

상속을 포기하게 되면 다른 공동상속인의 유류분을 해치지 않는 한 반환의무를 지지 않고 증여 또는 유증받은 재산을 완전히 보유할 수 있다.

② 포괄적수증자에게는 법정상속분이라는 것이 없으므로 증여의 가액이 자기의 상속분에 부족하면 부족한 한도에서 상속분을 갖는 자는 제1008조의 적용여지가 없어 반환의무가 없다.

③ 채무에 관한 상속분 규정이 별도로 없는 것으로 보아 채무는 제1009조의 원칙적인 법정상속분에 따라 승계되어야 한다고 본다(대법원 94다16571, 1995. 3. 10.).

4. 기여상속인의 상속분 : 위 본문 참조

5. 상속분의 양도 및 양수

공동상속인 중에 상속재산이 분할되기 전에 자기의 상속분을 매각하여 금전을 가지고자 하는 자를 위해 민법은 상속분의 양도를 인정한다(민법 제1011조).

상속인이 아닌 제삼자가 상속재산의 분할에 참여하게 되면 다른 공동상속인에게 부담을 주는 등 중대한 영향을 미친다. 그리하여 민법은 공동상속인 중에 그 상속분을(공동상속인 이외의) 제삼자에게 상속재산분할 전에 양도한 자가 있는 때에는 다른 공동상속인이 그 가액과 양도비용을 상환하고 그 상속분을 양수할 수 있도록 하였다(민법 제1011조 제2항).

---

13) 여기에서 반환의 의무는 실제의 반환을 의미하는 것이 아니라 반환하는 것과 같은 효과를 가져오기 위해 증여의 가액을 상속재산의 가액에 합산하는 것을 말한다.

7) 특별한정승인제도[14]

상속인이 중대한 과실 없이 상속채무의 초과사실을 알지 못하고 단순승인을 한 경우에는 상속인에게 다시 한정승인을 할 수 있는 기회를 주는 것이 타당하다. 이러한 취지에서 2002년 민법일부개정에 의하여 특별한정승인제도가 신설되었다. 이에 따라 상속인이 중대한 과실 없이 상속채무가 적극재산을 초과한다는 사실을 알지 못한 상태에서 단순승인을 한 경우에는 그 사실을 안 날로부터 3월 내에 한정승인을 할 수 있도록 하였다(민법 제1019조 제3항).

8) 특별연고자에 대한 분여제도[15]

1990년의 민법 일부개정에 의하여 특별연고자에 대한 분여제도(민법 제1057조의 2)를 신설하였다. 이 제도는 피상속인의 사실상의 배우자 등 피상속인과 특별한 연고가 있는 자가 법률상 상속권이 없다는 이유로 상속인이 없는 경우까지 아무런 상속재산도 받을 수 없다는 것은 너무 가혹하다는 점에서, 이들의 청구에 의해 일정분의 상속재산을 분여하도록 한 제도이다.

9) 유류분제도[16]

(1) 의의

사유재산제 하에서는 원칙적으로 자기소유의 재산에 대한 자유로운 처분이 생전이든 유언에 의한 사후이든 보장되어야 한다. 그러나 피상속인이 유언에 의해서 자유롭게 재산을 처분하는 경우에는 피상속인의 유족(법정상속인)의 생계가 위태롭게 될 수 있다. 그러므로 피상속인에게 유증의 자유를 인정하되, 피상속인 사후 유족의 생활보장을 위하여 일정한 범위에서 제한을 가할 필요가 있다. 이러한 이유에서 인정된 것이 유류분제도이다.

즉, 상속이 개시되면 일정한 범위의 상속인(피상속인의 배우자, 직계비속, 직계존속, 형제자매)에 대해서는 상속재산 중에서 일정한 비율을 확보할 수 있는 권리가 인정된다. 이는 상속의 근거를 피상속인의 재산형성에 상속인이 기여하였다는 점, 피상속인과 상속인은 생활공동체를 형성하고 있었으므로 피상속인의 사후에도 부양의 필요성이 있다는 점에서 구한다면, 유류분제도의 존재이유는 자연스럽게 인정될 수 있다.

---

14) 자세한 내용은 이 책 '납세의무자-한정승인자' 참조
15) 자세한 내용은 이 책 '세법상의 상속-특별연고자분여'를 참조
16) 김주수·김상용, 「친족·상속법」, 법문사, 2007, 741~757쪽 참조

유류분은 유언자유의 원칙에 대해서 중대한 제한을 가하는 제도이다.

(2) 유류분의 범위

① 유류분권자와 유류분의 율(민법 제1112조)

　　㉠ 피상속인의 직계비속 : 그 법정상속분의 1/2

　　㉡ 피상속인의 배우자 : 그 법정상속분의 1/2

　　㉢ 피상속인의 직계존속 : 그 법정상속분의 1/3

　　㉣ 피상속인의 형제자매 : 그 법정상속분의 1/3

② 유류분의 산정

상속인 각자의 계산상의 유류분의 額은 유류분산정의 기초가 되는 재산액에 그 상속인의 유류분의 率을 곱한 것이다.

　　㉠ 유류분산정의 기초가 되는 재산 : 피상속인의 상속개시 시에 있어서 가진 재산의 가액에 증여재산의 가액을 가산하고 채무의 전액을 공제하여 이를 산정한다(민법 제1113조). 그러므로 유류분은 피상속인의 증여나 유증에 의해서도 침해되지 않는다.

　　㉡ 상속개시 시에 가진 재산 : 상속재산 중의 적극재산만을 의미하며, 유증의 목적인 재산이나 사인증여의 목적인 재산은 상속개시 시에 현존하는 재산으로 취급한다.

　　㉢ 증여재산 : 거래의 안정을 기하기 위해, 증여는 상속개시 전의 1년간에 행한 것에 한하여 그 가격을 산정하여 가산한다. 그러나 당사자 쌍방이 유류분권리자에 손해를 가할 것을 알고 증여를 한 때에는 1년 전에 한 것도 산정하여 가산한다. 공동상속인 간의 공평을 기하기 위해 상속인의 특별수익분은 1년보다 먼저 것이라도 모두 산입한다(민법 제1118조에 의한 제1008조 준용).

　　㉣ 공제되어야 하는 채무 : 여기서의 채무는 상속채무로 사법상의 채무뿐만 아니라 공법상의 채무도 포함된다.

‖ 민법상의 기여분 vs. 특별수익 vs. 유류분 vs. 특별연고자분여 vs. 유증의 비교 ‖

	기여분	특별수익	유류분	특별연고자분여	유증
민법	제1008조의 2	제1008조	제1112조~제1118조	제1057조의 2	제1074조~제1090조
자격	공동상속인	공동상속인	공동상속인	상속인 이외	제한 없음
취지	공동상속인간의 실질적 평등(기여자에게 더 많이)	공동상속인간의 평등(특별수익자에게 더 적게)	상속인의 생활 보호	특별연고자 보호	유언자의 재산처분의사존중
산정 등	상속분 계산시 제외	상속분 계산시 포함	법정상속분의 일정률	상속인 부존재시 상속재산	상대방 있는 단독 행위
순서	• 유증이 우선 • 유류분에 우선	유증·생전증여의 일종	• 유증·생전증여에 우선 • 기여분이 우선	상속인 부존재시, 국가귀속 전 맨 마지막 순위	유류분이 우선

4. 상속의 효과

1) 일반적 효과

(1) 상속재산의 포괄승계

피상속인의 재산은 상속이 개시되는 순간, 즉 피상속인이 사망하는 순간 포괄적으로 상속인에게 이전된다(포괄승계). 즉 상속인은 상속이 된 때로부터 피상속인의 재산에 관한 포괄적 권리의무를 승계한다(민법 제1005조 본문). 그러므로 상속인은 자신이 승계할 재산이나 권리의무를 특정하여 선택할 수 없으며, 피상속인에게 속한 모든 재산상의 권리의무를 일률적으로 승계하게 된다. 따라서 피상속인의 채무도 함께 승계한다. 포괄승계의 원칙에 의해서 상속재산 중에 채무가 더 많은 경우에도 상속재산은 그대로 상속인에게 승계된다. 상속인은 상속이 개시되기 전에 이를 저지할 수 없으며, 다만 상속개시 후에 상속을 포기할 수 있을 뿐이다.

여기에서의 권리의무는 현실의 권리의무에 한하지 않고, 청약을 받을 지위나 매도인으로서의 담보책임을 지는 지위와 같이 아직 권리의무로서 구체적으로 발생하는 데 이르지 않은 법률관계를 포함하며 점유와 같은 사실상의 관계도 포함한다. 다만, 피상속인의 일신에 전속한 것은 승계되지 않는다(민법 제1005조 단서). 여기에서 말하는 일신전속은 이른바 귀속상의 전속이다. 그러므로 행사상의 일신전속권은 상속될 수 있다. 예를 들어 이혼으로 인한 위자료청구권은 행사상의 일신전속권이지만, 귀속상으로는 일신전속권이 아니므로 당사자가 위자료청구에 관한 소를 제기한 후에 사망한 경우에는 상속된다(민법 제806조 제3항).

(2) 상속재산의 당연승계

이와 같은 포괄승계는 상속인의 의사와 관계없이 사망순간에 관념적 · 이론적으로 당연히 행하여진다(당연승계). 즉 상속은 상속인 자신이 알건 모르건 당연히 행하여지며, 또 그 때문에 아무런 의사표시도 할 필요가 없다. 이런 의미에서 상속은 법률행위가 아니며, 법률에 의해 자동승계된다. 그러므로 상속재산의 승계를 위해 부동산의 등기, 동산의 인도 등과 같은 대항요건을 필요로 하지 않는다.[17] 따라서 피상속인이 사망하기 전에, 상속이 개시되어도 상속을 받지 않겠다는 의사표시를 해도 이는 아무런 효력을 갖지 못한다.

피상속인은 사망하는 순간 권리능력을 상실하게 되므로, 더 이상 권리의무의 주체가 될 수 없다. 따라서 피상속인이 가지고 있던 재산은 상속개시의 순간 다른 권리능력자, 즉 상속인에게 이전되지 않으면 안 된다. 상속인이 피상속인의 사망 사실을 모르고 있었다고 해도 이러한 상속의 효과는 당연히 발생한다.

2) 공동상속

(1) 의의

상속에 관한 권리의무의 이전은 피상속인 사망의 순간에 당연히 이루어지므로, 상속개시와 동시에 상속인에게 이전된다. 이때에 상속인이 여러 명 있는 경우에는 상속인은 일단 상속재산을 공동으로 승계하지 않을 수 없다. 공동상속인은 나중에 협의나 심판을 통하여 상속재산을 분할[18]할 수 있지만, 상속재산의 승계와 분할 사이에 시간적 간격을 없애는 것은 절대적으로 불가능하다. 물론 분할되면 이러한 공동상속 상태는 해소되지만 상속재산분할까지는 적지 않은 시간이 걸리는 것이 보통이므로 그 사이의 법률관계를 정할 필요가 있다. 민법에 의하면 공동상속인은 각자의 상속분에 따라 피상속인의 권리의무를 승계하나(민법 제1007조), 분할을 할 때까지는 상속재산을 공유로 한다(민법 제1006조).

---

17) 민법 제187조 : 상속에 의한 부동산에 관한 물권의 취득은 등기를 요하지 아니한다. 그러나 등기를 하지 아니하면 이를 처분하지 못한다.

18) 이 책 '보론 14 상속재산분할청구권' 참조

(2) 상속재산공유의 성질

민법상 상속재산의 공유는 고유의 공유(민법 제262조 이하)로 보는 공유설로나 이른바 합유설로나 완전한 이론적 설명은 불가능하고, 단지 어느 쪽에 더 가까운 것인지의 문제일 뿐이다.

이에 대해서는 민법 제1015조 단서 '상속재산분할의 소급효는 제삼자의 권리를 해하지 못한다'는 규정을 통해 판단해 볼 수 있다. 즉 상속재산분할의 소급효는 제삼자의 권리를 해치지 못한다고 규정됨으로써, 상속재산분할 전에 공동상속인이 개개의 상속재산에 대해서 상속분에 따르는 공유지분(물권적지분)을 갖는다는 전제가 성립하게 된다. 그러므로 전체규정의 해석은 공유설에 가깝다고 할 수 있다. 이에 의할 때 공동상속인은 각자의 지분에 대한 양도 및 저당권·용익물권 등의 설정행위를 할 수 있다.

Ⅲ 세법상의 상속

 해의 맥

피상속인의 사망을 원인으로 재산의 무상이전이 이루어진다면 경제적 실질의 관점에서 세법상의 상속에 해당하므로 유증 등이 포함된다.

1. 의의

1) 의의

상속세 및 증여세법[19]상 상속의 개념은 민법상 상속의 개념과 동일하다. 다만, 상증세법의 상속의 개념에는 민법상의 사인증여와 유증 등을 포함하는 것으로 규정하고 있다(상증세법 제2조 제1호). 이는 단순히 민법상의 상속의 개념에 다른 민법상의 개념인 사인증여와 유증 등을 추가한 것에 불과한 것이지 세법에서 새로운 상속의 개념을 만들에 낸 것이라고 볼 수 없다.[20] 상속은 피상속인의 사망이라는 명확한 사실에 의하여 개시되기 때문에 그 개념에 논란의 여지가 없기 때문이다. 그런데 유증과 사인증여는 법률상 당연히 이전되는 상속과는 달리 의사표시를 필요로 한다.

---

19) 이하 이 책에서는 '상속세 및 증여세법'을 '상증세법'으로 줄여 쓴다.
20) 김두형, 「완전포괄주의 증여의제 입법의 과제」, 세경사, 2003, 참조

한편 상증세법에서는 제2조의 정의규정을 통해 상속의 개념을 규정하고 있으나, 민법상의 상속을 의미한다는 것 외에 어떠한 개념정의도 규정한 바 없다. 따라서 민법의 개념을 차용하여 해석하여야 할 것이다. 이에 따라, 2010년 6월 23일 제정(2014. 11. 30. 개정)된 상증세법 집행기준[21] 2-0-1에서는 상속, 유증, 사인증여 및 특별연고자 상속재산 분여의 개념에 대해 설명하고 있다.

상증세법 제2조에서는 상속의 개념에 유증(遺贈), 증여자의 사망으로 인하여 효력이 발생하는 증여(사인증여), 민법 제1057조의 2의 규정에 의한 특별연고자에 대한 상속재산의 분여(分與) 및 신탁법에 따른 유언대용신탁 및 수익자연속신탁을 포함하고 있다. 또한 상증세법 제14조 제1항 제3호의 규정에 의한 증여채무의 이행 중에 증여자가 사망한 경우의 해당 증여를 사인증여에 포함함으로써 이 역시 상속의 개념에 포함하고 있다.

2) 경제적 실질에 따른 과세

제삼자를 통한 간접적인 방법이나 둘 이상의 행위 또는 거래를 거치는 방법으로 상속세를 부당하게 감소시킨 것으로 인정되는 경우에는 그 행위 또는 거래의 명칭이나 형식에 관계없이 그 경제적 실질 내용에 따라 당사자가 직접 거래한 것으로 보거나 연속된 하나의 행위 또는 거래로 보아 이 법에서 정하는 바에 따라 상속세를 부과한다. 이는 세법의 대원칙인 실질과세원칙(국세기본법 제14조)의 해석상 당연한 것이다. 상증세법에서는 이러한 실질과세원칙을 증여세에 한해서 규정하다가(구 상증세법 제2조 제4항) 상속세와 증여세 모두에 적용되는 선언적 · 명시적 규정으로 입법화하여 강조한 바 있으나(구 상증세법 제4조의 2), 2015년 12월 31일 법령 체계 정비차원에서 삭제되었다.

│ 보론 2 │ 차용개념 │

세법은 헌법을 정점으로 한 국법질서 속에 포함되어 있으면서 사경제상의 경제사상(事狀)을 규율대상으로 하므로, 사법 등 다른 법률에서 사용하는 개념이나 용어를 사용하는 경우가 많다. 이때에 세법 이외의 법률에서 차용한 개념이나 용어를 '차용개념'이라 한다. 이러한 차용개념을 어떻게 해석하여 적용할 것인가는 납세의무의 내용과 한계에 영향을

---

21) 국세청 훈령 · 고시 등의 발령 및 세법해석에 관한 질의회신 등 국세청과 그 소속기관의 법령사무의 처리에 필요한 사항을 정함으로써 세법을 공정 · 투명하게 집행하고 국민의 성실한 납세의무 이행을 효율적으로 지원하는 데 이바지함을 목적으로 제정된 '법령사무처리규정(국세청 훈령 제2025호, 2014. 1. 1.)' 제37조[세법집행기준마련]에서는 징세법무국장(법규과장)은 납세자와 국세공무원이 세법령을 보다 쉽게 이해할 수 있도록 세법해석사례와 법원의 판결 · 심판청구 결정 등을 종합하여 "세법집행기준"을 마련할 수 있으며, 필요한 경우 세법 개정내용과 예규(해석)변경 사항, 새로운 판례 · 심사결정례 · 심판결정례를 반영하여 집행기준을 수정 · 보완할 수 있도록 하였다.

미치므로 과세요건의 명확성 여부와 관련하여 중요한 의미를 갖는 것이다.

차용개념 중 「민법 제1008조의 3에 규정하는 재산」(상증세법 제12조 제3호) 등 그 개념이 원래 속해 있는 법 분야에서 고정성을 가지고 사용되어 오는 개념 그대로 세법에서도 해석되어야 함을 법이 이미 명백히 하고 있는 경우나, '"증여"란 그 행위 또는 거래의 명칭·형식·목적 등과 관계없이 직접 또는 간접적인 방법으로 타인에게 무상으로 유형·무형의 재산 또는 이익을 이전(移轉)(현저히 낮은 대가를 받고 이전하는 경우를 포함한다)하거나 타인의 재산가치를 증가시키는 것을 말한다(상증세법 제2조 제6호)'와 같이 용어가 동일하다고 하더라도 원래 그것이 속해 있는 법 분야에 있어서의 의미 내용과 다른 의미·내용으로 취급할 것을 실정법에 특별히 규정하고 있는 경우에는 그 해석이 문제되지 않는다.

차용개념의 해석과 관련하여 문제가 되는 경우는 특별규정을 두지 아니하고 차용한 개념의 해석이다. 사법상의 용어와 세법상의 용어를 달리 해석할 수 있다는 목적론적 해석은 납세자의 예측가능성을 떨어뜨릴 수는 있지만, 조세법률주의와 조화를 이루는 조세평등주의, 실질과세의 원칙의 관점에서 볼 때 구체적인 사안에 대해 전문성을 갖고 합리적인 법해석을 이끄는데 기여할 것이다.[22]

2. 유증[23]

이해의 맥

유증도 유언행위의 하나이므로, 무엇보다도 유언자의 의사가 가장 중요하다.

1) 일반사항

(1) 의의

① 피상속인은 유언에 의하여 자기의 재산을 자유롭게 처분할 수 있다(유언행위의 하나). 이와 같이 유언에 의해서 재산을 무상으로 증여하는 것을 유증이라고 한다. 유언의 자유가 보장되듯이 유증도 자유이다. 그러므로 유증에 관한 규정은 임의규정이 많다.

---

22) 25개 세금과 관련하여 세법상 차용개념을 둘러싼 판례 분석을 통해 판례의 차용개념과 고유개념의 동일한 해석 여부, 차용개념에 대한 문리해석 및 목적론적 해석의 통일된 적용 여부를 검토한 것으로, 박훈, "판례에 나타난 세법상 차용개념의 해석론", 법조 제68권 제3호(통권 제735호), 법조협회, 2019. 6, 511~552쪽 참조.

23) 김주수·김상용, 「친족·상속법」, 법문사, 2007, 685~739쪽

② 그렇지만 피상속인의 의사에 의한 상속재산의 처분을 무제한으로 인정하지 않는다. 그러한 제한 중에 유류분제도[24]가 있다.

③ 유증은 피상속인의 사망을 원인으로 하는 상대방 없는 단독행위(유증의 의사표시가 수증자에게 도달할 필요 없음)인 사인행위이다. 사인행위라는 점에서 사인증여와 동일하나 사인증여는 계약(당사자의 합의에 의해 효력과 이행의무가 발생)이다.

④ 유증은 법정상속에 우선하므로 피상속인은 유언에 의해서 유증받는 사람으로 하여금 법정상속인에 우선하여 상속재산을 취득하게 할 수 있다.

(2) 종류

① **포괄적 유증** : 상속재산(적극재산과 소득재산을 포괄)의 전부 또는 그 분수적 부분 내지 비율에 의한 유증을 말한다.

② **특정적 유증** : 하나하나의 재산상의 이익을 구체적으로 특정하여 유증의 내용으로 하는 것을 말한다.

③ 조건 있는 유증, 기한 있는 유증, 부담 있는 유증 및 단순유증으로 구분할 수도 있다.

(3) 수증자와 유증의무자

① 수유(증)자, 즉 유증을 받는 자[25]는 자연인뿐만 아니라 법인 및 그 밖의 단체도 가능하다. 상속인 이외의 자뿐만 아니라 상속인도 가능하다.

다만, 동시존재의 원칙에 따라 유언의 효력이 발생한 때(유언자가 사망한 때)에 생존하고 있어야 한다. 물론 태아(설립 중의 법인도 이와 같다)는 상속에서와 같이 유증에서도 이미 출생한 것으로 본다(민법 제1064조에 의한 제1003조 제3항 준용). 상속결격의 원인은 수증자에게도 적용된다(민법 제1064조에 의한 제1004조 준용).

② 유증을 실행할 의무를 지는 유증의무자는 보통은 상속인일 것이지만, 유언집행자(민법 제1101조), 포괄적 수증자(민법 제1078조), 상속인 없는 재산의 관리인(민법 제1053조, 제1056조)이 담당하기도 한다.

(4) 유증의 효력 발생시기

① 일반적인 단순유증인 때에는 유언자가 사망한 때로부터 유증의 효력이 발생한다.

---

24) 이에 대한 상세한 설명은 앞에서 본 '현행 민법상 상속법의 특징' 참조

25) 이 책 '납세의무자' 참조. 일반적인 증여인 생전증여에서 무상으로 받는 자를 수증자라고 하지만 유언에 의한 증여인 유증에 있어서는 이와 구별하기 위해 수유자라고 한다.

그런 점에서 특정 유증도 그 유증의 효력을 채권적으로 볼 것인가 아니면 물권적으로 볼 것인가의 해석상의 다툼에 관계없이 유언자가 사망한 날에 효력이 발생한다.

② 조건이나 기한이 있으면, 조건이 성취되거나 기한이 도래한 때에 효력이 발생한다.

③ 그렇지만 수증자가 유언자의 사망 전에 사망한 경우에는 유증의 효력은 생기지 않을 뿐만 아니라, 그 상속인이 수증자가 될 수는 없다. 다만, 유언자가 별도의 의사표시로서 수증자의 상속인을 보충수증자로 지정할 수는 있다.

2) 포괄적 유증의 효과

(1) 포괄적 수증자는 실질적으로 상속인과 거의 다르지 않다(민법 제1078조). 즉 유언으로 정해진 비율의 상속분을 가지는 상속인이 한 사람 늘었다고 생각하면 된다는 것이다.

(2) 상속과 같은 점

① 유언자(피상속인)의 일신전속권을 제외하고 포괄적 권리의무를 법률상 당연히 승계한다(민법 제1005조). 이런 맥락에서 상속과 포괄적 유증은 동일하다.

② 유증의 이행을 필요로 하지 않고 유증받은 재산은 수증자에게 귀속하므로, 물권적 효력이 생긴다. 따라서 부동산에 있어서는 등기, 동산에 있어서는 인수의 절차를 거치지 않고 소유권을 취득하게 된다.

③ 상속재산의 공유관계가 생긴다(민법 제1006조, 제1007조).

④ 분할의 협의를 하여야 한다(민법 제1013조).

⑤ 상속의 승인 또는 포기에 관한 규정(민법 제1019조~제1044조)이 적용되는 것[26]이며, 유증의 승인·포기에 관한 규정(민법 제1074조~제1077조)은 특정적 유증에만 적용된다.

⑥ 포괄적 유증에 기인한 청구권에는 상속회복청구권의 제척기간이 적용된다.

(3) 상속과 다른 점

① 유증에는 조건이나 부담을 붙일 수 있다(부담 있는 유증. 민법 제1088조, 제1111조).

② 수증자가 상속개시 전에 사망한 경우에는 원칙적으로 유증의 효력이 생기지 않는다(상속은 대습상속이 인정된다). 다만, 유언자가 다른 의사표시를 하면 그 의사에 따른다(민법 제1086조).

③ 법인도 수증자가 될 수 있다.

④ 포괄적 수증자는 유류분을 가지지 않는다.

---

26) 이 책 '보론 11-상속의 승인·포기' 참조

⑤ 상속분의 양수권(민법 제1011조)을 가지지 못한다.

(4) 포괄적 유증의 효력이 생기지 않는 때에는 유증의 목적물인 재산은 상속인 및 다른 포괄적 수증자에게 그 상속분 및 수증분에 따라 귀속한다(민법 제1090조 본문).

3) 특정적 유증의 효과와 승인·포기

(1) 효과

① **유증목적물의 귀속시기** : 포괄적 유증과 달리, 특정유증물은 상속재산으로서 일단 상속인에게 귀속되며, 수증자는 상속인에 대하여 유증의 이행을 청구할 수 있는 권리(유증이행청구권－상속개시시점부터 10년이 지나면 시효로 소멸)가 있다고 보므로 채권적 효력이 있을 뿐이다. 따라서 특정유증물은 그 이행에 의하여 비로소 이전된다고 해석하여야 할 것이다. 이 점에서 특정적 수증자는 증여계약에서의 수증자와 동일한 지위에 선다.

② **상속재산에 속하지 않는 권리의 유증** : 특정적 유증의 내용에 관하여 유증의 목적이 된 권리가 유언자의 사망시에 상속재산에 속하지 않은 때에는 그 유증은 효력이 없다(민법 제1087조 제1항 본문). 다만, 유언자가 자기의 사망당시에 그 목적물이 상속재산에 속하지 않은 경우에도 유언의 효력이 있게 할 의사인 때에는 그 유증은 유효하다.

③ **권리소멸청구권의 부인** : 유증의 목적인 물건이나 권리가 유언자의 사망당시에 제삼자의 권리의 목적인 경우에는 수증자는 유증의무자에 대하여 그 제삼자의 권리를 소멸시킬 것을 청구하지 못한다(민법 제1085조). 그렇지만 이 규정도 유언자의 의사를 추측한 것이므로 유언자가 이와 다른 의사표시를 한 경우에는 그에 따른다.

④ **유증의무자의 담보책임** : 불특정물을 유증의 목적으로 한 경우에는 유증의무자는 그 목적물에 대하여 매도인과 같은 담보책임이 있다(민법 제1082조 제1항). 이것이 유언자의 의사에 합치한다고 추측된다. 그러므로 불특정물에 하자가 있는 때에는 유증의무자는 하자 없는 물건으로 인도하여야 한다(민법 제1082조 제2항). 그러나 유증이 특정물을 내용으로 할 때에는 유증의무자는 이러한 담보책임이 없다.

⑤ **유증의 물상대위성** : 유증자가 유증목적물의 멸실, 훼손 또는 점유의 침해로 인하여 제삼자에게 손해배상을 청구할 권리가 있는 때에는 그 권리를 유증의 목적으로 한 것으로 본다(민법 제1083조). 다만, 유언자가 다른 의사를 표시한 때에는 그 의사에 의한다(민법 제1086조).

⑥ **유증의 무효·실효의 효과** : 유증이 그 효력이 생기지 아니하거나 수증자가 이를 포기한 때에는 유증의 목적인 재산은 상속인에게 귀속한다. 그러나 유언자가 유언으로 다른 의사를 표시한 때, 즉 무효로 되는 유증의 목적물을 다른 수증자에게 귀속하는 것으로 정하는 등에는 그 의사에 의한다(민법 제1090조).

(2) 승인과 포기

특정적 유증의 승인과 포기에 관해서는 민법 제1074조 이하에 특히 규정되어 있으므로, 포괄적 유증처럼 상속의 승인·포기에 관한 규정이 그대로 적용되지는 않는다.

① **승인·포기의 자유** : 유증을 받을 자는 유언자의 사망 후에 언제든지 유증을 승인 또는 포기할 수 있으며, 그 효력은 유언자가 사망한 때에 소급한다(민법 제1074조). 상속인의 승인·포기의 자유가 인정되는 것과 같은 취지이다. 다만, 상속포기와는 달리 특정적 유증의 포기에는 시기의 제한이 없다. 또한 포괄적 유증이 상속포기와 같이 일부포기가 인정되지 않는 반면, 특정적 유증은 그 내용이 가분적이라면 일부포기도 가능하다. 유증의 포기가 사해행위 취소의 대상이 되지 않는다는 판례(대법원 2019. 1. 17. 선고 2018다260855)도 있다. 이는 소외 甲의 채권자인 원고가, 소외 甲이 그의 부친으로부터 이 사건 부동산을 유증받고도 부친 사망 후 다른 상속인인 피고들에게 이 사건 부동산에 대한 유증을 포기하고 상속 지분대로 상속하겠다고 한 것이 원고에 대한 사해행위라고 주장하며 피고들을 상대로 유증 포기의 취소와 원상회복을 구한 사안에서, 유증의 포기가 사해행위취소의 대상이 아니라는 이유로 원고의 청구를 기각한 원심을 수긍한 사례이다. 상속인이 유증을 포기했다고 해서 사해행위 취소의 대상이 되지 않는다는 점에서 유증 포기의 자유의 예로 볼 수 있는 판례라 할 수 있다.

② **유증의무자의 최고권** : 유증의무자나 이해관계인(유증의무자의 채권자 등)은 상당한 기간을 정하여 그 기간 내에 승인 또는 포기를 확답할 것을 수증자 또는 그 상속인에게 최고할 수 있다. 그리고 그 기간 내에 수증자 또는 상속인이 유증의무자에 대하여 최고에 대한 확답을 하지 아니한 때에는 유증을 승인한 것으로 본다. 이는 이해관계인의 권리의무를 조속히 확정시키기 위함이다.

③ **유증의 승인포기의 취소금지** : 적법하고도 유효한 의사표시에 의한 유증의 승인이나 포기는 취소하지 못한다(민법 제1075조 : 심사상속 2010-8, 2010. 5. 4.).

④ **수증자의 상속인의 승인포기** : 수증자가 승인이나 포기를 하지 아니하고 사망한 때에는 유언자가 유언으로 다른 의사를 표시하지 않는 한 그 상속인은 상속분의 한도에서 승인 또는 포기할 수 있다(민법 제1076조).

4) 부담 있는 유증

(1) 의의 및 성질

부담 있는 유증이란 유언자가 유언증서 중에서 수증자에게 자기, 그 상속인 또는 제삼자를 위하여 일정한 의무를 이행하는 부담(유증의 대가나 반대급부가 아니다)을 부과한 유증이다. 부담 있는 유증은 단지 의무를 부담시킬 뿐이며, 유증의 효력의 발생 또는 소멸을 정지시키는 조건 있는 유증이 아니다. 부담 있는 유증은 포괄, 특정의 구별 없이 인정되며, 부담은 유증의 목적과 전혀 관계없더라도 무방하다.

(2) 부담의 무효

부담이 불능이든가, 또는 선량한 풍속 그 밖의 사회질서에 반하는 사항을 목적으로 하는 것인 때에는 그 부담은 무효이다. 이때 그 부담이 없었으면 유증이 없었을 것이라는 유언자의 의사가 추측되는 경우에만 부담의 무효로 인해 부담 있는 유증도 무효로 된다고 보아야 할 것이다.

(3) 효력

① **부담의 이행의무자** : 부담의무를 이행하는 자는 수증자이나, 유증을 승인하는 경우에는 수증자의 상속인도 그 상속분의 범위에서 이행책임이 있다.

② **부담의 청구권자** : 유증의 부담인 채무의 이행을 수증자에 대하여 청구할 권리가 있는 자는 상속인 · 유언집행자 · 부담의 이행청구권자로 지정된 자 및 수익자이다.

③ **부담의 한도** : 원래 유증은 수증자에게 은혜를 베푸는 유언자의 의도에서 나온 것이므로, 유증의 부담이 유증의 이익보다 무거울 수는 없다. 따라서 부담 있는 유증을 받은 자는 유증목적의 가액을 초과하지 아니한 한도에서 부담한 의무를 이행할 책임이 있다(민법 제1088조 제1항). 이때 부담이 유증목적의 가액을 초과한 때에는 그 초과한 부분만 무효가 된다. 그러므로 유증목적의 가액이 한정승인 또는 재산분리로 인하여 감소된 때에는 수증자는 그 감소된 한도에서 부담할 의무를 면한다(민법 제1088조 제2항).

(4) 부담 있는 유증의 취소

부담 있는 유증을 받은 자가 그 부담의무를 이행하지 아니한 때에는 상속인 또는 유언집행자는 상당한 기간을 정하여 이행할 것을 최고하고 그 기간 내에 이행하지 아니한 때에는 법원에 유언의 취소를 청구할 수 있다. 부담 있는 유증의 수익자를 보호하기 위함이다. 가정법원의 취소심판으로 유증은 상속개시 시에 소급하여 그 효력을 잃는다. 그러나 제삼자의 이익을 해하지 못한다(민법 제1111조).

(5) 부담 있는 유증의 상증세법상 취급

① 유증일 현재 해당 유증재산에 담보된 채무이고, ② 수유자가 해당 채무를 인수하며, ③ 담보된 해당 채무가 오직 유증자의 채무인 경우, 해당 부담은 상속세 과세가액에서 차감된다.

5) 유증의 상증세법상 취급

앞에서 설명한 바와 같이, 유증은 유언행위의 하나로서 상대방 있는 단독행위로서 민법상 상속은 아니지만 피상속인의 사망을 원인으로 하여 재산의 무상이전이 이루어진다는 점에서는 상속에 의한 재산의 무상이전과 그 경제적 실질을 같이한다(실질과세원칙). 따라서 상증세법에서는 유증재산을 상속재산에 포함하여 수유자에게 상속세 납세의무를 부과하고 있다.

그러나 민법상 적법한 유언절차 등에 의하지 않고 상속인 외의 자가 상속재산을 취득하는 경우에는 상속인이 상속받은 재산을 상속인 외의 자에게 증여한 것으로 본다(서면4팀 -2026, 2004. 12. 10. ; 국심 2001부979, 2001. 7. 31.).

보론 3 실질과세 원칙

1. 의의

세법은 조세법률주의를 기반으로 법적 안정성과 예측 가능성을 보장하고자 한다. 이러한 관점에서 본다면 소득의 귀속·거래행위의 내용 등 과세요건사실의 인정 등을 모두 당사자 간에 선택된 법형식에 기준을 두어 판단하는 것이 바람직할 것이다. 그렇지만 조세의 부담을 회피하려는 목적으로 법형식과 경제적 거래행위가 부합하지 않을 때, 법적 형식만 강조할 경우 경제적인 실질을 그르쳐서 불공평한 조세부담을 초래할 수 있다.

따라서 실질과세의 원칙이란 과세요건에 대한 사실인정·판단 등 세법을 해석, 적용함에 있어서 법적 형식보다는 경제적 실질을 중요시하여야 한다는 원칙을 말한다. 그러므로 실질과세의 원칙은 조세부담의 실질적인 공평을 실천하기 위한 국세부과의 기본원칙인 것이다.

2. 실질의 개념

실질과세의 원칙의 중심개념이 되는 것은 실질인데, 이 경우 실질의 의미에 대해서는 법적 실질론과 경제적 실질론의 대립이 있다. 조세의 본질이 경제적 부담일 뿐 아니라 조세가 궁극적으로 귀착하는 곳이 납세의무자가 지배하는 경제력이기 때문에 경제적 실질

에 따라 과세를 행함으로써 조세부담공평의 원칙을 실현할 수 있다는 점, 실질의 개념을
법적 실질로 한정하는 경우에 법률상의 권원이 수반되지 않는 사법상 무효인 법률행위
로 인한 경제적 이익이나 위법행위로 인한 경제적 이익 등에 대한 과세가 부정되므로
불합리하다는 점에서, 경제적 실질론의 입장이 타당하다. 즉 법형식과 경제적 실질이 다
른 경우에는 법형식에 구애됨이 없이 경제적 실질을 기준으로 하여 세법을 해석하고 적
용하여야 한다는 것이다.

3. 실질과세원칙의 유형

또한 실질과세의 유형으로는, 과세의 대상(소득·수익·재산·행위·거래)의 귀속이 명의일
뿐이고 사실상의 귀속자가 따로 있는 경우에는 그 사실상의 귀속자를 납세의무자로 하
여 조세를 부과하는 귀속에 관한 실질주의(국세기본법 제14조 제1항)와 과세표준의 계산에
있어서 소득·수익·재산·행위·거래는 그 명칭이나 형식 여하에 불구하고 그 실질내
용에 따라 판단하여 조세를 부과하는 거래내용에 관한 실질주의(국세기본법 제14조 제2항)
가 있다.

4. 조세법률주의와 조세평등주의와의 관계

실질과세의 원칙이 조세부담의 평등을 실현함에 있어서 그 기여하는 바가 크다 하더라
도 과세권자에 의한 권력의 자의적 남용의 가능성이 있고 법의 해석·적용에 있어 본원
적 지위에 있는 조세법률주의의 법적 안정성과 예측 가능성을 침해할 수 있으므로, 실질
과세원칙은 조세법률주의의 테두리 안에서 보충적으로 기능하여야 할 것이다.
한편 조세평등주의와의 관계에 있어서는 조세평등주의를 실현하기 위한 원칙이므로 조
세평등주의보다는 하위의 원칙으로 이해해야 할 것이다.

3. 사인증여

해의 맥

사인증여는 그 경제적 실질이 유증과 통한다.

1) 의의 및 성질

사인증여란 증여자의 사망으로 효력이 생기는 증여이다(민법 제562조). 즉 증여계약은 생
전에 체결하였으나 그 효력이 증여자의 사망 시에 발생하는 것이다.
사인증여는 재산의 무상이전이라는 점에서 보통의 증여와 같지만, 증여자가 상속인에
귀속될 재산을 제삼자에게 귀속시킨다는 점에서 사회경제적으로는 유증과 통한다.
사인증여는 諸成·不要式 계약이므로 수증자는 수증의무자(상속인)에 대해 사인증여계

약에 따른 의무이행을 청구할 수 있는 채권적 효력만을 가지며, 이 점에서 상속인의 권리의무와 다르다.

2) 유증규정의 준용

이런 점에서 사인증여는 유증의 규정을 준용하도록 규정한다(민법 제562조). 이러한 준용의 근거는 상속인에게 귀속될 재산의 처분이라는 실질에서 찾고 있으므로, 넓은 의미의 유증의 효력에 관한 규정(민법 제1073조 이하. 그러나 제1074조~제1077조는 제외)에 한한다. 따라서 유증의 성립에 관한 규정 특히 유증이 단독행위인 것으로 인한 규정은 준용되지 않는다. 따라서 능력(민법 제1061조·제1063조), 방식(민법 제1065조 이하), 승인·포기(민법 제1074조~제1077조) 등에 관한 규정은 준용되지 않는다. 이 외에도 준용 여부가 문제되는 것이 있는데, 먼저 수증자가 유언자의 사망 전에 사망한 때에는 효력이 생기지 않는다는 규정(민법 제1089조)과 유언의 집행에 관한 규정(민법 제1091조·제1092조를 제외하고 제1093조 이하)은 준용된다고 본다. 다만, 유언의 철회에 관한 규정(민법 제1108조 이하)에 대해서는 논란이 있다.

보론 4   유언[27]

1. 유언의 의의 및 유언의 성질

1) 유언의 의의

   유언은 피상속인의 자유로운 최종적 의사를 존중하기 위한 제도로 재산제도와 매우 밀접한 관련성을 가지므로 사유재산제도를 기초로 한다.

   유언은 유언자의 사망과 동시에 일정한 법률효과를 발생시키는 것을 목적으로 일정한 방식에 따라서 하는 상대방이 없는 단독행위이다.

2) 유언의 법적 성질

   (1) 유언은 요식행위이다(민법 제1060조). 유언의 효력은 유언자의 사망 후에 발생하기 때문에 그 진위를 확인하기 위해 엄격한 요식성을 요구한다.

   (2) 유언은 상대방이 없는 단독행위이다.

   (3) 유언은 반드시 유언자 본인의 독립된 의사에 의하여 이루어져야 하는 행위이다.

   (4) 유언은 유언자가 언제든지 철회할 수 있는 행위이다(민법 제1108조~제1111조).

   (5) 유언은 이른바 사후행위이다. 따라서 유언의 효력이 발생하기 전까지는 아무런 법률상의 권리도 취득하지 않는다.

   (6) 유언은 법정사항에 한하여 할 수 있는 행위이다(민법 제47조 제2항, 제850조, 제859조 제2항, 제931조, 제1012조 전단, 제1012조 후단, 제1093조, 제1074조 이하, 신탁법 제2조). 재단법인의 설립 및 유증도 이러한 법정사항의 하나이다.

---

27) 김주수·김상용, 「친족·상속법」, 법문사, 2007, 685~739쪽 참조

3) 유언능력

(1) 유언도 일종의 의사표시이므로 의사능력이 없는 사람이 한 유언은 설사 형식을 갖추고 있더라도 무효이다. 행위무능력자의 경우에는 본인의 정상적인 의사에 기초하여야 한다.

(2) 유언능력은 유언할 때에 있으면 된다고 해석된다.

(3) 유언은 본인의 의사를 존중하는 것이므로 대리는 허용되지 않는다.

2. 유언의 방식

민법이 인정하는 유언방식은 오직 다섯 가지이다(민법 제1065조).

1) 통상의 경우에는 ① 자필증서 ② 녹음 ③ 공정증서 ④ 비밀증서 중에서 어느 하나의 형식을 밟아서 유언서를 작성하여야 한다(심사상속 2000-40, 2000. 11. 10.).

2) 위의 보통방식에 의할 수 없는 급박한 사유로 인한 경우에는 간이한 방식에 의한 유언인 ⑤ 구수증서에 의한 유언을 허용하고 있다.

3. 유언의 효력

유언은 유언자가 사망한 때로부터 그 효력이 생긴다(민법 제1073조 제1항). 유언의 성립은 유언하였을 때이지만, 그 효력은 유언자가 사망하였을 때에 특별한 조치 없이 발생한다는 것이다.

3) 사인증여의 상증세법상 취급

사인증여는 사인행위로서 증여계약의 하나이나, 피상속인의 사망을 원인으로 하여 재산의 무상이전이 이루어진다는 점에서는 상속에 의한 재산의 무상이전과 그 경제적 실질을 같이한다. 따라서 상증세법에서는 사인증여재산을 상속재산에 포함하여 수증자에게 상속세 납세의무를 부과하고 있다.

4) 증여채무 이행 중 증여자가 사망한 증여

증여자와 수증자간에 증여계약을 체결하였으나 증여자가 수증자에게 재산을 실제로 이전하지 아니하여, 증여하기로 계약한 금액이 증여자의 부채로 존재하는 때의 그 증여할 채무, 즉 미이행된 증여할 금액을 말한다. 증여채무는 이행되지 않은 것이어서 상속재산 상태로 존재하기 때문에 증여자(피상속인)의 사망 시 상속세가 과세되고, 차후 수증자(상속인)가 실제로 증여를 받으면 다시 증여세가 과세되어 이중과세되기 때문에, 이중과세를 방지하기 위하여 차후 수증 시 수증재산에서 제외하여 증여세를 과세하지 않고 상속재산으로만 취급한다. 즉 증여계약 이행 중에 피상속인이 사망한 경우 증여의 효력이 사후에도 지속되므로 피상속인이 사망함으로써 효력이 발생하는 사인증여와 동일하게 수증자에게만 상속세 납세의무를 지운다.

현행 상증세법은 증여채무의 이행 중에 증여자가 사망한 경우 해당 증여를 사인증여에 포함하는 것으로 규정하였다(상증세법 제2조 제1호 나목).

4. 특별연고자에 대한 상속재산의 분여

(1) 의의

상속인 수색공고가 있은 후 공고기간 내에 상속권을 주장하는 자가 없는 때에 상속재산을 국가에 귀속하게 하면 국가로서는 그 관리에 번거로운 경우가 많다. 또한 피상속인의 사실상의 배우자 등 피상속인과 특별한 연고가 있는 자가 법률상 상속권이 없다는 이유로 상속인이 없는 경우까지 아무런 상속재산도 받을 수 없다는 것은 너무 가혹한 면이 있다.

이에 따라 민법은 위의 문제점을 보완하기 위해 다음과 같은 특별연고자에 대한 분여제도(민법 제1057조의 2)를 두고 있다.

(2) 재산분여의 법적 성격

특별연고자가 재산분여를 받는 지위는 특별연고자에게 기득권이 있다고 보아야 타당하다. 왜냐하면 특별연고자가 재산분여를 청구한 경우, 법원은 상속재산이 남아있고 상속결격자에 준하는 사유가 없는 때에는 재산분여심판을 하지 않을 수 없다고보기 때문이다.

(3) 재산분여 절차

① 상속인 없는 재산의 관리인 선임공고(민법 제1053조)

상속인의 존부가 분명하지 아니한 때에는 법원은 피상속인의 친족 기타 이해관계인 또는 검사의 청구에 의하여 상속재산관리인을 선임하고 지체 없이 이를 공고하여야 한다.

② 상속인 없는 재산의 청산공고(민법 제1056조)

위의 선임공고 있은 날로부터 3월 내에 상속인의 존부를 알 수 없는 때에는 관리인은 지체 없이 일반상속채권자와 유증받은 자에 대하여 일정한 기간(2월 이상) 내에 그 채권 또는 수증을 신고할 것을 공고하여야 한다.

③ 상속인 수색의 공고(민법 제1057조)

위의 청산공고 기간이 경과하여도 상속인의 존부를 알 수 없는 때에는 법원은 관리인의 청구에 의하여 상속인이 있으면 일정한 기간(1년 이상) 내에 그 권리를 주장할 것을 공고하여야 한다.

④ 재산분여 청구(민법 제1057조의 2 제2항)

재산분여 청구는 위의 상속인 수색공고 기간의 만료 후 2월 이내에 하여야 한다.

⑤ 재산분여(민법 제1057조의 2 제1항)

위의 상속인 수색공고 기간 내에 상속권을 주장하는 자가 없는 때에는 가정법원은 피상속인과 특별한 연고가 있던 자의 청구에 의하여 상속재산의 전부 또는 일부를 분여할 수 있다.

(4) 특별연고자의 범위

① 법문에는 ⅰ) 피상속인과 생계를 같이하고 있던 자 ⅱ) 피상속인의 요양간호를 한 자 ⅲ) 그 밖의 피상속인과 특별한 연고가 있던 자라고 하여 앞의 두 가지를 예시적으로 규정하는 형식을 취하고 있다.

이러한 표현으로 보아 특별연고자는 추상적인 친족관계의 원근이 아니라, 실질적·구체적인 관계에 의해서 결정되어야 할 것이다. 그리고 재산분여는 상속이 아니므로 법인 등도 받을 수 있다.

② 특별연고자의 지위는 전적으로 가정법원의 자유재량에 의한 심판에 의하여 비로소 형성되는 것이므로, 위의 예시에 해당되더라도 확정적으로 정해진 것은 없다. 특별연고자가 재산을 분여받으려면 가정법원이 청구인을 특별연고자로 인정하여 재산분여를 하는 것이 상당하다고 판단하여야 한다. 상당한가의 판단은 가정법원의 자유재량에 속한다.

③ 특별연고란 피상속인의 생존 중에 연고가 있음을 전제로 하고 있으므로 피상속인의 사후에 출생한 자나 피상속인 사후에 연고를 맺은 자는 제외된다.

(5) 재산분여의 효과

① 재산분여의 청구가 인용되면 청구인에게 상속재산의 전부 또는 일부가 분여된다. 그리고 특별연고자는 상속인이 아니므로 상속채무 등의 의무는 승계하지 않는다.

② 특별연고자가 될 수 있는 사람이 분여심판을 청구하지 않고 사망한 경우에는, 특별연고자의 지위가 인정된 것이 아니므로 특별연고자가 아니다. 따라서 상속의 대상이 되는 지위나 권리가 존재하지 않게 된다.

(6) 재산분여 청구자가 없는 경우(민법 제1058조)

상속인 수색공고를 하여도 법률상 상속인이 없고, 특별연고자 재산분여를 청구한 자도 없어 상속재산이 분여되지 아니한 때에는 상속재산은 국가에 귀속한다. 그리고 국가에 귀속하는 상속재산의 관리인은 피상속인의 주소지를 관할하는 세무서장에게 지체 없이 그 상속재산의 관리를 이전하여야 한다[국가에 귀속하는 상속재산 이전에 관한 법률(약칭: 귀속상속재산법) 제1조].

(7) 상증세법상 취급

민법상 특별연고자에 대한 재산분여는 상속이 아니지만, 상증세법상으로는 상속에 포함한다. 따라서 특별연고자도 상속세 납세의무를 진다.

┃무상이전 형태별 개념 요약┃

구 분	개 념
상 속	피상속인의 사망에 의하여 상속인이 피상속인에 속하였던 모든 재산상의 지위(또는 권리의무)를 당연·포괄적으로 승계하는 것(민법 제1005조)
유 증	상대방 없는 단독행위인 유언(유언자, 피상속인)에 의하여 유산의 전부 또는 일부를 무상으로 타인(수유자)에게 주는 사인법률행위(민법 제1073조 이하)
사인증여	증여자의 생전에 당사자 합의에 의한 증여계약이 이루어진 무상증여로서 그 효력은 증여자의 사망 후에 발생(민법 제562조)하는 증여(민법 제562조)
증여채무이행 중 증여자가 사망한 증여	증여자와 수증자간에 증여계약을 체결하였으나 증여자가 수증자에게 재산을 실제로 이전하지 아니하여 증여하기로 계약한 금액이 증여자의 부채로 존재하는 때의 그 증여할 채무, 즉 미이행 증여금액
특별연고자 분여분	상속인 존부의 불분명과 상속권 주장자가 없는 때, 가정법원이 피상속인과 생계를 같이하고 있었던 자 등 피상속인과 특별한 연고가 있었던 자에게 상속재산의 전부 또는 일부를 분여하는 것(민법 제1057조의 2)
(생전)증여	당사자 일방이 무상으로 재산을 상대방에 수여하는 의사를 표시하고 상대방이 이를 승낙함으로써 그 효력이 생기는 계약(민법 제554조)
	직접 또는 간접적인 방법으로 타인에게 무상으로 유형·무형의 재산 또는 이익을 이전(移轉)(현저히 낮은 대가를 받고 이전하는 경우를 포함)하거나 타인의 재산가치를 증가시키는 것(상증세법 제2조 제6호)

▌무상이전 형태별 민법 및 상증세법상 취급 ▌

유 형	무상이전자	무상이전 받은 자	민법상 취급	상증세법상 취급	납세의무자
상 속	死	生	상속 (포괄유증[28] 포함)	상속세	상속인
유 증	死	生	상속(×)· 증여(×)[29]	상속세	수유자
사인증여	死	生	증여	상속세	수증자
증여채무이행 중 증여자 사망한 증여	死	生	증여	상속세	수증자
특별연고자에 대한 분여	死	生	상속(×)· 증여(×)[30]	상속세	상속인 (분여받은 자)
(생전)증여	生	生	증여	증여세	수증자

---

28) 민법상 포괄유증은 민법상 상속은 아니나, 포괄적 유증을 받은 자는 상속인과 동일한 권리의무가 있다
   (민법 제1078조).
29) 민법상 유증은 민법상 상속도 증여도 아닌 유언자(피상속인)의 상대방 있는 단독행위이다.
30) 민법상 특별연고자에 대한 분여는 민법상 상속도 증여도 아닌 청구권이다. 즉 재산분여를 원하는 자의
   청구에 대해 법원의 심판에 의해 비로소 형성되는 권리이다.

상속세에 관한 기본개념

 I 상속세제 존폐론[31]

 이해의 맥

상속세제 존치론의 핵심논거는 '공평'의 실현이며, 폐지론의 핵심논거는 '효율'의 달성이다.

상속세제는 경제적 가치가 있는 자산의 생전 및 사후 무상이전을 과세물건으로 하여 부과하는 조세제도이다.[32] 이러한 상속세제에 대해서는 오래전부터 이를 존치할 것인지 또는 폐지할 것인지에 대한 논의가 있어 왔으며, 상속세제가 존치하게 될 때에도 그 과세를 무상이전자(transferor)를 기준으로 할 것인지 무상취득자(transferee)를 기준으로 할 것인지에 대한 논의가 있어 왔다.[33]

전통적으로 상속세제는 일부 계층에의 부의 집중을 계층 간에 합리적으로 분산시켜 경제적 기회균등을 달성할 수 있는 제도라는 이유로 많은 조세전문가의 지지를 받아왔다. 오늘날에도 여전히 이러한 경향이 유지되고 있고, 이러한 논거에 근거하여 우리나라는 상속세제가 도입된 이래 지속적으로 상속세제를 강화하여 왔다. 특히, 2003년 증여세를 완전 포괄주의로 전환하는 등 상속세제를 더욱 강화하였다.

그럼에도 불구하고 우리나라를 비롯한 상속세제를 두고 있는 대부분의 국가에서의 경험적 결과들은, 상속세제의 강화로는 부의 분산을 통한 경제적 기회균등의 확보에 한계가 있다는 것을 깨닫게 하고 있다.

이러한 시각에서 최근에는 상속세제에 대한 새로운 접근이 시도되고 있다. 그리하여 오늘날 상속세제에 관한 각국의 입법추이를 보면, 대부분의 국가에서는 여전히 상속세제를

---

31) 채현석, '무상이전 자산의 과세제도에 관한 연구', 서울시립대학교세무대학원, 박사학위논문, 2007, 27~32쪽 참조

32) 상속세제란 원칙적으로 사망에 의한 재산의 무상이전에 대해 과세되는 상속세를 부르나, 여기에서는 생전 중 재산의 무상이전에 대해 과세하는 증여세를 포함하는 개념으로 사용하기로 한다.

33) 여기에서 무상이전자란 상속세에 있어서의 피상속인과 증여세에 있어서의 증여자를 말하며, 무상취득자란 상속세에 있어서의 상속인과 증여세에 있어서의 수증자를 말한다.

유지하면서도 그 부담을 경감하고 있고,[34] 일부 국가에서는 상속세제를 폐지하는 등의 경향이[35] 나타나고 있는 것으로 보인다.[36]

1. 상속세제 존치론 : 공평

상속세제를 존치하여야 한다는 주장근거는 상속세 과세근거 및 증여세 과세근거와 일맥상통하므로 뒤에서 기술한다.

2. 상속세제 폐지론 : 효율

아래에서는 상속세제 폐지에 대한 이론적 근거를 나열해 본다.[37]
① 재산에 대한 개인의 소유권은 자연권(the natural right)이며 사망 시에 그가 소유하던 재산소유권을 이전시키는 권리(상속권)도 개인의 자연권이므로 자연권을 침해하는 상속세는 폐지되어야 한다.

---

34) 영국, 독일, 일본, 프랑스 등 대부분의 나라들은 상속세제를 종전과 같이 유지하면서, 다만 그 부담을 경감하는 방향이다.

35) 캐나다는 1972년에 상속세 및 증여세를 자본이득세로 대체하는 세제개혁을 하였고, 호주는 1979년에 상속세제를 폐지하였으며, 뉴질랜드는 1992년 이후 사망자부터는 상속세제를 폐지하였다. 뿐만 아니라 EU국가인 이탈리아, 스웨덴도 2004년에 이르러 상속세제를 폐지하였다. 한편 미국은 2001년의 상속세 폐지법안을 통해 2010년까지 상속세 및 세대생략이전세를 점진적으로 폐지(증여세는 유지)하는 한시법 (2011년 이후 부활)을 두었고, 2011년 이후에는 별도의 법률를 입법하여야 한다. 그런데 최근의 동향은 유산세와 세대생략이전세가 부활하되 세부담을 경감하는 쪽으로 진행될 것으로 보인다.

36) 오늘날, 세계 각국의 상속세제의 변화를 이끌고 있는 요인들로 다음을 들기도 한다(財団法人日本税務研究センター, 世界における相續税法の現狀, 日税研論集 弟56号, 2004, 1頁).
우선 무엇보다도, 상속세제를 사상적으로 뒷받침하는 의식의 변화이다. 전통적으로 상속세제를 사상적으로 받쳐줄 수 있는 사고방식은 공평(평등)주의였다. 그러나 오늘날은 경제·사회 등 모든 영역에서 개인의 자유를 최고의 가치로 주창하는 신자유주의적 사상으로 나아가고 있다.
그리고, 가족관계, 특히 혼인관계에 관한 이해의 변화이다. 이러한 변화로 인해 가족 또는 혼인관계에 관한 민법 등이 개정되게 되고, 더 나아가 증여를 포함한 상속세제에도 영향을 미친다.
또한, 사업승계를 저해하지 않는 세제의 구축이라는 관점에서 상속세제를 재구성하는 것이다. 이것이 최근 상속세제를 폐지한 나라에서 가장 중요한 이유였다. 우리나라에서도 최근 이러한 관점에서 상속세제의 일부개정이 있었고, 계속적으로 개편논의가 있다.
마지막으로 상속세제의 세수가 전체 세수총액에서 차지하는 비율이 감소해 왔다는 것과 상관없이, 징수비용이 높다는 점이다. 이러한 세무행정 비용·세수비교론의 관점에서 상속세제 개정(경감·폐지) 압력이 강하게 될 가능성이 있다.

37) 최명근, "상속과세제도의 합리적 개편방안", 한국경제연구원, 2006, 22~39쪽 ; 최명근 외, "현행 상증세법의 합리적 개선방안에 관한 연구", 한국조세연구포럼, 2003, 16~21쪽

② 도덕적 관점에서 상속세를 보면, 이는 생존이 끝날 때 남긴 재산에 과세하는 세금이기 때문에 상속세는 열심히 일해서 절약하여 저축을 많이 한 사람에게만 적용되고 낭비하고 수준 높은 소비생활을 즐겼던 사망자에 대하여는 면세하고 있는 것이다. 또한 상속세는 가장 불행한 순간에 가장 가혹하게 다가오는 비도덕적인 세금이라는 점에서 상속세는 사망세이다.

③ 피상속인 또는 증여자의 가치증가분이 아닌 재산총액에 대해 상속세나 증여세를 과세하는 것은 소득세와의 이중과세이다. 다시 말해 유산의 취득재원은 소득인 바, 소득과세제도 아래에서는 그 취득자금의 원천인 소득이 가득되어 저축될 때 이미 소득세가 과세된 것인데 그렇게 축적된 재원으로 취득한 유산이 상속될 때 다시 상속과세를 하는 것은 이중과세라는 것이다.

④ 만약에 상속세제가 소득세의 보완기능을 하려면 소득세를 포탈한 부분에 대해 상속세제의 적정한 집행이 가능하여야 할 것이다. 그런데 실제는 상속과세의 집행이 소득과세의 집행보다 더 어려워 보완기능을 수행하기가 곤란하다는 점에서 상속세제는 다른 세목의 보완장치가 되지 못한다.

⑤ 낮은 부담의 조세, 적은 규제 그리고 교역이 개방된 나라가 상대적으로 그렇지 않은 나라보다도 성장이 빠르고 많은 일자리를 창출하며 결과적으로 세수가 늘어난다. 그런데 상속세제는 개인의 부를 국가에게로 이동시켜 생산적 자본재축적을 저해하고, 임금, 고용과 경제성장을 총체적으로 감소시킨다는 점에서 경제적으로 비효율적 세제이다.

⑥ 상속세제는 거두어들이는 세수가 보잘 것이 없으면서 행정비용과 납세순응비용이 상대적으로 크고 상속세를 폐지함으로써 발생하는 세입의 결함은 경제의 규모가 발전적으로 커지는 경우 그로 인해 세수입이 증가하는 것으로 충분히 이를 메울 수 있다.

⑦ 부의 분산이라는 전통적 기능 수행 실패이다. 오랫동안의 상속세제에 대한 다양한 비판에도 불구하고 전통적으로 상속세제의 가장 강력한 존립근거는 과도한 부의 집중을 억제하고 응능부담의 원칙의 실현을 통해서 개개인의 경제적 기회균등을 달성한다는 것이었다. 그러나 상속세제를 가지고 있는 세계의 주요국가에서의 경험적 결과는 상속세제가 부의 분산도 경제적 기회균등도 달성하지 못한다는 것이다.

⑧ 상속세제는 이를 부과하지 아니하는 경우보다 피상속인이 될 사람의 통상적인 소비를 증가시키게 되어 상속세제 부담액 이상으로 저축을 감소시킬 수 있고, 저축을 감소시키는 조세는 결국 투자를 그 조세부담만큼 감소시킨다는 점에서 상속세제는 저축과 투자에 부정적 영향을 미친다. 즉 상속세제는 부를 민간부문으로부터 공공부문으로 이전시켜 생산활동에 투입되는 자본을 감소시킨다.

⑨ 사업용 자산에 대한 상속세제가 과세되면, 사업의 승계자는 납세를 위한 자금의 부담 때문에 사업승계가 더욱 어렵게 된다는 점에서 상속세제는 사업승계를 저해한다.[38]

II 상속세 과세제도와 현황

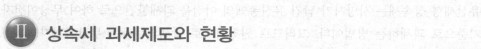

해의 맥

상속세제 과세방식의 선택은 입법정책의 문제이나, 그에 따라 국가의 재정수입, 제도의 구체적 구조, 납세의무자별 세부담에 차이를 가져온다.

유산세형은 사망자가 남긴 유산총액의 이전을 과세물건으로 하여 무상이전자 기준으로 과세하는 방법으로, 세무행정상으로 편리하고 상대적으로 세수수입이 더 크다. 유산취득세형은 재산의 무상취득자의 취득재산가액을 과세베이스로 하여 무상취득자를 기준으로 과세하는 제도로, 각 취득자의 담세력에 상응하는 조세부담을 진다.

현행 상증세법은 원칙적으로 유산세형을 취하나, 일부 유산취득세형을 가미하고 있다.

1. 상속세 과세방식

상속세제의 존재를 지지하게 되면, 다음으로 상속세제의 체계를 어떻게 구성할 것인가가 중요하게 된다. 각국의 상속세제는 그 나라의 역사적 배경과 사회적 및 법적 사상의 차이에 따라 대체로 유산세(estate tax)형(증여세는 증여자과세형)과 유산취득세(inheritance tax)형 (증여세는 수증자과세형)으로 대별되고 있다. 이 방식들 중 어느 것을 택하느냐는 조세입법정책에 관한 사항이지만, 그에 따라 국가의 재정수입에 영향을 미치고 또한 그 제도의 목적, 제도의 구체적 구조가 다르고, 법 기술적으로 납세의무자를 누구로 할 것인가와도 관련이 있으며 납세의무자별 세부담에 차이를 가져오기도 한다.

또한 상속세제 과세방식인 유산세방식과 유산취득세방식은 상속세와 증여세의 성격을 어떻게 파악하느냐와도 관련된다.

---

38) 이러한 문제를 해소하기 위해 현행 상증세법에서는 가업상속공제(상증세법 제18조 제2항)와 가업승계에 대한 증여세 과세특례[조세특례제한법(이하 '조특법'으로 쓴다) 제30조의 6]를 두고 있다.

1) 유산세형

(1) 의의

유산세형 상속세는 사망자가 남긴 유산총액의 이전을 과세물건으로 하여 무상이전자 기준으로 과세하는 방법이다. 그러므로 원칙적으로 납세의무자는 무상이전자(혹은 상속재산관리인)가 될 것이다. 따라서 유산을 무상취득하는 상속인이 여러 사람인 공동상속의 경우에도 이를 각자의 상속분으로 분할하기 전에, 분할되지 아니한 유산총액을 과세베이스(tax base)로 하여 여기에 누진구조의 세율을 적용하게 된다. 피상속인의 유산 자체를 기준으로 과세의 물적단위를 산정하여 과세하는 이 유형은 본래의 의미에 있어서 재산세적 성격을 가지고 있다.[39] 이 방식을 견지해 온 대표적인 국가는 미국과 영국이다. 우리나라의 상속세도 대한민국 건국 이래 이 방식을 고수하고 있다.

(2) 논거

유산세방식은 일반적으로 다음과 같은 이유로 지지된다.

① 개인이 생존하고 있는 동안에 부를 축적한 것은 사회가 그의 뛰어난 경제적 재능을 인정하고 재산의 관리·운용을 신탁한 것이라고 볼 수 있다. 그런데 그의 상속인은 피상속인과 같은 경제적 재능을 가졌다고 할 수 없기 때문에 상속개시에 의해 재산이 이전될 때에 상속재산의 일부는 사회에 환원하여야 한다.[40]

② 사람의 사망은 그가 생존 중에 받았던 세제상의 특전 그 밖의 조세회피 등에 의해 축적한 재산을 파악하여 피상속인의 일생에 걸친 경제생활의 종결에 따라 이를 청산하여 과세할 수 있는 절호의 기회이다. 그러므로 이때에 소득세 등의 후불 (소득세 보완기능)로서 과세하려 한다면 유산총액을 대상으로 하는 것이 타당하다.[41]

③ 사회는 개인이 생존해 있는 동안 그의 재산을 사용·처분하는 것을 용인하지만 그의 사망과 더불어 그러한 권리를 종료시키거나 제한할 수 있는 바, 이러한 목표를 성취하는 방법에는 미국에서 채택하고 있는 유산세형 과세방법이 가장 적정하다. 만약에 사회가 일정량까지 유산의 자유로운 승계·사용을 허용하고자 할 때에는 면세점을 설정할 것이고, 일정량의 한계를 초과하는 유산을 몰수하고자 한다면 그 한계초과금액에 대하여는 100%의 세율을 설정하게 된다.[42]

---

39) 金子宏, 「租稅法」, 弘文堂, 2005, 451頁
40) 金子宏, 「租稅法」, 弘文堂, 2005, 451頁
41) 이광재, 「상속·증여세의 이론과 실무」, 세경사, 2009, 90쪽
42) Musgrave, R. A & P. B. Musgrave, 1973, *Public Finance in Theory and Practice*, McGrow Hill, p.338 (최명근, 「상속세제론」, 세경사, 1993, 74쪽 재인용)

④ 유산세형의 경우, 세무관서는 피상속인 한 사람의 상속세신고서를 조사·확인하면 되고 관할 과세관청은 사망자의 주소지 관할 세무서 하나로서 충분하다는 점에서 세무행정상으로 편리하다. 그리고 상속인이나 수증(유)자의 유산의 분할지분 여하에 관계없이 조세부담총액이 항상 동일하기 때문에 유산의 위장분할신고가 거의 없게 된다(이런 점에서 납세도의에 부정적 영향이 적다). 이러한 장점 때문에 조세회피현상이 두드러진 나라들이 이 과세유형을 가장 선호한다.

⑤ 상대적으로 세수수입이 더 크다는 점에서 사회전체적 측면에서 부의 집중을 완화한다.

(3) 문제점

① 무엇보다도 유산세방식은 유산취득자마다 취득분이 다르더라도 동일한 세부담(한계세율)을 지운다는 점에서 응능부담(공평과세)에 반하는 측면이 있다.

② 또한 유산이 한 덩어리로 이전되어 족벌(族閥)재산의 형성에 기여하는 측면이 있다.

③ 상속인 간을 기준으로 한다면 상속인 사이의 부의 분산을 오히려 억제하는 측면이 있다.

2) 유산취득세형

(1) 의의

유산취득세형 상속세는 상속인(사인증여의 수증자 및 유증의 수유자 포함), 즉 재산의 무상취득자의 취득재산가액을 과세베이스로 하여 무상취득자를 기준으로 과세하는 제도이다. 그러므로 원칙적인 납세의무자는 무상취득자가 될 것이다. 특히 상속인·수유자 등이 여러 사람인 경우 유산을 먼저 각자의 상속분·유증분에 따라 분할·계산하고 이와 같이 분할·계산된 각자의 몫에다 초과누진세율을 적용하게 되는 것이다. 이 점이 유산세형과 구별된다. 유산취득세방식은 유산분할에 따라, 즉 각 유산취득자의 취득재산의 가액에 대하여 개별적으로 과세하는 것으로서 수익세적 성격을 띠고 있고,[43] 실질적으로 소득세의 보완세적 성격도 있다.[44] 상속세를 유산취득으로 인한 자산의 증가에 대한 조세로 보는 사고에 보다 충실한 방식이다. 일본의 경우 제이차대전 후 이전의 유산세형을 유산취득세형으로 바꾸어 오늘에 이르고 있고, 독일의 경우에는 상속세와 증여세를 하나로 통합하여 과세하는 전형적인 유산취득세형의 체계를 가지고 있다.

---

43) 이광재, 「상속·증여세의 이론과 실무」, 세경사, 2009, 90쪽

44) 金子宏, 「租税法」, 弘文堂, 2005, 451頁

(2) 논거

유산취득세형을 지지하는 이유를 보면, 대체로 아래에서와 같다.[45]

① 이 유형에서는 사망한 자의 유산의 크기는 무시되고 공동상속인이나 분할증여의 경우에 각자가 무상취득한 재산가액에 초과누진세율을 적용하여 각자의 부담세액을 산출하기 때문에 부를 여러 사람에게 분할하여 분산이전할수록 상속세 부담이 적어진다. 그러므로 이 유형은 유산의 광범위한 분할을 촉진(부의 분산유인기능)하여 부의 집중을 완화하고자 하는 취지에 보다 충실하다.[46]

② 상속세의 부담이 무상취득자에게 귀착한다는 점에서 이 유형은 무상취득하는 재산가액과 조세부담액이 서로 밀접하게 관련된다. 즉 사망에 의해 유산이 여러 사람에게 분할상속된다고 할 때 각 상속인은 그가 취득한 유산가액에 기초를 두고 초과누진구조의 한계세율을 적용받게 되므로 각자의 취득재산가액이 다르면 적용되는 한계세율의 높이도 달라지게 되는 것이다. 즉 상속인 등 유산의 무상취득자의 취득분을 기준으로 개별적으로 과세되므로 각 취득자는 담세력에 상응하는 조세부담을 지게 되어 납세의무자의 입장에서 보아 형평에 부합한다.[47]

③ 이 유형은 무상취득자와 무상이전자 간의 혈연관계의 원근에 따라 세율을 차별적으로 설정하는 상속세제이론과 결합하기 용이하다. 예를 들면 독일의 경우처럼 아들이 상속하는 재산에 대해서는 낮은 세율로, 조카가 상속하는 경우에는 높은 세율을 적용하여 과세하기에 편리하다는 것이다.

(3) 문제점

① 유산취득세형은 유산의 취득자와 취득분을 상속인 등별로 일일이 확인하여야 하는 집행상의 어려움이 많다.

② 재산을 분할할수록 전체 상속인 등의 세부담 크기가 줄어들게 되므로, 위장분할에 의한 조세회피가 일어날 수 있다.

③ 분할이 상대적으로 어려운 중소기업용 자산이나 농업용 자산 등의 경우 일반자산에 비해 상대적으로 세부담이 무겁게 되는 부작용이 생길 수 있다.

---

45) 최명근, 「상속세제론」, 세경사, 1993, 98~100쪽

46) OECD, 1979, *The Taxation of Net Wealth, Capital Transfers and Capital Gains of Individuals : Report of the OECD Committee on Fiscal Affairs*, p.62

47) 한편 유산취득세형도 응능부담의 실현에 불충분하다고 보고 소위 '누적취득형' 과세방식이 주장된다. 이는 수증자가 일생을 통해 취득한 무상취득재산을 누적합산(증여자는 묻지 않는다)하여 과세하는 것으로 그 실행 가능성 때문에 이론으로는 몰라도 실제 입법으로는 나아가지 못하고 있다.

3) 법정상속분 유산취득세방식

(1) 의의

순수한 유산취득세의 체계에서는, 상속세의 세액은 각 상속인 또는 수유자마다, 그 자가 상속 또는 유증에 의해 취득한 재산의 가액에 세율을 적용하여 산출하여야 하므로 실제의 유산분할과는 달리 공동상속인들이 균등하게 배분받은 것처럼 가장하여 상속세를 회피하려는 유인이 존재하게 된다.

이러한 문제점을 줄이기 위해 일본에서 처음 도입된 방식이 소위 '법정상속분 유산취득세방식'이다.

다시 말해, 민법소정의 각 상속인이 민법소정의 상속분에 대응해서 피상속인의 재산을 상속한다고 가정한 경우의 총세액을 계산하고, 그것을 각 상속인 및 수유자에게 그 자가 상속 또는 유증에 의해 취득한 재산의 가액에 비례해서 안분하고 있다(일본 상속세법 제11조 이하). 따라서 상속세의 총액은 유산이 어떻게 분할되어도 거의 같게 된다.[48]

(2) 채용이유

① 상속세의 부담을 감소시키기 위해서 실제의 유산 분할을 은폐하여 균분상속을 한 것 같이 가장하는 경향이 있고 그것을 방지하는 것이 실제로 곤란하기 때문에, 은폐·가장의 필요를 최초부터 없애는 것을 목적으로 하였다.

② 농촌 등에서 1인의 자녀에게 유산의 대부분을 상속하는 경우에 세부담이 과중하게 되는 것을 방지하는 것을 목적으로 하였다.

(3) 문제점

누진세율을 기초로 하는 이 방식 아래에서는, 법정상속인의 수가 많을수록 세액이 적게 된다. 그 때문에 상속세의 회피를 목적으로 하여, 근친자(자녀의 배우자나 손자)를 양자로 삼는 등 법정상속인을 늘려 상속세를 회피하려는 유인이 생긴다.

(4) 세액산출절차

① 상속세액 산출의 첫 단계는, 각 상속인 또는 수유자의 과세가액을 계산하는 것이다(일본 상속세법 제11조의 2). 그것은 각 상속인 또는 수유자가 상속 또는 유증에 의해 얻은 재산가액을 합친 금액이다.

② 다음으로, 각 상속인 및 수유자의 과세가격을 합계하고, 그 합계액에서 유산에

---

48) 그러나 최근 일본에서도 이러한 제도의 복잡성과 아래의 문제점으로 인해 보다 순수한 형태의 유산취득 과세형으로 개정하려 하고 있다.

관계된 기초공제 금액을 공제한다(일본 상속세법 제15조).[49]

③ 그 잔액을 민법소정의 상속인이 법정상속분에 비례하여 취득하였다고 가정한 경우의 각 금액에 세율을 적용하여 산출된 금액의 합계액이 상속세 총액이 된다(일본 상속세법 제16조).[50]

④ 이 총액을 각 상속인 및 수유자에게 그 과세가격에 비례하여 안분한 금액이 각 상속인 및 수유자의 상속세액이다(일본 상속세법 제17조).

❚비교요약표❚

구 분	유산세방식	유산취득세방식	법정상속분유산취득세방식
납세의무자	무상이전자	무상취득자	무상취득자
과세베이스	유산(증여재산)총액	취득재산	법정상속분에 해당하는 무상이전재산
성 격	재산세적 성격	수익세적 성격	수익세적 성격
장 점	세무행정상 편리	응능부담에 적합	가장분할로 인한 조세회피 방지
단 점	응능부담에 反	세무행정상 어려움, 가장분할로 조세회피	법정상속인을 임의로 늘리려는 유인 존재

2. 현황

현행 상증세법은 피상속인의 분할 이전의 상속재산 전체를 과세대상으로 하는 유산세방식을 채택하고 있다(대법원 75누184, 1977. 7. 26. ; 대법원 82도2421, 1983. 6. 28. ; 대법원 83누710, 1984. 3. 27. ; 대법원 2003두7064, 2004. 10. 15. ; 국심 2007중1219, 2007. 9. 10.). 즉 상증세법에서 상속세 과세대상(상증세법 제2조 제1호, 제3조)이나 상속재산의 범위(상증세법 제2조 제3호)를 피상속인에게 귀속되는 재산으로 하고 있고, 상속재산의 가액에서 빼는 공과금 등(상증세법 제14조) 역시 피상속인에게 귀속될 것을 요구하는 것으로 보아도 알 수 있다.

그러나 상속재산 전체를 기준으로 산출된 상속세의 납세의무는 상속인 또는 유증을 받은 자(사인증여에 의한 재산 취득자를 포함)가 상속재산 중 각자가 받은 재산의 비율에 따라 분담하도록 되어 있다(상증세법 제3조의 2 제1항). 응능부담을 고려한 점에서 유산취득세방식이 가미되었다고 할 수 있다. 즉 현행 상증세법은 상속세 비과세(상증세법 제12조)나 공익목적 출연재산의 과세가액불산입(상증세법 제16조, 제17조) 및 상속세 인적공제(상증세법 제19조, 제20조) 등 상속인의 행위나 신분이 고려된다는 점에서 순수한 유산세 방식이 아닌 응능부담의 원칙

---

49) 600만 엔에 해당 피상속인의 상속인 수를 곱하여 얻은 금액과 3,000만 엔과의 합계액
50) 10%에서 55%까지의 8단계 초과 누진세율이고, 6억 엔 초과 금액에 최고세율이 적용된다.

을 수용한 변형된 유산세방식이라 할 만하다.

상속세의 의의 및 성격

 해의 맥

상속세는 부의 무상이전에 따른 부의 편중을 완화하여 공평을 실현하고자 하는 정책적인 목적을 강조하나, 실질적으로는 경제적 선의 추구라는 상징적 의미로서 그 존재의 의를 가진다고도 한다.

1. 의의

상속세는 자연인의 사망을 계기로 무상으로 이전되는 재산을 과세대상으로 하여 그 취득자에게 과세하는 세금이다. 상속세를 상속 등으로 인하여 무상취득하게 되는 취득자의 소득, 즉 그 담세력에 대한 과세라는 점에서 보면 소득세의 일종으로 볼 수 있다. 상속세 과세시 재산을 종합하고, 개인적 사정을 고려하며, 초과누진세율을 적용한 점은 소득세와 유사하다.

그러나 상속재산을 통상의 소득과 같이 상속한 연도의 소득에 합산하여 소득세를 부과한다면 과다한 누진과세가 되며 유족에 대한 특별한 배려도 하기 어렵다. 따라서 상속도 포괄적 의미의 소득을 구성하지만 상속세제를 별도로 두어 과세한다.

2. 성격

상속세는 조세이므로 기본적으로 국가재정수입을 얻기 위해 존재하지만, 현실적으로 이보다는 부의 무상이전에 따른 부의 편중을 완화하여 수직적 공평을 실현하고자 하는 정책적인 목적을 강조하고 있다(헌법재판소 96헌가19, 1997. 12. 24. 참조). 물론 실증적 분석에 의할 때에는 이러한 정책적 목적의 실현에 대해서도 그 실효성에 의문이 제기되고 있어 결국 경제적 선의 추구라는 상징적 의미로서만 그 존재의의를 가진다고도 한다.

또한 상속세는 피상속인이 생전에 받았던 사회적·경제적 특전, 각종 세제상 혜택이나 그 밖의 조세회피 등에 의한 부담의 경감을 통해 축적된 재산을 상속개시시에 청산한다는 의미로나, 소득의 발생단계에서 행해지는 소득과세가 불충분한 경우에 이를 보완하기 위해 사후에 부가 이전되는 시점에서 추가적인 과세가 필요하다는 논리에 입각하여 만들어진 세목이라고 할 수 있다. 이러한 점들에서 상속세는 소득세의 보완세적 성격을 가진다. 한편 후자의 측면만으로 보면 증여세도 마찬가지다.

또한 상속세는 상속인에 대한 세부담을 통해 부의 집중을 억제하는 기능도 한다. 그러나 실제 상속세의 낮은 세수규모와 다양한 조세회피로 인해 이러한 부의 집중억제기능이 제대로 기능하고 있지 않다.

Ⅳ 상속세의 과세근거[51]

 해의 맥

재산상속권은 국가가 創設한 실정법상의 권리라면 국가는 그가 수여한 재산상속권을 박탈할 수 있는 세제를 구축할 수 있고, 생존 시 포탈·회피한 조세를 마지막으로 정산하기 위해서 상속세가 필요하다. 또한 유산도 담세력을 표상하는 것이므로 응능부담의 원칙상 과세되어야 한다. 아울러 각인의 出發點 平等을 실현하고, 人的資本상속 비과세에 대한 최소한의 보완을 위해서도, 그리고 권력 및 부의 집중을 억제하여 공평의 이념을 실현하기 위해서 과세되어야 한다.

1. 법이론적 근거

1) 상속권 법정설

재산상속권은 인간의 자연권(自然權)이 아니고 국가가 창설(創設) 또는 시인함으로써 존재하게 된 실정법상(시민법)상의 권리이므로, 국가는 그가 수여한 재산상속권을 박탈할 수 있다고 보는 것이다.[52]

---

51) 최명근, "상속과세제도의 합리적 개편방안", 한국경제연구원, 2006, 15~22쪽 ; 최명근, 「상속과세론」, 세경사, 1993, 35~46쪽 ; 최명근 외, "현행 상증세법의 합리적 개선방안에 관한 연구", 한국조세연구포럼, 2003, 21~24쪽 등 ; 상속세의 과세근거는 앞서 살펴본 상속세제 존치론의 주장근거이기도 하다.

52) 영국의 W. Blackstone은 상속제도를 다음과 같이 정의했다. 즉 "유언에 의한 재산처분(Wills), 상속과 承繼權(Rights of Inheritance and Succession)은 모두 市民法 또는 국내법(Municipal Laws)의 창조물 (Creatures)이며, 모든 점에서 그러한 법들의 규제를 받는다. 유산상속권은 시민정부의 創造物이다"라고 했다. 이로써 재산상속제도가 자연법 내지 神授법과 구별되는 실정법의 제도임을 명백히 한 것이었다.

재산상속권의 본질이 이와 같다면 상속과세제도는 재산상속권에 대한 제한의 일종으로 재정제도상의 세수입수단이라 할 수 있고, 세율의 높이나 누진도를 통해 낮은 부담에서부터 상속재산을 몰수하는 것과 같은 정도의 부담까지 다양한 세제의 구축이 가능하다. 즉, 상속과세제도는 실정법의 제도로서 국가는 재산상속권의 행사에 대하여 조건과 제한을 과할 권리를 가진다고 보는 것이다.

한편 상속에 의한 재산상속에 대하여 국가가 이를 규율한 권리를 가진다는 사고에 기초를 둔 국가과세권력설은 상속권을 국가가 법률에 의하여 창설한 것이라고 보는 견해와 맞닿아 있다.

2) 이외에도 사망자의 재산에 대한 국가의 봉토권 사상에 기반을 둔 국가공동상속권설[53]과 정부에 의해 과징되는 조세는 국가가 제공한 용역, 즉 시민을 위한 보호적 용역의 대가라고 보며 특히 상속세는 재산의 이전행위에 대한 보호의 대가라고 보는 국가용역대가설이 있다.

2. 경제이론적 근거

1) 회피조세정산설

상속세를 과세하지 않으면 생존 시에 포탈 또는 회피한 조세를 포착할 수 있는 기회를 영구히 놓치게 되므로 생존 시 포탈 · 회피한 조세를 마지막으로 정산하기 위해 상속세가 필요하다는 것으로, 포탈 · 회피한 조세의 후불이라는 의미에서 사후과세설(the Back Tax Doctrine)이라고도 한다.

이 설은 재산상속과세에 대하여 정면으로 그 과세의 정당성 내지 근거를 제시하지 못하고 상속과세를 우회적으로 긍정한다.

이 이론은 상속과세의 부담이 상속인에게 귀착된다고 볼 때 피상속인의 포탈 또는 회피행위에 대하여 결과적으로 상속인을 징벌하는 모순을 내포하고 있다. 뿐만 아니라 사망한 사람이 살아있을 때 포탈 또는 회피한 조세액의 합계와 사망시점에 과세하는 상속세액간의 상관관계를 계수(計數)에 의해 증명할 수 없다.

2) 응능부담력설

유산도 담세력을 표상하는 것이므로 응능부담의 원칙상 상속세로 과세되어야 한다는

---

53) 이는 19세기 독일에서의 국가상속권이론에 기반한 것으로 오늘날의 자유민주주의시대와는 어울리지 않는 이론이라 할 것이다.

것이다.

이 설은 상속세를 인세(a Personal Tax)로 보면서 아래와 같이 피상속인·상속인 등 집단을 기준으로 그들의 개별사정·환경·특히 무상이전 부의 크기를 고려하여, 담세능력을 측정하고자 하는 데 특징이 있다.

① 피상속인 등 무상이전자의 부를 기준으로 하면서 사후이전(상속)하는 재산가치가 사망 직전 피상속인의 담세력을 표상하는 것이라고 본다면 유산과세형으로 상속세를 과세해야 옳다. 이는 그 본질에 있어서 피상속인의 부에다 상속세 담세력을 인정하는 것이다.

② 반대로 상속인 등 무상취득자를 기준으로 담세력을 인식하여 이에 과세할 것을 주장한다면, 이는 유산취득과세형으로 상속세를 과세해야 한다고 본다.

3. 정책론적 근거

1) 출발점 평등(Equality of Opportunity)의 실현

상속세의 과세근거로 삼는 가장 보편적인 기준은 각인의 출발점 평등의 실현문제이다. 그런데 상속인의 세대를 기준으로 보면 재산상속은 상속인이 다른 사람들에 비해 불공정하게 이익을 받게 되어 기회균등을 크게 왜곡하고 그로 인하여 공정한 경쟁을 저해한다. 그리하여 각 개인 간의 다양한 기회불균등의 원인 중 명시적인 부의 무상이전에 상속세를 과세하여 상속세제를 통한 부의 분산으로 기회균등을 증진하여야 한다는 것이다. 그러나 이러한 견해는 출발점 불평등(기회불균등)의 차이가 경제적인 부의 무상이전에만 그 원인이 있는 것이 아니고, 그 외의 여러 가지 특히 인적요소(인적자본)의 승계(상속)에 의해 주로 결정된다는 점을 간과하고 있는 것이다.

2) 인적자본 비과세에 대한 보완과세

생의 출발점을 불평등하게 하는 주요 원인인 무상이전되는 인적자본의 승계는 부를 축적하는 데 가장 중요한 요소로 작용한다.

대부분 유전적으로 상속되는 인적자본을 살펴보면 다음과 같다.

① 부모의 연줄(parental pull)이다. 이는 상속인의 교제 및 사업기회에 유리하게 작용한다.

② 외면적 특질(superficial characteristics)이다. 사람의 말하는 모습·옷 입는 스타일·예절 등을 의미하는 외면적 특질은 부모의 영향을 받아서 형성되기 때문에 세대 간에 이전된다.

③ 환경적 결정요인(environmental determinants)이다. 부모가 받은 높은 수준의 교육은 자녀

들의 성공기회에 대하여 유리하게 작용한다.

④ 상위계층 간에서 서로 배우자를 선택하여 결혼하는 것도 불평등의 원인으로 작용한 다.54)

⑤ 부모가 아이들과 보내는 시간(이는 소득세와 소비세가 과세되지 아니하는 귀속소득이다)도 중요 한 요소이다.

그런데 사회적 부의 거대한 구성요소이며 여러 가지 형태로 세대간에 이전됨으로써 부를 산출하고 있는 이러한 인적자본에 대하여 현재 상속세 및 증여세가 과세되지 아 니한다.

이에 따라 위와 같은 인적 부의 상속이 아무런 부담 없이 상속되는 상황에서 물적인 부에 상속세를 과세함으로써 부를 분산시켜 다음 세대의 기회균등을 제고하여야 한다 고 보고 있다. 이러한 측면에서는 상속세의 과세가 인적자본 비과세에 대한 보완과세라 는 것이다.

3) 공평의 이념 실현

상속에 대한 과세는 바람직하지 못한 부와 권력의 집중(Concentration of Wealth and Power)을 감소시켜 부의 분산을 통한 공평의 이념을 실현하고자 하는 정책론에서 그 근거를 찾기 도 한다.

부의 집중은 정치 · 경제 등의 분야에서 상속 등에 의해 부를 보유하게 된 개인들이 타 인에게 형평에 맞지 않는 영향력을 행사할 수 있는 힘을 획득하게 된다는 점에서 바람 직하지 않다. 물론 부의 집중이 중요한 정치적 대항세력의 원천을 이루어 민주주의가 더욱 공고하게 된다는 반론도 있다.

그런데 부의 집중이 정치 등에 영향력을 행사하는 것은 부의 축적과 보유에 관계되는 문제이지, 부의 무상이전에 관계되는 문제가 아니라는 점에서, 부의 집중을 완화하는 데는 부의 보유에 대해 과세하는 부유세(a Wealth Tax) 또는 부의 축적과정을 규제하기에 충분한 누진구조의 소득과세가 보다 더 적합한 대처수단이 될 수 있을 것이다.

---

54) John A. Brittain은 각인의 경제적 지위가 불평등해지는 원인을 상속에 두면서 상속을 인적 부의 상속 (the inheritance of human wealth)과 물적 부의 상속(the inheritance of material wealth)으로 나누어 설명하 고 있다[John A. Brittain, *Inheritance and Inequaluity Status*, The Brookings Institution, 1978, 73~88쪽(최명 근, 앞의 논문, 2006, 19쪽 재인용)].

4. 그 밖의 근거

1) 상속세제는 소득과세에 대한 보완장치이다. 과세유산은 그 대부분이 사망자가 생존하고 있을 때 그 재산의 보유기간 중에 발생한 미실현자본이득인데, 보유자가 사망할 때 이에 대하여 소득과세를 할 수 없기 때문에 상속세제가 없으면 이러한 미실현자본이득이 과세에서 누락된다는 것이다.

2) 상속과세 폐지는 부유층에게 조세회피로(Loophole)를 제공한다는 것이다. 상속세제를 폐지하면 부유한 개인으로 하여금 조세를 부담 없이 신뢰하는 친척이나 친구에게 증여할 수 있게 되기 때문에 소득세법에 커다란 조세회피로가 생길 것이다. 그렇게 될 경우 소득과세는 그 누진정의의 기능이 크게 손상을 받을 것이라고 주장한다.

3) 사망은 상속과세의 부담을 발생시키는 필요조건도 충분조건도 아니므로 상속세는 사망세가 아니다. 즉 미미한 수의 사망자만이 상속세를 부담하기 때문에 충분조건이 될 수 없고, 생존자 간의 증여에 대해서도 증여세 납세의무가 발생하기 때문에 사람의 사망이 과세의 필요조건이 될 수도 없다는 것이다.

 V 현행 상증세법 중 상속세의 조문구조

§관련조문

상증세법
제1장 총칙 (제1조~제6조)
제1조 【목적】
제2조 【정의】
제3조 【상속세 과세대상】
제3조의 2 【상속세 납부의무】
제5조 【상속재산 등의 소재지】
제6조 【과세관할】
제2장 상속세의 과세표준과 세액의 계산 (제8조~제30조)
제1절 상속재산 (제8조~제10조)
제7조 【상속재산의 범위】 (삭　제, 2015. 12. 15.)
제8조 【상속재산으로 보는 보험금】

┃ 귀속자에 따른 과세체계 ┃

무상이전의 원인	무상취득자	과세되는 세목
상 속	개 인	상속세
	비영리법인	상속세(공익법인은 과세가액 불산입)
	영리법인	법인세(자산수증이익),[주1] 다만, 주주 중 상속인 등은 해당 지분만큼 상속세
증 여	개 인	① 일반적인 경우 : 증여세 ② 사업과 관련된 경우 : 소득세(자산수증이익)[주2]
	비영리법인	증여세(공익법인은 과세가액 불산입)
	영리법인	법인세(자산수증이익)[주1]

주1) 영리법인은 상속세 · 증여세 납세의무를 면제한다.
주2) 증여재산에 대하여 수증자에게 소득세 · 법인세가 과세되는 때에는 증여세를 부과하지 아니한다. 이 경우 소득세 · 법인세가 소득세법 · 법인세법 또는 다른 법률의 규정에 의하여 비과세 또는 감면되는 경우에도 또한 같다.

┃ 법형식 및 부의 무상이전 확신 여부에 따른 과세체계 ┃

구 분		법형식 및 무상이전 확신 여부		적용하는 조세제도
생전에 이전	증여	증여의 법형식을 갖춘 경우		증여세 과세
		증여의 법형식을 갖추지 않은 경우	부의 무상이전을 확신할 수 있는 경우	증여예시
			부의 무상이전을 확신할 수 없는 경우	증여추정
			부의 무상이전이 없음을 확신하는 경우	증여의제
		다양한 우회로를 통한 경우		증여예시
사후에 이전	상속	상속의 법형식을 갖춘 경우		상속세 과세
		상속의 법형식을 갖추지 않은 경우	상속재산의 이전을 확신할 수 있는 경우	상속재산 의제
			상속재산의 이전을 확신할 수 없는 경우	상속재산 추정

§ 관련조문

상증세법	상증세법 시행령
제2조【정의】 제3조【상속세 과세대상】 제3조의 2【상속세 납부의무】	제2조【주소와 거소의 정의 등】 제3조【상속세 납부의무】

이 해의 맥

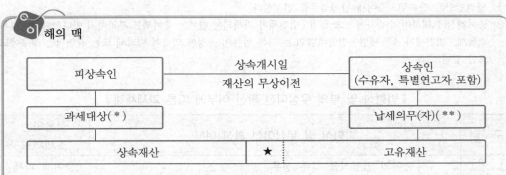

(*) 상속세 과세대상의 판정은 '상속개시일' 현재 피상속인을 기준으로 한다.

(**) 상속세 납세의무(자)의 판정은 '상속개시일' 현재 상속인을 기준으로 한다.

(★) 상속세 납세의무는 상속인이 '받았거나 받을 상속재산'의 범위 내에서 이행하여야 하나, 이때에 받았거나 받은 재산이란 '재산상당액'을 의미하므로 경우에 따라서는 상속인의 고유재산에서 상속세를 납부하여야 하는 경우도 발생할 수 있다. 즉 상속받은 재산이 모두 공매되어 국세에 충당하고도 잔여체납액이 있을 때 상속재산과 무관한 상속인 고유재산을 압류할 수 있는지에 관해 명문규정이 없으나, 유권해석은 '각자 받았거나 받을 재산'을 '각자 받았거나 받을 재산의 가액'으로 해석하여 상속인 고유재산도 징수목적으로 체납처분할 수 있다고 보고 있다.[55]

---

55) 이 책 뒤에서 볼 '상속세 연대납세의무의 범위' 참조

제1절 | 납세의무

Ⅰ 의의

> **이 해의 맥**
>
> 피상속인의 사망일(상속개시일)에 상속세 납세의무가 성립하고, 정부의 부과처분(결정)에 의해 납세의무가 확정된다.

1. 의의

의무란 의무자의 의사와는 무관하게 법에 의하여 강요되는 법률상의 구속을 말한다. 이러한 의무는 공법상의 의무와 사법상의 의무로 구분할 수 있다. 공법상 의무인 납세의 의무(헌법 제39조)는 성립·확정·소멸의 과정[56]을 거친다. 이러한 사고방식은 조세법률관계를 조세채권채무관계설[57]로 보는 견해에 그 이론적 뿌리를 두고 있다. 조세채권채무관계설에 의하면 납세의무는 과세관청의 어떠한 행위(과세관청의 의무창설적 행위)도 필요 없이 과세요건이 충족됨으로써 자동적으로 성립하는 것(납세의무의 성립)으로 이해한다. 또한 조세부과처분은 과세요건의 충족에 의하여 이미 성립되어 있는 조세채무를 구체적으로 확인

---

56) 납세의무의 성립이란 추상적 납세의무가 객관적으로 발생하는 것이고, 납세의무의 확정이란 구체적인 납세의무의 존재와 내용을 사후적으로 확인하는 것이며, 이렇게 성립·확정된 납세의무가 없어지는 것을 납세의무의 소멸이라 한다.

57) 과세관청과 납세의무자와의 조세와 관련한 법률관계(조세법률관계)의 성질에 대한 견해

구 분	조세권력관계설	조세채권채무관계설
조세법률관계의 성질	권력관계	사법상의 채권채무관계와 유사한 관계
과세관청과 납세의무자 간 관계	과세관청의 우월성(일방적인 명령, 복종관계)	양당사자의 대등성
행정처분(부과처분)의 의미	조세채무 창설행위	이미 성립한 조세채무존재를 확인하는 행위
조세실체법관계와 조세절차법관계	구분에 소극적, 조세실체법관계 경시	구분하고, 조세실체법을 기본관계로 중시
납세자의 권리구제	납세자의 권리구제 경시	납세자의 권리구제절차 중시
조세채무의 성립·확정·소멸	성립과 확정이 구분 안됨	성립, 확정, 소멸의 과정의 구분

하는 행위(납세의무의 확정)에 불과하다고 본다.

상속세의 납세의무에 관해 상증세법 제3조의 2 제1항에서는 상속인(특별연고자 중 영리법인은 제외) 또는 수유자(영리법인은 제외)는 상속재산(제13조에 따라 상속재산에 가산하는 증여재산 중 상속인이나 수유자가 받은 증여재산을 포함) 중 각자가 받았거나 받을 재산을 기준으로 상증세법 시행령 제3조에서 정하는 비율에 따라 계산한 금액을 상속세로 납부할 의무가 있다고 규정하고 있다.

2. 납세의무의 성립시기

1) 일반론

납세의무의 성립이란 각 세법이 규정하고 있는 과세요건이 충족됨으로써 납세의무가 객관적으로 생겨나는 것을 말한다. 일반 사인 간의 채무는 대체로 법률행위에 의하여 발생하고 그 내용도 법률행위에 따르지만, 조세채무는 법률의 규정에 따라 생기는 법정채무이다(조세법률주의). 법률의 규정에 의한 권리의무는 당사자의 의사와 무관하게 법률의 규정에 이미 정하여진 대로 권리의무가 발생한다. 그러므로 일단 생긴 조세채무는 변경(취소, 해제 등)되지 않는 것이 원칙이다.

그러므로 납세의무의 성립시기는 과세요건의 충족시점이다. 민법상 채권에 대해서는 채권자 평등의 원칙[58]이 적용되기 때문에 채권의 성립시기는 논의의 실익이 없다. 그러나 세법은 조세채권(납세의무)의 성립시기에 일정한 법률효과를 주고 있는 경우가 있다. 일례로 세법이 개정되면서 경과규정을 두지 않은 경우에는 납세의무가 성립한 당시의 법령을 적용하여야 한다고 판시하고 있다(대법원 2003두13083, 2005. 4. 15.). 바로 이와 같은 측면에서 조세채무의 성립시기는 중요한 의미를 가진다.

2) 상속세

그리하여 상속세와 같이 일정한 시점을 기준으로 파악된 저량(貯量)에 대하여 과세되는 조세(수시세)는 특정한 사건의 발생시점에 납세의무가 성립한다. 따라서 상속세는 상속개시일인 피상속인의 사망일이 상속세 납세의무의 성립시기가 된다.

---

58) 채권에는 배타성이 없고, 같은 내용을 가진 채권이 동시에 둘 이상 병존할 수 있으며, 이들 사이에는 우열의 차이가 없는 것을 채권자평등의 원칙이라 한다.

(1) 유증 등

상증세법상의 '상속'이란 유증 및 사인증여를 포함(상증세법 제2조 제1호)하므로,[59] 유증 및 사인증여의 경우에도 피상속인의 사망일이 상속세 납세의무 성립일이 되는 것은 당연하다.

(2) 조건부 혹은 기한부 유증

조건부 유증이나 기한부 유증의 경우 비록 그 유언의 효력이 조건(민법 제1073조 제2항, 제147조)의 성취나 기한(민법 제152조)의 도래에 의존하지만 이는 효력의 문제일 뿐이지 성립의 문제는 아니다.[60] 따라서 상속세 납세의무의 성립시기가 피상속인의 사망일인 것은 변하지 않는다. 다만, 기대권적 권리의 일종인 조건부 유증 및 기한부 유증의 수유자의 상속세 납세의무의 범위를 어떻게 정할 것인가의 문제가 남는다. 그러나 상속세 납세의무는 상속개시일 현재 상속인 각자가 받았거나 받을 재산을 기준으로 하므로, 상속개시일 이후 조건의 성취나 기한의 도래로 취득하거나 취득할 재산에 변동이 생긴 경우에는 이로 인해 결과적으로 취득하거나 취득할 상속재산에 비해 과중한 납세의무를 부담한 상속인이 다른 유산취득자에 대하여 구상권이나 부당이득반환청구권(민법 제748조)을 행사하여 그들 간의 불균등한 세부담을 내부적으로 조정할 뿐이라고 해석하여야 한다.[61]

보론 5	조세법률주의[62]

1. 의의

조세법률주의는 헌법에 그 법적 기초를 둔 것으로서 법률의 근거 없이는 국가는 조세를 부과·징수할 수 없고 국민은 조세의 납부를 요구받지 아니한다는 조세법의 기본원칙이다. 조세법률주의는 조세에 있어서의 법치주의의 표현이다.

오늘날 대부분 국가와 마찬가지로 우리나라도 헌법에서 조세법률주의를 규정하여 국민의 재산권이 부당히 침해받지 않도록 제도적 보장을 하고 있다. 우리 헌법 제38조[63]의

---

59) 이 책 '세법상의 상속' 참조

60) 이 책 '조건부권리의 평가' 참조

61) 이태로·한만수, 「조세법강의」, 박영사, 2009, 634쪽

62) 최명근, 「세법학총론」, 세경사, 2002, 75~104쪽을 주로 참조하여 기술하였다. 한편 조세법률주의라는 독자적 용어를 비판없이 사용하는 과정에서 법치주의와 다른 내용을 담게 될 가능성이 있다는 우려를 제기하며 이를 '세법영역에 있어서의 법치주의'라는 의미일 뿐이라고 주장하는 견해(이창희, 「세법강의」, 박영사, 2007, 22쪽)가 있고, 이러한 주장은 상당히 타당한 측면이 있으나 이 책에서는 기존의 일반적 견해에 따라 기술하기로 한다.

63) 헌법 제38조 : 모든 국민은 법률이 정하는 바에 의하여 납세의 의무를 진다.

국민의 기본의무적 측면에서의 규정과 제59조[64]의 국가의 과세권적 측면에서의 규정이 바로 조세법률주의의 근거이다. 조세법률주의의 기능에 대하여는 ① 자의과세의 배제를 통한 납세자 재산권의 보장, ② 경제생활의 예측 가능성과 법적 안정성의 확보, ③ 납세자 기본권의 적극적 보장에 있다고 설명된다.

2. 내용

조세법률주의는 헌법상의 원리로서 조세입법상으로나 세법을 해석·적용함에 있어서도 기본원리임에는 이론이 없다. 조세법률주의의 구체적 내용에 대하여는 학자마다 약간의 차이는 있지만, 대체로 다음과 같이 구분하는 것이 일반적이다.[65]

1) 입법상의 원칙

(1) 과세요건법정주의

① 의의 : 과세요건법정주의는 조세법률주의의 가장 핵심적 내용으로서 형법에 있어서의 죄형법정주의와 유사한 개념이다. 과세는 국민의 재산권에 대한 국가권력의 침해이기 때문에 납세의무를 성립시키는 요건(과세요건)과 조세의 부과·징수절차는 국민의 대표기관인 의회가 제정하는 법률에 의함으로써 국민의 재산권을 보장하고자 하는 것이 과세요건법정주의이다.

② 위임입법문제 : 이런 점에서 법률이 국민의 권리·의무에 관한 사항을 행정입법으로 위임함에 있어서 포괄적이고 추상적인 기준·조건·범위를 정함에 그치고 그 구체적이고 명확한 기준·조건·범위를 정하지 않는 포괄(백지)위임은 입법권의 본질적 부분을 행정권에 양도하는 것이 되어 허용될 수 없다는 것이 통설이다.

(2) 과세요건명확주의

① 의의 : 과세요건명확주의는 과세요건을 법률로 정하되 그 규정은 일의적이고 명확하며 상세하여야 한다는 원칙을 말한다. 즉, 국민 경제생활의 법적 안정성과 예측 가능성을 위하여 과세요건이 법정되었다는 것에 만족하지 않고 규정 내용이 가능한 한 상세하고 망라적이며, 그 내용을 명확히 함으로써 징세행정기관의 자의적 해석과 자유재량을 배제하여 조세법률주의를 실질적으로 보장하고자 하는 원칙이다.

② 불확정개념문제 : 이런 점에서 조세법률관계에 있어 과도한 불확정개념의 용어에 의해 과세요건이 규정된다면 조세법률주의 이념은 의미를 상실하게 될 것이다. 이때 불확정개념이란 법률에 행정처분의 요건을 규정함에 있어서 행정청에 재량 또는 선택의 여지를 줄 수 있는 추상적, 다의적인 개념의 용어를 말한다. 일반적으로 법의 취지·목적 등에 비추어 합리적으로 해석하는 경우

---

64) 헌법 제59조 : 조세의 종목과 세율은 법률로 정한다.

65) 한편 이러한 일반적인 해석과는 달리 기존의 조세법률주의 및 그 핵심적 내용으로 제시되는 과세요건법정주의·과세요건명확주의라는 개념을 아무런 논증 없이 받아들이는 것에 대해 우려하는 견해가 있다(이창희, 「세법강의」, 박영사(2007), 22쪽 참조).

그 의미와 내용을 객관적으로 인식할 수 있어 법적 안정성과 예측 가능성을 크게 저해하지 않는다면, 과세요건명확주의에 반하지 않는 것으로 볼 수 있다 (헌재 94헌바40 · 95헌바13(병합), 1995. 11. 30.).

③ 차용개념 : 세법에서 사법에서 사용하고 있는 개념 · 용어들을 사용할 때에 그 차용되고 있는 개념 또는 용어를 「차용개념」이라 하는데, 이러한 차용개념의 사용도 과세요건명확주의와 관련이 된다. 이에 대한 자세한 설명은 [보론 2 - 차용개념]을 살펴보기 바란다.

(3) 소급과세금지

① 의의 : 세법의 효력발생 전에 종결된 사실에 소급하여 이를 조세부과의 요건으로 삼지 못한다는 것을 의미하는 이 소급과세금지는 기득권의 존중, 조세법률관계에 있어 법적 안정성과 법질서에 대한 신뢰이익의 보호에 봉사하는 것이므로 조세법률주의의 내용을 이루고 있다. 소급효를 허용할 것인가의 문제는 기본권 제한의 일반이론으로 돌아가 소급입법을 통한 기득권의 침해와 소급입법을 통해 얻고자 하는 공익을 저울질하여야 하는 가치판단의 문제이다. 따라서 국민의 기득권을 침해하지 않고 당사자의 법적 안정성 내지 신뢰보호에 위배되지 않는 일정한 경우에는 그 예외가 인정될 수 있다.

우리 헌법은 「모든 국민은 소급입법에 의하여 재산권을 박탈당하지 아니한다 (헌법 제13조 제2항)」라고 규정하고 있고 국세기본법은 「국세를 납부할 의무(세법에 징수의무자가 따로 규정되어 있는 경우에는 이를 징수하여 납부할 의무)가 성립한 소득 · 수익 · 재산 · 행위 또는 거래에 대하여는 그 성립 후의 새로운 세법에 의하여 소급하여 과세하지 아니한다」(국세기본법 제18조 제2항)고 규정하고 있다.

2) 집행상의 원칙

(1) 합법성의 원칙

조세의 본질이 재산권에 대하여 침해적 성격을 가진다는 점에서 조세행정은 법률의 엄격한 지배를 받는다. 이를 조세행정의 합법성의 원칙이라고 한다.

(2) 엄격해석의 원칙

조세행정의 합법성 보장을 위하여 조세법률주의는 세법에 대하여 엄격해석을 요구, 확대해석과 유추해석을 금지하게 되고, 세무행정의 재량에는 자유재량을 금지하여 기속재량만을 허용하고 있다.

3. 조세법률주의의 한계

조세법률주의를 형식적 개념으로 이해하여 그 형식이 법률이기만 하면 내용은 어떤 것을 담아도 된다는 형식논리에 빠지기 쉽다. 그렇게 보게 되면 조세법률주의는 그 내용이 공허한 법원칙으로 전락되고 말 것이다. 그러므로 조세법률주의에는 다음과 같은 내재적 한계가 있음을 재확인할 필요가 있다.

(1) 헌법적 가치(자유민주주의 기본질서)에서 오는 한계=실질적 법치주의

무엇보다도 세법은 그 목적이나 내용이 기본권 보장의 헌법이념과 이를 뒷받침하는

헌법상의 여러 원칙에 맞지 않으면 안된다는 것이다(헌재 1994. 6. 30. 선고, 93헌바9 결정). 즉, 세법에 의하여 재산권의 본질적 내용은 침해될 수 없다.[66] 또한 세금은 헌법에서 요구하는 기본권(자유권) 제한의 요건에 따라 국가안전보장, 질서유지 또는 공공복리의 이름으로 정당화될 수 있어야 한다(헌법 제37조 제2항). 그리고 세법의 내용이 응능부담이 실현되도록 입법되고 국민의 최저생활보장이 세법에 실현될 수 있어야 한다.

  (2) 입법기술상의 한계

  세법의 주된 규율대상은 경제적 사상(事象, events)으로 복잡다양하고 끊임없이 생성, 변화하는 특성을 갖기 때문에 세법 또한 복잡화, 전문화하여 고도의 기술성을 띠게 된다. 따라서 조세법률의 제정에 있어 조세법률주의의 관철을 고수하는 경우에도 모든 사항을 망라하여 완결적으로 규정한다는 것은 사실상 불가능하다는 한계를 지닌다.

3. 납세의무의 확정시기

1) 일반론

납세의무의 확정이란 이미 성립한 납세의무에 대하여 과세요건사실을 파악하고 세법을 적용하여 과세표준과 세액을 계산하는 등 그 내용을 구체적으로 확인하는 절차이다.

과세요건의 충족에 의하여 납세의무가 성립하면 비로소 납세의무가 객관적으로 존재하게 되지만, 그 내용은 아직 확인되지 않기에 이 시점에서의 납세의무는 추상적으로 존재할 뿐이다. 그러므로 이에 대하여 과세관청은 아직 징수권을 행사할 수 없고 납세자는 이를 납부할 수 없다.

이러한 추상적 납세의무에 관하여 그 과세요건의 충족 여부 및 내용을 확인하는 절차를 확정이라 한다. 이를 통해 납세의무는 구체적인 것으로 전환되며 이행될 수 있는 조세채무로 되는 것이다.

결국 납세의무의 확정이란 납세의무를 새로이 창설하는 것이 아니라 이미 성립하여 객관적으로 존재하는 납세의무를 사후적으로 확인하는 절차에 불과하다. 이러한 확정절차는 과세권자(정부부과조세)뿐만 아니라 납세의무자(신고납부조세)에 의하여도 이루어진다. 민법과 달리 세법에서 확정의 개념을 규정한 것은 이에 대해 어떤 법률효과를 주기 위한 것임을 미루어 짐작할 수 있다.

---

66) 한편 일단 세금을 재산권의 침해로 보기 시작한다면 세금이란 언제나 재산권의 본질에 대한 침해이므로 재산권이라는 기본권이 침해되었다는 이유로 위헌이라 보는 것은 그르다는 주장이 있다(이창희, 「세법강의」, 박영사, 2007, 48쪽).

예컨대 국세우선의 원칙을 적용하고자 할 때, 조세채권이 확정된 날(법정기일)과 담보설정일, 사업의 양도양수일 또는 양도담보설정일을 견주어 정한다는 것이다.

2) 상속세

이 중 상속세와 같은 세목은 정부의 부과처분(결정)에 의하여 납세의무가 확정되므로, 오직 과세권자만이 확정의 권한을 가진다.

그러므로 이러한 세목에서 납세의무자가 지는 과세표준 신고의무는 정부의 결정에 필요한 근거자료를 제공하는 협력의무에 불과할 뿐 납세의무를 확정하는 효력은 없다. 이 경우 신고에 의하여 결정한다 함은 신고한 내용을 기준으로 하여 조사결정한다는 뜻이며 신고로써 납세의무를 확정한다는 뜻은 아니다. 따라서 세무서장 등은 납세의무자가 신고한 상속세의 과세표준과 세액의 정확성 · 정당성 · 적법성 등에 관한 조사를 하기 위하여 법정결정기한[67]까지 결정을 유보한 상태에서 신고한 과세표준 및 세액의 확정을 뒷받침하기 위한 질문 · 조사, 지급조서제출의무자에 대한 지급조서제출 협력의무 부여, 금융자산에 대한 일괄조회, 납세자별 재산관리자료의 모집 · 관리 등의 절차[68]를 거치고 있다.

II 상속개시일

> **해의 맥**
>
> 상증세법상 상속개시일은 기본적으로 민법의 규정에 따라 피상속인의 사망일로 한다. 다만, 실종선고의 경우에는 민법과 달리 실종선고일을 상속개시일로 한다.

1. 의의

상속은 사망으로 인하여 개시되며(민법 제997조) 상속이 개시되는 경우에 상속재산에 대하여 상속세가 부과된다(상증세법 제3조). 상속의 효력은 상속이 개시된 때에 발생하므로 상속세 납세의무는 상속이 개시되는 때에 성립한다(국세기본법 제21조 제1항 제2호).

---

67) 상증세법 시행령 제78조에 의하면, ① 상속세 : 상속세과세표준 신고기한(상속개시일이 속하는 달의 말일부터 6개월 이내)부터 9개월 이내
68) 이 책 '상속세원 적정화를 위한 제도' 참조

이처럼 상속개시일을 확정하는 것은 상속에 관하여 생길 다음과 같은 여러 문제를 해결하기 위한 기준을 제시하는 것이어서 상속개시일은 중요한 의미를 가진다. 먼저 상속개시일은 민법상 ① 상속인의 자격·범위·순위·능력의 결정기준일 ② 유류분반환청구권(민법 제1117조),[69] 재산분리청구권(민법 제1045조) 등 상속에 관한 소권(訴權)·청구권의 소멸시효·제척기간 진행의 기산일 ③ 상속 및 유언의 효력 발생시점 ④ 상속재산의 유류분 산정기준일 ⑤ 각종 신고기한의 기산일이 된다. 그리고 상증세법상으로는 무엇보다도 ① 상속세 납세의무성립일이 되며, ② 상속세 과세대상 재산의 판정기준이 되는 날이다. 그러므로 상속개시일은 ③ 상속세 납세의무가 있는 상속인을 결정하는 시점이며 이에 따른 ④ 각종 상속공제 대상을 판정하는 시점이 된다. 이외에도 ⑤ 상속세의 신고기한을 정하는 기준이 되는 날이고, ⑥ 상속세에 대한 부과제척기간 및 상속재산을 평가하기 위한 기준이 되는 날이 된다. 뿐만 아니라 ⑦ 개정법령의 시행시기 ⑧ 상속받은 재산을 유상으로 양도할 때의 양도차익계산을 위한 취득시기[70] 등을 결정하는 기준이기도 하다.

> **보론 6   재산의 분리[71]**
>
> **1. 의의**
>   ① 재산분리란 상속개시 후에 상속채권자나 유증받은 자 또는 상속인의 채권자의 청구에 의하여 상속재산과 상속인의 고유재산을 분리시키는 가정법원의 처분을 말한다.
>   ② 상속재산이 채무초과인 경우 상속인의 채권자가 청구하는 재산분리와 상속인의 고유재산이 채무초과인 경우 상속채권자와 유증받은 자가 청구하는 재산분리가 있다.
>   ③ 상속재산과 상속인의 고유재산이 혼합되는 경우, 상속재산이 채무초과이면 상속인의 채권자가 불이익을 입고, 고유재산이 채무초과이면 상속채권자나 유증받은 자가 불이익을 입게 된다. 그런데 피상속인이나 상속인 각각의 고유재산을 믿고 거래한 자들이 재산의 혼합으로 불이익을 받아서는 곤란하다. 따라서 재산의 분리제도가 필요하게 되었다.
> **2. 한정승인 또는 상속포기와의 관계**
>   ① 한정승인과 상속포기는 상속재산이 채무초과인 때에 상속인을 보호하기 위한 제도임에 반하여, 재산분리는 고유재산이 채무초과인 때에 상속채권자와 유증받는 자를 보호(물론 상속재산이 채무초과인 경우에는 상속인의 채권자를 보호)하기 위한 제도이다.
>   ② 한정승인은 배당변제를 받음으로써 채권이 소멸해 버리는 것이지만, 재산분리는 일단 재산을 분리하여 변제의 우선순위를 정하는 것일 뿐 채권이 소멸하는 것이 아니다.

---

69) 이에 대한 자세한 설명은 이 책 '보론 15 유류분반환청구권'을 참조하기 바란다.
70) 물론 세율결정을 위한 취득시기는 피상속인의 취득시기로 한다(소득세법 제104조 제2항 제1호).
71) 김주수·김상용, 「친족·상속법」, 법문사, 2007, 667~673쪽 참조

③ 재산분리는 상속인의 단순승인에 의한 재산혼합을 막는 것이 목적이므로, 한정승인이 된 경우에는 한정승인의 본질상 재산분리가 필요 없다.

3. 재산분리의 청구

1) 청구권자(민법 제1045조)

① 상속재산이 채무초과이면, 상속인의 채권자가 청구권자이다.

② 상속인의 고유재산이 채무초과이면, 상속채권자나 유증받은 자이다. 다만 포괄적 유증받은 자는 상속인과 동일한 지위에 있으므로 재산분리를 청구할 수 없고 한정승인하면 될 것이다.

2) 상대방

상속인 또는 상속재산의 관리인, 파산관재인 및 유언집행자를 상대로 청구한다. 상속인이 여러 명이면 공동으로 상대방이 된다.

3) 청구기간

상속이 개시된 날로부터 3월 내이다(민법 제1045조 제1항). 다만, 상속인이 상속의 승인이나 포기를 하지 아니한 동안은 3개월의 기간이 지난 후에도 재산의 분리를 법원에 청구할 수 있다(민법 제1045조 제2항).

4) 심판

재산분리의 청구가 있으면 가정법원은 상속재산과 상속인의 고유재산의 상태 그 밖의 사정을 종합하여 그 필요성을 판단한 후에 재산분리를 명하는 심판을 하여야 한다.

4. 재산분리의 효과

① 재산분리의 명령이 있는 때에는 상속재산과 상속인의 고유재산이 분리되므로 피상속인에 대한 상속인의 재산상 권리의무는 혼동에 의해 소멸하지 아니한다(민법 제1050조).

② 재산의 분리는 상속재산인 부동산에 관하여는 이를 등기하지 아니하면 제삼자에게 대항하지 못한다(민법 제1049조). 즉 재산분리 명령 후에 한 상속재산의 처분행위는 무효이나, 제삼자를 보호하기 위해 처분제한의 등기를 하여야 한다.

③ 공고기간(민법 제1046조) 만료 후에는 상속재산으로써 재산분리의 청구 또는 그 기간 내에 신고한 상속채권자, 유증받은 자와 상속인이 알고 있는 상속채권자, 유증받은 자에 대하여 각 채권액 또는 수증액의 비율로 변제하여야 한다(민법 제1051조 제2항 본문). 그러나 질권 · 저당권 등의 우선권이 있는 채권자의 권리를 해하지 못한다(민법 제1051조 제2항 단서).

④ 상속채권자와 유증받은 자는 상속재산으로써 전액의 변제를 받을 수 없는 경우에 한하여 상속인의 고유재산으로부터 그 변제를 받을 수 있다(민법 제1052조 제1항). 물론 상속인이 한정승인을 한 경우에는 설령 완전변제가 이루어지지 않더라도 상속인의 고유재산으로부터 변제를 받을 수 없다. 상속인의 채권자는 그 상속인의 고유재산으로부터 우선변제를 받을 권리가 있다(민법 제1052조 제2항).

2. 구체적인 상속개시일 검토

현행 민법은 상속에 있어서는 사망(자연사망, 실종선고, 부재선고 및 인정사망을 포함. 이하 같다)의 경우만을 상속의 개시원인으로 하고 있고(민법 제997조), 상증세법상 상속개시일에 관하여는 실종선고 외에는 별도로 규정한 바가 없다. 따라서 상속개시일에 관하여는 기본적으로 민법의 개념을 차용[72]하여 판단하여야 한다. 피상속인의 사망과 동시에 당연히 상속이 개시되므로 상속인이 이를 알았는지에 관계없이 상속이 개시된다(상증세법 집행기준 1-0-3). 이로 인해 상속권을 잃을 염려가 있으므로 '안 날로부터' 상속회복청구권(민법 제999조 : 제척기간) 및 유류분반환청구권(민법 제1117조 : 소멸시효)의 기산일을 정하도록 하는 기간계산의 특칙을 두고 있다.

1) 자연사망

일반적으로 사망이라 함은 자연사망을 의미하며 그 확인되는 때가 상속개시일이 된다. 그러므로 자연사망은 가장 일반적인 상속의 개시원인이다. 이와 같은 사망은 상속이라는 커다란 문제를 일으킴에도 불구하고, 사망의 사실과 시기를 증명하는 것은 항상 쉬운 것만은 아니다. 사망은 상식적으로 생명이 소생불가능한 상태에 이른 것을 말하지만, 엄밀히 말해 생의 징후라고 하는 호흡, 맥박, 뇌파, 심장 중 어느 것이 멎은 상태를 가리키는가에 따라 여러 주장이 제기되고 있다. 현재 통설적 견해는 사람의 호흡과 심장의 기능이 영구적으로 정지한 때에 사망한 것으로 보고 있다(심사상속 98-206, 1998. 10. 9.). 통상은 가족관계등록부법[73]상의 사망신고에 첨부되는 사망진단서나 사체검안서(사고사의 경우)에 의해 확인('사망의 연월일시분과 장소'가 기재되어 있다)되지만, 이는 '사망하였다'는 일단의 추정력(추정적 증명력)이 인정되는 데에 지나지 않고 절대적으로 확정적이라고 할 수 없다. 즉 언제든지 진정한 사망이 확인된다면 가족관계등록부에의 기재는 실제 사망시기에 대한 반증으로 변경될 수 있다. 결국 "실제로 사망한 때"가 상속개시일이 된다(상증세법 집행기준 1-0-3).

2) 인정사망

가족관계등록부에 사망을 기재하려면 진단서 또는 검안서의 첨부를 필요로 하지만, 사체가 발견되지 않을 때에는 이를 첨부할 수 없다. 그래서 수해, 화재나 그 밖의 재난으

---

72) 이를 차용개념이라 하고, 이에 대한 상세한 설명은 이 책 '[보론 5] 조세법률주의' 참조
73) 2008. 1. 1.부터는 '호적법'이 '가족관계의 등록 등에 관한 법률'로 대체되었다.

로 인하여 사망한 것이 확실한데 사체가 발견되지 않을 경우(즉, 확증이 없다)에는 그를 조사한 관공서가 사망지의 시 · 읍 · 면의 장에게 사망보고를 하고, 이에 기초하여 가족관계등록부상 사망의 기재를 하게 된다[가족관계의 등록 등에 관한 법률(약칭: 가족관계등록법) 제87조]. 사망의 개연성이라는 점에서는 특별실종과 공통되지만, 그 효력은 보통의 사망신고에 기인하는 가족관계등록부 기재와 마찬가지로 실체상의 효력은 없고, 다만 사망에 관한 기재에 일단의 추정력이 주어지는 데 지나지 않는다. 즉 반증이 없는 한 가족관계등록부 기재의 사망일에 사망한 것으로 인정된다(상증세법 집행기준 1-0-3).

3) 실종선고

(1) 부재자의 생사가 5년간 분명하지 아니한 때(보통실종)에는 법원은 이해관계인이나 검사의 청구에 의하여 실종선고를 하여야 하고, 한편 전지에 임한 자 · 침몰한 선박 중에 있던 자 · 추락한 항공기 중에 있던 자 그 밖의 사망의 원인이 될 위난을 당한 자의 생사가 전쟁종지 후 또는 선박의 침몰 · 항공기의 추락 그 밖의 위난이 종료한 후 1년간 분명하지 아니한 때(특별실종)에도 실종선고를 하여야 한다(민법 제27조). 여기에서 실종일(최후소식일)로부터 5년(보통실종) 혹은 전쟁이 끝난 날 · 선박이 침몰했을 때 · 항공기가 추락했을 때, 그 밖의 경우에는 위난이 사라진 때로부터 1년(특별실종)이 만료한 때가 실종기간의 만료일이 된다. 따라서 시간적으로 실종기간 만료일이 실종선고일에 앞선다.

(2) 실종선고는 사망을 의제(추정이 아니다)하므로 민법상 실종선고를 받은 자는 실종기간이 만료한 때(그날의 24시)에 사망한 것으로 보아(민법 제28조), 그것에 의하여 상속이 개시된다. 그러나 실종자가 생존한다든가 또는 사망으로 본 시기와 다른 시기에 사망한 것이 증명되면 반드시 청구에 의하여 법원에서 실종선고 취소의 심판(반증만으로는 안 된다)을 받아야 된다.

이 경우에는 상속인으로 생각된 자는 상속인이 아닌 것이 되어 그 받은 이익이 현존하는 한도에서 재산을 반환하지 않으면 안 되며, 실종선고 후 그 취소 전에 선의로 한 행위는 그 효력을 잃고 동시에 받은 이익에 이자를 붙여서 반환하고 손해가 있으면 배상하여야 한다(민법 제29조).

실종선고 후 그 취소 전에 선의로(선고가 사실과 다른 것을 당사자 쌍방이 알지 못하고) 한 행위(잔존배우자의 재혼, 상속인의 재산처분 등)의 효력에는 영향을 미치지 않는다(민법 제29조 제1항 단서).

(3) 실종선고의 경우 민법상으로는 실종기간의 만료 시(종료일)가 상속개시일(사망일)로 간주되는 것과 달리, 상증세법에서는 실종선고일을 상속개시일로 본다(상증세법 제2조 제2호 단서). 이처럼 상증세법이 민법과 달리 규정하는 것은(실종기간이 만료될 뿐만 아니라) 상속세에 대한 부과제척기간이 끝난 후에 실종선고를 받음으로 인해(시간적으로 실종기간 만료일이 실종선고일보다 앞서기 때문에) 상속세를 원천적으로 부과하지 못하는 것을 방지하고자 함이다.

> **보론 7** 善意와 惡意
>
> 선의는 어떤 사정을 알지 못하는 것이고, 악의는 이를 알고 있는 것이다. 당사자가 선의인지 악의인지에 따라 법률상의 효과가 상이한 경우는 민법상 뿐만 아니라 세법에서도 많다. 이러한 선의·악의는 행위가 아닌 사람의 인식으로서 이것을 증명하기가 실제로 어렵고, 그래서 이것을 누가 입증하여야 할 책임(입증책임)을 지느냐가 법률효과를 실제로 발생시키는 데 있어 매우 중요하다.

4) 부재선고

부재선고 등에 관한 특별조치법에 의해 부재선고를 받은 자는 가족관계등록부에서 말소되며, 이 경우 상속개시(민법 제997조)의 적용에 관하여는 실종선고를 받은 것으로 본다(부재선고 등에 관한 특별조치법 제4조). 이때에 '실종선고'를 받은 것으로 보는 경우는 '잔류자[74]'가 부재선고를 받은 경우(즉, 부재선고는 오직 '잔류자'에 대하여만 한다)를 말하고, '부재자[75]'인 경우는 법원에 의한 실종선고일이 상속개시일이 된다(심사상속 99-173, 1999. 6. 25.). 부재기간이 별도로 없으므로 잔류자에 대한 부재선고 심판확정일을 사망의 시기로 본다.

5) 동시사망

2인 이상이 동시에 사망할 경우 누가 상속인의 자격·능력을 가지는지를 결정하는 것이 문제가 된다. 민법은 '2인 이상이 동일한 위난으로 사망한 경우에는 동시에 사망한 것으로 추정한다(민법 제30조)'고 규정하고 있다. 즉 동시위난사망의 경우에는 동시사망추

---

74) "잔류자"라 함은 가족관계등록부에 군사분계선 이북지역 거주로 표시된 자를 말한다(부재선고 등에 관한 특별조치법 제2조 제2항). 그러므로 잔류자가 이북에 생존해 있더라도 사망자로 간주한다.

75) "부재자"란 1945. 8. 15.부터 1953. 7. 28. 사이에 군사분계선 이남의 지역에서 그 주소나 거소를 떠난 후 생사가 분명하지 아니한 자를 말한다(부재선고 등에 관한 특별조치법 제2조 제3항).

정주의를 채용하고 있다.[76] 부와 모가 동시에 사망하였을 경우 상속세의 과세는 부와 모의 상속재산에 대하여 각각 개별로 계산하여 과세하며, 이 경우 배우자 상속공제 규정(상증세법 제19조)은 적용되지 아니한다(상증세법 기본통칙 13-0…2). 그리고 이 경우 사망자 간에는 상속이 발생한 것으로 보지 않는다. 다만, 동시사망자를 피대습인으로 하여 대습상속은 가능하다[77](대법원 99다13157, 2001. 3. 9.).

그러나 사망시기의 선후의 확정이 증거에 의하여 명백한 경우에는 그 추정이 번복되는 것은 말할 나위도 없다. 부와 모가 동일자에 시차를 두고 사망한 경우 상속세의 과세는 부와 모의 재산을 각각 개별로 계산하여 과세하되 후에 사망한 자의 상속세 과세가액에는 먼저 사망한 자의 상속재산 중 그의 지분을 합산하고 단기 재상속에 대한 세액공제(상증세법 제30조)를 한다(상증세법 기본통칙 13-0…1)고 정하고 있다. 한편 수인이 각각 다른 위난으로 사망하여 그들의 사망시기를 확정할 수 없게 되는 경우에는 같은 조의 적용이 없는 것으로 보이나, 이를 유추적용하는 것이 타당해 보인다.[78]

▌구체적 상속개시일 비교 ▌

구 분	자연사망	인정사망	실종선고	부재선고	동시사망
사망의 확실성 정도	확실	확증없음(사망의 개연성)	확증없음	불문	확증없음(사망의 개연성)
사망시기	호흡·심장정지(가족관계등록부에 기재된 사망일)	가족관계등록부에 기재된 사망일	실종기간만료일. 다만, 상증세법상:실종선고일	부재선고 심판 확정일	가족관계등록부에 기재된 사망일
추정력	추정(반증에 의해 변경)	추정(반증에 의해 변경)	간주(청구에 의해 실종선고취소)	간주(청구에 의해 실종선고취소)	추정(반증에 의해 변경)
관련법	민법	민법(가족관계의 등록등에관한법률)	민법, 상증세법	부재선고 등에 관한 특별조치법 (이북지역 거주자)	민법

---

76) 예를 들어, 부부가 함께 수해, 화재 등으로 말미암아 사망한 경우와 같이 2인 이상이 동일한 위난으로 사망한 경우에는 동시에 사망한 것으로 추정하는 것이다.

77) 아버지와 딸이 동일한 항공기 사고로 동시에 사망한 때에, 딸이 아버지의 재산을 상속받을 수 없지만 사위는 딸을 대습하여 장인의 재산을 상속받을 수 있다.

78) 김주수·김상용, 「친족·상속법」, 법문사, 2007, 519쪽

Ⅲ 본래(고유)의 상속세 납세의무

이해의 맥

상속인·수유자별 상속세과세표준 비율에 따른 상속인·수유자별 납부할 상속세액을 본래의 상속세 납세의무라고 부른다.

1. 의의

현행 상증세법은 피상속인의 유산 전체를 과세대상으로 하는 유산세제를 채택하고 있다. 그러나 이러한 유산을 기준으로 산출된 상속세의 납세의무는 상속인 또는 수유자가 상속재산 중 각자가 받았거나 받을 재산을 기준으로 계산한 비율에 따라 분담하도록 되어 있다(상증세법 제3조의 2 제1항).

이때 각자가 받았거나 받을 재산을 기준으로 계산한 비율은 '상속인 또는 수유자별 상속세과세표준 상당액'이 '총 상속세과세표준 – 가산한 증여재산가액 중 상속인·수유자가 아닌 자에게 사전증여한 재산에 대한 증여세 과세표준'에서 차지하는 비율(상속인·수유자별 상속세과세표준 비율)로 한다(상증세법 시행령 제3조). 이와 같이 계산된 상속인 또는 수유자별 상속세 납세의무를 '본래의 상속세 납세의무'라고 한다.

이에 따라 상속인·수유자별 납부할 상속세액의 계산과정을 보이면 다음과 같고, 이에 대한 설명은 아래에서 기술한다.

㉕상속인·수유자별 납부할 상속세액(=㉓-㉔)						
=	㉓상속인·수유자별 배분된 상속세 산출세액(=(㉑-㉒)×⑳)					
	=	㉑총 상속세 산출세액				
		−	㉒상속인·수유자가 아닌 자에게 사전증여한 재산에 대한 증여세액공제액(법 28조)			
	×	⑳상속인·수유자별 상속세과세표준 비율(영 3조 1항)(=⑰/(⑱-⑲))				
		=	⑰상속인·수유자별 상속세과세표준 상당액(=⑯+⑮)			
			=	⑯상속인·수유자별 상속재산에 가산한 증여재산의 과세표준(법 13조 1항)		
			+	⑮상속인·수유자별 상속재산에 가산한 증여재산 이외의 상속세과세표준(=(⑬-⑭)×⑫)		
				=	⑬총 상속세과세표준(법 25조 1항)	
				−	⑭총 증여재산 과세표준(법 13조 1항 각호)	
				×	⑫상속인·수유자별 상속세 과세가액 비율(=(⑧-⑨)/(⑩-⑪))	
					=	⑧상속인·수유자별 상속세 과세가액 상당액(=① 내지 ⑦의 合)
						= ①본래의 상속재산
						+ ②간주상속재산
						+ ③추정상속재산
						− ④비과세재산
						− ⑤과세가액 불산입액
						− ⑥공과금, 장례비, 채무
						+ ⑦사전증여재산가액(법 13조 1항 각호)
					−	⑨상속인·수유자별 사전증여재산가액(법 13조 1항 각호)
					÷	⑩총 상속세 과세가액(법 13조)
					−	⑪총 가산한 증여재산가액(법 13조 1항 각호)
			÷	⑱총 상속세과세표준(법 25조 1항)		
			−	⑲상속인·수유자가 아닌 자에게 사전증여한 재산에 대한 증여세 과세표준(법 13조 1항 2호)		
−	㉔상속인·수유자별 사전증여받은 재산에 대한 증여세액공제액(법 28조)					

※ 법 ⇒ 상증세법, 영 ⇒ 상증세법 시행령

2. 상속인 · 수유자별 납부할 상속세액

1) 각 구성요소의 이해 등

(1) 상속인 또는 수유자별 상속세과세표준 비율(=상속인별 상속세 납부의무비율 ⇨ 상증세법 집행기준 3-2의 2-1)

① 각자가 받았거나 받을 상속재산을 기준으로 대통령령이 정하는 바에 의하여 계산한 비율(상속인 또는 수유자별 상속세과세표준 비율)=상속인 또는 수유자별 상속세과세표준 상당액/(상속세과세표준-상증세법 제13조 제1항 제2호에 의하여 가산한 증여재산가액 중 상속인 · 수유자가 아닌 자에게 증여한 재산에 대한 증여세과세표준)

② 상속인 또는 수유자별 상속세과세표준 상당액(상증세법 시행령 제3조 제1항 제1호)

> =상증세법 제13조 제1항에 의하여 상속재산에 가산한 상속인 · 수유자별 증여재산의 과세표준+[(상증세법 제25조 제1항에 의한 상속세과세표준-상증세법 제13조 제1항 각호에 의하여 가산한 증여재산의 과세표준)×(상속인 또는 수유자별 상속세 과세가액 상당액-상증세법 제13조 제1항 각호에 의하여 상속재산에 가산하는 상속인 · 수유자별 증여재산가액)/(상증세법 제13조에 의한 상속세 과세가액-상증세법 제13조 제1항 각호의 증여재산가액)]

③ 상증세법 제13조 제1항에 의하여 상속재산에 가산한 상속인 · 수유자별 증여재산의 과세표준 : 상속재산에 가산한 상속인별 사전증여재산을 해당 상속인별 상속세과세표준으로 배분할 경우, 사전증여재산은 상속공제가 인정되지 아니하므로 사전증여재산가액 전액이 사전증여받은 해당 상속인의 상속세과세표준으로 배분되어야 하고 사전증여재산이 이를 증여받지 아니한 다른 상속인의 과세표준으로 배분되는 것은 타당하지 않다. 따라서 그 사전증여재산가액 전액을 해당 상속인의 상속세과세표준으로 배분하여 상속인별 상속세 부담비율을 계산하고 이에 따라 상속인별 납부할 세액을 계산하여야 한다(조심 2008중906, 2008. 10. 6.).

(2) 상속인 또는 수유자별 상속세 과세가액 상당액

> =본래의 상속재산가액+간주상속재산가액+추정상속재산가액-비과세재산가액-과세가액불산입재산가액-과세가액공제(공과금, 장례비, 채무)+사전증여재산가액

① 상증세법에는 '상속인 또는 수유자별 상속세 과세가액'의 의미나 산정방법에 대한 명문의 규정이 없다. 그러나 상증세법 제13조에 '상속세 과세가액'에 대한 일

반적 규정을 두고 있으므로, '상속세 과세가액'이라는 문언에 충실하게 이에 따라 해석(문리해석)하여 위 산식이 도출된다.

② 이때 위의 산식에서 각 항목의 상속인 또는 수유자별 귀속판단은 그 실질에 따르며, 그 귀속에 따라 직접 가산하거나 뺀다. 다만, 그 귀속이 불분명하면 각 상속인·수유자별로 받았거나 받은 상속재산가액 비율로 안분하여 가산하거나 뺀다(상속으로 인한 납세의무의 승계의 경우 이와 같다(국세기본법 제24조 제1항 참조)). 그런데 귀속불분명 추정상속재산에 대해서는 법정상속분에 의해 안분하여야 한다는 해석(국심 2006서 518, 2006. 9. 12. ; 재삼 46014-1069, 1999. 6. 4.)이 있다. 이는 과세실무상의 편의를 위한 것으로 보이나 추정상속재산만을 달리 취급할 만한 타당성에 대해서는 의문이다.

③ 그러므로 상속인 또는 수유자별 '상속재산가액'은 ⅰ) 민법상의 법정상속분 비율에 따른 취득, 협의분할에 따른 취득(서면4팀-1260, 2004. 8. 11.) 또는 생전증여에 의한 취득 등과 같은 그 귀속이 분명한 취득재산가액(심사상속 2010-8, 2010. 5. 4.)과 ⅱ) 그 귀속이 불분명하여 안분하여 취득한 재산가액을 합한 가액을 의미한다고 할 것이다.

(3) 그 밖

① 공동상속인은 특별한 사정이 없는 한 민법상의 상속분 비율에 따라 상속세를 납부해야 할 것이지만, 상속재산을 협의분할한 경우에는 그 분할 비율에 따라 상속세를 납부할 의무가 있다(대법원 83누710, 1984. 3. 27. ; 대법원 85누962, 1986. 2. 25.).

상속재산의 일부에 대하여만 협의분할이 있었다면 협의분할된 재산은 그 분할비율에 따르고 분할대상에서 제외된 나머지 상속재산은 법정상속분에 따른 각자의 상속 재산가액을 산정하여 이를 합산한 후 여기에서 과세가액불산입재산의 가액을 제외하고 채무 등을 공제하는 과정 등을 거쳐 산출되는 상속세 과세가액이 각 상속인의 상속재산에 대한 점유비율이 된다(대법원 94누12197, 1995. 3. 28.). 이때 상속 재산에 대하여 유언이나 협의분할 등에 의하여 상속인들 각자의 상속지분이 확정(등기 등이 경료)되어 상속인들 각자가 받았거나 받을 재산이 확인되면 그에 따라야 할 것이나, 그렇지 아니한 이상 상속인들 각자가 납부할 상속세액을 계산함에 있어서는 법정지분을 상속지분으로 계산하여 상속세를 고지함이 타당하다(심사상속 2002-12, 2002. 5. 24. ; 국심 2001구718, 2001. 11. 9.).

한편 공동상속인 간에 협의분할로 공동상속인 중 1인이 고유의 상속분을 초과하는 재산을 취득한 경우 증여세문제도 있으나 이에 대해서는 뒤에서 기술[79]한다.

---

79) 이 책 '상속분 확정 후 재분할시 증여' 참조

② 이때 영농자녀가 증여받는 농지 등에 대한 증여세의 감면규정(조특법 제71조)에 따라 증여세를 감면받은 농지 등은 상속세 납세의무 및 납부비율을 계산할 때, 상증세법 제3조의 2 제1항에 의한 상속재산에 가산하는 증여재산으로 보지 아니한다(조특법 제71조 제5항). 감면의 효과를 유지하기 위해서이다.

2) 피상속인별 본래의 납세의무

(1) 피상속인이 거주자인 경우 상속인·수유자별 본래의 납세의무

위에 기술한 바와 같다. 그러므로 공동상속인 각자가 납부할 세액은 공동상속인 각자의 상속재산 비율(과세표준 비율)에 따라 산정되므로 상속인별 납부할 세액과 상속세 총결정세액[80]을 상속재산 비율에 따라 상속인에게 배분한 금액은 궁극적으로 일치하여야 한다. 이에 따라 상속세 경정이 있는 경우 상속세 총결정세액을 기준으로 상속인들 각자가 받았거나 받을 재산의 비율(과세표준 비율)에 따라 상속인들 각자가 납부할 상속세액을 산정한 후, 상속인들이 이미 자진납부한 당초세액은 상속인들이 납부하여야 할 상속세액에서 기납부세액으로 공제하여 상속인들이 추가 납부하여야 할 세액을 계산하여야만 공동상속인 각자가 납부할 세액과 상속세 총결정세액을 상속재산 비율에 따라 상속인에게 배분한 금액이 일치하게 된다(심사상속 2011-7, 2011. 6. 3.). 예컨대 상속개시 전 처분재산에 대한 양도소득세 등은 실제 납부한 상속인은 그 납부로 인하여 상속으로 인하여 취득하는 재산가액이 적어지는 효과가 발생하였으므로 해당 상속인의 상속재산가액에서만 공제되어야 한다(심사상속 2010-8, 2010. 5. 4.).

(2) 피상속인이 비거주자인 경우 상속인·수유자별 본래의 납세의무

위 산식 중 다음을 고려하여 계산한다.
① 비거주자의 장례는 국외에서 행하여진다는 점에서 장례비용을 제외한다(상증세법 제14조 제2항).
② 차감하는 공과금과 채무도 피상속인의 국내 상속재산(국내 사업장 포함)과 관련된 부분만 고려한다(상증세법 제14조 제2항).
③ 사전증여재산은 국내에 있는 재산을 증여한 경우에만 고려한다(상증세법 제13조 제2항).

---

80) 이 책 뒤에서 볼 '상속세의 세액계산 구조' 참조

Ⅳ 납세의무의 확장

해의 맥

납세의무의 확장에 의해 본래의 납세의무를 넘어 납세의무를 부담한다.

납세의무의 확장이란 과세물건의 귀속자 외의 자에게 납부책임을 지우는 제도이다. 이는 조세채권의 보전을 위하여 일정한 사유가 있는 경우에는 본래의 납세의무자 이외에게도 납부책임을 지우는 것이다.

조세채권채무의 성립요건 중의 하나인 납세의무자가 누구인가는 세법에서 대부분 명문의 규정으로 정하고 있다. 그런데 세법에서는 조세의 징수확보와 편의를 위하여 본래의 납세의무자와는 별도로 본래의 납세의무가 없는 데도 납부의무를 지는 자를 규정하고 있다. 이러한 납부의무의 확장에는 연대납세의무, 제2차납세의무, 물적납세의무, 납세의무의 승계, 납세보증인제도 등이 있고, 이 중 상속세와 관련하여 연대납세의무, 납세의무의 승계, 물적납세의무, 납세보증인에 대해 살펴본다.

1. 연대납세의무[81]

1) 연대납세의무의 의의

민법상 연대채무란, 수인의 채무자가 동일한 내용의 급부[82]에 관하여 각각 독립해

---

81) 연대납세(납부)의무와 연대납부(납세)책임의 차이 : 각 세법의 규정을 보면 연대납세의무에 관하여 "연대하여 납부할 의무를 진다"고 하여 연대납세의무를 규정한 것이 있고(국세기본법 제25조, 소득세법 제2조 제1항의 단서, 제2조 제3항, 상증세법 제3조의 2 제3항, 제4조의 2 제6항 등), 한편 "연대하여 납부할 책임을 진다"고 연대납부책임을 규정한 것이 있다(소득세법 제157조, 법인세법 시행령 제127조). 여기서 조세법상 연대납세의무와 연대납부책임을 구별하여야 하는지가 문제로 된다.

채무자가 채권자에 대하여 일정한 급여를 하여야 할 의무인 채무(Schuld)와 채무자가 채무를 이행하지 않는 경우에 채권자가 책임을 지는 자의 재산 또는 그 밖의 목적물로부터 강제적으로 채권의 만족을 얻을 수 있는 책임(Haftung)을 구분하는 전제 아래에 국세기본법 제25조 등에서 규정하고 있는 연대납세의무는 각 연대납세의무자가 본래적으로 납세의무를 부담하고 있는 경우를 예상하고 있음에 대하여, 연대납부책임의 경우에는 그 책임을 부담하는 자가 본래적으로 납세의무자가 아니지만 일정한 사유로 인하여 제2차적으로 납세를 부담한다는 점에서 납세보증채무 또는 제2차 납세의무와 유사한 조세채무를 부담한다고 말할 수 있다.

이처럼 연대납세의무와 연대납부책임은 위와 같이 구별할 수 있겠지만 구분의 실익이 무엇인지에 대해서는 언급하고 있지 아니하고 있으므로 두 용어를 연대납세의무로 쓰기로 한다.

서 전부의 급부를 하여야 할 채무를 부담하고, 그 가운데의 한 사람의 채무자가 전부의 급부를 하면 모든 채무자의 채무가 소멸하는 다수당사자의 채무를 말한다. 즉, 채권자가 수인의 채무자 중 그 어느 채무자에 대하여, 또는 동시나 순차로 모든 채무자에 대하여 채무의 전부나 일부의 이행을 청구할 수 있는 채무를 말한다(민법 제414조). 이 경우에 수인의 채무자는 채무 전부를 각자 이행할 의무를 지고, 그 가운데 한 사람의 채무자가 채무의 전부를 이행하면 다른 채무자의 채무는 소멸하게 된다(민법 제413조).

국세기본법에서는 국세·가산금과 체납처분비를 연대하여 납부할 의무에 관하여는 민법의 규정(민법 제413조부터 제416조까지, 제419조, 제421조, 제423조 및 제425조부터 제427조까지)을 준용하도록(국세기본법 제25조의 2)하고 있다.[83]

연대납세의무란 수인이 동일한 납세의무에 관하여 각각 독립적으로 전액의 납부의무를 부담하고, 그 가운데의 한 사람이 전액을 납부하면 모든 납세의무자의 납부의무가 소멸하는 납세의무를 말한다.

따라서 조세채권자는 실질적으로 하나의 조세채권을 가지는데 지나지 않으나 납세의무자가 다수 있게 됨으로써 조세채권의 확보를 위한 책임재산의 범위가 여러 납세의무자의 일반재산에로까지 확장되어, 사실상 다수의 인적담보를 얻는 결과가 되는 것이다.

2) 상속세 연대납세의무

이 해의 맥

상속세 연대납세의무는 본래의 납세의무를 초과하여 상속인이 받았거나 받을 재산(= 자산총액 – 부채총액 – 상속세)을 한도로 전체 상속세액에 대해 납부할 의무를 지는 것이다.

---

82) 급부란 보통 채권의 목적인 채무자의 행위를 가리킨다. 현행 민법이나 민사소송법은 이 말을 쓰지 않고, 이에 갈음하여 각 경우에 따라서 이행·지급·행위 또는 급여 등의 말을 쓰고 있다.

83) 근본적으로 세법상 연대납세의무는 공법상 법률관계인 조세채무에 관한 것이고 민법상 연대채무는 사법상 법률관계인 일반 민사채무에 관한 것이어서 양자는 분명한 차이가 있음에도, 민법의 법리를 그대로 준용하도록 하는 규정을 두고 있는 것은, 비록 법이 서로 다른 성질의 규정에 대해서는 준용을 하지 않는 방식으로 그 차이점을 반영하도록 한다 하더라도, 종국적으로는 양 법체계 간의 특수성을 제대로 반영하지 못할 우려가 없지 않으며, 양자의 법리가 혼용됨으로써 제도의 운용상 문제가 발생할 소지가 매우 높기 때문에 세법에 특유한 명시적인 규정을 두는 것이 바람직하다고 하겠다(김완석·한상국·박훈, 「국세기본법 개편방안 – 민사채권과의 조화를 중심으로」, 한국조세연구원, 2006, 228쪽).

(1) 상속세의 연대납세의무의 의의

상증세법 제3조의 2 제3항에서는 상속세는 상속인 또는 수유자 각자가 받았거나 받을 재산을 한도로 연대하여 납부할 의무를 진다고 규정하고 있다.

이처럼 상속세의 납세의무를 연대납세의무로 규정하고 있으므로 각 상속인 누구에게나(재삼 46014-435, 1999. 3. 2.) 동시 또는 순차로 상속세의 전부 또는 일부의 이행을 청구할 수 있다. 다만 일반적인 연대납세의무와는 달리 각자의 상속세 납부책임은 각자가 받았거나 받을 상속재산을 한도로 할 뿐이다.

(2) 상속세 연대납세의무의 범위

현행 상속세는 피상속인의 유산전체액을 과세표준으로 하는 유산세방식을 채택하고 있으므로, 피상속인의 유산전체액을 과세표준으로 하여 계산한 상속세에 대하여 상속인 또는 수유자 각자가 받았거나 받을 재산을 한도로 연대하여 납부할 의무를 진다. 그러므로 그 한도 내에서 다른 상속인이 납부해야 할 상속세를 대신 납부한 경우 증여세가 부과되지 아니하나(서면4팀-2005, 2004. 12. 9.) 한도를 초과하여 대신 납부한 상속세액에 대해서는 증여세가 과세된다(재산-2387, 2008. 8. 22. ; 재산-4083, 2008. 12. 4.). 같은 맥락에서 상속세 자진신고시 납부한 세액이 상속인의 지분을 초과한다 하더라도 상속받은 재산가액을 한도로 연대납부할 의무가 있으므로 그 한도 내의 압류처분은 정당하다(조심 2008서1608, 2008. 12. 10.).

위에서 각자가 받았거나 받을 재산이라 함은 상속으로 인하여 얻은 자산총액에서 부채총액과 그 상속으로 인하여 부과되거나 납부할 상속세를 공제한 가액을 말한다. 한편 여기에서 '받았거나 받을 재산'에 의미에 관하여는 '받았거나 받을 상속재산가액상당액'으로 해석하는 것이 타당하므로 상속인 또는 수유자의 고유재산에 대하여도 상속세액을 징수할 수 있다(서면4팀-3725, 2007. 12. 28.).

(3) 상속세 연대납세의무의 성격

상속세는 수인의 공동상속인에게 하나의 상속세의 과세요건(납세의무의 성립요건)이 충족된 것이므로 공동상속인 사이에 연대납세의무를 지우고 있다. 국세기본법 제25조 제1항에서의 공유물 등에 관계되는 국세 등의 연대납세의무와는 달리 공동상속인의 상속세에 있어서는 각 납세의무자가 납부할 세액이 특정되어 있다. 그리고 공동상속인은 각자가 받았거나 받을 재산을 한도로 하여 연대납세의무를 지고 있는 것이다. 이와 같은 상속세의 연대납세의무의 성격을 둘러싸고 견해의 대립이 있으나, 현행 상증세법이 상속세의 과세방식을 유산세방식에 의하고 있는 점, 연대납부의무를 지움에 있어서 보충성을 그 요건으로 하고 있지 않는 점 등을 고려하여 볼 때 연대채무에 유사한 연대납세의무로 이해하는 것이 타당하다. 다만, 연대납부의무의 한도를 설정하고 있을 뿐이다. 본래의 납세의무자와 연대납부의무를 지는 납세의무자 사이에 주종의 구별을 인정하지 않는 것이다.

(4) 상속세 연대납부의무의 성립과 확정

① 성립 : 본래의 상속세 납세의무의 성립시, 즉 피상속인의 사망 시에 상속세 연대납부의무도 동시에 성립한다. 상속세의 연대납부의무는 연대채무에 유사한 연대납부의무이므로 이는 당연하다.

② 확정 : 상속세의 연대납부의무를 지우기 위하여 상속세의 과세처분 외에 별도의 확정절차를 거쳐야 하는지에 관하여는 상반된 견해의 대립이 있으나, 상속세의 연대납부의무는 공동상속인의 고유의 상속세의 납세의무가 확정됨에 따라 법률상 당연히 확정되는 것이라고 보아야 할 것이다. 즉 공동상속인에 대하여 고유의 상속세의 납세의무가 확정되면 과세관청은 연대납부의무를 확정하기 위한 별도의 절차를 거침이 없이 연대납부의무자에 대하여 징수절차를 개시할 수 있는 것이라고 보는 것이 타당하다(대법원 89누8279, 1990. 7. 10.). 같은 맥락에서 연대납세의무자로부터 체납액 징수를 하는 경우 체납액 징수와 관련하여 연대납세의무자의 동의를 받을 의무는 없는 것이다(심사상속 2004-4, 2004. 5. 17.).

(5) 상속세의 연대납세의무자에 대한 납세고지

세무서장등은 제76조에 따라 결정한 과세표준과 세액을 상속인·수유자 또는 수증자에게 대통령령으로 정하는 바에 따라 통지하여야 한다. 이 경우 상속인이나 수유자가 2명 이상이면 그 상속인이나 수유자 모두에게 통지하여야 한다(상증세법 제77조). 2015. 12. 15. 개정 전에는 "이 경우 상속인이나 수유자가 2명 이상이면 대통령령으로 정하는 바에 따라 그 중 1명에게만 통지할 수 있으며 이 통지의 효력은 상속인, 수유자 모두에게 미친다."고 하여 공동상속인 1인에게만 상속세 납세의무를 통지한 경우에 다른 상속인에게 미치는 효력을 두고 다툼이 있었다.

현행 상증세법 시행령 제79조에서는 "세무서장 등은 법 제77조에 따라 과세표준과 세액을 통지하는 경우에는 납부고지서에 과세표준과 세액의 산출근거를 적어 통지해야 한다. 이 경우 지방국세청장이 과세표준과 세액을 결정한 것에 대하여는 지방국세청장이 조사·결정했다는 것을 적어야 한다."고 하여 공동상속인에게 동일한 세액을 기재한 납부고지서만 모두 통지하면 되는 것인지, 각 공동상속인별로 고유의 상속세액과 연대납세의무를 지는 상속세액별로 각각 작성하여야 하는 것인지가 법문상 명확한 것은 아니다.

이제는 공동상속인에 대한 상속세의 납부고지서는 각 공동상속인의 고유의 상속세액과 연대납세의무를 지는 상속세액(각자가 받았거나 받을 재산을 한도로 한 금액)별로 각각 작성하여 각 공동상속인에게 제각기 송달하여야 한다고 보는 것이 납세자의 입장에서 볼 때는 더 합리적이다.[84]

(6) 연대납부의무자

상증세법 제3조의 2 제3항에서 상속세는 상속인 또는 수유자 각자가 받았거나 받을 재산을 한도로 연대하여 납부할 의무를 진다고 하였으므로, 연대납세의무자의 범위는 본래의 납세의무자와 같다.[85]

① 상속인
② 수유자

(7) 연대납세의무가 다른 상속인의 본래의 상속세를 대신 납부한 경우의 추가적 문제

연대납세의무자가 연대납세의무자로서 각자가 받았거나 받을 상속재산의 한도 내에서 다른 상속인이 납부해야 할 상속세를 대신 납부한 경우 증여세가 부과되지 아니하나, 각자가 받았거나 받을 상속재산을 초과하여 대신 납부한 상속세액에 대하여는 다른 상속인에게 증여한 것으로 보아 증여세가 과세되는 것이다(서면4팀 – 1543, 2007. 5. 9.).

(8) 불복청구의 원고적격

앞서 살펴본 대로, 납세고지에 의하여 공동상속인들 중 1인에게 한 다른 공동상속인들의 상속세에 대한 연대납부의무의 징수고지는 다른 공동상속인들 각자에 대한 과세처분에 따르는 징수절차상의 처분으로서의 성격을 가지는 것이어서, 다른 공동상속인들에 대한 과세처분이 무효 또는 부존재가 아닌 한 그 과세처분에 있어서의 하자는 그 징수처분에 당연히 승계된다고는 할 수 없으므로, 연대납부의무의 징수처분을 받은 공동상속인들 중 1인은 다른 공동상속인들에 대한 과세처분 자체에 취소사유가 있다는 이유만으로는 그 징수처분의 취소를 구할 수 없게 된다(대법원 4292행상73, 1961. 10. 26. ; 대법원 76누51, 1977. 7. 12. 등 참조).

이와 같이 공동상속인들 중 1인의 연대납부의무에 대한 별도의 확정절차가 없을 뿐

---

84) 이와 관련하여 이 책 '상속세과세표준 및 세액의 결정통지' 참조
85) 이 책 '납세의무자' 참조

만 아니라 그 징수처분에 대한 쟁송단계에서도 다른 공동상속인들에 대한 과세처분 자체의 위법을 다툴 수 없는 점에 비추어 보면, 다른 공동상속인들의 상속세에 대한 연대납부의무를 지는 상속인의 경우에는 다른 공동상속인들에 대한 과세처분 자체의 취소를 구함에 있어서 법률상 직접적이고 구체적인 이익을 가진다고 할 것이므로 그 취소를 구할 원고 적격을 인정함이 상당하다(대법원 98두9530, 2001. 11. 27.). 이는 국세기본법 제25조 제1항에 따라 공유자 또는 공동사업자 등 연대납세의무자의 관계에 있는 자가 지게 되는 구체적 연대납부의무가 연대납세의무자 각자에 대한 개별적인 과세처분에 의하여 확정되는 것이어서 이때의 연대납세의무자 중 1인은 다른 연대납세의무자에 대한 과세처분에 대하여 사실상의 간접적인 이해관계를 가질 뿐 원고 적격은 없다는 것(대법원 88누11, 1988. 5. 10. 참조)과는 법리를 달리하는 것이다.

이러한 판례의 태도는 앞서 본 상속세 연대납세의무의 성립과 확정의 법리에 비추어 타당하다고 판단된다.

(9) 부담의 한도

- 일반적인 연대납세의무와는 달리 공동상속인 각자의 상속세 납부책임은 각자가 받았거나 받을 상속재산을 한도로 할 뿐이다. 이 경우 상속세에는 가산세, 가산금, 체납처분비를 포함한다(재산-224, 2011. 5. 3.).

- 상속인 각자가 받았거나 받을 재산을 기준으로 연대납부의무를 정하도록 한 것은 피상속인의 사망을 계기로 무상으로 이전되는 재산을 취득한 자에게 실질적 담세력을 고려하여 그 취득분에 따른 과세를 하기 위한 것이고, 상속인 고유의 상속세 납세의무를 정하는 기준(상증세법 제3조의2 제1항)이 되는 상속재산에 '상속재산에 가산하는 상속인 또는 수유자가 받은 증여재산(상증세법 제13조)을 포함한다'고 규정하고 있는 이상, 이러한 상속재산에 포함되는 사전증여재산 역시 상속인의 연대납부의무를 정하는 기준인 '상속인 각자가 받았거나 받을 재산'에 해당한다고 보아야 한다. 종전에는 사전증여재산의 포함 여부가 명문으로 규정되어 있지 않아 해석에 논란이 있었으나,[86] 2020년 개정을 통해 상속세 연대납세의무 한도 계산 시 사전증여재산이 포함되며, 사전증여에 따른 증여세도 공제됨을 명확히 하였다(상증세법 시행령 제3조 제3항).

---

86) '각자가 받았거나 받을 재산'을 상속으로 인하여 얻은 자산총액에서 부채총액과 그 상속으로 인하여 부과되거나 납부할 상속세를 공제한 가액으로 규정(구 상증세법 시행령 제3조 제3항)하여, 상속인이 실제 취득한 상속재산만큼의 연대납부의무를 부담하도록 함으로써 실질적 담세력에 부합하는 과세가 이루어지도록 하고 있다는 점 등에 비추어, 상속인의 연대납부의무 한도를 정하는 '각자가 받았거나 받을 재산'에 사전증여재산을 가산하였다면 그에 상응하여 부과되거나 납부할 증여세액을 공제하여야 한다고 보는 것이 타당하다(대법원 2016두1110, 2018. 11. 29.).

2. 납세의무의 승계

§관련조문

국세기본법	국세기본법 시행령	국세기본법 시행규칙
제24조【상속으로 인한 납세의무의 승계】	제11조【상속재산의 가액】 제12조【상속인 대표자의 신고】	제8조【상속인 대표자신고】
지방세법	지방세법 시행령	지방세법 시행규칙
제16조【상속으로 인한 납세의무의 승계】	제3조【상속인 대표자의 신고 등】	제2조의 3【상속인 대표자의 신고 등】

 해의 맥

상속세(본래의 납세의무 및 연대납세의무)는 상속인 자신의 조세채무이다. 이에 반해 납세의무의 승계는 피상속인에게 부과되거나 피상속인이 납부할 조세, 즉 본래 피상속인 고유의 조세채무를 상속인이 승계하여 납부하는 것이다.

1) 의의

납세의무의 승계는 본래의 납세자로부터 다른 자에게로 납세의무가 이전되는 것을 말한다. 그런데 조세는 납세자의 담세능력이나 인적사정 등을 고려하여 그 경제적 부담능력에 대해 과세하는 측면이 강하고, 조세채무는 납세자가 국가에 대해 지는 채무로 일반 사법상의 채무와는 다르다. 그러므로 사인간의 계약 등에 의한 납세의무의 승계가 허용될 수 없다는 점에서 원칙적으로 납세의무가 다른 사람에게 승계된다는 것은 있을 수 없다.

그러나 한편으로는 납세의무는 그 성질상 경제적 급부(원칙적 금전급부, 예외적으로 물납도 허용됨)로서 대체성이 있다는 점에서 승계가 전혀 불가능한 것은 아니다.

이에 따라 현행 세법은 본래의 납세자가 소멸하고 권리·의무의 포괄승계가 일어나는 법인합병과 상속의 경우에만 제한적으로 승계시킨다. 이는 법정요건의 충족으로 강행적으로 이루어지는 것으로 당사자의 의사나 별도의 처분·행위도 필요 없이 법의 힘에 의하여 당연히 승계된다.

2) 상속으로 인한 납세의무 승계

(1) 의의

상속이 개시된 때에 그 상속인(수유자를 포함) 또는 상속재산관리인은 피상속인에게 부과되거나 그 피상속인이 납부할 국세·가산금과 체납처분비를 상속으로 인하여 얻은 재산을 한도로 하여 납부할 의무를 진다(국세기본법 제24조 제1항).

또한 상속인이 2인 이상인 때에는 각 상속인은 피상속인에게 부과되거나 그 피상속인이 납부할 국세·가산금과 체납처분비를 그 상속분에 따라 안분하여 계산한 국세·가산금과 체납처분비를 상속으로 인하여 얻은 재산을 한도로 연대하여 납부할 의무를 진다(국세기본법 제24조 제2항).

지방자치단체의 징수금의 경우에도 마찬가지다(지방세기본법 제24조).

(2) 승계범위 및 효력

① **승계범위** : 피상속인에게 부과된 국세·가산금·체납처분비와 피상속인이 납부할 국세·가산금·체납처분비를 승계한다. 여기서 "피상속인에게 부과되거나 그 피상속인이 납부할 국세, 가산금과 체납처분비"라 함은 상속개시 당시 이미 피상속인에게 부과되거나 그 피상속인의 납세의무가 확정되어 납부할 국세에 한정되지 아니하고, 그 피상속인에게 이미 납세의무가 성립되어 있으나 해당 세법에 의한 절차에 따라 아직 확정되지 아니한 국세까지 포함된다고 해석되어진다(국심 2001부3256, 2002. 7. 30.). 그런 점에서 연대납부의무가 성립된 후에 증여자가 사망한 경우에는 그 상속인은 피상속인(위 증여자)이 납부할 증여세 등을 상속으로 인하여 얻은 재산을 한도로 하여 납부할 의무를 진다(재삼 46014-2107, 1996. 9. 13.).

포괄승계의 법률적 성질상 세법상의 지위를 승계하는 것이다. 그러므로 본래의 납세의무, 제2차 납세의무, 물적납세의무, 징수납부의무뿐만 아니라 각종 협력의무도 당연히 승계한다. 또한 피상속인에 대해 행한 처분 또는 절차의 효력까지도 승계한다.

그러나 피상속인의 일신에 전속하는 권리의무는 제외한다. 대리권, 부양청구권 및 상속개시 전에 구체화되지 아니한 신원보증채무 등이 그 예이다.

② **승계한도** : 그리고 승계되는 납세의무의 한도는 상속으로 받은 재산을 한도(그 범위 내에서는 상속인의 고유재산에 대하여도 체납처분을 할 수 있음(서면1팀-531, 2004. 4. 8.))로 한다. 이때 "상속으로 받은 재산"이라 함은 상속으로 인하여 얻은 자산총액에서 부채총액과 그 상속으로 인하여 부과되거나 납부할 상속세를 공제한 가액을 말한

다. 자산총액과 부채총액의 가액은 상증세법 제60조 내지 제66조의 규정을 준용하여 이를 평가한다.

㉠ 상속재산에는 사인증여 및 유증의 목적이 된 재산을 포함한다(국세기본법 집행기준 24-0-2).

㉡ 생명침해 등으로 인한 피상속인의 손해배상청구권도 상속재산에 포함된다.

㉢ 피상속인의 일신에 전속하는 권리의무는 제외한다. (예컨대, 대리권(상행위의 위임으로 인한 것 제외), 부양청구권(이행지체분 제외), 상속개시 전에 구체화되지 아니한 신원보증채무와 신용보증채무, 피상속인이 예술가, 저술가인 경우 예술, 저술의 행위채무 등, 피상속인이 부담하는 벌금, 과료)

㉣ 피상속인이 수탁하고 있는 신탁재산은 수탁자의 상속재산에 속하지 아니한다.

㉤ "상속으로 받은 재산"의 범위에 간주상속재산이 포함되는지에 대해서는 견해의 대립이 있다.

  ⅰ) 종전까지는 비록 보험금이 상증세법에 따라 상속재산으로 의제되더라도, 국세기본법에는 상속인이 고유의 권리로 지급받는 보험금을 "상속으로 받는 재산"으로 의제하여 피상속인이 체납한 국세의 납부의무를 승계하도록 하는 규정이 없으므로 조세법의 엄격해석·유추확장해석 금지의 원칙에 비추어 당해 보험금은 여기에서의 "상속으로 받는 재산"으로 인정하기 어렵다고 판단하였다(조심 2010중1750, 2011. 11. 15.).

  ⅱ) 그러나 생명보험금이 비록 민법상 상속인의 고유재산에 속하긴 하나 상증세법 제8조는 보험금을 상속재산으로 의제하여 과세대상으로 삼고 있으므로 세법의 전체적 체계에 부합한다는 측면(조심 2011중736, 2011. 6. 21.)에서, 납세의무 승계를 피하면서 재산을 상속받기 위하여 피상속인이 상속인을 수익자로 하는 보험계약을 체결하고 상속인은 상속을 포기(민법 제1019조 제1항)한 것으로 인정되는 경우로서 상속포기자가 피상속인의 사망으로 인하여 보험금(상증세법 제8조에 따른 보험금)을 받는 때에는 상속포기자를 상속인으로 보고, 보험금을 상속받은 재산으로 보도록 명문의 규정을 두었다(국기법 제24조 제2항)[87].

  ⅲ) 그렇더라도 상증세법 제10조(상속재산으로 보는 퇴직금 등) 금액은 명문의 규정이 없으므로 엄격해석·유추확장해석 금지의 원칙에 비추어 여기에서의 상속재산으로 보지 아니하는 것이다(조세정책과-120, 2011. 2. 1.).

---

87) 2015. 1. 1. 이후 상속이 개시되는 분부터 적용함.

ⓑ ⅰ) 추정상속재산도 과세관청이 상속인에의 귀속을 입증하지 못하는 한 엄격해석·유추확장해석 금지의 원칙에 비추어 "상속으로 받은 재산"에 포함된다고 할 수 없을 것이다.

ⅱ) 따라서 상증세법 제15조의 규정에 의거 상속개시일 전 1년 이내에 피상속인이 상속재산을 처분하여 상속세 과세가액에 산입하는 금액으로서 실제로 상속인에게 상속된 그 처분대금은 여기에서의 "상속으로 인하여 얻은 재산"에 포함된다(징세 46101-126, 2000. 1. 24.).

③ **연대납부의무** : 상속인 등이 2인 이상인 경우 상속분 또는 "대통령령으로 정하는 비율"[88]에 따라 안분하여 계산한 국세 등을 연대하여 납부할 책임을 진다.

㉠ "대통령령으로 정하는 비율"이란, ⅰ) 각각의 상속인(수유자와 국기법 제24조 제2항에 따른 상속포기자를 포함)의 상속으로 받은 재산의 가액을 각각의 상속인이 상속으로 받은 재산 가액의 합계액으로 나누어 계산한 비율을 말한다(국기법 시행령 제11조 제4항).[89] ⅱ) 이 비율은 상속분이 산정될 수 없는 상속인 중에 수유자 또는 상속을 포기한 사람이 있거나 상속으로 받은 재산에 보험금이 포함되어 있는 경우로 한정한다(국기법 제24조 제3항).

④ **한정승인** : 국세기본법상 상속으로 인한 납세의무의 승계는 '상속으로 인해 얻은 재산을 한도로 연대하여 납부할 의무를 지도록' 하고 있다. 그러므로 연대하여 납부할 의무라는 점을 제외하면 조세채무의 승계는 한정승인한 것과 사실상 동일하다. 그러므로 한정승인을 한다고 하더라도 '상속으로 인해 얻은 재산'이 있으므로 연대납부의무는 소멸하지 않는다고 보아야 한다.

⑤ **상속포기** : 상속포기의 경우에는 '상속으로 인해 얻은 재산'이 전혀 없기 때문에 조세채무를 납부할 의무를 승계하지도 않고 따라서 연대납부의무도 없게 될 것이다. 예컨대 상속인들이 적법하게 상속포기를 한 경우 상속포기의 소급효에 의하여 상속개시 당시부터 상속인이 아니었던 것과 같은 지위에 놓이게 되므로 피상속인이 납부하여야 할 양도소득세를 승계하여 납부할 의무가 없는 것이다(대법원2004두3335, 2006. 6. 29.).

이런 점에서 보면 상속포기는 납세의무 승계효과를 벗어나기 위한 실익이 있다고 할 것이다.

---

88) 2015. 1. 1.부터 시행한다.
89) 2015. 2. 3.부터 시행한다.

(3) 승계시기 및 절차

포괄승계의 성격상 별도의 절차 없이 피상속인의 사망시에 법률상 당연히 승계한다.

(4) 승계자

① 상속인[90]

② 수유자[91]

③ 상속재산관리인(국세기본법 제24조 제3항, 제4항, 제5항)

상속인의 존부가 분명하지 아니한 때에는 상속인에게 하여야 할 납세의 고지 · 독촉 그 밖의 필요한 사항은 상속재산관리인에게 이를 하여야 한다. 상속인의 존부가 분명하지 아니하고 상속재산관리인도 없는 때에는 세무서장은 상속개시지를 관할하는 법원에 상속재산관리인의 선임을 청구할 수 있다. 상속인대표자의 신고는 상속개시일부터 30일 이내에 대표자의 성명과 주소 · 거소 그 밖의 필요한 사항을 기재한 문서(전자문서를 포함한다)로 하여야 한다. 세무서장은 신고가 없는 때에는 상속인 중 1인을 대표자로 지정할 수 있다. 이 경우 세무서장은 그 뜻을 기재한 문서로 지체 없이 각 상속인에게 알려야 한다.

그리고 피상속인에 대하여 행한 처분 또는 절차는 상속인 또는 상속재산관리인에 대하여도 효력이 있다.

(5) 그 밖

이외에도 상속으로 인한 승계와 관련하여 다음과 같은 규정이 있다.

① 피상속인의 소득금액에 대한 소득세를 상속인에게 과세할 것은 이를 상속인의 소득금액에 대한 소득세와 구분하여 계산하여야 한다(소득세법 제44조). 소득세법 제44조의 규정에 의하여 피상속인의 소득금액에 과세하는 때에는 그 상속인이 납세의무를 진다(소득세법 제2조 제2항).

② 과세물품의 판매업이나 제조업 또는 과세장소 · 과세유흥장소 · 과세영업장소의 영업을 상속으로 인하여 승계한 자는 그 사실을 즉시 관할 세무서장에게 신고하여야 한다(개별소비세법 제21조 제2항).

③ 상속인은 피상속인의 재평가세에 관한 의무를 승계한다. 상속인이 2인 이상인 때에는 각각 그 상속분의 비례에 의하여 의무를 진다(자산재평가법 제10조 제2항, 제3항).

---

90) 이 책 '납세의무자' 참조
91) 이 책 '납세의무자' 참조

④ 체납자의 재산에 대하여 체납처분을 집행한 후 체납자가 사망한 때에도 그 재산에 대하여 한 체납처분은 이를 속행하여야 한다. 체납자가 사망한 후 체납자 명의의 재산에 대하여 한 압류는 그 재산을 상속한 상속인에 대하여 한 것으로 본다(국세징수법 제37조 제1항, 제2항).

3. 물적납세의무

§관련조문

국세기본법
제42조【양도담보권자의 물적납세의무】

 해의 맥

양도담보재산의 소유권은 여전히 양도담보설정자에게 있으므로, 피상속인이 제공한 양도담보재산은 상속재산에 포함되어 물적납세의무의 문제가 발생하지 않으나, 상속인의 고유재산 중 양도담보재산으로 제공된 재산에 대해서는 상속인의 양도담보권자가 물적납세의무를 지는 경우가 발생할 수 있다.

1) 의의

국세기본법 제42조 제1항(양도담보권자의 물적납세의무)에 의하면 '납세자가 국세·가산금 또는 체납처분비를 체납한 경우에 그 납세자에게 양도담보재산이 있는 때에는 그 납세자의 다른 재산에 대하여 체납처분을 집행하여도 징수할 금액에 부족한 경우에 한하여 국세징수법이 정하는 바에 의하여 납세자의 국세·가산금 또는 체납처분비를 징수할 수 있다. 다만 그 국세의 법정기일 전에 담보의 목적이 된 양도담보재산에 대하여는 그러하지 아니한다'고 규정하고 있고, 지방세기본법 제75조 제1항(양도담보권자의 물적납세책임)에서도 같은 내용을 규정하고 있다. 그러므로 양도담보권자의 물적납세의무(물적납세책임)란 양도담보권자가 그 담보물(국세 또는 지방세의 법정기일 전에 양도담보 설정된 경우 제외)로부터 국세, 지방세 등 조세채권이 우선 징수되는 것을 수인(受忍)할 의무를 말한다.

따라서 납세의무가 양도담보권자의 양도담보재산에게로까지 확장되는 효과를 가진다.

양도담보권자에게 이러한 물적납세의무를 부담시키는 까닭은 양도담보에 있어서 양도담보재산(목적물)의 소유권은 대외적 관계에서는 양도담보권자(채권자)에게 이전되지만 실질적으로는 양도담보권자가 가지는 것은 그 목적물에 대한 담보물권뿐이고 그 소유권은 여전히 양도담보설정자(채무자)에게 귀속되기 때문이다.

그러므로 양도담보권자로서 그 담보가 조세의 법정기일 전에 설정된 것이 아닌 자는 전세권자 · 질권자 또는 저당권자와 마찬가지로 그 양도담보 재산으로부터 조세채권이 우선징수되는 것을 수인하여야 한다. 그러나 양도담보권자는 위 수인의무를 내용으로 하는 물적납세의무를 부담할 뿐 납세의무를 부담하는 것은 아니므로 조세채권을 부담하는 제2차납세의무자와 근본적으로 다르다. 이런 점에서 양도담보권자의 수인의무는 물적납세의무보다는 물적납부책임(지방세기본법 제75조 제1항)이 더 타당해 보인다.

그러므로 양도담보권자의 물적납세의무는 그 책임의 한계를 양도담보재산에 한하고, 징세기술상의 편의로서 제2차납세의무의 법리를 차용되기 때문에 양도담보권자의 물적납세의무도 제2차납세의무와 마찬가지로 보충성과 부종성이 있다.

2) 양도담보의 개념과 유형

(1) 양도담보와 매도담보

널리 양도담보란 채권담보의 목적으로 물건의 소유권(또는 그 밖의 재산권)을 채권자에게 이전하고, 채무자가 이행하지 않는 경우에는 채권자가 그 목적물로부터 우선변제를 받게 되나, 채무자가 이행을 하는 경우에는 목적물을 그 소유자에게 반환하는 방법에 의한 비전형담보를 말한다.

양도담보는 민법상의 전형적인 담보물권과 그 법률적 구성을 달리한다. 즉, 유치권, 질권, 저당권 등 민법에 규정된 담보물권에 있어서는 담보에 제공할 재산권 자체는 담보제공자(채무자)에게 유보하고 채권자를 위해서는 단지 그 권리 위에 담보적 효력을 가지는 제한물권을 설정하고 있음에 대하여, 양도담보는 재산권(소유권)자체를 채권자에게 이전하고 후일 채무를 변제하면 그 재산권을 반환하는 것이다.

양도담보는 동산, 부동산, 유가증권, 채권 그 밖의 권리 등 양도할 수 있는 모든 재산을 그 대상으로 할 수 있다. 양도담보는 재산권의 이전에 의한 담보제도인 바, 민법은 법률행위에 의한 물권의 변동에 있어서 이른바 형식주의를 취하고 있으므로 양도담보는 그 권리의 이전에 관하여 점유, 등기, 등록 등의 공시방법을 취하여야만 그 효력이 발생한다.

위와 같은 광의의 양도담보는 「매도담보」와 「협의의 양도담보」로 구별한다.

매도담보는 융자를 받는 자가 융자를 하는 자에 대하여 담보의 목적이 되는 물건을 매각하고, 일정기간 내에 매매대금을 반환하면 그 목적물을 찾아 갈 수 있는 것으로 약정하는 것과 같이 신용의 수수를 소비대차가 아닌 매매의 형식으로 행하고, 당사자 사이에 따로 채권·채무관계를 남기지 않는 것이다. 따라서 이 경우에는 형식상 대금의 반환을 청구할 권리를 가지지 않는다.

협의의 양도담보는 당사자 간에 소비대차계약을 하고, 그 소비대차에서 생긴 채무의 담보로서 물건의 소유권을 이전하는 경우와 같이, 신용의 수수를 채권·채무의 형식으로 남겨 두는 것이다. 따라서 이 경우에는 채무의 변제를 청구할 권리를 가지고 있는 것이 된다.

(2) 가등기담보

가등기담보는 가등기의 순위보전적 기능과 본등기청구권을 결합시켜 채권담보로 이용하는 가등기의 변태적 용법을 말한다. 다시 말하면 채권담보를 위하여 담보목적물에 관하여 채권자 앞으로 소유권이전청구권 보전의 가등기를 한 후 변제기에 채무이행이 없는 경우에는 채권자가 담보권의 실행으로서 가등기에 기한 본등기를 경료하고 담보물에 의하여 채권의 만족을 받는 비전형적 담보제도이다. 이러한 채권자의 담보적 기능을 가등기담보권이라 한다.

가등기담보로 담보된 채권을 채무자가 변제하지 아니하여 가등기에 기한 본등기를 경료한 경우, 그 본등기 경료시점부터 담보가액과 피담보채권액을 정산하기 전까지는 이를 정산절차를 예정한 양도담보로 본다. 담보가등기설정자가 양도담보 설정자이고 담보가등기권자가 양도담보권자가 되는 것이다. 따라서 국세기본법 제42조의 규정에 의해 가등기권리자를 양도담보권자로 하여 물적납세의무를 지울 수 있는 것이다.

3) 물적납세의무 성립·확정

(1) 성립

양도담보권자의 물적납세의무가 성립되기 위해서는 다음의 요건을 충족하여야 한다.

① 납세자의 확정된 조세채무가 체납되어야 한다.

그러므로 납기가 미도래한 국세와 조세채무가 확정되지 않은 국세(부과할 국세)에 대하여는 물적납세의무를 지울 수 없다.

그리고 양도담보권자의 물적납세의무는 납세자의 납세의무가 부존재하면 성립될 여지가 없고, 납세자의 납세의무가 소멸하면 양도담보권자의 물적납세의무도

소멸되는 관계에 있다(부종성).[92]

② 본래의 납세자에게 채무의 담보를 목적으로 한 양도담보재산이 존재하여야 한다.

③ 납세자에 대한 체납처분을 집행하여도 조세에 충당하기에 부족이 있어야 한다. 양도담보권자는 납세자의 재산에 체납처분을 집행하여도 납세자의 재산이 징수할 금액에 부족한 경우에 한하여 추상적으로 성립하는 물적납세의무를 지는 것이다(보충성). 따라서 물적납세의무의 성립일은 납세자의 징수부족일이다.

그런데 징수부족일의 판정시 체납자의 재산가액이 징수하고자 하는 국세 등 액수에 미달하는 것이 명백하게 인정되는 것으로 족하고 현실적인 체납처분(압류 · 참가압류 · 교부청구)을 집행한 결과에 기할 필요는 없다고 한다.[93]

④ 국세의 법정기일 후 양도담보권이 설정되어야 한다.

양도담보권자에게 물적납세의무를 지우기 위해서는 납세자의 체납국세의 법정기일 후에 양도담보권이 설정되어야 한다. 이는 물적납세의무의 성립요건이다.[94] 이때의 법정기일은 본래의 납세자에게 그 체납된 국세의 납부고지서를 발송한 날을 의미하고, 체납된 국세의 납부고지서를 발송한 날이란 과세표준과 세액을 정부가 결정 · 경정 또는 수시부과결정하는 경우에 있어서는 해당 세액에 대하여 납부고지서를 발송하는 날이다. 그러나 과세표준과 세액의 신고에 의하여 납세의무가 확정되는 조세에 있어서 신고한 해당 세액에 대하여는 그 신고일이 법정기일이 되는 것이다.[95]

그러므로 양도담보권의 설정이 법정기일 전인가의 여부는 등기 또는 등록할 수 있는 재산에 있어서는 양도담보에 의한 권리이전의 등기 또는 등록일자에 의하여 결정할 것이나, 등기 또는 등록할 수 없는 재산에 있어서는 양도담보권자는 확정일자 있는 공정증서에 의하여 증명하여야 할 것이다.

---

92) 강인애, 「조세법 Ⅱ」, 조세통람사, 1989, 176~178쪽.

93) 최명근, 「세법학 총론」, 세경사, 2002, 258쪽.

94) 반면 저당권 등의 담보채권이 국세의 법정기일 전에 설정된 경우에는 저당권 등의 피담보채권이 국세에 우선하는 것과 같은 취지이나, 국세의 법정기일 전에 저당권 등이 설정되어야 하는 것은 국세와의 우선순위를 가리는 조건일 뿐이다.

95) 대법원 95다21983, 1995. 9. 15. '양도담보권자의 물적납세의무를 규정한 국세기본법 제42조 제1항 단서의 "그 국세의 법정기일"이라 함은 그 문언상이나 그 규정의 해석상 "납세자의 국세의 법정기한"(양도담보권자 부담하게 되는 물적납세의무의 법정기한이 아니다)으로 봄이 상당하며, 납세자의 국세의 법정기한은 같은 법 제35조에 따라 결정된다.'

(2) 확정

위와 같이 납세자의 징수부족으로 성립된 양도담보권자의 물적납세의무는 납부의 고지에 의해 확정된다. 그리고 납부의 고지는 납부통지서의 발송에 의한다.

즉 물적납세의무자로부터 납세자의 국세·가산금·체납처분비를 징수하고자 할 때에는 국세징수법 제12조의 제2차납세의무자에 대한 납부고지를 준용하여 양도담보권자에게 납부통지서를 발송하여야 한다(국세기본법 제35조 제1항 제3호, 국세징수법 제13조 제1항). 이 납부통지서의 발송은 추상적으로 성립한 물적납세의무를 구체적으로 확정하는 것이다.

양도담보권자의 물적납세의무는 납부의 고지에 의해 확정되므로 양도담보권자에 대한 납부통지서의 송달 전에 양도담보권자가 그 담보권을 실행하여 양도담보재산을 제삼자에게 매각처분(처분정산)하거나 또는 이를 적정가격으로 평가하여 그 대금으로 피담보채권의 원리금을 충당하고 나머지를 반환함으로써 귀속정산을 마친 경우에는 양도담보권자의 물적납세의무는 생길 여지가 없다.

4) 부담의 최고한도

양도담보권자가 물적납세의무를 지는 최고 한도는 어디까지인가의 문제이다. 법문이 '그 양도담보재산으로서' 징수할 수 있다고 했을 뿐만 아니라 물적납세의무가 양도담보재산을 그 핵심요건으로 하는 보충적 납부책임을 본질로 하는 점에서 당연히 양도담보재산의 가액을 보충납부책임의 최고한도로 하는 것이다.[96]

5) 상속세에서의 물적납세의무

상속세의 납세의무자는 원칙적으로 상속인이며, 상속재산 중 각자가 받았거나 받을 재산을 한도로 납세의무를 진다. 이처럼 상속세 납세의무는 상속인이 '받았거나 받을 상속재산'의 범위 내에서 이행하여야 하나, 이때에 받았거나 받은 재산이란 '재산상당액'을 의미하므로 경우에 따라서는 상속인의 고유재산에서 상속세를 납부하여야 하는 경우도 발생할 수 있다. 따라서 상속인의 고유재산 중 양도담보재산으로 제공된 자산이 존재한다면 상속인의 양도담보권자가 물적납세의무를 지는 경우가 발생할 수 있을 것이다.

---

96) 최명근, 「세법학 총론」, 세경사, 2002, 259쪽

4. 납세보증인[97]

해의 맥

주된 납세자가 조세채무를 이행하지 않는 경우에 이의 이행을 담보하는 제도 중 인적담보에 해당하는 납세보증인은 종된 납세자의 지위에서 납세담보책임을 지므로 납세의무의 확장에 해당한다.

1) 의의

민법상 보증이란 주채무자 외에 주채무와 동일한 내용의 채무를 부담하는 종된 채무자를 두어서 주채무자에 대한 채권을 담보하는 제도를 말한다(민법 제428조 제1항). 이와 같은 보증제도를 세법에 도입한 것이 납세보증인 제도이다.

납세보증인이라 함은 납세자의 국세 또는 강제징수비의 납부를 보증한 자를 말한다(국세기본법 제2조 제12호). 납세보증은 주된 납세자가 조세채무를 이행하지 않는 경우에 이의 이행을 담보하는 제도로 납세보증인은 종된 납세자의 지위에서 납세담보책임을 진다는 점에서 인적담보에 해당한다. 그러므로 납세의무의 확장에 해당한다.

물적담보가 담보의 목적이 된 재산의 교환가치에 의하여 조세채무를 담보하는 것과는 달리 인적담보인 납세보증인은 그가 소유하는 일반재산의 가치와 신용에 의해 조세채무를 담보하므로 종국에는 납세보증인의 일반재산이 강제집행의 대상이 될 수 있다.

2) 법적성질

납세보증은 본질적으로 민법상의 보증채무와 법적성질을 같이한다. 따라서 세법에 특별히 정한 바가 없으면 민법의 보증채무의 규정을 차용하여야 할 것이다.

① **독립성** : 납세보증채무는 주된 납세자와는 별개의 독립된 조세채무이다. 다만 보증채무는 주채무에 종속하는 부종성을 가지고 있으므로 독립성의 면은 부종성에 저촉되지 않는 한도에서만 제한적으로 인정된다.

② **내용의 동일성** : 하나의 조세채무에 대해 주된 납세자의 조세채무와 납세보증인의 조세채무가 있는 것이므로 그 조세채무의 내용은 동일하다.

③ **부종성** : 납세보증은 주된 납세자의 조세채무의 이행을 담보하는 것을 목적으로 하는 점에서 주된 납세자의 조세채무와 주종관계에 있다. 따라서 납세보증채무의 내용

---

97) 김준호, 「민법강의」, 법문사, 2003, 970~989쪽 : 최명근, 상게서, 274~279쪽

은 물론 성립·소멸은 주된 납세자의 조세채무와 그 운명을 같이한다.

④ 보충성 : 납세보증인은 주된 납세자가 조세채무를 이행하지 아니하는 경우에 납부할 의무를 지므로(민법 제428조 제1항 참조), 주된 납세자가 일차적 납부의무를 지고 그 이행이 없을 때에 납세보증인이 이차적으로 이행의무를 진다.

이와 관련하여 세법에 별도의 규정이 없으므로 민법의 보충성의 원리상 납세보증인에게 최고·검색의 항변권(민법 제437조)을 인정하여야 할 것이다.

3) 상증세법상 납세보증을 요구할 수 있는 경우

납세보증은 물적담보와 함께 납세담보를 구성하므로, 현행 세법상 조세채권자가 조세채무자에 대하여 납세보증을 요구할 수 있는 경우는 납세담보를 필요로 하는 경우와 동일하다.

(1) 상증세법(상증세법 제71조)

납세의무자가 상속세[증여세]에 대해 연부연납을 허가받을 때에는, 납세의무자는 담보(납세보증서 포함)를 제공하여야 한다. 그리고, 납세의무자가 국세징수법 제18조 제1호부터 제4호까지의 규정에 따른 납세담보[98](납세보증서 포함)를 제공하여 연부연납 허가를 신청하는 경우에는 그 신청일에 허가받은 것으로 본다.

(2) 국세징수법

국세징수법에 규정된 납세담보를 요구할 수 있는 경우, 국세징수법이 통칙적 규정이므로 상속세[증여세]에도 그대로 적용되는 것은 당연하다.

관할 세무서장은 납부기한 등의 연장 또는 납부고지의 유예를 하는 경우 그 연장 또는 유예와 관계되는 금액에 상당하는 납세담보의 제공을 요구할 수 있다. 다만, 납세자가 사업에서 심각한 손해를 입거나 그 사업이 중대한 위기에 처한 경우로서 관할 세무서장이 그 연장된 납부기한 등까지 해당 국세를 납부할 수 있다고 인정하는 경우 등에는 그러하지 아니하다.

4) 납세보증채무의 성립

납세보증은 조세채권자와 납세보증인 간의 납세보증계약에 의하여 성립한다. 이 점이 다른 납세의무의 확장제도가 조세법이 규정한 요건의 충족 시 법률의 힘에 의해 성립하

---

98) 1. 금전 2. 국채 또는 지방채 3. 세무서장이 확실하다고 인정하는 유가증권 4. 납세보증보험증권 5. 세무서장이 확실하다고 인정하는 보증인의 납세보증서

는 것과 다르다.

그리고 보증서를 세무서장에게 제출(국세징수법 제20조 제2항)하도록 하는 것으로 보아, 납세보증은 문서에 의하여야 한다고 해석된다.

5) 납세보증인의 요건

① 납세보증인은 행위능력이 있어야 한다고 해석한다.

② 은행법에 따른 은행 등 보증채무를 이행할 수 있는 자금능력이 충분하다고 세무서장이 인정하는 자이어야 한다(국세징수법 제18조 제4호, 동법 시행령 제18조 제3항). 납세보증인 주채무의 이행을 담보하기 위한 목적이므로 자력 있는 자를 보증인으로 하는 것은 당연하다.

③ 그러나 보증계약 후 납세보증인이 자력을 상실하여도 보증계약의 효력에는 영향이 없다.

6) 납세보증채무의 범위

① 보증채무는 주채무의 이행을 담보하는 것이므로, 본질적으로 보증인의 부담이 주채무의 목적이나 형태보다 무거울 수는 없다(민법 제430조). 그러므로 납세보증채무도 주된 납세자의 조세채무의 한도 내이어야 한다.

② 민법에서 장래의 채무에 대해서도 보증할 수 있듯이(민법 제428조 제2항), 납세보증계약 체결 당시에 주된 납세의무가 반드시 성립·확정되어야 하는 것은 아니다.

③ 민법에서는 보증하는 책임한도액을 정하는 것이 보증계약의 요건이 아니지만, 납세보증의 경우에는 납세보증을 요구할 수 있는 경우마다 피보증조세액의 명시를 요구하고 있다. 조세법의 예측 가능성과 관련하여 납세보증에 의해 담보되는 주된 납세액이 명시되어야 하는 것은 당연하다.

7) 납세보증채무의 효력

(1) 대외적 효력

① 채권자는 변제기가 도래하면 주채무자와 보증인에게 동시에 또는 순차로 채무의 이행을 청구할 수 있다. 조세채권자인 과세권자도 주된 납세의무자와 납세보증인에게 이와 같이 이행을 청구할 수 있다. 다만 납세보증인은 보충성에 기인한 항변권을 가질 뿐이다.

② 납세보증인은 주된 납세자의 항변으로 과세권자에게 對抗할 수 있다. 그러므로 주된 납세자의 항변포기는 납세보증인에게 효력이 없다(민법 제433조).

③ 과세권자가 납세보증인에게 조세채무의 이행을 청구한 때에는 보증인은 주채무자의 변제자력이 있는 사실 및 그 집행이 용이할 것을 증명하여 먼저 주채무자에게 청구할 것과 그 재산에 대하여 집행할 것을 항변할 수 있다. 그러나 보증인이 주채무자와 연대하여 채무를 부담한 때에는 그러하지 아니하다(민법 제437조).

전조의 규정에 의한 보증인의 항변에도 불구하고 채권자의 해태로 인하여 채무자로부터 전부나 일부의 변제를 받지 못한 경우에는 채권자가 해태하지 아니하였으면 변제받았을 한도에서 보증인은 그 의무를 면한다(민법 제438조).

(2) 주채무자 또는 보증인에 생긴 사항의 효력

① 주채무자에게 생긴 사유는 보증채무의 부종성에 의해 보증인에게 그 효력이 미친다(절대적 효력).

② 보증인에게 생긴 사유는 주채무자에게 그 효력이 없다(상대적 효력).

(3) 대내적 효력

보증인은 채권자에 대한 관계에서는 자기의 채무(보증채무)를 이행하는 것이지만, 주채무자에 대한 관계에서는 타인의 채무를 변제하는 것이 되어, 보증인은 주채무자에 대하여 구상권을 가진다.

제2절 납세의무자

I 의의

 해의 맥

실질적으로 피상속인의 사망을 원인으로 하여 피상속인의 재산을 무상으로 이전받은 자가 납세의무자가 된다.

납세의무자란 세법에 의하여 국세를 납부할 의무가 있는 자[99]로 법률상의 의무자를 말한다. 보통은 자연인과 법인이다. 그렇지만 권리의무의 단위를 어떻게 정할 것인가는 그 법의 목적과 관련하여 결정하여야 한다. 그리하여 세법에서는 민사법상 법인이 아니더라도 일정한 요건을 만족한다면 법인으로 보는 경우[100]가 있다. 따라서 현행 세법상 납세의무자인 사람에는 자연인·법인과 법인으로 보는 단체가 있다.

상속세의 납세의무자도 이와 같다. 기본적으로 민법상의 상속인[101]이 상속세의 납세의

---

99) 국세기본법 제2조에서 "납세의무자"라 함은 세법에 의하여 국세를 납부할 의무(국세를 징수하여 납부할 의무를 제외한다)가 있는 자를 말하고(제9호), 이에 반해 "납세자"라 함은 납세의무자(연대납세의무자와 납세자에 갈음하여 납부할 의무가 생긴 경우의 제2차 납세의무자 및 보증인을 포함한다)와 세법에 의하여 국세를 징수하여 납부할 의무를 지는 자를 말한다(제10호).

100) 국세기본법 제13조【법인으로 보는 단체】
　① 법인격이 없는 사단·재단·그 밖의 단체(이하 "법인격이 없는 단체"라 한다) 중 다음 각호의 어느 하나에 해당하는 경우로서 수익을 구성원에게 분배하지 아니하는 것은 법인으로 보아 이 법과 세법을 적용한다.
　　1. 주무관청의 허가 또는 인가를 받아 설립되거나 법령에 의하여 주무관청에 등록한 사단·재단 그 밖의 단체로서 등기되지 아니한 것
　　2. 공익을 목적으로 출연된 기본재산이 있는 재단으로서 등기되지 아니한 것
　② 제1항의 규정에 의하여 법인으로 보는 사단·재단 그 밖의 단체 외의 법인격이 없는 단체 중 다음 각호의 요건을 갖춘 것으로서 대표자 또는 관리인이 관할 세무서장에게 신청하여 승인을 얻은 것에 대하여도 이를 법인으로 보아 이 법과 세법을 적용한다. 이 경우 해당 사단·재단 그 밖의 단체의 계속성 및 동질성이 유지되는 것으로 본다.
　　1. 사단·재단 그 밖의 단체의 조직과 운영에 관한 규정을 가지고 대표자 또는 관리인을 선임하고 있을 것
　　2. 사단·재단 그 밖의 단체 자신의 계산과 명의로 수익과 재산을 독립적으로 소유·관리할 것
　　3. 사단·재단 그 밖의 단체의 수익을 구성원에게 분배하지 아니할 것

무자이므로 원칙적으로 자연인이며, 상속과 법률적 효과가 같은 포괄유증의 수유자(상속인이 아니다)의 경우에는 법인도 가능하다. 이외에도 상증세법에서 특별히 규정하고 있는 상속포기자(민법상으로는 상속인이 아니다)와 특별연고자(민법상으로는 상속인이 아니다)도 상속세의 납세의무자가 된다. 물론 포괄유증뿐만 아니라 일반적 유증과 사인증여의 수유자, 유언대용신탁 및 수익자연속신탁에 의해 신탁의 수익권을 취득한 자에 대해서도 상속세 납세의무가 있다.

보론 8 상속능력[102]

1. 의의

상속능력이란 상속인이 될 수 있는 자격을 말한다. 현행 민법에서의 상속은 순수한 재산상속이므로 권리능력이 있는 자는 모두 상속능력이 인정된다(상속을 받는 것은 법률행위가 아니므로 상속인의 행위능력을 필요로 하지 않는다). 다만 상속능력은 자연인에 대해서만 인정되며, 법인은 권리능력이 있더라도 상속능력이 없다. 그러나 법인은 포괄적 수증자가 될 수 있으며, 포괄적 수증자는 상속인과 동일한 지위에 있으므로(민법 제1078조), 법인이 포괄적 수증을 받은 경우에는 실질적으로 상속인이 되는 것과 동일한 결과가 된다.

2. 태아의 상속능력

상속인이 되기 위해서는 일정한 연령에 도달할 필요가 없으며, 출생 직후의 유아도 상속인이 될 수 있다. 그러므로 원칙적으로 상속인이 되기 위해서는 '동시존재의 원칙'에 따라 권리능력자(즉 출생해 있어야 한다)이어야 하나, 민법은 태아에 관해서 특칙을 두어 예외적으로 상속에 관해서는 이미 출생한 것으로 본다(민법 제1003조 제3항). 그리고 동시존재의 원칙상 피상속인보다 먼저 사망한 사람은 상속인이 될 수 없다.

'이미 출생한 것으로 본다'의 성질에 관해서는 학설의 대립이 있다.

구 분	법정정지조건설	법정해제조건설
내 용	출생을 조건으로 상속개시 시에 소급하여 상속능력 취득	사산을 조건으로 상속개시 시에 소급하여 상속능력 상실
견 해	판례(대법원 76다1365, 1976. 9. 14. 등)	다수설(곽윤직, 「민법총칙」, 125쪽 등)
태아보호의 정도	약	강

대습상속의 경우에는 태아의 상속능력이 있는지에 관하여 명문이 규정이 없으나, 대습상속도 상속의 일종이므로 태아도 당연히 대습상속인이 될 수 있다고 해석하여야 한다.

---

101) 민법상의 상속인은 상속자격을 갖춘 자로서 상속능력이 있어야 한다.
102) 김주수·김상용, 「친족·상속법」, 법문사, 2007, 554~556쪽

Ⅱ 권리능력자별 구분

🔖 **해의 맥**

　권리능력자별 상속세 납세의무자는 자연인과 법인이다. 민법상 상속인은 자연인에 한하므로 원칙적으로 자연인(다만 태아의 권리보호를 위해 상속에 있어 이미 출생한 것으로 본다)이 납세의무자이나, 법인도 유증의 당사자가 될 수 있다는 점에서 납세의무자가 될 수 있다(다만, 영리법인은 법인세 납세의무를 지므로 이중과세를 피하기 위해 제외된다).

1. 개인

1) 자연인

민법상 상속인은 자연인에 한하므로 상속세의 납세의무자는 원칙적으로 자연인이다.

2) 태아

원칙적으로 상속인이 되기 위해서는 '동시존재의 원칙'에 따라 권리능력자(즉 출생해 있어야 한다)이어야 하나, 민법은 태아에 관해서 특칙을 두어 예외적으로 상속에 관해서는 이미 출생한 것으로 본다(민법 제1003조 제3항). 태아의 권리를 보호하기 위함이다. 태아에게 상속이 된 경우에는 그 태아가 출생한 때(정지조건)에 상속으로 인한 납세의무가 승계된다(국세기본법 기본통칙 24-0…4). 즉, 세법에서는 법정정지조건설을 취하는 것으로 보인다.

2. 법인

민법상 유언자유의 원칙에 의하여 유증은 자연인이 아닌 법인도 수증할 수 있다. 사인증여도 마찬가지다. 또한 특별연고자에 대한 재산분여(민법 제1057조의 2)는 상속이 아니므로 법인도 특별연고자가 될 수 있다. 그러므로 유증 등을 받은 법인은 그 유증 등을 받은 재산의 범위 내에서 상속세의 납세의무자(상속인이 되는 것은 아니다)로 된다고 할 것이다.

1) 영리법인

(1) 원칙 : 영리법인 자체

상증세법은 특별연고자 및 수유자가 영리법인인 경우에는 해당 영리법인이 납부할 상속세를 면제하도록(상증세법 제3조의 2 제1항, 같은 법 집행기준 3-0-3) 규정하고 있다. 이때 상속세가 면제되는 영리법인의 납부할 상속세는 영리법인이 받았거나 받을 재산을 기준으로 계산한 비율에 계산한 세액을 말한다(재재산-171, 2004. 2. 5.).

우리나라 법인세법은 종합과세체제로서 순자산증가설에 입각한 것으로 "무상으로 받은 자산의 가액(자산수증이익)은 익금에 산입"하도록 규정하고 있으므로 영리법인이 상속으로 유증받은 재산의 가액은 그 법인의 각 사업연도의 소득을 구성하는 익금에 산입하게 된다. 따라서 이에 따른 법인세의 납세의무가 생기므로 상속세의 납세의무는 없다. 이중과세(중복과세)를 피하기 위해서다.

보론 9   중복과세(이중과세)[103]

중복과세란 동일한 소득의 전부 또는 일부에 대하여 중복적으로 과세관할권이 행사되는 것을 말한다. 여기에서의 과세관할권이란 국내와 국외로 구분한다.

1) 동일한 과세관할권이 동일한 납세의무자에게 동일과세기간 내의 동일과세물건에 대해 각기 다른 조세를 과세하는 경우이다.

이것은 비록 각 조세의 과세목적이 다르고, 과세물건을 기준으로 한 조세분류상 각 조세가 달리 분류된다고 하여도, 이 둘을 과세함에 따라 발생하는 경제적 효과와 과세의 공평성 측면에서 중복과세임을 부인하기가 어렵다.

그리하여 이러한 중복과세를 피하기 위해 현행 상증세법은 '… 증여재산에 대하여 소득세법에 의한 소득세…가 수증자에게 부과되는 때에는 증여세를 부과하지 아니한다.'(상증세법 제4조의 2 제3항)라고 규정하고 있다. 이 규정의 취지는, 증여세가 소득세의 보완세로서의 성격을 가지고 있기 때문에 수증자에게 소득세가 부과되는 때에는 그에게 증여세를 부과하지 아니한다는 의미이다(소득세법 시행령 제51조 제3항 제4호 : 상증세법 제35조).

2) 동일한 과세관할권이 서로 다른 납세의무자의 동일과세기간 내의 동일과세물건에 대하여 행사되는 경우(경제적 중복과세 또는 국내중복과세)[104]

이러한 경우, 두 세목이 납세의무의 성립요건, 시기 및 납세의무자에 있어 완전히 독립된 별개의 세목이고 각각의 과세요건이 충족되는 경우 독립적으로 과세되면 되므로 중복과세가 되지 않는다고 판단된다(대법원 2002두950, 2003. 10. 23. 등).

---

103) 채현석, "무상이전 자산의 과세제도에 관한 연구", 서울시립대학교 세무대학원 박사학위논문, 2007, 21~26쪽

104) 박민, "이중과세의 유형과 그 구제책", 「연세법학연구」, 연세법학연구회, 1999, 89쪽

현행 우리나라 세법규정을 보면, 소득세법 제101조 제1항 및 상증세법 제35조 제1항 제1호에 의해 동일한 과세물건에 대해 동일과세기간 내에 서로 다른 납세의무자에게 양도소득세와 증여세가 함께 과세되는 것을 인정하고 있다.[105]

3) 서로 다른 과세관할권이 동일한 납세의무자의 동일과세기간 내의 동일과세물건에 대하여 행사되는 경우(법률적 중복과세 또는 국제중복과세)

이러한 경우 이론적으로는 과세관할이 다르기 때문에 원칙적으로 중복과세라고 단정지을 수 없다. 그러나 경제적 실질의 측면에서 부담의 중복이 분명하므로 이를 완화·조정하기 위해 외국 납부세액 공제제도(소득세법 제57조, 법인세법 제57조, 상증세법 제29조·제59조 등)를 두고 있는 경우가 일반적이다.

4) 그러므로 (1) 서로 다른 납세의무자에게 서로 다른 과세기간에 서로 다른 과세물건에 대해 과세하는 것이나, (2) 납세의무자가 동일하다 하더라도 서로 다른 과세기간에 서로 다른 과세물건에 각각 독립된 조세를 과세하는 것 역시 중복과세가 아니라고 판단된다. 예컨대 현행 상증세법에서처럼 재산의 생전 또는 사후 무상이전을 과세물건으로 하여 동일한 납세의무자인 무상취득자(상속인 또는 수증자)에게 서로 다른 과세기간인 무상이전시의 상속세 또는 증여세와 무상으로 이전받은 자산의 양도시의 양도소득세를 과세하는 것은 중복과세가 아닌 것이다.

(2) 예외 : 영리법인의 주주 등

특별연고자(상속인) 또는 수유자인 영리법인의 주주 또는 출자자 중 상속인과 그 직계비속이 있는 경우에는 아래와 같이 계산된 지분상당액을 그 상속인 및 직계비속이 납부할 의무가 있다(상증세법 제3조의 2 제2항, 같은 법 시행령 제3조 제2항).[106]

종전에는 특별연고자(상속인) 또는 수유자가 영리법인인 경우 상속세를 면제하는 점을 악용하여 피상속인이 상속인이 주주로 있는 영리법인에 상속재산을 유증이나 사인증여를 하더라도 상속인은 상속세를 부담하지 않았다.

---

105) 소득세법 제101조 제1항에서는 '납세지 관할 세무서장 또는 지방국세청장은 양도소득이 있는 거주자의 행위 또는 계산이 그 거주자와 특수 관계있는 자와의 거래로 인하여 해당 소득에 대한 조세의 부담을 부당하게 감소시킨 것으로 인정되는 때에는 그 거주자의 행위 또는 계산에 관계없이 해당 연도의 소득금액을 계산할 수 있다.'라고 규정하고 있다.

상증세법 제35조 제1항에서는 '다음 각호의 어느 하나에 해당하는 자에 대하여는 해당 재산을 양수 또는 양도한 때에 그 대가와 시가와의 차액에 상당하는 금액으로서 대통령령이 정하는 이익에 상당하는 금액을 증여재산가액으로 한다. 1. 타인으로부터 시가보다 낮은 가액으로 재산을 양수하는 경우에는 그 재산의 양수자'라고 규정하고 있다.

106) 2014. 1. 1. 이후 상속이 개시되는 분부터 적용한다.

이에 상증세법을 개정하여 앞으로는 상속인이 영리법인의 주주인 경우 면제된 상속세(법인세와의 이중과세를 해소하기 위해 자산수증익의 10%(법인세 최저세율)을 차감한다) 중 영리법인의 주주인 상속인의 지분상당액을 납부하도록 하여, 영리법인을 이용한 변칙 상속에 대해서도 상속세를 과세하도록 납세의무를 확대하였다.

> 납부할 상속세=[영리법인이 받았거나 받을 상속재산에 대한 상속세 상당액-(영리법인이 받았거나 받을 상속재산×10%)] × 상속인 또는 그 직계비속의 주식 등 비율

2) 비영리법인

비영리법인이라 함은 민법 제32조의 규정에 의하여 설립된 법인 또는 사립학교법 제10조의 규정에 의하여 설립된 법인과 그 밖의 특별법에 의하여 설립된 법인으로서 민법 제32조의 규정에 의한 법인과 유사한 설립목적을 가진 법인, 즉 학술·종교·자선·기예 그 밖의 영리가 아닌 사업을 목적으로 하는 법인을 말한다(법인세법 제1조 제2호).

유증 등에 의하여 재산을 취득한 비영리법인도 상속세의 납세의무가 있다. 다만, 상속세 과세가액 불산입항목에 해당되는 종교·자선·학술 관련 사업 등의 공익사업에 출연한 재산은 상속재산의 과세가액에 산입하지 아니한다(상증세법 제16조).

3. 그 밖의 단체

법인격이 없는 사단, 재단, 그 밖의 단체에 대한 과세는 법인으로 보아 법인세가 과세되는 경우와 개인으로 보아 소득세를 과세하는 경우로 대별할 수 있고, 개인으로 과세하는 경우는 1거주자로 보아 소득세를 과세하는 경우와 공동사업으로 보아 소득세를 과세하는 경우가 있다.

상증세법상으로는 법인으로 보는 법인격 없는 사단, 재단, 그 밖의 단체(국세기본법 제13조)에 대하여는 비영리법인으로 보아(법인세법 제1조 제2호) 상증세법을 적용하도록 규정하고 있다(상증세법 제4조의 2 제8항 제1호). 그 외 법인으로 보지 않는 법인격 없는 단체 등은 개인(거주자 또는 비거주자)으로 보아 상속세 납세의무를 부여하고 있다(상증세법 제4조의 2 제8항 제2호).

따라서 법인격 없는 사단, 재단, 그 밖의 단체에 대하여도 상속세 납세의무가 있다고 해석하여야 할 것이다.

Ⅲ 신분별 구분

이 **해의 맥**

납세의무자 = 상속인[민법상 상속인(= 실제로 상속인이 된 자, 배우자, 대습상속인, 한정승인자),
결격상속인, 상속포기자, 특별연고자] + 수유자[유증을 받는 자, 사인증
여를 받는 자, 증여채무이행 중에 증여자사망으로 증여재산을 취득한 자,
유언대용신탁 및 수익자연속신탁에 의해 신탁의 수익권을 취득한 자]

1. 상속인

아래에 열거하는 자들은 모두 민법상 상속인에 해당하며, 상증세법상 상속세 납세의무
자이다(상증세법 제2조 제4호 · 제5호, 제3조의 2 제1항). 상속인은 상속이 된 때로부터 상속인 자신
이 알건 모르건 피상속인의 재산에 관한 포괄적 권리의무를 아무런 의사표시도 할 필요가
없이 당연히 승계한다(민법 제1005조 본문).

1) 민법상 상속인

(1) 피상속인의 직계비속(태아 포함), 직계존속, 형제자매, 4촌 이내의 방계 혈족 중 상속인
(민법 제1000조). 즉, 기대권적 법정상속인이 아닌 실제로 상속인이 된 자

보론 10 **상속인 vs. 법정상속인**

민법은 누가 상속인이 되는가에 대하여 규정하고 있다. 이처럼 민법에 의해 당연히 상속인
이 되는 사람을 법정상속인이라 한다. 그리고 민법은 법정상속인이 되는 순서도 규정하고
있는데, 각 순위의 상속인은 선순위 상속인이 한 사람도 없을 때에 비로소 상속인이 되는
것이다.
따라서 피상속인의 사망 시에 피상속인의 재산을 현실적으로 승계하는 사람을 상속인이라
고 한다. 즉 민법상 규정된 상속인 될 자격을 갖춘(기대권적 상속권을 가진) 법정상속인 중에
실제로 상속인이 된 자를 말한다. 그러므로 상속인이 피상속인의 사망으로 실제로 상속인
이 된 경우라면, 법정상속인은 개념적으로 민법에서 규정한 상속인이 될 자격이 있는 자를
의미한다는 점에서 차이가 있다.

따라서 이 점에 대한 명확한 이해를 위해 민법상 상속의 순위에 대하여 살펴 볼 필요가 있다.

상속이 개시될 때에 상속인의 자격을 가진 사람이 수인인 경우에는 상속인의 순위(민법 제1000조)를 정해 둘 필요가 있다. 왜냐하면 상속의 본질은 재산의 승계이므로 상속인의 지정·선정 등을 허용하게 되면, 상속인의 자격을 가진 자 사이에 불공평한 결과를 낳을 수 있고, 상속에 관한 분쟁의 여지가 존재하는 등 공익에 미치는 영향이 매우 중대하기 때문이다. 따라서 민법은 상속의 순위를 법률로서 획일적으로 정하여 이를 변경할 수 없도록 하였다.[107]

① 제1순위 - 직계비속 : 직계비속이 수인 있는 경우에 촌수가 같으면 동순위로 상속인이 되고, 촌수가 다르면 촌수가 가까운 직계비속이 먼저 상속인이 된다.

직계비속은 자연혈족이건 법정혈족이건, 친생자(친생자 확인소송을 제기한 사실만으로 상속인으로 보지 아니함)이건 양자(입양신고일부터)이건, 혼인 중의 출생자이건 혼인 외의 출생자이건, 남자이건 여자이건, 기혼이건 미혼이건 그 상속순위에 아무런 차별이 없다.

태아는 상속순위에 있어서 이미 출생한 것으로 본다.

손이 조부의 양자로 되어 있는 경우에 친생부가 이미 사망하였을 때에는 조부의 양자로서의 상속권과 친생부의 대습상속권을 중복해서 가진다고 해석하여야 한다. 상속개시 전에 직계비속이 사망한 경우에는 대습상속인이 직계비속의 순위를 갈음한다.

② 제2순위 - 직계존속 : 직계존속이 수인 있는 경우에 촌수가 같으면 동순위로 상속인이 되고, 촌수가 다르면 촌수가 가까운 직계존속이 먼저 상속인이 된다.

직계존속은 父系이건 모계이건, 남자이건 여자이건, 양가측이건 친가측이건 묻지 않는다. 그러므로 양부모와 친생부모가 모두 존재할 경우에는 함께 동순위의 상속인이 된다.

2008년 1월 1일부터 친양자제도가 시행되어 친양자의 친생부모를 비롯한 생가측 직계존속은 상속인이 되지 못한다. 왜냐하면 친양자입양이 확정되면 기존의 친족관계는 소멸하기 때문이다.

직계존속에 대해서는 대습상속은 인정되지 않는다. 그러므로 양부모가 사망하고 양자가 거액의 유산을 상속한 후 처와 직계비속 없이 사망한 경우에 양자의 상속재산은 전부 친생부모가 상속하며 양조부모가 생존해 있더라도 상속할 수 없다.

---

107) 김주수·김상용, 「친족·상속법」, 법문사, 2007, 541~548쪽

③ **제3순위 - 형제자매** : 현행 민법이 친족의 범위 및 상속의 순위나 상속분에 있어서 부계와 모계, 남자와 여자의 차별을 없앤 점에 비추어 보면, 제3순위의 상속인에 해당하는 형제자매란 부계 및 모계의 형제자매를 모두 포함하는 것으로 해석하여야 한다(대법원 96다5421, 1997. 11. 28.). 따라서 어머니가 같고 아버지가 다른 경우 및 아버지가 같고 어머니가 다른 형제자매 사이에서도 상속이 이루어진다.

그리고 형제자매 사이의 상속에는 남녀의 성별, 혼인여부, 자연혈족이건 법정혈족이건 차이가 없으며, 형제자매가 수인인 경우에는 동순위로 상속인이 된다. 또한 형제자매의 직계비속과 배우자에 대해서는 대습상속이 인정된다.

④ **제4순위 - 4촌 이내의 방계혈족** : 그러므로 피상속인의 3촌(백부·숙부·고모·외숙부·이모·질 등)부터 4촌(종형제자매·고종형제자매·외종형제자매·이종형제자매 등) 이내의 방계혈족이다. 촌수가 다른 4촌 이내의 방계혈족이 있는 때에는 촌수가 가까운 사람이 선순위로 상속인이 되고, 촌수가 같으면 공동상속인이 된다.

방계혈족이면 되며, 남녀의 성별, 기혼·미혼, 부계·모계에 따른 차별은 존재하지 않는다. 그리고 이에는 대습상속이 인정되지 않는다.

(2) 배우자(민법 제1003조)

한편, 배우자는 언제나 실제의 상속인이 되며, 단지 1순위자 혹은 2순위자가 존재한다면 그들과 공동상속인이 된다.

① 부부평등의 원리에 따라 피상속인의 배우자는 그가 부(夫)이건 처(妻)이건 어떠한 차별도 존재하지 않는다. 따라서 피상속인의 배우자는 직계비속과 동순위로 공동상속인이 되고, 직계비속이 없는 경우에는 직계존속과 동순위로 공동상속인이 되며, 직계존속도 없는 때에는 단독상속인이 된다.

② 여기서 부(夫)와 처(妻)란 혼인신고를 한 법률상의 배우자[108]를 말한다. 혼인이 무효로 된 경우에는 상속권을 잃게 되는 것은 당연하나, 부부일방의 사망 후에 혼인이 취소된 경우에 생존배우자의 상속권에 대해서는 판례와 학설이 갈린다. 판례는 민법 제824조 '혼인의 취소의 효력은 기왕에 소급하지 아니한다'에 따라 상속권을 잃지 않는다고 판시하고 있으나, 이 경우에는 기왕에 소급하지는 않더라도 사망한 때에 혼인이 소멸한 것으로 보아 상속권을 잃는 것으로 해석하는 것이 타당하다.

③ 부부의 일방이 이혼소송을 제기한 후 소송계속 중에 사망한 경우에는 소송은 당연히 종료한다. 이혼청구권은 일신전속권이므로 상속의 대상이 되지 않기 때문이

---

108) 신분행위의 요식성을 보여준다.

다(민법 제1005조 단서). 따라서 다른 일방의 배우자는 상속권을 취득하게 된다.

④ 사실혼의 배우자에 대해서는 부 또는 처로서의 상속권이 인정되지 않지만, 상속인이 없는 경우에 특별연고자로서 상속재산을 분여받을 수 있을 것이다(민법 제1057조의 2).

(3) 대습상속인(민법 제1001조, 제1003조)[109]

① **의의** : 상속인이 될 수 있었던 피상속인의 직계비속 또는 형제자매가 상속개시 전에 사망하거나 결격자(이들이 곧 피대습자이다)가 된 경우에, 그 직계비속이 있는 때에는 그 직계비속이 사망하거나 결격된 자의 순위에 갈음하여 상속인이 된다. 배우자도 그 직계비속과 함께 동순위로 공동상속인이 되며, 직계비속이 없으면 단독상속인이 된다. 이를 대습상속이라 하며, 피대습자의 직계비속이나 배우자를 대습상속인이라 한다.

대습상속은 대습상속인이 피대습자의 권리를 승계하는 것이 아니고, 자기 고유의 권리로서 직접 피상속인의 재산적 지위를 승계하는 것이다.

② **입법취지** : 대습상속제도를 입법하게 된 가장 큰 이유는 상속권의 확립, 상속에 대한 기대의 확립에 있다. 즉 만약 자기의 직계존속이나 배우자가 살아있거나 결격자가 되지 않았다면 자기도 상속할 수 있었다는 강한 기대를 보호하려는 것이다. 그리고 대습상속은 재산상속을 의미하므로 방계친족인 형제자매에 대해서도 이를 인정하고 있다.

이렇게 하는 것이 형평의 원리에 합당하다는 점도 이 제도를 도입하게 된 이유가 된다. 즉 본래 선순위의 상속권을 가져야 할 사람이 사망·결격 등을 이유로 상속권을 잃은 경우에 그 사람의 직계비속과 배우자로 하여금 그 사람에 갈음하여 동순위로 상속시키는 것이 공평의 이념에 부합한다는 것이다.

③ **성질** : 대습상속의 성질에 관해 문제가 되는 것은, 대습상속인이 피대습자의 권리를 승계하는 것인지, 아니면 자기 고유의 권리로서 직접 피상속인을 상속하는가 하는 점이다. 살펴보면, 상속개시 전의 상속권이란 엄격한 의미에서 본래의 의미의 상속권이 아니고 단지 기대적 지위에 지나지 않는다. 이 기대적 지위의 승계라는 것은 있을 수 없으므로 대습상속인의 상속권은 피대습자로부터 승계한 것이 아니고 당연히 자기 고유의 권리로서 나오는 것이다. 또한 피대습자가 이미 사망하여 권리능력을 상실하거나 결격으로 상속받을 자격을 상실하였다면 대습상속인이

---

109) 김주수·김상용, 「친족·상속법」, 법문사, 2007, 548~554쪽

피대습자의 권리를 대위하거나 승계하는 것은 본질적으로 불가능하기 때문이다. 그리고 대습상속은 법률상의 의제가 아니고, 법률이 대습상속인의 기대를 권리라고 인정한 것이어서 법정상속 순위의 한 특례라고 하여야 한다.

④ 요건

㉠ 상속인(피대습자)이 상속개시 전에 사망하거나 결격자가 되어야 한다.

법문에서는 상속의 개시 전에 결격자가 된 경우라고 하고 있으나, 법문의 해석상 상속개시 후에 결격사유가 발생한 경우도 물론 포함된다. 판례는 동시사망의 추정을 받는 경우에도 대습상속이 인정된다고 판시하고 있으며(대법원 99다13157, 2001. 3. 9. ; 서울지판 97가합91172, 1998. 4. 3.) 이는 형평의 논리상 당연하다. 상속포기는 대습상속의 사유가 되지 않는다. 이는 결격의 경우와 비교하여 일응 균형을 잃은 것처럼 보이나, 대습상속의 취지가 상속에 대한 강한 기대를 보호하려는 데 있는데 상속인이 상속을 포기할 경우에는 그 직계비속이나 배우자에게는 상속상의 기대는 이미 존재하지 않는다고 보아야 할 것이다.

㉡ 상속인은 피상속인의 직계비속이나 형제자매에 한한다.

따라서 상속인이 피상속인의 직계존속이거나 4촌 이내의 방계혈족인 경우에는 그의 직계비속이나 배우자는 대습상속권이 인정되지 않는다.

그리고 직계비속의 직계비속이나 형제자매의 직계비속(대습상속인)에게 대습원인이 발생하게 되면 그들의 직계비속이 다시 대습상속하는 것도 가능하다.

㉢ 대습상속인(대습자)은 피대습자의 직계비속이나 배우자이어야 한다.

태아는 상속에 있어서 이미 출생한 것으로 보므로 태아도 대습상속인이 된다고 해석하여야 한다. 즉 직계비속은 상속개시 시에 존재하고 있든가, 포태되어 있으면 대습상속권을 가진다고 해석하여야 한다.

배우자는 법률상의 혼인을 한 배우자이어야 한다. 배우자가 사망한 후 재혼한 자는 인척관계가 소멸하므로 대습상속권이 없다고 해석하여야 할 것이다. 그리고 동시사망추정의 경우(이때 동시사망이 추정되는 자간에는 본위상속은 인정되지 않는다) 판례는 대습상속을 인정한다(대법원 99다13157, 2001. 3. 9.[110]). 그렇지 않으면

---

110) '대법원 2001. 3. 9. 99다13157'의 판결요지를 보면 다음과 같다. 원래 대습상속제도는 대습자의 상속에 대한 기대를 보호함으로써 공평을 꾀하고 생존 배우자의 생계를 보장하여 주려는 것이고, 또한 동시사망 추정규정도 자연과학적으로 엄밀한 의미의 동시사망은 상상하기 어려운 것이나 사망의 선후를 입증할 수 없는 경우 동시에 사망한 것으로 다루는 것이 결과에 있어 가장 공평하고 합리적이라는 데에 그 입법 취지가 있는 것인바, 상속인이 될 직계비속이나 형제자매(피대습자)의 직계비속 또는 배우자(대습자)는 피대습자가 상속개시 전에 사망한 경우에는 대습상속을 하고, 피대습자가 상속개시 후에 사망한 경우에는 피대습자를 거쳐 피상속인의 재산을 본위상속을 하므로 두 경우 모두 상속을 하는데,

동시사망이 추정되는 경우 피대습자의 직계비속이나 배우자는 어떠한 상속도 받지 못하는 불공평한 결과를 낳기 때문이다.

㉣ 대습상속인은 상속인의 자격을 잃어서는 안 된다.

그러므로 대습자가 결격자인 경우에는 대습상속권을 갖지 못한다. 왜냐하면 이 경우 대습자에게는 이미 상속의 기대가 없기 때문이다. 이 경우의 결격은 피상속인에 대한 것뿐만 아니라 피대습자에 대한 결격도 포함한다.

⑤ 효과 : 대습상속에 의하여 대습자는 피대습자에게 예정되어 있는 상속분을 상속한다. 예를 들면 피대습자의 상속분이 1/3이라면 그 배우자 갑과 자녀 을은 각각의 상속분에 따라 갑은 3/15(=1/3×3/5), 을은 2/15(=1/3×2/5)의 상속분을 가지게 된다.

(4) 한정승인자(민법 제1028조)

상속인은 상속으로 인하여 취득할 재산의 한도에서 피상속인의 채무와 유증을 변제할 것을 조건으로 상속을 승인할 수 있으므로 한정승인자도 상속인임에 틀림없다. 이때 상속으로 취득할 재산에는 법정상속지분대로 상속받은 것으로 추정되는 상속개시 전 처분재산도 포함한다(심사상속 2001-48, 2001. 9. 28.).

한정승인[111]에 관하여 살펴보면 다음과 같다.

① 의의 : 한정승인이란 상속인이 상속으로 인하여 취득한 재산의 한도에서 피상속인의 채무와 유증을 변제하는 상속을 말한다(민법 제1028조). 그러므로 상속채무의 규모가 정확하지 않아 상속포기를 하기에는 곤란할 때에 이용한다.

이는 원칙적인 상속인 단순승인의 경우, 상속재산의 채무초과로 인해 상속인의 고유재산으로 상속채무를 변제해야 하므로 상속인을 보호할 목적으로 인정된다.

② 방식

㉠ 상속인이 한정승인을 함에는 상속개시있음을 안 날로부터(민법 제1019조 제1항) 또는 상속재산이 채무초과인 사실은 안 날로부터(특별한정승인, 민법 제1019조 제3항) 3월 내에 상속재산의 목록을 첨부하여 법원에 한정승인의 신고를 하여야 한다(민법 제1030조 제1항). 특별한정승인을 한 경우 상속재산 중 이미 처분한 재

만일 피대습자가 피상속인의 사망, 즉 상속개시와 동시에 사망한 것으로 추정되는 경우에만 그 직계비속 또는 배우자가 본위상속과 대습상속의 어느 쪽도 하지 못하게 된다면 동시사망 추정 이외의 경우에 비하여 현저히 불공평하고 불합리한 것이라 할 것이고, 이는 앞서 본 대습상속제도 및 동시사망 추정 규정의 입법 취지에도 반하는 것이므로, 민법 제1001조의 '상속인이 될 직계비속이 상속개시 전에 사망한 경우'에는 '상속인이 될 직계비속이 상속개시와 동시에 사망한 것으로 추정되는 경우'도 포함하는 것으로 합목적적으로 해석함이 상당하다.

111) 김주수 · 김상용, 「친족 · 상속법」, 법문사, 2007, 653~660쪽

산이 있는 때에는 그 목록과 가액을 함께 제출하여야 한다(민법 제1030조 제2항).

ⓛ 한정승인의 의사표시는 상속인 또는 그 대리인이 가정법원에 대하여 일정한 방식의 서면으로 하여야 한다.

③ **효과** : 한정승인의 효력은 상속의 효력 그 자체로서는 단순승인과 다르지 않다. 다만 다음과 같은 차이가 있다.

ㄱ 한정승인을 한 상속인은 상속에 의하여 취득한 재산의 한도에서만 피상속인의 채무와 유증을 변제하면 된다.

ⓛ 한정승인은 상속인의 재산과 피상속인의 재산을 분리하려는 것이므로, 상속인이 피상속인에 대하여 가졌던 재산상의 권리의무는 혼동으로 소멸하지 않는다(단순승인의 경우 혼동으로 소멸한다).

④ **청산절차**

ㄱ 채권자에 대한 공고와 최고

한정승인자는 한정승인을 한 날로부터 5일 내에 일반상속채권자와 유증받은 자에 대하여 한정승인의 사실과 2월 이상의 기간 내에 그 채권 또는 수증을 신고할 것을 공고하여야 한다(민법 제1032조 제1항).

한정승인자가 알고 있는 채권자는 신고가 없더라도 제외할 수 없으며, 이러한 채권자와 유증받은 자에 대해서는 공고 이외에 각각 별도로 그 채권신고를 최고하여야 한다(민법 제1032조 제2항).

ⓛ 변제

㉮ 한정승인자는 신고기간(민법 제1032조 제1항)만료 후에 상속재산으로써 그 기간 내에 신고한 채권자와 한정승인자가 알고 있는 채권자에 대하여 각 채권액의 비율에 따라 배당변제하여야 한다(민법 제1034조 제1항 본문). 그러나 우선권 있는 채권자의 권리를 해하지 못한다(민법 제1034조 제1항 단서).

㉯ 특별한정승인(민법 제1019조 제3항)을 한 경우에는 그 상속인은 상속재산 중에서 남아있는 상속재산과 함께 이미 처분한 재산의 가액을 합하여 배당변제를 하여야 한다(민법 제1034조 제2항 본문). 다만, 한정승인을 하기 전에 상속채권자나 유증받은 자에 대하여 변제한 가액은 이미 처분한 재산의 가액에서 제외한다(민법 제1034조 제2항 단서).

㉰ 변제는 ⅰ) 유치권 · 질권 · 저당권 등 우선권이 있는 채권자(민법 제1034조 단서), ⅱ) 일반의 채권자(민법 제1034조 본문), ⅲ) 유증받은 자(민법 제1036조)의 순서로 한다. 거짓 유증을 통해 상속채권자를 해하는 것을 방지하기 위해

마지막 순위로 두었다.

   ⑭ 신고하지 않은 자에 대한 변제

신고기간 내에 신고하지 아니한 상속 채권자 및 유증받은 자로서 한정승 인자가 알지 못한 자는 상속재산의 잔여가 있는 경우에 한하여 그 변제를 받을 수 있다(민법 제1039조 본문).

   ⑮ 상속재산의 경매

상속재산으로 변제를 하는 경우에 이를 환가할 필요성이 생기는 때에는 상속재산의 일부나 전부를 민사집행법에 의하여 경매하여야 한다(민법 제 1037조).

보론 11 **상속의 승인과 포기**[112]

1. 승인과 포기의 의의

① 상속은 피상속인의 사망과 동시에 법률상 당연히 포괄적으로 상속인에게 승계된다. 그러나 개인주의사회에서 개인의 의사를 무시하여 권리의무의 승계를 강제할 수 없 다. 따라서 당연포괄승계와 개인의사의 자유와의 조화가 필요하다. 이러한 조정의 결 과 상속의 승인·포기라는 선택의 자유가 주어진 것이다.

② 상속인에게 선택의 자유를 주다 보니 선택이 이루어지기까지 상속관계가 확정되지 않아, 상속채권자 등의 이해관계인이 곤란하게 된다. 그래서 민법은 상속인이 상속개 시 있음을 안 날로부터 원칙적으로 3월 이내에 승인·포기를 하도록 하고(민법 제 1019조), 이 기간 내에 결정하지 않으면 단순승인을 한 것으로 본다(민법 제1026조). 그러므로 단순승인이 원칙이며, 승인·포기는 예외적인 선택사항이다.

2. 승인·포기행위의 성질

① 상속승인·포기는 의사표시이다. 상속승인·포기는 상속개시 후에 하여야 하며, 개시 전에는 의사표시를 할 수 없다.

② 상속은 포괄적이므로 그 승인·포기도 상속재산에 대하여 포괄적으로 하여야 하며, 특정재산에 대하여 선택적으로 할 수 없다. 승인·포기는 단독행위이므로 이해관계 인을 불안정한 상태에 놓이지 않게 하기 위해 확정적으로 그 효과를 발생시켜야 한 다. 따라서 승인·포기 후에는 이를 변경할 수 없다. 승인·포기는 상속인의 자유의 사에 기초하므로 이를 강제하거나 제한하거나 금지할 수 없다.

3. 승인·포기의 기간

① 승인과 포기를 할 수 있는 기간은 상속인이 '상속개시 있음을 안 날'로부터 3월 이내 이다(민법 제1019조 제1항 본문). 그러나 그 기간은 이해관계인 또는 검사의 청구에 의하 여 가정법원이 이를 연장할 수 있다(민법 제1019조 제1항 단서).

---

112) 김주수·김상용, 「친족·상속법」, 법문사, 2007, 635~653쪽

② 다만, 상속인이 상속채무가 상속재산을 초과하는 사실을 중대한 과실 없이 위의 기간 내에 알지 못하고 단순승인을 한 경우에는 그 사실을 안 날부터 3월 내에 한정승인을 할 수 있다(특별한정승인제도 : 민법 제1019조 제3항).

③ '상속개시 있음을 안 날'이란 상속인이 상속개시의 사실과 자기가 상속인이 된 사실을 인식한 날이다. 그러므로 3개월의 기간은 상속인이 여러 명 있는 때에는 각 상속인에 대하여 각각 별도로 진행된다.

4. 승인 · 포기의 취소 · 무효

① 승인포기를 한 이상 3개월의 기간 내에도 이를 취소할 수 없다(민법 제1024조 제1항).

② 그러나 민법 총칙편의 규정에 의한 승인 · 포기의 취소(미성년자와 한정치산자가 법정대리인의 동의 없이 한 경우(민법 제5조, 제10조), 금치산자가 한 경우(민법 제13조), 사기 · 강박에 의한 경우(민법 제110조), 착오로 인한 경우(민법 제109조)의 취소)는 가능하다.

③ 상속에 의한 재산관계의 조속한 안정을 위해 추인할 수 있는 날로부터 3월, 승인 · 포기한 날로부터 1년 내에 취소권을 행사하여야 한다(민법 제1024조 제2항 단서).

④ 眞意에 의하지 않은 승인 · 포기, 신고방식에 하자가 있는 승인 · 포기, 상속권이 확정된 후에 한 승인 · 포기 등의 경우의 해당 승인 · 포기는 민법총칙편의 규정을 적용받아 무효이다. 무효인 승인 · 포기에는 효력이 당연히 생기지 않는다.

5. 단순승인

1) 의의

단순승인이란 피상속인의 권리의무를 무제한 · 무조건으로 승계하는 상속형태(방법)를 말하는 것으로 이것이 상속의 본래적 형태이다.

2) 법정단순승인

아래의 일정한 사유가 있는 때에는 상속채권자와 후순위의 상속인이 손해를 입을 염려가 있으므로 상속인에게 한정승인이나 상속포기를 할 수 없도록 함으로써 당연히 단순승인이 된 것으로 본다(법정단순승인, 민법 제1026조).

(1) 상속인이 상속재산에 대한 처분행위를 한 때(국심 2002중1252, 2002. 7. 19. ; 심사상속 2001-46, 2001. 6. 21.).

① 이는 상속인의 통상적 의사의 추정, 상속채권자 등에게 불측의 손해를 줄 가능성, 처분행위를 신뢰한 제삼자 보호, 재산의 혼합으로 인해 승인절차 실시가 곤란해진다는 점에서 타당하다.

② 처분에는 고의의 사실적 처분행위(재산의 현상이나 성질을 변하게 하는 것) 및 법률적 처분행위(재산의 변동을 생기게 하는 것)를 포함한다.

③ 공동상속인 중 일부가 처분행위를 한 경우, 다른 상속인에게는 영향을 미치지 않으므로 한정승인이나 포기가 가능하다.

(2) 상속인이 승인 또는 포기를 하여야 할 기간 내에 한정승인 또는 포기를 하지 아니한 때

민법이 단순승인을 상속의 원칙적 형태로 인정하므로 당연하다.

(3) 상속인이 한정승인 또는 포기를 한 후에 상속재산을 은닉하거나 부정소비하거나 고의로 재산목록에 기입하지 아니한 때

① '은닉'이란 쉽게 그 재산의 존재를 알 수 없게 만드는 것을 말하고, '부정소비'란 상속채권자의 불이익을 의식하고 상속재산을 소비하는 것을 말한다.

② 상속포기 후 이로 인해 새로이 상속인이 된 사람(차순위상속인)이 승인을 한 후에는 먼저 상속인이 위의 부정행위를 하더라도 단순승인의 효력은 발생하지 않는다(민법 제1027조).

3) 효과

① 단순승인이 되면 상속인은 상속채무에 대해서도 무한책임을 지므로, 상속에 의하여 승계한 피상속인의 채무전부를 상속재산으로 변제할 수 없는 경우에는 상속인의 고유재산으로써 변제하여야 하고, 피상속인의 채권자는 상속인의 고유재산에 대해서도 강제집행을 할 수 있다.

② 단순승인의 효과가 확정되면, 설사 그 후에 한정승인 · 포기의 신고가 수리되더라도 그것은 무효이다.

(5) 선순위 상속인의 상속포기시 상속받은 후순위 상속인

선순위인 단독 상속인 또는 동순위의 공동 상속인 전원이 상속을 포기(민법 제1019조)함으로써 그 다음 순위 상속인(이하 "후순위 상속인"이라 한다)이 재산을 상속받게 되는 경우에는 그 후순위 상속인에게 상속세를 과세하며, 증여세는 과세하지 않는다. 후순위 상속인도 민법상의 상속인의 신분이지 수증자의 신분인 것은 아니기 때문이다. 이 경우 그 후순위 상속인이 피상속인의 1촌 외의 직계비속인 경우에는 세대를 건너뛴 상속으로 보아 일반상속세액에 30%를 할증(상증세법 제27조)하여 과세한다(상증세법 기본통칙 3-0…1 ①).

2) 상속결격자

상속결격자가 되면 민법상 상속인의 자격을 당연히 잃게 될 뿐만 아니라 수증결격자가 된다. 그러나 상속결격자라 하더라도 결격 사유가 발생하기 전에 사전증여받는 것은 가능하므로 상증세법은 상속세의 납부의무자에 포함시키고 있다(상증세법 제2조 제4호).[113]

그런데 상속결격자에게 상속세 과세가액에 가산하는 사전증여재산(상증세법 제13조)이 전혀 없다면 상속으로 인해 받았거나 받을 재산이 전혀 없는 것이므로 결과적으로 상속세 납세의무가 없게 된다.

---

113) 김주수 · 김상용, 「친족 · 상속법」, 법문사, 2007, 556~560쪽

(1) 의의

상속인에게 법률이 정한 일정한 사유가 발생하면, 특별히 재판상의 선고를 기다리지 않고 법률상 당연히 그 상속인이 피상속인을 상속하는 자격을 잃는 것을 상속결격이라 한다. 상속은 기본적으로 상속인과 피상속인간의 긴밀한 정서적 · 경제적 유대관계가 있는 것을 전제로 하므로, 이러한 유대관계를 깨뜨리는 비행을 저지르는 자에게는 상속권을 배제해야 한다는 사고에 기인한 제도이다.

(2) 결격사유

결격은 민법 제1004조에 열거하는 사유가 발생하는 때에만 인정된다. 따라서 이와 비슷한 사유가 있더라도 유추해석을 해서는 안 되며, 될 수 있는 한 엄격하게 해석하여야 한다. 이 결격사유는 모두 5가지로 열거되어 있는 데, 그 성격에 따라 두 부류로 구분할 수 있으며 각각에 맞는 별개의 취지로 해석하여야 한다.

① **피상속인에 대한 패륜행위** : 이러한 사유는 상속인의 악성 그 자체가 공익적 · 도덕적 견지에서 제재의 대상이 되므로 될 수 있는 한 엄격하게 해석할 필요가 있다.

　㉠ 고의로 직계존속, 피상속인, 그 배우자 또는 상속의 선순위자나 동순위자를 살해하거나 살해하려 한 것

　고의의 살인인 경우에 한한다. 살인죄라면 기수이건 미수(형법 제254조)이건 묻지 않는다. 살인의 예비 또는 음모(형법 제255조)와 자살의 교사 · 방조(형법 제252조 제2항)도 이 요건을 충족시킬 수 있다. 선순위자나 동순위자가 태아인 경우에는 낙태죄(형법 제269조, 제270조)도 이 요건을 충족시킬 수 있다.

　고의에 한하므로 과실상해치사는 이 요건을 충족시키지 않는다. 그리고 피해자가 직계존속, 피상속인, 그 배우자 또는 상속의 선순위자나 동순위자라는 사실을 알고 있어야 한다. 다만, 이와 같은 사람을 살해함으로써 자기가 상속에 있어서 유리하게 되리라는 인식은 필요 없다. 이는 공익적 · 도덕적 차원에서의 결격이유에 해당하기 때문이다.

　㉡ 고의로 직계존속, 피상속인, 그 배우자에게 상해를 가하여 사망에 이르게 한 것

　고의의 상해로 인한 치사에 한한다. 상속의 선순위자나 동순위자는 여기에서 제외된다. 따라서 상속의 선순위자나 동순위자에 대한 상해치사는 결격사유가 아니다. 그리고 상해만으로는 결격이 되지 않고 사망에 이르러야 한다. 이 역시 피해자가 직계존속 등이라는 사실을 아는 것으로 족하고, 이로 인해 상속에 있어 유리하게 되리라는 인식은 불필요하다. 이는 공익적 · 도덕적 차원에서의 결격이유에 해당하기 때문이다.

② 피상속인의 유언에 관한 부정행위 : 이 사유에 해당하는 경우에는 상속인이 위법하게 이득을 얻거나 이득을 얻으려고 하는 것을 제재의 대상으로 하고 있으므로 그 해석은 상대적으로 덜 엄격할 것이다.

㉠ 사기 또는 강박으로 피상속인의 상속에 관한 유언 또는 그 철회를 방해한 것
이에 해당하는 것으로는 상속 자체에 관한 것으로 상속재산분할방법의 지정 또는 위탁 등, 상속재산 범위에 관한 것으로 유증, 상속인의 범위에 관한 것으로 친생부인 또는 인지를 포함하는 유언과 재단법인의 설립의 유언 등이 있다. 이렇게 볼 때 상속에 관계없는 유언은 후견인 지정의 유언뿐일 것이다. 방해행위를 함에 있어서는 자기에게 상속에 의해 상속재산을 귀속시키거나 더 유리하게 귀속시키려는 고의가 있어야 한다. 그러므로 다른 상속인·수증자·피상속인의 이익을 꾀하려 한 경우에는 자기의 이익을 위한 고의가 주요한 동기가 된 경우가 아닌 한, 결격사유에 해당하지 않는다.
그리고 방해행위를 함으로써 피상속인으로 하여금 본호의 유언 행위를 하지 않게 하여야 한다. 방해가 성공하지 못하면 본호는 적용되지 않는다.

㉡ 사기 또는 강박으로 피상속인의 상속에 관한 유언을 하게 한 것
주의할 점은 위 ㉠과 같다. 다만, 상속에 관한 유언을 사기·강박을 이유로 민법 제110조에 의하여 취소될 수 있다. 취소된 경우에도 본호는 적용된다. 취소의 유무라는 우연한 사실에 의하여 결격사유의 존부를 좌우하는 것은 적당하지 않으며 제도의 취지에도 맞지 않기 때문이다.

㉢ 피상속인의 상속에 관한 유언서를 위조·변조[114]·파기 또는 은닉한 것
이러한 행위가 없었다면 상속개시에 유효하게 존재하였을 유언서에 관한 것이다. 그러므로 이러한 행위가 이루어졌으나 피상속인이 그 유언을 철회한 경우에는 상속에 영향을 미치지 않으므로 본호의 적용이 없다.
그리고 이러한 행위는 고의에 기인한 것이어야 하므로 과실로 파기한 경우에는 본호는 적용되지 않는다.

(3) 상속결격의 효과

① 결격사유가 발생하면 상속인은 당연히 상속할 자격을 잃는다. 그러므로 아무런 의사표시나 판결도 필요없다. 상속개시 후에 결격사유가 생기면 상속 시에 소급하여 무효로 된다.

---

114) 위조는 상속인이 피상속인의 명의를 마음대로 사용하여 유언서를 작성하는 것이여, 변조는 상속인이 피상속인이 작성한 유언서의 내용을 마음대로 고치는 것을 말한다.

② 상속결격자는 피상속인에 대하여 상속인이 될 수 없음과 동시에 또한 수증결격자도 되므로 유증을 받을 수도 없다. 그러나 생전증여는 가능하므로 그 실익이 없다.

③ 상속결격의 효과는 특정의 피상속인에 대한 관계에만 미치며, 다른 피상속인에 대한 상속자격에는 영향을 미치지 않는다. 다만, 고의로 직계존속을 살해하거나 상해하여 사망에 이르게 한 자는 절대적 결격자이다.

④ 결격의 효과는 결격자의 일신에만 그치므로, 결격자의 직계비속이나 배우자가 대습상속하는 데는 지장이 없다.

⑤ 결격의 효과는 법률상 당연히 생기는 것이며, 민법은 결격자의 상속회복에 대하여 아무런 규정이 없으므로 피상속인이 상속결격자에 대하여 결격의 용서를 하거나 결격의 효과의 취소 또는 면제를 하는 것은 허용되지 않는다고 보아야 한다. 그러나 생전증여는 가능하므로 실제로는 별 실익이 없다.

3) 상속포기자

상속포기자의 상속세 납세의무 여부를 판단하기 위해 상속포기[115]에 관해 살펴보면 다음과 같다.

(1) 의의

상속인은 상속개시에 의하여 피상속인의 재산상의 권리의무를 승계하게 되나 상속개시 있음을 안 날로부터 3월 내에 단순승인이나 한정승인 또는 포기를 할 수 있다(민법 제1019조). 이와 같이 상속포기 신고를 통하여 상속인은 상속재산의 전부 또는 일부의 승계를 거부할 수 있다.

① 상속의 포기란 상속재산에 속한 모든 권리의무의 승계를 부인하고 처음부터 상속인이 아니었던 것으로 하려는 단독의 의사표시이다.

② 적극재산이 많은지 소극재산이 많은지 의심스러우면 한정승인을 하면 되지만, 상속재산이 채무초과인 것이 명백한 경우에는 상속포기를 하는 것이 바람직하다.

(2) 포기방식

포기하려는 자는 상속개시 있음을 안 날로부터 3월(고려기간) 내에 가정법원에 포기의 신고를 하여야 한다(민법 제1041조). 포기는 신고의 수리라는 심판에 의하여 성립한다. 그러므로 상속개시 전의 포기는 인정되지 않는다.

---

115) 김주수 · 김상용, 「친족 · 상속법」, 법문사, 2007, 661~667쪽

(3) 포기의 효과

① **포기의 소급효** : 포기자는 처음부터 상속인이 아니었던 것이 되므로(민법 제1042조), 적극재산도 소극재산도 모두 승계하지 않았던 것이 된다.

② **포기한 상속재산의 귀속** : 수인의 상속인 중 어느 상속인이 상속을 포기한 때에는 그 상속분은 다른 상속인의 상속분의 비율로 그 상속인에게 귀속한다(민법 제1043조). 따라서 상속포기 행위가 위법이나 원인무효 아닌 한 당초 상속을 포기한 자가 상속재산 처분대금을 상속인으로부터 무상수증받은 경우, '상속세'가 아닌 '증여세'가 과세된다(국심 2001중248, 2001. 5. 11.).

이때 상속재산의 귀속은 법률상 당연히 행하여지고 귀속을 받는 상속인은 거절할 수 없다. 그런데 귀속되는 상속재산에는 소극재산인 채무도 포함되므로 상속포기는 공동상속인 간의 이해와 직접적으로 관계된다. 따라서 선순위상속인(자녀)의 상속포기로 상속을 받게 되는 후순위 상속인(손자)도 상속포기를 하여야 예상치 못한 빚을 떠안는 위험을 피할 수 있다는 점에 유의하여야 한다.

③ 상속포기의 효과는 일종의 강행규정으로서 공동상속인 중의 특정인을 위하여 포기하는 것처럼 위와 다른 효과를 주는 것은 인정되지 않는다.

④ 그러나 상속인이 상속재산에 대한 처분행위를 한 경우(법정상속인이 상속포기 전에 피상속인의 예금을 인출해 자신의 계좌에 입금한 것 등) 등 위의 법정단순승인(민법 제1026조)에 해당할 때에는 '상속포기'의 효력 없어, 차순위 상속인에게 상속재산이 이전되는 때에 법정상속인이 상속받을 재산을 증여한 것으로 본다(심사상속 2001-46, 2001. 6. 21.).

(4) 사실상의 상속포기

정상적인 포기의 절차를 밟지 않고 ① 특별수익증명서나 ② 상속재산분할협의서에 의하여 상속인 중 한 사람에게 상속재산을 집중시키는 것을 사실상의 상속포기라고 한다. 이러한 사실상의 포기는 공동상속인간의 의견의 일치만 있었다면 인정되므로 적극재산의 귀속에는 문제가 없다. 그러나 사실상의 포기는 법률상으로 취득한 상속분의 포기 내지 양도이므로 상속채무에 대해서는 채권자의 승낙 없이는 책임을 면할 수 없다(민법 제454조).

(5) 상증세법상 취급

민법상 상속포기의 경우에는 상속개시된 때에 소급하여 그 효력(민법 제1042조)이 있으므로 상속개시된 때에 상속인이 아니었던 것이 되므로 상속포기를 한 자는 당연히 상속세의 납부의무를 지지 아니하나, 현행 상증세법 제2조 제4호[116]에서는 상속인의 범위에 상속포기자(법령상의 표현으로는 "민법 제1019조 제1항에 따라 상속을 포기한 사람"을 말함)를 포함시켜(상속개시 전 10년 이내에) 사전증여받은 상속인이 상속포기를 한 경우라 하더라도 상속세(연대)납부의무가 있음을 명확히 하였다. 즉 상속을 포기한 선순위 상속인에게 상증세법 제13조에 따라 상속재산에 가산하는 증여재산이 있는 경우에는 그 선순위 상속인이 해당 증여재산의 가액에 상당하는 상속세액에 대하여 납부할 의무를 지며, 다른 상속인들이 납부할 상속세액에 대해서도 연대하여 납부할 의무를 진다(상증세법 기본통칙 3-0…1 ②).

그러므로 상속인이 상속포기했더라도 상속개시 전 재산처분의 사용처가 입증되지 않은 금액을 상속받은 재산으로 하여 상속세 과세함은 정당하다(국심 2004서1700, 2004. 8. 23. ; 국심 2003중302, 2003. 5. 21.). 다시 말해 상증세법 제15조에 따라 상속재산으로 추정하여 상속세 과세가액에 산입한 금액은 상속포기한 선순위 상속인이 법정상속분으로 상속받은 것으로 추정하여 그 선순위 상속인이 상속세 납세의무를 지며, 다른 상속인들이 납부할 상속세액에 대해서도 연대하여 납부할 의무를 진다(상증세법 기본통칙 3-0…1 ③).

이에 따라 현행 상증세법은 상속인이 확정되면 상속재산은 그 상속인에게 확정적으로 승계되는 것이고, 이후 확정된 상속인이 상속재산을 포기하는 것은 자신의 권리를 처분하는 것에 불과한 것으로 보는 셈이나, 민법상 상속포기의 소급효를 무시한 입법이어서 논란에서 자유로울 수 없다.[117]

그런데 상속포기자에게 상속세 과세가액에 가산하는 사전증여재산(상증세법 제13조)이 전혀 없다면 상속으로 인해 받았거나 받을 재산이 전혀 없는 것이므로 결과적으로 상속세 납세의무가 없게 된다.

상속개시시점		상증세법상 상속포기자의 취급
1998. 12. 31. 이전	2008. 10. 29. 이전 결정분	상속인에 해당하지 않아 상속세 납세의무가 없다(대법원 97누5022, 1998. 6. 23. 등).
	2008. 10. 30. 이후 결정분	상속인에 포함되어 상속세 납세의무가 있다(헌재 2003헌바10, 2008. 10. 30. 결정).

---

116) 1998. 12. 28. 법률 제5582호로 개정된 상증세법 제3조 제1항에서 상속세 납세의무를 부담하는 "상속인"은 "민법 제1000조, 제1001조, 제1003조 및 제1004조의 규정에 의한 상속인을 말하며, 동법 제1019조 제1항의 규정에 의하여 상속을 포기한 자도 포함한다"는 규정이 신설됨으로써 상속포기자도 위 "상속인"에 포함된다고 명시적으로 규정되었다.

117) 이태로·한만수, 「조세법강의」, 박영사, 2009, 631쪽

상속개시시점	상증세법상 상속포기자의 취급
1999. 1. 1. 이후	상속인에 포함되어 상속세 납세의무가 있다(상증세법 제2조 제4호 본문에 규정).

4) 특별연고자

상속인 수색공고기간 내에 상속권을 주장하는 이가 없는 경우 특별연고자에게 피상속인 재산의 일부나 전부를 분여할 수 있다. 이 경우 특별연고자도 유증 등의 경우와 같이 피상속인의 재산을 실질적으로 상속받는 것이므로 상증세법에서는 상속세 납부의무자에 포함시키고 있다.

2. 수유자

1) 유증에 의하여 증여받은 수유자

유언은 유언자가 사망한 때로부터 그 효력이 생기므로(민법 제1073조), 유증을 받은 자도 상속세 납세의무가 있다(상증세법 제2조 제5호).

2) 사인증여에 의하여 증여받은 수증자

증여자의 사망으로 인하여 효력이 생길 증여(사인증여)에는 유증에 관한 규정을 준용하도록(민법 제562조)하고 있고, 사인증여도 피상속인의 사망으로 인해 그 효력이 생기므로 사인증여를 받은 자도 상속세 납세의무가 있다(상증세법 제2조 제5호).

| **보론 12**　準用 |

준용이란 필요한 변경을 가하여 적용한다는 의미이다. 준용의 형식은 법률의 조문 수를 줄일 수 있어서 간결한 체재를 갖추는 이점이 있다. 다만 준용은 그대로 적용한다는 의미는 아니다. 이 점에서 適用과 구별된다. 예컨대 민법 제562조는 사인증여에는 유증에 관한 규정을 준용하는 것으로 규정하지만, 사인증여는 계약이고 유증은 단독행위인 점에서, 단독행위임을 전제로 하는 유증의 방식에 관한 규정(민법 제1065조~제1072조)은 계약인 사인증여에는 적용되지 않는다.

---

3) 증여채무의 이행 중에 있는 수증자

현행 상증세법은 증여채무의 이행 중에 증여자가 사망한 경우 해당 증여를 사인증여에 포함하는 것으로 규정하였다(상증세법 제2조 제1호 나목). 이는 증여계약 이행 중에 피상속인이 사망한 경우 상속인은 재산을 상속받지 않았음에도 상속세를 부담하게 되고 상속개시 후 수증자가 증여세를 부담 시에도 증여세를 기납부세액으로 공제하지 않아 이중과세되는 문제가 있었다. 그래서 증여계약 이행 중에 피상속인이 사망한 경우 증여의 효력이 사후에도 지속되므로 피상속인이 사망함으로써 효력이 발생하는 사인증여와 동일하게 수증자에게만 상속세 납세의무를 지운다.

4) 유언대용신탁 및 수익자연속신탁에 의하여 신탁의 수익권을 취득한 자

유언대용신탁·수익자연속신탁 등 새로운 유형의 신탁에 대한 과세방식을 명확히 규정하여 납세자의 편익을 제고한다는 취지로 2020. 12. 22. 개정을 통해 유언대용신탁 및 수익자연속신탁에 의하여 신탁의 수익권을 취득한 자가 상속세 납부의무자 중 수유자의 범위에 포함되었다(상증세법 제2조 제5호 다목).

동 개정에 따라 상속의 범위에 신탁법 상 유언대용신탁과 수익자연속신탁이 추가되었으며, 해당 신탁의 수익은 상속세로 과세함을 명확히 하였다(제2조 제1호 라목 및 마목, 제9조 제3항, 제2조 제5호 다목).

그 밖의 납세의무자 판단

 해의 맥

상속세 납세의무자의 개념에 맞지 않는 '상속개시 전 5년 이내에 증여받은 재산만 있는 상속인 이외의 자', '납세관리인'등은 납세의무자가 아니다. 다만, '추정상속인', '유언집행자와 상속재산관리인'은 조세채권의 확보를 용이하게 하기 위한 형식적 납세의무자이다.

1. 추정상속인, 유언집행자와 상속재산관리인 – 조세채권의 확보를 쉽게 하기 위한 형식적 납세의무자

세무서장 또는 지방국세청장은 상증세법에 따라 상속세를 부과할 때에 납세관리인이 있는 경우를 제외하고 상속인이 확정되지 아니하였거나 상속인이 상속재산을 처분할 권한이 없는 경우에는 특별한 규정이 없는 한 추정상속인·유언집행자 또는 상속재산관리인에 대하여 상증세법 중 상속인 또는 수유자에 관한 규정을 적용할 수 있다(국세기본법 제82조 제5항).

그러므로 경우에 따라서 이들은 상속세의 납세의무자가 된다. 예컨대 조세의 일실 등으로 상속세를 부과하여야만 하는 경우 상속인이 확정되기 전이라도 추정상속인에게 상속세를 부과할 수 있다.

2. 상속개시 전 5년 이내에 증여받은 재산만 있는 상속인 이외의 자

상속개시 전 5년 내에 상속인에 해당하지 아니하는 자가 받은 증여재산가액을 포함하여 상속세를 산출하지만, 피상속인으로부터 상속개시 전 5년 이내에 증여받은 재산만 있는 상속인 외의 자는 상속세 납부의무(연대납부의무)가 없다(재산-515, 2010. 7. 14. : 서면4팀-1160, 2005. 7. 8.). 이들은 실질적으로 피상속인의 사망을 원인으로 하여 피상속인의 재산을 무상으로 이전받은 것이 아니기 때문이다.

3. 납세관리인

납세자가 국내에 주소 또는 거소를 두지 아니하거나 국외로 주소 또는 거소를 이전하려는 때에는 국세에 관한 사항을 처리하기 위하여 납세관리인을 정하여야 한다(국세기본법 제82조 제1항). 납세관리인은 원래 납세의무자를 대신하여 각 세법에서 규정하는 신고관련 서류를 대신 작성·제출하거나, 세무서장이 발부하는 서류 등을 대신 수령하여 납세의무자에게 전달하는 단순한 역할의 대행자일 뿐이지 원래 납세의무자의 국세납부의무를 대신하여 지는 것은 아니다(서면3팀-2024, 2004. 10. 5.). 따라서 납세관리인은 상속세 납세의무자가 아니다.

4. 상속인 등이 비거주자인 경우

상속세는 피상속인이 거주자인지 비거주자인지에 따라 상속세 과세대상이 달라지는 것이다. 그러므로 상속인 등이 비거주자이더라도 상속세 납세의무는 달라지지 않는다.

┃종류별 납세의무자 요약┃

구 분	민법상 상속인	상증세법상 상속인	상속세 납세의무자	납세의무 한도
(민법상)상속인	○	○	○	각자가 받았거나 받을 자산
상속결격자	×	○	○	각자가 받은 자산
상속포기자	×	○	○	각자가 받은 자산
특별연고자	×	○	○	각자가 받았거나 받을 자산
수유자	×	×	○	각자가 받았거나 받을 자산
증여채무이행 받는 중에 있는 수유자	×	×	○	각자가 받았거나 받을 자산
추정상속인	×	×	○	-
유언집행자	×	×	○	-
상속재산관리인	×	×	○	-
납세관리인	×	×	×	-
상속개시 전 5년 이내에 증여받은 재산만 있는 상속인 이외의 자	×	×	×	-

┃상속세 납세의무자 개념요약(상증세법 집행기준 3-0-2)┃

구 분			내 용
상증세법상 상속인	민법상 상속인	법정 상속인	① 상속순위 　1. 피상속인의 직계비속　　2. 피상속인의 직계존속 　3. 피상속인의 형제자매　　4. 피상속인의 4촌 이내의 방계혈족 ② 동순위의 상속인이 수인인 때에는 최근친을 선순위로 하고 동친 등의 상속인이 수인인 때에는 공동상속인이 된다.
		배우자	배우자는 피상속인의 직계비속과 직계존속의 상속인이 있는 경우에는 그 상속인과 동순위로 공동상속인이 된다.
		대습 상속인	상속인이 될 직계비속 또는 형제자매가 상속개시 전에 사망하거나 결격자가 된 경우에 그 직계비속 또는 배우자가 있는 때에는 그 직계비속 또는 배우자가 사망하거나 결격된 자의 순위에 갈음하여 상속인이 된다.
	상속결격자 또는 상속포기자		상속개시일 전 10년 이내에 피상속인으로부터 증여받은 재산이 상속재산에 가산되었거나 추정상속재산이 있는 경우에는 상속세 납세의무자인 상속인에 포함된다.
	특별연고자		특별연고자란 상속권을 주장하는 상속인이 없을 경우 피상속인과 생계를 같이하고 있던 자, 요양간호를 한 자, 기타 특별한 연고가 있던 자로서 청구에 의해 상속재산의 전부 또는 일부를 받는 자를 말한다.
수 유 자			유증 또는 사인증여로 재산을 취득하는 자로서 상속인이 아닌 자

제3절 과세대상

 해의 맥

상속개시일 현재 피상속인에 귀속되는 경제적·재산적 가치 있는 재산으로서, 피상속인의 거주자여부에 따라 차이가 있다.
- 피상속인 거주자 : 상속개시일 현재 피상속인에 귀속하는 국내·외 모든 상속재산
- 피상속인 비거주자 : 상속개시일 현재 피상속인에 귀속하는 국내 모든 상속재산

I 의의

과세대상이란 세법에 의한 납세의무가 성립하기 위하여 필요한 과세요건 중의 하나인 과세물건을 말한다. 즉, 조세가 부과되는 객체로서 해당 세법이 정하고 있는 물건, 행위 또는 사실 등 물적기초를 말한다.

유산세제를 기반으로 하는 현행법상 상속세 과세대상은 상속개시일 현재 피상속인의 일정한 재산이다. 다시 말해 피상속인의 사망으로 인해 상속받은 재산, 유증받은 재산, 증여자의 사망으로 인하여 효력이 발생하는 증여로 받은 재산, 상증세법 제14조 제1항 제3호의 규정에 의한 증여채무의 이행 중에 증여자가 사망한 경우의 해당 증여로 받은 재산, 특별연고자가 분여받은 상속재산(민법 제1057조의 2) 및 유언대용신탁과 수익자연속신탁의 수익권이 상속세 과세대상이다(상증세법 집행기준 1-0-1).

II 과세대상의 범위

상속세의 납세의무자는 상속인이지만 이러한 상속인의 납세의무를 확정하는 경우에 있어서 그 과세대상(납세의무)의 범위는 상속개시 당시 피상속인이 거주자인가 비거주자인가에 따라 달라진다.

그러므로 과세대상(납세의무)을 구분하는 기준은 상속개시일 현재 피상속인이 거주자인가 비거주자인가 하는 것(상증세법 집행기준 1-0-1)이어서 상속인은 이러한 구분과 아무 관련이 없다.

1. 거주자 : 과세대상의 무제한성(무제한적·인적 납세의무)

거주자의 사망으로 인하여 상속이 개시된 경우에는 상속재산이 국내·외에 있음을 불문하고 그 재산 전부가 과세대상이 되며, 이를 통해 무제한 납세의무를 진다.

무제한적 납세의무자의 경우 해당 외국에서 상속세를 부과한다면 이중과세가 되므로, 이중과세의 부담을 덜어 주고자 외국납부세액공제를 인정하고 있다(상증세법 제29조, 상증세법 시행령 제21조).

2. 비거주자 : 과세대상의 제한성(제한적·물적 납세의무)

비거주자의 사망으로 인하여 상속이 개시된 경우에는 국내에 있는 상속재산만이 과세대상이 되며, 이에 대하여만 제한적 납세의무를 진다. 따라서 피상속인이 거주자인 경우와 달리, 상속재산의 소재지가 중요한 의미를 가진다.

재산소재지의 판정기준은 상증세법 제5조[118]에서 상세히 규정하고 있다.

 ## Ⅲ 거주자와 비거주자

 이해의 맥

실질적이고 객관적인 생활관계의 중심지가 어디인가 라는 관점(주소와 거소의 판정도 이와 같다)에 따라 판단된다.

이처럼 과세대상의 범위를 판정함에 있어 피상속인[수증자]가 거주자인지 비거주자인지가 중요하다. 이와 관련하여 상증세법은 거주자와 비거주자의 판정에 대하여는 소득세법에 의하도록 하고 있다(상증세법 시행령 제2조 제1항).

1. 일반적 정의

거주자란 상속개시일[증여일] 현재 국내에 주소를 두거나 183일 이상 거소를 둔 개인을 말하며 비거주자는 거주자가 아닌 자를 말한다(소득세법 제1조의 2 제1항 ; 재산-10, 2011. 1. 7. ; 서면4팀-1374, 2006. 5. 16.). 따라서 거주자·비거주자 여부는 거주기간(실질적인 생활 근거가 국내에

---

118) 이 책 뒤에서 볼 '상속재산의 소재지' 참조

있다면 국외거주기간이 국내거주기간보다 길지라도 거주자로 본다(국심 2004서1880, 2004. 7. 16. ; 대법원 98두7046, 1998. 6. 26.)), 직업, 국내에서 생계를 같이하는 가족 및 국내 소재 자산의 유무 등 생활관계의 객관적 사실에 따라 판단하는 것이므로(서면4팀-901, 2005. 6. 7. ; 심사상속 99-27, 1999. 5. 21.), 대한민국국민이라는 개념과는 상이한 것이며 해당 개인의 국적이나 외국영주권의 취득여부와도 관련이 없다(국업 46017-136, 2001. 3. 14.).

한편 거주기간을 이용하여 상속세 및 증여세를 회피하는 사례를 방지하기 위하여 소득세법에 맞추어 1년에서 183일로 조정하여 거주자의 범위를 확대하도록 하였다(상증세법 제2조 제8호)[119].

2. 거주자로 보는 경우

1) 국내에 주소를 가진 것으로 보는 경우

다음 중 하나에 해당하는 때에는 국내에 주소를 가진 것으로 보아 거주자에 해당된다(소득세법 시행령 제2조 제3항).

① 계속하여 183일 이상 국내에 거주할 것을 통상 필요로 하는 직업을 가진 때
② 국내에 생계를 같이하는 가족이 있고, 그 직업 및 자산상태에 비추어 계속하여 183일 이상 국내에 거주할 것으로 인정되는 때

2) 해외파견 공무원 및 임직원의 경우

공무상 국외에서 근무하는 공무원 또는 거주자나 내국법인의 국외사업장 또는 해외현지법인(내국법인이 발행주식총수 또는 출자지분의 100%를 출자한 경우에 한함) 등에 파견되어 근무하는 임직원은 계속하여 183일 이상 국외에 거주할 것을 통상 필요로 하는 직업을 가진 때에도 거주자로 본다(소득세법 시행령 제3조).

그러나 단순히 해외파견이라는 사실만으로 무제한 소득세법 시행령 제3조가 적용될 것은 아니며 적어도 생활의 근거가 국내에 있고 파견기간의 종료 후 다시 국내에 재입국할 것으로 인정되는 경우라야 거주자에 해당되고 그러하지 아니한 경우에는 비거주자로 보아야 할 것이다(소득세법 기본통칙 1-3…1).

3) 외국을 항행하는 선박 또는 항공기의 승무원의 경우 그 승무원과 생계를 같이하는 가족이 거주하는 장소 또는 그 승무원이 근무기간 외의 기간 중 통상 체재하는 장소가 국내에 있는 때에는 해당 승무원의 주소는 국내에 있는 것으로 보아 거주자로 판정한다

---

119) 2015년 공포일 이후 상속이 개시되거나 증여받는 분부터 적용한다.

(소득세법 시행령 제2조 제5항).

4) 한편 비거주자가 국내에 영주를 목적으로 귀국하여 국내에서 사망한 경우에는 소득세
법상의 판정과는 무관하게 상증세법 제2조 제8호의 규정에 의한 거주자로 본다(상증세법
시행령 제2조 제2항)[상속세에 한함]. 이때 영주의 목적은 국내 주민등록 여부에 불구하고
생활관계의 객관적 사실에 따라 사실판단할 사항이다(국심 2003중3450, 2004. 2. 27. ; 심사상속
99-291, 1999. 9. 3.).

3. 비거주자로 보는 경우

1) 국내에 주소가 없는 것으로 보는 경우

국외에 거주 또는 근무하는 사람이 다음의 각 경우에 해당하는 때에는 국내에 주소가
없는 것으로 본다(소득세법 시행령 제2조 제4항).

① 계속하여 183일 이상 국외에 거주할 것을 통상 필요로 하는 직업을 가진 때

② 외국국적을 가졌거나 외국법령에 의하여 그 외국의 영주권을 얻은 자로서 국내에
생계를 같이하는 가족이 없고 그 직업 및 자산상태 등 가족 및 생활관계 등에 비추
어 다시 입국하여 주로 국내에 거주하리라고 인정되지 아니하는 때(대법원 2010두8171,
2010. 9. 30.)

그러나 계속하여 183일 이상 국외에 거주할 것을 통상 필요로 하는 직업을 가지고
출국하거나, 국외에서 직업을 갖고 183일 이상 계속하여 거주하는 때에도 국내에 가
족 및 자산의 유무 등과 관련하여 생활의 근거가 국내에 있는 것으로 보는 때에는
상기 규정에 불구하고 거주자로 본다(소득세법 집행기준 1의 2-2-1). 따라서 외국에 체류
하는 기간 중에도 다수의 임대부동산과 주택을 국내에 보유하고 있으면서, 별도의
해외이주신고 없이 주민등록상 주소지를 국내에 두고 수시로 국내에 입국하여 체류
한 경우에는 거주자에 해당한다(대법원 2014두47303, 2015. 4. 23.).

2) 주한외교관 등의 경우

다음에 해당하는 자는 국내에 주소 유무 등에 관계없이 그 신분에 따라 비거주자로 구
분된다(소득세법 기본통칙 1-0…3).

① 주한외교관과 그 외교관의 세대에 속하는 가족. 다만, 대한민국국민은 예외로 한다.

② 한미행정협정(대한민국과 아메리카합중국 간의 상호방위조약 제4조에 의한 시설과 구역 및 대한민국에서
합중국군대의 지위에 관한 협정) 제1조에 규정한 합중국군대의 구성원·군무원 및 그들의

가족. 다만, 합중국의 소득세를 회피할 목적으로 국내에 주소가 있다고 신고한 경우에는 예외로 한다.

3) 외국을 항행하는 선박 또는 항공기의 승무원의 경우 그 승무원과 생계를 같이하는 가족이 거주하는 장소 또는 그 승무원이 근무기간 외의 기간 중 통상 체재하는 장소가 국외에 있는 때에는 해당 승무원의 주소가 국외에 있는 것으로 보아 비거주자로 판정한다(소득세법 시행령 제2조 제5항).

4) 이민목적 해외이주신고를 한 후 출국해 사망한 경우 피상속인은 상속개시일 현재 비거주자이다(국심 2001서2091, 2002. 1. 14. : 상증세법 기본통칙 1−2−2)[상속세에 한함]. 그렇더라도 피상속인의 해외이주가 영구적인 이민이 아닌 사실상 생활근거지를 국내에 둔 상태에서 외형상 이민의 형태를 갖춘 일시적인 이주에 해당한다면 피상속인은 거주자에 해당하는 것이다(국심 2002부3100, 2003. 2. 5. : 대법원 2001두8629, 2002. 8. 23. : 재재산 46014−184, 1998. 7. 13.).

4. 거주기간의 계산

국내에 주소가 없는 사람이 거주자로 구분되기 위하여서는 183일 이상 계속하여 국내에 거소를 두어야 하므로 그 거소를 둔 기간의 계산이 필요하다. 소득세법 시행령 제4조에서 이와 관련한 규정을 두고 있다.

즉, ① 국내에 거소를 둔 기간은 입국하는 날의 다음 날부터 출국하는 날까지로 한다(재삼 46014−2265, 1997. 9. 25.). ② 국내에 거소를 두고 있던 개인이 출국 후 다시 입국한 경우에 생계를 같이하는 가족의 거주지나 자산소재지 등에 비추어 그 출국목적이 명백하게 일시적인 것으로 인정되는 때에는 그 출국한 기간도 국내에 거소를 둔 기간으로 본다(재산−78, 2010. 2. 5.). ③ 국내에 거소를 둔 기간이 2과세기간에 걸쳐 183일 이상인 경우에는 국내에 183일 이상 거소를 둔 것으로 본다.

5. 거주자 또는 비거주자가 되는 시기

비거주자가 거주자로 되는 시기는 국내에 주소를 둔 날 또는 국내에 주소를 가지거나 국내에 주소가 있는 것으로 보는 사유가 발생한 날 또는 국내에 거소를 둔 기간이 183일이 되는 날로 한다(소득세법 시행령 제2조의 2 제1항).

한편, 거주자가 비거주자로 되는 시기는 거주자가 주소 또는 거소의 국외 이전을 위하여 출국하는 날의 다음 날 또는 국내에 주소가 없거나 국외에 주소가 있는 것으로 보는 사유가 발생한 날의 다음 날로 한다(소득세법 시행령 제2조의 2 제2항).

Ⅳ 주소와 거소

 해의 맥

실질적이고 객관적인 생활관계의 중심지가 어디인가라는 실질주의에 따라 판단하는 것이 원칙이나, 상증세법에서는 형식적인 주민등록지를 통해 1차적으로 판단하도록 하고 있다.

과세대상의 범위 및 상속공제액[증여재산공제] 등을 결정함에 있어 중요한 거주자 또는 비거주자 여부를 판정할 때에는 상속개시일 현재 피상속인[수증자]의 주소와 거소가 기준이 된다.

상증세법은 주소와 거소에 대하여는 소득세법(소득세법 시행령 제2조·제4조 제1항 및 제2항)의 규정에 따르도록 하고 있고(상증세법 시행령 제1조 제1항), 이때에 거주자가 2 이상의 주소지를 두고 있는 경우에는 주민등록법의 규정에 의하여 등록된 곳을 주소지로 한다(상증세법 시행령 제1조 제2항).

주소와 거소는 민법상의 개념에 따르며 주소는 이 중 생활의 근거가 되는 곳으로서(민법 제18조 제1항) 소득세법에서도 이와 같은 개념을 원용하여 국내에서 생계를 같이하는 가족 및 국내에 소재하는 자산의 유무 등 생활관계의 객관적 사실에 따라 판정하도록 하고 있다(소득세법 시행령 제2조 제1항).

1. 주소

우리의 일상생활은 일반적으로 일정한 장소를 중심으로 계속적으로 이루어지며, 여기에서 발생하는 다양한 법률관계의 안정을 위해 기준이 되는 고정적 장소가 필요해진다.

(1) 주소를 정하는 표준

소득세법상 주소란 별다른 규정이 없는 한 민법상의 주소개념을 그대로 원용할 것이며 주소를 정하는 표준으로서는 형식주의와 실질주의가 있다. 전자는 형식적 표준에 따라서 획일적으로 주소를 정하는 주의이고, 후자는 생활의 실질적 관계에 기하여 구체적으로 주소를 결정하는 주의이다. 형식주의는 법률관계를 명확하게 하는 장점이 있으나, 오늘날과 같이 사람이 여러 곳에 산재하여 활동하고, 각종의 생활관계가 각지·각소에 산재하는 경우에는 도저히 유지될 수가 없다. 그러므로 주소결정의 표준으로서는 실질주의가 타당하고 민법 및 소득세법도 이 입장에 따르고 있다.

(2) 주소결정에 관한 입법태도

한편, 주소결정에 관한 입법태도에는, "定住의 사실"만을 요건으로 하는 객관주의와, 정주의 사실과 그 밖에 "정주의 의사"도 필요하다고 하는 의사주의가 대립하고 있다.[120] 민법이 어떠한 입장에 있는지에 대해서는 직접적인 규정이 없으나, 정주의 의사는 외부에서 인식할 수 없는 경우가 일반적이고 그러한 의사가 반드시 존재하는 것도 아니므로, 이론적으로는 객관주의가 우수하다. 민법이 주소의 개수에 관하여 복수주의를 취하고 있고 의사주의를 채용한다면 의사무능력자를 위한 법정주소를 정하는 것이 필요하나 그러한 규정을 두고 있지 않으므로, 객관주의로 해석하는 것이 합당하다.

(3) 주소의 개수

주소의 개수에 관하여서도 입법례는 단일주의와 복수주의로 나누어진다. 주관주의에 의하면 단일주의에 따르게 된다. 오늘날의 생활관계의 다양성과 복잡화에 비추어 복수주의가 타당하고, 민법도 "주소는 두 곳 이상 있을 수 있다"(민법 제18조 제2항)는 명문의 규정을 두어 복수주의를 취하고 있다.

2. 거소

거소란 주소지 외의 장소 중 개인이 상당기간에 걸쳐 거주하는 장소로서 주소와 같이 밀접한 일반적 생활관계가 형성되지 아니하는 장소를 말한다(소득세법 시행령 제2조 제2항). 그러므로 개인에 따라서는 거소만 가지는 사람이 있을 수 있고 주소와 거소를 함께 가지는 사람이 있을 수 있다.

① 주소를 알 수 없을 때(민법 제19조)와 ② 국내에 주소가 없는 자에 대하여는 각각 거소를 주소로 보기(민법 제20조) 때문에 주소에 관하여 발생하는 법률효과가 거소에 관하여 일어난다. 그러나 소득세법에서는 이러한 민법의 거소개념을 그대로 원용하지 않고 거소 내에서의 거주기간에 제한을 두어 국내에 183일 이상 거소를 둔 개인에 한해서만 소득세법상 거주자로 취급한다는 점에 차이가 있다.

---

120) 즉, 의사주의는 주소의 설정·유지·변경에는 어떤 장소가 생활의 중심적 장소를 이루고 있다는 사실(정주의 사실)뿐만 아니라, 그곳을 주소로 하려는 의사(정주의 의사)도 필요로 한다는 것이고, 이에 대하여 정주의 의사라는 주관적 요소는 이를 요하지 않으며 정주의 사실이라는 객관적 요소만을 표준으로 하여 객관적으로 주소를 결정하는 주의가 객관주의이다.

3. 상증세법상의 특례

상증세법에서는 주소의 판정과 관련하여 "주소"는 국내에서 생계를 같이하는 가족 및 국내에 소재하는 재산의 유무 등 객관적 사실에 따라 판정하되, 그 객관적 사실의 판정은 원칙적으로 주민등록법에 따른 주민등록지를 기준으로 하도록 하고 있다. 한편 피상속인이 주소지를 이전 중 사망한 경우에는 피상속인의 사망신고서가 제출된 주민등록지를 "주소"로 본다(상증세법 기본통칙 1-1…1)[상속세에 한함].

그리고 내국인으로서 해외이주법에 따라 해외이주신고를 하고 출국한 자는 국내에 주소가 없는 것으로 보고(상증세법 기본통칙 1-2…2), 국내에서 생계를 같이하는 가족과 함께 출입국관리법 제31조의 규정에 의한 외국인등록을 하고 거주하는 자는 국내에 주소가 있는 것으로 본다(상증세법 기본통칙 1-2…3).

▌상속세의 세액계산 구조[121] ▌

	본 래 의 상 속 재 산	유증재산·사인증여재산·특별연고자 분여재산 포함
(+)	의 제 상 속 재 산	보험금·신탁재산·퇴직금
(+)	추 정 상 속 재 산	법정요건을 충족하는 처분재산가액 또는 부담채무액
	총 상 속 재 산 가 액	
(−)	비 과 세 재 산	금양임야 등
(−)	과세가액불산입재산	공익법인출연재산
(−)	과 세 가 액 공 제	공과금·장례비·채무
(+)	증 여 재 산	상속인 : 10년(98년 이전분은 5년), 비상속인 : 5년(98년 이전분은 3년)
	상 속 세 과 세 가 액	
(−)	상 속 공 제	기초공제·배우자공제·그 밖의 인적공제·물적공제
(−)	감 정 평 가 수 수 료 공 제	
	상 속 세 과 세 표 준	
(×)	세 율	10~50%의 5단계 초과누진세율
	상 속 세 산 출 세 액	세대생략 상속시 30% 가산(미성년자 20억원 초과시 40%)
(−)	문 화 재 등 징 수 유 예 세 액	
(−)	세 액 공 제	증여세액공제·외국납부세액공제·단기재상속공제·신고세액공제
	결 정 세 액	
(+)	가 산 세	신고불성실가산세·납부지연가산세
	차 가 감 납 부 할 세 액	='총결정세액'
(−)	연 부 연 납 신 청 세 액	납부세액 2천만원 초과시
(−)	물 납 신 청 세 액	납부세액 2천만원 초과 + 부동산·유가증권 비중 50% 초과시
	자 진 납 부 세 액	신고납부기한 : 상속개시일이 속하는 달의 말일로부터 6개월 이내

---

121) 상속세 계산구조는 상속세과세표준 및 자진납부계산서(상증세법 별지 제10호 서식)와 상속세 과세가액 계산명세서(상증세법 별지 제9호 서식)를 기초로 작성하였다.

※ 비거주자의 상속세 계산구조 비교

피상속인이 비거주자인 경우의 상속세는 위의 거주자의 상속세 계산구조를 기초로 아래의 사항을 고려하여 계산하는 구조로 되어 있다.

① 국내소재 재산만 과세대상 상속재산에 속한다.

② 비과세재산 중 금양임야 등은 해당되지 않는다.

③ 공과금, 채무, 장례비 : 장례비는 해당되지 않는다. 공과금과 채무는 국내재산과 관련된 것만 포함한다.

④ 상속공제는 기초공제만 해당된다.

⑤ 외국납부세액공제를 적용하지 않는다.

▌거주자 · 비거주자의 상속세 적용 차이(상증세법 집행기준 1-1-1) **▌**

구 분		거 주 자	비 거 주 자
납세지		피상속인의 주소지	주된 상속재산 소재지
신고기한		상속개시일이 속하는 달의 말일부터 6개월 이내(단, 상속인 전원이 외국에 주소를 둔 경우는 9월 이내)	상속개시일이 속하는 달의 말일부터 9개월 이내
과세대상재산		국내 · 외의 모든 상속재산	국내에 소재한 상속재산
공제금액	공 과 금	상속개시일 현재 피상속인이 납부하여야 할 공과금으로서 납부되지 않은 금액	국내 소재 상속재산에 대한 공과금, 국내 사업장의 사업상 공과금
	장례비용	피상속인의 장례비용	공제 안됨
	채 무	모든 채무 공제	국내 소재 상속재산을 목적으로 유치권 · 질권 · 저당권으로 담보된 채무, 국내 사업장의 사업상 채무
과세표준계산	기초공제	공 제	공 제
	가업상속공제	공 제	공제 안됨
	영농상속공제	공 제	공제 안됨
	기타인적공제	공 제	공제 안됨
	일괄공제	공 제	공제 안됨
	배우자공제	공 제	공제 안됨
	금융재산상속공제	공 제	공제 안됨
	재해손실상속공제	공 제	공제 안됨

구 분		거 주 자	비 거 주 자
	동거주택상속공제	공 제	공제 안됨
	감정평가수수료공제	공 제	공 제
세액 공제	증여세액공제	공 제	공 제
	외국납부세액공제	공 제	공제 안됨
	단기재상속세액공제	공 제	공 제
	신고세액공제	공 제	공 제
	문화재등 징수유예	공 제	공 제

제1절 상속세 과세대상 재산

이 해의 맥

상속개시일 현재 실질적으로 피상속인에게 귀속하는 and 금전으로 환산할 수 있는 and 경제적·재산적 가치 있는 재산이라면 '실질과세원칙'상 상속세 과세대상 재산[122]이 된다.
또한 상속재산에의 포함여부는 상속재산의 평가와 필연적으로 결연(結緣)되어 있으므로, 평가와의 관계 속에서 검토해 보아야 한다.

I 본래의 상속재산

이 해의 맥

본래의 상속재산이란 상속개시일 현재 실질적으로 피상속인에게 귀속하는 경제적·재산적 가치 있는 재산, 즉 현실적으로 피상속인이 소유하고 있는 재산을 말한다고 규정하고 있다. 이처럼 상속재산의 범위에 대해서는 포괄적 규정을 두고 실질과세의 원칙에 의해 판단하는 것이므로, 상증세법 등에서 규정하는 것은 하나의 예시규정에 불과하다.
• 본래적 의미의 상속재산 = 법정상속재산 + 유증재산 + 사인증여재산 + 특별연고자 분여 재산 + 유언대용신탁 및 수익자연속신탁 수익권

---

122) 이하에서는 '(총)상속재산'을 '상속세 과세대상 재산'으로도 기술하기로 한다.

§관련조문

상증세법
제2조【정의】

1. 법정상속재산

1) 의의

민법상 상속재산이란 피상속인이 사망시에 가지고 있던 재산, 즉 재산적 권리의무 일체를 말한다(민법 제1005조 본문). 그러므로 유증재산과 사인증여재산도 상속재산에 포함된다. 그러나 피상속인의 일신에 전속하는 것은 제외한다(민법 제1005조 단서). 그리고 상속재산에는 적극재산과 소극재산(채무, 재산상의 의무)이 포함된다.

상증세법상 상속재산도 상속개시일 현재 피상속인에게 귀속되는 재산으로서 금전으로 환산할 수 있는 경제적 가치가 있는 모든 물건과 재산적 가치가 있는 법률상 또는 사실상의 모든 권리를 포함하므로(상증세법 제2조 제3호), 상속개시일 현재 피상속인에게 귀속되는 모든 재산적 권리의무를 말하는 민법상의 상속재산과 대체로 일치하나 소극재산(의무)이 제외되는 등 다소의 차이가 있다. 그리고 상속재산 중 피상속인의 일신에 전속하는 것으로서 피상속인의 사망으로 인하여 소멸되는 것은 상속재산에서 제외하는데 이는 민법에서와 같이 당연하다(상증세법 제2조 제3호).

2) 요건

상속개시일 현재 "피상속인에게 귀속되는 모든 재산"으로서 다음의 재산을 포함한다(상증세법 제2조 제3호). 즉 대체로 큰 줄기로서 귀속에 있어서의 실질주의[123]에 따라 상속재산 포함여부를 판단한다.

그리고 상속세를 과세하기 위해서는 상속재산을 경제적 가치, 즉 화폐액으로 평가하여야 하므로 상속재산은 금전으로 환산할 수 있는 재산이어야 한다. 따라서 환가성이 있다면 그것이 유체물이든 무체물이든 채권과 같은 권리이든, 경제적 이익이든 모두 재산으로 인정된다.

① 금전으로 환산할 수 있는 경제적 가치가 있는 모든 물건
② 재산적 가치가 있는 법률상 또는 사실상의 모든 권리

---

123) 이 책 '보론 3 - 실질과세원칙' 참조

해당 규정은 상속으로 인한 모든 경제적 이익을 과세대상에 포함한다는 의미를 분명히 한 것일 뿐 특별히 일반적인 재산의 범위 외에 추가되는 것은 없다고 할 수 있다. 여기에서 '경제적 가치'와 '재산적 가치'를 구분하는 이유는 명확하지 않으나, 이를 구분할 특별한 필요는 없어 보인다.

3) 상속재산의 범위[124]

(1) 물건

물건이라 함은 유체물 및 전기 그 밖의 관리할 수 있는 자연력을 말한다(민법 제98조). 이러한 물건은 당연히 상속재산에 포함된다.

① **부동산** : 물건 중 토지 및 그 정착물을 부동산이라 한다(민법 제99조 제1항).

② **동산** : 그리고 부동산 이외의 물건은 동산이다(민법 제99조 제2항).

(2) 재산적 권리

① **물권**

㉠ 의의 : 물권은 물건을 직접 지배하여 이익을 얻는 배타적 권리로 원칙적으로 모두 상속된다. 물권법정주의에 따라 물권의 종류와 내용은 민법 그 밖의 법률이 정하는 것에 한하여 인정되며 당사자가 그 밖의 물권을 자유로이 창설하는 것은 금지되어 있다(민법 제185조).

물권의 종류로는 점유권[125]·소유권[126]·용익물권[127](지상권[128]·지역권[129]·전세권[130])·담보물권[131](유치권[132]·질권[133]·저당권[134]) 등 민법상의 물권과 가등기

---

124) 김주수·김상용, 「친족·상속법」, 법문사, 2007, 562~580쪽을 주로 참조하였다.

125) 물건을 '사실상 지배'하는 것이 점유이고, 여기에 권리로서의 물권을 인정하는 것이 점유권이다(민법 제192조~제210조). 즉 점유와 점유권은 사실과 권리의 관점에서의 같은 것의 양면이다(김준호, 「민법강의」, 법문사, 2003, 530쪽).

126) 물건을 '지배할 수 있는' 관념적인 권리인 소유권은, 사용가치(사용·수익)와 교환가치(처분) 전부에 전면적으로 미치는 재산권의 근간이 되는 물적 지배이다(민법 제211조~제278조).

127) 용익물권은 타인의 물건을 일정한 범위 내에서 사용·수익하는 것을 내용으로 하는 권리로서, 물건의 교환가치만을 지배하는 담보물권과 더불어 제한물권에 속하며, 지상권·지역권·전세권이 있다.

128) 지상권은 타인의 토지에 건물 그 밖의 공작물이나 수목을 소유하기 위하여 그 토지를 사용하는 권리이다(민법 제279조~제290조).

129) 지역권은 일정한 목적을 위하여 타인의 토지를 자기토지의 편익에 이용하는 권리이다(민법 제291조~제302조).

130) 전세권은 전세금을 지급하고 타인의 부동산을 점유하여 그 부동산의 용도에 좇아 사용·수익하며, 그 부동산 전부에 대하여 후순위권리자 그 밖의 채권자보다 전세금의 우선변제를 받을 권리이다(민법

담보권[135] 등의 그 밖의 법률에 의한 물권, 그리고 분묘기지권[136] 등 관습법상의 물권이 있다.

ⓛ 물권변동 : 일반적으로 부동산물권의 득실변경은 등기를 하여야 그 효력이 발생하나(민법 제186조), 상속으로 인한 부동산물권의 취득은 등기를 필요로 하지 않는다(민법 제187조 본문).

동산물권에 대해서도 역시 인도를 요하지 않고 상속인에게 당연히 이전된다. 이러한 경우에는 상속으로 인하여 혼동(민법 제191조)[137]이 일어날 수 있다.

ⓒ 상증세법 : 질권, 저당권 또는 지역권과 같은 종된 권리는 주된 권리의 가치를 담보하거나 증가시키는 것으로서 일반적으로 독립하여 상속재산을 구성하지 않지만(구 상증세법 기본통칙 7-0…1), 그 종된 권리가 실질적으로 재산적 가치

제303조~제319조). 그러므로 전세권은 용익물권적 성격뿐만 아니라 담보물권으로서의 성격도 아울러 가진다.

131) 채권자가 채권의 변제를 확실히 받기 위해 강구하는 일정한 수단을 '담보'라 하고, 여기에는 인적담보와 물적담보가 있다. 물적담보, 즉 담보물권이란 채무자 또는 제삼자 소유의 특정의 물건이 가지는 교환가치를 어느 채권자만이 독점적으로 가지는 것을 내용으로 하는 제한물권으로, 유치권·질권·저당권이 이에 속한다. 그러므로 채권과 담보물권은 목적과 수단의 관계로서 매우 밀접한 관련이 있다(김준호, 「민법강의」, 법문사, 2009, 687~688쪽).

132) 유치권은 채권자가 어느 물건 또는 유가증권에 관한 채권을 가지고 있으면서 물건을 점유하는 경우에 그 채권의 변제를 받을 때까지 그 물건 또는 유가증권을 유치함으로써 채권의 변제를 간접적으로 담보하는 법정담보물권이다(민법 제320조~제328조). 따라서 점유를 상실하면 유치권도 소멸한다.

133) 질권은 채권자가 그의 채권의 담보로서 채무자 또는 제삼자로부터 받은 동산 또는 재산권을 채무의 변제가 있을 때까지 유치함으로써 채무의 변제를 간접적으로 강제하는 동시에, 변제가 없는 때에는 그 목적물로부터 우선적으로 변제를 받는 약정담보물권이다(민법 제329조~제355조).

134) 저당권이란 채무자 또는 제삼자가 채무의 담보로 제공한 부동산 그 밖의 목적물(지상권, 전세권)을 채권자(저당권자)에로의 점유의 이전 없이(즉 채무자나 제삼자가 목적물을 점유하여 계속 사용·수익함) 그 목적물을 관념적으로만 지배하여, 채무의 변제가 없는 경우에 그 목적물로부터 우선변제를 받는 약정담보물권이다. 즉 저당권자는 그 목적물의 교환가치만을 파악한다(민법 제356조~제372조).

135) 가등기담보권이란 채권의 담보의 목적으로 권리이전의 형태를 취하는 비전형담보의 하나로, 장래 채무불이행이 있는 때에 목적물의 소유권을 채권자에게 이전하기로 미리 약속하고 장래의 소유권이전청구권을 대외적으로 보전하기 위해 가등기를 하는 물권이다. 그리고 채무불이행시 가등기에 기해 본등기를 하면 그 등기순위는 가등기한 때로 소급한다는 점에서 담보로서의 효용이 크다(김준호, 「민법강의」, 법문사, 2003, 777~779쪽).

136) 분묘기지권이란 타인의 토지에서 분묘라는 특수한 공작물을 설치한 자가 그 분묘를 소유하기 위하여 분묘의 기지부분인 토지를 사용할 수 있는 지상권 유사의 관습법상의 물권이다(김준호, 상게서, 647쪽).

137) 혼동이란 서로 대립하는 두 개의 법률상의 지위 또는 자격이 동일인에게 귀속하는 것을 말하며, 혼동이 일어나면 두 개의 지위를 존속하는 것은 무의미하므로 한쪽이 다른 쪽에 흡수되어 소멸하는 것이 원칙이다.

를 가진다면 상속재산에 포함되어야 할 것이다. 다시 말해 일반적으로 주된 권리의 가치만이 상속재산에 포함되지만 그 권리의 상속재산에의 포함여부는 위 상속재산의 요건(위 1.2))에 따라 실질적으로 판단할 일이다. 한편, 유치권에 대해서는 명문의 규정이 없으나 위와 같이 취급하는 것이 타당할 것이다.

② **무체재산권** : 무체재산권이란 저작·발명 등과 같이 인간의 지적·정신적 실물로서 외형적인 형태가 없는 무체물에 대한 재산권을 말한다. 즉 무체재산권은 상업상의 정신적 창조물을 대상으로 하는 특허권·실용신안권·상표권·디자인권·광업권·채석권 등 이른바 산업적 재산권과 문예·학술·미술·음악 등에 관한 창작을 대상으로 하는 저작권 및 그 밖의 경제상의 정신적 창조물을 대상으로 하는 상호권·영업권 등의 종류가 있다.

무체재산권은 이전성을 가지며, 그 이익을 독점적으로 지배할 수 있고, 타인이 침해하면 이를 배제할 수 있을 뿐만 아니라 손해배상청구를 할 수 있는 것이지만, 공업소유권이나 저작권 등은 그 존속기간이 한정되어 있어서 그 기간이 지나면 사회 일반의 이용에 제공된다. 그러므로 특허권, 실용신안권, 상표권, 상호권, 저작권, 광업권, 어업권 등[138]의 무체재산권은 독점적으로 이용하는 권리로서 재산적 가치가 있어 원칙적으로 상속된다.

한편 사실상의 권리인 영업권은 민법상으로는 인정되지 않으나, 상증세법상은 금전으로 환산할 수 있는 재산적 가치있는 사실상의 권리로서 상속재산에 포함된다(상속증여-795, 2015. 6. 16.).

③ **채권** : 채권도 권리이므로 당연히 상속된다고 보지만, 일신전속적인 것이 비교적 많아 구체적으로 보면 물권과 다른 면이 있다.

㉠ 채권자가 변경됨으로써 이행의 내용이 변경되는 것은 상속성이 없다.

㉡ 부양청구권도 귀속상의 일신전속권이어서 상속성이 없으나, 연체부양료채권 채무는 권리자 또는 의무자의 사망에 의하여 소멸하지 않으므로 상속된다.

㉢ 이혼시의 재산분할청구권은 청구의 의사표시에 관계없이 당연히 승계된다고 해석하는 것이 타당할 것이다. 그러나 이혼소송계속 중에 원고가 사망하면 이혼소송이 종료되고, 이로 인해 이혼이 성립되지 않게 되어, 이혼의 성립을 전제로 하는 재산분할청구권은 발생하지 않으므로, 상속될 여지가 없다(대법원 94므246, 1994. 10. 28.).

---

138) 이 중 광업권과 어업권은 물건을 직접 지배하지는 않으나 독점적으로 물권을 취득할 수 있는 권리이며 준물권이라 하여 물권법의 규정을 준용하도록 하고 있다(김준호, 전게서, 2003, 37쪽).

ㄹ 정신적 손해에 관한 배상청구권(위자료 청구권)의 경우를 보면, 비록 침해된 법익이 정신적인 것(신체, 자유, 정조, 명예 등)이라 하더라도 그로 말미암아 생긴 재산적 손해의 배상청구권은 당연히 상속된다.

판례는 정신적 상해에 대한 위자료청구권은 피해자가 이것을 파기하거나 면제한 것으로 볼 수 있는 특별한 사정이 없는 한 생전에 망인이 그것을 청구하겠노라는 의사를 표시하지 아니하더라도 그 상속인에게 상속되는 것이라고 판시(대법원 69다1380, 1969. 10. 23.)하였다. 그러나 민법은 약혼해제(민법 제806조), 혼인의 무효·취소(민법 제825조), 이혼(민법 제843조), 입양의 무효·취소(민법 제897조), 파양(민법 제908조)으로 인한 위자료청구권에 대하여는 당사자 간에 이미 그 배상에 관한 계약이 성립되거나 소를 제기한 경우가 아니면 상속되지 않는다고 규정하고 있어, 양자의 관계가 논란이 될 수 있다.

ㅁ 상속회복청구권 : 진정상속인이 청구권을 행사하지 않은 상태에서 사망한 경우 상속회복청구권은 진정상속인의 일신전속권이라고 하여야 할 것이기 때문에 그 청구권이 상속되지 않으며,[139] 다만 사망한 상속인의 상속인이 자기의 상속권의 침해를 이유로 상속회복청구권을 행사할 수 있다. 상속회복청구권에 대해 자세한 설명은 아래 [보론]에서 살펴본다.[140]

보론 13 상속회복청구권

1. 상속회복청구권의 의의 및 입법취지

상속이 개시되었을 때 상속인이 아닌 자(상속인의 자격은 있으나 정당한 상속순위에 있지 않는 자 포함)가 고의로 혹은 잘못하여 사실상의 상속을 하고 있는 경우가 있다. 이러한 경우 진정한 상속인이 진정하지 않는 상속인(참칭상속인)에 대하여 상속회복청구를 할 수 있다. 이를 상속회복청구권이라고 한다(민법 제999조).

상속인은 피상속인의 사망과 동시에 당연히 포괄적으로 피상속인의 모든 재산에 대한 권리의무를 승계하며 이러한 효력을 발생시키기 위한 특별한 의사표시나 등기절차가 필요없다. 따라서 부진정상속인으로부터 상속재산을 침해받았을 경우에는 개개의 물건에 대한 물권적 청구권[141]에 기인하여 그 방해의 배제나 반환을 청구할 수 있다. 그럼에도 불구하고 상속회복청구권을 따로 규정한 이유는 다음과 같다.

---

139) 상속을 긍정한 견해도 있다(김용한, 「친족상속법론」, 1986, 327쪽).

140) 김주수·김상용, 「친족·상속법」, 법문사, 2007, 520~541쪽

141) 물권적 청구권이란 물건을 도난당한 자가 그 반환을 청구하는 것과 같이, 물권의 내용의 실현이 침해를 받거나 또는 받을 염려가 있는 경우에 물권자가 그 침해자에 대하여 그 침해의 배제 또는 예방을 청구할 수 있는 권리를 말한다.

① 오랜 세월이 흐른 후에 사실상 상속한 자에 대하여 반환청구를 한다는 것은 당사자 간과 제삼자에 대한 권리의무관계에 큰 혼란을 야기한다. 그래서 상속회복청구권에 제척기간을 두었는데, 이는 제척기간을 통하여 상속으로 인한 법률관계를 조속히 안정시킨다는 데 있다. 즉 동 청구권은 상속인 보호 제도라기보다는 거래안정을 위한 제도라고 할 것이다.

② 상속인이 상속재산 전체를 파악하여 개개의 재산에 대한 물권적 청구권에 의해 반환청구를 하는 것은 현실적으로 곤란하다는 점에서, 상속재산을 일일이 열거하지 않고 침해자에 대해 일괄하여 회복청구를 할 수 있도록 한 제도이다. 물론 판결을 받아 집행을 하기 위해서는 결국 상속재산을 일일이 열거하여야 하므로 실제에 있어서는 별로 설득력이 없는 취지이다.

③ 개별적인 권리로서 청구할 때에는 그 물건이나 권리가 피상속인에게 속하고 있었다는 사실을 증명하여 하지만, 상속회복청구에서는 상속개시 당시에 피상속인의 점유에 속하고 있었다는 사실만 증명하면 된다.

2. 상속회복청구권의 성질

이러한 상속회복청구권에 대한 법적성질에 관한 판례(대법원 1991. 12. 24. 선고 90다5740 전원합의체 판결)의 입장인 집합권리설은, 상속회복청구권은 단일·독립된 청구권이 아니라 상속재산을 구성하는 개개의 재산에 관하여 생기는 개별적 청구권의 집합이라고 이해한다.

따라서 상속을 이유로 하여 상속재산의 반환을 청구하는 소는 그 청구원인이 무엇이든 명칭이 어떻든 상속을 원인으로 하여 행하여지면 상속회복청구권의 행사로 보며, 물권적 반환청구권과의 경합이 아닌 물권적 청구권의 집합에 지나지 않는 것으로 본다. 그리고 이것을 한 개의 소로써 행사할 수 있다는 데 의미가 있다.

3. 회복청구권자

① 상속권이 참칭상속인으로 인하여 침해된 때에는 상속권자 또는 그 법정대리인이 법원에 상속회복청구를 할 수 있다. 포괄적 수증자는 민법 제1078조에 의하여 상속인과 동일한 권리의무를 가지므로, 상속회복청구권에 관한 규정도 포괄적 수증의 경우에 유추적용된다는 해석이 가능하다.

② 상속회복청구권은 상속되지 않지만 사망한 상속인의 상속인이 자기의 상속권의 침해를 이유로 상속회복청구권을 행사할 수 있다.

4. 회복청구의 상대방

① 참칭상속인

② 상속권을 주장하지 않고 상속재산을 점유하는 자, 특정의 권원을 주장하여 상속재산을 점유하는 자

③ 다른 상속인의 상속분을 침해하는 공동상속인

④ 위 3자로부터 상속재산을 전득한 제삼자

⑤ 상속개시 후에 인지된 혼인 외의 출생자 등

이 경우에는 다른 공동상속인에 대해 상속회복청구를 할 수 있으나, 상속재산이 이미 분할되었거나 처분된 후라면 자기의 상속분에 상당한 가액의 지급을 청구할 수 있다(민법 제1014조).

5. 상속회복청구권의 행사

① 청구는 소송에 의하나 재판 외의 청구로도 가능하다.

② 판결이 원고승소로 확정되면, 참칭상속인은 진정상속인에게 점유하는 상속재산을 반환하여야 하고 만약 상대방이 공동상속인이면 상속재산의 분할청구에 응하여야 한다.

③ 참칭상속인이 악의이면 취득한 재산의 전부와 그 과실과 사용이득에 대해서 반환의무를 진다. 선의이면 그 받은 이익이 현존하는 한도에서 반환할 의무가 있다.

6. 회복청구권의 소멸

① 상속포기에 제한이 없듯이 회복청구권의 포기도 진정상속인의 자유이다. 또한 상속개시 전에 상속포기와 유류분권의 포기가 인정되지 않는 것과의 균형상 상속회복청구권의 상속개시 전 포기는 인정되지 않는 것이 타당하다.

② 상속회복청구권은 그 침해를 안 날로부터 3년, 상속권의 침해행위가 있은 날로부터 10년을 경과하면 소멸한다(제척기간, 민법 제999조 제2항).

③ 상속회복청구권이 소멸하면 이후 기존의 법률관계가 절대적으로 확정된다.

ⓗ 상속재산분할청구권 : 상속재산분할청구권은 공동상속인의 공유관계를 청산하는 것으로서, 상속을 승인한 공동상속인이 분할을 청구할 수 있다. 따라서 일신전속권이 아니므로 공동상속인의 상속인도 청구권을 행사할 수 있다. 다시 말해 상속되는 채권이다. 상속재산분할청구권에 대해 자세히 살펴보면 아래 [보론 14]와 같다.[142]

| 보론 14 | 상속재산분할청구권 |

1. 성질

상속재산분할은 상속개시로 인하여 생긴 공동상속인 간에 있어서의 상속재산의 공유관계를 종료시키고, 상속분에 따라 그 배분귀속을 확정시키는 것을 목적으로 하는 일종의 청산행위이다.

2. 요건

① 상속재산에 있어서 공유관계가 존재하여야 한다.

② 공동상속인이 확정되어야 한다.

③ 분할의 금지가 없어야 한다. 즉 피상속인의 유언이나 공동상속인의 협의로써 상속재산의 분할을 금지하지 않아야 한다(민법 제1012조 후단, 민법 제268조 제1항 후단).

---

142) 김주수 · 김상용, 「친족 · 상속법」, 법문사, 2007, 613~634쪽

3. 상속재산분할의 방법

분할 방법은 다음의 3가지에 한하며 그 순서와 같다.

① 유언에 의한 분할 : 피상속인은 유언으로 상속재산의 분할방법을 정하거나 이를 정할 것을 제삼자에게 위탁할 수 있다(민법 제1012조 전단). 그러므로 생전행위로 하는 것은 효력이 없다.

② 협의에 의한 분할 : 공동상속인은 유언에 의한 분할방법의 지정·분할방법지정의 위탁이 없는 경우, 분할방법의 지정·분할방법지정의 위탁을 한 유언이 무효인 경우 등에는, 분할요건이 갖추어지면 언제든지 협의에 의해 상속재산을 분할할 수 있다(민법 제1013조 제1항).

분할의 협의는 공동상속인간의 일종의 계약이므로 공동상속인 전원이 참가하여야 한다. 상속개시 후의 인지 또는 재판의 확정에 의하여 공동상속인이 된 사람이 상속재산의 분할을 청구할 경우에는 다른 공동상속인이 이미 분할 그 밖의 처분을 한 때에는 그 상속분에 상당한 가액의 지급을 청구할 권리가 있을 뿐(민법 제1014조), 무효가 되는 것이 아니다.

③ 조정 또는 심판에 의한 분할 : 공동상속인 사이에 상속재산분할의 협의가 성립되지 않는 때에는 각 공동상속인은 가정법원에 분할을 청구할 수 있다(민법 제1013조 제2항에 의한 제269조 준용). 이 경우 우선 조정을 신청하고, 조정이 성립하지 않으면 심판을 청구할 수 있다.

심판분할을 실행하기 위해서는 상속인이 확정되어야 하고, 상속재산의 범위와 그 가액이 확정되어야 한다.

4. 상속재산분할의 효과 : 소급효

① 상속재산의 분할은 상속개시된 때에 소급하여 그 효력이 있다(민법 제1015조 본문). 상속재산 소급효는 현물분할, 즉 상속재산 그 자체를 취득한 경우에만 인정되는 것이며, 상속재산을 매각하여 그 대금을 분배한 경우나 상속재산 자체를 취득하지 않는 代償으로 상속재산에 속하지 않는 재산을 취득한 경우 등에는 생기지 않는다.

② 상속재산분할의 소급효는 제삼자의 권리를 해하지 못한다(민법 제1015조 단서). 이때의 제삼자는 선의·악의를 묻지 않는다.

---

④ 생명침해로 인한 손해배상청구권 : 통상의 손해배상청구권이 상속의 대상이 되는 것은 당연하나, 생명침해의 경우 손해배상청구권에 대해서는 견해의 대립이 있다.

㉠ 재산적 손해의 배상청구권 : 피해자가 사망하게 되면, 그가 장래 얻을 수 있었을 수입을 잃게 되는데, 그 손해배상청구권은 먼저 피해자에게 발생하고, 그것이 상속인에게 상속되는 것인가(상속설), 아니면 일정한 범위의 사람에게 원시적으로 취득되는 것인가(고유피해설)의 문제가 있다. 이에 대해 학설이 갈

리나, 판례는 상속설을 취하고 있다(대법원 65다2317, 1966. 1. 31. ; 대법원 65다2523, 1966. 2. 28. ; 대법원 76다2285, 1977. 2. 22.). 상속설에 의하면 즉사하는 경우라 하더라도 상해 등 피해시기와 사망시기 사이에는 이론상 또는 실제상으로 최소한의 시간적 간격이 존재한다고 의제하는 것이다. 즉 피해자는 치명상을 입었을 때에 곧 손해배상청구권을 취득하고, 피해자의 사망으로 그 청구권이 상속인에게 승계된다는 것이다(대법원 69다268, 1969. 4. 15.).

ⓛ 정신적 손해의 위자료청구권 : 판례는 이에 관하여 피해자가 이를 포기하거나 면제하였다고 볼 수 있는 특별한 사정이 없는 한 원칙적으로 상속된다고 하고 있으나(대법원 66다1335, 1966. 10. 18.), 학설의 경우에는 상속긍정설과 부정설로 나뉘어 있다. 여기에서도 판례는 상속성을 인정하는 근거로 시간적 간격설을 취하는데, 이에 따르면 '순간적이라고 할지라도 피해자로서의 정신적 고통을 느끼는 순간이 있었다 할 것'이라고 하였다(대법원 73다1100, 1973. 9. 25.). 그리고 피해자가 사망한 경우에 그 유족에게는 고유의 위자료청구권이 생기는데 이러한 경우에 판례는 '유족고유의 위자료청구권과 상속받은 위자료청구권은 함께 행사할 수 있다'고 판시하였다(대법원 69다268, 1969. 4. 15.).

⑤ **형성권**[143]

ⓐ 의의 : 취소권 · 해제권 · 해지권 · 환매권 등의 형성권도 일반적으로 상속된다. 이와 같은 형성권은 1회의 행사에 의하여 그 권리가 소멸하므로, 그 성질상 공동상속인 전원에게 불가분적으로 귀속된다고 해석된다. 그러므로 이들 권리는 공동상속인 전원에 의하여 공동으로 행사되어야 한다.

ⓛ 유류분반환청구권 : 유류분반환청구권은 이를 행사하면 유증 또는 증여계약을 유류분을 침해하는 한도에서 실효시키므로 형성권이며, 귀속상으로나 행사상으로도 일신전속권이 아니므로 상속된다.[144]

---

143) 형성권이란 권리자의 일방적 의사표시만으로 권리의 변동을 가져오는 권리를 말한다. 상속포기권(민법 제1041조)이 이에 해당한다. 이에 비해 청구권이란 특정인이 다른 특정인에 대하여 일정한 행위(즉, 작위 또는 부작위)를 요구하는 권리로서, 그 청구에 의해 상대방이 급부를 하여야 비로소 만족을 얻는다.

144) 김주수 · 김상용, 「친족 · 상속법」, 법문사, 2007, 749~757쪽

보론 15 유류분반환청구권

1. 의의

유류분을 침해하는 유증 또는 증여로 인하여 유류분권리자가 유류분에 미치지 못하는 상속재산을 받게 된 때에는 유류분에 부족한 한도에서 유증 또는 증여된 재산의 반환을 청구할 수 있는 권리를 말한다(민법 제1115조 제1항).

2. 성질

반환청구권은 법률상 형성권으로 보는 것이 타당하므로, 이를 행사하면 유증 또는 증여계약은 유류분을 침해하는 한도에서 실효하고, 그 유증·증여가 아직 이행되지 않았을 때에는 반환청구권자는 그 이행의 의무를 면하고, 이미 이행되었을 때에는 반환을 청구할 수 있게 된다.

3. 반환청구의 방법 및 순서

반환청구는 유류분권리자가 유증받은 자와 증여받은 자에 대한 의사표시(상대방 있는 단독행위)로 하되, 유류분에 부족한 한도에서 하여야 한다(민법 제1115조 제1항).

반환청구를 받게 되는 유증 또는 증여가 복수인 경우에는, 거래의 안정을 가능한 한 보호하기 위해 우선 유증에 대해 반환청구한 후에 부족한 부분이 있으면 증여에 대하여 하여야 한다. 이때 유증 또는 증여를 받은 자가 수인인 경우에는 받은 가액의 비율에 의하여 반환하여야 한다.

4. 행사의 효력

유류분에 부족한 한도에서 유증과 증여의 효력이 소멸된다. 그러므로 반환청구를 받은 수증자는 그 재산을 반환하여야 하며 반환청구를 받은 날 이후에 생긴 과실도 반환하여야 할 것이다.

반환대상인 증여의 목적물이 특정물인 경우에는 소유권을 이전하여야 하나, 다른 사람에게 이미 양도되었을 때에는 제삼자 보호를 위해 가액의 반환을 청구할 수 있는데 그친다고 보아야 한다(민법 제1014조).

5. 청구권의 소멸시효

유류분반환의 청구권은 유류분권리자가 상속의 개시와 반환하여야 할 증여 또는 유증을 한 사실을 안 때로부터 1년 내에 하지 아니하면 시효에 의하여 소멸한다. 상속이 개시한 때로부터 10년을 경과한 때도 같다(민법 제1117조).

6. 공동상속인 상호간의 유류분반환청구

① 피상속인이 유언에 의해 공동상속인 중의 한 사람의 상속분을 과대 혹은 과소하게 지정하면, 반환청구의 의사표시에 의해 유류분을 침해한 한도에서 상속분의 지정이 실효한다.

② 다른 공동상속인의 유류분을 침해하는 유증·증여는 그것을 받은 상속인의 유류분의 액을 넘은 한도에서 반환청구의 대상이 된다고 해석된다.

③ 반환청구에 의해 유류분액 이상으로 취득하게 된 원인이 된 유증·증여가 유류분 침

해의 한도에서 효력을 잃는다.

7. 유류분과 기여분의 관계

① 유류분의 산정에 있어서 기여분(민법 제1008조의 2)의 공제가 없으므로(즉, 민법 제1008조에 의한 제1008조의 2가 준용되지 않으므로), 기여분의 유무에 의해 유류분액은 달라지지 않는다.

② 기여분은 유류분에 의한 반환청구의 대상이 되지 않으므로(민법 제1115조), 기여분은 유류분에 우선한다.

(3) 재산적인 계약상 및 법률상의 지위

① 계약상의 지위

㉠ 원칙 : 계약상의 지위는 원칙적으로 상속된다고 보나, 당사자 간의 신뢰성이 강하다는 점에서 상속이 인정되지 않는 경우가 있다.

㉡ 상속에서 제외되는 경우 : 당사자 간의 신뢰성이 특히 강한 위임계약에 있어 서는 그 지위의 상속이 인정되지 않는다. 고용에 있어서의 노무자의 지위도 당연히 상속되지 않는다.

② 주택임차권

㉠ 원칙 : 임차인이 사망하면 임차권은 상속되며, 공동상속인 간의 상속재산분 할의 문제로서 해결하여야 한다.

㉡ 임차인과 동거하고 있었으나 상속권이 없는 자 : 주택임차인이 상속권자 없 이 사망한 경우에 그 주택에서 가정공동생활을 하던 사실상의 혼인관계에 있 는 자는 임차인의 권리와 의무를 승계한다(주택임대차보호법 제9조 제1항). 그리고 임차인이 사망한 때에 사망 당시 상속인이 그 주택에서 가정공동생활을 하고 있지 아니한 경우에는 그 주택에서 가정공동생활을 하던 사실상의 혼인 관계 에 있는 자와 2촌 이내의 친족이 공동으로 임차인의 권리와 의무를 승계한다 (주택임대차보호법 제9조 제2항).

③ 대리인의 지위 : 대리인의 지위는 상속되지 않는다(민법 제127조 제2호). 본인의 지위 는 민법상의 것은 상속되지 않으나(민법 제127조 제1호), 상법상의 것(상인이 그 영업에 관하여 수여한 대리권)은 상속된다(상법 제50조).

④ 사원권 : 사원권(단체의 구성원의 지위)의 상속성은 그 단체의 성질에 따라 다르며, 특히 공익권적 성질이 강한 것이면 상속되지 않는다.

㉠ 상속되지 않는 것 : 합명회사의 사원권(상법 제218조 제3호), 합자회사의 무한책 임사원의 사원권(상법 제269조), 민법상 조합의 조합원의 지위는 상속되지 않는 다(민법 제717조 제1호)(다만 승계특약은 유효하다).

ⓛ 상속되는 것 : 합자회사의 유한책임사원의 사원권(상법 제283조), 주주권은 상속
된다(상법 제335조).

(4) 소송상의 지위

소송은 당사자가 죽은 때에 중단되나, 상속인·상속재산관리인, 그 밖에 법률에 의
하여 소송을 계속하여 수행할 사람이 소송절차를 수계(受繼)하여야 한다(민사소송법 제
233조 제1항). 다만 소송의 목적인 권리관계가 피상속인의 일신에 전속하는 것인 경우
에는 전체적인 소송은 종료한다.

(5) 일신전속권

일신전속권은 권리와 그 주체와의 긴밀의 정도가 상대적으로 강하다. 일반적으로 일
신전속권은 권리의 성질상 타인에게 귀속할 수 없는 귀속상의 일신전속권을 말한다.
이러한 일신전속권은 권리주체의 사망과 동시에 소멸하는 일반적 인격권이다(예 : 교
수계약에 의한 권리, 인격권으로서의 성격권, 부양의 권리의무 등). 그러므로 귀속상의 일신전속권
은 양도나 상속 등으로 타인에게 이전할 수 없는 권리이다. 그러나 당사자 간에 이미
그 배상에 관한 계약이 성립하거나 소를 제기한 경우에는 예외이다(민법 제806조 제3항
단서).

이와 달리 권리자 이외의 타인이 행사할 수 없는 일신전속권을 행사상의 일신전속권
이라 한다. 이 권리는 일단 상속으로 상속인에게 귀속된 후 상속인이 행사하면 되므
로 상속이 가능하다.

4) 구체적 판단 사례

위에서 살펴본 요건에 비추어 상증세법상 상속재산 여부를 판단해 보면 다음과 같다.

(1) 상속재산의 범위(상증세법 기본통칙 7-0…1)

① 신탁수익권 등도 재산적 가치 있는 권리이므로 포함된다.
② 법률상 근거에 관계없이 경제적 가치가 있는 것, 예를 들면 영업권과 같은 것이
포함된다.
③ 피상속인에게 귀속되는 소득이 있는 경우에는 그 소득의 실질내용에 따라 상속재
산인지의 여부를 결정한다. 따라서 상속개시일 현재 인정상여 등과 같이 실질적
으로 재산이 없는 경우에는 상속재산에 포함하지 아니하며 현금채권인 배당금,
무상주를 받을 권리 등 실질적으로 재산이 있을 경우에는 상속재산에 포함한다

(구 상증세법 기본통칙 7-0…1). 같은 맥락에서 피상속인이 대표이사로 있는 법인의 장부상 계상된 피상속인 명의의 가수금채권이 재산적 가치가 있는 사실상 채권인 경우 상속재산에 포함한다(재재산 46014-5, 1998. 1. 6.).

(2) 상속개시 후 명의이전된 재산(상증세법 기본통칙 7-0…2)

상속개시 후 명의이전된 재산은 상증세법 시행령이 등기·등록일을 증여재산의 취득시기[145]로 보는 것에 대응하여 상속개시일 현재 해당 재산이 피상속인에게 귀속되기 때문에 상속재산이다(대법원 90누1062, 1990. 5. 25. ; 대법원 90누134, 1990. 7. 13. ; 대법원 92누4529, 1992. 11. 27. ; 대법원 93누23985, 1994. 12. 9.).[146] 같은 맥락에서 '부동산소유권이전등기등에관한특별조치법'에 의하여 부동산에 대한 소유권이전등기를 하는 경우에도 상속개시 후에 명의이전된다면 상속재산이다(서면4팀-3205, 2006. 9. 20.).

① 상속개시 후 피상속인의 재산을 상속인을 취득자로 하여 증여 또는 매매를 원인으로 하는 소유권이전등기 등을 한 경우 그 재산은 상속재산에 포함한다(서면4팀-2589, 2007. 9. 5.). 이 경우 그 재산에 대하여 별도로 증여세를 과세하지 아니한다.

② 또한 상속인 외의 자를 취득자로 하여 피상속인으로부터 직접 소유권이전등기 등을 한 경우 그 재산은 상속재산에 포함한다. 이 경우 그 재산이 피상속인으로부터 유증 또는 사인증여(상증세법 제14조 제1항 제3호의 규정에 의한 증여채무의 이행 중에 증여자가 사망한 경우의 해당 증여를 포함한다)된 것이 아닌 경우에는 상속인이 그 취득자에게 소유권을 이전한 것으로 본다.

(3) 부동산 매매계약 이행 중인 재산(상증세법 기본통칙 7-0…3)

소득세법이 양도소득세에 있어서 양도시기 또는 취득시기를 대금청산일로 규정하고 있으므로 잔금이 청산되기 전에는 소유권의 이전이 없는 것이다. 따라서 세법의 전체적 체계에 부합한다는 측면에서 상증세법에서도 잔금청산일을 기준으로 피상속인에의 귀속을 판단하는 것이 타당하며, 판례도 같은 입장이다(대법원 2005두13148, 2007. 6. 15. ; 대법원 2012두7905, 2015. 2. 12.).

① 이에 따라 피상속인의 부동산을 제삼자에게 매도하고 중도금만을 수령한 상태에서 사망한 경우 그 부동산은 상속재산[양도대금 전액(양도대금이 불분명한 경우에는 해당 부

---

145) 이 책 뒤에서 볼 '증여재산취득시기' 참조

146) 甲은 母인 乙과의 증여계약(1999. 1. 2.)에 의거 부동산을 증여받아 등기수속을 밟던 중 증여등기접수일자(1999. 1. 7. 오후 2시)에 母인 乙이 오전 10시에 사망한 경우 문제의 부동산에 대하여 상속세는 부과되나, 별도로 증여세는 과세되지 않는다(상증세법 기본통칙 7-0…2).

동산을 이 법에 따라 평가한 가액으로 한다)에서 상속개시 전에 받은 계약금과 중도금을 뺀 잔액]으로 보나,[147] 잔대금까지 수령한 상태(실질적으로 처분되었으나 등기이전이 안된 상태)에서 사망한 경우에는 상속재산으로 보지 않는다(대법원 90누7838, 1991. 6. 25.).

② 같은 취지에서 피상속인이 부동산을 매수하고 중도금만을 지급한 상태에서 사망한 경우에는 그 재산을 상속재산(단 이미 지급한 계약금과 중도금은 상속재산에 포함)으로 볼 수 없고[148] 피상속인이 사망 전에 잔대금까지 모두 지급한 경우에는 상속재산으로 본다(대법원 91도1609, 1992. 4. 24.).

(4) 명의신탁 재산

명의신탁 또는 수탁재산이 상속재산가액에 포함되는지에 대하여는 법문상 명확한 규정이 없고, 상증세법 제9조에서는 신탁재산을 상속재산으로 본다고 규정하고 있다. 즉, 상증세법 제9조에서는 명의신탁이 아닌 실질적인 신탁재산(간주상속재산)의 상속재산 산입 여부에 대하여 규정하고 있는 것이다.

여기에서의 명의신탁이란 수탁자에게 재산의 소유명의가 이전되지만 수탁자는 외관상 표시만 될 뿐 해당 재산을 관리·처분할 권리를 가지지 아니하는 신탁을 말한다. 타인이 피상속인에게 명의신탁한 재산은 그 실질소유자는 타인이고 피상속인은 그 명의자에 불과하므로 실질과세의 원칙상 피상속인의 상속재산에 포함되지 않는다고 보아야 하며 판례의 태도도 이와 같다(대법원 98다6176, 1999. 10. 12. ; 대법원 97누19304, 1998. 4. 14. ; 대법원 90누5986, 1991. 12. 24.).

(5) 그 밖

① 피상속인의 사망으로 인하여 유족이 받은 부의금이 상속재산에 포함되지 않음은 물론이다(서울고법 73구20, 1974. 10. 23.). 왜냐하면 대개 부의금은 유족을 위로하기 위해 유족의 지인들로부터 받는 것이 상례이기 때문이다.

② 지목이 하천, 제방 등 토지대장상 등급 없는 토지 등으로 금전으로 환산 가능한 경제적 가치가 없는 경우에는 상속재산으로 볼 수 없으나, 이러한 토지라 할지라도 제삼자에게 유상으로 양도되는 등 경제적 가치가 확인되는 경우에는 상속재

---

147) 즉, 부동산이 상속재산이 되나 과세가액의 평가는 전체의 대금에서 피상속인이 이미 수령한 대금을 공제한 나머지 가액으로 평가하여야 한다(상증세법 기본통칙 7-0…3). 주식의 양도도 마찬가지다(서면4팀-893, 2008. 4. 2.).

148) 그러나 이 경우에는 상속인은 잔대금의 지급이라는 반대급부를 부담한 상태에서 이전등기청구권을 상속받은 셈이므로 목적물의 전체가액에서 위 반대급부에 해당하는 잔대금을 공제한 금원이 이미 지급한 매매대금을 현실적인 상속재산의 가액으로 평가할 수 있다(상증세법 기본통칙 7-0…3 제2항).

산가액에 산입할 수 있다(상증세법 기본통칙 61-50…4 ; 조심 2008서211, 2008. 11. 5. ; 국심 2006 서1942, 2006. 11. 29.).

③ 상속개시 전 피상속인이 취득한 토지에 관하여 환지처분확정으로 인하여 증가된 토지상의 권리도 상속재산에 포함된다(대법원 91도1609, 1992. 4. 24.).

④ 부동산 증여에 있어 그 부동산의 취득일은 증여에 따른 소유권이전등기를 한 때 이며 그 소유권이전등기를 마치지 아니한 이상 아직 그 부동산을 취득한 것으로 볼 수가 없으므로, 상속개시 전에 피상속인소유 부동산을 서면에 의해 증여계약 하고 수증자가 사실상 사용 · 수익하더라도 '소유권이전등기'가 안 된 경우에는 '상속재산'에 해당한다(대법원 2002두1618, 2003. 6. 13.). 따라서 이러한 해석이 실질과세 의 원칙에 위배된다고 할 수도 없다고 할 것이다(대법원 93누23985, 1994. 12. 9. ; 헌법재판 소 2001헌바25, 2001. 12. 20. 등).

⑤ 피상속인과 타인이 함께 합유 등기한 부동산은 그 부동산가액 중 피상속인의 몫 에 상당하는 가액을 상속재산에 포함한다(서면4팀-40, 2007. 1. 4.).

⑥ 상속 개시일 현재 소송 중에 있는 권리는 상속재산에 포함된다(서면4팀-2423, 2005. 12. 5.).

┃민법상의 상속재산과 상증세법상의 상속재산의 비교┃

구 분	민 법	상증세법
상속재산의 개념	재산상의 권리의무	금전으로 환산할 수 있는 경제적 가치가 있는 모든 물건과 재산적 가치가 있는 법률상 또는 사실상의 모든 권리
금전으로의 환가요건	불필요	반드시 필요
소극재산(채무)	상속재산 개념에 포함	상속재산 개념에 불포함. 채무로서 과세가액에서 공제(상증세법 제14조)
중점개념	법적권리 · 의무 측면	경제적 가치(환가성)
생명보험금	상속재산에서 제외	상속재산에 포함
사망퇴직금	상속재산에서 제외	상속재산에 포함
유증재산	상속재산에 포함	상속재산에 포함
사인증여재산	상속재산에 포함	상속재산에 포함
특별연고자분여재산	상속재산에 포함	상속재산에 포함

⎮민법상 총 상속재산과 상증세법상 총 상속재산의 비교⎮

[민법상 총 상속재산]	환가성 있는 경제적·재산적 가치 있는 물건과 권리	[상증세법상 총 상속재산]
채무(소극재산) 환가성 없는 물건과 권리		민법상 권리는 아니지만 환가성 있는 경제적 가치 있는 물건과 재산적 가치 있는 권리

2. 유증재산

유증[149]에 의해 받은 재산은 상속재산에 포함되어 상속세가 부과된다(상증세법 제2조 제1호 가목, 제3조). 민법도 이와 같다.

3. 사인증여재산

사인증여[150]에 의해 받은 재산은 상속재산에 포함되어 상속세가 부과된다(상증세법 제2조 제1호 나목, 제3조). 민법적으로는 사인증여도 당사자 간의 의사합치에 의한 증여계약에 해당한다.

한편 상증세법에서는 상속개시일 전 10년 이내에 피상속인이 상속인에게 진 증여채무와 상속개시일 전 5년 이내에 피상속인이 상속인이 아닌 자에게 진 증여채무(상증세법 제14조 제1항 제3호) 이행 중에 증여자가 사망한 경우 해당 증여재산은 사인증여재산에 포함하여야 한다(상증세법 제2조 제1호 나목 괄호). 왜냐하면 증여계약 이행 중에 피상속인이 사망한 경우 증여의 효력은 사후에도 지속된다는 점에서 사인증여와 그 성격이 유사하기 때문이다.

4. 특별연고자가 분여받은 상속재산

민법 제1057조의 2의 규정에 의한 특별연고자에 대해 분여[151]된 상속재산도 상속세가 과세되는 상속재산에 포함된다(상증세법 제2조 제1호 다목, 제3조). 특별연고자가 분여받은 상속재산은 피상속인의 사망을 원인으로 한다는 점에서 유증 등과 같이 실질적으로 상속받은 것이므로 과세체계상 상속세 과세대상에 포함한다. 민법에서도 상속개시일 현재 현존하므로 상속재산에 포함한다.

149) 이 책 앞에서 본 '세법상의 상속' 참조
150) 이 책 앞에서 본 '세법상의 상속' 참조
151) 이 책 앞에서 본 '세법상의 상속' 참조

5. 유언대용신탁 및 수익자연속신탁

신탁법 제59조 및 제60조에 따른 유언대용신탁과 수익자연속신탁도 상속세가 과세되는 상속재산에 포함된다(상증세법 제2조 제1호 라목 및 마목, 제3조).[152] 유언대용신탁은 신탁계약에 의해 위탁자의 사망 시 수익자가 수익권을 취득하는 신탁(또는 신탁재산에 기한 급부를 받는 신탁)이며(신탁법 제59조 제1항), 수익자연속신탁은 수익자가 사망한 경우 그 수익자가 갖는 수익권이 소멸하고 타인이 새로 수익권을 취득하는 신탁이다(신탁법 제60조).

 상증세법상 간주상속재산

 이해의 맥

민법상 상속재산이 아닐 뿐만 아니라 상증세법상 본래의 상속재산으로도 볼 수 없으나, 공평과세 · 실질과세원칙의 입장에서 상속 등과 유사한 경제적 이익이 있고 피상속인의 사망을 원인으로 한다는 점에서 상속재산으로 의제한다.

간주상속재산이란 본래의 상속재산은 아니나 상증세법상 상속재산으로 간주하여 과세하는 재산으로 의제상속재산이라고도 한다.

상증세법에서는 생명보험 또는 손해보험의 보험금 및 신탁재산 그리고 퇴직수당 · 공로금 또는 이와 유사한 급여를 간주상속재산으로 규정하고 있다. 이러한 간주상속재산은 피상속인의 생전에는 재산권으로 확정되지는 아니하였다 하더라도 실질적인 소유는 피상속인의 것이라고 볼 수 있으며, 피상속인이 사망함으로써 비로소 재산가액이 확정되고 이를 청구할 수 있는 권리가 생기게 되는 것이므로 상속재산과 비슷한 성질을 가지고 있다.

즉 간주상속재산 규정은 상속 · 유증이라는 법률상 원인에 의하여 취득한 재산이 아니라도 취득한 사실에 의하여 경제적 효과의 측면에서 본래의 상속재산의 취득과 같은 결과가 발생한 경우에 실질과세의 원칙에 의거 상속세를 부과하려는 의도이다(상증세법 집행기준 8-0-1).

---

152) 2021년 1월 1일 이후 상속이 개시되는 분부터 적용한다.

> **보론 16 추정과 간주**[153]
>
> 양자는 대체로 입증의 곤란을 구제하기 위한 제도로, 그 정도에서 차이를 보인다.
> 1. 推定은 그 사실 내지 법률관계의 존재를 다투는 자가 입증책임을 지고 그에 따라 번복될 수 있다는 점에 그 의미가 있다.
> 2. 看做란 본질이 다른 것을 일정한 법률적 취급에 있어서 동일한 것으로 효과를 부여하는 것이며 법률상으로는 "본다"로 표현된다. 看做는 그것이 사실에 부합하는지 여하를 불문하고, 또 당사자가 그 반대의 사실을 입증하더라도 그것만으로는 번복되지 않고 그대로 그 효과를 발생하는 점(擬制)에서 추정과 다르다.

1. 보험금

해의 맥

피상속인의 사망을 보험금 지급사유로 하고, 피상속인이 실질적인 보험료 지급자인 경우 지급받은 보험금은 상속재산에 포함한다.

생명보험금은 민법과 상증세법의 취급에 차이가 있으므로 특히 주의하여야 한다.

§**관련조문**

상증세법	상증세법 시행령
제8조【상속재산으로 보는 보험금】	제4조【상속재산으로 보는 보험금】

1) 의의

후술하는 민법의 취지에 따른 민법상의 해석과는 별도로, 상증세법은 상속인(수유자가 포함)이 보험계약의 효과에 의한 고유의 권리로서 취득한 생명보험금도 상속재산으로 보고 있다. 보험료를 납입한 자 이외의 자가 보험금을 받게 된다면 보험료를 납입한 자의 재산권이 보험금을 받은 자에게 이전한 것으로 보는 것이 경제적인 관점에서 타당하고, 이렇게 하지 않으면 경제적 실질은 동일하면서 계약당사자가 취하는 형식에 의해 세법상 효과가 달라지게 되어, 조세평등주의와 실질과세의 원칙에 반하게 되기 때문이다 (상증세법 제8조, 같은 법 집행기준 8-4-1).

이에 따라 피상속인의 사망으로 인하여 지급받는 생명보험 또는 손해보험의 보험금으

---

153) 자세한 설명은 이 책 뒤에서 볼 '증여의제와 증여추정' 참조

로서 피상속인이 보험계약자가 된 보험계약에 의하여 지급받는 것은 상속재산으로 본다(상증세법 제8조 제1항). 피상속인이 보험계약자가 아니더라도 그가 실질적으로 보험료를 지급하였을 때에는 피상속인을 보험계약자로 본다(상증세법 제8조 제2항).

2) 상속재산 의제요건

(1) 피상속인의 사망을 보험금지급사유(보험사고)로 하여야 한다.

피보험자의 사망을 보험사고로 하여 지급되는 사망보험금에 한하고, 피보험자의 상해ㆍ폐질 그 밖의 이와 유사한 것으로 사망을 동반하지 않은 보험사고로 지급되는 보험금이나 급부금은 그 피보험자의 사망 후에 지급되는 것이라도 이는 상증세법 제8조에 규정한 보험금이 아니고 피상속인의 본래의 상속재산으로 보는 것이다. 따라서 피상속인 이외의 자를 피보험자로 하여 피상속인이 보험계약을 체결하고 보험료를 납부하다 피상속인의 사망일 현재까지 보험사고(피보험자의 사망 등)가 발생하지 않는 경우의 상속재산은 상속개시일까지 납부한 보험료와 이자상당액의 합계액이지 상속개시일 이후 보험금수령액이 아니다(서일 46014-10992, 2003. 7. 24.). 다만, 상속인이 상속개시 후에 당해 보험계약을 해지하고 수령하는 해약환급금을 상속재산의 가액으로 하여 상속세를 신고하는 경우에는 그 해약환급금 상당액으로 평가할 수 있다(재산 -143, 2010. 3. 9. ; 서일 46014-10284, 2002. 3. 7.).

(2) 피상속인이 실질적인 보험료납부자(원칙적으로 보험계약자)이어야 한다.

① 보험료 지급자 : 그러므로 보험계약자가 피보험자가 되어 보험계약을 체결하고 보험계약자가 보험료를 납입한 보험계약을 말한다(재산-513, 2010. 7. 14.). 그러나 보험계약자가 피상속인 이외의 자인 경우에도 피상속인이 실질적으로 보험료의 납부를 하였을 때에는 피상속인을 보험계약자로 간주하고 보험금을 상속재산으로 보아 과세한다(국심 2004부116, 2004. 4. 17.).

이와 같은 맥락에서 상속인이 보험계약자로서 실질적으로 보험료를 납부한 금액은 상속인의 고유재산으로 보아 상속재산에 포함하지 않는다(재산-108, 2010. 2. 23. ; 서면4팀-102, 2007. 1. 9.). 또한 비록 피상속인이 보험계약자(혹은 피상속인이 보험계약자 및 피보험자이고 상속인이 보험수익자)라 하더라도 실질적인 보험료납부자가 상속인이라면 해당 보험금은 상속재산에 포함되지 않는다(국심 2006서2732, 2007. 12. 13. ; 상증세법 집행기준 8-4-2). 그러므로 보험계약자 및 보험만기시 수익자가 상속인으로 계약되어 있고 보험료도 상속인계좌에서 전액이 이체되어 납부된 것으로 확인되고,

보험료 납입기간 중 상속인의 수입으로 충분히 보험료를 납부한 것으로 볼 수 있는 점, 보험료가 이체된 상속인의 계좌에 상속인이 입금한 금액이 있음에도 과세권자가 피상속인이 보험료를 실질적으로 납부하였음을 입증할 서류를 제시하지 아니하고, 단지 피상속인의 소득이 상속인보다 많으므로 피상속인이 부담하였을 것이라고 추정하여 상속재산으로 보는 것은 합리적으로 보여지지 않는 점, 상법상 보험계약자가 보험료를 납입할 의무를 부담(상법 제638조)하므로 일반적으로는 보험료 납입자를 특정함에 있어 그가 보험계약자인지 여부 등으로 판단하고 있는 점(서울고법 2010누19722, 2010. 11. 26. 참조) 등을 고려하면, 해당 보험금은 상속재산에 포함되지 않는다(심사증여 2012 - 0120, 2013. 2. 25.).

같은 맥락에서 보면 보험료 납부자가 피상속인도 상속인도 아닌 제삼자라면, 제삼자가 보험금수령자에게 증여한 것으로 보아 증여세가 과세될 것이다.

한편 보험료 납부를 피상속인이 아닌 법인이나 사업주가 하고 피상속인인 임원 또는 종업원의 상속인이 보험수익자인 경우 사망보험금을 피상속인의 임금후불적 성격으로 보아 피상속인이 받을 근로소득이므로 본래의 상속재산에 해당한다고 본 사례(서면2팀 - 2741, 2004. 12. 27.), 상속세법 제8조 제2항의 요건을 엄격히 적용하여 보험 계약자가 피상속인이 근무하던 회사이고 보험료도 피상속인이 부담한 것이 아니라 피상속인이 근무하는 회사가 납부한 것도 아니므로 본래의 상속재산에 해당하지 않는다고 본 사례(조심 2011중477, 2011. 9. 16.) 등이 있다. 상증세법 제8조 제2항의 "피상속인이 실질적으로 보험료를 납부하였을 때"와 관련하여 법인이나 사업주가 보험료를 납부하였지만 피상속인이 보험료를 납부한 것과 같은 결과를 가져왔음직한 경우에 대해 상속세 과세여부가 다투어질 수 있다. 소득세법 제12조 제3호 다목의 비과세근로소득에 해당하는 "근로의 제공으로 인한 부상·질병·사망과 관련하여 임직원이나 그 유족이 받는 배상·보상 또는 위자(慰藉)의 성질이 있는 급여"로서의 사망보험금이라면 피상속인의 비과세근로소득이므로 이것을 상속받았다고 보기는 어려울 것이다. 상증세법 제10조에서 상속재산으로 보지 않는 유족보상금 등에 해당한다면 이 또한 상속세 과세가 안 될 것이다. 그렇지만 상속인은 피상속인의 사망을 계기로 위 보험금을 받기 때문에 부의 무상이전에 대한 과세문제가 논란이 될 수 있다. 보험금은 민법상 상속재산은 아니지만 상증세법 제8조에서 제한적으로 상속재산으로 보는 보험금을 제시하고 있다. 소득세법 제12조 제3호 다목의 비과세근로소득에 해당하지 않고 상증세법 제10조의 유족보상금 등에 해당하지 않는 사망보험금이라면 상증세법 제8

조에 따른 상속세 과세가 될 가능성이 높다. "피상속인이 실질적으로 보험료를 납부하였을 때"에 해당하지 않는 경우에도 과세에서 자유로운 것이 아니라 상증세법 제34조의 증여세가 다투어질 수도 있다.

② **수익자** : 한편 보험금의 수익자(보험금 수령인)가 누구인가는 문제가 되지 않는다. 즉 생명보험금이나 손해보험금은 상속인이 받는 경우는 물론이고 상속인 이외의 자가 받는 경우에도 상속재산으로 본다(국심 2004부116, 2004. 4. 16.). 상속인이 받는 경우에는 본래의 상속재산과 다름없다. 그리고 상속인 이외의 자가 받는 것은 마치 사인증여와 유사하고 상증세법에서 사인증여나 사망 전 5년 내의 생전증여에 대해서도 상속세 과세재산으로 보기 때문에 상속재산으로 의제한다(상증세법 집행기준 8-4-3). 다만 상증세법 제24조 제1항에 의해 각종 상속공제의 한도에서 제외됨으로써 각종 상속공제 혜택을 받을 수 없다는 점이 문제이다.

보험계약은 보험금 수령인을 보험계약자로 하기도 하고, 보험계약자 이외의 자를 보험금 수령인으로 하는 경우가 많다. 보험금 수령인이 피상속인인 경우에는 지정수취인이 보험금을 수취하고 보험금 수령인이 상속인이거나 상속인 이외의 자인 경우에는 직접 그 보험금 수령인이 보험금을 수취하게 되나 어느 경우에든 상증세법상으로는 과세재산이 된다.

이때 보험금을 수령하는 상속인 이외의 사람이 손자라면 30% 할증과세가 됨은 당연하다. 그리고 상속인 이외의 자가 수령을 포기하게 되어 상속인이 이를 수령하게 된다면 이는 피상속인으로부터 직접 상속받은 것과 같으므로 상속재산에 포함된다(서면4팀-537, 2005. 4. 11.).

그런데 피보험자와 보험수익자(피상속인)가 동시에 사망한 경우에는 상법 제733조 제3항 후단 소정의 보험계약자가 다시 보험수익자를 지정하지 아니하고 사망한 경우에 준하여 보험수익자의 상속인이 보험수익자가 되므로, 보험수익자의 상속인이 보험수익자의 지위에서 보험자에 대하여 가지는 보험금지급청구권은 상증세법상으로는 상속재산에 포함(민법상으로는 상속인의 고유재산이다)된다(대법원 2005두5529, 2007. 11. 30. ; 대법원 2003다29463, 2004. 7. 9.).

(3) 생명보험 또는 손해보험의 보험금만이 해당된다.

생명보험 또는 손해보험의 보험금만이 상속재산에 포함되므로, 생명보험·손해보험 등 이외의 보험은 이 규정에 적용을 받지 않는다(재삼 46014-2714, 1994. 10. 19.). 상해보험은 상해를 치료하는 정도의 실비변상적 보험금이 지급되는 것이 일반적으로 그 실질이 치료비이므로 비과세된다(상증세법 제12조 제6호). 같은 맥락에서 보험금이 아닌 그 유족이 수령하는 위자료 성격의 보상금에 대해서도 상속세가 비과세된다(재산-108, 2010. 2. 23.).

이러한 보험금은 일시금으로 받는 것뿐만 아니라 연금 그 밖의 정기금으로 받는 것을 포함한다. 그리고 농업협동조합중앙회 및 조합, 수산업협동조합중앙회 및 조합, 신용협동조합중앙회 및 조합, 새마을금고연합회 및 금고 등이 취급하는 생명공제계약 또는 손해공제계약과 우체국이 취급하는 우체국보험계약에 따라 지급되는 공제금 등을 포함한다(상증세법 기본통칙 8-0…1, 같은 법 집행기준 8-4-1 : 서면4팀-1491, 2004. 9. 22. : 재재산-771, 2004. 6. 23.). 그렇지만 보험금 지급 지연배상금은 보험금이 아니라 기타소득이다(서일 46014-10038, 2002. 1. 12.).

보론 17 보험의 분류 및 보험계약의 관계자[154]

1. 보험의 분류

1) 보험사고가 발생하는 객체에 의한 구별

   (1) 재산보험 : '보험사고의 발생의 객체가 피보험자의 재산인 보험'을 말한다.

   (2) 人보험 : '보험사고의 발생의 객체가 사람의 생명·신체인 보험'을 말하며, 생명보험과 상해보험이 이에 해당한다.

2) 보험의 지급방법에 의한 구별

   (1) 손해보험(부정액보험) : '보험사고가 발생한 때에 보험자가 지급할 보험금이 보험사고의 발생으로 인하여 피보험자에게 발생한 실제의 재산상의 손해액에 따라서 결정되는 보험'을 말한다. 그러므로 재산보험은 대부분 손해보험이다.

   (2) 定額보험 : '보험사고가 발생한 때에 보험자가 지급할 보험금이 피보험자의 실손해액의 유무나 다소를 묻지 않고 보험계약에서 정한 일정한 보험금액을 지급하는 보험'을 말한다. 생명보험이 대표적인 정액보험이다.

2. 보험계약의 관계자

1) 보험자 : 보험자는 '보험계약의 직접의 당사자로서 보험사고가 발생한 때에 보험금액을 지급할 의무를 지는 자'이다. 그러므로 보험사업을 영위하는 자로서 보험을 인수한 자이기도 하다.

2) 보험계약자 : 보험계약자는 '보험계약의 직접의 당사자로서 보험자와 보험계약을 체결하는 자'이다. 보험계약자의 자격에는 아무런 제한이 없다.

3) 피보험자 : 피보험자는 손해보험과 인보험에 따라 그 의미를 달리한다. 손해보험에서는 '피보험이익의 주체로서 손해의 보상을 받을 권리를 갖는 자'를 의미하고, 인보험에서는 '생명 또는 신체에 관하여 보험이 붙여진 자'를 의미한다.

   그러므로 손해보험의 경우 피보험자는 보험금청구권을 가지나, 인보험의 경우 피보

---

154) 정찬형, 「상법강의(하)」, 박영사, 2009, 486~531쪽

험자는 보험의 목적에 불과하여 보험계약에 의하여 아무런 권리를 취득하지 못한다.
4) 보험수익자 : 보험수익자는 '인보험계약에 있어서 보험자로부터 보험금을 받을 자로
지정된 자'이다. 인보험에 있어서의 보험수익자는 손해보험에 있어서의 피보험자에
해당하는 개념으로 볼 수 있다. 실제로 보험금을 수령하는 자인 수령인과 구분된다.
5) 보험료는 보험사에 지급하는 요금이며, 보험금은 보험사고 등이 발생하여 보험자가
그 수익자에게 지급하는 금액이다.

3) 요건충족 효과

위의 요건을 모두 만족한다면 이는 상속재산으로 본다. 보험금은 보험료를 납입한 보상
으로서의 대가이므로 보험료를 납입한 자에게 보험금이라는 재산권이 귀속되는 것은
당연하다.

그러므로 피상속인이 전액 납입한 보험료에 대하여는 보험금 전액을 상속재산인 보험
금으로 하나, 동일한 보험계약이라도 피상속인 이외의 자가 납입한 보험료에 상당한 보
험금에 대하여는 그 보험료를 납입한 자의 재산권으로 보므로 상속재산으로 보지 아니
한다. 그러므로 해당 보험금에 대한 납입보험료를 피상속인이 부담한 것과 피상속인 이
외의 자가 부담한 것이 있는 경우에는 이를 부담비율에 따라 안분하도록 하고 있다.
이를 산식으로 나타내면 다음과 같다(상증세법 시행령 제4조 제1항, 같은 법 집행기준 8-4-4).

$$상속재산으로 보는 보험금 = 지급받은 보험금의 총합계액 \times \frac{피상속인이 부담한 보험료의 금액}{해당 보험계약에 따라 피상속인의 사망시까지 납입된 보험료의 총합계액}$$

이 경우 피상속인이 부담한 보험료의 계산은 보험증권에 기재된 보험료에 의하고, 보험
계약에 의하여 피상속인이 지급받는 배당금 등으로서 해당 보험료에 충당한 것이 있을
때에는 그 충당된 부분의 배당금 등의 상당액은 피상속인이 부담한 보험료에 포함한다
(상증세법 시행령 제4조 제2항, 같은 법 집행기준 8-4-4).

더불어 상속재산으로 간주되는 보험금은 금융재산에 해당하므로, 금융재산상속공제의
대상이 된다.

4) 민법상의 취급

보험금이 상속재산이 되느냐의 여부에 관해, 민법은 보험계약의 효과라는 법률적 측면

에서 판단한다. 따라서 보험금의 수령은 보험계약의 효과로서 수령인의 고유한 권리에 의해 취득한 수령인의 고유재산으로 본다. 이런 맥락에서 보면 수령인이 피상속인 본인이 아니라면 보험금은 상속재산에 포함되지 않는다고 본다. 아래에서는 다양한 보험계약의 형태에 따라 민법상 상속재산 포함 여부를 가려본다.

① 보험계약에서 피상속인이 피보험자가 되고 특정의 상속인을 수령인으로 하였을 때
  이 경우에는 상속인이 보험금을 수령하는 것은 보험계약의 효과이므로, 상속에 의한 것이 아니고 그 상속인 고유의 권리에 의하여 취득하는 것이다. 따라서 그 상속인이 상속포기를 하더라도 보험금을 수령할 수 있다(대법원 2001다65755, 2001. 12. 21.).

② 피상속인이 수령인을 단지 '상속인'[155]으로만 표시한 때
  기본적으로는 보험계약의 효과로서 피보험자의 사망시의 상속인의 고유한 권리에 의한 고유재산으로 보아(대법원 2000다31502, 2001. 12. 28.) 상속재산에 포함되지 않는다고 보는 것이 타당하다. 이에 의하면 상속을 포기한 경우에도 보험금을 수령할 수 있다. 단지 이때 '상속인'을 상속에 의하여 승계된다는 의미로 본다면, 보험금은 상속재산이 될 것이다.

③ 제삼자를 수령인으로 지정하였을 때
  이 경우 보험계약의 효과에 의해 보험금을 수령하는 제삼자의 고유재산이 될 것이다. 그런데 제삼자가 피보험자보다 먼저 사망한 경우에는 문제가 된다. 만약 보험계약자가 다시 보험수익자를 지정하지 않고 사망한 경우에는 위 제삼자의 상속인이 비로소 보험수익자의 지위를 상속한다(상법 제733조). 그리고 이것은 보험계약의 효과이므로 수령인의 고유재산이 되고 상속재산에 포함되지 않는다. 이때의 상속인은 보험금수령인(제삼자) 사망시에 있어서의 상속순위에 따라 상속인이 되는 자를 말한다. 그런데 만약 보험계약자가 보험수익자를 변경하게 되면 제삼자의 상속인은 보험수령인의 권리를 상속받지 못한다.

④ 피상속인이 자기를 피보험자와 수령인으로 할 때
  이 경우에는 보험계약의 효과로서 피상속인이 보험금 수령권을 가지므로 당연히 보험금청구권이 상속재산에 속하며, 상속인에 의하여 상속된다(대법원 2000다64502, 2002. 2. 8.).

⑤ 생명보험금이 상속인의 고유재산이 될 경우에 상속재산에는 포함되지 않으나 상속재산을 분할할 때에 특별수익으로 고려하는 것이 타당해 보인다.[156]

---

155) 이때의 상속인은 당연히 보험사고시의 상속인을 의미하는 것이지, 보험계약 체결시나 존속시의 상속인을 의미하는 것은 아니다.
156) 김주수 · 김상용, 「친족 · 상속법」, 법문사, 2007, 596쪽

▌보험계약의 유형에 따른 민법 및 상증세법의 취급▐

보험계약			민 법	상증세법
피보험자	보험계약자 (보험료납부자)	수익자		
피상속인	피상속인	특정상속인	특정상속인 고유재산	상속재산
피상속인	피상속인	상속인	상속인 고유재산	상속재산
피상속인	피상속인	제삼자	제삼자 고유재산	상속재산(수유자)
피상속인	피상속인	피상속인	상속재산	상속재산
피상속인	특정상속인	특정상속인	특정상속인 고유재산	특정상속인 고유재산
피상속인	상속인	상속인	상속인 고유재산	상속인 고유재산
피상속인	상속인	제삼자	제삼자 고유재산	증여재산
피상속인	상속인	피상속인	상속재산	상속재산

▌보론 18   조세평등주의[157]

1. 조세평등주의의 의의

조세평등주의는 조세의 부담이 국민들 사이에 공평하게 배분되도록 세법을 제정하여야 하고(입법상의 공평), 조세법률관계의 각 당사자로서의 국민은 세법의 적용에 있어서도 공평하게 취급되어야 한다(세법의 해석·적용상의 공평)는 원칙으로 조세부담공평의 원칙 또는 동일조건·동일부담의 원칙이라고 불린다. 조세평등주의는 조세법률주의와 함께 세법의 가장 중요한 기본원칙이다. 이는 근대법의 기본원리인 평등원칙이 세법분야에서 발현된 것으로 우리나라 헌법 제11조 제1항의 평등규정이 그 근거라 할 것이고, 국세기본법 제18조 제1항[158] 및 제19조[159]는 주로 세법의 해석과 집행의 면에서 조세평등의 원칙을 선언하고 있다.

2. 조세평등주의의 내용

오늘날 조세평등주의란 내용적으로는 담세력에 상응하는 과세를 의미하는 응능과세의 원칙을 말한다. 이는 납세자의 담세능력에 따라 부담이 분배되어야 공평하다고 보는 견해로서 동일한 경제적 능력을 가진 납세자는 동일한 조세부담(수평적 공평 : 이익설에 기초를 두고 비례과세를 논리화)을 져야 하며, 경제능력이 많은 납세자일수록 더 많은 조세부담(수직적 공평 : 능력설에 기초를 두면서 누진과세를 정당화)을 져야 한다는 원칙을 포괄하는 개념이다.

---

157) 조세평등주의에 대해서는 최명근, 「세법학총론」, 세경사, 2002, 105~151쪽을 주로 참조하였다.

158) 국세기본법 제18조 제1항은 "세법의 해석·적용에 있어서는 과세의 형평과 해당 조항의 합목적성에 비추어 납세자의 재산권이 부당히 침해되지 아니하도록 하여야 한다"라고 규정되어 있다.

159) 국세기본법 제19조는 "세무공무원이 그 재량에 의하여 직무를 수행함에 있어서는 과세의 형평과 해당 세법의 목적에 비추어 일반적으로 적당하다고 인정되는 한계를 엄수하여야 한다"라고 규정하고 있다.

그리하여 납세 전 상이한 경제적 지위에 있던 납세자들에게 차등적 조세부담을 부과한 후에 그들 간의 경제적 격차가 완화되었을 때 수직적 공평이 실현되며, 수직적 공평은 계층 간 조세부담 배분의 문제이며 세율구조의 累進度 결정문제로 귀결된다.

조세평등은 때로는 조세정의로 표현되기도 하는데, 정의의 원형인 배분적 정의는 개인적 가치 또는 그 밖의 특별한 사정과 같은 객관적 기준에 의한 차등이 있을 경우에는 그에 따른 합리적 차별을 하는 것을 정의라고 보는 것이다.

오늘날 응능부담의 원칙은 조세평등주의의 핵심적인 내용을 이루며 헌법상 평등조항의 침해에 대한 심사에 있어서 본질적인 역할을 하므로, 응능부담의 원칙에 위반하여 입법된 조세조항은 평등권에 위반한 것으로서 위헌이 된다.

현행 세법에서는 이러한 조세평등주의를 실현하기 위하여 실질과세의 원칙과 부당행위계산의 부인(조세회피행위의 부인)제도를 두고 있다.

그런데 세법도 법질서 내에서는 헌법의 하위규범이므로 헌법의 원리에 저촉되어서는 안 되는 한계가 있다. 또한 모든 입법에서와 마찬가지로 조세평등을 실현하는 입법의 영역에서도 아무도 이의를 제기할 수 없는 이상적인 입법은 본원적으로 불가능하다는 한계를 지닌다.

2. 신탁재산

 해의 맥

실질적으로 경제적 이익을 누가 향유하는가에 따라 판단한다. 상속재산과 증여재산이 되는지는 사망에 의해 재산이 이전되었는지 여부에 따른다.

§관련조문

상증세법	상증세법 시행령
제9조【상속재산으로 보는 신탁재산】	제5조【상속재산으로 보는 신탁재산】

1) 의의

(1) 신탁의 정의

신탁법에서는 신탁이란 신탁설정자(위탁자)와 신탁을 인수하는 자(수탁자)와 특별한 신임관계에 기하여 위탁자가 특정의 재산권을 수탁자에게 이전하거나 그 밖의 처분을 하고 수탁자로 하여금 일정한 자(수익자)의 이익을 위하여 또는 특정의 목적을 위하여 그 재산권을 관리, 처분하게 하는 법률관계를 말한다(신탁법 제1조 제2항)고 규정하고 있다. 그리고 자본시장과 금융투자업에 관한 법률[160]에서의 신탁도 신탁법의 신탁을 말한다(자본시장과 금융투자업에 관한 법률 제9조 제24항).

(2) 상속재산 여부

이처럼 상증세법 제9조의 신탁은 자기의 재산을 수탁자에게 신탁하고, 그 신탁재산에서 생기는 수익은 신탁자(위탁자) 또는 신탁자가 정하는 다른 사람에게 귀속시키는 법률관계를 말한다. 피상속인이 신탁자인 경우에는 신탁재산은 원칙적으로 상속재산이 되고, 피상속인이 수탁자인 경우에는 신탁재산은 상속재산이 아닌 것이다. 신탁재산의 소유권은 대외적으로 수탁자에게 귀속(대법원 2000다70460, 2002. 4. 12.)되나 위탁자는 신탁을 해지할 수 있는 등 실질적인 권리를 가지고 있으므로, 신탁자가 사망(신탁이 해지된다)하면 그 신탁재산은 당연히 상속인에게 상속되는 것이다(국심 2005서2949, 2006. 4. 13.). 같은 맥락에서 피상속인이 수탁하고 있는 신탁재산은 상속재산에 포함되지 아니한다.

한편 피상속인이 타인으로부터 신탁의 수익권을 소유한 경우 수익권 가액을 상속재산에 포함시킨다. 거꾸로 피상속인이 신탁한 재산인데 타인이 신탁의 수익권을 소유한 경우 피상속인이 타인에게 수익권을 증여한 것으로 보아 증여세가 과세된다.

이처럼 신탁재산은 신탁재산 원본과 수익권과 관련하여 상속재산이 되기도 하고, 증여재산이 되기로 한다. 이 때문에 새로운 유형의 신탁에 대해서 상속세가 과세되는지, 증여세가 과세되는지를 명확하게 할 필요가 있다. 유언대용신탁(신탁계약에 의해 위탁자의 사망 시 수익자가 수익권을 취득 또는 신탁재산에 기한 급부를 받는 신탁)의 경우 유증 · 사인증여와 유사한 성격이므로 증여세를 과세하지 않고 상속세가 과세된다는 것을 명확히 하였다. 수익자연속신탁(수익자가 사망한 경우 그 수익자가 갖는 수익권이 소멸하고 타인이 새로 수익권을 취득하는 신탁)의 경우 각 수익자에 귀속될 수익권의 가액을 한도로 상속세가 과세된다. 종전 피상속인이 신탁한 재산이 타인이 신탁의 이익을 받을 권리를 소유하고 있는 경우 그 이익에 상당하는 가액을 상속재산으로 보지 않았지만, 위 법개정으로 수익자연속신탁의 경우에는 수익자가 사망함으로써 타인이 새로 신탁의 수익권을 취득하는 경우에는 그 타인이 취득한 신탁의 이익을 받을 권리의 가액은 사망한 수익자의 상속재산에 포함된다. 따라서 상속재산으로 보지 않는 피상속인이 신탁한 재산은 "상증세법 제33조 제1항에 따라 수익자의 증여재산가액으로 하는 해당 신탁의

---

160) 2007. 8. 3. 자본시장과 금융투자업에 관한 법률(법률 제8635호)에 의거 "증권거래법"이 폐지됨에 따라, 자본시장과 금융투자업에 관한 법률은 2009. 2. 4.부터 시행되었다.

이익을 받을 권리의 가액"으로 제한하고 있다. 이 경우 증여재산이 되는 경우에 한함을 명확하게 한 것이다.

(3) 신탁설정

이러한 신탁은 위탁자와 수탁자 간의 계약 또는 위탁자의 유언에 의하여 설정할 수 있다(신탁법 제2조). 여기서 유언대용신탁과 유언신탁은 구분된다. 유언대용신탁은 신탁계약에 의해 위탁자의 사망 시 수익자가 수익권을 취득 또는 신탁재산에 기한 급부를 받는 신탁으로 생전신탁인데 반해, 유언신탁은 유언으로 설정되는 신탁을 말한다. 유언신탁은 유언자의 '사후'에 설정되며, 신탁계약에 의하여 설정되는 것이 아니라 유언이라는 단독행위로 설정되는 신탁이다. 유언신탁은 유언의 효력 발생으로 설정되는 신탁이기 때문에, 이 역시도 유언의 요건을 모두 갖추어야 한다. 한편 유언대용신탁은 유류분제도를 우회할 수 있는 방법이 될지 여부는 논란이 있다.[161] 유언에 의하면 민법 제111조등의 유류분제도의 적용을 받고, 신탁계약을 통해 유언의 엄격한 방식을 벗어나면서도 민법상 유류분제도까지 벗어나는 것은 인정하는 것은 해석론의 범위를 넘는다고 할 수 있다. 우리나라의 경우 상속인에게 상속재산의 일부를 피상속인의 의사와 달리 유족의 권리로서 보장해 주는 것이 유류분제도라 할 수 있는데, 상속에 대한 법적 다툼과 이에 따른 상속세 과세를 복잡하게 하는 유류분제도를 입법적으로 계속 유지해야 될지는 재검토가 필요하다. 상속세 과세방식을 유산세방식에서 유산취득세방식으로 전환하여 공동상속인 각자 상속받은 재산을 기준으로 상속세 계산할 때 보다 간단하게 하면서도 재계산하는 상황을 최소화하는 측면에서도 그렇다.

(4) 명의신탁

한편 신탁법 및 자본시장과 금융투자업에 관한 법률에 의하지 않은 단순한 명의신탁은 앞서 살펴 본대로 위탁자가 재산의 관리·처분권을 가진다는 점에서(이 점이 신탁법

---

161) 수원지방법원 성남지원 2020. 3. 22. 선고 2017가합408489 판결(2심으로는 수원고등법원 2020. 10. 5. 선고 2020나11380 판결)에서는 원고들의 유류분반환청구권을 기각하였다. 이 판결에 대해 법원이 유언대용신탁에는 유류분이 적용되지 않는다는 입장을 보여준 것이라는 견해, 원고들은 피고가 유언대용신탁에 따라 취득한 '수익권'이 유류분 산정의 기초가 되는 재산액이 되어야 한다는 주장을 하지 않아 법원이 변론주의 원칙상 위 쟁점을 판단하지 않은 것이어서 유언대용신탁에는 유류분이 적용되지 않는다는 입장을 법원이 취했다고 보기 어렵다는 견해 등이 있다. 이에 대해서는, 이정선, "유언대용신탁과 유류분의 관계 재론 ― 영미법상 '철회가능신탁'과의 비교를 통한 시론적 고찰 ―", 비교사법 제29권 제3호, 한국비교사법학회, 2022. 8., p.109 참조

상 신탁과 다르다) 실질적으로는 신탁이 아니고 자기의 소유인 것이므로 실질과세원칙에 의거 당연히 본래의 상속재산으로 보아야 할 것이다(조심 2010서2454, 2010. 12. 27.).

2) 상속재산 의제요건 및 요건충족 효과

(1) 피상속인이 신탁한 재산은 상속재산으로 본다. 이때 타인이 신탁의 이익을 받을 권리를 가지고 있는 경우에는 그 이익에 상당하는 가액을 공제한다(상증세법 제9조 제1항). 즉, 피상속인이 신탁한 재산이라고 하더라도 그 신탁의 이익을 받을 권리를 타인이 소유하고 있는 경우에는 실질적으로 상속재산이 아니라는 것을 명확히 한 것이다. 예컨대 수익자로 지정된 자가 그 이익을 받기 전에 해당 신탁재산의 위탁자가 사망한 경우에는 그 사망일을 신탁의 이익을 받을 권리의 발생시기(상증세법 시행령 제25조 제1항 제1호)로 보므로, 위탁자가 피상속인이라면 상속개시일에 타인이 신탁의 이익을 받을 권리를 소유하고 있는 경우에 해당되어 상속재산에서 제외한다(상증세법 제9조 제1항 단서).

그런데 타인이 신탁의 이익을 받은 권리를 소유하고 있다고 해서 모두 상속재산에서 제외되는 것은 아니다. 수익자연속신탁의 경우에는 수익자가 사망함으로써 타인이 새로 신탁의 수익권을 취득하는 경우에는 그 타인이 취득한 신탁의 이익을 받을 권리의 가액은 사망한 수익자의 상속재산에 포함된다. 따라서 피상속인이 신탁한 재산이지만 상속재산으로 보지 않는 것은 "상증세법 제33조 제1항에 따라 수익자의 증여재산가액으로 하는 해당 신탁의 이익을 받을 권리의 가액"으로 제한된다.

(2) 반대로, 피상속인이 신탁으로 인하여 타인으로부터 신탁의 이익을 받을 권리를 가진 경우에는 해당 이익에 상당하는 가액을 상속재산에 포함한다(상증세법 제9조 제2항). 그러므로 타인이 위탁한 신탁재산에 대하여 수익자로 지정된 자가 그 신탁의 이익을 받게 되기 이전에 사망한 경우에는(신탁이익 받을 권리를 소유하기 이전이므로) 그 신탁의 이익을 받을 권리는 상속재산에 포함하지 않는다. 다만 추후에 그 신탁의 이익을 상속인이 받게 된 때에는 그 상속인을 수증자로 하여 증여세가 과세되는 것이다(재산 01254 -4759, 1989. 12. 28.).

(3) 여기에서 상속재산에서 차감하거나 가산하는 '신탁의 이익을 받을 권리'는 상증세법 시행령 제61조에 의한다.[162]

---

162) 이 책 뒤에서 볼 '신탁의 이익을 받을 권리의 평가' 참조

┃상속개시일 현재 위탁자 및 수익자의 관계에 따라 상속재산의 포함 범위[163] ┃

구 분	위탁자	수익자		상속재산 범위
		신탁원본	신탁이익	
위탁자=수익자	피상속인	피상속인	피상속인	신탁재산과 신탁이익
위탁자≠수익자	피상속인	피상속인	제3자	신탁재산, 신탁이익(유언대용신탁의 경우)
	제3자	제3자	피상속인	신탁이익

3) 신탁이익 받을 권리의 소유 여부 판정기준

신탁의 이익을 받을 권리를 소유하고 있는 경우의 판정과 관련하여서는 상증세법 시행령 제5조 및 제25조에서 규정하고 있다.[164]

(1) 원칙

신탁의 이익을 받을 권리의 발생시기는 기본적으로 원본 또는 수익이 수익자에게 실제 지급되는 때로 한다.

(2) 예외

다만 다음과 같은 예외가 있다.

① 수익자로 지정된 자가 그 이익을 받기 전에 해당 신탁재산의 위탁자가 사망한 경우에는 그 사망일

② 신탁계약에 의하여 원본 또는 수익을 지급하기로 약정한 날까지 원본 또는 수익이 수익자에게 지급되지 아니한 경우에는 그 지급약정일

③ 원본 또는 수익을 여러 차례 나누어 지급하는 경우에는 해당 원본 또는 수익의 최초 분할지급일

④ 신탁계약을 체결하는 날에 원본 또는 수익의 이익이 확정되지 아니한 경우로서 이를 분할하여 지급하는 때에는 해당 원본 또는 수익의 실제 분할 지급일

⑤ 위탁자가 신탁을 해지할 수 있는 권리, 수익자를 지정하거나 변경할 수 있는 권리, 신탁 종료 후 잔여재산을 귀속 받을 권리를 보유하는 등 신탁재산을 실질적으로 지배·통제하는 경우로서 이를 분할하여 지급하는 때에는 해당 원본 또는 수익의 실제 분할 지급일

---

163) 신재열·노희구·천승용, 「상속세 및 증여세 실무해설」, 2014, 170쪽 표 참조

164) 이 책 뒤에서 볼 '증여세편-신탁이익을 받을 권리의 증여시기' 참조

┃신탁과 명의신탁의 비교┃

구 분	신탁법상의 신탁	명의신탁
상속세상 취급	간주상속재산	본래의 상속재산
상속재산 포함근거	신탁의 법률관계	실질과세원칙
증여세상 취급	신탁의 이익의 증여	명의신탁 증여의제
증여재산 포함근거	실질과세원칙	조세회피방지

3. 퇴직금 등

 해의 맥

피상속인이 사망한 때에 지급되는 사망퇴직금 등의 실질적인 경제적 이득을 가져가는 자가 상속인 등이므로 실질과세원칙상 상속재산으로 보아 상속세를 과세한다. 다만 사망퇴직금은 민법과 상증세법의 취급에 차이가 있으므로 특히 주의하여야 한다.

§관련조문

상증세법	상증세법 시행령
제10조【상속재산으로 보는 퇴직금 등】	제6조【상속재산에서 제외되는 퇴직금 등】

1) 의의

사망퇴직금은 후술하는 민법의 취지에 따른 민법상의 해석과는 달리, 상증세법상으로는 피상속인의 사망으로 인해 실질적인 경제적 이득을 상속인 등이 가져가므로 실질과세의 원칙상 상속재산으로 보아 상속세를 과세한다.

이에 따라 상증세법은 퇴직금·퇴직수당·공로금·연금 또는 이와 유사한 것으로서 피상속인에게 지급될 것이 피상속인의 사망으로 인하여 지급되는 것에 대하여는 그 금액은 상속재산으로 본다(상증세법 제10조 본문). 다만, 국민연금법에 의하여 지급되는 유족연금 또는 사망으로 인하여 지급되는 반환일시금 등 법에 열거한 사항에 해당하는 경우에는 상속재산으로 보지 아니하도록 규정하고 있다(상증세법 제10조 단서).

2) 상속재산 의제요건 및 요건충족 효과

다음의 요건을 모두 만족할 경우 상속재산에 포함된다.

① 피상속인의 퇴직시 피상속인에게 지급될 급여이어야 한다. 즉 피상속인의 퇴직으로

받는 급여이어야 한다는 것이다.

- 퇴직금 등 : 여기에서 퇴직으로 받는 급여인 "퇴직금·퇴직수당·공로금·연금 또는 그 밖의 이와 유사한 것"이라 함은 퇴직급여지급규정 등에 따라 지급받는 금품과 피상속인이 근무하고 있는 사업과 유사한 사업에 있어 피상속인과 같은 지위에 있는 자가 받거나 받을 수 있다고 인정되는 금액을 감안하여 피상속인의 지위·공로 등에 따라 지급되는 금품을 말한다(상증세법 기본통칙 10-0…1, 같은 법 집행기준 10-0-1).

  만약 현물로 퇴직금을 지급받은 경우 그 부동산 등 현물은 퇴직금 청구권의 대물변제로 취득한 것이므로 당초의 퇴직금액이 상속재산이지 부동산의 가액이 상속재산의 가액일 수 없다. 다만, 그 부동산의 상속개시 당시의 시가가 퇴직금액을 초과한다면 그 초과부분은 퇴직금 지급자가 상속인에게 증여한 것으로 본다. 그러나 회사의 퇴직금 지급규정 등에서 퇴직금으로 현물을 지급하기로 규정하고 있는 경우에는 그 현물 자체가 상속재산이므로 상속개시 당시의 시가에 의한 평가액이 상속재산가액이 된다.

  한편 이사의 퇴직금은 근로자에 대한 근로기준법상의 퇴직금과는 달리, 그 재직 중 직무집행에 대한 대가로 지급되는 보수의 일종으로서 정관에 그 액을 정하지 아니한 때에는 주주총회의 결의로 이를 정하여야 하는 바, 정관이나 주주총회결의가 없다면 퇴직금청구권을 행사할 수 없으므로 그 퇴직금을 상속재산에 포함시킬 수는 없다 할 것이다(대법원 2007두6557, 2007. 5. 30. ; 대법원 2006두3971, 2006. 6. 29.). 퇴직금을 지급하지 않기로 결의하여 지급할 퇴직금이 없는 상태라도 마찬가지다(국심 2004서1600, 2005. 1. 10.).

- 지급받는 자 : 이러한 요건만 충족하면 되므로 퇴직금 등을 지급받는 자가 누구인지는 묻지 않는다. 즉 상속인에 지급되는 경우는 물론이고 상속인이 아닌 사람에게 지급되는 것도 과세대상이 되는 퇴직금 등으로 본다. 상속인이 아닌 사람에게 지급되는 경우는 증여에 해당되나 피상속인의 사망을 원인으로 하여 지급되는 것은 사인증여와 그 성격을 같이 하므로 상속재산으로 의제된다.

② 피상속인의 사망으로 받는 급부여야 한다. 상속재산에 포함시키기 위한 당연한 조건이다.

③ 현실적으로 지급되어야 한다.

따라서 피상속인의 사망에 따른 퇴직금이 지급되지 아니한 경우 이에 상당하는 부분에 대한 상속세 부과문제는 발생하지 아니하는 것이다. 한편 피상속인에게 지급하기로 확정된 퇴직금을 상속인이 포기한 경우에는 상속인이 당해 퇴직금을 상속받아 퇴직금 지급의무자에게 증여한 것으로 본다(상증세법 집행기준 10-6-2 ; 감심 2004-77, 2004. 8. 19. ; 서이 46012-11798, 2003. 10. 17.).

- 지급방법 등 : 또한 퇴직금 등의 지급방법이나 지급대상은 관계가 없으므로, 그 지급액을 일시금으로 하는 것은 물론 연금 등으로 분할지급하기로 한 경우에도 비과세되는 연금에 해당하지 않는 한 그 전액을 퇴직금 등으로 하는 것이다. 지급받는 금품은 그 명칭에 관계없이 현금은 물론 주택 · 주식 등 현물급여를 포함한 모든 급여를 포함한다.

④ 다음에 열거하는 사유[아래 3)]로 상속재산에서 제외되는 퇴직금 등이 아니어야 한다.

열거규정이므로 상속재산에서 제외되는 퇴직금 등은 오직 법에 규정된 것에 한하도록 엄격하게 해석하여야 한다. 세법의 해석원칙인 엄격해석 · 유추해석금지의 원칙상 당연하다. 따라서 지급성격이 유사하나 비과세 재산으로 규정되지 아니한 퇴직수당의 경우에는 상속세가 과세된다(서일 46014-10077, 2002. 1. 17.).

| 보론 19 | 세법의 해석[165] |

1. 세법 해석의 의의

세법에 규정된 문언을 용어의 개념, 법문의 문법적 구조, 규정의 취지 내지 목적 등에 따라 그 법적 의미 · 내용을 인식하는 작업을 세법의 해석이라고 한다. 즉, 이렇게 해석된 법 규정은 그 규정에 해당하는 사실과 결부되어 법 효과를 발생시킨다(세법의 적용).

2. 세법의 해석기준 및 엄격해석의 원칙

① 세법도 국법질서 속에 존재하는 부분적 법질서이므로 일반적으로 승인되고 타당성이 인정된 법의 해석방법과 기준은 세법의 해석 · 적용에도 그대로 타당하다. 다만, 세법만이 가지고 있는 고유한 특질 때문에 세법에 특유한 해석의 기준과 방법이 더 모색되어야 하며, 법의 일반적 해석기준이나 방법이 더러는 배제되고 더러는 수정되어야 한다.

② 따라서 세법도 문리해석은 물론 논리해석이 가능하다. 국세기본법에서 "세법의 해석 · 적용에 있어서는 과세의 형평과 해당 조항의 합목적성에 비추어 납세자의 재산권이 부당히 침해되지 아니하도록 하여야 한다"(국세기본법 제18조 제1항)고 하므로 논리해석이 허용된다고 해석할 수 있다.

그런데 세법은 조세법률주의에 의하여 지배되고, 조세법률주의는 조세에 관한 사항을 완결적으로 명확하게 규정할 것을 요구하고 있으므로, 세법의 해석은 법문에 표현되어 있는 그 문언에 충실하여야 하고 법문에 대하여 '조세부담의 공평 · 공공복지' 등의 명목으로도 일체의 보정 · 보충작업은 허용되지 않는다고 할 것이다. 즉, 법문대로 엄격히 해석하여야 하는 것이다.

그러므로 엄격해석이란 문언에 충실한 해석을 하되 논리해석방법 중 유추해석과 확장해석을 금지하는 것이라고 정의할 수 있을 것이다. 성문법주의 국가에서는 어떠한 법의 해석에 있어서도 문리해석이 주된 것이고, 논리해석이 보충적 방법일 수밖에 없

겠으나, 특히 조세법률주의와 관련하여 세법에 있어서는 더욱 문리해석방법에 중점
이 놓여야 할 것이다.

3. 확장해석과 유추해석의 금지

위에서 본 바와 같이 세법의 해석에 논리해석을 보충적으로나마 긍정할 때 확장해석과
유추해석도 가능한가가 문제된다. 일반사법에서는 논리해석방법 중의 하나인 확장해석
이나 유추해석을 제한 없이 허용하고 있다. 그러나 세법은 조세법률주의의 지배를 받는
다. 따라서 세법은 납세의무의 한계, 즉 재산권 보장에 대한 과세권력의 침해한계를 획정
하여 기본권으로서의 재산권이 침해되는 것을 방지하며, 법적 안정성과 예측 가능성을
보장한다. 또 세법은 그 본질에 있어서 침해법규적 성격을 가진다. 이의 당연한 귀결로서
세법에 있어서는 특히 법령의 문언을 이탈 내지 무시하고 문언을 바꾸어 놓거나 덧붙여
서 자의적으로 조세의 부담한계를 확대시키는 해석이 용납될 수 없다. 또 국민의 총합적
의사결단에 의하여 법률로 정립한 납세의무의 한계를 세법의 유추해석에 의하여 특정
개인이나 집단에 이익이 되게 축소시키는 것도 마찬가지로 허용될 수 없다고 생각한다.
'법률의 해석은 그 용어로부터 시작된다'는 법언이 시사하듯이 조세법률주의에 충실하는
한 세법률의 해석은 무엇보다도 문언에 충실하는 해석이 근간이 되어야 할 것이며, 다만
문언의 개념에는 상대성이 있음을 인정하지 않을 수 없으므로, 용어가 수반하는 예측 가
능성을 저해하지 않는 한계 내에서 법률 규정의 취지·목적에 따르는 목적론적 해석이
허용될 뿐이라고 하여야 할 것이다.

4. 결론

따라서 세법은 엄격히 해석하여 성문법조에 충실하여야 하고 국고의 이익을 위해서도
납세자의 이익을 위해서도 유추해석이나 확장해석을 할 수 없다고 본다. 다만, 문리해석
과 목적론적 해석에 의해서도 그 의미가 불명확하게 인식되어 의심스러운 경우에는 납
세자의 이익에 따르는 원리를 적용하면 될 것이다.

3) 상속재산에서 제외하는 퇴직금 등

그러나 다음의 경우에는 상속재산으로 보는 퇴직금 등으로 보지 아니한다(상증세법 제10조
각호, 같은 법 시행령 제6조, 같은 법 집행기준 10-6-1). 유족연금 등은 애당초 상속인인 유족 자체
에게 직접 보상해 주는 성격을 띠는 것이어서, 피상속인에게 보상한 것을 상속인인 유족
이 상속하는 것으로 볼 수 없다는 점에서 당연하다. 따라서 상속재산에서의 제외는 오직
아래에 열거한 경우에만 해당한다. 이에 대해 유추해석이나 확장해석은 금지된다.

① 국민연금법에 의하여 지급되는 유족연금 또는 사망으로 인하여 지급되는 반환일시금
② 공무원연금법 또는 사립학교교직원연금법에 의하여 지급되는 유족연금·유족연금

---

165) 최명근, 「세법학총론」, 세경사, 2002, 195~199쪽

부가금 · 유족연금일시금 · 유족일시금 또는 유족보상금(재산-2007, 2008. 7. 30.)

③ 군인연금법에 의하여 지급되는 유족연금 · 유족연금부가금 · 유족연금일시금 · 유족일시금 또는 재해보상금

④ 산업재해보상보험법에 의하여 지급되는 유족보상연금 · 유족보상일시금 또는 유족특별급여

⑤ 근로자의 업무상 사망으로 인하여 근로기준법 등을 준용하여 사업자가 해당 근로자의 유족에게 지급하는 유족보상금 또는 재해보상금과 그 밖의 이와 유사한 것(서면4팀-701, 2007. 2. 26. ; 국심 1999서1481, 2000. 4. 28.)

⑥ 전직대통령예우에 관한 법률 또는 별정우체국법에 의하여 지급되는 유족연금 · 유족연금일시금 및 유족일시금

4) 민법상의 취급

사망퇴직금은 일반적으로 미지급임금인 동시에 유족의 생활보장에 충당하는 것이라는 성격을 가진다. 법률이나 회사의 내규 · 취업 규칙에서 정해지고 있는 사망퇴직금의 수급자의 범위나 순위는 민법의 그것과 다른 것이 보통이며, 그 지급근거는 미지급임금을 유족에게 직접 지급한다는 사용자 · 피용자 사이의 제삼자를 위한 계약에 준하는 것으로 보고 있으므로 사망퇴직금은 상속재산이 아니고, 수급권자의 고유재산으로 본다. 즉 사망퇴직금이 상속재산이 되느냐의 여부에 관해, 민법은 제삼자를 위한 계약이라는 법률적 측면에서 판단한다. 따라서 퇴직금의 수령은 제삼자를 위한 계약의 효과로서 수령인의 고유한 권리에 의해 취득한 수령인의 고유재산으로 본다. 그러나 실질적인 고려에 있어서 앞의 생명보험금에서와 같이 특별수익으로 고려해야 할 것으로 보인다.[166]

┃간주상속재산 요약┃

구 분	내 용
(1) 보험금 (상증세법 제8조)	1) 피상속인의 사망으로 인하여 지급받는 생명보험 또는 손해보험의 보험금으로서 다음의 보험계약에 의해 지급받는 것 ① 피상속인이 보험계약자가 된 보험계약에 의하여 지급받는 것 ② 보험계약자가 피상속인 외의 자인 경우에는 피상속인이 실질적으로 보험료를 납부한 보험계약에 의해 지급받는 것 2) 상속재산으로 보는 보험금가액 지급받은 보험금합계액 × $\dfrac{\text{피상속인이 납부한 보험료}}{\text{납부된 보험료의 총합계액}}$

---

166) 김주수 · 김상용, 「친족 · 상속법」, 법문사, 2007, 597쪽

구 분	내 용
(2) 신탁재산 (상증세법 제9조)	1) 피상속인이 신탁한 재산. 다만, 타인이 신탁의 이익을 받을 권리를 소유하고 있는 경우에는 그 이익에 상당하는 가액은 제외 2) 피상속인이 신탁으로 인하여 타인으로부터 신탁의 이익을 받을 권리를 소유하고 있는 경우에는 해당 이익에 상당하는 가액
(3) 퇴직금 등 (상증세법 제10조)	퇴직금·퇴직수당·공로금·연금 또는 이와 유사한 것으로서 피상속인에게 지급될 것이 피상속인의 사망으로 인하여 지급되는 것 다만, 다음에 해당하는 경우에는 제외한다. ① 국민연금법·공무원연금법·사립학교교원연금법·군인연금법·산업재해보상보험법·전직대통령예우에 관한 법률·별정우체국법에 의하여 지급되는 유족연금·유족보상금·반환일시금·재해보상법 등 ② 근로자의 업무상 사망으로 인하여 근로기준법에 따라 사업자가 해당 근로자의 유족에게 지급하는 유족보상금·재해보상금 등

Ⅲ 추정상속재산

이해의 맥

변칙상속 방지를 통한 공평과세를 구현하기 위한 것으로, 실제로 이를 적용함에 있어서는 입증책임이 중요하다.

§ 관련조문

상증세법	상증세법 시행령	상증세법 시행규칙
제15조【상속개시일 전 처분재산 등의 상속추정 등】	제10조【채무의 입증방법 등】	제2조【통장 등의 범위】

1. 의의

피상속인이 상속개시 전에 재산을 처분하거나 채무를 부담하여 얻은 현금이 상속될 때에는 과세기술상 그 포착이 어렵다. 그러므로 이 규정은 상속재산을 사전에 현금 등 과세자료의 노출이 쉽지 않은 재산으로 상속함으로써 상속세를 회피하려는 의도를 방지하여 이를 통해 공평과세를 실현하는 데 그 목적이 있다.

따라서 이 규정은 일정한 요건에 해당될 경우에는 과세관청의 입증이 없어도 현금상속으로 인정할 수 있도록 명문화한 것이다.

2. 처분재산 등의 상속추정

 해의 맥

용도 불분명한 재산이 일정한 기간(1년, 2년 내) 및 금액(2억원, 5억원 이상) 요건을 충족하는 경우 상속받은 것으로 추정하는데, 이러한 형식적 요건을 요구하는 것이 당해 추정규정의 헌법적 한계를 보이는 것이다.

1) 의의

피상속인이 피상속인의 재산을 처분하거나 인출한 경우 그 금액이 상속개시일 전 1년 이내에 재산종류별로 계산하여 2억원 이상인 경우와 상속개시일 전 2년 이내에 재산종류별로 계산하여 5억원 이상인 경우로서 그 용도가 객관적으로 명백하지 아니한 금액은 이를 상속인이 상속받은 것으로 추정하여 상속세 과세가액에 산입한다(상증세법 제15조 제1항 및 같은 법 시행령 제11조 제1항). 비록 상속세 회피를 방지하려는 것이 당해 규정의 취지이긴 하나, 이를 적용함에 있어 상속세 회피목적을 요건으로 하지 않는다.

2) 상속재산 포함요건[167]

(1) 상속개시일 전 1년 이내와 2년 이내에 피상속인이 상속재산을 처분하거나 인출하여야 한다.

① 피상속인이 그의 재산을 처분한 경우에 과세가액에 산입되는 금액은 처분가액이다.[168] 즉 재산종류별로 피상속인이 처분한 재산가액은 실제 수입한 금액으로 하며, 실제 수입한 금액이 확인되지 않으면 당해 재산의 처분 당시 시가로 하되 시가가 불분명한 경우에는 보충적 평가방법에 따른 평가액으로 한다(상증세법 기본통칙 15-11…1 제1항, 같은 법 집행기준 15-11-1 ②).

상속개시 전 상속추정기간(1년 혹은 2년) 이내에 처분한 재산가액이란 계약일자[169]

---

167) 여기에서 '상속재산에 포함'된다는 의미는 '상속세 과세대상 재산에 포함'된다는 의미이며, 나아가 '상속세가 과세'된다는 의미이다. 그러므로 상속재산 포함요건은 상속세 과세대상 포함요건이며 상속세과세요건이 된다.

168) 과세가액에 산입되는 금액은 처분가액이지 그 재산 자체가 아니다. 그리고 피상속인의 사망 전에 처분된 것이라면 소유권이전등기가 사망 후에 이루어졌다 하더라도 그 처분대금은 과세가액에 산입되어야 한다(대법원 93누11166, 1994. 12. 2.).

에 관계없이, 피상속인의 사망 전 상속추정기간 이내에 실제 수입한 금액을 말한다(상증세법 시행령 제11조 제1항 제1호). 따라서 상속재산의 매각일자가 상속개시일 전 상속추정기간 이내가 아니라 하더라도 그 중도금이나 잔금을 위 상속추정기간 중에 수령한 경우에는 그 중도금이나 잔금에 대해서 사용처를 입증하여야 한다(재삼 46014-1920. 1997. 8. 12.). 이때 실제 수입한 금액은 대금의 정산(지급)방식에 불구하고 실질적인 거래에 따라 판단하여야 하므로, 임대보증금을 매수인이 승계하기로 매매계약을 체결하더라도 처분가액은 총매매가액을 기준으로 하여 판단하는 것이며, 매수자가 승계한 채무액은 처분재산의 사용처가 확인된 것으로 본다(재산상속 46014-1334. 2000. 11. 7.).

처분한 재산이라 함은 부동산·유가증권 등 금전 이외의 재산을 매도하여 금전으로 보유하게 되는 것을 말한다.

그런데 상속개시일과 대금을 청산한 날(대금을 청산하기 전에 소유권이전등기를 한 경우에는 등기접수일)이 동일자인 경우 그 상속재산의 종류는 시차에 의하여 판단한다(재산-126. 2011. 3. 10.).

② 피상속인이 금전 등의 재산을 인출한 경우에는 상속개시일 전 상속추정기간 이내에 상증세법 시행규칙 제2조에서 정하는 피상속인의 전체 금융회사 등의 통장 또는 위탁자계좌(예 : 증권계좌) 등 전체 계좌(통산)를 기준으로 실제 인출한 금전 등을 상속세 과세가액에 산입하며, 이 경우 해당 금전 등이 당해 계좌로 재예입된 경우에는 상속개시일 전 상속추정기간 이내에 인출한 금전의 합계액에서 해당 기간 중 예입된 금전의 합계액을 차감한 금전으로 하되, 그 예입된 금전이 해당 통장 또는 위탁자계좌 등에서 인출한 금전이 아닌 것(이에 대한 입증책임은 과세관청(대법원 2002두5863. 2003. 12. 26.))을 제외하도록 하였다(상증세법 시행령 제11조 제1항 제2호, 같은 법 집행기준 15-11-2 ①).

> 실제 인출한 금전 등의 가액 =
> 상속개시일 전 1년 또는 2년 이내에 인출한 금전 등의 합계 - 당해 기간 중 예입된 금전 등의 합계 + 예입된 금전 등이 당해 통장에서 인출한 금전이 아닌 것

---

169) 종전 구 상속세법(1996. 12. 30. 법률 제5193호 상증세법으로 전문개정되기 전) 제7조의 2 제1항에 의하면, 처분의사를 결정하고 처분행위를 한 때를 기준으로 상속개시 전 2년 이내 여부를 정하도록 하므로, 매매에 의하여 재산을 처분한 경우 처분행위를 한 때는 매매계약일이므로 이때가 그 기준일이고, 상속재산의 처분이 매각에 의하여 이루어진 경우 그 매각일자가 상속개시일 전 2년 이내가 아니라면 그 중도금이나 잔금을 위 2년 이내에 수령하였다고 할지라도 위 금액 상당액을 상속세 과세가액에 산입할 것이 아니라고 한다(대법원 2001두8629. 2002. 8. 23.).

그리고 피상속인의 예금 인출액 등이 타인명의의 예금으로 예입된 경우 타인명의 예금이 실제로 피상속인의 차명계좌로 상속재산가액에 포함된 경우에는 피상속인의 예금계좌의 인출한 금액에서 예입된 금액을 차감하고, 타인명의 예금이 증여된 것으로 확인된 경우에는 사전증여재산으로 상속세 과세가액에 산입한다 (상증세법 집행기준 15-11-2 ②).

(2) 상속재산처분 및 인출은 재산종류별로 1년 내 2억원 이상이거나 2년 내 5억원 이상 이어야 한다.

여기에서 "재산종류별[170]"이라 함은 ① 현금 · 예금 및 유가증권 ② 부동산 및 부동산에 관한 권리 ③ 제①호 및 제②호 외의 그 밖의 재산을 말한다(상증세법 시행령 제11조 제5항). 이때 상품권은 제①호에 해당한다.

그러므로 이러한 해석만으로는 상속개시 전에 상속재산을 처분하거나 인출하여 1년 내 최고 6억원(3종류×2억원) 혹은 2년 내 최고 15억원(3종류×5억원) 미만까지 상속세 과세가액을 줄일 수 있는 가능성이 있다. 그러나 기준금액 미만이더라도 '그 밖의 이익의 증여(상증세법 제42조, 제42조의 2, 제42조의 3)'에 해당하면 증여세가 과세되고,[171] 5년(10년) 내 증여재산은 상속재산에 가산되어(상증세법 제13조 제1항) 상속세가 과세된다.

(3) 처분대금이나 인출금액의 용도가 객관적으로 명백하지 아니하여야 한다.

이에 대한 자세한 설명은 아래의 4.에서 본다.

3) 요건충족효과

① **과세가액 산입** : 위 요건을 모두 충족하면 상속인의 상속재산으로 추정된다. 이러한 추정상속재산가액은 상속인(수유자는 제외) 각자의 법정상속지분으로 상속받은 것으로 보아 본래의 납세의무를 정하고, 상속인이 상속포기를 하였더라도 용도가 미입증된 금액만큼 상속받은 것으로 보아 상속세를 과세한다.

'상속인'이 상속받은 재산으로 추정한다고 규정하고 있으므로, 상속인이 아닌 '수유자'는 설령 피상속인의 전 재산을 유증받았다고 하더라도 그들이 상속받은 것으로

---

170) 현행 구분은 1999. 1. 1. 이후 상속분부터 적용. 개정 이전은 5종류(현금 · 예금, 부동산 및 부동산에 관한 권리, 유가증권, 무체재산권, 기타재산)이었음.

171) 제42조에서 '그 밖의 이익의 증여 등'으로 통합하여 규정하던 것을 2015. 12. 15. 개정을 통해 개별 유형별(재산사용 및 용역제공 등에 따른 이익의 증여, 법인의 조직 변경 등에 따른 이익의 증여, 재산 취득 후 재산가치 증가에 따른 이익의 증여)로 분류하여 별도 조문(제42조, 제42조의 2, 제42조의 3)으로 구성하였다. 이 책 뒤에서 볼 '증여세편-그 밖의 이익의 증여 등' 참조

추정되지 않는다(대법원 2009두10208, 2009. 10. 15.). 이는 조세에 관한 법률의 해석에 관하여는 특별한 사정이 없는 한 법문대로 해석하여야 하고 합리적인 이유 없이 확장해석하거나 유추해석하는 것은 허용되지 아니한다는 점(대법원 2008두9887, 2007. 10. 26.), 현행 상증세법의 규정형식에 있어 상속인과 수유자를 명백히 구별하고 있는 점에 비추어 보아 타당하다.

② 입증책임 : 그러므로 상속재산이 아니라는 입증책임은 상속인에게 있다.

그런데 비록 위의 요건에 해당하지 아니하여 추정상속재산에는 해당하지 않아 입증책임[172]이 없다 하더라도, 과세관청이 그 사용처를 조사하여 피상속인의 재산이거나 피상속인이 생전에 상속인에게 증여한 것을 입증한다면 이는 당연히 상속세나 증여세의 과세대상이 될 수 있다는 점에 유의하여야 한다(재산-838, 2010. 11. 10. : 국심 2004구2605, 2005. 5. 25.).

3. 채무부담액의 상속추정

 당해 상속추정은 2단계의 상속추정이다. 먼저 채무부담행위 자체의 진실성에 대한 검증을 한 후, 다음 그 진실성의 전제 하에 그 유입된 금전 용도의 명확성을 요구한다.

1) 의의

피상속인이 국가·지방자치단체 및 금융회사 등 외의 자에 대하여 부담한 채무로서 상속인이 변제할 의무가 없는 것으로 추정되는 경우와 상속개시일 전 1년 이내에 2억원 이상과 2년 이내에 5억원 이상의 채무를 부담한 경우(차입처를 불문한다)로서 그 용도가 객관적으로 명백하지 아니하여 상속받은 것으로 추정하는 경우에는 이를 상속세 과세가액에 산입한다.

2) 채무부담행위 자체를 인정하지 않는 경우

 이는 채무부담행위 자체의 진실성에 대한 판단을 요구한다.

---

172) 이 책 '보론 30 입증책임' 참조

(1) 의의

국가 · 지방자치단체 및 금융회사 등 외의 자에 대하여 채무부담한 경우에는 채무부담행위 자체의 진실성이 심히 의심스러우므로, 상속인이 이를 객관적으로 입증할 수 있어야 한다는 것이다. 그러므로 그 사실을 확인할 수 있는 서류 등에 의하여 상속인이 실제로 부담하는 사실이 확인되지 아니하는 경우에는 상속인이 변제할 의무가 없는 것으로 추정되어 동 채무부담액을 상속세 과세가액에 산입하게 된다.

그리고 다른 상속추정과 달리 이 규정은 기간의 제한을 받지 않고, 용도를 입증할 필요도 없으며 용도입증금액의 제한(상증세법 시행령 제11조 제4항)(20%, 2억원)도 받지 않는다.

(2) 상속재산 포함요건

① 피상속인이 국가 · 지방자치단체 및 금융회사 등 외의 자에 대하여 채무를 부담하여야 한다.

피상속인이 국가 · 지방자치단체 및 금융회사 등외의 자에 대하여 채무를 부담하여야 하므로 국가 · 지방자치단체 및 금융회사 등으로부터 채무를 부담하였을 경우에는 당연히 과세가액에 산입하지 아니한다.

국가 · 지방자치단체 및 금융회사 등과의 거래로부터 발생한 채무는 과세자료의 파악이 용이하고 채무의 요건을 갖춘 것으로 보기 때문이다. 여기에서 금융회사 등은 금융실명거래 및 비밀보장에 관한 법률 제2조 제1호에 규정된 금융기관을 말한다.

② 상속인이 변제할 의무가 없는 것으로 추정되어야 한다(상증세법 시행령 제11조 제3항).

상속인이 변제할 의무가 없는 것으로 추정되는 경우라 함은 상증세법 시행령 제10조 제1항 제2호에 규정된 서류 등에 의하여 상속인이 실제로 부담하는 사실이 확인되지 아니하는 경우를 말한다. 즉 "채무부담계약서, 채권자확인서, 담보설정 및 이자지급에 관한 증빙 등 그 사실을 확인할 수 있는 서류" 등에 의하여 상속인이 실제로 부담하는 사실이 확인되지 아니하는 경우에는 상속인이 변제할 의무가 없는 것으로 추정되어 동 채무부담액을 상속세 과세가액에 산입한다.

그런데 이러한 요건에 해당하면 과세가액 산입에 있어 기간상 제한을 두지 않고 있으므로, 1년(혹은 2년) 이내에 부담한 채무는 물론 1년(혹은 2년) 이전에 부담한 채무라도 상속인이 변제할 의무가 없는 것으로 추정되는 경우에는 이를 과세가액에 산입할 수 있는 것이다.

(3) 요건충족효과

① 과세가액 산입 : 위 요건을 만족하면 상속세 과세가액에 산입한다. 이는 채무부

담액을 상속재산에서 공제하지 않기 때문에 결과적으로 상속세 과세가액에 산입되는 효과를 낳는다는 의미이다.[173]

② 입증책임 전환 : 그러므로 실제로 채무를 부담하였다는 사실을 입증할 책임은 상속인에게 있다. 입증책임의 전환이 이루어진다는 의미이다.

그런데 이 규정을 상증세법 제15조 제1항 제2호[아래 3)]와 관련하여 해석해보면, 비록 1차적으로 채무부담의 진실성을 입증하였거나 위의 요건에 해당하지 아니하여 추정상속재산에는 해당되지 않는다 하더라도, 2차적으로 채무부담액(금전)의 용처를 입증하지 못하면 다시 상속세의 과세대상이 될 수 있다는 점에 유의하여야 한다.

3) 채무부담행위는 인정하나, 금전의 용도가 불명확한 경우

 해의 맥

이는 채무부담행위의 진실성을 전제한 후의 문제이다. 즉 용도 불분명한 재산이 일정한 기간(1년, 2년 내) 및 금액(2억원, 5억원 이상) 요건을 충족하는 경우 상속받은 것으로 추정하는데, 이러한 형식적 요건을 요구하는 것이 당해 추정규정의 헌법적 한계를 보이는 것이다.

(1) 의의

위의 2.2)의 상속추정규정이 배제되어 피상속인의 채무부담행위가 인정되더라도 상속개시일 전 1년 이내에 2억원 이상과 2년 이내에 5억원 이상을 채무부담한 경우로서 추가적으로 채무부담액인 금전의 용처가 객관적으로 불명확한 경우에 이를 상속인이 수령한 것으로 추정하여 상속재산에 가산하고자 하는 규정이다. 다시 말해, 채무부담액에 대해서는 이중으로 그 진실성을 확인하여 이를 이용한 상속세 회피행위를 차단하고자 하고 있다.

물론 피상속인의 차입처를 불문하므로, 위 1)의 경우 이외에 국가·지방자치단체·금융회사 등으로부터 차입한 채무도 그 용도 불분명에 대해 상속추정규정을 적용받는다.

(2) 상속재산 포함요건

① 상속개시일 전 1년 이내와 2년 이내에 피상속인이 채무부담행위를 하여야 한다. 여기에서 "채무부담행위"라 함은 차입금을 발생시켜 금전으로 보유하게 되는 경우를 말한다.

---

173) 혹은 일단 상속세 과세가액에 산입한 후 채무로서 공제한다고 해석하기도 하나, 그 결과적 효과는 동일하다.

② 부담채무의 합계액이 1년 이내에 2억원 이상과 2년 이내에 5억원 이상이어야 한다.

피상속인이 부담한 채무의 "합계액"이 2억원 이상일 경우 과세가액에 산입하므로 각각의 건별 채무부담액이 2억원 미만과 5억원 미만이라고 하더라도 그 합계액(미지급이자 제외)이 2억원 이상과 5억원 이상일 경우에는 과세가액에 산입한다(상증세법 집행기준 15-11-3).

③ 용도가 객관적으로 명백하지 아니하여야 한다.

이에 대한 상세한 설명은 아래 4.에서 본다.

(3) 요건충족효과

① **과세가액 산입** : 상속세 과세가액에 산입한다. 이는 채무부담액 중 추정상속재산가액[아래 6.2) (1)]만큼을 일단 상속세 과세가액에 산입한 후 미상환채무는 공제한다고 해석한다.[174] 이러한 추정상속재산가액은 상속인 각자의 법정상속지분으로 상속받은 것으로 보아 본래의 납세의무를 정하고, 상속인이 상속포기를 하였더라도 용도가 미입증된 금액만큼 상속받은 것으로 보아 상속세를 과세한다.

여기에서 '상속인'이 상속받은 재산으로 추정한다고 규정하고 있으므로, 상속인이 아닌 '수유자'는 설령 피상속인의 전 재산을 유증받았다고 하더라도 그들이 상속받은 것으로 추정되지 않는다(대법원 2009두10208, 2009. 10. 15.).

② **입증책임 전환** : 그러므로 상속재산이 아니라는 입증책임은 상속인에게 있다. 이 역시 입증책임의 전환이 이루어진 것이다.

따라서 비록 위의 요건에 해당하지 아니하여 입증책임이 없다 하더라도 과세관청이 그 사용처를 조사하여 피상속인의 재산이거나 피상속인이 생전에 상속인에게 증여한 것을 입증한다면 이는 상속세(사전증여재산의 가산에 의함)나 증여세의 과세대상이 될 수 있다는 점에 유의하여야 한다(국심 2004구2605, 2005. 5. 25. ; 재삼 46014-1387, 1998. 7. 24.).

4. 용도가 객관적으로 명백하지 아니한 경우[위 2. 및 3. 2)의 경우만, 즉 상증세법 제15조

제1항에만 해당]

1) 의의

객관적으로 명백하지 아니한 경우라 함은 그 처분 및 인출한 재산가액이나 채무부담금

---

174) 혹은 추정상속재산가액에 해당하는 채무부담액을 상속재산에서 공제하지 않기 때문에 결과적으로 상속세 과세가액에 산입되는 효과를 낳는다는 의미로 해석하기도 하나, 그 결과적 효과는 동일하다.

액으로 다른 재산을 취득하고 그 취득재산이 상속재산에 포함되었다든지 또는 재산처분 후나 차입 후의 비용으로 지출하였거나 다른 차입금을 상환한 것에 대한 증거를 내세울 수 없는 경우를 말한다고 할 것이다.

2) "용도가 객관적으로 명백하지 아니한 경우"라 함은 다음에 해당하는 경우를 말한다(상증세법 시행령 제11조 제2항, 같은 법 집행기준 15 - 11 - 4)

① 피상속인이 재산을 처분하여 받은 금액이나 피상속인의 재산에서 인출한 금전 등 또는 채무를 부담하고 받은 금액을 지출한 거래상대방이 거래증빙의 불비 등으로 확인되지 아니하는 경우

② 거래상대방이 금전 등의 수수사실을 부인하거나 거래상대방의 재산상태 등으로 보아 금전 등의 수수사실이 인정되지 아니하는 경우

③ 거래상대방이 피상속인의 특수관계인[175]으로서 사회통념상 지출사실이 인정되지 아니하는 경우

④ 피상속인이 재산을 처분하거나 채무를 부담하고 받은 금전 등으로 취득한 다른 재산이 확인되지 아니하는 경우

⑤ 피상속인의 연령·직업·경력·소득 및 재산상태 등으로 보아 지출사실이 인정되지 아니하는 경우

- **[용도의 개념 및 범위]** 이때에 용도란 재산처분·금전인출 및 채무부담을 통해 얻은 금전의 사용처를 말하며, 이것에는 ㉮ 새로운 재산의 취득 ㉯ 채무의 상환 ㉰ 자금의 대여 ㉱ 타인에의 증여 ㉲ 개인적 소비 등이 있다.

  이처럼 용도란 실제로 쓰이는 것을 의미하므로, 현금을 상속받은 것으로 상속세 신고한 사실만이나 예금 인출금 등을 타인에게 송금했다는 사실만으로는 재산처분대금의 용도나 동 인출금의 사용처가 객관적으로 명백하게 입증된 것으로 보는 것은 아니다(상증세법 집행기준 15 - 11 - 5).

- **[증빙이 없더라도 용도로 인정되는 경우]** 증빙이 없더라도 피상속인의 연령·직업·경력·소득 및 재산상태 등에 비추어 통상적인 생활비나 품위유지비·간병비·치료비·기업운영자금 등은, 개인적 소비로서 지출된 것으로 봄이 사회적 통념에 보다 합치(국심 2004중3512, 2005. 5. 4. ; 조심 2009서2933, 2010. 11. 30.)한다는 점에서 용도가 객관적으로 명백한 것으로 본다.

- **[상속개시일 전 피상속인의 부동산 처분금액을 피상속인의 예금계좌에 입금하는**

---

175) 이 책 '보론 21 상증세법상 특수관계인 규정 검토' 참조

경우의 해석] ① 상속세 과세가액에 산입하는 처분재산의 종류를 부동산과 예금으로 구분한다는 것, ② 부동산 처분 금액 중 예금계좌에 예입된 금액에 대하여는 처분재산 종류인 부동산으로서 용도가 객관적으로 명백한 것으로 본다는 것, ③ 예금계좌에 예입된 부동산 처분 금액을 인출한 경우 피상속인의 각 예금계좌에서 상속개시일 전 1년 또는 2년 이내에 인출된 금액에 합산된다는 것이다(감심 2010-18, 2010. 3. 25.).

5. 추정규정의 의미

1) 상증세법 제15조 제1항

용도가 객관적으로 명백하지 아니한 경우에도 이를 상속인이 상속받은 것으로 간주할 수는 없고 단지 상속세 과세가액에 산입할 수 있는 것으로 추정할 뿐이다(상증세법 제15조 제1항, 헌법재판소 92헌바27 ; 94헌바6, 47 병합. 1995. 7. 21.). 따라서 상속인이 상속세 부과처분에 대하여 불복할 경우에는 이에 대한 행정소송을 제기하여 반증을 들어 다툴 수 있고, 비록 용도가 명백하지 아니하더라도 구체적인 소송과정에서 법원의 판단으로 상속인이 상속하지 아니하였다고 인정되는 경우에는 추정적용을 배제시킬 수 있는 권리가 헌법상 보장될 수 있는 것이므로, 진실로 상속인이 억울하게 상속세를 납부하여야 하는 경우를 제도적으로 방지할 수 있을 것이다.

2) 상증세법 제15조 제2항

또한 상속인이 변제할 의무가 존재하지 않는 것으로 추정하여 과세가액에 산입하는 경우(상증세법 제15조 제2항)에도 실제로 채무를 부담하였다는 주장을 통해 상속세 과세가액에 산입되는 문제를 해결할 수 있다. 그리고 이러한 추정규정은 상속재산이 아니라는 주장이나 실제로 채무를 부담하였다는 주장에 대한 입증의 책임을 상속인에게 줌으로써 입증책임의 전환을 이룬다.

6. 상속추정 배제 및 추정상속재산가액의 계산(상증세법 시행령 제11조 제4항)

1) 상속추정 배제기준(상증세법 제15조 제1항에만 해당)

(1) 의의

오늘날 피상속인과 상속인이 각기 독립된 생활을 하는 것이 일반적이기 때문에 피상속인이 상속개시 전에 처분한 재산·인출재산 또는 부담채무의 사용처를 상속인이 빠짐없이 입증하는 데는 현실적으로 어려움이 있다.

(2) 배제기준

그런 이유로 상증세법 시행령 제11조 제4항에서는 입증되지 아니한 금액이 전체금액의 20% 미만과 2억원 중 적은 금액에 미달하는 경우에는 용도가 객관적으로 명백하지 아니한 것으로 추정하지 아니하도록 하는 규정[176]을 두어 상속인의 입증책임을 완화하고 납세편의를 도모하였다.[177]

> 용도불분명한 금액 〈 Min(① 처분재산가액·인출금액·채무부담액×20%, ② 2억원)

(3) 가액 평가

여기에서 용도가액을 계산하는 때에 금전소비일 현재의 시가에 의하여 평가하고 시가산정이 어려운 경우에는 상증세법 제60조 내지 제66조의 규정에 의하여 평가한 가액으로 계산한다.

2) 추정상속재산가액의 계산

(1) 상증세법 제15조 제1항

입증되지 아니한 금액이 전체 금액의 20%를 초과하거나 2억을 초과하는 경우에도 입증되지 아니한 금액 전체를 용도가 객관적으로 명백하지 아니한 것으로 추정하지 아니하고 전체 금액의 20%와 2억원(상증세법 시행령 제11조 제4항 각호의 어느 하나에 해당하는 금액) 중 적은 금액을 차감한 금액[178]을 상속재산가액에 산입한다(상증세법 기본통칙 15-11…1 ③). 이를 통해 사용처 미소명 기준금액 초과 여부에 따라 미소명 전체 금액에 대해 상속세가 과세 여부가 달라지는 과세불공평 문제[179]를 시정하였다.

이에 따라 재산처분액·재산인출액 또는 채무부담액 중 상속재산에 산입하는 추정상속재산가액의 계산산식을 보이면 다음과 같다.

---

176) 이를 소위 'safe harbor rule'이라고 한다.
177) 1996. 12. 30. 법률 제5193호 개정
178) 2002. 12. 31. 이전 상속의 경우에는 사용처가 미입증된 금액 전액을 추정상속재산가액으로 하였다.
179) 이를 이른바 '문턱효과'라고 한다.

추정상속재산가액 = 재산처분액 · 인출액 또는 채무부담액 - 용도가 증명된 금액
　　　　　　　　　 - Min(① 재산처분액 · 인출액 또는 채무부담액의 20%, ② 2억원)

(2) 상증세법 제15조 제2항

물론 상속인이 변제할 의무가 없는 것으로 추정하여 과세가액에 산입하는 경우의
추정상속재산가액은 변제할 의무가 없는 것으로 추정되는 금액 전체이다.

▌추정상속재산의 범위(상증세법 제15조 제1항, 제2항)**▐**

구　분	추정상속재산의 범위
(1) 상속 개시 전 처분재산	피상속인이 재산을 처분하여 받거나 피상속인의 재산에서 인출한 금액이 재산종류별로 다음 금액 이상으로서 그 용도가 객관적으로 명백하지 아니한 금액 ① 상속 개시일 전 1년 이내 : 2억원 이상 ② 상속 개시일 전 2년 이내 : 5억원 이상 〈재산종류별로 구분〉 　① 현금 · 예금 및 유가증권 　② 부동산 및 부동산에 관한 권리 　③ 그 밖의 재산
(2) 상속 개시 전 부담채무	피상속인이 부담한 채무의 합계액이 다음 금액 이상으로서 그 용도가 객관적으로 명백하지 아니한 금액 ① 상속 개시일 전 1년 이내 : 2억원 이상 ② 상속 개시일 전 2년 이내 : 5억원 이상
	피상속인이 국가 · 지방자치단체 및 금융회사 등 외의 자에 대하여 부담한 채무로서 상속인이 변제할 의무가 없는 것으로 추정되는 경우

▌본래의 상속재산, 간주상속재산 및 추정상속재산의 비교▐

구　분	본래의 상속재산	간주상속재산	추정상속재산
취득원인	상속, 유증 등 법률상 원인	사실상의 취득	취득을 추정
취　지	상속의 효과	실질과세	공평과세
입증책임	과세관청이 과세요건 입증	과세관청이 과세요건 입증(납세자의 입증으로 배제되지 않음)	납세자가 추정을 배제하는 입증(입증책임전환)

제2절 상속세 비과세

 해의 맥

비과세는 국가가 조세채권을 원천적으로 포기하는 것으로 사후관리가 불필요하며, 상속세의 경우 피상속인이 누구인가(사망원인)에 따라 상속세 비과세가 결정되는 인적비과세와 상속재산의 성질(공익성 등)에 따라 상속세 비과세가 결정되는 물적비과세가 있으며, 이외에도 그 밖의 법률에 의한 비과세가 있다.

§관련조문

상증세법	상증세법 시행령
제11조【전사자 등에 대한 상속세 비과세】	제7조【전쟁에 준하는 공무수행의 범위】
제12조【비과세되는 상속재산】	제8조【비과세되는 상속재산】

I 상증세법상 비과세

1. 의의

과세대상이 아닌 재산은 과세가액 불산입재산과 비과세재산으로 구분된다. 과세가액 불산입재산이란 상속재산 중에서 일정한 요건을 충족시키는 일부를 제외시켜 과세가액에 산입하지 아니하는 것인데 반하여 상속세의 비과세재산이란 국가가 처음부터 조세채권을 포기하여 상속세의 과세를 원천적으로 배제하는 것이다.

따라서 상속세 비과세는 본질적으로 납세의무가 성립하지 않으므로 비과세를 위한 요건이나 사후관리가 필요 없이 항상 상속세가 부과되지 않는다.

2. 인적 비과세

1) 의의

피상속인이 누구인가(사망원인)에 따라 상속세 비과세가 결정되는 구조이므로 인적비과세라고 일컫는다.

2) 범위(상증세법 제11조, 상증세법 시행령 제7조, 같은 법 집행기준 11-7-1)

피상속인의 사망원인은 다음과 같으며, 사망의 원인은 구체적인 사실에 따라 판단하여 야 한다(서일 40614-10895, 2002. 7. 9.).

① 전쟁 또는 공무의 수행 중 사망하여 상속이 개시되는 경우에 상속세를 비과세한다. 여기에서 "공무의 수행"이라 함은 사변 또는 이에 준하는 비상사태로 토벌 또는 경 비 등 작전업무를 수행하는 것을 말한다.

② 전쟁 또는 공무의 수행 중 입은 부상 또는 그로 인한 질병으로 사망하여 상속이 개시 된 경우에 그 상속재산은 과세하지 않는다.

또한 전쟁 또는 공무의 수행 중 입은 부상 또는 질병이 사망의 '직접적인 원인'이 될 경우에만 동 규정을 적용하는 것이 타당하며(조심 2009서3928, 2009. 12. 31. ; 서면4팀-2462, 2006. 7. 26.), 이에 해당하는지 여부는 부상 또는 질병의 정도와 투병기간, 의사가 발급 하는 사망진단서상 사망원인 등 구체적인 사실에 따라 판단하여야 한다(서일 46014-10895, 2002. 7. 9.).

3. 물적 비과세

1) 의의

피상속인이 아닌 상속재산의 성질에 따라 상속세 비과세가 결정되므로 물적 비과세라 한다. 이러한 물적 비과세 상속재산은 상속재산 중 공익성 또는 사회정책적 입장에서 상속세의 과세가 원천적으로 배제되는 것이다.

2) 범위(상증세법 제12조, 같은 법 시행령 제8조, 같은 법 집행기준 12-8-1)

상속세 비과세되는 재산은 아래에 열거된 경우에 한한다. 엄격해석의 원칙상 당연하다.

(1) 국가·지방자치단체·공공단체(지방자치단체조합, 공공도서관·공공박물관)에 유증·사인증 여한 재산

(2) 문화재보호법 규정에 의한 국가지정문화재 및 시·도 지정문화재(문화재보호법 제2조 제2항 제1호 및 제2호)와 같은 법의 규정에 의한 보호구역 안의 해당 문화재가 속하여 있는 토지[180] (삭제)[181]

---

180) 토지의 경우에는 2001. 1. 1. 이후 상속세 결정분부터 적용된다.

181) 2023. 1. 1. 전에 상속이 개시된 경우에는 종전 규정에 따르며, 국가지정문화재 등을 상속세 회피 수단 으로 악용하는 것을 방지하고, 문화재의 유지·보존을 유도하기 위해 상속세 비과세에서 제외하되, 상

한편 문화재보호법(제2조 제2항)에 의한 문화재자료(제3호) 및 등록문화재(제53조)와 보호구역 안의 해당 자료가 속해 있는 토지는 징수유예를 적용받음에 차이가 있다.

(3) 제사를 주재하는 상속인을 기준으로 피상속인이 제사를 주재하고 있던 선조의 분묘에 속한 9,900㎡ 이내의 금양임야와 그 분묘에 속한 1,980㎡ 이내의 묘토인 농지로 그 합계액이 2억원 이내인 것 그리고 족보와 제구

① **금액제한** : 분묘에 속한 3,000평 이내의 금양임야와 600평 이내의 묘토인 농지에 대하여는 2억원을 한도[182]로 상속세를 부과하지 않는다. 그리고 족보와 제구에 대해서도 이를 이용해 상속세를 회피하는 것을 방지하기 위해 1천만원을 한도로 비과세한다(상증세법 시행령 제8조 제3항).[183]

② **금양임야** : 이때 금양임야[184]라 함은 지목에 관계없이 '피상속인의 선조의 분묘'에 속하여 있는 임야를 말하며(상증세법 기본통칙 12-8…3), 3,000평 이내의 금양임야는 분묘를 기준으로 분묘의 수에 따라 계산하지 아니하고 제사를 주재하는 자를 기준으로 하여 3,000평 이내로 한정하며, 범위 내 토지의 선택은 제사주재자의 신고(신고가 없으면 납세자에 유리한 방법 적용)에 따른다(국심 2000서0037, 2000. 8. 30.).

따라서 피상속인의 분묘만 있고 '선조의 묘'는 존재하지 않는 임야는 상속세 과세대상에서 제외되는 제사를 주재하는 자가 승계받은 '금양임야'에 해당하지 않는다(국심 2000중396, 2000. 10. 19.). 그런 점에서 선조의 분묘에 속하여 있는 임야라면 상속개시일 현재 도시계획시설인 학교용지로 편입되거나(국심 2001부3195, 2002. 4. 22.) 금양임야가 수호하는 분묘의 기지가 제3자에게 이전된 경우에도 그 분묘를 사실상 이전하기 전까지는 금양임야로서의 성질이 달라지는 것이 아니므로(대법원 96누18069, 1997. 11. 28.), 상속세가 비과세된다.

결국 비과세되는 금양임야가 되려면 적어도 피상속인의 사망 당시 그 임야 내에 선조의 분묘가 있어야 하고 피상속인이 그 분묘의 제사를 주재하면서 소유권을 갖고 있는 것에 한한다고 보아야 한다(대법원 98두17401, 1999. 1. 18.). 요건만 충족된다면 피상속인 당대에 취득하였다고 하더라도 금양임야에 해당한다 할 것이다(심사

속인이 이를 유상으로 양도하기 전까지 해당 상속세액의 징수를 유예하는 것이다(뒤에서 기술하는 '징수유예' 참조).

182) 금액 제한은 2002. 1. 1. 이후 상속개시 분부터 적용한다.

183) 2013. 2. 15. 이후 상속개시 분부터 적용한다.

184) 禁伐養松 林野를 줄인 말로, 그 안에 분묘를 설치하고 이를 수호하기 위하여 벌채를 금하는 사유임야를 말한다(사법연수원, 상속세 및 증여세법 연구, 2010, 48쪽).

상속 97-6064, 1997. 12. 19. ; 재삼 46014-1437, 1994. 5. 28.).

③ 墓土 : 그리고 '피상속인의 선조의 분묘'에 속하는 600평 이내의 농지는 사실상 墓祭용 자원인 位土[185](경작으로 얻은 수확으로 분묘의 수호 · 관리비용이나 제사의 비용을 조달하는 재원인 農土)로서 제사를 주재하는 자를 기준으로 하여 600평 이내로 한정한다. 즉 여기에서의 묘토는 분묘와 인접거리에 있는 것으로 특정분묘에 속하는(조심 2018서0850, 2018. 6. 11. ; 재산-1251, 2009. 6. 23.) 제사를 주재하는 자에게 상속되는 토지 이면 족하고, 그 취지상 반드시 제주가 직접 자경하는 것을 전제로 하지도 않으 며 민법이나 상속세법상 자경에 관한 제한규정을 두고 있지 아니하므로, 자경 여 부에 불문하고 분묘수호를 위해 필요한 토지이면 된다(국심 2000중0846, 2000. 12. 21.). 그러므로 연접한 과수원(농지)로서 경작으로 얻은 수확으로 선조의 분묘의 관리 비용이나 제사의 비용을 조달한 것으로 확인되면 비과세 상속재산이 묘토로 본 다(조심 2008중4113, 2009. 4. 16.). 반면에 경작자가 경작대가로 단순히 1년에 한두 번 정도 토지소유자의 조상의 분묘 등 분묘 3기의 벌초를 하여 온 것에 불과하다면, 그 토지를 분묘의 수호, 관리비용을 조달하기 위한 묘토인 농지라고 볼 수는 없 다(대법원 97누4838, 1997. 5. 30.).

"분묘"라 함은 피상속인이 제사를 주재하고 있던 선조의 것을 말하는 것(재삼 46014-2429, 1997. 10. 14.)이므로 피상속인의 동생과 아들의 제사를 위한 토지는 상속 세가 비과세되는 묘토로 볼 수 없다(심사상속 99-100, 1999. 7. 9.).

④ 공동제사주재자 : 그런데 실제로 여러 명이 공동으로 제사를 주재하는 경우 같은 조 같은 항의 규정에 따라 비과세되는 재산은 공동으로 제사를 주재하는 자 전부 가 상속받는 금양임야 또는 묘토인 농지의 합계면적에 대하여 같은 항 각호의 규 정에 의한 면적을 한도로 한다(상증세법 기본통칙 12-8…3).

⑤ 비과세 제외 : ㉠ 위의 2억원의 금액을 초과하는 금양임야와 묘토인 농지 ㉡ 제사 를 주재하는 사람이 승계한다 함은 상속으로 인하여 제사를 주재하는 상속인이 승계하는 경우를 말하는 것이지 상속 외(생전 증여 등(조심 2011서653, 2011. 5. 27.))의 사 유나 상속인 외의 자가 승계하는 경우에는 비과세 규정이 적용되지 아니한다. ㉢ 금양임야의 상속인과 분묘의 제사주재자가 다른 경우에는 비과세되는 상속재산 으로 보지 아니한다(대법원 94누4059, 1994. 10. 4.). 그러므로 여러 명의 상속인이 공동 으로 금양임야 등을 상속받은 경우에는 제사를 주재하는 상속인의 지분만 비과 세하고, 그 이외의 상속인이 받은 금양임야 등의 지분가액은 상속세 재산가액에

---

185) 경작으로 얻은 수확으로 분묘의 수호 · 관리비용이나 제사의 비용을 조달하는 자원인 農土

산입한다(상증세법 집행기준 12-8-3). ㉣ 또한, 분묘가 속한 금양임야 및 묘토인 농지에서 분묘는 피상속인이 제사를 주재하고 있던 선조의 것을 말하므로 상속개시 후에 금양임야와 묘토로 사용하기로 한 경우에는 비과세 되지 아니한다(대법원 95누17236, 1996. 9. 24. ; 감심 99-283, 1999. 8. 31. ; 상증세법 집행기준 12-8-2).

(4) 정당에 유증 등을 한 재산

정당법 규정에 의한 정당에 유증·사인증여한 재산(상증세법 제12조 제4호)은 상속세가 과세되지 않는다.

그렇지만 불법정치자금에 대해서는 몰수·추징 여부에 상관없이 상속세가 과세된다(조특법 제76조 제3항). 그러므로 정당에 유증 등을 한 재산이더라도 정치자금법에 따르지 않으면 과세되게 된다.

(5) 사내근로복지기금·우리사주조합·공동근로복지기금[186]·근로자복지진흥기금에 유증·사인증여한 재산

만약 피상속인이 사망 전에 우리사주조합에 기증할 것을 조건으로 법인에게 주식을 증여하고 상속기한 내에 우리사주조합을 설립하여 기부한 경우에는 피상속인이 자신의 주식을 우리사주조합에 직접 증여한 것으로 보아 비과세한다(재재산-1136, 2008. 12. 31.).

(6) 사회통념상 인정되는 이재구호금품·치료비·불우한 자를 돕기 위하여 유증한 재산. 다만, 여기에서의 비과세규정을 적용받기 위하여는 상속개시 전에 증여하였거나 유증 또는 사인증여에 의하여 지급하여야 할 것으로 확정되어야 한다(상증세법 기본통칙 12-0…2).

(7) 상속인이 상속세 신고기한 이내에 국가·지방자치단체 또는 공공단체에 증여한 재산

위 (1)의 경우에는 피상속인이 유증 등을 한 것임에 반해, 이는 상속인이 증여한 경우이다. 그리고 여기에서의 공공단체는 위 (1)과 같이 해석하여야 타당하다.

따라서 상속인이 수령한 수용보상금 중 신고기한 이내에 국·공립학교에 증여된 금액에 대하여는 상속세를 부과하지 않는다(재산-1654, 2008. 7. 15.).

---

186) 둘 이상의 사업주가 공동으로 출연하여 조성한 근로복지기금(근로복지기본법 제86조의 2). 2019. 2. 12. 이후 상속개시 분부터 적용한다.

정치자금에 관한 법률에 의하여 정당에 기부한 정치자금
　　(조특법 제76조 제2항, 제3항)

　위 (4)와 같은 맥락에서 조특법에서는(조특법 제76조) 거주자가 정치자금법에 따라 정당(같은 법에 의한 후원회 및 선거관리위원회를 포함한다)에 기부한 정치자금에 대하여는 상속세를 부과하지 아니한다고 규정하고 있다.

　그러나 위의 정치자금 외의 정치자금에 대하여는 상증세법 제12조 제4호 및 다른 세법의 규정에 불구하고 그 기부받은 자가 상속받은 것으로 보아 상속세를 부과한다.[187]

 목돈마련저축의 이자소득과 저축장려금의 비과세
　　(농어가목돈마련저축에 관한 법률 제16조)

1) 목돈마련 저축의 계약기간이 만료됨으로써 농어민 또는 그 상속인이 지급받는 이자소득과 저축장려금에 대하여는 소득세 · 증여세 또는 상속세를 부과하지 아니한다.

2) 1년 이상 목돈마련저축을 한 농어민이 다음 각호의 어느 하나에 해당하게 됨으로써 농어민 또는 그 상속인이 지급받는 이자소득과 저축장려금에 대하여도 소득세 · 증여세 또는 상속세를 부과하지 아니한다.

① 농어민이 사망한 때
② 농어민이 해외로 이주한 때
③ 천재 · 지변 그 밖의 대통령령이 정하는 사유가 발생함으로써 해당 저축계약을 해지한 때

　그런데 부칙(1994. 12. 22. 법률 제4806호) 제1조 제1항에 의해 2010년 1월 1일부터 같은 법률 제16조의 비과세규정이 삭제되어 과세로 전환된다. 다만 같은 법 부칙 제17조에 의한 경과조치에 의해, 농어가목돈마련저축에 관한 법률의 규정에 의하여 2009년 12월 31일 현재 가입한 농어가목돈마련저축의 이자소득에 대하여는 해당 농어가목돈마련저축의 당초 계약기간이 만료되는 날까지는 종전의 규정을 적용하여 계속 상속세 등이 비과세된다.

---

187) 2005. 1. 1. 이후 기부분부터 적용되므로, 종전에는 정당이 받기만 하면 불법정치자금도 상속세 · 증여세가 비과세되었다.

Ⅳ 그 밖의 법률에 의한 면제재산

(금융실명거래 및 비밀보장에 관한 법률 부칙(1997. 12. 31. 법률 제5493호) 제9조)

1. 의의 : 그 밖의 법률에 의해 상속세[증여세]가 면제되는 재산은 비과세재산과 동일하게 취급한다. 따라서 아래 재산에 대해서는 특별한 사후관리가 필요 없다. 같은 법 부칙 제9조에 의하면, 아래의 '특정채권'의 소지인에 대하여는 조세에 관한 법률에 불구하고 자금의 출처 등을 조사하지 아니하며, 이를 과세자료로 하여 그 채권의 매입 전에 납세의무가 성립된 조세를 부과하지 아니하므로, 상속세[증여세]가 면제된다.

2. 취지 : 1997년말 발생한 외환위기 당시 금융실명제와 금융소득종합과세를 실시하면서 지하 자본화할 우려가 있는 금융자산을 양성화하여 국가의 중요정책, 즉 증권산업의 안정 및 구조조정에 필요한 자금 등의 조성을 목적으로 발행된 무기명 국채로서, 정부로서는 미래에 지속적으로 징수할 수 있는 상속세 및 증여세를 현재의 공채이자 부담의 경감으로 미리 확보하여 사용하고자 한 데 그 목적이 있었고, 이에 따라 정부는 그 당시의 시중금리보다 훨씬 낮은 금리로 공채를 발행하였으며, 최초 구입자는 프리미엄 상당의 수익을, 최종 소지인은 상속·증여세 면제의 혜택을 누리도록 설계된 채권이다(서울행정법원 2006구합1180, 2006. 8. 16. ; 국심 2007중1642, 2007. 9. 21.).

3. "소지"의 의미 : 그런데 같은 법 부칙 제9조는 증권금융채권 등을 "소지"하는 경우 조세특례를 부여하는 것으로 규정하여 "상속개시일[증여일] 현재 소지"할 것으로 제한하고 있지는 아니하므로, 증권금융채권 등 '특정채권'의 매입이 상속개시일[증여일] 현재 이루어져 '소지'하지 않고 있더라도 당해 매매가 원인무효가 되지 아니하고 채권매입이 정상적으로 이루어져 매매계약의 이행이 완료되어 현재 소지하고 있다면 특정채권에 대한 '조세특례'를 인정하여야 한다(국심 2000서3028, 2001. 2. 22.). 그렇더라도 실물제시 없어 확인 안 되는 것은 조세특례가 인정되지 않는다(심사상속 2001-37, 2001. 11. 30.).

4. 특정채권의 종류 : 여기에서 특정채권이란 아래의 채권을 말한다(같은 법 제3조 제2항 제3호).

가. 고용안정과 근로자의 직업능력향상 및 생활안정 등을 위하여 발행되는 채권(고용
　　안정채권)

나. 외국환관리법 제14조의 규정에 의한 외국환평형기금채권으로서 외국통화로 표
　　시된 채권

다. 중소기업의 구조조정지원 등을 위하여 발행되는 채권

라. 자본시장과 금융투자업에 관한 법률 제329조에 따라 증권금융회사가 발행한
　　사채(증권금융채권)

마. 기타 국민생활안정과 국민경제의 건전한 발전을 위하여 발행되는 채권

5. 특정채권 특례의 범위

1) **매입자금의 범위** : 또한 특정채권은 실명의 확인 없이도 거래가 가능하므로 그 소지
인에게 있어 특정채권의 매입자금이 상속 또는 증여된 경우와 특정채권 자체가 상속
또는 증여된 경우를 구분하기가 어려울 뿐만 아니라 소지인에 대한 과세특례를 인정
함에 있어 양자를 차별할 합리적 이유도 없다고 보이는 점 등을 종합하여 보면, '특정
채권의 소지인'에 대하여는 그 채권의 매입 전에 소지인의 상속세 등의 납세의무가
성립되었는지 여부에 관계없이 그 채권을 매입한 자금은 상속세 등의 과세특례대상이
되며, 이때 그 매입한 자금에는 특정채권의 매입을 위하여 지출한 대가로서 매입시
부담한 프리미엄도 포함된다고 보아야 한다(대법원 2007두9891, 2009. 6. 25. ; 재산-454, 2010.
6. 28. ; 재재산-590, 2010. 6. 24.).

2) **특정채권의 특례적용 범위** : 조세특례의 적용대상이 되는 채권이라 함은 별도의
규정이 없는 한 채권의 액면금액과 그때까지 발생한 표면이자도 포함된다고 보아야
할 것이므로 특정채권의 가액은 액면금액은 물론 발행일로부터 상환일까지의 표면이
자 상당액도 포함된 금액으로 보는 것이 타당하다고 할 것이다(국심 2007중1642, 2007. 9.
21. ; 국심 2004서3947, 2006. 2. 7. ; 국심 2005서2842, 2006. 2. 6.).

만약 특정채권을 증여받은 경우 증여세에 관한 조세특례가 적용되는 범위는 증여받
은 특정채권의 액면가액을 초과할 수 없는 것이므로 증여일 현재 상증세법 시행령
제58조 제1항의 규정에 의하여 평가한 가액에서 액면가액을 차감한 가액에 대하여
는 증여세가 과세된다(서면4팀-2049, 2004. 12. 15.).

3) **매입 이후의 자금거래에 대한 취급** : 이는 특정채권을 보유하는 자에게 그 특정채
권을 매수하게 된 자금의 원천에 대하여는 과세를 하지 않겠다는 취지로 해석하여야

지 특정채권의 매입절차를 거친 이후 발생한 모든 자금거래에 대하여 과세를 하지 않겠다는 취지로 해석하여서는 아니 되므로, 보유하고 있던 특정채권을 매각한 후 그 대금 중 일부를 증여하였다면 증여세의 부과된다(대법원 2009두6988, 2009. 9. 10.).

6. '소지인'이란 : 그리고 특정채권의 소지인은 다음에 해당하는 자로 한다(같은 법 시행령 부칙(1997. 12. 31 대통령령 제15604호) 제6조).

가. 특정채권을 보유하고 있는 자

나. 특정채권을 만기상환받은 자로서 동 채권의 발행기관 또는 금융기관으로부터 만기상환사실을 실명으로 확인받은 자

특정채권의 발행기관 또는 금융기관이 위 '나'에 의하여 만기상환사실을 확인하는 경우에는 채권의 명칭·채권을 상환받은 자·상환금액 및 상환일이 기재된 만기상환사실확인서를 상환받은 자에게 교부하고, 그 사본을 확인한 날부터 10일 이내에 국세청장에게 송부하여야 한다.

제3절 상속세 과세가액 불산입

> **해의 맥**
>
> 과세가액 불산입은 일정한 요건충족시 과세가액에 불산입하는 것으로 엄격한 사후관리가 필요하다.

I 의의

비과세재산과 함께 과세대상이 아닌 재산으로 과세가액 불산입재산이 있다. 과세가액 불산입재산은 그 본질은 다른 과세대상 상속재산과 다르지 않으나 특정한 목적을 달성하기 위해 일정한 요건의 충족을 조건으로 하여 상속세를 과세하지 아니하는 재산이다. 따라서 당초의 불산입의 목적이 적절히 달성되도록 다양한 사후관리 규정을 두고 있는 것이 일반적이다. 이 점이 앞서 본 비과세와 다르다.

공익법인 등 출연재산의 과세가액 불산입

 해의 맥

공익사업의 원활한 수행을 위해 일정한 요건(불산입요건)을 충족하는 경우 출연행위에 대해 상속세 과세가액에 불산입하는 혜택을 주되, 이를 이용한 조세회피행위나 부의 부당한 세습을 방지하기 위해 사후관리기간 동안 불산입의 취지를 달성하도록 엄격한 의무를 부과하고 있다. 즉 '불산입 요건'과 '사후관리(출연시점과 출연이후로 구분) 기준'이 핵심이다.

특히 출연재산이 주식 등인 경우 공익법인을 통한 경영권지배 가능성 정도에 따라 제한의 정도가 다르다는 점에 유의하여야 한다.

§관련조문

상증세법	상증세법 시행령	상증세법 시행규칙
제16조【공익법인등에 출연한 재산에 대한 상속세 과세가액불산입】	제12조【공익법인등의 범위】 제13조【공익법인등 출연재산에 대한 출연방법등】	제3조【공익법인등의 범위】 (삭제, 2018. 3. 19.)

1. 의의

1) 의의

원칙적으로 피상속인이 유언에 의해 비영리법인 등에 재산을 출연한다면 해당 비영리법인 등은 수유자로서 상속세의 납세의무가 있으며, 상속인이 재산을 출연한다면 수증자로서 증여세의 납세의무가 있다.

그러나 예외적으로 상속재산 중 피상속인 또는 상속인이 일정한 요건을 갖춘 공익사업에 출연한 재산에 대하여는 상속세를 면제하도록 규정하고 있다.

2) 취지

비영리공익법인 등은 교육 · 장학사업, 학술 · 자선사업 등 사회일반의 이익에 공여하기 위한 사업을 목적으로 하고 있으며, 이러한 공익사업은 본시 국가 또는 지방자치단체 등이 수행해야 할 업무이다. 따라서 이러한 공익사업의 일부를 대신 수행하는 출연자에게 정부는 그 고유목적사업의 원활한 수행을 위해 조세정책적 측면에서 지원할 필요성이 있다(헌재 2002헌바63, 2004. 7. 15.).[188] 이에 따라 피상속인 또는 상속인이 공익사업에 출연한 재산에 대하여 상속세를 부과하지 않도록 한 것이다.

3) 사후관리

그러나 아무리 정부가 민간부문의 공익사업에의 재산출연을 장려한다고 하더라도 아무런 사후관리의 장치 없이 출연재산을 상속세의 과세대상에서 제외할 수는 없다. 왜냐하면 그렇게 되면 공익을 빙자하여 상속세를 회피하거나 출연자의 부의 증식 및 세습수단으로 악용할 우려가 상존하기 때문이다. 그리하여 출연재산이 공익사업에 적절하게 사용될 수 있도록 공익사업의 범위, 요건 및 사후관리기준 등을 상증세법에 규정함으로써 민간부문의 공익사업에의 재산출연을 장려하면서도 공익을 앞세운 조세회피행위를 규제하고 있다(대법원 92누17716, 1993. 5. 27. ; 헌재 2003헌바63, 2004. 7. 15.).

2. 불산입 요건

보통 "출연"이란 금품을 내어 도와주는 것으로, 민법상 "출연"이라 함은 본인의 의사에 의하여 자기의 재산을 감소시키고 타인의 재산을 증가시키는 효과를 가져오는 행위를 말하므로, 여기에서의 "출연"이라 함은 기부 또는 증여 등의 명칭에 불구하고 공익사업에 사용하도록 무상으로 재산을 제공하는 행위를 말한다. 결국 출연이란 법률적 성격을 증여로 이해하면 되겠다. 이에 따라 적법한 출연이 있었느냐의 여부는 민법상으로 적법한 증여(유증, 사인증여 포함) 행위가 있었느냐로 판단하면 된다.

이에 따라 피상속인 또는 상속인[1]]이 일정한 요건을 갖춘 공익사업[2]]에 일정한 기한[3]]까지 상속재산 중 출연한 재산[4]]에 대하여는 상속세 과세가액에 불산입함으로써 상속세를 면제한다.

1) 출연자 요건

(1) 피상속인이 출연한 경우

출연자란 재산출연의 계약자로서의 출연자를 의미하는바, 유증 또는 사인증여의 피상속인이 출연하여야 한다.

---

188) 이러한 접근은 국가가 출연재산에 대해 상속세를 징수하고, 징수한 세금으로 공익사업을 수행하는 것과 동일한 효과를 가진다는 점에서, 두 단계의 거래를 한 단계로서 간이하게 공익사업목적을 달성하게 한다는 측면에서 바라보기도 한다(이광재, 「상속증여세의 이론과 실무」, 세경사, 2009, 244쪽).

이때의 유증은 민법상 적법한 유언[189]에 의한 것이어야 한다(국심 2007서449, 2007. 8. 6. ; 심사상속 2000-40, 2000. 11. 10. ; 적법한 유증으로 인정되지 않은 예-국심 2005서3786, 2006. 4. 7. ; 대법원 2005두3271, 2005. 6. 23.).

(2) 상속인이 출연한 경우

상속인이 공익법인 등에 상속재산을 출연하는 경우에는 다음의 요건을 모두 갖춘 경우로 한다(상증세법 시행령 제13조 제2항, 같은 법 집행기준 16-0-2).

① 상속인의 의사(상속인이 2명 이상인 경우에는 상속인들의 합의에 의한 의사로 한다)에 따라 상속받은 재산을 상증세법 제16조 제1항[아래 3) 출연기한]의 규정에 의한 기한까지 출연하여야 한다.

이때의 상속인은 상증세법 제2조 제4호의 상속인으로 공동상속인 중의 상속포기자를 포함한다.

② 상속인이 ①의 규정에 의하여 출연된 공익법인 등의 이사현원(5명에 미달하는 경우에는 5명으로 본다)의 5분의 1을 초과하여 이사가 되지 아니하여야 하며(바꾸어 말하면 최소 1명은 이사가 될 수 있다는 것이다),[190] 이사의 선임 등 공익법인 등의 사업운영에 관한 중요사항을 결정할 권한을 가지지 아니하여야 한다(상증세법 기본통칙 16-13…3 ① : 대법원 96누10461, 1997. 1. 24.). 여기에서 상속인이 공익법인의 이사장으로 등재되어 있다는 사실만으로 '이사의 선임 등 공익법인의 사업운영에 관한 중요사항을 결정할 권한을 가진 자'에 해당한다고 볼 수 없다(국심 2004광1807, 2004. 11. 4.).

이때 이러한 조건의 판정은 출연일(상속개시 당시가 아님)을 기준으로 하며, 감사는 의사결정권이 없으므로 당연히 제외된다(상증세법 기본통칙 16-13…3 ②).

③ 취지 : 이와 같이 피상속인의 직접출연이 아닌 상속인의 상속재산출연에 대해서도 상속세가 과세되지 아니하도록 한 것은 공익법인 등 설립 중 상속이 개시되었고 유언·사인증여가 없는 경우 상속세가 과세되는 등의 문제와 해당 공익사업이 중도 해체되어야 하는 문제점을 보완하기 위한 조치이다. 이는 경제적 실질의 측면에서나 규정의 취지에 비추어 보아 타당하다.

---

189) 1) 민법 제1060조 【유언의 요식성】 유언은 본법에 정한 방식에 의하지 아니하면 효력이 발생하지 아니한다.

2) 민법 제1065조 【유언의 보통방식】 유언의 방식은 자필증서, 녹음, 공정증서, 비밀증서와 구수증서의 5종으로 한다.

190) 2003. 1. 1. 이후 최초로 종료하는 사업연도분부터 적용하며, 개정 전 설립된 법인도 적용됨(재산-86, 2010. 2. 10.).

2) 출연대상자 요건 - 공익법인 등

종교·자선·학술 관련 사업 등의 공익사업을 영위하는 자(아래 3.에서 자세히 살펴본다)에게 출연하여야 한다.

3) 출연기한 요건

(1) 원칙

상증세법에서는 상속세 신고기한까지 그 출연을 이행하도록 규정하고 있다(상증세법 제16조 제1항, 같은 법 기본통칙 16-13…2, 같은 법 집행기준 16-13-1, 심사상속 2001-6, 2001. 4. 13.). 이에 따라 상속세납부의무가 있는 상속인 또는 수유자는 상속개시일이 속하는 달의 말일로부터 6월 이내에, 피상속인 또는 상속인(상속인 전원을 의미함)이 외국에 주소를 둔 경우에는 9월 내에 출연을 이행하여야 한다(상증세법 제67조 제1항, 제4항). 상속인이 합의하여 상속재산을 출연하는 경우에도 또한 같다(상증세법 시행령 제13조 제2항).

(2) 예외

출연시한을 제한하는 이유는 실질적으로 공익사업으로의 출연에 대한 이행을 촉진시키고 위장출연을 방지하기 위한 것이라 할 수 있다. 따라서 이러한 취지에 반하지 않는다면 그 기한을 연장하는 것이 가능하므로, 법령상 또는 행정상의 정당한 사유로 인하여 그 출연의 이행이 지연되는 경우에는 출연시한을 넘기는 예외가 인정된다. 즉, 다음의 어느 하나에 해당하는 때에는 그 사유가 끝나는 날이 속하는 달의 말일부터[191] 6개월까지 그 출연을 이행하여야 한다(상증세법 시행령 제13조 제1항, 같은 법 기본통칙 16-13…2, 같은 법 집행기준 16-13-1).

① 재산의 출연에 있어서 법령상 또는 행정상의 사유로 출연재산의 소유권의 이전이 지연되는 경우(국심 98경372, 1998. 10. 23.)

② 상속받은 재산을 출연하여 공익법인 등을 설립하는 경우로서 법령상 또는 행정상의 사유로 공익법인 등의 설립허가 등이 지연되는 경우

다만, 상속세과세표준 신고기한 이내에 신고하지 아니한 상속재산을 공익법인 등에 출연하는 경우에는 위 규정이 적용되지 않는다(재산-279, 2011. 6. 10.). 물론 상속재산이 공익법인 등에 상속세과세표준 신고기한까지 출연된 경우에는 비록 당초 상속세 신고시 출연재산으로 신고가 없었다 할지라도 상속세 과세가액 불산입대상이 된다(국심 2005중798, 2006. 1. 27.).

---

191) 2012. 2. 2. 이후 상속이 개시되거나 증여받은 것부터 적용한다.

- [사유발생시기가 상속세 신고기한을 경과한 경우] 상속세 신고기한을 경과해 친생자 확인소송을 제기함으로써 단독상속인이 된 자가 상속재산을 공익법인에 출연시는 상속세 과세가액 불산입대상이 아니다(서일 46014-10286, 2001. 10. 8.).
- [본질적 요건미비의 경우 기한연장 예외적용 배제] 그렇지만 본질적으로 해결될 수 없는 요건미비에 대해서는 출연기한의 예외가 인정될 수 없다. 예를 들면, 농지 등 공익법인이 취득할 수 없는 상속재산을 출연하여 설립 신청함으로써 설립허가 자체가 안 되는 경우 등과 같이 법률 등에 의한 출연재산의 요건미비로 인하여 공익법인의 설립이 불가능하거나 지연되는 경우가 이에 해당한다(국심 2004서1673, 2004. 10. 16.).

(3) 출연시기 요건

- [원칙] 상증세법상 공익법인 등에 출연한 재산의 출연시기는 동 공익법인 등이 출연재산을 취득하는 때를 말한다(상증세법 기본통칙 16-13…2). 즉 공익법인 등이 출연재산을 취득한 때(즉 출연자가 출연을 이행한 때)를 출연시기로 한다는 것은 민법상 출연재산의 귀속시기에 불구하고 공익법인 등에게 출연재산이 등기 등[192] 또는 인도된 때(약속어음은 교부일이 아닌 실제 결제된 날)를 출연시기로 한다는 의미이다.
- [개인명의 등기 등] 그러므로 단체의 대표자 등 개인명의로 등기하는 경우에는 공익사업에 출연한 재산으로 볼 수 없다(재산-107, 2011. 3. 2. ; 서면4팀-2034, 2006. 6. 28. ; 재삼 46014-1455, 1998. 8. 3.).

  다만, 단체가 등기능력이 없기 때문에 출연된 재산을 대표자 등 개인명의로 등기하는 것이 불가피하다면 개인명의로 출연재산을 등기하였다 하여 그 단체에 대한 재산 출연행위를 부인할 수는 없다고 하나(국심 97중1523, 1997. 12. 31.), 개인명의 재산은 그 명의자에게 해당 재산에 대한 사용수익처분권이 있다는 점에서나 본질적으로 해결될 수 없는 요건미비로 단체에의 등기가 불가능하다는 점에서도 출연행위를 인정하지 않는 것이 타당해 보인다.

> ### 보론 20 민법상 재단법인 설립시 출연재산의 귀속시기
>
> 한편 민법상 재단법인 설립시 출연재산의 귀속시기를 살펴보면 다음과 같다(민법 제48조 및 제1073조).
> ① 생전처분으로 재단법인을 설립하는 때에는 출연재산은 법인이 성립된 때로부터 법인의 재산이 된다.

---

192) 권리의 이전이나 그 행사에 등기·등록 등을 요하는 출연재산의 경우에는 등기·등록에 의하여 소유권이 이전된 것을 말한다.

비영리재단법인으로 설립하는 경우에는 재산의 출연, 정관작성, 주무관청의 허가, 설립 등기함으로써 법인이 성립하므로 최초 출연에 의하여 공익사업을 설립하는 경우에는 법인이 성립한 때가 출연시기이다. 즉, 생전처분에 의하여 공익사업이 성립하는 경우 출연시기는 등기 또는 인도일이 아닌 법인설립일을 채택하고 있다.

② 유언으로 재단법인을 설립하는 때에는 출연재산은 유언의 효력이 발생한 때로부터 법인에 귀속한 것으로 본다. 그런데 유언은 유언자가 사망한 때로부터 그 효력이 생기되, 유언에 정지조건(재단법인설립)이 있는 경우에 그 조건이 유언자의 사망 후에 성취한 때에는 그 조건성취한 때(재단법인설립일)로부터 유언의 효력이 생긴다. 결국 민법상 재단법인설립일이 출연시기가 되나, 그 귀속은 출연자 사망시로 소급한다.

이것은 출연자의 재산상속인 등이 출연자 사망 후에 출연자의 의사에 반하여 출연재산을 처분함으로써 법인재산이 일실되는 것을 방지하고자 출연자가 사망한 때로 소급하여 법인에 귀속하도록 한 것이므로, 이에 따라 출연재산은 재산상속인의 상속재산에 포함되지 않는 것으로서 재산상속인의 출연재산처분행위는 무권한자의 행위가 된다.

③ 이미 설립된 공익법인 등에 출연하는 경우에는 동 공익법인 등이 출연재산을 취하는 때를 출연시기로 보므로 민법상의 소유권이 이전된 때가 출연시기가 된다. 즉, 부동산은 등기를, 동산은 인도를, 지시채권은 배서·교부를, 무기명채권은 교부를 한 때에 재산을 취득한 것으로 본다.

- [최초출연에 의한 공익법인 등 설립시(출연 → 법인설립 → 공익법인 지정)] 최초출연에 의하여 공익법인 등을 설립하는 경우, 민법상 법인이 성립한 때(법인등기시)가 출연시기이고, 상증세법상은 공익법인 등이 출연재산을 취득한 때(등기 등이 된 때 - 그러나 실제로 법인성립시에 법인에게 이전될 것이므로 민법과 그 시기에서 차이가 없다고 보아야 한다)이다. 그런데 출연할 때에는 공익법인 등이 아니었으나 법인성립 후에 공익법인 등에 해당되게 되었을 때 그 기한에 불구하고 공익법인 등에의 출연으로 인정하는 것인가? 아니면 일정한 기한 내(예컨대 상속세·증여세 신고기한 등)에 공익법인 등으로 지정되어야 하는 것인가?
  → 타인으로부터 재산을 출연받아 설립된 비영리법인이 해당 재산을 출연받은 날부터 2월여 만에 법인세법 시행령 제39조 제1항 제1호 바목에 따라 기획재정부장관으로부터 공익법인으로 지정을 받은 경우, 해당 비영리법인이 출연받은 재산의 가액은 상증세법 제48조 제1항에 따라 증여세 과세가액에 산입하지 아니하나(재산-615, 2009. 2. 23.), 실질적으로 공익목적의 사업을 영위하고 있더라도 법인의 설립 당시 상증세법의 규정에 의한 공익법인의 범위에 해당하지 아니하는 법인이 출연받은 재산에 대하여 증여세 납부의무가 있는 것으로 보아야 한다(조심 2008서0855, 2008. 6. 27.).

→ 설립일부터 1년 이내에 법인세법 시행령 제39조 제1항 제1호 바목에 따른 공익법
인등으로 고시된 경우에는 그 설립일부터 공익법인등에 해당하므로(상증세법 시행령
제12조 각 호 외 단서) 재산을 출연받아 설립된 비영리법인이 설립일로부터 1년 이내
에 공익법인등으로 지정되는 경우에는 공익법인 등에 출연한 것으로 인정된다.

• [결론] 결국 상증세법상 공익법인 등에의 재산출연시 그 출연시기는 동 공익법인
등이 출연재산을 취득하는 때(등기, 인도 등)이며, 이러한 출연시기가 출연시한 내에 속
해 있어야 정당한 출연으로 본다.

4) 출연대상재산 요건

(1) 원칙 : 출연재산이 되기 위해서는 상속의 대상이 되는 경제적 가치나 재산적 가치
가 있는 재산(채권을 포함한다)이면 되고 특별한 제한이 없다. 즉 앞서 살펴본 상속재산
의 개념에 해당되고 그 원천이 상속재산이면 된다.

• [포함] ㉠ 상속재산인 부동산 · 비상장주식 등을 매각하고 그 매각대금을 상속세 신
고기한 이내에 공익법인 등에 출연하는 경우에는 해당 출연재산가액을 상속세 과세가
액에 산입하지 아니하는 것이며, 이 경우 상속세 과세가액 불산입 금액은 그 매각대금
중 출연재산가액이 차지하는 비율을 해당 상속재산의 가액에 곱하여 계산한 금액을
한도로 한다(재산-511, 2010. 7. 14. ; 재산-680, 2009. 2. 27. ; 서면4팀-2914, 2007. 10. 10.).
㉡ 일반적으로 부동산과는 달리 현금은 개인소유로 귀속되는 경우 발생원천에 따
른 구분이 사실상 불가능하므로 상속재산인 현금과 개인재산인 현금은 이를 구분
하여 취급할 만한 실익이 없다(국심 2005중1885, 2005. 12. 30.). ㉢ 고유목적사업 수행을
위하여 그 소속 회원 모두로부터 정기적으로 받는 일정금액의 회비는 출연재산에
해당하지 아니하는 것이나 일부회원으로부터 비정기적으로 징수하는 회비는 출연
재산에 해당한다(서면4팀-1274, 2008. 5. 26.). ㉣ 피상속인(채권자)의 유증에 의하여 당해
공익법인이 차입금을 면제받는 경우를 포함하며, 이 경우 당초 그 채무를 사용한
용도를 확인하여 같은 법 제48조 제2항 · 제3항에서 규정하는 증여세 과세대상 여
부를 판단한다(서일 46014-11259, 2002. 9. 26.).

• [제외] 그러므로 회수불능채권 등 경제적 · 재산적 가치가 없는 재산이나 그 원천이
상속재산이 아닌 상속인의 고유재산이라면 출연대상 재산에서 제외된다. 즉 상속재
산이 전부 부동산이기 때문에 상속재산에 갈음하여 상속인 소유의 다른 재산(현금)
으로 출연하면 과세가액에 산입된다(재삼 46014-668, 1999. 4. 6.).

(2) 예외 : 이처럼 상속세가 부과되지 않는 출연재산의 범위에는 제한이 없으나 대기업

들이 문화재단 등을 설립하여 계열기업을 지배하는 수단으로 이용하는 사례를 방지하고 동일기업의 주식을 과다하게 보유하기보다는 우량주식 등으로 대체하여 분산보유하도록 유도하기 위하여 공익사업에 대한 주식출연비율은 제한(예외적으로 상증세법 제16조 제3항에 따라 주식 등을 출연하는 경우에는 비율의 제한이 없다)하고 있다.

3. 공익법인등의 범위

종교·자선·학술 관련 사업 등 공익성을 고려하여 대통령령으로 정하는 사업을 하는 자라 함은 다음 각 호의 어느 하나에 해당하는 사업을 하는 자(이하 "공익법인 등"이라 한다)를 말한다(상증세법 시행령 제12조). 공익법인등은 법인(법인아닌 사단, 재단포함)을 전제하고 있으므로 개인은 포함되지 아니한다고 봄이 타당하다.[193]

(1) 종교의 보급 기타 교화에 현저히 기여하는 사업

이때 주무관청의 허가 여부(재삼 46014-2483, 1995. 11. 1.), 법인으로 등록 여부는 공익사업을 판단하는데 영향이 없고, 당해 종교단체가 수행하는 정관상 고유목적사업에 따라 판단한다(재산-274, 2011. 6. 7.).

(2) 초·중등교육법 및 고등교육법에 의한 학교, 유아교육법에 따른 유치원을 설립·경영하는 사업

이에 해당하는 학교로는 초등학교·공민학교, 중학교·고등공민학교, 고등학교·고등기술학교, 특수학교, 각종학교(초중등교육법 제2조) 및 대학, 산업대학, 교육대학, 전문대학, 방송대학·통신대학·방송통신대학 및 사이버대학("원격대학"이라 함), 기술대학, 각종학교(고등교육법 제2조)가 있다.
따라서 교육법 등 열거된 법률에 의해 설립되지 않은 단체는 비록 교육을 목적으로 하더라도 공익법인에 해당되지 않는다(재삼 46014-1755, 1998. 9. 14.).

(3) 사회복지사업법의 규정에 의한 사회복지법인이 운영하는 사업

"사회복지사업"이라 함은 다음의 법률에 의한 각종 복지사업과 이와 관련된 자원봉사활동 및 복지시설의 운영 또는 지원을 목적으로 하는 사업을 말한다.
해당 법률에는 '국민기초생활보장법, 아동복지법, 노인복지법, 장애인복지법, 한부모가족지원법, 영유아보육법, 성매매방지 및 피해자보호 등에 관한 법률, 정신건강복

---

193) 대법원 2018두45206, 2018. 9. 13.

지법, 성폭력방지 및 피해자보호 등에 관한 법률, 입양특례법, 일제하일본군위안부 피해자에 대한 생활안정지원 및 기념사업 등에 관한 법률, 사회복지공동모금회법, 장애인·노인·임산부 등의 편의증진보장에 관한 법률, 가정폭력방지 및 피해자보호 등에 관한 법률, 농어촌주민의 보건복지증진을 위한 특별법, 식품등 기부 활성화에 관한 법률, 의료급여법, 기초연금법, 긴급복지지원법, 다문화가족지원법, 장애인연금법, 장애인활동 지원에 관한 법률, 노숙인 등의 복지 및 자립지원에 관한 법률, 보호관찰 등에 관한 법률, 장애아동 복지지원법, 발달장애인 권리보장 및 지원에 관한 법률, 청소년복지 지원법'이 있다.

(4) 의료법에 따른 의료법인이 운영하는 사업

(5) 법인세법 제24조 제2항 제1호에 해당하는 기부금을 받는 자가 해당 기부금으로 운영하는 사업

　　가. 국가나 지방자치단체에 무상으로 기증하는 금품의 가액. 다만, 「기부금품의 모집 및 사용에 관한 법률」의 적용을 받는 기부금품은 같은 법 제5조 제2항에 따라 접수하는 것만 해당한다.

　　나. 국방헌금과 국군장병 위문금품의 가액

　　다. 천재지변으로 생기는 이재민을 위한 구호금품의 가액

　　라. 다음의 기관(병원은 제외한다)에 시설비·교육비·장학금 또는 연구비로 지출하는 기부금

　　　　1) 「사립학교법」에 따른 사립학교

　　　　2) 비영리 교육재단(국립·공립·사립학교의 시설비, 교육비, 장학금 또는 연구비 지급을 목적으로 설립된 비영리 재단법인으로 한정한다)

　　　　3) 「국민 평생 직업능력 개발법」에 따른 기능대학

　　　　4) 「평생교육법」에 따른 전공대학의 명칭을 사용할 수 있는 평생교육시설 및 원격대학 형태의 평생교육시설

　　　　5) 「경제자유구역 및 제주국제자유도시의 외국교육기관 설립·운영에 관한 특별법」에 따라 설립된 외국교육기관 및 「제주특별자치도 설치 및 국제자유도시 조성을 위한 특별법」에 따라 설립된 비영리법인이 운영하는 국제학교

　　　　6) 「산업교육진흥 및 산학연협력촉진에 관한 법률」에 따른 산학협력단

　　　　7) 「한국과학기술원법」에 따른 한국과학기술원, 「광주과학기술원법」에 따른 광주과학기술원, 「대구경북과학기술원법」에 따른 대구경북과학기술원, 「울산과

학기술원법」에 따른 울산과학기술원 및 「한국에너지공과대학교법」에 따른 한국에너지공과대학교

8) 「국립대학법인 서울대학교 설립·운영에 관한 법률」에 따른 국립대학법인 서울대학교, 「국립대학법인 인천대학교 설립·운영에 관한 법률」에 따른 국립대학법인 인천대학교 및 이와 유사한 학교로서 대통령령으로 정하는 학교

9) 「재외국민의 교육지원 등에 관한 법률」에 따른 한국학교(대통령령으로 정하는 요건을 충족하는 학교만 해당한다)로서 대통령령으로 정하는 바에 따라 기획재정부장관이 지정·고시하는 학교

마. 다음의 병원에 시설비·교육비 또는 연구비로 지출하는 기부금

1) 「국립대학병원 설치법」에 따른 국립대학병원

2) 「국립대학치과병원 설치법」에 따른 국립대학치과병원

3) 「서울대학교병원 설치법」에 따른 서울대학교병원

4) 「서울대학교치과병원 설치법」에 따른 서울대학교치과병원

5) 「사립학교법」에 따른 사립학교가 운영하는 병원

6) 「암관리법」에 따른 국립암센터

7) 「지방의료원의 설립 및 운영에 관한 법률」에 따른 지방의료원

8) 「국립중앙의료원의 설립 및 운영에 관한 법률」에 따른 국립중앙의료원

9) 「대한적십자사 조직법」에 따른 대한적십자사가 운영하는 병원

10) 「한국보훈복지의료공단법」에 따른 한국보훈복지의료공단이 운영하는 병원

11) 「방사선 및 방사성동위원소 이용진흥법」에 따른 한국원자력의학원

12) 「국민건강보험법」에 따른 국민건강보험공단이 운영하는 병원

13) 「산업재해보상보험법」 제43조 제1항 제1호에 따른 의료기관

바. 사회복지사업, 그 밖의 사회복지활동의 지원에 필요한 재원을 모집·배분하는 것을 주된 목적으로 하는 비영리법인(대통령령으로 정하는 요건을 충족하는 법인만 해당한다)으로서 대통령령으로 정하는 바에 따라 기획재정부장관이 지정·고시하는 법인에 지출하는 기부금

(6) 법인세법 시행령 제39조 제1항 제1호 각 목에 따른 공익법인등 및 소득세법 시행령 제80조 제1항 제5호에 따른 공익단체[194]가 운영하는 고유목적사업. 다만, 회원의 친목 또는 이익을 증진시키거나 영리를 목적으로 대가를 수수하는 등 공익성이 있다고

---

194) 2021. 2. 17. 개정으로 인해 법인세법상 법정기부금단체와 지정기부금단체는 공익법인으로, 소득세법상 기부금대상 민간단체는 공익단체로 명칭이 변경되었다.

보기 어려운 고유목적사업은 제외한다.

① 법인세법 시행령 제36조 제1항 제1호 각 목의 비영리법인(단체 및 비영리외국법인을 포함하며, "공익법인등"이라 함)에 대하여 해당 공익법인등의 고유목적사업비로 지출하는 기부금. 다만, 바목에 따라 지정·고시된 법인에 지출하는 기부금은 지정일이 속하는 연도의 1월 1일부터 3년간(지정받은 기간이 끝난 후 2년 이내에 재지정되는 경우에는 재지정일이 속하는 사업연도의 1월 1일부터 6년간으로 한다. "지정기간"이라 함) 지출하는 기부금으로 한정한다.[195]

가. 「사회복지사업법」에 따른 사회복지법인(→ 위 (3)과 중첩된다)

나. 「영유아보육법」에 따른 어린이집(→ 위 (2)와 중첩된다)

다. 「유아교육법」에 따른 유치원, 「초·중등교육법」 및 「고등교육법」에 따른 학교, 「근로자직업능력 개발법」에 따른 기능대학, 「평생교육법」 제31조 제4항에 따른 전공대학 형태의 평생교육시설 및 같은 법 제33조 제3항에 따른 원격대학 형태의 평생교육시설(→ 평생교육법 등이 포함된다는 점에서 위 (2)보다 범위가 넓다)

라. 「의료법」에 따른 의료법인(→ 위 (4)에 포함된다)

마. 종교의 보급, 그 밖에 교화를 목적으로 「민법」 제32조에 따라 문화체육관광부장관 또는 지방자치단체의 장의 허가를 받아 설립한 비영리법인(그 소속 단체를 포함한다)(→ 주무관청의 허가를 요건으로 한다는 점에서 위 (1)보다 범위가 좁다)

바. 「민법」 제32조에 따라 주무관청의 허가를 받아 설립된 비영리법인("「민법」상 비영리법인"이라 함), 비영리외국법인, 「협동조합 기본법」 제85조에 따라 설립된 사회적협동조합("사회적협동조합"이라 함), 「공공기관의 운영에 관한 법률」 제4조에 따른 공공기관(같은 법 제5조 제4항 제1호에 따른 공기업은 제외한다. "공공기관"이라 함) 또는 법률에 따라 직접 설립 또는 등록된 기관 중 다음의 요건을 모두 충족한 것으로서 국세청장(주사무소 및 본점소재지 관할 세무서장을 포함한다.)의 추천을 받아 기획재정부장관이 지정하여 고시한 법인. 이 경우 국세청장은 해당 법인의 신청을 받아 기획재정부장관에게 추천해야 한다.[196]

1) 다음의 구분에 따른 요건

---

195) 2018. 2. 13. 개정으로 인해 정부로부터 허가 또는 인가를 받은 학술연구단체·장학단체·기술진흥단체·문화·예술단체 또는 환경보호운동단체와 법인세법 시행규칙 별표 6의2에 따른 비영리법인은 2020. 12. 31.까지만 공익법인(구 지정기부금단체)에 해당한다.

196) 공익법인(구 지정기부금단체)의 지정체계를 개선하고 및 지정요건을 강화하기 위하여 2020. 2. 11. 개정되었다. 2021. 1. 1. 이후 지정 신청하는 경우부터는 지정 신청·추천 기관 주무관청에서 국세청(관할 세무서장 포함)으로 변경되었다.

가) 「민법」상 비영리법인 또는 비영리외국법인의 경우 : 정관의 내용상 수입을 회원의 이익이 아닌 공익을 위하여 사용하고 사업의 직접 수혜자가 불특정 다수일 것(비영리외국법인의 경우 추가적으로 「재외동포의 출입국과 법적 지위에 관한 법률」 제2조에 따른 재외동포의 협력·지원, 한국의 홍보 또는 국제교류·협력을 목적으로 하는 것일 것). 다만, 「상속세 및 증여세법 시행령」 제38조 제8항 제2호 각 목 외의 부분 단서에 해당하는 경우에는 해당 요건을 갖춘 것으로 본다.

나) 사회적협동조합의 경우 : 정관의 내용상 「협동조합 기본법」 제93조 제1항 제1호부터 제3호까지의 사업 중 어느 하나의 사업을 수행하는 것일 것

다) 공공기관 또는 법률에 따라 직접 설립 또는 등록된 기관의 경우 : 설립목적이 사회복지·자선·문화·예술·교육·학술·장학 등 공익목적 활동을 수행하는 것일 것

2) 해산하는 경우 잔여재산을 국가·지방자치단체 또는 유사한 목적을 가진 다른 비영리법인에 귀속하도록 한다는 내용이 정관에 포함되어 있을 것

3) 인터넷 홈페이지가 개설되어 있고, 인터넷 홈페이지를 통해 연간 기부금 모금액 및 활용실적을 공개한다는 내용이 정관에 포함되어 있으며, 법인의 공익위반 사항을 국민권익위원회, 국세청 또는 주무관청 등 공익위반 사항을 관리·감독할 수 있는 기관(이하 "공익위반사항 관리·감독 기관"이라 한다) 중 1개 이상의 곳에 제보가 가능하도록 공익위반사항 관리·감독기관이 개설한 인터넷 홈페이지와 해당 법인이 개설한 홈페이지가 연결되어 있을 것

4) 비영리법인으로 지정·고시된 날이 속하는 연도와 그 직전 연도에 해당 비영리법인의 명의 또는 그 대표자의 명의로 특정 정당 또는 특정인에 대한 「공직선거법」 제58조 제1항에 따른 선거운동을 한 사실이 없을 것

5) 제12항에 따라 지정이 취소된 경우에는 그 취소된 날부터 3년, 제9항에 따라 추천을 받지 않은 경우에는 그 지정기간의 종료일부터 3년이 지났을 것. 다만, 제5항 제1호에 따른 의무를 위반한 사유만으로 지정이 취소되거나 추천을 받지 못한 경우에는 그렇지 않다.

② 소득세법 시행령 제80조 제1항 제5호에 따른 기부금대상 민간단체

「비영리민간단체 지원법」에 따라 등록된 단체 중 다음 각 목의 요건을 모두 충족한 것으로서 행정안전부장관의 추천을 받아 기획재정부장관이 지정한 단체("공익

단체"라 함)에 지출하는 기부금. 다만, 공익단체에 지출하는 기부금은 지정일이 속하는 과세기간의 1월 1일부터 3년간(지정받은 기간이 끝난 후 2년 이내에 재지정되는 경우에는 재지정일이 속하는 과세기간의 1월 1일부터 6년간) 지출하는 기부금만 해당한다.

가. 해산시 잔여재산을 국가·지방자치단체 또는 유사한 목적을 가진 비영리단체에 귀속하도록 한다는 내용이 정관에 포함되어 있을 것

나. 수입 중 개인의 회비·후원금이 차지하는 비율이 기획재정부령으로 정하는 비율을 초과할 것. 이 경우 다음의 수입은 그 비율을 계산할 때 수입에서 제외한다.

　1) 국가 또는 지방자치단체로부터 받는 보조금

　2)「상속세 및 증여세법」제16조 제1항에 따른 공익법인등으로부터 지원받는 금액

다. 정관의 내용상 수입을 친목 등 회원의 이익이 아닌 공익을 위하여 사용하고 사업의 직접 수혜자가 불특정 다수일 것. 다만, 「상속세 및 증여세법 시행령」제38조 제8항 제2호 단서에 해당하는 경우에는 해당 요건을 갖춘 것으로 본다.

라. 지정을 받으려는 과세기간의 직전 과세기간 종료일부터 소급하여 1년 이상 비영리민간단체 명의의 통장으로 회비 및 후원금 등의 수입을 관리할 것

마. 기부금 모금액 및 활용실적 공개 등과 관련하여 다음의 요건을 모두 갖추고 있을 것. 다만, 「상속세 및 증여세법」제50조의 3 제1항 제2호에 따른 사항을 같은 법 시행령 제43조의 3 제4항에 따른 표준서식에 따라 공시하는 경우에는 기부금 모금액 및 활용실적을 공개한 것으로 본다.

　1) 행정안전부장관의 추천일 현재 인터넷 홈페이지가 개설되어 있을 것

　2) 1)에 따라 개설된 인터넷 홈페이지와 국세청의 인터넷 홈페이지를 통하여 연간 기부금 모금액 및 활용실적을 매년 4월 30일까지 공개한다는 내용이 정관에 포함되어 있을 것

　3) 재지정의 경우에는 매년 4월 30일까지 1)에 따라 개설된 인터넷 홈페이지와 국세청의 인터넷 홈페이지에 연간 기부금 모금액 및 활용실적을 공개했을 것

바. 지정을 받으려는 과세기간 또는 그 직전 과세기간에 공익단체 또는 그 대표자의 명의로 특정 정당 또는 특정인에 대한 「공직선거법」제58조 제1항에 따른 선거운동을 한 사실이 없을 것

(7) 법인세법 시행령 제39조 제1항 제2호 다목에 해당하는 기부금을 받는 자가 해당 기부금으로 운영하는 사업. 다만, 회원의 친목 또는 이익을 증진시키거나 영리를 목적으로 대가를 수수하는 등 공익성이 있다고 보기 어려운 고유목적사업은 제외한다.

여기에서 법인세법 시행령 제39조 제1항 제2호 다목에 해당하는 기부금은 사회복지·문화·예술·교육·종교·자선·학술 등 공익목적으로 지출하는 기부금으로서 기획재정부장관이 고시하는 아래에 해당하는 기부금을 말한다.

기획재정부장관이 고시하는 공익목적 기부금의 범위

1. 보건복지가족부장관이 인정하는 의료취약지역에서 비영리법인이 행하는 의료사업의 사업비·시설비·운영비로 지출하는 기부금
2. 「국민체육진흥법」에 따른 국민체육진흥기금으로 출연하는 기부금
3. 「전쟁기념사업회법」에 따른 전쟁기념사업회에 전쟁기념관 또는 기념탑의 건립비용으로 지출하는 기부금
4. 「중소기업협동조합법」에 따른 중소기업공제사업기금 또는 소기업·소상공인공제에 출연하는 기부금
5. 「중소기업협동조합법」에 따른 중소기업중앙회에 중소기업연수원 및 중소기업제품전시장의 건립비와 운영비로 지출하는 기부금
6. 「중소기업협동조합법」에 따른 중소기업중앙회에 중소기업글로벌지원센터(중소기업이 공동으로 이용하는 중소기업 지원시설만 해당한다)의 건립비로 지출하는 기부금
7. 「중소기업협동조합법」에 따른 중소기업중앙회에 중소기업의 정보자원(정보 및 설비, 기술, 인력 등 정보화에 필요한 자원을 말한다) 도입을 무상으로 지원하기 위한 사업비로 지출하는 기부금
8. 「산림조합법」에 따른 산림조합중앙회에 산림자원 조성기금으로 출연하는 기부금
9. 「근로복지기본법」에 따른 근로복지진흥기금으로 출연하는 기부금
10. 「발명진흥법」에 따른 발명진흥기금으로 출연하는 기부금
11. 「과학기술기본법」에 따른 과학기술진흥기금으로 출연하는 기부금
12. 「여성기업지원에 관한 법률」에 따른 한국여성경제인협회에 여성경제인박람회개최비 또는 연수원 및 여성기업종합지원센터의 건립비로 지출하는 기부금
13. 「방송법」에 따라 종교방송을 하는 방송법인에 방송을 위한 건물(방송에 직접 사용되는 부분으로 한정한다)의 신축비로 지출하는 기부금
14. 「보호관찰 등에 관한 법률」에 따른 범죄예방자원봉사위원지역협의회 및 그 전국연합회에 청소년 선도보호와 범법자 재범방지활동을 위하여 지출하는 기부금
15. 「한국은행법」에 따른 한국은행, 그 밖의 금융기관이 「금융위원회의 설치 등에 관한 법

률」제46조 제2호 및 제3호에 따라 금융감독원에 지출하는 출연금

16. 국제체육대회 또는 세계선수권대회의 경기종목에 속하는 경기와 씨름·국궁 및 택견의 기능향상을 위하여 지방자치단체나 대한체육회(시도체육회, 시·군·구체육회 및 대한체육회 회원종목단체, 시도체육회 회원종목단체, 시·군·구 회원종목단체를 포함한다. 이하 이 호에서 같다)가 추천하는 자에게 지출하거나 대한체육회에 운동선수양성, 단체경기비용, 생활체육진흥 등을 위하여 지출하는 기부금

17. 국제기능올림픽대회에 참가할 선수의 파견비용으로 국제기능올림픽대회한국위원회에 지출하는 기부금

18. 「지능정보화 기본법」에 따른 한국지능정보사회진흥원에 지출하는 기부금(정보통신기기 및 소프트웨어로 기부하는 것으로 한정한다)

19. 「근로자직업능력 개발법 시행령」제2조에 따른 공공단체에 근로자훈련사업비로 지출 하는 기부금

20. 「숙련기술장려법」제6조에 따라 한국산업인력공단에 숙련기술장려적립금으로 출연하 는 기부금

21. 「국민기초생활 보장법」제15조의2 제1항에 따른 중앙자활센터와 같은 법 제16조 제1항 에 따른 지역자활센터에 각각 같은 법 제15조의2 제1항 및 제16조 제1항 각 호에 따른 사업을 위하여 지출하는 기부금

22. 「한국교통안전공단법」에 따른 교통안전공단에 자동차손해배상보장사업비로 지출하는 기부금

23. 사단법인 한국중화총상회에 국내에서 개최되는 세계화상대회 개최비로 지출하는 기부금

24. 「협동조합 기본법」에 따른 사회적협동조합, 사회적협동조합연합회(전체 사업량의 40% 이 상을 협동조합기본법 제93조 제1항에 따른 사업을 수행하는 것으로 정관에 규정한 연합회로 한정한다) 및 「사회적기업 육성법」에 따른 사회적기업(비영리법인으로 한정한다)의 사회서비스 또는 일 자리를 제공하는 사업을 위하여 지출하는 기부금

25. 「농어업경영체 육성 및 지원에 관한 법률」에 따른 농어업경영체에 대한 교육사업을 위 하여 사단법인 한국농수식품씨이오연합회에 지출하는 기부금

26. 「대한소방공제회법」에 따른 대한소방공제회에 직무수행 중 순직한 소방공무원의 유가 족 또는 상이를 입은 소방공무원의 지원을 위하여 지출하는 기부금

27. 「장애인기업활동 촉진법」에 따른 한국장애경제인협회에 장애경제인에 대한 교육훈련 비, 장애경제인 창업지원사업비, 장애경제인협회 회관·연수원 건립비, 장애경제인대 회 개최비 및 장애인기업종합지원센터의 설치·운영비로 지출하는 기부금

28. 「대한민국헌정회 육성법」에 따른 대한민국헌정회에 정책연구비 및 헌정기념에 관한 사 업비로 지출하는 기부금

29. 사단법인 한국회계기준원에 국제회계기준위원회재단 재정지원을 위하여 지출하는 기 부금

30. 저소득층의 생활 안정 및 복지 향상을 위한 신용대출사업으로서 「법인세법 시행령」제

3조 제1항 제11호에 따른 사업을 수행하고 있는 비영리법인에 그 사업을 위한 비용으로 지출하는 기부금

31. 「건설근로자의 고용개선 등에 관한 법률」에 따른 건설근로자공제회에 건설근로자의 복지증진 사업을 위하여 지출하는 기부금

32. 「문화예술진흥법」 제7조에 따른 전문예술단체에 문화예술진흥사업 및 활동을 지원하기 위하여 지출하는 기부금

33. 「중소기업진흥에 관한 법률」에 의한 중소벤처기업진흥공단에 같은 법 제67조 제1항 제20호에 따른 사업을 위하여 지출하는 기부금

34. 「여신전문금융업법」 제62조에 따른 여신전문금융업협회에 금융사고를 예방하기 위하여 같은 법 시행령 제6조의13 제1항에 따른 영세한 중소신용카드가맹점의 신용카드 단말기 교체를 지원하기 위하여 지출하는 기부금

35. 「정보통신기반 보호법」 제16조에 따른 정보공유·분석센터에 금융 분야의 주요 정보통신기반시설에 대한 침해사고 예방, 취약점의 분석·평가 등 정보통신기반시설 보호 사업을 위하여 지출하는 기부금

36. 「상공회의소법」에 의한 대한상공회의소에 「근로자직업능력 개발법」에 따른 직업능력개발사업 및 「유통산업발전법」 제2조 제1호에 따른 유통산업 지원 사업을 위하여 지출하는 기부금

37. 「보험업법」 제175조에 따른 보험협회에 생명보험 사회공헌사업 추진을 위한 협약에 따라 사회공헌기금 등을 통하여 수행하는 사회공헌사업을 위하여 지출하는 기부금

38. 「노동조합 및 노동관계조정법」 제10조 제2항에 따른 총연합단체인 노동조합이 시행하는 노사상생협력증진에 관한 교육·상담 사업, 그 밖에 선진 노사문화 정착과 노사 공동의 이익증진을 위한 사업으로서 고용노동부장관이 정하는 사업을 위하여 지출하는 기부금

39. 해외난민을 위하여 지출하는 기부금

40. 「법인세법」 제24조 제2항 제1호 마목의 병원에 자선의료비로 지출하는 기부금

41. 「도서관법」에 따라 등록된 작은도서관에 사업비, 시설비, 운영비로 지출하는 기부금

42. 「신용보증기금법」에 따른 신용보증기금의 보증·보험사업을 위해 기업이 출연하는 기부금

43. 「기술보증기금법」에 따른 기술보증기금의 보증사업을 위해 기업이 출연하는 기부금

44. 「근로복지기본법」에 따른 사내근로복지기금 또는 공동근로복지기금으로 출연하는 기부금(사업자 외의 개인이 출연하는 것으로 한정한다)

45. 「지역신용보증재단법」에 따른 신용보증재단 및 신용보증재단중앙회의 보증사업을 위해 기업이 출연하는 기부금

46. 「여신전문금융업법」 제62조에 따른 여신전문금융업협회에 기획재정부에서 시행하는 상생소비지원금 사업의 통합서버 구축·운영비로 지출하는 기부금

- 열거주의 : 그리고 규정(상증세법 제16조, 상증세법 시행령 제12조)의 형식이나 내용에 비추어 볼 때, 상증세법 시행령 제12조에 규정한 공익사업은 공익사업의 종류를 예시한 것이 아니라 이를 한정한 규정으로 보아야 할 것이다. 따라서 이러한 우대조치를 받는 대상이 되는 공익법인 등은 상증세법 시행령 및 상증세법 시행규칙에 열거된 자에 한하도록 엄격하게 해석하여야 한다(대법원 96누7700, 1996. 12. 10. : 국심 2005구311, 2005. 4. 22.).

- 공익법인에서 제외된 법인의 경우 : 기부금단체와 공익법인 범위의 일관성을 제고하기 위해 2018. 2. 13. 상증세법 시행령 개정을 통해 공익법인의 범위가 정비되었으며 동 개정 규정은 2019. 1. 1. 이후 개시하는 사업연도부터 적용되었다. 개정에 따라 공익법인의 범위에서 삭제된 아래에 해당하는 공익법인 중 2018. 12. 31. 현재 공익법인에 해당하는 법인은 관련 부칙에 따라 2020. 12. 31.까지 공익법인의 지위가 유지되며, 2021. 1. 1. 이후부터는 공익법인으로 새로이 지정·고시(→ 위 (6) ① 바목)되지 않는 한 공익법인에 해당하지 않는다. 한편, 공익법인이 개정에 따라 공익법인에 해당하지 아니하게 되는 경우 증여세가 부과되지 않으나, 공익법인등에 해당하지 않게 된 이후에도 공익법인등에 적용되는 모든 의무를 준수하여야 한다(서면 – 2020 – 법령해석법인 – 3494, 2021. 10. 4.).

| 공익법인 범위에서 제외되는 단체 |

구 상증세법 시행령 제12조(2018. 2. 13. 대통령령 제28638호로 개정되기 이전의 것)
제5호. 「공익법인의 설립·운영에 관한 법률」의 적용을 받는 공익법인이 운영하는 사업
제6호. 예술 및 문화에 현저히 기여하는 사업 중 영리를 목적으로 하지 아니하는 사업으로서 관계행정기관의 장의 추천을 받아 기획재정부장관이 지정하는 사업
제7호. 공중위생 및 환경보호에 현저히 기여하는 사업으로서 영리를 목적으로 하지 아니하는 사업
제8호. 공원 기타 공중이 무료로 이용하는 시설을 운영하는 사업
제11호. 제1호 내지 제5호·제7호 또는 제8호와 유사한 사업으로서 기획재정부령이 정하는 사업

- 법인 아닌 그 밖의 단체 포함 : 이때 공익법인 등은 반드시 법인만을 의미하는 것이 아니라 법인이 아닌 단체 등도 가능하다.
- 법인세법과의 관계 : 그런데 상증세법상 공익법인의 공익사업이 법인세법상 비영리법인의 고유목적사업(법인세법 제3조 제3항에 규정한 '수익사업' 이외의 사업)과 반드시 일치

하는 것은 아니라는 점(예컨대 의료사업은 상증세법상 공익사업이기는 하나 법인세법상 수익사업에 해당한다)에 유의하여야 한다. 조세법 전체 체계로 보면 이 둘이 서로 일치하여야 할 것으로 보이나 각 개별세법의 입법취지와 규율목적이 다르다는 점에서 모순되는 것은 아니다.

• 공익외국법인 : 2018. 2. 13. 법인세법 시행령 개정으로 인해 법인세법 시행령 제39조 제1항 제1호에 따른 공익법인의 범위에 비영리외국법인이 포함됨에 따라 비영리외국법인도 공익법인의 범위에 포함될 수 있다.[197]

※ **공익법인 등과 비영리법인의 비교**

아래에서는 상증세법상의 공익법인 등의 개념과 유사한 민법상의 비영리법인 등에 관하여 참조목적으로 비교하여 보았다.[198]

법인세법 제2조 제2호 (비영리법인)	민법 제32조 (비영리법인)	상증세법 시행령 제12조 (공익법인 등)

(1) 법인세법 제2조 제2호(비영리법인)

① 민법 제32조의 규정에 의하여 설립된 법인

② 사립학교법 그 밖의 특별법에 의하여 설립된 법인으로서 민법 제32조에 규정된 목적과 유사한 목적을 가진 법인(대통령령이 정하는 조합법인 등이 아닌 법인으로서 그 주주·사원 또는 출자자에게 이익을 배당할 수 있는 법인을 제외한다)

③ 국세기본법 제13조 제4항의 규정에 의한 법인으로 보는 법인격이 없는 단체 (이하 "법인으로 보는 단체"라 한다)

---

197) 개정 이전에는 과세가액 불산입규정을 적용받는 공익법인 등은 공익내국법인 등만이 해당되므로 해당 공익법인 등이 외국에 소재한다면 비영리외국법인에 해당하므로 국내에 있는 재산을 증여받은 경우에는 증여세를 납부할 의무가 있다고 해석한 바 있다(재산-1898, 2008. 7. 25.).

198) 비영리법인이 반드시 불특정 다수의 이익이 아닌 일부 계층만의 이익을 목적으로 해도 되지만, 공익법인은 반드시 불특정 다수의 이익을 목적으로 한다는 점에서 구별된다.

> **(2) 민법 제32조**(비영리법인)
>
> 학술, 종교, 자선, 기예, 사교 그 밖의 영리 아닌 사업을 목적으로 하는 사단 또는
> 재단은 주무관청의 허가를 얻어 이를 법인으로 할 수 있다.
>
> **(3) 상증세법 시행령 제12조**(공익법인 등)
>
> 위에서 본바와 같이, 상증세법상 공익법인 등이 법인세법상의 비영리법인보다 그
> 범위가 좁다. 이는 상증세법상의 공익법인 등에게 상대적으로 강한 공익성을 요
> 구하여 상속세 및 증여세 과세가액 불산입의 혜택을 준다는 점에서 합리적이다.

4. 출연단계에서 지켜야 할 의무(사후관리) – 의무불이행시 상속세 과세가액 산입

공익사업에의 出捐이 과세가액에 불산입되는 것을 악용한 상속세의 면탈을 우려하여
상증세법은 '공익사업'의 요건과 사후관리에 관하여 상세한 규정을 두고 있다(상증세법 시행
령 제13조 이하 참조).

1) 내국법인의 주식 등을 5% 초과 출연한 경우 상속세 과세가액 산입

(1) 의의

이 규정은 주요 기업의 주주들이 자신이 설립하는 공익법인에 소유기업의 주식을
출연함으로써 기업에 대한 지배력은 간접적으로 유지하면서 상속세의 부담을 줄이
려는 경향이 있어 취한 조치이다(헌재 2002헌바63, 2004. 7. 15.).

이에 따라 공익법인 등에 내국법인의 의결권 있는 주식 또는 출자지분을 출연하는
경우로서 다음[아래 (2)]의 주식 등을 합한 것이 해당 내국법인의 의결권 있는 발행주
식총수 또는 출자총액(자기주식과 자기출자지분은 제외한다[199])의 5%를 초과하는 경우에는
그 초과하는 가액을 상속세 과세가액에 산입한다.

- [자기주식] 의결권 있는 발행주식총수란 발행 당시 의결권이 있는 주식을 의미하는
  것이고, 주식발행 당시가 아닌 출연일 현재의 의결권 유무를 기준으로 의결권 있는
  발행주식총수를 산정할 경우에는 자기주식의 취득 및 처분 등에 따라 계산시점마다
  증여세의 면제범위가 변동함으로써 출연을 받는 공익법인의 입장에서 법적인 안정성
  을 결여한다. 따라서 주식발행 당시에는 의결권이 있으나 이를 당해 회사가 소유하고

---

199) 2017. 1. 1. 개정에서 공익법인 등이 출연받은 주식 등의 비율 산정방법의 합리성을 제고하기 위하여
내국법인의 의결권 있는 발행주식총수 또는 출자총액을 산정하는 경우 그 내국법인의 자기주식과 자
기출자지분을 제외하도록 하였다. 2017. 1. 1. 이후 출연하는 분부터 적용한다.

있는 동안만 일시적으로 의결권이 휴지되는 자기주식은, 당해 내국법인의 의결권 있는 발행주식총수 등에 포함된다(재재산-417, 2005. 10. 18. ; 국심 2004중2176, 2005. 5. 24.). 단, 2017. 1. 1. 이후 출연하는 주식 등의 경우에는 당해 내국법인의 의결권 있는 발행주식총수 또는 출자총액을 산정함에 있어 그 내국법인의 자기주식과 자기출자지분은 제외된다.

- [무의결권 주식] 따라서 공익사업에 사용할 재원을 마련하기 위한 순수한 투자목적의 의결권 없는 주식 및 출자지분의 취득은 허용된다(헌재 2002헌바63, 2004. 7. 15.). 물론 상법상 의결권이 없거나 제한되는 종류주식의 발행총수는 발행주식총수의 4분의 1을 초과하지 못한다(상법 제344조의 3).

(2) 5% 계산범위(상증세법 제16조 제2항 제1호)

아래의 주식 등을 모두 합하여 판정한다(상증세법 집행기준 16-13-2). 이때 출연자가 사망한 경우에는 그 상속인을 말한다(상증세법 시행령 제13조 제7항 제1호).

① 출연하는 주식 등
② 출연자가 출연할 당시 해당 공익법인 등이 보유하고 있는 동일한 내국법인의 주식 등
③ 출연자 및 그의 특수관계인이 해당 공익법인 등 외의 다른 공익법인 등에 출연한 동일한 내국법인의 주식 등
④ 상속인 및 그의 특수관계인이 재산을 출연한 다른 공익법인 등이 보유하고 있는 동일한 내국법인의 주식 등

※ 이를 도표로 보이면 다음과 같다.

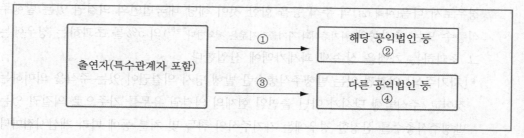

(3) 판정시기

초과출연 여부의 판정을 출연일 현재를 기준으로 하므로, 출연시점에는 일시적으로 한도를 초과하였다가 연도 중에 매각하여 주주명부의 폐쇄일 직전일 등 계산기준시점(상증세법 시행령 제37조 제1항)에 초과하지 않은 경우라도 초과출연으로 보아 상속세를

과세한다.

- [증여세와 비교] 증여세에서는 취득·출연시점 이후 유상증자나 감자의 경우 계산 기준시점까지 유예기간을 두어 그 기간 내 초과분을 처분하면 증여세를 과세하지 않는다.

2) 법§48⑪요건충족공익법인 등에 주식 등을 10%(20%)[200] 초과 출연한 경우 상속세 과세가액 산입

(1) 의의

공익법인 등 중에 회계 등이 투명하게 처리되고 운용소득이 공익사업에 성실히 사용되는 등 일정한 요건을 갖춘 법인 등(법§48⑪요건충족 공익법인 등)에 주식 등을 출연하는 경우에는 주식보유에 대한 제한을 완화한다. 출연자 등이 공익법인을 사실상 지주회사화하여 해당 내국법인 등을 지배할 위험이 상대적으로 적고, 공익법인 등에 대한 주식 등의 출연을 어느 정도 활성화할 필요가 있기 때문이다. 종전에는 아래의 성실공익법인 등의 요건을 충족하는 것만으로 적용여부가 결정되었으나, 공익법인의 공익성을 제고한다는 취지에서 2017년부터 적용대상이 상호출자제한기업집단과 특수관계가 없는 성실공익법인 등으로 한정되었다.[201]

│ 구 성실공익법인 등의 요건 │

구 상증세법 제16조 제2항 제2호(2020. 12. 22. 법률 제17654호로 개정되기 이전의 것), 구 상증세법 시행령 제13조 제3항 내지 제5항, 제8조 제5항 및 제6항(2021. 2. 17. 대통령령 제31446호로 개정되기 이전의 것)에 따른 아래의 요건을 모두 갖춘 공익법인 등을 성실공익법인 등이라 하였다.

① 해당 공익법인 등의 운용소득(상증세법 시행령 제38조 제5항에 따른 운용소득을 말한다)의 80% 이상을 직접 공익목적사업에 사용할 것

② 출연자(재산출연일 현재 해당 공익법인 등의 총출연재산가액의 1%에 상당하는 금액과 2천만원 중 적은 금액을 출연한 자는 제외한다) 또는 그의 특수관계인이 공익법인 등의 이사 현원(이사 현원이 5명에 미달하는 경우에는 5명으로 본다)의 5분의 1을 초과하지 아니할 것

③ 상증세법 제50조 제3항에 따라 외부감사를 이행할 것

④ 상증세법 제50조의 2에 따라 전용계좌를 개설하여 사용할 것

⑤ 상증세법 제50조의 3에 따라 결산서류 등의 공시를 이행할 것

---

200) 2008. 1. 1. 이후 최초로 공익법인 등에 주식 등을 출연하거나 공익법인 등이 주식 등을 취득하는 분부터 적용한다.

201) 2017. 7. 1. 이후 출연하는 분부터 적용한다.

202) 이 영 시행일(2013. 2. 15.)이 속하는 연도에 최초로 개시하는 과세기간 또는 사업연도분부터 적용하되,

위 성실공익법인 등의 요건 중 외부감사 도입, 전용계좌 개설 및 사용, 결산서류의 공시 의무 이행 등의 요건은 공익법인 등의 투명성을 높이기 위한 조치로 2007년 12월 31일 상증세법 개정 시 추가되었다.

⑥ 상증세법 제51조에 따른 장부의 작성·비치 의무를 이행할 것

성실공익법인 등의 공익성과 투명성을 강화하기 위하여 성실공익법인 등의 요건에 장부의 작성·비치 의무 등을 추가하였다. 개정규정은 2013년 1월 1일 시행 후 개시하는 소득세 과세기간 또는 법인세 사업연도분부터 적용하되, 이 법 시행 당시 종전의 규정에 따른 성실공익법인 등에 해당하는 경우 2013년 1월 1일 시행 후 최초로 개시한 소득세 과세기간 또는 법인세 사업연도가 종료될 때까지 성실공익법인 등으로 보아 이 법을 적용한다.

⑦ 상증세법 제48조 제3항에 따른 출연자에 대한 출연재산 사용수익금지의무(자기내부거래를 하지 아니할 것)를 이행할 것[202]

이는 공익법인 등에 대한 사적 지배를 방지하기 위한 요건으로 성실공익법인 등의 공익성을 강화하기 위해 자격요건에 추가하였다.

⑧ 상증세법 제48조 제10항 전단에 따른 계열기업 홍보금지의무(광고·홍보를 하지 아니할 것)를 이행할 것

이는 공익법인 등에 대한 사적 지배를 방지하기 위한 요건으로 성실공익법인 등의 공익성을 강화하기 위해 자격요건에 추가하였다.[203]

그리고 2018년부터는 공익법인을 통한 자선·장학·사회복지활동을 지원한다는 취지로 자선·장학 또는 사회복지를 목적으로 하고, 해당 성실공익법인 등이 출연받은 주식이나 출자지분의 의결권을 행사하지 않는 경우에 대하여 주식 등의 보유한도를 상향조정(10% → 20%)하였다(상증세법 제16조 제2항 제2호 가목).[204]

이 경우 출연받은 주식 등의 의결권을 행사하지 아니하는지 여부는 공익법인 등의 정관에 출연받은 주식의 의결권을 행사하지 아니할 것을 규정하였는지를 기준으로 판단하며, 자선·장학 또는 사회복지를 목적으로 하는지 여부는 해당 공익법인 등이 다음 각 호의 어느 하나에 해당하는지를 기준으로 판단한다.

이 영 시행일 당시 종전의 규정에 따른 성실공익법인 등에 해당하는 경우 이 영 시행일이 속하는 연도에 최초로 개시한 과세기간 또는 사업연도가 종료될 때까지 성실공익법인 등으로 보아 이 영을 적용한다.

203) 이 영 시행일(2013. 2. 15.)이 속하는 연도에 최초로 개시하는 과세기간 또는 사업연도분부터 적용하되, 이 영 시행일 당시 종전의 규정에 따른 성실공익법인 등에 해당하는 경우 이 영 시행일이 속하는 연도에 최초로 개시한 과세기간 또는 사업연도가 종료될 때까지 성실공익법인 등으로 보아 이 영을 적용한다.

204) 2018. 1. 1. 이후 출연받는 분부터 적용한다.

① 「사회복지사업법」 제2조 제3호에 따른 사회복지법인

② 직전 3개 소득세 과세기간 또는 법인세 사업연도에 직접 공익목적사업에 지출한 금액의 평균액의 100분의 80 이상을 자선·장학 또는 사회복지 활동에 지출한 공익법인 등

2021년부터는 일반공익법인과 성실공익법인의 명칭을 공익법인으로 일원화하였고 관련 규정을 정비함에 따라 성실공익법인 등은 상증세법 제48조 제11항 각 호의 요건을 충족하는 공익법인 등(이하 "법§48⑪요건충족공익법인 등"이라 한다)으로 칭하고, 주식을 발행주식총수의 5%를 초과하여 보유 가능한 법§48⑪요건충족공익법인 등의 요건을 합리화하였다.[205]

이에 따라 법§48⑪요건충족공익법인 등으로서 독점규제 및 공정거래에 관한 법률 제14조에 따른 상호출자제한기업집단(이하 "상호출자제한기업집단"이라 한다)과 특수관계에 있지 아니한 법§48⑪요건충족공익법인 등에 내국법인의 의결권 있는 주식 또는 출자지분을 출연하는 경우로서 다음[아래 (2)]의 주식 등을 합한 것이 해당 내국법인의 의결권 있는 발행주식총수 또는 출자총액(자기주식과 자기출자지분은 제외한다)의 10% 또는 20%를 초과하는 경우에는 그 초과하는 가액을 상속세 과세가액에 산입한다.

이를 정리하면 다음의 표와 같다.

구 분		주식보유 한도	한도 초과 시
상호출자제한기업집단과 특수관계 있는 경우 또는 법§48⑪요건충족공익법인에 해당하지 않는 경우		5%	한도 초과 보유분에 대하여 상속세 부과
법§48⑪요건충족 공익법인 등의 경우	일반공익법인 등	10%	
	의결권 미행사를 정관에 규정한 자선·장학 또는 사회복지를 목적사업으로 하는 공익법인 등	20%	

(2) 10%(20%) 계산 범위

앞서 설명한 5% 계산 범위와 같다.

(3) 판정시기

① [판정시기 및 방법(조심 2017구5205, 2018. 9. 3.)] 상증법 시행령 제40조 제2항 제1호는

---

205) 2021. 1. 1. 이후 개시하는 사업연도분부터 적용하며, 2021. 1. 1. 전에 개시한 사업연도 분에 대해서는 법 제16조 제2항 제2호의 개정규정에도 불구하고 종전의 규정에 따른다.

증여세 과세가액 및 과세기준일을 사업연도 종료일 현재로 규정하고 있을 뿐, 사업연도 종료일 현재 성실공익법인 요건을 충족하였다고 하여 과세대상에서 제외되는 졸업기준으로 보이지 아니하는 점, 성실공익법인 등의 자격요건과 관련된 상증법 시행령 제13조 제3항 각 호를 보면 "해당 공익법인 등의 운용소득의 80% 이상을 직접 공익목적사업에 사용할 것", "출연자 또는 그의 특수관계인이 공익법인 등의 이사 현원의 5분의 1을 초과하지 아니할 것" 등으로 규정하고 있는바, 이는 어느 일정 시점(사업연도 종료일)이 아닌 대상기간 동안 판단하여야 할 것으로 보이는 점, 사업연도 중 이사선임 요건을 충족하지 못하였다가 사업연도 종료일 현재만 충족하는 경우에도 성실공익법인에 해당하는 것으로 판단하는 경우 비영리재단 등을 통한 계열회사를 지배하는 것을 방지하기 위하여 이사선임요건을 두고 있는 입법취지에 부합하지 않는 점 등을 감안할 때, 판단시점을 특정시점이 아닌 사업연도 전체를 기준으로 판단함이 타당해 보인다.

이는 구 성실공익법인 등의 요건과 그 내용이 유사한 법§48⑪요건충족공익법인 등의 경우에도 해당 요건을 충족했는지 여부는 해당 과세기간 또는 사업연도 전체를 기준으로 판단한다(상증세법 시행령 제41조의 2 제5항).

- 최초로 설립한 사업연도에 주식을 출연받거나 취득한 공익법인의 경우에는 법§48⑪요건충족공익법인의 판정시기가 도래할 때까지는 법§48⑪요건충족공익법인으로 추정하여 출연·취득시점에서는 과세유보하고 그 판정시기가 도래했을 때에 과세 여부를 결정하는 것이 타당할 것이고,

- 법§48⑪요건충족공익법인은 운용소득을 1년 이내에 사용한 실적이 80%인지 여부를 가지고서 판단하므로 2××1사업연도에 설립된 공익법인의 경우에 최초로 법§48⑪요건충족공익법인인지 여부는 2××1사업연도에 발생한 운용소득을 2××2사업연도 종료일까지 80% 이상 사용했는지 여부를 가지고 판정해야 할 것이다(서면법규-1319, 2014. 12. 16. ; 서일 46014-11408, 2002. 10. 24.).

② [초과출연 여부의 판정] 앞서 살펴본 바와 같이, 출연일 현재를 기준으로 한다.

(4) 법§48⑪요건충족공익법인 등의 자격요건

법§48⑪요건충족공익법인 등이란 주식 또는 출자지분(이하 "주식등"이라 하며, 이 조, 제48조, 같은 법 시행령 제37조, 제38조, 제40조, 제41조의 2, 제42조, 제43조의 5 및 제80조에서는 의결권 있는 주식 또는 출자지분으로 한정한다)의 출연일 또는 취득일 현재를 기준으로 다음의 요건을 모두 충족한 법인을 말한다(상증세법 제16조 제2항 제2호, 제48조 제11항, 같은 법 시행령 제41조의 2 제1항 내지 제5항, 제38조 제5항 및 제6항).

① 해당 공익법인 등의 운용소득(상증세법 시행령 제38조 제5항에 따른 운용소득을 말한다)의 80% 이상을 직접 공익목적사업에 사용한 공익법인 등

이는 공익성 유지의무에 해당하는 것으로, 여기에서 직접 공익목적사업에 사용한 실적 및 기준금액은 상증세법 시행령 제38조 제6항을 준용한다(상증세법 시행령 제41조의 2 제4항).

즉 운용소득의 사용은 그 소득이 발생한 과세기간 또는 사업연도 종료일부터 1년 이내에 직접 공익목적사업에 사용한 실적(상증세법 시행령 제38조 제5항 제1호의 규정에 의하여 해당 과세기간 또는 사업연도 중 고유목적사업비로 지출된 금액으로서 손금에 산입된 금액을 포함한다)을 말한다(이 점 때문에 새로이 설립한 공익법인 등에 대한 최초 법§48⑪요건충족공익법인 등의 판정시기는 당해 공익법인 등이 설립한 사업연도의 다음 사업연도의 종료일 현재를 기준으로 하여 판정하는 것이 타당하다(서일 46014-11408, 2002. 10. 24.)). 이런 맥락에서 공익법인이 설립 당해 연도에 운용소득이 발생되지 않는다면(다음 연도에 직접공익목적사업에 사용할 운용소득 재원이 없음), 다음 연도 말까지 운용소득의 80% 이상 사용할 수 없어 다음 연도 연말 시점에 법§48⑪요건충족공익법인에 해당하지 않으므로 설립 당해 사업연도 말에도 법§48⑪요건충족공익법인에 해당하지 않는다(서면4팀-1247, 2008. 5. 23.).

이 경우 그 실적 및 기준금액은 각각 해당 과세기간 또는 사업연도와 직전 4과세기간 또는 사업연도와의 5년간의 평균금액을 기준으로 계산할 수 있으며 사업개시 후 5년이 경과되지 아니한 경우에는 사업개시 후 5년이 경과한 때부터 이를 계산한다(상증세법 시행령 제38조 제6항).

한편 운용소득의 사용비율이 지나치게 높아 현실성이 떨어진다는 비판을 감안하고 성실공익법인 운용제한을 완화함으로써 성실공익법인의 자금운용의 어려움을 해소하고 기부문화를 활성화하고자, 성실공익법인의 요건 중 운용소득의 공익목적사업 의무사용비율을 100분의 90 이상에서 100분의 80 이상으로 완화하였다. 그리고 이 개정규정은 2010년 사업연도[206]에서 발생한 운용소득분부터 적용하므로 이전 사업연도에 발생하였으나 2010년 사업연도에 사용하는 것은 적용되지 않는다(재산-565, 2010. 8. 6.).

그러므로 5년간의 평균금액을 기준으로 운용소득의 사용실적과 기준금액을 비교할 때에 기준금액은 당해 사업연도와 직전 4사업연도에 각각 시행되던 사용기준금액을 적용하여 평균금액을 계산하는 것이 타당하다(재산-768, 2010. 10. 19.).

② 출연재산가액(직접 공익목적사업에 사용해야 할 과세기간 또는 사업연도의 직전 과세기간 또는 사업연도 종료일 현재 수익용 또는 수익사업용으로 운용하는 재산(직접 공익목적사업용 재산은 제외한다)의

---

206) 2010. 2. 18.이 속하는 사업연도분부터 적용

[총 자산가액[207] – (부채가액 + 당기 순이익)])의 1%에 해당하는 금액 이상을 직접 공익 목적사업에 사용한 공익법인 등

이는 공익법인의 공익활동 강화를 촉진하기 위한 요건으로 2022. 1. 1. 이후 개시 하는 사업연도분부터 적용한다.

③ 출연자(재산출연일 현재 해당 공익법인 등의 총출연재산가액의 1%에 상당하는 금액과 2천만원 중 적은 금액을 출연한 자는 제외한다) 또는 그의 특수관계인이 공익법인 등의 이사 현원(이사 현원이 5명에 미달하는 경우에는 5명으로 본다)의 5분의 1을 초과하지 아니하는 공익법인 등

이는 공익법인 등에 대한 사적 지배를 방지하기 위한 자격요건의 하나이다.

④ 상증세법 제48조 제3항에 따른 출연자에 대한 출연재산 사용수익금지의무(자기내부거래를 하지 아니할 것)를 이행한 공익법인 등[208]

이는 공익법인 등에 대한 사적 지배를 방지하기 위한 요건으로 성실공익법인 등의 공익성을 강화하기 위해 자격요건에 추가하였다.

⑤ 상증세법 제48조 제10항 전단에 따른 계열기업 홍보금지의무(광고·홍보를 하지 아니할 것)를 이행한 공익법인 등

이는 공익법인 등에 대한 사적 지배를 방지하기 위한 요건으로 성실공익법인 등의 공익성을 강화하기 위해 자격요건에 추가하였다.[209]

한편 구 성실공익법인 등의 자격요건이었던 외부회계감사의무, 전용계좌 개설·사용의무, 결산서류 공시의무, 장부 작성·비치의무 등은 법§48⑪요건충족공익법인 등의 자격 요건에서는 제외되고 위반 시 가산세를 부과하는 사후관리 의무로 전환되었다.[210]

---

207) 총 자산가액 중 해당 공익법인이 3년 이상 보유한 유가증권시장 또는 코스닥시장에 상장된 주권상장법인의 주식의 가액은 직전 3개 과세기간 또는 사업연도 종료일 현재 각 재무상태표 및 운영성과표를 기준으로 한 가액의 평균액으로 한다.

208) 이 영 시행일(2013. 2. 15.)이 속하는 연도에 최초로 개시하는 과세기간 또는 사업연도분부터 적용하되, 이 영 시행일 당시 종전의 규정에 따른 성실공익법인 등에 해당하는 경우 이 영 시행일이 속하는 연도에 최초로 개시한 과세기간 또는 사업연도가 종료될 때까지 성실공익법인 등으로 보아 이 영을 적용한다.

209) 이 영 시행일(2013. 2. 15.)이 속하는 연도에 최초로 개시하는 과세기간 또는 사업연도분부터 적용하되, 이 영 시행일 당시 종전의 규정에 따른 성실공익법인 등에 해당하는 경우 이 영 시행일이 속하는 연도에 최초로 개시한 과세기간 또는 사업연도가 종료될 때까지 성실공익법인 등으로 보아 이 영을 적용한다.

210) 2021. 1. 1. 이후 개시하는 사업연도분부터 적용

(5) 법§48⑪요건충족공익법인 등의 의무이행 여부 신고(상증세법 시행령 제48조 제13항)

① 신고

- 위의 법§48⑪요건충족공익법인 등 의무이행 요건을 모두 충족하였는지 여부를 납세지 관할 지방국세청장[211]에게 신고하여야 한다. 종전에는 성실공익법인 등의 자격요건을 충족하면 별도의 확인절차 없이 법인 등의 신고만으로 성실공익법인 등에 해당되었고, 다만 공익법인 등이 제출하는 공익법인 등 출연재산 등에 대한 보고서(별지 제23호 서식)에 의해 성실공익법인 등에 해당 여부를 검토할 뿐이었으나, 2013년 2월 15일 시행령 개정을 통해 성실공익법인 등의 확인제도를 도입하여 그 공익성을 강화하였다.

  이후 공익법인에 대한 사후관리를 강화하기 위하여 2020년 12월 22일 법 개정을 통해 종전의 확인제도를 신고제도로 전환하였다. 이에 따라 주식 등을 5% 초과하여 출연·취득하고 상속세·증여세 과세가액불산입을 적용받은 공익법인 등(상증세법 제16조 제2항 및 제48조 제1항, 제2항 제2호에 따라 주식 등을 5% 초과 취득한 공익법인 등을 말하며, 제48조 제9항에 따라 총재산가액의 30%(50%)[212]를 초과하여 특수관계 있는 법인의 주식을 보유하는 공익법인 등 및 제49조 제1항에 따라 1996년 12월 31일 현재 주식 등을 5% 초과하여 보유하고 있는 공익법인등으로서 계속하여 5%를 초과하여 보유하고 있는 공익법인등도 포함된다)은 해당 과세기간 또는 사업연도 종료일부터 4개월 이내에 아래의 신고서 및 관련서류를 납세지 관할 지방국세청장에게 제출해야 한다.[213]

- [신고절차 및 제출서류](상증세법 시행규칙 제13조의 2 제2항 내지 제4항)

  ㉠ (신고서 및 관련서류제출)의무이행 여부 등에 관한 사항을 신고하려는 법§48⑪요건충족공익익법인 등은 다음의 신고서 및 관련서류를 납세지 관할 지방국세청장에게 제출하여야 한다.

  1. 공익법인등 의무이행 신고서(별지 제22호서식)

  2. 해당 공익법인등의 설립허가서 및 정관

  3. 운용소득 사용명세서(별지 제25호의 4서식)

  4. 이사등 선임명세서(별지 제26호의 2서식)

  5. 특정기업광고 등 명세서(별지 제26호의 3서식)

---

211) 종전에는 기획재정부 장관의 확인을 받도록 하였으나, 성실공익법인 확인 업무의 효율적 수행을 위해 확인기관이 변경되었다. 2018. 2. 13. 이후 최초로 성실공익법인 등으로 확인받으려는 경우부터 적용된다.

212) 상증세법 제50조 제3항에 따른 회계감사, 제50조의 2에 따른 전용계좌 개설·사용 및 제50조의 3에 따른 결산서류등의 공시를 이행하는 공익법인등에 해당하는 경우에는 100분의 50

213) 2021. 1. 1. 이후 개시하는 사업연도분부터 적용한다.

6. 출연받은 재산의 공익목적사용 현황(별지 제31호서식 부표 4)

7. 출연자 등 특수관계인 사용수익명세서(별지 제32호서식 부표 2)

ⓛ (결과통보) 납세지 관할 지방국세청장은 위 신고내용을 확인하여 법 제48조 제 11항 각 호의 요건 충족 여부를 국세청장에게 보고하여야 하고, 국세청장은 그 결과를 해당 공익법인등의 과세기간 또는 사업연도 종료일부터 9개월 이내에 해당 공익법인등 및 주무관청에 통보하여야 한다. 이때 납세지 관할 지방국세청장은 요건 충족 여부 확인을 위하여 해당 공익법인등 또는 주무 관청에 추가 자료제출을 요구할 수 있다.

(6) 법§48⑪요건충족공익법인 등에 해당되지 않게 되는 경우 과세가액 산입

아래 4). (4)에서 자세히 살펴본다.

(7) 법§48⑪요건충족공익법인의 주식보유한도 미적용 경우(상증세법 제16조 제3항 제 2호)

기업의 주식기부 활성화를 위하여 변칙 상속·증여와 경영권 우회 지배목적이 없는 것이 명백한 주식기부에 대해서는 동일기업 주식보유한도를 초과하더라도 상속세 및 증여세 부담을 경감할 필요가 있으므로, 상호출자제한기업집단과 특수관계에 있지 아니한 공익법인 등으로서 상증세법 제48조 제11항 각 호의 요건을 충족하는 공익법인 등(공익법인 등이 설립된 날부터 3개월 이내에 주식등을 출연받고, 설립된 사업연도가 끝난 날부터 2년 이내에 해당 요건을 충족하는 경우를 포함한다)이 10%(20%)를 초과하여 출연받은 경우로서 해당 공익법인 등이 초과보유일부터 3년 이내에 초과하여 출연받은 부분을 주식등의 출연자 및 그의 특수관계인이 아닌 자에게 매각하는 경우에는 상속세 및 증여세를 부과하지 않도록 하였다.[214]

3) 출연재산의 재산 및 이익이 상속인 등에게 귀속되는 경우에는 상속세 과세가액 산입

(1) 의의

앞서 살펴본 1), 2)에 의하여 상속세 과세가액에 산입하지 아니한 재산 및 그 재산에서 생기는 이익의 전부 또는 일부가 상속인 및 그의 특수관계인[아래 (3)]에게 귀속되는 경우에는 "대통령령이 정하는 가액"[아래 (2)]을 상속인 및 그의 특수관계인이 상속받은 것으로 보아 해당 상속세 과세가액에 산입하여 즉시 상속세를 부과한다(상증

---

214) 2011. 1. 1. 이후 최초로 공익법인 등에 주식 등을 출연하는 것부터 적용한다(법률 제10411호, 2010. 12. 27.). 20%를 적용받는 성실공익법인에 대해서는 2018. 1. 1. 이후 출연받거나 취득하는 분부터 적용한다.

세법 제16조 제4항, 같은 법 집행기준 16-13-6).

상속세 과세가액에 불산입된 후에도 불산입재산 및 그 재산으로 인한 이익의 귀속을 사후관리함으로써 공익법인 등에의 출연재산에 대한 과세가액 불산입의 취지를 달성하려 하였다.

(2) 과세가액 산입가액의 평가

"대통령령이 정하는 가액"이라 함은 다음 각 호의 구분에 따른 재산의 가액 또는 이익에 대하여 상속개시일 현재 상증세법상 재산의 평가[215]의 규정에 의하여 평가한 가액을 말한다(상증세법 시행령 제13조 제8항).

1. 공익법인 등에 출연한 재산의 가액을 상속세 과세가액에 산입하지 아니한 경우로서 상속세 과세가액에 산입하지 아니한 재산과 그 재산에서 생기는 이익의 전부 또는 일부가 상속인(상속인의 특수관계인을 포함한다)에게 귀속되는 경우 : 상속인(상속인의 특수관계인을 포함한다)에게 귀속되는 재산의 가액 또는 이익

2. 초과보유일부터 3년 이내에 발행주식총수 등의 100분의 10(20)을 초과하여 출연받은 주식 등을 매각(주식 등의 출연자 또는 그의 특수관계인에게 매각하는 경우는 제외한다)하지 아니하는 경우 : 발행주식총수 등의 100분의 10(20)을 초과하여 출연받은 주식 등의 가액. 상호출자제한기업집단과 특수관계에 있지 아니한 법§48⑪요건충족공익법인 등(공익법인 등이 설립된 날부터 3개월 이내에 주식 등을 출연받고, 설립된 사업연도가 끝난 날부터 2년 이내에 법§48⑪요건충족공익법인 등이 되는 경우를 포함한다)에 발행주식총수 등의 100분의 10(20)을 초과하여 출연하는 경우에는 해당 법§48⑪요건충족공익법인 등이 초과보유일부터 3년 이내에 초과하여 출연받은 부분을 매각(주식 등의 출연자 또는 그의 특수관계인에게 매각하는 경우는 제외한다)해야 한다.

(3) 상속인의 특수관계인(상증세법 시행령 제2조의 2)

"상속인의 특수관계인"의 범위에 관해서는 아래의 보론 21[상증세법상 특수관계인 규정 검토]를 참조하기 바란다.

보론 21 상증세법상 특수관계인 규정[216] 검토

Ⅰ. 특수관계인의 범위
 1. 개정 연혁
  1) 종전 상증세법의 특수관계인 범위에 대한 규정은 크게 세 가지 경우([상증세법 시행

---

215) 이 책 '제4장 상속재산의 평가' 참조

령 제13조(공익법인 출연재산에 대한 출연방법 등)⑩, 상증세법 시행령 제19조(금융재산 상속공제)②, 상증세법 시행령 제26조(저가·고가 양도에 따른 이익의 계산방법 등)④]로 나뉘어, 이를 각 조항에서 준용하는 형태를 띠고 있었다. 그런데 이렇게 따로 규정한 특수관계인의 범위는 사용인의 범위 등에서의 차이를 제외하고는 거의 동일하여, 굳이 이와 같이 혼란스럽고 복잡한 규정방식을 취할 합리적 이유가 없었다. 이는 비단 상증세법만의 문제가 아닌 전체 세법에서의 규정방식과 관련되어 있었다.

이에 상증세법 시행령 제12조의 2에서 상증세법상의 특수관계인 범위에 관해 통일적으로 규정하고 이를 각 조항에서 일관되게 준용하도록 단순화하였다.

2) 2015. 12. 15. 납세자가 법령을 쉽게 이해할 수 있도록 법령 체계를 정비한다는 취지로 상증세법 제2조에 주요 용어 및 개념에 관한 정의규정을 신설하면서 제10호에 '특수관계인'의 정의가 추가되었다. 이에 종전 상증세법 시행령 제12조의 2는 제2조의 2로 조문이동되었으나, 각 호의 내용에는 개정사항이 없었다.

3) 2019. 2. 12.에는 시행령 개정을 통해 특수관계인에 해당하는 퇴직임원의 범위를 퇴직 후 5년이 경과하지 않은 임원에서 퇴직 후 3년이 경과하지 않은 임원으로 조정하되, 공시대상기업집단 소속기업의 임원에 해당하는 경우는 종전의 규정을 유지하도록 하였다.

2. 범위(상증세법 제2조 제10호, 상증세법 시행령 제2조의 2)

1) 상증세법상 "특수관계인"이란 본인과 친족관계, 경제적 연관관계 또는 경영지배관계 등 대통령령으로 정하는 관계에 있는 자를 말한다. 이 경우 본인도 특수관계인의 특수관계인으로 본다.

(1) 「국세기본법 시행령」 제1조의 2 제1항 제1호부터 제4호까지의 어느 하나에 해당하는 자(이하 "친족"이라 한다[217]) 및 직계비속의 배우자의 2촌 이내의 혈족과 그 배우자

(2) 사용인(출자에 의하여 지배하고 있는 법인의 사용인을 포함한다. 이하 같다)이나 사용인 외의 자로서 본인의 재산으로 생계를 유지하는 자

여기에서 "사용인"이란 임원, 상업사용인, 그 밖에 고용계약관계에 있는 자를 말한다(상증세법 시행령 제2조의 2 제2항). 그리고 법인의 임원에는 감사가 포함된다(국심 2003구3481, 2004. 7. 2.).

이때 '사용인'에는 '출자에 의하여 지배하고 있는 법인의 사용인을 포함'하므로 주주 1인 및 그의 특수관계인이 발행주식총수의 100분의 30 이상을 출자하

---

216) 2012. 2. 2. 신설된 상증세법 시행령 제12조의 2(현행 제2조의 2)에 따른다. 따라서 상증세법상 신설된 '특수관계인' 규정은 2012. 2. 2. 이후 최초로 상속이 개시되거나 증여받은 것부터 적용한다.

217) [보론 22 - 친족의 범위] 참조. 한편 2009. 2. 3. 이전에는 '직계비속의 배우자의 2촌 이내의 부계혈족과 그 배우자'를 "친족"의 범위에 포함하였다. 이처럼 친족의 범위에는 변화가 있더라도 '특수관계인'의 범위를 판정할 때에는 종전과 같이 2009. 2. 4. 이후에도 이들을 포함한다.

여 지배하고 있는 법인의 사용인도 포함되는 것으로 해석한다(재산-230, 2011. 5. 9. : 재산-34, 2011. 1. 18.).

그런데 종전 상증세법 시행령 제19조 제2항 제2호의 사용인에는 '출자에 의하여 지배하고 있는 법인의 사용인을 포함한다'는 규정이 없었으므로(이 점이 종전 특수관계인 규정간의 차이였다), 문리해석상 최대주주와 직접적인 사용관계에 있는 사용인을 지칭하는 것이고, 최대주주가 보유한 주식의 발행회사의 사용인이나 최대주주 등이 30% 이상 출자하고 있는 회사의 사용인을 의미하는 것은 아니라고 해석하여야 했다(서울고법 2010누30330, 2011. 2. 10.).

또한 여기에서 "출자에 의하여 지배하고 있는 법인"이란 다음 각 호의 어느 하나에 해당하는 법인(상증세법 시행령 제39조 제1항 제5호에서도 이와 같다)을 말한다(상증세법 시행령 제2조의 2 제3항).

① 제1항 제6호(아래 6.)에 해당하는 법인
② 제1항 제7호(아래 7.)에 해당하는 법인
③ 제1항 제1호(위 1.)부터 제7호(아래 7.)까지에 해당하는 자가 발행주식총수 등의 100분의 50 이상을 출자하고 있는 법인

- "출자에 의해 지배하는 법인" 여부는, 법령에서 명시적으로 규정한 문언에 따라 해석(엄격해석)하여야 하므로 "30% 이상 출자하고 있는 법인"의 실질적인 지배관계를 따져 판단하여서는 아니 되고 "30% 이상 출자하고 있는 법인"이기만 하면 "출자에 의해 지배하는 법인"으로 보는 것으로 해석하여야 할 것으로 보인다.

(3) 다음 각 목의 어느 하나에 해당하는 자

가. 본인이 개인인 경우 : 본인이 직접 또는 본인과 제1호에 해당하는 관계에 있는 자가 임원에 대한 임면권의 행사 및 사업방침의 결정 등을 통하여 그 경영에 관하여 사실상의 영향력을 행사하고 있는 기획재정부령으로 정하는 기업집단의 소속 기업[218][해당 기업의 임원(「법인세법 시행령」 제40조 제1항에 따른 임원)과 퇴직 후 3년[219](해당 기업이 「독점규제 및 공정거래에 관한 법률」 제31조에 따른 공시대상기업집단에 소속된 경우는 5년)이 지나지 않은 사람을 포함한다]

- 해당 기업의 임원이란 기업집단의 소속 기업 임원 및 퇴직 후 5년이 지나지 아니한 임원을 의미하는 것이지, 주식발행법인을 퇴직한 전직 임원을 의미하는 것은 아니다(조심 2018전1561, 2018. 7. 5. : 조심 2017부5150, 2018. 6. 22.).

---

218) "기획재정부령이 정하는 기업집단의 소속기업"이란 독점규제 및 공정거래에 관한 법률 시행령 제3조 각 호의 어느 하나에 해당하는 기업집단에 속하는 계열회사를 말한다(상증세법 시행규칙 제2조 제1항). 이 때 기획재정부장관은 필요한 경우 독점규제 및 공정거래에 관한 법률 시행령 제3조 제2호 라목에 따라 사회통념상 경제적 동일체로 인정되는 회사의 범위에 관한 기준을 정하여 고시할 수 있다(상증세법 시행규칙 제2조 제2항). 그러나 이에 대해 현재 고시된 바는 없다.

219) 2019. 2. 12. 이후 상속이 개시되거나 증여받는 분부터 적용한다.

나. 본인이 법인인 경우 : 본인이 속한 기획재정부령으로 정하는 기업집단의 소속 기업[220](해당 기업의 임원을 포함한다)과 해당 기업의 임원에 대한 임면권의 행사 및 사업방침의 결정 등을 통하여 그 경영에 관하여 사실상의 영향력을 행사하고 있는 자 및 그와 제1호에 해당하는 관계에 있는 자.

(4) 본인, 제1호부터 제3호까지의 자 또는 본인과 제1호부터 제3호까지의 자가 공동으로 재산을 출연하여 설립하거나 이사의 과반수를 차지하는 비영리법인

(5) 제3호에 해당하는 기업의 임원 또는 퇴직임원이 이사장인 비영리법인

(6) 본인, 제1호부터 제5호까지의 자 또는 본인과 제1호부터 제5호까지의 자가 공동으로 발행주식총수 또는 출자총액(이하 "발행주식총수 등"이라 한다)의 100분의 30 이상을 출자하고 있는 법인

종전규정에 의하면 '본인이 단독으로' 또는 '본인과 제1호 내지 제5호에 규정하는 자가 함께' 출자하고 있는 법인을 의미한다고 해석하여야 하고, 본인이 출자하지 아니한 채 '제1호 내지 제5호의 자만이 출자하고 있는 법인'은 이에 해당하지 않는다고 보아야 하나(대법원 2011. 1. 27. 선고, 2009두1617 판결), 신설된 특수관계인 규정에 의하면 본인이 출자하지 아니한 채 '제1호 내지 제5호의 자만이 출자하고 있는 법인'도 특수관계인에 해당하므로, 이러한 구분은 더 이상 유효하지 않다.

(7) 본인, 제1호부터 제6호까지의 자 또는 본인과 제1호부터 제6호까지의 자가 공동으로 발행주식총수 등의 100분의 50 이상을 출자하고 있는 법인

(8) 본인, 제1호부터 제7호까지의 자 또는 본인과 제1호부터 제7호까지의 자가 공동으로 재산을 출연하여 설립하거나 이사의 과반수를 차지하는 비영리법인

---

220) 위와 같다.

참고 특수관계인의 범위[221]

출연자와 다음 ①~⑧에 해당하는 관계에 있는 자

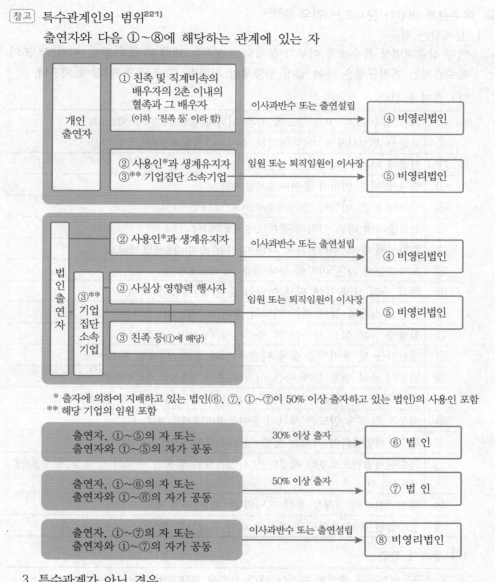

* 출자에 의하여 지배하고 있는 법인(⑥, ⑦, ①~⑦이 50% 이상 출자하고 있는 법인)의 사용인 포함
** 해당 기업의 임원 포함

출연자, ①~⑤의 자 또는 출연자와 ①~⑤의 자가 공동	30% 이상 출자 →	⑥ 법 인
출연자, ①~⑥의 자 또는 출연자와 ①~⑥의 자가 공동	50% 이상 출자 →	⑦ 법 인
출연자, ①~⑦의 자 또는 출연자와 ①~⑦의 자가 공동	이사과반수 또는 출연설립 →	⑧ 비영리법인

3. 특수관계가 아닌 경우

따라서 단순히 동일한 법인의 주주관계(재산-3772, 2008. 11. 14.)라는 사실만으로는 상증세법 시행령 제2조의 2 특수관계인에 해당하지 아니함.

---

221) 국세청, 「2020 공익법인 세무안내」, 2020, 144쪽 참조

Ⅱ. 특수관계 여부가 문제되는 경우 등[222]

1. 문제되는 경우

현행 상증세법상 특수관계 여부가 문제되는 경우는 대략 다음과 같다. 이때 각 조의 특수관계인 범위규정은 예외 없이 상증세법 시행령 제2조의 2 제1항에 따른다.

(1) 증여세 관련

①	저가 양수 또는 고가 양도에 따른 이익의 증여(상증세법 제35조)
②	부동산 무상사용에 따른 이익의 증여(상증세법 제37조)
③	합병에 따른 이익의 증여(상증세법 제38조)
④	증자에 따른 이익의 증여(상증세법 제39조)
⑤	감자에 따른 이익의 증여(상증세법 제39조의 2)
⑥	현물출자에 따른 이익의 증여(상증세법 제39조의 3)
⑦	전환사채 등의 주식전환에 따른 이익의 증여(상증세법 제40조)
⑧	초과배당에 따른 이익의 증여(상증세법 제41조의 2)
⑨	주식 등의 상장 등에 따른 이익의 증여(상증세법 제41조의 3)
⑩	금전 무상대출 등에 따른 이익의 증여(상증세법 제41조의 4)
⑪	합병에 따른 상장 등 이익의 증여(상증세법 제41조의 5)
⑫	재산사용 및 용역제공 등에 따른 이익의 증여(상증세법 제42조)
⑬	법인의 조직 변경 등에 따른 이익의 증여(상증세법 제42조의 2)
⑭	재산 취득 후 재산가치 증가에 따른 이익의 증여(상증세법 제42조의 3)
⑮	배우자 등에게 양도한 재산의 증여추정(상증세법 제44조)
⑯	특수관계법인과의 거래를 통한 이익의 증여 의제(상증세법 제45조의 3)
⑰	특수관계법인으로부터 제공받은 사업기회로 발생한 이익의 증여 의제(상증세법 제45조의 4)
⑱	특정법인과의 거래를 통한 이익의 증여(상증세법 제45조의 5)
⑲	공익법인 등이 출연받은 재산에 대한 과세가액 불산입 등(상증세법 제48조)

(2) 상속세 관련

①	공익법인등에 출연한 재산에 대한 상속세 과세가액 불산입(상증세법 제16조)
②	상속세 과세가액에 산입되는 재산 또는 채무의 범위(상증세법 시행령 제11조)
③	가업상속(상증세법 시행령 제15조)
④	금융재산상속공제(상증세법 시행령 제19조)

(3) 평가관련

①	유가증권 등의 평가

2. 특수관계의 유형

현행 상증세법 규정상 특수관계의 유형은 크게 '과세(적용)요건'으로 작용하는 경우와 '차별요건'으로 작용하는 경우로 구별될 수 있는 것으로 생각되는바, 그 구체적 구별은 아래와 같다. 이때에 '과세요건'으로 작용한다 함은 특수관계 여부에 따라 과세대상 유무의 판단이 달라질 수 있는 경우를 말한다.

(1) 과세(적용)요건으로 작용하는 경우	(2) 차별요건으로 작용하는 경우
① 합병에 따른 이익의 증여	① 저가 양수 또는 고가 양도에 따른 이익의 증여
② 증자에 따른 이익의 증여	
③ 감자에 따른 이익의 증여	② 부동산 무상사용에 따른 이익의 증여
④ 전환사채 등의 주식전환에 따른 이익의 증여	③ 금전 무상대출 등에 따른 이익의 증여
	④ 현물출자에 따른 이익의 증여
⑤ 초과배당에 따른 이익의 증여	⑤ 재산사용 및 용역제공 등에 따른 이익의 증여
⑥ 주식 등의 상장 등에 따른 이익의 증여	
⑦ 합병에 따른 상장 등 이익의 증여	⑥ 법인의 조직 변경 등에 따른 이익의 증여
⑧ 배우자 등에게 양도한 재산의 증여추정	⑦ 재산 취득 후 재산가치 증가에 따른 이익의 증여
⑨ 특수관계법인과의 거래를 통한 이익의 증여 의제	
⑩ 특수관계법인으로부터 제공받은 사업기회로 발생한 이익의 증여 의제	⑧ 상속세 과세가액에 산입되는 재산 또는 채무의 범위
⑪ 특정법인과의 거래를 통한 이익의 증여	⑨ 금융재산 상속공제
⑫ 공익법인 등이 출연받은 재산에 대한 과세가액 불산입 등	⑩ 유가증권 등의 평가
⑬ 공익법인 등의 출연재산에 대한 상속세 과세가액 불산입	
⑭ 가업상속	

---

222) 김의식, "상증세법상 특수관계자 규정의 문제점 및 개선방안", 「조세연구」 제7집, 세경사, 2007, 257~274쪽

보론 22　친족의 범위

민법	상증세법
[민법 제777조] • 8촌 이내의 혈족 • 4촌 이내의 인척 • 배우자	[상증세법 시행령 제2조의 2 제1항 제1호 전단] : 국세기본법 시행령 제1조의 2 제1항 제1호부터 제4호까지의 어느 하나에 해당하는 자 • 6촌 이내의 혈족 • 4촌 이내의 인척 • 배우자(사실상의 혼인관계에 있는 자를 포함한다) • 친생자로서 다른 사람에게 친양자 입양된 자 및 그 배우자·직계비속

친족의 범위와 관련하여 종전(구 상증세법 시행령 제13조 제10항 및 제45조의 2 제2항)에는 결혼한 여자의 경우 남편과의 관계를 기준으로 판단하도록 하여 남녀 차별적이었으나, 이를 개선하고 민법 및 다른 경제관련 법령과의 통일성 도모하기 위하여 본인과의 관계를 기준으로 판단하도록 새로이 규정하였다.[223]

▌친족관계 범위 조정(기본영 §1의 2) ▌

종 전	현 행(개정)
□ 혈족 • (父系) 6촌 이내 부계혈족·3촌 이내 부계혈족의 자녀(4촌) • (母系) 3촌 이내 모계혈족·그 자녀(4촌)	• 6촌 이내 혈족 　(父系·母系 불문)
□ 인척 • (夫族) 4촌 이내 부계혈족의 아내·3촌 이내 부계혈족의 남편·3촌 이내 모계혈족의 배우자 • (妻族) 아내의 2촌 이내 부계혈족 및 그 배우자	• 4촌 이내 인척 　(夫族·妻族 불문)
□ 배우자 • 사실혼 배우자 포함	• (좌 동)
□ 기타 • 입양자의 생가의 직계존속 • 출양자·그 배우자·양가의 직계비속 • 혼인 외 출생자의 생모	〈삭 제〉 • (좌 동) 〈삭 제〉
□ 기혼여성은 남편과의 관계를 기준으로 친족관계 판단	〈삭 제〉: 본인과의 관계를 기준으로 판단

223) 2012. 2. 2. 이후 최초로 상속이 개시되거나 증여받은 것부터 적용한다.

4) 사후관리의 예외

위 1), 2)기준을 초과하여 출연하여도 상속세 과세가액 불산입

(1) 의의

공익법인의 주식보유한도를 일률적으로 적용하게 되면 공익사업을 위한 안정적 재원조달을 위한 주식보유까지 가로막는 불합리가 생긴다. 그리하여 이러한 난점을 해소하기 위하여 일정한 요건의 충족을 전제로 그 제한을 풀게 되었다.

즉 아래 (2)에 해당하는 경우에는 공익법인 등이 해당 내국법인을 지배할 수 있는 위험이 없고, 도리어 공익법인 등의 안정적인 사업을 수행하기 위한 재원을 확보한다는 차원에서 출연자와 특수관계가 없는 내국법인의 주식을 출연하는 경우 발행주식총수 5%(10%, 20%) 이내라는 취득제한의 예외를 인정하는 것이다(상증세법 제16조 제3항).

(2) 요건

다음 중 어느 하나에 해당하면 주식보유한도를 초과하더라도 상속세 과세가액에 불산입한다.

(2)-1. 출연시부터 과세가액 불산입되는 경우

(가) 상호출자제한기업집단과 특수관계없는 공익법인에 출연하는 경우(상증세법 제16조 제3항 제1호)

다음의 요건을 모두 충족하여야 주식보유한도를 초과하더라도 상속세 과세가액에 불산입한다.

① 법§48⑪요건충족공익법인 등과 국가 등이 출연하여 설립한 공익법인 등에 출연하여야 한다(상증세법 제49조 제1항, 상증세법 시행령 제42조 제2항).

여기에서 법§48⑪요건충족공익법인 등이란 앞서 살펴본 법§48⑪요건충족공익법인 등[앞 2)(4)]을 의미한다. 그리고 국가 등이 출연하여 설립한 공익법인 등은 국가 등이 출연한 공익법인 등 및 다음의 어느 하나에 해당하는 것을 말한다.

  ㉠ 국가 · 지방자치단체가 출연하여 설립한 공익법인 등이 재산을 출연하여 설립한 공익법인 등

  ㉡ 공공기관의 운영에 관한 법률 제4조 제1항 제3호[224]에 따른 공공기관이 재산

---

224) 정부가 100분의 50 이상의 지분을 가지고 있거나 100분의 30 이상의 지분을 가지고 임원 임명권한 행사 등을 통하여 해당 기관의 정책 결정에 사실상 지배력을 확보하고 있는 기관

을 출연하여 설립한 공익법인 등

ⓒ 위 ⓛ의 공익법인 등이 재산을 출연하여 설립한 공익법인 등

② 상호출자제한기업집단과 특수관계가 없는 공익법인 등에 출연하여야 한다.

여기에서의 공익법인 등은 독점규제 및 공정거래에 관한 법률 제31조의 규정에 의한 상호출자제한기업집단에 속하는 법인과 같은 법 시행령 제4조 제1호의 규정에 의한 동일인관련자의 관계에 있지 아니하는 공익법인 등을 말한다(상증세법 시행령 제13조 제6항). 이때에 같은 법 시행령 제4조 제1호의 규정에 의한 동일인관련자란 상호출자제한기업집단에 속하는 법인(동일인)과 아래에 해당하는 관계에 있는 자라고 해석하여야 한다.

㉠ 동일인이 단독으로 또는 동일인관련자와 합하여 총출연금액의 100분의 30 이상을 출연한 경우로서 최다출연자가 되거나 동일인 및 동일인관련자 중 1인이 설립자인 비영리법인 또는 단체(법인격이 없는 사단 또는 재단으로 한정한다. 이하 같다)

㉡ 동일인이 직접 또는 동일인관련자를 통하여 임원의 구성이나 사업운용 등에 대하여 지배적인 영향력을 행사하고 있는 비영리법인 또는 단체

㉢ 동일인이 이 호[225] 또는 제2호[226]의 규정에 의하여 사실상 사업내용을 지배

---

225) 동일인이 단독으로 또는 "동일인관련자와 합하여 해당 회사의 발행주식[상법 제344조의 3 제1항에 따른 (의결권 없는 주식)의 규정에 의한 의결권 없는 주식을 제외한다] 총수의 100분의 30 이상을 소유하는 경우로서 최다출자자인 회사

226) 다음 각목의 어느 하나에 해당하는 회사로서 해당 회사의 경영에 대하여 지배적인 영향력을 행사하고 있다고 인정되는 회사

　가. 동일인이 다른 주요 주주와의 계약 또는 합의에 의하여 대표이사를 임면하거나 임원의 100분의 50 이상을 선임하거나 선임할 수 있는 회사

　나. 동일인이 직접 또는 동일인관련자를 통하여 해당 회사의 조직변경 또는 신규사업에의 투자 등 주요 의사결정이나 업무집행에 지배적인 영향력을 행사하고 있는 회사

　다. 동일인이 지배하는 회사(동일인이 회사인 경우에는 동일인을 포함한다. 이하 이 목에서 같다)와 해당 회사 간에 다음의 어느 하나에 해당하는 인사교류가 있는 회사

　(1) 동일인이 지배하는 회사와 해당 회사 간에 임원의 겸임이 있는 경우

　(2) 동일인이 지배하는 회사의 임·직원이 해당 회사의 임원으로 임명되었다가 동일인이 지배하는 회사로 복직하는 경우(동일인이 지배하는 회사 중 당초의 회사가 아닌 회사로 복직하는 경우를 포함한다)

　(3) 해당 회사의 임원이 동일인이 지배하는 회사의 임·직원으로 임명되었다가 해당 회사 또는 해당 회사의 계열회사로 복직하는 경우

　라. 동일인 또는 동일인 관련자와 해당 회사간에 통상적인 범위를 초과하여 자금·자산·상품·용역 등의 거래를 하고 있거나 채무보증을 하거나 채무보증을 받고 있는 회사

　마. 그 밖에 해당 회사가 동일인의 기업집단의 계열회사로 인정될 수 있는 영업상의 표시행위를 하는 등

하는 회사

㉣ 동일인 및 동일인과 위 ㉠ 내지 ㉢의 관계에 해당하는 자의 사용인(법인인 경우에는 임원, 개인인 경우에는 상업사용인 및 고용계약에 의한 피고용인을 말한다)

그런데 상호출자제한기업집단은 공정거래위원회에서 매년 4월경에 직전사업연도 기업집단의 재무상태를 기준으로 선정한다.

③ 출연자와 특수관계에 있지 아니한 내국법인의 주식 등을 출연하여야 한다.

아래 (3)에서 본다.

④ 주무부장관이 공익법인 등의 목적사업을 효율적으로 수행하기 위하여 필요하다고 인정하여야 한다. 다만, 주무관청 또는 주무부장관이 없는 경우에는 관할 세무서장이 인정하여야 한다(상증세법 제16조 제3항 제1호, 같은 법 시행령 제13조 제9항).

주무부장관은 공익법인의 설립·정관변경·기본재산 처분 등 중대한 사항에 대한 인·허가권을 가지고 공익법인을 관리하고 있으므로 주무부장관이 공익법인의 목적사업을 효율적으로 수행하기 위하여 필요하다고 인정한 경우에만 예외를 인정한다.

한편 공익법인 등 중 법인이 아닌 단체의 출연재산 사후관리 주무관청을 보완하기 위해, 공익법인 등의 주무관청이 없는 경우에는 공익법인 등이 등록한 세무서장을 주무관청으로 보도록 하였다.[227]

(나) 공익법인의 설립·운영에 관한 법률 등에 따라 내국법인의 주식 등을 출연하는 경우

(상증세법 제16조 제3항 제3호)

공익법인의 설립·운영에 관한 법률 및 그 밖의 법령에 따라 내국법인의 주식 등을 출연하는 경우에는 그 내국법인의 발행주식총수 등의 100분의 5(법§48①요건충족공익법인 등에 출연하는 경우에는 100분의 10 또는 20)를 초과하는 경우에도 그 초과하는 가액을 상속세 과세가액에 산입하지 아니한다.[228] 설립허가 법령에 따라 부득이하게 출연하는 경우 주식보유한도 적용을 배제하기 위한 것이다.

(2)-2. 유예기간 내에 초과분을 처분하여야 과세가액 불산입되는 경우

상호출자제한기업집단과 특수관계에 있지 아니한 법§48①요건충족공익법인 등(공익법인 등이 설립된 날부터 3개월 이내에 주식 등을 출연받고, 설립된 사업연도가 끝난 날부터 2년 이내에 법§48

사회통념상 경제적 동일체로 인정되는 회사

227) 2013. 2. 15. 이후 주무관청 또는 주무부장관의 허가를 요청하는 분부터 적용한다.

228) 2017. 1. 1. 이후 출연받는 분부터 적용하며, 특정 성실공익법인에 대한 비율(100분의 20)은 2008. 1. 1. 이후 출연받는 분부터 적용한다.

①요건충족공익법인 등이 되는 경우를 포함한다)에 발행주식총수 등의 100분의 10(20)을 초과하여 출연하는 경우로서 해당 공익법인 등이 초과보유일부터 3년 이내에 초과하여 출연받은 부분을 매각(주식 등의 출연자 또는 그의 특수관계인에게 매각하는 경우는 제외한다)하는 경우에는 과세가액에 산입하지 아니한다(상증세법 제16조 제3항 제2호).[229]

(3) 출연자와 특수관계에 있지 아니한 내국법인의 주식 등(위 ③)

공익법인의 출연자(특수관계인 포함)가 해당 공익법인이 주식을 보유한 내국법인의 주주가 아니라면 출연자가 공익법인을 통하여 계열회사를 간접지배할 가능성이 적어지므로 주식보유한도에 예외를 인정한다. 여기에서 "해당 공익법인 등의 출연자와 특수관계에 있지 아니하는 내국법인"이라 함은 다음의 어느 하나에 해당하지 아니하는 내국법인을 말한다(상증세법 시행령 제13조 제7항).

① 출연자(출연자가 사망한 경우에는 그 상속인을 말한다) 또는 그의 특수관계인(해당 공익법인 등을 제외한다)이 주주 등이거나 임원(법인세법 시행령 제40조 제1항에 따른 임원과 퇴직 후 3년[230](해당 기업이 「독점규제 및 공정거래에 관한 법률」 제14조에 따른 공시대상기업집단에 소속된 경우는 5년)이 경과하지 아니한 그 임원이었던 자를 말한다)의 현원(5명에 미달하는 경우에는 5명으로 본다) 중 5분의 1을 초과하는 내국법인으로서 출연자 및 그의 특수관계인(당해 공익법인 포함)이 보유하고 있는 주식 등의 합계가 가장 많은 내국법인

② 출연자 또는 그의 특수관계인(해당 공익법인 등을 제외한다)이 주주 등이거나 임원의 현원 중 5분의 1을 초과하는 내국법인에 대하여 출연자, 그의 특수관계인 및 공익법인 등 출자법인(해당 공익법인 등이 발행주식총수 등의 100분의 5(법§48①요건충족공익법인 등인 경우에는 100분의 10 또는 20)를 초과하여 주식 등을 보유하고 있는 내국법인을 말한다)이 보유하고 있는 주식 등의 합계가 가장 많은 경우에는 해당 공익법인 등 출자법인(출연자 및 그의 특수관계인이 보유하고 있는 주식 등의 합계가 가장 많은 경우에 한한다)

즉, 다음(영리법인 B, C)에 해당하지 아니하는 내국법인을 말한다.[231]

---

229) 2011. 1. 1. 이후 최초로 공익법인 등에 주식 등을 출연하는 것부터 적용한다.
230) 2019. 2. 12. 이후 상속이 개시되거나 증여받는 분부터 적용한다.
231) 국세청, 「2021 공익법인세무안내」, 2021, 160쪽

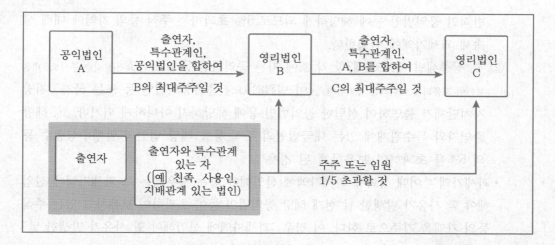

이와 같은 공익법인의 주식보유제한은 출연자가 공익법인을 통해 영리법인을 지배하는 것을 방지하기 위한 것이므로 출연자가 공익법인을 통하여 영리법인을 간접지배할 우려가 없는 경우에는 공익법인의 주식보유를 허용하기 위해 마련한 것이다. 따라서 공익법인이 특정법인에 100% 출자한 경우에는 출연자와 특정법인과는 특수관계가 없으므로 허용(단, 출연자 및 특수관계인이 해당 내국법인의 임원인 경우에는 제외)되고, 공익법인의 출연자와 특수관계가 없는 법인의 주식을 배당·시세차익 등 공익사업의 재원조달을 위하여 5% 초과 보유하는 경우에는 지주회사화의 우려가 없으므로 허용된다(A그룹 공익법인이 B그룹 계열사주식을 5% 초과하여 보유하는 경우). 그러나 출연자와 특수관계 있는 법인의 주식을 5% 초과하여 보유하는 것은 지주회사화의 우려가 있으므로 불허한다(A그룹 공익법인이 A그룹 계열사주식을 5% 초과하여 보유하는 경우).[232]

(4) 주식 : 출연제한규정 위배시 과세가액 산입

- 추징 : 공익법인 등의 주식 등의 출연과 관련하여 다음의 어느 하나에 해당하는 경우에는 해당 공익법인 등이 초과하여 보유하고 있는 주식 등의 가액을 상속세 과세가액에 산입한다(상증세법 제48조 제11항, 제12항, 같은 법 집행기준 48-40-2).

① 법§48⑪요건충족공익법인 등이 내국법인의 발행주식총수 등의 5%를 초과하여 주식 등을 출연(출연받은 재산 및 출연받은 재산의 매각대금으로 주식 등을 취득하는 경우를 포함)받은 후 법§48⑪요건충족공익법인 등에 해당하지 아니하게 된 경우[233]. 이는 일

---

232) 국세청, 「2001 개정세법해설」, 2001, 212쪽 참조
233) 법§48⑪요건을 충족하지 아니하게 된 경우. 다만, 해당 요건 중 출연재산가액의 1% 상당액 이상 사용의무 요건은 2022. 1. 1. 이후 개시하는 사업연도 분부터 적용한다.

반적인 공익법인 등에 해당하게 되므로 5% 초과하는 주식 등의 가액에 대해 상속세 과세가액에 산입한다.

② ⅰ. 상증세법 제16조 제3항 각 호에 따른 공익법인 등(위 (2)의 요건을 갖춘 주식보유비율 제한이 적용되지 아니하는 공익법인 등)이 법§48⑪요건충족공익법인 등 또는 국가·지방자치단체가 출연하여 설립한 공익법인 등에 해당하지 아니하게 되거나, ⅱ. 해당 출연자와 특수관계에 있는 내국법인의 주식 등을 해당 법인의 발행주식총수 등의 5%를 초과하여 보유하게 된 경우

• 과세가액 : 이때 상속세 과세가액에 산입해야 하는 경우에는 그 과세가액에 산입해야 할 사유가 발생한 날 현재 해당 공익법인 등이 초과하여 보유하고 있는 주식 등의 가액을 기준으로 한다. 이 경우 "과세가액에 산입해야 할 사유가 발생한 날"이란 다음 각 호의 어느 하나에 해당하는 날을 말한다(상증세법 시행령 제40조 제2항 : 재산-1471, 2009. 7. 17.).

㉠ 위 ①, ②. ⅰ.의 공익법인 등에 해당하지 아니하게 된 경우에는 법§48⑪요건충족공익법인 등 또는 국가·지방자치단체가 출연하여 설립한 공익법인 등에 해당하지 아니하는 과세기간 또는 사업연도의 종료일

㉡ 위 ②. ⅱ.의 해당 법인의 발행주식총수 등의 100분의 5를 초과하여 보유하게 된 날

5. 출연 이후 상속세 과세가액 불산입의 취지를 달성하기 위해 공익법인이 지켜야 할 의무(사후관리 및 협력 의무)

1) 공익목적 달성을 위한 의무(사후관리)

아래에 열거한 내용은 공익법인 등에의 재산출연에 대한 상속세 과세가액 불산입의 취지를 달성하기 위해서 사후적으로 재산을 출연받은 공익법인 등이 출연받은 재산에 대해 직접 공익목적 달성을 위해 지켜야 할 의무이다. 그리고 이러한 의무를 해태하는 경우에는 즉시 그 공익법인 등에 증여세(상속세 과세가액불산입의 취지를 달성하기 위한 사후관리이지만 상속세가 아니라는 점에 유의 → 아래)를 부과하고(아래 (1)~(8)), 관련 가산세가 있다면 가산세를 부과한다(아래 (2), (3), (9)의 기준비율미달사용 및 (10)~(13)).[234]

• [증여세 부과 및 관련 가산세의 의미] 이와 같은 공익법인에 대한 증여세 부과는 당초 공익사업 출연행위와는 별도로 그 과세요인이 발생한 때에 증여세를 부과하는 것이

---

234) 이 책 뒤에서 볼 '가산세 이하' 참조

므로 부과징수권의 소멸시효와는 무관하다. 즉, 당초 출연행위에 대한 과세가 아니라 공익법인의 의무위반에 따라 출연자와는 상관없이 별도의 과세요건이 성립되고 이에 따라 그 의무를 위반한 공익법인에게 징벌적 증여세를 부과하는 것이다.

이런 점에서 이러한 의무위반에 대한 세금의 추징과 관련 가산세의 부과는 증여세의 형태로 부과하는 것이지 상속세로 부과하는 것이 아니다.

공익법인 등이 아래의 사후관리의무를 위반하는 경우에는 그 사유가 발생한 날[235]에 공익법인 등이 증여받은 것으로 보아 즉시 증여세를 부과하도록 규정하고 있으며 의무위반으로 인해 증여세가 추징되는 경우 별도의 가산세는 부과되지 아니한다(재산-186, 2011. 4. 12. ; 재재산 46014-321, 1995. 8. 17.).[236]

(1) 출연재산의 3년 내 직접 공익목적에 사용

(2) 출연재산 운용소득의 직접 공익목적에 사용

(3) 출연재산 매각대금의 3년 내 직접 공익목적에 사용

(4) 내국법인 발행주식총수의 5%(10%, 20%) 이하 주식 취득 및 보유

(5) 특정 요건[237]을 갖춘 법§48⑪요건충족공익법인 등의 의결권 제한

(6) 특정계층에만 공익사업 혜택 제공 제한

(7) 공익법인 해산시 잔여재산 국가 등에의 귀속

(8) 자기내부거래 금지

(9) 공익법인 등의 의무지출제도[238]

(10) 동일 내국법인 주식보유기준 준수의무

(11) 계열기업 주식보유한도 유지의무

---

235) 종전에는 사후관리의무 위반사유가 발생 시 증여일이 명시적으로 규정되어 있지 않았으나, 2019. 12. 31. 상증세법 개정을 통해 위반사유가 발생한 날을 증여일로 보도록 함으로써 사후관리 기준을 명확화하였다.

236) 과소납부세액에 대한 지연이자적 성격인 납부지연가산세는 그 대상이 될 수 있다고 판단한 사례(적부 2003-2032, 2003. 6. 24.)가 있으나, 이는 출연 시점에 주식취득(보유) 제한(5%)을 위반하여 주식을 출연함에 따라 상속세과세가액불산입 요건을 충족하지 못한 상태임에도 불구하고 상속세과세가액불산입을 적용한 상속세 신고에 대하여 결정이 이루어진 것이므로, 일단 요건을 충족하여 적법하게 상속세과세가액불산입을 적용받은 이후에 사후관리의무 위반사유가 발생하는 경우의 가산세 적용 여부와는 달리 취급되어야 할 것이다.

237) 상증세법 제16조 제2항 제2호 가목

238) 이 책 '증여세편-공익법인 등의 의무지출제도' 참조

(12) 출연자 등 이사 및 임직원 취임 제한

(13) 특수관계기업 광고·홍보행위 금지

2) 협력의무

공익법인 등에의 재산출연에 대한 상속세 과세가액 불산입의 취지를 달성하기 위해서
사후적으로 공익법인 등에게 아래의 협력의무를 부과하면서, 이를 이행하지 않을 때에
는 관련 가산세를 부과한다. 따라서 이러한 의무를 해태하는 경우에는 과세가액 불산입
은 유지하되 그 의무위반에 대해 일정한 가산세를 부과한다.[239]

(1) 출연재산 등에 대한 보고서 제출의무

(2) 장부의 작성·비치의무

(3) 외부전문가의 세무확인 및 보고의무

(4) 외부회계감사를 받아야 할 의무

(5) 전용계좌 개설·사용의무

(6) 공익법인 결산서류 공시의무

(7) 공익법인 등의 회계기준 적용의무

(8) 기부금영수증 발급내역 작성·보관·제출의무

(9) 계산서합계표 등 자료제출의무

6. 공익법인의 주무관청과 국세청 간 업무협조

공익법인에 대한 감독권을 행사하는 주무관청과 출연재산에 대한 사후관리를 담당하는
국세청 간 업무협조장치를 마련하여 공익법인에 대한 사후관리의 실효성을 제고할 수 있
도록 하였다(상증세법 제48조 제6항, 제7항, 같은 법 시행령 제41조 제2항 및 제3항과 같은 법 시행규칙 제25조
제2항 및 제3항).

1) 이에 공익법인 등의 주무관청은 공익법인 등에 대하여 설립허가, 설립허가의 취소 또
는 시정명령을 하거나 감독을 한 결과 공익법인 등이 상속·증여세 부과사유를 발견한
경우에는 다음 달 말일까지 그 공익법인 등의 납세지 관할 세무서장에게 그 사실을 통

---

239) 이 책 뒤에서 볼 '가산세 이하' 참조

보하여야 한다.

2) 그리고 세무서장은 공익법인 등에 대하여 상속세나 증여세를 부과할 때에는 상속세나 증여세를 부과한 날이 속하는 달의 다음달 말일까지 그 공익법인 등의 주무관청에 그 사실을 통보하여야 한다.

 공익신탁재산에 대한 과세가액 불산입

 해의 맥

공익신탁을 통한 간접출연에 대해 과세가액 불산입의 혜택을 부여하므로, 공익신탁에 대한 엄격한 관리가 핵심이다. 따라서 공익법인 등에 직접출연하는 경우와 달리 별도의 특별한 사후관리가 불필요하다.

§ 관련조문

상증세법	상증세법 시행령
제17조【공익신탁재산에 대한 상속세 과세가액 불산입】	제14조【공익신탁의 범위등】

1. 의의

상속재산 중 피상속인 또는 상속인이 공익신탁법에 따른 공익신탁으로서 종교·자선·학술 그 밖의 공익을 목적으로 하는 신탁(공익신탁)을 통하여 공익법인 등에 출연하는 재산의 가액은 상속세 과세가액에 산입하지 아니한다(상증세법 제17조).

이 규정은 앞서 본 공익법인 등에의 직접출연과 그 경제적 실질이 동일하다는 점에서 공익신탁을 통한 간접출연에 대해서도 상속세 과세가액에 불산입하도록 하였다.

또한 이러한 방식에 의한 출연은 공익신탁을 통한 엄격한 관리가 이루어지므로 앞서 본 직접출연하는 경우와 달리 특별한 사후관리가 필요없다.

2. 불산입 요건

피상속인 또는 상속인[1)(1)]이 일정한 요건을 갖춘 공익신탁[1)(2)]을 통하여 일정한 공익법인 등[2)]에 일정한 기한[3)]까지 상속재산 중 출연한 재산[4)]에 대하여는 상속세 과세가액에 산입하지 아니함으로써 상속세를 면제하도록 하고 있다.

1) 출연자 요건

(1) 실질적 출연자 : 피상속인 또는 상속인

출연자란 재산출연의 계약자로서의 출연자를 의미하는바, 증여의 경우에는 증여자가 되고(이에 대해서는 증여세편에서 본다) 유증 또는 사인증여의 경우에는 피상속인이 된다. 상속인이 출연하는 경우에도 공익신탁을 통하여 공익법인 등에 상속재산을 출연하므로 공익법인 등에 직접 출연하는 경우와 같은 특별한 요건[앞의 Ⅱ.2.1).(2)]을 필요로 하지 않는다. 즉 공익신탁에 대해서는 신탁법에 의해 엄격히 관리되므로 상속인이 공익신탁을 통해 공익법인을 지배할 가능성은 없기 때문이다.

(2) 형식적 출연자 : 공익신탁

여기에서의 공익신탁이란 공익신탁법에 따른 공익신탁으로서 종교·자선·학술·제사·기예 그 밖의 공익을 목적으로 하는 신탁[240]을 말하며, 공익신탁재산이 상속세가 면제되기 위해서는 다음의 요건을 갖추어야 한다(상증세법 시행령 제14조 제1항, 같은 법 집행기준 17-14-1).

① 공익신탁의 수익자가 공익법인 등이거나 그 공익법인 등의 수혜자일 것
② 공익신탁의 만기일까지 신탁계약이 중도해지되거나 취소되지 아니할 것
③ 공익신탁의 중도해지 또는 종료시 잔여신탁재산이 국가·지방자치단체 및 다른 공익신탁에 귀속될 것

2) 출연대상자 요건 – 공익법인 등

아래 3.에서 살펴본다[앞 Ⅱ.3].

3) 출연기한 요건

상속세 과세가액에 산입하지 아니하는 재산은 상속세과세표준 신고기한까지 신탁을 이행하여야 한다. 다만, 법령상 또는 행정상의 사유로 신탁 이행이 늦어지면 그 사유가 끝나는 날이 속하는 달의 말일부터[241] 6개월 이내에 신탁을 이행하여야 한다(상증세법 시행령 제14조 제2항, 같은 법 집행기준 17-14-2)[앞 Ⅱ.2.3) 참조].

---

240) 신탁에 대한 좀 더 자세한 내용은 이 책 앞에서 본 '간주상속재산–신탁재산' 참조
241) 2012. 2. 2. 이후 상속이 개시되거나 증여받은 것부터 적용한다.

2008년 2월 22일 상증세법 시행령 개정시 공익법인의 관련규정을 준용하여 상속세과세 표준 신고기한까지 상속재산의 신탁을 이행토록 이행시기를 명확히 하였다.

4) 출연대상 재산요건

앞서 Ⅱ에서 본 바와 같다[앞 Ⅱ.2.4)].

3. 공익법인의 범위

앞서 Ⅱ에서 본 바와 같다[앞 Ⅱ.3].

 Ⅳ 조세특례제한법상 우리사주에 대한 상속세 과세가액 불산입 특례

우리사주조합원이 그 조합을 통하여 취득한 주식(2000년 12월 31일까지 취득한 것으로서 액면가 액을 합친 금액이 500만원 이하에 상당하는 주식에 한한다)의 가액은 상속세 과세가액에 산입하지 아 니한다(구 조특법(1998. 12. 28. 법률 제5584호) 제93조).

상속세 과세가액 불산입의 대상은 우리사주조합원이 조합을 통하여 취득한 주식이어야 하므로 주식취득자금을 우리사주조합에 저축하여 취득한 주식과 금융회사 등·한국증권 금융주식회사 또는 해당 법인으로부터 자금을 대여받아 주식을 취득하고 자금상환을 위 하여 우리사주조합에 납입하는 경우의 주식을 대상으로 한다. 따라서 우리사주조합을 통 하지 않고 법인으로부터 상여금 또는 퇴직금을 주식으로 지급받는 경우의 주식은 본 조에 서의 상속세 과세가액 불산입대상이 아니다.

상속세 과세가액 불산입대상 주식가액은 액면가액을 합친 금액을 기준으로 500만원 이 하에 상당하는 분에 한하므로, 우리사주조합원이 그 조합을 통하여 취득한 주식의 가액이 500만원을 초과하더라도 500만원까지는 상속세 과세가액에 산입하지 아니한다.

상기 규정은 2007년 12월 31일 법률 제8827호에 의거 삭제되었으나, 2008년 1월 1일 전 에 종전의 상증세법 제93조에 따라 취득한 주식에 관하여는 종전의 규정에 의하도록 하였 으므로 현재에도 유효하다.

제4절 상속세 과세가액의 계산

이 해의 맥

상속세 과세가액이란 상속세가 과세되어야 할 상속재산의 가액으로 피상속인이 거주자인지 또는 비거주자인지에 따라 차이가 있다.

∥ 상속세 과세가액 계산순서(상증세법 집행기준 13-0-1)[242] ∥

① 총 상속재산가액	본래의 상속재산(법정상속재산, 유증재산, 사인증여재산, 채무이행 중인 재산, 특별연고자 분여재산, 유언대용신탁 및 수익자연속신탁 포함) (상증세법 제2조 제3호, 제3조의 2)
	간주상속재산(상증세법 제8조, 제9조, 제10조)
	추정상속재산(상증세법 제15조)
② 비과세 상속재산가액 (상증세법 제11조, 제12조)	전사자 등에 대한 비과세
	금양(禁養)임야 등·문화재 가액
	그 밖
③ 과세가액 불산입액	공익법인 출연재산가액(상증세법 제16조)
	공익신탁 재산가액(상증세법 제17조)
	그 밖
④ 과세대상 상속재산가액	= ① - ② - ③
⑤ 공제금액 (상증세법 제14조)	공과금
	장례비용
	채무
⑥ 가산하는 증여재산가액	10(5)년 내 사전증여재산(상증세법 제13조)
	창업자금 증여특례재산(조특법 제30조의 5)
	가업승계 증여특례재산(조특법 제30조의 6)
⑦ 상속세 과세가액	= ④ - ⑤ + ⑥

§관련조문

상증세법
제13조【상속세 과세가액】

---

242) 이는 상증세법 시행규칙 별지 제9호 서식 부표 1(상속세 과세가액 계산명세서)을 중심으로 하였다.

의의

1. 의의

상속세 과세가액이란 상속세가 과세되어야 할 상속재산의 가액을 말한다. 이러한 상속세 과세가액의 산정은 피상속인이 거주자인지 또는 비거주자인지에 따라 차이가 있으므로 피상속인의 주소가 국내인지 또는 국외인지를 구분하여 판단하는 것이 중요하다.

2. 개념 구분

1) (총)상속재산가액

(1) (총)상속재산

민법에서는 상속인은 상속이 개시된 때로부터 피상속인의 재산에 관한 포괄적 권리의무를 승계한다고 하여 재산에 관한 포괄적 권리의무를 상속재산으로 파악하고 있으나, 상증세법의 상속재산은 조세정책적 또는 과세기술적 특성으로 인하여 그 범위에 차이가 있는바, 금전으로 환산할 수 있는 경제적 가치가 있는 물건과 재산적 가치가 있는 법률상 또는 사실상의 권리를 모두 포함하는 개념이다. 그러므로 법정상속재산뿐만 아니라 간주상속재산 및 추정상속재산도 상속재산에 포함된다.

그리고 여기에서의 상속재산에는 피상속인이 유증한 재산, 피상속인의 사망으로 인하여 효력이 발생하는 증여재산, 특별연고자에 대한 분여재산, 유언대용신탁 및 수익자연속신탁을 포함한다. 이는 상속재산을 피상속인으로부터 상속인에게 상속되는 재산으로만 해석할 우려가 있어, 유증재산과 사인증여재산이 상속재산에 포함된다는 점을 분명히 한 것으로 현행 상증세법이 유산세 과세방식을 따르는 것을 드러내는 것이라 할 수 있다.

상속재산에 관한 상세한 설명은 앞서 제1절에서 살펴보았다.

(2) (총)상속재산가액

상속재산가액이란 위의 상속재산을 화폐가치로 평가한 금전적 가액을 말한다고 할 수 있다. 이러한 관점에서 보면 '가액'이란 상속개시일 현재의 현황에 의한 재산을 상증세법 제60조 내지 제66조의 규정에 의하여 평가한 재산가액을 말하는 것이다.

2) 과세대상 상속재산가액

그런데 상증세법에서의 계산구조상 과세대상 상속재산가액은 위의 총 상속재산가액에서 비과세(상증세법 제11조 내지 제12조) 및 공익목적 출연재산의 과세가액 불산입(상증세법 제16조 내지 제17조) 재산가액을 차감한 재산가액을 말한다.

3) 상속세 과세가액

상속세 과세가액이란 과세대상이 되는 상속개시일 현재의 상속재산에 대해 상증세법 제60조 내지 제66조의 규정에 의하여 평가한 재산가액을 말한다. 그러나 실무에서는 상속세 계산구조상 위의 과세대상 상속재산가액에서, 피상속인의 채무 등을 공제한 금액(상증세법 제14조)에 조세정책적인 목적에서 상속개시일로부터 소급하여 일정기간 내(기한의 제한이 없는 사전증여특례 포함)에 증여한 재산가액을 과세가액에 가산한 금액(상증세법 제13조 등)을 상속세 과세가액으로 한다.

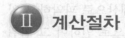 계산절차

1. 피상속인이 거주자인 경우의 상속세 과세가액

거주자의 사망으로 상속이 개시되는 경우의 상속세 과세가액은 앞서 설명한 대로 위의 과세대상 상속재산가액에서 아래의 1)(상증세법 제14조)을 차감한 후 2) 이하를 가산한 금액이다(상증세법 제13조 제1항, 제14조 제1항). 이 경우 제14조에 따른 금액이 상속재산의 가액을 초과하는 경우 그 초과액은 없는 것으로 본다(상증세법 제13조 제1항 단서).[243]

1) 상속개시일 현재 피상속인이나 상속재산에 관련된 다음의 가액 또는 비용

① 공과금, ② 장례비용 및 ③ 채무액(상속개시일 전 10년 이내에 피상속인이 상속인에게 진 증여채무와 상속개시일 전 5년 이내에 피상속인이 상속인이 아닌 자에게 진 증여채무는 제외)

2) 피상속인이 상속개시 전 10년 이내에 상속인에게 증여한 재산의 가액과 상속개시 전 5년 이내에 상속인 이외의 자에게 증여한 재산의 가액

3) 창업자금에 대한 사전증여특례를 적용받은 재산(조특법 제30조의 5)

---

243) 2013. 1. 1. 시행 후 상속이 개시되는 것부터 적용한다.

4) 가업승계에 대한 사전증여특례를 적용받은 재산(조특법 제30조의 6)

2. 피상속인이 비거주자인 경우의 과세가액

비거주자의 사망으로 인하여 상속이 개시되는 경우의 상속세 과세가액은 위의 과세대상 상속재산가액에서 아래의 1)(상증세법 제14조)을 차감한 후 2)를 가산한 금액이다(상증세법 제13조 제2항, 제14조 제2항). 비거주자인 경우 장례비는 공제되지 아니한다. 이 경우 제14조에 따른 금액이 상속재산의 가액을 초과하는 경우 그 초과액은 없는 것으로 본다(상증세법 제13조 제1항 단서).**244)**

1) 상속개시일 현재 다음의 가액 또는 비용

① 해당 (국내)상속재산에 관한 공과금
② 해당 (국내)상속재산을 목적으로 하는 유치권 · 질권 · 전세권 · 임차권(사실상 임대차계약이 체결된 경우 포함) · 양도담보권 또는 저당권으로 담보된 채무
③ 피상속인의 사망 당시 국내사업장이 있는 경우로서 비치 · 기장한 장부에 의하여 확인되는 사업장의 공과금 · 채무

2) 피상속인이 상속개시 전 10년 이내에 상속인에게 증여한 재산의 가액과 상속개시 전 5년 이내에 상속인 이외의 자에게 증여한 재산의 가액 중 국내에 있는 재산을 증여한 경우의 그 증여재산

 III 과세가액에서 차감되는 공과금 · 장례비와 채무 등

§관련조문

상증세법	상증세법 시행령	상증세법 시행규칙
제14조【상속재산의 가액에서 빼는 공과금 등】	제9조【공과금 및 장례비용】	제1조【공과금】

---

244) 2013. 1. 1. 시행 후 상속이 개시되는 것부터 적용한다.

보론 23 　민법상 상속에 관한 비용(상속비용)

민법 제998조의 2에서는 '상속에 관한 비용은 상속재산 중에서 지급한다'라고 규정하고 있다. 여기에서 상속재산(상속에 의하여 상속인이 승계할 재산)에 관한 비용이란 조세 그 밖의 公課, 관리비용, 청산비용, 소송비용, 재산목록작성비용, 유언집행비용 등이다. 장례비용은 직접적으로는 상속에 관한 비용이라고는 할 수 없으나, 피상속인을 위한 비용이므로 이에 포함된다고 보아야 한다. 이러한 비용은 모두 상속재산 중에서 지급한다.

이 규정은 상속비용의 범위를 어떻게 볼 것인가와 관련되므로 한정승인, 상속포기, 상속재산의 파산, 재산분리 등의 경우에 실익이 있다. 단순승인의 경우에는 위의 비용은 상속인이 부담하든 상속재산에서 지급하든 결과에 있어서는 큰 차이가 없으나, 그래도 상속인이 수인인 때에는 누가 어떤 비율로 부담하느냐가 의문이므로, 이 규정의 실익이 없다고는 할 수 없다.

1. 공과금

> **이해의 맥**
>
> 상속개시일 현재 피상속인이 납부할 의무가 있는 것으로서 피상속인이나 상속재산에 관련된 공과금은 과세대상 상속재산가액에서 **뺀다.**

1) 의의

공과금은 상속개시일 현재 피상속인이 납부할 의무가 있는 것으로서 상속인에게 승계된 조세·공공요금 그 밖의 이와 유사한 것을 말한다(국세기본법 제2조 제8호, 상증세법 제14조 제1항 제1호, 상증세법 시행령 제9조 제1항, 상증세법 시행규칙 제1조).

2) 상속재산가액에서 차감되는 공과금의 범위

상속개시일 현재 피상속인이 납부할 의무가 있는 것으로서 상속인에게 승계된 다음의 것은 상속재산가액에서 차감된다(상증세법 집행기준 14-9-1).

① 국세, 관세, 임시수입부가세, 지방세와 이에 관계되는 가산금 및 체납처분비[245]

② 공공요금

③ 공과금 : 국세징수법의 체납처분의 예에 따라 징수할 수 있는 조세 및 공공요금 이외

---

245) 앞서 살펴본 '납세의무의 승계'와 관련된다.

의 것. 예컨대 행정대집행법에 따른 부과금, 수산업법에 따른 공과금 및 개발이익 환수에 관한 법률에 따른 개발부담금 등이 있다.

④ 피상속인이 당초 조세를 감면 · 비과세받은 후 감면 · 비과세 요건을 충족하지 못해 조세가 경정 · 결정된 경우에 당해 경정 · 결정된 조세

⑤ 피상속인이 사망한 후에 피상속인이 대표이사로 재직하던 법인의 소득금액이 조사 · 결정됨에 따라 피상속인에게 상여로 처분된 소득에 대한 종합소득세 · 지방소득세 등

⑥ 상속개시일 이후 상속인이 책임져야 할 사유로 납부 또는 납부할 가산세, 가산금, 체납처분비, 벌금, 과료, 과태료 등은 공과금 등에 포함되지 아니한다(상증세법 기본통칙 14-9…1 : 재산-588, 2010. 8. 13.). 이러한 공과금을 빼는 이유는 본질적으로 상속이란 피상속인의 권리의무를 포괄적으로 승계하는 것이기 때문이다.

3) 피상속인에 따른 공과금의 범위

(1) 거주자의 경우

거주자의 사망으로 인하여 상속이 개시되는 경우에는, 위에서 설명한대로 상속개시일 현재 피상속인이나 상속재산에 관련된 공과금은 상속재산의 가액에서 뺀다.

(2) 비거주자의 경우

비거주자의 사망으로 인하여 상속이 개시되는 경우에는 해당 상속재산에 관한 공과금과 피상속인의 사망 당시 국내에 사업장이 있는 경우로서 비치 · 기장한 장부에 의하여 확인되는 사업상의 공과금만을 상속재산의 가액에서 뺀다(상증세법 제14조 제2항, 같은 법 시행령 제9조 제1항, 같은 법 집행기준 14-10-2). 여기에서 "해당 상속재산에 관한 공과금"이라 함은 비거주자의 사망으로 인하여 상속이 개시된 경우 상속세가 부과되는 상속재산에 대한 공과금을 말한다(상증세법 기본통칙 14-9…1).

2. 장례비용

1) 거주자

장례비용은 상속개시 당시에 존재한 채무는 아니나, 이를테면 피상속인의 일생을 청산하는 비용이며 또한 그 비용은 그만큼 상속인의 담세력을 감소시킨다는 점에서 과세가액산출에 있어 장례비용을 상속재산가액에서 공제하도록 하였다.[246]

---

246) 이태로 · 한만수, 「조세법강의」, 박영사, 2009, 639쪽

장례비는 다음의 금액을 합한 금액으로 한다(상증세법 제14조 제1항 제2호, 상증세법 시행령 제9조 제2항).

(1) 피상속인의 사망일부터 장례일까지 장례에 직접 소요된 비용

지출한 금액이 500만원 미만인 경우에는 500만원을 장례비용으로 하고, 1,000만원을 초과하는 경우에는 1천만원으로 한다(상증세법 시행령 제9조 제2항 제1호).

사망일부터 장례일까지 소요된 비용이므로, 사망일(실종신고일) 전 실종자 수색비용이나 장례일 후 49제 비용 등은 해당되지 않는다(감심 2003-25, 2003. 3. 25 ; 재산 01254-4432, 1989. 12. 6.). "장례에 직접 소요된 금액"에는 시신의 발굴 및 안치에 직접 소요되는 비용과 묘지구입비(공원묘지사용료 포함), 비석, 상석 등 장례에 직접 소요된 제반비용을 포함한다(상증세법 기본통칙 14-9…2, 같은 법 집행기준 14-9-2).

(2) 봉안시설 또는 자연장지(自然葬地)[247]의 사용에 소요된 금액

금액이 500만원을 초과하는 경우에는 500만원으로 한다[248](상증세법 시행령 제9조 제2항 제2호). 이때 '봉안시설'이란 봉안묘·봉안당·봉안탑 등 유골을 안치(매장은 제외)하는 시설을 말한다(장사등에관한법률 제2조 제9호). 그리고 '자연장지'란 화장한 유골의 골분을 수목·화초·잔디 등의 밑이나 주변에 묻어 장사하는 것을 말한다(재산-420, 2009. 2. 6.). 따라서 장례비용은 최소 500만원에서 최대 1,500만원의 범위 내에서만 공제 가능한 것이다. 장례비용은 피상속인의 사망일로부터 장례일까지 장례에 직접 소요된 금액으로서 그 내용과 범위는 사회통념상 허용되는 범위 내에서 인정된다고 해석하면 될 것이다.

※ 장례비용 공제금액(상증세법 집행기준 14-9-3)

상속재산가액에서 공제하는 장례비 = ①+②

① 피상속인의 사망일부터 장례일까지 장례에 직접 소요된 금액(봉안시설 사용금액 제외)
 • 장례비가 5백만원 미만시 : 5백만원을 공제
 • 장례비가 5백만원 초과시 : Min(장례비용 증빙액, 1천만원)
② 봉안시설 등 사용금액
 • Min(봉안시설 등 비용 증빙액, 5백만원)

---

247) 2010. 12. 30. 개정시 그 의미를 명확히 하기 위해 봉안시설과 구분하여 규정하였다.
248) 2002. 1. 1. 이후 상속개시 분부터 적용

2) 비거주자

피상속인이 비거주자인 경우 상속세 과세대상은 오직 국내에 있는 상속재산에 한하고, 피상속인이 비거주자인 경우 그 장례는 통상 국외에서 이루어질 것이므로 상속재산에서 차감하지 않는다.

3. 채무

 해의 맥

상속개시일 현재 피상속인이나 상속재산에 관련된 채무로서 상속인이 실제로 부담하는 사실이 입증되는 것이어야 한다. 즉 상속개시 당시 현존하거나 확정할 수 있어 피상속인의 종국적인 부담으로 지급되어야 할 것이 확실시되는 채무를 말한다.

민법에 의하면 상속인은 상속개시된 때로부터 피상속인의 재산에 관한 포괄적 권리의무를 승계하므로 채무(재산적 의무, 소극재산)도 당연히 승계된다. 따라서 채무를 상속재산에서 빼는 것은 당연하다. 그러므로 적극재산이 없고 채무만 있는 경우에도 원칙적으로 당연히 상속된다. 그러나 채무자가 변경됨으로써 이행의 내용이 변경되는 채무는 상속되지 않는다. 귀속상의 일신전속적 권리가 상속되지 않는 것과 같은 이유이다.

채무는 상속세 과세가액의 크기를 줄이는 요소로, 가공·변칙적 채무를 통해 상속세를 회피할 유인이 있다는 점에서 세법은 그 입증방법 및 범위를 엄격히 정하고 있다.

1) 거주자의 경우

(1) 의의

피상속인의 채무(상속개시일 전 10년 이내에 피상속인이 상속인에게 진 증여 채무와 상속개시일 전 5년 이내에 피상속인이 상속인 이외의 자에게 진 증여채무 제외)는 상속재산가액에서 공제한다(상증세법 제14조 제1항 제3호). 여기에서 "채무"라 함은 명칭여하에 관계없이 상속개시 당시 피상속인이 부담하여야 할 확정된 채무로서 공과금 외의 모든 부채를 말하며, 상속개시일 현재 실제 존재하여야 한다(상증세법 기본통칙 14-0…3 ① : 재산-250, 2011. 5. 20.).

결국 상속재산의 가액에서 공제될 피상속인의 채무는 상속개시 당시 현존하거나 확정할 수 있어 피상속인의 종국적인 부담으로 지급되어야 할 것이 확실시되는 채무라고 새기는 것이 타당하다(상증세법 집행기준 14-9-4 ; 대법원 2015두60167, 2016. 5. 12.[249]). 요컨 대 협의의 '확정채무'가 아니고 '확실시'되는 채무로서 족하다(대법원 91누1455, 1991. 5. 24. ; 대법원 95누10976, 1996. 4. 12.[250]).[251]

(2) 입증방법

그러나 채무는 상속개시 당시 피상속인의 채무로서 상속인이 실제로 부담한 사실이 다음의 방법에 의하여 입증되는 것이라야 한다(상증세법 제14조 제4항, 같은 법 시행령 제10조 제1항, 같은 법 집행기준 14-10-1). 상속채무는 상속세 과세가액 결정에 예외적으로 영향 을 마치는 특별한 사유에 속하므로 그 존재사실에 관한 주장·입증책임은 과세가액 을 다투는 납세의무자에게 있다(대법원 74누75, 1976. 10. 26. ; 대법원 83누410, 1983. 12. 13. ; 서울 고법 2010누21107, 2011. 4. 6.).

① 국가·지방자치단체 및 금융회사 등에 대한 채무는 해당기관에 대한 채무임을 확인할 수 있는 서류에 의하여 입증되어야 한다.

여기에서의 금융회사 등은 금융실명거래 및 비밀보장에 관한 법률 제2조 제1호 에 규정된 금융회사 등으로 한다. 이러한 기관으로부터의 채무는 채무부담사실의 객관성과 신뢰성이 상대적으로 강하다는 점에서 그 실제성의 입증이 용이하다. 그런데 공제대상으로 신고한 금융회사 등의 대출채무가 피상속인의 채무인지 여 부에 다툼이 있는 경우, 이는 기본적으로 대출계약의 당사자인 채무자 확정의 문 제로, 그 대출약정이 통정허위표시로서 무효라는 등의 특별한 사정이 없는 한 계 약상의 대출명의자를 채무자로 보는 것이 당사자들의 의사에 부합하는 합리적인 해석이라 할 것이므로(대법원 2008두13569, 2008. 11. 27.), 대출명의자를 피상속인으로

---

249) 상속개시 당시 상속인이 환급을 청구할 수 있는 조합의 잔여재산이 있는 경우 피상속인이 사망으로 인하여 조합을 탈퇴하기 이전에 생긴 조합의 채무는 탈퇴로 인한 계산에 따라 상속재산가액에서 제외 된다. 그리고 상속인은 탈퇴로 인한 계산에도 불구하고 여전히 조합과 함께 조합의 채권자에게 위 채 무 중 피상속인의 지분에 해당하는 부분을 직접 부담하기는 하지만, 이는 특별한 사정이 없는 한 상속 개시 당시 피상속인이 종국적으로 부담하여 이행하여야 할 것이 확실하다고 인정되는 채무가 아니므 로 금융재산 상속공제에서 순금융재산의 가액(상속재산가액 중 금융재산의 가액에서 금융채무를 뺀 가액) 을 산정할 때 차감되어야 할 금융채무로 볼 수 없다.

250) 상속재산 가액에서 공제될 피상속인의 채무는 상속개시 당시 피상속인이 종국적으로 부담하여 이행하 여야 할 것이 확실하다고 인정되는 채무를 뜻하는 것이므로, 상속개시 당시 피상속인이 제삼자를 위하 여 연대보증채무를 부담하고 있거나 물상보증인으로서의 책임을 지고 있는 경우에, 주채무자가 변제 불능의 무자력 상태에 있기 때문에 피상속인이 그 채무를 이행하지 않으면 안될 뿐만 아니라 주채무자 에게 구상권을 행사하더라도 변제를 받을 가능성이 없다고 인정되는 때에는, 그 채무금액을 상속재산 가액에서 공제할 수 있다.

251) 이태로·한만수, 「조세법강의」, 박영사, 2009, 640쪽

한 금융회사 등의 채무라면 특별한 사정이 없는 한 처분청이 채무의 귀속 등을 밝히는 것이 합리적이라 할 것이다(조심 2010중3217, 2011. 3. 16.).

② 그리고 위 ① 외의 그 밖의 채무는 금융거래증빙, 채무부담계약서·채권자확인서·담보설정 및 이자지급에 관한 증빙 등, 그 사실을 확인할 수 있는 서류에 의하여 입증되어야 한다.

피상속인이 금융기관으로부터 타인명의로 대출받았으나 그 대출금에 대한 이자 지급 및 원금 변제상황과 담보제공 사실 등에 의하여 사실상의 채무자가 피상속 인임이 확인되는 경우 당해 대출금은 피상속인의 채무로 인정받을 수 있다(상속증 여-2097, 2015. 11. 3.). 그러나 이러한 채무는 상대적으로 채무부담사실의 객관성과 신뢰성이 부족하므로 그 입증이 더욱 엄밀하여야 한다.

(3) 구체적 범위

미확정채무(未確定債務)와 보증채무의 공제 허용 여부는 논란의 여지가 있다. 이때 그 채무의 공제가능성을 판단함에 있어서는 앞서 설명한 바와 같이 '상속개시 당시 현 존하거나 확정할 수 있어 피상속인의 종국적인 부담으로 지급되어야 할 것이 확실시 되는 채무'인지에 따른다.

① **미확정채무** : 상속개시일 현재로 미확정채무라 할지라도 피상속인이 생존하였더 라면 그가 이행하여야 했을 것으로 인식되는 채무는 공제될 수 있어야 한다.

　㉠ 퇴직금상당액이 상속개시일 현재의 확정채무가 아님에도 불구하고 「피상속인 의 사업과 관련하여 고용한 사용인에 대한 상속개시일까지의 퇴직금상당액」 은 상속개시 당시의 피상속인의 채무에 포함된다(상증세법 기본통칙 14-0···4, 같은 법 집행기준 14-9-10). 이 경우 퇴직금상당액이란 고용계약내용이나 근로자퇴직 보장법 제8조의 규정에 의하여 피상속인이 지급할 금액으로서 상속인이 실제 로 부담하는 것을 말한다(재산-225, 2011. 5. 3.).

　㉡ 또한 피상속인의 사망을 전후한 치료비는 상속개시일 현재 확정되지 않았다 하여도 이를 상속재산에서 부담하는 것으로 보는 것이 타당하다.

　㉢ 피상속인이 생전에 제기한 소송사건을 변호사에게 위임하고 소송의 계속 중 사망하고 그 뒤에 승소확정됨으로써 성공보수채무가 확정되는 경우에도 마 찬가지이다.

　　그렇지만 상속재산의 소유권을 환원하기 위하여 지출된 소송비용은 피상속 인이 부담할 비용이 아닌 상속인이 부담해야 할 비용으로서 상속재산에서 공 제되는 공과금이나 채무에 해당되지 않는다(조심 2010서221, 2011. 1. 18.).

㉣ 상속개시일 현재 소비대차[252]에 의한 피상속인의 채무에 대한 미지급이자 (원금은 확정채무)는 상증세법 제14조 제1항 제3호에 규정하는 채무에 해당한다. 다만, 법인세법 제52조의 규정에 의한 부당행위계산의 부인으로 계상한 인정 이자 과세대상(법인세의 과세표준과 세액의 신고시 계상한 것을 포함한다)은 포함하지 아니한다(상증세법 기본통칙 14-0…3 ②, 같은 법 집행기준 14-9-5 ②). 현존하지 않기 때문이다.

② 보증채무

해의 맥

책임의 범위 확정여부에 따라 상속성을 판단한다.

보증채무는 주채무자와 보증인 사이의 신뢰관계에 기초를 두는데, 이 신뢰관계에 는 강약이 있으며, 또 보증채무는 주채무에 수반하여 그 성질이 지배되기 때문에 상속성의 유무는 개별적으로 검토하지 않으면 안 된다.

보증채무가 보증인의 궁극적 부담이 될 것인가는 주채무자의 이행능력의 유무에 따라 좌우된다. 그러므로 보증채무액을 상속재산가액에서 공제하려면 주채무자 가 변제불능의 無資力狀態에 있어 보증채무를 이행한 후에 구상권을 행사하여도 아무런 실효가 없으리라는 사정이 존재해야 한다(상증세법 기본통칙 14-0…3 ③, 같은 법 집행기준 14-9-6, 대법원 88누4294, 1989. 6. 27. ; 91누1455, 1991. 5. 24. ; 2000두1287, 2000. 7. 28. ; 국심 2002중1252, 2002. 7. 19.).

㉠ 통상의 보증채무 : 소비대차상이나 임대차상의 채무와 같은 통상의 채무에 대한 보증채무에는 상속성이 있다고 해석하여야 할 것이다(상증세법 기본통칙 14 -0…3 제2항). 왜냐하면 이러한 보증채무는 책임의 범위가 확정되어 있어 보증 인의 상속인은 상속이 개시되면 구체적으로 그 액을 알 수 있어서 예측할 수 없는 손해를 입을 염려가 없기 때문이다.

㉡ 연대보증 : 연대보증인의 보증은 통상의 보증인의 그것보다 무겁지만, 특정한 채무에 대해서 한 연대보증은 그 범위와 내용이 확정되어 있으므로 통상의 보증채무와 마찬가지로 상속된다고 해석하여야 할 것이다.

---

252) 소비대차는 당사자 일방이 금전 그 밖의 대체물의 소유권을 상대방에게 이전할 것을 약정하고 상대방 은 그와 같은 종류, 품질 및 수량으로 반환할 것을 약정함으로써 그 효력이 생기며 금전소비대차 등이 있다(민법 제598조, 상증세법 집행기준 14-9-5 ①).

또한 연대보증인 중에서 변제불능의 상태이고 구상하여 변제를 받을 가능성이 없는 자가 있어서 그 부담 부분까지 같은 연대보증인인 피상속인의 상속재산에서 변제되었다면 그 부분도 상속채무로서 상속세 과세가액에서 공제하여야 한다(상증세법 기본통칙 14-0…3 ④, 대법원 97누5367, 1998. 2. 10.).

ⓒ 신원보증 : 신원보증계약은 신원보증인의 사망으로 종료한다(신원보증법 제7조). 신원보증계약은 신원보증인과 신원인 사이의 신용을 기초로 하여 성립하는 것으로서 일신전속적인 채무이므로, 신원보증인의 신원보증계약상의 지위는 신원보증인의 사망으로 상속인에게 상속되지 않는다. 다만 사망 전에 신원보증계약으로 인하여 이미 발생한 보증채무는 상속된다.

ⓔ 계속적 보증채무 : 계속적 보증채무 중 포괄적 신용보증과 같이 내용이 불확정한 것은 그 상속성이 부정된다고 보아야 할 것이다. 그러나 한도액이 정해져 있으면 상속성이 긍정되어도 무방하다. 이런 맥락에서 타인간의 계속되는 거래로 인하여 장래 발생하는 채무를 어떤 금액을 한도로 하여 보증을 하기로 약정한 보증인이 사망한 경우에는 상속인이 그 지위를 승계한다 할 것이고, 이와 같은 계속적 보증채무의 경우에도 상속개시 당시 주채무자가 변제불능의 무자력 상태에 있어서 피상속인인 보증인이 그 채무를 이행하지 않으면 안 되었을 뿐 아니라 주채무자에게 구상권을 행사하더라도 변제받을 가능성이 없었다고 인정되면 그 채무금액을 상속세 과세가액에서 공제할 수 있다(대법원 97누5367, 1998. 2. 10.).

물론 상속개시 전에 이미 발생한 구체적인 보증채무는 상속인이 상속하는 것은 당연하다.

③ **연대채무** : 연대채무에 있어 피상속인의 부담부분이 공제채무가 되는 것은 당연하지만, 그 부담부분을 초과하는 금액의 공제인정 여부도 같은 기준에 따라 판단하여야 할 것이다. 즉 피상속인 외 연대채무자가 변제불능의 상태가 되어 피상속인이 변제불능자의 부담분까지 부담하게 된 경우로서 당해 부담분에 대하여 상속인이 구상권행사에 의해 변제받을 수 없다고 인정되는 경우에는 채무로서 공제할 수 있다(상증세법 기본통칙 14-0…3 ④, 같은 법 집행기준 14-9-7 ; 대법원 2010두16073, 2010. 11. 11.). 여기에서 상속개시 당시에 주된 채무자가 변제불능의 상태에 있는가 아닌가는 일반적으로 주된 채무자가 파산, 화의, 회사정리 혹은 강제집행 등의 절차개시를 받거나 사업폐쇄, 행방불명, 형의 집행 등에 의하여 채무초과의 상태가 상당 기간 계속되면서 달리 융자를 받을 가능성도 없고, 재기의 방도도 서있지 않

는 등의 사정에 의하여 사실상 채권을 회수할 수 없는 상황에 있는 것이 객관적으로 인정될 수 있는가 아닌가로 결정하여야 할 것이다(대법원 2010두16073, 2010. 11. 11.). 주의할 것은 상속재산가액에서 공제할 특별한 사유가 존재하는 사실은 과세가액에 영향을 미치는 예외적 사항이므로 납세의무자 측에서 주장·입증하여야 한다(대법원 2002두1618, 2003. 6. 13.)는 점이다.

물상보증인으로서의 책임을 지고 있는 경우도 마찬가지다.

④ **임대보증금채무** : 임차보증금반환채무는 피상속인이 사망하기 전 임대차계약을 체결했다는 것만으로는 상속개시 당시 이미 피상속인이 부담하여야 할 채무라고 할 수 없고, 임차인들로부터 현실적으로 교부받았던 임차보증금에 한하여 채무로서 공제가능하다(대법원 90누1939, 1990. 7. 27.). 교부받은 임차보증금은 상속개시 당시 토지와 건물의 소유 현황 및 임대차계약내용에 따라 그 귀속을 달리 하게 된다. 이에 따라 ㉮ 토지·건물의 소유자가 동일한 경우에는 전체 임차보증금을 토지·건물의 평가액(상증세법 제61조 제5항의 규정에 의한 평가액)으로 안분계산한다. ㉯ 토지·건물의 소유자가 다른 경우에는 실지임대차계약내용에 따라 임차보증금의 귀속을 판정하며, 건물의 소유자인 피상속인만이 임대차계약을 체결한 경우는 임대차계약에서 토지임차권까지 포함하여 임대차한다는 명시적 특약이 포함되어 있거나 임대보증금의 일부가 토지소유자에게 실제로 귀속된 사실을 구체적으로 입증하는 등 다른 특별한 사정이 없는 한 해당 임차보증금은 건물의 소유자인 피상속인에게 귀속되는 것으로 한다(상증세법 기본통칙 14-0…3 ⑤, 같은 법 집행기준 14-9-8, 대법원 92누4279, 1993. 1. 15. ; 국심 99서336, 1999. 9. 27. ; 국심 97서1868, 1998. 1. 26.).

⑤ **손해배상채무와 벌금납부의무** : 이미 발생한 손해배상채무는 그 원인된 사실 여하를 막론하고 그 성질이 재산적 채무이므로 상속이 된다. 그리고 벌금납부의무도 상속된다.

⑥ **공동사업장의 채무 인정범위** : 피상속인이 공동사업자인 경우 공동사업장의 장부에 의해 확인된 채무는 출자지분비율에 따라 안분 계산하여 상속재산가액에서 차감된다(상증세법 집행기준 14-9-11).

⑦ 사실혼 관계에 있는 자에게 위자료 명목으로 지급한 금액은 상속재산가액에서 차감함이 타당하다(심사상속 2008-12, 2008. 11. 24.).

⑧ 피상속인이 상속인에게 진 채무(증여채무 제외)도 과세가액에서 차감하는 채무에 포함된다(대법원 2018두38475, 2018. 6. 28. ; 서울고등법원 2017누52087, 2018. 2. 9. ; 서울행정법원 2016구합81383, 2017. 5. 11.).

(4) 상속개시일 전 10(5)년 이내 증여채무를 빼는 채무에서 제외하는 이유

① 제외이유 : 이와 같이 일정기간 내의 증여채무를 상속재산의 가액에서 차감하지 않는 이유는 상증세법 제13조 제1항에서 상속세 과세가액은 상속개시일 전 10년 이내의 상속인에 대한 증여재산과 5년 이내의 상속인이 아닌 자에 대한 증여재산을 가산하도록 규정하고 있는바, 만일 일정기간 내의 증여채무를 채무로서 그대로 차감하게 된다면 결과적으로 생전증여를 이용해 상속세의 부담 경감을 도모하는 행위를 방지하려는 목적에서 규정된 상증세법 제13조 제1항의 입법취지와 맞지 않기 때문이다(헌재 2001헌바25, 2001. 12. 20.). 이런 점에서 여기에서의 증여채무는 증여채무의 이행이 완료되기 전의 증여채무로 증여자가 증여계약에 의하여 약정한 재산권을 수증자에게 이전할 채무부담을 말한다(상증세법 집행기준 14-9-9 ①).

즉 증여채무의 이행이 완료되었다면, 사전증여재산으로 상속세 과세가액에 가산하되 증여채무는 더 이상 존재하지 않으므로 이를 상속재산에서 차감하지 않아도 된다. 반면에 증여채무의 이행이 완료되기 전이라면, 아직 증여채무가 이행되지 않았으므로 상속재산에 그 재산이 포함된 상태로(증여채무의 이행 중에 증여자가 사망한 경우의 당해 증여로 인한 재산은 상증세법 제2조 제1호 나목의 규정에 의하여 상속세 과세대상에 포함됨) 상속세 과세가액이 계산되고 증여채무가 존재하지만 상증세법 제13조의 취지를 살리기 위해 상속재산에서 차감하지 않는다(상증세법 집행기준 14-9-4).

② 상속인 이외의 자에의 상속개시일 전 5년 이내의 증여채무인 경우의 추가사항[253] 이 경우 상증세법 제24조 제1호에 의해 선순위인 상속인이 아닌 자에게 유증 등을 한 재산의 가액은 상속공제 적용한도 계산시 차감하도록 되어 있으므로, 이 증여채무에 대해서는 각종 상속공제를 전혀 받을 수 없게 된다. 뿐만 아니라 수증자가 피상속인의 손자인 경우에는 대습상속이 아니라면 30% 할증하여 과세된다.

③ 상속개시 前 10(5)년이 경과한 증여채무의 취급

수증자가 상속인인 경우에는 미이행채무이므로 이미 상속재산에 포함하여 상속세가 과세된다. 다만, 상속재산의 가액에서 빼는 채무로서 인정된다(재산-590, 2009. 10. 30.). 결론적으로 상속세 과세가액에 미치는 영향은 없다.

한편 수증자가 상속인 이외의 자인 경우에도 채무가 이행되기 전이므로 일단 피상속인 사망시에 상속재산에 포함됨과 동시에 상속재산가액에서 차감되는 채무로서 인정된다. 따라서 이 역시 상속세 과세가액에 미치는 영향은 없다. 다만 차

---

253) 김완일 · 고경희, 「상속증여세 실무편람」, 이택스코리아, 2009, 156쪽

후 상속인이 증여채무를 이행할 때에 수증자에게 증여세가 과세된다(상증세법 집행기준 14-9-9 ②).

④ **상증세법 제15조와의 관계** : 상증세법 제15조에서는 상속개시 전 1년 이내에 채무를 부담하고 그 금액이 2억원 이상 또는 2년 이내 5억원 이상으로서 그 용도가 객관적으로 명백하지 않은 경우 등에는 동 금액을 상속세 과세가액에 산입하도록 하고 있다. 이것은 과세가액에서 공제할 채무임은 확실하나 그 자금의 사용용도가 불분명한 경우에 적용되는 것이므로 먼저 상속개시일 현재 현존하는 확실한 채무인지의 여부를 상증세법 제14조에 의하여 판단하여야 할 것이다. 즉 상속개시 전 1년 이내에 2억원 또는 5년 이내에 5억원 이하의 채무를 부담한 경우 및 상속인의 채무의 사용용도가 분명하지 않아 상속재산으로 추정되는 경우가 아닌 경우에는 상증세법 제15조의 규정은 적용할 수 없으나 여전히 상증세법 제14조에 의한 채무 인정 여부를 사실판단하여야 할 것이다(국심 83광1442, 1983. 10. 20.).

2) 비거주자의 경우

(1) **비거주자의 상속재산에서 차감한 채무는 다음의 채무를 말한다**(상증세법 제14조 제2항, 같은 법 집행기준 14-10-2).

① 해당 상속재산을 목적으로 하는 유치권·질권·전세권·임차권(사실상 임대차계약이 체결된 경우를 포함한다)·양도담보권 또는 저당권으로 담보된 채무 또는 「동산·채권 등의 담보에 관한 법률」에 따른 담보권으로 담보된 채무[254]

따라서 이때 상속재산은 국내에 소재하면 되고 담보되는 채무가 국내채무인지 혹은 국외채무인지는 문제되지 않는다고 해석하는 것이 타당하다(재재산 46014-116, 1999. 4. 10.).

그리고 국내 상속재산에 대한 가압류에 의하여 보전된 피상속인의 채무는 여기에서의 '당해 상속재산을 목적으로 하는 유치권·질권 또는 저당권으로 담보된 채무'에 포함되지 않는다. 이는 비거주자의 경우 상속재산의 가액에서 차감하는 채무는 국내 상속재산으로 담보되거나 국내 상속재산과 일정한 경제적 관련성이 있는 것으로 제한하려는 입법취지 등에 비추어 보면 타당한 점이 있으나(대법원 2008두4275, 2011. 7. 14. - 상증세법 제14조 제2항 제2호의 채무는 예시가 아닌 열거라는 것을 처음 밝힌

---

254) 2003. 12. 30. 개정시 담보와 관련하여 "전세권·임차권(사실상 임대차계약이 체결된 경우를 포함한다)·양도담보권"이 추가되었고, 2010. 12. 27. 개정시에는 「동산·채권 등의 담보에 관한 법률」에 따른 담보권"이 추가되었다.

판례로 채무를 좁게 해석하고 있다), 상증세법 제2조 제3호에 따르면 "상속재산에는 피상속인에게 귀속되는 모든 재산으로서 금전으로 환산할 수 있는 경제적 가치가 있는 모든 물건과 재산적 가치가 있는 법률상 또는 사실상의 모든 권리"가 포함되는데, 상속재산의 가액에서 차감되는 채무가 제한적으로 허용되는 것은 가공채무나 과도한 채무를 막기 위한 것이라 하더라도 상속인에게 실제 상속받을 재산보다 많은 금액을 상속세 부담시 상속세과세표준으로 삼는 것은 입법론적으로는 문제이다.

동 조항에서 외국 법원의 확정판결에 기초하여 이루어진 가압류의 피보전채무를 상속재산의 가액에서 차감되는 채무에 포함시키지 아니한 것이 과잉금지원칙과 평등원칙에 위배되는지에 관한 헌법재판소 판결(헌재 2011헌바177, 2015. 4. 30.)에서는, 국내 소재 상속재산을 목적으로 하는 저당권 등으로 담보된 채무와 외국 법원의 확정판결에 기초하여 이루어진 가압류의 피보전채무는 담세력, 당해 상속재산과의 관련성 등의 측면에서 차이가 있으므로, 심판대상조항이 양자를 달리 취급하는 데에는 합리적인 이유가 있다고 보았다.

② 피상속인의 사망 당시 국내에 사업장이 있는 경우로서 비치 · 기장한 장부에 의하여 확인되는 사업상의 채무

(2) 입증방법

입증의 방법은 위의 거주자와 동일하다.

｜상속재산에서 빼는 공과금 등 요약｜

구 분	내 용
(1) 공과금	상속개시일 현재 피상속인이 납부할 의무가 있는 것으로서 상속인에게 승계된 조세 · 공공요금 그 밖의 이와 유사한 것 → 상속개시일 이후 상속인에게 귀책사유가 있는 가산금 · 체납처분비 · 벌금 · 과태료 · 과료는 제외

(2) 장례비	다음의 ① + ②
	① 피상속인의 사망일로부터 장례일까지 장례에 직접 소요된 비용으로서
	  ⅰ. 500만원 미만인 경우에는 500만원
	  ⅱ. 1,000만원을 초과하는 경우에는 1,000만원
	② 납골시설의 사용에 소요된 금액(500만원 한도)

구 분	내　　　　용
(3) 채 무	① 상속개시 당시 피상속인이 확정된 채무로서 상속인이 실제로 부담하는 사실이 입증되는 공과금 외의 모든 채무(보증채무·연대채무·증여채무 중 피상속인이 부담할 확정채무 포함. 단, 구상권을 행사할 수 있는 피상속인의 보증채무·연대채무는 제외) ② 채무로 공제하지 아니하는 증여채무 　㉠ 상속개시 전 10년(1998. 12. 31. 이전 발생분은 5년) 이내에 피상속인이 상속인에게 진 증여채무 　㉡ 상속개시 전 5년(1998. 12. 31. 이전 발생분은 3년) 이내에 피상속인이 상속인 외의 자에게 진 증여채무

Ⅳ 상속개시 전 증여재산 가산

> **이해의 맥**
>
> 상속재산에 가산할 것인지를 판단함에 있어 사전증여로 인해 상속재산이 감소하였는지가 중요하다. 즉, 상증세법 제13조의 취지에 비추어 결과적으로 상속세의 회피가 있었는지가 판단의 기준이 된다.

1. 의의

피할 수 없는 사망을 대비하여 피상속인이 재산을 증여함으로써 사후(死後)의 상속세를 줄이려는 것에 대응하기 위해, 상증세법은 상속개시일 전 10년 이내에 상속인에게 증여한 재산의 가액과 5년 이내에 상속인이 아닌 자에게 증여한 재산의 가액을 상속재산에 가산(그렇더라도 해당 기간의 증여채무를 차감하는 규정은 없음)하도록 규정하고 있다(상증세법 제13조).[255]

이와 같은 누적과세방식을 취하는 것은 재산을 증여와 상속으로 분할하여 이전하는 경우 재산 전부를 일괄상속하는 경우에 비해 세부담을 경감할 가능성(현행 상속세와 증여세가 초과누진세율구조를 가지고 있기 때문)이 있기 때문에 이를 방지하고자 하는 것이다(헌재 2005헌가4, 2006. 7. 27.). 다만, 이미 납부한 증여세 산출세액상당액을 기납부세액으로 공제하도록 하여

---

255) 상증세법 제4조[현행 제13조] 제1항에 의하면 상속재산가액에 가산하는 증여재산가액 중에서 증여세를 면제받은 재산의 가액을 공제한다는 예외규정이 없고, 조세감면 규제법이 증여세의 면제를 규정하였다 하여 이로써 상속세까지 비과세한다는 결론을 추론할 수 없다(대법원 93누16017, 1994. 2. 8.).

이중과세를 해소하고 있다. 그리고 일정기간 안의 증여재산만을 가산하는 것은 과세행정 상의 이유이다.

이 중에서 상속인에게 증여한 재산의 가액을 상속재산에 산입하는 것은 동 증여가 상속 을 대비한 조세회피의 일환으로 볼 여지가 있고, 여하간에 상속인에게는 재산이 귀속한 바 있으므로 그런대로 타당하다. 그러나 비록 헌법재판소(헌재 2002헌바43, 2002. 10. 31.)가 헌법 에 위반하지 아니한 것으로 판시하였으나 제삼자에게 증여한 재산의 가액을 상속재산에 산입하는 것은 좀처럼 납득하기 어렵다.[256]

2. 기초개념

1) 상속인과 상속인이 아닌 자

> **이 해의 맥**
>
> 상속인과 상속인이 아닌 자의 판단기준은 상속개시 당시 민법상 최우선순위 상속인의 지위에 있었는지의 여부이다. 즉 상속개시 당시 민법상 최우선순위 상속인이라면 비록 상속포기나 상속결격 등이 있더라도 상속인으로 보아 상속세 과세가액에의 가산기간을 계산한다.

(1) 구분시점

상속개시시점, 즉 피상속인의 사망시점에 상속인이었는지를 판단한다(조심 2018서2157, 2018. 11. 5. ; 국심 2002중1303, 2002. 8. 9.).

(2) 상속인

상증세법 제2조 제4호에 따르면 "상속인"이란 「민법」 제1000조(상속의 순위), 제1001 조(대습상속), 제1003조(배우자의 상속순위) 및 제1004조(상속인의 결격사유)에 따른 상속인을 말하며, 같은 법 제1019조 제1항에 따라 상속을 포기한 사람 및 특별연고자를 포함 한다. 즉 상속인이라 함은 민법에 의한 1순위 상속인을 말하는 바, 1순위 상속인인 배우자와 직계비속에게 증여한 경우는 10년 내의 것을 합산하고 그 이외의 차순위 상속인은 상속인 이외의 자에 포함되어 5년 이내에 증여한 분만 합산하게 된다. 그 러나 1순위 상속인이 없어 민법상 2순위 이상의 상속인만 있을 경우에는 그 중 선순

---

256) 이태로 · 한만수, 「조세법강의」, 박영사, 2009, 638쪽 : 이러한 문제가 현행 우리의 상속세제가 유산세형 을 취하고 있기 때문이라고 보면(조심 2012중209, 2012. 2. 23.), 유산취득세형의 도입이 더욱 필요해진다.

위 상속인이 위의 상속인이 된다. 결국 상속인이란 상속개시 당시 민법에 의한 최우선순위 상속인의 지위에 있었던 자를 말한다(재삼 01254-1983, 1991. 7. 11.).

이러한 구분은 상속재산에 가산하는 증여가액의 범위에 영향을 미치므로 중요한 의미를 지닌다.

① **대습상속** : 상속세를 납부할 의무는 상속이 개시되는 때 성립하므로, 피상속인이 사망하여 상속이 개시된 때에 대습상속의 요건을 갖추어 상증세법상 상속인이 되었다면, 그 상속인이 상속개시일 전 10년 이내에 피상속인으로부터 증여받은 재산의 가액은 상증세법 제13조 제1항 제1호에 따라 상속인에 대한 증여로 보아 상속세 과세가액에 포함되어야 한다(대법원 2016두54275, 2018. 12. 13.).

② **상속의 포기 및 상속결격** : 상속의 포기[257] 및 상속결격의 사유로 상속재산을 받지 못하는 자에 관해서는 입법론상 논의의 여지가 있으나, 상속개시 당시에는 최우선 상속순위의 지위에 있었던 자이므로 상증세법상 상속인으로 본다(상증세법 제2조 제4호). 따라서 이들에 대한 증여는 상속개시일 전 10년 이내의 것이 상속재산에 가산되어야 한다(상증세법 집행기준 13-0-5 ①).

③ **유증의 포기**(민법 제1074조) : 한편 유증의 포기의 사유로 상속재산을 받지 못하는 자도 세법상 명문의 규정이 없어 異論의 여지는 있으나, 별도의 규정이 없다면 납세의무자에게 유리하게 상속인이 아닌 자의 생전 증여재산가액에 가산하여야 한다. 한편 유증을 포기한 자가 상속개시시점에 상속인의 지위에 있었다면 상속을 포기한 자 등과의 균형상 상속개시일 전 10년 이내의 것이 상속재산에 가산되는 것으로 해석하자는 견해도 있다. 이때에도 유증 포기자가 위의 상속인 이외의 자라면 상속개시일 전 5년 이내의 것이 상속재산에 가산되는 것으로 해석한다.

④ **특별수익이 상속분 이상인 경우**(민법 제1008조) : 특별수익이 상속분 이상인 사유 등으로 상속재산을 받지 못하는 자도 세법상 명문의 규정이 없어 異論의 여지는 있으나, 별도의 규정이 없다면 납세의무자에게 유리하게 상속인이 아닌 자의 생전 증여재산가액에 가산하여야 한다. 한편 특별수익은 상속인이 받게 되므로 상속을 포기한 자 등과의 균형상 상속개시일 전 10년 이내의 것이 상속재산에 가산되는 것으로 해석하자는 견해도 있다.

---

257) 그러나 대법원 97누5022, 1998. 6. 23.는 상속세 납부의무에 관해서 민법상 상속포기의 소급효(민법 제1042조)를 들어 상속포기한 자는 상속개시 당초부터 상속인이 아닌 것으로 확정되고, 차순위 상속인이 상속개시된 때부터 상속인이었던 것으로 보았다.

(3) 상속인이 아닌 자

상속인 이외의 자라 함은 상속개시 당시 민법에 의한 최우선순위 상속인의 지위에 있었던 자 이외의 모든 개인·법인을 말한다. 즉 상속인의 범위는 민법 규정에 의한 선순위 상속인에 한정되므로 상속재산의 전부 또는 일부를 받은 자로서 선순위 상속인이 있는 경우 후순위 상속인은 상속인이 아닌 자에 해당된다(상증세법 집행기준 13-0-3). 따라서 이때의 법인은 영리·비영리 여부를 불문하는 것이라고 할 것이므로 피상속인이 상속개시일 전 5년 이내에 상속인을 제외한 모든 개인이나 비영리법인 및 영리법인에게 증여한 재산가액은 이를 상속재산의 가액에 가산하여 상속세 과세가액을 계산함이 타당하다 할 것이다(심사상속 2009-26, 2009. 12. 22. ; 심사상속 2002-0003, 2002. 2. 22. ; 재재산 46014-299, 2000. 10. 27.). 다만, 비영리공익법인에게 출연한 금액은 다시 과세가액 불산입재산으로 과세에서 제외된다.

[이혼조정 후 사망시] 가정법원의 이혼조정이 성립된 후 그 당일날 피상속인이 사망하여 상속개시되는 경우 상속개시 당시 배우자의 지위를 상실한 상태이므로 사전증여재산 상속세 과세가액 합산 기간은 5년을 적용하고, 이혼시 재산분할청구권에 의하여 분할한 재산은 증여재산이 아니므로 상속세 과세가액에 합산하지 아니한다(법규재산 2013-228, 2013. 9. 11.).

2) 가산가액 평가방법

상속세 과세가액에 가산하는 사전증여재산의 가액은 상속시점이 아닌 사전증여 당시의 현황, 즉 증여일 현재의 시가에 의하되 시가가 불분명한 경우에는 보충적 평가방법에 따라 평가한 가액에 따른다(상증세법 제60조 제4항, 같은 법 집행기준 13-0-7 ; 재재산-142, 2009. 1. 28.). 특히 예금을 증여한 경우에 동 증여가액은 증여시점의 가액이므로 그 이후 수입이자 증식분을 상속세 과세가액에 포함시킬 수 없다.

• 부담부증여 : 부담부 증여재산을 합산하는 경우에는 증여 당시의 평가액에서 해당 증여재산에 담보된 채무로서 수증자가 인수한 금액을 차감한 가액으로 한다(상증세법 집행기준 13-0-7). 다만, 상증세법 제47조 제3항 본문에서 규정하고 있는 배우자 또는 직계존비속 간 부담부증여(제44조에 따라 배우자 등에게 양도한 재산이 증여로 추정되는 경우를 포함)는 동 부담부가액을 공제하지 아니한 금액을 상속세 과세가액에 합산한다. 물론 상증세법 시행령 제36조 제2항에 의하여 채무액이 객관적으로 인정되는 경우에는 부담부가액을 공제한다.[258]

---

258) 이 책 뒤에서 볼 '증여세편-증여세 과세가액 계산-부담부증여' 참조

3) 상속개시 전 10(5)년 내의 의미

이는 상속개시일로부터 소급하여 「10년 내 또는 5년 내」[259] 증여한 재산가액을 말하며, 여기에서의 기간의 판정은 증여재산의 취득시기를 규정한 상증세법 시행령 제24조에 의하면 된다. 이때 기간의 계산은 세법에 특별한 규정이 있는 것을 제외하고는 민법에 따르므로, 초일을 불산입하고 만료일은 포함한다(국세기본법 제4조).

3. 가산

1) 원칙 : 기간 내 증여만 가산하는 경우

(1) 의의

① 합산되는 증여는 민법상의 증여뿐만 아니라 상증세법상의 증여 개념에 따른 증여를 말한다. 그러므로 상증세법상 제33조부터 제39조까지, 제39조의 2, 제39조의 3, 제40조, 제41조의 2부터 제41조의 5까지, 제42조, 제42조의 2, 제42조의 3, 제44조, 제45조 및 제45조의 2부터 제45조의 5까지의 증여예시, 증여추정 및 증여의제는 당연히 가산되는 증여에 일단 포함된다(상증세법 기본통칙 13-0…4 ; 재재산 46014-18, 2000. 1. 20.). 즉 상증세법 제4조의 2에서 규정하는 증여세 납부의무가 성립된 경우 및 자금출처를 입증하지 못하여 같은 법 제45조에 의하여 증여로 추정된 경우 등 일단 증여가 성립된 경우에는 이를 상속세 과세가액에 산입한다.

　　예컨대 피상속인이 상증세법 제41조(현행 제45조의 5)에서 규정하는 특정법인에게 증여한 재산에 대하여 당해 특정법인의 최대주주 등에게 증여세가 과세되는 경우, 특정법인에게 증여한 재산의 가액을 상속재산에 가산한다(서일 46014-10775, 2002. 6. 7.). 다만, 정당한 이유로 가산되지 않는 경우가 있다(아래 4. 참조).

② 한편 상증세법 및 다른 법률의 규정에 의하여 정책적 목적으로 증여세를 비과세 또는 면제(상증세법 제4조의 2 제4항의 영리법인에 대한 증여세 면제 등)하였다고 하여, 반드시 다른 정책목표인 상속세 누진과세의 적용을 배제하는 혜택까지 주어야 한다고는 할 수 없기 때문에 증여세가 비과세 또는 면제되는 경우에도 해당 증여재산가액을 상속세 과세가액에 가산하지 아니한다는 별도의 규정이 없는 한 원칙적으로 상속세 과세가액에 합산하여야 할 것이다(심사상속 2009-26, 2009. 12. 22. ; 헌재 98헌바12,

[259]

증여를 받은 자	1990. 12. 31. 이전 증여분	1998. 12. 31. 이전 증여분	1999. 1. 1. 이후 증여분
상속인	3년 이내	5년 이내	10년 이내
상속인 이외의 자	1년 이내	3년 이내	5년 이내

2000. 1. 27. ; 대법원 93누16017, 1994. 2. 8.).

(2) 수증자가 영리법인인 경우

영리법인은 상속인 이외의 자에 해당하므로, 피상속인이 상속개시일 전 5년 이내에 영리법인에 증여한 재산가액은 상속세 과세가액에 가산하는 것이 타당하다. 비록 상증세법 제4조의 2 제4항에 의하면 수증자가 영리법인일 경우에는 당해 법인이 납부할 증여세를 면제한다고 규정하고 있으나 이는 재산을 증여받은 영리법인에게 증여세 납세의무를 면제한다는 규정일 뿐이지 증여세나 상속세 자체를 비과세한다거나 증여재산가액 자체를 상속세 과세가액에서 제외하여 산출세액을 계산한다는 의미가 아니므로, 영리법인에 대한 증여세 납세의무 면제는 영리법인에게 증여한 증여재산의 가액을 상속세 과세가액에 가산하여 상속세 산출세액을 계산하고 여기에서 증여세 상당액을 공제하는 것(상증세법 제28조 제1항)으로 의미가 있다고 할 것이다(심사상속 2009-26, 2009. 12. 22. ; 심사상속 2002-0003, 2002. 2. 22. ; 재재산 46014-299, 2000. 10. 27. ; 상증세법 집행기준 13-0-5 ②). 그리고 해당 증여재산에 대한 증여 당시의 증여세 산출세액 상당액(영리법인은 증여세 납세의무가 없고, 이를 자산수증이익으로 하여 법인세가 과세되거나 혹은 비과세될 수도 있다. 따라서 과세 혹은 비과세에 상관없이 증여세가 과세되었을 경우의 증여세 산출세액 상당액을 산출하여야 한다)을 상속재산에 대한 과세표준비율(상증세법 제28조 제2항)에 의한 금액을 한도로 상속세 산출세액에서 공제한다. 그러므로 설령 사전증여액을 상속세 과세가액에 합산하여 상속세를 부담하게 되었다고 하더라도 추가로 부담하게 되는 세액은 이러한 합산과세로 인한 누진분뿐이다(심사상속 2009-26, 2009. 12. 22. ; 헌재 98헌바12, 2000. 1. 27. ; 대법원 93누16017, 1994. 2. 8.).

(3) 국세부과제척기간이 끝난 증여

① 증여재산을 상속세 과세가액에 합산하도록 한 상증세법상의 규정은 상속개시 전에 분산증여한 재산을 상속세 과세가액에 합산함으로써 사전에 분산증여한 경우와 그렇지 아니한 경우간에 세부담의 공평성을 기하려는 세액계산의 특례규정으로 이해되고, 이러한 해석에 기초하여 볼 때 생전 증여재산에 대하여는 해당 증여재산에 대한 부과제척기간의 만료 여부에 불구하고 응능부담과 과세공평을 실현하기 위해서 이를 합산과세하는 것이 타당할 것이다(국심 98전2911, 1999. 9. 3. ; 감심 2000-29, 2000. 2. 22.).

② 상증세법 제28조(증여세액공제) 제1항 단서 및 제58조(납부세액공제) 제1항 단서와의 관계 상증세법 제28조 제1항 및 상증세법 제58조 제1항에 단서에 의하면 제척기간이 만료되어 증여세가 부과되지 아니한 증여세의 경우 기납부한 세액으로 공제를 적용하지 않도록 명확히 규정하고 있다. 이는 증여세의 부과제척기간이 끝난 증여재산의 경우에도 상속세 과세가액에 합산하는 것을 전제로 하여 이중과세 조

정대상을 명확히 한 것이다.

(4) 그 밖

① 증여세가 부과되지 않은 사전증여의 경우 : 상속세 과세가액에 합산하는 증여재산에 대하여 증여세가 부과되지 아니한 경우에는 해당 증여재산에 대하여 증여세를 먼저 과세하고 그 증여재산가액을 상속세 과세가액에 합산하여 상속세를 부과하며 증여세 상당액을 기납부세액으로 공제한다(상증세법 집행기준 13-0-8).

② 양도소득세 부당행위계산 부인의 경우 : 양도소득에 대한 소득세를 부당하게 감소시키기 위하여 특수관계인에게 자산을 증여한 후 그 자산을 증여받은 자가 그 증여일로부터 3년 이내에 타인에게 이를 양도함으로 인하여 소득세법 제101조의 규정에 의한 양도소득의 부당행위계산규정이 적용되어 증여자가 타인에게 그 자산을 직접 양도한 것으로 보아 양도소득세를 계산하고 당초 증여받은 자산에 대하여 증여세를 부과하지 아니하는 경우에도 당해 증여받은 재산은 상속세 및 증여세법 제13조 제1항의 규정에 의하여 상속세 과세가액에 가산하는 것이며, 당해 증여재산에 대한 증여세 상당액은 같은 법 제28조의 규정에 의하여 상속세 산출세액에서 공제하는 것이 타당하다(서면4팀-1976, 2004. 12. 3.).

③ 사전증여재산을 상속세 과세가액에 가산하는 대상재산은 증여를 하지 않았다면 상속재산이 되었을 재산가액을 초과하지 않는 범위 내로 제한하는 것이 타당한 점 등으로 볼 때, 피상속인이 상속개시일 전에 동일한 부동산을 시기를 달리하여 상속인에게 증여한 후 반환받았다가 다시 다른 상속인에게 증여한 경우 이를 각각 상속세 과세가액에 합산하여 상속세를 과세하게 되면 사실상 상속세 과세가액에 이중으로 가산되는 모순을 초래하고, 이는 사전증여재산의 합산과세제도의 본래 취지나 실질과세원칙에 비추어 합리적인 것이라고 볼 수 없으므로, 수회에 걸쳐 동일한 재산을 상속개시 전에 증여한 경우 상속세 과세가액에 가산할 증여재산은 상속개시일에 가장 근접한 시점에 증여한 재산으로 하는 것이 합리적인 것으로 판단된다(국심 2007광4793, 2009. 4. 20.).

(5) 상증세법 제15조와의 관계

① 상증세법 제15조 적용 : 상증세법 제15조에서는 상속개시일 전 1년 이내에 상속재산을 처분한 것 중 2억원 이상 또는 2년 이내 5억원 이상으로서 그 용도가 객관적으로 명백하지 않은 것은 상속세 과세가액에 산입한다고 규정하고 있다. 이는 1년 또는 2년 이내에 처분한 재산이 상속인 그 밖의 타인에게 증여되었는지가 불

분명한 경우에 적용되는 것이다.

② 상증세법 제13조 적용 : 만약 증여된 것임이 분명하다면 상증세법 제15조 규정이 적용되지 않고 상증세법 제13조에 의거 가액요건(2억원 또는 5억원)에 불구하고 과세가액에 산입되며, 1년 또는 2년 이전에 처분한 재산의 경우에도 상속인에게 10년(상속인 이외의 자에게 5년) 이내에 증여된 것임이 분명하다면 상증세법 제13조에 의거 과세가액에 산입되는 것이다.

③ 결론 : 따라서 상증세법 제15조의 규정과 상증세법 제13조의 증여재산가액과는 상호보완적 기능을 하는 것으로 이해될 수 있다.

④ 상속세 과세가액에 산입되지 않는 경우 : 이러한 해석에 의할 때, 1년 또는 2년 이전에 처분된 재산으로서 증여되었는지 여부가 불분명하거나, 5년 이전에 상속인 이외의 자에 증여된 경우, 또는 10년 이전에 상속인에게 증여된 재산은 당연히 상속세 과세가액에 산입할 수 없다.

※ 요약정리

구 분	상증세법 제15조	상증세법 제13조
증여여부 판단	불분명	분명
기한제한	상속개시일로부터 소급하여 1년 혹은 2년 이내	상속개시일로부터 소급하여 10년 혹은 5년 이내
금액제한	상속개시일로부터 소급하여 1년 이내 2억원 또는 2년 이내 5억원 이상	금액제한 없음

※ 기간제한이 있는 사전증여재산가액(상증세법 집행기준 13-0-2)

상속세 과세가액에 합산하는 사전증여재산가액은 피상속인이 상속개시일 전 상속인 또는 상속인 아닌 자에게 증여한 재산가액으로 다음과 같다.

피상속인	증여를 받은 자	사전증여재산 가액
거 주 자	상속인	상속개시일 전 10년 이내 증여한 국내·외 재산가액
	상속인 아닌 자	상속개시일 전 5년 이내 증여한 국내·외 재산가액
비거주자	상속인	상속개시일 전 10년 이내 증여한 국내소재 재산가액
	상속인 아닌 자	상속개시일 전 5년 이내 증여한 국내소재 재산가액

2) 예외 : 기간 제한 없이 가산되는 증여세 특례적용 재산(상증세법 집행기준 13-0-5 ③ : 재산
-688, 2010. 9. 13.)

(1) 증여세 과세특례적용 창업자금

창업자금에 대한 증여세 과세특례라 함은 18세 이상인 거주자가 창업자금중소기업
을 창업할 목적으로 60세 이상의 부모로부터 창업자금을 증여받은 경우, 상증세법의
규정에 불구하고 증여시점에 5억원 공제 후 10%의 낮은 세율로 증여세를 과세하고
증여한 부모의 사망시에는 증여 당시의 가액을 상속재산가액에 가산하여 상속세로
정산하여 과세하는 제도를 말한다(조특법 제30조의 5).[260]

그러므로 창업자금은 상속인에게 사전증여한 재산의 상속재산에의 합산과세(상증세
법 제13조 제1항 제1호)의 규정을 적용함에 있어 증여받은 날부터 상속개시일까지의 기간
과 관계없이 상속세 과세가액에 가산된다. 이 제도의 취지가 정산을 전제로 한 것이
므로 당연한 조치이다.

(2) 증여세 과세특례적용 가업승계재산

가업의 승계에 대한 증여세 과세특례 제도는 가업을 10년 이상 계속하여 영위한 60
세 이상의 부모가 18세 이상의 자녀에게 가업승계의 목적으로 주식 또는 출자지분을
증여하는 경우 증여세 과세가액에서 5억원을 공제하며 10%의 세율로 증여세를 과
세한 후 상속시에 정산하는 과세제도이다(조특법 제30조의 6).[261]

그러므로 같은 법 제13조(상속세 과세가액) 제1항 제1호에 따른 합산기간 10년을 적용
하지 아니하고 증여받은 날부터 상속개시일까지의 기간과 관계없이 상속세 과세가
액에 가산한다. 이 제도의 취지가 정산을 전제로 한 것이므로 당연한 조치이다.

4. 가산 제외

해의 맥

사전증여로 인해 실질적으로 상속재산의 감소가 없어 상증세법 제13조의 취지와 모순
되지 않는 경우에는 상속재산에 가산되지 아니한다.

---

260) 이에 대한 자세한 설명은 이 책 뒤에서 볼 '증여세편-증여세 과세특례' 참조
261) 이에 대한 자세한 설명은 이 책 뒤에서 볼 '증여세편-증여세 과세특례' 참조

아래와 같은 증여재산은 가산에서 제외되며, 상속재산에 가산하지 아니한 증여재산에 대한 증여세액은 상속세 산출세액에서 공제되지 아니한다(서면4팀-171, 2005. 1. 24.).

1) 상증세법상 상속세 과세가액에의 가산제외(상증세법 제13조 제3항)

(1) 증여재산 중 비과세되는 증여재산

국가 또는 공공단체에 기부한 재산, 우리사주조합원이 우리사주를 취득함으로써 얻는 이익, 정당·사내복지기금·근로복지진흥기금·신용보증기금 등이 증여받은 재산, 이재구호금품, 치료비, 불우이웃을 위해 유증한 재산 등의 증여세가 비과세되는 사전증여재산은 상속세 과세가액에 가산하지 않는다(상증세법 제46조). 이는 이러한 비과세가 사전증여를 통한 상속세 경감에 있지 않으므로, 그 비과세의 정책적 목적을 달성하기 위해 상속세 과세가액에 가산하지 않는 것이다.

(2) 증여세 과세가액 불산입액

① 공익법인 등이 출연받은 재산(상증세법 제48조 제1항), ② 공익신탁재산(상증세법 제52조) 및 ③ 장애인이 증여받은 재산(상증세법 제52조의 2 제1항)이 이에 해당한다. 즉 이러한 재산을 상속세 과세가액에 가산하지 아니하는 것이 상증세법 제13조의 취지와 모순되지 않는다.

한편 증여세 과세가액에 불산입된 장애인이 증여받은 재산에 대해 증여세 추징사유가 발생하는 경우에는 예외없이 증여세를 부과하게 되는데, 이 경우 당초 증여자가 사망한 후에 증여세 과세사유(신탁해지 등)가 발생한 때에는 상속재산에 가산하는 사전증여재산가액에 포함하지 아니한다(서일 46014-11777, 2002. 12. 31.).

(3) 합산배제증여재산가액

다음의 합산배제증여재산의 경우에는 증여자 및 그 원천을 구분하기 어려우므로 상속세 과세가액에 가산하는 증여재산가액에 포함하지 아니하는 것이다(상증세법 집행기준 13-0-4).

① 전환사채 등의 주식 전환·교환 또는 주식의 인수를 하거나 전환사채 등을 양도함으로써 얻는 이익(상증세법 제40조 제1항 제2호)

② 주식 등의 상장 등에 따른 이익의 증여(상증세법 제41조의 3)재산

③ 합병에 따른 상장 등 이익의 증여(상증세법 제41조의 5)재산

④ 재산 취득 후 재산가치 증가에 따른 이익의 증여(상증세법 제42조의 3)재산

(4) 수증자가 먼저 사망한 경우

상속개시 전 증여재산에 대해 상속세 과세가액에 산입하는 것은 사전증여를 통한 조세회피를 방지하기 위함이다. 그런데 수증자가 증여자(피상속인)보다 먼저 사망한 경우에는 이러한 조세회피의 가능성이 적다 할 것이고, 또한 앞서 본대로 가산기간(10년 혹은 5년) 적용의 기준이 되는 상속인 여부의 판정도 상속개시일을 기준으로 한다는 점에서 상속세 과세가액에 가산하는 사전증여재산에서 제외하는 것이 타당하다. 그리하여 예규에서도 상속인으로부터 재산을 증여받은 자녀가 피상속인보다 먼저 사망한 경우에는 상속세 과세가액에 산입하지 아니하는 것임을 명확히 하고 있다(재산-801, 2009. 3. 9. ; 상증세법 집행기준 13-0-6 ①).

(5) 이미 상속재산에 포함된 증여재산

수증자에게 증여세를 부과하였으나, 그 대상재산이 이미 증여자(피상속인)의 상속재산에 포함되어 있는 경우에는 합산과세하지 아니한다.

① 따라서 부동산무상사용에 따른 이익(상증세법 제37조)은 합산과세하지 아니한다(재산 상속 46014-794, 2002. 2. 28.).

② 피상속인이 상속인에게 증여한 재산을 증여세 신고기한을 경과해 반환받고 사망하여 증여세가 부과된 경우로서, 반환받은 재산이 상속재산에 포함되어 상속세가 과세되는 때에는 사전증여재산에 해당하지 않는다(상증세법 집행기준 13-0-6 ② : 재산-3670, 2008. 11. 7.). 이 경우 상속재산에 가산하지 아니한 증여재산에 대한 증여세액은 상속세 산출세액에서 공제되지 않는다.

③ 명의신탁재산(상증세법 제45조의 2)은 원칙적으로 사전증여재산으로 상속재산에 합산하나 명의신탁재산으로 증여세가 과세된 재산이 피상속인의 재산으로 환원되거나 피상속인의 상속재산에 포함되어 상속세가 과세되는 경우에는 사전증여재산으로 합산하지 아니한다(상증세법 집행기준 13-0-6 ③ : 대법원 2002두8428, 2003. 9. 5.).

④ 피상속인이 상증세법 제45조의 5에서 규정하는 특정법인에게 증여한 재산에 대하여 당해 특정법인의 최대주주 등에게 증여세가 과세되는 경우, 동일 재산이 특정법인에게 증여한 재산과 최대주주에게 증여한 재산에 해당될 수 있는바, 특정법인에게 증여한 재산의 가액만을 상속재산에 가산하고 당해 증여재산에 대한 증여세 산출세액 상당액을 상속세 산출세액에서 공제하는 것이지, 최대주주의 증여가액을 추가로 가산하거나 최대주주가 납부한 증여세액을 기납부세액으로 공제하는 것은 아니다(서일 46014-10775, 2002. 6. 7.).

(6) 기타

① 이혼 등에 의하여 정신적 또는 재산상 손해배상의 대가로 받은 위자료에 대하여
는 조세포탈의 목적이 있다고 인정할 경우를 제외하고는 증여세가 과세되지 아
니하는 것이며, 또한 상증세법 제13조 제1항의 규정이 적용되지 아니하는 것이다
(서면4팀-1038, 2007. 3. 30.).

② 금융실명거래 및 비밀보장에 관한 법률 부칙 제9조에 따라 조세특례가 인정되는
특정채권금액은 상증세법 제13조 제1항의 규정에 의하여 상속세 과세가액에 가
산하는 증여재산가액에 이를 포함하지 않는다(서면4팀-2049, 2004. 12. 15.).

2) 조특법상 상속세 과세가액에의 가산 제외

아래의 항목들은 해당 조문이 의도했던 본래의 증여세 면제 · 감면의 효과를 제대로 달
성하기 위해, 해당 증여재산을 상속세 과세가액에 가산하지 않도록 하고 있다. 만약 가
산하게 된다면 증여세를 면제 · 감면하면서 종국에는 상속세를 과세하게 되어 당초의
증여세 면제 · 감면의 목적을 달성할 수 없게 될 것이다(상증세법 집행기준 71-68-2). 그러나
정당한 사유 없이 5년 내 양도하거나 직접 영농 않는 경우(조특법 제71조 제2항 등)는 증여세
감면세액이 추징되므로 상속세 과세가액에 가산된다(재삼 46014-2356, 1997. 10. 2.).

① 증여세가 면제된 자경농민 등이 증여받은 농지 등

구 조세감면규제법[262] 제57조 제1항에 의해 증여세가 면제되는 2006년 12월 31일까
지 증여한 농지(농지법에 의한 농업진흥지역안의 것에 한한다) 등 · 어선 및 어업권의 가액은 상
속세 과세가액에 가산하는 증여재산가액에 이를 포함시키지 아니한다(구 조세감면규제
법[263] 제57조 제4항 및 구 조특법[264] 부칙 제16조 참조).[265]

② 증여세가 면제되는 영농자녀가 증여받은 농지 등(2006. 12. 31. 이전)

구 조세감면규제법[266] 제58조 제1항에 의해 증여세가 면제되는 2006년 12월 31일까지
증여한 농지 · 초지 · 산림지의 가액은 상속세 과세가액에 가산하는 증여재산가액에 이
를 포함시키지 아니한다(구 조세감면규제법[267] 제58조 제5항 및 구 조특법[268] 부칙 제15조 참조).[269]

---

262) 1996. 12. 30. 법률 제5195호로 개정되기 전
263) 1996. 12. 30. 법률 제5195호로 개정되기 전
264) 1998. 12. 28. 법률 제5584호
265) 이 책 뒤에서 볼 '증여세편-세액감면' 참조
266) 1996. 12. 30. 법률 제5195호로 개정되기 전
267) 1996. 12. 30. 법률 제5195호로 개정되기 전
268) 1998. 12. 28. 법률 제5584호

③ 증여세가 면제되는 영농자녀가 증여받은 농지 등(2007. 1. 1. 이후)

일정한 요건을 모두 충족하는 농지·초지 또는 산림지를 농지 등의 소재지에 거주하면서 직접 경작하는 일정한 "자경농민"이 농지 등의 소재지에 거주하면서 직접 경작하는 일정한 "영농자녀"에게 2011년 12월 31일까지 증여하는 경우 해당 농지 등의 가액에 대한 증여세의 100분의 100에 상당하는 세액을 감면한다. 이와 같이 증여세를 감면받은 농지 등은 상증세법 제13조 제1항의 규정에 따라 상속세 과세가액에 가산하는 증여재산가액에 포함시키지 아니한다(조특법 제71조 제1항 제5항).[270]

‖상속세 과세가액에 합산하지 않는 증여재산(상증세법 집행기준 13-0-4)‖

구 분	재산종류	관련규정
증여세 비과세 재산	• 비과세되는 증여재산	상증세법 제46조
과세가액에 불산입되는 재산	• 공익법인 등에 출연한 재산	상증세법 제48조 제1항
	• 공익신탁한 재산	상증세법 제52조
	• 장애인이 증여받은 재산	상증세법 제52조의 2 제1항
합산배제 증여재산 (2004. 1. 1. 이후 상속개시 분부터)	• 전환사채 등의 주식전환이익	상증세법 제40조 제1항 제2호
	• 주식 등의 상장 등에 따른 이익의 증여	상증세법 제41조의 3
	• 합병에 대한 상장 등 이익의 증여	상증세법 제41조의 5
	• 재산취득 후 재산가치 증가에 따른 이익의 증여	상증세법 제42조의 3
조특법상 특례	• 영농자녀가 증여받은 농지 등	조특법 제71조 제5항
비실명 특정채권	• 금융실명법 부칙에 따라 조세특례가 적용되는 특정채권	금융실명거래 및 비밀보장에 관한 법률 제3조 및 부칙 제9조

제5절 상속세과세표준의 계산

§관련조문

상증세법	상증세법 시행령
제25조【상속세의 과세표준 및 과세최저한】	제20조의 3【감정평가수수료 공제】

---

269) 이 책 뒤에서 볼 '증여세편 – 세액감면' 참조
270) 이 책 뒤에서 볼 '증여세편 – 세액감면' 참조

의의

국세기본법에서는 "과세표준"을 세법에 의하여 직접적으로 세액산출의 기초가 되는 과세물건의 수량 또는 가액으로 정의하고 있으므로(국세기본법 제2조 제14호), 상속세의 과세표준은 세율적용의 기준이 되는 금액을 말한다.

그런데 현행 상증세법상 상속세과세표준은 상속인 각자가 상속받은 지분을 기준으로 계산하는 것이 아니라 피상속인의 유산을 모두 합하여 전체를 한 단위로 묶어서 세율을 적용하는 유산세 체계를 기본으로 하고 있다.[271] 따라서 피상속인의 유산을 상속인들이 상속지분에 따라 어떻게 분할하든, 상속을 포기하든 관계없이 상속세과세표준은 변함이 없다.

이에 따라 상속세과세표준은 상속세 과세가액(상증세법 제13조)에서 상속공제(상증세법 제18조 내지 제24조)와 상속재산의 감정평가수수료(상증세법 제25조 제1항 제2호)를 차감한 금액으로 계산한다(상증세법 제25조 제1항).

 상속세과세표준 계산순서

상속세 과세가액(앞의 제4절)
 (-)상속공제
 (-)감정평가수수료
 =상속세과세표준

 상속공제

 해의 맥

상속공제는 상속인의 인적사정을 고려한 공제와 상속재산 자체의 물적사정을 고려한 공제 및 가업상속공제로 나누어져 있다.
상속공제를 적용할 때에는 항상 '상속공제의 한도'를 따져보아야 한다.

---

271) 이 책 앞에서 본 '상속세 과세제도와 현황' 참조

상증세법은 피상속인의 사망으로 인한 상속인의 경제적 충격을 고려하여 그들의 상속세 부담을 완화함으로써 생존자의 생활안정을 도모하고자 다음의 각종 공제액을 과세가액에서 공제하도록 하였다. 이는 상속인의 인적사정을 고려(유산취득세 방식)한 공제와 상속재산 자체의 물적사정을 고려한 공제로 나누어져 있고, 이를 적용할 때에는 개개의 상속공제 항목 간에 중복적으로 적용하는 것이 가능한지 혹은 가능하지 않아 중복적용이 배제되는지에 유의하여야 한다. 그리고 상속공제액이 산출세액을 초과하면 그 초과액은 없는 것으로 본다(재삼 46070 – 322, 1993. 2. 15.).

> 상속공제＝Min[(기초공제＋그 밖의 인적공제＋가업상속공제＋영농상속공제＋배우자공제＋
> 금융재산 상속공제＋재해손실공제＋동거주택상속공제), 상속공제한도액]

1. 기초공제

> §관련조문

상증세법
제18조【기초공제】

1) 의의

상속인들의 최소한의 생활기초를 보호하고, 모든 상속에 대해 요건을 따지지 않고 무조건 해준다는 의미에서 기초공제라 한다.

즉 거주자 또는 비거주자의 사망으로 상속이 개시되는 경우 상속세의 기초공제는 2억원이다(상증세법 제18조 제1항). 따라서 과세가액이 기초공제액(물론 상속공제의 한도(상증세법 제24조)의 적용을 받는다) 이하가 되면 상속세가 과세되지 않는다.

2) 비거주자

비거주자인 피상속인의 국내에 소재하는 재산과 거주지국에 소재하는 재산을 모두 합산하여도 거주지국 세법상은 과세미달로 상속세 부담이 없는 경우에도 국내 세법상으로는 소액의 국내 소재 재산에 대하여 상속세가 과세되는 문제를 해소하기 위하여 2001년부터 비거주자에 대해서도 기초공제를 적용하였다.[272]

---

272) 국세청, 2001 「개정세법해설」, 2001, 227쪽

2. 인적공제

인적공제란 상속인의 생활안정을 도모하기 위해 상속개시 당시 상속인들의 인적사정을 고려하여 상속세 과세가액에서 공제하는 가액이다.

1) 배우자상속공제

 해의 맥

배우자 공제의 이론적 근거에 비추어 상속개시 당시 배우자가 생존해 있다면 최소 5억원의 배우자공제를 받을 수 있고, 배우자가 실제로 상속받은 금액을 배우자상속 재산 분할기한까지 분할(2010. 1. 1.부터 신고하지 않아도 된다)한 경우에 한하여 5억원을 초과하여 공제가능하다(물론 상속공제의 한도(상증세법 제24조)의 적용을 받는다).

§ 관련조문

상증세법	상증세법 시행령
제19조【배우자 상속공제】	제17조【배우자 상속재산의 가액 및 미분할사유】

(1) 의의

① 이론적 근거

㉠ 동일세대 1회 과세원칙 : 본질적으로 상속세는 한 세대에서 다른 세대로의 세대 간에 부가 무상이전될 때에 과세되는 세목으로 고안되었다. 그런데 부부는 같은 세대에 속하므로 배우자 일방이 사망할 때에 생존 배우자에게 상속세를 과세하는 것은 수평적 이전에 대해 과세하는 것으로 타당하지 않은 면이 있다. 이런 점에서 배우자 간 재산의 무상이전에 대해서는 상속세를 과세하지 않는 것이 타당하다고 본다.[273] 그리고 배우자 간 무상이전에 대해 과세하지 않더라도 잔존배우자의 사망시에 종국적으로 과세될 것이므로 이는 과세이연에 불과하여 세수의 누락이 없다.

㉡ 공동재산의 분할 : 또한 부부는 사회의 가장 기본적인 생활단위로서 피상속인의 상속재산은 부부의 공동노력의 산물이다. 따라서 이렇게 형성축적된 재

---

273) 이러한 논거에 의해 미국 등 일부 국가에서는 배우자간 상속에 대해 완전공제제도를 두고 있다. 또한 현행 상증세법의 세대생략 무상이전에 대해 30% 할증과세하는 제도(상증세법 제27조, 제57조)도 이러한 성격을 반영한 것이라고 볼 수 있다.

산은 그 명의를 누구로 하는가에 상관없이 실질적으로 부부의 공유재산의 성격을 가진다. 이런 관점에서 보면 배우자 일방의 사망으로 잔존배우자가 받게되는 상속재산은 공동재산에 대한 잠재적 지분을 현실화하는 것에 불과한 것이어서 부의 무상이전이 아니다. 따라서 배우자 간의 재산의 무상이전에 대해서는 상속세를 과세하지 않는 것이 타당하다고 해석한다.[274]

ⓒ 생존배우자의 생활보호 등 : 이 밖에도 피상속인의 사망 후에 생존배우자가 경제적으로 영속성을 가지고 생활할 수 있도록 배려하기 위해 배우자에게도 상속세를 과세하되 일정액의 배우자 상속공제를 인정한다.[275]

② 의의 : 그리하여 현행 상증세법은 원칙적으로 거주자의 사망으로 인하여 배우자가 실제 상속받은 금액은 전액 상속세 과세가액에서 공제하도록(위의 1세대 1회과세 원칙이나 공동재산의 분할의 측면)하고 있다(상증세법 제19조 제1항 본문).

그러나 상속재산의 협의분할과 상속등기제도 하의 현행 상증세법에서는 이를 이용한 위장분할이 가능하고, 한도 없이 과세하지 않을 경우 고액재산가의 세부담이 지나치게 줄어들게 되므로, 상속재산 중 민법상 법정상속지분인 일정비율까지는 과세를 유보(30억원 한도)한 후 잔존배우자 사망시 과세(정산의 의미를 가진다)하도록 하였다(상증세법 제19조 제1항 제1호).

(2) 배우자의 의미

현행 민법상 혼인의 성립은 혼인신고를 요건으로 하는 이른바 법률혼주의를 채택하고 있으므로, 여기에서 "배우자"라 함은 민법상 혼인으로 인정되는 혼인관계에 의한 배우자를 말하며, 민법상 혼인은 가족관계등록법에 따라 혼인신고를 함으로써 성립한다(상증세법 기본통칙 19-0…1, 같은 법 집행기준 19-17-3).[276] 따라서 배우자가 민법 제1004조(상속인의 결격사유)에 따라 상속인이 되지 못한 경우에도 배우자 상속공제가 적용된다(재산-1084, 2009. 12. 21.).

따라서 사실혼, 즉 실질적으로 동거하여 부부로서의 생활을 하고 있으나 혼인신고를 하지 아니한 경우에는 법률상 혼인으로 인정되지 않으므로 배우자 상속공제의 대상이 되지 않는다(조심 2008중3100, 2009. 4. 17.).[277] 한편 피상속인의 배우자가 이혼조정을

---

274) 우리 민법이 이혼시 재산분할청구권에 의한 재산분할에 대해 과세하지 않는 것(민법 제839조의 2)과 상속분의 계산시 기여분을 인정한 것(민법 제1008조의 2)은 이러한 사고를 반영한 것이다.

275) 이외에도 단일의 생활공동체로서의 가족생활보호 및 부부 재산을 부부공동의 '우리재산'으로 인식하는 사회일반의 상식에 그 근거를 찾기도 한다(최명근·김정식·최봉길, 「상속증여세법해설」, 경제법률사, 2007).

276) 1996. 12. 31. 이전 상속개시분의 경우 법률혼 배우자가 없는 경우에 한하여 사실혼 배우자를 인정하였다.

신청한 경우로서 상속개시일 전에 조정이 성립된 경우에는 실질적으로 혼인관계가 해소된 것이므로 더 이상 법률상의 배우자가 아니다(서면4팀 – 1012, 2008. 4. 22.). 그러므로 증여받은 당시에는 배우자의 지위에 있어 증여재산공제를 받았다 하더라도, 협의이혼으로 인하여 상속개시일 현재는 배우자로서의 지위를 상실했다면 상속인이 아닌 자에 대한 사전증여재산가액을 상속세 과세가액에 가산하고 당연히 배우자상속공제의 대상도 아니다(결과적으로 사전증여받은 재산에 대해 적용되었던 배우자 증여재산공제액만큼 추가로 상속세가 과세된다)(조심 2010서533, 2010. 10. 29.).

(3) 공제액 계산(1단계)

이리하여 배우자가 실제로 상속받은 금액은 상속과세가액에서 공제된다. 그러나 무한대로 공제되는 것은 아니고, 상속재산(受遺者가 유증 등을 받은 재산을 공제하고 상속개시일 10년 이내에 상속인에게 증여한 재산 포함)에 배우자의 법정상속분(비율)을 곱하여 계산한 금액에서 상속재산에 가산한 증여재산 중 배우자에게 증여한 재산의 가액을 차감한 금액(30억원 한도)을 한도로 한다(상증세법 제19조 제1항).

이에 따라 배우자 상속공제액을 계산식으로 나타내면 다음과 같다.

$$
\text{Min} \begin{cases} ① \ \text{배우자가 실제 상속받은 금액} \\ ② \ (\text{한도액}) : \text{배우자의 법정상속분(금액)} - \text{가산한 증여재산중 배우자 수증분의} \\ \qquad\qquad\qquad\qquad\qquad\qquad\qquad\qquad \text{증여세 과세표준} \\ ③ \ 30\text{억원} \end{cases}
$$

① 배우자가 실제 상속받은 금액 계산(상증세법 집행기준 19-17-1) : 상속받은 적극적 상속재산가액에서 채무 · 공과금 등 소극적 상속재산 가액을 차감한 실제 상속받은 순재산가액을 말하며, 상속개시 당시의 현황에 의한다. 배우자상속공제를 받고 배우자 이외의 자에게로 상속재산을 분할함으로써 배우자상속공제를 조세회피수단으로 이용하는 것을 방지하기 위해서 실제 상속받은 금액을 공제한다. 그리고 상속개시 당시의 현황에 의하므로, 배우자가 사전증여받은 재산의 가액(재산 – 1076, 2009. 12. 21.)이나 피상속인의 상속개시 전 처분재산으로 상속추정되는 재산의 가액은 여기에 포함되지 않는다고 보는 것이 타당하다.

---

277) 배우자의 범위에 사실상의 혼인관계에 있는 자를 포함할 것인지는 개별법률의 입법목적 등에 비추어 구체적으로 규정하고 있다.

배우자가 상속받은 상속재산가액(사전증여재산가액 및 추정상속재산가액 제외)
- 배우자가 승계하기로 한 공과금 및 채무액
- 배우자 상속재산 중 비과세 재산가액
- 배우자 상속재산 중 과세가액 불산입액
  배우자가 실제 상속받은 금액

이때의 배우자가 실제 상속받은 금액은 납세자가 신고한 금액을 기초로 정부가 결정하는 재산가액으로 한다. 상속세가 정부 부과세목이라는 점에서 당연하다. 그러므로 신고시 누락된 재산·채무 등이나 과소·과대평가된 재산에 대한 가감이 있어야 배우자의 실제 상속받은 금액이 결정된다.

② 한도액 계산

㉠ 배우자의 법정상속분(금액)[=상속재산(총 상속재산-수유자의 유증 등 재산-비과세, 과세가액 불산입-공과금·채무+10년 이내 상속인의 사전증여재산)가액×배우자의 법정상속분(비율)]

위 산식의 의미는 기본적으로 상속재산가액을 상속인만의 상속세 과세가액(장례비는 차감하지 않는다)으로 제한하여 이를 기초로 배우자의 법정상속분을 산정하고자 하는 것이다. 아래에서는 산식을 구성하는 각 항목의 의미에 대해 살펴본다(상증세법 시행령 제17조 제1항).

㉮ 여기에서의 총 상속재산에는 앞서 살펴 본대로[278] 그 개념상 추정상속재산뿐만 아니라(재삼 46014-1069, 1999. 6. 4.), 이미 유증·사인증여한 재산가액이 포함되어 있으며, 과세관청이 결정하는 금액에 의한다(재산-209, 2010. 4. 1.).

㉯ 상속인 이외의 자에게 유증·사인증여한 재산가액을 빼는 것은 수유자를 제외하고 오직 상속인만으로 상속재산의 범위를 제한하려는 데 있다.

㉰ 상속세 과세가액의 산정을 위해 비과세되는 상속재산(상증세법 제12조), 공익법인 등에 출연한 재산에 대한 상속세 과세가액 불산입재산(상증세법 제16조), 공익신탁재산에 대한 상속세 과세가액 불산입재산(상증세법 제17조)을 뺀다.

㉱ 상속세 과세가액을 산정하기 위해 공과금 및 채무(상증세법 제14조)를 뺀다. 다만, 일반적인 상속세 과세가액의 산정과 달리 장례비는 차감하지 않는다.

㉲ 상속개시일 전 10년 이내에 피상속인이 상속인에게 증여한 재산가액(상증세법 제13조 제1항 제1호)을 가산하는 것도 수유자를 제외한 오직 상속인만으

---

278) 이 책 앞에서 본 '총 상속재산' 참조

로 상속세 과세가액을 산정하기 위함이다.

㉺ 여기에서 '배우자의 법정상속분(비율)'이란 상속을 포기한 공동상속인이 있더라도 그 사람이 포기하지 아니한 경우의 배우자의 법정상속분을 말한다(상증세법 제19조 제1항 단서괄호). 그렇게 하지 않으면 배우자 이외의 다른 공동상속인들이 상속을 모두 포기하고 상속재산을 배우자에게 몰아줌으로써 (즉 배우자의 상속지분이 높아지므로 그 한도도 커질 것이기 때문) 적어도 30억원까지는 전혀 상속세 부담을 지지 않을 수 있기 때문이다.

한편 배우자상속공제 한도액 계산이 법정상속분에 의하므로, 배우자 이외의 다른 공동상속인의 수가 많아질수록 배우자공제액이 감소하게 되어 공제사유를 가진 배우자가 다른 공동상속인에 의해 영향을 받게 된다는 점에서 제도의 취지를 무색케 한다.

㉡ '가산한 증여재산 중 배우자 수증분의 증여세 과세표준'은 상속개시 전 10년 이내에 배우자가 사전증여받은 재산에 대한 '과세표준[279]'을 의미한다. 상속개시 당시의 현황에 의하기 위해서다.

┃배우자 상속공제액 계산시 상속재산가액(상증세법 집행기준 19-17-2)┃

상속재산가액	유 의 사 항
총 상속재산가액	상속·유증·사인 증여한 재산, 간주상속재산, 추정상속재산
+ 상속개시 전 10년 이내에 상속인에게 증여한 재산가액	상속개시 전 5년 이내 상속인이 아닌 자에게 증여한 재산가액은 합산 제외
- 상속인이 아닌 자가 유증·사인증여 받은 재산가액	상속인에게 유증·사인증여한 재산은 차감하지 않음
- 비과세되는 상속재산가액	비과세 상속재산
- 공과금·채무액	장례비는 차감하지 않음
- 과세가액 불산입액	공익법인 등에 출연한 재산 및 공익신탁재산
= 상속재산의 가액	배우자 법정상속분 계산시 적용

③ 30억원의 최고한도[280]를 둔 것은, 금액적 한도 없이 과세하지 않을 경우 고액재산가의 세부담이 지나치게 줄어들게 되어 부의 분산을 통한 공평과세 달성을 저

---

279) 2002. 12. 31. 이전 상속분에 대해서는 '증여재산가액'을 차감함으로써, 증여재산공제액 상당액이 다시 상속세로 과세되는 불합리가 있었다(사법연수원, 「상속세 및 증여세법 연구」, 2011, 75쪽).

280) 2000. 12. 31. 이전 상속분에 대해서는 배우자가 사전증여받은 재산에 대한 과세표준을 차감하기 전의 배우자 법정상속분에 대해 30억원의 한도를 적용하였다.

해할 것이라는 우려를 반영한 것이다.

(4) 배우자 상속재산 분할

이처럼 일정한 기한까지 상속재산의 분할을 완료할 것을 요구하여 그 분할에 따라 확정된 배우자의 실제 상속금액을 배우자 상속공제의 대상으로 한 것은, 상속인들이 추상적인 법정상속분에 따른 배우자 상속공제를 받아 상속세를 납부한 이후에 상속재산을 배우자가 아닌 자의 몫으로 분할함으로써 배우자 상속공제를 받은 부분에 대하여 조세회피가 일어나는 것을 방지하기 위한 것이다(서울행법 2010구합20584, 2010. 9. 9.).

① 원칙 : 위의 배우자 상속공제는 상속세과세표준 신고기한(상증세법 제67조)의 다음 날부터 9개월이 되는 날("배우자상속 재산분할기한")[281]까지 배우자의 상속재산을 분할(등기·등록·명의개서 등을 요하는 경우에는 이날까지 배우자 명의로 반드시 그 등기·등록·명의개서 등을 하여야 배우자가 실제로 상속받은 재산을 상속공제받을 수 있다[282])한 경우에 한하여 적용된다는 점에 유의하여야 한다(상증세법 제19조 제2항, 같은 법 집행기준 19-17-4). 종전에는 배우자 명의로 등기·명의개서 등을 하고 그 사실을 세무서에 신고하여야 함에 따라, 등기·명의개서 등을 하였음에도 불구하고 신고하지 못한 경우 배우자 상속공제를 적용받지 못하는 문제점이 있었다(감심 2010-137, 2010. 12. 17.). 그렇지만 배우자가 상속받은 재산을 배우자 명의로 등기·명의개서하였다면 법적으로 분할이 완료된 것으로 보아 그 사실을 세무서에 신고하지 아니하여도 배우자상속공제를 적용하도록 하는 것이 실질과세의 원칙에 비추어도 합리적이므로, 이와 같이 개선[283]하였다.

[신고의 효력] 명의개서를 요하지 않은 연금보험 등의 재산은 상속재산 분할기한 내에 배우자에게 분할한 것으로 보아 배우자 상속공제규정이 적용된다(조심 2014서 5717, 2015. 2. 13.).

이 경우 상속인은 상속재산의 분할사실을 배우자상속재산 분할기한까지 납세지 관할 세무서장에게 신고[284]하여야 한다. 이때의 신고는 배우자상속공제 적용의 필수요건이 아닌 단순한 협력의무라고 보면 된다.

그런데 최근 대법원(대법원 2018다219451, 2018. 5. 15. ; 서울고등법원 2017나2052963, 2018. 2. 1.

---

281) 2002. 12. 31. 이전 상속분에 대해서는 상속세 신고기한까지 상속재산을 분할하여야 하였다.
282) 2002. 12. 31. 이전 상속분에 대해서는 분할하여 신고하면 될 뿐, 분할 등기 등을 하도록 규정하지 않았다.
283) 법률 제9916호, 2010. 1. 1. 개정
284) 실무적으로는 배우자 상속재산을 분할하여 등기 등을 하고 '상속인별 상속재산 및 평가명세서(상증세법 시행규칙 별지 제9호 서식 부표 2)'에 배우자가 상속받은 재산을 기재하여 신고한다.

: 서울중앙지방법원 2017가합521930, 2017. 8. 16.)은 "조세법률주의의 원칙상 과세요건이나 비과세요건 또는 조세감면요건을 막론하고 조세법규의 해석은 특별한 사정이 없는 한 법문대로 해석할 것이고 합리적 이유 없이 확장해석하거나 유추해석하는 것은 허용되지 아니한다(대법원 2009. 8. 20. 선고, 2008두11372 판결 등 참조)."면서, "상증세법 제19조 제2항은 그 문언상 배우자 상속공제의 요건으로 배우자상속재산분할기한까지의 ① 상속재산분할협의, ② 등기가 필요한 상속재산인 경우 상속재산분할협의에 따른 등기, ③ 상속재산 분할사실 신고를 정하고 있다."고 하여 '신고'를 배우자 상속공제 요건으로 판단하고 있음에 유의하여야 한다.

[분할의 의미] 상속재산분할협의는 상속이 개시되어 공동상속인 사이에 잠정적 공유가 된 상속재산에 대하여 그 전부 또는 일부를 각 상속인의 단독소유로 하거나 새로운 공유관계로 이행시킴으로써 상속재산의 귀속을 확정시키는 것이고(대법원 2001. 2. 9. 선고, 2000다51797 판결), 민법 제1015조에 의하면 상속재산의 분할에 의하여 각 공동상속인에게 귀속되는 재산은 상속개시 당시에 이미 피상속인으로부터 직접 분할받은 자에게 승계되는 것이다(대법원 1989. 9. 12. 선고, 88다카5836 판결).

그리고 민법 제1006조에 의하면, 상속재산은 상속인들의 공유에 속하고, 민법 제265조 단서에 의하면, 공유물의 보존행위는 각자가 할 수 있으므로, 상속인 중 1인이 상속인 전부를 위하여 상속을 증명하는 서면을 첨부하여 '상속'을 원인으로 한 등기를 신청할 수 있고, 이러한 경우 공동상속인 전원을 신청인으로 하여 나머지 상속인들의 등기까지 법정상속분에 따라 신청하여야 하며, 일부 상속인의 상속지분에 대한 상속등기를 할 수는 없으므로, '상속'을 원인으로 한 등기가 마쳐졌다고 하여, 공동상속인들 사이에 그 등기 내용대로의 상속재산분할협의가 이루어졌다고 인정할 수는 없다(상속을 증명하는 서면에 추가하여 상속재산의 분할을 증명하는 서면까지 첨부하여 등기를 신청하는 경우에는 '협의분할에 의한 상속'을 원인으로 한 등기가 마쳐진다). 위와 같은 조세법률주의 원칙과 상속재산분할협의의 법적 성격, '상속'을 원인으로 한 등기와 '협의분할에 의한 상속'을 원인으로 한 등기의 차이 등을 모두 종합하여 보면, '상속'을 원인으로 한 등기를 하였다는 이유만으로 상증세법 규정 상 상속재산분할협의를 하고 그에 따른 등기를 하였다고 인정할 수는 없으므로(대법원 2018다219451, 2018. 5. 15. ; 서울고등법원 2017나2052963, 2018. 2. 1. ; 서울중앙지방법원 2017가합521930, 2017. 8. 16.), 상속재산분할의 의미에 유의하여야 한다.

② **예외** : 한편, 다음 중 어느 하나에 해당하는 부득이한 사유로 배우자상속재산 분할기한까지 배우자의 상속재산을 분할할 수 없는 경우로서 배우자상속재산 분할기한[부득이한 사유가 소(訴)의 제기나 심판청구로 인한 경우에는 소송 또는 심

판청구가 종료된 날[285]]의 다음 날부터 6개월이 되는 날(배우자상속재산 분할기한의 다음 날부터 6개월을 경과하여 과세표준과 세액의 결정이 있는 경우에는 그 결정일)까지 상속재산을 분할하여 신고하는 경우에는 배우자상속재산 분할기한 이내에 분할한 것으로 본다(상증세법 제19조 제3항 본문[286]).

　　㉠ 부득이한 사유 : 이때 부득이한 사유란 다음을 말한다(상증세법 시행령 제17조 제2항). 그러므로 '상속인 간 협의가 이루어지지 않는 경우'는 이에 해당하지 않는다(조심 2009서3762, 2010. 1. 27. : 서울행법 2009구합1723, 2009. 6. 25.).

　　　㉮ 상속인 등이 상속재산에 대하여 상속회복청구의 소를 제기하거나 상속재산의 분할을 심판청구한 경우[287]

　　　㉯ 확정되지 아니한 부득이한 사유 등으로 상속인이 배우자상속분을 분할하지 못하는 사실을 관할 세무서장이 인정하는 경우

　　㉡ 사유 신고 : 이 경우 상속인이 그 사유를 배우자상속재산 분할기한 이내에 납세지 관할 세무서장에게 신고하는 경우에 한한다(상증세법 제19조 제2항 단서). 또한 상속재산을 분할할 수 없는 사유를 신고하는 자는 부득이한 사유를 입증할 수 있는 서류를 첨부하여 배우자상속재산 분할기한 내[288]에 상속재산미분할신고서(별지 제3호 서식)에 의하여 신고하여야 한다(상증세법 시행령 제17조 제3항).

❙ 배우자 상속재산 분할기한 요약(상증세법 집행기준 19-17-5) ❙

(사망일)	(6월)	(1년 3월)	(1년 9월)	상속세 결정일
상속 개시일	상속세과세 표준 신고기한	(원칙) 배우자상속재산 분할기한	(부득이한 경우) 배우자상속재산 분할연장기한	(최장) 배우자상속재산 분할연장기한

　③ 분할신고의 효과 : 배우자 상속공제, 정확하게 말하면 최소 배우자 상속공제액인 5억원을 초과하여 배우자 상속공제를 적용받을 수 있다.

　④ 분할하지 않는 경우 등

　　㉠ 상속받은 금액이 5억원 미만[위 산식의 ①] : 그런데 배우자가 실제 상속받은 금액이 없거나 상속받은 금액이 5억원 미만인 경우에는 최소 5억원을 공제한다

---

285) 2014. 1. 1. 이후 상속재산을 분할하여 신고하는 분부터 적용한다.
286) 법률 제9916호, 2010. 1. 1. 개정
287) 2014. 2. 21. 이후 상속이 개시되는 분부터 적용한다.
288) 2011. 1. 1. 이후 상속개시분부터 적용한다.

(상증세법 제19조 제4항).

ⓛ 계산된 금액이 5억원 미만[위 산식의 ②] : 배우자 상속공제액 계산산식에 의하여 계산한 금액이 없거나 5억원 미만인 경우에는 상속세 신고 여부에 관계없이 5억원을 공제한다(상증세법 기본통칙 19-0…1).

ⓒ 미분할·무신고 : 한편 상속재산을 분할하지 않은 채 배우자의 상속재산을 신고한 경우에는 배우자가 실제로 상속한 재산이 없는 것으로 본다. 이 경우 실제 상속받은 금액이 없으므로 최소금액인 5억원을 공제한다. 신고하지 않는 경우에도 마찬가지다.

ⓔ 상속포기 등 : 또한 배우자가 상속의 포기 등으로 상속을 받지 아니한 경우에도 배우자가 생존해 있으면 실제 상속받은 금액이 없는 것이므로 배우자 공제는 가능하다(상증세법 기본통칙 20-18…1 ; 재산-179, 2011. 4. 7.). 그러나 선순위 상속인의 상속포기로 인하여 후순위 상속인이 상속받은 재산가액은 상속공제의 한도에서 차감된다는 점에 유의하여야 한다.

(5) 배우자가 실제로 공제받는 상속공제액(2단계)

이상의 설명을 종합해보면 일방 배우자의 사망으로 배우자가 실제로 공제받는 상속공제액은 다음의 산식에 따를 것이다.

Max[Min(위 ①, 위 ②, 위 ③), 5억원]
여기에서 위 ①, ②, ③은 앞 (3)의 공제액 계산산식을 의미한다.

결론적으로 배우자공제는 만약 피상속인의 사망시에 잔존배우자가 생존해 있기만 하다면 최소 5억원에서 최대 30억원까지 가능하다(물론 상속공제의 한도(상증세법 제24조)의 적용을 받는다).

∥ 배우자 상속공제액 요약(상증세법 집행기준 19-0-1) ∥

구 분	분할기한 내에 배우자 상속재산을 분할한 경우	무신고, 미분할
배 우 자 상속공제액	• 5억원에 미달시 5억원을 공제 • 배우자가 실제 상속받은 금액 • 한도 : Min ① (상속재산가액 × 법정지분율) - 배우자 사전증여재산의 증여세과세표준 ② 30억원	5억원

┃ 배우자 상속공제의 적용시기 ┃

적용시기	공제방식	근 거
1990년 12월 31일 이전 상속분	일정금액	1961년부터 배우자상속공제 도입
1991년 1월 1일 이후 상속분부터	결혼연수기준공제(1억원 × 결혼연수 + 600만원)	결혼기간과 배우자의 잠재지분은 (+)의 관계
1995년 1월 1일 이후 상속분부터	결혼연수기준과 실제 상속액 기준 중 선택(다음 ①, ② 중)하도록 이원화(신고가 없는 경우에는 ①의 금액)(① 1억원 × 결혼연수 + 1,200만원, ② 배우자가 실제 상속받은 재산가액에 상당한 금액(10억원 한도))	결혼기간과 배우자의 잠재지분은 (+)의 관계(①)이지만, 생활보호 측면과는 (−)의 관계(결혼기간이 짧을수록 자녀양육비 등이 더 많이 소요됨)이므로 중산층의 세부담 경감 위함(②)
1997년 1월 1일 이후 상속분부터	실제 상속액 기준으로 일원화(현재와 같은 구조), 최저공제금액 제도 도입	공제금액 현실화, 중산층 세부담 경감, 세액산출과정 단순화

(6) 그 밖의 유의사항

① 인적공제 중복 여부

㉠ 장애인 공제 : 배우자에 해당하는 사람이 장애인에 해당하는 경우 배우자공제와 장애인공제를 합산하여 공제할 수 있다. 장애인에 대한 혜택을 유지하기 위해서다.

㉡ 미성년자공제, 자녀공제, 연로자공제 : 배우자공제를 받는 경우에는 미성년자공제, 자녀공제나 연로자공제를 추가하여 적용받을 수 없다. 자녀공제는 배우자공제와 당연히 양립할 수 없으므로 중복 배제하는 것이 타당하고, 미성년자의 혼인은 일반적이지 않으므로 그런대로 타당하다. 그렇지만 연로자공제와 중복을 인정하지 않는 것은 논란이 된다.

② 동시에 부모가 사망한 경우 상속세 과세방법(상증세법 기본통칙 13−0…2)

배우자상속공제 금액이 잔존배우자 사망시에 비로소 정산되는 개념이므로 아래와 같이 계산하여야 동시사망자와 시차사망자 간에 공평이 이루어진다.

㉠ 동시 사망 : 부와 모가 동시에 사망하였을 경우 상속세의 과세는 부와 모의 상속재산에 대하여 각각 개별로 계산하여 과세하며, 이 경우 각각에 대해 배우자 상속공제 규정은 적용되지 아니한다.[289]

㉡ 시차 사망 : 부모가 동일자에 사망했더라도 시차를 두고 사망한 경우 상속세의 과세는 부와 모의 재산을 각각 개별로 계산하여 과세하되 먼저 사망한 자의 상속세 과세시 배우자 공제규정을 적용하고, 나중에 사망한 자의 상속세

---

289) [부의 상속재산 10억원, 모의 상속재산 5억원 ⇨ 과세대상 상속재산가액 총합 15억원]

과세가액에는 먼저 사망한 자의 상속재산 중 그의 지분을 합산하고 단기재상속에 대한 세액공제를 하는 것이 타당하다(상증세법 집행기준 19-17-6).[290]

2) 그 밖의 인적공제

해의 맥

'그 밖의 인적공제'는 '상속인'뿐만 아니라 '피상속인의 동거가족'인 피상속인이 사실상 부양하고 있던 상속인 이외의 직계존속·직계비속·형제자매에 대한 공제로, 그 '대상자'와 '중복 여부'에 유의하여야 한다.

§관련조문

상증세법	상증세법 시행령
제20조【그 밖의 인적공제】	제18조【기타 인적공제】

(1) 의의

그 밖의 인적공제는 거주자의 사망의 경우 피상속인과 상속인의 구체적 생활관계(자녀수, 장애인 유무 등)를 참작하는 의미에서 도입된 공제이다. 즉 상속인뿐만 아니라 피상속인의 동거가족, 즉 피상속인이 사실상 부양하고 있던 직계존속·직계비속·형제자매와 상속인들에 대한 공제(물론 상속공제의 한도(상증세법 제24조)의 적용을 받는다)제도이다(상증세법 제20조 제1항).

(2) 동거가족의 범위 등

① 동거가족 : 여기에서 동거가족은 상속개시일 현재 피상속인이 사실상 부양하고 있는 상속인 이외의 직계존비속(배우자의 직계존속을 포함한다) 및 형제자매를 말한다(상증세법 시행령 제18조 제1항). 이때 "피상속인이 사실상 부양하고 있는 직계존비속(배우자의 직계존속을 포함한다) 및 형제자매"라 함은 피상속인의 재산으로 생계를 유지하는 직계존비속 및 형제자매를 말한다(상증세법 기본통칙 20-18…1 제1항 : 국심 99부 2578, 2000. 5. 12.). 한편 상속인은 상속인으로서 당연히 그 밖의 인적공제의 대상이 된다.

---

290) [①부의 상속재산 10억원 → 과세대상 상속재산가액 5억원(배우자공제 5억원), ②모의 상속재산 10억원 (고유상속재산 5억원+부로부터 받은 상속재산 5억원) → 과세대상 상속재산가액 10억원 ⇨ 과세대상 상속 재산가액 총합 15억원]

㉠ 장인·장모는 배우자의 직계존속이므로 동거가족에 해당한다.

㉡ 손자·손녀는 피상속인의 직계비속이므로 동거가족에 해당한다. 그렇지만 출생신고되었다가 상속개시 후 인지취소확정판결로 출생신고가 말소된 경우, 상속개시 당시 피상속인의 직계비속으로 볼 수 없다(국심 2001서948, 2001. 12. 26.).

㉢ 그렇지만 위 ㉠, ㉡의 경우라도 피상속인 사실상 부양하고 있지 않다면 공제 대상 동거가족이 아니다. 그러므로 손자가 피상속인의 재산으로 생계를 유지하는 경우에는 인적공제대상이나, 그의 부모가 부양능력이 있는 경우에는 인적공제를 받을 수 없다(상증세법 집행기준 20-18-3 ; 국심 2000중141, 2000. 4. 25.).

㉣ 시동생·처남·처제는 배우자의 형제자매이므로 해당되지 않는다.

┃동거가족(상증세법 집행기준 20-18-1)**┃**

② **기간계산** : 그리고 그 밖의 인적공제액의 산정을 위한 기간계산에 있어서 1년 미만은 1년으로 본다(상증세법 제20조 제3항). 나이를 계산할 때에는 滿으로 계산한다.

③ **상속포기자** : 또한 그 밖의 인적공제는 공제 해당자인 상속인이 상속의 포기 등으로 상속을 받지 아니하는 경우에도 적용한다(상증세법 기본통칙 20-18…1 제2항, 같은 법 집행기준 20-18-6 ; 재산-179, 2011. 4. 7.). 그러나 선순위 상속인의 상속포기로 인하여 후순위 상속인이 상속받은 재산가액은 상속공제의 한도에서 차감된다는 점에 유의하여야 한다.

④ **상속인** : 여기에서의 상속인은 민법상 선순위 상속인을 말하므로, 선순위 상속인이 있으나 후순위 상속인이 상속재산 전액을 유증받은 경우, 후순위 상속인은 '상속공제를 받을 수 있는 상속인'이라 할 수 없다(국심 2001구1554, 2001. 10. 25.).

(3) 자녀공제(상증세법 제20조 제1항 제1호)

상속개시일 현재 피상속인을 기준으로 하여 피상속인이 자녀가 있는 경우 자녀 1인에 대하여 각 5,000만원[291]을 공제한다. 그러므로 자녀수에는 제한이 없다.

여기에서의 자녀의 개념에 대해서는 세법상 명문의 규정이 없으므로 민법의 개념을 차용하여야 할 것이다.[292] 민법상 자녀에는 혈연관계에 의한 친생자와 법률에 의한 친자인 양자(친양자 포함)가 있다.

① 친생자는 혼인 중의 출생자든 혹은 혼인 외의 출생자든 상관없이 당연히 자녀공제 대상이 된다.

② 법률에 의하여 친생자녀와 같은 법률효과를 부여받는 양자도 자녀공제를 받을 수 있다. 다만 보통양자와 친양자로 구분하여 살펴보아야 한다. 보통양자의 경우 친생부모 및 양친부모 모두로부터 상속관계가 생기므로 자녀공제도 모두 받을 수 있다고 보아야 한다. 그렇지만 친양자의 경우 부부의 혼인 중 출생자로 보아(민법 제908조의3 제1항) 마치 양친의 친생자와 동일한 법률상 효과를 가지므로 오직 양부모와의 사이에서만 상속관계가 생기며, 입양 전의 친족관계는 종료하는 것이 원칙이다(민법 제908조의3 제2항 전단). 따라서 자녀공제도 양부모와의 관계에서만 가능하다.

③ 실제로 양친자관계가 형성되어 있으나 입양신고가 되지 않아 법률상 입양이 성립하지 않은 사실상의 양자의 경우, 법률상의 양친자관계가 생기지 않으므로 상속관계가 생기지 않는다. 따라서 자녀공제대상이 되지 않는다.

④ 한편 계모자관계, 적모서자관계는 더 이상 법정모자관계가 아니므로 자녀공제대상이 되지 않는다.

⑤ 대습상속인은 피상속인의 자녀가 아니므로 자녀공제대상이 되지 않는다.

⑥ 또한 자녀의 배우자는 피상속인의 직계비속이 아니므로 자녀가 아니다.

⑦ 태아의 경우에는 상속에 있어 이미 출생한 것으로 보기 때문에 자녀공제 대상에 포함된다.[293] 태아에 대한 공제를 받으려는 자는 상속세 과세표준신고를 할 때 기획재정부령으로 정하는 임신사실을 알 수 있는 서류를 관할 세무서장에게 제출해야 한다(상증세법 시행령 제18조 제2항).

(4) 미성년자공제(상증세법 제20조 제1항 제2호)

상속개시 당시 상속인(배우자를 제외한다) 및 동거가족 중 미성년자가 있는 경우에는 과

---

291) 생활환경 변화를 반영하여 2016년 공포일 이후 상속이 개시되는 분부터 상향하여 적용. 종전 3천만원.

292) 김주수·김상용, 「친족·상속법」, 법문사, 2007, 257∼353쪽을 주로 참조하였다.

293) 2023. 1. 1. 이후 상속이 개시되는 분부터 적용한다.

세가액에서 미성년자가 19세[294]에 달할 때까지 1년에 1,000만원[295]을 공제한다. "미성년자"라 함은 상속개시일 또는 증여일 현재 「민법」 제4조에 따른 성년기가 도래하지 아니한 자를 말하며, 같은 법 제826조의 2에 따라 성년으로 의제되는 자(미성년자가 혼인을 한 때에는 성년자로 본다)를 포함한다(상증세법 기본통칙 53-46…1 ③ ; 국심 2001전2217, 2001. 10. 19.). 즉, 그 수에 관계없이 미성년자 각 1인에 대하여 1,000만원에 19세에 달하기까지의 연수를 곱한 금액을 공제한다. 여기에서 19세는 민법 제4조(滿 나이)에 따른다.

① 미성년자공제시 상속인인 경우에는 당연히 미성년자공제가 되나 상속인 이외의 사람이 미성년자공제를 받는 경우 상속개시일 현재 피상속인이 동거하면서 사실상 부양하고 있는 직계존비속(배우자의 직계존속을 포함한다) 및 형제자매를 대상으로 하여 적용한다.

② 대습상속인은 상속인이므로 피상속인이 대습상속인을 사실상 부양하고 있었는지와 상관없이 미성년자공제대상이 된다. 그러나 행정해석에서는 피상속인이 대습상속인(상속인의 직계비속)을 사실상 부양하고 있었어야만 공제대상이라고 해석하고 있다(상증세법 집행기준 20-18-7).

③ 태아는 상속에 있어서 이미 출생한 것으로 보므로 공제대상에 포함된다.[296]

(5) 연로자공제(상증세법 제20조 제1항 제3호)

상속개시 당시 상속인(배우자를 제외한다) 및 동거가족 중 65세 이상인 사람이 있는 경우에 과세가액에서 연로자 각 1인에 대하여 5,000만원을 공제한다.[297]

연로자공제시 상속인이 경우에는 당연히 연로자공제가 되나 상속인 이외의 사람이 연로자 공제를 받는 경우에는 상속개시일 현재 피상속인이 동거하면서 사실상 부양하고 있는 직계존비속(배우자의 직계존속을 포함한다) 및 형제자매를 대상으로 하여 적용한다.

(6) 장애인공제(상증세법 제20조 제1항 제4호)

상속개시 당시 상속인 및 동거가족 중 장애인이 있는 경우에는 과세가액에서 장애인이 상속개시일 현재 통계법 제18조에 따라 통계청장이 승인하여 고시하는 통계표에 따른 성별·연령별 기대여명(期待餘命)의 연수[298]에 달할 때까지 1년에 1,000만원[299]

---

294) 개정 민법(2011. 3. 7. 민법 개정-시행일 : 2013. 7. 1.)에 따라 2016년 공포일 이후 상속개시분부터 적용(종전 20세)함.

295) 생활환경 변화를 반영하여 2016년 공포일 이후 상속개시분부터 상향하여 적용함.

296) 2023. 1. 1. 이후 상속이 개시되는 분부터 적용한다.

297) 생활환경 변화를 반영하여 2016년 공포일 이후 상속개시분부터 상향하여 적용. 종전 60세 이상 3,000만원

298) 2010. 12. 31. 이전 상속개시분에 대해서는 75세

을 공제한다. 즉, 장애인 각 1인에 대하여 1,000만원에 장애예상 기간에 관계없이 期待餘命의 연수에 달하기까지의 연수를 곱한 금액을 공제한다.

① 장애인공제시 상속인인 경우에는 당연히 장애인공제가 되나 상속인 이외의 사람이 장애인공제를 받는 경우에는 상속개시일 현재 피상속인이 동거하면서 사실상 부양하고 있는 직계존비속(배우자의 직계존속을 포함한다) 및 형제자매를 대상으로 하여 적용한다.

② 장애인은 소득세법 시행령 제107조 제1항 각 호의 어느 하나에 해당하는 사람으로 한다(상증세법 시행령 제18조 제2항). 그러므로 장애인은 다음 각 호의 어느 하나에 해당하는 자로 한다(상증세법 집행기준 20-18-4).

   ㉠ 장애인복지법에 의한 장애인

   ㉡ 국가유공자 등 예우 및 지원에 관한 법률에 의한 상이자 및 이와 유사한 자로서 근로능력이 없는 자

   ㉢ 위 ㉠ 및 ㉡ 외에 항시 치료를 요하는 중증환자

③ 그리고 공제를 받고자 하는 경우에는 상속세 과세표준신고를 할 때 장애인증명서(별지 제4호 서식)(혹은 장애인 수첩)를 납세지 관할 세무서장에게 제출하여야 한다. 이 경우 해당 장애인이 국가유공자 등 예우 및 지원에 관한 법률에 의한 상이자의 증명을 받은 사람 또는 장애인복지법에 의한 장애인등록증을 교부받은 사람인 경우에는 해당 증명서 또는 등록증으로 장애인증명서를 갈음할 수 있다.

이때 증명서제출에 관한 규정은 상속인으로 하여금 상속세과세표준과 세액을 결정함에 필요한 서류를 과세관청에 제출하도록 하는 협력의무를 부과한 것에 불과한 것이므로 상속인으로부터 소정의 기한 이내의 장애자증명서 또는 장애인등록증의 제출이 없더라도 소득세법 시행령 제107조 제1항 각 호에 규정된 장애자요건에 해당하는 경우에는 장애자공제를 적용하여야 한다(국심 2000전1270, 2000. 12. 2.).

(7) 중복적용 여부

① 자녀공제에 해당하는 사람이 미성년자공제에도 해당하는 경우, 중복적용이 가능하다(상증세법 제20조 제1항 후단).

② 장애인공제에 해당하는 사람이 자녀공제, 미성년자공제, 연로자공제 및 배우자공제 중 하나에도 해당하는 경우에는 해당 금액을 합산하여 공제받을 수 있다(상증세법 제20조 제1항 후단). 장애인에 대한 우대조치이다.

---

299) 생활환경 변화를 반영하여 2016년 공포일 이후 상속개시분부터 상향하여 적용. 종전 500만원.

③ 그러므로 세법의 엄격해석의 원칙상 상기의 경우 이외에는 인적공제를 중복적용할 수 없다.

④ 미성년자공제 및 연로자공제의 경우 상속인이 배우자인 경우를 제외(상증세법 제20조 제1항 제2호, 제3호)하므로 배우자공제와의 중복적용이 불가능하다(국심 2000부3615, 2001. 6. 8.).

▌그 밖의 인적공제 요약표(상증세법 집행기준 20-0-1)**▌**

구 분	그 밖의 인적공제 대상자	그 밖의 인적공제액
(1) 자녀공제	피상속인의 자녀	1인당 5천만원
(2) 연로자공제	상속인(배우자 제외) 및 동거가족 중 65세 이상인 자	1인당 5천만원
(3) 미성년자공제	상속인(배우자 제외) 및 동거가족 중 미성년자	19세까지 연수×1,000만원
(4) 장애인공제	상속인(배우자 포함) 및 동거가족 중 장애인	기대여명의 연수까지 연수×1,000만원

▌유의 : 중복적용 요약표▌

	자녀공제	미성년자공제	연로자공제	장애인공제	배우자공제	일괄공제
자녀공제		○	× (양립가능성 희박)	○	× (개념상 양립 불가능)	×
미성년자공제	○		× (개념상 양립 불가능)	○	× (양립가능성 희박/일반적 상황 아님)	×
연로자공제	×	×		○	×	×
장애인공제 (특별우대)	○	○	○		○	×
배우자공제	×	×	× (배우자공제의 충분성)	○		○ (배우자단독상속시는 배제)
일괄공제	×	×	×	×	○ (배우자단독상속시는 배제)	

3) 일괄공제

 해의 맥

일괄공제 5억원은 기초공제 · 그 밖의 인적공제액(상증세법 제20조 제1항)의 합계액과만 비교하므로, 배우자공제(배우자 단독공제 제외) 및 물적공제 · 가업상속공제와는 양립할 수 있다.

§ 관련조문

상증세법
제21조【일괄공제】

(1) 의의

거주자의 사망으로 인하여 상속이 개시되는 경우에 상속인 또는 수유자(상속인 등의 거주자 여부 무관)는 전술한 기초공제 · 그 밖의 인적공제액의 합계액과 5억원 중 큰 금액(물론 상속공제의 한도(상증세법 제24조)의 적용을 받는다)으로 공제할 수 있다(상증세법 제21조 제1항). 법문에서 '상속인'이라 표현되어 있으므로, 민법상 상속의 순위에 의하여 피상속인의 형제자매 등 차순위상속인이 실제 상속인이 되는 경우에도 일괄공제를 적용받을 수 있다(서면4팀 - 807, 2006. 4. 3.).

종전에는 기한 내 신고한 경우에만 이러한 선택적 상속공제가 가능하였으나, 2019. 12. 31. 개정으로 기한 후 신고 시에도 기한 내 신고와 동일하게 상속공제를 선택할 수 있도록 하였다.[300]

이 제도는 배우자의 유무, 자녀의 유무 및 수, 물적 공제대상 존재 여부 등에 따라 생기는 상속세 부담의 격차를 줄이고, 복잡한 그 밖의 인적공제 계산을 간편하게 하고자 하는 취지에서 도입되었다.

이에 따라 위의 각종의 그 밖의 인적공제액을 일일이 계산하지 않더라도 최소한 다음의 금액으로 일괄하여 공제할 수 있는 일종의 표준공제제도로서의 의미를 지닌다.

(2) 다른 공제와의 관계

만약 일괄공제를 적용하는 경우에도 배우자공제, 금융재산상속공제, 가업상속공제, 영농상속공제 및 재해손실공제는 별도로 적용한다.

---

300) 2020. 1. 1. 이후 기한 후 신고하는 분부터 적용된다.

(3) 일괄공제만 적용하는 경우

상증세법 제67조의 규정에 의한 상속세과세표준 신고기한 내에 신고 또는 국기법 제45조의 3의 규정에 의한 기한 후 신고가 없는 경우에는 일괄공제 5억원만을 공제하고, 기초공제 2억원과 그 밖의 인적공제액의 규정은 적용하지 아니한다(상증세법 제21조 제1항 단서).

(4) 일괄공제 적용배제하는 경우

피상속인의 배우자가 단독으로 상속받는 경우에는 일괄공제의 취지에 비추어 일괄공제를 배제하고 기초공제 및 그 밖의 인적공제의 합계액으로만 공제한다(상증세법 제21조 제2항 : 재산상속 46014-1631, 1999. 9. 2.).

여기에서 "피상속인의 배우자가 단독으로 상속받는 경우"라 함은 피상속인의 상속인이 그 배우자 단독인 경우를 말한다(상증세법 기본통칙 21-0…1). 즉, 피상속인의 배우자가 민법 제1003조의 규정에 의한 단독상속인인 경우를 말한다. 따라서 공동상속인이 상속포기를 하거나 협의분할에 의하여 배우자가 단독으로 상속을 받는 경우에는 일괄공제를 적용받을 수 있다.

(5) 경정청구

위의 기초공제 · 그 밖의 인적공제액(상증세법 제20조 제1항)의 합계액과 일괄공제 5억원 중 큰 금액으로 공제한다는 것은 원칙과 예외의 관계가 아니라 선택사항이다. 따라서 경정청구(국세기본법 제45조의 2)할 수 있다(재산상속 46014-222, 2000. 2. 29.).

‖ 항목별 공제 또는 일괄공제의 상황별 적용 요약표(상증세법 제21조) ‖

구　　　분	일괄공제 또는 항목별 공제의 적용
(1) 신고기한 내 신고 또는 기한 후 신고하는 경우	일괄공제 또는 항목별 공제를 납세의무자가 선택하여 적용
(2) 무신고의 경우	일괄공제(5억원)만을 적용
(3) 배우자 단독상속의 경우	항목별 공제만을 적용

3. 물적공제

물적공제는 인적공제와는 달리 피상속인의 생활관계에 따른 공제가 아니라, 상속재산의 성질에 따라 그 특수성을 반영하여 실질과세와 공평과세를 달성하려는 의도를 가진다.

1) 금융재산상속공제

> **해의 맥**
>
> 금융재산상속공제는 평가에서 상대적으로 불공평한 취급을 받는 금융재산에 대한 혜택으로 '대상자산'과 '대상채무'에 유의하여야 한다.

§ 관련조문

상증세법	상증세법 시행령	상증세법 시행규칙
제22조【금융재산 상속공제】	제19조【금융재산 상속공제】	제8조【금융재산의 범위】 제9조【특수관계인의 범위】

(1) 의의

① **취지** : 금융재산상속공제는 다음과 같은 취지로 도입되었다.

  ㉠ 자산간 수평적 불공평 해소 : 상속재산 중 부동산의 평가는 시가가 불분명하므로 기준시가(보충적 평가방법 : 상증세법 제61조)에 의해 평가하는 것이 일반적이다. 이에 따라 부동산은 시가보다 낮은 가액으로 평가되어 상속세가 과세된다. 이에 반해 금융재산은 그 가액 그대로 100%로 평가되어 부동산에 비해 상대적으로 높게 평가되게 된다. 그리하여 이러한 재산종류 간 과세형평문제를 해결할 필요성이 있다(조심 2010서3654, 2010. 12. 24.).

  ㉡ 금융재산보유 및 상속촉진 : 금융실명제 실시에 따른 금융자산이 양성화로 과세포착률이 높아져 금융재산보유를 기피할 우려가 있으므로 이로 인한 불이익을 줄여줌으로써 금융자산의 보유를 적극 장려할 필요성이 있다.

② **의의** : 이에 따라 상증세법은 거주자의 사망으로 인하여 상속이 개시되는 경우로서 상속개시일 현재 상속재산가액 중 "순금융재산의 가액"이 있는 경우에는 일정금액을 상속세 과세가액에서 공제하도록 하였다(상증세법 제22조).

(2) 공제요건

아래의 요건을 모두 충족하는 경우 (3)에 의해 계산된 공제액을 상속세 과세가액에서 공제한다.

① 피상속인이 거주자이어야 한다(상증세법 제22조 제1항).

따라서 피상속인이 비거주자인 경우에는 그 적용이 없다.

② 상속개시일 현재 순금융재산이 존재하여야 한다(상증세법 제22조 제1항).

상속개시일 현재 피상속인이 보유하는 순금융재산이어야 하므로,[301] 상속개시일 전 5(10)년 전에 증여한 증여재산가액에 금융재산이 있더라도 상속재산에 가산(상증세법 제13조 제1항)하는 것은 별론으로 하고 금융재산상속공제대상이 되지 않는다(상증세법 집행기준 22-19-9 ; 재산-155, 2010. 3. 12. ; 서면4팀-542, 2008. 3. 4.). 예금인출액 중 사용처가 불분명하여 상속세 과세가액에 산입하는 금액도 같은 맥락에서 금융재산상속공제대상이 되지 않고(감심 2002-86, 2002. 7. 9.), 재산종류간 과세형평을 해결하려는 동 규정의 취지에서뿐만 아니라 상속세 비과세 또는 과세가액불산입되는 금융재산은 상속세가 과세되지 않는다는 점에서도 당연히 금융재산상속공제대상이 되지 않는다(상증세법 집행기준 22-19-9 ; 조심 2010서3654, 2010. 12. 24.).

이런 맥락에서 피상속인이 부동산 양도계약 체결 후 잔금 수령 전에 사망한 경우 양도대금에서 이미 수령한 계약금, 중도금을 예금 등 금융재산에 예입한 경우나, 금융상속재산이 상속세 신고시 누락되었더라도 상속세과세표준과 세액의 결정시 상속재산가액에 포함된 경우에는 금융재산상속공제의 대상이 된다(상증세법 집행기준 22-19-8).

그리고 여기에서의 순금융재산의 범위에 대해서는 아래 (4)에서 살펴본다.

③ 최대주주·최대출자자(최대주주 등)가 보유하는 주식 등과 상속세과세표준 신고기한까지 신고하지 아니한 타인명의의 금융재산이 아니어야 한다(상증세법 제22조 제2항, 같은 법 집행기준 22-19-6).

금융재산상속공제는 최대주주 등이 보유한 주식 등에 대해서는 적용하지 아니한다.

이는 최대주주 등이 보유하고 있는 주식 등의 경우 경영권을 반영하여 할증평가하도록(상증세법 제63조 제3항)하는 징벌적 규정을 두면서 다른 한편으로 금융재산상속공제라는 우대적 조치를 취한다면 할증평가의 본래 취지를 무색하게 할 것이라는 것을 염려한 조치로 보이나,[302] 상속재산 종류 간의 과세상의 불균형을 해소하려는 금융재산상속공제제도의 취지에 어긋나고 이중처벌이라는 비판도 만만치 않다. 한편으로는 경영권이 내포된 주식 등에 대하여는 할증평가에 더하여 경영권 프리미엄을 추가로 인정해 평가액을 높여야 한다는 관점에서 금융재산상속공제의 배제 논거를 찾을 수도 있다.

---

301) 1998. 12. 28. 법 개정 이전의 경우, 피상속인의 금융채무가 금융재산보다 많아도 금융재산 상속공제되었다.
302) 이광재, 「상속증여세의 이론과 실무」, 세경사, 2009, 302쪽

그리고 여기에서의 최대주주 등의 범위에 대해서는 아래 (5)에서 본다.

④ 상속세과세표준 신고기한까지 신고하지 아니한 타인 명의의 금융재산은 상속공
제의 대상에서 제외한다[303].

(3) 효과(공제액 계산)

금융재산상속공제액의 계산은 다음과 같이 구분하여 산정하여야 한다. 즉 ① 순금융
재산가액이 2천만원을 초과하는 경우에는 최고 2억원, 최저 2천만원을 한도로 하여
해당 순금융재산가액의 100분의 20에 상당하는 금액을 ② 순금융재산가액이 2천만
원 이하인 경우에는 해당 순금융재산의 가액 전액을 상속세 과세가액에서 공제한다
(상증세법 제22조 제1항, 같은 법 집행기준 22-19-1).

이를 표로 요약하면 다음과 같다.

순금융재산가액	금융재산 상속공제액
(1) 2천만원 이하인 경우	순금융재산가액 전액
(2) 2천만원을 초과하는 경우	Min [Max [① 순금융재산가액 × 20%, ② 2천만원] / (한도) 2억원

① **순금융재산의 20%** : 종전[304]에는 금융재산가액의 20%를 공제하도록 되어 있어
만약 금융회사 등에서 대출금을 받은 후 다시 예금 등을 하는 경우 대출금은 전
액 채무공제를 받고 다시 예금에 대해서는 20% 공제를 받게 되어 2중으로 공제
받는 효과가 있었으므로 동일인의 금융재산에서 금융부채를 차감한 금액, 즉 순
금융재산의 가액의 20%를 공제하도록 하였다.[305]

② **한도설정** : 또한 고액의 금융재산 소유자에게 과도한 혜택이 주어지지 않도록
2억원의 공제한도를 설정하였다.

(4) 순금융재산가액의 범위

금융재산상속공제가 적용되는 순금융재산가액이란 금융재산가액에서 금융채무가액
을 차감한 가액을 말하며, 금융재산 및 금융채무란 다음을 말한다(상증세법 시행령 제19
조 제1항).

① **금융재산** : 금융재산이라 함은 다음을 말한다(상증세법 집행기준 22-19-2). 이때 금융

---

303) 2015년 공포일 이후 상속개시분부터 적용
304) 1998. 12. 31. 이전
305) 국세청, 「1999년 개정세법 해설」, 1999, 187쪽

재산은 상속개시일 현재 시가로 평가하며, 시가가 불분명할 경우에는 보충적 평가방법에 따른 평가액으로 평가한다(상증세법 집행기준 22-19-4).

㉠ 금융실명거래 및 비밀보장에 관한 법률 제2조 제1호에 규정된 금융회사 등이 취급하는 예금(＝예금잔액＋미수이자상당액－원천징수세액상당액)·적금·부금·계금·출자금·신탁재산(금전신탁재산에 한한다)·보험금(재산-843, 2009. 11. 24.)·공제금·주식·채권·수익증권·출자지분(공동사업에 현물출자함에 따라 취득한 출자지분은 포함되지 않음(재재산 46014-249, 2001. 10. 10.))·어음 등의 금전 및 유가증권(상증세법 시행령 제19조 제1항)

자기앞수표는 현금 그 자체이므로 현금과 마찬가지로 금융상속공제대상이 되는 금융재산에 해당하지 않는다(상증세법 집행기준 22-19-3 ; 재산-883, 2009. 5. 6.). 또한 상속개시일 전에 수용된 토지 보상금이 공탁소에 공탁된 경우 당해 공탁금(혹은 보상금을 수령할 권리)은 금융재산 상속공제대상에 해당하지 않는다(재산-715, 2010. 9. 30. ; 재산-4459, 2008. 12. 30.).

㉡ 한국거래소에 상장되지 아니한 주식 및 출자지분으로서 금융회사 등이 취급하지 아니하는 것(상증세법 시행규칙 제8조 제1호)

㉢ 발행회사가 금융회사 등을 통하지 아니하고 직접 모집하거나 매출하는 방법으로 발행한 회사채(상증세법 시행규칙 제8조 제2호)

② **금융채무** : 금융채무라 함은 상속개시 당시 피상속인의 채무로서 상속인이 실제로 부담하는 사실이 해당 기관에 대한 채무임을 확인할 수 있는 서류(상증세법 시행령 제10조 제1항 제1호)에 따라 증명된 금융실명거래 및 비밀보장에 관한 법률에 따른 금융회사 등에 대한 채무를 말한다(상증세법 시행령 제19조 제4항, 같은 법 집행기준 22-19-5). 조합의 채무는 조합원들에게 합유적으로 귀속되는 것이므로 조합원인 피상속인의 사망시 남은 조합원들의 채무가 되는 것이며, 순금융재산 산정 시 고려하여야 하는 피상속인의 금융채무는 아니다(대법원 2015두60167, 2016. 5. 12.).

(5) 최대주주 등의 범위 및 판정

① **범위** : 최대주주 또는 최대출자자라 함은 주주 또는 출자자 1인과 특수관계인의 보유주식 등을 합하여 그 보유주식 등의 합계가 가장 많은 자[306]를 말한다(상증세법 시행령 제19조 제2항).[307]

---

306) 1997. 1. 1.~1999. 12. 31. 이전에는 최대주주 등이면서 법인의 발행주식총수 등의 100분의 10 이상을 보유한 경우이어야 하고, 1993. 1. 1.~1996. 12. 31.에는 지배주주이면서 소유지분율이 1% 이상인 주주이어야 하였다.

② **판정** : 최대주주 등의 판정은 다음에 의한다(상증세법 기본통칙 22-19…1, 같은 법 집행기준 22-19-7, 63-53-3).

  ㉠ 피상속인과 특수관계인의 보유주식 등을 합하여 최대주주 등에 해당하는 경우에는 피상속인 및 그의 특수관계인 모두를 최대주주 등으로 본다.

  ㉡ 위 ㉠의 규정에 의한 보유주식의 합계가 동일한 최대주주 등이 2 이상인 경우에는 모두를 최대주주 등으로 본다.

(6) 금융재산 상속공제의 신고

① **의의** : 금융재산 상속공제를 받고자 하는 자는 금융재산 상속공제신고서를 상속세과세표준신고와 함께 납세지 관할 세무서장에게 제출하여야 한다(상증세법 시행령 제19조 제3항).

② **미신고** : 만약 이러한 신고서를 제출하지 아니한 경우에는 과세관청이 상속개시일 현재의 상속재산가액으로 결정한 금액을 기준으로 적용하면 되므로 상속재산가액에 금융재산가액이 포함되어 있다면 공제가 가능하다(재산-2098, 2008. 8. 1. ; 심사상속 99-27, 1999. 5. 21.). 왜냐하면 정부부과조세인 상속세의 성격상 납세자의 신고서제출은 상속세 납세의무의 확정력을 가지지 않는 협력의무의 이행에 불과하고, 상속세 납세의무는 과세관청의 결정(상증세법 제76조)에 의해 확정되기 때문이다. 재산종류 간 과세형평성 추구라는 취지에 비추어도 타당하다.

2) 재해손실공제

해의 맥

실제로 상속받은 재산상당액에 대해서만 상속세를 과세해야하는 것이 실질과세원칙과 응능부담의 원칙에 합당하므로, 재해로 인해 실물이 존재하지 않아 경제적 이익을 전혀 받지 않았다면 상속세 과세가액에서 빼는 것이 타당하다.

§관련조문

상증세법	상증세법 시행령
제23조【재해손실공제】	제20조【재난의 범위 등】

---

307) 이 책 '보론 21 상증세법상 특수관계인 규정 검토' 참조

(1) 의의

비록 상속세의 과세를 상속개시일의 현황에 의하여야 할지라도, 상속개시 후 상속재산이 멸실·훼손되는 경우 상속인 등은 상속세를 납부하기 위해 자기의 고유재산을 사용할 수밖에 없어 그들의 물적생활기초가 침해받게 된다. 그러므로 이로 인해 현실적으로 담세력에 곤란을 겪게 되는 납세자의 권익을 제고하기 위해 일정한 재해손실공제가 도입되었다. 한편으로는 실제로 상속받은 재산에 대해서만 상속세를 과세해야하는 것이 실질과세원칙과 응능부담의 원칙에 합당하므로, 재해로 인해 실물이 존재하지 않아 경제적 이익을 전혀 받지 않았다면 상속세 과세가액에서 빼는 것이 타당하다 하겠다.

이에 따라 거주자의 사망으로 인하여 상속이 개시되는 경우로서 상속세과세표준 신고기한(상증세법 제67조) 이내에 대통령령이 정하는 재난으로 인하여 상속재산이 멸실·훼손된 경우에는 그 손실가액을 상속세 과세가액에서 공제한다(상증세법 집행기준 23-20-1).

(2) 공제요건(상증세법 제23조 제1항)

① 거주자의 사망으로 인하여 상속이 개시되는 경우이어야 한다.

따라서 피상속인이 비거주자인 경우에는 그 적용이 없다.

② 상속세과세표준 신고기한 이내에 일정한 재난으로 인하여 상속재산이 멸실·훼손된 경우이어야 한다.

여기에서 재난이란 화재·붕괴·폭발·환경오염사고 및 자연재해 등으로 인한 재난을 말한다(상증세법 시행령 제20조 제1항).

③ 손실가액에 대한 보험금 등의 수령 또는 구상권[308] 등의 행사에 의하여 해당 손실가액에 상당하는 금액을 보전받을 수 있는 경우가 아니어야 한다.

(3) 효과(공제액 계산)

위의 요건을 모두 충족하면 다음의 가액을 상속세 과세가액에서 공제한다.

① 재난으로 인하여 손실된 상속재산의 가액에서 보험금 등으로 보전가능한 금액을 차감한 가액으로 한다(상증세법 제23조 제1항 및 같은 법 시행령 제20조 제2항).

> 재해손실공제 = 재해손실가액 - 보험금·구상권 등으로 보전가능한 금액

---

308) 법문의 '구상권'은 엄밀한 의미에서 '손해배상청구권'을 의미하는 것으로 해석하는 것이 타당하다(이태로·한만수, 「조세법강의」, 박영사, 2009, 652쪽).

② 그러나 재해손실가액 중 보험금 등의 수령 또는 구상권행사 등에 의하여 보전받을 수 있는 가액이 확정되지 아니한 경우에는 재난의 종류, 발생원인, 보험금의 종류 및 구상권행사에 따른 분쟁관계의 진상 등을 참작하여 '적정한 가액'을 그 손실가액으로 한다(상증세법 기본통칙 23-20…1).

(4) 신고서 제출

① **의의** : 상속인 또는 수유자는 그 손실가액 및 명세와 이를 입증할 수 있는 서류를 대통령령이 정하는 바에 의하여 납세지 관할 세무서장에게 제출하여야 한다(상증세법 제23조 제2항).

이에 따라 재해손실공제를 받고자 하는 자는 재해손실공제신고서에 해당 재난의 사실을 입증하는 서류를 첨부하여 상속세과세표준신고와 함께 납세지 관할 세무서장에게 제출하여야 한다(상증세법 시행규칙 제20조 제4항).

② **미신고** : 만약 이러한 신고서를 제출하지 아니한 경우에는 과세관청이 상속개시일 현재의 상속재산가액으로 결정한 금액을 기준으로 적용하면 되므로 재해손실 재산가액이 있다면 공제하는 것이 가능하다(재산-2098, 2008. 8. 1.). 왜냐하면 정부부과조세인 상속세의 성격상 납세자의 신고서 제출은 상속세 납세의무의 확정력을 가지지 않는 협력의무의 이행에 불과하고, 상속세 납세의무는 과세관청의 결정(상증세법 제76조)에 의해 확정되기 때문이다.

3) 동거주택 상속공제

이해의 맥

피상속인의 주택에서 동거하는 무주택자인 상속인의 거주이전의 자유를 보호하기 위한 공제이며, '대상주택요건'이 중요하다.

§관련조문

상증세법	상증세법 시행령	상증세법 시행규칙
제23조의 2 【동거주택 상속공제】	제20조의 2 【동거주택 인정의 범위】	제9조의 2 【동거주택 인정범위】

(1) 의의

동거주택 상속공제제도는 부동산 실거래가 신고 등으로 1세대 1주택 실수요자의 상속세 부담이 증가한 점을 감안하여 상속세 부담을 완화하여, 국민의 기본권인 거주 이전의 자유(헌법 제14조) 등을 보호하기 위해 도입되었다.[309]

이에 따라 거주자의 사망으로 인하여 상속이 개시되는 경우로서 피상속인과 상속인이 동거한 일정한 주택[아래 (2)]을 상속받는 경우 일정한 금액[아래 (3)]을 상속세 과세가액에서 공제한다(상증세법 집행기준 23의 2-0-1).

(2) 공제요건(상증세법 제23조의 2 제1항)

① 거주자의 사망으로 인하여 상속이 개시되는 경우이어야 한다.

　　따라서 피상속인이 비거주자인 경우에는 그 적용이 없다.

② 다음의 요건을 모두 갖춘 주택이어야 한다.[310]

　　㉠ 피상속인과 상속인이 상속개시일부터 소급하여 10년 이상(상속인이 미성년자인 기간은 제외한다) 계속하여 하나의 주택에서 동거할 것(재산-70, 2011. 2. 10.)

　　㉮ 계속하여 동거(조심 2011서601, 2011. 7. 27.) : 동거기간은 계속하여 동거한 기간을 말하므로 단속적으로 동거한 기간을 합산하여서는 안 된다. 다만, 피상속인과 상속인이 아래의 부득이한 사유에 해당하여 동거하지 못한 경우에는 동거주택 상속공제 제도의 실효성을 제고하기 위해 이를 계속하여 동거한 것으로 보되, 그 동거하지 못한 기간은 동거 기간(10년)에는 산입하지 아니한다(심사상속 2016-0007, 2016. 5. 9.).[311]

　　그런데 피상속인과 상속인이 동거하던 주택을 멸실하고 재건축 공사기간 중 타주택에 동거하다 신축주택에서 계속 동거한 경우 재건축 공사기간은 동거기간에 불산입하며, 이와 같은 부동산을 취득할 권리에 대하여는 동 규정이 적용되지 않는다(재산-179, 2011. 4. 7.).

---

309) 국세청, 「2009년 개정세법 해설」, 2009, 165쪽
310) 2011. 1. 1. 이후 상속분부터 적용한다.
311)

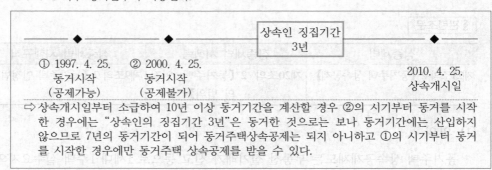

⇨ 상속개시일부터 소급하여 10년 이상 동거기간을 계산할 경우 ②의 시기부터 동거를 시작한 경우에는 "상속인의 징집기간 3년"은 동거한 것으로는 보나 동거기간에는 산입하지 않으므로 7년의 동거기간이 되어 동거주택상속공제는 되지 아니하고 ①의 시기부터 동거를 시작한 경우에만 동거주택 상속공제를 받을 수 있다.

그리고 동거 여부를 판단함에 있어 주소를 달리한 기간 중에도 피상속인 과 상속인이 주민등록 여부와 관계없이 한집에서 실제 같이 살았던 기간 은 동거주택 기간에 산입하는 것이 합리적이다(조심 2010광3055, 2010. 12. 31.).

㉯ 부득이한 사유 : 부득이한 사유란 다음의 어느 하나에 해당하는 경우를 말한다(상증세법 시행령 제20조의 2 제2항, 같은 법 시행규칙 제9조의 2).[312]

- 징집
- 초 · 중등교육법에 따른 학교(유치원 · 초등학교 및 중학교는 제외) 및 고등교육 법에 따른 학교에의 취학
- 직장의 변경이나 전근 등 근무상의 형편
- 1년 이상의 치료나 요양이 필요한 질병의 치료 또는 요양
  그렇지만 상속인이 피상속인 외의 자의 병간호를 위해 피상속인과 거 주하지 못한 경우에는 동거한 것으로 보지 않는다(재산-851, 2010. 11. 17.).

㉰ 상속인 : 동거주택 상속공제 제도의 취지에 비추어 대상 상속인은 직계비 속인 경우로 한정한다.[313]

㉡ 상속개시일부터 소급하여 10년 이상 계속하여 1세대를 구성하면서 대통령령 으로 정하는 1세대 1주택(이하 이 조에서 "1세대 1주택"이라 한다)에 해당할 것. 이 경 우 피상속인과 하나의 세대를 구성하여 장기간 동거하며 부양한 무주택 상속 인의 상속세 부담을 완화하기 위하여 무주택인 기간이 있는 경우에는 해당 기간은 전단에 따른 1세대 1주택에 해당하는 기간에 포함한다.[314]

- [1세대 1주택] "대통령령으로 정하는 1세대 1주택"이란 소득세법 제88조 제 6호에 따른 1세대가 1주택(소득세법 제89조 제1항 제3호에 따른 고가주택을 포함한다)을 소유한 경우를 말한다(상증세법 시행령 제20조의 2 제1항).
  1세대의 판정은 실질적으로 생계를 같이하는지 여부에 따르는 것으로서 형 식상의 주민등록 내용에 불구하고 실질적인 생활관계를 고려하여 사실판단 하여야 한다(재산-748, 2010. 10. 13.).
  1주택과 관련하여 「소득세법」 제89조 제2항 및 같은 법 시행령 제155조 제 17항은 「도시 및 주거환경정비법」 제48조에 따른 관리처분계획의 인가로 인하여 취득한 입주권으로서 인가일 현재 기존주택을 소유하는 세대에 한 하여 1세대 1주택 양도소득세 비과세 특례를 인정하고 있으므로, 「건축법」

---

312) 2009. 2. 4. 이후 적용한다.
313) 2014. 1. 1. 이후 상속이 개시되는 분부터 적용한다.
314) 2013. 1. 1. 이후 상속이 개시되는 경우부터 적용한다.

에 의하여 재건축함에 따라 취득하는 입주권은 그 특례 적용대상으로 해석되지 아니한다는 점에서 동 입주권은 동거주택 상속공제대상에 해당하지 아니한다(조심 2010중3840, 2011. 8. 12.).

- [1세대 1주택 특례] 이 경우 1세대가 다음의 어느 하나에 해당하여 2주택 이상을 소유한 경우에도 1세대가 1주택을 소유한 것으로 본다(상증세법 시행령 제20조의 2 제1항).

- 피상속인이 다른 주택을 취득(자기가 건설하여 취득한 경우를 포함한다)하여 일시적으로 2주택을 소유한 경우. 다만, 다른 주택을 취득한 날부터 2년 이내에 종전의 주택을 양도하고 이사하는 경우만 해당한다. 이때 상속개시일에 피상속인과 상속인이 동거한 주택을 동거주택으로 본다(상증세법 시행령 제20조의 2 제3항).

- 상속인이 상속개시일 이전에 1주택을 소유한 자와 혼인한 경우. 다만, 혼인한 날부터 5년 이내에 상속인의 배우자가 소유한 주택을 양도한 경우만 해당한다.

- 피상속인이 문화재보호법 제53조 제1항에 따른 등록문화재에 해당하는 주택을 소유한 경우

- 피상속인이 소득세법 시행령 제155조 제7항 제2호에 따른 이농주택을 소유한 경우

- 피상속인이 소득세법 시행령 제155조 제7항 제3호에 따른 귀농주택을 소유한 경우

- 1주택을 보유하고 1세대를 구성하는 자가 상속개시일 이전에 60세 이상의 직계존속을 동거봉양하기 위하여 세대를 합쳐 일시적으로 1세대가 2주택을 보유한 경우. 다만, 세대를 합친 날부터 5년 이내에 피상속인 외의 자가 보유한 주택을 양도한 경우만 해당한다.

- 피상속인이 상속개시일 이전에 1주택을 소유한 자와 혼인함으로써 일시적으로 1세대가 2주택을 보유한 경우. 다만, 혼인한 날부터 5년 이내에 피상속인의 배우자가 소유한 주택을 양도한 경우만 해당한다.

종전에는 1세대가 동일한 하나의 주택을 10년 이상 보유하고 거주한 경우만 적용되고 있어 근무 등의 형편으로 이사를 다닌 경우와 이사 과정에서 일시적 2주택이 되는 경우 등은 동거주택 상속공제를 받지 못하여 불합리한 점이 있었다. 그리하여 상속개시일부터 소급하여 10년 이상 하나의 주

택에서 동거하고, 상속 당시 이사에 따른 일시적 2주택 등에 대해서도 상속 공제를 받을 수 있도록 개정하였다.[315]

또한 2012년 추가 개정을 통해 동거주택 상속공제가 적용되는 주택의 범위를 노부모 동거봉양을 위한 합가를 통하여 상속개시일 이전에 일시적으로 2주택을 소유한 경우와 피상속인이 상속개시 이전에 1주택을 소유한 자와 혼인하여 2주택을 소유하게 되는 경우로 확대하되, 합가 또는 혼인한 날부터 5년 이내에 양도한 경우에만 적용하도록 하였다.[316]

이때 보유기간의 산정은 피상속인 명의로 실제 취득(매매, 상속·증여 포함)한 날로부터 기산한다(재산-127, 2011. 3. 10.).

– 피상속인 또는 상속인이 피상속인의 사망 전에 발생된 제3자로부터의 상속으로 인하여 여러 사람이 공동으로 소유하는 주택을 소유한 경우.[317] 다만, 피상속인 또는 상속인이 해당 주택의 공동소유자 중 가장 큰 상속지분을 소유한 경우는 제외한다.

이 때 상속지분이 가장 큰 공동 소유자가 2명 이상인 경우에는 그 2명 이상의 사람 중 해당 주택에 거주하는 자, 최연장자의 순서에 따라 해당하는 사람이 가장 큰 상속지분을 소유한 것으로 본다.

1주택을 상속으로 인하여 여러 사람이 공동으로 소유하는 경우 주택 수 계산 시 공동상속주택을 상속인들의 주택으로 보지 아니하는 「소득세법 시행령」 제155조 제3항의 규정에 의할 때, 동거주택 상속공제가 적용되는 1세대 1주택의 판정시 피상속인이 보유하고 있었던 이전상속주택의 소수지분은 주택으로 보지 않는 것이 타당하다(조심 2018서3354, 2018. 11. 15. ; 조심 2016서2490, 2016. 12. 19.).

ⓒ 상속개시일 현재 무주택자이거나 피상속인과 공동으로 1세대 1주택을 보유한 자로서 피상속인과 동거한 상속인이 상속받은 주택일 것

• [피상속인과 상속인 공동소유주택의 경우] 종전에는 무주택자에게만 적용되어 상속인이 공동상속주택의 지분을 보유하고 있는 경우 상속인이 이미 주택을 보유하고 있는 상태이므로 동거주택 상속공제를 적용하지 않았으나 (재산-695, 2010. 9. 15.), 상속인과 피상속인이 공동으로 1주택을 보유한 경우 1세대 1주택에 해당하는 점을 감안하여 상속공제 적용대상에 포함하도록 개

---

315) 2011. 1. 1. 이후 최초로 상속이 개시된 것부터 적용한다.
316) 2012. 2. 2. 이후 최초로 상속이 개시된 것부터 적용한다.
317) 2020. 2. 11. 이후 최초로 상속이 개시된 것부터 적용한다.

정되었다.[318]

- [복수상속인의 공동상속주택] '대상주택요건' 등 공동주택상속공제요건을 만족하기만 한다면, 장남과 차남이 공동으로 상속받은 주택에 대해서도 동거주택 상속공제를 적용한다(상속증여세과-612, 2013. 11. 21.).

(3) 효과(공제액 계산)

위의 요건을 충족하게 되면, 상속받은 주택가액(소득세법 제89조 제1항 제3호에 따른 주택부수토지의 가액을 포함하되, 상속개시일 현재 해당 주택 및 주택부수토지에 담보된 피상속인의 채무액을 뺀 가액을 말한다.[319])의 100분의 100[320]에 상당하는 금액을 상속세 과세가액에서 공제한다. 다만, 그 금액이 6억원을 초과하는 경우에는 6억원을 한도로 한다. 그리고 해당 주택을 공동으로 상속등기한 경우에는 요건충족 상속인의 지분상당액의 100%를 공제한다(재산-200, 2010. 3. 30. ; 재산-100, 2010. 2. 16.).

> 동거주택상속공제액 = Min[① 주택가격(주택에 딸린 토지가액 포함) × 100%, ② 6억원]

동거주택 상속공제는 상속세과세표준신고를 하지 아니하였거나 상속세과세표준신고시에 동거주택 상속공제 신청을 하지 아니한 경우에도 적용받을 수 있다(재산-50, 2010. 1. 26.).

(4) 적용시기

동거주택상속공제는 2009년 1월 1일 이후 최초로 상속이 개시되는 분부터 적용한다.

4. 추가상속공제[321]

 해의 맥

추가상속공제는 가업의 원활한 승계를 위한 공제로 '가업상속공제'와 '영농상속공제'로 나뉜다.

---

318) 2020. 1. 1. 이후 최초로 상속이 개시된 것부터 적용한다.

319) 해당 자산에 담보된 채무를 차감하는 규정은 2017. 1 .1. 이후 상속이 개시되는 분부터 적용한다.

320) 부모 동거봉양에 대한 세제지원을 확대하기 위해 종전 40%→80%에서 100%로 상향되었다. 2020. 1. 1. 이후 상속하는 분부터 적용한다.

321) 추가상속공제라는 용어는 상증세법 시행규칙 별지 제9호 서식 부표 3(채무·공과금·장례비용 및 상속공제명세서)에서 쓰는 용어이다.

§관련조문

상증세법	상증세법 시행령	상증세법 시행규칙
제18조의 2 【가업상속공제】 제18조의 3 【영농상속제】 제18조의 4 【가업상속공제와 영농상속공제의 동시 적용 배제】	제15조 【가업상속】 제16조 【영농상속】	제5조 【가업상속의 공제한도 및 순서】 제6조 【상속세를 추징하지 아니하는 사유】 제6조의 2 【가업상속입증서류】 제7조 【영농상속】

거주자의 사망으로 개시되는 상속 중 가업상속의 경우에는 가업상속재산가액 상당액(한도 내)(상증세법 제18조의 2 제1항), 영농상속의 경우에는 영농상속재산가액(30억원 한도 내)만큼만 추가로 공제한다(상증세법 제18조의 3 제1항). 다만, 동일한 상속재산에 대해서는 가업상속공제와 영농상속공제를 중복하여 적용할 수 없다(상증세법 제18조의 4).[322]

그리고 기존 기초공제와 동일조문(상증세법 제18조)에서 규율되어 있던 가업상속공제 및 영농상속공제 규정은 2022. 12. 31. 세법개정을 통해 각각 별도 조문으로 신설하였으며, 기초공제와 중복하여 적용하는 것이 가능하다.

구 분	공 제 액
가업상속공제	Min[① 가업상속재산가액 상당금액, ② (한도)300억원~600억원]
영농상속공제	Min[① 영농상속재산가액, ② (한도)30억원]

1) 가업상속공제

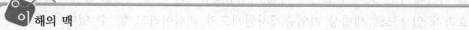

이 해의 맥

가업상속공제는 중소 · 중견 가업기업의 원활한 승계를 위한 「우대조치」로 "대상가업 요건", "피상속인 요건", "상속인 요건"을 꼼꼼히 따져보아야 하며, 엄격한 「사후관리」 를 필요로 한다.

(1) 의의

무릇 기업은 계속기업으로서 장기간(혹은 영원히)에 걸쳐 사업활동을 이어나가는 것이 기대되는 존재이다. 그러나 경영자는 생명이 유한한 자연인이기 때문에, 기업활동을

---

322) 2007. 12. 31. 이전에는 중복적용이 가능했다(재재산 46014-90, 2001. 3. 29.).

하다가 경영승계가 발생하는 것은 피할 수 없다. 특히 중소기업은 경영과 자본이 미분리되어 있는 경우가 많고, 또한 가족기업의 성격이 강하기 때문에 상속에 의해 경영자가 교체되는 경우가 많을 수밖에 없다.

이러한 경우에 사업용자산에 대한 상속세가 과세되면, 사업의 승계자는 납세를 위한 자금의 부담 때문에 사업승계가 더욱 어렵게 된다. 즉 상속세 부담으로 인하여 가족이 사업의 운영 혹은 소유를 포기해야 할 수도 있다. 그로 인해 기업가 정신이 퇴보하게 되어 새로운 사업분야에 대한 도전이나 신기술·신상품 개발에의 투자에 부정적 영향을 끼치게 된다. 또한 이로 인해 고용유지나 국가경제의 안정적 성장에도 부정적 영향을 미치고 장기적으로는 세수의 감소로 이어질 것이다.

이러한 문제점을 해소하기 위해 기업활동을 촉진하고 국제경쟁력 강화에 도움이 되는 사업승계를 저해하지 않는 세제의 구축이 필요한 것이다.

이에 현행 상증세법은 제18조의 2 내지 제18조의 4에서 가업을 승계(가업상속공제)하거나 영농에 종사(영농상속공제)하는 상속인에 대한 추가적인 상속공제규정을 두어 부분적으로나마 가업의 승계를 지원하고 있다(한편 조특법 제30조의 6에서는 가업의 승계에 대한 증여세 과세특례를 규정하고 있다).

이처럼 가업상속공제란 중소기업의 기술 및 경영노하우의 효율적 전수·활용을 통한 경쟁력 확보를 위해 원활한 가업승계를 지원하고 중소기업을 승계받은 상속인의 성공적인 경영을 통한 중소기업의 유지·존속을 위해, 피상속인이 생전에 영위한 사업에 대하여 일정요건에 해당하는 경우 그 가업을 상속받은 상속인이 상속세 과세가액에서 사업상속재산가액의 일정액을 공제받도록 하기 위한 제도이다.

가업승계를 위한 증여세 과세 특례가 세금을 경감해 주기보다는 상속시점으로 과세를 이연해 주는 효과가 있는데 비해 가업상속공제는 실제 세금을 공제하여 절감하는 효과가 있으므로 세법상 가업승계지원제도의 핵심이라고 할 수 있다.

그러나 아무런 제한이나 관리 없이 가업승계에 대한 상속공제를 지원하게 되면 이를 이용한 조세회피가 만연해진다. 따라서 가업상속공제의 취지에 맞게 가업을 계속 영위하도록 적절한 사후관리가 필요하다. 이에 현행 상증세법은 사업용자산의 처분 등 일정한 사정변경이 생기면 이에 대해 상속세를 추징하도록 하였다.

(2) 요건

가업상속공제를 적용받기 위해서는 다음의 요건을 모두 충족하여야 한다.
① **대상가업요건** : 피상속인이 10년 이상 계속하여 경영(경영하지 않은 자의 지분은 가업상속공제 대상가업이 아님)한 중소기업 등(가업)의 상속이어야 한다(상증세법 제18조의 2 제1

항). 여기서 경영이란 단순히 지분을 소유하는 것을 넘어 가업의 효과적이고 효율적인 관리 및 운영을 위하여 실제 가업운영에 참여한 경우를 의미하는 것이고, 피상속인이 10년 이상 계속하여 가업을 영위하였는지 여부는 사실판단 사항이다 (재산-471, 2011. 10. 11.). 한편 2 이상의 가업을 영위하는 경우에는 각 사업장별로 가업 해당 여부를 판단한다(재산-1253, 2009. 6. 23.).

그리고 가업 영위기간은 법인의 경우 법인설립등기일이 아니라 당해 법인이 처음으로 재화 또는 용역의 공급을 개시한 때부터 기산하는 것이다(재산-489, 2010. 7. 7.).

ⓖ 계속 경영

- **[사업장 이전]** 상증세법 제18조의 2 제1항 규정에 의한 피상속인이 10년 이상 계속하여 영위한 사업의 판정시 피상속인이 사업장을 이전하여 동일업종의 사업을 계속하여 영위하는 경우에는 종전 사업장에서의 사업기간을 포함하여 계산한다(상증세법 기본통칙 18-15…1 제2항, 같은 법 집행기준 18-15-6).

- **[법인 전환]** 개인사업자로서 영위하던 가업을 동일한 업종의 법인으로 전환 (현물출자방법이나 사업양수도 방법 등 ; 개인폐업하고 법인전환이 아닌 법인신규설립의 경우에는 제외)하여 피상속인이 법인 설립일 이후 계속하여 해당 법인의 최대주주 등에 해당하는 경우에는 개인사업자로서 가업을 영위한 기간을 포함하여 계산한다(상증세법 기본통칙 18-15…1 제3항, 같은 법 집행기준 18-15-7).

- **[분할]** 가업에 해당하는 법인을 인적분할한 경우로서 분할법인 또는 분할신설법인 중 분할 전 법인과 동일한 업종을 유지하는 법인의 주식 또는 출자지분을 상속하는 경우에는 분할 전 법인의 영위기간을 포함하여 가업해당 여부를 판단할 수 있으나, 분할 전 법인이 가업에 해당하지 아니하면 분할 후의 분할법인 또는 분할신설법인만으로 가업 해당 여부를 판단하여야 한다(재산-613, 2011. 12. 26.). 물적분할도 마찬가지다.

- **[합병]**
  - B법인을 A법인에 흡수합병하고 주된 업종을 합병 전 B법인의 주된 업종으로 변경한 경우 10년 이상 경영한 기업에 해당하는지는 (사업의 동일성의 측면에서 흡수합병한 A법인이) 변경된 업종의 재화 또는 용역을 처음 공급한 날부터 계산하는 것이며, 가업은 피상속인이 10년 이상 계속하여 중소기업을 동일업종으로 유지 경영한 기업을 말한다(재산-755, 2010. 10. 14.).

  같은 맥락에서 15년간 운영한 A법인을 설립 후 3년간 운영해온 B법인에 합병한 경우 10년 이상 계속하여 경영한 가업에 해당하는지 여부는 (사업의 동일성의 측면에서) 합병법인이 합병 후 사업을 개시한 날부터 시작하여 판단한다(재산-729, 2010. 10. 5.).

- 피상속인이 모두 최대주주인 법인 간에 합병으로 인해 합병 후 존속법인 (피상속인이 최대주주)이 피합병법인의 사업을 승계하여 계속 영위하던 중에 상속이 개시되는 경우 가업상속공제 적용을 위한 가업영위기간은 (사업의 동일성이 유지되었다는 측면에서) 피합병법인의 사업영위기간을 포함하여 계산한다(재산-465, 2009. 10. 1.).

ⓛ 중소기업 또는 중견기업

㉮ 중소기업이라 함은 상속개시일이 속하는 소득세 과세기간 또는 법인세 사업연도의 직전 소득세 과세기간 또는 법인세 사업연도 말 현재 다음 각 호의 요건을 모두 갖춘 기업을 말한다(상증세법 시행령 제15조 제1항.).

1. 별표(가업상속공제를 적용받는 중소·중견기업의 해당 업종⟨개정 2022. 2. 17.⟩)에 따른 업종을 주된 사업으로 영위할 것
2. 조특법 시행령 제2조 제1항 제1호 및 제3호의 요건을 충족할 것
3. 자산총액이 5천억원 미만일 것

중소기업에 대한 자세한 내용은 아래 (4)에서 설명한다.

- [중소기업 유지기간] 이때 중소기업의 요건을 10년 이상 동안 유지하여야 하는 것인지에 대해, 행정해석에서는 가업이란 피상속인이 10년 이상 계속하여 동일업종의 중소기업으로 유지 경영한 기업을 말한다(재산-932, 2010. 12. 13. ; 재산-394, 2010. 6. 10. ; 재산-113, 2010. 2. 24.)고 하고 있다. 그런데 이로 인해 가업상속공제를 받기 위해 기업의 규모를 중소기업요건에 맞추어 관리할 필요가 생기고, 이는 오히려 기업의 성장을 방해한다는 점에서 가업승계세제의 취지와 배치되는 면이 있다.

다만, 새로이 중소기업 업종에 추가된 경우 그 때부터 10년 이상 계속하여 중소기업으로 유지되어야 하는 것이 아니며, 피상속인 또는 증여자가 상속개시일 또는 증여일로부터 소급하여 계속하여 음식점업을 유지 경영하였으면 '가업'요건을 충족하는 것으로 본다(상속증여세과-625, 2013. 12. 18.).

㉯ 중견기업이라 함은 상속개시일이 속하는 소득세 과세기간 또는 법인세 사업연도의 직전 소득세 과세기간 또는 법인세 사업연도 말 현재 다음 각 호의 요건을 모두 갖춘 기업을 말한다(상증세법 시행령 제15조 제2항, 같은 법 시행

규칙 제4조의 2).

1. 별표(가업상속공제를 적용받는 중소·중견기업의 해당업종〈개정 2022. 2. 17.〉)에 따른 업종을 주된 사업으로 영위할 것

2. 조특법 시행령 제9조 제4항 제1호 및 제3호의 요건을 충족할 것

3. 상속개시일의 직전 3개 소득세 과세기간 또는 법인세 사업연도의 매출액(매출액은 기획재정부령으로 정하는 바에 따라 계산하며, 소득세 과세기간 또는 법인세 사업연도가 1년 미만인 소득세 과세기간 또는 법인세 사업연도의 매출액은 1년으로 환산한 매출액을 말한다)의 평균금액이 5천억원 미만인 기업일 것

과거 가업상속공제 대상이 중소기업으로 한정되어 규모의 확대 등으로 중소기업에 해당하지 아니하게 된 기업의 상속세 부담이 급격히 증가함에 따라 가업상속공제 대상기업의 범위를 중소기업에서 연간 매출액 3천억원[323] 미만의 기업(상속이 개시되는 사업연도의 직전 과세기간 또는 사업연도의 매출액이 3천억원 이상인 기업 및 상호출자제한기업집단 내 기업은 제외한다)으로 확대하였다.[324]

그 후 가업상속공제 규정의 실효성 제고를 위하여 가업상속공제 적용대상 중견기업의 범위를 연간 매출액 5천억원 미만인 기업까지 확대하였다.[325]

중견기업에 대한 자세한 내용은 아래 (4)에서 설명한다.

• ['중견기업' 기준 유지기간] 이때 직전기간 매출액이 5천억원 미만이기만 하면 직전 전 이전의 회사의 규모는 문제되지 않는 것인가?
이와 관련하여서도 앞의 '중소기업 유지기간'에서와 같이 10년간 계속하여 중소기업 혹은 중견기업의 요건을 갖추어야 하는 것으로 해석하는 것이 타당해 보인다.

② 피상속인 요건 : 피상속인은 다음의 요건을 모두 충족하여야 한다(상증세법 제18조의 2 제4항, 같은 법 시행령 제15조 제3항 제1호, 같은 법 집행기준 18-15-3).

㉠ 거주자 : 피상속인은 거주자이어야 한다.

따라서 비거주자의 사망에 의한 상속에는 적용되지 않는다.

---

323) 2014년 공포일 이후 상속이 개시되는 분부터 적용

324) 2014. 1. 1. 이후 상속이 개시되는 분부터 적용한다. 2011. 1. 1.~2012. 12. 31.: 1,500억원, 2013. 1. 1.~ 2013. 12. 31. : 2,000억원

325) 2023. 1. 1. 이후 상속이 개시되는 분부터 적용한다.

ⓛ 주식보유기간 : 중소기업 또는 중견기업의 최대주주 또는 최대출자자(상증세법 시행령 제19조 제2항에 따른 최대주주 또는 최대출자자를 말한다)인 경우로서 피상속인과 그의 특수관계인[326]의 주식 등(명의신탁주식 포함)을 합하여 해당 법인의 발행주식총수 등의 40%(거래소에 상장되어 있는 법인은 20%[327]) 이상을 10년 이상 계속(조심 2012중619, 2012. 5. 9.)하여 보유하여야 한다(상증세법 시행령 제15조 제3항 제1호 가목).

종전 해석에 따르면 가업을 경영하는 자(피상속인)가 가업을 10년 이상 경영한 배우자 또는 자녀로부터 증여받아 10년이 경과하지 아니한 주식에 대하여는 가업상속공제가 적용되지 아니하는 것이었으나(서면-2015-법령해석재산-1443, 2015. 10. 1.), 피상속인이 최대주주로서 본인과 특수관계인의 주식을 합하여 발행주식 총수 50% 이상을 10년 이상 계속 보유한다면, 상속개시일 현재 10년 미만 보유한 주식의 경우에도 가업상속공제대상에 포함하는 것으로 해석을 변경하였다(기획재정부 조세법령운용과-10, 2022. 1. 5.).

ⓒ 대표재직기간 : 피상속인이 가업의 영위기간 중 ① 50%[328] 이상 또는 ② 10년 이상[329]의 기간(상속인이 피상속인의 대표이사등의 직을 승계하여 승계한 날부터 상속개시일까지 계속 재직한 경우로 한정한다), 또는 ③ 상속개시일부터 소급하여 10년 중 5[330]년 이상을 대표이사(개인사업자인 경우 대표자를 말함)(공동대표이사, 대표집행위원 등 포함)로 재직하여야 한다(상증세법 시행령 제15조 제3항 제1호 나목).[331]

이처럼 가업상속공제 요건을 완화하여 원활한 가업승계를 지원하였다.

- [대표재직 의미] 이때 '대표이사 등으로 재직한 경우'는 실질과세원칙을 들어 실제 대표이사직을 수행한 것을 주장할 수 없고, 법인의 경우 피상속인이 대표이사로 선임되어 법인등기부에 등재되고 대표이사직을 수행하는 것을 말하고(재산-172, 2011. 4. 1.) 개인기업의 경우는 사업자등록상의 대표자로 표시되고 대표직을 수행하는 것을 의미한다고 해석된다. 즉 형식과 실질의 동시충족을 요구하는 것으로 보인다.

피상속인의 조기 은퇴·고령화 등을 고려할 때, 종전처럼 피상속인이 사업

---

326) 이 책 '보론 21 상증세법상 특수관계인 규정 검토' 참조

327) 2023. 1. 1. 이후 상속이 개시되는 분부터 적용. 종전에는 30%(2010. 12. 31. 이전 상속개시분에 대해서는 40%)

328) 2014. 1. 1. 이후 상속개시하는 분부터 적용. 종전에는 60%(2008. 2. 22. 이전에는 80%)이었다.

329) 2014. 1. 1. 이후 상속개시하는 분부터 적용. 2014년에 신설된 규정이다.

330) 2014. 1. 1. 이후 상속개시하는 분부터 적용. 종전에는 8년이었다.

331) 이 개정규정은 2010. 2. 18. 이후 최초로 이루어지는 상속부터 적용한다.

영위기간의 100분의 50을 재직하는 데에 어려움이 있고, 50% 기간요건은 결과적으로 기업의 사업기간이 오래될수록 충족하기 어렵게 된다는 모순에 빠지게 한다. 따라서 중소기업 가업상속공제 요건 중 피상속인의 대표이사 재직기간을 완화함으로써 경쟁력 있는 장수기업의 가업승계를 원활히 지원하고자 하는 가업상속공제제도의 취지를 달성할 수 있다.

- [대표 재직시점] 피상속인의 대표이사 재직요건은 상속개시일 현재 피상속인이 대표이사 등으로 재직하지 아니한 경우에도 적용되며(재산-463, 2011. 9. 30.), 피상속인이 상속개시일 현재 가업에 종사하지 아니한 경우라 하더라도 10년 이상 경영 및 주식 보유 등의 기타 요건을 갖춘 경우에는 적용받을 수 있다(기획재정부 조세법령운용과-571, 2022. 5. 30.).[332]

ⓒ 하나의 가업에 하나의 최대주주그룹에 속하는 최대주주가 복수인 경우 가업상속공제 적용대상 피상속인은 그 그룹의 최대주주 중 오직 1인이어야 한다. 즉 가업을 갑(50%)과 을(50%)이 공동으로 경영하는 경우로서 먼저 갑의 사망으로 갑의 자녀가 갑으로부터 가업상속공제를 적용받은 후, 을의 사망으로 을의 자녀가 을로부터 가업상속공제를 적용받을 수 있는지에 대하여,

㉮ 이 경우 갑과 을이 특수관계에 해당하여 동일한 최대주주그룹에 속하는 경우에는 갑의 자녀가 가업상속공제를 받은 후 을의 사망으로 을의 자녀가 가업상속공제를 받을 수 없다(상증세법 시행령 제15조 제3항 단서, 재산-467, 2011. 10. 7.).

- 종전 가업상속공제가 적용되는 피상속인인 최대주주가 복수인 경우에 모두 가업상속공제가 되는 것으로 해석될 수 있어서 가업상속공제가 적용되는 피상속인을 최대주주 중 1명으로 명확히 하였다.[333] 이에 따라 가업상속이 이루어진 후에 가업상속 당시(가업상속공제가 적용되는 피상속인과 함께) 최대주주 등에 해당하는 자(1차 가업상속을 받은 상속인은 본인의 사망시 2차 가업상속공제의 피상속인이 될 수 있으므로 제외한다)의 사망으로 상속이 개시되는 경우는 가업상속공제대상에서 제외한다(상증세법 시행령 제15조 제3항 단서).

---

332) 종전 해석에 따르면 피상속인이 상속개시일 현재 가업에 종사하지 아니한 경우에는 가업상속공제를 적용받을 수 없었으나(재재산-655, 2010. 7. 8.), 가업상속공제를 통해 가업의 기술·경영노하우 전수를 지원하려는 취지는 피상속인·상속인 요건 및 사후관리를 통해서도 가능한 것이기 때문에 상속개시일 현재 가업에 종사하지 아니하더라도 10년 이상 경영 및 주식 보유 등의 기타 요건을 갖춘 경우에는 가업상속공제대상이 되는 것으로 해석을 변경하였다.

333) 2011. 1. 1. 이후 상속개시분부터 적용한다.

그러므로 2011. 1. 1. 이후에 상속이 개시된 경우로서 부모가 공동으로 중소기업을 경영하는 경우 가업상속공제는 부모 한 명으로부터 상속받은 주식에 대하여 적용한다(재산-538, 2011. 11. 11.). 그 결과 모의 사망시에 가업상속공제를 적용받게 되면, 정작 지분이 더 많은 부의 사망시에는 가업상속공제를 받지 못하여, 가업상속공제의 본래 취지에 어긋나는 문제가 발생할 수 있다.

이에 반해 2010. 12. 31. 이전에 상속이 개시되는 경우로서 부와 모가 공동으로 1개의 중소기업을 경영하는 경우 가업상속공제는 부와 모로부터 상속받은 주식의 가액을 합산하여 적용하도록 하였다(재산-991, 2010. 12. 30.).

㉴ 그러나 만약 갑과 을이 서로 특수관계인에 해당하지 않고 을과 그의 특수관계인이 갑과 그의 특수관계인과 같은 지분의 최대주주(50%)에 해당한다면, 을의 자녀도 가업상속공제를 적용받을 수 있다(상증세법 시행령 제15조 제3항 단서 참조 ; 재산-165, 2009. 9. 9.).

물론 개인 공동사업의 경우에는 법인 공동사업과는 달리 공동사업자 간의 특수관계 여부와 상관없이 상증세법 시행령 제15조 규정에 의한 요건이 모두 충족된다면 각각의 공동사업자에 대해 가업상속공제의 적용이 가능하다(재산-165, 2009. 9. 9.).

③ **상속인 요건** : 상속인(상속인의 배우자가 아래 ㉠·㉡ 및 ㉣의 요건을 모두 갖춘 경우에는 상속인이 그 요건을 갖춘 것으로 본다)[334]이 다음의 요건을 모두 갖추어야 한다(상증세법 시행령 제15조 제3항 제2호, 같은 법 집행기준 18-15-3).

㉠ **연령** : 상속개시일 현재 18세 이상일 것

가업승계세제를 적용함에 있어서는 경영자(피상속인)가 조부(祖父)인 경우 후계자(상속인)는 부(父) 또는 손(孫)의 여부를 불문하고 적용을 받을 수 있다. 그러나 경영자인 조부가 후계자를 손(孫)(부의 상속결격으로 인한 대습상속이나 선순위상속인 전원의 상속포기에 따라 상속인이 된 경우)으로 삼고 가업승계를 할 경우에는 세대생략이전에 관한 할증과세를 적용받게 된다.

이와 달리 사전증여에 의한 가업승계 증여세특례에서는 원칙적으로 자녀만이 가업을 승계할 수 있고 손자녀는 부모가 사망한 경우에만 예외적으로 가업승계대상이 된다.

---

334) 2014. 1. 1. 이후 상속개시하는 분부터 적용

ⓛ 가업종사기간 : 상속개시일 전 가업에 2년 이상 직접 종사하였을 것.[335] 종전 상속개시 2년 전부터 계속하여 가업에 종사하도록 하는 요건을 완화하였다. [예외규정] 다만, 아래의 경우는 가업종사기간의 예외가 인정된다.

- (피상속인 측면) ① 피상속인이 65세 이전에 사망하거나,[336] ② 천재지변 · 인재 등으로 인한 피상속인의 사망으로 부득이한 사유가 있는 경우에는 이 요건은 적용되지 않는다(가업승계를 미리 계획할 수 없는 상황이므로). 따라서 부득이한 사유에는 과로 · 질병 등으로 인한 피상속인이 갑작스런 사망은 포함되지 않는다(재산-821, 2010. 11. 3.).

- (상속인 또는 그 배우자 측면)[337] 상속개시일 2년 전부터 가업에 종사한 경우로서 상속개시일부터 소급하여 2년에 해당하는 날부터 상속개시일까지의 기간 중 병역의무, 질병요양, 취학상 형편 등(상증세법 시행령 제15조 제8항 제2호 다목)에 따른 사유로 가업에 종사하지 못한 기간이 있는 경우에는 그 기간은 가업에 종사한 기간에 포함하여 판단한다.

  여기에서 상속인이 직접 가업에 종사한 기간의 판정시 상속인이 가업에 종사하다가 중도에 퇴사한 후 다시 입사한 경우 재입사 전 가업에 종사한 기간은 포함하여 계산한다(상증세법 기본통칙 18-15…1 ①, 같은 법 집행기준 18-15-8). 가업에 종사하였는지 여부는 근로소득을 지급받은 증빙, 당해 사업장과 관련하여 의료보험이나 국민연금 등에 가입한 내역 등 객관적인 증빙에 의해 사실 판단하여야 한다(조심 2010서3889, 2011. 6. 10.).

ⓒ 단독승계요건[338] : 2016년 시행령 개정 이전에는 상속인 1인이 가업을 모두 승계받는 경우에만 가업상속공제를 받을 수 있도록 하였으나, 가업을 공동상속하는 경우에도 가업상속공제를 받을 수 있도록 하기 위해 동 요건은 삭제되었다. 2016. 2. 5. 이전에 상속이 개시된 경우에는 상기 요건을 모두 갖춘 상속인 1명이 해당 가업의 전부를 상속받아야 한다. 다만, 유류분 반환청구(민법 제1115조)에 따라 다른 상속인이 부득이하게 상속받은 부분("유류분상속재산")은 제외한다(구 상증세법 시행령 제15조 제4항 제2호 다목).[339]

  가업승계의 성격상 상속인 1인에게 전속하는 것이 타당한 측면이 있으나, 도

---

335) 2014. 1. 1. 이후 상속개시하는 분부터 적용
336) 2014. 1. 1. 이후 상속개시하는 분부터 적용
337) 2014. 1. 1. 이후 상속개시하는 분부터 적용
338) 2016. 2. 5. 이전에 상속이 개시된 경우에만 해당되는 요건이다.
339) 2014. 1. 1. 이후 상속개시하는 분부터 적용하도록 하여 원활한 가업승계를 지원하였다.

리어 민법의 유류분제도 및 공동상속의 원칙에 반하여[340] 이 요건의 완화를 주장하는 견해도 있어 개정시 이를 반영하였다.

  ⓡ **대표취임요건** : 가업을 승계하는 상속인은 상속세과세표준 신고기한까지 임원으로 취임하고, 상속세 신고기한부터 2년 이내에 대표이사 등(공동대표이사 등 포함)으로 취임하여야 한다. 이때 법인의 경우 상속인이 대표이사로 선임되어 법인등기부에 등재되고 대표이사직을 수행하는 경우에 상속인이 대표이사에 취임한 것으로 본다(상증세법 집행기준 18-15-4).

  상속인이 임원으로 재직하면서 대표이사로서의 직무를 충실히 수행하기 위한 경영 노하우를 습득하는 데 충분한 기간을 보장하기 위해 대표이사 취임 시한을 2년으로 연장하였다.[341] 물론 상속인은 상속세 신고기한까지 임원으로는 취임해야 한다.

  이때 상속인 1명이 가업의 전부를 상속받고 공동대표이사로 취임하는 경우에도 가업상속공제를 받을 수 있다(상증세법 집행기준 18-15-9).

 ④ **납부능력 요건**[342] : 중견기업에 해당하는 가업에 대해서는 상속세 납부능력의 검증을 위하여 가업상속인의 가업상속재산 외의 상속재산의 가액이 해당 가업상속인이 상속세로 납부할 금액에 일정비율을 곱한 금액을 초과하는 경우 가업상속 공제를 적용하지 아니한다(상증세법 제18조의 2 제2항).

  ㉠ 가업을 상속받거나 받을 상속인의 가업상속재산 외에 받거나 받을 상속재산의 가액 : 가업상속인이 받거나 받을 상속재산(법 제13조에 따라 상속재산에 가산하는 증여재산 중 가업상속인이 받은 증여재산을 포함)의 가액에서 다음 각 호의 금액을 차감한 금액(상증세법 시행령 제15조 제6항)

   1. 해당 가업상속인이 부담하는 채무로서 시행령 제10조 제1항에 따라 증명되는 채무의 금액

   2. 해당 가업상속인이 시행령 제15조 제5항 각 호의 구분에 따라 받거나 받을 가업상속 재산가액

  ㉡ 일정비율을 곱한 금액 : 해당 상속인이 상속세로 납부할 금액에 대통령령으로 정하는 비율을 곱한 금액이란 가업상속인이 가업상속공제를 받지 아니하였을 경우 해당 가업상속인이 납부할 의무가 있는 상속세액에 100분의 200을

---

340) 이광재, 「상속증여세의 이론과 실무」, 세경사, 2009, 275쪽
341) 2008. 1. 1.~12. 31. 상속개시분에 대해서는 상속세 신고기한까지 대표이사로 취임하도록 하였었다. 따라서 개정규정은 2009. 1. 1. 이후 상속개시분부터 적용한다(조심 2010구1464, 2010. 7. 14.).
342) 2019. 1. 1. 이후 가업을 상속받는 분부터 적용한다.

곱한 금액을 말한다(상증세법 시행령 제15조 제7항).

⑤ **기업인의 준법경영책임 요건** : 피상속인 또는 상속인이 가업의 경영과 관련하여 조세포탈 또는 회계부정 행위(「조세범 처벌법」 제3조 제1항 또는 「주식회사 등의 외부감사에 관한 법률」 제39조 제1항에 따른 죄를 범하는 것을 말하며, 상속개시일 전 10년 이내 또는 상속개시일부터 5년 이내의 기간 중의 행위로 한정)로 징역형 또는 상증세법 시행령 제15조 제19항에서 정하는 벌금형[343]을 선고받고 그 형이 확정된 경우에는 다음의 구분에 따른다(상증세법 제18조의 2 제8항).

㉠ 상증세법 제76조에 따른 과세표준과 세율의 결정이 있기 전에 피상속인 또는 상속인에 대한 형이 확정된 경우 : 가업상속공제를 적용하지 아니한다.

㉡ 가업상속공제를 받은 후에 상속인에 대한 형이 확정된 경우 : 가업상속공제 금액을 상속개시 당시의 상속세 과세가액에 산입하여 상속세를 부과할 것. 이 경우 대통령령으로 정하는 바에 따라 계산한 이자상당액을 그 부과하는 상속세에 가산한다. 여기에서 "대통령령으로 정하는 바에 따라 계산한 이자상당액"이란 다음의 금액을 말한다(상증세법 시행령 제15조 제20항, 국기법 시행규칙 제19조의 3).

$$\text{상속인의 형 확정 시 추징하는 상속세액*} \times \text{당초 상속세 과세표준 신고기한의 다음 날부터 추징사유가 발생한 날까지의 기간} \times \frac{0.012^{[344]}}{365}$$

* 가업상속공제 금액을 상속개시 당시의 상속세 과세가액에 산입하여 계산한 상속세액

(3) 효과(공제액)

가업상속공제는 가업상속 재산가액에 상당하는 금액[345]으로 한다. 다만, 피상속인의 가업 영위기간에 따라 다음의 금액을 한도로 한다(상증세법 제18조의 2 제1항).[346]

① 피상속인이 10년 이상 20년 미만 계속하여 경영한 경우 : 300억원[347]

---

343) ① 조세포탈의 경우 : 「조세범 처벌법」 제3조 제1항 각 호의 어느 하나에 해당하여 받은 벌금형
② 회계부정의 경우 : 「주식회사 등의 외부감사에 관한 법률」 제39조 제1항에 따른 죄를 범하여 받은 벌금형(재무제표상 변경된 금액이 자산총액의 100분의 5 이상인 경우로 한정)
344) 2021. 3. 16. 시행규칙 개정시 국세환급가산금의 이율을 연 1.8%에서 연 1.2%로 인하하였으며, 동 개정 규정은 2021. 3. 16. 이후 기간분에 대하여 적용
345) 2009~2011년 : 40% 상당금액, 2012~2013년 : 70% 상당금액
346) 2018. 1. 1. 이후 상속이 개시되는 분부터 적용한다.
347) 2009~2011년 : 60억원, 2012~2013년 : 100억원, 2014~2022년 : 200억원, 2018. 1. 1. 이전에는 10년 이상 15년 미만에 적용

② 피상속인이 20년 이상 30년 미만 계속하여 경영한 경우 : 400억원[348]

③ 피상속인이 30년 이상 계속하여 경영한 경우 : 600억원[349]

이때 피상속인이 둘 이상의 독립된 기업을 가업으로 영위한 경우에는 해당 기업 중 계속하여 경영한 기간이 긴 기업의 계속 경영기간에 대한 공제한도를 적용하며, 상속세 과세가액에서 피상속인이 계속하여 경영한 기간이 긴 기업의 가업상속 재산가액부터 순차적으로 공제한다(상증세법 시행령 제15조 제4항, 같은 법 시행규칙 제5조). 가업상속공제액을 계산함에 있어 상속인 1인이 가업에 해당하는 수개 법인의 주식을 전부 상속받는 경우에는 전체 법인 주식가액의 합계액을 기준으로 계산한다(재산-1118, 2009. 12. 24.).

가업상속공제는 장수기업을 우대하는 방안으로서 공제액의 한도를 사업 영위기간별로 차등하여 적용하고, 중소기업 등의 원활한 가업승계를 명분으로 공제범위를 계속 확대하였다.

그런데 공제율을 100%로 하는 가업상속이 가업의 생전증여보다 항상 유리하게 되었고, 이는 가업의 조기승계를 저해하게 되어 조세의 중립성을 해치는 측면이 있다.

┃ 종전 가업상속공제금액 계산 요약 ┃

상속개시일	피상속인의 가업계속영위기간	공 제 액	공제한도액
2007. 12. 31. 이전	5년 미만	해당 없음	해당 없음
	5년 이상	가업상속재산가액	1억원
2008. 1. 1. ~ 2008. 12. 31.	15년 미만	해당 없음	해당 없음
	15년 이상	Max [①, ②] ① 가업상속재산가액 × 20% ② 2억원(미달시 가업상속재산가액)	30억원
2009. 1. 1. ~ 2011. 12. 31.	10년 미만	해당 없음	해당 없음
	10년 이상~ 15년 미만	Max [①, ②] ① 가업상속재산가액 × 40% ② 2억원(미달시 가업상속재산가액)	60억원

---

348) 2009~2011년 : 80억원, 2012~2013년 : 150억원, 2014~2022년 : 300억원, 2018. 1. 1. 이전에는 15년 이상 20년 미만에 적용

349) 2009~2011년 : 100억원, 2012~2013년 : 300억원, 2014~2022년 : 500억원, 2018. 1. 1. 이전에는 20년 이상에 적용

상속개시일	피상속인의 가업계속영위기간	공 제 액	공제한도액
2009. 1. 1. ~ 2011. 12. 31.	15년 이상~ 20년 미만	Max [①, ②] ① 가업상속재산가액 × 40% ② 2억원(미달시 가업상속재산가액)	80억원
	20년 이상	Max [①, ②] ① 가업상속재산가액 × 40% ② 2억원(미달시 가업상속재산가액)	100억원
2012. 1. 1. ~ 2013. 12. 31.	10년 미만	해당 없음	해당 없음
	10년 이상~ 15년 미만	Max [①, ②] ① 가업상속재산가액 × 70% ② 2억원(미달시 가업상속재산가액)	100억원
	15년 이상~ 20년 미만	Max [①, ②] ① 가업상속재산가액 × 70% ② 2억원(미달시 가업상속재산가액)	150억원
	20년 이상	Max [①, ②] ① 가업상속재산가액 × 70% ② 2억원(미달시 가업상속재산가액)	300억원
2014. 1. 1. ~ 2017. 12. 31.	10년 미만	해당 없음	해당 없음
	10년 이상~ 15년 미만	가업상속재산가액	200억원
	15년 이상~ 20년 미만	가업상속재산가액	300억원
	20년 이상	가업상속재산가액	500억원
2018. 1. 1. ~ 2022. 12. 31	10년 미만	해당 없음	해당 없음
	10년 이상~ 20년 미만	가업상속재산가액	200억원
	20년 이상~ 30년 미만	가업상속재산가액	300억원
	30년 이상	가업상속재산가액	500억원
2023. 1. 1. 이후	10년 미만	해당 없음	해당 없음
	10년 이상~ 20년 미만	가업상속재산가액	300억원
	20년 이상~ 30년 미만	가업상속재산가액	400억원
	30년 이상	가업상속재산가액	600억원

(4) 중소기업 및 중견기업의 범위

다음의 요건을 모두 갖춘 기업이어야 한다.

① 가업상속공제를 적용받는 중소ㆍ중견기업의 해당 업종〈상증세법 시행령 별표〉

1. 한국표준산업분류에 따른 업종

표준산업분류상 구분	가업 해당 업종
가. 농업, 임업 및 어업 (01 ~ 03)	작물재배업(011) 중 종자 및 묘목생산업(01123)을 영위하는 기업으로서 다음의 계산식에 따라 계산한 비율이 100분의 50 미만인 경우 [제15조 제7항에 따른 가업용 자산 중 토지(「공간정보의 구축 및 관리 등에 관한 법률」에 따라 지적공부에 등록하여야 할 지목에 해당하는 것을 말한다) 및 건물(건물에 부속된 시설물과 구축물을 포함한다)의 자산의 가액]÷(제15조 제7항에 따른 가업용 자산의 가액)
나. 광업(05 ~ 08)	광업 전체
다. 제조업(10 ~ 33)	제조업 전체. 이 경우 자기가 제품을 직접 제조하지 않고 제조업체(사업장이 국내 또는 「개성공업지구 지원에 관한 법률」 제2조 제1호에 따른 개성공업지구에 소재하는 업체에 한정한다)에 의뢰하여 제조하는 사업으로서 그 사업이 다음의 요건을 모두 충족하는 경우를 포함한다. 1) 생산할 제품을 직접 기획(고안ㆍ디자인 및 견본제작 등을 말한다)할 것 2) 해당 제품을 자기명의로 제조할 것 3) 해당 제품을 인수하여 자기책임하에 직접 판매할 것
라. 하수ㆍ폐기물 처리, 원료 재생, 환경정화 및 복원업(37 ~ 39)	하수ㆍ폐기물 처리(재활용을 포함한다), 원료 재생, 환경정화 및 복원업 전체
마. 건설업(41 ~ 42)	건설업 전체
바. 도매 및 소매업 (45 ~ 47)	도매 및 소매업 전체
사. 운수업(49 ~ 52)	여객운송업[육상운송 및 파이프라인 운송업(49), 수상 운송업(50), 항공 운송업(51) 중 여객을 운송하는 경우]
아. 숙박 및 음식점업 (55 ~ 56)	음식점 및 주점업(56) 중 음식점업(561)

표준산업분류상 구분	가업 해당 업종
자. 정보통신업 (58 ~ 63)	출판업(58)
	영상 · 오디오 기록물제작 및 배급업(59). 다만, 비디오물 감상실 운영업(59142)을 제외한다.
	방송업(60)
	우편 및 통신업(61) 중 전기통신업(612)
	컴퓨터 프로그래밍, 시스템 통합 및 관리업(62)
	정보서비스업(63)
차. 전문, 과학 및 기술서비스업 (70 ~ 73)	연구개발업(70)
	전문서비스업(71) 중 광고업(713), 시장조사 및 여론조사업(714)
	건축기술, 엔지니어링 및 기타 과학기술 서비스업(72) 중 기타 과학기술 서비스업(729)
	기타 전문, 과학 및 기술 서비스업(73) 중 전문디자인업(732)
카. 사업시설관리 및 사업지원 서비스업(74 ~ 75)	사업시설 관리 및 조경 서비스업(74) 중 건물 및 산업설비 청소업(7421)
	사업지원 서비스업(75) 중 고용알선 및 인력 공급업(751, 농업노동자 공급업을 포함한다), 경비 및 경호 서비스업(7531), 보안 시스템 서비스업(7532), 콜센터 및 텔레마케팅 서비스업(75991), 전시, 컨벤션 및 행사대행업(75992), 포장 및 충전업(75994)
타. 임대업 : 부동산 제외 (76)	무형재산권 임대업(764, 「지식재산 기본법」 제3조 제1호에 따른 지식재산을 임대하는 경우로 한정한다)
파. 교육서비스업(85)	교육 서비스업(85) 중 유아 교육기관(8511), 사회교육시설(8564), 직원훈련기관(8565), 기타 기술 및 직업훈련학원(85669)
하. 사회복지 서비스업(87)	사회복지서비스업 전체
거. 예술, 스포츠 및 여가관련 서비스업(90 ~ 91)	창작, 예술 및 여가관련서비스업(90) 중 창작 및 예술관련 서비스업(901), 도서관, 사적지 및 유사 여가관련 서비스업(902). 다만, 독서실 운영업(90212)은 제외한다.
너. 협회 및 단체, 수리 및 기타 개인 서비스업(94 ~ 96)	기타 개인 서비스업(96) 중 개인 간병인 및 유사 서비스업(96993)

2. 개별법률의 규정에 따른 업종

가업 해당 업종
가. 「조세특례제한법」 제7조 제1항 제1호 커목에 따른 직업기술 분야 학원
나. 「조세특례제한법 시행령」 제5조 제9항에 따른 엔지니어링사업
다. 「조세특례제한법 시행령」 제5조 제7항에 따른 물류산업

가업 해당 업종
라. 「조세특례제한법 시행령」 제6조 제1항에 따른 수탁생산업
마. 「조세특례제한법 시행령」 제54조 제1항에 따른 자동차정비공장을 운영하는 사업
바. 「해운법」에 따른 선박관리업
사. 「의료법」에 따른 의료기관을 운영하는 사업
아. 「관광진흥법」에 따른 관광사업(카지노, 관광유흥음식점업 및 외국인전용 유흥음식점업은 제외한다)
자. 「노인복지법」에 따른 노인복지시설을 운영하는 사업
차. 법률 제15881호 「노인장기요양보험법」 부칙 제4조에 따라 재가장기요양기관을 운영하는 사업
카. 「전시산업발전법」에 따른 전시산업
타. 「에너지이용 합리화법」 제25조에 따른 에너지절약전문기업이 하는 사업
파. 「국민 평생 직업능력 개발법」에 따른 직업능력개발훈련시설을 운영하는 사업
하. 「도시가스사업법」 제2조 제4호에 따른 일반도시가스사업
거. 「연구산업진흥법」 제2조 제1호 나목의 산업
너. 「민간임대주택에 관한 특별법」에 따른 주택임대관리업
더. 「신에너지 및 재생에너지 개발·이용·보급 촉진법」에 따른 신·재생에너지 발전사업

② 조특법 시행령 요건

   a. 중소기업(조특법 시행령 제2조 제1항 제1호 및 제3호)

      ㉮ 매출액[350]이 업종별로 중소기업기본법 시행령 「별표 1(아래)」에 따른 규모 기준 이내일 것

      만약 2 이상의 서로 다른 사업을 영위하는 경우 주된 사업을 기준으로 중소기업 해당 여부를 판정함에 있어서도 당해 법인 또는 거주자가 영위하는 사업 전체의 매출액을 기준으로 하여 판정한다(재산-769, 2010. 10. 19.).

해당 기업의 주된 업종	분류기호	규모 기준
1. 의복, 의복액세서리 및 모피제품 제조업	C14	
2. 가죽, 가방 및 신발 제조업	C15	
3. 펄프, 종이 및 종이제품 제조업	C17	평균매출액 등
4. 1차 금속 제조업	C24	1,500억원 이하
5. 전기장비 제조업	C28	
6. 가구 제조업	C32	

---

350) 2015. 1. 1. 이후 개시하는 과세연도부터, 중소기업 요건을 간소화하기 위해 종전의 상시종업원수·자본금 기준을 폐지하고, 매출액 기준만으로 단순화 하였다.

해당 기업의 주된 업종	분류기호	규모 기준
7. 농업, 임업 및 어업	A	평균매출액 등 1,000억원 이하
8. 광업	B	
9. 식료품 제조업	C10	
10. 담배 제조업	C12	
11. 섬유제품 제조업(의복 제조업은 제외한다)	C13	
12. 목재 및 나무제품 제조업(가구 제조업은 제외한다)	C16	
13. 코크스, 연탄 및 석유정제품 제조업	C19	
14. 화학물질 및 화학제품 제조업(의약품 제조업은 제외한다)	C20	
15. 고무제품 및 플라스틱제품 제조업	C22	
16. 금속가공제품 제조업(기계 및 가구 제조업은 제외한다)	C25	
17. 전자부품, 컴퓨터, 영상, 음향 및 통신장비 제조업	C26	
18. 그 밖의 기계 및 장비 제조업	C29	
19. 자동차 및 트레일러 제조업	C30	
20. 그 밖의 운송장비 제조업	C31	
21. 전기, 가스, 증기 및 공기조절 공급업	D	
22. 수도업	E36	
23. 건설업	F	
24. 도매 및 소매업	G	
25. 음료 제조업	C11	평균매출액 등 800억원 이하
26. 인쇄 및 기록매체 복제업	C18	
27. 의료용 물질 및 의약품 제조업	C21	
28. 비금속 광물제품 제조업	C23	
29. 의료, 정밀, 광학기기 및 시계 제조업	C27	
30. 그 밖의 제품 제조업	C33	
31. 수도, 하수 · 폐기물 처리, 원료재생업(수도업은 제외한다)	E (E36 제외)	
32. 운수 및 창고업	H	
33. 정보통신업	J	

해당 기업의 주된 업종	분류기호	규모 기준
34. 산업용 기계 및 장비 수리업	C34	평균매출액 등 600억원 이하
35. 전문, 과학 및 기술 서비스업	M	
36. 사업시설관리 및 사업지원 및 임대 서비스업(임대업은 제외한다)	N (N76 제외)	
37. 보건업 및 사회복지 서비스업	Q	
38. 예술, 스포츠 및 여가 관련 서비스업	R	
39. 수리(修理) 및 기타 개인 서비스업	S	
40. 숙박 및 음식점업	I	평균매출액 등 400억원 이하
41. 금융 및 보험업	K	
42. 부동산업	L	
43. 임대업	N76	
44. 교육 서비스업	P	

* 비고
1. 해당 기업의 주된 업종의 분류 및 분류기호는 「통계법」 제22조에 따라 통계청장이 고시한 한국표준산업분류에 따른다.
2. 위 표 제19호 및 제20호에도 불구하고 자동차용 신품 의자 제조업(C30393), 철도 차량 부품 및 관련 장치물 제조업(C31202) 중 철도 차량용 의자 제조업, 항공기용 부품 제조업(C31322) 중 항공기용 의자 제조업의 규모 기준은 평균매출액등 1,500억원 이하로 한다.

ⓝ 실질적인 독립성이 중소기업기본법 시행령 제3조 제1항 제2호에 적합할 것 즉, 「독점규제 및 공정거래에 관한 법률」 제31조 제1항에 따른 공시대상기업집단에 속하는 회사 또는 같은 법 제33조에 따라 공시대상기업집단의 국내 계열회사로 편입·통지된 것으로 보는 회사에 해당하지 않으며, 자산총액 5천억원 이상인 법인(외국법인을 포함하되, 중소기업창업투자회사 등은 제외)의 주식 등(의결권 없는 주식 제외)의 30% 이상을 직접적 또는 간접적으로 소유한 경우로서 최다출자자인 기업이 아니어야 한다.

만약 관계기업에 속하는 기업의 경우에는 매출액이 위의 규모기준(앞 ⓐ)을 초과하는 기업이 아니어야 한다.

　b. 중견기업(조특법 시행령 제9조 제4항 제1호 및 제3호)

　　ⓐ 중소기업이 아닐 것

　　ⓝ 소유와 경영의 실질적인 독립성이 중견기업 성장촉진 및 경쟁력 강화에 관한 특별법 시행령 제2조 제2항 제1호에 적합할 것

③ 자산총액 및 매출액 요건

  a. 중소기업: 자산총액이 5천억 원 미만일 것

  b. 중견기업: 상속개시일의 직전 3개 소득세 과세기간 또는 법인세 사업연도의 매출액(매출액은 기획재정부령으로 정하는 바에 따라 계산하며, 소득세 과세기간 또는 법인세 사업연도가 1년 미만인 소득세 과세기간 또는 법인세 사업연도의 매출액은 1년으로 환산한 매출액을 말한다)의 평균금액이 5천억원 미만인 기업일 것

(5) 가업상속 재산가액

가업상속 재산가액이란 다음의 상속재산의 가액을 말한다(상증세법 시행령 제15조 제5항).

① 소득세법을 적용받는 가업(개인기업) : 가업에 직접 사용되는 토지, 건축물, 기계장치 등 사업용 자산(기업회계기준 제18조 및 제20조의 유형자산 및 무형자산, 재산세과-705, 2010. 9. 17.)의 가액에서 해당 자산에 담보된 채무액을 뺀 가액을 말한다(상증세법 시행령 제15조 제5항 제1호).[351]

② 법인세법을 적용받는 가업(법인기업) : 가업에 해당하는 법인의 주식 등의 가액[해당 주식 등의 가액에 그 법인의 총 자산가액(상속개시일 현재 법 제4장에 따라 평가한 가액을 말한다) 중 상속개시일 현재 다음의 어느 하나에 해당하는 자산(상속개시일 현재를 기준으로 법 제4장에 따라 평가한 가액을 말한다. 이하 이 조에서 "사업무관자산"이라 한다)을 제외한 자산가액이 차지하는 비율을 곱하여 계산한 금액에 해당하는 것을 말한다]을 말한다(상증세법 시행령 제15조 제5항 제2호).

  가. 「법인세법」 제55조의 2에 해당하는 자산(비사업용 토지 등)

  나. 「법인세법 시행령」 제49조에 해당하는 자산(업무와 관련이 없는 자산) 및 타인에게 임대하고 있는 부동산(지상권 및 부동산임차권 등 부동산에 관한 권리를 포함한다)

  다. 「법인세법 시행령」 제61조 제1항 제2호에 해당하는 자산(금전소비대차계약 등에 의하여 타인에게 대여한 금액)

  라. 과다보유현금[상속개시일 직전 5개 사업연도 말 평균 현금(요구불예금 및 취득일부터 만기가 3개월 이내인 금융상품을 포함한다)보유액의 100분의 150을 초과하는 것을 말한다]

  마. 법인의 영업활동과 직접 관련이 없이 보유하고 있는 주식 등(상속증여-1677, 2015. 9. 14.), 채권 및 금융상품(라목에 해당하는 것은 제외한다)

종전 가업상속공제를 적용할 때 「법인세법」을 적용받는 가업의 경우에는 법인이 가업에 사용하지 아니하는 자산에 대해서도 가업상속공제를 적용하도록 하여 가업상속 공제제도의 취지에 부합하지 아니하는 문제점이 있었다.

그리하여 2012년 개정을 통해 가업상속공제를 적용할 때 법인의 주식을 상속받

---

351) 담보채무를 차감하는 규정은 2017. 2. 7. 이후 상속이 개시되는 분부터 적용된다.

는 경우에 개인사업자와의 형평을 고려하고 가업상속공제를 이용한 상속세 회피를 방지할 목적으로 가업상속재산을 해당 주식의 가액에 법인이 가업에 직접 사용하지 아니하는 자산을 제외한 사업용 자산이 그 법인의 총 자산에서 차지하는 비율을 곱하여 계산한 금액으로 하도록 하였다.[352]

다만, 이 경우에는 현행 조세특례제한법 제100조의 15 제1항에서 도입되고 있는 동업기업의 과세특례를 적용받는 동업기업의 자산은 포함되어 있지 않다. 따라서 조세특례제한법상의 동업기업은 가업상속공제를 적용받을 수 없는 문제점을 지니고 있다.

(6) 공제서류 제출 등

가업상속공제를 받으려는 자는 가업상속재산명세서 및 해당 상속이 가업상속에 해당됨을 증명할 수 있는 다음의 서류를 상속세과세표준 신고와 함께 납세지 관할 세무서장에게 제출하여야 한다(상증세법 제18조의 2 제3항·제6항, 상증세법 시행령 제15조 제22항 및 상증세법 시행규칙 제6조의 2). 즉 해당 가업용 자산, 가업 및 지분의 구체적인 내용을 납세지 관할 세무서장에게 제출하여야 한다. 이러한 서류의 제출은 가업상속공제를 위한 필수요건이 아닌 협력의무에 불과하다.

① 최대주주 또는 최대출자자에 해당하는 자임을 입증하는 서류
② 기타 상속인이 해당 가업에 직접 종사한 사실을 입증할 수 있는 서류

(7) 사후관리

일단 가업상속공제를 받았더라도 제도의 목적을 달성하기 위해서는 관할 세무서장이 계속적으로 가업상속공제의 적정 여부와 사후관리 사항의 해당 여부를 관리하고 위반사항 발생시 당초 공제한 금액에 대해 상속세를 부과하여야 한다.

□ 2023. 1. 1. 이후 상속이 개시된 경우의 사후관리

가업상속공제를 받은 상속인이 상속개시일부터 5년 이내에 정당한 사유 없이 다음의 어느 하나에 해당하면 가업상속공제받은 금액에 해당일까지의 기간을 고려하여 대통령령으로 정하는 율("추징률", 100분의 100)을 곱하여 계산한 금액(제1호(아래 ①)에 해당하는 경우에는 가업용 자산의 처분 비율을 추가로 곱한 금액[353]을 말한다)을 상속개시 당시의 상속세 과세가액에 산입하여 상속세를 부과한다. 이 경우 대통령령으로 정하는 바에

---

352) 2012. 2. 2. 이후 상속이 개시된 것부터 적용한다.
353) 2020. 1. 1. 이후 자산을 처분하는 분부터 적용한다.

따라 계산한 이자상당액을 그 부과하는 상속세에 가산한다[354](상증세법 제18조의 2 제5항, 같은 법 시행령 제15조 제10항 내지 제18항).

여기에서 "대통령령으로 정하는 바에 따라 계산한 이자상당액"이란 다음의 금액을 말한다(상증세법 시행령 제15조 제16항, 국기법 시행규칙 제19조의 3).

$$\text{사후관리 위반시 추징하는 상속세액}^* \times \text{당초 상속세 과세표준 신고기한의 다음날 부터 추징사유가 발생한 날까지의 기간} \times \frac{0.012^{[355]}}{365}$$

* '가업상속공제금액 × 추징률'을 상속개시 당시의 상속세 과세가액에 산입 계산한 상속세액

① 해당 가업용 자산의 40% 이상을 처분한 경우

　　㉠ 가업용 자산 : 여기에서의 가업용 자산이란 다음을 말한다(상증세법 시행령 제15조 제9항).

　　　　㉮ 소득세법을 적용받는 가업 : 가업에 직접 사용되는 토지, 건축물, 기계장치 등 사업용 자산

　　　　㉯ 법인세법을 적용받는 가업 : 가업에 해당하는 법인의 사업에 직접 사용되는 사업용 고정자산(사업무관자산은 제외한다)

　　㉡ 처분비율 : 가업용 자산의 처분비율은 다음의 산식에 의한다(상증세법 시행령 제15조 제10항). 이 경우 법 제18조의 2 제5항 제1호에 해당(해당 가업용 자산의 40% 이상을 처분)하여 상속세를 부과한 후 재차 같은 호에 해당하여 상속세를 부과하는 경우에는 종전에 처분한 자산의 가액을 제외하고 계산한다.

$$\text{가업용 자산의 처분비율} = \frac{\text{가업용 자산 중 처분(사업에 사용하지 아니하고 임대하는 경우 포함)한 자산의 상속개시일 현재의 가액}}{\text{상속개시일 현재 가업용 자산의 가액}}$$

• [임대건물 부속토지] 한편 가업용 자산인 토지 위에 건물을 신축하여 그 일부를 임대하는 경우, 건물 신축에 사용된 면적의 상속개시일 현재 토지의 가액에 신축건물의 연면적에서 임대면적이 차지하는 비율을 곱하여 계산한 금액을 처분한 자산으로 본다(재산-163, 2011. 3. 30.).

---

354) 2023. 1. 1. 이후 상속이 개시되는 분부터 적용한다.

355) 2021. 3. 16. 시행규칙 개정시 국세환급가산금의 이율을 연 1.8%에서 연 1.2%로 인하하였으며, 동 개정 규정은 2021. 3. 16. 이후 기간분에 대하여 적용

② 해당 상속인이 가업에 종사하지 아니하게 된 경우

해당 상속인이 가업에 종사하지 아니하게 된 경우에는 다음의 어느 하나에 해당하는 경우를 포함한다(상증세법 시행령 제15조 제11항).

㉮ 상속인(상속인의 배우자가 공제요건을 모두 갖춘 경우에는 상속인의 배우자)이 대표이사 등으로 종사하지 아니하는 경우

만약 상속세과세표준 신고기한까지 공동대표이사로 취임하여 가업에 종사하다가 대표이사직을 사임하고 다른 직책으로 계속 가업에 종사하다 상속일부터 2년 이내에 대표이사에 다시 취임하는 경우에도 적용된다(재산-707, 2010. 9. 27. 참조).

㉯ 가업의 주된 업종을 변경하는 경우

이때 주된 업종이 변경되었더라도 통계청장이 작성·고시하는 한국표준산업분류상의 중분류 내에서 업종을 변경(별표에 따른 업종으로 변경하는 경우로 한정)하는 경우 또는 평가심의위원회의 심의를 거쳐 업종의 변경을 승인하는 경우에는 상속세가 추징되지 않는다. 종전에는 세세분류 내의 변경만을 허용했으나, 이를 세분류 내 업종의 변경까지 허용범위를 확대하고[356] 2016. 2. 5. 개정에서는 소분류 내의 변경으로서 매출액 기준을 충족하는 경우까지로 넓힘으로써 사후관리 요건을 완화하였다.[357] 그리고 2020. 2. 11. 개정에서는 중분류 내의 변경까지로 추가 확대하였으며, 전문가위원회 심의를 거쳐 중분류 외의 변경도 허용하였다.[358]

그런데 2개의 서로 다른 사업을 영위하는 중소기업의 주식을 상속받은 후 사업별 수입금액이 작은 사업부문을 물적 분할한 경우에는 주된 업종을 변경한 경우에 해당하지 아니하고(재산-92, 2011. 2. 23.), 주된 업종이 그대로 유지되는 한 농업회사법인으로 전환한 사실만으로는 상속세가 추징되는 것이 아니다(재산-596, 2011. 12. 20.).

같은 맥락에서 개인기업체를 상속받아 가업상속공제를 받은 상속인이 가업상속재산을 현물출자 또는 포괄양수도방법으로 법인전환한 경우, 주된 업종이 그대로 유지되는 한 상속세 추징사유에 해당하지 않는다(재재산-1563, 2007. 12. 31.).

---

356) 2014. 1. 1. 이후 업종 변경분부터 적용
357) 2016. 2. 5. 이후 업종 변경분부터 적용
358) 2020. 2. 11. 이후 업종 변경분부터 적용

㉺ 해당 가업을 1년 이상 휴업(실적이 없는 경우 포함)하거나 폐업하는 경우

여기에서 '실적'의 의미는 문언 그대로 영업활동과 직접 관련된 매출실적, 매입실적, 손익실적 등을 참작하여 해당 가업의 '사업실적'이 있는지 여부를 판단하여야 할 것이고, 법적 근거 없이 '매출실적'으로만 한정하여 축소해석할 경우 가업상속공제제도 본래의 취지와 다르게 통상적인 영업활동을 하는 중소기업 등이 리모델링 공사 등 특수한 사정에 의해 일정 기간 매출실적이 없는 경우에도 가업상속공제를 받을 수 없게 되는 불합리한 결과가 초래될 수 있는 점 등에 비추어 이를 '가업을 1년 이상 휴업(실적이 없는 경우 포함)하는 경우'로 보기는 어렵다 하겠다(조심 2018서0804, 2018. 7. 24.).

③ 주식 등을 상속받은 상속인의 지분이 감소된 경우

위에서 '상속인의 지분이 감소된 경우'란 다음의 어느 하나에 해당하는 경우를 포함하며(상증세법 시행령 제15조 제12항), 가업상속되는 기업이 법인인 경우에만 해당된다.

뿐만 아니라 지분의 감소에는 지분율이 감소하지 않더라도 지분의 크기가 감소하는 유상감자도 포함된다(재산-16, 2011. 1. 7.).

㉮ 상속인이 상속받은 주식 등을 처분하는 경우

㉯ 해당 법인이 유상증자할 때 상속인의 실권 등으로 지분율이 감소되는 경우

㉰ 상속인의 특수관계인이 주식 등을 처분하거나 유상증자할 때 실권 등으로 상속인이 최대주주 등에 해당되지 아니하게 되는 경우

④ 다음 ㉠ 및 ㉡에 모두 해당하는 경우

㉠ 상속개시일부터 5년간 정규직 근로자(근로기준법에 따라 계약을 체결한 근로자를 말한다) 수의 전체 평균이 상속개시일이 속하는 소득세 과세기간 또는 법인세 사업연도의 직전 2개 소득세 과세기간 또는 법인세 사업연도의 정규직 근로자 수 평균(기준고용인원)의 100분의 90에 미달하는 경우

㉡ 상속개시일부터 5년간 총급여액(정규직 근로자[359]에게 지급한 근로소득의 합계액을 말한다)의 전체 평균이 상속개시일이 속하는 소득세 과세기간 또는 법인세 사업연도의 직전 2개 소득세 과세기간 또는 법인세 사업연도의 총급여액의 평균(기준총급여액)의 100분의 90에 미달하는 경우

이 때 정규직 근로자 수의 평균은 각 소득세 과세기간 또는 법인세 사업연도

---

[359] 이 경우 조세특례제한법 시행령 제26조의 4 제2항 제3호에 해당하는 최대주주 또는 최대출자자(개인사업자의 경우에는 대표자) 및 그와 국세기본법 시행령 제1조의 2 제1항에 따른 친족관계인 근로자는 제외하되, 기준 고용인원 산정기간에 같은 호에 해당되는 사람만 있을 경우에는 포함한다.

의 매월 말일 현재의 정규직 근로자 수를 합하여 해당 소득세 과세기간 또는 법인세 사업연도의 월수로 나누어 계산한다[360](상증세법 시행령 제15조 제17항).

이 때 가업에 해당하는 법인이 분할하거나 다른 법인을 합병하는 경우 정규직 근로자 수 및 총급여액은 다음에 따라 계산한다[361](상증세법 시행령 제15조 제18항).

㉮ 분할에 따라 가업에 해당하는 법인의 정규직 근로자의 일부가 다른 법인으로 승계되어 근무하는 경우 그 정규직 근로자는 분할 후에도 가업에 해당하는 법인의 정규직 근로자로 본다.

㉯ 합병에 따라 다른 법인의 정규직 근로자가 가업에 해당하는 법인에 승계되어 근무하는 경우 그 정규직 근로자는 상속이 개시되기 전부터 가업에 해당하는 법인의 정규직 근로자였던 것으로 본다.

사후관리 요건을 위반(위 ① 내지 ④)하거나 가업상속공제를 받은 후에 상속인에 대한 형이 확정된 경우 상속인은 위반 사유에 해당하게 되는 날이 속하는 달의 말일(소득세 과세기간 또는 상속인에 대한 형이 확정된 날이 속하는 달의 말일)부터 6개월 이내에 납세지 관할 세무서장에게 신고하고 해당 상속세와 이자상당액을 납세지 관할 세무서, 한국은행 또는 체신관서에 납부하여야 한다. 다만, 신고·납부 이전에 이미 상속세와 이자상당액이 부과되어 이를 납부한 경우에는 제외한다(상증세법 제18조의 2 제9항).[362] 이에 따라 상속세와 이자상당액을 신고하는 때에는 기획재정부령으로 정하는 가업상속공제 사후관리추징사유 신고 및 자진납부 계산서를 납세지 관할 세무서장에게 제출하여야 한다(상증세법 시행령 제15조 제23항).

☐ 2023. 1. 1. 전에 상속이 개시된 경우의 사후관리

2023. 1. 1. 전에 상속이 개시된 경우의 가업상속공제에 관하여는 상증세법 제18조의 2 개정규정에도 불구하고 종전의 상증세법 제18조에 따르는 것이나, 2023. 1. 1. 전에 상속이 개시된 경우라 하더라도 다음의 요건을 모두 충족하는 상속인("사후관리를 받고 있는 상속인") 및 2023. 1. 1 전에 상속에 개시된 경우로서 2023. 1. 1. 이후 가업상속공제를 받는 상속인의 경우에는 개정 후의 사후관리 규정을 적용한다(부칙 2022. 12. 31. 법률 제19195호 제7조 제1항 및 제2항).

① 이 법 시행 전에 종전의 제18조 제2항 제1호에 따른 가업상속공제를 받았을 것

---

360) 2020. 2. 11. 이후 상속이 개시되는 분부터 적용한다.
361) 2019. 2. 12. 이후 합병·분할하는 분부터 적용한다.
362) 2018. 1. 1. 이후 사후관리 요건을 위반하는 분부터 적용한다.

② 이 법 시행 당시 종전의 제18조 제6항 각 호 외의 부분 전단, 같은 항 제1호 마목 및 같은 조 제9항 각 호 외의 부분에 따른 사후관리 기간이 경과하지 아니하였을 것

③ 이 법 시행 전에 종전의 제18조 제6항 및 같은 조 제9항 제2호에 따른 상속세 및 이자상당액이 부과되지 아니하였을 것

또한, 종전의 제18조 제6항 제1호 마목을 적용하는 것이 제18조의 2 제5항 제4호의 개정규정을 적용하는 것보다 사후관리를 받고 있는 상속인에게 유리한 경우에는 종전의 제18조 제6항 제1호 마목을 적용한다(부칙 (2022. 12. 31. 법률 제19195호) 제7조 제3항).

▌2023. 1. 1. 전후 가업상속공제 사후관리 비교 ▌

구 분	종 전	개 정 (2023. 1. 1. 이후)
사후관리 기간	7년	5년
자산유지 요건	가업용 자산의 20%(5년 이내 10%) 이상 처분 제한	20%(5년 이내 10%) → 40%
고용유지 요건	<①&②를 유지해야 함> ① (매년)정규직 근로자 수 80% 이상 또는 총급여액 80% 이상 ② (7년 평균)정규직 근로자 수 100% 이상 또는 총급여액 100% 이상	<고용유지 요건 완화> ① <삭 제> ② (5년 평균)100% → 90%
기간별 추징률	사후관리 위반 시 기간별 추징률 ① 5년 미만 : 100% ② 5년 이상 7년 미만 : 80%	사후관리기간 단축(7년→5년) ① <좌 동> ② <삭 제>

□ **사후관리 위반 기간에 따른 차등 추징**(상증세법 시행령 제15조 제15항)

2023. 1. 1. 이후 상속이 개시된 분부터는 기간별 추징률(5년 미만 100%, 5년 이상~7년 미만 80%)은 적용하지 아니하고 일률적으로 100분의 100의 추징률을 적용하는 것이나, 그 이전에 상속이 개시된 경우에는 사후관리 위반 기간에 따른 기간별 추징률을 적용한다.

상속개시일부터 사후관리 요건을 위반한 날까지의 기간을 고려하여 과세가액에 산입하는 금액을 조정하여 사후관리 요건을 장기간 유지한 기업에 대한 상속세 부담을 낮추도록 합리화하였다.[363] 사후관리 요건 중 자산 유지 의무 위반 시에는 이러

---

363) 2014. 1. 1. 이후 개시하는 과세기간 또는 사업연도 분의 사후관리 요건을 위반하는 분부터 적용한다.

한 기간별 차등화 외에 자산처분비율에 따른 차등 추징이 추가적으로 고려된다.[364]

- [**위반기간**] 위반한 사후관리 요건에 따라 다음의 기간(1년 미만의 기간은 1년)
  - 사업용 자산, 가업 종사, 상속인 지분 요건에 해당하는 경우 : 상속개시일부터 해당일까지의 기간
  - 기준고용인원 및 기준총급여액 80% 요건에 해당하는 경우 : 상속이 개시된 소득세 과세기간 또는 법인세 사업연도의 말일부터 해당일까지의 기간
  - 기준고용인원 및 기준총급여액 7년 평균 요건에 해당하는 경우 : 상속이 개시된 소득세 과세기간 또는 법인세 사업연도의 말일부터 각 소득세 과세기간 또는 법인세 사업연도의 말일까지 각각 누적하여 계산한 정규직 근로자 수의 전체 평균 또는 같은 방식으로 계산한 총급여액의 전체 평균이 기준고용인원 또는 기준총급여액 이상을 충족한 기간 중 가장 긴 기간

- [**위반기간에 따른 "기간별 추징률"**][365]

위반기간	세액 추징률
5년 미만	100%
5년 이상 7년 미만	80%

- [**이자상당액 가산, 가산세 배제**] 가업승계에 대한 증여세 과세특례(조특법 제30조의 6)에서와는 달리 가업상속공제를 받은 후 사후관리 요건에 위배되어 상속세를 부과하는 경우에도 별도의 이자상당액을 납부하는 규정이 없었으나, 2017. 2. 7. 개정을 통해 이자상당액 가산 규정을 신설하였다. 그러나 과소신고 및 납부불성실 가산세는 부과하지 않는다(징세-1184, 2010. 12. 29.).

- [**사후관리기간 계산**] 그리고 가업상속의 사후관리기간의 계산에 있어서 정당한 사유[아래 (8)]로 인하여 직접 가업에 종사하지 못하게 된 기간은 제외한다(상증세법 기본통칙 18-0…3 제1항).

- [**사후관리기간 내에 중소기업의 범위를 벗어난 경우**] 그런데 가업상속공제를 적용받은 후 10년 안에 중소기업의 범위를 벗어난 경우에는 그 공제를 계속하여 인정할 수 있는지의 여부가 문제될 수 있으나, 가업상속공제의 사후요건에는 기업범위의 요건에 대하여 규정하지 않고 있으므로, 엄격해석의 원칙상 당연히 그 공제가 인정된다고 해석하여야 한다.

---

364) 2019. 1. 1. 이후 자산을 처분하는 분부터 적용한다.

365) 2020. 2. 11. 이후부터 2023. 1. 1. 이전에 상속이 개시되는 분부터 적용한다. 경과규정에 따라 2020. 2. 11. 이전에 상속이 개시된 경우에 대해서는 개정규정에도 불구하고 종전의 규정에 따른다.

| 고용유지(확대) 요건의 사후관리 개정 연혁 |

시행시기	사후관리 요건
2011. 1. 1. 이후	중견기업의 경우에는 상속이 개시된 사업연도 말부터 10년간 각 사업연도 말 기준 정규직 근로자 수의 평균이 상속이 개시된 사업연도의 직전 사업연도 말 정규직 근로자 수의 100분의 120에 미달하는 경우
2012. 1. 1. 이후	상속이 개시된 사업연도 말부터 10년간 각 사업연도 말 기준 정규직 근로자 수의 평균이 상속이 개시된 사업연도의 직전 사업연도 말 정규직 근로자 수의 100분의 100에 미달하는 경우. 다만 중견기업의 경우에는 100분의 120에 미달하는 경우
2014. 1. 1. 이후	• 각 사업연도의 정규직 근로자 수의 평균이 상속이 개시된 사업연도의 직전 2개 사업연도의 정규직 근로자 수의 평균의 100분의 80에 미달하는 경우 • 상속이 개시된 사업연도 말부터 10년간 정규직 근로자 수의 전체 평균이 상속이 개시된 사업연도의 직전 2개 사업연도의 기준고용인원의 100분의 100(규모의 확대 등으로 중소기업에 해당하지 아니하게 된 기업의 경우에는 100분의 120)에 미달하는 경우
2017. 1. 1. 이후	• 각 소득세 과세기간 또는 법인세 사업연도의 정규직 근로자 수의 평균이 상속이 개시된 소득세 과세기간 또는 법인세 사업연도의 직전 2개 소득세 과세기간 또는 법인세 사업연도의 정규직 근로자 수의 평균의 100분의 80에 미달하는 경우 • 상속이 개시된 소득세 과세기간 말 또는 법인세 사업연도 말부터 10년간 정규직 근로자 수의 전체 평균이 기준고용인원의 100분의 100(중견기업의 경우에는 100분의 120)에 미달하는 경우
2020. 1. 1. 이후	• 기준고용인원 및 기준총급여액 80% 요건(① 및 ②에 모두 해당) ① 각 소득세 과세기간 또는 법인세 사업연도의 대통령령으로 정하는 정규직 근로자 수의 평균이 상속이 개시된 소득세 과세기간 또는 법인세 사업연도의 직전 2개 소득세 과세기간 또는 법인세 사업연도의 기준고용인원의 100분의 80에 미달하는 경우 ② 각 소득세 과세기간 또는 법인세 사업연도의 대통령령으로 정하는 총급여액이 상속이 개시된 소득세 과세기간 또는 법인세 사업연도의 직전 2개 소득세 과세기간 또는 법인세 사업연도의 기준총급여액의 100분의 80에 미달하는 경우 • 기준고용인원 및 기준총급여액 7년 평균 요건(① 및 ②에 모두 해당) ① 상속이 개시된 소득세 과세기간 말 또는 법인세 사업연도 말부터 7년간 정규직 근로자 수의 전체 평균이 기준고용인원에 미달하는 경우 ② 상속이 개시된 소득세 과세기간 말 또는 법인세 사업연도 말부터 7년간 총급여액의 전체 평균이 기준총급여액에 미달하는 경우

시행시기	사후관리 요건
2023. 1. 1. 이후	• 기준고용인원 및 기준총급여액 5년 평균 요건(① 및 ②에 모두 해당) ① 상속개시일부터 5년간 대통령령으로 정하는 정규직 근로자 수의 전체 평균이 상속개시일이 속하는 소득세 과세기간 또는 법인세 사업연도의 직전 2개 소득세 과세기간 또는 법인세 사업연도의 정규직 근로자 수의 평균의 100분의 90에 미달하는 경우 ② 상속개시일부터 5년간 대통령령으로 정하는 총급여액의 전체 평균이 상속개시일이 속하는 소득세 과세기간 또는 법인세 사업연도의 직전 2개 소득세 과세기간 또는 법인세 사업연도의 총급여액의 평균의 100분의 90에 미달하는 경우

(8) 사후관리 예외 : 추징 제외

그렇더라도 가업상속공제를 적용받은 상속인에게 다음과 같은 정당한 사유가 있는 경우에는 위의 (7)의 사후관리 규정을 위반한 것이 아니므로 그 공제받은 세액을 추징하지 아니한다(상증세법 시행령 제15조 제8항 및 상증세법 시행규칙 제6조).

이러한 정당한 사유는 상증세법 시행령 제15조 제8항의 조문의 구성을 보면 여기에 열거된 사유에 한정되지 않고 그 외의 사유로서 이에 준하는 것들도 포함한다고 해석된다.

① 해당 가업용 자산의 40% 이상[366]을 처분한 것에 정당한 사유가 있는 경우

㉮ 가업용 자산이 공익사업을 위한 토지 등의 취득 및 보상에 관한 법률, 그 밖의 법률에 따라 수용 또는 협의 매수되거나 국가 또는 지방자치단체에 양도되거나 시설의 개체, 사업장 이전 등으로 처분되는 경우. 다만, 처분자산과 같은 종류의 자산을 대체 취득하여 가업에 계속 사용하는 경우에 한하는데, 이는 처분자산 양도가액 이상의 금액에 상당하는 같은 종류의 자산을 취득하여 가업에 계속 사용하는 경우를 말한다(재산-140, 2011. 3. 17.). 그 실질의 측면에서 타당하다.

㉯ 가업용 자산을 국가 또는 지방자치단체에 증여하는 경우. 이는 비과세되는 상속재산으로서 비과세의 목적달성을 위해 추징에서 제외한다(상증세법 제12조).

㉰ 가업상속받은 상속인이 사망한 경우. 따라서 사망한 자의 상속인이 당초 상속인의 지위를 승계하여 가업에 종사할 것을 요구하지 않는다.

한편 가업상속공제를 받은 상속인이 상속개시일부터 10년 미만의 기간 내에 사망하여 당해 사망한 상속인의 자녀가 가업상속공제를 받은 가업을 재상속받

---

366) 2023. 1. 1. 이전 상속개시 분의 경우에는 20%(상속개시일부터 5년 이내에는 10%) 이상

은 경우에는(당초 가업상속공제가 추징되지는 않으나, 대상가업요건 미충족으로) 그 자녀는 (새로운)가업상속공제를 받을 수 없다(재산-712, 2009. 4. 8.).

㉣ 합병 · 분할, 통합, 개인사업의 법인전환 등 조직변경으로 인하여 자산의 소유권이 이전되는 경우. 다만, 조직변경 이전의 업종과 같은 업종을 영위하는 경우로서 이전된 가업용 자산을 그 사업에 계속 사용하는 경우에 한한다. 그 실질에 의할 때 사업의 계속이므로 타당하다.

㉤ 내용연수가 지난 가업용 자산을 처분하는 경우

㉥ 가업의 주된 업종 변경과 관련하여 자산을 처분하는 경우로서 변경된 업종을 가업으로 영위하기 위하여 자산을 대체취득하여 가업에 계속 사용하는 경우

㉦ 가업용 자산의 처분금액을 「조세특례제한법」 제10조에 따른 연구 · 인력개발비로 사용하는 경우

② 해당 상속인이 가업에 종사하지 아니하게 된 것에 정당한 사유가 있는 경우

㉮ 가업상속받은 상속인이 사망한 경우. 따라서 사망한 자의 상속인이 당초 상속인의 지위를 승계하여 가업에 종사할 것을 요구하지 않는다.

한편 가업상속공제를 받은 상속인이 상속개시일부터 10년 미만의 기간 내에 사망하여 당해 사망한 상속인의 자녀가 가업상속공제를 받은 가업을 재상속받은 경우에는 그 자녀는 가업상속공제를 받을 수 없다(재산-712, 2009. 4. 8.).

㉯ 가업상속재산을 국가 또는 지방자치단체에 증여하는 경우. 이는 비과세되는 상속재산으로서 비과세의 목적달성을 위해 추징에서 제외한다(상증세법 제12조).

㉰ 상속인이 법률의 규정에 의한 병역의무의 이행, 질병의 요양, 취학상 형편 등으로 가업에 직접 종사할 수 없는 사유(부득이한 사유)가 있는 경우(상증세법 시행규칙 제6조).

• '부득이한 사유'를 판단함에 있어서는 그 공제의 입법취지를 충분히 고려하면서 병역의무의 이행, 질병의 요양, 취학상 형편 외에도 이에 준하는 불가항력적 사유 내지 상속인과는 무관한 외부적 요인으로 가업에 직접 종사할 수 없는 사유가 있는 경우임이 인정되어야 할 것(조심 2018서0804, 2018. 7. 24. ; 대구지방법원 2017. 12. 12. 선고, 2017구합2327 판결)이다.

• 다만, 가업상속받은 재산을 처분하거나 그 부득이한 사유가 종료된 후 가업에 종사하지 아니하는 경우를 제외한다(상증세법 시행규칙 제6조).

• 군복무를 마치고 다시 입사한 경우 재입사 전 가업에 종사한 기간을 포함하여 사후관리기간을 계산한다(재산-741, 2010. 10. 11.).

- 그러므로 이민신청은 부득이한 사유에 해당하지 않지만, 상속인이 거주자에 해당하고 계속하여 가업에 종사하는 것으로 확인되는 경우에는 추징되지 않는다(재산-543, 2011. 11. 22. 참조).

③ 주식 등을 상속받은 상속인의 지분이 감소된 것에 정당한 사유가 있는 경우 그 정당한 사유는 아래와 같으며, 가업승계되는 기업이 법인인 경우에만 해당된다.

㉮ 상증세법 제73조에 따라 상속받은 주식 등의 물납으로 인하여 지분이 감소된 경우(상증세법 제18조의 2 제5항 제3호 단서).[367] 다만, 이 경우에도 상속인은 상증세법 제22조 제2항에 따른 최대주주 또는 최대출자자에 해당하여야 한다. 이는 비상장주식만 상속받은 경우에는 주식의 상속세 납부로 인한 지분감소가 발생하므로 최대주주지분이 유지되는 경우에는 추징 예외사유로 인정하는 것이다.

㉯ 합병·분할 등 조직변경에 따라 주식 등을 처분하는 경우. 다만, 처분 후에도 상속인이 합병법인 또는 분할신설법인 등 조직변경에 따른 법인의 최대주주 등에 해당하는 경우에 한한다.

㉰ 해당 법인의 사업확장 등에 따라 유상증자할 때 상속인과 특수관계인 외의 자에게 주식 등을 배정함에 따라 상속인의 지분율이 낮아지는 경우[전환사채를 발행하고 전환사채 인수인의 권리 행사로 상속인의 지분율이 낮아지는 경우 포함(서면-2018-법령해석재산-2115, 2018. 10. 12.)]. 다만, 상속인이 최대주주 등에 해당하는 경우에 한한다.

㉱ 상속인이 사망한 경우. 다만, 사망한 자의 상속인이 당초 상속인의 지위를 승계하여 가업에 종사하는 경우에 한한다(앞의 ① ㉯·② ㉮와 달리 가업을 계속 영위하고자 할 때 사망한 상속인이 받았던 가업상속공제는 인정된다는 것이다).

그렇지만 가업상속공제를 받은 상속인이 상속개시일부터 10년 미만의 기간 내에 사망하여 당해 사망한 상속인의 자녀가 가업상속공제를 받은 가업을 재상속받은 경우에는 그 자녀는 가업상속공제를 받을 수 없다(재산-712, 2009. 4. 8.).

㉲ 주식 등을 국가 또는 지방자치단체에 증여하는 경우. 이는 비과세되는 상속재산으로서 비과세의 목적달성을 위해 추징에서 제외한다(상증세법 제12조).

㉳ 기업공개 요건(「자본시장과 금융투자업에 관한 법률」 제390조에 따른 상장규정) 충족을 위한 지분감소의 경우(상증세법 시행령 제15조 제8항 제3호 마목).[368] 다만, 상속인이 최대주주 등에 해당하는 경우에 한정한다.

---

367) 2009. 1. 1. 이후 상속개시분부터 적용한다.
368) 2014. 1. 1. 이후 지분 감소분부터 적용한다.

- **[지분분산 요건]** '일반주주가 500명(코스닥의 경우 소액주주가 500명) 이상이고, 지분율 합계는 25% 이상일 것'이라는 기업공개를 위한 지분분산 요건 충족을 위해 지분이 감소하는 경우에는 추징이 배제된다.
- **[유류분 반환시]** 그런데 공동상속인의 유류분반환청구에 의해 주식 등을 상속받은 상속인의 지분이 감소되는 경우는 개정을 통해 상속인 1인 전부 단독상속의 예외가 인정[369]되므로 추징이 배제되는 정당한 사유에 해당한다. 그러므로 가업승계와 유류분권의 충돌로 인해 상속세가 추징되는 문제가 발생하지 않는다.

㉔ 주주 또는 출자자의 주식 및 출자지분의 비율에 따라서 무상으로 균등하게 감자하는 경우.[370] 지분 감소가 없는 균등 무상감자에 대해 가업상속공제 관련 상속세 추징에 대한 예외를 허용함으로써 가업상속 후 원활한 가업유지를 지원하기 위한 것이다.

㉕ 「채무자 회생 및 파산에 관한 법률」에 따른 법원의 결정에 따라 무상으로 감자하거나 채무를 출자전환하는 경우.[371] 회생계획인가 결정에 따른 무상감자 · 출자전환에 대해 가업상속공제 관련 상속세 추징에 대한 예외를 허용함으로써 가업상속 후 원활한 가업유지를 지원하기 위한 것이다.

(9) 탈세 · 회계 부정 기업인의 가업상속 혜택 배제

피상속인 또는 상속인이 가업의 경영과 관련하여 조세포탈 또는 회계 부정행위로 형사처벌을 받은 경우 가업상속공제의 혜택을 배제한다(상증세법 제18조의 2 제8항).[372] 상속세과세표준과 세율의 결정이 있기 전에 피상속인 또는 상속인에 대한 형이 확정된 경우 가업상속공제가 적용되지 않으며, 가업상속공제를 받은 후에 상속인에 대한 형이 확정된 경우에는 이미 공제받은 금액을 상속개시 당시의 상속세 과세가액에 산입하여 상속세를 부과한다. 이 경우 대통령령으로 정하는 바에 따라 계산한 이자 상당액을 그 부과하는 상속세에 가산한다(상증세법 시행령 제15조 제16항, 국기법 시행규칙 제19조의 3).

이 규정은 가업상속공제 관련 기업인의 성실경영책임을 강화한다는 취지로 2019.

---

369) 2014. 1. 1. 이후 상속개시하는 분부터 적용한다.
370) 2019. 2. 12. 이후 감자하는 분부터 적용한다.
371) 2019. 2. 12. 이후 감자 · 출자전환하는 분부터 적용한다.
372) 2020. 1. 1. 이후 탈세 · 회계 부정행위를 하는 경우로서 2020. 1. 1. 이후 상속이 개시되어 공제받는 분부터 적용한다.

12. 31. 개정시 도입되었으며, 구체적인 요건은 다음과 같다.

① **범죄행위** : 상속대상 기업의 경영과 관련한 조세포탈 또는 회계부정이어야 한다.

② **행위시기** : 상속개시일 전 10년 이내 또는 상속개시일부터 5년[373] 이내 기간 중의 조세포탈·회계 부정행위로 한정한다.

③ **처벌대상자** : 피상속인 또는 상속인

④ **처벌 수준** : 징역형 또는 일정 기준 이상의 벌금형을 선고받고 그 형이 확정된 경우이어야 한다.

이때 벌금형의 기준은 조세포탈 행위는 포탈세액이 3억 원 이상이고 포탈세액 등이 납부하여야 할 세액의 30% 이상인 경우 또는 포탈세액이 5억 원 이상인 경우이고, 회계 부정행위는 재무제표상 변경금액이 자산총액의 5% 이상인 경우로 한정한다(상증세법 시행령 제15조 제19항).

조세포탈 또는 회계 부정행위의 시기 및 형 확정 시기에 따른 가업상속공제 혜택 배제의 효과는 다음과 같다.

┃ 행위 및 처벌 시기별 가업상속공제 혜택 배제의 효과 ┃

행위 시기	형 확정 시기	효 과
공제 전 행위	가업상속공제 전	공제 배제
	가업상속공제 후	추징
사후관리 기간 중 행위	사후관리 기간 중	추징
	사후관리 기간 이후	추징

(10) 조특법 제30조의 6의 가업의 승계에 대한 증여세 과세특례와의 관계

가업의 승계에 대한 증여세 특례대상인 주식 등을 증여받은 후 상속이 개시되는 경우(증여일부터 상속개시일까지의 기간과 관계없이 상속세 과세가액에 가산하되) 상속개시일 현재 다음의 요건을 모두 갖춘 경우에는 상증세법 제18조의 2 제1항에 따른 가업상속공제를 적용한다(조특법 시행령 제27조의 6 제9항).[374]

이때 가업상속공제는 증여세 과세특례를 적용받은 수증자 1인에 대하여만 적용하는 것이다.

---

373) 2023. 1. 1. 이후 상속이 개시되는 분부터 적용하며, 그 이전에 상속이 개시된 경우에는 종전 규정에 따라 7년

374) 종전 '상증세법 시행령 제15조 제1항에 따른 중소기업(가업상속공제대상 중소기업)에 해당할 것'이라는 요건은 삭제되었으며, 이는 2011. 1. 1. 이후 상속이 개시되는 분부터 적용한다.

- [사전증여 일반재산] 사전에 가업승계 증여세특례 적용재산은 대상가업요건 충족 시 가업상속공제가 가능하지만, 사전에 일반증여한 경우에는 상속개시일 현재 피상속인이 계속하여 경영한 사업이 아니므로 가업상속공제대상에 해당하지 않는다 (재산-496, 2011. 10. 19.).

  ① 「상속세 및 증여세법」 제18조의 2 제1항 각 호 외의 부분 전단에 따른 가업에 해당할 것. 즉 가업승계되는 기업은 오직 법인기업만 해당되고, 최대주주 등의 요건을 모두 충족하여야 한다. 이 때 가업승계에 따라 피상속인이 보유한 가업의 주식 등의 전부를 증여하여 최대주주 등이 아니게 된 경우에는 상속인이 증여받은 주식 등을 상속개시일 현재까지 피상속인이 보유한 것으로 보아 최대주주 요건을 적용한다(조특법 시행령 제27조의 6 제9항 제1호 괄호).³⁷⁵⁾ 다만, 상증세법 시행령 제15조 제3항 제1호 나목(위 (2)의 피상속인 요건 중 대표이사 재직 요건)은 적용하지 아니한다. 즉 증여자(피상속인)의 대표이사 50% 이상 또는 상속개시일부터 소급하여 10년 중 5년 또는 가업기간 중 10년 이상의 기간(상속인이 피상속인의 대표이사 등의 직을 승계하여 승계한 날부터 상속개시일까지 계속 재직한 경우로 한정한다)의 재직기간요건은 적용하지 아니한다(조특법 시행령 제27조의 6 제9항 제1호 단서, 재재산-547, 2009. 3. 20.). 이는 가업의 사전승계시에는 피승계인인 증여자의 대표재직기간 요건이 불필요하고 이미 가업의 사전승계가 피상속인(증여자)과 상속인(수증자) 사이에 정당하게 이루어졌으므로 가업상속공제제도의 취지상 굳이 피상속인 요건을 요구할 필요가 없다는 판단에 따른 것이다.

  ② 수증자가 증여받은 주식 등을 처분하거나 지분율이 낮아지지 아니한 경우로서 가업에 종사하거나 대표이사(승계받은 후 5년 이상일 때)로 재직하고 있을 것 그리고 수증자가 가업을 승계받기 전 보유한 기존주식을 처분한 후에도 최대주주 등에 해당하는 경우에는 이 요건을 충족하는 것으로 본다(재산-594, 2010. 8. 16.).

  이때 그 구체적인 내용은 앞서 살펴 본 추징사유에 비추어 판단하여야 할 것이다.

(11) 소득세법 제97조의 2 제4항 단서【양도소득의 필요경비 계산 특례】와의 관계

2014. 1. 1. 신설된 소득세법 제97조의 2에서는 "가업상속공제"가 적용된 자산의 양도차익을 계산할 때 양도가액에서 공제할 필요경비 중 취득가액은 다음 각 호의 금

---

375) 2020. 2. 18. 이후 상속받는 분부터 적용한다.

액을 합한 금액으로 하도록 하고 있다.

1. 피상속인의 취득가액("승계취득가액"이라 한다) × 해당 자산가액 중 가업상속공제가 적용된 비율("가업상속공제적용률")

2. 상속개시일 현재 해당 자산가액 × (1－가업상속공제적용률)

이는 가업상속공제를 받음으로써 상속세도 부담하지 않는 자가 피상속인의 자본이 득(상속개시일의 가액－피상속인 취득가액)에 대해서까지 양도소득세를 부담하지 않게 되는 조세회피로를 차단하기 위한 조치로 해석된다.

그런데 상증세법 제18조의 2 제5항 또는 제8항 제2호에 따라 가업상속공제가 추징되어 상속세를 부과하게 되면 위의 취득가액 계산특례가 그 의미를 잃게 되나 이미 신고된 소득세를 수정하지 않고 대신 상속세 추징시점에서 조정하도록 하였다.

이에 따라 「소득세법」 제97조의 2 제4항에 따라 납부하였거나 납부할 양도소득세가 있는 경우에는 아래에 따라 계산한 양도소득세 상당액(상증세법 시행령 제15조 제21항)을 상속세 산출세액에서 공제한다. 다만, 공제한 해당 금액이 음수(陰數)인 경우에는 영으로 본다(상증세법 제18조 제11항).[376]

> 양도소득세 상당액 = [소득세법 제97조의 2 제4항 단서를 적용하여 계산한 양도소득
> 세액 － 그 단서를 적용하지 않고 계산한 원칙적 양도소득세액]

(12) 다른 규정과의 동시 적용 여부

가업상속공제를 받는 경우에는 상증세법 제72조의 2에 따른 가업상속에 대한 상속세 납부유예를 적용받을 수 없다(상증세법 제72조의 2 제1항 제2호).

또한 동일한 상속재산에 대한 가업상속공제(상증세법 제18조의 2)와 영농상속공제(상증세법 제18조의 3)는 동시에 적용하지 아니한다(상증세법 제18조의 4).

2) 영농상속공제

이해의 맥

영농상속공제는 가업 중 영농가업의 승계에 대한 「우대조치」로서, "영농재산 전부를 오직 영농상속인(공동도 가능)만"이 상속받아야 하며, 엄격한 「사후관리」를 필요로 한다.

---

376) 2014. 1. 1. 이후 개시하는 과세기간 또는 사업연도분부터 적용한다.

(1) 의의

피상속인이 영농(양축 · 영어 및 영림을 포함)에 종사해 오던 중 사망하게 되더라도 상속인이 계속 영농에 종사하도록 함으로써 농민 등의 경제활동을 지원하고 농지 등의 보존을 지원하기 위해, 일정한 요건[아래 (2)]에 해당하는 경우 일정한 가액[아래 (3)]의 영농상속공제를 적용한다.

이러한 제도의 취지상 상속개시일 전 상속인에게 증여한 농지 등으로서 상속재산가액에 포함되는 경우(증여세가 면제되는 영농자녀가 증여받은 농지 등은 제외)에는 당해 농지 등은 영농상속공제를 적용받을 수 없다(상증세법 집행기준 18-16-7 ; 감심 2002-55, 2002. 4. 9.).

(2) 공제요건

아래의 요건을 모두 충족하는 경우 영농상속공제를 적용한다.

① **영농재산 요건** : 영농상속공제의 대상이 되는 재산(이하 "영농상속재산"이라 한다)은 상속재산 중 다음의 어느 하나에 해당하는 재산을 말한다(상증세법 시행령 제16조 제5항).

㉠ 소득세법을 적용받는 영농 : 다음 각 목의 어느 하나에 해당하는 상속재산으로서 피상속인이 상속개시일 2년 전부터 영농에 사용한[377] 자산

㉮ 농지법 제2조 제1호 가목에 따른 농지[378]

㉯ 초지법 제5조에 따라 초지조성허가를 받은 초지

㉰ 산지관리법에 의한 보전산지 중 산림자원의 조성 및 관리에 관한 법률에 따른 산림경영계획 인가 또는 특수산림사업지구 사업(법률 제4206호 산림법 중 개정법률의 시행 전에 종전의 산림법에 의하여 지정된 지정개발지역으로서 동 개정법률 부칙 제2조의 규정에 해당하는 지정개발지역에서의 지정개발사업을 포함한다)에 따라 새로이 조림한 기간이 5년 이상인 산림지(보안림 · 채종림 및 산림유전자원보호림의 산림지를 포함한다)

㉱ 어선법의 규정에 의한 어선

㉲ 내수면어업법[379] 또는 수산업법의 규정에 의한 어업권(수산업법 제8조 제1항 제6호 및 제7호에 따른 마을어업 및 협동양식어업의 면허는 제외한다[380])

㉳ 농업 · 임업 · 축산업 또는 어업용으로 설치하는 창고 · 저장고 · 작업장 · 퇴비사 · 축사 · 양어장 및 이와 유사한 용도의 건축물로서 「부동산등기법」에 따라 등기한 건축물과 이에 딸린 토지(해당 건축물의 실제 건축면적을 「건축법」 제55

---

377) 2012. 2. 2. 이후 최초로 상속이 개시된 것부터 적용한다.

378) 지방세법의 규정에 의한 농업소득세는 2010. 1. 1. 개정시 영세농가 지원 및 농업의 국가경쟁력 강화를 위하여 폐지(법률 제9924호)됨에 따라 2011. 7. 25. 개정되었다.

379) 2002. 1. 1. 이후 상속분부터 공제 가능하다.

380) 2011. 7. 25.부터 시행한다.

조에 따른 건폐율로 나눈 면적의 범위로 한정)[381]

ⓒ 소금산업진흥법 제2조 제3호에 따른 염전

ⓛ **법인세법을 적용받은 영농** : 상속재산 중 법인의 주식 등의 가액

즉 상증세법 시행령 제15조 제5항 제2호(상속재산 중 가업에 해당하는 법인의 주식 등 : 앞의 1)가업상속공제(5)②)를 준용[382]하여 농업법인의 주식을 영농상속공제대상 자산에 포함한다는 것으로 농업법인 등을 장려하기 위해 추가하였다.

② **피상속인 요건** : 이때 피상속인은 상속개시일 8년[383] 전부터 계속하여 직접 영농 (해당 기업)에 종사[상속개시일 2년 전부터 직접 영농에 종사(해당 기업을 경영)한 경우로서 상속개시 일부터 소급하여 8년에 해당하는 날부터 상속개시일까지의 기간 중 질병의 요양으로 직접 영농에 종사하 지 못한 기간 및 공익사업을 위한 토지 등의 취득 및 보상에 관한 법률이나 그 밖의 법률에 따른 협의매수 또는 수용으로 인하여 직접 영농에 종사하지 못한 기간(1년 이내의 기간으로 한정)은 직접 영농에 종사한 기간으로 본다][384]한 경우로서 다음 중 하나에 해당하는 자를 말한다(상증세법 시행령 제16조 제2항).

㉠ **소득세법을 적용받는 영농** : 다음 중 어느 하나에 해당하는 사람

㉮ 농지·초지·산림지(농지 등)가 소재하는 시(특별자치시와 제주특별자치도의 설치 및 국제자유도시 조성을 위한 특별법 제15조 제2항에 따른 행정시를 포함한다. 이하 이 조에서 같 다)·군·구(자치구를 말한다), 그와 연접한 시·군·구 또는 해당 농지 등으로 부터 직선거리 30킬로미터 이내에 거주하는 자.[385] 산림지의 경우에는 통 상적으로 직접 경영할 수 있는 지역을 각각 포함한다.

㉯ 어선의 선적지 또는 어장에 가장 가까운 연안의 시·군·구, 그와 연접한 시·군·구 또는 해당 선적지나 연안으로부터 직선거리 30킬로미터 이 내[386]에 거주하는 자

㉡ **법인세법을 적용받는 영농**[387] : 법인의 최대주주 등으로서 본인과 그 특수관 계인의 주식 등을 합하여 해당 법인의 발행주식총수 등의 100분의 50 이상을 계속하여 보유한 사람. 다만, 상증세법 제18조의 3 제1항에 따른 영농상속이

---

381) 2015. 2. 3. 이후 상속개시 분부터 적용한다.
382) 2013. 2. 15. 이후 최초로 상속받은 분부터 적용한다.
383) 2023. 2. 28. 이후 상속개시 분부터 적용하며, 그 이전에 상속이 개시된 경우에는 2년
384) 2019. 2. 12. 이후 결정·경정하는 분부터 적용한다. 협의매수 또는 수용 등으로 인한 경우에 대해서는 소득세법을 적용받는 영농에 대해서만 적용하며 2020. 2. 11. 이후 상속이 개시되어 공제받는 분부터 적용한다.
385) 2012. 2. 2. 이후 최초로 상속이 개시된 것부터 적용한다.
386) 2012. 2. 2. 이후 최초로 상속이 개시된 것부터 적용한다.
387) 2013. 2. 15. 이후 최초로 상속받은 분부터 적용한다.

이루어진 후에 영농상속 당시 최대주주 등에 해당하는 사람(영농상속을 받은 상속 인은 제외한다)의 사망으로 상속이 개시되는 경우는 제외한다(동일 최대주주그룹에서 는 오직 1인의 피상속인만이 해당된다는 의미이다).

③ **상속인 요건** : 그리고 상속인 중 영농에 종사하는 상속인이 상속받는 것(공동으로 상속받는 경우 포함(재재산 46014-55, 1999. 2. 24.))을 말한다. 이때 영농에 종사하는 상속인 은 상속개시일 현재 18세 이상이고, 상속개시일 2년 전부터 계속하여 직접 영농 (해당 기업)에 종사[상속개시일 2년 전부터 직접 영농(해당 기업)에 종사한 경우로서 상속개시일부터 소급하여 2년에 해당하는 날부터 상속개시일까지의 기간 중 상속인의 병역의무 이행, 질병 요양, 취학상 형편 등의 사유로 직접 영농(해당 기업)에 종사하지 못한 기간 및 수용 등으로 인하여 직접 영농에 종사하 지 못한 기간(1년 이내의 기간으로 한정)[388]은 직접 영농(해당 기업)에 종사한 기간으로 본다. 다만, 피상 속인이 65세 이전에 사망하거나 천재지변 및 인재 등 부득이한 사유로 사망한 경우에는 그렇지 않다.][389] 한 사람으로서 다음의 어느 하나에 해당하는 사람과 영농·영어 및 임업후계자 를 말한다(상증세법 시행령 제16조 제3항).

㉠ 소득세법을 적용받는 영농 : 위 ② ㉠(상증세법 시행령 제16조 제2항 제1호 각 목)이 규정하는 어느 한 지역에 거주할 것

㉡ 법인세법을 적용받는 영농 : 상속세과세표준 신고기한까지 임원으로 취임하 고, 상속세 신고기한부터 2년 이내에 대표이사 등으로 취임할 것

- 이때 농지소재지에 거주하며 휴일 등에 농사일을 했더라도, 간헐적·간접적 으로 피상속인의 농업경영을 도와준 경우, '영농상속인'에 해당하지 않는다고 보아야 한다(대법원 2002두844, 2002. 10. 11.).

- 여기에서의 영농·영어 및 임업후계자란 아래의 하나에 해당하는 자를 말한 다(상증세법 시행규칙 제7조 제1항).

㉮ 후계농어업인 및 청년농어업인 육성·지원에 관한 법률 제8조 제1항 및 제2항에 따른 후계농업경영인, 후계어업경영인, 청년창업형 후계농업경영 인 및 청년창업형 후계어업경영인[390]

㉯ 임업 및 산촌 진흥촉진에 관한 법률 제2조 제4호의 규정에 의한 임업후계자

㉰ 초·중등교육법 및 고등교육법에 의한 농업 또는 수산계열의 학교에 재학 중이거나 졸업한 자

---

388) 수용 등으로 인하여 직접 영농에 종사하지 못한 기간에 대해서는 소득세법을 적용받는 영농의 경우에 한해 적용한다.
389) 2019. 2. 12. 이후 결정·경정하는 분부터 적용한다.
390) 2023. 3. 20. 이후 상속이 개시되거나 증여받은 분부터 적용한다.

④ **영농종사 요건**(상증세법 시행령 제16조 제4항)[391] : 직접 영농에 종사하는 경우는 피상속인 또는 상속인이 다음의 어느 하나에 해당하는 경우로 한다. 이는 '자경농지에 대한 양도소득세의 감면(조세특례제한법 제69조)'에서의 '직접 경작'의 판단과 일치시킨 것이다.

　㉠ 영농 : 소유 농지 등 자산을 이용하여 농작물의 경작 또는 다년생식물의 재배에 상시 종사하거나 농작업의 2분의 1 이상을 자기의 노동력으로 수행하는 경우

　㉡ 양축 : 소유 초지 등 자산을 이용하여 「축산법」 제2조 제1호에 따른 가축의 사육에 상시 종사하거나 축산작업의 2분의 1 이상을 자기의 노동력으로 수행하는 경우

　㉢ 영어 : 소유 어선 및 어업권 등 자산을 이용하여 「내수면어업법」 또는 「수산업법」에 따른 허가를 받아 어업에 상시 종사하거나 어업작업의 2분의 1 이상을 자기의 노동력으로 수행하는 경우

　㉣ 영림 : 소유 산림지 등 자산을 이용하여 「산림자원의 조성 및 관리에 관한 법률」 제13조에 따른 산림경영계획 인가 또는 같은 법 제28조에 따른 특수산림사업지구 사업에 따라 산림조성에 상시 종사하거나 산림조성작업의 2분의 1 이상을 자기의 노동력으로 수행하는 경우

• **[영농종사기간 판단기준]** 다만, 해당 피상속인 또는 상속인의 「소득세법」 제19조 제2항에 따른 사업소득금액(농업·임업 및 어업에서 발생하는 소득, 「소득세법」 제45조 제2항에 따른 부동산임대업에서 발생하는 소득과 같은 법 시행령 제9조에 따른 농가부업소득은 제외한다)과 같은 법 제20조 제2항에 따른 총급여액의 합계액이 3천700만원 이상인 과세기간이 있는 경우에는 피상속인 또는 상속인이 영농에 종사하지 아니한 것으로 본다. 이때 그 사업소득금액이 음수인 경우에는 0으로 본다.[392]

⑤ **영농인의 준법책임 요건**[393] : 피상속인 또는 상속인이 영농과 관련하여 조세포탈 또는 회계부정 행위(「조세범 처벌법」 제3조 제1항 또는 「주식회사 등의 외부감사에 관한 법률」 제39조 제1항에 따른 죄를 범하는 것을 말하며, 상속개시일 전 10년 이내 또는 상속개시일부터 5년 이내의 기간 중의 행위로 한정)로 징역형 또는 상증세법 시행령 제15조 제19항에서 정하는 벌금

---

391) 2015. 2. 3. 이후 상속개시 분부터 적용한다.

392) 2018. 2. 13. 이후 상속받는 분부터 적용한다.

393) 2023. 1. 1. 이후 상속이 개시되는 경우로서 2023. 1. 1. 이후 조세포탈 또는 회계부정 행위를 하는 경우부터 적용한다.

형[394]을 선고받고 그 형이 확정된 경우에는 다음의 구분에 따른다(상증세법 제18조의 3 제6항).

　㉠ 상증세법 제76조에 따른 과세표준과 세율의 결정이 있기 전에 피상속인 또는 상속인에 대한 형이 확정된 경우 : 영농상속공제를 적용하지 아니한다.

　㉡ 영농상속공제를 받은 후에 상속인에 대한 형이 확정된 경우 : 영농상속공제 금액을 상속개시 당시의 상속세 과세가액에 산입하여 상속세를 부과할 것. 이 경우 대통령령으로 정하는 바에 따라 계산한 이자상당액을 그 부과하는 상속세에 가산한다. 여기에서 "대통령령으로 정하는 바에 따라 계산한 이자상당액"이란 다음의 금액을 말한다(상증세법 시행령 제16조 제10항, 국기법 시행규칙 제19조의 3).

상속인의 형 확정 시 추징하는 상속세액*	×	당초 상속세 과세표준 신고기한의 다음날부터 추징사유가 발생한 날까지의 기간	×	$\dfrac{0.012^{[395]}}{365}$

* 영농상속공제 금액을 상속개시 당시의 상속세 과세가액에 산입 계산한 상속세액

(3) 효과(공제액 계산)

영농상속공제액은 해당 영농상속재산가액으로 하되, 그 한도는 30억원[396]으로 한다.

$$영농상속\ 재산가액\ =\ Min[영농상속재산가액,\ 30억원]$$

2011년 말 개정시 한·미, 한·EU FTA 등에 따라 영농 등에 종사하는 농가 지원을 명분으로 공제한도를 확대하였고, 2016년, 2022년, 2023년 초 개정을 통해 5억원에서 30억원으로 대폭 확대하였으나, 영농을 가업으로 하는 경우에 대해 그 밖의 가업에 비해 그 공제한도를 낮게 설정한 것은 사업의 종류에 따라 합리적 이유 없이 차별하는 것이어서 수평적 공평을 해치는 것이 아닌가 하는 비판이 있다. 도리어 제도의 취지에 비추어 보면 앞서 살펴본 가업상속공제와 통합하여 관리할 필요가 있어 보인다.

---

394) ① 조세포탈의 경우 : 「조세범 처벌법」 제3조 제1항 각 호의 어느 하나에 해당하여 받은 벌금형
　② 회계부정의 경우 : 「주식회사 등의 외부감사에 관한 법률」 제39조 제1항에 따른 죄를 범하여 받은 벌금형(재무제표상 변경된 금액이 자산총액의 100분의 5 이상인 경우로 한정)
395) 2021. 3. 16. 시행규칙 개정시 국세환급가산금의 이율을 연 1.8%에서 연 1.2%로 인하하였으며, 동 개정 규정은 2021. 3. 16. 이후 기간분에 대하여 적용
396) 2023. 1. 1. 이후 상속이 개시되는 분부터 적용, 종전 20억원, 2022. 1. 1. 이전 15억원, 2016. 2. 5. 이전 5억원, 2012. 1. 1. 이전 2억원

(4) 공제서류 제출 등

영농상속공제를 받고자 하는 자는 영농상속재산명세서 및 기획재정부령이 정하는 영농상속 사실을 입증할 수 있는 서류를 상속세과세표준 신고와 함께 납세지 관할 세무서장에게 제출하여야 한다(상증세법 시행령 제16조 제11항). 이러한 서류의 제출은 영농상속공제를 위한 필수요건이 아닌 협력의무에 불과하다.

여기에서 "기획재정부령이 정하는 영농상속사실을 입증할 수 있는 서류"라 함은 다음에 규정된 서류로서 해당 상속이 영농상속에 해당됨을 증명할 수 있는 것을 말한다(상증세법 시행규칙 제7조 제2항).

㉮ 최대주주 등에 해당하는 자임을 입증하는 서류

㉯ 농업소득세[397] 과세사실증명서 또는 영농사실 증명서류

㉰ 어선의 선적증서 사본

㉱ 어업권 면허증서 사본

㉲ 영농상속인의 농업 또는 수산계열 학교의 재학증명서 또는 졸업증명서

㉳ 임업 및 산촌 진흥촉진에 관한 법률에 의한 임업후계자임을 증명하는 서류

한편, 신고를 받은 납세지 관할 세무서장은 전자정부법 제36조 제1항에 따른 행정정보의 공동이용을 통하여 농지ㆍ초지 또는 산림지의 등기부 등본을 확인하여야 하며, 신고인이 이에 동의하지 아니하는 경우에는 그 서류를 첨부하도록 하여야 한다(상증세법 시행규칙 제7조 제3항).

(5) 사후관리

영농상속공제를 받은 상속인이 상속개시일부터 5년 이내에 정당한 사유[아래 (6)] 없이 다음의 어느 하나에 해당하게 되는 경우에는 공제받은 금액을 상속개시 당시의 상속세 과세가액에 산입하여 상속세를 부과한다(상증세법 제18조의 3 제4항). 이 경우 대통령령으로 정하는 바에 따라 계산한 이자상당액은 그 부과하는 상속세에 가산하며(상증세법 제18조의 3 제4항), 여기에서 "대통령령으로 정하는 바에 따라 계산한 이자상당액"이란 다음의 금액을 말한다(상증세법 시행령 제16조 제8항, 국기법 시행규칙 제19조의 3).

$$\text{사후관리 위반시 추징하는 상속세액*} \times \text{당초 상속세 과세표준 신고기한의 다음날부터 추징사유가 발생한 날까지의 기간} \times \frac{0.012^{[398]}}{365}$$

* '가업상속공제금액 × 추징률'을 상속개시 당시의 상속세 과세가액에 산입 계산한 상속세액

---

397) 그러나 지방세법의 규정에 의한 농업소득세는 2010. 1. 1. 개정시 영세농가 지원 및 농업의 국가경쟁력 강화를 위하여 폐지되었다(법률 제9924호).

정당한 사유는 상증세법 시행령 제16조 제6항의 조문의 구성을 보면 여기에 열거된 사유에 한정되지 않고 그 외의 사유로서 이에 준하는 것들도 포함한다고 해석된다. 이때 영농상속의 사후관리기간의 계산에 있어서 정당한 사유[아래 (6)]로 인하여 직접 영농에 종사하지 못하게 된 기간은 제외한다.

① 영농상속공제의 대상이 되는 상속재산을 처분한 경우

영농에 사용하는 상속재산의 일부를 처분한 경우 사후관리 규정에 의하여 상속세가 부과되는 금액은 다음과 같다. 이때 그 가액은 상속개시일 현재 이 법의 규정에 의하여 평가한 가액을 기준으로 한다(상증세법 기본통칙 18-0…3 제2항, 같은 법 집행기준 18-16-10).

$$\text{영농상속 공제금액} \times \frac{\text{영농상속받은 재산 중 처분한 재산가액}}{\text{영농상속받은 재산가액}}$$

② 영농에 종사하지 아니하게 된 경우

영농상속공제를 적용받은 농지를 임대하는 경우에는 직접 영농에 종사하지 못하게 되는 정당한 사유에 해당하지 아니하므로 영농재산 중 임대면적에 해당하는 부분에 대해서는 상속세가 부과된다(상증세법 집행기준 18-16-11).

(6) 사후관리 예외

그렇더라도 영농상속공제를 적용받은 상속인에게 다음과 같은 정당한 사유가 있는 경우에는 위의 (5)의 사후관리 규정을 위반한 것이 아니므로 그 공제받은 세액을 추징하지 아니한다(상증세법 시행령 제16조 제6항).

① 영농상속받은 상속인이 사망한 경우

② 영농상속받은 상속인이 해외이주법에 따라 해외로 이주하는 경우

③ 영농상속재산(영농상속을 받은 영농에 직접 사용하고 있는 재산을 말한다)이 공익사업을 위한 토지 등의 취득 및 보상에 관한 법률, 그 밖의 법률에 따라 수용되거나 협의 매수된 경우

④ 영농상속재산을 국가 또는 지방자치단체에 양도하거나 증여하는 경우

⑤ 영농상 필요에 따라 농지를 교환·분합 또는 대토하는 경우

⑥ 상속재산 중 법인의 주식 등을 처분한 경우 중 다음의 어느 하나에 해당하는 경

---

398) 2021. 3. 16. 시행규칙 개정시 국세환급가산금의 이율을 연 1.8%에서 연 1.2%로 인하하였으며, 동 개정 규정은 2021. 3. 16. 이후 기간분에 대하여 적용

우. 다만, 주식 등의 처분 후에도 상속인이 최대주주 등에 해당하는 경우로 한정한다(다만, 아래 나.ⓒⓡ은 제외).

가. 상속인이 상속받은 주식 등을 법 제73조에 따라 물납(物納)한 경우

나. 상증세법 시행령 제15조 제8항 제3호 각 목의 어느 하나에 해당하게 된 경우

　ⓐ 합병·분할 등 조직변경에 따라 주식 등을 처분하는 경우

　ⓑ 해당 법인의 사업확장 등에 따라 유상증자할 때 상속인의 특수관계인 외의 자에게 주식 등을 배정함에 따라 상속인의 지분율이 낮아지는 경우

　ⓒ 상속인이 사망한 경우. 다만, 사망한 자의 상속인이 원래 상속인의 지위를 승계하여 영농에 종사하는 경우에 한한다.

　ⓡ 주식 등을 국가 또는 지방자치단체에 증여하는 경우

　ⓜ 기업공개 요건(「자본시장과 금융투자업에 관한 법률」 제390조에 따른 상장규정) 충족을 위한 지분감소의 경우[399]

　ⓗ 주주 또는 출자자의 주식 및 출자지분의 비율에 따라서 무상으로 균등하게 감자하는 경우

　ⓢ 「채무자 회생 및 파산에 관한 법률」에 따른 법원의 결정에 따라 무상으로 감자하거나 채무를 출자전환하는 경우

⑦ 그 밖에 이와 유사한 경우로서 상속인이 법률의 규정에 의한 병역의무의 이행, 질병의 요양, 취학상 형편 등으로 영농에 직접 종사할 수 없는 사유가 있는 경우를 말한다. 다만, 영농상속받은 재산을 처분하거나 그 부득이한 사유가 종료된 후 영농에 종사하지 아니하는 경우를 제외한다(상증세법 시행규칙 제6조).

(7) 다른 규정과의 동시 적용 여부

영농상속공제를 받는 경우에는 상증세법 제72조의 2에 따른 가업상속에 대한 상속세 납부유예를 적용받을 수 없다(상증세법 제72조의 2 제1항 제2호).

또한 동일한 상속재산에 대한 가업상속공제(상증세법 제18조의 2)와 영농상속공제(상증세법 제18조의 3)는 동시에 적용하지 아니한다(상증세법 제18조의 4).

---

399) 2014. 1. 1. 이후 지분 감소분부터 적용

5. 상속공제적용의 한도

해의 맥

상속공제제도의 취지에 비추어 상속공제의 합계는 '본래의 상속인들이 실제로 상속받았거나 받을 재산가액 이내'인 것이 합리적이다. 상속공제의 한도에서 제외되거나 포함되는지는 각 항목의 취지 및 존재목적에 비추어 판단하여야 한다.

결국 상속공제 한도로 인해 상속세 과세가액이 5억원 미만이더라도 상속세가 과세될 수 있다는 점에 유의하여야 한다.

§관련조문

상증세법
제24조【공제적용의 한도】

1) 의의

상속공제의 한도를 정하여 놓은 이유는 상속공제의 합계가 본래의 상속인들이 실제로 상속받았거나 받을 재산가액(상속 · 유증 · 사인증여+간주+추정상속재산) 이내인 것이 상속공제의 존재목적에 부합하기 때문이다. 덧붙여 말하면 그렇게 해야만 유증재산가액과 사전증여재산가액을 상속재산가액에 합산하는 본래의 취지에 어울리기 때문이다.

이에 따라 기초공제 등 상속공제의 합계액[아래 4)]은, 다음의 한도액을 초과하지 못한다. 이에 따라 상속세 과세가액이 10억원 미만이더라도 사전증여나 상속인 외의 자에게 상속한 재산 등이 있는 경우에는 상속세가 과세될 수 있다.

2) 한도액 계산

상속공제의 한도는 상속세 과세가액에서 다음의 가액을 차감한 잔액을 한도로 한다.

① 선순위인 상속인이 아닌 자에게 유증 · 사인증여(증여채무이행 중인 재산포함)를 한 재산의 가액(조심2011서1081, 2011. 4. 28. ; 재산-294, 2010. 5. 13.)

수유재산(受遺財産)을 차감(공제한도를 줄인다는 의미)하는 이유는 선순위인 상속인 이외의 자가 취득한 재산에 대해서까지 공제로 인한 상속세 경감효과가 미치지 않게 하기 위함이고, 유증 등을 상속재산가액에 포함시킴으로써 유증 등을 통해 고율의 상속세 누진세율을 회피하려는 의도를 막아 공평과세를 달성하려는 취지를 살리기 위해서다(대법원 2002두12526, 2003. 3. 28.).

따라서 상속인이 아닌 자가 유증받은 재산을 상속세과세표준 신고기한 이내에 상속인에게 반환한 경우 상속인이 아닌 자에게 유증 등을 한 재산의 가액에 해당하지 않는다(재산-3579, 2008. 10. 31.). 같은 맥락에서 유증 등을 받을 자가 유증 등을 포기함에 따라 공동상속인 간의 협의에 의하여 분할한 상속재산도 상속세 과세가액에서 차감하지 않는다(서면4팀-1499, 2005. 8. 23.).

종전에는 '상속인이 아닌 자'에게 유증·사인증여한 재산의 가액만을 공제배제하였으나, 2016. 12. 20. 개정에서 '선순위 상속인이 아닌 자'로 범위를 한정함에 따라 후순위 상속인이 피상속인으로부터 직접 유증받는 재산가액도 상속공제가 배제된다.[400]

② 선순위인 상속인의 상속포기로 그 다음 순위의 상속인이 상속받은 재산의 가액(심사상속 2014-0009, 2014. 3. 24.; 조심 2010중942, 2010. 11. 30.)

이는 상속포기로 상속인 외의 자(그 다음 순위의 상속인을 의미함)가 상속받는 경우와 상속인 외의 자가 유증 등을 받는 경우(위 ①에서 차감하고 있음) 간에 공제액을 일치시켜 이들 간의 세부담의 형평성을 유지하기 위함이다.[401]

③ 상속세 과세가액에 가산한 증여재산가액(상증세법 제13조). 다만, 이는 상속세 과세가액이 5억원을 초과하는 경우에만 적용한다.[402]

그리고 여기에서의 증여재산가액은 증여재산공제(상증세법 제53조) 또는 재해손실공제(상증세법 제54조)를 받은 금액이 있는 경우 그 증여재산가액에서 이를 차감한 가액을 말한다. 결국 사전증여재산의 과세표준을 의미한다고 해석된다(심사증여 2004-7012, 2005. 3. 21.).

상속공제한도 계산시 과세가액에서 차감하지 않게 되면 상속인들이 실제 상속받은 재산가액을 초과하여 상속재산에 합산된 사전증여재산가액까지 공제되어 과거에 납부한 증여세의 환급효과가 발생하게 된다. 따라서 고율의 누진 상속세 적용 회피를 방지하기 위해 사전증여재산가액을 상속재산에 가산하도록 하는 상증세법 제13조 제1항의 취지를 살리기 위해서 상속공제한도에서 빼는 것이 타당하다(헌재 2002헌바100, 2003. 10. 30.; 대법원 2002두12526, 2003. 3. 28.; 헌재 2001헌바61, 2003. 1. 30.). 다만, 사전증여재산을 제한없이 한도액에서 빼는 경우 후세대로의 사전증여를 제한하는 문제점을 완화하기 위해 상속세 과세가액이 5억원에 미치지 않을 때에는 한도액에서 계산시 고려하

---

400) 2017. 1. 1. 이후 상속이 개시되는 분부터 적용한다.

401) 국세청, 「2003 개정세법 해설」, 2003, 219쪽

402) 2015년 공포일 이후 상속개시 분부터 적용한다.

지 않도록 하였다.

한편, 사전증여재산가액이 아닌 사전증여재산의 과세표준을 빼는 이유는, 그렇게 하지 않으면 사전증여 재산만이 있어 기납부증여세액을 공제하면 추가로 납부해야 할 상속세액이 없어야 함에도 불구하고, 사전증여재산에 대한 증여공제액만큼 상속공제가 적용되지 아니함으로써 상속세를 추가부담해야 하는 문제가 발생하기 때문이다.[403] 그러므로 과세가액이 사전증여받은 재산으로만 구성되어 있다면 상속공제한도액은 '증여재산공제액'이 될 것이다.

> 상속공제의 한도[404] = [상속세 과세가액 − 선순위인 상속인이 아닌 자에게 유증 등을 한 재산가액 − 선순위 상속인의 상속포기로 차순위상속인이 상속받는 재산가액 − (상증세법 제13조에 의한 상속세 과세가액에 가산한 사전증여재산가액 − 증여재산공제 − 재해손실공제)]

3) 한도액 계산시 차감하지 않는(즉 상속공제가 허용되는) 경우

(1) 창업자금에 대한 증여세 과세특례를 적용받는 사전증여재산

창업자금은 증여받은 날부터 상속개시일까지의 기간과 관계없이 상속세 과세가액에 가산하되, 상속공제한도액 산정시에는 상속세 과세가액에 가산한 증여재산가액으로 보지 아니한다(조특법 제30조의 5 제8항). 따라서 상속공제한도 계산시 한도를 줄이는 사전증여재산가액으로 보지 아니하므로, 상속공제가 허용된다는 것이다. 이는 창업자금에 대한 증여세 과세특례의 본래 취지를 살리기 위해서다.

(2) 가업승계에 대한 증여세 과세특례를 적용받는 사전증여재산

가업승계특례가 적용되는 주식 등은 증여받은 날부터 상속개시일까지의 기간과 관계없이 상속세 과세가액에 가산하되, 상속공제한도액 산정시에는 상속세 과세가액

---

403) 국세청, 『2001 개정세법 해설』, 2001, 230쪽

404) 현행규정은 2003. 1. 1. 이후 상속분부터 적용하며, 종전의 규정은 다음과 같다.

〈1996년 12월 30일~1998년 12월 31일〉 상속세 과세가액 − (상속인 외의 자에 대한 유증 · 사인증여가액 + 사전증여재산가액)

〈1999년 1월 1일~2000년 12월 31일〉 상속세 과세가액 − (상속인 외의 자에 대한 유증 · 사인증여가액 + 사전증여재산가액 − 배우자 증여재산 공제가액)

〈2001년 1월 1일 이후~2002년 12월 31일〉 상속세 과세가액 − (상속인 외의 자에 대한 유증 · 사인증여가액 + 사전증여재산가액 − 증여재산 공제액 − 재해손실공제액)

에 가산한 증여재산가액으로 보지 아니한다(조특법 제30조의 6 제3항). 따라서 상속공제 한도 계산시 한도를 줄이는 사전증여재산가액으로 보지 아니하므로, 상속공제가 허용된다는 것이다. 이는 가업승계에 대한 증여세 과세특례의 본래 취지를 살리기 위해서다.

4) 공제한도 적용대상 상속공제 범위

상속세 공제한도의 적용대상이 되는 상속공제는, 기초공제, 그 밖의 인적공제(또는 이 두 가지에 대신할 일괄공제), 배우자공제, 금융재산상속공제, 재해손실공제, 동거주택상속공제, 가업·영농상속공제를 말한다(상증세법 제24조, 같은 법 집행기준 24-0-1). 이로 인해 사전증여 재산 등이 있다는 사정만으로 상속시점에 당연히 공제되어야 할 공제가 배제되어 사전증여와 상속 간의 불균형이 발생하여, 재산의 사전증여로 부의 다음 세대로의 이전을 통한 투자활성화 등에 기여하려는 정책에 영향을 미치는 등 조세의 중립성이 훼손된다. 세무계획시 고려하여야 할 요소이다.

5) 비거주자의 상속공제의 한도

피상속인이 비거주자인 경우에도 상속공제의 한도를 적용받는다. 이때 비거주자의 상속공제는 기초공제 2억원만을 적용받으므로 기초공제액과 한도액 중 적은 금액이 상속공제액이 된다(재산-273, 2010. 5. 4.).

Ⅳ 감정평가수수료 공제

§ 관련조문

상증세법	상증세법 시행령
제25조【상속세의 과세표준 및 과세최저한】	제20조의 3【감정평가수수료 공제】

1. 의의

감정기관의 감정평가수수료는 납세의 협력비용으로서 이를 상속세·증여세 과세가액에서 공제하여 납세자의 세부담을 덜어주기 위해 도입되었다.[405]

---

405) 2004. 1. 1. 이후 상속분부터 적용 : 국세청, 「2004 개정세법해설」, 2004, 232쪽

2. 감정평가수수료 계산

공제대상 상속재산의 감정평가수수료는 상속세[증여세]를 신고·납부하기 위하여 상속재산[증여재산]을 평가하는 데 소요되는 수수료로서 다음 중 어느 하나에 해당하는 것을 말한다(상증세법 시행령 제20조의 3).

① 감정평가 및 감정평가사에 관한 법률의 규정에 의한 감정평가업자[406]의 평가에 따른 수수료(상속세[증여세] 납부목적용에 한함)

다만, 해당 규정에 따라 평가된 가액으로 상속세·[증여세]를 신고·납부하는 경우에 한하여 5백만원을 한도로 공제한다.

② 비상장법인의 평가심의위원회가 의뢰한 신용평가전문기관(상증세법 시행령 제56조 제2항 (같은 조 제10항에서 준용하는 경우를 포함))의 평가수수료

이 평가수수료는 신용평가기관의 평가가액으로 상속세[증여세]를 신고·납부하였는지 여부와 관계없이 평가대상 법인의 수 및 평가를 의뢰한 신용평가전문기관의 수별로 각각 1천만원 한도 내에서 공제한다.

③ 서화·골동품 등 예술적 가치가 있는 유형재산에 대한 전문가 평가수수료[407]

서화·골동품도 재산가치가 충분하고, 전문가의 감정평가가 필요한 점을 감안하여 500만원을 한도로 공제한다.

공제대상 평가수수료 (① + ② + ③)[408] =	① [㉠ 감정평가법인의 평가에 따른 수수료(상속세[증여세] 납부목적용에 한함), ㉡ 한도 : 500만원] ② [㉠ 신용평가전문기관에 의한 비상장주식의 평가에 따른 수수료 ㉡ 한도 : 평가대상 법인(m)의 수 및 신용평가전문기관(n) 수별(m, n)로 각각 1,000만원] ③ [㉠ 서화 등의 전문가 평가수수료, ㉡ 한도 : 500만원]

3. 서류의 제출

수수료를 공제받고자 하는 자는 해당 수수료의 지급사실을 입증할 수 있는 서류를 상속세[증여세] 과세표준 신고와 함께 납세지 관할 세무서장에게 제출하여야 한다(상증세법 시행령 제20조의 3 제4항).

---

406) 2015. 2. 3. 이후 상속이 개시되거나 증여받는 경우부터 적용한다. 종전에는 감정평가법인에 한정함.

407) 2014. 1. 1. 이후 평가하는 분부터 적용한다.

408) 2006. 2. 9. 이후 신청분부터 적용하며, 그 이전(2004. 1. 1. 이후부터) 상속개시 분에 대해서는 ①과 ②를 합하여 1천만원을 한도로 하였다.

과세최저한

과세표준이 50만원[409] 미만인 때에는 상속세를 부과하지 아니한다(상증세법 제25조 제2항).

비거주자의 과세표준의 계산

1. 의의

피상속인이 비거주자인 경우, 국내 소재하는 모든 상속재산에 대해 상속세가 부과된다. 이는 피상속인의 인적요소에 대해 과세하는 것이 아니라 상속재산, 즉 물적요소에 대해 과세하는 것이다. 따라서 피상속인이 비거주자인 경우와 같이 인적공제를 하여야 할 타당성이 부족하다. 따라서 비거주자의 종합소득세의 소득공제에서 오직 소득자 본인에 대한 기초공제만을 인정하듯이 비거주자인 피상속인의 기초공제만을 공제하는 것으로 보인다. 물론 물적공제요소 중 동거주택상속공제의 경우 비거주자이므로 개념상 동거주택이 성립하지 않아 공제하지 않는 것이 타당하나, 재해손실공제나 금융재산상속공제 등에 대해서는 공제의 타당성이 있으나 조세정책적인 이유로 공제하지 않고 있다.

2. 상속공제

오직 기초공제 2억원만 가능하다.[410]

$$상속공제 = Min[기초공제액, 상속공제한도액]$$

3. 감정평가수수료 공제

명문으로 특별한 제한을 두지 않았지만 상속재산에 직접 대응하는 비용이므로 감정평가수수료가 발생한 경우에는 공제하는 것이 타당하다.

---

409) 2004. 1. 1. 이후 상속분부터 적용하며, 그 이전 상속분에 대해서는 20만원을 적용한다.
410) 2001. 1. 1. 이후 상속개시 분부터 최초로 적용한다.

제6절 상속세액의 계산

I 의의

상속세 산출세액은 과세표준에 세율을 곱하여 산출한다(상증세법 제26조).

이 상속세 산출세액은 각종 공제나 감면세액의 계산, 기납부세액(증여세액공제 등) 및 할증 과세 적용의 기준이 된다는 점에서 중요한 의미를 지닌다.

II 산출세액

§관련조문

상증세법
제26조【상속세 세율】

1. 세율

1) 현행

상속세 및 증여세 세율은 초과누진세율의 구조로 되어 있으며, 과세표준 1억원 이하의 10%에서부터 과세표준 30억원 초과액의 50%에 이르기까지 5단계로 되어 있다.

즉, 증여세는 상속세의 보완세이기 때문에 증여를 상속보다 중과할 경우에는 부의 동 결효과가 발생하여 노년세대로부터 경제활동이 왕성한 젊은 세대로의 재산이전이 원 활하게 이루어지지 않아 경제활동이 활성화되지 않는 부작용이 있음을 고려하여, 상속ㆍ 증여세의 세율 및 과세구간을 통합(그러므로 장기적으로는 상속세 과세체계를 유산취득세제로 전환하 려는 의도가 있는 것으로 보인다)하여 세제를 단순화함으로써 상속세의 기능을 보완하면서도 상속ㆍ증여간 의사결정에 있어 세부담이 중립적이 되도록 하였다.

한편, 소득개념을 순자산 증가설의 입장에서 파악한다면 상속재산도 소득을 구성함에 도, 상속 또는 증여로 인한 부의 무상이전이 소득세로 과세되지 않는 것을 상속세 및 증여세로 과세한다는 관점에서 보면 상속세 및 증여세는 소득세를 보완하는 기능을 하 고 있다. 그런데 현행 소득세의 세율구조와 상속세 및 증여세의 세율구조가 다르다는 것은 조세의 중립성의 측면에서 생각해 볼 의미가 있다.

과세 표준	세 율
1억원 이하	과세표준의 10%
1억원 초과 5억원 이하	1천만원＋1억원 초과액의 20%
5억원 초과 10억원 이하	9천만원＋5억원 초과액의 30%
10억원 초과 30억원 이하	2억4천만원＋10억원 초과액의 40%
30억원 초과	10억4천만원＋30억원 초과액의 50%

2) 경과조치

2000. 1. 1. 이후 납세의무가 성립하는 상속세를 과세함에 있어 이 상증세법 시행 전의 증여분을 상증세법 제13조의 규정에 의하여 합산과세하는 경우로서 그 합산한 과세표준이 30억원을 초과하는 경우의 산출세액은 상증세법 제26조의 개정규정에 불구하고 2000. 1. 1. 이전 증여분이 30억원을 초과하는 경우와 30억원 이하인 경우로 구분하여 다음과 같이 계산한다(상증세법 부칙 제5조(1999. 12. 28.)).

이때 '1999. 12. 31. 이전' 증여재산을 '2000. 1. 1. 이후' 상속재산에 합산과세시, '종전세율'을 적용하는 '증여분'은 사전증여재산에 대한 상속세과세표준 상당액(합산한 증여재산가액에 적용되는 상속공제액을 차감한 금액)이다(서일 46014－10252, 2001. 9. 28. ; 재산상속 46014－418, 2001. 9. 24.).

(1) 2000년 1월 1일 이전 증여분이 30억원 초과

다음의 금액을 합한 금액을 산출세액으로 한다.

① 2000. 1. 1. 전 증여분에 대하여 구법 제26조의 세율 적용한 산출세액

② 2000. 1. 1. 이후 상속 및 증여받은 재산에 상당하는 과세표준에 50%(30억원 초과분에 대한 세율)를 곱하여 산출한 금액

(2) 2000년 1월 1일 이전 증여분이 30억원 이하

다음의 금액을 합한 금액을 산출세액으로 한다.

① 2000. 1. 1. 전 증여분에 대하여 구법 제26조의 세율 적용한 산출세액

② 과세표준을 30억원으로 하여 구법 제26조의 세율을 적용하여 계산한 금액에서 위 ①의 금액을 차감한 금액

③ 2000. 1. 1. 전 증여분을 합산한 과세표준에서 30억원을 차감한 잔액에 50%(30억원 초과분에 대한 세율)를 곱하여 산출한 금액

2. 산출세액

$$상속세\ 산출세액\ =\ 상속세과세표준\ \times\ 세율$$

Ⅲ 세대를 건너뛴 상속에 대한 할증과세

 해의 맥

세대생략 할증과세는 본래의 상속인이 생존해 있음에도 불구하고 '임의로' 자녀를 제외한 직계비속이 상속이나 유증을 받는 경우에 적용한다.

§관련조문

상증세법
제27조【세대를 건너뛴 상속에 대한 할증과세】

1. 의의

1) 의의

상속인 또는 수유자(사인증여에 의한 수증자 포함)가 피상속인의 자녀 이외의 직계비속인 경우에는 총 상속세과세표준에 기본세율을 곱하여 산출된 금액(산출세액) 중 그 상속인이 상속한 재산이 총 상속재산에서 차지하는 비율을 곱한 금액의 100분의 30(피상속인의 자녀를 제외한 직계비속이면서 미성년자에 해당하는 상속인 또는 수유자가 받았거나 받을 상속재산의 가액이 20억원을 초과하는 경우에는 100분의 40)에 상당하는 금액을 가산하여 과세한다(상증세법 제27조 본문, 같은 법 집행기준 27-0-1)[411]. 부모의 세대에서 자녀의 세대로 상속이 되고 그 자녀에서 다시 다음 세대로 상속이 되면 두 번의 상속세 과세가 되는데 비하여, 세대를 건너뛰어 조부모로부터 손자녀(또는 그보다 아래 세대)로 바로 상속이 이루어지면 한 번의 상속세밖에 과세되지 않는다. 민법이 유언자유의 원칙 아래 유증을 인정하고 있으므로 세대생략상속은 합법적이지만, 세대생략상속에 대하여 상속세 부담을 가중하는 이유는 다음과 같다.

---

411) 세대생략할증과세 강화를 위해 2016년 공포일 이후 상속재산 20억원을 초과하여 미성년자에게 세대생략상속을 하는 경우 할증과세율을 40%로 상향 조정함.

2) 근거

① 세대를 건너뛴 상속과 그렇지 않는 상속 간에 발생하는 과세상의 불균형을 바로잡고 (상속세 1세대1회과세 원칙), ② 세대생략을 통한 조세회피를 방지하고자 함이다.

3) 제도의 기원

세대생략상속의 중과는 미국의 세대생략이전세(generation-skipping transfer tax)를 지극히 단순한 형태로 본뜬 것이라 짐작된다. 영미 재산법의 특성과 신탁법의 발달로 소유권을 수세대에 걸쳐 기간적으로 분할하거나 또는 신탁재산으로부터의 이익과 원본의 수혜를 수세대에 나누어 귀속시킬 수 있기 때문에, 재산이전의 형태 여하에 따라서는 1세대에서 그 아래의 각 세대에 각 부분의 재산을 직접적으로 이전하면 1세대에서 2세대로, 그리고 3세대로 유산이 단계적으로 이전되는 효과를 얻으면서도 1회의 상속세 또는 증여세를 부담하면 되었다. 이와 같이 1세대에서 3세대 이하로 건너뛰어 이전되는 재산에 대해서는 별도의 조세를 부과함으로써 부담의 균형을 기하고자 하는 것이 세대생략이전세이다(IRC 제2601조 이하 참조). 미국에서는 방계존비속 간의 세대생략도 과세대상이 된다. 그런데 모든 세대생략이전이 상속·증여세의 회피의 동기에서 나온 것이라고 할 수는 없고 누구나 손대(孫代)의 후손에게 애정을 느끼고 도움을 주려는 것은 자연스러운 것이기 때문에 그 범위 내의 것으로 인정되는 금액은 세대생략이전 금액에서 공제하여 준다(현행 내국세입법상 100만불).[412]

그런데 현행 우리의 상증세법은 미국과는 달리, 위와 같은 배려 없이 일률적으로 전액 할증과세되며, 또한 직계존속(조부모 이상)으로부터 상속을 받으면 상속세가 가중되나 방계존속(조부모 이상)으로부터 상속받은 경우에는 세대를 건너뛰어도 그렇지 않다.

2. 할증과세요건

세대를 건너뛴 상속에 대해 할증하여 과세하기 위해서는 다음의 요건을 모두 충족하여야 한다.

1) 피상속인의 자녀를 제외한 직계비속이 '상속인 또는 수유자이어야' 한다

그러므로 피상속인의 손자가 사전증여를 받았을 뿐 상속인 또는 수유자가 아니라면(즉 상속시점에 어떠한 상속재산도 이전받은 바가 없다면, 상속세 납세의무자가 아니다) 할증과세의 대상이 되

---

412) 이태로·한만수, 「조세법강의」, 박영사, 2009, 654쪽

지 않는다(재삼 46014-99, 1999. 1. 18.). 이는 아래 산식에서 '피상속인의 자녀를 제외한 직계
비속이 상속받은 재산가액'에는 상속세 과세가액에 가산한 증여재산가액은 포함하지
아니하는 것을 보더라도 명백하다.

2) 상속인 또는 수유자가 피상속인의 '자녀를 제외한 직계비속이어야' 한다

- 방계혈족 제외 : 그러므로 상속인 또는 수유자가 傍系비속이라면 할증되지 않으나,
  할증과세의 취지에 비추어 불합리한 점이 있어 보인다.
- 부계, 모계 : 여기에서의 직계존비속의 관계는 명문의 규정이 없으나, 민법의 상속에
  있어서의 남녀평등의 이념에 따라 부계와 모계를 구분하지 않는다. 따라서 외조부모
  와 외손자는 직계존비속에 해당한다(재삼 46014-1712, 1997. 7. 14.).
- 생략세대수 무관 : 또한 할증과세제도는 생략된 세대의 정도를 고려하지 아니하기
  때문에 1세대를 생략하거나 2세대를 생략하거나 묻지 않고 30%의 동일한 할증률을
  적용한다. 일반적으로 할증과세를 하는 이유는 부의 무상이전에 대하여 세대별 과세
  의 형평을 유지하자는 취지라면 1세대 생략보다는 2세대를 생략하여 상속한 경우의
  할증률을 더 높게 정하는 것이 논리적이라고 할 수 있다.
- 비거주자도 적용 : 그런데 여기에서 상속인 또는 수유자의 자격을 거주자로 제한하고
  있지 아니하므로, 그들이 비거주자인 경우에도 할증과세는 적용된다고 보아야 한다.

3) 상속이 생략된 중간세대가 피상속인의 사망시 '생존해 있어야' 한다

피상속인의 사망시 그의 자녀가 사망한 경우라면 이는 대습상속의 원인이 될 뿐, 세대
를 생략한 상속이 아니다. 또한 비록 동일자에 사망하였더라도 조부(피상속인)가 사망한
후 부(상속인)가 사망한 다음, 손자에게 상속이 이루어지더라도 단기 재상속에 불구하고
세대생략 상속이 아니다.

4) ① 선순위인 상속인 전원이 상속을 포기(민법 제1019조)하거나 ② 피상속인의 '유언에 의해' 세대를 생략한 상속이 이루어져야 한다.

(1) 세대를 건너뛴 상속이 선순위 상속인 전원의 상속포기로 인한 것이어야 한다.

상속순위가 선순위인 상속인 전원이 상속을 포기(민법 제1019조)함으로써 그 다음 순위
에 있는 상속인이 재산을 상속받게 되는 경우에는 그 차순위 상속인이 받았거나 받
을 상속재산의 비율에 따라 상속세를 납부할 의무를 지게 되며, 이때 차순위 상속인
이 피상속인의 1촌 외의 직계비속인 경우에는 할증과세된다. 상속포기는 그 선택의

임의성이 있어 조세회피의 가능성이 있다는 점에서 할증과세를 인정한다.

이런 맥락에서 '대습상속(민법 제1001조)'의 대습상속인(여기에서의 상속인)에게 있어 이러한 상속은 불가피(피대습인의 사망 또는 결격)하게 세대를 건너뛴 상속이 이루어진 경우이므로 할증하지 않는다(상증세법 제27조 단서, 같은 법 집행기준 27-0-2). 또한 대습상속은 피대습자(생략세대)의 권리를 승계하는 것이 아니라, 대습상속인의 고유의 권리라는 점에서도 할증하지 않는다.

그러나 세대생략 상속인이 가중과세를 받은 후 중간세대가 단기간 내에 사망하여도 가산금액이 상증세법 제30조에 의한 단기상속공제에서 반영되는 것이 아니어서 균형이 맞지 않는다는 비판이 있다.

(2) 피상속인의 '유언에 의해' 세대를 생략한 상속이 이루어져야 한다.

그러므로 피상속인의 유언에 의하지 아니하고 상속개시 후에 피상속인의 소유재산을 피상속인의 자녀를 제외한 직계비속에게 이전하였다면, 이는 피상속인으로부터 상속인에게로 상속이 이루어진 다음, 그 상속인으로부터 다시 그의 직계비속에게로 증여가 이루어진 것으로 보아야 한다(서일 46014-2068, 1997. 8. 30.).

5) 상속세 '산출세액이 존재하여야' 한다

상속세 산출세액이 존재하지 않는다면 할증과세는 의미가 없다. 이는 아래 산식을 보더라도 당연하다.

3. 과세방식

세대를 건너뛴 할증과세는 다음과 같이 계산된다(상증세법 기본통칙 27-0…1, 같은 법 집행기준 27-0-3).

$$
\text{할증세액} = \text{상속세 산출세액} \times \frac{\text{피상속인의 자녀를 제외한 직계비속이 상속받은 재산가액}}{\text{총 상속재산가액}} \times 30\%(40\%)^*
$$

* 미성년자에 해당하는 자가 20억원을 초과하여 받은 경우

이 경우 '총 상속재산가액'은 상속세 과세가액 상당액을 말하는 것이므로 추정상속재산뿐만 아니라(재삼 46014-1069, 1999. 6. 4.), 상증세법 제13조의 규정에 의하여 상속재산에 가산한 증여재산 중 상속인 또는 수유자가 받은 증여재산을 포함하나, 상속인 또는 수유자가 아닌 자가 받은 증여재산은 포함하지 않는다(상증세법 제27조 본문 괄호 : 서면4팀-1447, 2008. 6. 17.).

세대를 건너뛴 '상속'에 대해 할증하는 것이기 때문이다.

또한 '피상속인의 자녀를 제외한 직계비속이 상속받은 재산가액'에는 상속세 과세가액에 가산한 증여재산가액(사전 세대생략 증여재산가액)은 포함하지 아니한다(서면4팀-1447, 2008. 6. 17.)(이 점이 세대생략 증여에 대한 증여세 할증과세액 산정과 다르다). 이미 사전 증여시 할증과세되었으므로 이중으로 할증해서는 안 되기 때문이다. 예컨대 손자가 피상속인으로부터 증여받은 재산을 상속세 과세가액에 가산하는 경우, 위의 '총 상속재산가액'에는 포함되나 '피상속인의 자녀를 제외한 직계비속이 상속받은 재산가액'에는 포함되지 않는다(재산-149, 2010. 3. 10.).

할증률 30%는 상증세법 개정[413] 당시의 상속세 평균 실효세율을 고려한 것으로 2015. 12. 개정을 통해 20억원을 초과하여 받는 미성년자의 경우 40% 할증률로 상향조정하였으나, 현행 상속세의 세율체계와 실효세율의 변화를 적절히 반영하지는 못하고 있다. 혹은 유산취득세로의 변경을 전제로 독일처럼 피상속인과 상속인의 친족관계의 遠近에 따라 세율을 달리하는 방법으로 대체하는 방법도 생각해 볼만하다.

세액공제

1. 의의

세액공제는 조세이론적인 측면 혹은 조세정책적인 측면에서 그 목적을 달성하기 위해 만들어진 제도이다. 이에 따라 상속세에서는 조세이론적으로 이중과세를 막기 위해 증여세액공제와 외국납부세액공제를, 조세정책적으로 상속인의 생활기초를 유지하기 위한 단기 재상속세액공제와 성실한 신고를 유인하기 위한 신고세액공제를 두고 있다.

2. 증여세액공제

해의 맥

증여세액공제는 상속세 과세가액에 가산한 사전증여재산에 대한 '계산상의 증여세 산출세액 상당액'을 이중과세 방지차원에서 공제하는 것으로, 사전수증자가 상속인·수유자인지 여부에 따라 달라진다는 점에 유의하여야 한다.

---

413) 1996. 12. 30. 법률 제5193호

§관련조문

상증세법	상증세법 시행령
제28조【증여세액공제】	제20조의 4【증여세액공제】

1) 의의

상속세를 계산할 때에는 앞서 살펴본 대로 상속개시일 10(5)년 이내에 사전증여한 증여재산을 상속세 과세가액에 가산하여야 한다(상증세법 제13조). 그 결과 사전증여재산에 대해서는 증여세와 상속세가 이중으로 과세되는 문제가 생기게 된다. 이는 동일한 과세물건에 대한 중복과세이어서 과세물건 간의 수평적 불공평을 초래하므로 조세이론적으로 바람직하지 않다. 그러므로 이를 해소하는 제도가 필요하게 되었는데, 증여세액공제가 바로 그 제도이다.

이에 따라 상속재산에 가산한 증여재산에 대한 증여세액(증여 당시의 해당 재산에 대한 증여세 산출세액)은 상속세 산출세액에서 공제한다(상증세법 제28조 제1항 본문). 그런데 공제할 증여세액은 가산된 증여재산에 대한 증여세액 그 자체가 아니고, 상속세 산출세액에 해당 가산한 증여재산의 과세표준이 상속재산의 과세표준에서 차지하는 비율을 곱하여 계산한 금액을 한도로 한다. 따라서 공제할 증여세액이 상속세 산출세액보다 많은 경우 그 차액에 상당하는 증여세액은 환급하지 아니한다(서면4팀-2564, 2006. 7. 28.).

이처럼 증여세액공제액을 매 사전증여 당시마다 실지 부담한 증여세 산출세액 상당액으로 하지 않고 계산상의 증여세 산출세액 상당액으로 한 것은 이중과세를 방지하고자 하는 취지에만 집착할 경우 비과세된 증여재산에 대한 증여세 산출세액 상당액을 상속인이 부담(실지 부담한 증여세액이 없으므로 증여세액공제액도 없게 되므로)하는 모순을 제거하기 위함이다.

2) 증여세액공제 요건

(1) 상증세법 제13조에 의해 상속세 과세가액에 가산된 사전증여재산이 존재하여야 한다.

그러므로 사전증여받은 자가 누구인지(상속인 또는 수유자인지 혹은 아닌지)는 묻지 않는다. 사전증여받은 자가 영리법인이더라도 증여세액공제가 가능하다.

이는 증여세액 공제제도가 사전증여재산에 대한 이중과세를 방지하기 위한 목적이란 점에서 당연하다.

따라서 가산하는 사전증여재산에서 제외되는 피상속인에게 환원되어 상속재산에 이미 포함된 명의신탁으로 증여세가 과세된 재산에 대한 해당 증여세액은 증여세액공제가 되지 않는다(재산-4164, 2008. 12. 10.).

같은 맥락에서 상속개시일 전 피상속인으로부터 2차에 걸쳐 재산을 증여받은 경우로서 2차 증여분만 상속재산가액에 가산하는 경우, 상속재산에 가산한 증여재산에 대한 증여세액은 1 · 2차 증여분 합산과세시 산출세액에서 1차 증여분에 대한 기납부증여세액을 공제한 후의 세액이 된다(서면4팀-916, 2004. 6. 22.).

또한 피상속인이 상증세법 제45조의 5에서 규정하는 특정법인에게 증여한 재산에 대하여 당해 특정법인의 최대주주 등에게 증여세가 과세되는 경우, 동일 재산이 특정법인에게 증여한 재산과 최대주주에게 증여한 재산에 해당될 수 있는바, 특정법인에게 증여한 재산의 가액만을 상속재산에 가산하고 당해 증여재산에 대한 증여세 산출세액 상당액을 상속세 산출세액에서 공제하는 것이지, 최대주주의 증여가액을 추가로 가산하거나 최대주주가 납부한 증여세액을 기납부세액으로 공제하는 것은 아니다(서일 46014-10775, 2002. 6. 7.).

(2) 상속세 과세가액에 가산하는 증여재산이 제척기간 만료로 인하여 증여세가 부과되지 않는 경우이어서는 안된다(상증세법 제28조 제1항 본문 단서). [414]

① 증여재산을 상속세 과세가액에 합산하도록 한 상증세법상의 규정은 상속개시 전에 분산증여한 재산을 상속세 과세가액에 합산함으로써 사전에 분산증여한 경우와 그렇지 아니한 경우 간에 세부담의 공평성을 기하려는 세액계산의 특례규정으로 이해되고, 이러한 해석에 기초하여 볼 때 생전 증여재산에 대하여는 해당 증여재산에 대한 부과제척기간의 만료 여부에 불구하고 응능부담과 과세공평을 실현하기 위해서 이를 합산과세하는 것이 타당할 것이다(국심 98전2911, 1999. 9. 3.).

② 상증세법 제28조(증여세액공제) 제1항 단서 및 제58조(납부세액공제) 제1항 단서와의 관계

상증세법 제28조 제1항 및 상증세법 제58조 제1항에 단서에 의하면 제척기간이 만료되어 증여세가 부과되지 아니한 증여세의 경우 기납부한 세액으로 공제를 적용하지 않도록 명확히 규정하고 있다. 이는 증여세의 부과제척기간이 끝난 증여재산의 경우에도 상속세 과세가액에 합산하는 것을 전제로 하여 이중과세 조정대상을 명확히 한 것이다.

---

414) 이에 대한 구체적 내용은 이 책 앞에서 본 '상속세편-상속세 과세가액에 가산하는 사전증여재산' 참조

(3) 상속세 과세가액이 5억원 이하인 경우는 아니어야 한다.[415]

(4) 상속세 산출세액이 존재하여야 한다.

수증자가 상속인 또는 수유자인 경우에는 각자가 납부할 상속세 산출세액이 존재하여야 한다.

3) 공제세액 계산

(1) 수증자가 상속인·수유자가 아닌 경우

이 경우에 공제할 증여세액은 다음과 같이 계산한다(상증세법 기본통칙 28-0…1, 같은 법 집행기준 28-0-2, 28-20의 4-1).

$$\text{Min} \begin{cases} ① \text{ 상속세 과세가액에 가산한 증여재산에 대한 증여 당시 증여세 산출세액(할증세액 제외)} \\ ② \text{ (한도액) 상속세 산출세액} \times \dfrac{\text{가산한 증여재산의 증여세 과세표준}}{\text{총 상속재산(가산한 증여재산 포함)의 상속세과세표준}} \end{cases}$$

- 여기에서 증여세 산출세액에는 할증세액은 제외한다. 세대생략이전에 대해 할증하여 과세하려는 취지를 유지하기 위해서다. 사전증여의 존재 여부에 불구하고 부담하는 상속세액이 같아야만 이중과세 또는 과세의 불공평이 제거된다는 점에서, 상속세 산출세액에서 공제하여야 할 증여세액이란 증여재산가액을 모두 합하여 계산한 증여세 과세표준에 대한 산출세액이 아니라 매 증여 당시마다 실지 부담한 산출세액 상당액의 합계액으로 봄이 타당하다(국심 2002중3235, 2003. 2. 10. ; 국심 2001중 838, 2001. 8. 17.).

- 위 ② 산식에 의할 때 상속인 또는 수유자에 해당하지 아니하는 자가 상속개시 5년 내에 증여를 받은 금액이 있는 경우 해당 금액을 상속재산에 가산하여 상속세를 산출하지만, 이 경우 그 증여를 받은 자들은 상속세 납부의무가 없으므로(상속세 납부의무가 있는 자는 상속인과 수유자이다) 각 상속인·수유자 개별적으로 계산하지 않고 전체금액을 산출한다.

- 또한 여기에서 안분의 기준을 '과세표준'으로 한 것은 공제하려는 증여세액 산출의 기준이 과세표준인 것이기도 하지만, '과세가액'으로 할 경우 그 비율이 과세표준비율보다 감소(상속공제가 증여재산공제보다 크기 때문)하여 공제할 증여세액이 줄어들 것이

---

415) 2016년 공포일 이후 상속개시 분부터 적용한다.

기 때문이다.

- 한편 상속세 산출세액 속에 세대생략상속에 대한 할증과세액이 포함되어 있더라도 증여세액공제액 계산을 위한 상속세 산출세액에서는 제외한다(재산-149, 2010. 3. 10. ; 국심 2001서104, 2001. 4. 3.). 상속인 또는 수유자에게만 관련된 할증세액이기 때문이다.

- 그리고 세대생략증여재산을 상속세 과세가액에 가산하는 경우 이미 증여세에 대해 할증과세되었으므로 상속세에 대하여 할증과세하지 아니한다(재산-149, 2010. 3. 10.).

(2) 수증자가 상속인 또는 수유자인 경우

상속인 또는 受遺者가 증여재산의 수증인인 경우에는 각자가 납부할 상속세액에 각자가 받았거나 받은 생전증여재산의 과세표준이 상속인별 상속세과세표준(상증세법 시행령 제2조의 2 제1항 제1호)에서 차지하는 비율을 곱한 금액을 한도로 하여 각자가 납부할 상속세액에서 공제한다(상증세법 제28조 제2항, 상증세법 시행령 제20조의 4 ; 국심 2006중2196, 2006. 9. 22. ; 심사상속 2001-62, 2002. 3. 22.).

이를 산식으로 보이면 다음과 같다(상증세법 기본통칙 28-0···1, 같은 법 집행기준 28-0-2, 28-20의 4-1).

$$Min \begin{cases} ① \text{상속세 과세가액에 가산한 증여재산에 대한 증여 당시 증여세 산출세액(할증세액 제외)} \\ ② \text{(한도액) 각자의 상속세액} \times \dfrac{\text{상속인 등 각자의 가산한 증여재산의 증여세 과세표준}}{\text{상속인 등 각자의 받았거나 받을 상속재산(증여재산 포함)에 대한 각자의 상속세과세표준 상당액}} \end{cases}$$

- 여기에서 수유자란 유증 또는 사인증여를 받은 자를 말하며, 상속세 납부의무가 있다. 따라서 한도액은 각인별로 산출한다.

- 여기에서 증여세 산출세액에는 할증세액은 제외한다. 세대생략이전에 대해 할증하여 과세하려는 취지를 유지하기 위해서다(국심 2001서104, 2001. 5. 3.).

- 같은 맥락에서, 세대생략으로 인한 과세상 불균형 등을 방지하기 위한 취지로 상속으로 인한 부의 이전이 세대를 건너뛰어 이루어진 경우 할증과세를 하되, 세대생략에 정당한 사유가 있는 대습상속의 경우를 할증의 대상에서 제외하고 있다. 따라서 세대를 건너뛴 증여로 상증세법 제57조에 따른 할증과세가 되었더라도, 그 후 증여자의 사망으로 상속이 개시된 시점에 수증자가 대습상속의 요건을 갖춤으로써 세대를 건너뛴 상속에 대하여 할증과세를 할 수 없게 되어 세대생략을 통한 상속세 회피의 문제가 생길 여지가 없다면, 세대생략 증여에 대한 할증과세의 효

과만을 그대로 유지하여 수증자 겸 상속인에게 별도의 불이익을 줄 필요가 없으므로, 상속재산에 가산된 사전증여재산에 대한 증여세산출세액과 아울러 세대생략 가산액까지 포함하여 상속세산출세액에서 공제함이 타당하다(대법원 2016두54275, 2018. 12. 13.).

- 이와 관련하여 父와 母로부터 각각 증여받은 재산을 증여세 합산과세(상증세법 제47조 제2항)하는 경우로서 父의 사망으로 인하여 父로부터 증여받은 재산을 상속세 과세가액에 합산하는 경우, 상속세 산출세액에서 공제할 父의 증여재산에 대한 증여세액은 父·母의 증여재산을 합산하여 계산한 증여세 산출세액 중에서 父와 母의 증여재산을 합한 가액에서 父의 증여재산가액의 차지하는 비율을 곱하는 방법으로 단순 안분하여 계산한다.

- 위 ② 산식에서 각자의 상속세액은 상속인 등 각자가 납부할 상속세 산출세액(상속인·수유자별 상속세과세표준 상당액 비율(상증세법 시행령 제2조의 2)에 의해 각 상속인·수유자에게 배분된 상속세 산출세액＝상속세 산출세액 × 상속인별 납부의무비율(상증세법 집행기준 3-2의 2-1))을 말하며,[416] 이는 상속세 산출세액에서 상속인등 외의 자의 상속재산에 가산하는 증여재산에 대한 증여세 산출세액을 차감한 잔액을 상속인등 각자가 받았거나 받을 재산에 대한 상속세과세표준의 비율로 안분계산한다(국심 2006중2196, 2006. 9. 22. ; 재재산 46014-247, 2000. 8. 26.).

- 또한 여기에서 안분의 기준을 '과세표준'으로 한 것도 위 (1)에서와 같은 이유이다.

- 그리고 위 ② 산식의 분모인 '상속인 등 각자가 받았거나 받을 상속재산에 대한 상속세과세표준 상당액'은 다음과 같이 산출한다.

$$\text{상속재산에 가산한 상속인·수유자별 사전증여재산 과세표준} + \left[(\text{상속세과세표준} - \text{사전 증여재산 과세표준}) \times \frac{(\text{상속인·수유자별 과세가액 상당액} - \text{가산한 상속인·수유자별 증여재산가액})}{(\text{상속세 과세가액} - \text{사전증여재산가액})} \right]$$

- 같은 맥락에서 보면, 당초 상속세 신고시 공동상속인 중 일부만 자진납부한 세액을 기납부세액으로 공제함에 있어, 상속세 총결정세액에서 먼저 공제해서는 아니되고 실제 기납부한 각 상속인들이 납부해야 할 상속세액에서 공제하는 것이 타당하다(심사상속 2001-62, 2002. 3. 22.).

---

416) 이 책 앞에서 본 '본래의 납세의무' 참조

3. 외국납부세액공제

해의 맥

외국납부세액공제는 피상속인이 거주자이고 반드시 '신청'해야만 적용받는다.

§관련조문

상증세법	상증세법 시행령
제29조【외국납부세액공제】	제21조【외국납부세액공제】

1) 의의

중복과세란 동일한 소득의 전부 또는 일부에 대하여 중복적으로 과세관할권이 행사되는 것을 말한다. 여기에서의 과세관할권이란 국내와 국외로 구분한다. 이런 관점에서 보면, 서로 다른 과세관할권이 동일한 납세의무자의 동일과세기간 내의 동일과세물건에 대하여 행사되는 경우에는 이론적으로는 과세관할이 다르기 때문에 원칙적으로 중복과세라고 단정지울 수 없다. 그러나 경제적 실질의 측면에서 부담의 중복이 분명하므로 이를 완화·조정하기 위해 외국납부세액공제제도를 두고 있다.

이에 따라 거주자의 사망으로 외국소재 상속재산에 대하여 외국에서 부과된 상속세액(외국납부세액)이 있을 경우에는 이를 상속세 산출세액에서 공제한다(상증세법 제29조).

2) 세액공제 요건

(1) 거주자의 사망으로 상속이 개시되어야 한다.

피상속인이 거주자인 경우 상속개시일 현재 피상속인의 국내·외 상속재산에 대해 상속세를 납부하여야 하기 때문이다. 반면 피상속인이 비거주자인 경우에는 국내상속재산에 대해서만 우리나라 상속세가 과세되므로 이의 적용이 필요 없다.

(2) 피상속인의 외국소재 상속재산에 대해 외국에서 부과받은 상속세액이 존재하여야 한다.

경제적 부담의 중복을 방지하기 위함이므로 국내에서의 상속세와 별도로 실제로 외국에서 부과받은 상속세액이 있어야 한다. 그러므로 상속세를 비과세하는 국가의 경우에는 공제가 불가능하다.

이때에 외국에서의 상속세액 부과는 정부의 상속세 결정시까지 이루어지면 공제가 가능하다. 상속세가 정부의 부과결정으로 납세의무가 확정되는 정부 부과조세인 점에서 당연하다 할 것이다.

(3) 상속세 산출세액이 존재하여야 한다.

(4) 공제를 받기 위해서는 신청을 요한다(상증세법 시행령 제21조 제2항).

외국납부세액공제를 받고자 하는 자는 외국에서 상속세를 부과받은 사실을 입증할 수 있는 서류를 첨부하여 기획재정부령이 정하는 외국납부세액공제신청서(상증세법 시행규칙 별지 제7호 서식)를 상속세과세표준신고와 함께 납세지 관할 세무서장에게 제출하여야 한다. 신청이 공제의 기본요건인 것이다.

당해 공제규정이 상속세 신고기한 내 신청서 제출을 공제요건으로 하지 않고 있고 경제적 이중과세를 방지하고자 하는 취지이므로, 상속세 신고기한 경과 후에라도 외국에서 상속세를 부과받은 관련 증빙서류를 제출하면 외국납부세액공제를 적용하여야 한다(서일 46014-10914, 2003. 7. 14.).

3) 공제세액 계산(상증세법 시행령 제21조 제1항, 같은 법 집행기준 29-21-1)

상속세 산출세액에서 공제할 외국납부세액은 다음 계산식에 따라 계산한 금액으로 한다. 다만, 그 금액이 외국의 법령에 의하여 부과된 상속세액을 초과하는 경우에는 해당 상속세액을 한도로 한다.

$$
\text{외국납부세액 공제} = \text{Min} \begin{cases} \text{① 외국의 법령에 의하여 부과된 상속세액} \\[2ex] \text{② 상속세 산출세액} \times \dfrac{\substack{\text{외국법령에 의해 상속세 부과된} \\ \text{재산에 대한 상속세과세표준} \\ \text{(해당 외국의 법령에 의한 상속세의} \\ \text{과세표준을 말한다)}}}{\text{상속세과세표준}} \end{cases}
$$

4) 환율 적용

외국납부세액공제를 적용함에 있어, 외국소재 상속재산의 평가나 외국에서 부과된 상속세액의 원화로의 환산에 대한 명문의 규정이 없다. 상속재산의 평가에서는 평가기준일 현재의 환율(기준환율 혹은 재정환율)을(상증세법 시행규칙 제15조 제3항 참조), 외국납부세액은 외국에서 세액을 납부한 때의 환율로 환산하는 것(법인세법 시행규칙 제48조 제1항 참조)이 타당해 보인다.

4. 단기재상속에 대한 세액공제

> **해의 맥**
>
> 상속개시 후 10년 이내에 다시 상속이 개시된 경우에 두 번 과세됨으로 인한 재산가치의 급격한 감소를 보완하기 위해, 前의 상속재산이 再상속재산에 포함되어 있는 경우의 再상속된 각각의 상속재산별로 구분하여 계산한다.

§관련조문

상증세법	상증세법 시행령
제30조【단기재상속에 대한 세액공제】	제22조【재상속되는 재산의 계산】

1) 의의

상속개시 후 10년 이내에 상속인 또는 수유자의 사망으로 또다시 상속이 개시된 경우 前 상속개시시 과세된 재산이 後 상속개시로 인한 상속세 과세가액에 포함된 경우 그 중복되는 부분에 대한 前의 상속세에 상당한 금액의 일정부분을 공제한다(상증세법 제30조 제1항, 같은 법 집행기준 30-22-1). 다시 말해서 조부의 사망으로 부가 상속받은 재산, 즉 상속세가 과세되었던 부(父) 소유 재산이 부의 사망으로 자에게 상속개시된 재산에 포함되어 있는 경우에는 再상속으로 자에게 과세될 상속세액에서 부에게 상속세가 과세된 상속재산 중 再상속분에 대한 前의 상속세 상당액에 일정한 공제율을 곱한 금액을 공제한다. 이는 동일재산(각각의 상속재산별로 구분하여 계산)에 대해 단기간 내에 상속이 반복하여 개시되는 경우 상속재산의 재산적 가치가 급격히 감소되는 것을 방지하고, 상속세가 과도하게 부담되는 문제를 해소하기 위한 것이다. 한편 이는 이중과세에 해당하지 아니하므로 이중과세의 방지는 그 취지가 아니다.

2) 세액공제 요건

따라서 세액공제를 받을 수 있는 요건은 다음과 같다. 따라서 요건만 충족되면 단기재상속 세액공제를 받은 상속재산에 대하여 추가 재상속(3차 이상의 재상속)시 세액공제(2차 재상속시)를 받았다는 이유로 단기재상속 세액공제를 부인하는 것은 부당하다(국심 2004중 2019, 2004. 12. 31.).

① 상속개시 후에 또다시 상속이 개시되어야 한다.

그러므로 부모가 동일자에 시차로 사망한 경우에는 부와 모의 재산을 각각 개별로 과세하되 후에 사망한 자의 상속세의 과세가액에는 먼저 사망한 자의 상속재산 중 그의 지분을 합산하고 단기재상속에 대한 세액공제를 한다(재산-989, 2010. 12. 30.).

② 前의 상속개시와 後의 상속개시의 기간은 10년 이내이어야 한다.

이때 기간계산의 기산점은 전의 상속개시의 다음 날부터 기산한다.

③ 먼저 개시된 상속재산에 대하여 상속세가 과세되어야 한다.

상속세가 단기간에 두 번 과세됨으로 인한 재산가치의 급격한 감소를 보완하기 위해서 이 제도가 도입되었으므로 이 요건은 당연하다.

④ 前의 상속개시시에 과세받은 재산이 後의 상속개시로 인한 상속세 과세가액에 포함되어 있어야 한다.

그러므로 단기 再상속에 대한 세액공제는 再상속된 각각의 상속재산별로 구분하여 계산하므로(상증세법 시행령 제22조), 前의 상속재산이 再상속재산에 포함되어 있는 경우의 해당 재산별로 각각 구분하여 계산한다(상증세법 기본통칙 30-22…1 제1항, 같은 법 집행기준 30-22-1 ②).

이렇게 하는 이유는 단기 再상속 세액공제가 개별재산이 그 동일성을 유지한 상태로 다시 상속됨으로써 가중한 稅 부담을 지는 것을 완화하고자 하는 것이기 때문이다. 동일한 재산이 아니라 동일성의 유지를 요건으로 하므로 再상속되는 재산의 종류가 변경된 경우에도 동일성이 유지되기만 하면 단기 再상속 세액공제가 적용된다(재산-53, 2011. 1. 25. ; 서면4팀-975, 2006. 4. 14. ; 서면4팀-162, 2005. 1. 21.).[417]

3) 공제세액 계산

단기 再상속에 대해 공제할 세액은 다음의 산식에 의하여 산출된 금액에 '일정률'을 곱하여 계산한다(상증세법 제30조 제2항).

$$\text{前의 상속세 산출세액} \times \cfrac{\text{再상속분의 재산가액} \times \cfrac{\text{前의 상속세 과세가액}}{\text{前의 상속재산가액}}}{\text{前의 상속세 과세가액}} \times \text{공제율}$$

이때 공제되는 세액은 상속세 산출세액에서 증여세액공제 및 외국납부세액공제를 차감

---

417) 이태로·한만수, 「조세법강의」, 박영사, 2009, 656쪽

한 금액을 한도로 한다(상증세법 제30조 제3항).[418]

(1) 再相續分의 재산가액

再相續재산분의 재산가액에는 상속재산에 가산하는 증여재산 중 상속인이나 수유자가 받은 증여재산을 포함한다(상증세법 제30조 제1항 괄호). 종전에는 前의 상속 시 상속세 과세가액에 산입된 사전증여재산의 포함여부가 불분명하여 논란이 있었으나,[419] 2020년 개정을 통해 이를 명확히 한 것이다.

위 산식의 '분자'는 再相續분 재산가액의 1차 상속시의 상속세 과세가액 상당액이고, 이를 '분모'(1차 상속시의 전체 상속세 과세가액)로 나누면 이는 再相續분의 1차 상속시의 과세가액 비율이 되어 결국 위 산식을 전체 1차 상속세 산출세액 중 再相續분 재산가액이 차지하는 과세가액 비율만큼(이에 再相續기간에 따른 공제율을 곱함)을 공제하는 것이 된다(대법원 2010두16059, 2011. 2. 10.).

이처럼 단기 再相續세액공제는 재상속되는 상속재산가치의 급격한 감소를 막기 위해 '再相續되는 특정된 상속재산에 대한 前의 상속세 상당액'을 공제하려는 입법취지에 따라 前의 상속재산이 再相續재산에 포함되어 있는 경우의 "실제로 再相續된 특정 재산별(상속재산별)로 각각 구분하여 계산"하므로(상증세법 기본통칙 30-22…1 제1항), '再相續분의 재산가액'은 前의 전체 상속재산 중 再相續된 재산에 포함된 특정재산 각각에 대하여 前의 상속 당시 상속재산가액으로 하면 되는 것이지(상증세법 기본통칙 30-22…1 제2항), 개정 전처럼 前의 상속재산가액에서 '前의 상속세 상당액을 차감'하는 것은 불필요해 보이는 점, '再相續분의 재산가액' 및 '前의 상속재산가액' 모두 문리적으로 '재산가액'으로 동일하게 규정하고 있는 점, 법 개정으로 해당 차감규정을 명시적으로 삭제한 점, 대신 과다공제로 인한 환급을 배제하기 위해 세액공제의 한도를 새로 규정한 점 등을 고려하면, 세법의 엄격해석의 원칙상 2020. 1. 1. 이후 상속

---

418) 2020. 1. 1. 이후 상속개시 분부터 적용한다.

419) 前의 상속재산가액에는 前 상속에서 피상속인의 사망으로 인하여 상속이 이루어진 재산가액뿐 아니라 피상속인의 생전 증여재산이나 법률상 상속재산으로 간주하여 상속세 과세가액에 산입되는 재산가액 등도 모두 포함하여야 한다(대법원 2002두11196, 2004. 7. 9.). ; 1차 상속시 상속세 과세가액에 산입된 사전증여재산이 단기간에 2차 상속되었을 경우 본래의 상속재산에 해당되므로 단기 재상속에 대한 세액공제를 적용하여야 한다는 청구주장의 당부 : 단기 재상속에 대한 세액공제제도의 취지는 단기간 내에 동일한 재산에 대하여 상속세가 중복과세됨에 따른 세부담을 완화하기 위한 것인 점, 사전증여재산의 경우 수증자가 증여세를 부담한 후 1차 상속시 상속세 과세표준을 구성하고 당해 재산이 다시 상속되는 경우 2차로 상속세를 부담하게 되어 단기간 내에 동일한 재산에 대하여 중복과세되는 결과를 초래하는 점, 사전증여재산도 단기 재상속에 대한 세액공제를 적용함이 입법취지에 부합되는 점 등에 비추어 이를 부인하고 상속세를 부과한 이 건 처분은 잘못이 있는 것으로 판단된다(조심 2016중0767, 2016. 5. 23.).

개시 분부터는 前의 상속세 상당액을 차감하지 않고 再상속분의 재산가액을 계산하시면 될 것으로 보인다.

(2) 前의 상속재산가액, 前의 상속세 과세가액

前의 상속재산가액이란 後 상속의 피상속인이 前상속으로 상속받은 재산의 가액으로, 前상속 시점에서의 가액을 말한다(대법원 2002두11196, 2004. 7. 9.).

만약 1차 상속시 상속받은 부동산(8억원)을 양도(20억원)하고 해당 매각대금 중 일부만 재상속(10억원)된 때에는 재상속된 재산의 비율에 상당하는 전의 상속재산가액(4억원)을 기준으로 산정된 전의 상속세 과세가액을 한도로 공제세액을 계산한다(재산-93, 2010. 2. 12.).

같은 맥락에서 '前의 상속세 과세가액'도 後 상속의 피상속인에게 안분된 과세가액을 의미하며, 이 역시 前상속 시점에서의 가액을 말한다.

위 계산식에서 '前의 상속세 산출세액', '前의 상속재산가액', '前의 상속세 과세가액'은 1차 상속[前의 상속]시의 전체 '상속세 산출세액, 상속재산가액, 상속세 과세가액'을 의미한다(조심 2015중3571, 2016. 3. 23.).

(3) 공제율

일정률은 再상속이 1년 이내에 이루어지는 경우에는 100분의 100, 再상속기간이 길어질 때마다 매년 100분의 10씩 줄어들어서 9년 초과 10년 이내인 경우에는 100분의 10이 된다. 따라서 10년을 초과하게 되면 세액공제는 인정되지 않게 된다.

再상속 기간	1년 이내	2년 이내	3년 이내	4년 이내	5년 이내	6년 이내	7년 이내	8년 이내	9년 이내	10년 이내
공제율	100%	90%	80%	70%	60%	50%	40%	30%	20%	10%

5. 신고세액공제

 해의 맥

상속세 '신고기한 내에 정확한 신고금액'에 대해 적용하며, 납부와 무관하다.

§상증세법

상증세법	상증세법 시행령
제69조【신고세액공제】	제65조의 2【신고세액공제】

1) 의의

현행 우리나라 조세체계상 상속세는 자진신고납부조세가 아니라 정부가 부과결정하는 조세이다. 그러므로 납세자가 하는 신고는 상속세 납세의무를 확정하는 효력이 없는 단순한 협력의무의 이행에 지나지 않는다. 그러므로 상속세 신고세액공제는 이러한 납세자의 협력의무의 성실한 이행을 유도하기 위해 도입된 것이다.

이에 따라 상속세과세표준 신고기한 내에 상속세 신고서를 제출한 자에 대하여는[아래 2)] 상속세 산출세액에서 상속세 징수유예금액과 공제 또는 감면되는 금액을 공제한 금액의 7%[아래 3)]를 상속세 산출세액에서 공제한다.

2) 세액공제 요건

(1) 상속세과세표준 신고기한(상증세법 제67조) 이내에 상속세과세표준을 신고하여야 한다.

① 과세표준 신고기한 이내에 신고하여야 하므로 신고기한이 지난 후 수정신고를 한 경우, 그 수정신고분(증액된 부분)에 대해서는 적용되지 않는다(서일 46014-10608, 2002. 5. 8.). 이는 신고세액 공제액 산정시 기초가 되는 산출세액을 상속세과세표준 신고기한 내 신고한 과세표준에 대한 산출세액으로 한다는(상증세법 시행령 제65조의 2, 같은 법 기본통칙 69-0…1 제1항) 규정에 비추어 타당하다. 즉 신고기한 내 신고한 진실한 과세표준(적정 신고과세준)에 대해서만 적용한다. 그러므로 신고한 과세표준에는 상속재산의 평가상의 차이 및 각종 공제액의 적용상 오류 등으로 인한 과다신고금액은 제외된다(상증세법 기본통칙 69-0…1 제3항, 같은 법 집행기준 69-65의 2-2).

이처럼 과다신고한 금액이 제외되는 것이므로, 상속인이 상속세과세표준을 신고함에 있어 사전증여재산가액(상증세법 제13조)을 상속개시일 전 처분재산(상증세법 제15조)보아 과세표준을 잘못 신고하였다고 하더라도 신고한 과세표준 자체가 달라지지 아니하는 경우에는, 동 사전증여재산가액은 신고세액공제대상에서 제외하지 않는다(대법원 2007두19508, 2009. 10. 29. ; 국심 2004서1313, 2004. 9. 7. ↔ 반대견해 : 국심 2005부2946, 2006. 1. 11. ; 서일 46014-10064, 2002. 1. 16.).

같은 맥락에서 상속세 신고시 증여재산을 합산하여 신고하지 않은 경우, 증여세 신고를 법정기한 내에 하였더라도 그 금액에 대하여 신고세액공제를 적용하지 아니한다(상증세법 집행기준 69-65의 2-2 ; 재산-1725, 2009. 8. 18.).

※ 적정신고 과세표준 산정방향(조심 2011중3212, 2011. 11. 2. ; 재산-35, 2011. 1. 18. ; 국심 2005부2946, 2006. 1. 11.)

최초 과세표준 신고현황	신고세액공제대상 적정신고 과세표준
재산과다 신고금액	신고 과세표준에서 차감한다.
재산과소 신고금액	신고 과세표준에 가산하지 않는다.
채무(공제)과다 신고금액	신고 과세표준에서 차감하지 않는다.
채무(공제)과소 신고금액	신고 과세표준에서 차감한다.

상속세 신고기한은 상속개시일부터 6월 이내이므로 이를 경과한 후 대법원 확정판결에 의해 보험금이 확정된 때로부터 기산하여 6월 이내에 신고한 것은 신고세액공제를 적용받을 수 없다(국심 2003부2762, 2004. 5. 3.).

상속세 신고기한(상속개시일이 속하는 달의 말일로부터 6월(9월) 이내)에 대한 자세한 설명은 뒤에서 한다.[420]

② 세금은 일반적으로 신고와 동시에 납부를 하여야만 신고세액공제를 하는데 상속세는 법정기한 내 신고서를 제출하고 납부는 하지 아니하여도 신고세액공제는 할 수 있다(상증세법 기본통칙 69-0…1 제2항. 같은 법 집행기준 69-65의 2-2). 상속세의 과세표준신고가 단순한 협력의무라는 점에서 정당하다.

③ 신고하여야 하는 것은 상속세과세표준이다.

그러므로 상속세액을 신고하여야 하는 것이 아니라 상속세과세표준의 신고이면 충분하다. 상속세가 정부 부과조세인 점에 비추어 타당하다.

(2) 상속세 산출세액에서 상속세 징수유예금액과 공제 또는 감면되는 금액을 공제한 금액이 존재하여야 한다.

앞서 살펴본 다른 세액공제와는 달리 상속세 산출세액에서 일정한 징수유예금액과 공제감면세액을 차감한 잔액이 양(+)의 금액이어야 한다.

3) 세액공제액 계산

신고세액공제의 계산을 산식으로 표시하면 다음과 같다.

---

420) 이 책 뒤에서 볼 '상속세의 신고기한' 참조

> 신고세액공제 = [상속세 산출세액 − 징수유예금액 − 공제 · 감면세액] × 3(5)%[421]

(1) 상속세 산출세액

① 여기에서 상속세 산출세액이라 함은 상증세법 제67조의 규정에 의하여 신고한 과세표준에 대한 산출세액을 말하며(상증세법 기본통칙 69-0…1 제1항), 상속세 산출세액에는 상증세법 제27조의 규정에 의한 세대를 건너뛴 상속에 대한 할증과세액이 포함된다(상증세법 제69조 제1항).

> 상속세 산출세액 = 신고한 과세표준 × 상속세율

② 신고한 과세표준 = 상속세 신고서상의 과세표준 − 신고한 과세표준에 포함된 상속재산의 평가오류로 인한 과다신고금액 − 채무과소신고, 각종 공제과소신고로 인한 과다신고금액

이때의 신고한 과세표준은 정부가 결정한 가액이 아니라 납세자가 신고한 과세표준을 의미한다. 이런 맥락에서 상속세 신고시 합산대상 증여재산을 합산하지 않은 경우 그 금액에 대해서는 신고세액공제가 적용되지 않는다.

(2) 징수유예금액

여기에서 징수유예금액이란 상증세법 제74조의 규정에 의하여 징수를 유예받은 금액으로, 문화재자료 등, 박물관 자료 등, 국가지정문화재 등에 대한 징수유예금액을 말한다. 이에 대해서는 다음에 살펴본다.[422]

(3) 공제 · 감면된 세액

여기에서의 상속세 공제 · 감면된 세액에는 ① 증여세액 공제(상증세법 제28조), ② 외국납부세액공제(상증세법 제29조), ③ 단기재상속에 대한 세액공제(상증세법 제30조) 및 ④ 다른 법률이 규정한 공제 및 감면세액이 있다. 이에 대한 자세한 설명은 앞에서 기술하였다.

---

421) 2018. 1. 1. 이후 상속이 개시되는 분부터 적용한다. 신고세액공제율의 단계적 인하를 위해 2018년까지는 5%가 적용되며, 2019년 이후에는 3%가 적용된다(부칙 〈제15224호, 2017. 12. 19.〉 제8조).

422) 뒤에서 기술하는 '징수유예' 참조

4) 공동상속인이 각자 지분별로 신고한 경우 신고세액의 공제

공동상속인이 상속재산의 과세표준과 세액을 신고함에 있어 각자의 지분별로 각각 신고한 경우에도 지분별로 상속재산을 합산하여 신고세액공제를 한다(상증세법 기본통칙 69-0···1 제4항, 같은 법 집행기준 69-65의 2-2).

┃상속세 세액공제 요약(상증세법 집행기준 28-0-1)**┃**

상속세 세액공제	내　　　　　　용
증여세액공제	상속재산에 가산한 증여재산에 대한 증여세 산출세액을 공제
외국납부세액공제	외국에 있는 상속재산에 대하여 외국의 법령에 의해 상속세를 부과받은 경우 그 상당액 공제
단기재상속에 대한 세액공제	상속이 개시된 후 10년 이내에 다시 개시된 경우 그 재상속이 개시되는 기간에 따라 일정액 공제
신고세액공제	상속세과세표준 신고기한 이내에 신고한 경우 3(5)% 공제

차가감납부할세액 계산

상 속 세 산 출 세 액		
(-) 문화재등징수유예세액	문화재자료(토지 포함)·박물관자료·미술관자료·국가지정문화재 등에 대한 상속세액
(-) 세　　액　　공　　제	증여세액공제·외국납부세액공제·단기재상속세액공제·신고세액공제
결　　정　　세　　액	
(+) 가　　　산　　　세	신고불성실가산세·납부지연가산세 등
차 가 감 납 부 할 세 액 (= 총 결 정 세 액)	상속개시일이 속하는 달의 말일로부터 6월 이내 신고·납부

자진납부세액 계산

차가감 납부할 세 액[423]		
(−)	연 부 연 납 신 청 세 액	납부세액 2천만원 초과시
(−)	물 납 신 청 세 액	납부세액 2천만원 초과 + 부동산·유가증권 비중 50% 초과시
	자 진 납 부 세 액[424]	신고납부기한 : 상속개시일이 속하는 달의 말일로부터 6월 이내

---

423) '상속세과세표준신고 및 자진납부계산서(상증세법 시행규칙 별지 제9호 서식)'의 ㉖번 참조
424) '상증세법 집행기준 70−66−1' 참조

04장 상속재산의 평가 [425]

해의 맥

① 원칙 : 시가[평가기준일 현재 시가(해당재산 → 유사재산) → 평가기간 내 사례가(해당재산 → 유사재산) → 평가기간 이외 사례가(+심의)(해당재산 → 유사재산)] → 예외 : 보충적 평가

② 특례 : 저당권 등이 설정된 재산 : Max[(시가 → 보충적 평가), 피담보채권액 등]

제1절 재산평가의 원칙

§상증세법

상증세법	상증세법 시행령	상증세법 시행규칙
제60조【평가의 원칙 등】	제49조【평가의 원칙 등】 제58조의 3【국외재산에 대한 평가】	제15조【평가의 원칙 등】

Ⅰ 재산평가의 기초

해의 맥

재산평가는 상속세·증여세를 과세하기 위해 과세대상 재산에 대해 화폐라는 공통의 척도로 동일화하는 것으로, 평가시기(평가기준일)와 평가방법이 핵심이다.

1. 재산평가의 의의

1) 평가의 의의

평가란 일정한 현상 또는 대상에 대하여 경제적 가치, 즉 시장가격을 매기는 과정 또는 그것을 화폐액으로 표현하는 과정이라고 말할 수 있다.

---

425) 상속재산의 평가에는 증여재산의 평가도 관련이 있는데, 이는 상속재산의 가액에 사전증여재산이 가산되며 그 평가는 증여시점의 현황에 의하도록 한 상속세의 계산구조에 따른 것이다. 따라서 증여재산의 평가에 관한 내용도 포함되어 기술되었다.

따라서 재산의 평가란 재산이 갖고 있는 가치를 화폐액으로 표시하는 과정이라 할 수 있는데, 상증세법상 재산(여기에서의 재산은 상속재산과 증여재산을 포괄한다)의 평가는 상속세 · 증여세를 과세하기 위하여 과세대상 재산에 대하여 화폐라는 공통의 척도로 동질화시키는 것을 의미한다.

2) 평가의 어려움

상속세 · 증여세 과세에 있어서의 재산평가는 상속개시일 또는 증여일의 시점에 평가하는 것이므로 현실적으로 거래되어 금전화(소득세 · 법인세는 실제로 거래된 가액을 기준으로 과세된다)되지 않은 재산을 평가한다는 점에서 객관성이 결여되기 쉽다(헌법재판소 2001. 6. 28. 선고, 99헌바54 전원재판부 결정). 이로 인해 재산평가는 납세자와 과세청 간의 이해가 가장 첨예한 부분의 하나이다.

3) 평가의 중요성

그렇더라도 재산의 가액을 언제 어떻게 평가할 것인가는 상속 및 증여세의 과세표준에 직접적으로 영향을 주므로, 공정 · 타당한 평가방법은 중요한 의미를 갖는다. 그러므로 재산 평가의 핵심변수는 평가시기와 평가방법이다.

2. 재산평가의 기준일

평가기준일이란 재산의 평가액을 산정하는 기준시점이다. 재산의 가액은 시간이 경과함에 따라 달라질 수 있기 때문에 어느 시점의 가액으로 평가하느냐에 따라 재산의 평가액이 다르게 되고 부담하는 세액도 다르게 된다. 따라서 법적 안정성과 예측 가능성을 제고하고 과세상의 형평을 도모하기 위해 재산평가의 기준시점을 명확히 하여야 할 필요가 있다.

현행 상증세법상 상속재산의 가액은 상속개시일(평가기준일) 현재의 현황에 의한다(상증세법 제60조 제1항). 상속재산에 가산하는 증여재산의 가액은 증여 당시의 현황에 의한다(상증세법 제60조 제4항).[426]

구체적으로 재산별 평가기준일을 살펴보면 다음과 같다.

---

426) 1993년 相續稅法 改正 이전에는 과세가액에 가산하는 生前贈與도 상속개시일 현재로 평가하게 되어 있었는데, 이에 의하면 일반적인 물가상승 경향 때문에 평가액이 증가하고 그 증가된 금액이 상속재산가액에 가산되면 상속세의 누진비율의 적용으로 인하여 경우에 따라서는 상속재산이 상속재산의 당초 가액보다 크게 되어 상속을 받지 않은 것만 같지 못한 경우도 있었다(대법원 77누304, 1979. 6. 12. 참조).

1) 상속재산

일반적인 상속재산은 상속개시일 현재의 가액으로 평가한다(상증세법 제60조 제1항). 그리고 여기에서의 상속개시일(피상속인의 사망일)에 대한 구체적 설명은 앞에서 기술한 바와 같다.

2) 상속재산가액에 가산하는 증여재산

상증세법 제13조의 규정에 의하여 상속개시일 전 10년(5년) 이내에 증여한 재산의 가액은 상속세 과세가액에 가산하는바, 이러한 상속재산에 가산하는 증여재산의 평가기준일은 증여일 현재의 시가에 의한다(상증세법 제60조 제4항). 이때 상증세법상 증여일은 민법(증여계약 성립일)과 달리 증여에 의하여 재산을 취득하는 때, 즉 증여의 이행을 받은 날(사실상 이익을 받은 날)로 하고 있다. 즉 상증세법 시행령 제23조에서는 상증세법상에 별도의 규정(상증세법 제33조 내지 제45조의 3)을 두고 있는 경우를 제외한 일반적인 증여의 경우 증여재산의 취득시기에 대하여 규정하고 있는바, 부동산은 등기일, 동산은 인도일 또는 사실상 점유이전일을 원칙으로 하고 있다(상증세법 기본통칙 31-23…5). 증여일에 대한 상세한 내용은 뒤에서 기술한다.

3) 추정상속재산

상증세법 제15조의 규정에 의하여 상속재산으로 추정되는 상속개시 전 1년(2년) 이내에 피상속인이 처분한 상속재산 등이나 부담한 채무는 상속세 과세가액에 산입한다. 이 경우 그 가액은 실제 수입한 금액으로 하되 그 금액이 확인되지 않는다면 처분재산의 가액은 처분한 날을 기준으로 평가(추정상속재산 중 인출한 금액이나 부담한 채무는 그 금액의 확인이 되지 아니하다면 이를 상속재산으로 추정할 수 없을 것이므로 이런 경우를 상정하기 어렵다)한다(상증세법 기본통칙 15-11…1 제1항). 그런데 평가기준시점인 처분한 날을 언제로 볼 것인가(즉 부동산의 경우 처분한 날은 매매계약일인가 또는 잔금청산일인가)가 문제인데, 이와 관련하여 상증세법 시행령 제49조 제2항에서 시가에 해당되는 가액이 평가기준일 전후 6개월(증여재산의 경우 전 6개월~후 3개월)[427] 이내에 해당하는지 여부는 매매사실이 있는 경우에는 매매계약일 등을 기준으로 시가 해당 여부를 판단하도록 명문화하고 있으므로 처분재산의 평가는 매매계약일(수용·경매·공매의 경우에는 그 금액의 확인이 대체로 명확하지만 시일의 경과 등으로 인해 그 금액이 확인되지 않는다면 보상가액 등이 결정된 날)을 기준으로 하여야 할 것이다.

---

427) 2019. 2. 12. 이후 증여받는 분부터 적용하며, 이전에는 증여재산의 경우 전후 3개월을 평가기간으로 보았다.

4) 상속재산의 가액에서 빼는 공과금 또는 채무

상증세법 제14조의 규정에 의하여 상속재산의 가액에서 빼는 공과금 또는 채무는 상속개시일 현재 확정된 것을 대상으로 하는바, 이에 대한 평가기준시점도 상속개시일로 적용한다.

3. 평가대상

상증세법상 상속재산의 평가는 상속세를 과세하기 위하여 과세대상 재산에 대하여 화폐적 가치를 부여하는 것인데, 이 경우 평가대상이 되는 상속재산은 적극적 재산뿐만 아니라 소극적 재산인 부채를 포함한다. 상속세과세표준을 산정하기 위하여는 상속재산 등의 가액뿐만 아니라, 재산가액에서 공제하는 공과금 및 채무 등의 부채가액도 산정되어야 하기 때문이다.

4. 그 밖의 재산평가 관련사항

1) 공유재산의 평가

(1) 원칙

공유재산은 지분별로 구획하지 아니하고 전체로서 평가한 재산가액에 그 공유자의 지분비율에 따라 안분한 가액에 의하여 평가한다(상속재산평가준칙 제10조 제1항).

(2) 공유물인 재산의 타인지분에 감정가액이 있는 경우의 평가방법

평가대상 재산이 공유물인 경우 해당 재산의 타인지분에 감정가액이 있는 경우에는 해당 감정가액을 재산의 시가로 볼 수 있다. 다만, 공유물이 현실적으로 각자가 별도로 관리 · 처분할 수 있고 이에 대한 계약 등에 의하여 그 사실이 확인되거나 상호 명의신탁재산에 해당하여 사실상 이를 공유물로 볼 수 없는 경우에는 타인지분에 대한 감정가액을 평가대상 재산의 시가로 보지 아니한다(상증세법 기본통칙 60-49…3, 같은 법 집행기준 60-49-5).

2) 원물과 과실의 평가

천연과실은 물건의 용법에 의하여 수취하는 산출물(민법 제101조 제1항)로서 그 원물로부터 분리하는 때에 수취권자에게 귀속(민법 제102조 제1항)하므로, 분리 전에는 원물의 가액에 포함해서 평가하는 것이 타당하다. 법정과실은 물건의 사용대가로 받는 금전 그 밖의 물건(민법 제101조 제2항)으로서 수취할 권리의 존속기간일수의 비율로 취득(민법 제102조 제2항)하므로, 원물과 분리가능한 법정과실의 가액은 원물과는 별도로 평가한다. 다만, 이러한 민법의 규정은 강행규정이 아니므로 다른 거래의 실행이 있는 경우 또는 당사자의 합의로 별도의 정함이 있는 경우에는 그 실행 및 정한 바에 따라 평가한다(상속재산평가준칙 제13조).

3) 부동산 매매계약 이행 중인 재산 등의 평가

(1) 매매계약 이행 중인 재산

상속재산은 상속개시일 현재의 가액으로 평가하므로, 상속개시 전 피상속인이 부동산 양도계약을 체결하고 잔금을 영수하기 전에 사망한 경우에는 양도대금 전액(양도대금이 불분명한 경우에는 해당 부동산을 이 법의 규정에 의하여 평가한 가액으로 한다)에서 상속개시 전에 영수한 계약금과 중도금(이미 '금전'등의 형태로 상속재산에 포함)을 차감한 잔액을 해당 상속재산의 가액으로 한다. 또한 상속개시 전 피상속인이 부동산 양수계약을 체결하고 잔금을 지급하기 전에 사망한 경우에는 이미 지급한 계약금과 중도금을 상속재산에 포함한다(상증세법 기본통칙 7-0…3).

(2) 연부 등에 의하여 취득한 상환완료 전 재산

그리고 연부 또는 월부에 의하여 취득한 재산으로서 평가기준일 현재 상환이 완료되지 않은 재산에 대하여는 해당 재산의 가액에서 미상환금('부채'이므로)을 차감한 가액(차감한 가액이 음수이면 '0')으로 평가한다(상증세법 기본통칙 65-0…1, 같은 법 집행기준 65-60-3).

4) 시가의 최고한도액

임대주택에 대한 「임대주택법」상의 분양전환가격에 대한 규정은 강행규정으로 분양전환가격의 최고한도액은 임대주택을 매각할 경우 그 교환가격을 산정함에 있어서 임대주택에 대한 최고거래가액을 정한 것이어서, 특별한 사정이 없는 한 임대주택의 거래가격은 법령의 제한에 의한 분양전환가격 최고한도액을 초과할 수 없으므로 임대주택의 분양전환가격의 최고한도액을 시가의 최고한도액으로 보아도 무리가 없어 보여, 임대주택의 평가기준일 현재 상증세법상의 시가를 계산함에 있어서도 임대주택은 「임대주택법」상의 분양전환가격의 최고한도액에 따른 제한을 받고 있다고 할 것이다(조심 2011서 4859, 2012. 7. 18. ; 대법원 2006두14049, 2009. 4. 30. 참조).

5) 재산평가의 계산단위

상증세법 제60조 내지 제66조의 규정에 의해 재산을 평가함에 있어서 배율에 의한 부동산의 제곱미터당 가액, 상장주식의 1주당 최종시세가액의 평균액과 비상장주식의 1주당가액, 1주당 순손익액 및 이의 가중평균액 등의 계산에 있어 원단위 미만의 금액은 이를 버린다(상증세법 기본통칙 60-0…1).

6) 국외재산의 평가

국외재산을 평가함에 있어서는 먼저 상증세법 제60조 내지 제65조의 규정을 적용하여 평가하고, 이렇게 하는 것이 부적당한 경우에는 해당 재산이 소재하는 국가에서 양도소득세 · 상속세 또는 증여세 등의 부과목적으로 평가한 가액을 평가액으로 하며, 이러한 평가액도 없는 경우에는 세무서장 등이 2 이상의 국내 또는 외국의 감정기관에 의뢰하여 감정한 가액을 참작하여 평가한 가액에 의한다(상증세법 시행령 제58조의 3).

그리고 외화로 표시된 국외재산의 가액은 평가기준일 현재 외국환거래법에 의한 기준환율 또는 재정환율에 의하여 환산한 가액으로 이를 평가한다(상증세법 시행규칙 제15조 제2항).

7) 외화자산 및 부채의 평가

외화자산 및 부채는 평가기준일 현재 외국환거래법 제5조 제1항에 따른 기준환율 또는 재정환율에 따라 환산한 가액을 기준으로 평가한다(상증세법 시행령 제58조의 4).[428]

8) 평가방법의 정함이 없는 재산의 평가

상증세법에서 따로 평가방법을 정하지 아니한 재산의 평가는 상증세법 제65조 제1항 및 제60조 내지 제64조에 규정된 평가방법을 준용하여 평가한다(상증세법 제65조 제3항). 예컨대 사용수익기부자산(법인세법 시행령 제24조 제1항 제2호 사목)은 장부가액(취득가액에서 법인세법상 감가상각비를 차감한 가액을 말함)으로 평가한다(서면4팀-3868, 2006. 11. 24.). 같은 맥락에서 우선매수청구권은 그 행사가격과 주식의 시가와의 차액 상당의 이익을 얻을 수 있는 권리인 점에서 신주인수권과 유사하므로 신주인수권증권 또는 신주인수권증서의 가액 평가방법에 관한 상증세법의 규정을 준용하여 우선매수청구권을 행사하여 취득한 주식의 가액에서 그 취득에 소요된 비용을 차감하는 방식으로 산정하되, 취득한 주식의 가액은

---

428) 2012. 2. 2. 이후 최초로 상속이 개시되거나 증여받은 것부터 적용한다.

상증세법 제63조 제1항 제1호 (가)목에 의하여 평가기준일 이전·이후 각 2월간에 공표된 매일의 한국증권거래소 최종시세가액의 평균액에 의한다(대법원 2008두17882, 2011. 4. 28.).

9) 기획재정부장관의 평가 세부사항 결정

기획재정부장관은 상속·증여재산을 평가함에 있어서 평가의 공정성을 확보하기 위하여 재산별 평가기준·방법·절차 등에 관한 세부사항을 정할 수 있다(상증세법 시행령 제49조 제11항). 이에 따라 1994년 8월 8일 현재 상속재산평가준칙이 제정되어 있으나, 이후 세법개정사항이 반영되어 있지 않아 그 적용에 유의할 필요가 있다.[429]

Ⅱ 재산평가의 원칙

이해의 맥

상속·증여재산의 가액은 원칙적으로 시가에 의하고, 시가를 산정하기 어려운 예외적인 경우에만 보충적평가액으로 한다는 점에서, 우선적으로 적극적인 시가탐색이 필요하다.

1. 시가 평가

상속세가 부과되는 재산의 가액은 상속개시일("평가기준일") 현재의 시가에 의하는 것을 원칙으로 하고 있다(상증세법 제60조 제1항). 시가에 대한 상세한 설명은 아래 제3절에서 본다.

2. 보충적 평가

상속받은 재산의 시가를 산정하기 어려운 경우에는 해당 재산의 종류·규모·거래상황 등을 감안하여 상증세법 제61조 내지 제65조에서 규정한 보충적 평가방법에 의하여 평가하도록 하고 있다. 이는 시가를 산정하기 어려운 경우에 시가로 의제할 수 있는 평가방법을 상증세법 제60조 제2항에 대한 관계에서 보충적으로 규정하고 있는 것으로 볼 수 있다. 따라서 재산가액을 평가함에 있어서는 시가를 산정하기가 곤란하여 보충적 평가방법에 의하는 경우를 제외하고는 원칙적으로 시가에 의하여 평가하여야 한다.

---

429) 한편 상속재산 및 증여재산의 평가와 관련한 업무처리에 대해서는 '상속세 및 증여세 사무처리규정 (2010. 3. 31, 국세청 훈령 제1846호) 제7장'에서 규정하고 있다.

3. 평가특례

다만, 예외적으로 상증세법 제66조에 규정하는 저당권 등이 설정된 재산(저당권, 담보권 또는 질권이 설정된 재산, 양도담보재산, 전세권이 등기된 재산, 담보신탁 계약이 설정된 재산)은 해당 재산이 담보하는 채권액 등을 기준으로 평가한 가액과 시가(시가가 없는 경우 보충적 평가방법에 의한 가액)에 의하여 평가한 가액 중 큰 금액을 적용하도록 하고 있다. 이에 대해서는 後에 기술한다.[430]

시가평가의 원칙

1. 시가의 의의

> **이해의 맥**
>
> 시가란 "불특정 다수인 사이에 자유로이 거래가 이루어지는 경우에 통상 성립된다고 인정되는 가액"으로, 결국 시가로 인정받기 위해서는 해당 가액이 객관성 · 정상성 · 적정성(적합성) · 타당성을 충족하여야 하며 충족 여부에 대한 입증책임은 주장하는 자에게 있다.

1) 개념

시가란 "불특정 다수인 사이에 자유로이 거래가 이루어지는 경우에 통상 성립된다고 인정되는 가액(상증세법 제60조 제2항)"이다. 이와 같은 불특정 다수인 사이에 통상 성립된다고 인정되는 가액이 되기 위하여는 해당 재산에 대한 객관적인 요소(주로 거래대상 재산의 고유특성)가 고려되어야 하고, 특정거래에 개입된 특유한 주관성(거래당사자의 해당 재산에 대한 주관적 필요성 · 선호도 등 – 만약 이러한 요소에 영향받은 평가액을 시가로 인정하게 된다면 납세자 간의 공평이 깨어질 것이다)이 있는 경우에는 설사 거래가 있었다 하여도 시가로 볼 수 없다. 또한 시가는 자유로이 거래가 이루어지는 경우에 통상 성립된다고 인정되는 가액이므로, 당사자의 자유로운 의사를 제약하는 요소가 있다면 이를 시가로 보기 어렵다.

---

430) 이 책 뒤에서 볼 '저당권 등이 설정된 재산의 평가' 참조

2) 판례

판례에서도 ① 주관적인 요소가 배제된 객관적인 것이어야 하고(대법원 97누10765, 1998. 7. 10.), ② 거래에 의하여 형성된 것이어야 하며(즉 인터넷상의 시세 등 호가는 제외(조심 2009서1810, 2009. 6. 17.)), ③ 그 거래는 일반적이고 정상적인 것이어야 하고(조심 2010서501, 2010. 7. 13.), ④ 그 기준시점의 재산의 구체적인 현황에 따라 평가된 객관적 교환가치를 적정하게 반영하여야 할 것이고, ⑤ 평가기준일과 해당 재산의 거래일 사이에 가격의 변동이 없었어야 한다고 해석하고 있다(대법원 99두2505, 2000. 2. 11. 등 다수).

3) 결론

결론적으로 시가로 인정받기 위한 시가 인정의 대전제는 해당 가액의 객관성·정상성·적정성(적합성)·타당성이다. 따라서 이러한 전제를 만족시키지 못한다면(상증세법 시행령 제49조 제1항 각 호 단서 참조) 시가로 인정될 수 없다(조심 2010중1816, 2011. 8. 12. ; 감심 2009-11, 2009. 5. 19.). 반대로 이 요건을 만족시킨다면 불특정 다수가 아니거나 특수관계인 간이라도 시가로 인정될 수 있다(조심 2010서3543, 2011. 7. 27. ; 조심 2010부4004, 2011. 5. 23.). 같은 맥락에서 사업자의 장부가액(국심 2007중3422, 2007. 11. 20.)이나 회계법인 평가한 가액이라 하여 시가로서의 타당성을 따지지 않은 채 바로 시가적용을 배제해서는 안 되며(서울고법 2010누23035, 2011. 4. 26. ; 조심 2010서3694, 2011. 5. 23. ; 조심 2010서372, 2010. 10. 29.), 그 평가액이 합리적인 시가로서의 요건을 갖춘다면 시가로 봄이 타당하다(심사증여 2010-19, 2010. 4. 20.)[이런 맥락에서 보면, 대한광업진흥공사가 자체적으로 평가한 광업권 평가액도 상증세법상의 시가로 볼 수 있음(국심 92서2349, 1992. 10. 21.)].

다만, 시가를 주장하는 자에게 요건 충족에 대한 입증책임이 있을 뿐이다.

따라서 어떠한 거래가 그 거래대상의 객관적인 교환가치를 적정하게 반영하는 일반적이고 정상적인 것인지 여부는 ① 거래당사자들이 각기 경제적 이익의 극대화를 추구하는 대등한 관계에 있는지, ② 거래당사자들이 거래 관련 사실에 관하여 합리적인 지식이 있으며 강요에 의하지 아니하고 자유로운 상태에서 거래를 하였는지 등 거래를 둘러싼 제반 사정을 종합적으로 검토하여 판단하여야 한다(조심 2011서181, 2011. 6. 29. ; 조심 2010서1069, 2010. 9. 8.). 즉 평가에 있어서는 주관적인 요소는 배제되어야 하며, 객관적 요소로서의 타재산과의 교환가치로서 파악되어야 하고, 그 재산의 현황에 따라 평가되어야 하는 것이므로 그 재산가액에 영향을 미치는 모든 사정이 고려되어야 할 것이다.

아래에서는 이상과 같은 시가로서의 요건을 갖추었다고 보이는 구체적인 시가의 범위(상증세법 시행령 제49조 제1항)를 예시적(상증세법 제60조 제2항 ; 대법원 2000두5098, 2001. 8. 21.)으로 살펴본다.

2. 시가의 범위

 해의 맥

상속 · 증여는 무상이전이므로 평가기준일에 현실적으로 거래가 이루어지진 않지만, 앞의 시가요건을 충족하는 "매매사례가액 등(해당재산 → 동일 · 유사재산)"이 존재하는 경우에는 이를 시가로 인정한다. 다만, 시장성 있는 상장주식 등의 경우에는 평가기준일 전후 2개월의 "종가평균"만이 시가로 간주된다.

1) 시가

시가란 불특정 다수인 사이에 자유로이 거래가 이루어지는 경우에 통상 성립된다고 인정되는 가액을 의미한다(상증세법 제60조 제2항 전단). 거래가액이란 실제 매매계약이 체결되고 완성된 거래에서 성립된 가액을 의미한다(재삼 46017-1204, 1996. 5. 16.[431]).

2) 시가간주

이 경우 상증세법 제63조 제1항 제1호 가목에서 규정하고 있는 유가증권시장 상장주식, 코스닥시장 상장법인의 주식 등의 평가방법에 의하여 결정된 가액(이 경우 상증세법 제63조 제2항에 의거 기업공개 준비 중인 주식, 코스닥상장 준비 중인 주식의 평가 및 증자로 취득한 주식 중 아직 상장되지 아니한 주식의 평가방법에 관한 규정에 따라 평가된 가액은 제외)은 시가로 간주된다(상증세법 제60조 제1항 후단). 이들 상장주식 등의 거래형태가 위 1)의 시가의 개념에 부합한다는 점에서 타당한 면이 있으나, 다른 재산과 달리 평가기준일 현재에 의하지 않는 점(전 · 후 2개월)에 대해서는 생각해 볼 여지가 있다.

따라서 유가증권시장 상장주식 및 코스닥시장 상장법인의 주식에 대해서는 보충적 평가방법이란 존재하지 않는다고 해석하여야 하고, 매매사례가액 등도 시가로 인정되지 않는다고 해석하여야 타당하다. 즉 평가기준일에 불특정 다수인 사이에 자유롭게 거래가 이루어지는 경우 통상적으로 성립된다고 인정되는 가액이 존재할지라도 이를 상증세법상의 주권상장법인주식 등의 시가로 간주하지 않는다는 것이다.

특정 금융거래정보의 보고 및 이용 등에 관한 법률 제2조 제3호에 따른 가상자산의 경우에는 해당 자산의 거래규모 및 거래방식 등을 고려하여 다음 각 호의 구분에 따라 평가한 가액을 시가로 본다(상증세법 제60조 제1항 제2호, 제65조 제2항, 같은 법 시행령 제60조 제2항).

---

431) 중도에 매매계약이 해제된 경우의 그 거래가액이나 형식적으로 매매계약서만 작성된 경우 그 거래가액은 모두 시가에 해당하지 않는다.

1. 특정 금융거래정보의 보고 및 이용 등에 관한 법률 제7조에 따라 신고가 수리된 가상자산사업자("가상자산사업자") 중 국세청장이 고시하는 가상자산사업자의 사업장에서 거래되는 가상자산 : 평가기준일 전·이후 각 1개월 동안에 해당 가상자산사업자가 공시하는 일평균가액의 평균액

2. 그 밖의 가상자산 : 제1호에 해당하는 가상자산사업자 외의 가상자산사업자 및 이에 준하는 사업자의 사업장에서 공시하는 거래일의 일평균가액 또는 종료시각에 공시된 시세가액 등 합리적으로 인정되는 가액

3) 시가인정

(1) 원칙 : 수용가격·공매가격·감정가격 및 매매사실이 있었던 재산의 거래가격 등은 일정한 요건에 해당되면 시가로 인정될 수 있다(상증세법 제60조 제2항 후단).

일정한 요건이라 함은 재산평가가액으로 대체하기에 충분한 객관적인 거래사실 또는 공신력 있는 감정기관의 감정 등에 의하여 검증된 가액을 의미하는 것으로써 상속재산은 평가기준일[432] 전후 6월[증여재산의 경우는 평가기준일 전 6월~후 3월] (평가기간) 내에 매매·감정·수용·경매(민사집행법에 의한 경매를 말한다) 또는 공매(이하 "매매 등"이라 함)가 있는 경우로서 아래[(5) ⟨1⟩, ⟨2⟩, ⟨3⟩]와 같이 일정한 사실이 확인되는 경우에는 시가로 포함될 수 있음을 상증세법 시행령 제49조에서 예시적(대법원 90누6309, 1990. 12. 31. ; 대법원 92누19323, 1993. 7. 27. ; 대법원 94누5960, 1994. 8. 23. ; 대법원 2000두5098, 2001. 8. 21. ; 대법원 2008두8505, 2010. 1. 28.)으로 열거하고 있다.

- 매매 등 계약해제의 경우 : 이때 매매 등의 계약이 해제되었더라도 그 매매가격이 그 당시의 객관적 교환가치를 적정하게 반영한 것으로서 그 계약의 체결에 있어서 사기나 강박 등 하자가 존재하지 않는 등 앞서 본 시가인정의 전제를 만족시킨다면 매매사례가액으로 인정될 수 있다(대법원 2010두27936, 2012. 7. 12. ; 조심 2010서3922, 2011. 5. 25. ; 조심 2010구2180, 2011. 5. 18.).

- 매매사례가액 등

[유가증권] 한편 유가증권시장 상장주식 및 코스닥시장 상장법인의 주식과는 달리, 비상장법인이 발행한 주식[기업공개준비 중인 주식 포함(상증, 상속증여세과-474, 2014. 12. 9.)]의 경우에도 그에 관한 객관적 교환가치가 적정하게 반영된 정상적인 거래의 실례가 있는 경우[그러려면 불특정 다수인 사이에 일정한 가액으로 거래가 이루어질 수 있을 만큼 당해 재산의 풍부성과 등가성이 인정되어야 할 것이다(부산지법 2011구합6111, 2012. 9. 21.)]에는 그 거래가

---

432) 신고기한인 평가기준일(상속개시일 또는 증여일)이 '속하는 말일'로부터가 아님에 유의할 것

격을 시가로 보아 주식의 가액을 평가하여야 한다(조심 2010서3535, 2011. 6. 30. ; 서울행법 2010구합27516, 2011. 1. 14. ; 조심 2010서901, 2010. 12. 10.).

[차량] 상속재산 중 승용차를 지방세 과세표준액으로 가액산정하였으나 상속개시 후 6월 이내의 폐차가액이 확인되고 특별한 사정이 없는 한 그 가액을 기준으로 상속재산을 평가하는 것이 타당하다(조심 2010서3950, 2011. 2. 23.).

(2) **평가기간 이외** : 한편, 평가기간에 해당하지 아니하는 기간으로서 평가기준일 전 2년 이내의 기간[상증세법 시행령 제49조 제1항 단서**433)** 및 같은 법 집행기준(60-49-2 ②) 및 재산평가심의위원회 운영 규정(2021. 3. 4. 국세청 훈령 제2429호) 제5조 제5항에서는 2년 이내라고 하고 있으나(재산-190, 2011. 4. 13. ; 조심 2010서3654, 2010. 12. 24.), 판례(대법원 88누551, 1989. 4. 11.) 및 이론적 시가의 태도에 비추어 볼 때 이러한 기한제한은 불필요하다] 중에 매매 등이 있거나 평가기간이 경과한 후부터 상속세[증여세] 법정결정기한까지(상속세[증여세]과세표준 신고기한부터 9개월[6개월])의 기간 중에 매매 등이 있는 경우에도 평가기준일부터 매매계약일(감정가액평가서 작성일, 보상가액 등 결정일)까지의 기간 중에 주식발행회사의 경영상태, 시간의 경과 및 주위환경의 변화 등을 감안하여 가격변동의 특별한 사정이 없다(이에 대한 입증책임은 과세관청이 진다)고 인정되는 때에는 평가심의위원회의 심의(조심 2010서1778, 2011. 6. 29. ; 조심 2011구1696, 2011. 6. 27.)을 거쳐 해당(동일 혹은 유사재산 포함) 매매 등의 가액을 시가로 인정할 수 있다(상증세법 시행령 제49조 제1항 단서, 같은 법 집행기준 60-49-2).**434)**

평가의 목적이 더 객관적이고 적정한 시가를 탐색하는 것이라면 기간의 제한을 엄격히 할 필요가 없다는 점에서 타당한 면이 있으나, 그 기간을 무한정 넓히는 것은 예측 가능성과 법적 안정성의 측면에서 바람직하지 않다. 이런 측면에서 행정해석은 상속[증여]일 전 6개월[전 6개월~후 3개월]을 경과하고 상속[증여]일 전 2년 내 기간 중 당해 재산에 대한 매매사실이 있고 그 거래가액이 상속[증여]일부터 계약일까지 가격변동의 특별한 사정이 없다고 인정되는 경우 평가심의위원회자문을 거쳐 시가의 범위에 포함시킬 수 있다고 해석하고 있다(재산-191, 2011. 4. 13.).

그런데 종전 비상장주식 평가심의위원회 설치 및 운영에 관한 규정(2011. 1. 10. 국세청 훈령 제1882호)에 의하면, 비상장주식의 경우 납세자도 평가를 의뢰할 수 있도록 규정(동 규정 제5조 및 제12조)하고 있는데 부동산의 경우에는 평가심의위원회는 과세관청의 시가인정 자문에 응할 수 있다고만 규정(동 규정 제22조)하고 있어 납세자가 평가를 신청할 수 있는 규정을 두고 있지 아니한바, 과세관청은 부동산에 대하여 납세자에게 불리한 경우에도 평가심의위원회의 자문을 거쳐 평가기간 밖의 매매사례가액을 시

---

433) 2014. 2. 21. 이후 평가하는 분부터 적용한다.

434) 2005. 1. 1. 이후 상속 · 증여분부터 적용

가로 보아 과세하고 있음에도 납세자가 유리한 경우라 하더라도 납세자가 평가심의위원회의 자문을 신청할 수 있는 규정을 두고 있지 아니한 것은 납세자 권리보호의 측면에서 불합리했다(조심 2011중3461, 2012. 3. 7. ; 조심 2009부2439, 2008. 12. 29.). 그러나 동 규정의 개정(2012. 1. 2., 국세청 훈령 제1916호 제27조 ; 현행 국세청 훈령 제2429호 제34조)으로 납세자도 평가심의를 신청할 수 있도록 하여 이러한 불합리가 개선되었다.

(3) **동일 혹은 유사재산[유사매매사례가액 등]** : 또한, 상속세[증여세] 부과대상 재산과 면적·위치·용도·종목 및 기준시가가 동일하거나 유사한 다른 재산에 대하여 해당 평가대상 재산과 동일·유사재산 간에 가격변동의 특별한 사정이 없다고 인정되고 평가심의위원회의 자문(평가기간 이외의 경우만 - 조심 2011구1696, 2011. 6. 27. ; 상증세법 시행령 제49조 제4항 및 제1항의 해석에 따름)을 거친 매매 등 가액이 있는 경우에는 해당 가액을 시가로 본다(상증세법 시행령 제49조 제4항, 같은 법 집행기준 60-49-7 ; 대법원 2007두23200, 2010. 1. 14.).[435]

이 역시 시가의 정의상 타당한 측면이 있고 당해 시행령 조항이 조세법률주의 또는 평등의 원칙 등에 위배되거나 위임입법의 한계를 벗어나지는 않았지만(대법원 2008두8505, 2010. 1. 28.), 납세자의 입장에서 이를 확인하는 것이 현실적으로 곤란하다는 점에서 예측 가능성과 법적 안정성을 해할 소지가 농후하다. 이러한 유사매매사례가액 등의 확인 곤란성을 해소하기 위해서는 과세관청이 유사매매사례가액 등을 체계적으로 관리하는 시스템을 구축하여 일정한 절차에 따라 납세자가 유사매매사례가액 등을 조회할 수 있도록 할 필요가 있다.

• **인정기간 범위** : 이때 상속세[증여세] 과세표준을 신고(상증세법 제67조 또는 [제68조])한 경우의 유사매매사례가액 등은 평가기준일 전후 6개월[증여의 경우에는 전 6개월~후 3개월]부터 '평가기간' 이내의 신고일까지의 가액으로 하도록 개정하여 신고일 이후의 불확실한 미래의 가격변동으로 인한 영향을 제거하였다.[436]

• **보수주의** : 평가대상 재산의 시가가 존재하지 않아 '동일·유사재산'의 매매사례가액 등을 해당 재산의 시가로 인정함에 있어서도 가능한 한 보수적인 입장(평가대상 재산보다 면적·위치·용도·종목의 측면에서 객관적으로 열악한 위치에 있는 재산만을 동일·유사재산으로 보는 입장 - 심사상속 2011-14, 2011. 8. 26. ; 심사상속 2011-12, 2011. 7. 15. ; 조심 2010서4037, 2011. 4. 21.)에서 처리하는 것이 당해 규정의 불확정성·자의성 개입의 여지와 납세자와의 충돌을 줄일 수 있다는 점에서 바람직해 보인다. 이때에 그 '동일·유사성'에 대한 입증은 이를 주장하는 자가 하여야 할 것이다.

---

435) 2004. 1. 1. 이후 상속·증여분부터 적용한다.

436) 2019. 2. 12. 이후 최초로 상속이 개시되거나 증여받는 것부터 적용한다.

같은 맥락에서 평가대상 아파트보다 가격 우위에 있는 비교대상 아파트 매매가액을 유사매매사례가액으로 본 처분이 부당하다고 한다(심사상속 2010-28, 2011. 2. 25.). 그렇지만 납세자에게 불리하지 않은 과세처분이라고 하여 제한 없이 비교대상으로 사용할 수 있는 것은 아니다(국심 2006서1969, 2007. 3. 21.). 왜냐하면 유사매매사례가액을 시가로 채택함에 있어서 비교대상 재산의 유사성보다는 기준시가가 낮다는 것만을 주된 판단기준으로 삼을 경우, 상속 · 증여재산의 평가에 관하여 처분청의 재량권이 지나치게 확대되어 과세상 예측 가능성이 줄어들고, 납세자는 상속세 등 신고시 유사성이 적은 경우의 매매사례가액까지 수집하여 신고에 반영하여야 하는 부담을 지게 되기 때문이다(조심 2009중301, 2009. 10. 14.).

- 평가심의위원회 심의 여부 : 비교대상 상가는 평가대상 상가와 같은 건물 1층에 연접한 상가로, 면적 및 토지, 건물의 기준시가가 동일한 점, 비교대상 상가는 평가기준일 전 3개월을 벗어나 매매계약되었으나 평가기준일 전 2년 이내의 거래로서 그 적용에 관하여 비상장주식평가심의위원회의 심의를 받은 점 등으로 보아, 비교대상 상가의 매매사례가액을 평가대상 상가의 시가로 인정할 수 있다(조심 2011구1696, 2011. 6. 27. ; 조심 2011서1417, 2011. 6. 3.). 그렇지만 비교평가 아파트의 매매가액이 평가대상 아파트의 증여일부터 3개월 이내에 해당하는 가액이 아님에도 평가심의위원회의 자문을 거치지 아니하고 시가로 본 것은 부당하다(조심 2011서1567, 2011. 7. 12.).

- 사례 : 아래에서 보는 바와 같이 아파트와 같은 재산에 대해서는 유사매매사례가액의 확인이 그나마 가능하지만, 그 외 토지 등 개별성이 강한 재산의 경우에는 재산의 성격상 유사매매사례가액으로 인정되기 어렵다는 측면에서, 형평의 원칙 내지는 조세평등주의나 법적 안정성을 침해하는 것이 아닌가 하는 논란의 여지가 있다(서울고법 2008누31675, 2011. 5. 12.).

[부동산] 평가대상 아파트와 비교아파트는 단지와 층은 다르나, 인접한 단지로 주택공시가격 · 위치 · 면적 · 용도가 같을 뿐만 아니라 이 두 아파트 모두 남향의 로얄층으로 대로변에서 3번째 열에 위치하며, 비교아파트는 고가도로 쪽에 가까워 평가대상 아파트보다 '열악한 위치'에 있는 점, 상속개시일 전후 6개월 동안 일반거래가의 급격한 변동은 없었던 점 등을 종합하여 보면 비교아파트를 평가대상 아파트와 면적 · 위치 · 용도 등이 유사한 것으로 본 것은 정당하다(심사상속 2011-14, 2011. 8. 26. ; 서울고법 2008누31675, 2011. 5. 12.).

반면에 제시하는 비교대상 토지는 당해 토지와 개별공시지가 · 면적 · 용도 등이 유사하지 아니하므로 토지의 수용가격을 기준으로 취득가액을 산정할 수 없다(조심 2010전3631, 2011. 4. 28.). 그렇지만 토지라 하더라도, 면적에는 차이가 있으나 지목,

공적 규제내용, 농지 구분 및 이용현황, 지형지세, 유해시설 등의 내용이 동일하며 도로접면 및 도로거리 등의 도로조건이 유사하고 개별토지공시지가가 동일(심사상속 2010-14, 2010. 7. 19.)하여 유사매매사례가로 인정되기도 한다.

[부동산을 취득할 수 있는 권리] 상속받은 아파트입주권(평가대상)이 속한 아파트와 연접하는 아파트(비교대상)가 충수·세대별 건물 및 대지면적이 유사하며 시공사도 동일한 점, 건물 세대별 분양가액 및 m²당 분양가액이 동일하거나 '오히려 낮은 것'으로 나타나는 점, 평가대상 아파트입주권을 상속받을 당시 건축공사가 상당 부분 진행된 단계에 있었던 점 등으로 보아, 그 아파트 분양가액을 유사매매사례가액으로 판단한 것은 타당하다(조심 2010중3840, 2011. 8. 12. ; 심사증여 2008-65, 2009. 1. 19.).

(4) **상기의 평가액에 2 이상의 재산이 포함된 경우** : 매매 등에 있어서 2 이상의 재산가액이 포함됨으로써 각각의 재산가액이 구분되지 않는 경우에는 보충적 평가방법에 의하여 안분 계산하되 동일한 감정기관이 동일한 시기에 각각의 재산에 대하여 감정한 가액이 있는 경우에는 감정가액에 비례하여 안분계산한다(감정가액→기준시가). 다만, 토지와 이에 정착된 건물 그 밖의 구축물의 가액이 구분되지 않는 경우는 부가가치세법 시행령 제64조[감정가액→기준시가→{(장부가액→취득가액)→기준시가 있는 자산끼리 합하여 기준시가 기준으로 안분}→국세청장이 정한 방법]에 따라 안분계산한다(상증세법 시행령 제49조 제3항, 같은 법 집행기준 60-49-9).

> ① 토지와 건물 기타 구축물의 가액이 구분되지 않을 경우
>   가. 토지·건물 각각 기준시가가 있는 경우
>   계약일 등 현재의 기준시가에 의하여 안분계산하나, 토지·건물 각각의 감정평가액이 있는 경우 감정가액에 의하여 안분 계산한다.
>   나. 토지·건물의 일부 또는 전부의 기준시가가 없는 경우
>   감정가액으로 안분 계산하되 감정가액이 없는 경우 장부가액, 취득가액 순으로 안분 계산한다.
> ② 기타재산의 경우 각각의 재산의 감정가액이 있는 경우에는 감정가액으로 안분하고 감정가액이 없는 경우에는 기준시가에 의하여 안분한다.

(5) **시가로 인정되는 "매매 등" 일정한 사실** :
• 상증세법 시행령 제49조 제1항 제1호에 의하면 평가대상 재산에 대한 매매사실이 있는 경우에는 그 거래가액은 시가에 해당하나, 그 거래가액이 특수관계에 있는 자 와의 거래 등 그 가액이 객관적으로 부당하다고 인정되는 경우에는 제외한다

고 규정하고 있다.

이는 비록 법령에 별도로 명확한 구분 기준이 있는 것은 아니지만 유사재산 매매사례가액의 경우에도 적용되는 것으로서, 유사재산의 매매사례가액이 특수관계인 간의 거래인지, 개별사정에 의한 급매물 등에 해당하는지 여부를 검토하여 시가인정 여부를 검토하여야 한다.

• 한편 매매사례가액 등(상증세법 시행령 제49조 제1항)을 시가로 간주할 때 매매사례가 등이 시가인정받는 평가기간 이내인지를 판단하는 기준일(아래 4.)이 평가기준일 전에 해당하는 경우로서 그 정하는 날부터 평가기준일까지 해당 재산에 대한 자본적 지출액이 확인되는 경우에는 그 자본적 지출액을 매매사례가액 등에 따른 가액에 더할 수 있다(상증세법 시행령 제49조 제5항).[437]

〈1〉 매매사실이 있는 재산(상증세법 시행령 제49조 제1항 제1호)

① 원칙 : 해당 매매거래가액으로 한다.

② 제외 : 특수관계인(상증세법 시행령 제2조의 2 제1항)[438]과의 거래 등 그 가액이 객관적으로 부당하다고 인정되는 다음의 어느 하나에 해당하는 경우는 제외한다.

　가. 특수관계인과의 거래 등으로 그 거래가액이 객관적으로 부당하다고 인정되는 경우

　　이 단서조항에서는 그 거래가액이 판례가 설시하는 시가의 의미인 "객관적" 교환가격인지를 요구하는 것으로 보인다. 그런 맥락에서 특수관계인과의 거래라 하더라도 거래당사자들이 각기 경제적 이익의 극대화를 추구하는 대등한 관계에 있는지, 거래당사자들이 거래 관련 사실에 관하여 합리적인 지식이 있으며 강요에 의하지 아니하고 자유로운 상태에서 거래를 하였는지 등 제반 사정을 고려하여 객관적 교환가치가 적정하게 반영된 정상적인 거래라고 판단되면 그 거래가격을 시가로 평가하여야 한다(조심 2018서2242, 2018. 9. 11. : 대법원 2006두2060, 2006. 5. 12. ; 조심 2010서3535, 2011. 6. 30.).

　　실질거래내용과 관계없이 거래당사자 간에 정한 토지거래계약 신고금액도 당연히 제외된다(상증세법 집행기준 60-49-8).

　나. 거래된 비상장주식의 가액(액면가액의 합계액을 말한다)이 다음의 금액 중 적은 금액 미만인 경우(상증세법 시행령 제56조의 2 제1항에 따른 평가심의위원회의 자문을 거쳐 그 거래가액이 거래의 관행상 정당한 사유가 있다고 인정되는 경우는 제외한다)[439] 비상장법인의

---

437) 2014. 2. 21. 이후 평가하는 분부터 적용한다.

438) 이 책 '보론 21 상증세법상 특수관계인 규정 검토' 참조

경우 사전에 특수관계가 없는 자와 소액의 거래를 통해 매매사례가액을 조작
하는 사례를 방지하기 위해 시가에서 제외하도록 하였다.

㉮ 액면가액의 합계액으로 계산한 해당 법인의 발행주식총액 또는 출자총액
　　의 100분의 1에 해당하는 금액

㉯ 3억원

〈2〉 감정재산(상증세법 시행령 제49조 제1항 제2호, 상증세법 시행규칙 제15조)

감정가격을 결정할 때에는 대통령령으로 정하는 바에 따라 둘 이상의 감정기관(소득
세법 제99조 제1항 제1호에 따른 부동산 중 기준시가 10억원 이하의 부동산의 경우에는 하나 이상의 감정기
관[440])에 감정을 의뢰하여야 한다. 이 경우 관할 세무서장 또는 지방국세청장은 감정
기관이 평가한 감정가액이 다른 감정기관이 평가한 감정가액의 100분의 80에 미달
하는 등 대통령령으로 정하는 사유가 있는 경우에는 대통령령으로 정하는 바에 따라
대통령령으로 정하는 절차를 거쳐 1년의 범위에서 기간을 정하여 해당 감정기관을
시가불인정 감정기관으로 지정할 수 있으며, 시가불인정 감정기관으로 지정된 기간
동안 해당 시가불인정 감정기관이 평가하는 감정가액은 시가로 인정되는 감정가액
으로 보지 아니한다(상증세법 제60조 제5항, 상증세법 시행령 제49조 제6항).[441]

① 원칙

㉠ 둘 이상의 공신력 있는 감정기관[감정평가 및 감정평가사에 관한 법률에 따른 감정평가업
자[442]를 말함(상증세법 시행규칙 제15조 제1항)]이 상속세[증여세]의 납부목적(감정목적
을 말하는 것이 아니다)에 적합하고 평가기준일 현재 원형대로 재산을 평가한 감
정가액이 있는 경우에 그 감정가액의 평균액으로 한다(국심 2000부415, 2002. 7. 24.
: 국심 2002서381, 2002. 5. 22. 등 다수).

• [감정기관 수] 그러므로 하나의 감정기관이 평가한 감정평가액은 상증세법
제60조 제2항 및 동법 시행령 제49조 제1항의 규정에 의한 "시가"의 범위에
포함되지 아니한다고 한다(조심 2012서679, 2012. 4. 18. ; 재산-251, 2011. 5. 20.).

그렇지만 법인세법 시행령 제89조 제2항 제1호는 1개 감정기관의 감정가액
도 시가로 인정하도록 규정하고 있고, 상증세법 시행령 제26조 제9항에 1감
정기관의 감정가액이라고 하더라도 법인세법에 의해 시가로 인정된 경우
상증세법에서도 시가로 인정하여 같은 법 제35조 제1항의 규정에 의한 증

---

439) 2012. 2. 2. 이후 최초로 상속이 개시되거나 증여받은 것부터 적용한다.
440) 2018. 4. 1. 이후 평가하는 분부터 적용한다. 납세협력비용 절감을 위해 시가의 인정 범위를 확대하였다.
441) 2015년 공포일 이후 상속이 개시되거나 증여받는 분부터 적용한다.
442) 2017. 3. 10. 이후 평가하는 분부터 적용한다.

여규정의 적용을 배제하도록 보완한 점 등으로 보아, 감정가액을 1감정기관의 감정가액이라는 이유만으로 시가가 아니라고 보는 것은 앞서 본 '시가의 의의'에 비추어 그 타당성을 인정하기 어렵다(국심 2004서857, 2004. 7. 21.). 따라서 객관적이고 합리적인 방법으로 평가한 가액은 상증세법 제60조 제1항과 제2항의 전단(같은 법 시행령 제49조 제1항 제2호가 아님) 규정을 적용하여 시가로 인정하여야 한다(조심 2010서3092, 2011. 2. 15. ; 국심 2006중4451, 2007. 2. 16.).

- [감정목적] 행정해석은 감정목적을 상속세[증여세]의 납부 외의 목적으로 하여 평가한 감정가액의 평균액을 시가로 본다고 해석하므로, 상속세 신고 목적으로 감정평가한 가액 등은 시가로 보기에 적정하지 않다고 해석한다(조심 2010서2455, 2010. 12. 16.). 그러나 대법원 판례(대법원 2001두6029, 2003. 5. 30.)는 공신력 있는 감정기관이 객관적이고 합리적인 방법으로 평가한 감정가액은 시가로 볼 수 있고, 2 이상의 공신력 있는 감정기관이 감정목적을 상속세[증여세] 납부목적으로 하여 평가한 감정가액의 평균액이라는 사실만으로 보충적 평가액에 의함은 부당하다는 입장이므로 신고한 감정가액을 부인하고 보충적 평가방법에 의하여 과세할 경우 감정평가가 객관적이고 합리적으로 평가되지 않았다는 사실을 과세관청이 입증하여야 함에 유의할 필요가 있다. 결국 판례는 감정의 목적에 불구하고 그 감정평가가 객관적이고 합리적인가에 달려 있다는 입장이다.

- [유가증권 감정가액] 한편 주식 및 출자지분 자체의 감정가액은 시가로 인정하지 아니한다고 명시적으로 정하고 있다(상증세법 시행령 제49조 제1항 제2호 괄호). 왜냐하면 유가증권시장 상장주식 및 코스닥시장 상장주식 평가와 관련하여 상증세법 제63조 제1항 제1호 가목에 규정된 평가방법에 의하여 평가한 가액을 시가로 보도록 하고 있기 때문이다. 비상장주식은 감정평가방법을 달리함에 따라 다양한 감정가액이 산출됨으로써 조세공평의 원칙에 반하는 결과가 초래되는 것을 방지하려는 취지로 그 평가방법을 상증세법 시행령이 정하는 보충적 평가방법으로 통일하려 한다는 점, 비상장주식의 경우 일반적으로 불특정 다수인 사이에 거래가 이루어지지 아니하므로 감정평가에 의하여 시가를 도출하기도 어려운 점 등 때문이다(대법원 2008두1849, 2011. 5. 13. ; 재산-990, 2010. 12. 30.). 물론 이와 달리 감정가액이 비상장주식의 보충적 평가액의 산정시 평가의 보조적 역할을 수행하는 것을 막지는 않는다[즉, 비상장법인의 경우는 순수익가치와 순자산가치를 각각 3대 2(부동산과다보유법인의 경우는 2대 3)의 비율로 가중 평균한 가액으로 평가하고 있는바, 순자산가치를 평가할 때는 그 기업의 부동산 등 재산에 대해 평가기준일 전·후 상속재산은 6월(증여재산은 3월) 내 감정가액이 있는 경우 이를 시가로 인정한다는 것이다].

ⓛ 구체적 판정 : 납세의무자가 제시한 감정기관의 감정가액이 상증세법상 보충적 평가방법에 의하여 평가한 가액(해당 재산뿐만 아니라 동일유사재산도 포함)의 90%[443]에 미달하는 경우[444][90% 이상인 경우[445]]에도 평가심의위원회의 자문을 거쳐 감정평가목적 등을 감안하여 해당 감정가액이 적정하지 않다고 인정되는 경우도 포함(재산-281, 2011. 6. 10.)]에는 세무서장 등이 다른 감정기관에 의뢰하여 감정한 가액에 의하되(조심 2010서3841, 2010. 12. 27. : 대법원 2014두44205, 2015. 3. 12.), 그 가액이 상속세[증여세] 납세의무자가 제시한 감정가액보다 낮은 경우에는 납세의무자가 제시한 감정가액으로 한다. 이때 납세의무자가 제시한 감정기관(원감정기관)의 감정가액이 세무서장 등이 다른 감정기관에 의뢰하여 평가한 감정가액의 80%에 미달하는 경우 세무서장 등은 평가심의위원회의 심의를 거쳐 부실감정의 고의성 및 원감정가액이 재감정가액에 미달하는 정도 등을 감안하여 1년(이 경우 그 기간은 시가불인정 감정기관 지정통지서 수령일[446]부터 기산한다)의 범위에서 기획재정부령으로 정하는 기간 동안 원감정기관을 시가불인정 감정기관으로 지정할 수 있도록 함으로써 부실감정 기관에 대하여 제재를 하고 있다(상증세법 시행령 제49조 제8항). 이때 세무서장 등은 평가심의위원회의 심의 전에 해당 감정기관에 시가불인정 감정기관 지정내용 및 법적근거 등을 통지하고 의견을 청취하여야 한다. 이 경우 통지를 받은 감정기관은 통지를 받은 날부터 20일 이내에 의견을 제출하여야 하며, 정당한 사유 없이 의견을 제출하지 아니한 경우에는 의견이 없는 것으로 본다(상증세법 시행령 제49조 제9항).

국세청장은 부실감정기관 지정내역을 국세청 홈페이지에 공시하여야 하고, 세무서장 등은 납세자가 상속재산[증여재산]을 감정가액으로 신고한 경우 그 감정가액을 평가한 감정기관이 부실감정기관에 해당하는지 여부를 반드시 확인하여야 한다(상증세법 사무처리규정 제58조).

이러한 절차를 두는 것은 감정기관과 납세자가 통정하여 상속세[증여세]를 줄이려는 의도를 차단하기 위함이다.

---

443) 2011. 1. 1. 이후 최초로 상속이 개시되거나 증여받는 것부터 적용하며, 종전기준은 80%였다.
444) 2011. 1. 1. 이후 상속·증여분부터 적용한다.
445) 2005. 1. 1. 이후 상속·증여분부터 적용한다.
446) 2014. 3월 시행일 이후 지정하는 분부터 적용한다.

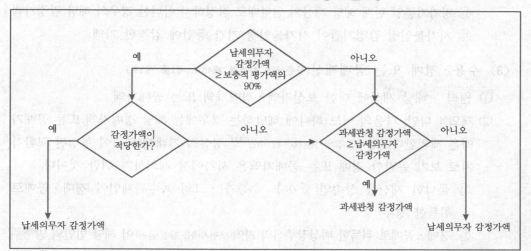

┃ 시가로 인정되는 감정가액 판정 흐름도 ┃

ⓒ 소급감정가액의 시가인정 여부 : 소급감정가액의 시가성에 대해 과세관청은 신고기한 지난 후 소급하여 감정한 가액을 시가로 인정하게 되면 법적 안정성을 해치고 조세행정 집행상 혼란을 초래할 우려가 있다는 등의 현실적인 이유로 일관되게 소급감정가액은 일체 인정하지 않고 있다(조심 2011부604, 2011. 6. 2. ; 재산－171, 2011. 4. 1.).

그렇지만 판례는 시가란 원칙적으로 정상적 거래에 의하여 형성된 객관적 교환가치를 의미하지만 이는 정상적이고 합리적인 방법으로 평가한 가액도 포함하는 개념이므로 공신력 있는 감정기관의 감정가격도 시가로 볼 수 있는 것이고 그 가액이 소급감정에 의한 것이라 하여 달라지지 않는다고 판시(대법원 96누18038, 1997. 7. 22. ; 대법원 98두18275, 1999. 1. 27. ; 대법원 2001두6029, 2003. 5. 30.)하여 소급감정을 원칙적으로 인정하고 있다.

결국 소급감정의 인정 여부는 그 감정시기가 문제가 아니라 감정평가절차와 감정평가시 해당 재산을 평가기준일 현재의 현황을 반영하고 있느냐의 여부에 달려 있다고 볼 수 있다. 그렇더라도 소급감정은 그 감정이 적정하게 이루어져 합리적이고 객관적인 방법으로 평가한 가액인 경우에만 매우 제한적으로 인정되어야 할 것이다.

② 제외 : 다만, 다음 중 하나에 해당하는 것은 감정가액으로 인정하지 않는다.

ⓧ 일정한 조건이 충족될 것을 전제로 해당 재산을 평가하는 등 상속세 및 증여세의 납부목적에 적합하지 아니한 감정가액(조심 2009광57, 2010. 3. 17. ; 조심 2009서

3471, 2009. 11. 30.)

ⓛ 평가기준일 현재 해당 재산의 원형대로 감정하지 아니한 경우의 해당 감정가액

ⓒ 시가불인정 감정기관이 시가불인정 기간 동안에 감정한 가액

〈3〉 수용·경매 또는 공매재산(상증세법 시행령 제49조 제1항 제3호)

① **원칙** : 해당 재산에 대한 보상가액·경매가액 또는 공매가액

② **제외** : 다만, 다음의 어느 하나에 해당하는 경우에는 해당 경매가액 또는 공매가
액은 제외한다(상증세법 집행기준 60-49-8).[447] 정상적 거래에 의하여 형성된 교환가
치로 보기 곤란한 경매 또는 공매가액은 시가에서 제외하기 위한 것이다.

ⓞ 물납한 재산을 상속인[증여자·수증자]·그의 특수관계인이 경매·공매로
취득한 경우

ⓛ 경매·공매로 취득한 비상장주식의 가액(액면가액을 합친 금액)이 해당 법인의 발행주
식총액·출자총액의 1%에 해당하는 금액 또는 3억원 중 적은 금액 미만인 경우

ⓒ 경매·공매절차의 개시 후 관련 법령이 정한 바에 따라 수의계약에 의하여
취득하는 경우

여기에서 수의계약이 가능한 경우란 다음과 같다.

• 1회 공매 후 1년간에 5회 이상 공매하여도 매각되지 아니한 때

• 부패·변질 또는 감량되기 쉬운 재산으로서 속히 매각하지 않으면 그 재산
가액이 감손될 우려가 있는 때

ⓔ 가업상속에 따른 최대주주 등의 상속인 또는 최대주주 등의 특수관계인이 최
대주주 등이 보유하고 있던 비상장주식 등을 경매 또는 공매로 취득한 경우

ⓜ 계약 불이행 등으로 공매가 무효가 된 경우

3. 시가 적용의 순서

1) 시간상의 시가 경합시 선택기준(①→②→③)

시가는 매매에 의하여 비로소 나타나고 시간의 경과로 변동되는 것이어서 재산을 보유
하는 기간 중 어느 시점의 평가액을 파악하기는 매우 어려운 것이다.

이때 시가로 보는 가액이 둘 이상인 경우에는 상속개시일[증여일]로부터 가장 가까운
날에 해당하는 가액(그 가액이 둘 이상인 경우에는 그 평균액)을 적용한다(상증세법 시행령 제49조 제2

---

447) 아래 ⓞ은 2004. 1. 1. 이후 상속·증여분부터 적용하고, ⓛⓒ은 2006. 2. 9. 이후 상속·증여분부터,
ⓔ은 2020. 2. 11. 이후 상속·증여분부터 적용한다.

항, 같은 법 시행규칙 제15조 제1항, 같은 법 집행기준 60-49-2 ; 조심 2011광199, 2011. 5. 23.).

① **평가기준일 시가** : 평가기준일, 즉 피상속인의 사망일(상속개시일)[증여일(증여재산 취득일)] 현재의 시가를 우선 적용한다.

② **평가기간 내 시가** : 법에서는 평가기준일과 근접한 기간을 정하고, 그 기간 내의 실제 평가액을 평가기준일의 평가액으로 의제할 수 있도록 규정하고 있다. 즉, 평가기준일과 근접한 기간의 범위를 상속재산의 경우는 상속개시일 전·후 6개월[증여재산의 경우에는 증여일 전 6개월~후 3개월]로 하도록 하고, 동 기간 중 위(위 2.3). (5) ⟨1⟩,⟨2⟩,⟨3⟩)의 일정한 사실이 확인되는 경우에 시가로 인정한다.

③ **평기기간 이외 시가** : 평가기간의 범위를 벗어나더라도 평가기간이 아닌 기간 중에 위(위 2.3). (5)⟨1⟩,⟨2⟩,⟨3⟩)의 일정한 사실이 확인되고 평가기준일부터 매매계약일(감정가액평가서 작성일, 보상가액 등 결정일)까지의 기간 중에 주식발행회사의 경영상태, 시간의 경과 및 주위환경의 변화 등을 감안하여 가격변동의 특별한 사정이 없다고 인정되는 때에는 평가심의위원회의 자문[448]을 거쳐 해당 매매 등의 가액을 시가로 인정할 수 있다(상증세법 시행령 제49조 제1항 단서).[449]

그리고 이러한 시가의 경합은 당연히 각각의 가액이 객관성·정상성·적정성(적합성)·타당성을 충족한다는 시가인정의 대전제를 만족하여야 의미가 있다. 따라서 시가해당 여부를 판단함에 있어서 평가기준일로부터 일률적으로 일정기간 이내의 것을 적용하여 판단하지 아니하고, 상속의 경우는 상속개시일 전후로부터 6개월[증여의 경우에는 전 6개월~후 3개월] 이상의 기간 차이가 있는 경우라도 평가기준일과 그 매매거래일 또는 감정평가일 사이에 가격변동이 없었다는 사실을 과세관청이 입증한다면 평가심의위원회의 심의를 거쳐 그 가액을 시가로 원용할 수 있도록 되어 있으므로 실무상에서는 상속은 상속일로부터 6개월[증여의 경우에는 전 6개월~후 3개월] 이내의 시가라는 기간에만 한정할 필요가 없다는 사실에 유의할 필요가 있다.

2) 대상에 의한 경합시 선택기준(해당 대상재산 → 동일·유사재산)

① **개념** : 평가기간이나 평가기간 외에 상속세[증여세] 부과대상 재산과 면적·위치·용도 및 종목이 동일하거나 유사한 다른 재산에 대하여 위[위 2.3). (5) ⟨1⟩,⟨2⟩,⟨3⟩]의 일정한 사실이 확인되는 매매 등의 가액이 있는 경우에는 해당 가액을 시가로 볼 수

---

448) 비상장주식 평가심의위원회의 설치 및 운영에 관한 규정(개정 2011. 1. 10. 국세청 훈령 제1882호)을 참조하기 바란다.

449) 평가심의위원회의 자문을 거치지 아니한 경우에는 시가로 볼 수 없다(심사증여 2015-0059, 2015. 12. 29.).

있다고 규정하고 있다.

종전의 해당 규정은 보충성의 요건(해당재산에 대한 매매사례가액 등이 없는 경우에 적용하여야 한다는 요건)을 명시하지 않아 해당 재산의 매매 등 가액이 존재하더라도 이와 동일하거나 유사한 재산의 매매사례가액이 있는 경우에는 2개의 가액 중에서 상속[증여]개시일을 전후로 하여 가장 가까운 날에 해당하는 가액을 시가로 적용할 여지가 있었다.[450]

그러나 '동일하거나 유사'하다는 개념이 불명확하고 납세자의 입장에서 이를 확인하는 것이 현실적으로 곤란하다는 점에서 상속[증여]재산 평가 시 동일하거나 유사한 재산의 매매사례가액은 해당 재산의 매매 등의 가액이 없는 경우에만 보충적으로 적용하도록 명문의 규정을 새로이 신설하였다(상증세법 시행령 제49조 제2항 단서 : 재산−197, 2011. 4. 19.).[451] 이렇게 함으로써 유사한 재산의 매매사례가액 적용에 대한 납세자의 예측 가능성이 증가될 것으로 기대된다. 그러므로 우선 평가대상 해당 재산에 대한 시가를 산정하여야 한다.

4. 매매사례가 등이 시가인정받는 평가기간 이내인지를 판단하는 기준일
(상증세법 시행령 제49조 제2항, 같은 법 집행기준 60−49−3)

① 매매사실이 있는 재산 : 거래가액이 확정되는 계약일을 기준으로 평가기준일 전·후 상속재산은 6개월[증여재산의 경우에는 전 6개월~후 3개월] 이내인지 여부를 판단한다.
② 감정재산 : 가격산정기준일[452]과 감정가액평가서 작성일을 기준으로 평가기준일 전·후 상속재산은 6개월[증여재산의 경우에는 전 6개월~후 3개월] 이내인지 여부를 판단한다.
③ 수용·경매 또는 공매재산 : 평가기준일 전·후 상속재산은 6개월[증여재산의 경우에는 전 6개월~후 3개월] 이내인지 여부는 보상가액(수용보상계약 체결일)·경매가액 또는 공매가액이 결정된 날을 기준으로 판단한다.

---

450) 2019. 2. 12. 개정에서는 가장 가까운 날에 해당하는 가액이 둘 이상인 경우에는 그 평균액을 적용하도록 하는 내용이 추가되었다.
451) 2011. 1. 1. 이후 최초로 상속이 개시되거나 증여받는 것부터 적용한다.
452) 2014. 2. 14. 이후 평가하는 분부터 적용한다.

보론 24 법인세법 등과 상증세법상 시가의 비교[453]

1. 시가의 의미

법인세법상 시가란 해당 거래와 유사한 상황에서 해당 법인이 특수관계인 외의 불특정 다수인과 계속적으로 '거래한' 가격 또는 특수관계인이 아닌 제삼자 간에 일반적으로 '거래된' 가격이 있는 경우에는 그 가격을 말한다(법인세법 제52조 제2항 및 법인세법 시행령 제89조 제1항). 상증세법상 시가란 평가기준일 현재 각각의 재산의 현황에 따라 불특정 다수인 사이에 자유로이 거래가 되는 경우에 통상 성립된다고 인정되는 금액을 말하며, 수용 · 공매가격 및 감정가격 등 대통령이 정하는 바에 의하여 시가로 인정되는 것을 포함하며(상증세법 제60조 제1항 · 제2항), 상속개시일 '전후' 6개월[증여재산의 경우에는 전 6개월~후 3개월] 이내에 거래가액, 2 이상의 감정가액의 평균액, 수용보상가액, 공매가액 및 경매가액이 확인되는 경우에 해당 가액을 시가로 인정한다(상증세법 시행령 제49조 제1항).

2. 차이

1) 목적상의 차이

법인세법상 시가에 관한 규정은 특수관계인과의 자산의 고가매입 또는 저가양도 등의 거래를 통하여 조세의 부담을 부당히 감소시킨 경우 그 정확한 금액을 계산하기 위한 규정이고, 상증세법상 시가에 관한 규정은 개인 간의 부의 무상이전(증여 · 상속 등)에 대하여 무상이전한 자산의 금액을 정확히 계산하고자 하는 데 있다.

2) 개념상의 차이

(1) 법인세법상 평가기준일 이후의 매매사례가액은 시가로 인정되지 않는다.

일반적으로 법인세법상 시가로 인정되는 매매실례가액은 평가기준일 이전에 '거래한' 또는 '거래된' 가격이 있는 경우 그 가격을 말하는바, 이와 같은 법인세법 시가의 정의에 비추어 원칙적으로 평가기준일 이후에 거래된 가격은 시가로 인정되지 않고 있다.

(2) 법인세법상 시가는 평가기준일로부터 6월[3월] 내의 거래라는 제한이 없다.

상증세법상 시가는 '평가기준일 전후' 6월[3월] 이내의 기간 중 매매 등 금액도 시가에 포함하며, 평가기간에 해당하지 아니하는 기간 중에 매매 등이 있는 경우에도 평가기준일로부터 매매계약일 등(상증세법 시행령 제49조 제2항 각 호)까지의 기간 중에 주식발행회사의 경영상태 등을 감안하여 가격변동의 특별한 사정이 없다고 인정되는 때에는 평가심의위원회의 자문을 거쳐 해당 매매 등의 가액을 시가의 범위에 포함시킬 수 있도록 규정함으로써 부의 무상이전을 규제하기 위하여 법인세법상 시가의 범위에 비하여 폭넓게 인정하고 있다.

3) 유가증권시장 주권상장주식 및 코스닥시장 상장법인 주식

(1) 법인세법상 시가

법인세법상 주권상장주식 등의 시가는 한국증권거래소의 종가를 의미하는 것으

---

453) 국세청, 「법인세법과 상증세법상 시가」, 2007.

로 해석하고 있다(소득세법 시행령 제89조 제1항 : 국심 2002서1315, 2002. 7. 18. ; 서면2팀-2698, 2004. 12. 21.).

　(2) 상증세법상 시가

　　　상증세법상에서는 주권상장주식 등의 시가는 평가기준일 전후 각 2월간(총 4개월)에 공표된 매일의 한국증권거래소 최종시세가액의 평균액에 의하여 평가하도록 규정(상증세법 제63조 제1항)하고 있다.

　　　이와 같이 주권상장주식 등의 경우, 같은 주식이라도 과세목적과 입법취지가 다르므로 시가도 달리 규정하고 있어 실무상 유의하여야 할 필요가 있다.

　4) 법인세법에는 할증에 관한 규정이 없다.

　　　상증세법에서는 주식거래를 이용한 조세회피 등을 방지하기 위해 경영권이 개인에게 무상으로 이전되는 경우 경영권 프리미엄을 감안하여 할증평가하는 것이나, 법인세법상 부당행위계산부인 규정을 적용함에 있어서까지 상증세법상의 일률적인(20~30%) 할증평가를 강제하는 것은 경제적 불합리성·부당성이 있는 때에 적용하는 법인세법 체계와 맞지 않고, 실제 거래의 실상을 제대로 반영하지 못한 것이며 개인 간 경영권의 무상이전과 기업의 주식거래를 반드시 동일하게 보기는 어려운 측면이 있어 공인된 시장에서 불특정 다수인 간에 일반적으로 거래되는 주식의 경우에는 최대주주 여부, 경영권 변동 여부, 장외거래방식 여부, 부도발생 여부 등을 불문하고 거래일(거래전일)의 종가를 시가로 보고 있다.

　5) 시가가 불분명한 경우

　　　법인세법상 부당행위계산부인을 적용함에 있어서 시가가 불분명한 경우에는 ① 부동산가격공시 및 감정평가에 관한 법률에 의한 감정평가법인이 감정한 가액이 있는 경우 그 가액(감정한 가액이 2 이상인 경우에는 그 감정한 가액의 평균액, 주식 등은 제외), ② 상증세법 제38조 내지 제39조의 2 및 같은 법 제61조 내지 제64조의 규정을 준용하여 평가한 가액을 순차로 적용하도록 규정하고 있는바(법인세법 시행령 제89조 제2항), 시가가 불분명한 부동산과 비상장주식에 대하여 감정가액이 없는 경우에는 상증세법상 보충적 평가방법에 의하여 평가한 가액이 법인세법상 시가로 인정되므로 법인세법과 상증세법상의 시가의 범위가 일치하고 있다.

3. 그 밖의 개별세법

　1) 소득세법

　　　양도소득세와 관련된 부당행위계산(소득세법 제101조) 적용시의 시가는 상증세법 제60조 내지 제64조와 동법 시행령 제49조 내지 제59조 및 조세특례제한법 제101조의 규정을 준용하여 평가한 가액에 의하도록 규정하고 있다(같은 법 시행령 제167조 제5항).

　2) 부가가치세법

　　　부가가치세법 제13조 제1항 각 호에 규정하는 시가는 다음 각 호에 정하는 가격으로 하도록 규정하고 있다(같은 법 시행령 제50조).

　　　① 사업자가 그와 특수관계에 있는 자 외의 자와 해당 거래와 유사한 상황에서 계속

적으로 거래한 가격 또는 제3자 간에 일반적으로 거래된 가격

② 제1호의 가격이 없는 경우에는 사업자가 그 대가로 받은 재화 또는 용역의 가격
(공급받은 사업자가 그와 특수관계에 있는 자 외의 자와 해당 거래와 유사한 상황에서 계속적으로
거래한 재화 및 용역의 가격 또는 제3자 간에 일반적으로 거래된 가격을 말한다)

③ 제1호 및 제2호에 따른 가격이 없거나 시가가 불분명한 경우에는 소득세법 시행
령 제98조 제3항 및 제4항 또는 법인세법 시행령 제89조 제2항 및 제4항의 규정에
의한 가격

4. 위와 같이 시가의 개념은 개별세법에 산재해 있지만 그 기본적인 개념은 일반적으로 수
용가능한 객관적 교환가격을 의미한다고 보아야 하고, 결국 개별 세법에 산재되어 있는
시가 산정의 문제는 상중세법상의 평가문제로 귀결되는 양상이다.

Ⅳ 보충적 평가방법

 해의 맥

이 보충적 평가방법은 그 평가액이 시가를 반영함에 있어 적정(객관적이고 합리적)하다는
암묵적 전제를 기반으로 한 정형화된 방법이므로, 조세법률주의 원칙상 여기에 규정되지
않는 다른 방법을 보충적 평가방법으로 사용하는 것은 비록 그 방법이 재산의 실질적 가
치를 더 잘 반영한다 하더라도 인정되지 않을 것이다. 단지, 정형화된 보충적 평가방법
내에서의 구체적인 방법의 선택에서는 보다 적정한 평가방법을 선택할 수 있을 것이다.

만약 보충적 평가방법이 적정하지 않다고 인정되는 경우에는 이러한 정형화된 방법에
도 불구하고 그 실질적 가치를 가장 잘 나타내는 다른 방법에 의할 수 있는가가 문제이
다. 생각해 보면 다른 보충적 평가방법을 사용하여 평가하는 것은 조세법률주의 원칙상
인정되지 않을 것이나, 그 실질적 가치를 반영하는 시가를 산정하는 것은 시가평가의
원칙상 인정될 수 있을 것이다(앞에서 살펴본 시가의 범위는 시가로 인정되는 예시적 규정에 불과하
다는 점에서도 이러한 해석이 타당하다 ; 서울고법 2010누23035, 2011. 4. 26. ; 조심 2010서3694, 2011. 5. 23.
; 조심 2010서372, 2010. 10. 29. 따라서 회계법인 평가한 가액이라 하여 시가로서의 타당성을 따지지 않은
채 바로 시가적용을 배제해서는 안된다). 즉 보충적 평가방법으로서가 아니라 시가산정이라는
측면에서 가능하다는 것이다.

그리고 보충적 평가방법의 변천과정을 통해 알 수 있는 것은 보충적 평가방법(제61조
내지 제65조)이 가장 적정한 시가를 찾아가는 과정에 있다는 점이다.

1. 의의

특정재산의 시가는 시간이 경과함에 따라 그 재산과 관련된 경제적 상황변화와 판단자의 주관성의 변화로 인해 가변적이어서, 일정한 시점에서의 객관적 교환가치를 반영한 특정재산의 시가를 산정하기란 이론적으로나 실무적으로 많은 어려움이 따르게 된다. 이처럼 상속[증여]받은 재산의 시가를 산정하기 어려운 경우에 한하여, 해당 재산의 종류·규모·거래상황 등을 감안하여 그 시가에 갈음(시가를 산정하기 어려운 경우에 시가로 의제할 수 있는 평가방법을 상증세법 제60조 제2항에 대한 관계에서 보충적으로 규정하고 있는 것으로 볼 수 있다)할 객관적이고 합리적인 방법을 상증세법 제61조 내지 제65조에서 규정하여 이에 의하여 평가하도록 하고 있다. 그리고 이를 보충적 평가방법[454]이라고 한다. 따라서 재산가액을 평가함에 있어서는 시가를 산정하기가 곤란하여 보충적 평가방법에 의하는 경우를 제외하고는 원칙적으로 시가에 의하여 평가하여야 한다.

이처럼 재산가액은 시가로 평가하는 것(시가의 확인은 우선적으로 세법에서 정하는 사례가액, 즉 시가인정가액으로 하는 것이 일반적이다)이 원칙이나 실제로 거래가 이루어지지 않은 상태에서 시가를 찾아내어 과세하기란 현실적으로 심히 어려운 것이어서 오히려 보충적 평가방법에 의하여 평가한 금액을 재산가액으로 하여 과세하는 것이 일반적인 것이 사실이다.

이와 같이 보충적 평가방법을 구체적으로 규정함으로써 ① 납세의무자의 입장에서는 자신의 경제적 의사결정에 대해 어떠한 납세의무가 발생하는지를 미리 파악할 수 있어 예측 가능성과 법적 안정성이 보장되며, ② 과세관청에게는 재산평가를 획일적이고 신속하게 수행하게 함으로써 시가에 관한 입증의 어려움을 완화하여 줌과 동시에 국세공무원의 주관이나 재량에 의한 평가를 배제하고 평가방법을 객관화할 수 있다.[455] 반면에 보충적 평가방법은 과다한 조세부담에 대한 납세자와의 다툼을 우려하여 대체로 실제가치보다 낮게 평가되기 때문에 응능부담에 따른 조세평등(조세정의)의 구현과는 충돌될 수 있다.

---

454) 보충적 평가방법이란 용어는 세법상의 법률용어는 아니고 법원의 판례 등을 통하여 생성되어 널리 사용되고 있는 용어이다. 법문(상증세법 제60조 제3항)에서는 "제1항을 적용할 때 시가를 산정하기 어려운 경우에는 해당 재산의 종류, 규모, 거래 상황 등을 고려하여 제61조부터 제65조까지에 규정된 방법으로 평가한 가액을 '시가로 본다'."라고 표현하고 있으나, 이 책에서는 원칙적 평가방법인 '시가'와 구분하기 위해 '보충적 평가액'이라고 쓴다.

455) 국세청, 「상속 및 증여재산의 평가」, 동원피엔지, 2004, 27쪽

2. 시가산정이 어려운 경우

재산을 보충적 평가방법에 의하여 평가하기 위하여는 시가산정이 어려운 경우이어야한다. 여기에서 시가산정이 어려운 경우란 평가기준일 현재 재산의 경제적 이용현황 등사실관계와 동일 종류의 재산을 상속[증여]받은 다른 납세자와의 과세형평 등을 종합적으로 고려하여 개별 재산별로 합목적적으로 판단하는 것이며(재산 22601-338, 1989. 3. 9.), 이에대한 입증책임은 과세관청에 있다(대법원 2000두406, 2001. 9. 14. ; 대법원 97누8502, 1997. 9. 26. ; 인천지법 2009구합472, 2010. 2. 11. ; 심사증여 2013-0069, 2013. 10. 11.). 같은 맥락에서 납세자가 재산평가시시가를 주장하지 아니하고 보충적 평가방법을 적용한 경우 시가를 적용하기 위하여는 과세관청에 입증책임이 있다 할 것이다. 그런데 판례는 상속개시 당시까지 목적물이 처분된일이 없고 별도로 감정가격도 존재하지 않는 경우에는 시가를 산정하기 어려운 경우로판단(부동산에 관한 것으로 대법원 95누23, 1995. 6. 13. ; 비상장주식에 관한 것으로 대법원 94누15905, 1995. 12. 8. ; 대법원 96누9423, 1996. 10. 29.)하여 입증필요의 전환 내지 입증책임 완화의 모습을 보이고 있다.[456] 이로 인해 과세관청의 보충적 평가방법보다 낮은 감정가액을 주장하려는 납세자가이를 입증할 필요가 생긴 것이다.[457]

시가를 산정하기 어려운 경우로는 상속재산의 경우는 평가기준일 전후 6월[증여재산의경우에는 3월] 동안 매매·수용·감정·공매·경매된 사례가 없거나 그러한 사례가 있는경우라도 그 가액이 평가기준일의 현황을 반영하고 있지 아니한다거나, 평가기준일과 거래일 사이에 가격변동이 있었음을 추인할 만한 사정이 있었다는 사례 등이 있다.

3. 상증세법 제61조 내지 제65조 제1항 규정의 성격

상증세법 제61조 내지 제65조 제1항에서는 다음의 재산에 대한 보충적 평가방법을 규정하고 있다. 그렇다면 여기에서 규정된 재산외의 재산에 대해서는 보충적 평가방법을 어떻게 적용할 것인지가 문제가 된다. 이에 대해 상증세법 제65조 제3항에서 '그 밖에 이법에서 따로 평가방법을 규정하지 아니한 재산의 평가에 대해서는 상증세법 제65조 제1항및 제60조부터 제64조까지에 규정된 평가방법을 준용하여 평가'하도록 하고 있다. 따라서상증세법 제61조 내지 제65조 제1항의 규정은 보충적 평가방법을 적용하는 재산에 대한

---

456) 국세청, 상게서, 28쪽

457) '입증필요의 전환'은 구체적인 소송심리의 결과에 따라 증명을 필요로 하는 사실에 관하여 법관의 심증형성에 있어 '입증의 필요'가 당사자 사이에 이동하는 것을 말하며, '입증책임의 전환'은 입증책임의분배원칙(예외적인 사유나 특별한 사정은 그것을 주장하는 자에게 입증책임)을 특별한 경우에 입법에 의해수정한 것을 말한다(신만중, "조세소송에서의 입증책임", 경희대 대학원 법학과 박사학위논문, 2007, 128쪽).

예시적 규정(평가방법의 예시가 아니라 적용대상재산의 예시)으로 해석하여야 옳다.

이런 맥락에서 보면 원재료의 가액을 상증세법 제62조 제2항에 의하지 않고 총매출액 대비 재료비의 비율인 원가율을 기초로 추정한 것은 타당한 평가방법이 아니다(심사상속 2002-13, 2002. 6. 21.).

① 부동산 등 (상증세법 제61조)	㉮ 토 지
	㉯ 건 물
	㉰ 부동산에 관한 권리 • 지상권 • 부동산을 취득할 수 있는 권리 • 특정시설물이용권 • 그 밖의 시설물 및 구축물
② 선박 등 그 밖의 유형재산 (상증세법 제62조)	㉮ 선박·항공기·차량·건설기계 및 입목에 관한 법률의 적용을 받는 입목
	㉯ 상품·제품·서화·골동품 소유권의 대상이 되는 동물·그 밖의 유형재산
③ 유가증권 등 (상증세법 제63조)	㉮ 주식 및 출자지분
	㉯ 국채·공채
	㉰ 예금·저금·적금
	㉱ 대출금·매출채권
	㉲ 집합투자증권
	㉳ 전환사채 등
④ 무체재산권 (상증세법 제64조)	㉮ 매입한 무체재산권
	㉯ 매입하지 아니한 무체재산권
	㉰ 영업권
	㉱ 어업권
	㉲ 특허권·실용신안권·상표권·의장권 및 저작권
	㉳ 광업권 및 채석권
⑤ 그 밖의 조건부 권리 등 (상증세법 제65조)	㉮ 조건부 권리
	㉯ 존속기간이 불확정한 권리
	㉰ 신탁의 이익을 받을 권리
	㉱ 소송 중에 있는 권리
	㉲ 정기금을 받을 권리
	㉳ 가상자산

평가특례

상증세법 제66조에 의한 저당권 등이 설정된 재산의 평가는 그 재산의 특성(재산의 시가를 반영하는 피담보채권이 존재한다는 것)상 상증세법 제60조의 평가의 원칙에 대한 특례가 인정되며, 이에 대해서는 후술한다.[458]

제2절 부동산 등의 평가

 해의 맥

부동산에 대한 '기준시가'평가, 지상권에 대한 '현재가치'평가, 부동산을 취득할 수 있는 권리·특정시설물이용권의 '프리미엄 반영'평가, 그 밖의 시설물 등의 '재취득가액'평가 및 임대차계약이 체결된 재산의 '보증금과 임료 환산'평가 등의 보충적 평가방법은 기본적으로 '시가'를 찾는 관점에서 규정되었으나, 일부는 '시가'적 관점에서 일부는 '보충적 평가액'의 관점에서 규정됨으로써 '시가 평가'와 '보충적 평가'의 판단이 모호하고 일관성이 결여되어 보인다.

§관련조문

상증세법	상증세법 시행령	상증세법 시행규칙
제61조【부동산 등의 평가】	제50조【부동산의 평가】 제51조【지상권 등의 평가】 제58조의 3【국외재산에 대한 평가】	제15조의 2【임대가액의 계산】 제16조【지상권의 평가 등】

 의의

부동산은 오늘날 상속재산[증여재산]에서 가장 큰 비중을 차지하는 재산인 것이 우리나라의 현실이다. 그럼에도 불구하고 다양한 변수에 의해 영향을 받는 부동산가치의 성격상

---

458) 이 책 '저당권 등이 설정된 재산의 평가' 참조

시가를 산정하기가 쉽지 않을 뿐만 아니라 납세자와 과세관청 간의 의견의 일치를 보기도 어렵다. 따라서 실무적으로는 그 시가에 갈음할 객관적이고 합리적인 방법인 상증세법 제61조에 의한 보충적 평가방법을 사용하는 것이 일반적인 현상이다.

아래에서는 부동산 등의 보충적 평가방법에 대해서 살펴본다.

토지

 해의 맥

토지는 기본적으로 '공시지가'에 의하나, 구체적 평가 시에는 '시가'평가의 관점이 개입된다.

1. 토지의 정의

민법상 부동산은 토지와 토지의 정착물로 정의된다(민법 제99조 제1항).

그런데 토지의 정착물 중 건물과 입목법에 의한 수목은 별개의 부동산으로 다루어지나, 교량·터널·담장·제방 등은 그 자체가 토지와는 독립된 거래능력이 없으므로 토지의 일부로 처리된다.

2. 토지의 평가방법

1) 의의

토지의 보충적 평가방법의 적용은 국세청장이 지정하는 지역 외(이하 "일반지역"이라 함)의 토지와 국세청장이 지정하는 지역(이하 "지정지역"이라 함)의 토지로 구분하고, 다시 일반지역은 부동산 가격공시 및 감정평가에 관한 법률에 의한 개별공시지가(이하 "개별공시지가"라 함)가 있는 경우와 개별공시지가가 없는 경우로 구분된다.

2) 일반지역토지의 평가

(1) 개별공시지가가 있는 토지

일반지역토지로서 상속 개시일[증여일] 당시 개별공시지가가 있는 경우에는 그 개별공시지가에 의하여 평가한다(상증세법 제61조 제1항 제1호).

토지를 개별공시지가에 의하여 평가함에 있어서 개별공시지가의 적용시기는 평가기준일 현재 고시(경정결정되어 고시된 것 포함)되어 있는 것을 적용하며, 상속개시일[증여일] 현재 고시되어 있는 개별공시지가를 적용하는 것이므로 새로운 개별공시지가가 공시되기 전에 상속[증여]가 개시되는 경우에는 직전의 개별공시지가를 적용해야 한다(상증세법 시행령 제50조 제6항 ; 대법원 99두2277, 2001. 1. 19.). 즉, 평가기준일과 개별공시지가 기준일을 비교하여 판단하여서는 안되고, 개별공시지가 고시일과의 선후관계로 판단하여야 한다. 예컨대 2009년 5월 30일이 평가기준일이라면 2009년 개별공시지가 고시일(2009. 5. 31.) 전이므로 2008년 개별공시지가를 적용하여 평가하여야 한다. 그러나 이러한 규정은 평가기준일 현재의 시가에 의해 평가한다는 모법에 위배되고 구체적인 위임규정도 없다는 점에서 문제이다. 오히려 보충적 평가방법이 시가를 찾아가는 과정의 하나라면, 과세표준 신고일까지 당해 연도 공시지가를 고시한 경우에는 당해 연도 공시지가에 의해 토지를 평가할 수 있도록 입법적으로 보완하는 것이 더 타당해 보인다.

그리고 평가기준일과 개별공시지가 고시일이 동일자이면 새로운 개별공시지가에 의한다고 해석하고 있으나(재삼 46014-35, 1999. 1. 7. ; 재재산 46014-58, 1999. 2. 24.), 그 선후를 구분할 수 있다면 그에 의할 것이다.

❚ 개별공시지가 고시일 ❚

	기 준 일	고 시 일	적용기간
1차고시	1990. 1. 1.	1990. 8. 30.	1990. 9. 1.~1991. 6. 28.
2차고시	1991. 1. 1.	1991. 6. 29.	1991. 6. 29.~1992. 6. 4.
3차고시	1992. 1. 1.	1992. 6. 5.	1991. 6. 5.~1993. 5. 21.
4차고시	1993. 1. 1.	1993. 5. 22.	1993. 5. 22.~1994. 6. 29.
5차고시	1994. 1. 1.	1994. 6. 30.	1994. 6. 30.~1995. 6. 29.
6차고시	1995. 1. 1.	1995. 6. 30.	1995. 6. 30.~1996. 6. 27.
7차고시	1996. 1. 1.	1996. 6. 28.	1996. 6. 28.~1997. 6. 29.
8차고시	1997. 1. 1.	1997. 6. 30.	1997. 6. 30.~1998. 6. 29.
9차고시	1998. 1. 1.	1998. 6. 30.	1998. 6. 30.~1999. 6. 29.
10차고시	1999. 1. 1.	1999. 6. 30.	1999. 6. 30.~2000. 6. 29.
11차고시	2000. 1. 1.	2000. 6. 30.	2000. 6. 30.~2000. 12. 28.
12차고시	2000. 9. 1.	2000. 12. 29.	2000. 12. 29.~2001. 6. 29.
13차고시	2001. 1. 1.	2001. 6. 30.	2001. 6. 30.~2001. 8. 30.

	기 준 일	고 시 일	적용기간
14차고시	2001. 5. 1.	2001. 8. 31.	2001. 8. 31.~2002. 6. 28.
15차고시	2002. 1. 1.	2002. 6. 29.	2002. 6. 29.~2003. 6. 29.
16차고시	2003. 1. 1.	2003. 6. 30.	2003. 6. 30.~2004. 6. 29.
17차고시	2004. 1. 1.	2004. 6. 30.	2004. 6. 30.~2005. 5. 30.
18차고시	2005. 1. 1.	2005. 5. 31.	2005. 5. 31.~2006. 5. 30.
19차고시	2006. 1. 1.	2006. 5. 31.	2006. 5. 31.~2007. 5. 30.
20차고시	2007. 1. 1.	2007. 5. 31.	2007. 5. 31.~2008. 5. 30.
21차고시	2008. 1. 1.	2008. 5. 31.	2008. 5. 31.~2009. 5. 30.
22차고시	2009. 1. 1.	2009. 5. 31.	2009. 5. 31.~
23차고시	2010. 1. 1.	2010. 5. 31.	2010. 5. 31.~
24차고시	2011. 1. 1.	2011. 5. 31.	2011. 5. 31.~

(*) 위의 연 1회 고시가 일반적이나, 지가급등 등의 경우 5월 1일 기준(고시일 : 8. 30. 혹은 8. 31.), 7월 1일 기준(고시일 : 10. 30. 혹은 10. 31.), 9월 1일 기준(고시일 : 12. 27. 혹은 12. 28.)으로 추가 고시된 경우도 있다.

(2) 개별공시지가가 없는 토지

① 원칙 : 개별공시지가가 없는 토지의 경우에는 해당 토지와 유사한 인근토지를 표준지로 보고[459] 부동산 가격공시 및 감정평가에 관한 법률[460] 제9조 제2항의 규정에 의한 비교표에 의하여 납세지 관할 세무서장(납세지 관할 세무서장과 해당 토지의 소재지를 관할하는 세무서장이 서로 다른 경우로서 납세지 관할 세무서장의 요청이 있는 경우에는 해당 토지의 소재지를 관할하는 세무서장으로 한다)이 평가한 가액으로 한다.

이 경우 납세지 관할 세무서장은 시장·군수가 동법의 규정에 의하여 국토해양부장관이 제공한 토지가격비준표를 사용하여 산정한 가액(지방세법 제4조 제1항 단서)을 평가한 가액으로 하거나, 평가의 공정성·평가의 전문성 측면을 고려하여 둘 이상의 감정기관에 의뢰하여 해당 감정기관의 감정가액을 참작하여 평가할 수 있도록 하였다(상증세법 시행령 제50조 제1항, 같은 법 집행기준 61-50-1, 같은 법 사무처리규정 제50조 제1항).

그런데 감정이 불가능하면 납세지 관할 세무서장은 토지 소재지를 관할하는 세무서장에게 평가를 의뢰할 수 있고, 그 결과를 납세지 관할 세무서장에게 10일 이내에 통보하도록 하고 있다(상증세법 사무처리규정 제50조 제2항, 제4항).

그렇더라도 다음의 어느 하나에 해당하면 납세지를 관할하는 세무서장이 평가하

---

459) 여기에서의 '표준지'의 개념은 감정평가 및 감정평가사에 관한 법률에서의 '표준지'를 의미하는 것이 아니다.

460) 2005. 1. 14. 지가공시및토지등의평가에관한법률의 명칭이 이와 같이 변경되었다.

여야 한다(상증세법 사무처리규정 제50조 제3항).

가. 평가대상 토지에 대한 상속세 및 증여세의 부과제척기간이 6월 이내인 경우

나. 평가대상 토지가 납세지를 관할하는 세무서와 같은 시(광역시를 포함한다)·군에
   있는 경우

② 범위 : 공시지가가 없는 토지[461]는 다음과 같다(상증세법 시행령 제50조 제1항).

   ㉠ 측량·수로조사 및 지적에 관한 법률에 의한 신규등록토지

   ㉡ 측량·수로조사 및 지적에 관한 법률에 의하여 분할 또는 합병된 토지

   분할 또는 합병된 토지의 개별공시지가는 개별공시지가가 없는 토지의 평가
   방법에 의해 평가한다. 다만, 분할 또는 합병 전후 해당 토지의 지목변경 및
   이용상태 등으로 보아 종전의 개별공시지가를 적용하는 것이 합리적이라고
   인정되는 경우에는 다음 각 호의 방법에 의한다(상증세법 기본통칙 61-50…1 제2항,
   같은 법 집행기준 61-50-2 ② : 심사증여 2008-11, 2008. 3. 31.).

   ㉮ 분할된 토지 : 분할 전 토지에 대한 개별공시지가에 의한다.

   ㉯ 합병된 토지 : 합병 전 토지에 대한 각 개별공시지가의 합계액을 총면적
      으로 나눈 금액에 의한다.

   ㉢ 토지의 형질변경 또는 용도변경으로 인하여 측량·수로조사 및 지적에 관한
   법률상의 지목이 변경된 토지

   토지의 평가시 환지 및 택지개발 등에 의하여 토지의 형질이 변경된 경우로
   서 평가기준일 현재 고시되어 있는 개별공시지가를 적용하는 것이 불합리하
   다고 인정되는 경우에는 상증세법 제61조 제1항 제1호 단서에 규정된 개별공
   시지가가 없는 토지의 평가방법을 준용하여 평가한다(상증세법 기본통칙 61-50…1
   제1항, 같은 법 집행기준 61-50-2 ① : 서면4팀-14, 2008. 1. 4.).

   ㉣ 개별공시지가의 결정·고시가 누락된 토지(국·공유지를 포함)

③ 산정주체 : 개별공시지가란 시장·군수·구청장이 부동산 가격공시 및 감정평가
   에 관한 법률 제9조의 규정에 의하여 표준지공시지가(국토해양부장관이 공시)를 기준
   으로 하여 산정한 개별필지에 대한 지가를 말하므로 시장·군수·구청장이 결정
   하는 것이 원칙이나, 국·공유지의 불하 등으로 개별공시지가가 없는 토지에 대

---

461) 감정평가 및 감정평가사에 관한 법률에 의하면 개별공시지가가 고시되지 않는 토지에 대해 같은 법
시행령 제15조 제1항에서 열거하고 있다. ① 측량·수로조사및지적에관한법률상 분할 또는 합병된 토
지 ② 공유수면매립 등으로 측량·수로조사및지적에관한법률상 신규등록된 토지 ③ 토지의 형질변경
또는 용도변경으로 측량·수로조사및지적에관한법률상 지목변경이 된 토지 ④ 국·공유지가 매각 등
의 사유로 사유지로 된 토지로서 개별공시지가가 없는 토지

하여는 상속세, 증여세, 양도소득세 등의 결정을 위하여 관할 세무서장의 해당 토지에 대한 가격산정이 필요하다.

④ **개별공시지가가 없는 토지의 평가신청 및 결과통보** : 납세자가 개별공시지가가 없는 토지의 가격평가 신청서(별지 제3호 서식)를 제출한 경우에는 납세지를 관할하는 세무서장은 그 평가결과(토지의 소재지를 관할하는 세무서장이 평가한 것을 포함)를 개별공시지가가 없는 토지의 가격평가 결과 통지서(별지 제4호 서식)에 따라 신청일부터 30일(토요일·공휴일을 포함) 이내에 납세자에게 통지하여야 한다. 다만, 30일 이내에 통보할 수 없는 경우에는 그 사유를 서면으로 통지하여야 한다(상증세법 사무처리규정 제51조).

3) 지정지역토지의 평가

(1) 의의

각종 개발사업 등으로 지가가 급등하거나 급등할 우려가 있는 지역으로서 국세청장이 지정하는 지역(지정지역)의 토지의 평가는 개별공시지가에 지역마다 그 지역에 있는 가격사정이 유사한 토지의 매매실례가액을 감안하여 국세청장이 고시하는 배율을 곱하여 계산한 방법(이하 "배율방법"이라 함)에 의하여 평가한다(상증세법 시행령 제50조 제2항 및 제5항).

(2) 취지

지정지역토지를 배율방법에 의해 평가하도록 한 것은 공시지가에 의하여 토지를 평가함으로써 상속세[증여세]의 과세시 재산가액을 시가 또는 실지거래가액에 가깝게 평가하도록 하고 있으나, 공시지가에 의한 과세만으로는 투기가 성행하는 것을 막을 수 없거나 공시지가가 지가상승을 적기에 반영하지 못하는 경우에 대비하여 재산의 평가를 적정하게 하기 위하여 인정된 제도인데, 1990년 9월 1일 공시지가가 발효된 이후 현재까지 국세청장이 지정한 지역은 없는 상태이다(상증세법 집행기준 61-50-3). (배율평가식)「배율방법」이라 함은 다음과 같이 평가하는 방법을 말한다.

> 평가액 = 개별공시지가 × 배율

▌토지구분별 평가방법 ▌

구분	개별공시지가 있는 토지	개별공시지가 없는 토지
일반지역	개별공시지가	토지가격비준표에 의해 과세관청이 평가한 가액
지정지역(현재 지정지역 없으므로 배율방법 사용하는 토지는 없음)	개별공시지가 × 배율	토지가격비준표에 의해 과세관청이 평가한 가액 × 배율

3. 토지 평가의 구체적 판단

(1) 토지 · 건물가액을 일괄하여 평가 · 고시한 경우

국세청장이 지정하는 지역에 소재하는 오피스텔 및 상업용 건물, 부동산 가격공시 및 감정평가에 관한 법률에 의하여 평가하는 개별주택 및 공동주택(국세청장이 별도로 결정 · 고시하는 공동주택 포함)의 경우에는 부속토지와 건물의 가액을 일괄하여 평가 · 고시하고 있으므로 부수된 토지의 가액은 별도로 평가하지 아니한다.

다만, 주택과 그 부수토지를 개별주택가격으로 일괄하여 평가하는 경우로서 주택과 그 부수토지의 가액을 구분하고자 하는 경우 상증세법 제61조 제1항 제2호의 규정에 의한 건물 기준시가와 같은 항 제1호의 규정에 의한 개별공시지가로 안분하여 주택의 가액 또는 토지의 가액을 산정한다(재산-212, 2012. 5. 29. ; 서면4팀-858, 2008. 3. 31. ; 서면4팀-688, 2006. 3. 23.).

(2) 환지예정지의 평가

도시개발법(구 토지구획정리사업법)의 규정에 의한 환지, 그 밖의 법률의 규정에 의한 환지처분이 예정된 토지의 가액은 환지 등으로 새로이 취득하는 토지의 지목 · 지적에 의하여 평가한다. 이 경우 환지예정지의 가액은 환지권리면적에 의하여 산정한 가액에 의한다(상증세법 기본통칙 61-50…3, 같은 법 집행기준 61-50-2 ③, 상속재산평가준칙 제18조).

이에 반해 판례는 환지예정지 지정 이후 상속[증여]이 개시된 토지의 가액평가는 시가에 의함이 원칙이나, 상속개시[증여일] 당시 또는 상속[증여]세 부과 당시 시가를 산정하기 어려운 때에 해당하여 보충적 평가방법인 개별공시지가에 의하여야 하는데, 상속개시[증여일] 당시 위 토지의 개별공시지가가 없어 구 상속세법 시행규칙(1994. 2. 17. 재무부령 제1962호로 개정되기 전의 것) 제5조 제11항에 따라 인근 토지에 대한 개별공시지가를 기준으로 평가한 가액에 환지예정지 면적이 아닌 위 상속[증여] 토지의 면적을 곱하여 산정되는 가액을 평가액으로 보아야 한다(대법원 2000두6244, 2002. 6.

28.)고 판시하고 있다.

그런데 세법상 환지예정지의 평가에 대하여 별도의 명문규정을 두고 있지 않고 위와 같이 기본통칙과 판례의 입장이 다르므로, 판례의 입장에 따라 일반토지의 평가와 동일하게 기본통칙이 개정되어야 한다[462]는 견해가 있으나, 환지예정지(가지번 등)의 개별공시지가가 고시되어 있으면 환지권리면적에 의하고(환지예정지 개별공시지가×환지권리면적), 고시되어 있지 않다면 환지예정 전 토지의 면적에 의하면 될 것(환지전 개별공시지가 × 환지전 토지면적)으로 보인다.

(3) 도로 등의 평가

불특정 다수인이 공유하는 사실상 도로, 하천, 제방, 구거 등(도로 등)은 재산에 포함되나, 평가기준일 현재 타용도로 사용할 수 없는 경우로서 보상가격 등이 없는 등 재산적 가치가 없는 것으로 인정되는 경우(비록 개별공시지가가 고시되어 있더라도)에는 그 평가액은 영(0)으로 한다(상증세법 기본통칙 61-50…4, 같은 법 집행기준 61-50-2 ④ : 조심 2010서1134, 2010. 10. 12.). 이는 이러한 재산의 시가가 영이라는 것으로 시가평가의 원칙상 당연하다. 이러한 맥락에서 보면, 사실상의 도로 등을 평가함에 있어서는 도로 등의 위치 · 이용현황 · 주변여건 · 도시계획 수립 · 수용 및 보상 가능성 · 배타적 권리행사 여부 등을 신중하게 고려하여 도로 등이 재산적 가치가 있다면 그에 의할 것이다(조심 2011서 1831, 2011. 8. 11. : 심사상속 2010-19, 2010. 5. 10. : 조심 2009중469, 2009. 3. 23.).

한편 도시계획상 도로로 편입되는 등 공법상의 제한이 있는 토지의 교환가격은 도시계획의 시행이 임박하여 보상금이 구체적으로 산정되어 있다는 등의 특별한 사정이 없는 한 그 제한이 있는 상태에서 형성되는 것이 원칙일 것이므로 도로예정지인 토지의 평가를 위한 감정가액 또한 그와 같은 제한을 고려하여 산정하여야 하고 장차 도로편입에 따라 공시지가에 의한 금액 상당을 보상받을 수 있다 하여 달리 볼 것은 아니며 감정이 개인적인 의뢰에 의한 것이라거나 개별공시지가보다 현저히 낮은 가격으로 평가되었다는 점만으로 감정가액의 객관성 또는 합리성을 배척할 수도 없다고 할 것이다(국심 2000부1626, 2001. 8. 31. : 대법원 99두11844, 2000. 11. 24.).

(4) 조성 중인 택지의 평가

조성 중인 택지의 경우에는 조성을 하지 아니하는 경우 해당 토지의 평가액에 그 택지조성에 관련된 비용의 금액을 가산한 금액으로 평가한다. 이 경우 상속재산평가준칙(제20조 제1항 및 제2항, 같은 법 집행기준 61-50-2 ⑤)에서는 토지의 매입 · 조성에 소요

---

462) 국세청, 「상속 및 증여재산의 평가」, 동원피엔지, 2004, 37쪽

되는 차입금에 대한 지급이자 또는 이와 유사한 성질의 지출금(건설자금지급이자)도 위 조성에 관련된 비용에 가산하여 평가한다고 하고 있으나, 특정시점의 시가는 일응 하나밖에 없다고 보는 것이 상당한 것이며 그럼에도 불구하고 건설자금지급이자를 토지가액에 가산하게 되면 소유자의 자금능력이나 공사대금의 지불방법에 따라 토지의 시가가 달라지는 모순이 생기므로 건설자금지급이자를 토지가액에서 제외하는 것이 합리적이다(국심 2000서1205, 2001. 2. 5. ; 국심 97중46, 1997. 6. 20.).

(5) 지상권 평가액의 처리

상증세법의 규정은 지상권 등 권리에 관한 평가방법에 대하여만 규정하고 지상권이 설정된 재산에 대하여 그 권리에 상당하는 가액을 상속재산가액에서 차감하여야 한다는 직접적인 규정은 별도로 두고 있지 아니하나, 지상권은 재산적 가치 있는 법률상의 권리로 상속재산에 포함되는 점, 지상권을 설정하면 지상권자의 권리 발생에 상당하는 수인의무가 토지소유자에게 발생하는 점 등을 종합해 볼 때 상속재산가액 산정시 일반적인 경우 지상권 평가액은 차감함이 타당하다. 그러나 상속재산가액인 토지의 개별공시지가 산정시 도시계획시설인 도시철도가 반영된 것은 결국 도시철도와 관련한 지상권 평가액이 반영된 것(개별공시지가를 낮추는 효과)이므로 다시 차감하게 되면 이중으로 차감하는 결과가 되므로 상속재산 평가시 지상권 평가액을 차감하지 아니하여야 한다(조심 2008서2819, 2008. 10. 29.).

III 건물

해의 맥

건물의 보충적 평가는 기본적으로 '기준시가'에 의하나, 구체적 평가 시에는 '시가'평가의 관점이 개입된다.

1. 건물의 정의

상증세법상 건물의 범위에 대하여는 별도의 규정이 없다. 민법상 건물은 토지의 정착물로서 부동산을 구성한다(민법 제99조). 건물은 토지와 구분하여 처분될 수 있고 별개로 등기되는 점에 비추어 토지로부터 완전히 독립한 별개의 부동산이다. 어느 단계에 이를 때에 건물로 볼 것인가에 관하여는 명문의 규정은 없어 건물의 기능과 효용에 비추어 사회통념에 따라 판단하여야 하지만, 판례는 적어도 건물이기 위해서는 '지붕과 기둥 또는 벽이 있는 것'이어야 한다고 본다(대법원 86누173, 1986. 11. 11.). 물리적으로는 건물의 일부라고 하더라도 그것이 독립된 건물로서 사용될 수 있는 때에는, 구분소유등기를 하는 것을 전제로 독립된 건물로서 인정된다(대법원 98다35020, 1999. 7. 27.).[463]

그러므로 건물이라 하기 위해서는 어디까지나 사회통념에 따라 또는 그 건물의 기능과 효용 및 사용목적에 따라 결정할 일이며 반드시 완성 여부에 따를 것은 아니라고 할 것이다.

건물의 평가와 관련하여 보면, 개별공시지가의 고시를 통한 지속적인 현실화로 시가와의 괴리를 상당부분 줄여나가고 있던 토지의 평가와 달리 건물의 평가는 시가에 크게 미치지 못하는 지방세법상 시가표준액에 의하는 경우가 있었다. 그리하여 건물에 대해서도 체계적인 기준시가의 고시를 필요로 하게 되었다. 이에 따라 일반건물, (지정지역 내) 오피스텔 및 상업용 건물, 공동주택 및 개별주택에 대하여 신축가액환산방식(취득원가방식)을 기본으로 한 기준시가 평가가 그 시기를 달리하여 도입되었다.

2. 일반건물의 평가

1) 의의

부동산 가격공시 및 감정평가에 관한 법률에 의하여 평가하는 개별주택 및 공동주택(국세청장이 별도로 결정·고시하는 공동주택 포함)과 국세청장이 지정하는 지역에 소재하는 오피스텔 및 상업용 건물을 제외한 그 외의 일반 건물의 경우에는 건물신축가격기준액·구조·용도·위치·신축연도·개별건물의 특성 등을 참작하여 매년 1회 이상 국세청장이 산정·고시하는 가액으로 평가한다(상증세법 제61조 제1항 제2호, 같은 법 시행령 제50조).

2) 상증세법에 의한 건물기준시가 고시

아래에서는 2014년 12월 31일 고시된 '국세청고시 제2014-44호'[464]의 내용을 중심으로 살펴본다.

　① 근거 법령

　　㉠ 소득세법 제99조 제1항 제1호 나목

　　㉡ 상증세법 제61조 제1항 제2호

---

463) 김준호, 「민법강의」, 법문사, 2003, 187~192쪽 참조
464) 이 고시는 2015. 1. 1. 이후 상속·증여분부터 적용된다.

2008년 12월 30일 고시된 '국세청고시 제2008−48호'부터 소득세법과 상증세법에서의 건물기준시가를 통합하여 고시하였다.

② 기준시가 적용범위

　㉠ 「국세청 건물기준시가」(이하 "건물기준시가"라 한다)는 건축법 시행령 "별표 1"의 용도별 건축물의 종류에서 공공용 시설(근린공공시설, 공공업무시설, 교정시설, 군사시설 등)을 제외한 모든 용도의 건물(무허가 건물을 포함한다)에 대하여 적용한다. 다만, 부동산 가격공시 및 감정평가에 관한 법률 제16조 및 제17조와 소득세법 제99조 제1항 제1호 나목, 상증세법 제61조 제1항 제3호에 따라 토지와 건물의 가액을 일괄하여 산정 · 공시(또는 고시)한 개별주택 · 공동주택 · 상업용 건물 · 오피스텔 등의 건물에 대해서는 건물기준시가를 적용하지 아니한다.

　㉡ 건물에 대한 기준시가에는 건물가격만이 포함되며, 건물부속 토지가격과 영업권 등 각종 권리의 가액은 포함되지 아니하는 것으로 한다.

③ 개별 건물에 대한 기준시가의 적용

개별 건물에 대한 기준시가는 해당 건물의 구조 · 용도 · 위치 · 신축연도 등을 기준으로 "④ 건물에 대한 기준시가 산정방법"에 의하여 계산한 가액으로 한다. 이 경우에 건물기준시가 산정방법의 고시는 개별 건물에 대한 기준시가의 고시로 본다.

④ 건물에 대한 기준시가 산정방법[465]

　㉠ 기본산식

　　(1) 기준시가＝m²당 금액×평가대상 건물의 면적(m²)

　　(2) m²당 금액(양도소득세 적용)＝건물신축가격기준액×구조지수×용도지수×위치지수×경과연수별 잔가율

　　(3) m²당 금액(상증세 적용)＝건물신축가격기준액×구조지수×용도지수×위치지수×경과연수별 잔가율×개별건물의 특성에 따른 조정률

　㉡ 상증세법에 의한 건물기준시가는 이 고시내용 중 특별히 규정하고 있는 것을 제외하고는 1m²당 건물신축가격기준액에 구조별 · 용도별 · 위치별 지수와 경과연수별 잔가율을 곱하고, 개별건물의 특성에 따른 조정률을 반영하여 1m²당 금액(1,000원 단위로 하며, 1,000원 단위 미만은 버린다)을 계산한 후, 이 금액에 평가대상 건물의 면적(연면적을 말하며, 집합건물의 경우는 전유면적과 공용면적을 합한 면적으로 한다)을 곱하여 산출한다.

　㉢ 상증세법에 의한 개별건물의 특성에 따른 조정률은, 지붕재료 · 최고층수 · 건물

---

465) 국세청 누리집(www.nts.go.kr)을 통해 건물 기준시가 자동계산 서비스를 제공하고 있다.

에 대한 구조안전진단을 받은 경우인지 여부 등 개별건물의 특성을 반영하는 조정률이다.

㉣ 건물신축가격기준액 : m²당 650,000원으로 한다.

‖ m²당 연도별 건물신축가격기준액 ‖

(단위 : 천원)

2001년	2002년	2003년~2005년		2006년	2007년
400	420	460		470	490
2008, 2009년	2010년	2011년	2012년	2013년	2014년
510	540	580	610	620	640

이와 같은 방식으로 2001년 1월 1일 이후 상속[증여]분에 대해서는 상업용 건물 등과 일반주택 등에 대한 기준시가를 통합하여 고시하였다.

⑤ **적용지수의 일반적 적용요령**

㉠ 구조지수와 용도지수는 당해 건물의 구조와 용도에 따라 해당지수를 적용하되, 해당되는 구조 또는 용도가 명시되지 아니한 경우에는 유사한 구조 또는 용도에 의하고, 어느 구조 또는 용도로도 적용하기 곤란한 경우에는 구조지수 및 용도지수를 100으로 적용한다.

㉡ 위치지수는 당해 건물의 부속토지 개별공시지가에 따라 해당 지수를 적용하고, 경과연수별 잔가율은 당해 건물의 신축연도 및 구조별 내용연수를 기준으로 정액법 상각방식에 의하여 계산한 가액을 적용하되, 리모델링한 건축물을 상속·증여한 경우에는 리모델링 시점에서 재평가하여 재계산한 잔존가치율을 적용한다. 또한, 개별건물의 특성에 따른 조정률은 상증세법에 의하여 상속·증여재산을 평가하는 경우에만 적용한다.

⑥ **구조지수의 적용요령**

㉠ 건물 구조는 주된 재료와 기둥 등에 의하여 분류하되, 건축물대장 또는 등기부등본 등 공부상에 기재된 구조에 따른다. 다만, 사실상의 구조와 공부상의 구조가 다른 경우에는 사실상의 구조에 따른다.

㉡ 공부상 조적식 구조로 기재된 것은 그 주된 재료에 따라 석조, 연와조, 시멘트벽돌조, 시멘트블록조 등으로 분류한다.

⑦ **용도지수의 적용**(용도구분은 건축법 시행령 별표 1 "용도별 건축물의 종류"에 따른다)

㉠ 용어의 정의

용도지수 적용대상 건물에서 특별히 규정한 것을 제외하고는 건축법 시행령 제3

조의 4 "별표 1"의 〔용도별 건축물의 종류〕에 의한다.

ⓒ 적용요령

(1) 건물의 용도분류는 건축법 시행령 "별표 1"의 「용도별 건축물의 종류」에 따르고, 건축물대장 또는 등기부등본 등 공부상에 기재된 용도에 의하되, 사실상의 용도와 공부상의 용도가 다른 경우에는 사실상의 용도에 따른다.

(2) 어느 용도로도 분류하기 곤란한 특수한 용도의 건물은 용도지수를 100으로 적용한다.

(3) 건축물대장 또는 등기부등본상 여러 가지 용도가 구분되지 않고 복합적으로 기재된 경우에는 각 용도별 면적은 사실상의 현황에 의하되, 그 구분이 곤란한 경우에는 각 부분의 면적은 같은 것으로 본다.

(4) 용도분류표에 없는 주차장, 대피소, 옥탑, 로비, 현관, 복도, 계단, 수위실, 기계실, 공조실, 물탱크실, 화장실 기타 이와 유사한 용도의 부속건물은 당해 건물의 주용도의 용도지수를 적용한다. 이 경우에 주용도는 사실상의 귀속에 따르되, 사실상의 귀속이 불분명한 경우에는 각 주용도별 면적을 기준으로 안분계산한다.

(5) 동일한 건물 내에 주용도에 부속하여 관리사무실 및 창고가 복합되어 있는 경우에는 그 부속건물의 용도지수는 주용도의 용도지수를 적용한다. 이 경우에 주용도는 사실상의 귀속에 따르되, 사실상의 귀속이 불분명한 경우에는 각 주용도별 면적을 기준으로 안분계산한다.

(6) 주용도가 공장, 창고, 운수시설, 위험물저장 및 처리시설, 자동차관련시설, 동물관련시설, 분뇨쓰레기처리시설, 식물관련시설로서 동일한 건물 내에 주용도에 부속하여 관리사무실, 창고, 기숙사, 실험실, 위험물저장시설, 폐기물처리시설, 휴게실 기타 이와 유사한 용도의 건물이 복합되어 있는 경우에 그 부속건물의 용도지수는 당해 주용도와 동일한 용도지수를 적용한다.

(7) 숙박시설 중 호텔·관광호텔·가족호텔·해상관광호텔·콘도미니엄·한국전통호텔·펜션, 판매시설 중 백화점·쇼핑센터·도매시장·대형점에 부속된 관리사무실, 위락시설, 놀이시설, 운동시설, 목욕시설, 판매시설, 공연장, 집회장, 문화센터, 식당가 기타 이와 유사한 용도의 부속건물의 용도지수는 당해 주용도와 동일한 용도지수를 적용한다.

(8) 운동시설에 직접 부속된 관리사무실, 안내소, 발매장, 탈의실, 대기실, 방송통신실, 기자실, 휴게실, 목욕장(복합목욕장), 장비대여 및 판매시설, 관람장 기타

이와 유사한 것은 당해 운동시설과 동일한 용도지수를 적용한다.

(9) 판매시설의 분류는 유통산업발전법상의 분류기준에 따르며, 백화점·쇼핑센터·도매시장·대형점에 부속된 관리사무실, 위락시설, 편의시설, 스포츠센터, 문화센터, 식당가, 집회장, 근린생활시설 기타 이와 유사한 용도의 부속건물 용도지수는 당해 판매시설과 동일한 용도지수를 적용한다.

(10) 근린생활시설 중 일반목욕장의 바닥면적 계산은 탈의실·휴게실·수면실·찜질시설 등 이와 유사한 부속시설과 공용면적을 포함한 전체면적으로 한다.

(11) 기계식주차전용 빌딩에는 기계설비가 포함된 것으로 보며, 건물신축가격기준액 및 각종 지수(구조·위치지수)와 건물면적·개별건물의 특성에 따른 조정률은 적용하지 아니한다.

⑧ 위치지수의 적용

㉠ 소득세법과 상증세법에 의하여 건물기준시가에서는 당해 건물 부속토지에 대한 양도·취득·상속·증여일 현재 결정·공시되어 있는 m²당 개별공시지가를 기준으로 적용한다. 다만, 개별공시지가가 없는 토지의 가액은 물건지(또는 납세지) 관할 세무서장이 소득세법 제99조 제1항 제1호 가목 단서 및 같은 법 시행령 제164조 제1항과 상증세법 제61조 제1항 제1호 단서 및 같은 법 시행령 제50조 제1항의 규정에 의하여 평가한 가액을 적용한다.

㉡ 연도 중에 새로운 개별공시지가가 결정·공시되어 공시 전(2011년 기준시가)·후(2012년 기준시가)의 위치지수가 서로 달리 적용되더라도 당해 연도(1. 1.~12. 31.) 중에는 동일한 조정기간 내로 한다. 따라서, 동일조정기간 내인 2012년도 중에 취득·양도한 건물의 전기기준시가는 2011. 1. 1. 시행 건물기준시가를 적용한다.

㉢ 하나의 건물에 여러 필지의 부속토지가 있는 경우에는 각 부속토지의 개별공시지가를 토지면적을 기준으로 가중평균한 가액을 적용한다.

㉣ 건물의 소유자와 부속토지의 소유자가 다른 경우에도 당해 부속토지의 개별공시지가를 적용한다.

㉤ 지가가 급등하는 지역으로서 소득세법 제99조 제1항 제1호 가목 단서 및 같은 법 시행령 제164조 제2항과 상증세법 제61조 제1항 제1호 단서 및 같은 법 시행령 제50조 제2항의 규정에 의하여 국세청장이 지정한 지역의 토지에 대하여는 배율방법에 의하여 평가한 가액을 적용한다.

㉥ 수상가옥 등 부속토지의 개별공시지가를 산정하기 곤란한 경우에는 그 위치지수를 100으로 적용한다.

⑨ 경과연수별 잔가율의 적용

㉠ 대상건물별 내용연수, 최종잔존가치율 및 상각방법

적용대상	Ⅰ그룹	Ⅱ그룹	Ⅲ그룹	Ⅳ그룹
내 용 연 수	50년	40년	30년	20년
최종잔존가치율	20%	20%	10%	10%
상 각 방 법	정액법	정액법	정액법	정액법

Ⅰ그룹	통나무조 · 철골(철골철근)콘크리트조의 모든 건물
Ⅱ그룹	철근콘크리트조 · 석조 · 프리캐스트 콘크리트조 · 목구조의 모든 건물
Ⅲ그룹	연와조 · 보강콘크리트조 · 시멘트벽돌조 · 철골조 · 스틸하우스조 · 황토조 · 목조의 모든 건물
Ⅳ그룹	시멘트블록조 · 경량철골조 · 철파이프조 · 석회 및 흙벽돌조 · 돌담 및 토담조의 모든 건물, 기계식주차전용빌딩

㉡ 적용요령

(1) 건물 구조는 구조지수 계산시에 적용한 구조에 따른다.

(2) 경과연수별 잔가율은 대상건물의 그룹별 내용연수에 의하여 잔존가액을 20%(Ⅲ · Ⅳ그룹의 경우는 10%)로 한 정액법 상각에 의하되 "건물 신축연도별 잔가율표"에 의하여 계산한다. 이 경우에 신축연도가 2011년인 경우를 경과연수 1년으로 계산하며, 내용연수가 경과된 건물은 최종연도의 잔가율을 적용한다.

(3) 리모델링 건축물에 대한 할증률은 상속 · 증여재산의 평가시에만 적용하고 양도소득세의 취득 · 양도가액 산정시에는 적용하지 아니한다.

(4) 리모델링(대수선)한 건축물의 상속 · 증여연도의 잔가율은 다음 1호의 가액에 2호의 가액을 가산하여 재계산한 잔가율을 적용한다.

1. 상속 · 증여 당시의 "건물 신축연도별 잔가율표"에 의한 잔가율

2. 리모델링시점까지의 누적상각률의 30%(= 연상각률 × 리모델링시점까지의 경과연수 × 30%)

(5) 신축연도는 사용검사일(준공검사일)을 기준으로 계산하되, 그 이전에 가사용 승인일 또는 사실상 사용일이 있는 경우에는 가사용 승인일 또는 사실상 사용일이 속하는 연도로 하며 증축건물은 증축일이 속하는 연도로 한다. 개축건물을 상속 · 증여하는 경우의 신축연도는 멸실개축인 경우에는 개축연도에 신축한 것으로 보며, 멸실 외 개축인 경우에는 당초의 신축일이 속하는 연도로 한다. 다만, 2011년을 기준으로 역으로 계산하여 내용연수가 종료되는 연도 이전에

신축한 건물은 해당 내용연수가 종료되는 연도를 신축연도로 한다.

(6) 하나의 건물이 여러 구조 또는 용도로 복합된 경우에는 경과연수별 잔가율을 각각의 그룹에 의하여 계산하며, 어느 구조로도 분류하기 곤란한 특수구조의 건물은 경과연수별 잔가율을 Ⅲ그룹에 의하여 계산한다.

⑩ 개별건물의 특성에 따른 조정률의 적용

㉠ 적용대상 및 지수 : 국세청고시 제2014-44호에 따른다.

㉡ 용어의 정의

* 신축이란 빈 땅에 새로 건물을 짓거나 기존 건축물을 완전히 철거하고 기존 규모를 초과해 짓는 것을 말하며, 증축은 기존 건축물이 있는 대지 안에서 건축물의 건축면적, 연면적, 층수 또는 높이를 추가하는 건축을 말하는 것으로 기존건축물에 붙여서 짓거나 따로 짓는 것에 관계없고, 바닥면적 변화 없이 건물 높이만 늘리는 것도 증축에 해당한다.

* 개축 : 기존 건축물의 전부를 철거하고, 그 대지 안에 종전의 기존 건축물 규모의 범위에서 건축물을 다시 짓는 것이다(초과시 신축). 또한 기존 건축물의 내력벽, 기둥, 보 지붕틀 중 3 이상을 포함한 일부를 철거하고 그 대지 안에 종전의 기준 건축물 규모의 범위에서 건축물을 다시 지으면 개축, 종전 규모를 초과하면 증축에 해당한다.

* 재축 : 화재나 물난리 등 각종 재해로 건물의 일부 또는 전부가 못쓰게 된 경우 종전 건축 규모 범위에서 다시 짓는 것이다.

㉢ 적용요령

(1) 개별건물의 특성에 따른 조정률은 상속세 및 증여세에만 적용하고, 양도소득세 과세시에는 적용하지 아니한다.

(2) 개별건물의 특성에 따른 조정률은 여러 구분(Ⅰ~Ⅷ)에 중복으로 해당되는 경우에도 각각의 조정률을 곱하여 중복으로 적용한다.

(3) 구분(Ⅱ)의 최고층수는 지하층과 옥탑을 제외하여 계산하고, 건물의 일부분을 소유하고 있는 경우에도 당해 건물 전체의 최고층수에 따르며, 주거시설과 상가 등의 건물이 복합되어 있는 경우에도 그 부분을 포함하여 최고층수를 계산한다. 다만, 주거용 건물에서는 아파트만 최고층수 조정률을 적용한다.

(4) 구분(Ⅱ)의 건물 연면적의 계산은 지하층, 옥탑 등을 포함한 전체면적을 기준으로 하며, 주거용 건물에 대해서는 건물 연면적 조정률을 적용하지 아니한다.

(5) 구분(Ⅲ)의 단독주택에는 다중·다가구주택은 포함하지 아니한다. 공부상에 단독주택 또는 주택 등으로 등재되어 있더라도 사실상 방과 부엌, 화장실, 출

입구 등을 별도로 설치하여 독립된 생활을 영위할 수 있도록 하여 일부를 임대 등에 사용하는 경우에는 다가구주택으로 분류하여 개별특성조정률을 적용하지 아니한다.

(6) 구분(Ⅳ)의 상가의 1층은 용도지수상 판매 및 운수시설(용도번호 9~13), 위락시설(용도번호 14~16), 의료시설(용도번호 23~25 중 격리병원 제외), 업무시설(용도번호 26~27), 근린생활시설(용도번호 33~36 중 제조업소, 종교집회장 제외)의 지상 1층 건물에 한하여 적용하며, 건축물이 토지를 공유로 하고 건물을 구분소유하는 집합건물에 해당하는 경우에는 전유면적과 공유면적을 합한 전체면적에 대해 개별특성조정률을 적용한다.

(7) 구분(Ⅳ)의 건물의 부속주차장 및 기계실, 보일러실, 대피소, 옥탑 등은 주용도에 따른 용도지수를 적용한 후에 다시 조정률을 적용한다. 다만, 주차전용빌딩은 조정률을 적용하지 아니한다.

(8) 구분(Ⅴ)의 개축건물은 기존 건축물의 전부를 멸실하고 기존 건축물 규모의 범위 안에서 건축물을 다시 지은 멸실개축의 경우에는 개별건물특성조정률을 적용하지 아니한다. 기타 멸실 외 개축건물은 개축부분에 대하여만 당초의 신축시점을 기준으로 계산한 후에 조정률을 적용한다.

(9) 구분(Ⅵ · Ⅶ)의 무벽건물 및 구조안전진단 또는 법령에 의한 철거대상 건물, 화재 · 지진 등으로 인한 훼손 · 멸실 건물에 대한 조정률은 납세자가 구체적인 사실관계를 입증하는 경우에 한하여 이를 적용한다.

3) 일반건물 평가방법의 변천

2000. 6. 30. 이전	2000. 7. 1. 이후
• 일반건물 : 지방세법상 시가표준액	• 일반건물 : 국세청기준시가 －2000. 7. 1.~12. 31. 일반주택 기준시가를 적용 －2001. 1. 1. 이후 : 상증세법에 의한 건물기준시가를 적용

3. 주택의 평가

1) 주택의 정의

주택이란 세대의 구성원이 장기간 독립된 주거생활을 할 수 있는 구조로 된 건축물의 전부 또는 일부 및 그 부속토지를 말하며, 이를 단독주택과 공동주택으로 구분한다(주택법 제2조 제1호). 우선 공동주택이란 건축물의 벽·복도·계단이나 그 밖의 설비 등의 전부 또는 일부를 공동으로 사용하는 각 세대가 하나의 건축물 안에서 각각 독립된 주거생활을 할 수 있는 구조로 된 주택을 말하며, 아파트, 연립주택 및 다세대주택을 말한다(주택법 제2조 제2호). 그리고 공동주택 이외의 주택을 단독주택이라 한다.

2) 주택의 평가방법

(1) 의의

2005년 1월 14일 부동산 가격공시 및 감정평가에 관한 법률 개정시, 주택에 대한 보유세제를 개편하기 위하여 토지와 건물을 통합하여 평가하는 제도가 도입되었고, 이에 따라 2005년 4월 30일에 주택가격이 공시됨에 따라 2005년 7월 13일 상증세법 개정시 상속·증여재산에 대한 평가를 그 고시되는 주택가격에 의하도록 하였다(상증세법 제61조 제1항 제4호, 같은 법 집행기준 61 – 50 – 7).

개별주택(단독·다가구주택)	공동주택(아파트·연립주택)
• 국토해양부장관의 표준주택가격 • 시·군·구청장의 개별주택가격	국토해양부장관 고시가격

이때 주택의 고시가격보다 부수토지의 개별공시지가가 더 큰 경우에도 주택은 고시가격으로 평가한다(상증세법 집행기준 61 – 50 – 8).

(2) 고시주택가격이 있는 경우

주택을 고시주택가격(아래의 개별주택가격 및 공동주택가격을 말한다)에 의하여 평가함에 있어서 고시주택가격의 적용시기는 평가기준일 현재 고시(경정결정되어 고시된 것 포함 – 재산 – 904, 2009. 12. 3.)되어 있는 것을 적용하며, 상속개시일[증여일] 현재 고시되어 있는 고시주택가격을 적용하는 것이므로 새로운 고시주택가격이 공시되기 전에 상속[증여]가 개시되는 경우에는 직전의 고시주택가격을 적용해야 한다(상증세법 시행령 제50조 제6항 : 대법원 99두2277, 2001. 1. 19. ; 재산 – 502, 2009. 10. 20.).

① 공동주택가격의 경우에는 부동산 가격공시 및 감정평가에 관한 법률 제17조 제1항 단서의 규정에 의하여 국세청장이 국토해양부장관과 협의하여 별도 결정·고시한 공동주택가격이 있는 때에는 그 가격에 의하여 평가한다.

② 위 ① 외의 주택의 경우에는 부동산 가격공시 및 감정평가에 관한 법률에 의한 개별주택가격(단독주택) 및 공동주택가격(아파트 및 대형 연립주택)으로 평가한다.

즉, 국세청장이 별도로 결정·고시하는 공동주택을 제외한 그 외의 단독주택과 공동주택의 경우에는 부동산 가격공시 및 감정평가에 관한 법률에 의하여 평가한 가액으로 하는 것이다.

┃ 연도별 주택가격 고시일 현황표 ┃

기준일	공시일	대상주택
2005. 1. 1.	2005. 4. 30.	다세대 · 중소형연립 · 개별주택 (아파트 · 대형연립은 2005. 5. 2.)
2006. 1. 1.	2006. 4. 28.	아파트 · 연립 · 다세대 · 개별주택
2007. 1. 1.	2007. 4. 30.	아파트 · 연립 · 다세대 · 개별주택
2008. 1. 1.	2008. 4. 30.	아파트 · 연립 · 다세대 · 개별주택
2009. 1. 1.	2009. 4. 30.	아파트 · 연립 · 다세대 · 개별주택
2010. 1. 1.	2010. 4. 30.	아파트 · 연립 · 다세대 · 개별주택
2011. 1. 1.	2010. 4. 30.	아파트 · 연립 · 다세대 · 개별주택

(*) 공시가격의 조회는 http://www.realtyprice.or.kr/에서 가능하다.

(3) 고시주택가격이 없는 경우

- 원칙 : 다음의 어느 하나에 해당하는 주택의 가격은 납세지 관할 세무서장이 인근 유사주택의 개별주택가격 및 공동주택가격을 고려하여 대통령령으로 정하는 방법에 따라 평가한 금액으로 한다.[466]

  가. 해당 주택의 고시주택가격이 없는 경우

  나. 고시주택가격 고시 후에 해당 주택을 「건축법」 제2조 제1항 제9호 및 제10호에 따른 대수선 또는 리모델링을 하여 고시주택가격으로 평가하는 것이 적절하지 아니한 경우[467]

  여기에서 "대통령령으로 정하는 방법에 따라 평가한 금액"이란 다음의 어느 하나에 해당하는 가액을 말한다(상증세법 시행령 제50조 제4항, 같은 법 집행기준 61 – 50 – 9, 같은 법 사무처리규정 제53조 제1항).

  ① 다음의 어느 하나에 해당하는 가액(소득세법 시행령 제164조 제11항)

    가. 부동산 가격공시 및 감정평가에 관한 법률에 따른 개별주택가격이 없는 단독주택의 경우에는 해당 주택과 구조 · 용도 · 이용 상황 등 이용가치가 유사한 인근주택을 표준주택으로 보고 같은 법 제16조 제7항에 따른 주택가

---

466) 2010. 1. 1. 이후 상속 · 증여분부터 적용

467) 2014. 1. 1. 이후 상속이 개시되거나 증여받는 분부터 적용한다.

격비준표에 따라 납세지 관할 세무서장(납세지 관할 세무서장과 해당 주택의 소재지를 관할하는 세무서장이 서로 다른 경우로서 납세지 관할 세무서장의 요청이 있는 경우에는 해당 주택의 소재지를 관할하는 세무서장)이 평가한 가액

나. 부동산 가격공시 및 감정평가에 관한 법률에 따른 공동주택가격이 없는 공동주택의 경우에는 인근 유사 공동주택의 거래가격·임대료 및 해당 공동주택과 유사한 이용가치를 지닌다고 인정되는 공동주택의 건설에 필요한 비용추정액 등을 종합적으로 고려하여 납세지 관할 세무서장(납세지 관할 세무서장과 해당 주택의 소재지를 관할하는 세무서장이 서로 다른 경우로서 납세지 관할 세무서장의 요청이 있는 경우에는 해당 주택의 소재지를 관할하는 세무서장)이 평가한 가액

② 시장·군수가 산정한 개별주택가액(국토교통부장관이 제공한 주택가격비준표를 사용하여 산정한 가액), 공동주택가액(지역별·단지별·면적별·층별 특성 및 거래가격 등을 참작하여 행정안전부장관이 정하는 기준에 따라 산정한 가액)(지방세법 제4조 제1항 단서)이나 둘 이상의 감정평가기관에 해당 주택에 대한 감정을 의뢰하여 산정된 감정가액을 고려하여 납세지 관할 세무서장이 평가한 가액

만약 감정이 불가능한 경우에는 납세지 관할 세무서장은 주택의 소재지를 관할하는 세무서장에게 평가를 의뢰할 수 있고, 그 결과를 납세지 관할 세무서장에게 10일 이내에 통보하여야 한다(상증세법 사무처리규정 제53조 제2항, 제4항).

그렇더라도 다음의 어느 하나에 해당하면 납세지를 관할하는 세무서장이 평가하여야 한다(상증세법 사무처리규정 제53조 제3항).

가. 평가대상 주택에 대한 상속세 및 증여세의 부과제척기간이 6월 이내인 경우
나. 평가대상 주택이 납세지를 관할하는 세무서와 같은 시(광역시를 포함한다)·군에 있는 경우

종전까지는 상속[증여]재산에 대한 평가시 지정지역 안에 있는 공동주택(아파트, 고급연립주택, 주상복합건물 내의 주택)의 경우에는 국세청장이 고시한 가액에 의하여 평가하고, 그 외의 공동주택 및 개별주택의 경우에는 토지와 건물을 별도로 평가하였다(재재산-1025, 2009. 6. 9.).

• 공시가격이 없는 주택의 평가신청 및 결과통보 : 납세자가 공시가격이 없는 주택의 가격평가 신청서(별지 제1호 서식)를 제출한 경우에는 납세지를 관할하는 세무서장은 그 평가 결과(주택의 소재지를 관할하는 세무서장이 평가한 것을 포함)를 공시가격이 없는 주택의 가격평가 결과 통지서(별지 제2호 서식)에 따라 신청일부터 30일(토요일·공휴일을 포함) 이내에 납세자에게 통지하여야 한다. 다만, 30일 이내에 발송할 수 없는 경우에는 그 사유를 서면으로 통지하여야 한다(상증세법 사무처리규정 제54조).

4. 오피스텔 및 상업용 건물의 평가

1) 의의

(1) 용어의 뜻

① "오피스텔"이란 건축법 제2조 제2항에서 정한 업무시설 중 오피스텔(이들에 부수되는 토지를 포함한다)을 말한다.

② "상업용 건물"이란 건축법 제2조 제2항에서 정한 근린생활시설, 판매시설과 영업시설의 용도로 사용되고 있는 건물(이들에 부수되는 토지를 포함한다)을 말한다.

(2) 지정지역

① 2003년 12월 30일 상증세법 개정시, 건물에 딸린 토지를 공유로 하고 건물을 구분소유하는 것으로서 건물의 용도 · 면적 및 구분소유하는 건물의 수 등을 감안하여 국세청장이 지정하는 지역(지정지역)에 소재하는 오피스텔 및 상업용 건물(부속토지 포함)에 대하여는 건물의 종류 · 규모 · 거래상황 · 위치 등을 참작하여 매년 1회 이상 국세청장이 토지와 건물에 대하여 일괄하여 산정 · 고시한 가액으로 평가하도록 개정하였다(상증세법 제61조 제1항 제3호, 상증세법 시행령 제50조 제3항, 같은 법 집행기준 61-50-6). 동 개정규정은 시행기간을 감안하여 2005년 1월 1일부터 시행한다.

이 고시에서는 서울특별시, 부산광역시, 대구광역시, 인천광역시, 광주광역시, 대전광역시, 울산광역시, 경기도를 말한다.

② 고시대상 : 지정지역의 모든 오피스텔(2014년 8월 31일 이전까지 준공되었거나 사용승인을 받은 것을 말한다)과 다음의 모든 조건을 충족하는 지정지역의 상업용 건물

가. 건물의 연면적 합계가 3,000m² 이상이거나 100개호 이상일 것

나. 건물에 부수되는 토지를 공유로 하고 건물의 각 호별로 구분하여 소유권 등기가 가능할 것

다. 2014년 8월 31일 이전까지 준공되었거나 사용승인을 받았을 것

(3) 지정지역 외 오피스텔 및 상업용 건물

한편, 국세청장이 지정하는 지역 외의 지역(일반지역)의 경우에는 일반건물에 대하여 국세청장이 산정 · 고시하는 가액으로 평가하며, 부속토지는 별도로 평가한다.

지정지역 내	지정지역 외
국세청장 일괄 고시가액	• 토지 : 개별공시지가 • 건물 : 일반건물 평가액

2) 오피스텔 및 상업용 건물에 대한 기준시가

아래에서는 2014년 12월 31일 고시한 '국세청고시 제2014-43호'를 살펴본다.[468]

소득세법 제99조 제1항 제1호 다목 및 같은 법 시행령 제164조 제10항, 상증세법 제61조 제1항 제3호 및 같은 법 시행령 제50조 제3항에 따라 국세청장이 지정하는 지역에 소재하는 오피스텔 및 상업용 건물에 대한 기준시가를 다음과 같이 고시한다.

㉠ 지정지역에 소재한 오피스텔 및 상업용 건물에 대한 기준시가는 국세청장이 산정·고시한 오피스텔 및 상업용 건물의 각 호별 단위면적(㎡)당 가액에 해당 호의 건물면적(전유면적과 공용면적을 합한 면적)을 곱하여 계산한 가액으로 한다.

㉡ 국세청장이 고시하는 오피스텔 및 상업용 건물의 각 호별 단위면적(㎡)당 가액은 건물의 종류·규모·거래상황·위치 등을 참작하여 토지와 건물에 대하여 일괄하여 산정·고시하는 가액이다.

㉢ 지정지역의 오피스텔 및 상업용 건물에 대해 국세청장이 산정·고시한 호별 단위면적(㎡)당 가액은 해당 건물의 소재지를 관할하는 세무서에 비치되어 있는 「오피스텔 및 상업용 건물기준시가」 대장과 인터넷 국세청 홈페이지(www.nts.go.kr "기준시가 조회")에 수록된 가액으로 한다.

고시되는 기준시가의 연도별 시가반영률은 아래와 같다.

┃ 연도별 시가반영률 ┃

구 분	2013	2012	2011	2010	2009
시가반영률(%)	80	80	80	80	80

5. 건물 평가의 구체적 판단

아래에서 보여주는 평가는 기본적으로 적정한 시가를 평가하고자 하는 평가의 대전제에 따른 것으로, 여기에서의 평가액은 보충적 평가액으로서가 아니라 시가로서 기능할 것이다.

---

468) 이 고시는 2015. 1. 1. 이후 상속[증여]분부터 적용한다. 한편, 종전 2001. 1. 1.부터는 오피스텔 및 상업용 건물에 대하여도 일반건물의 평가방법과 동일하게 건물의 신축가격·구조·용도·위치·신축연도 등을 참작하여 매년 1회 이상 국세청장이 산정고시하는 가액으로 평가하였다.
그리고 2000. 12. 31. 이전에는 상업용 건물 또는 특수용도의 건물에 대한 국세청 기준시가의 고시에 의하여 평가하였었다.

1) 일부 훼손 · 멸실

건물의 일부가 훼손 또는 멸실되어 정상가액으로 평가하는 것이 부당하다고 인정되는 경우에는 이에 상당하는 금액을 공제하여 평가한다(상속재산평가준칙 제24조).

2) 건설 중인 건물

그리고 건설 중인 건물의 가액은 건설에 소요된 비용의 합계액으로 평가한다(상속재산평가준칙 제25조). 그러나 심판결정례(국심 2000서1205, 2001. 2. 5. ; 국심 97중46, 1997. 6. 20.)는 소유자의 자금능력이나 공사대금의 지불방법에 따라 건물의 시가가 달라지는 모순이 생긴다는 이유로 건설에 소요된 차입금에 대한 이자는 신축비용으로 인정하지 아니하고 있음에 유의할 필요가 있으며 이러한 해석이 보다 합리적이다. 신축건물에 대한 평가도 이와 같은 맥락에서 판단하는 것이 타당하다.

3) 철거대상 건물

평가기준일 현재 다른 법령에 의하여 철거대상에 해당하는 건물의 평가액은 그 재산의 이용도, 철거의 시기 및 철거에 따른 보상의 유무 등 제반 상황을 감안한 적정가액에 의하여 평가한다(상증세법 기본통칙 61-50…2, 같은 법 집행기준 61-50-5).

4) 건물과 부수토지 가액 안분

개별주택가격이 공시된 단독주택을 평가함에 있어 건물과 부수토지의 가액을 구분하여야 하는 경우에는 당해 개별주택가격을 평가기준일 현재 평가한 건물가액과 개별공시지가로 안분하여 주택의 가격 또는 토지의 가격을 산정한다(서면4팀-1462, 2007. 5. 2.).

6. 평가심의위원회에 의한 평가(상증세법 시행령 제49조의 2 제1항 제4호)

일반건물과 오피스텔 및 상업용 건물 가치의 산정 · 고시를 위해 국세청과 지방국세청 평가심의위원회의 자문을 받을 수 있다. 감정평가사 등으로 구성된 평가심의위원회의 심의를 거치도록 하여 부동산 가치 평가의 적절성 등을 보완하기 위한 것이다.[469]

---

469) 2020. 2. 11. 이후 고시하는 분부터 적용한다.

Ⅳ 지상권 등의 평가

해의 맥

지상권의 평가는 매년 수입금액으로 간주된 금액을 현재가치화한다는 점에서 보충적 평가의 관점이라면, 부동산을 취득할 수 있는 권리와 특정시설물이용권의 평가는 프리미엄을 반영한다는 점에서 시가평가의 관점이 강하다.

1. 지상권의 평가

1) 지상권의 정의

지상권은 타인의 토지에서 건물 그 밖의 공작물이나 수목을 소유하기 위하여 그 토지를 사용하는 물권이다(민법 제279조).[470] 지상권은 당사자 간의 지상권설정계약과 등기에 의해 성립하는 약정지상권과 법률의 규정에 의해 성립한 것으로 간주하는 법정지상권이 있다. 지상권은 토지의 上下에 그 효력이 미치며, 토지를 효율적으로 이용하기 위해 일정한 범위에서만 효력이 미치도록 하는 구분지상권제도(민법 제289조의 2)가 있다. 지상권은 물권이므로 토지소유자에 대한 권리가 아니라 직접 그 객체인 토지를 배타적으로 지배하는 권리이므로 토지소유자가 변경되더라도 지상권에는 영향을 주지 아니하며 지상권의 양도나 전대를 하는데도 토지소유자의 동의를 필요로 하지 않는다.

이러한 지상권은 현실사회에서는 그 이용이 활성화되어 있지 않는데, 이는 ⅰ) 지상권에서는 대부분의 규정이 강행규정이고 ⅱ) 지상권자에게 일방적으로 유리한 내용으로 정해져 있어 토지소유자가 이러한 부담을 감수하려 하지 않기 때문이다. 대신 현실에서는 지상권보다는 토지임대차가 주로 활용되고 있다. 아래에서는 지상권과 토지임차권을 비교하여 검토해 본다.[471]

---

470) 전세권과 지역권은 토지를 이용한다는 점에서는 지상권과 동일하나 타 물건의 소유를 목적으로 하지 않으므로 지상권과는 차이가 있다.

471) 김준호, 「민법강의」, 법문사, 2003, 627~652쪽 참조

구 분	지상권	토지임차권
제삼자에 대한 대항력	물권-대항력 有	채권-등기하여야 대항력 有
권리의 양도 · 임대	토지소유자의 동의 없이 지상권의 양도, 해당 토지 임대가능	임대인의 동의 필요
존속기간	최단 존속기간 定(30, 15, 5년)	최장 20년(건물 · 공작물 소유목적, 식목 · 채염목적은 20년 이상 가능)
갱신청구권 및 매수청구권	인정	건물 · 공작물 · 수목소유 목적에 한하여 지상권규정 준용
지료	성립요소가 아님	성립요소임
지료 · 차임증감청구권	있음	있음
소멸청구권 · 해지	2년 이상 지료 미지급시 소멸청구	차임연체액이 2기의 차임액에 달하는 때에 계약해지

2) 평가방법

위와 같은 지상권의 성격상 지상권의 가치를 객관적으로 산출하기란 현실적으로 어렵다. 이에 따라 상증세법에서는 매년도의 수입금액을 일정하게 설정한 후 그 수입금액의 현재가치 합계액을 지상권의 가액으로 하고 있다. 즉, 지상권은 지상권이 설정되어 있는 토지가격의 2% 상당액을 지상권 향유에 따른 수입금액으로 간주하고, 평가기준일 이후부터 잔존연수가 만료될 때까지 각 연도의 수입금액상당액을 상증세법 시행규칙 제16조 제2항의 규정에 의하여 환산한 금액의 합계액(10%의 이자율로 할인한 현재가치의 합계액)으로 평가한다(상증세법 제61조 제3항, 같은 법 시행령 제51조 제1항, 같은 법 시행규칙 제16조 제1항). 상기 규정을 산식으로 표시하면 다음과 같다(상증세법 집행기준 61-51-2).

$$평가액 = \sum_{n=1}^{잔존연수} \frac{지상권이\ 설정된\ 토지가격 \times 2\%}{(1+\frac{10}{100})^n}$$

$$n : 지상권의\ 잔존연수$$

지상권의 잔존연수는 존속기간에서 경과기간을 차감하여 산출하며, 존속기간을 약정한 지상권은 토지사용목적에 따라 정하되 민법 제280조에서 규정한 최단존속기간(5년, 15년, 30년) 이상으로 설정하여야 하며, 존속기간을 약정하지 아니한 경우에는 최단존속기간인 5년, 15년 또는 30년으로 한다(민법 제280조, 제281조).

이때 토지사용목적에 따른 최단존속기간은 ① 석조, 석회조, 연와조 또는 이와 유사한 견고한 건물이나 수목의 소유를 목적으로 하는 때에는 30년 ② 전호 이외의 건물의 소유를 목적으로 하는 때에는 15년 ③ 건물 이외의 공작물의 소유를 목적으로 하는 때에는 5년이다(민법 제280조 제1항, 상증세법 집행기준 61-51-2). 만약 지상권설정 당시에 공작물의 종류와 구조를 정하지 아니한 때에는 지상권의 존속기간은 15년(민법 제280조 제1항, 제2호)이다(민법 제281조 제2항).

2. 부동산을 취득할 수 있는 권리의 평가

1) 부동산을 취득할 수 있는 권리의 정의

부동산을 취득할 수 있는 권리라 함은 취득시기가 도래하기 전 해당 부동산의 완성시기가 도래하는 때에 취득할 수 있는 권리를 말하는 것으로서 이를 예시하면 다음과 같다(소득세법 제94조 제1항 제2호 가목, 같은 법 기본통칙 94-1, 상증세법 집행기준 61-51-3 : 대법원 2010두22177, 2011. 1. 27.).

① 건물이 완성되는 때에 그 건물과 이에 딸린 토지를 취득할 수 있는 권리(아파트당첨권)
② 지방자치단체, 한국토지주택공사가 발행하는 토지상환채권
③ 한국토지주택공사가 발행하는 주택상환채권
④ 부동산매매계약을 체결한 자가 계약금만 지급한 상태에서 양도하는 권리
　이외에도 공유수면매립면허권도 부동산을 취득할 있는 권리라 할 수 있다(공유수면매립법 제26조).

2) 평가방법

(1) 원칙

부동산을 취득할 수 있는 권리(건물이 완성되는 때에 그 건물과 이에 딸린 토지를 취득할 수 있는 권리를 포함한다)의 가액은 평가기준일까지 납입한 금액과 평가기준일 현재의 프리미엄에 상당하는 금액을 합한 금액에 의한다(상증세법 시행령 제51조 제2항, 같은 법 집행기준 61-51-5).

> 평가액 = 납입한 금액 + 프리미엄상당액

도시정비법상 재개발 또는 재건축사업에 따른 조합원입주권의 경우 평가기준일까지 납입한 조합원권리가액과 불입한 계약금, 중도금 등을 합한 금액으로 한다. 이 때 조합원권리가액이란 도시 및 주거환경정비법에 따라 인가받은 관리처분계획을 기준

으로 다음 계산식에 따라 계산한 가액을 말한다(상증세법 시행령 제51조 제2항 괄호, 같은 법 시행규칙 제16조 제3항).

$$
\text{분양대상자의 종전 토지 및 건축물 가격} \times \frac{\text{정비사업완료 후의 대지 및 건축물의 총수입추산액 - 총소요사업비}}{\text{종전의 토지 및 건축물의 총가액}}
$$

"평가기준일까지 불입한 금액"이므로 증여받은 후 자녀가 납입해야 할 추가부담금을 부모가 납입한 경우에는 납입할 때마다 추가부담금에 대하여 증여세가 과세되고(재산-1258, 2009. 6. 23.), 납입금액에는 「소득세법 시행령」 제163조 제5항 제2호의 규정에 따른 채권매각차손을 포함한다(재산-472, 2009. 10. 14.).

한편 신축 중에 있는 공동주택의 부수토지를 증여한 경우 부동산을 취득할 수 있는 권리의 증여로 보아 증여재산가액을 계산하게 되는데, 만약 기존주택과 토지를 현물출자하는 방식이라면 출자한 토지 및 건물의 평가금액도 '납입한 금액'에 포함하여 증여일까지 납입한 부담금과 증여일 현재의 프리미엄에 상당하는 금액을 합한 금액으로 평가하여야 한다(서면4팀-969, 2008. 4. 17.).

그리고 이때의 프리미엄은 불특정 다수인 간의 거래에서 통상 지급되는 금액으로 해당 권리와 면적·위치·용도 등이 동일하거나 유사한 다른 권리에 대한 프리미엄 등 구체적인 사실을 확인하여 판단하여야 한다(상증세법 집행기준 61-51-6 ①, 재산-276, 2010. 5. 4. ; 재산-1115, 2009. 12. 24.). 이때 매매사례가 있다면 프리미엄을 시가로(아파트의 매매사례가액에서 분양가액을 차감한 것이 프리미엄의 시가) 평가하고, 매매실례가 없더라도 부동산 정보업체들의 시세현황 평균가액(이것을 분양권의 시가로 주장할 수는 없다)과 아파트분양권의 위치(동, 층, 전망) 등을 감안하여 프리미엄가액을 산정(국심 2005중546, 2005. 6. 29.)할 수 있다[그렇더라도 프리미엄이 포함된 '부동산을 취득할 수 있는 권리(분양권)'의 평가는 보충적 평가이다].

이런 맥락에서 평가기준일 당시에는 아파트분양권의 해약금 지급의무가 없는 상태 [해약금 지급의무가 있었다면 부(-)의 프리미엄상당액에 준하여 이를 차감하면 될 것으로 보인다]에서 상속인이 평가기준일 이후에 아파트분양권을 해약하였다면 아파트분양권의 가액을 평가기준일까지의 분양대금납입액으로 산정하여야 한다(조심 2011서1499, 2011. 8. 11.).

(2) 예외

다만, 해당 권리에 대하여 소득세법 시행령 제165조 제8항 제3호(지방세법상 시가표준액

→ 물가지수환산가액)의 규정에 의한 가액이 있는 경우에는 해당 가액에 의한다(상증세법 시행령 제51조 제2항, 같은 법 집행기준 61－51－5).

(3) 평가 사례(상증세법 집행기준 61－51－6)[472]

① 구주택을 현물출자하여 신주택을 신축할 경우에 신축 중에 공동주택의 부수토지를 상속[증여]한 경우 이는 부동산을 취득할 수 있는 권리를 상속[증여]한 것으로 상속재산가액[증여재산가액]은 출자한 토지 및 건물의 평가금액과 상속개시일[증여일]까지 납입한 부담금과 상속개시일[증여일] 현재의 프리미엄에 상당하는 금액을 합한 금액이 된다.

② 재건축입주권을 상속[증여]한 경우 이는 부동산을 취득할 수 있는 권리를 상속[증여]한 것으로 평가기준일까지 납입한 금액은 재건축조합이 산정한 조합원의 권리가액과 납입한 계약금, 중도금 등을 합한 금액이며 동 금액에 프리미엄 상당액을 합하여 평가한다(재산-276, 2010. 5. 4.).

같은 맥락에서 재건축조합의 관리처분계획인가일 이후에 상속받은 부동산은 그 자산의 종류, 위치, 면적이 종전의 부동산 상태와 동일하지 아니하므로, 부동산이 아닌 '부동산을 취득할 수 있는 권리'에 해당한다. 따라서 부동산에 적용하는 기준시가를 적용할 수 없는 것이므로 이에 대하여는 기준시가가 아닌 관리처분계획인가서상의 권리가액으로 평가하여 과세하는 것이 타당하다(조심 2010서2577, 2010. 11. 30.).

③ 재개발조합원 입주권을 상속[증여]하는 경우 "평가기준일까지 납입한 금액"은 조합원으로서 출자한 토지와 건물의 감정가액 등을 감안하여 재개발조합이 산정한 조합원의 권리가액과 평가기준일까지 납입한 계약금, 중도금 등을 합한 금액이며(재산-202, 2012. 5. 24.), 재개발조합원으로서 평가기준일 현재 상환하지 않은 시유지 불하대금 및 평가기준일까지 발생한 이자 중 미지급금액을 합한 금액을 상속인[수증자]이 인수하는 경우 당해 금액은 채무로서 공제된다.

3. 특정시설물이용권의 평가

1) 특정시설물이용권의 정의

특정시설물이용권이란 특정시설물의 이용권, 회원권 그 밖의 명칭 여하를 불문하고 해당 시설물을 배타적으로 이용하거나 일반이용자에 비하여 유리한 조건으로 이용할 수

---

472) 한편 위의 평가사례는 '증여'에 대한 것으로 상증세법 집행기준에서 표현하고 있으나 '상속'의 경우에도 그 적용이 가능하다.

있도록 약정한 단체의 일원이 된 자에 부여되는 시설물이용권을 말하며(상증세법 시행령 제51조 제3항, 같은 법 집행기준 61-51-4), 이에 해당되는 것으로는 골프회원권, 헬스클럽회원권, 콘도미니엄회원권, 사우나회원권, 스키장회원권 및 사교장회원권, 봉안시설을 이용할 수 있는 권리 등이 있다.

그런데 콘도미니엄 중 등기에 의해 소유권을 취득하는 공유제(등기제) 콘도미니엄은 건물에 해당하므로 건물 평가방법에 의해 평가하여야 한다(서면인터넷방문상담5팀-823, 2008. 4. 17. 참조).

2) 평가방법

(1) 원칙

특정시설물을 이용할 수 있는 권리의 가액은 평가기준일까지 납입한 금액과 평가기준일 현재의 프리미엄에 상당하는 금액을 합한 금액으로 평가한다(상증세법 시행령 제51조 제2항, 같은 법 집행기준 61-51-5 : 재산-27, 2011. 1. 12.).

평가액 = 납입한 금액+프리미엄상당액

이때의 프리미엄은 불특정 다수인 간에 거래에서 통상 지급되는 금액으로 해당 권리와 면적·위치·용도 등이 동일하거나 유사한 다른 권리에 대한 프리미엄 등 구체적인 사실을 확인하여 판단하여야 한다(상증세법 집행기준 61-51-6 ①, 재산-472, 2009. 10. 14. ; 재산-1515, 2009. 7. 23.).

그렇지만 명의개서가 불가능한 골프회원권은 거래가 불가능하므로 반환받을 수 있는 평가기준일까지 납입한 금액으로 평가하는 것이다(재산-2791, 2008. 9. 11.).

(2) 예외

다만, 소득세법 시행령 제165조 제8항 제3호(지방세법상 시가표준액 → 물가지수환산가액)의 규정에 의한 가액이 있는 경우에는 해당 가액에 의한다(상증세법 시행령 제51조 제2항, 같은 법 집행기준 61-51-5).[473]

한편 상증세법상 보충적 평가방법으로 규정되지는 않았으나, 평가기준일 현재 특정시설물을 이용할 수 있는 권리를 반환하는 경우에 반환받을 수 있는 금액으로 평가

---

473) 종전에는 기준시가를 국세청장이 정하는 방법에 의하여 평가한 가액으로 하도록 하여, 국세청 기준시가(골프회원권에 한함-2009. 2. 1.까지만 고시)에 의하였으나, 시행령 개정시 동일한 시설물이용권에 대해 국세청장과 지방자치단체가 별도로 기준시가 등을 고시할 실익이 없음을 고려하여 2009. 2. 4. 이후 양도·상속·증여한 경우 기준시가는 지방세법에 따른 시가표준액을 적용하도록 하였다.

하여야 한다는 견해도 있다.[474] 그러나 보충적 평가방법은 정형화된 방법으로서 조세법률주의 원칙상 여기에 규정되지 않는 다른 방법을 보충적 평가방법으로 사용하는 것은 비록 그 방법이 재산의 실질적 가치를 더 잘 반영한다 하더라도 인정되지 않는다는 점에서 이는 보충적 평가방법으로서가 아니라 시가산정이라는 측면에서 고려해 보아야 할 것이다.

 그 밖의 시설물 및 구축물의 평가

1. 그 밖의 시설물 및 구축물의 정의

그 밖의 시설물 및 구축물의 범위에 대해서는 상증세법상 명문의 규정이 없으므로 관련 법령에 의해 판단할 수밖에 없다. 이와 관련된 규정으로는 건축법 제2조 제4호,[475] 지방세법 제6조 제4호[476] 및 기업회계기준서 제5호 문단 39(유형자산)[477] 등이 있다.

이를 통해 보면 여기에서의 그 밖의 시설물 및 구축물이란 건물과 분리가 용이하거나 일시적으로 토지에 정착해 있는 것 등으로 건물과 독립하여 기능하고 독립적으로 평가가 가능한 것을 일컫는 것이라고 판단된다.

2. 평가방법

1) 원칙

그 밖의 시설물 및 구축물(토지 또는 건물과 일괄하여 평가하는 것 제외)은 평가기준일에 다시 건축하거나 다시 취득할 때 소요되는 가액에서 동 자산의 설치일부터 평가기준일까지의 감가상각비상당액을 차감하여 평가한다(상증세법 시행령 제51조 제4항, 같은 법 집행기준 61-51-7).

---

474) 국세청, 「상속 및 증여재산의 평가」, 동원피엔지, 2004, 75쪽 참조

475) "건축설비"란 건축물에 설치하는 전기ㆍ전화 설비, 초고속 정보통신 설비, 지능형 홈네트워크 설비, 가스ㆍ급수ㆍ배수(配水)ㆍ배수(排水)ㆍ환기ㆍ난방ㆍ소화(消火)ㆍ배연(排煙) 및 오물처리의 설비, 굴뚝, 승강기, 피뢰침, 국기 게양대, 공동시청 안테나, 유선방송 수신시설, 우편함, 저수조(貯水槽), 방범시설, 그 밖에 국토교통부령으로 정하는 설비를 말한다.

476) "건축물"이란 「건축법」 제2조 제1항 제2호에 따른 건축물(이와 유사한 형태의 건축물을 포함한다)과 토지에 정착하거나 지하 또는 다른 구조물에 설치하는 레저시설, 저장시설, 도크(dock)시설, 접안시설, 도관시설, 급수ㆍ배수시설, 에너지 공급시설 및 그 밖에 이와 유사한 시설(이에 딸린 시설을 포함한다)로서 대통령령으로 정하는 것을 말한다.

477) (다) 구축물 : 교량, 궤도, 갱도, 정원설비 및 기타의 토목설비 또는 공작물 등

이때 감가상각비상당액[장부상 미계상된 감가상각비에 대해서도 취득시부터 평가기준일까지의 감가상각 누계액 상당액(심사상속 99-216, 1999. 7. 23.)]이라 함은 법인세법 제23조 및 같은 법 시행령 제24조·제26조 및 제28조의 규정에 의하여 계산한 금액을 말한다. 이 경우 감가상각자산의 내용연수는 법인세법 시행령 제28조 제1항 제2호의 규정에 의한 기준내용연수를 적용한다(상증세법 시행규칙 제16조 제3항).

> 평가액 = 재건축가액 또는 재취득가액 - 감가상각비상당액

2) 예외

이 경우 시설물 및 구축물의 재건축 또는 취득가액을 산정하기 어려운 경우로서 지방세법(지방세법 시행령 제4조 제1항)상 시가표준액이 있는 경우 그 가액으로 할 수 있다. 다만, 지방세법 시행령 제6조 각 호[478]에 규정된 특수부대설비에 대하여 지방세법 시행령 제4조 제1항의 규정에 의하여 해당 시설물 및 구축물과 별도로 평가한 가액이 있는 경우에는 이를 가산한 가액을 말한다(상증세법 시행령 제51조 제4항, 같은 법 집행기준 61-51-8). 그런데 지방세법 시행령 제4조 제1항의 규정에 의한 가액도 없는 경우에는 장부가액(취득가액에서 감가상각비를 차감한 가액을 말함)으로 평가하는 것이 타당하다(서면4팀-2585, 2005. 12. 22.).

3) 일괄평가 등

그 밖의 시설물 및 구축물의 가액은 원칙적으로 1개의 구축물별로 평가한다. 다만, 2개 이상의 구축물로 분리하는 경우 이용가치를 현저히 저하시킨다고 인정되는 경우에는 일괄하여 평가할 수 있다. 그리고 토지, 건물과 일괄하여 평가한 그 밖의 시설물 및 구축물에 대하여는 별도의 평가를 하지 아니하며, 공동주택에 부속 또는 부착된 시설물 및 구축물은 토지 또는 건물과 일괄하여 평가한 것으로 본다(상증세법 시행령 제51조 제5항, 같은 법 집행기준 61-51-9).

---

478) 1. 승강기(엘리베이터·에스컬레이터 그 밖의 승강시설) 2. 20킬로와트 이상의 발전시설 3. 난방용·욕탕용 온수 및 열 공급시설 4. 시간당 7천560킬로칼로리급 이상의 에어컨(중앙조절식만 해당한다) 5. 부착된 금고 6. 교환시설 7. 건물의 냉난방, 급수·배수, 방화, 방범 등의 자동관리를 위하여 설치하는 인텔리전트빌딩시스템 시설 8. 구내의 변전·배전시설

VI 사실상 임대차계약이 체결되거나 임차권이 등기된 재산의 평가

해의 맥

시가요소를 반영한다는 점에서 기능면에서는 상증세법 제66조 제3호와 유사하지만, 이는 보충적 평가방법만의 특례라는 점에서 차이가 있다.

이는 상속재산[증여재산]인 위 부동산 등에 사실상 임대차계약이 체결되거나 임차권이 등기된 경우의 해당재산의 평가에 관한 것으로, 그 기능면에서 전세권이 등기된 재산의 평가(상증세법 제66조 제3호)와 유사하다. 따라서 전세권이 등기된 재산의 평가를 전세금을 기준으로 하는 것과 같이 임대보증금이나 임대료를 기준으로 평가한다.

또한 임대차계약이 체결된 재산의 임대보증금이 보충적 평가액보다 큰 경우, 상속재산[증여재산]에 포함되는 평가액보다 채무로서 공제되는 임대보증금이 더 크게 되는 문제가 발생한다. 이러한 현상은 적정한 재산가치의 산정을 위해서 재산의 가치를 반영하여 산정되는 임대보증금 요소를 고려하여야 할 필요를 일으킨다. 왜냐하면 모든 보충적 평가방법은 적정한 시가를 탐색해가는 과정에 있기 때문이다.

같은 맥락에서 임차권에 대한 평가액을 시가를 반영하는 평가기준의 하나로 삼아 시가에 가까운 금액을 도출해 내는 것이 형평에 부합한다는 점에서, 임차권이 설정된 부동산과 임차권이 설정되지 아니한 부동산 간에 과세상 달리 취급하더라도 평등권 침해가 아니라고 보아야 한다(헌재 2005헌바39, 2006. 6. 29.).

1. 정의

1) 임대차

임대차는 당사자의 일방(임대인)이 상대방에게 목적물(임대물)을 사용·수익하게 할 것을 약정하고, 상대방(임차인)이 이에 대하여 차임을 지급할 것을 약정함으로써 성립하는 계약이다(민법 제618조).

앞서 살펴본 것처럼 타인의 물건을 사용·수익할 수 있는 권리로는 물권으로서의 지상권도 있다. 그러나 지상권은 지상권자에게 일방적으로 유리한 내용으로 정해져 있어 그 소유자가 이 물권의 설정 자체를 기피하는 것이 일반적이어서 현실사회에서는 채권으로서의 임대차가 주로 활용되고 있다.[479]

보론 25 임대차, 사용대차 및 소비대차 비교표			
구 분	임대차	사용대차	소비대차
계약	쌍무계약	편무계약	쌍무계약
성립요소로서의 사용대가 (이자, 차임)	성립요소임 (유상계약)	성립요소 아님 (무상계약)	성립요소 아님 (원칙적 무상계약)
목적물	동산 또는 부동산 (물건만)	동산 또는 부동산 (물건만)	금전 그 밖의 대체물 (유가증권도 가능)
반환물건	빌린 물건(특정물) 자체	빌린 물건(특정물) 자체	동종·동질·동량의 물건(소비물)
대상재산에 대한 등기	부동산임대차는 가능	불가능	불가능
대주의 의무	목적물인도의무와 수선 의무 등	목적물인도의무	소유권이전의무
차주의 의무	임차물반환의무와 원상 회복의무 차임지급의무	임차물반환의무와 원상회 복의무(쌍무관계가 아니다)	목적물반환의무

2) 사실상 임대차계약이 체결되거나 임차권이 등기된 재산

(1) 임차권이 등기된 재산

앞서 살펴본 바와 같이 임대차에서 임차인 권리의 핵심은 임대차의 목적물을 사용·수익하는 권리, 즉 '임차권'이다.

이러한 임차권은 임대차계약에 의하여 성립되는 채권으로 구성되어 있으므로 제삼자에게 임차권을 주장할 수 없다. 여기서 민법은 부동산에 한하여 임대차를 등기할 수 있게 하고, 등기하면 제삼자에 대하여 대항력을 갖게 하였다(민법 제621조 제2항).

(2) 사실상 임대차계약이 체결된 재산은 임대차계약만 하고 등기를 하지 아니한 재산을 말하며, 임대차계약서를 작성하지는 아니하였으나 임대차계약이 이루어진 경우를 포함한다.

사실상 임대차계약이 체결되어 있으나 그 임차권이 등기되지 않은 재산도 등기된

---

479) 김준호, 「민법강의」, 법문사, 2003, 1283~1346쪽 참조 ; 김증한·김학동, 「채권각론」, 박영사, 2006, 334~461쪽 참조

임차권 및 전세권과 그 경제적 기능이 유사하다는 점에서 그 평가에서 이를 고려하였다.

이때 사실상 임대차계약이 체결된 경우라 함은 평가기준일 현재 임대차계약기간 내인 재산에 대하여 직접 임대 또는 전대를 불문하고 시가주의 원칙에 접근하려는 당해 규정의 취지에 비추어 그 계약내용의 실질을 가지고 평가하여야 한다(조심 2009서 117, 2009. 11. 11.). 다만, 임대차계약에는 그 임대계약이 체결된 재산을 임차한 임차인이 전대인에게 전대를 하는 경우 (임대계약이 이미 계산에 포함되어 있으므로) 전대부분에 대한 전대계약은 포함되지 아니하는 것이나, 직계존비속 간에 임대차계약을 체결하고 다시 제3자에게 전대계약을 체결한 경우가 그 실질이 직계존속이 직접 제3자와 임대차계약을 체결한 경우에 해당한다면 (계약의 실질내용에 따라) 해당 전대계약을 임대차계약으로 보아 위 규정을 적용하여야 한다(상속증여-21, 2014. 1. 28.).

2. 평가방법

1) 평가액 계산 : Max[(1), (2)]

사실상 임대차계약이 체결되거나 임차권이 등기된 재산은 다음 중 큰 금액으로 평가한다(상증세법 집행기준 61-50-10).

(1) 평가기준일 현재의 보충적 평가방법(상증세법 제61조 제1항 내지 제4항)**에 의한 평가액**

(2) 임대보증금과 임대료환산금액의 합계액

① 임대보증금 : 임대보증금은 임대인의 차임청구권의 지급을 장기간에 걸쳐 확보하고, 임차인이 해당 재산에 대하여 가할지도 모르는 손해를 보전하기 위해 일반적으로 수수되는 것을 말하며, 토지나 건물의 장소적 이익 등에 대해 수수되는 권리금을 포함하는 것으로 해석한다.

② 임대료라 함은 해당 부동산을 사용·수익하는 데 대해 임차인이 지급하는 차임을 말한다.

[임대료환산] 임대료환산금액이란 1년간의 임대료를 상증세법 시행규칙 제15조의 2에서 정하는 율인 100분의 12[480]로 나눈 금액을 말하며, 따라서 임대보증금과 임대료환산금액의 합계액은 다음 산식에 의하여 계산된다(상증세법 시행령 제50조 제7항, 상증세법 시행규칙 제15조의 2). 여기에서 1년간 임대료 합계액은 평가기준일 전

---

480) 2009. 4. 22. 이전 상속[증여]시에는 100분의 18을 적용함.

1년간 월 임대료를 소급하여 합계하는 것이 아니라, 평가기준일이 속하는 월의 임대료에 12월을 곱하여 계산한다(재산-810, 2010. 11. 1.).[481]

[관리비 등] 임대료 중 수익자부담의 원칙에 의하여 임차인이 부담한 관리비 및 수도료 등 실지로 지급한 것으로 확인되는 관리비용은 차감하여 평가하나(심사증 여 2005-15, 2005. 12. 5. ; 심사증여 2005-15, 2005. 11. 21.), 일정액으로 고정되어 있는 관리비 중 사실상 임차인이 부담할 관리비가 아닌 금액이나 건물 내 주차장으로서 임대인과 임차인의 계약에 따라 수입하는 주차료는 임대료에 포함한다(재산-204, 2012. 5. 24.).

그런데 여기에서 임대료를 환산하는 이율(12%)은 최근의 저금리 시장상황을 적절히 반영하지 못하는 문제가 있다. 이에 따라 최근의 저금리 상황을 반영하여 임대가액의 계산에 적용되는 이율을 낮출 필요가 있어 보인다.[482]

③ 평가액

$$평가가액 = 임대보증금 + \frac{1년간\ 임대료}{0.12}$$

평가기준일 현재 1동의 건물 중 일부가 임대되고 일부가 임대되지 않은 경우 해당 재산을 「상속세 및 증여세법」 제61조에 따라 평가할 때, 임대된 부분과 임대되지 않은 부분을 구분하여 전자의 가액은 같은 조 제5항 및 같은 법 시행령 제50조 제7항에 따라 평가하고, 후자의 가액은 「상속세 및 증여세법」 제61조 제1항 및 같은 법 시행령 제50조 제1항 내지 제6항에 정한 방법에 의하여 평가하여야 한다(사전-2020-법령해석재산-1133, 2021. 6. 4.).

그리고 전대하고 있는 부동산을 평가하는 경우 전대하고 받은 임대료 총액에서 전대인의 시설투자금액 및 전차인이 부담하여야 할 관리비는 차감하여 평가하여야 한다(조심 2009서117, 2009. 11. 11.).

---

481) 국세청, 「상속세·증여세 실무해설」, 한국공인회계사회, 2010, 612쪽

482) 참고로 부동산 임대보증금 등에 대한 수입금액 계산시 적용되는 이자율이 4.3%(소득세법 시행규칙 제23조, 법인세법 시행규칙 제6조)인 점과 상증세법상 연부연납가산금의 가산율에 대해 국세청장이 고시하는 율 1일 10만분의 11.8은 연 4.3%에 상당(상증세법 시행령 제69조 ; 2010. 3. 31. 기획재정부고시 제2010-5호)하다는 점을 고려할 필요가 있어 보인다.

2) 토지·건물을 임대료 등에 의하여 환산평가함[위 (2)]에 있어 토지와 건물소유 구분 등에 따른 평가(상증세법 시행령 제50조 제8항 같은 법 집행기준 61 - 50 - 11)[483]

상증세법 제61조 제7항 및 같은 법 시행령 제50조 제7항의 규정에 의하여 사실상 임대차계약이 체결되거나 임차권이 등기된 토지와 건물(자기가 사용하거나 임대하지 아니한 면적을 포함한다)을 토지와 건물에 대한 임대료와 임대보증금("임대보증금 등"이라 한다)에 의하여 환산 평가함에 있어 토지와 건물소유 구분 등에 따른 평가는 다음에 의한다.

종전 상증세법 기본통칙(61 - 50…5 제3호)에 따라 토지와 건물의 소유자가 다름에도 일괄하여 임대차계약이 체결된 경우 토지와 건물의 기준시가로 임대료를 안분하여 증여재산을 평가한 것에 대해, 대법원이 개별공시지가와 건물기준시가의 시가반영률이 달라 이에 따른 안분규정이 합리성을 갖기 못한다는 점 등을 종합하여 위법하다고 판시(대법원 2007두10884, 2009. 4. 23.)함에 따라, 같은 법 시행령에 명문으로 규정하였다.

① **토지와 건물의 소유자가 동일한 경우** : 토지·건물 가액은 토지·건물 전체를 임대료 등의 환산가액에 따라 평가한 후 토지·건물을 보충적 평가방법에 따라 평가한 가액(기준시가)으로 안분계산한다.

② **토지와 건물의 소유자가 다른 경우**

　가. 토지소유자와 건물소유자가 제삼자와의 임대차계약 당사자로 임대료 등의 귀속이 구분되는 경우에는 토지소유자와 건물소유자에게 구분되어 귀속되는 임대료 등의 환산가액을 각각 토지와 건물의 평가가액으로 한다.

　나. 토지와 건물의 소유자 중 어느 한 사람만이 제삼자와의 임대차계약의 당사자인 경우에는 토지소유자와 건물소유자 사이의 임대차계약의 존재 여부에 상관없이 제삼자가 지급하는 임대료와 임대보증금을 토지와 건물 전체에 대한 것으로 보아 제삼자가 지급하는 임대료 등의 환산가액에 토지와 건물의 기준시가로 나누어 계산한 금액을 각각 토지와 건물의 평가가액으로 한다.

　그러므로 건물소유자가 토지소유자로부터 토지를 임차하여 제3자에게 임대한 경우에는 토지소유자가 받는 임차료가 아닌 건물소유자가 제3자로부터 받은 임대보증금 등의 환산가액에 의하여 토지·건물가액을 평가하는 것이다(재산 - 1579, 2009. 7. 30. : 국심 2005서2355, 2006. 1. 20.).

　그런데 동일건물에서 각 층별로 소유자가 여러 명이고 건물에 부수되는 토지의 소유자도 여러 명으로 건물소유자와는 다른 경우, 건물 전체의 임대료 등 환산가액을 평가액으로 하고 전체 건물과 토지의 기준시가로 안분한 가액을 층별 면적

---

483) 2010. 2. 18. 이후 상속[증여]분부터 적용

으로 안분하여 층별상가 및 관련토지의 평가액을 계산하게 되면, 건물의 기준시가가 층별로 다르지 않은 상태에서 단지 면적의 크기에 따라 결정되게 되어 층별상가의 임대료가 다름에도 불구하고 동일하게 평가된다는 점에서 층별상가의 시가를 적정하게 반영하였다고 보기 어렵다. 따라서 시가주의에 근접하려는 취지에서 규정된 상증세법 제61조 제5항의 임대료 등의 환산가액은 적용되어서는 아니 되고, 상증세법 제61조 제1항의 보충적 평가방법에 의해 평가하는 것이 타당하다(조심 2009서3445, 2010. 3. 29.).

3) 임대용에 공하는 신탁재산[상속세에 한함]

피상속인이 위탁하고 있는 신탁재산은 상속재산에 포함되는 것이며, 해당 상속재산을 평가함에 있어 수탁자가 해당 신탁재산을 임대용에 공하고 있는 경우에는 토지의 경우 상증세법 제61조 제7항의 규정에 의하여 개별공시지가에 의하여 평가한 금액과 같은 법 시행령 제50조 제7항의 규정에 의하여 임대료 환산가액 중 큰 금액으로 평가한다(재재산 46014-174, 2001. 7. 3.). 임대료를 신탁자가 수취하였는지 여부에 따라 재산의 평가방법이 달라지는 것이 아니므로 임대료 환산가액과 개별공시지가 중 큰 금액으로 평가하는 것이 타당하다.

┃비교 : 소득세법(소득세법 제99조)상 평가 vs. 상증세법상 평가┃

구 분	소득세법 제99조	상증세법 제61조	비 고
토지	개별공시지가	개별공시지가	동일함
일반건물(토지는 제외, 건물만 평가)	국세청장고시	국세청장고시(개별건물 특성에 따른 조정률이 추가됨)	통합하여 고시하나, 상증세법의 경우 추가로 고려할 사항 있음
오피스텔 및 상업용 건물(토지와 건물 일괄평가)	국세청장고시	국세청장고시	동일함
주택(토지와 건물 일괄평가)	개별주택가격 및 공동주택가격	개별주택가격 및 공동주택가격	동일함
지상권	지상권 설정 토지가격의 2% 상당액을 지상권 존속기간 동안 환산한 금액의 합계액(10%의 이자율로 할인한 현재가치의 합계액)	지상권 설정 토지가격의 2% 상당액을 지상권 존속기간 동안 환산한 금액의 합계액(10%의 이자율로 할인한 현재가치의 합계액)	동일함

구 분	소득세법 제99조	상증세법 제61조	비 고
부동산을 취득할 수 있는 권리	평가기준일까지 납부한 금액과 평가기준일 현재의 프리미엄에 상당하는 금액을 합한 금액	평가기준일까지 납부한 금액과 평가기준일 현재의 프리미엄에 상당하는 금액을 합한 금액[다만, 해당 권리에 대하여 지방세시가표준액(다만, 취득 또는 양도 당시의 시가표준액을 확인할 수 없는 경우 물가지수환산가액)이 있는 경우에는 해당 가액]	유사하나, 상증세법은 단서조항이 있음
특정시설물을 이용할 수 있는 권리	지방세시가표준액(다만, 취득 또는 양도 당시의 시가표준액을 확인할 수 없는 경우 물가지수환산가액)	평가기준일까지 납부한 금액과 평가기준일 현재의 프리미엄에 상당하는 금액을 합한 금액[다만, 해당 권리에 대하여 지방세시가표준액(다만, 취득 또는 양도 당시의 시가표준액을 확인할 수 없는 경우 물가지수환산가액)이 있는 경우에는 해당 가액]	차이가 있음

제3절 부동산 이외 그 밖의 유형재산의 평가

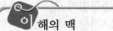

이 해의 맥

주로 동산에 대한 평가로 '재취득가액'이 확인되는지 여부에 따라 평가방법이 달라지며, 임대차계약 재산에 대한 보충적 평가 특례가 있다.

§관련조문

상증세법	상증세법 시행령
제62조【선박 등 그 밖의 유형재산의 평가】	제52조【기타 유형재산의 평가】 제58조의 3【국외재산에 대한 평가】

I 선박 · 항공기 · 차량 · 기계장비 및 입목에 관한 법률의 적용을 받는 입목의 평가

1. 선박 · 항공기 · 차량 · 기계장비 및 입목에 관한 법률의 적용을 받는 입목의 정의

1) 선박

선박은 기선(汽船)[484] · 범선(帆船)[485] · 전마선(傳馬船)[486] 등 그 밖의 명칭 여하를 불문하고 모든 배를 말하며(지방세법 제104조 제5호, 같은 법 시행령 제6조 제10호), 해저관광 또는 학술연구를 위한 잠수캡슐의 모선으로 이용하는 부선과 석유시추선도 포함한다.

그러므로 상속[증여]받은 선박의 재산평가는 총톤수에 관계없이 모든 선박에 대하여 적용한다.

2) 항공기의 정의

항공기라 함은 사람이 탑승조종하여 항공에 사용하는 비행기 · 비행선 · 활공기(滑空機)[487] · 회전익(回轉翼)항공기(헬리콥터) 그 밖에 이와 유사한 비행기구로서 대통령령으로 정하는 것[488]을 말한다(지방세법 제104조 제4호, 같은 법 시행령 제6조 제9호).

그렇지만 「항공기」에는 사람이 탑승, 조정하지 아니하는 원격조정장치에 의한 항공기(농약살포 항공기 등)는 제외된다(지방세법 기본통칙 6-6).

3) 차량의 정의

차량이란 원동기를 장치한 모든 차량과 피견인차 및 궤도에 의하여 승객 또는 화물을 반송하는 모든 기구를 말한다(지방세법 제6조 제7호).

"원동기를 장치한 모든 차량"이란 원동기로 육상을 이동할 목적으로 제작된 모든 용구를 말한다(지방세법 시행령 제7조). 그러므로 차량에는 태양열, 배터리 등 기타 전원을 이용하는 기구와 디젤기관차, 광차 및 축전차 등이 포함된다(지방세법 기본통칙 6-1).

---

484) 증기기관의 동력으로 움직이는 배를 통틀어 이르는 말

485) 주로 돛을 사용하여 운항하는 선박을 말한다.

486) 큰 배와 육지 또는 배와 배 사이의 연락을 맡아 하는 작은 배

487) 엔진이나 프로펠러 같은 추진장치를 갖지 않고 바람의 힘 또는 자신의 무게를 동력으로 해서 비행하는 항공기

488) 아직 대통령령으로 정한 바가 없다.

"궤도"란 사람이나 화물을 운송하는 데에 필요한 궤도시설과 궤도차량 및 이와 관련된 운영·지원 체계가 유기적으로 구성된 운송 체계를 말하며, 삭도(索道)를 포함하기도 하지만(궤도운송법 제2조 제1호), 「삭도」라 함은 공중에 설치한 밧줄 등에 운반기를 달아 여객 또는 화물을 운송하는 것이며, 「궤도」라 함은 지상에 설치한 선로에 의하여 여객 또는 화물을 운송하는 것을 말한다(지방세법 기본통칙 6-2).

4) 기계장비의 정의

기계장비라 함은 건설공사용·화물하역용 및 광업용으로 사용되는 기계장비로서 건설기계관리법에서 규정한 건설기계 및 이와 유사한 기계장비 중 행정자치부령이 정하는 것을 말한다(지방세법 제6조 제8호). "행정안전부령으로 정하는 것"이란 별표 1에 규정된 것을 말한다(지방세법 시행규칙 제3조).

그렇지만 '기계장비'에는 단순히 생산설비에 고정부착되어 제조공정 중에 사용되는 공기압축기, 천정크레인, 호이스트, 컨베이어 등은 제외한다(지방세법 기본통칙 6-3).

[별표 1] 과세대상 기계장비의 범위(제3조 관련)
1. 불도저, 2. 굴삭기, 3. 로더, 4. 지게차, 5. 스크레이퍼, 6. 덤프트럭, 7. 기중기, 8. 모터그레이더, 9. 롤러, 10. 노상안정기, 11. 콘크리트뱃칭플랜트, 12. 콘크리트 피니셔, 13. 콘크리트 살포기, 14. 콘크리트 믹서트럭, 15. 콘크리트 펌프, 16. 아스팔트 믹싱프랜트, 17. 아스팔트 피니셔, 18. 아스팔트 살포기, 19. 골재 살포기, 20. 쇄석기, 21. 공기압축기, 22. 천공기, 23. 항타 및 항발기, 24. 사리채취기, 25. 준설선, 26. 노면측정장비, 27. 도로보수트럭, 28. 노면파쇄기, 29. 선별기, 30. 타워크레인, 31. 그 밖의 건설기계

---

5) 입목의 정의

입목이라 함은 지상의 과수, 임목, 죽목을 말한다(지방세법 제6조 제11호). 이때의 입목에는 집단적으로 생육되고 있는 지상의 과수·임목·죽목을 말한다. 다만, 묘목 등 이식을 전제로 잠정적으로 생립하고 있는 것은 제외한다(지방세법 기본통칙 6-4, 지방세법 운용세칙 104-4). 그리고 상증세법상 재산평가대상이 되는 입목이란 입목의 소유자가 입목에 관한 법률에 의하여 소유권 보존등기를 받은 것을 말한다.

2. 선박 · 항공기 · 차량 · 기계장비 및 입목에 관한 법률의 적용을 받는 입목의 평가방법

1) 평가원칙

(1) 원칙(재취득가액을 확인할 수 있는 경우)

선박 · 항공기 · 차량 · 기계장비 및 입목에 관한 법률의 적용을 받는 입목(기계장치 · 공구 · 기구 · 비품(재산-1557, 2009. 7. 27.) 포함)을 처분할 경우 다시 취득할 수 있다고 예상되는 가액으로 평가한다. 여기에서 그것을 처분할 때에 취득할 수 있다고 예상되는 가액이라 함은 '재취득가액'을 말한다. 다만, 사업용 재고자산인 경우 재취득가액에는 부가가치세가 포함되지 아니한다(상증세법 기본통칙 62-52…1).

보충적 평가방법이 적정한 시가를 찾아가는 과정에 있다는 점에서, 재취득가액이 아래의 취득가액 등보다 평가대상 재산의 시가를 더 잘 반영하기 때문에 이러한 평가는 합리적이다.

(2) 예외(재취득가액이 확인되지 않는 경우)

단, 그 가액이 확인되지 아니하는 경우에는 다음의 가액을 순차로 적용한 가액으로 평가한다.

① 장부가액(취득가액에서 감가상각비를 차감한 가액)

이때의 장부가액은 기업회계기준 등에 의해 작성된 대차대조표상 가액을 말하며 취득가액에서 차감하는 감가상각비는 법인이 납세지 관할 세무서장에게 신고한 상각방법에 의하여 기준내용연수를 적용하여 계산한 취득일부터 평가기준일까지의 감가상각비를 말한다(상증세법 집행기준 62-52-2). 따라서 법령이 정한 방법에 따라 정상적으로 산정되어 있지 않은 상태의 장부상의 미상각잔액을 장부가액으로 한 상속재산 평가액은 적용될 수 없다(국심 2006중1722, 2006. 12. 1.).

② 시가표준액(지방세법 시행령 제4조 제1항)에 의한 가액

2) 시가표준액 산정방법[위 (2), ②](상증세법 시행령 제52조 제1항)

상기 재산에 대한 시가표준액은 매년 1월 1일 현재 시장 · 군수가 행정안전부장관이 정하는 기준에 따라 도지사의 승인을 얻어 결정한다(지방세법 시행령 제4조 제1항, 제3항).

(1) 선박

선박의 시가표준액은 선종 · 용도 및 건조가격을 참작하여 톤수 간에 차등을 둔 단계

별 기준가액에 해당 톤수를 순차적으로 적용하여 산출한 가액을 합친 금액에 다음
각목을 적용한다(지방세법 시행령 제4조 제1항 제2호).

㉠ 선박의 경과연수별 잔존가치율

㉡ 급냉시설 등의 유무에 따른 가감산율

(2) 항공기 평가방법

기종·형식·제작회사·정원·최대이륙중량·제조연도별 제조가격 및 거래가격
(수입하는 경우는 수입가격)을 참작하여 정한 기준가액에 항공기의 경과연수별 잔존가치
율을 적용한다(지방세법 시행령 제4조 제1항 제6호).

(3) 차량의 평가방법

차종·정원·적재정량·제조연도별 제조가격(수입하는 경우는 수입가격) 및 거래가격 등
을 참작하여 정한 기준가액에 차량의 경과연수별 잔존가치율을 적용한다(지방세법 시
행령 제4조 제1항 제3호).

따라서 차량에 대해 차량 정보지에 게재된 중고차시세표상의 가격은 차량의 (시가 및
보충적)평가액으로 인정되지 않는다(심사상속 99-485, 2000. 2. 25.).

(4) 기계장비의 평가방법

종류·톤수·형별·제조연도별 제조가격(수입하는 경우는 수입가격) 및 거래가격 등을 참
작하여 정한 기준가액에 기계장비의 경과연수별 잔존가치율을 적용한다(지방세법 시행
령 제4조 제1항 제4호).

(5) 입목의 평가방법

수종·수령별 거래가격 등을 참작하여 정한 기준가액에 입목의 재적·본수 등을 적
용한다(지방세법 시행령 제4조 제1항 제5호).

Ⅱ 상품 · 제품 · 서화 · 골동품 · 소유권대상 동물 그 밖의 유형재산의 평가

1. 재고자산 그 밖의 이에 준하는 동산 및 소유권대상 동산의 평가

1) 재고자산, 그 밖의 이에 준하는 동산 및 소유권대상 동산의 정의

민법상 동산은 토지와 그 정착물 이외의 물건을 말한다(민법 제99조 제2항). 그 형상을 바꾸지 않고 옮길 수 있는 것으로 토지에 부착하고 있는 물건이라도 그 정착물이 아닌 물건은 동산이다. 전기 그 밖의 관리할 수 있는 자연력도 동산이다. 선박 · 자동차 · 항공기 · 건설기계 등도 동산이지만, 특별법(상법 · 자동차저당법 · 항공기저당법 · 건설기계저당법 등)에 의해 부동산에 준한 취급을 받을 뿐이다.

상품, 제품, 반제품, 재공품, 원재료 그 밖의 이에 준하는 동산이란 회계학상 재고자산으로 분류되는 동산이며, 재고자산이란 판매목적으로 보유하는 자산으로서 생산 및 판매의 영업활동과정을 통하여 현금화되는 성격의 자산이다. 그러나 부동산매매업자가 보유하는 토지 등의 부동산은 회계학상 재고자산으로 분류되더라도 동산이 아니므로 상속[증여]재산을 평가함에 있어서는 토지 등의 부동산평가방법에 의하여야 한다.

| 보론 26 | 동산과 부동산의 비교표 | |

구 분	동산	부동산
공시방법	점유	등기
공신력	점유공신력 인정	등기공신력 불인정
시효취득기간	10(5)년	20(10)년
무주물	선점의 대상	국유
지상권, 지역권, 전세권, 저당권	설정 안됨	설정됨
강제집행	집행관이 점유로서 압류	부동산 소재지의 법원

2) 재고자산 그 밖의 이에 준하는 동산 및 소유권대상 동산의 평가방법

(1) 원칙(재취득가액을 확인할 수 있는 경우)

상증세법 시행령 제52조 제2항 제1호에서는 상품 · 제품 · 반제품 · 재공품 · 원재료 그 밖의 이에 준하는 동산 및 소유권의 대상이 되는 동산의 평가는 그것을 처분할 때 취득할 수 있다고 예상되는 가액(재취득가액)으로 평가한다. 다만, 사업용 재고자산인 경우 재취득가액에는 부가가치세가 포함되지 아니한다(상증세법 기본통칙 62-52…1, 같은 법 집행기준 62-52-1).

(2) 예외(재취득가액이 확인되지 않는 경우)

그 가액이 확인되지 아니하는 경우에는 장부가액으로 평가한다. 해당 재산을 처분할 때 취득할 수 있다고 예상되는 가액을 산정하기 어려운 경우를 대비하여 장부가액으로 평가할 수 있도록 근거를 마련하였다. 이때의 장부가액은 (세금)계산서 및 매입장 및 상품수불부 등의 관련장부에 의하여 산정한 실질적인 재고자산을 말한다고 봄이 타당하다(심사상속 2001-35, 2001. 10. 19.).

이러한 장부가액의 개념에 따라 평가기준일 현재 계속 제조 중인 제품 등의 가액은 평가기준일 현재 완성된 부분에 대한 완성비율에 따라 평가한다(상속재산평가준칙 제31조). 또한 상속개시[증여일] 당시 미착된 상품의 가액은 상속개시일[증여일]까지 해당 상품의 취득에 소요된 비용의 합계액으로 평가한다(상속재산평가준칙 제32조).

2. 판매용이 아닌 서화·골동품의 평가

1) 판매용이 아닌 서화·골동품의 평가방법

(1) 원칙

판매용이 아닌 서화·골동품 등 예술적 가치가 있는 유형재산의 평가는 다음의 구분에 의한 전문분야별로 2인 이상의 전문가가 감정한 가액의 평균액에 의한다(상증세법 시행령 제52조 제2항 제2호).

㉮ 서화·전적 ㉯ 도자기·토기·철물 ㉰ 목공예·민속장신구 ㉱ 선사유물 ㉲ 석공예 ㉳ 그 밖의 골동품 ㉴ ㉮부터 ㉳까지에 해당하지 아니하는 미술품[489]

(2) 예외

다만, 그 가액이 지방국세청장이 위촉한 3인 이상의 전문가로 구성된 감정평가심의회에서 감정한 감정가액에 미달하는 경우에는 그 감정가액에 의한다.

이때 판매용이 아닌 서화 골동품 등의 평가를 위한 「서화·골동품 등 감정평가심의회」의 설치·운영 등에 관하여 필요한 사항은 '서화·골동품 등 감정평가심의회 설치 및 운영규정(제정 2009. 1. 28. 국세청 훈령 제1714호)'에 의한다.

---

489) 2011. 7. 25. 이후 최초로 상속하거나 증여하는 미술품부터 적용한다.

2) 판매목적 소유 서화 · 골동품

판매목적으로 소유하는 서화 · 골동품은 재고자산으로서, 이에 대하여는 상품 등의 평가방법을 준용[앞의 1.2)]하여 그것을 처분할 때에 취득할 수 있다고 예상되는 가액인 재취득가액으로 평가하고 그 가액이 확인되지 아니하는 경우에는 장부가액으로 한다.

3. 소유권대상 동물의 평가

1) 소유권의 대상이 되는 동물의 정의

소유권은 객체인 물건을 전면적으로, 즉 물건이 가지는 사용가치와 교환가치의 전부를 지배할 수 있는 권리이다. 이처럼 소유권의 객체는 물건이며, 물건에는 동산과 부동산이 속하고(민법 제99조), 그 동산의 하나인 동물은 소유권의 대상이 된다.[490]

2) 소유권의 대상이 되는 동물의 평가방법

소유권의 대상이 되는 동물의 평가는 상품 등의 평가방법을 준용[앞의 1.2)]하므로, 그것을 처분할 때에 취득할 수 있다고 예상되는 가액인 재취득가액으로 평가하고 그 가액이 확인되지 아니하는 경우에는 장부가액으로 한다.

4. 그 밖의 유형재산의 평가

1) 그 밖의 유형재산의 정의

상증세법 시행령 제52조 제2항 제3호에서 규정하는 그 밖의 유형재산의 평가대상은 토지, 건물, 선박, 그 밖의 시설물 및 구축물, 상품, 제품, 반제품, 재공품, 원재료 그 밖의 이에 준하는 동산과 소유권의 대상이 되는 동물, 서화, 골동품을 제외한 재산 중 유형재산을 말한다.

예컨대 입목에 관한 법률에 따라 등기되지 아니한 관상수 등 수목이 이에 해당한다(국심 2000광669, 2000. 10. 11.).

2) 그 밖의 유형재산의 평가방법

이러한 그 밖의 유형재산은 상품 등의 평가방법을 준용하여 평가[앞의 1.2)]하도록 하고 있다.

---

490) 김준호, 「민법강의」, 법문사, 2003, 566쪽 이하 참조

Ⅲ 사실상 임대차계약이 체결되거나 임차권이 등기된 재산의 평가

　상기 재산이 사실상 임대차계약이 체결되거나 임차권이 등기된 경우에는 해당 임대료 등을 기준으로 하여 ① 대통령령이 정하는 바에 따라 평가한 가액(상증세법 시행령 제52조 제3항)과 ② 위의 보충적 평가방법(상증세법 제62조 제1항 및 제2항)에 의하여 평가한 가액 중 큰 금액을 그 재산의 가액으로 한다.

　이 중 ①의 대통령령이 정하는 방법에 의한 평가액은 상증세법 시행령 제50조 제7항에 의해 평가한 가액으로, 이에 대해서는 앞의 제2절 Ⅵ.에서 구체적으로 설명하였다.

제4절 유가증권의 평가

> **해의 맥**
>
> 유가증권의 평가는 해당 유가증권의 '종류와 성격'에 따라 다르다.

§관련조문

상증세법	상증세법 시행령	상증세법 시행규칙
제63조【유가증권 등의 평가】	제52조의 2【유가증권시장 및 코스닥시장에서 거래되는 주식등의 평가】 제53조【코스닥시장에 상장신청을 한 법인의 주식등의 평가 등】 제54조【비상장주식등의 평가】 제55조【순자산가액의 계산방법】 제56조【1주당 최근 3년간의 순손익액의 계산방법】 제57조【기업공개준비중인 주식등의 평가등】 제58조【국채·공채 등 그 밖의 유가증권의 평가】 제58조의 2【전환사채등의 평가】 제58조의 3【국외재산에 대한 평가】	제16조의 2【유가증권시장 및 코스닥시장에서 거래되는 주식등의 평가】 제17조【비상장주식의 평가】 제17조의 2【순자산가액의 계산방법】 제17조의 3【1주당 최근 3년간의 순손익액의 계산방법】 제18조【매매기준가격등】 제18조의 2【액면가액으로 직접 매입한 국채 등의 평가】

의의

1. 기초개념의 이해

1) 유가증권의 의의

일반적으로 유가증권이란 사법상의 재산권(私權이라 하며, 채권, 물권, 사원권 등을 말한다)을 표창(表彰, 사권이 증권에 특별히 결합된 것을 말하며, 권리가 증권에 化體되었다고 한다)하는 증권으로서(권리가 物化되었다고 한다), 증권상에 기재한 권리의 성립, 존속, 행사와 이전을 위해 증권의 소지 또는 교부를 필요로 하는 것을 말한다. 그러므로 유가증권의 가장 중요한 공통의 목적은 유통성의 확보이며,[491] 수표, 어음, 화물상환증, 선화증권, 주식 및 국·공·사채 등이 모두 유가증권의 범위에 포함된다.

이러한 성질을 가진 유가증권은 재산상의 권리로서 금전으로 환전할 수 있는 경제적·재산적 가치를 지니므로 상속[증여]재산의 범위에 포함되며, 따라서 평가의 대상이 된다. 유가증권에 관해서는 어음법·수표법·상법 등에 개별적으로 상세한 규정이 있고, 일반적 규정은 민법의 지시채권과 무기명채권에 관한 규정에 의한다(상법 제65조, 민법 제508조 내지 제526조 참조).

(1) 주식

주식이란 주식회사의 사원인 주주가 출자자로서의 회사에 대하여 갖는 지분을 말하는데, 주식은 자본의 구성부분(발행회사입장)으로서의 의미와 주주가 회사에 대하여 갖는 권리의무의 기초인 사원의 지위 또는 자격(주주권 : 주주입장)으로서의 의미가 있다. 한편 주식을 '주주권을 표창하는 有價證券' 자체로 이해하기도 하나, 정확히는 이를 상법상의 '株券'으로 표현하는 것이 옳다.[492]

주식은 그 권리의 내용에 따라 우선주식·보통주식·후배주식·혼합주식·상환주식·전환주식·의결권 없는 주식 등으로 종류를 나눌 수 있다. 주주의 권리로는 이익배당청구권, 新株인수권, 잔여재산분배청구권 등의 自益권과 의결권 등의 공익권이 있으며 의무로는 출자의무가 있다.

이런 점에서 여기에서의 평가대상이 되는 상속재산[증여재산]인 주식은 증권(紙片) 자체를 의미하는 것이 아니고, 그 증권에 化體된 재산적 가치 있는 권리이기 때문에

---

491) 정찬형, 「상법강의(하)」, 박영사, 2009, 3~4쪽
492) 정찬형, 상게서(상), 622~623쪽 참조

특별한 경우 이외에는 자유양도가 보장되어 상속[증여]의 대상이 된다.

(2) 출자지분

사업을 경영하기 위한 자본으로서 금전, 그 밖의 재산, 노무 또는 신용을 법인 또는 조합에 제공하는 것을 출자라 할 때, 출자지분은 주식에서와 같이 출자액 총액에 대한 각출자자가 소유한 권리로서의 의미와 사원권으로서 의미를 함께 가진다. 그러므로 이런 점에서는 주식회사의 주금의 납입도 출자이고, 각 주주가 가진 지분은 출자지분이 된다.

그런데 상증세법상 주식과 대응하여 사용되고 있는 출자지분의 의미에 대해선 법에서 명문으로 정의하고 있지는 않지만, 전체 규정체계의 구조로 보아 상법에 의하여 설립된 합명회사, 합자회사 및 유한회사의 사원의 출자지분을 의미하는 것으로 보인다.[493] 출자의 종류에는 재산출자, 노무출자, 신용출자가 있는데, 출자지분 중 노무출자나 신용출자는 일신전속적 성격으로 인해 재산적 가치와 상속[증여] 가능성을 전제로 하는 상속재산[증여재산]으로는 한계가 있다.

2) 유가증권 거래 시장의 분류

현행 우리나라에서 유가증권이 거래되는 시장은 증권의 매매를 위하여 한국거래소가 개설하는 시장으로서 다음을 말한다(자본시장과 금융투자업에 관한 법률 제9조 제13항). 이때 유가증권시장과 코스닥시장을 합쳐 "증권시장"이라 한다.[494] 이처럼 유가증권이 거래되는 시장의 구분이 중요한 것은, 각 시장에서의 거래의 성질이 다르고 이에 의해 형성되는 가격의 시가성이 달라 상증세법에서 그 평가를 달리 규정하고 있기 때문이다.

(1) 유가증권시장

유가증권[495]의 매매를 위하여 한국거래소가 개설하는 시장으로서 코스닥시장 외의 시장을 말한다(자본시장과 금융투자업에 관한 법률 제9조 제13항 제1호).

---

493) 참고로 증권거래세법 제2조 제2항에서는 "지분"이라 함은 상법에 의하여 설립된 합명회사·합자회사 및 유한회사의 사원의 지분을 말한다고 규정하고 있다.

494) 이 책에서는 '유가증권시장'과 '코스닥시장'을 구분하여 쓰기도 하고, 이를 합쳐 '증권시장'으로 쓰기도 한다.

495) 증권은 다음 각 호와 같이 구분한다(자본시장과 금융투자업에 관한 법률 제4조 제2항).
1. 채무증권, 2. 지분증권, 3. 수익증권, 4. 투자계약증권, 5. 파생결합증권, 6. 증권예탁증권

(2) 코스닥시장

유가증권 중 유가증권시장에 상장되지 아니한 증권[496]의 매매를 위하여 한국거래소가 개설하는 시장을 말한다(자본시장과 금융투자업에 관한 법률 제9조 제13항 제2호).

(3) 이외

① 프리보드 : 물론 위 이외에도 유가증권시장이나 코스닥시장에서 거래되지 않는 비상장주식을 거래하기 위해 한국금융투자협회(한국거래소가 아님)가 개설한 시장으로 프리보드가 있다. 한편 상속[증여]재산의 평가에 있어서는 이 시장에서 거래되는 비상장주식도 일반적인 비상장주식과 동일하게 평가하고 있다는 점에 유의하여야 한다.

② 장외시장 : 이외에도 한국거래소나 프리보드와 같은 조직화된 시장 외에 증권회사의 창구에서 이루어지는 거래 및 투자자 상호간의 직접적인 접촉과 협상으로 이루어지는 거래 등 비조직적이고 추상적인 시장인 장외시장이 있다. 한편 상속[증여]재산의 평가에 있어서는 유가증권시장 · 코스닥시장 상장주식인지 비상장주식인지에 따라 아래의 평가방법에 의한다.

3) 그 밖의 용어의 정의

"상장법인", "비상장법인", "주권상장법인" 및 "주권비상장법인"이란 각각 다음의 자를 말한다(자본시장과 금융투자업에 관한 법률 제9조 제15호).

(1) 상장법인

증권시장에 상장된 증권("상장증권"이라 한다)을 발행한 법인. 그러므로 유가증권시장뿐만 아니라 코스닥시장에 상장된 증권을 발행한 법인이 '상장법인'이다.

그리고 유가증권시장 상장규정 제2조에서는 유가증권시장에 상장된 주권을 발행한 법인을 '유가증권시장 주권상장법인'이라 부르며, 코스닥시장에 상장된 주권을 발행한 법인을 '코스닥시장 상장법인'이라 부르고 있다.[497] 즉 이 둘을 합친 것이 '상장법

---

496) 유가증권시장에 상장되지 아니한 다음 각 호의 증권을 말한다(자본시장과 금융투자업에 관한 법률 시행령 제12조).
1. 사채권, 2. 주권, 3. 신주인수권이 표시된 것, 4. 법 제234조 제1항에 따른 상장지수집합투자기구("상장지수집합투자기구")의 수익증권, 5. 제7조 제1항 제1호에 따른 파생결합증권, 6. 외국법인 등이 발행한 주권과 관련된 증권예탁증권(예탁결제원이 발행한 것에 한한다)
497) 이 책에서는 '유가증권시장 주권상장법인'과 '코스닥시장 상장법인'으로 구분하여 쓰기도 하고, 이를 합쳐 '(주권)상장법인'으로 쓰기도 한다. 그리고 '유가증권시장 상장주식 등'과 '코스닥시장 상장주식

인'이라는 것이다.

(2) 비상장법인

상장법인을 제외한 법인

(3) 주권상장법인

다음의 어느 하나에 해당하는 법인. 그러므로 주권상장법인이 상장법인('유가증권시장 주권상장법인'과 '코스닥시장 상장법인'을 합친 것)보다 범위가 더 넓다고 할 수 있다.

㉠ 증권시장에 상장된 주권을 발행한 법인(위의 '상장법인')

㉡ 주권과 관련된 증권예탁증권이 증권시장에 상장된 경우에는 그 주권을 발행한 법인

(4) 주권비상장법인

주권상장법인을 제외한 법인

2. 의의

여기에서 평가방법을 규정하고 있는 유가증권은 위(기초개념의 이해)의 유가증권 중 시장성이나 환가성에 제약이 있어 평가의 방법이 선행되어야만 재산적 가치를 측정할 수 있는 주식 및 출자지분, 국채·공채·사채 및 전환사채 등이다. 그러므로 수표와 같이 화폐와 거의 유사하게 사용되어 평가가 필요 없는 유가증권은 제외한다. 이러한 평가 중 유가증권시장 주권상장법인 및 코스닥시장 상장법인의 주식 등의 평가가액은 보충적 평가방법으로서가 아니라 시가로서 간주한다는 점(상증세법 제60조 제1항)이 다른 유가증권의 평가와 다른 점이다.

한편 유가증권은 아니지만 예금·저금·적금과 대부금·외상매출금 및 받을어음 등의 채권가액 및 집합투자증권·전환사채 등의 평가방법에 대해서도 여기에서 다룬다.

등'으로 구분하여 쓰기도 하고, 이를 합쳐 '(주권)상장주식 등'으로 쓰기도 한다.

Ⅱ 유가증권시장 및 코스닥시장 상장법인의 주식 및 출자지분의 평가

> 유가증권시장 및 코스닥시장 상장주식 등의 평가는 시가평가만이 존재하며, 그 평가액은 평가기준일 전후 2개월간의 최종시세가액(평가기간의 최종시세가액은 동질적인 것임을 전제)의 평균으로 한다.

1. 유가증권시장 및 코스닥시장 상장법인의 주식 등의 의의

유가증권시장 및 코스닥시장 상장법인의 주식 등이란 유가증권시장과 코스닥시장(이하 '유가증권시장 등'이라 한다)에 상장된 주권 등을 발행한 법인으로서 그 주식 등이 유가증권시장 등에서 거래되는 법인의 주식(이하 '상장주식'이라 한다)을 말한다.

2. 상장주식 등의 평가방법

1) 일반적인 경우의 상장주식 등 평가

유가증권시장 등에서 거래되는 상장법인의 주식 등은 평가기준일 이전 · 이후 각 2개월 동안[498]에 공표된 매일의 거래소(증권 및 장내파생상품의 공정한 가격 형성과 그 매매, 그 밖의 거래의 안정성 및 효율성을 도모하기 위하여 「자본시장과 금융투자업에 관한 법률」에 따른 금융위원회의 허가를 받아 금융투자상품시장을 개설하는 자를 말한다) 최종시세가액(거래실적의 유무를 불문한다)의 평균액[499]에 의하여 평가한다(상증세법 제63조 제1항 제1호 가목, 같은 법 집행기준 63-52의 2-1).

이는 가격등락에 따른 평가의 균형을 도모하기 위해 과거 2개월간 및 평가기준일 이후[500] 2개월간(총 4개월간)의 종가평균액을 반영하여 평가하도록 한 것이다. 그런데 이러

---

498) 이 점이 평가기준일 현재를 기준으로 평가하는 다른 재산과 다른 점이며, 특히 평가기준일 이후 2개월의 최종시세가액을 고려한다는 점에서 비판이 제기되기도 한다.

499) 1999. 12. 28. 이전은 평가기준일 이전 3개월간에 공표된 증권거래소 최종시세가액의 단순평균액으로 평가

500) 평가기준일 이후까지도 고려하는 것은 납세자로 하여금 불확실한 미래 예측을 요구한다는 점에서 법적 안정성과 예측 가능성을 해친다는 비판이 가능하나, 평가기준일 이전만으로 평가하도록 할 경우 증여시기 조정을 통한 조세회피가 가능해진다는 현실을 반영한 조처로 보인다.

한 평가액은 시가로 보는 것이어서 상장주식 등에는 보충적 평가액이란 존재하지 않는다는 점에 유의하여야 한다(상증세법 제60조 제1항 후단).

그러므로 상장주식을 최대주주가 특수관계 있는 타 주주에게 당일 현재의 증권거래소 종가로 장외에서 양도하더라도 이 가액은 상증세법상 시가에 해당되지 아니하므로 이 경우 시가는 상증세법 제63조 제1항 제1호 가목에 의하여 평가한 후 다시 최대주주의 주식에 대한 할증평가를 가산하여 계산한다(징세 46101-1338, 1997. 5. 28.). 같은 맥락에서 상장주식의 경우 상속개시일로부터 6개월[증여일로부터 3개월] 이내에 처분가격(매매사례가 등)이 있는 경우에도 그 처분가액을 상속개시[증여] 당시의 시가로 할 수 없고 상증세법 제63조 제1항 제1호 가목에 규정된 평가방법에 의하여 평가한 가액은 이를 시가로 본다고 규정(상증세법 제60조 제1항)하고 있으므로 유가증권시장 상장주식을 동 규정에 의하여 평가기준일 이전·이후 각 2월간에 공표된 매일의 거래소 최종시세가액의 평균가액으로 평가한 가액을 주식의 시가로 봄이 타당하다(국심 2001부1709, 2001. 11. 17.).

이때 평가기준일 이전·이후 각 2월(총 4개월)간의 최종시세가액의 평균액의 계산시 기간계산은 평가기준일 이전·이후로 월력에 따라 2월 이전·이후로 계산하되, 여기에는 평가기준일의 최종시세가액도 포함된다(재삼 46014-684, 1999. 4. 7.). 예를 들어, 평가기준일이 6월 27일이라면 4월 28일부터 6월 27일까지, 6월 27일부터 8월 26일까지 4월간의 기간이 되는 것이다(상증세법 기본통칙 63-0…1 제1항).

한편, 특수관계에 있는 법인 간의 합병(분할합병을 포함한다)으로 인하여 대주주 등이 이익을 얻어 해당 이익을 계산하는 경우(상증세법 제38조), 소멸하거나 흡수되는 법인 또는 신설되거나 존속하는 법인이 보유한 상장주식 등의 시가는 평가기준일 현재의 거래소 최종 시세가액으로 한다(상증세법 제63조 제1항 제1호 가목 후단).[501]

2) 예외 : 비상장법인주식 등의 평가를 준용

(1) 원칙(즉 비상장법인주식 등의 평가를 준용)

다음의 사유에 해당하는 경우에는 그 시장성에 의문이 제기되므로 비상장주식과 동일하게 평가한다(상증세법 시행령 제52조의 2 제3항, 같은 법 집행기준 63-53-1).

① 평가기준일 전후 2개월 이내에 거래소가 정하는 기준에 의하여 매매거래가 정지되는 경우

② 거래소가 정하는 기준에 따라 관리종목으로 지정된 기간의 일부 또는 전부가 포함되는 경우

---

501) 2017. 1. 1. 이후 합병하는 분부터 적용한다.

(2) 예외(예외의 예외이므로 결국 상장주식 등의 평가방법을 준용)

다만, 공시의무위반, 사업보고서 제출의무위반 등으로 인하여 관리종목으로 지정·고시되거나 등록신청서 허위기재 등으로 인하여 매매거래가 정지된 경우로서 적정하게 시가를 반영하여 정상적으로 매매가 이루어지는 경우는 제외한다(상증세법 시행규칙 제16조의2 제2항). 결국 시장성이 확보되는 거래라면 위 (1)의 사유에도 불구하고 상장주식 등의 평가방법을 준용할 수 있다는 것이다.

3) 특수한 경우의 상장주식 등 평가

(1) 증자·합병 등의 사유가 있는 상장주식 등 평가

평가기준일 이전·이후 각 2개월의 기간 중에 증자·합병 등의 사유가 발생하여 신주가 발행되면 권리락[502]이 생기고 이에 의해 주가의 변동이 일어난다. 이로 인해 원칙적인 평가기간(총 4개월) 동안의 거래소 종가평균액에 의하는 것이 부적당한 경우에는 다음의 구분에 따라 계산한 기간(평가기준일 현재의 주식과 동일성을 유지하는 기간)의 평균액으로 한다(상증세법 제63조 제1항 제1호 가목 본문 괄호, 같은 법 시행령 제52조의2 제2항, 같은 법 기본통칙 63-0···2 ①, 같은 법 집행기준 63-52의 2-2).

여기에서 "증자·합병 등의 사유"에는 감자, 주식 등의 액면분할 또는 병합, 회사의 분할을 포함한다(상증세법 기본통칙 63-0···2 ②).

① 평가기준일 이전 증자·합병 등의 사유가 발생한 경우 : 평가기준일 이전에 증자·합병 등의 사유가 발생한 경우에는 동 사유가 발생한 날(증자·합병의 사유가 2회 이상 발생한 경우에는 평가기준일에 가장 가까운 날을 말한다)의 다음 날(이 날이 권리락 일이다)부터 평가기준일 이후 2월이 되는 날까지의 기간

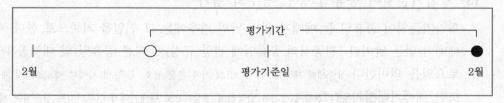

② 평가기준일 이후 증자·합병 등의 사유가 발생한 경우 : 평가기준일 이후에 증자·합병 등의 사유가 발생한 경우에는 평가기준일 이전 2월이 되는 날부터 동 사유

---

502) 권리락이란 신주배정기준일이 경과되어 구주에 부여되어 있는 신주인수권 등이 소멸됨에 따라 이론적으로 계산된 가격인 권리락부 가격과 권리락 가격의 차이만큼 주가를 떨어뜨리는 조치로, 권리락조치 시기는 배정기준일 전일이다(국세청, 「상속세·증여세 실무해설」, 한국공인회계사회, 2010, 644쪽).

가 발생한 날의 전일까지의 기간

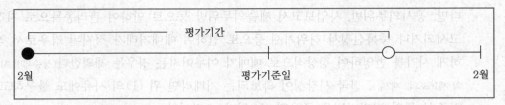

③ 평가기준일 전후 증자·합병 등의 사유가 발생한 경우 : 평가기준일 이전·이후
에 증자·합병 등의 사유가 발생한 경우에는 평가기준일 이전 동 사유가 발생한
날의 다음 날부터 평가기준일 이후 동 사유가 발생한 날의 전일까지의 기간

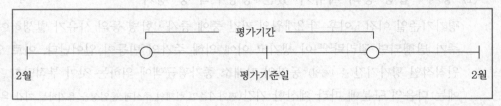

(2) 평가기간이 4월에 미달하는 경우

만약 평가기준일 이전·이후 각 2월간의 합산기간이 4월에 미달하는 경우에는 해당 합산
기간을 기준으로 한다(상증세법 시행규칙 제16조의 2 제1항, 상증세법 기본통칙 63-0…1 제1항).

그러므로 평가기준일에 증권거래소에 상장되는 주식의 가액은 상증세법 제63조 제1항 제
1호 가목에 따라 평가하되, 평가기준일 이전 2월의 종가는 존재하지 아니하므로 상속개
시일[증여일] 이후 2월의 종가평균액으로 계산하여야 한다.

(3) 평가기준일이 공휴일 등인 경우의 평가

평가기준일이 공휴일 등 매매가 없는 날인 경우에는 그 전일을 기준으로 한다. 이때
매매가 없는 날이란 「관공서의 공휴일에 관한 규정」에 따른 공휴일 및 대체공휴일과
토요일을 의미한다(상증세법 제63조 제1항 제1호 가목 본문 괄호, 같은 법 시행령 제52조의 2 제4항).
또한 매매거래정지일[적정하게 시가를 반영하여 정상적으로 매매거래가 이루어지는 경우에는 제외하
므로, 평가기준일인 매매거래정지일을 기준으로 평가(상속증여-583, 2013. 10. 22.)], 납회기간 등인 경
우에는 그 전일을 기준으로 하여 평가(상증세법 기본통칙 63-0…1 제2항)하나, 평가기준일
이전·이후 각 2월이 되는 날이 공휴일 등인 경우 그 전일이나 후일을 평가대상 기
간에 산입하지 아니한다(서면4팀-1646, 2004. 10. 18.).

(4) 액면가액을 분할·병합한 경우

평가기준일 이전 2월간에 해당 법인의 1주당 액면가액을 분할·병합하여 새로운 주식을 변경상장하는 경우에는 그 변경상장일로부터 평가기준일 이후 2월이 되는 날까지의 기간에 대한 평균액으로 상장주식을 평가한다(서일 46014-10382, 2002. 3. 21.).

(5) 유가증권시장 등 주권상장법인의 미상장주식의 평가

유가증권시장 등 주권상장법인의 주식 중 해당 법인의 증자로 인하여 취득한 새로운 주식으로서 평가기준일 현재 상장되지 아니한 주식은 해당 유가증권시장 등 주권상장법인의 평가기준일 이전·이후 각 2월(총 4개월)간의 종가 평균가액에서 상증세법 시행규칙 제18조 제2항에서 정하는 배당차액을 차감한 가액으로 평가하며, 이에 대해서는 뒤 'Ⅳ'에서 설명한다.

3) 기업공개(주권상장) 준비중인 법인주식의 평가

이 경우에는 아직 유가증권시장 등 주권상장법인주식이 아닌 비상장주식의 상태에 있더라도 공모가격이라는 시가를 확인할 수 있으므로 이를 반영하여 평가한다. 이에 대한 자세한 설명은 뒤 'Ⅳ'에서 본다.

4) 최대주주 소유주식의 할증평가

(1) 의의

상속[증여]재산 중에 최대주주가 소유하는 주식 등이 포함되어 있는 경우에는 아래에서와 같이 일정한 비율로 할증하여 평가하게 되는데, 이는 최대주주 등이 보유한 주식 등에는 그 재산적 가치를 증가시키는 경영권 프리미엄이 포함되어 있다고 보기 때문이다. 따라서 재산의 평가가 시가를 반영하여야 한다는 측면에서 할증평가한다는 것이다(상증세법 제63조 제3항). 또한 최대주주 등의 주식 등에 포함되어 있는 지배권 프리미엄을 계산하여 그 가치를 평가함으로써 정당한 조세부과를 위한 실질과세원칙을 관철하기 위한 규정이다(헌재 2007헌바82, 2009. 2. 26.).

(2) 평가방법

주식 등을 상증세법 제60조 제2항에 의한 시가 또는 상증세법 제63조 제1항 제1호에 의한 보충적 평가방법(물론 가목에 의한 평가는 시가로 간주하므로 이 경우에는 보충적 평가란 존재하지 않는다)에 의해 평가함에 있어서 최대주주 또는 최대출자자 및 그의 특수관계인에 해당하는 주주 또는 출자자("최대주주 등")의 주식 등에 대하여는 시가로 인정되는 가액 또는 보충적 평가액에 20%를 가산한다(중소기업의 경우에는 적용배제).[503] 종전에는 보유비율이 높을수록 지배력도 높아 경영권 프리미엄을 증가시킬 것이라는 가정에 따라 지분율 및 기업규모별 할증률을 차등 적용하였다. 그러나 단순히 주식보유비율만으로 경영권 프리미엄을 판단하는 것이 비합리적이라는 지적에 따라, 2019년 12월 31일 개정을 통해 지분율에 따른 차등 적용은 삭제되었다.

(3) 할증평가의 대상 및 중소기업 범위 등

① **할증평가대상이 되는 평가방법** : 최대주주 등의 보유 주식 등에 대한 할증평가 규정은 상장·비상장주식 모두에 대하여 시가평가 또는 보충적 평가와 같은 평가방법에 관계없이 적용한다. 이는 대법원 및 조세심판원이 최대주주 보유 비상장주식을 시가로 평가하는 경우에는 조문이 불분명하여 할증평가 규정을 적용할 수 없다고 판시함(대법원 2005두7228, 2006. 12. 7. ; 국심 2007서747, 2008. 6. 2.)에 따라 2008년 12월 26일 상증세법 개정시 최대주주가 보유한 비상장주식을 시가로 평가하는 경우에도 할증평가를 적용할 수 있도록 조문을 명확히 한 결과이며, 동 개정규정(상증세법 제63조 제3항)은 2009년 1월 1일 이후 상속이 개시되는[증여받은] 유가증권을 평가하는 분부터 적용한다.[504] 그런데 시가에 대해서 할증평가하게 되면 두 개의 시가(당초시가와 할증평가에 의해 산출된 시가)가 존재하게 되어 논리적으로 모순되는 것이 아닌가 하는 의문이 든다.

② **할증평가 대상이 되는 주식 등** : 최대주주 소유주식의 할증평가 규정은 유가증권시장 상장주식(조심 2009부1739, 2009. 6. 3.)뿐만이 아니라 비상장주식, 코스닥시장 상장법인의 주식 및 주권상장·코스닥상장 추진 중인 주식에 대하여 모두 적용한다.[505]

그러나 신주인수권증권은 향후 신주인수에 대한 권리만 부여된 것이지 신주인수

---

503) 2020. 1. 1. 이후부터 현행 할증률 적용. 2003. 1. 1.~2019. 12. 31.에는 지분율 및 기업규모에 따라 할증률 차등적용. 지분율 50% 이하에는 20%(중소기업 10%), 50% 초과시는 30%(중소기업 15%) ; 2000. 1. 1.~2002. 12. 31.에는 기업의 규모에 상관없이 지분율 50% 이하에는 20%·지분율 50% 초과시는 30%의 할증률을 적용 ; 1993. 1. 1.~1999. 12. 31.에는 지분율 및 기업규모와 상관없이 지배주주가 보유한 주식에 대해 10% 할증률 적용. 다만, 중소기업 주식의 경우 2020. 12. 31.까지 할증평가 적용 제외(조특법 제101조)

504) 국세청, 「2009 개정세법해설」, 2009, 167쪽 참조

505) 1993년부터 비상장주식에 대해 할증평가하다가 1999년 이후부터는 상장주식도 포함하여 할증평가하고 있다.

권증권 자체로는 주주로서의 권리가 전혀 없으므로 회사의 경영권을 지배할 수 없어 경영권 프리미엄을 가진다고 할 수 없으므로, 상증세법 시행령 제58조의 2 (전환사채 등의 평가) 제2항 제2호 다목의 규정에 의한 신주인수권증권을 평가하기 위하여 해당 신주인수권증권으로 인수할 수 있는 주식가액을 계산할 때에는, 할증평가(같은 법 제63조 제3항)의 규정은 적용하지 않는다(서일 46014-10133, 2001. 9. 10.).

③ **지분율 계산방법** : 최대주주 등의 지분율 계산은 평가기준일 전에 양도 또는 증여하는 방법에 의해 고의적으로 높은 율 적용을 회피하는 사례를 방지하고자 상속일 또는 증여일로부터 1년 내 양도 또는 증여한 주식수를 합산하여 계산한다(상증세법 시행령 제53조 제5항). 이때 해당 주식을 한국거래소에서 반복적으로 양도·양수한 경우에는 평가기준일로부터 소급하여 1년 이내의 기간 중에 최대주주의 주식보유비율이 가장 높은 날 이후에 양도한 주식에 대하여 양수한 주식을 차감한 주식(부수인 경우에는 "0"으로 함)을 평가기준일 현재 보유주식에 합산한다(상증세법 집행기준 63-53-4, 서일 46014-10377, 2001. 10. 31.).

또한, 할증평가규정이 회사의 경영권지배에 대한 경영권 프리미엄을 이유로 적용되는 것이므로, 의결권이 제한되는 자기주식 등은 해당 법인의 발행주식총수와 최대주주의 보유주식수에 포함하지 않는 것이 타당하다. 즉 평가기준일 현재 해당 법인이 발행한 상법상 의결권이 있는 주식에 한하여 지분율 계산에 포함한다(서면4팀-3801, 2006. 11. 17.).

④ **중소기업 범위** : 이때 최대주주 등의 보유주식 등에 대한 할증평가규정을 적용함에 있어 중소기업은 소득세법 시행령 제167조의 8 규정을 준용하여 직전 사업연도를 기준으로 판정하였으나, 2009년 2월 4일 상증세법 시행령 개정시 중소기업기본법 제2조의 규정[506]을 준용하도록 개정함으로써 해당 사업연도에 창업한 중소기업 등에 대해서도 적용이 가능하도록 하였다(상증세법 시행령 제53조 제6항).[507]

중소기업기본법 제2조에서의 중소기업이란 다음의 사항을 고려하여 그 규모가 아래 표에서 보는 ①, ②, ③ 및 ④의 요건 모두를 충족하는 기업으로 조특법 시행령 제2조의 중소기업보다 넓은 개념이다.

---

506) 이 책 '조특법상의 중소기업' : 국세청, 「중소기업창업과 알기 쉬운 세금」, 2007, 41쪽을 참조
507) 국세청, 「2009 개정세법해설」, 2009, 168쪽 참조

구 분	중소기업기본법	조특법
① 해당 업종	• 모든 업종 [조특법에 열거 안된 업종 예시] 전기·가스·수도사업, 금융 및 보험업, 숙박업, 부동산업, 기타 서비스업 등 다수	• 조특법 시행령 제2조 제1항에 열거된 업종에 한함. • **작물재배업, 축산업, 어업**, 광업, 제조업(제조업과 유사한 사업으로서 기획재정부령으로 정하는 사업 포함), 하수·폐기물 처리(재활용 포함)·원료재생 및 환경복원업, 건설업, 도매 및 소매업, 운수업 중 여객운송업, **음식점업(과세유흥장소 제외)**, 출판업, 영상·오디오 기록물 제작 및 배급업(비디오물 감상실 운영업 제외), 방송업, 전기통신업, 컴퓨터 프로그래밍·시스템 통합 및 관리업, 정보서비스업, 연구개발업, 광고업, 그 밖의 과학기술서비스업, 포장 및 충전업, 전문디자인업, 전시 및 행사대행업, 창작 및 예술관련 서비스업, 인력공급 및 고용알선업, 콜센터 및 텔레마케팅 서비스업, 직업기술 분야 학원, 엔지니어링사업, 물류산업, 수탁생산업, 자동차정비공장을 운영하는 사업, 선박관리업, 의료기관을 운영하는 사업, 관광사업(카지노, 관광유흥음식점업 및 외국인전용 유흥음식점업은 제외), 노인복지시설을 운영하는 사업, 전시산업, 에너지절약전문기업이 하는 사업
② 규모 기준	• 중소기업기본법 시행령 별표 1의 업종별로 정한 매출액 요건 충족하고 • 자산총액이 5천억원 미만일 것	• 중소기업기본법상이 매출액기준만 충족
③ 독립성 기준	• 자산총액 5천억원 이상인 법인이 발행주식 총수의 30% 이상을 소유하고 있는 기업 제외 • 상호출자제한기업집단 등 제외 • 만약 관계기업에 속하는 기업의 경우에는 매출액이 위의 규모기준(앞 ②)을 초과하는 기업이 아니어야 한다.	• 중소기업기본법과 같음.
④ 졸업 기준	• **매출액** 1천억원, 자산총액 5천억원 이상인 법인	• **매출액 1,000억원**, 자산총액 5,000억원 이상인 법인

구 분	중소기업기본법	조특법
⑤ 적용 유예	• 사유발생연도와 그 다음 3년간은 중소 기업으로 봄.	• 최초 1회에 한하여 사유발생연도와 그 다 음 3년간 중소기업으로 봄. • 그 후에는 매년 판단
⑥ 소기업	• 중소기업 중 주된 사업이 -광업 · 제조 · 건설 · 운송 : 50인 미만 -이외 업종 : 10인 미만	• 중소기업 중 주된 사업이 - **제조 : 100인 미만** -광업 · 건설 · 물류산업 · 여객운송업 : 50인 미만 -그 밖 : 10인 미만

(4) 최대주주 등의 범위 등

• 의의 : 최대주주 등이라 함은 주주 1인과 그의 특수관계인[508](해당 주주 등 1인과 상증
세법 시행령 제2조의 2 제1항 각 호의 어느 하나에 해당하는 관계에 있는 자를 말한다)의 보유주식 등
을 합하여 그 보유주식 등의 합계가 가장 많은 경우의 해당 주주 등을 말한다(상증
세법 시행령 제53조 제3항). 최대주주 등의 범위 및 판정기준에 대하여는 상증세법 시행
령 제19조 제2항 및 상증세법 기본통칙 22-19…1 등에서 규정하고 있는바, 이에
대한 자세한 설명은 앞에서 기술하였다.[509]

• 판정 : 최대주주 등의 판정은 다음에 의한다(상증세법 기본통칙 22-19…1, 같은 법 집행기준
22-19-7, 63-53-3).

① 주주 1인과 특수관계인의 보유주식 등을 합하여 최대주주 등에 해당하는 경우
에는 주주 1인 및 그의 특수관계인 모두를 최대주주 등으로 보며, 최대주주 등
에 속하는 각 주주의 지분율에 상관없이 모든 주주가 동일한 할증률을 적용받
는다. 즉 법인 내에서 최대의 지분을 가진 주주 1인과 그의 특수관계인 전체가
하나의 최대주주그룹을 형성하는 것이고 그 최대주주그룹 범주 내에 속하기만
하면 할증평가대상이 된다(조심 2007서3415, 2009. 12. 30.).

② 보유주식의 합계가 동일한 최대주주 등이 2 이상인 경우에는 모두를 최대주주
등으로 본다.

• 유의사항 : 할증대상은 의결권 있는 주식이므로 자기주식은 지분율 계산시 제외하고,
평가기준일 전 1년 이내에 양도 · 증여한 주식을 합산[510]하여 지분율을 계산한다.

---

508) 이 책 '보론 21 상증세법상 특수관계인 규정 검토' 참조
509) 이 책 '금융재산상속공제' 참조
510) 2000. 1. 1. 이후부터 적용

(5) 할증평가 적용 배제

다음에 해당하는 주식 등에 대하여는 할증평가의 규정을 적용하지 아니한다(상증세법 제63조 제3항, 같은 법 시행령 제53조 제7항, 같은 법 집행기준 63-53-5). 이러한 경우에는 할증평가 의 전제가 되었던 경영권 프리미엄이 더 이상 의미가 없어져 적정한 시가의 산정이 라는 평가의 목적에 따라 할증평가를 배제하는 것이다.

① 평가기준일이 속하는 사업연도 전 3년 이내의 사업연도부터 계속하여 법인세법 제14조 제2항의 규정에 의한 결손금이 있는 법인의 주식 등[511]

② 평가기준일 전후 상속재산은 6개월[증여재산의 경우는 평가기준일 전 6개월부터 평가기준일 후 3개월][512] 이내의 기간 중 최대주주 등이 보유하는 주식 등이 전 부 매각된 경우[513]

이때 그 거래가액은 상증세법 시행령 제49조 제1항 제1호(매매사례가액)의 규정에 적합한 경우에 한한다. 다시 말해 그 매매사례가액이 시가로서 인정되기에 적합 하면 별도의 할증평가가 필요없다는 의미이다.

③ 합병·증자·감자·현물출자·전환사채의 주식전환 등에 따른 이익(증여유형)을 계산하는 경우[증여에 한함]

이는 주식 자체의 증여가 아닌 간접이익의 증여이기 때문에 할증평가에서 제외 한다.

④ 평가대상인 주식 등을 발행한 법인이 다른 법인이 발행한 주식등을 보유함으로써 그 다른 법인의 최대주주 등에 해당하는 경우로서 그 다른 법인의 주식등을 평가 하는 경우

최대주주의 주식 등을 평가할 때 그 가액의 20%를 가산하는 주식 등에서 최대 주주가 보유한 주식 등을 발행한 법인이 보유한 다른 법인의 주식 등은 할증하여 평가하지 않도록 하여 주식 등이 과도하게 할증평가되지 않도록 하기 위함이다.

⑤ 사업개시 3년 미만의 법인으로서 사업개시일이 속하는 사업연도부터 평가기준일 이 속하는 사업연도의 직전 사업연도까지 각 사업연도의 기업회계기준에 의한 영업이익이 모두 영 이하인 경우

---

511) 2000. 1. 1. 이후부터 적용

512) 증여재산의 매각 범위기간 규정은 2020. 2. 11. 이후 증여받는 분을 평가하는 분부터 적용한다. 종전에 는 전후 3개월 이내를 범위기간으로 하였으나, 2019년 2월 증여재산의 시가 평가기간이 평가기준일 전 6개월과 후 3개월로 변경됨에 따라 조정되었다.

513) ② 내지 ⑦의 경우에는 2003. 1. 1. 이후 상속[증여]세 결정분부터 적용

같은 맥락에서 평가기준일이 속하는 사업연도에 사업을 개시한 신설법인의 경우에도 사업개시일부터 평가기준일까지의 기업회계기준에 의한 영업이익이 영 이하인 경우 최대주주 등의 할증평가를 적용하지 아니하는 것이 타당하다(재재산-474, 2009. 3. 13.).

⑥ 상속세[증여세] 과세표준 신고기한 이내에 평가대상 주식 등을 발행한 법인의 청산이 확정된 경우

⑦ 최대주주 등이 보유하고 있는 주식 등을 최대주주 등 외의 자가 10년 기간 이내에 상속[증여]받은 경우로서 상속[증여]로 인하여 최대주주 등에 해당되지 아니하는 경우(상속증여-628, 2013. 12. 20.)

이는 최대주주 이외의 자의 입장에서는 경영권 프리미엄이 없기 때문이다.

⑧ 주식 등의 실제소유자와 명의자가 다른 경우로서 법 제45조의 2에 따라 해당 주식 등을 명의자가 실제소유자로부터 증여받은 것으로 보는 경우[514]

⑨ 중소기업 최대주주 등의 주식의 경우

종전에는 조특법상 중소기업 최대주주 등의 주식 할증평가 적용특례 규정을 통해 적용이 배제되었으나, 2019년 12월 31일 개정을 통해 조특법 규정이 삭제되고 상증세법에 반영되었다.

한편 위의 최대주주 등의 소유주식 등에 대해 할증평가하지 않는 이유를 사유별로 구분하여 보면 다음과 같다.[515]

배제하는 이유	해당 사례
할증할 만한 기업가치가 아닌 경우	①, ⑤, ⑥
경영권이 소멸한 경우	②, ⑦
경영권 이전 없이 가치만 증가한 경우	③
모회사 경영권에 포함되는 경우	④

⑩ 중견기업 최대주주 등의 주식의 경우[516]

이 경우 중견기업이란 「중견기업 성장촉진 및 경쟁력 강화에 관한 특별법」 제2조에 따른 중견기업으로서 평가기준일이 속하는 과세기간 또는 사업연도의 직전 3개 과세기간 또는 사업연도의 매출액의 평균이 5천억원 미만인 기업을 말하며, 이때 매출액은 기업회계기준에 따라 작성한 손익계산서상의 매출액을 기준으로

---

514) 2016. 2. 5. 이후 평가하는 분부터 적용한다.
515) 이태로·한만수, 「조세법강의」, 박영사, 2009, 744쪽
516) 2023. 1. 1. 이후 상속개시 분 또는 증여분부터 적용한다.

하며, 과세기간 또는 사업연도가 1년 미만인 과세기간 또는 사업연도의 매출액은 1년으로 환산한다(상증세법 시행령 제53조 제7항).

 비상장법인주식 등의 평가

 해의 맥

비상장주식은 시장성이 없으므로, 순손익가치와 순자산가치 요소를 고려하여 획일적이고 정형화된 방법으로 평가한다.

1. 비상장법인주식 등의 의의

상장주식은 한국거래소가 개설한 유가증권시장 또는 코스닥시장에서 거래되는 시세가 있으므로 그 가액을 평가하기 위한 객관적인 기준이 있으나 비상장주식은 유가증권시장 등에서 거래된 실적이 없는 주식이므로 평가의 객관적 기준이 불분명하다. 이로 인해 비상장주식의 평가에 관한 내용이 여러 번 변경되어 왔고, 그 평가의 적정성에 관한 논란이 끊임없이 계속되고 있다. 그렇지만 보충적 평가방법이 본질적으로 시가를 찾아가는 과정에 있는 것일 뿐 시가일 수는 없다는 한계에 비추어 보면 불가피한 측면이 있다고 할 것이다.

이러한 비상장법인주식 등은 원칙적으로 시가에 의해 평가하여야 한다. 앞서 본 상장주식 등과는 달리 비상장주식 등의 시가에는 객관적 교환가치를 적정하게 반영한다고 인정되는 매매실례가 등(시가인정되는 가액)이 있다면 보충적 평가방법에 의하기 전에 이를 시가로 하여야 할 것이다. 다만, 시가를 산정하기 어려운 경우에는 여기에서 설명하는 보충적 평가방법(유가증권시장 상장주식 등 및 코스닥 상장주식 등과는 다르다)에 의한다. 따라서 여기에서 특정한 보충적 평가방법 이외의 평가방법(예컨대 수익력환원방식 등)은 인정되지 아니한다. 이와 같은 일률적이고 획일적인 평가방법(순손익가치환원율, 가중치 적용 등의 경직성)으로 인해 비상장주식 평가의 구체적 타당성과 적합성에 대한 비판이 끊임없이 제기되고 있다.

그런데 주식 또는 출자지분의 평가에서 유의할 점은 주식 등의 감정가액은 시가로 인정되지 않는다는 것이다(상증세법 시행령 제49조 제1항 제2호 괄호).

2. 비상장주식 등의 평가방법

1) 일반적인 비상장주식 및 출자지분의 평가

(1) 원칙

이론적으로 기업의 가치는 다양한 변수들에 의해 영향을 받아 결정된다. 그런 측면에서 기업가치, 즉 이의 표현으로서의 주식 등의 가치는 순손익가치와 순자본가치의 상호보완적 영향에 의해 결정된다고 보는 것이 합리적이다.

이에 따라 비상장법인의 주식 및 출자지분은 1주당 순손익가치와 순자산가치를 각각 3과 2의 비율로 가중평균한 가액에 의한다(상증세법 시행령 제54조 제1항 본문, 같은 법 집행기준 63-54-1). 법인의 수익성과 자산가치를 균형 있게 고려하려는 의도를 보인 평가방법이다.

> 1주당가액 = [(1주당 순손익가치 × 3)+(1주당 순자산가치 × 2)] / 5

다만, 그 가중평균한 가액이 1주당 순자산가치에 100분의 80을 곱한 금액보다 낮은 경우에는 1주당 순자산가치에 100분의 80을 곱한 금액을 비상장주식 등의 가액으로 한다(상증세법 시행령 제54조 제1항 단서).[517]

(2) 예외

① 부동산과다보유법인(소득세법 제94조 제1항 제4호 다목에 해당하는 법인을 말함)의 경우에는 자산구성의 성격상 기업의 가치가 순자산가치에 의해 더 큰 영향을 받을 것이 예상되므로 1주당 순손익가치와 순자산가치의 비율을 각각 2와 3으로 한다(상증세법 시행령 제54조 제1항 괄호, 같은 법 집행기준 63-54-1).

> 1주당가액 = [(1주당 순손익가치 × 2)+(1주당 순자산가치 × 3)] / 5

여기에서 부동산과다보유법인이라 함은 해당 법인의 자산총액 중 부동산 및 부동산에 관한 권리의 가액(소득세법 제94조 제1항 제1호 및 제2호의 자산[518])이 차지하는 비

---

517) 2017. 4. 1. 시행 이후 상속이 개시되거나 증여받는 분부터 적용한다. 단, 2017년 4월 1일부터 2018년 3월 31일까지의 기간 동안에 상속이 개시되거나 증여받는 비상장주식 등에 대해서는 100분의 70으로 한다.

518) 1. 토지[지적법에 따라 지적공부(地籍公簿)에 등록하여야 할 지목에 해당하는 것을 말한다] 또는 건물(건물에 부속된 시설물과 구축물을 포함한다)

율이 50% 이상인 법인을 말한다.

이때 해당 법인의 자산총액 중 부동산 및 부동산에 관한 권리의 가액이 차지하는 비율이 50% 이상인지 여부는 장부가액(토지·건물의 경우에는 장부가액과 기준시가 중 큰 금액)을 기준[519]으로 판단하고 있다(소득세법 시행령 제158조 제3항 본문 ; 서면4팀-3207, 2007. 11. 7.).

그러나 소득세법에서의 자산가액은 계속기업의 가정에 기초한 역사적 원가주의를 원칙으로 하는데 반해 상증세법에서의 재산의 평가는 시가를 원칙으로 한다는 점, 상증세법상 비상장주식 등의 평가와 관련하여 순자산가액은 평가기준일 현재 해당 법인의 자산을 상증세법 제60조 내지 제66조의 규정에 의하여 평가한 가액에서 부채를 차감한 가액으로 하도록 규정(상증세법 시행령 제55조 제1항)하고 있는 점에 비추어 보면, 부동산과다보유법인의 판정시 자산가액은 장부가액이 아닌 상증세법상 평가가액으로 하는 것이 합리적이라고 판단된다(국심 99서2798, 2000. 7. 21. 참조).

이 경우 개발비 및 사용수익기부자산가액(법인세법 시행령 제24조 제1항 제2호 바목 및 사목)과 상속[증여]일부터 소급하여 1년이 되는 날부터 상속[증여]일까지의 기간 중에 차입금 또는 증자 등에 의하여 증가한 현금·금융재산(상증세법 제22조의 규정에 의한 금융재산을 말한다) 및 대여금의 합계액은 자산총액에 포함하지 않는다(소득세법 시행령 제158조 제3항 각 호).

② 다음에 해당하는 경우[이에 해당하지 않는 한 미래불확실성만을 이유로 순자산가치로만 평가할 수 없는 것임(조심 2011중496, 2011. 6. 30.)]에는 과거의 수익력은 더 이상 의미가 없고 계속기업의 가정도 곤란하다 할 것이므로 오직 순자산가치에 의해서만 평가한다(상증세법 시행령 제54조 제4항, 같은 법 집행기준 63-54-2, 상속증여-1602, 2015. 9. 8. ; 대법원 2010두 26988, 2012. 4. 26.).[520] 다만, 일반적인 순자산가치평가와는 달리 이 경우에는 순손익

---

2. 다음 각 목의 어느 하나에 해당하는 부동산에 관한 권리

　　가. 부동산을 취득할 수 있는 권리(건물이 완성되는 때에 그 건물과 이에 딸린 토지를 취득할 수 있는 권리를 포함한다), 나. 지상권, 다. 전세권과 등기된 부동산임차권

519) 자산가액 및 자산총액의 측정방법

토지·건물	2011. 1. 1. 이후 토지·건물	Max(기준시가, 장부가액)
	2010. 12. 31. 이전 토지	기준시가
	위에 해당되지 않는 자산	당해 법인의 장부가액

520) 2005. 1. 1. 이후 상속[증여] 분부터 적용한다. 2004. 1. 1.~2004. 12. 31. 기간 중에는 ㉮의 경우에 한해 순자산가치와 가중평균액 중 선택할 수 있었고 ㉯, ㉰의 경우는 명시되지 않았다. 그렇지만 2000. 1. 1.~2003. 12. 31.에는 순자산가치로만 평가하는 규정이 존재하지 않았다. 물론 그 이전에는 구체적인

가치(초과수익력)가 무의미하므로 이를 기초로 계산되는 영업권 평가액은 가산하지 않는다(상증세법 시행령 제55조 제3항 단서).[521]

$$\text{비상장주식 가액 = 순자산가액}$$

㉮ 상속세[증여세] 과세표준신고기한 이내에 평가대상 법인의 청산절차가 진행 중이거나 사업자의 사망 등으로 인하여 사업의 계속이 곤란하다고 인정되는 경우

이때 "사업의 계속이 곤란한 경우"란 폐업할 것이 확실하다고 인지할 수 있는 상태를 말하는 것으로 사업을 계속할 가능성이 있는 경우에는 위 규정을 적용하기 어렵다(조심 2009부2063, 2009. 9. 3.).

㉯ 사업개시 전의 법인, 사업개시 후 3년 미만의 법인과 평가기준일 현재 휴 · 폐업 중에 있는 법인의 경우

여기에서 사업개시 후 3년 미만의 법인이라 함은 해당 법인의 사업개시일부터 평가기준일까지 역에 의하여 계산한 기간(재산-395, 2009. 10. 7. ; 사업 중 일시적 휴업상태 존재할 경우도 포함(재산-938, 2010. 12. 13.))이 3년 미만인 법인을 말하는 것이며, 이 경우 사업개시일은 업종변경 여부에 관계없이 해당 법인이 처음으로 재화 또는 용역의 공급을 개시한 때를 말한다(재산-201, 2011. 4. 20.). 또한 사업개시 후 3년 미만인 법인이 사업개시 후 다른 법인을 합병한 경우로서 합병 후에도 피합병법인이 영위하던 업종을 그대로 승계하여 영위하는 때에는 피합병법인의 사업개시일을 기준으로 사업개시 후 3년 미만 법인인지 여부를 판단한다(재산-946, 2010. 12. 15.). 또한 법인세법 제46조 제1항의 규정에 의한 인적분할[522]의 경우 분할신설법인의 사업영위기간은 분할 전 분할법인의 사업개시일부터 기산하고(재재산-715, 2005. 7. 8. ; 재산-779, 2010. 10. 19.), 법인세법 제46조의 3, 제46조의 5 및 제47조의 요건을 갖춘 적격분할 또는 적격물적분할로 신설된 법인의 사업기간은 분할 전 동일 사업부분의 사업개시일부터 기산한다(상증세법 시행령 제54조 제4항 제2호 단서).

사유에 따라 순자산가치로만 평가하는 경우가 명시되어 있었다.

521) 이 책 뒤에서 볼 '순자산가액에 포함되는 영업권' 참조

522) 분할대가를 분할법인(또는 소멸한 분할합병의 상대방법인)의 주주가 교부받는 경우의 분할

그렇지만 법인의 주식가치를 평가하는 것이므로, 개인사업자가 법인으로 전환한 경우 법인전환 후 처음으로 재화 또는 용역의 공급을 개시한 때부터 기산한다(재산-873, 2009. 11. 27.).

그리고 휴업 중인 법인인지 여부는 사업실적에 불구하고 사실상 사업을 운영하고 있는지 여부를 구체적인 사실을 확인하여 판단할 사항이며(재산-201, 2011. 4. 20.) 해당 법인의 매출액이 "0원"으로서 사실상 휴업상태라면 이에 해당한다(조심 2018서1885, 2018. 8. 21.).

㉱ 법인의 자산총액 중 다음(소득세법 제94조 제1항 제4호 다목 1) 및 2))의 자산가액(부동산 평가액)과 해당 법인이 보유한 다른 법인의 주식가액에 그 다른 법인의 부동산등 보유비율을 곱하여 산출한 가액의 합계액이 차지하는 비율이 100분의 80 이상인 법인의 주식 등.[523] 즉 현행 소득세법상 기타주식에 해당하는 주식에 대해서는 순자산가치로만 평가하도록 하였다.[524] 이는 부동산 임대법인 등의 주식가치가 해당 법인의 순자산가치보다 낮게 평가되는 경우를 방지하기 위해서다.

1. 토지[「공간정보의 구축 및 관리 등에 관한 법률」에 따라 지적공부(地籍公簿)에 등록하여야 할 지목에 해당하는 것을 말한다] 또는 건물(건물에 부속된 시설물과 구축물을 포함한다)

2. 다음의 어느 하나에 해당하는 부동산에 관한 권리

　　가. 부동산을 취득할 수 있는 권리(건물이 완성되는 때에 그 건물과 이에 딸린 토지를 취득할 수 있는 권리를 포함한다)

　　나. 지상권

　　다. 전세권과 등기된 부동산임차권

이때 다른 법인이란 다음의 법인을 의미한다(소득세법 시행령 제158조 제5항).

　　가. 위 1. 및 2.에 따른 자산(이하 "부동산등") 보유비율이 100분의 50 이상인 법인

　　나. 「체육시설의 설치·이용에 관한 법률」에 따른 골프장업·스키장업 등 체육시설업, 「관광진흥법」에 따른 관광사업 중 휴양시설관련업 및 부

---

523) 2018. 2. 13. 이후 평가하는 분부터 적용한다. 종전에는 골프장업, 부동산업, 부동산개발업 등을 하는 법인으로 적용범위를 제한하였으나, 개정을 통해 업종에 관계없이 자산총액 중 부동산이 80% 이상인 법인으로 범위가 변경되었다.

524) 2012. 2. 2. 이후 상속이 개시되거나 증여받은 것부터 적용한다. 그런데 개정된 시행령에도 불구하고 부동산 평가액이 총 자산의 80% 이상인 법인을 기존 규정에 따라 순손익가치 : 순자산가치＝2：3의 비율로 가중평균하여 잘못 과세한 사례가 감사원의 2015년 11월 국세청 감사에서 지적된 바 있다. 감사원, "감사결과보고서-자본·금융거래 과세실태-". 2015. 11., 14~18쪽 참조

동산업 · 부동산개발업으로서 기획재정부령으로 정하는 사업을 하는 법인으로서 아래 계산식에 따라 계산한 부동산등 보유비율이 100분의 80 이상인 법인.

다른 법인의 부동산등 보유비율은 다음 계산식에 따라 계산한다(소득세법 시행령 제158조 제6항).

$$다른 법인의 부동산 등 보유비율 = \frac{A+B}{C}$$

A : 다른 법인이 보유하고 있는 위 1.의 자산가액
B : 다른 법인이 보유하고 있는 위 2.의 자산가액
C : 다른 법인의 자산총액

㉣ 법인의 자산총액 중 주식 등의 가액의 합계액이 차지하는 비율이 100분의 80 이상인 경우[525]

㉤ 법인의 설립 시 정관에 존속기한이 확정된 법인으로서 평가기준일 현재 잔여 존속기한이 3년 이내인 경우[526]

∥평가방법 요약표∥

구 분		계 산 방 법
순손익가치(①)		1주당 최근 3년간의 순손익액의 가중평균액(혹은 추정이익) ÷ 순손익가치환원율
순자산가치(②)		해당 법인의 순자산가액 ÷ 발행주식총수
1주당 주식평가	일반법인	1주당 가액 = (①×3 + ②×2)÷5
	부동산과다보유법인	1주당 가액 = (①×2 + ②×3)÷5
	폐업 법인 등	1주당 가액 = 순자산가치(②)

---

525) 2017. 2. 7. 이후 평가기준일이 도래하는 분부터 적용한다.
526) 2017. 2. 7. 이후 평가기준일이 도래하는 분부터 적용한다.

┃비상장주식평가구조[527]┃

비 상 장 주 식 평 가 조 서			
1. 평가대상 비상장법인			
① 법　　인　　명 　　(사업자등록번호)		② 대　　표　　자	
③ 소　　재　　지		④ 사 업 개 시 일	
⑤ 발 행 주 식 총 수		⑥ 자　　본　　금	
⑦ 1 주 당 액 면 가 액	．　．　．	⑧ 휴·폐　업　일	．　．　．
⑨ 해 산(합병) 등 기 일	．　．　．	⑩ 평 가 기 준 일	．　．　．
2. 1주당 가액 평가			
⑪ 순 자 산 가 액			
⑫ 1주당 순자산가액(⑪ ÷ ⑤)			
⑬ 최근 3년간 순손익액의 가중평균액에 의한 1주당 　가액 또는 2 이상의 신용평가전문기관(회계법인 　포함)이 산출한 1주당 추정이익의 평균액			
⑭ 1주당 평가액 : ㉮ 평가액과 ㉯의 평가액 중 많은 　금액			
㉮ 1주당 가중평균액 : [{(⑫×2) + (⑬×3)} ÷ 5] 　　* 자산가액 중 부동산가액의 50% 이상인 법인 　　　[{(⑫ × 3)+(⑬ × 2)} ÷ 5]			
㉯ 1주당 순자산가액(⑫)의 80% 　　(2017. 4. 1.~2018. 3. 31. : 70%)			
⑮ 최대주주 소유주식의 1주당 평가액 : 　⑭ ×할증률			
3.「상속세 및 증여세법 시행령」제54조 제4항 제1호부터 제6호까지에 해당되는 경우			
⑯ 사업의 계속이 곤 　란하다고 인정되 　는 법인		⑰ 사업개시 전 법인	⑱ 사업개시 후 3년 　미만 법인
⑲ 휴·폐업 중에 　있는 법인		⑳ 평가기준일 전 3년 　내 계속 결손인 법인 　(2018. 2. 13. 삭제)	㉑ 부동산평가액이 　총자산의 80% 　이상인 법인
㉒ 주식평가액이 　총 자산의 80% 　이상인 법인		㉓ 잔여존속기한이 　3년 이내인 법인	

527) '평가심의위원회 운영규정' 별지 제4호 서식 부표 3을 참조

(3) 비상장주식 평가액

위 (1), (2) ①의 1주당 가액에 상속[증여]받은 주식(출자지분)수를 곱하여 비상장주식 가액을 평가한다.

$$비상장주식 \ 가액 \ = \ 1주당 \ 가액 \ \times \ 주식(출자지분)수$$

순손익가치 또는 순자산가치가 (−)인 경우 : 비상장주식의 1주당 가액 계산시 순손익가치 또는 순자산가치가 負數인 경우에는 이를 각각 영(0)으로 보아 평가한다(조심 2009서3543, 2009. 11. 20. ; 재산−591, 2009. 10. 30.). 그러므로 가중평균하는 경우에도 해당 산식에 영(0)을 대입하여 계산하면 되므로, 가중치의 합계는 항상 5이다. 이 경우 1주당 가액의 원 미만은 버린다.

순자산가치 평가의 경우 종전에는 음수로 계산된 순자산가액을 기준으로 평가하였다. 그러나 이러한 평가는 적절한 평가로 보기 어렵고, 기존의 순손익가치 평가방법(상증세법 시행령 제56조 제1항)과의 일관성을 유지하기 위해 순자산가치가 음수인 경우에도 그 가액을 "0"으로 하여 평가하도록 하였다(상증세법 시행령 제55조 제1항).[528]

이때에 순손익가치가 "0"인 경우란 가중평균액이 "0"인 경우를 의미하는 것(상증세법 시행령 제56조 제1항 후단)이지 가중평균액 계산을 위한 각 사업연도의 순손익액이 "0"인 경우를 말하는 것이 아니므로, 각 사업연도의 순손익액이 부수인 경우에는 그 수치를 그대로 적용하는 것이 가중평균의 의미에 부합한다는 점에 유의할 필요가 있다.

(4) 종전 평가방법

2000. 1. 1.~2003. 12. 31.	1주당 평가액 = Max(1주당 순손익가치, 1주당 순자산가치)
1999. 12. 31. 이전	• 원칙 : 1주당 평가액 = [1주당 순손익가치 + 1주당 순자산가치]/2 • 예외(순손익가치가 의미없는 사유) : 1주당 평가액 = 1주당 순자산가치

(5) 1주당 순손익가치(수익가치)의 계산

① 의의

㉠ 원칙(순손익액의 가중평균액)

수익가치는 기본적으로 계속기업의 가정하에 산정되는 것이므로 과거의 수익추세가 장래에도 지속될 것이라고 전제한다. 이에 따라 1주당 최근 3년간

---

528) 국세청, 「2009 개정세법해설」, 2009, 170쪽 참조

순손익액의 가중평균액을 기획재정부장관이 고시하는 이자율(10%, 이하 "순손익가치환원율"이라 한다)[529]로 나누어 1주당 수익가치를 계산한다(상증세법 시행령 제54조 제1항). 이는 법인의 수익력을 자본으로 환원하는 것으로 일명 수익환원가액이라고도 한다. 평균액을 계산함에 있어서는 단순평균으로 계산하느냐 가중평균으로 계산하느냐에 따라 다르다. 종전에는 단순평균방식으로 계산하였는데 이 방식에 의하면 상속개시[증여] 당시의 수익추세를 반영하지 못하는 결점이 있어 법을 개정시 상속개시[증여] 당시의 사업연도의 순손익액에 상대적으로 큰 비중을 두어 평가하도록 가중평균방식을 도입하였다(상증세법 시행령 제56조 제1항, 같은 법 집행기준 63-56-1).

1주당 순손익가액
 =1주당 최근 3년간의 순손익액의 가중평균액 ÷ 금융회사 등이 보증한 3년 만기
  회사채의 유통수익률을 감안하여 국세청장이 정하여 고시하는 이자율

1주당 최근 3년간의 순손익액의 가중평균액
 =[(평가기준일 이전 1년이 되는 사업연도의 1주당 순손익액×3)+(평가기준일
  이전 2년이 되는 사업연도의 1주당 순손익액×2)+(평가기준일 이전 3년이 되
  는 사업연도의 1주당 순손익액×1)] × 1/6

이때 1주당 각 사업연도의 순손익액이 "0" 이하인 경우에는 해당 사업연도의 순손익액을 "(-)"로 보고 계산하되, 최근 3년간의 순손익액의 가중평균액이 "0" 이하인 경우에는 "0"으로 한다. 위 산식에서 평가기준일 '이전'이라 한 것은 평가기준일이 사업연도 종료일인 경우에는 해당 사업연도 순손익액을 평가대상에 포함시킨다는 의미이다(재산-38, 2011. 1. 18.).[530] 그러므로 평가기준일이 사업연도 종료일이 아니라면, 순손익가치를 평가함에 있어 평가기준일 이전 최근 3년간의 순손익액을 기준으로 평가해야지 평가기준일이 속하는 사업연도의 예상손익을 반영하여 평가해서는 안 된다(대법원 2008두4275, 2011. 7. 14.). 만약 평가기준일이 속하는 사업연도를 포함시킬 경우 평가기준일 이후의 손익상황도 불가피하게 고려할 수밖에 없으므로 불합리한 측면이 있다는 점에

---

529) 기획재정부고시 제2010-18호, 2010. 11. 5. ; 2000. 4. 3. 이후 10%를 현재까지 적용하고 있으며, 종전 (1991년부터)에는 15%를 적용한 바 있다.

530) 2002. 1. 1. 이후 상속[증여]분부터 적용하며, 2001. 12. 31. 이전 상속[증여]분의 경우에는 평가기준일 '前'이라 표현하여 평가기준일이 사업연도 종료일인 경우에는 해당 사업연도 순손익액을 평가대상에 포함시키지 아니하였다(국세청, 「2002개정세법 해설」, 2002, 104쪽).

서 위 판례의 견해는 타당하지만, 평가기준일이 사업연도 종료일에 근접한 경우 평가기준일 현재의 가결산 손익이 최종연도 손익을 비교적 정확하게 표시할 수 있고, 평가절차상 순자산가치 산정을 위해 평가기준일 현재로 가결산이 이루어지므로 가결산의 어려움도 문제시 되지 않는다는 점에서, 평가기준일이 속하는 사업연도의 손익을 반영할 수 있는 보완이 필요해 보인다.

$$각\ 사업연도의\ 1주당\ 순손익액 = \frac{각\ 사업연도\ 순손익액}{각\ 사업연도\ 종료일\ 현재의\ 발행주식총수}$$

㉮ 최근 3년 및 가중치 의미(상증세법 시행령 제56조 제1항)

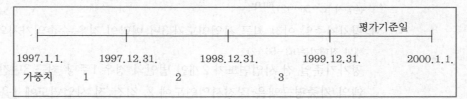

㉯ 합병법인 등의 경우

- [합병] 합병법인의 경우 1주당 최근 3년간 순손익액의 가중평균액은 다음과 같이 계산한다.

합병 전 각 사업연도(과세기간)의 1주당 순손익액
= [합병법인 순손익액 + 피합병법인 순손익액] / 합병 후 발행주식총수

그러므로 합병 후 3년이 경과되기 전에 순손익액을 산정하는 경우, 합병 전 피합병법인이 영위하던 사업연도의 순손익액을 포함하여 계산한다(서면4팀 - 2898, 2007. 10. 9.). 이 경우 합병법인과 피합병법인의 순손익액은 각각 1년간의 순손익액을 기준으로 하되, 1년에 미달하는 사업연도 순손익액은 연으로 환산한 가액에 의한다(서면4팀 - 1071, 2004. 7. 13.).

이때 사업개시 후 3년 미만인 법인을 흡수합병한 경우 합병법인의 3개 사업연도 중 피합병법인의 사업연도가 없는 사업연도의 1주당 순손익액은 합병법인의 순손익액을 그 합병법인의 해당 사업연도 말 발행주식총수로 나누어 계산한다(상증세법 기본통칙 63 - 56…12 제2호).

- [분할] 법인세법 제46조 제1항의 규정에 의한 인적분할 및 법인세법 제47조 제1항의 규정에 의한 물적분할을 한 분할존속법인과 분할신설법인의 최근 3년간의 순손익액이 각각 구분이 되는 경우에는 그 구분된 순손익

액을 기준으로 순손익가치를 산정하되(재산-779, 2010. 10. 19. ; 재산-290, 2010. 5. 1. ; 재산-493, 2010. 7. 7. ; 재산-592, 2009. 10. 30.), 분할 전 순손익액이 사업부문별로 구분되지 아니한 때에는 순자산가액비율로 안분계산한다(재산-764, 2010. 10. 15. ; 서면4팀-498, 2008. 2. 28. ; 서면4팀-2359, 2007. 8. 1.).

㉰ 1년 미만 사업연도 : 1주당 최근 3년간의 순손익액의 가중평균액을 계산함에 있어서 사업연도가 1년 미만인 경우에는 1년으로 계산한 가액으로 한다(상증세법 시행규칙 제17조의 3 제2항). 다만, 합병일이 속하는 피합병법인의 사업연도가 1년 미만으로서 합병 후부터 피합병법인과 합병법인의 순손익액이 합산되어 계산되는 경우에는 연으로 환산하지 아니한다(상증세법 기본통칙 63-56…12).[531]

㉣ 평가기준일 이전 최근 사업연도가 3년 미만인 경우 순손익가치의 평가(상증세법 집행기준 63-56-2)

평가기준일 전 사업연도가 2개인 법인의 경우 1주당 최근 3년간의 순손익액의 가중평균액은 직전사업연도에 2, 직전 전 사업연도에 1을 가중치로 하여 계산한다. 최초로 사업을 개시한 사업연도 중에 비상장주식을 평가하는 경우 순손익가치는 1주당 추정이익의 평균액에 의할 수 있으며, 추정이익이 없는 경우에는 0원으로 본다.

그러나 2005년부터는 사업개시 3년 미만인 법인의 경우 순자산가치로만 평가하도록 개정되었다.

㉤ 사업연도가 변경된 경우의 순손익가치 산정방법

1주당 최근 3년간의 순손익액의 가중평균액은 평가기준일 이전 1년, 2년 및 3년이 되는 날이 속하는 사업연도의 1주당 순손익액을 기준으로 하여 계산한다(서면4팀-1991, 2006. 6. 27.).

㉡ 예외(추정이익의 평균가액)

하지만 해당 법인이 일시적·우발적 사건에 의하여 최근 3년간의 순손익액이 비정상적으로 증가하는 등의 아래의 사유[적용대상-열거적 규정(서울고법 2010누 30873, 2011. 4. 20.)]로 최근 3년간 순손익액의 가중평균액에 의하는 것이 불합리한 것으로 인정되는 경우에는 2 이상의 신용평가전문기관, 회계법인 또는 세무법인이 기획재정부령으로 정하는 기준에 따라 산출한 1주당 추정이익의 평균가액으로 1주당 순손익액을 계산할 수 있다(상증세법 시행령 제56조 제2항, 같은 법 집행기준 63-56-3)[평가자의 선택사항이다-따라서 최근 3년간의 순손익의 기복이 큰 경우 등

---

531) 2011. 5. 20. 이후 상속이 개시되거나 증여하는 분부터 적용한다.

이라 하더라도 위와 같은 추정이익이 없는 경우 '1주당 최근 3년간 순손익액의 가중평균액'에 의하여 산정한다 하여 위법하다 할 수는 없다(대법원 99두8459, 2001. 8. 21.)]. 결국 과거의 수익력이 무의미하므로 미래의 수익력을 추정하여 계산하겠다는 것이다.

i. **적용요건** : 다음의 요건을 모두 갖추어야 한다(상증세법 시행령 제56조 제2항, 상증세법 시행규칙 제17조의 3 제1항 및 제3항).

㉮ 적용대상[532] : 일시적이고 우발적인 사건으로 해당 법인의 최근 3년간 순손익액이 증가하는 등 기획재정부령(상증세법 시행규칙 제17조의 3 제1항)으로 정하는 아래의 경우에 해당할 것

ⓐ 사업개시 후 3년 미만인 경우(2004. 12. 31. 상증세법 시행령 개정시 삭제하고, 순자산가치로 평가하는 대상에 포함)

ⓑ 기업회계기준의 자산수증이익, 채무면제이익, 보험차익 및 재해손실("자산수증이익 등")의 합계액에 대한 최근 3년간 가중평균액이 법인세 차감 전 손익에서 자산수증이익 등을 뺀 금액에 대한 최근 3년간 가중평균액의 50%를 초과하는 경우(2010. 3. 31. 상증세법 시행규칙 제17조의 3 제1항 제2호 개정 : 특별손익이 삭제된 기업회계기준의 개정사항을 반영한 것임)

ⓒ 평가기준일 전 3년이 되는 날이 속하는 사업연도 개시일부터 평가기준일까지의 기간 중 합병 · 분할 · 증자 또는 감자를 하였거나 주요업종이 바뀐 경우(재산-717, 2010. 9. 30.)

ⓓ 합병에 따른 이익의 증여시 증여받은 이익을 산정하기 위하여 합병당사법인의 주식가액을 산정하는 경우[533][증여세에 한함]

ⓔ 최근 3개 사업연도 중 1년 이상 휴업한 사실이 있는 경우

ⓕ 기업회계기준 상 유가증권 · 유형자산의 처분손익과 자산수증이익 등(2010. 3. 31. 상증세법 시행규칙 제17조의 3 제1항 제6호 개정 : 특별손익이 삭제된 기업회계기준의 개정사항을 반영한 것임)의 합계액에 대한 최근 3년간 가중평균액이 법인세 차감 전 손익에 대한 최근 3년간 가중평균액의 50%를 초과하는 경우(조심 2009서1805, 2009. 6. 23.)

이때 재고자산인 토지 등의 처분은 유형자산 처분손익에 해당하지 않는다(서울행법 2010구합1569, 2010. 6. 17.).

ⓖ 주요 업종(해당 법인이 영위하는 사업 중 직접 사용하는 유형고정자산의 가액이 가장 큰 업종을 말한다)에 있어서 정상적인 매출발생기간이 3년 미만인 경우

---

532) ㉮ 내지 ㉯ 및 ㉰의 경우에는 2001. 1. 1. 이후 상속[증여]분부터 적용하고, ㉱ 내지 ㉴는 2004. 1. 1. 이후 상속[증여]세 결정 · 경정분부터 적용한다.

533) 이 책 뒤에서 볼 '증여세편-합병에 따른 이익의 증여' 참조

ⓗ 위와 유사한 경우로서 기획재정부장관이 정하여 고시하는 사유에 해당하는 경우 이에 대하여는 아직 고시된 바가 없으므로, 파생금융상품 거래 손실은 순손익가치를 추정이익으로 산정할 수 있는 사유에 해당하지 않는다(재산-638, 2010. 8. 25.).

㉯ 상속세[증여세] 과세표준 신고기한까지 1주당 추정이익의 평균가액을 신고할 것

㉰ 1주당 추정이익의 산정기준일과 평가서 작성일이 해당 과세표준 신고기한 이내일 것

㉱ 1주당 추정이익의 산정기준일과 상속[증여]일이 같은 연도에 속할 것
그러므로 산정기준일이나 평가서작성일은 과세표준 신고기한 내에 신고한 것이면 되므로 평가기준일 이전이더라도 가능한데, 예규에서는 추정이익의 산정기준일 및 평가서 작성일은 평가기준일 전후 상속재산은 6월[증여재산의 경우에는 3월] 이내이어야 한다고 하고 있다(서면4팀-1723, 2005. 9. 23.).

ii. **산정기준** : "기획재정부령으로 정하는 기준에 따라 산출한 1주당 추정이익의 평균가액"이란 「자본시장과 금융투자업에 관한 법률 시행령」 제176조의 5 제2항에 따라 금융위원회가 정한 '수익가치'에 영 제54조 제1항 따른 '순손익가치환원율'을 곱한 금액을 말한다(상증세법 시행규칙 제17조의 3 제4항).

ⓐ '수익가치'는 현금흐름할인모형, 배당할인모형 등 미래의 수익가치 산정에 관하여 일반적으로 공정하고 타당한 것으로 인정되는 모형을 적용하여 합리적으로 산정한다(증권의 발행 및 공시 등에 관한 규정 시행세칙[534] 제6조).

ⓑ '순손익가치환원율'은 금융회사 등이 보증한 3년 만기 회사채의 유통수익률을 감안하여 기획재정부장관이 정하여 고시하는 이자율로 현재 연 10%[535]로 한다.

iii. **산정주체** : 위의 1주당 추정이익은 다음의 자가 산출한 가액을 말한다(상증세법 기본통칙 63-56…11).

ⓐ 한국신용평가주식회사

ⓑ 한국신용정보주식회사

ⓒ 한국기업평가주식회사

ⓓ 서울신용평가정보주식회사

---

534) 종전의 '유가증권의 발행 및 공시 등에 관한 규정'이 폐지되고 2009. 2. 4. 금융위원회고시 2009-14로 제정되었다.

535) 비상장주식의 1주당 순손익가치 평가시 적용할 이자율 고시(2010. 11. 5. 기획재정부고시 제2010-19호)

ⓔ 공인회계사법에 의한 회계법인

ⓕ 세무사법에 따른 세무법인

한편, 개정 상증세법 시행령 제56조에서는 비상장주식 평가시 추정이 익 산정기관에 세무법인을 추가하되, 2011. 1. 1. 이후 상속[증여]분부 터 적용한다(상증세법 시행령 제56조 제1항[536]). 이는 평가업무에 대한 진입 장벽을 낮추어 경쟁을 유도하고 납세자 편의를 제고하기 위해서다.

② 순손익액

해의 맥

순손익액을 산정하는 규정들은 기본적으로 기업의 가치를 좀 더 정확히 산출하고자 하는 목적하에, 실제로 현금의 수입과 지출이 있었는가를 기준으로 판단하도록 되어 있 는 것으로 보인다.

㉠ 계산구조 : 상증세법상 비상장주식의 순손익액의 계산은 기업회계기준에 의 한 당기순이익에서 시작하는 것이 아니라 법인세법상의 각 사업연도의 익금 총액에서 손금총액을 차감한 각 사업연도 소득금액에서 시작한다(재산-182, 2011. 4. 7.). 그런데 법인세법상의 각 사업연도 소득금액은 기업회계기준상의 당 기순이익에 익금가산 및 손금불산입 항목을 가산하고 손금가산 및 익금불산 입 항목을 공제하는 세무조정과정을 거쳐 산출된다. 그러므로 상증세법상 순 손익액의 계산도 기업회계와 밀접하게 관련되어 있음을 알 수 있다. 그런 점 에서 여기에서의 순손익액은 법인세법상의 각 사업연도 소득금액이라기보다 는 일정한 가산과 공제를 거친 假定的 순이익임을 알 수 있다.[537]

순손익액의 계산은 다음과 같다(상증세법 시행령 제56조 제4항).

> 순손익액=각 사업연도소득+가산할 금액−차감할 금액
>
> - 각 사업연도소득(법인세법 제14조)
> - 가산할 금액
>   ㉮ 국세 · 지방세 과오납에 대한 환급금이자(법인세법 제18조 제4호)
>   ㉯ 지주회사의 수입배당금액 중 익금불산입액, 일반법인의 수입배당금액 중 익금불산 입액(법인세법 제18조의 2, 제18조의 4)
>   ㉰ 기부금의 손금산입한도액 초과금액의 이월손금 산입액(법인세법 제24조 제5항, 구 조

---

536) 대통령령 제22042호, 2010. 2. 18.

537) 이태로 · 한만수, 「조세법강의」, 박영사, 2009, 739쪽

특법 제73조 제4항)

㉱ 업무용승용차 관련비용의 손금산입한도액 초과금액의 이월손금 산입액(법인세법 제
27조의 2 제3항, 제4항)

㉲ 외화환산이익(법인세 계산시 해당 이익을 반영하지 않은 경우)

• 차감할 금액

㉮ 해당 사업연도의 법인세액, 법인세액의 감면액 또는 과세표준에 부과하는 농어촌특
별세액 및 지방소득세액

㉯ 벌금·과료·과태료·가산금·체납처분비(법인세법 제21조 제3호)

㉰ 손금불산입대상 공과금(법인세법 제21조 제4호)

㉱ 징벌적 목적의 손해배상금 등에 대한 손금불산입액(법인세법 제21조의 2)

㉲ 업무무관지출비용(법인세법 제27조)

㉳ 각 세법에서 규정하는 징수불이행으로 인하여 납부하였거나 납부할 세액(법인세법
제21조 제1호)

㉴ 기부금한도 초과액(법인세법 제24조, 구 조특법 제73조 제3항)

㉵ 접대비한도 초과액(법인세법 제25조, 구 조특법 제136조)

㉶ 과다경비 등의 손금불산입액(법인세법 제26조)

㉷ 업무용승용차 관련 손금불산입액(법인세법 제27조의 2)

㉸ 지급이자의 손금불산입액(법인세법 제28조)

㉹ 감가상각비 시인부족액에서 상각부인액을 손금으로 추인 차감한 금액(법인세법 시
행령 제32조 제1항)

㉺ 외화환산손실(법인세 계산시 해당 손실을 반영하지 않은 경우)

㉻ 배당으로 간주된 이자의 손금불산입액(상증세법 기본통칙 63 – 56…9 제2항, 국제조세
조정에 관한 법률 제14조)

• **상증세법 시행령 제56조 제4항의 성격** : 상증세법 시행령 제56조 제4항의
각 사업연도 소득에서 가산하거나 빼는 항목은 열거적 규정이 아니라, 예
시적인 규정이라고 보아야 한다. 1주당 순손익액의 계산은 기업의 순손익
액을 보다 정확히 계산하기 위하여 기업의 실제의 수입과 지출의 관점에서
규정되어 왔으며, 동 규정의 형식('그 밖에 기획재정부령이 정하는 금액'이라는 표현 참
조)과 예규판례(상증세법 기본통칙 63 – 56…10 및 국심 2005서2606, 2005. 11. 24. ; 국심 2001
서2725, 2002. 2. 8. 등)에서도 이러한 취지에 부합하는 해석을 하고 있다.

반면 상증세법 시행령 제56조 제4항에서 법인세법상 소득금액에서 조세정
책적 목적으로 익금 또는 손금에 불산입된 금액 중 법인의 수익가치와 관련
이 있는 것만을 가감하여 각 사업연도의 순손익액을 계산한다고 규정하고
있고, 조세법규의 엄격해석원칙상 법령에서 규정하지 아니한 금액을 합리적
이유도 없이 소득금액에 가산하거나 차감하는 것은 허용될 수 없는 점 등에
비추어, 이를 열거적 규정으로 보는 해석도 있다(조심 2009서3511, 2009. 12. 14.).

‖ 순손익액계산구조[538] ‖

순 손 익 액 계 산 서

평가대상 법인명 :			평가기준일 :		
평가기준일 이전 1년, 2년, 3년이 되는 사업연도					
① 사 업 연 도 소 득		계			
소득에 가산할 금 액	② 국세, 지방세 과오납에 대한 환급금이자				
	③ 수 입 배 당 금 중 익 금 불 산 입 한 금 액				
	④ 기부금의 손금산입한도액 초과금액의 이월손금 산입액				
(A) 합계 (① + ② + ③ + ④)					
소 득 에 서 공 제 할 금 액	⑤ 벌금, 과료, 과태료 가산금과 체납처분비				
	⑥ 손금 용인되지 않는 공과금				
	⑦ 업무에 관련없는 지출				
	⑧ 각 세법에 규정하는 징수 불이행 납부세액				
	⑨ 기부금 한도 초과액				
	⑩ 접대비 한도 초과액				
	⑪ 과다경비 등의 손금불산입액				
	⑫ 지급이자의 손금불산입액				
	⑬ 감가상각비 시인부족액에서 상각부인액을 손금으로 추인 차감한 금액				
	⑭ 법인세 총결정세액				
	⑮ 농어촌특별세 총결정세액				
	⑯ 지방소득세 총결정세액				
(B) 공제할 금액 합계(⑤+…⑯)					
⑰ 순 손 익 액(A−B)					
⑱ 유 상 증(감) 자 시 반 영 액					
⑲ 순 손 익 액(⑰±⑱)					
⑳ 사 업 연 도 말 주 식 수 또 는 환 산 주 식 수					
㉑ 주 당 순 손 익 액(⑲÷⑳)			ⓐ	ⓑ	ⓒ
㉒ 가 중 평 균 액{(ⓐ × 3 + ⓑ × 2 + ⓒ) / 6 }					
㉓ 기획재정부령으로 정하는 이자율					
㉔ 최 근 3 년 간 순 손 익 액 의 가 중 평 균 액 에 의 한 1 주 당 가 액(㉒÷㉓)					

---

538) '평가심의위원회 운영규정' 별지 제4호 서식 부표 4(2017. 7. 1. 개정)를 참조. 동 서식에는 2018년 개정 이후 추가된 가산항목 중 업무용승용차 관련비용의 손금산입한도액 초과금액의 이월손금 산입액, 외화환 산이익이 누락되어 있으며, 차감항목 중 징벌적 목적의 손해배상금 등에 대한 손금불산입액과 업무용승용 차 관련 손금불산입액, 외화환산손실이 누락되어 있다. 배당으로 간주된 이자의 손금불산입액 차감항목은 '비상장주식 평가심의위원회의 설치 및 운영에 관한 규정' 별지 서식 부표 6에는 포함되어 있었으나 현재 서식으로 개정되면서 삭제되었다. 상증세법 시행령 제56조 제4항의 성격을 열거적 규정이 아니라 예시적 규정으로 보는 경우에는 서식에도 불구하고 각 항목을 가산하거나 차감할 수 있다고 보아야 한다.

ⓛ 각 사업연도 소득 : 법인세법 제14조의 규정에 의한 각 사업연도 소득금액
이다.

법인세법상 각 사업연도 소득계산은 그 사업연도의 익금총액에서 손금총액
을 공제한 금액을 말한다. 여기에서 익금이라 함은 자본 또는 출자의 납입을
제외하고 그 법인의 순자산을 증가시키는 거래로 인하여 발생하는 수익의 금
액을 말하고, 손금이라 함은 자본 또는 지분의 환급 잉여금의 처분을 제외하
고 그 법인의 순자산을 감소시키는 거래로 인하여 발생하는 손비의 금액을
말한다. 그런데 세법상의 각 사업연도 소득금액의 계산은 일반적으로 기업회
계상의 당기순이익을 기준으로 세법과의 차이를 가감하여 계산된다.

그런데 이때에 손금에 산입된 충당금이나 준비금이 세법에 의해 일시 환입되
는 경우 해당 금액은 원래 환입될 연도로 안분하여야 하며(상증세법 시행령 제56
조 제4항), 이는 주식가치의 왜곡방지를 위한 합리적 규정으로 조세법률주의에
반하지 않는다(서울행법 2010구합15605, 2010. 12. 10.). 그리고 이렇게 계산된 각 사업
연도 소득금액에서 아래의 사항들이 가감되어 순손익액이 계산된다.

ⓒ 가산할 금액

㉮ 국세 또는 지방세의 과오납금에 대한 환급금이자

법인세법 제18조 제4호의 규정에 의한 국세 또는 지방세의 과오납금에 대
한 환급금이자로서 각 사업연도 소득금액계산상 익금에 산입하지 아니한
금액을 말한다(상증세법 시행령 제56조 제4항 제1호 가목).

㉯ 지주회사의 수입배당금액 중 익금불산입액, 일반법인의 수입배당금액 중
익금불산입액[539]

법인세법 제18조의 2의 규정에 의한 지주회사의 수입배당금액의 익금불
산입 금액과 같은 법 제18조의 4의 일반법인의 수입배당금액의 익금불산
입 금액을 말한다(상증세법 시행령 제56조 제4항 제1호 나목).[540]

㉰ 기부금의 손금산입한도액 초과금액의 이월손금 산입액

법인세법 제24조 제5항 및 조특법 제73조 제4항에 따라 기부금의 손금산
입한도액 초과금액을 이월하여 손금산입하는 경우를 말하며, 비상장주식
의 1주당 순손익액을 실제 수입·지출된 금액 기준으로 계산하기 위하여

---

539) 2006. 12. 31. 이전에는 구 법인세법 제18조 제6호에서 "기관투자자가 주권상장법인 및 코스닥상장법인
으로부터 받은 배당소득금액에 100분의 90을 곱하여 산출한 금액"을 익금불산입하였으며, 이때에는
해당 익금불산입액을 각 사업연도 소득에 가산하도록 했다.

540) 2005. 1. 1. 이후 상속[증여]분부터 적용

가산한다(상증세법 시행령 제56조 제4항 제1호 다목). 한도초과액은 기부금 지출시점에 아래[ㄹ-㉰]에서 보는 바와 같이 이미 소득금액에서 차감하였기 때문이다.

㉱ 업무용승용차 관련비용의 손금산입한도액 초과금액의 이월손금 산입액[541] 법인세법 제27조의 2 제3항 및 제4항에 따라 업무용승용차 관련비용 손금산입한도액의 초과금액을 이월하여 손금산입하는 경우를 말한다(상증세법 시행령 제56조 제4항 제1호 다목). 한도초과액은 지출시점에 아래[ㄹ-㉰]에서 보는 바와 같이 이미 소득금액에서 차감하였기 때문이다.

㉲ 각 사업연도소득을 계산할 때 「법인세법 시행령」 제76조에 따른 화폐성외화자산·부채 또는 통화선도 등(이하 "화폐성외화자산 등")에 대하여 해당 사업연도 종료일 현재의 매매기준율 등으로 평가하지 않은 경우 해당 화폐성외화자산 등에 대하여 해당 사업연도 종료일 현재의 매매기준율 등으로 평가하여 발생한 이익(상증세법 시행령 제56조 제4항 제1호 라목).[542]

해당 법인이 각 사업연도소득의 계산 시 화폐성 외화자산·부채 등의 평가손익을 인식하지 않은 경우 해당 각 사업연도소득에 그 평가손익을 가감하여 비상장주식의 평가 기준인 1주당 최근 3년간 순손익액을 계산한다. 법인세 계산시 외화환산손익 반영 여부에 관한 해당 법인의 선택에 따라 비상장주식 평가시 순손익액에 차이가 발생하는 불합리를 해소하기 위한 것이다.

㉳ 각 사업연도 소득금액 계산시 손금산입된 충당금 및 준비금이 일시 환입될 경우 그 금액이 환입될 사업연도를 기준으로 안분한 금액만 가산한다(상증세법 시행령 제56조 제4항 후단).

㉣ 차감할 금액

여기에서 법인세법상으로 손금불산입되는 항목들을 상증세법상으로 평가할 때 다시 공제금액으로 환원되는 이유는 회사와 그 주식의 값어치를 정확하게 파악하고자 함에 있다고 할 것이고, 이에 비추어 보면, 아래의 금액은 반드시 상속개시일[증여일] 전의 최근 3년간의 각 사업연도 소득의 금액계산에서 손금계정에 계산된 것에 한하는 것이고, 위 최근 3년간의 각 사업연도 소득계산상 손금계정에 올라있지 아니한 것은 순손익산정의 공제금액에서 제외되는

---

541) 2020. 2. 11. 이후 상속이 개시되거나 증여받는 분을 평가하는 분부터 적용한다.
542) 2019. 2. 12. 이후 평가하는 분부터 적용한다.

것으로 해석하여야 한다(대법원 86누191, 1986. 8. 19.).

㉮ 해당 사업연도의 법인세액(법인세법 제18조의 4에 따른 익금불산입의 적용대상이 되는 수입배당금액에 대하여 외국에 납부한 세액과 같은 법 제57조에 따른 외국법인세액으로서 손금에 산입되지 아니하는 세액을 포함한다[543]), 법인세액의 감면액 또는 과세표준에 부과되는 농어촌특별세액 및 지방소득세액(상증세법 시행령 제56조 제4항 제2호 가목) 평가대상 각 사업연도의 소득에 대하여 납부하였거나 납부하여야 할 법인세 총결정세액(=산출세액-공제감면세액+가산세)을 말한다. 이 경우 법인세액에는 토지 등 양도소득에 대한 법인세(법인세법 제55조의 2), 법인세 부가세액[지방소득세 총결정세액 등(앞의 '순손익액계산서 ⑯'에서 이를 구분하여 표시)을 의미함], 법인세 감면세액에 대한 농어촌특별세[총결정세액(앞의 '순손익액계산서 ⑮'에서 이를 구분하여 표시)을 의미함]를 포함한다(상증세법 기본통칙 63-56…9 제1항). 또한 2011년 1월 1일 이후 법인세법 제57조에 따른 외국법인세액으로서 손금에 산입되지 아니한 세액도 포함한다.

이때 "각 사업연도의 소득[법인세법 제13조 제2호의 비과세소득을 공제한 금액(재산-79, 2010. 2. 5.)]에 대한 총결정세액"이란 각 사업연도 소득(과세표준이 아니다)에 대하여 납부하여야 할 총결정세액이고(상증세법 기본통칙 63-56…9 ; 재산-290, 2010. 5. 13.), 같은 맥락에서 각 사업연도의 소득금액에서 차감할 법인세액은 이월결손금을 각 사업연도소득에서 공제하기 전의 소득금액에 대하여 납부하였거나 납부하여야 할 법인세 총결정세액을 말하며(서면4팀-2028, 2007. 7. 2.), 조세특례제한법 제144조에 따라 이월된 임시투자세액이 있는 경우에는 그 세액을 공제한 후의 법인세 총결정세액을 말한다(재산-212, 2011. 4. 28.). 이러한 해석은 기업의 각 사업연도의 순손익액을 보다 정확히 계산하려는 취지에 비추어 타당하다.

㉯ 벌금·과료·과태료·가산금 및 체납처분비 : 법인세법 제21조 제4호의 규정에 의한 벌금, 과료, 과태료, 가산금 및 체납처분비로서 각 사업연도 소득금액계산상 손금에 산입하지 아니한 금액을 말한다. 이 경우 순손익액계산시 공제하는 벌금 등은 실제로 발생하여 부과된 것을 말한다(상증세법 시행령 제56조 제4항 제2호 나목).

㉰ 손금으로 용인되지 않는 공과금 : 법인세법 제21조 제5호[544]에 규정된 공과금으로서 각 사업연도 소득금액계산상 손금에 산입하지 아니한 금액을

---

543) 2011. 1. 1. 이후 상속이 개시되거나 증여받은 분부터 적용
544) 법령에 의하여 의무적으로 납부하는 것이 아닌 공과금

말한다(상증세법 시행령 제56조 제4항 제2호 나목).

㉣ 징벌적 목적의 손해배상금 등에 대한 손금불산입액 : 법인세법 제21조의 2의 규정에 의하여 내국법인이 지급한 손해배상금 중 실제 발생한 손해를 초과하여 지급하는 금액으로서 손금에 산입하지 아니한 금액을 말한다(상증세법 시행령 제56조 제4항 제2호 나목).[545]

㉤ 업무에 관련없는 지출 : 법인세법 제27조의 규정에 의하여 법인이 각 사업연도에 지출한 경비 중 법인의 업무와 직접 관련이 없다고 정부가 인정하여 각 사업연도 소득금액계산상 손금에 산입하지 아니한 금액을 말한다(상증세법 시행령 제56조 제4항 제2호 나목).

㉥ 각 세법에 규정하는 징수불이행 납부세액 : 법인세법 제21조 제1호 및 같은 법 시행령 제21조의 규정에 의하여 각 세법에 규정하는 의무불이행으로 인하여 납부하였거나 납부하여야 할 세액(가산세 포함)으로 각 사업연도 소득금액계산상 손금에 산입하지 아니한 금액을 말한다(상증세법 시행령 제56조 제4항 제2호 나목).

㉦ 기부금 한도초과액과 비지정기부금 : 법인세법 제24조에 따라 법정기부금과 지정기부금의 손금산입한도 초과금액, 비지정기부금 및 조특법 제73조 제3항(법률 제10406호 조세특례제한법 일부개정으로 2010. 12. 27. 동조는 삭제되었으므로, 동 법률로 개정되기 전의 것을 말한다)에 따른 기부금의 손금산입한도 초과금액을 말하며, 이 중 조특법 제73조 제3항에 의한 기부금 한도초과액은 2008년 2월 22일 상증세법 시행령 개정시 비상장주식의 1주당 순손익액을 실제 수입·지출된 금액 기준으로 계산하기 위하여 차감할 금액에 추가되었다. 동 개정규정은 2008년 2월 22일 이후 최초로 상속이 개시되는[증여하는] 분부터 적용한다고 하나(상증세법 시행령 제56조 제4항 제2호 다목), 순손익액의 계산목적상 개정과는 상관없이 당연히 각 사업연도 소득금액에서 차감되어야 옳다.

㉧ 접대비한도초과액 등 손금불산입액 : 법인세법 제25조의 규정에 의한 접대비 한도초과액을 말한다. 이 경우 법인세법 제25조에 게기하는 금액이라 규정하고 있으므로, 접대비에 포함되지 아니하고 구 법인세법 시행령 제44조의 2에 의하여 손금불산입되는 기밀비 금액은 여기서의 공제할 금액에 포함되지 아니하는 것으로 해석된다는 견해가 있으나, 실제로 지출

---

545) 2020. 2. 11. 이후 상속이 개시되거나 증여받는 분을 평가하는 분부터 적용한다.

되었음에도 손금불산입되었다면 순손익액의 산정 취지[546]에 비추어 차감 되어야 옳다. 조특법 제136조에 의한 소비성서비스업 등은 같은 조에 따른 접대비 한도초과액을 말한다(상증세법 시행령 제56조 제4항 제2호 다목).

같은 맥락에서 접대비 관련 적격 증빙을 미수취한 경우에도 각 사업연도 소득에서 차감하여야 한다(재산-615, 2010. 8. 19.).

㉺ 과다경비 등의 손금불산입액 : 법인세법 제26조의 규정에 의하여 과다하 거나 부당하다고 인정되는 금액으로 각 사업연도 소득금액계산상 손금 에 산입하지 아니한 금액을 말한다(상증세법 시행령 제56조 제4항 제2호 다목).

그러나 가공의 급여 및 퇴직금을 계상하고 그 대금을 수취한 금액에 대한 소득처분에 의한 대표자 인정상여금액은 순손익가치 산정시 순손익액에 서 차감하지 않는 것이 정당하다(조심 2011구345, 2011. 6. 28.).

㉻ 업무용승용차 관련 손금불산입액 : 법인세법 제27조의 2의 규정에 의하여 각 사업연도 소득금액계산상 손금에 산입하지 아니한 금액을 말한다(상증 세법 시행령 제56조 제4항 제2호 다목).[547] 실제 지출이 있으나 법인세법상 손금으 로 보지 않는 항목을 다시 차감하기 위한 것이다.

㉼ 지급이자 손금불산입액 : 법인세법 제28조의 규정에 의한 지급이자로서 각 사업연도 소득금액계산상 손금에 산입하지 아니한 금액을 말한다(상증 세법 시행령 제56조 제4항 제2호 다목).

㉽ 감가상각비 시인부족액에서 상각부인액을 손금으로 추인 차감한 금액 : 법인세법 시행령 제32조 제1항에 따른 시인부족액에서 같은 조에 따른 상 각부인액을 손금으로 추인한 금액을 뺀 금액을 말한다(상증세법 시행령 제56조 제4항 제2호 라목).

㉾ 각 사업연도소득을 계산할 때 화폐성 외화자산 등에 대하여 해당 사업연 도 종료일 현재의 매매기준율 등으로 평가하지 않은 경우 해당 화폐성 외 화자산 등에 대하여 해당 사업연도 종료일 현재의 매매기준율 등으로 평 가하여 발생한 손실(상증세법 시행령 제56조 제4항 제2호 마목).[548]

해당 법인이 각 사업연도소득의 계산 시 화폐성 외화자산·부채 등의 평

---

546) 법인세법 제25조 제5항에서 "접대비"라 함은 접대비 및 교제비·사례금 기타 명목 여하에 불구하고 이에 유사한 성질의 비용으로서 법인이 업무와 관련하여 지출한 금액을 말한다고 규정하고 있는 것에 비추어도 또한 같다.

547) 2020. 2. 11. 이후 상속이 개시되거나 증여받는 분을 평가하는 분부터 적용한다.

548) 2019. 2. 12. 이후 평가하는 분부터 적용한다.

가손익을 인식하지 않은 경우 해당 각 사업연도소득에 그 평가손익을 가감하여 비상장주식의 평가 기준인 1주당 최근 3년간 순손익액을 계산한다. 법인세 계산시 외화환산손익 반영 여부에 관한 해당 법인의 선택에 따라 비상장주식 평가시 순손익액에 차이가 발생하는 불합리를 해소하기 위한 것이다.

㉱ 배당으로 간주된 이자의 손금불산입액 : 내국법인(외국법인의 국내사업장 포함)이 국외지배주주로부터 차입한 금액 또는 국외지배주주의 지급보증에 의해 제3자로부터 차입한 금액 중 그 국외지배주주의 내국법인 출자지분의 3배(금융업은 6배)를 초과하는 차입금에 대한 지급이자는 손금불산입되는데 순손익액 계산시에는 각 사업연도 소득금액에서 뺀다(상증세법 기본통칙 63-56…9 제2항, 국제조세조정에 관한 법률 제14조).

㉠ 감가상각비를 결산시 반영하지 않은 경우 : 순손익액의 계산시 각 사업연도소득에서 빼는 금액은 기업회계상 비용 산입대상으로 법인세법상으로는 손금불산입되는 항목들인바, 상증세법에서의 주식의 1주당 가액을 평가할 때 동 항목들을 빼는 이유는 법인세법상의 법인세 과세표준계산의 손익과는 다르더라도 그 주식의 가치를 정확하게 평가하고자 함에 있다 할 것이므로 법인세법상 한도금액 및 고정자산 등의 감가상각비는 결산시 미계상되어 법인세법상 손금불산입대상이라 하더라도 주식의 가치를 정확하게 평가하기 위하여는 순손익액계산시 각 사업연도소득에서 빼는 것이 정당한 것으로 판단된다(국심 2001서2725, 2002. 2. 8.). 그리고 감가상각비는 비상장법인 소재지국에 관계없이 법인세법 시행령 제28조에 따른 기준내용연수를 반영하여 계산한다(재산-876, 2010. 11. 24.).

㉡ 퇴직급여 : 당해 사업연도 말의 퇴직급여추계액을 기준으로 한 퇴직급여충당금 과소계상액을 차감해야 한다(대법원 2008두4275, 2011. 7. 14. ; 대법원 2005두15311, 2007. 11. 29.).

생각해 보면, 평가기준일 이전 최근 3년간 기업이 산출한 순손익액의 가중평균액을 기준으로 평가기준일 현재의 주식가치를 정확히 파악하려는 데 있는 점에 비추어 보면 퇴직급여충당금 과소계상액을 차감하여야 하지만,[549] 상속개시일 당시 회사의 재무상황 등을 어떠한 경우에는 고려하지

---

549) 이와 반대로 상증세법 시행령 제56조 제3항을 열거적 규정으로 보고, 손금불산입된 퇴직급여충당금 한도초과액을 차감하지 않아야 한다는 견해도 있다(조심 2009서3511, 2009. 12. 14.).

않고 어떠한 경우에는 고려한다(가중평균액 계산시 3년의 각 연도의 순손익액 계산시에는 고려)는 점에서 비상장주식의 보충적 평가방법이 그 필요성에도 불구하고 매우 작위적임을 엿볼 수 있다.

ⓓ 채무면제이익 등 특별이익 항목 : 채무면제이익은 특별이익항목으로서 통상적으로 발생하는 수익금액은 아니나, 상증세법상 1주당 가액의 평가시 각 사업연도 소득금액을 계산함에 있어 특별이익항목을 제외하도록 되어 있지 않는바, 각 사업연도 소득금액에 포함해야 한다(조심 2018서2594, 2018. 10. 30.).

다만, 법인세법 제18조 제8호의 규정에 의하여 이월결손금의 보전에 충당되어 각 사업연도의 소득금액을 계산할 때에 익금에 산입하지 아니한 채무면제이익은 상증세법 시행령 제56조 제3항(순손익액의 계산방법)의 규정을 적용할 때 다시 각 사업연도소득에 가산하지는 아니한다고 해석하고 있고(서면4팀-2559, 2006. 7. 28.), 유형자산양도차익에 대해 익금불산입한 금액은 각 사업연도소득에서 가감되지 않는다고 해석하고 있다(재산-858, 2010. 11. 18.).

그런데 이러한 상반되는 해석은 비상장주식의 1주당 순손익액을 실제 수입·지출된 금액을 기준으로 계산하려는 취지에 비추어 일관성의 측면에서 문제가 있어 보인다. 그러므로 순손익액의 산정 취지가 더 정확한 기업가치를 구하고자 하는 것이라면, 그러한 특별손익 등이 안정적이고 규칙적으로 기업가치에 영향을 미치는 것이 아닌 한, 각 사업연도 소득금액에서 제외하는 것이 합리적으로 보인다. 한편 "자산수증이익 등"의 합계액에 대한 최근 3년간 가중평균액이 법인세 차감전 손익에서 자산수증이익 등을 뺀 금액에 대한 최근 3년간 가중평균액의 50%를 초과하는 등의 경우(상증세법 시행규칙 제17조의 3 제1항 제2호 및 제6호) 순손익액이 아닌 추정이익의 평균가액에 의하도록 하고 있는 것(상증세법 시행령 제56조 제2항 제2호)도 같은 맥락으로 이해된다(조심 2018서2594, 2018. 10. 30.).

ⓔ 부외수익 및 부외비용(조심 2018중1804, 2018. 11. 6.)

비상장주식 평가시 순손익액에 의한 평가규정의 취지는 「법인세법」상의 법인세 과세표준계산의 손익과는 다르더라도 해당 주식의 가치를 정확하게 평가하고자 함에 있으므로 결산에 반영되지 아니하였다 하여 이를 제외하기는 어려운 바(국심 2005서2606, 2005. 11. 24. ; 국심 2001서2725, 2002. 2. 8.), 금전채무불이행에 의한 손해배상금의 성질을 가지는 부외이자비용은 「법인세법」상 의무확정주의에 따라 법원 확정판결일 이후 발생시마다 그 귀속시기인 해당 사업연도 손금으로 산입될 수 있다 할 것이므로 주식 평가시 부외이자비용은 순자산가치 산정뿐만 아니라 순손익가치 산정에도 반영하여야 한다.

ⓑ 유상증자 또는 유상감자의 경우

순손익액을 계산할 때 평가기준일이 속하는 사업연도 이전 3년 이내에 해당 법인의 자본(출자액을 포함)을 증가시키기 위하여 새로운 주식 또는 지분(이하 "주식 등"이라 한다)을 발행(이하 "유상증자"라 한다)하거나 해당 법인의 자본을 감소시키기 위하여 주식 등을 소각(이하 "유상감자"라 한다)한 사실이 있는 경우에는, 유상증자 또는 유상감자를 한 사업연도와 그 이전 사업연도의 순손익액은 위 ㉠에 따라 계산한 금액에 제1호에 따른 금액을 더하고 제2호에 따른 금액을 뺀 금액으로 한다. 이 경우 유상증자 또는 유상감자를 한 사업연도의 순손익액은 사업연도 개시일부터 유상증자 또는 유상감자를 한 날까지의 기간에 대하여 월할로 계산하며, 1개월 미만은 1개월로 하여 계산한다(상증세법 시행령 제56조 제5항).[550]

1. 유상증자한 주식 등 1주당 납입금액 × 유상증자에 의하여 증가한 주식 등 수 × 기획재정부령으로 정하는 율(영 제54조 제1항에 따른 순손익가치환원율)

2. 유상감자 시 지급한 1주당 금액 × 유상감자에 의하여 감소된 주식 등 수 × 기획재정부령으로 정하는 율(영 제54조 제1항에 따른 순손익가치환원율)

유상증자 또는 유상감자 시 그 효과가 반영되도록 평가방법을 개선하여 비상장주식에 대한 평가가 좀 더 정확하게 이루어질 수 있도록 하기 위함이다.

ⓐ 법인세 경정시 순손익액 계산

법인세 경정으로 위 순손익액 계산요소가 변동되어 주식평가액에 변동이 생긴 때에는 변경된 주식평가액으로 적용하여야 한다(상증세법 기본통칙 63-56…10). 같은 맥락에서 순손익액에 영향을 미치는 심판청구가 진행되고 있다면 심판청구 결정에 따라 비상장주식을 평가함이 타당하다(조심 2009서3153, 2009. 12. 16.).

---

550) 2011. 7. 25. 이후 최초로 상속하거나 증여하는 비상장주식부터 적용한다.

③ 1주당 순손익액 계산을 위한 각 사업연도 주식수

각 사업연도의 1주당 순손익액은 각 사업연도의 순손익액을 각 사업연도의 주식수로 나누어 계산하는데, 이 경우 각 사업연도의 주식수는 각 사업연도 종료일 현재의 발행주식총수에 의한다. 평가기준일이 속하는 사업연도 이전 3년 이내(평가기준일 속하는 사업연도 중 포함)에 증자 또는 감자(유상, 무상을 구분하지 않는다[551])를 한 사실이 있는 경우에는 1주당 가액의 희석현상(즉 평가기준일 현재의 주식수에 부합하는 각 사업연도의 1주당 순손익액을 계산하기 위해)을 보완하기 위해 아래와 같이 산정한다(상증세법 시행령 제56조 제2항, 상증세법 시행규칙 제17조의 3 제5항).

종전에는 이러한 규정이 없어 순손익가치는 증자 전 주식수로 평가하게 되어 증자 후 주식수로 평가하는 순자산가치와 비교할 때 기준이 서로 달라지고, 유상증자로 인해 증가된 주식수가 반영되지 아니하여 실제 증여되는 이익보다 더 많은 이익이 증여되는 것으로 평가되는 등으로 시가주의 평가원칙에 어긋나 불합리한 측면이 있었으나(조심 2010전1709, 2011. 6. 29.), 유상증자시 저가발행을 하는 경우 주식가치를 떨어뜨릴 수 있게 되어 조세회피로 악용되는 사례를 방지하기 위해 환산규정을 두지 아니하였던 것으로 보인다. 이와 같은 문제를 해소하기 위하여 불균등증자에 대해 증여세를 과세할 경우(상증세법 제39조) 신주발행 후의 신·구주의 가치가 희석된 평균가치로 평가하여 과세하고 있는 점 등에 비추어 보면, 희석된 평균가치로 과세하는 것이 합리성 등의 측면에서 적합하다 할 것이다(조심 2011부1070, 2011. 6. 29.).

이에 따라 유상증자나 유상감자의 효과를 반영하여 순손익액을 계산하도록 시행령이 개정[552]되었고, 더불어 유상증자나 유상감자의 경우 1주당 순손익액 계산을 위한 각 사업연도 주식수도 아래와 같이 산정하도록 개정되었다(상증세법 시행규칙 제17조의 3 제5항[553]).

ⓐ 증자의 경우(1호)

$$
\text{환산주식수} = \text{증자 전 각 사업연도 말 주식수} \times \frac{(\text{증자 직전 사업연도 말 주식수} + \text{증자주식수})}{\text{증자 직전 사업연도 말 주식수}}
$$

---

551) 무상감자는 2001. 1. 1. 이후부터, 유상감자는 2011. 7. 25. 이후부터 적용한다.

552) 2011. 7. 25. 이후 최초로 상속하거나 증여하는 비상장주식부터 적용한다.

553) 2011. 7. 25. 이후부터 적용한다.

ⓛ 감자의 경우(2호)

$$환산주식수 = 감자\ 전\ 각\ 사업연도\ 말\ 주식수 \times \frac{(감자\ 직전\ 사업연도\ 말\ 주식수 - 감자주식수)}{감자\ 직전\ 사업연도\ 말\ 주식수}$$

ⓒ 주식배당

또한, 증자 이외에도 평가기준일이 속하는 사업연도 이전 3년 이내에 주식배당이 있었던 경우 주식배당이 있기 전의 각 사업연도 종료일 현재의 발행주식총수는 위 ⊙의 산식(상증세법 시행규칙 제17조의 3 제5항 제1호의 산식)에 의한 환산주식수에 의하여 계산한다(서일 46014-10141, 2002. 1. 31.). 주식배당도 주식수의 증가를 가져온다는 점에서 증자와 동일하기 때문이다.

ⓔ 자기주식

회사는 원칙적으로 ⅰ) 주식을 消却하기 위한 때, ⅱ) 회사의 합병 또는 다른 회사의 영업 전부의 양수로 인한 때, ⅲ) 회사의 권리를 실행함에 있어 그 목적을 달성하기 위하여 필요한 때의 경우를 제외하고는 자기의 계산으로 자기의 주식을 취득하지 못한다(상법 제341조). 이는 회사의 자본충실을 도모하고, 주주평등의 원칙을 준수하며, 불공정한 회사지배를 방지하기 위한 취지로 이해된다.

이에 따라 비상장법인의 주식을 평가함에 있어서 해당 비상장법인의 상속개시일[증여일] 현재 보유하는 자기주식은 다음의 구분에 따라 평가한다(서일 46014-10198, 2003. 2. 20.).

㉮ 주식을 소각하거나 자본을 감소하기 위하여 보유하는 자기주식이라면 자본에서 빼는 것이므로 발행주식총수에서 동 자기주식을 차감하여 1주당 순자산가치와 순손익가치를 평가하는 것이다.

㉯ 그 밖의 일시적으로 보유한 후 처분할 자기주식이라면 자산으로 보아 평가하는 것이므로 동 자기주식은 발행주식총수에 포함시키고, 자기주식의 평가기준일 현재 상증세법에 따른 평가액을 순자산가액에 가산하는 것이다(법규-906, 2013. 8. 21.).[554]

---

554) 다만, 조심 2010서2725, 2010. 12. 30.에서는 취득가액 상당액을 해당 법인의 자산에 가산한다고 하고 있으나 그 타당성은 의문이다.

ⓜ 의결권 없는 주식 : 최대주주 등의 소유주식에 대한 할증평가와 달리, 1주당
순손익액을 산정하는 데는 경영권지배목적이 개입될 여지가 없으므로 포함하
는 것이 타당하다고 판단된다(조심 2010서2725, 2010. 12. 30.).

ⓗ 1주당 액면가액 변경 : 최근 3년간 당해 법인의 1주당 액면가액을 변경함으로
써 총 발행주식수가 달라진 경우에는 최종 사업연도의 총발행주식수를 기준
으로 1주당 순손익액을 계산한다.

④ **순손익가치환원율** : 순손익가치환원율은 1주당 순손익가치를 계산하기 위하여
1주당 최근 3년간 순손익액의 가중평균액을 나누는 환원율로서 금융회사 등이
보증한 3년 만기 회사채의 유통수익률을 감안하여 기획재정부장관이 정하여 고
시하는 이자율을 말한다.

2010년 11월 5일 이후 상증세법 시행령 제54조 제1항에서 규정하는 "기획재정부장관
이 정하여 고시하는 이자율"은 연 10%[555]로 한다(2010. 11. 5. 기획재정부고시 제2010-19호).

(6) 1주당 순자산가치의 계산

> **이 해의 맥**
>
> 순자산가치를 산정하는 규정들도 기본적으로 기업의 가치를 좀 더 정확히 산출하고자
> 하는 목적하에, 실제로 경제적 효익을 누릴 권리와 지급할 의무가 있는가를 기준으로
> 판단하도록 되어 있다.

① **의의** : 순자산가치는 본질적으로 평가기준일 현재 기업의 청산가치를 전제로 산
정되는 것이다. 이에 따라 해당 법인의 순자산가액을 평가기준일 현재의 발행주
식총수로 나누어 1주당 순자산가치를 계산한다(상증세법 시행령 제54조 제2항). 이 경우
순자산가액이란 법인의 자산총액에서 부채총액을 공제한 가액을 의미한다(상증세
법 시행령 제55조 및 상증세법 시행규칙 제15조 제1항, 제17조의 2).

> 1주당 순자산가액 = 해당 법인의 순자산가액 ÷ 발행주식총수

㉠ 재산평가 : 비상장주식의 순자산가액은 평가기준일 현재 ① 해당 법인의 자
산의 시가(상증세법 제60조)를 원칙으로 하고 ② 시가가 없는 경우에는 상증세법
제61조 내지 제66조의 규정에 의한 보충적 평가방법에 따른 평가액에서 부채

---

555) 2000. 4. 3. 이후로는 국세청고시에 의해 10% ; 1991. 1. 1. ~ 2000. 4. 2.까지는 15%

를 차감한 가액으로 한다. ③ 다만, 위 ②의 자산가액(보충적 평가방법에 의해 평가한 가액과 저당권 등이 설정된 재산의 평가특례에 의한 평가액)이 장부가액보다 적은 경우[자산별 비교(사전-2020-법령해석재산-1133, 2021. 6. 4. : 대법원 2015두60242, 2016. 4. 15.)]에는 장부가액으로 하되(심사상속 2011-8, 2011. 7. 15.), 장부가액보다 적은 정당한 사유가 있는 경우에는 그러하지 아니한다(상증세법 시행령 제55조 제1항, 상속증여-2140, 2015. 11. 13.).[556] 여기서 장부가액이라 함은 기업회계기준 등에 의해 작성된 대차대조표[557]상 가액(감가상각자산인 경우 법인세법상 감가상각비를 차감한 후의 가액)을 말하며(서면4팀-1644, 2004. 10. 18.), 정당한 사유에 대해서는 명문의 규정이 없고 정당한 사유는 예외적인 특별한 사정에 속하므로, 이를 주장하는 해당 법인이 그 정당한 사유를 입증하면 될 것이다. 예 · 적금의 보충적 평가 및 회수기간 5년 초과 장기채권 · 채무의 현재가치 평가는 정당한 사유가 있는 것으로 본다(서면4팀-133, 2004. 2. 25.).

ⓛ 계산구조 : 순자산가액은 평가기준일 현재의 재산을 기준으로 하여 다음과 같이 계산하며, 이 경우 순자산가액이 負數이면 그 부분은 "0"으로 적용한다 (상증세법 시행령 제55조 제1항, 제3항).

㉮ 순자산가액＝영업권 포함 전 순자산가액＋장부에 계상되지 않은 영업권		
	㉯ 영업권 포함 전 순자산가액＝자산가액－부채가액	
		㉰ 자산가액＝대차대조표상 자산가액＋평가차액＋자산에 추가하는 가액－자산에서 제외되는 가액
		㉱ 부채가액＝대차대조표상 부채가액＋평가차액＋부채에 추가하는 가액－부채에서 제외되는 가액

ⓒ 상증세법 시행령 제55조 및 같은 법 시행규칙 제17조의 2 규정의 성격 : 비상장법인의 순자산가액을 산정함에 있어 상증세법 시행령 제55조 및 같은 법 시행규칙 제17조의 2에서 자산 · 부채에 가산하거나 빼는 항목은 열거적 규정이 아니라, 예시적인 규정이라고 보아야 한다. 순자산가액의 계산은 기업의 순자산가액을 보다 정확히 계산하기 위한 목적하에, 실제로 경제적 효익을 누릴 권리와 지급의무의 확정되었는가라는 관점에서 규정되어 왔으며, 동 규정의 형식과 산정서식(순자산가액계산서 및 평가차액계산서) 및 예규판례에서도 이러한 취지에 부합하는 해석을 하고 있다.

---

556) 2004. 1. 1. 이후 상속[증여]분부터 적용
557) 2009. 2. 27. 이후 기업회계기준서 제21호【재무제표의 작성과 표시Ⅰ】의 개정으로 종전의 '대차대조표'는 '재무상태표'로 명칭이 변경되었으나, 세법에서는 여전히 '대차대조표'로 사용하고 있다.

‖ 순자산가액 계산구조[558] ‖

순자산가액계산서

구분 ＼ 평가기준일			
① 대 차 대 조 표 상 의 자 산 가 액			
자산에 가산	② 평　　　가　　　차　　　액	⇨ '평가차액계산명세서'에서 옮겨 적음
	③ 법 인 세 법 상 유 보 금 액	
	④ 유　　상　　증　　자　　등	⇨ 현행규정상 무의미함
	⑤ 기　　　　　　　　　　　타	
자산에서 제외	⑥ 선급비용, 무형고정자산(개발비), 이연법인세자산	
	⑦ 증 자 일 전 의 잉 여 금 의 유 보 액	
가. 자 산 총 계 (① + …⑤) − (⑥ + ⑦)			
⑧ 대 차 대 조 표 상 의 부 채 액			
부채에 가산	⑨ 법　　　　　인　　　　　세	⇨ 발생하여 확정되었으나 미지급 상태
	⑩ 농 어 촌 특 별 세	⇨ 발생하여 확정되었으나 미지급 상태
	⑪ 지　　방　　소　　득　　세	⇨ 발생하여 확정되었으나 미지급 상태
	⑫ 배　당　금 · 상　여　금	⇨ 그 밖의 지급의무 확정된 금액 포함
	⑬ 퇴 직 급 여 추 계 액	
	⑭ 기　　　　　　　　　　　타	⇨ 확정된 부채 등
부채에서 제외	⑮ (제　　　준　　　비　　　금)	
	⑯ (제　　　충　　　당　　　금)	
	⑰ (기　　　　　　　　　　　타)	⇨ 이연법인세 부채 등
나. 부 채 총 계 (⑧ + …⑭) − (⑮ + …⑰)			
⑱ 영 업 권 포 함 전 순 자 산 가 액 (가 − 나)			
⑲ 영　　　　　업　　　　　권		⇨ '영업권평가조서' ⑳란의 영업권 평가액을 옮겨 기재
⑳ 순　　자　　산　　가　　액 (⑱ + ⑲)		⇨ 평가액이 "0" 이하인 경우에는 "0"으로 기입

---

558) '평가심의위원회 운영규정' 별지 제4호 서식 부표 5(순자산가액계산서), 부표 6(평가차액계산명세서) 및 부표 7(영업권평가조서)을 참조

평가차액계산명세서

자 산 금 액				부 채 금 액			
계정과목	상증세법에 의한 평가액	대차대조표상 금액	차액	계정과목	상증세법에 의한 평가액	대차대조표상 금액	차액
합 계			A	합 계			B

⇨ 평가차액란 A(자산)에서 B(부채)를 차감한 잔액을 '순자산가액계산서'의 ②평가차액란에 옮겨 기재

영업권평가조서

① 평 가 기 준 일	평가기준일 전 3년간 순손익액 가중평균액			
	② 평가기준일 이전 1년이 되는 사업 연도 순손익액	③ 평가기준일 이전 2년이 되는 사업연도 순손 익액	④ 평가기준일 이전 3년이 되는 사 업연도 순손익액	⑤ 가중평균액 (②×3 + ③×2 +④)/6
				⇨ 예외 : 1주당 추 정이익평균액

⑥ 3년간 순손익액의 가중평균액의 50% (⑤ × 50 / 100)	⑦ 평가기준일 현재의 자기자본	⑧ 기획재정부령이 정한 이자율	⑨ 영업권지속연수
		10%	

⑩ 영업권 계산액(5년 현재가치 할 인액의 합계액) $[\dfrac{⑥ - (⑦ \times ⑧)}{(1 + 0.1)^n}]$ n : 평가기준일부터의 경과연수	⑪ 영업권 상당액에 포함된 매입한 무체재산권가액 중 평가기준일까 지의 감가상각비를 공제한 금액	⑫ 영업권 평가액 (⑩ - ⑪)

※ 계산근거 : 상속세 및 증여세법 시행령 제59조 제2항

② 자산가액

> **이해의 맥**
>
> 순자산가치를 산정하는 규정들도 기본적으로 기업의 가치를 좀 더 정확히 산출하고자 하는 목적하에, 실제로 경제적 효익을 누릴 권리가 확정되었는가를 기준으로 자산에의 포함 여부를 판단하도록 되어 있다.

　㉠ 대차대조표상 자산가액 : 평가기준일 현재의 대차대조표상의 자산총액으로 적용한다. 평가기준일 현재의 대차대조표를 기준으로 하므로 사업연도 중에 상속[증여]가 개시된 경우에는 사업연도 개시일로부터 평가기준일까지 가결산을 통하여 재무제표를 확정하여야 한다.

　　이때 평가대상 법인이 평가기준일 현재 명의수탁하고 있는 재산임이 명백히 확인되는 경우에는 당해 재산은 순자산가액에서 제외하고(재산-164, 2009. 9. 9.), 같은 맥락에서 타인에게 명의신탁한 재산은 가산하여야 한다.

　㉡ 평가차액(평가심의위원회 운영규정 별지 서식 부표 7) : 대차대조표상의 자산 종류별로 상증세법상 평가한 가액(상증세법 제60조 내지 제66조)과 대차대조표상의 금액과의 차액을 자산가액에 가감한다.

　　이에 따른 주요한 자산의 보충적 평가를 예시하면 다음과 같다.

　　㉮ 유동자산 중 현금 및 현금성자산, 단기금융상품(단기예금), 단기투자자산 등 : 상증세법 제63조 제4항의 예금·저금·적금의 평가방법

> 평가기준일 현재 예입 총액과 이미 경과한 미수이자 상당액의 합계액 - 원천징수 상당액

　　㉯ 유동자산 중 유가증권 : 상증세법 제63조의 유가증권 평가방법
　　㉰ 유동자산 중 매출채권, 단기대여금, 미수금, 선급금, 미수수익, 선급비용 등 : 상증세법 제63조 제1항 제2호 및 같은 법 시행령 제58조 제2항 중 회수기간 5년 이내인 경우의 평가방법

> 매출채권액(대손충당금을 차감하기 전의 금액) + 평가기준일까지의 미수이자 상당액 - 평가기준일 현재 비용으로 확정된 매출채권액

　　이때 대손충당금은 부채로 보지 않으므로 해당 자산에서 이를 차감하지 않으나, 대차대조표상 회수불능 채권이 계상되어 있는 경우 평가기준일

현재 해당 채권이 회수불능이라고 인정된다면 순자산가액에 산입하지 아니한다(대법원 2010두6458, 2010. 9. 9.). 이때 회수불능 채권인지의 여부는 채무자의 재산상태, 자금조달능력, 사회적 신분, 직업 등 채무자의 변제능력과 회사의 경영상태, 채권의 발생원인, 액수, 시기 등 회사의 채권행사에 관련된 사정을 참작하여 결정하여야 한다(조심 2010서2231, 2011. 3. 18.).

⑭ 유동자산 중 재고자산 : 상증세법 제62조 제2항 및 같은 법 시행령 제52조 제2항의 평가방법

> 평가기준일 현재의 재취득가액(단, 부가가치세는 제외)
> 만약, 그 가액이 확인되지 않으면 장부가액

⑮ 비유동자산 중 장기금융상품(장기예금), 장기매출채권, 장기대여금, 장기투자증권 등 : 상증세법 제63조 제1항 제2호, 제4항 및 같은 법 시행령 제58조 제2항의 평가방법

> ① 대부금, 외상매출금, 받을어음 등의 채권가액
>   (원본의 가액) + (평가기준일까지의 미수이자 상당액) − (평가기준일 현재 회수 불가능한 것으로 확정된 채권의 가액)
> ② 원본의 회수기간이 5년을 초과하거나 회사정리절차 또는 화의절차의 개시 등의 사유로 당초 채권의 내용이 변경된 경우
> Σ(각 연도에 회수할 금액. 즉, 이자상당액의 합계의 현재가치 할인액[*])
>   [*] 현재가치로 할인하기 위해 사용할 적정이자율(할인율) : 8%
>   ※ 장부가액보다 작더라도 정당한 사유가 있는 것으로 간주

회수기간이 5년 이내인지 여부 등에 따라 그 평가방법이 달라진다. 이때에도 대손충당금은 해당 자산에서 차감하지 않으나, 평가기준일 현재 회수불능이 인정되는 채권이 존재한다면 순자산가액에 산입하지 아니한다.

⑯ 비유동자산 중 투자유가증권, 지분법 적용 투자주식 등 : 상증세법 제63조에서 규정하고 있는 평가방법

따라서 기업회계기준에 의한 회계처리의 결과 대차대조표에 계상되는 매도가능증권평가손익(기타포괄손익누계액) 등은 고려되지 않는다.

⑰ 비유동자산 중 토지 · 건물 등 유형자산 : 상증세법 제61조 · 제62조에 의한 평가방법

⑱ 비유동자산 중 무형자산 : 상증세법 제64조의 무체재산권의 평가방법

무형자산 중 개발비는 자산에서 차감한다. 또한 장부상 계상되어 있는 영

업권 상당금액은 당해 법인의 자산가액에 포함된다(재산-20, 2011. 1. 11.).

㉪ 담보제공된 재산에 대하여 상증세법 제66조에서 규정하고 있는 저당권 등이 설정된 재산의 평가특례를 적용할 것인지에 대하여는 명확하지 아니하나, 재정경제부의 유권해석(재경부 재산 46014-298, 2000. 10. 25.)에 의하면, 비상장주식을 평가함에 있어서 순자산가액은 평가기준일 현재의 재산을 상증세법 제60조 내지 제66조의 규정에 의하여 평가한 가액에서 부채를 차감하여 계산한다고 해석하고 있다. 따라서 평가기준일 현재 해당 재산이 담보하는 채권액과 상증세법 제60조의 규정에 의하여 평가한 가액 중 큰 금액으로 평가하는 것이다.

㉫ 상증세법 제63조 제1항 제1호 나목의 규정에 의하여 비상장주식을 평가할 때, 해당 법인이 광업권을 소유하는 경우 같은 법 시행령 제59조 제6항의 규정에 의하여 평가한 광업권의 가액(시가산정이 어려워 보충적 평가방법에 의할 때)을 해당 법인의 순자산가액에 포함하는 것이다(재삼 46014-867, 1999. 5. 7.).

㉬ 건설 중인 자산은 작업진행률을 기준으로 계산된 평가기준일 현재의 해당 자산을 상증세법 제60조 내지 제66조에 따라 평가한 가액으로 한다(재재산-788, 2011. 9. 23.).

㉭ 보증금으로 회수기간이 정해지지 않은 것

그 회수기간을 5년으로 보아 현재가치로 평가한 가액(상증세법 시행규칙 제18조의 2 제2항 제1호)

㊀ 자산에 가산하는 가액

㉮ 법인세법상 유보금액(평가심의위원회 운영규정 별지 제6호 서식 부표 6)

법인세세무조정계산서 중 「자본금과 적립금명세서(을)」의 유보금액은 기업회계와 세무회계의 조정과정에서 발생한 세무상 순자산의 증가 혹은 감소를 나타내므로 기업가치에 근접하려는 목적하의 순자산가액 계산시 반영하는 것이 옳다.

그런데 실제로는 자산의 경우 각 자산별로 상증세법상 평가를 통해 새로운 평가액이 적용되기 때문에 평가하는 자산과 관련된 세무상의 유보금액은 그 의미를 잃게 된다(재산-1664, 2009. 8. 12.). 따라서 대부분의 유보금액은 별도로 자산가액에 가감될 필요가 없다. 즉 자산가액은 상증세법상의 평가액에 의하고, 평가액이 장부가액보다 적으면 기업회계기준 등에 의해 작성된 대차대조표[559]상의 장부가액에 의한다(물론 평가액이 장부가액보다 적은 정당한 사유가 있으면 평가액으로 한다). 결국 자산에 가산되는 유보금액은 재취득가액 등이 없어 장부가액에 의해 평가하는 경우 기업회계기준에 의해 적정하게 회계처리하지 않음에 따라 발생된 금액에 한할 것이다.

이런 맥락에서 다음의 금액은 이미 순자산가액 평가시 반영(ⓒ)되었거나, 기업의 가치와는 관련 없는 것(ⓐ, ⓑ)이어서 자산에 가산하지 않는다.

ⓐ 보험업법에 의한 책임준비금과 비상위험준비금을 부인한 유보액[560]

ⓑ 제충당금 및 제준비금을 부인한 유보액[561]

ⓒ 상증세법 시행령에 의하여 평가한 자산의 가액에 포함된 부인 유보액

㉯ 유상증자 등(평가심의위원회 운영규정 별지 서식 부표 7)

직전 사업연도 말 현재의 대차대조표를 기준으로 하여 순자산가액을 계산하는 경우 직전 사업연도 종료일로부터 평가기준일까지 유상증자한 금액은 가산(유상감자한 경우에는 차감)하지만, 유상증자 등의 내용이 반영된 평가기준일 현재 대차대조표(평가기준일이 사업연도 종료일과 불일치할 경우에는 가결산 대차대조표)를 기준으로 하는 경우에는 그러하지 아니한다. 따라서 현행 규정상으로는 무의미한 항목이다.

㉰ 장부에 계상된 매입한 영업권의 보충적 평가방법에 의한 평가액(상증세법 집행기준 63-54-3)

여기에서의 영업권은 장부에 계상된 매입한 영업권을 말하며, 다음 ④의 순자산가액에 가산하는 장부에 계상되지 않은 창설된 영업권과 구별하여야 한다.

㉱ 가장납입금

가장납입의 경우, 회사가 주주에게 그 가장납입금을 무상으로 대여한 것이거나, 일시 차입금을 가지고 주주의 주금을 체당 납입한 것과 같이 볼 수 있으므로, 보충적 평가방법에 의하여 비상장주식의 가액을 평가함에 있어 원칙적으로 당해 법인의 순자산가액에 포함되며, 평가기준일 당시 회수불능인 채권은 포함시킬 수 없을 것이나 채권의 회수불능은 과세가액 결정에 있어 예외적인 사유에 속하는 것이므로 이러한 특별한 사유에 대한 입증책임은 이를 다투는 납세의무자에게 있다(대법원 2005두5574, 2007. 8.

---

559) 2009. 2. 27. 개정된 기업회계기준서 제21호(재무제표의 작성과 표시 1)에 의하면 대차대조표는 '재무상태표'로 그 명칭이 변경되었다.

560) 후술하는 ③.다.(바). 참조

561) 후술하는 ③.다.(마). 참조

23. : 대법원 94누9719, 1995. 3. 14.).

㉮ 그 밖에 부외자산(조심 2018중1804, 2018. 11. 6.)

평가기준일 현재 대차대조표상에 계상되지 아니한 것 중 지급받을 권리
가 확정된 가액은 이를 자산가액에 포함하여 계산한다(상증세법 시행규칙 제17
조의 2 제1호).

㈃ 자산에서 제외되는 가액

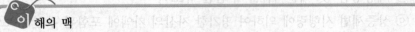

해의 맥

자산을 미래 경제적 효익의 유입이라고 할 때, 실제로 경제적 효익을 누릴 권리가 확정
되지 아니하고 자산의 정의에도 부합하지 않는 자산성이 없는 것은 자산에서 제외한다.

㉮ 선급비용 : 선급비용은 자산항목이지만, 이 선급비용 중 평가기준일 현재
비용으로 확정된 분은 자산가액에서 제외된다(상증세법 시행규칙 제17조의 2 제2
호 전단). 지급의무가 확정되었기 때문이다.

㉯ 무형고정자산[562] : 법인세법 시행령 제24조 제1항 제2호 바목의 규정에
의한 개발비의 가액은 자산가액에서 제외한다(상증세법 시행규칙 제17조의 2 제2
호 후단). 이때의 개발비란 상업적인 생산 또는 사용 전에 재료·장치·제품·
공정·시스템 또는 용역을 창출하거나 현저히 개선하기 위한 계획 또는
설계를 위하여 연구결과 또는 관련 지식을 적용하는데 발생하는 비용으로
서 해당 법인이 개발비로 계상한 것(산업기술연구조합 육성법에 의한 산업기술연구
조합의 조합원이 동 조합에 연구개발 및 연구시설 취득 등을 위하여 지출하는 금액을 포함한다)
을 말한다.

그러므로 이외의 무형고정자산(법인세법 시행령 제24조 제1항 제2호의 무체재산권, 사
용수익기부자산 등)은 순자산가액에 포함된다. 이때 사용수익기부자산가액에
는 국가 등이 부담한 사업비를 포함하지 않는다(재산-165, 2010. 3. 15.).

㉰ 증자일 전의 잉여금의 유보액 : 증자일 전의 잉여금의 유보액을 신입주주
또는 신입사원에게 분배하지 아니하는 것을 조건으로 증자한 경우 신입주
주 또는 신입사원의 출자지분을 평가함에 있어, 신입사원 또는 신입주주
에게 분배하지 아니하기로 한 잉여금에 상당하는 금액은 자산가액에서 뺀
다(상증세법 기본통칙 63-55…6, 같은 법 집행기준 63-54-3).

---

562) 2001. 12. 31. 이전에는 이연자산으로 불렸다.

㉲ 이연법인세자산 : 이연법인세자산이란 기업회계와 세무회계의 일시상의 차이로 인해 세무상 납부하여야 할 법인세 등이 회계상의 법인세비용에 비해 큰 경우에 이를 자산으로 계상한 것이다. 그런데 자산이란 미래 경제적 효익의 유입이라고 할 때 자산의 정의에 부합하지 않고 효익을 누릴 권리도 확정되지 않은 이연법인세자산은 순자산가액 평가시 자산에서 제외한다.

③ **부채가액**

해의 맥

순자산가치를 산정하는 규정들은 기본적으로 기업의 가치를 좀더 정확히 산출하고자 하는 목적하에, 실제로 지급할 의무가 확정되었는가를 기준으로 부채에의 포함 여부를 판단하도록 되어 있다.

따라서 비상장주식의 가액을 평가하기 위하여 순자산가액을 산정함에 있어 자산가액에서 공제되는 부채는 그 산정 당시 해당 회사가 종국적으로 부담하여 이행하여야 할 것이 확실하다고 인정되는 채무를 뜻한다고 할 것이다(대법원 88누4294, 1989. 6. 27. ; 대법원 95누10976, 1996. 4. 12. ; 대법원 2002두12458, 2003. 5. 13. ; 대법원 2000두5180, 2002. 5. 14.).

㉠ 대차대조표상 부채가액 : 자산가액의 경우와 같이 평가기준일 현재의 대차대조표상의 부채총액으로 적용한다. 그러므로 사업연도 중에 상속[증여]가 개시된 경우에는 사업연도 개시일로부터 평가기준일까지 가결산을 통하여 재무제표를 확정하여야 한다.

㉡ 평가차액(평가심의위원회 운영규정 별지 서식 부표 8) : 대차대조표상의 부채종류별로 상증세법의 규정에 의하여 평가한 가액과 대차대조표상의 금액과의 차액을 부채가액에 포함시키며, 미계상된 부채를 포함하여 평가한다. 부채는 자산과 달리 평가차액이 발생하는 경우가 많지 않지만, 장기성 부채의 경우와 같이 장부가액이 평가기준일 현재의 시가를 반영하지 못하는 경우에는 이를 평가하여 그 차액을 부채에 가산하여야 한다.

현행 상증세법에서는 원본의 상환기간이 5년을 초과하거나 회사정리절차 또는 화의절차의 개시 등의 사유로 당초 채무의 내용이 변경된 경우에는 각 연도에 상환할 금액(원본에 이자상당액을 가산한 금액을 말한다)을 적정한 이자율(8%)에 의하여 현재가치로 할인한 금액의 합계액에 의해 평가하도록 하고 있다(상증세법 시행령 제58조 제2항).[563] 이와 관련해 종전에는 동 규정이 채권의 평가에 대해

---

563) 이 책 뒤에서 볼 '국채 등의 평가'에서 구체적으로 본다.

서만 규정함으로써 부채평가에는 적용하기는 어렵다고 보았다(조심 2010중1684, 2011. 2. 8. ; 조심 2007서5122, 2008. 6. 16.).

ⓒ 부채에 추가하는 가액

㉮ 법인세·농어촌특별세 및 지방소득세(상증세법 시행규칙 제17조의 2 제3호 가목)

평가기준일에 가결산한 경우 해당 사업연도개시일로부터 평가기준일까지 발생된 소득에 대한 법인세액, 법인세액의 감면액 또는 과세표준에 부과되는 농어촌특별세액 및 지방소득세액은 부채에 가산한다. 이때 "평가기준일까지 발생된 소득에 대한 법인세액, 법인세액의 감면액 또는 과세표준에 부과되는 농어촌특별세 및 지방소득세"라 함은 평가기준일 현재 법인세법 등에 의하여 실제 납부하여야 할 법인세액 등을 말한다(상증세법 기본통칙 63-55…14, 같은 법 집행기준 63-54-3).

㉯ 평가차익에 대한 법인세상당액

법인의 재산평가가액에서 공제하여야 할 부채에 해당하는 위 ㉮에는 상속개시일까지 그 법인의 소득에 대하여 이미 부과되었거나 부과될 것이 확정적인 법인세 등을 의미한다고 할 것이므로(대법원 96누16308, 1998. 11. 27.), 평가차익에 대한 법인세는 평가차익의 익금산입 여부에 따라 달라지고 청산시점에서는 모든 평가차익이 과세되는 결과가 되나 평가당시의 상황으로는 그러한 해산관계의 법률관계가 확정되지 않았다고 보아 평가차익에 상당하는 법인세액을 공제할 부채로 볼 수 없다고 본다(대법원 2000두5180, 2002. 5. 14.).

그러나 평가차익을 자산에 가산하면서 동 평가차익에 대한 법인세를 차감하지 아니한 것은 기업의 가치를 좀 더 정확히 계산하고자 하는 순자산가치평가방법의 목적 및 수익비용 대응원칙에 비추어 비논리적이다.

㉰ 평가기준일 현재 이익의 처분으로 확정된 배당금·상여금 및 그 밖의 지급의무가 확정된 금액(상증세법 시행규칙 제17조의 2 제3호 나목)

이는 이익처분에 의한 배당금 등은 법인세법상으로는 손금산입되지 않지만 평가기준일 현재의 청산가치를 전제로 순자산가치를 산정하고자 하는 상증세법에서는 부채에 가산하여야 하기 때문이다. 같은 맥락에서 배당기준일 현재 생존하고 있던 주주가 주주총회에서 잉여금 처분결의가 있기 전에 사망한 경우(평가기준일 현재 미확정된 배당금)로서 상속개시일(평가기준일) 후에 주주총회에서 잉여금의 처분이 확정된 경우 해당 배당금과 상여금

은 상속세 과세가액에 포함하지 아니하는 것이며, 상속받은 해당 비상장
주식 평가시에는 동 배당금과 상여금은 상증세법 시행규칙 제17조 제3항
제3호의 규정에 의한 부채에 포함하지 아니한다. 다만, 사망 전에 처분한
주식에 대한 배당금 등이 (평가기준일 현재에는 확정)상속개시 후에 지급되는
경우 해당 배당금 등은 상속재산에 포함한다(상증세법 기본통칙 63-55…8, 같은
법 집행기준 63-54-3).

구 분	잉여금 처분결의일	
	상속개시일 전	상속개시일 후
배당 · 상여금	상속세 과세가액 산입	상속세 과세가액 불산입
비상장주식 평가시 미지급 배당 · 상여금	부채로 인정(차감)	부채로 인정하지 않음

㉝ 퇴직급여추계액 : 평가기준일 현재 재직하는 전 임 · 직원이 일시 퇴직할
경우에 퇴직급여로 지급하여야 할 추계액의 100%를 부채에 가산한다(상증
세법 시행규칙 제17조의 2 제3호 다목, 같은 법 집행기준 63-54-3).

이를 장부상 반영되어 있는 퇴직급여충당금과 관련하여 보면, 부채도 평
가기준일 현재를 기준으로 평가하여야 하므로 평가시 퇴직급여추계액을
부채로 가산하는 대신 퇴직급여충당금은 부채에서 차감하여야 할 것이다.
순자산가액 계산시 부채는 지급의무를 기준으로 판단하는 것이므로 타당
하다.

만약 정관변경으로 임원퇴직금규정을 정비하였다고 하나 결산에 미반영
하였고 변경된 정관을 공증하지 않았으므로 정관변경에 따른 임원퇴직금
은 인정할 수 없다(조심 2011서853, 2011. 6. 30.).

㉞ 확정된 부채 : 평가기준일 현재의 제충당금은 일반적으로 부채로 확정된
것이 아니어서 이를 부채에서 차감하여 계산하지만(상증세법 시행규칙 제17조의
2 제4호 본문), 충당금 중 평가기준일 현재 비용으로 확정된 것은 부채에 가
산한다(상증세법 시행규칙 제17조의 2 제4호 가목, 같은 법 집행기준 63-54-3). 사채도
평가기준일 현재 확정된 부채를 기준으로 산정하나 사채할인(할증)발행차
금은 加減하지 않는다.

㉟ 책임준비금과 비상위험준비금 : 평가기준일 현재의 조특법 및 그 밖의 법
률에 의한 제준비금은 일반적으로 부채로 확정된 것이 아니어서 이를 부
채에서 차감하여 계산하지만(상증세법 시행규칙 제17조의 2 제4호 본문), 법인세법

제30조 제1항에 규정된 보험업을 영위하는 법인의 책임준비금과 비상위험준비금으로서 같은 법 시행령 제57조 제1항 내지 제3항에 규정된 범위 안의 것은 그 지급의무가 확정되어 강제된 것이므로 부채에 가산한다(상증세법 시행규칙 제17조의 2 제4호 나목, 같은 법 집행기준 63-54-3).

㉝ 장부상 계상되어 있는 가수금이 법인이 실제 부담하여야 하는 사실상의 채무에 해당하는 경우에는 부채에 해당한다(재산-287, 2010. 5. 13. ; 재삼 46014-815, 1996. 3. 28.).

㉞ 매입채무, 미지급금, 단기차입금, 예수금, 부가가치세예수금, 선수금, 미지급법인세, 미지급비용 등의 유동부채 : 평가기준일 현재 확정된 금액으로 평가

㉟ 비유동부채 중 사채 : 사채는 평가기준일 현재 확정된 부채 등을 기준으로 산정하며, 사채할인(할증)발행차금은 가감하지 않는다.

㊱ 비유동부채 중 장기차입금, 영업보증금 등 : 지급기간이 5년을 초과하는 경우에는 현재가치로 할인한 금액으로 평가

㊲ 보증 채무 : 채무로 공제하지 않음. 단, 주채무자가 변제불능 상태이고 주채무자에게 구상권을 행사할 수 없는 경우에는 부채에 포함

㊳ 그 밖에 부외부채(조심 2018중1804, 2018. 11. 6.) : 평가기준일 현재 대차대조표에 계상되지 아니한 것이라 하더라도 실제로 지급할 의무가 확정되어 있다면 부채에 포함하여야 한다.

㉣ 부채에서 제외되는 가액(상증세법 시행규칙 제17조의 2 제4호)

해의 맥

부채는 평가기준일 현재 기업이 부담하고 있고 미래에 자원의 유출 또는 사용이 확실하다고 인정되는 경제적 의무이다. 따라서 이러한 부채의 정의에 부합하지 않는 것은 부채에서 제외한다.

㉮ 제준비금 : 조특법 및 그 밖의 법률에 의한 대차대조표상 제준비금의 합계액은 부채에서 제외된다. 제준비금은 조세정책상 일정기간 과세를 유예하는 제도이므로 평가기준일 현재 확정된 부채가 아니다.

그러나 보험업을 영위하는 법인의 주식을 평가함에 있어서는 보험업법 및 그 밖의 법률의 규정에 의하여 강제된 책임준비금과 비상위험준비금(법인세법 제30조 제1항)은 일정한 범위(위 ㉢-㉤) 내에서 부채로 인정된다(상증

세법 시행규칙 제17조의 2 제4호 나목, 같은 법 집행기준 63-54-3).

ⓐ 제충당금 : 제충당금 중 평가기준일 현재 비용으로 확정된 충당금을 제외(상증세법 시행규칙 제17조의 2 제4호 가목)한 제충당금(퇴직급여충당금, 단체퇴직급여충당금, 대손충당금 등)의 합계액은 부채가액에서 제외한다(같은 법 집행기준 63-54-3).

대차대조표상 퇴직급여충당금과 단체퇴직급여충당금은 제충당금으로 보아 부채에서 제외하나, 평가기준일 현재 재직하는 임원, 사용인 전원이 일시 퇴직할 경우 지급하여야 할 퇴직금추계액을 다시 재추산하여 부채가액에 가산한다.

ⓑ 이월과세세액 : 이월과세에 의한 법인세(양도소득산출세액 상당액)(조특법 제2조 제1항 제6호 : 제32조 제5항)는 원칙적으로 법인이 법인전환 이후에 사업용 고정자산 등을 재차 양도하는 경우에 법인이 부담하여야 할 채무로, 현물출자하는 행위가 완료된 것만으로 납세의무가 성립한다고 볼 수 없는 점 등에 비추어 해당 법인의 부채로 인식할 수 없다(조심 2018서1029, 2018. 9. 10.).

ⓒ 이연법인세부채 : 이연법인세부채란 기업회계와 세무회계의 일시상의 차이로 인해 세무상 납부하여야 할 법인세 등이 회계상의 법인세비용에 비해 작은 경우에 이를 부채로 계상한 것이다. 이러한 이연법인세부채는 평가기준일 현재 부채로 확정된 것이 아니므로 이연법인세자산을 자산에서 제외한 것과 같은 논리로 부채에서 제외한다.

④ **순자산가액에 포함되는 영업권** : ⅰ) 장부에 계상되지 않은 영업권 평가액인 상증세법 시행령 제59조 제2항의 규정에 의하여 계산된 영업권가액[단, 상증세법 시행령 제59조 제1항에 의해 평가되는 매입한 영업권(장부에 계상된 영업권의 보충적 평가방법에 의한 평가액)은 보통의 자산의 평가에 따르되, 여기에서는 제외]을 순자산가액에 포함한다(상증세법 시행령 제55조 제3항 본문, 같은 법 집행기준 63-54-3). 이때 부수(-)로 평가되는 것은 이를 없는 것으로 하여 제외한다(대법원 2000두7766, 2002. 4. 12.).

ⅱ) ㉮ 다만, 상증세법 시행령 제54조 제4항에서 규정한 바와 같이 상속세[증여세] 과세표준 신고기한 이내에 평가대상 법인의 청산절차가 진행 중이거나 사업자의 사망 등으로 인하여 사업의 계속이 곤란하다고 인정되어 순자산가치로 평가하는 경우 등 순자산가치로만 평가하는 경우에는 영업권이 창설되지 않는다고 보는 것이 합리적이므로 순자산가액에 영업권 평가액을 합산하지 않는다(상증세법 시행령 제55조 제3항 단서).

㉯ 그렇지만, 사업개시 전의 법인, 사업개시 후 3년 미만의 법인 또는 휴업·폐

중인 법인의 주식 등(상증세법 시행령 제54조 제4항 제2호)이라도 다음에 모두 해당하는 경우는 영업권이 창출되므로 순자산가액에 가산한다.[564]

㉠ 개인사업자가 제59조에 따른 무체재산권을 현물출자하거나 「조특법 시행령」 제29조 제2항에 따른 사업 양도·양수의 방법에 따라 법인으로 전환하는 경우로서 그 법인이 해당 사업용 무형자산을 소유하면서 사업용으로 계속 사용하는 경우

㉡ 위 ㉠의 개인사업자와 법인의 사업 영위기간의 합계가 3년 이상인 경우

영업권의 평가방법에 대한 자세한 설명은 제5절 무체재산권 등의 평가에서 본다.

⑤ 1주당 순자산가액 계산을 위한 발행주식총수 : 비상장법인의 1주당 순자산가액 산정을 위한 "발행주식총수"는 평가기준일 현재의 발행주식총수에 의한다(상증세법 시행령 제54조 제5항, 같은 법 집행기준 63-54-3).

그러므로 평가기준일 현재 발행되지 않은 신주는 포함되지 않으나, 발행되었다면 보통주뿐만 아니라 배당 우선주(재삼 46014-3209, 1995. 12. 13.) 및 상환 우선주(서면4팀 -1894, 2004. 11. 23.)도 포함된다.

앞의 1주당 순손익가치 계산을 위한 각 사업연도 주식수와는 달리 평가기준일 현재의 발행주식수를 산정하는 것이므로 1주당 순손익액의 희석현상을 막기 위해 무상증자·무상감사·주식배당의 경우 직전 사업연도 말 주식수를 재산정할 필요가 없다. 그렇지만 해당 비상장법인의 상속개시일[증여일] 현재 보유하는 자기주식은 그 보유목적에 따라 구분하여 다음과 같이 판단하여야 한다(상증세법 집행기준 63-55-1, 서일 46014-10198, 2003. 2. 20.).

㉮ 주식을 소각하거나 자본을 감소하기 위하여 보유하는 자기주식이라면 자본에서 빼는 것이므로 발행주식총수에서 동 자기주식을 차감하고, 취득가액 상당액도 자산에 포함시키지 않고 1주당 순자산가치와 순손익가치를 평가한다.

㉯ 그 밖의 일시적으로 보유한 후 처분할 자기주식이라면 자산으로 보아 평가하는 것이므로 동 자기주식은 발행주식총수에 포함시키고, 자기주식의 취득가액 상당액을 해당 법인의 자산에 가산한다(조심 2010서2725, 2010. 12. 30.).

한편 전환사채를 발행한 경우 전환될 주식 수는 발행주식총수에 포함되지 않는다(재산-77, 2011. 2. 15.).

⑥ 위 ㉯의 경우 비상장주식의 1주당 순자산가액 평가방법[565]

---

564) 2015. 2. 3. 이후 상속이 개시되거나 증여받는 경우부터 적용한다.
565) 1차 방정식에 의해 'x'를 계산

$$1주당순자산가액(x) = \frac{[자기주식을\ 제외한\ 순자산가액 + (자기주식수 \times 1주당순자산가액(x))]}{총\ 발행주식수}$$

2) 기업공개(주권상장)준비 중인 법인 및 코스닥상장예정법인의 주식 등의 평가

이에 대해서는 앞의 유가증권시장 주권상장법인 및 코스닥시장 상장법인의 주식 등의 평가에서와 같이 뒤의 'V'에서 상세히 본다.

3) 최대주주 소유주식의 할증평가

최대주주 소유주식 할증평가에 대한 자세한 내용은 전술한 바와 같다.

4) 상호 출자주식 등의 평가

여기에서의 평가의 대상이 되는 주식 등은 평가대상 비상장법인(A)이 보유하고 있는 다른 비상장법인(B)의 주식을 말하는 것이므로, 이 규정은 다른 비상장법인(B) 자체의 평가에는 적용되지 않는다.

(1) 10% 이하 보유주식

비상장법인의 주식 등을 평가함에 있어서 비상장주식(상증세법 제63조 제1항 제1호 나목의 주식) 등을 발행한 법인이 다른 비상장주식 등을 발행한 법인의 발행주식총수 등의 10% 이하의 주식 등을 소유하고 있는 경우에는 그 다른 비상장주식 등은 상증세법 제60조 제1항에 따른 시가가 있으면 시가를 우선 적용하여 평가하고,[566] 그 시가가 없는 경우에는 이동평균법(법인세법 시행령 제74조 제1항 제1호 마목)을 적용한 취득가액에 의해 평가할 수 있다(상증세법 시행령 제54조 제3항). 즉 시가가 없으면 보충적 평가방법과 이동평균법에 의한 취득가액 중 선택할 수 있다는 것이다(재산-717, 2010. 9. 30.).

여기에서 "10%"를 판단함에 있어 순환출자인 경우 상호출자비율에 의하도록 규정하고 있지 아니하므로 평가대상 법인이 소유한 그 다른 비상장법인의 주식(직접출자)만을 기준으로 그 소유비율을 판단하여야 할 것이다(조심 2011서4859, 2012. 7. 18. ; 국세청 서면4팀-3428, 2007. 11. 28. ; 재산-4209, 2008. 12. 12. 참조).

그런데 B의 주식 또는 출자지분에 대하여 A의 장부가액으로 평가하는 위 상증세법 시행령 규정은 A의 주식 또는 출자지분을 평가하는 과정에서만 적용되는 것이지 B

---

566) 2009. 2. 4. 이후 적용

의 주식 또는 출자지분을 상속[증여]재산으로서 평가하는 경우에는 적용되는 않는다고 해석하는 것이 타당하다. 즉 다른 비상장법인주식(B)의 10% 이하를 보유하는 경우라면 그 중요성의 측면에서 실무적으로 간이한 방법을 인정하여도 평가대상 비상장법인주식(A)의 평가에 미치는 영향이 적을 것으로 판단되기 때문이다.

또한 이 경우 비상장주식의 장부가액의 정의에 대하여는 별도의 규정을 두고 있지 아니하나, 기업회계기준에 의하여 계산된 장부가액으로 적용하여야 할 것이다.

(2) 10% 초과 보유주식

일반적인 경우의 비상장주식 평가방법[앞 2.1)]에 따라 평가한 가액으로 한다. 그러므로 평가대상 법인이 최대주주라면 할증평가대상이 된다.

(3) 10% 이상 상호출자한 주식

비상장법인 상호 간에 100분의 10 이상을 상호출자한 경우, 즉 주식 등을 발행한 비상장법인 상호 간에 상대방 법인의 주식 등을 100분의 10 이상을 소유하고 있는 경우에는 각 법인의 주식 등에 대한 평가작업이 끝없이 이루어져야(즉 순환론에 빠진다) 하는데, 이에 대한 평가방법에 대한 명문의 규정은 없다. 그렇지만 비상장주식평가의 이론적 불완전성에 비추어 보면, 실무적 적용 가능성의 측면에서 한 번의 상호평가로 충분하다고 본다.

5) 평가심의위원회에 의한 비상장주식의 평가[567] (상증세법 시행령 제49조의 2 및 제54조)

(1) 의의

일반적으로 비상장주식에 대한 보충적 평가방법은 법인의 분식 등 회계관행 등을 감안할 때 기업의 실질가치에 비해 과대 또는 과소평가된다는 논란이 끊임없이 제기되고 있다. 이런 이유로 특별히 중소기업주식에 대하여는 납세자의 신청을 받아 국세청에 설치된 평가심의위원회에서 개별기업의 특성에 맞는 다양한 방법에 의하여 평가 또는 평가방법을 제시할 수 있는 근거를 마련하여 해당 기업의 실질가치를 반영하여 평가될 수 있도록 함으로써 과세형평 및 납세자와의 마찰소지를 축소하기 위해 유사유가증권시장 주권상장법인·유사코스닥시장 상장법인 등의 주가를 비교하여 평가하는 방법이 도입되었다.[568] 즉 비상장주식의 평가를 자산가치와 손익가치에 의하여 기계적으로 평가하여온 단순논리 방식에서 벗어나 비상장주식의 실질가치를 찾기 위한 선진 평가시스템으로 이동하려는 새로운 노력으로 평가된다.

---

567) 이와 관련하여 '재산평가심의위원회 운영 규정(2016. 8. 16. 국세청 훈령 제2164호)'을 참조하기 바란다.
568) 2005. 1. 1. 이후 상속[증여]분부터 적용(국세청, 「2004 개정세법 해설」, 2004, 225쪽 참조)

이에 따라 상증세법 시행령 제54조 제1항·제4항, 제55조 및 제56조의 규정(보충적 평가방법)에 불구하고 평가심의위원회가 심의하여 제시하는 평가가액에 의하거나 동 위원회가 제시하는 평가방법 등을 감안하여 계산한 평가가액에 의할 수 있다(상증세법 시행령 제54조 제6항).

(2) 평가대상 법인

비상장주식의 평가에 있어서 다음에 모두 해당하는 법인이 발행한 비상장주식에 대하여 적용한다(상증세법 시행령 제54조 제6항 ; 재산평가심의위원회 운영 규정 제13조).

① 중소기업기본법 제2조에 따른 중소기업으로서 해당 법인의 자산·매출액 규모 및 사업의 영위기간 등을 감안하여 같은 업종을 영위하고 있는 다른 법인(주권상장법인 등을 말한다)의 주식가액과 비교할 때 법 시행령 제54조 제1항·제4항, 제55조 및 제56조에 따라 평가하는 것이 불합리하다고 인정되는 법인에 해당할 것

② 상증세법 제60조 제3항 및 같은 법 시행령 제49조에 따른 시가를 산정하기 어려운 경우에 해당할 것

③ 사업개시 후 3년 이상 경과할 것

④ 재산평가심의위원회 운영 규정 제18조에 따른 1주당 경상이익, 1주당 순자산가액이 양수일 것

⑤ 유사상장법인이 2개 이상 있을 것

⑥ 소득세법 시행령 제158조 제1항 제5호 가목에 해당하지 않을 것

(3) 평가방법

납세자는 다음 각 호의 어느 하나에 해당하는 방법으로 평가한 평가가액을 첨부하여 평가심의위원회에 비상장주식 등의 평가가액 및 평가방법에 대한 심의를 신청할 수 있다. 다만, 납세자가 평가한 가액이 보충적 평가방법에 따른 주식평가액의 100분의 70에서 100분의 130까지의 범위 안의 가액인 경우로 한정한다(상증세법 시행령 제54조 제6항).[569)]

① 유사상장법인 주가를 통한 평가 : 해당 법인의 자산·매출액 규모 및 사업의 영위기간 등을 고려하여 같은 업종을 영위하고 있는 다른 법인(유가증권시장과 코스닥시장에 상장된 법인을 말한다)의 주식가액을 이용하여 평가하는 방법

② 현금흐름할인방법 : 향후 기업에 유입될 것으로 예상되는 현금흐름에 일정한 할인율을 적용하여 평가하는 방법

---

569) 2017. 7. 1. 이후 상속이 개시되거나 증여받는 분부터 적용한다.

③ 배당흐름할인방법 : 향후 주주가 받을 것으로 예상되는 배당수익에 일정한 할인
  율을 적용하여 평가하는 방법

④ 상기방법에 준하는 방법으로서 일반적으로 공정·타당한 것으로 인정되는 방법

(4) 평가신청

상속세[증여세] 납부의무가 있는 자가 비상장주식에 대한 평가를 신청하는 경우에
는 상속세과세표준 신고기한 만료 4개월 전[증여의 경우에는 증여세과세표준 신고
기한 만료 70일 전]까지 다음의 서류를 첨부하여 평가심의위원회에 신청하여야 한
다(상증세법 시행령 제49조의 2 제5항 제2호 : 재산평가심의위원회 운영 규정 제12조).

① 비상장중소기업의 주식평가 신청서 : 별지 제3호 서식
② 비상장 중소기업의 주식평가 관련 검토서 : 별지 제3호 서식 부표
③ 유사상장법인 주가 비교평가액 계산서 : 별지 제4호 서식
④ 유사상장법인 종가명세서 : 별지 제4호 서식 부표 1
⑤ 유사상장법인 선정기준 검토서 : 별지 제4호 서식 부표 2
⑥ 비상장주식 평가조서 : 별지 제4호 서식 부표 3
⑦ 손손익액계산서 : 별지 제4호 서식 부표 4
⑧ 순자산가액계산서 : 별지 제4호 서식 부표 5
⑨ 평가차액계산명세서 : 별지 제4호 서식 부표 6
⑩ 영업권 평가조서 : 별지 제4호 서식 부표 7
⑪ 제1호부터 제10호까지의 규정에 따른 서식의 기재내용을 입증할 수 있는 증거서류

그러나 납세의무자가 평가를 신청한 경우에도 다음의 사유에 해당되면 평가심의위
원회가 평가신청서를 반려할 수 있다.

① 납세자가 평가부속서류를 제출하지 않는 경우
② 상속세 또는 증여세를 부당하게 감소시킬 목적으로 평가를 신청하는 경우
③ 기타 국세청평가심의위원회에서 평가가액 또는 평가방법을 제시하는 것이 불합
  리하다고 인정되는 경우

(5) 평가신청기간 및 평가결과 통지기간

다음의 기간 전까지 신청해야 한다. 다만, 평가기간이 경과한 후부터 법정결정기한
까지의 기간 중에 매매 등이 있는 경우에는 해당 매매 등이 있는 날부터 6개월 이내
에[570] 신청해야 한다(상증세법 시행령 제49조의 2 제5항). 그런 다음 평가심의위원회는 그

---

570) 2019. 2. 12. 이후 상속이 개시되거나 증여받는 분부터 적용한다.

평가결과를 다음의 기간 전까지 서면으로 납세자에게 알려야 한다(상증세법 시행령 제49조의 2 제6항). 다만, 평가기간 후 법정결정기한까지 발생한 매매 등 사례가액이 있는 경우에는 신청을 받은 날부터 3개월 이내에 그 결과를 납세자에게 서면으로 통지해야 한다.[571]

① **상속세** : 상속세과세표준 신고기한 만료 4개월 전까지 신청하고, 그 평가결과는 신고기한 만료 1개월 전까지 알려야 한다.

② [증여세 : 증여세 과세표준 신고기한 만료 70일 전까지 신청하고, 그 평가결과는 신고기한 만료 20일 전까지 알려야 한다.[572]]

이와 함께 국세청평가심의위원회 또는 지방청평가심의위원회로부터 비상장주식의 평가액을 통지받은 이후 납세자가 허위로 관련 서류를 기재하여 평가를 신청한 것이 확인되는 경우 당해 통지의 효력은 없는 것으로 한다.

(6) 유사상장법인의 선정기준(재산평가심의위원회 운영 규정 제15조)

유사상장법인은 평가기준일 현재 다음의 요건에 모두 해당하는 주권상장법인 또는 코스닥 상장법인이어야 한다.

① **일반기준**

　가. 상장일부터 6개월이 경과할 것

　나. 최근 2년간의 감사의견이 적정의견에 해당할 것

　다. 최근 2년간 경영에 중대한 영향을 미칠 수 있는 합병, 영업의 양수도, 분할 등이 없을 것

　라. 최근 2년간 기업회계기준 위배로 인한 조치를 받은 사실이 없을 것

　마. 최근 6개월 이내에 관리종목으로 지정된 사실이 없을 것

　바. 재산평가심의위원회 운영 규정 제18조에 따른 1주당 경상이익, 1주당 순자산가액이 양수일 것

② **업종기준**

소득세법 시행령 제145조 제1항에 따라 국세청장이 결정하는 기준경비율·단순경비율의 업종분류를 기준으로 하여 평가대상 비상장 중소기업과 같은 중분류 이내에 해당하는 업종을 영위하되, 도·소매 및 소비자용품 수리업의 경우에는 소분류 이내에 해당하는 업종을 영위할 것. 이 경우 해당 비상장 중소기업 및 유사상장법인이 2 이상의 업종을 영위하는 경우에는 매출의 비중이 가장 높은 업종

---

571) 2019. 2. 12. 이후 상속이 개시되거나 증여받는 분부터 적용한다.

572) 2007. 2. 27. 이전 증여분은 2월 전 신청하고, 1월 전 통지한다.

을 주업종으로 한다.

③ 규모기준

　가. 유사상장법인의 총 자산가액이 평가대상 비상장 중소기업의 총 자산가액의 5배를 초과하지 않을 것

　나. 유사상장법인의 매출액이 평가대상 비상장 중소기업의 매출액의 5배를 초과하지 않을 것

(7) 평가심의기관

국세청 평가심의위원회 또는 지방청 평가심의위원회(이하 "평가심의위원회"라 한다)에서 평가심의한다. 이 경우 납세자는 동일한 사안에 대하여 국세청 평가심의위원회와 지방청 평가심의위원회에 중복하여 신청할 수 없다.

평가심의위원회는 다음 각 호의 구분에 따른 위원으로 구성한다(상증세법 시행령 제49조의 2 제2항).

① 국세청에 두는 평가심의위원회 : 다음 각 목에 따른 위원

　가. 국세청장이 소속 공무원 중에서 임명하는 사람 3명

　나. 변호사·공인회계사·세무사·감정평가사·그 밖에 기업의 인수·합병과 관련하여 학식과 경험이 풍부한 사람 중 국세청장이 성별을 고려하여 위촉하는 9명 이내의 사람

② 지방국세청에 두는 평가심의위원회 : 다음 각 목에 따른 위원

　가. 지방국세청장이 소속 공무원 중에서 임명하는 사람 2명

　나. 변호사·공인회계사·세무사·감정평가사·그 밖에 기업의 인수·합병과 관련하여 학식과 경험이 풍부한 사람 중 지방국세청장이 위촉하는 사람 3명

　다. 국세청에 두는 평가심의위원회의 위원 중 각 회의별로 국세청장이 지정하는 공무원인 위원 1명 및 공무원이 아닌 위원 1명

민간위원의 임기는 2년으로 하되, 한 차례만 연임할 수 있으며(상증세법 시행령 제49조의 2 제3항), 위원이 다음 각 호의 어느 하나에 해당하는 경우에는 국세청장 또는 지방국세청장이 해당 위원을 해임 또는 해촉할 수 있다(상증세법 시행령 제49조의 2 제4항).

① 심신장애로 인하여 직무를 수행할 수 없게 된 경우

② 직무와 관련된 비위사실이 있는 경우

③ 직무태만, 품위손상이나 그 밖의 사유로 인하여 위원으로 적합하지 아니하다고 인정되는 경우

④ 위원 스스로 직무를 수행하는 것이 곤란하다고 의사를 밝히는 경우

(8) 평가심의시 감안할 사항

위에서 언급한 신청이 있는 경우에 평가심의위원회는 평가대상 여부를 판정한다. 다만, 납세자가 평가부속서류를 제출하지 아니하거나 상속세[증여세]를 부당하게 감소시킬 목적으로 평가를 신청(이에 대한 주장입증책임은 과세관청이 부담)하는 등 평가심의위원회에서 평가가액 또는 평가방법을 제시하는 것이 불합리하다고 인정되는 경우에는 해당 신청을 반려할 수 있다.

이때 평가심의위원회는 비상장주식의 당초 평가가액의 적정성 여부를 심의하고, 평가가액 또는 평가방법을 제시하는 때에는 다음의 사항을 감안하여 심의하여야 한다 (상증세법 시행령 제49조의 2 제7항).

① 같은 법 제63조의 규정에 의한 유가증권 등의 평가방법을 준용하여 평가할 경우 예상되는 적정 평가가액. 따라서 최대주주 등의 소유주식에 대한 할증평가가 적용된다.

② 보충적 평가방법(상증세법 시행령 제54조 내지 제56조)에 의하여 해당 비상장주식 등을 평가할 경우의 적정성 여부

③ 그 밖에 해당 법인의 업종·사업규모·자산상태 및 사회적인 인식 등을 고려할 때 적정하다고 인정되는 평가가액

(9) 평가심의할 사항

평가심의위원회는 평가대상 법인의 평가가액 또는 평가방법을 제시하여야 하는데 이때 다음의 사항을 심의한다. 이때에 공정하고 객관적인 심의를 위하여 필요하다고 인정되는 경우에는 신용평가전문기관에 평가를 의뢰하거나 심의에 앞서 관계인의 증언을 청취할 수 있고 이때 신용평가전문기관의 평가수수료는 납세자가 부담한다 (그 수수료는 과세표준에서 공제함)(상증세법 시행령 제49조의 2 제9항).

① 해당 평가대상 법인의 단순 회계상의 오류 또는 사실과 다른 회계처리의 정정

② 해당 기업의 자기자본 또는 타인자본 조달이자율 등을 감안하여 산정한 순손익가치환원율 산정

③ 해당 평가대상 법인과 자산·매출액 규모 및 사업의 영위기간 등을 감안하여 동종의 업종을 영위하고 있는 다른 법인(주권상장법인 등을 말한다)의 주식가액과의 비교평가

이는 시장수급원리가 적용되는 상장주식은 수익가치를 중심으로 낮게 평가되는데

반하여, 비상장법인의 주식은 자산가치를 반영함에 따라 상장주식보다 비상장주식이 더 높게 평가되는 경향이 있어, 비상장주식의 경우에도 상장주식과 형평을 맞추기 위하여 유사한 업종 및 규모의 상장주가를 비교하여 평가하도록 하고 있다.

┃ 개정연혁표 ┃

구분	종전		2007. 2. 28. 이후	
	상속	[증여]	상속	[증여]
평가신청기한	신고기한 만료 4개월 전	신고기한 만료 2개월 전	신고기한 만료 4개월 전	신고기한 만료 70일 전
위원회 심의기간	3개월	1개월	3개월	50일
위원회 결과통지기한	신고기한 만료 1개월 전	신고기한 만료 1개월 전	신고기한 만료 1개월 전	신고기한 만료 20일 전

Ⅳ 기업공개준비 중인 주식 등의 평가

 해의 맥

시가평가의 원칙상 시가반영 요소의 하나인 법률에 의한 '공모가격'을 평가에 반영한다.

1. 의의

상장주식에는 해당되지 아니하나 다음과 같은 주식에 대하여는 일반적인 비상장주식과는 다른 평가방법을 적용한다(상증세법 시행령 제57조). 이러한 주식(아래 ①, ②)들은 비상장주식이긴 하여도 공모가액(평가한 본질가치보다 공모가격이 시가에 보다 근접하므로)에 의해 시가를 확인할 수 있으므로 시가를 찾아가는 평가의 본질상 일반 비상장주식과는 다르게 평가한다.

① 유가증권시장 주권상장 준비 중인 법인의 주식(상증세법 제63조 제2항 제1호)

② 코스닥상장예정법인의 주식(상증세법 제63조 제2항 제2호)

③ 유가증권시장 주권상장법인 · 코스닥시장 상장법인의 미상장신주(상증세법 제63조 제2항 제3호)

2. 평가방법

1) 유가증권시장 주권상장 준비 중인 법인의 주식

기업공개를 목적으로 금융위원회에 '대통령령이 정하는 기간' 내에 유가증권신고를 한 주권상장 준비 중인 법인의 주식은 ①과 ②의 가액 중 큰 금액으로 평가한다(상증세법 시행령 제57조 제1항).

Max (①, ②)

① 자본시장과 금융투자업에 관한 법률에 의하여 금융위원회가 정하는 기준에 따라 결정된 공모가격

② 코스닥시장 상장법인이 상장 준비 중인 경우에는 한국거래소 최종시세가액의 평가기준일 이전·이후 약 2개월간의 평균액(상증세법 제63조 제1항 제1호 가목의 규정에 의하여 평가한 해당 주식 등의 가액). 만약 이러한 가액이 없는 경우에는 비상장주식의 평가방법(상증세법 제63조 제1항 제1호 나목)의 가액

여기에서 '대통령령이 정하는 기간'이라 함은 평가기준일 현재 상속세가 부과되는 주식 등의 경우에는 유가증권신고(유가증권신고를 하지 아니하고 상장신청을 한 경우에는 상장신청을 말한다) 직전 6월[증여세가 부과되는 주식 등의 경우에는 유가증권신고 직전 3월]부터 한국거래소에 최초로 주식 등을 상장하기 전까지의 기간을 말하며, 유가증권신고란 유가증권신고서 접수일을 말한다(상증세법 집행기준 63-57-1, 재산 상속 46014-514, 2000. 4. 27.). 즉 평가기준일이 위의 기간 중에 있는 경우에 본 규정을 적용하여 평가한다는 의미이다.

2) 코스닥상장예정법인의 주식

비상장주식 중 자본시장과 금융투자업에 관한 법률에 따른 코스닥시장에서 주식 등을 거래하고자 한국거래소에 대통령령이 정하는 기간 내에 상장신청을 한 법인의 주식 등은 ①과 ②의 가액 중 큰 금액으로 평가한다(상증세법 시행령 제57조 제2항).

Max (①, ②)

① 자본시장과 금융투자업에 관한 법률에 의하여 금융위원회가 정하는 기준에 따라 결정된 공모가격

② 비상장주식의 평가방법(상증세법 제63조 제1항 제1호 나목)에 의한 가액

이때 "대통령령이 정하는 기간"이라 함은 평가기준일 현재 상속세가 부과되는 주식 등의 경우에는 유가증권신고(유가증권신고를 하지 아니하고 등록신청을 한 경우에는 등록신청을 말한다) 직전 6월[증여세가 부과되는 주식 등의 경우에는 유가증권신고 직전 3월]부터 한국증권업협회에 등록하기 전까지의 기간을 말한다(상증세법 집행기준 63-57-1). 즉 평가기준일이 위의 기간 중에 있는 경우에 본 규정을 적용하여 평가한다는 의미이다.

3) 유가증권시장 주권상장법인·코스닥시장 상장법인의 미상장주식

유가증권시장 주권상장법인·코스닥시장 상장법인의 주식 중 해당 법인의 증자로 인하여 취득한 새로운 주식으로서 평가기준일 현재 상장되지 아니한 주식은 해당 유가증권시장 주권상장법인·코스닥시장 상장법인의 평가기준일 이전·이후 각 2개월간의 종가 평균가액(舊株 평가액)에서 상증세법 시행규칙 제18조 제2항에서 정하는 배당차액을 차감한 가액으로 평가한다. 이러한 평가는 당연히 신주의 주금을 피상속인[증여자]가 납입한 후 상속[증여]가 이루어질 것을 전제한다.

> 평가기준일 전후 각 2개월의 종가평균액(구주 평가액) - 배당차액

(1) 배당기산일

이 경우 상증세법 시행규칙 제18조 제2항의 산식 적용시 배당기산일은 상법 제423조 제1항에 의해 신주발행의 효력발생시기인 주금납입기일의 다음 날로 한다.

(2) 배당차액 차감배제

다만, 현행 상법상 사업연도 중에 신주를 발행한 경우 신주에 대한 배당기산일을 구주와 동일하게 할 수 있으므로 해당 법인의 정관에 증자로 인한 신주의 배당기산일을 구주와 동일하게 할 수 있다고 규정한 경우에는 배당차액을 차감하지 아니한다 (상증세법 시행령 제57조 제3항, 같은 법 시행규칙 제18조 제2항, 같은 법 집행기준 63-57-2).
위에서 "기획재정부령이 정하는 배당차액"이라 함은 다음의 산식에 의하여 계산한 금액을 말한다.

> 주식 또는 출자지분 1주당 액면가액 × 직전기 배당률
>
> $$\times \left(\frac{\text{신주발행일이 속하는 사업연도 개시일부터 배당기산일 전일까지의 일수}}{365} \right)$$

한편 법인이 우선주 등 이익배당에 관하여 내용이 다른 수종의 주식을 발행한 경우

에는 그 내용을 감안하여 적정한 가액으로 평가하여야 한다(상증세법 기본통칙 63-0···3).

(3) 미상장 신주의 주금을 상속인[수증자]가 납입한 경우

유 · 무상증자로 인한 신주가 아직 상장되지 않은 상태에서 그 주금을 납입하기 전에 상속[증여]가 이루어진 경우이다. 이때의 상속인[수증자]의 상속재산[증여재산]은 신주인수권이므로 그 평가는 구주식의 평가액에서 배당차액과 자신이 납입한 주금 납입액을 차감하여 계산한다.

4) 최대주주 소유주식의 할증평가

최대주주 소유주식 할증평가에 대한 자세한 내용은 전술한 바와 같다(상증세법 제63조 제3항).

국채 · 공채 · 사채 및 그 밖의 유가증권의 평가

 해의 맥

> 한국거래소에서 거래되는지 여부, 거래실적 유무에 따라 평가방법이 다르다.

1. 국채 · 공채 · 사채 · 집합투자증권의 의의

국채란 국가가 재정상의 필요에 따라 국가의 신용으로 설정하는 금전상의 채무 또는 그것을 표시하는 채권으로 지방채와 함께 공채라 부른다.

공채란 국가나 지방공공단체 등 정부관계기관이 재정자금을 조달하기 위하여 지는 채무로서, 발행주체에 따라 국채나 지방채로 나뉜다.

회사의 장기자금조달의 원천으로는 자기자본인 주식과 타인자본인 사채가 있다. 이 중 사채란 주식회사가 일반공중으로부터 비교적 장기의 자금을 집단적 · 대량적으로 조달하기 위하여 債券을 발행하여 부담하는 채무이다. 주식과 사채는 법률상 여러 가지 차이가 있지만 경제적으로는 매우 유사하다. 그리하여 회사의 자금조달의 편의를 위해 법규상으로도 주식의 사채화와 사채의 주식화 현상이 발생하여 양자의 중간적 성질을 가지는 증권이 많이 생기고 있다. 이에 따라 이러한 성격의 사채인 전환사채 등의 평가문제가 대두되고 있다.

집합투자증권이란 집합투자기구에 대한 출자지분(투자신탁의 경우에는 수익권을 말한다)이 표시된 것을 말하는 것(자본시장과 금융투자업에 관한 법률 제9조 제21항[573])으로 이 중 투자신탁의 수익증권은 수익권을 균등하게 분할하여 수익증권으로 표시하여야 하며 수익자는 신탁원본의 상환 및 이익의 분배 등에 관하여 수익권의 좌수에 따라 균등한 권리를 가진다.

2. 국채 · 공채 · 사채(전환사채 등 제외) 및 그 밖의 유가증권의 평가방법

한국거래소에서 거래되는지(상장되었는지) 여부에 따라 다음과 같이 평가한다(상증세법 시행령 제58조, 상증세법 시행규칙 제18조의 2).

1) 한국거래소에서 거래되는(상장된) 국 · 공 · 사채의 경우(상증세법 시행령 제58조 제1항 제1호)

① 평가기준일 전 2개월의 거래실적 있는 경우 : 평가기준일 이전 2개월간의 평균액과 평가기준일 이전 최근일의 최종시세가액 중 큰 금액으로 평가한다.

② 평가기준일 전 2개월의 거래실적 없는 경우 : 평가기준일 이전 2개월의 기간 중 거래실적이 없는 경우는 상장되지 아니한 국 · 공 · 사채의 경우를 준용하여 평가한다.

2) 한국거래소에 상장되지 아니한 국 · 공 · 사채의 경우(상증세법 시행령 제58조 제1항 제2호)

① 매입한 국채 등 : 타인으로부터 매입한 국채 등(국채 등의 발행기관 및 발행회사로부터 액면가액으로 직접 매입한 것을 제외한다)은 매입가액에 평가기준일까지의 미수이자상당액을 가산한 금액

② 위 ① 외의 국채 등 : 평가기준일 현재 이를 처분하는 경우에 받을 수 있다고 예상되는 금액("처분예상금액"이라 한다)

그러므로 국채 등의 발행기관 및 발행회사로부터 액면가액으로 직접 매입한 것은 처분예상금액에 의하는데, 이는 거래당사자 간의 자유로운 의사에 의하지 않고 강제적으로 매입하게 하는 현실을 반영한 것이다. 다만, 처분예상금액을 산정하기 어려운 경우에는 해당 국채 등의 상환기간 · 이자율 · 이자지급방법 등을 참작하여 기획재정부령이 정하는 바에 따라 평가한 가액으로 할 수 있다.

여기에서 "기획재정부령이 정하는 바에 따라 평가한 가액"이란 상증세법 시행령 제58조 제1항 제2호 가목외의 국채 등을 자본시장과 금융투자업에 관한 법률에 따라 인가를 받은 투자매매업자, 투자중개업자, 공인회계사법에 따른 회계법인 또는 세무

---

573) 2007. 8. 3. 자본시장과 금융투자업에 관한 법률(법률 제8635호)에 의거 "간접투자자산 운용업법"은 폐지되었고, 자본시장과 금융투자업에 관한 법률은 2009. 2. 4.부터 시행되었다.

사법에 따른 세무법인[574] 중 둘 이상의 자가 상환기간 · 이자율 · 이자지급방법 등을 감안하여 평가한 금액의 평균액을 말한다(상증세법 시행규칙 제18조의 2 제1항).

▌국채 · 공채 · 사채의 평가방법 요약(상증세법 집행기준 63-58-1) **▌**

구분	한국거래소에 상장되어 있는 경우	한국거래소에 상장되지 않은 경우 (평가기준일 전 2개월간 거래실적이 없는 경우 포함)	
		타인으로부터 매입한 경우	발행기관 등으로부터 액면가액으로 직접 매입한 경우
평 가 액	Max [①, ②] ① 평가기준일 이전 2개월간 공표된 최종시세가액의 평균액 ② 평가기준일 이전 최근일의 최종시세가액	매입가액 + 평가기준일까지 미수 이자상당액	평가기준일 현재 처분예상액, 처분예상액을 산정하기 힘든 경우 2 이상의 투자매매업자 또는 투자중개업자가 평가한 가액

3) 대출금 · 외상매출금 및 받을어음 등의 평가(상증세법 시행령 제58조 제2항)

대출금 · 외상매출금 및 받을어음 등의 채권가액은 원본의 회수기간 · 약정이자율 및 금융시장에서 형성되는 평균이자율 등을 감안하여 다음과 같이 평가한 가액에 의한다. 다만, 채권의 전부 또는 일부가 평가기준일 현재 회수불가능한 것으로 인정되는 경우에는 그 가액을 산입하지 아니한다. 이때 회수불가능성의 판단은 법인세법에 의하면 된다(법인세법 시행령 제19조의 2 제1항). 판례는 "채권의 회수가 객관적으로 불가능한 상태에 있었다고 단정하기 어렵다 하더라도 채권의 회수 가능성을 의심할 만한 중대한 사유가 발생한 경우 원금에 미수이자 상당액으로 채권을 평가하는 것은 적절하지 않다"고 판단한 바 있다(대법원 2013두26989, 2014. 8. 28. 선고).

한편 입회금 · 보증금 등의 채무가액에 대해서도 원본의 상환기간 · 약정이자율 및 금융시장에서 형성되는 평균이자율 등을 감안하여 아래와 같이 현재가치로 평가한 가액 등으로 하도록 하였다(상증세법 시행령 제58조 제2항).[575] 종전까지는 채권에 대한 현재가치평가만 인정하고 채무에 대한 현재가치평가는 부인하였다(국심 2007서5122, 2008. 6. 16.).

(1) 원본의 회수기간이 5년을 초과하거나 회사정리절차 또는 화의절차의 개시 등의 사유로 당초 채권의 내용이 변경된 경우에는 각 연도에 회수할 금액(채무의 경우 상환할 금액)

---

574) 한편, 2010. 3. 31. 같은 법 시행규칙의 개정으로 위 평가기관에 회계 및 세무법인을 추가하였다.

575) 2010. 2. 18. 이후 최초로 이루어지는 상속[증여]부터 적용한다.

(원본에 이자상당액을 가산한 금액을 말한다)을 연 8%[576]에 의하여 현재가치로 할인한 금액의 합계액

원본의 회수기간이 5년을 초과하는지 여부는 평가기준일부터 원본을 반환받기로 약정한 날까지의 기간을 기준으로 판단하되(서면4팀-1981, 2007. 6. 26.), 이 경우 시설물이용권(소득세법 제94조 제1항 제4호 나목)에 대한 입회금·보증금 등으로서 원본의 회수기간이 정하여지지 아니한 것은 그 회수기간을 5년으로 본다(재산-203, 2010. 3. 30.).

(2) 위 (1) 외의 채권(회수기간 5년 이내)의 경우에는 원본의 가액에 평가기준일까지의 미수이자상당액을 가산한 금액

회수기간의 계산은 평가기준일로부터 원본을 반환받기로 약정한 날까지의 기간을 기준으로 판단한다. 그리고 당해 미수이자상당액에 대하여 평가기준일 현재 지급받을 권리가 없는 것으로 명백히 확인되는 경우에는 가산하지 않는다(재산-699, 2010. 9. 17.).

회수기간이 5년을 초과하거나 회사정리절차 등으로 채권내용이 변경된 경우	이 외의 채권 (회수기간 5년 이내)
각 연도별 회수금액에 적정한 할인율로 할인한 현재가치금액 $$현재가치 = \sum_{n=1}^{n} \frac{회수금액}{(1+r)^n}$$ r = 8.0% 국세청장고시	원본가액 + 평가기준일까지 미수이자 상당액

4) 집합투자증권의 평가

(1) 집합투자의 정의

집합투자는 2인 이상에게 투자권유를 하여 모은 금전 등 또는 국가재정법에 따른 여유자금을 투자자 또는 각 기금관리 주체로부터 일상적인 운용지시를 받지 아니하면서 재산적 가치가 있는 투자대상 자산을 취득·처분, 그 밖의 방법으로 운용하고 그 결과를 투자자 또는 각 기금관리 주체에게 배분하여 귀속시키는 것을 말한다. 다만, 다음의 어느 하나에 해당하는 경우를 제외한다(상증세법 집행기준 63-58-3 : 자본시장과 금융투자업에 관한 법률 제6조 제5항 및 같은 법 시행령 제6조 제4항).

---

576) 상증세법 시행령 제58조의 2 제2항 제1호 가목에 따른 적정할인율[전환사채 등의 평가시 적용할 이자율 고시(2010. 11. 5. 기획재정부고시 제2010-20호)] : 2011. 7. 26. 이후 상속[증여]받은 분부터 적용 ; 2002. 11. 8. 이후 6.5% ; 2001. 1. 1. 이후 7.5% ; 2002. 7. 10. 이후 7.0%

① 사모의 방법으로 금전 등을 모아 운용 · 배분하는 것으로서 투자자의 수가 일정 이하인 경우
② 자산유동화에 관한 법률의 자산유동화계획에 따라 금전 등을 모아 운용 · 배분하는 경우
③ 그 밖에 행위의 성격 및 투자자 보호의 필요성 등을 고려하여 대통령령으로 정하는 경우
　　예컨대 한국거래소에 상장되어 거래되는 ETF(상장지수 집합투자 기구, Exchange Traded Fund)가 집합투자증권에 해당한다(재산-399, 2011. 8. 26.).

(2) 집합투자증권의 평가

집합투자증권의 평가는 다음에 의한다(상증세법 시행령 제58조 제3항).

① 기준가격이 있는 경우

평가기준일 현재의 한국거래소의 기준가격에 의하거나 집합투자업자 또는 투자회사가 자본시장과 금융투자업에 관한 법률의 규정에 의하여 산정 · 공고한 기준가격에 의한다.[577]

② 기준가격이 없는 경우

다만, 평가기준일 현재의 기준가격이 없는 경우에는 평가기준일 현재의 환매가격 또는 평가기준일 전 가장 가까운 날의 기준가격에 의한다.

> • 원칙 : 평가기준일 현재 한국거래소의 기준가격 or 집합투자업자 등이 공고한 가격
> • 예외(평가기준일 현재 기준가격이 없는 경우) : 환매가격 or 평가기준일 전 최근 기준가격

---

577) 2007. 8. 3. 자본시장과 금융투자업에 관한 법률(법률 제8635호)에 의거 "간접투자자산 운용업법"은 폐지되었으며, 2009. 2. 4.부터 시행된 자본시장과 금융투자업에 관한 법률 제238조에 의해 기준가격을 산정 · 공고한다(2010. 2. 18. 상증세법 시행령 개정).

Ⅵ 전환사채 등의 평가

이해의 맥

전환사채 등은 주식전환·주식교환·주식취득 권리가 부여된 사채이므로 사채와 주식의 성격을 모두 고려하여 평가하되, 한국거래소에서 거래되는지 여부, 전환권·교환권·신주인수권 행사가능 기간 내인지 여부에 따라 구분하여야 한다.

1. 전환사채 등의 의의 [578]

전환사채·교환사채·신주인수권부사채(신주인수권증권이 분리된 경우에는 신주인수권증권을 말한다) 및 그 밖의 이와 유사한 사채로서 주식으로 전환·교환하거나 주식을 인수할 수 있는 권리가 부여된 사채를 전환사채 등이라고 한다.

1) 전환사채

전환사채는 사채의 소유자가 일정한 조건 하에 전환권을 행사할 수 있는 사채로서, 권리를 행사하면 주식으로 전환되는 사채를 말한다. 즉 전환의 결과 사채는 소멸하고 신주가 발행되므로 사채권자의 지위가 주주로 변경된다. 그렇지만 신주의 인수에 대한 주금의 납입은 없다.

2) 교환사채

교환사채란 교환사채 발행회사가 소유하고 있는 타상장법인의 주식으로 교환을 청구할 수 있는 권리를 사채의 소유자에게 부여한 사채로서 그 외에는 전환사채와 유사하다. 그러므로 교환의 결과 보유하고 있던 사채는 소멸한다. 이 역시 주금의 납입은 없다.

3) 신주인수권부사채

신주인수권부사채는 사채의 소유자가 일정한 조건 하에 신주인수권(사채발행회사의 신주를 특정가격(행사가격)에 매입할 수 있는 권리)을 행사할 수 있는 권리가 부여된 사채를 말한다. 신주인수권부사채는 사채권과 신주인수권의 분리 여부에 따라 분리형과 비분리형으로 구분할 수 있다. 분리형은 사채권과 신주인수권을 각각 별도의 증권으로 표상하여 각각

---

578) 이 책 뒤에서 볼 '전환사채 등의 주식전환 등에 따른 이익의 증여(상증세법 제40조)' 참조

독립하여 양도할 수 있도록 한 것으로 신주인수권의 가치를 표방하는 유가증권을 신주인수권증권이라고 하며, 비분리형은 1매의 채권에 사채권과 신주인수권을 함께 표상하여 각각 독립하여 양도할 수 없도록 한 것이다. 신주인수권부사채의 경우 기존의 사채는 존속하면서 주금을 납입하여 주주의 지위를 추가로 획득하게 된다는 점에서 전환사채와 차이가 있다(상증세법 집행기준 63-58의 2-3).

4) 신주인수권증서[579]

수권자본주의하에서의 신주발행은 발행예정주식의 범위 내에서 이사회의 결의만으로 결정이 되는데 그때마다 주주들은 구체적인 신주인수권이 있으며, 이 권리는 추상적 신주인수권과는 달리 이미 발생한 신주인수권을 표창하는 독립된 채권적 권리로서 그 성질상 주식과 분리하여 양도할 수 있는 유가증권이다. 즉 정관 또는 이사회의 결의로 신주인수권의 양도를 인정한 때에는(상법 제416조 제5호) 기존주주가 증서의 발행을 청구하면 회사는 신주인수권증서를 발행하여야 하며(상법 제420조의 2), 신주인수권의 양도는 신주인수권증서의 교부에 의해서만 가능하다. 이처럼 유상증자 등에 참여할 수 있는 기존주주의 권리인 신주인수권을 증서화하여 신주인수권을 양도할 수 있게 만든 것이 신주인수권증서이다(상증세법 집행기준 63-58의 2-8). 이와 유사한 것으로 신주인수권증권이 있는데 이는 위의 신주인수권부사채에서 신주인수권만을 별도로 떼어 낸 것을 말한다.
신주인수권증권(상법 제516조의 5)은 일반적으로 그 존속기간이 장기간에 걸치므로 그 상실의 경우 주권의 경우와 같이 재발행절차가 필요하지만, 신주인수권증서(상법 제420조의 2)는 그 존속기간이 단기간(원칙적으로 청약기일 전 약 2주간 동안만 유통)이므로 그 상실의 경우에 간단한 구제조치가 인정된다(상법 제420조의 4 제2호). 또한 신주인수권증권의 경우는 신주인수권자의 개별적인 청구에 따라 신주가 발행되는 데 비하여, 신주인수권증서는 회사의 구체적인 신주발행의 경우에 인정되는 우선적인 신주배정청구권이라는 점이 다르다.

5) 신주인수권과 권리락(상증세법 집행기준 63-58의 2-7)

① 신주인수권은 유상증자 또는 무상증자 배정기준일 현재 기존주주(구주주)가 자신이 소유하고 있는 주식수에 비례하여 신주를 인수할 수 있는 권리를 말한다.
② 권리락은 유상 또는 무상증자에 대한 신주인수권이 소멸되는 것을 의미한다. 상장법인이 유상증자를 할 경우 신주배정기준일 전일에 주식을 매수하는 투자자는 매매대금이 2일이 지나서 결제되어 당해 증자에 대한 신주인수권이 없으므로 신주배정기

---

579) 정찬형, 「상법강의(상)」, 박영사, 2009, 947쪽

준일의 전일이 권리락일이 된다. 통상 권리락 후 주식가격은 권리락 전 투자자와 권리락 후 투자자와의 형평성을 맞추기 위해 권리락 전 주식가격에 유상증자 할인율 등을 고려하여 조정된다.

2. 전환사채 등의 평가방법

1) 의의

전환사채는 사채에 주식을 취득할 수 있는 권리가 부여된 것이기 때문에 사채와 주식의 성격을 모두 고려하여 평가하여야 한다. 예를 들어 전환사채 취득 후 주가가 상승한 경우 전환사채의 증여는 사실상 주식의 증여와 동일한 효과를 가져오기 때문에 주가를 기준으로 해당 전환사채를 평가하는 것이 합리적이라고 할 수 있다.

이에 따라 상증세법 제40조 및 상증세법 시행령 제30조에서는 특수관계인 간에 전환사채 등으로 인하여 취득할 수 있는 주식가액보다 저가로 전환사채 등을 인수시키거나 양도하는 경우 그 차액을 증여재산가액으로 하여 과세하도록 하고 있다.

이런 맥락에서 전환사채를 직접 상속[증여]하는 경우에는 전환사채의 저가양도에 대한 증여의 경우와 같이 주식가액을 고려하여 전환사채를 평가하도록 하였다.

현행 상증세법상 전환사채 등의 평가는 한국거래소에서 거래되는지 여부, 전환권행사 가능 기간 내인지 여부에 따라 구분하여 한다(상증세법 시행령 제58조의 2). 이러한 이유는 "채권의 시가평가 기준수익률 공시 및 평가 등에 관한 규칙 시행세칙[2002. 10. 7. 한국증권업협회]"에서도 전환권의 행사가능 여부에 따라 평가방법을 달리 규정하고 있음을 반영한 것이다.

2) 한국거래소에서 거래되는 경우

상증세법 시행령 제58조 제1항 제1호에서 규정하고 있는 국·공채 등의 평가방법을 준용(앞의 Ⅵ)하여 평가하므로 아래와 같다. 전환사채, 신주인수권부사채 및 신주인수권증권이 이에 해당한다.

(1) 평가기준일 전 2월의 거래실적이 있는 경우

평가일 이전 2개월 평균금액과 평가기준일 이전 최근일의 최종시세가액 중 큰 금액으로 한다(상증세법 시행령 제58조의 2 제1항, 같은 법 집행기준 63-58의 2-1.4.5).

평가액 = Max [①, ②]
① 평가기준일 이전 2개월간의 공표된 최종시세가액의 평균액
② 평가기준일 이전 최근일의 최종시세가액

(2) 평가기준일 전 2월의 거래실적이 없는 경우

① 매입한 전환사채 등 : 타인으로부터 매입한 전환사채 등(국채 등의 발행기관 및 발행회사로부터 액면가액으로 직접 매입한 것을 제외한다)은 매입가액에 평가기준일까지의 미수이자상당액을 가산한 금액

② 위 ① 외의 전환사채 등 : 평가기준일 현재 이를 처분하는 경우에 받을 수 있다고 예상되는 금액("처분예상금액"이라 한다)

그러므로 전환사채 등의 발행기관 및 발행회사로부터 액면가액으로 직접 매입한 것은 처분예상금액에 의하는데, 이는 거래당사자 간의 자유로운 의사에 의하지 않고 강제적으로 매입하게 하는 현실을 반영한 것이다. 다만, 처분예상금액을 산정하기 어려운 경우에는 해당 전환사채 등의 상환기간·이자율·이자지급방법 등을 참작하여 기획재정부령이 정하는 바에 따라 평가한 가액으로 할 수 있다.

3) 한국거래소에서 거래되지 않는 경우

이때는 전환금지기간(신주인수권증권의 인수금지기간, 신주인수권부사채의 신주인수권 행사금지기간) 중에 있는지 또는 전환가능기간 중에 있는지 여부에 따라 아래와 같이 평가방법이 달라진다. 다만, 2 이상의 투자매매업자 등에서 상환기간·이자율·이자지급방법 등을 감안하여 평가한 금액의 평균액에 의할 수 있다(상증세법 시행령 제58조의 2 제2항 본문, 상증세법 시행규칙 제18조의 2, 같은 법 집행기준 63-58의 2-1).

(1) 평가기준일이 전환금지기간 중인 경우(상증세법 시행령 제58조의 2 제2항 제1호, 같은 법 집행기준 63-58의 2-1.4.5)

① 신주인수권증권은 신주인수권부사채의 발행 당시의 발행이자율과 시장이자율 차이의 현재가치에 의하여 평가한다.

즉 신주인수권부사채의 만기상환금액(만기 전에 발생한 이자상당액을 포함함)을 사채발행이율에 의하여 발행 당시의 현재가치로 할인한 가액에서 동 만기상환금액을 적정할인율(상증세법 시행령 제58조의 2 제2항 제1호 가목에 의하여 금융회사 등이 보증한 3년 만기

회사채의 유통수익률을 감안하여 기획재정부장관이 정하여 고시하는 이자율 8.0%[580])에 의하여 발행 당시의 현재가치로 할인한 금액을 차감한 금액으로 평가한다. 이때 신주인수권부사채를 만기상환하는 경우 신주인수권부사채 발행자가 발행조건에 따라 일정수준의 수익률을 보장하기 위하여 지급하기로 한 상환할증금은 만기상환금액에 포함된다(재산-944, 2010. 12. 15.).

이 경우 그 가액이 "0"원 이하인 경우에는 0으로 한다(상증세법 시행령 제58조의 2 제2항 제1호 가목).

신주인수권증권 평가액 : ㉮ - ㉯

㉮ 신주인수권부사채의 발행 당시의 현재가치(사채발행이율 적용)

= 원금의 현재가치+이자의 현재가치

$$= \frac{만기상환금액}{(1+R)^n} + \sum_{n=1}^{n} \frac{매년표시\ 이자액}{(1+R)^n}$$

㉯ 신주인수권부사채의 발행 당시 현재가치(적정할인율 적용)

= 원금의 현재가치+이자의 현재가치

$$= \frac{만기\ 상환금액}{(1+r)^n} + \sum_{n=1}^{n} \frac{매년표시\ 이자액}{(1+r)^n}$$

• R : 사채발행이율, r : 적정이자율(국세청장고시율 : 8%)
• n : 발행일부터 만기까지 남은 기간

---

② 신주인수권증권 이외의 전환사채 등은 만기상환금액(만기 전에 발생하는 이자상당액을 포함한다)을 사채발행이율과 적정할인율 중 낮은 이율에 의하여 발행 당시의 현재가치로 할인한 가액에서 발행 후 평가기준일까지 발생한 이자상당액을 가산한 가액으로 평가하는 것이며(재산-979, 2010. 12. 29.), 이 경우 사채발행이율은 표면이자율을 말한다(서면4팀-623, 2005. 4. 26.). 이때 전환사채를 만기상환하는 경우 전환사채 발행자가 발행조건에 따라 일정수준의 수익률을 보장하기 위하여 지급하기로 한 상환할증금은 만기상환금액에 포함된다(재재산-678, 2010. 7. 14.).

사채의 평가방법을 반영한 것이다. 전환사채·신주인수권부사채가 이에 해당한다.

---

580) 전환사채 등의 평가시 적용할 이자율 고시(기획재정부고시 제2010-20호, 2010. 11. 5.)에 의해 고시일 이후 상속[증여]받는 분부터 적용한다. : 2002. 11. 8. 이후 연 6.5% ; 2002. 7. 10. 이후 7.0% ; 2001. 1. 1. 이후 7.5%

평가액(평가기준일 현재 사채의 현재가치) = ㉠ 또는 ㉡

㉠ $\dfrac{\text{만기상환금액}}{(1+R \text{ 또는 } r)^n}$ + 평가기준일까지의 이자상당액

㉡ $\dfrac{\text{만기상환금액}}{(1+R \text{ 또는 } r)^{n'}}$ + 평가기준일부터 만기일까지의 이자의 현재가치

- 할인율의 적용 : Min[R, r]
  [R : 사채발행이율, r : 적정이자율(국세청장고시율 : 8%)]
- n : 발행일부터 만기까지 기간, n' : 평가기준일부터 만기일까지 남은 기간

(2) 평가기준일이 전환가능기간 중인 경우(상증세법 시행령 제58조의 2 제2항 제2호)

① 전환사채는 다음 중 큰 금액으로 한다(상증세법 집행기준 63-58의 2-1).

Max (㉮, ㉯)

전환가능기간 중에는 전환사채의 시가를 발행법인의 주가와 달리 볼 이유가 없어 발행법인의 주식의 시가를 전환사채의 시가로 보는 것이 합리적이므로, 둘(㉮, ㉯) 중 큰 금액이 전환사채의 가격이 된다.

㉮ (1) ②의 평가액. 사채로서 평가한 가액이다.
㉯ 전환가능 주식가액 - 배당차액. 주식의 성격을 반영한 평가방법이다.

여기에서 배당차액이라 함은 상증세법 시행규칙 제18조 제2항의 산식에 의하여 계산한 금액을 말한다. 다만, 해당 법인의 정관에 의하여 해당 법인의 증자로 인하여 취득한 새로운 주식 또는 출자지분에 대한 이익을 배당함에 있어서 평가기준일 현재 상장되어 있는 해당 법인의 주식 또는 출자지분과 배당기산일을 동일하게 정하는 경우를 제외한다.

전환사채 평가액 = Max[㉮, ㉯]
㉮ 평가기준일 현재 사채의 현재가치 = ㉠ 또는 ㉡

㉠ $\dfrac{\text{만기상환금액}}{(1+R \text{ 또는 } r)^n}$ + 평가기준일까지의 발생이자 상당액

㉡ $\dfrac{\text{만기상환금액}}{(1+R \text{ 또는 } r)^n}$ + 평가기준일부터 만기일까지의 이자의 현재가치

- 할인율의 적용 : Min[R, r]

[R : 사채발행이율, r : 적정이자율(국세청장고시율 : 8%)]

• n : 발행일부터 만기까지 기간, n' : 평가기준일부터 만기일까지 남은 기간

㈏ 전환할 경우의 주식가격 = 전환시 주식가액(시가 등) － 배당차액 *

* 배당차액

$$= 1주당액면가액 \times 직전기배당률 \times \frac{사업연도개시일-신주배당기산일\ 전일}{365}$$

② 신주인수권부사채는 다음 중 큰 금액으로 한다(상증세법 집행기준 63-58의 2-5). 이는 사채의 가액이다.

> **Max (㈎, ㈏)**

㈎ (1) ②의 평가액

㈏ (1) ②의 평가액에서 (1) ①의 신주인수권을 차감하고 (2) ③에 의한 신주인 수권을 가산한 금액. 주식의 성격을 반영한 평가방법이다.

> 신주인수권부사채 평가액＝Max [㈎, ㈏]
>
> ㈎ 평가기준일 현재 사채의 현재가치
>
> = ㉠ 또는 ㉡
>
> $㉠\quad \dfrac{만기상환금액}{(1+R\ 또는\ r)^n} +$ 평가기준일까지의 이자상당액
>
> $㉡\quad \dfrac{만기상환금액}{(1+R\ 또는\ r)^{n'}} +$ 평가기준일부터 만기일까지의 이자의 현재가치
>
> • 할인율의 적용 : Min[R, r]
>
> [R : 사채발행 당시 적용된 할인율, r : 적정이자율(국세청장고시율 : 8%)]
>
> • n : 평가기준일부터 만기까지 남은 기간,
>
> • n' : 평가기준일부터 만기일까지 남은 기간
>
> ㈏ 평가기준일 현재 사채의 현재가치 + 신주인수권증권의 가치평가차이
>
> = ㈎ + 인수가능기간 중의 신주인수권증권평가액 － 인수금지기간의 신주인수 권증권평가액

③ 신주인수권증권은 다음 중 큰 금액으로 한다(상증세법 집행기준 63-58의 2-4). 이는 권 리의 가액이다.

> **Max (㈎, ㈏)**

㉮ (1) ①의 평가액

㉯ 인수 가능한 주식가액 − 신주인수가액 − 배당차액. 주식의 성격을 반영한 평가 방법이다.

여기에서 '인수할 수 있는 주식가액'이란 평가기준일 현재 상속세법에 의하여 평가한 가액을 의미한다(재산−456, 2010. 6. 28.).

> 신주인수권증권 평가액 = Max [㉮, ㉯]
>
> ㉮ ㉠ − ㉡
>
>   ㉠ 신주인수권부사채의 발행 당시의 현재가치(사채발행이율 적용)
>
>   = 원금의 현재가치 + 이자의 현재가치
>
> $$= \frac{만기상환금액}{(1+R)^n} + \sum_{n=1}^{n} \frac{매년표시\ 이자액}{(1+R)^n}$$
>
>   ㉡ 신주인수권부사채의 발행 당시 현재가치(적정할인율 적용)
>
>   = 원금의 현재가치 + 이자의 현재가치
>
> $$= \frac{만기상환금액}{(1+r)^n} + \sum_{n=1}^{n} \frac{매년표시\ 이자액}{(1+r)^n}$$
>
>   • R : 사채발행이율, r : 적정이자율(국세청장고시율 : 8%)
>
>   • n : 발행일부터 만기까지 남은 기간
>
> ㉯ 신주인수할 경우의 자본소득
>
>   = 신주인수시 주식가액(시가 등) − 배당차액 − 신주인수가액
>
> $$\frac{배당}{차액} = \frac{1주당}{액면가액} \times \frac{직전기}{배당률} \times \frac{사업연도\ 개시일 − 신주배당기산일\ 전일}{365}$$

④ 신주인수권증서는 다음의 구분에 따른 가액으로 한다(상증세법 집행기준 63−58의 2−9).

㉮ 거래소에서 거래되는 경우 : 거래소에 상장되어 거래되는 전체 거래일의 종가 평균[581]

㉯ 그 밖의 경우 : 해당 신주인수권증서로 인수할 수 있는 주식의 권리락 전 가액에서 상증세법 시행령 제57조 제3항의 규정에 의한 배당차액과 신주인수가액을 차감한 가액. 다만, 유가증권시장 주권상장법인 · 코스닥시장 상장법인의 주식인 경우로서 권리락 후 주식가액이 권리락 전 주식가액에서 배당차액을 차감한 가액보다 적은 경우에는 권리락 후 주식가액에서 신주인수가액을 차감한 가액

---

581) 2018. 2. 13. 이후 평가하는 분부터 적용한다.

>>>>

2001. 1. 1. 이전 평가방법

신주인수권증서의 평가액은 해당 증서를 발행한 법인의 증자 전 1주당 가액에서 상증세법 시행령 제57조 제3항의 규정에 의한 배당차액과 그 신주의 인수에 따른 주금납입액을 차감한 가액으로 한다. 여기서 "증자 전 1주당 가액"이라 함은 증서 등을 발행한 법인이 동 증서 등에 의하여 신주를 발행하기 전의 구주를 상증세법 제60조 내지 제66조의 규정에 의하여 평가한 가액을 말한다(상증세법 기본통칙 63-58의 2…15).

신주인수권증서의 평가액
① 원칙
   평가액 = 권리락 전 주식가액 − 배당차액 − 신주인수가액

$$\frac{배당}{차액} = \frac{1주당}{액면가액} \times 직전기 배당률 \times \frac{사업연도 개시일 - 신주배당기산일 전일}{365}$$

② 예외
   가. 예외조건 : 주권상장법인 등의 주식으로 권리락 후 주식가액이 권리락 전 주식가액에 배당차액을 차감한 금액보다 적은 경우
   나. 평가액 = 권리락 후 주식가액 − 신주인수가액

   * 권리락은 유상 또는 무상증자에 대한 신주인수권이 소멸되는 것을 의미한다. 상장법인이 유상증자를 할 경우 신주배정기준일 전일에 주식을 매수하는 투자자는 매매대금이 2일이 지나서 결제되어 당해 증자에 대한 신주인수권이 없으므로 신주배정기준일의 전일이 권리락일이 된다. 통상 권리락 후 주식가격은 권리락 전 투자자와 권리락 후 투자자와의 형평성을 맞추기 위해 권리락 전 주식가격에 유상증자 할인율 등을 고려하여 조정된다(상증세법 집행기준 63-58의 2-7).

---

⑤ 그 밖의 경우는 상기 ① 내지 ④의 방법을 준용하여 평가한 가액(상증세법 시행령 제57조 제3항, 제58조의 2 제2항 제2호 및 같은 법 시행규칙 제18조)

예금·저금·적금 등의 평가

예금·저금·적금 등의 평가는 평가기준일 현재 예입총액과 같은 날 현재 이미 지난 미수이자 상당액의 합계액에서 소득세법 제127조 제1항의 규정에 의한 원천징수세액 상당금액을 차감한 가액으로 한다(상증세법 제63조 제4항).

평가액 = 예입금액 + 미수이자상당액 − 원천징수세액상당액

제5절 무체재산권 등의 평가

> **이해의 맥**
>
> 무체재산권 등은 종전에는 유상취득 여부에 따라 구분하여 평가하였으나, 2014년부터는 유상취득 여부에 불구하고 모든 무체재산권에 대해 ① 매입가액을 기준으로 하는 방법, ② 미래 현금흐름을 현재가치화하는 방법에 의한 가액 중 큰 금액으로 평가한다.

§ 관련조문

상증세법	상증세법 시행령	상증세법 시행규칙
제64조【무체재산권의 가액】	제59조【무체재산권의 평가】	제16조【지상권의 평가 등】 제19조【무체재산권 등의 평가】

1. 무체재산권의 정의

무체재산권이란 무형의 재산적 이익을 배타적으로 지배할 수 있는 권리로 정의되며, 물권이 유체물 또는 관리할 수 있는 자연력을 배타적으로 지배할 수 있는 권리인 것과 대응된다. 무체재산권에 대한 보다 상세한 설명은 앞 '상속재산의 범위'에서 이미 기술하였다.[582]

따라서 무체재산권은 재산권으로서 이전성을 가지므로 양도, 상속[증여]대상의 대상이 되며, 이에 본조에서 해당 재산의 재산적 가치를 측정하는 방법을 규정하고 있는 것이다.

이에 따라 무체재산권의 가액은 다음의 금액 중 큰 금액으로 한다.[583]

① 재산의 취득 가액에서 취득한 날부터 평가기준일까지의 법인세법상의 감가상각비를 뺀 금액

$$감가상각비 \ 상당액 \ = \ 매입가액 \ \times \ \frac{매입시기부터 \ 평가기준일까지의 \ 월수}{무형자산 \ 내용연수 \ 월수}$$

---

582) 이 책 앞에서 본 '상속재산의 범위' 참조
583) 2014. 2. 21. 이후 평가하는 분부터 적용한다.

㉠ 매입가액 : 이 경우 매입가액은 매입 당시의 대가로서 부대비용을 포함한 금액으로 본다(법인세법 제41조 제1항 제1호·소득세법 제39조 제2항 참조, 상속재산평가준칙 제71조).

㉡ 감가상각비 상당액 : 무체재산권은 무형자산에 해당하므로 감가상각비 상당액은 정액법으로 상각한 금액으로 보아 계산함이 타당할 것이다(법인세법 시행령 제26조 제1항 제1호, 소득세법 시행령 제64조 제1항 제1호 참조). 정액법이므로 월할상각한다.

㉢ 내용연수 : 상증세법상 무체재산권으로 보고 있는 무형자산에 대한 내용연수는 법인세법 시행규칙 별표 3에 규정한 내용연수를 준용함이 타당할 것이다.

구분	내용연수	무 형 고 정 자 산
1	5년	영업권, 디자인권, 실용신안권, 상표권
2	10년	특허권, 어업권, 해저광물자원 개발법에 의한 채취권(생산량비례법 선택적용), 유료도로관리권, 수리권, 전기가스공급시설이용권, 공업용수도시설이용권, 수도시설이용권, 열공급시설이용권
3	20년	광업권(생산량비례법 선택적용), 전신전화전용시설이용권, 전용측선이용권, 하수종말처리장시설관리권, 수도시설관리권
4	50년	댐사용권

② 장래의 경제적 이익 등을 고려하여 시행령 제59조에서 정하는 방법으로 평가한 금액 여기에서 '경제적 이익 등을 고려한 방법으로 평가한 가액'은 아래(아래 2. 내지 5.)와 같다(상증세법 제64조, 같은 법 시행령 제59조, 같은 법 시행규칙 제19조). 종전에는 타인으로부터 매입한 무체재산권에 대해서는 ①과 같이 평가하고, 자가창설에 의한 무체재산권은 ②와 같이 평가하였으나, ①은 시가요소의 하나로 보아 모든 무체재산권의 평가에 적용되도록 2014년 개정을 통해 보충적평가를 보완하였다. 그리고 무체재산권 중 영업권(어업권 포함)(아래 2. 3.), 특허권 등(아래 4.) 및 광업권 등(아래 5.) 종류별로 평가방법을 달리하고 있다.

2. 영업권의 평가

1) 영업권의 정의

영업권은 사실상의 권리로서 기업이 가지고 있는 명성·전통, 사회적 신용, 입지조건, 고객관계, 특수한 제조기술, 영업상의 비결 등 영업상의 기능 내지 특성으로 인하여 동종의 사업을 영위하는 다른 기업의 통상수익보다 높은 수익을 올릴 수 있을 거라고 기대되어지는 장래의 초과수익력을 자본화한 무형의 재산가치로 정의된다(대법원 2000두7766, 2002. 4. 12.).

영업권은 다른 상속[증여]재산과 마찬가지로 개인이 소유 또는 지배하고 있는 무형의 재산으로서 경제적 가치가 있으므로 과세대상으로 규정하고 있다.

영업권은 영업의 양수나 합병시 지급하는 대가의 일부로서 존재하는 유상으로 매입한 영업권이 일반적이나 이는 매입한 무체재산권(앞 2.)의 평가에 따르면 될 것이고, 여기에서의 평가대상이 되는 영업권은 자기창설에 의한 영업권을 말한다. 이 경우 상속[증여]재산이 되는 영업권은 개인 사업자 중 사업소득, 부동산소득, 산림소득에서 발생하는 영업권에 한하며(재산 01254-2362, 1987. 9. 2. : 재산 01254-2777, 1989. 7. 26.), 법인사업자의 영업권은 상속[증여]재산인 주식 또는 출자지분의 평가에 반영된다.

2) 영업권의 평가방법

(1) 평가방법(상증세법 시행령 제59조 제2항)

영업권의 평가는 다음 산식에 의하여 계산한 금액을 평가액으로 하며, 그 평가액이 부수로 나타나면 이를 없는 것으로 본다. 그러한 의미에서 영업장이 2개 이상이라고 하더라도 각 영업권의 평가액을 통산하여 상속[증여]재산가액을 산정할 수는 없다 [부수(-)로 평가되는 것은 이를 없는 것으로 하여 제외하고, 정수(+)로 평가되는 영업권만을 합산하여 상속재산에 포함시킴-대법원 2000두7766, 2002. 4. 12.]. 이처럼 영업권은 사업별로 계산하는 것이 합리적이기 때문에, 결산서 등 관련증빙에 의하여 매출액 및 매출원가는 확인되면 해당 사업부분에 한하여 순손익액 및 사업별 자기자본을 계산하여 영업권을 계산하는 것이 타당하나, 사업별로 구분 기장되지 아니하여 각 사업별 순손익액 및 자기자본을 계산하기 불가능한 경우 전체 사업부분에 대한 영업권을 평가한 후 해당 사업부분과 기타사업부분에 대한 연도별 수입금액을 가중평균한 금액 비율로 안분계산하여 해당 사업부분의 영업권을 평가할 수 있다(국심 2002부1600, 2003. 1. 21.).

$$\text{영업권} = \sum_{n=1}^{n} \frac{\text{초과이익금액}}{(1+r)^n} = \text{초과이익금액} \times \text{연금현가계수}(n, r)$$

n : 영업권 지속연수, r : 초과이익환원율(10%)

이는 기업의 초과이익금액이 평가기준일 이후의 영업권지속연수(원칙적으로 5년으로 함) 동안 계속 발생할 것이라는 전제 아래 자본환원율로 환원하여 현재가치로 평가한 것이다[584](상증세법 집행기준 64-59-1). 이는 지상권, 특허권, 신탁이익을 받을 권리, 토

---

584) 2004. 1. 1. 이후 상속[증여]하는 분부터 적용한다. 2003. 12. 31. 이전에는 위의 초과이익금액에 5(년)를 곱하여 평가하였다.

지무상사용이익 등 장래 수익을 기초로 평가 또는 이익을 계산하는 경우 모두 현재 가치로 할인하여 평가하고 있는 것과의 형평성을 유지하기 위해서다. 그리고 만약 영업권상당액에 포함된 매입한 무체재산권가액이 있다면 매입한 무체재산권가액 중 평가기준일까지의 감가상각비를 공제한 매입한 무체재산권가액의 잔존가액을 위 산식에 의해 계산된 영업권 계산액에서 차감하여야 한다(비상장주식 평가심의위원회의 설치 및 운영에 관한 규정 별지 서식 부표 9 '영업권평가조서' 참조). 왜냐하면 무체재산권의 잔존가액만큼 매입한 무체재산권으로 상속[증여]재산에 포함되어 있을 것이기 때문이다.

(2) 초과이익금액

초과이익금액은 다음과 같이 계산한다(상증세법 시행령 제59조 제2항).

> 초과이익금액＝[최근 3년간의 순손익액의 가중평균액의 100분의 50에 상당하는 가액－
> (평가기준일 현재의 자기자본×이자율)]
> ＝[최근 3년간 순손익액 가중평균액 × 50% － 자기자본이익]

① **최근 3년간 순손익액의 가중평균액**(상증세법 시행령 제59조 제3항 및 제56조 제1항)
  ㉮ 원칙 : 최근 3년간(3년에 미달하는 경우에는 해당 연수로 함)의 순손익액의 가중평균액은 아래와 같이 계산한다.

> {(상속개시[증여일] 전 1년이 되는 사업연도의 순손익액×3)＋(상속개시[증여일]
> 전 2년이 되는 사업연도의 순손익액×2)＋(상속개시[증여일] 전 3년이 되는 사업
> 연도의 순손익액×1)} × 1/6

이때 평가기준일이 사업개시 후 3년 미만인 경우에는 해당 연수로 순손익액의 가중평균액(평가기준일 전 2개 사업연도만 있는 경우는 가중치 합계를 3으로 하여 계산)을 산정하며, 평가기준일이 속하는 사업연도에 사업을 개시하게 되면 영업권은 영(0)으로 계산한다.

이때 해당 사업연도 중 1년 미만인 사업연도(최초 사업연도나 법인 정관상의 사업연도가 1년 미만인 경우를 말하는 것이지, 평가기준일이 사업연도 중인 경우 평가기준일까지의 가결산 사업연도를 말하는 것이 아니다)의 순손익액은 연으로 환산한 가액에 의한다(재산-156, 2011. 3. 14.).

만약 합병으로 승계받아 독립적으로 운영하던 사업부문을 3년이 경과되기 전에 포괄양도하면서 당해 사업부문에 대한 영업권을 상증법에 의해 산정하는 경우, 합병 전 피합병법인이 영위하던 사업연도의 순손익액을 포함하여

계산한다(서면4팀 - 2898, 2007. 10. 9.).

㉯ 예외 : 해당 법인이 일시 우발적 사건에 의하여 최근 3년간의 순손익액이 비정상적으로 증가하는 등의 사유로 ㉮의 가액에 의하는 것이 불합리한 경우(상증세법 시행규칙 제17조의 3 제1항)[585]에는 아래의 가액으로 할 수 있다(서면4팀 - 2896, 2007. 10. 9.).

> 신용평가전문기관 또는 회계법인 등 중 2 이상의 신용평가전문기관 또는 회계법인 등이 기획재정부령이 정하는 기준(상증세법 시행규칙 제17조의 3 제4항)에 따라 산출한 추정이익의 평균액

다만, 상증세법 제67조 또는 제68조의 규정에 의한 상속세과세표준신고[증여세과세표준신고]의 기한 내에 신고한 경우로서 1주당 추정이익의 산정기준일과 평가서 작성일이 과세표준 신고기한 내에 속하고, 산정기준일과 상속개시일[증여일]이 동일연도에 속하는 경우에 한하여 ㉯를 적용한다.

㉰ 순손익액 : 순손익액은 상증세법 시행령 제56조 제4항(비상장주식의 평가시에 1주당 순손익가치를 계산하는 과정에서 계산되는 순손익액의 계산방법을 준용)에 의하여 계산하는 바, 이에 대해서는 상증세법 제63조 '유가증권의 평가'에서 이미 기술하였다.

- [개인사업] 한편 평가대상이 개인사업체의 영업권인 경우에는 상기 산식 중 법인세법상 규정된 금액은 소득세법상 이와 동일한 성격의 금액을 적용하여 계산한다. 즉 개인으로서 경영하는 사업체의 영업권을 평가하는 경우 상증세법 시행령 제59조 제2항의 규정에 의하여 평가기준일 전 최근 3년간의 순손익액의 가중평균액을 계산함에 있어서 상증세법 시행령 제56조 제4항에 규정하는 법인세법상 각 사업연도소득은 소득세법상 종합소득금액으로 보며 같은 조 같은 항 각 호의 1에 규정하는 금액은 소득세법상 동일한 성격의 금액을 적용하여 계산한다(상증세법 기본통칙 64-59…1 제1항). 즉 '순손익액'은 법인사업자의 경우 법인세법 제14조의 규정에 의한 '사업연도소득'을, 개인사업자의 경우 소득세법 제19조 제2항에 규정된 '사업소득'을 기준으로 하여 상증세법 시행령 제56조 제4항 각 호에 규정된 금액을 가감하여 계산한다(국심 2007서4771, 2008. 11. 28.).

- [합병 등] 합병으로 승계받아 독립적으로 운영하던 사업부문을 3년이 경과되기 전에 포괄양도하면서 당해 사업부문에 대한 영업권을 상증세법에 의

---

585) 비상장주식의 보충적평가시 순손익액을 '추정이익의 평균가액'으로 계산하는 사유와 동일하다.

해 산정하는 경우, 합병 전 피합병법인이 영위하던 사업연도의 순손익액을 포함하여 계산한다(서면4팀 -2898, 2007. 10. 9.).

또한 순손익액은 평가기준일 전에 양도한 사업부에서 발생한 순손익액을 차감하지 않는다(서일 46014 -10177, 2003. 2. 14.).

② 평가기준일 현재의 자기자본

㉮ 증빙에 의해 확인되는 경우 : 평가기준일 현재의 사업체의 사업과 관련된 총 자산을 상증세법 제60조 내지 제66조의 규정에 의하여 평가한 가액에서 부채를 공제하여 계산하며(서면4팀 -896, 2008. 4. 3.), 총 자산에서 부채를 공제한 금액이란 영업권 포함 전 순자산가액을 의미한다(상증세법 기본통칙 64 -59…1 제2항). 이 경우 자기자본이 부수인 경우 그 부분은 없는 것으로 본다(상속재산평가준칙 제74조 제1항 참조 ; 재산 01254 -4363, 1989. 11. 29.).

한편 당해 사업과 관련된 자산 중 일부를 제외하고 양도하는 경우에도 평가기준일 현재 당해 사업과 관련된 자산 전체를 평가한 가액에서 부채를 차감한 가액으로 자기자본을 산정하는 것이다(재산 -53, 2010. 1. 26.).

㉯ 증빙에 의해 확인되지 아니한 경우 : 영업권을 평가함에 있어서 제시한 증빙에 의하여 자기자본을 확인할 수 없는 경우에는 다음의 산식에 의하여 계산한 금액 중 많은 금액으로 한다(상증세법 시행령 제59조 제7항).

Max [• 사업소득금액 ÷ 자기자본이익률(소득세법 시행령 제165조 제10항 제1호),
      • 수입금액 ÷ 자기자본회전율(소득세법 시행령 제165조 제10항 제2호)]

여기에서 사업소득금액과 수입금액은 상속개시일[증여일]이 속하는 연도의 직전연도(해당 연도 말에 상속[증여]하는 경우에는 해당 연도)의 사업소득금액 또는 수입금액 중 해당 상속[증여]된 사업에서 발생한 것을 말한다. 다만, 상속[증여]연도 중에서 그 상속[증여]된 사업을 신규로 개업한 경우에는 개업일로부터 상속[증여일]까지의 그 상속[증여]된 사업에서 발생할 사업소득금액 또는 수입금액을 연으로 환산한 금액을 말한다(소득세법 기본통칙 99 -2).

그리고 자기자본이익률 및 자기자본회전율은 한국은행이 업종별, 규모별로 발표한 자기자본이익률 및 자기자본회전율을 말한다(소득세법 시행규칙 제81조 제6항).

③ 이자율

1년 만기 정기예금의 이자율을 감안하여 기획재정부령(상증세법 시행규칙 제19조 제1항)이 정하는 율로서 100분의 10으로 적용한다.

(3) 영업권의 지속연수

평가기준일 이후의 영업권의 지속연수는 사실판단에 의하되 원칙적으로 5년을 적용한다. 그러므로 평가기준일 이후의 영업권의 지속연수는 원칙적으로 5년을 적용하나, 상속개시일[증여일] 이후 해당 법인이 폐업한 경우에는 상속개시일[증여일] 이후 폐업일까지의 영업기간에 해당하는 기간만(계속기업을 전제로 상속개시일 이후 영업권 지속연수를 감안하여 영업권의 미래가치를 평가하는 것이므로)을 계산하여 영업권을 평가하여야 한다(국심 2002부2737, 2002. 12. 24. ; 심사상속 98-267, 1998. 12. 4.). 이 점에서 매입한 영업권의 평가와 다르다[상속개시일 현재의 자산가치를 평가하는 것이므로, 상속개시일 이후의 폐업 여부와 관계없이 법인세법상 내용연수 중 매입일로부터 상속개시일 현재까지의 감가상각비를 공제하여 그 가액으로 평가함(국심 2003구3374, 2004. 3. 3.)]. 다만 상속인이 상속받은 사업체를 상속개시일 이후 직접 운영하지 아니하고 타인에게 임대하여 상속 전·후 사업의 동일성이 유지되는 경우 당해 사업체의 영업권은 지속연수를 5년으로 하여 평가한다(재산-1659, 2009. 8. 10.).

(4) 매입한 무체재산권으로서 영업권에 포함시켜 평가되는 무체재산권의 평가

다만, 영업권평가액속에 매입한 무체재산권이 그 성질상 포함되어 있는 경우에는 그 무체재산권의 가액은 이를 별도로 평가하지 아니하되, 해당 무체재산권의 평가액(앞의 2.에 의해 평가한 가액)이 영업권의 평가액보다 큰 경우에는 해당 가액을 영업권의 평가액으로 한다(상증세법 집행기준 64-59-3 : 재산-684, 2010. 9. 10.).

(5) 매입한 영업권의 평가

유상취득한 영업권의 평가는 매입한 영업권으로 보아 매입시부터 평가기준일까지의 영업권상각액을 차감한 가액으로 평가(앞의 2.의 평가)하므로 자기창설에 의한 영업권 평가방법을 적용하는 것은 아니다.

따라서 자기창설에 의한 영업권의 평가는 계속기업을 전제로 상속개시일 이후 영업권 지속연수를 감안하여 영업권의 미래가치를 평가하는 것인 반면, 매입한 영업권의 평가는 상속개시일 현재의 자산가치를 평가하는 것으로 상속개시일 이후의 폐업여부와 관계없이 매입가액에서 법인세법상 내용연수 중 매입일로부터 상속개시일 현재까지의 감가상각비를 공제하여 그 가액을 평가하는 것이다(국심 2003구3374, 2004. 3. 3.). 그리고 매입한 영업권과 관련하여 기업회계기준에서 합병 등에 의하여 피합병법인의 공정가치를 초과하여 지불한 금액(합병차손) 등을 영업권으로 계상토록 하고 있는 바, 합병차손 등의 경우에는 피합병법인의 초과수익력을 인정하여 유상으로 취득한 영업권으로 보는 것이 타당하나(재산상속 46014-154, 2000. 12. 19.), 합병법인이 장부가액으로 흡수합병하면서 피합병법인의 이월결손금을 승계하여 대차대조표에 영업권으로 계상한 것에 대하여는 경제적 가치가 있어 제3자에게 양도되거나 미래의 수익창출에 기여하는 자산성이 있는 것도 아니므로 영업권에서 제외하여야 한다(국심 2002서 840, 2002. 7. 10.).

같은 맥락에서 예금보험공사로부터 부실채무를 보전받을 것을 전제로 하여 부실금융기관으로부터 자산가액을 초과하여 부채가액을 인수하는 경우에는 장부상 영업권으로 계상한 가액에서 보전받기로 한 금전을 차감하여 영업권을 평가한다(서일 46014 −10280, 2001. 10. 6.).

3. 어업권의 평가

1) 어업권의 정의

"어업권"이란 수산업법 제8조(면허어업)에 따라 면허를 받아 어업을 경영할 수 있는 권리를 말한다(수산업법 제2조 제8호).

2) 어업권의 평가

어업권의 평가는 영업권에 포함시켜 행한다(상증세법 시행령 제59조 제4항). 즉, 어업권가액은 영업권가액에 포함되어 계산되므로 별도의 어업권가액을 계산하지 아니한다.

4. 특허권·실용신안권·상표권·디자인권 및 저작권 등의 평가

1) 특허권·실용신안권·상표권·디자인권 및 저작권의 정의

특허권(특허법 제87조)·실용신안권(실용신안법 제21조)·상표권(상표법 제41조)·디자인권(디자인보호법 제39조 : 舊의장권)은 상업상의 정신적 창조물을 관련법령에 따라 권리로서 등록한 산업적 재산권을 말한다. 또한 저작권(저작권법 제53조)은 문예·학술·미술·음악 등에 관한 창작물을 관련법령에 따라 권리로서 등록한 것을 말한다.

2) 평가방법

(1) **원칙** : 권리자가 특허권 등을 타인에게 대여하고 그 권리에 의하여 장래에 수입금을 받을 수 있는 경우에는 평가기준일로부터 그 권리의 존속기간이 만료할 때까지의 각 연도의 수입금액을 상증세법 시행규칙 제19조 제2항의 규정에 의하여 환산한 금액(10%의 이자율로 할인한 현재가치)의 합계액으로 평가한다. 이를 산식으로 표시하면 다음

과 같다(상증세법 시행령 제59조 제5항, 같은 법 시행규칙 제19조, 같은 법 집행기준 64-59-4).

$$평가액 = \sum_{n=1}^{n} \frac{각 \ 연도의 \ 수입금액}{(1+\frac{10}{100})^n}$$

n : 평가기준일로부터의 경과연수

(2) 예외 : 최근 3년간 수입금액이 없거나 저작권(저작인접권 포함)으로서 평가기준일 현재 장래에 받을 각 연도의 수입금액이 하락할 것이 명백한 경우에는 상증세법 제6조 제1항 본문에 따른 세무서장 등이 2 이상의 공신력 있는 감정기관(부동산 가격공시 및 감정평가에 관한 법률에 의한 감정평가법인) 또는 '전문가'의 감정가액 및 해당 권리의 성질 · 그 밖의 제반 사정을 감안하여 적정한 가액으로 평가할 수 있다.

따라서 '전문가'의 감정가액인 「발명진흥법」 제32조에 의하여 설립된 한국발명진흥 회 및 「벤처기업육성에 관한 특별조치법 시행령」 제4조 제1항의 기술평가기관의 감정가액으로 평가할 수 있다(소득-150, 2011. 2. 18. ; 재산-731, 2010. 10. 6. ; 서면4팀-722, 2005. 5. 9.).

3) 각 연도의 수입금액(상증세법 시행령 제59조 제5항, 같은 법 시행규칙 제19조, 같은 법 집행기준 64 -59-4)

특허권 등은 영업권과 달리 기업(사업)과 분리하여 별개의 자산으로 거래가능한 재산권 이라는 점에서 기업에 직접 유입을 발생시키는 수입금액을 기준으로 그 가치를 평가하 는 것이 타당한 것으로 판단된다(국심 2006서426, 2006. 9. 15.).

(1) 장래에 받을 수입금액이 확정된 경우

이 경우 그 권리에 의하여 장래에 받을 확정된 각 연도의 수입금액을 기준으로 위의 산식을 적용한다.

(2) 장래에 받을 수입금액이 확정되지 아니한 경우

특허권 · 실용신안권 · 상표권 · 디자인권 및 저작권 등의 권리에 의한 각 연도의 수 입금액이 확정되지 아니한 경우에는 평가기준일전 최근 3년간(3년에 미달하는 경우에는 그 미달하는 연수로 한다)의 각 연도의 수입금액의 합계액을 평균한 금액을 각 연도의 수 입금액으로 한다.

4) 경과연수

산식을 적용함에 있어서 평가기준일부터의 최종 경과연수는 해당 권리의 존속기간에서 평가기준일 전일까지 경과된 연수를 차감하여 계산한다. 이 경우 평가기준일부터의 최종 경과연수가 20년을 초과하는 때에는 20년으로 한다(상증세법 시행령 제59조 제5항, 같은 법 시행규칙 제19조, 같은 법 집행기준 64-59-4).

5) 특허권 등을 스스로 사용하는 경우의 평가

권리자가 스스로 특허권 등을 실시하고 있는 경우에는 영업권에 포함시켜 평가한다(상속재산평가준칙 제78조 제1항). '스스로 특허권 등을 실시한다' 함은 영업자가 소유하고 있는 특허권 등을 자기의 영업을 위하여 사용하고 있는 것을 말하며, '영업권에 포함시켜 평가한다' 함은 권리자가 스스로 특허권 등을 실시하고 있는 경우에는 그 특허권 등에 의하여 영업성적이 나타나므로 영업권 가액 평가시 특허권 등의 가액이 영업권가액에 포함되어 계산된다. 따라서 별도의 특허권 등의 가액을 계산하지 아니한다는 의미이다.

5. 광업권·채석권 등의 평가

1) 광업권·채석권 등의 정의

광업권이란 등록을 한 일정한 토지의 구역에서 등록을 한 광물과 이와 같은 광상에 묻혀 있는 다른 광물을 채굴하고 취득하는 권리를 말한다(광업법 제3조 제3호). 채석권이란 남의 땅에서 암석을 캐낼 수 있는 권리로서 물권에 속하며 지상권에 관한 규정이 준용된다. 이들 권리는 조업 가능성의 여부에 따라 구분하여 평가한다(상증세법 시행령 제59조 제6항).

2) 조업할 수 있는 경우

(1) 평가방법

조업이 가능한 광산이나 채석장인 경우에는 평가기준일 이후의 채굴가능연수에 대하여 평가기준일 전 3년간의 평균소득(실적이 없는 경우에는 예상순소득)을 각 연도마다 상증세법 시행규칙 제19조 제5항에 규정한 환산방법에 의하여 환산한 금액의 합계액을 그 가액으로 한다. 즉 다음 산식에 의하여 계산한 금액을 말한다(상증세법 시행규칙 제19조 제5항, 같은 법 집행기준 64-59-5).

$$평가액 \; = \sum_{n=1}^{n} \frac{평가기준일 \; 전 \; 3년간 \; 평균순소득(또는 \; 예상순소득)}{(1+\dfrac{10}{100})^n}$$

n : 평가기준일로부터의 채굴가능연수

(2) 계산요소

① 채굴가능연수는 평가기준일 현재의 경제적 가능채굴량을 1년간 채굴예정량으로 나눈 것으로 한다. 다만, 광업법에 의한 존속기간(25년)을 초과하지 못한다. 채석권의 채굴가능연수는 원칙적으로 산림법에 의한 기간인 10년을 초과하지 못한다.

② 순소득은 광물[586] 등의 매출액에서 그 생산비용을 차감하여 계산하며 예상순소득은 광물 등의 경제적 가능채굴량과 그 생산비용을 감안하여 계산한다(상증세법 집행기준 64-59-5). 여기에서 그 평균소득 또는 예상순소득의 의미나 산정방법에 관하여 아무런 규정을 두고 있지 않다. 그러나 조세법 규정이 다소 불명확한 개념을 사용하고 있더라도 법규 상호 간의 해석을 통하여 그 의미가 분명하여 질 수 있다면 그러한 해석이 합리적이라 할 것이다.

살피건대, ① 광업권과 같은 조항에서 규정하고 있는 영업권의 평가기준인 '순손익'의 산정방법도 법인세법 제14조의 규정에 의한 '사업연도소득'과 소득세법 제19조 제2항에 규정된 '사업소득'을 기준으로 하고 있는 점, ② 현재 조업이 이루어지고 있는 광업권의 평가는 이를 운영하는 사업과 일체로 되어 있으므로 무체재산권으로서 그 권리 자체만을 평가하는 것보다 광업용 재산을 포함한 광업 전체의 가치를 평가하는 것이 바람직하고, 이렇게 보는 경우 같은 무체재산권인 영업권과 그 평가방법을 달리하여야 할 필요성은 크지 않은 점 등에 각 비추어 보면, 위의 3년간 평균순소득은 영업권 평가방법을 준용하여 계산한다.

따라서 상증세법 시행령 제59조 제6항에 규정된 평균소득은 법인사업자의 경우 법인세법 제14조의 규정에 의한 '사업연도소득'을, 개인사업자의 경우 소득세법 제19조 제2항에 규정된 '사업소득'을 말한다고 봄이 상당하고(대법원 2008두7625, 2008. 8. 21. ; 서울행법 2006구합45388, 2007. 5. 22.), 예상순소득은 법인세법 제14조에 따라 각 사업연도에 속하는 예상익금의 총액에서 그 사업연도에 속하는 예상손금의 총액을 공제하는 방법으로 산정하여야 한다(국심 2007서4771, 2008. 11. 28.).

---

586) 「광물」이라 함은 광업법 제3조 제1호에서 정하는 법정 광물을 말함.

이때 예상순소득·채굴가능연수 등에 대해 일정요건의 기술사나 기술용역업자가 산출한 평가액이 있을 경우 소관세무서장이 사실조사하여 판단한다(재산 01254 -2536, 1986. 8. 16.).

(3) 광업권의 가액은 광산별로 평가하며, 광산설비 등의 가액은 포함하지 아니하나 설비 등의 유형자산이 상속[증여]된 경우에는 별도의 상속[증여]재산으로 보아 평가한다.

(4) 조업은 하고 있으나 소득은 얻지 못하는 광산, 탐광 중인 광산, 탐광은 종료하고 채광에 착수하지 않은 광산으로서 가까운 장래에 소득을 얻을 전망이 있는 광업권은 조업이 가능한 광산의 평가방법에 의하여 평가한다(상속재산평가준칙 제82조).

(5) 조광권(조광권이란 설정행위에 의하여 타인의 광구에서 광업권의 목적이 되어 있는 광물을 채굴하고 취득하는 권리를 말한다(광업법 제3조 제4호))이 설정되어 있는 광산의 광업권의 평가는 조업이 가능한 광산의 평가방법을 준용하되 각 연도의 조광료수입금액에서 광업권자가 부담할 경비 등을 공제한 금액에 의하여 평가기준일 전 3년간 평균순소득을 계산한다(상속재산평가준칙 제82조).

3) 조업할 가치가 없는 경우

(1) 평가방법

조업할 가치가 없는 광산이나 채석장의 경우에는 설비 등만 평가한다. 즉, 그 광산 등이 폐광되는 경우에 타용도로 전용될 수 있다고 인정되는 광산 등의 고정자산과 유동자산가액을 합친 금액으로 평가한다(상증세법 집행기준 64-59-5, 상속재산평가준칙 제82조).

(2) 저당권이 설정되어 있는 경우

평가기준일 현재 광업권에 저당권이 설정되어 있는 경우에는 조업할 가치가 없는 광산이라 하더라도 평가기준일 당시의 시가 또는 상기의 조업할 수 있는 경우에 적용하는 평가산식에 의한 평가액과 저당권이 설정된 광업권이 담보하는 채권액 중 큰 금액으로 한다(상증세법 제66조, 상속재산평가준칙 제82조 제2항 참조).

제6절 조건부권리 등의 평가

 해의 맥

> 조건부권리, 존속기간이 불확정한 권리 및 소송 중인 권리의 가액을 평가하는 방법이 보충적 평가방법 중에서 가장 불명확하고 추상적이다.

§관련조문

상증세법	상증세법 시행령	상증세법 시행규칙
제65조【그 밖의 조건부 권리 등의 평가】	제58조의 3【국외재산에 대한 평가】 제60조【조건부권리 등의 평가】 제61조【신탁의 이익을 받을 권리의 평가】 제62조【정기금을 받을 권리의 평가】	제16조【지상권의 평가 등】 제19조의 2【신탁의 이익 및 정기금을 받을 권리의 평가】

1. 조건부권리 등의 평가

1) 조건부권리 등의 정의

조건이란 법률행위의 효력의 발생 또는 소멸을 장래의 불확실한 사실에 의존케 하는 법률행위의 부관이다. 그러므로 조건은 법률행위의 성립에 관한 것은 아니다. 법률행위의 효력의 발생을 조건에 의존케 하는 것이 정지조건이고, 법률행위의 효력의 소멸을 조건에 의존케 하는 것이 해제조건이다.

그러므로 조건부권리란 일단 성립된 조건부 법률행위의 효력의 발생 또는 소멸을 장래의 불확실한 사실의 성취 여부에 의존하는 권리이다. 이 권리는 조건의 成否가 정해지지 않은 동안에 당사자의 일방이 가지는 조건의 성취로 인하여 일정한 이익을 받을 것이라는 기대와 희망을 내용으로 하는 기대권적 권리이다. 예로서 정지조건부 유증의 수유자[정지조건부 증여의 수증자 또는 해제조건부 증여의 증여자]는 조건의 성취로 유증의 목적물을 취득하게 되는 기대 내지 가능성을 가진다(민법 제1089조 참조). 조건의 성취가 정해지지 않은 권리의무는 일반규정에 의해 처분, 상속, 보존 또는 담보로 할 수 있다[587](민법 제147조 내지 제149조 참조).

---

587) 김준호, 「민법강의」, 법문사, 2003, 363~371쪽

2) 평가방법

조건부권리, 존속기간이 불확정한 권리, 소송 중인 권리의 가액에 대하여는 다음과 같이 평가한다(상증세법 제65조 제1항, 같은 법 시행령 제60조, 같은 법 집행기준 65-60-1).

(1) 조건부권리의 가액은 본래의 권리의 가액을 기초로 하여 평가기준일 현재의 조건내용을 구성하는 사실, 조건성취의 확실성, 그 밖의 제반 사정을 감안한 적정가액

- [주식매수선택권] 주식매수선택권은 기초자산인 주식을 행사가격으로 매입할 수 있는 권리이다. 주식매수선택권 소유자는 행사가능시점에 주식의 시가가 행사가격보다 크면 행사할 것이며, 작으면 행사하지 않을 것이다. 따라서 주식매수선택권은 주식가격에 따라 행사 여부가 결정되는 조건부 권리이다.

  따라서 주식매수선택권 가액은 본래의 권리의 가액을 기초로 상속개시일 현재의 조건내용을 구성하는 사실, 조건성취의 확실성 등을 감안하여 적정하게 평가한 가액으로 한다(재산-808, 2010. 10. 29.). 다만, 상속세 신고기한 이내에 행사한 경우에는 행사 당시의 주식의 시가와 행사가격의 차이를 상속재산으로 평가한다(상증세법 집행기준 65-60-2).

- [연부 등으로 취득한 재산] 연부 또는 월부에 따라 취득한 재산으로서 평가기준일 현재 상환이 완료되지 않은 재산에 대하여는 당해 재산의 가액에서 미상환금을 차감한 가액으로 평가하는 것이며, 이 경우 그 뺀 가액이 음수인 경우에는 "0"으로 한다(상증세법 기본통칙 65-0…1, 같은 법 집행기준 65-60-3).

- [상환미완료 분배농지] 상환완료되지 않은 분배농지를 상속하였다면 분배농지 소유권 자체를 상속하였다고는 할 수 없고 단지 상환을 완료하면 그 소유권을 취득할 수 있는 조건부권리를 상속한 것으로 봄이 타당하다(대법원 79누295, 1980. 5. 27.).

- [담보부부동산] 담보부부동산의 증여에 있어서 수증자가 피담보채무를 인수하지 않은 경우 만일 증여자가 채무를 이행하지 아니하여 담보부동산에 대한 담보권이 실행되면 수증자는 증여재산의 소유권을 상실하게 될 것이어서 주채무자의 채무이행 여부 및 담보권 실행 여부에 따라 증여재산의 확정적인 권리취득이 좌우되는 상태에 있으므로 증여자의 채무불이행으로 담보권실행이 확실시되고, 증여자의 무자력으로 수증자의 증여자에 대한 구상권행사가 실효성이 없을 것이 명백한 경우에는 이를 참작하여 증여세 과세가액을 정하여야 할 것이다(대법원 89누6778, 1990. 3. 9.).

- [기타] 환매요청권(put option)의 가액(재산-31, 2011. 1. 14.), 일정기간 사용수익 후 반환조건 건물은 조건부권리에 해당한다(소득 1264-2545, 1981. 7. 22.).

(2) 존속기간이 불확정한 권리의 가액은 평가기준일 현재의 권리의 성질, 목적물의 내용 연수 그 밖의 제반 사항을 감안한 적정가액

(3) 소송 중인 권리의 가액은 평가기준일 현재의 분쟁관계의 진상을 조사하고 소송진행의 상황을 감안한 적정가액

따라서 상속개시 당시 상속재산인 채권의 존부나 범위는 당해 과세처분취소소송의 변론종결시까지 법원의 판결 등을 통하여 그 채권의 범위가 구체적으로 확정되었다면 특단의 사정이 없는 한 그 판결에 따라 확정된 금액이 상속개시 당시의 현황에 의하여 적정하게 평가된 당해 자산의 가액이라 할 것이다(국심 2003서446, 2003. 6. 2.).

과세실무상 소송 중인 권리를 상속세[증여세] 신고를 위하여 평가한다는 것은 대단히 어려운 문제에 속하며, 이러한 소송 중인 권리의 평가에 오류가 있다는 것이 추후 세무조사에 의해 나타나는 경우에는 신고불성실가산세 및 납부지연가산세의 문제가 발생할 수 있다. 그러나 소송 중인 사항은 대법원판결 나아가서는 헌법재판소의 결정에 의하여 확정되게 되므로 법률전문가가 아닌 납세의무자에게 대법관이나 헌법재판관의 법률적 판단에 상응하지 못한 판단의 결과에 대하여까지 가산세 등으로 제재한다는 것은 너무 가혹한 상황이라고 생각하며, 소송 중의 권리평가에 관하여는 그 권리가 적법하게 신고된 경우에는 추후 결정시 가산세의 부담을 경감시키는 정책적인 고려를 할 필요가 있다고 생각한다.[588]

2. 신탁의 이익을 받을 권리의 평가

1) 신탁의 이익을 받을 권리의 정의

신탁법에서는 신탁이란 신탁설정자(위탁자)와 신탁을 인수하는 자(수탁자)와 특별한 신임 관계에 기하여 위탁자가 특정의 재산권을 수탁자에게 이전하거나 그 밖의 처분을 하고 수탁자로 하여금 일정한 자(수익자)의 이익을 위하여 또는 특정의 목적을 위하여 그 재산권을 관리, 처분하게 하는 법률관계를 말한다(신탁법 제1조 제2항)고 규정하고 있다.[589]

그러므로 신탁의 이익이란 신탁에 기하여 수탁자가 신탁재산의 관리 · 처분 · 그 밖의 사유로 얻은 재산적 이익을 말하며, ① 원본의 이익과 ② 수익의 이익으로 나뉜다.

---

588) 국세청, 「상속 및 증여재산의 평가」, 동원피엔지, 2004, 152쪽
589) 이 책 뒤에서 볼 '상속세편 – 간주상속재산 – 신탁재산'을 참조하기 바란다.

① 신탁원본의 이익을 받을 권리란 신탁거래의 목적물이 되는 특정의 재산권 자체를 향수할 권리로서 신탁행위로 정한 사유나 신탁이 종료한 때에 위탁자가 신탁계약시 위탁한 금전·동산·부동산 등 신탁재산 원본 자체를 받을 권리를 말한다.

② 신탁수익의 이익을 받을 권리란 신탁재산의 관리·운용에 의해 발생하는 신탁이익 인 신탁원본 이외의 이익을 받을 권리를 말한다.

2) 평가방법

신탁은 계약에 따라 그 신탁재산을 위탁한 신탁재산 원본의 이익의 수익자와 그 신탁재 산으로부터의 신탁기간에 대한 수익의 이익의 수익자가 동일한지 여부에 따라 다음과 같이 구분하여 평가한다(상증세법 제65조 제1항, 같은 법 시행령 제61조 및 같은 법 시행규칙 제19조의 2 제1항). 다만, 수익자가 평가기준일 현재 신탁계약의 철회, 해지, 취소 등에 따른 일시금 의 수령 권리가 있는 경우에는 다음의 평가액과 일시금의 가액 중 큰 금액으로 한다(상 증세법 시행령 제61조 단서).[590]

(1) 원본을 받을 권리와 수익을 받을 권리의 수익자가 같은 경우

원본을 받은 권리와 수익을 받을 권리의 수익자가 같은 경우에는 평가기준일 현재 상증세법에 따라 평가한 신탁재산의 가액에 의한다.

(2) 원본을 받을 권리와 수익을 받을 권리의 수익자가 다른 경우

원본을 받은 권리와 수익을 받을 권리의 수익자가 다른 경우에는 수익자가 받을 신 탁이익이 가치에 의해 구분하여 다음과 같이 평가한다.

① 원본을 받을 권리를 수익하는 경우
원본의 받을 권리를 수익하는 경우에는 평가기준일 현재 상증세법에 따라 평가 한 신탁재산의 가액에서 아래 ②의 계산식에 따라 계산한 금액의 합계액을 뺀 금액으로 한다(상증세법 시행령 제61조 제1항 제2호 가목).

② 수익을 받을 권리를 수익하는 경우
수익의 받을 권리를 수익하는 경우에는 평가기준일 현재 기획재정부령으로 정하 는 방법에 따라 추산한 장래에 받을 각 연도의 수익금에 대하여 수익의 이익에 대한 원천징수세액상당액등을 고려하여 다음의 계산식에 따라 계산한 금액의 합 계액(상증세법 시행령 제61조 제1항 제2호 나목).

---

590) 2019. 2. 12. 이후 평가하는 분부터 적용한다.

$$\frac{\text{각 연도에 받을 수익의 이익} - \text{원천징수세액 상당액}}{(1 + 0.03\,{}^{*})^{n}}$$

* : 신탁재산의 평균 수익률 등을 감안하여 기획재정부령으로 정하는 이자율

n : 평가기준일로부터 수익시기까지의 연수

3. 정기금을 받을 권리의 평가

1) 정기금을 받을 권리의 정의

민법상 전형계약의 하나인 종신정기금계약이란 당사자의 일방(정기금채무자)이 자기나 상대방 또는 제삼자의 종신까지 정기로 금전 그 밖의 물건을 상대방 또는 제삼자에게 지급할 것을 약정함으로써 효력이 생기는 계약이다(민법 제725조). 이러한 종신정기금은 계약에 의해 성립하거나 유언에 의해서도 발생할 수 있다(민법 제725조, 제730조).

그러므로 정기금이란 일정한 기간 동안 정기적이고 반복적으로 금전이나 그 밖의 물건의 급부를 받을 것을 목적으로 하는 정기금 계약에 따라 받는 금액을 말하며, 이러한 예로는 대표적으로 연금(연금식으로 복권당첨금을 받던 자가 사망으로 인하여 상속인에게 잔여복권당첨금을 매월 지급하는 경우 등), 지료, 보험금(보험계약으로 일정한 기간 동안 받게 되는 정기금은 그 보험계약의 명칭이나 형식에도 불구하고 실질적인 측면에서 정기금을 받을 권리에 해당) 등이 있다. 보험료를 일시에 납부하는 즉시연금보험의 계약상 권리는 정기금을 받을 권리에 해당하지 않는다.[591]

2) 평가방법

정기금은 급부기간에 따라 유기정기금, 무기정기금, 종신정기금으로 분류하여 평가한다(상증세법 시행령 제62조, 같은 법 시행규칙 제19조의 2, 같은 법 집행기준 65-62-1). 다만, 정기금 수령권자가 평가기준일 현재 계약의 철회, 해지, 취소 등에 따른 일시금의 수령 권리가 있는 경우에는 다음의 평가액과 일시금의 가액 중 큰 금액으로 한다(상증세법 시행령 제62조 단서).[592]

---

591) 납세자(상속인)가 피상속인으로부터 즉시연금보험의 계약자 및 수익자 지위를 상속받은 후 이를 상증세법 상 정기금을 받을 권리에 해당한다고 보아 그 상속재산가액을 평가하여 상속세를 신고한 사안에서 대법원은, 과세대상이 되는 재산가액을 그 환급권의 가액이 청약철회기간 내에 상속이 개시되었다면 납입보험료 전액, 그 이후에 상속이 개시되었다면 해지환급금 상당액이라고 판단하였다(대법원 2015두49986, 2016. 9. 23. ; 대법원 2015두53046, 2016. 9. 28.).

592) 2019. 2. 12. 이후 평가하는 분부터 적용한다.

(1) 유기정기금의 평가

① 유기정기금의 정의

종신정기금 이외에 계약자유의 원칙상 급부기간을 특정하는 有期정기금도 존재할 수 있다. 유기정기금은 당사자의 일방이 상대방 또는 제삼자에게 정해진 기간 동안 정기적이고 반복적으로 금전, 그 밖의 물건을 급부할 것을 목적으로 하는 정기금이다.

② 평가방법

유기정기금의 평가는 잔존기간에 각 연도에 받을 정기금액을 기준으로 다음 계산식에 따라 계산한 금액의 합계액으로 한다. 다만, 1년분 정기금액의 20배를 초과할 수 없다(상증세법 시행령 제62조 제1호, 같은 법 시행규칙 제19조의 2 제3항).

$$\frac{\text{각 연도에 받을 정기금액}}{(1+0.03*)^n}$$

* : 보험회사의 평균공시이율 등을 감안하여 기획재정부령으로 정하는 이자율
n : 평가기준일로부터 수익시기까지의 연수

예컨대 상속재산 또는 증여재산에 포함된 회사정리법에 의한 정리채권을 평가하는 경우에는 법원에서 결정된 회사정리계획을 확인하여 변제받을 수 있는 원본 및 이자의 금액, 회수기간 등을 파악한 후에 위 산식에 따라 각 연도에 회수할 수 있는 금액을 평가기준일의 현재가치로 할인한 금액을 합계하여 평가한다(재산 46330-1557, 2000. 12. 29.).

피보험자의 생사와 관계없이 연금의 지급기간이 일정기간으로 확정되어 지급되는 확정형 연금도 마찬가지다.

2003. 12. 31.까지

(잔존기간에 대한 총정기금액을 아래와 같이 잔존기간별 환산비율을 곱한 금액)

잔존기간	환산비율
5년 이하	100분의 70
5년 초과 10년 이하	100분의 60
10년 초과 15년 이하	100분의 50
15년 초과 25년 이하	100분의 40
25년 초과 35년 이하	100분의 30
35년 초과	100분의 20

(2) 무기정기금의 평가

① 무기정기금의 정의

무기정기금은 그 개념에 대한 명문의 규정은 없으나 당사자의 일방이 정기금 급부사유가 발생한 이후에 상대방 또는 제3자에게 기한의 제한 없이 무기한 정기적이고 반복적으로 금전, 그 밖의 물건을 급부할 것을 목적으로 하는 정기금이라고 본다. 개념상 기한의 제약이 없지만 그 평가는 20년을 한도로 한다.

② 평가방법

무기정기금이 무상으로 이전되면 평가기준일로부터 20년을 한도로 인정되므로 1년의 정기금의 20배를 그 가액으로 평가한다.

(3) 종신정기금의 평가

① 종신정기금의 정의

종신정기금은 당사자 일방이 자기, 상대방 또는 제삼자('그 목적으로 된 자')의 종신(사망)까지 정기로 금전 그 밖의 물건을 상대방 또는 제삼자에게 지급할 것을 약정한 정기금이다. '그 목적으로 된 자'(이때 '그 목적으로 된 자'는 보험계약서상 그 자의 사망시까지 연금을 지급받기로 계약된 자를 의미함(서면4팀-1092, 2006. 4. 24.))의 종기까지 정기금채권이 존속하는 것이며, 이처럼 종기가 일찍 도래할지 늦게 도래할지 모른다고 하는 우연한 사실에 계약의 존속이 달려 있다는 점에서 일종의 사행계약이라고 보기도 한다.

② 평가방법

종신정기금의 평가는 정기금을 받을 권리가 있는 자의 통계법 제18조에 따라 통계청장이 승인하여 고시하는 통계표에 따른 성별·연령별 기대여명의 연수(소수점 이하는 버린다)까지의 기간 중 각 연도에 받을 정기금액을 기준으로 제1호의 계산식에 따라 계산한 금액의 합계액으로 한다(상증세법 시행령 제62조 제1호, 같은 법 시행규칙 제19조의 2 제3항).

그러므로 피보험자의 사망시까지 만기수익자가 연금을 수령하는 연금(종신형 연금) 및 피보험자 사망시까지 수익자가 연금을 수령하다가 피보험자 사망시 적립금을 수익자에 지급하는 연금보험(상속형 연금)에 있어서, 수익자의 연금 및 적립금을 받을 권리는 종신정기금의 평가방법에 의하되 당해 적립금은 피보험자가 기대여명의 연수가 되는 때에 받을 정기금액에 포함하여 평가한다(재산-541, 2010. 7. 26. ; 서면4팀-3121, 2007. 10. 31.).

만약 종신정기금을 받기로 한 자의 연령이 평가기준일 현재 기대여명연수 이상인 경우 해당 종신정기금은 0원으로 평가한다(재산-351, 2010. 5. 31.).

2003. 12. 31.까지(다음 기간에 대한 정기금의 총액)

상속개시 당시 연령	급부연한
20세 미만	10년
30세 미만	8년
40세 미만	6년
50세 미만	4년
60세 미만	2년
70세 미만	1년

4. 가상자산의 평가

1) 가상자산의 정의

가상자산이란 경제적 가치를 지닌 것으로서 전자적으로 거래 또는 이전될 수 있는 전자적 증표(그에 관한 일체의 권리를 포함한다)를 말한다. 다만, 다음 각 목의 어느 하나에 해당하는 것은 제외한다(특정 금융거래정보의 보고 및 이용 등에 관한 법률 제2조 제3항).

① 화폐·재화·용역 등으로 교환될 수 없는 전자적 증표 또는 그 증표에 관한 정보로서 발행인이 사용처와 그 용도를 제한한 것

② 「게임산업진흥에 관한 법률」 제32조 제1항 제7호에 따른 게임물의 이용을 통하여 획득한 유·무형의 결과물

③ 「전자금융거래법」 제2조 제14호에 따른 선불전자지급수단 및 같은 조 제15호에 따른 전자화폐

④ 「주식·사채 등의 전자등록에 관한 법률」 제2조 제4호에 따른 전자등록주식 등

⑤ 「전자어음의 발행 및 유통에 관한 법률」 제2조 제2호에 따른 전자어음

⑥ 「상법」 제862조에 따른 전자선하증권

⑦ 거래의 형태와 특성을 고려하여 대통령령으로 정하는 것

암호화폐 등 가상자산을 이용한 변칙적인 상속·증여 거래가 증가하는 반면 가상자산에 대한 평가규정이 마련되어 있지 않았던 관계로 2021년말 세법 개정을 통해 2022. 1. 1. 이후 상속하거나 증여하는 분부터 가상자산을 평가할 수 있도록 근거 규정을 신설하였다.

2) 평가방법

가상자산의 가액은 해당 자산의 거래규모 및 거래방식 등을 고려하여 다음 각 호의 구분에 따라 평가한 가액에 의한다.

① 특정 금융거래정보의 보고 및 이용 등에 관한 법률 제7조에 따라 신고가 수리된 가상자산사업자("가상자산사업자") 중 국세청장이 고시하는 가상자산사업자의 사업장에서 거래되는 가상자산 : 평가기준일 전·이후 각 1개월 동안에 해당 가상자산사업자가 공시하는 일평균가액의 평균액

② 그 밖의 가상자산 : 제1호에 해당하는 가상자산사업자 외의 가상자산사업자 및 이에 준하는 사업자의 사업장에서 공시하는 거래일의 일평균가액 또는 종료시각에 공시된 시세가액 등 합리적으로 인정되는 가액

제7절 **국외재산에 대한 평가**

§관련조문

상증세법 시행령	상증세법 시행규칙
제58조의 3【국외재산에 대한 평가】	제15조【평가의 원칙 등】
국제조세조정에 관한 법률	국세조세조정에 관한 법률 시행령
제21조【국외 증여에 대한 증여세 과세특례】	제38조【국외 증여재산의 시가 산정 등】

1. 의의

상속[증여]재산 중 국외재산이 있는 경우에도 기본적인 평가의 원칙이나 방법은 동일하다. 다만, 현실적으로 국외재산의 평가가 불가능한 경우가 발생할 수 있으므로 이에 대한 보완적 규정이 추가될 뿐이다.

또한 재산을 평가함에 있어서 외국환으로 표시되어 있는 국외재산의 가액은 평가기준일 현재 외국환거래법에 의한 기준환율[593] 또는 재정환율[594]에 의하여 환산한 가액으로 평가한다(상증세법 시행규칙 제15조 제2항).

---

593) 기준환율 : 외환 시세에서 어느 한 나라의 통화와의 관계가 다른 외환 시세의 기준이 되는 환율. 일반적으로 미국의 달러에 대한 환율을 기준으로 하여 세계 각국의 통화와의 환율을 계산함(상증세법 집행기준 66-58의 3-1).

594) 재정환율 : 기준환율을 통해서 간접적으로 계산한 1국 통화와 제3국 통화 사이의 환율(상증세법 집행기준 66-58의 3-1)

2. 평가방법

1) **[상증세법상 평가]** 국외재산의 평가는 다음의 순서에 의한다(상증세법 시행령 제58조의 3, 같은 법 집행기준 66-58의 3-1). 기본적으로 앞서 살펴본 상증세법상의 평가방법에 따라 시가평가를 원칙으로 하고, 예외적으로 보충적 평가방법을 사용한다(아래 ①). 다만, 국외재산이므로 저당권 등의 설정 등이 가능하지 않아 상증세법 제66조의 평가특례의 적용여지가 없고, 아래 ② 및 ③의 방법을 차순위로 사용한다.

① 외국에 있는 상속[증여]재산도 우선 상증세법 제60조 내지 상증세법 제65조의 규정을 적용하여 평가한다.

그러므로 외국법인이 발행한 주식 등의 평가도 국내법인이 발행한 주식 등의 평가와 다르지 않는데(재산-516, 2010. 7. 14.), 이때 순자산가액 및 순손익액의 계산은 원칙적으로 국내법인과 같이 한국 기업회계기준과 법인세법을 기준으로 재조정하여 계산하는 것이다(재산-306, 2009. 9. 24.).

이에 의할 때 외국에 있는 비상장법인의 주식은 보충적 평가방법을 그대로 적용하는 것이 '부적당하지 않은 때'에 한하여 그 보충적 평가방법을 적용할 수 있고, 위 보충적 평가방법을 적용하는 것이 '부적당하지 않다'는 점에 관한 증명책임은 과세관청에게 있다(대법원 2017두75477, 2018. 4. 12. ; 대법원 2010. 1. 14. 선고, 2007두5646 판결).

② 다만, 위 ①에 의하는 것이 부적당한 경우에는 해당 재산이 소재하는 국가에서 양도소득세·상속세[증여세] 등의 부과목적으로 평가한 가액을 평가액으로 한다.

③ 그러나 위 ①의 평가액과 ②의 규정에 의한 평가액이 없는 경우에는 세무서장 등이 2 이상의 국내 또는 외국의 감정기관에 의뢰하여 감정한 가액을 참작하여 평가한 가액에 의한다.

2) **[국제조세조정법상 평가]** 기본적으로 상증세법상의 평가방법과 같이 시가평가를 원칙으로 하고, 예외적으로 보충적 평가방법을 사용한다. 다만, 국외재산이므로 저당권 등의 설정 등이 가능하지 않아 상증세법 제66조의 평가특례의 적용 여지가 없고 보충적 평가방법의 일반적 차순위 평가방법으로 감정가액이 있다.

(1) **원칙 : 시가평가**

증여재산의 가액은 증여재산이 있는 국가의 증여 당시의 현황을 반영한 시가(時價)에 따르되, 다음의 어느 하나에 해당하는 가액이 확인될 때에는 그 가액을 해당 증여재산의 시가로 한다.

① 증여재산의 증여일 전후 6개월 이내에 이루어진 실제 매매가액

② 증여재산의 증여일 전후 6개월 이내에 공신력 있는 감정기관이 평가한 감정가액

③ 증여재산의 증여일 전후 6개월 이내에 수용 등을 통하여 확정된 증여재산의 보상가액
이때 유가증권가액의 산정에 관하여는 상증세법 제63조에 따른 평가방법을 준용한다.

(2) 예외 : 보충적 평가

① 시가를 산정하기 어려울 때에는 해당 재산의 종류, 규모, 거래 상황 등을 고려하여
상증세법 제61조부터 제65조까지의 규정을 준용하여 증여재산가액을 평가한다.

② 다만, 보충적 평가방법이 적절하지 아니한 경우에는 「부동산 가격공시 및 감정평가에 관한 법률」 제2조 제9호에 따른 감정평가업자[595]가 평가하는 것을 말한다.
종전에는 감정평가법인만이 가능하였으나 개인감정평가업자를 포함하도록 개정하였다.

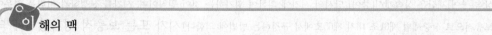

제8절 저당권 등이 설정된 재산 평가의 특례

이해의 맥

저당권 등이 설정된 재산의 경우 피담보채권액이라는 시가요소를 반영한다는 점에서 기능면에서는 상증세법 제61조 제5항과 제62조 제3항과 유사하지만, 이는 전체 평가방법(시가평가 원칙, 보충적평가 예외)의 특례라는 점에서 우선 적용하여야 한다.

§관련조문

상증세법	상증세법 시행령	상증세법 시행규칙
제66조【저당권 등이 설정된 재산의 평가의 특례】	제63조【저당권등이 설정된 재산의 평가】	제19조의 3【신용보증기관의 범위】

---

595) 2015. 2. 3. 이후 평가하는 분부터 적용함.

I 의의

1. 의의

　채권담보란 채무불이행에 대비하여 채무의 변제를 확보하기 위하여 채권자에게 제공되는 것을 말한다. 채권 담보에는 인적담보와 물적담보가 있는데, 인적담보는 하나의 채무에 채무자 이외에 다른 사람도 채무자로 되어, 채무자의 일반재산 이외에 다른 사람의 일반재산도 채권자의 강제집행의 대상이 되는 점(전체로서의 책임재산의 총액이 증대하므로)에서 채권의 담보기능을 한다. 인적담보로는 보증채무 및 연대채무가 대표적이다. 물적담보는 특정의 물건이 가지는 교환가치를 어느 채권자만이 독점적으로 가지는 것, 즉 채무자나 제삼자 소유의 물건에 대해 물권을 설정하여 이를 가지는 것으로 채권의 담보로서 매우 확실한 것이다. 물적담보에서는 채무자의 채무불이행이 있게 되면 채권자는 그 교환가치로부터 채권자 평등의 원칙에 불구하고 다른 채권자보다 우선해서 변제를 받는다. 유치권, 법정질권, 법정저당권, 우선특권, 저당권, 질권, 전세권, 양도담보, 환매·재매매의 예약, 대물변제의 예약, 매매의 예약, 소유권유보부매매 등이 이에 해당한다.[596]

　이러한 물적담보 중 다음의 재산의 경우에는 일반적인 상속[증여]재산과는 달리(일반적인 상속[증여]재산은 상속개시[증여] 당시의 시가에 의하여 평가하는 것이 원칙이며, 시가를 산정하기 어려운 경우에는 보충적으로 상증세법 제61조 내지 제65조에서 규정하는 방법에 의한다)시가 또는 보충적 평가방법에 의하여 평가한 가액과 상증세법 시행령 제63조에서 정하는 바에 따라 평가한 가액 중 큰 금액으로 평가한다.

　① 저당권, 「동산·채권 등의 담보에 관한 법률」에 따른 담보권 또는 질권이 설정된 재산
　② 양도담보재산
　③ 전세권이 등기된 재산(임대보증금을 받고 임대한 재산을 포함한다)
　④ 담보신탁계약이 설정된 재산
한편 상증세법 제60조의 시가가 존재하고 그보다 큰 상증세법 시행령 제63조의 평가액(평가기준일 현재의 피담보채권액 등)이 존재한다면, 피담보채권액 등이 해당 재산의 평가액이 될 것인데, 이렇게 되면 두 개의 각기 다른 시가가 존재하게 되어 시가의 일물일가성에 반하는 모순이 생기는 듯하다.

---

596) 김준호, 「민법강의」, 법문사, 2003, 686~688쪽

2. 취지

① **피담보채권액이 시가를 반영하므로** : 즉, 부동산을 담보로 제공하는 경우의 그 피담보채권액이나 부동산을 임대하는 경우의 그 전세금이나 임대보증금 등은 통상 그 부동산의 시가를 반영하여 실제가액 범위 내에서 결정된다. 그러므로 피담보채권액 등이 다른 방법으로 산정한 가액보다 클 때에는 그 피담보채권액 등(채권최고액이 아님)을 실제가액으로 판단하는 것이 거래의 실정에 비추어 타당하다. 시가에 근접하고자 하는 노력의 일환이다(대법원 91누2137, 1993. 3. 23.).

② **상속세[증여세] 회피 방지** : 그리고 만약 그 부동산의 실제 가액보다 큰 금액을 피담보채권액 등으로 한 경우, 그 부동산의 실제가액보다 많은 채무를 상속세[증여세] 과세가액에서 공제받아 상속세[증여세]를 포탈할 여지가 있게 되므로 이를 방지할 필요가 있다(대법원 87누354, 1987. 7. 21.).

저당권 등이 설정된 재산의 평가

1. 저당권 · 공동저당권 · 근저당권의 의의

1) 저당권

저당권(민법 제356조)이란 채무자 또는 제삼자(물상보증인)가 채무의 담보로 제공한 부동산 그 밖의 목적물을 채권자가 제공자로부터 인도받지 않고서(질권에서는 인도받는다), 그 목적물을 관념상으로만 지배하고, 채무의 변제가 없을 때에 그 목적물로부터 우선변제를 받는 담보물권이다. 저당권은 원칙적으로 당사자 사이의 계약으로 성립하는 약정담보물권(질권과 같다)이다. 물론 예외적으로 법률상 당연히 성립하는 법정저당권이 있긴 하다. 저당권은 우선변제를 받는 권리(질권과 같다)를 가지나, 설정자가 목적물을 계속 점유하므로 유치적 효력은 없다(질권과 다르다).

저당권은 등기 · 등록 등의 공시방법이 마련되어 있어야 설정할 수 있으므로, 그 객체로는 ① 민법상 ㉮ 부동산과 ㉯ 지상권 · ㉰ 전세권과 ② 그 밖의 법률에서의 ㉮ 상법상의 등기된 선박 ㉯ 입목에 관한 법률이 정하는 일정요건을 갖춘 수목의 집단으로서 등기(입목등기)를 한 것 ㉰ 광업법에 의한 광업권 ㉱ 수산업법에 의한 어업권 ㉲ 공장저당법에 의한 공장재단 ㉳ 광업재단저당법에 의한 광업재단 ㉴ 특별법에 의하여 저당권의 설정이 인정되어 있는 특수동산. 특수동산에는 자동차저당법에 의한 자동차, 항공기저

당법에 의한 항공기, 중기저당법에 의한 중기가 있다.[597]

따라서 이들 객체에 대하여 저당권이 설정된 경우에는 자동차 등 단기소모성 재산 여부에 불구하고 상증세법 제66조 및 상증세법 시행령 제63조의 규정이 적용된다(상증세법 기본통칙 66-0…1 제1항).

저당권에는 공동저당권, 근저당권과 같은 특수저당권이 있는바, 상증세법 시행령 제63조 제2호 및 제3호에서는 이러한 특수저당권에 대하여 별도의 평가방법을 규정하고 있다. 이때 상증세법 제66조에 저당권이 설정된 재산을 들고 있을 뿐 근저당권(공동저당권도 마찬가지다)이 설정된 재산에 관하여는 이를 따로 규정하고 있지 않다고 하더라도 근저당권도 저당권의 일종임이 명백한 이상 상증세법 시행령 제63조에서 근저당권이 설정된 재산에 있어서 당해 재산이 담보하는 채권의 최고액을 들고 있는 것이 조세법률주의 위배나 위임이 없는 무효의 규정이라고 할 수는 없다(대법원 90누2062, 1990. 6. 26.).

2) 공동저당권

공동저당권(민법 제368조)이란 동일한 채권의 담보로서 수개의 부동산 위에 설정된 저당권을 말한다. 공동저당의 법률관계는 수개의 부동산 위에 1개의 저당권이 있는 것이 아니라 각 부동산 별로 저당권이 성립하지만, 그것이 피담보채권을 공통으로 하는 점에서 일정한 제약을 받을 뿐이다. 즉 어느 부동산으로부터 채권의 변제를 다 받은 때에는 다른 부동산에 대한 공동저당권은 당연히 소멸한다.[598]

3) 근저당권

근저당권(민법 제357조)이란 당사자 사이의 계속적인 거래관계로부터 발생하는 불특정채권을 장래의 결산기에서 일정한 한도까지 담보하려는 저당권으로서, 보통의 저당권과 달리 발생 및 소멸에서 피담보채무에 대한 부종성이 완화되어 있다. 현대의 채권채무관계는 계속적 거래가 예상되는 경우가 많은데, 그 거래에서 채권이 발생할 때마다 일일이 저당권을 설정하여야 한다면 매우 불편하고 번잡하다. 이런 측면에서 하나의 저당권으로 다수의 불특정채권을 일괄하여 담보하는 것이 요청되는데, 이를 충족하고자 탄생한 것이 근저당권제도이다.

근저당권은 다음과 같은 점에서 보통의 저당권과 다르다. ① 근저당권은 장래 증감변동하는 불특정의 채권을 담보한다(보통의 저당권은 장래의 특정의 채권을 담보). ② 근저당권은

---

597) 김준호, 「민법강의」, 법문사, 2003, 739~744쪽 참조
598) 김준호, 상게서, 776쪽

기간 중에 채무가 없게 되더라도 장래의 결산기까지는 그대로 존속하므로(보통의 저당권에서는 피담보채권이 소멸하면 저당권도 소멸), 피담보채무가 확정될 때까지의 채무의 소멸이나 이전은 근저당권에 영향을 미치지 않는다. 부종성의 완화이다. ③ 근저당권은 채권최고액을 한도로 하여 일정시점에 확정된 채권을 담보한다(보통의 저당권은 피담보채권의 범위가 정해짐).[599]

2. 평가방법

저당권이 설정된 재산은 다음의 ①과 ②의 평가액 중 큰 금액으로 한다(상증세법 제66조, 동법 집행기준 66-63-2).[600]

Max (①, ②)

① 상증세법 제60조의 규정에 의한 평가기준일 현재의 시가 또는 시가를 산정하기 어려울 때에는 보충적 평가방법에 의한 평가액

② 다음의 방법에 의하여 계산한 가액(상증세법 시행령 제63조 제1호 내지 제3호)

㉮ 저당권(공동저당권 및 근저당권을 제외한다)이 설정된 재산은 해당 재산이 담보하는 채권액

그러므로 자동차저당법 등에 의한 자동차 등 단기소모성 재산에 저당권이 설정된 경우에는 해당 재산이 담보하는 채권액(상증세법 집행기준 66-63-2)의 가액으로 한다.

㉯ 공동저당권이 설정된 재산은 해당 재산이 담보하는 채권액을 공동저당된 재산의 평가기준일 현재의 가액으로 안분하여 계산한 금액

즉 평가할 재산과 그 외의 재산에 동일한 공동저당권 등이 설정되어 있는 경우 평가할 재산이 담보하는 채권액은 전체 채권액을 평가할 재산과 그 외 재산의 가액(평가기준일 현재 법에 의한 평가액을 말한다)으로 안분하여 계산한다(상증세법 기본통칙 66-63…3 제2항, 같은 법 66-63-3 ; 조심 2009중1567, 2009. 7. 9.).

㉰ 근저당권이 설정된 재산의 가액은 평가기준일 현재 해당 재산이 담보하는 채권액

---

599) 김준호,「민법강의」, 법문사, 2003, 769~771쪽

600) 1998. 12. 31. 이전 상속[증여] 분에 대해서는 '근저당권 설정 당시의 감정가액'과 '상증세법 제60조 내지 제65조의 규정(시가 또는 보충적 평가방법)에 의하여 평가한 가액' 중 큰 금액으로 평가한다.

여기에서 근저당권이 설정된 재산이 공유물로서 공유자와 공동으로 그 재산을 담보로 제공한 경우에는 해당 재산이 담보하는 채권액 중 각 공유자의 지분비율에 상당하는 금액을 그 채권액으로 한다(상증세법 기본통칙 66-63…3 제1항).

III 질권이 설정된 재산의 평가

1. 질권의 의의

질권(민법 제329조 이하)이란 채권자가 채권의 담보로서 채무자 또는 제삼자(물상보증인)로부터 받은 물건 또는 재산권을 채무의 변제가 있을 때까지 유치(변제를 촉구하는 수단이지 목적물을 사용수익하는 권능이 아니다)함으로써 채무의 변제를 간접적으로 강제하는 동시에 변제가 없는 때에는 그 목적물로부터 우선적으로 변제를 받는 권리이다.

질권은 유치적 효력이 있는 데서 유치권과 같으나, 우선 변제적 효력을 가지는 점에서는 저당권과 같다. 질권은 원칙적으로 당사자 사이의 계약에 의하여 성립하므로 약정담보물권이며, 법정질권은 예외적이다.

특별한 공시방법이 없어 저당권의 객체가 되지 못하는 저당권설정대상 이외의 동산(동산질권) 및 재산권(권리질권-예금을 차입금 담보로 제공하는 것 등)을 담보로 신용을 얻기 위한 것이 질권제도이다.[601]

2. 평가방법

질권이 설정된 재산은 ① 평가기준일 현재에 의한 시가(시가를 산정하기 어려울 때에는 보충적 평가방법에 의한 평가액)와 ② 해당 재산이 담보하는 채권액 중 큰 금액으로 평가한다(상증세법 시행령 제63조 제4호, 상증세법 집행기준 66-63-2).

$$\text{Max (①, ②)}$$

---

601) 김준호, 「민법강의」, 법문사, 2003, 713~715쪽 참조

Ⅳ 양도담보재산의 평가

1. 양도담보의 의의

널리 양도담보란 채권담보의 목적으로 물건의 소유권(또는 그 밖의 재산권)을 채권자에게 이전하고, 채무자가 이행하지 않는 경우에는 채권자가 그 목적물로부터 우선변제를 받게 되나, 채무자가 이행을 하는 경우에는 목적물을 그 소유자에게 반환하는 방법에 의한 비전형담보를 말한다.

위와 같은 광의의 양도담보는 「매도담보」와 「협의의 양도담보」로 구별한다.

매도담보는 융자를 받는 자가 융자를 하는 자에 대하여 담보의 목적이 되는 물건을 매각하고, 일정기간 내에 매매대금을 반환하면 그 목적물을 찾아 갈 수 있는 것으로 약정하는 것과 같이 신용의 수수를 소비대차가 아닌 매매의 형식으로 행하고, 당사자 사이에 따로 채권·채무관계를 남기지 않는 것이다. 따라서 이 경우에는 형식상 대금의 반환을 청구할 권리를 가지지 않는다. 협의의 양도담보는 당사자 간에 소비대차계약을 하고, 그 소비대차에서 생긴 채무의 담보로서 물건의 소유권을 이전하는 경우와 같이, 신용의 수수를 채권·채무의 형식으로 남겨 두는 것이다. 따라서 이 경우에는 채무의 변제를 청구할 권리를 가지고 있는 것이 된다.

물적담보제도의 목적에서는 융자한 자본의 반환을 청구할 수 있는 쪽이 보다 더 합리적이다. 그리하여 보통은 협의의 양도담보를 단순히 양도담보라고 부른다. 그런데 상증세법 제66조 및 상증세법 시행령 제63조에서는 양도담보에 대한 별도의 정의가 없으므로, 협의의 양도담보와 매도담보를 모두 포괄하는 것으로 해석하여야 할 것이다.[602]

2. 평가방법

양도담보재산은 ① 평가기준일 현재의 시가(시가를 산정하기 어려울 때에는 보충적 평가방법에 의한 평가액)와 ② 해당 재산이 담보하는 채권액 중 큰 금액으로 평가한다(상증세법 시행령 제63조 제4호, 상증세법 집행기준 66-63-2).

$$\text{Max} (①, ②)$$

---

602) 곽윤직, 「물권법」, 박영사, 1994, 712쪽 이하 : 이 책 앞에서 본 '납세의무의 확장-물적납세의무'를 참조하기 바란다.

이때 평가할 재산과 그 외의 재산이 동일한 채무를 담보하기 위하여 양도담보된 경우 평가할 재산이 담보하는 채권액은 전체 채권액을 평가할 재산과 그 외 재산의 가액(평가기준일 현재 법에 의한 평가액을 말한다)으로 안분하여 계산한다(상증세법 기본통칙 66-63…3 제2항, 같은 법 집행기준 66-63-3).

전세권이 등기된 재산(임대보증금을 받고 임대한 재산을 포함)의 평가

1. 전세권의 의의

전세권(민법 제303조)은 전세금을 지급하고서 타인의 부동산을 그의 용도에 좇아 사용·수익하는 용익물권이며, 전세권이 소멸하면 목적부동산으로부터 전세금의 우선변제를 받을 수 있는 효력이 인정되는 점에서 담보물권으로서의 특질도 아울러 가지고 있다.

전세권은 부동산소유자와 비소유자(전세권 취득자) 사이의 설정계약과 등기에 의하여 설정·취득되는 것으로서 전세권설정계약, 전세금의 수수, 등기가 전세권의 성립요건이 된다.

2. 평가방법

전세권이 등기된 재산은 ① 상속개시[증여] 당시의 현황에 의한 시가(시가를 산정하기 어려울 때에는 보충적 평가방법에 의한 평가액)와 ② 등기된 전세금(임대보증금을 받고 임대한 경우에는 임대보증금) 중 큰 금액으로 평가한다(상증세법 시행령 제63조 제5호, 상증세법 집행기준 66-63-2).

Max (①, ②)

┃상증세법 제61조 제5항 및 제62조 제3항과 상증세법 제66조 제3호의 비교┃

구 분	상증세법 제61조 제5항 및 제62조 제3항	상증세법 제66조 제3호
대상재산	사실상 임대차계약이 체결되거나 임차권이 등기된 재산	전세권이 등기된 재산(임대보증금을 받고 임대한 재산을 포함)
상속재산 평가	Max[① 평가기준일 현재의 보충적 평가방법(상증세법 제61조 제1항 내지 제4항)에 의한 평가액과 ② 임대보증금과 임대료환산금액의 합계액 중 큰 금액]	Max[① 상속개시[증여] 당시의 현황에 의한 시가(시가를 산정하기 어려울 때에는 보충적 평가방법에 의한 평가액)와 ② 등기된 전세금(임대보증금을 받고 임대한 경우에는 임대보증금) 중 큰 금액]

구 분	상증세법 제61조 제5항 및 제62조 제3항	상증세법 제66조 제3호
임대료 고려유무	임대료를 고려함	임대보증금만 고려대상이 됨
위 ②평가액 계산	임대료 환산+임대보증금	전세금(혹은 임대보증금)
비교대상	보충적 평가액과 비교	시가(보충적 평가액)와 비교
성립	채권계약	주로 물권계약(전세권등기 여부와 무관)
구별기준	시가를 산정하기 어려운 경우(보충적 평가와 비교)	시가가 확인되는 경우
성격	보충적 평가방법	평가방법의 특례
대상재산	부동산, 지상권(地上權) 및 부동산을 취득할 수 있는 권리와 특정시설물을 이용할 수 있는 권리, 그 밖에 시설물과 구축물(제61조)/선박, 항공기, 차량, 기계장비 및 입목에 관한 법률을 적용받는 입목(立木)(제62조)	전세권설정 및 임대차가 가능한 모든 재산(즉 제61조, 제62조 대상재산 외 재산에 대해서도 가능)
시가를 산정하기 어려운 경우로서, 요건을 동시에 충족시 적용순서	보충적 평가로서 적용	보충적 평가액과 전세금을 비교하여 큰 금액으로 적용
재산가액과 채무공제액의 관계	임대보증금(채무공제액)이 재산평가액보다 커지는 경우를 방지(조세회피방지)	전세금 및 임대보증금(채무공제액)이 재산평가액보다 커지는 경우를 방지(조세회피방지)
규율대상 계약	임대차계약	임대차계약 및 전세권설정계약

결론적으로는 제66조 제3호는 제60조(원칙적 시가평가, 예외적 보충적 평가)에 불구한 평가방법의 특례인 반면에, 제61조 제5항 및 제62조 제3항이 보충적 평가방법의 하나에 불과한 것이어서, 특별한 사유가 없는 한[그 사유는 납세자가 입증(대법원 91누2137, 1993. 3. 23. 전원합의체)] 제66조가 우선 적용되어야 한다고 생각한다.

이와 같이 적용하게 되면 시가를 확인할 수 있다면 제66조 제3호에 의하여 평가하고, 시가를 확인하기 곤란한 경우에는 제66조 제3호에 따라 보충적 평가방법과 전세금(혹은 임대보증금) 중 큰 금액으로 하는데, 이때 보충적 평가방법을 적용할 때에는 제61조 제5항, 제62조 제3항에 따라 역시 둘(일반적인 보충적 평가액과 임대보증금 및 임대료환산액의 합계액) 중 큰 금액으로 할 것이므로, 언제나 가장 큰 금액이 종국적인 평가액이 될 것이다. 그러므로 결국 전세금이나 임대보증금만 주어지는 경우에는 제66조 제3호로, 임대료 및 월세 등이 주어지는 경우에는 제61조 제5항, 제62조 제3항이 적용되게 될 것으로 보인다.

 담보신탁계약이 체결된 재산의 평가

1. 담보신탁계약의 의의

　담보신탁계약이란 재산을 위탁자의 채무이행을 담보하기 위하여 수탁으로 운용하는 내용으로 체결되는 신탁계약을 말한다(상증세법 제66조 제4호, 동법 시행령 제63조 제3항 참조). 상증세법 제66조의 평가특례가 적용되는 위 담보신탁계약의 대상이 되는 재산은 부동산, 지상권, 전세권, 부동산임차권, 부동산소유권 이전등기청구권, 그 밖의 부동산 관련 권리에 국한한다(상증세법 시행령 제63조 제3항, 「자본시장과 금융투자업에 관한 법률」 제103조 제1항 제5호 또는 제6호).

　담보신탁은 법령상의 용어는 아니고, 거래계에서도 여러 가지 의미로 사용되고 있다. 판례에서는 담보신탁을 위탁자가 금전채권을 담보하기 위하여 그 금전채권자를 우선수익자로, 위탁자를 수익자로 하여 위탁자 소유의 부동산을 신탁법에 따라 수탁자에게 이전하면서 채무불이행 시에는 신탁부동산을 처분하여 우선수익자의 채권 변제 등에 충당하고 나머지를 위탁자에게 반환하기로 하는 내용의 신탁으로 보고 있다(대법원 2017. 6. 22. 선고 2014다225809 전원합의체 판결).

2. 평가방법

　담보신탁이 설정된 재산은 ① 상속개시[증여] 당시의 현황에 의한 시가(시가를 산정하기 어려울 때에는 보충적 평가방법에 의한 평가액)와 ② 신탁계약 또는 수익증권에 따른 우선수익자인 채권자의 수익한도금액 중 큰 금액으로 평가한다(상증세법 시행령 제63조 제6호). 이는 담보신탁이 설정된 재산에 대해서도 피담보채권액을 기준으로 평가할 수 있는 근거를 마련한 법 개정에 따른 것이다. 2019. 1. 1. 이후 상속[증여]받는 분부터 적용된다.

Max (①, ②)

 평가특례

1. 채권최고액이 피담보채권액보다 적은 경우(저당권 또는 질권이 설정된 재산에 한함)

저당권 또는 질권이 설정된 재산(상증세법 제66조 제1호)을 평가함에 있어서 해당 재산에 설정된 근저당의 채권최고액이 담보하는 채권액보다 적은 경우에는 해당 재산에 대한 담보권행사시 채권최고액을 초과할 수 없는 점을 감안하여 ① 채권최고액(피담보채권액이 아님(재산-564, 2010. 8. 6. ; 제도 46014-12668, 2001. 8. 16.))과 ② 시가 또는 보충적 평가방법에 의하여 평가한 가액 중 큰 금액을 그 재산의 가액으로 한다(상증세법 시행령 제63조 제2항 전단).

> Max (①, ②)

이는 보통의 저당권과 달리 당사자 사이의 계속적인 거래관계로부터 발생하는 불특정 채권을 일정한 한도까지 담보하려는 근저당권(민법 제357조)의 성격[603]에 기인한 것으로, 근저당권은 채권최고액을 한도로 하여 일정시점에 확정된 채권을 담보(보통의 저당권은 피담보채권의 범위가 정해짐)한다.

2. 신용보증기관의 보증이 있는 경우(저당권 또는 질권이 설정된 재산에 한함)

동일한 채권을 담보하기 위하여, 평가할 상속[증여]재산에 물적담보가 설정된 것 이외에 법률에 의하여 설립된 보증기관(상증세법 시행규칙 제19조의 3)의 보증이 있는 경우(타사로부터 담보원용을 받은 경우도 마찬가지다. 재재산 46014-233, 2001. 9. 21.)에는 동 채권액에서 보증액을 차감한 가액으로 한다(상증세법 제63조 제2항 후단). 이는 신용보증서나 담보제공약정서 등에 의해 차입한 부채를 무시하고 전체 채무액을 근저당권이 설정된 재산이 담보하는 채권액으로 볼 경우, 평가대상 재산이 시가보다 훨씬 높은 금액으로 평가하게 되어 국세기본법상의 실질과세원칙에도 위배될 수 있기 때문이다.

한편 근저당권이 설정된 부동산과 질권이 설정된 예금 및 무체재산권(영업권)이 공동으로 동일한 채권의 담보로 제공된 경우에 있어서 부동산이 담보하는 채권액은 공동으로 담보된 전체 채권액에서 예금과 무체재산권을 평가기준일 현재의 잔액으로 평가하여 각각의 그 평가금액을 공제한 금액으로 계산한다(재산-539, 2010. 7. 26. ; 재재산-257, 2008. 6. 4.).

---

603) 앞서 본 'Ⅱ.-1.- 3) 근저당권' 참조

3. 평가기준일 현재 담보제공 여부 및 피담보채권액 등

상증세법 제66조의 규정에 의하여 평가하는 재산은 평가기준일 현재 사실상 담보제공 되어 있는 재산에 한한다(상증세법 기본통칙 66-0…1 제2항). 상속[증여]재산의 가액은 상속개시 [증여] 당시의 현황에 의하여 평가하도록 되어 있는 경우와 같은 맥락이다.

따라서 평가기준일 이후에 담보로 제공되었거나, 평가기준일 이전에 담보로 제공되었 더라도 평가기준일 이전에 담보가 소멸된 재산의 경우에는 동 규정을 적용할 수 없으나, 상속세[증여세] 부과 당시 담보가 소멸되었더라도 상속개시[증여] 당시 담보제공되어 있 는 재산의 경우에는 동 규정을 적용하여야 하는 것이다(대법원 90누1106, 1990. 6. 8. ; 조법 1264-1308, 1983. 12. 8. ; 심사 88구770, 1988. 11. 7. ; 서면4팀-1595, 2005. 9. 2.).[604]

그렇더라도 채권·채무관계의 변동없이 재산을 증여하기 전에 근저당권을 말소하고 재 산을 증여한 후에 동일한 조건의 근저당권을 설정하여 사실상 증여일 현재 근저당권이 말소된 것으로 볼 수 없는 경우에는 근저당권이 설정된 재산으로 보는 것이 타당하다(서면 4팀-1595, 2005. 9. 2.). 같은 맥락에서 부동산을 증여함에 있어서 동 일자로 당해 부동산에 근 저당권을 설정한 경우뿐만 아니라 동일자에 설정된 근저당권을 해지한 경우에도 증여일 현재 근저당권이 설정된 재산으로 본다(재산-714, 2010. 9. 30. ; 재산-277, 2010. 5. 4.).

같은 맥락에서 상증세법 제66조의 규정에 의하여 평가하는 상속[증여]재산은 상속개시 [증여일] 현재 담보제공된 재산에 한하므로 담보하는 채권액 등도 평가기준일 현재를 기 준으로 적용한다(상증세법 기본통칙 66-0…1 제2항).

4. 수개의 저당권 등이 설정된 재산(저당권 또는 질권이 설정된 재산에 한함)

동일한 상속[증여]재산에 수개의 저당권 등이 설정된 경우에는 그 재산이 담보하는 채 권액의 합계액으로 한다(상증세법 시행령 제63조 제2항). 즉 상증세법 제66조 제1호의 재산을 평 가함에 있어서 동일한 재산이 다수의 채권(등기 여부와 관계없이 전세금 채권과 임차보증금 채권을 포 함)의 담보로 되어 있는 경우에는 그 재산이 담보하는 채권액의 합계액으로 평가한다(서면4 팀-2298, 2006. 7. 14.). 같은 맥락에서 근저당권 설정일 이후 채권최고액 범위 내에서 추가적으 로 받은 대출금은 평가기준일 현재 근저당권이 설정된 재산이 담보하는 채권액에 포함된 다(조심 2009부465, 2009. 6. 30.).

---

604) 그러나 증여를 원인으로 한 소유권이전등기가 경료되기 바로 전일에 피담보채무의 변제를 원인으로 근저당권설정등기가 말소된 경우에, 특별한 사정이 없는 한 그 피담보채무최고액은 증여 당시의 실제 재산가액을 반영하는 최소한의 기준이 될 수 있으므로 근저당권이 설정된 재산에 포함시켜도 무방하 다고 판시한 바가 있다(대법원 91누5891, 1991. 11. 26. ; 대법원 89누7481, 1990. 3. 27.).

그렇지만 근저당권의 피담보채권액이 상환되었다면 그 근저당권설정등기 말소 여부와 상관없이 해당 피담보채권최고액은 해당 재산의 가액에서 제외되어야 할 것이다(국심 89서 82, 1989. 4. 19.).

5. 공유자와 공동으로 담보제공된 공유재산

상속[증여]재산이 공유물로서 공유자와 공동으로 담보제공한 것인 경우 각 공유자의 지분비율에 따라 계산한 금액을 기준으로 적용한다(상증세법 기본통칙 66-63…3 제1항, 같은 법 집행기준 66-63-4). 그러나 공유물이라도 타인 지분에 대하여만 담보제공된 경우에는 이를 상속[증여]재산평가에 적용하지 아니한다(서면4팀-1618, 2004. 10. 13. ; 심사 87부2067, 1988. 3. 1.).

6. 채무자

상증세법 제66조의 평가특례규정은 시가에 근접한 적절한 평가를 하기 위한 규정이므로 평가대상 재산에 저당권 등이 설정되기만 하면 되는 것이다. 그러므로 제삼자의 채무담보 위해 저당권이 설정된 재산도 평가특례규정 적용된다(재재산 46014-207, 2001. 8. 21.). 즉 상증세법 제66조의 규정은 채무자가 누구인지에 관계없이 적용한다.

7. 상증세법 제60조와 제66조와의 관계(피담보채권액의 크기)

상증세법 제66조는 "제60조에도 불구하고" 그 재산이 담보하는 채권액 등이 시가(또는 보충적 평가액)보다 더 큰 경우에 이를 그 재산의 가액으로 하도록 하고 있어 상증세법 제60조와의 관계가 문제시된다. 예컨대 저당권이 설정된 재산의 그 피담보채권최고액이 상속개시 당시의 가액보다 현저히 높게 책정되었음이 밝혀진 경우에도 이를 그 재산의 가액으로 하여야 하는가?

이와 관련하여 대법원(대법원 91누2137, 1993. 3. 23. 전원합의체)은 상증세법 제66조의 규정은 상속재산의 가액평가에 관하여 시가주의원칙을 정한 같은 법 제60조의 규정을 '보충하여 시가에 보다 근접한 가액을 산정하려는 취지'에서 규정된 것으로서, 상속[증여]재산에 관하여 저당권이 설정되어 있는 경우 그 상속[증여]재산의 가액은 반드시 상속개시[증여] 당시의 현황에 의한 가액과 해당 재산이 담보하는 채권액을 비교하여 그 중 큰 금액에 의하여야 하고, 저당권의 피담보채권액이 상속개시[증여] 당시의 현황에 의한 가액보다 현저히 높아 시가와 관계없이 결정된 것으로 보여진다 할지라도 상증세법 제66조의 규정을 바로 배제하고 상속[증여]재산가액을 상속개시[증여] 당시의 현황에 의한 가액에 한정할 수는 없는 것이고(조세법률주의), 이와 같이 예외적으로 부동산의 실제가액보다 큰 금액을 피담보 채권액으로 하여 근저당권이 설정된 경우라면 이러한 예외적 사실을 납세의무자가 입증하여야 상증세법 제66조의 적용을 벗어날 수 있다(실질과세원칙)고 판시하였다.[605]

따라서 저당권이 설정된 재산을 평가함에 있어, 저당권 설정액은 실질과세의 원칙상 상속개시 당시의 시가를 상한으로 하여 적용된다고 해석하여야 하고, 저당권 설정액이 시가를 초과하는 경우 상속인이 이를 주장·입증하여 그 부담에서 벗어날 수 있는 것(대법원 97누1679, 2000. 6. 23. 공2000. 1774 ; 대법원 99두4860, 2001. 10. 30. 공2001. 2610 ; 재재산-799, 2012. 9. 28.)이어서 근저당권 설정액과 비교하여 상속재산을 평가하도록 한 규정은 위헌이 아니다(헌재 2003헌바26, 2004. 8. 26.).

8. 그 밖의 유의사항

1) 감가상각비상당액

담보하는 채권액은 그 자체의 금액으로 적용하는 것으로서 동 재산이 감가상각자산이라 하더라도 감가상각비 상당액을 차감하지 아니한다.

2) 외화표시 채권액 등

상증세법 시행령 제63조에서 평가하는 저당권 등이 설정된 재산의 평가시 해당 재산이 담보하는 채권액 등이 외화로 표시된 경우에는 국외재산의 환산방법과 동일하게 평가기준일 현재 외국환관리법에 의한 기준환율 또는 재정환율에 의하여 환산한 가액으로 평가한다(상증세법 기본통칙 66-0…1 제3항).

3) 평가대상인 상속재산이 주식인 경우

상증세법 제66조 소정의 평가방법이 적용되기 위해서는 당해 주식 자체에 질권이 설정되었거나 양도담보로 제공된 경우만 위 규정에 의한 평가방법이 적용될 수 있다 할 것이므로(대법원 94누4783, 1994. 8. 23. ; 국심 2000구 305, 2000. 11. 17. ; 재재산 46014-298, 2000. 10. 25.), 상속재산인 주식을 평가하면서 그 기초가 되는 주식발행법인 소유의 토지 및 건물 등에 근저당권 등을 설정된 경우에까지 당해 규정을 적용함은 타당성이 결여된 것으로 판단된

---

605) 이 견해와 반대되는 종전 판례인 86누536, 1987. 6. 23., 87누354, 1987. 7. 21. 및 87누934, 1988. 12. 13. 등에 의하면 어떠한 경우에도 '상증세법 제66조의 규정의 적용을 배제할 수 없는 것'으로 해석되었으나 해당 전원합의체 판결로 종전의 판례는 폐기되었다.

다고 해석하고 있다(국심 2002중511, 2002. 8. 19. ; 국심 2002광613, 2002. 7. 15.).

그러나 주식 평가의 기초가 되는 법인의 순자산가액을 일반상속재산인 부동산 등과 동일하게 평가하도록 규정(상증세법 시행령 제55조 제1항)하고 있으므로 저당권 등이 설정된 재산에 대한 평가특례규정도 동일하게 적용함이 법체계상 타당하며, 자산가액보다 채무가 더 많이 공제되는 불합리를 방지하고 주식평가액을 보다 시가에 근접시킬 수 있다는 점에서 당해 규정을 적용해야 한다는 해석이 타당해 보인다(국심 2002중380, 2002. 5. 28. ; 국심 2001부1012, 2001. 9. 27. ; 대법원 99두8459, 2001. 8. 21.).

05장 상속세 신고 및 납부

제1절 납세지 및 과세관할

 상속개시지

　민법상 상속개시장소는 피상속인의 주소지이다(민법 제998조). 피상속인의 주소를 알 수 없을 때 또는 한국에 주소가 없을 때에는 그 최후의 거소를 주소로 보므로(민법 제19조·제20조), 상증세법상 상속개시지란 상속이 개시되는 시점(사망시점)의 피상속인의 주소지 또는 거소지이다. 그리고 거소를 알 수 없을 때에는 그 사망지를 상속개시의 장소로 할 수밖에 없을 것이다. 이와 같이 상속개시 장소를 판정하는 데는 납세의무자인 상속인의 주소지 또는 거소지는 관련이 없다.

　상속개시지는 민법상 주로 상속사건과 파산사건의 재판관할을 확정하는 데 필요하다. 그러나 상속사건에는 상속개시 전의 사건[유언에 대한 생전검인(민법 제1070조 제2항)]도 있으므로, 피상속인의 주소란 꼭 피상속인의 상속개시시의 주소에 한하지 않는다. 따라서 상속사건의 전부를 포괄하는 단일의 재판관할은 존재하지 않는다고 보아야 한다. 그리고 상증세법상 상속개시지는 아래에서 살펴볼 납세지 및 과세관할을 결정하는 기준이 되기도 한다. 또한 상속개시지는 과세물건의 범위를 결정하는 기준이 된다.

　상속개시지를 판정하기 위해서는 주소지와 거소지(혹은 주소와 거소)에 대해 따져보아야 하는데 이에 대해서는 앞에서 살펴보았다.

 상속[증여]재산의 소재지

§관련조문

상증세법	상증세법 시행령
제5조【상속재산 등의 소재지】	제3조【금융재산의 범위】

1. 의의

거주자의 사망으로 인하여 상속이 개시되는 경우[수증자가 거주자인 경우]에는 상속재산[증여재산]의 소재가 국내·국외 어디인가에 관계없이 모든 상속재산·증여재산이 과세대상이 되므로 재산의 소재지가 문제되지 않는다. 반면에 비거주자의 사망으로 인하여 상속이 개시되는 경우[수증자가 비거주자인 경우]에는 국내에 소재하는 상속재산[증여재산]만이 상속세[증여세] 과세대상이 되므로 재산의 소재지가 과세관할 결정의 기준이 될 뿐만 아니라 납세의무의 유무를 결정하는 기준이 된다.

상속재산[증여재산]에 대한 재산의 소재지의 판정은 상속개시 당시[증여 당시]의 현황에 의하므로(상증세법 제5조 제3항), 상속개시일[증여일] 이후 변경은 고려요소가 아니다.

2. 소재지 판정(상증세법 제5조 제1항, 제2항, 같은 법 집행기준 5-3-1)

상증세법상 상속재산[증여재산]의 소재지는 다음에 의하여 정하는 장소로 한다. 아래의 각각의 장소에 상속재산[증여재산]이 현존한다고 보는 것이 가장 합리적이기 때문이다.

① 부동산 또는 부동산에 관한 권리에 대하여는 그 부동산의 소재지

　여기에서 '부동산에 관한 권리'에는 점유권, 지상권, 지역권 등의 물권 및 임차권 등의 채권이 있다.

② 광업권 또는 조광권에 대하여는 광구의 소재지

③ 어업권 또는 입어권에 대하여는 어장에 가장 가까운 연안

④ 선박에 대하여는 선적의 소재지

　이때에 선박법 제26조에 따라 등기와 등록이 제외되는 선박에 대해서는 그 선박 소유자의 주소지를 그 선박의 소재지로 한다(상증세법 기본통칙 5-0···1).

⑤ 항공기에 대하여는 항공기의 정치장의 소재지

⑥ 주식·출자지분 또는 사채에 대하여는 그 주식·출자지분 또는 사채를 발행한 법인 또는 그 출자가 되어 있는 법인의 본점 또는 주된 사무소의 소재지(재재산-76, 2011. 1. 26. ; 재삼 46014-3039, 1993. 9. 20.). 다만, 외국법인이 국내법에 의하여 국내에서 발행한 주식·출자지분 또는 사채에 대하여는 그 거래를 취급하는 「금융실명거래 및 비밀보장에 관한 법률」 제2조 제1호에 따른 금융회사 등(이하 "금융회사 등"이라 한다) 영업장의 소재지

⑦ 자본시장과 금융투자업에 관한 법률의 적용을 받는 신탁업을 영위하는 자가 취급하는 금전신탁에 대하여는 해당 신탁재산을 인수한 영업장의 소재지. 다만, 금전신탁

외의 신탁재산에 대하여는 신탁한 재산의 소재지

⑧ 위 ⑥ 및 ⑦ 외의 대통령령이 정하는 금융재산에 대하여는 해당 재산을 취급하는 금융회사 등 영업장의 소재지

여기에서 "대통령령이 정하는 금융재산"이라 함은 금융회사 등이 취급하는 예금·적금·부금·계금·예탁금·출자금·신탁재산·주식·채권·수익증권·출자지분·어음·수표·채무증서 등 금전 및 유가증권과 그 밖의 이와 유사한 것으로서 신주인수권을 표시한 증서 및 외국이나 외국법인이 발행한 증권 또는 증서(금융실명거래 및 비밀보장에 관한 법률 제2조 제2호, 같은 법 시행규칙 제2조) 중 위 ⑥ 및 ⑦에 규정된 것을 제외한 것을 말한다(상증세법 시행령 제3조).

⑨ 금전채권에 대하여는 채무자의 주소지. 다만, 위 ⑥부터 ⑧까지의 규정에 해당하는 경우는 제외한다.

그러므로 외국에서 사망한 비거주자의 내국법인 금전대여채권은 국내 상속재산이다.[606]

⑩ 위 ② 내지 ⑨ 외의 그 밖의 유형재산 또는 동산에 대하여는 그 유형재산의 소재지 또는 동산이 현존하는 장소

⑪ 특허권·상표권 등 등록을 요하는 권리에 대하여는 그 권리를 등록한 기관의 소재지

⑫ 저작권(출판권·저작인접권을 포함한다)에 대하여는 저작권의 목적물인 저작물이 발행되었을 경우 그 발행장소

⑬ 위 ① 내지 ⑫에 규정하는 재산을 제외하고 영업장을 가진 자의 그 영업에 관한 권리에 대하여는 그 영업장의 소재지

여기에서 "영업에 관한 권리"라 함은 영업과 관련하여 발생되는 법률상 또는 사실상의 모든 권리를 말한다(상증세법 기본통칙 5-0…2).

⑭ 위 ① 내지 ⑬에 규정하는 재산 외의 소재지에 대하여는 그 재산의 권리자의 주소에 의한다.

---

606) 구 상속세법(1996. 12. 30. 법률 제5193호로 개정되기 전) 제3조의 규정에 의하면 상속재산의 소재지를 판정함에 있어서 대부금 채권은 제2항의 『제1항 각 호에 게기하는 재산 이외의 재산』에 해당하여 그 재산의 권리자의 소재, 즉 피상속인의 주소지에 의한다. 이에 의하면 외국에서 사망한 비거주자의 내국법인 금전대여채권은 상속재산이 아니다(재삼 46014-660, 1996. 3. 12. ; 국심 93서2627, 1994. 1. 15.).

상속[증여]세의 납세지 및 과세관할

§관련조문

상증세법
제6조【과세관할】

1. 의의

납세지란 과세권자와 납세자의 조세법률관계를 이행하는 장소로서 납세자의 신고 · 신청 · 청구 및 납부 등을 이행하는 관할을 결정하는 장소이다. 그러므로 과세권자의 입장에서는 조세의 부과징수의 권한을 행사할 수 있는 관할을 결정하는 기준이 된다.

즉 상속세[증여세]의 납세지는 납세자의 측면에서 조세와 관련한 각종 의무를 이행하는 기준이 되는 장소이고, 상속세[증여세]의 과세관할은 과세관청의 측면에서 조세와 관련한 부과 및 징수업무를 수행하는 장소이다.

상속세[증여세]의 과세관할, 즉 납세지는 원칙적으로 피상속인의 상속개시지[수증자의 주소 · 거소지]이다.

2. 상속개시지가 국내(피상속인이 거주자)인 경우

상속개시지가 국내인 경우에는 상속개시지를 관할하는 세무서장이 상속세를 과세한다. 그런데 국세청장이 특히 중요하다고 인정하는 것에 대하여는 관할 지방국세청장이 상속세를 과세한다.

한편 실종선고로 인하여 상속이 개시되는 경우에도 상속세 과세관할은 피상속인의 상속개시지를 관할하는 세무서장으로 한다. 다만, 피상속인의 상속개시지가 불분명한 경우에는 주된 상속인(상속지분이 큰 자이며 지분이 큰 자가 2인 이상일 경우에는 연장자로 한다)의 주소지를 관할하는 세무서장으로 한다(상증세법 기본통칙 6-0…1).

3. 상속개시지가 국외(피상속인이 비거주자)인 경우

국내에 있는 재산의 소재지를 관할하는 세무서장이 과세하고, 상속재산이 둘 이상의 세무서장의 관할구역 안에 있을 경우에는 주된 재산의 소재지[과세관할 별로 계산한 상속재산가액의 합계액이 가장 큰 곳(상증세법 기본통칙 6-0…2)]를 관할하는 세무서장이 과세한다.

따라서 상속개시지가 국외, 즉 피상속인이 비거주자인 경우에는 상속재산의 소재지가 과세관할을 결정하게 된다.

재산의 소재지에 관한 판정은 앞에서 보았다.

▮ 상속세 과세관할(상증세법 집행기준 6-0-1) ▮

구 분	과 세 관 할
상속개시지가 국내인 경우	• 상속개시지를 관할하는 세무서장 • 국세청장이 특히 중요하다고 인정하는 것에 대해서는 관할 지방국세청장
상속개시지가 국외인 경우	• 상속재산 소재지를 관할하는 세무서장 • 상속재산이 둘 이상의 세무서장 등의 관할구역에 있는 경우에는 주된 재산의 소재지를 관할하는 세무서장
실종선고에 의한 상속개시의 경우	• 피상속인의 상속개시지를 관할하는 세무서장 • 피상속인의 상속개시지가 불분명한 경우에는 주된 상속인의 주소지를 관할하는 세무서장

4. 관할 판단

1) 신고 및 결정·경정의 관할 판단시기

상속세[증여세] 신고는 상속세[증여세]를 신고할 당시의 상속세[증여세] 과세관할 세무서장에게 하여야 하고(국세기본법 제43조), 상속세[증여세]의 결정·경정은 결정·경정 당시의 상속세[증여세] 과세 관할 세무서장이 하여야 한다(국세기본법 제44조). 그러므로 과세표준 및 세액결정시 납세지 관할 판단기준일은 고지서 수령 당시가 아니라 과세표준과 세액이 결정될 당시이다(국심 97서2466, 1998. 8. 19.).

2) 관할을 위반한 신고 및 결정 등의 효력

(1) **신고** : 납세의무자가 상속세[증여세] 과세표준의 신고를 위의 관할 세무서장 이외의 세무서장에게 제출한 경우에도 해당 신고의 효력에는 영향이 없다(국세기본법 제43조 제2항). 즉, 관할위반의 신고도 유효하여 신고를 받은 세무서장은 관할 세무서장에게 신고서를 이송하여 결정하도록 하는 것이며 신고된 날짜는 관할을 위반하여 신고된 날짜로 한다. 상속세[증여세]가 국세이기 때문이다.

(2) **결정 등** : 그렇지만 상속세[증여세]의 과세표준과 세액을 결정 또는 경정결정하는 때에 상속세[증여세]의 납세지를 관할하는 세무서장 이외의 세무서장이 행한 결정 또는 경정결정처분은 그 효력이 없다. 다만, 세법 또는 다른 법령 등에 의하여 권한 있는 세무서장이 결정 또는 경정결정하는 경우에는 그러하지 아니하다(국세기본법 기본통칙 44-0…3). 이처럼 납세자의 주소지를 관할하지 않는 세무서장이 한 상속세[증여세] 부과처분은 위법하나, 그 흠이 객관적으로 명백하여 '당연무효'라고는 볼 수 없다(대법원 2002다61897, 2003. 1. 10.).

(3) **사례** : 예컨대 법인격 없는 사단인 '종중'의 증여세 납세지는 주사무소 소재지이므로, 그 대표자의 주소지 관할 세무서장이 종중의 증여세를 부과함은 '과세관할' 위반으로 취소되어야 한다(국심 2000서1710, 2000. 7. 21.). 또한, 피상속인의 주소지를 사실과 다르게 기재하여 상속세를 신고하더라도, 과세관청이 주민등록표등본 등에 의한 확인도 없이 그 관할을 위반해 상속세를 부과하는 것은 '관할위반'으로 위법하다(대법원 98두17968, 1999. 11. 26.).

제2절 상속세과세표준 신고

해의 맥

상속세는 과세관청의 부과처분에 의해 납세의무가 확정되는 세목이므로, 납세의무자의 모든 과세표준 등의 신고는 단순한 협력의무에 지나지 않는다.

§관련조문

상증세법	상증세법 시행령
제67조【상속세과세표준 신고】	제64조【상속세과세표준 신고】

I 정기신고

1. 의의

상속세는 납세의무자가 정부에 신고하고 그 신고에 의하여 과세권자가 과세가액과 세액을 확정하는 것을 원칙으로 하고 있다. 상속세의 납세의무가 성립되면 일단 상속세에 관계되는 사항을 정부에 신고하도록 하고 있다. 이러한 상속세의 신고는 상속세과세표준 신고의무자가 상속세 신고기한 내에 상속개시지를 관할하는 세무서장에게 법령이 정한 사항을 기재한 신고서(요식)를 제출하는 것을 말한다.

이러한 상속세 과세가액 및 과세표준의 신고는 납세의무를 확정하는 효력이 없다. 왜냐하면 정부부과 과세세목인 상속세는 피상속인의 사망시에 납세의무가 성립하고 정부의 부과에 의해 확정되기 때문이다. 그러므로 상속세과세표준 등의 신고는 과세권자의 상속세 확정의 기초자료의 제공이라는 협력의무의 이행에 지나지 않는다.

2. 신고의무자

상속세 신고의무는 상속세의 납세의무자에게 있다. 따라서 앞서 기술한 상속세 납세의무자와 관련하여 살펴보아야 한다.[607]

그러므로 상속세 신고서는 상속인과 수유자 모두 신고할 의무가 있고, 어느 일방(공동상속인 중 1인의 신고 등)이 신고를 하면 다른 사람들도 신고를 한 것으로 간주된다(심사상속 2010-8, 2010. 5. 4.).

3. 신고기한

1) 상속인 또는 수유자

(1) 피상속인이 거주자인 경우

피상속인이 거주자(이때에는 상속인 중 적어도 한 명 이상이 거주자이어야 한다)인 경우 상속세 납부의무가 있는 상속인 또는 수유자는 상속개시일이 속하는 달의 말일부터 6개월 이내에 상속세의 과세가액 및 과세표준(상증세법 제13조 및 상증세법 제25조 제1항)을 납세지 관할 세무서장에게 신고하여야 한다(상증세법 제67조 제1항). 따라서 상속재산을 정확히 파악할 수 없다 하더라도 상속세과세표준 신고기한은 상속개시일로부터 6개월 이내

---

607) 이 책 앞에서 본 '납세의무자'를 참조하기 바란다.

이다(서면4팀-2549, 2007. 8. 31.).

(2) 피상속인 비거주자이거나 상속인 전원이 비거주자인 경우

피상속인 또는 상속인이 외국에 주소를 둔 경우에는 상속개시일이 속하는 달의 말일
부터 9개월 이내에 상속세의 과세가액 및 과세표준을 납세지 관할 세무서장에게 신
고하여야 한다(상증세법 제67조 제4항). 이때 "상속인이 외국에 주소를 둔 경우"라 함은
상속인 전원이 외국에 주소를 둔 경우를 말한다(상증세법 기본통칙 67-0…1).

(3) 추가적 신고

한편, 상속세 신고 · 납부기한 이내에 상속인이 확정되지 아니한 경우에도 상속세 신
고 · 납부기한 이내에 상속세과세표준을 신고하여야 하며, 이와는 별도로 상속인이
확정된 날부터 30일 이내에 확정된 상속인의 상속관계를 기재하여 납세지 관할 세무
서장에게 제출하여야 한다(상증세법 제67조 제5항, 같은 법 집행기준 67-64-2).

2) 유언집행자 · 상속재산관리인

유언집행자 또는 상속재산관리인에 대하여는 그들이 상속개시일이 속하는 달의 말일부
터 6개월 이내에 지정되거나 선임되는 경우에 한정하며, 그 지정되거나 선임되는 날부
터 상속세의 신고 · 납부 기한을 계산한다(상증세법 제67조 제3항).[608] 이때 상속인 등의 청구
에 의하여 법원에서 당초 유언집행자를 해임하고 새로운 유언집행자를 선임하는 경우에도
당초 유언집행자가 직무를 시작한 후에 해임되고 새로운 유언집행자가 선임된 때에는 당초
유언집행자가 기간 내에 선임되는 날부터 신고 · 납부 기한을 기산한다(서면4팀-322, 2008. 2. 5.).

┃ 신고납부기한 개정연혁 ┃

구 분	주소지	상속세 신고기한	
		2008. 12. 31. 이전 상속분	2009. 1. 1. 이후 상속분
피상속인 및 상속인	국 내	상속개시일부터 6개월	상속개시일이 속하는 달의 말일부터 6개월
피상속인 또는 상속인 전원	국 외	상속개시일부터 9개월	상속개시일이 속하는 달의 말일부터 9개월
유언집행자 또는 상속재산관리인	국 내	지정 또는 선임되어 직무를 시작하는 날부터 6개월	

---

608) 2014. 1. 1. 이후 상속이 개시되는 분부터 적용한다.

종전에는 상속세의 신고·납부기한의 기산일을 상속개시일로 하였으나, 이는 상속세의 신고·납부 기한이 월 중간에 도래하여 납세자의 착오로 신고·납부기한을 경과할 우려가 있고, 과세관청의 입장에서도 신고서가 수시로 접수되어 신고서 처리 및 관리가 효율적이지 못한 측면이 있음을 고려하여 상속세의 신고·납부 기한을 "상속개시일부터 6(9)개월 이내"에서 "상속개시일이 속하는 달의 말일부터 6(9)개월 이내"로 개정하여 2009년 1월 1일 이후 최초로 상속이 개시되는 분부터 적용하도록 하였다.[609]

3) 기한연장

천재·지변 그 밖의 일정한 사유(국세기본법 시행령 제2조 제1항)로 인하여 국세기본법 또는 세법에 규정하는 신고를 위의 기한까지 할 수 없다고 인정하거나 납세자의 신청이 있는 경우에는 관할 세무서장은 일정한 방법(국세기본법 시행령 제3조)에 의하여 그 기한을 연장할 수 있다(국세기본법 제6조 제1항).

4. 신고내용

상속세과세표준 신고는 상속세과세표준 신고 및 자진납부계산서에 의하며(상증세법 시행령 제64조 제1항, 같은 법 시행규칙 제24조 제9호), 그 신고서에 과세표준의 계산에 필요한 상속재산의 종류·수량·평가가액 및 각종 공제 등을 입증할 수 있는 다음의 서류(상증세법 시행령 제64조 제2항, 같은 법 시행규칙 제24조 제1호 내지 제7호의 서류)를 함께 제출하여야 한다.

1) 상속세 신고서

(1) **본표** : 상속세과세표준신고 및 자진납부계산서(별지 제9호 서식)

(2) **부표**

　① 부표 1 : 상속세 과세가액계산명세서

　② 부표 2 : 상속인별 상속재산 및 평가명세서

　③ 부표 3 : 채무·공과금·장례비용 및 상속공제명세서

　④ 부표 4 : 상속개시 전 1(2)년 이내 재산처분·채무부담 내역 및 사용처소명명세서

---

609) 국세청, 「2009 개정세법해설」, 2009, 171쪽

2) 사실관계 증빙서류

(1) 피상속인의 제적등본

(2) 채무사실을 입증할 수 있는 서류(상증세법 시행령 제10조 제1항)

(3) 배우자의 상속재산이 분할된 경우에는 상속재산분할명세 및 그 평가명세서

(4) 기타 상속공제요건 및 공과금 · 장례비용 · 평가수수료 등 각종 입증서류

3) 이 법에 의하여 제출하는 서류(해당시 제출)

① 가업상속공제신고서 등(상증세법 시행령 제15조 제18항 : 별지 제1호 서식)

② 영농상속공제신고서(상증세법 시행령 제16조 제8항 : 별지 제2호 서식)

③ 상속재산미분할신고서 등(상증세법 시행령 제17조 제3항 : 별지 제3호 서식) : 배우자상속공제

④ 장애인증명서(상증세법 시행령 제18조 제3항 : 별지 제4호 서식)

⑤ 금융재산상속공제신고서(상증세법 시행령 제19조 제3항 : 별지 제5호 서식)

⑥ 재해손실공제신고서(상증세법 시행령 제20조 제3항 : 별지 제6호 서식)

⑦ 동거주택상속공제신고서(상증세법 시행령 제20조의 2 : 별지 제6호의 2 서식)

⑧ 외국납부세액공제신청서(상증세법 시행령 제21조 제2항 : 별지 제7호 서식)

⑨ 상속세연부연납허가신청서(상증세법 제71조 : 별지 제11호 서식)

⑩ 상속세물납(변경)허가신청서(상증세법 제73조 : 별지 제13호 서식)

Ⅱ 수정신고[610]

1. 수정신고의 의의

1) 개념

과세요건의 충족에 의하여 추상적으로 성립한 납세의무는 납세의무자의 과세표준의 신고(신고납세주의 세목) 또는 과세관청의 결정(부과과세주의 세목)에 의하여 확정된다. 그런데 이렇게 확정(상속세[증여세] 등 부과과세주 세목에서는 확정되기 전 협력의무의 이행으로서의 과세표준의 신고)된 납세의무의 내용이 당초신고 당시의 오류나 부주의 또는 후발적 사유 등으로 인하여 잘못된 것이 판명된 때에는 이를 정정하여 실체적 진실에 따라 과세하도록 하여야 할 것이다.

---

610) 최명근, 「세법학총론」, 세경사, 2002, 377~391쪽 참조

이를 위하여 과세관청에서는 경정결정권이 있으며, 이에 대응하여 국세기본법은 납세의무자에게 수정신고와 경정청구권을 부여하고 있다.

수정신고란 법정신고기한 내에 신고한 과세표준 및 세액이 과소(또는 신고한 결손금이나 환급세액이 과대−상속세[증여세]는 해당하지 않는다)한 경우에 법정의 수정신고를 할 수 있는 시간적 범위 전에 납세의무자가 스스로 과세관청에 법정된 사항을 보완·수정한 과세표준수정신고서를 제출하여 정정하는 신고를 말한다(국세기본법 제45조).

그러므로 상속세[증여세] 과세표준 및 세액의 수정신고도 이와 같다.

2) 취지

(1) 조세채권·채무자 간 법적 지위의 균형유지

조세채권자와 조세채무자 간의 법적 지위의 균형을 위하여 조세채권자(정부)의 경정권에 대응하는 조세채무자(납세의무자)의 권리가 필요하다는 점에서, 경정청구권과 더불어 과세표준 등의 증액(결손금액 또는 환급세액의 감액사항−물론 이는 상속세[증여세]에는 해당되지 않는다)에 대해 수정신고의 기회를 납세의무자에게 부여하였다.

(2) 실질과세원칙의 실현 및 자기보정의 기회제공

조세채무는 과세물건의 실체적 진실에 기초를 두고 그에 상응하는 실질과세를 하는 것이 원칙이다. 따라서 당초의 과세표준 및 세액의 신고사항이 실체적 진실과 다른 경우 납세의무자에게 자기보정(自己補正)을 할 수 있는 기회를 제공하는 것이 민주적 납세방식에 비추어 바람직하다.

(3) 가산세 경감과 행정력 절감

수정신고를 함으로써, 일정한 경우 납세의무자가 과소신고가산세의 경감혜택을 받을 수 있고(국세기본법 제49조 제2항) 세무조사나 조세범처벌과 같은 불이익을 감소시킬 수 있고, 과세관청은 행정력을 절감할 수 있어, 수정신고제도는 조세채권자와 조세채무자 모두에게 유익하다.

3) 수정신고의 법적 성격

(1) 수정신고의 법적 성격은 과세표준신고의 법적 성격을 어떻게 볼 것인가 하는 것과 같은 문제인데, 상속세[증여세]와 같은 부과과세주의 세목에 대한 신고[611]는 조세채무의 확정력이 발생하지 않기 때문에 그러한 신고는 적정한 과세자료의 제출이라고

---

611) 신고납세제도에 있어서 수정신고는 사인(私人)의 공법행위(公法行爲)의 일종이라고 보게 된다.

하는 단순한 협력의무의 이행에 불과(대법원 86누566, 1987. 3. 10. ; 대법원 87누316, 1987. 7. 21. ; 대법원 84누247, 1985. 7. 23.)한 것이고, 따라서 이러한 세목에 대한 수정신고도 단순히 과세자료를 추가로 제출하는 협력의무의 추가이행에 불과하다.

(2) 부과과세주의 세목에 있어서 당초의 신고가 조세채무를 확정시키는 효력이 없듯이 (대법원 86누566, 1987. 3. 10. ; 대법원 87누316, 1987. 7. 21. ; 대법원 84누247, 1985. 7. 23.) 그 수정신고도 역시 조세채무를 수정확정하는 효력이 없다.[612]

2. 수정신고의 요건

상속세[증여세] 과세표준 수정신고의 적정성이 확보되려면 다음의 요건을 모두 충족하여야 한다.

1) 수정신고자 적격

종전에는 신고납세주의 세목이든 부과과세주의 세목이든 법정기한 내에 과세표준신고를 한 납세의무자만이 수정신고를 할 수 있는 법률상의 자격이 있어, 상속세[증여세]의 법정신고기한 내에 상속세[증여세] 과세표준신고서를 제출한 납세의무자만이 수정신고를 할 수 있었다. 판례도 상증세법의 규정에 따른 상속세[증여세] 과세표준신고서를 전혀 제출하지 아니하였거나, 상증세법에 규정된 신고기한이 경과된 후에 상속세[증여세] 과세표준신고를 한 납세의무자는 수정신고자 적격이 없다(대법원 85누609, 1986. 12. 9. ; 대법원 83누198, 1983. 12. 13.)고 보았다.

그러나 2020. 1. 1. 개정으로 기한 후 과세표준신고서를 제출한 자 또한 수정신고가 가능하게 되었다. 이는 기한 후 신고자에게도 자기시정의 기회를 부여하기 위한 취지이다.

2) 수정신고기한

수정신고 기한은 납세의무자가 신고한 해당 상속세[증여세]의 과세표준 및 세액을 관할 세무서장이 각 세법의 규정에 의하여 결정하여 통지하기 전으로서 국세 부과의 제척기간(국세기본법 제26조의 2 제1항에 따른 기간)이 끝나기 전[613]까지이다.

---

612) 신고납세주의 세목의 신고는 바로 준법률행위(행위자의 의도와는 관계없이 법률의 규정에 의하여 일정한 효과가 부여되는 것)에 속하는 확인행위(특정한 사실 · 법률관계에 관하여 의문이 있는 경우에 공권적으로 그 존부 또는 正否를 확정하는 준법률행위)인 것이다.

613) 2012. 1. 1.부터 시행한다.

(1) 결정

부과과세주의 세목에 있어서 납세의무자는 비록 과세표준 및 세액을 관할 세무서장에게 신고했다고 하더라도 그 신고만으로는 조세채무를 확정하는 효력이 없기 때문에 과세표준 및 세액의 신고를 받은 관할 세무서장이 결정(부과처분)을 해야만 조세채무가 확정된다. 이를 '결정'이라고 한다.

그러므로 상속세[증여세] 과세표준 및 세액을 결정한 과세관청은 이를 서면으로 납세의무자에게 알려야 하는데, 이 통지를 하기 전까지는 수정신고를 할 수 있는 것이다.

(2) 통지 전

'통지를 하기 전'이란 그러한 통지를 납세의무자가 받기 전이라는 의미로 해석해야 할 것이다. 왜냐하면 조세법에서의 서면에 의한 통지는 도달주의를 원칙으로 하고 있기 때문이다. 또한 그 수정신고의 누락이나 오류에 대하여 과세관청이 결정을 하기 전까지는 재차 수정신고를 할 수 있고, 만약 결정이 없는 경우에는 제척기간이 만료되기 전까지 수정신고를 할 수 있다고 보아야 할 것이다.

3) 수정신고 사유

법정기한 내에 신고한 상속세[증여세] 과세표준 및 세액에 대하여 수정신고에 의해 보정할 수 있는 사항은 '상속세[증여세] 과세표준신고서에 기재된 상속세[증여세] 과세표준 및 세액이 상증세법에 의하여 신고하여야 할 상속세[증여세] 과세표준 및 세액에 미달'하는 것이다(국세기본법 제45조 제1항).[614]

(1) 발생 여부 등

그런데 여기에서 수정신고사유가 발생한 원인이 무엇인지, 수정신고사유의 발생 여부를 알고 있었는지는 전혀 묻지 않는다.

(2) 실체적 진실

그리고 실체적 진실성이 뒷받침되어 있지 아니한 사항을 증명서류 등의 조작에 의하여 수정신고하는 것은 비록 수정신고가 과세표준 등의 증액 등 납세의무자에게 불이익한 사항만을 허용하는 것이라고 할지라도 이는 허용될 수 없다고 해야 할 것이다.

---

614) 국세기본법 제45조 제1항 제2호 및 제3호는 상속세의 수정신고에는 해당하지 않는다.

3. 수정신고의 절차

1) 수정신고서의 제출처

상속세[증여세] 과세표준신고서는 상속개시[증여일] 현재의 상속세[증여세] 납세지 관할 세무서장에게 제출하여야 한다(국세기본법 제43조 제1항 참조). 그러므로 상속세[증여세]의 경우 납세지는 상속개시지(피상속인의 사망지)[증여개시지{수증자의 주소지(주소지가 없거나 분명하지 아니한 경우에는 거소지)}]이어서 납세지의 변경이 없으므로 당초 상속세[증여세] 법정신고기한 내 상속세[증여세] 과세표준신고서를 제출했던 세무서장에게 수정신고하면 된다. 그렇지만 예외적으로 피상속인[수증자]이 비거주자인 경우 납세지는 상속재산의 소재지[증여자의 주소지]이므로 법정신고기한 내 과세표준 신고를 한 때와 수정신고를 하는 때와의 사이에 납세지 변경이 있을 수 있고, 이때에는 그 변경된 납세지를 관할하는 세무서장에게 수정신고서를 제출해야 할 것이다.

그러나 변경 전의 납세지 관할 세무서장에게 수정신고서를 제출하면서 관할세무서를 밝힌 경우에도 그 수정신고의 효력에는 영향이 없다(국세기본법 제43조 제2항). 수정신고서를 접수한 세무서장은 그 수정신고서를 관할 세무서장에게 송부하는 절차를 밟게 되는 것이다(국세기본법 시행령 제24조 제2항).

2) 수정신고서류

(1) 상속세[증여세] 과세표준수정신고서 및 추가자진납부계산서에 의한다. 수정신고서에는 당초의 법정기한 내에 신고한 상속세[증여세]과세표준 및 세액, 수정신고하는 상속세[증여세] 과세표준 및 세액 및 그 밖의 필요한 사항을 기재하여야 한다(국세기본법 시행령 제25조 제1항). 이때 "상속세[증여세] 과세표준수정신고서란 당초에 제출한 상속세[증여세] 과세표준신고서의 기재사항을 수정하는 신고서를 말한다"(국세기본법 제2조 제15호의 2).

(2) 수정한 부분에 관하여 당초의 법정기한 내 상속세[증여세] 과세표준신고서에 첨부할 서류가 있는 때에는 이를 수정한 서류를 수정신고서에 첨부하여야 한다(국세기본법 시행령 제25조 제1항). 이 수정된 서류의 제출은 수정신고의 필요적 절차요건이 아니고 사후에 보완이 가능한 보정사항이라고 해석된다.

4. 수정신고의 효과

1) 수정신고와 당초신고와의 관계

수정신고는 법정신고기한 내에 신고한 과세표준 또는 세액 등에 과세요건을 충족한 사실의 존부 또는 그 당부의 판단에 오류가 있거나 충족된 과세사실의 누락이 있는 경우 납세의무자가 이를 스스로 보정하여 수정확인하는 행위이다. 그러면 납세의무자가 스스로 확인한 당초의 법정신고기한 내 신고의 효력은 수정신고에 의하여 어떤 영향을 받는가 하는 문제이다.

부과과세주의 세목인 상속세[증여세]에 있어서는 당초의 법정기한 내의 신고이든 수정신고이든 모두 조세채무를 확정시키는 효력이 없고, 다만 과세관청의 조세채무의 적정한 확정을 용이하게 하기 위한 과세자료의 제출 또는 수정 추가제출이라는 협력행위라할 것이므로 당초의 법정기한 내 신고와 수정신고의 관계를 법 이론적으로 규명할 필요도 없게 된다.[615]

2) 수정신고의 확정력 문제

수정신고가 조세채무를 수정확정하는 효력을 가지는가에 대하여 보자.

(1) 부과과세주의 세목에 있어서는 과세표준 및 세액의 신고에 대하여 조세채무를 확정시키는 효력을 부여하고 있지 않다. 즉, 상속세[증여세] 과세표준의 신고는 과세의 적정을 기하기 위하여 상속세[증여세] 과세자료를 제출하는 협력의무의 이행에 불과한 것이다. 따라서 수정신고에도 역시 조세채무를 수정확정하는 효력이 있을 수 없는 것이다. 따라서 당초의 법정기한 내 신고에 부여하지 아니한 법적 효력을 수정신고에 부여할 수 없음은 명백하다.

(2) 수정신고가 과세요건을 충족하는 사실의 실체적 진실을 발견할 목적으로 제한된 기간 내에서 납세의무자가 그의 신고행위를 증액변경시키는 것을 허용하는 것이라면, 수정신고에 의하여 수정확정된 조세채무라도 그 수정신고에 누락·오류가 있다면 수정신고를 할 수 있는 시한이 경과하기 전에는 수정신고를 철회하고 다시 수정신고하는 것이 가능하다고 보아야 한다. 다만 법정신고기한 내에 신고한 상속세[증여세] 과세표준 및 세액에 대하여 관할 세무서장이 이를 경정하고 서면통지한 후에는 납세의무자 스스로가 이를 다시 수정확정할 수 없음은 명백하다.

---

615) 신고납세주의 세목에 있어서는 여러 학설(병존설, 흡수설, 역흡수설, 흡수병존설 등)의 대립이 있다.

(3) 그렇다면 신고한 해당 국세의 과세표준 및 세액을 관할 세무서장이 각 세법의 규정에 의하여 결정 또는 경정하여 통지한 후에 수정신고를 한 경우에는 어떠한 효력이 있는가? 신고납세주의 세목 또는 부과과세주의 세목 여부를 불문하고 그러한 수정신고는 부적법하여 조세채무를 수정확정하거나 협력의무를 추가이행한 효력이 발생할 수 없다. 다만, 후술하는 바와 같이 조세범 처벌상에서 정상참작사유가 될 수 있을 뿐이다. 따라서 이러한 수정신고에 수반하여 추가로 납부한 상속[증여]세액은 정부가 이를 경정하기 전까지는 부당이득에 해당된다고 해야 할 것이다.

3) 과소신고가산세의 경감

(1) 세액을 자진납부하여야 하는 세목에 있어서 법정기한 내에 과세표준 및 세액을 신고할 때 이미 납부한 세액이 수정신고하는 과세표준에 상당하는 세액에 미달하는 경우에는 그 미달(부족)세액과 세법이 정하는 가산세를 수정신고서의 제출과 동시에 추가로 자진납부해야 한다. 상속세·증여세도 비록 납세의무의 확정을 정부에 유보한 정부부과세목이지만 그 세액은 과세표준의 신고와 동시에 자진납부하도록 하고 있으므로 그 수정신고에서도 위와 같다(상증세법 제76조).

그리고 법정신고기한이 지난 후 1개월 이내에 제출된 수정신고에 대하여는 과소신고가산세의 90% 감면(1~3개월 이내 : 75%, 3~6개월 이내 : 50%, 6개월~1년 내 : 30%, 1년~1년 6개월 이내 : 20%, 1년 6개월~2년 이내 : 10%)[616]이라는 법률효과가 따른다(국세기본법 제48조 제2항 제1호). 그러므로 신고납세주의 세목 또는 부과과세주의 세목 여부에 관계없이 수정신고의 경우에는 과소신고가산세의 경감문제가 수반되며, 상속세[증여세]의 경우에도 수정신고에 의해 과소신고가산세가 경감된다.

(2) 수정신고한 과세표준 및 세액에 대하여 경정이 있을 것을 미리 알고 수정신고를 한 경우에는 과소신고가산세의 경감을 배제한다(국세기본법 제48조 제2항 제1호 괄호). 경정이 있을 것을 미리 안다는 것은 해당 국세에 관하여 세무공무원이 조사에 착수한 것을 알고 과세표준수정신고서를 제출한 경우 또는 해당 국세에 관하여 관할 세무서장으로부터 과세자료 해명 통지를 받고 과세표준수정신고서를 제출한 경우를 의미하는 것이다(국세기본법 시행령 제29조).

---

616) 2020. 1. 1. 이후 수정신고하는 분부터 적용

5. 경정청구제도와의 차이점

경정청구권은 법정신고기한 내에 과세표준신고서를 제출한 조세채무자 및 기한후과세 표준신고서를 제출한 조세채무자가 법에 정한 사유에 해당하는 경우(과세표준 등을 과다신고한 경우 등) 법정신고기한이 지난 후 5년 내에 최초에 신고한 국세의 과세표준 및 세액 등의 감액 결정 또는 경정을 관할 세무서장에게 청구할 수 있는 권리를 말하는 반면에, 수정신 고제도란 과세표준신고서를 법정신고기한 내에 제출한 자 및 기한후과세표준신고서를 제 출한 자가 당초에 신고한 내용에 오류·탈루가 있어 과세표준 또는 세액 등이 과소하게 신고된 경우 과세권자가 경정하기 이전에 과세표준 등을 증액 신고하는 것이다.

경정청구의 경우에는 과세관청이 그 청구된 사항을 조사하여 결정 또는 경정할 의무가 발생할 뿐 경정청구 자체에 대하여는 신고주의세목 또는 부과과세주의 세목의 여하에 불 구하고 확정의 효력이 인정되지 아니한다.

경정 등의 청구

1. 의의

1) 개념

앞서 살펴본 수정신고와 함께 확정(상속세[증여세] 등 부과과세주의 세목에서는 확정되기 전 협력의무 의 이행으로서의 과세표준의 신고)된 납세의무의 내용이 당초신고 당시의 오류나 부주의 또는 후발적 사유 등으로 인하여 잘못된 것이 판명된 때에 이를 정정하여 실체적 진실에 따 라 과세하도록 하기 위해 과세관청의 경정결정권에 대응하여 납세의무자에게 부여된 권리가 경정청구권(국세기본법 제45조 및 제45조의 2)이다.[617]

이러한 경정청구에는 과세표준신고서를 법정신고기한 내에 제출한 자 또는 기한후과세 표준신고서를 제출한 자[618]가 일정한 사유가 생기는 때에 최초신고 및 수정신고한 국세 의 과세표준 및 세액(각 세법에 따른 결정 또는 경정이 있는 경우에는 해당 결정 또는 경정 후의 과세표준 및 세액을 말한다)의 결정 또는 경정을 법정신고기한이 지난 후 5년[619](각 세법에 따른 결정 또는

---

617) 최명근, 「세법학총론」, 세경사, 2002, 391~405쪽을 주로 참조하였다.

618) 2020. 1. 1. 이후 경정청구하는 분부터 적용한다. 종전에는 기한 내 신고서를 제출한 자에게만 허용되었 으나, 기한 후 신고자에 대해서도 자기시정의 기회를 부여하기 위하여 경정청구를 허용하였다. 개정규 정은 이 법 시행 전에 기한후과세표준신고서를 제출하고 이 법 시행 이후 과세표준수정신고서를 제출 하거나 국세의 과세표준 및 세액의 결정 또는 경정을 청구하는 경우에도 적용한다.

경정이 있는 경우에는 이의신청 · 심사청구 또는 심판청구 기간을 말한다) 이내에 관할 세무서장에게 청구할 수 있는 통상적 경정청구(국세기본법 제45조의 2 제1항)와 법정된 후발적 사유에 의한 경정청구(국세기본법 제45조의 2 제2항)가 있다.

2) 취지

(1) 조세채권 · 채무자간 법적 지위의 균형유지

조세채권자와 조세채무자 간의 법적 지위의 균형을 위하여 조세채권자(정부)의 경정권에 대응하는 조세채무자(납세의무자)의 권리가 필요하다는 점에서, 앞서 본 수정신고제도와 더불어 과세표준 등의 감액(결손금액 또는 환급세액의 증액사항 – 물론 이는 상속세[증여세]에는 해당되지 않는다)에 대해 경정청구권을 납세의무자에게 부여하였다.

물론 조세채권자의 결정 · 경정권은 부과권의 제척기간 내에서 행사할 수 있는데 반해, 조세채무자의 경정청구권은 그 행사기간이 5년 내로 국한되는 점에서 대등하지 못하다.

(2) 실질과세원칙의 실현 및 자기보정의 기회제공

앞서 본 수정신고에서와 같이, 조세채무는 과세물건의 실체적 진실에 기초를 두고 그에 상응하는 실질과세를 하는 것이 원칙이다. 따라서 당초의 과세표준 및 세액의 신고사항이 실체적 진실과 다르다면 납세의무자에게 스스로 자기보정(自己補正)을 할 수 있는 기회를 제공하는 것이 민주적 납세방식에 비추어 바람직하다.

(3) 납세의무자의 권리보호기능

경정청구는 납세의무자에게 불리한 최초의 신고 · 결정 · 경정을 그에게 이익이 되도록 변경 · 시정을 청구할 수 있도록 하는 수단을 부여한다. 또한 경정청구가 거부될 때에 이에 불복하는 납세의무자는 국세심사 · 심판청구를 할 수 있고 나아가 행정소송에까지 이를 수 있다는 점에서 납세의무자의 권리를 보호한다.

3) 경정청구의 원칙적 배타성

원칙적 경정청구기한인 5년이라는 기간이 지났다면 잘못 신고납부한 세액은 돌려받을 수 없는 것인가와 관련하여, 원래 납세의무자가 납부한 금액 중 과오납부한 금액이 있

---

619) 2005. 7. 13. 법 개정시 경정청구기간을 법정신고기한 경과 후 3년 이내로 1년 연장하였으며, 2015. 1. 1. 이후 결정 또는 경정을 청구하는 분부터는 5년이 적용된다.

다면 이는 납세의무자에게 돌려주어야 할 것처럼 보인다.

판례는 부과처분이 당연무효가 아닌 한 부과처분이 취소되기 전에는 과오납부한 금액이 아니라고 한다. 더 나아가 판례는 신고납세의 경우에는 신고가 당연무효(중대명백설)가 아닌 한 국가가 받은 돈은 부당이득이 아니라는 입장을 택하여 신고행위를 취소할 수 있는 가능성을 배제하고 있다.

결국 경정청구의 기간이 지난 뒤에는 신고 자체가 무효가 아닌 한 잘못 낸 세금은 부당이득이 아니고 납세의무자는 세금을 돌려받을 수 없다. 이것이 부당이득이 아니라는 논거는 다음과 같다. 부과처분은 공정력[620]이 있으므로 국가가 부과과세로 걷은 세금은 직권 또는 쟁송취소에 의하여 배제하지 아니하는 한 부당이득이 되지 않는다. 비록 명문의 법규정이 없음에도 불구하고 행정법관계의 효력을 조속히 안정시키기 위하여 공정력을 주고 있는 것이다.

결국 항고소송[621]의 배타성(행정처분은 항고절차를 통해서만 다툴 수 있다는 것)과 같이 경정청구의 배타성이 인정된다. 즉 경정청구기간이 지났거나 경정청구절차를 따르지 않은 경우에는 부당이득의 반환을 구할 수 없다는 것이다. 물론 신고행위가 당연무효라면 경정청구와 무관하게 부당이득의 반환을 구할 수 있다.

그러므로 납세의무자가 법정신고기한 내에 과다신고한 사항에 대하여 법 소정의 기한 내에 스스로 경정청구를 하지 아니한 경우에는 그 감액결정 여부는 전적으로 과세관청의 판단에 달려있다. 따라서 과세관서의 행정처분(경정처분)이 없는 경우 납세의무자 입장에서는 경정청구가 아닌 다른 권리구제수단에 의해 그 감액을 주장할 수 없다는 것이다. 이를 경정청구의 원칙적 배타성이라 한다.

그렇더라도 이 경정청구의 원칙적 배타성은 후발적 경정청구에는 적용될 여지가 없다. 후발적 경정청구의 경우에는 결정 또는 경정이 이루어진 후 그 결정이나 경정에 대해 경정청구하는 것이 가능할 뿐만 아니라 행정쟁송으로도 나아갈 수 있기 때문이다.

---

620) 공정력 : 행정주체의 의사 또는 조치는 공권력의 발동으로서 행정행위로 표시되는데 이러한 표시인 행정행위는 비록 그 성립에 하자가 있더라도 그것이 중대하고 명백하여 당연무효가 아닌 한 권한 있는 기관에 의하여 취소될 때까지 구속력, 효력이 있는 것으로 통용되는 힘을 말한다.

621) 행정청의 위법한 처분 등을 취소 또는 변경하는 행정소송으로서 다시 취소소송, 무효 등 확인소송, 부작위위법확인소송의 3가지 소송으로 나뉜다. 이 중에서 취소소송은 행정청의 위법한 처분 등을 취소 또는 변경하는 소송이며, 무효 등 확인소송은 행정청의 처분 등의 효력 유무 또는 존재 여부를 확인하는 소송이고, 부작위위법확인소송은 행정청의 부작위가 위법하다는 것을 확인하는 소송이다(vs. 당사자소송 : 행정청의 처분 등을 원인으로 하는 법률관계의 소송 또는 공법상 법률관계에 관한 소송으로서 그 법률관계의 한쪽 당사자를 피고로 하는 소송. 대등한 당사자).

§관련조문

국세기본법	국세기본법 시행령	국세기본법 시행규칙
제45조의 2 【경정 등의 청구】	제25조의 2 【후발적 사유】 제25조의 3 【경정 등의 청구】	제12조의 2 【경정 등의 청구】

2. 통상적 경정청구(결정 포함)의 요건(국세기본법 제45조의 2 제1항)

1) 청구자 적격

법정신고기한 내에 과세표준신고서를 제출한 자 및 국기법 제45조의 3 제1항에 따른 기한후과세표준신고서를 제출한 자이어야 한다.

① 법문이 '결정 또는 경정을 청구할 수 있다'고 표현하므로, 위의 신고한 자는 신고납세주의 세목이든 신고를 요구하는 세목이라면 부과과세주의 세목이든 상관없다. 결정은 상속세[증여세]와 같은 부과과세주의 세목의 경우이고, 경정은 신고에 의해 조세채무가 확정되는 신고납세주의 세목의 경우를 의미한다.

② 법정신고기한 내의 신고 및 기한 후 신고에 대하여 결정이나 경정을 받은 후에도 경정청구기한 이내이면 다시 경정청구를 할 수 있다. 또한 이 경우에는 경정청구와는 별도로 이미 행정처분(이미 이루어진 결정이나 경정처분)이 있었으므로 행정심판으로 나아갈 수 있다.

③ 이러한 경정청구권도 상속인에게 승계된다(국세기본법 제24조)[상속세에 한함].

2) 경정청구 사유

상속세[증여세] 과세표준신고서에 기재된 과세표준 및 세액(상증세법의 규정에 의하여 결정 또는 경정이 있는 경우에는 해당 결정 또는 경정후의 과세표준 및 세액을 말한다)이 세법에 의하여 신고하여야 할 상속세[증여세] 과세표준 및 세액을 초과하는 때(국세기본법 제45조의 2 제1항 제1호)에는 납세의무자는 최초에 신고한 과세표준 및 세액의 감면을 요구하여 경정청구할 수 있다.

① 수정신고에서와 같이 여기에서 상속세[증여세] 과세표준 및 세액이 과다하게 된 사유는 묻지 않는다. 신고한 세액이 세법에 의하여 신고하여야 할 세액을 초과하게 된 이유에는 특별한 제약이 없다.

② 상속세[증여세] 과세표준과 세액이 과다한 신고에는 최초 신고뿐만 아니라 수정신고한 국세의 과세표준 및 세액도 포함한다.

3) 경정청구의 기간

경정청구의 대상이 된 국세의 법정신고기한 후 5년 내이다. 그러므로 상속세의 경우 상증세법 제67조에 의한 상속세과세표준 신고기한(상속개시일이 속하는 달의 말일로부터 6월)[증여세의 경우 상증세법 제68조에 의한 증여세 과세표준 신고기한(증여일로부터 3월)] 경과 후 5년 내이다. 천재·지변 그 밖의 이에 준하는 사유로 인하여 경정청구기한까지 이를 할 수 없다고 인정하거나 납세자의 신청이 있는 경우에는 관할 세무서장은 그 기한을 연장할 수 있다 (국세기본법 제6조 제1항).

3. 후발적 사유에 의한 경정청구의 요건(국세기본법 제45조의 2 제2항)

후발적 사유의 발생에 기초한 경정청구권은 법률상 명문의 규정이 있는지의 여부에 따라 좌우되는 것이 아니라, 조세법률주의 및 재산권을 보장하고 있는 헌법의 정신에 비추어 볼 때 조리상 당연히 인정되는 것이다. 국세기본법이 수정신고제도만을 두고 있다가 제45조의 2를 신설하여 후발적 사유에 의한 경정제도를 신설한 것은 위와 같은 조리상의 법리를 확인한 것이라 할 것이다. 국세기본법상의 후발적 사유에 의한 경정청구제도는 납세자에게 경정청구권을 창설적으로 부여하는 것이 아니라 조리상 당연히 인정되는 권리에 관하여 그 요건과 내용, 절차 등을 보다 분명히 규정함으로써 경정청구권의 행사를 용이하게 보장하기 위한 것으로 보아야 한다(헌법재판소 97헌마13, 245, 2000. 2. 24. 등 참조).

1) 청구자 적격

① 과세표준신고서를 법정신고기한 내에 제출한 자

그 대상 세목이 부과과세주의 세목이든 신고납세주의 세목이든 상관이 없다. 이 점은 통상의 경정청구에서와 같다. 그러므로 상속세과세표준신고서를 상증세법 제67조에 의한 법정신고기한 내에 제출한 자[증여세 과세표준신고서를 상증세법 제68조에 의한 법정신고기한 내에 제출한 자]는 후발적 사유에 의한 경정을 청구할 수 있다.

② 상속세[증여세]의 과세표준 및 세액의 결정을 받은 자

이때에 결정을 받은 자는 상속세[증여세] 과세표준신고서를 법정신고기한 내에 제출하였을 것을 요건으로 하지 않는다. 왜냐하면 실체적 진실의 발견원칙에 충실하기 위해서다. 따라서 기한 후 신고자도 결정을 받아 후발적 사유에 의한 경정을 청구할 수 있다.

2) 후발적 경정청구 사유

경정청구기간을 무조건 5년으로 한다면, 납세의무자에게 아무런 구제수단이 없는 경우가 생길 수 있어서, 법은 일정한 후발적 사유가 있으면 그 때로부터 일정한 기간 안에 경정청구를 낼 수 있게 허락하고 있다.[622] 그 후발적 사유는 다음과 같다.

(1) 최초의 신고·결정 또는 경정에 있어서 과세표준 및 세액의 계산근거가 된 거래 또는 행위 등이 그에 관한 소송에 대한 판결(판결과 동일한 효력을 가지는 화해 그 밖의 행위를 포함한다)에 의하여 다른 것으로 확정된 때

(2) 소득 그 밖의 과세물건의 귀속을 제삼자에게로 변경시키는 결정 또는 경정이 있은 때

(3) 조세조약의 규정에 의한 상호합의가 최초의 신고·결정 또는 경정의 내용과 다르게 이루어진 때

(4) 결정 또는 경정으로 인하여 해당 결정 또는 경정의 대상이 되는 과세기간 외의 과세기간에 대하여 최초에 신고한 국세의 과세표준 및 세액이 세법에 의하여 신고하여야 할 과세표준 및 세액을 초과한 때

(5) 위 (1)부터 (4)까지와 유사한 사유로서 다음의 사유가 해당 국세의 법정신고기한이 지난 후에 발생한 때

① 최초의 신고·결정 또는 경정에 있어서 과세표준 및 세액의 계산근거가 된 거래 또는 행위 등의 효력에 관계되는 관청의 허가 그 밖의 처분이 취소된 때

② 최초의 신고·결정 또는 경정에 있어서 과세표준 및 세액의 계산근거가 된 거래 또는 행위 등의 효력에 관계되는 계약이 해제권의 행사에 의하여 해제되거나 해당 계약의 성립 후 발생한 부득이한 사유로 인하여 해제되거나 또는 취소된 때

③ 최초의 신고·결정 또는 경정에 있어서 장부 및 증명서류의 압수 그 밖의 부득이한 사유로 인하여 과세표준 및 세액을 계산할 수 없었으나 그 후 해당 사유가 소멸한 때

④ 위 ① 내지 ④에 준하는 사유에 해당하는 때(국세기본법 시행령 제25조의 2 제4호)

　　이 규정은 후발적 사유에 의한 경정청구권이 조리상 당연히 인정된다는 점을 드러낸 것이므로, 위의 명문의 후발적 경정청구사유는 예시적 규정으로 보아야 한

---

622) 국세기본법 제45조의 2 "과세표준신고서를 법정신고기한 내에 제출한 자 또는 국세의 과세표준 및 세액의 결정을 받은 자는 다음 각 호의 어느 하나에 해당하는 사유가 발생한 때에는 제1항에서 규정하는 기간에 불구하고 그 사유가 발생한 것을 안 날부터 3개월 이내에 결정 또는 경정을 청구할 수 있다."

다. 따라서 위 이외의 후발적 사유에 의한 경정청구권자, 청구의 사유, 경정청구
권의 행사기간 등에 관하여는 법률상 명문의 준거가 없으므로 일률적으로 말할
수 없고, 매사안마다 조세법률주의와 재산권을 보장하는 헌법의 정신, 법적 안
정성의 요청 등 여러 요소를 종합하여 합리적으로 결정할 수밖에 없을 것이나,
국세기본법 제45조의 2 제2항에 규정된 후발적 사유에 의한 경정청구제도의 내
용을 하나의 중요한 준거로 삼을 수 있을 것이고, 이 경우 국세기본법상의 경정
청구의 내용보다 지나치게 확장하는 것은 조리의 보충적 법원성(法源性)에 비추
어 허용되지 않는다 할 것이다(헌법재판소 97헌마13, 245, 2000. 2. 24. 등 참조).

또 후발적 경정청구는 과세표준 및 세액의 결정을 받은 자에게도 허용되므로, 과
세처분을 받을 당시에는 흠이 없는 처분이었더라도 후발적 사유가 생기면 경정
을 청구할 수 있다.[623]

3) 경정청구기간

후발적 사유에 의한 경정청구의 기간은 통상적 경정청구기간에 불구하고 그 사유가 발
생한 것을 안 날부터 3개월 이내에 결정 또는 경정을 청구할 수 있다.

4. 경정청구의 효과

(1) 경정청구는 그 대상 세목이 신고납세주의 세목이든 부과과세주의 세목이든, 그리고
통상적 경정청구든 후발적 사유에 의한 경정청구이든, 그리고 국세기본법상 경정청구
든 상증세법상 경정청구든 불문하고, 경정청구한 대로 과세표준 및 세액을 감액하여
확정시키거나 이를 감액하여 수정확정시키는 효력이 없다. 어디까지나 납세의무자의
청구일 뿐이지 결정·경정할 권리는 과세권자에게 있다.

그런 면에서 경정청구는 과세권자로 하여금 그 경정청구된 사유에 대해 조사하여
확인할 의무를 발생시키는 데 불과하다. 이때 경정청구가 적법하다면 과세권자는 그
조사를 거부하여서는 안 된다.

(2) 결정 또는 경정의 청구를 받은 세무서장은 그 청구를 받은 날부터 2개월 이내에

---

623) 대법원 2001두5989, 2002. 9. 27. "매매계약의 해제 전에 …부과처분이 이루어졌다 하더라도 해제의 소
급효로 인하여 매매계약의 효력이 소급하여 상실되는 이상 …부과처분은 위법하다 할 것이며, 납세자
가 과세표준신고를 하지 아니하여 과세관청이 부과처분을 한 경우 그 후에 발생한 계약의 해제 등 후
발적 사유를 원인으로 한 경정청구 제도가 있다 하여 그 처분 자체에 대한 쟁송의 제기를 방해하는
것은 아니므로 경정청구와 별도로 위 …부과처분을 다툴 수 있다."

과세표준 및 세액을 결정 또는 경정하거나 결정 또는 경정하여야 할 이유가 없다는 뜻을 그 청구를 한 자에게 알려야 한다(국세기본법 제45조의 2 제3항). 여기에서 경정청구가 이유없다는 통지는 경정청구에 대한 거부처분(행정처분)으로 이에 대해 국세기본법상 불복과 항고소송의 대상이 된다.

(3) 경정청구를 받은 세무서장이 기한 내에 어떠한 통지도 하지 아니한 경우에는 세법에 의하여 필요한 처분을 받지 못함(과세권자의 부작위)으로써 권리 또는 이익의 침해를 받은 경우(국세기본법 제55조 제1항)에 해당하므로 경정청구를 한 자는 그 2개월이 경과한 날로부터 심사청구 또는 심판청구를 하여 그 처분의 취소 또는 변경이나 필요한 처분을 청구할 수 있다.

(4) 감액경정이 있으면 이미 납부한 세액은 과오납금이 되고, 이를 즉시 국세환급금으로 결정하여 30일 이내에 이자(국세환급금 가산금 : 1일 10만분의 11.8의 비율[624])를 붙여 지급하여야 한다(국세기본법 제51조 제5항). 체납한 세액이 있다면 충당할 수 있고, 원고의 동의가 있다면 원고가 지고 있는 다른 국세채무에 충당할 수도 있다.

5. 경정청구의 절차

1) 결정 또는 경정의 청구를 하고자 하는 자는 다음 각 호의 사항을 기재한 결정 또는 경정청구서(국세기본법 시행규칙 별지 제16호의 2 서식 '과세표준 및 세액의 결정(경정)청구서')를 제출 (국세정보통신망에 의한 제출을 포함한다)하여야 한다(국세기본법 시행규칙 제25조의 3).

(1) 청구인의 성명과 주소 또는 거소

(2) 결정 또는 경정 전의 과세표준 및 세액

(3) 결정 또는 경정 후의 과세표준 및 세액

(4) 결정 또는 경정의 청구를 하는 이유

(5) 그 밖의 필요한 사항

2) 국세기본법상 경정청구시에는 경정청구사유를 소명하는 입증서류의 제출을 명문으로 요구하고 있지는 않다. 반면에 아래에서 보는 상증세법상 경정청구시에는 그 사유를 입증하는 서류의 제출을 명문으로 요구하고 있다.

---

624) 국세환급가산금 계산시 적용할 이자율 고시(2010. 3. 31. 기획재정부고시 제2010-5호). 이 고시는 2010. 4. 1.부터 시행한다.

3) 경정청구는 그 청구의 대상을 관할하는 경정청구를 할 당시의 관할 세무서장에게 하여야 한다.

6. 상속세에 대한 경정 등의 청구특례(상증세법 제79조 제1항)

§관련조문

상증세법	상증세법 시행령
제79조【경정 등의 청구특례】	제81조【경정청구등의 인정사유 등】

1) 의의

상속세과세표준 및 세액을 신고한 자 또는 과세관청의 상속세과세표준 및 세액의 결정 또는 경정을 받은 자라 하더라도 상속재산가액에 대한 상속회복청구소송 등의 사유가 발생하는 경우에는 상속재산가액의 변동이 수반되고 이에 따라 기존에 납부한 상속세 산출세액이 차이가 발생하게 된다. 따라서 이와 같은 경우에는 그 사유가 발생한 날로부터 6개월 이내에 결정 또는 경정을 청구할 수 있는 특례를 인정하고 있다.

2) 국세기본법과의 관계

한편 국세기본법 제45조의 2(경정 등의 청구)에서는 소송에 의한 판결의 결과로 인하여 과세 표준 및 세액이 변동되었을 때에는 그 사유가 발생한 날로부터 3개월 이내에 경정 등을 청구할 수 있는 것으로 규정하고 있다(후발적 사유에 의한 경정청구). 그러나 국세기본법 제3조에서 세법과의 관계는 국세기본법이 세법에 우선하여 적용되나 같은 법 제45조의 2의 규정을 세법에서 별도로 규정하고 있는 경우에는 그 세법이 정하는 바에 따르도록 규정하고 있으므로 상증세법상의 경정 등의 청구 규정이 국세기본법에 우선하여 적용된다.

특히 상증세법상의 경정청구는 상속개시일 이후 상속재산의 가액변동에 대해 청구할 수 있도록 하는 점이 특징적이다.

3) 청구요건

상속세의 경정 등의 특례를 적용받기 위하여는 다음의 요건을 모두 충족하여야 한다.

(1) 청구자 적격

다음 중 어느 하나에 해당하는 자에 한하여 상속세 경정청구를 할 수 있다.

① 상증세법 제67조의 규정에 의하여 상속세과세표준 및 세액을 신고한 자

② 상증세법 제76조의 규정에 의하여 과세관청의 상속세과세표준 및 세액의 결정 또는 경정을 받은 자

(2) 경정청구사유

다음 중 어느 하나의 사유가 발생한 경우에 한한다.

① 상속재산에 대한 상속회복청구소송 등의 사유로 인하여 상속개시일 현재 상속인 간 상속재산 가액의 변동이 있는 경우

이때에 상속회복청구소송 등의 사유라 함은 피상속인 또는 상속인과 그 외의 제 삼자와의 분쟁으로 인한 상속회복청구소송의 확정판결과 유류분반환청구소송의 확정판결[625]이 있는 경우를 말한다(상증세법 시행령 제81조 제2항). 여기서 확정판결이 라 함은 원칙적으로 기판력이 발생하는 종국판결의 확정을 의미하는 것이고, 그 밖에도 민사소송법 제220조에서 화해, 청구의 포기·인낙을 변론조서·변론준비 기일조서에 적은 때에는 그 조서는 확정판결과 같은 효력을 가지는 것으로 규정 되어 있다. 그러므로 유류분반환청구소송이 확정되기 전 공판기일 외에서 이루어 진 재판 외 화해는 민사소송법상 확정판결과는 다르므로 경정청구의 대상이 아 니다(감심 2010-125, 2010. 11. 25.).

그런데 민법 제999조의 상속회복청구소송은 상속권이 참칭상속권자로 인하여 침 해된 때에 진정한 상속권자가 제기하는 상속회복의 소를 말한다는 점에서 유류 분권리자가 재산의 반환을 청구하는 유류분반환청구권을 소송을 통해 행사하는 경우에는 상속회복청구의 소로 보아야 할 것이다. 그러므로 유류분반환청구소송 등의 법원의 확정판결에 의한 상속인 간의 부담세액의 변동에 대해서도 종전에 는 해석(서면4팀-3965, 2006. 12. 7.)에 의존하였으나 2013년 시행령 개정을 통해 상증 세법 제79조에 의한 경정청구가 가능한 것으로 명문화하였다. 그러므로 공동상속 인들 간에 상속재산분할소송 등으로 상속분이 확정되지 않았더라도(확정될 때 경정 청구하면 되므로) 상속인들의 상속세 납부의무를 결정하는 것은 정당하다고 판단하 였다(심사상속 2011-5, 2011. 6. 22. ; 재산-181, 2010. 3. 24.).

따라서 상속회복청구소송 이외의 확정판결에 의한 상속재산가액의 변동에 대해 서는 후발적 사유에 의한 경정청구(국세기본법 제45조의 2 제2항)에 따른 권리구제를 허용한다(대법원 2005두10743, 2007. 11. 29.).

상속인 간 상속재산가액의 변동에 대해 경정청구를 인정하므로 공동상속의 경우

625) 2013. 2. 15. 이후 최초로 경정청구하는 분부터 적용

상속세 경정처분이 증액경정처분인지 감액경정처분인지의 여부는 공동상속인 전체에 대한 총 상속세액(물론 총 상속세액의 증액 및 감액경정처분이 당연함은 별론으로 하고)이 아닌 각 공동상속인에 대한 개별세액을 기준으로 판단한다(대법원 2005두1688, 2006. 2. 9. ; 조심 2008전2369, 2008. 11. 19.[626]). 그러므로 공동상속인 간 상속재산의 분쟁으로 인하여 당초 신고한 상속세액은 변동이 없으나, 각자가 납부하여야 할 상속세가 변동하였다면 공동상속인 1인에게는 감액경정처분, 다른 공동상속인 1인에게는 증액경정처분을 하여야 하는 결과가 나온다.

② 상속개시 후[627] 1년이 되는 날까지 상속재산의 수용 등의 사유로 인하여 상속재산의 가액이 크게 하락한 경우

이 규정은 고액의 상속세를 부담하는 납세자를 보호하기 위하여 자의에 의한 상속재산의 감소가 아니라, 국가 등 공공기관의 수용 등 공익을 위해 제공한 상속재산의 가액이 현저히 하락한 경우 상속세를 감액하겠다는 취지(조심 2008서2896, 2009. 3. 12.)로서 응능부담의 측면에서 타당하다.

그리고 상속재산가액은 상속개시 당시의 시가에 의함이 원칙이나 상증세법 제79조 제1항 제2호의 사유의 경우에는 상속개시 이후의 시기를 소급하여 상속개시 당시 시가로 인정하는 것이 그 사정이 시가를 보다 잘 반영한다고 보아 시가평가 원칙의 측면에서 합리적이다.[628]

이때 상속재산의 수용 등의 사유라 함은 다음과 같다(상증세법 시행령 제81조 제3항).

㉠ 상속재산이 수용·경매(민사집행법에 의한 경매를 말한다) 또는 공매[629]된 경우로서 그 보상가액·경매가액 또는 공매가액이 상속세 과세가액보다 하락한 경우

민사집행법 등에 의한 공매나 경매도 사실상 수용과 동일하므로 경정청구대상에 포함하였다. 그리고 수용 등 하나의 거래단위로서 양도된 각 상속재산의 가액은 통산하여 경정청구특례에 해당하는지 여부를 판단하는 것이 타당하며, 가액이 하락한 자산만 선택하여 판단하여서는 안 된다(조심 2008서2896, 2009. 3. 12.).

그리고 1년의 판단기준일은 매수적격통보일로 봄이 타당하다(조심 2008서2896, 2009.

---

626) 상속세 신고 후 법원의 판결에 의하여 상속인별 상속지분이 변경된 경우 추가 납부하여야 할 상속인에게 납부불성실가산세를 부과한 것은 정당함.

627) 상속세 신고기한이 '상속개시일이 속하는 달의 말일'부터라고 개정되었고, 상증세법 시행령 제81조 제3항에 비추어 보면, '상속개시일 후'가 아니라 '상속개시일이 속하는 달의 말일부터'라고 해석하여야 한다.

628) 물론 이 규정에 해당하는 재산과 다른 재산을 달리 취급한다는 점에서 재산 간의 수평적 불공평이 야기된다는 점과 평가기준일 이후의 사건에 의해 경정이 청구된다는 점에서 납세의무의 확정법리에 어긋난다는 비판이 있다.

629) 여기에서 경매나 공매의 경우에는 2002. 1. 1. 이후 상속개시 분부터 적용한다.

3. 12.). 그렇게 하지 않으면 매수신청 후 관할행정청의 행정절차로 인해 실제 수용이 늦어지는 경우 경정청구가 불가능해지기 때문이다. 같은 맥락에서 상속개시 후 1년 이내에 상속재산(토지)을 점유 사용하고 있는 지방자치단체를 상대로 소송을 제기하여 그 결과 지방자치단체가 그 도로를 신고가액보다 현저히 낮은 가액으로 수용 · 보상하였다면, 그 수용 · 보상일이 상속개시일로부터 1년 이후라 하더라도, 상속개시 후 1년이 되는 날까지 수용 등으로 인하여 상속재산의 가액이 현저히 하락한 경우에 해당한다고 보아야 한다(심사상속 2004 - 7003, 2005. 1. 31.).

ⓛ 유가증권평가(상증세법 제63조 제3항)의 규정에 의하여 주식 등을 할증평가하였으나 일괄하여 매각(피상속인 및 상속인과 상증세법 시행령 제2조의 2 제1항 제1호의 관계에 있는 자에게 일괄하여 매각한 경우를 제외한다)함으로써 최대주주 등의 주식 등에 해당되지 아니하는 경우

이때에 일괄매각한 주식 등의 매각대금이 유가증권 평가의 규정에 의한 할증평가되기 전 주식 등의 평가가액에 미달하는 경우에는 할증평가된 가액에 한하여 위의 경정을 청구할 수 있다(상증세법 시행령 제81조 제4항 : 상증세법 기본통칙 79 -81…1 : 심사상속 98 - 332, 1999. 4. 9.).

이는 종전 경정청구할 수 있는 금액의 한도액을 제한하는 명문의 규정이 없어 '할증평가 전 금액(심사상속 98 - 332, 1999. 4. 9.)'으로 할 것인지 아니면 그 '매각금액(국심 99부1065, 1999. 12. 16.)'으로 평가해 경정할 것인지에 대해 논란이 있었다. 이에 따라 2001년 12월 31일 시행령 개정시 일반주식 평가와의 과세형평과 수용가액에 대한 경정청구와 달리 자의에 의한 처분이라는 점을 감안하여 할증평가 전의 금액으로 경정하도록 명문의 규정(상증세법 시행령 제81조 제4항)을 두었다.

ⓒ 상속재산이 다음의 주식에 해당하여 그 주식을 의무적으로 보유해야 하는 기간의 만료일부터 2개월 이내에 매각한 경우로서 그 매각가액이 상속세 과세가액보다 낮은 경우로서 보유하고 있었던 사실을 증명할 수 있는 서류를 국세청장에게 제출한 경우[630]

ⅰ) 「자본시장과 금융투자업에 관한 법률」에 따라 처분이 제한되어 의무적으로 보유해야 하는 주식

ⅱ) 「채무자 회생 및 파산에 관한 법률」 및 「기업구조조정 촉진법」에 따른 절차에 따라 발행된 주식으로서 법원의 결정에 따라 보호예수(保護預受)해야 하는 주식

---

630) 2021. 2. 17. 이후 결정 또는 경정을 청구하는 분부터 적용

(3) 경정청구기한

이러한 경정청구는 위의 사유가 발생한 날부터 6개월 이내에 하여야 한다. 이때 상속회복청구소송 등의 사유로 인하여 경정 등의 청구를 할 수 있는 기간은 상속회복청구소송의 확정판결이 있는 날로부터 6개월 이내에 청구할 수 있으므로 장기적으로 소송이 진행되었다 하더라도 해당 확정판결이 있는 날로부터 기산하면 된다.

4) 경정청구서의 제출

결정 또는 경정의 청구를 하고자 하는 자는 다음의 사항을 기재한 결정 또는 경정청구서[상증세법 시행규칙 별지 제16호 서식인 "상속세과세표준 및 세액의 결정(경정)청구서"]를 제출하여야 한다(상증세법 시행령 제81조 제1항).

① 청구인의 성명과 주소 또는 거소
② 결정 또는 경정 전의 과세표준 및 세액
③ 결정 또는 경정 후의 과세표준 및 세액
④ 상속세 경정청구특례사유(상증세법 시행령 제81조 제2항 및 상증세법 제79조 제1항 각 호)에 해당됨을 입증하는 서류
⑤ 위 외에 그 밖의 필요한 사항

 기한 후 신고

1. 개념

법정신고기한 내에 과세표준신고서를 제출하지 아니한 자(무신고자)가 그 법정신고기한 후에 과세표준신고서를 관할 세무서장에게 제출하는 것을 「기한 후 과세표준신고」라고 한다(국세기본법 제45조의 3). 만약에 법정신고기한 내에 과세표준신고서를 제출한 자의 경우는 수정신고를 하게 될 것이다. 상속세[증여세]의 경우에도 상증세법 제67조[상증세법 제68조]에 의한 상속세[증여세] 과세표준 신고기한 내에 상속세[증여세] 과세표준 신고서를 제출하지 아니한 자가 그 기한이 경과한 후에 할 수 있는 것이다.[631]

---

631) 최명근, 「세법학총론」, 세경사, 2002, 405~406쪽 참조

2. 취지

납세의무자가 법정신고기한 내에 과세표준신고 및 납부세액을 납부하지 않는 경우에는 관할 세무서장이 과세표준 및 세액을 결정하여 납부할 세액을 납부고지서에 의하여 통지한다. 이 경우 상속세[증여세]의 납세의무자는 당초 납부하지 않은 세액에 가산하여 납부지연가산세를 납부하여야 한다.

한편 기한 후 과세표준신고를 도입하기 전에는 과세표준 신고기한이 경과한 후에는 과세표준신고를 할 수 없고 오직 정부의 경정을 통하여만 과세표준과 세액이 결정됨으로 인하여 부당하게 납부지연가산세를 부담하게 되는데, 기한 후 과세표준신고를 도입함으로 인하여 관할 세무서장이 결정하여 통지하기 전에 과세표준을 신고하고 납부하는 경우에는 납부지연가산세의 부담을 줄일 수 있을 뿐만 아니라 자발적인 납세의무 이행을 유도하고 과세관청은 징세비를 절감할 수 있는 있다는 점이 유익한 점이라 할 것이다.

3. 신고요건

(1) 신고자 적격

기한 후 과세표준신고는 법정신고기한 내에 상속세[증여세] 과세표준신고서를 제출하지 아니한 자로서 가산세를 제외한 납부하여야 할 세액이 있어야 한다. 그러므로 상속세[증여세] 본세의 납부할 세액이 없는 자는 기한 후 과세표준신고를 할 필요가 없게 된다.

(2) 대상세목

기한 후 과세표준신고는 자산재평가법 제15조의 규정에 의한 재평가신고를 제외하고 신고주의 세목이냐 부과주의 세목이냐를 불문하고 세법에 의하여 과세표준신고를 하도록 되어 있는 모든 세목에 대하여 할 수 있다. 그러므로 상속세[증여세] 과세표준에 대한 기한 후 신고를 할 수 있다.

(3) 기 한 후 신 고 처

기한후과세표준신고서는 그 신고 당시 상속세[증여세]의 납세지 관할 세무서장에게 제출하여야 한다(국세기본법 시행령 제25조의 4 제1항, 국세기본법 제43조 제1항 본문).

(4) 신고기한

기한 후 과세표준신고는 법정신고기한이 지난 후 관할 세무서장이 세법에 의하여 해당 국세의 과세표준과 세액을 결정하여 통지하기 전까지 할 수 있다.

(5) 세액과 가산세의 납부

기한후과세표준신고서를 제출한 자는 기한 후 과세표준신고 금액에 상당하는 상속세액[증여세액]과 세법에서 정하는 가산세를 그 제출과 동시에 납부하여야 한다.

4. 효과

(1) 기한후과세표준신고서를 제출하고 해당 세액을 납부한 경우, 종전까지는 관할 세무서장은 세법에 의하여 해당 국세의 과세표준과 세액을 결정하도록 하면서도 그 기한을 정하지 않아 납세의무의 확정이 불안정한 상태에 있었다. 이에 따라 기한 후 신고에 의한 과세관청의 결정기한을 정함으로써 조속히 납세의무를 확정하도록 하기 위해, 신고일부터 3개월 이내에 해당 국세의 과세표준과 세액을 결정하여 통지하도록 하고, 다만 그 과세표준과 세액을 조사할 때 조사 등에 장기간이 걸리는 등 부득이한 사유로 신고일부터 3개월 이내에 결정 또는 경정할 수 없는 경우에는 그 사유를 신고인에게 통지하도록 개정하였다(국세기본법 제45조의 3 제3항).[632]

그러므로 기한 후 과세표준신고는 신고주의 세목이든 부과주의 세목이든 세액을 확정하는 효력이 없고 이 신고를 받아서 행정청이 세액을 결정한다.

(2) 그리고 법정신고기한이 지난 후 1개월 이내에 기한 후 신고를 한 경우에는 과소신고가산세의 50% 감면(1~3개월 이내 : 30%, 3~6개월 이내 : 20%)[633]이라는 법률효과가 따른다(국세기본법 제48조 제2항 제2호). 이때 과세표준과 세액을 결정할 것을 미리 알고 기한후과세표준신고서를 제출한 경우에는 과소신고가산세의 경감을 배제한다(국세기본법 제48조 제2항 제2호 괄호).

(3) 종전에는 기한 후 신고시 법정과세표준 및 세액보다 미달하게 신고한 경우에는 수정신고가 불가능하였다. 그러나 과세표준 수정신고는 납세자가 과세표준 등을 과소신고한 경우에 이를 보정하는 절차이고, 또한 조세채무가 과세물건의 실체적 진실에 기초를 두고 그에 상응하는 실액과세를 하여야 하는 것이 원칙이라는 점에서 그 실체적 진실을 가장 잘 알고 있는 납세자에게 법정신고기한이 경과한 후에 과세표준신고서를 제출한 경우에도 수정신고를 할 수 있게 하여야 마땅할 것이다. 이를 허용하지

---

632) 2014. 12. 23. 법률 제12848호로 개정되었다.
633) 2020. 1. 1. 이후 수정신고하는 분부터 적용

않는 것은 납세의무자에게 가산세 감면의 혜택을 주어 자발적 납세의무 이행을 유도하고자 하는 수정신고, 기한 후 신고의 당초 입법취지와는 부합되지 않는 것으로서 입법상의 미비점으로 볼 수밖에 없는 것이다. 이러한 지적에 따라 2020. 1. 1. 개정에서는 법정신고기한이 경과한 후에 과세표준신고를 한 경우에도 정부가 결정 또는 경정하기 전까지는 수정신고를 할 수 있도록 개정되었다.

제3절 상속세의 납부

§관련조문

상증세법	상증세법 시행령
제70조【자진납부】	제66조【자진납부】

I 의의

1. 의의

과세요건의 충족에 의하여 당연히 성립하여 신고나 부과처분에 의해 확정된 납세의무는 여러 가지 원인에 의하여 소멸하게 된다. 납세의무는 그 본질이 채무이기 때문에 사법상의 채무가 급부의 이행(변제)으로 소멸하듯이 통상적으로 세액의 납부에 의하여 소멸하는 것이 원칙이다. 그러므로 상속세의 납부는 상속세 납세의무를 소멸시킨다.

상속세의 납부의무자(신고의무자)는 신고기한 내에 상속세과세표준신고와 함께 상속세를 납세지 관할 세무서장에게 납부하거나 국세징수법에 의한 납부서에 의하여 한국은행 또는 체신관서에 자진납부하여야 한다(상증세법 시행령 제66조 제1항).

2. 자진납부기한

상속세의 납부는 과세표준신고와 동시에 이루어져야 하므로 상속세 자진납부기한은 과세표준 신고기한[634]과 일치한다.

---

634) 이 책 앞에서 본 '상속세과세표준 신고' 참조

3. 자진납부세액의 계산

(1) 상속세 산출세액에서 다음에 규정된 금액을 차감한 금액을 납부하여야 한다(상증세법 제70조).

① 지정문화재 등 징수유예금액(상증세법 제74조)

② 증여세액공제(상증세법 제28조), 외국납부세액공제(상증세법 제29조), 단기재상속에 대한 세액공제(상증세법 제30조) 및 다른 법률에 의한 공제·감면세액(상증세법 제69조 제1항 제2호)

③ 상속세 신고세액공제액(상증세법 제69조 제1항 본문)

④ 연부연납을 신청한 금액(상증세법 제71조)

⑤ 가업상속에 대한 상속세 납부유예 신청한 금액(상증세법 제72조의 2)

⑥ 물납을 신청한 금액(상증세법 제73조, 제73조의 2)

(2)① 여기의 상속세 산출세액에는 납세의무자가 실제로 자진하여 납부할 세액을 말하므로 세대를 건너뛴 상속에 대한 할증과세금액을 당연히 포함한다.

② 현행 상증세법은 유산세 체계로 되어 있으므로 상속재산에 대한 납부세액의 총액은 하나의 단위로서 일괄하여 계산되는 것이나, 그 부담액은 각 상속인의 상속분에 비례하여 계산하고 상속인 모두가 연대하여 납세의무를 지도록 하였다.

③ 이때에 차감항목을 적용하는 순서에 대해서는 명문의 규정이 없다.

④ 그리고 현재 상증세법 이외의 다른 법률에서 상속세의 공제·감면세액을 규정하고 있는 것은 없다.

⑤ 만약 증여를 양도로 보아 이미 양도세를 납부하였더라도 양도세를 환급받는 것은 별론으로 하더라도 증여세에서 양도세를 기납부세액으로 공제할 수 없다(국심 94 서4747, 1994. 12. 5.).

⑥ 만약 산출세액보다 빼는 금액이 더 크더라도 이는 없는 것으로 보는 것이지 환급하는 것이 아니다.

4. 분납

1) 의의

상속세[증여세]의 경우 자진납부하여야 할 금액이 큰 것이 일반적이다. 그렇기 때문에 이러한 일시적 자금부담을 덜어주기 위해 일정한 기간 동안 일정한 금액의 납부를 연장하여 주는 제도이다.

2) 분납세액 및 분납기한

위에 의해 계산된 상속세[증여세] 자진납부할 금액이 1천만원을 초과하는 경우에는 다음에 따라 그 납부할 금액의 일부를 납부기한이 지난 후 2개월[635] 이내에 분납할 수 있다. 납세의무자가 분납을 신청한 경우 그 기한을 일자별로 계산하여야 하는 불편함과 날짜 계산의 착오 가능성이 있고, 통상적으로 납부기한을 월단위로 정하고 있는 점을 감안하여 분납의 납부기한도 월단위로 개정하였다.[636]

① 납부할 세액이 2천만원 이하인 때에는 1천만원을 초과하는 금액

② 납부할 세액이 2천만원을 초과하는 때에는 그 세액의 100분의 50 이하의 금액

3) 분납배제

① 다만, 연부연납(상증세법 제71조)을 허가받은 경우에는 분납할 수 없다. 따라서 상속세 [증여세] 납세의무자는 연부연납에 의한 세액납부와 분납에 의한 세액납부를 비교하여 자신에게 유리한 방법을 선택하여 그 중 하나만을 신청하여야 한다.

② 또한 분납은 납부기한 이내에 자진납부하는 자에게 주어지는 혜택이므로, 상속세 [증여세]의 조사결과 추징되는 세액에는 적용되지 않는다.

4) 분납신청

상증세법상 별도의 신청서가 규정되어 있지 않으므로, 상속세[증여세] 과세표준신고 및 자진납부계산서(상증세법 시행규칙 별지 제9호[제10호] 서식)의 분납란에 분납할 세액을 기재함으로써 분납신청이 된 것으로 본다.

5. 납부방법

세액의 납부는 금전납부가 일반원칙이나 상속세[증여세]는 물납이 허용되며, 일반납부가 일반원칙이나 연부연납이 허용될 수 있다. 그리고 금전납부의 경우 신용카드 등으로도 납부할 수 있다(국세기본법 제46조의 2).

---

635) 2008. 12. 31. 이전에는 45일
636) 2009. 1. 1. 이후 적용

6. 납부의 효력

상속세[증여세]의 납부는 상속세[증여세] 납세의무를 소멸시킨다. 그런데 상속세[증여세] 납세의무는 연대납세의무이므로 공동상속인 중 1인[증여자]의 납부는 다른 상속인[수증자]에게도 효력이 있다.

 징수유예

§관련조문

상증세법	상증세법 시행령
제74조【지정문화재 등에 대한 상속세의 징수유예】	제76조【문화재자료 등의 징수유예액의 계산 등】

1. 의의

본시 징수유예란 확정된 납세의무의 이행이 어려운 납세의무자의 개별적인 사정을 고려하여 일정기간 동안 그 징수를 늦추어주는 것으로서 납세의무자를 보호하기 위한 제도이다. 그러므로 상속인 국내거주 여부와 상관없이 적용된다(재삼 01254-1643, 1992. 7. 3.).

그리하여 상증세법은 문화재자료 등의 특성상 상속인들이 이를 처분하기보다는 계속 보존하기를 원하고 상속세 부담 때문에 이를 숨기는 것을 방지하기 위해 재산의 유상처분 등의 경우까지 그 징수를 유예하고 있다. 그러므로 징수유예란 '비과세'하는 것이 아닌, 상속재산에 포함해 산출한 상속세액에서 당해 재산이 차지하는 비율 상당액을 징수유예하는 것이다(대법원 98두3204, 1999. 6. 22.).

이에 따라 상속재산에 문화재자료 등의 재산이 포함되어 있는 경우에는 상속세액 중 그 재산가액에 상당하는 상속세액의 징수를 유예한다.

2. 징수유예 요건

1) 징수유예대상 자산

상증세법상 징수유예되는 재산은 다음의 재산에 한한다.
① 문화재자료(문화재보호법 제2조 제2항 제3호) 및 등록문화재(문화재보호법 제53조)와 보호구역

안의 토지(문화재보호법 제27조 제1항)로서 해당 문화재 또는 문화재자료가 속하여 있는
보호구역 안의 토지(상증세법 시행령 제8조 제2항에서 정하는 토지)

문화재를 보호하기 위한 보호구역 역시 문화재와 마찬가지로 재산행사의 제약을 받
으므로 징수유예대상으로 하였고, 지정문화재가 아닌 건조물 또는 기념이 될 만한
시설물 형태의 문화재 중에서 보존 및 활용을 위한 조치가 특히 필요한 것에 대하여
문화재위원회의 심의를 거쳐 등록할 수 있도록 하여 이것에 대하여 문화재자료와
동일한 수준으로 세제지원차원에서 상속세 징수유예를 허용하였다(문화재보호법 제53조
제1항).

② 등록한 박물관자료 또는 미술관자료(박물관 및 미술관 진흥법 제2조)로서 박물관 및 미술관
진흥법의 규정에 의한 박물관 또는 미술관(사립박물관 또는 사립미술관에 대하여는 공익법인 등
에 해당하는 경우에 한한다)에 전시 또는 보존 중에 있는 재산

위의 ②에서 박물관자료 또는 미술관자료의 경우 상속인이 상속재산 중 박물관자료
또는 미술관자료를 상속세 신고기한 이내에 박물관 및 미술관진흥법의 규정에 의한
박물관 또는 미술관에 전시 또는 보존하는 경우에도 징수유예를 받을 수 있다. 이
경우는 상속인이 박물관 또는 미술관을 설립하여 상속재산 중 박물관자료 또는 미술
관자료를 해당 박물관 또는 미술관에 전시·보존하는 경우로서 상속세과세표준 신
고기한까지 박물관 또는 미술관을 설립하여 전시·보존하여야 한다. 다만, 박물관
또는 미술관의 설립에 있어 법령상 또는 행정상의 사유로 지연되는 경우에는 그 사
유가 종료된 날이 속하는 달의 말일부터 6개월 이내로 한다.

③ 국가지정문화재 및 시·도 지정문화재(문화재보호법 제2조)와 같은 법에 따른 보호구역
에 있는 토지(이하 "국가지정문화재 등")

④ 자연유산의 보존 및 활용에 관한 법률에 따라 지정된 천연기념물·명승 및 시·도
자연유산과 같은 법에 따른 보호구역에 있는 토지로서 대통령령으로 정하는 토지(이
하 "천연기념물 등")

2) 아래 4.의 징수유예배제사유에 해당하지 않아야 한다

3) 담보의 제공

징수유예를 받고자 하는 자는 그 유예한 상속세액에 상당하는 담보를 제공하여야 하고
이 경우 담보의 제공에 관하여는 상증세법 제71조(연부연납)의 규정을 준용하도록 하고
있는바, 자세한 내용은 아래 Ⅲ.에서 기술하기로 한다.

이때 징수유예세액에 미달하는 담보를 제공한 때에는 그 담보재산에 상당하는 세액의

범위 내에서 징수를 유예할 수 있으며 담보의 종류 및 그 밖의 사항은 국세기본법 제29조 내지 제34조의 규정을 준용한다(상증세법 기본통칙 71-67…2).

3. 징수유예세액 계산

징수가 유예되는 세액은 상속재산가액 중에서 위 징수유예대상 재산의 가액이 차지하는 비율을 상속세 산출세액에 곱하여 계산한바, 상속재산에는 상증세법 제13조의 규정에 의하여 상속재산에 가산하는 증여재산을 포함한다(상증세법 시행령 제76조 제1항).

이를 산식으로 표시하면 다음과 같다.

$$상속세\ 산출세액 \times \frac{문화재\ 등\ 가액}{상속재산가액} = 징수유예세액$$

이 경우 '상속재산'은 상속세 과세가액 상당액을 말하는 것이며, 세대를 건너뛴 상속에 대한 할증과세액은 징수유예되는 상속세액에 포함된다(서면4팀-1746, 2004. 10. 28.).

4. 징수유예 배제사유

문화재자료 등, 박물관자료 등, 국가지정문화재 등 또는 천연기념물 등을 상속받은 상속인 또는 수유자가 이를 유상으로 양도하거나, 다음의 사유(상증세법 시행령 제76조 제4항)로 박물관자료 등을 인출하는 경우에는 지체 없이 유예된 상속세액을 징수한다. 왜냐하면 이 징수유예제도는 상속인이 상속을 받은 문화재 등을 영구 보존하거나 계속해서 박물관에 전시 보존하는 것을 전제로 한 것이기 때문이다.

1) 박물관 또는 미술관의 등록이 취소된 경우

2) 박물관 또는 미술관을 폐관한 경우

3) 문화체육관광부에 등록된 박물관 자료 또는 미술관 자료에서 제외되는 경우

5. 유예기간 중 다시 상속이 개시된 경우의 징수유예

상속세의 징수유예기간 중에 다시 상속이 개시된 경우에는 세무서장은 그 징수유예한 상속세액의 부과결정을 철회하고 다시 부과하지 아니하되(상증세법 집행기준 74-76-2), 재상속으로 인한 징수유예를 다시 해야 한다.

그러므로 문화재자료를 상속받은 자가 동 문화재자료를 손자 등에게 증여시, 상속인이 상속받은 문화재 상속재산이 다시 상속되는 경우가 아니기 때문에 기징수유예한 상속세는 징수하며, 동 문화재자료에 대한 증여세액은 징수유예대상이 아니다(서일 46014-11531, 2003. 10. 28.).

6. 납세담보제공의 예외

국가지정문화재 등(징수유예대상 재산 ③) 및 천연기념물 등(징수유예대상 재산 ④)에 대한 상속세를 징수유예 받으려는 자는 그 유예할 상속세액에 상당하는 담보를 제공하지 아니할 수 있다(상증세법 제74조 제5항).

납세담보를 제공하지 아니한 자는 매년 말 관할 세무서장에게 대통령령으로 정하는 바에 따라 국가지정문화재 등 또는 천연기념물 등의 보유현황을 제출하여야 하며, 관할 세무서장은 보유현황의 적정성을 점검하여야 한다(상증세법 제74조 제6항).

납세담보를 제공하지 아니한 자가 국가지정문화재 등 또는 천연기념물 등을 유상으로 양도할 때에는 국가지정문화재 등 또는 천연기념물 등을 양도하기 7일 전까지 그 사실을 대통령령으로 정하는 바에 따라 관할 세무서장에게 신고하여야 한다(상증세법 제74조 제7항).

[별지 제14호의 3 서식] (2023. 3. 20. 신설)

징수유예 국가지정문화재등 [ ]보유현황명세서
[ ]양도거래신고서

※ 뒤쪽의 작성방법을 읽고 작성하시기 바랍니다. (앞쪽)

관리번호		-				
제출인	① 성 명		② 주민등록번호		③ 전자우편 주소	
	④ 주 소				⑤ 피상속인과의 관계	
	⑥ 전화번호	(사무실)		(휴대전화)		
피상속인	⑦ 성 명		⑧ 주민등록번호		⑨ 거 주 구 분	[ ] 거주자 [ ] 비거주자
	⑩ 주 소				⑪ 상속개시일	
세무 대리인	⑫ 성 명		⑬ 사업자등록번호		⑭ 생년월일	
	⑮ 전화번호	(사무실)		(휴대전화)		

징수유예 받은 국가지정문화재등 명세

⑯ 구분	⑰ 작품명	⑱ 작가명	⑲ 규격	⑳ 평가기준일	㉑ 신고액	㉒ 보유 여부 (양도 예정인 경우 양도 예정일 기재)
㉓ 계						

「상속세 및 증여세법」 제74조 제6항·제7항 및 같은 법 시행령 제76조 제5항·제6항에 따라 위와 같이 국가지정문화재등 [ ]보유현황명세서 [ ]양도거래신고서를 제출합니다.

년 월 일

제출인 (서명 또는 인)
세무대리인 (서명 또는 인)

세무서장 귀하

제출서류	국가지정문화재등 양도거래신고서 제출 시: 국가지정문화재 등의 양도거래를 입증할 수 있는 서류	수수료 없음

210mm×297mm[백상지 80g/㎡]

Ⅲ 연부연납

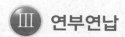

해의 맥

과세관청은 연부연납 신청시 법정요건을 충족하는 경우 허가하여야 하는 기속을 받는다.

§관련조문

상증세법	상증세법 시행령
제71조【연부연납】	제67조【연부연납의 신청 및 허가】
제72조【연부연납가산금】	제68조【연부연납금액 등의 계산】
	제69조【연부연납가산금의 가산율】

1. 연부연납의 의의

연부연납(年賦延納)이란 상속세를 일시납부가 아니라 연단위로 나누어 납부기한을 연장해 주는 것을 말한다. 상속세의 경우에는 세액이 큰 경우가 많고, 취득재산도 부동산 등 현금화하는데 상당한 기간이 필요한 재산인 경우가 많다. 이러한 경우까지 징수의 편의만을 내세워 일시납부의 원칙을 고수하게 되면 납세의무자에게 과중한 부담을 주게 되고, 경우에 따라서는 짧은 납기 내에 상속받은 재산 자체의 처분을 강요하는 결과가 되어 납세의무자의 생활기초마저 위태롭게 할 우려가 있다. 그렇다면 국세수입을 해하지 아니하는 한도에서 납세의무자에게 분할 납부 및 기한유예의 편익을 제공하는 것이 바람직하다.

이러한 취지에 비추어 볼 때 연부연납은 납세의무자의 납세자력의 유무와는 직접적인 관계가 없다고 할 것이다(대법원 91누9374, 1992. 4. 10.). 이러한 시각은 상속재산인 주식이 아니라도 납세의무자에게 고지세액을 납부할 정도의 자력이 있다는 이유로 과세관청이 연부연납 신청을 반려한 것에 대해 대법원이 위법하다고 판단할 때 의미를 가진 바 있다.

연부연납은 일정한 조건을 충족하고 납세의무자의 신청에 의하여 세무서장의 허가에 따라 납세담보를 제공하여야 하며 연부연납의 내용은 변경되고 취소될 수 있다.

아래에서 살펴 볼 연부연납에 대한 세부사항은 세법개정시 조금씩 변경되어 왔기 때문에 실제 연부연납 적용시에는 적용시기를 부칙을 통해 확인하는 것이 필요하다. 이 책에서는 매년 개정을 하기 때문에 각주로 적용시기를 표시할 수 있는 부분은 특별히 표시하기는 했지만, 실제 적용시에는 부칙 조항을 확인해 볼 것을 권한다.

2. 연부연납 요건

1) 허가를 요건으로 하는 경우

납세지 관할 세무서장은 다음의 요건을 모두 충족하는 경우 납세자의 신청을 받아 연부연납을 허가할 수 있다. 그런데 사실상 연부연납의 허가요건이 모두 갖추어져 있는 경우에는 세무서장은 연부연납을 허가하여야 하는 기속을 받는다고 본다(국세기본법 제19조[637] 참조 : 대법원 2003두4973, 2004. 10. 28. ; 대법원 91누9374, 1992. 4. 10.).

(1) 상속세 납부세액이 2천만원[638]을 초과하여야 한다(상증세법 제71조 제1항).

여기에서 상속세 납부세액은 실질적인 납부부담을 의미하므로, 상속세 산출세액에서 문화재 등 징수유예세액, 상속공제를 차감하고 가산세를 가산한 금액, 즉 '신고납부세액'('상속세과세표준신고 및 자진납부계산서'상의 '차가감납부할세액')을 말한다고 해석하여야 한다.

(2) 상속세과세표준 신고기한이나 결정통지에 의한 납부고지서상의 납부기한까지 연부연납신청을 하여야 한다(상증세법 시행령 제67조 제1항).

① 연부연납을 신청하려는 자는 상속세과세표준신고시(상증세법 제67조)에 납부해야 할 세액에 대하여 연부연납신청서(상증세법 시행규칙 별지 제11호 서식)를 상속세과세표준 신고와 함께 납세지 관할 세무서장에게 제출해야 한다. 여기에서의 신고에는 국세기본법 제45조 규정에 의한 수정신고를 하는 경우뿐만 아니라 국세기본법 제45조의 3에 따른 기한 후 신고하는 경우를 포함한다.

② 다만, 그 과세표준과 세액의 결정통지(상증세법 제77조)를 받은 후 해당 납부고지서에 의한 납부기한까지 그 신청서를 제출할 수 있다.

종전에는 상속세를 신고한 후 납부하지 아니한 경우에는 연부연납신청을 할 수 없어 현금을 확보하기 어려운 납세자의 경우 세금납부에 어려움이 있었을 뿐만 아니라, 과세표준 신고를 전혀 하지 않은 자는 납부고지서에 의한 납부기한까지 신청할 수 있게 하여 성실하게 신고에 협력한 자를 오히려 불이익하게 대우하는 등 형평이 맞지 않아 납세자의 권리를 침해하는 면이 있었다.

이에 따라 상속세를 신고한 후 납부하지 않은 경우에도 납부고지서상 납부기한까지 연부연납신청을 허용하여, 납세자의 납세편의를 제고하였다(상증세법 시행령 제

---

637) 제19조【세무공무원의 재량의 한계】세무공무원이 재량으로 직무를 수행할 때에는 과세의 형평과 해당 세법의 목적에 비추어 일반적으로 적당하다고 인정되는 한계를 엄수하여야 한다.

638) 2007. 12. 31. 이전 상속분에 대해서는 1천만원

67조 제1항).[639]

결국 상증세법 제77조의 과세표준과 세액의 결정통지는 상속세과세표준을 신고 하지 않거나 신고하고 납부하지 아니한 경우까지도 포함하는 과세관청의 과세표 준과 세액의 결정통지를 말한다.

위와 같은 연부연납 신청시 가업상속재산 외 상속재산(상증세법 시행령 제68조 제1항 제3호)의 연부연납 신청시 납부할 금액에 대하여는 상증세법 제70조의 규정에 의 한 자진납부금액을 그 금액으로 보아 적용할 수 있다(상증세법 기본통칙 71-68…3).

③ 상속인 전부가 연부연납을 신청하는 경우에 한하여 적용받을 수 있는 것이므로, 공유지분의 연부연납이나 유류분을 반환받은 자가 유류분에 대한 상속세를 납부 할 때 연부연납을 신청하는 경우에도 상속인 전부가 연부연납을 신청하는 경우 에 한하여 적용받을 수 있다(재재산-781, 2011. 9. 22. : 재산-546, 2010. 7. 26.).

(3) 납세담보를 제공하여야 한다.

연부연납을 하고자 하는 자는 이에 상응하는 납세담보를 제공하여야만 하며 납세담 보에 관한 사항은 국세징수법 제18조부터 제23조까지의 규정을 준용하게 된다(상증세 법 시행령 제67조 제4항, 같은 법 기본통칙 71-67…2). 따라서 연부연납허가에 필요한 납세담보 를 제공하지 아니하였다는 이유로 연부연납을 허가하지 아니한 것은 적법하다(대전고 법 2010누1215, 2010. 12. 16.).

이때 연부연납의 신청시 제공한 담보재산의 가액이 연부연납 신청세액(연부연납 가산금 포함)에 미달하는 경우에는 그 담보로 제공된 재산의 가액에 상당하는 세액의 범위 내에서 연부연납을 허가할 수 있다(상증세법 기본통칙 71-67…2 제1항).

담보제공에 적합한 자산이면 되므로 제3자 소유의 부동산으로도 납세담보의 제공이 가능하다(제도 46014-11698, 2001. 6. 26.).

① 담보의 종류(국세징수법 제18조) : 세법에 의하여 제공하는 담보(이하 "납세담보"라 한다) 는 다음 각 호의 어느 하나에 해당하는 것이어야 한다.

1. 금전
2. 자본시장과 금융투자업에 관한 법률 제4조 제3항에 따른 국채증권 등 대통령 령으로 정하는 유가증권(국세기본법 기본통칙 29-0…1)
3. 납세보증보험증권
4. 은행법에 따른 은행 등 대통령령으로 정하는 자의 납세보증서

---

639) 이 개정규정은 납부고지서상의 납부기한이 2010. 2. 18. 이후 최초로 도래하는 납세자부터 적용한다.

    5. 토지

    6. 보험에 든 등기 또는 등록된 건물·공장재단·광업재단·선박·항공기나 건설기계

② **담보의 평가**(국세징수법 제19조)

    납세담보의 가액의 평가는 다음의 규정에 의한다.

    1. 유가증권은 담보로 제공하는 날의 전날을 평가기준일로 하여 상증세법 시행령 제58조 제1항을 준용하여 계산한 가액으로 한다(국세징수법 시행령 제19조 제1항).

    2. 납세보증보험증권은 보험금액에 의한다.

    3. 납세보증서는 보증금액에 의한다.

    4. 토지·건물·공장재단·광업재단·선박·항공기 또는 건설기계는 대통령령이 정하는 아래의 가액(국세징수법 시행령 제19조 제2항)으로 한다.

       1) 토지 또는 건물 : 상증세법 제60조 및 제61조에 따라 평가한 가액

       2) 공장재단, 광업재단, 선박, 항공기 또는 건설기계 : 감정평가 및 감정평가사에 관한 법률에 따른 감정평가업자의 평가액 또는 지방세법에 따른 시가표준액

③ **담보의 제공방법**(국세징수법 제20조)

    가. 금전 또는 유가증권을 납세담보로 제공하고자 하는 자는 이를 공탁하고 그 공탁수령증을 세무서장에게 제출하여야 한다. 다만, 등록된 유가증권의 경우에는 담보제공의 뜻을 등록하고 그 등록확인증을 제출하여야 한다.

    나. 납세보증보험증권 또는 납세보증서를 납세담보로 제공하고자 하는 자는 그 보험증권 또는 보증서를 세무서장에게 제출하여야 한다.

    다. 토지·건물·공장재단·광업재단·선박·항공기 또는 건설기계를 납세담보로 제공하고자 하는 자는 그 등기필증, 등기완료통지서 또는 등록필증을 세무서장에게 제시하여야 하며, 세무서장은 이에 의하여 저당권의 설정을 위한 등기 또는 등록의 절차를 밟아야 한다. 이 경우 화재보험에 든 건물·공장재단·선박·항공기 또는 건설기계를 납세담보로 제공하려는 자는 그 화재보험증권도 관할 세무서장에게 제출하여야 한다.

④ **담보의 변경과 보충**(국세징수법 제21조)

    가. 납세담보를 제공한 자는 세무서장의 승인을 얻어 그 담보를 변경할 수 있다.

    나. 세무서장은 납세담보물의 가액 또는 보증인의 자력의 감소 그 밖의 사유로

그 납세담보로 국세·가산금과 체납처분비의 납부를 담보할 수 없다고 인정하는 때에는 담보를 제공한 자에 대하여 담보물의 추가제공 또는 보증인의 변경을 요구할 수 있다.

⑤ 담보에 의한 납부와 징수(국세징수법 제22조)

　가. 납세담보로서 금전을 제공한 자는 그 금전으로 담보한 국세·가산금과 체납처분비를 납부할 수 있다.

　나. 세무서장은 납세담보의 제공을 받은 국세·가산금과 체납처분비가 담보의 기간 내에 납부되지 아니한 때에는 국세징수법 시행령 제22조 제2항·제3항이 정하는 바에 의하여 해당 담보로써 그 국세·가산금과 체납처분비를 징수한다.

⑥ 담보의 해제(국세징수법 제23조)

세무서장은 납세담보의 제공을 받은 국세·가산금과 체납처분비가 납부된 때에는 지체없이 담보해제의 절차를 밟아야 한다.

이런 맥락에서 연부연납을 허가받은 자가 연부연납세액의 각 회분을 납부한 경우에는 동 금액에 상당하는 담보를 순차로 해제할 수 있다(재산-889, 2010. 11. 29.).

(4) 연부연납의 허가를 받아야 한다(상증세법 시행령 제67조 제2항).

① 허가통지 : 연부연납신청서를 받은 세무서장은 다음에 따른 기간 이내에 신청인에게 그 허가 여부를 서면으로 결정·통지해야 한다.

　㉮ 법 제67조에 따른 상속세과세표준신고 또는 법 제68조에 따른 증여세 과세표준신고를 한 경우 : 상속세과세표준 신고기한(상증세법 제67조)이 경과한 날부터 9개월(법정결정기한)

　㉯ 국세기본법 제45조에 따른 수정신고 또는 제45조의 3에 따른 기한 후 신고를 한 경우 : 신고한 날이 속하는 달의 말일부터 9개월[640]

　㉰ 다만, 상증세법 시행령 제67조 제1항 단서(위 (2)②)의 경우 : 납부고지서에 의한 납부기한이 지난 날부터 14일

연부연납의 허가는 별지 제12호 서식에 의한다(상증세법 시행규칙 제24조 제12호).

② 허가통지를 하지 않은 경우

위의 기간까지 그 허가 여부에 대한 서면을 발송하지 않은 때에는 허가를 한 것으로 본다.

---

640) 2020. 2. 11. 이후 신청하는 분부터 적용한다. 종전에는 6개월.

③ 연부연납 신청기간 중의 특례

가. 상속세의 과세표준신고시에 연부연납신청을 한 세액[위 (2)①]에 대한 적법한 신청에 대해 납부기한을 경과하여 연부연납허가를 통지(상속세과세표준 신고기한이 경과한 날부터 9개월 이내)하는 때에는 그 연부연납액에 상당한 세액의 징수에 있어서 연부연납허가통지일 이전에 한하여 납부지연가산세(국세기본법 제47조의4)를 부과하지 아니한다(징세-775, 2009. 8. 18. ; 국심 94서2353, 1994. 8. 18. ; 대법원 2004두2356, 2005. 9. 30.).

나. 연부연납 신청을 적법하게 하였는데 연부연납허가에 대한 통지 여부는 납부기한을 넘은 경우, 납부지연에 대한 가산금 및 가산세를 부과하여야 하는지가 논란이 될 수 있다. 신청을 적법하게 한 것에 초점을 맞춘다면 가산금 및 가산세는 부과하지 않는 것이 타당할 것이고, 납부기한을 넘긴 것에 초점을 맞춘다면 부과하는 것이 타당할 수 있다. 2020년 기존의 납부불성실가산세와 가산금이 납부지연가산세로 통합되면서 위 논의는 납부지연가산세를 부과할지에 대한 것으로 귀결된다고 할 수 있다. 국세징수법이 2018. 12. 31. 개정되면서 납부불성실가산세를 납부지연가산세로 통합하고 가산금제도를 폐지하면서 동법 제21조가 삭제되었는데 그 시행은 2020년부터 된 것이다.

납부기한이 지나면 미납세액의 3%가 납부지연가산세로 부과되고, 세목별 세액이 100만원 이상인 경우 납부기한이 지난 1일마다 0.022%의 가산세가 최대 5년간 추가 부과된다. 종전에는 납세자가 납부고지서를 받은 후 기한이 지나 납부할 경우 미납세액의 3%가 가산금으로 부과되고, 세목별 세액이 100만원 이상인 경우에는 납부기한이 지난 1개월마다 0.75%의 가산금이 최대 60개월까지 추가로 부과되었다.

상증세법 시행령 제67조 제3항에 따르면 상속세의 과세표준신고시에 연부연납신청을 한 세액 외의 세액[위 (2)②]에 대해 적법한 신청에 대해 납부기한을 경과하여 연부연납허가 여부를 통지(납부고지서에 의한 납부기한이 경과한 날부터 14일 이내)하는 경우 그 연부연납액에 상당한 세액의 징수에 있어서는 연부연납허가여부통지일 이전에 한정하여 국세징수법 제21조를 적용하지 아니한다고 규정하고 있다. 위에서 본 바와 같이 국세징수법 제21조가 삭제되었는데 이를 제대로 반영하지 않은 것이라 할 수 있다. 가산금이 폐지되어서든 가산금 조항이 적용되지 않든 가산금은 부과되지 않는다. 해당 규정의 취지로 본다면 납부지연가산세 역시 부과되지 않는 것이 타당하고, 이를 명확하게 하는 법개정이 필요하다. 2021년 2월 17일 상속세 및 증여세법 시행령 개정을 통해 국세기본법 제47조의 4 제1항 제1호 및 제3호의 납부지연가산세는 부과되지 않는 것으로 명확하게 정리되었다.

2) 허가를 요건으로 하지 않는 경우

이때 납세담보가 확실하고 안전하다고 보는 다음에 열거하는 담보(국세징수법 제18조 제1호부터 제4호까지)를 제공하여 연부연납허가를 신청하는 경우에는 위 (1), (2) 및 (3)의 요건만 충족하면 그 신청일에 허가받은 것으로 본다(상증세법 제71조 제1항 후단, 같은 법 집행기준 71-67-2).[641] 따라서 별도의 허가통지 절차는 불필요하다.

① 금전
② 자본시장과 금융투자업에 관한 법률 제4조 제3항에 따른 국채증권 등 대통령령으로 정하는 유가증권(이하 이 절에서 "유가증권"이라 한다)[642]
③ 납세보증보험증권
④ 은행법에 따른 은행 등 대통령령으로 정하는 자의 납세보증서[643]

2008년 12월 26일 상증세법 개정시 연부연납제도의 활성화를 위하여 납세담보가 확실(연부연납세액에 대한 담보가 100% 보증되는 경우)하여 평가가 필요 없는 납세보증보험증권, 납세보증서 등을 담보물로 제공하는 경우에는 그 신청일에 허가를 받은 것으로 간주하도록 개정하였다.[644]

3. 연부연납금액의 결정

연부연납시 매년 납부할 금액은 각 회분의 분납세액이 1천만원을 초과하는 금액 범위에서 다음에 따라 계산된 금액으로 한다(상증세법 시행령 제68조 제1항 내지 제4항[645]).

한편 연부연납 기간 중에 행정소송 등에 의하여 세액이 감액결정된 때에는 최종 확정된 연부연납 각 회분의 납부기한이 경과한 분납세액을 차감한 잔액에 대하여 나머지 분납할 회수로 평분한 금액을 각 회분의 연납금액으로 한다(상증세법 기본통칙 71-68…4, 같은 법 집행기준 71-67-5, 71-68-1).

---

641) 2009. 1. 1. 이후 신청분부터 적용한다.
642) 담보의 종류에 대한 개정규정은 2012. 1. 1.부터 시행한다.
643) 담보의 종류에 대한 개정규정은 2012. 1. 1.부터 시행한다.
644) 국세청, 「2009 개정세법해설」, 2009, 173쪽 ; 개정규정은 2009. 1. 1. 이후 최초로 연부연납을 신청하는 분부터 적용한다.
645) 2018. 2. 13. 이후 연부연납을 신청하는 분부터 적용한다.

1) 가업상속재산

이때의 가업상속재산은 가업상속공제(상증세법 제18조의 2 제1항)를 받았거나 대통령령으로 정하는 요건에 따라 중소기업 또는 중견기업을 상속받은 경우 대통령령으로 정하는 상속재산을 의미한다.[646] 종전에는 가업상속공제를 받은 경우에만 연부연납이 가능하였으나, 가업상속에 따른 납세 부담을 경감한다는 취지로 가업상속공제를 받지 아니하여도 일정 요건에 따라 가업을 상속하는 경우에는 가업상속재산에 대한 상속세 연부연납이 가능하게 되었다.

(1) 연부연납 특례 기간 적용(최대 20년)

가업상속재산에 대한 연부연납의 경우 연부연납 기간을 연부연납 허가일부터 20년간 또는 연부연납 허가 후 10년이 되는 날부터 10년 중 선택할 수 있다(상증세법 제71조 제2항 제1호 가목).

(2) 매년 납부할 연부연납금액(상증세법 시행령 제68조 제1항 제1호 및 제2항)

$$
\text{상속세 납부세액} \times \frac{\dfrac{\text{가업상속재산가액} - \text{가업상속 공제금액}}{\text{총 상속재산가액} - \text{가업상속 공제금액}}}{(\text{연부연납기간} + 1)}
$$

이때 가업상속재산의 범위에 관하여는 상속개시일 현재 18세 이상이며, 상속세과세 표준 신고기한까지 임원으로 취임하고, 상속세 신고기한부터 2년 이내에 대표이사 등으로 취임한 상속인(상속인의 배우자가 동 요건을 모두 갖춘 경우에는 상속인이 그 요건을 갖춘 것으로 본다)이 받거나 받을 상속재산을 말한다(상증세법 시행령 제68조 제2항, 제4항). 여기에서 총 상속재산가액에는 간주상속재산은 포함하나, 추정상속재산·상속인이 아닌 자에게 유증한 재산·사전증여재산은 제외한다.

위 산식에서 '연부연납기간+1'의 기간으로 납부세액을 분배하는 것은, 위의 산식에 의해 계산된 배분금액을 '연부연납을 신청하는 때(거치기간이 있는 가업상속재산은 거치기간이 종료한 날[647])'와 '연부연납기간'에 따라 납부하는 것이기 때문이다.

---

646) 2018. 1. 1. 이후 가업을 상속받는 분부터 적용한다.

647) 그러므로 2008. 1. 1. 이후 상속분으로서 2008. 2. 22. 이후 가업상속재산에 대한 연부연납신청분부터 거치기간을 적용한다. 한편 2007. 12. 31. 이전 상속분이나 2008. 1. 1. 이후 상속분이더라도 2008. 2. 21. 이전 신청분에 대해서는 거치기간 없이 종전 규정에 따라 신청시부터 계산한다.

2) 가업상속재산 외 상속재산

신고납부기한 또는 납부고지서에 따른 납부기한과 납부기한이 지난 후 연부연납기간(최대 10년)에 매년 납부할 금액은 다음에 따라 계산한 금액(상증세법 시행령 제68조 제1항 제3호, 상증세법 기본통칙 71-68…3)

$$\frac{\text{상속세 납부세액} \times (1 - \dfrac{\text{가업상속재산가액} - \text{가업상속 공제금액}}{\text{총 상속재산가액} - \text{가업상속 공제금액}})}{(\text{연부연납기간} + 1)}$$

4. 연부연납의 기간

연부연납의 기간은 다음의 구분에 따른 기간의 범위에서 해당 납세의무자가 신청한 기간으로 한다. 다만, 각 회분의 분납세액이 1천만원을 초과하도록 연부연납기간을 정하여야 한다(상증세법 제71조 제2항).

연부연납을 허가함에 있어 분납기간은 납세의무자의 형편을 감안하여 아래의 기한 이내로 한다(상증세법 기본통칙 71-0…1 제1항).

1) 가업상속재산

원활한 가업승계 지원을 위해 가업상속의 경우는 거치기간을 두고 있다.

즉 연부연납 허가일부터 20년 또는 연부연납 허가 후 10년이 되는 날부터 10년의 기간 중 선택할 수 있다.[648]

2) 가업상속재산 외 상속재산[위 1) 외의 경우]

연부연납 허가일부터 10년[649]

5. 연부연납의 취소 또는 변경

1) 연부연납의 취소 또는 변경사유

납세지 관할 세무서장은 연부연납을 허가받은 납세의무자가 다음의 어느 하나에 해당하게 된 경우에는 그 연부연납허가를 취소 또는 변경하고, 그에 따라 연부연납에 관계

---

648) 2023. 1. 1. 이후 상속개시 분부터 적용하며 그 이전에 상속이 개시된 경우에는 종전 규정에 따른다.
649) 2007. 12. 31. 이전 신청분에는 연부연납 허가 후 3년, 2023. 1. 1. 이전 신청분에는 5년 적용

되는 세액의 전액 또는 일부를 징수할 수 있다(상증세법 제71조 제4항).

(1) 연부연납세액을 지정된 납부기한(납세담보를 제공하여 연부연납 허가를 신청하는 경우에는 연부연납 세액의 납부 예정일을 말한다)까지 납부하지 아니한 경우

(2) 담보의 변경 그 밖의 담보 보전에 필요한 관할 세무서장의 명령에 따르지 아니한 경우

(3) 납기 전 징수사유(국세징수법 제9조 제1항)에 해당되어 그 연부연납기한까지 그 연부연납에 관계되는 세액의 전액을 징수할 수 없다고 인정되는 경우

(4) 상속받은 사업을 폐업하거나 해당 상속인이 그 사업에 종사하지 아니하게 된 경우 등 다음에 해당하는 경우(상증세법 제71조 제4항 제4호, 동법 시행령 제68조 제6항, 제15조 제8항 및 제9항)[650]

　① 시행령 제68조 제4항에 따른 상속재산의 100분의 50 이상을 처분하는 경우. 다만, 다음의 어느 하나에 해당하는 경우는 제외한다.

　　가. 가업용 자산이 「공익사업을 위한 토지 등의 취득 및 보상에 관한 법률」, 그 밖의 법률에 따라 수용 또는 협의 매수되거나 국가 또는 지방자치단체에 양도되거나 시설의 개체(改替), 사업장 이전 등으로 처분되는 경우(처분자산과 같은 종류의 자산을 대체 취득하여 가업에 계속 사용하는 경우에 한함)

　　나. 가업용자산을 국가 또는 지방자치단체에 증여하는 경우

　　다. 가업상속받은 상속인이 사망한 경우

　　라. 합병·분할, 통합, 개인사업의 법인전환 등 조직변경으로 인하여 자산의 소유권이 이전되는 경우. 다만, 조직변경 이전의 업종과 같은 업종을 영위하는 경우로서 이전된 가업용자산을 그 사업에 계속 사용하는 경우에 한한다.

　　마. 내용연수가 지난 가업용자산을 처분하는 경우

　　바. 가업의 주된 업종 변경과 관련하여 자산을 처분하는 경우로서 변경된 업종을 가업으로 영위하기 위하여 자산을 대체취득하여 가업에 계속 사용하는 경우

　　사. 가업용 자산의 처분금액을 「조세특례제한법」 제10조에 따른 연구·인력개발비로 사용하는 경우

　② 다음의 어느 하나에 해당하는 경우

　　가. 상속인(시행령 제15조 제3항 제2호 후단에 해당하는 경우에는 상속인의 배우자)이 대표이사 등으로 종사하지 아니하는 경우

---

650) 2018. 1. 1. 이후 가업을 상속받는 분부터 적용

나. 해당 사업을 1년 이상 휴업(실적이 없는 경우를 포함)하거나 폐업하는 경우

다만, 다음의 어느 하나에 해당하는 경우는 제외한다.

　㉠ 가업상속받은 상속인이 사망한 경우

　㉡ 가업상속 받은 재산을 국가 또는 지방자치단체에 증여하는 경우

　㉢ 상속인이 법률에 따른 병역의무의 이행, 질병의 요양 등 기획재정부령으로 정하는 부득이한 사유에 해당하는 경우

③ 상속인이 최대주주 등에 해당되지 아니하게 되는 경우. 다만 다음에 해당하는 경우는 제외한다.

　가. 상속인이 사망한 경우(다만, 사망한 자의 상속인이 원래 상속인의 지위를 승계하여 가업에 종사하는 경우에 한함)

　나. 주식 등을 국가 또는 지방자치단체에 증여하는 경우

(5) 유아교육법 제7조 제3호에 따른 사립유치원에 직접 사용하는 재산 등 대통령령으로 정하는 재산을 해당 사업에 직접 사용하지 아니하는 경우 등 대통령령으로 정하는 경우[651]

2) 연부연납의 취소 또는 변경방법

연부연납의 취소 또는 변경사유에 해당하면 상증세법 시행령 제68조 제8항의 방법에 따라 당초 허가한 연부연납을 취소하거나 변경한다(상증세법 제71조 제4항). 이 경우 아래 (1) 및 (2)에 따라 연부연납을 변경하여 허가하는 경우의 연부연납 금액에 관하여는 가업상속재산 이외 상속재산의 계산식(상증세법 시행령 제68조 제1항 제3호)을 준용하여 계산한 금액으로 한다.[652] 취소 시에는 납부지연가산세가 적용된다.

(1) 연부연납 허가일부터 10년 이내에 위 연부연납 취소 사유 (4), (5)에 해당하여 연부연납이 취소·변경되는 경우에는 연부연납기간(10년을 초과하는 경우에는 10년으로 한다)에서 허가일부터 해당 취소 사유에 해당하게 된 날까지의 기간을 뺀 기간의 범위에서 연부연납을 변경하여 허가한다.

가업상속의 경우 사후관리 위반시에도 일반적인 10년의 연부연납은 허용하기 위해서다.

---

651) 2016. 1. 1. 이후 최초로 상속이 개시되는 분부터 적용

652) 2023. 2. 28. 이후 연부연납 허가를 취소, 변경하는 경우부터 적용한다.

(2) 납세의무자가 공동으로 연부연납 허가를 받은 경우로서 납세의무자 중 일부가 연부연납 세액을 납부하지 않아 위 연부연납 취소 사유 (1)에 해당하는 경우에는 연부연납 세액을 납부하지 않은 납세의무자("미납자")에 대한 연부연납 허가를 취소하고, 나머지 납세의무자에 대해서는 연부연납기간에서 허가일부터 해당 취소 사유에 해당하게 된 날까지의 기간을 뺀 기간의 범위에서 연부연납을 변경하여 허가하며, 미납자가 납부해야 할 연부연납 세액을 일시에 징수한다. 이 경우 상증세법 제71조 제1항 후단에 따라 제공한 담보(금전, 유가증권, 납세보증보험증권, 납세보증서)로써 해당 세액을 징수하려는 경우에는 먼저 미납자가 제공한 담보(미납자가 다른 납세의무자와 공동으로 담보를 제공한 경우로서 미납자의 담보에 해당하는 부분을 특정할 수 있는 경우에는 그 부분을 말함)로써 해당 세액을 징수해야 한다.[653]

(3) 그 밖의 경우에는 연부연납 허가를 취소하고 연부연납에 관계되는 세액을 일시에 징수한다.

6. 통지의무

납세지 관할 세무서장은 연부연납을 허가(납세담보를 제공하여 연부연납 허가를 신청하는 경우는 제외)하거나 연부연납의 허가를 취소한 경우에는 납세의무자에게 그 뜻을 알려야 한다(상증세법 제71조 제5항).

7. 연부연납 허가 전·후 일시납부

1) 허가 후 : 연부연납 허가를 신청하여 허가통지를 받은 자가 연부연납기간 중에 연부연납세액의 전부 또는 일부를 일시에 납부하기 위하여 그 사실을 서면에 의하여 신청하는 경우 관할 세무서장은 고지서를 발부하여 연부연납세액의 전부 또는 일부를 일시에 납부하도록 허가할 수 있다. 이 경우 연부연납가산금은 변경된 연부연납기간에 따라 계산하여 징수한다(상증세법 기본통칙 71-0…1 제2항, 같은 법 집행기준 71-67-4).

2) 허가 전 : 허가통지를 받기 전에 연부연납세액의 전부 또는 일부를 일시에 납부코자 그 사실을 서면으로 기재하여 신청하는 경우에도 관할 세무서장은 연부연납세액의 전

---

653) 이는 복수의 납세의무자가 공동으로 연부연납 허가를 받은 후에 그 중 일부가 연부연납 세액을 납부하지 않은 경우에 모든 납세의무자에 대한 연부연납을 취소하지 않고 그 연부연납 세액을 미납한 자에 대한 연부연납 허가만을 취소하도록 한 것으로 2023. 2. 28. 이후 연부연납 허가를 취소, 변경하는 경우부터 적용한다.

부 또는 일부를 일시에 납부하도록 허가할 수 있으며, 이 경우 연부연납가산금은 상증세법 제67조[제68조]의 규정에 의한 신고기한의 다음 날부터 당해 세액의 납부기한까지의 기간에 따라 계산하여 징수한다(서일 46014-10869, 2002. 7. 3.).

8. 연부연납과 물납의 중복적용 원칙적 배제

종전에는 납세자의 편의를 도모한다는 차원에서 상속세[증여세]를 한꺼번에 일시 납부하지 아니하고 연부연납에 의해 분할납부하는 경우에도 그 분할납부하는 세금을 현금대신에 상속[증여]받은 재산으로 납부(물납)할 수 있도록 하였다(재산-84, 2010. 2. 9.). 그러나 연부연납은 조세납부의 원칙인 금전납부이나 물납은 금전납부의 예외적 방법이므로, 이 둘은 수평적 선택관계로서가 아니라 순차적 관계(연부연납을 우선 적용하고 연부연납에 의해 금전납부가 곤란한 경우 물납을 허용하는 관계)로 바꿀 필요가 있다.[654] 이런 맥락에서 연부연납을 통해 5년간 분납편의를 제공하고 있음을 감안하여 연부연납시에는 현금납부원칙으로 전환하고자 2013년 2월 시행령을 개정하되, 연부연납과 물납제도를 병행하려던 납세자의 기대를 일정수준 보호하기 위해 첫 회분(중소기업의 경우 5회분)의 분납세액에 한하여 물납을 허용하도록 하였다(상증세법 시행령 제70조).[655]

이때 연납세액에 대한 물납신청은 각 회분의 분납세액 납부기한 30일 전까지 신청하여야 하고 관할 세무서장은 신청을 받은 날로부터 14일 이내에 신청인에게 허가 여부를 서면으로 알려야 한다. 단, 물납신청한 재산을 평가하는 데 소요되는 시일을 감안하여 1회에 한해 허가기간을 30일의 범위 내에서 연장할 수 있다(상증세법 시행령 제70조 제2항 및 제3항).

9. 연부연납가산금

연부연납을 하고자 하는 납세자는 그 연납세액에 상응하는 이자세액을 합산하여 납부하여야 한다. 이는 연부연납을 허가받은 자가 얻는 기한의 이익에 대한 이자의 성격을 가진다.

만약 연부연납된 상속세액이 불복청구 등에 의하여 감액된 경우 최종 확정된 세액을 기준으로 하여 상증세법 제72조의 규정에 의한 방법으로 당초부터 연부연납가산금을 재계산하여야 한다(서면4팀-666, 2004. 5. 14.).

---

654) 김태완, 「조세법상 물납제도에 관한 연구」, 서울시립대학교 박사학위논문, 2008, 256쪽
655) 2013. 2. 15. 이후 최초로 물납신청하는 분부터는 적용한다.

1) 연부연납가산금 계산

상속세의 연부연납의 허가를 받은 자는 다음의 산식에 따라 계산한 연부연납가산금을 각 회분의 분납세액에 가산하여 납부하여야 한다.

(1) 제1회분 연납세액

연부연납을 허가한 총세액 × 상속세[증여세] 신고기한 또는 납부고지서에 의한 납부기한의 다음 날부터 해당 분납세액의 납부기한까지의 일수 × 연부연납가산율

(2) 2회분 이후의 연납세액

(연부연납을 허가한 총세액 – 직전 회까지 납부한 분납세액의 합계액) × 직전회의 분납세액 납부기한의 다음 날부터 해당 분납기한까지의 일수 × 연부연납가산율

2) 가산금의 이율

'연부연납가산금의 가산율'이란 각각 각 회분의 분할납부세액의 납부일 현재 국세기본법 시행령 제43조의 3 제2항 본문에 따른 이자율, 즉 시중은행의 1년 만기 정기예금 평균 수신금리를 고려하여 기획재정부령으로 정하는 이자율(국세환급가산금 계산시 적용할 이자율)을 말한다(상증세법 시행령 제69조). 여기에서 "기획재정부령으로 정하는 이자율"이란 연 1천분의 12를 말한다(국세기본법 시행규칙 제19조의 3).[656]

종전에는 '연부연납가산금의 가산율'이라 함은 금융회사 등의 1년 만기 정기예금이자율의 평균을 감안하여 국세청장(혹은 기획재정부장관)이 별도로 고시하는 율을 적용하도록 하였으나, 연부연납가산금의 가산율을 별도로 고시하지 않고 그 성격이 같은 기획재정부령이 정하는 '국세환급가산금 계산시 적용할 이자율'을 적용하도록 하여 납세 편의를 제고하였다. 종전의 규정에 따른 연부연납가산금의 가산율은 다음과 같다.

---

656) 2021. 3. 16. 이후 연부연납을 신청하는 분부터 적용한다. 다만, 이 영 시행일 이전에 연부연납을 신청하여 분할납부하고 있는 경우에는 시행일 이후 납세분부터 적용 가능하다.

근거규정	이자율	적용시기(아래의 시기 이후 신청분부터 적용)
국기법 시행규칙 제19조의 3	연 34 / 1,000	2013. 3. 23.
국기법 시행규칙 제19조의 3	연 40 / 1,000	2012. 2. 28.
국기법 시행규칙 제13조의 2	연 37 / 1,000	2011. 4. 11.
기획재정부고시 제2010-5호(2010. 3. 31.)	1일 11.8 / 100,000	2010. 4. 1.
기획재정부고시 제2009-6호(2009. 5. 1.)	1일 9.3 / 100,000	2010. 2. 18.
국세청고시 제2009-17호(2009. 5. 29.)	1일 9.3 / 100,000	2009. 6. 1.
국세청고시 제2007-33호(2007. 10. 26.)	1일 13.7 / 100,000	2007. 11. 1.
국세청고시 제2006-13호(2006. 6. 1.)	1일 11.5 / 100,000	2006. 6. 1.
국세청고시 제2004-29호(2004. 10. 15.)	1일 10 / 100,000	2004. 10. 15.
국세청고시 제2003-9호(2003. 4. 1.)	1일 12 / 100,000	2003. 4. 1.
국세청고시 제2002-40호(2002. 12. 31.)	1일 13 / 100,000	2003. 1. 1.
국세청고시 제2002-18호(2002. 4. 10.)	1일 13 / 100,000	2002. 4. 10.
국세청고시 제2001-13호(2001. 4. 3.)	1일 16 / 100,000	2001. 1. 1.

연부연납가산금 납부의 대상이 되는 기간 중에 가산율이 1회 이상 변경된 경우 그 변경 전의 기간에 대해서는 변경 전의 가산율을 적용한다.[657]

한편 종전에는 연부연납가산금 이율의 적용시점이 규정되어 있지 않아 이를 '연부연납 신청일 현재'로 볼 지, '각 분할납부세액의 납부일'로 볼 지에 대해 논란이 있었다. 당시 조세심판원은 "연부연납 가산금은 행정상의 제재 또는 벌과금이 아닌 상속세 납부기한 연장에 따른 이자성격으로 시중금리를 적시성 있게 반영하여 산출함이 합리적으로 보이는 점" 등을 근거로 후자의 입장(각 분할세액의 납부일)을 취하였다(조심 2016서3554, 2016. 12. 29.). 그러나 2016. 2. 5. 상증세법 시행령 개정에 따라 적용시점을 전자의 입장(연부연납 신청일 현재)으로 명확히 하면서, 조세심판원도 종전의 입장을 변경하게 된다(조심 2018중 1644, 2018. 5. 16. ; 조심 2017서2859, 2017. 9. 25.).[658] 그런데 적용시점의 명문화에도 불구하고 논

---

657) 종전에는 연부연납 기간 중에 가산율이 변경된 경우에는 각 분할납부 세액의 납부일 현재의 가산율을 해당 기간 전체에 일률적으로 적용하였으나, 2023. 2. 28. 이후 연부연납 가산금을 납부하는 경우에는 변경 전의 기간에 대해서 변경 전의 가산율을 적용하도록 개정하였다. 한편, 2023. 2. 28. 이전에 연부연납 허가를 받은 자가 그 이후 연부연납 가산금을 납부하는 경우에는 개정된 규정에 불구하고 허가를 받은 자의 선택에 따라 개정된 규정을 적용하지 않을 수 있으며, 개정규정을 적용하지 않기로 선택한 경우에는 그 이후의 연부연납 기간 동안 개정규정을 적용하지 않는다.

658) 연부연납제도에 따른 가산금은 신청 당시 '미래 시점'에 대한 기한의 이익 상당액을 가산하기 위하여 가산금을 산정하는 것인데 반하여, 국세환급가산금은 각 기간별로 이자율을 적용하여 '현재 시점'의 환

란이 계속되었고, 이후 대법원은 후자의 입장에 따른 판결을 내렸다(대법원 2019. 8. 14. 선고, 2019다228247 판결). 위 판결은 2013. 9. 30. 상속시 이자율에 대해 2016. 2. 5. 개정된 상증세법 시행령(창설적 규정으로 판단)이 적용되지 않는다고 판단함으로써 후자의 입장을 취한 것이다. 서울중앙지방법원 2020. 2. 5. 선고 2019가단5131292 판결도 같은 입장이다. 2020. 2. 11. 상증세법 시행령 개정에서는 시중금리변동을 반영하여 연부연납가산금을 부과한다는 취지로 다시 후자의 입장(각 분할세액의 납부일)으로 변경하였다. 결국 상증세법 시행령 제69조가 2016. 2. 5. 개정시에는 전자의 입장임을 명확히 밝혔고, 2020. 2. 11. 개정시에는 후자로 입장이 변경된 것이며, 2023. 2. 28. 개정을 통해 연부연납 기간 중에 가산율이 변경되면 변경 전의 기간에 대해서는 변경 전의 가산율을 적용하도록 한 것이다.

3) 일시납부시의 가산금

연납기간 중에 있는 납세자가 이를 중도에 잔액 전부를 일시 납부한 경우에는 그 변경된 연납기간에 따라 가산금을 계산한다(상증세법 기본통칙 71-0…1 제2항). 그러므로 세무서장이 그 세액을 고지하는 경우 당해 납부고지서에 의한 납부기한까지의 일수에 대하여 연부연납가산금을 계산한다(재삼 46014-1575, 1999. 8. 19.).

4) 경정시 연부연납가산금의 환급

연부연납된 세액을 경정에 의하여 감액 결정하는 경우 해당 연부연납세액에 대한 연부연납가산금에 대하여는 국세기본법 제52조 제1호 단서의 규정을 준용하여 환급한다(상증세법 기본통칙 72-0…1). 즉 다음 중 어느 하나를 기산일로 하여 국세환급금을 지급한다(상증세법 집행기준 72-69-2).

① 착오납부, 이중납부 또는 납부 후 그 납부의 기초가 된 신고 또는 부과를 경정하거나 취소함에 따라 발생한 국세환급금은 그 국세 납부일

② 국세가 2회 이상 분할납부된 것인 경우에는 그 마지막 납부일

③ 국세환급금이 마지막에 납부된 금액을 초과하는 경우에는 그 금액이 될 때까지 납부일의 순서로 소급하여 계산한 국세의 각 납부일

그렇지만 일반적으로 법원의 확정판결 등에 의하여 상속세가 감액결정된 경우 감액결정의 효력은 당초 부과처분일로부터 소급하여 효력이 발생하는 것이므로 법원의

급가산금을 결정하는 것이므로 양자의 가산금 산정방식을 동일하게 취급하기는 어려운 점 등에 비추어 연부연납 신청 당시의 이자율을 적용하여 산정한 가산금을 가산하여 증여세 연부연납세액 등을 고지한 처분은 잘못이 없으므로 이와 다른 취지로 결정한 우리 원의 종전 입장(조심 2016서3554, 2016. 12. 29. 등)은 위 결정의 견해에 배치되는 범위 내에서 이를 변경하기로 함(조심 2017서2859, 2017. 9. 25.).

판결 등에 의하여 당초 부과한 세액을 감액할 때에, 연부연납계획에 의한 최후 납부일로부터 납부할 세액에 달할 때까지 순차로 소급하여 감액하는 방법(국세기본법 제52조(위 기본통칙) 방법)은 당초 연부연납계획상 최초 납기일 등의 납부할 세액에 이미 포함되어 있는 감액된 세액에 대한 연부연납가산금 상당액이 감액되지 아니하는 문제점(또한 늦게 납부하는 납세자에게는 유리하게 적용되는 반면, 납기 내에 정상적으로 납부한 납세자에게는 불리하게 적용되는 모순이 발생)이 있다.

따라서, 당초 연부연납한 상속세 중 감액된 상속세에 대한 연부연납가산금은 감액경정이 상속세의 최초 고지일에 소급하여 감액의 효과가 발생할 수 있도록 상증세법 제72조의 규정을 적용하여 계산하는 것이 납세자에게 유리해 보인다(국심 2003광437, 2003. 4. 30. ; 심사상속 2002-18, 2002. 7. 8.).

Ⅳ 가업상속에 대한 상속세의 납부유예

해의 맥

과세관청은 가업상속에 대한 상속세 납부유예 신청시 법정요건을 충족하는 경우 허가하여야 하는 기속을 받는다.

 관련조문

상증세법	상증세법 시행령	상증세법 시행규칙
제72조의 2 【가업상속에 대한 상속세의 납부유예】	제69조의 2 【가업상속에 대한 상속세의 납부유예 신청 등】 제69조의 3 【납부유예 금액의 계산 등】	

1. 가업상속에 대한 상속세 납부유예의 의의

1) 의의

본디 납부유예란 원칙적인 납부기한에 불구하고 조세채무의 이행이 곤란하다고 인정되는 납세의무자의 개별적인 사정을 고려하여 일정기간 동안 납부기한을 연장해 주는 것으로 중소기업에 해당하는 가업을 상속받은 경우에는 가업상속공제에 갈음하여 상속인이 상속받은 가업상속재산을 양도·상속·증여하는 시점까지 상속세 납부유예 허가를 받을 수 있도록 한 것이다.[659]

2) 취지

원활한 가업상속을 지원하기 위하여 상증세법 제18조의 2에 따른 가업상속공제를 규정하고 있으나 까다로운 적용 요건 및 사후관리 요건에 대한 부담으로 인해 가업상속공제 규정의 실효성에 대한 지적이 많았다.

이에 중소기업의 원활한 가업승계를 지원하기 위하여 2022. 12. 31. 법 개정을 통해 중소기업에 해당하는 가업을 상속받은 경우 상속인이 승계 받은 가업을 영위하는 기간 동안 상속세 납부 부담 없이 가업을 경영할 수 있도록 상속세 납부유예 제도를 신설하고 상속인이 가업상속공제 방식과 납부유예 방식 중 선택할 수 있도록 하였다.

2. 가업상속에 대한 상속세 납부유예의 요건

상속세 납부유예는 다음의 형식적 요건을 모두 충족하면 되며, 허가요건이 모두 갖추어져 있는 경우에는 세무서장은 납부유예를 허가하여야 하는 기속을 받는다고 보아야 할 것이다.

1) 상속인이 중소기업인 가업을 상속받을 것

여기에서 가업의 상속이란 상증세법 제18조의 2 제1항에 따른 가업을 상속받는 경우로서 아래의 요건을 모두 갖춘 중소기업을 상속받는 경우로 한정한다(상증세법 제72조의 2 제1항 제1호, 같은 법 시행령 제15조 제1항).

1. 별표에 따른 업종을 주된 사업으로 영위할 것
2. 「조세특례제한법 시행령」 제2조 제1항 제1호 및 제3호의 요건을 충족할 것
3. 자산총액이 5천억원 미만일 것

즉 앞서 살펴본 가업상속공제 요건 중 납부능력 요건(상증세법 제18조의 2 제2항) 및 준법경영책임 요건(상증세법 제18조의 2 제8항)을 제외한 나머지 요건(대상가업, 피상속인, 상속인)을 모두 충족한 중소기업을 상속받는 경우에만 적용할 수 있다.

---

659) 2023. 1. 1. 이후 상속이 개시되는 분부터 적용한다.

2) 가업상속공제 또는 영농상속공제를 받지 아니하였을 것

가업상속에 대한 상속세 납부유예는 가업상속공제와 동시 적용이 불가능하고 둘 중 하나만 선택하여 적용하는 것이므로 가업상속공제를 받지 않은 경우에 한해 납부유예를 적용받을 수 있다. 이때 가업상속공제 대신 영농상속공제를 받은 경우에는 가업상속공제를 받은 것으로 본다(상증세법 제72조의 2 제1항 제2호).

3) 납세담보를 제공할 것

가업상속에 대한 상속세 납부유예 허가를 받으려는 납세의무자는 담보를 제공하여야 한다(상증세법 제72조의 2 제2항).

3. 상속세 납부유예 금액

상속인이 상속받은 가업상속재산을 양도·상속·증여하는 시점까지 납부유예하는 상속세는 다음과 같이 계산한다(상증세법 시행령 제69조의 3 제1항). 이때 가업상속재산가액은 상증세법 시행령 제15조 제5항에 따른 상속재산의 가액을 의미하며, 그 범위는 가업상속공제와 동일하므로 자세한 내용은 이 책의 '상속세편' 중 '가업상속공제'를 참고하면 된다.

$$\text{상속세 납부세액} \times \frac{\text{가업상속재산가액}}{\text{총 상속재산가액}}$$

4. 피상속인 및 상속인 요건

상속세 납부유예를 적용받는 가업의 상속이란 상증세법 제18조의 2 제1항에 따른 가업을 상속받는 경우를 의미하는 것이므로 가업상속공제 규정에서의 피상속인 및 상속인 요건과 동일하다. 따라서 자세한 내용은 이 책의 '상속세편' 중 '가업상속공제'를 참고하면 된다.

5. 상속세 납부유예 신청 및 허가

1) 상속세 납부유예의 신청

가업상속에 대한 상속세 납부유예를 신청하려는 자는 상속세 과세표준신고 또는 증여세 과세표준신고(국세기본법 제45조에 따른 수정신고 또는 같은 법 제45조의 3에 따른 기한 후 신고를 포함)

를 할 때 다음의 서류를 납세지 관할 세무서장에게 제출해야 한다. 다만, 상증세법 제77 조에 따라 과세표준과 세액의 결정 통지를 받은 자는 해당 납부고지서에 따른 납부기한 까지 그 서류를 제출할 수 있다(상증세법 시행령 제69조의 2 제1항). 아래에서 ③, ④에 해당하 는 서류는 뒤에서 설명하는 상속세 납부유예를 재신청하는 경우에 한해 제출한다.

① 기획재정부령으로 정하는 납부유예신청서

② 상증세법 시행령 제15조 제22항에 따른 가업상속재산명세서 및 가업상속 사실을 입 증할 수 있는 서류(상증세법 제72조의 2 제1항에 따라 신청하는 경우만 해당)

③ 조세특례제한법 제30조의 6에 따른 과세특례를 적용받거나 같은 법 제30조의 7에 따른 납부유예 허가를 받았음을 증명할 수 있는 서류(상증세법 제72조의 2 제6항 제1호에 따라 신청하는 경우만 해당)

④ 가업상속공제를 받았거나 상증세법 제72조의 2 제1항에 따른 납부유예 허가를 받았 음을 증명할 수 있는 서류(상증세법 제72조의 2 제6항 제2호에 따라 신청하는 경우만 해당)

2) 상속세 납부유예의 허가

상속세 납부유예 신청을 받은 납세지 관할 세무서장은 다음의 구분에 따른 기간 이내에 신청인에게 그 허가 여부를 서면으로 통지해야 한다(상증세법 시행령 제69조의 2 제2항).

① 상속세 과세표준신고(증여세 과세표준신고)를 한 경우 : 해당 신고기한이 지난날부터 9 개월(증여세의 경우 6개월)

② 국세기본법 제45조에 따른 수정신고 또는 같은 법 제45조의 3에 따른 기한 후 신고 를 한 경우 : 수정신고 또는 기한 후 신고를 한 날이 속하는 달의 말일부터 9개월(상 증세법 제72조의 2 제6항 제1호에 따라 신청하는 경우(재차증여에 대한 상속세 납부유예를 재신청하는 경우) 에는 6개월)

③ 상증세법 제77조에 따라 과세표준과 세액의 결정 통지를 받은 경우 : 납부고지서에 따른 납부기한이 지난 날부터 14일

3) 상속세 납부유예의 허가 전 납부지연가산세 면제

상증세법 제77조에 따라 과세표준과 세액의 결정 통지를 받은 자가 납부유예 신청을 한 경우로서 그에 대한 허가여부 통지가 납부고지서에 따른 납부기한을 경과한 경우에 는 그 통지일 이전의 기간에 대해서는 국세기본법 제47조의 4 제1항 제1호(납부고지서에 따른 납부기한의 다음 날부터 성립하는 부분으로 한정) 및 제3호에 따른 납부지연가산세를 부과하 지 않는다(상증세법 시행령 제69조의 2 제3항).

6. 상속세 납부유예에 대한 사후관리

1) 사후관리 요건 위반 시 상속세 및 이자상당액 추징

납세지 관할 세무서장은 상속인이 대통령령으로 정하는 정당한 사유 없이 아래 (1)~(5) 중 어느 하나에 해당하는 경우 상속세 납부유예 허가를 취소하거나 변경하고, (1)~(5) 에 따른 상속세액과 대통령령으로 정하는 바에 따라 계산한 이자상당액을 징수한다(상증세법 제72조의 2 제3항). 이를 위하여 납세지 관할 세무서장은 납부유예 허가를 받은 상속인이 사후관리 요건을 위반하는지 매년 확인·관리해야 한다(상증세법 시행령 제69조의 3 제10항).

(1) 소득세법을 적용받는 가업을 상속받은 경우로서 가업용 자산의 100분의 40 이상을 처분한 경우 : 납부유예된 세액 중 처분 비율을 고려하여 아래와 같이 계산한 세액

> 법 제72조의 2 제1항에 따라 납부유예된 세액 × 가업용 자산의 처분 비율(② ÷ ①)
>
> ① 상속개시일 현재 가업용 자산의 가액(가업에 직접 사용되는 토지, 건축물, 기계장치 등 사업용 자산)
> ② 가업용 자산 중 처분(사업에 사용하지 아니하고 임대하는 경우를 포함)한 자산의 상속개시일 현재의 가액

(2) 해당 상속인이 가업에 종사하지 아니하게 된 경우(다음 중 어느 하나에 해당하는 경우) : 납부유예된 세액의 전부

① 상속인(상증세법 시행령 제15조 제3항 제2호 후단에 해당하는 경우에는 상속인의 배우자)이 대표이사 등으로 종사하지 않는 경우(상속개시일부터 5년 이내의 기간 중으로 한정)
② 해당 가업을 1년 이상 휴업(실적이 없는 경우를 포함)하거나 폐업하는 경우

(3) 주식 등을 상속받은 상속인의 지분이 감소한 경우 : 아래 구분에 따른 세액

① 상속개시일부터 5년 이내에 감소한 경우 : 납부유예된 세액의 전부
② 상속개시일부터 5년 후에 감소한 경우 : 납부유예된 세액 중 지분 감소 비율을 고려하여 다음과 같이 계산한 세액

$$세액 = A \times (B \div C)$$

A : 상증세법 제72조의 2 제1항에 따라 납부유예된 세액
B : 감소한 지분율
C : 상속개시일 현재 지분율

이때 '상속인의 지분이 감소한 경우'에는 다음에 해당하는 경우도 포함한다.
① 상속인이 상속받은 주식 등을 처분하는 경우
② 해당 법인이 유상증자할 때 상속인의 실권 등으로 지분율이 감소한 경우
③ 상속인의 특수관계인이 주식 등을 처분하거나 유상증자할 때 실권 등으로 상속인이 최대주주 등에 해당되지 아니하게 되는 경우

(4) 고용유지 요건을 위반하는 경우 : 납부유예된 세액의 전부

고용유지 요건이란 아래 ①, ②에 모두 해당하는 경우를 말한다.
① 상속개시일부터 5년간 대통령령으로 정하는 정규직 근로자 수의 전체 평균이 상속개시일이 속하는 소득세 과세기간 또는 법인세 사업연도의 직전 2개 소득세 과세기간 또는 법인세 사업연도의 정규직 근로자 수의 평균의 100분의 70에 미달하는 경우
② 상속개시일부터 5년간 대통령령으로 정하는 총급여액의 전체 평균이 상속개시일이 속하는 소득세 과세기간 또는 법인세 사업연도의 직전 2개 소득세 과세기간 또는 법인세 사업연도의 총급여액의 평균의 100분의 70에 미달하는 경우

(5) 해당 상속인이 사망하여 상속이 개시되는 경우 : 납부유예된 세액의 전부

2) 사후관리 예외 : 정당한 사유가 있는 경우 추징 제외

상속세 납부유예를 적용받은 상속인이 아래 (1)~(3) 중 어느 하나에 해당하는 경우에는 사후관리 의무를 위반한 것이 아니므로 상속세 및 이자상당액을 추징하지 아니한다(상증세법 시행령 제69조의 2 제2항).

(1) 가업용 자산의 40% 이상 처분한 것에 대하여 다음과 같은 정당한 사유가 있는 경우

① 가업용 자산이 공익사업을 위한 토지 등의 취득 및 보상에 관한 법률, 그 밖의 법률에 따라 수용 또는 협의 매수되거나 국가 또는 지방자치단체에 양도되거나

시설의 개체(改替), 사업장 이전 등으로 처분되는 경우. 다만, 처분자산과 같은 종류의 자산을 대체 취득하여 가업에 계속 사용하는 경우에 한한다.

② 가업용 자산을 국가 또는 지방자치단체에 증여하는 경우

③ 합병 · 분할, 통합, 개인사업의 법인전환 등 조직변경으로 인하여 자산의 소유권이 이전되는 경우. 다만, 조직변경 이전의 업종과 같은 업종을 영위하는 경우로서 이전된 가업용 자산을 그 사업에 계속 사용하는 경우에 한한다.

④ 내용연수가 지난 가업용 자산을 처분하는 경우

⑤ 상증세법 시행령 제15조 제11항 제2호에 따른 가업의 주된 업종 변경과 관련하여 자산을 처분하는 경우로서 변경된 업종을 가업으로 영위하기 위하여 자산을 대체취득하여 가업에 계속 사용하는 경우

⑥ 가업용 자산의 처분금액을 조세특례제한법 제10조에 따른 연구 · 인력개발비로 사용하는 경우

(2) 해당 상속인이 가업에 종사하지 아니하게 된 다음과 같은 정당한 사유가 있는 경우

① 가업상속 받은 재산을 국가 또는 지방자치단체에 증여하는 경우

② 상속인이 법률의 규정에 의한 병역의무의 이행, 질병의 요양, 취학상 형편 등으로 가업 또는 영농에 직접 종사할 수 없는 사유가 있는 경우. 다만, 그 부득이한 사유가 종료된 후 가업 또는 영농에 종사하지 아니하거나 가업상속 또는 영농상속받은 재산을 처분하는 경우를 제외한다.

(3) 주식 등을 상속받은 상속인의 지분이 감소하게 된 다음과 같은 정당한 사유가 있는 경우

① 합병 · 분할 등 조직변경에 따라 주식 등을 처분하는 경우. 다만, 처분 후에도 상속인이 합병법인 또는 분할신설법인 등 조직변경에 따른 법인의 최대주주 등에 해당하는 경우에 한한다.

② 해당 법인의 사업확장 등에 따라 유상증자할 때 상속인의 특수관계인 외의 자에게 주식 등을 배정함에 따라 상속인의 지분율이 낮아지는 경우. 다만, 상속인이 최대주주 등에 해당하는 경우에 한한다.

③ 주식 등을 국가 또는 지방자치단체에 증여하는 경우

④ 자본시장과 금융투자업에 관한 법률 제390조 제1항에 따른 상장규정의 상장요건을 갖추기 위하여 지분을 감소시킨 경우. 다만, 상속인이 최대주주 등에 해당하는

경우에 한정한다.

⑤ 주주 또는 출자자의 주식 및 출자지분의 비율에 따라서 무상으로 균등하게 감자
하는 경우

⑥ 채무자 회생 및 파산에 관한 법률에 따른 법원의 결정에 따라 무상으로 감자하거
나 채무를 출자전환하는 경우

3) 추징세액의 신고납부 및 징수

상속세 납부유예 허가를 받은 상속인이 위 1)의 사후관리 의무를 위반한 경우에는 그
날이 속하는 달의 말일부터 6개월 이내에 대통령령으로 정하는 바에 따라 납세지 관할
세무서장에게 신고하고 해당 상속세와 아래와 같이 계산한 이자상당액을 납세지 관할
세무서, 한국은행 또는 체신관서에 납부하여야 한다. 다만, 이미 상속세와 이자상당액이
징수된 경우에는 그러하지 아니하다(상증세법 제72조의 2 제4항).

이자상당액 = A × B × C

A : 상증세법 제72조의 2 제3항 각 호에 따른 상속세액(사후관리 위반 사유별 세액)

B : 당초 상속받은 가업상속재산에 대한 상속세 과세표준신고기한의 다음 날부터 각 사후관
리 위반 사유가 발생한 날까지의 기간

C : 상증세법 제72조의 2 제3항에 따른 납부유예 허가의 취소 또는 변경 당시의 국세기본법
시행령 제43조의 3 제2항 본문에 따른 이자율을 365로 나눈 율. 다만, B의 기간 중에 국
세기본법 시행령 제43조의 3 제2항 본문에 따른 이자율이 1회 이상 변경된 경우 그 변
경 전의 기간에 대해서는 변경 전의 이자율을 365로 나눈 율을 적용

사후관리 위반 사유에 해당하여 상속세 납부유예를 적용받은 상속세와 이자상당액을
납부하려는 자는 상증세법 제72조의 2 제4항에 따른 신고를 할 때 기획재정부령으로
정하는 납부유예 사후관리 추징사유 신고 및 자진납부 계산서를 납세지 관할 세무서장
에게 제출해야 한다(상증세법 시행령 제69조의 3 제8항).

7. 담보 변경 및 보전명령 불이행 등에 따른 상속세 및 이자상당액 추징

납세지 관할 세무서장은 상증세법 제72조의 2 제1항에 따라 상속세 납부유예 허가를
받은 자가 아래 중 어느 하나에 해당하는 경우 그 허가를 취소하거나 변경하고, 납부유예
된 세액의 전부 또는 일부와 다음과 같이 계산한 이자상당액을 징수할 수 있다.

$$이자상당액 \;=\; A \times B \times C$$

A : 상증세법 제72조의 2 제5항에 따른 상속세액

B : 당초 상속받은 가업상속재산에 대한 상속세 과세표준신고기한의 다음 날부터 아래 ①~②의 사유가 발생한 날까지의 기간

C : 상증세법 제72조의 2 제5항에 따른 납부유예 허가의 취소 또는 변경 당시의 국세기본법 시행령 제43조의 3 제2항 본문에 따른 이자율을 365로 나눈 율. 다만, B의 기간 중에 국세기본법 시행령 제43조의 3 제2항 본문에 따른 이자율이 1회 이상 변경된 경우 그 변경 전의 기간에 대해서는 변경 전의 이자율을 365로 나눈 율을 적용

① 담보의 변경 또는 그 밖의 담보 보전에 필요한 관할 세무서장의 명령에 따르지 아니한 경우

② 국세징수법 제9조 제1항 각 호의 어느 하나에 해당되어 납부유예된 세액의 전액을 징수할 수 없다고 인정되는 경우

8. 재차증여 및 재차상속에 따른 상속세 납부유예 허가 재신청

주식 등을 상속받은 상속인의 지분이 감소하거나 해당 상속인이 사망하여 상속이 개시되는 경우에 해당하여 납부유예된 상속세액과 이자상당액을 납부하여야 하는 자는 다음 중 어느 하나에 해당하는 경우(즉, 상속세 납부유예를 적용받은 후에 재차증여 또는 재차상속이 이루어지는 경우)에는 해당 상속세액과 이자상당액의 납부유예 허가를 신청할 수 있다.

① 주식 등을 상속받은 상속인의 지분이 감소한 경우로서 수증자가 조세특례제한법 제30조의 6에 따른 과세특례를 적용받거나 같은 법 제30조의 7에 따른 납부유예 허가를 받은 경우

② 해당 상속인이 사망하여 상속이 개시되는 경우로서 다시 상속을 받은 상속인이 상속받은 가업에 대하여 가업상속공제를 받거나 상증세법 제72조의 2 제1항에 따른 상속세 납부유예 허가를 받은 경우

위와 같이 납부유예 허가를 재신청하는 경우의 납부유예되는 이자상당액은 위 6. 3)의 이자상당액에 100분의 50을 곱한 율을 적용하여 계산한다(상증세법 시행령 제69조의 3 제7항). 즉, 납부유예 허가를 재신청하는 경우 종전 납부유예 상속세액에 대한 이자상당액 중 50%는 면제된다.

납부유예 허가 재신청에 관하여는 담보 제공, 상속세 납부유예에 대한 사후관리(고용유지

요건은 제외), 담보 변경 및 보전명령 불이행 등에 따른 상속세 및 이자상당액 추징 규정(상증세법 제72조의 2 제2항 내지 제5항[660])을 준용한다(상증세법 제72조의 2 제7항).

Ⅴ 물납

이해의 맥

과세관청은 물납 신청시 법정요건을 충족하는 경우 허가하여야 하는 기속을 받는다.

§관련조문

상증세법	상증세법 시행령	상증세법 시행규칙
제73조【물납】	제70조【물납의 신청 및 허가】 제71조【관리·처분이 부적당한 재산의 물납】 제72조【물납재산의 변경 등】 제73조【물납신청의 범위】 제74조【물납에 충당할 수 있는 재산의 범위 등】 제75조【물납에 충당할 재산의 수납가액의 결정】	제19조의 4【물납신청 철회 및 수납가액 재평가 신청】 제19조의 5【관리·처분이 부적당한 재산의 범위】 제20조【물납에 충당할 수 있는 유가증권의 범위등】 제20조의 2【물납에 충당한 재산의 수납가액의 결정】

1. 물납의 의의

1) 의의

상속세의 물납이란 금전이 아닌 현물로 상속세를 납부하는 것으로, 조세채무 이행시 금전납부 원칙에 대한 예외이다.

2) 취지

이는 상속재산의 구성이 부동산 등 금전으로 환산하기 어렵거나 그 시일이 오래 걸리는 자산으로 이루어진 경우, 세금납부에 있어서의 납세자의 편의를 도모하기 위한 제도이

---

660) 제3항 제4호는 제외

나, 한편으로는 과세권자의 조세징수권을 확보하기 위한 목적도 있다.

종전 상증세법에서는 상속세와 증여세 모두 물납이 가능하였으나 2015년 12월 개정시 물납제도의 실효성을 높인다는 취지로 증여세를 물납대상 세목에서 제외하였고, 상속세의 경우에도 상속재산 중 금융재산이 상속세 납부세액보다 적은 경우에만 물납할 수 있도록 요건을 강화하였다.[661] 물납된 비상장주식의 매각처분에 대해서도 2018년 3월 국유재산법 개정을 통해 제한이 추가되었다. 종전에 비상장 물납증권을 매각처분할 때 대부분은 물납자 본인이나 납세자의 친족 등 특수관계인에게 저가로 매각되었는데 이는 일종의 탈세 또는 재테크 수단으로 활용될 가능성이 있었다. 이러한 문제를 해결하기 위해 종전 국유재산법 시행령에 규정된 국세물납 증권의 처분 제한 규정을 법률로 상향하여 규정하고, 물납증권의 저가매수 금지 대상을 물납한 본인뿐만 아니라 물납자의 특수관계인으로 확대하는 법 개정을 하였다(국유재산법 제44조의 2 제1항). 상속세 물납요건을 강화하는 내용의 상증세법 시행령 개정과 함께 국유재산법 개정으로 비상장주식의 물납을 악용한 조세회피의 감소를 기대할 수 있는 부분이다.

3) 법률적 성격

물납은 형식적인 성격으로는 납세의무자의 신청과 세무서장의 허가에 의하여 이행되기 때문에 신청을 전제로 하는 허가처분으로 보는 행정처분설로 해석하고, 내용적인 성격으로는 금전에 의한 납부에 갈음하여 금전 이외의 재산으로 납부하는 것이므로 공법상 대물변제적 성격을 가지고 있는 것으로 보는 것이 일반적이다.[662] 현재 과세당국의 유권해석과 판례는 대물변제설이 타당하다고 판시하고 있다(서울고법 2006누27603, 2007. 6. 19. ; 국심 2005서14, 2005. 10. 20.).

그리고 물납은 조세 납부방법의 하나로서 조세채무의 임의적 실현절차에 해당하는바, 물납할 권리란 조세채무자가 조세채무 실현절차상 경제적 득실이 다를 수도 있는 복수의 채무이행방법을 가짐으로써 얻는 단순한 이익에 불과한 것이므로 사적 유용성 및 그에 대한 원칙적 처분권을 내포하는 재산가치 있는 구체적 권리라고 볼 수 없고, 따라서 재산권의 보호대상(헌법 제23조 제1항)에 해당하지 아니한다(헌재 2006헌바49, 2007. 5. 31. 전원재판부).

---

661) 개정규정은 이 법 시행(2016. 1. 1.) 이후 물납을 신청하는 경우부터 적용하며, 이 법 시행 전에 물납을 신청한 경우에 대해서는 종전의 규정에 따른다.

662) 김태완, 「조세법상 물납제도에 관한 연구」, 서울시립대 세무대학원 박사학위논문, 2008. 2.

2. 물납의 요건

물납의 요건으로는 다음의 형식적 요건을 모두 충족하면 되며, 실질적인 금전납부의 곤란성을 요건으로 하지는 않는다(상증세법 제73조 제1항).[663] 그리고 사실상 물납의 허가요건이 모두 갖추어져 있는 경우에는 세무서장은 물납을 허가하여야 하는 기속을 받는다고 본다(국세기본법 제19조 참조 ; 대법원 2003두2564, 2004. 2. 27. ; 대법원 97누12853, 1998. 9. 8. ; 대법원 91누9374, 1992. 4. 10. ; 조심 2010중3362, 2011. 6. 14.).

1) 상속재산 중 부동산과 유가증권의 가액이 상속재산가액의 2분의 1을 초과하여야 한다

여기에서 상속재산이란 상증세법 제13조에 따라 상속재산에 가산하는 증여재산 중 상속인 및 수유자가 받은 증여재산을 포함한다(상증세법 제73조 제1항 제1호 괄호). 종전에는 이에 관한 명문의 규정을 두지 않아 물납 대상 상속재산에 사전증여재산(상증세법 제13조)과 상속개시 전 용도 불분명 재산처분가액 등(상증세법 제15조)은 포함하지 않는 것으로 해석하였으나(상증세법 집행기준 73-70-1 ; 재산-2004, 2008. 7. 30. ; 서면4팀-1189, 2007. 4. 11. ; 서면4팀-2421, 2005. 12. 5.), 2015년 12월 개정을 통해 이를 상속재산에 포함하는 것으로 명문화하였다. 그리고 2017년 12월 개정에서는 사전증여재산 중 상속인·수유자 외의 자에게 증여한 사전증여재산은 제외하도록 하였다.[664]

이때 상속재산에 포함하는 부동산과 유가증권은 국내에 소재하는 부동산 등으로서 대통령령으로 정하는 물납에 충당할 수 있는 재산으로 한정한다.

2) 상속세 납부세액이 2천만원[665]을 초과하여야 한다

그러므로 상속세 납부세액이 소액이라면 납부할 자금을 마련하는 것이 가능하므로 금전으로 납부하기 곤란한 것으로 인정하기 어렵다. 따라서 물납허가의 요건인 납부세액의 크기를 2천만 원으로 정한 것이 자의적이거나 임의적인 것이라 할 수 없으므로 평등원칙(헌법 제11조 제1항)에 위반되지 아니한다(헌재 2006헌바49, 2007. 5. 31. 전원재판부).

---

663) 한편 법인세법 제65조 제1항에서는 "금전으로 납부하기 곤란한 경우"에 물납할 수 있도록 하고 있다.
664) 2018. 1. 1. 이후 물납을 신청하는 분부터 적용한다.
665) 2014. 1. 1. 이후 물납을 신청하는 분부터 적용한다.

3) 상속세 납부세액이 상속재산가액 중 대통령령으로 정하는 금융재산의 가액을 초과하여야 한다

이 때 금융재산의 가액에는 상증세법 제13조에 따라 상속재산에 가산하는 증여재산의 가액은 포함하지 아니한다(상증세법 제73조 제1항 제3호 괄호).

납부세액과 관련된 요건은 2015년 12월 개정시 물납제도 실효성 제고 차원에서 추가되었다. 상속재산 중 현금·예금 등의 금융재산이 납부해야 할 상속세 납부세액보다 적은 경우에만 물납을 허용하는 것이다.

4) 상속세과세표준 신고기한이나 결정통지에 의한 납부고지서상의 납부기한까지 물납신청을 하여야 한다(상증세법 시행령 제67조 제1항)

(1) 물납을 신청하고자 하는 자는 상속세과세표준신고시(상증세법 제67조)에 납부하여야 할 세액에 대하여 물납신청서(상증세법 시행규칙 별지 제13호 서식)를 상속세과세표준신고와 함께 납세지 관할 세무서장에게 제출하여야 한다.

한편 신고기한이 경과한 후 과세관청의 결정통지가 있기 전 기한 후 신고와 함께 물납을 신청하여 허가된 경우에는 신고기한의 다음 날부터 기한 후 신고서 접수일까지의 기간에 대하여 납부지연가산세를 적용한다(서면4팀-457, 2008. 2. 25).

(2) 다만, 그 과세표준과 세액의 결정통지(상증세법 제77조)를 받은 후 해당 납부고지서에 의한 납부기한까지 그 신청서를 제출할 수 있다.

종전에는 상속세를 신고한 후 납부하지 아니한 경우에는 물납신청을 할 수 없어 현금을 확보하기 어려운 납세자의 경우 세금납부에 어려움이 있었을 뿐만 아니라, 과세표준 신고를 전혀 하지 않은 자는 납부고지서에 의한 납부기한까지 신청할 수 있게 하여 성실하게 신고에 협력한 자를 오히려 불이익하게 대우하는 등 형평이 맞지 않아 납세자의 권리를 침해하는 면이 있었다.

이에 따라 상속세를 신고한 후 납부하지 않은 경우에도 납부고지서상 납부기한까지 물납신청을 허용하여, 납세자의 납세 편의를 제고하였다(상증세법 시행령 제67조 제1항 및 제70조 제1항).[666]

결국 상증세법 제77조의 과세표준과 세액의 결정통지는 상속세과세표준을 신고하지 않거나 신고하고 납부하지 아니한 경우까지도 포함하는 과세관청의 과세표준과 세액의 결정통지를 말한다.

---

666) 개정규정은 납부고지서상의 납부기한이 2010. 2. 18. 이후 최초로 도래하는 납세자부터 적용한다.

(3) 한편, 연부연납허가를 받은 자가 연부연납기간 중 각 회분의 분납세액(연부연납가산금 제외)에 대하여 물납하고자 하는 경우에는 각 회분의 분납세액 납부기한 30일 전까지 납세지 관할 세무서장에게 신청할 수 있다(상증세법 시행령 제67조 제1항, 제3항 및 제70조 제1항, 제2항).

5) 물납신청한 재산의 관리·처분이 부적당하지 않아야 한다

이때 물납신청재산이 관리·처분에 적당한지 여부에 대한 명확한 기준이 없고 단지 예시적인 규정만 있어, 관할 세무서장이 물납허가시점에 개별적으로 사실을 판단하여야 한다(재산-531, 2011. 11. 9.).

(1) 관리·처분이 부적당한 재산

세무서장은 상증세법 제73조 제1항의 규정에 의하여 물납신청을 받은 재산이 다음의 어느 하나에 해당하는 사유[667]로 관리·처분상 부적당하다고 인정하는 경우에는 그 재산에 대한 물납허가를 하지 않거나 관리·처분이 가능한 다른 물납대상 재산으로의 변경을 명할 수 있으며, 세무서장은 그 사유를 납세의무자에게 통보하여야 한다(상증세법 시행령 제71조 및 상증세법 시행규칙 제19조의 4).

① **부동산** : 다음의 어느 하나에 해당하는 경우

  ㉠ 지상권·지역권·전세권·저당권 등 재산권이 설정된 경우

  ㉡ 물납 신청한 토지와 그 지상건물의 소유자가 다른 경우

  ㉢ 토지의 일부에 묘지가 있는 경우

  ㉣ 위와 유사한 사유로서 관리·처분이 부적당하다고 기획재정부령으로 정하는 경우

② **유가증권** : 다음의 어느 하나에 해당하는 경우

  ㉠ 유가증권을 발행한 회사의 폐업 등으로 관할 세무서장이 사업자등록을 말소한 경우

  ㉡ 유가증권을 발행한 회사가 상법에 따른 해산사유가 발생하거나 채무자 회생 및 파산에 관한 법률에 따른 회생절차 중에 있는 경우

  ㉢ 유가증권을 발행한 회사의 물납신청일 전 2년 이내 또는 물납신청일부터 허가일까지의 기간이 속하는 사업연도에 법인세법 상 결손금이 발생한 경우. 다만, 납세지 관할 세무서장이 한국자산관리공사와 공동으로 물납 재산의 적정성을 조사하여 물납을 허용하는 경우는 제외한다.

---

667) 2020. 2. 11. 이후 물납을 신청하는 분부터 적용한다.

ⓡ 유가증권을 발행한 회사가 물납신청일 전 2년 이내 또는 물납신청일부터 허가일까지의 기간이 속하는 사업연도에 주식회사 등의 외부감사에 관한 법률에 따른 회계감사 대상임에도 불구하고 감사인의 감사보고서가 작성되지 않은 경우

ⓜ 위와 유사한 사유로서 관리 · 처분이 부적당하다고 기획재정부령으로 정하는 경우

- 따라서 위의 관리 · 처분이 부적당한 사유들은 예시적이므로, 관리 · 처분이 적당한 지 여부는 위 사유들을 포함하여 과세관청이 개별적으로 판단하여야 하는바, 환가성이 없는 불특정다수인이 공용도로로 사용하고 있는 토지는 관리 · 처분이 부적당한 재산에 해당(조심 2011서2776, 2011. 11. 30.)하지만, 재산적 가치가 있어 상속재산에 포함되어 있고 그 처분에 장애가 없는 도로는 관리 · 처분이 부적당한 재산이 아니다(조심 2011서1603, 2011. 6. 28.).

- 같은 맥락에서 소유권의 귀속 등에 관하여 계쟁 중이거나, 양도에 관하여 법령 또는 정관에 제한이 있거나, 매각할 수 있다는 전망이 없는 등의 경우에는 관리 · 처분이 부적당하다고 인정된다(조심 2010서4040, 2011. 6. 16.).

- 토지가 물납된 이후에 도시공원 내의 국가소유의 토지로서 매각이 제한(「도시공원 및 녹지 등에 관한 법률」 제52조)된다 하더라도 재산적 가치가 없거나 소유권이전이 불가능하다고 보기도 어려우므로 관리 · 처분이 부적당한 재산이 아니다(조심 2017전4936, 2018. 5. 31.).

(2) 물납재산의 변경

세무서장에 의하여 물납재산 변경명령이 있는 경우에는 다음 절차에 따라 물납재산을 변경하게 된다(상증세법 시행령 제72조, 같은 법 집행기준 73-72-1).

① **변경신청** : 관리처분이 부적당하여 세무서장으로부터 물납재산의 변경명령(상증세법 시행령 제71조 제1항)을 받은 자는 세무서장으로부터 통보를 받은 날부터 20일 이내에 상속재산 중 물납에 충당하고자 하는 다른 재산의 명세서를 첨부하여 납세지 관할 세무서장에게 신청하여야 한다.

이때 납세의무자가 국외에 주소를 둔 때에는 변경신청기간은 3월로 한다.

② **변경신청 안한 경우** : 위 ①의 기간 내에 변경신청이 없는 경우에는 해당 물납의 신청은 그 효력을 상실한다.

③ **변경신청에 대한 허가** : 위 ①에 의하여 물납재산의 변경명령을 받은 자의 물납신청에 대한 물납허가 등에 관하여는 최초의 물납신청에 대한 허가(상증세법 시행령

제70조 제3항 내지 제7항) 규정[아래 5)(1)(2)(4). 6]을 준용한다.

④ 최초신청에 대한 물납허가(상중세법 시행령 제70조 제3항) 후 물납재산의 수납일(상중세법 제70조 제5항)까지의 기간 중 관리·처분이 부적당하다고 인정되는 사유가 발견되는 때에는 다른 재산으로의 변경을 명할 수 있다. 이 경우 물납재산의 변경 등에 관하여는 위 ① 내지 ③(상중세법 시행령 제71조 및 제72조 제1항 내지 제4항)을 준용한다.

6) 세무서장이 물납을 허가하여야 한다

(1) 허가통지

물납신청을 받은 납세지 관할 세무서장은 다음의 기한 내에 물납의 허가 여부를 서면으로 결정하여 알려야 한다. 다만, 물납신청한 재산의 평가 등에 소요되는 시일을 감안하여 그 기간을 연장하고자 하는 때에는 물납허가기한 이내에 그 기간 연장에 관한 서면을 발송하고 1회 30일의 범위 내에서 연장할 수 있다(상중세법 시행령 제70조 제3항, 제67조 제2항).

① 과세표준신고와 함께 물납신청한 경우 : 과세표준 신고기한이 경과한 날부터 상속세는 6개월 이내. 다만, 기한 후 신고를 한 경우에는 신고한 날이 속하는 달의 말일부터 6개월 이내

② 과세표준과 세액의 결정통지를 받은 후 해당 납부고지서에 의한 납부기한까지 물납을 신청한 경우 : 납부고지서에 의한 납부기한이 지난 날부터 14일 이내

③ 연부연납기간 중 각 회분의 분납세액에 대해 물납을 신청한 경우 : 물납신청을 받은 날부터 14일 이내

물납의 허가는 별지 제14호 서식에 의한다(상중세법 시행규칙 제24조 제14호).

(2) 허가통지를 하지 않은 경우

이 경우 위의 기간까지 그 허가 여부에 대한 서면을 발송하지 아니한 때에는 허가를 한 것으로 본다. 그러나 물납신청을 한 재산이 국유재산법 제10조(사권설정재산의 취득제한)의 규정에 의하여 국유재산으로 취득할 수 없는 재산인 경우에는 이를 적용하지 아니한다(상중세법 시행령 제67조 제2항 및 제70조 제3항, 제4항). 이는 원천적으로 물납이 불가능하므로 허가통지가 없더라도 허가되지 않는 것으로 보아야 한다.

(3) 물납 신청기간 중의 특례

① 상속세의 과세표준신고시에 물납신청을 한 세액[위 3)(1)]에 대한 적법한 신청에 대해 납부기한을 경과하여 물납허가 여부를 통지(과세표준 신고기한이 경과한 날부터 6월

이내)하는 때에는, 물납신청시 해당 상속세에 대한 납부의사가 있는 것으로 보아 납부지연가산세를 적용하지 않는다(대법원 2004두2356, 2005. 9. 30.).

② 물납신청을 적법하게 하였는데 물납허가에 대한 통지 여부는 납부기한을 넘은 경우, 납부지연에 대한 가산금 및 가산세를 부과하여야 하는지가 논란이 될 수 있다. 신청을 적법하게 한 것에 초점을 맞춘다면 가산금 및 가산세는 부과하지 않는 것이 타당할 것이고, 납부기한을 넘긴 것에 초점을 맞춘다면 부과하는 것이 타당할 수 있다. 2020년 기존의 납부불성실가산세와 가산금이 납부지연가산세로 통합되면서 위 논의는 납부지연가산세를 부과할지에 대한 것으로 귀결된다고 할 수 있다. 국세징수법이 2018. 12. 31. 개정되면서 납부불성실가산세를 납부지연가산세로 통합하고 가산금제도를 폐지하면서 동법 제21조가 삭제되었는데 그 시행은 2020년부터 된 것이다.

납부기한이 지나면 미납세액의 3%가 납부지연가산세로 부과되고, 세목별 세액이 100만원 이상인 경우 납부기한이 지난 1일마다 0.022%의 가산세가 최대 5년간 추가 부과된다. 종전에는 납세자가 납부고지서를 받은 후 기한이 지나 납부할 경우 미납세액의 3%가 가산금으로 부과되고, 세목별 세액이 100만원 이상인 경우에는 납부기한이 지난 1개월마다 0.75%의 가산금이 최대 60개월까지 추가로 부과되었다.

상증세법 시행령 제67조 제3항에 따르면 상속세의 과세표준신고시에 물납신청을 한 세액 외의 세액[위 4)(2)]에 대해 적법한 신청에 대해 납부기한을 경과하여 물납허가 여부를 통지(납부고지서에 의한 납부기한이 지난 날부터 14일 이내)하는 경우 그 물납액에 상당한 세액의 징수에 있어서는 물납허가여부통지일 이전에 한정하여 국세징수법 제21조를 적용하지 아니한다고 규정하고 있다. 위에서 본 바와 같이 국세징수법 제21조가 삭제되었는데 이를 제대로 반영하지 않은 것이라 할 수 있다. 가산금이 폐지되어서든 가산금 조항이 적용되지 않든 가산금은 부과되지 않는다. 해당 규정의 취지로 본다면 납부지연가산세 역시 부과되지 않는 것이 타당하고, 이를 명확하게 하는 법 개정이 필요하다. 2021년 2월 17일 상속세 및 증여세법 시행령 개정을 통해 국세기본법 제47조의 4 제1항 제1호 및 제3호의 납부지연가산세는 부과되지 않는 것으로 명확하게 정리되었다.

(4) 재산을 분할하거나 재산의 분할을 전제로 하여 물납신청을 하는 경우 납세지 관할 세무서장은 물납을 신청한 재산의 가액이 분할 전보다 감소되지 아니하는 경우에만 물납을 허가할 수 있다(상증세법 시행령 제70조 제7항).

(5) 물납 신청 철회 및 재평가신청 의무

물납을 신청한 납세자는 물납이 허가되기 전에 신청한 물납재산이 상중세법 제71조 제1항 각 호의 관리·처분이 부적당한 재산에 해당하는 경우 납세지 관할 세무서장에게 물납신청을 철회해야 하며, 상중세법 제75조 제1항 제3호 각 목의 수납가액 재평가 사유가 발생하는 경우에는 납세지 관할 세무서장에게 물납재산 수납가액 재평가를 신청해야 한다(상중세법 시행령 제70조 제8항).[668] 물납 신청 철회 의무 및 재평가 신청 의무를 부여함으로써 납세자의 성실신고를 유도하고 자기시정의 기회를 부여하기 위한 것이다.

(6) 물납허가의 효과

물납허가로 납세의무자의 금전채무로서의 조세채무는 소멸하고, 이와 동일성을 가진 당해 물건의 급여를 내용으로 하는 조세채무가 성립한다. 따라서 물납허가를 받은 납세의무자는 물납허가 이후 금전채무로 이행(이 경우에는 납부지연가산세가 부과된다)할 수 없고, 세무서장도 물납허가 후에는 금전 납부를 청구할 수 없다. 다만, 물납허가가 취소되면 물건의 급여를 내용으로 하는 조세채무가 소멸하고 금전채무가 부활한다(국심 2003중3583, 2004. 3. 6.).

3. 물납청구의 범위

1) 물납청구세액의 범위

물납을 청구할 수 있는 납부세액은 해당 상속재산인 부동산 및 유가증권의 가액에 대한 상속세 납부세액과 상속세 납부세액 중 현금화가 용이한 금융재산과 상장유가증권 가액 중 적은 금액을 초과할 수 없다.[669] 즉 물납은 다음의 한도를 초과할 수 없다(상중세법 시행령 제73조 제1항).

$$물납한도액 = MIN \ [①(상속세 \ 납부세액 \times \frac{부동산 + 유가증권가액}{총 \ 상속재산가액}), ②(상속세 \ 납부세액 -$$
$$순금융재산 \ 가액 - 상장주식유가증권 \ 가액(처분제한 \ 주식 \ 등은 \ 제외)]$$

상속받은 부동산·유가증권의 가액에는 비과세되는 상속재산가액과 사전증여재산가액

---

668) 2020. 2. 11. 이후 물납을 신청하는 분부터 적용한다.
669) 2018. 4. 1. 이후 물납을 신청하는 분부터 적용한다.

은 포함하지 아니한다(서면4팀-1189, 2007. 4. 11.).

종전에는 물납에 충당할 수 있는 부동산과 유가증권가액에 대한 상속세 납부세액을 초과하지 않을 것을 물납청구세액의 한도로 규정하였으나, 2018. 2. 23. 개정으로 물납 한도가 축소되었다.

2) 상속재산인 부동산 및 유가증권 중 위 1)의 납부세액을 납부하는데 적합한 가액의 물건이 없을 때에는 세무서장은 위 1)에 불구하고 해당 납부세액을 초과하는 납부세액에 대하여도 물납을 허가할 수 있다(상증세법 시행령 제73조 제2항). 물납세액에 상응하도록 상속재산을 분할하여야 하는 문제를 해소하기 위한 조치이다.

3) 상속개시일 이후 물납신청 이전까지의 기간 중에 해당 물납대상 재산이 정당한 사유 없이 관리 · 처분이 부적당한 재산으로 변경되는 경우 해당 관리 · 처분이 부적당한 재산가액에 상당하는 상속세 납부세액은 물납을 청구할 수 있는 납부세액에서 제외한다(상증세법 시행령 제73조 제3항).

이는 선순위인 부동산의 물납충당을 회피하기 위하여 상속을 받은 부동산에 근저당권 등을 설정하여 관리 · 처분이 부적당한 재산으로 전환시켜 후순위인 비상장주식 등으로 대신 물납이 이루어지는 경우가 있어 이를 막고자 함이다(조심 2010서4035, 2011. 9. 29.).

이때 상속개시일 이후 물납신청 이전까지의 기간 중에 매각[증여 포함(상속증여세과-636, 2013. 12. 31.)]한 상속재산은 관리 · 처분이 부적당한 재산으로 변경되는 경우로 보아 당해 재산가액에 상당하는 납부세액은 물납가능 납부세액에서 제외한다(상증세법 집행기준 73-71-1).

그렇더라도 위 규정의 취지는 상속개시 후, 선순위 물납재산을 의도적으로 관리 · 처분이 부적당한 재산으로 변경시켜서 후순위 재산으로 물납하는 등 물납제도를 악용하는 사례를 방지하고자 한 것이므로, 물납신청 재산의 관리 · 처분이 적당하지 아니하다고 인정되는 경우에는 물납허가를 하지 아니할 수 있음에도 처분청이 관리 · 처분이 적정하다고 검토하였고, 양도한 주식과 물납을 신청한 주식은 동일 순위 주식으로 양도한 주식을 보유하였다 하더라도 양도한 주식으로 우선 물납하는 것은 아니라면 양도한 주식가액에 상당하는 납부세액을 물납가능 납부세액에서 제외하여서는 아니 된다(조심 2010서4035, 2011. 9. 29.).

4) 상속세액이 비상장주식 등[비상장주식 및 상속받은 주택으로서 상속개시일 현재 상속인이 거주하는 주택 및 그 부수토지의 가액(해당 자산에 담보된 채무액을 차감한 가액)]을 제외한 상속세 과세가액보다 큰 경우 그 차액에 한해 비상장주식의 물납을 허용한다(상증세법 시행령 제73조 제4항).[670]

---

670) 2018. 4. 1. 이후 물납을 신청하는 분부터 적용한다.

5) 상속세 납부세액이 상속재산가액 중 금전과 금융회사 등이 취급하는 예금·적금·부금·계금·출자금·특정금전신탁·보험금·공제금 및 어음 등 금융재산의 가액을 초과해야 한다(상증세법 제73조 제1항 제3호, 상증세법 시행령 제73조 제5항).

4. 물납재산의 범위

물납에 충당할 수 있는 부동산 및 유가증권은 다음과 같다(상증세법 시행령 제74조 제1항 및 상증세법 시행규칙 제20조 제1항). 따라서 동산은 해당되지 않으나, 납세자의 권익을 제고하는 차원에서 선박·항공기·등록된 미술품 등을 포함하자는 주장이 있다.[671]

1) 국내에 소재하는 부동산

2) 유가증권

(1) 포함

국채·공채·주권 및 내국법인이 발행한 채권 또는 증권과 자본시장과 금융투자업에 관한 법률에 따른 신탁업자가 발행하는 수익증권·집합투자증권·종합금융회사가 발행하는 수익증권(상증세법 시행규칙 제20조 제1항)

(2) 제외

다음의 어느 하나에 해당하는 유가증권은 물납대상에서 제외한다.

① 한국거래소에 상장된 것

이를 물납대상에서 제외한 까닭은 유가증권 중 유가증권시장 상장주식·상장채권·코스닥시장 상장법인의 주식은 현금으로의 전환이 용이하므로 금전납부가 가능하기 때문이다.

다만, 최초로 한국거래소에 상장되어 물납허가통지서 발송일 전일 현재 자본시장과 금융투자업에 관한 법률에 따라 처분이 제한된 경우에는 현금화가 용이하지 않기 때문에 물납대상에 포함한다. 종전에는 다른 상속재산이 없는 경우에도 상장주식 등의 물납을 허용하였으나, 상장주식은 시장을 통해 현금화가 용이하므로 2013년 개정을 통해 다른 상속재산이 없는 경우에도 물납재산 범위에서 제외하였다.[672]

---

671) 이상신 외 3인, 「물납제도 및 물납주식관리제도 개선방안 연구」, 서울시립대 지방세연구소, 한국자산관리공사, 2009, 157~160쪽

② 거래소에 상장되어 있지 아니한 법인의 주식 등

이는 비상장주식의 물납에 따른 악용소지를 제거하고 물납가액과 매각가격의 차이로 인한 국고손실을 방지하기 위한 조치이다. 다만, 물납시 물납가액과 매각가격의 차이로 인한 국고손실이 발생함과 상관없이 그 밖의 다른 상속재산이 없거나, 아래 5.(1) 내지 (3)(상증세법 시행령 제74조 제2항 제1호부터 제3호)까지의 상속재산으로 상속세 물납에 충당하더라도 부족한 경우에 한하여 비상장주식 등을 물납대상에 포함한다.[673]

5. 물납충당의 순서

상속세의 물납대상 재산이 여러 개 있을 때에는 납세자가 선택적으로 물납재산을 신청할 수 있는 게 아니고 반드시 아래의 순서(상증세법 시행령 제74조 제2항)에 따라야 하며 세무서장이 인정하는 정당한 사유가 있는 경우에는 예외로 한다. 이때 물납허가순위는 물납신청 당시 상속인들이 보유하고 있는 물납대상재산만을 기준으로 판단함이 타당하다(조심 2018부1099, 2018. 6. 21. ; 국심 2005중2, 2005. 7. 21.).

즉, 현금납부와는 달리 물납의 경우에 있어서는 해당 자산의 환금성과 그 가치의 객관성이 매우 중요하기 때문에 특별한 사유가 없는 한 그 가격의 평가에 대한 객관성이 비교적 쉽게 확보되면서도 환금성이 높은 자산부터 순서대로 납부에 충당되도록 물납재산에 대한 우선순위를 정하여 법집행에 대한 기준을 명확히 제시하였다.

(1) 국채 및 공채

(2) 물납대상에 포함(상증세법 시행령 제74조 제1항 제2호 가목 단서)되는 유가증권(국채 및 공채는 제외한다)으로서 한국거래소에 상장된 것

(3) 국내에 소재하는 부동산[아래 (6)의 재산을 제외한다]

(4) 국채 · 공채 · 주권 및 내국법인이 발행한 채권 또는 증권과 자본시장과 금융투자업에 관한 법률에 따른 신탁업자가 발행하는 수익증권 · 집합투자증권 · 종합금융회사가 발행하는 수익증권으로서 (1), (2), (5)에 해당하지 않는 유가증권

(5) 물납대상에 포함(상증세법 시행령 제74조 제1항 제2호 나목 단서에 해당)되는 비상장주식 등,

---

672) 2013. 2. 15. 이후 물납신청분부터 적용한다.

673) 2007. 12. 31. 이전 상속분은 제한 없이 비상장주식의 물납이 허용되었으나, 2008. 1. 1. 이후 상속분부터는 일정한 사유가 있는 경우에 한하여 물납이 적용된다.

예컨대 간접투자자산 운용업법에 의한 간접투자증권은 비상장주식 등에 포함된다.

(6) 상속개시일 현재 상속인이 거주하는 주택 및 그 부수토지

6. 물납수납일의 지정, 수납 및 수납불이행에 대한 불이익

1) 물납수납일의 지정

납세지 관할 세무서장은 물납의 허가를 한 날부터 30일[674] 이내의 범위 내에서 물납재산의 수납일을 지정하여야 한다. 이 경우 물납재산의 분할 등의 사유로 해당 기간 내에 물납재산의 수납이 어렵다고 인정되는 경우에는 1회에 한하여 20일의 범위 내에서 물납재산의 수납일을 다시 지정할 수 있다(상증세법 시행령 제70조 제5항).

2) 수납

물납재산의 수납은 물납에 충당할 재산의 인계, 소유권이전등기 또는 등록 기타 법령에 의하여 제삼자에게 대항할 수 있는 요건이 구비된 때에 납부가 완료된 것으로 본다(국세징수사무처리규정 제34조 제3항).

3) 수납불이행에 대한 불이익

① 물납재산의 수납일까지 물납재산의 수납이 이루어지지 아니하는 때에는 해당 물납허가는 그 효력을 상실한다(상증세법 시행령 제70조 제6항).

② 상속세과세표준신고와 함께 신청한 경우에는 미납부가산세, 납부고지서나 연부연납분에 대해 물납신청한 경우에는 납부기한 경과에 따른 가산세가 부과된다. 즉 물납요건에 해당하지 아니하는 물납신청을 하여 물납이 허가되지 않아 물납신청금액을 납부하지 아니한 때에도 납부지연가산세가 적용된다(대법원 2004두2356, 2005. 9. 30.).

7. 물납재산 수납가액의 평가

1) 원칙

물납에 충당할 부동산 및 유가증권의 수납가액은 아래 예외의 경우를 제외하고는 상속개시일 현재의 상속재산의 가액으로 한다(상증세법 시행령 제75조 제1항).

---

674) 2015. 2. 3. 이후 물납재산의 수납일을 지정하는 경우부터 적용한다.

2) 예외

그러나 납세의무성립일(상속개시일)로부터 수납일까지의 사이에 상황의 변동이 생기면 수납가액의 조정이 불가피하다(상증세법 시행령 제75조 제1항 제1호).

(1) 수납일 전 증자나 감자가 있는 경우

주식의 경우에 있어서 상속개시일부터 수납할 때까지의 기간 중에 해당 주식을 발행한 법인이 신주를 발행하거나 주식을 감소시킨 때에는 다음의 산식에 의하여 계산한 가액을 수납가액으로 한다(상증세법 시행규칙 제20조의 2 제1항). 유통주식수의 증감은 주가에 영향을 미쳐 물납주식의 환가액에 차이를 가져올 것이기 때문이다.

① 주식을 발행한 경우

㉠ 무상으로 주식을 발행한 경우

$$\text{구주식 1주당 수납가액} = \frac{\text{구주식 1주당 과세가액}}{1 + \text{구주식 1주당 신주배정수}}$$

㉡ 유상으로 주식을 발행한 경우

$$\text{구주식 1주당 수납가액} =$$
$$\frac{\text{구주식 1주당 과세가액} + (\text{신주 1주당 주금납입액} \times \text{구주식 1주당 신주배정수})}{1 + \text{구주식 1주당 신주배정수}}$$

② 주식을 감소시킨 경우

㉠ 무상으로 주식을 감소시킨 경우

$$\text{구주식 1주당 수납가액} = \frac{\text{구주식 1주당 과세가액}}{1 - \text{구주식 1주당 감자주식수}}$$

㉡ 유상으로 주식을 감소시킨 경우

$$\text{구주식 1주당 수납가액} =$$
$$\frac{\text{구주식 1주당 과세가액} - (\text{1주당 지급금액} \times \text{구주식 1주당 감자주식수})}{1 - \text{구주식 1주당 감자주식수}}$$

③ 다만, 다음의 경우에는 위의 산식에 의하지 않고, 원칙적인 상속재산의 가액으로 한다. 즉 상속세 과세가액이 그대로 수납가액이 된다(상증세법 시행규칙 제20조의

2 제2항).[675]

ㄱ 자본시장과 금융투자업에 관한 법률 제119조에 따라 공모증자하는 경우의 신주의 발행

ㄴ 특별법에 의하여 증자하는 경우의 신주의 발행

(2) 연부연납기간 중 분납세액에 대한 물납재산 수납가액(상증세법 시행령 제75조 제1항 제2호, 같은 법 집행기준 73-75-2)

연부연납기간 중 분납세액에 대하여 물납에 충당하는 부동산 및 유가증권의 수납가액은 과세표준과 세액의 결정(상증세법 제76조 제1항)시 해당 부동산 및 유가증권에 대하여 적용한 평가방법에 따라 다음에 해당하는 가액으로 한다.

① 매매사례가 등 시가(상증세법 제60조 제2항)에 의하여 상속세 과세가액을 산정한 경우에는 물납허가통지서 발송일 전일 현재 매매사례가 등 시가(상증세법 제60조 제2항)에 의하여 평가한 가액

② 보충적 평가방법(상증세법 제60조 제3항)에 의하여 상속세 과세가액을 산정한 경우에는 물납허가통지서 발송일 전일 현재 보충적 평가방법(상증세법 제60조 제3항)에 의하여 평가한 가액

(3) 물납에 충당할 유가증권의 가액이 평가기준일부터 물납허가통지서 발송일 전일까지의 기간(물납기간) 중 정당한 사유 없이 다음의 어느 하나에 해당하는 사유로 해당 유가증권의 가액이 평가기준일 현재의 상속재산의 가액에 비하여 100분의 30 이상 하락한 경우에는 위 (2)(상증세법 시행령 제75조 제1항 제2호 각목의 어느 하나)에 해당하는 가액으로 한다(상증세법 시행령 제75조 제1항 제3호, 같은 법 집행기준 73-75-2).[676] 그러나 납세의무자의 권익을 보호하기 위해서는 상승하는 경우에도 수납가액이 변경되도록 하는 것이 형평의 원리에 부합한다.

① 물납기간 중 유가증권을 발행한 회사가 합병 또는 분할하는 경우

② 물납기간 중 유가증권을 발행한 회사가 주요 재산을 처분하는 경우

③ 물납기간 중 유가증권을 발행한 회사의 배당금이 물납을 신청하기 직전 사업연도의 배당금에 비하여 증가한 경우

④ 위와 유사한 사유로서 유가증권의 수납가액을 재평가할 필요가 있다고 기획재정부령으로 정하는 경우

---

675) '조특법 제49조의 규정에 의하여 합병하는 경우의 신주의 발행'은 2009. 4. 23.에 폐지되었다.

676) 2020. 2. 11. 이후 물납을 신청하는 분부터 적용한다.

이 경우 물납신청한 유가증권(물납신청한 것과 동일한 종목의 유가증권을 말한다)의 전체 평가액이 물납신청세액에 미달하는 경우로서 물납신청한 유가증권 외의 상속받은 다른 재산의 가액을 합산하더라도 해당 물납신청세액에 미달하는 경우에는 해당 미달하는 세액을 물납신청한 유가증권의 전체 평가액에 가산한다. 상속인의 고유재산으로 상속세를 납부할 때에 발생하는 재산권 침해 소지를 제거하기 위해서다.

(4) 상속재산에 가산하는 증여재산의 수납가액(상증세법 시행령 제75조 제2항)

상속재산에 가산하는 증여재산(제13조에 따라 상속재산에 가산하는 증여재산)의 수납가액은 상속개시일 현재 상증세법 제63조부터 제66조에 따라 평가한 가액으로 한다.

8. 물납재산의 환급

§관련조문

국세기본법	국세기본법 시행령	국세기본법 시행규칙
제51조의 2【물납재산의 환급】	제43조의 2【물납재산의 환급】	제19조의 2【물납재산의 환급신청】

1) 원칙

납세자가 상속세를 물납(상증세법 제73조)한 후 그 부과의 전부 또는 일부를 취소하거나 감액하는 경정결정에 의하여 환급하는 경우에는 해당 물납재산으로 환급하여야 한다(국세기본법 제51조의 2 제1항 본문).

이와 같이 물납재산을 환급하는 경우 환급의 순서에 관하여 납세자의 신청이 있는 때에는 그 신청에 의하여 관할 세무서장이 환급하고, 납세자의 신청이 없는 때에는 상증세법 시행령 제74조 제2항에서 규정하는 물납충당재산의 허가순서(위 5.)의 역순으로 환급한다(국세기본법 시행령 제43조의 2 제1항).

그리고 물납재산의 환급신청은 별지 제25호 서식의 물납재산환급신청서에 의한다(국세기본법 시행규칙 제19조의 2)

또한 물납재산으로 환급하는 경우에는 국세환급가산금(국세기본법 제52조)의 규정을 적용하지 아니한다(국세기본법 제51조의 2 제2항). 국세환급가산금은 국세환급금에 대한 법정이자로서의 성질을 가진 지급금인데, 물납재산의 보유로 인해서는 그러한 이자를 얻은 바가 없으므로 국세환급가산금이 적용되지 않는다(대법원 98다63278, 2000. 11. 28.).

2) 예외

다만, 그 물납재산이 매각되었거나 다른 용도로 사용되고 있는 경우 등 대통령령이 정하는 경우에는 국세환급금의 충당과 환급(국세기본법 제51조)의 규정을 적용한다(국세기본법 제51조의 2 제1항 단서). 이 경우에는 국세환급가산금(국세기본법 제52조)의 규정이 적용된다(국세기본법 제51조의 2 제2항).

이때 "대통령령이 정하는 경우"라 함은 다음에 해당하는 경우를 말한다(국세기본법 시행령 제43조의 2 제2항).

① 해당 물납재산의 성질상 분할하여 환급하는 것이 곤란한 경우
② 해당 물납재산이 임대 중에 있거나 다른 행정용도로 사용되고 있는 경우
③ 사용계획이 수립되어 해당 물납재산으로 환급하는 것이 곤란하다고 인정되는 경우 등 국세청장이 정하는 경우

3) 유지관리비용의 처리

물납재산으로 환급하는 경우에 국가가 물납재산을 유지 또는 관리하기 위하여 지출한 비용은 국가의 부담으로 한다. 다만, 국가가 물납재산에 대하여 법인세법 시행령 제31조 제2항의 규정에 의한 자본적 지출을 한 경우에는 이를 납세자의 부담으로 한다(국세기본법 시행령 제43조의 2 제3항).

4) 물납재산에서 발생한 과실의 처리

물납재산으로 환급하는 경우 물납재산의 수납 이후 발생한 과실(법정과실 및 천연과실을 말한다)은 납세자에게 환급하지 아니하고 국가에 귀속된다(국세기본법 시행령 제43조의 2 제4항).

Ⅵ 문화재 등에 대한 물납

 해의 맥

과세관청은 문화재 등에 대한 물납 신청시 법정요건을 충족하는 경우 허가하여야 하는 기속을 받는다.

§관련조문

상증세법	상증세법 시행령	상증세법 시행규칙
제73조의 2 【문화재 등에 대한 물납】	제75조의 2 【문화재 등에 대한 물납 신청】 제75조의 3 【문화재등에 대한 물납의 허가】 제75조의 4 【문화재등의 물납 허가 거부 등】 제75조의 5 【물납에 충당할 문화재등의 수납 가액의 결정】	

1. 문화재 등에 대한 물납의 의의

상속과정에서 개인이 소장한 문화재와 미술품 등을 급하게 처분하거나 해외로 유출하는 등 막대한 문화적 손실이 발생한다는 지적이 있었다. 이에 2023. 1. 1. 이후 상속이 개시되는 경우부터 역사적 · 학술적 · 예술적 가치가 있는 문화재 · 미술품에 대하여 물납을 허용하였다(상증세법 제73조의 2).

2. 물납대상 문화재 및 미술품의 범위

물납이 허용되는 문화재 및 미술품(이하 "문화재 등")이란 다음의 것을 말하며, 부동산은 제외한다(상증세법 시행령 제75조의 2 제1항).

① 문화재보호법에 따른 유형문화재 또는 민속문화재로서 같은 법에 따라 지정 또는 등록된 문화재

② 회화, 판화, 조각, 공예, 서예 등 미술품

3. 문화재 등에 대한 물납 요건

다음의 요건을 모두 갖춘 납세의무자는 상속재산에 위 2.에 해당하는 문화재 등이 포함된 경우 납세지 관할 세무서장에게 해당 문화재 등에 대한 물납을 신청할 수 있다(상증세법 제73조의 2 제1항).

① 상속세 납부세액이 2천만원을 초과할 것

② 상속세 납부세액이 상속재산가액 중 대통령령으로 정하는 금융재산(금전과 금융회사 등이 취급하는 예금 · 적금 · 부금 · 계금 · 출자금 · 특정금전신탁 · 보험금 · 공제금 및 어음)의 가액(상증세법 제13조에 따라 상속재산에 가산하는 증여재산의 가액은 포함하지 아니한다)을 초과할 것

② 회화, 판화, 조각, 공예, 서예 등 미술품

4. 문화재 등에 대한 물납 신청 및 허가

1) 문화재 등에 대한 물납 신청

문화재 등에 대한 물납의 신청은 연부연납 및 부동산 등에 대한 물납 규정을 준용한다(상증세법 시행령 제75조의 2 제3항).

문화재 등에 대한 물납을 신청하려는 자는 상속세 과세표준신고를 하는 경우(국세기본법 제45조에 따른 수정신고 또는 같은 법 제45조의 3에 따른 기한 후 신고를 하는 경우를 포함)에는 납부해야 할 세액에 대하여 기획재정부령으로 정하는 물납신청서를 상속세 과세표준신고와 함께 납세지 관할 세무서장에게 제출해야 한다. 다만, 상증세법 제77조에 따른 과세표준과 세액의 결정통지를 받은 자는 해당 납부고지서의 납부기한(상증세법 제4조의 2 제6항에 따른 연대납세의무자가 같은 조 제7항에 따라 통지를 받은 경우에는 해당 납부고지서상의 납부기한)까지 그 신청 서를 제출할 수 있다.

상속세의 연부연납허가를 받은 자가 연부연납기간 중 분납세액[첫 회분 분납세액(조특법 시행 령 제28조 제1항 각 호 외의 부분 전단에 따른 중소기업자는 5회분 분납세액)으로 한정하되 법 제72조에 따른 연부 연납가산금을 제외]에 대하여 물납하려는 경우에는 각 회분의 분납세액 납부기한 9개월 전 까지 납세지 관할 세무서장에게 신청할 수 있다.

2) 문화체육관광부장관 통보 및 물납요청

(1) 문화체육관광부장관에 대한 통보

물납 신청을 받은 납세지 관할 세무서장은 법 제73조의 2 제2항에 따라 그 신청을 받은 날부터 2주 이내에 물납신청서 사본 및 관련 자료를 첨부하여 문화체육관광부 장관에게 물납 신청 사실을 통보해야 한다(상증세법 시행령 제75조의 2 제4항).

(2) 관할 세무서장에 대한 물납요청

문화체육관광부장관은 물납을 신청한 문화재 등이 역사적·학술적·예술적 가치가 있는 등 물납이 필요하다고 인정되는 경우 상증세법 시행령 제75조의 2 제4항에 따른 통보일(위 (1)의 통보일)이 속하는 달의 말일부터 120일 이내에 다음의 자료를 납세 지 관할 세무서장에게 제출하는 절차를 통해 해당 문화재 등에 대한 물납을 요청하 여야 한다(상증세법 제73조의 2 제3항). 다만, 해당 문화재 등에 대한 조사가 지연되는 등 의 사유로 제출 기한을 연장할 필요가 있는 경우에는 30일 이내의 범위에서 한 차례 만 연장할 수 있다.

① 문화재 등의 역사적·학술적·예술적 가치를 입증하는 자료 등 물납의 필요성을

입증하는 자료

② 문화재 등의 활용 방안 및 계획에 관한 자료

③ 그 밖에 물납 허가 여부 판단에 필요한 자료

3) 관할 세무서장의 물납허가

물납 요청을 받은 납세지 관할 세무서장은 다음의 구분에 따른 기간 이내에 물납 신청인에게 그 허가 여부를 서면으로 통지해야 한다(상증세법 시행령 제75조의 3 제2항).

① 상증세법 제67조에 따른 상속세 과세표준신고를 한 경우 : 같은 조 제1항에 따른 신고기한이 지난 날부터 9개월

② 국세기본법 제45조에 따른 수정신고 또는 같은 법 제45조의 3에 따른 기한 후 신고를 한 경우 : 수정신고 또는 기한 후 신고를 한 날이 속하는 달의 말일부터 9개월

③ 상증세법 제77조에 따른 과세표준과 세액의 결정통지를 받은 경우 : 납부고지서에 따른 납부기한이 지난 날부터 9개월

상증세법 제77조에 따라 과세표준과 세액의 결정 통지를 받은 자가 물납 신청을 한 경우로서 그에 대한 허가여부 통지가 납부고지서에 따른 납부기한을 경과한 경우에는 그 통지일 이전의 기간에 대해서는 국세기본법 제47조의 4 제1항 제1호(납부고지서에 따른 납부기한의 다음 날부터 성립하는 부분으로 한정) 및 제3호에 따른 납부지연가산세를 부과하지 않는다(상증세법 시행령 제69조의 2 제3항).

4) 국고 손실 위험에 대한 판단

물납 요청을 받은 납세지 관할 세무서장은 상증세법 제73조의 2 제4항에 따른 국고 손실의 위험 여부를 판단하기 위하여 필요한 경우에는 문화체육관광부장관과의 협의를 거쳐 물납 허가 여부를 결정할 수 있다(상증세법 시행령 제75조의 3 제3항).

5) 물납재산의 수납일 지정

납세지 관할 세무서장은 위 3)에 따라 물납을 허가하는 때에는 그 허가를 한 날부터 30일 이내의 범위에서 물납재산의 수납일을 지정하여야 한다. 이 경우 물납재산의 분할 등의 사유로 해당 기간 내에 물납재산의 수납이 어렵다고 인정되는 경우에는 1회만 20일 이내의 범위에서 물납재산의 수납일을 다시 지정할 수 있다. 물납재산의 수납일까지 물납재산의 수납이 이루어지지 아니하는 때에는 해당 물납허가는 그 효력을 상실한다(상증세법 시행령 제75조의 3 제4항, 제70조 제5항 및 제6항).

6) 재산분할에 의한 물납금지

재산을 분할하거나 재산의 분할을 전제로 하여 물납신청을 하는 경우에는 물납을 신청한 재산의 가액이 분할 전보다 감소되지 아니하는 경우에만 물납을 허가할 수 있다(상증세법 시행령 제75조의 3 제4항, 제70조 제7항).

7) 물납 신청의 철회

물납을 신청한 납세의무자는 물납 허가를 받기 전에 해당 문화재 등이 다음 중 어느 하나에 해당하게 된 경우에는 기획재정부령으로 정하는 바(문화재 등 물납 철회 신청서 제출)에 따라 물납 신청을 철회해야 한다(상증세법 시행령 제75조의 3 제5항, 같은 법 시행규칙 제24조 제14호의 2).
① 문화재 등에 질권 등 재산권이 설정된 경우
② 문화재 등을 다른 사람과 공유하는 경우
③ 문화재 등이 훼손, 변질 등으로 가치가 감소한 경우
④ ①부터 ③까지의 경우와 유사한 경우로서 기획재정부령으로 정하는 경우

5. 관리·처분이 부적당한 재산에 대한 물납허가 거부 등

1) 관리·처분이 부적당한 재산에 대한 물납허가 거부 및 취소 통지

납세지 관할 세무서장은 문화재 등에 대한 물납 신청을 받은 문화재 등이 다음 중 어느 하나에 해당하는 경우에는 물납을 허가하지 않을 수 있고, 물납 허가일부터 물납재산의 수납일까지의 기간 중 문화재 등이 다음 중 어느 하나에 해당하는 경우에는 물납 허가를 취소할 수 있다. 이 경우 물납을 허가하지 않거나 허가를 취소하는 경우에는 물납 신청인에게 그 사유를 통지해야 한다(상증세법 시행령 제75조의 4 제1항).
① 문화재 등에 질권 등 재산권이 설정된 경우
② 문화재 등을 다른 사람과 공유하는 경우
③ 문화재 등이 훼손, 변질 등으로 가치가 감소한 경우
④ ①부터 ③까지의 경우와 유사한 경우로서 기획재정부령으로 정하는 경우

2) 물납허가 거부 및 취소 통지받은 문화재 등에 대한 물납 재신청

위 1)의 통지를 받은 자 또는 상증세법 시행령 제75조의 3 제5항에 따라 물납 신청을 철회한 자는 통지일 또는 철회일부터 20일 이내에 다른 문화재 등에 대한 물납을 다시 신청할 수 있다. 다만, 다른 문화재 등에 대한 물납 신청이 다시 위 1)에 해당하여 허가

거부 · 취소되거나 납세의무자가 상증세법 시행령 제75조의 3 제5항에 따라 그 신청을 철회한 경우에는 다른 문화재 등에 대한 물납을 다시 신청할 수 없다(상증세법 시행령 제75조의 4 제2항).

6. 물납을 신청할 수 있는 납부세액

물납을 신청할 수 있는 납부세액은 상속재산 중 물납에 충당할 수 있는 문화재 등의 가액에 대한 상속세 납부세액을 초과할 수 없다(상증세법 제73조의 2 제5항). 이때 상속개시일 이후 물납 신청 이전까지의 기간 중 문화재 등이 정당한 사유 없이 위 물납허가 거부 및 취소, 철회 사유(상증세법 시행령 제75조의 4 제1항 각 호의 어느 하나)에 해당하게 된 경우에는 해당 문화재 등의 가액에 대한 상속세 납부세액은 물납을 신청할 수 있는 납부세액에서 제외한다(상증세법 시행령 제75조의 2 제5항).

7. 물납에 충당할 문화재 등의 수납가액 결정

물납에 충당할 문화재 등의 수납가액은 다음의 구분에 따른다(상증세법 시행령 제75조의 5).

1) 연부연납 각 회분 분납세액에 대하여 물납에 충당하는 경우

상증세법 제76조 제1항에 따른 과세표준과 세액의 결정시 해당 문화재 등에 대하여 적용한 평가방법에 따라 다음 중 어느 하나에 해당하는 가액으로 한다.

① 상증세법 제60조 제2항에 따라 상속세 과세가액을 산정한 경우(매매가액 등 시가로 평가한 경우)에는 물납허가통지서 발송일 전일 현재 같은 항에 따라 평가한 가액(시가)

② 상증세법 제60조 제3항에 의하여 상속세 과세가액을 산정한 경우(보충적 방법으로 평가한 경우)에는 물납허가통지서 발송일 전일 현재 같은 항에 따라 평가한 가액(보충적 평가액)

2) 그 밖의 경우

상속재산의 가액에 의한다.

[별지 제14호의 2 서식] (2023. 3. 20. 신설)

문화재 등 상속세 물납 (철회)신청서

※ 뒤쪽의 작성방법을 읽고 작성하시기 바랍니다. (앞쪽)

관리번호				–			
신청인	① 성명				② 주민등록번호		
	③ 주소		(☎)		④ 전자우편주소		
신청 내용	⑤ 납부세액				⑥ 물납신청세액		
	⑦ 유형	[ ] 신고분	[ ] 고지분		⑧ 납부기한		
세무대리인	성명		사업자등록번호		생년월일		연락처

					문화재 등 물납대상 재산명세					
⑨ 구분	⑩ 작품명	⑪ 작가명	⑫ 규격	⑬ 평가 기준일	⑭ 시가 또는 전문가 감정가액의 평균액					
					시가	감정 기관	평가액	감정 기관	평가액	평균액
⑰ 계										

「상속세 및 증여세법」 제73조의 2 및 같은 법 시행령 제75조의 2 제3항, 제75조의 3 제5항 및 제75조의 4 제2항에 따라 위와 같이 ([ ]물납을 신청, [ ]물납 신청을 철회)합니다.

년 월 일

신청인 (서명 또는 인)

세무대리인 (서명 또는 인)

세무서장 귀하

신청인 제출서류	1. 공과금 납세필증 1부 2. 물납을 신청한 문화재 등의 역사적 · 학술적 · 예술적 가치를 판단할 수 있는 자료 3. 전문가 감정기관별 감정	수수료 없음

210mm×297mm[백상지 80g/㎡]

06장 상속세 부과 및 징수

제1절 부과제척기간

§관련조문

국세기본법	국세기본법 시행령
제26조의 2 【국세부과의 제척기간】	제12조의 2 【부정행위의 유형 등】 제12조의 3 【국세부과 제척기간의 기산일】

I 기본개념

1. 의의

부과란 국가가 납세의무를 확정하는 절차(결정, 경정결정, 재경정결정, 부과취소 등 행정처분)를 말한다. 제척기간은 일정한 권리의 법정존속기간이다. 그러므로 국세부과의 제척기간은 국가가 결정 등 행정처분을 할 수 있는 기간, 즉 국세부과권(조세채권을 확정하기 위해 세액을 결정할 수 있는 권리)을 행사할 수 있는 법정기간을 의미한다.

국세부과에 제척기간을 둔 것은 조세채권채무관계의 장기적 불안정성을 제거함으로써 납세의무자의 법적 안정성을 보장하기 위함이다.

국세부과의 제척기간은 권리관계를 조속히 확정시키려는 것이므로 국세징수권 소멸시효와는 달리 진행 기간의 중단이나 정지가 없다. 따라서 국세기본법 제26조의 2 제1항 내지 제3항의 기간이 경과하면 정부의 부과권은 소멸되어 과세표준이나 세액을 변경하는 어떤 결정(경정)·(국세기본법 제26조의 2 제2항의 해당 판결·결정 또는 상호합의를 이행하기 위한 경정결정 그 밖의 필요한 처분은 제외한다)도 할 수 없다(국세기본법 기본통칙 26의 2-0…1).

상속세[증여세]의 부과제척기간

1. 상속세[증여세]의 원칙적 제척기간(국세기본법 제26조의 2 제4항)

상속세[증여세]를 부과할 수 있는 날(법정신고기한의 다음 날)부터 다음의 기간이 끝난 날 후에는 이를 부과할 수 없다.

이때 부과제척기간은 과세처분을 대상으로 하고 과세처분이라 함은 세액의 총량을 의미한다고 볼 수 있는 점 등에 비추어, 1개 과세연도 중 일부 과세사유가 장기부과제척기간 사유('사기 기타 부정한 행위' 등)에 해당한다면 동일 과세기간의 다른 과세사유에도 장기 부과제척기간이 적용된다고 보아야 할 것이다(조심 2009서291, 2010. 4. 15.).

1) 원칙

(1) 사기 그 밖의 부정한 행위("부정행위")**로서 상속세**[증여세]**를 포탈하거나 환급 공제받은 경우** : 15년

(2) 법정신고기한 내에 과세표준신고서를 제출하지 않은 경우 : 15년

(3) 법정신고기한 내에 과세표준신고서를 제출한 자가 거짓신고·누락신고(그 거짓신고 또는 누락신고를 한 부분에 한한다)**한 경우** : 15년

여기에서 "대통령령이 정하는 거짓신고 또는 누락신고를 한 경우"라 함은 다음에 해당하는 경우를 말한다.

① 상속·증여재산가액에서 가공의 채무를 빼고 신고한 경우

② 권리의 이전이나 그 행사에 등기·등록·명의개서 등("등기 등")을 필요로 하는 재산을 상속인[수증자]의 명의로 등기 등을 하지 아니한 경우로서 그 재산을 상속[증여]재산의 신고에서 누락한 경우

③ 예금·주식·채권·보험금 그 밖의 금융자산을 상속[증여]재산의 신고에서 누락한 경우

(4) 위 이외의 일반적인 경우 : 10년

2. 상속세[증여세]의 특례제척기간(국세기본법 제26조의 2 제5항)

제척기간에는 중단이나 정지라는 개념이 없고 기간이 일단 지나면 끝이지만, 현행법의 제척기간은 소멸시효의 변종인 까닭에 특례제척기간은 실질적으로 소멸시효의 중단이나 정지와 비슷한 기능을 하는 셈이다.

상속세[증여세]의 특례제척기간은 특히 변칙상속 때문에 만들어진 조문이다.

1) 사유

납세자가 사기 그 밖의 부정한 행위("부정행위")로 상속세를 포탈하는 경우로서 다음에 해당하는 경우에는 위 1.(국세기본법 제26조의 2 제4항)에 불구하고 해당 재산의 상속이 있음을 안 날부터 1년 이내에 상속세[증여세]를 부과할 수 있다. 다만, 상속인(수유자를 포함한다)이나 증여자 및 수증자가 사망한 경우와 포탈세액 산출의 기준이 되는 재산가액(다음에 해당하는 재산의 가액을 합계한 것을 말한다)이 50억원 이하인 경우에는 그러하지 아니하다.

(1) 제삼자의 명의로 되어 있는 피상속인 또는 증여자의 재산을 상속인이나 수증자가 취득 한 경우

(2) 계약에 의하여 피상속인이 취득할 재산이 계약이행기간 중에 상속이 개시됨으로써 등기 · 등록 또는 명의개서가 이루어지지 아니하여 상속인이 취득한 경우

(3) 국외에 소재하는 상속재산이나 증여재산을 상속인이나 수증자가 취득한 경우

(4) 등기 · 등록 또는 명의개서가 필요하지 아니한 유가증권 · 서화 · 골동품 등 상속재산 또는 증여재산을 상속인이나 수증자가 취득한 경우

(5) 수증자의 명의로 되어 있는 증여자의 금융실명법에 따른 금융자산을 수증자가 보유하고 있거나 사용 · 수익한 경우

(6) 상증세법에 따른 비거주자인 피상속인의 국내재산을 상속인이 취득한 경우

(7) 상증세법에 따른 명의신탁재산의 증여의제에 해당하는 경우

2) 제척기간

해당 재산의 상속이 있음을 안 날로부터 1년 이내에 부과할 수 있다. 따라서 사실상 과세당국은 시기의 제한을 받지 않고 상속세[증여세]를 부과할 수 있게 된다.

3. 그 밖의 특례제척기간(국세기본법 제26조의 2 제6항)

제척기간에는 중단이나 정지라는 개념이 없고 기간이 일단 지나면 끝이지만, 현행법의 제척기간은 소멸시효의 변종인 까닭에 특례제척기간은 실질적으로 소멸시효의 중단이나 정지와 비슷한 기능을 하는 셈이다.

이는 국세에 대한 조세소송 등에 대한 판결 등이 확정되기 전에 국세부과의 제척기간이 만료되는 경우 납세자가 자신에게 유리한 취소판결 등을 받았음에도 처분청이 부과권이 없어 판결 등에 따른 경정결정 및 환급처리를 하지 못할 경우가 발생하게 되므로 이를 방지하기 위하여 도입되었다.

1) 조세쟁송 등(국세기본법 제26조의 2 제6항 제1호 및 제5호)

(1) 사유

국세기본법 제7장의 규정에 의한 이의신청·심사청구·심판청구, 감사원법에 의한 심사청구 또는 행정소송법에 의한 소송에 대한 결정 또는 판결이 있는 경우 또는 최초의 신고·결정 또는 경정에서 과세표준 및 세액의 계산 근거가 된 거래 또는 행위 등이 그 거래·행위 등과 관련된 소송에 대한 판결(판결과 같은 효력을 가지는 화해나 그 밖의 행위를 포함한다. 이하 이 호에서 같다)에 의하여 다른 것으로 확정된 경우

(2) 제척기간

위의 결정 또는 판결이 확정된 날부터 1년이 지나기 전까지는 해당 결정 또는 판결에 따라 경정결정이나 그 밖에 필요한 처분을 할 수 있다(대법원 2001두9059, 2002. 1. 25. ; 대법원 93누4885, 1996. 5. 10.).

2) 상호합의(국세기본법 제26조의 2 제6항 제2호)

(1) 사유

조세조약에 부합하지 아니하는 과세의 원인이 되는 조치가 있는 경우에 그 조치가 있음을 안 날부터 3년 이내(조세조약에서 따로 규정하는 경우에는 그에 따른다)에 그 조세조약의 규정에 의한 상호합의의 신청이 있는 것으로서 그에 대한 상호합의가 있는 경우

(2) 제척기간

상호합의가 종결된 날부터 1년이 지나기 전까지는 경정결정이나 그 밖에 필요한 처분을 할 수 있다.

3) 경정청구 또는 조정권고의 경우(국세기본법 제26조의 2 제6항 제3호 및 제4호)

이는 부과제척기간이 경과한 경우에도 후발적 사유에 의한 경정청구시 등에는 과세관청의 경정이 가능하도록 함으로써 납세 권익을 제고하기 위해서다.

(1) 사유

후발적 사유에 의한 경정청구사유(국세기본법 제45조의 2 제1항 및 제2항)가 생긴 경우 또는 국제조세조정에 관한 법률 제19조의 제1항 및 제33조 제2항에 따른 경정청구 또는 같은 법 제20조 제2항에 따른 조정권고[677]가 있는 경우와 그 경정청구 또는 조정권고의 대상이 된 과세표준 또는 세액과 연동된 다른 과세기간의 과세표준 또는 세액의 조정이 필요한 경우

(2) 제척기간

경정청구일(위 사유발생을 안 날로부터 2월 내 경정청구 가능)로부터 위 사유발생일로부터 2개월이 지나기 전까지는 해당 경정청구에 따라 경정결정이나 그 밖에 필요한 처분을 할 수 있다.

4) 조세정보 요청(국세기본법 제26조의 2 제6항 제6호)

(1) 사유

역외거래와 관련된 국세의 부과제척기간이 지나기 전에 국제조세조정에 관한 법률 제36조 제1항에 따라 조세의 부과와 징수에 필요한 조세정보(이하 "조세정보"라 한다)를 외국의 권한 있는 당국에 요청하여 조세정보를 요청한 날부터 2년이 지나기 전까지 조세정보를 받은 경우

(2) 제척기간

조세정보를 받은 날부터 1년이 지나기 전까지는 경정결정이나 그 밖에 필요한 처분을 할 수 있다.

5) 명의대여 사실이 확인된 경우(국세기본법 제26조의 2 제7항 제1호)

조세쟁송에 대한 결정 또는 판결에서 명의대여 사실이 확인된 경우에는 그 날로부터 1년 이내에 명의대여자에 대한 부과처분을 취소하고 실사업자에게 필요한 처분을 할

---

677) 2012. 1. 1. 이후 최초로 경정청구하거나 조정권고하는 분부터 적용한다.

수 있다.

이는 소송 등을 통해 명의위장사실이 확정되는 경우에는 실질사업자에 대한 조세채권의 부과제척기간을 판결일로부터 1년으로 연장함으로써 부과제척기간 경과로 인한 조세채권의 일실가능성을 없애고 명의위장을 이용한 조세회피를 사전에 방지하고자 함이다.[678]

 ## 제척기간의 기산일

국세를 부과할 수 있는 날로부터 기산하며, 납세의무자에게 과세표준 신고의무(협력의무를 포함)가 부여된 조세의 경우 과세표준 신고기한까지 정부의 부과권은 행사할 수 없으므로 기산일은 이에 영향을 받는다.

그러므로 과세표준과 세액을 신고하는 국세는 과세표준 신고기한 다음 날이 국세부과 제척기간의 기산일이 된다. 상속세[증여세]도 협력의무로서 과세표준 신고의무가 있으므로 이와 같다.

제척기간 만료의 효과

장래를 향하여 정부의 부과권이 소멸된다. 따라서 국가는 더 이상 결정 등 행정처분을 할 수 없다. 그리고 부과권이 소멸되었으므로 그 후속단계인 징수권은 당연히 발생할 수 없게 되어 납세의무의 성립만 있고 확정이 없이 소멸하게 되며, 납세의무의 확정이 전제되는 결손처분절차도 필요하지 않다.

---

678) 국세청, 「2008년 개정세법해설」, 2008, 2쪽

제2절 상속세과세표준 및 세액의 결정과 경정

§관련조문

상증세법	상증세법 시행령
제76조【결정 · 경정】	제78조【결정 · 경정】

 의의

납세의무는 과세요건의 충족에 의해 성립한다. 이렇게 성립된 납세의무는 일정한 행위에 의해 확정되는데, 상속세[증여세]와 같은 정부 부과주의 세목에서는 과세권자의 일정한 행정처분에 의해 납세의무가 확정된다. 이를 조세채무의 결정이라고 한다. 그런데 이러한 결정(처분)은 신고납세주의 세목에도 해당되는데 납세의무자가 신고를 원천적으로 하지 아니할 때 과세권자가 최초로 세액을 확정하는 것도 결정(처분)이다. 결론적으로 조세채무의 결정은 과세권자가 국세부과권을 행사하여 최초로 세액을 확정하는 행정처분이다.

반면 과세권자는 납세의무가 확정된 후에 그 확정된 납세의무의 내용을 수정할 사유가 생긴 때에는 과세표준과 세액을 증가 또는 감소하는 방법으로 다시 변경할 수 있다. 이러한 수정행위를 경정이라 하며, 이미 확정된 납세의무의 내용인 과세표준과 세액을 과세권자가 수정하는 행정처분을 말한다. 이러한 경정처분은 징수권의 소멸시효가 완성되기 전에는 언제든지 행할 수 있다.

그러므로 결정이라 함은 미확정상태에 있는 조세채권과 채무를 과세관청에게 부여된 권한에 의하여 당연히 행사하는 행정처분인 데 반하여, 경정은 확정된 납세의무의 내용에 수정을 가하는 것이기에 명백한 예외적 사유가 발생하지 않는 한 원칙적으로 선행된 조사내용에 대한 수정은 가능한 한 배제되어야 할 것이다. 따라서 경정처분은 결정 후 그 결정된 과세표준과 세액의 오류나 탈루를 발견한 때에 한하여 이를 수정하기 위하여 이루어진다.

Ⅱ 상속세과세표준 및 세액의 결정

1. 상속세[증여세]의 결정

1) 의의

상속세[증여세]의 과세표준과 세액은 상증세법 제67조[제68조](상속세[증여세] 과세표준신고)의 규정에 따라 납세의무자의 신고에 의하여 세무서장 등(국세청장이 특히 중요하다고 인정하는 것에 대하여는 관할 지방국세청장으로 하며, "세무서장 등"이라 함)이 결정한다.

이 경우 신고에 의하여 결정한다 함은 신고한 내용을 기준으로 하여 조사결정한다는 뜻이며 신고로써 납세의무를 확정한다는 뜻은 아니다. 즉 결정권자인 세무서장 등이 신고된 내용을 확인함으로써 상속세[증여세] 납세의무가 확정되는 부과확정주의를 택하고 있다(국세기본법 제22조, 국세기본법 기본통칙 22 – 0…1). 이 점이 납세의무자의 신고로 납세의무가 바로 확정되는 신고납세주의 세목과 다른 점이다.

다만, 신고를 하지 아니하였거나 그 신고한 과세표준이나 세액에 탈루 또는 오류가 있는 경우에는 그 과세표준과 세액을 조사하여 결정한다.

결국 상속세[증여세]의 납세의무자에게 부과된 신고의무는 세액공제 등 일정한 특전을 주어 성실신고를 유도하려는 협력의무에 불과하고 납세의무를 확정하는 효력은 없으므로, 세무서장 등은 납세의무자의 신고가 있든 없든 상관없이 이를 조사하여 확인함으로써 납세의무를 확정하게 된다. 이러한 납세의무 확정행위를 상속세의 결정이라 한다. 이를 위해 세무서장 등은 납세의무자가 신고한 상속세[증여세]의 과세표준과 세액의 정확성·정당성·적법성 등에 관한 조사를 하기 위하여 법정결정기한까지 결정을 유보한 상태에서 신고한 과세표준 및 세액의 확정을 뒷받침하기 위한 질문·조사, 지급명세서 제출의무자에 대한 지급명세서 제출 협력의무 부여, 금융자산에 대한 일괄조회, 납세자별 재산관리자료의 모집·관리 등의 절차를 거치고 있다.

2) 법정결정기한

세무서장 등은 납세의무자로부터 신고를 받은 날로부터 상속세[증여세]는 9개월 내[6개월 내]("법정결정기한"이라 함)에 상속세[증여세]의 과세표준과 세액을 결정하여야 하며[679], 다만 상속재산[증여재산]의 조사, 가액의 평가 등에 장기간이 걸리는 등 부득이

---

679) 2018. 2. 13. 이후 상속이 개시되거나 증여받는 분부터 적용한다. 종전에는 상속세의 경우 신고를 받은 날로부터 6월 내, 증여세의 경우 신고를 받은 날로부터 3월 내가 법정결정기한이었다.

한 사유가 있어 법정결정기한 이내에 결정할 수 없는 경우에는 그 사유를 상속인·수유자[수증자]에게 알려야 한다. 이 경우 통지는 상증세법 시행규칙 별지 제15호 서식인 "상속세[증여세] 결정지연통지서"에 의한다(상증세법 시행령 제78조 제1항, 같은 법 시행규칙 제24조 제15호).

그렇지만 법정결정기한은 상속세[증여세]의 조속한 결정을 위한 훈시규정이므로 그 기한을 경과하였다 하여 잘못이 있다고는 볼 수 없으며(조심 2010서989, 2010. 9. 1. ; 조심 2008중 3394, 2008. 12. 18.), 법정결정기한 내에 결정을 하지 않고 부득이한 사유를 통지하지 않았다 하여 법정결정기한의 종료일에 과세표준과 세액이 결정된 것으로 보는 것도 아니다(재산-527, 2010. 7. 19.).

2. 수시결정

다음에 해당하는 사유가 있는 경우에는 납세의무자의 신고를 기다리지 아니하고 신고기한 전이라도 상속세[증여세]의 과세표준과 세액을 결정할 수 있다. 이러한 조치는 납세의무자가 조세포탈의도가 있는 경우 등에 대비하여 과세권자가 신속히 조세채권을 확보하기 위한 방안의 하나이다(국세징수법 제9조 제1항 참조).

① 국세의 체납으로 체납처분을 받을 때
② 지방세 또는 공과금의 체납으로 체납처분을 받을 때
③ 강제집행(민사집행법에 의한 강제집행을 말하나, 가압류 및 가처분은 포함되지 아니함)을 받을 때
④ 파산의 선고를 받은 때
⑤ 경매가 개시된 때
⑥ 국세를 포탈하고자 하는 행위가 있다고 인정되는 때
⑦ 납세관리인을 정하지 아니하고 국내에 주소 또는 거소를 두지 아니하게 된 때

Ⅲ 상속세과세표준 및 세액의 경정

1. 상속세의 경정

세무서장 등은 위 Ⅱ.의 규정에 의하여 과세표준과 세액을 결정 후 그 과세표준과 세액에 탈루 또는 오류가 있는 것을 발견한 경우에는 즉시 그 과세표준과 세액을 조사하여 경정한다. 그리고 과세처분 후 상속인의 지분변동이 있는 상속재산 협의분할에 의한 상속

등기가 이루어진 경우에는 상속세를 재계산하여 상속인별로 상속세를 경정하여야 한다 (국심 97구1170, 1998. 9. 29.).

상속세[증여세]의 과세표준과 세액의 결정 또는 경정결정권자는 그 처분 당시 그 상속세[증여세]의 납세지를 관할하는 세무서장이다(국세기본법 제44조).

세법에 따라 당초 확정된 세액을 증가시키는 경정은 당초 확정된 세액에 관한 이 법 또는 세법에서 규정하는 권리·의무관계에 영향을 미치지 아니한다(국세기본법 제22조의 2 제1항).

세법에 따라 당초 확정된 세액을 감소시키는 경정은 그 경정으로 감소되는 세액 외의 세액에 관한 이 법 또는 세법에서 규정하는 권리·의무관계에 영향을 미치지 아니한다 (국세기본법 제22조의 2 제2항).

2. 고액상속인의 사후조사

1) 의의

상속재산을 상속 전에 고의로 타인명의 등으로 위장분산시켜 상속세 납부를 회피하는 사례를 방지하고 성실납세를 유도하기 위하여 고액상속자에 대하여는 상속개시일로부터 5년이 되는 날까지의 기간 이내에 비정상적인 재산의 증가 등을 추적하고 경정조사의 근거를 마련하기 위해 고액상속인의 사후조사 규정을 두었다(상증세법 제76조 제5항).

2) 사후조사 요건

(1) 피상속인의 결정된 상속재산의 가액이 50억원 이상이어야 한다.

과세권자에 의한 피상속인의 결정된 상속재산의 가액이 50억원 이상[680]인 상속인에 한하여 사후관리의 대상이 된다.

사후관리대상의 금액기준으로 보는 상속재산의 가액은 상증세법 제2조 제3호에서 규정하고 있는 상속재산, 즉 피상속인에게 귀속되는 재산으로서 금전으로 환산할 수 있는 경제적 가치가 있는 모든 물건과 재산적 가치가 있는 법률상 또는 사실상의 모든 권리를 포괄하는 상속재산을 의미하는 것이므로 상증세법 제13조의 상속세 과세가액이나 상증세법 제25조의 상속세과세표준을 사후관리금액기준으로 보는 것이 아니다.

---

680) 1993. 12. 31. 이전 상속개시 분은 50억원 이상이었다가 1994. 1. 1. 이후 30억원으로 강화되었으나, 2015. 2월 이후 세무서장 등이 조사하는 경우부터는 50억원으로 완화되어 적용한다.

(2) 관리대상기간 이내이어야 한다.

사후관리의 대상기간은 상속개시일로부터 5년이 되는 날(조사기준일)까지의 기간을 말한다(상증세법 시행령 제78조 제2항).

(3) 관리대상재산에 해당하는 재산이어야 한다.

사후관리의 대상이 되는 재산은 상속인이 보유한 부동산, 주식, 금융재산·서화·골동품 그 밖의 유형재산 및 상증세법 시행령 제59조에서 규정하는 무체재산권[영업권, 어업권, 특허권, 실용신안권, 상표권, 디자인권(舊의장권), 저작권, 광업권, 채석권 등] 등을 말한다(상증세법 시행령 제78조 제3항).

(4) 상속인 재산의 현저한 증가가 있어야 한다.

상속인의 관리대상 재산가액이 상속개시일로부터 조사기준일까지의 경제상황의 변동 등에 비추어 정상적인 규모를 초과하여 현저하게 초과하였다고 인정되는 경우로서 그 증가요인이 명백하지 않은 경우에는 경정조사를 실시한다(상증세법 시행령 제78조 제4항).

(5) 증가요인이 증명되지 않아야 한다.

관리대상 재산의 증가요인이 불명확한 경우에 경정대상이 되는 것이므로 동 재산의 증가요인이 상속인의 자력에 의하여 증가되었음을 증명함으로써 경정대상에서 벗어날 수 있다(상증세법 시행령 제78조 제5항). 이때 자력에 의한 취득을 증명하기 위한 자금출처 입증방법에 대하여는 상증세법 시행령 제34조 제1항을 준용하므로, ① 신고하였거나 과세(비과세 또는 감면받은 경우를 포함)받은 소득금액 ② 신고하였거나 과세받은 상속 또는 수증재산의 가액 ③ 재산을 처분한 대가로 받은 금전이나 부채를 부담하고 받은 금전으로 당해 재산의 취득 또는 당해 채무의 상환에 직접 사용한 금액에 의해 입증하면 된다.

3) 요건충족 효과

그 결정한 과세표준과 세액에 탈루 또는 오류가 있는지를 의무적으로 조사하여야 한다(상증세법 제76조 제5항).

§관련조문

상증세법	상증세법 시행령
제77조【과세표준과 세액의 결정통지】	제79조【과세표준과 세액의 결정통지】

1. 결정의 통지

관할 세무서장 또는 관할 지방국세청장(이하 "세무서장 등"이라 함)은 상속세[증여세]의 과세표준과 세액을 결정 또는 경정한 경우에는 그 사실을 상속인·수유자[수증자]에게 알려야 한다.

통지시에는 납부고지서에 과세표준과 세액의 산출근거를 적고, 지방국세청장이 결정한 것에 대하여는 지방국세청장이 조사·결정했다는 것을 밝혀야 한다(상증세법 시행령 제79조 제1항).

이때 상증세법 시행령 제67조 제2항 후단에 따라 연부연납 허가를 받은 경우는 과세표준과 세액의 결정·통지를 받은 경우가 아니므로(재산-1026, 2009. 12. 17.), 과세관청이 연부연납신청서 허가 여부에 대한 서면 통지를 하지 않아 연부연납신청을 허가한 것으로 보는 경우에도 과세표준과 세액의 결정통지를 한 것으로 볼 수 없다(재재산-328, 2010. 4. 8.).

이러한 상속세[증여세] 과세표준과 세액의 결정통지는 납세자에 대하여 납세의무를 구체적으로 확정시키는 납세고지로서의 효력과 이행청구로서의 효력을 함께 지니고 있다(대법원 88누7507, 1989. 7. 11.).

2. 상속인 등이 2인 이상인 경우의 통지

1) 상증세법 제77조의 규정

상속인 또는 수유자가 2인 이상인 경우에는 그 상속인이나 수유자 모두에게 각각 통지하여야 한다.[681]

종전에는 다음에 해당하는 1인에게만 할 수 있으며, 그 통지의 효력은 상속인 또는 수유자 모두에게 미친다(상증세법 시행령 제79조 제2항 ; 대법원2003두4973, 2004. 10. 28. ; 국심 2003구3063,

---

681) 2015년 공포일 이후 세무서장 등이 통지하는 경우부터 적용한다.

2004. 2. 5.)고 규정하여 국세기본법과 서로 상충하였었다. 이는 전통적인 생활관계에 비추어 상속세의 납부의무자는 대부분 주소를 같이하는 가족이거나 친족으로서 그 중 1인에게만 통지하여도 그 사실이 쉽게 다른 상속인에게 전달될 수 있다는 특수한 사정을 고려하여 상속세의 고지를 簡易하게 하고자 하는 입법취지가 있었던 것으로 보인다.

① 상증세법 제67조의 규정에 의하여 상속세과세표준신고서를 제출한 자

② 국세기본법 시행령 제12조의 규정에 의한 대표자

③ 호주승계인(⇨ 호주제의 폐지로 그 의미를 잃게 되어 2010. 2. 10. 대통령령 제22042호로 폐지되었다)

2) 국세기본법 제8조 제2항 단서(상속세의 연대납세의무자에 대한 납세고지)

이에 대하여 국세기본법 제8조 제2항 단서에서 연대납세의무자에 대한 납세의 고지는 연대납세의무자 모두에게 각각 행하도록 하고 있다.

3) 결론

위의 경우에 종전에는 상증세법 제77조와 국세기본법 제8조 제2항 단서의 규정이 서로 상충하여 그 적용에 다툼이 있었고, 국세기본법 제8조 제2항 단서가 다른 세법의 규정보다 우선(국세기본법 제3조 제1항 : 국세기본법 우선의 원칙)하여 적용되기 때문에 비록 판례[대법원 93누10316, 1993. 12. 21.(전원합의체판결) ; 대법원 2003두4973, 2004. 10. 28.]의 태도는 이와 다르지만, 국세기본법 제8조 제2항 단서에 배치되는 상증세법 제77조의 규정은 그 효력을 부정하여야 한다고 주장하였다.

또한 상증세법 제77조의 규정은 납부고지서 송달방법에 관한 특칙에 지나지 않고, 납세의무자에 대한 납세고지의 정확성을 기한다는 점보다 과세자의 입장에서 과세의 편의를 도모하는 데 더 중점을 둔 제도라 할 것이므로, 납세의무자에게 예기치 못한 불이익을 줄 수 있다는 점에서, 공동상속인에 대한 상속세의 납부고지서는 각 공동상속인의 고유의 상속세액과 연대납세의무를 지는 상속세액(각자가 받았거나 받을 재산을 한도로 한 금액)별로 각각 작성하여 각 공동상속인에게 제각기 송달하여야 한다고 보는 것이 타당하다고 주장되었고, 이에 개정을 통해 그 상속인이나 수유자 모두에게 각각 통지하도록 명시적으로 규정하여 종전의 논란을 해소하였다. 따라서 연대납세의무를 지는 공동상속인에게 발송하는 상속세 납부고지서에는 공동상속인들에 대한 상속세 총액, 그 계산근거, 연대납세의무자 각자의 상속비율과 그에 따라 납부할 세액을 모두 기재하여야 하며, 연대납세의무의 한도(그 상속인이 받거나 받을 재산)에 대해서도 별도로 명시하여야 한다(대법원 2014두3471, 2016. 1. 28.).

제4절 소멸시효

1. 국세징수권의 소멸시효의 의의

징수권이란 이미 확정된 납세의무에 관하여 국가가 납세고지·독촉·체납처분 등에 의하여 그 이행을 청구하고 강제할 수 있는 권리를 말한다. 소멸시효란 오랫동안 권리를 행사하지 않는 경우 그 권리를 소멸시키는 제도이다

그러므로 국세징수권의 소멸시효란 국가가 국세징수권을 일정기간 행사하지 않는 경우 그 국세징수권을 소멸시키는 제도를 의미한다. 이는 오래된 사실상태를 존중(신의성실의 원칙)함으로써 사회질서의 안정을 도모하기 위함이다.

2. 소멸시효기간

징수권을 행사할 수 있는 때로부터 5억원 이상 10년, 그 외 5년간 행사하지 않으면 소멸시효가 완성된다(국세기본법 제27조 제1항).

3. 소멸시효의 기산일(국세기본법 시행령 제12조의 4)

징수권을 행사할 수 있는 때로부터 진행하는데, 납세의무가 언제 확정되는가에 따라 달라진다. 납세의무가 성립하였다 하더라도 아직 확정되지 않은 경우에는 징수권을 행사할 수 없기 때문이다.

1) 과세표준과 세액의 신고에 의하여 납세의무가 확정되는 국세에 있어서 신고한 해당 세액(미납부액) : 그 법정신고 납부기한의 다음 날

2) 과세표준과 세액을 정부가 결정(정부부과, 무신고)·경정(과소신고) 또는 수시부과결정하는 경우에 고지한 해당 세액 : 그 납세고지에 의한 납부기한의 다음 날

3) 그 밖

① 원천징수의무자 또는 납세조합으로부터 징수하는 국세의 경우 납세고지한 원천징수세액 또는 납세조합징수세액에 대하여는 그 납세고지에 의한 납부기한의 다음 날

② 인지세의 경우 납세고지한 인지세액에 대하여는 그 납세고지에 의한 납부기한의 다음 날

③ 위 1)의 법정신고 납부기한이 연장되는 경우에는 그 연장된 기한의 다음 날

그러므로 정부 부과세목인 상속세[증여세]는 상속세[증여세] 납세고지에 의한 납부기한의 다음 날부터 소멸시효가 시작된다.

4. 소멸시효의 중단과 정지

소멸시효가 진행하기 위해서는 권리를 행사할 수 있음에도 불구하고 이를 행사하지 않는 상태가 지속되어야 한다. 그러한 사실상태가 깨어지는 아래와 같은 경우에는 시효완성의 장애가 생긴다.

1) 중단

(1) 의의

소멸시효의 중단이란 시효의 진행 중에 권리의 행사로 볼 수 있는 사유가 발생하면 그때까지 진행되어 온 시효기간이 효력을 잃어버리는 것을 말한다. 이러한 시효중단 사유는 납세자의 주장이 없더라도 법원이 직권으로 심사판단하여야 한다(행사소송법 제26조, 대법원 86누346, 1987. 1. 20.).

(2) 중단사유(국세기본법 제28조 제1항)

① 납세고지

일반적으로 납세의 고지는 납세의무를 확정하는 부과처분(부과권의 행사)으로서의 성질과 확정된 세액의 징수절차인 이행청구로서의 성질(국세징수법 제9조)을 함께 가진다. 그러므로 정부 부과세목인 상속세[증여세]의 부과권의 행사로서의 납세고지는 부과권을 징수권으로 바꾸는 것이므로 이때의 납세고지는 징수권의 소멸시효 중단사유가 되지 않는다. 결국 현행법상 납세고지가 징수권 소멸시효의 중단사유로 의미를 가지는 경우는 이행청구로서의 납세고지, 즉 납세의무자가 신고를 하고 세금을 내지 않을 경우에 하는 납세고지이다. 신고주의 세목에서 신고에 의해 세액은 확정되고 국가는 비로소 징수권을 가지고 되며, 따라서 징수권의 소멸시효가 진행하기 시작한다. 그 상황에서 국가가 납세고지를 하면 시효가 중단된다는 것이다.

② 독촉 또는 납부최고(2차납세의무자)

조세채무자가 납부고지서상 납부기한까지 세금을 내지 않으면 독촉을 할 수 있고, 조세채무자가 제2차납세의무자라면 납부최고를 할 수 있다. 그리고 반드시 서면에 의해야만 효력이 있는 독촉과 납부최고(국세징수법 제23조)는 징수권의 행사로 시효를 중단시킨다.

③ 교부청구

교부청구란 체납자의 재산에 대하여 다른 채권자가 이미 강제환가절차를 밟고 있는 경우 세무서장이 중복하여 압류할 필요 없이 선행집행절차에 의한 환가대금에서 체납세액을 교부받음으로써 간편하게 체납액을 징수할 수 있게 한 징수권 행사 방법의 하나이다.[682] 이러한 교부청구는 체납의 발생과 납기 전 징수사유 중 일부(국세징수법 제9조 제1항 제1호부터 제6호까지)의 사유가 발생하는 것을 요건으로 한다.

④ 압류(보전압류 포함)

압류는 납세자가 독촉장(납부최고서를 포함)을 받고 지정된 기한까지 국세와 가산금을 완납하지 아니하거나, 납세자가 납기 전에 납부의 고지를 받고 지정된 기한까지 완납하지 아니한 때에 행하는 체납처분절차의 첫 번째 단계이다(국세징수법 제31조 제1항). 체납처분이란 조세채권의 강제징수를 위한 압류, 매각, 청산이라는 일련의 행위를 말한다.

보전압류는 확정이 안 된 국세를 가지고도 납세의무자의 재산을 압류할 수 있다는 것으로 중단사유에 포함된다. 이와 관련하여 국세징수법에서는 세무서장은 납세자에게 일정한 사유[국세징수법 제9조 제1항 각 호(납기 전 징수사유)의 어느 하나]가 있어 국세의 확정 후에는 해당 국세를 징수할 수 없다고 인정되는 때에는 국세로 확정되리라고 추정되는 금액의 한도 안에서 납세자의 재산을 압류할 수 있다(국세징수법 제31조 제2항)고 하고 있다.

⑤ 수정신고나 기한 후 신고 등도 민법상의 채무승인에 해당하는 것으로 포함되는 것으로 해석한다(국세기본법 제27조 제2항, 민법 제168조).

그런데 실제도 납세자가 스스로 본인이 낼 세금이 있다고 승인할 경우는 거의 없다. 다만 시효가 진행되는 과정에서 납세의무자가 징수유예나 물납을 신청하는 경우가 승인에 해당된다 할 것이다

---

682) 이태로 · 한만수, 「조세법강의」, 박영사, 2009, 1041쪽

(3) 중단의 효력

중단사유에 해당하는 기간이 지난 때로부터 소멸시효는 처음부터 새로이 진행된다.

2) 정지

(1) 의의

시효의 진행 중에 권리자가 권리를 행사할 수 없는 사유가 발생하면 권리자를 보호하기 위해 그 기간만큼 시효의 완성을 유예하는 제도이다.

(2) 정지사유(국세기본법 제28조 제3항)

① 세법에 의한 분납기간, ② 징수유예기간, ③ 체납처분유예기간, ④ 연부연납기간 (상속세[증여세]), ⑤ 세무공무원이 사해행위 취소소송(국세징수법 제30조)[각하, 기각, 취하는 제외(국세기본법 제28조 제4항)]이나 채권자대위 소송(민법 제404조)을 제기하여 그 소송이 진행 중인 기간, ⑥ 체납자가 국외에 6개월 이상 계속 체류하는 경우 해당 국외 체류기간을 들 수 있고, ⑦ 민법을 준용(국세기본법 제27조 제2항)하여 천재 등으로 인한 정지도 포함된다.

한편 채권자대위의 소송기간 동안 국세징수권의 소멸시효가 완성되어 조세채권이 일실되는 것을 방지하기 위해 2010년 1월 1일 이후 제기하는 채권자대위의 소부터는 채권자대위 소송 진행기간을 징수권 소멸시효 정기기간에 추가하였다.[683]

(3) 정지의 효과

정지는 이미 진행한 시효가 효력을 잃어버리지 않고 그 사유가 종료한 후 잔여기간만의 진행에 의해 완성된다.

5. 소멸시효 완성의 효과

소멸시효의 완성으로 국세징수권은 기산일에 소급하여 절대적으로 소멸한다. 그러므로 소멸시효가 완성되면 국세(본세), 가산금, 체납처분비 및 이자상당액도 모두 소멸한다.

국세징수권이 소멸하면 납세의무도 당연히 소멸하지만, 이미 납세의무의 확정된 바가 있었으므로 형식상 결손처분을 거치게 된다. 결손처분 후 체납국세에 환가 충당할 재산이 발견되지 않고 5년이 경과하면 국세징수권 및 납세의무가 소멸한다(서일 46014-11939, 2003. 12. 31.).

그러므로 소멸시효의 완성 후에 이루어진 징수처분은 당연무효가 된다. 민법상의 시효

---

683) 2010. 1. 1. 법률 제9911호로 개정되었다.

이익은 채무자가 임의로 포기할 수 있음에 반해, 공법관계인 조세법률관계에서는 열등한 지위에 있는 납세자의 권리를 보호하기 위해 시효의 이익을 포기할 수 없도록 하였다.

제5절 상속세원의 적정화를 위한 제도 등

상속세의 과세에 있어 가장 바람직한 형태는 납세자의 자발적인 상속세 신고와 자진납부로 납세비용을 최소화하면서 납세자 간에 공평한 부담이 이루어지도록 하는 것이다. 그러나 조세의 본질이 납세자의 재산권에 대한 침해적 성격을 지니므로, 상속세의 공평한 과세를 온전히 납세자의 納稅道義에만 기댈 수는 없다.

오히려 과세권자는 성실한 신고를 하지 않으면 안 되도록 상속세원의 양성화를 위한 다양하고 엄밀한 과세 시스템을 구축할 필요가 있다. 이러한 측면에서 상속세원의 포착을 위한 아래와 같은 다양한 제도를 마련하고 있다.

I 자료의 제공

§관련조문

상증세법	상증세법 시행령	상증세법 시행규칙
제80조【자료의 제공】	제82조【자료의 제공】	제21조【상속개시 등의 통지 등】

1. 의의

상속세를 과세하기 위한 첫걸음은 상속의 개시사실, 즉 피상속인의 사망사실을 확인하는데 있다. 그렇다면 사망사실을 가장 빠르고 정확하게 파악할 수 있는 방법이 무엇인가? 현행 가족관계의 등록 등에 관한 법률(제84조 제1항) 또는 장사 등에 관한 법률(제8조)에 의하면 사망 또는 매장시 해당 행정기관의 장에게 신고할 의무를 부과하고 있으므로 상속의 개시 또는 원인이 된 사항에 관련한 신고는 행정기관이 가장 먼저 접수하게 된다. 따라서 상속세 과세를 위해서는 이와 같은 접수를 받은 관계행정기관의 장이 신고를 받은 날이 속하는 달의 다음 달 10일까지 관할 세무서장에게 통보하도록 하고 있다. 이를 통해 상속세원 포착이 가능할 것이다. 2008년부터 호적제도가 폐지되어 관련 업무가 행정안전부에서 대법원으로 업무가 이관됨에 따라 법원행정처장에게 상속세 및 증여세 과세 및 징수를 위하여 필요한 가족관계 등록사항에 관한 전산정보자료를 요청할 수 있는 근거를 마련하였다.

2. 자료의 제공

1) 가족관계 등록사항에 관한 전산정보 제공

① 국세청장은 상속세 및 증여세의 과세 및 징수업무를 위하여 법원행정처장에게 가족관계의 등록 등에 관한 법률 제9조에 따른 가족관계 등록사항에 관한 전산정보자료를 요청할 수 있다. 이 경우 요청을 받은 법원행정처장은 특별한 사유가 없으면 적극 협조하여야 한다.

등록부에는 다음 사항을 기록하여야 한다(가족관계의 등록 등에 관한 법률 제9조).

1. 등록기준지
2. 성명·본·성별·출생연월일 및 주민등록번호
3. 출생·혼인·사망 등 가족관계의 발생 및 변동에 관한 사항
4. 가족으로 기록할 자가 대한민국 국민이 아닌 사람("외국인")인 경우에는 성명·성별·출생연월일·국적 및 외국인등록번호(외국인등록을 하지 아니한 외국인의 경우에는 대법원규칙으로 정하는 바에 따른 국내거소신고번호 등을 말한다)
5. 그 밖에 가족관계에 관한 사항으로서 대법원규칙이 정하는 사항

② 사망신고는 주소지, 등록기준지 등 구분 없이 사망장소 소재지에서 신고 가능하므로 피상속인의 등록기준지를 관할하는 행정기관의 장이 상속개시 등의 신고를 받은 경우에는 피상속인의 주소지를 관할하는 행정기관의 장으로 하여금 그 관할 세무서장에게 알려야 하며, 통지를 받은 세무서장은 그 통지의 적정 및 누락 여부를 조사·확인하여야 한다.

2) 재산세 과세자료 통보

행정안전부장관·특별시장·광역시장·도지사 또는 특별자치도지사는 재산세 과세대상 토지·건축물 및 주택에 관한 자료를 재산세의 과세대상 토지·건축물 및 주택, 납세의무자의 명세와 그 과세현황을 해당 연도 10월 31일까지 국세청장에게 통보하여야 한다.

Ⅱ 납세관리인 등

§관련조문

국세기본법	국세기본법 시행령	국세기본법 시행규칙
제82조【납세관리인】	제64조【납세관리인 설정신고】	제33조【납세관리인 설정신고】
	제64조의 2【납세관리인의 업무범위】	제33조의 2【납세관리인신고확인서】
	제65조【납세관리인의 변경조치】	제33조의 3【납세관리인지정통지서】

1. 의의

1) 의의

납세관리인이란 납세자가 주소 또는 거소를 두지 아니한 때 등의 경우에 그 납세지에 거주하는 자를 선정하여 납세자의 국세에 관한 사항을 처리하게 하는 자를 말한다. 이와 같은 납세관리인 등에 관한 규정은 종전 상증세법 제81조[684]에서 국세기본법 제82조로 옮겨져 모든 세법에 공통된 사항으로 기능하고 있다.

2) 선정사유

그러므로 납세자가 국내에 주소 또는 거소를 두지 아니하거나 국외로 주소 또는 거소를 이전하려는 때에는 국세에 관한 사항을 처리하기 위하여 납세관리인을 정하여야 한다. 이때 납세자는 변호사, 세무사 또는 공인회계사를 납세관리인으로 둘 수 있다.

2. 납세관리인의 신고

1) 설정

납세자가 납세관리인을 정한 때에는 다음 사항을 기재한 납세관리인설정신고서(국세기본법 시행규칙 별지 제43호 서식)에 의하여 소관세무서장에게 신고하여야 한다.

① 납세자의 성명과 주소 또는 거소
② 납세관리인의 성명과 주소 또는 거소
③ 설정의 이유

---

684) 2007. 12. 31. 삭제

2) 변경

납세관리인을 변경할 때에도 역시 다음 사항을 기재한 납세관리인변경신고서(국세기본법 시행규칙 별지 제43호 서식)에 의하여 신고하여야 한다.
① 납세자 및 납세관리인의 성명과 주소 또는 거소
② 변경 후의 납세관리인의 성명과 주소 또는 거소
③ 변경의 이유

3) 해임

한편 2003년 12월 30일 법률개정시 납세관리인의 해임의 경우에도 신고하도록 명문화하여 해임신고에 대한 근거를 명확히 하였다(국세기본법 제82조 제3항 후단).

3. 납세관리인의 지정

관할 세무서장은 납세자가 납세관리인 설정신고를 하지 아니한 때에는 납세자의 재산이나 사업의 관리인을 납세관리인으로 정할 수 있고, 이 사실은 해당 납세자와 납세관리인에게 지체 없이 알려야 한다.

4. 납세관리인의 업무범위

납세관리인은 다음의 사항에 관하여 납세자를 대리할 수 있다.
① 국세기본법 및 세법에 의한 신고·신청·청구 그 밖의 서류의 작성 및 제출
② 세무서장 등이 발부한 서류의 수령
③ 국세 등의 납부 또는 국세환급금의 수령

5. 납세관리인의 변경조치

세무서장은 납세관리인이 부적당하다고 인정하는 때에는 기한을 정하여 납세자에게 그 변경을 요구할 수 있고, 요구를 받은 납세자가 정하여진 기한 내에 납세관리인 변경의 신고를 하지 아니한 때에는 납세관리인의 설정은 없는 것으로 본다.

6. 추정상속인 등의 경우[상속세에 한함]

세무서장 또는 지방국세청장은 상증세법에 따라 상속세를 부과할 때에 납세관리인

이 있는 경우를 제외하고 상속인이 확정되지 아니하였거나 상속인이 상속재산을 처분할 권한이 없는 경우에는 특별한 규정이 없는 한 추정상속인·유언집행자 또는 상속재산관리인에 대하여 상증세법 중 상속인 또는 수유자(受遺者)에 관한 규정을 적용할 수 있다.

7. 비거주자인 상속인 등의 경우[상속세에 한함]

비거주자인 상속인 또는 수유자가 금융회사 등에 상속재산의 지급·명의개서 또는 명의변경을 청구하려면 납세관리인을 정하여 납세지 관할 세무서장에게 신고하고, 그 사실에 관한 확인서(국세기본법 시행규칙 별지 제43호의 2 서식의 납세관리인신고확인서)를 교부받아 금융회사 등에 제출하여야 한다.

 지급명세서 등의 제출

§ 관련조문

상증세법	상증세법 시행령	상증세법 시행규칙
제82조【지급명세서 등의 제출】	제84조【지급명세서 등의 제출】	제22조【지급명세서 등의 제출】

1. 의의

상속세는 과세권자의 조사결정방식에 의하여 부과되므로 과세표준 및 세액결정을 위한 자료의 수집이 중요하다. 이에 이러한 자료를 산출해내는 자로서 국내에서 보험금(해약환급금 및 중도인출금 포함)을 지급하거나 명의변경을 취급하는 자는 지급명세서 또는 명의변경 내용을, 퇴직금 등을 지급한 자는 지급명세서를, 국내에서 주식 등의 명의개서 또는 변경을 취급하는 자(명의개서 또는 변경에 관한 확인업무를 국가 또는 지방자치단체로부터 위탁받은 자 및 「자본시장과 금융투자업에 관한 법률」에 따른 투자매매업 또는 투자중개업을 하는 자를 포함) 및 국내에서 외화증권예탁 및 결제를 하는 자와 신탁업무를 취급하는 자는 그 사실을 상세히 기재한 명세를, 전환사채 등을 발행하는 법인은 전환사채 등의 발행 및 인수자의 명세를 관할 세무서장에게 제출하도록 하고 있다.

2. 보험금 지급명세서의 제출

국내에서 다음에 해당하는 자는 해당 지급명세서 또는 명의변경 내용[685]을 지급명세서 제출기한까지 본점 또는 주된 사무소의 소재지를 관할하는 세무서장에게 제출하여야 한다(상증세법 시행령 제84조 제1항, 제2항 및 같은 법 시행규칙 제22조 제1항, 제24조 제19호).

1) 제출의무자

상증세법 제8조 및 상증세법 제34조에 규정된 생명보험·손해보험의 보험금(해약환급금 및 중도인출금 포함)을 지급하거나 명의변경을 취급하는 자이다.

2) 제출서류

상증세법 시행규칙 별지 제19호 서식인 "보험금 지급명세서" 및 별지 제19호의 2 서식인 "보험계약자 등 명의변경 명세서[686]를 지급자별로 작성하여 제출하여야 한다. 또한, 보험금을 지급하거나 명의변경을 취급하는 자 중 전산처리시설을 갖춘 자는 보험의 종류·지급보험금액·보험금지급사유·보험계약일·보험사고발생일(중도해지일)·보험금 수령인·보험계약자 및 명의변경일자 등 보험금(해약환급금 및 중도인출금 포함) 지급내용과 명의변경 내용을 확인할 수 있는 사항을 기재한 지급명세서를 제출하여야 한다.

3) 제출기한

보험금지급일이 속하는 분기 종료일의 다음 달 말일까지 관할 세무서장에게 제출하여야 한다.

4) 제출간주

소득세법 제164조에 따른 지급명세서, 법인세법 제119조에 따른 주식 등 변동상황명세서 또는 조세특례제한법 제100조의 23에 따른 동업기업의 소득의 계산 및 배분명세서에 위 2)의 지급명세서 등의 해당 사항이 있는 경우에는 그 지급명세서 등을 제출한 것으로 본다(상증세법 제82조 제5항).

---

685) 2014. 1. 1. 이후 상속이 개시되거나 증여받는 분부터 적용한다.
686) 서식에 관한 개정규정은 2014. 3. 14. 이후 제출하는 서식부터 적용한다.

5) 제출제외

다만, 보험금 수령인과 보험료납부자가 같은 경우로서 보험금지급누계액이 1천만원 미만인 경우에는 그러하지 아니한다.

3. 퇴직급여 등 지급명세서의 제출

국내에서 다음에 해당하는 자는 해당 지급명세서를 지급명세서 제출기한까지 본점 또는 주된 사무소의 소재지를 관할하는 세무서장에게 제출하여야 한다.

1) 제출의무자

상증세법 제10조에 규정하는 퇴직금·퇴직수당·공로금 이와 유사한 금액(연금은 제외)을 지급하는 자이다.

2) 제출서류

상증세법 시행규칙 별지 제18호 서식인 "퇴직급여 등 지급명세서"를 작성하여 제출하여야 한다. 이 경우 같은 법 시행규칙 별지 제18호 서식 대신에 소득세법 제164조의 규정에 의한 퇴직소득 등 지급명세서로 갈음하여 신고 가능하다.

3) 제출기한

지급일이 속하는 분기 종료일의 다음 달 말일까지 본점 또는 주된 사무소의 소재지를 관할하는 세무서장에게 제출하여야 한다.

4) 제출간주

소득세법 제164조에 따른 지급명세서, 법인세법 제119조에 따른 주식 등 변동상황명세서 또는 조세특례제한법 제100조의 23에 따른 동업기업의 소득의 계산 및 배분명세서에 위 2)의 지급명세서 등의 해당 사항이 있는 경우에는 그 지급명세서 등을 제출한 것으로 본다(상증세법 제82조 제5항).

4. 주권 등 및 특정시설물 등 명의개서 또는 변경내용 제출

국내에서 다음에 해당하는 자는 해당 명의개서 또는 변경내용을 지급명세서 등 제출기한까지 본점 또는 주된 사무소의 소재지를 관할하는 세무서장에게 제출하여야 한다(상증세법 시행령 제84조 제3항 및 상증세법 시행규칙 제22조 제2항·제3항, 제24조 제20호·제20호의 2).

1) 제출의무자

국내에서 주식·출자지분·공채·사채·채권·집합투자증권·외국집합투자증권 및 특정시설물을 이용할 수 있는 권리 등의 명의개서 또는 변경을 취급하는 자(명의개서 또는 변경에 관한 확인업무를 국가 또는 지방자치단체로부터 위탁받은 자 및 「자본시장과 금융투자업에 관한 법률」에 따른 투자매매업 또는 투자중개업을 하는 자를 포함)와 투자자로부터 예탁받은 외국환거래법 제3조 제1항 제8호에 따른 외화증권을 자본시장과 금융투자업에 관한 법률 제294조에 따른 한국예탁결제원에 다시 예탁하는 예탁자이다.

합병으로 인한 골프회원권의 명의변경시(재산-902, 2009. 9. 4.)도 이에 해당한다.

2) 제출서류

상증세법 시행규칙 별지 제20호 서식인 "주권(출자증권·공채·사채·수익증권·은행예금·그 밖의 예금) 명의개서 명세서(변경 명세서)" 및 같은 법 시행규칙 별지 제20호의 2 서식인 "특정시설물(골프장회원권 등) 명의개서 명세서(변경 명세서)"를 작성하여 제출하여야 한다.

3) 제출기한

명의변경 또는 명의이전된 날이 속하는 분기 종료일의 다음 달 말일까지 본점 또는 주된 사무소의 소재지를 관할하는 세무서장에게 제출하여야 한다.

4) 제출간주

소득세법 제164조에 따른 지급명세서, 법인세법 제119조에 따른 주식 등 변동상황명세서 또는 조세특례제한법 제100조의 23에 따른 동업기업의 소득의 계산 및 배분명세서에 위 2)의 지급명세서 등의 해당 사항이 있는 경우에는 그 지급명세서 등을 제출한 것으로 본다(상증세법 제82조 제5항).

5. 타인신탁재산수탁명세서 제출

국내에서 다음에 해당하는 자는 해당 지급명세서를 지급명세서 제출기한까지 본점 또는 주된 사무소의 소재지를 관할하는 세무서장에게 제출하여야 한다(상증세법 시행령 제84조 제4항, 상증세법 시행규칙 제24조 제21호).

1) 제출의무자

신탁업무를 취급하는 자이다.

2) 제출서류

신탁업무를 취급하는 자별로 위탁자와 수익자가 다른 신탁재산의 수탁계약에 대하여, 계약기간 중에 수익자 또는 신탁재산가액이 변경된 경우에는 그 변경내용을 상증세법 시행규칙 별지 제21호 서식인 "타인신탁재산수탁명세서"를 작성하여 제출하여야 한다.

3) 제출기한

계약체결일(계약체결일에 원본 및 수익이 확정되지 아니한 경우에는 실제로 원본 및 수익이 확정되어 지급하는 날)이 속하는 분기 종료일의 다음 달 말일까지, 계약기간 중에 수익자 또는 신탁재산 가액이 변경된 경우에는 그 변경된 날이 속하는 분기 종료일의 다음 달 말일까지 본점 또는 주된 사무소의 소재지를 관할하는 세무서장에게 제출하여야 한다.

6. 전환사채 등 발행 및 인수인 명세서 제출

국내에서 다음에 해당하는 자는 해당 지급명세서를 지급명세서 제출기한까지 본점 또는 주된 사무소의 소재지를 관할하는 세무서장에게 제출하여야 한다(상증세법 시행령 제84조 제5항, 상증세법 시행규칙 제24조 제21호의 2).

1) 제출의무자

전환사채, 신주인수권부사채(신주인수권증권이 분리된 경우에는 신주인수권증권), 그 밖의 주식으로 전환·교환하거나 주식을 인수할 수 있는 권리가 부여된 사채를 발행하는 법인(자본시장과 금융투자업에 관한 법률에 의한 인수인을 포함)이다.

여기에는 주식으로 전환하는 것을 조건으로 발행되어 미전환시 원리금 지급의무가 없고, 채권자는 만기 전까지 주식으로 전환의무가 부여된 의무전환사채도 포함된다(재산-

192, 2011. 4. 14.).

한편 유가증권시장 주권상장법인 또는 코스닥시장 상장법인이 공모방법으로 발행한 경우는 제외하는데, 주권상장법인이 해외에서 50인 이상에게 청약을 권유하여 교환사채를 발행한 경우 유가증권의 모집방법으로 전환사채 등을 발행하는 법인에 해당한다 (재재산-1057, 2010. 11. 1.).

2) 제출서류

해당 전환사채 등의 발행 및 인수자의 명세를 제출하여야 한다.

3) 제출기한

전환사채 등을 발행한 날이 속하는 분기 종료일의 다음 달 말일까지 발행법인의 본점 또는 주된 사무소의 소재지를 관할하는 세무서장에게 제출하여야 한다.

본 규정은 주식으로 전환할 수 있는 권리가 부여된 전환사채 등을 취득할 때 증여세를 과세하도록 규정하고 있으면서도 전환사채 등이 주식으로 전환된 시점(명의개서)에서만 과세자료가 수집되고 발행단계에서는 수집되지 아니하여 과세의 적시성이 떨어지는 문제점을 보완하기 위한 조치이다.

자본시장과 금융투자업에 관한 법률에 의한 유가증권시장 주권상장법인이나 코스닥시장 상장법인이 같은 법 제9조 제7항의 공모방법으로 전환사채 등을 발행한 경우에는 변칙증여의 수단으로 이용되기 어려우므로 본 규정에 따른 자료제출대상에서 제외하고 있다. 그러나 자본시장과 금융투자업에 관한 법률에 의한 인수인은 전환사채 등의 발행내역 등 제출대상에 포함하고 있는데, 이는 전환사채 등을 발행한 법인이 전환사채 등을 증권회사를 통하여 매출하고 있음에도 인수인이 전환사채 등의 발행내역 등을 제출하는 근거가 없어 자료수집에 애로가 있기 때문에 인수인에게도 자료 제출의무를 부여한 것이다.

7. 지급명세서 등 미제출가산세

국내에서 보험금 등을 지급하는 자는 상증세법 제82조에의 규정에 의해 지급명세서 등을 제출할 의무가 있는바, 지급명세서 등을 미제출 또는 불명확한 자료를 제출한 경우에는 가산세를 부과한다. 지급명세서 등의 미제출에 대한 가산세 규정은 지급명세서 등의 제출을 담보하고 지급명세서 등의 미제출에 대해 이미 가산세를 부과하고 있는 소득세법이나 법인세법과의 형평성 제고를 위해 2008년 12월 26일 상증세법 개정시 신설된 규정으로, 동 신설규정은 2009년 1월 1일 이후 최초로 지급명세서 등을 제출할 의무가 발생하는 분부터 적용한다.

이에 대한 상세한 설명은 가산세 편에서 살펴본다.

금융재산 일괄조회

§ 관련조문 §

상증세법
제83조 【금융재산 일괄조회】

1. 의의

금융실명거래 및 비밀보장에 관한 법률에서는 금융회사 등에 종사하는 자는 명의인의 서면상의 요구나 동의를 받지 아니하고는 그 금융거래의 내용에 대한 정보 또는 자료를 타인에게 제공하거나 누설하여서는 아니되며, 누구든지 금융회사 등에 종사하는 자에게 거래정보 등의 제공을 요구하여서는 아니된다고 규정하고 있다(같은 법 제4조 제1항 본문). 다만, 조세에 관한 법률에 의하여 제출의무가 있는 과세자료 등의 제공과 소관 관서의 장이 상속·증여재산의 확인, 조세탈루의 혐의를 인정할 만한 명백한 자료의 확인, 체납자의 재산조회, 국세징수법 제9조 제1항 각 호의 어느 하나에 해당하는 사유로 조세에 관한 법률에 의한 질문·조사를 위하여 필요로 하는 거래정보 등의 제공 등의 경우로서 그 사용목적에 필요한 최소한의 범위 안에서 거래정보 등을 제공하거나 그 제공을 요구하는 경우에는 그러하지 아니하다(개별조회 : 같은 법 제4조 제1항 제2호). 그리고 거래정보 등의 제공을 요구하는 자는 금융위원회가 정하는 표준양식에 의하여 금융회사 등의 특정점포에 이를 요구하여야 한다(같은 법 제4조 제2항).

그러나 조회가 가능하다 하더라도 금융회사 등의 특정점포에 한하여 서면으로 정보제공을 요구하는 방식은 완전한 세원포착에는 한계가 있고, 금융회사 등과 과세관청의 불필요한 행정력이 소모되기 때문에 개인의 금융실명거래의 비밀보장에 저촉되지 않는 수준에서 일정한 자의 금융자산에 한하여 일괄조회를 허용하고 있다.

2. 조회대상자_(상증세법 제83조 제1항)

(1) 직업, 연령, 재산 상태, 소득신고 상황 등으로 볼 때 상속세[증여세]의 탈루 혐의가 있다고 인정되는 자

(2) 상증세법 제85조 제1항을 적용받는 상속인 · 피상속인[증여자 · 수증자]_(고액재산가 등)

3. 조회대상 금융재산

그리고 여기에서 조회대상 금융재산에 대한 명문의 규정은 없으나, 상증세법 제22조의 금융재산상속공제에서의 금융재산과 그 범위를 같이한다고 보아야 할 것이다. 그러므로 금융재산이라 함은 금융회사 등_(금융실명거래 및 비밀보장에 관한 법률 제2조 제1호의 금융회사 등)이 취급하는 예금 · 적금 · 부금 · 계금 · 출자금 · 신탁재산_(금전신탁재산에 한함) · 보험금 · 공제금 · 주식 · 채권 · 수익증권 · 출자지분 · 어음 등의 금전 및 유가증권과 그 밖의 기획재정부령이 정하는 것을 말한다.[687)]

4. 조회내용 및 절차_(상증세법 제83조 제2항, 제3항)

국세청장은 금융재산 일괄조회시 피상속인 · 상속인[증여자 · 수증자]의 인적사항, 사용목적, 요구하는 자료 등의 내용을 기재한 문서에 의하여 금융회사 등의 장에게 요구한다.

이때 금융재산에 대한 조회를 받은 금융회사 등의 장은 그 조회받은 과세자료를 지체없이 국세청장에게 제출하여야 한다.

세무공무원의 질문 · 조사권

§관련조문

상증세법	상증세법 시행령
제84조【질문 · 조사】	제86조【질문 · 조사】

---

687) 이 책 앞에서 본 '금융재산상속공제' 참조

1. 의의

상속세는 정부의 결정 및 경정에 의하여 과세표준과 세액이 확정되는 정부부과주의 조세이므로, 과세표준과 상속세액의 확정을 위한 조사 및 직무수행상 필요한 경우에는 세무에 종사하는 공무원에게 납세의무자 등 일정한 자에게 질문·조사할 수 있는 권리를 부여하고 있다. 이 경우 세무에 종사하는 공무원은 질문·조사하거나 장부·서류 등의 제출을 요구함에 있어 직무상 필요한 범위 외에 다른 목적 등을 위하여 그 권한을 남용해서는 아니 된다.

2. 질문·조사 대상자

세무공무원은 다음에 해당하는 자에 대하여 질문하거나 관련 장부 등의 조사·제출을 명할 수 있다. 이때 질문·조사대상자는 일반적으로 세무공무원의 위법하지 않은 정당한 질문·조사에 대하여는 이를 받아들일 의무가 있으며, 이 의무에 불응하면 조세범처벌법 제17조 제5호에 의거 500만원 이하의 과태료를 부과한다.

1) 납세의무자 또는 납세의무가 있다고 인정되는 자

여기에서의 납세의무자는 상증세법 제3조의 2[제4조의 2]에 의한 상속세[증여세]의 납세의무자를 말한다. 이에 대해서는 앞의 '상속세[증여세] 납세의무자'에서 살펴보았다.[688]

2) 피상속인 또는 위 1)의 자와 재산을 주고받은 관계이거나 재산을 주고받을 권리가 있다고 인정되는 자

여기에는 피상속인 등에게 금전을 대출하거나 피상속인 등으로부터 금전을 예입받은 금융회사 등이 포함된다(서면4팀-2065, 2004. 12. 16.).

3) 상증세법 제82조에 규정된 지급명세서 등을 제출할 의무가 있는 자

3. 질문·조사자의 의무

세무공무원이 조사를 하는 경우 장부, 서류 등의 물건 검사시 조사원증을 관계자에게

---

688) 이 책 앞에서 본 '납세의무자' 참조

제시하여야 한다(상증세법 시행령 제86조).

4. 그 밖

상속재산 및 증여재산에 대하여 공신력 있는 감정기관의 감정가액이 있는 경우 상증세법 제84조에 따라 세무서장은 그 감정가액을 조회할 수 있다(상증세법 기본통칙 84-0…1).

 납세자별 재산 과세자료의 수집·관리

§관련조문

상증세법	상증세법 시행령	상증세법 시행규칙
제85조【납세자별 재산과세자료의 수집·관리】	제87조【인별 재산과세자료의 수집·관리대상】	제23조【인별 재산과세자료의 수집·관리대상】

1. 의의

상증세법에서는 고액재산가에 대한 과세를 강화하고 상속세의 부과·징수업무를 효율적으로 하기 위하여 국세청장으로 하여금 재산관리 전산체계를 구축하도록 명문화하고 있다.[689]

그렇더라도 납세자별 재산과세자료는 개인의 사생활 및 재산권을 침해할 우려가 있으므로 이를 제공하거나 누설하여서는 안 되며, 다만 조세쟁송 등 예외적인 경우에만 제한적으로 제공되도록 하여 철저한 비밀보장의무를 부여하고 있다.

2. 납세자별 재산 과세자료의 수집·관리

국세청장은 재산규모·소득수준 등을 감안하여 일정한 대상자에 대하여는 상속세[증여세]의 부과·징수업무를 효율적으로 수행하기 위하여 세법에 의한 납세자 등이 제출하는 과세자료나 과세 또는 징수목적으로 수집한 부동산·금융재산 등의 재산자료를 그 목적에 사용할 수 있도록 납세자별로 매년 전산조직에 의하여 관리하여야 한다(상증세법 제85조 제1항).

---

689) 국세청, 「1997 개정세법해설」, 1997, 179~180쪽 참조

3. 납세자별 재산 과세자료의 수집·관리대상

납세자별 재산과세자료의 수집·관리대상은 다음에 해당하는 자를 말한다.

1) 부동산과다보유자로서 재산세를 일정금액 이상 납부한 자 및 그 배우자

2) 부동산임대에 대한 소득세를 일정금액 이상 납부한 자 및 그 배우자

3) 종합소득세(부동산임대에 대한 소득세를 제외한다)를 일정금액 이상 납부한 자 및 그 배우자

4) 납입자본금 또는 자산규모가 일정금액 이상인 법인의 최대주주 등 및 그 배우자

5) 그 밖의 상속세의 부과·징수업무를 수행하기 위하여 필요하다고 인정되는 자로서 기획재정부령이 정하는 자

여기에서 "기획재정부령이 정하는 자"라 함은 다음에 해당하는 자를 말한다.

① 고액의 배우자 상속공제를 받은 자

② 일정금액 이상의 재산을 상속받은 상속인

③ 일정금액 이상의 재산을 처분하거나 재산이 수용된 자로서 일정 연령 이상인 자

④ 그 밖의 상속세를 포탈할 우려가 있다고 인정되는 자

4. 대상자의 선정 등 기준

대상자의 선정·부동산과다보유 및 금액기준은 납세자 등이 제출한 과세자료나 과세 또는 징수목적으로 수집한 재산 및 소득자료 중 부동산보유현황·주식변동상황·소득세 및 법인세의 납부실적의 분석 등을 통하여 국세청장이 정하는 기준에 의한다(상증세법 제85조 제5항).

5. 비밀보장의 원칙

1) 원칙

국세청장은 납세자별로 수집·관리하고 있는 재산과세자료를 과세목적 외의 용도로 사용하거나 타인에게 제공 또는 누설하여서는 아니되며 누구든지 국세청장에 대하여 납세자별 재산과세자료의 제공이나 이용을 요구하여서는 아니된다(상증세법 제85조 제2항).

2) 예외

다만, 아래(국세기본법 제81조의 13 제1항 각 호의 어느 하나)와 같은 경우 재산과세자료의 제공 및 요구를 할 수 있는데, 이때에는 그 구체적인 목적을 밝혀 납세자의 비밀보장의 본질을 해치지 아니하는 범위 안에서 하여야 하고 제공된 재산과세자료는 요구한 당초 목적으로만 사용되어야 하며 타인에게 누설하여서는 아니된다(상증세법 제85조 제2항 단서, 제3항).

① 지방자치단체 등이 법률에서 정하는 조세의 부과 · 징수 등을 위하여 사용할 목적으로 과세정보를 요구하는 경우
② 국가기관이 조세쟁송이나 조세범 소추(訴追)를 위하여 과세정보를 요구하는 경우
③ 법원의 제출명령 또는 법관이 발부한 영장에 의하여 과세정보를 요구하는 경우
④ 세무공무원 간에 국세의 부과 · 징수 또는 질문 · 검사에 필요한 과세정보를 요구하는 경우
⑤ 통계청장이 국가통계작성 목적으로 과세정보를 요구하는 경우
⑥ 다른 법률의 규정에 따라 과세정보를 요구하는 경우

6. 과세자료 요구방법

재산과세자료를 요구하는 자는 다음의 사항을 기재한 문서에 의하여 국세청장에게 요구하여야 한다.
① 납세자 등의 인적사항
② 사용목적
③ 요구하는 재산과세자료의 내용

부가세 부과금지

§관련조문

상증세법
제86조 【부가세 부과금지】

지방자치단체 그 밖의 공공단체는 상속세의 부가세를 부과할 수 없다. 따라서 상속세에 대하여 지방자치단체 그 밖의 공공단체는 주민세 등 지방세는 과세할 수 없다.

Ⅷ 상속재산의 확인방법

평소의 재산소유에 대하여 그 가족들에게 알려주지 아니한 피상속인이 갑자기 사망한 경우 피상속인의 보유재산에 대하여 정확히 알 수 없는 경우가 많다.[690]

그러한 경우라도 상증세법 제67조의 규정에 의하여 상속인은 부동산 및 금융재산 등 상속재산에 대해 상속개시일이 속하는 말일부터 6개월 이내에 상속세를 신고·납부하게 되어 있으므로, 해당 상속재산이 파악되지 않으면 부득이하게 상속세를 제때 신고·납부 하지 못하여 가산세 등 의도하지 않은 불이익을 받는 경우도 발생할 수 있다.

이런 경우에 지방자치단체나 금융감독원을 통하면 다음 상속재산의 소유현황 정보를 제공받을 수 있으므로 이를 이용하는 것이 바람직하다.

1. 피상속인의 명의로 된 금융재산(부채 포함) 확인

1) 조회대상

접수일 기준으로 피상속인 명의의 모든 금융채권 및 채무 등을 조회할 수 있다.

- **금융채권** : 각종 예금, 증권계좌, 보험계약(본인 해지계약 제외), 예탁증권, 공제 등 피상 속인 명의의 금융자산
- **금융채무** : 대출, 신용카드이용대금(발급여부 제외), 지급보증, 가계당좌거래 유무 등 우 발채무 및 특수채권 등 금융회사가 청구권이 있는 피상속인 명의의 부채
- **보관금품** : 금융회사가 반환할 의무가 있는 피상속인 명의의 국민주, 미반환주식, 대 여금고 및 보호예수물 등

2) 조회절차

다음의 절차에 따라 조회할 수 있다.

① 금융감독원(지원 출장소 포함), 전 은행(수출입은행, 외은지점 제외), 동양증권, 우체국, 삼성생 명 고객플라자, 한화생명 고객센터, 교보생명 고객플라자, KB생명 고객플라자, 삼성 화재 고객플라자를 직접 방문 신청서를 접수

※ 신청인 본인 확인을 위해 인터넷, 우편 및 전화접수는 받지 않으며, 자세한 사항 은 금융감독원 금융민원센터(국번없이 1332)로 문의

---

690) 국세청에서 안내하는 상속인 등의 상속재산의 확인방법이다.

② 각 금융협회를 경유하여 개별 금융회사에 이송

③ 금융회사는 피상속인 등의 금융거래 여부를 해당 금융협회에 통보

④ 각 금융협회는 취합된 조회결과를 신청인에게 문자메시지 등을 이용하여 통보[금융협회 홈페이지를 통하여도 결과확인 가능 - 예금잔액(원금)은 구간별(①0원, ②1원~10,000원, ③10,000원 초과)로, 보험은 가입 여부, 투자상품은 잔고 유무를 통보]

접수일로부터 7일 경과 후 3개월까지 금융감독원 홈페이지(http://www.fss.or.kr) 또는 금융민원센터(http://www.fcsc.kr)에서 은행, 증권회사, 보험회사의 조회결과를 일괄확인할 수 있다. 다만 조회결과에 대한 자세한 문의는 각 금융협회 또는 해당 금융회사로 하여야 한다.

3) 조회대상 금융회사

은행, 농 · 수협, 금융투자협회 소속 금융회사(증권, 생명보험, 손해보험, 종합금융회사), 상호저축은행, 신용협동조합, 보험회사, 여신전문회사(카드 · 리스 · 할부금융 · 캐피탈 · 신기술금융), 새마을금고, 우체국, 산림조합, 한국예탁결제원, 신용보증기금 · 기술신용보증기금, 한국주택금융공사, 미소금융재단, 대부업 신용정보 컨소시엄에 가입한 대부업체 등이 조회가 가능한 금융회사이다.

4) 처리기간

개별 금융회사별로 신청일로부터 6일 내지 20일(일부 금융회사에서는 전산화 정도에 따라 다소 지연될 수 있음)이 소요된다.

5) 신청서류

① 상속인이 직접 신청하는 경우
  • 2007년 12월 31일 이전 사망자 : 제적등본, 상속인 신분증
  • 2008년 1월 1일 이후 사망자 : 사망자의 사망사실(사망일자 포함)이 기재된 기본증명서 또는 사망진단서 원본, 상속인 자격 확인을 위한 가족관계증명서(필요시 제적등본), 상속인 신분증

② 실종자, 금치산자 또는 피성년후견인의 후견인이 신청하는 경우
  • 상속인 직접 신청시 필요서류, 법원판결문(원본), 등기사항증명서(후견인 및 대리권 범위확인)

③ 대리인이 신청하는 경우

- 상속인 직접 신청시 필요서류, 상속인의 인감증명서 및 위임장(상속인 인감도장 날인), 대리인 신분증

6) 주의사항

각 금융회사 등에서의 접수기준일 현재 조회하며 조회범위는 각 금융 권역별로 차이가 있을 수 있다.

각 협회에서 통보하는 내용은 ○○금융회사 등에 계좌가 존재하다는 사실만이고, 상세한 거래내역, 계좌번호 등은 상속인 등의 각 금융회사 등을 방문하여 별도의 절차를 밟아 조회신청을 해야 한다.

금융감독원에 금융회사 등의 거래정지·해지를 청구할 수 없으나, 조회신청 후 피상속인의 계좌를 보유하고 있는 금융회사들은 임의로 거래정지 조치를 취할 수 있고, 이로 인해 입·출금, 이체 등의 거래제한을 받을 수 있다.

금융거래조회 서비스는 상속인의 확정·상속포기 등과는 관련이 없다.

2. 피상속인의 명의로 된 부동산 확인

국가공간정보센터 운영규정(제11조 제3항 제4항, 별지 제4호, 제5호 서식)에 의해 아래와 같이 확인할 수 있다.

1) 조회대상

피상속인의 소유 토지(건물은 제외)를 조회할 수 있다.

2) 조회절차

다음의 절차에 따라 조회가 가능하다.

① 피상속인의 주민등록번호가 있는 경우 : 사망한 토지소유자의 재산상속인이 국토교통부 국토정보센터나 가까운 시·도 또는 시·군·구청의 지적부서(조상땅 찾기 담당부서)를 방문하여 신청하면 즉시 조회

② 피상속인의 주민등록번호가 없는 경우 : 이름으로만 찾는 경우에는 주소지 관할 시·군·구청의 조상땅 찾기 담당부서에 서류를 제출 신청하면 토지가 있다고 추정되는 지역(광역시·도청)으로 서류를 우편송부, 해당 지역에서 결과를 신청인에게 통보

3) 조회대상 지역

지역에 관계없이 전국 어디에서나 조회가 가능하다.

4) 처리기간

주민등록번호로 조회하는 경우에는 즉시, 이름으로 조회하는 경우에는 5일 내지 10일이 소요된다.

5) 신청서류

① 가족관계증명서 또는 제적등본(토지소유자가 사망하여 직계존비속이 신청하는 경우)
② 신청인의 신분증(주민등록증 또는 운전면허증)
③ 대리 신청의 경우 위임자 및 대리인의 자필서명이 있는 신분증 사본 각 1부와 위임장

6) 주의사항

채권확보 · 담보물권 확보 등 이해관계인이나 제삼자에 대한 개인정보는 조회할 수 없다.

07장 상속세에 대한 불복

조세채무의 존부나 금액에 관해 납세의무자와 과세관청 사이에 다툼이 있는 경우 행정부 단계에서 다툼을 해결할 수 있고 소송으로 나아가서 법원의 판결로 다툼을 해결할 수도 있다. 조세채무의 하나인 상속세에 있어서도 이와 같다.

제1절 행정부 단계

행정부 단계의 분쟁해결 절차에는 사전적 절차인 과세전적부심사와 일단 과세처분을 한 뒤에 이를 다투는 사후적 심판절차가 있다. 사후적 심판절차에는 국세청에 대한 심사청구, 조세심판원에 대한 심판청구, 감사원에 대한 심사청구가 있다.

 사전적 절차

1. 과세전적부심사

§관련조문

국세기본법	국세기본법 시행령	국세기본법 시행규칙
제81조의 15【과세전적부심사】	제63조의 15【과세전적부심사의 범위 및 청구 절차 등】	제37조의 2【과세전적부심사의 청구절차 등】

과세전적부심사란 정식의 국세처분을 받기 전에 납세자의 청구에 의하여 그 처분의 타당성을 미리 심사하는 제도로 사전적 권리구제제도이다. 이는 심판청구 등 조세쟁송제도에서는 일단 권익의 침해가 있고 난 다음에 사후적으로 권리를 구제받는 것과 달리, 납세자의 권익을 보다 충실하고 신속히 보호하기 위하여 권익의 침해 자체를 미리 저지하고자 하는 제도이다.

Ⅱ 사후적 심판절차

1. 행정심판

　행정소송이 가능함에도 행정심판제도를 두는 이유는 우선 행정청이 스스로 제 실수나 잘못을 인정하고 문제를 바로잡는 자기통제의 기회를 주는 것이다. 또 다른 이유는 보다 현실적인데, 그것은 법원의 업무량이 지나치게 많아질 것을 우려한 때문이다. 현재 우리나라는 세금문제를 전문으로 다루는 조세법원이 없고 세금에 대한 전문지식을 가진 법관도 거의 없으므로 이를 소송으로만 다룬다면 엄청난 시간과 노력이 들 것이다.

　그렇지만 한편으로는 행정청의 자기 시정은 스스로가 일방당사자가 되는 것이어서 한계가 있을 수밖에 없으며 경우에 따라서는 행정심판전치주의가 사법심사를 받을 시기를 지연시키는 문제도 있다.

　국세기본법 또는 세법에 의한 처분으로서 위법 또는 부당한 처분을 받거나 필요한 처분을 받지 못함으로써 권리 또는 이익의 침해를 당한 자는 국세기본법에 의하여 행정청에 그 처분의 취소 또는 변경이나 필요한 처분을 청구할 수 있다(국세기본법 제55조 제1항).

　국세기본법에 의한 불복은 원칙적으로 1심급으로 심사청구(국세청)나 심판청구(조세심판원)를 선택할 수 있으며, 동일한 처분에 대하여 두 가지를 중복하여 제기할 수 없다. 그러나 불복청구인이 선택적으로 이의신청을 거쳐 심사청구나 심판청구를 진행할 수 있으므로 이때에는 2심급이 된다. 이의신청은 소관세무서장이나 소관지방국세청장에게 제기하므로 불복의 대상처분이 국세청장이 조사 · 결정 · 처리하였거나 하였어야 할 것인 경우에는 배제된다. 한편 불복청구는 감사원에 대한 심사청구로도 가능한데 이때에도 이의신청 없이 직접 청구하여야 한다.

　이상의 국세불복절차를 요약하면 다음과 같다.

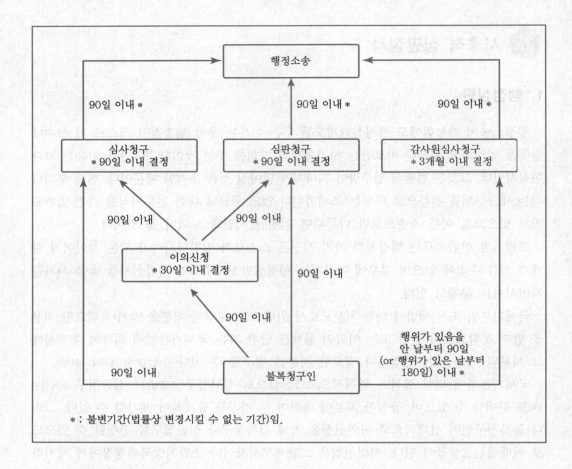

* : 불변기간(법률상 변경시킬 수 없는 기간)임.

2. 감사원 심사청구

헌법은 감사원에 행정기관 및 공무원의 직무에 관한 감찰을 맡기고 있고, 감사원법은 행정처분의 이해관계자로 하여금 행정청에 대한 감찰을 촉구하는 뜻에서 감사원에 심사청구를 낼 수 있도록 정하고 있다. 감사원 심사청구에 이유가 있다면 감사원이 처분을 직접 취소하지는 않지만, 관계기관의 장에게 시정 그 밖의 필요한 조치를 요구하고 처분청은 그에 따른 조치를 취하여야 한다.

3. 경정청구

위에서 본 심사나 심판청구는 행정처분에 대한 쟁송절차이므로 부과처분이 없는 신고납세의 경우에는 적용되지 않는다. 이러한 문제점 때문에 신고납부한 세금이 너무 많은 경우의 구제수단으로 경정청구제도가 있다.

신고납세방식만이 아니라 법이 신고를 요구하는 세목이라면 부과과세방식의 세금에도 경정청구제도가 적용된다. 조문의 글귀에서 "과세표준 및 세액의 결정 또는 경정을" 청구할 수도 있다고 되어 있는 까닭이다.

4. 직권경정

항고쟁송이나 경정청구기간이 지났다고 해서 방법이 전혀 없는 것은 아니다. 비록 이미 불가쟁력이 생겨 법률상 권리는 없다고는 하지만 과세권자가 직권으로 경정하여 납세자의 권리를 구제해 줄 수도 있다.

제2절 사법부 단계

1. 행정소송

행정부 단계의 구제절차와 법원단계의 소송 사이의 본질적 차이는, 소송에 이르면 행정부는 분쟁의 당사자일 뿐이고 따라서 납세의무자와 대립되는 당사자로서 법원의 판결에 복종하게 된다는 것이다.

세금소송에서는 당사자의 하나가 행정부라는 데에서 사인 사이의 채무관계에 관한 다툼과 여러모로 차이가 생긴다. 세금문제에서는 조세채권자인 국가에 자력집행력이 있다라는 데에서 큰 차이가 생긴다. 이로 인해 납세의무자가 세금을 못 내겠다는 소송을 내더라도 국가는 조세채권을 일단 강제집행할 수 있고(집행부정지의 원칙), 또 강제집행을 하기전이더라도 이를 두려워하는 납세의무자로서는 일단 세금을 냄이 보통이다. 따라서 세금사건에 관한 다툼은 대개 납세의무자가 일단 세금을 낸 뒤 국가에 이 돈을 다시 돌려달라는 소송을 내게 되므로 납세의무자가 원고가 된다. 아직 세금을 내지 않은 상태에서도 납세의무자가 원고가 된다. 왜냐하면 행정청은 법원의 판결 없이도 강제집행을 할 수 있으므로 소를 제기할 이유가 없고 납세의무자가 먼저 나서서 세금을 내지 않아도 좋다라는 판결을 구할 수밖에 없는 까닭이다.

1) 소송의 종류

조세에 관한 처분의 하자를 다투는 항고소송(행정청의 처분 등이나 부작위에 대하여 제기하는 소송)

은 하자의 유형에 따라 ⅰ) 취소 또는 변경을 구하는 처분취소소송, ⅱ) 처분 등의 무효확인 또는 부존재확인을 구하는 무효 등 확인소송 및 ⅲ) 행정청의 부작위가 위법하는 것의 확인을 구하는 부작위위법확인소송으로 구분된다(행정소송법 제4조). 과세처분의 취소나 무효(부존재)확인, 또는 부작위위법확인을 구하는 소송은 그를 구할 법률상 이익이 있는 자라야 낼 수 있고(원고적격과 소의 이익), 원칙적으로 과세처분을 내린 행정청을 피고로 소송을 내어야 한다.

2) 행정심판전치주의 및 제소기간

세금에 대한 행정소송은 대부분 과세처분 취소소송이다. 취소소송은 심사청구, 심판청구 또는 감사원 심사청구를 거쳐야 제기할 수 있고(행정심판전치주의, 국세기본법 제56조 제2항), 결정통지를 받은 날로부터 90일이라는 제소기간(불변기한, 국세기본법 제56조 제3항) 이내에 제기하여야 한다. 결정기간 내에 결정의 통지를 받지 못한 경우에는 결정의 통지를 받기 전이라도 그 결정기간이 지난 날부터 행정소송을 제기할 수 있다. 이러한 형식적 제소요건을 갖추지 못한 경우에는 소송을 받아주지 않는다는 뜻인 각하판결을 내리게 된다.

3) 제소의 관할법원

취소소송의 제1심 관할법원은 피고의 소재지를 관할하는 행정법원이다. 그리하여 조세소송은 사법심에서만 3심을 거칠 수 있다.

2. 민사소송

행정소송의 법원이나 행정심판의 재결기관이 행정처분을 취소하거나 무효라 선고하게 되면 이미 납부한 금액은 국세환급금으로 확정된다. 그럼에도 행정청이 오납세액을 국세환급금으로 돌려주지 않는 경우 과세처분의 무효를 전제로 이미 낸 세금의 환급을 구하는 소송은 민사소송인 부당이득반환청구소송으로 보고 있다(대법원 94다55019, 1995. 4. 28.).

08 장

상속세에 대한 처벌

1. 의의

모든 납세자는 조세채무의 성립에서 시작하여 조세채무의 확정을 거쳐 그 소멸에 이르는 전 과정에서 조세법이 정하는 의무를 성실히 이행하여야 한다.

그런데 만약 이러한 과정 중에 조세법이 정하는 의무를 불이행, 해태하거나 위반한 경우에는 이에 대한 다양한 처벌이 존재하게 된다.

2. 각종 처벌에 대한 이해

1) 가산세

이 중 가장 일반적인 제재로는 가산세가 있는데, 가산세란 세법에 규정하는 의무의 성실한 이행을 확보하기 위하여 세법에 규정하는 의무를 위반한 자로부터 해당 세법에 의하여 산출한 세액에 가산하여 부과하는 금액(가산금은 이에 포함하지 아니한다)으로 일종의 행정상의 제재이다(국세기본법 제2조 제4호, 제47조).

2) 조세벌

또 다른 차원의 처벌로는 조세벌이 있으며, 조세벌 역시 세법의 실효성 내지 의무이행의 확보를 목적으로 과하는 제재로서 가산세와 그 목적에 있어 공통점이 있다.

3) 가산세와 조세벌의 비교

그러나 가산세는 국가재정권에 근거해서 세금의 형식으로 부과하는 데 반하여, 조세벌은 일반통치권에 근거해서 형벌의 형식으로 과하는 점이 다르다.

또한 가산세의 부과에 있어서는 행위자의 책임능력, 책임조건(고의, 과실 등), 법률의 착오유무 등을 고려하지 않지만 조세벌에 있어서는 이를 고려하는 경우가 있다.

그러므로 동일한 의무위반사항에 대하여 가산세와 조세벌을 모두 과하는 경우 가산세는 조세의 형식으로 부과되고 조세벌은 반사회적 범법행위에 대하여 형벌로 과하는 것이기 때문에 이는 이중처벌금지의 원칙에 위배되지 않는다는 것이 통설이다. 물론 이는 형식적 논리이고 실질에서 보면 이중처벌이라고 할 수 있다.[691]

4) 가산세와 가산금의 비교

한편 가산금은 국세를 납부기한까지 납부하지 아니한 때에 국세징수법에 의하여 고지세액에 가산하여 징수하는 금액과 납부기한이 지난 후 일정기한까지 납부하지 아니한 때에 그 금액에 다시 가산하여 징수하는 금액이다(국세기본법 제2조 제5호). 따라서 상속세의 가산금의 법적 근거는 국세징수법임에 반해, 상속세에 대한 가산세의 법적 근거는 국세기본법과 상증세법이다. 또한 이론상으로 가산세는 조세의 형식으로 부과징수하는 데 반하여, 가산금은 국세징수법상의 과태료에 해당되는 것으로서 조세를 납부기한까지 납부하지 아니한 때에 가산하여 징수하는 이자 성격의 금액이다.

제2절 가산세

§관련조문

상증세법	상증세법 시행령
제78조【가산세 등】	제80조【가산세 등】

 의의

상속세의 가산세에 관한 규정은 국세기본법과 상증세법에 각각 별도로 규정하고 있다. 먼저 신고세목 전체에 공통적으로 적용되는 신고불성실가산세, 납부지연가산세 및 가산세의 감면 등을 국세기본법에 통일적 · 체계적으로 규정하여 세목간 가산세 부과에서의 형평 및 입법의 효율화를 도모하였다(2006. 12. 30. 법률 제8139호).[692] 아울러 상증세법에서 정

---

691) 최명근, 「세법학총론」, 세경사, 2002, 730쪽
692) 국세청, 「2007 개정세법 해설」, 2007, 7쪽

한 특유한 의무위반에 대해 상증세법에서 개별적으로 규정하고 있다.

가산세가 조세의 1세목으로 되어 있지만(국세기본법 제47조 제2항, 같은 법 기본통칙 47 - 0…1) 독립된 세목으로 존재하는 것은 아니고 가산세에 상당하는 금액이 상속세액에 가산되어 상속세의 명목으로 징수되는 것일 뿐이어서 본질적으로 상속세 산출세액과 다르다.

즉 가산세는 부과에 기준이 다르고 가산세율도 달라 형식상으로만 상속세로 부과징수될 뿐 실질상으로는 상속세와는 전혀 그 성질이 다르다고 볼 수 있다. 이런 맥락에서 가산세는 과세재산, 과세표준과 관련없을 뿐만 아니라 산출세액이 없더라도 가산세는 부과징수될 수 있다. 이는 가산세가 부과징수에 관련한 의무를 불이행한 결과에 대한 제재로서 부과된다는 성질에서 비롯된다.

다만, 납부할 세액이 없는 경우 신고하지 않은 납세자들의 가산세 부담을 완화하기 위해, 상속세에 대한 결정 · 경정 시 가산세액을 제외한 추가 납부세액이 없는 경우에는 무신고 · 과소신고 가산세 부과대상에서 제외한다(국세기본법 제47조의 2 제7항).[693]

무신고가산세[694](국세기본법 제47조의 2, 국세기본법 시행령 제27조)

1. 일반무신고가산세액

1) 의의

일반무신고가산세는 상속세[증여세] 법정신고기한(상증세법 제67조[제68조]) 내에 상증세법에 따른 상속세[증여세] 과세표준신고서를 제출하지 아니한 경우에 적용한다.

2) 가산세액

일반무신고가산세는 다음과 같이 계산하여 납부할 세액에 가산한다.

$$\frac{과세표준 - 부정무신고과세표준}{과세표준}(일반무신고과세표준비율) \times 산출세액 \times 20\%$$

이때의 과세표준은 신고하지 아니한 과세표준임에 분명하므로, 위 산식(일반무신고과세표준

---

693) 2010. 12. 27. 신설된 국세기본법(법률 제10405호)에 따라 2011. 1. 1. 이후 최초로 신고 · 결정 또는 경정하는 분부터 적용한다.

694) 강승수, 「가산세제도의 해설과 적용실무」, 영화조세통람, 2007, 15~54쪽 참조

비율)에서 분자는 결국 일반무신고과세표준을 의미한다. 그리고 일반무신고과세표준의 비율은 0보다는 크고 1보다는 적어야 위 산식이 성립한다.

그리고 여기에서의 산출세액에는 세대를 건너뛴 상속[증여]에 대한 할증과세(상증세법 제 27조[제57조])가 포함된다. 또한 상증세법 제28조의 증여세액공제(증여세의 경우에는 제58조의 납부세액공제)은 산출세액에서 기납부세액으로 뺀다(국세기본법 제47조의 2 제5항, 같은 법 시행령 제27조 제1항 제4호).**695)**

- **생전 증여재산에 대한 상속세 신고시 합산신고를 하지 않는 경우 가산세 부과 여부**

생전 증여재산에 대한 합산신고누락분이 있는 경우 신고불성실가산세 과세를 하는 것이 타당하다. 생전 증여재산의 합산이 상속재산의 상속과 증여의 분할을 통한 조세회피를 막기 위한 것이라는 취지에도 부합된다.

그러나 상증세법 제76조에 따라 결정 또는 경정하는 경우로서 추가로 납부할 세액(가산세액은 제외한다)이 없는 경우에는 신고불성실가산세를 적용하지 않는다(국기법 제47조의 2 제3항 제1호).**696)** 즉 신고불성실가산세 적용기준이 되는 상속세 또는 증여세의 산출세액을 계산함에 있어 상증세법상의 상속세 산출세액[같은 법 제27조(증여세의 경우 제57조)에 따라 가산하는 금액을 포함]에서 같은 법 제28조 제1항의 증여세액공제(증여세의 경우 제58조 제1항의 납부세액공제)를 차감한 금액으로 한다는 것이다.

그러므로 (1) 사전 증여재산에 대해 이미 무신고 등으로 신고불성실가산세가 부과된 증여재산에 대해서는 합산신고를 누락한 경우뿐만 아니라, (2) 사전증여재산에 대해서는 증여세 과세표준 신고를 하였으나 사전증여재산을 합산신고하지 않은 경우에도 상속세 신고불성실가산세는 위와 같이 처리하면 될 것이다. 다만, 상속세 신고 자체를 하지 않은 경우에는 상속세 일반무신고가산세(20% : 사전증여재산에 대해 증여세 신고를 하였으므로 부정한 무신고로 보는 것은 타당하지 않다) 대상이고, 사전증여재산 이외의 상속재산에 대해서만 상속세 신고를 한 경우 합산신고하지 않은 사전증여재산에 대해 상속세과세표준 과소신고 가산세(10%) 대상이다.

---

695) 2012. 1. 1. 이후 최초로 상속·증여하는 분부터 적용한다.
696) 2010. 12. 27. 신설된 국세기본법(법률 제10405호)에 따라 2011. 1. 1. 이후 최초로 신고·결정 또는 경정하는 분부터 적용한다.

2. 부정무신고가산세액

1) 의의

부정무신고가산세는 사기나 그 밖의 부정한 행위("부정행위")로 상속세[증여세] 법정신고 기한 내에 상증세법에 따른 상속세[증여세] 과세표준신고서를 제출하지 아니한 과세표 준이 있는 경우에 적용한다.

2) 가산세액

다음에 해당하는 부정무신고가산세를 납부할 세액에 가산한다.

$$\frac{\text{부정무신고과세표준}}{\text{과세표준}} \text{ (부정무신고과세표준비율)} \times \text{산출세액} \times 40\%$$

여기에서 부정무신고과세표준이란 사기나 그 밖의 부정한 행위("부정행위")로 무신고한 과세표준에 상당하는 금액을 말한다. 그리고 부정무신고과세표준의 비율은 0보다는 크 고 1보다는 적어야 위 산식이 성립한다. 그리고 여기에서의 산출세액에는 세대를 건너 뛴 상속[증여]에 대한 할증과세가 포함된다.

3) 사기나 그 밖의 부정한 행위("부정행위")

납세자가 국세의 과세표준 또는 세액 계산의 기초가 되는 사실의 전부 또는 일부를 은 폐하거나 가장하는 것에 기초하여 국세의 과세표준 또는 세액의 신고의무를 위반하는 것으로서 다음 중 어느 하나에 해당하는 방법을 말한다(국세기본법 시행령 제12조의 2 제1항).
① 이중장부의 작성 등 장부의 허위기장
② 허위증빙 또는 허위문서("허위증빙 등"이라 함)의 작성
③ 허위증빙 등의 수취(허위임을 알고 수취한 경우에 한한다)
④ 장부와 기록의 파기
⑤ 재산을 은닉하거나 소득·수익·행위·거래의 조작 또는 은폐
⑥ 그밖에 국세를 포탈하거나 환급·공제받기 위한 사기 그밖에 부정한 행위
  • 이때 '사기 그 밖의 부정한 행위'란 조세의 부과·징수를 불가능하게 하거나 현저 히 곤란하게 하는 위계(행위자의 행위목적을 이루기 위해 상대방에게 오인·착각·부지를 일으키게 하여 그 오인·착각·부지를 이용하는 것) 기타 부정한 적극적 행위를 말한다(재조세 46019 – 137, 2003. 4. 7.).

- 즉 적극적 은닉의도가 나타나는 사정이 덧붙여지지 않은 채 단순히 세법상의 신고를 하지 아니하거나 허위의 신고를 함에 그치는 것은 '사기, 그 밖의 부정한 행위'에 해당하지 않는다. 또한 납세자가 명의를 위장하여 소득을 얻더라도, 명의위장이 조세포탈의 목적에서 비롯되고 나아가 여기에 허위 계약서의 작성과 대금의 허위지급, 과세관청에 대한 허위의 조세 신고, 허위의 등기·등록, 허위의 회계장부 작성·비치 등과 같은 적극적인 행위까지 부가되는 등의 특별한 사정이 없는 한, 명의위장 사실만으로 '사기, 그 밖의 부정한 행위'에 해당한다고 볼 수 없다(대법원 2018. 12. 13. 선고 2018두36004).
- 한편, 여기에서의 '사기나 그 밖의 부정한 행위("부정행위")' 개념은 국세기본법상의 가산세 및 감면규정(국세기본법 제47조 내지 제49조)에 공통적으로 적용되는 개념이다.

3. 무신고가산세 합계

그러므로 상속세[증여세] 과세표준을 신고하지 아니한 경우 납부할 세액에 가산하는 무신고 가산세는 위의 '일반무신고가산세'와 '부정무신고가산세'를 합하여 계산한다.

 과소신고 · 초과환급가산세(국세기본법 제47조의 3, 국세기본법 시행령 제27조의 2)

1. 일반과소신고가산세

1) 의의

상속세[증여세] 법정신고기한 내에 상증세법에 따른 상속세[증여세] 과세표준신고서를 제출한 경우로서 신고한 과세표준이 세법에 따라 신고하여야 할 과세표준에 미달한 경우에 적용한다.

2) 가산세액

아래 산식에 의한 금액을 납부할 세액에 가산한다.

$$\frac{\text{과소신고과세표준} - \text{부정과소신고과세표준}}{\text{과세표준}}(\text{일반과소신고과세표준비율}) \times \text{산출세액} \times 10\%$$

여기에서 과소신고과세표준(국세기본법 시행령 제27조의 2 제1항)은 세법에 따라 신고하여야 할 과세표준과 신고한 과세표준과의 차액을 한도로 한다. 과소신고과세표준에서 아래에서 보는 부정과소신고과세표준을 차감한 것이 일반과소신고과세표준이 된다. 그리고 일반과소신고과세표준의 비율은 0보다는 크고 1보다는 적어야 위 산식이 성립한다. 그리고 여기에서의 산출세액에는 세대를 건너뛴 상속[증여]에 대한 할증과세가 포함된다. 또한 상증세법 제28조의 증여세액공제[증여세의 경우에는 제58조의 납부세액공제]는 산출세액에서 기납부세액으로 뺀다(국세기본법 제47조의 3 제5항, 같은 법 시행령 제27조 제1항 제4호).[697]

다만, 소유권에 관한 소송 등의 사유로 상속재산[증여재산]으로 확정되지 아니한 경우, 상속재산[증여재산]에 대한 공제적용에 착오(조심 2011서141, 2011. 3. 15. ; 징세-348, 2010. 4. 2.)나 평가액의 차이(조심 2008서4210, 2009. 7. 15. ; 조심 2007서4661, 2009. 7. 7. ; 조심 2008서3716, 2008. 12. 31. ; 대법원 2015두59259, 2016. 4. 2.[698])로 인한 과소신고의 경우에는 신고불성실가산세를 적용하지 않는다(국세기본법 제47조의 3 제4항 제1호).[699] 그럴더라도 미납부기간 동안의 금융혜택에 해당하는 이자 성격의 납부지연가산세는 면제되지 않는다.

2. 부정과소신고가산세

1) 내용

사기나 그 밖의 부정한 행위("부정행위")로 과소신고한 과세표준이 있는 경우에 적용한다.

2) 가산세액

부정과소신고가산세는 다음과 같이 계산하여 납부할 세액에 가산한다.

---

697) 2012. 1. 1. 이후 최초로 상속 · 증여하는 분부터 적용한다.

698) 원고들이 영업권 등 양도대금 채권을 상속재산에 포함시켜 신고함으로써 피상속인이 소외 회사에 이 사건 상표권을 양도한 사실을 신고하였고, 이에 피고는 보충적 평가방법을 적용하여 이 사건 상표권 가액을 평가한 다음 그 차액 상당을 사전증여한 것으로 보아 상속세 과세가액에 가산한 것이므로, 그로 인해 원고들이 당초 신고한 상속세 과세표준이 상속세 및 증여세법에 따라 신고하여야 할 과세표준에 미치지 못하게 되었더라도 이는 이 사건 시행령 조항에서 정한 바와 같이 평가방법의 차이로 인하여 상속세를 과소신고한 경우에 해당하고, 원고들이 이 사건 상표권을 영업권과 구분하지 않고 신고하였다는 사정만으로 이와 달리 이 사건 시행령 조항이 정한 예외사유에 해당하지 않는다고 볼 수는 없다고 본 사안이다.

699) 2009. 2. 6. 이후 최초로 부과하는 가산세부터 적용. 물론 이전에는 행정해석으로 가산세를 부과하지 않았다.

$$\frac{부정과소신고과세표준}{과세표준} \; (부정과소신고과세표준비율) \times 산출세액 \times 40\%$$

그리고 부정과소신고과세표준의 비율은 0보다는 크고 1보다는 적어야 위 산식이 성립한다.

이때 여기에서의 산출세액에는 세대를 건너뛴 상속[증여]에 대한 할증과세가 포함된다.

3. 과소신고가산세 합계

그러므로 상속세[증여세]과세표준을 과소하게 신고한 경우 납부할 세액에 가산하는 과소신고 가산세는 위의 '일반과소신고가산세'와 '부정과소신고가산세'를 합하여 계산한다.

이때 상속재산 중의 일부에 대한 과소신고가 있다고 하더라도 다른 상속재산에 대하여 과다신고를 한 결과 상속재산 전체에 대한 과세표준신고액이 정당한 과세표준액과 같거나 이를 넘어서는 경우에, 최소한 과소신고액을 한도로 하여 그 범위 내에서는 과다신고한 부분도 신고한 과세표준에 포함시켜 신고불성실가산세를 산출함이 타당하다(대법원 2003 두7064, 2004. 10. 15. ; 심사상속 2010-8, 2010. 5. 4.).

생전 증여재산에 대한 합산신고누락분이 있는 경우 국세기본법 제47조의 3 제1항의 "신고한 과세표준이 세법에 따라 신고하여야 할 과세표준에 미치지 못하는 경우"의 문언에 포함될 수 있다는 점에서 신고불성실가산세 과세를 하는 것이 타당(재산-1147, 2009. 12. 29.)하지만, 생전 증여재산을 증여세 신고도 하지 않은 경우 증여세 신고불성실가산세와 합산신고누락분에 대한 상속세 신고불성실가산세의 이중부담은 완화시킬 필요는 있어 보인다. 이에 따라 상속세 결정·경정 시 이미 무신고 등으로 신고불성실가산세가 부과된 증여재산에 대해서는 합산신고(상증세법 제13조 제1항 및 제2항에 따라 가산하는 금액)를 누락하더라도 중복적으로 신고불성실가산세가 부과되지 않도록 명문으로 규정하였다(국세기본법 제47조의 2 제8항 신설).[700] 즉 신고불성실가산세 적용기준이 되는 상속세의 산출세액을 계산함에 있어 상증세법상의 상속세 산출세액(같은 법 제27조에 따라 가산하는 금액을 포함)에서 같은 법 제 28조 제1항의 증여세액공제를 차감한 금액으로 하도록 하였다.

---

700) 2010. 12. 27. 신설된 국세기본법(법률 제10405호)에 따라 2011. 1. 1. 이후 최초로 신고·결정 또는 경정하는 분부터 적용한다.

> **보론 27** 종전 신고불성실가산세(구 상증세법 제78조 제1·2항, 구 같은 법 시행령 제80조 제1·2·3·4항)
>
> 1. 적용시기 : 2004. 1. 1.~2006. 12. 31. 상속·증여하는 분에 대해 적용한다.
> 2. 가산세율 : 10%. 다만, 아래 3.의 경우는 20%
> 3. 가산세율 20% 적용대상
>   1) 신고기한 내 신고하지 아니한 경우, 2) 가공의 채무·명의신탁 등, 3) 재산 평가기관과 통모하여 시가에 비하여 낮게 평가한 경우, 4) 매매사례가액에 대한 허위의 증빙자료를 제출한 경우, 5) 그 밖에 이 법에 의한 재산평가 또는 각종 공제와 관련하여 허위의 증빙자료를 제출한 경우
> 4. 가산세 적용 제외대상
>   1) 신고한 재산으로서 평가가액의 차이로 인하여 미달신고한 금액, 2) 신고한 재산으로서 소유권에 관한 소송 등의 사유로 인하여 상속[증여]재산으로 확정되지 아니한 금액, 3) 상속공제[증여재산공제]의 적용의 착오로 인하여 미달신고한 금액

 납부지연가산세(국세기본법 제47조의 4, 국세기본법 시행령 제27조의 4)

1. 내용

상증세법에 따른 납부기한(상증세법 제70조) 내에 상속세[증여세]를 납부하지 아니하거나 납부한 세액이 납부하여야 할 세액에 미달한 경우에 적용한다.

2. 가산세액

다음 산식에 의한 금액을 납부할 세액에 가산한다.

> 미납(미달)세액 × 기간 × 25/100,000

여기에서 '기간'은 납부기한의 다음 날부터 자진납부일 또는 납세고지일까지의 기간을 말한다.

납부지연가산세(국세기본법 제47조의 4, 국세기본법 시행령 제27조의 4)

1. 내용

상증세법에 따른 납부기한(상증세법 제70조) 내에 상속세[증여세]를 납부하지 아니하거나 납부한 세액이 납부하여야 할 세액에 미달한 경우에 적용한다.

2. 가산세액

다음 산식에 의한 금액을 납부할 세액에 가산한다.

> 미납(미달)세액 × 기간 × 25/100,000

여기에서 '기간'은 납부기한의 다음 날부터 자진납부일 또는 납세고지일까지의 기간을 말한다.

2020년부터 기존 납부불성실가산세와 가산금이 납부지연가산세로 통합되어 납세고지서 및 납부최고서 발급 시 납부 일자별 납부금액이 명시되고, 납세자가 세액을 직접 기재할 수 있는 공란이 추가 된다. 2019년 이전에는 납세자가 납부고지서를 받은 후 기한이 지나 납부할 경우 미납세액의 3%가 가산금으로 부과되고, 세목별 세액이 100만원 이상인 경우에는 납부기한이 지난 1개월마다 0.75%의 가산금이 최대 60개월까지 추가로 부과됐다. 그러나 2020년 기존의 납부불성실가산세와 가산금이 납부지연가산세로 통합 시행됨에 따라 납부기한이 지나면 미납세액의 3%가 납부지연가산세로 부과되고, 세목별 세액이 100만원 이상인 경우 납부기한이 지난 1일마다 0.022%의 가산세가 최대 5년간 추가 부과된다.

VI 동일 내국법인 주식보유기준 초과가산세

1. 의의

이에 대한 자세한 해설은 '증여세편의 가산세'를 보면 된다.

2. 가산세액 계산

이에 대한 자세한 해설은 '증여세편의 가산세'를 보면 된다.

 계열기업 주식보유한도 초과가산세

1. 의의

이에 대한 자세한 해설은 '증여세편의 가산세'를 보면 된다.

2. 가산세액 계산

이에 대한 자세한 해설은 '증여세편의 가산세'를 보면 된다.

 출연자 등의 이사 등 취임기준 초과가산세

1. 의의

이에 대한 자세한 해설은 '증여세편의 가산세'를 보면 된다.

2. 가산세액 계산

이에 대한 자세한 해설은 '증여세편의 가산세'를 보면 된다.

 특수관계기업 광고 · 홍보 가산세

1. 의의

이에 대한 자세한 해설은 '증여세편의 가산세'를 보면 된다.

2. 가산세액 계산

이에 대한 자세한 해설은 '증여세편의 가산세'를 보면 된다.

 보고서 등 미제출 가산세

1. 의의

이에 대한 자세한 해설은 '증여세편의 가산세'를 보면 된다.

2. 가산세액 계산

이에 대한 자세한 해설은 '증여세편의 가산세'를 보면 된다.

XI 외부 세무확인 및 보고 불이행 가산세

1. 의의

이에 대한 자세한 해설은 '증여세편의 가산세'를 보면 된다.

2. 가산세액 계산

이에 대한 자세한 해설은 '증여세편의 가산세'를 보면 된다.

XII 장부작성 · 비치의무 불이행 가산세

1. 의의

이에 대한 자세한 해설은 '증여세편의 가산세'를 보면 된다.

2. 가산세액 계산

이에 대한 자세한 해설은 '증여세편의 가산세'를 보면 된다.

 전용계좌 개설 · 신고 · 사용의무 불이행 가산세

1. 의의

이에 대한 자세한 해설은 '증여세편의 가산세'를 보면 된다.

2. 가산세액 계산

이에 대한 자세한 해설은 '증여세편의 가산세'를 보면 된다.

 결산서류 등 공시의무 불이행 가산세

1. 의의

이에 대한 자세한 해설은 '증여세편의 가산세'를 보면 된다.

2. 가산세액 계산

이에 대한 자세한 해설은 '증여세편의 가산세'를 보면 된다.

 기부금영수증 발급내역 작성 · 보관 · 제출 의무(법인세법 제112조의 2,

소득세법 제160조의 3) **불이행 가산세**

1. 의의

이에 대한 자세한 해설은 '증여세편의 가산세'를 보면 된다.

2. 작성 · 보관 불이행시 가산세 부과(법인세법 제76조 제10호, 소득세법 제81조 제11호)

이에 대한 자세한 해설은 '증여세편의 가산세'를 보면 된다.

XVI 계산서합계표 등 자료제출 불성실 가산세

1. 의의

이에 대한 자세한 해설은 '증여세편의 가산세'를 보면 된다.

2. 가산세

이에 대한 자세한 해설은 '증여세편의 가산세'를 보면 된다.

XVII 지급명세서 등 미제출 가산세

1. 의의

이에 대한 자세한 해설은 '증여세편의 가산세'를 보면 된다.

2. 가산세액 계산

이에 대한 자세한 해설은 '증여세편의 가산세'를 보면 된다.

XVIII 공익법인 등의 의무이행여부 무신고 가산세

1. 의의

이에 대한 자세한 해설은 '증여세편의 가산세'를 보면 된다.

2. 가산세액 계산

이에 대한 자세한 해설은 '증여세편의 가산세'를 보면 된다.

 가산세의 감면 등(국세기본법 제48조, 국세기본법 시행령 제28조)

1. 가산세를 부과하지 아니하는 경우

국세기본법 또는 상증세법에 따라 가산세를 부과하는 경우 그 부과의 원인이 되는 사유가 다음 중 하나에 해당하는 경우에는 가산세를 부과하지 아니한다.

1) 국세기본법에 따른 기한연장사유(국세기본법 제6조 제1항, 국세기본법 시행령 제2조 제1항)에 해당(물론 기한연장 승인이 전제)

① 납세자가 화재·전화 그 밖의 재해를 입거나 도난을 당한 때
    여기에서 "그 밖의 재해"란 화약류·가스류 등의 폭발사고, 광해, 교통사고, 건물의 도괴 그 밖의 이에 준하는 물리적인 재해를 말한다. 단, 조세포탈목적의 고의적인 행동에 의한 재해는 제외한다(국세기본법 기본통칙 6-2…1).

② 납세자 또는 그 동거가족이 질병으로 위중하거나 사망하여 상중인 때

③ 납세자가 그 사업에 심한 손해를 입거나, 그 사업이 중대한 위기에 처한 때(납부의 경우에 한한다)
    여기에서 "사업에 심한 손해"란 물리적 또는 법률적 요인으로 사업의 경영이 곤란할 정도의 현저한 손해를 말한다(국세기본법 기본통칙 6-2…2).
    그리고 "사업이 중대한 위기에 처한 때"란 판매의 격감, 재고의 누적, 거액매출채권의 회수곤란, 거액의 대손발생, 노동쟁의 등으로 인한 조업중단 또는 일반적인 자금경색으로 인한 부도발생이나 기업도산의 우려가 있는 경우 등을 말한다(국세기본법 기본통칙 6-2…3).
    그런데 조문에서 '그 사업'이라고 규정하였으므로, 기한연장을 받으려는 세목과 관련된 사업에 한한다고 해석하여야 할 것이다.

④ 정전, 프로그램의 오류 그 밖의 부득이한 사유로 한국은행(대리점 포함) 및 체신관서의 정보통신망의 정상적인 가동이 불가능한 때

⑤ 금융회사 등(한국은행 국고대리점 및 국고수납대리점인 금융회사 등에 한함) 또는 체신관서의 휴무

그 밖에 부득이한 사유로 인하여 정상적인 세금납부가 곤란하다고 국세청장이 인정
하는 때

⑥ 권한 있는 기관에 장부ㆍ서류가 압수 또는 영치된 때

⑦ 상기 ①ㆍ② 또는 ⑥에 준하는 사유가 있는 때

2) 납세자가 의무를 불이행한 것에 대하여 정당한 사유가 있는 때

세법상 가산세는 과세권의 행사 및 조세채권의 실현을 용이하게 하기 위하여 납세자가
정당한 이유 없이 법에 규정된 신고, 납세 등 각종 의무를 위반한 경우에 개별 세법이
정하는 바에 따라 부과되는 행정상의 제재로서 납세자의 고의, 과실은 고려되지 않는
반면, 이와 같은 제재는 납세의무자가 그 의무를 알지 못한 것이 무리가 아니었다고 할
수 있어서 그를 정당시할 수 있는 사정이 있거나 그 의무의 이행을 당사자에게 기대하
는 것이 무리라고 하는 사정이 있을 때 등 그 의무 해태를 탓할 수 없는 정당한 사유가
있는 경우에는 이를 부과할 수 없다.

납세자가 의무를 불이행한 것에 대하여 정당한 사유가 있는 경우는 그동안 대법원판례
(2001두7886, 2003. 1. 10. 등)에 의해 가산세가 부과되지 아니한 것으로 하였으나, 이를 2006년
12월 30일 국세기본법 개정(국세기본법 제48조 제1항)시 법제화한 것이다.

단, 정당한 사유에 대한 주장 또는 입증책임은 납세자가 부담한다.[701] 정당한 사유가
무엇인가에 대해서는 명문의 규정은 없으나, 그동안 집적된 대법원판례의 입장은 다음
과 같으며 이를 통해 경험적으로 판단해 볼 수 있다.

- 고의나 과실 및 납세자의 세법에 대한 부지ㆍ착오는 정당한 사유에 해당하지 아니함.
- 납세자에 있어서 진정으로 어쩔 수 없는 사정이 있고 가산세를 부과하는 것이 부당
  또는 가혹한 경우에만 정당한 사유를 인정하는 것으로 신고할 과세표준이나 세액 등
  의 단순 계산상의 오류나 착오는 정당한 사유에 해당하지 아니함.
- 납세자에 대한 과세관청의 회신이나 납세지도가 잘못된 경우, 과세관청의 태도변경
  에 대해서는 정당한 사유로 인정함.
- 상속세과세표준 신고기한 경과 후 법원 판결에 의하여 발생한 피상속인 이외의 자로
  부터 반환받은 유류분 등을 상속재산으로 신고하지 않은 것에 대하여 신고 및 납부불
  성실가산세를 부과할 수 없음(조심 2008중2241, 2009. 12. 22.).
- 납세자가 감정기관에 의뢰하여 받은 감정가액에 기초하여 산출된 증여세액을 납부기
  한 내에 납부한 후, 과세관청의 의뢰에 따른 재감정가액으로 증여재산가액을 결정하

701) 2007. 2. 28. 이후 가산세감면신청서(국세기본법 시행규칙 별지 제17호 서식)를 제출하는 분부터 적용

여 과세하는 경우 납세자에게 의무해태를 탓할 수 없는 정당한 사유가 있어 가산세 감면사유에 해당함(대법원 2014두44205, 2015. 3. 12.).

2. 가산세액의 50%를 감면하는 경우

다음 중 어느 하나에 해당하는 경우에는 국세기본법 또는 상증세법에 따른 가산세액의 50%를 감면한다.

1) 수정신고를 한 경우

① 수정신고 사유

상속세[증여세] 과세표준신고서를 법정신고기한 내에 제출한 자로서 '상속세[증여세] 과세표준신고서에 기재된 과세표준 및 세액이 상증세법에 의하여 신고하여야 할 과세표준 및 세액에 미달하는 때'에는 관할 세무서장이 상속세[증여세] 과세표준과 세액을 결정 또는 경정하여 통지를 하기 전까지 과세표준수정신고서를 제출할 수 있다(국세기본법 제45조 제1항).

② 수정신고기한

법정신고기한이 지난 후 6개월 이내에 상기 ①에 따라 수정신고를 하여야 한다. 다만, 법정신고기한이 지난 후 6개월 초과 1년 이내에 수정신고한 경우에는 100분의 20, 법정신고기한이 지난 후 1년 초과 2년 이내에 수정신고한 경우에는 100분의 10에 상당하는 금액을 감면한다.[702]

③ 수정신고의 대상이 되는 가산세

과소신고가산세(국세기본법 제47조의 3)에 한하여 적용한다(국세기본법 제48조 제2항 제1호).

④ 수정신고를 배제하는 경우

과세표준수정신고서를 제출한 과세표준과 세액에 관하여 경정할 것을 미리 알고 제출한 경우에는 수정신고를 배제한다.

이때 "경정할 것을 미리 알고"란 해당 국세에 관하여 세무공무원이 조사에 착수한 것을 알았거나 관할 세무서장의 과세자료 해명 통지를 받고 과세표준수정신고서를 제출한 경우를 말한다(국세기본법 시행령 제29조).

2013년 시행령 개정을 통해 관할 세무서장의 과세자료 해명 통지를 받고 수정신고한 경우도 과세관청이 경정할 것을 미리 알 수 있는 것에 해당하므로 가산세 감면 적용

---

702) 2009. 1. 1. 이후 수정신고분부터 단서 조항을 적용

을 배제하였다.[703]

2) 기한 후 신고를 한 경우

① 기한 후 신고 사유

법정신고기한 내에 상속세[증여세] 과세표준신고서를 제출하지 아니한 자는 관할 세무서장이 과세표준과 세액(가산세 포함)을 결정하여 통지하기 전까지 기한후과세표준신고서를 제출할 수 있다.

그리고 납부할 세액이 있는 경우에는 신고서 제출과 동시에 상속세[증여세]를 납부하여야 한다.

② 기한 후 신고 기한

법정신고기한이 지난 후 1개월 이내에 상기 ①에 따라 기한 후 신고를 하여야 한다.[704] 다만, 법정신고기한이 지난 후 1개월 초과 6개월 이내에 기한 후 신고·납부를 한 경우에는 해당 가산세액의 100분의 20에 상당하는 금액을 감면한다(국세기본법 제48조 제2항 제2호).[705]

③ 기한 후 신고의 대상이 되는 가산세

무신고가산세(국세기본법 제47조의 2)에 한하여 적용한다(국세기본법 제48조 제2항 제2호).

④ 기한 후 신고를 배제하는 경우

과세표준과 세액을 결정할 것을 미리 알고 기한후과세표준신고서를 제출한 경우는 제외한다(국세기본법 제48조 제2항 제2호 후단).[706]

이때 "경정할 것을 미리 알고"란 해당 국세에 관하여 세무공무원이 조사에 착수한 것을 알았거나 관할 세무서장의 과세자료 해명 통지를 받고 과세표준수정신고서를 제출한 경우를 말한다(국세기본법 시행령 제29조).

2013년 시행령 개정을 통해 관할 세무서장의 과세자료 해명 통지를 받고 수정신고한 경우도 과세관청이 경정할 것을 미리 알 수 있는 것에 해당하므로 가산세 감면 적용을 배제하였다.[707]

---

703) 2013. 2. 15. 이후 신고하는 분부터 적용
704) 2007. 1. 1. 이후 최초로 의무이행 기한이 도래하는 분부터 적용
705) 2011. 1. 1. 이후 최초로 기한 후 신고·납부를 하는 것부터 적용
706) 2012. 1. 1. 이후 최초로 기한 후 신고하는 분부터 적용
707) 2013. 2. 15. 이후 신고하는 분부터 적용

3) 과세전적부심사 결정 · 통지기간 내에 그 결과를 통지하지 아니한 경우

① 결과통지

과세전적부심사청구를 받은 세무서장 등은 30일 이내에 그 결과를 청구인에게 알려야 한다.

② 감면대상 가산세

결정 · 통지가 지연됨으로써 해당 기간에 부과되는 납부지연가산세(국세기본법 제47조의 5)에 한하여 적용한다(국세기본법 제48조 제2항 제3호).[708]

4) 세법에 따른 제출 등의 기한이 지난 후 1개월 이내에 제출 등의 의무를 이행하는 경우

① 감면사유

세법에 따른 제출 등의 기한이 경과한 후 1개월 이내에 해당 세법에 따른 제출 등의 의무를 이행하는 경우

여기에서 제출 등이란 제출 · 신고 · 가입 · 등록 · 개설을 말한다.

② 감면대상 가산세

제출 등의 의무위반에 대하여 세법에 따라 부과되는 가산세에 한한다.

동 규정에 해당되는 상증세법상의 가산세로는 지급명세서 제출관련 가산세가 있다.

3. 감면신청

상기 "1. 또는 2." 규정에 따라 가산세 감면을 받기 위해서는 다음의 사항을 기재한 신청서(국세기본법 시행규칙 별지 제17호 서식)를 관할 세무서장에게 제출하여야 한다.

이때 관할 세무서장은 그 승인 여부를 알려야 한다.

① 감면을 받고자 하는 가산세에 관계되는 국세의 세목 및 부과연도와 가산세의 종류 및 금액

② 해당 의무를 이행할 수 없었던 사유(100% 감면을 받는 경우에 한함)

---

708) 2007. 1. 1. 이후 최초로 과세전적부심사 결정의 통지를 받는 분부터 적용

XX 가산세 한도(국세기본법 제49조, 국세기본법 시행령 제29조의 2)

1. 내용

다음 중 어느 하나에 해당하는 가산세에 대하여는 그 의무위반의 종류별로 각각 1억원[709]을 한도로 한다. 단, 해당 의무를 고의적으로 위반한 경우에는 그러하지 아니하다.

2. 한도의 대상이 되는 상속세 가산세의 종류

① 가산세 종류
- ㉠ 공익법인이 출연받은 재산의 사용 등에 대한 보고서(상증세법 제48조 제5항) 미제출 등 가산세(상증세법 제78조 제3항)
  - 가산세액 : 미제출 등 금액에 상당하는 상속세 × 1%
- ㉡ 공익법인의 외부전문가 세무확인에 대한 보고의무(상증세법 제50조 제1항 및 제2항) 미이행 등 가산세 및 장부작성·비치의무(상증세법 제51조) 불이행 가산세(상증세법 제78조 제5항)
  - 가산세액 : (수입금액 + 출연받은 재산가액) × 7/10,000
- ㉢ 세금우대자료(조특법 제87조의 5 제3항, 조특법 제88조의 4 제10항, 조특법 제89조의 2 제1항, 조특법 제91조 제7항) 미제출 가산세(조특법 제90조의 2 제1항)
  - 가산세액 : 미제출(미통보) 또는 불분명하게 제출(통보)한 계약 또는 해지 건당 2천원
- ㉣ 지급명세서 등(상증세법 제82조 제1항·제3항·제4항 또는 제6항) 미제출 등 가산세(상증세법 제78조 제12항·제13항)[710]
  - 가산세액 : 지급명세서 등을 제출하지 아니하거나 누락하여 제출한 경우와 제출한 지급명세서 등에 불분명한 부분이 있는 경우에는 미제출·누락제출분 또는 불분명한 부분에 해당하는 금액의 0. 2%(제출기한이 지난 후 1개월 이내에 제출하는 경우에는 0.1%)에 상당하는 금액
- ㉤ 공익법인 등의 의무이행 여부 무신고 가산세(상증세법 제78조 제14항)

---

709) 2011. 1. 1. 이후 최초로 결정 또는 경정하는 것부터 중소기업에 대해서는 5천만원을 적용한다(국세기본법 제49조 제1항 제4호 개정).
710) 2011. 1. 1. 이후 최초로 결정 또는 경정하는 것부터 적용한다(국세기본법 제49조 제1항 제4호 개정).

② 가산세 한도의 적용기간

상증세법 및 조특법에 따라 의무를 이행하여야 할 기간단위로 구분한다.

③ 적용시기

2007년 1월 1일 후 동 가산세와 관련된 의무를 최초로 위반하는 분부터 적용한다.

제3절 조세범 처벌[711]

아래에서는 조세의 부과 · 징수 및 납부에 관한 범죄인 조세범에 대한 처벌을 일반론적으로 살펴보고, 조세범의 구체적 유형 및 그 처벌에 관해서는 주로 상속[증여]세에 관련하여 살펴본다.

한편 이러한 조세범을 처벌하기 위해 1951년 제정된 조세범처벌법이 2010년 1월 1일 법률 제9919호로 전부개정되었다. 이는 조세범처벌법이 제정 이후 부분적 개정에만 그치고 범칙유형, 형량 등 법의 주요 구조는 제정 당시의 틀을 그대로 유지하고 있어 그간의 경제 · 사회적 여건의 변화를 반영하지 못하여 조세범죄에 효율적으로 대응하지 못하고 있는 현실을 감안한 것이다. 그리하여 개정법에서는 조세포탈죄의 양형체계를 개선하여 고액 · 상습 탈세범에 대한 처벌을 강화하고 단순 행정질서벌 성격의 위반행위는 과태료로 전환하였고 조세범처벌에 있어 책임능력, 종범경감 등 형법상의 책임주의 원칙을 구현하는 등 이 법을 전반적으로 개선하여 법의 실효성을 제고하려 하였다.

 기본개념

1. 의의

1) 조세범과 조세벌

租稅犯이란 형식적으로는 조세범처벌법 등 관련법령에 범칙행위로 규정된 범칙조항의 위반행위를 말하고, 실질적으로는 조세의 부과, 징수 및 납부에 관한 범죄를 말한다. 그리고 이러한 조세범에 대한 제재로서 과해지는 벌이 租稅罰이다.

---

711) 최명근, 「세법학총론」, 세경사, 2002, 727~793쪽을 주로 참조하였다.

2) 근거법령

이처럼 조세벌은 조세에 관한 범죄에 대해 과해지는 형벌이기 때문에 죄형법정주의 원칙이 적용됨은 당연하므로 그 근거가 되는 법률이 필요하다.

이에 해당하는 법률로는 조세범처벌법, 조세범처벌절차법 및 특정범죄가중처벌 등에 관한 법률 제8조가 있는데, 이러한 근거법령은 형법 혹은 형사소송법과의 관계에서 특별법의 위치에 있다.

그리하여 조세범에 관한 처벌법규는 특별사항만을 규정하고 있고, 특별규정이 없는 부분에 대해서는 일반적인 형법 또는 형사소송법의 규정에 따르게 된다.

3) 취지

조세범을 처벌하는 것은 직접적으로는 조세법규의 실효성을 보장하기 위해서고, 간접적으로는 납세의무자 등에 대한 심리적 압박을 통해 조세법규의 성실한 이행을 확보하려는 데 있다. 이런 점에서는 가산세 제도 등과 공통되나, 가산세 등이 국가재정권에 의한 보장인데 반해 조세범처벌은 가장 강력한 국가형벌권에 의한 보장인 것이다.

2. 조세범의 성질

종래의 일반적 견해로는 조세범은 行政犯이다. 그 자체가 원래 반도덕적·반사회적 범죄성을 가진 행위에 대해 처벌되는 형사범과 달리, 행정범은 그 자체의 반사회성이 아닌 행정목적의 실현을 위한 국가의 명령·금지(행정법상 의무)를 위반한 행위이다. 이러한 견해에 따라 조세범에 대해서는 징역이 아닌 가벼운 벌금으로 처벌하여 왔다.

그러나 이러한 생각은 행정범의 성격이 짙은 조세질서범에서는 타당할지 몰라도, 반사회적인 성격이 짙은 조세포탈범에는 타당하지 않다. 조세포탈범은 납세의무를 위반하여 국가의 재정권을 침해하고 공평과세를 저해하여 조세부담을 왜곡시키므로 그 죄질이 반사회적이고 비윤리적이라는 점에서 일반 형사범과 같이 처벌할 필요성이 커진다. 이에 따라 이번 개정법에서는 고액·상습 포탈범에 대한 처벌을 강화하도록 개정하였다. 그러나 여전히 고발전치주의와 같은 행정범적 인식의 잔재가 상존한 상태이다.[712]

---

712) 조용주, "조세범처벌의 문제점과 적절한 양형을 위한 연구", 「조세연구」 제6권, 한국조세연구포럼, 2006, 453쪽 참조

Ⅱ 조세범의 특수성

1. 주체에 관한 특성

1) 공범문제

조세범은 대부분 납세의무·징수의무·지급명세서 제출의무 등 세법상의 의무자를 범죄의 주체로 하고 있으므로 신분범이다. 그런데 세법상 의무가 없는 자가 신분자의 조세범칙행위에 교사·방조하여 가공한 경우 공범관계가 되는지에 관해, 형법의 일반이론에 의해 긍정하여야 한다고 한다.

2) 양벌규정

兩罰규정은 실제 범죄행위자와 그가 소속된 법인 등을 같이 처벌하는 원칙으로, 형사범에 있어서의 행위자 처벌의 원칙(형벌개별화의 원칙 : 범죄행위자와 처벌받는 자가 일치할 것을 요구하는 원칙)에 대한 중대한 예외이다.

현행 조세범처벌법에서는 '법인(국세기본법 제13조에 따른 법인으로 보는 단체 포함)[713]의 대표자, 법인 또는 개인의 대리인·사용인 그 밖의 종업원이 그 법인 또는 개인의 업무 또는 재산에 관하여 이 법에 규정하는 범칙행위를 한 때에는 행위자를 벌하는 외에 그 법인 또는 개인에 대하여서도 각 본조의 벌금형에 처한다…(조세범처벌법 제18조).'라고 하고 있다. 이때에 그 법인 등이 처벌되는 책임을 책임벌이라고 하고, 그들이 처벌되는 근거를 그들의 선임관리감독에 대한 과실에 대한 책임이라고 한다. 그런 점에서 이번 개정시 법인 또는 개인이 행위자의 조세범칙 행위를 방지하기 위하여 해당 업무에 관하여 상당한 주의와 감독을 하였을 경우 면책하도록 하였다(조세범처벌법 제18조).

그런데 상속세[증여세]의 경우 납세의무자인 상속인의 대리인 등이 한 범칙행위에 대해 그 행위자를 처벌하는 것과 더불어 본인인 상속인도 처벌된다. 물론 이때의 대리인은 적법한 대리권을 가진 자이어야 할 것이다(대법원 97도3368, 1998. 3. 24.).

---

713) 2010. 1. 1. 개정법률(법률 제9919호)에서 추가되었다.

2. 책임에 관한 특성

1) 책임능력

형법에서는 자기가 하고자 하는 행위의 의미를 변별하는 능력과 자기의 의사를 결정하는 능력이 결여되거나 부족한 경우에는 그 비난가능성이 없거나 적으므로, 형사미성년자(만 14세 미만)에 대한 불벌규정[형법 제9조(형사미성년자 불처벌), 제10조(심신장애자 감경처벌), 제11조(농아자 감경처벌), 제16조(법률의 착오), 제32조 제2항(종범 감경처벌) 및 제38조 제1항 제2호(벌금경합 제한가중)] 등을 두어 처벌하지 않거나 가볍게 처벌하도록 하고 있다.

그런데 종전 조세범처벌법에서는 조세포탈범(조세범처벌법 제3조) 등의 조세범에 대해서는 조세범을 벌금형으로 처분하는 경우 이러한 책임능력의 정도를 불문하고 모두 처벌한다고 하여(구 조세범처벌법 제4조) 부당하다는 비판이 있었다. 이에 이번 전부개정시 조세범(조세범처벌법 제3조부터 제6조까지, 제10조, 제12조부터 제14조까지의 범칙행위를 한 자)처벌에 있어 벌금경합에 관한 제한가중규정(형법 제38조 제1항 제2호)을 제외한 형법 총칙의 적용 배제규정을 삭제하여 조세범처벌에 있어서도 형법상의 책임주의 원칙을 구현하였다(조세범처벌법 제20조).

따라서 상증세법 위반자로서 이러한 벌금경합에 관한 제한가중규정이 적용되지 아니하는 것으로는 상속[증여]세 포탈범(조세범처벌법 제3조)이 있다.

2) 책임조건

(1) 조세범과 고의

형법은 고의범 처벌을 원칙으로 하고, 과실범은 법률에 특별한 규정이 있는 경우에만 예외적으로 처벌함으로써, 고의 또는 과실을 범죄 성립요소로서의 책임조건임을 규정(형법 제13조, 제14조)하고 있다.

조세범에서도 포탈범에 관해 '사기 그 밖의 부정한 행위로서 조세를 포탈한 자…'라고 구성요건을 규정하면서 형법의 적용을 배제하는 특별규정이 없으므로, 포탈범도 고의범으로 해석한다. 그 밖의 조세범에 관해서도 포탈범과의 형벌 형평상 과실을 처벌하는 명문의 규정이 없는 이상 고의범에 한하여 처벌된다고 해석한다. 그런데 현행 조세범처벌법에서는 과실범을 처벌하는 유형이 없다.

(2) 위법성의 인식

그렇다면 고의의 책임을 묻기 위해 사실의 인식 이외에 위법성의 인식을 필요로 하는가에 관해, 형법에서는 사실의 착오는 고의를 阻却하지만 법령의 不知나 착오는 고의를 조각하지 않는다고 해석한다.

이에 반해 조세범에서는 고의의 성립에 위법성의 인식이 필요없다는 견해[714]도 있으나(형법 제16조 참조), 실무상 형사미성년자, 심신장애자, 농아자가 조세범처벌법으로 처벌되는 예는 없고 이러한 자들은 조세포탈에 대한 인식 자체가 없어 형사처벌되지 않을 수도 있으므로 위법성의 인식이 있어야 한다는 견해[715]도 있다.

3. 처벌에 관한 특성

1) 병과주의

조세범 중 조세포탈범(조세범처벌법 제3조), 세금계산서의 발급의무 위반(조세범처벌법 제10조) 등 일정한 범칙행위를 한 자에 대하여는 정상에 의하여 징역과 벌금을 병과할 수 있다(조세범처벌법 제3조 제2항, 제10조 제5항). 그런데 정상에 의해 병과하는 기준이 없고 판례도 없는 실정이다. 이 중 상속[증여]세와 관련하여서는 조세포탈범이 이에 해당된다.

2) 미수범 不罰

종전에는 주세포탈미수범(조세범처벌법 제9조 제1항)에 대해서는 미수범으로 처벌하였다. 그러나 개정법에서는 이와 같은 명시적인 미수범처벌규정이 없다. 그러므로 상속[증여]세에서도 미수범은 처벌되지 않는다.

3) 고발전치주의

조세범처벌법 제21조에서는 '이 법에 따른 범칙행위에 대해서는 국세청장, 지방국세청장 또는 세무서장의 고발이 없으면 검사는 공소를 제기할 수 없다'라고 하여 조세범의 기소를 위해서는 세무관청의 고발을 필요로 하고, 고발 없이 기소한 경우에는 법률의 규정에 위반되어 공소기각판결을 받게 된다.

다만, 세무공무원의 형법상 직무에 관한 죄는 세무관청의 고발 없이 처벌할 수 있으며, 그 금품 수수액의 5배 내의 징계부가금 부과 의결을 징계위원회에 요구하여 가중처벌토록 하여 세무공무원의 업무의 공정성 및 신뢰성을 보호하려 하였다(조세범처벌법 제16조

---

714) 최명근, 「세법학총론」, 세경사, 2002, 736쪽

715) 조용주, "조세범처벌의 문제점과 적절한 양형을 위한 연구", 「조세연구」 제6권, 한국조세연구포럼, 2006, 477쪽

제1항 내지 제4항).

또한 특정범죄가중처벌에 관한 법률 제16조에서는 포탈세액이 연간 5억원 이상인 자에 대해서는 고발을 요하지 않도록 하여 조세포탈세액이 과대한 경우 그 범죄의 중대성에 비추어 고발전치주의의 예외를 인정하였다.

4. 형량과 책임주의

① 현행 조세범에 대한 형량은 국고주의적 관점에 따른 것이 많다. 그리하여 조세포탈 범은 국가의 과세권·징수권을 침해하는 것이고, 이러한 침해가 배상되기만 하면 법 익침해는 회복된다고 보기 때문에, 탈세가 발각되더라도 세금을 납부하고 벌금을 납 부하기만 하면 국가의 손해는 회복된다고 본다. 이러한 관점에서 과세관청은 통고처 분으로 조세범을 처벌하려고 수사기관에 고발하는 경우가 적었고, 법원에서도 조 세포탈범에게 과해지는 징역형은 집행유예를 부치는 것이 일반적이었다.

② 그러나 조세포탈범 등의 조세범은 국가질서와 재정권을 침해하는 반사회적·반공익 적 범죄라는 시각에서는 탈세가 발각되면 단순히 돈을 납부하는 것으로 끝나서는 안 되고, 현저한 반도덕적·반공익적·반사회적 악성에 대해 책임주의에 기한 형사제 재로써 그에 상응하는 징역형을 과할 필요가 있다고 한다. 이렇게 하는 것이 범죄와 형벌에 관한 사회일반의 정의관을 고양하여 조세범에 대한 일반예방적 효과가 있다 고 본다.

Ⅲ 조세범의 유형과 그 처벌

1. 유형의 분류

조세범에 대한 처벌로 보호하고자 하는 *法益*은 국가의 조세부과·징수에 관한 권리의 적정한 행사이다. 이에 따라 조세범의 유형을 강학상 나누어 보면 다음과 같으며,[716] 아래 에서는 상속[증여]세와 관련된 조세범과 그 처벌에 관해서 주로 살펴본다.

---

716) 이에 대해 조세범을 탈세범, 탈세관련사범, 조세질서범으로 구분하기도 한다(조용주, "조세범처벌의 문 제점과 적절한 양형에 관한 연구", 「조세연구」 6권, 한국조세연구포럼, 2006. 10, 452쪽).

1) 탈세범

탈세범은 위의 보호법익을 직접적으로 침해함으로써 조세과징권의 적정행사를 저해하여 세수의 減損을 기도하는 행위이다.

① 실질적인 탈세범

조세수입의 감손을 실현한 결과가 발생하는 행위를 말한다.

② 형식적인 탈세범

조세과징권을 직접 침해하여 조세수입의 감손을 기도할 뿐 감손의 결과에는 이르지 않은 행위를 말한다.

2) 위해범

위해범은 직접 조세수입의 감손을 초래하는 행위는 아니지만 조세질서의 확보를 위해 설정한 세법상의 각종 의무규정을 위반함으로써 조세과징권의 적정행사를 저해할 위험이 있는 행위이다. 그러므로 위해범도 형식범에 속하나, 조세과징권의 보호가 간접적이라는 점에서 위의 형식적인 탈세범과 다르다.

┃ 조세범의 유형 ┃

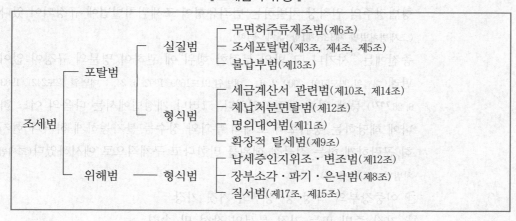

2. 실질적 탈세범

1) 조세포탈범(조세범처벌법 제3조)

(1) 의의

조세포탈범은 사기 그 밖의 부정한 행위로서 조세를 포탈하거나 세액을 환급 또는 공제받음으로써 可罰的이 되는 행위유형으로, 조세범 중에서 가장 중요하고 대표적인 유형이다. 상속[증여]세에 있어서는 세액을 환급받는 경우는 해당되지 않는다. 조세포탈범은 조세과징권을 직접적이고 실질적으로 침해하여 조세수입의 감손을 결과적으로 발생시키는 범죄이므로 실질적인 탈세범이다.

(2) 구성요건

① 조세포탈범의 주체

상속[증여]세 조세포탈범의 주체는 조세를 포탈한 자로 세법상 상속[증여]세 납세의무가 있는 자와 조세범처벌법 제18조 소정의 개인의 대리인, 사용인, 기타의 종업원 등의 법정책임자라 할 것이다(대법원 2004도817, 2006. 6. 29. ; 대법원 99도5191, 2000. 2. 8.). 이러한 점에서 조세포탈범은 신분범의 일종이다.

② 구성요건 해당성

㉠ 실행행위

가) 조세포탈범이 성립하기 위해서는 조세범의 유형에 해당하는 행위가 있어야 한다. 조세범처벌법은 '사기 그 밖의 부정한 행위로서 조세(상속[증여]세)를 포탈한…행위'라고 규정하고 있다(조세범처벌법 제3조 제1항). 그리고 죄형법정주의 원칙상 처벌하는 범죄유형이 조세범처벌법에 규정되어 있다(조세범처벌법 제3조 제1항 내지 제4항).

종전에는 "사기나 그 밖의 부정한 행위"에 관하여 명문의 규정이 없이 판례(대법원 99도5191, 2000. 2. 8. ; 대법원 91도1609, 1992. 4. 24. ; 대법원 82도2421, 1983. 6. 28.[717]) 등에 의해 해결하였었다. 그러나 개정법에서는 다음의 어느 하나에 해당하는 행위로서 조세의 부과와 징수를 불가능하게 하거나 현저히 곤란하게 하는 적극적 행위를 말한다고 구체적으로 예시하였다(조세범처벌법 제3조 제6항).

㉮ 이중장부의 작성 등 장부의 거짓 기장

㉯ 거짓 증빙 또는 거짓 문서의 작성 및 수취

㉰ 장부와 기록의 파기

---

717) 상속인 중 1인이 상속재산의 협의분할 후 상속포기신고 후 마치 상속개시 전에 매수한 것을 피상속인에게 명의신탁하여 둔 것처럼 가장하여 다른 공동상속인을 상대로 신탁해제로 인한 소유권이전등기청구소송을 제기하여 의제자백에 의한 승소판결을 얻어 자기 명의의 소유권이전등기를 경료한 점은 상속세 포탈을 합리화하기 위한 소위로서 이러한 일련의 행위는 상속세의 부과징수를 현저하게 곤란케 한 것이라고 볼 것이므로 조세범처벌법 제9조 제1항(현행 제3조 제1항)에 해당한다.

ⓡ 재산의 은닉, 소득·수익·행위·거래의 조작 또는 은폐

ⓜ 고의적으로 장부를 작성하지 아니하거나 비치하지 아니하는 행위 또는 계산서, 세금계산서 또는 계산서합계표, 세금계산서합계표의 조작(상속[증여]세에는 해당되지 않는다)

ⓑ 조특법 제24조 제1항 제4호에 따른 전사적 기업자원관리설비의 조작 또는 전자세금계산서의 조작(상속[증여]세에는 해당하지 않는다)

ⓢ 그 밖에 위계(僞計)에 의한 행위 또는 부정한 행위

여기에서 포탈이란 정당금액을 납부하지 아니하거나 과소납부하는 것이다.

나) 상속[증여]세 무신고

부정한 행위에는 적극적인 행위뿐만 아니라 부작위에 의하는 것도 포함되므로, 예규는(포탈범위 기수시기를 정하는 조세범처벌법 제3조 제5항 제1호 단서에서도 과세표준을 신고하지 아니하는 경우도 과세표준신고기한이 지난 때를 포탈범의 기수시기로 하고 있다)라고 해석한다(재사감 1235.185 - 2594, 1963. 11. 29.). 이런 맥락에서 부당무신고(국세기본법 시행령 제27조 제2항) 행위는 포탈범에 해당(대법원 91도1609, 1992. 4. 24.[718])할 것이지만, 부작위에 해당하더라도 과세표준 등의 단순한 무신고행위는 부정행위에 해당하지 않아 조세포탈범이 되지 않는다고 판시한다(대법원 76도4078, 1977. 5. 10.).

ⓛ 포탈의 결과 발생

조세포탈범은 실질범이므로 결과의 발생을 필요로 한다. 즉 조세과징권을 침해하여 조세수입을 감손시키는 것이다.

그렇다면 이러한 결과가 발생하는 시점, 즉 기수시기를 언제로 볼인가가 문제이다. 이와 관련하여 조세범처벌법은 명문으로 그 시기를 규정하고 있다(조세범처벌법 제3조 제5항).

ⓐ 납세의무자의 신고에 의하여 정부가 부과·징수하는 조세 : 해당 세목의 과세표준을 정부가 결정하거나 조사결정한 후 그 납부기한이 지난 때. 다만, 납세의무자가 조세를 포탈할 목적으로 세법에 따른 과세표준을 신고

---

718) 피고인이 피고인의 남편인 망 공소 외 1로부터 위 망인이 매수하여 가등기를 마쳐 둔 그 판시 토지를 상속받은 후 상속세 등을 포탈하기 위하여 법정신고기한 내에 상속세신고를 하지 않은 채 이를 공소 외 2인에게 미등기전매하고 등기명의인인 전소유자 명의로부터 위 매수인들 앞으로 바로 소유권이전등기를 마쳤다면 이는 사기 기타 부정한 행위로써 조세의 부과징수를 불능, 또는 현저히 곤란하게 한 것으로서 조세범처벌법 제9조 제1항(현행 제3조 제1항) 소정의 기수범에 해당됨이 명백하다(대법원 91도318, 1991. 6. 25. 참조).

하지 아니함으로써 해당 세목의 과세표준을 정부가 결정하거나 조사결정
할 수 없는 경우에는 해당 세목의 과세표준의 신고기한이 지난 때로 한다
(재총괄 1231-736, 1972. 5. 20.). 물론 '조세를 포탈할 목적'으로 과세표준을 신고
하지 아니한 것인지 여부는 구체적인 사실에 따라 판단할 문제이다(재조세
1231-446, 1977. 12. 9.).

그러므로 상속[증여]세의 경우에는 이에 해당한다.

㉯ 위 ㉮에 해당하지 아니하는 조세 : 그 신고·납부기한이 지난 때

ⓒ 포탈세액의 특정

조세포탈범은 사기 그 밖의 부정한 행위의 결과 포탈된 세액이 구체적으로
특정됨을 요건으로 한다. 즉 포탈세액이 計數적으로 명백하여야 한다.

그러므로 각 세법에 규정된 추계방법 등의 방법으로 포탈세액을 특정하는 것
은 위법한 것이다. 왜냐하면 포탈세액이 형사처벌에 있어서 양형(특히 벌금형)
의 기준이 되고, 범죄구성요건을 추정에 의한다면 이는 증거재판주의 법리에
도 어긋나기 때문이다.

③ **위법성**

조세과징권을 침해하여 조세수입의 감소를 가져오는 행위가 위법하여야 한다. 이
위법은 구체적으로 무슨 법 몇 조에 위법하다는 것이 아니고 법질서에 어긋난다
는 가치판단으로 충분하다(대법원 2004도817, 2006. 6. 29.). 어떤 행위가 가벌적 행위유
형이면 그 행위는 위법한 것으로 추정받는다.

④ **책임성**

책임이란 행위자의 위법행위에 대한 비난가능성이다.

조세포탈범에 있어서 책임조건으로는 행위자의 고의가 필요하므로 조세포탈범
은 고의범이다(대법원 2004도817, 2006. 6. 29.[719] ; 재사감 1233.13-2174, 1963. 9. 24.). 이번 전
부개정시 조세범(조세범처벌법 제3조부터 제6조까지, 제10조, 제12조부터 제14조까지의 범칙행위를
한 자) 처벌에 있어 벌금경합에 관한 제한가중규정(형법 제38조 제1항 제2호)을 제외한
형법 총칙의 적용 배제규정을 삭제하여 조세범처벌에 있어서도 형법상의 책임주
의 원칙을 구현하도록 노력하였다(조세범처벌법 제20조).

---

719) 사기 기타 부정한 행위로 조세를 포탈함으로써 성립하는 조세포탈범은 고의범이지 목적범은 아니므로
피고인에게 조세를 회피하거나 포탈할 목적까지 가질 것을 요하는 것이 아니며, 이러한 조세포탈죄에
있어서 범의가 있다고 함은 납세의무를 지는 사람이 자기의 행위가 사기 기타 부정한 행위에 해당하는
것을 인식하고 그 행위로 인하여 조세포탈의 결과가 발생한다는 사실을 인식하면서 부정행위를 감행
하거나 하려고 하는 것이다(대법원 98도667, 1999. 4. 9. 등 참조).

(3) 처벌

상속[증여]세 조세포탈범에 대해서는 2년 이하의 징역 또는 포탈세액의 2배 이하에 상당하는 벌금에 처한다. 다만, 다음의 어느 하나에 해당하는 경우에는 3년 이하의 징역 또는 포탈세액 등의 3배 이하에 상당하는 벌금에 처한다(조세범처벌법 제3조 제1항 내지 제4항).

① 포탈세액 등이 3억원 이상이고, 그 포탈세액 등이 신고 · 납부하여야 할 세액(납세의무자의 신고에 따라 정부가 부과 · 징수하는 조세의 경우에는 결정 · 고지하여야 할 세액을 말한다)의 100분의 30 이상인 경우

② 포탈세액 등이 5억원 이상인 경우

한편 조세포탈범에 대해서는 정상(情狀)에 따라 징역형과 벌금형을 병과할 수 있다.

그리고 조세포탈범이 포탈세액 등에 대하여 국세기본법 제45조에 따라 법정신고기한이 지난 후 2년 이내에 수정신고를 하거나 같은 법 제45조의 3에 따라 법정신고기한이 지난 후 6개월 이내에 기한 후 신고를 하였을 때에는 형을 감경할 수 있으나, 상습적으로 범한 자는 형의 2분의 1을 가중한다.

3. 형식적 탈세범

1) 체납처분면탈범(조세범처벌법 제7조)

(1) 구성요건

① 상속[증여]세 납세의무자 또는 납세의무자의 재산을 점유하는 자가 체납처분의 집행을 면탈하거나 면탈하게 할 목적으로 그 재산을 은닉 · 탈루하거나 거짓 계약을 하는 행위와 형사소송법 제130조 제1항에 따른 압수물건의 보관자 또는 국세징수법 제38조 단서에 따른 압류물건의 보관자가 그 보관한 물건을 은닉 · 탈루하거나 손괴 또는 소비하는 행위이다.

② 그 사정을 알고도 위 ①의 행위를 방조하거나 거짓 계약을 승낙한 자는 본죄의 종범이 된다.

조세징수권을 직접 침해하는 행위이지만 조세면탈의 목적을 실현하여 조세수입의 감손이라는 결과의 발생은 필요로 하지 않으므로 형식적 탈세범이다.

(2) 처벌

① 위 (1)의 ①의 행위를 한 자에 대해서는 3년 이하의 징역 또는 3천만원 이하의 벌금에 처한다.

② 위 (1)의 ②의 행위를 한 자에 대해서는 2년 이하의 징역 또는 2천만원 이하의 벌금에 처한다.

2) 확장적 탈세범(성실신고방해범)(조세범처벌법 제9조)

(1) 구성요건

① 상속[증여]세에 있어 납세의무자로 하여금 과세표준의 신고(신고의 수정을 포함한다)를 하지 아니하게 하거나 허위의 신고를 하게 하거나 조세의 징수나 납부를 하지 않을 것을 선동 또는 교사하는 행위와 ② 상속[증여]세 납세의무자를 대리하여 세무신고를 하는 자가 조세의 부과 또는 징수를 면하게 하기 위하여 타인의 조세에 관하여 거짓으로 신고를 하는 행위이다. 이는 목적범이다.

선동·교사는 그에 의해 상대방이 현실적으로 영향을 받았는지의 여부나 그러한 범죄를 상대방이 실행하였는가의 여부는 불문한다. 이처럼 납세의무자 등 일정한 의무가 있는 자가 아닌 자에게까지 탈세범의 성립을 인정한다는 의미에서 확장적 탈세범이라 한다. 이 조세범은 조세수입의 감손이라는 결과를 요하지 않지만 조세과징권을 직접 침해하는 점에서 형식적 탈세범이다.

(2) 처벌

① 위 (1)의 ①의 행위를 한 자는 1년 이하의 징역 또는 1천만원 이하의 벌금에 처한다.

② 위 (1)의 ②의 행위를 한 자는 2년 이하의 징역 또는 2천만원 이하의 벌금에 처한다.

4. 조세위해범

조세위해범은 조세질서범이라고 하며, 구성요건에 해당하는 행위가 조세과징권 행사를 침해할 위험성이 존재하게 됨으로써 가벌적이고 실질적으로 침해되었거나 조세수입이 감손되는 결과를 요하지 않는다.

1) 장부소각파기범(조세범처벌법 제8조)

(1) 구성요건

조세를 포탈하기 위한 증거인멸의 목적으로 세법에서 비치하도록 하는 장부 또는 증명서류(국세기본법 제85조의 3 제3항에 따른 전산조직을 이용하여 작성한 장부 또는 증명서류를 포함한다)를 해당 국세의 법정신고기한이 지난 날부터 5년 이내에 소각 · 파기 또는 은닉하는 행위

(2) 처벌

소각 · 파기 또는 은닉한 자는 2년 이하의 징역 또는 2천만원 이하의 벌금에 처한다.

2) 그 밖의 질서범(명령사항위반 등에 대한 과태료 부과)(조세범처벌법 제17조)

주세법상 주세보전명령, 개별소비세법상 납세보전명령 등 단순 행정질서벌 성격의 위반행위에 대해서는 형사처벌에서 과태료로 전환하는 한편, 현행 50만원 이하인 벌금을 500만원 이하의 과태료로 상향 조정하였다.

상증세법과 관련하여 보면, 세법의 질문 · 조사권 규정에 따른 세무공무원의 질문(상증세법 제84조)에 대하여 거짓으로 진술을 하거나 그 직무집행을 거부 또는 기피한 자가 위의 질서범에 속한다.

3) 금품수수범 등(조세범처벌법 제16조)

(1) 금품수수범

① 국세기본법 제2조 제17호에 따른 세무공무원(이하 "세무공무원"이라 한다)이 그 직무와 관련하여 금품을 수수(收受)하였을 때에는 국가공무원법 제82조에 따른 징계절차에서 그 금품 수수액의 5배 내의 징계부가금 부과 의결을 징계위원회에 요구하여야 한다.

② 징계대상 세무공무원이 제1항에 따른 징계부가금 부과 의결 전후에 금품 수수를 이유로 다른 법률에 따라 형사처벌을 받거나 변상책임 등을 이행한 경우(몰수나 추징을 당한 경우를 포함한다)에는 징계위원회에 감경된 징계부가금 부과 의결 또는 징계부가금 감면을 요구하여야 한다.

③ 위 ①, ②의 징계부가금 부과 의결 요구에 관하여는 국가공무원법 제78조 제4항을 준용한다. 이 경우 "징계 의결 요구"를 "징계부가금 부과 의결 요구"로 본다.

④ 위 ①에 따라 징계부가금 부과처분을 받은 자가 납부기간 내에 그 부가금을 납부하지 아니한 때에는 징계권자는 국세체납처분의 예에 따라 징수할 수 있다.

(2) 금품공여범(조세범처벌법 제16조 제5항)

한편 개정법에서는 관할 세무서장이 세무공무원에게 금품을 공여한 자에 대해서는
그 금품 상당액의 2배 이상 5배 내의 과태료를 부과하도록 하는 규정을 신설하였다.
다만, 형법 등 다른 법률에 따라 형사처벌을 받은 경우에는 과태료를 부과하지 아니
하고, 과태료를 부과한 후 형사처벌을 받은 경우에는 과태료 부과를 취소한다.

5. 처벌의 특칙과 몰수

1) 처벌의 특칙

조세범을 벌금형에 처하는 경우에는 다음과 같은 특칙이 있다.

① 조세포탈범(조세범처벌법 제3조) 등에 대해서는 형법 총칙의 규정 중 벌금형 경합에 관
한 제한적 가중규정(형법 제38조 제1항 제2호)이 적용되지 아니한다.

② 양벌규정에 따라 행위자를 벌하는 외에 사업주도 벌금형에 처한다. 상속[증여]세에
서는 그 적용이 없다.

③ 조세포탈범 등에 대해서는 징역과 벌금을 병과할 수 있다(조세범처벌법 제3조).

④ 세무공무원의 가중처벌직무범을 제외한 나머지 모든 조세범은 국세청장·지방국세
청장·세무서장 또는 세무에 종사하는 공무원의 고발을 기다려 논한다(조세범처벌법 제
21조). 고발전치주의를 취한다.

⑤ 조세범의 공소시효는 조세범처벌법 제3조부터 제14조까지에 규정된 범칙행위의 공소
시효는 5년이 지나면 완성된다. 다만, 제18조(양벌규정)에 따른 행위자가 특정범죄가중
처벌 등에 관한 법률 제8조(조세포탈의 가중처벌)의 적용을 받는 경우에는 제18조에 따른
법인에 대한 공소시효는 10년이 지나면 완성된다(조세범처벌법 제22조).

2) 몰수와 추징

형법상의 몰수와 추징규정(형법 제48조)은 조세범에도 적용된다.

6. 조세포탈의 가중처벌

1) 특정범죄가중처벌 등에 관한 법률 제8조에 의한 가중처벌

(1) 조세범처벌법 제3조 제1항(조세포탈)에 규정된 죄를 범한 자는 다음의 구분에
따라 가중처벌한다.

① 포탈하거나 환급받은 세액 또는 징수하지 아니하거나 납부하지 아니한 세액이 연간 10억원 이상인 때에는 무기 또는 5년 이상의 징역에 처한다.

② 포탈세액 등이 연간 5억원 이상 10억원 미만인 때에는 3년 이상의 유기징역에 처한다.

(2) 위의 경우에는 그 포탈세액 등의 2배 이상 5배 이하에 상당하는 벌금을 병과 한다.

상속 · 증여세 **실무 해설**

02 편

증여세

02편

증여세

01장 증여 및 증여세에 관한 기본개념

제1절 증여에 관한 기본개념

I 증여의 역사

> **해의 맥**
>
> 증여는 역사적으로 유상성에서 출발하였으나, 유상의 의미를 직접적 대가관계(증여의 목적이나 동기와 무관)로 제한하면 증여는 무상성이 유지된다.

역사적으로 증여는 이론적으로는 자발적이고 이타적이지만 전체적인 체계에서 보면 실제로는 강제적이며 타산적이라 한다. 증여의 형태를 전체적인 구조 속에서 살펴보면 그것은 주는 것과 받는 것 그리고 이에 대한 답례라는 세 가지 의무의 구조로 되어 있다는 것이다. 이는 오늘날의 증여에서도 확인할 수 있다. 증여의 일상적인 모습은 선물일 것인데, 이러한 선물은 겉으로는 자발적이고 이타적이다. 그러나 선물을 하지 않게 되면 갈등과 사적·공적인 다툼이 일어날 수 있으므로 그 이행은 실제로는 강제적이다. 또한 증여는 주는 자로 하여금 명예와 때론 더 많은 부의 축적을 기대하게 한다는 점에서 실제로는 타산적이다. 즉 때론 보답이나 답례로, 명예를 위해, 상대방으로부터 무언가를 얻을 것을 기대하는 동기나 목적으로 행해지기도 한다는 것이다. 받는 자의 입장에서도 받는 것은 의무적이다. 주는 것을 거부하는 것은 상대에 대한 무시, 공격을 의미하기도 하기 때문이다. 그리고 증여에 대해 상대방은 직접적 대가관계가 아니더라도 무언가 답례를 하여야 한다는 점에서 강제적이다. 답례는 재화 등 경제적으로 유용한 것에 한하지 않고 예의, 존경, 은혜 및 부양 등의 형태를 띠기도 한다. 이런 측면에서 보면 이러한 세 가지 의무의 상호이행은 상호 간, 나아가 사회 전체의 평화적 관계를 구축하는 사회적 작용을 하는 것이다.[1]

그리고 이런 점에서 증여는 역사적으로 유상성에서 출발하였다고 할 수 있다. 여기에서

---

1) 마르셀 모스, 「증여론」, 한길사, 2009를 주로 참조하였다.

유상의 의미가 문제되겠지만, 적어도 직접적 대가관계로 그 의미를 제한하지 않는다면 증여는 대가적이라고 하여야 할 것이다. 현행 우리 법제에서도 이러한 유상성의 흔적을 살펴볼 수 있다. 그 대표적인 것이 망은행위에 의한 증여의 해제(민법 제556조)이다. 수증자가 그 증여에 대한 은혜를 배반하는 것, 즉 수증자가 증여자에게 주어야 하는 일종의 대가인 은혜에 대한 보답을 하지 않는 것에 대해, 증여자에게 당초의 증여를 해제할 수 있게 한 것이다.

그렇지만 오늘날 증여를 정의할 때에, 증여는 대가 없이 무상으로 재산을 수여하는 것으로 대체로 자발적이면서 이타적인 동기에 의하는 경우가 일반적이라고 한다. 그리고 출연자의 급부의 목적 내지 동기는 증여의 무상성을 판단하는 데에 아무런 영향을 미치지 않는다고 본다. 즉 그것이 무엇인가를 불문하고 재산의 출연이 무상(재산의 출연과의 직접적 대가관계가 없는 것)인 때에는 증여의 무상성이 유지되므로 이는 증여에 해당한다. 예컨대, 기부채납(즉, 개인이 일정한 시설을 하여 상당기간 이로부터 수익을 올린 후 그 시설을 국가 등에게 무상으로 이전하기로 하는 계약)은 이러한 성격(기부자가 시설이용료 징수권이나 독점적 사업권을 얻기 위한 목적이나 동기를 가짐)을 가지지만 그 계약은 민법상 증여에 해당한다.

물론 현대는 합리적인 교환경제(급부와 반대급부의 합리적 대가관계를 가지는 경제) 시대이므로, 무상성을 기초로 하는 증여의 사회적 작용은 상대적으로 적어 보인다. 그럼에도 불구하고 증여는 상호 간의 신뢰를 바탕으로 한다는 점에서, 특히 종교·자선·학술 등의 목적을 위한 기부는 공익에 기여하는 바가 크다는 점에서 여전히 그 중요성은 크다 할 것이다.

민법상의 증여[2]

 해의 맥

> 민법상의 증여는 오직 무상·편무·낙성·불요식 계약에 한한다.

1. 증여의 의의

민법상의 증여는 당사자 일방이 재산을 수여하고 상대방은 그에 대하여 아무런 대가도 지급하지 않는(무상) 계약이다.

현행 민법 제554조에서는 "증여는 당사자 일방이 무상으로 재산을 상대방에 수여하는 의사를 표시하고 상대방이 이를 승낙함으로써 그 효력이 생긴다."라고 정의하고 있다.

---

2) 주로 김증한·김학동, 「채권각론」, 박영사, 2006, 185~200쪽을 참조하였다.

2. 법률적 성질

1) 무상 · 편무 · 낙성 · 불요식 계약

증여는 당사자 일방이 무상으로 재산을 상대방에 수여하는 의사를 표시하고 상대방이 이를 승낙함으로써 그 효력이 생기므로, 이는 무상 · 편무의 낙성 · 불요식의 계약이다.

(1) 계약

우선 증여는 계약이다. 즉 증여자가 무상으로 재산을 수여하려는 의사를 표시하는 것만으로는 부족하고 수증자가 이를 승낙함으로써 비로소 성립한다. 따라서 수증자의 의사에 반해서 재산을 받을 것을 강요하지 못한다. 이 점에서 단독행위인 유증과 다르다.

- **상증세법** : 상증세법상 증여 개념은 반드시 계약의 형식이 아니어도 된다. 즉 단독행위인 채무면제도 상증세법상 증여 개념에 포함된다. 한편 단독행위인 유증은 상속세 대상이나, 사인증여는 민법상 증여이나 상증세법상으로는 상속세 대상이다.

(2) 무상이전계약

증여는 무상으로 재산을 수여(출연)하는 것이다.

- **상증세법** : 상증세법상 증여도 무상의 재산이전인 점에서 같다.

(3) 편무계약

수증자는 아무런 의무도 지지 않거나, 의무(부담부증여)를 지더라도 이는 증여자의 재산출연에 대한 대가가 아니다. 일방당사자인 증여자만이 채무를 부담하는 계약이라는 것이다. 물론 엄밀한 의미에서 증여가 편무인지에 관하여는 다른 견해[3]가 있다.

- **상증세법** : 상증세법상 증여도 편무이고 불요식인 점은 민법상 증여와 같다.

(4) 낙성계약

증여계약은 단지 당사자 간의 의사의 합치만으로 성립한다. 즉 증여 목적물의 인도 그 밖의 출연행위(물권행위)를 실행하지 않더라도 당사자의 의사의 합치(채권계약)만으로도 증여는 성립한다는 것이다.

---

3) 마르셀 모스는 그의 저서 "증여론"에서 증여는 형식적으로는 무상이고 자발적이지만 실제로는 강제적이고 타산적인 급부(대가성)의 성격을 가진다고 주장한다. 우리 민법 제556조 제2항에서 망은행위를 한 경우 증여자가 증여를 해제할 수 있게 한 것도 이러한 대가적 성격을 보여준다고 볼 수 있다. 또한 소득세법 제88조 제1항에서 부담부증여의 경우 부담부분에 대해 양도소득세를 과세하는 것도 이러한 유상성의 증거라 할 수 있다.

• **상증세법** : 상증세법상 증여는 무상이전이나 당사자의 의사의 합치만으로 성립하는 낙성계약은 아니다. 즉 구체적으로 목적물의 인도 그 밖의 출연행위가 있어야 한다. 이 점에서 상증세법상의 증여와 차이가 난다. 상증세법에서는 증여가 성립하려면 재산의 이전(물권행위)이 필요하다.

(5) 불요식계약

증여계약에는 아무런 방식도 요구하지 않는다. 다만, 서면에 의하지 않는 증여계약은 당사자가 언제든지 해제할 수 있다(민법 제555조)는 점에서 그러한 증여계약은 구속력이 약하다.

• **상증세법** : 상증세법상 증여도 편무이고 불요식인 점은 민법상 증여와 같다.

2) 채권계약

증여계약은 채권행위(의무부담행위)로서 증여자에게 증여목적물을 이전할 채무를 발생시킬 뿐이고, 이의 소유권은 증여자가 증여계약상의 채무의 이행으로서 처분행위(부동산은 등기, 동산은 인도)를 함으로써 비로소 수증자에게 이전된다.

(1) 목적물의 소유권

그러므로 목적물이 누구의 소유인가는 문제되지 않는다. 민법에서도 단지 '재산'이라 규정하고 '자기의 재산'(구민법)이라고 규정하지 않았음에 비추어 보아도 목적물의 소유권은 문제되지 않는다. 따라서 증여자는 그 물건을 취득하여 이를 수증자에게 이전할 채무를 진다.

(2) 현실증여

현실증여란 동산의 증여에서 증여자가 증여목적물을 즉시 이전하는 경우를 말한다. 현실증여는 채권계약이 적어도 관념적으로 선행하고 이것이 즉시로 이행되는 것(즉 채권행위와 물권행위가 외형상 1개의 행위로 합체되어 행해지는 것)이라고 본다.

3) 재산수여(출연)의 의미

재산을 수여한다는 것은 일방이 자신의 재산을 감소(증가할 것이 증가하지 않는 것 포함)시키고, 그로 인하여 타방이 재산을 증가시키는 것(감소할 것이 감소하지 않는 것 포함)을 말한다. 구체적으로 살펴보면 다음과 같다.

(1) 해당하는 것

① 권리(소유권, 채권, 무체재산권 등)를 이전하는 것
② 용익물권을 설정하는 것
③ 무인(無因)의 채무를 부담하는 것
④ 타인의 채무를 변제(혹은 인수)하는 것

(2) 해당하지 않는 것

① 채무면제

채무면제로 채권자는 재산이 감소하고 채무자는 재산이 증가한다. 그렇지만 민법상 증여는 증여계약을 의미하므로 단독행위인 채무면제는 민법상 증여는 아니다.

- **상증세법** : 세법상 증여 여부는 계약인지 여부가 아닌 부의 무상이전이라는 관점에서 판단하므로 채무면제는 세법상 증여세 과세대상이 되는 증여(상증세법 제36조)이다.

② 타인의 채무를 위해 담보를 서는 것

용익물권의 경우와는 달리 담보물권을 설정하는 것은 타방의 재산증가가 없다는 점에서 통상 민법상 증여로 보지 아니한다.

이런 맥락에서 실제 채무자가 채무를 이행하지 못해 담보를 서는 자가 책임재산으로 채무자의 채무를 이행하고 구상권을 행사하지 않는 경우(낙성이 전제)에 민법상 증여가 있다고 보되 담보설정 자체로 증여가 있다고 보지는 않고 있다.

- **상증세법** : 다만, 경제적 관점에서 보면 누군가가 담보를 채무자 대신 서 주는 경우 채무자는 누군가의 담보설정으로 낮은 이자율 지급이 가능할 수 있다는 점에서 재산증가가 있다고 볼 수 있고, 담보를 서는 자는 담보에 의해 타인의 채무를 변제(구상권 행사는 가능)해야 될 위험에 노출된다는 점에서 재산감소가 있다고 볼 여지는 있다. 그러므로 세법상 담보설정 자체만으로 증여가 있다고 볼 여지는 충분히 존재하고, 행정해석은 구 상증세법 제42조 제1항 제2호의 규정에 의하여 증여세가 과세되는 경우 그 이익상당액은 당해 담보재산에 대체할 수 있는 보증보험증권 등의 발급에 소요되는 비용상당액으로 산정할 수 있으며 그 대가가 1천만원 이상인 경우에 한한다(재산-415, 2010. 6. 21.)고 한다.[4] 물론

---

4) 그 밖의 이익의 증여 등에 관하여 제42조에서 통합적으로 규정하던 구 상증세법에서는 타인으로부터 담보를 제공받음으로써 얻은 이익상당액이 제42조 제1항 제2호에 의하여 과세되었으나, 2015. 12. 15. 개정을 통해 제42조가 재산사용 및 용역제공 등에 따른 이익의 증여만을 개별적으로 규정하면서 해당 내용이

이와 반대로 증여세를 과세하지는 않는다는 해석도 있다(재산-986, 2010. 12. 29. : 재산-947, 2009. 5. 15.).

그렇지만 단순한 담보설정이 아니라 채권담보목적으로 설정한 근저당권을 이 전받게 되면, 이는 사실상 그 피담보 채권액을 증여받은 것이므로 과세한다 (국심 2001서2917, 2002. 3. 6.).

③ 재화를 사용하게 하는 것

재산에 대해 소유권을 가지면 사용, 수익, 처분할 수 있는 권능(권리의 내용을 이루는 개개의 법률상의 힘)을 갖는다. 재산 중 금전 그 밖의 대체물을 사용하게 할 수 있도록 해 주는 경우(엄밀히 말하면 금전 그 밖의 대체물의 소유권은 차주에게 일단 이전된다)에는 소비대차계약의 문제로, 물건을 사용, 수익하게 해 주는 경우는 사용대차계약의 문제가 된다. 증여계약이 무상계약의 대표적인 예이기는 하지만, 무이자부 소비대차, 사용대차도 무상계약의 일종이다. 무상계약이라고 해서 모두 증여가 되는 것은 아니고 다른 전형계약의 유형에 해당하는지도 살펴보아야 한다. 재화를 사용하게 하는 것은 민법상 증여가 아닌 무이자부 소비대차, 사용대차가 될 가능성이 높다.

- **상증세법** : 이와 관련하여 상증세법에서는 부동산무상사용(상증세법 제37조)이나 금전무상대출 등(상증세법 제41조의 4)뿐만 아니라 재산이나 용역의 무상 혹은 저가사용(상증세법 제42조 제1항 제1호·제3호)에 따른 이익에 대해서도 증여로 과세하고 있다.

4) 無償의 의미

무상이란 대가 없이 재산을 출연하는 것이다.

(1) 무상인지 여부의 판단기준은 급부의 등가성이 아니라 당사자의 주관적 의사이다. 즉 당사자가 그것이 대가적 의의를 가지지 않는다고 생각하는 때에는 증여가 된다. 그러므로 쌍방의 급부가 경제적으로 동등한 가치를 가지더라도 당사자가 이를 대가적인 것으로 생각하지 않는 때에는 증여가 된다. 다만, 양 급부의 경제적 가치는 무상성 여부의 판단에 중요한 자료가 될 것이다.

- **상증세법** : 바로 이러한 점이 상증세법상의 증여의 개념과 다른 것이다. 즉 상증세법상의 증여의 개념은 대가성의 주관적 판단에 의하는 것이 아니라, 실질적인 경제적 이익에 있다.

제1항 제3호로 이동하였으며, 지급대가 1천만원 이상의 조건도 삭제되었다.

(2) 무상성에 관해서도 당사자 간의 의사가 합치해야 한다. 따라서 어느 일방이 자신의 급부를 타방의 급부에 대한 대가로 생각한 때에는 부담부증여가 되지 않는다. 예컨 대, 갑이 을에게 부동산을 수여하고 을은 일정한 행위를 하지 않기로 하였는데, 갑의 의사는 을의 부작위에 대한 대가로 부동산을 수여하려는 것이었고 을은 단지 감사의 마음으로 부작위의무를 부담하려는 것인 때에는, 갑과 을 간의 의사의 합치가 없는 상태이다. 이때에는 숨은 불합의로서 계약이 성립하지 않는다.

- 상증세법 : 이 역시 상증세법상의 증여는 당사자 간의 의사의 합치에 있는 것이 아니라 그 경제적 실질의 측면에서 판단한다는 점에서 다르다.

(3) 타방의 급부는 금전이나 물건에 한정되지 않고, 노무나 혹은 부작위일 수도 있다.

3. 증여의 효력

증여계약의 일반적 효력은 증여자가 수증자에게 재산을 수여할 채무를 부담하는 데 있다. 특수한 효력으로는 증여자의 담보책임 및 증여에 특유한 해제권이 있다. 반면에 수증자는 원칙적으로 아무런 채무도 지지 않는다.

1) 재산을 수여할 채무

증여자는 증여의 목적인 재산을 출연할 채무를 부담한다(채권계약). 목적물이 타인에게 속하는 경우에는 착오로 증여계약을 맺은 것이 아닌 한 이를 취득하여 수증자에게 이전할 의무를 부담한다.

2) 증여자의 담보책임

(1) 원칙

증여자는 증여의 목적인 물건 또는 권리의 하자나 흠결에 대하여 책임을 지지 아니한다(민법 제559조 제1항 제1문). 증여자의 의사는 자기가 가지고 있는 것보다 많은 것을 급부하려는 것이 아니다. 즉 현상태로 수여하려는 의사인 것이 일반적이다. 또한 무상으로 재산을 수여하는 증여자에게 하자에 대한 책임까지 지우는 것은 지나치게 가혹하여 타당치 않다.

(2) 예외

예외적으로 증여자가 그 하자나 흠결을 알고 수증자에게 고지하지 아니한 때에는 담보책임을 진다(민법 제559조 제1항 제2문).

그런데 만약 수증자가 악의인 경우(즉 수증자가 하자 있음을 안 때)에는 법문에 명언하지 않지만, 수증자는 단지 그러한(하자 있는) 상태의 물건을 받고자 한 것이므로 증여자에게 담보책임을 지우는 것은 부당할 것이다.

4. 특수한 형태의 증여[5]

1) 정기증여

(1) 의의

정기증여란 일정한 시기마다 증여물의 일부씩을 수여하는 증여를 말한다.

(2) 이러한 증여는 증여자 또는 수증자의 사망으로 인하여 그 효력을 잃는다(민법 제560조). 이는 당사자의 상식적 의사를 추측한 규정이다. 물론 반대의 특약, 즉 약정된 기간을 정하고 그 기간까지는 누구의 사망을 불문하고 급부하겠다는 특약이 있다면 이 규정은 적용되지 않는다.

(3) 상증세법

상증세법상 정기증여도 증여의 개념에 포함되는 것은 당연하고, 해당 증여일 전 10년 이내에 동일인(증여자가 직계존속인 경우에는 그 직계존속의 배우자를 포함한다)으로부터 받은 증여재산가액을 합친 금액이 1천만원 이상인 경우에는 그 가액을 합산하여 증여세 과세가액을 산출한다(다만, 합산배제증여재산의 경우에는 그러하지 아니하다)(상증세법 제47조 제2항).

2) 상대부담 있는(부담부) 증여(상증세법 제47조 제1항, 제3항)

(1) 부담부증여는 수증자가 재산을 증여받으면서 동시에 일정한 부담, 즉 채무의 부담이나 인수 등을 하는 증여를 말한다. 부담부증여에서 상대방은 일정한 급부를 하지만, 이는 재산의 이전에 대한 대가의 의미를 가지지 않는다. 따라서 무상성을 유지한다. 다시 말해 부담부증여에서 부담부분은 매매(유상성)와 그 성질을 같이하는 것(즉 증여자는 수증자로부터 대가를 받음으로써 부담부분의 채무를 면하고 수증자는 그 대가만큼을 채권자에게 채무를 부담하는 것이 된다)이어서, 채무부담액만큼은 사실상 유상으로 양도되는 결과가 된다.

(2) 부담의 이익을 받을 자는 누구든 상관없다. 따라서 증여자 자신이든, 특정의 제삼자

---

5) 이 책 뒤에서 볼 '세법상의 증여-특수한 형태의 증여 등' 참조

이든, 불특정다수인이든 상관없다.

(3) 상증세법

세법에서는 양도소득세가 과세되는 부동산 등의 재산을 부담부증여할 때 수증자가 부담하는 채무액을 증여가액에서 공제하여 증여세를 과세하되, 동 금액만큼은 부동산 등의 유상양도로 보아 양도소득세를 과세하도록 하고 있다(소득세법 제88조). 다만, 배우자 또는 직계존비속 간의 부담부증여는 외형적으로 채무의 부담을 가장하여 증여세를 회피할 가능성이 있기 때문에 공제요건을 보다 엄격하게 규정하고 있다(상증세법 제47조 제3항).[6]

(4) 이외에도 부담부증여에는 다음의 효과가 있다.

① 담보책임

수증자가 부담부증여를 받음으로써 오히려 손해를 보게 되는 것을 방지하기 위해, 상대부담 있는 증여에 대하여는 증여자는 그 부담의 한도에서 매도인과 같은 담보의 책임이 있다(민법 제559조 제2항). 여기에서 '부담의 한도에서'란 증여물에 하자가 있음(혹은 경제사정의 변화 등으로 인해 가치가 감소한 경우를 포함)으로 인하여 그 가액(사례 : 1억상당의 증여물)이 수증자의 부담의 가액(그 증여물에 존재하는 6천만원의 저당채무를 인수할 때)보다 적게 되는 경우(그 증여물가액이 4천만원이 된 경우)에 그 차액만큼(6천만원 –4천만원＝2천만원)이라는 의미이다.

② 쌍무계약에 관한 규정의 준용

상대부담 있는 증여에 대하여는 위 외에도 쌍무계약에 관한 규정을 적용한다(민법 제561조).

이렇게 규정한 이유는 비록 부담부증여가 대가관계에 있지 않지만, 쌍방은 상대방의 급부가 있을 것을 전제하고 자신도 급부를 하기로 한 것이므로, 상대방의 급부가 이행되지 않는 경우에까지 자신의 급부를 이행하도록 하는 것은 공평하지 못하다는 생각에 기반을 둔 것이다.

그러므로 부담을 지는 부담부증여의 성격상 수증자의 입장에서는 원칙적으로 동시이행의 항변권(민법 제536조)을 진다. 그러나 증여자의 측면에서는 증여자가 선이행의무를 지는 경우나 부담인 급부를 받기 위해 증여를 하는 경우에도 동시이행의 항변권은 부인되는 것이 타당할 것이다.

---

6) 이 책 "과세가액에서 차감되는 부담부증여 시 채무부담액" 참조

3) 사인증여[7](민법 제562조)

(1) 의의

사인증여란 증여자의 사망으로 효력이 생기는 증여이다. 즉 증여계약은 생전에 체결하였으나 그 효력이 증여자의 사망 時에 발생하는 것이다.

사인증여는 재산의 무상이전이라는 점에서 보통의 증여와 같지만, 증여자가 상속인에 귀속될 재산을 제삼자에게 귀속시킨다는 점에서 사회경제적으로는 유증과 통한다.

(2) 유증규정의 준용

이런 점에서 사인증여는 유증의 규정을 준용하도록 규정한다(민법 제562조). 이러한 준용의 근거는 상속인에게 귀속될 재산의 처분이라는 실질에서 찾고 있으므로, 넓은 의미의 유증의 효력에 관한 규정(민법 제1073조 이하. 그러나 제1074조~제1077조는 제외)에 한한다. 따라서 유증의 성립에 관한 규정 특히 유증이 단독행위인 것으로 인한 규정은 준용되지 않는다.

(3) 상증세법상 취급

그러므로 유증과 사인증여는 법률적 형식의 차이에도 불구하고 모두 상속재산으로부터의 출연이라는 점에서 유사하기 때문에 상증세법에서는 상속세 과세대상으로 하고 있다.

4) 혼합된 증여

(1) 매매와 증여가 혼합된 계약은 각각을 구분하여 법리를 적용한다. 그리고 각각에 따라 구분하여 매매부분은 매매에 관한 규정을 증여부분에 대하여는 증여에 관한 규정을 적용한다.

갑이 을에게 300만원인 물건을 200만원을 받고 이전한 경우, 이를 어떻게 취급해야 하는가?

갑이 그 물건의 대금이 200만원이면 된다고 생각한 경우에는 순수한 매매가 된다. 갑이 그 물건의 대금은 300만원이지만 100만원은 을에게 증여하는 것(당사자 간에 이에 대한 의사의 합치가 있어야 함)으로 한 경우에는 매매와 증여가 혼합된 계약이 된다.

---

7) 이에 대해서는 이 책 '상속세편'을 참조하기 바란다.

(2) 상증세법상 취급

상증세법에서도 각각에 따라 구분하여 매매부분은 양도소득세에 관한 규정을 증여부분에 대하여는 증여세에 관한 규정을 적용한다. 한편 상증세법에서는 시가에 비해 저가 · 고가양도한 경우 이를 증여의 유형(상증세법 제35조)으로 예시하여 그 이익을 받는 자에게 그 차액에 대해 증여세를 과세한다.

5. 증여에 특유한 해제

1) 서면에 의하지 아니한 증여의 해제

비록 민법상 증여가 불요식행위이지만 증여의 의사가 서면으로 표시되지 아니한 경우에는 각 당사자는 이를 해제할 수 있다(민법 제555조). 이는 증여자가 경솔하게 증여하는 것을 경계함과 함께 증여자의 의사의 명확을 기하고 후일 분쟁이 생기는 것을 피하려는데에 있다.

(1) 해제의 요건으로는 증여자의 증여의 의사가 서면으로 표시되지 않았어야 한다.

(2) 해제권자는 증여자 및 수증자이다. 입법취지로는 증여자에게만 주면 충분할 것이지만, 수증자도 증여계약에서 벗어나고자 한다면 해제할 수 있는 기회를 주기 위함이다.

2) 망은행위로 인한 해제 : 증여의 대가성(유상성)의 흔적

증여는 상호 간의 긴밀한 신뢰관계를 기초로 하는바, 이 규정은 수증자가 그러한 신뢰를 깨뜨리는 중대한 忘恩행위를 한 경우까지 증여자에게 증여계약상의 의무를 이행케 할 필요는 없다고 하는 윤리상의 요청을 법률적으로 고려한 것이다. 또한 이를 역사적으로 증여의 유상성의 흔적이라고도 한다.

(1) 해제의 요건은 ① 수증자가 증여자 또는 그 배우자나 직계혈족에 대해 범죄행위를 하거나, 혹은 증여자에 대하여 부양의무 있는 경우에 이를 이행하지 아니하고 ② 수증자가 증여의 사실을 알고 이러한 행위를 한 경우이다(민법 제556조 제1항).

(2) 해제권은 증여자만이 가진다. 즉 증여자는 위의 요건을 충족하면 그 증여를 해제할 수 있다.

(3) 해제권의 소멸

① 해제원인이 있는 날로부터 6월이 경과하거나, ② 증여자가 수증자에 대하여 용서의 의사를 표시한 때에 해제권은 소멸한다(민법 제556조 제2항).

이러한 해제권은 그 성질에 비추어 너무 오래 존속시킬 필요가 없고, 용서했다면 구태여 해제권을 존속시킬 필요가 없기 때문이다.

3) 재산상태의 악화로 인한 증여의 해제

이 규정은 무상계약인 증여의 성격상 증여자의 재산상태가 현저히 악화되었다면 그 이행을 강제하지 않는 것이 합당하다는 사고에 기반한 것이다.

(1) 해제의 요건은 ① 증여계약 후에 증여자의 재산상태가 현저히 변경되고, ② 그 이행으로 인하여 증여자의 생계에 중대한 영향을 미칠 경우이다(민법 제557조).

(2) 해제권자는 증여자만 해당된다(민법 제557조).

(3) 생계에 중대한 영향을 미친 경우란 증여자가 속하는 계층·지위 등을 판단하여 객관적으로 결정해야 할 것이다. 이는 단순히 증여자의 생존에 필수적인 수준을 의미하는 것이 아니라, 개별적인 증여자의 계층·지위에 상응하는 생활을 할 수 없게 되는 경우까지를 포괄하는 것이다.

(4) 민법은 만약 해제 후에 증여자의 재산상태가 개선되더라도 다시 채무를 이행하여야 하는 의무는 없는 것으로 하나, 그 타당성은 의문이다.[8]

4) 위 증여해제의 효력

민법상 원칙적으로 해제의 효과는 이미 이행한 부분이 있으면 이를 원상으로 회복할 의무를 진다(민법 제548조 제1항). 그러나 위에 의한 증여계약의 해제는 이미 이행한 부분에 대하여는 영향을 미치지 아니한다(민법 제558조). 왜냐하면 이행이 있다는 것은 증여자의 의사가 명확하게 되어 증여자가 그다지 경솔한 것은 아니라고 판단되기 때문이다. 따라서 반환을 청구하지 못한다. 단지 망은행위에 기한 해제권의 경우에는 그 성격상 반환청구를 인정하는 입법례도 있음에 관심을 가질 만하다.[9]

---

8) 김증한·김학동,「채권각론」, 박영사, 2006, 196쪽 참조

9) 김증한·김학동, 상게서, 196쪽 참조

Ⅲ 세법상의 증여

 해의 맥

　세법상의 증여는 경제적 실질에서의 부의 무상이전을 말하므로 계약에 한하지 않아 민법과 다르고, 이에 따라 상증세법은 증여의 개념을 창설적으로 정의하고 있다.
　증여의 개념＝[증여재산(＝수증자에 귀속＋금전으로 환산＋경제적 가치물건, 재산적 가치권리)＋무상이전(현저히 저렴한 이전 포함)] 또는 [증여자의 기여＋수증자의 재산가치 증가시키는 것]

1. 의의

1) 의의

민법상의 증여 개념에 더하여 세법의 기본원리인 실질과세원칙에 따라 경제적 관점에서의 부의 무상이전에 대해 증여로 본다. 이는 증여의 개념이 민법상으로는 분명하지만 여러 가지 다양한 형태로 전형적인 증여가 아닌 일반거래를 통한 재산의 무상이전이 가능하므로 그 경제적 효과를 중시하여 세법상 증여로 보아야 하는 경우가 있을 수 있기 때문이다. 이 같은 이유로 증여세의 완전포괄주의 과세원칙이 도입되게 되었다.

이러한 관점을 반영하여 상증세법에서는 '증여'를 그 행위 또는 거래의 명칭·형식·목적 등에 불구하고 경제적 가치를 계산할 수 있는 유형·무형의 재산을 타인에게 직접 또는 간접적인 방법에 의하여 무상으로 이전(현저히 저렴한 대가로 이전하는 경우를 포함한다)하는 것 또는 기여에 의하여 타인의 재산가치를 증가시키는 것이라고 규정하고 있다(상증세법 제2조 제6호, 같은 법 집행기준 2-0-1).

2) 경제적 실질에 따른 과세

상속세와 마찬가지로 증여세의 경우에도 국세기본법 제14조 제3항의 경제적 실질과세 원칙이 적용된다. 종전에는 상증세법 제4조의 2로 별도의 조문을 둔 바 있지만, 2015년 12월 개정으로 국세기본법상 규정과 중복되지 않도록 조문을 정리하였다. 또한 증여세 완전포괄주의 근거를 명확하게 하면서 증여재산가액 계산 시 증여예시규정 준용이 가능하도록 하는데 경제적 실질을 기준으로 한다는 것을 상증세법 제4조 제1항 제6호에 반영하여 경제적 실질이 증여세의 경우 구체적으로 어떻게 구현되는지를 보여주고 있다.

증여세 과세에 있어서 경제적 실질에 따른 과세에 대해 대법원은 "납세의무자는 경제활동을 할 때 동일한 경제적 목적을 달성하기 위하여 여러 가지의 법률관계 중의 하나를 선택할 수 있고 과세관청으로서는 특별한 사정이 없는 한 당사자들이 선택한 법률관계를 존중하여야 하며(대법원 2000두963, 2001. 8. 21. 등), 또한 여러 단계의 거래를 거친 후의 결과에는 손실 등의 위험 부담에 대한 보상뿐 아니라 외부적인 요인이나 행위 등이 개입되어 있을 수 있으므로, 그 여러 단계의 거래를 거친 후의 결과만을 가지고 그 실질이 증여 행위라고 쉽게 단정하여 증여세의 과세대상으로 삼아서는 아니 된다(대법원 2015두3270, 2017. 1. 25.[10])"는 입장을 보인 바 있다. 그리고 경제적 실질에 따른 과세가 인정되려면 "납세의무자가 선택한 거래의 법적 형식이나 과정이 처음부터 조세회피의 목적을 이루기 위한 수단에 불과하여 그 재산이전의 실질이 직접적인 증여를 한 것과 동일하게 평가될 수 있어야 하고, 이는 당사자가 그와 같은 거래형식을 취한 목적, 제3자를 개입시키거나 단계별 거래 과정을 거친 경위, 그와 같은 거래방식을 취한 데에 조세 부담의 경감 외에 사업상의 필요 등 다른 합리적 이유가 있는지 여부, 각각의 거래 또는 행위 사이의 시간적 간격, 그러한 거래형식을 취한 데 따른 손실 및 위험부담의 가능성 등 관련 사정을 종합하여 판단(대법원 2015두46963, 2017. 2. 15.[11])"하여야 한다고 보았다.

그러므로 법령의 제한으로 인하여 형제간 증여를 하지 못하여 직계존속에게 증여한 후 직계존속이 형제에게 증여한 경우 직접 형제간 증여로 보아 증여세를 과세함이 타당하다(서면4팀-767, 2008. 3. 21.).

그러므로 법령의 제한으로 인하여 형제간 증여를 하지 못하여 직계존속에게 증여한 후

---

10) 회사가 전환사채, 신주인수권부사채를 발행해서 다른 회사가 이를 취득했지만 사채발행 회사의 대주주가 이를 양수해서 전환권과 신주인수권 행사를 통해 시가보다 낮은 가액으로 주식을 취득한 경우 다른 회사가 매개되었지만 사채발행 회사가 직접 자신의 대주주에게 값싸게 주식을 준 것으로 볼지가 논란이 된 사안에 관한 판결이다. 증여세의 경우 경제적 실질을 적용한 경우 회사가 직접 대주주에게 값싸게 주식을 발행한 것으로 볼 수는 있지만, 이 사례에서는 다른 회사를 걸치고 여러 단계의 거래를 한 사업상 목적이 인정되고 주식이 떨어질 가능성도 있었다는 점 등이 인정되어 대주주에 대한 증여세 과세를 부정하였다. 대상판결은 증여세에 대한 경제적 실질 적용과 관련한 구 상증세법 제2조 제4항(나중 2013.1.1. 제4조의 2로 이동, 지금은 삭제)의 적용사례로서 "그 여러 단계의 거래를 거친 후의 결과만을 가지고 그 실질이 증여 행위라고 쉽게 단정하여 증여세의 과세대상으로 삼아서는 아니 된다"는 것을 밝힘으로써 경제적 실질의 적용한계를 보여주었다.

11) 합산과세로 인한 증여세 누진세율의 적용을 회피하고자 증여자들이 상대방의 후손들에게 교차증여를 한 경우 구 상증세법 제2조 제4항의 실질과세 원칙을 적용하여 자기의 직계후손에게 직접 증여한 것으로 거래를 재구성할 수 있는지 여부에 대한 판결로서, 조세회피목적이 아니라면 달리 교차증여를 할 이유가 없는 경우 구 상증세법 제2조 제4항에 따라 실질에 맞게 재구성하여 과세대상으로 삼을 수 있다고 함으로써 구 상증세법 제2조 제4항의 적용을 긍정한 최초의 판결이다.

직계존속이 형제에게 증여한 경우 직접 형제간 증여로 보아 증여세를 과세함이 타당하다(서면4팀 -767, 2008. 3. 21.).

2. 특수한 형태의 증여[12] 등

1) 정기증여

앞에서 살펴본 대로 정기증여도 상증세법상 증여의 개념에 포함되어 증여세가 과세되는 것은 당연하다.

2) 상대부담 있는 (부담부)증여(상증세법 제47조 제3항)

이 역시 앞서 살펴본 바와 같이 수증자에겐 증여세가, 증여자에겐 양도세가 각각 과세된다.

3) 혼합된 증여

이미 기술한 바와 같이 매매와 증여로 구분하여 각각의 성격에 따라 과세된다.

4) 사인증여

사인증여는 민법상 증여이지만, 상증세법상 상속세 과세대상이며 증여세 과세대상이 아니다. 이들에 대한 상증세법상의 취급은 제1편 '상속세편'을 참고하기 바란다.

5) 유증

유증은 유언에 의한 증여로 민법상 증여계약이 아닌 상대방 없는 단독행위이지만 상증세법상 상속세 과세대상이다. 이들에 대한 상증세법상의 취급은 제1편 '상속세편'을 참고하기 바란다.

▌증여 개념에 대한 민법과 상증세법의 비교표▐

구 분	민법	상증세법
증여대상물	재산	경제적 가치 있는 재산
이전방법	무상	현저히 저렴한 대가 포함
법률적 성격	계약	무관

---

12) 이 책 '민법상의 증여' 참조

구 분	민법	상증세법
증여 개념	재산의 무상이전계약	경제적 가치 있는 재산의 무상이전
		기여에 의한 타인의 재산가치 증가시킨 것 포함
		간접적인 방법 포함
		우회적인 방법 포함
낙성	낙성계약	구체적 이전 필요
단독행위인 유증	포괄유증은 상속과 동일	상속세 대상
단독행위인 채무면제	증여에서 제외	증여세 대상
사인증여	증여	상속세 대상
무상으로 물건을 사용케 하는 것	사용대차, 소비대차에 해당	증여세 대상

제2절 증여세에 관한 기본개념

I 증여시 과세제도와 현황

해의 맥

증여세 과세방식은 과세범위(완전포괄주의, 열거주의)와 납세의무자별(수증자, 증여자) 과세방식이 있으며, 현행 상증세법은 완전포괄주의와 수증자 과세방식에 따르고 있다.

1. 과세범위에 따른 과세방식

1) 완전포괄주의[13]

(1) 의의

완전포괄주의란 과세요건에 대하여 조세법률에 상세하게 규정하는 대신에 과세요건에 관한 포괄적 규정을 설정함으로써 과세권자가 본래 의도한 과세요건뿐만 아니라 이와 유사하거나 실질이 같은 경제적 사실을 모두 포함하여 과세하게 만드는 입법형

---

13) 한국조세연구포럼, 「현행 상증세법의 합리적 개선방안에 관한 연구」, 2003. 12, 61~76쪽 참조

식을 가리킨다. 따라서 상증세법상의 증여세 포괄주의란 본래 의미의 증여나 실질적 증여뿐만 아니라 조세정책상 증여로 간주할 필요가 있는 사실을 모두 포함하는 포괄적 입법을 두는 것을 의미한다. 이렇게 하면 세법에 구체적으로 그 유형이 규정되어 있지 않다 하더라도 증여계약 외의 각종 법형식에 의한 모든 재산 · 권리 및 경제적 이익의 무상이전행위에 대하여 증여세를 부과할 수 있게 된다.

(2) 논거

① **조세평등주의**(실질과세원칙) **구현** : 포괄주의는 열거주의나 유형별 포괄주의가 열거되지 않은 새로운 유형의 변칙적인 증여에 대해 과세하지 못함에 따라 조세형평성을 저해하고 있는 현실을 극복하기 위한 불가피한 선택으로서, 모든 재산 · 권리 및 경제적 이익의 무상이전행위에 대하여 법률에 구체적으로 그 유형이 규정되어 있지 않더라도 과세할 수 있도록 하여 공평과세의 이념을 구현할 수 있다. 그러므로 조세평등주의(헌법 제11조 평등원칙의 세법영역에서의 구현)와 실질과세원칙(국세기본법 제14조)에 비추어 볼 때 완전포괄주의 개념은 타당하다.

② **부의 재분배 등 조세정책적 필요** : 현재 우리나라는 심각한 빈부격차에 직면하여 이것이 사회적 갈등요인이 되고 있는데, 이와 같은 빈부격차를 사전에 해결하기 위한 제도적 장치가 필요하다.
그러므로 변칙적이고 불법적인 부의 세습을 사전에 예방하기 위한 방어벽으로서 완전포괄주의가 필요하다. 완전포괄주의는 이를 해결할 수 있는 제도적 장치의 하나이기 때문이다.

③ **비교법적 근거** : 미국 · 일본 · 독일 등도 이미 완전포괄주의를 도입하여 부의 무상이전에 대하여 과세하고 있고, 우리 법인세법이나 죄형법정주의가 엄격하게 적용되는 형법에 있어서도 포괄적 규정을 도입하고 있다.

④ **조세법률주의 위배 아님** : 조세법규는 해석상 애매함이 없도록 명확히 규정될 것이 요청되지만 해당 조세법규의 체계 및 입법취지 등에 비추어 그 의미가 분명해질 수 있다면 조세법률주의(과세요건명확주의)에 위반된다고 할 수 없으며,[14] 나아가 세법은 급변하는 경제현실을 규율대상으로 한다는 점에서 다른 법률보다 훨

---

14) 헌법재판소 93헌바24, 1995. 2. 23. : 과세요건명확주의는 과세요건과 절차 및 그 법률효과를 규정한 법률규정은 명확하여야 한다는 것이나, 법률은 일반성 · 추상성을 가지는 것으로서 법률규정에는 항상 법관의 법 보충작용으로서의 해석의 여지가 있으므로, 조세법규가 해당 조세법의 일반이론이나 그 체계 및 입법취지 등에 비추어 그 의미가 분명해질 수 있다면 이러한 경우에도 명확성을 결여하였다고 하여 그 규정을 무효라고 할 수는 없다.

씬 강한 정도의 포괄성을 필요로 한다.

⑤ 상속이 모든 권리의무의 포괄적 이전이므로 증여세를 상속세의 보완세로 본다면, 증여세 과세 대상 역시 포괄적이어야 한다.[15]

(3) 비판

① **조세법률주의**(과세요건명확주의) **위배** : 헌법상 조세법률주의는 납세의무자, 과세표준 등의 요건을 법률에 명확히 규정함으로써 국민의 재산권 침해를 방지함과 동시에 경제생활의 법적 안정성, 예측 가능성을 보장하는 것으로서 세법에 명확한 과세요건의 규정 없이 포괄과세하는 것은 조세법률주의의 핵심인 과세요건명확주의에 정면으로 위배되는 것이다.

② **과세권 남용가능성 및 조세평등주의 위배** : 과세요건의 명확한 법률규정 없이 모든 경제적 이익을 과세대상으로 하는 경우, 부의 무상이전 여부나 증여재산가액의 계산에 대해 거의 전적으로 과세관청의 사실판단에 맡길 수밖에 없게 되어 과세권의 자의적인 남용 우려가 생기며 이로 인한 조세평등주의의 위배 가능성이 있다.

③ **실효성에 의문** : 종전[16]에 도입되어 있던 유형별 포괄주의는 일반적 증여의제 규정과 14개 유형의 증여의제 열거규정 및 이와 유사한 유형의 증여의제 규정 등 이미 과세범위가 넓게 규정되어 있었으나, 이러한 유형별 포괄주의를 이용한 과세실적이 거의 없는 상태였다. 그러므로 완전포괄주의의 실효성에 대한 의문이 커진다.

④ **국제적 흐름에 역행** : 상속·증여세 완전포괄주의의 도입은 국제적인 상속·증여세 완화흐름에 역행하는 것이다.

⑤ **조세의 본질과의 괴리** : 조세의 본질을 주권자인 국민이 스스로의 비용을 그들의 대표기관이 제정한 법률에 따라서 부담하는 것이라고 파악할 때에 조세의 본질적인 기능은 국가 운영에 필요한 재정수입의 안정적 확보에 있는 것이다. 그러므로 그 외에 부의 재분배, 경기조절, 특정 경제활동의 조장 또는 억제 등의 부차적인 기능을 전면에 내세우는 것은 바람직한 현상이 아니다. 그럼에도 불구하고 정치적·정책적 목적에 의하여 조세의 기능을 남·오용하게 되면 국민들의 조세에 대한 인식을 더욱 악화시키게 될 뿐이다.

⑥ 증여세를 소득세의 보완세로 본다면 열거주의를 기반으로 하는 현행 소득세에 비추어 완전포괄주의 도입이 필연적인 것만은 아니다.

---

15) 이창희, 「세법강의」, 박영사, 2007, 1069쪽

16) 2003년까지 적용된 상증세법

2) 유형별포괄주의

유형별포괄주의는 완전포괄주의와 열거주의의 중간형태로서, 세법에 과세대상을 열거하되 그 유형별로 유사한 경우에도 과세할 수 있도록 유형별로 포괄적 규정을 두는 것을 말한다.

종전 상증세법이 이러한 과세형태를 취했었다. 즉 증여세 과세대상이 되는 증여의 범위를 민법상의 증여와 증자 등의 자본거래와 관련된 6가지의 유형과 금전의 무상대출 등 8개의 유형을 대상으로, 열거된 증여의제 유형과 유사한 방법에 따라 유사한 이익이 발생하는 경우에는 이를 증여로 의제하여 과세할 수 있도록 하였다.

유형별포괄주의는 완전포괄주의 입법과 마찬가지의 비판이 성립할 수 있다.

3) 열거주의

열거주의는 세법에 과세요건을 구체적으로 상세히 열거한 경우에만 과세가 가능한 것을 말한다.

열거주의는 과세대상의 명확한 규정을 통해 국민의 조세부담에 대한 예측 가능성을 보장하고 법적 안정성에 기여한다.

그렇지만 법령에 열거되지 않은 새로운 유형의 증여거래에 대하여 이를 과세할 수 없게 되어 공평과세를 통한 조세정의의 실현을 저해한다.

2. 납세의무자에 따른 과세방식[17]

1) 수증자 과세방식(유산취득세 방식)

수증자 과세방식은 유산취득세형 상속세과세방식에 대응되는 개념이다. 즉 수증자(재산의 무상취득자)의 취득재산가액을 과세 베이스로 하여 무상취득자를 기준으로 과세하는 제도이다. 그러므로 원칙적인 납세의무자는 무상취득자인 수증자가 될 것이다.

이 과세방식은 무상취득자의 취득재산의 가액에 대하여 개별적으로 과세하는 것으로서 수익세적 성격을 띠고 있고,[18] 실질적으로 소득세의 보완세적 성격도 있다.[19]

---

17) 이 책 '상속세 과세방식' 참조

18) 이광재, 상속증여세의 이론과 실무, 세경사, 2009, 90쪽

19) 金子宏, 「租稅法」, 弘文堂, 2005, 451頁

2) 증여자 과세방식(유산세 방식)

증여자 과세방식은 유산세형 상속세 과세방식에 대응된다. 즉 증여자 과세방식은 증여자가 남긴 증여재산의 이전을 과세물건으로 하여 무상이전자 기준으로 과세하는 방법이다. 그러므로 이 방식에서의 원칙적인 납세의무자는 무상이전자가 될 것이다. 증여자의 증여재산을 기준으로 과세의 물적단위를 산정하여 과세하는 이 유형은 본래의 의미에 있어서 재산세적 성격을 가지고 있다.[20]

3. 우리나라의 현황

1) 과세범위에 따른 과세방식

과세범위의 측면에서 현행 상증세법은 종전의 유형별포괄주의를 대체하여 완전포괄주의 과세제도(2004년부터)에 의하고 있다.[21] 이를 통해 과세유형을 일일이 열거하지 아니하더라도 사실상 재산의 무상이전에 해당하는 경우에는 그 행위 또는 거래의 명칭·형식·목적 등에 불구하고 증여세를 과세할 수 있게 되었다.

2) 납세의무자에 따른 과세방식

납세의무자의 측면에서 보면 수증자 과세방식으로, 수증자를 납세의무자로 하면서 증여자별로 과세단위가 성립되기도 하기 때문에 수증자별·증여자별로 과세하는 체계를 가진다(대법원 2005두17058, 2006. 4. 27.). 이에 따라 과세표준과 세액의 계산·신고와 납부 등은 증여자별·수증자별로 계산·신고·납부한다. 그러나 증여재산공제는 수증자별로만 계산한다는 점에 유의하여야 한다.

이런 점에서 현행 상증세법상 증여세의 과세방식은 원칙적으로 수증자 과세방식이다. 다만, 예외적으로 다음과 같이 증여자 등을 납세의무자로 하여 과세하는 경우가 존재한다.

(1) 국제조세조정에 관한 법률 제35조

거주자가 비거주자에게 국외에 있는 재산[22]을 증여(증여자의 사망으로 인하여 효력이 발생하

---

20) 金子宏, 「租稅法」, 弘文堂, 2005, 451頁

21) 2000년 이전의 열거주의에서, 2001년부터 자본거래(합병·증자·감자·전환사채 등 이익·특정법인과 거래 시·상장 등 시세차익)의 유형별 포괄주의로 개정되었다가, 2003년부터 나머지 일반거래(신탁이익·보험금·고저가 양도시·채무면제익·토지무상사용이익·무당금전대부·합병 등 시세차익·명의신탁 증여의제)에까지 유형별 포괄주의가 확장되었었다.

는 증여는 제외)하는 경우 그 증여자는 이 법에 의하여 증여세를 납부할 의무가 있다. 다만, 수증자가 증여자의 국세기본법 제2조 제20호에 따른 특수관계인이 아닌 경우로서 해당 재산에 대하여 외국의 법령에 의하여 증여세(실질적으로 이와 동일한 성질을 가지는 조세를 포함)가 부과되는 경우(세액을 면제받는 경우를 포함)에는 그러하지 아니하다.

이는 내국인의 해외부동산 취득이 일부 허용되고 향후 완전 자유화될 경우 자산 소재지국과의 과세원칙의 차이로 인한 비과세 증여를 이용한 증여, 상속세의 포탈이 예상되어 이를 방지하고자 국제조세조정에 관한 법률에서는 거주자의 해외재산을 비거주자에게 증여하는 경우 그 증여자에게 증여세 납세의무를 부과하여 비과세 증여의 소지를 없애고 있다.

(2) 명의신탁 증여의제의 경우

권리의 이전이나 그 행사에 등기 등이 필요한 재산(토지와 건물은 제외)의 실제소유자와 명의자가 다른 경우에는 실제소유자가 명의자에게 증여한 것으로 본다(상증세법 제45조의 2 제1항). 그리고 이 경우에는 실제소유자에게 증여세 납세의무가 있다(상증세법 제4조의 2 제1항).

(3) 연대납세의무

증여세 연대납세의무는 본래의 납세의무가 없음에도 불구하고 수증자로부터 조세채권의 확보가 곤란한 경우 한도 없이 전체 증여세에 대해 증여자가 납부할 의무를 지는 것이다. 이에 대한 자세한 설명은 다음의 연대납세의무에서 본다.

---

22) 종전에는 비거주자가 거주자로부터 증여받은 국외재산 중 국외 예금이나 국외 적금 등은 「상속세 및 증여세법」에 따라 과세되고, 나머지 재산은 「국제조세조정에 관한 법률」에 따라 과세됨으로써 비거주자가 거주자로부터 증여받은 국외재산의 종류에 따라 증여세 과세방법이 이원화되어 있었다. 2017. 1. 1. 이후에는 「상속세 및 증여세법」에 따른 증여세 과세대상에서 비거주자가 거주자로부터 증여받은 국외 예금이나 국외 적금 등 국외재산을 제외하여 「국제조세조정에 관한 법률」에 따라 해당 국외재산에 대한 증여세를 부과한다. 그렇지만 증여자와 수증자가 모두 비거주자이고 증여재산도 국외에 소재한다면 당연히 우리나라의 과세권이 미치지 않으므로 증여세 과세는 원천적으로 불가능하다.

Ⅱ 현행 완전포괄주의 증여세 과세제도의 이해

1. 도입취지

완전포괄주의 과세제도가 도입되기 전까지는 상증세법에서 '증여'의 개념에 대한 정의규정을 두지 아니하여 결국 민법상의 '증여' 개념을 차용할 수밖에 없었다. 이로 인해 경제적 실질에 있어서는 증여와 다르지 않음에도 이를 과세할 수 없는 경우가 나타나게 되었다.

이처럼 증여세의 과세대상을 민법상의 증여계약에서 시작하는 이상, 증여의제가 가능한 범위는 민법상의 증여와 동일시할 만한 행위로 국한되어 버리고, 그리하여 결국 증여세의 과세대상이 부의 무상이전이라는 증여세의 본질보다는 오히려 민법상의 증여와 유사성에 따라 정해지는 문제점이 생긴다. 이러한 점 때문에 넓은 의미에서도 민법상 증여와 동일시하기 어려운 거래라면 증여세를 부과할 수 없다는 주장이 성립될 여지가 있었고 당사자 간의 계약을 전제로 한 일반적인 증여 외에도 열거방식의 증여의제 및 이와 유사한 것이 있었으나 열거되지 아니한 새로운 유형에는 과세하지 못하는 문제가 있었다.

이에 따라 2003년 12월 30일 상증세법이 개정되어 종전의 유형별포괄주의를 대체하여 완전포괄주의 과세제도가 도입되었다. 그리하여 완전포괄주의에 맞춘 '증여'의 개념을 새로이 상증세법에 규정하여 증여세의 과세대상을 경제적 실질에 따라 판정할 수 있도록 하였다. 이 정의규정은 민법상의 증여 개념까지를 포괄하는 개념으로 상증세법상 고유개념인 증여의 정의가 창설적으로 설정된 것이라고 할 수 있다.[23]

이러한 완전포괄주의의 도입취지는 변칙적인 상속·증여에 사전적으로 대처하도록 하고, 조세부담의 공평을 통하여 조세정의를 실현하기 위한 것이다.

2. 완전포괄주의 관련조문체계 [24)

제1장 총칙
- 제2조 제6호 : 증여의 개념 정의
- 제2조 제7호 : 증여재산의 범위
- 제4조 : 증여세 과세대상, 경제적 실질에 따라 증여 해당 여부 판정

---

23) 종전 상증세법 제2조(증여세 과세대상) 제3항에 위치하였던 '증여'의 정의규정은 2015. 12. 15. 개정시 제2조(정의) 규정이 신설되면서 제6호로 이동하여 그 내용을 좀 더 명확히 하였다.

24) 국세청, 「2004년 개정세법해설」, 2004, 178~179쪽.

제3장 제1절 증여재산

- 제31조(증여재산가액 계산의 일반원칙) : 예시된 증여유형 외의 새로운 유형의 증여행위에도 과세할 수 있도록 증여재산가액 계산의 일반원칙을 정함.
- 일반거래의 증여유형 예시(6개 유형)
  제33조(신탁), 제34조(보험), 제35조(저가 양수 · 고가 양도 등), 제36조(채무면제익), 제37조(부동산무상사용이익), 제41조의 4(금전무상대출)
- 자본거래의 증여유형 예시(8개 유형)
  제38조(합병), 제39조(증자), 제39조의 2(감자), 제39조의 3(현물출자), 제40조(전환사채 등의 주식전환 등), 제41조의 2(초과배당), 제41조의 3(상장시세차익), 제41조의 5(합병시세차익)
- 그 밖의 이익의 증여유형 예시(3개 유형)
  제42조(재산사용 및 용역제공 등에 따른 이익의 증여), 제42조의 2(법인의 조직 변경 등에 따른 이익의 증여), 제42조의 3(재산 취득 후 재산가치 증가에 따른 이익의 증여)

제2절 증여추정 및 증여의제

- 증여 추정 규정(2개 유형)
  제44조(배우자 등 양도 시 증여추정), 제45조(재산 취득자금 등의 증여추정)
- 증여 의제 규정(4개 유형)
  제45조의 2(명의신탁재산의 증여의제), 제45조의 3(특수관계법인과의 거래를 통한 이익의 증여의제), 제45조의 4(특수관계법인으로부터 제공받은 사업기회로 발생한 이익의 증여 의제), 제45조의 5(특정법인과의 거래를 통한 이익의 증여 의제)

※ 완전포괄주의 도입에 따른 과세범위 확대

현행 상증세법상 상속세는 상속개시시에 당연 · 포괄적으로 재산의 무상이전이 이루어지므로 상속세 과세에서는 포괄주의가 유지되어왔고, 증여세의 경우 2004년부터 완전포괄주의가 시행됨으로써 아래와 같이 그 과세범위가 확대되었다.

재산의 무상이전					
상속세	증 여 세				
민법상 상속	민법상 증여		종전 증여의제(14개) · 추정(2개)		새로운 유형
• 상속 • 유증	• 사 인 증여	계약에 의한 재산의 직접 이전	일반거래를통한 재산의 무상이전	자본거래를 통한 재산의 무상이전	현행 증여의제 유형과 유사한 경우	형식 등에 관계없이 재산의 직 · 간접 무상이전
〈증여세과세유형〉	포괄주의	← 열거주의 →			
		← 유형별 포괄주의 →			
		← 완전 포괄주의 →			

3. 완전포괄주의 현행 법률의 문제점[25]

1) 조세법률주의 위배 가능성

상속·증여세제에 완전포괄주의를 도입한 입법취지가 아무리 정당하다고 하더라도 그 것을 실천할 조세법규의 형식 또는 내용이 조세법의 원리 및 헌법 이념에 위반되어서는 아니 된다. 그런데 완전포괄주의에 관한 규정은 과세요건 및 과세표준의 산정방법에 대 하여 불명확한 입법 형식을 띨 가능성이 많고 이것은 조세법률주의[26]의 핵심적 내용인 과세요건명확주의를 위배할 가능성이 있다.

즉 완전포괄주의는 과세권자에게 제한 없는 재량권을 부여하고 세법에서 유추해석 내 지 확대해석을 허용할 결과를 낳을 가능성이 높다. 이와 같은 결과는, 국민의 재산권에 대한 과세권력의 부당한 침해를 방지함으로써 법적 안정성과 예측 가능성을 담보하고 자 하는 조세법률주의의 이념에 어긋나는 것이기에 헌법에 위반될 가능성이 높다.

그렇지만 역동적으로 변동하는 경제현상을 규율하는 조세법은 본질적으로 일반성·추상 성을 지닐 수밖에 없어 어느 정도의 불확정 개념은 불가피하다. 그러나 이러한 불확정 개 념은 법관의 법 보충작용에 의하여 해석되고 명확해지는 것이 통상적이므로 조세법규가 당해 조세법의 일반이론이나 그 체계 및 입법취지 등에 비추어 그 의미가 분명해질 수 있다면 이러한 경우에도 명확성을 결여하였다고 볼 수 없다(헌법재판소 93헌바24, 1995. 2. 23.). 그러므로 포괄증여규정의 입법연혁·입법취지, 개별예시규정의 분석, 판례 등 사례의 검 토, 민법·상법·증권거래법·법인세법의 각 규정과 체계, 조세법 일반이론이나 그 체계 등을 유기적으로 살펴보면 포괄증여규정의 개념 또는 내포하고 있는 기준과 범위를 객관 적·합리적으로 해석하고 예측할 수 있다는 점에서 조세법률주의 위배라고 할 수 없다.

2) 증여정의 규정

① 상증세법 제2조 제6호와 증여 예시규정과의 관계 : 상증세법 제2조 제6호에서는 증 여의 개념에 대해 포괄적인 정의규정을 두면서 그 증여가 본질적 증여인가 아니면 증여로 의제하는 것인가를 묻지 않고 경제적 가치의 모든 무상이전 내지 현저히 낮 은 대가에 의한 이전을 증여로 보아 과세한다.

---

25) 이전오, "증여세 완전포괄주의 규정의 문제점", 「조세연구」 제4집, 세경사, 2004. 9, 469~476쪽
26) 조세법률주의는 일본의 金子宏 교수가 만들어낸 개념이고, 조세법률주의의 핵심적 내용이 과세요건법 정주의 및 과세요건명확주의라는 것은 도식적 이해라고 비판하는 주장이 있다(이창희, 「세법강의」, 박영 사, 2007, 30~31쪽: 성낙인·이창희, "상속·증여세 완전포괄주의 도입에 관한 공청회", 서울대학교 법학연구소 주최, 2003. 8. 21. 28~30쪽 참조).

그러나 이는 추상적·일반적인 개념규정이므로 이 규정만으로는 어떤 행위에 대하여 증여세가 과세될 것인지, 아울러 증여세의 과세대상이 되는 경우에도 증여재산가액을 어떻게 산정할 것인지 예상하기 어렵다. 물론 종전의 증여의제규정이 증여재산가액의 계산에 관한 예시규정(상증세법 제33조 내지 제42조의 3)으로 여전히 존재하고 있으므로 이에 해당하는 경제적 거래에 대해서는 그 개별규정에 따라 증여재산가액을 산출하면 될 것이다. 그러므로 과세관청이 각 예시규정의 과세요건을 입증하면 일반조항으로 돌아가 상증세법 제2조 제6호에서 말하는 증여가 있음을 입증할 필요가 없다. 그러나 그 밖의 새로운 경제거래가 발생한 경우에 상증세법 제2조 제6호의 정의규정만으로 그것이 증여세의 과세대상인지, 만약 과세대상이라면 증여재산가액을 어떻게 산출할 것인지는 예측하기 어렵다. 그렇다면 현행 법률은 법적 안정성과 예측 가능성을 침해하는 결과가 될 것이므로 헌법위반의 우려가 짙다. 이런 관점에서 완전포괄주의가 적용된다고 보더라도 특정한 과세유형을 상정하여 과세대상과 과세범위 등 그 요건을 명문으로 규정한 경우에는 조세법률주의 내지 그에 기초한 납세자의 신뢰보호의 차원에서 그 내용과 다른 과세는 원칙적으로 허용되기 어렵다는 주장이 있다.[27] 그러나 이러한 태도는 우월한 능력을 가진 납세자의 조세회피행위의 정당한 근거로 악용될 여지가 있고, 나아가 완전포괄주의 입법의 취지를 무색하게 할 위험이 현존한다는 점에서 동의하기 어려워 보인다.

② 납세의무 성립 및 확정의 법리와의 모순 및 과세표준 및 세액의 경정법리와의 모순 : 또한 국세기본법 제14조 제3항은 제3자를 통한 간접적인 방법이나 둘 이상의 행위 또는 거래를 거치는 방법으로 이 법 또는 세법의 혜택을 부당하게 받기 위한 것으로 인정되는 경우에는 그 경제적인 실질에 따라 당사자가 직접 거래한 것으로 보거나 연속된 하나의 행위 또는 거래로 본다고 규정하고 있다. 이처럼 둘 이상의 거래를 연속된 하나의 행위나 거래로 본다는 바탕 위에서 상증세법 제41조의 3은 비상장주식을 5년 이내에 상장한 경우의 시세차익을 증여로 과세한다고 규정하고, 제41조의 5는 증여일로부터 5년 이내 합병에 따른 상장 등 이익에 대한 증여세 과세를 규정하고 있으며, 같은 법 제42조의 3은 직업, 연령, 소득 및 재산상태로 보아 자력으로 해당 행위를 할 수 없다고 인정되는 자가 재산을 취득한 날로부터 5년 이내에 개발사업의 시행 등의 사유로 재산가치가 증가한 경우에 증여세를 부과한다고 규정하고 있다. 그러나 이와 같은 상증세법 제41조의 3, 제41조의 5 및 제42조의 3 등은 납세의무의 성립 및 확정의 법리에 어긋날 뿐만 아니라, 최초의 증여행위 이후의 경제행위 내지

---

27) 임승순, 「조세법」, 박영사, 2007, 778쪽

거래의 실체를 무시하고 이것과 최초의 증여를 합하여 하나의 행위 또는 거래로 파악하는 것은 논리상 무리이다.

위 규정들에 따르면 최초에 무상으로 재산을 이전하거나 타인의 기여에 의하여 재산의 가치가 증가하는 행위 또는 거래가 있으면 일단 증여세를 과세하고, 5년 이내에 다른 경제행위 또는 거래(상장, 합병, 개발사업시행 등)로 인한 재산의 증가가 있으면 경정결정을 통하여 증여세를 추징하는 형태로 다시 증여세를 부과하게 된다.

그러나 증여세의 납세의무는 증여에 의하여 재산을 취득하는 때에 성립하고(국세기본법 제21조), 그 과세표준과 세액을 정부가 결정하는 때에 구체적으로 확정되는 바(국세기본법 제22조, 같은 법 시행령 제10조의 2), 이미 증여세의 과세대상이 되는 행위 또는 거래가 완성되어 납세의무가 성립 및 확정되고 증여세가 부과된 이후에 별도의 행위나 거래에 의하여 수증자의 재산이 증가하였다고 하여 애당초의 과세처분을 경정하는 것은 모순이다. 과세권자의 경정결정은 납세의무자의 신고나 과세관청의 결정에 의하여 납세의무가 확정된 이후에 오류나 탈루가 발견된 경우에 이를 시정하는 행정처분이다. 즉, 경정결정은 이미 완성된 행위나 거래에 대하여 추후에 평가나 계산을 달리하는 내용의 행정처분인 것이지 이미 완성된 행위가 아닌 별개의 행위에 대하여 이미 완성된 최초의 행위의 일부라고 보아서 최초의 신고나 결정을 시정하는 행정처분은 아니다. 만약 나중의 행위나 거래를 최초 행위의 일부나 연장선상의 행위로 보아서 전체를 하나의 경제행위 또는 거래로 보겠다면 최초의 행위에 대하여서는 과세하지 않는 것이 논리에 맞다. 그럼에도 불구하고 최초의 행위나 거래에 대하여 과세한 이후에 추후에 재산증가 행위 또는 거래행위가 있으면 최초의 신고나 결정을 경정하여 다시 과세한다는 것은 납세의무의 성립 및 확정의 법리에 맞지 아니한다.

이런 점에서 최초 증여 이후 사후적 가치변동에 의한 이득에 대해서는 증여세보다는 차라리 추후 주식 등의 매각시에 자본이득세[28]로 과세하는 것이 더 합리적이라는 주장이 가능할 수 있다.

그렇지만 이와 같은 과세체계의 도입은, 실제로 증여 당시 가치가 불확실하여 부의 무상이전 부분과 사후적 가치변동 부분을 구별하기가 거의 불가능하다는 점을 감안하여 둘을 합하여 증여세를 매기는 편이 낫다는 정책적 판단에 기인한다고 주장하기도 한다.[29] 그리고 위 규정들이 정산 개념을 도입한 점, 상장차익 계산시 기업의 실질가치증가분은 제외한 점, 상장차익 계산시 증여세 과세가액을 필요경비로 인정한

---

28) 현행 세제상 양도소득세로 과세하거나, 상장주식 등에 대한 양도소득세를 전면적으로 허용하는 개정이 전제되어야 할 것이다.

29) 이창희, 「세법강의」, 박영사, 2007, 1088~1089쪽

점 등에서 위헌 소지를 없애려고 하였다는 점에 그 존재의의가 있다.

3) 자본거래 관련규정

1980년대 후반부터 증자·감자·합병·상장 등의 자본거래를 이용한 부의 무상이전이 늘어나자 상증세법에 해당 증여의제규정을 신설하여 대처하였다. 그러나 본질이 증여가 아닌 것을 증여로 의제하려니 무리가 따랐고 부의 변칙적 증여를 방지한다는 정책목적도 제대로 달성하지 못하였다. 자산가치의 증가분에 불과한 자본이득에 대하여 과세하는 것은 미실현이득에 과세한 것이어서 실현주의 과세원칙에도 맞지 않았다.

상속세와 증여세는 재산의 무상이전에 대하여 과세되는 자본이전세(transfer tax)이고 자본이득세(capital gain tax)는 재산의 유상거래시 실현되는 이득에 대하여 과세되는 조세이다. 자본이득세의 역할 중에는 상속세 및 증여세의 회피를 방지하는 기능도 있는바, 현행 상증세법상의 자본거래에 관련한 증여과세유형에 대하여 자본이득세를 과세한다면 조세법 논리에 합당할 뿐만 아니라 변칙적인 부의 세습을 차단하는 데에도 유용할 것이다. 그러므로 이러한 증여유형에 대해 무리하게 증여세를 부과하려고 할 것이 아니라 주식의 양도차익에 대하여 과세하는 것이 더 합리적일 수 있다.

아울러 미성년자 등의 특수관계인으로부터 차입한 자금 등으로 취득한 재산이 5년 이내에 개발사업의 시행·형질변경 등으로 재산가치가 증가하였다면, 그 재산의 처분 시에 양도소득을 부과하면 되는 것이지 차입자금으로 취득한 재산의 가치가 증가하였다고 하여 증여세를 과세하는 것은 미실현이득에 대한 무리한 과세일 뿐만 아니라 증여세의 본질에도 어긋난다.

4. 증여유형으로 예시된 규정 이외의 증여유형에 대한 과세문제[30]

증여과세 근거규정의 유무를 따질 때 상증세법 제33조부터 제42조의 3까지 어느 한 조문의 제시(그 중 준용이라도) 없이 동법 제2조 제6호(종전 제2조 제3항)만으로 근거규정이 될 수 있는지에 대해 다툼이 있다. 상증세법 제2조 제6호가 조세법률주의에 위배되는지 여부, 확인적·선언적 규정인지 독립적 효력규정인지가 다투어질 수 있다.

긍정론의 근거로는 증여세 과세대상이 부의 무상이전이라고 규정한 상증세법 제2조 제6호는 증여세 과세요건인 과세대상의 본질적 사항의 규정이라는 점, 부의 무상이전이 발생하는 형태가 다양하고 수시로 변화하므로 이를 구체적으로 모두 법률에 열거하기가 어

---

30) 박훈, "조세회피방지를 위한 증여세 완전포괄주의 적용의 의의와 한계", 『사법1(25)』 통권 25호, 사법발전재단, 2013. 9, 167~211쪽을 주로 참조하였다.

렵다는 점, 과세표준은 예시규정인 상증세법 제33조부터 제42조의 3까지를 참작하여 산정할 수 있어 법적 안정성과 예측 가능성을 침해한다고 보기 어렵다는 점[31], 과거 증여의제 규정에 해당하는 규정은 2003년 12월 법 개정으로 예시적인 규정으로 전환되었다는 점[32] 등이 제시되고 있다.

이에 반해 부정론으로는, 상증세법 제33조부터 제45조의 5에 해당하는 경제적 거래가 있으면 일응 증여세 과세대상이 되고 그 개별규정에 따라 증여재산가액을 산출하게 되지만 그 밖의 새로운 경제거래가 발생하는 경우 상증세법 제2조 제6호만으로 그것이 증여세 과세대상인지, 만약 과세대상이라면 증여재산가액을 어떻게 산출하게 될 것인지 예측하기 어려워 법적 안정성과 예측 가능성을 침해하는 결과를 가져온다는 견해,[33] 완전포괄증여규정이 창설되었지만 개별예시규정은 단순한 거래·행위의 예시만 하는 것이 아니라 그 이외 거래·행위의 범위를 제한하는 개별 특별과세 요건들을 두고 있기 때문에 법적 안정성, 예측 가능성 등 납세자의 권익을 보호하는 측면에서 개별 특별과세 요건을 충족하지 못하는 거래·행위에 대하여는 상증세법 제2조 제6호를 직접 적용하여 과세할 수 없다는 견해[34] 등이 있다.

그런데 견해의 대립 과정 중에 증여재산가액 계산의 일반원칙에 관한 상증세법 제32조(현행 제31조)의 신설은 긍정론의 논거를 명확히 지지하고 있고 이로 인해 부정론의 주장근거는 약화되었다고 할 수 있다.

조세쟁송에서는 구 상증세법 제32조가 신설되기 전 구 상증세법 제2조 제3항(현행 제2조 제6호)만을 적용하여 과세하는 경우의 적법 여부가 다투어지는데, 대법원 2011. 4. 28. 선고, 2008두17882 판결에서는 제2조 제3항만에 의해 새로운 증여유형에 과세될 수 있음을 인정하고 있어 긍정론의 입장을 밝힌 첫 판결이라 할 수 있다. 기업개선약정에서 대주주들에게 부여한 우선매수청구권이 증여세 과세대상이 될 수 있고, 증여이익을 계산할 때 평가규정과 관련하여 상증세법 제65조 제3항에 따라 상증세법 제63조 제1항 제2호 규정을 준용하는 것을 인정하였다. 우선매수청구권은 그 행사가격과 이 사건 주식의 시가와의 차

---

31) 유철형, "완전포괄주의 증여세제의 실태와 개선방안", 「변호사」, 제39권, 서울지방변호사회, 2009. 1. 24쪽. 한편 사생활 침해 문제, 증여유형 간 증여재산가액 산정시 문제를 해결하기 위해 개정할 부분에 대해서도 제시하고 있다.

32) 하태흥, "가. 대주주들에게 공동으로 부여된 우선매수청구권을 그 중 1인이 단독으로 행사한 경우 증여세 과세대상에 해당하는지 여부(적극), 나. 출자전환 주식에 대한 우선매수청구권의 평가방법(2008두 17882, 2011. 4. 28.)", 「대법원판례해설」 제87호(2011년 상), 법원도서관, 2011, 834~835쪽

33) 이전오, "증여세 완전포괄주의 규정의 문제점", 「조세연구」 제4집, 한국조세연구포럼, 2004. 9, 466쪽

34) 박요찬, "상속세 및 증여세법의 완전포괄증여규정과 개별예시규정을 중심으로 한 해석론", 「조세법연구」 제17권 제1호, 한국세법학회, 세경사, 2011. 4, 415~417쪽

액 상당의 이익을 얻을 수 있는 권리인 점에서 신주인수권과 성격이 유사하므로 신주인수 권증권 또는 신주인수권증서의 가액 평가방법에 관한 상증세법 제63조 제1항 제2호, 구 상 속세 및 증여세법 시행령(2008. 2. 22. 대통령령 제20621호로 개정되기 전의 것) 제58조의 2 제2항 제2호 다목 및 라목의 규정의 준용을 인정한 것이다. 최근의 심판례에서도 증여세 완전포괄주의 에 따라 증여 전후 청구인들의 지분가액 차이를 증여받은 것으로 보아 증여세를 부과한 처분이 타당하다고 결정하였다(조심 2012서2543, 2013. 10. 17.).

서울행정법원 2012. 7. 26. 선고 2012구합4722 판결, 서울행정법원 2012. 8. 17. 선고 2011 구합42543 판결, 서울행정법원 2013. 5. 24. 선고 2012구합4999 판결의 경우에도 구 상증세 법 제2조 제3항에 근거한 과세가 가능함을 명시적으로 밝히고 있다. "① 입법자가 미처 예측하지 못한 다양한 형태의 재산의 무상 이전이나 가치 증가분에 대하여도 증여세를 부과하기 위하여 법 제2조 제3항에서 완전포괄주의에 의한 증여 개념을 도입하게 된 점, ② 이에 따라 기존의 증여의제 규정들이 증여재산가액의 계산 규정으로 바뀌었는데, 이는 기존의 증여의제 규정에 해당하는 유형들을 변칙적인 증여 행태의 예시로 봄으로써 어떠 한 경우까지 증여개념에 포괄되는지에 대한 예측 가능성을 제고하고 이와 유사한 형태의 증여가 발생한 경우 구체적인 증여재산가액의 계산 방법을 제시하기 위한 의도로 보이는 점(기존의 증여의제 규정을 예시 규정이 아닌 열거 규정으로 보아 민법상의 증여 개념을 넘어서는 재산의 무상 이전 형태를 해당 조문에 기재된 경우로만 한정한다면 법 제2조 제3항의 존재는 유명무실해지고 만다), ③ 법 제2조 제3항은 증여의 개념을 위와 같이 포괄적으로 정의하면서 같은 조 제1항은 '타인의 증여 로 인한 증여재산에 대하여 증여세를 부과한다'고 함에 따라 법 제2조 제3항의 증여개념 에 포섭된다면 증여세가 부과된다는 점을 명백히 한 점, ④ 법 제31조는 '제2조의 규정에 의한 증여재산에는 수증자에게 귀속되는 재산 요소로서 금전으로 환가할 수 있는 경제적 가치가 있는 모든 물건과 재산적 가치가 있는 법률상 또는 사실상의 모든 권리를 포함한 다'고 규정하였으므로, 제33조 내지 제42조의 증여재산가액의 계산 규정을 직접 적용할 수 없는 경우라 하더라도, 수증자에게 귀속되고 환가가 가능한 경우라면 합리적인 계산방 법을 적용하여 증여세의 과세가 가능하다고 해석되는 점 등 법 제2조 제3항의 도입 배경, 입법취지, 다른 조문과의 관계 등에 비추어 보면 위 조항에 근거한 증여세의 부과는 가능 하다고 봄이 상당하다"고 판시하였다.[35]

다만, 종전 상증세법 제2조 제3항(현행 제2조 제6호)에 근거한 과세를 허용하더라도 다른 이유 때문에 증여세 과세처분이 위법하다고 판단하는 경우도 있다. 서울행정법원 2012.

---

35) 서울행정법원 2012구합4999, 2013. 5. 24. 이 판결문에서 제시된 관련 법령 조항은 모두 구법(2007. 12. 31. 법률 제8828호로 개정되기 전의 것)의 조항을 가리킨다.

7. 26. 선고 2012구합4722 판결에서는 구 상증세법 제42조 제1항 제3호(현행 제42조의 2)를 준용하여 증여재산 가액을 계산한 것은 객관적이고 합리적인 방법에 의한 것이라고 볼 수 없을 뿐만 아니라 납세자의 예측 가능성이나 과세형평에도 반한다고 보아 증여세 과세처분을 위법하다고 판단하였다. 서울행정법원 2013. 5. 24. 선고 2012구합4999 판결의 경우는 구 상증세법 제41조 제1항 제1호가 적용되어야 하는 이상 보충적 규정인 법 제42조 제1항 제3호가 적용될 수 없다는 이유로 증여세 과세처분이 위법하다고 판단하였다. 이와 달리 서울행정법원 2012. 8. 17. 선고 2011구합42543 판결은 구 상증세법 제42조 제1항 제3호의 적용을 인정하여 증여세 과세처분이 적법하다고 판단하였다.

이처럼 부를 무상이전하는 다양한 형태에 대해 과세권을 행사할 수 있다는 점에서는 대법원의 입장은 타당하나, 납세자가 구 상증세법 제33조부터 제42조에 명확히 규정된 형태 이외의 거래 중 어떠한 경우에 증여세 과세가 될 것인지를 알기 어려울 수 있다는 점은 문제로 지적될 수 있었다. 그런 점에서 증여세가 과세될 필요가 있는 새로운 부의 무상이전 유형이 등장하는 경우 상증세법 제2조 제6호만으로 과세가 가능하더라도 입법적으로 제33조부터 제42조의 3에서와 같이 그 유형을 예시적으로 규정하는 것이 바람직하고, 따라서 새로운 증여유형에 대해 상증세법 제33조부터 제42조의 3, 더 나아가 증여추정에 대한 상증세법 제44조, 제45조, 증여의제에 대한 상증세법 제45조의 2부터 제45조의 5까지에 명시적으로 해당하지 않더라도 증여세 과세가 가능하도록 할 필요가 있다고 할 것이다.[36] 2013. 1. 1. 상증세법 개정에서는 현행 증여유형 외에 새로운 유형의 변칙적인 증여행위에도 과세할 수 있도록 증여재산가액 계산의 일반원칙을 정함으로써 긍정적인 법적 근거를 명확히 한 바 있다(상증세법 제31조).

그러나 최근의 판례에서는 납세자의 예측 가능성 등을 보장하기 위하여 개별 가액산정 규정이 특정한 유형의 거래·행위를 규율하면서 그 중 일정한 거래·행위만을 증여세 과세대상으로 한정하고 과세범위도 제한적으로 규정함으로써 증여세 과세의 범위와 한계를 설정한 것으로 볼 수 있는 경우에는, 개별 가액산정규정에서 규율하고 있는 거래·행위 중 증여세 과세대상이나 과세범위에서 제외된 거래·행위가 구 상증세법(2007. 12. 31. 법률 제8828호로 개정되기 전의 것) 제2조 제3항의 증여의 개념에 들어맞더라도 그에 대한 증여세를 과세할 수 없다고 보았다(대법원 2013두13266, 2015. 10. 15.). 이 판결은 결손법인에 대한 증여를 통한 변칙증여를 방지하기 위한 구 상증세법 제41조를 흑자법인에 대한 증여의 경우까지 적용되는 것으로 해석할 수 없다는 것으로서, 개별 예시규정 및 그 밖의 이익의 증여 예시

---

36) 박훈, "조세불복사례에 나타난 상속세 및 증여세법 제2조 제3항의 의의", 「조세법연구」 제18권 제2호, 한국세법학회, 세경사, 2012. 8, 348~349쪽 참조

규정에도 포섭이 되지 않으면 제2조 제3항만으로는 과세할 수 없다는 점을 최초로 밝힌 판례이다.[37] 유사한 취지로 대법원 2015. 10. 15. 선고 2014두47945 판결 및 2014두5392 판결[38]과 2014두37924 판결[39]에서도 현행 상증세법의 완전포괄주의 하에서 예시규정으로 되어 있는 개별 규정들이 증여세 과세의 한계로 작용할 수 있다는 판결을 내린 바 있다. 즉, 최근의 판례들은 완전포괄주의 과세체계 하에서 새로운 증여유형의 등장에 따른 현행법의 증여세 과세한계를 보여주고 있다.

근거규정과 관련된 논란은 그 유무뿐만이 아니라 최초 과세처분 시 어떤 규정을 근거로

---

37) 해당 판례에 따라, 흑자법인에 주식을 증여하는 경우를 증여로 보아 과세하려면 구법 제41조 외에 제33조부터 제42조까지에 해당하는지 여부를 별도로 검토를 하여야 하고, 이 모두에 해당하지 않는 경우에는 이중과세에 대한 논란 등이 있는 상황에서 제2조 3항만으로 과세할 수 없을 것으로 보인다. 다만, 이 판결의 의미가 구법 제41조에 해당하지 않으면 다른 증여 예시규정에 해당하는지에 대한 검토 없이 제2조 제3항 해당하더라도 과세할 수 없다고 해석되는 것은 아니라 할 것이다.

38) "법 제41조 제1항, 시행령 제31조 제6항은 결손금이 있는 법인(이하 '결손법인'이라 한다) 및 휴업 · 폐업 중인 법인의 주주 등과 특수관계에 있는 자가 특정법인에 재산을 무상으로 제공하는 등의 거래를 하여 그 주주 등이 얻은 이익이 1억원 이상인 경우를 증여세 과세대상으로 하여 증여재산가액 산정에 관하여 규정하고 있다. 이는 결손법인에 재산을 증여하여 그 증여가액을 결손금으로 상쇄시키는 등의 방법으로 증여가액에 대한 법인세를 부담하지 아니하면서 특정법인의 주주 등에게 이익을 주는 변칙증여에 대하여 증여세를 과세하는데 그 취지가 있다(대법원 2011. 4. 14. 선고 2008두6813 판결 참조). 즉 위 각 규정은 결손법인의 경우 결손금을 한도로 하여 증여이익을 산정하도록 하고, 결손법인 외의 법인의 경우 휴업 · 폐업 중인 법인으로 그 적용대상을 한정하고 있다. 이는 정상적으로 사업을 영위하면서 자산수증이익 등에 대하여 법인세를 부담하는 법인과의 거래로 인하여 주주 등이 얻은 이익을 증여세 과세대상에서 제외하고자 하는 입법의도에 기한 것임이 분명하고 증여세 완전포괄주의 과세제도의 도입으로 인하여 이러한 입법의도가 변경되었다고 볼 수 없으므로, '결손법인과의 거래로 인한 이익 중 결손금을 초과하는 부분'이나 '휴업 · 폐업 법인을 제외한 결손금이 없는 법인과의 거래로 인한 이익'에 대하여는 주주 등에게 증여세를 과세하지 아니하도록 하는 한계를 설정한 것으로 보아야 한다. 따라서 이와 같은 이익에 대하여는 이를 증여세 과세대상으로 하는 별도의 규정이 있는 등의 특별한 사정이 없는 한 법 제2조 제3항 등을 근거로 하여 주주 등에게 증여세를 과세할 수 없다."

39) "법 제41조의 4 제1항은 특수관계자 간의 직접 증여에 따른 증여세 부담을 회피하기 위하여 금전을 무상대여하거나 낮은 이자율로 대여하는 경우 적정 이자율과의 차액에 대해 증여세를 과세하려는 데 그 취지가 있다(대법원 2012. 7. 26. 선고 2011두10959 판결 참조). 즉, 위 규정은 특수관계자 간의 금전의 무상대여 등의 거래에 한정하여 증여이익을 산정하도록 규정하고 있고, 법 제42조 제1항 제1호는 부동산과 금전을 제외한 나머지 재산의 경우에만 특수관계에 있지 아니한 자 간의 무상사용 등의 거래에 대하여 증여이익을 산정하도록 규정하고 있다. 이는 특수관계에 있지 아니한 자 간의 금전의 무상대여 등의 거래를 증여세 과세대상에서 제외하고자 하는 취지임이 분명하고, 완전포괄주의 과세제도의 도입으로 인하여 이러한 입법의도가 변경되었다고 볼 수 없으므로, 그 거래로 인하여 금전을 대여받은 자가 얻은 이익에 대하여는 증여세를 과세하지 않도록 하는 한계를 설정한 것으로 보아야 한다. 따라서 이와 같은 이익에 대하여는 이를 증여세 과세대상으로 하는 별도의 규정이 있는 등의 특별한 사정이 없는 한 법 제2조 제3항 등을 근거로 하여 주주 등에 증여세를 과세할 수 없다."

했는지와 그것이 증여세 과세결과에 영향이 없다고 하더라도 변경 가능한 것인지에 대한 논란도 있을 수 있다. 판례에서는 과세 근거 규정의 변경이나 추가는 가능하지 않다고 판단(대법원 2016두42999, 2016. 10. 27.[40])하였다. 이에 따르면 과세관청이 과세처분 시 근거규정을 제대로 제시해야 할 것이며, 특히 증여세 예시규정 중 어디에 해당하지에 대한 판단을 놓고 과세관청의 정확한 법적 판단이 필요하다.

5. 조세회피행위가 아닌 경우의 완전포괄주의 적용확대 제한[41]

1) 비과세규정의 명확화를 통한 보완

증여세 완전포괄주의 도입이 조세회피행위를 막기 위한 개정이기는 하지만 조세회피가 아닌 행위까지 과세 여부가 불명확하거나 과세가 되는 것은 바람직하지 않다. 증여세 과세대상이 확대되면서 증여세 비과세규정을 두어 증여세가 과세되지 않는 경우를 명확하게 하는 것도 납세자를 위해 중요하다. 증여세가 비과세되지 않는다면 증여재산가액에 포함될 수 있고 상속의 경우에는 조세회피 목적이 있는 사전증여 재산가액으로 볼 수도 있기 때문이다.

즉 증여세 완전포괄주의의 도입으로 부의 무상이전이 있다면 과세될 수 있는 법적 근거가 더욱 명확해지면서 사회통념상 인정되는 부의 무상이전으로서 비과세되는 경우를 보다 명확하게 할 필요가 있었다.

2) 과세기준 미달시 적용 제한

증여세 비과세규정과는 또 별개로 과세기준을 제시하여 그 기준에 미달하는 무상이전에 대해서는 증여세 과세가 되지 않도록 하는 경우도 있다. 부의 무상이전에 대해 증여세 과세되는 경우를 포괄적으로 규정하면서 증여세 과세가 되지 않는 경우를 마련하여 집행상 편의와 납세자의 소액거래에 대한 증여세 부담을 덜어주기 위한 것이라 할 수 있다.

---

40) 상법상 주식의 포괄적 교환에 의하여 완전자회사가 되는 회사의 주주가 얻은 이익에 대하여 구 상증세법 제35조, 제42조 제1항 제3호 적용이 논란이 되는 사안이다. 과세관청은 구 상증세법 제42조 제1항 제3호에 따라 증여세를 과세처분했다가 조세심판원에서 이 과세처분이 위법하다는 판단을 받은 후 다시 구 상증세법 제35조에 따라 과세처분을 하였다. 그런데 대법원에서 동일 쟁점에 대해 구 상증세법 제35조가 아닌 제42조 제1항 제3호를 적용하여 과세해야 한다는 판결(대법원 2011두23047, 2014. 4. 24.) 이후 다시 구 상증세법 제42조 제1항 제3호를 처분의 근거규정으로 추가하였다. 대법원에서는 이러한 추가가 되지 않는다고 판단하였다.

41) 박훈, "조세회피방지를 위한 증여세 완전포괄주의 적용의 의의와 한계", 「사법1(25)」 통권 25호, 사법발전재단, 2013. 9, 167~211쪽을 주로 참조하였다.

2003년 12월 상증세법 개정시 개별예시규정의 특성에 맞게 과세기준을 세분화하고 증여유형간 중립성유지를 위해 가능한 한 과세기준을 일치시켰다. 과세기준이 없는 경우, 과세기준이 있는 경우에는 가액기준만 적용되는 경우, 비율기준만 적용되는 경우, 비율 및 가액기준을 동시에 적용하는 경우 등이 있다.

2013년 1월 증여세 완전포괄주의 실효성을 높이기 위한 상증세법 개정시 증여재산가액 계산의 일반원칙을 신설하면서 일반적 증여이익 계산방식에 따라 증여세를 과세하는 경우에도 3억원 및 30%의 과세기준을 두었다. 재산을 현저히 낮은 대가를 주고 이전받거나 현저히 높은 대가를 받고 이전한 경우, 타인의 기여에 의하여 재산가치가 증가하는 경우에도 과세기준을 넘는 이익이 있어야 증여세가 과세된다. 거래관행상 정당한 사유가 있는 특수관계가 없는 자 간의 거래와 선의로 행하는 자금지원 및 도움 등에까지 증여세가 과세되지 않도록 하여 과세권 남용을 방지하기 위한 것이다.[42]

3) 특수관계인 아닌 자에 대한 적용 제한

증여세는 증여자와 수증자간 특수관계에 있는지 여부에 따라 세부담이나 입증책임의 정도가 달라진다.

그런데 완전포괄주의 도입으로 부의 무상이전이 있다면 증여세 과세가 되는 경우가 확대됨으로써 특수관계에 있지 않는 자들 간 거래에 대해 증여세 과세 여부가 다투어질 가능성이 훨씬 높아졌다. 이러한 문제를 해결하기 위해 재산의 무상 또는 고·저가사용이나 용역의 무상 또는 고·저가제공의 이익을 계산하여 증여세를 과세함에 있어서 거래의 관행상 정당한 사유가 있다고 인정되는 경우에는 특수관계인이 아닌 자 간의 거래는 이를 적용하지 아니한다고 규정하였다(상증세법 제42조 제3항). 2013년 1월 상증세법 개정시에는 특수관계인이 아닌 자 간의 거래가 새로운 증여유형에 해당하는 경우로서 거래의 관행상 정당한 사유가 있다고 인정되는 경우 그 거래로 인한 이익은 증여재산에 포함하지 아니한다는 규정을 신설했다(구 상증세법 제31조 제6항). 이에 관한 규정은 2015년 12월 개정시 증여세 과세대상 조항(제4조)에서 특수관계인이 아닌 자 간의 거래인 경우에는 거래의 관행상 정당한 사유가 없는 경우로 한정한다는 단서로 개정되었다.

한편 거짓이나 그 밖의 부정한 방법으로 상속세나 증여세를 감소시킨 것으로 인정되는 경우에는 특수관계인이 아닌 자 간의 증여에 대하여도 타인의 기여에 의한 재산가치 증가에 의한 증여에 대하여 과세한다. 또한 재산을 취득하고 그 재산을 취득한 날부터 5년 이내에 가치증가분에 대한 과세요건 중 기간(5년)에 관한 규정은 이를 없는 것으로

---

42) 기획재정부, "활력있는 경제·튼튼한 재정·안정된 미래-2012년 세법개정안 문답자료", 2012. 8. 8. 75쪽

본다. 따라서 거짓이나 기타 부정한 방법에 의한 경우에는 특수관계인 해당 여부나 재산가치 증가기간 5년에 관계없이 모두 증여세 과세대상이 된다(상증세법 제42조의 3 제3항). 이처럼 현행 상증세법 규정상 특수관계의 유형은 크게 '과세(적용)요건'으로 작용하는 경우와 '차별요건'으로 작용하는 경우로 구별될 수 있는 것으로 생각되는바, 이때에 '과세요건'으로 작용한다 함은 특수관계 여부에 따라 과세대상 유무의 판단이 달라질 수 있는 경우를 말하고, '차별요건'으로 작용한다 함은 특수관계 유무에 따라 증여세가 때로는 유리하게 불리하게 적용되기도 한다는 것이다.[43]

그런데 증명책임의 경우에는 법원의 판단에 따라 실질적으로 특수관계 없는 자의 증여세 부담을 완화해 주는 경우가 있다. 대법원 2011. 12. 22. 선고 2011두22075 판결에서는 "일반적으로 과세처분 취소소송에서 과세요건사실에 관한 증명책임은 과세관청에 있는 점, 구 상속세 및 증여세법(2007. 12. 31. 법률 제8828호로 개정되기 전의 것, 이하 '법'이라 한다) 제35조 제2항의 문언 내용 및 규정 형식 등에 비추어 보면, 법 제35조 제2항에 의한 증여세 부과처분이 적법하기 위해서는 양도자가 특수관계에 있는 자 외의 자에게 시가보다 현저히 높은 가액으로 재산을 양도하였다는 점뿐만 아니라 거래의 관행상 정당한 사유가 없다는 점도 과세관청이 증명하여야 한다."고 하여 "거래의 관행상 정당한 사유"에 대한 증명책임을 과세관청에 지우고 있다. 증여세 포괄주의가 변칙적인 증여에 대한 입법적 대응에 의한 것이라 할 때 특수관계에 있는 자 외의 자에게 이러한 증여세 포괄주의 규정이 확대되는 것을 제한했다는 점에서 이 판례의 의의가 있다.

| 보론 28 | 준용 vs. 유추적용 |

1. 준용(準用)

「준용」이란 입법기술상 규정의 중복과 번잡을 피하기 위하여 법규 자체가 다른 법규의 채용을 명문으로 규정한 것이다.

준용은 그 성질에 있어서는 유추와 비슷하지만, 유추가 법관이나 기타 법률해석자가 쓰는 해석기술인 데 대하여, 준용은 입법상의 기술이라는 데에 양자의 근본적인 차이가 있으며, 법률상 명문으로써 지시되어 있는 점에서 단순한 해석상의 유추적용과 다르다. 즉 어떤 사항을 규율하기 위하여 만들어진 법규를 그것과 유사하나 성질이 다른 사항에 대하여 필요한 약간의 수정을 가하여 적용시키는 입법기술의 하나이다.

2. 유추적용(類推適用)

「유추」란 법령에 규정이 없는 사항에 관하여 이와 성질이 유사한 다른 사항에 관한 규정

---

43) 무상 등 양도 증여의제규정이 1960. 12. 30. 개정시 "친족"이 "타인"으로 변경될 때에는 증여세 납세의무자 범위가 넓어졌다가 1971. 12. 28. 개정시 "타인"이 "대통령령이 정하는 특수관계에 있는 자"로 변경되어 납세의무자 범위가 좁아진 경우도 있다.

을 적용하여 동일한 법적 효과를 인정하는 것을 말한다.

그러나 유추는 구체적 사건에 대한 원칙의 적용에 지나지 않는 것이므로 새로운 원칙의 창조, 즉 입법이라고 볼 수 없다. 또 유추는 법규가 없는 경우에 다른 법규를 적용하는 것이므로 법규의 자구를 법규의 범위 내에서 적합하도록 확장하는 확장해석과도 다르다. 또 유추는 반대해석과도 다르다. 입법자가 문제된 사항에 관하여 규정을 두지 아니한 것이 법규의 취지와 반대로 해석하기 위한 것이라고 판단되는 경우에는 반대해석을 하고, 그렇지 않고 단순한 법규의 부존재에 지나지 않는 경우에는 유추적용을 하여야 할 것이다.

증여세의 의의 및 성격

해의 맥

증여세는 부의 무상이전에 따른 부의 편중을 완화하여 공평을 실현하고자 하는 정책적인 목적을 강조하나, 실질적으로는 경제적 선의 추구라는 상징적 의미로서 그 존재의의를 가진다고도 한다.

1. 증여세의 의의

증여세는 경제적 가치 있는 재산의 생전 무상이전을 과세물건으로 하여 부과하는 국세이다. 상속세가 피상속인의 유산 자체를 과세대상으로 함에 대하여, 증여세는 증여로 인해 수증자가 취득한 재산을 과세대상으로 한다(상증세법 제2조 제7호, 제4조 제1항).

증여세는 생전에 무상취득하게 되는 취득자의 소득에 대한 과세라는 점, 증여세 과세 시 재산을 종합하고, 개인적 사정을 고려하며, 초과누진세율을 적용한 점에서 보면 소득세의 일종으로 볼 수 있다.

그러나 증여재산을 통상의 소득과 같이 수증한 연도의 소득에 합산하여 소득세를 부과한다면 과다한 누진과세가 되기 때문에 증여도 포괄적 의미의 소득을 구성하지만 증여세제를 별도로 두어 과세한다.

2. 증여세의 성격

증여는 재산의 무상이전에 대해 과세한다는 점에서 상속과 공통점을 갖고 있다. 따라서 증여세가 없다면 조세부담 없이 생전이전을 할 것이기 때문에 증여세 없는 상속세는 존립할 수 없다. 또한 증여세에 관한 규정 중에는 상속세의 회피수단으로 증여가 이루어지는 것을 방지하려는 뜻이 담겨진 것이 많으므로 증여세는 상속세의 보완세라고 불리기도 한다.[44]

그러나 소득 개념을 순자산 증가설의 입장에서 파악한다면 수증도 소득을 구성하는 것이며, 다만 일시적이고 때로는 집중적으로 발생할 수 있기 때문에 세목을 달리하여 증여세를 부과하는 것이라 본다면 반드시 상속세에 종속하는 것이라고만 할 수 없다. 즉 증여세는 소득의 발생단계에서 행해지는 소득과세가 불충분한 경우에 이를 보완하기 위해 생전에 부가 이전되는 시점에서 추가적인 과세가 필요하다는 논리에 입각하여 만들어진 세목이라고 할 수 있다. 이 점에서 증여세는 소득세의 보완세적 성격을 가진다.

또한 증여세는 조세이므로 기본적으로 국가재정수입을 얻기 위해 존재하고, 현실적으로는 부의 무상이전에 따른 부의 편중을 완화하여 수직적 공평을 실현하고자 하는 정책적인 목적을 강조하고 있다(헌법재판소 96헌가19, 1997. 12. 24. 참조).

Ⅳ 증여세의 과세근거

 해의 맥

증여세의 과세근거는 기본적으로 상속세의 과세근거와 유사하나, 이에 덧붙여 상속세의 보완적 기능도 있다.

1. 상속세와의 공통점

증여세도 상속세와 같이 재산의 무상이전에 대해 과세하는 것이므로 그 과세근거도 유사점이 많아, '상속세편'[45]을 참고하면 된다.

1) 시민법상의 권리에 대한 제한

법 이론적으로는 재산을 무상으로 이전받을 수 있는 권리는 국가가 부여한 시민법상의 권리이므로, 그러한 권리에 대한 제한으로서 증여세를 부과하는 것도 과세권자인 국가가 가지는 당연한 권리라는 것이다.

---

44) 이태로·한만수, 「조세법강의」, 박영사, 2013, 743쪽
45) 이 책 '상속세의 과세근거' 참조

2) 응능부담력설 및 回避租稅精算說

경제적 관점에서 가장 일반화된 증여세 과세논거는 응능부담력설이다. 이 이론의 핵심 개념인 담세능력의 기준은 수증자 등이 무상이전 받는 부(Wealth)의 크기에 두고 있다. 현행 상증세법상 증여세는 受贈人 등 무상취득자를 기준으로 담세력을 인식, 이에 과세할 것을 주장하는 취득과세형이다.

回避租稅精算說은 증여세를 소득의 발생단계에서 행해지는 소득과세가 불충분한 경우에 이를 보완하기 위해 생전에 부가 이전되는 시점에서 추가적으로 과세하는 것으로 보는 시각에 기인한다. 그렇지만 이 이론은 증여과세의 부담이 수증자에게 歸着된다고 볼 때 증여자의 포탈 또는 회피행위에 대하여 결과적으로 수증자를 징벌하는 모순을 내포하고 있다.

3) 출발점 평등(Equality of Opportunity) 및 인적 자본(Human Capital) 비과세에 대한 보완과세

정책적인 관점에서 증여세 과세의 근거로 삼는 가장 보편적인 기준은 각인의 출발점 평등(Equality of Opportunity)의 실현문제이다. 수증자의 세대를 기준으로 보면 증여는 수증자가 다른 사람들에 비해 불공정하게 이익을 받게 된다는 데에 관심을 쏟는다. 그리하여 각 개인 간의 다양한 기회불균등의 원인 중 명시적인 부의 무상이전에 증여세를 과세하면 다소나마 기회불균등을 완화하는 데 도움이 될 수는 있을 것에 그 과세근거를 둔다. 그러나 이러한 견해는 고소득 또는 저소득의 차이가 경제적인 부의 무상이전에만 그 원인이 있는 것이 아니고, 그 외의 여러 가지 인적요소(인적자본)의 승계에 의해 주로 결정된다는 점을 간과하고 있는 것이다. 이러한 측면에서는 증여세의 과세가 인적자본 비과세에 대한 보완과세라는 것이다.

4) 권력 및 부의 집중억제

증여에 대한 과세는 바람직하지 못한 富와 권력의 집중(Concentration of Wealth and Power)을 감소시키고자 하는 정책론에서 그 근거를 찾기도 한다.

5) 소득세의 보완 및 조세회피방지

그 밖에도 소득세의 보완세로서의 기능과 조세회피로를 제공하는 것을 방지하기 위해서도 증여세는 필요하다.

2. 상속세와의 차이점

비록 증여세가 부의 무상이전에 대한 과세라는 점에서 상속세와 그 맥을 같이하지만, 증여세는 생전이전이라는 점에서 그리고 기본적으로 증여자의 의사에 의한다는 점에서 상속세와는 다른 과세논거를 가질 수밖에 없다.

즉 증여세는 고율의 상속세를 회피하는 수단으로 생전에 재산을 이전하는 행위를 방지하기 위한 목적이 있다. 이는 증여세가 상속세의 보완세로서 기능하는 것이다.

 현행 상증세법 중 증여세의 조문구조

상증세법
제1장 총칙 (제1조~제6조)
제1조【목적】
제2조【정의】
제4조【증여세 과세대상】
제4조의 2【증여세 납부의무】
제5조【상속재산 등의 소재지】
제6조【과세관할】
제3장 증여세의 과세표준과 세액의 계산 (제31조~제59조)
제1절 증여재산 (제31조~제43조)
제31조【증여재산가액 계산의 일반원칙】
제32조【증여재산의 취득시기】
제33조【신탁이익의 증여】
제34조【보험금의 증여】
제35조【저가 양수 또는 고가 양도에 따른 이익의 증여 등】
제36조【채무면제 등에 따른 증여】
제37조【부동산 무상사용에 따른 이익의 증여】
제38조【합병에 따른 이익의 증여】
제39조【증자에 따른 이익의 증여】
제39조의 2【감자에 따른 이익의 증여】
제39조의 3【현물출자에 따른 이익의 증여】

상증세법
제79조【경정 등의 청구 특례】
제7장 보칙 (제80조~제86조)
제80조【자료의 제공】
제81조【납세관리인 등】 (삭제, 2007. 12. 31.)
제82조【지급명세서 등의 제출】
제83조【금융재산 일괄 조회】
제84조【질문 · 조사】
제85조【납세자별 재산과세자료의 수집 · 관리】
제86조【부가세 부과금지】

증여세 납세의무

§관련조문

상증세법	상증세법 시행령
제4조【증여세 과세대상】	제3조의 2【증여세 과세대상】
제4조의 2【증여세 납부의무】	제3조의 3【증여세 납부의무】

이해의 맥

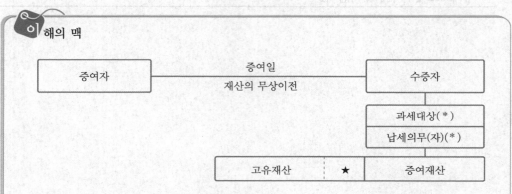

(＊) 증여세 과세대상의 판정 및 납세의무(자)의 판정은 '증여일' 현재 수증자를 기준으로 한다.

(★) 증여세의 경우에는 수증재산에 대하여 증여세를 부담한다고 할 뿐이므로 상속세와 달리 특별히 부담의 한도를 규정하고 있지 않다. 또한 상속에서와 달리 증여에 있어서는 납세의무의 승계가 일어나지 않는다. 물론 증여세 납세의무도 상속세에서와 같이 수증재산상당액에 대한 증여세를 의미하므로 수증자의 고유재산으로 증여세를 납부하여야 하는 경우가 발생할 수 있음은 당연하다. 특히 명의신탁의 증여의제에 해당하는 경우에는 실제로 증여받은 재산이 존재하지 아니하므로 수증자의 고유재산으로 증여세를 납부하여야 한다.

제1절　납세의무

I　의의

1. 의의

'납세의무의 의의'의 일반론은 '상속세편'을 참조하기 바란다.

증여세의 납세의무에 대해 상증세법 제4조의 2 제1항에서는 수증자는 상증세법에 의하여 수증재산에 대하여 부과된 증여세를 납부할 의무가 있다고 규정하고 있다.

2. 납세의무의 성립시기

1) 일반론

'납세의무의 성립시기'의 '일반론'은 '상속세편'을 참조하기 바란다.

2) 증여세

그리하여 증여세와 같이 일정한 시점을 기준으로 파악된 貯量에 대하여 과세되는 조세 (수시세)는 특정한 사건의 발생시점에 납세의무가 성립한다. 민법상으로 증여일은 증여 계약의 성립일이지만 국세기본법 제21조 제1항 제3호에서는 증여세 납세의무의 성립시 기를 증여에 의하여 재산을 취득하는 때, 즉 증여의 이행을 받은 날로 하고 있다. 그러 므로 민법상 증여계약에 의한 것은 아니나 부의 무상이전이라는 점에서 세법상 증여로 보아 과세하는 경우에는 사실상 이익을 받은 날이 납세의무의 성립시기가 될 것이며, 구체적으로는 각 증여유형에 따라 상증세법 제33조 내지 제45조의 5에서 규정하고 있 다. 이에 대한 자세한 내용은 증여재산의 취득시기에서 설명한다.

3. 납세의무의 확정시기

1) 일반론

'납세의무의 확정시기'의 '일반론'은 '상속세편'을 참조하기 바란다.

2) 증여세

이 중 증여세와 같은 세목은 정부의 부과처분(결정)에 의하여 납세의무가 확정되므로, 오직 과세권자만이 확정의 권한을 가진다.

그러므로 이러한 세목에서 납세의무자가 지는 과세표준 신고의무는 정부의 결정에 필요한 근거자료를 제공하는 협력의무에 불과할 뿐 납세의무를 확정하는 효력은 없다. 이 경우 신고에 의하여 결정한다 함은 신고한 내용을 기준으로 하여 조사결정한다는 뜻이며 신고로써 납세의무를 확정한다는 뜻은 아니다. 따라서 세무서장 등은 납세의무자가 신고한 증여세의 과세표준과 세액의 정확성·정당성·적법성 등에 관한 조사를 하기 위하여 법정결정기한[46]까지 결정을 유보한 상태에서 신고한 과세표준 및 세액의 확정을 뒷받침하기 위한 질문·조사, 지급조서제출의무자에 대한 지급조서제출 협력의무 부여, 금융자산에 대한 일괄조회, 납세자별 재산관리자료의 모집·관리 등의 절차를 거치고 있다.

Ⅱ 증여일(증여재산의 취득시기)

이해의 맥

상증세법상 증여일은 민법(증여계약 성립일)과 달리 증여에 의하여 재산을 취득하는 때, 즉 증여의 이행을 받은 날(사실상 이익을 받은 날)로 하고 있다. ⇨ 이처럼 그 시기를 민법과 달리하는 이유는 상증세법상 증여는 법적 형식보다는 경제적 실질의 관점에서 수증자가 실제로 사실상의 이익을 받았는가에 관심을 두기 때문이다.

---

46) 상증세법 시행령 제78조에 의하면, ① 증여세 : 증여세 과세표준 신고기한(증여받은 날이 속하는 달의 말일부터 3개월 이내)부터 6개월 이내

§ 관련조문

상증세법 시행령
제24조【증여재산의 취득시기】

1. 의의

이해의 맥

원칙 : 부동산은 물권변동의 형식주의＋이외에는 사실상 증여의 이익을 받은 날

민법상 증여는 증여계약의 성립을 의미하기 때문에 증여일은 증여계약 성립일이 되는 것이나 단순히 증여계약이 성립된 것만으로 증여세를 부과할 수는 없기 때문에 세법상으로는 증여의 이행일, 즉 증여로 인한 재산취득일을 증여일로 하고 있다(국세기본법 제21조 제1항 제3호). 민법상의 증여계약 형식은 아니나 상증세법상의 증여에 해당되는 경우에는, 별도의 규정을 두어 사실상 증여의 이익을 받는 날이 명시되어 있는 경우 그 날이 증여일이 될 것이다.

이처럼 증여일을 확정하는 것은 증여에 관하여 생길 다음과 같은 여러 문제를 해결하기 위한 기준을 제시하는 것이어서 증여일은 중요한 의미를 가진다. 상증세법상으로는 무엇보다도 ① 증여세 납세의무성립일이 되며, ② 증여세 과세대상 재산의 판정기준이 되는 날이다. 또한 ③ 각종 증여재산공제 대상을 판정하는 시점이며 ④ 증여세의 신고기한을 정하는 기준이 되는 날이다. 이외에도 ⑤ 증여세에 대한 부과제척기간 및 증여재산을 평가하기 위한 기준이 되는 날이 된다. 뿐만 아니라 ⑥ 개정법령의 적용시점 및 ⑦ 증여받은 재산을 유상으로 양도할 때의 양도차익계산을 위한 취득시기 등을 결정하는 기준이기도 하다.

상증세법 시행령 제24조에서는 상증세법(제33조부터 제39조까지, 제39조의 2, 제39조의 3, 제40조, 제41조의 2부터 제41조의 5까지, 제42조, 제42조의 2, 제42조의 3, 제44조, 제45조 및 제45조의 2부터 제45조의 5까지)상에 별도의 규정을 두고 있는 경우를 제외한 일반적인 증여의 경우 증여재산의 취득시기에 대하여 아래와 같이 규정하고 있는바, 부동산은 등기일, 동산은 인도일 또는 사실상 점유 이전일을 원칙으로 하고 있다(상증세법 집행기준 32-24-1). 그 시기는 대체로 실질주의의 기반 위에 조작가능성 등 시기에 대한 다툼의 소지를 없애기 위해 객관적으로 분명한 때를 증여재산의 취득시기로 하고 있음을 알 수 있다.

2. 등기나 등록을 요하는 재산

1) **원칙** : 권리의 이전이나 그 행사에 등기·등록 등을 요하는 재산은 등기·등록일을 증여재산의 취득시기로 한다. 이때 "등기·등록일"이라 함은 "등기부·등록부에 기재된 등기·등록신청서 접수일"을 말한다(상증세법 시행령 제24조 제1항 제1호, 상증세법 집행기준 32 -24-1).

따라서 일시에 금전을 예치하고 만기에 수령하는 금전신탁 성격의 보험은 보험계약자와 수익자의 명의가 변경된 이후에는 그 명의자가 보험계약의 해지 및 만기시 보험금의 수령 등 실질적인 권한을 행사할 수 있으므로, 금전신탁 성격인 보험금은 보험계약자와 수익자의 명의가 변경된 날에 보험금을 증여받은 것으로 보는 것이 타당하다(국심 2007부5010, 2008. 6. 30.).

2) **예외** : 다만, 법원의 판결이나 경매 등 계약이 아니라 법률의 규정에 의거 소유권이 이전됨으로써 민법 제187조[47]에 따라 부동산 물권의 취득에 등기를 요하지 않는 경우에는 실제 취득일을 증여재산의 취득시기로 한다. 이 경우 실제 취득일이란 법원의 최종 판결일, 경락대금 완납일 등을 의미하는 것이다(상증세법 시행령 제24조 제1항 제1호). 같은 맥락에서 부동산소유권이전등기등에관한특별조치법에 의해 증여재산을 취득하는 경우에도 부동산이전등기접수일일 증여시기로 한다.

3) **사례**
- 상속인이 피상속인과 타인이 함께 합유등기한 부동산의 합유지분에 대한 반환청구를 포기한 때에는 상속인이 당해 지분을 상속받아 잔존합유자에게 증여한 것으로 보는 것이며, 이 경우 증여재산의 취득시기는 잔존 합유자의 합유로 하는 합유명의인 변경 등기신청서 접수일로 한다(서면4팀-4185, 2006. 12. 27.).
- 상속개시일과 부동산증여등기 접수일이 동일자로서 피상속인의 사망시간이 등기접수보다 빠른 경우는 당해 재산은 상속재산으로 본다(재삼 46014-398, 1999. 2. 26.).

3. 수증자 명의로 건물신축하거나 분양권 취득·전득한 경우

다음에 해당하는 경우에는 그 건물의 사용승인서 교부일을 취득시기로 한다. 이 경우

---

47) 제187조【등기를 요하지 아니하는 부동산물권취득】상속, 공용징수, 판결, 경매 그 밖의 법률의 규정에 의한 부동산에 관한 물권의 취득은 등기를 요하지 아니한다. 그러나 등기를 하지 아니하면 이를 처분하지 못한다.

사용승인 전에 사실상 사용하거나 임시사용승인을 얻은 경우에는 그 사실상의 사용일 또는 임시사용승인일로 하고, 건축허가를 받지 아니하거나 신고하지 아니하고 건축하는 건축물에 있어서는 그 사실상의 사용일로 한다(상증세법 시행령 제24조 제1항 제2호).

① 건물을 신축하여 증여할 목적으로 수증자의 명의로 건축허가를 받거나 신고를 하여 해당 건물을 완성한 경우
② 건물을 증여할 목적으로 수증자의 명의로 해당 건물을 취득할 수 있는 권리("분양권")를 건설사업자로부터 취득하거나 분양권을 타인으로부터 전득한 경우

4. 주식 또는 출자지분

1) 원칙 : 상법상 주식의 양도는 주권을 교부함으로써 이루어진다. 그러나 상증세법 시행령 제24조 제2항에서는 주식의 증여시점을 확인하기 어려운 경우가 많기 때문에 배당금의 지급이나 주주권의 행사 등에 의하여 해당 주식을 인도받은 사실이 객관적으로 확인되는 날에 취득한 것으로 본다. 즉 주식을 취득하여 사실상 주주로서의 권리를 행사할 수 있는 지위를 취득하였는지에 의하여 판단하여야 한다(대법원 2004도817, 2006. 6. 29.).

2) 예외 : 다만, 인도받은 날이 불분명하거나 주식을 인도받기 전에 상법 제337조 또는 같은 법 제557조의 규정에 의하여 취득자의 주소와 성명 등을 주주명부 또는 사원명부에 기재한 경우에는 그 명의개서일 또는 그 기재일을 취득시기로 하였다(상증세법 시행령 제24조 제2항).

3) 사례

• 그러므로 주권을 교부받는 등의 방법으로 주식을 증여받은 것으로써 주식 증여의 과세요건은 충족되고 회사에 대한 대항요건에 불과한 주주명부에의 명의개서 절차를 경료하지 않았다 하여 과세요건을 충족시키지 못하는 것은 아니다(서울고법 2010누13847, 2011. 2. 24.).

• 주식의 증여에 대한 증여자와 수증자 사이에 의사합치가 존재하고, 수증자 명의로 주주명부상의 명의개서뿐 아니라 이익배당까지 이루어졌다면, 단지 주권이 교부되지 않았다고 하더라도 위 주식에 대하여 증여세 과세대상으로서의 증여가 있었다고 보아야 한다(대법원 2004도817, 2006. 6. 29.).

5. 무기명채권

　무기명채권의 경우 채권의 점유자는 적법한 소지인으로 추정하기 때문에 사채원부에 취득자를 기재하는 등의 별도의 대항요건 없이 이를 증여할 수 있으며, 따라서 증여사실과 채권의 사실상 인도일을 확인하는 것이 매우 곤란하다. 그러므로 상증세법에서는 무기명채권을 증여하는 경우 해당 채권에 대한 이자지급사실 등에 의하여 취득사실이 객관적으로 확인되는 날을 취득시기로 보도록 하였으며, 다만 그 취득일이 불분명한 경우에는 취득자가 이자지급을 청구하거나 채권의 상환을 청구한 날을 취득시기로 하였다(상증세법 시행령 제24조 제3항).

6. 타인의 기여에 의한 재산가치 증가 등 경제적 이익

　증여세 완전포괄주의 일반원칙에 따른 타인의 기여에 의한 증여이익의 증여시점을 명확히 하기 위해 그 증여시기를 다음의 구분에 따른 날[48]로 구체화하였다(상증세법 시행령 제24조 제1항 제3호).

　가. 개발사업의 시행 : 개발구역으로 지정되어 고시된 날
　나. 형질변경 : 해당 형질변경허가일
　다. 공유물(共有物)의 분할 : 공유물 분할등기일
　라. 사업의 인가 · 허가 또는 지하수 개발 · 이용의 허가 등 : 해당 인가 · 허가일
　마. 주식 등의 상장 및 비상장주식의 등록, 법인의 합병 : 주식 등의 상장일 또는 비상장
　　　주식의 등록일, 법인의 합병등기일
　바. 생명보험 또는 손해보험의 보험금 지급 : 보험사고가 발생한 날
　사. 가목부터 바목까지의 규정 외의 경우 : 재산가치 증가 사유가 발생한 날

7. 그 밖의 재산

1) 원칙 : 위의 재산 외의 재산에 대하여는 인도한 날 또는 사실상의 사용일을 증여재산의 취득시기로 한다(상증세법 시행령 제24조 제1항 제4호).

2) 사례

　① 예금입금 : 이런 관점에서 증여목적으로 타인명의의 예금계좌를 개설하여 현금을 입금한 경우 그 입금시기에 증여한 것으로 보는 것이나, 입금시점에 타인이 증여받

---

48) 2015. 2. 3. 이후 증여받는 경우부터 적용한다.

은 사실이 확인되지 않는 경우 혹은 단순히 예금계좌로 예치되는 경우에는 타인이 당해 금전을 인출하여 사용한 날에 증여한 것으로 본다(상증세법 집행기준 31-23-2).

② 소유권보존등기 미결상태건물 : 마찬가지로 소유권보존등기가 되지 않은 상태인 건물을 증여받은 경우에는 수증자가 당해 건물을 사실상 인도받은 날을 건물의 취득시기로 본다(서면4팀-831, 2006. 4. 5.).

8. 구체적 증여유형에 대한 증여시기

1) 증여예시규정

(1) 신탁의 이익을 받을 권리의 증여시기[49]

① 원칙

신탁의 이익을 받을 권리의 증여시기는 당초의 신탁계약시점이 아니라 원칙적으로 원본 또는 수익이 수익자에게 실제 지급되는 때이다(상증세법 제33조 제1항, 시행령 제25조 제1항).

② 예외

다만, 다음의 경우에는 예외로 한다(상증세법 시행령 제25조 제1항 각호).

㉮ 수익자로 지정된 자가 그 이익을 받기 전에 위탁자가 사망한 경우: 위탁자가 사망한 날

㉯ 신탁계약에 의한 원본 또는 수익 지급약정일까지 원본 또는 수익이 지급되지 아니한 경우: 해당 원본 또는 수익을 지급하기로 약정한 날

㉰ 원본 또는 수익을 여러 차례 나누어 지급하는 경우: 해당 원본 또는 수익이 최초로 지급된 날. 다만, 다음의 어느 하나에 해당하는 경우에는 해당 원본 또는 수익이 실제 지급된 날

ⅰ) 신탁계약을 체결하는 날에 원본 또는 수익이 확정되지 않은 경우

ⅱ) 위탁자가 신탁을 해지할 수 있는 권리, 신탁재산을 실질적으로 지배·통제하는 경우(상증세법 시행령 제25조 제1항 제3호 나목)

(2) 보험금의 증여시기[50]

보험금의 증여는 그 증여일이 보험금수취일이나 보험료 납부일이 아니라 보험증권

---

49) 이 책 뒤에서 볼 '신탁이익의 증여' 참조
50) 이 책 뒤에서 볼 '보험금의 증여' 참조

등에 기재된 보험사고가 발생한 때가 된다. 바로 이때에 보험금을 수령할 권리가 확정된다는 점에서 세법의 수익인식기준인 권리의무확정주의에 따른 것으로 판단된다(상증세법 제34조 제1항).

(3) 저가 양수 또는 고가 양도에 따른 이익의 증여시기[51]

저가 양수 또는 고가 양도에 따른 이익의 증여시기는 해당 재산의 양수일 또는 양도일이 된다(상증세법 제35조 제1항, 제2항). 양수일 또는 양도일은 각각 해당 재산의 대금을 청산한 날을 기준으로 하되, 단지 소유권이전등기 등 접수일이 빠르다면 그 날로 한다(상증세법 시행령 제26조 제5항, 소득세법 제98조 및 소득세법 시행령 제162조).

(4) 채무면제 등에 따른 증여시기[52]

채권자로부터 채무를 면제받거나 제3자로부터 채무의 인수 또는 변제를 받은 경우에는 그 면제, 인수 또는 변제를 받은 날을 증여일로 한다(상증세법 제36조 제1항). 이는 권리의무확정주의에 따른 것으로 보인다.

(5) 부동산 무상사용에 따른 이익의 증여시기[53]

부동산 무상사용에 따른 이익의 증여시기는 무상사용을 개시한 날 또는 그 부동산 담보 이용을 개시한 날로 한다. 이 경우 해당 부동산에 대한 무상사용기간이 5년을 초과하는 경우에는 그 무상사용을 개시한 날부터 5년이 되는 날의 다음 날에 새로이 해당 부동산의 무상사용을 개시한 것으로 보며, 차입기간이 정하여지지 아니한 경우 1년을 차입기간으로 하고, 차입기간이 1년을 초과하는 경우에는 그 부동산 담보 이용을 개시한 날부터 1년이 되는 날의 다음 날에 새로 해당 부동산의 담보 이용을 개시한 것으로 본다(상증세법 시행령 제27조 제2항, 제4항).

(6) 금전무상대출 등에 따른 이익의 증여시기[54]

원칙적으로 그 금전을 대출받은 날을 증여시기로 한다(상증세법 제41조의 4 제1항). 대출기간이 정해지지 않은 때에는 그 대출기간을 1년으로 보고, 만약 대부기간이 1년 이상인 경우에는 그 1년이 되는 날의 다음 날에 '매년 새로이 대부받은 것으로 보므로' 그 후 1년마다 도래하는 그 대부받은 날의 다음 날이 증여시기가 된다(상증세법 제41조

---

51) 이 책 뒤에서 볼 '저가 양수 또는 고가 양도에 따른 이익의 증여' 참조
52) 이 책 뒤에서 볼 '채무면제 등에 따른 증여' 참조
53) 이 책 뒤에서 볼 '부동산 무상사용에 따른 이익의 증여' 참조
54) 이 책 뒤에서 볼 '금전무상대출 등에 따른 이익의 증여' 참조

의 4 제2항, 대법원 2011두10959, 2012. 7. 26.).

2016년 개정 전에는 대출금액을 기준으로 금액적 과세요건기준(1억원 이상)을 두고 있었으므로, 1억원 미만의 금액을 1년 이내에 수차례로 나누어 대출받은 경우에는 그 금액이 1억원 이상이 되는 날을 증여시기로 보도록 했다(구 상증세법 시행령 제31조의 4 제2항, 같은 법 집행기준 41의 4-31의 7-1).

(7) 합병에 따른 이익의 증여시기[55]

합병에 따른 이익의 증여일은 해당 합병의 합병등기일이 된다(상증세법 제38조 제1항).

(8) 증자에 따른 이익의 증여시기[56]

법인이 자본금을 증가시키기 위하여 신주(新株)를 발행함으로써 이익을 얻은 경우에는 상장 여부에 따라 다음의 구분에 따른 날[57]을 기준으로 한다(상증세법 시행령 제29조 제1항).

  ㉠ "유가증권시장"에 주권이 상장된 법인 또는 "코스닥시장"에 상장된 주권을 발행한 법인이 해당 법인의 주주에게 신주를 배정하는 경우 : 권리락(權利落)이 있은 날
  ㉡ 「상법」 제346조에 따른 종류주식(전환주식)을 발행한 경우 : 전환주식을 다른 종류의 주식으로 전환한 날
  ㉢ 위 ㉠ 및 ㉡ 외의 경우 : 주식대금 납입일(주식대금 납입일 이전에 실권주를 배정받은 자가 신주인수권증서를 교부받은 경우에는 그 교부일)

(9) 감자에 따른 이익의 증여시기[58]

감자의 경우 증여시기는 감자를 위한 주주총회 결의일을 기준으로 한다(상증세법 제39조의 2 제1항).

(10) 현물출자에 따른 이익의 증여시기[59]

현물출자에 따른 이익의 증여일은 현물출자 납입일이 된다(상증세법 제39조의 3 제1항).

---

55) 이 책 뒤에서 볼 '합병에 따른 이익의 증여' 참조
56) 이 책 뒤에서 볼 '증자에 따른 이익의 증여' 참조
57) 2015. 2. 3. 이후 증여받은 분부터 적용
58) 이 책 뒤에서 볼 '감자에 따른 이익의 증여' 참조
59) 이 책 뒤에서 볼 '현물출자에 따른 이익의 증여' 참조

(11) 전환사채 등의 주식전환 등에 따른 이익의 증여시기[60]

전환사채 등을 저가·고가 취득 및 양도한 때 또는 주식으로 전환 등을 한 때가 증여시기이다.

그러므로 전환사채 등을 인수·취득·양도함으로써 얻는 이익의 증여시기(취득일)는 해당 전환사채 등의 대금을 청산한 날(대금청산일 전에 전환사채를 교부받은 경우에는 그 교부일)이다(상증세법 기본통칙 40-30…1 제2항). 그리고 전환사채 등에 의한 주식으로의 전환·교환 또는 주식의 인수로 인한 이익의 증여시기는 주금의 납입이 필요하면 주금납입일, 주금납입이 필요 없이 청구만으로 주식을 취득할 수 있으면 그 청구일이 된다고 해석하여야 타당하다.

(12) 초과배당에 따른 이익의 증여시기[61]

초과배당에 따른 이익의 증여일은 법인이 배당 등을 한 날이다(상증세법 제41조의 2 제1항).

(13) 주식 등의 상장 등에 따른 이익의 증여시기[62]

해당 주식 등의 상장일부터 3개월이 되는 날(해당 주식 등을 보유한 자가 상장일부터 3개월이 되는 날까지의 사이에 사망하거나 해당 주식 등을 증여 또는 양도한 경우에는 그 사망일·증여일 또는 양도일을 말한다)이 증여시기가 된다(상증세법 제41조의 3 제3항).

(14) 합병에 따른 상장 등 이익의 증여시기[63]

합병등기일부터 3개월이 되는 날(해당 주식 등을 보유한 자가 합병등기일부터 3개월이 되는 날까지의 사이에 사망하거나 해당 주식 등을 증여 또는 양도한 경우에는 그 사망일·증여일 또는 양도일을 말한다)이 증여시기가 된다(상증세법 제41조의 5 제2항, 상증세법 제41조의 3 제3항).

(15) 재산사용 및 용역제공 등에 따른 이익의 증여시기[64]

2015년 12월 개정으로 종전 제42조에서 통합적으로 규정되었던 '그 밖의 이익의 증여 등'의 내용이 개별유형별로 세분화되면서 '재산사용 및 용역제공 등에 따른 이익의 증여'에 관한 내용이 제42조에 규정되었다. 동조항 제4항에서는 증여일의 판단을 대통령령에 위임하고 있지만, 시행령에는 이 위임에 관한 규정이 미비되어 있다. 종

---

60) 이 책 뒤에서 볼 '전환사채 등의 주식전환 등에 따른 이익의 증여' 참조
61) 이 책 뒤에서 볼 '초과배당에 따른 이익' 참조
62) 이 책 뒤에서 볼 '주식 등의 상장 등에 따른 이익' 참조
63) 이 책 뒤에서 볼 '합병에 따른 상장 등 이익의 증여' 참조
64) 이 책 뒤에서 볼 '재산사용 및 용역제공 등에 따른 이익의 증여' 참조

전 제42조의 증여예시 유형들의 증여시기를 판단할 때, 각 개별거래 유형별로 앞서 살펴본 증여유형에 따라 그 증여시기를 정하는 것이 합리적이었으므로 유사한 증여예시 규정인 제41조의 4(금전 무상대출 등에 따른 이익의 증여)를 참고하여 증여일을 판단해야 할 것으로 보인다. 제41조의 4 제1항에서는 증여시기를 '그 금전을 대출받은 날'로 규정하고 있으므로, 재산의 사용 또는 용역의 제공에 따른 이익의 경우에도 '그 재산을 사용하거나(사용하게 하거나) 용역을 제공받은 날(제공한 날)'로 해석할 수 있다.

(16) 법인의 조직 변경 등에 따른 이익의 증여시기[65]

'법인의 조직 변경 등에 따른 이익의 증여'에 관한 규정 또한 2015년 12월 개정으로 종전 제42조에서 통합적으로 규정되었던 '그 밖의 이익의 증여 등'의 내용이 개별유형별로 세분화된 것이다. 증여일을 대통령령에 위임하고 있는 제42조나 법률에서 규정하고 있는 제42조의 3과 달리 증여시기에 관한 명문의 규정을 두고 있지 않은데, '소유지분이나 그 가액이 변동'되는 여러 가지 사유별 증여시기를 모두 규정하기 어려운 현실적 한계로 보인다. 그러나 그 이익의 계산방법에 관한 시행령 규정(제32조의2)에서 '변동 후', '변동 전'이라는 표현을 사용하면서 변동의 기준일을 언제로 볼 것인지 명확히 규정하고 있지 않은 것은 향후 해석과 적용에 있어 문제가 될 수 있다. 더욱이 소유지분이나 평가액을 계산하도록 하면서 가액 계산의 기준일을 특정하지 않고, 변동 '전' 또는 '후'로 규정하고 있는 것은 더 큰 논란의 여지가 있다.

증여시기에 대해서는 주식의 포괄적 교환 및 이전, 사업의 양수·양도, 사업 교환 및 법인의 조직 변경 등에 의하여 소유지분이나 그 가액이 변동된 날로 판단하여야 할 것이다.

(17) 재산 취득 후 재산가치 증가에 따른 이익의 증여시기[66]

재산 취득 후 재산가치 증가에 따른 이익의 증여일은 개발사업의 시행, 형질변경, 공유물(共有物) 분할, 사업의 인가·허가 등의 사유(재산가치 증가사유)가 발생한 날이다 (상증세법 제42조의 3 제2항).

---

65) 이 책 뒤에서 볼 '법인의 조직 변경 등에 따른 이익의 증여' 참조
66) 이 책 뒤에서 볼 '재산 취득 후 재산가치 증가에 따른 이익의 증여' 참조

2) 증여 추정규정

(1) 배우자 등에 대한 양도 시 증여 추정의 증여시기[67]

배우자 또는 직계존비속에게 재산을 양도한 경우 증여시기는 해당 재산을 배우자 등에게 양도하는 때이며, 특수관계인에게 양도 후 다시 배우자 등에게 양도하는 경우 증여시기는 특수관계인이 배우자 등에게 양도하는 때이다(상증세법 제44조 제1항).

(2) 재산 취득자금 등의 증여 추정의 증여시기[68]

재산 취득자금 등을 증여로 추정하는 경우 증여시기, 즉 취득자금을 증여받은 시기는 해당 재산을 취득한 때로 한다(상증세법 제45조 제1항).

그리고 채무상환자금 등을 증여로 추정하는 경우에는 그 채무를 상환한 때를 증여시기로 본다(상증세법 제45조 제2항).

3) 증여 의제규정

(1) 명의신탁재산의 증여 의제의 증여시기[69]

권리의 이전이나 그 행사에 등기 등을 요하는 재산(토지와 건물을 제외한다)의 실제소유자와 명의자가 다른 경우 명의신탁재산에 대해 명의자에게 증여된 것으로 간주한 경우의 증여시기는 그 명의자로 등기 등을 한 날(그 재산이 명의개서를 요하는 재산인 경우에는 소유권취득일이 속하는 해의 다음 해의 말일의 다음 날을 말한다)이다(상증세법 제45조의 2 제1항).

(2) 특수관계법인과의 거래를 통한 이익의 증여 의제의 증여시기[70]

수혜법인의 해당 사업연도 종료일을 증여시기로 본다(상증세법 제45조의 3 제3항).[71]

(3) 특수관계법인으로부터 제공받은 사업기회로 발생한 이익의 증여 의제의 증여시기[72]

사업기회를 제공받은 날이 속하는 사업연도의 종료일을 증여시기로 본다(상증세법 제45조의 4 제1항).[73]

---

67) 이 책 뒤에서 볼 '배우자 등에게 양도한 재산의 증여추정' 참조
68) 이 책 뒤에서 볼 '재산 취득자금 등의 증여 추정' 참조
69) 이 책 뒤에서 볼 '명의신탁재산의 증여 의제' 참조
70) 이 책 뒤에서 볼 '특수관계법인과의 거래를 통한 이익의 증여 의제' 참조
71) 2012. 1. 1. 이후 최초로 개시하는 사업연도부터 발생하는 특수관계법인과의 거래분부터 적용한다.
72) 이 책 뒤에서 볼 '특수관계법인으로부터 제공받은 사업기회로 발생한 이익의 증여 의제' 참조

(4) 특정법인과의 거래를 통한 이익의 증여 의제의 증여시기[74]

특정법인과 거래를 한 날을 증여일로 본다(상증세법 제45조의 5 제1항).

‖ 증여재산 취득시기 요약표 ‖

구 분	취득시기
권리 이전이나 행사에 등기 · 등록을 요하는 재산(부동산 등)	원칙 : 소유권이전등기 · 등록접수일 예외 : 상속 · 공용징수 · 공매 · 형성판결 등으로 취득한 경우는 실제취득일
수증자 명의로 건물신축하거나 분양권 취득 · 전득한 경우	①, ②, ③ 중 빠른 날 ① 건물의 사용승인서 교부일 ② 사용승인 전 사실상 사용 또는 임시사용시 그 사용일 ③ 무허가 건축물인 경우 그 사실상 사용일
주식 또는 출자지분	원칙 : 인도받은 사실이 객관적으로 확인되는 날 예외 : 인도받은 날이 불분명하거나 인도받기 전에 취득자의 주소와 성명 등을 주주명부 또는 사원명부에 기재한 경우 명의개서일 등
무기명채권	원칙 : 취득사실이 객관적으로 확인되는 날 예외 : 취득일이 불분명한 경우 이자지급을 청구하거나 채권의 상환을 청구한 날
타인의 기여에 의한 재산가치 증가 등 경제적 이익	재산가치 증가사유 발생일
위의 재산 외의 재산	인도한 날 또는 사실상의 사용일
신탁이익의 증여	원본과 수익이 실제 지급되는 때 등
보험금의 증여	보험사고일
저가 양수 또는 고가 양도에 따른 이익의 증여	대금청산일(혹은 소유권이전등기 접수일 등)
채무면제 등에 따른 증여	채권자가 면제에 대한 의사표시를 한 날 제3자와 채권자 간에 채무의 인수계약이 체결된 날 또는 사실상의 변제일
부동산무상사용에 따른 이익의 증여	부동산의 무상사용을 개시한 날 부동산의 담보이용을 개시한 날
금전무상대출 등에 따른 이익의 증여	금전을 대출받은 날
합병에 따른 이익의 증여	합병등기일

---

73) 2012. 1. 1. 이후 최초로 개시하는 사업연도부터 발생하는 특수관계법인과의 거래분부터 적용한다.

74) 이 책 뒤에서 볼 '특정법인과의 거래를 통한 이익의 증여 의제' 참조

구　분	취득시기
증자에 따른 이익의 증여	권리락이 있는 날 주식대금납입일(혹은 신주인수권증서 교부일)
감자에 따른 이익의 증여	감자를 위한 주주총회결의일
현물출자에 따른 이익의 증여	현물출자 납입일
전환사채 등의 주식전환에 따른 이익의 증여	전환사채를 저가·고가 취득 및 양도한 때 또는 주식으로 전환 등을 한 때
초과배당에 따른 이익의 증여	법인이 배당 등을 한 날
주식 등의 상장 등에 따른 이익의 증여	상장일부터 3개월이 되는 날
합병에 따른 상장 등 이익의 증여	합병등기일로부터 3개월이 되는 날
재산사용 및 용역제공 등에 따른 이익의 증여	그 재산을 사용하거나(사용하게 하거나) 용역을 제공받은 날(제공한 날)
법인의 조직 변경 등에 따른 이익의 증여	주식의 포괄적 교환 및 이전, 사업의 양수·양도, 사업 교환 및 법인의 조직 변경 등에 의하여 소유지분이나 그 가액이 변동된 날
재산 취득 후 재산가치 증가에 따른 이익의 증여	재산가치 증가사유가 발생한 날
배우자 등에 대한 양도시 증여 추정	배우자 등에게 양도한 때
재산 취득자금 증여 추정	취득자금 소명대상 재산을 취득한 때
명의신탁재산 증여 의제	명의개서일(혹은 취득한 날이 속하는 해의 다음 해의 말일의 다음 날)
특수관계법인과의 거래를 통한 이익의 증여 의제	수혜법인의 해당 사업연도 종료일
특수관계법인으로부터 제공받은 사업기회로 발생한 이익의 증여 의제	사업기회를 제공받은 날이 속하는 사업연도의 종료일
특정법인과의 거래를 통한 이익의 증여	특정법인과 거래를 한 날
동일인으로부터 재차증여재산 합산시	각 증여일

Ⅲ 본래의 증여세 납세의무

해의 맥

　재산을 증여받은 증여이익을 얻은 자(수증자)가 부담하는 증여세 납세의무를 본래의 납세의무라 말한다.

1. 의의

상증세법에 의하여 증여받은 재산에 대해 부과된 증여세에 대하여 증여를 받은 자는 증여세를 납부할 의무가 있다(상증세법 제4조의 2 제1항).

다만, 명의신탁 증여의제(상증세법 제45조의 2)의 규정에 따라 재산을 증여한 것으로 보는 경우(명의자가 영리법인인 경우를 포함한다)에는 실제소유자가 해당 재산에 대하여 증여세를 납부할 의무가 있다(상증세법 제4조의 2 제2항).

증여세의 경우에는 수증재산에 대하여 증여세를 부담한다고 할 뿐이므로 상속세와 달리 특별히 부담의 한도를 규정하고 있지 않다. 물론 증여세 납세의무도 상속세에서와 같이 수증재산상당액에 대한 증여세를 의미하므로 수증자의 고유재산으로 증여세를 납부하여야 하는 경우가 발생할 수 있음은 당연하다.

1) 수증자가 거주자인 경우 수증자 · 증여자별 본래의 납세의무

위에 기술한 바와 같다.

2) 수증자가 비거주자인 경우 수증자 · 증여자별 본래의 납세의무

국내에 있는 수증재산에 대해서만 납세의무를 진다(상증세법 제4조의 2 제1항 제2호).

2. 증여세 면제

해의 맥

일반거래의 증여예시 중 증여이익이 금전 등으로 현존하지 않으면서 수증자가 납세할 자력을 상실한 경우에는 수증자에 대한 증여세를 면제한다.

1) 의의

종전까지는 수증자가 증여세를 납부할 능력이 없어 조세채권의 확보가 곤란할 경우 증여자에 대하여는 연대납세의무를 면제(채무면제 등에 따른 증여는 제외)하고 있었으나, 정작 수증자에 대하여는 면제하는 규정이 없어 일단 수증자에게 증여세액을 부과하고 체납처분을 통해 결손처분을 하는 번거로움이 있었다.

이에 재산의 저가양수, 채무면제 등을 받음으로써 얻은 경제적 이익에 대하여는 증여세는 과세하지만 재산의 저가 양수자, 채무자, 부동산무상사용자, 금전을 무상으로 대여받은 자가 증여세를 납부할 능력이 없다고 인정되는 경우까지 증여세를 과세하는 것은 너무 가혹한 점을 감안하여, 수증자가 납부할 능력이 없다고 인정되는 경우에는 증여세의 전부 또는 일부를 면제하도록 하여 논리적 일관성을 유지하도록 하였다.[75]

수증자의 증여세 납부 능력을 판단하는 시점을 언제로 봐야 하는지에 대해서는 명문의 규정이 없지만, 해석상 '증여를 받을 때(증여를 받기 직전)'를 기준으로 보아야 한다(대법원 2014두43516, 2016. 7. 14.[76]).

2) 내용

상증세법 제35조(저가양수 또는 고가양도에 따른 이익의 증여 등), 제36조(채무면제 등에 따른 증여), 제37조(부동산 무상사용에 따른 이익의 증여) 및 제41조의 4(금전무상대출 등에 따른 이익의 증여)의 규정에 의하여 수증자가 받은 경제적 이익에 대하여 증여세가 과세되는 경우라도 수증자가 증여세를 납부할 능력이 없다고 인정되는 경우로서 체납처분을 하여도 증여세에 대한 조세채권을 확보하기 곤란한 때에는 그에 상당하는 증여세의 전부 또는 일부를 면제한다(상증세법 제4조의 2 제5항, 같은 법 집행기준 4-0-3).[77]

Ⅳ 납세의무의 확장

 해의 맥
> 납세의무의 확장에 의해 본래의 납세의무가 아님에도 불구하고 납세의무를 부담한다.

---

75) 국세청, 「2004 개정세법해설」, 2004, 191쪽

76) 증여세 납세의무의 부담 여부에 관한 규정에서 정한 요건이 충족되는지 여부는 이를 사후적 요건으로 볼 특별한 사정이 없는 이상 원칙적으로 증여세 납세의무의 성립 시점을 기준으로 판단하여야 할 것인 점, 이 사건 법률조항은 '수증자가 증여세를 납부할 능력이 없다고 인정될 때'에 해당하는지 여부의 판단 시점에 관하여 따로 정하지 아니하고 있는 바 만일 증여세 납세의무의 성립 이후 과세관청의 부과처분 등 집행 시점을 기준으로 이를 판단하게 되면 결국 증여세 납세의무의 부담 여부가 과세관청의 임의에 따라 좌우될 우려가 있어 부당한 점 등에 비추어 보면, 이 사건 법률조항에서 정한 '수증자가 증여세를 납부할 능력이 없다고 인정될 때'에 해당하는지 여부는 문제되는 증여세 납세의무의 성립 시점, 즉 그와 같은 증여가 이루어지기 직전을 기준으로 판단하여야 하고, 그 시점에 이미 수증자가 채무초과 상태에 있었다면 채무초과액의 한도에서 증여세를 납부할 능력이 없는 때에 해당한다고 할 것이다.

77) 2004. 1. 1. 이후 증여분부터 적용한다.

납세의무의 확장이란 과세물건의 귀속자 외의 자에게 납부책임을 지우는 제도이다. 이는 조세채권의 보전을 위하여 일정한 사유가 있는 경우에는 본래의 납세의무자 이외에게도 납부책임을 지우는 것으로, 증여세와 관련하여서는 연대납세의무, 물적 납세의무, 납세보증인이 이에 해당하며, 이에 대한 자세한 설명은 '상속세' 편을 참조하기 바란다.

1. 연대납세의무

1) 연대납세의무의 의의

'연대납세의무의 의의' 등 일반론에 대한 자세한 설명은 '상속세' 편을 참조하기 바란다.

2) 증여세 연대납부의무

> 증여세 연대납부의무는 본래의 납세의무가 없음에도 불구하고 수증자로부터 조세채권의 확보가 곤란한 경우 등의 경우에 한도없이 전체 증여세에 대해 납부할 의무를 지는 것이다.

(1) 증여세 연대납부의무의 의의 및 범위

증여세의 납세의무자는 증여재산을 취득한 수증자이다(상증세법 제4조의 2 제1항). 즉, 우리나라는 상속세의 과세방식에 있어서는 유산세방식을 취하면서도 증여세의 과세방식은 수증자과세방식을 취하고 있다.[78]

그런데 수증자가 다음[(5)]에 게기하는 사유 중의 어느 하나에 해당하는 때에는 증여자에게 수증자가 납부할 증여세에 대하여 연대납부의무를 지우도록 하고 있다(상증세법 제4조의 2 제6항). 증여세의 조세채권의 확보를 위한 법적 장치라고 하겠다. 그런데 증여세 연대납부의무는 수증자로부터 조세채권의 확보가 곤란한 경우 등의 경우에 한도 없이 전체 증여세에 대해 납부할 의무를 지는 것이다.

(2) 증여세의 연대납부의무의 성격

증여세의 연대납부의무는 제2차 납세의무에 유사한 납부의무이다. 즉, 증여자의 증

---

78) 유산세방식에 의하여 상속세(Estate Tax)를 과세하는 미국에서는 증여자과세방식에 의하여 증여세(Gift Tax)를 과세하고 있다. 그리고 유산취득세방식에 의하여 상속세를 과세하는 일본에서는 수증자과세방식에 의한 증여세를 과세하도록 하고 있다.

여세 납부의무는 주된 채무인 수증자의 납세의무에 대한 종된 채무로서의 성질(부종성[79]과 보충성[80])을 갖는 증여세 납부책임인 것이다. 따라서 증여세 연대납부의무는 주된 납세의무가 성립하지 아니하면 성립할 수 없고 주된 납세의무가 구체적으로 확정되지 아니하였다면 증여세의 연대납부책임 역시 구체적으로 확정되었다고 볼 수 없을 것이므로(대법원 91누12813, 1992. 2. 25. 및 국심 99전1343, 1999. 12. 15.), 증여세 과세 전에 수증자가 사망한 경우 증여세 납세의무를 상속인들에게 승계시켜 증여세를 결정 고지하지 않고 증여자에게 연대납부의무가 있다 하여 증여세를 바로 납부통지한 것은 주된 납세자의 납세의무가 구체적으로 확정되지 아니한 상태에서 부과한 처분으로서 적법한 처분으로 볼 수 없다(국심 98서2592, 1998. 10. 13.).

증여세 연대납부의무의 특징은 다음과 같다.

① 증여세의 납세의무자는 증여재산을 취득한(증여이익을 얻은) 수증자인데(상증세법 제4조의 2 제1항), 증여세의 채권확보를 위하여 증여이익과는 무관한 증여자에게 연대납부책임을 지우고 있다.

② 수증자가 주소 또는 거소가 분명하지 아니한 경우로서 조세채권의 확보가 곤란하거나(⇨ 보충성) 증여세를 납부할 능력이 없다고 인정되는 경우로서 체납으로 인하여 체납처분을 하여도 조세채권의 확보가 곤란한 때(⇨ 보충성)에 증여자에게 수증자가 납부할 증여세에 대하여 연대납부의무를 지우도록 하고 있다(상증세법 제4조의 2 제6항). 그렇지만 수증자가 비거주자인 경우와 명의신탁재산의 증여의제[81]의 경우에는 이러한 보충성의 요건이 존재하지 않아도 연대납부의무를 지우고(상증세법 제4조의 2 제6항, 구 상증세법 제4조의 2 제5항) 있다. 이 경우에는 연대채무에 유사한 증여세 연대납부의무의 성격을 가진다고 볼 수 있다.

③ 증여자에게 증여세를 납부하게 할 경우에 세무서장은 그 사유를 증여자에게 통지하도록 하고 있다(상증세법 제4조의 2 제7항). 즉 수증자에 대한 증여세 납세의무와는 별도로 증여자에게 연대납부의무를 지는 사유를 알림으로써 연대납세의무가 발생하도록 하고 있다. 따라서 이때의 통지는 국세징수법 제12조에서 규정한 제2차

---

79) 제2차 납세의무는 주된 납세의무의 존재를 전제로 하여 성립하고, 주된 납세의무에 관하여 생긴 사유는 제2차 납세의무에도 그 효력이 있다. 이러한 성질을 부종성이라 한다.

80) 제2차 납세의무자는 주된 납세자의 재산에 대하여 체납처분을 집행하여도 징수할 금액에 부족한 경우에 한하여 그 부족액에 대해 납부책임을 지는바, 이를 보충성이라 한다.

81) 2018. 12. 31. 개정 전에는 명의신탁재산의 증여의제에 따른 납세의무자가 명의자였으므로 실제소유자인 증여자에게 연대납부의무가 부과되었으나, 2019. 1. 1. 이후 증여로 의제되는 분부터는 실제소유자인 증여자가 본래 납세의무자가 되어 이러한 연대납부의무가 사라지게 되었다. 대신 명의신탁재산에 대한 물적납세의무가 신설되었다(상증세법 제4조의 2 제9항).

납세의무자에 대한 납부고지방법을 준용한다(서면4팀-88, 2004. 2. 19.).

④ 수증자의 본래의 증여세 납세의무가 면제(상증세법 제4조의 2 제5항, 제48조)되면 이에 따라 증여자의 연대납세의무도 면제되도록 하는 규정(상증세법 제4조의 2 제6항 단서) 간의 관계에서, 부종성의 흔적을 이끌어 낼 수 있다.

(3) 증여자의 연대납부의무의 성립과 확정 그리고 납세고지

증여세 연대납부의무는 연대납부의무자로 지정하는 통지에 의하여 추상적으로 성립하고 납부고지에 의하여 확정되며, 대상의무의 이행이나 부과취소 등으로 소멸한다. 상증세법 제4조의 2 제7항에 따른 연대납부의무 통지를 받았다 하더라도 납부고지가 없었다면 연대납부의무가 확정되지 아니한다.

즉 증여자에게 수증자가 납부할 증여세를 연대하여 납부할 의무를 지우기 위해서는 연대납부의무의 성립요건에 해당됨과 동시에 세무서장은 그 사유를 증여자에게 사전에 통지하여야 하므로, 증여자가 증여하였다는 사실만으로 바로 연대납부의무가 발생되는 것이 아니고 구체적으로 수증자에게 부과처분(결정고지)이라는 납세의무의 확정과 요건성립이 충족된 경우에 증여자에게 연대납부의무 지정 및 납부통지 등의 행위를 함으로써 비로소 연대납부의무가 발생되는 것(대법원 91누12813, 1992. 2. 25. ; 국심 99전1343, 1999. 12. 15.)이다. 따라서 주된 납세의무자인 수증자에게 결정고지한 시점에 증여자인 피상속인이 이미 사망하여 피상속인에게 당해 증여세에 대한 연대납부의무의 지정 및 납부통지가 불가능한 상황이어서 증여자에게 연대납부책임이 발생되었다고 볼 수 없는 경우에는 피상속인의 증여세 연대납부의무를 상속인에게 승계시켜 부과한 처분은 부당하다(국심 2000중1162, 2000. 10. 20.).

① 성립

증여자의 증여세에 대한 연대납부의무는 수증자가 주소 또는 거소가 분명하지 아니한 경우로서 조세채권의 확보가 곤란한 경우, 증여세를 납부할 능력이 없다고 인정되는 경우로서 체납으로 인하여 체납처분을 하여도 조세채권의 확보가 곤란한 경우에 비로소 추상적으로 성립한다고 하겠다.

한편 수증자가 비거주자이거나 명의수탁자인 경우의 연대납부의무는 수증자에 대한 본래의 증여세납부의무의 성립에 따라 추상적으로 성립한다고 하겠다.

위 모두의 경우에 세무서장은 증여자에게 수증자의 증여세 연대납부의무를 지우는 때에는 그 사유를 증여자에게 알려야 한다(실질적 성립)(상증세법 제4조의 2 제7항).

② 확정

그리고 세무서장이 증여자(연대납세의무자)에게 납부고지서를 발부하여 납세의 고지를 함으로써 비로소 구체적으로 확정되는 것이다(징세 46101-1917, 1999. 8. 5.).

③ **납세고지**

이에 대하여 국세기본법 제8조 제2항 단서에서 연대납세의무자에 대한 납세의 고지는 연대납세의무자 모두에게 각각 행하도록 하고 있다.

그런데 증여세의 연대납세의무는 증여자가 지는 것이고 증여세는 증여자 및 수증자 각각에 대해 계산하여 부과하는 것이므로 증여자나 수증자가 복수가 되는 경우는 존재하지 않는다. 따라서 상속세에서와 같은 복수의 연대납세의무자의 존재를 전제로 한 문제[82]는 발생할 여지가 없다.

상속세와 달리 제2차 연대납세의무에 유사한 증여자의 연대납세의무에 대해서는 과세관청이 연대납세의무를 지게 될 때 증여자에게 그 사유를 통지하여야 한다(상증세법 제4조의 2 제7항). 그러므로 수증자에 대한 납세고지와 별도로 증여자에 대한 연대납세의무의 고지를 하여야 한다.

(4) 연대납부의무자

상증세법 제4조의 2 제6항에서 증여자는 일정한 경우[다음 (5)]에 수증자가 납부할 증여세에 대하여 연대하여 납부할 의무를 진다.

(5) 연대납부의무를 지는 사유(상증세법 집행기준 4의 2-0-4)

① **조세채권의 확보가 곤란한 경우**(상증세법 제4조의 2 제6항 제1호, 제2호 ⇨ 보충성)

다음의 어느 하나에 해당하게 될 때 증여자는 연대하여 납부할 의무를 진다.

　㉠ 주소 또는 거소가 분명하지 아니한 경우로서 조세채권의 확보가 곤란한 경우

　㉡ 증여세를 납부할 능력이 없다고 인정되는 경우로서 체납으로 인하여 체납처분을 하여도 조세채권의 확보가 곤란한 경우

　이때 납세할 능력이 없는지 여부는 증여일을 기준으로 판정하는 것이 타당하다(심사상속 99-276, 2000. 4. 7. ; 국심 99서2418, 2000. 3. 21.).

② **특정증여의 경우**(상증세법 제4조의 2 제6항 제3호)

수증자가 증여일 현재 비거주자인 경우 증여세 납세의무 성립과 동시에 증여자는 연대하여 납부할 의무를 진다.[83] 이 규정은 비록 조세채권의 확보곤란이라는 보충성을 명시적으로 규정하지 아니하였으나, 실질적으로는 조세채권 확보곤란

---

82) 이 책 '상속세의 연대납세의무자에 대한 납세고지' 참조
83) 2003. 1. 1. 이후 증여분부터 적용한다.

가능성이 있음을 전제한 것으로 보인다. 외환거래 자유화 폭이 커진 점을 감안하여 수증자가 비거주자인 증여거래에 대하여 조세채권확보가 용이하게 이루어질 수 있도록 증여자에게 신고의무 및 수증자와 동일하게 연대납세의무를 부여하기 위한 취지인 것이다.

(6) 연대납부의무의 면제사유

민법상의 증여는 아니나 조세형평상 세법에서 정한 과세요건을 충족함에 따라 세법상 증여로 보아 과세하는 경우 수증자에 대한 조세채권의 확보가 곤란하다고 하여도 증여자에게 연대납부의무를 지우는 것은 지나친 경우가 있다. 따라서 연대납부의무의 발생요건을 충족하였다 하더라도 다음의 경우에는 증여자에게 연대납부의무를 지우지 아니한다(상증세법 제4조의 2 제6항 단서).

① 일반적인 경우

  ㉠ 현저히 낮은 대가를 주고 재산 또는 이익을 이전받음으로써 발생하는 이익이나 현저히 높은 대가를 받고 재산 또는 이익을 이전함으로써 발생하는 이익을 얻은 증여(상증세법 제4조 제1항 제2호)

  ㉡ 재산 취득 후 해당 재산의 가치가 증가한 경우의 그 이익을 얻은 증여(상증세법 제4조 제1항 제3호)

  ㉢ 저가 양수 또는 고가 양도에 따른 이익의 증여 등(상증세법 제35조)

  ㉣ 채무면제 등에 따른 증여(상증세법 제36조)
  종전에는 연대납부의무가 면제되는 사유에서 제외되어 있었으나, 2013년 1월 1일 상증세법 개정으로 이를 바로잡았다. 이로 인해 수증자의 납세의무가 면제되었음에도 불구하고 연대납세자는 연대납세의무가 존속하는 논리상의 상충관계가 해소되었다(서면4팀-3079, 2006. 9. 7. ; 서면4팀-3023, 2006. 8. 31.).

  ㉤ 부동산 무상사용에 따른 이익의 증여(상증세법 제37조)

  ㉥ 합병에 따른 이익의 증여(상증세법 제38조)

  ㉦ 증자에 따른 이익의 증여(상증세법 제39조)

  ㉧ 감자에 따른 이익의 증여(상증세법 제39조의 2)

  ㉨ 현물출자에 따른 이익의 증여(상증세법 제39조의 3)

  ㉩ 전환사채 등의 주식전환 등에 따른 이익의 증여(상증세법 제40조)

  ㉪ 초과배당에 따른 이익의 증여(상증세법 제41조의 2)

  ㉫ 주식 등의 상장 등에 따른 이익의 증여(상증세법 제41조의 3)

  ㉬ 금전무상대출 등에 따른 이익의 증여(상증세법 제41조의 4)

ㅎ 합병에 따른 상장 등 이익의 증여(상증세법 제41조의 5)

㉮ 재산사용 및 용역제공 등에 따른 이익의 증여(상증세법 제42조)

㉯ 법인의 조직 변경 등에 따른 이익의 증여(상증세법 제42조의 2)

㉰ 재산 취득 후 재산가치 증가에 따른 이익의 증여(상증세법 제42조의 3)

㉱ 재산취득자금등의 증여추정(상증세법 제45조)

㉲ 특수관계법인과의 거래를 통한 이익의 증여 의제(상증세법 제45조의 3)[84]

㉳ 특수관계법인으로부터 제공받은 사업기회로 발생한 이익의 증여 의제(상증세법 제45조의 4)[85]

㉴ 특정법인과의 거래를 통한 이익의 증여 의제(상증세법 제45조의 5)

㉵ 공익법인 등이 출연받은 재산에 대한 과세가액 불산입 등(상증세법 제48조)

이때에는 출연자가 해당 공익법인의 운영에 책임이 없는 경우로서 대통령령이 정하는 경우에 한한다. 즉, 상증세법 제48조의 규정에 의하여 공익법인 등이 증여세 또는 가산세 추징사유가 발생한 경우로서 ⓐ 상증세법 제48조의 규정에 의한 증여세 또는 가산세 부과사유 발생일부터 소급하여 재산출연일까지의 기간이 10년 이상이면서 ⓑ 위 ⓐ의 기간 중 출연자(상증세법 시행령 제38조 제10항에 따른 자를 말한다) 또는 그의 특수관계인[86]이 해당 공익법인의 이사 또는 임직원(이사를 제외한다)이 아니었어야 하며, 이사의 선임 등 공익법인의 사업운영에 관한 중요사항을 결정할 권한을 가지지 아니하여, 당초 출연자와 특수관계인이 공익법인의 운영에 참여하지 아니한 경우에는 귀책사유가 없는 것으로 보아 당초 출연자에 대한 증여세 연대납부의무를 면제한다(상증세법 시행령 제3조의 3 제2항). 이는 출연자 또는 그 특수관계인이 이사 등에 취임하지 아니한 상태에서 추징사유가 발생한 경우에까지 출연자에게 연대납세의무를 지워 증여세를 부담시키는 것은 과도한 면이 있는 점을 감안한 것이다.

② 결론적으로 민법상 증여(상증세법 제2조), 신탁이익의 증여(상증세법 제33조), 보험금의 증여(상증세법 제34조), 배우자 등에게 양도한 재산의 증여추정(상증세법 제44조), 명의신탁재산의 증여 의제(상증세법 제45조의 2)의 규정에 의한 증여에 대하여는 증여자가 항상 증여세 연대납세의무를 진다(부산고법 2010누2432, 2010. 10. 29.).

---

84) 2012. 1. 1. 이후 최초로 개시하는 사업연도부터 발생하는 특수관계법인과의 거래분부터 적용한다.

85) 2016. 1. 1. 이후 최초로 개시하는 사업연도에 사업기회를 제공받은 경우부터 적용한다.

86) 이 책 '보론 21 상증세법상 특수관계인 규정 검토' 참조

(7) 증여자가 증여세를 납부한 경우의 추가적 문제

① 연대납부의무자로서 납부한 증여세액의 증여세 과세문제

이는 연대납부의무의 성격을 어떻게 볼 것인가와 밀접한 문제이다. 즉 연대납부의무의 성격상 자기의 납부의무를 이행한 것이므로 수증자에 대한 증여로 보지 아니하여야 한다는 견해(행정해석의 입장)와 실질적으로 제2차 납세의무에 유사한 납세의무이므로 새로운 증여로 보아야 한다는 견해가 대립하고 있다.

② 연대납부의무가 없으나 납부한 증여세액의 증여세 과세문제

채무면제 등에 따른 증여에 해당하므로, 납부한 증여세액은 상증세법 제47조 제2항[(해당 증여일 전 10년 이내에 동일인(증여자가 직계존속인 경우에는 그 직계존속의 배우자를 포함)으로부터 받은 증여재산가액을 합친 금액이 1천만원 이상인 경우 그 가액을 증여세 과세가액에 가산한다)]에 따라 당초 증여재산에 가산한다(상증세법 기본통칙 36-0…1②, 같은 법 집행기준 36-0-2 ②).

(8) 불복청구의 원고적격

과세관청이 주주명의개서를 주식의 소유명의를 신탁한 것이라고 보아 증여로 의제하고 수증자에 대하여 증여세 등 부과처분을 한 경우 그 과세처분의 효력은 수증자에게만 미치는 것이고 증여자는 위 증여 의제에 의하여 그 증여세의 연대납세의무자의 관계에 있게 된 자라고 하더라도 위 과세처분에 대하여는 사실상의 간접적인 이해관계를 가지는 것에 불과하므로 그가 수증자에 대한 위 과세처분의 취소를 구하는 항고소송은 법률상 직접적이고도 구체적인 이익이 없는 것이어서 부적법하다(대법원 89누4277, 1990. 4. 24.).

이는 국세기본법 제25조 제1항에 따라 공유자 등 연대납세의무자의 관계에 있는 자가 지게 되는 구체적 연대납부의무가 연대납세의무자 각자에 대한 개별적인 과세처분에 의하여 확정되는 것이어서 이때의 연대납세의무자 중 1인은 다른 연대납세의무자에 대한 과세처분에 대하여 사실상의 간접적인 이해관계를 가질 뿐 원고 적격은 없다는 것(대법원 88누11, 1988. 5. 10. 참조)과는 같은 맥락이다.

그리고 이러한 판례의 태도는 앞서 본 증여세 연대납세의무의 성립과 확정의 법리에 비추어 타당하다고 판단된다.

이와 달리 연대납세의무자에 대한 과세요건은 수증자에 대한 증여세 과세요건과 별개의 것이며 수증자에 대한 증여세 부과처분과 증여자로서의 연대납세의무자에 대한 부과처분은 증여원인만 공통될 뿐 그 과세요건을 달리하고 있는 독립된 별개의 처분에 해당된다고 할 것이므로 증여자에 대한 연대납세의무의 지정 및 납부통지의 청구적격은 인정된다고 할 것이다(대법원 92누4383, 1992. 9. 8. ; 국심 1998서471, 1999. 9. 6.).

그런데 연대납세의무의 지정 및 납부통지를 징수처분으로만 보아 증여자의 불복청구시 수증자에 대한 증여세 과세처분을 다툴 수 없게 한다면 이는 결국 연대납세의무의 지정 및 납부통지에 관한 불복청구의 청구실익 자체를 부인하게 되므로, 증여자에 대한 연대납세의무의 지정 및 납부통지는 부과처분과 징수처분의 성격을 함께 가지는 과세처분으로 해석함이 타당하다고 할 것이고(국심 1996서3670, 1997. 2. 20.), 따라서 증여자는 연대납세의무의 지정 및 납부통지에 대한 불복청구시 그 지정 및 납부통지뿐만 아니라 수증자에 대한 증여세 부과처분, 즉 그 원인행위의 당부에 관하여도 함께 다툴 수 있다고 보아야 할 것이다(국심 2002서2757, 2003. 7. 10.).

(9) 부담의 한도

증여자의 증여세 연대납세의무는 전체 증여세에 대해 지는 납세의무이므로 그 부담의 한도가 없다.

이때 수증자의 체납으로 인한 가산금 중 증여자의 연대납세의무자 지정 전에 발생한 가산금도 증여자가 납부책임을 진다. 왜냐하면 가산금만 달리 취급하여 이는 증여자가 부담하여야 할 금액에 포함되지 아니한다고 보기는 어렵기 때문이다(국심 2001중3288, 2002. 2. 14.).

‖ 상속세 연대납세의무와 증여세 연대납세의무 비교 ‖

구 분	상속세 연대납세의무	증여세 연대납세의무
성격	연대채무에 類似	제2차 납세의무에 類似
납세의무 존재	납세의무 있는 자	납세의무 없는 자
한도	한도 있음	한도 없음
성립	본래 납세의무 성립시(사망시)	지정통지
확정	본래 납세의무 확정시(납세고지)	납세고지

2. 납세의무의 승계

납세의무의 승계는 상속과 합병에 한하므로 증여세의 경우에는 해당되지 않는다.

3. 물적납세의무

 해의 맥

양도담보재산의 소유권은 여전히 양도담보설정자에게 있으므로, 수증자의 고유재산 중 양도담보재산으로 제공된 재산에 대해서는 수증자의 양도담보권자가 물적 납세의무를 지는 경우가 발생할 수 있다.

§관련조문

국세기본법
제42조【양도담보권자의 물적 납세의무】

1) '물적납세의무의 의의, 양도담보의 개념과 유형, 물적 납세의무 성립·확정, 부담의 최고한도'에 대한 상세한 설명은 상속세 편을 참조하기 바란다.[87]

2) 증여세에서의 물적 납세의무

증여세의 경우에는 수증재산에 대하여 증여세를 부담한다고 할 뿐이므로 상속세와 달리 특별히 부담의 한도를 규정하고 있지 않다. 또한 상속에서와 달리 증여에 있어서는 납세의무의 승계가 일어나지 않는다. 물론 증여세 납세의무도 상속세에서와 같이 수증재산 상당액에 대한 증여세를 의미하므로 수증자의 고유재산에서 증여세를 납부하여야 하는 경우가 발생할 수 있음은 당연하다. 특히 명의신탁의 증여 의제에 해당하는 경우에는 실제로 증여받은 재산이 존재하지 아니하므로 수증자의 고유재산으로 증여세를 납부하여야 한다.

따라서 수증자의 고유재산 중 양도담보재산으로 제공된 자산이 존재한다면 수증자의 양도담보권자가 물적 납세의무를 지는 경우가 발생할 수 있을 것이다.

---

87) 이 책 상속세 편 '물적 납세의무' 참조

4. 납세보증인

 해의 맥

　주된 납세자가 조세채무를 이행하지 않는 경우에 이의 이행을 담보하는 제도 중 인적 담보에 해당하는 납세보증인은 종된 납세자의 지위에서 납세담보책임을 지므로 납세의 무의 확장에 해당한다.

이에 대한 상세한 설명은 '상속세' 편을 참조하기 바란다.

제2절　납세의무자

Ⅰ　의의

해의 맥

　실질적으로 증여를 원인으로 하여 수증재산을 무상으로 이전받은 자에게 실질적인 증 여이익이 있다면 납세의무자가 된다. 단, 명의신탁의 증여의제는 실질적인 증여이익이 없더라도 형식적인 측면만으로 명의수탁자가 납세의무자가 된다.

　납세의무자란 세법에 의하여 국세를 납부할 의무가 있는 자로 법률상의 의무자를 말한 다. 보통은 자연인과 법인이다. 그렇지만 권리의무의 단위를 어떻게 정할 것인가는 그 법 의 목적과 관련하여 결정하여야 한다. 그리하여 세법에서는 민사법상 법인이 아니더라도 일정한 요건을 만족한다면 법인으로 보는 경우가 있다. 따라서 현행 세법상 납세의무자는 자연인·법인과 법인으로 보는 단체가 있다.

　증여세의 납세의무자도 이와 같다. 상증세법에서는 영리법인을 제외한 수증자는 증여 세를 납부할 의무가 있다.

Ⅱ 권리능력자별 구분

해의 맥

　권리능력자별 증여세 납세의무자는 자연인과 법인이다. 다만, 자연인 중 태아는 동시 존재의 원칙에 반하므로 증여세 납세의무자가 될 수 없다(이점이 상속세와 다르다). 법인 중 영리법인은 법인세 납세의무를 지므로 이중과세를 피하기 위해 제외된다.

1. 개인

1) 자연인

　영리법인을 제외한 수증자는 증여세 납세의무가 있으므로 수증자인 자연인은 당연히 증여세 납세의무가 있다.

2) 태아

　원칙적으로 수증자가 되기 위해서는 '동시존재의 원칙'에 따라 권리능력자(즉 출생해 있어야 한다)이어야 하므로, 태아는 생전증여의 수증자가 될 수 없어 증여세 납세의무가 없다. 단지 유언에 의한 증여의 수유자는 될 수 있다. 물론 이때에는 상속세 납세의무를 진다.

2. 법인

　생전증여의 수증자의 자격에는 제한이 없으므로 자연인이 아닌 법인도 수증할 수 있다. 그러므로 생전증여를 받은 법인은 수증재산에 대하여 부과된 증여세의 납세의무자가 된다.

1) 영리법인

　상증세법은 증여재산에 대하여 수증자에게 「법인세법」에 따른 법인세가 부과되는 경우 증여세를 부과하지 아니하도록 규정하고 있다(상증세법 제4조의 2 제3항).
　우리나라 법인세법은 종합과세체제로서 순자산증가설에 입각한 것으로 "무상으로 받은 자산의 가액(자산수증익)은 익금에 산입"하도록 규정하고 있으므로 영리법인이 증여받은 재산의 가액은 그 법인의 각 사업연도의 소득을 구성하는 익금에 산입하게 된다. 따라서 이에 따른 법인세의 납세의무가 생기므로 증여세의 납세의무는 없다. 이중과세를 피하기 위해서다.

2) 비영리법인

비영리법인이라 함은 민법 제32조의 규정에 의하여 설립된 법인 또는 사립학교법 제10조의 규정에 의하여 설립된 법인과 그 밖의 특별법에 의하여 설립된 법인으로서 민법 제32조의 규정에 의한 법인과 유사한 설립목적을 가진 법인, 즉 학술·종교·자선·기예 그 밖의 영리가 아닌 사업을 목적으로 하는 법인을 말한다(법인세법 제1조 제2호).

증여에 의하여 재산을 취득한 비영리법인도 증여세의 납세의무가 있다. 비영리법인에게 증여세를 과세하는 것은 비영리법인의 경우에는 오직 수익사업에 대해서만 법인세가 과세되기 때문이다. 물론 수익사업과 관련하여 증여받은 재산은 법인세가 부과(비과세·감면 포함)될 것이므로 이때에는 영리법인에서와 같이 증여세가 과세되지 아니한다(상증세법 제4조의 2 제3항).

다만, 증여세 과세가액 불산입항목에 해당되는 종교·자선·학술 관련 사업 등의 공익사업에 출연받은 재산은 증여재산의 과세가액에 산입하지 아니한다(상증세법 제48조). 공익법인 등이 아닌 비영리법인이 다른 비영리법인으로부터 재산을 증여받는 경우에는 증여세를 납부할 의무가 있다(재산세제과-203, 2016. 3. 10.).

3) 그 밖의 단체

법인격이 없는 사단, 재단, 그 밖의 단체에 대한 과세는 법인으로 보아 법인세가 과세되는 경우와 개인으로 보아 소득세를 과세하는 경우로 대별할 수 있고, 개인으로 과세하는 경우는 거주자로 보아 소득세를 과세하는 경우와 공동사업으로 보아 소득세를 과세하는 경우가 있다.

상증세법상으로는 법인으로 보는 법인격 없는 사단, 재단, 그 밖의 단체(국세기본법 제13조)에 대하여는 비영리법인으로 보아(법인세법 제1조 제2호) 상증세법을 적용하도록 규정하고 있고(상증세법 제4조의 2 제8항 제1호), 그 외 법인으로 보지 않는 법인격 없는 단체 등은 개인(거주자 또는 비거주자)으로 보아 증여세 납세의무를 부여하고 있다(상증세법 제4조의 2 제8항 제2호). 즉 법인격 없는 단체가 법인으로 보는 단체에 해당하지 아니하는 경우로서 대표자 또는 관리인이 선임되어 있으나 이익의 분배방법이나 분배비율이 정하여져 있지 아니한 경우에는 그 단체를 1거주자로 보아 증여세를 과세하는 것이며, 이익의 분배방법이나 분배비율이 정하여진 경우에는 단체의 구성원별로 그 분배비율에 따라 각각 증여세를 과세하여야 한다(서면4팀-1473, 2004. 9. 20.).

따라서 법인격 없는 사단, 재단, 그 밖의 단체에 대하여 증여세 납세의무가 있다고 해석하여야 할 것이다.

 ## 증여당사자별 구분

 해의 맥

증여당사자 중 증여세 납세의무자는 원칙적으로 수증자이며, 예외적으로 증여자인 경우도 있다.

증여의 당사자 중 누구를 납세의무자로 할 것인가는 전적으로 해당 국가의 입법정책의 문제이다. 그런데 누가 납세의무자가 되는가에 따라 실제로 수증자가 취득하는 재산의 가액과 세부담의 크기가 달라진다는 점에서 그 경제적 효과에 차이가 발생한다.

1. 원칙 : 수증자

1) 거주자(무제한 납세의무자)

현행 증여세는 취득과세형 제도로써 수증자가 무상취득한 재산을 과세대상으로 하여 수증자에게 납세의무를 지우고 있다. 그러므로 수증자가 거주자인 경우에는 무제한 납세의무, 즉, 증여로 취득한 재산의 소재가 국내인지 국외인지를 불문하고 취득재산 전부에 대하여 납세의무가 있다(재산-1726, 2009. 8. 18.).

2) 비거주자(제한 납세의무자)

수증자가 증여일 현재 비거주자인 경우에는 제한 납세의무, 즉 국내에 있는 수증재산에 대하여만 증여세를 납부할 의무가 있다(상증세법 제4조의 2 제1항 제2호). 종전에는 국내 수증재산에 대해서만 증여세를 부과하다가 증여세를 회피하기 위하여 거주자가 국내재산을 국외로 유출하여 비거주자에게 증여하는 문제가 발생함에 따라, 2013년 1월 1일 이후부터 비거주자가 거주자로부터 증여받은 국외 예금·적금 등의 국외재산에 대해서도 증여세를 부과하여 증여세 회피 행위를 막고 공정과세를 실현하고자 하였다. 그러나 이러한 방식이 비거주자가 거주자로부터 증여받은 국외재산의 종류에 따라 증여세 과세방법을 이원화(비거주자가 거주자로부터 증여받은 국외재산 중 국외예금이나 국외적금 등은 상증세법에 따라 수증자인 비거주자에게 과세되고, 나머지 재산은 국제조세조정에 관한 법률에 따라 증여자인 거주자에게 과세)시키고, 과세실효성도 높지 않다는 판단에 따라 2017년 1월 1일 이후부터는 국외예금 등에 대한 납세의무도 국제조세조정에 관한 법률에 따라 과세되도록 개정하였다.

비거주자의 구분은 증여일을 기준으로 하므로 증여일 이후에 거주자가 되는 경우에도 제한 납세의무가 있을 뿐이다. 민법상으로 증여일은 증여계약의 성립일이지만, 세법에서는 증여세 납세의무의 성립시기를 증여에 의하여 재산을 취득하는 때(국세기본법 제21조 제1항 제3호)로 하고 있기 때문에 증여의 이행을 받은 날을 기준으로 비거주자인지를 판단하여야 할 것이다.

2. 예외

1) 증여자

　① 국제조세조정에 관한 법률 제35조
　② 연대납세의무

2) 실제소유자 : 명의신탁 증여의제의 경우

제3절　과세대상

> **이 해의 맥**
>
> 　증여세 과세대상은 수증자가 증여로 인해 취득한 재산으로 수증자의 거주자 여부에 따라 범위가 다르고, 수증자에게 동일 재산에 대해 소득세·법인세가 부과되면 대상에서 제외된다.

I 의의

　과세대상이란 세법에 의한 납세의무가 성립하기 위하여 필요한 과세요건 중의 하나인 과세물건을 말한다. 즉, 조세가 부과되는 객체로서 해당 세법이 정하고 있는 물건, 행위 또는 사실 등 물적 기초를 말한다.

현행 우리나라의 증여세제도는 취득과세형으로서 증여세의 과세대상은 수증자가 증여로 인하여 취득한 재산이지만, 수증자(납세의무자)가 누구인가에 따라 그 범위에 차이가 있다(상증세법 제4조의 2).

 ## 과세대상의 범위

증여세의 경우에는 납세의무(자)뿐만 아니라 증여재산의 범위를 판정함에 있어서도 증여일 현재 수증자가 거주자인가 아니면 비거주자인가에 의한다. 이 점은 상속세와 다르다.

따라서 과세대상(납세의무)의 범위를 결정함에 있어서 증여자가 거주자인지 아니면 비거주자인지 구별할 필요가 없다.

1. 거주자(비영리내국법인 포함) : 과세대상의 무제한성(무제한적 · 인적 납세의무)

상증세법 제4조에서 설명한 바와 같이 증여세는 취득과세형 제도로써 수증자가 무상취득한 재산을 과세대상으로 하고 있다. 그러므로 재산을 증여받은 자가 증여일 현재 거주자(본점 또는 주된 사무소의 소재지가 국내에 있는 비영리법인을 포함한다)인 경우에는 거주자가 증여받은 모든 증여재산이 증여세 과세대상(무제한 납세의무)이다(상증세법 제4조의 2 제1항 제1호).

따라서 거주자가 국내에 있는 재산뿐 아니라 국외에 있는 재산을 증여받은 경우 전체 증여재산이 증여세의 과세대상이 된다. 다만, 상증세법 제29조의 규정에 의하여 외국납부세액공제의 적용을 받을 수 있을 뿐이다.

2. 비거주자(비영리외국법인 포함) : 과세대상의 제한성(제한적 · 물적 납세의무)

1) [수증자가 납세의무자인 경우] 수증자가 증여일 현재 비거주자(본점 또는 주된 사무소의 소재지가 국내에 없는 비영리법인을 포함한다)인 경우에는 비거주자가 증여받은 재산 중 국내에 있는 모든 재산이 증여세 과세대상(제한 납세의무)이 된다(상증세법 제4조의 2 제1항 제2호).

종전에는 국내 수증재산에 대해서만 증여세를 부과하다가 증여세를 회피하기 위하여 거주자가 국내재산을 국외로 유출하여 비거주자에게 증여하는 문제가 발생함에 따라, 2013년 1월 1일 이후부터 비거주자가 거주자로부터 증여받은 국외 예금 · 적금 등의 국외재산에 대해서도 증여세를 부과하여 증여세 회피 행위를 막고 공정과세를 실현하고자 하였다. 그러나 이러한 방식이 비거주자가 거주자로부터 증여받은 국외재산의 종류에 따라 증여세 과세방법을 이원화(비거주자가 거주자로부터 증여받은 국외재산 중 국외예금이나 국외적금 등은 상증세법에 따라 수증자인 비거주자에게 과세되고, 나머지 재산은 국제조세조정에 관한 법률에 따라 증여자인 거주자에게 과세)시키고, 과세실효성도 높지 않다는 판단에 따라 2017년 1월 1일 이후부터는 국외예금 등에 대한 납세의무도 국제조세조정에 관한 법률에 따라 과세되도록 개정하였다.

비거주자의 구분은 증여일(납세의무의 성립시기)을 기준으로 하므로 증여일 이후에 거주자가 되는 경우에도 제한 납세의무가 있을 뿐이다. 여기에서 증여일은 증여에 의하여 재산을 취득하는 때(국세기본법 제21조 제1항 제3호)이므로 증여의 이행을 받은 날을 기준으로 비거주자인지를 판단하여야 할 것이다.

2) **[증여자가 납세의무자인 경우]** 거주자가 비거주자에게 국외에 있는 재산을 증여(증여자의 사망으로 인하여 효력이 발생하는 증여는 제외한다)하는 경우 그 증여자는 증여세를 납부할 의무가 있다(국제조세조정에 관한 법률 제21조 제1항).

다만, 수증자가 증여자의 「국기법」 제2조 제20호에 따른 특수관계인이 아닌 경우로서[88] 해당 재산에 대하여 외국의 법령에 따라 증여세(실질적으로 이와 같은 성질을 가지는 조세를 포함한다)가 부과되는 경우(세액을 면제받는 경우를 포함한다)에는 그러하지 아니하다(국제조세조정에 관한 법률 제21조, 상증세법 기본통칙 4-0…2). 이러한 경우 종전에는 특수관계인 여부에 불구하고 증여세를 과세하지 않았으나, 개정을 통해 특수관계인이 아니라면 종전과 같이 증여세를 과세하지 않지만 특수관계인이라면 증여세를 과세하고 외국납부세액을 공제한다.

3. 거주자 · 비거주자의 구분 및 주소 · 거소의 판정

'거주자 · 비거주자의 구분 및 주소 · 거소의 판정'은 '상속세 편'을 참조하기 바란다.

다만, 수증자가 비영리법인인 경우 증여세 납세의무가 있으므로, 수증자의 거주자 여부를 판정할 때의 거주자에는 본점이나 주된 사무소의 소재지가 국내에 있는 비영리법인도 포함(상증세법 제4조의 2 제1항 제1호, 제54조, 제59조)되며, 비거주자에는 본점이나 주된 사무소의 소재지가 국내에 없는 비영리법인이 포함(상증세법 제4조의 2 제1항 제2호, 제6조 제2항 · 제3항)된다. 이 점이 소득세법과 다르다.

---

88) 2015. 1. 1. 이후 증여하는 분부터 적용함.

과세제외(상증세법 제4조의 2 제3항 · 제4항)

① 증여재산에 대하여 소득세법에 의한 소득세, 법인세법에 의한 법인세가 수증자에게 부과되는 때에는 증여세를 부과하지 아니한다. 이 경우 비과세 또는 감면혜택을 유지하기 위해서, 소득세 및 법인세가 소득세법 · 법인세법 또는 다른 법률의 규정에 의하여 비과세 또는 감면되는 경우에도 또한 같다. 다만, 상증세법 제41조의 2(초과배당에 따른 이익에 대한 증여세 과세)에 따라 최대주주 등의 특수관계인이 받은 초과배당금액을 증여재산가액으로 하는 경우[89]는 소득세가 수증자에게 부과되었다 하더라도 증여세가 과세된다.[90]

② 같은 맥락에서 과세관청의 귀책사유로 인한 제척기간의 경과로 소득세 등을 부과할 수 없는 경우에도 증여세를 부과하지 아니한다.

③ 영리법인이 증여받은 재산 또는 이익에 대하여 「법인세법」에 따른 법인세가 부과되는 경우(법인세가 「법인세법」 또는 다른 법률에 따라 비과세되거나 감면되는 경우를 포함) 해당 법인의 주주 등에 대해서는 제45조의 3부터 제45조의 5까지의 규정에 따른 경우를 제외하고는 증여세를 부과하지 않는다. 즉 제45조의 3부터 제45조의 5까지의 규정에 따른 경우에는 증여세가 부과될 수 있다.

④ 이는 현행 세법체계에서 소득세, 법인세 및 증여세가 상호보완적인 관계에 있다는 점을 드러내는 것이고, 동일한 과세대상 재산에 대해 이중으로 과세되는 것을 방지하기 위함이나, 개별 규정에 따라 그 취급이 다를 수 있는 점에 유의하여야 한다.

⑤ 종전 지방세법의 규정에 의한 농업소득세는 2010년 1월 1일 개정시 영세농가 지원 및 농업의 국가경쟁력 강화를 위하여 폐지되었다.[91]

1. 소득세 과세대상인 경우

소득세법에서는 소득원천설에 기초하여 대가관계에 있는 소득의 원천별로 과세소득의 범위를 제한 규정하고 있으며, 증여에 의하여 대가관계 없이 무상으로 재산을 취득하는 경우에는 상증세법에서 증여세를 별도로 규정하고 있다. 그러므로 증여세는 소득세의 보완세라고 할 수 있다. 따라서 대가관계 있는 소득은 일반적으로 소득세가 부과되는 것이고, 증여세 과세대상은 아니라고 할 것이다.

다만, 사업과 관련하여 대가관계 없이 무상으로 증여받은 재산은 소득세와 증여세 모두

---

89) 2016. 1. 1. 이후 증여받는 분부터 적용
90) 2012. 1. 1. 이후 최초로 개시하는 사업연도부터 발생하는 특수관계법인과의 거래분부터 적용한다.
91) 법률 제9924호

의 과세대상이 될 수 있으나, 상증세법 제4조의 2 제3항에서는 증여세 과세대상 재산에 대하여 수증자에게 소득세가 부과(비과세, 과세 미달을 포함)되는 경우 동일한 과세원천에 대한 이중과세를 방지하기 위하여 증여세를 부과하지 아니하도록 규정하고 있다(재산-194, 2010. 3. 30. ; 서면4팀-507, 2008. 2. 29.).

예컨대, 소득세법 시행령 제51조 제3항 제4호에 의하면 사업과 관련하여 무상으로 받은 자산의 가액과 채무의 면제 또는 소멸로 인하여 발생하는 부채의 감소액은 사업소득의 총수입금액에 산입하여 과세소득으로 처리하는 것이므로 이 수증재산에 대하여는 증여세가 과세되지 아니한다. 위와 같이 증여재산에 대하여 직접적으로 소득세가 부과되는 경우에만 증여세 과세가 제외되는 것이고, 필요경비가 과소하게 계상되어 그 결과 소득금액이 증가하게 되는 등 간접적으로 소득세를 부담할 경우에는 상증세법 제4조의 2 제3항이 적용되지 않는다고 판단된다(조심 2010부3567, 2011. 6. 23.).

상증세법 제35조에 의하여 타인 간에 재산을 저가 또는 고가로 양·수도하는 경우 시가와의 차액이 상당한 경우에는 증여세를 과세하도록 하고 있으나, 이에 대하여 부당행위계산의 부인에 의한 상여처분 등으로 수증자에게 소득세가 부과되는 경우에는 마찬가지로 소득세를 우선하고 증여세를 부과하지 아니하는 것이다. 이런 맥락에서 보면, ① 공동사업자 간의 지분비율이 해당 사업에 대한 출자, 노무제공, 경영능력, 거래형성에 대한 기여도, 명성 등을 종합적으로 고려한 사업상 이해관계에 따라 변동되고, 그 변동된 지분비율에 따라 분배된 이득금액에 대하여 소득세가 부과되는 경우 증여세가 과세되지 않으며, ② 특수관계에 있는 법인으로부터 저가로 재산을 취득하거나 고가로 양도한 것에 대하여 부당행위계산 부인에 따른 법인세를 과세하고, 저가 취득자 또는 고가 양도자에게 배당 등으로 소득처분되어 소득세가 과세되는 경우에는 저가 취득자 또는 고가 양도자에게 증여세를 과세하지 않는다(상증세법 집행기준 2-0-5).

여기에서 주의할 점은 수증자에게 소득세가 부과된 경우에 해당 수증자에게 증여세를 부과하지 아니한다는 것이다. 따라서 소득세의 부담자가 수증자가 아니라면 이러한 증여세 부과배제 규정은 적용될 여지가 없다. 즉, 거주자가 친족으로부터 현저히 저렴한 가액의 대가로써 부동산을 양수하여 양도인에게 양도소득세가 과세된다 하더라도 양수인에게 증여세가 과세될 수 있는 것이다(대법원 98두11830, 1999. 9. 21.). 왜냐하면 증여세와 양도소득세는 납세의무의 성립요건과 시기 및 납세의무자를 서로 달리하는 것이어서 각각의 과세요건에 모두 해당할 경우 양자의 중복적용을 배제하는 특별한 규정이 없는 한 어느 한 쪽의 과세만 가능한 것은 아니기 때문이다(대법원 2003두11575, 2004. 12. 10.).

그리고 소득세가 부과되는 때라 함은 소득세의 과세대상이 되는 때로 이해하여야 할 것이다. 따라서 소득세의 과세대상이 되는데도 소득세를 부과하지 아니하였다고 하여 증여세를 부과할 수는 없다(직세 1234-906, 1975. 5. 1.).

한편, 본 규정은 적법한 소득세의 과세대상에 적용되는 것이므로, 애당초 소득세가 잘 못 부과된 경우에는 증여세 부과를 배제하지 않는다. 예를 들어, 증여에 대하여 양도소득 세를 잘못 부과하였다면 증여세를 부과할 수 있다(대법원 94누15189, 1995. 5. 23.).

2. 법인세 과세대상인 경우

영리법인이 수증자인 경우에는 해당 영리법인에게는 법인세가 부과(비과세 또는 감면되는 경우 포함)되고 증여세는 면제된다(상증세법 제4조의 2 제3항 : 재산-660, 2010. 9. 2.). 비영리법인이 증여받은 재산은 원칙적으로 증여세 과세대상이나, 수익사업과 관련하여 증여받은 재산에 대해 법인 세가 과세되었다면 증여세 과세대상에서 제외된다. 이 역시 이중과세를 방지하기 위해서다.

따라서 타인으로부터 시가보다 낮은 가액으로 재산을 양수하는 경우 그 시가와 대가와 의 차액상당액은 양수자의 증여재산가액으로 하여 증여세가 과세되는 것(상증세법 제35조)이 나, 법인의 소유자산을 당해 법인의 사용인 등(같은 법 시행령 제26조 제4항의 규정에 해당하는 자)에게 시가에 미달하는 가액으로 양도함에 따라 법인세법 제52조(부당행위계산의 부인)의 규정에 해 당하는 경우로서 그 차익에 대하여 그 자산의 양수자에게 소득세법에 의하여 소득세가 과세되는 때에는 상증세법 제4조의 2 제3항의 규정에 의하여 증여세를 부과하지 아니한다 (서면4팀-1862, 2006. 6. 20.).

3. 농업소득세 과세대상인 경우

지방세법의 규정에 의한 농업소득세가 수증자에게 과세되는 경우에는 소득세법에 의한 소득세가 과세되는 때와 동일하게 증여세가 부과되지 않도록 하였다. 한국표준산업분류 표상의 농업 중 지방세법 시행령 제147조에 규정된 작물의 재배로 발생하는 소득에 대해 서는 소득세의 과세대상에서는 제외되나, 지방세법에 의한 농업소득세가 과세되기 때문 에 수증자에게 농업소득세가 과세된 경우도 동일한 과세원천에 대한 이중과세를 방지하 기 위하여 증여세를 부과하지 아니하도록 하였다.

그러나 지방세법의 규정에 의한 농업소득세는 2005년 1월 5일 이후 최초로 신고기한이 도래하는 분부터 5년간 적용하지 아니하다가,[92] 2010년 1월 1일 개정시 영세농가 지원 및 농업의 국가경쟁력 강화를 위하여 폐지되었다.[93]

---

92) 법률 제7332호
93) 법률 제9924호

03장 증여세 계산

┃ 증여세의 세액계산 구조[94] ┃

	본 래 의 증 여 재 산		
(+)	증 여 의 제 · 증 여 추 정 재 산		* 합산배제증여재산이란 ① 전환사채 등의 주식 전환·교환 또
(−)	합 산 배 제 증 여 재 산		는 주식의 인수를 하거나 전환사채 등을 양도함으로써 얻은
	증 여 재 산 가 액		이익, ② 주식 또는 출자지분의 상장 등에 따른 이익의 증여,
			③ 합병에 따른 상장 등 이익의 증여, ④ 미성년자 등이 재산
(−)	비 과 세 재 산		가치 증가사유로 인하여 얻은 이익에 대한 증여재산을 말하며
			과세표준을 별도로 계산함.
(−)	과 세 가 액 불 산 입 재 산		공익법인 출연재산·장애인 수증재산
(−)	채 무 인 수 액		부담부증여의 채무인수액
(+)	재 차 증 여 재 산 가 액		동일인으로부터 10년(1998. 12. 31. 이전분은 5년) 이내
	(합산대상 증여재산가액		수증재산 1천만원 이상인 경우
	− 합산배제증여재산가액)		
	증 여 세 과 세 가 액		
(−)	증 여 재 산 공 제		배우자 : 6억원, 직계존속 : 5천만원(2천만원), 직계비속 :
			5천만원, 그 밖의 친족 : 1천만원
(−)	재 해 손 실 공 제		상속세 규정 준용
(−)	감 정 평 가 수 수 료 공 제		
	증 여 세 과 세 표 준		
(×)	세 율		10~50%의 초과누진세율(상속세와 동일함)
	증 여 세 산 출 세 액		세대생략 증여 시 30% 가산(미성년자 20억원 초과시 40%)
(−)	박물관자료등징수유예세액		
(−)	세 액 공 제		납부세액공제·외국납부세액공제·신고세액공제
	결 정 세 액		
(+)	가 산 세		
	차 가 감 납 부 할 세 액		= '총결정세액'
(−)	연 부 연 납 신 청 세 액		상속세 규정 준용
(−)	물 납 신 청 세 액		상속세 규정 준용
	자 진 납 부 세 액		신고납부기한 : 증여일이 속하는 달의 말일로부터 3월 이내

---

94) 증여세 계산구조는 증여세 과세표준 및 자진납부계산서(상증세법 별지 제10호 서식)를 기초로 작성하였다.

> ※ 비거주자의 증여세 계산구조 비교
> 수증자가 비거주자인 경우의 증여세는 위의 거주자의 증여세 계산구조를 기초로 아
> 래의 사항을 고려하여 계산하는 구조로 되어 있다.
> ① 국내의 모든 증여재산만 과세대상 증여재산가액으로 한다.
> ② 증여재산공제를 적용받을 수 없다.
> ③ 조특법상 감면(조특법 제71조) 및 과세특례(조특법 제30조의 5, 제30조의 6)를 적용받을 수
>   없다.
> ④ 외국납부세액공제를 적용하지 않는다.

 증여세 과세대상 재산

 해의 맥

> 증여재산이란 수증자에게 귀속 and 금전으로 환산할 수 있는 and 경제적 가치 있는
> 물건 or 재산적 가치 있는 법률상, 사실상의 권리 or 경제적 이익을 포함한다. ⇨ 특히
> 대체로 큰 줄기로서 귀속에 있어서의 실질주의[95]에 따라 아래 사례들의 증여재산 포함
> 여부를 판단한다. ⇨ 상증세법상 증여 개념과 연계하여 살펴보아야 한다.

I 본래의 증여재산

§ 관련조문

상증세법	상증세법 시행령
제2조【정의】	제3조의 2【증여세 과세대상】
	제24조【증여재산의 취득시기】

---
95) 이 책 '보론 3 – 실질과세원칙' 참조

1. 의의

1) 의의

민법상 증여는 당사자 일방이 무상으로 '재산'을 상대방에 수여하는 의사를 표시하고 상대방이 이를 승낙함으로써 성립한다(민법 제554조). 이때 증여의 목적물인 '재산'에는 특별한 제한이 없으나, 일신전속적인 권리는 그 성질상 증여의 목적물이 될 수 없다. 그러므로 민법상 증여재산은 앞서 살펴본 '상속세편'[96]의 상속재산 중 적극재산과 그 범위를 같이한다. 즉 증여의 성격상 소극재산(채무, 재산상의 의무)은 증여재산에서 제외한다.[97]

또한 민법상 증여는 채권행위이므로 증여의 목적물이 누구의 소유인가는 문제되지 않는다. 따라서 타인의 물건의 증여도 가능하며, 증여로 인해 수증자에게 귀속되기만 하면 된다.

상증세법 제2조 제7호의 규정에 의한 증여재산에는 수증자에게 귀속되는 재산으로서 금전으로 환산할 수 있는 경제적 가치가 있는 모든 물건과 재산적 가치가 있는 법률상 또는 사실상의 모든 권리 또는 금전으로 환산할 수 있는 모든 경제적 이익을 포함한다. 이처럼 세법상의 증여재산은 앞서 살펴본 세법상의 상속재산과 그 범위를 같이한다. 다만, 상속재산의 귀속이 피상속인임에 반해 증여재산의 귀속은 수증자라는 차이가 있을 뿐이다.

2) 요건

증여재산이란 타인의 증여(사인증여 제외)로 인하여 증여일 현재 "수증자에게 귀속되는 모든 재산 또는 이익"으로서 다음의 물건, 권리 및 이익을 포함한다(상증세법 제2조 제7호, 제4조 제1항 제2호 및 제3호 단서).

타인의 증여로 인해 수증자에게 귀속되면 되므로 해당 재산이 증여자에게 귀속되는 재산일 것을 요구하지 않는다. 즉 증여자는 제삼자의 재산에 대해서도 수증자에게 증여할 수 있다.

그리고 증여세를 과세하기 위해서는 증여재산을 경제적 가치, 즉 화폐액으로 평가하여야 하므로 증여재산은 금전으로 환산할 수 있는 재산이어야 한다. 따라서 환가성이 있다면 그것이 유체물이든 무체물이든 채권과 같은 권리이든, 경제적 이익이든 모두 재산으로 인정된다.

---

96) 이 책 '상속세 편 – 상속재산' 참조
97) 김증한 · 김학동, 「채권각론」, 박영사, 2006, 205~207쪽 참조

(1) 포함재산

① 금전으로 환산할 수 있는 경제적 가치가 있는 모든 물건

② 재산적 가치가 있는 법률상 또는 사실상의 모든 권리

- 예컨대 [우선매수청구권]이 재산적 가치가 있는 권리에 해당하므로 증여세의 과세대상 재산에 해당하고, 주식의 시가와 우선매수청구권 행사가격과의 차액 상당의 이익을 증여세 과세대상으로 본다(대법원 2008두17882, 2011. 4. 28.).

- [보험계약상의 수익자 지위] 증여자가 수증자에게 이전한 보험계약상의 지위를 이전하는 경우, 보험계약을 즉시 해지하고 보험료를 환급받을 수 있는 권리를 취득하게 되므로 그 증여재산의 취득시기는 수증자가 재산적 가치가 있는 권리를 얻게 되는 때인 '보험계약상의 지위를 얻게 되는 날'로 보아야 하고, 증여재산가액은 증여시점에 보험계약을 해지하거나 청약을 철회하여 지급받을 수 있는 환급금 또는 보험계약을 그대로 유지하였을 때 받을 수 있는 각종 보험금 등 그 보험계약상의 지위에서 인정되는 권리의 금전적 가치로 하여야 한다(대법원 2018두36486, 2018. 6. 15. ; 대법원 2017두60246, 2018. 1. 11.).

- 여기에서 '경제적 가치'와 '재산적 가치'를 구분하는 이유는 명확하지 않으나, 이를 구분할 특별한 필요는 없어 보인다. 따라서 증여재산 여부를 구체적으로 판단함에 있어서는 이러한 요건에 비추어 보아야 할 것이다.

③ 금전으로 환산할 수 있는 모든 경제적 이익

2013년 1월 1일 개정된 해당 규정은 직접적인 물건 또는 권리의 이전 이외에 우회거래 등을 통한 모든 경제적 이익을 과세대상에 포함한다는 의미를 분명히 한 것일 뿐 특별히 일반적인 재산의 범위 외에 추가되는 것은 없다고 할 수 있다. 여기에서 경제적 이익이란 수증자에게 귀속되는 경제적 가치가 있는 모든 이익을 의미하는 것으로, 용역을 무상 또는 현저히 낮은 가액으로 제공받음에 따른 이익이나 합병 또는 상장에 따라 증가한 이익 등이 그 예이다.[98]

(2) 포함되지 않는 재산

상증세법 제2조 제10호에 따른 특수관계인(상증세법 시행령 제2조의2 제1항)이 아닌 자 간의 거래로서 거래의 관행상 정당한 사유가 있다고 인정되는 경우 그 거래로 인한 이익은 증여재산에 포함하지 아니한다. 이는 완전 포괄주의를 확대 적용에 따른 경제활동의 위축 등을 방지하기 위한 조치이다.

---

98) 기획재정부, "활력있는 경제·튼튼한 재정·안정된 미래-2012년 세법개정안 문답자료", 2012. 8. 8. 75쪽

3) 증여재산의 취득시기(증여일)

증여재산인지를 판단함에 있어서는 증여일(증여재산의 취득시기)을 확정하는 것이 중요하다. 증여재산의 취득시기는 현재 증여예시, 증여추정 및 증여의제(상증세법 제33조 내지 제45조의 5)의 규정이 적용되는 경우를 제외하고는 상증세법 시행령 제23조 제1항에 의하도록 하고 있다. 이에 대한 자세한 설명은 앞에서 살펴본 바와 같다.

2. 상속분 확정 후 재분할 시 증여

> **이 해의 맥**
>
> 상속분이 "확정"되어 등기 등이 된 후에 협의 재분할에 의해 공동상속인 간에 상속지분의 증감이 생기는 경우, 원칙적으로 증여재산에 포함하되 예외적으로 증여재산에서 제외하는 일정한 사유를 열거하여 규정하였다. → 결국 ① 당초 정당한 상속등기 등을 한 후 ② 상속세 신고기한이 경과한 후에 ③ 정당한 사유 없이 재분할한 경우만 증여재산에 포함한다.

1) 의의

① 상속에 의한 상속재산의 승계는 피상속인의 사망 순간에 당연히 포괄적으로 이루어진다. 그러나 수인의 공동상속인이 있는 경우 승계재산을 각자의 상속분에 따라 분할하여 각자의 귀속을 확정할 때까지는 시간적 간격이 존재한다. 그러므로 분할 전까지는 공동상속인은 각자의 상속분에 따라 상속재산을 공유한다.

② 이러한 상속인 간의 과도기적 공유관계를 종료시키는 청산절차가 상속재산의 분할이다.[99] 그런데 상속재산을 분할하려면 각 상속인이 상속하여야 할 비율을 확정하여야 한다. 이때 상속재산의 분할은 ⅰ) 유언에 의한 방법, ⅱ) 공동상속인 간의 협의에 의한 방법, ⅲ) 조정 또는 심판에 의한 방법의 순서에 의한다. 그러므로 유언에 의한 지정상속분을 우선으로 하되 유언에 의한 지정이 없는 경우에는 법정상속지분을 따르도록 하고 있다.

③ 그리고 어느 방법에 의하든 상속재산의 분할은 상속개시 시점에 소급하여 효력이 있기 때문에 분할 후 재산은 상속개시 시점에 피상속인으로부터 직접 승계받는 것으로 된다(민법 제1015조). 그러므로 민법상 정당한 협의분할에 의하여 법정상속지분을

---

99) 이 책 앞에서 본 '보론 14' 참조

초과하여 취득한 재산은 증여받은 것으로 보지 않는 것이며, 협의분할에 기한의 제한이 있는 것이 아니기 때문에 상속개시 후 협의분할까지 상당한 기간이 경과하였다 하더라도 이를 증여로 보지 않는다.

이런 맥락에서 상속개시 후 상속세과세표준 신고기한 이내에 또는 신고기한 이후에 최초로 협의분할에 따라 상속등기를 한 경우 특정 상속인이 법정상속지분을 초과하여 재산을 취득하는 당해 재산은 증여재산에 해당하지 아니한다(상증세법 집행기준 31-0 -1 : 재삼 46014-531, 1997. 3. 7.). 그러나 최초의 협의분할이라 하더라도 상속인 중 1인이 그가 상속받은 재산가액을 초과하는 '채무'를 인수함으로써 다른 상속인이 얻은 이익이 있다면 증여세가 과세된다(서면4팀-1542, 2006. 6. 1.).

④ 그런데 이렇게 되면 법적 불안정성이 장기간 지속되어 법적 안정성이 침해된다. 또한 공동상속인 간의 계약의 일종인 협의분할의 성격상 그 협의분할이 증여의 의사 (증여세 과세)에 따른 것인지 아니면 진정한 상속분으로 환원(증여세 과세 제외)하기 위한 것인지를 확인하기 어렵다.

⑤ 이러한 해석상의 논란을 해소하기 위해 각 상속인의 상속분이 "확정"되어 등기 등이 된 후에 협의분할에 의해 공동상속인 간에 상속지분의 증감이 생기는 경우, 원칙적으로 증여재산에 포함하되 예외적으로 정당한 사유에 의한 재분할 등 증여재산에서 제외하는 일정한 사유를 열거하여 규정하였다. 그러나 상속인들 사이에 '최초로 협의분할'함에 있어 특정상속인이 법정상속분을 초과하여 취득하더라도 증여문제는 발생하지 않는다(서면4팀-2658, 2007. 9. 11.).

2) 원칙 : 증여재산에 포함

원칙적으로 상속재산에 대하여 등기 · 등록 · 명의개서 등("등기 등"[100])에 의하여 각 상속인의 "상속분이 확정"되어 등기 등이 된 후 그 상속재산에 대하여 공동상속인 사이의 협의에 의한 분할에 의하여 특정상속인이 당초 상속분을 초과하여 취득하는 재산가액은 해당 분할에 의하여 상속분이 감소된 상속인으로부터 증여받은 재산에 포함한다(상증세법 제4조 제3항). 이때 당초의 등기 등은 정당한 상속등기 등을 한 것을 전제한다. 이러한 맥락에서 적법하게 협의분할에 의한 재산상속을 원인으로 단독등기된 상속재산인 주택이 아닌, 그 상속재산의 양도대금이 다른 공동상속인들에게 분배된 것에 대해 현금증여로 보아 과세한 것은 너무도 정당하다(국심 2002서282, 2002. 5. 22. : 재산-125, 2010. 2. 26.). 다만, 아래 3)의 경우에는 증여재산에서 제외한다.

---

100) 이 책 '명의신탁 증여의제' 참조

3) 예외 : 증여재산에서 제외하는 경우

(1) 당초 상속등기 등이 정당한 권원을 갖지 못하는 경우(정당한 상속등기 등이 아닌 경우)

애초의 상속등기가 무효, 취소 등으로 인해 정당한 권원을 갖지 못하는 등의 상황이 발생하게 되면 정당한 지분으로 환원되는 재분할에 대해서는 증여재산에서 제외하는 것은 당연하다.

같은 맥락에서 상속개시된 때로부터 소급하여 상속의 효력이 발생하는 상속포기의 경우(민법 제1042조)에도 이로 인한 상속지분의 변동에 대해 증여세를 부과하지 않는 것이 타당하다. 반면 상속인이 상속재산에 대한 처분행위를 한 경우(법정상속인이 상속포기 전에 피상속인의 예금을 인출해 자신의 계좌에 입금한 것 등) 등 위의 법정단순승인[101]에 해당할 때에는 '상속포기'의 효력 없어, 차순위 상속인에게 상속재산이 이전되는 때에 법정상속인이 상속받을 재산을 증여한 것으로 본다(심사상속 2001-46, 2001. 6. 21.).

같은 취지에서, 유증받은 부동산을 장남 단독명의로 상속등기를 경료한 이유가 상속인들 간의 협의분할에 의하여 부동산을 장남에게 확정적으로 귀속시키기 위한 것이라기보다는 피상속인의 유증의 취지에 따라 상속재산의 분할(상속재산 처분 후 가액 지급)의 편의를 위한 것이라면, 위 상속등기는 상증세법 제4조 제3항 소정의 각 상속인의 상속분이 확정되어 등기된 경우라고 보기 어려우므로, 비록 장남으로부터 상속재산의 처분 대가를 지급받았다고 하더라도 이를 다른 상속인들로부터 증여받은 것으로 볼 수는 없다(국심 2006중1312, 2006. 6. 8.).

그런데 상속재산의 협의분할 시 특정 상속인이 자신의 상속지분을 포기하고 그 대가로 다른 상속인으로부터 현금 등을 수령한 경우에는 그 상속인의 지분에 해당하는 재산은 다른 상속인에게 유상으로 이전된 것으로 본다(상증세법 집행기준 31-0-3).

(2) 당초 정당한 상속등기 후, 상증세법 제67조의 규정에 의한 상속세과세표준 신고기한 이내에 재분할에 의하여 당초 상속분을 초과하여 취득한 경우(상증세법 제4조 제3항 단서)[102]

이는 상속세과세표준 신고기한 내에는 우리의 상속관행상 시간적으로 아직 각 상속인의 상속지분이 확정되지 않는 잠정적 상태이고, 재분할을 통한 상속세 회피도 이

---

101) 이 책 '보론 11' 참조

102) 부칙상으로는 2003. 1. 1. 이후부터 적용되나 실제로는 예규(재재산 46014-308, 2001. 12. 28.)에 의해 2001. 12. 28.부터 적용됨.

루어지지 않았다는 점에서 타당하다.[103]

(3) 당초 정당한 상속등기 후, 당초 상속재산의 재분할에 대하여 무효 또는 취소 등 다음의 정당한 사유가 있는 경우(상증세법 시행령 제3조의 2)

① 상속회복청구의 소[104]에 의한 법원의 확정판결에 의하여 상속인 및 상속재산에 변동이 있는 경우[105]

② 민법 제404조의 규정에 의한 채권자대위권의 행사에 의하여 공동상속인들의 법정상속분대로 등기 등이 된 상속재산을 상속인 사이의 협의분할에 의하여 재분할하는 경우[106]

③ 상속세과세표준 신고기한 내에 상속세를 물납하기 위하여 민법 제1009조의 규정에 의한 법정상속분으로 등기·등록 및 명의개서 등을 하여 물납을 신청하였다가 상증세법 시행령 제71조의 규정에 의하여 물납허가를 받지 못하거나 물납재산의 변경명령을 받아 당초의 물납재산을 상속인 간의 협의분할에 의하여 재분할하는 경우[107]

---

103) 상증세법 집행기준 31-0-2

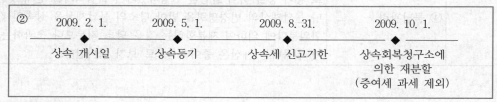

104) 이 책 '보론 13 상속회복청구권' 참조

105) 상증세법 집행기준 31-0-2

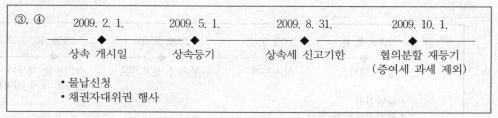

106) 상증세법 집행기준 31-0-2

③, ④

107) 상증세법 집행기준 31-0-2 : 2003. 1. 1. 이후 물납신청분부터 적용

(4) 그러므로 정당한 상속등기 후 신고기한 이내에 재분할하는 경우나, 정당한 상속등기 후 신고기한이 경과한 후에 정당한 사유로 재분할하는 경우에는 증여재산에서 제외한다.

4) 결론적으로 당초 정당한 상속등기 등을 한 후 상속세 신고기한이 경과한 후에 정당한 사유 없이 재분할한 경우에는 재분할로 인해 당초 상속분을 초과하여 취득한 재산가액은 취득한 자의 증여재산에 포함한다(상증세법 제4조 제3항 본문 : 조심 2011전122, 2011. 6. 27.).

┃ 상속재산의 상속지분 확정 후 재협의분할에 따라 상속지분이 변경된 경우
증여재산의 범위(상증세법 집행기준 4-3의 2-1) ┃

구 분		증여세 과세대상 여부
원 칙		재협의분할 결과 특정상속인의 지분이 증가함에 따라 취득하는 재산은 지분이 감소한 상속인으로부터 증여받은 재산으로 본다.
① 상속세 신고기한 내에 재협의분할		상속세 신고기한 내에 재협의분할에 의하여 지분이 초과되는 경우에 취득하는 재산은 증여재산으로 보지 아니한다.
재분할 사유가 정당한 경우	② 법원판결	상속회복청구의 소에 의한 법원의 확정판결에 의하여 상속인 및 상속재산에 변동이 있는 경우 증여재산으로 보지 아니한다.
	③ 채권자대위권 행사	피상속인의 채권자가 대위권을 행사하여 공동상속인들의 법정상속분대로 등기 등이 된 상속재산을 상속인 사이에 협의분할에 의하여 재분할하는 경우 당초 지분보다 초과하는 자가 취득하는 재산은 증여재산으로 보지 아니한다.
	④ 물납관련	상속세 신고기한 이내에 상속세를 물납하기 위하여 법정상속분으로 등기 등을 하여 물납을 신청하였다가 물납허가를 받지 못하거나 물납재산의 변경명령을 받아 당초의 물납재산을 상속인 간의 협의분할에 의하여 재분할하는 경우 당초 지분보다 초과하는 자가 취득하는 재산은 증여재산으로 보지 아니한다.

③, ④
2009. 2. 1.   2009. 5. 1.   2009. 8. 31.   2009. 10. 1.
◆   ◆   ◆   ◆
상속 개시일   상속등기   상속세 신고기한   협의분할 재등기
(증여세 과세 제외)

• 물납신청
• 채권자대위권 행사

3. 증여재산 반환 혹은 재증여[108]

해의 맥

반환시기(및 정부결정여부)와 금전반환 여부에 따라 그 취급이 다르다. ▷ 법률관계의 조기 확정을 위해 시기에 따라 다른 취급을 하고 있고, 금전의 경우 그 목적물을 특정하고 포착하기 어려울 뿐만 아니라 그 진실성을 담보하기 어렵다는 점에서 증여가 확정된 것으로 본다.

1) 의의

일단 유효하게 증여가 이루어진 후에 어떠한 이유로 그 증여재산이 당초의 증여자에게 되돌려지는 경우가 있다. 이렇게 되면 결과적으로 증여재산의 이동이 없게 되어 실제로 증여의 이익을 얻게 되는 자가 없게 된다. 이러한 경우에 각각의 재산의 이동단계마다 세법상 어떠한 취급을 하여야 하는가가 문제시 된다.

이와 같이 민법상 증여재산이 되돌려지는 형태로는 합의해제와 해제가 있다.

먼저 합의해제[109]란 기존의 계약을 해소하여 계약이 없었던 것과 같은 상태로 되돌리기로 하는 쌍방 당사자의 합의에 의한 계약이며, 해제계약이라고도 한다. 그러므로 증여에 있어 합의해제란 당사자가 전에 맺었던 증여계약에 대하여 소급적으로 동 계약의 효력을 소멸시키는 것을 내용으로 하는 새로운 계약이다.

해제계약은 독립된 하나의 계약이므로 그 효과(즉 계약을 소급적으로 소멸시킬 것인지 여부, 이행된 채무의 반환을 어떻게 할지 등)는 계약의 취지와 계약의 일반이론에 따라서 결정해야 한다. 그러므로 원칙적으로 민법의 해제에 관한 규정을 적용할 것은 아니나, 해제계약이 계약이 없었던 것과 같은 상태로 되돌아가려는 취지에 기한 것이라는 점에서 당사자의 일방적 의사표시에 의한 해제와 유사한 면이 있어 특약이 없는 한 해제에 관한 규정을 준용할 수 있다. 이에 따라 ⅰ) 아직 이행되지 않은 채무는 소멸하여 이행할 필요가 없고, ⅱ) 이미 이행한 것이 있으면 이를 반환(원상으로 회복)해야 한다(민법 제548조 제1항). 다만, 당사자 간의 계약은 제삼자에게 효력을 미칠 수 없기 때문에 해제계약의 효력이 제삼자의 권리를 해할 수는 없다(민법 제548조 제1항 단서).

그러므로 합의해제는 당사자의 합의에 의해 반환하는 것으로 그 효력이 소급하여 소멸하므로 증여세 과세대상에서 제외되어야 한다.

이에 반해 계약의 해제[110]는 해제권을 보유한 일방 당사자의 의사표시에 의하여 계약

---

108) 이 책 앞에서 본 '증여에 특유한 해제' 참조
109) 김증한·김학동, 「채권각론」, 박영사, 2007, 176~178쪽

이 처음부터 없었던 상태로 되돌아가는 것(계약시점으로 소급하여 채권계약을 소멸시키는 법률행위)을 목적으로 한다. 따라서 해제의 효과는 ⅰ) 아직 이행되지 않은 채무는 소멸하여 이행할 필요가 없고, ⅱ) 이미 이행한 것이 있으면 이를 반환(원상으로 회복)해야 한다(민법 제548조 제1항). 그러므로 해제에 의해 반환하는 것도 그 효력이 소급하여 소멸하므로 증여세 과세대상에서 제외되어야 한다.

그렇지만 민법상 서면에 의하지 아니한 증여계약, 수증자의 망은행위, 증여자의 재산상태 악화의 경우 증여계약을 해제할 수 있도록 하되, 이미 증여를 이행한 부분에 대하여는 영향을 미치지 아니한다고 하여 법정해제권[111]을 인정하고 있다. 따라서 이러한 경우 이미 이행이 완료된 부분은 반환의무가 없으므로 반환하였다면 증여세 과세대상이 된다.

현행 상증세법에서는 증여를 받은 후 그 증여받은 재산(금전을 제외한다)을 당사자 사이의 합의에 따라 증여세 과세표준 신고기한 이내에 반환하는 경우에는 처음부터 증여가 없었던 것으로 본다. 다만, 반환하기 전에 과세표준과 세액의 결정을 받은 경우에는 그러하지 아니하다(상증세법 제4조 제4항 전단).

또한 수증자가 증여받은 재산(금전을 제외한다)을 증여세 과세표준 신고기한이 지난 후 3월 이내에 증여자에게 반환하거나 증여자에게 다시 증여하는 경우에는 그 반환하거나 다시 증여하는 것에 대하여 증여세를 부과하지 아니한다(상증세법 제4조 제4항 후단).

이때 '반환'이란 당초 증여자에게로 증여재산을 되돌려주는 것(부동산의 경우 등기원인에 불구하고 당초 증여자에게 등기부상 소유권을 사실상 무상이전하는 것)으로 당사자 간의 합의에 의하므로 앞서 본 합의해제에 해당한다고 해석된다. 따라서 상증세법 제4조 제4항의 특약이 없다면 이러한 반환에 대해서는 증여세를 부과해서는 안된다. 그리고 이때 부동산의 경우 반환이라 함은 등기원인에 불구하고 당초 증여자에게 등기부상 소유권을 사실상 무상 이전하는 것을 말한다(상증세법 기본통칙 31－0…1 제2항).

결국 증여재산의 반환 혹은 재증여에 대한 상증세법상의 취급은 반환시기(및 정부결정 여부)와 금전반환 여부에 따라 다르다. 이는 법률관계의 조기확정을 위해 시기[증여계약의 합의해제를 과세상으로도 무한정 그 소급적 효력을 인정하는 경우, 부과처분 이후 심지어 행정소송에서 패소한 후에도 얼마든지 당사자 간의 담합에 의한 합의해제로 부과처분을 무력화시킬 수 있게 된다(헌재 97헌바66, 1999. 5. 27.)]에 따라 다른 취급을 하고, 금전의 경우 그 목적물을 특정하고 포착하기 어려울 뿐만 아니라 그 진실성을 담보하기 어려우므로 금전의 경우 증여가 확정된 것으로 본다는 점에서 다른 취급을 하는 것이다.

---

110) 김증한·김학동, 상게서, 113~176쪽
111) 이 책 앞에서 본 '증여에 특유한 해제' 참조

보론 29 **해제와 해지**

1. 解除 : 유효하게 성립된 계약의 효력을 당사자 일방의 의사표시에 의하여 소급적으로 소멸하게 하여 계약이 처음부터 성립하지 않는 것과 같은 상태로 복귀시키는 것
2. 解止 : 계속적 계약관계에서 일방적 의사표시로 계약의 효력을 장래에 향하여 소멸(소급효가 없음)하게 하는 행위

2) 증여재산에 포함 여부 판단

⎪판단 흐름도⎪

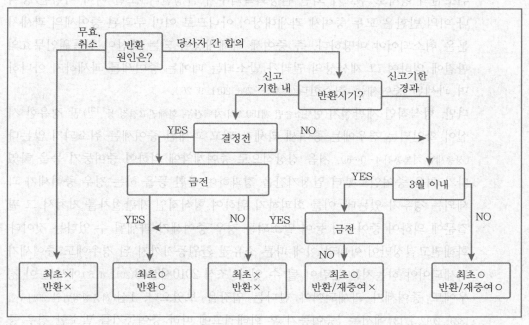

(1) 반환/재증여 원인에 의한 판단

① 당사자의 합의에 의해 반환하는 경우

당초 증여가 정상적 증여임을 전제로 반환/재증여 시기나 반환/재증여대상 재산의 여부에 따라 판단이 달라진다(아래 (2) 내지 (4)).

② 원인무효나 취소에 의한 반환하는 경우

법률행위의 무효란 당사자가 의도한 법률행위의 효력이 처음(법률행위가 성립한 때)부터 법률상 당연히 발생하지 않는 것으로 확정된 것을 말한다. 무효는 누구의 주장도 필요로 하지 않고 당연히 처음부터 그 효력이 없으므로, 이미 이행된 경

우의 그 급부는 원칙적으로 부당이득(민법 제746조 이하)이 되어 반환되어야 한다. 반면 법률행위의 취소란 일단 유효하게 성립한 법률행위의 효력을 행위 시에 소급하여 무효로 하는 특정인(취소권자)의 의사표시이다(민법 제140조~제142조). 그러므로 취소는 취소권자가 취소권을 행사하기 전까지는 그 효력에 아무런 영향을 받지 않으며, 취소권의 존속기간 내에 행사하지 않으면 더 이상 취소할 수 없어 그 결과 유효한 것으로 확정되게 된다. 그러나 법률행위를 취소하면 해당 법률행위의 효력이 처음부터 무효로 되므로, 그 결과에서 무효와 취소는 같게 된다.[112] 따라서 이미 증여의 이행이 이루어졌다고 하더라도 당초 증여계약이 원인무효나 취소권의 행사로 무효가 되면 원상회복의무가 발생한다. 또한 이미 이행된 증여나 이의 반환은 모두 증여세 과세대상이 아니므로 이미 부과된 증여세의 과세처분은 취소되어야 마땅하다. 즉 증여세 과세대상이 되는 재산이 취득원인무효의 판결에 의하여 그 재산상의 권리가 말소되는 때에는 증여세를 과세하지 아니하며 과세된 증여세는 취소한다(재재산-798, 2011. 9. 26.).

다만, 형식적인 재판절차(민사소송법 제150조의 자백간주, 화해권고결정 등[113])만 경유한 사실이 확인되는 경우에는 증여세 과세가 되고 과세된 증여세는 취소되지 않는다(상증세법 기본통칙 4-0…6.). 처음 정상적으로 증여계약에 의하여 증여등기 등을 하였다가 처음 증여일로부터 일정기간을 경과하여 반환 등을 하는 경우 증여세가 과세되는 경우가 있는데, 이를 회피하기 위하여 형식적인 재판절차를 거쳐서 그 판결문에 의하여 증여등기 등이 말소되는 경우 증여세가 과세될 수 있다는 것이다. 화해권고결정만이 아니라 이에 따른 소유권 환원등기까지 된 경우에도 증여세가 과세되어야 하는지는 논란이 될 수 있다. 조심 2010서3843(2011. 4. 5.)에서는 이 경우에도 증여세가 과세되어야 한다는 입장을 보였으나, 1심(서울행정법원 2011구합13231, 2012. 1. 13.)에서는 "증여등기 후 화해권고에 따라 증여등기를 말소한 경우 증여가 부존재 또는 무효가 아닌데도 담합하여 원인무효인 것처럼 제소하여 화해권고결정을 받은 것이라는 점에 관하여 처분청이 입증하여야 하며 이 사건에서는 이에 대한 입증이 부족하여 후발적 경정사유에 해당"한다고 판단하였고, 2심(서울고등법원 2012누4687, 2013. 4. 5.)에서는 "토지를 증여한 것이 부존재 또는 무효가 아닌데도 담합하여 원인무효인 것처럼 제소하여 그러한 내용으로 화해권고결정

---

112) 김준호, 「민법강의」, 법문사, 2003, 360~361쪽.

113) 자백간주란 ① 당사자가 변론에서 상대방이 주장하는 사실을 명백히 다투지 아니한 때나 ② 당사자가 변론기일에 출석하지 아니하는 경우에 자백한 것으로 보는 것을 말한다(민사소송법 제150조 : 국세청, 「상속세·증여세 실무해설」, 한국공인회계사회, 2010).

을 받은 것으로 보기 어렵다"고 판단하여 납세의무자가 승소하였다. 화해권고결정과 이에 따른 소유권 환원등기가 있다는 것만으로 증여세가 꼭 취소될 것은 아니지만, 취소가 안 된다는 과세관청은 증여가 부존재 또는 무효가 아닌데도 담합하여 원인무효인 것처럼 제소하여 화해권고결정을 받은 것이라는 점을 입증하여야 할 것이다. 그리고 증여세 과세대상이 되는 재산은 취득원인무효의 판결에 의하여 그 재산상의 권리(등기)가 말소되는 때에야 비로소 증여세를 과세하지 아니하는 것이어서, 원상회복등기 없이 증여계약의 취소를 원인으로 하여 소유권이전등기 말소절차의 이행을 명하는 이행판결이 확정되었다는 사실만으로는 증여재산이 당연히 환원되었다고 보기는 어렵다(조심 2019서1936, 2019. 10. 22., 2015서2406, 2015. 7. 20.).

같은 맥락에서 사해행위취소판결의 기판력은 그 취소권을 행사한 채권자와 그 상대방인 수익자 또는 전득자와의 상대적 관계에서만 미칠 뿐, 그 소송에 참가하지 아니한 채무자(증여자) 또는 채무자와 수익자(수증자) 사이의 법률관계에는 미치지 아니하는 것이고, 민법 제406조의 채권자취소권의 행사로 인한 사해행위의 취소와 일탈재산의 원상회복은, 채권자와 수익자 또는 전득자에 대한 관계에 있어서만 그 효력이 발생할 뿐이고 채무자가 직접 권리를 취득하는 것은 아니므로, 채권자가 수익자나 전득자를 상대로 사해행위취소와 일탈재산의 원상회복을 구하는 판결을 받아 그 등기명의를 회복시켰다 하더라도 동 재산의 사실상의 소유자는 수익자라 할 것이다(국심 2004서3811, 2005. 4. 12. ; 조심 2010서545, 2011. 3. 29.). 따라서 사해행위취소의 판결에 따라 증여자에게 당초 증여재산의 소유권이 원상회복되더라도 해당 증여재산에 대한 증여세 납세의무자는 수증자(수익자)가 되는 것이다(재재산-991, 2010. 10. 18.). 실질과세원칙상 당연하다.

결론적으로 당초 증여가 적법한 증여가 아니라면, 실질과세원칙의 원칙상 당초 증여자에게 재산의 귀속이 있는 것이므로 증여는 없는 것이 되고, 따라서 증여세를 과세하지 아니한다.

③ 증여받은 재산을 유류분으로 반환하는 경우

사유재산제 하에서는 원칙적으로 자기소유의 재산에 대한 자유로운 처분이 생전이든 유언에 의한 사후이든 보장되어야 한다. 그러나 피상속인이 유언에 의해서 자유롭게 재산을 처분하는 경우에는 피상속인의 유족(법정상속인)의 생계가 위태롭게 될 수 있다. 그러므로 피상속인에게 유증의 자유를 인정하되, 피상속인 사후 유족의 생활보장을 위하여 일정한 범위에서 제한을 가할 필요가 있다. 이러한 이유에서 인정된 것이 유류분제도이다.

이에 따라 유류분을 침해하는 유증 또는 증여로 인하여 유류분에 미치지 못하는 상속재산을 받게 된 때에는, 유류분권리자가 유류분에 부족한 한도에서 유증 또는 증여된 재산의 반환을 청구할 수 있는 권리(유류분반환청구권)[114]를 가진다(민법 제1115조 제1항).

그리하여 그 청구권이 행사되면 유류분에 부족한 한도에서 유증과 증여의 효력이 소멸된다. 따라서 반환청구를 받은 수증자는 그 재산을 반환하여야 하는데, 반환대상인 증여의 목적물이 특정물인 경우에는 소유권을 이전하여야 하나, 다른 사람에게 이미 양도되었을 때에는 제삼자 보호를 위해 가액의 반환을 청구할 수 있는데 그친다고 보아야 한다(민법 제1014조).

그러므로 피상속인의 증여에 의하여 재산을 증여받은 자가 민법 제1115조[115]의 규정에 의하여 증여받은 재산을 유류분권리자에게 반환한 경우 반환한 재산가액은 당초부터 증여가 없었던 것으로 본다(상증세법 기본통칙 31 - 0…3, 같은 법 집행기준 31 - 0 - 6 ; 조심 2010서2927, 2011. 5. 12. ; 서면4팀 - 2463, 2006. 7. 26.). 이때의 반환에는 청구에 의한 반환만이 아니라 실질과세원칙상 실질적인 유류분반환도 포함된다(국심 2003서 1204, 2003. 7. 22). 따라서 당초의 증여세는 취소되어 환급되어야 하며, 유류분권리자인 상속인은 반환받은 재산에 대해 피상속인의 사망 시에 소급하여 상속받은 것으로 보아 상속세가 과세된다. 같은 맥락에서 피상속인의 유언에 따라 모든 상속재산을 상속인 1인에게만 상속등기하였다가 그 상속재산을 처분하여 다른 상속인과 협의분배한 경우 다른 상속인이 분배받은 금액 전체를 증여재산으로 보는 것이 아니라, 그 중 민법상의 유류분 해당액은 상속재산, 그 초과분은 증여재산에 해당한다(조심 2010중3090, 2010. 12. 31. ; 국심 2003서1204, 2003. 7. 22.).

그러나 만약 반환의무가 있는 수증자가 피상속인으로부터 증여받은 재산이 아닌 제삼자로부터 증여받은 재산으로 유류분권리자에게 반환하는 경우에는 거래의 흐름에 따라 판단하여야 한다. 즉 수증자에게는 제삼자로부터 증여받은 재산에 대한 증여세가 과세되고 교환에 따른 양도소득세 납세의무가 있다. 그리고 유류분을 포기한 대가로 다른 재산을 취득한 유류분권리자에게는 상속재산에 대한

---

114) 이 책 '보론 15 유류분반환청구권' 참조

115) 민법 제1115조【유류분의 보전】① 유류분권리자가 피상속인의 제1114조에 규정된 증여(상속개시 전의 1년간에 행한 증여, 당사자 쌍방이 유류분권리자에 손해를 가할 것을 알고 증여를 한 때에는 1년 전에 한 것도 같다) 및 유증으로 인하여 그 유류분에 부족이 생긴 때에는 부족한 한도에서 그 재산의 반환을 청구할 수 있다.
② 제1항의 경우에 증여 및 유증을 받은 자가 수인인 때에는 각자가 얻은 유증가액의 비례로 반환하여야 한다.

상속세와 교환에 따른 양도소득세 납세의무가 발생한다(재산-181, 2011. 4. 7. : 서면4팀
-1686, 2006. 6. 12.).

그러므로 증여받은 재산으로 유류분으로 반환하는 경우 실제권리자에게 처음부
터 그 재산이 귀속된 것으로 보아 판단하여 실질과세원칙상 증여세가 과세되지
않는다.

(2) 반환/재증여되는 증여재산의 종류에 의한 판단

반환재산에 대하여 처음부터 증여로 보지 않는 규정은 증여재산이 금전인 경우에는
적용되지 않는다. 따라서 증여재산이 금전인 경우 당초 증여 시나 반환 시 그 시기에
불구하고 모두 증여세 과세대상이 된다. 금전은 동산이지만 일반적인 재화의 교환수
단으로써 그 목적물을 특정하여 포착하기 어려울 뿐만 아니라 그 반환의 진실성을
담보하기 어렵다는 점에서 현실적으로 반환 여부가 불확실하므로 금전의 경우 증여
가 확정된 것으로 본다. 즉, 금전은 소유와 점유가 분리되지 않아 그 반환 여부나
반환시기를 객관적으로 확인하기 어렵다는 특수성이 있고, 금전의 증여와 반환이 용
이하다는 점을 이용하여 다양한 형태의 증여세 회피행위가 이루어질 수 있으므로,
금전증여의 경우 다른 재산의 증여와 달리 신고기한 이내에 합의해제를 하더라도
증여세를 부과하는 것이 합리적(헌법재판소 2013헌바117, 2015. 12. 23.)이라고 보는 것이다.
따라서 금전을 계좌에 입금하거나 이체하는 것도 금전을 수수하는 방법에 불과한 것
이며, 반환 여부를 입증하는 근거로 볼 수 없다(대법원 2013두7384, 2016. 2. 18.[116]).

① 금전 : 증여가 확정된 것으로 보아 그 반환시기나 정부결정 여부에 불구하고 당초
증여 시나 반환 시에 대해 모두 증여세를 과세한다.

이와 같은 맥락에서 명의신탁 증여의제되는 재산을 처분하여 금전으로 반환하는
경우에도 증여재산의 반환으로 보지 않고 이에 대해 증여세를 부과한다. 명의수탁
자가 명의신탁재산의 처분 대가 또는 가액 상당의 금전을 명의신탁자에게 반환하
는 것을 증여받은 재산의 반환으로 보아 증여세를 부과할 수 없다고 해석(서면4팀-
2456, 2005. 12. 8.)한다면 명의신탁행위를 증여로 의제하여 과세함으로써 조세회피목
적의 명의신탁을 억제하고자 하는 법의 취지가 몰각되기 때문이다(대법원 2005두

---

116) 친박연대가 원고 등으로부터 정치자금법 제32조 제1호를 위반하여 정치자금으로 기부 받은 이 사건
　　금전은 구 조세특례제한법 제76조 제3항에 따라 증여받은 것으로 보아야 하고, 이 사건 금전이 증여세
　　의 신고기한 이내에 반환되었더라도 이 사건 괄호규정에 따라 여전히 증여세의 부과대상이 되며, 금전
　　을 계좌에 입금하거나 이체하는 것은 금전을 수수하는 방법에 불과하여 이 사건 금전을 친박연대의
　　계좌로 입금 받은 경우에도 마찬가지라고 보아야 한다는 이유로, 이를 다투는 원고의 주장을 배척한
　　원심판결을 수긍한 사례이다.

10200, 2007. 2. 8.).

그런데 수증자가 사해행위취소소송을 제기한 채권자에게 금전으로 반환하는 경우에는 취소에 의한 반환이므로 증여세를 과세하지 아니한다.

② 금전 이외 : 그 반환시기나 정부의 결정 여부에 따라 판단이 달라진다(아래 (3), (4)).

[명의신탁 증여의제재산] 상증세법 제4조 제4항에서 증여로 의제되는 명의신탁에 대하여 위 규정의 적용을 배제하는 규정을 따로 두고 있지 않고, 증여세 과세표준 신고기한 내에 당사자들 합의에 의하여 증여재산을 반환하는 경우나 명의신탁받은 재산을 반환하는 경우 모두 그 재산을 수증자 또는 명의수탁자가 더 이상 보유하지 않게 된다는 면에서 실질적으로 다르지 아니한 점 등에 비추어 볼 때, 당해 규정은 증여로 의제된 명의신탁재산에 대하여 명의신탁을 해지하고 반환하는 경우에도 적용된다고 보아야 하고, 이는 명의수탁자가 명의신탁받은 재산을 명의신탁자 명의로 재산을 반환하는 경우뿐 아니라 명의신탁자의 지시에 따라 제3자 명의로 반환하는 경우도 마찬가지라고 보아야 한다(대법원 2011두8765, 2011. 9. 29.).**[117]**

그러나 반환시기에 따라 증여세 과세가 이렇게 달라지는 현행법의 체계를 긍정하더라도 명의신탁을 했다는 사실 자체에 대한 제재라는 명의신탁 증여의제규정의 취지에 따르면 통상의 증여재산 반환의 경우와는 달리 취급할 필요가 있어 보인다.

(3) 반환/재증여 시기에 따른 판단

① 신고기한 이내

신고기한 이내의 당사자의 합의에 의한 반환에 대해서는 처음부터 증여가 없었던 것으로 본다. 그러므로 당초의 증여 및 반환 모두에 대해 증여재산에 포함하지 아니한다.

이 경우 증여계약 해제 및 증여등기 말소를 구하는 소송을 증여세 신고기한 이내에 제기하였다면 증여세 신고기한을 경과하여 법원의 확정판결에 따라 증여자에게 환원된 경우에도 증여세 신고기한 이내에 반환된 것으로 본다(서면4팀-1290, 2004. 8. 16.).

---

117) 2심에서는 증여의제대상인 주식의 명의신탁이 있은 후 소정의 기간 내에 그 명의신탁을 해지하고 주주명부상 명의를 실질소유자로 변경하였다 하여도 이로써 그 명의신탁의 효력이 소급하여 소멸하는 것이 아니어서 여전히 증여세의 부과대상이 된다고 봄이 상당하다고(대법원 97누1532, 1998. 6. 26. 참조) 판시하였다.

이때는 반환의 경우만이 해당되고 재증여는 이에 해당하지 않는다. 여기에서의 반환재산에는 명의신탁 증여의제재산의 반환도 당연히 포함된다.

② 신고기한이 지난 후 3개월 이내

신고기한이 지난 후 3개월 이내에 반환하거나 재증여하는 경우, 당초의 증여에 대해서는 증여세를 부과하나 반환 및 재증여 자체에 대해서는 증여로 보지 않는다.

③ 신고기한이 지난 후 3개월 경과

신고기한이 지난 후 3개월이 경과하여 반환하거나 재증여하는 경우, 당초의 증여뿐만 아니라 반환 및 재증여에 대해서도 증여세를 부과한다(상증세법 기본통칙 31-0…1, 심사증여 2015-0033, 2015. 6. 24).

(4) 반환/재증여와 정부 결정시기의 선 · 후에 따른 판단

① 정부 결정 전

정부 결정 전이면서 신고기한 이내에 반환하면 당초의 증여에 대해서는 증여세를 부과하지 아니한다. 물론 신고기한이 경과한 후라면 당초 증여에 대한 정부의 증여세 결정시기는 문제되지 않는다.

② 정부 결정 후

신고기한 이내의 반환이더라도 정부가 증여세 과세표준과 세액을 결정한 후에 반환하는 것이라면 당초의 증여에 대하여 증여세를 부과한다. 물론 신고기한이 경과한 후라면 당초 증여에 대한 정부의 증여세 결정시기는 문제되지 않는다.

3) 증여재산에 포함되는 경우

위 2)에 따라 증여재산에 포함되는 경우를 살펴보면 다음과 같다.

증여를 받은 후 그 증여받은 금전은 당사자 사이의 합의에 따라 신고기한 이내에 반환하더라도 처음부터 증여가 있었던 것으로 본다. 또한 반환하기 전에 과세표준과 세액의 결정을 받은 경우에는 합의에 따라 신고기한 이내에 반환하더라도 당초 증여에 대해 증여세를 과세한다(상증세법 제4조 제4항 전단).

그러므로 다음 중 하나라도 해당하면 당초의 증여에 대해 비록 반환하였다 하더라도 상증세법상 증여재산에 포함한다.

① 당사자의 합의에 의하되 증여재산이 금전이고 그 금전을 반환

② 당사자의 합의에 의하되 신고기한이 경과하여 반환

③ 당사자의 합의에 의하되 과세표준과 세액의 결정을 받은 후에 반환

4) 증여재산에서 제외하는 경우

(1) 당초의 증여에 대해서도 증여재산에서 제외하는 경우

증여를 받은 후 금전 이외의 그 증여받은 재산을 당사자 사이의 합의에 따라 신고기한 이내(정부 결정 전)에 반환하는 경우에는 처음부터 증여가 없었던 것으로 본다.

즉, 아래의 요건을 모두 충족하는 경우에 당초의 증여에 대해 증여재산에서 제외하여 준다.

① 당사자 사이의 합의에 의해 반환

② 금전 이외의 증여재산의 반환

③ 신고기한 이내에 반환(재증여는 포함되지 않는다)

④ 과세표준과 세액의 결정을 받기 전에 반환

(2) 반환 또는 재증여에 대해서만 증여재산에서 제외하는 경우

수증자가 증여받은 재산(금전을 제외한다)을 신고기한이 지난 후 3개월 이내에 증여자에게 반환하거나 증여자에게 다시 증여하는 경우에는 그 반환하거나 다시 증여하는 것에 대하여 증여세를 부과하지 아니한다(상증세법 제4조 제4항 후단).

즉, 아래의 요건을 모두 충족하는 경우에 당초의 증여에 대해 증여재산에서 제외하여 준다.

① 당사자 사이의 합의에 의해 반환/재증여

② 금전 이외의 증여재산의 반환/재증여

③ 신고기한이 지난 후 3개월 이내에 반환/재증여

▮증여재산 반환 등의 경우 증여세 과세방법(상증세법 기본통칙 31-0…1, 같은 법 집행기준 31-0-4)▮

반환 등 재산형태	반환 등 시기	신고기한 이내	신고기한 후 3개월 내	신고기한 후 3개월 경과
금전	당초 증여	○(증여재산에 포함)	○	○
	반환·재증여	○	○	○
금전 외 재산	당초 증여	×(증여재산에서 제외) (단, 결정받은 이후면 ○)	○	○
	반환·재증여	×	×	○

증여를 받은 자가 증여계약의 해제 등에 의하여 증여받은 재산(금전을 제외한다)을 증여자에게 반환하거나 다시 증여하는 경우 증여세 과세는 다음 각 호에 의한다.

① 증여세 신고기한 내에 반환하는 경우에는 상증세법 제4조 제4항 단서에 해당하는
경우를 제외하고 처음부터 증여가 없었던 것으로 본다.

② 증여세 신고기한 다음 날로부터 당초 증여 후 6월 이내에 반환하거나 다시 증여
하는 경우에는 당초 증여에 대하여는 과세하되, 반환 또는 재증여에 대하여는 과
세하지 아니한다.

③ 증여를 받은 날부터 6월 후에 반환하거나 재증여하는 경우에는 당초 증여와 반환·
재증여 모두에 대하여 과세한다.

4. 이혼과 관련한 재산이전의 증여세 과세 여부

이혼과 관련하여 일어나는 부부간의 재산이전에 대한 과세문제로는 ⅰ. 위자료청구권
에 따른 위자료에 대한 과세문제, ⅱ. 재산분할청구권에 따른 분할재산(청산적 요소 및 부양적
요소)에 대한 과세문제, ⅲ. 부양료 등 이혼 후의 생활비 과세문제 등으로 나눌 수 있다.

1) 위자료에 대한 증여세 과세 제외(상증세법 기본통칙 31−24…6)

 해의 맥

위자료의 법률적 성격은 손해에 대한 배상이므로 대가성이 있고 유상성을 띤다. 그러
므로 재산의 무상이전인 증여와는 상관이 없다.

(1) 위자료의 의의 및 성격

① 의의 : 손해배상은 재산적 손해 및 정신적 손해에 대한 것을 모두 포함한다. 이
중에서 정신적 손해배상을 위자료라 한다. 이혼으로 인한 정신적 고통에 대한 손
해배상은 이혼 자체로 인한 손해배상(이혼 자체 위자료 : 민법 제843조, 제806조)과 이혼의
원인이 되는 행위(배우자의 폭행, 동거의무 불이행 등)에 의한 정신적 고통에 대한 손해
배상(이혼원인위자료 : 민법 제751조)이 인정된다. 그렇지만 재산침해의 경우에도 이에
수반하여 피해자가 정신적 고통을 받은 때에는 위자료청구권이 발생한다고 해야
할 것이다. 다만 그러한 손해는 특별손해로서 가해자에게 예견 가능성이 있었던
경우에 한하여 배상책임이 인정될 것이다.[118]

---

118) 김준호, 「민법강의」, 법문사, 2003, 1563∼1571쪽

② **성격** : 요컨대 정신적 고통을 입은 자도 금전의 취득에 의하여 어느 정도 그 고통을 경감·치유받고 따라서 정신적 손해를 전보받을 수 있으며, 위자료는 바로 이러한 목적을 가지고 있으므로 위자료청구권의 성질은 어디까지나 손해배상청구권인 것이다.

(2) 위자료에 대한 세법상 취급

이처럼 위자료는 피해자가 입은 정신적 손해를 전보하는 것으로, 손해에 대한 대가로서의 성격을 가진다. 다시 말해 위자료를 지급할 채무가 소멸하는 경제적 이익을 얻는다는 점에서 유상성이 인정된다는 것이다. 따라서 위자료는 무상성을 본질로 하는 증여에 해당하지 않고(조심 2008서1709, 2008. 9. 1.) 소득세의 과세대상(소득세법 제21조 제1항 제10호와 소득세법 시행령 제41조 제7항[119])이 되며, 특히 양도대상 재산으로 위자료를 지급한다면 양도소득세 과세대상이 될 것이다(대법원 95누4599, 1995. 11. 24.). 현행 가족법 부분에서는 재판상 이혼[120](민법 제843조), 약혼해제(민법 제806조), 혼인의 무효와 취소(민법 제825조) 등에서 위자료청구권을 인정하고 있다.

물론 실질적으로는 증여이나 조세를 회피할 목적으로 형식상 위자료 또는 손해배상금을 지급받는 경우, 피해에 대한 위자료보다 과다하게 지급받은 경우에는 증여세 과세대상이 되는 것은 실질과세원칙상 당연하다(행법 2008구합8918, 2008. 6. 27. ; 국심 2005중1516, 2006. 5. 9. ; 서면4팀-2011, 2005. 10. 31.).

그러므로 이혼 등에 의하여 정신적 또는 재산상 손해배상의 대가로 받는 위자료는 조세포탈의 목적이 있다고 인정되는 경우를 제외하고는 이를 증여로 보지 아니한다(상증세법 기본통칙 31-24…6, 같은 법 집행기준 31-0-7).

2) 재산분할청구권에 따른 재산분할의 증여세 과세 제외(구법)

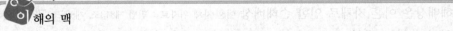
이 해의 맥

재산분할청구권의 법률적 성격은 실질적 공유재산의 청산이므로, 실질과세원칙상 이에 의한 재산의 이전은 증여세 과세대상이 아니다.

---

119) 여기에서의 '위약금과 배상금'에는 계약의 위약 또는 해약으로 인하여 타인의 신체의 자유 또는 명예를 해하거나 기타 정신상의 고통 등을 가한 것과 같이 재산권 외의 손해에 대한 배상 또는 위자료로서 받는 금액은 포함되지 아니한다(소득세법 기본통칙 21-0…1 ⑤).

120) 학설과 판례는 협의이혼의 경우에도 이를 인정하고 있다(대법원 76다2223, 1977. 1. 25. ; 사기나 강박에 의한 혼인을 한 후 그를 원인으로 한 협의이혼에서 손해배상청구권을 긍정하는 입장을 취하고 있다).

(1) 재산분할청구권의 의의 및 성격

① 의의 : 재산분할청구권이란 이혼을 한 당사자 일방이 다른 일방에 대하여 재산의 분할을 청구할 수 있는 권리를 말한다(민법 제839조의 2, 제843조). 이때에 과세문제가 발생하는 것은 민법이 부부별산제를 원칙(부부재산계약이 없는 경우)으로 하면서도 이혼 시 부부재산의 청산방법으로 재산분할청구권을 인정하는 논리적 모순에 기인한다.

② 성격 : 재산분할청구권을 인정하는 근거는 다음과 같다. ⑦ 부부재산관계의 청산이다(주된 요소). 민법은 부부별산제를 원칙으로 하지만, 혼인 중에 부부공동의 노력으로 이룩한 재산은 그 소유명의에 불구하고 실질적으로 부부의 공동재산이라고 볼 수 있다. 따라서 이혼 시에는 이러한 공동재산을 혼인 전 고유재산, 재산증식의 기여도 등을 고려하여 부부의 재산을 실체관계에 맞도록 청산하는 것이다. ④ 이혼 후의 부양이다(부수적 요소). 재산분할청구권을 인정하지 않는다면 대부분 경제적 약자인 처의 이혼의 자유를 사실상 인정하지 않는 것과 같기 때문에 능력이 있는 배우자에게 부양의무를 지우는 것이다.[121][청산 및 부양설(통설 및 판례) : 헌법재판소 96헌바14, 1997. 10. 30. ; 대법원 96누14401, 1998. 2. 13.]

③ 배우자의 의미 : 여기에서의 혼인의 범위에 관련하여, 대법원(대법원 94므1584, 1995. 3. 28. ; 대법원 94므1379,1386(반소), 1995. 3. 10.)은 부부재산의 청산의 의미를 갖는 재산분할에 관한 규정은 부부의 생활공동체라는 실질에 비추어 인정되는 것이므로, 사실혼관계[민법이 허용하지 않는 중혼적 사실혼은 제외(대법원 2017두60710, 2017. 12. 21.)]에도 준용 또는 유추적용할 수 있다고 판시하였다(서면4팀-740, 2008. 3. 19.). 그렇지만 사망에 의한 사실혼 해소의 경우에는 이혼 시 재산분할청구권이 인정되지 않는다(대법원 2005두15595, 2006. 3. 24.의 경우 사실혼 배우자가 "10년 이상 동거하던 망인"의 상속인으로부터 재산을 받는 경우 증여세가 과세되었다).

(2) 재산분할청구권에 따른 재산분할의 상증세법상 취급

따라서 재산분할청구권에 따른 재산분할은 공동취득재산의 청산(실질소유자에의 환원) 또는 부양의무의 이행(증여세 비과세재산 혹은 재산분할의 일부분이라는 점)이라는 점에서 원칙적으로 증여로 볼 수 없다(물론 양도도 아니다 : 서면4팀-1927, 2005. 10. 20.). 이는 실질과세의 원칙에 비추어도 타당하다. 그러므로 비거주자라도 이혼에 의한 민법상 재산분할청구권을 행사하여 취득한 국내 소재 부동산은 증여세 과세대상이 아니다(서면4팀-3412, 2006. 10. 11.).

---

121) 김주수 · 김상용, 「친족 · 상속법」, 법문사, 2007, 224~239쪽 참조

이에 대해 평생 해로하여 상속에 의해 재산을 분할받게 되면 도리어 상속세가 과세된다는 점에서, 조세가 중립적이지 않고 혼인생활을 차별한다는 비판이 있다.

마찬가지로 부부가 혼인 중에 협력하여 축적한 재산은 누구의 명의로 되어 있든지 실질적으로는 부부의 공유라고 보면서도, 그러한 잠재적 지분이 이혼에 의한 재산분할이 아닌 증여의 형태로 현실화되는 경우 증여세의 과세문제는 발생할 수 있다는 점(대법원 2002두9384, 2004. 4. 16.)도 동일한 차별일 수 있다.

재산분할청구권의 이와 같은 법률적 성질로 인해 헌법재판소의 위헌결정(헌재 96헌바14, 1997. 10. 30.)을 수용하여 1998년 12월 28일 상증세법 개정 시 이혼으로 인한 재산분할에 대해 증여로 의제하던 규정이 삭제되었다.

그렇지만 비록 재산분할의 형식을 취하였더라도 그 실질이 조세를 포탈할 목적으로 이루어진 재산의 무상이전이라면 이는 증여세 과세대상이다(서면4팀-1512, 2004. 9. 23. : 국심 2002서174, 2002. 4. 26.).

3) 부양료와 증여세 과세 여부

해의 맥

부양료는 지급의무 유무와 대가의 통상성 여부에 따라 세법상 취급이 다르다. 지급의무가 있다면 유상성을 띠므로 증여와는 상관이 없고, 지급의무가 없더라도 통상적 범위 내라면 증여세가 비과세된다.

(1) 부양료의 의의

현행 민법상 혼인 중 부부는 서로간에 부양의무(민법 제826조 제1항)를 지지만, 이혼 후에는 서로 간에 법적인 부양의무를 지지 아니한다. 그러나 재산분할청구권의 범위에 부양적 요소를 기타의 사정으로 고려할 수 있다는 통설 및 판례의 입장에서 볼 때 재산분할의 한 요소로 볼 여지도 있다.

(2) 부양료에 대한 세법상 취급

그러므로 원칙적으로 이혼 후 상대방에게 생활비 등을 무상으로 지급하게 되면 증여세를 부과할 수 있다고 할 것이다(대법원 84누309, 1985. 4. 9.). 즉 이혼하면서 지급받은 위자료 및 부양비 중 사회통념상 인정되는 정도의 통상적인 범위 내(비과세 증여재산)의 금액은 증여세 대상에서 제외하고 그 나머지 금액은 이혼 후에 증여를 받은 것으로 하여 증여세를 과세할 수 있다(국심 2007중2525, 2008. 1. 17.). 그러나 부양료 지급의무가 존재하지 않으므로 부양료 등 생활비 지급을 유상양도로 보아 양도소득세 과세대상으로 삼을 수는 없다. 다만, 재산분할의 한 요소로 본다면 증여세도 부과되지 않을 것이다.

한편, 자녀양육비 등으로 지급받은 재산에 대하여는 자녀양육비 지급의무의 소멸이라는 경제적 이익을 얻은 것이므로 양도소득세의 과세대상이 될 것이다.

‖ 이혼과 관련한 재산이전의 과세 여부 요약표 ‖

	재산분할		위자료		부양료	
	부동산 등	현금	부동산 등	현금	부동산 등	현금
증여세(조세포탈의 경우 제외)	×	×	×	×	×	×
양도소득세	×(*)	×	○(**)	×	○(**)	×

(*) 분할받은 부동산 등에 대한 취득가액은 상대방배우자의 취득가액을 승계한다.
(**) 위자료와 부양료(지급의무가 있는 경우)로 지급되는 재산의 종류에 따라 지급자의 양도소득세 과세 여부가 달라 재산 간의 수평적 불공평이 발생한다는 비판이 있으나, 판매 및 투자목적자산(capital gain)의 자본이득 과세의 측면에서 타당하다. 단, 양도소득세가 비과세 시(예 : 1세대 1주택)는 과세 안됨.

5. 그 밖의 증여재산 포함 여부 판단

1) 국외재산 국내반입의 경우 증여제외(상증세법 기본통칙 31 - 0…2)

아래의 경우는 국외재산의 국내로의 단순한 장소적 이동에 불과하거나 재산의 유상취득에 해당하여 증여와는 상관없으므로 당연히 증여세를 부과하지 아니한다.

① 국내에 주소를 둔 상속인이 국외에 주소를 둔 피상속인의 국외재산을 상속받아 동 재산을 국내로 반입하거나, 동 재산으로 국내재산을 취득하는 경우 동 재산에 대하여는 증여세를 부과하지 아니한다.

② 국외에 주소를 둔 자가 자기소유재산(증여받은 국외소재재산 포함한다)을 국내로 반입하거나 동 재산으로 국내 재산을 취득하는 경우 동 재산에 대하여는 증여세를 부과하지 아니한다.

③ 본인의 소득으로 형성한 자금을 국내에서 국외로 또는 국외에서 국내로 송금하여 본인이 사용하는 경우에는 증여세가 과세되지 아니한다(서면4팀 - 1546, 2007. 5. 9.).

2) 그 밖의 귀속에 관한 실질주의에 따라 증여세 과세 여부를 판단하는 경우에는 상증세 법상의 증여재산 개념을 기준으로 판단하여야 한다.

(1) 그러므로 타인명의로 부동산 등을 계약한 후 실제 소유자 명의로 변경하는 경우는 정당한 권리자의 소유로 귀속시키는 것이므로 실질과세의 원칙상 당연히 증여가 아니다.

(2) 그리고 [예금의 증여 등]과 관련하여 보면, "증여목적"으로 자녀명의의 예금계좌를 개설하여 현금을 입금한 경우 그 입금한 시기에 증여한 것으로 보는 것(재산을 증여받은 자가 세무서에 제출하는 증여세 신고서 등으로 입금시점에서의 증여사실을 인정받을 수 있음)이며, 입금한 시점에서 자녀가 증여받은 사실이 확인되지 아니한 때는 해당 금전을 자녀가 인출하여 실제 사용한 날에 증여받은 것으로 본다. 이는 예금의 성격상 그 실질의 소유자를 확인하기가 어렵다는 현실을 고려한 것이다. 그러므로 증여목적으로 자녀 명의의 펀드로 가입하여 입금한 현금은 그 입금시점의 증여로 보아 그 펀드운용수익은 증여세 과세대상이 아니나, 증여세 신고 등으로 증여사실이 입증되지 않는 경우에는 자녀가 인출하여 실제 사용하는 시점의 증여로 보아 증여세를 과세하게 되어 운용수익까지 과세된다(서면4팀-2031, 2007. 7. 2.).

그러나 "증여목적"이 불확실한 상태에서, 증여자로 인정된 자 명의의 예금이 인출되어 납세자 명의의 예금계좌 등으로 예치된 사실이 밝혀지면 그 예금은 납세자에게 증여된 것으로 "추정"된다. 따라서 그와 같은 예금의 인출과 납세자 명의로의 예금 등이 증여가 아닌 다른 목적으로 행하여진 것이라는 등 "특별한 사정"이 있다면 이에 대한 입증의 필요는 납세자에게 있다(서울행법 2009구합5749, 2009. 10. 1. ; 대법원 99두 4082, 2001. 11. 13. ; 대법원 99두8312, 2001. 7. 24. ; 국심 2004서1146, 2005. 5. 9.). 그러나 부부 사이에서 일방 배우자 명의의 예금이 인출되어 타방 배우자 명의의 예금계좌로 입금되는 경우에는 증여 외에도 단순한 공동생활의 편의, 일방 배우자 자금의 위탁 관리, 가족을 위한 생활비 지급 등 여러 원인이 있을 수 있으므로, 그와 같은 예금의 인출 및 입금 사실이 밝혀졌다는 사정만으로는 경험칙에 비추어 해당 예금이 타방 배우자에게 증여되었다는 과세요건사실이 추정된다고 할 수 없다. 따라서 그와 같은 경험칙이 인정되지 아니하는 경우에는 원칙으로 돌아가 과세요건사실에 관하여 과세관청이 증명하여야 한다(대법원 2015두41937, 2015. 9. 10.).

그러므로 아버지가 아들의 차명증권계좌를 이용하여 주식거래를 한 것으로 확인되므로 아들 명의의 계좌에 입금된 금액을 아버지가 아들에게 증여한 것으로 볼 수 없다(대법원 2009두6209, 2009. 8. 20.). 그렇지만 일반적으로 부모와 자녀 간의 증여행위는 특수 여건에서 수시로 행하여지는 것이 통례이므로 단순히 증여의사가 없었다는 막연한 주장만 가지고 이를 증여가 아니라고 할 수 없다(조심 2009부403, 2009. 8. 14. ; 대법원 96누7205, 1997. 4. 8.).

(3) • 연금보험 등 : 증여목적으로 자녀 명의의 연금보험에 가입하여 보험료를 입금한 경우 그 입금한 때마다 증여한 것으로 보는 것이나, 연금보험의 계약기간 동안 매회 **납입**할 금액을 모친이 **납입**하기로 자녀와 약정한 경우로서 그 사실을 최초 **납입**일부터 증여세 과세표준 신고기한 이내에 납세지 관할 세무서장에게 신고한 경우에는 정기금을 받을 권리의 평가(상증세법 시행령 제62조 제1호) 규정에 의하여 평가한 가액을 최초 **납입**일에 증여한 것으로 보아 증여세 과세표준을 계산할 수 있다. 또한, 이후 보험사고(만기 보험금 지급의 경우를 포함)가 발생한 경우에 수취한 보험금 상당액에서 신고한 증여재산가액을 뺀 가액을 보험금 수령인의 증여재산가액으로 한다(재산-590, 2010. 8. 13.).

• 정지조건부 증여 : 부부간에 실제 이혼을 전제조건으로 부동산의 소유권이 이전등 기됐으나, 추후 이혼하지 않기로 합의한 경우, 당초 정지조건부 증여의 효력이 발생치 않아, '증여' 또는 '위자료의 대물변제'로 볼 수 없다(국심 2000중42, 2000. 7. 21.).

• 실질과세 : 법령에 따라 다수의 비영리법인을 하나의 비영리법인으로 단순히 통합하는 것에 해당되는 경우에는 신설되는 비영리법인이 승계받은 재산에 대해서 증여세를 과세하지 아니한다(재산-345, 2010. 5. 28. ; 서면4팀-814, 2007. 3. 8. ; 서면4팀-1345, 2005. 7. 29.).

• 사실상 소비대차계약에 의하여 타인으로부터 자금을 차입하여 사용하고 추후 이를 변제한 경우, 그 사실이 채무부담계약서, 이자지급 사실, 담보제공 및 금융거래내용 등에 의하여 확인이 되는 경우에는 당해 차입금 및 그 변제한 금액에 대하여 증여세가 과세되지 아니한다(서면4팀-903, 2007. 3. 16.).

• 지분변동 : 개인이 각각 소유하고 있던 2필지 이상의 토지를 합병하여 당초 소유토지에 대한 가액비율로 지분등기한 경우에는 증여세 과세문제가 발생하지 아니하는 것이나, 당초 소유토지의 가액비율과 합병 후 지분비율이 같지 아니한 때에는 그 차이만큼 증여받은 것으로 본다(서면4팀-132, 2007. 1. 10. ; 서면1팀-1453, 2005. 11. 30.).

• 주식소유비율에 따라 배당금을 지급하지 않는 경우 배당금 지급시마다 균등한 조건에 의하여 지급받을 배당금을 초과하는 금액은 증여세가 과세된다(서면4팀-265, 2005. 2. 18.).

• 실질과세 : 며느리 명의로 체결된 아파트 분양권리자 명의를 그 실질 소유자인 시아버지로 명의변경함은 증여세 과세대상이 아니나, 우선적으로 분양받을 수 있는 며느리의 지위를 이용하여 시아버지가 분양받음에 따라 발생한 이익상당액은 증여세 과세대상이다(서면4팀-4208, 2006. 12. 28.).

- 종중 재산의 매각대금을 종중원에게 분배하는 경우 증여세가 과세된다(서면4팀-3977, 2006. 12. 8.).
- 비상장법인이 재무구조 개선을 위하여 소액주주에게만 배당한 경우 법인세법이나 소득세법상 부당행위계산부인 규정이 적용되지 아니하지만 상속세 및 증여세법상 증여세 과세대상이다(서면4팀-1667, 2005. 9. 16.).
- 보통주를 우선주로 전환하기 위하여 감자·증자절차를 거쳐 주주구성이나 자본금 변화없이 주식종류만 변경한 경우에도, 각각의 절차에 대하여 증여예시규정을 적용한다(서면1팀-109, 2004. 1. 27.).
- 명의신탁재산에 대하여 명의자에게 증여한 것으로 의제하여 증여세를 과세하는 것은 명의자가 신탁재산의 소유권을 취득했으므로 과세하는 것이 아니고 명의신탁을 통한 조세회피를 방지하기 위한 조세벌적 성격의 과세로서 명의자에게 증여세가 부과되더라도 신탁재산의 실제 소유자는 신탁자가 되는 것이며(신탁자에게 환원시 과세제외 이유임), 신탁자가 명의자에게 동 재산의 소유권을 이전하는 것은 본질적 의미의 증여에 해당되어 상증법 제2조(현행 제4조)에 의한 증여세 과세대상이다(서면4팀-610, 2004. 5. 7.).

증여재산가액 계산의 일반원칙

§관련조문

상증세법	상증세법 시행령
제31조【증여재산가액 계산의 일반원칙】	제23조【증여재산가액 계산의 일반원칙】

종전 상증세법에 따르면 예시된 증여유형 외에 새로운 유형의 변칙적인 증여행위에 대해서는 비록 해당 행위가 증여로 판정되더라도 증여재산가액 계산이 현실적으로 곤란하여 증여세 부과가 어려웠다. 이에 관련 규정을 보완할 필요가 있어 2013년 1월 1일 상증세법을 개정하여 예시된 증여유형 외에 새로운 유형의 변칙적인 증여행위에도 과세할 수 있도록 증여재산가액 계산의 일반원칙을 정하여 포괄적인 증여개념에 대응하도록 하였다. 이에 따라 증여재산은 다음 각 호의 방법으로 계산한다(상증세법 제31조).

1) 재산 또는 이익을 무상으로 이전받은 경우

증여받은 재산의 시가(상증세법 제4장에 따라 평가한 가액을 말하며, 이하 이 조, 제35조 및 제42조에서 같다)상당액

2) 재산 또는 이익을 현저히 낮은 대가를 주고 이전받거나 현저히 높은 대가를 받고 이전한 경우

시가와 대가의 차액. 다만, 시가와 대가의 차액이 3억원 이상이거나 시가의 100분의 30 이상인 경우로 한정한다.

3) 재산 취득 후 해당 재산의 가치가 증가하는 경우

증가사유가 발생하기 전과 후의 재산의 시가의 차액(재산가치상승금액). 다만, 그 재산가치상승금액이 3억원 이상이거나 해당 재산의 취득가액 등을 고려하여 아래 제2호부터 제4호까지의 규정에 따른 금액의 합계액의 100분의 30 이상인 경우로 한정한다.

여기에서 '재산가치상승금액'이란 아래 제1호의 가액에서 제2호부터 제4호까지의 규정에 따른 가액을 뺀 금액을 말한다(상증세법 시행령 제23조 제1항).

1. 해당 재산가액 : 재산가치 증가사유가 발생한 날 현재의 가액(법 제4장에 따라 평가한 가액을 말한다)

2. 해당 재산의 취득가액 : 실제 해당 재산을 취득하기 위하여 지불한 금액(증여받은 재산의 경우에는 증여세 과세가액을 말한다)

3. 통상적인 가치 상승분 : 기업가치의 실질적인 증가로 인한 이익과 연평균지가상승률·연평균주택가격상승률 및 전국소비자물가상승률 등을 감안하여 해당 재산의 보유기간 중 정상적인 가치상승분에 상당하다고 인정되는 금액

4. 가치상승기여분 : 해당 재산가치를 증가시키기 위하여 수증자가 지출한 금액

증여재산가액 계산의 일반원칙에 대한 조항은 완전포괄주의 확대적용에 따른 경제활동 위축을 방지하기 위해 2013년 개정 시 신설된 규정(종전 제32조)이다.

물론 입법적 보완이 항상 기존법령의 입법적 흠결을 의미한다고 보기 어렵다는 점에서 당해 규정의 신설이 그 신설 전 새로운 증여유형에 대한 증여재산가액 계산근거규정이 없다는 것을 의미하는 것으로 해석할 수는 없다.

결국 새로운 유형의 증여에 대해 기존의 증여예시규정이 유추적용되는 경우라면 기존의 예시규정에 따라 증여재산가액을 계산하면 되기 때문에 증여재산가액 계산의 일반원칙에 관한 규정의 신설은 이러한 계산을 확인하는 의미를 가질 뿐이었다. 이에 반해 유추적용도 되지 않는 경우라면 상증세법 제2조 제3항(현행 제2조 제6호)의 포괄규정을 과세근거로 하여 이에 대응하는 상증세법 제32조(현행 제31조)를 통해 증여재산가액을 계산할 수 있다는 점에서 당해 규정의 신설로 계산규정이 명확하게 되었다고 해석되었

다.[122] 2015년 12월 개정에서는 증여의 유형에 따라 재산 또는 이익을 무상으로 이전받은 경우, 재산 또는 이익을 현저히 낮은 대가를 주고 이전받거나 현저히 높은 대가를 받고 이전한 경우 및 재산 취득 후 해당 재산의 가치가 증가하는 경우로 각각 구분하여 증여재산가액 계산의 일반원칙을 정비하였다.

Ⅲ 일반거래의 증여유형

증여세 완전포괄주의 과세원칙이 도입됨에 따라 종전의 증여의제규정들은 법리적으로는 불필요하지만 법적 안전성과 예측 가능성을 높이고 법집행의 효율을 위해 내용의 보완을 통해 증여예시규정으로 전환하게 되었다. 그리고 이러한 증여예시규정들은 증여시기나 증여재산가액의 계산에 관하여 규정하게 되었다. 따라서 이 규정들은 증여재산가액 계산의 예시규정임과 동시에 증여세 과세대상 재산(총증여재산)의 예시규정이라 할 수 있다. 이러한 맥락에서 상증세법 제33조에서 제42조의 3까지의 규정을 증여세 과세대상 재산의 범위에서 함께 다루기로 한다. 아울러 동 규정들을 자본거래의 증여유형과 일반거래(자본거래 외)의 증여유형 및 그 밖의 이익의 증여유형으로 구분하여 기술하기로 한다.

이때에 공통적으로 증여재산(=수증자에 귀속+금전으로 환산+경제적 가치물건, 재산적 가치권리, 경제적 이익)의 판단은 앞의 개념정의에 의해 판단하고, 더불어 증여의 개념{=[증여재산+무상이전(현저히 저렴한 이전)] 또는 [증여자의 기여+수증자의 재산가치 증가시키는 것]}에 의해 증여 여부를 판단해 본다.

Ⅲ-1 증여이익 전액을 증여재산가액으로 보는 경우

이 유형의 증여는 그 증여이익의 존재가 객관적으로 확실할 뿐만 아니라 증여이익액도 확정되어 있다. 따라서 발생한 증여이익 전액을 증여재산가액으로 보아 증여세 과세대상에 포함하여 증여세를 과세한다.

---

122) 박훈, "조세회피방지를 위한 증여세 완전포괄주의 적용의 의의와 한계", 「사법1(25)」 통권 25호, 사법발전재단, 2013. 9. 167~211쪽

1. 신탁이익의 증여

해의 맥

이 유형의 증여에서는 신탁(명의신탁 제외)에 의한 경제적 이익을 누가 실질적으로 향유하는가가 중요하다. 따라서 그 이익의 실질적 향유자에게 증여이익이 있는 것으로 보아야 한다.

§관련조문

상증세법	상증세법 시행령
제33조【신탁이익의 증여】	제25조【신탁이익의 계산방법 등】 제32조의 4【이익의 계산방법】

1) 의의

현행 법체계상 신탁행위는 나누어 보면, 신탁법상 신탁을 설정하는 법률행위와 민법 해석학상의 신탁행위가 있다.

신탁법상 신탁이란 신탁설정자(위탁자)와 신탁을 인수하는 자(수탁자:금융회사/신탁회사)와의 특별한 신임관계에 기하여 위탁자가 특정의 재산권을 수탁자에게 이전하거나 그 밖의 처분을 하고 수탁자로 하여금 일정한 자(수익자)의 이익을 위하여 또는 특정의 목적을 위하여 그 재산권을 관리, 처분하게 하는 법률관계를 말한다(신탁법 제1조 제2항). 한편 자본시장과 금융투자업에 관한 법률에서의 신탁도 신탁법의 신탁을 말한다(자본시장과 금융투자업에 관한 법률 제9조 제24항).

이러한 신탁은 위탁자와 수탁자 간의 계약 또는 위탁자의 유언에 의하여 설정할 수 있다(신탁법 제2조). 여기에서의 신탁이란 신탁법상의 신탁행위 중 계약에 의해 설정된 신탁을 말하나, 이외에도 신탁과 유사한 거래형식으로 실질상 특정물건의 이익을 향수할 권리를 타인에게 소유하게 한 경우에도 증여세 과세대상이 된다고 할 것이다(재산 01254-833, 1985. 3. 19.). 한편 해석학상의 신탁행위로는 명의신탁과 양도담보 등이 있는데, 명의신탁은 상증세법 제45조의 2에서 별도로 그 증여의제를 규정하고 있고, 양도담보는 그 형식상의 소유권이전 등에 불구하고 실질과세[123]나 증여의 정의[124]에 의할 때 양도나 증여로 볼 수 없다. 이에 따라 신탁으로 인하여 위탁자가 타인에게 신탁의 이익의 전부 또는 일부를 받을

---

123) 이 책 '보론 3 실질과세원칙' 참조

124) 이 책 '세법상의 증여' 참조

권리를 소유하게 한 경우에는 신탁이익을 받을 권리의 가액을 수익자의 증여재산가액으로 하여 증여세가 과세된다.

그렇다면 여기에서 '신탁의 이익을 받을 권리'가 증여재산에 해당하는지가 중요하다. 앞서 살펴본 증여재산의 개념정의에 따르면 신탁의 이익을 받을 권리도 수증자(수익자)에게 귀속되는 금전으로 환산할 수 있는 재산적 가치가 있는 권리에 해당하므로 증여재산에 해당한다. 그리고 이러한 증여재산이 무상으로 증여자(위탁자)에서 수증자에게로 이전되므로 증여의 개념에도 합치한다. 따라서 수증자는 신탁이익을 받을 권리의 가액을 증여재산가액으로 하여 증여세 납세의무자가 된다.

2) 증여시기

해의 맥

원칙적으로 실제의 수령일이 증여일이 된다.

(1) 원칙

신탁의 이익을 받을 권리의 증여시기는 원칙적으로 원본 또는 수익이 수익자에게 실제 지급되는 때이다(상증세법 제33조 제1항, 같은 법 시행령 제25조 제1항). 다시 말해 신탁이익의 증여시기는 당초의 신탁계약시점이 아니라, 각각 다음의 시점에서 증여를 한 것으로 간주한다.

① 원본의 이익을 받을 권리

원본의 이익을 받을 권리는 수익자가 그 원본을 실제로 받을 때에 비로소 그 증여행위가 있는 것으로 보며 이때 증여세 납세의무가 성립된다고 할 것이다. 그러므로 그 원본이 수익자에게 실제 지급되는 때가 증여시기가 된다.

② 수익의 이익을 받을 권리

수익자가 그 수익을 실제로 받은 때가 증여시기가 된다.

같은 맥락에서 신탁이익의 제공이 조건부인 경우, 증여시기는 동 조건이 성취되는 시점에 무조건 되는 것이 아니라 조건이 성취되어 최초로 신탁이익을 수령하는 시점이 된다. 이에 따라 당초의 신탁계약시점부터 현실적인 증여시기까지의 기간에 있어서는 비록 그 신탁이익을 받을 권리가 수익자에게 귀속된다 하더라도 잠정적으로 위탁자 또는 그 상속인이 소유한 것으로 간주한다. 따라서 동 기간에는 증여세 과세문제가 발생하지 아니한다.

(2) 예외

신탁이익의 증여시기는 위와 같이 실제로 신탁이익을 받을 때나 다음의 경우에는
예외로 한다(상증세법 시행령 제25조 제1항 각호).

① 수익자로 지정된 자가 그 이익을 받기 전에 위탁자가 사망한 경우에는 그 사망일
을 증여시기로 한다.

② 신탁계약에 의한 원본 또는 수익지급약정일까지 원본 또는 수익이 지급되지 아니
한 경우에는 그 지급약정일을 증여시기로 한다.

③ 원본 또는 수익을 여러 차례로 나누어 지급하는 경우에는 해당 원본 또는 수익의
최초 분할지급일로 한다(재산-23, 2010. 1. 14.). 그러므로 원본 또는 수익을 수회에
나누어 받은 때에는 최초에 그 일부를 받은 때 그 원본 또는 수익 전체를 증여받
은 것으로 보아 증여세를 과세한다.

다만, 신탁계약을 체결하는 날에 원본 또는 수익이 확정되지 아니한 경우 또는
위탁자가 신탁을 해지할 수 있는 권리, 신탁 종류 후 잔여재산을 귀속받을 권리
를 보유하는 등 신탁재산을 실질적으로 지배 · 통제하는 경우(상증세법 시행령 제25조
제1항 제3호 나목)에는 해당 원본 또는 수익이 실제 지급된 날로 한다(재재산-593, 2011.
7. 26.). 즉 각각의 실제 분할지급시기에 각각의 증여가 있는 것으로 본다는 것이
다. 따라서 원본과 수익의 이익을 받을 때가 각각 다른 때에는 별도의 증여로 보
는 것이며, 수익을 원본에 가산함으로써 만기일에 원본과 함께 받을 때에는 동시
에 증여한 것으로 보는 것이다(재산-23, 2010. 1. 14.).

3) 증여세 과세대상 재산 포함요건[125]

신탁의 이익을 받을 권리가 증여세 과세대상 재산에 포함되려면 다음의 요건을 모두
충족하여야 한다.

(1) 오직 계약에 의한 신탁에만 해당한다.

신탁은 위탁자와 수탁자간의 계약 또는 위탁자의 유언에 의하여 설정할 수 있다(신탁
법 제2조). 그런데 유언에 의한 신탁은 유증재산에 해당하므로 당연히 피상속인의 상
속재산에 포함되는 것이며, 수증자의 증여재산에 포함될 수 없다.

---

125) 여기에서 '증여세 과세대상 재산에 포함'된다는 의미는 '증여재산에 포함'된다는 의미이며, 나아가 '증
여세가 과세'된다는 의미이다. 그러므로 증여세 과세대상 포함요건은 증여재산 포함요건이며 증여세
과세요건이 된다.

(2) 원칙적으로 위탁자가 수익자를 지정하여야 한다.

그러므로 만약 신탁계약에서 수익자가 특정되지 아니한 경우 또는 아직 존재하지 아니한 경우에는 위탁자 또는 그 상속인을 수익자로 보고, 수익자가 특정되거나 또는 존재하게 된 경우에 새로운 신탁이 있은 것으로 본다.

(3) 위탁자가 타인(수익자)에게 신탁의 이익을 받을 권리를 수여하여야 한다.

신탁재산의 물상대위성[126]으로 인해 신탁재산의 관리·처분·멸실·훼손 그 밖의 사유로 수탁자가 얻는 재산은 신탁재산에 속한다(신탁법 제19조).

신탁이익이란 이러한 신탁재산권의 관리·처분 등으로 인하여 얻는 재산적 이익을 의미하며, 신탁원본의 이익을 받을 권리와 신탁수익의 이익을 받을 권리로 구분된다. 그리고 수여한 신탁이익이 일부이든 전부이든 해당하는 이익에 대해 수익자의 증여재산가액을 계산한다.

그러므로 위탁자가 타인에게 신탁의 이익을 받을 권리를 소유하게 한 경우 그 신탁이익에 대한 소득세 원천징수 여부에 관계없이 그 신탁의 이익을 받을 권리를 증여한 것으로 본다(상증세법 집행기준 33-25-3).

① 원본의 이익을 받을 권리

신탁원본의 이익을 받을 권리란 신탁거래의 목적물이 되는 특정의 재산권 자체를 향수할 권리를 말하며, 예를 들어 위탁자가 신탁계약시 위탁한 금전·동산·부동산 자체를 받을 권리가 그것이다.

② 수익의 이익을 받을 권리

신탁수익의 이익을 받을 권리란 신탁이익 중 신탁원본 이외의 이익을 받을 권리를 말하며, 예를 들어 금전신탁에 따른 이자수입·부동산 신탁에 따른 수입임차료 등이 그것이다.

4) 증여재산가액(요건충족 효과)

(1) 원칙

신탁의 이익을 받을 권리의 가액으로 한다. 그런데 증여시기는 원칙적으로 실제로

---

126) 물건의 멸실이 있게 되면, 물리적으로 완전히 소멸해 버리는 경우가 있는가 하면 멸실물의 물리적 변형체가 남는 경우가 있고, 또한 멸실물의 가치적 변형물(대위성)이 남는 경우와 그렇지 않은 경우가 있다. 이때 목적물에 대위하는 멸실물의 가치적 변형물에 그 권리(소유권, 담보물권 등)가 미치는 것을 물상대위(성)라고 한다(민법 제342조, 제370조). 예컨대 건물이 멸실한 경우에 이에 대한 보험금이나 손해배당의 청구권에 그 권리가 미치는 것을 말한다.

수령한 때이므로 그 수령한 가액이 증여재산가액이 된다. 그러므로 신탁의 이익을 받을 권리를 증여받은 수익자가 증여받은 후 신탁계약을 해지하더라도 당초 증여시기에 계산한 증여재산가액을 재계산하지는 않는다(재삼 46014 – 537, 1999. 3. 17.).

(2) 예외

여러 차례로 나누어 원본 및 수익을 받는 경우 또는 신탁재산을 실질적으로 지배 · 통제하는 경우(상증세법 시행령 제25조 제1항 제3호)에는 상증세법 시행령 제61조(신탁의 이익을 받을 권리의 평가)에 따라 계산한 가액(상증세법 시행령 제25조 제2항)으로 한다.[127]

① 원본을 받을 권리와 수익을 받을 권리의 수익자가 같은 경우

원본을 받은 권리와 수익을 받을 권리의 수익자가 같은 경우에는 평가기준일 현재 상증세법에 따라 평가한 신탁재산의 가액에 의한다.

② 원본을 받을 권리와 수익을 받을 권리의 수익자가 다른 경우

원본을 받은 권리와 수익을 받을 권리의 수익자가 다른 경우에는 수익자가 받을 신탁이익이 가치에 의해 구분하여 다음과 같이 평가한다.

㉠ 원본을 받을 권리를 수익하는 경우

원본의 받을 권리를 수익하는 경우에는 평가기준일 현재 상증세법에 따라 평가한 신탁재산의 가액에서 아래 ㉡의 계산식에 따라 계산한 금액의 합계액을 뺀 금액으로 한다(상증세법 시행령 제61조 제1항 제2호 가목).

㉡ 수익을 받을 권리를 수익하는 경우

수익의 받을 권리를 수익하는 경우에는 평가기준일 현재 기획재정부령으로 정하는 방법에 따라 추산한 장래에 받을 각 연도의 수익금에 대하여 수익의 이익에 대한 원천징수세액상당액등을 고려하여 다음의 계산식에 따라 계산한 금액의 합계액(상증세법 시행령 제61조 제1항 제2호 나목).

$$\frac{각\ 연도에\ 받을\ 수익의\ 이익\ -\ 원천징수세액\ 상당액}{(1+0.03\,^*)^n}$$

* : 신탁재산의 평균 수익률 등을 감안하여 기획재정부령으로 정하는 이자율
n : 평가기준일로부터 수익시기까지의 연수

③ 신탁계약의 철회, 해지, 취소 등에 따른 일시금 수령 권리를 보유한 경우

평가기준일 현재 수익자가 신탁계약의 철회, 해지, 취소 등에 따른 일시금 수령

---

127) 이 책 '증여재산의 평가 – 보충적 평가방법 – 신탁의 이익을 받을 권리의 평가' 참조

권리를 보유한 경우에는 위 ①과 ②의 평가액과 일시금의 가액 중 큰 금액으로 평가한다(상증세법 제61조 제1항 단서).**[128]**

5) 이중과세 문제

신탁의 이익을 받을 권리를 소유하게 된 경우 증여세 납세의무와 또한 이자소득인 그 신탁의 이익에 대한 종합소득세 납세의무는 별개의 납세의무로서 적법하며, 이중과세에 해당하지 않는다(소득 46011-726, 2000. 7. 7. ; 국심 97서2952, 1998. 6. 22.).

6) 증여세 과세특례

하나의 증여에 대하여 제33조부터 제39조까지, 제39조의 2, 제39조의 3, 제40조, 제41조의 2부터 제41조의 5까지, 제42조, 제42조의 2, 제42조의 3, 제44조, 제45조 및 제45조의 3부터 제45조의 5까지의 규정이 둘 이상 동시에 적용되는 경우에는 그 중 이익이 가장 많게 계산되는 것 하나만을 적용한다.**[129]** 종전에는 시행령에 규정하였으나 법률에 직접 규정함으로써 조세법률주의의 취지에 부합하도록 하였다(상증세법 제43조).

┃ 간주상속재산인 신탁재산 vs. 증여유형인 신탁이익 ┃

구분	위탁자	수익자	신탁재산(원본의 이익을 받을 권리)	수익의 이익을 받을 권리
계약에 의한 신탁	피상속인	무관	피상속인의 (간주)상속재산	
	증여자	수증자	수증자의 (증여유형)증여재산	
유언에 의한 신탁	피상속인	무관	유증재산에 해당하므로 당연히 피상속인의 상속재산에 포함되는 것이며, 수증자(수유자)의 증여재산에 포함될 수 없다.	
명의신탁	피상속인	무관	실질과세의 원칙상 명의위탁자인 피상속인의 (본래의)상속재산	
	증여자	수증자	실질과세의 예외로서 조세회피방지를 위해 명의수탁자(수증자)의 증여재산으로 의제(증여의제), 위탁자(증여자)는 연대납세의무를 짐	
양도담보	권리의 변동과 무관한 채권담보이므로 양도·증여와 무관, 본래의 권리자인 양도담보설정자의 재산임			

---

128) 2019. 2. 12. 이후 평가하는 분부터 적용한다.

129) 2011. 1. 1. 이후 최초로 증여받는 것부터 적용한다.

7) 증여세 연대납세의무

앞의 연대납세의무에서 살펴본 대로 신탁이익의 증여의 경우 다음의 경우에 증여자가 수증자가 납부할 증여세에 대하여 연대납세의무가 있다(상증세법 제4조의 2 제6항).

① 수증자의 주소 또는 거소가 분명하지 아니한 경우로서 증여세에 대한 조세채권을 확보하기 곤란한 경우

② 수증자가 증여세를 납부할 능력이 없다고 인정되는 경우로서 체납처분을 하여도 조세채권을 확보하기 곤란한 경우

③ 수증자가 비거주자인 경우

2. 보험금의 증여

 해의 맥

실질적인 보험료 납부자와 보험금 수령자가 다르다면 경제적 이익의 이전에 대해 증여세가 과세된다.

§관련조문

상증세법	상증세법 시행령
제34조【보험금의 증여】	제32조의 4【이익의 계산방법】

1) 의의

생명보험 또는 손해보험에 있어서 보험료 납부자(보험계약자)와 보험금 수령인(생명보험의 보험수익자 또는 원칙적으로 손해보험의 피보험자)이 실질상 다르다면, 보험사고가 발생한 때 보험금 수령인이 수령하는 보험금상당액은 보험료 납부자가 보험금 수령인에게 무상으로 그 경제적 이익을 이전한 것이 된다. 따라서 이에 대해 증여세를 과세하는 것이 증여의 개념에 비추어 타당하다.[130]

또한 보험료 납부자와 보험금 수령인이 형식적으로 동일한 경우에도 재산을 증여받아 보험료를 납입한 후 보험금을 수령하였다면, 그 실질이 위와 같으므로 이에 대해서도 증여세를 과세한다. 다만 이 경우에는 보험금상당액에서 미리 증여받아 과세된 보험료 납부액만큼을 차감한 금액을 보험금 수령인의 증여재산가액으로 한다. 이중과세를 방

---

130) 이 책 '보론 17 보험의 분류 및 보험계약의 관계자' 참조

지하기 위함이다.

더불어 만약 납부보험료 중 일부를 보험금 수령인이 스스로 부담하였을 경우에는 그 점유비율에 따라 계산한 상당액만을 증여재산가액으로 한다.

그렇지만 해당 보험금이 상증세법에 의한 상속세 과세가액에 합산되어 상속세가 과세되었다면, 이에는 당연히 증여세가 부과되지 않는다.

그렇다면 여기에서 '보험금상당액'이 증여재산에 해당하는지가 중요하다. 앞서 살펴본 증여재산의 개념정의에 따르면 보험금상당액도 수증자(보험금 수령인)에게 귀속되는 금전으로 환산할 수 있는 경제적 가치가 있는 물건에 해당하므로 증여재산에 해당한다. 그리고 이러한 증여재산이 무상으로 증여자(보험료 납부자)에서 수증자(보험금 수령인)에게로 이전되므로 증여의 개념에도 합치한다. 따라서 수증자는 보험료상당액을 증여재산가액으로 하여 증여세 납세의무자가 된다.

2) 증여시기

보험금의 증여는 그 증여일이 보험금 수취일이나 보험료 납부일이 아니라 보험증권 등에 기재된 보험사고가 발생한 때가 된다(상증세법 제34조 제1항). 바로 이때에 보험금을 수령할 권리가 확정된다는 점에서 세법의 수익인식기준인 권리의무확정주의에 따른 것으로 판단된다.

이와 관련하여 조세심판원[131]은 보험료 납부시점을 증여시기로 볼 경우, ① 보험금을 수령하는 시점에는 부과제척기간이 만료되어 과세할 수 없고, ② 보험료 납부 시마다 증여세를 과세하여야 하므로 절차상 번잡하고, ③ 보험의 종류에 따라서는 보험사고가 발생하지 아니하면 보험금을 수령할 수 없는 경우가 있다는 점, ④ 보험에 있어서 수증자가 받는 경제적 이익은 보험료납입액이라기보다는 보험금수령액이라고 보는 것이 합당한 점 때문에 보험료 납부시점이 아닌 보험사고 발생일을 증여시기로 하고 있다고 하였다(국심 97서1102, 1998. 7. 10. ; 국심 95구1571, 1995. 12. 15.). 따라서 보험금에 대하여 처분청이 그 자의적인 판단에 따라 상증세법 제34조 제1항의 적용을 선택적으로 배제하여서는 아니되고 원칙적으로 상증세법 제34조 제1항의 규정을 적용하여야 한다.

---

131) 과거 국세 심판청구는 재정경제부 국세심판원이 수행하고, 지방세 심사청구는 행정자치부 지방세심의 위원회가 담당함으로써 조세불복절차가 이원화되었으나, 2008. 2. 29. 양 기관을 통합한 국무총리 소속의 조세심판원이 신설되면서, 국세와 지방세에 대한 최종적인 행정심이 일원화되어 납세자가 두 기관을 동시에 상대해야 하는 불편함을 해소하였다.

3) 증여세 과세대상 재산 포함요건

(1) 생명보험 또는 손해보험의 경우에 한한다.

생명보험 또는 손해보험의 보험금만이 증여재산에 포함되므로, 상해보험 등 이외의 보험은 이 규정의 적용을 받지 않는다. 일반적으로 상해보험은 상해를 치료하는 정도의 실비변상적 보험금이 지급되는 것이어서 그 실질이 치료비이므로 비과세한다 (상증세법 제46조 제5호). 이러한 보험금은 일시금으로 받는 것뿐만 아니라 연금 그 밖의 정기금으로 받는 것(재산−605, 2010. 8. 18.)을 포함한다.

여기에서의 보험금에는 「소득세법 시행령」 제25조 제2항 제2호에서 규정하는 농업협동조합중앙회 및 조합, 수산업협동조합중앙회 및 조합, 신용협동조합중앙회 및 조합, 새마을금고연합회 및 금고 등이 취급하는 생명공제계약 또는 손해공제계약과 같은 항 제3호의 우체국이 취급하는 우체국보험계약에 따라 지급되는 공제금 등을 포함한다(상증세법 기본통칙 34−0…1 ②).

(2) 보험료 납부자와 보험금 수령인이 상이하여야 한다.

물론 재산을 증여받아 보험료를 납입한 경우에는 (형식적)보험료 납부자와 보험금 수령인이 동일할 수 있다. 그러나 형식적으로는 동일해도 실질적으로는 상이한 것이다. 즉 실질과세원칙, 과세형평, 증여의 개념에 비추어 경제적 실질은 동일한데 단지 보험계약의 형식에 의해 달리 취급해서는 아니되므로, 이 경우에도 이 규정의 적용을 받는다. 그리고 보험계약기간 내에 재산을 증여받아 보험료를 납부한 경우뿐만 아니라, 비록 보험계약 전에 재산을 증여받아 보험료를 납부한 경우에도 경제적 실질이 이와 동일하다면 이 역시 보험금수령액은 증여세 과세대상이다(서면4팀−1186, 2007. 4. 11.).[132] 완전포괄주의에 따른 해석이다.

그러므로 이 요건의 반대해석상 보험계약상 보험계약자와 보험금수익자가 다른 경우에도 실질적으로 보험금 수령인이 보험료를 납부하여 보험료 납입자와 보험금 수령인이 동일한 경우에는 증여세 과세문제는 발생하지 않는다(상증세법 집행기준 34−0−5).

(3) 보험사고가 발생하여야 한다.

• [보험사고]란 그것이 발생하였을 때 보험회사가 보상의무를 할 책임을 지게 되는

---

132) 2002. 12. 31. 이전에는 과세할 수 없었고, 2003. 1. 1. 이후에는 금전을 증여받아 보험료를 납입한 경우에만 과세하였다가 2004. 1. 1. 이후부터는 금전 이외의 재산을 증여받아 납입한 경우까지도 증여세를 과세한다.

원인인 사실을 가리키는 것이다.

그런데 상속재산에 포함되는 보험금이 피상속인의 사망을 보험금지급사유(보험사고)로 하여야 하는 것과 달리, 보험금의 증여 규정에서의 "보험사고"에는 만기 보험금 지급의 경우를 포함한다(상증세법 제34조 제1항).

한편 보험사고의 발생으로 인한 보험금 수령 외에 계약의 실효, 계약의 해지 등으로 인하여 수령하는 실효금·반환금 등에 대하여는 이를 어떻게 취급할 것인가가 문제시된다.

- [해약·중도인출 등] 법문상으로는 보험사고의 발생으로 인하여 수령하는 보험금에 한정하고 있으므로 이러한 실효금 등은 이 규정의 적용대상은 되지 않을 듯하나, 보험사고의 범위에 만기가 도래하여 만기 보험금을 지급받는 경우를 포함하는 것으로 해석하는 기본통칙이나 완전포괄주의 증여개념에 비추어 실효금 등이 보험료 납부자 이외의 자에게 귀속된다면 본래 의미의 증여(즉 보험금의 증여가 아닌 금전의 증여)로 보아 과세하도록 함이 타당할 것으로 사료된다. 즉 생명보험 또는 손해보험을 중도인출 또는 해약하는 경우로서 보험료 납부자와 중도인출금 또는 해약환급금의 수취인이 다른 경우에는 중도인출 또는 해약 시 증여세가 과세된다(재산-824, 2009. 4. 29.).

- [보험계약상의 지위 이전시](대법원 2018두36486, 2018. 6. 15. ; 대법원 2017두60246, 2018. 1. 11. ; 조심 2015서2175, 2016. 1. 15.)- 보험금의 증여가 아닌 금전의 증여] 증여자가 수증자에게 이전한 보험계약상의 지위가 증여재산에 해당하는 경우에, 그 보험계약상 지위 자체의 시가를 곧바로 산정할 수 있는 적절한 방법이 없는 반면, 증여시점에 보험계약을 해지하거나 청약을 철회하여 지급받을 수 있는 환급금 또는 보험계약을 그대로 유지하였을 때 받을 수 있는 각종 보험금 등 그 보험계약상의 지위에서 인정되는 여러 권리의 금전적 가치를 산정할 수 있고, 그와 같은 권리들이 서로 양립할 수 없는 관계에 있다면, 특별한 사정이 없는 한 그러한 권리들의 가액 중 가장 높은 것이 증여재산의 재산적 가치에 가장 부합한다고 할 것이므로 이를 기준으로 증여세를 과세할 수 있다(대법원 2016. 10. 13. 선고, 2015두51613 판결 등 참조).

그러므로 보험회사의 약관에서 해지 권한과 해지환급금의 귀속 주체를 계약자로 정하고 있다고 하더라도 이는 보험회사가 해지환급금을 '형식적인 계약자'에게 지급하면 면책된다는 취지의 조항일 뿐 그 경제적 이익의 귀속에 대해 규정한 것은 아닌 점 등으로 보면, 증여일 당시 A가 형식적으로는 계약자의 지위를 취득하지 못하였을지라도 즉시연금보험을 해지하고 해지환급금을 지급받을 수 있는 지위라는 경제적 가치를 가졌다면, 증여일 당시 즉시연금보험을 실제로 해지한 바 없었다고 하여도 해약환급금을 증여재산가액으로 보아야 한다[133].

(4) 상속재산으로 보는 보험금이 아니어야 한다.

보험금의 증여규정은 상증세법 제8조의 규정에 의하여 보험금을 상속재산으로 보는 경우에는 이를 적용하지 아니한다(상증세법 제34조 제2항). 즉 피상속인의 사망을 보험금 지급사유로 하고 피상속인이 실질적인 보험료 지급자인 사망보험에 의하여 받은 보험금은 상속세로서 과세되고 증여세로 과세되는 경우는 없는 것이다(상증세법 집행기준 34-0-2). 그러므로 이의 반대해석상 상기 이외의 사망보험에 대해서는 보험금의 증여규정이 적용된다는 것이다.

그러므로 보험료 납입자와 보험금 수취인이 동시에 사망하여 보험료 납입자에 대한 상속재산으로 상속세가 과세되는 경우 보험금 수취인에 대한 증여세는 과세하지 아니한다(상증세법 집행기준 34-0-4).

4) 증여재산가액(상증세법 제34조 제1항, 상증세법 집행기준 34-0-1)

(1) 보험금 수령인과 보험료 납부자가 다른 경우(보험금 수령인이 아닌 자가 보험료의 일부를 납부한 경우를 포함)에는 보험금 수령인이 아닌 자가 납부한 보험료 납부액에 대한 보험금 상당액이 보험금 수령인의 증여재산가액이 된다. 보험금상당액에는 금전뿐만 아니라 이외의 재산도 포함한다.

따라서 생명보험과 같은 정액보험의 경우에는 계약에 따른 보험금액대로 지급되므로 보험금이 보험금액과 일치하지만, 일반손해보험과 같은 부정액보험에 있어서는 보험금액의 범위 내에서 실제로 생긴 손해액을 지급하므로 양자가 일치하지 아니한다.

(2) 보험계약 기간에 보험금 수령인이 재산을 증여받아 보험료를 납부한 경우에는 증여받은 재산으로 납부한 보험료 납부액에 대한 보험금 상당액에서 증여받은 재산으로 납부한 보험료 납부액을 뺀 가액을 보험금 수령인의 증여재산가액으로 한다. 이를 산식으로 표시하면 다음과 같다.

---

133) A는 이 사건 즉시연금보험을 유지한 채 매월 생존연금을 받을 수 있는 지위도 아울러 취득하였다. 그런데 생존연금은 보험금 지급요건이 충족되어야 받을 수 있는데다가 그 액수 역시 변동 가능한 공시이율에 연동되는 것이어서 증여일 당시에는 앞으로 생존연금을 받을 수 있는지 여부 및 그 정확한 액수를 알 수 없으며, 증여일이 속하는 해에 받을 수 있는 생존연금 액수를 바탕으로 구 상증세법 시행령 제62조를 적용하여 가액을 추산하여 보더라도 그와 양립할 수 없는 이 사건 즉시연금보험을 해지하여 보험료를 환급받을 수 있는 권리의 가액보다 적다.

$$증여재산가액 = 보험금상당액 \times \frac{타인으로부터 \ 증여받아 \ 납부한 \ 보험료액}{납부보험료 \ 총합계액} - 타인으로부터 \ 증여받아 \ 납부한 \ 보험료액(타인재산 \ 수증분으로 \ 납입한 \ 보험료는 \ 현금 \ 등 \ 증여로 \ 증여세 \ 과세)$$

이는 보험금 수령인이 자금 등을 사전에 증여받아 적은 액수의 증여세를 부담하고 그 자금 등으로 보험료를 납입한 후 보험금을 수령하는 경우 증여세가 과세되지 않는 문제점을 보완하기 위한 조치이다.[134]

5) 증여세 과세특례

하나의 증여에 대하여 제33조부터 제39조까지, 제39조의 2, 제39조의 3, 제40조, 제41조의 2부터 제41조의 5까지, 제42조, 제42조의 2, 제42조의 3, 제44조, 제45조 및 제45조의 3부터 제45조의 5까지의 규정이 둘 이상 동시에 적용되는 경우에는 그 중 이익이 가장 많게 계산되는 것 하나만을 적용한다.[135] 종전에는 시행령에 규정하였으나 법률에 직접 규정함으로써 조세법률주의의 취지에 부합하도록 하였다(상증세법 제43조).

6) 증여세 연대납세의무

앞의 연대납세의무에서 살펴본 대로 보험금의 증여의 경우 다음의 경우에 증여자가 수증자가 납부할 증여세에 대하여 연대납세의무가 있다(상증세법 제4조의 2 제6항).
① 수증자의 주소 또는 거소가 분명하지 아니한 경우로서 조세채권을 확보하기 곤란한 경우
② 수증자가 증여세를 납부할 능력이 없다고 인정되는 경우로서 체납처분을 하여도 조세채권을 확보하기 곤란한 경우
③ 수증자가 비거주자인 경우

---

134) 국세청, 「2003년 개정세법해설」, 2003, 178쪽 참조
135) 2011. 1. 1. 이후 최초로 증여받는 것부터 적용한다.

▌보험금에 대한 과세상의 취급▐

보험료 납부자	보험금 수령인	보험종류	보험금 지급사유	부과 조세	재산가액 계산
피상속인	상속인	생명보험, 손해보험	피상속인 사망	상속세	보험금수령액
피상속인	상속인 이외	생명보험, 손해보험	피상속인 사망	상속세	보험금수령액
증여자	수증자	생명보험, 손해보험	보험사고(만기보험금 지급 포함)	증여세	보험금상당액

▌보험금의 과세유형(상증세법 집행기준 34-0-3)▐

피보험자	계약자	납입자	보험금수취인 (수익자)	세법상 처리
피상속인	A	A	A	- 상속재산 아님 - 증여에 해당되지 않음
피상속인	A	A	B	- 상속재산 아님 - A가 B에게 보험금 증여
피상속인	불문	피상속인	불문	- 수익자가 상속인이라면 상속세 과세 - 수익자가 상속인 이외의 자인 경우 유증에 해당하여 상속세 과세

3. 채무면제 등에 따른 증여

해의 맥

소극적 재산인 채무가 대가의 지급 없이 감소하면 채무자에게 경제적 이익이 무상이 전된 것이므로 증여세가 과세된다.

§관련조문

상증세법	상증세법 시행령
제36조【채무면제 등에 따른 증여】	제26조의 2【채무면제 등에 따른 이익의 증여 시기】 제32조의 4【이익의 계산방법】

1) 의의

민법상 채무의 면제는 채권자가 채무자에 대한 일방적 의사표시로 채권을 무상으로 소멸시키는 것으로(민법 제506조 본문), 채권자의 단독행위이다. 채무의 인수는 채무의 동일성을 유지하면서 채무가 종전의 채무자로부터 제삼자(인수인)에게 이전되는 것으로서 계약에 의해 이루어진다. 제삼자에 의한 채무의 변제도 가능하다.

이에 따라 채권자로부터 채무의 면제를 받거나 제삼자로부터 채무의 인수 또는 변제를 받은 경우에는 그 면제·인수 또는 변제로 인한 이익에 상당하는 금액(보상액을 지급한 경우에는 그 보상액을 차감한 금액으로 한다)을 그 이익을 얻은 자의 증여재산가액으로 한다(상증세법 제36조 제1항).

여기에서 '채무면제 등으로 인한 이익'인 채무면제액 등도 수증자(채무자)의 소극적 재산인 채무의 감소를 가져오는 것으로서 수증자에게 귀속되는 금전으로 환산할 수 있는 경제적 이익에 해당하므로 증여재산에 해당한다. 그리고 이러한 증여재산이 무상으로 증여자(채권자, 제삼자)에서 수증자에게로 이전되므로 증여의 개념에도 합치한다. 따라서 수증자는 채무면제액 등을 증여재산가액으로 하여 증여세 납세의무자가 된다.

2) 증여시기

채무면제 등에 따른 증여는 그 면제, 인수 또는 변제(이하 '면제 등'이라 한다)를 받은 날이 증여일이 된다(상증세법 제36조 제1항). 이때 면제 등을 받은 날이란 채무면제(단독행위)의 경우에는 그 면제의 의사표시를 한 날, 채무인수 및 변제의 경우에는 채무인수계약이 체결된 때 또는 사실상 변제일이라 할 것이다(상증세법 시행령 제26조의 2). 이는 권리의무확정주의에 따른 것으로 보인다.

3) 증여세 과세대상 재산 포함요건

채무면제 등에 따른 증여는 다음의 하나에 해당된 경우에 증여재산에 포함된다.

(1) 채권자로부터 채무를 면제받은 경우이다.

민법상 채무의 면제는 채권자가 채무자에 대한 일방적 의사표시로 채권을 무상으로 소멸시키는 것이다(민법 제506조 본문). 면제는 채권자의 단독행위로서, 결국 채권의 포기이다. 이 경우의 의사표시는 구두에 의하거나 서면에 의하거나 관계없다. 한편 채권자와 채무자사이의 계약으로 채권을 소멸시키는 면제계약도 유효하다.[136]

---

136) 김준호, 「민법강의」, 법문사, 2003, 1094~1095쪽

그러므로 계약인 민법상 증여에는 해당하지 아니하지만, 그 경제적 실질은 채권자가 채무자에게 면제한 채무만큼의 경제적 이익을 수여한 것이 된다.

이런 맥락에서 보면 의사표시와 관계없는 소멸시효의 완성에 의한 채권의 소멸은 이에 해당하지 않는다.

(2) 제삼자가 채무를 인수한 경우이다.

채무의 인수는 채무의 동일성을 유지하면서 채무가 종전의 채무자로부터 제삼자(인수인)에게 이전되는 것으로서 계약에 의해 이루어진다(민법 제453조 내지 제459조). 채무인수에 의해 종전의 채무자는 채무를 면하고 인수인이 그 동일한 채무를 지는 점에서, 민법이 정하는 채무인수는 '면책적 채무인수'이다. 채무의 이전은 상속처럼 법률의 규정에 의해 생길 수도 있으나 이는 채무인수가 아니며, 계약에 의한 채무의 이전만이 채무인수이다. 채무인수는 채권자와 인수인사이에 계약을 체결한 경우에는 그 성립시에 효력이 생기고(민법 제453조 제1항 본문), 채무자와 인수인 사이에 계약을 체결한 때에는 채권자의 승낙을 조건으로 하여 그 성립 시에 효력이 생긴다(민법 제454조 제1항, 제457조 본문).[137] 이 또한 민법상의 증여는 아니지만 채무인수자가 채무자에게 사실상의 경제적 이익을 제공하는 것이 된다. 그러나 이러한 제삼자의 채무인수가 증여에 해당하기 위해서는 채무자가 그 채무인수인에게 아무런 대가를 지급하지 아니하고 인수되는 경우에 한한다고 보아야 할 것이며, 만일 채무자의 다른 채권과의 상계 등을 조건으로 타인이 채무를 인수하는 경우에는 증여로 볼 수 없다고 할 것이다.

그런데 만약 수증자가 인수한 채무액이 증여재산가액을 초과하는 경우에는 당해 초과하는 금액에 대하여 수증자가 증여자에게 증여한 것으로 본다(재산-1473, 2009. 7. 17., 상속증여-2215, 2015. 12. 1.).

(3) 제삼자에 의한 채무변제가 있는 경우이다.

채무의 변제는 제삼자도 할 수 있다. 제삼자에 의한 채무변제란 채무자 이외의 자가 채무의 내용인 급부를 실현하는 것을 말하며 변제가 있으면 채권자는 목적을 달성하고 채권은 소멸한다. 그러나 채무의 성질 또는 당사자의 의사표시로 제삼자의 변제를 허용하지 아니하거나, 이해관계 없는 제삼자는 채무자의 의사에 반하여 변제하지 못한다(민법 제469조).

제삼자에 의한 채무의 변제도 민법상 증여에는 해당되지 않지만, 채무자가 채무로부터 벗어남으로써 채무를 변제한 제삼자가 채무자에게 경제적 이익을 수여한 것이

---

137) 김준호, 상계서, 1026~1037쪽

된다. 즉 제삼자가 채무를 대신 변제한 경우에도 채무인수와 같이 채무자가 다른 대가적 부담이 없이 타인이 채무를 변제한 경우에 이를 세법상 증여로 보아 과세한다. 변제자인 제삼자가 원래의 채무자에 대하여 구상권을 행사한다면 세법상 증여로 볼 수 있는 이익이 없기 때문이다. 그리고 양수자의 양수대금 지급의무를 제삼자(배우자 포함)가 인수한 경우 양수자에게 양수대금 변제로 인한 이익 상당액에 대하여 증여세가 과세되고(재산-473, 2010. 7. 1.), 부동산 등으로 대물변제한 경우 제삼자는 양도소득세 납세의무가 있다(상증세법 집행기준 36-0-3).

4) 증여재산가액

채무면제 등에 의한 증여재산가액은 그 면제·인수 또는 변제된 채무액이 되며, 만약 이러한 행위의 대가로 채무자가 지급한 보상액이 있으면 그 보상금액을 차감한 후의 금액이 된다.[138]

5) 증여세 과세특례

하나의 증여에 대하여 제33조부터 제39조까지, 제39조의 2, 제39조의 3, 제40조, 제41조의 2부터 제41조의 5까지, 제42조, 제42조의 2, 제42조의 3, 제44조, 제45조 및 제45조의 3부터 제45조의 5까지의 규정이 둘 이상 동시에 적용되는 경우에는 그 중 이익이 가장 많게 계산되는 것 하나만을 적용한다.[139] 종전에는 시행령에 규정하였으나 법률에 직접 규정함으로써 조세법률주의의 취지에 부합하도록 하였다(상증세법 제43조).

6) 증여세 면제

상증세법 제36조의 채무면제 등에 따른 증여에 해당하는 경우로서 수증자가 증여세를 납부할 능력이 없다고 인정되는 경우로서 체납처분을 하여도 증여세에 대한 조세채권

---

138)

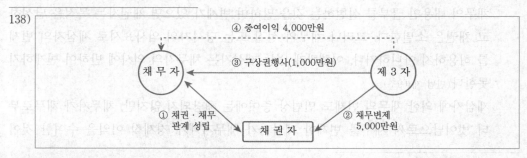

139) 2011. 1. 1. 이후 최초로 증여받는 것부터 적용한다.

을 확보하기 곤란한 때에는 그에 상당하는 증여세의 전부 또는 일부를 면제한다(상증세법 제4조의 2 제5항).

7) 연대납세의무 면제

증여세의 납부에 있어서 원칙적으로 수증자가 증여세를 납부할 수 없을 때에는 증여자가 연대납세의무를 진다. 그러나 조세형평상 세법에서 정한 과세요건을 충족함에 따라 세법상 증여로 보아 과세하는 경우 수증자에 대한 조세채권의 확보가 곤란하다고 하여도 증여자에게 연대납부의무를 지우는 것은 지나친 경우가 있다. 이런 측면에서 채무면제 등에 따른 이익의 증여유형도 연대납세의무가 면제된다(상증세법 제4조의 2 제6항 단서).

8) 증여자가 증여세를 납부한 경우의 추가적 문제(상증세법 집행기준 36 - 0 - 2)

이에 대해서는 앞서 살펴본 '증여세의 연대납세의무'를 살펴보기 바란다.

Ⅲ-2 증여이익의 일정액만을 증여재산가액에 포함하는 경우

이 증여유형은 무엇보다도 조세법의 기본원칙인 실질과세원칙을 기본으로 하여, 상증세법상의 증여재산 개념에 따라 증여세 과세대상 재산에의 포함 여부를 판단하고, 아울러 상증세법상의 증여 개념에 따라 증여세 과세 여부를 판단한다. 다만, 거래환경 및 조세행정 등 조세실무상의 현실을 고려하여 기간적 · 금액적 과세요건기준을 제시함으로써 일정한 형식적 요건 충족을 요구하고 있다. 즉 비록 실질적 의미에서 증여에 해당이지만 일정한 형식적 요건을 충족하는 경우에만 증여세 과세대상 재산에 포함하여 증여재산가액을 산정하도록 하는 형식을 취하고 있다. 그런 점에서 실질과 형식이 적절하게 결합된 유형이라 할 수 있다.

그리고 이 유형의 증여는 앞의 Ⅲ-1.의 유형과 달리 그 증여이익의 존재가 추상적이고 불확실할 뿐만 아니라 증여이익액의 산정도 불확실하고 유동적이며 또한 주관적이다. 따라서 이 유형의 증여에서는 발생한 증여이익 전액을 증여재산가액으로 하기에는 당사자 간에 다툼의 여지가 많으므로, 증여이익의 일정액만을 증여재산가액으로 보아 증여세 과세대상에 포함하여 증여세를 과세한다.

1. 저가 양수 또는 고가 양도에 따른 이익의 증여 등

 해의 맥

　사법상 적법한 양도라 하더라도 세법적 시각에서 당사자 간 이익의 이전이 이루어진 부당한 거래라면 이를 증여로 과세한다. 다만, 특수관계 없는 자 간 거래의 경우 과세요건의 입증책임을 전적으로 과세권자가 진다.

§관련조문

상증세법	상증세법 시행령	상증세법 시행규칙
제35조【저가 양수 또는 고가 양도에 따른 이익의 증여 등】	제26조【저가 양수 또는 고가 양도에 따른 이익의 계산방법 등】 제32조의 4【이익의 계산방법】	제9조【특수관계인의 범위】

1) 의의

자유시장질서를 토대로 하는 오늘날, 각자가 자신의 의사에 따라 법률관계를 자유로이 형성할 수 있는 사적 자치의 원칙은 현행 민법의 기본원칙이다. 그리고 사적 자치의 중심에 계약자유의 원칙이 있다. 그러므로 비록 재산의 양도양수가액이 시가보다 높거나 낮다고 하더라도 이는 당사자 간에는 적법한 거래임에 틀림없다. 그럼에도 불구하고 실질과세를 기본으로 하여 조세평등주의를 실현하려는 세법의 시각에서 보면 고가양도나 저가양수를 통하여 그 경제적 이익이 무상으로 거래상대방에게 결과적으로 이전된 것이다. 그런 측면에서 보면 이는 법인세법 및 소득세법에서 규정하는 부당행위계산 부인제도와 통하므로, 양도자와 양수자 간의 법률행위가 적법하다고 전제하는 경우에도 세액을 계산함에 있어서는 그 행위나 계산을 부인하고 세법이 규정하는 적정가액에 의하여 세액을 산출할 수 있도록 하는 것으로서 특수관계인 간 또는 특수관계가 없는 자 간에 거래를 하면서 어느 일방의 이익을 위하여 거래가액을 조작하여 얻게 되는 이익에 대하여 과세근거를 마련함이 목적이라 하겠다.

이에 따라 특수관계 여부를 불문하고 시가보다 높은 가액으로 재산을 양도하거나 또는 시가보다 낮은 가액으로 재산을 양수한 경우에 이로 인하여 이익을 받은 자는 그 대가와 시가와의 차액이 기준금액 이상인 경우 그 대가와 시가의 차액에서 기준금액을 뺀 금액을 증여재산가액으로 하도록 한다.

'시가와 대가(저가양수가액 또는 고가양도가액)의 차액상당액'은 수증자(저가양수인 또는 고가양도인)에게 귀속되는 금전으로 환산할 수 있는 경제적 이익에 해당하므로 증여재산이다. 그리고 이러한 증여재산이 무상으로 증여자(저가양도인 또는 고가양수인)에서 수증자에게로 이전되므로 증여의 개념에도 합치한다. 이때 비록 실질적 의미에서 그 이익 전체가 증여에 해당하지만, 일정한 증여이익 이상을 충족하는 경우에만 증여세 과세대상 재산에 포함하여 증여재산가액을 산정하도록 하는 형식을 취하고 있다.

2) 증여시기

저가 양수 또는 고가 양도에 따른 이익의 증여시기는 해당 재산의 양수일 또는 양도일이 된다(상증세법 제35조 제1항, 제2항).

① 양수일 또는 양도일은 각각 해당 재산의 대금을 청산한 날을 기준으로 한다. 이는 양도·양수의 개념을 등기·등록에 관계없이 자산이 사실상 유상으로 이전되는 것이라고 보는 것으로 실질적으로 자산이 이전되는 시점인 잔금청산일이 양도 또는 취득시기가 되는 것이다(대법원 2018두37793, 2018. 6. 28.).

② 단지 그 대금청산일이 확실하지 않은 경우에는 아래와 같이 등기·등록접수일 또는 명의개서일 등으로 한다(소득세법 시행령 제162조 제1항 제1호 내지 제3호).

　㉠ 대금을 청산한 날이 분명하지 아니한 경우에는 등기부·등록부 또는 명부 등에 기재된 등기·등록접수일 또는 명의개서일

　㉡ 대금을 청산하기 전에 소유권이전등기(등록 및 명의의 개서를 포함한다)를 한 경우에는 등기부·등록부 또는 명부 등에 기재된 등기접수일

　㉢ 기획재정부령이 정하는 장기할부조건의 경우에는 소유권이전등기(등록 및 명의개서를 포함한다) 접수일·인도일 또는 사용수익일 중 빠른 날

③ 한편 매매계약 시에는 저가 양수 또는 고가 양도 시의 증여유형에 해당하지 않았으나 매매계약 후 급격한 환율의 변동 등으로 인해 잔금청산시점에는 증여유형에 해당되어 과세 여부가 달라지는 경우가 발생할 수 있다. 이처럼 환율의 급격한 변동 등으로 인하여 잔금청산일 등을 산정기준일로 하는 것이 불합리하다고 인정되는 경우에는 매매계약일을 기준으로 한다(상증세법 시행령 제26조 제5항).

3) 증여세 과세대상 재산 포함요건

(1) 특수관계인 사이의 거래일 경우

특수관계인 간의 저가 양수 또는 고가 양도에 따른 이익이 증여재산에 포함되려면

다음의 각 요건을 모두 만족하여야 한다.

① 해당이 되는 거래가 재산의 양도·양수행위이어야 한다.

  ㉠ 재산의 범위에 관하여도 현행법상 명확한 규정이 없으나, 앞서 살펴본 상속재
     산 및 증여재산의 범위와 동일하게 해석하면 무난할 것으로 보인다.

  ㉡ 이 규정의 적용대상이 되는 행위는 재산의 양도·양수 거래에 한한다. 따라서
     양도·양수 이외의 행위에 의하여 발생하는 이익에 대하여는 당연히 적용되지
     않는다. 이때 양도·양수의 범위가 상증세법상 명확히 규정된 바가 없으나, 소
     득세법 제88조의 양도의 개념에 따라 해석하는 것이 타당할 것으로 판단된다.

② 특수관계인 간의 거래이어야 한다.

  "특수관계인"이라 함은 양도자 또는 양수자("양도자 등"이라 한다)와 상증세법 시행
  령 제2조의 2 제1항 각 호의 어느 하나의 관계에 있는 자를 말하며, 이 경우 양도
  자와 양수자가 매매과정에서 한번이라도 특수관계인이 성립하는 경우에는 특수
  관계인 사이의 양도로 본다(상증세법 시행령 제26조 제4항).[140]

  현행 상증세법상 특수관계인의 유형은 크게 '과세(적용)요건'으로 작용하는 경우
  와 '차별요건'으로 작용하는 경우로 구별될 수 있다. 특수관계가 있는 경우에는
  시가와 대가와의 차액이 30% 이상이거나 그 차액이 3억원 이상인 경우를 증여로
  보지만, 특수관계가 없는 경우에는 시가와 대가의 차액이 시가의 30% 이상인 경
  우 증여추정하되 해당 거래가액이 거래관행상 정당한 사유가 있다고 입증되는
  경우에는 증여로 보지 않는 것으로 규정하고 있다는 점에서, 여기에서의 특수관
  계인 규정은 '차별요건'이 된다.[141]

③ 시가보다 낮은 가액 또는 높은 가액의 대가(일정한 기준 이상의 이익)이어야 한다.

  ㉠ 시가

    여기에서의 시가는 상증세법 제60조 내지 제66조의 규정에 의하여 평가한 가액
    으로 하며, 시가와 대가의 평가의 기준시점은 증여일 당시가 되어야 한다.

    따라서 최대주주가 보유한 주식은 경영권프리미엄 등이 반영된 할증평가한 가
    액이 시가이고, 최대주주 이외의 자가 보유한 주식가액은 원칙적으로 경영권프
    리미엄 등이 포함되지 않은 가격을 시가로 보아야 한다(조심 2011중1795, 2011. 9. 8.).

    또한 자본시장과 금융투자업에 관한 법률 등 타법률의 규정에 따라 산출된
    주식가액은 별도의 규정이 없는 한 상증세법에서의 시가가 아님에 유의하여

---

140) 이 책 '보론 21 상증세법상 특수관계인 규정 검토' 참조

141) 김의식, "상증세법상 특수관계자규정의 문제점 및 개선방안"(한국조세연구포럼), 「조세연구」 제7집,
     2007, 261~262쪽

야 한다.

ⓛ 낮은 가액 및 높은 가액

특수관계인 간의 저가 양수 또는 고가 양도에 따른 이익의 증여 등은 시가보다 낮은 가액으로 양수하거나 또는 시가보다 높은 가액으로 양도하는 경우에 적용되는 것이다. 이때 시가보다 높거나 낮은 가액의 기준을 산식으로 표시하면 다음과 같다. 그러므로 비율기준(30% 이상)과 금액기준(3억원 이상[142]) 중 하나만 충족하면 된다(상증세법 시행령 제26조 제1항 및 제2항).

⑦ 낮은 가액의 기준 : (시가 – 대가)÷시가 ≥ 30% 또는 (시가 – 대가) ≥ 3억
⑭ 높은 가액의 기준 : (대가 – 시가)÷시가 ≥ 30% 또는 (대가 – 시가) ≥ 3억

따라서 차액이 3억원 미만이면서 30% 기준에 미달되는 경우(동시충족)에는 증여세가 과세되지 아니한다.

여기에서의 금액 기준은 특수관계인 사이의 고액의 변칙증여에 대한 과세를 강화하기 위하여 추가된 것이다.

④ 이상의 과세요건을 모두 충족하는 경우에도 그 양도·양수 거래가 상증세법 제44조에서 규정하는 배우자 등에 대한 양도 시(대금지급이 불분명)의 증여추정에 해당하는 경우에는 제44조의 규정을 우선 적용받으며 상증세법 제35조의 적용대상에는 포함되지 아니한다. 즉 상증세법 제44조는 양도재산가액 전액을 증여재산가액으로 보기 때문에 여기에서의 증여재산가액을 포괄한다는 점에서 제44조를 우선 적용하도록 한 것으로 판단된다.

(2) 특수관계인 이외 자 사이의 거래일 경우

특수관계인 이외 자 간의 저가 양수 또는 고가 양도에 따른 이익이 증여재산에 포함되려면 다음의 각 요건을 모두 만족하여야 한다.[143]

① 해당이 되는 거래가 재산의 양도·양수행위이어야 한다.

그 내용은 앞 (1)의 특수관계인 간의 거래에서와 같다.

② 특수관계인이 아닌 자 간의 거래이어야 한다.

특수관계의 범위에 대해서는 앞 (1)에서 설명하였다.

③ 시가보다 '현저히' 낮은 가액 또는 '현저히' 높은 가액의 대가(일정한 기준 이상의 이익)이어야 한다.

---

142) 2003. 12. 31. 이전에는 1억원 이상이었다.
143) 2003. 12. 31. 이전에는 특수관계인 간의 거래에 대해서만 적용하였다.

㉠ 시가

그 내용은 앞 (1)의 특수관계인 간의 거래에서와 같다.

㉡ 현저히 낮은 가액 및 현저히 높은 가액

특수관계인이 아닌 자 간의 저가 양수 또는 고가 양도에 따른 증여 등은 거래의 관행상 정당한 사유 없이 시가보다 현저히 낮은 가액 또는 현저히 높은 가액으로 재산을 양수 또는 양도한 경우에 적용되는 것이다. 이때 시가보다 현저히 낮은 가액 또는 높은 가액의 기준을 산식으로 표시하면 다음과 같다. 다만, 특수관계인 간 거래와의 차이점은 다음의 비율기준에 의해서만 저가·고가 여부를 판정하고 별도의 금액기준으로는 판정하지 않는다는 것이다(상증세법 시행령 제26조 제5항 및 제6항).

㉮ 낮은 가액의 기준 : (시가 – 대가) ÷ 시가 ≥ 30%
㉯ 높은 가액의 기준 : (대가 – 시가) ÷ 시가 ≥ 30%

예컨대, 재산적 가치가 전혀 없는 주식(시가=0)을 매수하는 대가로 청구인에게 지급한 금액은 주식매수대가로 지급하였다고 인정하기보다는 주식매매형식을 빌었으나 실질내용은 소액주주들의 불만을 무마하기 위하여 대가 없이 경제적 손실을 보상해 준 것이라고 보는 것이 사실관계에 부합하므로 증여세가 과세된다(국심 2003중2747, 2003. 11. 20. ; 국심 2002전1605, 2002. 12. 24.).

㉢ 세법에서 특수관계가 있는 경우와 없는 경우를 구별하는 이유는 헌법재판소의 판시와 같이 '특수관계가 있는 경우는 당사자 쌍방의 이해관계가 대부분 서로 일치하여 거래행위에 있어서도 이를 자유로이 좌우하여 조세부담을 경감시키기 쉬운 관계'에 있기 때문에 이를 달리 보아야 할 합리적인 이유가 있음을 전제하는 것이다(헌재 2000헌바28, 2003. 7. 24.).

④ 현저히 낮은 혹은 현저히 높은 거래에 대한 정당한 사유가 없어야 한다.

[정당한 사유 판단] 특수관계인 아닌 자 간의 저가 양수 또는 고가 양도에 따른 증여 등은 시가와 대가와의 차액에 상당하는 금액을 그 이익을 얻은 자가 증여받은 것으로 추정한다고 규정하고 있으므로, 그 매매가액이 정상가액임이 입증된 경우에는 증여세가 과세되지 아니한다. 즉 정상가액임이 입증되지 못한 거래일 때에 비로소 증여재산가액이 계산되고 증여세가 과세된다. 이 경우 "거래의 관행상 정당한 사유"가 있는지 여부는 당해 거래의 경위, 거래당사자의 관계, 거래가액의 결정과정, 경영권프리미엄 등을 확인하여 적정한 교환가치를 반영한 거래인

지 등 구체적인 사실을 확인하여 판단할 사항이다(조심 2010서1315, 2011. 6. 15. ; 조심 2010중2467, 2011. 5. 19. ; 서면4팀 −403, 2008. 2. 20.). 그러므로 재산을 고가로 양도·양수한 거래 당사자들이 그 거래가격을 객관적 교환가치가 적절하게 반영된 정상적인 가격으로 믿을 만한 합리적인 사유가 있었던 경우는 물론, 그와 같은 사유는 없더라도 양수인이 그 거래가격으로 재산을 양수하는 것이 합리적인 경제인의 관점에서 비정상적이었다고 볼 수 없는 객관적인 사유가 있었던 경우에도 '거래의 관행상 정당한 사유'가 있다고 봄이 타당하다(대법원 2013두5081, 2013. 8. 23. ; 대법원 2017두61089, 2018. 3. 15.).

따라서 이를 감안하지 아니하고 단순히 거래가액이 상증세법상 시가(혹은 보충적 평가방법에 의한 평가액)보다 높다는 이유만으로 고가양도한 것으로 보아서는 아니된다(조심 2010중2467, 2011. 5. 19. ; 조심 2010중2204, 2010. 12. 28.).

[입증책임] 그런데 "정당한 사유"에 대한 입증책임을 납세자에게 지우는 기존의 행정해석에 따른 이러한 추정은 현실적으로 특수관계인 아닌 일반인의 모든 거래에 대해서까지 증여로 과세될 가능성을 내포한다는 점에서 일반상거래가 위축될 수 있는 등 국민의 사적 자치에 대한 침해로 이어질 수 있다(조심 2010중2467, 2011. 5. 19.).[144] 이에 따라 대법원은 최근 기존의 행정해석과는 달리 "거래의 관행상 정당한 사유"가 없다는 점에 대한 입증책임을 과세관청에 지우도록 판시(대법원 2011두22075, 2011. 12. 22. ; 심사증여 2013−0069, 2013. 10. 11.)하였고, 이는 특수관계인이 아닌자 간에 이루어지는 거래에 대한 광범위한 과세를 피할 수 있을 것으로 보인다. 결국 상증세법 제35조 제2항에 의한 증여세 부과처분이 적법하기 위해서는 양도자가 특수관계에 있는 자 외의 자에게 시가보다 현저히 높은 가액으로 재산을 양도하였다는 점뿐만 아니라 거래의 관행상 정당한 사유가 없다는 점도 과세관청이 증명하여야 한다(대법원 2011두22075, 2011. 12. 22.).

4) 증여재산가액

저가 양수 또는 고가 양도에 따른 이익의 증여 등의 경우 증여재산가액의 계산은 특수관계 유무에 따라 다르게 규정하고 있는데, 이를 산식으로 표시하면 다음과 같다(상증세법 시행령 제26조 제3항 및 제7항).

---

144) 이창희, 「세법강의」, 박영사, 2007, 1078쪽

> ① 특수관계인 간의 거래 : 대가와 시가와의 차액 − Min[시가 × 30%, 3억원[145]]
> ② 특수관계인이 아닌 자 간의 거래 : 대가와 시가와의 차액 − 3억원

종전의 저가 양수 또는 고가 양도 시 증여의제(현행 증여예시유형)의 증여가액은 그 양도·양수대가와 시가와의 차액 전액으로 하였으나, 증여세 과세요건의 한계선(시가의 70% 혹은 130%)상에 놓여있는 거래자의 경우 시가와 양수도대가의 차액이 전부 과세되거나 과세 제외됨으로써 형평성을 해치는 문제를 해소하기 위해 2000년 12월 29일 상증세법 개정시 대가와 시가와의 차액에 일정한 금액을 차감한 금액을 증여금액으로 보도록 개정하였다.[146]

5) 저가 양수 또는 고가 양도 시 이익의 증여 등의 적용배제

다음의 경우에는 이 규정의 적용이 없다.

① 상증세법 제40조에서 규정하고 있는 전환사채 등의 주식전환 등에 따른 이익의 증여는 이 규정(상증세법 제35조)과 동일한 논리에 따르면서도 보다 구체적으로 과세하는 것이기 때문에 전환사채 등에 대하여는 제35조의 적용이 배제되고(상증세법 시행령 제26조 제1항 제1호) 상증세법 제40조에 의한 증여규정이 적용된다. 즉 전환사채 등도 여기에서의 재산에 해당하고 그러한 전환사채 등을 양도하므로 제35조의 적용이 되지만 별도의 구체적 과세규정이 있으므로 여기에서의 양수·도한 재산에 포함하지 아니한다는 것이다(상증세법 집행기준 35−26−2 ①).

② 자본시장과 금융투자업에 관한 법률에 의하여 한국거래소에 상장되어 있는 법인의 주식 및 출자지분으로서 유가증권시장 또는 코스닥시장에서 거래된 것은 특수관계인 간 거래라 할지라도 공정한 경쟁매매 과정을 거쳐 가액이 결정된 것이므로 저가 양수 또는 고가 양도에 따른 이익의 증여 등 대상에서 제외한다. 즉 공정한 시장에서 거래된 것이므로 이것 자체가 시가에 해당하는 것이므로 대가와 차이가 발생할 수 없다는 것이다. 다만, 상증세법 시행령 제33조 제2항의 규정에 의한 시간 외 대량매매의 경우(다만, 당일 종가로 매매된 것은 제외되므로 상증세법 제35조 규정이 적용되지 않는다)에는 공정한 경쟁시장이 아니어서 공정한 거래를 통하여 가액이 결정된 것으로 보기 어려우므로 과세대상에서 제외되지 않는다(상증세법 시행령 제26조 제1항 제2호, 같은 법 집행기준 35−26−2 ② : 재산−16, 2009. 8. 25.).

---

145) 2003. 12. 31. 이전에는 1억원 이상이었다.
146) 국세청, 「2001년 개정세법해설」, 2001, 238쪽

③ 개인과 법인 간의 거래

㉠ 개인과 법인의 거래 시 양도 · 양수대가가 법인세법의 시가에 해당하는 경우의 증여세 과세 여부

개인과 법인 간에 재산을 양수 또는 양도하는 경우로서 그 대가가 법인세법상 시가의 범위에 해당되어 법인세법상 부당행위계산의 부인의 규정이 적용되지 아니하는 경우(시간외시장에서 당일 종가가 아닌 가격으로 매매된 경우를 포함)에는 거짓 그 밖의 부정한 방법으로 상속세 또는 증여세를 감소시킨 것으로 인정되는 경우를 제외하고는 저가 양수 또는 고가 양도에 따른 이익의 증여 등의 규정을 적용하지 아니한다(상증세법 제35조 제3항, 같은 법 집행기준 35-26-3).

본 규정은 2003년 12월 30일 상증세법 시행령 개정시 신설된 규정으로써[147] 법인세법과 상증세법상 과세기준 및 시가산정방법 등이 상이하여 발생하는 납세 혼란을 방지하기 위하여 특수관계에 있는 개인과 법인이 재산을 양수 · 양도한 경우 중에서 법인세법에서 인정하는 시가에 부합하는 대가를 수수하고 거래된 경우로서 법인세법상 정당한 거래로 인정되는 경우에는 해당 거래에 대하여 증여세를 과세하지 아니하도록 하기 위해 도입된 것이다.[148] 세법 간의 체계일관성을 유지한다는 점에서 타당한 조치이다.

㉡ 법인과 고 · 저가양도 증여세 과세 여부(상증세법 집행기준 35-26-4)

법인이 소유자산을 특수관계인에게 시가에 미달하게 양도하거나 특수관계인으로부터 시가를 초과하는 가액으로 양수함에 따라 부당행위계산 부인 규정이 적용되는 경우 그 이익을 분여받은 개인에 대하여 다음과 같이 과세된다.

적용대상 부당행위 계산유형	① 자산을 시가보다 높은 가액으로 매입 또는 현물출자받았거나 그 자산을 과대상각한 경우(법령 제88조 제1항 제1호) ② 무수익 자산을 매입 또는 현물출자받았거나 그 자산에 대한 비용을 부담한 경우(법령 제88조 제1항 제2호) ③ 자산을 무상 또는 시가보다 낮은 가액으로 양도 또는 현물출자한 경우(법령 제88조 제1항 제3호)		
연도별	2007. 2. 27. 이전	2007. 2. 28.~2009. 2. 3.	2009. 2. 4. 이후
소득처분	상여 · 배당 등	기타사외유출	상여 · 배당 등
과세방법	소득세 과세	증여세 과세	소득세 과세

---

147) 종전 상증세법 시행령 제26조 제9항에서 규정하던 것은 2015. 12. 15. 개정 시 상증세법(제35조 제3항)에서 직접 규정하는 것으로 개정하였다.

148) 기획재정부, 「2003년 간추린 개정세법」, 2004.

한편, 양도소득세를 계산할 때에, 법인세법 제52조에 따른 특수관계법인에 양도한 경우로서 같은 법 제67조에 따라 해당 거주자의 상여·배당 등으로 처분된 금액이 있는 경우에는 같은 법 제52조에 따른 시가를 해당 자산의 양도 당시의 실지거래가액으로 보도록 규정하여 이중과세를 조정하고 있다(소득세법 제96조 제3항 제1호).

④ **우리사주조합**

내국법인의 종업원으로서 대통령령이 정하는 요건을 갖춘 종업원단체(이하 "우리사주조합"이라 한다)에 가입한 자가 해당 법인의 주식을 우리사주조합을 통하여 취득한 경우로서 그 조합원이 대통령령이 정하는 소액주주의 기준에 해당하는 경우 그 주식의 취득가액과 시가와의 차액으로 인하여 받은 이익에 상당하는 가액은 증여세를 과세하지 아니한다(상증세법 제46조 제2호).

여기에서 "우리사주조합"이란 근로자복지기본법 또는 자본시장과 금융투자업에 관한 법률에 따른 우리사주조합을 말하며(상증세법 시행령 제35조 제1항), "소액주주"라 함은 해당 법인의 발행주식총수의 100분의 1 미만을 소유하는 경우로서 주식 등의 액면가액을 합친 금액이 3억원 미만인 주주 등을 말한다(상증세법 시행령 제35조 제1항, 제29조 제5항).

6) 증여세 과세특례(상증세법 제43조)

이러한 특례에 대해 종전 시행령에 규정하던 것을 법률에 직접 규정함으로써 조세법률주의의 취지에 부합하도록 하였고, 이익의 계산에 필요한 사항은 대통령령(상증세법 시행령 제32조의 4)으로 정하도록 하였다.

① 하나의 증여에 대하여 제33조부터 제39조까지, 제39조의 2, 제39조의 3, 제40조, 제41조의 2부터 제41조의 5까지, 제42조, 제42조의 2, 제42조의 3, 제44조, 제45조 및 제45조의 3부터 제45조의 5까지의 규정이 둘 이상 동시에 적용되는 경우에는 그 중 이익이 가장 많게 계산되는 것 하나만을 적용한다.[149]

② 특수관계인 간 저가 양수 또는 고가 양도에 따른 이익의 증여 등을 계산함에 있어서 해당 그 이익과 관련한 거래 등을 한 날부터 소급하여 1년 이내에 동일한 거래 등이 있는 경우에는 각각(저가양도 및 고가양도)의 거래 등에 따른 이익(시가와 대가의 차액을 말한다)을 해당 이익별로 합산하여 각각의 조항별 금액기준(3억원을 말한다)을 계산한다.

7) 증여세 면제

상증세법 제35조의 저가 양수 또는 고가 양도에 따른 이익의 증여 등의 규정을 적용함

---

149) 2011. 1. 1. 이후 최초로 증여받는 것부터 적용한다.

에 있어서 수증자가 증여세를 납부할 능력이 없다고 인정되는 때에는 그에 상당하는 증여세의 전부 또는 일부를 면제한다(상증세법 제42조의 2 제4항).

8) 연대납세의무 면제

증여세의 납부에 있어서 원칙적으로 수증자가 증여세를 납부할 수 없을 때에는 증여자가 연대납세의무를 진다. 그러나 조세형평상 세법에서 정한 과세요건을 충족함에 따라 세법 상 증여로 보아 과세하는 경우 수증자에 대한 조세채권의 확보가 곤란하다고 하여도 증 여자에게 연대납부의무를 지우는 것은 지나친 경우가 있다. 이런 측면에서 양수 또는 양 도에 따른 이익의 증여유형도 연대납세의무가 면제된다(상증세법 제4조의 2 제6항 단서).

※ 요약정리

내　용	특수관계인 간 거래	특수관계가 없는 자 간의 거래
증여판단	시가와 대가와의 차액에 대해 증여로 본다.	시가와 대가와의 차액에 대해 증여로 추정한다.
증여(증여재산) 포함요건	① 재산의 양도양수행위일 것 ② 특수관계인 간의 거래일 것 ③ 시가보다 낮은 혹은 높은 가액의 거래일 것	① 재산의 양도양수행위일 것 ② 특수관계없는 자 간의 거래일 것 ③ 시가보다 현저히 낮은 혹은 현저히 높은 가액의 거래일 것 ④ 위 거래(③)에 정당한 사유가 없다.
증여재산가액 계산	대가와 시가와의 차액－Min [시가 × 30%, 3억원]	대가와 시가와의 차액－3억원
입증으로 증여적용 배제 여부	입증으로 적용배제할 수 없다.	정당한 사유 입증으로 적용배제 가능하다(먼저 과세관청이 정당한 사유가 없음에 대해 입증하여야 한다).

9) 양도소득세 부당행위계산부인과의 관계(이중과세 문제)

개인 간의 재산의 저가 양수 또는 고가 양도와 관련하여서는 상증세법 제35조의 '저가 양수 또는 고가 양도에 따른 이익의 증여 등'의 규정과 소득세법 제101조의 '양도소득의 부당행위계산' 규정이 서로 관련되어 있다. 따라서 이의 완전한 이해를 위해서는 이들 의 관계를 살펴볼 필요가 있다.

먼저 상증세법 제35조에서는 제1항에서 '특수관계인 간'의 저가 양수 또는 고가 양도 거래에 대해 규정하고 있는데, 여기에서는 '특수관계인 간에 재산을 시가보다 낮은 가액으로 양수하거나 시가보다 높은 가액으로 양도한 경우로서 그 대가와 시가의 차액이 기준금액 이상인 경우 그 대가와 시가의 차액에서 기준금액을 뺀 금액을 그 이익을 얻은 자의 증여재산가액으로 하여' 증여세를 과세하도록 하고 있다.

그리고 소득세법 제101조에서는 양도소득이 있는 거주자의 행위 또는 계산이 그 거주자와 '특수관계인'과의 거래로 인하여 그 소득에 대한 조세 부담을 부당하게 감소시킨 것으로 인정되는 경우에는 그 거주자의 행위 또는 계산과 관계없이 해당 과세기간의 소득금액을 계산할 수 있도록 하면서, 조세부담을 부당하게 감소시킨 거래로서 '특수관계 있는 자로부터 시가보다 높은 가격으로 자산을 매입하거나 특수관계 있는 자에게 시가보다 낮은 가격으로 자산을 양도한 때 및 그 밖에 특수관계 있는 자와의 거래로 해당 연도의 양도가액 또는 필요경비의 계산 시 조세의 부담을 부당하게 감소시킨 것으로 인정되는 때'라고 규정하고 있다.

이로 인해 각각의 거래 시 양도자와 양수자에게 양도세나 증여세가 동시에 부과되는 문제가 발생하여 언뜻 보기에 중복과세가 아닌가 하는 의문이 들게 된다.

이때의 중복과세란 동일한 과세관할권이 동일한 납세의무자에게 동일 과세기간 내의 동일 과세물건에 대해 각기 다른 조세를 과세하는 경우를 말한다고 정의한다. 그러므로 동일한 과세관할권이 서로 다른 납세의무자의 동일 과세기간 내의 동일 과세물건에 대하여 행사되는 경우에는 중복과세의 문제가 발생하지 않는다고 본다. 즉 두 세목이 납세의무의 성립요건, 시기 및 납세의무자에 있어 완전히 독립된 별개의 세목이고 각각의 과세요건이 충족되는 경우 독립적으로 과세되면 되므로 중복과세가 되지 않는다고 판단된다. 이와 관련하여 대법원은 "증여세와 양도소득세는 납세의무의 성립요건과 시기 및 납세의무자를 서로 달리하는 것이어서, 과세관청이 각 부과처분을 함에 있어서는 각각의 과세요건에 따라 실질에 맞추어 독립적으로 판단하여야 할 것으로, 위 규정들의 요건에 모두 해당할 경우 양자의 중복적용을 배제하는 특별한 규정이 없는 한 어느 한쪽의 과세만 가능한 것은 아니라 할 것이다"라고 판시하였다(대법원 2002두950, 2003. 10. 23. ; 대법원 2002두12458, 2003. 5. 13. ; 대법원 98두11830, 1999. 9. 21.).[150]

그러므로 그 이해를 위해 두 조문의 관계를 보이면 다음과 같다.

---

150) 채현석, "무상이전 자산의 과세제도에 관한 연구", 서울시립대학교 세무대학원 박사학위논문, 2007, 21~26쪽

〈특수관계인 간 거래〉	양도자	양수자
대가(A) > 시가(B)[151] (고가거래)	증여세(A－B－Min) : × 양도세 : 양도가액을 대가(A)로	양도세 : 추후 양도 시 취득가액(필요경비)을 시가(B)로(부당행위계산부인에 해당)
대가(A) < 시가(B) (저가거래)	양도세 : 양도가액을 시가(B)로 (부당행위계산부인에 해당)	증여세(B－A－Min) 양도세 : 추후 양도 시 취득가액을 시가(정확히는 B－Min)로

(1) 고가 양 · 수도 거래 시 양도자

양도소득에 대한 부당행위계산 부인규정은 특수관계인으로부터 시가보다 높은 가격으로 자산을 매입하거나 특수관계인에게 시가보다 낮은 가격으로 자산을 양도한 때에 적용하는 것이므로, 시가보다 높은 가격으로 양도한 경우에는 부당행위계산 부인규정이 적용되지는 않는다.

이처럼 개인인 "특수관계인"에게 자산을 고가 양도하는 경우 양도자는 소득세법상의 부당행위계산 부인대상이 아니어서 고가 양도 시에 양도가액은 소득세법 제96조 제1항의 일반원칙에 따라 실제로 거래한 고가금액으로 하여야 할 것이다. 이렇게 되면 개인[152]인 특수관계인에게 고가양도 시 시가를 초과하는 부분에 대해 양도소득세와 증여세의 이중과세 문제가 발생할 수 있다. 그렇지만 이러한 경우 상증세법 제4조의 2 제3항(증여재산에 대하여 수증자에게 「소득세법」에 따른 소득세, 「법인세법」에 따른 법인세가 부과되는 경우에는 증여세를 부과하지 아니한다)에 따라 양도소득세만 과세되고 증여세는 부과할 수 없다고 보아야 한다.

그런데 "특수관계인 외의 자"에게 자산을 시가보다 높은 가격으로 양도한 경우로서 상증세법 제35조에 따라 해당 거주자의 증여재산가액으로 하는 금액이 있는 경우에는 그 양도가액(대가)에서 증여재산가액(＝대가－시가－3억원)을 뺀 금액을 해당 자산의 양도 당시의 실지거래가액으로 보도록(소득세법 제96조 제3항 제2호)하여 이중과세 부분을 조정하고 있다[그러므로 이때의 양도가액(실가)은 '시가＋3억원'이 된다]. 소득세법 시행령 제163조 제10항 제1호의 규정[아래 (4)]도 같은 맥락으로 이해할 수 있다.

---

151) 여기에서의 시가는 소득세법상의 시가로 상증세법상의 시가와는 다를 수 있다는 점에 유의하여야 한다.

152) 한편 특수관계법인에게 양도하는 경우로서 법인세법 제67조에 따라 해당 거주자의 상여 · 배당 등으로 처분된 금액이 있는 경우에는 법인세법 제52조에 따른 시가를 양도 당시의 실지거래가액으로 보도록 규정하여 이중과세를 조정하고 있다(소득세법 제96조 제3항 제1호).

따라서 대가와 시가의 차액상당액에 대하여는 특수관계인 여부를 묻지 않고 증여세를 과세하고, 대가에서 증여재산가액을 차감한 금액을 양도가액으로 보도록 하는 것이 법체계의 일관성이나 형평의 차원에서 합리적이다.

(2) 고가 양·수도 거래 시 양수자

특수관계인으로부터 양도소득세 과세대상 재산을 고가로 양수한 자[153]는 조세의 부담을 부당히 감소시킨 것으로 보아 양도소득세 부당행위계산부인 규정이 적용된다. 이때 부당행위계산부인 규정이 적용되는 기준은 [(대가 − 시가) ÷ 시가 ≥ 5%] 또는 [(대가 − 시가) ≥ 3억원]이어야 한다. 소득세법 시행령 제167조 제4항에서 "특수관계 있는 자와의 거래에 있어서 토지 등을 시가를 초과하여 취득하거나 시가에 미달하게 양도함으로써 조세의 부담을 부당히 감소시킨 것으로 인정되는 때에는 그 취득가액 또는 양도가액을 시가에 의하여 계산한다"라고 규정하고 있으므로, 양수자의 재산취득가액은 대가가 아니라 시가에 의하여야 하고, 이는 추후 양수자가 해당 재산을 양도하게 될 때에 양도가액에서 공제되는 필요경비를 구성하게 된다. 그리고 이는 양도차액을 증가시키므로 결국 대가와 시가의 차액상당액에 해당하는 양도소득세를 더 부담하는 것이 될 것이다. 이러한 경우에는 과세기간과 납세의무자가 다르기 때문에 이중과세의 문제는 생기지 않는다.

(3) 저가 양·수도 거래 시 양도자

특수관계인에게 양도소득세 과세대상 재산을 저가로 양도한 자[154]는 조세의 부담을 부당히 감소시킨 것으로 보아 양도소득세 부당행위계산부인 규정이 적용된다. 이때 부당행위계산부인 규정이 적용되는 기준은 [(시가 − 대가) ÷ 시가 ≥ 5%] 또는 [(시가 − 대가) ≥ 3억원]이어야 한다.

그런데 소득세법 시행령 제167조 제4항에서 "특수관계 있는 자와의 거래에 있어서 토지 등을 시가를 초과하여 취득하거나 시가에 미달하게 양도함으로써 조세의 부담을 부당히 감소시킨 것으로 인정되는 때에는 그 취득가액 또는 양도가액을 시가에 의하여 계산한다"라고 규정하고 있으므로, 양도소득세 계산을 위한 양도가액은 시가로 하여야 한다. 따라서 시가와 대가와의 차액상당액에 대해 양도소득세가 과세되게 된다. 그런데 아래 (4)에서 보는 바와 같이 여기에서의 저가 양도가 증여세 과세대상이 되게 되면 그 차액상당액에 대해 동일한 과세연도에 동일한 과세대상에 대해 이중으

---

153) 2007. 2. 27. 이전에는 저가양도란 시가를 초과하는 경우이다.
154) 2007. 2. 27. 이전에는 저가양도란 시가에 미달하는 경우이다.

로 과세되는 것이 아닌가 하는 의문이 든다. 그러나 이는 위의 중복과세의 본질에 비추어 보더라도 서로 다른 납세의무자에게 서로 다른 과세요건을 요구하는 조세를 각각 부과하는 것[양도자에게는 양도소득세, 양수자에게는 아래 (4)의 증여세]이어서 이중과세가 아니라고 본다.

(4) 저가 양ㆍ수도 거래 시 양수자

특수관계인으로부터 시가보다 '낮은 가액'으로 재산을 양수한 자에게는 증여세가 과세된다. 여기에서 낮은 가액의 기준은 [(시가 - 대가) ÷ 시가 ≥ 30%] 또는 [(시가 - 대가) ≥ 3억원]이어야 한다. 그리고 증여세가 과세되는 증여재산가액은 [(시가 - 대가) - Min(시가 × 30%, 3억원)]의 금액으로 한다.

이러한 경우 양도소득세의 부당행위계산 부인규정에는 해당되지 않지만, 해당 재산이 양도소득세 과세대상 재산이라면 추후 양도 시 양도소득세 계산을 위한 취득가액은 대가가 아닌 시가(정확히는 대가+증여재산가액이므로, 시가-Min(시가×30%, 3억원))로 하여야 타당하다. 이는 소득세법 시행령 제163조 제10항 제1호에서 "상증세법 제33조부터 제42조까지……에 따라 증여세를 과세받은 경우에는 해당 증여재산가액……을 취득가액(대가)에 더하거나 뺀다"라고 규정하고 있으므로, 그 상대방의 취득가액도 시가여야 균형이 맞다. 그리고 취득가액은 필요경비를 구성하므로 시가와 대가와의 차액상당액에 해당하는 양도소득세를 덜 납부하게 되는 것이다. 이렇게 과세할 경우 그 차액상당액에 대한 이중과세의 문제는 나타나지 않을 것이다.

한편 이상에서 살펴본 거래는 특수관계인 간의 거래에 한하므로, 특수관계인 이외의 자간의 정당한 사유없는 '현저한' 저가 또는 고가 양ㆍ수도 거래에 대해서는 상증세법 제35조 제2항에 의한 증여세 과세만이 존재하게 되어 이중과세의 문제는 전혀 발생하지 않는다.

▐ 상증세법 제35조 제1항과 소득세법 제101조 제1항의 비교표 ▐

구 분	증여세	양도소득세
관련규정	상증세법 제35조 제1항(저가 양수 또는 고가 양도에 따른 이익의 증여 등)	소득세법 제101조 제1항(양도소득의 부당행위계산)
특수관계인의 범위	상증세법 시행령 제2조의 2 제1항	소득세법 시행령 제98조 제1항
대상재산	증여재산	양도소득세 과세대상 자산
시가평가	상증세법 제60조~제66조	상증세법 제61조~제64조

구 분	증여세	양도소득세
주식 등의 할증평가	중소기업주식 등은 배제	중소기업주식 등은 배제
대상거래 판단기준	대가와 시가와의 차액 ≥ [(시가 × 30%) 혹은 3억원]	대가와 시가와의 차액 ≥ [(시가 × 5%) 혹은 3억원]
대상가액 계산	대가와 시가와의 차액－Min[시가 × 30%, 3억원]	대가와 시가와의 차액 전액

2. 부동산 무상사용에 따른 이익의 증여

 해의 맥

당해 조문 적용대상은 ① 타인 소유 ② 부동산을 ③ 무상으로 사용하거나 담보로 이용하여 금전 등을 차입하는 경우에 한한다.

§관련조문

상증세법	상증세법 시행령	상증세법 시행규칙
제37조【부동산 무상사용에 따른 이익의 증여】	제27조【부동산 무상사용에 따른 이익의 계산방법 등】 제32조의 4【이익의 계산방법】	제10조【부동산 무상사용 이익률 등】

1) 의의

민법상 사용대차는 당사자 일방이 상대방에게 무상으로 사용, 수익하게 하기 위하여 목적물을 인도할 것을 약정하고 상대방은 이를 사용, 수익한 후 그 물건을 반환할 것을 약정하는 계약이다(민법 제609조). 사용대차가 무상인 점에서 이러한 법률관계는 당사자 간에 긴밀한 특수관계가 있는 자 사이가 아니면 성립하지 않는다. 그리고 사용대차는 당사자의 합의만으로 가능한 낙성계약이며, 그 목적물은 동산이든 부동산이든 상관없다.[155]
이와 관련하여 상증세법에서는 민법상의 사용대차계약이 아니더라도 타인의 부동산(해당 부동산 소유자와 함께 거주하는 주택과 그 부수토지를 제외)을 무상으로 사용함에 따라 대통령령이 정하는 이익을 얻은 경우에는 해당 이익에 상당하는 금액을 부동산 무상사용자의

---

155) 김증한 · 김학동, 「채권각론」, 박영사, 2007, 359~365쪽

증여재산가액으로 한다(상증세법 제37조 제1항). 경제적 실질에서 보면 무상사용에 따른 사용료에 해당하는 만큼의 경제적 이득을 무상사용자가 취득한 것이 때문이다.

종전에는 부동산 무상사용에 따른 이익을 직접적으로 해당 부동산을 사용하는 경우로 한정하였으나, 2015. 12. 15. 개정을 통해 타인의 부동산을 무상으로 담보로 이용하여 금전 등을 차입함에 따라 이익을 얻은 경우에도 해당 이익에 상당하는 금액을 부동산을 담보로 이용한 자의 증여재산가액으로 하는 규정[156]을 추가하였다(상증세법 제37조 제2항). 여기에서 부동산의 무상사용에 따른 직·간접적 이익은 수증자(무상사용인)에게 귀속되는 금전으로 환산할 수 있는 경제적 이익으로 증여재산에 해당하고 이러한 증여재산이 무상으로 증여자(부동산소유자)에서 수증자에게로 이전되므로 증여의 개념에도 합치한다. 그런데 비록 실질적 의미에서 전체 무상사용이익이 증여에 해당하지만, 일정한 금액(무상사용의 경우: 5년간 1억원 이상, 담보이용의 경우: 1천만원 이상)기준을 충족하는 경우에만 증여세 과세대상 재산에 포함하여 증여재산가액을 산정하도록 하는 형식을 취하고 있다.

2) 증여시기

부동산 무상사용에 따른 이익의 증여시기는 그 무상사용을 개시한 날 또는 그 부동산 담보이용을 개시한 날로 한다. 무상사용의 경우 해당 부동산에 대한 무상사용기간이 5년을 초과하는 경우에는 그 무상사용을 개시한 날부터 5년이 되는 날의 다음 날에 새로이 해당 부동산의 무상사용을 개시한 것으로 본다(상증세법 시행령 제27조 제3항, 같은 법 집행기준 37-27-1). 담보이용의 경우에는 차입기간이 정하여지지 아니한 경우 1년을 차입기간으로 하고, 차입기간이 1년을 초과하는 경우에는 그 부동산 담보이용을 개시한 날부터 1년이 되는 날의 다음 날에 새로 해당 부동산의 담보이용을 개시한 것으로 본다(상증세법 시행령 제27조 제5항). 장래의 이익을 예상하여 현재에 소급하여 과세하는 불합리를 조금이라도 줄이기 위해 기간을 구분한 것으로 보이나, 이 역시 불합리하다.

156) 2016. 1. 1. 이후 증여받은 것부터 적용한다.

3) 증여세 과세대상 재산 포함요건[157]

(1) 타인 소유의 부동산이어야 한다. 다만 특수관계인이 아닌 자 간의 거래인 경우에는 거래의 관행상 정당한 사유가 없는 경우에 한정하여 이 규정을 적용한다.[158]

종전에는 특수관계인 소유의 부동산을 무상사용하는 경우에만 동 규정이 적용될 수 있었고(재산-32, 2013. 1. 25. ; 상속증여-1289, 2015. 8. 2.), 만약 특수관계인이 아닌 자 사이에 부동산 무상사용의 이익이 발생한 경우에는 구 상증세법 제42조(그 밖의 이익의 증여 등)를 통해 과세가 가능했다. 그러나 2015. 12. 15. 개정을 통해 부동산을 무상으로 사용하는 경우에는 모두 이 규정의 적용을 받도록 하였고, 이때 특수관계인이 아닌 자 간의 거래인 경우에는 거래의 관행상 정당한 사유가 있는 경우에는 적용하지 않도록 하였다.

현행 상증세법 규정상 특수관계의 유형을 크게 '과세(적용)요건'으로 작용하는 경우와 '차별요건'으로 작용하는 경우로 구별해 보면, 기존의 규정은 특수관계 여부에 따라 과세대상 유무의 판단이 달라질 수 있다는 점[159]에서 과세(적용)요건으로 작용하는 경우라 할 수 있었으나,[160] 특수관계인 소유라는 조건이 타인 소유로 변경되면서 차별요건으로 작용하는 것으로 보는 것이 타당해졌다.

(2) 대상재산은 부동산에 한한다.

그러므로 부동산 이외의 재산의 무상사용은 상증세법 제42조(재산사용 및 용역제공 등에

---

157)

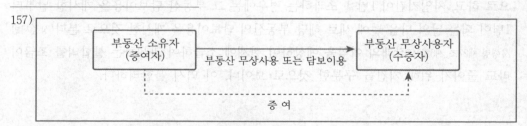

158) 2016. 1. 1. 이후 증여받은 것부터 적용한다.

159) 2004. 1. 1. 이후 증여세 과세제도가 유형별 포괄주의에서 완전포괄주의로 전환되면서 상증세법에 별도의 증여 개념을 신설하고, 종래 특수관계인 간 거래 중 증여로 의제하던 규정이 증여예시규정으로 개정되었으므로, 특수관계 여부에 따라 증여세 과세요건이 크게 달라지지 않는 것으로 볼 수도 있으나, 이러한 증여예시 규정이 없는 경우에도 이를 모두 증여로 볼 수 있는지는 논란의 여지가 있는 것으로 보이기에, 완전포괄주의 도입에도 불구하고 특수관계 여부는 여전히 증여세 과세요건으로 봄이 타당한 것으로 생각된다.

160) 김의식, "상증세법상 특수관계자규정의 문제점 및 개선방안"(한국조세연구포럼), 「조세연구」 제7집, 2007, 258~259쪽

따른 이익의 증여)가 적용되는 것은 별론으로 하고 본조의 적용을 받지 않는다.

한편 주택소유자의 특수관계인이 당해 주택을 무상으로 사용하는 경우에는 원칙적으로 무상사용이익에 대하여 증여세를 과세하나 부동산 소유자와 함께 거주하는 주택과 그 부수토지는 부동산 무상사용으로 인한 경제적 이익이 있다고 할 수 없으므로 과세대상에서 제외한다(상증세법 집행기준 37-27-3 : 재산-3042, 2008. 9. 30.). 이때 겸용주택이거나 동일 지번상에 주택 외의 다른 건물이 있는 경우에는 주택의 면적이 주택외의 면적을 초과하는 경우에 한하여 주택으로 보아 본 규정을 적용한다(상증세법 시행령 제27조 제7항).

그리고 타인의 토지 또는 건물만을 각각 무상사용하는 경우에도 이를 적용하며, 수인이 해당 부동산을 무상사용하는 경우에는 친족관계의 여부에 따라 아래와 같이 구분하여 과세한다(상증세법 시행령 제27조 제1항 및 제2항).[161]

① 친족관계가 있는 경우 : 부동산소유자와의 근친관계 등을 고려하여 대표사용자를 무상사용자로 보아 과세

　대표사용자는 부동산소유자와 최근친인 부동산사용자로 하되, 동친인 자가 둘 이상인 경우는 최연장자로 한다(상증세법 시행규칙 제10조 제1항).

② 친족관계가 없는 경우 : 무상사용자별로 과세

　㉠ 실제사용면적이 분명한 경우: 실제사용면적별로 계산

　㉡ 실제사용면적이 불분명한 경우: 각각 동일한 면적을 사용한 것으로 계산

한편 본조는 2004년부터 도입된 증여세 완전포괄주의 과세제도에 따라 그 대상이 종전의 토지에서 부동산으로 확대되었다. 개정규정은 이 법 시행(2004. 1. 1.) 후 부동산을 무상사용하는 분부터 적용하고, 이 경우 이 법 시행 전부터 부동산을 무상사용하여 이 법 시행 당시 계속하여 무상사용하고 있는 분에 대하여는 이 법 시행일에 새로이 부동산을 무상사용하는 것으로 본다(2003. 12. 30. 법률 제7010호로 개정된 같은 법 부칙 제5조).

(3) 해당 부동산을 무상으로 사용하거나 무상으로 담보로 이용하여 금전 등을 차입하여야 한다.

그러므로 특수관계인 간 정당하게 성립한 임차보증금을 지불하지 아니하였더라도 임차료의 지급이 있었다면 무상으로 사용한 것이 아니므로 상증세법 제41조의 4의 적용은 별론으로 하더라도 본조의 적용대상이 아니다(조심 2010서4012, 2011. 6. 28.).

무상으로 담보로 이용하여 금전 등을 차입함에 따라 이익을 얻은 경우 그 이익상당

---

161) 2019. 2. 12. 이후 증여분부터 적용한다.

액을 증여로 보는 규정은 2016. 1. 1. 이후 담보로 이용되는 경우부터 적용된다.

(4) 이익이 일정액(1억원 또는 1천만원) 이상이어야 한다.

상증세법 제37조 제1항의 규정에 의한 부동산무상사용이익은 아래 '4) 증여재산가액'에 의하여 계산한 부동산무상사용이익이 1억원 미만인 경우 증여세 과세대상 재산에서 제외된다. 마찬가지로 동조 제2항의 규정에 의한 부동산무상사용이익은 아래 '4) 증여재산가액'에 의하여 계산한 부동산무상사용이익이 1천만원 미만인 경우 증여세 과세대상 재산에서 제외된다.

4) 증여재산가액

부동산 무상사용에 따른 이익은 다음 산식에 의한다(상증세법 시행령 제27조 제3항, 상증세법 시행규칙 제10조 제2항 및 제3항).

$$\text{부동산무상사용이익} = \sum_{n=1}^{5} \frac{\text{부동산가액} \times \text{1년간 부동산사용료를 감안하여 기획재정부령이 정하는 율}}{(1+0.1)^n} \geq \text{1억원}$$

이때 부동산가액은 상증세법 제4장의 규정에 의하여 평가한 가액을 말한다. 그리고 1년간 부동산사용료를 감안하여 기획재정부령이 정하는 율은 현재 2%로 한다(상증세법 시행규칙 제10조 제2항).[162] 그리고 부동산무상사용기간은 5년[163]으로 한다. 5년이 경과한 후에도 계속하여 무상으로 사용하는 경우에는 5년이 되는 날의 다음 날 새로이 증여받은 것으로 보아[164] 다시 5년간의 부동산무상사용이익(이익이 1억원 이상이어야 한다)을 계산하여 증여세를 과세한다(상증세법 기본통칙 37-27…2).

결국 각 연도의 부동산무상사용이익을 연간 10%의 할인율로 현재가치화한 금액[165]을 증여세 과세대상에 포함되는 증여재산가액으로 한다.

부동산을 무상으로 담보로 이용하여 금전 등을 차입함에 따라 얻은 이익은 다음 산식에

---

162) 한편 법인세법상 부당행위계산부인(법인세법 제52조) 적용 시 시가산정에 관해서는 법인세법 시행령 제89조 제4항 제1호를 참조하기 바란다.

163) 1998. 12. 31. 이전에는 '지상권의 잔존연수'로 하였으나, '지상권의 잔존연수'가 납세의무자의 재산권을 과도하게 침해하는 것으로 보아 무효라고 보았다(대법원 2001두5682, 2003. 10. 16.).

164) 2003. 12. 31. 이전 무상사용분이 종전규정에 의해 증여세 과세대상인 경우에는 그 후 5년이 경과한 때로부터 신법을 적용한다.

165) 2001. 12. 31. 이전에는 현재가치화하지 않고 '토지가액 × 2% × 5년'을 증여재산가액으로 하였다.

의한다(상증세법 시행령 제27조 제5항, 제31조의 4 제1항 본문).

부동산무상사용이익 =

차입금 × 적정이자율* − 금전 등을 차입할 때 실제로 지급하였거나 지급할 이자액

* 당좌대출이자율을 고려하여 기획재정부령으로 정하는 이자율. 다만, 법인으로부터 대출받은 경우에는 「법인세법 시행령」 제89조 제3항에 따른 이자율

이 경우 차입기간이 정하여지지 아니한 경우에는 그 차입기간은 1년으로 한다. 차입기간이 1년을 초과하는 경우에는 그 부동산 담보 이용을 개시한 날부터 1년이 되는 날의 다음 날에 새로 해당 부동산의 담보 이용을 개시한 것으로 보아 다시 1년간의 부동산무상사용이익(이익이 1천만원 이상이어야 한다)을 계산하여 증여세를 과세한다.

5) 증여세 과세특례(상증세법 제43조)

이러한 특례에 대해 종전 시행령에 규정하던 것을 법률에 직접 규정함으로써 조세법률주의의 취지에 부합하도록 하였고, 이익의 계산에 필요한 사항은 대통령령(상증세법 시행령 제32조의 4)으로 정하도록 하였다.

① 하나의 증여에 대하여 제33조부터 제39조까지, 제39조의 2, 제39조의 3, 제40조, 제41조의 2부터 제41조의 5까지, 제42조, 제42조의 2, 제42조의 3, 제44조, 제45조 및 제45조의 3부터 제45조의 5까지의 규정이 둘 이상 동시에 적용되는 경우에는 그 중 이익이 가장 많게 계산되는 것 하나만을 적용한다.[166]

② 부동산 무상사용에 따른 이익을 계산함에 있어서 해당 그 이익과 관련한 거래 등을 한 날부터 소급하여 1년 이내에 동일한 거래 등이 있는 경우에는 각각의 거래 등에 따른 이익(부동산무상사용이익을 말한다)을 합산하여 금액기준을 계산한다.

6) 증여세 면제

상증세법 제37조의 부동산 무상사용에 따른 이익의 증여 규정을 적용함에 있어서 수증자가 증여세를 납부할 능력이 없다고 인정되는 경우로서 체납처분을 하여도 증여세에 대한 조세채권을 확보하기 곤란한 때에는 그에 상당하는 증여세의 전부 또는 일부를 면제한다(상증세법 제4조의 2 제5항).

---

166) 2011. 1. 1. 이후 최초로 증여받는 것부터 적용한다.

7) 연대납세의무 면제

증여세의 납부에 있어서 원칙적으로 수증자가 증여세를 납부할 수 없을 때에는 증여자가 연대납세의무를 진다. 그러나 조세형평상 세법에서 정한 과세요건을 충족함에 따라 세법상 증여로 보아 과세하는 경우 수증자에 대한 조세채권의 확보가 곤란하다고 하여도 증여자에게 연대납부의무를 지우는 것은 지나친 경우가 있다. 이런 측면에서 부동산무상사용에 따른 이익의 증여유형도 연대납세의무가 면제된다(상증세법 제4조의 2 제6항 단서).

8) 경정 등의 청구특례

부동산무상사용이익에 대한 증여유형은 무상사용개시일을 증여시기로 보므로, 실제의 증여이익이 발생하기 전에 미래의 증여이익을 예상하여 소급하여 과세하는 문제가 일어난다. 이런 과세구조상의 논리적 모순 때문에 무상사용기간이 완료되기 전에 더 이상 무상사용할 수 없는 일정한 사유가 발생하게 되면, 잔존하는 사용기간에 대한 증여이익을 다시 계산하여 이에 상당하는 증여세를 환급하여야 하는 문제가 생긴다.

이에 따라 상증세법 제37조의 규정에 의한 증여세를 결정 또는 경정받은 자가 같은 조 제3항의 규정에 의한 부동산무상사용이익의 계산방법에 따라 5년의 부동산무상사용기간 중 부동산소유자로부터 해당 부동산을 상속 또는 증여받거나 일정한 사유로 해당 부동산을 무상으로 사용하지 아니하게 되는 경우에는 그 사유가 발생한 날부터 3월 이내에 결정 또는 경정을 청구할 수 있도록 하였다(상증세법 제79조 제2항 제1호).

이에 대한 자세한 내용은 후술하는 '증여세에 대한 경정 등의 청구특례(상증세법 제79조 제2항)'를 참조하기 바란다.[167]

9) 부당행위계산 부인과의 관계

한편 토지소유자가 사업자인 경우 특수관계인에게 토지를 무상으로 이용하게 함으로써 조세의 부담을 부당하게 감소시킨 것으로 인정되는 때에는 부당행위계산을 통하여 토지소유자에게 소득세를 부과하게 된다. 이와 같이 사업자인 토지소유자에게 토지무상사용이익에 대하여 소득세가 부과되는 경우에 구법 제37조 제2항에서는 토지무상사용자에게 증여세를 부과하지 않는 것으로 규정하고 있었으나, 건물소유주가 토지를 무상으로 사용한 경우에 건물소유자에게 증여세를 부과하고, 토지소유자에게 소득세를 부과하는 것은 이중과세가 아니므로, 2002년 12월 18일 상증세법 개정 시 구법 제37조 제2항이 삭제되었다.[168] 즉, 해당 법 개정으로 토지소유자에게는 부당행위계산을 통

---

167) 이 책 '증여세 과세표준신고 - 경정 등의 청구 - 6. 증여세에 대한 경정 등의 청구특례'를 참조

하여 소득세를 과세하고, 토지무상사용자에게는 증여세를 과세할 수 있게 되었다(조심 2009서3303, 2009. 12. 14.).

10) 부동산 무상사용자가 임대사업을 영위하는 경우(상증세법 집행기준 37-27-4)

① 부동산 무상사용자가 특수관계인의 부동산을 이용하여 발생한 소득(임대사업)에 대하여 소득세를 부담하더라도 부동산무상사용이익에 대한 증여세는 면제되지 아니한다.

이는 임대소득과 무상사용이익은 소득의 원천이 달라 그 과세대상이 상이하므로 이중과세가 되지 않기 때문이다.

② 토지와 건물의 소유자가 특수관계인인 경우에도 당해 소유자들이 부동산임대업 등의 사업을 공동으로 운영하면 부동산무상사용이익에 대하여 증여세를 과세하지 아니한다(재산-3903, 2008. 11. 21.).

예컨대, 배우자·자녀의 토지 위에 토지의 지분이 없는 남편이 당해 토지 위에 건물을 신축하고 공동사업을 할 경우에는 부동산무상사용이익에 대한 증여세는 부과하지 아니한다(서면4팀-791, 2004. 6. 4.).

이는 결과적으로 토지소유자가 일정한 지분이라는 대가를 받고 공동사업에 참여한 것으로 보아야 하기 때문이다.

그렇더라도 부자간 공동사업으로 부동산 임대업을 영위하면서 부동산 지분비율과 공동사업의 지분비율이 차이가 발생한다면, 그 차이부분을 부동산을 무상사용에 따른 이익의 증여로 본다(조심 2009서118, 2009. 5. 11.).

3. 금전 무상대출 등에 따른 이익의 증여

해의 맥

당해 조문 적용대상은 ① 타인 소유 ② 금전을 ③ 무상 혹은 저리로 사용하는 경우에 적용한다. 다만, 특수관계 없는 자 간의 거래에 대해서는 정당한 사유가 없는 경우만 해당된다.

---

168) 국세청, 「2003 개정세법해설」, 2003, 210쪽

§관련조문

상증세법	상증세법 시행령
제41조의 4【금전 무상대출 등에 따른 이익의 증여】	제31조의 4【금전무상대부 등에 따른 이익의 계산방법등】 제32조의 4【이익의 계산방법】

1) 의의

타인 간에 금전을 직접 증여함에 따른 증여세 부담을 회피하기 위하여 금전을 무상대여 하거나 낮은 이자율로 대여하는 경우 그 금전을 대출받은 날에 이에 따른 경제적 이익 에 해당하는 금액을 금전을 대출받은 자의 증여재산가액으로 하여 적정이율과의 차액 에 대해 증여세를 과세하는 제도이다.[169]

여기에서 '금전무상대출 등의 거래를 통한 이익은 수증자(대출받은 자)에게 귀속되는 금전 으로 환산할 수 있는 경제적 이익에 해당하므로 증여재산에 해당하고, 이러한 증여재산 이 무상으로 증여자(대출자)에서 수증자에게로 이전되는 것이 확인된다면 증여의 개념에 도 합치한다. 따라서 실질과세원칙에 따라 증여세를 과세하여야 한다. 다만, 거래환경 및 조세행정 등 조세실무상의 현실을 고려하여 종전에는 1년 이내에 그 금전대출금액 (이익이 아니다)이 1억원 이상이어야 한다는 기간적 · 금액적 과세요건기준을 제시함으로 써 일정한 형식적 요건 충족을 두고 있었고, 현재는 계산된 증여재산가액이 1년 기준으 로 1천만원 이상일 것[170]을 요구하고 있다. 즉 비록 실질적 의미에서 증여에 해당하지 만, 일정한 형식적 요건을 충족하는 경우에만 증여세 과세대상 재산에 포함하여 증여재 산가액을 산정하도록 하는 형식을 취하고 있다.

2) 증여시기

원칙적으로 그 금전을 대출받은 날을 증여시기로 한다(상증세법 제41조의 4 제1항 : 서울고법 2010누26508, 2011. 4. 22.).

대출기간이 정해지지 않은 때에는 그 대출기간을 1년으로 보고, 만약 대부기간이 1년 이상인 경우에는 그 1년이 되는 날의 다음 날에 '매년 새로이 대부받은 것으로 보므로' 그 후 1년마다 도래하는 그 대부받은 날의 다음 날이 증여시기가 된다(상증세법 제41조의 4 제2항, 대법원 2011두10959, 2012. 7. 26.).

---

169) 2000. 1. 1. 이후부터 적용

170) 2016. 1. 1. 이후 증여받는 분부터 적용한다.

2016년 개정 전에는 대출금액을 기준으로 금액적 과세요건기준(1억원 이상)을 두고 있었으므로, 1억원 미만의 금액을 1년 이내에 수차례로 나누어 대출받은 경우에는 그 금액이 1억원 이상이 되는 날을 증여시기로 보도록 했다(구 상증세법 시행령 제31조의 7 제2항, 같은 법 집행기준 41의 4-31의 7-1).

3) 증여세 과세대상 재산 포함요건

금전무상대출 등에 따른 이익의 증여로 보아 과세하기 위해서는 다음의 요건을 갖추어야 한다.

(1) 타인과의 거래이어야 한다. 다만 특수관계인이 아닌 자 간의 거래로서 거래의 관행상 "정당한 사유가 있다"고 인정되는 경우에는 이 규정을 적용하지 아니한다.[171]

금전무상대출 등에 따른 이익의 증여로 과세하기 위해서는 타인(특수관계인뿐만 아니라 원칙적으로 특수관계인 아닌 자 간 모두 포함)으로부터 금전을 대출받아야 한다. 그런데 특수관계인이 아닌 자 간의 거래로서 거래의 관행상 "정당한 사유가 있다"고 인정되는 경우에는 이 규정을 적용하지 아니하므로, "정당한 사유가 없다"면 '금전 무상대출 등에 따른 이익의 증여' 규정을 적용한다.

종전에는 특수관계가 없는 자와의 금전무상대여에 대하여 별도의 명문규정이 없이 국세청 예규 등(서면2팀-1280, 2006. 5. 4. ; 조심 2010중3650, 2012. 3. 8. ; 조심 2010서3462, 2011. 11. 8.)에 의하여 구 상증세법 제42조 제1항 제2호(현행 제42조 제1항 제3호)의 규정에 따라 과세하며, 그 증여재산 가액 계산 시 시가는 구 상증세법 제41조의 4 제1항 제1호의 규정을 준용하여 산정하도록 하고 있었다. 그런데 구 상증세법 제42조 제1항 제2호를 적용하여 증여재산가액을 계산하는 경우에는 구 상증세법 시행령 제31조의 9 제1항 제2호에 따라 시가와 대가와의 차액이 시가의 30% 이상인 경우의 당해 차액 상당액을 증여재산가액으로 하는 것이나, 상증세법 제41조의 4를 적용하는 경우 이와 같은 30% 이상 등의 요건이 존재하지 않아 증여재산가액이 증가하는 문제가 생겼다.

이에 따라 과세요건에 해당하는 증여세 과세표준을 산정함에 있어서 법률이 아닌 예규 등을 통하여 증여세를 과세하는 것은 조세법률주의에 위배되므로 부당하다는 논란이 이어지고 있어 이를 치유하기 위하여 제41조의 4를 개정한 것으로 판단된다. 여기에는 특수관계인 소유의 예금을 담보로 저율의 이자로 자금을 차입한 경우도

---

171) 2013. 1. 1. 이후 증여받은 것부터 적용한다.

포함된다(조심 2010부3567, 2011. 6. 23.).

현행 상증세법 규정상 특수관계의 유형은 크게 '과세(적용)요건'으로 작용하는 경우와 '차별요건'으로 작용하는 경우로 구별될 수 있는 것으로 생각되는바, '금전 무상대출 등에 따른 이익의 증여'는 타인으로부터 금전을 무상 또는 적정이자율보다 낮은 이자율로 대출받은 경우에 일정 이자상당액을 증여받은 것으로 보지만, 특수관계 여부에 따라 과세상 차이가 생길 수 있으므로,[172] 차별요건으로 작용하는 경우라 할 것이다.[173]

(2) 금전의 무상대출 등이어야 한다.

- 대출대상은 오직 금전의 대출만이 이에 해당한다. 그러므로 특수관계인 간 부동산의 임차료의 지급(따라서 상증세법 제37조의 부동산무상사용에 따른 이익의 증여가 아니다)과 별도로 정당하게 성립한 임차보증금을 지불하지 아니한 것에 대하여 특수관계인(임대인)으로부터 임차보증금 상당액의 금전을 무상으로 대출받은 것으로 보아, 당해 보증금에 대하여 동조를 적용하여 증여이익을 계산하는 것은 정당하다(조심 2010서4012, 2011. 6. 28.).

- 이때 특수관계인 간 금전거래가 금전소비대차인지 증여인지 여부는 이자지급사실, 차입 및 상환 내역, 자금출처 등 구체적인 사실을 종합하여 판단하여야 한다(재산-249, 2011. 5. 20.). 일반적으로 사회통념 및 경험칙에 비추어 직계존비속 간에 금전소비대차 약정을 체결하고 금전을 수수한다는 것을 기대하기 어렵지만, 자식이 부모로부터 자금을 일시 차입하여 사용한 후 이를 반환한 사실이 관련 증빙에 의해 확인되는 경우에는 통상적인 경우와 달리 보아야 할 것이다(조심 2018전1535, 2018. 8. 24.).

(3) 증여재산가액으로 계산된 금액이 1천만원 이상이어야 한다.

종전에는 금전대출금액이 1억원(1년 이내에 수차례로 나누어 대출받은 경우에는 그 대출받은 금액을 합하여 1억원을 판정한다) 이상이어야 증여세 과세대상 재산에 포함되어 증여세가 과세

---

172) 2004. 1. 1. 이후 증여세 과세제도가 유형별 포괄주의에서 완전포괄주의로 전환되면서 상증세법에 별도의 증여개념을 신설하고, 종래 특수관계인 간 거래 중 증여로 의제하던 규정이 증여예시규정으로 개정되었으므로, 특수관계 여부에 따라 증여세 과세요건이 크게 달라지지 않는 것으로 볼 수도 있으나, 이러한 증여예시 규정이 없는 경우에도 이를 모두 증여로 볼 수 있는지는 논란의 여지가 있는 것으로 보이기에, 완전포괄주의 도입에도 불구하고 특수관계 여부는 여전히 증여세 과세요건으로 봄이 타당한 것으로 생각된다.

173) 김의식, "상증세법상 특수관계자규정의 문제점 및 개선방안"(한국조세연구포럼), 「조세연구」 제7집, 2007, 258~259쪽

되었다. 그러므로 비록 실질적으로 증여의 이익이 존재하더라도 대출금액총액이 1억원에 미달(예컨대 9천만원)한다면 증여세 과세대상 재산에 포함되지 않는 것이었다. 2015. 12. 15. 개정을 통해 증여재산가액을 기준으로 하여 1천만원 미만인 것은 과세 제외하도록 함에 따라(상증세법 시행령 제31조의 4 제2항), 이 법 시행 당시[174] 타인으로부 터 1억원 미만의 금전을 무상으로 또는 적정 이자율보다 낮은 이자율로 대출받은 상태로서 그 대출기간이 1년 이상인 경우에는 이 법 시행 이후 종전의 제41조의 4 제1항 각 호 외의 부분 후단에 따라 새로 대출받은 것으로 보는 날부터 제41조의 4의 개정규정을 적용한다.

(4) 무상 또는 적정이자율보다 낮은 이자율로 대출받은 경우이어야 한다.

여기에서 적정이자율이라 함은 당좌대출이자율을 고려하여 기획재정부령으로 정하는 이자율 4.6%를 말한다(상증세법 시행령 제31조의 4 제1항, 법인세법 시행규칙 제43조 제2항). 한편, 개인이 법인으로부터 법인세법 시행령 제89조 제3항의 시가로 대출받은 경우, 법인세법상 시가를 적정이자율로 간주[175]하도록 개정되었다(상증세법 시행령 제31조의 4 제1항 단서). 여기에서의 시가란 해당 법인의 가중평균차입이자율 또는 당좌대출이자 율 등을 말한다.

이에 따라 종전에는 법인세법의 시가(가중평균차입이자율, 법인세법 시행령 제89조 제3항)에 해 당하여 부당행위계산부인 규정이 적용되지 아니하더라도, 상증세법의 적정이자율로 계산한 이자상당액과 차액이 발생한 경우에는 본조가 적용되어 증여세가 과세되었 으나(재재산-443, 2011. 6. 14.), 2014년부터는 법인세법과 상증세법 간의 차이가 해소되 어 증여세가 과세되지 않는다.

4) 증여재산금액의 계산

금전무상대출 등에 따른 이익의 증여는 다음의 산식에 따라 계산한 금액을 해당 금전을 대출받은 자의 증여재산가액으로 한다.

> ① 무상으로 대출받은 경우 : 대출금액 × 적정이자율
> ② 낮은 이자율로 대출받은 경우 : 대출금액 × 적정이자율 − 실제 지급한 이자상당액

증여재산가액(증여이익)의 계산은 대출금액의 대출기간 경과 여부 및 이자발생 여부를

---

174) 2016. 1. 1.부터 시행
175) 2014. 1. 1. 이후 대출받는 분부터 적용

확인하여 계산하는 것이 아니라 대출받은 날을 기준으로 계산하므로 대출시점에 즉시 금전대출에 따른 이익을 계산한다. 그리고 2016. 1. 1. 이전에 1억원 미만의 금액을 수차례로 나누어 대출받은 경우 증여시기는 1억원 이상인 날이나, 증여이익은 각 금액을 받은 날을 기준으로 계산한다(상증세법 집행기준 41의 4-31의 7-3).

이 경우 대출기간은 계약내용에 따르되, 대출기간이 정하여지지 않은 경우는 1년으로 보아 과세하고, 대출기간이 1년 이상인 경우는 1년이 되는 날의 다음 날에 매년 새로이 대출받은 것으로 보아 1년 단위로 매년 과세한다(상증세법 제41조의 4 제2항, 같은 법 집행기준 41의 4-31의 7-2). 그러나 금전대출기간이 1년이 되기 전에 상환하여 금전무상대출이익이 소멸하는 경우에는 대출기간을 1년이 아닌 그 상환일까지의 기간을 대상으로 증여세를 과세한다(국심 2007서2211, 2008. 7. 31.).

5) 증여세 과세특례(상증세법 제43조)

① 하나의 증여에 대하여 제33조부터 제39조까지, 제39조의 2, 제39조의 3, 제40조, 제41조의 2부터 제41조의 5까지, 제42조, 제42조의 2, 제42조의 3, 제44조, 제45조 및 제45조의 3부터 제45조의 5까지의 규정이 둘 이상 동시에 적용되는 경우에는 그 중 이익이 가장 많게 계산되는 것 하나만을 적용한다.[176]

② 금전무상대출 등에 따른 이익을 계산할 때 그 증여일부터 소급하여 1년 이내에 동일한 거래 등이 있는 경우에는 각각의 거래 등에 따른 이익을 해당 이익별로 합산하여 계산한다.

6) 증여세 면제

상증세법 제41조의 4 금전무상대출 등에 따른 이익의 증여 규정을 적용함에 있어서 수증자가 증여세를 납부할 능력이 없다고 인정되는 경우로서 체납처분을 하여도 증여세에 대한 조세채권을 확보하기 곤란한 때에는 그에 상당하는 증여세의 전부 또는 일부를 면제한다(상증세법 제4조의 2 제5항).

7) 연대납세의무 면제

증여세의 납부에 있어서 원칙적으로 수증자가 증여세를 납부할 수 없을 때에는 증여자가 연대납세의무를 진다. 그러나 조세형평상 세법에서 정한 과세요건을 충족함에 따라 세법상 증여로 보아 과세하는 경우 수증자에 대한 조세채권의 확보가 곤란하다고 하여도

---

176) 2011. 1. 1. 이후 최초로 증여받는 것부터 적용한다.

증여자에게 연대납부의무를 지우는 것은 지나친 경우가 있다. 이런 측면에서 금전무상대출 등에 따른 이익의 증여유형도 연대납세의무가 면제된다(상증세법 제4조의 2 제6항 단서).

8) 경정 등의 청구

대출받은 날(혹은 1억원 이상이 되는 날)을 증여시기로 보므로, 증여이익이 발생하기 전(즉 미래의 증여이익을 예상하여)에 소급하여 과세하는 문제가 발생한다. 그러므로 금전대부기간이 1년이 되기 전에 상환하여 금전무상대출이익이 소멸하는 경우에는 대부기간을 1년이 아닌 그 상환일까지의 기간을 대상으로 증여세를 과세하여야 한다(국심 2007서2211, 2008. 7. 31. ; 재산-623, 2009. 3. 25.).

이에 따라 상증세법 제41조의 4에 따른 증여세를 결정 또는 경정받은 자가 같은 조 제2항의 대출기간 중에 대부자로부터 해당 금전을 상속 또는 증여받거나 대통령령으로 정하는 사유로 해당 금전을 무상으로 또는 적정이자율보다 낮은 이자율로 대출받지 아니하게 되는 경우에는 그 사유가 발생한 날부터 3월 이내에 결정 또는 경정을 청구할 수 있도록 하였다(상증세법 제79조 제2항 제2호).[177]

이에 대한 자세한 내용은 후술하는 '증여세에 대한 경정 등의 청구특례(상증세법 제79조 제2항)'를 참조하기 바란다.[178]

 자본거래의 증여유형

아래에서 살펴 볼 '자본거래의 증여유형'들은, 공통적으로 자본거래를 통해 이익의 증여가 이루어지는 형태이다. 즉 주식 등(지분 포함)의 이동을 통해 일정한 이익의 이전이 이루어지는 형태로서, 이로 인한 지분의 변동, 지분가치의 변동이나 지분율의 변동을 통해 일정한 경제적 이익의 이전이 이루어지는 증여유형이다. 이러한 자본거래를 통한 법인자산의 증감은 비록 순자산에 변동을 가져오지만 익금불산입되어 법인세가 과세되지 않고, 이 점을 이용하여 주주 간의 지분가치의 변동 등을 통해 주주 간의 이익의 분여가 가능하다. 이런 점에서 앞서 본 '일반거래의 증여유형'과 구분된다.

또한 이 증여유형들도 실질과세를 통한 조세평등의 구현이라는 잣대로, 구체적으로는 상증세법상의 증여재산 개념에 따라 증여세 과세대상 재산에의 포함 여부를 판단하고, 아울러 상증세법상의 증여 개념에 따라 증여세 과세 여부를 판단한다. 다만, 거래환경 및

---

177) 2010. 1. 1. 이후 최초로 결정·경정하는 분부터 적용한다.
178) 이 책 '증여세 과세표준신고-경정 등의 청구-6. 증여세에 대한 경정 등의 청구특례'를 참조

조세행정 등 조세실무상의 현실을 고려하여 기간적·금액적 과세요건기준을 제시함으로써 일정한 형식적 요건 충족을 요구하는 경우가 있다. 즉 비록 실질적 의미에서 전체 이익이 증여에 해당하지만 일정한 형식적 요건을 충족하는 경우에만 증여세 과세대상 재산에 포함하여 증여재산가액을 산정하도록 하는 형식을 취하고 있다. 이러한 차이가 비록 거래의 성격 등에 기인하겠지만 과세상의 형평의 측면에서 문제가 있는 것도 사실이다. 특히 과세대상 요건을 회피하기 위해 거래를 수차례 나누고자 하는 유인을 제공한다는 측면에서도 그렇다.

1. 합병에 따른 이익의 증여

 해의 맥

특수관계 있는 법인 간에 불균등한 합병을 통해 과대평가된 법인의 대주주에게 경제적 이익을 이전하는 경우에 과세하는 증여유형이다.

§관련조문

상증세법	상증세법 시행령	상증세법 시행규칙
제38조【합병에 따른 이익의 증여】	제28조【합병에 따른 이익의 계산방법 등】 제32조의 4【이익의 계산방법】	제10조의 2【분할합병시 주식평가】

1) 의의

합병(분할합병 포함)이란 두 개 이상의 회사가 상법의 특별규정에 의하여 청산절차를 거치지 않고 의사의 합치에 의하여 하나의 법인격으로 융합되는 법률현상을 말한다. 이러한 합병의 효력은 의사의 합치 외에 최종적으로 합병등기를 함으로써 발생한다. 회사의 합병이 이루어지면 소멸회사는 법인격을 잃게 되고, 신설회사(신설합병) 혹은 존속회사(흡수합병)는 포괄적으로 소멸회사의 권리·의무를 승계하고 또 그 구성원을 모두 수용한다.[179]

이와 같이 합병이 이루어짐에 있어, 합병당사법인 간에 정당한 평가를 통하여 이루어지는 합병(정상적인 합병, 공정한 합병, 균등한 합병)이라면 합병당사법인의 주주 간 증여세 과세문제는 발생하지 않을 것이다. 그러나 합병당사법인이 서로가 특수관계에 있을 때에는 서로

---

179) 정찬형, 「상법강의(상)」, 박영사, 2009, 455~471쪽 ; 채이식, 「상법강의(상)」, 박영사, 1992, 752쪽

간의 이해의 상충이 없으므로, 장부가액 평가나 과대평가 등을 통해 합병비율을 왜곡시킴으로써(즉 불균등합병을 함으로써) 경제적 결과에서 특정주주에게 이익을 증여할 수 있다. 구체적으로는 주당 순자산가액이 현저히 차이가 나는 기업 간에 합병을 하면서 그 합병비율을 조작하여 결과적으로 합병당사회사의 대주주 등이 합병 전·후를 비교하여 이익을 얻는 경우가 있다. 이러한 자본거래를 이용한 조세부담회피를 방지하기 위하여 기업 간의 합병시 합병당사회사의 주당 평가가액 차이를 이용한 실질적인 이익의 증여행위에 대한 과세근거를 제시할 필요가 있다.

이런 이유로 특수관계 있는 법인 간의 합병시 합병비율을 실제 가치와는 무관하게 조작하여 상대적으로 재무구조가 건실한 법인의 주주가 부실한 법인의 주주에게 실질적으로 증여와 동일한 경제적 부를 이전하여 주는 경우, 해당 이익에 상당하는 금액을 그 이익을 얻은 자의 증여재산가액으로 한다.

이 증여유형도 실질과세원칙을 기본으로 증여세 과세 여부를 판단하되, 거래환경 및 조세행정 등 조세실무상의 현실을 고려하여 증여이익이 3억원 이상(혹은 30% 이상 차이)이라는 일정한 형식적 요건 충족을 요구하고 있다. 즉 비록 실질적 의미에서 전체 증여이익이 증여재산이고 증여에 해당이지만 일정액 이상의 증여이익만을 증여세 과세대상 재산에 포함하도록 하는 형식을 취하고 있다.

✿ 합병비율에 따른 주식가치의 이전 사례 ⇒ 이 중 요건충족 대주주만 증여세 과세(상증세법 집행기준 38-28-1)

① 비상장 법인인 A법인과 B법인은 특수관계에 있으며, 합병 전 주식가치는 다음과 같다.
  • 합병법인 A의 주식가치 : 600,000,000원
    – 발행주식수 : 20,000주, 1주당 주식가치 : @30,000원
  • 피합병법인 B의 주식가치 : 300,000,000원
    – 발행주식수 : 20,000주, 1주당 주식가치 : @15,000원

② 합병비율에 따른 합병당사법인의 주식가치 비교

사례	합병비율 (*)	합병 전·후 주식수				합병 전 주식가치		합병 후 주식가치[1]		주가 과대 평가 법인	판별
		합병 전		합병 후		A	B	A	B		
		A	B	A	B						
사례 I	1 : 1	20,000	20,000	20,000	20,000	6억	3억	4.5억	4.5억	B	A→B 1.5억 이전
사례 II	1 : 0.5	20,000	20,000	20,000	10,000	6억	3억	6억	3억	없음	변동 없음
사례 III	1 : 0.1	20,000	20,000	20,000	20,000	6억	3억	8.19억	0.81억	A	B→A 2.19억 이전

* 합병비율 : 피합병법인 1주당 합병법인의 주식교부비율

$$*1 : 합병 후의 1주당 가치 = \frac{합병\ 전\ 합병법인\ 주식가치 + 합병\ 전\ 피합병법인\ 주식가치}{합병\ 후\ 발행주식\ 총수}$$

2) 증여시기

합병에 따른 이익의 증여일은 합병일, 즉 해당 합병의 합병등기일이 된다.

3) 증여세 과세대상 재산 포함요건

증여재산의 개념에 따라 증여재산에 포함되더라도 일정한 형식적 요건을 충족하는 경우에만 증여세 과세대상 재산에 포함하여 증여세가 과세된다.

따라서 합병에 의하여 합병당사법인의 대주주가 받는 이익의 증여가 성립하기 위해서는 다음의 각 요건을 모두 충족하여야 한다. 아래의 각 요건 중 어느 하나라도 충족치 못하는 경우에는 해당 규정에 의한 과세대상이 되지 못한다.

(1) 일정한 특수관계가 있는 법인 간의 합병이어야 한다.

① 특수관계에 있는 법인의 범위

이 규정의 적용대상이 되는 합병은 다음에 해당하는 법인(특수관계에 있는 법인) 간의 합병에 한정된다.

다만, 유가증권시장 주권상장법인 또는 코스닥시장 상장법인이 다른 법인과 합병하고자 하는 경우에는 자본시장과 금융투자업에 관한 법률 제165조의 4[180]에 따라 금융위원회와 증권거래소에 신고하여야 하며, 같은 법 시행령 제176조의 5에서 규정하는 합병요건·절차 등 합병기준에 따라 합병관련사항을 신고하여야 한다. 그런데 만약 이러한 경우에까지 이 증여유형의 적용이 있게 된다면, 법률(자본시장과 금융투자업에 관한 법률)에 따라 합병비율을 산정하였음에도 불구하고 또 다른 법률(상증세법)에 따라 증여세를 납부하여야 하는 불합리한 점이 있으므로, 이러한 합병은 특수관계에 있는 법인 간의 합병으로 보지 않도록 하였다(상증세법 시행령 제28조 제1항, 같은 법 집행기준 38-28-3 ; 서울고법 2011누8460, 2011. 8. 19. ; 재산-428, 2010. 6. 23.).[181]

---

180) 제165조의 4 【합병 등의 특례】 주권상장법인은 다음 각 호의 어느 하나에 해당하는 행위를 하려면 대통령령으로 정하는 요건·방법 등의 기준에 따라야 한다.
1. 다른 법인과의 합병
2. 대통령령으로 정하는 중요한 영업 또는 자산의 양수 또는 양도
3. 주식의 포괄적 교환 또는 포괄적 이전
4. 분할 또는 분할합병

즉 유가증권시장 상장 · 코스닥 상장 법인 간의 합병은 자본시장과 금융투자업에 관한 법률상 절차에 따라 공정하게 이루어지는데도 상장주식에 대한 평가방법 및 평가기준일이 자본시장과 금융투자업에 관한 법률과 상증세법 간에 차이가 있어 증여세 과세요건에 해당되는 문제점을 해소하고자 함이다.[182]

이때 특수관계 여부는 쌍방관계로 파악하여야 하므로, 어느 일방당사자의 입장에서 특수관계인이라면 설령 타방당사자의 관점에서는 특수관계인이 아니더라도 여기에서의 특수관계에 있는 법인이 된다.

가. 법인세법 시행령 제87조 제1항에 규정된 특수관계에 있는 법인

1. 임원의 임면권의 행사, 사업방침의 결정 등 해당 법인의 경영에 대하여 사실상 영향력을 행사하고 있다고 인정되는 자(상법 제401조의 2 제1항의 규정에 의하여 이사로 보는 자를 포함한다)와 그 친족

2. 주주 등(소액주주 등[183]을 제외한다)과 그 친족

3. 법인의 임원 · 사용인 또는 주주 등의 사용인(주주 등이 영리법인인 경우에는 그 임원을, 비영리법인인 경우에는 그 이사 및 설립자를 말한다)이나 사용인 외의 자로서 법인 또는 주주 등의 금전 그 밖의 자산에 의하여 생계를 유지하는 자와 이들과 생계를 함께하는 친족

4. 제1호 내지 제3호에 해당하는 자가 발행주식총수 또는 출자총액의 100분의 30 이상을 출자하고 있는 다른 법인

5. 제4호 또는 제8호에 해당하는 법인이 발행주식총수 또는 출자총액의 100분의 50 이상을 출자하고 있는 다른 법인

6. 해당 법인에 100분의 50 이상을 출자하고 있는 법인에 100분의 50 이상을 출자하고 있는 법인이나 개인

7. 해당 법인이 독점규제 및 공정거래에 관한 법률에 의한 기업집단에 속하는 법인인 경우 그 기업집단에 소속된 다른 계열회사 및 그 계열회사의 임원

8. 제1호 내지 제3호에 해당하는 자 및 해당 법인이 이사의 과반수를 차지하거나 출연금(설립을 위한 출연금에 한한다)의 100분의 50 이상을 출연하고 그 중

---

181) 2001. 1. 1. 이후 합병등기분부터 상장법인 간의 합병의 경우에만 이 증여유형의 과세에서 제외하고, 2001. 12. 31. 이후 합병등기분부터는 상장법인이 비상장법인과 합병한 경우에도 과세에서 제외한다.
182) 국세청, 「2001 개정세법해설」, 2001, 197쪽.
183) "소액주주 등"이란 발행주식총수 또는 출자총액의 100분의 1에 미달하는 주식 또는 출자지분을 소유한 주주 등(해당 법인의 국가, 지방자치단체 외의 지배주주 등과 특수관계인은 제외한다)을 말한다(법인세법 시행령 제50조).

1인이 설립자로 되어 있는 비영리법인

나. 독점규제 및 공정거래에 관한 법률 시행령 제3조 각 호의 어느 하나에 해당하는 기업집단소속의 다른 기업(상증세법 시행령 제2조의 2 제1항 제3호 나목에 규정된 법인)

다. 동일인이 임원의 임면권의 행사 또는 사업방침의 결정 등을 통하여 합병당사법인(합병으로 인하여 소멸·흡수되는 법인 또는 신설·존속하는 법인을 말한다. 이하 같다)의 경영에 대하여 영향력을 행사하고 있다고 인정되는 관계에 있는 법인

② 특수관계의 판단시기

특수관계의 판단시기는 합병등기일이 속하는 사업연도의 직전 사업연도개시일(그 개시일이 서로 다른 법인이 합병한 경우에는 먼저 개시한 날을 말한다)부터 합병등기일까지의 기간 중 특수관계에 해당되는 때가 1회라도 있으면 특수관계인으로 보도록 하였다(상증세법 시행령 제28조 제1항, 같은 법 기본통칙 38-28…1, 같은 법 집행기준 38-28-3). 변칙증여에 대한 과세를 강화하기 위하여 범위를 한층 확대하였다.

(2) 과대평가된 합병당사법인의 대주주 등이 있어야 한다.

합병에 따른 이익의 증여로 그 이익을 얻은 자는 합병당사법인 중 주가가 과대평가된 법인(이는 불공정한 합병이었음을 의미한다)의 주주로서 다음에 해당하는 대주주 등이어야 한다(상증세법 시행령 제28조 제2항 및 제19조 제2항, 같은 법 집행기준 38-28-4, 상속증여-1819, 2015. 10. 15.).

따라서 이의 반대해석상 주가가 과대평가된 법인의 소액주주는 증여이익이 있더라도 이 증여유형에 의한 증여세가 과세되지 않는다.

여기에서의 대주주 등이란 특정한 주주 1인을 중심으로 하여 그와 특수관계인의 지분을 모두 합하여 법인총지분의 100분의 1 이상이거나 이들의 지분합계액이 액면기준으로 3억원 이상인 주주 등을 말한다. 여기에서의 특수관계는 주주 1인과 상증세법 시행령 제2조의 2 제1항 각 호의 어느 하나에 규정된 관계에 있는 자[184]를 말한다. 따라서 특수관계에 있는 주주군의 최대주주 1인만을 의미하는 것은 아니며 비록 단독으로는 1% 미만의 주식을 소유한 소액주주이나 그와 특수관계에 있는 주주와의 주식을 합산한 지분이 100분의 1 또는 3억원 이상인 경우에는 해당 소액주주도 대주주가 된다. 그러므로 합병에 따른 이익의 증여 시 증여자는 주가가 상대적으로 과소평가된 합병당사법인의 주주가 된다. 수증자의 경우와는 달리 이때의 증여자는 해당 법인의 대주주 여부를 불문한다. 또한 증여자와 수증자 간의 특수관계 여부도 묻지 않는다.

---

184) 이 책 '보론 21 상증세법상 특수관계인 규정 검토' 참조

그리고 당연한 전제로서 이러한 불공정한 합병에 대해 손해를 입은 주주가 합병무효의 소(상법 제529조, 제603조, 제236조)에 의해 구제받을 수 있음에도 불구하고 어떠한 異意제기 없이 이를 승인하여야 한다.

(3) 합병으로 인하여 해당 대주주 등이 일정한 규모 이상의 이익을 얻어야 한다 (상증세법 시행령 제28조 제3항 및 제4항).

합병 시 증여세 과세대상 재산에 포함되어 증여세가 과세되기 위해서는 합병으로 소멸하거나 흡수되는 법인 또는 신설되거나 존속하는 법인의 대주주 등이 다음에서 규정하는 이익을 얻어야 한다. 다만, 그 이익에 상당하는 금액이 대통령령으로 정하는 기준금액 미만인 경우는 제외한다. 이는 실질적으로는 이익 모두가 증여의 이익이지만 과세대상 재산에 포함하여 증여세를 과세하기 위해서는 일정한 기준 이상이어야 한다는 형식적 요건을 요구하고 있는 것이다.

합병으로 인하여 얻은 이익은 합병대가를 주식으로 교부받은 경우와 주식 등 외의 재산으로 지급받은 경우로 구분하여 다음과 같이 계산한다. 이때 소멸하거나 흡수되는 법인 또는 신설되거나 존속하는 법인의 주식 1주당 평가액이 0 이하인 경우 0으로 보아 동 규정을 적용한다(재산-788, 2010. 10. 23.).

① 합병대가를 주식으로 교부받은 경우(상증세법 시행령 제28조 제3항 제1호)

$$\left(\begin{array}{c}\text{합병 후 법인의} \\ \text{1주당} \\ \text{평가가액(A)}\end{array} - \begin{array}{c}\text{합병비율 반영한 주가과대} \\ \text{평가법인의 합병 전 1주당} \\ \text{평가가액(B)}\end{array}\right) \times \begin{array}{c}\text{주가과대평가법인의} \\ \text{합병 후 주식수}\end{array}$$

여기에서 'A'는 '합병 후 신설 또는 존속법인의 1주당 평가가액'을 의미하며, 'B'는 '합병 전 주가과대평가법인의 1주당 평가가액'을 의미한다. 따라서 합병대가를 주식으로 받은 경우에는 합병 전·후의 주가의 차이(1주당 평가차액)를 계산하여 주가가 과대평가된 합병당사법인의 대주주 등이 합병으로 인하여 교부받은 신설 또는 존속법인의 주식 등의 수를 곱하여 이익을 산정하는 것이다.

그리고 B는 '주가과대평가법인 합병 전 1주당 가치×합병 전 주식수÷(합병 전 주식수 × 합병비율)' = '주가과대평가법인 합병 전 주식가치 ÷ 합병 후 주식수' = '주가과대평가법인 합병 전 1주당 가치 × 합병비율'을 의미한다. 여기에서 합병비율은 '주가과대평가법인 1주당 합병법인주식 교부비율'로 '주가과대평가법인의 합병 전 주식수 ÷ 주가과대평가법인의 합병 후 주식수'를 의미하므로, 합병존속법인의 합병신주 1주를 받기 위해 소각된 소멸법인의 구주의 주식수를 계산하는 산식이다. 그러므로 여기에 '주가과대평가법인의 합병 전 1주당 가치'를 곱하게 되면 합병신주 1주에 대응하는 합병구주 1주의 가액을 의미하게 된다.

② 합병대가를 주식 등 외의 재산으로 지급받은 경우(상증세법 시행령 제28조 제3항 제2호, 상증세법 기본통칙 38 – 28…5)

합병당사법인의 1주당 평가가액이 액면가액에 미달하는 경우로서 그 평가가액을 초과하여 합병대가를 지급받은 경우에는 액면가액에서 그 평가가액을 차감한 가액에 합병당사법인의 대주주 등의 주식 등의 수를 곱하여 이익을 산정한다. 이때 합병대가가 액면가액 이하인지 초과인지에 따라 다음과 같이 계산된다.

㉠ 합병대가가 액면가액 이하인 경우

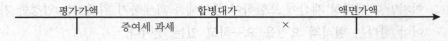

$$(1주당\ 합병대가 - 1주당\ 평가가액) \times 합병당사법인의\ 대주주의\ 주식수$$

이렇게 하지 않으면 액면가액 이하의 금액에 대해 의제배당이 적용되지 않는 것을 이용하여 평가금액을 초과하여 합병대가를 현금으로 지급하여 합병당사법인의 대주주 간에 변칙적인 재산의 무상이전이 이루어질 수 있다.

㉡ 합병대가가 액면가액을 초과하는 경우

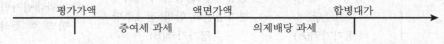

$$(1주당\ 액면가액 - 1주당\ 평가가액) \times 합병당사법인의\ 대주주의\ 주식수$$

여기에서 액면가액을 초과하는 부분에 대해서는 소득세법상 의제배당으로 과세된다.

③ 기준금액

1. 합병대가를 주식 등으로 교부받은 경우: 합병 후 신설 또는 존속하는 법인의 주식 등의 평가가액의 100분의 30에 상당하는 가액과 3억원 중 적은 금액
2. 합병대가를 주식 등 외의 재산으로 지급받은 경우: 3억원

4) 증여자별 취급

(1) 증여자가 소액주주인 경우

증여세는 수증자별 · 증여자별 과세방식을 택하고 있으나, 본조를 적용함에 있어 이익을 증여한 자가 대주주 등이 아닌 주주 등으로서 2명 이상인 경우에는 주주 등 1명으로부터 이익을 얻은 것으로 본다(상증세법 제38조 제2항).

(2) 동일인이 양 당사법인의 대주주인 경우

합병에 따른 이익의 증여규정 적용 시 동일한 대주주 등이 합병당사법인의 주식을 동시에 소유하고 있는 상태에서 합병한 경우 그 대주주 등이 증여자와 수증자 모두에 해당함으로써 본인으로부터의 증여에 해당하는 금액은 차감하여 계산하는 것이 당연하다(상증세법 기본통칙 38-28…3 ②, 재산-799, 2009. 4. 24.). 자기가 자기에게 증여한다는 것은 논리적으로 모순되기 때문이다.

차감하여야 할 금액의 계산은 다음의 산식에 의한다(재재산 46014-46, 1997. 2. 13.).

(신설 또는 존속법인의 1주당 평가가액 − 주가과대평가법인의 1주당 평가가액 ×

$\dfrac{\text{주가과대평가법인의 합병 전 주식 수}}{\text{주가과대평가법인의 합병 후 주식 수}}$) × 주가과대평가법인의 대주주의 합병 후 주식수 × $\dfrac{B}{A}$

A = 주가과대평가법인의 해당 대주주의 소유지분비율
B = 주가과소평가법인의 해당 대주주의 소유지분비율
단, B/A > 1인 경우에는 1로 보아 계산한다.

보론 30 ┃ 의제배당

법인세법은 순자산증가설 및 권리의무확정주의 등에 의거 법인의 소득금액을 산정하므로, 어떤 법인이 타법인에게 출자한 후 해당 피출자법인으로부터 동 출자와 관련해서 지급받는 일반적인 반대급부인 상법상 현금배당 또는 주식배당은 피출자법인의 주주총회(또는 사원총회)의 배당결의일이 속하는 사업연도의 익금으로 과세된다.

그러나 상법 또는 그 밖의 법령상의 이익배당절차에 의한 것은 아니지만 법인의 잉여금이 특정 사건에 의하여 주주에게 귀속됨에 따라 이익배당과 동일한 경제적 효과를 가질 때 법인세법에서는 동 경제적 효과가 주주에게 사실상 배당되었거나 잉여금을 분배받은 것으로 의제하여 각 사업연도 소득금액에 산입하는바, 이를 「배당금 또는 분배금 의제(실무상 "의제배당")」라고 한다.

이에 따라 합병으로 인하여 소멸하는 법인(피합병법인)의 주주 등이 합병으로 인하여 설립되거나 합병 후 존속하는 법인으로부터 받는 합병대가(합병주식과 합병교부금 등 그 밖의 재산가액을 합친 금액)가 피합병법인의 주식 등을 취득하기 위하여 소요된 금액을 초과하는 금액은 배당으로 의제하여 익금에 산입한다(법인세법 제16조 제1항 제5호).

: 합병시 피합병법인의 주주 등에 대한 의제배당금액 = 피합병법인의 주주 등이 합병법인으로부터 받은 합병대가(주식·금전 그 밖의 재산의 가액) − 피합병법인의 주식 등을 취득하기 위하여 소요된 금액

5) 합병 전·후 주식가액의 평가방법

(1) 합병 후 신설 또는 존속법인의 1주당 평가액(상증세법 시행령 제28조 제5항)

① 유가증권시장 주권상장법인이나 코스닥시장 상장법인 : 다음 중 적은 금액

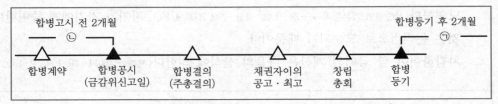

㉠ 합병등기 후 2개월간 합병법인의 최종시세가액의 평균액(상증세법 제63조 제1항 제1호 가목)

㉡ 합병대차대조표공시일(또는 합병신고를 한 날) 이전 2개월간 합병 전 법인의 최종시세가액의 종가평균액을 기준으로 다음의 산식에 의하여 계산한 금액

(과대평가법인의 합병 전 주식 등의 가액 + 과소평가법인의 합병 전 주식 등의 가액) ÷ 합병법인의 합병 후 주식 등의 수

상장법인의 경우 주식시장에서 형성된 시가가 있으므로 합병 후 2개월간의 평균액을 시가로 보되(상증세법 기본통칙 38-28…4), 합병법인이 유가증권시장 주권상장법인이거나 코스닥시장 상장법인일 경우 합병법인의 1주당 평가액을 합병등기 후 2개월간의 주가평균액으로 함에 따라 합병계약시 예상하지 못했던 시세변동으로 인해 증여로 과세되는 문제가 있어 유가증권시장 주권상장법인이거나 코스닥시장 상장법인일 경우에 합병 후 2개월간의 평균액과 비상장법인에게 적용하는 평가방법으로 평가한 가액 중 적은 금액으로 하도록 하였다.[185]

---

185) 국세청, 「2001 개정세법해설」, 2001, 197쪽

그리고 위의 'ⓛ'의 산식에서 합병 직전의 주식 등의 가액을 평가함에 있어서 합병대차대조표공시일로부터 합병등기일까지 상당한 기일이 소요되므로 합병등기일이 아닌 합병대차대조표 공시일(상법 제522조의 2) 또는 합병신고일(자본시장과 금융투자업에 관한 법률 제119조 및 같은 법 시행령 제129조) 중 **빠른 날**을 평가기준일로 하였다(상증세법 기본통칙 38‑28…4).

② 비상장법인 : 위의 'ⓛ'에 의해 계산한 가액

비상장법인 간의 합병시 합병으로 존속하는 법인이 비상장법인인 경우에는 시가가 없으므로 합병 직전(평가기준일 이전 2개월이 아니라 평가기준일 기준) 합병당사법인의 평가가액을 합친 금액을 합병 후 주식 등의 수로 나눈 금액을 존속법인의 1주당 평가액으로 한다. 즉 합병당사법인의 주식 등의 가치를 합병비율에 따라 가중평균하는 방식으로 계산한다. 이때의 평가기준일은 합병대차대조표 공시일로 한다.

┃합병 후 1주당 주식가액 평가방법 요약표┃

주권상장 · 코스닥상장 법인	그 외 법인
Min[①, ②] ① 합병등기일 이후 2개월간 최종시세가액의 평균액 ② 단순평균액 $= \dfrac{\text{합병 전 합병 · 피합병법인의 주식 등의 가액 합계액}}{\text{합병 후 주식수}}$	② 단순평균액

(2) 합병 전 1주당 평가가액

상증세법 시행령 제28조 제3항 제1호 나목의 규정에 의한 1주당 평가가액(앞의 2)요건 (3) 일정액 이상 이익의 '주가과대평가법인의 1주당 평가가액')과 같은 조 제5항의 규정에 의한 합병직전 주식 등의 가액[앞의 4)(1)①'ⓛ'에서의 합병 전 주식 등의 가액]은 다음과 같이 산정하며, 그 평가기준일은 합병대차대조표 공시일과 합병신고일 중 **빠른 날**(합병 전 주당평가액의 산정을 위한 평가이므로)이다(상증세법 시행령 제28조 제6항). 다만, 비상장법인의 경우에는 합병대차대조표 공시일로 한다.

① 유가증권시장 주권상장법인 · 코스닥시장 상장법인

ⓛ 원칙 : 상증세법 제60조(시가평가액) 및 상증세법 제63조(보충적 평가액으로서가 아니라 시가로 본다)의 규정에 의하여 평가한 가액[186]

그러므로 합병대차대조표 공시일과 금융감독위원회 합병신고일 중 **빠른 날**

186) 이 책 '유가증권의 평가' 참조

이전 2개월간의 최종시세가액의 평균액으로 한다.

ⓛ 예외 : 주권상장법인 등의 경우 상증세법 제60조 및 상증세법 제63조 제1항 제1호 나목(비상장법인)의 평가방법에 의한 평가가액(아래 ②)의 차액[아래 5) 증여재산가액 (1) : 상증세법 시행령 제28조 제4항의 산식에 의하여 계산한 차액]이 상증세법 제60조, 상증세법 제63조 제1항 제1호 가목(상장주식)의 평가방법에 의한 평가가액(위의 가.)의 차액보다 적게 되는 때에는 상증세법 제60조 및 같은 법 제63조 제1항 제1호 나목의 방법에 의하여 평가(아래 ②)한다(상증세법 시행령 제28조 제6항). 즉 유가증권시장 상장주식 또는 코스닥시장 상장주식의 경우에도 합병으로 인하여 합병당사법인의 대주주가 얻은 이익을 계산함에 있어 비상장주식의 평가방법에 의하는 것이 평가가액의 차액이 적게 되는 때에는 비상장주식의 평가방법을 적용하도록 하는 것이다(상증세법 시행령 제28조 제6항, 상증세법 시행규칙 제10조의 2 제1항). 이는 유가증권시장 상장법인 및 코스닥시장 상장법인과 비상장법인 간 합병하는 경우에도 비상장주식 평가방법에 의하는 것이 유리한 경우에는 비상장주식 평가방법에 의하도록 하여 합병 시 외부요인에 의하여 증여의제가 적용되는 것을 방지함은 물론 상장법인과 비상장법인 간의 합병에 의한 구조조정을 지원하기 위함이다.

② 비상장법인 : 상증세법 제60조(시가평가액) 및 상증세법 제63조 제1항 제1호 나목(보충적 평가액)의 규정에 의하여 평가한 가액에 의한다. 이때의 평가기준일은 합병대차대조표 공시일로 한다.

┃ 합병 전 1주당 주식가액 평가방법 요약표 ┃

주권상장·코스닥상장 법인	그 외 법인
Max[①, ②] ① 다음 중 빠른 날 이전 2개월간 최종시세 　가액의 평균액 　㉮ 합병대차대조표 공시일 　㉯ 금융감독위원회 합병신고일 ② 비상장주식 평가방법에 의한 평가액	합병대차대조표 공시일의 비상장주식 평가방법에 의한 평가액

(3) 그 밖

① 최대주주 할증평가 배제

한편, 합병당사법인의 주식가액을 평가함에 있어서 상증세법 시행령 제28조 제2항 내지 제4항의 규정에 의하여 대주주가 얻은 이익을 계산하는 경우에는 최대주주에 대하여 할증평가규정을 적용하지 아니한다(상증세법 시행령 제53조 제7항 제3호).

② 분할합병[187] 시 합병 직전의 주식가액 계산

분할합병을 하기 위하여 분할하는 법인("분할법인"이라 한다)의 분할사업부문에 대한
합병 직전 주식 등의 가액은 상증세법 제63조 제1항 제1호 나목(보충적 평가액)의
규정에 의하여 평가한 가액에 의한다(상증세법 시행령 제28조 제7항)[188].

6) 증여재산가액

위의 증여이익요건을 통과하면 해당 이익이 증여재산가액이 된다. 이 합병에 따른 이익
은 결국 과대평가된 합병당사법인의 대주주의 합병직후와 합병직전의 주식가치의 차액
을 말한다(상증세법 집행기준 38-28-6).

(1) 원칙 : 주식으로 교부받았을 경우

대주주가 이익을 받은 것으로 인정되는 경우 증여금액은 다음과 같이 계산한다. 다
만, 그 금액이 앞서 살펴 본 30% 기준 또는 3억원 기준을 충족하지 못하는 경우는
제외한다(상증세법 제38조 제3항, 같은 법 시행령 제28조 제3항 제1호 및 제4항 제1호).

---

187) [상증세법 집행기준 38-0-1]
　　① 분할흡수합병

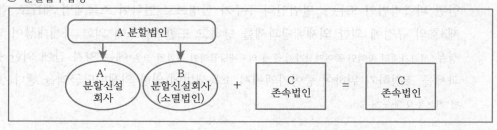

② 분할신설합병

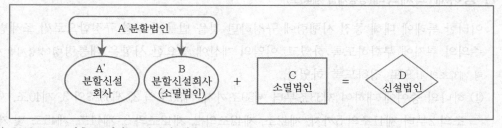

188) 2016. 1. 1. 이후 증여받는 분부터 적용

{[위 3).(3).①의 A (=신설 또는 존속법인의 1주당 평가가액) − 위 3).(3).①의 B(=주가과대평가법인의 1주당 평가가액) × (주가과대평가법인의 합병 전 주식 등의 수 ÷ 주가과대평가법인의 합병 후 주식 등의 수)] × 대주주의 합병 후 주식 등의 수}

(2) 예외

평가가액이 액면가액에 미달하는 경우로서 합병대가를 주식 등 외의 재산으로 지급한 경우(상증세법 시행령 제28조 제3항 제2호 및 제4항 제2호, 상증세법 기본통칙 38−28…5)

합병대가를 합병 후 신설·존속하는 법인의 주식이나 출자지분 외의 재산으로 지급한 경우 합병당사법인의 대주주가 얻은 이익은 다음의 구분에 따라 계산한다. 다만, 그 금액이 3억원 미만인 경우는 제외한다.

① 합병대가가 액면가액 이하인 경우

(1주당 합병대가 − 1주당 평가가액) × 합병당사법인의 대주주의 주식수

② 합병대가가 액면가액을 초과하는 경우

(1주당 액면가액 − 1주당 평가가액) × 합병당사법인의 대주주의 주식수

(3) 의제배당과세의 경우 중복과세 조정

한편 피합병법인 또는 소멸법인의 주주가 합병으로 인하여 소득세법 제17조 제1항 제3호의 규정에 의한 의제배당과세를 당하고 또한 이 조에 의한 과세대상이 되는 경우(평가가액의 차액인 증여재산가액 중에 의제배당금액이 포함된 경우)에는 양자 간에 의한 중복과세를 조정하기 위하여 증여가액에서 소득세법에 의한 의제배당금액을 뺀다(상증세법 기본통칙 38−28…2).

7) 증여세 과세특례(상증세법 제43조)

이러한 특례에 대해 종전 시행령에 규정하던 것을 법률에 직접 규정함으로써 조세법률주의의 취지에 부합하도록 하였고, 이익의 계산에 필요한 사항은 대통령령(상증세법 시행령 제32조의 4)으로 정하도록 하였다.

① 하나의 증여에 대하여 제33조부터 제39조까지, 제39조의 2, 제39조의 3, 제40조, 제41조의 2부터 제41조의 5까지, 제42조, 제42조의 2, 제42조의 3, 제44조, 제45조 및 제45

조의 3부터 제45조의 5까지의 규정이 둘 이상 동시에 적용되는 경우에는 그 중 이익이 가장 많게 계산되는 것 하나만을 적용한다.[189]

② 합병에 따른 이익을 계산할 때 그 증여일부터 소급하여 1년 이내에 동일한 거래 등이 있는 경우에는 각각의 거래 등에 따른 이익을 해당 이익별로 합산하여 계산한다.

8) 연대납세의무 면제

증여세의 납부에 있어서 원칙적으로 수증자가 증여세를 납부할 수 없을 때에는 증여자가 연대납세의무를 진다. 그러나 조세형평상 세법에서 정한 과세요건을 충족함에 따라 세법상 증여로 보아 과세하는 경우 수증자에 대한 조세채권의 확보가 곤란하다고 하여도 증여자에게 연대납부의무를 지우는 것은 지나친 경우가 있다. 이런 측면에서 합병에 따른 이익의 증여유형도 연대납세의무가 면제된다(상증세법 제4조의 2 제6항 단서).

2. 증자에 따른 이익의 증여

해의 맥

이 증여유형은 '저가 혹은 고가'로 '불균등 증자'를 함으로써 주주 간에 이전되는 경제적 이익에 과세하는 것이다.

§관련조문

상증세법	상증세법 시행령
제39조【증자에 따른 이익의 증여】	제29조【증자에 따른 이익의 계산방법 등】 제32조의 4【이익의 계산방법】

1) 의의

(1) 증자

① 증자의 의의

상법상 자본(또는 출자액)이란 법정자본금(또는 출자금)을 의미하는 것으로서, 여기에서 자본금은 법인설립 시 납입하는 원시출자금액과 법인 설립 이후의 자본증가(증자)분으로 구성된다.

---

189) 2011. 1. 1. 이후 최초로 증여받는 것부터 적용한다.

여기에서 증자란 회사의 수권주식총수의 범위 내에서 신주를 발행하여 회사의 자본금을 증가시키는 것을 말한다. 그런데 상증세법 제39조의 증자에 따른 이익의 증여규정은 오직 증자만이 해당되므로, 원시출자의 경우에는 적용대상이 아니다.

② **증자의 유형**

증자에는 법인설립 후 주식을 유상으로 발행하는 유상증자와 준비금의 자본전입에 의한 무상증자 그리고 그 밖의 증자(주식배당 등)가 있다.

㉠ 유상증자

유상증자란 회사성립 후 회사의 자금조달을 직접적인 목적으로 수권주식총수의 범위 내에서 미발행주식을 발행하는 것을 말하며, 자본금의 증가와 순자산의 증가가 동시에 이루어지는 증자이다. 유상증자는 현금출자와 현물출자의 방법이 있다. 현금출자에 관련한 이익의 증여는 이 유형에 규정하고 있으며, 현물출자와 관련한 이익의 증여는 상증세법 제39조의 3에서 규정한다.

㉡ 무상증자

무상증자란 법정준비금의 전부 또는 일부를 자본에 전입하는 것을 말하며, 여기에서 법정준비금은 이익준비금과 자본준비금을 말한다.

그러므로 무상증자를 하게 되면 주주지분의 일부인 자본잉여금 또는 이익잉여금계정을 자본금계정으로 대체하는 것에 불과하여 자본구성 항목의 변화를 가져올 뿐 기업의 순자산에는 변동이 없다.

따라서 무상증자의 경우 모든 주주에게 그들이 가진 주식의 수에 비례하여 무상신주가 교부되므로, 신주를 교부받은 주주의 입장에서는 소유주식 수는 증가하더라도 주주의 지분율에는 변동이 없다(상법 제461조). 그러므로 실권주와 제삼자 직접배정문제가 발생하지 않아 증자에 따른 이익의 증여의 적용대상이 아니다.

㉢ 그 밖의 증자

위의 일반적인 유상증자와 무상증자 이외에도 아래와 같은 방식에 의해 회사의 자본금이 증가한다.

㉮ 주식배당

주식배당은 이익잉여금을 사내에 유보하고 주주의 배당 욕구를 충족시키기 위하여 실시되는 것으로서 미처분이익잉여금을 주주총회의 배당결의에 의하여 자본으로 전입하는 것이다. 이와 같이 주식배당은 배당과 무상증자의 성격을 동시에 가지고 있어서, 모든 주주에게 그 소유주식의 수에 따라 배당금에 갈음한 주식이 배당된다. 따라서 주식배당의 경우에도 기존주주의 지분율의 변동은 생기지 않는다. 또한 주식배당을 받을 자가 이미 결정되어 있고 배당결의가 있는 주주총회의 종결시점부터 신주의 주주가 된다(상법 제462조의 2). 그러므로 실권주와 제삼자 직접배정문제가 발생하지 않아 증자에 따른 이익의 증여의 적용대상이 아니다.

④ 전환사채 등(전환사채, 전환주식, 신주인수권부사채)의 전환에 의한 자본증가

전환사채(상법 제513조)나 전환주식(상법 제346조)의 전환에 의한 신주발행의 경우, 전환의 청구가 있으면 신주를 발행하도록 미리 정관 등에 정하고 있고 발행할 주식 수도 발행예정총수 중에 보유하여야 하므로 이러한 주식은 신주인수권의 대상이 아니다.

마찬가지로 신주인수권부사채의 경우에도 신주인수권부사채권자만이 일정한 조건에 따라 신주인수권을 행사할 수 있다는 점에서 주주의 신주인수권의 문제와 무관하다.

이러한 전환사채 등의 전환에 의한 자본증가는 유상증자와 유사하다. 이와 관련한 증여이익에 대해서는 상증세법 제40조(전환사채 등의 주식전환 등에 따른 이익의 증여)에서 규정하고 있다.

⑤ 회사의 합병 등으로 인한 신주발행

합병의 경우 피합병법인의 주주들이 합병법인의 신주를 교부받는 것은 합병비율에 따라 피합병법인의 주주의 주식 수에 비례한다. 그러므로 합병법인의 기존주주에게는 신주인수권의 문제가 발생하지 않는다.

이러한 신주발행도 회사의 재산 및 자본이 동시에 증가한다는 점에서 유상증자와 유사하다. 이와 관련한 증여이익에 대해서는 상증세법 제38조(합병에 따른 이익의 증여)에서 규정하고 있다.

또한 주식의 병합이나 분할로 인하여 발행되는 신주도 신주인수권의 대상이 아니다.

③ 적용범위

그러므로 증자에 따른 이익의 증여규정의 적용을 받는 자본의 증가는 그 증자로 인해 실권주가 발생할 수 있어서 이의 처리나 신주인수권이 배제되고 제삼자 직접배정의 결과 기존주주의 지분율에 변동이 생길 수 있는 일반적인 유상증자만을 의미한다고 보아야 한다.

물론 증자에 따른 이익의 증여란 기존 주주가 자신의 지분비율에 따라 신주를 인

수할 수 있는 권리를 포기하거나 그 권리가 배제됨에 따라 이를 인수한 제삼자가 이익을 얻는 경우에 증여세를 과세하도록 하는 것이기 때문에 유상증자의 경우라도 기존 주주에게 신주인수권 자체가 발생하지 않는다면 이 유형의 적용대상이 될 수 없다. 결국 이 규정은 기존의 주주가 신주인수권을 가지고 있을 법적 권리가 있는 경우를 전제로 한다. 이런 점에서 현물출자는 현물출자자 이외의 주주에게 신주인수권이 주어지지 않으므로 적용대상이 되지 않는다.

따라서 법인이 상법 등의 규정에 따라 일시적으로 취득한 자기주식은 신주인수권이 없다고 보는 것이 일반적이다. 그리고 일반적인 유상증자의 경우에도 유가증권시장 주권상장법인 또는 코스닥시장 상장법인이 자본시장과 금융투자업에 관한 법률 제9조 제7항에 따라 주식배정을 하는 것은 불특정다수인을 대상으로 공모하는 것(일정한 방법에 따라 산출한 50인 이상의 투자자에게 새로 발행되는 증권의 취득의 청약을 권유하는 "모집"에 의한 공모를 말한다)이기 때문에 증자에 따른 이익의 증여의 적용대상에서 제외하고 있다. 다만, 청약권유를 받은 자가 50인 미만이더라도 증권의 발행일로부터 1년 이내에 50인 이상의 자에게 양도될 수 있는 경우에는 유가증권의 모집으로 간주하여 과세한다(상증세법 시행령 제29조 제3항, 자본시장과 금융투자업에 관한 법률 시행령 제11조 제3항).[190]

한편 채무자 회생 및 파산에 관한 법률에 의거 법원에서 인가한 회생계획안 및 채권자인 금융회사 등과 체결한 기업개선작업약정에 따라 주주의 의결권이 법률상 또는 사실상 제한된 상태에서 유상증자를 실시하여 신주를 발행한 경우로서 증여세를 회피할 목적으로 신주를 발행한 것에 해당되지 아니한 경우에는 증여세 과세대상에서 제외하는 것이 타당하다고 해석한다(재산-890, 2010. 11. 29. ; 서면4팀 -200, 2006. 2. 6. ; 서면4팀-1039, 2004. 7. 7.).

(2) 신주인수권

① 의의

주주의 신주인수권이란 주주가 가진 주식 수에 비례하여 신주의 배정을 받을 권리를 말한다. 주주의 신주인수권은 주주평등의 원칙에 따라야 하나, 예외적으로 정관에 정함이 있으면 이를 제한할 수 있다(상법 제418조).[191]

② 신주배정 방식(증권의 발행 및 공시 등에 관한 규정, 2010. 11. 8, 금융위원회고시 제2010-37호)

---

190) 2016년 공포일 이후 배정하는 분부터 적용

191) 정찬형, 「상법강의(상)」, 박영사, 2009, 940쪽 이하 참조

㉠ 기존주주 배정

신주인수권을 부여하는 가장 보편적인 방법으로 주주는 정관에 달리 정하지 않는 한 그가 가진 주식 수에 따라서 신주의 배정을 받을 권리가 있다(상법 제418조 제1항).

그런데 기존주주 배정방식으로 신주인수권을 부여하다 보면 단주가 발생할 수 있을 뿐만 아니라, 실권주도 발생할 수 있다. 이로 인해 발생한 실권주의 처리문제가 생겨 증여이익의 무상이전 효과가 발생하게 된다.

㉡ 제삼자 배정

그렇지만 신기술의 도입, 재무구조의 개선 등 회사의 경영상 목적을 달성하기 위하여 필요한 경우에 한하여, 정관에 정하는바에 따라 주주 외의 자에게 신주를 배정할 수 있다(상법 제418조 제2항).

이와 같이 정관이나 특별법에 의해 주주의 신주인수권을 배제하고 특정(이때에는 해당 법인의 주주도 포함한다)의 제삼자에게 신주인수권을 부여하는 것을 제삼자배정이라 한다. 그러므로 실권주 문제는 발생하지 않는다. 제삼자 배정은 주주평등의 원칙을 해하는 것이므로 매우 엄격한 절차에 의한다.

㉢ 공모

주식의 공모란 불특정의 다수인을 대상으로 하여 신주를 발행하여 請約者를 구하는 것을 말한다. 공모에는 발행자가 직접 청약자를 모집하는 경우와 증권회사가 媒介하는 경우가 있는데, 보통 후자를 택하는 일이 많다.

㉮ 주주우선공모

주주우선공모방식은 상장법인이 신주를 발행할 때에 주간사회사가 신주를 총액인수한 후 구주주와 우리사주조합에게 우선 배정하여 청약을 받고, 그 청약미달된 실권주를 일반인에게 다시 청약을 받고, 여기에서도 미달되면 그 잔여분을 주간사회사가 인수하는 방식이다. 그러므로 실권주로 인한 부의 무상이전문제는 발생하지 않는다.

㉯ 일반공모

일반공모는 정관에 정함이 있는 것을 전제로 주로 비상장법인이 기업공개를 할 때에 구주주의 신주인수권을 배제하고 주간사회사가 먼저 총액인수하여 바로 일반인에게 청약을 받고 여기에서 실권주가 발생하면 주간사회사가 잔여분을 인수하는 방식이다(자본시장과 금융투자업에 관한 법률 제165조의 6). 그러므로 실권주로 인한 부의 무상이전문제는 발생하지 않는다.

그런데 행정해석은 비상장법인이 일반공모증자방식으로 유상증자를 통해 신규 상장하는 경우 공모가격이 상증세법 시행령 제57조 제1항 및 제2항에 따라 평가한 가액보다 낮은 경우에는 증자에 따른 이익의 증여규정을 적용하도록 하고 있다(재산-356, 2010. 6. 3.).

ⓓ 직접공모

직접공모는 신주를 발행할 때에 인수기관을 통하지 않고 발행회사가 직접 자기의 책임과 계산 하에 공모하는 방식이다.

③ 실권주의 처리 및 제삼자 직접배정

㉠ 신주인수권의 포기와 실권주의 처리

법인이 설립 후 추가적인 자금조달 등의 목적으로 신주를 발행하고자 하는 경우, 기존주주는 주주권에 기인하여 주주평등의 원칙에 따라 다른 자보다 우선하여 신주를 인수할 수 있다(상법 제418조).

이에 따라 주주총회 또는 이사회에서 신주발행에 관한 사항을 결정하고 나면 법인은 일정한 기일을 정하여 그 기일의 2주간 전에 신주인수권자에게 실권 예고부 최고 또는 공고를 하여야 한다(상법 제419조). 그런데 주주가 자신에게 배정된 유상증자분을 정해진 날까지 청약(인수하겠다는 의사표시)을 하지 아니하거나 청약 후에 그 주금을 납입하지 아니하게 되면, 그 주주는 신주인수권을 잃게 된다(이를 실권주라 한다). 이와 같이 주주가 신주인수권을 행사하지 아니하고 임의로 포기함에 따라 실권주가 생기면 이에 대하여는 이사회가 자체적으로 새로이 주주를 모집하거나[㉮ 재배정 ⇨ 정관에서 정하는 방식에 따라 실권주를 공모방식 또는 제삼자 배정방식 등(최초의 신주배정방식이 아님에 유의)으로 처리] 또는 그대로 실권처리하여 미발행할지(㉯ 실권처리)를 결정하게 된다.[192]

여하튼 실권주의 처리결과로 인해 주주 간의 지분율변동이 발생함으로써 신주인수 포기자와 인수자 사이에 경제적 이익의 이전효과가 나타난다. 이때 신주인수권 포기자가 신주인수권을 포기할 수밖에 없는 합리적 이유(예컨대, 신주를 인수할 자력이 없는 등)를 묻지 않는다는 점에서 지나친 측면이 있다.

㉡ 신주인수권의 배제와 제삼자 직접배정

상법상 신주인수권이 배제되는 경우로는 ㉮ 정관 등에 의해 주주 이외의 자가 일정한 신주에 대해 우선적으로 배정을 받는 경우(상법 제418조 제2항) ㉯ 정관에 다른 정함이 없는 경우에도 수종의 주식의 발행을 하는 경우(상법 제344조

---

192) 정찬형, 「상법강의(상)」, 박영사, 2009, 945쪽

제3항) ㉰ 회사가 자기주식을 처분하는 경우(이때의 처분은 주식의 양도행위로 양도자인 회사의 자유의사에 맡겨져 있으므로 기존주주가 신주인수권을 가지지 않는다고 본다)이다.[193]

이러한 경우에 주주평등의 원칙에 대한 예외로서 제삼자에게 신주인수권을 부여(㉱ 제삼자 직접배정 및 기존주주 초과배정)함으로써 주주 간의 지분율변동이 발생하고 이로 인해 신주인수 배제자와 인수자 사이에 경제적 이익의 이전효과가 나타난다.

만약 기존주주를 배제한 공모방식 또는 제삼자 직접배정방식의 유상증자에 대해 미청약분 또는 미납입분이 생기면 이는 실권주가 아니라 미발행주식으로 남게 된다(상증세법 집행기준 39-0-4).

(3) 증자에 따른 이익의 증여유형의 의의

이 증여유형은 증자의 과정에서 발생하는 실권주의 처리나 신주의 인수를 통해 일어나는 기존주주의 지분비율의 변동에 의한 경제적 이익의 수수에 대해 증여로서 과세하는 것이다. 즉 불균등한 증자로 인한 지분율 변동에 의해 발생하는 증여이익에 대해 과세하고자 하는 것이다. 물론 지분율이 변동되더라도 신주평가액과 신주인수가액이 같다면 증여이익이 생기지 않는다.

이와 같은 증자에 따른 이익의 증여는 아래에 도표에서 보는 바와 같이 8가지 과세유형으로 구분할 수 있으며, 이에 대한 자세한 내용은 이러한 구분에 따라 기술하기로 한다.

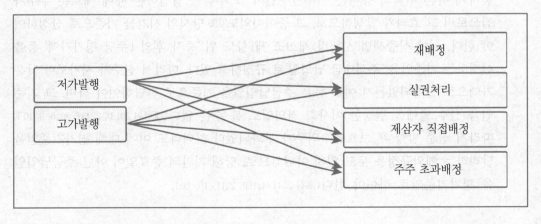

이 증여유형도 실질과세원칙을 기본으로 상증세법상의 증여재산 개념에 따라 증여

---

193) 박요찬, "증여세의 포괄증여규정 및 개별예시규정의 위헌성 연구", 서울시립대학교 세무대학원 박사학위논문, 2007, 114~115쪽

세 과세대상 재산에의 포함 여부를 판단하면서 상증세법상의 증여 개념에 따라 증여세 과세 여부를 판단한다.

이 증여유형에서 증여재산가액은 발생된 증여이익 전부를 포함하지만, 일부 증여유형에서는 거래환경 및 조세행정 등 조세실무상의 현실을 고려하여 비록 실질적 의미에서 증여재산이고 증여에 해당하지만 일정한 형식적 요건을 충족하는 경우에만 증여세 과세대상 재산에 포함하여 증여재산가액을 산정하도록 하는 형식을 취하고 있다.

2) 증여시기 : 주식대금 납입일 등 다음의 구분에 따른 날[194]을 기준으로 한다(상증세법 제39조 제1항, 상증세법 시행령 제29조 제1항 ; 조심 2011서2390, 2011. 10. 26. ; 조심 2011서545, 2011. 6. 24.)[195].

① '유가증권시장'에 주권이 상장된 법인(「자본시장과 금융투자업에 관한 법률 시행령」 제176조의 9 제1항) 또는 '코스닥시장'에 상장된 주권을 발행한 법인(대통령령 제24697호 자본시장과 금융투자업에 관한 법률 시행령 일부개정령 부칙 제8조)이 해당 법인의 주주에게 신주를 배정하는 경우 : 권리락(權利落)이 있은 날

② 「상법」 제346조에 따른 종류주식(전환주식)을 발행한 경우: 전환주식을 다른 종류의 주식으로 전환한 날

③ 위 ① 및 ② 외의 경우 : 주식대금 납입일(주식대금 납입일 이전에 실권주를 배정받은 자가 신주인수권증서를 교부받은 경우에는 그 교부일)

증자에 따른 이익의 증여는 신주인수인이 그 주금을 납입하는 때에 새로운 주주가 됨으로써 그 효과가 발생하므로, 그 증여이익도 그 당시의 시가를 기준으로 산정하여야 한다. 이에 상증세법 시행령 제29조 제1항도 위 '증자 후의 1주당 평가가액' 등을 산정하는 기준일을 '주식대금 납입일'로 규정하고 있다. 따라서 신주가 시가보다 낮은 가액으로 발행되었는지 여부 등은 주금납입일을 기준으로 판단하여야 하며, 그 기준일을 신주 발행을 결정한 이사회 결의일로 볼 수는 없다(대법원 2013두22437, 2015. 9. 10.). 따라서 신주 발행 후 보호예수의무가 부과되었다 하더라도 이에 대해 평가기준일을 달리하는 예외규정을 두고 있지 아니하므로, 당해 기간의 종료일이 아닌 주금납입일을 평가기준일로 하여야 한다(조심 2011서2169, 2011. 10. 19.).

---

194) 2015. 2. 3. 이후 증여받은 분부터 적용

195) 이에 대해 실권주의 인수에 의해 경제적 이익을 획득하는 시점, 즉 주주로서의 권리를 취득하는 주금납입일의 다음 날(상법 제423조)을 과세시기로 하여야 한다는 견해가 있다(이태로・한만수, 「조세법강의」, 박영사, 2009, 687쪽).

3) 일정한 기준 이상의 이익일 것을 요건으로 하는 경우

증자에 따른 이익의 증여유형 중 다음의 경우에는 일정한 기준(30%, 3억원[196]) 이상의 이익이 발생하여야 증여세 과세가액에 포함하여 증여세를 과세한다.[197] 즉 저가발행과 고가발행을 불문하고 기존주주가 신주인수권을 포기함에 따라 생긴 실권주를 다시 발행하지 않고 실권처리할 때에는 일정한 기준 이상의 이익이라는 형식적 요건을 추가적으로 요구하고 있다. 이는 실권처리라는 소극적 행위로 얻게 되는 증여이익은 그 이익의 수여가 간접적이어서 그 요건을 더 엄격히 한 것으로 보여진다.

또한 신주배정을 받은 자가 아닌 다른 사람이 이득을 보는 유형에서는 증여자와 수증자 사이가 특수관계일 것을 추가적으로 요구한다. 당해 규정은 신주인수 포기자의 자금사정이나 실질적인 재산권의 이전 여부 등에 관계없이 신주인수 포기자의 특수관계인이 당해 신주를 배정받기만 하면 적용된다(조심 2010서3743, 2011. 3. 2.).

물론 이러한 요건을 충족하게 되면 증여세가 부과되는 증여재산가액은 그 이익 전액으로 한다.

(1) 저가신주발행 시 실권처리하는 경우(상증세법 제39조 제1항 제1호 나목)

① 의의

법인이 저가로 신주를 발행함에 있어서 특정주주가 신주인수권행사를 포기한 후 이사회의 결의에 의하여 실권주를 재배정하지 아니하고 실권 처리하는 경우 기존 주주의 지분비율에 변화가 있게 된다. 이로 인해 경제적 이익이 실권주주로부터 신주인수자에게 무상으로 이전되는 효과가 발생하는바, 이때에는 실권주주의 특수관계인이 신주를 인수함에 따라 얻은 이익에 대하여 증여세를 부과한다.

즉, 신주를 시가보다 낮은 가액으로 배정받을 수 있는 권리인 이익이 되는 권리를 스스로 포기하고 그 실권주를 배정하는 것이 원칙임에도 배정하지 아니하는 소극적 행위를 한 경우, 신주인수권을 포기한 자의 특수관계인이 증여이익을 얻는다.

---

196) 2003. 12. 31. 이전은 1억원

197) 신주를 저가 · 고가 발행하고 실권주를 실권처리하는 경우에 증자에 따른 이익을 과세하기 위하여는 이익의 규모가 일정수준 이상이어야 하는데 그 수준을 「30% Rule」이라고 한다. 「30% Rule」은 증자 후 1주당 평가액과 인수가액의 차이가 증자 후 1주당 평가액의 30% 이상인지 또는 증여재산가액이 3억원 이상인지를 판단하여 그 이상이면 과세한다는 것이다(상증세법 집행기준 39−0−5).

② 증여세 과세대상 재산 포함요건

저가발행 시 신주인수권 포기에 의한 실권주의 실권처리 시 증여는 다음의 각 요건을 모두 충족하여야 과세대상 재산에 포함된다.

㉠ 증자를 위한 신주배정이어야 한다.

그러므로 법인의 최초의 자본금을 형성하는 원시출자의 경우에는 이에 해당하지 않는다.

㉡ 신주를 시가보다 낮은 가액으로 발행(저가발행)하여야 한다.

그러므로 신주인수권은 유리한 권리가 된다. 여기에서 시가는 상증세법 제60조 및 제63조의 규정에 의하여 평가한 가액을 말한다.

㉢ 기존주주가 신수인수권을 포기함으로써 실권주가 발생하여야 한다.

그런데 기존주주가 신주인수권의 침해나 불공정한 신주발행으로 인해 신주인수권을 포기한 경우라면, 신주발행유지청구권(상법 제424조), 책임추궁(상법 제424조의 2), 신주발행무효의 소(상법 제429조) 등을 통해 주주 지분권의 低落을 막을 수 있다.

그러므로 이 조항이 적용되기 위해서는 신주인수권을 침해당한 주주가 위와 같은 상법상의 구제절차를 취하지 않고 이를 수용하여야 한다는 점이 전제된다.[198]

주주가 자신에게 유리한 권리를 포기하였기 때문에 포기자가 증여자가 되며, 인수자가 수증자가 된다.

㉣ 동 실권주를 실권처리하여야 한다.

이러한 실권주를 배정하지 아니하고 이사회의 결의로 실권처리하여야 한다.

㉤ 신주인수를 포기한 주주의 특수관계인이 신주를 인수하여야 한다.

여기에서 특수관계인이[199]란 신주를 인수하지 아니한 자와 상증세법 시행령 제2조의 2 제1항 각 호의 어느 하나의 관계에 있는 자를 말한다. 그러므로 수증자와 증여자 간에는 특수관계가 성립하여야 한다. 이때 특수관계 존재 여부의 판정은 쌍방관계에 의하여 파악되어야 할 것이며 또한 증여시점을 기준으로 판단하여야 한다. 만약 명의신탁된 주식이라면 신주인수권포기자는 명의수탁자가 아닌 실질소유자인 명의신탁자이므로, 명의신탁자와의 관계에서 특수관계 여부를 판단하는 것이 실질과세원칙상 타당하다(대법원 93누3974, 1993. 11. 23.).

---

198) 박요찬, "증여세의 포괄증여규정 및 개별예시규정의 위헌성 연구", 서울시립대학교 세무대학원 박사학위논문, 2007, 115~116쪽

199) 이 책 '보론 21 상증세법상 특수관계인 규정 검토' 참조

ⓗ 신주를 인수한 자가 아래의 일정한 이익이상의 이익을 얻어야 한다.

신주인수를 포기한 주주로부터 이의 특수관계인이 얻은 이익이 다음 중 하나
의 요건을 충족시키는 경우에 증여세가 과세된다.[200]

㉮ 비율기준 : 증자 후 1주당 평가가액에서 신주 1주당 인수가액을 차감한
금액이 증자 후 1주당 평가가액의 30% 이상인 경우

$$\frac{(증자\ 후\ 1주당\ 평가가액\ -\ 신주\ 1주당\ 인수가액)}{증자\ 후\ 1주당\ 평가가액} \geq 30\%$$

여기에서 '증자 후 1주당 평가가액'은 증자 전 지분비율에 따라 균등하게
증자한 경우의 1주당 평가가액, 즉 균등증자시 1주당 가액을 의미한다.

㉯ 금액기준 : 신주인수자 각인이 특수관계인으로부터 얻은 평가차액(아래의
증여재산가액과 같다)이 3억원 이상인 경우

③ **증여재산가액**

저가신주발행 시 실권처리하는 경우 그 실권에 따라 주주 간에 상대적 지분비율
의 변화가 있게 된다. 이에 따라 지분비율의 변화에 따른 증여가액은 다음과 같
이 계산한다(상증세법 시행령 제29조 제2항 제2호, 같은 법 집행기준 39-29-4).

> (기존주주가 모두 인수할 경우 증자 후 1주당 가액 – 신주 1주당 인수가액) × 실권주
> 총수 × 증자 후 신주인수자의 지분비율 × 특수관계인 실권비율

위 산식을 보면 우선 '실권주주가 상실한 이익[A = (기존주주가 모두 인수할 경우 증자
후 1주당 평가가액 – 1주당 인수가액) × 실권주총수]'을 계산하고, 다음 '실권주주가 상실한
이익 중 신주인수자가 간접적으로 얻은 이익[B = A × 증자 후 신주인수자의 실제 지분율]'
계산한 후, 마지막으로 '신주인수권의 간접이익 중 특수관계인으로부터 얻은 이
익[C = B × 특수관계인의 실권주수 ÷ 실권주총수]'을 계산하며 이것이 납세의무자인 실권
주주와 특수관계 있는 신주인수자의 증여재산가액이 된다.

㉠ (기존주주가 모두 인수할 경우)증자 후 1주당 (평가)가액(균등증자시 1주당 가액)

---

200) 2000. 12. 31. 이전 증자분은 이익을 얻은 신주인수자가 당해 법인의 대주주일 것을 요건으로 하였다.

$$= \frac{(\text{증자 전 기업의 주식가치} + \text{실권주가 없을 경우 유입될 증자대금})}{(\text{증자 전 발행주식총수} + \text{실권주가 없을 경우 증가할 주식수})}$$

[신주발행으로 인한 이론적 권리락 주가]

$$= \frac{(\text{증자 전 1주당 평가액} \times \text{증자 전 발행주식총수}) + (\text{신주 1주당 인수가액} \times \text{실권주가 없을 경우 증가할 주식수})}{(\text{증자 전 발행주식총수} + \text{실권주가 없을 경우 증가할 주식수})}$$

(*) '실권주가 없는 경우'란 '증자 전의 지분비율대로 균등하게 증자하는 경우'를 말한다.

㉮ 주식평가 : 이때에 1주당 평가는 상증세법 제60조 및 제63조에 따라야 할 것이다(상증세법 제39조 제1항 제1호 본문 괄호).

㉯ 증자 전 1주당 평가가액 : 이에 대해서는 상증세법 시행령에서 명시적인 규정을 두고 있지는 않으나, 관련 규정 및 문언 해석상 증자(실권주를 배정하지 않기로 한 주주총회나 이사회의 결의일) 직전의 시점을 기준으로 하여 상증세법의 평가규정에 의하여 산정한 금액을 의미한다고 봄이 상당하다고 해석한다(대법원 2005두2063, 2007. 1. 25. ; 재산-775, 2010. 10. 19.).

그러므로 비상장주식은 증자일 직전 현재 시가 또는 보충적 평가액[순손익가치(3)와 순자산가치(2)의 가중평균(상증세법 시행령 제54조 제1항)]에 의한다.

그렇지만 여기에서 유가증권시장 상장법인과 코스닥시장 상장법인의 경우 "증자 전의 1주당 평가가액"은 해당 증자에 따른 권리락이 있는 날 전 2월이 되는 날부터 권리락이 있는 날(실권주를 배정하지 않기로 한 주주총회나 이사회의 결의일)의 전일까지 공표된 한국거래소 최종시세가액의 평균액으로 한다(상증세법 기본통칙 39-29…2).

㉰ 증자 후 1주당 평가가액 : 위 산식(신주발행으로 인한 이론적 권리락 주가). 다만, 유가증권시장 주권상장법인이나 코스닥시장 상장법인으로 증자 후의 1주당 평가가액(상증세법 제60조 및 제63조에 의한 평가액 : 권리락이 있는 날부터 2월이 되는 날까지 공표된 한국거래소의 최종시세가액의 평균액)이 상기의 산식에 의하여 계산한 액보다 적은 경우 해당 가액(즉, 둘 중 적은 가액)으로 한다(상증세법 시행령 제29조 제2항 제2호 가목, 같은 법 기본통칙 39-29…2).[201]

---

201) 2001. 1. 1. 이후 증자시 적용

㉳ 최대주주 등의 할증평가규정 적용배제 : 그리고 증자에 따른 증여이익을 계산할 때에 최대주주 등의 주식 등에 대한 할증평가규정은 적용되지 않는다(상증세법 시행령 제53조 제7항 제3호).

▌(기존주주가 모두 인수할 경우) 증자 전 · 후 1주당 평가가액 산정 요약표
(상증세법 집행기준 39 - 29 - 4) ▌

구분	주권상장(코스닥상장)법인	비상장법인
증자 후 1주당 평가액	Min[①, ②] ① 권리락일 이후 2개월간의 최종 시세가액의 평균액 ② 신주발행으로 인한 이론적 권리락 주가	② 신주발행으로 인한 이론적 권리락주가
증자 전 1주당 평가액	증자에 따른 권리락일 전 2개월이 되는 날부터 권리락 전일까지 2개월간 최종시세가액의 평균액	시가 or 보충적 평가액 [=(1주당 순손익가치 × 3) + (1주당 순자산가치 × 2) ÷ 5]

㉡ 신주 1주당 인수가액

여기에서 신주 1주당 인수가액이란 유상증자시 주당 주식대금 납입액을 말한다.

㉢ 증자 후 신주인수자의 지분비율 및 특수관계인 실권비율

㉮ 증자 후 신주인수자의 지분비율은 재배정받은 주식을 차감(실제로 인수한 최초 신주배정주식은 포함)한 신주인수자의 주식수를 증자 후의 발행주식총수로 나누어 계산한 비율을 말한다(재산 - 60, 2010. 2. 1.).

㉯ 특수관계인 실권비율

$$\frac{신주인수자의\ 특수관계인의\ 실권주수}{실권주\ 총수}$$

㉣ 주식 1주당 가액이 영 이하인 경우

상증세법 시행령 제29조 제2항에서 언급된 산식(저가 · 고가 실권주 재배정, 저가 · 고가 실권주 실권처리, 저가 · 고가 제삼자 직접배정, 저가 · 고가 주주 초과배정)상에서 증자 전 · 후의 주식 1주당 가액이 모두 영 이하인 경우에는 이익이 없는 것으로 규정하였다. 이는 본질적인 증여 외에 사실상 경제적 이익의 무상이전에 대비하여 증여규정을 두고 있는바, 증자 전 · 후의 주식평가액이 영 이하인 경우 해당 주식을 본질적으로 증여한 경우에도 증여세를 과세하지 못하면서 산식에 의해 차액이

산정된다고 하여 증여세를 부과하는 것은 합리적이지 못하기 때문이다.

ⓜ 저가발행 시 증여자(상증세법 제39조 제2항 ; 조심 2011전791, 2011. 8. 19.)

㉮ 대주주 : 대주주가 신주인수권을 포기한 경우에는 각 대주주가 포기한 지분비율과 이를 초과인수한 지분비율만큼 쌍방 간에 증여 및 수증이 있는 것으로 보아 증여가액을 계산한다. 따라서 친족공제 등도 그 증여자별로 각각 적용한다. 또한 증여자별로 구분하여 계산한 증여가액이 과세최저한에 해당할 경우 이는 증여가액에서 차감한다(국심 89서2180, 1990. 4. 26.).

㉯ 소액주주 : 그러나 소액주주들이 신주인수권을 포기하는 경우 실무상 각 증여자별로 증여가액을 계산하는 것이 무리였을 뿐 아니라 각 소액주주별로는 증여가액이 과세최저한에 미달되어 증여세를 과세하지 못하는 불합리한 점이 있었다(국심 89서2180, 1990. 4. 26.). 이에 따라 신주를 배정받을 수 있는 권리를 포기하거나 그 소유주식 수에 비례하여 균등한 조건에 의하여 배정받을 수 있는 수에 미달(신주를 배정받지 아니한 경우를 포함한다)되게 배정받은 소액주주가 2인 이상의 소액주주일 때는 소액주주 1인으로 보아 이를 합산한 지분비율을 기준으로 평가차액을 계산하도록 하였다(상증세법 제39조 제2항, 같은 법 집행기준 39-29-2). 즉 이때에도 각 소액주주의 증여가액을 합산한 금액이 과세최저한에 미달할 경우 이는 증여가액에서 제외되어야 할 것이다. 신주의 저가발행 시 증여의 경우에만 적용된다. 이때 소액주주라 함은 해당 법인의 발행주식총수 등의 100분의 1 미만을 소유하는 경우로서 주식 등의 액면가액을 합친 금액이 3억원 미만인 주주 등을 말한다.

(2) 고가신주발행 시 실권처리하는 경우(상증세법 제39조 제1항 제2호 나목)

① 의의

법인이 고가로 신주를 발행함에 있어서 특정주주가 신주인수권행사를 포기한 후 이사회의 결의에 의하여 실권주를 재배정하지 아니하고 실권 처리하는 경우 기존 주주의 지분비율에 변화가 있게 된다. 이로 인해 경제적 이익이 신주인수자로부터 실권주주에게 무상으로 이전되는 효과가 발생하는바, 이때에는 실권주주가 특수관계에 있는 신주인수자로부터 얻은 이익에 대하여 증여세를 부과한다.

즉, 신주를 시가보다 높은 가액으로 배정받을 수 있는 권리인 불리한 권리를 포기(신주인수포기자는 고가인수를 포기함으로써 이익을 얻지만, 증자 후 지분율이 하락하는 간접적 손실을 입게 된다)하는 한편, 그 실권주를 배정하는 것이 원칙임에도 배정하지 아니하는 소극적 행위를 함으로써, 신주를 인수한 자와 특수관계 있는 신주인수포기자가 증여이익을 얻는다.

② 증여세 과세대상 재산 포함요건

고가발행 시 신주인수권 포기에 의한 실권주의 실권처리 시 증여는 다음의 각 요건을 모두 충족하여야 한다.

㉠ 증자를 위한 신주배정이어야 한다.

그러므로 법인의 최초의 자본금을 형성하는 원시출자의 경우에는 이에 해당하지 않는다.

㉡ 신주를 시가보다 높은 가액으로 발행(고가발행)하여야 한다.

그러므로 신주인수권은 불리한 권리가 된다. 여기에서 시가는 상증세법 제60조 및 제63조의 규정에 의하여 평가한 가액을 말한다.

㉢ 기존주주가 신수인수권을 포기함으로써 실권주가 발생하여야 한다.

그런데 기존주주가 신주인수권의 침해나 불공정한 신주발행으로 인해 신주인수권을 포기한 경우라면, 신주발행유지청구권(상법 제424조), 책임추궁(상법 제424조의 2), 신주발행무효의 소(상법 제429조) 등을 통해 주주 지분권의 低落을 막을 수 있다.

그러므로 이 조항이 적용되기 위해서는 신주인수권을 침해당한 주주가 위와 같은 상법상의 구제절차를 취하지 않고 이를 수용하여야 한다는 점이 전제된다. 주주가 자신에게 불리한 권리를 포기하였기 때문에 포기자가 수증자가 되며, 인수자가 증여자가 된다.

㉣ 동 실권주를 실권처리하여야 한다.

이러한 실권주를 배정하지 아니하고 이사회의 결의로 실권처리하여야 한다.

㉤ 신주인수를 포기한 주주의 특수관계인이 기존지분에 따른 신주를 인수하여야 한다.

여기에서 특수관계인[202]이란 신주인수를 포기한 주주와 상증세법 시행령 제2조의 2 제1항 각 호의 어느 하나의 관계에 있는 자를 말한다. 그러므로 수증자와 증여자 간에는 특수관계가 성립하여야 한다. 이때 특수관계 존재 여부의 판정은 쌍방관계에 의하여 파악되어야 할 것이며 또한 증여시점을 기준으로 판단하여야 한다.

㉥ 신주인수를 포기한 주주가 일정한 이익 이상을 얻어야 한다.

신주를 인수한 주주로부터 이와 특수관계에 있는 신주인수포기자가 얻은 이

---

202) 이 책 '보론 21 상증세법상 특수관계인 규정 검토' 참조

익이 다음 중 하나의 요건을 충족시키는 경우에 적용된다.

㉮ 비율기준 : 신주 1주당 인수가액에서 증자 후 1주당 평가가액을 차감한 금액이 증자 후 1주당 평가가액의 30% 이상인 경우

$$\frac{(\text{신주 1주당 인수가액} - \text{증자 후 1주 평가가액})}{\text{증자 후 1주당 평가가액}} \geq 30\%$$

여기에서 '증자 후 1주당 평가가액'은 증자 전 지분비율에 따라 균등하게 증자한 경우의 1주당 평가가액, 즉 균등증자 시 1주당 가액을 의미한다.

㉯ 금액기준 : 신주인수포기자 각인이 특수관계인으로부터 얻은 평가차액 (아래의 증여재산가액과 같다)이 3억원 이상인 경우

③ 증여재산가액

고가신주발행 시 실권처리하는 경우 그 실권에 따라 주주 간에 상대적 지분비율의 변화가 있게 된다. 이에 따라 지분비율의 변화에 따른 증여재산가액은 다음과 같이 계산한다(상증세법 시행령 제29조 제2항 제4호, 같은 법 집행기준 39 - 29 - 8).

(신주 1주당 인수가액 - 기존주주가 모두 인수할 경우 증자 후 1주당 가액) × 신주인수를 포기한 주주의 실권주수 × 특수관계인의 인수비율

위 산식은 실권주주가 고가인수를 포기함으로써 얻은 이익[A= (1주당 인수가액 - 증자 후 1주당 평가가액)×실권주총수] 중 특수관계인의 지분 해당액[B= A × (특수관계인의 인수 주식수/균등증자할 경우 증자주식 총수)]을 납세의무자인 '신주인수자와 특수관계 있는 신주인수포기자'의 증여재산가액으로 한다.

㉠ (기존주주가 모두 인수할 경우) 증자 후 1주당 (평가)가액

[신주발행으로 인한 이론적 권리락 주가]

$$= \frac{(\text{증자 전 기업의 주식가치} + \text{실권주가 없을 경우 유입될 증자대금})}{(\text{증자 전 발행주식총수} + \text{실권주가 없을 경우 증가할 주식수})}$$

$$= \frac{\begin{array}{c}(\text{증자 전 1주당 평가액} \times \\ \text{증자 전 발행주식총수})\end{array} + \begin{array}{c}(\text{신주 1주당 인수가액} \times \\ \text{실권주가 없을 경우 증가할 주식수})\end{array}}{(\text{증자 전 발행주식총수} + \text{실권주가 없을 경우 증가할 주식수})}$$

(*) '실권주가 없는 경우'란 '증자 전의 지분비율대로 균등하게 증자하는 경우'를 말한다.

㉮ 주식평가 : 이때에 1주당 평가는 상증세법 제60조 및 제63조에 따라야 할 것이다(상증세법 제39조 제1항 제1호 본문 괄호).

㉯ 증자 전 1주당 평가가액 : 이에 대해서는 상증세법 시행령에서 명시적인 규정을 두고 있지는 않으나, 관련 규정 및 문언 해석상 증자(실권주를 배정하지 않기로 한 주주총회나 이사회의 결의일) 직전의 시점을 기준으로 하여 상증세법의 평가규정에 의하여 산정한 금액을 의미한다고 봄이 상당하다고 해석한다(대법원 2005두2063, 2007. 1. 25. ; 재산-775, 2010. 10. 19.).

그러므로 비상장주식은 증자일 직전 현재 시가 또는 보충적 평가액[순손익가치(3)와 순자산가치(2)의 가중평균(상증세법 시행령 제54조 제1항)]에 의한다.

그렇지만 여기에서 유가증권시장 상장법인과 코스닥시장 상장법인의 경우 "증자 전의 1주당 평가가액"은 해당 증자에 따른 권리락이 있는 날 전 2월이 되는 날부터 권리락이 있는 날(실권주를 배정하지 않기로 한 주주총회나 이사회의 결의일)의 전일까지 공표된 한국거래소 최종시세가액의 평균액으로 한다(상증세법 기본통칙 39-29…2).

㉰ 증자 후 1주당 평가가액 : 위 산식(신주발행으로 인한 이론적 권리락 주가). 다만, 유가증권시장 주권상장법인이나 코스닥시장 상장법인으로 증자 후의 1주당 평가가액(상증세법 제60조 및 제63조에 의한 평가액 : 증자 후 2개월간의 종가평균액)이 상기의 산식에 의하여 계산한 가액보다 적은 경우 해당 가액(즉, 둘 중 적은 가액)으로 한다(상증세법 시행령 제29조 제2항 제4호 및 제3호 나목).

㉱ 최대주주 등의 할증평가규정 적용배제 : 그리고 증자에 따른 증여이익을 계산할 때에 최대주주 등의 주식 등에 대한 할증평가규정은 적용되지 않는다(상증세법 시행령 제53조 제7항 제3호).

┃(기존주주가 모두 인수할 경우) 증자 전 · 후 1주당 평가가액 산정 요약표
(상증세법 집행기준 39-29-8) ┃

구분	주권상장(코스닥상장)법인	비상장법인
증자 후 1주당 평가액	Min[①, ②] ① 권리락일 이후 2개월간의 최종시세가액의 평균액 ② 신주발행으로 인한 이론적 권리락 주가	② 신주발행으로 인한 이론적 권리락주가

구분	주권상장(코스닥상장)법인	비상장법인
증자 전 1주당 평가액	증자에 따른 권리락일 전 2개월이 되는 날부터 권리락 전일까지 2개월간 최종시세가액의 평균액	시가 or 보충적 평가액[=(1주당 순손익가치 × 3)+(1주당 순자산가치 × 2)÷5]

ⓛ 신주 1주당 인수가액

여기에서 신주 1주당 인수가액이란 유상증자시 주당 주식대금 납입액을 말한다.

ⓒ 특수관계인 인수비율

$$\frac{\text{신주인수를 포기한 주주의 특수관계인이 인수한 신주수}}{\text{증자 전의 지분비율대로 균등하게 증자하는 경우의 증자주식 총수}}$$

ⓔ 주식 1주당 가액이 영 이하인 경우

상증세법 시행령 제29조 제2항에서 언급된 산식(저가·고가 실권주 재배정, 저가·고가 실권주 실권처리, 저가·고가 제삼자 직접배정, 저가·고가 주주 초과배정)상에서 증자 전·후의 주식 1주당 가액이 모두 영 이하인 경우에는 이익이 없는 것으로 규정하였다. 이는 본질적인 증여 외에 사실상 경제적 이익의 무상이전에 대비하여 증여 규정을 두고 있는바, 증자 전·후의 주식평가액이 영 이하인 경우 해당 주식을 본질적으로 증여한 경우에도 증여세를 과세하지 못하면서 산식에 의해 차액이 산정된다고 하여 증여세를 부과하는 것은 합리적이지 못하기 때문이다.

4) 일정한 기준 이상의 이익일 것을 요건으로 하지 않는 경우

아래의 증자에 따른 이익의 증여는 일정한 기준 이상의 이익일 것을 요건으로 하지 않으면서, 발생한 증여이익 전체를 증여재산가액으로 하여 증여세를 과세한다.

이는 실권주를 재배정하거나 제삼자에게 직접배정 혹은 기존주주에게 초과배정하는 등 적극적인 처리를 통해 얻게 되는 증여이익은 그 이익의 수여가 직접적이어서 일정한 기준 이상의 이익일 것을 특별히 요구하지 않는 것으로 보여진다.

4)-1. 특수관계인 여부와 무관한 증여

저가발행의 경우 신주배정을 받은 자가 자기의 적극적 행위로 직접 이득을 얻는 것이기 때문에 증여자와의 특수관계를 필요로 하지 않는다.

(1) 저가재배정 시 증여(상증세법 제39조 제1항 제1호 가목)

① 의의

현행 상법상으로는 실권주의 인수에 대한 강제규정이 별도로 없고 법인이 신주발행의 경우 실권주의 처리를 자체적으로 결정할 수 있다. 이에 따라 저가발행시 발생한 실권주에 대하여 법인은 다시 당초 증자의 목적을 달성하기 위하여 소정의 절차를 거쳐 해당 주주 외의 제삼자에게 실권주를 인수시킬 수 있으며, 이러한 경우에는 증자 전과 비교하여 주주의 지분비율이 변동하게 된다. 이렇게 되면 신주의 발행가액과 그 평가액의 차액에 상당하는 경제적 이익이 신주인수를 포기한 주주에게서 제삼의 실권주인수자에게로 무상이전되는 효과를 가져오고 이에 대해 증여세를 과세한다.

② 증여세 과세대상 재산 포함요건

저가발행 시 신주인수권 포기에 의한 실권주의 재배정시 증여는 다음의 각 요건을 모두 충족하여야 한다.

㉠ 증자를 위한 신주배정이어야 한다.

그러므로 법인의 최초의 자본금을 형성하는 원시출자의 경우에는 이에 해당하지 않는다.

㉡ 신주를 시가보다 낮은 가액으로 발행(저가발행)하여야 한다.

그러므로 신주인수권은 유리한 권리가 된다. 여기에서 시가는 상증세법 제60조 및 제63조의 규정에 의하여 평가한 가액을 말한다.

㉢ 기존주주가 신수인수권을 포기함으로써 실권주가 발생하여야 한다.

그런데 기존주주가 신주인수권의 침해나 불공정한 신주발행으로 인해 신주인수권을 포기한 경우라면, 신주발행유지청구권(상법 제424조), 책임추궁(상법 제424조의 2), 신주발행무효의 소(상법 제429조) 등을 통해 주주 지분권의 低落을 막을 수 있다. 그러므로 이 조항이 적용되기 위해서는 신주인수권을 침해당한 주주가 위와 같은 상법상의 구제절차를 취하지 않고 이를 수용하여야 한다는 점이 전제된다. 주주가 자신에게 유리한 권리를 포기하였기 때문에 포기자가 증여자가 되며, 실권주 인수자가 수증자가 된다.

㉣ 실권주를 배정받는 자가 존재하여야 한다.

㉮ 실권주 배정받은 자 : 주주의 신주인수권과는 달리 제삼자에게 신주인수권을 주는 경우에는 정관에 그 규정이 있어야 하며, 신주청약서에도 기재

하여야 한다. 다만, 특정한 제삼자에게 신주인수권을 부여할 것을 정관에 정한 경우에도 그 제삼자는 그것만으로써 당연히 인수권을 취득하는 것이 아니고, 회사와의 구체적인 계약에 의하여 취득하게 되며 이런 점에서 제삼자의 인수권은 계약상의 권리이다.

제삼자에게 신주인수권을 부여하는 규정을 정관에 정하는 경우에는, 주식의 종류와 수 등을 아울러 정하게 되겠으나, 정관에 이에 관한 정함이 없는 때에는 이사회에서 신주발행에 관한 다른 부수적인 사항을 함께 정하면 된다. 여기서 제삼자라는 것은 주주 이외의 자뿐 아니라 특정주주에 대하여 주주의 자격을 떠나서, 즉 주주평등의 원칙에 반하여 신주인수권을 부여하는 경우도 제삼자에게 신주인수권을 주는 것이 된다.

이 유형의 증여는 제삼자가 이렇게 실권주를 인수한 분에 한하여 적용되므로 기존 주주가 본래의 자기지분에 상당하는 분만큼의 신주를 인수한 것에 대하여는 적용이 되지 않으며 새로운 주주에 대하여는 전체 실권주 인수분이 이에 해당된다.

㉯ 제외하는 경우 : 한편, 이 유형은 연고배정방식에 의하여 실권주를 배정하는 경우에만 적용되는 것이기 때문에 자본시장과 금융투자업에 관한 법률 제9조 제7항에 따라 유가증권시장 주권상장법인 또는 코스닥시장 상장법인이 유가증권 모집방법[203]으로 실권주를 배정하는 경우에는 과세대상이 아니다. 이때의 가액은 시장에서 거래되어 형성된 시가를 기준으로 결정된 발행가액이므로 공정한 것으로 보아 과세대상에서 제외하는 것이다. 따라서 여기에서의 유가증권 모집방법에는 간주모집에 의한 배정은 포함되지 않는다(상증세법 시행령 제29조 제3항, 조심 2011부2857, 2011. 10. 25. ; 조심 2011서384, 2011. 7. 22.). 같은 맥락에서 상법(제360조의 2)에 의한 주식의 포괄적 교환시 (구)증권거래법에 의한 평가액과 상증세법에 평가액의 차이로 발생한 이익에 대해서도 증여세를 과세한다(조심 2011서841, 2011. 6. 14.).

그러므로 비상장법인의 경우에는 유가증권모집방법에 의하더라도 과세대상이 된다.[204]

㉰ 특수관계인 간 불요 : 신주인수를 포기한 주주와 그 실권주를 인수한 자와의 사이에 특수관계 유무를 불문하고 상기 요건을 만족시키는 경우에는

---

203) '모집'이란 대통령령으로 정하는 방법에 따라 산출한 50인 이상의 투자자에게 새로 발행되는 증권의 취득의 청약을 권유하는 것을 말한다(자본시장과 금융투자업에 관한 법률 제9조 제7항).
204) 2000. 12. 31. 이전 증자분은 유가증권 모집방법에 의한 경우 상장법인과 같이 증여세 과세에서 제외되었다.

과세한다.

㉣ 형식적 요건이 불필요 : 신주의 발행가액과 평가금액과의 차이가 일정한 수준 이상이 될 것을 요하지 아니한다. 그러므로 증여재산의 개념에 부합하는 증자를 통한 증여이익에 대해서는 그 증여이익 전액에 대해 증여세를 과세한다.

③ **증여재산가액의 계산**

신주인수권 포기에 의한 저가실권주 재배정시 증여재산가액은 다음과 같이 계산한다(상증세법 시행령 제29조 제2항 제1호, 기본통칙 39-29…2).

$$(증자 후 1주당 가액 - 신주 1주당 인수가액) \times 배정받은 실권주수$$

㉠ 증자 후 1주당가액

$$[신주발행으로 인한 이론적 권리락 주가]$$

$$= \frac{(증자 전 기업의 주식가치 + 신주발행으로 인한 실제 증자대금)}{(증자 전 발행주식총수 + 증자에 의하여 증가한 주식수)}$$

$$= \frac{(증자 전 1주당 평가액 \times 증자 전 발행주식총수) + (신주 1주당 인수가액 \times 증자에 의하여 증가한 주식수)}{(증자 전 발행주식총수 + 증자에 의하여 증가한 주식수)}$$

㉮ 주식평가 : 이때에 1주당 평가는 상증세법 제60조 및 제63조에 따라야 할 것이다(상증세법 제39조 제1항 제1호 본문 괄호).

㉯ 증자 전 1주당 평가가액 : 이에 대해서는 상증세법 시행령에서 명시적인 규정을 두고 있지는 않으나, 관련 규정 및 문언 해석상 증자 직전의 시점 [주금납입일의 전날을 기준(조심 2011부2857, 2011. 10. 25. ; 대법원 2007두7949, 2009. 8. 20.)]을 기준으로 하여 상증세법의 평가규정에 의하여 산정한 금액을 의미한다고 봄이 상당하다고 해석한다(대법원 2007두7949, 2009. 8. 20. ; 대법원 2005두2063, 2007. 1. 25. ; 재산-775, 2010. 10. 19.).

그러므로 비상장주식은 증자일(주금납입일) 직전 현재의 시가에 의하고 시가가 불분명하면 순손익가치(3)와 순자산가치(2)의 가중평균에 의한다(상증세법 시행령 제54조 제1항).

그렇지만 여기에서 유가증권시장 상장법인과 코스닥시장 상장법인의 경우 "증자 전의 1주당 평가가액"은 해당 증자에 따른 권리락이 있는 날 전 2월이 되는 날부터 권리락이 있는 날(주금납입일)의 전일까지 공표된 한국거래소 최종시세가액의 평균액으로 한다(상증세법 기본통칙 39-29…2).

㉰ 증자 후 1주당 평가가액 : 위 산식(신주발행으로 인한 이론적 권리락 주가). 다만, 유가증권시장 주권상장법인이나 코스닥시장 상장법인으로 증자 후의 1주당 평가가액(상증세법 제60조 및 제63조에 의한 평가액 : 증자 후 2개월간의 종가평균액)이 상기의 산식에 의하여 계산한 액보다 적은 경우 해당 가액(즉, 둘 중 적은 가액)으로 한다(상증세법 시행령 제29조 제2항 제4호 및 제3호 나목).

㉱ 최대주주 등의 할증평가규정 적용배제 : 그리고 증자에 따른 증여이익을 계산할 때에 최대주주 등의 주식 등에 대한 할증평가규정은 적용되지 않는다(상증세법 시행령 제53조 제7항 제3호, 재삼 46014-1549, 1996. 6. 28.).

▎**증자 전·후 1주당 평가가액 산정 요약표**(상증세법 집행기준 39-29-1)▎

구분	주권상장(코스닥상장)법인	비상장법인
증자 후 1주당 평가액	Min[①, ②] ① 권리락일 이후 2개월간의 최종시세가액 평균액 ② 신주발행으로 인한 이론적 권리락 주가	② 신주발행으로 인한 이론적 권리락 주가
증자 전 1주당 평가액	증자에 따른 권리락일 전 2개월이 되는 날부터 권리락 전일까지 2개월간 최종시세가액의 평균액	시가 or 보충적 평가액 [=(1주당 순손익가치 × 3)+(1주당 순자산가치 × 2)÷5]

ⓛ 신주 1주당 인수가액

여기에서 신주 1주당 인수가액이란 유상증자시 주당 주식대금 납입액을 말한다.

ⓒ 주식 1주당 가액이 영 이하인 경우

상증세법 시행령 제29조 제2항에서 언급된 산식(저가·고가 실권주 재배정, 저가·고가 실권주 실권처리, 저가·고가 제삼자 직접배정, 저가·고가 주주 초과배정)상에서 증자 전·후의 주식 1주당 가액이 모두 영 이하인 경우에는 이익이 없는 것으로 규정하였다. 이는 본질적인 증여 외에 사실상 경제적 이익의 무상이전에 대비하여 증여 규정을 두고 있는바, 증자 전·후의 주식평가액이 영 이하인 경우 해당 주식을 본질적으로 증여한 경우에도 증여세를 과세하지 못하면서 산식에 의해 차액이 산정된다고 하여 증여세를 부과하는 것은 합리적이지 못하기 때문이다.

㉣ 저가발행 시 증여자(상증세법 제39조 제2항 : 조심 2011전791, 2011. 8. 19.)

⑦ 대주주 : 대주주가 신주인수권을 포기한 경우에는 각 대주주가 포기한 지분비율과 이를 초과인수한 지분비율만큼 쌍방 간에 증여 및 수증이 있는 것으로 보아 증여가액을 계산한다. 따라서 친족공제 등도 그 증여자별로 각각 적용하였다. 또한 증여자별로 구분하여 계산한 증여가액이 과세최저한에 해당할 경우 이는 증여가액에서 차감하도록 하였다(국심 89서2180, 1990. 4. 26.).

⑭ 소액주주 : 그러나 소액주주들이 신주인수권을 포기하는 경우 실무상 각 증여자별로 증여가액을 계산하는 것이 무리였을 뿐 아니라 각 소액주주별로는 증여가액이 과세최저한에 미달되어 증여세를 과세하지 못하는 불합리한 점이 있었다(국심 89서2180, 1990. 4. 26.). 이에 따라 상증세법 제39조 제1항 제1호에서는 신주를 배정받을 수 있는 권리를 포기하거나 그 소유주식 수에 비례하여 균등한 조건에 의하여 배정받을 수 있는 수에 미달(신주를 배정받지 아니한 경우를 포함한다)되게 배정받은 소액주주가 2인 이상의 소액주주일 때는 소액주주 1인으로 보아 이를 합산한 지분비율을 기준으로 평가차액을 계산하도록 하였다. 즉 이때에도 각 소액주주의 증여가액을 합산한 금액이 과세최저한에 미달할 경우 이는 증여가액에서 제외되어야 할 것이다. 신주의 저가발행 시 증여의 경우에만 적용된다. 이때 소액주주라 함은 해당 법인의 발행주식총수 등의 100분의 1 미만을 소유하는 경우로서 주식 등의 액면가액을 합친 금액이 3억원 미만인 주주 등을 말한다.

(2) 저가 직접배정방식의 증자 시 증여(상증세법 제39조 제1항 제1호 다목 및 라목)

① 의의

상법 제418조에 의하면 주주는 그가 가진 주식 수에 따라서 신주의 배정을 받을 권리가 있다. 다만, 신기술의 도입, 재무구조의 개선 등 회사의 경영상 목적을 달성하기 위하여 필요한 경우에 정관이 정하는바에 따라 주주 외의 자에게 신주를 배정할 수 있다. 따라서 법인이 저가로 신주를 발행함에 있어서 정관 또는 주주총회의 특별결의에 의하여 기존 주주가 아닌 자에게 신주를 직접 배정하는 경우(기존 주주에게 소유주식 비율을 초과하여 신주를 직접 배정하는 경우를 포함한다) 정관 또는 주총 특별결의에 의하여 신주를 배정받지 아니하거나 미달되게 배정받은 주주로부터 신주를 직접배정받은 제삼자와 초과 직접배정받은 자에게 경제적 이익이 무상으로 이전되는 효과가 발생하는바, 신주를 직접배정받은 제삼자나 초과 직접배정받은 자가 얻은 이익을 신주를 배정받지 아니하거나 미달되게 배정받은 주주로부터 증여받은 것으로 보아 증여세를 과세한다. 그러므로 이 유형은 신주인수권의 포기와 이에 따른 실권주의 발생과 무관하다.

현실적으로 이러한 유형의 증여는 정관이나 주총특별결의에 영향력을 행사하기 용이한 가족 등 특수관계인으로 구성된 비상장법인에서 변칙적인 증여의 목적으로 이루어질 수 있다.

② 증여세 과세대상 재산 포함요건

저가 직접 배정방식의 증자시 이를 증여로 과세하기 위하여는 다음 요건을 모두 충족하여야 한다.[205]

㉠ 증자를 위한 신주배정이어야 한다.

그러므로 법인의 최초의 자본금을 형성하는 원시출자의 경우에는 이에 해당하지 않는다.

㉡ 신주를 시가보다 낮은 가액으로 발행(저가발행)하여야 한다.

그러므로 신주인수권은 유리한 권리가 된다. 여기에서 시가는 상증세법 제60조 및 제63조의 규정에 의하여 평가한 가액을 말한다.

㉢ 기존 주주가 아닌 자가 신주를 직접 배정(자본시장과 금융투자업에 관한 법률에 따른 인수인으로부터 인수·취득하는 경우와 제3자에게 증권을 취득시킬 목적으로 그 증권의 전부 또는 일부를 취득한 자로부터 인수·취득하는 경우를 포함한다)[206] 받거나, 기존 주주가 본래의 자기지분율을 초과하여 신주를 직접 배정받아야 한다.

㉮ 직접배정 받은 자 : 이 유형은 기존주주의 신수인수권 포기로 발생하는 실권주를 제삼자에게 배정하는 것이 아니라, 애초에 정관 또는 주총특별결의를 통해 기존주주의 신주인수권에 제한을 가하여, 제삼자 등에게 직접 신주를 배정한 것을 말한다.

그런데 기존주주가 신주인수권의 침해나 불공정한 신주발행으로 인해 신주인수권을 포기한 경우라면, 신주발행유지청구권(상법 제424조), 책임추궁(상법 제424조의 2), 신주발행무효의 소(상법 제429조) 등을 통해 주주 지분권의 低落을 막을 수 있다.

그러므로 이 조항이 적용되기 위해서는 신주인수권을 침해당한 주주가 위와 같은 상법상의 구제절차를 취하지 않고 이를 수용하여야 한다는 점이 전제된다.

---

205) 2000. 12. 31. 이전에는 특수관계를 요건으로 하였다.

206) 후단의 인수·취득은 2017. 1. 1. 이후 신주를 인수·취득하는 경우부터 적용한다.

　⑭ 제외하는 경우 : 앞서 본 '저가재배정시 증여'와 같다.

　⑮ 특수관계인 간 불요 : 앞서 본 '저가재배정시 증여'와 같다.

　⑯ 형식적 요건이 불필요 : 앞서 본 '저가재배정시 증여'와 같다.

③ 증여재산가액의 계산

저가 직접배정방식 증자시 신주를 직접배정 혹은 초과배정받은 자가 얻은 이익은 다음과 같이 계산한다(상증세법 시행령 제29조 제2항 제1호, 같은 법 기본통칙 39-29…2).

> (증자 후 1주당 가액 − 신주 1주당 인수가액) × 직접배정 혹은 초과배정받은 신주수

㉠ 증자 후 1주당가액

$$
\begin{aligned}
&\text{[신주발행으로 인한 이론적 권리락 주가]} \\
&= \frac{(증자\ 전\ 기업의\ 주식가치 + 신주발행으로\ 인한\ 실제\ 증자대금)}{(증자\ 전\ 발행주식총수 + 증자에\ 의하여\ 증가한\ 주식수)} \\
&= \frac{\begin{array}{l}(증자\ 전\ 1주당\ 평가액\ \times\ \quad (신주\ 1주당\ 인수가액\ \times \\ \ \ 증자\ 전\ 발행주식총수)\ +\ 증자에\ 의하여\ 증가한\ 주식수)\end{array}}{(증자\ 전\ 발행주식총수 + 증자에\ 의하여\ 증가한\ 주식수)}
\end{aligned}
$$

㉮ 주식평가 : 이때에 1주당 평가는 상증세법 제60조 및 제63조에 따라야 할 것이다(상증세법 제39조 제1항 제1호 본문 괄호).

㉯ 증자 전 1주당 평가가액 : 이에 대해서는 상증세법 시행령에서 명시적인 규정을 두고 있지는 않으나, 관련 규정 및 문언 해석상 증자 직전의 시점 [주금납입일의 전날을 기준(조심 2011부2857, 2011. 10. 25. ; 대법원 2007두7949, 2009. 8. 20.)]을 기준으로 하여 상증세법의 평가규정에 의하여 산정한 금액을 의미한다고 봄이 상당하다고 해석한다(대법원 2007두7949, 2009. 8. 20. ; 대법원 2005두2063, 2007. 1. 25. ; 재산-775, 2010. 10. 19.).

그러므로 비상장주식은 증자일(주금납입일) 직전 현재 시가 또는 보충적 평가액(순손익가치(3)와 순자산가치(2)의 가중평균(상증세법 시행령 제54조 제1항))에 의한다. 그렇지만 여기에서 유가증권시장 상장법인과 코스닥시장 상장법인의 경우 "증자 전의 1주당 평가가액"은 해당 증자에 따른 권리락이 있는 날 전 2월이 되는 날부터 권리락이 있는 날(주금납입일)의 전일까지 공표된 한국거래소 최종시세가액의 평균액으로 한다(상증세법 기본통칙 39-29…2).

㉰ 증자 후 1주당 평가가액 : 위 산식(신주발행으로 인한 이론적 권리락 주가). 다만, 유가증권시장 주권상장법인이나 코스닥시장 상장법인으로 증자 후의 1주당 평가가액(상증세법 제60조 및 제63조에 의한 평가액 : 증자 후 2개월간의 종가평균액)이 상기의 산식에 의하여 계산한 가액보다 적은 경우 해당 가액(즉, 둘 중 적은 가액)으로 한다(상증세법 시행령 제29조 제2항 제4호 및 제3호 나목).

㉱ 최대주주 등의 할증평가규정 적용배제 : 그리고 증자에 따른 증여이익을 계산할 때에 최대주주 등의 주식 등에 대한 할증평가규정은 적용되지 않는다(상증세법 시행령 제53조 제7항 제3호, 재삼 46014-1549, 1996. 6. 28.).

┃ 증자 전·후 1주당 평가가액 산정 요약표(상증세법 집행기준 39-29-6) ┃

구분	주권상장(코스닥상장)법인	비상장법인
증자 후 1주당 평가액	Min[①, ②] ① 권리락일 이후 2개월간의 최종시세가액 평균액 ② 신주발행으로 인한 이론적 권리락 주가	② 신주발행으로 인한 이론적 권리락 주가
증자 전 1주당 평가액	증자에 따른 권리락일 전 2개월이 되는 날부터 권리락 전일까지 2개월간 최종시세가액의 평균액	시가 or 보충적 평가액[＝(1주당 순손익가치×3)＋(1주당 순자산가치×2)÷5]

㉡ 신주 1주당 인수가액

여기에서 신주 1주당 인수가액이란 유상증자시 주당 주식대금 납입액을 말한다.

㉢ 주식 1주당 가액이 영 이하인 경우

상증세법 시행령 제29조 제2항에서 언급된 산식(저가·고가 실권주 재배정, 저가·고가 실권주 실권처리, 저가·고가 제삼자 직접배정, 저가·고가 주주 초과배정)상에서 증자 전·후의 주식 1주당 가액이 모두 영 이하인 경우에는 이익이 없는 것으로 규정하였다. 이는 본질적인 증여 외에 사실상 경제적 이익의 무상이전에 대비하여 증여 규정을 두고 있는바, 증자 전·후의 주식평가액이 영 이하인 경우 해당 주식을 본질적으로 증여한 경우에도 증여세를 과세하지 못하면서 산식에 의해 차액이 산정된다고 하여 증여세를 부과하는 것은 합리적이지 못하기 때문이다.

ⓣ **저가발행 시 증여자**(상증세법 제39조 제2항 : 조심 2011전791, 2011. 8. 19.)

㉮ 대주주 : 대주주가 신주를 배정받지 못한 경우(미달하게 배정받은 경우 포함)에 는 각 대주주가 배정받지 못한 지분비율과 이를 초과인수한 지분비율만큼 쌍방 간에 증여 및 수증이 있는 것으로 보아 증여가액을 계산한다. 따라서 친족공제 등도 그 증여자별로 각각 적용하였다. 또한 증여자별로 구분하 여 계산한 증여가액이 과세최저한에 해당할 경우 이는 증여가액에서 차감 하도록 하였다(국심 89서2180, 1990. 4. 26.).

㉯ 소액주주 : 그러나 소액주주들이 신주를 배정받지 못한 경우 실무상 각 증여자별로 증여가액을 계산하는 것이 무리였을 뿐 아니라 각 소액주주별 로는 증여가액이 과세최저한에 미달되어 증여세를 과세하지 못하는 불합 리한 점이 있었다(국심 89서2180, 1990. 4. 26.). 이에 따라 상증세법 제39조 제2 항에서는 신주를 배정받을 수 있는 권리를 포기하거나 그 소유주식 수에 비례하여 균등한 조건에 의하여 배정받을 수 있는 수에 미달(신주를 배정받지 아니한 경우를 포함한다)되게 배정받은 소액주주가 2인 이상의 소액주주일 때 는 소액주주 1인으로 보아 이를 합산한 지분비율을 기준으로 평가차액을 계산하도록 하였다. 즉 이때에도 각 소액주주의 증여가액을 합산한 금액 이 과세최저한에 미달할 경우 이는 증여가액에서 제외되어야 할 것이다. 신주의 저가발행 시 증여의 경우에만 적용된다. 이때 소액주주라 함은 해 당 법인의 발행주식총수 등의 100분의 1 미만을 소유하는 경우로서 주식 등의 액면가액을 합친 금액이 3억원 미만인 주주 등을 말한다.

4)-2. 특수관계일 것을 요구하는 증여

고가발행의 경우 신주인수자가 그에게 불리한 거래를 적극적으로 하는 것은 누군가에 게 이익을 수여하고자 하는 뜻이 있을 것으로 보아, 그 이익을 얻는 자는 신주인수자와 특수관계에 있는 주주 등이어야 한다.

(1) 고가재배정시 증여(상증세법 제39조 제1항 제2호 가목)

① 의의

법인이 고가로 신주를 발행함에 있어서 특정주주가 신주인수권행사를 포기한 후 그 실권주를 연고배정하는 경우 경제적 이익이 실권주 인수자로부터 실권주주에 게 무상으로 이전되는 효과가 발생하는바, 이때에는 실권주주가 특수관계에 있는 실권주 인수자로부터 얻은 이익에 대하여 증여세를 부과한다.

고가발행의 경우 실권주를 인수하는 것이 불리함에도 불구하고 이를 인수하는 것은 특수관계에 있는 신주인수권 포기자에게 경제적 이익을 무상으로 이전하고자 하는 것이라고 본다. 따라서 이러한 방식의 변칙증여를 규제하려는 목적으로 이에 대해 증여세를 과세한다.

② **증여세 과세대상 재산 포함요건**

고가발행 시 신주인수권 포기에 의한 실권주의 재배정시 증여는 다음의 각 요건을 모두 충족하여야 한다.

㉠ 증자를 위한 신주배정이어야 한다.

그러므로 법인의 최초의 자본금을 형성하는 원시출자의 경우에는 이에 해당하지 않는다.

㉡ 신주를 시가보다 높은 가액으로 발행(고가발행)하여야 한다.

그러므로 신주인수권은 불리한 권리가 된다. 여기에서 시가는 상증세법 제60조 및 제63조의 규정에 의하여 평가한 가액을 말한다.

㉢ 기존주주가 신수인수권을 포기함으로써 실권주가 발생하여야 한다.

그런데 기존주주가 신주인수권의 침해나 불공정한 신주발행으로 인해 신주인수권을 포기한 경우라면, 신주발행유지청구권(상법 제424조), 책임추궁(상법 제424조의 2), 신주발행무효의 소(상법 제429조) 등을 통해 주주 지분권의 低落을 막을 수 있다.

그러므로 이 조항이 적용되기 위해서는 신주인수권을 침해당한 주주가 위와 같은 상법상의 구제절차를 취하지 않고 이를 수용하여야 한다는 점이 전제된다.

주주가 자신에게 불리한 권리를 포기하였기 때문에 포기자가 수증자가 되며, 실권주 인수자가 증여자가 된다.

㉣ 실권주를 배정받는 자가 존재하여야 한다.

㉮ 실권주 배정받은 자 : 주주의 신주인수권과는 달리 제삼자에게 신주인수권을 주는 경우에는 정관에 그 규정이 있어야 하며, 신주청약서에도 기재하여야 한다. 다만, 특정한 제삼자에게 신주인수권을 부여할 것을 정관에 정한 경우에도 그 제삼자는 그것만으로써 당연히 인수권을 취득하는 것이 아니고, 회사와의 구체적인 계약에 의하여 취득하게 되며 이런 점에서 제삼자의 인수권은 계약상의 권리이다.

제삼자에게 신주인수권을 부여하는 규정을 정관에 정하는 경우에는, 주식의 종류와 수 등을 아울러 정하게 되겠으나, 정관에 이에 관한 정함이 없

는 때에는 이사회에서 신주발행에 관한 다른 부수적인 사항을 함께 정하
면 된다.

여기서 제삼자라는 것은 주주 이외의 자뿐 아니라 특정주주에 대하여 주
주의 자격을 떠나서, 즉 주주평등의 원칙에 반하여 신주인수권을 부여하
는 경우도 제삼자에게 신주인수권을 주는 것이 된다.

본조는 제삼자가 이렇게 실권주를 인수한 분에 한하여 적용되므로 기존
주주가 본래의 자기지분에 상당하는 분만큼의 신주를 인수한 것에 대하
여는 적용이 되지 않으며 새로운 주주에 대하여는 전체 실권주인수분이
이에 해당된다.

㉯ 제외하는 경우 : 앞서 본 '저가재배정시 증여'와 같다.

㉡ 실권주를 배정받는 자와 특수관계에 있는 신주인수권 포기자가 이익을 얻어
야 한다.

㉮ **특수관계인[207]의 범위** : 실권주를 인수하는 자는 실권주주와 상증세법 시
행령 제2조의 2 제1항 각 호의 어느 하나의 관계를 가지고 있어야 한다.

㉯ **형식적 요건이 불필요** : 신주의 발행가액과 평가금액과의 차이가 일정한
수준 이상이 될 것을 요하지 아니한다. 그러므로 증여재산의 개념에 부합
하는 증자를 통한 증여이익에 대해서는 그 증여이익 전액에 대해 증여세
를 과세한다.

③ **증여재산가액**

신주인수권 포기에 의한 고가실권주 재배정시 증여재산가액은 다음과 같이 계산한
다(상증세법 시행령 제29조 제2항 제3호). 이는 저가실권주 재배정시와 대비되는 접근이다.

> (신주 1주당 인수가액 − 증자 후 1주당 가액) × 실권주수

위 산식은 실권주주가 불리한 신주인수권을 포기하여 얻은 이익[A = (1주당 인수가
액 − 증자 후 1주당 평가액)×신주인수포기자의 실권주수] 중 적극적으로 불리한 권리를 인수
한 특수관계인의 실권주분[B = A × 특수관계인이 인수한 실권주 ÷ 실권주총수]을 납세의무
자인 '실권주 추가인수자와 특수관계 있는 신주인수 포기자'의 증여재산가액으로
한다.

---

207) 이 책 '보론 21 상증세법상 특수관계인 규정 검토' 참조

㉠ 증자 후 1주당 가액

$$[\text{신주발행으로 인한 이론적 주가}]$$

$$= \frac{(\text{증자 전 기업의 주식가치} + \text{신주발행으로 인한 실제 증자대금})}{(\text{증자 전 발행주식총수} + \text{증자에 의하여 증가한 주식수})}$$

$$= \frac{(\text{증자 전 1주당 평가액} \times (\text{신주 1주당 인수가액} \times \text{증자 전 발행주식총수}) + \text{증자에 의하여 증가한 주식수})}{(\text{증자 전 발행주식총수} + \text{증자에 의하여 증가한 주식수})}$$

㉮ 주식평가 : 이때에 1주당 평가는 상증세법 제60조 및 제63조에 따라야 할 것이다(상증세법 제39조 제1항 제1호 본문 괄호).

㉯ 증자 전 1주당 평가가액 : 이에 대해서는 상증세법 시행령에서 명시적인 규정을 두고 있지는 않으나, 관련 규정 및 문언 해석상 증자 직전의 시점[주금납입일의 전날을 기준(조심 2011부2857, 2011. 10. 25. ; 대법원 2007두7949, 2009. 8. 20.)]을 기준으로 하여 상증세법의 평가규정에 의하여 산정한 금액을 의미한다고 봄이 상당하다고 해석한다(대법원 2007두7949, 2009. 8. 20. ; 대법원 2005두2063, 2007. 1. 25. ; 재산-775, 2010. 10. 19.).

그러므로 비상장주식은 증자일(주금납입일) 직전 현재 시가 또는 보충적 평가액[순손익가치(3)와 순자산가치(2)의 가중평균(상증세법 시행령 제54조 제1항)]에 의한다. 그렇지만 여기에서 유가증권시장 상장법인과 코스닥시장 상장법인의 경우 "증자 전의 1주당 평가가액"은 해당 증자에 따른 권리락이 있는 날 전 2월이 되는 날부터 권리락이 있는 날(주금납입일)의 전일까지 공표된 한국거래소 최종시세가액의 평균액으로 한다(상증세법 기본통칙 39-29…2).

㉰ 증자 후 1주당 평가가액 : 위 산식(신주발행으로 인한 이론적 주가). 다만, 유가증권시장 주권상장법인이나 코스닥시장 상장법인으로 증자 후의 1주당 평가가액(상증세법 제60조 및 제63조에 의한 평가액 : 증자 후 2개월간의 종가평균액)이 상기의 산식에 의하여 계산한 가액보다 적은 경우 해당 가액(즉, 둘 중 적은 가액)으로 한다(상증세법 시행령 제29조 제2항 제4호 및 제3호 나목).

㉱ 최대주주 등의 할증평가규정 적용배제 : 그리고 증자에 따른 증여이익을 계산할 때에 최대주주 등의 주식 등에 대한 할증평가규정은 적용되지 않는다(상증세법 시행령 제53조 제7항 제3호, 재삼 46014-1549, 1996. 6. 28.).

┃ 증자 전 · 후 1주당 평가가액 산정 요약표(상증세법 집행기준 39 - 29 - 7) **┃**

구분	주권상장(코스닥상장)법인	비상장법인
증자 후 1주당 평가액	Min[①, ②] ① 권리락일 이후 2개월간의 최종시세가액의 평균액 ② 신주발행으로 인한 이론적 주가	② 신주발행으로 인한 이론적 주가
증자 전 1주당 평가액	증자에 따른 권리락일 전 2개월이 되는 날부터 권리락 전일까지 2개월간 최종시세가액의 평균액	시가 or 보충적 평가액[=(1주당 순손익가치×3)+(1주당 순자산가치×2)÷5]

ⓛ 신주 1주당 인수가액

여기에서 신주 1주당 인수가액이란 유상증자시 주당 주식대금 납입액을 말한다.

ⓒ 실권주수

> 신주인수를 포기한 주주의 실권주수×
>
> $$\frac{\text{신주인수를 포기한 주주의 특수관계인이 인수한 실권주수}}{\text{실권주 총수}}$$

ⓔ 주식 1주당 가액이 영 이하인 경우

상증세법 시행령 제29조 제2항에서 언급된 산식(저가 · 고가 실권주 재배정, 저가 · 고가 실권주 실권처리, 저가 · 고가 제삼자 직접배정, 저가 · 고가 주주 초과배정)상에서 증자 전 · 후의 주식 1주당 가액이 모두 영 이하인 경우에는 이익이 없는 것으로 규정하였다. 이는 본질적인 증여 외에 사실상 경제적 이익의 무상이전에 대비하여 증여 규정을 두고 있는바, 증자 전 · 후의 주식평가액이 영 이하인 경우 해당 주식을 본질적으로 증여한 경우에도 증여세를 과세하지 못하면서 산식에 의해 차액이 산정된다고 하여 증여세를 부과하는 것은 합리적이지 못하기 때문이다.

(2) 고가 직접배정방식의 증자시 증여(상증세법 제39조 제1항 제2호 다목 및 라목)

① 의의

상법 제418조에 의하면 주주는 그가 가진 주식 수에 따라서 신주의 배정을 받을 권리가 있다. 다만, 신기술의 도입, 재무구조의 개선 등 회사의 경영상 목적을 달성하기 위하여 필요한 경우에 정관이 정하는 바에 따라 주주 외의 자에게 신주를 배정할 수 있다. 따라서 법인이 고가로 신주를 발행함에 있어서 정관 또는 주주총회의 특별결의에 의하여 기존 주주가 아닌 자에게 신주를 직접 배정하는 경우(기존 주주에게 소유주식 비율을 초과하여 신주를 직접 배정하는 경우를 포함한다), 신주를 직접배정받은 제삼자와 초과 직접배정받은 자로부터 신주를 배정받지 아니하거나 미달되게 배정받은 주주에게 경제적 이익이 무상으로 이전되는 효과가 발생하는바, 신주를 배정받지 아니하거나 미달되게 배정받은 주주가 얻은 이익을 신주를 직접배정받은 제삼자나 초과 직접배정받은 주주로부터 증여받은 것으로 보아 증여세를 과세한다. 그러므로 이 유형은 신주인수권의 포기와 이에 따른 실권주의 발생과 무관하다.

현실적으로 이러한 유형의 증여는 정관이나 주총특별결의에 영향력을 행사하기 용이한 가족 등 특수관계인으로 구성된 비상장법인에서 변칙적인 증여의 목적으로 이루어질 수 있다.

② **증여요건**

고가 직접 배정방식의 증자시 이를 증여로 과세하기 위하여는 다음 요건을 모두 충족하여야 한다.

㉠ 증자를 위한 신주배정이어야 한다.

그러므로 법인의 최초의 자본금을 형성하는 원시출자의 경우에는 이에 해당하지 않는다.

㉡ 신주를 시가보다 높은 가액으로 발행(고가발행)하여야 한다.

그러므로 신주인수권은 불리한 권리가 된다. 여기에서 시가는 상증세법 제60조 및 제63조의 규정에 의하여 평가한 가액을 말한다.

㉢ 기존 주주가 아닌 자가 신주를 직접 배정(자본시장과 금융투자업에 관한 법률에 의한 해당 신주의 인수회사로부터 인수·취득하는 경우를 포함한다)받거나, 기존 주주가 본래의 자기지분율을 초과하여 신주를 직접 배정받아야 한다.

㉮ 직접 배정받은 자 : 이 유형은 기존주주의 신수인수권 포기로 발생하는 실권주를 제삼자에게 배정하는 것이 아니라, 애초에 정관 또는 주총특별결의를 통해 기존주주의 신주인수권에 제한을 가하여, 제삼자 등에게 직접 신주를 배정한 것을 말한다.

그런데 기존주주가 신주인수권의 침해나 불공정한 신주발행으로 인해 신주인수권을 포기한 경우라면, 신주발행유지청구권(상법 제424조), 책임추궁(상법 제424조의 2), 신주발행무효의 소(상법 제429조) 등을 통해 주주 지분권의

低落을 막을 수 있다. 그러므로 이 조항이 적용되기 위해서는 신주인수권을 침해당한 주주가 위와 같은 상법상의 구제절차를 취하지 않고 이를 수용하여야 한다는 점이 전제된다.

㉯ 제외하는 경우 : 앞서 본 '저가재배정시 증여'와 같다.

㉣ 신주를 직접배정받은 제삼자나 초과 직접배정받은 자와 특수관계에 있는 신주를 배정받지 아니하거나 미달되게 배정받은 주주가 이익을 얻어야 한다.

㉮ 특수관계인의 범위 : 여기에서 특수관계 여부는 상호간에 상증세법 제2조의 2 제1항 각 호의 어느 하나의 관계에 있는지로 판단한다(상증세법 시행령 제29조 제1항과 제19조 제2항).

㉯ 형식적 요건이 불필요 : 신주의 발행가액과 평가금액과의 차이가 일정한 수준 이상이 될 것을 요하지 아니한다. 그러므로 증여재산의 개념에 부합하는 증자를 통한 증여이익에 대해서는 그 증여이익 전액에 대해 증여세를 과세한다.

③ 증여재산가액의 계산

고가 직접 배정방식의 증자시 신주를 직접배정받거나 초과 배정받은 자와 특수관계에 있는 주주가 얻은 이익은 다음 산식에 의하여 계산한다(상증세법 시행령 제29조 제2항 제5호).

> (신주 1주당 인수가액 − 증자 후 1주당 가액) × 특수관계에 있는 주주가 배정받지 아니하거나 미달되게 배정받은 신주 수 × 초과 배정한 신주 총수 중 특수관계인이 인수한 신주의 비율

위 산식은 신주미배정자 및 균등지분 미만 배정자의 이익[A= (1주당 인수가액 − 증자 후 1주당 평가액) × 기존주주의 신주미배정분 혹은 균등지분미달 배정분] 중 특수관계인의 신주인수분[B= A×(신주미배정자 등과의 특수관계인의 인수주식수/제삼자 및 균등지분 초과 배정자의 신주인수총수)]을 납세의무자인 '신주배정자 등과 특수관계 있는 기존주주'의 증여재산가액으로 한다.

㉠ 증자 후 1주당 가액

[신주발행으로 인한 이론적 주가]

$$= \frac{(증자 \ 전 \ 기업의 \ 주식가치 + 신주발행으로 \ 인한 \ 실제 \ 증자대금)}{(증자 \ 전 \ 발행주식총수 + 증자에 \ 의하여 \ 증가한 \ 주식수)}$$

$$= \frac{(증자 \ 전 \ 1주당 \ 평가액 \times (신주 \ 1주당 \ 인수가액 \times 증자 \ 전 \ 발행주식총수) + 증자에 \ 의하여 \ 증가한 \ 주식수)}{(증자 \ 전 \ 발행주식총수 + 증자에 \ 의하여 \ 증가한 \ 주식수)}$$

㉮ 주식평가 : 이때에 1주당 평가는 상증세법 제60조 및 제63조에 따라야 할 것이다(상증세법 제39조 제1항 제1호 본문 괄호).

㉯ 증자 전 1주당 평가가액 : 이에 대해서는 상증세법 시행령에서 명시적인 규정을 두고 있지는 않으나, 관련 규정 및 문언 해석상 증자 직전의 시점 [주금납입일의 전날을 기준(조심 2011부2857, 2011. 10. 25. ; 대법원 2007두7949, 2009. 8. 20.)] 을 기준으로 하여 상증세법의 평가규정에 의하여 산정한 금액을 의미한다고 봄이 상당하다고 해석한다(대법원 2007두7949, 2009. 8. 20. ; 대법원 2005두2063, 2007. 1. 25. ; 재산-775, 2010. 10. 19.).

그러므로 비상장주식은 증자일(주금납입일) 직전 현재 시가 또는 보충적 평가액(순손익가치(3)와 순자산가치(2)의 가중평균(상증세법 시행령 제54조 제1항))에 의한다.

그렇지만 여기에서 유가증권시장 상장법인과 코스닥시장 상장법인의 경우 "증자 전의 1주당 평가가액"은 해당 증자에 따른 권리락이 있는 날 전 2월이 되는 날부터 권리락이 있는 날(주금납입일)의 전일까지 공표된 한국거래소 최종시세가액의 평균액으로 한다(상증세법 기본통칙 39-29…2).

㉰ 증자 후 1주당 평가가액 : 위 산식(신주발행으로 인한 이론적 주가). 다만, 유가증권시장 주권상장법인이나 코스닥시장 상장법인으로 증자 후의 1주당 평가가액(상증세법 제60조 및 제63조에 의한 평가액 : 증자 후 2월간의 종가평균액)이 상기의 산식에 의하여 계산한 가액보다 적은 경우 해당 가액(즉, 둘 중 적은 가액)으로 한다(상증세법 시행령 제29조 제2항 제4호 및 제3호 나목).

㉱ 최대주주 등의 할증평가규정 적용배제 : 그리고 증자에 따른 증여이익을 계산할 때에 최대주주 등의 주식 등에 대한 할증평가규정은 적용되지 않는다(상증세법 시행령 제53조 제7항 제3호, 재삼 46014-1549, 1996. 6. 28.).

┃증자 전·후 1주당 평가가액 산정 요약표(상증세법 집행기준 39-29-9) **┃**

구분	주권상장(코스닥상장)법인	비상장법인
증자 후 1주당 평가액	Min[①, ②] ① 권리락일 이후 2개월간의 최종시세가액의 평균액 ② 신주발행으로 인한 이론적 주가	② 신주발행으로 인한 이론적 주가
증자 전 1주당 평가액	증자에 따른 권리락일 전 2개월이 되는 날부터 권리락 전일까지 2개월간 최종시세가액의 평균액	시가 or 보충적 평가액[=(1주당 순손익가치 × 3) + (1주당 순자산가치 × 2) ÷ 5]

ⓛ 신주 1주당 인수가액

여기에서 신주 1주당 인수가액이란 유상증자시 주당 주식대금 납입액을 말한다.

ⓒ 특수관계에 있는 주주가 배정받지 아니하거나 미달되게 배정받은 신주수

신주를 배정받지 아니하거나 균등한 조건에 의하여 배정받을 신주수에 미달되게 신주를 배정받은 주주의 배정받지 아니하거나 그 미달되게 배정받은 부분의 신주수

ⓔ 초과배정한 신주 총수 중 특수관계인이 인수한 신주의 비율

신주를 배정받지 아니하거나 미달되게 배정받은 주주의 특수관계인이 인수한 신주수 ÷ 주주가 아닌 자에게 배정된 신주 및 해당 법인의 주주가 균등한 조건에 의하여 배정받을 신주수를 초과하여 인수한 신주의 총수

5) 종류주식 증자이익 추가과세

전환권 등 특수한 권리가 부여된 종류주식의 경우 추후 해당 권리 행사시점에서 전환이익 등이 발생하는 경우 다음의 이익을 추가로 과세한다(상증세법 제39조 제1항 제3호).[208]

(1) 전환주식을 시가보다 낮은 가액으로 발행한 경우(상증세법 제39조 제1항 제3호 가목)

교부받았거나 교부받을 주식의 가액이 전환주식 발행 당시 전환주식의 가액을 초과함으로써 그 주식을 교부받은 자가 얻은 이익. 이때 증여재산가액은 다음과 같이 계산한다(상증세법 시행령 제29조 제6호).

---

208) 2017. 1. 1. 이후 신주를 발행하는 경우부터 적용한다.

> (전환 당시 교부받은 주식 평가가액 − 당초 증자시 주식 평가가액) × 교부받은 주식수

(2) 전환주식을 시가보다 높은 가액으로 발행한 경우(상증세법 제39조 제1항 제3호 나목)

교부받았거나 교부받을 주식의 가액이 전환주식 발행 당시 전환주식의 가액보다 낮아짐으로써 그 주식을 교부받은 자의 특수관계인이 얻은 이익. 이때 증여재산가액은 다음과 같이 계산한다(상증세법 시행령 제29조 제6호).

> (당초 증자시 주식 평가가액 − 전환 당시 교부받은 주식 평가가액) × 증자에 의하여 증가한 주식수 × 증자 전 지분비율

6) 증여세 과세 제외

(1) 유가증권시장 주권상장법인 또는 코스닥시장 상장법인의 경우 자본시장과 금융투자업에 관한 법률에 의한 공모방식에 의한 신주배정을 할 경우(실권주 재배정의 경우)

(2) 우리사주조합에 우선 배정하는 경우(상증세법 제46조 제2호)

내국법인의 종업원으로서 근로자복지기본법의 규정에 의한 우리사주조합 및 근로자복지진흥기금(이하 "우리사주조합"이라 한다)에 가입한 자가 해당 법인의 주식을 우리사주조합을 통하여 취득한 경우로서 그 조합원이 소액주주의 기준(해당 법인의 발행주식총수 등의 100분의 1 미만을 소유하는 경우로서 주식 등의 액면가액을 합친 금액이 3억원 미만인 주주 등을 말한다)에 해당하는 경우 그 주식의 취득가액과 시가와의 차액으로 인하여 받은 이익에 상당하는 가액에 대해서는 증여세를 과세하지 않는다.

7) 증여세 과세특례(상증세법 제43조)

이러한 특례에 대해 종전 시행령에 규정하던 것을 법률에 직접 규정함으로써 조세법률주의의 취지에 부합하도록 하였고, 이익의 계산에 필요한 사항은 대통령령(상증세법 시행령 제32조의 4)으로 정하도록 하였다.

① 하나의 증여에 대하여 제33조부터 제39조까지, 제39조의 2, 제39조의 3, 제40조, 제41조의 2부터 제41조의 5까지, 제42조, 제42조의 2, 제42조의 3, 제44조, 제45조 및 제45조의 3부터 제45조의 5까지의 규정이 둘 이상 동시에 적용되는 경우에는 그 중 이익이 가장 많게 계산되는 것 하나만을 적용한다.[209]

---

209) 2011. 1. 1. 이후 최초로 증여받는 것부터 적용한다.

② 또한 증자에 따른 이익을 계산함에 있어서 해당 그 이익과 관련한 거래 등을 한 날부터 소급하여 1년 이내에 동일한 거래 등이 있는 경우에는 각각의 거래 등에 따른 이익(시가와 대가의 차액을 말한다)을 해당 이익별로 합산하여 각각의 조항별 금액기준(3억원을 말한다)을 계산한다. 이 경우 상증세법 제39조 제1항 각 호의 이익별(위에 설명한 8가지 유형별)로 구분된 것을 말한다.

8) 연대납세의무 면제

증여세의 납부에 있어서 원칙적으로 수증자가 증여세를 납부할 수 없을 때에는 증여자가 연대납세의무를 진다. 그러나 조세형평상 세법에서 정한 과세요건을 충족함에 따라 세법상 증여로 보아 과세하는 경우 수증자에 대한 조세채권의 확보가 곤란하다고 하여도 증여자에게 연대납부의무를 지우는 것은 지나친 경우가 있다. 이런 측면에서 증자에 따른 이익의 증여유형도 연대납세의무가 면제된다(상증세법 제4조의 2 제6항 단서).

▌유형별 증여요건 비교 요약표(상증세법 집행기준 39-0-2) ▌

구 분	법조문 (상증법 제39조 제1항)	과세요건		납세의무자
		특수관계요건	일정한 차이요건	
저가 실권주 실권처리	1호 나목	적용됨	적용됨	신주인수자
고가 실권주 실권처리	2호 나목	적용됨	적용됨	신주인수포기자
저가 실권주 재배정	1호 가목	적용 안됨	적용 안됨	실권주인수자
저가 신주 직접배정	1호 다목, 라목	적용 안됨	적용 안됨	신주인수자
고가 실권주 재배정	2호 가목	적용됨	적용 안됨	신주인수포기자
고가 실권주 직접배정	2호 다목, 라목	적용됨	적용 안됨	신주인수포기자

3. 감자에 따른 이익의 증여

해의 맥

주식소각 불균등감자를 통해 특수관계 있는 대주주에게 경제적 이익을 이전하는 경우에 적용하는 증여유형이다.

§관련조문

상증세법	상증세법 시행령
제39조의 2【감자에 따른 이익의 증여】	제29조의 2【감자에 따른 이익의 계산방법 등】 제32조의 4【이익의 계산방법】

1) 의의

(1) 자본의 감소의 의의

상법상 자본이란 발행주식의 액면총액(상법 제451조)을 말하므로 자본의 감소라 함은 바로 이 발행주식의 액면총액의 감소를 말한다. 자본감소에는 자본감소와 동시에 회사재산의 일부를 주주에게 반환하는 실질상의 자본감소[210]와 명목상 금액인 자본만 감소하는 형식상(명목상)의 자본감소[211]가 있다.

(2) 자본감소의 방법(상증세법 집행기준 39의 2-0-2)

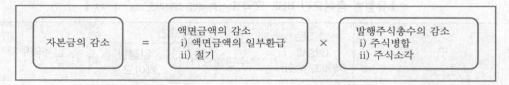

① 액면금액 감소·발행주식총수 불변

회사는 각 주식의 액면금액(주금액)을 감소시킴으로써 자본을 감소할 수 있다. 주금액을 감소시킬 때에는 주식평등의 원칙에 의해 모든 주식에 대하여 동일하게 주금액을 감소시켜야 한다.

주금액을 감소시키는 방법에는 주금액을 감소시키는 동시에 회사재산의 일부를 주주에게 반환하는 '환급(還給, returning)'과 주금액을 감소시키되 회사재산의 반환이 없는(주주가 납입주금액의 일부를 포기하는) '절기(切棄, cancelling)'가 있는데, 전자는 실질상의 자본감소이며 후자는 형식상의 자본감소이다. 이와 같은 액면금액의 감소 방법에서는 나머지 주금액을 새로운 주금액으로 한다.

② 액면금액 불변·발행주식총수 감소

회사가 발행하는 총주식수를 감소시킴으로써 회사재산을 감소시킬 수 있다. 감소시키는 방법으로는 기존주식을 회수하고 그 보다 적은 수의 주식을 교부(예컨대

---

210) [회계처리] 차) 자본금 ××× 대) 현금 등 ×××
　　　　　　　　　감자차손 ××× 　　감자차익 ×××
211) [회계처리] 차) 자본금 ××× 대) (이월)결손금 ×××

종전의 2주를 합하여 1주로 하는 것)하는 '**주식의 병합**'(이와 반대되는 개념으로 '분할'이 있다)과 특정주식을 회수하여 소멸시키는 '**주식의 소각**'이 있다. 그리고 이 주식의 소각에는 주주의 동의를 얻어 주식을 소각하는 임의소각과 추첨, 청약선착순, 안분비례 등의 방법에 의하여 주주 의사와는 상관없이 회사가 일방적으로 주식을 소각하는 강제소각이 있다. 그리고 또 주식소각에는 주주에게 주식소각의 대가를 지급하는 유상소각과 대가를 지급하지 않는 무상소각이 있다.

③ 액면금액 감소·발행주식총수 감소

액면금액의 환급 등 액면금액의 감소와 주식병합·소각 등 주식수를 동시에 감소시키는 방법이다.

(3) 자본감소의 절차

회사가 자본을 감소하기 위해서는 주주총회의 특별결의가 있어야 한다(상법 제438조 제 1항). 그리고 자본의 감소로 인해 피해를 입을 가능성이 가장 많은 채권자를 보호하는 절차를 취하여야 한다(상법 제439조, 제232조). 그리고 주주총회에서 정한 방법에 따라 대표이사는 자본감소의 절차를 실행하여야 한다.[212]

(4) 상증세법상 취급

이러한 자본의 감소는 원칙적으로 주주평등의 원칙에 의해 모든 주주를 동일하게 취급하여야 한다. 따라서 이러한 경우에는 감자에 따른 이익의 증여현상이 발생할 여지가 없다. 그러나 이에 반하여 특정주주의 주식에 대해서만 제한적으로 감자가 이루어짐으로써 주주 간의 불균등한 감자가 이루어진다면, 이는 감자무효의 소의 대상이 된다. 그렇더라도 해당 특정주주의 구체적 승인이 있고 감자무효의 소가 제기되지 않는다면, 감자는 적법하게 효력을 발생하게 된다. 따라서 이와 같은 불균등감자를 통해 주주 간에 이익을 분여하는 것이 가능해진다. 특히 이러한 현상은 주주 간의 관계가 밀접하여 감자에 대한 주주 간의 이해관계의 대립이 없는 법인에서 빈번하게 발생한다.

따라서 이러한 자본거래를 이용한 조세회피를 방지하기 위하여, 법인의 감자시 특정주주의 주식만을 시세에 현저히 미달하게 불균등감자함으로써 해당 주주와 특수관계에 있는 대주주에게 경제적 이익이 이전된 결과가 나타나는 경우에는 이에 대하여 증여세를 과세하게 된다.

그리고 이러한 자본의 감소에 의한 증여에는 주식(주식회사)뿐만 아니라 지분(유한회사,

---

212) 정찬형, 「상법강의(상)」, 박영사, 2009, 980~985쪽 ; 채이식, 「상법강의(상)」, 박영사, 1991, 737~744쪽

합자회사, 합명회사 등)에 대해서도 동일하게 적용된다(상증세법 제39조의 2 제1항 : 국심 2004서 4166, 2005. 7. 20.). 이는 주주 또는 사원이 유한책임을 지는지 또는 무한책임을 지는지 여부에 따라 과세상 달리 취급하는 별도의 규정이 없는 점에서 타당하다.

이 증여유형도 실질과세원칙을 기본으로 증여세 과세 여부를 판단하되, 거래환경 및 조세행정 등 조세실무상의 현실을 고려하여 증여이익이 3억원 이상(혹은 30% 이상 차이)이라는 일정한 형식적 요건 충족을 요구하고 있다. 즉 비록 실질적 의미에서 전체 증여이익이 증여재산이고 증여에 해당이지만 일정액 이상의 증여이익만을 증여세 과세대상 재산에 포함하도록 하는 형식을 취하고 있다.

2) 증여시기

감자의 경우 증여시기(증여일)는 감자를 위한 주주총회 결의일을 기준으로 한다. 이때에 비로소 감자로 인한 이익이 확정되므로, 세법의 권리의무확정주의에 부합한다.[213] 그리고 특수관계 있는 대주주 여부의 판정도 증여일을 기준으로 판단하여야 한다.

3) 증여세 과세요건

감자에 따른 이익의 증여는 다음의 각 요건을 모두 충족한 경우에 적용된다.

(1) 주식소각을 수반하는 불균등감자이어야 한다.

앞서 살펴 본 자본감소의 방법 중에서 주금액을 감소시키는 절기(切棄)나 환급(還給)은 주주평등원칙에 의해 모든 주식을 동일하게 취급하여야 하므로, 이 유형의 적용이 없다. 또한 주식수를 감소시키는 방법 중에서도 주식의 병합은 법인발행 전체주식에 대하여 일률적으로 행하여지므로 이 유형의 감자범위에서 제외된다.

결국 이 유형의 적용을 받는 감자는 주식수의 감소에 의한 자본감소 중 주식의 절대적인 소멸을 가져오는 주식소각에 한한다. 아울러 주식소각에 의한 감자이되 전주주의 소유주식에 대하여 균등하지 아니한 조건으로 소각하는 경우에 한정한다(재산-307, 2009. 9. 24.). 즉 불균등감자로 인한 지분율변동에서 오는 경제적 이익의 이전효과에 대하여 과세하려는 것이 이 유형의 목적이다. 그렇기 때문에 주식소각이 강제소각이었는지, 임의소각이었는지 또는 유상소각이었는지, 무상소각이었는지는 본조의

---

213) 그러나 상법상으로는 주주총회 특별결의(상법 제438조 제1항), 채권자보호절차(상법 제439조 제2항, 제3항 및 제232조 제1항 내지 제3항), 주식소각절차(상법 제343조 제2항, 제440조 및 제441조)를 종료하여야만 소각의 효력이 발생한다는 점에서 그 종료시를 증여시기로 보아야 한다는 의견이 있다(이태로·한만수, 「조세법강의」, 박영사, 2009, 692쪽).

관심사가 아니다.

그리고 당연한 전제로서 이러한 불공정한 감자에 대해 손해를 입은 주주가 감자무효의 소(상법 제445조)에 의해 구제받을 수 있음에도 불구하고 어떠한 이의제기 없이 이를 승인하여야 한다.

감자방식		감자시 주주에 대한 영향	증여세 과세
액면감소		모든 주주의 소유주식 동일하게 적용	해당 없음
주식병합		모든 주주의 소유주식 동일하게 적용	해당 없음
주식 소각	유상소각	특정주주에게만 적용하는 경우	가　능
	무상소각	특정주주에게만 적용하는 경우	가　능

① **자기주식 소각시** : 그러므로 경쟁매매방식의 장내거래나 공개매수방식으로 취득한 자기주식을 소각하는 경우처럼 법인이 주식을 시가대로 매입하여 소각함으로써 특정주주가 얻는 이익이 없는 경우에는 이 유형의 규정이 적용되지 않는다(서면4팀-3463, 2007. 12. 4. ; 서면4팀-211, 2005. 2. 1. ; 서면2팀-2781, 2004. 12. 29.). 뿐만 아니라 비록 이로 인해 법인의 이익이 주주에게 이전되더라도 이는 모든 주주에게 동등하게 이전되는 것이므로 특정주주에 대한 증여가 발생하지 않는다.

또한 출자관계에 있는 법인 간 합병으로 취득한 자기주식을 상법에 따라 적정하게 소각한 경우에도 여기에서 말하는 조세회피를 위한 불균등감자에 해당하지 아니하므로 증여세가 과세되지 아니한다(재산-80, 2010. 2. 5. ; 재재산-767, 2007. 6. 29.).

② 한편, 주식의 매도가 자산거래인 주식의 양도에 해당하는가 또는 자본거래인 주식의 소각 내지 자본의 환급에 해당하는가는 법률행위 해석의 문제로서 그 거래의 내용과 당사자의 의사를 기초로 하여 판단하여야 할 것이지만, 실질과세의 원칙상 단순히 당해 계약서의 내용이나 형식에만 의존할 것이 아니라, 당사자의 의사와 계약체결의 경위, 대금의 결정방법, 거래의 경과 등 거래의 전체과정을 실질적으로 파악하여 판단하여야 한다(대법원 2008두19635, 2010. 10. 28. ; 대법원 92누3786, 1992. 11. 24. ; 대법원 2001두6227, 2002. 12. 26. ; 재재산-1547, 2007. 12. 24.).

③ **불균등증자 후 불균등감자시** : 수증자가 증여받은 재산을 증여세 신고기한이 지난 후 3개월 이내에 증여자에게 반환하거나 증여자에게 다시 증여하는 경우 그 반환하거나 다시 증여하는 것에 대하여 증여세를 부과하지 아니하는 상증세법 제4조 제4항의 규정은 합병, 증자, 감자 등의 자본거래에 있어서도 달리 적용될 특별한 사유가 없다는 점에서, 불균등 유상증자하였던 주식에 대해 위 기한 내에 동일가격으로 불균등 유상감자한 경우 유상감자시 분여받은 이익만 계산하여 증

여세를 과세한 것은 합리적이라고 보기 어렵다(조심 2010전3860, 2011. 9. 29.).

(2) 불균등감자주주와 특수관계 있는 대주주 등이 있어야 한다.

감자에 따른 이익의 증여가 성립하기 위해서는 불균등하게 소유주식을 소각당한 주주와 특수관계가 있는 대주주 등이 존재하여야 한다. 이때 "특수관계인"이라 함은 주주 등 1인과 상증세법 시행령 제2조의 2 제1항 각 호의 어느 하나의 관계에 있는 자를 말한다.[214]

그리고 여기에서의 특수관계는, 법인이 자본을 감소시키기 위하여 주식 또는 지분을 소각함에 있어서 일부 주주의 주식 또는 지분을 소각함으로 인하여 그와 특수관계가 있는 대주주가 이익을 얻는 경우에 그 이익에 상당하는 금액을 해당 대주주의 증여재산가액으로 하므로, 과세(적용)요건으로서 기능한다.

그리고 여기에서 "대주주 등"이라 함은 해당 주주 등의 지분 및 그의 특수관계인(상증세법 시행령 제2조의 2 제1항 각 호의 어느 하나에 규정된 관계[215])의 지분을 포함하여 해당 법인의 발행주식총수 등의 100분의 1 이상을 소유하고 있거나 소유하고 있는 주식 등의 액면가액이 3억원 이상인 주주 등을 말한다(상증세법 시행령 제28조 제2항, 같은 법 집행기준 39의 2-29의 2-2).

(3) 해당 대주주 등이 일정한 이익 이상의 이익을 얻어야 한다.

이 유형에 의해 감자에 따른 이익의 증여가 적용되려면 단순히 증여이익이 발생하는 데 그치는 것이 아니라, 일정한 이익 이상의 이익이 대주주 등에게 발생하여야 한다. 그러므로 감자에 따른 이익은 주식 등을 시가보다 낮은 대가로 소각한 경우와 높은 대가로 소각한 경우로 구분하여 다음과 같이 계산한다(상증세법 제39조의 2 제1항, 상증세법 시행령 제29조의 2 제1항).

① 주식 등을 시가보다 낮은 대가로 소각한 경우: 주식 등을 소각한 주주 등의 특수관계인에 해당하는 대주주 등이 얻은 이익(상증세법 제39조의 2 제1항 제1호, 상증세법 시행령 제29조의 2 제1항 제1호)

> (감자한 주식 등의 1주당 평가액 − 주식 등 소각 시 지급한 1주당 금액) ×
> 총감자한 주식 등의 수 × 대주주 등의 감자 후 지분비율 ×
> (대주주 등과 특수관계인의 감자 주식 등의 수 / 총감자 주식 등의 수)

---

214) 이 책 '보론 21 상증세법상 특수관계인 규정 검토' 참조
215) 이 책 '보론 21 상증세법상 특수관계인 규정 검토' 참조

감자에 따른 이익의 증여규정을 적용함에 있어 감자한 주식의 1주당 평가액의 계산은 증여일 현재 상증세법상 재산평가의 일반원칙에 따른다(상증세법 제60조 및 제63조). 따라서 원칙적으로 시가에 의하되, 시가의 산정이 곤란한 경우에는 보충적 평가방법에 의한다.

② 주식 등을 시가보다 높은 대가로 소각한 경우: 대주주 등의 특수관계인에 해당하는 주식 등을 소각한 주주 등이 얻은 이익(상증세법 제39조의 2 제1항 제2호, 상증세법 시행령 제29조의 2 제1항 제2호)

> (주식 등의 소각시 지급한 1주당 금액 − 감자한 주식 등의 1주당 평가액
> × 해당 주주의 감자한 주식 등의 수

③ 기준금액
1. 감자한 주식 등의 평가액의 100분의 30에 상당하는 가액
2. 3억원

④ **최대주주 등의 할증평가규정 적용배제** : 불균등감자에 대한 증여이익을 계산하는 경우, 감자한 주식가액을 평가함에 있어서 상증세법 제63조 제3항의 규정에 의한 최대주주 등의 할증평가규정은 적용하지 아니한다(상증세법 시행령 제53조 제7항 제3호). 그렇지만 평가대상 불균등감자법인이 보유하고 있는 다른 비상장법인의 주식가액은 최대주주의 주식 할증평가규정을 적용하여 계산한다(상속증여−592, 2013. 10. 31.).

┃감자주식 1주당 평가액 계산 요약표(상증세법 집행기준 39의 2−29의 2−4)┃

구 분	1주당 평가액	비 고
상장주식	평가기준일 이전 2개월간 최종시세 가액 평균액	최대주주 할증 평가규정 배제
비상장주식	시가 or 보충적 평가액	

4) 증여재산가액

위의 증여재산 포함요건을 모두 충족하였다면, 감자에 따른 이익은 다음의 이익으로 한다(상증세법 시행령 제29조의 2 제1항). 그런데 여기에서 유의하여야 할 점은 위의 증여재산 포함요건 중의 하나인 비율기준(100분의 30 이상)이나 금액기준(3억원 이상)은 해당 이익이 증여세 과세대상 재산에 포함될 수 있는지를 판정하는 데에만 쓰이는 것이어서, 일단 기준을 통과하게 되면 그 이익 전액에 대해 증여세가 과세된다는 점이다.

> 증여재산가액 = [(감자한 주식 등의 1주당 평가액 – 주식 등 소각시 지급한 1주당 금액)
> × 총감자한 주식 등의 수 × 대주주 등의 감자 후 지분비율 × (대주주 등과
> 특수관계인의 감자 주식 등의 수 / 총감자 주식 등의 수)]

위의 산식 중 대주주 등의 지분비율이란 감자전이 아닌 감자 후의 지분비율을 의미한다.

5) 증여세 과세특례(상증세법 제43조)

이러한 특례에 대해 종전 시행령에 규정하던 것을 법률에 직접 규정함으로써 조세법률 주의의 취지에 부합하도록 하였고, 이익의 계산에 필요한 사항은 대통령령(상증세법 시행령 제32조의 4)으로 정하도록 하였다.

① 하나의 증여에 대하여 제33조부터 제39조까지, 제39조의 2, 제39조의 3, 제40조, 제41 조의 2부터 제41조의 5까지, 제42조, 제42조의 2, 제42조의 3, 제44조, 제45조 및 제45 조의 3부터 제45조의 5까지의 규정이 둘 이상 동시에 적용되는 경우에는 그 중 이익 이 가장 많게 계산되는 것 하나만을 적용한다.[216]

② 감자에 따른 이익을 계산함에 있어서 해당 그 이익과 관련한 거래 등을 한 날부터 소급하여 1년 이내에 동일한 거래 등이 있는 경우에는 각각의 거래 등에 따른 이익 을 해당 이익별로 합산하여 각각의 조항별 금액기준을 계산한다.

6) 연대납세의무 면제

증여세의 납부에 있어서는 원칙적으로 수증자가 증여세를 납부할 수 없을 때에는 증여 자가 연대납세의무를 진다. 그러나 조세형평상 세법에서 정한 과세요건을 충족함에 따 라 세법상 증여로 보아 과세하는 경우 수증자에 대한 조세채권의 확보가 곤란하다고 하여도 증여자에게 연대납부의무를 지우는 것은 지나친 경우가 있다. 이런 측면에서 감 자에 따른 이익의 증여유형도 연대납세의무가 면제된다(상증세법 제4조의 2 제6항 단서).

---

216) 2011. 1. 1. 이후 최초로 증여받는 것부터 적용한다.

4. 현물출자에 따른 이익의 증여

 해의 맥

현물출자에 따른 이익의 증여는 상증세법 제39조의 '증자에 따른 이익의 증여'와 기본 구조를 같이한다.

§관련조문

상증세법	상증세법 시행령
제39조의 3 【현물출자에 따른 이익의 증여】	제29조의 3 【현물출자에 따른 이익의 계산방법 등】 제32조의 4 【이익의 계산방법】

1) 의의

(1) 현물출자[217]의 의의

① 의의

현물출자란 금전 이외의 재산을 출자의 목적으로 하는 것을 말한다. 출자는 금전으로 하는 것이 원칙이지만, 회사가 설립 후에 구입하여야 하는 재산이라면 이를 바로 현물로 출자하게 하는 것이 이중의 거래를 하여야 하는 불편과 비용부담을 줄일 수 있어 편리하다. 그리고 이러한 현물출자는 설립시뿐만 아니라 신주발행(유상증자)시에도 가능하다.

② 현물출자의 목적

현물출자의 목적은 금전 이외의 재산(부동산, 유가증권, 무체재산권 등 재산적 가치가 있는 것)으로서 대차대조표의 자산의 部에 기재할 수 있는 것이면 무엇이든지 가능하다. 따라서 영업상의 비밀, 고객관계, 영업권 등도 모두 현물출자의 대상이 될 수 있다. 그러나 교환가치가 없는 노무나 신용은 제외된다.

③ 현물출자의 법적성격

현물출자의 성격은 발행회사와 현물출자자 사이의 단체법상의 유상 · 쌍무계약(대법원 2002두7005, 2004. 2. 13.에서는 신주인수의 법률적 성질을 사원관계의 발생을 목적으로 하는 입사계약으로 본다)으로 보기 때문에, 주주 간의 부의 무상이전뿐만 아니라 회사와의 부의 무상이전현상도 함께 고려하여야 한다.[218] 이 점에서 금전에 의한 유상증

---

217) 정찬형, 「상법강의(상)」, 박영사, 2009, 592쪽 ; 채이식, 「상법강의(상)」, 박영사, 1992, 374~381쪽

자와 다르다.

④ 현물출자의 평가

현물출자에서는 반드시 출자의 대상이 되는 재산에 대한 평가가 따른다. 이러한 평가 여하에 따라 회사의 재산적 기초가 달라지므로 상법에서는 법원이 선임한 검사인 검사 등의 많은 규제를 하고 있다. 예컨대, 회사설립시에는 현물출자를 하는 자의 성명과 그 목적인 재산의 종류, 수량, 가격과 이에 대하여 부여할 주식의 종류와 수를 정관에 기재하도록 하고 있다(상법 제290조 제2호). 이는 회사와 다른 주주 및 채권자를 보호하기 위함이다.

⑤ 현물출자의 이행

현물출자를 하는 발기인은 납입기일에 지체없이 출자의 목적인 재산을 인도하고 등기, 등록 그 밖의 권리의 설정 또는 이전을 요할 경우에는 이에 관한 서류를 완비하여 교부하여야 한다(상법 제295조 제2항).

(2) 현물출자에 따른 이익의 증여(상증세법 제39조의 3)의 의의

이 유형에서의 현물출자는 신주발행(유상증자)시에 이루어지는 현물출자를 의미하는 것이므로, 회사설립시의 현물출자와는 관련이 없다. 그런데 설립시 현물출자에 의해서도 주주 간의 이익의 분여가 가능(목적물의 과대·과소평가를 통해)하다는 점에서 이를 제외할 합리적 이유를 찾기 어려워 보인다.

설립 후의 현물출자에 대해서는 기존주주의 신주인수권의 대상인지에 관해 견해의 대립이 있으나, 대법원(대법원 88누889, 1989. 3. 14.)이 신주인수권의 대상이 아니라고 판시함으로써 증자에 따른 이익의 증여(상증세법 제39조)로 규율하지 못하게 되자 본 조를 신설하여 현물출자에 따른 이익의 증여를 규율하게 되었다.

이에 따라 현물출자에 의하여 법인이 발행한 주식 또는 지분을 인수함에 있어 주식 등을 시가보다 낮은 가액으로 인수함에 따라 현물출자자가 이익을 얻거나 주식 등을 시가보다 높은 가액으로 인수함에 따라 현물출자자와 특수관계에 있는 현물출자자 외의 주주 또는 출자자가 이익을 얻은 경우에는 해당 이익에 상당하는 금액을 그 이익을 얻은 자의 증여재산가액으로 한다.

여기에서의 현물출자에 따른 이익의 증여는 법인의 증자시 금전이 아닌 현물로 출자를 이행하는 것으로, 증자시 실권주가 발생하고 신주를 저가 또는 고가로 인수함에 따라 주주 간에 이익이 무상으로 이전되는 증자에 따른 이익의 증여(저가 재배정

---

218) 소득세법 제88조 제1항에서는 법인에 대한 현물출자도 양도로 보아 양도소득세를 과세하며, 법인세법 시행령 제88조 제1항 제1호·제2호에서 현물출자를 통한 부당행위계산의 유형을 열거하고 있다.

및 고가 재배정)와 경제적 실질이 동일하기 때문에 증자에 따른 이익의 증여와 그 기본적 구조를 같이한다. 따라서 상증세법 제39조의 증자에 따른 이익의 증여규정을 준용하는 부분이 있다.

이 증여유형도 실질과세원칙을 기본으로 상증세법상의 증여재산 개념에 따라 증여세 과세대상 재산에의 포함 여부를 판단하면서 상증세법상의 증여 개념에 따라 증여세 과세 여부를 판단한다. 그리고 이 증여유형 중 고가현물출자의 경우에 있어서는 거래환경 및 조세행정 등 조세실무상의 현실을 고려하여, 비록 실질적 의미에서 증여재산이고 증여에 해당하지만 일정한 형식적 요건을 충족하는 경우에만 증여세 과세대상 재산에 포함하여 증여재산가액을 산정하도록 하는 형식을 취하고 있다.

2) 증여시기

현물출자에 따른 이익의 증여일은 현물출자 납입일이 된다(상증세법 제39조의 3 제1항).

상법 제423조 제1항에서는 신주의 인수인은 납입 또는 현물출자의 이행을 한 때에는 납입기일의 다음 날로부터 주주의 권리의무가 있다고 규정하고 있고, 현물출자자가 현물을 납입하지 아니하는 경우에는 주식을 취득할 권리를 상실하므로 결국 현물을 납입할 때까지는 주식을 취득하였다고 보기 어려우므로 현물출자를 이행한 날을 증여시기로 보는 것이 타당하다고 할 것이다.

3) 증여세 과세대상 재산 포함요건

(1) 시가보다 낮은 가액으로 인수시의 증여

이 유형의 규정에 의한 현물출자에 따른 이익의 증여는 다음의 각 요건을 모두 충족한 경우에 적용된다.

상법상 현물출자에 의한 신주발행의 경우에는 법원이 선임한 검사인의 조사 · 보고를 요구하는 등(설립시: 상법 제299조 · 제310조, 설립 후: 상법 제422조) 법원에 의한 엄격한 통제를 받으므로 현실적으로 현물출자 목적물의 과대평가보다는 과소평가에 의한 부의 무상이전이 더 문제가 된다고 할 것이다.[219]

① 현물출자를 통한 신주발행이어야 한다.

따라서 유상증자의 경우만이 해당되며, 회사설립시의 현물출자는 제외된다.

② 신주를 시가보다 낮은 가액으로 인수하여야 한다.

---

219) 박요찬, "증여세의 포괄증여규정 및 개별예시규정의 위헌성 연구", 서울시립대학교 세무대학원 박사학위논문, 2007, 159쪽

그러므로 현물출자자가 현물출자로 이익을 얻게 된다. 여기에서 시가는 상증세법 제60조 및 제63조의 규정에 의하여 평가한 가액을 말한다.

③ 이로 인해 현물출자자가 이익을 얻어야 한다.

현물출자로 현물출자자가 이익을 얻으면 족하고, 그 이익이 일정기준 이상일 것을 필요로 하지 않는다. 따라서 현물출자자가 수증자가 된다.

또한 증여자와 수증자사이가 특수관계일 것도 요구하지 않는다.

이와 같이 일정기준 이상의 이익을 것과 특수관계일 것을 요구하지 않는 점은 앞서 본 '증자에 따른 이익의 증여' 중 신주의 저가 · 실권주 재배정에서와 같다.

(2) 시가보다 높은 가액으로 인수시의 증여

이 유형의 규정에 의한 현물출자에 따른 이익의 증여는 다음의 각 요건을 모두 충족한 경우에 적용된다.

① 현물출자를 통한 신주발행이어야 한다.

따라서 유상증자의 경우만이 해당되며, 회사설립시의 현물출자는 제외된다.

② 신주를 시가보다 높은 가액으로 인수하여야 한다.

그러므로 현물출자자가 현물출자로 신주를 인수하는 것은 그에게 불리한 거래이다. 여기에서 시가는 상증세법 제60조 및 제63조의 규정에 의하여 평가한 가액을 말한다.

③ 현물출자자와 그의 특수관계인에 해당하는 주주 등이 이익을 얻어야 한다.

앞서 본 대로 현물출자자가 그에게 불리한 거래를 적극적으로 하는 것은 누군가에게 이익을 수여하고자 하는 뜻이 있을 것으로 보아, 그 이익을 얻는 자는 현물출자자와 특수관계에 있는 주주 등이어야 한다.

여기에서 현물출자자의 특수관계인에 해당하는 주주 또는 출자자란, 현물출자자와 상증세법 시행령 제2조의 2 제1항 각 호의 어느 하나의 관계에 있는 주주 또는 출자자를 말한다.[220]

④ 일정한 이익 이상의 이익을 얻어야 한다.

그리고 현물출자자와 특수관계에 있는 현물출자자 외의 주주 또는 출자자가 얻은 이익이 다음 중 하나의 요건을 충족시키는 경우에 한하여 증여재산에 포함되어 증여세가 과세된다(상증세법 시행령 제29조의 3 제2항).

㉮ 비율기준 : 신주 1주당 인수가액에서 현물출자 후 1주당 가액을 차감한 금액

---

220) 이 책 '보론 21 상증세법상 특수관계인 규정 검토' 참조

이 현물출자 후 1주당 평가가액의 30% 이상인 경우

$$\frac{(\text{신주 1주당 인수가액} - \text{현물출자 후 1주당 가액})}{\text{현물출자 후 1주당 가액}} \geq 30\%$$

㉯ 금액기준 : 특수관계에 있는 주주 각인이 3억원 이상의 이익(아래의 증여재산가액)
을 얻은 경우

4) 증여재산가액

현물출자에 의해 법인이 발행한 주식 또는 지분을 인수함에 있어 다음의 이익을 얻은
경우 해당 이익에 상당하는 금액을 그 이익을 얻은 자의 증여재산가액으로 하여 증여세
가 과세된다.

(1) 시가보다 낮은 가액으로 인수시의 증여

현물출자에 의해 법인이 발행한 주식 또는 지분을 인수함에 있어 주식 등을 시가보
다 낮은 가액으로 인수함에 따라 현물출자자가 이익을 얻은 경우에는 다음의 산식에
따라 계산한 금액을 증여재산가액으로 한다.

> 증여재산가액 = (현물출자 후 1주당 가액 − 신주 1주당 인수가액) × 현물출자자가 배정
> 받은 신주수

이는 앞서 본 증자로 인한 이익의 증여 중 '저가 재배정시' 유형에서의 규정(상증세법
시행령 제29조 제2항 제1호)을 준용한 것이다.

① 현물출자 후 1주당 가액

[이론적 현물출자 후 주가]

$$= \frac{(\text{현물출자 전 기업의 주식가치} + \text{현물출자로 인한 실제 증자대금})}{(\text{현물출자 전 발행주식총수} + \text{현물출자에 의하여 증가한 주식수})}$$

$$= \frac{(\text{현물출자 전 1주당평가} \times (\text{신주 1주당 인수가액} \times \text{현물출자 전의 발행주식총수}) + \text{현물출자에 의하여 증가한 주식수})}{(\text{현물출자 전 발행주식총수} + \text{현물출자에 의하여 증가한 주식수})}$$

㉮ 주식평가 : 이때 주식의 시가는 상증세법 제60조 및 제63조의 규정에 의하여 평가한 가액을 말한다(상증세법 제39조 제1항 제1호 본문 괄호).

㉯ 현물출자 전 1주당 평가가액 : 이에 대해서는 상증세법 시행령에서 명시적인 규정을 두고 있지는 않으나, 관련 규정 및 문언 해석상 증자 직전의 시점을 기준으로 하여 상증세법의 평가규정에 의하여 산정한 금액을 의미한다고 봄이 상당하다고 해석한다(대법원 2005두2063, 2007. 1. 25.). 그러므로 비상장주식은 시가 또는 순손익가치(3)와 순자산가치(2)의 가중평균에 의한다(상증세법 시행령 제54조 제1항). 그렇지만 여기에서 유가증권시장 상장법인과 코스닥시장 상장법인의 경우 "현물출자 전의 1주당 평가가액"은 해당 현물출자에 따른 권리락이 있는 날 전 2월이 되는 날부터 권리락이 있는 날의 전일까지 공표된 한국거래소 최종시세가액의 평균액으로 한다(상증세법 기본통칙 39-29…2).

㉰ 현물출자 후 1주당 평가가액 : 위 산식(이론적 현물출자 후 주가). 다만, 현물출자에 따른 현물출자자의 이익의 계산방법이 상증세법 시행령 제29조 제2항 제1호 가목의 규정을 준용하고 있으므로 현물출자를 한 때에도 유가증권시장 주권 상장법인이나 코스닥시장 상장법인으로 현물출자 후의 1주당 평가가액(상증세법 제60조 및 제63조에 의한 평가액 : 현물출자 후 2월간의 종가평균액)이 상기의 산식에 의하여 계산한 가액보다 적은 경우 해당 가액(즉, 둘 중 적은 가액)으로 할 것이다(상증세법 시행령 제29조의 3 제1항 제1호).

㉱ 최대주주 등의 할증평가규정 적용배제 : 그리고 현물출자에 따른 증여이익을 계산할 때에 최대주주 등의 주식 등에 대한 할증평가규정은 적용되지 않는다(상증세법 시행령 제53조 제7항 제3호, 재삼 46014-1549, 1996. 6. 28.).

그렇지만 최대주주 등이 소유하는 주식을 다른 비상장법인에 현물출자하는 경우 현물출자된 주식은 할증평가한다(서면4팀-1180, 2004. 7. 27).

‖ 증자 전·후 1주당 평가가액 산정 요약표(상증세법 집행기준 39의 3-29의 3-3) ‖

구 분	주권상장(코스닥상장)법인	비상장법인
현물출자 후 1주당 평가액	Min[①, ②] ① 현물출자 이후 2개월간의 최종시세가액의 평균액 ② 이론적 현물출자 후 주가	② 이론적 현물출자 후 주가
현물출자 전 1주당 평가액	현물출자 전 2개월이 되는 날부터 현물출자일 전일까지 2개월간 최종시세가액의 평균액	시가 or 보충적 평가액[=(1주당 순손익가치×3)+(1주당 순자산가치×2)÷5]

② 신주 1주당 인수가액

여기에서 신주 1주당 인수가액이란 현물출자 시 주당 주식대금 납입액(현물출자액)을 말한다.

③ 주식 1주당 가액이 영 이하인 경우

상증세법 시행령 제29조의 3 제1항에서 언급된 산식(저가·고가 현물출자)상에서 현물출자 전·후의 주식 1주당 가액이 모두 영 이하인 경우에는 이익이 없는 것으로 본다고 규정하였다. 이는 본질적인 증여 외에 사실상 경제적 이익의 무상이전에 대비하여 증여 규정을 두고 있는바, 현물출자 전·후의 주식평가액이 영 이하인 경우 해당 주식을 본질적으로 증여한 경우에도 증여세를 과세하지 못하면서 산식에 의해 차액이 산정된다고 하여 증여세를 부과하는 것은 합리적이지 못하기 때문이다.

④ 저가발행 시 증여자(현물출자자가 아닌 주주 등)가 소액주주인 경우(상증세법 제39조의 3 제2항 : 조심 2011전791, 2011. 8. 19.)

소액주주들이 여럿인 경우 실무상 각 증여자별로 증여가액을 계산하는 것이 무리였을 뿐 아니라 각 소액주주별로는 증여가액이 과세최저한에 미달되어 증여세를 과세하지 못하는 불합리한 점이 있었다(국심 89서2180, 1990. 4. 26.). 이에 따라 저가발행 현금증자에 따른 이익의 증여에서 소액주주가 2인 이상의 소액주주일 때는 소액주주 1인으로 보아 이를 합산한 지분비율을 기준으로 평가차액을 계산하도록 하였다(상증세법 제39조 제2항, 같은 법 집행기준 39-29-2).

같은 맥락에서 상기 규정과 구조와 체계를 같이 하는 현물출자에 따른 이익의 증여에서도 현물출자에 의해 발행한 주식을 시가보다 낮은 가액으로 인수할 때 현물출자자가 아닌 주주 또는 출자자 중 소액주주가 2명 이상인 경우에는 소액주주가 1명인 것으로 보고 이익을 계산한다(상증세법 제39조의 3 제2항). 이때 소액주주라 함은 해당 법인의 발행주식총수 등의 100분의 1 미만을 소유하는 경우로서 주식 등의 액면가액을 합친 금액이 3억원 미만인 주주 등을 말한다.

(2) 시가보다 높은 가액으로 인수 시의 증여

현물출자에 의해 법인이 발행한 주식 또는 지분을 인수함에 있어 주식 등을 시가보다 높은 가액으로 인수함에 따라 현물출자자와 특수관계에 있는 현물출자 외의 주주 또는 출자자가 이익을 얻은 경우에는 다음의 산식에 따라 계산한 금액을 증여재산가액으로 한다.

> 증여재산가액 = (신주 1주당 인수가액 − 현물출자 후 1주당 가액) × 현물출자자가 인수
> 한 신주수 × 현물출자자 외의 주주(현물출자 전에 현물출자자의 특수관계인
> 인 경우에 한정)의 지분비율

이는 앞서 본 증자로 인한 이익의 증여 중 '고가 재배정시' 유형에서의 규정(상증세법 시행령 제29조 제2항 제3호)을 준용한 것이다.

① 현물출자 후 1주당 가액

> [이론적 현물출자 후 주가]
>
> $$= \frac{(현물출자\ 전\ 기업의\ 주식가치 + 현물출자로\ 인한\ 실제\ 증자대금)}{(현물출자\ 전\ 발행주식총수 + 현물출자에\ 의하여\ 증가한\ 주식수)}$$
>
> $$= \frac{(현물출자\ 전\ 1주당평가액 \times (신주\ 1주당\ 인수가액 \times\ 현물출자\ 전의\ 발행주식총수) + 현물출자에\ 의하여\ 증가한\ 주식수)}{현물출자\ 전\ 발행주식총수 + 현물출자에\ 의하여\ 증가한\ 주식수}$$

㉮ 주식평가 : 이때 주식의 시가는 상증세법 제60조 및 제63조의 규정에 의하여 평가한 가액을 말한다(상증세법 제39조 제1항 제1호 본문 괄호).

㉯ 현물출자 전 1주당 평가가액 : 이에 대해서는 상증세법 시행령에서 명시적인 규정을 두고 있지는 않으나, 관련 규정 및 문언 해석상 증자 직전의 시점을 기준으로 하여 상증세법의 평가규정에 의하여 산정한 금액을 의미한다고 봄이 상당하다고 해석한다(대법원 2005두2063, 2007. 1. 25.). 그러므로 비상장주식은 시가 또는 순손익가치(3)와 순자산가치(2)의 가중평균에 의한다(상증세법 시행령 제54조 제1항). 그렇지만 여기에서 유가증권시장 상장법인과 코스닥시장 상장법인의 경우 "현물출자 전의 1주당 평가가액"은 해당 현물출자에 따른 권리락이 있는 날 전 2월이 되는 날부터 권리락이 있는 날의 전일까지 공표된 한국거래소 최종시세가액의 평균액으로 한다(상증세법 기본통칙 39−29…2).

㉰ 현물출자 후 1주당 평가가액 : 위 산식(이론적 현물출자 후 주가). 다만, 현물출자에 따른 현물출자자의 이익의 계산방법이 상증세법 시행령 제29조 제2항 제3호 가목의 규정을 준용하고 있으므로 현물출자를 한 때에도 유가증권시장 주권 상장법인이나 코스닥시장 상장법인으로 현물출자 후의 1주당 평가가액(상증세법 제60조 및 제63조에 의한 평가액 : 현물출자 후 2월간의 종가평균액)이 상기의 산식에 의하

여 계산한 가액보다 큰 경우 해당 가액(즉, 둘 중 적은 가액)으로 할 것이다(상증세법 시행령 제29조의 3 제1항 제2호).

㉔ 최대주주 등의 할증평가규정 적용배제 : 그리고 현물출자에 따른 증여이익을 계산할 때에 최대주주 등의 주식 등에 대한 할증평가규정은 적용되지 않는다 (상증세법 시행령 제53조 제7항 제3호, 재삼 46014-1549, 1996. 6. 28.).

‖ 증자 전 · 후 1주당 평가가액 산정 요약표(상증세법 집행기준 39의 3-29의 3-3) ‖

구 분	주권상장(코스닥상장)법인	비상장법인
현물출자 후 1주당 평가액	Min[①, ②] ① 현물출자 이후 2개월간의 최종시세가액의 평균액 ② 이론적 현물출자 후 주가	② 이론적 현물출자 후 주가
현물출자 전 1주당 평가액	현물출자 전 2개월이 되는 날부터 현물출자일 전일까지 2개월간 최종시세가액의 평균액	시가 or 보충적 평가액[=(1주당 순손익가치×3)+(1주당 순자산가치×2)÷5]

② 신주 1주당 인수가액

여기에서 신주 1주당 인수가액이란 현물출자 시 주당 주식대금 납입액을 말한다.

③ 현물출자자 외의 주주의 지분비율

$$\frac{\text{현물출자 전에 현물출자자의 특수관계인의 주식 수}}{\text{현물출자 전 총 주식 수}}$$

여기에서 현물출자자 외의 주주는 현물출자 전에 현물출자자의 특수관계인에 한한다.

④ 주식 1주당 가액이 영 이하인 경우

상증세법 시행령 제29조의 3 제1항에서 언급된 산식(저가 · 고가 현물출자)상에서 현물출자 전 · 후의 주식 1주당 가액이 모두 영 이하인 경우에는 이익이 없는 것으로 본다고 규정하였다. 이는 본질적인 증여 외에 사실상 경제적 이익의 무상이전에 대비하여 증여 규정을 두고 있는바, 현물출자 전 · 후의 주식평가액이 영 이하인 경우 해당 주식을 본질적으로 증여한 경우에도 증여세를 과세하지 못하면서 산식에 의해 차액이 산정된다고 하여 증여세를 부과하는 것은 합리적이지 못하기 때문이다.

5) 증여세 과세제외 여부

증권거래법과 상증세법은 동일한 주식의 가액에 대하여 상이한 계산방법을 사용하고 있으나 별개의 목적을 가지고 독립적으로 운영되는 것이므로, 상증세법상 별도의 준용규정이 없는 이상 현물출자에 따른 증여이익을 상증세법에 따라 계산하여 과세한 처분에 대하여 증권거래법 등 다른 법령을 들어 위법 또는 부당하다고 할 수 없다(조심 2010서 3537, 2011. 6. 29. ; 조심 2009서1909, 2009. 9. 24.).

6) 증여세 과세특례(상증세법 제43조)

이러한 특례에 대해 종전 시행령에 규정하던 것을 법률에 직접 규정함으로써 조세법률주의의 취지에 부합하도록 하였고, 이익의 계산에 필요한 사항은 대통령령(상증세법 시행령 제32조의 4)으로 정하도록 하였다.

① 하나의 증여에 대하여 제33조부터 제39조까지, 제39조의 2, 제39조의 3, 제40조, 제41조의 2부터 제41조의 5까지, 제42조, 제42조의 2, 제42조의 3, 제44조, 제45조 및 제45조의 3부터 제45조의 5까지의 규정이 둘 이상 동시에 적용되는 경우에는 그 중 이익이 가장 많게 계산되는 것 하나만을 적용한다.[221]

② 또한 현물출자에 따른 이익을 계산함에 있어서 해당 그 이익과 관련한 거래 등을 한 날부터 소급하여 1년 이내에 동일한 거래 등이 있는 경우에는 각각의 거래 등에 따른 이익(시가와 대가의 차액을 말한다)을 해당 이익별로 합산하여 각각의 조항별 금액기준을 계산한다. 이 경우 상증세법 제39조의 3 제1항 제1호(저가인수) 및 상증세법 제39조의 3 제1항 제2호(고가인수)의 이익별로 구분된 것을 말한다.

7) 연대납세의무 면제

증여세의 납부에 있어서 원칙적으로 수증자가 증여세를 납부할 수 없을 때에는 증여자가 연대납세의무를 진다. 그러나 조세형평상 세법에서 정한 과세요건을 충족함에 따라 세법상 증여로 보아 과세하는 경우 수증자에 대한 조세채권의 확보가 곤란하다고 하여도 증여자에게 연대납부의무를 지우는 것은 지나친 경우가 있다. 이런 측면에서 현물출자에 따른 이익의 증여유형도 연대납세의무가 면제된다(상증세법 제4조의 2 제6항 단서).

---

221) 2011. 1. 1. 이후 최초로 증여받는 것부터 적용한다.

5. 전환사채 등의 주식전환 등에 따른 이익의 증여

이 해의 맥

이 증여유형은 전환사채 등의 발행으로부터 각 거래의 단계(인수·취득, 전환 등 권리행사 혹은 양도)마다 경제적 이익의 무상이전을 포착하여 증여세를 과세한다.

§관련조문

상증세법	상증세법 시행령	상증세법 시행규칙
제40조【전환사채 등의 주식 전환 등에 따른 이익 의 증여】	제30조【전환사채 등의 주식전환 등에 따른 이익의 계산방법 등】 제32조의 4【이익의 계산방법】	제10조의 3【이자손실분 계산방법】

1) 의의

(1) 전환사채 등의 의의[222]

전환사채·교환사채·신주인수권부사채(신주인수권증권이 분리된 경우에는 신주인수권증권을 말한다) 그 밖의 이와 유사한 사채로서 주식으로 전환·교환하거나 주식을 인수할 수 있는 권리가 부여된 사채를 전환사채 등이라고 한다.

전환사채(CB : Convertible bonds ; 상법 제513조 이하)는 사채의 소유자가 일정한 조건하에 전환권을 행사할 수 있는 사채로서, 권리(전환권)를 행사하면 주식으로 전환되는 사채를 말한다. 즉 전환의 결과 사채는 소멸하고 신주가 발행되므로 사채권자의 지위가 주주로 변경된다. 그렇지만 신주의 인수에 대한 주금의 납입은 없다.

교환사채(EB : Exchangeable bond ; 자본시장과 금융투자업에 관한 법률 제165조의 11)란 교환사채 발행회사가 소유하고 있는 타상장법인의 주식으로 교환을 청구할 수 있는 권리를 사채의 소유자에게 부여한 사채로서 그 외에는 전환사채와 유사하다. 그러므로 교환의 결과 보유하고 있던 사채는 소멸한다. 이 역시 주금의 납입은 없다.

신주인수권부사채(BW : Bond with warrants ; 상법 제516조의 2 이하)는 사채의 소유자가 일정한 조건 하에 신주인수권(신주발행을 청구할 수 있는 권리)을 행사할 수 있는 권리가 부여된 사채를 말한다. 신주인수권부사채는 사채권과 신주인수권의 분리여부에 따라 분

---

222) 정찬형, 『상법강의(상)』, 박영사, 2009, 1073~1098쪽 ; 채이식, 『상법강의(상)』, 박영사, 1992, 683~697쪽 ; 기업회계기준서 제9호(전환증권) 참조

리형과 비분리형으로 구분할 수 있다. 분리형은 사채권과 신주인수권을 각각 별도의 증권으로 표상하여 각각 독립하여 양도할 수 있도록 한 것이며, 비분리형은 1매의 채권에 사채권과 신주인수권을 함께 표상하여 각각 독립하여 양도할 수 없도록 한 것이다. 신주인수권부사채의 경우 기존의 사채는 존속하면서 주금을 납입하여 주주의 지위를 추가로 획득하게 된다는 점에서 차이가 있다.

▎전환사채 등의 비교▎

구 분	전환사채	교환사채	신주인수권부사채
권리의 법적성격	형성권	형성권	청구권
전환의 효력 발생시기	청구한 때	청구한 때	주금을 납입한 때
전환의 효력	사채소멸, 주식취득	사채소멸, 주식취득	사채존속, 주식취득
권리행사시 자금유입	없다	없다	자금유입이 있다
자본금 증가	증가	증가 없음	증가
주식취득형태	신주발행	보유하고 있는 타상장주식과 교환	신주발행
신주발행가액	신주발행가액=전환사채최초발행가액	교환가액≥기준가격×90%	신주발행가액≤최초발행가액
근거법령	상법	자본시장과 금융투자업에 관한 법률	상법

(2) 전환사채 등의 거래단계별 증여세 과세형태

전환사채 등이 발행되면, 그 발행단계에서 신규로 발행된 채권이 일반투자자 등에게 매각되어 자본이 발행회사에게 이전(상증세법 제40조 제1항 제1호 나목, 다목)되고, 이미 발행된 채권이 투자자들 사이에서 매매(상증세법 제40조 제1항 제1호 가목, 제3호)되는 과정을 거친다. 혹은 전환사채 등을 보유하고 있는 사채권자는 이를 주식으로 전환하여 주주로서의 지위를 누리기도 한다(상증세법 제40조 제1항 제2호 가목, 나목, 다목, 라목).

그런데 전환사채 등은 사채임에도 잠재적인 주식의 성격을 동시에 지니고 있기 때문에 전환사채 등을 이용하여 주식의 증여와 유사한 효과를 누릴 수 있다. 기업의 내부정보에 접근하기 용이한 자가 특수관계인으로부터 저가로 인수취득하여 주가가 상승할 때에 주식으로 전환하여 막대한 시세차익을 얻을 수 있을 것이다. 이에 따라 이러한 변칙증여에 대한 과세강화를 목적으로 상증세법(상증세법 제40조)은 각 거래의 단계마다 경제적 이익의 무상이전을 포착하여 증여세를 과세하는데, 취득시점에는 전환사채 등의 시가와 취득가와의 차액에 대하여 증여로 과세하고, 양도 또는 권리

행사시점에 주식으로 전환·교환·양도 등 당시의 주가와 인수·양도가액의 차액을 증여로 하여 정산하는 것이다. 그러므로 설령 취득시점에 증여로 과세되지 않았어도 양도 또는 권리행사시점에 증여로 과세될 수 있도록 하였다.

이 증여유형도 실질과세원칙을 기본으로 상증세법상의 증여재산 개념에 따라 증여세 과세대상 재산에의 포함 여부를 판단하면서 상증세법상의 증여 개념에 따라 증여세 과세 여부를 판단한다. 이 증여유형의 일부에 있어서는 거래환경 및 조세행정 등 조세실무상의 현실을 고려하여 비록 실질적 의미에서 증여재산이고 증여에 해당하지만 일정한 형식적 요건을 충족하는 경우에만 증여세 과세대상 재산에 포함하여 증여재산가액을 산정하도록 하는 형식을 취하고 있다.

┃전환사채 등의 발행으로부터 시간의 경과에 따라 이루어지는 과세형태 (상증세법 제40조 제1항) 흐름도┃

전환사채발행			전환청구가능기간	
저가인수	저가취득	고가양도	양도	저가전환
제1호 나목 제1호 다목	제1호 가목	제3호	제2호 가목 제2호 나목 제2호 다목	제2호 가목 제2호 나목 제2호 다목
			고가양도	고가전환
			제2호 가목 제2호 나목 + 제3호 제2호 다목	제2호 라목

┃거래단계별 증여세 과세요건 등 비교표┃

거래단계		상증세법 제40조 제1항	수증자	일정기준 이상의 이익조건
인수	저가인수	제1호 나목	인수자	30% 혹은 1억원
		제1호 다목	인수자	30% 혹은 1억원
취득	저가취득	제1호 가목	취득자	30% 혹은 1억원
전환	저가전환	제2호 가목	전환자	1억원
		제2호 나목	전환자	1억원
		제2호 다목	전환자	1억원
	고가전환	제2호 라목	특수관계인	없음

거래단계		상증세법 제40조 제1항	수증자	일정기준 이상의 이익조건
양도	전환청구가능기간內	제2호 가목	제3호 (고가양도)	양도자	30% 혹은 1억원
		제2호 나목		양도자	30% 혹은 1억원
		제2호 다목		양도자	30% 혹은 1억원
	전환청구가능기간前 고가양도	제3호	양도자	30% 혹은 1억원

2) 인수·취득단계에서 전환사채 등 저가인수·취득("인수 등"이라 함) 시 증여

(1) 의의

① 상법에 의하면 법인의 기존 주주는 자신의 소유주식비율에 따라 전환사채, 신주인수권부사채 등을 인수할 수 있는 권리를 가지고 있다(상법 제513조의 2 및 제516조의 2). 다만, 정관에 다른 정함이 있거나 주주총회의 특별결의가 있는 경우 기존 주주가 아닌 자 또는 기존 주주가 자신의 소유주식비율과 달리 전환사채 등을 인수할 수 있도록 하고 있다. 이 경우 기존 주주가 아닌 자 또는 전환사채 등을 초과인수한 기존 주주가 발행법인의 최대주주 등에 해당하거나 최대주주 등의 특수관계인에 해당하면 전환사채 등의 인수자가 얻은 이익을 최대주주 등으로부터 증여받은 것으로 하여 과세하도록 한 것이다(상증세법 제40조 제1항 제1호 나목·다목).

② 또한 특수관계인으로부터 전환사채 등을 시가보다 낮은 가액으로 취득함으로써 이익을 얻는 경우에도 본조는 적용된다(상증세법 제40조 제1항 제1호 가목). 특히 이 경우는 상증세법 제35조(3억 기준)에서 규정하고 있는 저가·고가 양도에 따른 이익의 증여 등과 동일한 논리에 따라 과세되나 본조가 상대적으로 더 강화된 요건(1억 기준)을 요구하므로 상증세법 제35조의 규정이 배제되고, 본조가 우선 적용된다.

(2) 증여시기

전환사채 등을 저가로 인수·취득함으로써 증여이익으로 과세되는 경우의 증여시기는 전환사채의 인수·취득일이다(상증세법 제40조 제1항 제1호, 재산상속 46014-2, 2003. 1. 7.). 여기에서 전환사채 인수·취득일은 해당 전환사채의 대금을 청산한 날(대금청산일 전에 전환사채를 교부받은 경우에는 그 교부일)을 말한다(상증세법 기본통칙 40-30…1).

전환사채 등에 의하여 주식으로 전환·교환 또는 주식의 인수 등을 함으로써 증여이익이 과세되는 경우에는 주식전환 등을 한 날이 증여일이며, 전환사채 등을 특수관계인에게 양도한 경우에는 전환사채 등의 양도일이 증여일이 된다(상증세법 제40조 제1항 제2호 및 제3호).

(3) 증여세 과세요건

① 주주가 불균등하게(그 소유주식 수에 비례하여 균등한 조건에 의하여 배정받을 수 있는 수를 초과하여) 전환사채 등을 저가로 인수·취득한 경우(상증세법 제40조 제1항 제1호 나목)

증여세 과세대상 재산에 포함되려면 다음의 요건을 충족해야 한다.[223]

㉠ 전환사채 등을 발행한 법인의 최대주주나 그의 특수관계인으로서 주주인 자가 인수 등을 하여야 한다.

전환사채 등의 인수 등을 한 자가 최대주주에 해당하거나 최대주주와 특수관계에 있는 주주인 이상, 정관 등에 의하여 인수를 포기한 주주(초과인수이므로 기존주주 중 누군가는 신주인수권을 포기하였을 것이다)와의 특수관계 여부는 묻지 않으며, 전환사채 등의 인수자가 얻은 이익 전체를 최대주주로부터 증여받은 것으로 의제한다.

여기에서 최대주주라 함은 주주 1인과 상증세법 시행령 제2조의 2 제1항 각 호의 어느 하나에 해당하는 관계가 있는 자의 보유주식을 합하여 그 보유주식의 합계가 가장 많은 경우의 해당 주주를 말한다(상증세법 시행령 제19조 제2항). 그리고 최대주주의 특수관계인이라 함은 최대주주와 상증세법 시행령 제2조의 2 제1항 각 호의 어느 하나의 관계에 있는 자를 말한다.

특수관계인, 최대주주, 최대주주의 특수관계인 등의 범위는 이 유형(상증세법 제40조 제1항)에서 동일하게 적용된다.

㉡ 전환사채 등을 발행한 해당법인으로부터 전환사채 등을 인수·취득(자본시장과 금융투자업에 관한 법률 제9조 제12항에 따른 인수인으로부터 인수·취득한 경우와 제3자에게 증권을 취득시킬 목적으로 그 증권의 전부 또는 일부를 취득한 자로부터 인수·취득한 경우를 포함한다.[224] 이하에서 "인수 등"이라 한다)하여야 한다.

- 이때 자본시장과 금융투자업에 관한 법률에 따른 인수인은 증권을 모집·사모·매출하는 경우 인수를 하는 자(제9조 제12항)를 말하며, 자본시장법상 인수인이라고만 규정하고 있을 뿐 금융투자업 인가를 받아야 하는 '금융투자업자' 또는 '투자매매업자'로 특정하지 아니하였다(조심 2017서2753, 2018. 10. 23.).
- 제3자에게 증권을 취득시킬 목적으로 그 증권의 전부 또는 일부를 취득한 자로부터 인수·취득한 경우를 포함하므로, 법인이 발행한 신주인수권부사채를 인수인이 아닌 금융기관이 인수하고, 신주인수권부사채에서 분리된 신주인수권을 발행법인 최대주주의 특수관계인이 취득하는 방식으로 우회

---

223) 1997. 11. 10. 이후부터 과세대상이다.

224) 후단의 인수·취득은 2017. 1. 1. 이후 전환사채 등을 인수·취득하는 경우부터 적용한다.

취득하여 얻은 이익도 증여세 과세대상이 된다(조심 2018중1202, 2018. 10. 24. ; 조
심 2017서2753, 2018. 10. 23. ; 조심 2014서1845, 2015. 1. 2.).

- 한편, 자본시장과 금융투자업에 관한 법률상 인수란 위탁모집, 잔액인수, 총
액인수를 총괄하는 개념이므로, 발행단계에서 자본시장과 금융투자업에 관
한 법률에 의한 전환사채 등의 인수회사(자본시장과 금융투자업에 관한 법률 제9조 제
11항·제12항)로부터 전환사채 등을 인수 또는 취득하는 경우에도 발행회사의
최대주주나 그의 특수관계인에 해당하는지 여부를 판단하면 된다.

ⓒ 전환사채 등을 인수 등을 한 주주가 그 소유주식 수에 비례하여 균등한 조건
에 의하여 배정받을 수 있는 수를 초과하여 인수 등을 하여야 한다.

즉 특정주주가 불균등하게 전환사채 등을 초과인수하여야 하는 것이므로, 모
든 주주가 주주평등의 원칙에 따라 그 소유주식 수에 비례하여 균등하게 인
수한다면 이익의 이전현상은 발생하지 않는다.

ⓔ 전환사채 등을 시가보다 저가로 인수 등을 하여야 한다.

여기에서의 시가는 상증세법 제60조 및 제63조에 의한다. 그런데 상증세법 제
35조(저가·고가 양도에 따른 이익의 증여 등)와의 관계에서 본조가 우선 적용된다.

ⓜ 개개의 인수자 등(수증자)에게 일정액 이상의 이익이 발생하여야 한다.

발행단계에 있어서 전환사채 등을 인수함으로써 얻은 이익이 증여세 과세대
상 재산에 포함되려면, 전환사채 등의 시가에서 인수·취득가액을 차감한 가
액이 시가의 30% 이상이거나 1억원 이상이어야 한다(상증세법 제40조 제1항 단서,
상증세법 시행령 제30조 제1항 제1호 및 제2항 제1호).

㉮ 시가 - 인수·취득가액 ≥ 시가 × 30%
㉯ 시가 - 인수·취득가액 ≥ 1억원

ⓗ 다음의 경우에는 해당하지 않아야 한다(적용 제외).

자본시장과 금융투자업에 관한 법률에 의한 유가증권시장 주권상장법인 또
는 코스닥시장 상장법인이 같은 법 제9조 제7항의 규정에 의한 유가증권의
모집방법으로 전환사채 등을 발행하는 경우 전환사채 등이 변칙증여의 수단
으로 이용되기 어려우므로 전환사채 등의 증여요건에서 모집방법으로 전환
사채 등을 발행한 법인은 제외한다(상증세법 집행기준 40-30-7). 그러므로 비상장
법인의 경우에는 위의 모집방법을 사용하더라도 제외되지 않는다. 다만, 청약
권유를 받은 자가 50인 미만이더라도 증권의 발행일로부터 1년 이내에 50인

이상의 자에게 양도될 수 있는 경우에는 유가증권의 모집으로 간주하여 과세한다(상증세법 시행령 제30조 제4항, 자본시장과 금융투자업에 관한 법률 시행령 제11조 제3항).[225]

② 주주 이외의 자가 전환사채 등을 저가로 인수한 경우(상증세법 제40조 제1항 제1호 다목)

증여세 과세대상 재산에 포함되려면 다음의 요건을 충족해야 한다.[226]

㉠ 전환사채 등을 발행한 법인의 주주가 아닌 자, 즉 제삼자가 전환사채 등을 인수 등을 하여야 한다.

㉡ 해당 법인의 최대주주의 특수관계인이 인수 등을 하여야 한다.

전환사채 등의 인수 등을 한 자가 최대주주와 특수관계에 있는 이상, 정관 등에 의하여 인수를 포기한 주주와의 특수관계 여부는 묻지 않으며, 전환사채 등의 인수자가 얻은 이익 전체를 최대주주로부터 증여받은 것으로 의제한다.

㉢ 전환사채 등을 발행한 해당법인으로부터 전환사채 등을 인수 등하여야 한다.

한편 자본시장과 금융투자업에 관한 법률상 인수란 위탁모집, 잔액인수, 총액인수를 총괄하는 개념이므로, 발행단계에서 자본시장과 금융투자업에 관한 법률에 의한 전환사채 등의 인수회사로부터 전환사채 등을 인수 또는 취득하는 경우에도 발행회사의 최대주주나 그의 특수관계인에 해당하는지 여부를 판단하면 된다.

㉣ 전환사채 등을 시가보다 저가로 인수 등을 하여야 한다.

여기에서의 시가는 상증세법 제60조 및 제63조에 의한다. 그런데 상증세법 제35조(저가 · 고가 양도에 따른 이익의 증여 등)와의 관계에서 본조가 우선 적용된다.

㉤ 개개의 인수자 등(수증자)에게 일정액 이상의 이익이 발생하여야 한다.

발행단계에 있어서 전환사채 등을 인수 등 함으로써 얻은 이익이 증여세 과세대상 재산에 포함되려면, 전환사채 등의 시가에서 인수 · 취득가액을 차감한 가액이 시가의 30% 이상이거나 1억원 이상이어야 한다(상증세법 제40조 제1항 단서, 상증세법 시행령 제30조 제1항 제1호 및 제2항 제1호).

> ㉮ 시가 − 인수 · 취득가액 ≥ 시가 × 30%
> ㉯ 시가 − 인수 · 취득가액 ≥ 1억원

㉥ 다음의 경우에는 해당하지 않아야 한다(적용 제외).

자본시장과 금융투자업에 관한 법률에 의한 유가증권시장 주권상장법인 또

---

225) 2016년 공포일 이후 배정하는 분부터 적용
226) 1997. 11. 10. 이후부터 과세대상이다.

는 코스닥시장 상장법인이 같은 법 제9조 제7항의 규정에 의한 유가증권의 모집방법으로 전환사채 등을 발행하는 경우 전환사채 등이 변칙증여의 수단으로 이용되기 어려우므로 전환사채 등의 증여요건에서 모집방법으로 전환사채 등을 발행한 법인은 제외한다(상증세법 집행기준 40-30-7). 그러므로 비상장법인의 경우에는 위의 모집방법을 사용하더라도 제외되지 않는다. 다만, 청약권유를 받은 자가 50인 미만이더라도 증권의 발행일로부터 1년 이내에 50인 이상의 자에게 양도될 수 있는 경우에는 유가증권의 모집으로 간주하여 과세한다(상증세법 시행령 제30조 제4항, 자본시장과 금융투자업에 관한 법률 시행령 제11조 제3항).[227]

③ 특수관계인으로부터 저가로 취득한 경우(상증세법 제40조 제1항 제1호 가목)

증여세 과세대상 재산에 포함되려면 다음의 요건을 충족해야 한다.

㉠ 전환사채 등을 특수관계인으로부터 취득하여야 한다.

여기에서 특수관계인이라 함은 전환사채 등[228]을 취득한 자와 상증세법 시행령 제2조의 2 제1항 각 호의 어느 하나의 관계에 있는 자를 말한다.

㉡ 전환사채 등을 시가보다 저가로 취득하여야 한다.

여기에서의 시가는 상증세법 제60조 및 제63조에 의한다. 그런데 상증세법 제35조(저가ㆍ고가 양도에 따른 이익의 증여 등)와의 관계에서 본조가 우선 적용된다.

㉢ 개개의 취득자(수증자)에게 일정액 이상의 이익이 발생하여야 한다.

이 발행단계에 있어서 전환사채 등을 취득함으로써 얻은 이익이 증여세 과세대상 재산에 포함되려면, 전환사채 등의 시가에서 취득가액을 차감한 가액이 시가의 30% 이상이거나 1억원 이상이어야 한다(상증세법 제40조 제1항 단서, 상증세법 시행령 제30조 제1항 제1호 및 제2항 제1호).

> ㉮ 시가 - 취득가액 ≥ 시가 × 30%
> ㉯ 시가 - 취득가액 ≥ 1억원

㉣ 자본시장과 금융투자업에 관한 법률에 의한 유가증권시장 주권상장법인 또는 코스닥시장 상장법인이 같은 법 제9조 제7항의 규정에 의한 유가증권의 모집방법으로 발행한 전환사채 등을 최초로 인수ㆍ취득(인수인으로부터 인수ㆍ취득한 경우를 포함한다)함으로써 이익을 얻은 경우에는 증여세가 과세되지 않으나[229], 유가증권의 모집방법으로 발행한 전환사채 등을 최초로 인수ㆍ취득

---

227) 2016년 공포일 이후 배정하는 분부터 적용
228) 전환사채는 1997. 1. 1. 이후부터, 신주인수권부사채ㆍ교환사채는 1997. 11. 10. 이후부터 과세대상이다.

한 자로부터 시가보다 낮은 가액으로 당해 전환사채 등을 취득한 자가 얻은 이익에 대하여는 구 상증세법 제40조 제1항 제1호 가목 및 제42조 제1항 제3호의 규정에 의하여 증여세가 과세된다(서면4팀-460, 2005. 3. 29.).

(4) 증여재산가액

전환사채 등을 인수 등 함으로써 얻은 이익은 전환사채 등의 시가에서 인수 · 취득가액을 차감한 가액이다(상증세법 시행령 제30조 제1항 제1호). 그러므로 위의 일정한 이익 이상의 이익을 얻어야 하는 조건은 증여세 과세대상 재산에의 포함 여부를 판단하는 기준일 뿐이며, 이러한 요건을 통과하면 그 이익 전체가 증여재산가액이 된다.

시가 - 인수 · 취득가액

① 전환사채 등의 시가

전환사채 등의 시가는 상증세법 제60조 및 제63조에 따라 평가한다. 전환사채 등의 시가평가는 증권거래소에서 거래되는지 여부와 전환가능한지의 여부에 따라 각기 평가방법이 달라지며, 이에 대한 자세한 해설은 '전환사채 등의 평가'에서 살펴본다.

한편 특수관계인으로부터 분여받은 이익의 계산 시에 상증세법 제35조에서는 시가의 30%에 상당하는 가액 또는 3억원 중 적은 금액을 시가와 취득가의 차액에서 차감한 금액이 분여받은 이익이 되지만, 전환사채 등의 주식전환 등에 따른 이익의 증여 규정에서는 분여받은 이익의 계산 시 시가와 취득가의 차액에서 시가의 30%에 상당하는 가액 또는 1억원 이상이어야 하는 조건은 증여세 과세대상 재산에의 포함 여부를 판단하는 기준일 뿐이며 이러한 요건을 통과하면 그 이익 전체(차감하지 않는다)가 증여재산가액이 된다.

② 전환사채 등의 인수취득가액

전환사채 등의 인수취득가액은 전환사채 등의 인수취득시에 지급한 금액을 의미한다.

---

229) 청약권유를 받은 자가 50인 미만이더라도 증권의 발행일로부터 1년 이내에 50인 이상의 자에게 양도될 수 있는 경우에는 유가증권의 모집으로 간주하여 과세한다.

3) 전환단계에서 주식으로의 저가전환·양도('저가전환 등') 시 이익의 증여[230]

(1) 의의

전환사채 등을 이용한 증여의 핵심은 전환·교환·인수 당시의 주가와 전환·교환·인수 가액과의 차액을 통하여 이루어지기 때문에 전환사채 등의 양도나 권리행사시 동 차액을 과세하게 된다. 하지만, 이미 전환사채 등의 취득시점에 전환사채 등의 저가 취득부분에 대해 증여세가 과세된 경우도 있으므로 취득시점에 증여이익이 발생하여 과세된 부분에 대하여는 주가와 전환가의 차액에서 차감하여야 이중과세를 피할 수 있다.

종전에는 주식으로 전환할 수 있는 권리가 부여된 전환사채·신주인수권부사채 등을 취득하는 시점에서의 주식가액과 신주인수권 행사가격과의 차액에 대한 증여세를 과세하였는바, 발행회사가 신주인수권 행사가격을 전환사채 취득시의 주식가액에 근접하게 조정하면 과세의 실효성이 없는데, 예컨대 상장법인의 경우에는 신주인수권 행사가격을 신종사채 발행 당시의 주가 이하로 책정할 수 없게 규정되어 있었다(상장법인의 재무관리 등에 관한 규정 제12조). 이에 2000년 12월 29일 상증세법 개정 시 전환사채 등의 취득시점에는 전환사채 등을 저가양수한 부분에 대하여 증여의제를 판단한 후, 다시 전환사채 등의 양도나 전환 등 시점에 증여의제를 판단하도록 개정하였다.[231]

┃ 과세가능이익의 비교[232] ┃

---

230) 2001. 1. 1. 이후부터 과세대상

231) 국세청, 「2001년 개정세법해설」, 2001, 201~202쪽

232) 기획재정부, 「2000 간추린 개정세법」, 2001, 302쪽

(2) 증여시기

전환단계에서 주식 등으로의 저가전환 등에 의한 이익의 증여시기는 전환사채 등을 주식으로 전환 등을 한 때이다. 여기에서 주식으로 전환 등을 한 때는 해당 사채의 종류에 따라 구체적으로 보면 다음과 같다. 다만, 전환사채 등을 양도한 경우에는 양도한 때이다. 여기에서 양도일은 해당 전환사채의 대금을 청산한 날(대금청산일 전에 전환사채를 교부한 경우에는 그 교부일)을 말한다(상증세법 기본통칙 40-30…1 참조).

① 전환사채

전환사채는 사채권자의 전환청구의 일방적 의사표시에 의해 전환의 효력이 생긴다. 여기에서의 전환권은 형성권이므로 증여시기는 전환의 청구가 있는 때이다.

② 교환사채

교환사채는 사채권자의 교환청구가 있으면 회사가 보유한 타사 상장주식으로 교환하여야 한다. 여기에서의 교환권도 형성권이므로 사채권자의 교환의 청구가 있는 때가 증여시기가 된다.

③ 신주인수권부사채

신주인수권부사채의 사채권자가 신주인수권을 행사하는 경우에는 주금의 납입이 있어야 주주로서의 지위를 얻는다. 그러므로 그 주금납입일이 증여시기가 된다.

(3) 증여세 과세대상 재산 포함요건

① 주주가 불균등하게 인수한 전환사채 등의 전환 등에 대한 증여(상증세법 제40조 제1항 제2호 나목)

이 유형에서의 전환 등 대상재산은 앞서 본 상증세법 제40조 제1항 제1호 나목[앞 2).(3).①]과 관련이 있다(물론 인수 등의 단계에서 과세되지 않는 경우도 포함된다). 그러므로 증여세 과세대상 재산에 포함되려면 다음의 요건을 충족해야 한다.

　㉠ 전환사채 등을 발행한 법인의 최대주주나 그의 특수관계인으로서 주주인 자가 인수 등을 하여야 한다.

　앞서 본 인수 등의 단계에서의 요건[앞 2).(3).①.가]과 같다.

　㉡ 전환사채 등을 발행한 해당 법인으로부터 전환사채 등을 인수·취득("인수 등"이라 함)하여야 한다.

　앞서 본 인수 등의 단계에서의 요건[앞 2).(3).①.나]과 같다.

　다만, 여기에서 주의할 것은 앞서 본 상증세법 제40조 제1항 제1호 나목에서처럼 그 인수가액 등이 시가보다 반드시 저가일 필요는 없다는 것이다. 그러므로 인수 등의 단계에서 이미 증여세가 과세된 경우뿐만 아니라 과세되지 아니한 경우에도 이 증여유형의 적용을 받는다.

ⓒ 전환사채 등을 인수 등을 한 주주가 그 소유주식 수에 비례하여 균등한 조건에 의하여 배정받을 수 있는 수를 초과하여 인수 등 하여야 한다.

앞서 본 인수 등의 단계에서의 요건[앞 2).(3).①.다]과 같다.

ⓔ 교부받거나 교부받을 주식가액이 전환가액 등을 초과하여야 한다.

이때 '교부받은' 주식은 전환권자 등이 전환사채 등을 전환한 경우의 해당 주식을 말하고, '교부받을' 주식은 전환권자 등이 전환청구가능기간 내에 전환하지 않고 양도한 경우 전환을 가정할 때에 교부받을 해당 주식을 의미한다.

ⓜ 개개의 전환자에게 일정한 이익(1억원) 이상의 이익이 발생하여야 한다.

전환단계에 있어서 전환사채 등을 주식으로 전환 등을 함으로써 얻은 이익이 증여세 과세대상 재산에 포함되려면, 다음의 금액이 1억원 이상[233]이어야 한다(상증세법 제40조 제1항 단서, 상증세법 시행령 제30조 제1항 제2호 및 제2항 제2호).

[(교부받을(은) 주식 1주당 가액 − 주식 1주당 전환가액 등) × 교부받을(은) 주식 수 − 이자손실분 − 전환사채 등 취득시 증여로 과세된 이익] ≥ 1억원

다만, 전환사채 등을 양도한 경우에는 전환사채 등의 양도가액에서 취득가액을 차감한 금액을 초과하지 못한다. 여기에서 교부받을(은) 주식 수는 자기지분을 초과하여 교부받은 주식수를 의미한다.

ⓗ 다음의 경우에는 해당하지 않아야 한다(적용 제외).

앞서 본 인수 등의 단계에서의 요건[앞 2).(3).①.바]과 같다.

② 주주 이외의 자가 인수한 전환사채 등의 전환 등에 따른 증여(상증세법 제40조 제1항 제2호 다목)

이 유형에서의 전환 등 대상재산은 앞서 본 상증세법 제40조 제1항 제1호 다목[앞 2)(3)②]과 관련이 있다(물론 인수 등의 단계에서 과세되지 않는 경우도 포함된다). 그러므로 증여세 과세대상 재산에 포함되려면 다음의 요건을 충족해야 한다.

㉠ 전환사채 등을 발행한 법인의 주주가 아닌 자, 즉 제삼자가 전환사채 등의 인수 등을 하여야 한다.

㉡ 전환사채 등의 인수 등을 한 자가 해당 법인의 최대주주의 특수관계인이어야 한다.

앞서 본 인수 등의 단계에서의 요건[앞 2).(3).②.나]과 같다.

---

233) 2004. 1. 1. 이후 증여분부터 적용한다.

ⓒ 전환사채 등을 발행한 해당 법인으로부터 전환사채 등을 인수 · 취득("인수 등"이라 함)하여야 한다.

앞서 본 인수 등의 단계에서의 요건[앞 2).(3).②.다]과 같다.

다만, 여기에서 주의할 것은 앞서 본 상증세법 제40조 제1항 제1호 나목에서처럼 그 인수가액 등이 시가보다 반드시 저가일 필요는 없다는 것이다. 그러므로 인수 등의 단계에서 이미 증여세가 과세된 경우뿐만 아니라 과세되지 아니한 경우에도 이 증여유형의 적용을 받는다.

ⓓ 교부받거나 교부받을 주식가액이 전환가액 등을 초과하여야 한다.

이때 '교부받은' 주식은 전환권자 등이 전환사채 등을 전환한 경우의 해당 주식을 말하고, '교부받을' 주식은 전환권자 등이 전환청구가능기간 내에 전환하지 않고 양도한 경우 전환을 가정할 때에 교부받을 해당 주식을 의미한다.

ⓔ 개개의 전환자에게 일정한 이익(1억원) 이상의 이익이 발생하여야 한다.

전환단계에 있어서 전환사채 등을 주식으로 전환 등 함으로써 얻은 이익이 증여세 과세대상 재산에 포함되려면, 다음의 금액이 1억원 이상[234]이어야 한다(상증세법 제40조 제1항 단서, 상증세법 시행령 제30조 제1항 제2호 및 제2항 제2호).

> [(교부받을(은) 주식 1주당 가액 − 주식 1주당 전환가액 등) × 교부받을(은) 주식 수 − 이자손실분 − 전환사채 등 취득시 증여로 과세된 이익] ≥ 1억원

다만, 전환사채 등을 양도한 경우에는 전환사채 등의 양도가액에서 취득가액을 차감한 금액을 초과하지 못한다.

ⓕ 다음의 경우에는 해당하지 않아야 한다(적용 제외).

앞서 본 인수 등의 단계에서의 요건[앞 2).(3).②.바]과 같다.

③ 특수관계인으로부터 취득한 전환사채 등의 전환 등에 따른 증여(상증세법 제40조 제1항 제2호 가목)

이 유형에서의 전환 등 대상재산은 앞서 본 상증세법 제40조 제1항 제1호 가목[앞 2)(3)③]과 관련이 있다(물론 취득의 단계에서 과세되지 않는 경우도 포함된다). 그러므로 증여세 과세대상 재산에 포함되려면 다음의 요건을 충족해야 한다.

㉠ 전환사채 등을 특수관계인으로부터 취득하여야 한다.

앞서 본 취득의 단계에서의 요건[앞 2).(3).③.가]과 같다.

다만, 여기에서 주의할 것은 앞서 본 상증세법 제40조 제1항 제1호 가목에서

---

234) 2004. 1. 1. 이후 증여분부터 적용한다.

처럼 그 취득가액이 시가보다 반드시 저가일 필요는 없다는 것이다. 그러므로 취득의 단계에서 이미 증여세가 과세된 경우뿐만 아니라 과세되지 아니한 경우에도 이 증여유형의 적용을 받는다.

ⓛ 교부받거나 교부받을 주식가액이 전환가액 등을 초과하여야 한다.

이때 '교부받은' 주식은 전환권자 등이 전환사채 등을 전환한 경우의 해당 주식을 말하고, '교부받을' 주식은 전환권자 등이 전환청구가능기간 내에 전환하지 않고 양도한 경우 전환을 가정할 때에 교부받을 해당 주식을 의미한다.

ⓒ 개개의 전환자에게 일정한 이익(1억원) 이상의 이익이 발생하여야 한다.

전환단계에 있어서 전환사채 등을 주식으로 전환 등 함으로써 얻은 이익이 증여세 과세대상 재산에 포함되려면, 다음의 금액이 1억원 이상[235]이어야 한다(상증세법 제40조 제1항 단서, 상증세법 시행령 제30조 제1항 제2호 및 제2항 제2호).

$$[(교부받을(은) \ 주식 \ 1주당 \ 가액 \ - \ 주식 \ 1주당 \ 전환가액 \ 등) \times 교부받을(은) \ 주식 \ 수 \ - \ 이자손실분 \ - \ 전환사채 \ 등 \ 취득시 \ 증여로 \ 과세된 \ 이익] \geq 1억원$$

다만, 전환사채 등을 양도한 경우에는 전환사채 등의 양도가액에서 취득가액을 차감한 금액을 초과하지 못한다.

ⓒ 자본시장과 금융투자업에 관한 법률에 의한 유가증권시장 주권상장법인 또는 코스닥시장 상장법인이 같은 법 제9조 제7항의 규정에 의한 유가증권의 모집방법으로 발행한 전환사채 등을 최초로 인수·취득(인수인으로부터 인수·취득한 경우를 포함한다)하여 당해 전환사채 등에 의하여 주식으로의 전환 등을 함으로써 이익을 얻은 경우에는 증여세가 과세되지 않으나[236], 유가증권의 모집방법으로 발행한 전환사채 등을 최초로 인수·취득한 자로부터 시가보다 낮은 가액으로 당해 전환사채 등을 취득하여 당해 전환사채 등에 의하여 주식으로의 전환 등을 한 자가 얻은 이익에 대하여는 구 상증세법 제40조 제1항 제2호 가목 및 제42조 제1항 제3호의 규정에 의하여 증여세가 과세된다(서면4팀-460, 2005. 3. 29.).

---

235) 2004. 1. 1. 이후 증여분부터 적용한다.

236) 청약권유를 받은 자가 50인 미만이더라도 증권의 발행일로부터 1년 이내에 50인 이상의 자에게 양도될 수 있는 경우에는 유가증권의 모집으로 간주하여 과세한다.

(4) 증여재산가액의 계산

① 전환청구 가능기간에 양도한 경우

증여재산가액은 양도시점에서 교부받을(양도일 현재 주식으로 전환 등을 하는 것으로 가정하므로) 주식가액과 인수가액과의 차액에 전환사채 등이 일반사채보다 발행이율이 낮으므로 전환사채 등의 인수자가 부담한 이자 손실분을 차감하여 주고 추가적으로 취득시점에 증여로 과세된 이익은 제외한다.

> 증여가액 = Min[가, 나]
> 가. 전환증권 양도차액 = 양도가액 - 취득가액
> 나. (교부받을 주식 1주당 가액 - 주식 1주당 전환가액 등) × 교부받을 주식수 -
>   이자손실분 - 전환사채 등 인수취득시 증여로 과세된 이익

㉠ 전환사채 등의 인수·취득시점에 증여로 과세되었거나 전환사채 등의 인수·취득시 증여 요건 중 저가인수·취득 이외의 요건을 충족하는 경우(인수·취득시점에 증여과세 안된 경우)에는 전환권을 행사하는 시점에서 교부받거나 교부받을 주식가액과 인수가액의 차액에 대하여 증여로 과세한다. 이때 전환사채 등의 인수·취득시점에 증여로 과세된 이익에 대하여는 다시 증여로 과세하지 않는다.

㉡ 한편 전환권을 행사 가능한 시점에 고가로 특수관계인에게 전환사채 등을 매각하였다면 추가적으로 전환사채 등의 고가 양도로 인한 증여규정이 함께 적용될 것이다.

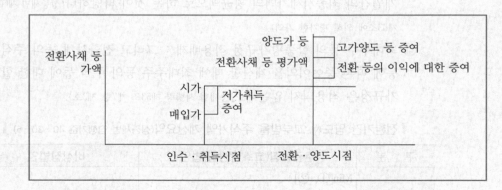

㉢ 교부받을 1주당 주식가액

양도일 현재 주식으로의 전환 등이 가능한 전환사채 등을 양도한 경우로서 해당 전환사채 등의 양도일 현재 주식으로 전환 등을 할 경우 다음 산식에 의하여 계산한 1주당 가액을 교부받을 1주당 주식가액으로 한다.

$$[\text{전환증권 전환 후 이론적 주가}]$$

$$= \frac{(\text{전환증권 양도 전의 주식가치} + \text{전환할 경우 증가할 자본금})}{(\text{전환증권 양도 전 발행주식총수} + \text{전환할 경우에 증가할 주식수})}$$

$$= \frac{(\text{양도 전 1주당 평가액} \times (\text{전환으로 발행할 신주 1주당 전환가액} \times \text{양도 전 발행주식총수}) + \text{전환할 경우 증가 주식수})}{(\text{전환증권 양도 전 발행주식총수} + \text{전환할 경우에 증가할 주식수})}$$

㉮ 주식평가 : 이때에 1주당 평가는 상증세법 제60조 및 제63조에 따라야 할 것이다(상증세법 제39조 제1항 제1호 본문 괄호).

㉯ 양도 전 1주당 평가가액 : 명문의 규정은 없지만, 여기에서 유가증권시장 주권상장법인과 코스닥시장 상장법인의 경우 "양도 전의 1주당 평가가액"은 해당 양도 전 2개월간의 한국거래소 최종시세가액의 평균액으로 한다(상증세법 기본통칙 39-29…2 ; 서면4팀-880, 2004. 6. 16.). 같은 맥락에서 비상장법인은 시가 또는 보충적 평가방법에 의한다.

㉰ 양도일 기준으로 한 1주당 평가가액 : 위 산식(전환증권 전환 후 이론적 주가). 이 경우 주권상장법인 등의 경우로서 양도일을 기준으로 한 1주당 평가가액이 위의 산식에 의하여 계산한 1주당 가액보다 적은 경우에는 해당 가액으로 한다. 양도일을 기준으로 한 1주당 평가가액이란 평가기준일 후 2개월간의 최종시세가액의 평균액으로 하는 것이 타당하다(상증세법 제60조 및 제63조에 의해 평가한 가액).

㉱ 최대주주 등의 할증평가규정 적용배제 : 그리고 전환사채 등의 주식전환 등에 따른 증여이익을 계산할 때에 최대주주 등의 주식 등에 대한 할증평가규정은 적용되지 않는다(상증세법 시행령 제53조 제7항 제3호).

❙ 전환기간 양도시 교부받을 주식가액 계산요약(상증세법 집행기준 40-30-5) ❙

구 분	주권상장(코스닥상장)법인	비상장법인
전환할 경우 1주당 평가액	Min[①, ②] ① 전환일 이후 2개월간의 최종시세가액의 평균액 ② 전환증권 전환 후 이론적 주가	② 전환증권 전환 후 이론적 주가
양도 전 1주당 평가액	전환 전 2개월이 되는 날부터 전환일 전일까지 2개월간 최종시세가액의 평균액	시가 or 보충적 평가액

ⓛ 주식 1주당 전환가액 등

인수취득한 전환사채 등에 의하여 주식으로 전환하는 경우에 그 주식 1주당 전환가액·교환가액·인수가액을 의미한다.

ⓜ 이자손실분

㉮의 가액에서 ㉯의 가액을 차감한 가액을 말한다(상증세법 시행규칙 제10조의 3). 이를 빼는 이유는 전환사채 등이 일반사채보다 낮은 이율로 발행됨에 따라 이자손실이 발생하기 때문이다.

$$\text{이자손실분} = \text{㉮의 가액} - \text{㉯의 가액}$$

㉮ 전환사채 등의 만기상환금액을 사채발행이율에 의하여 취득 당시의 현재 가치로 할인한 금액

㉯ 전환사채 등의 만기상환금액을 금융회사 등이 보증한 3년 만기 회사채의 유통수익률을 감안하여 국세청장이 정하여 고시하는 이자율(상증세법 시행령 제58조의 2 제2항 제1호 가목의 규정에 의한 이자율)에 의하여 취득 당시의 현재가치로 할인한 금액

즉 신주인수권부사채의 만기상환금액(만기 전에 발생하는 이자상당액을 포함한다)을 사채발행이율에 의하여 발행 당시의 현재가치로 할인한 가액에서 동 만기상환금액을 금융회사 등이 보증한 3년 만기 회사채의 유통수익률을 감안하여 국세청장이 정하여 고시하는 이자율("적정할인율"이라 한다)에 의하여 발행 당시의 현재가치로 할인한 가액을 차감한 가액으로, 이 경우 그 가액이 0원 이하 인 경우에는 0원으로 한다.

다만, 신주인수권증권에 의하여 전환 등을 한 경우에는 상증세법 시행령 제58조의 2 제2항 제1호 가목의 규정에 의하여 평가한 신주인수권증권의 가액을 말한다(상증세법 시행규칙 제10조의 3).

▌이자손실액 계산 산식 요약(상증세법 집행기준 40-30-6) ▌

가. 전환증권 등의 이자손실액

○ 전환사채 등의 이자손실액 $= \dfrac{\text{만기상환금액}}{(1+R)^n} - \dfrac{\text{만기상환금액}}{(1+r)^n}$

· R : 사채발행이율(표면이자율), r : 적정이자율(국세청장고시율 : 6.5%)
· n : 취득일부터 만기까지 남은 기간

나. 신주인수권증권의 이자손실액 : 주식으로 전환 등이 불가능한 경우의 신주인수
권증권의 보충적 평가방법과 동일하다.

신주인수권증권 이자손실액 평가액 : ㉮ − ㉯

㉮ 신주인수권부사채의 취득 당시의 현재가치(사채발행이율 적용)

= 원금의 현재가치 + 이자의 현재가치

$$= \frac{\text{만기상환금액}}{(1+R)^n} + \sum_{n=1}^{n} \frac{\text{매년 표시이자액}}{(1+R)^n}$$

㉯ 신주인수권부사채의 취득 당시 현재가치(적정할인율 적용)

= 원금의 현재가치 + 이자의 현재가치

$$= \frac{\text{만기상환금액}}{(1+r)^n} + \sum_{n=1}^{n} \frac{\text{매년 표시이자액}}{(1+r)^n}$$

- R : 사채발행이율(표면이자율), r : 적정이자율(국세청장고시율 : 6.5%)
- n : 취득일부터 만기까지 남은 기간

㉫ 전환사채 등 인수취득시 증여로 과세된 이익

이는 위 2) 인수취득단계에서 전환사채 등을 저가인수·취득시 과세된 증여
이익을 말하며 이중과세를 조정하기 위함이다. 그래야만 전환사채 등의 인수·
취득자가 전체적으로 얻게 되는 이익인 양도가액과 전환사채 등의 인수·취
득가액 간의 차액이 한번만 과세되는 결과가 될 것이다. 따라서 인수취득단계
에서 증여세가 과세되지 아니한 경우에는 해당되지 않는다.

② **전환한 경우**

증여가액은 전환시점에서 교부받은 주식가액과 인수가액과의 차액에 전환사채
등이 일반사채보다 발행이율이 낮으므로 전환사채 등의 인수자가 부담한 이자
손실분을 차감하여 주고 추가적으로 취득시점에 증여로 과세된 이익은 제외한다
(상증세법 시행령 제30조 제5항 제2호 및 제1항 제2호, 상증세법 시행규칙 제10조의 3).

증여가액 = (교부받은 주식 1주당 가액 − 주식 1주당 전환가액 등) × 교부받은 주식 수
− 이자손실분 − 전환사채 등 취득 시 증여로 과세된 이익

㉠ 전환사채 등의 인수·취득시점에 증여로 과세되었거나 전환사채 등의 인수·
취득 시 증여 요건 중 저가인수·취득 이외의 요건을 충족하는 경우(인수·취득시
점에 증여과세 안된 경우)에는 전환권을 행사하는 시점에서 교부받거나 교부받을 주

식가액과 인수가액의 차액에 대하여 증여로 과세한다. 이때 전환사채 등의 인수·취득시점에 증여로 과세된 이익에 대하여는 다시 증여로 과세하지 않는다.

ⓛ 교부받은 1주당 주식가액

전환사채 등에 의하여 주식으로 전환·교환하거나 주식을 인수("전환 등"이라 한다)한 경우 다음 산식에 의하여 계산한 1주당 가액을 교부받은 1주당 주식가액으로 한다.

$$
\begin{aligned}
&\qquad\qquad\qquad \text{[전환증권 전환 후 이론적 주가]} \\[4pt]
&= \frac{(\text{전환 전 기업의 주식가치} + \text{전환 등으로 증가한 자본금})}{(\text{전환 전 발행주식총수} + \text{전환 등으로 증가한 주식수})} \\[8pt]
&= \frac{\begin{pmatrix}\text{전환 전 1주당 평가액} \\ \times \text{전환 전 발행주식총수}\end{pmatrix} + \begin{pmatrix}\text{전환으로 발행한 신주 1주당 전환} \\ \text{가액} \times \text{전환 등으로 증가한 주식수}\end{pmatrix}}{(\text{전환 전 발행주식총수} + \text{전환 등으로 증가한 주식수})}
\end{aligned}
$$

㉮ 주식평가 : 이때에 1주당 평가는 상증세법 제60조 및 제63조에 따라야 할 것이다(상증세법 제39조 제1항 제1호 본문 괄호).

㉯ 전환 등 전 1주당 평가가액 : 명문의 규정은 없지만, 여기에서 유가증권시장 상장법인과 코스닥시장 상장법인의 경우 "전환 등 전의 1주당 평가가액"은 해당 전환 전 2개월간의 한국거래소 최종시세가액의 평균액으로 한다(상증세법 기본통칙 39-29…2 ; 서면4팀-880, 2004. 6. 16.). 같은 맥락에서 비상장법인은 시가 또는 보충적 평가방법에 의한다.

㉰ 전환 등 후의 1주당 평가가액 : 위 산식(전환증권 전환 후 이론적 주가). 이 경우 주권상장법인 등의 주식으로 전환 등을 한 경우로서 전환 등 후의 1주당 평가가액이 위의 산식에 의하여 계산한 1주당 가액보다 적은 경우에는 해당 가액으로 한다. 전환 등 후의 1주당 평가가액이란 전환일 후 2개월간의 최종시세가액의 평균액으로 하는 것이 타당하다(상증세법 제60조 및 제63조에 의해 평가한 가액 ; 서면4팀-880, 2004. 6. 16.).

㉱ 최대주주 등의 할증평가규정 적용배제 : 그리고 전환사채 등의 주식전환 등에 따른 증여이익을 계산할 때에 최대주주 등의 주식 등에 대한 할증평가규정은 적용되지 않는다(상증세법 시행령 제53조 제7항 제3호).

┃ 전환으로 교부받은 주식가액 계산요약(상증세법 집행기준 40-30-4) **┃**

구 분	주권상장(코스닥상장)법인	비상장법인
실제 전환 후 1주당 평가액	Min[①, ②] ① 전환일 이후 2개월간의 최종시세가액의 평균액 ② 전환증권 전환 후 이론적 주가	② 전환증권 전환 후 이론적 주가
전환 전 1주당 평가액	전환 전 2개월이 되는 날부터 전환일 전일까지 2개월간 최종시세가액의 평균액	시가 or 보충적 평가액

ㄹ 주식 1주당 전환가액 등

인수취득한 전환사채 등에 의하여 주식으로 전환하는 경우에 그 주식 1주당 전환가액·교환가액·인수가액을 의미한다.

ㅁ 이자손실분

㉮의 가액에서 ㉯의 가액을 차감한 가액을 말한다(상증세법 시행규칙 제10조의 3). 이를 빼는 이유는 전환사채 등이 일반사채보다 낮은 이율로 발행됨에 따라 이자손실이 발생하기 때문이다.

이자손실분 = ㉮의 가액 - ㉯의 가액

㉮ 전환사채 등의 만기상환금액을 사채발행이율에 의하여 취득 당시의 현재가치로 할인한 금액

㉯ 전환사채 등의 만기상환금액을 금융회사 등이 보증한 3년 만기 회사채의 유통수익률을 감안하여 국세청장이 정하여 고시하는 이자율(상증세법 시행령 제58조의 2 제2항 제1호 가목의 규정에 의한 이자율)에 의하여 취득 당시의 현재가치로 할인한 금액

즉 신주인수권부사채의 만기상환금액(만기 전에 발생하는 이자상당액을 포함한다)을 사채발행이율에 의하여 발행 당시의 현재가치로 할인한 가액에서 동 만기상환금액을 금융회사 등이 보증한 3년 만기 회사채의 유통수익률을 감안하여 국세청장이 정하여 고시하는 이자율("적정할인율"이라 한다)에 의하여 발행 당시의 현재가치로 할인한 가액을 차감한 가액으로, 이 경우 그 가액이 0원 이하인 경우에는 0원으로 한다.

다만, 신주인수권증권에 의하여 전환 등을 한 경우에는 상증세법 시행령 제58

조의 2 제2항 제1호 가목의 규정에 의하여 평가한 신주인수권증권의 가액을 말한다(상증세법 시행규칙 제10조의 3).

▌이자손실액 계산 산식 요약(상증세법 집행기준 40-30-6) ▌

가. 전환증권 등의 이자손실액

○ 전환사채 등의 이자손실액 $= \dfrac{\text{만기상환금액}}{(1+R)^n} - \dfrac{\text{만기상환금액}}{(1+r)^n}$

- R : 사채발행이율(표면이자율), r : 적정이자율(국세청장고시율 : 6.5%)
- n : 취득일부터 만기까지 남은 기간

나. 신주인수권증권의 이자손실액 : 주식으로 전환 등이 불가능한 경우의 신주인수권증권의 보충적 평가방법과 동일하다.

신주인수권증권 이자손실액 평가액 : ㉮ - ㉯

㉮ 신주인수권부사채의 취득 당시의 현재가치(사채발행이율 적용)

= 원금의 현재가치 + 이자의 현재가치

$$= \frac{\text{만기상환금액}}{(1+R)^n} + \sum_{n=1}^{n} \frac{\text{매년 표시이자액}}{(1+R)^n}$$

㉯ 신주인수권부사채의 취득 당시 현재가치(적정할인율 적용)

= 원금의 현재가치 + 이자의 현재가치

$$= \frac{\text{만기상환금액}}{(1+r)^n} + \sum_{n=1}^{n} \frac{\text{매년 표시이자액}}{(1+r)^n}$$

- R : 사채발행이율(표면이자율), r : 적정이자율(국세청장고시율 : 6.5%)
- n : 취득일부터 만기까지 남은 기간

㉥ 전환사채 등 인수취득 시 증여로 과세된 이익

이는 위 2) 인수취득단계에서 전환사채 등을 저가인수 · 취득시 과세된 증여이익을 말하며 이중과세를 조정하기 위함이다. 그래야만 전환사채 등의 인수 · 취득자가 전체적으로 얻게 되는 이익인 교부받은 주식의 시가와 전환사채 등의 인수 · 취득가액 간의 차액이 한번만 과세되는 결과가 될 것이다. 따라서 인수취득단계에서 증여세가 과세되지 아니한 경우에는 해당되지 않는다.

4) 교부받은 주식가액이 전환가액 등 보다 낮은 경우(고가전환시) 증여(상증세법 제40조 제1항 제2호 라목)

(1) 의의

전환사채 등에 의하여 주식으로 전환·교환하거나 주식을 인수한 경우로서 전환사채 등에 의하여 교부받은 주식가액이 전환가액 등보다 낮게 되는 경우에 적용된다. 전환사채 등의 권리행사 시점에 있어서 주가가 인수가액보다 낮다면 인수를 포기하여야 함에도 불구하고 인수를 함으로써 특수관계인에게 무상으로 부를 이전시키는 것에 대한 과세이다.

(2) 증여시기

전환단계에서 주식 등으로의 고가전환 등에 의한 이익의 증여시기는 전환사채 등을 주식으로 전환 등을 한 때이다. 여기에서 주식으로 전환 등을 한 때는 해당 사채의 종류에 따라 구체적으로 보면 다음과 같다.

① 전환사채

전환사채는 사채권자의 전환청구의 일방적 의사표시에 의해 전환의 효력이 생긴다. 여기에서의 전환권은 형성권이므로 증여시기는 전환의 청구가 있는 때이다.

② 교환사채

교환사채는 사채권자의 교환청구가 있으면 회사가 보유한 타사상장주식으로 교환하여야 한다. 여기에서의 교환권도 형성권이므로 사채권자의 교환의 청구가 있는 때가 증여시기가 된다.

③ 신주인수권부사채

신주인수권부채사채의 사채권자가 신주인수권을 행사하는 경우에는 주금의 납입이 있어야 주주로서의 지위를 얻는다. 그러므로 그 주금납입일이 증여시기가 된다.

(3) 증여세 과세대상 재산 포함요건

따라서 다음 요건을 충족하는 경우에 증여로 과세한다.

① 전환사채 등의 권리행사를 한 경우 교부받은 주식가액이 인수가액보다 낮아야 한다.

② 이로 인하여 해당 주식을 교부받은 자의 특수관계인이 이익을 얻어야 한다. 여기에서 특수관계인[237]이라 함은 해당 주식을 교부받은 자와 상증세법 시행령

---

237) 이 책 '보론 21 상증세법상 특수관계인 규정 검토' 참조

제2조의 2 제1항 각 호의 어느 하나의 관계에 있는 자를 말한다.

(4) 증여재산가액

고가전환시 증여는 신주를 고가 발행 시(상증세법 제39조) 증여규정과 유사하며, 증여재산가액의 계산은 다음과 같다(상증세법 시행령 제30조 제1항 제3호).

> 증여재산가액 = (주식 1주당 전환가액 등 - 교부받은 주식 1주당 가액)
> × 전환 등에 의하여 증가한 주식 수
> × 해당 주식을 교부받은 자의 특수관계인의 전환 전 지분비율

① 주식 1주당 전환가액 등

인수취득한 전환사채 등에 의하여 주식으로 전환하는 경우에 그 주식 1주당 전환가액·교환가액·인수가액을 의미한다.

② 교부받은 1주당 주식가액

전환사채 등에 의하여 주식으로 전환·교환하거나 주식을 인수("전환 등"이라 한다)한 경우 다음 산식에 의하여 계산한 1주당 가액을 교부받은 1주당 주식가액으로 한다.

$$
\frac{[(\text{전환 등 전의 1주당 평가가액} \times \text{전환 등 전의 발행주식총수}) + (\text{주식 1주당 전환가액 등} \times \text{전환 등에 의하여 증가한 주식 수})]}{\text{전환 등 전의 발행주식총수} + \text{전환 등에 의하여 증가한 주식 수}}
$$

㉮ 주식평가 : 이때에 1주당 평가는 상증세법 제60조 및 제63조에 따라야 할 것이다(상증세법 제39조 제1항 제1호 본문 괄호).

㉯ 전환 등 전 1주당 평가가액 : 명문의 규정은 없지만, 여기에서 유가증권시장 상장법인과 코스닥시장 상장법인의 경우 "전환 등 전의 1주당 평가가액"은 해당 전환 전 2개월간의 한국거래소 최종시세가액의 평균액으로 한다(상증세법 기본통칙 39-29…2 : 서면4팀-880. 2004. 6. 16.). 같은 맥락에서 비상장법인은 시가 또는 보충적 평가방법에 의한다.

㉰ 전환 등 후의 1주당 평가가액 : 이 경우 주권상장법인 등의 주식으로 전환 등을 한 경우로서 전환 등 후의 1주당 평가가액이 위의 산식에 의하여 계산한 1주당 가액보다 적은 경우에는 해당 가액으로 한다. 전환 등 후의 1주당 평가가액이란 전환일 후 2개월간의 최종시세가액의 평균액으로 하는 것이 타당하다(상증세법 제60조 및 제63조에 의해 평가한 가액 : 서면4팀-880. 2004. 6. 16.).

㉣ 최대주주 등의 할증평가규정 적용배제 : 그리고 전환사채 등의 주식전환 등에 따른 증여이익을 계산할 때에 최대주주 등의 주식 등에 대한 할증평가규정은 적용되지 않는다(상증세법 시행령 제53조 제7항 제3호).

▌전환으로 교부받은 주식가액 계산요약(상증세법 집행기준 40-30-4) ▌

구 분	주권상장(코스닥상장)법인	비상장법인
실제 전환 후 1주당 평가액	Min[①, ②] ① 전환일 이후 2개월간의 최종시세가액의 평균액 ② 전환증권 전환 후 이론적 주가	② 전환증권 전환 후 이론적 주가
전환 전 1주당 평가액	전환 전 2개월이 되는 날부터 전환일 전일까지 2개월간 최종시세가액의 평균액	시가 or 보충적 평가액

5) 특수관계인에게 전환사채 등을 고가양도한 경우의 증여(상증세법 제40조 제1항 제3호)[238]

(1) 의의

특수관계인에게 전환사채 등을 시가보다 높은 가액으로 양도함으로써 이익을 얻는 경우에 적용된다. 특히 이 경우는 상증세법 제35조에서 규정하고 있는 저가·고가 양도에 따른 이익의 증여 등과 동일한 논리에 따라 과세되나 본조가 상대적으로 더 강화된 요건(1억 기준)을 요구하므로 상증세법 제35조(3억 기준)의 규정이 배제되고, 본조가 우선 적용된다.

(2) 증여시기

전환사채 등을 특수관계인에게 시가를 초과하여 양도함으로써 증여세가 과세되는 경우에는 전환사채 등을 양도하는 때를 증여시기로 한다. 여기에서 전환사채 양도일은 해당 전환사채의 대금을 청산한 날(대금청산일 전에 전환사채를 교부한 경우에는 그 교부일)을 말한다(상증세법 기본통칙 40-30…1 참조).

(3) 증여세 과세대상 재산 포함요건

양도함으로써 발생하는 전환사채 등 이익을 증여로 과세하기 위해서는 다음의 요건을 충족해야 한다.
① 전환사채 등을 특수관계인에게 양도하여야 한다.

---

238) 1998. 12. 31. 이후 증여세 과세대상이다.

여기에서 특수관계인이라 함은 전환사채 등을 양도한 자와 상증세법 시행령 제2조의 2 제1항 각 호의 어느 하나의 관계에 있는 자를 말한다.

② 전환사채 등을 시가보다 고가로 양도하여야 한다.

여기에서의 시가는 상증세법 제60조 및 제63조에 의한다. 그런데 상증세법 제35조 (저가 · 고가 양도에 따른 이익의 증여 등)와의 관계에서 본조가 우선 적용된다.

③ 개개의 양도자(수증자)에게 일정액 이상의 이익이 발생하여야 한다.

유통단계에 있어서 전환사채 등을 양도함으로써 얻은 이익이 증여세 과세대상 재산에 포함되려면, 전환사채 등의 양도가에서 시가를 차감한 가액이 시가의 30% 이상이거나 1억원 이상이어야 한다(상증세법 제40조 제1항 단서, 상증세법 시행령 제30조 제1항 제1호 및 제2항 제1호).

> ㉮ 양도가 − 시가 ≥ 시가 × 30%
> ㉯ 양도가 − 시가 ≥ 1억

(4) 증여재산가액의 계산

전환사채 등의 양도가액에서 전환사채 등의 시가를 차감한 가액이 전환사채 등의 시가의 30% 이상이거나 1억원 이상인 경우 해당 금액을 증여재산가액으로 한다(상증세법 제40조 제1항 단서, 상증세법 시행령 제30조 제1항 제4호 및 제2항 제1호).

> 증여재산가액 = 양도가 − 시가

① 전환사채 등의 양도가액

전환사채 등의 양도가액은 전환사채 등의 양도시에 수입한 금액을 의미한다.

② 전환사채 등의 시가

여기에서의 전환사채 등의 시가는 앞[3).(4).①.ⓒ.]서 본 교부받을 주식가액을 의미한다고 본다. 왜냐하면 전환사채 등의 고가양도에 대해 증여세를 과세하여야만 주식으로의 전환 등의 경우에 교부받을 가액 이상의 양도차익에 대해 과세할 수 있을 것이기 때문이다.

한편 특수관계인으로부터 분여받은 이익의 계산시에 상증세법 제35조에서는 시가의 30%에 상당하는 가액 또는 3억원 중 적은 금액을 시가와 양도가의 차액에서 차감한 금액이 분여받은 이익이 되지만, 전환사채 등의 주식전환 등에 따른 이익의 증여 규정에서는 분여받은 이익의 계산시 양도가와 시가의 차액에서 시

가의 30%에 상당하는 가액 또는 1억원 이상이어야 하는 조건은 증여세 과세대상
재산에의 포함 여부를 판단하는 기준일 뿐이며 이러한 요건을 통과하면 그 이익
전체(차감하지 않는다)가 증여재산가액이 된다.

- **최대주주 등의 할증평가규정 적용배제** : 그리고 전환사채 등의 주식전환 등에
  따른 증여이익을 계산할 때에 최대주주 등의 주식 등에 대한 할증평가규정은
  적용되지 않는다(상증세법 시행령 제53조 제7항 제3호).

6) 증여세 과세특례(상증세법 제43조)

이러한 특례에 대해 종전 시행령에 규정하던 것을 법률에 직접 규정함으로써 조세법률
주의의 취지에 부합하도록 하였고, 이익의 계산에 필요한 사항은 대통령령(상증세법 시행
령 제32조의 4)으로 정하도록 하였다.

① 하나의 증여에 대하여 제33조부터 제39조까지, 제39조의 2, 제39조의 3, 제40조, 제41
  조의 2부터 제41조의 5까지, 제42조, 제42조의 2, 제42조의 3, 제44조, 제45조 및 제45
  조의 3부터 제45조의 5까지의 규정이 둘 이상 동시에 적용되는 경우에는 그 중 이익
  이 가장 많게 계산되는 것 하나만을 적용한다.[239]

② 또한 전환사채 등의 주식전환 등에 따른 이익을 계산함에 있어서 해당 그 이익과 관
  련한 거래 등을 한 날부터 소급하여 1년 이내에 동일한 거래 등이 있는 경우에는 각
  각의 거래 등에 따른 이익(시가와 대가의 차액을 말한다)을 해당 이익별로 합산하여 각각의
  조항별 금액기준을 계산한다. 분할증여를 통한 본조의 적용회피를 막기 위해서다.
  이 경우 상증세법 제40조 제1항 제1호 내지 제3호의 이익별로 구분된 것을 말한다.

7) 연대납세의무 면제

증여세의 납부에 있어서 원칙적으로 수증자가 증여세를 납부할 수 없을 때에는 증여자
가 연대납세의무를 진다. 그러나 조세형평상 세법에서 정한 과세요건을 충족함에 따라
세법상 증여로 보아 과세하는 경우 수증자에 대한 조세채권의 확보가 곤란하다고 하여
도 증여자에게 연대납부의무를 지우는 것은 지나친 경우가 있다. 이런 측면에서 전환사
채 등의 주식전환 등에 따른 이익의 증여유형도 연대납세의무가 면제된다(상증세법 제4조
의 2 제6항 단서).

---

239) 2011. 1. 1. 이후 최초로 증여받는 것부터 적용한다.

8) 합산배제 증여재산의 증여세 과세표준 계산특례

(1) 증여세의 과세표준은 증여세 과세가액에서 증여재산공제 등과 증여재산의 감정평가수수료를 차감한 금액으로 한다. 그러나 합산배제 증여재산(상증세법 제47조 제1항)에 있어서는 해당 증여재산가액에서 3천만원과 증여재산의 감정평가수수료를 차감한 금액을 증여세 과세표준으로 한다(상증세법 제55조 제1항 제3호). 여기에서 상증세법 제31조 제1항 제3호(재산 취득 후 해당 재산의 가치가 증가하는 경우 증여재산가액 계산), 제40조 제1항 제2호 및 제3호(전환사채 등에 의한 주식으로의 전환 등을 하거나 양도함으로써 얻은 이익), 제41조의 3(주식 등의 상장 등에 따른 이익의 증여), 제41조의 5(합병에 따른 상장 등 이익의 증여), 제42조의 3(재산 취득 후 재산가치 증가에 따른 이익의 증여), 제45조의 2(명의신탁재산의 증여 의제), 제45조의 3(특수관계법인과의 거래를 통한 이익의 증여의제) 및 제45조의 4(특수관계법인으로부터 제공받은 사업기회로 발생한 이익의 증여 의제)에 따른 증여재산이 합산배제 증여재산이다.

(2) 상증세법 제47조 제2항에 의하면 해당 증여일 전 10년 이내에 동일인(증여자가 직계존속인 경우에는 그 직계존속의 배우자를 포함)으로부터 받은 증여재산가액을 합한 금액이 1천만원 이상인 경우에는 그 가액을 증여세 과세가액에 가산하도록 하되, 다만 합산배제 증여재산의 경우에는 합산하지 아니하도록 하고 있다.

6. 초과배당에 따른 이익의 증여

> **⊙ 해의 맥**
>
> 이 증여유형은 최대주주 등이 배당금의 전부 또는 일부를 포기함으로써 최대주주 등의 특수관계인이 얻은 경제적 이익에 과세한다.

§관련조문

상증세법	상증세법 시행령	상증세법 시행규칙
제41조의 2 【초과배당에 따른 이익의 증여】	제31조의 2 【초과배당에 따른 이익의 계산방법 등】 제32조의 4 【이익의 계산방법】	제10조의 3 【소득세 상당액 계산방법】

1) 의의

통상적으로 소액주주들의 권리를 보호하기 위하여 이루어지는 차등배당은 법인의 최대주주 등이 자녀 등 특수관계인에게 변칙적 증여의 수단으로 악용할 수 있다. 법인의 최대 주주 또는 최대출자자가 자신이 받아야 할 배당금액을 포기하는 경우, 그 배당금액을 받은 자는 배당을 포기한 최대 주주로부터 증여를 받는 것과 같은 효과가 있기 때문이다.

현행 상중세법에서는 증여재산에 대하여 수증자에게 「소득세법」에 따른 소득세 또는 「법인세법」에 따른 법인세가 부과되는 경우에는 증여세를 부과하지 않도록 하고 있고(상중세법 제4조의 2 제3항), 배당금액에 대해서는 배당소득세가 과세되기 때문에 초과배당을 받은 경우에도 증여세가 과세되지 않는다.[240] 그런데 초과배당금액에 대해서 과세되는 소득세의 최고세율은 증여세의 최고세율보다 낮아 최대주주 입장에서는 증여세 부담을 회피하기 위해 배당을 포기하는 경우가 발생할 수 있는 것이다[241]. 따라서 증여세 부담이 소득세보다 커지는 구간에서 최대주주의 배당포기 등으로 인해 발생할 수 있는 증여세 부담 회피를 방지하기 위해, 최대주주 또는 출자자가 배당금의 전부 또는 일부를 포기함으로써 특수관계인이 소유주식수 비율보다 많은 배당을 받는 경우 그 초과배당에 대하여 증여세를 과세하는 내용의 규정을 2015년 12월 15일 상중세법 개정시 신설하였다.[242] 초과배당금액은 형식상 법인으로부터 받는 배당이지만 실질은 특수관계가 있는 최대주주의 배당포기 등으로 인해 발생하는 증여재산으로 볼 수 있으므로, 실질과세원칙에 따라 증여세를 과세되는 것이다.

2021년 초 세법개정을 통해 초과배당을 통한 세부담 회피를 방지하기 위하여 초과배당 증여이익에 대하여 소득세와 증여세 모두 과세하되 이후 정산증여재산가액을 기준으로 재계산한 증여세를 납부하도록 하여 초과배당에 대한 증여세 과세방식을 종전 비교과세 방식(초과배당금액에 대한 증여세액이 초과배당금액에 대한 소득세 상당액보다 큰 경우에만 과세)에서 정산과세방식으로 변경하였다.[243]

---

240) 법인이 현금배당을 지급함에 있어 각 주주들이 소유하고 있는 주식의 수에 따라 배당금을 지급하지 않은 경우로서 균등한 조건에 의하여 지급받을 배당금을 초과하는 금액을 소득세법상 배당소득으로 보아 소득세가 과세되는 경우에는 구 상중세법 제2조 제2항(현행 제4조의 2 제3항)에 따라 증여세를 과세하지 않음(재재산 - 927, 2011. 10. 31.).

241) 배당금액에 대한 소득세 최고세율은 배당세액공제가 적용되어 31.2%이며, 배당액이 15억9,410만원을 넘어가면 증여세가 소득세보다 많아지게 됨(국회기획재정위원회, 상속세 및 증여세법 일부개정법률안 검토보고서, 2015. 10.).

242) 2016. 1. 1. 이후 최초로 증여받는 것부터 적용한다.

243) 2021. 1. 1. 이후 증여분부터 적용하며, 그 이전에 증여받은 경우에는 종전 규정에 따름

2) 증여시기

법인이 이익이나 잉여금을 배당 또는 분배하는 경우로서 그 법인의 최대주주 또는 최대출자자가 본인이 지급받을 배당 등의 금액의 전부 또는 일부를 포기하거나 본인이 보유한 주식 등에 비례하여 균등하지 아니한 조건으로 배당 등을 받음에 따라 그 최대주주 등의 특수관계인이 초과배당금액을 받은 경우 그 이익의 증여시기는 법인이 배당 등을 한 날로 한다(상증세법 제41조의 2 제1항).[244]

3) 증여세 과세대상 재산 포함요건

초과배당에 따른 이익을 증여세 과세대상 재산에 포함하여 증여로 과세하기 위해서는 다음의 요건을 모두 갖추어야 한다.

(1) 최대주주 등이 배당을 포기하거나 불균등 조건으로 배당을 받아야 한다.

최대주주 등이 본인이 지급받을 배당 등의 금액의 전부 또는 일부를 포기하거나 본인이 보유한 주식 등에 비례하여 균등하지 아니한 조건으로 배당 등을 받아야 한다. 이때 최대주주 등이란 해당 법인의 최대주주 또는 최대출자자를 의미한다(상증세법 시행령 제31조의 2 제1항).

(2) 최대주주 등이 배당을 포기하거나 불균등 조건으로 배당을 받음으로 인해 이익을 얻는 자가 그 최대주주 등의 특수관계인이어야 한다.

초과배당에 따른 이익의 증여가 성립하기 위해서는 배당을 포기하거나 불균등한 조건으로 배당을 받은 최대주주 등과 특수관계가 있는 자가 이익을 얻어야 한다. 이때 특수관계인이라 함은 본인과 친족관계, 경제적 연관관계 또는 경영지배관계 등 상증세법 시행령 제2조의 2 제1항 각 호의 어느 하나에 해당하는 관계에 있는 자를 말한다. 이 경우 본인도 특수관계인의 특수관계인으로 본다(상증세법 제2조 제10호).

그리고 여기에서의 특수관계는, 최대주주 등이 본인이 지급받을 배당을 포기하거나 본인이 보유한 주식 등에 비례하여 불균등한 조건으로 배당 등을 받음으로써 그와 특수관계가 있는 자가 이익을 얻는 경우에 그 이익에 상당하는 금액을 그 최대주주 등의 특수관계인의 증여재산가액으로 하므로, 과세(적용)요건으로서 기능한다.

---

244) '배당 등을 한 날'을 실제 지급일이 아닌 주주총회 결의일로 보아야 한다고 판단한 심판례(조심 2022서 5668, 2022. 10. 7.) 존재함.

(3) 그 최대주주 등의 특수관계인이 본인이 보유한 주식 등에 비하여 높은 금액의 배당 등을 받아야 한다.

법인의 최대주주 또는 출자자가 배당금의 전부 또는 일부를 포기함으로써, 특수관계인이 소유주식수 비율보다 많은 배당을 받는 경우, 그 초과배당에 대하여 증여세가 과세된다. 초과배당금액은 형식상 법인으로부터 받는 배당이지만, 실질은 특수관계가 있는 최대주주의 배당포기 등으로 인해 발생하는 증여재산으로 볼 수 있으므로, 실질과세원칙에 따라 증여세 과세대상이 된다.

4) 증여재산가액

위의 증여재산 포함요건을 모두 충족하였다면, 초과배당에 따른 이익은 다음의 이익으로 한다(상증세법 시행령 제31조의 2 제2항).

> 증여재산가액 = 초과배당금액(1) − 해당 초과배당금액에 대한 소득세 상당액(2)

(1) 초과배당금액의 계산

초과배당금액은 아래 ①의 가액에 ②의 비율을 곱하여 계산한다(상증세법 시행령 제31조의 2 제2항).

① 최대주주 등의 특수관계인이 배당 등을 받은 금액에서 본인이 보유한 주식 등에 비례하여 배당 등을 받을 경우의 그 배당 등의 금액("균등배당금액")을 차감한 가액

② 보유한 주식 등에 비하여 낮은 금액의 배당 등을 받은 주주 등이 보유한 주식 등에 비례하여 배당 등을 받을 경우에 비해 적게 배당 등을 받은 금액("과소배당금액") 중 최대주주 등의 과소배당금액이 차지하는 비율

$$\text{초과배당금액} = \left(\begin{array}{c} \text{최대주주 등의} \\ \text{특수관계인의} \\ \text{실제배당금액} \end{array} - \begin{array}{c} \text{최대주주 등의} \\ \text{특수관계인의} \\ \text{균등배당금액} \end{array} \right) \times \dfrac{\begin{array}{c}\text{최대주주 등의} \\ \text{과소배당금액}\end{array}}{\begin{array}{c}\text{총 과소배당금액} \\ \text{(전체 주주)}\end{array}}$$

(2) 해당 초과배당금액에 대한 소득세 상당액의 계산

초과배당금액에 대한 소득세 상당액은 아래의 구분에 의한다(상증세법 시행령 제31조의 2 제3항).

① 초과배당금액에 대한 증여세 과세표준 신고기한이 해당 초과배당금액이 발생한 연도의 다음 연도 6월 1일(성실신고확인대상사업자에 해당하는 경우에는 7월 1일) 이후인 경우 ("소득세가 확정된 경우") : 초과배당금액에 대한 기획재정부령이 정하는 바에 따라 아래와 같이 계산한 소득세액(상증세법 시행령 제31조의 2 제3항, 같은 법 시행규칙 제10조의 3 제2항).

㉠「상법」제461조의 2에 따라 자본준비금을 감액하여 받은 배당(법 제17조 제2항 제2호 각 목에 해당하지 아니하는 자본준비금을 감액하여 받은 배당은 제외한다) 등에 해당하여 배당소득에 포함되지 않는 경우 등 소득세 과세대상에서 제외되거나 비과세 대상인 경우 : 0

㉡「소득세법」제14조 제5항에 따른 분리과세배당소득에 해당하는 경우 등 초과 배당금액이 분리과세된 경우 : 해당 분리과세된 세액

㉢「소득세법」제14조 제2항에 따라 종합과세되는 경우 : Max[㉮, ㉯]

> ㉮ 초과배당금액이 발생한 연도의 종합소득과세표준에 종합소득세율(소득세법 제55 조 제1항)을 적용하여 계산한 금액 − 해당 연도의 종합소득과세표준에서 초과배 당금액을 뺀 금액에 종합소득세율을 적용하여 계산한 금액(0 보다 작은 경우 0으로 한다)
> ㉯ 초과배당금액에 100분의 14를 곱한 금액

② 소득세가 확정되지 아니한 경우 : 초과배당금액에 대하여 해당 초과배당금액의 규모와 소득세율 등을 고려하여 다음의 기획재정부령으로 정하는 율을 곱한 금 액(상증세법 시행령 제31조의 2 제3항, 같은 법 시행규칙 제10조의 3 제1항)

초과배당금액	율
5천220만원 이하	초과배당금액 × 100분의 14
5천220만원 초과 8천800만원 이하	731만원 + (5천220만원을 초과하는 초과배당금액 × 100분의 24)
8천800만원 초과 1억5천만원 이하	1천590만원 + (8천800만원을 초과하는 초과배당금액 × 100분의 35)
1억5천만원 초과 3억원 이하	3천760만원 + (1억5천만원을 초과하는 초과배당금액 × 100분의 38)
3억원 초과 5억원 이하	9천460만원 + (3억원을 초과하는 초과배당금액 × 100분의 40)

초과배당금액	율
5억원 초과 10억원 이하	1억7천460만원 + (5억원을 초과하는 초과배당금액 × 100분의 42)
10억원 초과	3억8천460만원 + (10억원을 초과하는 초과배당금액 × 100분의 45)

5) 정산증여재산가액에 의한 증여세 정산

초과배당금액에 대하여 증여세("기납부 증여세액")를 부과받은 자는 해당 초과배당금액에 대한 소득세를 납부할 때(납부할 세액이 없는 경우를 포함) 정산증여재산가액을 기준으로 계산한 증여세액(아래 (1))에서 초과배당금액에 대한 기납부 증여세액(아래 (2))을 뺀 금액을 관할 세무서장에게 납부하여야 한다. 다만, 기납부 증여세액이 정산증여재산가액에 의한 증여세액을 초과하는 경우에는 그 초과되는 금액을 환급받을 수 있다(상증세법 제41조의 2 제2항).

(1) 정산증여재산가액에 의한 증여세

정산증여재산가액에 의한 증여세액이란 정산증여재산가액을 기준으로 계산한 증여세액을 말하며, 정산증여재산가액은 다음의 금액을 말한다(상증세법 시행령 제31조의 2 제4항).

> 정산증여재산가액 = ① - ②
>
> ① 초과배당금액(위 4) (1))
> ② 초과배당금액에 대하여 기획재정부령이 정하는 바에 따라 계산한 소득세액(위 4) (1) ①)

(2) 기납부 증여세액

기납부 증여세액은 상증세법 제41조의 2 제1항에 따른 증여재산가액(위 4)에 따른 증여재산가액)을 기준으로 계산한 증여세액을 말한다.

(3) 증여세 정산에 따른 추가납부(환급)세액 신고납부기한

정산증여재산가액의 증여세 과세표준의 신고기한은 초과배당금액이 발생한 연도의 다음 연도 5월 1일부터 5월 31일(「소득세법」 제70조의 2 제2항에 따라 성실신고확인서를 제출한 성실신고확인대상사업자의 경우에는 6월 30일로 한다)까지로 한다(상증세법 제41조의 2 제3항).

(4) 증여세 정산 배제

초과배당금액에 대한 증여세 과세표준 신고기한이 해당 초과배당금액이 발생한 연도의 다음 연도 6월 1일(성실신고확인대상사업자에 해당하는 경우에는 7월 1일) 이후인 경우(당초 증여재산가액 산정 시 소득세가 이미 확정되어 있었으므로 증여세 정산이 필요 없음)는 증여세 정산규정을 적용하지 아니한다(상증세법 시행령 제31조의 2 제6항).

6) 증여세 과세특례(상증세법 제43조)

① 하나의 증여에 대하여 제33조부터 제39조까지, 제39조의 2, 제39조의 3, 제40조, 제41조의 2부터 제41조의 5까지, 제42조, 제42조의 2, 제42조의 3, 제44조, 제45조 및 제45조의 3부터 제45조의 5까지의 규정이 둘 이상 동시에 적용되는 경우에는 그 중 이익이 가장 많게 계산되는 것 하나만을 적용한다(상증세법 제43조).[245]

② 초과배당에 따른 이익을 계산할 때 그 증여일부터 소급하여 1년 이내에 동일한 거래 등이 있는 경우에는 각각의 거래 등에 따른 이익을 해당 이익별로 합산하여 계산한다.[246]

7) 연대납세의무 면제

증여세의 납부에 있어서는 원칙적으로 수증자가 증여세를 납부할 수 없을 때에는 증여자가 연대납세의무를 진다. 그러나 조세형평상 세법에서 정한 과세요건을 충족함에 따라 세법상 증여로 보아 과세하는 경우 수증자에 대한 조세채권의 확보가 곤란하다고 하여도 증여자에게 연대납부의무를 지우는 것은 지나친 경우가 있다. 이런 측면에서 초과배당에 따른 이익의 증여유형도 연대납세의무가 면제된다(상증세법 제4조의 2 제6항 단서).

7. 주식 등의 상장 등에 따른 이익의 증여

 해의 맥

이 증여유형은 최대주주 등의 특수관계인이 최대주주 등을 통해 비상장주식을 취득한 후 상장을 통해 얻은 경제적 이익에 과세한다.

---

245) 2011. 1. 1. 이후 최초로 증여받는 것부터 적용한다.
246) 2020. 1. 1. 이후 초과배당하는 분부터 적용한다.

§ 관련조문

상증세법	상증세법 시행령	상증세법 시행규칙
제41조의 3 【주식 등의 상장 등에 따른 이익의 증여】	제31조의 3 【주식 등의 상장 등에 따른 이익의 계산방법 등】 제32조의 4 【이익의 계산방법】	제10조의 4 【기업가치의 실질적 증가로 인한 이익의 계산】

1) 의의

일반적으로 유가증권시장에서의 거래를 분석해 보면 회사의 내부정보에 용이하게 접근할 수 있는 자들은 그러한 정보를 이용하여 많은 시세차익을 얻어 왔다. 특히 주식 등의 상장에 따른 거액의 시세차익을 얻게 할 목적으로 내부정보를 가진 자들이 상장 전에 미리 자녀 등 특수관계인에게 비상장주식을 증여하고, 가까운 장래에 이를 상장하여 큰 폭의 차익을 그 특수관계인들이 얻게 할 수 있다. 이때에 외면상 드러나는 거래에 따라 과세의 여부를 판단한다면 위와 같은 상장시세차익에 대해 차후 양도시 양도소득세를 과세하는 것은 별론으로 하더라도 보유하고 있는 동안에는 증여세를 과세할 수 없게 된다. 그런데 이러한 거래를 통해 특수관계인이 받은 재산은 명목적으로는 비상장주식 또는 취득자금이나 실질적 재산은 상장주식의 가치이다. 즉 상장 후에 해당 주식 등의 가치가 현저한 상태에서 증여한 것과 그 경제적 실질이 동일하다는 것을 알 수 있다. 따라서 내부정보를 이용하여 유가증권시장 또는 코스닥시장[247] 상장에 따른 막대한 시세차익을 얻을 목적으로 비상장주식을 증여·취득한 경우 그 자녀 등이 이를 양도하지 않고 계속보유하고 있는 한에는 그 차익에 대하여 과세할 수 없고 사실상 세부담없이 계열사를 지배하는 문제가 있어 이에 해당하는 상장차익에 대해 적정하게 과세함으로써 고액재산가의 변칙적인 부의 세습을 방지하고자 1999년 12월 28일 상증세법 개정시 신설되었다. 따라서 이 규정은 비상장주식의 증여 시 평가를 유보하였던 상장시세차익을 실제로 상장되어 그 평가가 정확해진 때에, 비로소 당초의 증여가액과 상장시세차익의 증여이익을 합하여 정산하여 과세하는 구조로 되어 있다. 따라서 이중과세는 아니라고 본다(조심 2010중3712, 2011. 3. 10. ; 조심 2010중3722, 2010. 12. 23.).

그러면서 상장 후 주식가치가 현저히 하락한 경우 증여세를 정산신고하면 당초 납부한 증여세를 환급해주는 제도를 둠으로써 상장에 따른 시세차익이 발생할 경우와의 과세상 균형을 유지하려 하였다. 또한, 정산 개념과 기업의 실질가치증가분을 상장시세차익 과세시 제외하

---

247) 유가증권시장과 코스닥시장을 합쳐 '증권시장'이라고 부르기도 한다.

는 한편 차후 해당 상장주식을 양도할 때에 증여세 과세가액을 필요경비로 하여 양도차익을 계산하게 하는 등 과세상의 위헌성을 피하려는 여러 장치를 마련하고 있는 것으로 보인다. 이러한 유형의 거래흐름을 보면 다음과 같다(상증세법 집행기준 41의 3-0-1).

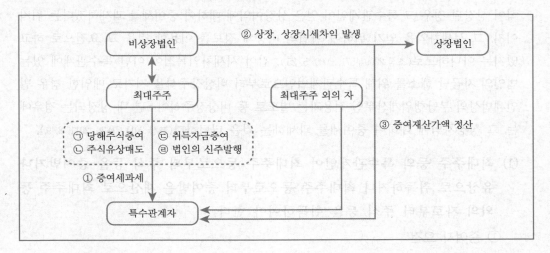

2) 증여시기(정산기준일)

① 원칙

주식 또는 출자지분의 상장 등에 따른 증여이익은 해당 주식 등의 상장일부터 3개월이 되는 날을 기준으로 계산하며, 이 날이 바로 증여일이 되며 정산기준일이기도 하다(상증세법 제41조의 3 제3항).

이때에 상장일은 자본시장과 금융투자업에 관한 법률 제8조의 2 제4항 제1호의 규정에 의한 증권시장 또는 같은 조 제14항의 규정에 의한 코스닥시장에서 최초로 주식 등의 매매거래를 개시한 날로 한다(상증세법 제41조의 3 제5항, 같은 법 집행기준 41의 3-31의 6-2).

② 예외

한편 해당 주식 등을 보유한 자가 상장일부터 3개월이 되는 날까지의 사이에 사망하거나 해당 주식 등을 증여 또는 양도한 경우에는 그 사망일·증여일 또는 양도일을 기준으로 증여이익을 계산하여야 한다. 따라서 이 날이 정산기준일이며 증여일이다(상증세법 제41조의 3 제3항).

3) 증여세 과세대상 재산 포함요건

주식 또는 출자지분의 상장 등에 따른 이익을 증여세 과세대상 재산에 포함하여 증여로 과세하기 위해서는 다음의 요건을 모두 갖추어야 한다.

이때 상증세법 제41조의 3은 그 법문에 비추어 제1항 각호에 열거한 기업의 미공개 정보를 이용할 수 있는 지위에 있다고 인정되는 자가 특수관계인에게 주식을 이전하여 동 주식이 상장된 경우 그 특수관계인이 얻은 상장이익에 대하여 증여세를 과세하겠다는 취지이지, 그 시세차익을 얻기 위하여 기업의 미공개 정보를 이용할 것을 그 요건으로 하고 있지는 아니하므로(조심 2009부571, 2009. 5. 25.), 갑이 시세차익목적이 아닌 특수관계에 있는 법인의 자금난 해소를 위해 특수관계법인으로부터 비상장주식을 저가로 매입한 경우 법인세법상의 부당행위계산부인 적용과는 별도로 동 비상장주식이 5년 내 상장되는 경우에는 그 상장차익에 대하여 증여세를 과세하는 것은 타당하다(조심 2011서1820, 2011. 8. 9.).

(1) 최대주주 등의 특수관계인이 최대주주 등으로부터 주식 등을 증여받거나 유상으로 취득하거나 최대주주 등으로부터 증여받은 재산으로 최대주주 등 외의 자로부터 주식 등을 취득하여야 한다.

① 증여자 요건

- 이때에 증여자는 기업의 경영 등에 관하여 공개되지 아니한 정보를 이용할 수 있는 지위에 있다고 인정되는 자로서 해당 법인의 최대주주이거나 해당 법인의 지분율 25% 이상의 대주주이어야 한다.

- 이때 최대주주 등의 주식을 유상으로 취득하는 과정에서 한 번이라도 특수관계가 성립하는 경우에는 당해 규정이 적용되는 것이지만, 단순히 양도자와 양수자가 같은 법인의 주주관계 또는 임직원관계라는 사실만으로는 특수관계인에 해당되지 않는다(재산-3674, 2008. 11. 7.).

- 그리고 고액재산가의 변칙적인 부의 세습을 사전에 방지하기 위한 당해 규정의 취지에 비추어 보면, 비상장주식을 '증여받는 때' 최대주주 또는 지분율 25% 이상인 대주주의 특수관계인에 해당하면 되는 것이지, '그 후' 증여자의 생존 여부, 최대주주 및 대주주 해당 여부에 영향받지 않는다(조심 2010부1212, 2010. 12. 17.).

- 「상법」상 회사는 원칙적으로 자기주식의 취득이 제한되었을 뿐만 아니라 자기주식은 의결권이 없다고 규정하고 있는 점 등을 감안할 때 주식발행법인이 일시적으로 자기주식을 보유하였다 하여 주주권행사의 대상이 되는 해당 법인 자체를 동 법인의 주주로 보는 것은 논리적·순환론적인 모순에 빠지게 되는 문제가 있는 것이므로 주식발행법인을 상증법 시행령 제19조 제2항에 의한 최대주주 및 같은 법 제41조의 3 제1항 제2호에 따른 발행주식총수의 100분의

25 이상을 보유한 자로 보기는 어렵다 할 것(조심 2017중2856, 2018. 6. 21. ; 조심 2011부
318, 2011. 9. 19. ; 조심 2017중4667, 2018. 2. 1.)이다.

- **최대주주**

최대주주란 상증세법 제22조 제2항의 규정에 의한 최대주주 또는 최대출자자를
말한다(상증세법 제41조의 3 제1항 제1호). 즉 주주 또는 출자자("주주 등") 1인과 상증세
법 시행령 제2조의 2 제1항 각 호의 어느 하나에 해당하는 관계가 있는 자[248]의
보유주식 등을 합하여 그 보유주식 등의 합계가 가장 많은 경우의 해당 주주
등을 말한다(상증세법 제22조 제2항, 상증세법 시행령 제19조 제2항). 따라서 당해 주주 등에
서는 최대주주와 특수관계가 있는 법인도 포함한다(조심 2011서501, 2011. 5. 6.).

- **지분율 25% 이상 소유한 대주주**

역시 증여자에 해당하는 것으로 최대주주는 아니지만 지분율 25% 이상인 주주를
과세대상으로 한다. 지분율 25% 이상인 주주 해당 여부는 주주 등 1인과 상증세
법 시행령 제2조의 2 제1항 각 호의 어느 하나의 관계에 있는 자[249]의 소유주식
등을 합하여 판정한다(상증세법 제41조의 3 제1항 제2호, 같은 법 시행령 제31조의 6 제3항).

② **수증자 요건**

수증자는 위의 증여자의 특수관계인에 해당하여야 한다. 여기에서 특수관계인이
라 함은 주주 등 1인과 상증세법 시행령 제2조의 2 제1항 각 호의 관계에 있는
자를 말한다(상증세법 제2조 제10호).

③ **취득유형 요건**

주식 등의 상장에 따른 이익의 증여과세를 적용함에 있어, 수증자가 해당 비상장
주식 등을 취득하는 거래의 방식은 증여나 유상취득에 한하며 그 구체적 모습은
다음과 같다. 다만, 최대주주 등이 특수관계인에게 증여하거나 양도한 당해 법인
의 주식을 증여세 과세표준 신고기한(정산기준일로부터 3월이 되는 날) 이내에 반환받거
나 유상으로 취득한 경우에는 상증세법 제4조 제4항의 규정에 의하여 상장 등에
따른 이익의 증여는 처음부터 없었던 것으로 본다(서면4팀-3119, 2006. 9. 12.).

㉮ 최대주주 등으로부터 해당 법인의 주식 등을 증여받는 경우(상증세법 제41조의 3
제2항 제1호)

㉯ 최대주주 등으로부터 해당 법인의 주식 등을 유상으로 취득한 경우(상증세법 제
41조의 3 제2항 제1호)

---

248) 이 책 '보론 21 상증세법상 특수관계인 규정 검토' 참조
249) 이 책 '보론 21 상증세법상 특수관계인 규정 검토' 참조

유상으로 취득하면 되며, 그 가액이 시가에 비해 저가인지 고가인지는 상관하지 않으며, 그 취득자금의 출처도 묻지 않는다.

㉓ 증여받은 재산으로 최대주주 등 외의 자로부터 해당 법인의 주식 등을 취득한 경우(상증세법 제41조의 3 제2항 제2호)

이때의 증여받은 재산이란 주식 등을 유상으로 취득한 날부터 소급하여 3년 이내에 최대주주 등으로부터 증여받은 재산을 말한다.[250]

이는 특수관계인으로부터 비상장주식을 직접 증여받는 경우에는 유가증권시장 주권상장·코스닥시장 상장 시세차익에 대해 증여세가 과세됨에 따라 이를 회피하기 위하여 특수관계인으로부터 자금을 제공받아 비상장법인의 주식을 특수관계인 외의 자로부터 우회 취득하는 경우를 과세대상에 포함시키고자 한 것으로, 특수관계인으로부터 자금을 증여받아 주식을 취득하여 상장시세차익을 얻는 것은 특수관계인으로부터 주식을 증여받아 시세차익을 얻는 것과 경제적 실질이 동일하다는 점에서 타당하다.

나아가 상증세법 제41조의 3 제7항(아래 ④)에서 "제2항의 규정을 적용함에 있어서 주식 등의 취득에는 법인이 자본금을 증가시키기 위하여 신주를 발행함에 따라 인수·배정받은 신주를 포함한다"고 규정하고 있으므로, "최대주주 등 외의 자로부터 당해 법인의 주식 등을 취득"하는 경우에는 유상증자에 의하여 당해 법인의 신주를 취득하는 경우를 포함하는 것으로 해석된다(조심 2011 부1384, 2011. 6. 27.).

그런데 증여받은 재산과 다른 재산이 혼재되어 있어 증여받은 재산으로 주식 등을 취득한 것이 불분명한 경우에는 해당 증여받은 재산으로 주식 등을 취득한 것으로 추정한다(상증세법 제41조의 3 제6항). 추정규정이므로 이러한 추정을 벗어나고자 하는 수증자가 해당 취득이 증여받은 재산이 아닌 자기의 고유재산이었음을 입증하여야 한다.

㉔ 증여받은 재산을 담보로 한 차입금으로 최대주주 등 외의 자로부터 해당 법인의 주식 등을 취득한 경우(상증세법 제41조의 3 제6항)

이때의 증여받은 재산이란 주식 등을 유상으로 취득한 날부터 소급하여 3년 이내에 최대주주 등으로부터 증여받은 재산을 말한다.

그런데 증여받은 재산을 담보로 한 차입금으로 주식 등을 취득한 경우에는 수증자 스스로 번 자금이라고 보기 어려우므로 증여받은 재산으로 취득한 것으

---

250) 2003. 1. 1. 이후부터, 소급하여 3년 이내 최대주주 등으로부터 증여받은 재산을 포함하였다.

로 의제한다(상증세법 집행기준 41의 3-31의 6-3).

㉯ 이 유형의 요건을 적용함에 있어서 주식 등의 취득에는 법인이 자본금을 증가시키기 위하여 신주를 발행함에 따라 인수·배정받은 신주를 포함하고(상증세법 제41조의 3 제7항, 같은 법 집행기준 41의 3-0-1), 최대주주 등으로부터 증여받거나 유상으로 취득한 주식에 대하여 배정된 무상주도 포함된다(조심 2010부1212, 2010. 12. 17. ; 심사 증여 2009-1, 2009. 3. 25.). 따라서 특수관계인으로부터 증여받은 수증주식을 모태로 하여 코스닥 상장 이전에 유상증자시 주주배정방식으로 취득한 유상증자 주식도 상장에 따른 이익의 과세범위에 포함된다(조심 2010부3677, 2011. 6. 30.).

• 그렇지만 위에 열거한 취득방법이 아닌 상속에 의해 취득한 경우, 상속에 의해 취득한 재산으로 해당 법인의 주식을 취득한 경우, 상속받은 재산을 담보로 한 차입금으로 취득한 경우에는 비록 그 결과적인 경제적 효과는 동일하다고 하더라도 이 규정의 입법취지에 비추어 제외된다고 보아야 한다.

• 같은 맥락에서 법령에서 상세히 정한 법인의 주식 취득 등에 대해서만 적용되고, 그 밖에 법인 설립 전 발기인의 주식 인수 등 다른 유형의 주식 취득에 대해서는 이후 상장으로 이익을 얻더라도 증여세를 부과하지 않도록 한계를 정하였다고 봄이 타당하다. 이러한 결론은 이 규정의 내용과 문언, 입법취지, 법인 설립 전 발기인의 주식 인수와 설립 이후 미공개 경영 정보를 이용한 주식 취득 사이의 성질상 차이, 납세자의 예측가능성 등을 종합하여 도출할 수 있다. 따라서 이 규정의 적용 요건에 해당하지 않는 주식의 취득 등에 대해서는 위 규정을 유추하여 증여세를 부과할 수 없다(대법원 2018. 12. 13. 선고 2015두40941).

(2) 증여일 등으로부터 5년 이내에 해당 주식 등이 유가증권시장 및 코스닥시장에 상장되어야 한다.

해당 법인의 주식 등을 증여받거나 유상으로 취득한 경우에는 증여받거나 취득한 날, 증여받은 재산으로 최대주주 등 외의 자로부터 해당 법인의 주식 등을 취득한 경우에는 취득한 날부터 5년 이내에 해당 주식 등이 자본시장과 금융투자업에 관한 법률에 따라 유가증권시장 및 코스닥시장에 상장되어야 한다.

상장준비에 걸리는 기간을 감안하여 증여세 과세대상 상장시한을 종전[251]의 3년에서 5년으로 연장하였다. 그렇지만 5년이라는 기간설정의 합리적 근거를 찾기 어렵고, 기간 내의 상장과 기간 경과 후의 상장 간의 조세부담의 차이는 자의적인 차별로

251) 2002. 12. 31. 이전

헌법상의 평등의 원칙에 위반된다는 주장이 있다.[252]

(3) 정산기준일의 가격이 증여·취득 당시의 증여세 과세가액 또는 취득가액에 비해 30% 이상 상승하였거나 그 차액이 3억원 이상인 경우에 해당하여야 한다(상증세법 시행령 제31조의 3 제3항).

주식 등의 상장 등에 따른 이익이 증여세 과세대상 재산에 포함되어 증여세가 과세되기 위해서는 그 상장시세차익이 다음에서 규정하는 기준 이상이어야 한다. 이는 실질적으로는 이익 모두가 증여의 이익이지만 과세대상 재산에 포함하여 증여세를 과세하기 위해서는 일정한 기준 이상이어야 한다는 형식적 요건을 요구하고 있다. 따라서 주식 등의 상장 등에 따른 이익의 증여가 적용되려면 단순히 증여이익이 발생하는 데 그치는 것이 아니라, 일정한 이익 이상의 이익이 발생하여야 한다.

주식가치 상승률 30% 기준과 가액 3억원 기준은 특수관계인 간 고·저가양도, 증·감자, 현물출자, 합병 또는 합병에 따른 상장 등 이익의 증여 등 다른 예시적 증여규정과 일치시켜 제도의 일관성을 유지하려 한 것이다.

① 비율기준(차이가 30% 이상)

$$[(A-B-C) / (B+C)] \geq 30\%$$

A : 정산기준일 현재 1주당 평가가액
B : 주식 등을 증여받은 날 현재의 1주당 증여세 과세가액(취득의 경우에는 취득일 현재의 1주당 취득가액)
C : 1주당 기업가치의 실질적인 증가로 인한 이익

A. 정산기준일 현재 1주당 평가가액

이때의 1주당 평가가액은 상증세법 제63조(유가증권 등의 평가)의 규정에 의하여 평가한 가액을 말한다.

• 평가 : 정산기준일 현재 주식은 상장(코스닥상장 포함)이 되었으므로 정산기준일(평가기준일) 이전·이후 각 2개월간에 공표된 매일의 한국거래소 최종시세가액(거래실적의 유무를 불문한다)의 평균액으로 한다. 다만, 평균액계산에 있어서 평가기준일 이전·이후 각 2개월의 기간 중에 증자·합병 등의 사유가 발생하여 해당 평균액에 의하는 것이 부적당한 경우에는 평가기준일 이

---

252) 박요찬, "증여세의 포괄증여규정 및 개별예시규정의 위헌성 연구", 서울시립대학교 세무대학원 박사학위논문, 2007, 278쪽

전·이후 각 2개월의 기간 중 대통령령이 정하는 바에 따라 계산한 기간의 평균액에 의한다.

  • 할증평가 : 최대주주 또는 최대출자자 및 그와 특수관계에 있는 주주 또는 출자자의 주식 등에 대하여는 그 가액의 100분의 20을 가산하되, 최대주주 등이 해당 법인의 발행주식총수 등의 100분의 50을 초과하여 보유하는 경우에는 100분의 30을 가산한다. 중소기업 주식 등의 경우에는 2012년 12월 31일 이전에 증여받는 때에는 할증평가가 면제된다(조특법 제101조 ; 재산-3673, 2008. 11. 7.).

B. 주식 등을 증여받은 날 현재의 1주당 증여세 과세가액(취득의 경우에는 취득일 현재의 1주당 취득가액)

1주당 증여세 과세가액은 주식 등을 증여받은 날 현재의 비상장주식의 상증세법 제63조상의 평가가액을 말한다.[253]

그리고 1주당 취득가액은 취득일 현재의 비상장주식을 취득하기 위해 소요된 금액을 말한다. 한편 법문에서 취득가액이라고만 되어 있으나, 상증세법 제35조의 저가·고가 양도에 따른 이익의 증여 등 규정에 따른 증여세 과세가 있었다면 논리적으로 그 저가인수에 따른 이익도 취득가액에 가산하여야 한다(상증세법 집행기준 41의 3-31의 6-5 ; 서면4팀-3984, 2006. 12. 8.). 이는 증여받은 비상장주식의 경우 법문에서 증여세 과세가액이라고 하고 있는 점으로 보아 이러한 해석이 타당해 보인다.

C. 1주당 기업가치의 실질적인 증가로 인한 이익

이 유형에 의해 상장시세차익에 대해 과세하려는 이유는 그 경제적 실질이 특수관계인 간의 재산의 무상이전이기 때문이다. 그런데 상장시세차익을 형성한 요인들은 살펴보면 상장이라는 사건에 의해 증가한 주식가치 이외에도 해당 기업의 경영성과 등에 의한 실질적인 주식가치의 증가가 혼재하여 있음을 알 수 있다. 그러므로 이와 같은 기업가치의 실질적인 증가로 인한 이익은 증여세 과세대상에서 제외하여야 한다.

아래 ③에서는 기업가치의 실질적인 증가분의 계산에 대해 자세히 살펴본다.

---

253) 이 책 '비상장법인주식 등의 평가' 참조

② 금액기준(차액이 3억원 이상)

> [(A−B−C) × 증여받거나 유상으로 취득한 주식수] ≥ 3억원
> A : 정산기준일 현재 1주당 평가가액
> B : 주식 등을 증여받은 날 현재의 1주당 증여세 과세가액(취득의 경우에는 취득일 현재의 1주당 취득가액)
> C : 1주당 기업가치의 실질적인 증가로 인한 이익

③ 기업가치 증가분의 계산

증여세 과세대상에서 제외되는 기업의 실질적 가치증가분을 계산하는 방법은 다음과 같다.

> 1주당 기업가치의 실질적인 증가로 인한 이익 = A(1개월당 순손익액) × B
> A : 해당 주식 등의 증여일 또는 취득일이 속하는 사업연도 개시일부터 상장일 등 전일까지의 사이의 1주당 순손익액의 합계액(기획재정부령이 정하는바에 따라 사업연도 단위로 계산한 순손익액의 합계액)을 해당 기간의 월수(1월 미만의 월수는 1월)로 나눈 금액
> B : 해당 주식 등의 증여일 또는 취득일부터 정산기준일까지의 월수(1월 미만의 월수는 1월)

㉮ 결손금 등이 발생한 경우 : 이 경우 결손금 등이 발생하여 1주당 순손익액으로 해당 이익을 계산하는 것이 불합리한 경우에는 상증세법 시행령 제55조(순자산가액의 계산방법)의 규정에 의하여 계산한 1주당 순자산가액의 증가분으로 해당 이익을 계산할 수 있다(상증세법 시행령 제31조의 3 제5항 및 제7항, 상증세법 시행규칙 제10조의 4).

그런데 자본잉여금의 증가는 법인의 기업가치 증가에 기여함에도 순손익액으로 평가할 경우에는 반영되지 아니하여 불합리하다는 측면에서, 결손금 등이 발생하는 것에 준하는 사례로 보아 「1주당 기업가치의 실질적인 증가로 인한 이익」을 산정할 때에 1주당 순자산가치의 증가액을 적용하는 것이 합리적인 것으로 판단된다(조심 2010부1212, 2010. 12. 17.).

㉯ 1주당 순손익액의 합계액 : 1주당 순손익액의 합계액을 계산함에 있어서 한국거래소에 상장되지 아니한 주식 또는 출자지분의 증여일 또는 취득일이 속하는 사업연도 개시일부터 해당 주식 등의 상장일 등이 속하는 사업연도까지의 기간에 대한 순손익액은 상증세법 시행령 제56조(1주당 최근 3년간의 순손익액의 계산방법 – 비상장주식의 보충적 평가시 계산방법) 제4항에 따라 각 사업연도 단위별로 계산

한 1주당 순손익액으로 한다. 그러므로 마지막 사업연도분은 중도결산을 하여야 한다.

㉯ 중도결산이 곤란한 경우 1주당 순손익액의 합계액 : 그런데 1주당 순손익액의 합계액을 계산함에 있어서 만약 주식 등의 상장일 등이 속하는 사업연도 개시일부터 상장일 등의 전일까지(마지막 사업연도분)의 1주당 순손익액을 산정하기 어려운 경우에는 위에 의하여 계산한 상장일 등이 속하는 사업연도의 직전사업연도의 1주당 순손익액을 해당 사업연도의 월수로 나눈 금액에 상장일 등이 속하는 사업연도 개시일부터 상장일 등의 전일까지의 월수를 곱한 금액에 의할 수 있다(상증세법 집행기준 41의 3-31의 6-5).

> 상장일이 속하는 사업연도의 1주당 순손익액 =
>
> $$\text{상장일의 직전 사업연도 1주당 순손익액} \times \frac{\text{상장일이 속하는 사업연도 개시일부터 상장일 전일까지의 월수}}{\text{직전 사업연도 월수}}$$

㉰ 입증서류 : 이를 입증하는 서류로는 대차대조표, 손익계산서 그 밖의 실질적 가치증가의 확인이 가능한 제증빙 등을 들 수 있다(상증세법 시행령 제31조의 3 제5항, 상증세법 시행규칙 제10조의 4 제1항, 같은 법 집행기준 41의 3-31의 6-5).

④ 발행주식총수의 계산

각 사업연도의 1주당 가액을 산정하기 위한 각 사업연도의 주식 수는 각 사업연도 종료일 현재의 발행주식총수에 의한다.

다만, 해당 주식 등의 증여일 또는 취득일부터 상장일 전일까지의 사이에 무상주를 발행한 경우의 발행주식총수는 상증세법 시행령 제56조 제3항 단서의 규정에 의한다(상증세법 시행령 제31조의 3 제7항).

> $$\text{환산주식수} = \text{무상증자 전 각 사업연도 말 주식 수} \times \frac{(\text{무상증자 직전 사업연도 말 주식 수} + \text{무상증자주식 수})}{\text{무상증자 직전 사업연도 말 주식 수}}$$

4) 증여재산가액

위의 증여재산 포함요건을 모두 충족하였다면, 주식 등의 상장 등에 따른 이익은 다음의 이익으로 한다(상증세법 시행령 제31조의 3 제1항). 그런데 여기에서 유의하여야 할 점은 위의 증여재산 포함요건 중의 하나인 비율기준(100분의 30 이상)이나 금액기준(3억원 이상)은 해당 이익이 증여세 과세대상 재산에 포함될 수 있는지를 판정하는 데에만 쓰이는 것이어서, 일단 기준을 통과하게 되면 그 이익 전액에 대해 증여세가 과세된다는 점이다.

> (A-B-C) × 증여받거나 유상으로 취득한 주식 수
> A : 정산기준일 현재 1주당 평가가액
> B : 주식 등을 증여받은 날 현재의 1주당 증여세 과세가액(취득의 경우에는 취득일 현재의 1주당 취득가액)
> C : 1주당 기업가치의 실질적인 증가로 인한 이익

5) 부정한 방법에 의해 본조의 증여세를 감소시킨 것으로 인정되는 경우

거짓 그 밖의 부정한 방법으로 증여세를 감소시킨 것으로 인정되는 경우에는 특수관계 인이 아닌 자 간의 증여에 대하여도 주식 등의 상장에 따른 이익의 증여규정(상증세법 제41조의 3 제1항)을 적용한다. 이 경우 기간(5년)에 관한 규정은 이를 없는 것으로 본다(상증 세법 제41조의 3 제9항).[254]

6) 증여세액의 정산

(1) 의의

정산(精算)이란 당초 계산 결과를 차후 더욱 구체적이고 정확한 정보에 의해 정밀하 게 확정적으로 계산하는 것을 말한다. 그러므로 여기에서의 증여세액의 정산이란 당 초의 비상장주식의 증여시점에 과세되었던 증여세를 예납적으로 보고 차후 상장된 후 정산기준일 현재 정확한 평가를 하여 증여세 과세표준과 세액을 정밀하게 계산하 는 것이다. 이런 점에서 보면 처음부터 정산기준일 현재의 주식 등의 가액을 증여받 은 것으로 본다는 것이다.

그러므로 정산은 논리필연적으로 증여세액의 추가납부와 당초 납부한 증여세액의 환급이 하나의 구조 하에서 이루어질 수밖에 없다. 이러한 구조는 과세관청과 납세 자와의 힘의 균형을 실현하려는 조세채권채무관계설과도 통한다.

(2) 증여세액의 추가납부

이에 따라 비상장주식의 상장에 의한 이익을 얻은 자에 대하여는 해당 이익을 당초

---

254) 2004. 1. 1. 이후부터 적용

의 증여세 과세가액에 가산하여 증여세 과세표준과 세액을 정산한다. 이때에 증여받은 재산으로 주식 등을 취득한 경우에는 그 증여받은 재산에 대한 증여세 과세가액에 해당 이익을 가산하여 정산한다.

그런데 주식 등의 상장 등에 따른 이익은 합산배제 증여재산(상증세법 제47조 제1항)에 해당하므로, 해당 증여일 전 10년 이내에 동일인으로부터 증여받은 다른 증여재산가액과 합산(상증세법 제47조 제2항)하지 아니하는 것이며, 또한 증여세의 과세표준은 증여재산가액에서 3천만원을 공제한 금액(상증세법 제55조 제1항 제3호)에서 증여재산의 감정평가수수료(상증세법 시행령 제20조의 3)를 차감하여 계산하는 것이다(서면4팀 - 1226, 2006. 5. 2.).

(3) 당초 증여세액의 환급

① 의의

주식 등의 상장이 있게 되면 일반적으로 주식가치가 상승하여 상장에 따른 이익이 발생한다. 그러나 이는 필연적인 것이 아니며 상장시점의 경제적 여건 등 다양한 변수에 의해 오히려 상장 후에 주식가치가 하락하는 경우도 존재한다. 따라서 당초의 증여세 과세표준 및 세액의 신고가 예납적인 것이어서 상장 후의 정산기준일에 정산하는 것이라면 주식가치의 하락 시에는 환급하는 것이 논리적 균형상 타당하다.

이에 따라, 정산기준일 현재의 주식 등의 가액이 당초의 증여세 과세가액보다 적은 경우로서 그 차액이 일정한 기준 이상의 차이가 있는 경우에는 그 차액에 상당하는 증여세액을 환급받을 수 있다. 여기에서 증여세액은 당초 증여받은 때에 납부한 당초의 증여세액을 말한다(상증세법 제41조의 3 제4항).

② 요건

정산기준일의 가격이 증여·취득 당시의 증여세 과세가액 또는 취득가액에 비해 30% 이상 하락하였거나 그 차액이 3억원 이상인 경우에 해당하여야 한다(상증세법 시행령 제31조의 3 제6항).

(4) 증여세 과세표준 및 세액의 정산신고기한

증여세 납세의무가 있는 자는 증여받은 날이 속하는 달의 말일부터 3개월 이내에 제47조 및 제55조 제1항의 규정에 의한 증여세의 과세가액 및 과세표준을 대통령령이 정하는 바에 의하여 납세지 관할 세무서장에게 신고하여야 한다. 다만, 제41조의 3의 규정에 의한 비상장주식의 상장 등에 따른 증여세 과세표준 정산신고기한은 정산기준일이 속하는 달의 말일부터 3개월이 되는 날로 한다(상증세법 제68조 제1항).

7) 전환사채 등의 주식전환에 따른 이익의 증여

(1) 의의

주식으로 전환할 수 있는 사채 등 전환증권을 증여받거나 취득한 경우에도 전환증권 등을 수증·취득 후 전환대상 주식이 5년 내에 주식으로 전환된 경우에는 상장이 예정된 비상장주식을 증여 또는 취득한 것과 그 경제적 실질이 동일하므로, 당초 전환증권 수증·취득일에 당해 주식을 수증·취득한 것으로 보아 이에 대해서도 주식 등 상장에 따른 이익의 증여규정을 적용한다(상증세법 제41조의 3 제8항). 이때의 주식 등 의 취득에는 법인이 자본금을 증가시키기 위하여 신주를 발행함에 따라 인수하거나 배정받은 신주를 포함한다(상증세법 집행기준 41의 3-31의 6-1).

(2) 증여대상 사채

이 규정의 적용을 받는 증여대상 사채에는 주식으로 전환·교환하거나 주식을 인수할 수 있는 권리가 부여된 사채로서 전환사채(CB), 교환사채(EB), 신주인수권부사채(SW : 신주인수권증권이 분리된 경우에는 신주인수권증권을 말한다) 및 그 밖의 이와 유사한 사채가 있다.

(3) 요건

① 주식 등으로 전환할 수 있는 전환사채를 증여받거나 유상으로 취득(발행법인으로부 터 직접 인수·취득하는 경우를 포함)한 경우이어야 한다. 즉 위 3)(1)의 요건을 충족하여 야 한다.

② 해당 전환사채 등이 5년 이내에 주식 등으로 전환되어야 한다.

이렇게 되면 해당 전환사채 등을 증여받거나 취득한 때 그 전환된 주식 등을 증 여받거나 취득한 것으로 본다.

③ 증여일 등(당초의 전환사채 등을 증여받거나 취득한 때)으로부터 5년 이내에 해당 주식 등 이 한국거래소에 상장되어야 한다.

④ 정산기준일(상장일로부터 3월이 되는 날)의 가격이 증여·취득 당시(당초의 전환사채 등을 증 여받거나 취득한 때)의 증여세 과세가액 또는 취득가액에 비해 30% 이상 상승하였거 나 그 차액이 3억원 이상인 경우에 해당하여야 한다(상증세법 시행령 제31조의 3 제3항).

(4) 효과(증여세액의 정산)

① 원칙 : 해당 전환사채 등을 증여받거나 취득한 때에 그 전환된 주식 등을 증여받 거나 취득한 것으로 보아 전환에 따른 증여이익에 대해 정산하여 과세된다(즉 상증 세법 제41조의 3 제1항 내지 제6항의 규정을 적용한다).

② 예외 : 이 경우 정산기준일까지 주식 등으로 전환되지 아니한 경우에는 정산기준일에 주식 등으로 전환된 것으로 보아 본조 제1항 내지 제6항의 규정을 적용한다.

③ 만기일까지 전환하지 아니한 경우 : 해당 전환사채 등의 만기일까지 주식 등으로 전환되지 아니한 경우에는 정산기준일을 기준으로 과세한 증여세액을 환급한다.

(5) 증여시기(정산일)

본조 제8항에서 제1항 내지 제6항의 규정을 적용한다고 하였으므로, 이 경우의 증여시기도 정산기준일이 되어야 할 것이다. 즉 전환일로부터 3월이 되는 날이 정산기준일이 된다. 다만, 전환증권을 수증·취득하여 정산기준일까지 전환하지 않은 경우 정산기준일에 전환된 것으로 보아 증여이익을 계산한다(상증세법 집행기준 41의 3-31의 6-4 ③).

8) 증여세 과세특례

하나의 증여에 대하여 제33조부터 제39조까지, 제39조의 2, 제39조의 3, 제40조, 제41조의 2부터 제41조의 5까지, 제42조, 제42조의 2, 제42조의 3, 제44조, 제45조 및 제45조의 3부터 제45조의 5까지의 규정이 둘 이상 동시에 적용되는 경우에는 그 중 이익이 가장 많게 계산되는 것 하나만을 적용한다.[255] 종전 시행령에 규정하던 것을 법률에 직접 규정함으로써 조세법률주의의 취지에 부합하도록 하였다(상증세법 제43조).

9) 연대납세의무 면제

증여세의 납부에 있어서 원칙적으로 수증자가 증여세를 납부할 수 없을 때에는 증여자가 연대납세의무를 진다. 그러나 조세형평상 세법에서 정한 과세요건을 충족함에 따라 세법상 증여로 보아 과세하는 경우 수증자에 대한 조세채권의 확보가 곤란하다고 하여도 증여자에게 연대납부의무를 지우는 것은 지나친 경우가 있다. 이런 측면에서 주식 등의 상장에 따른 이익의 증여유형도 연대납세의무가 면제된다(상증세법 제4조의 2 제6항 단서).

10) 납세의무 성립 및 확정의 법리와의 모순 및 과세표준 및 세액의 경정법리와의 모순[256]

그런데 앞서 살펴본 바와 같이, 비상장주식을 5년 이내에 상장한 경우의 시세차익을 증

---

255) 2011. 1. 1. 이후 최초로 증여받는 것부터 적용한다.
256) 이 책 '완전포괄주의 현행 법률의 문제점' 참조

여로 과세하는 본조는 납세의무의 성립 및 확정의 법리에 어긋날 뿐 아니라 경정의 법리와도 맞지 아니한다.

11) 합산배제 증여재산의 증여세 과세표준 계산특례[257]

본조의 주식 또는 출자지분의 상장 등에 따른 이익의 증여는 합산배제 증여재산(상증세법 제47조 제1항)이므로, 증여재산가액에서 3천만원과 증여재산의 감정평가수수료를 차감한 금액을 증여세 과세표준으로 한다.

또한 상증세법 제47조 제2항에 의하면 해당 증여일 전 10년 이내에 동일인(증여자가 직계존속인 경우에는 그 직계존속의 배우자를 포함)으로부터 받은 증여재산가액을 합친 금액이 1천만원 이상인 경우에는 그 가액을 증여세 과세가액에 가산하도록 하되, 다만 합산배제 증여재산의 경우에는 합산하지 아니하도록 하고 있다.[258]

8. 합병에 따른 상장 등 이익의 증여

 해의 맥

　이 증여유형은 비상장주식의 합병을 통한 우회상장에 대해 과세한다는 것을 제외하고 기본적으로 앞서 살펴본 '주식 등의 상장 등에 따른 이익의 증여' 규정과 그 구조와 내용을 같이한다.

§관련조문

상증세법	상증세법 시행령
제41조의 5【합병에 따른 상장 등 이익의 증여】	제31조의 5【합병에 따른 상장 등 이익의 계산방법 등】 제32조의 4【이익의 계산방법】

1) 의의

본 증여유형은 상장(코스닥시장 상장을 포함함) 추진 중에 있는 비상장주식을 증여받거나 취

---

257) 이 책 '전환사채 등의 주식전환 등에 따른 이익의 증여 – 합산배제 증여재산의 증여세 과세표준 계산특례' 참조

258) 이는 정산기준일에 상장으로 인한 이익에 대해 증여세를 과세할 때에 당초 당해 비상장주식의 증여시점의 증여세 과세가액을 합산하여 과세하지 아니한다는 의미로, 2004. 1. 1. 이후부터 적용한다.

득하여 상장이 된 후에 시세차익을 얻는 것과 비상장법인이 상장법인(코스닥시장 상장법인을 포함함)과 합병하여 상장주식을 교부받음으로써 이익을 얻는 것은 그 경제적 실질이 동일하므로 이를 증여세 과세대상으로 규정하여 정상적인 합병을 가장한 재벌 2세 등의 변칙적인 증여를 방지하기 위하여 마련되었다.[259]

따라서 이 증여유형은 기본적으로 앞서 살펴본 상증세법 제41조의 3의 주식 등의 상장 등에 따른 이익의 증여 규정과 그 구조와 내용을 같이한다. 이렇게 하는 것이 상장과 합병이 혼재된 경우 어떻게 적용하여야 하는지를 판단함에 있어 그 혼란을 방지할 수 있다. 이에 따라 합병에 따른 상장 등 이익의 증여 규정은 특수관계인으로부터 비상장주식을 증여받거나 유상취득한 경우 및 특수관계인으로부터 증여받은 재산으로 특수관계가 없는 자의 주식을 유상취득한 경우로서 해당 비상장주식의 증여·취득 후 5년 이내에 해당 비상장법인이 특수관계에 있는 유가증권시장 주권상장법인 또는 코스닥시장 상장법인과 합병하는 때에는 합병일로부터 3월이 되는 날의 주가로 정산하여 그 차액에 대해 증여세를 과세하거나 당초 재산 증여시 납부한 증여세를 환급하여 주는 제도이다.

이 유형의 거래흐름을 보면 아래와 같다(상증세법 집행기준 41의 5-0-1).

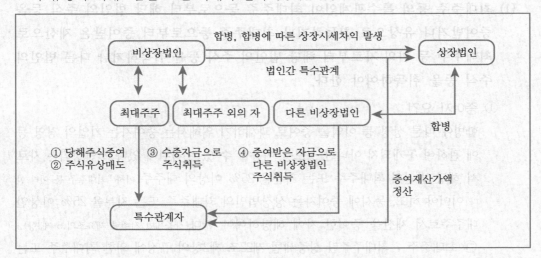

2) 증여시기(정산기준일)

① 원칙

합병에 따른 상장 등 증여 이익의 계산은 해당 주식 등의 합병등기일부터 3개월이 되는 날을 기준으로 계산하며, 이 날이 바로 증여일이 되며 정산기준일이기도 하다

259) 국세청, 「2003년 개정세법해설」, 2003, 170쪽

(상증세법 제41조의 5 제2항, 제41조의 3 제3항).

이때에 상장일은 자본시장과 금융투자업에 관한 법률 제8조의 2 제4항 제1호의 규정에 의한 증권시장 또는 같은 조 제14항의 규정에 의한 코스닥시장에서 최초로 주식 등의 매매거래를 개시한 날로 한다(상증세법 제41조의 5 제2항, 제41조의 3 제5항).

② 예외

한편 해당 주식 등을 보유한 자가 합병등기일부터 3개월이 되는 날까지의 사이에 사망하거나 해당 주식 등을 증여 또는 양도한 경우에는 그 사망일·증여일 또는 양도일을 기준으로 증여이익을 계산하여야 한다. 따라서 이 날이 정산기준일이며 증여일이다(상증세법 제41조의 5 제2항, 제41조의 3 제3항).

3) 증여세 과세대상 재산 포함요건

상장사 등과의 합병을 이용한 상장 시세차익을 증여세 과세대상 재산에 포함하여 증여로 과세하기 위해서는 다음의 요건을 모두 갖추어야 한다.

(1) 최대주주 등의 특수관계인이 최대주주 등으로부터 해당 법인의 주식 등을 증여받거나 유상으로 취득하거나 최대주주 등으로부터 증여받은 재산으로 최대주주 등 외의 자로부터 해당 법인의 주식 등을 취득하거나 다른 법인의 주식 등을 취득하여야 한다.

① 증여자 요건

합병에 따른 상장 등 이익을 증여로 과세하기 위해서는 증여자는 기업의 경영 등에 관하여 공개되지 아니한 정보를 이용할 수 있는 지위에 있다고 인정되는 자로서 해당 법인의 최대주주 또는 지분율 25% 이상의 대주주(이하 "최대주주 등"이라 한다)이어야 하고, 동시에 증여자는 상장법인의 최대주주 또는 지분율 25% 이상인 대주주로서 재산을 증여한 자에 해당하여야 한다(상증세법 시행령 제31조의 5 제3항).

㉠ 최대주주 : 최대주주란 상증세법 제22조 제2항의 규정에 의한 최대주주 또는 최대출자자를 말한다(상증세법 제41조의 3 제1항 제1호). 즉 주주 또는 출자자("주주 등") 1인과 상증세법 시행령 제2조의 2 제1항 각 호의 어느 하나에 해당하는 관계가 있는 자[260]의 보유주식 등을 합하여 그 보유주식 등의 합계가 가장 많은 경우의 해당 주주 등을 말한다(상증세법 제22조 제2항, 상증세법 시행령 제19조 제2항).

㉡ 지분율 25% 이상 소유한 대주주 : 역시 증여자에 해당하는 것으로 최대주주

---

260) 이 책 '보론 21 상증세법상 특수관계인 규정 검토' 참조

는 아니지만 지분율 25% 이상인 주주를 과세대상으로 한다. 지분율 25% 이상인 주주 해당 여부는 주주 1인과 상증세법 시행령 제2조의 2 제1항 각 호의 어느 하나의 관계에 있는 자[261]의 소유주식 등을 합하여 판정한다(상증세법 제41조의 3 제1항 제2호, 같은 법 시행령 제31조의 6 제3항).

② **수증자 요건**

수증자는 위의 증여자의 특수관계인에 해당되어야 한다.

여기에서 특수관계인이란 증여자(최대주주 또는 지분율 25% 이상의 대주주)와 상증세법 시행령 제2조의 2 제1항 각 호의 어느 하나의 관계에 있는 자[262]를 말한다(상증세법 제2조 제10호).

③ **취득유형 요건**

합병에 따른 상장 등 이익의 증여과세를 적용함에 있어, 수증자가 해당 비상장주식 등을 취득하는 거래의 방식은 증여나 유상취득에 한하며 그 구체적 모습은 다음과 같다.

㉮ 최대주주 등으로부터 해당 법인의 주식 등을 증여받는 경우(상증세법 제41조의 5 제1항 제1호)

㉯ 최대주주 등으로부터 해당 법인의 주식 등을 유상으로 취득한 경우(상증세법 제41조의 5 제1항 제1호)

유상으로 취득하면 되며, 그 가액의 시가에 비해 저가인지 고가인지는 상관하지 않으며, 그 취득자금의 출처도 묻지 않는다.

- 최대주주 등의 범위 : 2012. 2. 2. 개정된 상증세법 시행령 제19조에서 최대주주 등의 범위를 '최대주주 등 1인과 그의 특수관계인 모두'를 말하는 것으로 개정하기 이전의 최대주주 등의 범위는 상증세법 시행령 제19조 제2항 각 호에 해당하는 자의 지분을 합하여 ⓐ 그 보유주식 등의 합계가 가장 많거나, ⓑ 해당 법인 발행주식총수의 25% 이상을 소유한 자로 규정하고 있었다. 개정 전 규정의 해석과 관련하여 대법원은 "주식 또는 출자지분 상장 등에 따른 이익에 대하여 증여세를 과세할 경우 최대주주 등의 범위에는 관련 법에 최대주주 등을 정의하면서 일정한 경우에 '당해 주주 등'이라고 규정하고 있는데, 특수관계인의 지분을 합하여 그 보유주식 등의 합계가 가장 많은 경우의 당해 주주 등 1인을 의미하고 그와 특수관계가 있는 자는 포함하지

---

261) 이 책 '보론 21 상증세법상 특수관계인 규정 검토' 참조
262) 이 책 '보론 21 상증세법상 특수관계인 규정 검토' 참조

아니한다."고 해석하여 왔다(대법원 2010두11559, 2012. 5. 10.), 따라서 증여의제시기가 상증세법 시행령 제19조 제2항 개정(2012. 2. 2.) 전인 경우에는 '최대주주 등'을 '특수관계인의 지분을 포함하여 그 보유주식 등의 합계가 가장 많은 주주 1인'을 의미하는 것으로 해석해야 한다(조심 2013서2682, 2015. 5. 7.).

㉔ 증여받은 재산으로 최대주주 등 외의 자로부터 해당 법인의 주식 등을 취득한 경우(상증세법 제41조의 5 제1항 제2호)

이때의 증여받은 재산이란 주식 등을 유상으로 취득한 날부터 소급하여 3년 이내에 최대주주 등으로부터 증여받은 재산을 말한다(상증세법 집행기준 41의 5-31의 8-1).

이는 특수관계인으로부터 비상장주식을 직접 증여받는 경우에는 유가증권시장 주권상장 · 코스닥시장 상장 시세차익에 대해 증여세가 과세됨에 따라 이를 회피하기 위하여 특수관계인으로부터 자금을 제공받아 비상장법인의 주식을 특수관계인 외의 자로부터 우회 취득하는 경우를 과세대상에 포함시키고자 한 것으로, 특수관계인으로부터 자금을 증여받아 주식을 취득하여 상장시세차익을 얻는 것은 특수관계인으로부터 주식을 증여받아 시세차익을 얻는 것과 경제적 실질이 동일하다는 점에서 타당하다.

그런데 증여받은 재산과 다른 재산이 혼재되어 있어 증여받은 재산으로 주식 등을 취득한 것이 불분명한 경우에는 해당 증여받은 재산으로 주식 등을 취득한 것으로 추정한다(상증세법 제41조의 5 제2항, 제41조의 3 제6항). 추정규정이므로 이러한 추정을 벗어나고자 하는 수증자가 해당 취득이 증여받은 재산이 아닌 자기의 고유재산이었음을 입증하여야 한다.

㉕ 증여받은 재산을 담보로 한 차입금으로 최대주주 등 외의 자로부터 해당 법인의 주식 등을 취득한 경우(상증세법 제41조의 5 제2항, 제41조의 3 제6항)

이때의 증여받은 재산이란 주식 등을 유상으로 취득한 날부터 소급하여 3년 이내에 최대주주 등으로부터 증여받은 재산을 말한다.

그러데 증여 받은 재산을 담보로 한 차입금으로 주식 등을 취득한 경우에는 수증자 스스로 번 자금이라고 보기 어려우므로 증여받은 재산으로 취득한 것으로 의제한다.

㉖ 증여받은 재산으로 최대주주 등이 주식 등을 보유하고 있는 다른 법인의 주식 등을 최대주주 등이 아닌 자로부터 취득함으로써 최대주주 등과 그의 특수관계인이 보유한 주식 등을 합하여 그 다른 법인의 최대주주 등에 해당하게 된

경우(상증세법 제41조의 5 제1항 제3호)

증여받은 재산으로 최대주주 등과 특수관계 있는 자(수증자)가 다른 법인의 주식 등을 취득하는 경우에도 적용된다. 이때의 증여받은 재산이란 주식 등을 유상으로 취득한 날부터 소급하여 3년 이내에 최대주주 등으로부터 증여받은 재산을 말한다.

- **다른 법인의 범위** : 최대주주 및 그의 특수관계인이 주식 등을 취득함으로써 그 법인의 최대주주에 해당하거나 지분율 25% 이상의 대주주에 해당하는 경우의 해당 법인을 말한다(상증세법 제41조의 3 제1항, 상증세법 시행령 제31조의 3 제4항).

④ 이 유형의 요건을 적용함에 있어서 주식 등을 증여받거나 유상으로 취득한 것에는 해당 주식 등을 증여받거나 유상으로 취득한 후 그 법인이 자본(출자액을 포함한다)을 증가시키기 위하여 신주를 발행함에 따라 추가로 인수·배정받은 신주를 포함하고, 최대주주 등으로부터 증여받거나 유상으로 취득한 주식에 대하여 배정된 무상주도 포함된다(심사증여 2009-1, 2009. 3. 25.).

그렇지만 위에 열거한 취득방법이 아닌 상속에 의해 취득한 경우, 상속에 의해 취득한 재산으로 해당 법인의 주식을 취득한 경우, 상속받은 재산을 담보로 한 차입금으로 취득한 경우에는 비록 그 결과적인 경제적 효과는 동일하다고 하더라도 이 규정의 입법취지에 비추어 제외된다고 보아야 한다.

(2) 증여일 등으로부터 5년 이내에 해당 법인 또는 다른 법인이 특수관계에 있는 유가증권시장 주권상장법인 또는 코스닥시장 상장법인과 합병하여야 한다

(상증세법 집행기준 41의 5-31의 8-2).

① 해당 법인의 주식 등을 증여받거나 유상으로 취득한 경우에는 증여받거나 취득한 날, 증여받은 재산으로 최대주주 등 외의 자로부터 해당 법인이나 다른 법인의 주식 등을 취득한 경우에는 취득한 날부터 5년 이내에 해당 법인 또는 다른 법인의 특수관계에 있는 유가증권시장 주권상장법인이나 코스닥시장 상장법인과 합병되어야 한다.

상장준비에 걸리는 기간을 감안하여 증여세 과세대상 상장시한을 종전의 3년에서 5년으로 연장하였다. 그렇지만 5년이라는 기간설정의 합리적 근거를 찾기 어렵고, 기간 내의 상장과 기간 경과 후의 상장 간의 조세부담의 차이는 자의적인 차별로 헌법상의 평등의 원칙에 위반된다는 주장이 있다.

② 특수관계에 있는 유가증권시장 주권상장법인 또는 코스닥시장 상장법인의 범위

특수관계에 있는 유가증권시장 주권상장법인 또는 코스닥시장 상장법인이라 함

은 합병등기일이 속하는 사업연도의 직전 사업연도 개시일(그 개시일이 서로 다른 법인
이 합병한 경우에는 먼저 개시한 날을 말한다)부터 합병등기일까지의 기간 중 다음에 해당
하는 법인을 말한다(상증세법 시행령 제31조의 5 제3항, 같은 법 집행기준 41의 5-31의 8-3).

㉠ 상증세법 제41조의 5 제1항의 규정에 의하여 해당 법인 또는 다른 법인의 주
식 등을 취득한 자와 그의 특수관계인이 유가증권시장 주권상장법인 또는 코
스닥시장 상장법인의 최대주주에 해당하는 경우의 해당 법인

㉡ 상증세법 시행령 제28조 제1항 제2호 및 제3호의 규정에 의한 법인에 해당하
는 경우 해당 법인을 말한다.

㉮ 기업집단 소속의 다른 기업(상증세법 시행령 제2조의 2 제1항 제3호 나목에 규정된 법인)

㉯ 동일인이 임원의 임면권의 행사 또는 사업방침의 결정 등을 통하여 합병당
사법인(합병으로 인하여 소멸·흡수되는 법인 또는 신설·존속하는 법인을 말한다. 이하 같다)
의 경영에 대하여 영향력을 행사하고 있다고 인정되는 관계에 있는 법인

(3) 정산기준일의 가격(기업가치 실질증가분을 제외한 가격)**이 증여·취득 당시의 가격에**
비해 30% 이상 상승하였거나 그 차액이 3억원 이상인 경우에 해당하여야
한다.

합병에 따른 상장 등 이익이 증여세 과세대상 재산에 포함되어 증여세가 과세되기
위해서는 그 상장 시세차익이 다음에서 규정하는 기준 이상이어야 성립한다. 이
는 실질적으로는 이익 모두가 증여의 이익이지만 과세대상 재산에 포함하여 증
여세를 과세하기 위해서는 일정한 기준 이상이어야 한다는 형식적 요건을 요구
하고 있다. 따라서 합병에 따른 상장 등 이익의 증여가 적용되려면 단순히 증여이익
이 발생하는 데 그치는 것이 아니라, 일정한 이익 이상의 이익이 발생하여야 한다.
주식가치 상승률 30% 기준과 가액 3억원 기준은 특수관계인 간 고·저가양도, 증·
감자, 현물출자, 합병 또는 주식 등의 상장 등에 따른 이익의 증여 등 다른 예시적
증여규정과 일치시켜 제도의 일관성을 유지하려 한 것이다.

① **비율기준**(차이가 30% 이상)

> $$[(A-B-C) / (B+C)] \geq 30\%$$
> A : 정산기준일 현재 1주당 평가가액
> B : 주식 등을 증여받은 날 현재의 1주당 증여세 과세가액(취득의 경우에는 취득일 현재
> 의 1주당 취득가액)
> C : 1주당 기업가치의 실질적인 증가로 인한 이익

A. 정산기준일 현재 1주당 평가가액

이때의 1주당 평가가액은 상증세법 제63조(유가증권 등의 평가)의 규정에 의하여 평가한 가액을 말한다.

- **평가** : 정산기준일 현재 주식은 상장(코스닥상장 포함)이 되었으므로 정산기준일(평가기준일) 이전 · 이후 각 2개월간에 공표된 매일의 한국거래소 최종시세가액(거래실적의 유무를 불문한다)의 평균액으로 한다. 다만, 평균액계산에 있어서 평가기준일 이전 · 이후 각 2개월의 기간 중에 증자 · 합병 등의 사유가 발생하여 해당 평균액에 의하는 것이 부적당한 경우에는 평가기준일 이전 · 이후 각 2개월의 기간 중 대통령령이 정하는바에 따라 계산한 기간의 평균액에 의한다.

- **할증평가** : 최대주주 또는 최대출자자 및 그와 특수관계에 있는 주주 또는 출자자의 주식 등에 대하여는 그 가액의 100분의 20을 가산하되, 최대주주 등이 해당 법인의 발행주식총수 등의 100분의 50을 초과하여 보유하는 경우에는 100분의 30을 가산한다. 중소기업 주식 등의 경우에는 2012년 12월 31일 이전에 증여받는 때에는 할증평가가 면제된다(조특법 제101조).

B. 주식 등을 증여받은 날 현재의 1주당 증여세 과세가액(취득의 경우에는 취득일 현재의 1주당 취득가액)

1주당 증여세 과세가액은 주식 등을 증여받은 날 현재의 비상장주식의 상증세법 제63조의 평가가액을 말한다.

그리고 1주당 취득가액은 취득일 현재의 비상장주식을 취득하기 위해 소요된 금액을 말한다. 한편 법문에서 취득가액이라고만 되어 있으나, 상증세법 제35조의 저가 · 고가 양도에 따른 이익의 증여 등 규정에 따른 증여세 과세가 있었다면 논리적으로 그 저가인수에 따른 이익도 취득가액에 가산하여야 한다. 이는 증여받은 비상장주식의 경우 법문에서 증여세 과세가액이라고 하고 있는 점으로 보아 이러한 해석이 타당해 보인다.

C. 1주당 기업가치의 실질적인 증가로 인한 이익

이 유형에 의해 합병에 따른 상장 시세차익에 대해 과세하려는 이유는 그 경제적 실질이 특수관계인 간의 재산의 무상이전이기 때문이다. 그런데 상장 시세차익을 형성한 요인들은 살펴보면 상장이라는 사건에 의해 증가한 주식가치 이외에도 해당 기업의 경영성과 등에 의한 실질적인 주식가치의 증가가 혼재하여 있음을 알 수 있다. 그러므로 이와 같은 기업가치의 실질적인 증가로 인한 이익은 증여세 과세대상에서 제외하여야 한다.

아래 ③에서는 기업가치의 실질적인 증가분의 계산에 대해 자세히 살펴본다.

② **금액기준**(차액이 3억원 이상)

> [(A−B−C) × 증여받거나 유상으로 취득한 주식수] ≥ 3억원
>
> A : 정산기준일 현재 1주당 평가가액
>
> B : 주식 등을 증여받은 날 현재의 1주당 증여세 과세가액(취득의 경우에는 취득일 현재
>   의 1주당 취득가액)
>
> C : 1주당 기업가치의 실질적인 증가로 인한 이익

③ **기업가치 증가분의 계산**

증여세 과세대상에서 제외되는 기업의 실질적 가치증가분을 계산하는 방법은 다음과 같다.

> 1주당 기업가치의 실질적인 증가로 인한 이익 = A(1개월당 순손익액) × B
>
> A : 해당 주식 등의 증여일 또는 취득일이 속하는 사업연도 개시일부터 합병등기일
>   전일까지의 사이의 1주당 순손익액의 합계액(기획재정부령이 정하는바에 따라 사업
>   연도 단위로 계산한 순손익액의 합계액)을 해당 기간의 월수(1월 미만의 월수는 1월)로
>   나눈 금액
>
> B : 해당 주식 등의 증여일 또는 취득일부터 정산기준일까지의 월수(1월 미만의 월수
>   는 1월)

- **결손금 등이 발생한 경우** : 이 경우 결손금 등이 발생하여 1주당 순손익액으로
  해당 이익을 계산하는 것이 불합리한 경우에는 상증세법 제55조(순자산가액의 계
  산방법)의 규정에 의하여 계산한 1주당 순자산가액의 증가분으로 해당 이익을
  계산할 수 있다(상증세법 시행령 제31조의 3 제5항 및 제7항, 상증세법 시행규칙 제10조의 4).

- **1주당 순손익액의 합계액** : 1주당 순손익액의 합계액을 계산함에 있어서 한국
  거래소에 상장되지 아니한 주식 또는 출자지분의 증여일 또는 취득일이 속하
  는 사업연도 개시일부터 합병등기일이 속하는 사업연도까지의 기간에 대한 순
  손익액은 상증세법 시행령 제56조(1주당 최근 3년간의 순손익액의 계산방법 – 비상장주식
  의 보충적 평가시 계산방법) 제4항에 따라 각 사업연도 단위별로 계산한 1주당 순손
  익액으로 한다. 그러므로 마지막 사업연도분은 중도결산을 하여야 한다.

- **중도결산이 곤란한 경우 1주당 순손익액의 합계액** : 그런데 1주당 순손익액의
  합계액을 계산함에 있어서 만약 합병등기일이 속하는 사업연도 개시일부터 합병

등기일의 전일까지(마지막 사업연도분)의 1주당 순손익액을 산정하기 어려운 경우에는 위에 의하여 계산한 합병등기일이 속하는 사업연도의 직전 사업연도의 1주당 순손익액을 해당 사업연도의 월수로 나눈 금액에 합병등기일이 속하는 사업연도 개시일부터 합병등기일의 전일까지의 월수를 곱한 금액에 의할 수 있다(상증세법 집행기준 41의 3-31의 6-5).

> **상장일이 속하는 사업연도의 1주당 순손익액 =**
>
> 상장일의 직전 사업연도 1주당 순손익액 $\times$ $\dfrac{\text{상장일이 속하는 사업연도 개시일부터 상장일 전일까지의 월수}}{\text{직전 사업연도 월수}}$

- **입증서류** : 이를 입증하는 서류로는 대차대조표, 손익계산서 그 밖의 실질적 가치증가의 확인이 가능한 제증빙 등을 들 수 있다(상증세법 시행령 제31조의 3 제5항, 상증세법 시행규칙 제10조의 4 제1항, 같은 법 집행기준 41의 3-31의 6-5).

④ 발행주식총수의 계산

각 사업연도의 1주당 가액을 산정하기 위한 각 사업연도의 주식수는 각 사업연도 종료일 현재의 발행주식총수에 의한다. 다만, 해당 주식 등의 증여일 또는 취득일부터 합병등기일 전일까지의 사이에 무상주를 발행한 경우의 발행주식총수는 상증세법 시행령 제56조 제3항 단서의 규정에 의한다(상증세법 시행령 제31조의 3 제7항).[263]

> **환산주식수 = 무상증자 전 각 사업연도 말 주식수 $\times$**
>
> $\dfrac{\text{(무상증자 직전 사업연도 말 주식수 + 무상증자주식수)}}{\text{무상증자 직전 사업연도 말 주식수}}$

4) 증여재산가액

위의 증여재산 포함요건을 모두 충족하였다면, 합병에 따른 상장 등 이익은 다음의 이익으로 한다(상증세법 시행령 제31조의 3 제1항). 그런데 여기에서 유의하여야 할 점은 위의 증여재산 포함요건 중의 하나인 비율기준(100분의 30 이상)이나 금액기준(3억원 이상)은 해당 이익이 증여세 과세대상 재산에 포함될 수 있는지를 판정하는 데에만 쓰이는 것이어서, 일단 기준을 통과하게 되면 그 이익 전액에 대해 증여세가 과세된다는 점이다.

---

263) 이 책 '비상장주식 등의 평가방법' 참조

[(A－B－C) × 증여받거나 유상으로 취득한 주식수] ≥ 3억원
A : 정산기준일 현재 1주당 평가가액
B : 주식 등을 증여받은 날 현재의 1주당 증여세 과세가액(취득의 경우에는 취득일 현재의 1주당 취득가액)
C : 1주당 기업가치의 실질적인 증가로 인한 이익

‖ 합병에 따른 상장 등 이익의 증여 계산사례[264] ‖

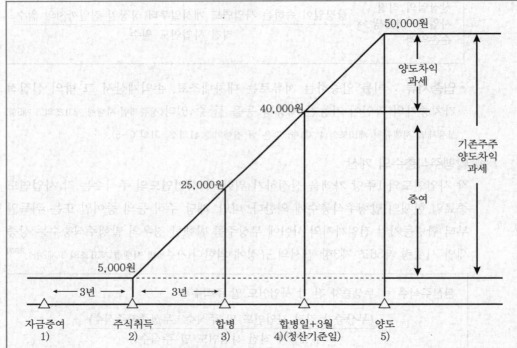

① 비상장주식 취득일부터 소급하여 3년 내 자금(20억원) 증여 시 : 증여세 6.4억원 납부
　⇒ 증여받은 자금으로 부동산을 취득하였다가 주식취득 직전에 30억원에 처분
② 비상장주식 취득시 : 제삼자 배정방식으로 1주당 5,000원, 60만주 인수
　⇒ 증여세 부담 없음.
③ 합병시 : 공정합병의 경우는 증여세 부담 없음. 합병신주를 95% 이상 교부받고 1 : 1 합병의 경우는 의제배당 과세 없음.
④ 정산기준일의 주가와 당초 주식취득가액과의 차액에 대하여 증여
　⇒ (40,000원－5,000원)×60만주×20억원/30억원＝140억원에 대하여 65.4억원 증여세 부과
　* 정산기준일 현재 주가가 1주당 3,000원으로 하락한 경우

---

264) 국세청, 「2003년 개정세법해설」, 2003, 174쪽

⇒ 6.4억원×20억원/20억원×(5,000원−3,000원)/5,000원＝2.56억원 환급
⑤ 정산기준일 이후 양도하는 경우
⇒ (50,000원−40,000원)에 대하여 양도세 부과

5) 부정한 방법에 의해 본조의 증여세를 감소시킨 것으로 인정되는 경우

거짓 그 밖의 부정한 방법으로 증여세를 감소시킨 것으로 인정되는 경우에는 특수관계인이 아닌 자 간의 증여에 대하여도 합병에 따른 상장 등 이익의 증여규정(상증세법 제41조의 3 제1항)을 적용한다(재산−20, 2010. 1. 13.). 이 경우 기간(5년)에 관한 규정은 이를 없는 것으로 본다(상증세법 제41조의 3 제9항).

6) 증여세액의 정산

(1) 의의

정산(精算)이란 당초 계산결과를 차후 더욱 구체적이고 정확한 정보에 의해 정밀하게 확정적으로 계산하는 것을 말한다. 그러므로 여기에서의 증여세액의 정산이란 당초의 비상장주식의 증여시점에 과세되었던 증여세를 예납적으로 보고 차후 상장법인과 합병된 후 정산기준일 현재 정확한 평가를 하여 증여세 과세표준과 세액을 정밀하게 계산하는 것이다.

그러므로 정산은 논리적으로 증여세액의 추가납부와 당초 납부한 증여세액의 환급이 하나의 구조 하에서 이루어질 수밖에 없다. 이러한 구조는 과세관청과 납세자와의 힘의 균형을 실현하려는 조세채권채무관계설과도 통한다.

(2) 증여세액의 추가납부

이에 따라 비상장주식의 상장법인과의 합병에 의한 이익을 얻은 자에 대하여는 해당 이익을 당초의 증여세 과세가액에 가산하여 증여세 과세표준과 세액을 정산한다. 이때에 증여받은 재산으로 주식 등을 취득한 경우에는 그 증여받은 재산에 대한 증여세 과세가액에 해당 이익을 가산하여 정산한다.

그런데 합병에 따른 상장 등 이익의 증여는 합산배제 증여재산(상증세법 제47조 제1항)에 해당하므로, 해당 증여일 전 10년 이내에 동일인으로부터 증여받은 다른 증여재산가액과 합산(상증세법 제47조 제2항)하지 아니하는 것이며, 또한 증여세의 과세표준은 증여재산가액에서 3천만원을 공제한 금액(상증세법 제55조 제1항 제3호)에서 증여재산의 감정평

가수수료(상증세법 시행령 제20조의 3)를 차감하여 계산하는 것이다(서면4팀 – 1226, 2006. 5. 2.).

(3) 당초 증여세액의 환급

① 의의

주식 등의 상장이 있게 되면 일반적으로 주식가치가 상승하여 상장에 따른 이익이 발생한다. 그러므로 비상장법인을 상장법인과 합병함으로써 이러한 상장에 따른 혜택을 누릴 수 있다. 그러나 이는 필연적인 것이 아니며 합병시점의 경제적 여건 등 다양한 변수에 의해 오히려 합병 후에 상장된 주식가치가 하락하는 경우도 존재한다. 따라서 당초의 증여세 과세표준 및 세액의 신고가 예납적인 것이어서 합병 후의 정산기준일에 정산하는 것이라면 주식가치의 하락 시에는 환급하는 것이 논리적 균형상 타당하다.

이에 따라, 정산기준일 현재의 주식 등의 가액이 당초의 증여세 과세가액보다 적은 경우로서 그 차액이 일정한 기준 이상의 차이가 있는 경우에는 그 차액에 상당하는 증여세액을 환급받을 수 있다. 여기에서 증여세액은 당초 증여받은 때에 납부한 당초의 증여세액을 말한다(상증세법 제41조의 3 제4항).

② 요건

정산기준일의 가격이 증여·취득 당시의 증여세 과세가액 또는 취득가액에 비해 30% 이상 하락하였거나 그 차액이 3억원 이상인 경우에 해당하여야 한다(상증세법 시행령 제31조의 3 제6항).

(4) 증여세 과세표준 및 세액의 정산신고기한

증여세 납세의무가 있는 자는 증여받은 날이 속하는 달의 말일부터 3개월 이내에 상증세법 제47조 및 제55조 제1항의 규정에 의한 증여세의 과세가액 및 과세표준을 대통령령이 정하는 바에 의하여 납세지 관할 세무서장에게 신고하여야 한다. 다만, 같은 법 제41조의 3의 규정에 의한 합병에 따른 상장 등 이익에 대한 증여세 과세표준 정산신고기한은 정산기준일이 속하는 달의 말일부터 3개월이 되는 날로 한다(상증세법 제68조 제1항).

7) 전환사채 등의 주식전환에 따른 이익의 증여

(1) 의의

주식으로 전환할 수 있는 사채 등 전환증권을 증여받거나 취득한 경우에도 전환증권 등을 수증·취득 후 전환대상 주식이 5년 내에 주식으로 전환된 경우에는 상장법인과의 합병이 예정된 비상장주식을 증여 또는 취득한 것과 그 경제적 실질이 동일하므로, 당초 전환증권 수증 · 취득일에 당해 주식을 수증 · 취득한 것으로 보아 이에 대해서도 합병에 따른 상장 등 이익의 증여규정을 적용한다(상증세법 제41조의 3 제8항). 이때의 주식 등의 취득에는 법인이 자본금을 증가시키기 위하여 신주를 발행함에 따라 인수하거나 배정받은 신주를 포함한다(상증세법 집행기준 41의 3-31의 6-1).

(2) 증여대상 사채

이 규정의 적용을 받는 증여대상 사채에는 주식으로 전환 · 교환하거나 주식을 인수할 수 있는 권리가 부여된 사채로서 전환사채(CB), 교환사채(EB), 신주인수권부사채(SW : 신주인수권증권이 분리된 경우에는 신주인수권증권을 말한다) 및 그 밖의 이와 유사한 사채가 있다.

(3) 요건

① 주식 등으로 전환할 수 있는 전환사채를 증여받거나 유상으로 취득(발행법인으로부터 직접 인수 · 취득하는 경우를 포함)한 경우이어야 한다. 즉 위 3)(1)의 요건을 충족하여야 한다.

② 해당 전환사채 등이 5년 이내에 주식 등으로 전환되어야 한다.
이렇게 되면 해당 전환사채 등을 증여받거나 취득한 때 그 전환된 주식 등을 증여받거나 취득한 것으로 본다.

③ 증여일 등(당초의 전환사채 등을 증여받거나 취득한 때)으로부터 5년 이내에 해당 법인 또는 다른 법인이 특수관계에 있는 유가증권시장 주권상장법인 또는 코스닥시장 상장법인과 합병하여야 한다.

④ 정산기준일(합병등기일로부터 3개월이 되는 날)의 가격이 증여 · 취득 당시(당초의 전환사채 등을 증여받거나 취득한 때)의 증여세 과세가액 또는 취득가액에 비해 30% 이상 상승하였거나 그 차액이 3억원 이상인 경우에 해당하여야 한다(상증세법 시행령 제31조의 3 제3항).

(4) 효과(증여세액의 정산)

① 원칙 : 해당 전환사채 등을 증여받거나 취득한 때에 그 전환된 주식 등을 증여받거나 취득한 것으로 보아 전환에 따른 증여이익에 대해 정산하여 과세된다(즉 상증세법 제41조의 3 제1항 내지 제6항의 규정을 적용한다).

② 예외 : 이 경우 정산기준일까지 주식 등으로 전환되지 아니한 경우에는 정산기준일에 주식 등으로 전환된 것으로 보아 본조 제1항 내지 제6항의 규정을 적용한다.

③ 만기일까지 전환하지 아니한 경우 : 해당 전환사채 등의 만기일까지 주식 등으로 전환되지 아니한 경우에는 정산기준일을 기준으로 과세한 증여세액을 환급한다.

(5) 증여시기(정산일)

본조 제2항에서 상증세법 제41조의 3 제3항부터 제9항까지 준용한다고 하고 있고, 이에 따라 상증세법 제41조의 3 제8항에서 같은 조 제1항 내지 제6항의 규정을 적용한다고 하였으므로, 이 경우의 증여시기도 정산기준일이 되어야 할 것이다. 즉 전환일로부터 3월이 되는 날이 정산기준일이 된다. 다만 전환증권을 수증·취득하여 정산기준일까지 전환하지 않은 경우 정산기준일에 전환된 것으로 보아 증여이익을 계산한다(상증세법 집행기준 41의 3-31의 6-4 ③).

8) 증여세 과세특례

하나의 증여에 대하여 제33조부터 제39조까지, 제39조의 2, 제39조의 3, 제40조, 제41조의 2부터 제41조의 5까지, 제42조, 제42조의 2, 제42조의 3, 제44조, 제45조 및 제45조의 3부터 제45조의 5까지의 규정이 둘 이상 동시에 적용되는 경우에는 그 중 이익이 가장 많게 계산되는 것 하나만을 적용한다.[265] 종전 시행령에 규정하던 것을 법률에 직접 규정함으로써 조세법률주의의 취지에 부합하도록 하였다(상증세법 제43조).

9) 연대납세의무 면제

증여세의 납부에 있어서 원칙적으로 수증자가 증여세를 납부할 수 없을 때에는 증여자가 연대납세의무를 진다. 그러나 조세형평상 세법에서 정한 과세요건을 충족함에 따라 세법상 증여로 보아 과세하는 경우 수증자에 대한 조세채권의 확보가 곤란하다고 하여도 증여자에게 연대납부의무를 지우는 것은 지나친 경우가 있다. 이런 측면에서 합병에 따른 상장 등 이익의 증여유형도 연대납세의무가 면제된다(상증세법 제4조의 2 제6항 단서).

10) 납세의무 성립 및 확정의 법리와의 모순 및 과세표준 및 세액의 경정법리와의 모순[266]

그런데 앞서 살펴본 바와 같이, 증여일로부터 5년 이내에 상장법인과 합병함에 따른 시세차익을 증여로 과세하는 본조는 납세의무의 성립 및 확정의 법리에 어긋날 뿐 아니라

---

265) 2011. 1. 1. 이후 최초로 증여받는 것부터 적용한다.
266) 이 책 '완전포괄주의 현행 법률의 문제점' 참조

경정의 법리와도 맞지 아니한다.

11) 합산배제 증여재산의 증여세 과세표준 계산특례[267]

본조의 합병에 따른 상장 등 이익의 증여는 합산배제 증여재산(상증세법 제47조 제1항)이므로, 증여재산가액에서 3천만원과 증여재산의 감정평가수수료를 차감한 금액을 증여세 과세표준으로 한다.

또한 상증세법 제47조 제2항에 의하면 해당 증여일 전 10년 이내에 동일인(증여자가 직계존속인 경우에는 그 직계존속의 배우자를 포함)으로부터 받은 증여재산가액을 합친 금액이 1천만원 이상인 경우에는 그 가액을 증여세 과세가액에 가산하도록 하되, 다만 합산배제 증여재산의 경우에는 합산하지 아니하도록 하고 있다.[268]

그 밖의 이익의 증여 유형

이 증여유형은 완전포괄주의 하에서 앞서 본 증여예시나 뒤에 볼 증여추정 이외에도 경제적 이익의 무상이전으로 볼 수 있는 경우 증여세를 부과할 수 있다는 것을 명확히 하기 위해 개별 유형별 요건을 구체화한 예시적 규정이다.

앞서 기술한 바와 같이 종전의 상증세법은 열거되지 아니한 새로운 유형의 변칙적인 증여에 대하여는 과세할 수 없는 문제점이 있어, 2003년 12월 30일 상증세법 개정시 법에 예시되지 아니한 재산의 무상이전이나 가치증가분 등에 대하여도 증여세를 과세할 수 있도록 하기 위해 모든 재산·권리 및 경제적 이익의 무상이전 행위에 대하여 법률에 구체적으로 그 유형이 규정되어 있지 않더라도 과세할 수 있는 완전포괄주의를 도입하였다. 이에 따라 증여세 과세에서의 법적 안정성과 예측 가능성을 도모하기 위하여 종전의 증여의제규정을 증여유형과 증여재산가액 계산에 관한 예시규정으로 전환하였다. 그리고 같은 맥락에서 예시규정에서 제시하지 못한 재산·용역의 무상이전 등이나 타인의 기여에 의한 가치증가분에 대해서도 증여세를 과세할 수 있다는 것을 명확히 하기 위해 상증세법 제42조에서 '그 밖의 이익의 증여 등'에 대해 통합적으로 규정하였다. 그러나 개별예시규정에서 제시하지 못하고 있는 유형의 증여에 대한 과세근거로서 구 상증세법의 제42조와

---

267) 이 책 '전환사채 등의 주식전환 등에 따른 이익의 증여 – 합산배제 증여재산의 증여세 과세표준 계산특례' 참조

268) 이는 정산기준일에 상장으로 인한 이익에 대해 증여세를 과세할 때에 당초 당해 비상장주식의 증여시점의 증여세 과세가액을 합산하여 과세하지 아니한다는 의미로, 2004. 1. 1. 이후부터 적용한다.

제2조 제3항의 적용범위가 논란이 되면서[269] 2015년 12월 15일 개정에서는 제42조에 통합적으로 규정되어 있는 이익의 증여를 개별 유형별로 분류하여 별도 조문으로 구성하기에 이르렀다. 이 증여유형도 실질과세원칙을 기본으로 상증세법상의 증여재산 개념에 따라 증여세 과세대상 재산에의 포함 여부를 판단하면서 상증세법상의 증여 개념에 따라 증여세 과세 여부를 판단한다. 또한 거래환경 및 조세행정 등 조세실무상의 현실을 고려하여 비록 실질적 의미에서 증여재산이고 증여에 해당하지만, 일정한 형식적 요건을 충족하는 경우에만(재화의 무상사용, 용역의 무상제공 제외) 증여세 과세대상 재산에 포함하여 증여재산가액을 산정하도록 하는 형식을 취하고 있다.

1. 재산사용 및 용역제공 등에 따른 이익의 증여

 해의 맥

재산의 사용 또는 용역의 제공에 의하여 이익을 얻은 경우 그 이익에 상당하는 금액을 그 이익을 얻은 자의 증여재산가액으로 보아 증여세를 과세한다.

§관련조문

상증세법	상증세법 시행령	상증세법 시행규칙
제42조【재산사용 및 용역 제공 등에 따른 이익의 증여】	제32조【재산사용 및 용역제공 등에 따른 이익의 계산방법 등】 제32조의 4【이익의 계산방법】	제10조【부동산 무상사용 이익률 등】 제10조의 5【금전 무상대출 등에 따른 이익의 계산 시 적정이자율 등】

1) 의의

종전의 제42조에서 통합적으로 규정되어 있던 그 밖의 이익의 증여 유형 중 '재산사용 및 용역제공 등에 따른 이익의 증여'를 개별 유형별로 분류하여 별도 조문으로 구성함으로써 증여 예시적 성격의 규정임을 명확히 한 조항이다.

재산의 사용 또는 용역의 제공에 의하여 이익을 얻은 경우를 타인에게 시가보다 낮은 대가를 지급하거나 무상으로 타인의 재산을 사용하거나 타인의 용역을 제공받은 경우, 높은 대가를 받고 재산을 사용하게 하거나 용역을 제공한 경우 등으로 각각 구체화하여 해당

---

269) 이 책 '증여유형으로 예시된 규정 이외의 증여유형에 대한 과세문제' 참고

시가와 대가의 차액을 증여재산가액으로 하도록 하고, 특수관계인이 아닌 자 간의 거래인 경우에는 거래의 관행상 정당한 사유가 없는 경우에 한정하여 적용하도록 하였다.

2) 증여시기

재산사용 및 용역제공 등에 따른 이익의 증여시기에 관하여 법률에서는 증여일의 판단을 대통령령에 위임하고 있지만(상증세법 제42조 제4항), 시행령에는 이 위임에 관한 규정이 미비되어 있다. 종전 제42조의 증여예시 유형들의 증여시기를 판단할 때, 각 개별거래 유형별로 앞서 살펴본 증여유형에 따라 그 증여시기를 정하는 것이 합리적이었으므로 유사한 증여예시 규정인 제41조의 4(금전 무상대출 등에 따른 이익의 증여)를 참고하여 증여일을 판단해야 할 것으로 보인다. 제41조의 4 제1항에서는 증여시기를 '그 금전을 대출받은 날'로 규정하고 있으므로, 재산의 사용 또는 용역의 제공에 따른 이익의 경우에도 '그 재산을 사용하거나(사용하게 하거나) 용역을 제공받은 날(제공한 날)'로 해석할 수 있다.

3) 증여세 과세대상 재산 포함요건

무상 또는 저가 · 고가의 재산사용 및 용역제공에 따른 이익에 대해 증여세를 과세하기 위해서는 다음의 요건을 충족하여야 한다.

(1) 다음 각 호의 어느 하나에 해당하는 이익을 얻어야 한다(상증세법 제42조 제1항 각호).

1. 타인에게 시가보다 낮은 대가를 지급하거나 무상으로 타인의 재산(부동산과 금전은 제외)을 사용함으로써 얻은 이익
2. 타인으로부터 시가보다 높은 대가를 받고 재산을 사용하게 함으로써 얻은 이익
3. 타인에게 시가보다 낮은 대가를 지급하거나 무상으로 용역을 제공받음으로써 얻은 이익
4. 타인으로부터 시가보다 높은 대가를 받고 용역을 제공함으로써 얻은 이익

(2) 일정기준 이상의 이익을 얻은 경우이어야 한다(상증세법 제42조 제1항 단서).

이때의 일정기준 이상이란 그 사용형태에 따라 다음과 같이 계산한다.

① 무상으로 재산을 사용하거나 용역을 제공받은 경우 : 1천만원(상증세법 시행령 제32조 제2항 제1호)

② 시가보다 낮은 대가를 지급하고 재산을 사용하거나 용역을 제공받은 경우 : 시가와 대가와의 차액이 시가의 100분의 30 이상(상증세법 시행령 제32조 제2항 제2호)

③ 시가보다 높은 대가를 받고 재산을 사용하게 하거나 용역을 제공한 경우 : 대가

와 시가와의 차액이 시가의 100분의 30 이상(상증세법 시행령 제32조 제2항 제2호)

종전에는 재산사용의 경우 1억원 이상인 재산을 사용하거나 사용하게 하는 경우 증여세 과세대상 재산에 포함되어 증여세가 과세되었다. 그런데 2015. 12. 15. 개정을 통해 증여재산가액을 기준으로 하여 1천만원 미만인 것은 과세 제외하도록 함에 따라(상증세법 시행령 제32조 제2항 제1호), 이 법 시행 당시[270] 1억원 미만의 재산을 타인에게 무상 또는 시가보다 낮은 대가를 지급하고 사용하거나 타인으로부터 시가보다 높은 대가를 받고 사용하게 한 경우로서 그 재산의 사용기간이 1년 이상인 경우에는 이 법 시행 이후 종전의 제42조 제2항에 따라 새로 재산을 사용한 것으로 보는 날부터 제42조의 개정규정을 적용한다. 또한 이 법 시행 당시 불특정 다수인 간에 통상적인 지급 대가가 1천만원 미만인 용역을 타인에게 무상 또는 시가보다 낮은 대가를 지급하고 제공받고 있거나 타인으로부터 시가보다 높은 대가를 받고 제공하고 있는 경우로서 그 용역의 제공기간이 1년 이상인 경우에는 이 법 시행 이후 종전의 제42조 제2항에 따라 새로 용역을 제공받은 것으로 보는 날부터 제42조의 개정규정을 적용한다.

(3) 증여자와 수증자 간의 특수관계 여부는 문제되지 않는다.

① 재산사용 및 용역제공 등에 따른 이익의 증여 시 과세대상은 특수관계 여부에 불구하고 모든 거래를 과세대상으로 하고 있다.

② 다만, 특수관계가 없는 자 간의 거래는 거래의 관행상 정당한 사유가 없는 경우에 한정하여 과세하는데(상증세법 제42조 제3항), 여기서 특수관계인이란 상증세법 시행령 제2조의 2 제1항 각 호의 어느 하나의 관계에 있는 자[271]를 말한다.

이는 재산사용 및 용역제공 등에 따른 이익의 과세대상을 특수관계 여부에 불구하고 모든 거래를 과세대상으로 하되 특수관계 없는 자 간의 거래는 납세자의 입증에 의하여 정당한 사유가 있다고 인정되는 경우[272]는 과세제외 되도록 하고

---

270) 2016. 1. 1.부터 시행

271) 이 책 '보론 21 상증세법상 특수관계인 규정 검토' 참조

272) 쟁점 자기주식 거래 당시 증여자들과 청구인들 간에 특수관계나 경제적 또는 사회적 연관관계가 없었던 것으로 보이고, 청구외법인은 건설업 면허 유지를 위한 최소자본금 확보의 필요성으로 인하여 감자를 할 수 없었던 것으로 보이는바, 쟁점자기주식의 취득 및 소각을 자본거래를 통한 주주 간 이익의 증여를 목적으로 한 거래로 보기 어려운 점, 실질적으로 회사의 영업을 주도하던 전 대표이사가 사망함으로 인해 회사의 미래에 대한 회의를 느낀 임직원이 퇴사를 결정하였고, 종업원지주회사의 특성상 해당 주식을 제3자에게 매각하기 어려워 청구외법인에 매수를 요청하였다는 청구주장에 신빙성이 있는 점, 쟁점자기주식 취득거래 이전에도 임직원 퇴사시 청구외법인 주식이 액면가액으로 통상 거래되어 온 것으로 나타나는 점 등에 비추어 이 건 거래는 '특수관계인이 아닌 자 간의 거래로서 거래의 관행상 정

자 함이다.

그런데 특수관계가 없는 자 사이의 거래라고 하더라도, 거래조건을 결정함에 있어서 불특정 다수인 사이에 형성될 수 있는 객관적 교환가치를 적절히 반영하지 아니할 만한 이유가 없으며, 거래조건을 유리하게 하기 위한 교섭이나 새로운 거래상대방의 물색이 가능함에도 자신의 이익을 극대화하려는 노력도 전혀 하지 아니한 채 자신이 쉽게 이익을 얻을 수 있는 기회를 포기하고 특정한 거래상대방으로 하여금 이익을 얻게 하는 등 합리적인 경제인이라면 거래 당시의 상황에서 그와 같은 거래조건으로는 거래하지 않았을 것이라는 객관적인 사유가 있는 경우에는, 특별한 사정이 없는 한 '거래의 관행상 정당한 사유'가 있다고 보기 어렵다(대법원 2013두24495, 2015. 2. 12.).

③ 정당한 사유에 대한 입증책임은 원칙적으로 과세관청에 있다.

과세요건사실의 존재에 대한 증명책임은 과세관청에게 있으므로, 특수관계가 없는 자 사이의 거래에 있어서 '거래의 관행상 정당한 사유'가 없다는 점에 대한 증명책임도 과세관청이 부담함이 원칙이다. 다만 과세관청으로서는 합리적인 경제인이라면 거래 당시의 상황에서 그와 같은 거래조건으로는 거래하지 않았을 것이라는 객관적인 정황 등에 관한 자료를 제출함으로써 '거래의 관행상 정당한 사유'가 없다는 점을 증명할 수 있으며, 만약 그러한 사정이 상당한 정도로 증명된 경우에는 이를 번복하기 위한 증명의 곤란성이나 공평의 관념 등에 비추어 볼 때 거래경위, 거래조건의 결정이유 등에 관한 구체적인 자료를 제출하기 용이한 납세의무자가 정상적인 거래로 보아야 할 만한 특별한 사정이 있음을 증명할 필요가 있다(대법원 2013두24495, 2015. 2. 12.).

4) 증여재산가액의 계산

(1) 증여재산가액

위의 요건을 충족하게 되면, 재산을 무상 또는 저가로 사용하거나 고가로 사용하게 함으로써 얻은 이익과 용역을 무상 또는 저가로 제공받거나 고가로 제공함으로써 얻은 이익은 다음과 같이 계산한다(상증세법 시행령 제32조 제1항).

① 무상으로 재산을 사용하거나 용역을 제공받은 경우 : 다음의 구분에 따라 계산한 금액(상증세법 시행령 제32조 제1항 제1호)

ㄱ 타인의 재산을 무상으로 담보로 제공하고 금전 등을 차입한 경우 : [차입금

당한 사유가 있다고 인정되는 경우'에 해당하는 것으로 보인다(조심 2015구0341, 2015. 4. 10.).

× 4.6%(상증세법 시행령 제31조의 4 제1항 본문에 따른 적정 이자율)] − 금전 등을 차입할 때 실제로 지급하였거나 지급할 이자를 뺀 금액

ⓛ 위 ㉠ 외의 경우 : 무상으로 재산을 사용함에 따라 지급하여야 할 시가 상당액

② 시가보다 낮은 대가를 지급하고 재산을 사용하거나 용역을 제공받은 경우 : 시가와 대가와의 차액 상당액

③ 시가보다 높은 대가를 받고 재산을 사용하게 하거나 용역을 제공한 경우 : 대가와 시가와의 차액 상당액

(2) 시가

여기에서 용역의 시가란 용역의 무상제공 등에 따라 지급하거나 지급받아야 할 시가 상당액으로 해당 거래와 유사한 상황에서 불특정 다수인 간 통상적인 지급대가[273]를 말한다. 다만, 시가가 불분명한 경우에는 다음의 어느 하나에 의하여 계산한 금액에 의한다(상증세법 시행령 제32조 제3항, 상증세법 시행규칙 제10조 제1항).

① **부동산임대용역의 경우** : 부동산가액(상증세법 제4장의 규정에 의하여 평가한 가액) × 2%

② **부동산임대용역 외의 경우** : 용역의 제공에 소요된 금액(직접비 및 간접비를 포함하며, 이하 "원가"라 한다)과 원가에 해당 사업연도 중 특수관계인 외의 자에게 제공한 유사한 용역제공거래에 있어서의 수익률(기업회계기준에 의하여 계산한 매출액에서 원가를 차감한 금액을 원가로 나눈 율을 말한다)을 곱하여 계산한 금액을 합한 금액(법인세법 시행령 제89조 제4항 제2호 - 부당행위계산 부인시 적용되는 시가)

> 부동산임대용역 외의 경우 시가 = 원가 + 원가 × 수익률

(3) 재산의 사용기간 및 용역의 제공기간

여기서 재산의 사용기간 또는 용역의 제공기간이 정하여지지 아니한 경우에는 그 기간을 1년으로 하고, 그 기간이 1년 이상인 경우에는 1년이 되는 날의 다음 날에 매년 새로 재산을 사용 또는 사용하게 하거나 용역을 제공 또는 제공받은 것으로 본다(상증세법 제42조 제2항).

이는 금전무상대출에 따른 이익의 증여와 일관성을 유지하기 위해 이와 동일하게 1년 단위 과세체계로 한 것이다.

---

[273] 예컨대 임대보증금과 임차료가 불특정 다수인 간 통상적인 지급대가에 해당하는 경우에는 임대보증금에 「법인세법 시행령」 제89조 제4항 제1호의 규정에 의한 정기예금이자율을 곱하여 산출한 금액과 1년간 임차료의 합계액을 부동산임대용역의 시가로 보는 것임(상속증여 -21, 2014. 1. 28.).

5) 증여세 과세특례(상증세법 제43조)

① 하나의 증여에 대하여 제33조부터 제39조까지, 제39조의 2, 제39조의 3, 제40조, 제41조의 2부터 제41조의 5까지, 제42조, 제42조의 2, 제42조의 3, 제44조, 제45조 및 제45조의 3부터 제45조의 5까지의 규정이 둘 이상 동시에 적용되는 경우에는 그 중 이익이 가장 많게 계산되는 것 하나만을 적용한다(상증세법 제43조 제1항).[274]

② 재산사용 및 용역제공에 따른 이익을 계산할 때 그 증여일부터 소급하여 1년 이내에 동일한 거래 등이 있는 경우에는 각각의 거래 등에 따른 이익을 해당 이익별로 합산하여 계산한다(상증세법 제43조 제2항).

6) 연대납세의무 면제

증여세의 납부에 있어서는 원칙적으로 수증자가 증여세를 납부할 수 없을 때에는 증여자가 연대납세의무를 진다. 그러나 조세형평상 세법에서 정한 과세요건을 충족함에 따라 세법상 증여로 보아 과세하는 경우 수증자에 대한 조세채권의 확보가 곤란하다고 하여도 증여자에게 연대납부의무를 지우는 것은 지나친 경우가 있다. 이런 측면에서 재산사용 및 용역제공 등에 따른 이익의 증여유형도 연대납세의무가 면제된다(상증세법 제4조의 2 제6항 단서).

7) 경정 등의 청구

타인의 재산을 무상으로 담보로 제공하고 금전 등을 차입함에 따라 제42조에 따른 증여세를 결정 또는 경정받은 자가 같은 조 제2항에 따른 재산의 사용기간 중에 재산 제공자로부터 해당 재산을 상속 또는 증여받거나 대통령령으로 정하는 사유로 무상으로 또는 적정이자율보다 낮은 이자율로 차입하지 아니하게 되는 경우에는 그 사유가 발생한 날부터 3월 이내에 결정 또는 경정을 청구할 수 있다(상증세법 제79조 제2항 제3호).[275]

이에 대한 자세한 내용은 후술하는 '증여세에 대한 경정 등의 청구특례(상증세법 제79조 제2항)'를 참조하기 바란다.[276]

---

274) 2011. 1. 1. 이후 최초로 증여받는 것부터 적용한다.
275) 2017. 1. 1. 이후 최초로 결정·경정하는 분부터 적용한다.
276) 이 책 '증여세 과세표준신고-경정 등의 청구-6. 증여세에 대한 경정 등의 청구특례' 참조

2. 법인의 조직 변경 등에 따른 이익의 증여

이해의 맥

주식의 포괄적 교환 및 이전, 사업의 양수·양도, 사업 교환 및 법인의 조직 변경 등에 의하여 소유지분이나 그 가액이 변동됨에 따라 이익을 얻은 경우에는 그 이익에 상당하는 금액을 그 이익을 얻은 자의 증여재산가액으로 보아 증여세를 과세한다.

§ 관련조문

상증세법	상증세법 시행령
제42조의 2【법인의 조직 변경 등에 따른 이익의 증여】	제32조의 2【법인의 조직변경 등에 따른 이익의 계산방법 등】

1) 의의

종전의 제42조에서 통합적으로 규정되어 있던 그 밖의 이익의 증여 유형 중 '법인의 조직 변경 등에 따른 이익의 증여'를 개별 유형별로 분류하여 별도 조문으로 구성함으로써 증여 예시적 성격의 규정임을 명확히 한 조항이다.

이 규정은 주식의 포괄적 교환 및 이전, 사업의 양수·양도, 사업 교환 및 법인의 조직 변경 등에 의하여 소유지분이나 그 가액이 변동됨에 따라 이익을 얻은 경우에는 그 이익에 상당하는 금액을 그 이익을 얻은 자의 증여재산가액으로 하도록 하고, 특수관계인이 아닌 자 간의 거래인 경우에는 거래의 관행상 정당한 사유가 없는 경우에 한정하여 적용하도록 하였다.

2) 증여시기

'법인의 조직 변경 등에 따른 이익의 증여'에 관한 규정은 증여일을 대통령령에 위임하고 있는 제42조나 법률에서 규정하고 있는 제42조의 3과 달리 증여시기에 관한 명문의 규정을 두고 있지 않은데, '소유지분이나 그 가액이 변동'되는 여러 가지 사유별 증여시기를 모두 규정하기 어려운 현실적 한계로 보인다. 그러나 그 이익의 계산방법에 관한 시행령 규정(제32조의 2)에서 '변동 후', '변동 전'이라는 표현을 사용하면서 변동의 기준일을 언제로 볼 것인지 명확히 규정하고 있지 않은 것은 향후 해석과 적용에 있어 문제가 될 수 있다. 더욱이 소유지분이나 평가액을 계산하도록 하면서 가액 계산의 기준일을 특정하지 않고, 변동 '전' 또는 '후'로 규정하고 있는 것은 더 큰 논란의 여지가 있다. 증여시기에 대해서는 주식의 포괄적 교환 및 이전, 사업의 양수·양도, 사업 교환 및 법인의 조직 변경 등에 의하여 소유지분이나 그 가액이 변동된 날로 판단하여야 할 것이다.

3) 증여세 과세대상 재산 포함요건

법인의 조직 변경 등에 따른 이익에 대해 증여세를 과세하기 위해서는 다음의 요건을 충족하여야 한다.

(1) 주식의 포괄적 교환 및 이전, 사업의 양수·양도, 사업 교환 및 법인의 조직 변경 등에 의하여 소유지분이나 그 가액이 변동되어야 한다.

종전 제42조 제1항 제3호에서는 자본거래 또는 사업 양·수도 등을 통한 그 밖의 이익의 증여에 대하여 규정하면서 출자·감자, 합병(분할합병 포함)·분할, 전환사채 등에 의한 주식의 전환·인수·교환 등 법인의 자본금을 증가시키거나 감소시키는 거래로 얻은 이익 또는 사업 양수·양도, 사업 교환 및 법인의 조직 변경 등에 의하여 소유지분이나 그 가액이 변동됨에 따라 얻은 이익을 모두 열거하여 종전의 상증세법 제38조~제40조, 제41조의 3 그리고 제41조의 5에서 과세요건을 충족하지 못하는 자본거래에 따른 증여이익에 대하여 증여세를 과세할 수 있도록 하였다. 그러나 2015년 12월 15일 개정시 제42조의 내용을 개별 유형별로 조문화하면서 주식의 포괄적 교환 및 이전, 사업의 양수·양도, 사업 교환 및 법인의 조직 변경만을 그 대상으로 하도록 개정되었다. 증여과세 근거규정의 제시 없이 구 상증세법 제42조만으로 과세할 수 있는지가 논란이 되면서 '그 밖의 이익의 증여 등'의 예시규정을 명확히 하기 위해 제33조부터 제41조의 5에서 제시하고 있는 증여유형은 제외하는 방식으로 정비함에 따른 것으로 볼 수 있다. 따라서 주식의 포괄적 교환 및 이전, 사업의 양수·양도, 사업 교환 및 법인의 조직 변경 등 외에 종전의 제42조에서 규정하고 있던 자본거래 또는 사업양수도 등을 통한 이익의 증여는 제38조부터 제41조의 5의 개별 예시규정을 통해 과세가 가능한 것으로 새길 수 있다.

상법상 주식의 포괄적 교환에 의하여 완전자회사가 되는 회사의 주주가 얻은 이익에 대하여는 '재산의 고가양도에 따른 이익의 증여'에 관한 제35조나 '신주의 저가발행에 따른 이익의 증여'에 관한 제39조를 적용하여 과세할 수 없고, '법인의 자본을 증가시키는 거래에 따른 이익의 증여'에 관한 제42조의 2를 적용하여야 한다(대법원 2012두27787, 2018. 3. 29. ; 대법원 2011두23047, 2014. 4. 24.[277]).

(2) 일정기준 이상의 이익을 얻어야 한다(상증세법 제42조의 2 제1항 단서).

이때의 일정기준 이상이란 다음 각 호의 금액 중 적은 금액을 말한다(상증세법 시행령 제32조의 2 제2항).

① 변동 전 해당 재산가액의 100분의 30에 상당하는 가액
② 3억원

(3) 증여자와 수증자 간의 특수관계 여부는 문제되지 않는다.

① 법인의 조직변경 등에 따른 이익의 계산방법 등의 증여 시 과세대상은 특수관계 여부에 불구하고 모든 거래를 과세대상으로 하고 있다.

② 다만, 특수관계가 없는 자 간의 거래는 거래의 관행상 정당한 사유가 없는 경우에 한정하여 과세하는데(상증세법 제42조의 2 제2항), 여기서 특수관계인이란 상증세법 시행령 제2조의 2 제1항 각 호의 어느 하나의 관계에 있는 자[278]를 말한다.

이는 법인의 조직변경 등에 따른 이익의 과세대상을 특수관계 여부에 불구하고 모든 거래를 과세대상으로 하되 특수관계 없는 자 간의 거래는 납세자의 입증에 의하여 정당한 사유가 있다고 인정되는 경우는 과세 제외되도록 하고자 함이다. 그런데 특수관계가 없는 자 사이의 거래라고 하더라도, 거래조건을 결정함에 있어서 불특정 다수인 사이에 형성될 수 있는 객관적 교환가치를 적절히 반영하지 아니할 만한 이유가 없으며, 거래조건을 유리하게 하기 위한 교섭이나 새로운 거래상대방의 물색이 가능함에도 자신의 이익을 극대화하려는 노력도 전혀 하지 아니한 채 자신이 쉽게 이익을 얻을 수 있는 기회를 포기하고 특정한 거래상대방으로 하여금 이익을 얻게 하는 등 합리적인 경제인이라면 거래 당시의 상황에서 그와 같은 거래조건으로는 거래하지 않았을 것이라는 객관적인 사유가 있는 경우에는, 특별한 사정이 없는 한 '거래의 관행상 정당한 사유'가 있다고 보기 어렵다(대법원 2013두24495, 2015. 2. 12.).

③ 정당한 사유에 대한 입증책임은 원칙적으로 과세관청에 있다.

과세요건사실의 존재에 대한 증명책임은 과세관청에게 있으므로, 특수관계가 없는 자 사이의 거래에 있어서 '거래의 관행상 정당한 사유'가 없다는 점에 대한 증명책임도 과세관청이 부담함이 원칙이다. 다만 과세관청으로서는 합리적인 경제인이라면 거래 당시의 상황에서 그와 같은 거래조건으로는 거래하지 않았을

---

277) 상법상 주식의 포괄적 교환에 의하여 완전자회사가 되는 회사의 주주가 얻은 이익에 대해 구 상증세법 제35조가 아닌 제42조 제1항 제3호를 적용하여 과세해야 한다는 판결이다.

278) 이 책 '보론 21 상증세법상 특수관계인 규정 검토' 참조

것이라는 객관적인 정황 등에 관한 자료를 제출함으로써 '거래의 관행상 정당한 사유'가 없다는 점을 증명할 수 있으며, 만약 그러한 사정이 상당한 정도로 증명된 경우에는 이를 번복하기 위한 증명의 곤란성이나 공평의 관념 등에 비추어 볼 때 거래경위, 거래조건의 결정이유 등에 관한 구체적인 자료를 제출하기 용이한 납세의무자가 정상적인 거래로 보아야 할 만한 특별한 사정이 있음을 증명할 필요가 있다(대법원 2013두24495, 2015. 2. 12.).

4) 증여재산가액의 계산

위의 요건을 충족하게 되면, 법인의 조직변경 등에 따른 이익은 다음과 같이 계산한다(상증세법 시행령 제32조의 2 제1항). 따라서 증여재산가액 산정시 주식의 취득에 소요된 취득가액을 차감하도록 규정하고 있지 아니하므로 주식의 실지 취득가액은 차감하지 아니한다(조심 2018광0993, 2018. 6. 25.).

① 소유지분이 변동된 경우 : (변동 후 지분 - 변동 전 지분) × 지분 변동 후 1주당 가액
이때 지분 변동 후 1주당 가액에 한정하여 제28조, 제29조, 제29조의 2 및 제29조의 3을 준용하여 계산한 가액을 적용하는 것이 조세법규의 엄격해석의 원칙에 부합하다(조심 2018서0967, 2018. 9. 19. ; 대법원 2017. 5. 31. 선고, 2017두36311 판결). 주식교환 전 · 후의 지분율이 줄어들어 교환에 따른 평가차액이 부수(△)로 나타나는 경우에는 증여 이익이 실제 발생하지 않는다. 주식의 포괄적 교환에 의하여 완전자회사가 되는 회사의 주주가 얻은 이익에 대해서는, 판례에 따를 때 '변동 전 · 후의 가액'은 주식의 평가에 관한 일반규정인 구 상증세법 제63조 제1항 제1호가 아니라, 합병에 따른 이익의 계산방법 등에 관한 구 상증세법 시행령 제28조 제3항 내지 제6항을 준용하여 산정하게 된다(대법원 2022. 12. 29. 선고 2019두19 판결).

② 평가액이 변동된 경우 : 변동 후 가액 - 변동 전 가액
이때 평가차액을 계산함에 있어 변동 후 가액을 산정하는 데 준용 규정이 없으므로 위 ①의 준용 규정을 적용할 수 없고, 변동 전 가액의 산정과 마찬가지로 상증세법상 보충적 평가방법에 따라 산정하여야 한다(조심 2018서0967, 2018. 9. 19. ; 조심 2015중927, 2015. 5. 12. ; 서울고등법원 2016.12.15. 선고, 2016누57757 판결).

5) 증여세 과세특례

하나의 증여에 대하여 제33조부터 제39조까지, 제39조의 2, 제39조의 3, 제40조, 제41조의 2부터 제41조의 5까지, 제42조, 제42조의 2, 제42조의 3, 제44조, 제45조 및 제45조의

3부터 제45조의 5까지의 규정이 둘 이상 동시에 적용되는 경우에는 그 중 이익이 가장 많게 계산되는 것 하나만을 적용한다(상증세법 제43조 제1항).[279]

그렇지만 그 증여일부터 소급하여 1년 이내에 동일한 거래 등이 있는 경우에도 각각의 거래 등에 따른 이익을 해당 이익별로 합산(상증세법 제43조 제2항)하여 계산하지 않고, 별개의 독립된 증여로서 보고 계산한다.

6) 연대납세의무 면제

증여세의 납부에 있어서는 원칙적으로 수증자가 증여세를 납부할 수 없을 때에는 증여자가 연대납세의무를 진다. 그러나 조세형평상 세법에서 정한 과세요건을 충족함에 따라 세법상 증여로 보아 과세하는 경우 수증자에 대한 조세채권의 확보가 곤란하다고 하여도 증여자에게 연대납부의무를 지우는 것은 지나친 경우가 있다. 이런 측면에서 재산사용 및 용역제공 등에 따른 이익의 증여유형도 연대납세의무가 면제된다(상증세법 제4조의 2 제6항 단서).

3. 재산 취득 후 재산가치 증가에 따른 이익의 증여

이해의 맥

직업·연령·소득·재산상태 등으로 보아 자력으로 개발사업의 시행 등의 행위를 할 수 없다고 인정되는 자가 특수관계인의 증여, 기업경영에 관한 내부정보 이용, 특수관계인의 담보 등으로 재산을 취득한 후 5년 이내에 개발사업의 시행 등 재산가치 증가사유가 발생한 것은 재산취득자 자신의 노력에 의하여 가치가 상승한 것이 아니라 타인의 기여에 의하여 증가한 것이므로 이에 대해 증여세를 과세한다.

§관련조문

상증세법	상증세법 시행령
제42조의 3【재산 취득 후 재산가치 증가에 따른 이익의 증여】	제32조의 3【재산 취득 후 재산가치 증가에 따른 이익의 계산방법 등】

1) 의의

종전의 제42조에서 통합적으로 규정되어 있던 그 밖의 이익의 증여 유형 중 '재산 취득

---

279) 2011. 1. 1. 이후 최초로 증여받는 것부터 적용한다.

후 재산가치 증가에 따른 이익의 증여'를 개별 유형별로 분류하여 별도 조문으로 구성 함으로써 증여 예시적 성격의 규정임을 명확히 한 조항이다.

상증세법 제2조 제6호에서는 증여의 개념에 '타인의 재산가치를 증가시키는 것'을 포함 하여 정의하고 있다. 이와 같은 맥락에서 직업·연령·소득·재산상태 등으로 보아 자 력으로 개발사업의 시행 등의 행위를 할 수 없다고 인정되는 자가 특수관계인의 증여, 기업경영에 관한 내부정보 이용, 특수관계인의 담보 등으로 재산을 취득한 후 5년 이내 에 개발사업의 시행 등 재산가치 증가사유가 발생한 것은 재산취득자 자신의 노력에 의하여 가치가 상승한 것이 아니라 타인의 기여에 의하여 증가한 것이므로 이에 대해 증여세를 과세하도록 한 것이다.

더 나아가 세법상 특수관계인 범위 및 가치상승기간을 회피하는 것을 방지하기 위해 거짓 그 밖의 부정한 방법으로 상속·증여세를 감소시킨 것으로 인정되는 경우에는 특 수관계인, 기간에 관한 규정을 적용 제외하도록 하여 과세의 실효성을 높이고자 하였다.

2) 증여시기

재산 취득 후 재산가치 증가에 따른 이익의 증여일은 개발사업의 시행, 형질변경, 공유 물(共有物) 분할, 사업의 인가·허가 등의 사유(재산가치 증가사유)가 발생한 날이다(상증세법 제42조의 3 제2항).

3) 증여세 과세대상 재산 포함요건

재산 취득 후 재산가치 증가에 따른 이익이 증여세 과세대상 재산에 포함되려면 다음의 요건을 충족하여야 한다.

(1) 수증자는 자력으로 해당 행위를 할 수 없다고 인정되는 자이어야 한다(상증세 법 제42조의 3 제1항).

이 유형의 증여에서 수증자는 '자신의 계산(自力)으로' 해당 행위를 할 수 없는 자란 직업연령소득재산 상태로 보아 자신이 그 행위를 할 수 없는 경제적 무능력자 또는 의사결정을 정상적으로 할 수 없는 자 등으로 오직 특수관계인의 기여에 의하여 재 산취득행위를 한 자로 판단되고, '해당 행위'도 '재산가치 증가 사유 행위'로 보기보 다는 '재산취득 행위' 자체를 말하는 것으로 해석함이 문언상 자연스럽다(조심 2017서 4175, 2018. 9. 17.).

(2) 수증자가 다음의 사유로 재산을 취득하여야 한다(상증세법 제42조의 3 제1항).

① 특수관계인으로부터 재산을 증여받은 경우

② 특수관계인으로부터 기업의 경영 등에 관하여 공표되지 아니한 내부 정보를 제공받아 그 정보와 관련된 재산을 유상으로 취득한 경우

③ 특수관계인으로부터 차입한 자금 또는 특수관계인의 재산을 담보로 차입한 자금으로 재산을 취득한 경우

여기에서의 특수관계인이란 본인과 친족관계, 경제적 연관관계 또는 경영지배관계 등 상증세법 시행령 제2조의 2 제1항 각 호의 어느 하나에 해당하는 관계에 있는 자를 말한다. 이 경우 본인도 특수관계인의 특수관계인으로 본다(상증세법 제2조 제10호).[280]

(3) 다음의 기간 내에 다음의 재산가치의 증가사유가 발생하여야 한다.

그 재산을 취득한 날부터 5년 이내에 개발사업의 시행 등 아래의 재산가치 증가사유가 발생하여야 한다(상증세법 제42조의 3 제1항, 상증세법 시행령 제32조의 3 제1항).

① 개발사업의 시행

② 형질변경

③ 공유물분할

④ 지하수개발·이용권 등의 인가·허가 및 그 밖에 사업의 인가·허가

⑤ 비상장주식의 「자본시장과 금융투자업에 관한 법률」 제283조에 따라 설립된 한국금융투자협회에의 등록

⑥ 그 밖에 위 ①~⑤의 사유와 유사한 것으로서 재산가치를 증가시키는 사유[281]

여기에서의 재산가치증가사유는 상증세법 제2조 제6호의 '타인의 재산가치를 증가시키는 것"의 예시규정으로 보는 것이 타당해 보인다는 점에서(재산-2983, 2008. 9. 29. ; 서면4팀-1243, 2008. 5. 23. 등), 이와 유사한 행위로 재산가치가 증가한 경우도 사유에 추가함으로써 증여세 완전포괄주의를 분명히 하고자 하였다. 그렇더라도 여기에 예시되지 않은 증가사유로 과세하는 것은 예측 가능성과 법적 안정성의 측면에서 바람직해 보이지는 않는다.

(4) 일정한 기준 이상의 이익이 발생하여야 한다(상증세법 제42조의 3 제1항 단서).

이때의 일정기준 이상이란 다음 각 호의 금액 중 적은 금액을 말한다(상증세법 시행령 제32조의 3 제2항).

---

280) 이 책 '보론 21 상증세법상 특수관계인 규정 검토' 참조
281) 2013. 6. 11. 이후부터 적용한다.

① 해당 재산의 취득가액에 통상적인 가치 상승분과 가치상승 기여분을 합산한 가액의 100분의 30에 상당하는 가액

② 3억원

4) 특수관계가 없는 자 간의 거래에의 적용사유

재산 취득 후 재산가치 증가에 따른 이익의 증여 규정을 적용함에 있어서 "거짓 그 밖의 부정한 방법"으로 증여세를 감소시킨 것으로 인정되는 경우에는 특수관계인 외의 자간의 증여에 대하여도 증여세를 과세한다. 이때는 기간에 관한 규정(재산을 취득한 날부터 5년 이내)은 이를 없는 것으로 보는데, 이는 특수관계인의 범위 및 재산가치 상승기간의 규정을 회피하여 상속세 또는 증여세를 감소시키는 것을 방지하기 위함이다. 이때 "거짓 그 밖의 부정한 방법"에 대한 입증책임은 과세관청이 진다고 해석하여야 한다.

5) 증여재산가액(재산가치상승금액)

위에서 재산가치 상승금액이란 다음의 산식에 따라 계산한 가액을 말한다(상증세법 시행령 제32조의 3 제3항, 같은 법 집행기준 42-31의 9-14).

> 재산가치상승금액(증여재산가액) = 해당 재산가액 – (해당 재산의 취득가액 + 통상적인 가치상승분 + 가치상승 기여분)

① **해당 재산가액** : 재산가치 증가사유가 발생한 날 현재의 가액(상증세법 제60조 내지 제66조의 규정에 의해 평가한 가액을 말한다.)

이때 해당 재산이 토지 · 주택인 경우 그 평가액은 다음과 같다(상증세법 시행령 제31조의 9 제8항 제1호 괄호).

㉠ (원칙) 고시가액

㉡ (예외) 다음의 경우에는 국세청장 평가액(상증세법 시행령 제50조 제1항 · 제4항)

재산의 실질가치가 반영되도록 평가방법을 보완하였다.

- 고시가액이 없는 경우
- 재산가치증가사유 발생일 현재 고시가액에 재산가치증가사유에 따른 가치증가분이 반영되지 않은 경우[282]

한편 그 재산가치 증가사유 발생일 전에 그 재산을 양도한 경우에는 그 양도한

---

282) 2014. 1. 1. 이후 평가하는 분부터 적용

날을 재산가치 증가사유 발생일로 본다(상증세법 제42조의 3 제2항 후단).

② **해당 재산의 취득가액** : 실제 취득하기 위하여 지불한 금액(증여받은 재산의 경우에는 증여세 과세가액을 말한다)

③ **통상적인 가치상승분** : 상증세법 시행령 제31조의 3 제5항의 규정에 의한 기업가치의 실질적인 증가로 인한 이익과 연평균지가상승률·연평균주택가격상승률 및 전국소비자물가상승률 등을 감안하여 해당 재산의 보유기간 중 정상적인 가치상승분에 상당하다고 인정되는 금액

④ **가치상승 기여분** : 개발사업의 시행, 형질변경, 사업의 인가·허가 등에 따른 자본적 지출액 등 해당 재산가치를 증가시키기 위하여 지출한 금액

6) 증여세 과세특례

하나의 증여에 대하여 제33조부터 제39조까지, 제39조의 2, 제39조의 3, 제40조, 제41조의 2부터 제41조의 5까지, 제42조, 제42조의 2, 제42조의 3, 제44조, 제45조 및 제45조의 3부터 제45조의 5까지의 규정이 둘 이상 동시에 적용되는 경우에는 그 중 이익이 가장 많게 계산되는 것 하나만을 적용한다(상증세법 제43조 제1항).[283]

그렇지만 그 증여일부터 소급하여 1년 이내에 동일한 거래 등이 있는 경우에도 각각의 거래 등에 따른 이익을 해당 이익별로 합산(상증세법 제43조 제2항)하여 계산하지 않고, 별개의 독립된 증여로서 보고 계산한다.

7) 연대납세의무 면제

증여세의 납부에 있어서 원칙적으로 수증자가 증여세를 납부할 수 없을 때에는 증여자가 연대납세의무를 진다. 그러나 조세형평상 세법에서 정한 과세요건을 충족함에 따라 세법상 증여로 보아 과세하는 경우 수증자에 대한 조세채권의 확보가 곤란하다고 하여도 증여자에게 연대납부의무를 지우는 것은 지나친 경우가 있다. 이런 측면에서 재산사용 및 용역제공 등에 따른 이익의 증여유형도 연대납세의무가 면제된다(상증세법 제4조의 2 제6항 단서).

8) 납세의무 성립 및 확정의 법리와의 모순 및 과세표준 및 세액의 경정법리와의 모순[284]

---

283) 2011. 1. 1. 이후 최초로 증여받는 것부터 적용한다.
284) 이 책 '완전포괄주의 현행 법률의 문제점' 참조

그런데 앞서 살펴본 바와 같이, 비상장주식을 5년 이내에 상장한 경우의 시세차익을 증여로 과세하는 본조는 납세의무의 성립 및 확정의 법리에 어긋날 뿐 아니라 경정의 법리와도 맞지 아니한다.

이에 대해서 재산가치의 증가액을 과세대상으로 삼는 것은 증여세의 정산개념[285]에 해당된다는 견해도 있다.[286]

9) 합산배제 증여재산의 증여세 과세표준 계산특례[287]

상증세법 제42조의 3(재산 취득 후 재산가치 증가에 따른 이익의 증여)은 합산배제 증여재산(상증세법 제47조 제1항)이므로, 합산배제 증여재산(상증세법 제47조 제1항)에 있어서는 해당 증여재산가액에서 3천만원과 증여재산의 감정평가수수료를 차감한 금액을 증여세 과세표준으로 한다.

또한 상증세법 제47조 제2항에 의하면 해당 증여일 전 10년 이내에 동일인(증여자가 직계존속인 경우에는 그 직계존속의 배우자를 포함)으로부터 받은 증여재산가액을 합친 금액이 1천만원 이상인 경우에는 그 가액을 증여세 과세가액에 가산하도록 하되, 다만 합산배제 증여재산의 경우에는 합산하지 아니하도록 하고 있다. 그러므로 재산 취득 후 재산가치 증가에 따른 이익의 증여(상증세법 제42조의 3)는 합산하지 아니한다.

┃증여유형의 다른 분류┃

유형 분류	해당 증여유형(상증세법)
전형적인 증여의 범위에 속하지만 이를 분명히 하기 위한 유형	채무면제 등 이익(제36조), 부동산무상사용이익(제37조), 금전무상대출 등 이익(제41조의 4)
전형적인 증여형태는 아니지만 그 실질이 증여인 유형	신탁이익(제33조), 보험금(제34조), 저가양수·고가양도이익(제35조), 합병이익(제38조), 증자이익(제39조), 감자이익(제39조의 2), 현물출자이익(제39조의 3), 전환사채 등 이익(제40조), 초과배당이익(제41조의 2), 주식 등의 상장이익(제41조의 3), 합병에 따른 상장 등 이익(제41조의 5), 재산사용 및 용역제공이익(제42조), 법인의 조직변경 등 이익(제42조의 2), 재산가치 증가이익(제42조의 3)

---

285) 이러한 정산개념에 기초한 증여예시규정으로는 '전환사채의 주식전환(상증세법 제40조 제1항 제2호)', '비상장주식의 상장(상증세법 제41조의 3)', '비상장회사의 합병(상증세법 제41조의 5)' 등이 있다.

286) 이창희, 「세법강의」, 박영사, 2007. 1090쪽

287) 이 책 '전환사채 등의 주식전환 등에 따른 이익의 증여 – 합산배제 증여재산의 증여세 과세표준 계산특례' 참조

유형 분류	해당 증여유형(상증세법)
증여의 형식 또는 실질을 묻지 않고 정책적 목적에서 과세하기 위한 유형	명의신탁재산의 증여의제(제45조의 2), 특수관계법인 거래이익(제45조의 3), 특수관계법인 제공 사업기회이익(제45조의 4), 특정법인 거래이익(제45조의 5)

┃ 증여유형별 적용사항 요약(상증세법 집행기준 33-0-2) **┃**

증 여 유 형	적 용 사 항		
	무능력수증자 증여세 면제	증여자 연대 납세의무면제	최대주주 할증평가 배제
① 신탁이익의 증여			
② 보험금의 증여			
③ 저가 양수·고가 양도에 따른 이익의 증여	○	○	
④ 채무면제 등에 따른 이익의 증여	○	○	
⑤ 부동산 무상사용에 따른 이익의 증여	○	○	
⑥ 합병에 따른 이익의 증여		○	○
⑦ 증자에 따른 이익의 증여		○	○
⑧ 감자에 따른 이익의 증여		○	○
⑨ 현물출자에 따른 이익의 증여		○	○
⑩ 전환사채 등 주식전환 등에 따른 이익의 증여		○	○
⑪ 초과배당에 따른 이익의 증여		○	
⑫ 주식 등 상장 등에 따른 이익의 증여		○	
⑬ 금전무상대출 등에 따른 이익의 증여	○	○	
⑭ 합병에 따른 상장 등 이익의 증여		○	
⑮ 재산사용 및 용역제공 등에 따른 이익의 증여		○	
⑯ 법인의 조직 변경 등에 따른 이익의 증여		○	
⑰ 재산 취득 후 재산가치 증가에 따른 이익의 증여		○	

VI 증여추정 및 증여의제

1. 의의

1) 의의

해의 맥

지금까지 살펴본 상증세법 제33조 내지 제42조의 3의 증여유형이 해당 이익의 증여가 실질적으로 증여재산 및 증여의 개념에 부합하는지를 판단의 기초로 하면서, 다만 증여재산가액에 포함하여 증여세를 과세하기 위해 일정한 형식적 요건의 충족을 요구하는 구조로 되어 있는데 반해, 상증세법 제44조 및 제45조의 증여추정규정들은 전제사실(배우자 등에의 재산양도, 자력 없는 자의 재산취득 등)이 있으면 증여로 추정하는 구조를 취함으로써 실질적인 요소(경제적 이익의 이전 등 증여개념에 부합)보다는 형식적인 전제사실의 존재를 중시하는 듯한 모습이다.

2) 증여추정과 증여의제[288]

(1) 증여추정

추정은 어느 사실에서 다른 사실을 추인(推認)하는 것을 가리킨다.

추정에는 사실상의 추정과 법률상의 추정이 있는데 사실상의 추정은 경험칙을 이용하여 하는 추정이고 법률상의 추정은 추정규정을 적용시켜서 하는 추정이다.[289]

추정규정은 「A라는 사실(전제사실)이 있으면 B라는 사실(추정사실)이 있는 것으로 추정한다.」[290] 또는 「A라는 사실이 있을 때에는 B라는 권리가 있는 것으로 추정한다.」[291] 라는 형식으로 되어 있다.

추정규정의 효과는 입증책임의 완화에 있다. 즉 추정규정이 적용되면 증명의 주체가 변경되지만 추정규정이 입증책임분배의 예외는 아니다.

다만, 추정규정이 적용되는 경우에는 입증책임이 있는 당사자(과세관청)는 B라는 사

---

288) 한국조세연구포럼, "현행 상증세법의 합리적 개선방안에 관한 연구", 2003. 12, 45~46쪽

289) 이시윤, 「민사소송법」, 박영사, 1990, 575쪽

290) 법률상의 사실추정이다.

291) 법률상의 권리추정이다.

실을 입증하는 대신에 보다 입증이 쉬운 A사실만 입증하면 되는 것이다. 일반적으로 전제사실(A사실)은 추정사실(B사실)보다 증명이 쉽기 때문에 추정규정이 적용되는 경우에는 입증책임이 경감되는 효과가 있다.

추정의 효과를 뒤집고자 하는 상대방(납세자)은, 전제사실(A사실)이 입증되었지만 추정사실(B사실)이 존재하지 아니한다는 점을 입증하여야 한다. 즉 상대방은 추정사실(B사실)의 부존재에 대하여 입증책임을 지게 된다. 이런 의미에서는 추정규정에 의하여 입증책임이 상대방에게 전환된다고 할 수 있다.

증여추정이란 반대의 증거가 입증되지 않는 한 증여로 보겠다는 것이므로 증여가 아니라는 증거가 증명된다면 과세규정의 적용을 면할 수 있는 것이다. 따라서 증여추정의 경우는 과세관청이 증여에 대한 입증책임을 부담하거나 아니면 납세자가 증여가 아니라는 입증책임을 부담하거나 불문하고 증여의제보다는 납세자에게 과세요건이 유리하다고 할 수 있다.

(2) 증여의제

이에 대하여 의제규정(간주규정)은 「A라는 요건사실이 존재하면 B라는 법률효과가 발생한다」고 규정된 법조문을 가리킨다.

의제규정이 적용되는 경우에는 어느 당사자(과세관청)가 A라는 요건사실을 입증하면 B라는 법률효과가 확정적으로 주어지며 상대방(납세자)이 A라는 요건사실에 반대되는 사실을 증명한다고 하더라도 B라는 법률효과의 발생을 저지시킬 수 없다. 즉 반증(反證)의 제시가 허용되지 아니하다.

증여의제란 법상의 증여는 아니나 법에 규정된 요건을 충족하면 당연히 과세가 되는 것이다.

(3) 추정규정 및 의제규정의 한계

추정규정과 의제규정은 입증책임분배의 원칙에 대한 예외규정이므로 그와 같은 입법은 가능한 한 제한되어야 한다.

조세부과처분에서 과세요건의 적법성에 대한 입증책임은 과세권자, 즉 과세관청에게 있다. 즉 과세처분의 위법을 이유로 그 취소를 구하는 행정소송에서 처분의 적법성 및 과세요건사실의 존재에 대하여서는 원칙적으로 과세관청이 입증책임을 부담한다(대법원 96누1627, 1996. 4. 26. ; 대법원 88누5624, 1989. 1. 24. ; 대법원 85누393, 1987. 7. 7. 등 다수). 그런데 추정규정 및 의제규정은 과세관청의 입증책임을 완화 내지 변질시키는 점에서 납세자의 재산권을 침해할 가능성을 내포하고 있다.

따라서 추정규정과 의제규정이 확산되면 국민의 예측 가능성에 대하여 치명적 침해를 가하게 되므로 헌법이 보장하는 조세법률주의의 실질적 내용을 침해하게 될 우려가 있다.[292]

특히 의제규정은 일체의 반증을 허용하지 않기 때문에 납세자의 권리구제기회를 본질적으로 빼앗고 헌법상의 기본권인 재판을 받을 권리를 박탈하는 것이기에 더 큰 문제점을 안고 있다.

보론 31 **입증책임[293]**

Ⅰ. 서론

조세소송의 경우 과세관청과 납세자는 소송에서 유리한 결과를 얻기 위해 사실을 주장하고 증거를 제시하는 등 입증활동을 한다. 증거가 뚜렷하고 사실의 존부가 명백한 경우에는 입증책임이 개입될 여지가 없어 아무런 문제가 되지 않고 그것만으로 재판을 종결시킬 수 있다. 문제의 핵심은 증명을 요하는 사실의 존부가 재판과정의 최종단계에 이르기까지 확정되지 않을 때에 어떻게 판결을 할 것인가에 있다. 이러한 문제를 해결할 수 있는 것이 입증책임인데, 입증책임은 법원이 심리의 최종단계에서 사실의 진위에 대해 어떠한 확신도 갖지 못할 때 그 효과가 나타난다. 요컨대 입증책임이란 입증되지 않았을 때 부담하게 되는 패소위험을 말하며, 사실문제의 영역에서 그 불분명을 해결하는 것을 사명으로 한다.

Ⅱ. 입증책임과 입증필요

1. 입증책임 및 입증필요의 개념

1) 입증책임(객관적 입증책임, 실질적 입증책임, 거증책임)이란 소송에서 어떤 사실의 존부에 관해 증명이 없는 경우에, 일방 당사자가 최종적으로 받는 위험 또는 불이익의 부담(지위)를 말하며,

2) 입증필요(주관적 입증책임,[294] 형식적 입증책임)란 어느 사실이 증명되지 않기 때문에 자기에게 불리한 판단을 받을 우려가 있는 당사자가 그 불이익을 면하기 위해 해당 사실을 증명할 증거를 제출할 부담 또는 의무를 말한다.

2. 입증책임분배, 입증책임의 전환 및 입증필요의 전환

1) 입증책임의 분배란 소송에서 사실의 존부가 불명한 경우 재판에서 받게 될 불이익을 어느 당사자에게 부담시킬 것인가를 객관적으로 정하는 것을 말하며, 구체적인 소송에서 입증책임을 어느 편 당사자에게 귀속시킬 것인가의 문제이다.

---

292) 최명근, "포괄증여 의제규정의 위헌성 소고", 「조세법연구(Ⅲ)」, 세경사, 1997, 479쪽
293) 강인애, 「조세쟁송법」, 한일조세연구소, 2003, 846~910쪽
294) 주관적 입증책임(증거제출책임)은 객관적 입증책임과 달리 심리의 개시단계에서부터 문제되는 것으로 구체적으로 그 책임을 질 당사자가 심리과정에서 바뀔 수 있으며, 변론주의 산물이기 때문에 직권탐지주의 하에서는 그 적용이 없다.

2) 입증책임의 전환

입증책임의 전환이란 특별한 경우에 반대사실에 관해 상대방에게 입증책임을 부담시키는 법규범상의 현상을 말하고, 이는 원칙과 예외의 관계로서 입증책임의 분배에 관한 일반원칙을 특별한 경우에 입법에 의해 수정을 가하는 것을 말한다. 즉, 실체법상 일반규정에는 원고가 입증책임을 부담할 사유로 되어 있으나, 특별 규정에는 피고가 입증책임을 부담할 사유로 규정된 경우이다.

3) 입증필요의 전환이란 구체적인 소송심리의 경과에 따라 법관의 심증형성에 있어 증명을 필요로 하는 사실에 관해 입증의 필요가 당사자 사이에 이동하는 것을 말한다. 즉, 구체적인 소송의 진행에 따라 당사자 사이에 주관적 입증책임이 이동하는 것을 말한다.

3. 의제규정과 추정규정

1) 의제규정이란 어떤 사실에 대해 본질이 다른 타사실과 법률상 취급에 있어 동일한 것으로 간주하고 동일한 법률효과를 부여하는 규정으로, 의제된 사실에 대해 상대방은 그것이 진실이 아니라는 것을 주장·입증하는 것이 허용되지 않는다.

2) 추정규정이란 어떤 사실로부터 다른 사실을 경험칙에 의해 추인하는 것을 인정하는 규정으로, 사실상의 추정과 법률상의 추정이 있다.

① 사실상의 추정은 개개의 소송에서 법관이 일응의 심증에 기해 계쟁사실을 추인하는 것으로, 법관의 자유심증의 한 樣態 또는 경험법칙 활용의 한 과정이다. 따라서 사실상의 추정은 법관의 자유심증의 범위 내의 문제이므로 입증의 필요가 생기는 것은 논외로 하고 입증책임과 결부시킬 수는 없는 것이다.

② 법률상의 추정규정은 소송법상 증명이 용이한 사실(간접사실, 전제요건사실 : 예) 장부의 기장비치가 없는 점)의 존재를 입증함으로써 증명이 곤란한 사실(직접사실, 추정사실 또는 추정권리의 발생원인사실 : 예) 소득실액)의 존재가 추인되도록 한 규정을 말한다. 그러므로 법률상의 추정규정은 추정사실의 입증책임이 완화된다고 할 것이다.

Ⅲ. 조세행정소송에서 입증책임의 분배

조세행정처분의 적법성 및 과세요건사실에 관해, 원고 납세자에게 그 위법성 및 과세요건사실의 부존재에 관한 입증책임을 부담시킬 것인가, 아니면 피고 과세청에게 그 적법성 및 과세요건사실의 존재에 관한 입증책임을 부담시킬 것인가(입증책임의 분배)에 대해 학설의 대립이 있다.

판례에서는 초기에는 공정력설에 입각하여 원고에게 조세부과처분의 위법성에 관한 입증책임을 지우는 판결을 하였으나, 현재에는 행정처분의 공정력 내지 적법성의 추정과 입증책임의 분배는 전혀 별개의 문제임을 명백히 하면서 과세처분의 적법성 및 과세요건사실의 존재에 대해 피고 과세청에게 입증책임을 부담시키는 법률요건분류설 내지 수정법률요건분류설의 입장을 취하고 있다.

Ⅳ. 조세행정소송에서 입증필요의 정도

1. 완전한 입증과 일응의 입증

입증필요의 정도는 '완전한 입증'과 '불완전한 입증'으로 나눌 수 있다. '입증'은 법관의 심증형성을 위해 행하는바, '완전한 입증'(엄격한 증명)이란 법관의 심증형성을 확실한 것으로 하는 정도의 입증을 말한다. '불완전한 입증'이란 법관의 심증형성을 확실한 것으로 함에는 이르지 못하고 단순히 우세한 정도의 입증을 말하고, 이 중 특별한 사정(반증)에 없는 한 입증사실의 존재를 경험칙상 긍정할 수 있는 정도의 개연성이 있는 입증을 '일응의 입증'이라 한다.

2. 판례

대법원은 실액과세의 경우에는 피고 과세청이 부담하는 입증필요의 정도는 완전한 입증일 것을 요구하고, 추계과세의 경우에는 일응의 입증으로 족한 것으로 판시한다 (대법원 84누177, 1984. 6. 26. ; 대법원 83누115, 1983. 10. 25. ; 대법원 84누124, 1984. 7. 24. ; 대법원 95누17779, 1996. 11. 12. ; 대법원 95누7239, 1996. 9. 10.).

2. 배우자 등에 대한 양도 시 증여추정

이해의 맥

배우자나 직계존비속 간에는 증여를 양도로 가장할 개연성이 크다는 점에서 거래형식에 불구하고 증여로 추정하여 그 입증책임을 납세자에게 전환한다.

§관련조문

상증세법	상증세법 시행령	상증세법 시행규칙
제44조【배우자 등에게 양도한 재산의 증여추정】	제33조【배우자 등에게 양도한 재산의 증여추정】	제10조의 6【시간외시장 매매의 범위】

1) 의의

배우자 또는 직계존비속(이하 '배우자 등'이라 한다) 간에는 그 관계의 밀접성으로 인해 상호간의 이해가 맞아떨어지기 쉽다. 이로 인해 그 실질이 증여임에도 유상양도를 가장함으로써 증여세를 회피할 가능성이 현실적으로 높다. 이러한 현상은 배우자 등 간의 직접양도에서뿐만 아니라 제삼자를 이용한 우회양도에서도 나타날 수 있다.

이에 따라 배우자 또는 직계존비속에게 양도한 재산(직접양도)을 양수자에 대한 증여로 추정하고, 특수관계 있는 자에게 재산을 양도하고 그 특수관계 있는 자가 다시 양도인의 배우자나 직계존비속에게 양도하는 경우(우회양도)에는 당초 양도자가 그의 배우자 등에게 직접 증여한 것으로 추정한다. 이는 증여세의 포탈을 방지하여 국가의 조세징수권의 확보를 기하고자 함이다.

그리하여 과세관청은 위의 거래가 있었다는 사실만을 입증하면 증여가 있는 것으로 추정하여 증여세를 과세할 수 있게 되어 입증책임이 완화된다. 반면에 납세자는 위 거래가 진실로 유상으로 양도된 거래임을 입증하여야 증여추정으로부터 벗어날 수 있게 된다(심사증여 2010-56, 2010. 8. 30.).

2) 배우자 등에게 양도(직접양도) 시 증여추정

(1) 증여추정 요건(증여세 과세대상 재산 포함 요건)

아래의 요건을 충족하여야 배우자 또는 직계존비속에게 재산을 양도한 경우에 배우자 등이 그 재산의 가액을 증여받은 것으로 추정하여 증여세 과세대상 재산에 포함한다(상증세법 집행기준 44-0-1).

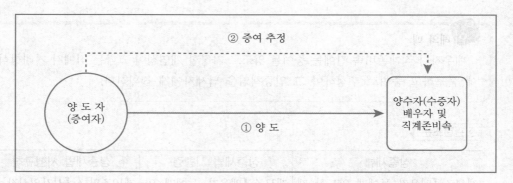

① 배우자 간 혹은 직계존비속 간의 양도이어야 한다.

　㉠ 배우자 : 여기에서의 배우자의 의미와 관련하여 본조에서는 명문의 규정이 없지만 대법원판례와 국세심판례에서는 일관되게 법률상 혼인관계에 있는 경우에 한하도록 하고 있고(대법원 90누6897, 1991. 4. 26. ; 국심 90중1361, 1990. 9. 29.), 상속인의 순위(민법 제1003조)에서나 배우자 상속공제(상증세법 제19조)나 증여재산공제(상증세법 제53조)에서 일관되게 법률상의 배우자만을 배우자로 인정하는 점에서 법률상의 배우자에 한한다고 해석하여야 타당하다.

　　이혼한 부부의 경우 법률상 혼인관계가 소멸되었으므로 배우자로 보지 아니하며, 이혼합의 후 법원의 이혼의사확인을 받고 민법상의 이혼신고절차를 마치지 아니한 경우에는 형식적으로는 배우자 관계가 존속하고 있으나, 실질적으로는 이미 배우자가 아니므로 배우자 양도에 해당하지 아니한다.

ⓛ 직계존비속 : 직계존비속 간이라 함은 자기의 자연혈족(출양자도 자연혈족임에 틀림없으므로 포함된다)인 직계혈족(민법 제768조)관계를 말한다. 그리고 입양(민법 제866조 이하)으로 인한 법정혈족(입양자)도 직계존비속으로 보아야 하며, 부부의 혼인 중 출생자로 보는 친양자관계(민법 제908조의 2 이하)도 당연히 직계존비속에 해당한다.

그러나 종전의 법정혈족관계였던 계모자 · 적모서자 관계는 직계존비속관계가 아니며 며느리와 시아버지 · 시어머니 관계 그리고 사위와 장인 · 장모의 관계는 직계존비속 관계가 아니라 친족관계이다(상증세법 집행기준 44-0-2).

② 재산의 양도행위가 있어야 한다.

㉠ 재산 : 여기에서의 재산은 앞서 본 증여재산의 개념과 상통하게 금전으로 환산할 수 있는 경제적 가치가 있는 물건과 재산적 가치가 있는 법률상 또는 사실상의 권리 중 양도가능한 것을 말한다. 이런 점에서 포괄사업양도도 양도의 대상이 되는 재산에 포함된다.

㉡ 양도 : 증여로 추정되는 양도의 개념이 확실한 것은 아니나, 매도 · 교환 등 법률행위를 원인으로 하여 유상으로 사실상 이전되는 것을 의미한다고 할 수 있다. 소득세법 제88조 "'양도'라 함은 자산에 대한 등기 또는 등록에 관계없이 매도, 교환, 법인에 대한 현물출자 등으로 인하여 그 자산이 유상으로 사실상 이전되는 것을 말한다."에 의해 판단하여야 할 것으로 보인다.[295]

이런 점에서 일반적인 매도뿐만 아니라 교환도 여기에서의 양도에 해당된다. 한편 대법원판례에서는 배우자 또는 직계존비속 명의로 등기 등을 한 명의신탁재산의 경우 조세회피목적이 없다 하여 증여로 볼 수 없다고 판단할 것이 아니라, 명의신탁에 대하여도 이를 여기의 배우자 등에게 양도한 재산의 범위에 포함시켜 과세할 수 있다고 규정하고 있다(대법원 90누10230, 1991. 5. 28. ; 조심 2010광997, 2010. 12. 9.). 배우자 또는 직계존비속 간에 소유권이 이전되는 경우 정상적인 대가가 지급되는 유상양도보다는 증여일 개연성이 높을 뿐만 아니라 거래의 실질을 객관적으로 파악하기 곤란하기 때문에 객관적으로 대가를 지급한 사실이 명백히 인정되는 경우를 제외하고는 증여로 과세하려는 것이 이

---

295) 물론 실제로 유상으로 양도되었다면 증여추정이 배제될 것이다.

규정의 취지이기 때문에 소유권을 실질적으로 이전하는 경우뿐만 아니라 명의신탁의 경우에는 양도의 범위에 포함시키는 것이 타당하다는 것이다. 그러나 현행 상증세법이 명의신탁에 대해서는 상증세법 제45조의 2에서 증여로 의제하여 명의자에게 과세하고 있기 때문에 이 규정의 양도의 범위에 포함하여야 할 실익이 없는 것으로 보인다.

직계존비속 간에 정상적인 상거래로 행하는 상품의 판매에 대해 소득세법에 의하여 소득세가 과세되는 때에는 증여로 보지 아니한다(상증세법 기본통칙 44-33…1, 같은 법 집행기준 44-33-3).

③ 증여추정의 배제사유(아래 4))에 해당하지 않아야 한다.

(2) 증여재산가액(증여추정의 효과)

배우자 등에게 양도한 때에 그 재산의 가액(아래 4)의 증여추정배제 사유에 해당하지 않는 미입증금액 전체)을 그 배우자 등(양수자)의 증여재산가액으로 한다. 이때 양도재산의 평가는 상증세법 제4장의 평가에 따른다.

(3) 증여시기

이때의 증여시기는 배우자 등에게 양도한 때이다. 여기에서 '양도한 때'란 부동산의 경우 등기접수일이 될 것이다. 왜냐하면 만약 양도대금을 주고받았다면 이는 진정한 유상양도에 해당하여 증여로 추정되지 않으므로 소득세법상의 양도시기인 잔금청산일은 적용될 여지가 없기 때문이다.

그러므로 원칙적으로 부동산 등 등기·등록을 요하는 재산은 등기·등록일, 동산의 경우에는 인도 또는 점유의 이전일이 증여일이다. 증여재산별 구체적인 증여시기에 대하여는 앞서 기술한 '증여일'을 참조하기 바란다.

3) 특수관계인에게 양도 후 배우자 등에게 양도(우회양도) 시 증여추정

(1) 증여추정 요건(증여세 과세대상 재산 포함 요건)

아래의 요건을 충족하여야 양수자가 배우자 등에게 재산을 양도한 경우에 배우자 등이 그 재산의 가액을 당초 양도자로부터 증여받은 것으로 추정하여 증여세 과세대상 재산에 포함한다(상증세법 집행기준 44-0-1).

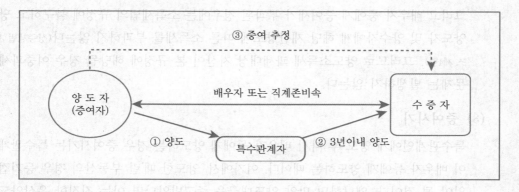

① 먼저 당초 양도자가 그의 특수관계인에게 양도하여야 한다.
- **특수관계인** : 특수관계인이라 함은 본인과 친족관계, 경제적 연관 관계 또는 경영지배 관계 등 상증세법 시행령 제2조의 2 제1항 각 호의 어느 하나에 해당하는 자[296]를 말하는 것으로 과세원인 발생 당시에 특수관계에 있어야 한다(상증세법 제2조 제10호).

② 이렇게 양도받은 재산을 그 특수관계인("양수자"라 한다)이 양수일부터 3년 이내에 다시 양도하여야 한다.

이때 3년의 기간계산은, 상증세법상의 증여재산 취득시기(상증세법 시행령 제24조)에 따라 부동산은 등기 또는 등록일, 동산은 점유인도일을 기준으로 하여야 할 것이다.

- **양도** : 양도의 범위에 대해서는 위와 같다. 그러므로 채무담보의 목적으로 재산의 소유권을 이전하는 것은 여기에서의 양도의 범위에 속하지 않는다.

③ 그리고 위와 같은 양수자의 양도는 당초 양도자의 배우자 등에게 한 것이어야 한다.

④ 증여추정의 배제사유[아래 4)]에 해당하지 않아야 한다.

(2) 증여재산가액(증여추정의 효과)

양수자가 해당 재산을 양도한 당시의 재산가액[아래 4)의 증여추정배제 사유에 해당하지 않는 미입증금액 전체]을 해당 배우자 등이 당초 양도자로부터 직접 증여받은 것으로 추정하여 이를 배우자 등의 증여재산가액으로 한다. 여기에서의 재산가액도 양수자가 양도한 때 현재의 상증세법 제4장의 평가에 따른다.

---

296) 이 책 '보론 21 상증세법상 특수관계인 규정 검토' 참조

그리고 배우자 등에게 증여세가 부과된 경우에는 소득세법의 규정에 불구하고 당초 양도자 및 양수자에게 해당 재산양도에 따른 소득세를 부과하지 않는다(상증세법 제44조 제4항). 그러므로 양도소득세 과세대상 자산이 본 규정에 해당될 경우 이중과세의 문제는 발생하지 않는다.

(3) 증여시기

특수관계인에게 양도 후 다시 배우자 등에게 양도하는 경우 증여시기는 특수관계인이 배우자 등에게 양도하는 때이다. 여기에서 '양도한 때'란 부동산의 경우 등기접수일이 될 것이다. 왜냐하면 만약 양도대금을 주고받았다면 이는 진정한 유상양도에 해당하여 증여로 추정되지 않으므로 소득세법상의 양도시기인 잔금청산일은 적용될 여지가 없기 때문이다.

그러므로 원칙적으로 부동산 등 등기·등록을 요하는 재산은 등기·등록일, 동산의 경우에는 인도 또는 점유의 이전일이 증여일이다. 증여재산별 구체적인 증여시기에 대하여는 앞서 기술한 '증여일'을 참조하기 바란다.

4) 증여추정의 배제

여기에서 증여로 추정하는 취지는 해당 양도 거래가 실질은 증여임에도 불구하고 증여세의 부담을 회피하기 위해 외관상으로만 정상적인 양도거래인 것과 같은 형식을 취하는 것을 방지하기 위함이었다. 그런데 이러한 거래가 아래와 같이 증여세의 면탈 또는 경감의 의사가 없는 실제 객관적인 양도거래에 해당할 경우 증여로 추정하지 않는 것은 당연하다(상증세법 제44조 제3항, 같은 법 집행기준 44-33-1). 같은 맥락에서 증여로 추정되더라도 확인 가능한 전세보증금의 상환, 금융채무의 대위변제 등은 일부 유상으로 양도된 것으로 본다(국심 2005중1237, 2005. 10. 14.).

(1) 법원의 결정으로 경매절차에 따라 처분된 경우

(2) 파산선고로 인하여 처분된 경우

(3) 국세징수법에 따라 공매된 경우

(4) 유가증권시장 또는 코스닥시장을 통한 유가증권이 처분된 경우(상증세법 시행령 제33조 제2항, 같은 법 시행규칙 제10조의 6)

다만, 불특정 다수인 간의 거래에 의하여 처분된 것으로 볼 수 없는 경우로서 시간외 대량매매의 경우와 같이 통정매매가 가능한 경우에는 증여추정에서 배제되지 않는다. 즉 한국거래소의 유가증권시장업무규정 및 코스닥시장업무규정에 의한 시간 외대량매매 방법으로 매매된 것은 증여추정이 적용된다.

그렇지만 시간 외 대량매매의 경우에도 당일 종가로 거래한 것이라면 통정의 의사가 없으므로 증여추정 배제사유에 해당되는 것으로 보아 배우자 등에 대한 양도시의 증여추정 규정을 적용하지 않는다.

(5) 배우자등에게 대가를 지급받고 양도한 사실이 명백히 인정되는 경우로서 증여의사 가 없는 것으로 추정되는 다음에 해당하는 경우(상증세법 시행령 제33조 제3항). 단, 양도일 현재 대가를 추후 지급하기로 한 경우에는 명백히 양도한 것으로 보지 아니한다.

① 권리의 이전이나 행사에 등기 또는 등록을 요하는 재산을 서로 교환한 경우
　　배우자 또는 직계존비속 간에 권리의 이전이나 행사에 등기나 등록을 요하는 재 산을 서로 교환하는 경우 증여로 보지 아니하나, 이때 교환하는 재산의 가액이 서로 같지 아니한 때에는 그 차액에 대하여는 증여세가 과세되는 것은 당연하다 (서일 46014-10298, 2003. 3. 13. ; 재삼 01254-3092, 1991. 10. 1.).

② 해당 재산의 취득을 위하여 이미 과세(비과세 또는 감면받은 경우를 포함함)받았거나 신 고한 소득금액 또는 상속 및 수증재산의 가액으로 그 대가를 지급한 사실이 입증 되는 경우

③ 해당 재산의 취득을 위하여 소유재산을 처분한 금액으로 그 대가를 지급한 사실 이 입증되는 경우

④ 배우자 등의 채무 부담사실이 명백하고 동 채무로 대가를 지급한 경우

⑤ 한편 증여추정 규정으로 변경되었기 때문에 상증세법 시행령 제33조 제3항에 규 정된 증여추정 배제사유에 해당하지 않더라도 대가를 받고 양도한 사실이 명백 히 인정되는 경우에는 당연히 증여추정이 배제된다고 할 것이다(국심 2005중1237, 2005. 10. 14.).

　　이에 해당하는지는 금융자료 및 자금출처 관련 증빙 등을 확인하여 사실 판단하 여야 한다(재산-441, 2011. 9. 27.).

　　또한 부부 사이에 일방 배우자 명의로 예금이 인출되어 다른 배우자 명의의 예금 계좌로 입금되는 경우에는 증여 외에도 단순한 공동생활의 편의, 일방 배우자 자 금의 위탁관리, 가족을 위한 생활비 지급 등 여러 원인이 있을 수 있으므로, 예금 의 인출 및 입금 사실이 밝혀졌다는 사정만으로는 경험칙에 비추어 해당 예금이 타방 배우자에게 증여됐다고 단정할 수 없다(대법원 2015두41937, 2015. 9. 10.).

(6) 특수관계인을 통한 간접양도에 따른 증여추정의 경우(위 3)) : 당초 양도자 및 양수자가 부담한 소득세법에 의한 결정세액의 합계액(㉮)이 양수자가 그 재산을 양도한 당시의 재산가액을 당초 그 배우자 등이 증여받은 것으로 추정할 경우의 증여세액(㉯)보다 큰 경우. 따라서 만약 ㉮가 ㉯보다 큰 경우에는 증여추정규정이 적용되지 않으며, 각각의 양도소득세가 과세된다(상증세법 제44조 제2항 후단).

5) 증여세 과세특례

하나의 증여에 대하여 제33조부터 제39조까지, 제39조의 2, 제39조의 3, 제40조, 제41조의 2부터 제41조의 5까지, 제42조, 제42조의 2, 제42조의 3, 제44조, 제45조 및 제45조의 3부터 제45조의 5까지의 규정이 둘 이상 동시에 적용되는 경우에는 그 중 이익이 가장 많게 계산되는 것 하나만을 적용한다(상증세법 제43조).

6) 연대납세의무

증여세의 납부에 있어서 원칙적으로 수증자가 증여세를 납부할 수 없을 때에는 증여자가 연대납세의무를 진다. 이런 측면에서 배우자 등에의 양도시의 증여추정은 연대납세의무가 적용된다(상증세법 제4조의 2 제6항 단서).

7) 소득세법과의 관계

소득세법에서는 양도소득에 대한 소득세를 부당히 감소시키기 위하여 특수관계인(소득세법 제94조 제4항 적용받는 배우자 및 직계존비속 제외)에게 자산을 증여[매매거래에 대하여 상증세법 제44조 제1항의 규정에 따라 증여추정되어 증여세가 부과되는 경우 포함(서면4팀-1754, 2004. 10. 29.)]한 후 수증자가 5년 이내에 타인에게 양도시 증여자가 직접 양도한 것으로 보고, 이 경우 당초 증여에 대해서는 증여세를 부과하지 않는다고 하고 있다(소득세법 제101조 제2항).

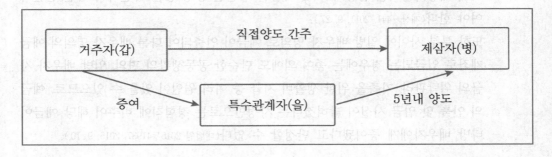

이때에 직접 양도로 간주할 때의 갑의 양도세가 을의 증여세와 을의 양도세를 합한 금액보다 커야만 이 규정을 적용하며, 병의 양수대금이 실지로 을에게 귀속되는 경우에는 부당행위계산 부인규정을 적용하지 않는다.

그러므로 이 규정은 양도소득세의 부담을 감소시키기 위하여 자산의 양도과정에 특수관계인에 대한 증여를 게재시킨 경우에 그 우회거래에 대하여 자산의 증여행위를 부인하고 증여자가 직접 해당 자산을 양도한 것으로 의제하여 양도소득세를 과세하기 위한 장치이다. 다시 말해, 양도소득세의 납세의무자가 경제적 합리성을 결여한 행위 또는 계산을 통하여 양도소득세의 부담을 회피하는 경우, 과세관청이 납세의무자의 경제적 합리성을 결여한 행위 또는 계산인 양도소득세의 회피행위를 부인하고 합리적 기준에 의하여 양도소득금액을 산정하는 것으로 양도소득세에 있어서의 부당행위계산 부인의 개별규정이다.

이에 반해 상증세법 제44조 제2항에서는 특수관계인에게 양도한 재산을 그 특수관계인("양수자"라 한다)이 양수일부터 3년 이내에 당초 양도자의 배우자 등에게 다시 양도한 경우에는 양수자가 그 재산을 양도한 당시의 재산가액을 그 배우자 등이 증여받은 것으로 추정하여 이를 배우자 등의 증여재산가액으로 한다.

그리고 위 3)의 도표에서 보는 바와 같이 갑과 을이 부담한 양도소득세 결정세액의 합계가 병이 부담하는 증여세액보다 큰 경우에는 증여추정규정이 적용되지 않는다.

이상의 논의를 통해 상증세법 제44조 제2항과 소득세법 제101조(양도소득의 부당행위계산) 제2항의 규정을 비교하면 다음과 같다.

구 분	상증세법 제44조 제2항	소득세법 제101조 제2항
내용	갑이 을에게 양도 후 을이 병에게 양도시 갑의 직접증여 추정	갑이 을에게 증여 후 을이 병에게 양도시 갑의 직접양도 간주
이전자	증여자 : 갑(배우자 등)	양도인 : 갑(거주자)
이전받은 자	수증자 : 병(배우자 등)	양수인 : 병(제삼자)
기간	을이 양수한 후 3년 이내 양도	을이 증여받은 후 5년 이내 양도
특수관계인	갑 및 병과 상증세법 시행령 제2조의2 제1항의 관계	갑과 소득세법 시행령 제98조 제1항(소득세법 제94조 제4항 적용받는 배우자 및 직계존비속 제외)의 관계

3. 취득자금 등의 증여추정

해의 맥

재산취득이나 채무상환의 자력이 있다고 인정하기 어려운 자에 대해 이를 증여로 추정함으로써 그 자금의 출처를 입증하게 하고 미입증금액에 대해 증여로 과세한다.

§관련조문

상증세법	상증세법 시행령
제45조 【재산 취득자금 등의 증여추정】	제34조 【재산 취득자금 등의 증여추정】

1) 재산 취득자금 등의 증여추정의 의의

증여세는 타인의 증여에 의하여 재산을 취득하는 사실에 과세한다. 그런데 당사자 간의 사적 영역에서 이루어지는 개별적 증여는 수증자가 자발적으로 국가에 신고하여야 포착할 수 있어 납세의무자의 협력이 절대적으로 필요하다고 할 수 있다.

그런데 납세의무자의 신고가 없더라도 재산을 취득한 사실(명의신탁의 경우에는 실제의 소유자를 기준으로 한다)이 포착되었다면 과세관청은 그 재산 취득자금의 원천을 조사하여 타인으로부터 증여에 의한 것인지를 확인할 수 있다. 이처럼 행정상 진행하는 조사를 자금출처 조사라 하고 자금출처 조사결과 자금출처를 밝히지 못하는 경우 타인의 증여에 의하여 재산을 취득한 것으로 추정하는 것을 자금출처 불분명의 증여추정이라 한다. 그리고 채무상환금액에 대한 증여추정[297]도 같은 맥락에서 판단한다.

2) 재산 취득자금의 증여추정의 요건

재산 취득자금의 증여추정요건은 아래와 같으며, 재산 취득이 있을 때마다 그 해당 여부를 판단한다.

(1) 재산 취득자의 직업·연령·소득 및 재산상태 등으로 보아 재산을 자력으로 취득하였다고 인정하기 어려운 경우이어야 한다.

그러므로 재산 취득 당시 일정한 직업과 상당한 재력이 있었던 자라면, 단지 재산 취득자금을 일일이 제시하지 못한다는 사정만으로 증여받은 것이라 추정할 수 없는 것

---

297) 1999. 1. 1. 이후 적용

이다(대법원 2008두23344, 2009. 2. 26). 이와 달리 특별한 직업이나 재산이 없는 사람이 당해 재산의 자금출처에 관하여 납득할 만한 입증을 하지 못하고, 그 직계존속 등이 증여할 만한 재력이 있는 경우에는 그 재산을 그 재력 있는 자로부터 증여받았다고 추정함이 옳고(대법원 2010두22528, 2011. 1. 27.), 이러한 법리는 비록 일정한 직업이 있어 소득은 있으나 그 소득의 정도나 다른 재산상태가 당해 재산의 가치에 비하여 극도로 미미하여 그 소득이나 재력으로는 그 재산을 마련할 수 없음이 객관적으로 명백한 경우에도 마찬가지로 적용되어야 할 것이다(대법원 90누6071, 1990. 10. 26. : 심사증여 2011-60, 2011. 9. 26. : 조심 2010서2240, 2011. 5. 26.). 이는 '채무상환금액의 증여추정'에서도 마찬가지이다. 이때 증여자에 대해서는 특정하고 있지 않고 단지 누군가로부터 취득자금을 증여받은 것으로 추정할 뿐이므로,[298] 수증자와 증여자가 서로 특별관계에 있을 것을 요하지 않는다고 보아진다.

(2) 자금출처에 대한 미입증금액이 일정기준 이상이어야 한다(아래 4) 자금출처입증금액기준).

(3) 해당 취득자금이 직업 · 연령 · 소득 · 재산상태 등을 감안하여 대통령령이 정하는 금액 이하인 경우와 해당 취득자금의 출처에 관한 충분한 疎明이 있는 경우에 해당하지 않아야 한다.

이때의 재산 취득자금의 범위는 재산을 취득하기 위하여 실제로 소요된 총취득자금을 말하는 것으로 취득세 · 등록세 등 취득부수비용을 포함하며, 재산 취득 당시 증빙불비로 취득자금을 확인할 수 없는 경우에는 취득 당시 시가 또는 보충적 평가액을 취득자금으로 한다(상증세법 집행기준 45-0-3).

그리고 여기에서 "대통령령이 정하는 금액"이라 함은 재산취득일 전 10년 이내에 해당 재산 취득자금의 합계액이 5천만원[299] 이상으로서 연령 · 직업 · 재산상태 · 사회경제적 지위 등을 참작하여 국세청장이 정하는 금액을 말한다(아래 5) 증여추정배제기준).

3) 채무상환금액의 증여추정의 요건

채무상환금액의 증여추정요건은 아래와 같으며, 채무 상환이 있을 때마다 그 해당 여부를 판단한다.

---

298) 2003. 12. 31. 이전에는 증여자를 '다른 자'라고 명시하여 '증여해 줄 만한 친분관계와 재력을 가진 사람을 증여자로 추정하여 과세'하도록 하였다(대법원 2003두10732, 2004. 4. 16.).

299) 2014. 2. 21. 이후 증여받은 분부터 적용한다.

(1) 채무자의 직업·연령·소득·재산상태 등으로 보아 채무를 자력으로 상환(일부상환을 포함한다)하였다고 인정하기 어려운 경우이어야 한다.

이때 증여자에 대해서는 특정하고 있지 않고 단지 다른 자로부터 상환자금을 증여받은 것으로 추정할 뿐이므로,[300] 수증자와 증여자가 서로 특별관계에 있을 것을 요하지 않는다고 보아진다.

(2) 자금출처에 대한 미입증금액이 일정기준 이상이어야 한다[아래 4) 자금출처입증금액기준].

(3) 해당 상환자금이 직업·연령·소득·재산상태 등을 감안하여 대통령령이 정하는 금액 이하인 경우와 해당 상환자금의 출처에 관한 충분한 소명이 있는 경우에 해당하지 않아야 한다.

여기에서 "대통령령이 정하는 금액"이라 함은 채무상환일 전 10년 이내에 해당 채무상환자금의 합계액이 5천만원 이상으로서 연령·직업·재산상태·사회경제적 지위 등을 참작하여 국세청장이 정하는 금액을 말한다(아래 5) 증여추정배제기준).

4) 자금출처 입증금액 기준(상증세법 시행령 제34조)

(1) 기준

다음 (2)에 의하여 입증되지 아니하는 금액이 취득재산의 가액 또는 채무의 상환금액의 100분의 20에 상당하는 금액과 2억원 중 적은 금액(일정기준금액)에 미달하는 경우는 증여추정에서 제외한다.

> 증여추정 제외요건 = 입증하지 못한 금액 < Min[① 재산취득가액 × 20%, ② 2억원]

그러나 위처럼 자금출처에 대한 입증책임을 완화하여 주는 것은 현실적으로 증여사실의 확인이 어렵기 때문에 과세목적상 규정된 것이다. 따라서 자금출처를 입증함에 있어서 해당 재산의 취득자금을 증여받은 재산으로 하여 자금출처를 입증하는 경우에는 그 확인이 명백하므로 상증세법 시행령 제34조 제1항 단서의 입증책임 완화규정을 적용하지 아니하고, 전액에 대해서 입증하도록 하고 있다[301](상증세법 기본통칙 45-34…1 제2항).

---

300) 2003. 12. 31. 이전에는 증여자를 '다른 자'라고 명시하여 '증여해 줄 만한 친분관계와 재력을 가진 사람을 증여자로 추정하여 과세'하도록 하였다(대법원 2003두10732, 2004. 4. 16.).

301) 예컨대, 취득가액 10억원에 대한 자금출처 입증시 실제로는 10억원 전액을 증여받았음에도 8억1천만원을 증여받았다고 입증하게 되면, 미입증금액이 2억원에 미달하므로 재산 취득자금의 증여추정이 배제될 뿐만 아니라 단지 8억1천만원에 대한 증여세만 납부하면 되는 문제가 발생하기 때문이다.

(2) 자금출처로 인정되는 경우(즉 입증방법 및 입증금액의 범위)(상증세법 시행령 제34조 제1항

각호, 같은 법 기본통칙 45-34…1, 같은 법 집행기준 45-0-4, 45-0-5)

① 신고하였거나 과세(비과세 또는 감면받은 경우를 포함)받은 소득금액

　　㉠ 그 밖의 신고하였거나 과세받은 소득금액은 해당 소득에 대한 소득세 등 공과
　　금 상당액을 차감한 금액

　　㉡ 농지경작소득

② 신고하였거나 과세(비과세 또는 감면받은 경우를 포함)받은 상속 또는 수증재산의 가액
그러므로 증여받은 재산으로 하여 자금출처를 입증하는 경우에는 상증세법 시행
령 제34조 제1항 단서의 규정을 적용하지 아니한다.

③ 재산을 처분한 대가로 받은 금전이나 부채를 부담하고 받은 금전으로 해당 재산
의 취득 또는 해당 채무의 상환에 직접 사용한 금액

　　㉠ 본인 소유재산의 처분사실이 증빙에 의하여 확인되는 경우 그 처분금액[그 금
　　액이 불분명한 경우에는 시가 혹은 보충적 평가액(상증세법 제60조 내지 제66조의 규정에 의하여 평
　　가한 가액)]에서 양도소득세 등 공과금 상당액을 차감한 금액

　　㉡ 재산취득일 이전에 차용한 부채로서 상증세법 시행령 제10조 규정의 방법(1.
　　국가·지방자치단체 및 금융회사 등에 대한 채무는 해당 기관에 대한 채무임을 확인할 수 있는 서류,
　　2. 제1호 외의 자에 대한 채무는 채무부담계약서, 채권자확인서, 담보설정 및 이자지급에 관한 증빙
　　등에 의하여 그 사실을 확인할 수 있는 서류)에 따라 증명된 금액

　　금융회사 등으로부터 타인 명의로 대출받았으나 그 대출금에 대한 이자지급,
　　원금상환 및 담보제공 등으로 사실상의 채무자가 그 재산취득자임이 확인되
　　는 경우에는 당해 대출금은 재산취득(채무상환)자금의 출처로 인정된다(상증세법
　　집행기준 45-0-7).

　　다만, 원칙적으로 배우자 및 직계존비속 간의 소비대차는 인정하지 아니한다.
　　그렇더라도 차입이나 변제한 사실이 장부나 금융자료 등에 의하여 확인된다
　　면 금전소비대차거래로 인정함이 타당하다(국심 2003서3786, 2004. 3. 6.). 하지만 조
　　사관서의 조사가 시작된 이후 자금을 변제하기 시작하였다면 증여받은 것으
　　로 본다(심사증여 2010-118, 2011. 1. 28.).

　　㉢ 재산취득일 이전에 자기재산의 대여로서 받은 전세금 및 보증금

④ 위 이외의 경우로서 자금출처가 명백하게 확인되는 금액

5) 증여추정 배제기준

취득재력의 인정과 관련하여 나이 · 직업 등을 감안하여 취득할 만한 재력이 인정되는

일정 기준의 사람에 대하여는 관할과세관청에서 자체적으로 그 사실을 확인하고 이를 인정하고 있는바, 상속세 및 증여세 사무처리규정[302] 제42조 제1항에서 본 기준을 규정하고 있다.

이에 의하면 재산취득일 전 또는 채무상환일 전 10년 이내에 해당 재산취득금액 및 상환가액의 합계액이 5천만원 이상이고 아래의 기준금액 미만인 경우에는 증여추정 규정을 적용하지 아니하므로, 이 규정은 10년간 재산취득 누적금액 또는 상환누적금액으로 적용한다(상증세법 집행기준 45-34-2).

구 분	취 득 재 산		채무상환	총액한도
	주 택	그 밖의 재산		
30세 미만	5천만원	5천만원	5천만원	1억원
30세 이상	1.5억원	5천만원	5천만원	2억원
40세 이상	3억원	1억원	5천만원	4억원

다만, 상기 금액 이하이더라도 취득자금 또는 상환자금이 타인으로부터 증여받은 사실이 객관적으로 확인될 경우에는 증여세 과세대상이 되며, 이 경우에는 증여사실을 과세관청이 입증해야 한다.

그리고 설령 위 기준금액 이상이어서 자금출처조사대상으로 선정된 경우에도 취득재산가액의 20%와 2억원 중 적은 금액을 제외한 부분 이상의 자금출처를 밝힌 경우(즉 미입증금액이 앞의 4)자금출처입증금액기준에 미달하는 경우)에는 증여추정에서 제외된다.

6) 실명확인계좌의 보유재산에 대한 증여추정(상증세법 제45조 제4항)

- 금융실명거래 및 비밀보장에 관한 법률(이하 '금융실명법'이라 한다) 제3조에 따라 실명이 확인된 계좌 또는 외국의 관계 법령에 따라 이와 유사한 방법으로 실명이 확인된 계좌에 보유하고 있는 재산은 명의자가 그 재산을 취득한 것으로 추정하여 상증세법 제45조 제1항(위 1))을 적용한다(상속증여-944, 2015. 6. 23.).

현실적으로 금융실명제의 시행 후에도 여전히 예금명의자와 출연자 등이 다른 차명(일종의 명의신탁)예금이 존재하고 사법상 그 효력이 부인되지 아니하므로 이에 대한 조세법상 취급이 문제가 된다. 조세법상으로는 예금의 명의신탁에 대해 증여의제 규정이 적용되지 않고 실질과세원칙에 따라 증여여부를 판단할 수밖에 없다. 그런데 이 경우 그 경제적 실질이 '증여'임을 입증하는 책임은 과세관청이 지게 되므로 이에 대한 과세는 매우 예외적이 되었고 이는 증여세 탈루로 이어질 수 있다.

---

302) 국세청 훈령 제2476호(2021. 12. 13.) 세대주기준 삭제. 2020. 2. 11. 이후 증여세를 결정하는 분부터 적용함.

이러한 증여세의 탈루를 방지하기 위하여 타인의 이름으로 개설된 금융계좌에 보유된 재산에 대한 과세를 강화할 필요가 대두되었고, 이에 개정 상증세법은 제45조 제4항에서 "실명이 확인된 계좌의 보유재산에 대해서는 명의자가 그 재산을 취득한 것으로 추정"하도록 하는 규정을 신설하여 납세자에게로 입증책임을 전환시키게 되었다.[303]

- **[부부간의 자금이동]** 그렇더라도 부부 사이에서 일방 배우자 명의의 예금이 인출되어 타방 배우자 명의의 예금계좌로 입금되는 경우에는 증여 외에도 단순한 공동생활의 편의, 일방 배우자 자금의 위탁 관리, 가족을 위한 생활비 지급 등 여러 원인이 있을 수 있으므로, 그와 같은 예금의 인출 및 입금 사실이 밝혀졌다는 사정만으로는 경험칙에 비추어 해당 예금이 타방 배우자에게 증여되었다는 과세요건사실이 추정된다고 할 수 없다(대법원 2018두31443, 2018. 4. 26. ; 대법원 2015. 9. 10. 선고, 2015두41937 판결 참조).

- **[형제간의 자금이동]** 직계존비속이 아니라 남매간에 한 차용증서가 없는 금전거래가 금전소비대차인지 아니면 증여인지는 사실관계에 따라 판단(국심 2007광3472, 2008. 4. 25.)할 사안으로, 「민법」 제554조에 따른 증여의사를 표시하거나 이에 대한 수증을 승낙한 사실이 없고, 독립적인 가구의 남매지간으로서 금전을 증여할 합리적인 이유를 발견할 수 없다면, 이들 간의 금전의 이전은 상증세법상 '증여'로 보기보다는 자금의 융통 거래로 보는 것(조심 2018중2718, 2018. 10. 16.)이 경험칙에 비추어 타당하다고 판단된다.

7) 입증책임

- 재산 취득자금 등에 대한 증여추정에서의 핵심은 입증책임의 문제이다. 원칙적으로 과세요건에 대한 입증책임은 과세관청이 지는 것이나, 증여추정에서는 이러한 과세관청의 입증책임을 완화하여 납세자에게 그 입증책임을 부여한다. 그리고 본조와 상증세법 시행령 제34조 제1항에서 "……다음 각 호의 규정에 따라 입증된 금액의 합계액이 취득재산의 가액에 미달하는 경우"에 증여받은 것으로 추정하고 있으므로 현행법에서는 1차적으로 재산을 취득한 사람에게 자금출처를 입증하게 하고 있다고 볼 수 있다.

- 이는 만일 과세관청에 1차적 입증책임을 지우는 경우 과세관청이 개개인의 재산상태 등을 알 수 없으므로 조세권 확보를 위해서 목적론적으로 해석한 것이라고 보여진다. 요약하면, 1) 먼저 과세관청이 재산의 취득자금을 증여로 추정하기 위하여는 수증자가 일정한 직업이나 소득이 없다는 점 외에도 증여자가 누구인지, 증여자에게 증여할 만한 재력이 있는지는 처분청이 입증하여야 하는 것이며(대법원 2010두15926, 2010. 11. 11. ;

---

303) 2013. 1. 1. 이후 신고하거나 결정 또는 경정하는 분부터 적용한다.

대법원 2008두20598, 2010. 7. 22. : 조심 2010중391, 2010. 10. 26.), 2) 그 다음 재산 취득자금의 출처에 대한 소명을 요구받은 재산취득자가 본인의 소득금액이나 상속·증여받은 재산 및 재산을 처분한 대가로 받은 금전 등을 자금출처로 제시하여 입증하여야 한다.

- 입증책임을 납세자에게 실질적으로 전환한 규정이므로, 과세관청이 그 중 용도가 객관적으로 명백하지 않은 금액이 있음을 입증한 때에는 납세자가 그 용도를 입증하지 못하는 한 그 금액이 현금 상속된 사실을 입증하지 아니하더라도 그 금액을 상속세 과세가액에 산입할 수 있다(대법원 1998. 12. 8. 선고, 98두3075 판결: 조심 2018서2375, 2018. 10. 5.). 즉 증여세의 부과요건인 재산의 증여사실은 원칙적으로 과세관청이 증명할 사항이므로 이와 같이 증여를 추정하기 위하여는 수증자에게 일정한 직업이나 소득이 없다는 점 외에도 증여자에게 재산을 증여할 만한 재력이 있다는 점을 과세관청이 증명하여야 한다. 또한, 이러한 추정을 번복하기 위해서는 위 증여받은 것으로 추정되는 자금과는 별도의 재산취득자금의 출처를 밝히고 그 자금이 당해 재산의 취득자금으로 사용되었다는 점에 대한 입증을 할 필요가 있다(대법원 2017두60239, 2017. 12. 21.).

- 이때 재산조성경위가 구체적으로 밝혀지지 아니하였더라도 그간의 축적한 것으로 볼 여지가 있는 재산취득자의 급여소득(총지급액에서 원천징수세액을 공제한 금액) 등이 상당한 경우에는 취득자금을 사실조사하지 않고 추정하여 증여받은 것으로 볼 수 없다(조심 2009서3195, 2010. 6. 17. : 조심 2010중3224, 2011. 5. 17.).

8) 증여시기

재산 취득자금을 증여로 추정하는 경우 증여시기, 즉 취득자금을 증여받은 시기는 해당 재산을 취득한 때로 본다.

그리고 채무상환금액을 증여로 추정하는 경우의 증여시기는 그 채무를 상환한 때이다.

9) 증여재산가액(증여추정의 효과)

해당 재산을 취득한 때에 해당 재산의 취득자금을 그 재산의 취득자가 증여받은 것으로 추정하여 이를 그 재산취득자의 증여재산가액으로 한다.

그리고 그 채무를 상환한 때에 해당 상환자금을 해당 채무자가 증여받은 것으로 추정하여 이를 해당 채무자의 증여재산가액으로 한다. 이를 산식으로 표시하면 다음과 같다.

증여재산가액 = 재산 취득자금·채무상환자금 - 자금출처가 입증된 금액

이로 인해 위 요건[앞의 2), 3)]을 충족하면 그 출처가 입증되지 않은 전체 금액을 증여재

산가액으로 보게 되어, 자금출처 미입증 기준금액(앞의 4)자금출처입증금액기준) 초과 여부에 따라 증여세 과세가액이 크게 달라지는(이른바 '문턱효과') 과세불공평 문제가 발생한다. 이 점이 상속개시 전 처분재산 등에 대한 상속추정(상증세법 제15조)에서의 상속재산가액의 산정과 다르다. 즉 추정상속재산가액의 계산시에는 전체금액의 20%와 2억원 중 적은 금액을 차감하도록 하여 이러한 불균형을 시정하였다.

10) 증여세 과세특례

하나의 증여에 대하여 제33조부터 제39조까지, 제39조의 2, 제39조의 3, 제40조, 제41조의 2부터 제41조의 5까지, 제42조, 제42조의 2, 제42조의 3, 제44조, 제45조 및 제45조의 3부터 제45조의 5까지의 규정이 둘 이상 동시에 적용되는 경우에는 그 중 이익이 가장 많게 계산되는 것 하나만을 적용한다(상증세법 제43조).

11) 연대납세의무

증여세의 납부에 있어서 원칙적으로 수증자가 증여세를 납부할 수 없을 때에는 증여자가 연대납세의무를 진다. 그러므로 이런 측면에서 재산 취득자금 등의 증여추정은 연대납세의무가 적용된다. 그런데 본조의 증여추정에서는 증여자가 특정되어 있지 않다는 점에서 적용에 어려움이 있어 보인다(상증세법 제4조의 2 제6항 단서).

4. 명의신탁재산의 증여의제

 해의 맥

명의신탁이 있다면 부의 무상이전이 없더라도 증여세를 통해 제재를 하는 규정이다. 조세회피목적이 없다면 제재를 받지 않지만, 명의신탁을 했다면 조세회피목적이 추정되기 때문에 납세의무자 입장에서는 해당 규정의 적용을 벗어나기 어렵다. 최근 법개정으로 납세의무자를 명의자가 아닌 실제 소유자로 바꾸면서 제재의 성격이 더욱 부각되고 있다.

§ 관련조문

상증세법	상증세법 시행령
제45조의 2【명의신탁재산의 증여의제】	제34조의 2【명의신탁재산의 증여의제】

1) 의의

(1) 의의

명의신탁이란 신탁자와 수탁자 사이의 내부관계에서는 신탁자가 소유권을 보유하고 이를 관리·수익하면서 대외관계에서는 공부상의 소유명의만(적극적으로 그 재산을 관리·처분할 권리의무는 없다)을 수탁자로 하여 두는 법률관계를 말한다. 명의신탁 제도는 명문의 규정이 없음에도 불구하고 계약자유의 원칙에 기해 사법상 경제활동의 필요에 의하여 형성된 것인데 학설과 판례에 의해 유효한 것으로 인정되어 왔다(상증세법 집행기준 45의 2-0-1).

이와 같이 재산의 실질소유자가 타인의 명의로 그 등기 등을 한 경우에 명의의 신탁일 뿐 증여가 아닌데도 증여로 간주하는 입법 취지는 ① 명의신탁제도를 이용한 조세회피행위를 효과적으로 방지하여 조세정의를 실현한다는 입장에서 실질과세 원칙에 대한 예외를 인정한 데에 있다(대법원 2003두13649, 2004. 12. 23. 참조). ② 또한 실질소유자와의 합의에 의하여 명의자가 된 자는 단순한 명의신탁관계라고 할지라도 외부적으로 완전한 소유권자로서 그 재산을 처분할 수 있는 법률상 지위를 취득하므로 이러한 법률상 지위의 취득에 대하여 담세력의 필요 내지 가치를 인정한 취지로 해석된다(대법원 88누3925, 1989. 5. 23.).

한편 2019년 개정에서는 아예 납세의무자를 실제소유자로 변경하여 종전의 명의수탁자 과세에 따른 위헌논란을 제거하였으나, 동 규정의 조세벌(제재)적 성격은 더욱 뚜렷해졌다.[304]

(2) 명의신탁에 대한 증여세 과세규정의 연혁[305]

명의신탁에 대해서는 포괄적 증여의제 규정에 의해 과세를 시작한 이후 별도의 증여규정을 신설하여 지속적으로 과세하여 왔고, 이에 대한 대법원과 헌법재판소의 견해에 영향을 받는 등 다양한 변천과정을 거쳤다.

그 과정에서 현재와 같은 틀이 갖추어진 것은 1998. 12. 28. 구 상증세법[306] 개정시 종전 제43조를 삭제하고 제41조의 2를 신설한 때이다. 즉, 구법 제43조가 자산을 타

---

304) 상속세 및 증여세법 제정·개정문(법률 제16102호)에서도 조세회피 목적으로 명의신탁을 활용하는 주체는 실제소유자라는 점을 감안하여 명의신탁재산에 대한 증여의제 규정의 증여세 납세의무자를 실제소유자로 변경한다고 개정이유를 설명하고 있다.

305) 박훈, "명의신탁 증여의제규정의 개선방안", 2006 춘계학술발표대회, 한국세무학회, 2006, 2~5쪽 : 헌재 2005. 6. 30. 2005헌바24, 1~4쪽

306) 1998. 12. 28. 법률 제5582호로 개정되어 신설된 후 2002. 12. 18. 법률 제6780호로 개정되기 전의 것

인명의로 등기·등록·명의개서한 경우 실제 소유자가 명의자에게 증여한 것으로 추정하도록 규정되어 있어 조세회피목적이 있는 명의신탁의 경우에도 증여가 아니라는 사실을 납세자가 입증하게 되면 증여세 과세대상에서 제외되는 것으로 해석될 소지가 있어, 신설된 제41조의 2를 증여추정("증여로 추정한다")에서 증여의제("증여받은 것으로 본다")로 다시금 바꾸어서, 명의신탁을 하면 증여의제로 보아 증여세를 과세하되 납세자가 조세회피목적이 없음을 입증하면 증여의제로 보지 아니하도록 규정하였다. 이후 명의신탁 증여의제 규정은 2003. 12. 30. 상속세 및 증여세법이 법률 제7010호로 개정될 때 동법 제41조의 2에서 제45조의 2로 자리이동을 하였다.

한편 2003. 1. 1.부터는 명의신탁재산에 대한 증여의제를 더욱 강화하였다. 즉 명의자에게 증여세를 부과하되 명의자가 영리법인인 경우 증여세를 면제하게 되나 그 면제된 증여세를 실소유자에게 부과하도록 하였고(구 상증세법 제45조의 2 제2항), 명의신탁재산의 실소유자에게 명의자와 동일한 연대납세의무를 부과하였다(구 상증세법 제4조의 2 제5항 제4호).

2018. 12. 31. 개정에서는 명의신탁재산에 대한 증여의제 과세제도를 합리화하고 과세실효성을 확보한다는 취지로 납세의무자를 명의자에서 실제소유자로 변경하였으며(상증세법 제4조의 2 제2항), 이에 따라 증여자(실제소유자)의 연대납세의무도 삭제되었다. 대신 명의신탁재산에 대한 물적납세의무가 신설되어 실제소유자의 다른 재산에 대한 체납처분을 집행하여도 징수 금액에 미치지 못하는 경우 명의신탁재산으로 체납액을 징수할 수 있도록 하였다(상증세법 제4조의 2 제9항).

아래에서는 명의신탁에 대한 증여세 과세규정의 변천과정을 정리하여 표시하였다.

┃ 명의신탁 증여의제(추정)규정의 주요 쟁점별 변천과정 ┃

법 개정	별도의제규정	적용대상 자산	조세회피 유무 구별	조세 회피 추정	회피대상인 조세	관련 조문
1974. 12.21. 이전	없음(포괄적 의제규정 有) 과세관청 : 증여세 과세 대법원 : 실질적인 이익없으면 증여세 과세 부정(74누139)	규정 없음	규정 없음	규정 없음	규정 없음	구 상속세법 제34조의 4[307]

---

307) 1952. 11. 30. 법률 제261호로 제정되고 1960. 12. 30. 법률 제573호로 개정된 것

법 개정	별도의제규정	적용대상 자산	조세회피 유무 구별	조세 회피 추정	회피대상인 조세	관련 조문
1974. 12.21.	신설(의제) 대법원 : 명의신탁은 신탁법상의 신탁이 아니므로, 명의신탁시 증여세 과세 부정(78 누396, 82누9)	부동산 포함	규정 없음	규정 없음	규정 없음	구 상속세법 제32조의 2[308] "…신탁을 설정한 경우에 … 당해 등기 · 등을 한 날에 위탁자가 그 신탁재산을 수탁자에게 증여한 것으로 본다."
1981. 12.31.	존속(개정)(의제) 대법원 : 명의신탁시 증여세 과세(86누486)	부동산 포함	규정 없음 헌재 : 한정 합헌결정(조세회피 목적만 과세)(89 헌마38)	규정 없음	규정 없음	구 상속세법 제32조의 2 제1항[309] "…그 명의자로 등기 등을 한 날에 실질소유자가 그 명의자에게 증여한 것으로 본다."
1990. 12.31.	존속(의제)	부동산 포함	신설(단서)(조세회피목적)	규정 없음	규정 없음 대법원 : 증여세에 국한 (91누3956, 92누10685) 헌재 : 증여세에 국한하지 않아도 합헌(96 헌 바 87)	구 상속세법 제32조의 2 제1항[310] "다만, …조세회피목적 없이 타인의 명의를 빌려 등기등을 한 경우…에는 그러하지 아니하다."
1993. 12.31.	존속(의제)	부동산 포함	존속	규정 없음	신설(제3항)(국세, 지방세, 관세) 대법원 : 증여세에 한정하지 않음(94누11729)	구 상속세법 제32조의 2[311] "조세라 함은… 국세 · 지방세 및 관세법에 규정된 관세를 말한다."
1996. 12.30.	추정	부동산 제외 -부동산 실명법	존속	신설 (제2항)	존속	구 상중세법[312] 제43조 제1항 "… (토지와 건물을 제외한다) …그 명의자에게 증여한 것으로 추정한다." ② "…조세회피목적이 있는 것으로 추정한다."
1998. 12.28.	의제	존속	존속	존속	존속	구 상중세법[313] 제41조의 2 "…증여받은 것으로 본다."

---

308) 1974. 12. 21. 법률 제2691호로 신설된 것

(3) 실질과세원칙과의 관계

실질과세의 원칙이란 과세물건의 법률상(사법상) 귀속에 관하여 그 형식과 실질이 상이한 경우에는 실질에 따라서 귀속이나 거래내용을 정하여야 한다는 조세법의 해석·적용원리를 의미한다(국세기본법 제14조).[314] 따라서 실질과세의 원칙을 증여세에 대해 적용한다면 실질상 무상으로 재산을 취득하여 경제적 이득을 얻었는가가 과세근거가 된다. 이러한 실질과세원칙과 명의신탁 증여의제규정과의 관계에 대해, 대법원은 "명의신탁재산의 증여의제규정의 입법취지는 명의신탁제도를 이용한 조세회피행위를 효과적으로 방지하여 조세정의를 실현한다는 취지에서 실질과세원칙에 대한 예외를 인정한 데에 있다"고 하였고(대법원 95누13555, 1996. 4. 12. ; 대법원 95누11573, 1996. 5. 10. ; 대법원 98두13133, 1999. 12. 24. 등), 헌법재판소는 "명의신탁재산의 증여의제규정의 취지는 등기 등을 요하는 재산에 관하여 실질소유자와 명의자가 달라지는 결과가 발생하면 실질과세의 원칙에 불구하고 증여로 의제하겠다는 것으로, 위 조항은 명의신탁제도가 조세회피의 수단으로 악용되는 것을 방지하기 위하여 조세법상의 대원칙인 실질과세의 원칙까지 희생시키면서 그러한 명의신탁을 이용한 조세회피 내지 조세포탈을 원천적으로 봉쇄하겠다는 것이 입법의도이고, 이는 등기 등을 요하는 재산에 있어서 실질소유자와 명의자를 다르게 한 경우에는 그 원인이나 내부관계를 불문하고 일률적으로 증여로 의제하여 증여세를 부과하겠다는 것으로 실질과세의 원칙에 대한 예외 내지 특례를 인정한 것이다(헌법재판소 89헌마38, 1989. 7. 21.)"라고 하여, 명의신탁재산의 증여의제규정을 실질과세원칙에 대한 예외규정으로 해석하였다.[315]

이러한 점에서 상증세법 제45조의 2는 법문에서 명시적으로 "국세기본법 제14조의 규정에 불구하고"라고 규정하여 실질과세원칙에 대한 예외를 인정하고 있으며 이는 국세기본법 제3조 제1항(국세기본법 우선의 원칙)의 우선적용의 예외에 해당하여 조세법

---

309) 1981. 12. 31. 법률 제3474호로 개정되어 1990. 12. 31. 법률 제4283호로 개정되기 전의 것
310) 1990. 12. 31. 법률 제4283호로 개정되어 1993. 12. 31. 법률 제4662호로 개정되기 전의 것
311) 1993. 12. 31. 법률 제4662호로 개정되어 1996. 12. 30. 법률 제5193호로 전문개정되기 전의 것
312) 1996. 12. 30. 법률 제5193호로 전문개정되어 신설된 후 1998. 12. 28. 법률 제5582호로 개정되기 전의 것
313) 1998. 12. 28. 법률 제5582호로 개정되어 신설된 후 2002. 12. 18. 법률 제6780호로 개정되기 전의 것
314) 임승순, 「조세법」, 박영사, 1999, 47쪽
315) 이에 관하여, '동 규정의 증여의제는 겉으로 보기에는 실질과세의 원칙에 대한 예외를 설정한 것으로 보이지만, 명의자와 실보유자 또는 실거래자가 일치하도록 하여 소유자의 담세능력을 정확히 파악하고 이에 따르는 과세를 하기 위한 목적을 갖고 있는 것으로서 동 규정은 실질과세의 원칙에 따른 과세를 행함으로써 조세의 평등과 조세의 정의를 실현하고자 하는 것이므로 결코 실질과세의 원칙에 대한 예외 규정이라고 평가할 수 없다'고 하는 반대견해가 있다(김성수, 「세법」, 법문사, 2003. 174쪽).

률주의에 위반되는 사항은 아니다(대법원 87누185, 1987. 8. 18.). 이처럼 이 규정은 조세법상의 대원칙인 실질과세원칙을 희생시키면서 명의신탁제도를 이용한 조세회피를 원천적으로 방지하고자 하는 제재의 성격을 가진다고 할 수 있다.

그러나 실질과세의 원칙은 조세평등주의의 이념을 실현하기 위한 법제도이고, 조세평등주의는 헌법 제11조 제1항에 의한 평등의 원칙 또는 차별금지의 원칙의 조세법적 표현이라고 할 수 있다. 그런데 조세평등주의가 지향하는 바는 조세부담의 공평한 배분이고 구체적으로는 담세능력에 따른 배분, 즉 응능과세의 원칙에 따라야 한다는 것이다. 따라서 담세능력이 없는 자에 대하여 과세하는 것은 응능과세의 원칙, 나아가서는 평등의 원칙에 대한 예외를 인정하는 것이므로 그것이 정당화 되려면 공익상의 특별한 이유가 존재하여야 한다. 그러나 헌법상 평등의 원칙은 절대적 평등이 아닌 상대적 평등으로 이해되므로,[316] 조세평등원칙을 실현하기 위한 실질과세원칙에 대한 예외규정은 그 차별에 합리적 이유가 있는 범위 내에서만 타당성을 가진다 할 것이다.

이런 측면에서 명의신탁의 증여의제규정이 합리적 차별에 해당하는지, 조세평등주의에 위반되는 것인지 그리고 더 나아가 실질적 조세법률주의 그리고 재산권보장의 헌법정신에 위배되는지에 대해 논란이 끊이질 않고 있다.

2) 신탁에 대한 상증세법상 취급

(1) 의의

특정한 재산권에 대한 실질소유자가 따로 존재함에도 그 재산의 소유권에 관한 대외적 공시인 등기·등록·명의개서 등의 행위를 실소유자가 아닌 제삼자("명의자")의 이름으로 하는 대표적 경우가 "신탁행위"이다. 그런데 현행법상 사용되는 신탁은 신탁법에서 말하는 신탁과 민법의 해석학상의 신탁으로서의 양도담보와 명의신탁으로 구분된다. 아래에서는 신탁행위의 유형에 따른 상증세법상의 취급에 대해 살펴본다.

(2) 신탁법상의 신탁

① 의의

신탁법에서는 신탁이란 신탁설정자(위탁자)와 신탁을 인수하는 자(수탁자)와 특별한 신임관계에 기하여 위탁자가 특정의 재산권을 수탁자에게 이전하거나 그 밖의 처분을 하고 수탁자로 하여금 일정한 자(수익자)의 이익을 위하여 또는 특정의

---

316) 권영성, 「헌법학원론」, 법문사, 1994, 402쪽

목적을 위하여 그 재산권을 관리, 처분하게 하는 법률관계를 말한다(신탁법 제1조 제2항)고 규정하고 있다. 그리고 자본시장과 금융투자업에 관한 법률에서의 신탁 도 신탁법의 신탁을 말한다(자본시장과 금융투자업에 관한 법률 제9조 제24항).

② **상속세상 취급**(상증세법 제9조)[317]

상증세법 제9조의 신탁은 자기의 재산을 신탁업을 하는 회사에 신탁하고, 그 신 탁재산에서 생기는 수익은 신탁자 또는 신탁자가 정하는 다른 사람에게 귀속시 키는 법률관계를 말한다.

㉮ 따라서 신탁을 하여도 그 신탁재산의 소유권은 신탁자에게 있으므로, 신탁자 가 사망(신탁이 해지된다)하면 그 신탁재산은 당연히 상속인에게 상속되는 것이 다(대법원 98두17937, 2000. 11. 28. : 대법원 2002두12137, 2004. 9. 24.). 그리고 피상속인이 신 탁으로 인하여 타인으로부터 신탁의 이익을 받을 권리를 소유하고 있는 경우 에는 해당 이익에 상당하는 가액은 상속재산에 포함한다.

㉯ 같은 맥락에서 피상속인이 수탁하고 있는 신탁재산은 상속재산에 포함되지 아니한다(대법원 97누669, 1997. 11. 14.). 또한 타인이 신탁의 이익을 받을 권리를 소 유하고 있는 경우에는 그 이익에 상당하는 가액은 상속재산에서 제외한다.

㉰ **공익신탁재산의 과세가액불산입**(상증세법 제17조, 제52조)[318] : 상속재산 중 피상속 인 또는 상속인이 신탁법 제65조의 규정에 의한 공익신탁으로서 종교 · 자선 · 학술 그 밖의 공익을 목적으로 하는 신탁(공익신탁)을 통하여 공익법인 등에 출 연하는 재산의 가액은 상속세 과세가액에 산입하지 아니한다.

③ **증여세상 취급**

신탁법상의 신탁에 대한 증여세 과세관계는 현행법상 다음의 두 가지 형태로 나 눌 수 있다.

㉮ 신탁이익을 받을 권리의 증여로서 위탁자가 타인에게 신탁의 이익을 받을 권 리를 소유하게 한 경우 그 이익상당분을 증여로 보아 증여세를 과세한다(상증 세법 제33조).

㉯ 자본시장과 금융투자업에 관한 법률에 의하여 신탁재산인 사실을 등기 등을 하는 경우에는 비록 신탁재산의 실질소유자와 명의자가 다르다 하더라도 해 당 신탁재산원본에 상당하는 분을 증여의제로 보지 아니하며 당연히 증여세 를 과세하지 아니한다.

---

317) 이 책 '상속재산' 참조
318) 이 책 '공익신탁재산의 과세가액불산입' 참조

㉺ 공익신탁재산의 과세가액불산입(상증세법 제17조, 제52조) : 증여재산 중 증여자가 신탁법 제65조의 규정에 의한 공익신탁으로서 종교·자선·학술·그 밖의 공익을 목적으로 하는 신탁을 통하여 공익법인 등에게 출연하는 재산의 가액은 증여세 과세가액에 산입하지 아니한다.

(3) 양도담보

① 의의

널리 양도담보란 채권담보의 목적으로 물건의 소유권(또는 그 밖의 재산권)을 채권자에게 이전하고, 채무자가 이행하지 않는 경우에는 채권자가 그 목적물로부터 우선변제를 받게 되나, 채무자가 이행을 하는 경우에는 목적물을 그 소유자에게 반환하는 방법에 의한 비전형담보를 말한다.

위와 같은 광의의 양도담보는 「매도담보」와 「협의의 양도담보」로 구별한다.

매도담보는 융자를 받는 자가 융자를 하는 자에 대하여 담보의 목적이 되는 물건을 매각하고, 일정기간 내에 매매대금을 반환하면 그 목적물을 찾아 갈 수 있는 것으로 약정하는 것과 같이 신용의 수수를 소비대차가 아닌 매매의 형식으로 행하고, 당사자 사이에 따로 채권·채무관계를 남기지 않는 것이다. 따라서 이 경우에는 형식상 대금의 반환을 청구할 권리를 가지지 않는다. 협의의 양도담보는 당사자 간에 소비대차계약을 하고, 그 소비대차에서 생긴 채무의 담보로서 물건의 소유권을 이전하는 경우와 같이, 신용의 수수를 채권·채무의 형식으로 남겨 두는 것이다. 따라서 이 경우에는 채무의 변제를 청구할 권리를 가지고 있는 것이 된다.

② 상증세법상 취급

이러한 양도담보에 대해서 소득세법은 그 실질에 비추어 재산의 유상양도가 아니라 단순히 채권담보의 한 형식에 불과하다고 보아 양도소득세를 과세하지 않는다.

[상속세] 그러므로 양도담보재산은 양도담보설정자의 소유에 속하고 그의 상속재산에 속하는 것도 당연하다. 다만, 양도담보권자의 경우 물적납세의무를 지는 경우가 있다.[319]

[증여세] 같은 맥락에서 상증세법에서도 양도담보가 비록 외관상으로는 실질소유자와 명의자가 상이한 경우에 해당되지만 양도담보가 완전한 소유권의 이전을 목적으로 하는 것이 아니고 일종의 채권에 대한 담보권의 소유를 속성으로 하는 것이니만큼 증여세의 본질에서 볼 때 증여세 과세대상은 되지 아니한다(서울행법

---

319) 이 책 '납세의무의 확장-물적납세의무' 참조

2011구합7731, 2011. 7. 20. ; 대법원 86누517, 1987. 5. 12. 및 재산 01254-1990, 1988. 7. 16.).

3) 명의신탁

(1) 의의

명의신탁은 우리나라의 특수한 사회적 여건하에서 실정법상의 근거 없이 판례에 의하여 형성된 판례법 내에서 발전된 신탁행위의 일종으로서 대내적 관계에서는 신탁자가 소유권을 보유하여 이를 관리·수익하면서 공부상의 소유명의만을 수탁자로 하여 두는 것을 말한다. 명의신탁은 공부에 의하여 소유관계가 공시되는 재산의 소유권에 한하여 인정되며 명의신탁의 목적은 불문한다. 이러한 명의신탁은 등기부·등록부·주주명부·사채원부에 의하여 소유관계가 공시되는 재산에 대하여 진정한 소유자가 아닌 자를 외관상 소유자로 표시해 두려는 제도이다.

명의신탁에 있어서의 명의는 원칙적으로 '소유명의'를 의미한다. 즉 소유권에 대해서만 명의신탁이 인정되는 것이 원칙이다. 따라서 명의신탁을 할 수 있는 것은 공부에 등기·등록 등을 함으로써 소유관계를 표시할 수 있는 재화에 한하는 것이다.

(2) 명의신탁의 성립

① 명의신탁이 성립하기 위한 요건은 다음과 같다.

ㄱ 당사자 사이에 명의신탁 설정에 관한 합의가 있어야 한다. 따라서 당사자의 일방이 상대방과의 합의 없이 소유권이전등기를 한 것은 명의신탁이 성립되지 아니한다. 그러므로 합의만 있으면 되는 것이지 명의신탁의 목적은 상관하지 않는다.

ㄴ 아무리 당사자 간에 명의신탁의 합의가 있더라도 목적물에 대한 소유권의 득실변경을 공시하는 공부에 등재하지 아니하면 명의신탁은 성립되지 아니한다. 이때 명의신탁은 공부상 신탁자명의로 등기·등록된 사실이 없더라도 유효하게 성립하는데, 이는 당사자 사이의 채권계약의 효력으로 비록 신탁자가 공부상의 소유명의를 취득한 사실이 없다고 하더라도 신탁자와 수탁자 사이의 대내적 관계에서는 신탁자를 소유권자로 취급하는 약정이 있다고 해석할 수 있기 때문이다.

② 상증세법상 취급

명의신탁은 외관상 명의신탁재산의 소유권이 수탁자에게 이전되지만 내부적으로 명의신탁자의 권리를 인정하여 주기 때문에 각종 법령의 제한이나 조세의 회피수단으로 악용되어 왔다.

[증여세] 이에 따라 명의신탁의 경우 공부에 명의자로 등기 등을 한 날에 원칙적으로 그 신탁재산의 실질소유자가 명의자에게 증여한 것으로 보아 증여세 과세대상이 된다. 상증세법 제45조의 2에서 규정하고 있는 증여의제규정은 바로 이 명의신탁에 관한 것이다. 자세한 내용은 아래 4) 이하에서 본다.

[상속세] 명의신탁의 상속세에 대한 취급에 관해 보면, 타인이 피상속인에게 명의신탁한 재산은 그 실질소유자는 타인이고 피상속인은 그 명의자에 불과하므로 실질과세의 원칙상 피상속인의 상속재산에 포함되지 않는다고 보아야 하며 판례의 태도도 이와 같다(대법원 90누5986, 1991. 12. 24. ; 조심 2009중1606, 2009. 12. 3. ; 국심 2004구858, 2004. 7. 22. ; 대법원 98다6176, 1999. 10. 12. ; 대법원 97누19304, 1998. 4. 14. ; 재삼 46014－2620, 1997. 11. 6. ; 재산 01254－4759, 1989. 12. 28.). 같은 맥락에서 피상속인이 타인에게 명의신탁한 재산은 상속재산에 포함된다.

(3) 명의신탁의 해지

① 명의신탁의 해지란 명의신탁된 재산을 명의수탁자에게서 공부상의 명의관계를 실질소유자에게 환원하는 것을 말하며, 원칙적으로 신탁자와 수탁자 사이의 해지의 의사표시로 해지되고, 신탁자는 언제든지 수탁자에게 해지의 의사표시로서 일방적으로 명의신탁을 해지할 수 있다. 신탁이 해지되어 신탁재산의 공부상 명의가 실질소유자에게 환원되면 비로소 실질소유자와 공부상의 명의가 일치하게 된다. 명의신탁해지의 효과에 관하여는 명의신탁관계의 특질을 고려하여 대내관계에서는 신탁자가 실질적 소유권을 보유하고 수탁자에게 이전되지 않으므로 수탁자에게 이전한 소유권은 명의신탁의 해지의 의사표시에 의하여 등기 없이도 신탁자에게 당연히 복귀한다고 볼 것이고(채권적 효과설), 대외관계에서는 소유권이 수탁자에게 이전된 것과 같은 효과가 생기므로 명의신탁해지의 의사표시만으로 소유권이 당연히 복귀하는 것이 아니고, 수탁자가 신탁자에게 그 등기명의를 이전시켜야 소유권이 신탁자에게 이전되는 것으로 볼 것이다(물권적 효과설).

명의신탁계약해지에 의한 등기명의의 회복방법은 말소등기이지만 등기명의가 회복되면 족한 것이므로 편의상 이전등기가 행하여지는 경우가 많고 실체관계에 부합하는 이상 이를 유효로 볼 것이다.

② 상증세법상 취급

명의신탁을 해지하여 해당 재산을 그 실질상 소유자인 위탁자 명의로 환원하는 경우에는 그 환원하는 것(최초의 명의신탁을 말하는 것이 아니다)은 증여세를 과세하지 아니한다(상증세법 집행기준 45의 2-0-13 : 재산-287, 2011. 6. 15.). 그러나 그 실질소유자 외의 자에게 무상으로 명의 이전하는 경우에는 그 명의를 이전한 날에 실질소유자가 그 명의를 이전받은 자에게 증여한 것으로 본다(상증세법 기본통칙 45의 2-0…2).[320] 그러므로 이 규정에 의한 증여의제의 대상이 되지 않는 명의신탁재산의 환원에 대하여도 명의신탁의 해지 자체가 재산의 무상이전의 성격이 아니라는 견지에서 증여로 취급될 수는 없을 것이다.

따라서 비록 등기원인이 증여로 되어 있다 하더라도 사실상 명의신탁 해지를 원인으로 소유권을 환원받은 것에 불과하다면 증여받은 것으로 볼 수 없고(대법원 85누391, 1986. 12. 9.), 부부 일방의 특유재산으로 추정된 재산을 다른 일방이 그 실질적인 소유자로서 편의상 명의신탁한 것이라고 인정받기 위하여는 자신이 실질적으로 당해 재산의 대가를 부담하여 취득하였음을 증명하여야 한다(국심 2005서4331, 2006. 6. 27. ; 대법원 98두15177, 1998. 12. 22.). 그리고 실물주식이 출고되어 실기주 상태에 있다고 하더라도 명의개서에 의하여 명의신탁자의 명의로 환원되기 전까지는 명의신탁관계가 해지되었다고 볼 수 없다(조심 2015서4578, 2016. 5. 20.).

4) 명의신탁의 증여의제 과세요건

명의신탁의 증여의제 과세요건을 갖추기 위해서는 상증세법 제45조의 2의 명문규정상 ① 권리의 이전이나 그 행사에 등기·등록·명의개서 등을 요하는 재산이어야 하고 ② 실질소유자와 명의자가 상이하고 명의자 앞으로 등기 등이 경료되어야 한다. 또한 ③ 조세회피목적이 있어야 한다. 그러나 여기에 덧붙여 명의신탁의 본질과 관련하여 ④ 당사자 간의 명의신탁에 대한 합의가 있어야 한다.

(1) 대상재산 요건

권리의 이전이나 그 행사에 등기·등록·명의개서 등을 요하는 재산이어야 한다.

① 명의신탁 증여의제대상 재산

명의신탁에 따른 증여의제로 보아 증여세가 과세되는 재산은 "권리의 이전이나 그 행사에 등기·등록·명의개서 등을 요하는 재산"에 한정한다.

이러한 재산의 범위에 관하여는 해당 등기 등이 소유권의 효력발생요건 내지 대

---

320) 명의신탁 부동산을 유예기간 중 실질소유자 이름으로 실명등기하는 경우 당초 부동산을 다른 사람 이름으로 등기한 시점에 소급하여 증여세를 과세하여야 하나, 부동산 실권리자명의등기에 관한 법률에 의거 유예기간 내에 실명등기를 하는 경우로써 실명전환 부동산이 1건이고 그 가액이 5천만원 이하인 경우에는 예외적으로 과세하지 아니한다(부동산 실권리자명의등기에 관한 법률 제13조).

외적인 대항요건으로서 법률상 요구되는 경우를 일컫는다고 본다(대법원 86누341, 1987. 3. 24. ; 국심 88중1101, 1988. 12. 19. ; 국심 89서282, 1989. 5. 15.). 이 규정의 입법취지나 명의신탁의 '소유' 개념에 비추어 보아도 타당하다.

ⓖ 제외 : 따라서 골프회원권, 아파트당첨권, 아파트 분양계약금·중도금 등을 납입한 상태에서 이전하는 부동산을 취득할 수 있는 권리, 주택을 신축할 수 있는 권리, 예금청구권, 명의개서를 요하지 않는 기명채권, 차입예탁반환청구권, 보험, 예금, 상호신용금고계금 등은 증여의제규정의 대상재산이 아니다(상증세법 집행기준 45의 2 - 0 - 5, 대법원 86누341, 1987. 3. 24. ; 대법원 87누118, 1987. 10. 13. ; 대법원 90누1090, 1990. 6. 12. ; 대법원 84누613, 1984. 12. 26.).

◉ [무상주] 명의신탁재산의 증여의제규정은 명의신탁하는 것에 대해 증여세라는 세부담으로 제재를 가하는 것이라 할 수 있다. 이러한 제재로서 명의신탁 증여의제되는 경우에 대해 종전에는 과세청과 법원의 관점에 차이가 있어 행정불복단계에서는 비교적 넓게 인정하는 데 반해, 법원은 사소한 조세차질 기준을 통해 좁게 보려는 경향이 강하였으나, 최근 과세관청이 대법원의 판례취지를 수용하여 증여의제를 부정하는 방향으로 예규를 변경하였다.[321] 이를 통해 대법원과 과세당국 간의 상충된 세법 해석을 해소함으로써 납세자들의 혼란이 해소될 전망이다.

Ⓐ 판례 : 증여의제 부정 - 명의신탁된 주식에 배정된(전입재원과 상관없이) 모든 무상주는 기존 주주들에게 지분비율대로 무상으로 배분한 것으로서 종전의 명의수탁주식이 실질적으로 분할된 것에 불과하므로 유상주의 배정과는 달리 증여의제규정이 적용되지 않는다(대법원 2004두11220, 2006. 9. 22.).

• 자본잉여금의 자본전입 : 자산재평가적립금(대법원 2004두11220, 2006. 9. 22.), 주식발행초과금(대법원 2007두1361, 2009. 3. 12.)에 대해서는 계속하여 명의신탁 증여의제규정의 적용을 인정하지 않는다.

• 이익잉여금의 자본전입 : 명의신탁 증여의제규정은 명의신탁이 조세회피수단으로 악용되는 것을 방지하여 조세정의를 실현하고자 하는 한도 내에서 제한적으로 적용되는 규정인 점, 주식의 실제소유자와 명의자가 다른 상태에서 주식 발행법인이 이익잉여금을 자본에 전입함에 따라 명의인에게 무상주가 배정되더라도 발행법인의 순자산이나 이익 및 실제주주의 지분비율에는 변화가 없으므로 실제주주가 무상주에 대하여 자신의

---

321) 기획재정부는 2014. 11. 7. 국세예규심사위원회를 개최하여 예규를 변경하였다.

명의로 명의개서를 하지 아니하였다고 해서 기존 주식의 명의신탁에 의한 조세회피 목적 외에 추가적인 조세회피 목적이 있다고 할 수 없는 점 등을 고려하면, 특별한 사정이 없는 한 이익잉여금의 자본전입에 따라 기존 명의수탁자에게 보유주식에 비례하여 배정된 무상주는 증여의제 규정의 적용대상이 아니다(대법원 2009두21352, 2011. 7. 14.).

- 합병신주 : 최초로 증여의제 대상이 되어 과세되었거나 과세될 수 있는 합병구주의 명의수탁자에게 흡수합병에 따라 배정된 합병신주에 대해서는 특별한 사정이 없는 한 다시 명의신탁 증여의제규정을 적용하여 증여세를 과세할 수 없다(대법원 2016두30644, 2019. 1. 31.).

- 전환주식 : 최초로 증여의제 대상이 되어 과세되었거나 과세될 수 있는 기명식 전환사채의 명의수탁자에게 전환권 행사에 따라 배정된 주식에 대해서는 특별한 사정이 없는 한 다시 명의신탁 증여의제규정을 적용하여 증여세를 과세할 수 없다(대법원 2016두1165, 2019. 9. 10.).

- 주식배당 : 그런데 주식배당이 주식분할의 성격이 있지만 현금배당의 경우처럼 이익분여에 초점이 맞추어져 주식배당시 배당과세가 되는 것에 비추어 보면, 명의신탁 이후 신탁재산에서 나오는 수익을 주식으로 주는 경우에 주식분할이라는 성격을 강조[322]하여 새로운 명의신탁이 아니라는 것은 재검토를 요한다. 명의신탁 증여의제규정을 확대하는 것을 제한하는 것과는 또 다른 문제라 할 수 있다.

Ⓑ 행정해석 : 증여의제 부정

- 자본잉여금의 자본전입 : 주식발행초과금 등 상법상의 자본잉여금과 자산재평가법상의 재평가적립금 등의 자본전입에 따라 무상주가 발행되는 경우에는 기존 주식의 재산적 가치에 반영되고 있던 주식발행초과금 또는 자산재평가적립금 등이 전입되면서 자본금이 증가됨에 따라 그 증자액에 해당하는 만큼의 신주가 발행되어 기존의 주주에게 그가 가진 주식의 수에 따라 무상으로 배정되는 것이어서, 회사의 자본금을 증가되지만 순자산에는 아무런 변동이 없고 주주의 입장에서도 원칙적으로 그가 가진 주식의 수만 늘어날 뿐 그가 보유하는 총 주식의 자본금에 대한 비율이나 실질적인 재산적 가치에는 아무런 차이가 없다고 할 것이므로(조심

---

322) 이상우, "이익잉여금의 자본 전입 따라 무상주 배정에 따른 신주 인수 명의신탁 증여의제 과세대상에 해당되는지 여부", 법률신문 3959호(2011. 8.) 참조

2009서523, 2009. 6. 29.), 기존 명의신탁주식의 지분비율에 따라 배정받은 무상주에 대하여는 명의신탁 증여의제 규정을 적용할 수 없다.

- 이익잉여금의 자본전입 : 당초 명의신탁된 주식(구주)에 기초하여 이익잉여금의 자본전입에 따라 추가로 배정된 무상주(신주)는 기존 주식(구주)의 명의신탁에 따른 조세회피 외에 무상주(신주) 발행을 통한 추가적인 조세회피가 없다고 보아, 판례와 같이 명의신탁 증여의제로 과세하기 어렵다고 본다.[323]

종전까지 조세심판원은 "무상증자는 회계학적·경제적 실질면에서 보면 주식의 분할에 불과한 측면이 있으나, 법률적·형식적 측면에서 보면 신주발행에 의한 유상증자와 마찬가지로 자본의 증가로 인하여 새로이 주식이 발행되는 것이고 이와 같이 발행된 주식은 자본을 구성하는 단위로서 구주와는 별개의 독립된 재산이라 할 것이므로, 기존의 명의신탁된 주식이 증여된 것으로 의제된다고 하여 무상증자로 배정된 주식까지 당연히 명의자의 소유로 의제되는 것은 아니고 당초 주식과 별개의 명의신탁 대상 재산에 해당되고, 명의인에게 배정된 주식은 이익잉여금을 재원으로 한 배당으로서 현금으로 주식을 취득하여 명의신탁한 것과 그 실질 내용은 동일하다고 할 것이다. 또한, 기존에 명의신탁한 주식은 조세회피목적이 있고 그에 터잡아 무상증자에 의하여 배정된 신주는 조세회피목적이 없다는 주장도 종합소득세의 누진세율 적용, 과점주주에 대한 취득세 과세, 실질 소유주의 사망으로 인한 상속세 회피 등이 따를 수 있어 무상증자에 의해 배정되었다는 사정만으로 명의신탁행위에 조세회피 목적이 없었다고 할 수 없다. 즉, 주식배당을 하면서 실질소유주의 명의로 하지 않고 명의신탁한 주주의 명의로 신주를 취득한 그 자체가 조세회피목적이 있는 것"이라고 보아(조심 2008서0974, 2008. 6. 30. ; 조심 2010부3527, 2011. 11. 15.) 증여의제를 긍정하였고, 국세청 예규(국세청적부 2010-0238, 2011. 12. 8.)도 같은 입장이었다.

- [예금] 한편 예금은 명의신탁 증여의제 대상재산이 아니나, 예금명의자와 출연자 등이 다른 차명(일종의 명의신탁)예금이 존재하고 이에 대한 조세법상 취급이 문제가 된다. 이에 대해서는 금융실명법에 불구하고 조세법상으로는 실질과세원칙에 따라 예금이 실제로 누구의 돈인지를 들여다보아 증여

---

323) 기획재정부는 2014. 11. 7. 국세예규심사위원회를 개최하여 예규를 변경하였다.

과세를 할지 단순히 명의만을 빌려준 것으로 볼 것인지를 정하여야 할 것이다(대법원 2018두35322, 2018. 4. 26. ; 국심 2003중2742, 2004. 3. 4.). 물론 금융실명제하에서 실질적인 예금주가 달리 확인되지 않는 한 '예금명의자'를 '예금주'로 보아야 할 것이다(심사증여 2002-20, 2002. 5. 27.).

〈입증책임〉 종전에는 그 경제적 실질이 '증여'임을 입증하는 책임은 과세관청이 지게 되므로 이에 대한 과세는 매우 예외적인 것이라고 보았다. 이로 인해 증여세의 탈루를 방지하기 위하여 타인의 이름으로 개설된 금융계좌에 보유된 재산에 대한 과세를 강화할 필요가 대두되었고, 이에 개정 상증세법은 제45조 제4항에서 "실명이 확인된 계좌 또는 외국의 법령에 따라 이와 유사한 방법으로 실명이 확인된 계좌의 보유재산에 대해서는 명의자가 그 재산을 취득한 것으로 추정"하도록 하는 규정을 신설하여 납세자에게로 입증책임을 전환시키게 되었다.[324]

- [부동산] 현행 상증세법은 명문으로 토지와 건물을 증여의제 대상 재산에서 제외하고 있다. 부동산실권리자명의등기에 관한 법률시행(1995년 7월 1일) 이후 부동산 명의신탁약정은 무효(동법에 의해 과징금 등이 부과될 수 있다[325])이므로 부동산명의신탁 법률관계가 유효하게 존재함을 전제로 토지와 건물을 증여의제하여 과세함은 부당하다(상증세법 집행기준 45의2-0-6, 대법원 2004두7733, 2006. 5. 12.).

  그러나 부동산실명법상의 효력과는 별도로 부동산 명의신탁에 대한 조세법상 취급이 문제가 되고, 이에 대해서도 실제의 경제적 이득의 귀속에 따라 판단하여야 할 것이다.

- [양도담보권] 위 규정의 입법취지가 명의신탁제도를 이용한 조세회피행위를 효과적으로 방지함으로써 조세정의를 실현하기 위하여 실질과세원칙에 대한 예외를 인정한 데에 있으므로(대법원 2003두13649, 2004. 12. 23. 등 참조), 그 적용 여부는 엄격하게 해석하여야 하는 점 등에 비추어 볼 때, 주식에 대한 실제 양도담보권자와 명의상 양도담보권자가 다른 경우를 위 규정의 '실제 소유자와 명의자가 다른 경우'에 포함되는 것으로 확대 해석할 수는 없다.

  ㉡ 포함 : 따라서 권리의 이전이나 그 행사에 등기·등록·명의개서를 요하는

---

324) 2013. 1. 1. 이후 신고하거나 결정 또는 경정하는 분부터 적용한다.

325) 부동산실명법 위반시 ① 부동산가액(기준시가 등)의 10~30%의 과징금, ② 과징금부과일을 기준으로 한 이행강제금, ③ 명의신탁자 등(5년 이하의 징역 혹은 2억원 이하의 징역)과 명의수탁자 등(3년 이하의 징역 혹은 1억원 이하의 징역)에 대한 벌칙을 부과한다.

명의신탁의 증여의제 대상이 되는 주된 재산은 주식[유상주 포함(대법원 2015두 38238, 2018. 2. 8.)]이고, 이외에도 기명사채, 등기된 입목, 등기된 선박, 등록된 자동차·항공기·중기, 무채재산권, 광업권, 어업권 등이 해당된다.

등기를 요하는 자산	(입목에 관한 법률에 의한)입목, (공장저당법에 의한)공장재단, (광업재단저당법에 의한)광업재단, (선박등기법에 의한)선박(토지, 건물 제외)
등록을 요하는 자산	특허권, 실용신안권, 의장권, 상표권, 저작권, 어업권, 광업권, 자동차, 항공기, 건설기계
명의개서를 요하는 자산	주권, 사채권

ⓒ 동일인에게 주식을 재차 명의신탁하는 경우의 증여의제 여부

• 대법원은 [최초로 증여의제 대상이 되어 과세되었거나 과세될 수 있는 명의신탁주식을 매도하고 그 매도대금으로 취득하여 다시 동일인 명의로 명의개서된 주식]은 그것이 최초의 명의신탁주식과 시기상 또는 성질상 단절되어 별개의 새로운 명의신탁주식으로 인정되는 등 특별한 사정이 없는 한 다시 명의신탁에 대한 증여의제 규정이 적용되어 증여세가 과세될 수 없다(대법원 2017. 2. 21. 선고 2011두10232 판결)고 판시하고 있고,

[주식의 포괄적 교환에 의하여 취득한 완전모회사의 신주에 대하여 재차 명의신탁 증여의제 규정을 적용할 수 있는지 여부(대법원 2012두27787, 2018. 3. 29.)]에 대해서도, 주식의 명의신탁을 받은 자가 상법상 주식의 포괄적 교환에 의하여 완전자회사가 되는 회사의 주주로서 그 주식을 완전모회사가 되는 회사에 이전하는 대가로 그의 명의로 완전모회사의 신주를 교부받아 명의개서를 마친 경우 그 신주에 관하여는 명의신탁자와 명의수탁자 사이에 종전의 명의신탁관계와는 다른 새로운 명의신탁관계가 형성되므로, 그 자체로는 상증세법 제45조의 2 제1항에서 규정하고 있는 명의신탁 증여의제의 적용대상이 될 수 있다(대법원 2013. 8. 23. 선고 2013두5791 판결)고 판시하면서도,

① 이 법률조항은 조세회피행위를 방지하기 위하여 필요하고도 적절한 범위 내에서만 적용되어야 하는 점, ② 제한 없이 이 법률조항을 적용하여 별도로 증여세를 과세하는 것은 증여세의 부과와 관련하여 최초의 명의신탁 주식에 대한 증여의제의 효과를 부정하는 모순을 초래할 수 있어 부당한 점, ③ 애초에 주식이나 그 매입자금이 수탁자에게 증여된 경우에 비하여 지나치게 많은 증여세액이 부과될 수 있어서 형평에 어긋나는 점 등을 고려할 때,

특별한 사정이 없는 한 다시 증여세가 과세될 수는 없다고 결론짓고 있다.

• 그러므로 위 대법원 2017. 2. 21. 선고 2011두10232 판결에서의 법리는 주식의 포괄적 교환에 따른 완전모회사 주식의 취득에만 한정할 것은 아니고, 주식의 포괄적 이전에 따른 완전모회사 주식의 취득, 완전자회사 주식의 현물출자에 따른 완전모회사 주식의 취득, 회사의 합병에 따른 합병신주의 취득, 회사의 분할에 따른 분할신설회사 등의 신주의 취득 등의 경우에도 적용될 수 있다고 하겠다.

• 그런데 행정청은 [피합병법인의 주주에게 합병대가로 교부된 합병신주]는 기존의 피합병법인의 주식이 소멸하고 새로이 발행된 주식으로 피합병법인의 주식과는 법률적으로 독립된 별개의 재산이므로, 기존에 명의신탁한 주식까지 당연히 동일하게 의제되는 것은 아니고 당초 주식과 별개인 명의신탁재산으로 보아야 한다(조심 2016부2129, 2018. 11. 19. ; 조심 2014중866, 2014. 4. 23. ; 조심 2014서2318, 2015. 3. 16. ; 재재산-262, 2011. 4. 13.)고 하고 있어 논란의 여지가 있다.

• 한편 이와 달리 피상속인이 명의수탁한 주식을 상속개시 후 상속인 명의로 명의개서한 경우[명의인이 다르므로]에는 당초 피상속인 명의로 명의개서한 때와 그 상속인 명의로 명의개서한 때에 각각 그 명의자가 실제소유자로부터 증여받은 것으로 본다(재산-935, 2010. 12. 13.).

판례는 기존 명의신탁 주식의 매도대금으로 새로운 주식을 취득하여 다시 동일인 명의로 명의개서한 경우라도 명의신탁 증여의제규정에 따라 증여세 과세를 과세할 수 없다는 입장을 취하고 있다(대법원 2017. 2. 21. 선고 2011두10232 판결). 더 나아가 판례는 명의신탁자가 기존 명의신탁 주식을 담보로 받은 대출금으로 새로운 주식을 취득하여 동일인 명의로 명의개서를 하였으나, 그 명의개서가 이루어지기 전에 기존 명의신탁 주식을 매도하여 그 매도대금으로 해당 대출금을 변제한 경우 위 명의신탁이 기존 명의신탁 주식의 매도대금으로 새로운 주식을 취득하여 다시 동일인 명의로 명의개서한 경우와 그 실질이 다르지 않다고 보아 명의신탁 증여의제규정이 적용되지 않는다고 판단하였다(대법원 2022. 9. 15. 선고 2018두37755 판결).

② 등기 등

㉮ 등기 : 등기란 일정한 법률관계를 일반에게 공시하기 위하여 등기부라는 공부에 기재하는 일 또는 기재 자체를 말한다. 등기를 함으로써 해당 부동산 등에 관한 물권변동의 효력이 발생하며 또한 당사자 이외의 제삼자에 대하여도 해

당 권리를 주장할 수 있는 대항적 효력이 발생하는 것이다.

현행법상 등기가 가능한 권리는 부동산물권으로서의 소유권·지상권·지역권·전세권·저당권 등이 있으나, 이 중 지상권 이하는 이 규정에서 규정하는 명의신탁대상재산에서 제외되고 있음을 전술한 바 있으므로 결국 소유권에 한정하여 본조를 적용하게 된다.

㉯ 등록 : 등록이란 일정한 법률사실 또는 법률관계를 행정관청 등에 비치된 공부에 기재하는 것을 말하며 등기는 등기소에 비치된 등기부에 등기하는 것이지만 등록은 각 행정관청 등에 비치된 공부에 등록을 한다는 점이 등기와 다르다. 등록은 첫째, 해당 등록을 함으로써 권리가 창설적으로 발생되거나 권리변동 효력이 발생하는 것으로서, 특허권·실용신안권·의장권·상표권·저작권 등이 그것이다. 둘째, 제삼자에 대한 대항요건이 갖추어지는 것으로서 (수산업법에 의한)어업권, (광업법에 의한)광업권, (자동차관리법에 의한)자동차, (항공법에 의한)항공기, (건설기계관리법에 의한)건설기계 등이 이에 해당한다(이러한 것에 대한 공부는 등기부라는 용어 대신에 흔히 등록원부라는 용어를 사용하고 있다). 이외의 것으로서는 일정한 영업을 하기 위한 요건으로서 건설업등록·수입업등록 등과 같은 등록절차가 있으나 이러한 것은 이 규정과는 무관하므로, 결국 첫째와 둘째의 등록재산만이 여기에서의 대상재산이라고 할 것이다.

㉰ 명의개서 : 명의개서란 권리자의 변경시 그것에 대응하여 증권상 또는 장부상의 명의인의 표시를 고쳐 쓰는 것으로서 제삼자에 대한 권리이전의 대항요건이 된다. 이의 대표적인 경우가 기명사채이전의 경우의 사채원부와 채권의 명의개서(상법 제479조), 기명주식이전의 경우의 주주명부의 명의개서(상법 제337조)이다. 이러한 주권 또는 사채권은 이 규정의 대상재산이라고 할 것이다.

여기에서 "명의개서를 한 날"이라 함은 상법 제337조의 규정에 의하여 취득자의 주소와 성명을 주주명부(자본시장과 금융투자업에 관한 법률 제316조의 규정에 의한 실질주주명부를 포함한다)에 기재한 때를 말한다(상증세법 기본통칙 45의 2-0…3). 즉 자본시장과 금융투자업에 관한 법률 제316조는 주식을 예탁받은 증권예탁원으로부터 주주명부 폐쇄기준일 현재 실질주주의 성명, 주소, 주식의 수와 종류 등을 통지받은 발행회사는 실질주주명부에 그 사항을 기재하여야 하고, 실질주주명부에의 기재는 주주명부에의 기재와 동일한 효력을 가진다고 규정하여 예탁원의 통지와 발행회사의 실질주주명부에의 기재를 요건으로 하여 주식의 명의개서의 효력을 인정하고 있으므로 단순히 고객계좌부나 예탁자계좌부에 기재된 사실만으로 발행회사에 대하여 주주로서의 지위와 권리를 주장할 수 없다고 판시하고 있다(상증세법 집행기준 45의 2-0-9, 대법원 91누3833, 1991. 12. 24. ; 국심 2004구86, 2005. 3. 22.).

③ 명의신탁 증여의제 배제

ⅰ. 자본시장과 금융투자업에 관한 법률에 의한 신탁재산인 사실의 등기 등을 하는 경우와 ⅱ. 비거주자가 법정대리인 또는 재산관리인의 명의로 등기 등을 하는 경우에는 이를 적용하지 아니한다(상증세법 제45조의 2 제1항 제3호 및 제4호, 같은 법 집행기준 45의 2-0-14). 이는 명의만의 신탁이 아닌 진정한 신탁이라 할 것이기 때문이다.

(2) 실소유자와 명의자 相異요건

실질소유자와 명의자가 다르고, 명의자 앞으로 등기 등이 경료되어야 한다.

명의신탁에 대한 증여의제가 적용되려면 당연히 실질소유자와 등기 등의 명의자가 달라야 한다. 그런데 실제로 이 둘이 상이하다는 것을 식별해 내기란 쉽지 않다. 왜냐하면 명의자는 공부 등에 소유자로서 등재되어 있는 자이므로 그 식별이 용이하지만 실질소유자를 찾아내기란 어려운 일이어서 개별 사안별로 주금납입에 대한 금융거래내역, 인적 신뢰관계, 양수대금 지급능력, 주주로서의 권리행사나 경영관여 여부(대법원 2011두29694, 2012. 3. 15.) 등 객관적인 증빙으로 추적하여 종합적으로 판단하여야 할 것이다.

즉 실제 소유자를 가리는 핵심적 징표는 그 주식의 취득자금의 부담 여부라 할 것이므로 자금의 원천과 명의신탁 과정이 증명되거나, 그러하지 못한 경우에도 실질적인 처분권 행사, 주식 처분대금의 귀속 등과 같은 여러 정황에 의하여 명의신탁을 인정할 수밖에 없는 때에 한하여 이를 인정할 수 있을 것이며, 그와 같은 간접자료들이 충분하지도 아니하고 오히려 반대되는 사실의 자료가 많을 때에는 명의신탁을 인정할 수는 없다 할 것이다(조심 2018서2190, 2018. 9. 13. ; 조심 2011서2243, 2011. 11. 10.).

물론 실질소유자가 명의자와 다르다는 점, 명의신탁자의 특정(대법원 2017두61386, 2018. 1. 11. ; 대법원 2017두66237, 2017. 12. 21.) 등 이러한 과세요건의 충족 여부는 과세관청에서 입증하여야 한다.

이러한 과세요건의 충족 여부는 과세관청에서 입증하여야 한다.

이러한 명의신탁이 가장 빈번하게 이루어질 개연성이 큰 경우는 당사자 간에 이해의 충돌이 없는 부부를 포함한 가족 간, 나아가서는 친인척 간이다.[326] 또한 법인의 임

---

326) 명의신탁 증여의제 적용 시 조세회피 여부는 명의신탁 당시 실제 조세회피 및 조세회피 개연성만 있으면 충분하다고 볼 수 있는바, 이 건은 ① 친인척 등 15명 명의의 쟁점증권계좌에 입금된 초기투자자금이 그들 자신의 자금이 아닌 이○○ 및 조○○의 자금으로 조사된 점, ② 이○○ 및 조○○가 자신들의 거래인감을 사용하여 쟁점증권계좌의 자금을 관리하면서 투자종목과 시기를 결정하여 주식을 거래한

직원과 법인 간에도 명의신탁이 빈번하게 발생한다. 그리고 특정물건을 공동으로 취득하고 그 공유사실관계를 표시하지 아니하고 단독명의로 등기하거나 또는 각 공유자의 실질지분율을 초과하여 지분등기를 하거나 단순히 지분표시없이 공유등기만을 한 경우에는 모두 그 실질지분과 등기된 지분과의 차이를 명의신탁에 따른 증여의제로 보아 증여세를 과세한다.

그런데 명의신탁 증여의제규정이 재산의 실제 소유자와 명의자가 다른 경우를 그 규율대상으로 한다고 규정하고 있을 뿐 명의자 앞으로의 등기 등이 법률상 유효할 것까지를 요구하고 있지는 아니하다는 점에서, 실소유자와 명의자가 상이하게 이루어진 등기 등이 강행법규 위반 등으로 인하여 무효라는 이유만으로 증여의제 적용이 배제되는 것은 아니다(대법원 2007두17175, 2011. 9. 8.). 한편 별도의 민사판결에서 명의신탁사실이 인정되었다 하더라도 민사판결이 자백 또는 의제자백에 의하여 이루어졌다면 이 판결이 명의신탁 증여의제규정의 적용에 있어 유력한 증거자료가 된다고 보기 어렵다(대법원 2011재두100, 2011. 12. 8.).

(3) 당사자 간의 합의요건

명의신탁의 합의 내지 의사일치가 있어야 한다.

① 의사의 합치

명의신탁이 성립하기 위하여는 명의신탁의 본질상 당사자 사이에 명의신탁 설정에 관한 합의가 있어야 한다. 즉, 실질소유자와 명의자 사이에 합의가 있거나 또는 의사소통이 있어 그러한 등기 등을 한 이상 양자 사이에 실질적인 증여가 있거나 없거나 또는 단순한 명의신탁에 불과하거나간에 증여가 있은 것으로 본다는 의미이며 그 등기 등이 명의자의 의사와는 관계없이 일방적으로 경료된 경우

점, ③ 친인척 등 15명이 본인들의 쟁점증권계좌를 직접 관리·운용하였다는 사실이 입증되지 않는 점, ④ 쟁점증권계좌에서 자금이 출금되어 이○○, 조○○ 및 자녀인 이○○이 과점주주로 있는 ○○○에 이○○ 등의 명의로 자금이 입금된 점, ⑤ 친인척 등 15명 중 직원 5명이 명의수탁 사실을 인정한 점, ⑥ 조사청의 자금출처조사가 시작되자 친인척 등 15명이 새로운 계좌를 개설하여 단계적으로 기존 계좌로부터 자금을 이체하고 그 중 소액의 현금을 인출한바, 이는 친인척 등 15명이 관리·운용하는 것으로 보이기 위하여 의도적으로 만든 거래로 보이는 점, ⑦ 청구인 이○○ 및 조○○가 타인 명의의 쟁점증권계좌를 관리·운영하면서 상장법인 대주주에 대한 양도소득세 및 금융소득 종합과세로 인한 종합소득세를 각 누락한 것으로 보아 조세회피목적이 없었다고 보기 어려운 점, ⑧ 청구인 조○○, 정○○, 이○○ 및 장○○이 주식투자 초기자금을 투입한 사실이 입증되지 아니하고 초기자금 투입 이후 출금된 자금의 귀속이 불분명한 점 등에 비추어 처분청이 쟁점증권계좌를 통한 주식거래를 명의신탁으로 보아 청구인들에게 증여세, 이자·배당소득세 합산신고누락에 대한 종합소득세 및 상장법인 대주주에 대한 양도소득세를 과세한 이 건 처분은 잘못이 없다고 판단된다(조심 2015구1458, 2015. 4 .21.).

에는 본조규정을 적용할 수 없는 것이다(대법원 88누27, 1988. 10. 11.).

이때 합의 또는 의사소통이란 명시적이든 묵시적이든 사전에 이루어진 것이든 사후에 이루어진 것이든 그 형태를 불문한다고 해석되고 있으므로(조심 2010전1867, 2011. 3. 16. ; 조심 2008부2751, 2008. 12. 2. ; 재산 22601-690, 1987. 8. 28.) 상당히 그 범위가 광범위함을 알 수 있다. 즉, 명의자가 구체적으로 승낙의 의사표시를 하지 않았다 하더라도 사후에 그 사실을 인지한 경우에도 상호 간의 합의 또는 의사소통이 있었던 것으로 간주된다(조심 2011중1701, 2011. 8. 9.).

㉮ 명의 도용 : 명의신탁자가 타인의 명의를 도용하고 문서를 위조하여 주식이 명의신탁 되었다면 명의자와 합의나 그의 승낙 없는 것이므로 증여의제 규정은 적용될 수 없다(조심 2011서1981, 2011. 8. 24.). 명의도용을 주장하는 명의자 본인이 발급받은 인감증명서가 주식에 관한 양도양수 계약서에 각 첨부되었고 명의자가 주식발행법인의 이사로 등기되어 있는 사례에 대해서는 명의도용을 인정하지 않았다(대법원 2014두14174, 2015. 2. 12.). 반면 명의신탁자와 아무런 특수관계가 없는 전문적 지식이 없는 직원(명의자)의 의사와 상관없이 명의신탁에 필요한 인감증명서 등을 요구하여 일방적으로 명의신탁된 경우에는 증여의제를 적용할 수 없다고 판단하였다(조심 2018서1895, 2018. 9. 6.).

㉯ 무효인 명의신탁 : 명의신탁 증여의제규정에 따르면 명의자 앞으로의 등기 등이 법률상 유효할 것까지를 요구하고 있지 않고, 명의신탁약정에 따른 등기 등이 이루어지기만 하면 그 등기 등이 강행법규 위반 등으로 인하여 무효인 경우에도 조세회피의 목적은 달성될 수 있는 점 등에서, 명의신탁약정에 따라 이루어진 등기 등이 강행법규 위반 등으로 인하여 무효라는 이유만으로는 증여의제 적용을 배제할 수 없다(대법원 2007두17175, 2011. 9. 8. – 대상판결은 당연무효인 자기주식취득과 관련한 명의신탁 증여의제규정을 인정한 첫 판결이다[327] ; 대법원 2012두10765, 2012. 8. 30.). 즉 명의신탁 증여의제제도가 명의신탁을 하는 행위에 대한 증여세 부담이라는 제재를 가하는 의미를 갖는다는 점, 사법상 효력과 세법상 효력을 반드시 동일하게 할 필요는 없다는 점에서 위 판결은 긍정적이기는 하지만, 사법상 당연무효인 경우까지 과세하는 것은 문제이다.

그렇더라도 의사의 합치가 없다면 그 적용이 없다. 이런 맥락에서 부동산명의신탁이 증여로 의제되지 않는 것은 부동산실명법이라는 강행법규 위반에 의

---

327) 1심과 2심에서는 자사주취득을 제한하고 있는 증권거래법 및 상법의 규정을 어겨 취득한 자사주를 원고들에게 명의신탁한 것에 대해 자사주취득 제한 규정을 어겨 취득한 것은 당연무효이고, 따라서 증여의제규정도 적용할 수 없다고 판단하고 있다.

한 무효 때문이 아니라, 본 조에서 명시적으로 부동산을 명의신탁 증여의제 대상재산에서 제외하고 있기 때문이라고 해석하여야 한다.

같은 맥락에서 채권자취소권의 행사로 인한 사해행위의 취소와 일탈재산의 원 상회복은 채권자와 수익자 또는 전득자에 대한 관계에 있어서만 그 효력이 발 생할 뿐이고 채무자가 직접 권리를 취득하는 것이 아니므로 채권자가 판결을 받아 그 등기 명의를 원상회복시켰다고 하더라도 법률행위의 목적이 되었던 재 산이 형식상 채무자에게 환원되는 것에 불과하고 그로 인하여 권리는 새로이 취득하는 것은 아니며 사해행위취소 판결에는 소급효가 없으므로 그때까지는 명의신탁에 따른 등기 등이 유지됨으로써 조세회피의 목적이 달성되며(대법원 2012두8151, 2012. 8. 23. ; 대법원 98두11458, 2000. 12. 8.), 증여의제 대상이 되는 주식의 명의 신탁이 있은 후 그 명의신탁을 해지하고 주주명부상 명의를 실질 소유자로 변 경하였다 하여도 이로써 그 명의신탁의 효력이 소급하여 소멸하는 것은 아니므 로 이 경우에도 여전히 증여세의 부과대상이 된다(조심 2010서545, 2011. 3. 29.).

그런데 행정해석은 명의신탁이 원인무효로 판정되어 소유권이전등기가 말소 되고 등기명의가 환원된 경우에는 그 명의신탁 사실에 대하여 증여세를 과세 할 수 없게 되고, 이미 부과한 증여세는 취소한다(상증세법 집행기준 45의 2-0-7. 국심 89중2182, 1990. 3. 31.)고 한다.

㉱ 양도담보 : 채권담보의 목적으로 채무자 소유 주식의 명의가 채권자에게 이전 된 경우 이는 채권자가 채무자를 위하여 단순히 위 주식에 대한 형식적인 소 유 명의만을 보유하고 있는 것이 아니라 그 자신의 이익을 위하여 담보권을 보유하고 있는 것이므로, 위 규정에서 말하는 명의신탁에 대한 합의가 있다고 볼 수 없어 이에 대하여 위 명의신탁 증여의제 규정을 적용할 수는 없다(대법원 2012두6483, 2012. 6. 28.).

② **입증책임**

명의신탁이 명의자의 의사와는 관계없이 실질소유자에 의하여 일방적으로 경 료되었다는 사실은 이를 주장하는 측에서 입증하여야 하므로(대법원 88누27, 1988. 10. 11. ; 대법원 87누1052, 1988. 4. 25. ; 감심 2011-70, 2011. 4. 14.), 결국 증여의제로 과세당한 명 의인이 입증책임을 부담하게 된다.

또는 당사자 간의 의사의 합치가 없다는 점에서 주식의 명의신탁자체를 부인하 고 자신이 실제 소유자라고 주장 등을 하게 되면, 과세관청은 주식 취득대금의 출처, 주식의 실제 관리운용자, 주식매도 자금의 귀속 여부 등을 살펴서 명의신탁 사실을 입증하여야 할 것이다.

(4) 조세회피 목적요건

조세회피의 목적이 있어야 한다.[328] 이때 조세회피목적이 없었다는 점에 관한 증명책임
은 이를 주장하는 명의자에게 있다(대법원 2007두19331, 2009. 4. 9. ; 대법원 2011두181, 2013. 9. 26.).
조세법이 사법상 거래에 과도하게 개입하여 계약자유의 원칙을 침해할 수 없으므로
조세회피의 목적 없이 타인의 명의로 재산의 등기 등을 하거나 소유권을 취득한 실
제소유자 명의로 명의개서를 하지 아니한 경우에는 증여로 보지 아니하는 것으로
하고 있다. 이와 같이 명의신탁에 조세회피 목적이 있었는지 여부에 따라 증여세를
과세할 것인지 여부가 결정된다. 한편 다른 주된 목적과 아울러 조세회피의 의도도
있었다고 인정되면 조세회피 목적이 없다고 할 수 없다(대법원 2012두10765, 2012. 8. 30. ;
대법원 2007두17175, 2011. 9. 8.). 이런 맥락에서 경업금지의무를 회피하면서 동종 영업을
하기 위한 주된 목적 외에도 제2차 납세의무를 회피하려는 의도도 있었다면 조세회
피목적이 있다고 본다(대법원 2013두9779, 2013. 10. 17.).

일반적으로 명의신탁에 조세회피 목적이 있었는지 여부는 명의신탁경위, 불가피성
유무, 제 조세의 회피유무 등 구체적인 사실을 조사하여 판단하여야 한다. 하지만
조세회피 목적 유무에 관하여 실무와 판례는 그 구체적인 기준을 제시하지 않고 사
안에 따라 달리 취급하고 있는 실정이다.

① 조세회피 목적의 추정

- 현행법상 명의신탁을 조세회피행위로서 부인하고 이를 증여로 의제하려면 명
  의신탁자에게 조세회피 목적이 있어야 한다. 조세회피 목적이 있다는 것은 명
  의자의 소유로 보이는 외관을 취함으로써 실제소유자가 소유하는 경우에 비하
  여 조세부담을 경감 또는 배제 시키고자 하는 의도가 있는 경우를 말한다. 만
  일 현행법이 조세회피의 목적이 없는 명의신탁에까지 증여로 의제하는 취지라
  면 증여의제규정은 위헌(헌법재판소 98헌마38, 1989. 7. 21.)이라고 할 수밖에 없다.

- 그리하여 상증세법 제45조의 2 제1항에서 권리의 이전이나 그 행사에 등기 등
  을 요하는 재산에 있어서 실제소유자와 명의자가 다른 경우에는 그 재산의 가
  액을 명의자가 실제소유자로부터 증여받은 것으로 본다고 규정하는 한편, 같은
  조 같은 항 제1호에서 조세회피의 목적 없이 타인의 명의로 재산의 등기 등을
  한 경우는 제외하도록 규정하고 있다.

- 그렇지만 현실적으로 명의신탁 법률관계에 있어서 조세회피 목적이 있는지 여

---

328) 김두형, "명의신탁재산의 증여의제에 있어서 조세회피 목적의 유무", 2007년 세무학회 추계학술발표대
　　회 발표 논문집

부는 당사자의 내심의 의사이므로 그 실체적 진실을 규명한다는 것은 사실상 불가능하다. 이에 따라 상증세법 제45조의 2 제3항(같은 법 집행기준 45의 2-0-8)에서 증여의제규정의 실효성을 확보하기 위하여 특별히 ㉠ 타인의 명의로 재산의 등기 등을 한 경우, ㉡ 실제소유자 명의로 명의개서를 하지 아니한 경우에는 조세회피의 목적이 있는 것으로 추정한다는 명문규정을 두고 있다.

- 이상의 상증세법 제45조의 2의 규정은 명의신탁재산에 대한 간주규정과 추정규정이 혼재되어 있는 형태로 구성되어 있다. 이와 같이 구성한 것은 법리상 명의신탁이라는 사실 자체를 증여로 추정할 수 없고 단지 명의신탁에 조세회피의 목적이 있는지 여부에 대하여 조세회피 목적이 있다는 사실만을 추정할 수 있기 때문에 그같이 입법된 것으로 이해할 수 있다. 그 의미는 명의신탁한 재산을 세법상 증여로 간주하는 규정을 사실상 추정규정화함으로써 조세회피 목적이 없다는 사실의 입증책임을 납세자에게 부담시켜 과세요건에 관한 증명책임을 전환함으로써 결국 그 판단을 과세요건사실 인정에 필요한 입증의 정도 문제로 돌리고 있는 것이다.

- 다만, 실제소유자 명의로 명의개서를 하지 아니한 경우로서 다음의 어느 하나에 해당하는 경우에는 조세회피 목적이 있는 것으로 추정하지 아니한다.

㉠ 매매로 소유권을 취득한 경우로서 종전 소유자가 소득세법 제105조 및 제110조에 따른 양도소득 과세표준신고 또는 증권거래세법 제10조에 따른 신고와 함께 소유권 변경 내용을 신고하는 경우

㉡ 상속으로 소유권을 취득한 경우로서 상속인이 다음의 어느 하나에 해당하는 신고와 함께 해당 재산을 상속세 과세가액에 포함하여 신고한 경우. 다만, 상속세과세표준과 세액을 결정 또는 경정할 것을 미리 알고 수정신고하거나 기한 후 신고를 하는 경우는 제외한다.[329]

　　가. 상속세과세표준 정기신고(상증세법 제67조)

　　나. 상속세과세표준 수정신고(국세기본법 제45조)

　　다. 상속세과세표준 기한 후 신고(국세기본법 제45조의 3)

② 주관적 요건성

증여의제에 있어서 조세회피 목적이라는 과세요건은 일반적 조세회피행위 부인의 객관적 요건인 행위의 부당성과 주관적 요건인 조세회피의 의도를 포함하는 복합적 개념으로 이해함이 타당할 것 같다. 왜냐하면 명의신탁이라는 행위형식을

---

329) 2016. 1. 1. 이후 신고하는 경우부터 적용한다.

취한 거래가 통상인이 선택한 행위형식으로서 객관적 합리성이 있느냐 이상한 행위형식이냐 하는 점은 그 명의신탁이 조세회피의 목적으로 이루어 졌는지 여부를 판정하는 것과 동전의 양면 같은 관계에 있기 때문이다.

일반적으로 타인의 명의를 빌리는 것에 해당하는 명의신탁은 그 자체가 정상적인 법률행위는 아니라고 볼 수 있지만, 토지와 건물 외의 재산에 대하여 사법상 행위인 명의신탁을 선택한 자에게 바로 사법적 효력을 부인하거나 또는 행정벌을 준다거나 조세법상 불이익을 미칠 수는 없는 것이다. 즉 명의신탁 자체만으로는 그 행위에 이상이 없고 부당하지 아니하다. 이로써 조세부담의 경감 내지 배제 등 조세회피의 가능성이 있을 때 비로소 조세회피의 목적이 인정되는 것이다. 이에 따라 조세회피 목적 유무를 판단함에 있어서 조세를 회피하고자 하는 명의신탁자의 적극적인 의도 내지 의사가 필요한지, 아니면 객관적으로 조세회피의 결과가 초래되거나 초래될 개연성이 있으면 조세회피의 목적이 있다고 보아야 할지 여부가 문제이다. 결론부터 말하면 명의신탁에 조세회피의 의도가 있었는지는 외부에서 판단하기가 쉽지 아니하므로 조세회피 목적 유무를 판단함에 있어서 조세를 회피하고자 하는 당사자의 적극적인 의도가 있었느냐 하는 점은 고려할 사항이 아니고 필요 없다고 해야 할 것이다.

그러므로 부당행위계산부인 과세요건에서와 동일하게 명의신탁자의 의도 내지 의사와 무관하게 조세회피 목적이 있었는지 여부는 명의신탁경위, 불가피성 유무, 제 조세의 회피 유무 등 객관적인 상황에 해당하는 구체적인 사실을 조사함으로써 조세회피의 목적이라는 주관적 요건을 추정해야 할 것이다.

이렇게 해석함으로써 전체 조세법체계 내에서 조세회피행위를 통일적으로 해석할 수 있다.

③ 회피되는 조세

㉮ 회피되는 조세의 범위

'조세회피의 목적'에서 조세라 함은 국세기본법 제2조 제1호 및 제7호에 규정된 국세 및 지방세와 관세법에 규정된 관세를 말한다(상증세법 제45조의 2 제6항). 실제로 명의신탁은 다른 특별한 사정에 의하여 이용되는 법률형식이지 증여세를 회피하기 위한 목적으로 명의신탁을 하는 경우는 찾아보기 어렵다는 점에서 타당한 입법이다(대법원 94누11729, 1995. 11. 14. 등).

그렇지만 조세회피가 없다는 점에 대한 입증책임을 지는 납세자로서는 이를 입증하기가 매우 곤란하다는 점, 제재로서의 증여의제를 축소하여야 한다는 입장[330)]에서 보면 종전처럼 회피되는 조세를 증여세로 국한하여야 한다고 주장하기도 한다. 헌법재판소도 명의신탁에 의한 조세의 회피는 증여세에 한정된 것이 아니고 상속세, 소득세, 취득세 등 각종의 국세와 지방세 그리고 관세에 대하여도 가능하므로, 증여세 이외의 다른 조세에 대하여도 명의신탁의 방법으로 이를 회피하는 것을 방지하고 그 회피행위를 제재하여야 할 필요성은 증여세의 경우와 조금도 다를 바 없다고 하였다(헌법재판소 2004헌바40, 2005헌바24(병합), 2005. 6. 30. 전원재판부).

㉯ 판단시점

명의신탁에 있어서 조세회피의 목적이 있었는지 여부는 명의신탁계약이 해지되어 명의신탁이 종료되는 때가 아니라 명의신탁 당시를 기준으로 하게 된다(국심 91중1209, 1991. 11. 25.). 그러므로 그 후 실제로 조세를 포탈하였는지 여부로 판단할 것은 아니다(대법원 2012두546, 2013. 11. 28.).

따라서 명의신탁된 재산이 실제 소유자에게 환원되지 아니하고 제삼자에게 양도된 경우 또는 명의신탁관계가 해지되어 재산이 실제소유자에게 환원된 경우 등 이미 명의신탁관계가 종료 된 경우에 결과적으로 조세를 회피한 사실이 없다는 사정만으로 그 명의신탁에 조세회피의 목적이 없었다고 볼 수 없다.

㉰ 회피하는 조세의 주체

명의신탁 증여의제 규정을 적용함에 있어서 회피하는 조세의 주체를 명의신탁자로 볼 것인가 아니면 명의수탁자로 볼 것인가 문제이다. 상증세법 문언상으로는 '타인명의로 등기 등을 한 경우'라고 함으로써 명의신탁자가 조세를 회피할 목적이 있는지를 기준으로 하는 것으로 해석된다.[331]

㉱ 주장 및 증명책임

명의신탁에 대한 증여세 과세의 경우 조세회피의 목적이 없다는 것의 주장 및 증명책임은 증여세 납세의무자로서 이를 주장하는 명의자에게 있다(조심 2011부1069, 2011. 10. 19. ; 대법원 2007두17175, 2011. 9. 8. ; 대법원 2010두23880, 2010. 12. 15.). 즉 명의수탁자가 증명하여야 하나 현실적으로 명의신탁 증여의제는 명의신탁자에 대한 과세와 다를 것이 없고, 실제로 조세회피 목적이 있고 없고의 판단은 명의신탁자의 객관적 사정을 기준으로 하게 된다.

실제로 조세회피의 목적이 없음을 입증하는 것은 그리 쉽지 않은 일이다. 비록 그 증명책임이 명의자에게 있으나 과세관청이 최소한 명의신탁과 조세회

---

330) 박훈, "명의신탁 증여의제규정의 개선방안", 2006 춘계학술발표대회, 한국세무학회, 2006, 16쪽
331) 유철형, "2006년도 상증세법 판례회고", 「조세법연구」 13 - 1, 2007, 429쪽

피 사이에 상당 정도의 가능성이 있다는 법리적 주장을 해야 할 것이다. 그 다음에 그렇지 않다고 주장하는 명의자에게 그 증명책임이 전환되어 명의자가 회피하거나 회피할 조세가 없음을 본증으로 증명하면 된다. 이처럼 명의신탁에 조세회피의 개연성이 전혀 없음을 명의자가 증명하면 과세관청이 반증으로 조세회피의 개연성을 적극 입증할 필요가 있다.

④ 구체적 판단기준

조세회피 목적이 있는지 여부는 명의신탁의 경위, 불가피성 유무, 제 조세의 회피 유무 등을 종합적 객관적으로 고려하여 판단하여야 할 것이다. 이것들을 모두 검토한 결과 어느 하나라도 의심스럽거나 문제가 있으면 조세회피 목적 부존재의 증명이 충분치 않은 것으로 보아야 할 것이다. 이런 맥락에서 명의신탁이 코스닥 시장의 등록요건을 준수하기 위한 목적 외에도 조세를 일부 회피할 의사가 있었음이 인정되고 실제 종합소득세 등이 탈루된 것으로 확인된다면 주식의 명의신탁에 조세회피목적이 없었다고 보기는 어렵다(조심 2011중1213, 2011. 10. 11.).

㉮ 명의신탁경위

명의신탁이란 법률형식을 취한 것이 조세회피의 목적 이외에 별도의 정당한 목적이 있느냐 하는 명의신탁의 경위는 조세회피 여부를 판단하는 중요한 기준이 될 것이다. 조세회피의 목적이 없었다는 점은 조세회피의 목적이 아닌 다른 목적이 있었음을 증명하는 등의 방법으로 입증할 수 있기 때문이다(대법원 98두13133, 1999. 12. 24. ; 대법원 2003두11810, 2004. 3. 11. ; 대법원 2004두13936, 2006. 5. 25.). 만일 명의신탁에 조세회피 외에 다른 뚜렷한 목적(이유)이 있었음을 적극적으로 주장하고 객관적이고 납득할 만한 증거자료에 의하여 통상인이라면 의심을 가지지 않을 정도(대법원 2011두29694, 2012. 3. 15.)로 증명하게 되면 조세회피의 목적이 아님을 객관적으로 입증할 수 있는 것이다.

과거 판례에서 양도인이 실질소유자에게 등기이전을 거부하거나 법령상 실질소유자 앞으로 등기이전을 할 수 없는 사정이 있거나 그 밖의 이와 유사한 부득이한 사정 때문에 그 등기명의를 달리 하게 된 것이라면 증여로 의제할 수 없다고 판시한 것도 이를 인정한 것이다(대법원 88누4997, 1990. 3. 27. 등).

명의신탁을 할 수밖에 없었던 사유로는 ① 법령상의 금지, 제한을 피하기 위한 것, ② 제삼자의 협력거부에 의한 것, ③ 강제집행 등을 회피하기 위한 것(서울행법 2010구합37414, 2011. 5. 13.), ④ 그 밖의 부득이한 사정[경업금지의무 준수위해(대법원 2018두32477, 2018. 4. 26.), 코스닥시장 상장심사를 통과할 수 있도록 하기 위한 뚜렷한 이유에서(대법원 2013두13655, 2018. 10. 25.), 경영상 필요에 의하여 유상증자를 하면서 절차상의 번거로

음을 피할 목적에서 종래 주식보유현황에 기초하여 원고 명의로 인수한 것(대법원 2017두39419, 2017. 12. 13.), 비제도권 금융업과 사이에 거래를 하는 것이 밝혀지는 것을 꺼려서(대법원 2011두 29953, 2012. 3. 15.), 상장유지 요건 충족 및 주가 방어목적의 최소한의 거래(조심 2014부4135, 2015. 9. 2.)] 등을 들 수 있다.

최근의 판례에서는 최초로 증여의제 대상이 되어 과세되었거나 과세될 수 있는 명의신탁 주식의 매도대금으로 취득하여 다시 동일인 명의로 명의개서된 주식은 그것이 최초의 명의신탁 주식과 시기상 또는 성질상 단절되어 별개의 새로운 명의신탁 주식으로 인정되는 등의 특별한 사정이 없는 한 이를 새로운 명의신탁으로 볼 수 없다고 판시한 바 있다(대법원 2011두10232, 2017. 2. 21.).

㉴ 명의신탁의 합리성

명의신탁에 조세회피와 무관한 별도의 목적이 있더라도 명의신탁을 할 수밖에 없는 특수한 사정이 있는지, 명의신탁이 별도의 목적을 달성하는데 가장 합리적인 수단 내지 방법이었는지가 조세회피 여부를 판단하는데 중요한 기준이 됨은 당연하다. 명의신탁이라는 거래형식을 선택한 데에 통상인의 입장에서 경제적 합리성이 인정되는 경우에는 증여의제에서 벗어날 수 있게 하여야 한다. 문제는 합리성을 어떻게 인정할 것인가 하는 점이다. 우선 해당 목적 행위가 정당하여야 하고, 그 목적을 달성하는데 통상인 누가 봐도 명의신탁이라는 수단이 가장 효과적이고 불가피하여야 할 것이다. 법령을 위배하는 행위를 위한 명의신탁은 그 목적이 아무리 뚜렷해도 합리성을 인정할 수 없으며, 굳이 명의신탁방법을 이용하지 않더라도 동일한 목적을 달성할 수 있다면 합리성을 인정할 수 없을 것이다.

행위자가 특정목적 달성을 위하여 법령을 벗어나 탈법적 행위로서 명의신탁을 한 경우는 정당성을 결여하여 합리성을 인정할 수 없을 것이나 명의신탁이 특정목적을 달성하는데 탈법적 행위가 아닌 경우 또는 재산상 손실의 발생을 방지하기 위하여 필요하다면 그 합리성과 불가피성을 인정해야 할 것이다. 구상법상 법인의 설립요건인 발기인의 수를 갖추기 위하여 명의신탁한 경우에 발기인 수는 형식적 요건에 불과할 뿐 주식회사 설립에 본질적으로 중요한 사항이 아니므로 합리성을 인정할 수 있고(조심 2018중2914, 2018. 10. 31. : 심사증여 2015-0027, 2015. 8. 28.),[332]

배우자의 재산분할청구에 따른 재산일실을 피하기 위한 명의신탁의 경우에

---

332) 과거에는 주식회사의 발기인 수가 7인 이상이었으나 1995년 12월 29일 개정되어 3인 이상으로 되었다가, 다시 2001년 7월 24일 개정되어 현재 발기인 수에 제한이 없어졌다.

도 합리성을 인정할 수 있다고 본다. 타인의 계좌를 운영함으로써 본인 계좌의 손실매매를 피하고 자금운영을 명확히 하기 위한 명의신탁에 대해서도 합리성이 인정된 바 있다(조심 2013부4826, 2015. 7. 21.).

㉤ 조세회피의 개연성

명의신탁이 불가피하더라도 명의신탁 당시나 장래에 회피될 조세가 있었는지의 문제는 조세회피를 판단하는데 가장 중요한 요소이다. 명의신탁을 한 결과 통상의 행위를 선택한 경우와 비교하여 조세부담의 경감, 배제의 효과가 발생하였을 경우 또는 발생할 가능성이 있는 경우[가능성이 커지는 경우 포함. 즉 실제 양도소득세 과세대상이 되는 점에서는 같으나, 명의자로 명의개서함으로써 과세대상임을 파악하기가 더 용이하지 않다면 양도소득세 회피의 여지가 많아진다는 것이다(대법원 2012두8229, 2012. 6. 28.)] 조세회피가 성립한다. 달리 말하면 명의신탁 당시에나 장래에 있어 회피될 조세가 없었다는 점을 객관적이고 납득할 만한 증거자료에 의하여 통상인이라면 의심을 가지지 않을 정도로 입증하여야 하고(대법원 2012두11768, 2012. 9. 13. ; 조심 2011부1069, 2011. 10. 19.), 조세부담의 공평을 해하는 결과가 발생하지 않거나 발생할 염려가 없다면 조세회피는 성립되지 않는다.

명의신탁으로 인하여 회피한 조세가 있는 경우에는 조세회피가 분명하므로 문제가 되지 아니한다. 다만 판례에서 말하는 사소한 조세의 경감인지의 문제만 남게 될 것이다. 문제는 조세회피 목적의 유무는 실제 조세를 회피한 사실의 유무 이전에 종합소득세 · 양도소득세 · 증여세 등 조세회피의 개연성만 있으면 성립한다는 점에서(조심 2011부2391, 2011. 10. 7.), 실제로 조세회피가 발생하고 있지 아니하지만 명의신탁 당시에 예상되는 조세회피의 개연성이 있는 경우라 할 것이다.

조세회피 개연성의 구체적인 문제로 들 수 있는 것은 타인의 이름으로 주식을 소유함으로써 ① 상속재산에서 누락되어 상속세를 회피할 가능성, ② 과점주주로서의 지위를 면하게 되어 국세기본법상 제2차 납세의무 또는 지방세법상 간주취득세의 부담을 면하게 된다든지(조심 2011구2505, 2011. 11. 14.), ③ 언제든지 이익배당을 실시하여 종합소득 합산과세에 따른 누진세율적용 등을 회피할 가능성이 있다거나(조심 2011부2391, 2011. 10. 7.), ④ 제3자를 통한 주식의 분산증여에 따라 증여세 누진세율을 회피, ⑤ 주식 양도시 소득세법 시행령 제157조의 주식보유비율에 의한 대주주의 범위에 해당하지 아니하는 경우 양도소득세를 회피하거나 양도소득세 기본공제를 중복적용 가능, ⑥ 처분시에 개인의 양도소득에 대한 세율과 법인의 양도소득에 대한 법인세율에 차이가 있다든지, ⑦ 주식할증평가 미적용에 따른 조세회피, ⑧ 장래 명의수탁자를 통해 자녀 등에게 주식을 매도하는 것처럼 가장하여 실질적으로 편법증여를 함으로써 증여세와 양도소득세의 차액을 회피할 수 있다든지, ⑨ 특수관계인 사이의 거래에 대한 증여세 과세를 회피하거나 줄일 수도 있다든지(대법원 2012두11751, 2012. 9. 13.) 등이 될 것이다.

물론 단지 장래 조세 경감의 결과가 발생할 수 있는 가능성이 존재할 수 있다는 막연한 사정만이 있는 경우라면 조세회피 목적이 있었다고 볼 수는 없으나(대법원 2012두11751, 2012. 9. 13. : 대법원 2004두7733, 2006. 5. 12.), 이처럼 명의신탁에 이르게 된 뚜렷한 목적이 입증되지 않는 상태에서 조세회피결과가 발생하지 않았다는 사정만으로는 조세회피의 의도가 없었다고 볼 수 없다 할 것이다(대법원 2011두15794, 2012. 5. 9. : 조심 2010서3666, 2011. 10. 26. : 대법원 2008두23696, 2009. 3. 12.).

그런데 명의신탁 법률관계가 계속되고 있는 상태라면 명의신탁 당시를 기준으로 조세회피의 개연성을 따지는 것이 타당하다고 할 수 있다. 그러나 명의신탁이 해지되어 주식이 실제 소유자에게 반환된 경우 등 이미 종료된 명의신탁의 경우에는 결과적으로 명의신탁 기간 동안 조세회피 사실이 발견되지 않는데도 명의신탁 당시 조세회피의 개연성을 문제 삼아 과세함은 문제가 있다고 보여지므로 입법적으로 해결책을 강구해야 할 것이다.

㉺ 조세회피의 정도 : "사소한 조세경감"

전술한 바와 같이 종전 대법원은 증여의제의 입법취지는 명의신탁제도를 이용한 조세회피행위를 효과적으로 방지하여 조세정의를 실현한다는 취지에서 실질과세의 원칙에 대한 예외를 인정한 데에 있다고 하면서 명의신탁의 목적에 조세회피의 목적이 포함되어 있지 않은 경우에만 증여의제 배제의 적용이 가능하고, 회피되는 조세의 범위를 증여세에 한정할 수 없으며, 명의신탁에 있어서 조세회피의 목적이 없었다는 점에 대한 입증책임은 이를 주장하는 명의자에 있다고 하였다(대법원 2003두4300, 2005. 1. 27. 등 다수).

조세회피 목적의 대상이 되는 조세의 범위에 모든 조세를 포함시킴에 따라 명의자로서는 명의신탁에 의하여 경감 또는 배제될 수 있는 모든 조세에 관하여 회피할 목적이 없었음을 입증하여야 한다. 이는 세법 전문가가 아닌 일반인으로서는 매우 어려운 일이다. 그리하여 일반인 또는 통상인으로서 알기 어려운 사소한 조세회피 결과가 발생하는 경우까지 명의신탁을 주도하는 자가 아닌 수탁자에게 증여세가 부과되는 점에 비추어 조세회피 목적을 합목적적으로 제한 해석할 필요가 생긴다.

이러한 입장에서 대법원은 2006. 5. 12. 선고, 2004두7733 판결을 통해 명의신탁에 부수하여 사소한 조세경감이 생기는 것에 불과하다면 그와 같은 명의신탁에 조세회피의 목적이 있었다고 볼 수 없다고 하면서, 조세회피의 목적이 없음에 대한 입증책임에 대해서도 매우 완화된 획기적 판단을 하였다(대법원 2013두13655, 2018. 10. 25. ; 심사증여 2009 - 78, 2009. 12. 22. ; 조심 2009서1630, 2009. 12. 15. ; 대법원 2009두11836, 2009. 10. 15. ; 대법원 2007두19331, 2009. 4. 9.).

이와 같이 판례는 '사소한 조세경감'이란 다소 애매한 개념을 도입하여 판단하고 있는바, 구 상속세법상 증여의제에 있어서 대법원이 명의신탁에 부수하여 '사소한 조세차질'이 생기는 데 불과한 것은 증여의제 적용이 배제된다고 판시했던 것(대법원 94누11729, 1995. 11. 14.)과 동일한 의미로 사용하는 것 같다. 하지만 '사소한'이란 무엇을 의미하는지 세액이 소액이라는 양을 말하는지, 조세회피 개연성이 낮다거나 입증책임이 경감된다는 질을 말하는지 그 개념이 불명확하다. 다만 조세회피의 개연성만으로 과세하는데 따르는 재산권 침해의 위험성을 방지하거나 구체적 합리성을 추구하기 위하여 사소한 조세회피라는 개념을 사용하는 것으로 볼 수 있다. 그렇지만 조세법은 과세요건명확주의를 조세법률주의의 핵심적 내용으로 하고 있는바, 이와 같은 모호한 개념으로 사안에 따라 판단하려는 것은 옳지 않은 법해석 태도라 할 것이다.

최근 심판례에서는 주식을 담보로 대출을 받아 주식투자를 하기 위한 명의신탁에 대하여, 10년 이상의 명의신탁기간 동안 회피한 조세가 전혀 없는 기간이 상당기간 존재하고, 조세를 회피하였다 하더라도 그 금액이 투자원금과 거래 규모 및 명의신탁을 원인으로 부과처분 된 증여세에 비하여 매우 적은 사례에 대하여 사소한 조세경감에 해당하는 경우라고 보았다(조심 2013부4403, 2015. 5. 26.).

5) 증여재산가액

위의 증여의제요건에 해당하게 될 때의 증여세 과세대상 재산의 가액(그 재산이 명의개서를 하여야 하는 재산인 경우에는 소유권취득일을 기준으로 평가한 가액을 말한다[333])은 아래의 증여의제일 현재의 시가 또는 보충적 평가액(상증세법 제60조 내지 제66조에 의해 평가한 가액)에 의해 평가한 가액이다.

명의신탁주식의 경우 그 증여재산가액의 평가 시 최대주주 등의 주식 등에 대한 할증평가규정은 적용되지 않는다(상증세법 시행령 제53조 제7항 제8호).[334]

---

333) 2016. 1. 1. 이후 증여로 의제되는 경우부터 적용한다.

6) 증여의제시기

(1) 원칙

- 명의신탁이 증여로 의제되는 시기는 재산의 소유권을 취득한 자가 명의를 타인명의로 등기 · 등록 또는 명의개서[명의개서일은 상법 제337조의 규정에 의하여 취득자의 주소와 성명을 주주명부(자본시장과 금융투자업에 관한 법률 제316조의 규정에 의한 실질주주명부를 포함함)에 기재한 때를 말한다(상증세법 기본통칙 45의 2-0…3)] 등을 한 날이다. 따라서 조세회피 목적이 있었는지 여부를 판단하는 기준시점도 명의신탁 당시, 즉 재산을 명의자의 명의로 등기 · 등록 또는 명의개서 등을 한 날을 기준으로 하게 된다(감심 2011-124, 2011. 7. 21.).

- [주주명부가 작성되지 않는 경우][335]
  중소 법인들의 경우에는 주주명부 또는 사원명부 자체가 존재하지 않아 주식등변동상황명세서 등에 의하여 타인명의로 등재된 사실이 확인됨에도 주주명부 또는 사업명부상 명의개서가 아니라는 이유로 증여세 부과에 대한 이견이 있어, 명의신탁재산의 증여의제규정을 적용함에 있어서 주주명부 또는 사원명부가 작성되지 아니한 경우에는 납세지 관할 세무서장에게 제출한 주주 등에 관한 서류 및 주식등변동상황명세서(법인세법 제109조 제1항 및 제119조)에 의하여 명의개서 여부를 판정(중소법인 여부와 관계없다)하도록 명확히 하였다(상증세법 제45조의 2 제4항, 같은 법 집행기준 45의 2-0-9 ; 조심 2011중1701, 2011. 8. 9.).

  여기에서 '주주명부 등이 작성되지 않은 경우'는 '주주명부 등의 권리변동에 관한 기재가 되지 않은 경우'와 동일한 의미로 볼 수 없다는 점에서, "주주명부가 작성되어 있는 경우"에는 주주권의 행사를 위해서 명의개서가 필요하고 명의개서는 주식양도에 있어서의 대항요건이기도 하므로 명의개서 없이 주식등변동상황명세서의 기재만으로는 상증세법 제45조의 2 제4항이 적용되지 않는다(서울행법 2010구합22924, 2011. 1. 19.). 한편, 종전에는 명의개서 여부의 판정을 주식등변동상황명세서에 의하는 경우 그 증여의제일을 언제로 볼 것인가에 관해서는 관련 규정이 마련되어 있지 않았는데, 대법원은 이를 주식등변동상황명세서 등의 제출일로 보아야 한다고 판시한 바 있다(대법원 2018두36172, 2018. 6. 28. ; 대법원 2017두32395, 2017. 5. 11.). 이에 2019년 12월 31일 개정을 통해 주식변동상황명세서로 명의개서 여부를 판정하는 경우의 증여일을 명확히 하였다(상증세법 제45조의 2 제4항 단서). 따라서 주주명부가 작성되지 않은 경우 증여일은 증여세 또는 양도소득세 등의 과세표준신고서에 기재된 소유권이전일로

---

334) 2016년 공포일 이후 평가하는 분부터 적용한다.
335) 2004. 1. 1. 이후 제출분부터 적용

하고, 소유권이전일이 확인되지 않는 경우에는 주식등변동상황명세서에 기재된 거래일로 한다(상증세법 시행령 제34조의 2).

(2) 주식 명의개서 미이행자에 대한 증여의제

그 재산이 명의개서를 하여야 하는 재산[즉 기존의 주식 소유자(갑)로부터 주식을 인수한 실제 소유자(을)가 명의개서를 하지 않고 여전히 기존주주(갑)의 명의로 둔 재산을 의미함]으로 그 소유권 취득일이 속하는 연도의 다음 연도 말일까지 실제소유자 명의로 명의개서를 하지 아니하고 종전 소유자의 명의로 둔 경우에는 소유권취득일이 속하는 해의 다음 해 말일의 다음 날에 그 재산의 가액을 종전 소유자가 실제소유자로부터 증여받은 것으로 본다(상증세법 기본통칙 45의 2-0…4)[아래 8)].

예를 들면, 2003년도에 소유권을 취득하여 2004년 말까지 명의개서를 하지 않으면 2005년 1월 1일부로 그 명의자가 실제소유자로부터 증여받은 것으로 본다. 또한, 2002년 12월 31일 이전에 소유권을 취득하여 명의개서를 아니한 분에 대해서는 2003년 1월 1일에 소유권을 취득한 것으로 보아 2004년도 말까지 명의개서를 하지 않으면 위와 같이 2005년 1월 1일부로 그 명의자에게 증여된 것으로 본다(상증세법 집행기준 45의 2-0-11). 주식이 명의신탁되어 명의수탁자 앞으로 명의개서가 된 후 명의신탁자가 사망하여 주식이 상속된 경우에는 명의개서 미이행자에 대한 증여의제가 적용되지 않는다(대법원 2014두43653, 2017. 1. 12.[336]).

---

336) '명의개서해태 증여의제 규정'의 전형적인 적용 대상은 주식을 양수한 자가 장기간 명의개서를 하지 아니한 경우로서, 그 규정이 적용되면 증여세의 1차적인 납세의무자는 명의수탁자의 지위에 있는 양도인이 된다. 그런데 주식의 양도인은 명의개서의 해태로 인하여 명의신탁과 같은 외관이 형성되는 데에 직접 관여하였다고 볼 수 있고, 양도소득세 또는 증권거래세의 과세표준 등과 소유권변경내역을 신고함으로써 조세회피목적의 추정이 번복되어 증여의제 대상에서 벗어날 수 있는 길도 열려 있다. 반면 명의신탁된 주식이 상속된 경우에는 기존의 명의수탁자는 당초 명의개서일에 이미 명의신탁 증여의제 규정의 적용 대상이 될 뿐만 아니라, 명의신탁된 주식에 관하여 상속으로 인하여 상속인과 사이에 법적으로 명의신탁관계가 자동 승계되는 것을 넘어 그와 같은 법률관계를 형성하기 위하여 어떠한 새로운 행위를 한 것이 아니며, 명의수탁자 스스로 상속인의 명의개서를 강제할 수 있는 마땅한 수단이 없고, 주식 양도인의 경우와 같은 증여의제 배제 규정도 마련되어 있지 않다. 그런데도 주식의 명의신탁자가 사망한 후 일정기간 내에 상속인이 명의개서를 하지 않았다고 하여 명의개서해태 증여의제 규정에 의하여 명의수탁자가 다시 증여세 과세 대상이 된다고 보는 것은 지나치게 가혹할 뿐만 아니라 자기책임의 원칙에 반하여 부당하다.

미명의개서 주식의 구분	증여의제시기
2002. 12. 31. 이전 취득한 경우 ⇒ 2003. 1. 1. 취득 의제	소유권취득일이 속하는 연도의 다음 연도 말일의 다음 날 ⇒ 2005. 1. 1. 증여의제시기
2003. 1. 1. 이후 취득한 경우	소유권취득일이 속하는 연도의 다음 연도 말일의 다음 날

7) 차명주식의 유예기간 내 실명전환시 증여의제 제외[337]

(1) 증여의제 제외

증여로 의제되는 대표적인 명의신탁 재산인 주식의 경우, 상법상 발기인의 수를 채우기 위한 경우, 지방세법상 과점주주 규정을 회피하기 위한 경우, 사실상 증여이나 증여세를 회피하기 위하여 명의신탁 약정을 하는 경우, 경영권 보호를 위해 주식을 위장 분산하는 경우, 회사설립을 통한 증여와 같이 상속재산을 분산하는 경우 등과 같이 다양한 차명주식의 발생원인이 있으며 비상장주식뿐 아니라 상장주식에도 광범위하게 차명주식이 존재한다고 보여진다.

1996년 12월 30일 상증세법 개정 전에도 차명주식은 증여의제 과세대상이었으나 합의차명 상태가 유지되는 한 세원포착이 어려워 증여세 과세가 제대로 이루어지지 않았다. 이에 따라 1997년 1월 1일 이전 차명주식으로서 실명전환 유예기간인 1998년 12월 31일까지의 기간 중 실명전환하는 차명주식에 대하여는 당초 명의신탁을 증여로 의제하지 아니한다. 이는 차명주식의 실명전환을 유도하기 위하여 당초 명의신탁을 조세회피 목적의 유무에 관계없이 과세대상에서 제외하도록 한 것이다.

(2) 명의전환신고

실명전환시 증여로 의제하지 아니하는 규정은 1997년 1월 1일 이전에 신탁 또는 약정에 의하여 타인명의로 주주명부 또는 사원명부에 기재되어 있거나 명의개서되어 있는 주식을 유예기간 중에 실명전환하는 경우에 적용한다. 그리고 동 규정의 적용을 받기 위해서는 해당 주식을 발행한 법인의 본점 소재지 관할 세무서장에게 실명전환일로부터 명의전환신고를 하며 신고를 하지 아니한 경우에는 증여의제가 배제되지 아니한다(구 상증세법 제45조의 2 제4항, 재산 46014-145, 1997. 5. 1.).

---

337) 이에 관한 규정은 2015. 12. 15. 개정 시 삭제되었으나, 이 법 시행(2016. 1. 1.) 전에 종전의 제45조의 2 제1항 제2호(2015. 12. 15. 법률 제13557호로 개정되기 전의 것)에 해당한 경우의 명의신탁재산에 대해서는 제45조의 2의 개정규정에도 불구하고 종전의 규정에 따른다.

(3) 전환하더라도 증여의제로 봄

다만, 실명전환을 악용한 주식의 증여를 방지하기 위하여 해당 법인의 주주의 특수관계인 및 1997년 1월 1일 현재 미성년자인 자의 명의로 전환하는 경우에는 증여의제 배제규정을 적용하지 아니하도록 규정하였다(구 상증세법 제45조의 2 제1항 제2호).

(4) 조세회피 목적 추정

1997년 1월 1일 이후 명의신탁하는 차명주식과 실명전환 유예기간 중 실명전환하지 아니한 차명주식에 대하여는 조세회피 목적이 있는 것으로 추정한다. 따라서 납세의무자에게 조세회피 목적이 없다는 반증책임이 있다.

8) 주식 명의개서 미이행자에 대한 증여의제

(1) 증여의제 의의

주식등변동상황명세서의 제출대상이 종전에는 매매 등에 의한 사실상의 모든 주식 등 변동내역이었으나 양도 · 증여 등 권리변동이 있는 주주가 신고한 명의개서 내역을 기초로 주식등변동상황명세서를 작성 · 제출토록 변경되었다(법인세법 시행령 제161조 제6항). 이로 인해 실제로 주주변동이 있었어도 신고하지 아니하여 명의개서를 하지 아니하는 경우에는 과세당국에서 주식 등 변동상황을 파악하지 못하는 문제점이 발생하였다. 이에 따라 장기간 명의개서를 하지 아니하는 경우[338]에는 그 실질이 명의를 신탁한 경우와 같으므로 이를 명의신탁으로 의제하도록 하였다(상증세법 제45조의 2 제1항 본문).

(2) 증여의제 제외

다만, 상법상 명의개서변경 권리자는 취득자이므로 선의의 양도자에게 증여세가 과세되는 것을 방지하기 위해 양도자가 양도소득과세표준신고(소득세법 제105조 및 제110조) 또는 증권거래세신고(증권거래세법 제10조)와 함께 소유권변경내역을 신고하는 경우에는 조세회피 목적으로 추정되지 않아 증여로 의제하지 않는다. 그러므로 기한후신고라도 위의 증여시기에서 보는 바와 같이 소유권양도일이 속하는 연도의 다음연도 말일까지 신고하면 증여의제에서 제외된다(재산-1408, 2009. 7. 10.).

---

338) 2003. 1. 1. 이후 소유권 취득분부터는 소유자가 바뀌었는데도 명의개서 하지 않은 분에 대해서도 명의신탁 증여의제규정을 적용한다.

9) 증여세 납세의무

명의신탁재산을 증여로 의제하여 증여세를 납부할 의무자는 실제소유자이다.[339] 종전에는 수증자인 명의자를 납세의무자로 보고 다만, 수증자가 영리법인인 경우에는 그 영리법인이 납부할 증여세를 면제하되, 이러한 경우에는 실제소유자(영리법인은 제외한다)가 그 증여세를 납부할 의무가 있었다(구 상증세법 제4조의 2 제2항, 제45조의 2 제2항). 그러나 2018. 12. 31. 개정을 통해 납세의무자가 명의자에서 실제소유자로 변경되었고(상증세법 제4조의 2 제2항), 증여자(실제소유자)의 연대납세의무도 삭제되었다.

10) 물적납세의무

납세의무자인 실제소유자가 제45조의 2에 따른 증여세·가산금 또는 체납처분비를 체납한 경우에 그 실제소유자의 다른 재산에 대하여 체납처분을 집행하여도 징수할 금액에 미치지 못하는 경우에는「국세징수법」에서 정하는 바에 따라 제45조의 2에 따라 명의자에게 증여한 것으로 보는 재산으로써 실제소유자의 증여세·가산금 또는 체납처분비를 징수할 수 있다(상증세법 제4조의 2 제9항).[340]

11) 증여세 합산과세 배제

일반적인 경우 증여재산에 대하여 증여일 전 10년 이내에 동일인으로부터 받은 증여재산가액을 합한 금액이 1천만원 이상인 경우에는 그 가액을 증여세 과세가액에 가산하는 것이나(상증세법 제47조 제2항), 명의신탁재산의 증여의제의 경우는 합산배제 증여재산으로 분류되어 다른 증여재산과 합산과세를 하지 않는다(상증세법 제47조 제1항).[341]

12) 합산배제 증여재산의 증여세 과세표준 계산특례 적용 배제

일반적으로 합산배제 증여재산(상증세법 제47조 제1항)에 있어서는 해당 증여재산가액에서 3천만원과 증여재산의 감정평가수수료를 차감한 금액을 증여세 과세표준으로 한다(상증세법 제55조 제1항 제3호). 그런데 상증세법 제45조의 2(명의신탁재산의 증여의제)는 합산배제 증

---

339) 2019. 1. 1. 이후 증여로 의제되는 분부터 적용한다. 경과 조치에 따라 2018. 12. 31. 이전 소유권을 취득한 분은 종전의 규정을 적용한다.

340) 2019. 1. 1. 이후 증여로 의제되는 분부터 적용한다. 경과 조치에 따라 2018. 12. 31. 이전 소유권을 취득한 분은 종전의 규정을 적용한다.

341) 2019. 1. 1. 이후 증여로 의제되는 분부터 적용한다. 경과 조치에 따라 2018. 12. 31. 이전 소유권을 취득한 분은 종전의 규정을 적용한다.

여재산 공제 적용의 예외대상이므로(상증세법 제55조 제1항 제3호), 명의신탁재산의 증여의제에 있어서 증여세의 과세표준은 그 명의신탁재산의 금액에서 증여재산의 감정평가 수수료를 차감한 금액으로 한다(상증세법 제55조 제1항 제1호).[342]

13) 명의신탁 증여의제에 따른 증여세를 납부한 명의수탁자의 구상권과 그 범위

(대법원 2018다228097, 2018. 7. 12.)

자신의 출재로 조세채무를 공동면책시킨 연대납세의무자는 다른 연대납세의무자에게 그 부담부분에 대하여 구상권을 행사할 수 있다(국세기본법 제25조의 2, 민법 제425조). 증여세는 원래 수증자에 대한 조세채권의 확보가 곤란한 경우에 비로소 증여자에게 연대납세의무가 인정되나, 명의신탁 증여의제에 따른 증여세는 일반적인 증여세와 달리 수증자에 대한 조세채권의 확보가 곤란하지 않더라도 명의신탁자가 명의수탁자와 연대하여 이를 납부할 의무가 있다(상증세법 제4조의 2 제5항 제4호). 따라서 주식에 관한 명의수탁자가 증여세를 납부한 경우 위 국세기본법 규정에 따라 명의신탁자를 상대로 구상권을 행사할 수 있다. 이때 그 구상권의 범위는 당사자들 사이에 증여세 분담에 관하여 별도로 약정하였거나 명의수탁자가 배당금 등 경제적 이득을 취득하였다는 등의 특별한 사정이 없는 한 자신이 부담한 증여세액 전부에 대하여 미친다고 보아야 한다.

14) 명의신탁이 증여로 의제되는 경우 증여세 신고의무의 위헌성 여부(헌재 2019헌바 225, 2022. 2. 24.)

헌법재판소는 2022년 2월 24일 재판관 전원의 일치된 의견으로, 명의신탁이 증여로 의제되는 경우 명의신탁의 당사자에게 증여세 과세표준 등의 신고의무를 부과하는 구 '상속세 및 증여세법' 조항이 헌법에 위반되지 아니한다는 결정(합헌결정)을 선고한 바 있다. 헌법재판소는 권리의 이전이나 그 행사에 등기 등을 요하는 재산에 있어서 실질소유자와 명의자가 다른 경우 증여로 의제하는 구 '상속세 및 증여세법' 조항에 대하여 여러 차례 합헌 결정을 한 바 있다(헌재 2002헌바66 ; 헌재 2004헌바40등 ; 헌재 2009헌바170등 ; 헌재 2012헌바173 ; 헌재 2012헌바259 ; 헌재 2014헌바474 ; 헌재 2017헌바130 등). 명의신탁 증여의제규정 자체의 위헌성도 다투어질 수 있지만, 증여세 신고의무를 부여한 것 자체도 위헌성이 다투어질 수 있음을 보여주고 있다. 증여세 납세의무가 있는 명의신탁의 당사자에게도 다른 여타의 증여세 납세의무자와 동일하게 증여세 신고의무를 부과하는 것이 타당한지에 대한

---

342) 2019. 1. 1. 이후 증여로 의제되는 분부터 적용한다. 경과 조치에 따라 2018. 12. 31. 이전 소유권을 취득한 분은 종전의 규정을 적용한다.

논의라 할 수 있다. 헌법재판소는 합헌이라고 결정하였다. 위 헌법재판소에서 제시하듯 "주식 등의 재산을 증여하면서 명의신탁을 이용하여 이를 은폐하면 과세관청에서 제한 된 인원과 능력으로 이를 찾아내어 증여세를 부과하기가 어렵고, 명의신탁을 이용해 자산 상태를 허위로 조작하거나 주식 소유를 분산시켜 누진세율의 적용을 피할 수도 있어, 명의신탁은 각종 조세의 회피방법으로 널리 이용될 우려가 존재한다. 이를 방치하면 조세회피행위를 하는 사람은 이득을 보고 성실하게 세금을 납부하는 사람은 손해를 보게 되어, 만연할 경우 조세체계가 와해될 가능성이 있다."는 점은 인정할 수 있다. 그런데 이러한 문제를 해결하기 위해 증여세라는 부의 무상이전에 대한 세금을 적용하는 것은 문제라 할 것이다. 명의신탁 증여의제규정의 위헌성을 주장하는 것이 명의신탁을 이용한 재산의 증여 은폐를 허용하자는 것은 아니다. 명의신탁 증여의제규정 자체를 합헌이라고 하니, 위 결정과 같이 증여세 신고의무도 합헌이라고 판단할 수 있겠지만, 명의신탁 증여의제규정의 근본적인 문제를 고민해 보아야 할 것이다.

5. 특수관계법인과의 거래를 통한 이익의 증여 의제

 해의 맥

적법한 거래에도 불구하고 일정한 형식적 요건을 충족하는 특수관계법인 간 일감몰아주기에 대해 경제적 이익의 증여로 의제하여 수혜법인의 지배 개인 대주주에게 과세한다.

§관련조문

상증세법	상증세법 시행령	상증세법 시행규칙
제45조의 3【특수관계법인과의 거래를 통한 이익의 증여 의제】	제34조의 3【특수관계법인과의 거래를 통한 이익의 증여 의제】	제10조의 7【지배주주의 판정】 제10조의 8【수혜법인의 사업 부문별 구분경리】

▌증여세의 세액계산 구조[343] ▌

①수　혜　법　인 세 후 영 업 이 익	지배주주의 특수관계법인으로부터 일감을 받은 수혜법인의 세후 영업이익	
②특수관계거래비율(−) 정 상 거 래 비 율 의 5 %	중소기업은 정상거래비율(50%) 전체, 중견기업은 정상거래비 율(40%)의 1/2을 적용. 한계보유비율(3%, 중소·중견기업은 10%)을 초과하여 보유한 지배 개인 대주주별로 작성한다.	
③ 주 식 보 유 비 율 (−) 한 계 보 유 비 율	주식보유비율 = 직접보유분 + 간접보유분	
증 여 세 과 세 과 액	= ① × ② × ③. 구체적 계산에서는 직접보유분 증여세 과세가 액과 간접보유분 증여세 과세가액을 별도로 계산하여 합산한 다.	

(−)	감 정 평 가 수 수 료 공 제 증 여 세 과 세 표 준	
(×)	세　　　　　　　　율 증 여 세 산 출 세 액	기본세율 세대생략 증여에 대한 할증과세 적용여지 없음.
(−)	신 고 세 액 공 제 결 　 정 　 세 　 액	납부세액공제·외국납부세액공제는 적용 안됨.
(+)	가 　 산 　 세 차 가 감 납 부 할 세 액	= '총결정세액'
(−)	연 부 연 납 신 청 세 액	상속세 규정 준용
(−)	물 납 신 청 세 액 자 진 납 부 세 액	상속세 규정 준용 신고납부기한 : 수혜법인의 법인세 과세표준 신고기한이 속하 는 달의 말일로부터 3개월 이내

※ 비거주자도 해당

---

343) 증여세 계산구조는 증여세 과세표준 및 자진납부계산서(상증세법 별지 제10호의 3 서식)를 기초로 작성하
　　였다.

1) 의의

① 최근 사회적 이슈가 되고 있는 특수관계법인을 이용하여 부(富)를 이전하는 변칙적인 증여 사례를 방지하기 위하여 특수관계법인 간 일감몰아주기를 통하여 발생한 이익을 증여로 의제하여 과세할 필요성이 제기되어 왔다.

② 이에 특수관계법인으로부터 일감을 받은 법인인 수혜법인의 사업연도를 기준으로 수혜법인과 특수관계법인과의 거래비율이 일정 비율을 초과하는 경우 해당 수혜법인의 지배주주와 그 지배주주의 친족이 수혜법인의 영업이익을 기준으로 계산한 이익을 증여받은 것으로 의제하도록 관련규정을 신설하였다.

③ 이를 통해 특수관계법인 간 거래를 통한 변칙적인 증여에 대하여 증여세를 부과하여 공평과세를 실현할 수 있을 것으로 기대되며, 이 신설규정은 2012. 1. 1. 이후 개시되는 사업연도 거래분부터 적용된다.

④ 이 증여의제 규정은 법인의 영업이익은 주가상승을 통하여 주주의 이익으로 전환되므로 수혜법인의 영업이익과 주주의 수증이익은 장기적으로 높은 상관관계가 있다고 보아 과세하는 것이나, 수증자인 주주가 얻게 되는 이익은 실질적으로 주식가치 상승분이므로, 수혜법인의 영업이익을 통해 증여이익을 산정하는 것은 불합리한 측면이 있다.

2) 증여의제 과세요건

특수관계법인 간 거래에 대해 증여로 의제하여 과세하기 위해서는 다음의 요건을 모두 충족하여야 한다(상증세법 제45조의 3 제1항).

중소·중견기업이 일반법인에 비해 가족기업이 많고 최대주주 지분비율이 높은 점을 감안하여 2014년부터는 중소·중견기업에 대한 일감몰아주기 증여의제 과세요건을 완화하였다.

(1) 수혜법인 요건 : 수혜법인은 내국법인으로서 다음의 어느 하나에 해당하여야 한다 (상증세법 제45조의 3 제1항 제1호, 같은 법 시행령 제34조의 3 제1항 본문 괄호 및 제17항).[344]

가. 조특법 제6조 제1항 각 호 외의 부분에 따른 중소기업으로서 「독점규제 및 공정거래에 관한 법률」(이하 "공정거래법") 제14조에 따른 공시대상기업집단에 소속되지 아니하는 기업(이하 "중소기업") 또는 조특법 시행령 제9조 제4항에 따른 기업으로서 공정거래법 제14조에 따른 공시대상기업집단에 소속되지 아니하는 기업(이하 "중견기업")에 해당하는 경우 : 법인의 사업연도 매출액 중에서 그 법인의 지배주

---

344) 2018. 1. 1. 이후 개시하는 사업연도 분부터 적용한다.

주와 특수관계에 있는 법인에 대한 매출액(공정거래법 제14조에 따른 공시대상기업집단 간의 교차거래 등으로서 대통령령으로 정하는 거래에서 발생한 매출액을 포함)이 차지하는 비율(이하 "특수관계법인거래비율")이 그 법인의 규모 등을 고려하여 대통령령으로 정하는 비율(이하 "정상거래비율")을 초과하는 경우

나. 법인이 중소기업 및 중견기업에 해당하지 아니하는 경우 : 다음의 어느 하나에 해당하는 경우

   1) 가목에 따른 사유에 해당하는 경우

   2) 특수관계법인거래비율이 정상거래비율의 3분의 2를 초과하는 경우로서 특수관계법인에 대한 매출액이 법인의 규모 등을 고려하여 1,000억원을 초과하는 경우

[내국법인] 수혜법인이란, 법인의 사업연도 매출액 중에서 그 법인의 지배주주와 특수관계에 있는 법인들에 대한 매출액이 차지하는 비율(이하 "특수관계법인거래비율")이 정상거래비율을 초과하는 경우의 그 법인으로서 본점이나 주된 사무소의 소재지가 국내에 있는 법인만을 말한다.

[외국법인] 종전에는 수혜법인이 외국법인인 경우에도 지배주주 등이 거주자인 경우 일감몰아주기 증여세가 과세되었었다. 그러나 외국법인의 경우 매출처별 거래내역 파악 등 세원관리의 어려움이 있고 납세의무자에게는 과도한 납세협력비용이 발생하는 점을 고려하여 수혜법인이 외국법인인 경우 일감몰아주기 증여세 과세에서 제외하도록 하였다.

[외국인투자기업] 「외국인투자 촉진법」 제2조 제1항 제6호에 따른 외국인투자기업으로서 같은 법 제2조 제1항 제1호에 따른 외국인이 해당 외국인투자기업의 의결권 있는 발행주식총수 또는 출자총액의 100분의 50 이상을 소유하는 법인은 제외한다. 다만, 거주자 및 내국법인이 의결권 있는 발행주식총수 또는 출자총액의 100분의 30 이상을 소유(「조세특례제한법 시행령」 제116조의 2 제12항에 따라 계산한 간접으로 소유하는 부분을 포함한다)[345]하는 외국법인은 외국인으로 보지 아니한다.[346] 이 때 내국인이 간접적으로 주식을 소유하는 방법으로 일감몰아주기 과세를 회피하는 사례를 방지하기 위하여 직접 소유 외에 간접 소유분을 포함하여 계산한다.

이는 외국인투자를 활성화하기 위하여 수혜법인 중 일정한 외국인투자기업을 증여세 과세대상에서 제외하도록 개정한 것이다.

---

345) 2019. 2. 12. 이후 개시하는 사업연도 분부터 적용한다.
346) 2013. 6. 11. 이후 증여세 과세표준을 신고하는 분부터 적용한다.

(2) 특수관계법인 거래비율 요건 : 수혜법인의 사업연도별 매출액 중 특수관계법인에 대한 매출액이 차지하는 비율(특수관계법인거래비율)이 정상거래비율을 초과하여야 한다.

[수혜법인의 매출액] 「법인세법」 제43조의 기업회계기준에 따라 계산한 매출액을 말한다.

[특수관계법인의 매출액] 공정거래법 제14조에 따른 공시대상기업집단 간의 교차거래 등으로서 다음의 어느 하나에 해당하는 목적으로 공시대상기업집단 간에 계약·협정 및 결의 등에 따라 제3자를 통한 간접적인 방법이나 둘 이상의 거래를 거치는 방법으로 발생한 수혜법인의 매출액을 포함한다(상증세법 제45조의 3 제1항 제1호 가목 괄호, 같은 법 시행령 제34조의 3 제16항).**347)**

1. 상증세법상 특수관계법인과의 거래를 통한 이익의 증여의제(같은 법 제45조의 3 제1항)에 따른 증여의제를 회피할 목적

2. 공정거래법상 총수일가 사익편취 금지에 대한 규제(같은 법 제23조의 2에 따른 특수관계인에 대한 부당한 이익제공 등의 금지)를 회피할 목적

[특수관계법인] "특수관계법인"이란 수혜법인의 지배주주[개인]와 상증세법 시행령 제2조의 2 제1항 제3호부터 제8호까지의 관계에 있는 법인**348)**을 말한다(사업연도 말 기준)(상증세법 시행령 제34조의 3 제5항).**349)**

> 3. 다음 각 목의 어느 하나에 해당하는 자
>   가. 본인이 개인인 경우 : 본인이 직접 또는 본인과 제1호에 해당하는 관계에 있는 자가 임원에 대한 임면권의 행사 및 사업방침의 결정 등을 통하여 그 경영에 관하여 사실상의 영향력을 행사하고 있는 기획재정부령으로 정하는 기업집단의 소속 기업[해당 기업의 임원(「법인세법 시행령」 제20조 제1항 제4호에 따른 임원과 퇴직 후 5년이 지나지 아니한 그 임원이었던 사람으로서 사외이사가 아니었던 사람을 말한다. 이하 같다)을 포함한다]
>   나. 본인이 법인인 경우: 본인이 속한 기획재정부령으로 정하는 기업집단의 소속 기업(해당 기업의 임원을 포함한다)과 해당 기업의 임원에 대한 임면권의 행사 및 사업방침의 결정 등을 통하여 그 경영에 관하여 사실상의 영향력을 행사하고 있는

---

347) 2018. 1. 1. 이후 개시하는 사업연도 분부터 적용한다.

348) 이 책 '보론 21 상증세법상 특수관계인 규정 검토' 참조

349) 2014. 2. 21. 이후 증여받은 분부터 적용한다. 다만, 이 영 시행 당시 수혜법인이 속한 기업집단(독점규제 및 공정거래에 관한 법률 제9조에 따른 상호출자제한기업집단)이 아닌 다른 기업집단에 소속되어 있는 기업은 개정규정에도 불구하고 이 영 시행일이 속하는 사업연도까지 종전의 규정에 따라 특수관계법인에서 제외된다.

　　　자 및 그와 제1호에 해당하는 관계에 있는 자

4. 본인, 제1호부터 제3호까지의 자 또는 본인과 제1호부터 제3호까지의 자가 공동으로 재산을 출연하여 설립하거나 이사의 과반수를 차지하는 비영리법인

5. 제3호에 해당하는 기업의 임원이 이사장인 비영리법인

6. 본인, 제1호부터 제5호까지의 자 또는 본인과 제1호부터 제5호까지의 자가 공동으로 발행주식총수 또는 출자총액(이하 "발행주식총수 등"이라 한다)의 100분의 30 이상을 출 자하고 있는 법인

7. 본인, 제1호부터 제6호까지의 자 또는 본인과 제1호부터 제6호까지의 자가 공동으로 발행주식총수 등의 100분의 50 이상을 출자하고 있는 법인

8. 본인, 제1호부터 제7호까지의 자 또는 본인과 제1호부터 제7호까지의 자가 공동으로 재산을 출연하여 설립하거나 이사의 과반수를 차지하는 비영리법인

[특수관계법인 거래비율] 수혜법인의 총매출액 중 특수관계법인들과의 매출액이 차지하는 비율을 말한다.

$$특수관계법인거래비율 = \frac{특수관계법인들에\ 대한\ 매출액\ 합계}{수혜법인의\ 총\ 매출액} \times 100$$

이때 매출액에서 중소기업인 수혜법인과 중소기업인 특수관계법인 간의 거래에서 발생하는 매출액 등은 제외한다(상증세법 시행령 제45조의 3 제6항).

① 매출에 포함

특수관계법인거래비율을 계산할 때 특수관계법인이 둘 이상인 경우에는 각각의 매출액을 모두 합하여 계산한다(상증세법 시행령 제34조의 3 제11항).

② 매출에서 제외(상증세법 제45조의 3 제4항, 같은 법 시행령 제34조의 3 제10항, 제14항)[350]

아래의 매출은 자기증여 등의 문제가 있어 특수관계법인 매출비율 계산시 매출에서 제외한다. 종전에는 특수관계법인에서 제외하는 방식과 특수관계법인매출에서 제외하는 방식이 혼재되어 있었으나 이를 매출에서 제외하는 방식으로 통일하면서 과세에서 제외되는 매출 범위를 확대하였다. 이 경우 다음 각 호에 동시에 해당하는 경우에는 더 큰 금액으로 한다.

---

350) 2014. 1. 1. 이후 신고기한이 도래하는 분부터 적용. 다만 이 영 시행 당시 수혜법인이 제품 · 상품의 수출을 목적으로 국외에 소재하는 특수관계법인과 거래한 매출액 및 다른 법률에 따라 의무적으로 특수관계법인과 거래한 경우의 해당 매출액은 개정규정에도 불구하고 이 영 시행일(2014. 2. 21.)이 속하는 사업연도까지 종전의 규정에 따른다.

이 경우 ◎부터 ㉳까지는 지배주주 등의 출자관계별로 해당하는 금액을 과세제외 매출액에 포함하여 계산한다.

㉠ 중소기업인 수혜법인의 중소기업인 특수관계법인에 대한 매출액

㉡ 수혜법인의 주식보유비율이 50% 이상인 특수관계법인에 대한 매출액

㉢ 수혜법인의 주식보유비율이 50% 미만인 특수관계법인에 대한 매출 × 그 수혜법인의 주식보유비율

㉣ 지주회사인 수혜법인의 子·孫회사에 대한 매출액

- 지주회사 : 주식의 소유를 통하여 국내회사의 사업내용을 지배하는 것을 주된 사업으로 하는 회사(자산규모 1천억원 이상이고, 보유하고 있는 자회사의 주식가액 합계액이 자산총액의 50% 이상인 경우)로서 공정거래위원회에 신고한 회사를 말한다(독점규제 및 공정거래에 관한 법률 제8조).

- 子·孫회사 : 모·자관계 지분율 50% 이상인 회사를 말한다(독점규제 및 공정거래에 관한 법률 제2조 제1호의 3·제1호의 4).

㉤ 수혜법인이 수출 등의 목적으로 다음과 같이 특수관계법인과 거래한 매출액[351]

- 수혜법인이 제출·상품의 수출(「부가가치세법」 제21조 제2항에 따른 수출)을 목적으로 특수관계법인과 거래한 매출액

- 수혜법인이 용역의 국외에서 공급(「부가가치세법」 제22조에 따라 영세율이 적용되는 용역의 공급)할 목적으로 특수관계법인과 거래한 매출액

- 수혜법인이 「부가가치세법」 제24조 제1항에 따라 영세율이 적용되는 용역의 공급으로서 같은 법 시행령 제33조 제2항 제1호 다목 또는 바목에 따른 용역의 공급(해당 용역을 공급받은 비거주자 또는 외국법인이 공급받은 용역과 동일한 용역을 다시 거주자 또는 내국법인에 공급하는 경우는 제외)을 목적으로 특수관계법인과 거래한 매출액

㉥ 법률에 따른 의무적 거래한 매출액

즉 수혜법인이 다른 법률에 따라 의무적으로 특수관계법인과 거래한 경우의 해당 매출액을 말한다.

㉦ 한국표준산업분류에 따른 스포츠 클럽 운영업 중 프로스포츠구단 운영을 주된 사업으로 하는 수혜법인이 특수관계법인과 거래한 광고 매출액[352]

---

351) 2023. 2. 28. 이후 증여세 과세표준을 신고하는 경우부터 적용한다.
352) 2015. 2. 3. 이후 증여세 과세표준을 신고하는 경우부터 적용한다.

◎ 국가사업에 참여함에 따라 공공기금과 수혜법인이 공동으로 출자(공공기금이 50% 이상)·설립한 법인과의 거래[353]

ⓩ 수혜법인이 간접출자법인인 특수관계법인과 거래한 매출액

ⓧ 지주회사의 子·孫회사 간 매출액 × 지주회사의 특수관계법인에 대한 주식보유비율. 다만, 지배주주 등이 수혜법인 및 특수관계법인과 지주회사를 통하여 각각 간접출자관계에 있는 경우로 한정한다.

즉 지주회사의 자·손회사에 해당하는 수혜법인(지배주주 등이 지주회사를 경유하여 수혜법인에 간접출자한 경우에 한한다)이 그 지주회사의 다른 자·손회사에 해당하는 특수관계법인과 거래한 매출액에 그 지주회사의 특수관계법인에 대한 주식보유비율을 곱한 금액을 말한다.

㉠ 수혜법인이 특수관계법인과 거래한 매출액 × 지배주주 등의 그 특수관계법인에 대한 주식보유비율

지배주주 등의 특수관계법인에 대한 주식보유비율은 직접보유비율과 간접보유비율을 합하여 계산한다(재재산-4, 2016. 1 .4.).

그리고 수혜법인의 사업연도 중 지배주주와 특수관계법인 간 특수관계가 성립하는 경우라도 '특수관계법인 거래비율'은 증여시기인 수혜법인의 사업연도 종료일 현재 특수관계법인의 전체 매출액을 기준으로 산정하는 것이다.

㉢ 특정지배구조인 경우 자회사 간 거래 × 모회사의 특수관계법인에 대한 지분율[354]

여기서 특정지배구조란 자회사에 모회사 외에 지배주주 등 및 특수관계인의 직접지분이 없는 경우를 의미한다.

[정상거래비율] 그 법인의 규모 등을 고려하여 대통령령으로 정하는 비율로서 종전에는 기업규모에 상관없이 일괄적으로 30%로 하였으나, 현재에는 기업규모에 따라 아래와 같이 차등 적용하도록 하여 중소·중견기업에 대한 과세를 완화하였다(상증세법 시행령 제34조의 3 제7항).[355]

중소법인	중견법인	일반법인
50%	40%[356]	30%

---

353) 2021. 2. 11. 이후 신고하는 분부터 적용한다.

354) 2020. 2. 11. 이후 신고하는 분부터 적용한다.

355) 2014. 1. 1. 이후 최초로 신고기한이 도래하는 분부터 적용한다.

356) 2017. 1. 1. 이후 개시하는 사업연도 분부터 적용되며, 이전에는 50%가 적용되었다.

여기에서 중소기업 및 중견기업의 범위는 다음과 같다. 과세 우대 적용 대상인 중소·중견기업의 범위를 축소하기 위하여 2018. 2. 13. 개정을 통해 공시대상기업집단(자산 5조원) 소속 기업은 제외하였다(상증세법 시행령 제34조의 3 제6항).[357]

① 중소기업 : 조특법 제6조 제1항 각 호 외의 부분에 따른 중소기업으로서 공정거래법 제14조에 따른 공시대상기업집단에 소속되지 아니하는 기업을 말한다.

② 중견기업 : 다음 각 호의 요건을 모두 갖춘 기업(조특법 시행령 제9조 제4항)으로서 공정거래법 제14조에 따른 공시대상기업집단에 소속되지 아니하는 기업

1. 중소기업이 아닐 것

2. 조특법 시행령 제2조 제1항에 따른 업종을 주된 사업으로 영위할 것

3. 소유와 경영의 실질적인 독립성이 「중견기업 성장촉진 및 경쟁력 강화에 관한 특별법 시행령」 제2조 제1항 제1호에 적합할 것

4. 직전 3개 과세연도의 매출액(매출액은 제2조 제4항에 따른 계산방법으로 산출하며, 과세연도가 1년 미만인 과세연도의 매출액은 1년으로 환산한 매출액을 말한다)의 평균금액이 5천억원 미만인 기업일 것

(3) 과세대상자 요건 : 일감을 받은 법인(수혜법인)의 지배주주와 그 친족으로서 수혜법인의 지분(간접소유지분 포함)을 한계보유비율 이상 보유한 대주주(개인)가 존재하여야 한다.

[지배주주] ⅰ) "지배주주"란 수혜법인의 최대주주 등 중에서 주식보유비율(직접보유비율과 간접보유비율을 합하여 계산하며 자기주식은 제외)이 가장 큰 개인으로 해당 사업연도 종료일에 다음의 어느 하나에 해당하는 자(아래 가. 또는 나.)를 말한다(상증세법 시행령 제34조의 3 제1항).

따라서 수혜법인의 사업연도 중 지배주주가 변경된 경우 변경 전 기간에 대한 증여의제 이익의 납세의무자는 증여시기인 수혜법인의 사업연도 종료일 현재 지배주주가 되는 것이다.

ⅱ) 다만, 수혜법인의 최대주주 등 중에서 본인과 그의 특수관계인(사용인은 제외)의 주식 등 보유비율의 합계가 사용인의 주식 등 보유비율보다 많은 경우에는 본인과 본인의 친족 등 중에서 지배주주를 판정한다.[358]

가. 수혜법인의 주주 중 아래 ① 또는 ②의 자

① 수혜법인의 "최대주주 등" 중에서 수혜법인에 대한 직접보유비율이 가장 높은 자가 개인인 경우에는 그 개인

---

357) 2018. 1. 1. 이후 개시하는 사업연도 분부터 적용한다.

358) 2015. 2. 3.이 속하는 사업연도에 발생하는 특수관계법인과의 거래부터 적용한다.

- **최대주주 등** : 주주 등 1인과 그의 특수관계인의 보유주식 등을 합하여 그 보유주식 등의 합계가 가장 많은 경우의 해당 주주 등 1인과 그의 특수관계인 모두(상증세법 시행령 제19조 제2항)

- **직접보유비율** : 보유하고 있는 수혜법인의 주식 등을 그 수혜법인의 발행주식 등 총수로 나눈 비율(자기주식과 자기출자지분 제외)

② 수혜법인의 최대주주 등 중에서 수혜법인에 대한 직접보유비율이 가장 높은 자가 법인인 경우에는 수혜법인에 대한 직접보유비율과 간접보유비율을 모두 합하여 계산한 비율이 가장 높은 개인

- 수혜법인의 주주이면서 최대주주 등에 해당하지 않는 자와 수혜법인에 대한 직접 보유비율이 가장 높은 자에 해당하는 법인의 주주 등이면서 최대주주 등에 해당하지 않는 자는 제외

  종전에는 수혜법인에 대한 실질지배력이 없더라도 보유비율이 높기만 하면 과세대상자가 되었으나, 실질지배력이 없는 주주가 지배주주가 되는 경우를 방지하기 위해 '수혜법인 및 수혜법인의 최대주주인 법인'의 최대주주 등에 해당하지 않는 경우 지배주주에서 제외하도록 과세제도를 합리화하였다.[359]

  즉 증여세 과세대상자는 수혜법인의 최대주주 중 최다출자자인 개인 지배주주만 해당되므로, 수혜법인의 최대주주 중 최다출자자가 법인인 경우에는 수혜법인에 대한 직접·간접출자비율을 모두 합한 비율이 가장 높으면서 실질적인 지배주주인 개인이 지배주주로서 증여세를 납부하여야 한다.

- **간접보유비율** : 개인과 수혜법인 사이에 주식보유를 통하여 한 개 이상의 법인이 개재되어 있는 경우에 각 단계의 직접보유비율을 모두 곱하여 산출한 비율(간접출자법인에 대한 출자비율 × 간접출자법인이 수혜법인에 출자한 비율)(상증세법 시행령 제34조의 3 제2항)

나. 위 ① 또는 ②의 자가 2인 이상인 경우에는 수혜법인의 경영에 관하여 영향력이 더 큰 자로서 기획재정부령으로 정하는 자를 말한다(상증세법 시행령 제34조의 3 제1항).

이에 따르면 지배주주가 2인 이상인 경우 아래의 순서에 의해 지배주주를 판정한다(상증세법 시행규칙 제10조의 7).[360]

① 본인과 그 친족의 수혜법인에 대한 주식보유비율(영 제34조의 3 제1항 제1호에 따라 계산

---

359) 2013. 2. 15. 이후 신고하는 분부터 적용한다.
360) 2014. 3. 14. 이후 증여받는 분부터 적용한다.

된 직접보유비율과 같은 조 제8항에 따라 계산된 간접보유비율을 합하여 계산한 비율을 말한다)을 합하여 계산한 비율이 더 큰 경우의 그 본인

② 본인의 영 제34조의 3 제5항에 따른 특수관계법인에 대한 수혜법인의 매출액이 더 큰 경우의 그 본인

③ 사업연도 종료일을 기준으로 가장 최근에 수혜법인의 대표이사였던 자

[지배주주 판정시 간접출자법인의 범위 및 간접보유비율의 계산]

지배주주 해당여부 판정시 수혜법인에 대한 간접보유비율은 개인과 수혜법인 사이에 주식보유를 통하여 한 개 이상의 법인(이하 "간접출자법인"이라 함)이 개재되어 있는 경우(이하 "간접출자관계"라 함)에 각 단계의 직접보유비율을 모두 곱하여 산출한 비율을 말한다. 이 경우 개인과 수혜법인 사이에 둘 이상의 간접출자관계가 있는 경우(병렬적인 간접출자 관계를 말함)에는 개인의 수혜법인에 대한 간접보유비율은 각각의 간접출자관계에서 산출한 비율을 모두 합하여 산출한다(상증세법 시행령 제34조의 3 제2항).

지배주주 판정시 간접출자법인은 증여의제이익 계산을 위한 간접보유비율 계산시의 간접출자법인의 범위와 달리 수혜법인의 지배주주 및 그의 친족이 지배하는 법인에 해당하는지 여부와 관계없이 모든 간접출자관계에 있는 법인을 대상으로 한다.

[친족] "지배주주의 친족"이란 지배주주의 친족(상증세법 시행령 제2조의 2 제1항 제1호 : 국세기본법 시행령 제1조의 2 제1항 제1호부터 제4호까지의 어느 하나에 해당하는 자[361])으로서 수혜법인의 사업연도 말에 수혜법인에 대한 직접보유비율과 간접보유비율[간접출자법인(상증세법 시행령 제34조의 3 제11항 각 호의 어느 하나)을 통하여 수혜법인에 간접적으로 출자하는 경우의 간접보유비율을 말한다]을 합하여 계산한 비율이 한계보유비율을 초과하는 자를 말한다(상증세법 시행령 제34조의 3 제6항).

[한계보유비율] 수혜법인의 주주 중 과세대상자를 판단하기 위한 기준이 되는 주식보유비율로서 종전에는 기업규모와 상관없이 3%였으나, 2014년 개정을 통해 기업규모에 따라 아래와 같이 차등 적용하도록 하여 중소·중견기업에 대한 과세를 완화하였다(상증세법 시행령 제34조의 3 제9항).[362]

중소·중견법인	일반법인
10%	3%

---

361) [보론 22 - 친족의 범위] 참조
362) 2014. 1. 1. 이후 최초로 신고기한이 도래하는 분부터 적용

[한계보유비율 초과 여부 판단시 간접출자법인의 범위]

간접보유비율은 수혜법인의 사업연도 말 기준으로 다음의 어느 하나에 해당하는 간접 출자법인을 통하여 수혜법인에 간접적으로 출자하는 경우의 간접보유비율을 말한다 (상증세법 시행령 제34조의 3 제18항).

다만, 「독점규제 및 공정거래에 관한 법률」 제8조에 따른 지주회사로서 지배주주 및 그의 친족이 50% 미만 출자한 법인은 제외하나, 이 단서내용은 2013년 삭제되어 2013년에 개시하는 사업연도 거래분부터는 적용하지 않는다. 즉, 2012년에 개시된 사업연도 거래분에 대해서만 제외한다.

㉠ 지배주주 등이 30% 이상 출자하고 있는 법인

㉡ 지배주주 등 및 위 ㉠법인이 50% 이상 출자하고 있는 법인

㉢ ㉠ 및 ㉡법인과 수혜법인 사이에 주식보유를 통하여 하나 이상의 법인이 개재 되어 있는 경우의 그 법인

이와 같이 주식의 간접보유비율을 일부 특정한 법인에 대한 지분율만 적용하도록 한 취지는, 수혜법인에 직접출자한 경우만 고려할 경우 제3의 법인을 이용한 조세회피 우려가 있어 간접출자비율을 포함하되, 소수의 지분을 출자한 경우까지 확대되는 경우 과세실익은 미미하면서 계산만 복잡해지므로 일정범위의 법인으로 제한한 것이며, 앞에서 살펴본 지배주주 판정을 위한 간접보유비율 계산방법과 구분하여야 한다.

3) 증여자와 수증자

(1) **증여자** : 수혜법인의 사업연도 매출액 중에서 수혜법인의 지배주주와 상증세법 시 행령 제2조의 2 제1항 제3호부터 제8호까지의 관계에 있는 특수관계법인들에 대한 매출액의 합계액이 차지하는 비율이 정상거래비율을 초과하는 경우의 해당 법인들이 증여자(1인의 증여자로 본다)에 해당하며 수증자의 재산으로 조세채권 확보가 어려운 경 우에도 증여자는 증여세를 연대하여 납부할 의무를 지지 아니한다(상증세법 제4조의 2 제6항)

따라서 이익을 준 특수관계법인이 둘 이상인 경우에도 하나의 법인으로부터 이익을 얻은 것으로 보아 증여의제이익을 계산한다(상증세법 시행령 제34조의 3 제19항).

(2) **수증자** : 수증자는 수혜법인의 사업연도 말 기준으로, 지배주주와 지배주주의 친족 (배우자, 6촌 이내 혈족, 4촌 이내 인척 등) 중 수혜법인에 대한 직접보유비율과 간접보유비율 을 합하여 계산한 비율이 한계보유비율을 초과하는 자를 말한다(상증세법 제45조의 3 제1항).

(3) 사업연도 중간에 해당 법인 간 합병이 발생하는 경우 : 사업연도 중간에 시혜법인(합병법인)이 수혜법인(피합병법인)을 합병하는 경우 그 합병 등기일에 일감몰아주기를 통한 이익을 증여한 것으로 의제되어 수혜법인의 지배주주 등이 수증자로서 증여세가 과세된다. 그런데 이와 반대로 사업연도 중간에 수혜법인(합병법인)이 시혜법인(피합병법인)을 합병하는 경우에는 수혜법인(합병 후 존속법인)의 사업연도 종료일 현재 시혜법인이 존재하지 않아 수혜법인의 지배주주와 시혜법인 간 특수관계가 성립하지 않게 된다. 그 결과, 시혜법인이 수혜법인을 합병하는 경우와 수혜법인이 시혜법인을 합병하는 경우 합병 후 존속법인의 실체에 별다른 차이가 없음에도 불구하고 전자는 수혜법인의 지배주주 등을 수증자로 보아 과세가 가능하고, 후자의 경우는 과세할 수 없다는 불합리한 점이 있다. 이러한 입법적 미비에 관하여는 2015. 11. 감사원 감사에서 지적되어 향후 입법적 개선이 필요한 부분이다.[363]

4) 증여시기 및 증여세 신고 · 납부기한

수혜법인의 해당 사업연도 종료일을 증여시기로 본다(상증세법 제45조의 3 제3항). 이 경우 수혜법인의 사업연도는 법인세법 제6조(사업연도), 제7조(사업연도의 변경), 제8조(사업연도의 의제)를 준용한다.

그런데 증여세 과세표준신고 및 납부기한은 수혜법인의 법인세법 제60조 제1항에 따른 과세표준의 신고기한이 속하는 달의 말일(일반적인 증여일이 속하는 달의 말일이 아님에 유의)부터 3개월이 되는 날이다(상증세법 제68조 제1항, 제70조). 따라서 공휴일 등으로 인해 법인세 과세표준 신고기한이 4월 1일이라면 증여세 신고납부기한은 7월 1일이다.

5) 효과

다음 계산식[아래 6)]에 따라 계산한 이익("증여의제이익"이라 한다)을 지배주주와 그 지배주주의 친족이 각각 증여받은 것으로 본다. 단, 수혜법인이 다음의 요건을 모두 갖춘 경우에는 각 사업부문별로 특수관계법인거래비율 및 세후영업이익을 계산[364]할 수 있도록 하되, 정상거래비율을 초과하는 사업부문이 둘 이상인 경우에는 해당 사업부문을 하나의 사업부문으로 보아 특수관계법인거래비율 및 세후영업이익을 계산할 수 있다(상증세법 제45조의 3 제1항, 같은 법 시행령 제34조의 3 제3항, 같은 법 시행규칙 제10조의 8).

---

363) 감사원, "감사결과보고서 – 자본 · 금융거래 과세실태-", 2015. 11., 19~21쪽 참조
364) 사업부문별 계산 규정은 2023. 1. 1. 이후 증여를 받은 분부터 적용하되, 그 이전에 증여의제이익이 발생한 경우로서 2023. 1. 1. 이후 증여세 과세표준신고를 하는 경우에도 적용함.

① 사업부문별로 자산 · 부채 및 손익을 법인세법 시행규칙 제77조 제1항을 준용하여
  계산하고, 이를 각각 독립된 계정 과목으로 구분하여 경리할 것
② 한국표준산업분류에 따른 세세분류 이상으로 사업부문을 구분할 것

6) 증여의제이익(증여재산가액)의 계산

┃ 증여의제이익 계산 흐름도[365] ┃

〈1단계〉
• 지배주주의 확정
① 최대주주 등 그룹 확정
② 그 중 직 · 간접 주식보유 지분이 가장 큰 개인주주 선정

↓

〈2단계〉
• 특수관계법인과의 매출액 비율 정상거래비율 초과여부 확인
① 지배주주와 특수관계에 있는 법인 선정
② 그 법인들에 대한 매출액 합계액이 총매출액에서 차지하는 비율이 정상거래비율을 초과하는지 여부 확인

〈3단계〉   정상거래비율 초과 정상거래비율 이하
┗━━━▶ 과세 제외
• 수증자 확정(주식 보유비율 한계보유비율 초과자)
① 지배주주와 그 친족 선정
② 그들 중 직 · 간접 주식보유비율이 한계보유비율을 초과하는 개인주주 확정

〈4단계〉   한계보유비율 초과 한계보유비율 이하
┗━━━▶ 과세 제외
① 세후 영업이익
② 특수관계법인들과의 거래비율－정상거래비율의 5%(중소기업 : 정상거래비율, 중견기업 : 정상거래비율의 1/2)
③ 수증자의 직 · 간접 주식보유비율－한계보유비율
④ 증여의제 이익 산정 : ① × ② × ③
주식 직 · 간접 보유분으로 구분하여 계산(㉠ + ㉡)
㉠ 주식 직접보유분 관련 이익
㉡ 주식 간접보유분 관련 이익

---

365) '일감몰아주기' 증여세 신고안내(국세청, 2013. 2.)

(1) 증여의제이익의 계산은 수혜법인의 중소·중견기업 해당 여부에 따라 다음과 같이 구분하여 계산한다(상증세법 제45조의 3 제1항 제2호).[366]

가. 수혜법인이 중소기업에 해당하는 경우 :

> 수혜법인의 세후영업이익 × (특수관계법인 거래비율 − 50%) × (주식보유비율 − 10%))

나. 수혜법인이 중견기업에 해당하는 경우 :

> 수혜법인의 세후영업이익 × (특수관계법인 거래비율 − 20%) × (주식보유비율 − 5%))

다. 수혜법인이 중소기업 및 중견기업에 해당하지 아니하는 경우 :

> 수혜법인의 세후영업이익 × (특수관계법인 거래비율 − 5%) × 주식보유비율

[중소기업 혹은 중견기업의 증여의제이익] 수혜법인이 중소기업인 경우 증여의제이익 계산시 정상거래비율(50%) 전체를 공제하고, 주식보유비율에서 10%를 차감한 보유비율을 곱하도록 하고, 중견기업인 경우에는 정상거래비율(40%)의 1/2을 공제하고, 주식보유비율에서 5%를 차감한 보유비율을 곱하도록 한다.[367]

[수혜법인별·지배주주별 증여의제이익 계산] 지배주주가 다수의 수혜법인을 보유한 경우 과세대상 증여의제 이익은 수혜법인별·지배주주별로 산정한다.

[세후영업이익] 수혜법인의 세후영업이익은 다음 ①의 가액에서 ②의 가액을 뺀 금액에 ③의 비율을 곱하여 계산한 금액으로 한다. 즉, 영업이익에 대한 세무조정을 한 가액(①)에서 그에 대한 법인세 상당액(②)을 뺀 금액에서 과세대상 매출액비율(③) 만큼을 말한다(상증세법 시행령 제34조의 3 제12항).

① 세법상 영업이익

수혜법인의 영업이익에 대해 해당 영업이익과 관련된 법인세법에 따른 세무조정 사항을 반영한 가액을 말한다.

가. 영업손익 : 법인세법 제43조의 기업회계기준에 따라 계산한 매출액에서 매출원가 및 판매비와 관리비를 차감한 영업손익을 말한다.[368]

---

366) 2018. 1. 1. 이후 개시하는 사업연도 분부터 적용한다.

367) 2018. 1. 1. 이후 개시하는 사업연도 분부터 적용한다. 종전에는 중견기업도 중소기업과 동일하게 적용하였으나, 개정을 통해 중견기업에 해당하는 수혜법인의 지배주주 등에 대한 과세를 강화하였다.

나. 법인세법에 따른 세무조정사항(상증세법 시행령 제34조의 3 제12항)[369] : 전체 세무
조정사항 중 아래만을 말한다.
- 감가상각비 손금불산입(법인세법 제23조)
- 퇴직급여충당금 손금불산입(법인세법 제33조)
- 대손충당금 손금불산입(법인세법 제34조)
- 손익의 귀속사업연도(법인세법 제40조)
- 자산의 취득가액(법인세법 제41조)
- 퇴직보험료 등 손금산입(법인세법 제44조의 2)
- 재고자산 평가손익(법인세법 시행령 제74조)[370]

재고자산 평가손익도 세무상 영업이익에 반영되는 세무조정 사항임을 감
안하여 조정대상에 추가하였다.

위와 같이 세후영업이익 계산의 편의를 제고하기 위해 세후영업이익 계산
을 위한 세무조정 사항을 명확히 규정하였다.

② 법인세 상당액(가(수혜법인이 실제부담한 법인세액＝법인세 결정세액)×나)

이때 법인세의 부가세목인 지방소득세는 고려하지 않는다(서면법규과－1487, 2012. 12. 14.).

가. 법인세법 제55조에 따른 수혜법인의 법인세 산출세액
(－) 법인세법 제55조의 2에 따른 토지 등 양도소득에 대한 법인세액
(－) 법인세액의 공제 · 감면액

나. 세법상 영업이익 ÷ 법인세법 제14조에 따른 각 사업연도 소득금액
- 위 "나."비율이 "1"을 초과하는 경우에는 "1"로 한다.

③ 과세매출비율
: 1 － (과세제외매출액 / 과세제외매출액이 포함된 사업연도 매출액)

---

368) 부동산임대수익이 주된 매출액인 수혜법인이 영업외비용으로 계상한 차입금 지급이자는 세법상 영업
손익에 포함되지 않는 것으로 본다(조심 2014부4697, 2015. 5. 28).

369) 2013. 2. 15. 이후 신고하는 분부터 적용한다. 법인세법 시행규칙[별지 제15호 서식 부표 1.2] 참조

370) 2014. 1. 1. 이후 신고기한이 도래하는 분부터 적용한다.

[세후영업이익 계산흐름] 계산과정은 다음과 같다(상증세법 시행령 제34조의 3 제12항).

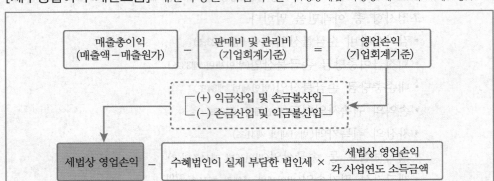

(2) 증여의제이익의 계산 시 지배주주와 지배주주의 친족이 수혜법인에 직접적으로 출자하는 동시에 간접출자법인을 통하여 수혜법인에 간접적으로 출자하는 경우에는 출자단계별로 각각 구분하여 계산한 금액을 모두 합하여 계산한다(상증세법 시행령 제34조의 3 제13항).

[한계보유비율 초과 해당 여부 판단시 주식보유비율 계산]

• 한계보유비율을 초과하는 주식보유비율 계산은 수혜법인의 사업연도 말 기준으로 주주별로 아래 ①과 ②를 합하여 계산한 후 한계보유비율을 차감하여 산정한다.
  ① 직접출자한 경우 : 수혜법인에 대한 주식보유비율
  ② 간접출자한 경우 : 수혜법인에 대한 간접출자비율

• 간접출자비율 산정시 간접출자법인의 범위는 수증자(한계보유비율 초과보유) 해당 여부 판단시의 간접출자법인과 동일하게 적용되며, 간접출자관계에 대한 증여의제이익 산정시 상증세법 시행령 제34조의 3 제11항에 해당하는 간접출자법인 관련 간접보유비율이 0.1% 미만인 경우에는 그 간접보유비율은 없는 것으로 보며, 각 수증자별로 계산한다.

• 여기에서 수혜법인에 대한 간접보유비율이 있는 경우에는 다음의 순서에 의해 각 수증자별 한계보유비율을 차감한다(상증세법 시행령 제34조의 3 제13항).
  ㉠ 직접출자와 간접출자가 있는 경우 간접출자비율에서 먼저 차감한다.
  ㉡ 간접출자관계가 두 개 이상인 경우는 간접보유비율이 작은 것에서 부터 차감한다.

(3) 증여의제 이익 조정

증여의제 이익 계산시 지배주주 등이 수혜법인의 직전사업연도에 대한 상증세법 제

68조 제1항 단서에 따른 증여세 과세표준 신고기한의 다음날부터 해당 사업연도에 대한 같은 항 단서에 따른 증여세 과세표준 신고기한까지 수혜법인 또는 간접출자법인으로부터 배당받은 소득이 있는 경우에는 다음 각 호의 구분에 따른 금액을 해당 출자관계의 증여의제이익에서 공제한다. 다만, 공제 후의 금액이 음수(陰數)인 경우에는 영으로 본다(상증세법 시행령 제34조의 3 제15항).[371]

① 수혜법인으로부터 받은 배당소득

$$\text{배당소득} \times \frac{\text{직접 출자관계의 증여의제이익}}{(\text{수혜법인의 사업연도 말일 배당가능이익} \times \text{지배주주 등의 수혜법인에 대한 직접보유비율})}$$

배당가능이익: 「법인세법 시행령」 제86조의 2 제1항에 따른 배당가능이익

② 간접출자법인으로부터 받은 배당소득

$$\text{배당소득} \times \frac{\text{간접 출자관계의 증여의제이익}}{[\text{간접출자법인의 사업연도 말일 배당가능이익} + (\text{수혜법인의 사업연도 말일 배당가능이익} \times \text{간접출자법인의 수혜법인에 대한 주식보유비율})] \times \text{지배주주 등의 간접출자법인에 대한 직접보유비율})}$$

(4) 특수관계법인이 둘 이상인 경우에는 수혜법인별로 하나의 법인으로부터 이익을 얻은 것으로 본다(상증세법 시행령 제34조의 3 제19항).

7) 증여세 과세특례

하나의 증여에 대하여 제33조부터 제39조까지, 제39조의 2, 제39조의 3, 제40조, 제41조의 2부터 제41조의 5까지, 제42조, 제42조의 2, 제42조의 3, 제44조, 제45조 및 제45조의 3부터 제45조의 5까지의 규정이 둘 이상 동시에 적용되는 경우에는 그 중 이익이 가장 많게 계산되는 것 하나만을 적용한다(상증세법 제43조).[372] 종전 시행령에 규정하던 것을 법률에 직접 규정함으로써 조세법률주의의 취지에 부합하도록 하였다.

---

371) 2014년 공포일이 속하는 연도에 증여세 과세표준 신고기한이 도래하는 분부터 적용한다.
372) 2011. 1. 1. 이후 최초로 증여받는 것부터 적용한다.

8) 증여세 합산과세 배제

일반적인 경우 증여재산에 대하여 증여일 전 10년 이내에 동일인으로부터 받은 증여재산가액을 합한 금액이 1천만원 이상인 경우에는 그 가액을 증여세 과세가액에 가산하는 것이나(상증세법 제47조 제2항), 일감몰아주기 증여의제의 경우는 합산배제 증여재산으로 분류되어 다른 증여재산과 합산과세를 하지 않는다(상증세법 제47조 제1항).

9) 합산배제 증여재산의 증여세 과세표준 계산특례 적용 배제

일반적으로 합산배제 증여재산(상증세법 제47조 제1항)에 있어서는 해당 증여재산가액에서 3천만원과 증여재산의 감정평가수수료를 차감한 금액을 증여세 과세표준으로 한다(상증세법 제55조 제1항 제3호). 그런데 상증세법 제45조의 3(특수관계법인과의 거래를 통한 이익의 증여 의제)은 합산배제 증여재산 공제 적용의 예외대상이므로(상증세법 제55조 제1항 제3호), 특수관계법인과의 거래를 통한 이익의 증여의제에 있어서 증여세의 과세표준은 증여의제이익에서 증여재산의 감정평가수수료를 차감한 금액으로 한다(상증세법 제55조 제1항 제2호).

10) 이중과세 조정

(1) [증여세가 과세된 주식의 양도 시] 특수관계법인과의 거래를 통한 이익의 증여의제에 따라 증여세를 과세받은 경우로서 그 수혜법인 등의 주식을 양도한 경우에는 해당 증여의제이익을 취득가액에 더하여 양도차익을 계산한다(소득세법 시행령 제163조 제10항 제1호). 즉 증여세로 과세된 부분은 과세에서 제외한다. 그러므로 주식 양도차익은 아래와 같이 계산한다.

$$양도차익 = 양도가액 - [취득가액 + 증여재산가액 \times \frac{양도주식수}{보유주식수}]$$

(2) [해산에 따른 의제배당 시] 법인의 해산으로 「소득세법 시행령」 제27조에 따른 의제배당의 계산에 있어 상증세법 제45조의 3에 따라 증여세가 과세된 증여의제가액은 해당 주식의 취득가액에 포함하는 것이다.

(3) [배당소득 조정 장치[373]] 직전 사업연도에 대한 증여세 과세표준 신고기한의 다음날부터 해당 사업연도에 대한 증여세 신고 전까지 수혜법인 또는 간접출자법인으로부

---

373) 2014. 1. 1. 이후 신고기한이 도래하는 분부터 적용

터 받은 배당소득 금액 중 증여의제이익 상당액을 해당 출자관계의 증여의제이익에서 공제하도록 하여, 배당소득에서 이중과세를 조정할 수 있는 제도적 장치를 마련하였다(상증세법 시행령 제34조의 3 제12항).

이때 공제액이 해당 증여의제이익보다 큰 경우에는 "0"으로 간주한다.

이중과세 조정을 위한 공제대상 증여의제이익 상당액의 계산은 아래와 같다.

[직접 출자관계의 경우]

: (① × ②)의 금액을 직접 출자관계에서 발생하는 증여의제이익에서 공제

① 수혜법인으로부터 받은 배당소득

$$② \quad \frac{직접\ 출자관계의\ 증여의제이익}{수혜법인의\ 사업연도\ 말일\ 배당가능이익^* \times 지배주주\ 등의\ 수혜법인에\ 대한\ 직접보유비율}$$

* 법인세법 시행령 제86조의 2 제1항에 따른 배당가능이익

[간접 출자관계의 경우]

: (① × ②)의 금액을 해당 간접 출자관계에서 발생하는 증여의제이익에서 공제

① 간접출자법인으로부터 받은 배당소득

$$② \quad \frac{해당\ 간접\ 출자관계의\ 증여의제이익}{\left[\frac{간접출자법인의}{사업연도\ 말일\ 배당가능이익} + \frac{수혜법인의}{사업연도\ 말일\ 배당가능이익} \times \frac{간접출자법인의}{수혜법인에\ 대한\ 주식보유비율} \right] \times \frac{지배주주\ 등의}{간접출자법인에\ 대한\ 직접보유비율}}$$

11) 자기증여의 배제

구 상증세법 시행령이 2013. 2. 15. 개정되어 '수혜법인의 지배주주 등이 100% 지분을 가진 특수관계법인과의 거래'를 통하여 수혜법인이 얻은 이익은 증여의제이익에서 제외되었다(제34조의 2 제10항 제1호). 그리고 2014. 2. 21. 추가로 수혜법인의 특수관계법인에 대한 매출액 중 '수혜법인의 지배주주 등이 보유한 특수관계법인 지분 비율' 만큼의 매출액은 증여세 과세대상 매출액에서 제외하도록 개정되어(제34조의 2 제12항) 이른바 자기증여에 해당하는 부분은 더 이상 증여세가 과세되지 않게 되었다.

한편 판례는 이러한 개정 전 구법하에서 수증자인 수혜법인의 지배주주 등이 동시에 특수관계법인의 주주이더라도 증여자와 수증자가 같다고 할 수 없다고 보아 이른바 '자기증여'에 따른다고 보지 않는다고 판단한 바 있다(대법원 2022. 11. 10. 선고 2020두52214 판결).

일감몰아주기 과세규정은 법인과 법인과의 거래에 대해 각 법인의 주주간 증여가 간접적으로 있다고 간주하는 규정으로 제한적으로 해석할 필요가 있다. 자신이 자신에게 증여하는 것과 같은 결과를 가져오는 경우라면 해석을 통해서도 증여세 과세범위를 줄이는 것이 해당 규정의 위헌성을 보완하는 방법이라는 점에서 위 판례는 재검토가 필요하다.

6. 특수관계법인으로부터 제공받은 사업기회로 발생한 이익의 증여 의제

 해의 맥

특수관계법인으로부터 사업기회를 제공받음으로써 사업기회를 제공받은 법인이 얻게 되는 이익을 특수관계법인으로부터 수혜법인의 지배주주와 그 친족이 증여받은 것으로 의제하여 증여세를 과세한다.

§관련조문

상증세법	상증세법 시행령	상증세법 시행규칙
제45조의 4 【특수관계법인으로부터 제공받은 사업기회로 발생한 이익의 증여 의제】	제34조의 4 【특수관계법인으로부터 제공받은 사업기회로 발생한 이익의 증여 의제】	제10조의 9 【사업기회 제공 방법】

1) 의의

2015년 12월 15일 개정을 통해 특수관계법인으로부터 사업기회를 제공받음으로써 사업기회를 제공받은 법인이 얻게 되는 이익을 특수관계법인으로부터 수혜법인의 지배주주와 그 친족이 증여받은 것으로 의제하여, 수혜법인 지배주주 등에게 증여세를 과세하는 내용의 규정을 신설하였다. 이는 감사원이 2013년 증여세 완전포괄주의 운용실태에 대한 감사를 실시한 후 재산의 변칙적인 무상이전에 대해서 증여시기 및 증여재산가액을 산정할 수 있는 법령상 근거나 집행기준이 제대로 마련되어 있지 않아 증여세 과세대상으로 판단되는 행위에 대해 증여세를 부과하지 못하거나 집행과정에서 혼선이 발생하고 있다는 부분을 지적[374]한 데 따른 입법이다.[375]

---

374) 감사원, 「감사결과보고서 -주식변동 및 자본거래 실태-」, 2013. 3. 특히 자녀 등이 지배주주로 있는 특수관계법인에 계속적으로 일감을 몰아주거나 사업기회를 떼어주는 등의 내부거래를 통해 수년간 지속적으로 부가 이전되는 경우 사실상 증여가 이루어지고 있음에도 법령상 직접 유추해서 적용할 만한

감사원이 지적했던 특수관계자간 내부거래를 이용한 편법증여의 유형 중 일감몰아주기의 경우는 2011년 법 제45조의 3이 신설되어 증여세가 과세되고 있으나 사업기회 제공을 통한 편법증여(일감떼어주기)에 대해서는 과세근거가 없었으므로, 감사원의 지적을 반영하여 이에 대한 과세근거를 신설한 것이다.

따라서 이 규정은 2016. 1. 1. 이후 개시하는 사업연도에 사업기회를 제공받는 경우부터 적용한다.

2) 증여의제 과세요건

특수관계법인으로부터 사업기회를 제공받음으로써 사업기회를 제공받은 법인이 얻게 되는 이익을 증여로 의제하여 과세하기 위해서는 다음의 요건을 모두 갖추어야 한다(상증세법 제45조의 4 제1항).

(1) 형식적 수증자

상증세법 제45조의 3 제1항에 따른 지배주주 등의 주식보유비율이 100분의 30 이상인 법인(이하 "수혜법인")이 특수관계법인으로부터 사업기회를 제공받아 이익을 얻어야 한다. 지배주주의 요건은 제45조의 3(특수관계법인과의 거래를 통한 이익의 증여 의제)의 규정에 따르므로 동 규정의 지배주주에 관한 내용[376]과 동일하다. 여기에서 "지배주주 등"이란 지배주주와 그 친족을 의미한다.

(2) 증여자

수혜법인의 지배주주와 특수관계에 있는 법인으로부터 사업기회를 제공받아야 한다. 여기에서 "특수관계에 있는 법인"이란 지배주주와 상증세법 시행령 제2조의 2 제1항 제3호부터 제8호까지의 규정에 따른 관계에 있는 자를 말한다(상증세법 시행령 제34조의 4 제1항). 이때 조세특례제한법 제6조 제1항 각 호 외의 부분에 따른 중소기업과 수혜법인의 주식보유비율이 100분의 50 이상인 법인은 제외한다(상증세법 시행령 제34조의 4 제7항 및 제8항).[377]

증여시기나 증여재산가액에 대한 규정이 미흡하여 증여세가 제대로 부과되지 못하고 있으므로 입법적 보완이 필요하다는 의견을 제시하였다.

375) 국회기획재정위원회, 「상속세 및 증여세법 일부개정법률안 검토보고서」, 2015. 10.

376) 이 책 5. 특수관계법인과의 거래를 통한 이익의 증여 의제 – (3)과세대상자 요건 참조

377) 수혜법인의 주식보유비율이 50% 이상인 특수관계법인을 시혜법인에서 제외하는 규정은 2017. 1. 1. 이후 신고하는 분부터 적용한다.

(3) 대상거래

특수관계법인이 직접 수행하거나 다른 사업자가 수행하고 있던 사업기회를 임대차계약, 입점계약 등의 방법으로 사업기회를 제공받아야 한다(상증세법 시행령 제34조의 4 제2항). 여기에서 "임대차계약, 입점계약 등 방법"이란 임대차계약, 입점계약, 대리점 및 프랜차이즈계약 등 명칭 여하를 불문하고 특수관계법인이 직접 수행하거나 다른 사업자가 수행하고 있던 사업기회를 제공받도록 약정(구두약정 포함)하는 방법을 말한다(상증세법 시행규칙 제10조의 8 ; 조심 2018중1251, 2018. 5. 24.).

(4) 실질적 수증자(납세의무자)

수혜법인의 지배주주 등이 증여받은 것으로 보아 증여세 납세의무자가 된다.

3) 증여재산가액

① 증여의제이익

특수관계법인으로부터 제공받은 사업기회로 발생한 이익(증여의제이익)은 다음과 같이 계산한다(상증세법 제45조의 4 제1항).

> [{(제공받은 사업기회로 인하여 발생한 개시사업연도의 수혜법인의 이익 ×
> 지배주주 등의 주식보유비율) - 개시사업연도분의 법인세 납부세액 중 상당액}
> ÷ 개시사업연도의 월 수 × 12] × 3

여기에서 '개시사업연도'란 사업기회를 제공받은 날이 속하는 사업연도를 의미하며, '수혜법인의 이익'이란 사업기회를 제공받은 해당 사업부문의 영업이익(아래 가.)에 해당 영업이익과 관련된 법인세법에 따른 세무조정사항(아래 나.)을 반영한 금액을 말한다(상증세법 시행령 제34조의 4 제3항).

가. 영업이익 : 법인세법 제43조의 기업회계기준에 따라 계산한 매출액에서 매출원가 및 판매비와 관리비를 차감한 영업이익을 말한다.

나. 법인세법에 따른 세무조정사항 : 전체 세무조정사항 중 아래만을 말한다.
- 감가상각비 손금불산입(법인세법 제23조)
- 퇴직급여충당금 손금불산입(법인세법 제33조)
- 대손충당금 손금불산입(법인세법 제34조)
- 손익의 귀속사업연도(법인세법 제40조)
- 자산의 취득가액(법인세법 제41조)

- 퇴직보험료 등 손금산입(법인세법 제44조의 2)
- 재고자산 평가손익(법인세법 시행령 제74조)

다만, 사업부문별로 회계를 구분하여 기록하지 아니하는 등의 사유로 해당 사업부문의 영업이익을 계산할 수 없는 경우에는 다음의 금액을 말한다(상증세법 시행령 제34조의 4 제3항 단서, 같은 법 시행규칙 제10조의 9).[378]

수혜법인의 영업이익에 해당 영업이익과 관련된 법인세법에 따른 세무조정사항을 반영한 금액	×	수혜법인의 전체 매출액에서 사업기회를 제공받은 해당 사업부문의 매출액이 차지하는 비율

그리고 '법인세 납부세액 중 상당액'은 수혜법인의 법인세법 제55조에 따른 산출세액(토지 등 양도소득에 대한 법인세액 제외)에서 법인세액의 공제·감면액을 뺀 세액에 법인세법 제14조에 따른 각 사업연도의 소득금액에서 수혜법인의 이익이 차지하는 비율(1을 초과하는 경우에는 1로 한다)을 곱하여 계산한 금액으로 한다(상증세법 시행령 제34조의 4 제4항).

② 정산증여의제이익

증여의제이익이 발생한 수혜법인의 지배주주 등은 개시사업연도부터 정산사업연도까지 수혜법인이 제공받은 사업기회로 인하여 발생한 실제 이익을 반영하여 다음 계산식에 따라 계산한 금액(정산증여의제이익)에 대한 증여세액과 ①의 증여의제이익에 대한 과세표준 신고납부기한에 따라 납부한 증여세액과의 차액을 관할 세무서장에게 납부하여야 한다. 다만, 정산증여의제이익이 당초의 증여의제이익보다 적은 경우에는 그 차액에 상당하는 증여세액(증여의제이익에 대한 과세표준 신고납부기한에 따라 납부한 세액을 한도로 한다)을 환급받을 수 있다(상증세법 제45조의 4 제2항 및 제3항). 종전에는 일시 과세 시 증여의제이익 계산의 경우에만 배당소득공제가 가능했으나(아래 ③ 참조), 2018. 2. 13. 개정을 통해 정산증여의제이익의 계산 시에도 배당소득에 대한 이중과세 조정이 가능하게 되었다(상증세법 시행령 제34조의 4 제6항).[379]

> [(제공받은 사업기회로 인하여 개시사업연도부터 정산사업연도까지 발생한 수혜법인의 이익 합계액 × 지배주주 등의 주식보유비율) − 개시사업연도분부터 정산사업연도분까지의 법인세 납부세액 중 상당액] − 개시사업연도부터 정산사업연도까지의 배당소득 상당액

---

378) 2017. 2. 7. 이후 증여세 과세표준을 신고하는 경우부터 적용한다.
379) 2018. 2. 13. 이후 증여세 과세표준을 신고하는 분부터 적용한다.

여기에서 '정산사업연도'란 개시사업연도부터 사업기회제공일 이후 2년이 경과한 날이 속하는 사업연도를 의미한다. '수혜법인의 이익'과 '법인세 납부세액 중 상당액'은 위 ①의 경우와 동일하다.

이때 지배주주 등의 주식보유비율은 개시사업연도 종료일을 기준으로 적용한다(상증세법 제45조의 4 제4항).

③ 배당소득공제

지배주주 등이 수혜법인의 사업연도 말일부터 법 제68조 제1항에 따른 증여세 과세표준 신고기한까지 수혜법인으로부터 배당받은 소득이 있는 경우에는 다음의 계산식에 따라 계산한 금액을 증여의제이익에서 공제[공제 후의 금액이 음수(陰數)인 경우에는 영으로 본다]한다(상증세법 시행령 제34조의 4 제5항).

$$\frac{배당소득 \times 증여의제이익(위 ①)}{수혜법인의\ 사업연도\ 말일의\ 배당가능이익} \times 지배주주\ 등의\ 수혜법인에\ 대한\ 주식보유비율$$

수혜법인의 사업연도 말일의 배당가능이익이란 법인세법 시행령 제86조의 2 제1항에 따라 기업회계기준에 따라 작성한 재무제표상의 법인세비용 차감 후 당기순이익에 이월이익잉여금을 가산하거나 이월결손금을 공제하고, 「상법」 제458조에 따라 적립한 이익준비금을 차감한 금액을 말한다.

4) 증여시기 및 증여세 신고 · 납부기한

특수관계법인으로부터 제공받은 사업기회로 발생한 이익의 증여 의제는 사업기회를 제공받은 날이 속하는 사업연도의 종료일을 증여시기로 본다(상증세법 제45조의 4 제1항).

따라서 증여일이 속하는 달의 말일부터 3개월 이내에 증여세의 과세가액 및 과세표준을 납세지 관할 세무서장에게 신고하여야 한다(상증세법 제68조 및 제70조). 다만, 정산증여의제이익에 대한 과세표준 신고기한은 정산사업연도의 「법인세법」 제60조 제1항에 따른 과세표준의 신고기한이 속하는 달의 말일(일반적인 증여일이 속하는 달의 말일이 아님에 유의)부터 3개월이 되는 날로 한다(상증세법 제45조의 4 제5항). 따라서 공휴일 등으로 인해 법인세 과세표준 신고기한이 4월 1일이라면 증여세 신고납부기한은 7월 1일이다.

5) 증여세 과세특례

하나의 증여에 대하여 제33조부터 제39조까지, 제39조의 2, 제39조의 3, 제40조, 제41조의 2부터 제41조의 5까지, 제42조, 제42조의 2, 제42조의 3, 제44조, 제45조 및 제45조의 3부터 제45조의 5까지의 규정이 둘 이상 동시에 적용되는 경우에는 그 중 이익이 가장 많게 계산되는 것 하나만을 적용한다(상증세법 제43조).[380] 종전 시행령에 규정하던 것을 법률에 직접 규정함으로써 조세법률주의의 취지에 부합하도록 하였다.

6) 연대납세의무 면제

증여세의 납부에 있어서 원칙적으로 수증자가 증여세를 납부할 수 없을 때에는 증여자가 연대납세의무를 진다. 그러나 조세형평상 세법에서 정한 과세요건을 충족함에 따라 세법상 증여로 보아 과세하는 경우 수증자에 대한 조세채권의 확보가 곤란하다고 하여도 증여자에게 연대납부의무를 지우는 것은 지나친 경우가 있다. 이런 측면에서 특수관계법인으로부터 제공받은 사업기회로 발생한 이익의 증여 의제도 연대납세의무가 면제된다(상증세법 제4조의 2 제6항 단서).

7) 증여세 합산과세 배제

일반적인 경우 증여재산에 대하여 증여일 전 10년 이내에 동일인으로부터 받은 증여재산가액을 합한 금액이 1천만원 이상인 경우에는 그 가액을 증여세 과세가액에 가산하는 것이나(상증세법 제47조 제2항), 특수관계법인으로부터 제공받은 사업기회로 발생한 이익의 증여의제의 경우는 합산배제 증여재산으로 분류되어 다른 증여재산과 합산과세를 하지 않는다(상증세법 제47조 제1항).

8) 합산배제 증여재산의 증여세 과세표준 계산특례 적용 배제

일반적으로 합산배제 증여재산(상증세법 제47조 제1항)에 있어서는 해당 증여재산가액에서 3천만원과 증여재산의 감정평가수수료를 차감한 금액을 증여세 과세표준으로 한다(상증세법 제55조 제1항 제3호). 그런데 상증세법 제45조의 4(특수관계법인으로부터 제공받은 사업기회로 발생한 이익의 증여 의제)는 합산배제 증여재산 공제 적용의 예외대상이므로(상증세법 제55조 제1항 제3호), 특수관계법인과의 거래를 통한 이익의 증여의제에 있어서 증여세의 과세표준은 증여의제이익에서 증여재산의 감정평가수수료를 차감한 금액으로 한다(상증세법 제55조 제1항 제2호).

---

380) 2011. 1. 1. 이후 최초로 증여받는 것부터 적용한다.

7. 특정법인과의 거래를 통한 이익의 증여 의제

해의 맥

증여세와 법인세 부담이 없는 영리 결손법인 등을 이용한 우회거래에 의해 당해 법인의 주주 등에게 경제적 이익을 이전하는 경우 그 주주 등이 증여받은 것으로 보아 증여세를 과세한다.

§ 관련조문

상증세법	상증세법 시행령
제45조의 5【특정법인과의 거래를 통한 이익의 증여 의제】	제32조의 4【이익의 계산방법】 제34조의 5【특정법인과의 거래를 통한 이익의 증여 의제】

1) 의의

상증세법상 영리법인이 증여를 받는 경우에는 증여세의 납세의무가 없다. 영리법인의 증여재산가액은 자산수증이익이나 채무면제이익으로 각 사업연도 소득금액 계산상 익금에 가산되어 법인세가 납부된다(순자산증가설). 따라서 동일한 과세대상에 대하여 법인세와 증여세를 이중으로 과세하는 것을 방지하기 위해 증여세가 면제된다. 그런데 영리법인이 증여를 받는 경우에 간접적으로 해당 법인의 주주에게도 증여로 인한 경제적 이익이 발생한다고 할 수 있다. 다만, 주주의 이익은 배당이나 주식의 양도시점에서 소득세 과세가 이루어지기 때문에 일반적으로는 증여받는 법인의 주주에게 증여세를 과세하지 않는다.

그러나 이월결손금의 보전에 충당한 자산수증이익이나 채무면제이익은 법인세법상 익금불산입되므로, 결손법인에 대한 증여는 법인세를 납부하지 아니하면서도 해당 법인의 주주에게 사실상 경제적 이익을 주는 변칙적인 증여방법으로 이용될 가능성이 있다. 이렇게 되면 상대적으로 낮은 가격으로 결손법인 등의 주식을 취득하게 한 후 결손법인의 세무상 이월결손금 범위 내에서 부동산 등의 증여·채무 변제를 통해(특정법인의 기업개선효과와 함께) 증여세와 법인세를 전혀 부담하지 않고서도 증여의 효과를 거둘 수 있는 것이다.

이 유형의 거래흐름을 도표로 보이면 다음과 같다(상증세법 집행기준 41-0-1).

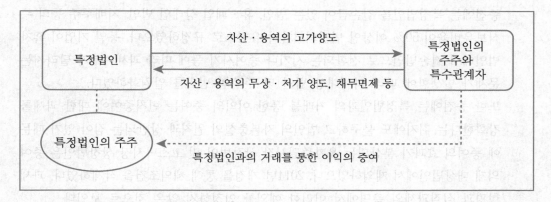

한편 2014년 이후 거래되는 분부터는 일정한 흑자영리법인을 통한 이익의 증여행위에 대해서까지 과세할 수 있도록 증여세 과세대상을 확대하였고, 2015년 개정시에는 증여 예시적 성격의 규정(구 상증세법 제41조)에서 증여 의제 규정으로 전환하였다.[381]

종전의 증여 예시적 성격의 규정에 대해서는 이 증여유형에서의 이익의 증여가 다른 증여유형과는 달리 실제로 특정법인의 주주 등에게 이익의 귀속이 있었는지가 불명확 하다는 점에서 논란이 있었으나(대법원 2006두19693, 2009. 3. 19.), 증여 의제규정으로 전환되 면서 실제 이익의 귀속 여부와 관계없이 그 이익상당액을 특정법인의 주주 등이 증여받 은 것으로 보아 증여세를 과세하도록 하였다.

2019년 12월 31일 개정에서는 결손 · 흑자법인에 따라 지분율 요건 및 과세대상 주주 등이 달라지는 점을 개선하기 위하여 특정법인의 범위를 일원화하고, 직접 증여한 경우 보다 증여세액이 커지지 않도록 증여세액의 한도를 신설하였다.

2) 증여의제 과세요건

특정법인과의 거래를 통한 이익을 증여로 의제하여 과세하기 위해서는 다음의 요건을 모두 갖추어야 한다.

(1) 수증자(납세의무자)

지배주주와 그 친족(지배주주 등)이 직접 또는 간접으로 보유하는 주식보유비율이 100 분의 30 이상인 법인(특정법인)의 지배주주[382]

---

381) 이 법 시행(2016. 1. 1.) 전에 특정법인의 주주 등과 특수관계가 있는 자가 해당 특정법인과 거래한 경우 에 대해서는 제45조의 5의 개정규정에도 불구하고 종전의 제41조에 따른다. 이 경우 증여세 과세표준 의 신고기한에 대해서는 제68조 제1항 단서의 개정규정을 적용한다.

382) 2020. 1. 1. 이후 증여받는 분부터 적용한다.

종전에는 특정법인을 결손금이 있는 법인, 휴·폐업 상태인 법인, 지배주주 등의 주식보유비율이 50% 이상인 법인의 3가지 유형으로 규정하였으나, 동일 기업이 흑자법인에서 결손법인으로 전환되는 시기나 증여시기 등에 따라 과세여부가 달라지는 문제가 발생함에 따라 과세대상 법인 및 주주의 범위를 일원화하였다.

또한 종전에는 특정법인과의 거래를 통한 이익의 증여는 변칙증여에 대한 과세를 강화한다는 취지에도 불구하고 법인의 자본충실의 원칙과 상반되는 점이 있기 때문에 증여의 효과가 분산되는 유가증권시장 상장법인 및 코스닥시장 상장법인은 증여의제 대상법인에서 제외하였으나, 2014년 개정을 통해 제외조건을 삭제하였다. 과세형평과 실질과세의 측면에서 이러한 예외를 인정하지 않은 것으로 보인다.

한편, 특정법인에 증여한 자가 당해 특정법인의 주주에 해당하는 경우 본인으로부터의 증여에 해당하는 금액은 증여세 과세가액에서 제외하는 것이 타당하다(서면4팀-328, 2006. 2. 17.). 같은 맥락에서 특정법인의 주주 전원이 동시에 그 지분율에 비례한 균등액의 재산을 특정법인에게 증여한 경우에는 특정법인과의 거래를 통한 이익의 증여에 해당하는 증여세 과세대상이 아니다(서면4팀-508, 2008. 2. 29.).

그리고 특정법인의 법인주주는 증여이익을 각 사업연도 소득금액 계산상 익금에 산입하지 않는다(법인-469, 2011. 7. 14.).

(2) 증여자

특정법인 지배주주의 특수관계인이 특정법인과의 거래를 통해 그 특정법인의 주주 등에게 증여[이때 그 특수관계인이 특정법인의 주주 등에게 증여의사가 있었는지 여부와는 관계없다(대법원 2004두4727, 2006. 9. 22.)] 등을 하여야 한다. 같은 맥락에서 피상속인(증여자)이 특정법인에 재산을 유증 또는 사인 증여한 경우 해당 특정법인의 주주 또는 출자자로서 피상속인의 특수관계인(수증자)이 얻은 이익에 대하여는 증여세가 과세된다(재산-61, 2011. 2. 1.). 현행 상증세법 규정상 특수관계의 유형은 크게 '과세(적용)요건'으로 작용하는 경우와 '차별요건'으로 작용하는 경우로 구별될 수 있는 것으로 생각되는바, '특정법인과의 거래를 통한 이익의 증여 의제'는 결손법인, 휴·폐업 중인 법인 또는 흑자영리법인의 주주 등과 특수관계 있는 자가 특정법인에게 재산을 증여하는 등의 거래를 함으로써 해당 특정법인의 주주 등이 이익을 얻은 경우에는 증여세를 과세한다는 점에서, 특수관계 여부에 따라 과세대상 유무의 판단이 달라질 수 있으므로,[383] 과세(적

---

383) 2004. 1. 1. 이후 증여세 과세제도가 유형별 포괄주의에서 완전포괄주의로 전환되면서 상증세법에 별도의 증여 개념을 신설하고, 종래 특수관계인 간 거래 중 증여로 의제하던 규정이 증여예시규정으로 개정되었으므로, 특수관계 여부에 따라 증여세 과세요건이 크게 달라지지 않는 것으로 볼 수도 있으나,

용) 요건으로 작용하는 경우라 할 것이다.[384]

(3) 대상거래 : 특정법인이 지배주주의 특수관계인과 다음의 거래를 하여야 한다(상증세 법 제45조의 5 제1항, 같은 법 시행령 제34조의 5 제6항, 같은 법 집행기준 41 - 31 - 3).

① 재산 또는 용역을 (증여자가 형식적 수증자에게) 무상제공하는 거래

여기에서의 재화에는 금전을 포함한다.

② 재산 또는 용역[385]을 통상적인 거래관행에 비추어 볼 때 현저히 낮은 대가로 (증 여자가 형식적 수증자에게) 양도 · 제공하는 거래와 현저히 높은 대가로 (증여자가 형식적 수증자로부터) 양도 · 제공받는 거래

여기에서 "현저히 낮은 대가" 및 "현저히 높은 대가"라 함은 각각 해당 재산 및 용 역의 시가와 대가와의 차액이 시가의 100분의 30 이상 차이가 있거나 그 차액이 3억 원 이상(수증자별이 아니다)인 경우의 해당 가액을 말한다(상증세법 시행령 제31조 제3항).

이 경우 금전을 대출하거나 대출받는 경우에는 상증세법 제41조의 4(금전무상대출 등에 따른 이익의 증여)의 규정을 준용하여 계산한 이익[386]으로 한다(상증세법 시행령 제34 조의 5 제7항).

한편 여기에서의 시가는 다음에 보는 상증세법 60조 내지 66조에 의해 평가한 가 액을 말한다.[387]

그러므로 대상거래 여부의 판정은 거래유형별로 다음과 같다.

㉠ 재화(금전을 제외)

> 시가와 대가 등과의 차이 ÷ 시가 ≥ 30% 또는 시가와 대가 등과의 차이 ≥ 3억원

㉡ 금전의 경우

> 실제 대출받은 이자율과 적정이자율과의 차이에 상당하는 금액

이러한 증여예시 규정이 없는 경우에도 이를 모두 증여로 볼 수 있는지는 논란의 여지가 있는 것으로 보이기에, 완전포괄주의 도입에도 불구하고 특수관계 여부는 여전히 증여세 과세요건으로 봄이 타당 한 것으로 생각된다.

384) 김의식, "상증세법상 특수관계자규정의 문제점 및 개선방안"(한국조세연구포럼), 「조세연구」 제7집, 2007, 258~259쪽

385) 2000. 1. 1. 이후 모든 재산 · 용역에 대해 적용한다. 종전에는 부동산 및 유가증권에 대해서만 적용하였다.

386) 이 책 '금전무상대출 등에 따른 이익의 증여 - 증여재산가액' 참조

387) 이 책 '제4장 증여재산의 평가' 참조

"적정이자율"이란 당좌대출이자율을 고려하여 기획재정부령으로 정하는 이자율을 말한다. 다만, 법인으로부터 대출받은 경우에는 「법인세법 시행령」 제89조 제3항에 따른 이자율을 적정이자율로 본다. "기획재정부령으로 정하는 이자율"이란 「법인세법 시행규칙」 제43조 제2항에 따른 이자율(연간 1,000분의 46[388])을 말한다[389].

여기에서는 차이금액 상당액 전액이 직접 대상거래가 된다. 그러므로 현저한 차이를 별도로 판단하지 않는다. 한편 금전의 무상대출의 경우는 상증세법 제41조의 4에서 동일하게 적용된다.

ⓒ 재산·용역

> 시가와 대가 등과의 차이 ÷ 시가 ≥ 30% 또는 시가와 대가 등과의 차이 ≥ 3억원

그리고 재산 또는 용역의 시가가 불분명한 경우에는 법인세법 시행령 제89조의 규정에 의한 시가에 의하므로(상증세법 시행령 제34조의 5 제8항, 같은 법 집행기준 41-31-4, 법인세법 시행령 제89조 제4항), 아래의 금액을 시가로 보고 대가와의 차이를 계산하여 현저한 차이 여부를 판단한다(법인세법 시행령 제89조 준용).

㉮ 건설 그 밖의 용역을 제공한 경우

해당 용역의 제공에 소요된 금액 + [원가 × 해당 연도 중 특수관계인 외의 자에게 제공한 유사한 용역제공 거래의 수익률(= 용역매출총이익/용역원가)]

㉯ 유·무형의 자산을 제공한 경우

(해당 자산의 시가의 50% 상당금액 − 전세금 또는 보증금) × 정기예금 이자율

③ 그 밖의 ① 내지 ②와 유사한 거래로서 대통령령이 정하는 거래

여기에서 "유사한 거래"라 함은 다음에 해당하는 것을 말한다(상증세법 시행령 제34조의 5 제6항).

㉠ 해당 법인의 채무를 면제·인수 또는 변제하는 것

다만, 해당 법인이 해산(합병 또는 분할에 의한 해산을 제외한다) 중인 경우로서 주주 등에게 분배할 잔여재산이 없는 경우를 제외한다(재산-1560, 2009. 7. 27. : 서면4팀 -2577, 2005. 12. 21.). 이는 해당 법인이 청산하는 과정에서 특수관계인이 불가피하게 채무의 변제 등을 하는 경우에까지 증여세를 부과하는 것을 피하기 위

---

388) 2016. 3. 7. 이후 발생하는 분부터 적용한다.
389) 2016. 3. 21. 이후 증여받는 경우부터 적용한다.

한 조치이다.

또한 변제의 경우 수증자인 특정법인의 주주가 얻게 되는 이익은 특수관계인이 특정법인에 대하여 구상권을 취득하는지 여부와 무관하게 변제로서 소멸하게 되는 채무를 대상으로 한다(조심 2008서488, 2008. 9. 26.).

ⓒ 시가보다 낮은 가액으로 해당 법인에 현물출자하는 것

$$(시가 - 주식액면가액) \div 시가 \geq 30\% \text{ 또는 시가와 대가 등과의 차이} \geq 3억원$$

즉 현물출자의 경우에는 출자한 재산의 시가와 출자한 재산에 대하여 교부받은 주식 등의 액면가액을 합친 금액(대가)과의 차이를 비교하여 판단한다(상증세법 시행령 제34조의 5 제7항 전단 괄호, 같은 법 집행기준 41-31-4).

(4) 증여의제이익(상증세법 시행령 제34조의 5 제5항)

특정법인과의 거래를 통한 이익은 아래 '3) 증여재산가액'에 의하여 계산한 가액이 1억원 이상(수증자별)인 경우에 한하여 적용을 받는다.

(5) 증여세액한도(상증세법 제45조의 5 제2항, 상증세법 시행령 제34조의 5 제9항)

특정법인과의 거래를 통한 이익에 대한 증여세액이 지배주주 등이 직접 증여받은 경우의 증여세 상당액에서 특정법인이 부담한 법인세 상당액을 차감한 금액을 초과하는 경우 그 초과액은 없는 것으로 본다.[390]

이 때 증여세 상당액은 지배주주 등이 증여일에 증여의제이익을 해당 주주가 직접 증여받은 것으로 볼 때의 증여세로 하고, 법인세 상당액은 특정법인의 법인세액에 특정법인의 각 사업연도 소득금액 중 특정법인에게 이전된 이익이 차지하는 비율을 곱한 금액에 해당 지배주주등의 주식보유비율을 곱한 금액으로 한다.

3) 증여재산가액

특정법인과의 거래를 통한 이익은 그 특정법인의 이익[요건을 충족한 위 2),(3)의 가액]에서 해당 거래이익에 상응하는 법인세를 차감한 금액[391]에 특정법인의 지배주주 등의 주식보유비율을 곱하여 계산한 금액으로 한다(상증세법 제45조의 5 제1항, 상증세법 시행령 제34조의 5 제4항).

---

390) 2020. 1. 1. 이후 증여받는 분부터 적용한다.
391) 2014. 1. 1. 이후 거래하는 분부터 적용한다.

(1) 재산을 증여하거나 해당 법인의 채무를 면제·인수 또는 변제하는 경우에는 증여재산가액 또는 그 면제·인수 또는 변제로 인하여 얻는 이익에 상당하는 금액이다. 그러므로 증여재산가액은 다음과 같이 계산한다. 다만, 그 금액이 각 주주별로 1억원 이상인 경우에 한한다.

$$\text{각 주주가 얻은 이익} = [\text{증여재산가액 또는 그 면제·인수 또는 변제로 인하여 얻는 이익에 상당하는 금액} - \text{법인세*}]$$

$$\times \frac{\text{해당 주주의 주식 수}}{\text{총발행주식 수}} \geq 1\text{억원}$$

* 법인세 = 법인세 산출세액** × [해당 거래이익 / 각 사업연도 소득금액]***
** 토지 등 양도소득에 대한 법인세액은 제외
*** 1을 초과하는 경우에는 1로 한다.

(2) 위 (1) 외의 경우에는 시가와 대가와의 차액에 상당하는 금액

그러므로 증여재산가액은 다음과 같이 계산한다.

$$\text{각 주주가 얻은 이익} =$$

$$[\text{시가와 대가와의 차액에 상당하는 금액} - \text{법인세*}] \times \frac{\text{해당 주주의 주식 수}}{\text{총발행주식 수}} \geq 1\text{억원}$$

* 법인세 = 법인세 산출세액** × $\left[\dfrac{\text{해당 거래이익}}{\text{각 사업연도 소득금액}}\right]$***
** 토지 등 양도소득에 대한 법인세액은 제외
*** 1을 초과하는 경우에는 1로 한다.

4) 증여시기 및 증여세 신고·납부기한

특정법인과의 거래를 통한 이익의 증여 의제는 그 거래를 한 날을 증여일로 본다(상증세법 제45조의 5 제1항).

특정법인과의 거래를 통한 이익의 증여시기에 관해서는 구 법률(2016. 12. 20. 법률 제14388호로 개정되기 전의 것)에서 대통령령에 따라 증여일을 판단하도록 하면서 해당 시행령에 관련된 내용을 규정하지 않았고, 종전의 예시 규정에서도 명문의 규정을 두고 있지 않아 문제가 되었다. 구 상증세법(2015. 12. 15. 법률 제13557호로 개정되기 전의 것)에서는 특정법인 거래이익 증여의 경우 증여받은 날이 속하는 달의 말일부터 3개월 이내에 증여세를 신고하도록 하였는데(구 상증세법 제68조 제1항 전단), 증여이익 계산시 특정법인이 얻는 이익(ⓐ)에서 차감해야 하는 관련 법인세액(ⓑ)을 산정함에 있어서 관련 법인세액(ⓑ)을 직전

사업연도의 법인세액으로 해야 하는지, 사업연도 개시일부터 증여일까지의 법인세액으로 해야 하는지 등에 대해서 논란이 있었던 것이다.

이에 2015년 12월 개정시 예시규정을 의제규정으로 변경하면서, 특정법인 거래이익의 신고기한을 그 계산 구조를 고려하여 특수관계법인과의 거래이익(일감몰아주기) 증여의제 규정과 유사하게 '특정법인의 법인세 신고기한의 말일부터 3개월'로 개정하였다(구 상증세법 제68조 제1항 후단). 즉, ⓐ의 이익은 증여일 현재의 평가액으로, ⓑ의 법인세액은 특정법인의 사업연도 종료일 기준의 법인세액 중 ⓐ와 관련된 세액으로 산정하는 방식이다. 결국 증여일에 따라 ⓐ와 ⓑ의 금액이 모두 영향을 받게 되는데 한 차례 개정에도 정작 증여일을 언제로 할 것인지에 대하여 해당 조문(상증세법 제45조의 5 및 같은 법 시행령 제34조의 5)에 명확히 규정된 바가 없어 여전히 문제가 되었다. 이에 2017. 1. 1. 재개정을 통해 증여일을 "거래를 한 날"로 법률에 규정하였다.

특정법인과의 거래를 통한 이익의 증여 의제에 따른 증여세 과세표준신고 및 납부기한은 특정법인의 법인세법 제60조 제1항에 따른 과세표준의 신고기한이 속하는 달의 말일(일반적인 증여일이 속하는 달의 말일이 아님에 유의)부터 3개월이 되는 날이다(상증세법 제68조 제1항 후단, 제70조). 따라서 공휴일 등으로 인해 법인세 과세표준 신고기한이 4월 1일이라면 증여세 신고납부기한은 7월 1일이다.

5) 증여세 과세특례(상증세법 제43조)

① 하나의 증여에 대하여 제33조부터 제39조까지, 제39조의 2, 제39조의 3, 제40조, 제41조의 2부터 제41조의 5까지, 제42조, 제42조의 2, 제42조의 3, 제44조, 제45조 및 제45조의 3부터 제45조의 5까지의 규정이 둘 이상 동시에 적용되는 경우에는 그 중 이익이 가장 많게 계산되는 것 하나만을 적용한다.[392]

② 특정법인과의 거래를 통한 이익을 계산함에 있어서 해당 그 이익과 관련한 거래 등을 한 날부터 소급하여 1년 이내에 동일한 거래 등이 있는 경우에는 각각의 거래 등에 따른 이익(시가와 대가의 차액을 말한다)을 해당 이익별로 합산하여 금액기준을 계산한다. 즉 상증세법 제45조의 5 제2항 각 호의 행위에 따른 이익별로 구분된 것을 말한다.

6) 연대납세의무 면제

증여세의 납부에 있어서는 원칙적으로 수증자가 증여세를 납부할 수 없을 때에는 증여자가 연대납세의무를 진다. 그러나 조세형평상 세법에서 정한 과세요건을 충족함에 따

---

392) 2011. 1. 1. 이후 최초로 증여받는 것부터 적용한다.

라 세법상 증여로 보아 과세하는 경우 수증자에 대한 조세채권의 확보가 곤란하다고 하여도 증여자에게 연대납부의무를 지우는 것은 지나친 경우가 있다. 이런 측면에서 특정법인과의 거래를 통한 이익의 증여유형도 연대납세의무가 면제된다(상증세법 제4조의 2 제6항 단서).

7) 결손법인 관련 증여재산가액 다툼

사실상 '특정법인의 주주'와 '특정법인의 주주와 특수관계자' 사이의 증여에 대해 중간에 특정법인이 있더라도 2003년 12월 개정 전 구 상증세법하에서도 제41조에서 '특정법인과의 거래를 통한 이익에 대한 증여의제'라는 규정을 두어 과세가 될 수 있게 하였다. 이는 적자법인을 통한 간접증여를 인정한 것이라 할 수 있다. 2003년 12월 증여세 완전포괄주의에 따른 상증세법 개정으로 종전 위 의제규정은 개별예시규정으로 바뀌었고, 증여재산가액은 '1주당 평가차액 × 주식수'에서 '증여재산가액 × 지분율'로 바뀌었다. 그 이전 보충적 평가방법에 따라 1주당 가액을 산정한 결과 그 가액이 거래를 전후하여 모두 부수(−)인 경우에는 증가된 주식 등의 1주당 가액은 없는 것으로 보는 것이 합리적이므로 증여이익이 없는 것으로 봄이 타당하다는 판례(대법원 2003. 11. 28. 선고 2003두4249 판결)에 따라 거래 전후 1주당 가액의 변화가 없더라도 증여세 과세가 될 수 있도록 법령을 개정한 것이다.

구 상증세법 제41조와 관련해서는 증여세 완전포괄주의 도입 이후에는 특정법인이 흑자법인인 경우에도 간접증여에 대해 과세되는지 여부가 다투어졌다. 판례(대법원 2015. 10. 15. 선고 2013두13266 판결)에서는 흑자법인에 대해 간접증여가 인정되지 않는다고 판단하였다. 구 상증세법 제41조에도 해당하지 않고 과세관청이 주장했던 기타규정으로서 구 상증세법 제42조에도 해당하지 않는다고 보았다. 2015년 이러한 판례가 나오기 전에, 2014. 1. 1. 상증세법이 개정되어 구 상증세법 제41조에 흑자법인도 포함될 수 있음을 명확하게 하였다. 나중 법개정을 통해 증여세 과세가 과세될 수 있는 흑자법인의 범위도 확대하고 법인세가 이중과세되는 것도 조정하였고, 더 나아가 개별예시규정으로 되어 있는 것을 증여의제규정으로 바뀌어 제45조의 제5항을 신설해서 다른 증여의제규정 뒤로 조문 위치까지 변경하였다.

이로써 법인을 통한 간접증여에 대해 흑자법인의 문제는 해소가 되었지만, 이번에는 구 상증세법 제41조의 적자법인에 대해 증여재산가액에 대한 다툼은 법률과 시행령의 위임문제로 논의가 지속되었다. 적자법인의 경우 특정법인의 주주가 보유한 1주당 가액이 거래를 전후하여 모두 부수(−)인 경우에도 증여이익이 있는지에 대한 근본적인 문제에 대한 것이었다. 특히 시행령에 이러한 경우에도 증여이익이 있다고 계산하는 규정을 둠으로써 시행령 자체가 무효가 된다는 것이 대법원의 지속적인 입장이다(대법원 2009. 3. 19. 선고 2006두19693 전원합의체 판결 ; 대법원 2017. 4. 20. 선고 2015두45700 전원합의체 판결 ; 대법원 2021. 9. 9. 선고 2019두35695 전원합의체 판결 ; 대법원 2022. 3. 11. 선고 2019두56319 판결 등). 현재는 상증세법 자체에 이러한 내용을 둠으로써 시행령 자체의 무효의 문제는 없겠지만, 주식 가치의 변화가 없는데도 증여재산가액이 있다는 것이 증여의 개념에 부합하는지 자체를 놓고 법률 자체의 위헌여부는 다투어질 가능성이 높다.

제2절 증여세 비과세

해의 맥

비과세는 국가가 조세채권을 원천적으로 포기하는 것으로 사후관리가 불필요하며, 상속세와 달리 수증자가 누구인가에 따라 증여세 비과세가 결정되는 인적비과세는 존재하지 않으며, 증여재산의 성질(공익성 등)에 따라 비과세가 결정되는 물적비과세가 있으며, 이외에도 그 밖의 법률에 의한 비과세가 있다.

§관련조문

상증세법	상증세법 시행령
제46조【비과세되는 증여재산】	제35조【비과세되는 증여재산의 범위 등】

▮비과세, 과세가액불산입, 면제, 감면 및 과세특례 비교표▮

구 분	비과세	과세가액불산입	세액면제	세액감면	과세특례
의의	국가의 원천적 조세채권 포기 (과세 배제)	일정한 요건충족시 과세가액불산입	과세대상 재산에 포함한 후, 100% 세액면제	과세대상 재산에 포함한 후, 일정률 세액감면	과세대상재산에 포함한 후, 세액 계산특례적용
사후관리	불필요	필요	필요	필요	필요

조세회피행위를 막기 위해 증여세 완전포괄주의가 도입되어 증여세 과세대상이 확대됨에 따라, 증여세 비과세가 되지 않는다면 증여재산가액에 포함될 수 있고 상속의 경우에

는 조세회피 목적이 있는 사전증여재산가액으로 볼 수도 있게 되었다.

이에 따라 증여세 비과세규정을 두어 증여세가 과세가 되지 않는 경우를 명확하게 하는 것이 납세자를 위해 중요하다. 즉 증여세 완전포괄주의의 도입으로 부의 무상이전이 있다면 과세될 수 있는 법적 근거가 더욱 명확해지면서 사회통념상 인정되는 부의 무상이전으로서 비과세되는 경우를 보다 명확하게 할 필요가 있다.

상증세법상 비과세

1. 의의

과세대상이 아닌 재산은 과세가액 불산입재산과 비과세재산으로 구분된다. 과세가액 불산입재산이란 증여재산 중에서 일정한 요건을 충족시키는 일부를 제외시켜 과세가액(상속세과세대상재산)에 산입하지 아니하는 것인데 반하여 증여세의 비과세재산이란 국가가 처음부터 조세채권을 포기하여 증여세의 과세를 원천적으로 배제하는 것이다. 증여세 비과세는 본질적으로 납세의무가 성립하지 않으므로 비과세를 위한 요건이나 사후관리가 필요 없이 항상 증여세가 부과되지 않는다.

2. 물적 비과세

1) 의의

수증자가 아닌 증여재산의 성질에 따라 증여세 비과세가 결정되므로 물적 비과세라 한다. 이러한 물적 비과세 증여재산은 증여재산 중 공익성 또는 사회정책적 입장에서 증여세의 과세를 원천적으로 배제하는 비과세이다. 공익목적 출연재산의 과세가액 불산입과 달리 과세가액 불산입을 위한 조건이나 사후관리가 필요 없이 항상 증여세가 부과되지 않는다. 상속세와 달리 수증자가 누구인가에 따라 증여세 비과세가 결정되는 인적 비과세는 존재하지 않는다.

2) 범위

증여세가 비과세되는 재산은 아래에 열거된 경우에 한한다(상증세법 제46조). 엄격해석의 원칙상 당연하다.

(1) 국가 또는 지방자치단체로부터 증여받은 재산의 가액

이 경우에는 공공단체(지방자치단체조합, 공공도서관·공공박물관)로부터 증여받은 재산은 명시되어 있지 않다.

(2) 우리사주조합원이 취득한 이익

내국법인의 종업원으로서 대통령령이 정하는 요건을 갖춘 종업원단체(이하 "우리사주조합"이라 한다)에 가입한 자가 해당 법인의 주식을 우리사주조합을 통하여 취득한 경우로서 그 조합원이 대통령령이 정하는 소액주주의 기준에 해당하는 경우 그 주식의 취득가액과 시가와의 차액으로 인하여 받은 이익에 상당하는 가액은 증여세가 비과세된다. 이 규정은 우리사주조합원이 당해 법인의 주식을 유상증자 등으로 취득하는 경우에 적용되므로, 법인의 주주가 당해 법인의 주식을 우리사주조합에 무상양도하고 우리사주조합원이 동 조합을 통하여 해당 주식을 취득한 경우에는 증여세 납부의무가 있다(국심 2000서1637, 2000. 12. 11.).

여기에서 우리사주조합이라 함은 근로자복지기본법 또는 자본시장과 금융투자업에 관한 법률의 규정에 의한 우리사주조합을 말한다.

그리고 "대통령령이 정하는 소액주주"라 함은 해당 법인의 발행주식총수 등의 100분의 1 미만을 소유하는 경우로서 주식 등의 액면가액을 합친 금액이 3억원 미만인 주주 등을 말한다(상증세법 시행령 제29조 제5항).

(3) 정당법의 규정에 의한 정당이 증여받은 재산의 가액

그런데 아래 Ⅲ.에서 보는 바와 같이 비록 정당이 증여받은 재산이더라도 정치자금법에 의하지 않은 불법정치자금은 증여세 비과세에서 제외된다(상증세법 집행기준 46-35-2).

(4) 사내근로복지기금 등이 증여받은 재산

사내근로복지기금법의 규정에 의한 사내근로복지기금 그 밖의 이와 유사한 것으로서 대통령령이 정하는 단체가 증여받은 재산의 가액은 비과세된다.

이때 "대통령령이 정하는 단체"라 함은 근로복지기본법의 규정에 의한 우리사주조합, 공동근로복지기금[393] 및 근로자복지진흥기금을 말한다.

---

393) 둘 이상의 사업주가 공동으로 출연하여 조성한 근로복지기금(근로복지기본법 제86조의 2). 2019. 2. 12. 이후 증여받는 분부터 적용한다.

(5) 사회통념상 인정되는 생활비·교육비 등

사회통념상 인정되는 이재구호금품, 치료비, 피부양자의 생활비, 교육비 그 밖의 이와 유사한 것으로서 대통령령이 정하는 것은 증여세가 과세되지 않는다.

여기에서 증여세가 비과세되는 생활비 또는 교육비는 민법(제974조)상 부양의무자 [직계혈족 및 그 배우자 간, 기타 친족간(생계를 같이하는 경우에 한한다)] 사이[따라서 부양능력이 있는 부모가 있는 손자에게 부양의무가 없는 조부가 유학자금 등을 지급하는 것은 비과세가 아니다(재산－952, 2010. 12. 15.)]의 생활비 또는 교육비로서(서일 46014－11554, 2002. 11. 20.) 필요시마다 직접 이러한 비용에 충당하기 위하여 증여에 의하여 취득한 재산을 말하는 것이며, 생활비 또는 교육비의 명목으로 취득한 재산의 경우에도 해당 재산을 정기예·적금하거나 주식, 토지, 주택 등의 매입자금 등으로 사용하는 경우에는 증여세가 비과세되는 생활비 또는 교육비로 보지 아니한다(상증세법 기본통칙 46－35…1, 같은 법 집행기준 46－35－2 ; 심사증여 2011－26, 2011. 9. 2.).

또한 청구인은 아버지와 별도로 세대를 이루고 미국에서 자력으로 생활하고 있는 것으로 보이므로 쟁점금액을 증여세 비과세대상인 교육비 및 생활비로 보기 어렵다는 사례(조심 2013서0285, 2013. 3. 25.), 피상속인의 은행거래내역서상 출금액이 생활비 성격의 지출로 보이고 피상속인이 말기암 환자이어서 의료비로 지출되었을 가능성이 높아 동 금액을 사전증여재산가액에서 제외한 처분은 타당하다는 사례(조심 2009서 2933, 2010. 11. 30.) 등이 있다.

자금난을 겪고 있는 이혼한 전 남편에게 생활비와 그들 사이에 출생한 자녀들 교육비에 사용하라면서 1978. 2.부터 1981. 3.까지 3회에 걸쳐 도합 금 4억원을 교부한 경우 위 4억원을 모두 증여한 것으로 보고 한 증여세부과처분이 정당하다는 판례(대법원 84누309, 1985. 4. 9.)의 경우는 이혼한 부부 사이는 상속세법 시행령 제4조 제1호 소정의 민법상 상호 부양의무가 없는 자들일 뿐만 아니라 위의 금액이 동법조 소정의 통상 필요하다고 인정되는 생활비와 교육비의 범위에도 포함되지 않는다고 보았다. 생활비의 경우는 법령해석, 교육비의 경우는 사실인정에 대한 것이라 할 수 있다. "사회통념상 인정되는"의 범위에 대해서는 법원이 최종적인 판단을 할 수밖에 없다.[394]

여기에서 "대통령령이 정하는 것"이라 함은 다음 각 호의 어느 하나에 해당하는 것으로서 해당 용도에 직접 지출한 것을 말한다.

---

394) 2004년 완전포괄주의 도입 이후 과세관청에 구체적인 집행기준을 제시하기 위한 국세청 용역보고서의 경우도 이에 대한 의견 제시는 없다. : 이전오·최봉길·정지선·권오현, "증여세 완전포괄주의 과세제도 정착을 위한 법령 등 제도개선 연구", 국세청 용역보고서, 2010. 10. 26. 참조. 해당 보고서는 http://www.prism.go.kr에서 원문 확인이 가능하다.

① 학자금 또는 장학금 그 밖의 이와 유사한 금품

　여기에서 학자금 또는 장학금이란 학교·직장·기타 각종 단체 등으로부터 지급 받은 학자금 등으로서 소득세법에 의하여 소득세가 비과세되는 것을 말하는 것 으로(서일 46014-11554, 2002. 11. 20.) 위의 교육비와 구별된다. 장학금에는 외국에 소재 하는 대학이 내국법인으로부터 장학금 명목으로 기부받은 금품을 그 기부목적대 로 당해 용도에 직접 지출한 경우도 포함한다(서면4팀-514, 2005. 4. 4.).

② 기념품·축하금·부의금 그 밖의 이와 유사한 금품으로서 통상 필요하다고 인정 되는 금품

　기념품, 축하금, 부의금은 그 물품 또는 금액을 지급한 자 별로 사회통념상 인정 되는 물품 또는 금액을 기준으로 한다(상증세법 기본통칙 46-35…1).

③ 혼수용품으로서 통상 필요하다고 인정되는 금품

　통상 필요하다고 인정하는 혼수용품은 일상생활에 필요한 가사용품에 한하며, 호화· 사치용품이나 주택·차량 등은 포함하지 아니한다(상증세법 기본통칙 46-35…1, 같은 법 집 행기준 46-35-2).

④ 타인으로부터 기증을 받아 외국에서 국내에 반입된 물품으로서 해당 물품의 관세 의 과세가격이 100만원 미만인 물품

⑤ 무주택근로자가 건물의 총연면적이 85제곱미터 이하인 주택(주택에 딸린 토지로서 건 물연면적의 5배 이내의 토지를 포함한다)을 취득 또는 임차하기 위하여 상증세법 제46조 제4호의 규정에 의한 사내근로복지기금으로부터 증여받은 주택취득보조금 중 그 주택취득가액의 100분의 5 이하의 것과 주택임차보조금 중 전세가액의 100분의 10 이하의 것

⑥ 불우한 자를 돕기 위하여 언론기관을 통하여 증여한 금품

(6) 신용보증기금 등이 증여받은 재산

　신용보증기금법에 의하여 설립된 신용보증기금 그 밖의 이와 유사한 것으로서 대통 령령이 정하는 단체가 증여받은 재산의 가액은 증여세가 비과세된다.

　이때 "대통령령이 정하는 단체"라 함은 다음 각 호의 어느 하나에 해당하는 단체를 말한다.

① 기술신용보증기금법에 의한 기술신용보증기금

② 지역신용보증재단법에 따른 신용보증재단 및 같은 법 제35조에 따른 신용보증재 단중앙회

③ 예금자보호법 제24조 제1항에 따른 예금보험기금 및 같은 법 제26조의 3 제1항에

따른 예금보험기금채권상환기금[395]

④ 한국주택금융공사법 제55조에 따른 주택금융신용보증기금(같은 법 제59조의 2에 따라 설치된 주택담보노후연금보증계정을 포함한다)[396]

⑤ 서민의 금융생활지원에 관한 법률 제3조에 따른 서민금융진흥원(같은 법 제46조에 따라 설치된 신용보증계정에 출연하는 경우를 한정한다)

(7) 국가 · 지방자치단체 또는 공공단체가 증여받은 재산의 가액

여기에서의 공공단체는 '상속세편' 비과세에서와 같이 지방자치단체조합, 공공도서관 및 공공박물관을 의미한다고 해석하여야 한다.

(8) 장애인이 보험금 수령인인 보험금

장애인을 보험금 수령인으로 하는 보험으로서 대통령령이 정하는 보험의 보험금은 증여세가 과세되지 않는다.

이때에 "대통령령이 정하는 보험의 보험금"이라 함은 소득세법 시행령 제107조 제1항 각 호의 어느 하나에 해당하는 자(장애인복지법에 의한 장애인, 국가유공자 등 예우 및 지원에 관한 법률에 의한 상이자 및 이와 유사한 자로서 근로능력이 없는 자, 항시 치료를 요하는 중증환자)를 수익자로 한 보험(생명보험금, 상해보험금, 손해보험금)의 보험금을 말한다. 따라서 이에 해당하기만 하면 수증자가 비거주자인 장애인인 경우에도 적용된다(재산-606, 2010. 8. 18.). 이 경우 비과세되는 보험금은 연간 4천만원을 한도로 한다.[397]

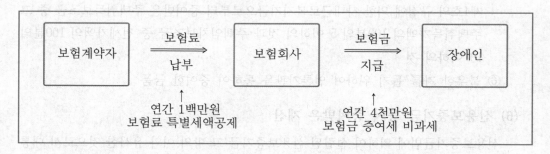

---

395) 2007. 2. 28. 이후 적용

396) 2007. 2. 28. 이후 적용

397) 한편 근로소득자가 장애인 전용상품에 부양가족 중 장애인을 보험금 수령인으로 하여 가입하고서 보험료를 납부하는 경우에 연간 1백만원까지 종합소득산출세액에서 세액공제를 받을 수 있다(소득세법 제59조의4 제1항 제1호).

(9) 의사자(義死者) 등의 유족이 받는 성금 등에 대한 비과세[398]

「국가유공자 등 예우 및 지원에 관한 법률」에 따른 국가유공자의 유족이나 「의사상자 등 예우 및 지원에 관한 법률」에 따른 의사자(義死者)의 유족이 증여받은 성금 및 물품 등 재산의 가액

(10) 비영리법인의 해산 등으로 다른 비영리법인이 승계받은 재산[399]

비영리법인의 설립근거가 되는 법령의 변경으로 비영리법인이 해산되거나 업무가 변경됨에 따라 해당 비영리법인의 재산과 권리 · 의무를 다른 비영리법인이 승계받은 경우 승계받은 해당 재산의 가액

┃상속세 비과세와 증여세 비과세의 비교표┃

구 분	상속세 비과세	증여세 비과세
인적 비과세	피상속인이 전사(戰死) 및 이에 준하는 사망, 전쟁 그 밖의 이에 준하는 공무의 수행으로 인하여 부상 또는 질병으로 사망	–
물적 비과세	국가 · 지방자치단체 · 공공단체에 유증 · 사인증여한 재산	국가 · 지방자치단체 · 공공단체가 증여받은 재산
	국가지정문화재 및 시 · 도 지정문화재와 보호구역 안의 해당 문화재가 속하여 있는 토지	–
	분묘에 속한 금양임야(9,900㎡ 이내) · 분묘에 속한 묘토인 농지(1,980㎡ 이내) · 족보와 제구	–
	정당에 유증 등을 한 재산	정당이 증여받은 재산의 가액
	사내근로복지기금 · 우리사주조합 · 근로복지진흥기금에 유증 · 사인증여한 재산	사내근로복지기금 · 우리사주조합 · 근로복지진흥기금이 증여받은 재산
	사회통념상 인정되는 이재구호금품 · 치료비 · 불우한 자를 돕기 위하여 유증한 재산	사회통념상 인정되는 이재구호금품, 치료비, 피부양자의 생활비, 교육비, 학자금 또는 장학금 / 기념품 · 축하금 · 부의금 그 밖의 이와 유사한 금품으로서 통상 필요하다고 인정되는 금품 / 혼수용품으로서 통상 필요하다고 인정되는 금품 / 타인으로부터 기증을 받아 외국에서 국내에 반입된 물품으

---

398) 2016. 1. 1. 이후 증여받는 분부터 적용
399) 2017. 1. 1. 이후 증여받는 분부터 적용

구 분	상속세 비과세	증여세 비과세
물적 비과세		로서 해당 물품의 관세의 과세가격이 100만원 미만인 물품 / 무주택근로자가 건물의 총연면적이 85제곱미터 이하인 주택(주택에 딸린 토지로서 건물연면적의 5배 이내의 토지 포함)을 취득 또는 임차하기 위하여 사내근로복지기금으로부터 증여받은 주택취득보조금 중 그 주택취득가액의 100분의 5 이하의 것과 주택임차보조금 중 전세가액의 100분의 10 이하의 것 / 불우한 자를 돕기 위하여 언론기관을 통하여 증여한 금품
	상속인이 상속세 신고기한 이내에 국가·지방자치단체 또는 공공단체에 증여한 재산	–
	–	국가 또는 지방자치단체로부터 증여받은 재산의 가액
	–	우리사주조합원이 취득한 이익
	–	신용보증기금 등이 증여받은 재산
	–	장애인이 보험금 수령인인 보험금
		의사자 등의 유족이 받는 성금 등
		비영리법인의 해산 등으로 다른 비영리법인이 승계받은 재산

 정치자금에 관한 법률에 의하여 정당에 기부한 정치자금

(조특법 제76조 제2항, 제3항)

거주자가 정치자금법에 따라 정당(같은 법에 의한 후원회 및 선거관리위원회를 포함한다)에 기부한 정치자금에 대하여는 증여세를 부과하지 아니한다.

그러나 위의 정치자금외의 정치자금에 대하여는 상증세법 제46조 제3호 및 다른 세법의 규정에 불구하고 그 기부받은 자가 증여받은 것으로 보아 증여세를 부과한다(조심 2010중 3996, 2011. 4. 14.).[400]

---

400) 2005. 1. 1. 이후 기부분부터 적용되므로, 종전에는 정당이 받기만 하면 불법정치자금도 상속세·증여세가 비과세되었다.

┃상증세법(제12조 제4호·제46조 제3호)**과 조특법**(제76조 제2항, 제3항) **비교┃**

구 분	상증세법 제12조 제4호	상증세법 제46조 제3호	조특법 제76조
규정방식	상속세 비과세 원칙을 명시	증여세 비과세 원칙을 명시	상속세, 증여세 비과세 요건(정치자금법에 의한 적법한 정치자금에 한함)을 구체적으로 규정
객체	정치자금을 포함한 유증재산 전체	정치자금을 포함한 증여받은 재산	정치자금
주체	상속인(수유자)	수증자	정당(수유자, 수증자)
세법상 취급	수유자의 상속세 비과세	수증자의 증여세 비과세	기부자의 세액공제, 소득공제, 손금산입특례 등을 규정

 ## 목돈마련저축의 이자소득과 저축장려금의 비과세

(농어가목돈마련저축에 관한 법률 제16조)

일정한 요건을 충족하는 목돈마련저축의 농어민 또는 그 상속인이 지급받는 이자소득과 저축장려금에 대하여는 소득세·증여세 또는 상속세를 부과하지 아니한다. 이에 대한 자세한 설명은 '상속세편'을 참조하기 바란다.[401]

 ## 그 밖의 법률에 의한 면제재산[금융실명거래 및 비밀보장에 관한 법률 부칙

(1997. 12. 31 법률 제5493호) 제9조]

그 밖의 법률에 의해 증여세가 면제되는 재산은 비과세재산과 동일하게 취급한다. 따라서 아래 재산에 대해서는 특별한 사후관리가 필요없다. 이에 대해서는 '상속세편'에서 기술하였다.

---

401) 이 책 상속세 편의 '목돈마련저축의 이자소득과 저축장려금의 비과세' 참조

> 해의 맥
>
> 과세가액 불산입은 일정한 요건충족시 과세가액에 불산입하는 것으로 엄격한 사후관리가 필요하다.

I 의의

비과세 재산과 함께 과세대상이 아닌 재산으로 과세가액 불산입재산이 있다. 과세가액 불산입재산은 그 본질은 다른 과세대상 증여재산과 다르지 않으나 특정한 목적을 달성하기 위해 일정한 요건의 충족을 조건으로 하여 증여세를 과세하지 아니하는 재산이다. 따라서 당초의 불산입의 목적이 적절히 달성되도록 다양한 사후관리 규정을 두고 있는 것이 일반적이다. 이 점이 앞서 본 비과세와 다르다.

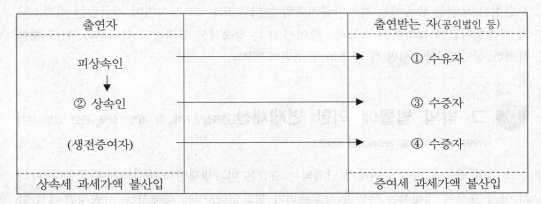

이익을 얻은 자	원칙적 취급	특례 : 과세가액 불산입	불산입 취지를 위반
①	상속세	상속세 과세가액 불산입	상속세, 증여세
②	상속세	상속세 과세가액 불산입	×
③	증여세	(②+③=①)(*)	상속세, 증여세
④	증여세	증여세 과세가액 불산입	증여세

(*) 종전에는 상속인들이 출연을 결정하는 것은 상속세가 과세되고 다시 상속인들이 공익사업에 출연한 분에 대하여 증여세만 과세하지 않는 것으로 하여 유증 또는 사인증여계약의 경우에만 피상속인의 직접 출연으로서 상속세를 면제하였으나, 1990년 12월 31일 상증세법 개정으로 상속인의 합의로 상속재산을 공익사업

에 출연한 경우에도 일정요건을 갖추면 상속세를 면제하도록 하였다.

이는 경제적 실질의 측면에서 보면 피상속인이 출연하는 경우와 다르지 않고, 또한 피상속인이 출연하는 경우와 동일하게 취급함으로써 공익사업 설립 중 상속이 개시되었으나 유언이 없는 경우 상속세가 과세되거나 해당 공익사업이 중도 해체되어야 하는 문제점을 해소할 수 있게 되었다.

공익법인 등 출연재산의 과세가액 불산입

 해의 맥

공익사업의 원활한 수행을 위해 일정한 요건(불산입요건)을 충족하는 경우 출연행위에 대해 증여세 과세가액에 불산입하는 혜택을 주되, 이를 이용한 조세회피행위나 부의 부당한 세습을 방지하기 위해 사후관리기간 동안 불산입의 취지를 달성하도록 엄격한 의무를 부과하고 있다. 즉 '불산입 요건'과 '사후관리(출연시점과 출연이후로 구분) 기준'이 핵심이다.

특히 출연재산이 주식 등인 경우 공익법인을 통한 경영권지배 가능성 정도에 따라 제한의 정도가 다르다는 점에 유의하여야 한다.

§ 관련조문

상증세법	상증세법 시행령	상증세법 시행규칙
제48조【공익법인등이 출연받은 재산에 대한 과세가액 불산입등】	제37조【내국법인 주식등의 초과보유 계산방법등】 제38조【공익법인등이 출연받은 재산의 사후관리】 제39조【공익법인등의 자기내부거래에 대한 증여세 과세】 제40조【공익법인등에게 부과되는 증여세 과세가액의 계산등】 제41조【출연재산 명세의 보고등】 제41조의 2【공익법인등의 주식보유 요건 및 의무이행 신고】 제80조【가산세등】	제11조의 2【직접 고유목적사업에의 사용등】 제11조【공익법인등의 과세기간등】 제12조【공익법인등의 자기내부거래에 대한 증여세 과세】 제13조【출연재산의 평가】 제13조의 2【공익법인등의 의무이행 신고대상등】
제49조【공익법인등의 주식등의 보유기준】	제42조【주식등의 보유기준의 적용대상에서 제외되는 공익법인등】	제11조【공익법인등의 과세기간등】 제13조【출연재산의 평가】
제50조【공익법인등의 세무확인 및 회계감사의무】	제43조【공익법인등에 대한 외부전문가의 세무확인등】	제11조【공익법인등의 과세기간등】 제14조【외부전문가의 세무확인】

상증세법	상증세법 시행령	상증세법 시행규칙
	제43조의 2【공익법인등에 대한 감사인 지정등】	
	제43조의 3【감사보고서 등에 대한 감리】	
제50조의 2【공익법인등의 전용계좌 개설·사용 의무】	제43조의 4【공익법인등의 전용계좌의 개설·사용의무】	제14조의 2【증거서류를 받기 곤란한 수입과 지출의 범위】
제50조의 3【공익법인등의 결산서류등의 공시의무】	제43조의 5【공익법인등의 결산서류등의 공시의무】	제14조의 4【회계기준이 적용되는 공익법인등】
제50조의 4【공익법인등에 적용되는 회계기준】	제43조의 6【공익법인등에 적용되는 회계기준】	제14조의 5【공익법인회계기준 심의위원회】
	제43조의 7【공익법인회계기준 심의위원회】	
제51조【장부의 작성·비치의무】	제44조【장부의 작성·비치】	
제52조【공익신탁재산에 대한 증여세 과세가액 불산입】	제45조【준용규정】	

1. 의의

1) 의의

비영리법인이 재산을 출연받은 경우에는 원칙적으로 증여세 납세의무가 있다.

그럼에도 불구하고 출연받는 자가 비영리법인 중 문화의 향상, 사회복지 및 공익의 증진을 목적으로 하는 공익법인 등에 해당하는 경우에는 출연재산을 증여세 과세가액에 산입하지 아니한다.

2) 취지

이는 비영리공익법인은 재단법인 또는 사단법인으로서 설립취지가 사회일반의 이익에 공여하기 위하여 장학금 또는 연구비의 보조 및 지급과 학술·자선 등에 관한 사업을 목적으로 하고 있어 이러한 공익사업을 수행하는 자는 국가 또는 지방자치단체가 수행해야 할 업무의 일부를 대신 수행한다 할 것이고, 이에 따라 정부는 공익법인이 그 고유목적사업의 원활한 수행을 할 수 있도록 공익사업에 출연한 재산에 대하여 상속세나 증여세를 부과하지 않도록 한 것이다.

3) 구조(상속세와 비교)

이러한 '공익법인 등이 출연받은 재산에 대한 증여세 과세가액 불산입' 규정은 앞서 살펴본 '공익법인 등에 출연한 재산에 대한 상속세 과세가액 불산입'과 그 목적 및 취지를 같이 한다는 점에서 기본적인 틀이 동일하다. 다만, 상속세 과세가액 불산입 규정이 출연하는 자의 관점에서 규율하는 것과 달리 증여세 과세가액 불산입 규정은 출연받은 자인 공익법인 등에 대하여 규율한다는 점 및 출연하는 자가 누구인가(상속세 – 피상속인 및 상속인, 증여세 – 생전증여자)가 하는 점 등이 다를 뿐이다.

즉 단순히 공익법인 등에 출연하는 피상속인·상속인에 대해서만 지원한다면 공익법인 등이 생전증여를 통해 출연받은 재산에 대해서는 증여세를 과세하여야 할 것이다. 이렇게 되면 결국 공익법인 등이 그 목적을 온전히 달성할 수 없게 된다. 따라서 공익법인 등이 재산을 출연받고 그 출연받은 재산을 출연받은 날로부터 3년 이내에 직접 공익목적사업에 사용하는 경우에는 그 출연재산가액은 증여세 과세가액에 산입하지 아니하도록 하였다. 또한 출연한 자가 누구인지를 묻지 않고 오직 출연받은 자가 공익법인 등일 것만을 요건으로 하므로 공익신탁을 통하여 출연받은 경우에도 증여세 과세가액에 산입하지 아니한다.

4) 사후관리

그러나 아무리 정부가 민간부문의 공익사업에의 재산출연을 장려한다고 해서 아무런 사후관리의 장치 없이 출연재산을 증여세의 과세대상에서 제외한다면, 일부에서는 공익과 선행을 앞세워 증여세를 회피하는 것은 물론 오히려 출연자의 부의 증식 및 세습 수단으로 악용할 우려가 없지 않는바, 법에서는 출연재산이 공익사업에 적절하게 사용될 수 있도록 공익사업의 범위, 요건 및 사후관리기준을 규정함으로써 민간부문의 공익사업에의 재산출연을 장려함과 동시에 공익을 앞세운 조세회피행위를 규제하고 있다. 즉 증여자가 공익법인 등을 통하여 경영권을 지배하기 위하여 주식 등을 과다 출연하거나 조세회피의 수단으로 악용하는 경우 등을 방지하기 위하여 사후관리를 하고, 법령에서 정하는 의무를 이행하지 아니하는 경우 증여세 과세가액에 산입하여 증여세를 추징하고 가산세를 부과한다.

2. 불산입 요건

보통 "출연"이란 금품을 내어 도와주는 것으로, 민법상 "출연"이라 함은 본인의 의사에 의하여 자기의 재산을 감소시키고 타인의 재산을 증가시키는 효과를 가져 오는 행위를 말하므로, 여기에서의 "출연"이라 함은 기부 또는 증여 등의 명칭에 불구하고 공익사업에 사용하도록 무상으로 재산을 제공하는 행위를 말한다. 결국 출연이란 법률적 성격을 증여로 이해하면 되겠다. 이에 따라 적법한 출연이 있었느냐의 여부는 민법상으로 적법한 증여(유증, 사인증여 포함) 행위가 있었느냐로 판단하면 된다.

이에 따라 일정한 요건을 갖춘 공익법인 등[2)]이 출연받은 재산(증여재산)[4)]에 대해서는 수증자인 공익법인 등에 대해 증여세를 과세하지 않는다.

1) 출연자 요건

출연자란 재산출연의 계약자로서의 출연자를 의미하는바, 증여에서는 증여자가 출연자이다. 그런데 공익법인이 출연받은 재산은 그 출연자가 누구인가를 묻지 않는다. 그러므로 공익신탁을 통해 출연받은 경우에도 당연히 증여세 과세가액에 산입하지 않는다.

2) 출연받은 자 요건 - 공익법인 등

종교・자선・학술 관련 사업 등의 공익사업을 영위하는 자(이를 '공익법인 등'이라 한다)에게 출연하여야 한다.

이에 대한 상세한 해설은 '상속세편'을 참조하기 바란다.

3) 출연시기 요건

상증세법상 증여는 그 이행을 완료하였을 때 성립하므로 상속세에서처럼 일정한 출연기한을 두고 있지 않다. 그러므로 공익법인 등이 출연재산을 취득한 때에 출연된 것으로 본다(상증세법 기본통칙 16-13…2). 즉 공익법인 등이 출연재산을 취득한 때(즉 출연자가 출연을 이행한 때)를 출연시기로 한다는 것은 민법상 출연재산의 귀속시기에 불구하고 공익법인 등에게 출연재산이 등기 등[402)] 또는 인도된 때를 출연시기로 한다는 의미이다. 그러므로 개인명의로 등기된 재산은 공익법인 등이 출연받은 재산이 아니다(서면4팀-2189, 2005. 11. 15.).

출연시기(즉 증여시기)에 대한 설명은 '상속세편'을 참조하기 바란다.

4) 출연대상 재산 요건

출연대상 재산은 공익법인 등의 상속세 과세가액 불산입에서 기술한 바와 같다.

---

402) 권리의 이전이나 그 행사에 등기・등록 등을 요하는 출연재산의 경우에는 등기・등록에 의하여 소유권이 이전된 것을 말한다.

(1) 원칙 : 출연재산이 되기 위해서는 증여의 대상이 되는 경제적 가치나 재산적 가치가 있는 재산(채권을 포함한다)(앞서 살펴 본 증여재산)이면 되고 특별한 제한이 없다. 그러므로 회수불능채권 등 경제적 · 재산적 가치가 없는 재산은 제외된다.

- [증여예시 및 증여추정 재산] 상증세법 제33조 내지 제45조의 증여예시규정의 증여재산과 증여추정에 의한 증여재산에 대해서도 그 이익의 귀속자가 공익법인 등이라면 증여세 과세가액 불산입규정이 적용되는 것이 타당하다(서면4팀-1691, 2006. 6. 12. ; 서면4팀-1185, 2005. 7. 12. ; 서일 46014-11259, 2002. 9. 26. ; 제도 46014-10209, 2001. 3. 23.).

- [증여의제 재산] 하지만 공익법인 등을 명의자로 한 경우 명의신탁을 방지하고자 하는 명의신탁 증여의제규정의 취지 및 명의신탁재산의 소유권이 여전히 증여자에게 있다는 점 등에 비추어 증여의제 재산의 경우에는 출연대상 재산에 포함되지 않는다고 보아야 한다.

- [조건부증여 출연재산] 일정한 조건을 붙여 공익법인에 부동산을 출연하는 경우 그 출연부동산에 대한 증여세 과세가액 산입여부는 그 조건의 내용, 출연부동산과 부담 조건의 관련성 등을 감안하여 사실판단할 사항인바, 부동산의 출연과 경제적 대가관계에 있는 조건을 붙인 경우에는 그 출연부동산의 가액 중 대가에 상당하는 부분은 출연자가 공익법인에 그 부동산을 유상으로 사실상 이전하는 것(양도)에 해당한다(재재산-364, 2011. 5. 18.).

(2) 예외 : 이처럼 증여세가 부과되지 않는 출연재산의 범위에는 특별한 제한이 없으나 대기업들이 문화재단 등을 설립하여 계열기업을 지배하는 수단으로 이용하는 사례를 방지하고 동일기업의 주식을 과다하게 보유하기보다는 우량주식 등으로 대체하여 분산보유하도록 유도하기 위하여 공익사업에 대한 주식출연비율은 제한(예외적으로 상증세법 제16조 제3항에 따라 주식등을 출연하는 경우에는 비율의 제한이 없다)하고 있다.

┃ 재산의 출연방법과 상증세법상의 취급 ┃

재산의 출연방법	상증세법상의 취급
피상속인의 생전 증여계약에 의한 증여	증여세 면제
피상속인의 공익법인 설립행위(유언처분, 생전처분)에 의한 출연 [보론 20 참조]	상속세 또는 증여세 면제
피상속인의 유증에 의한 출연	상속세 면제
피상속인의 사인증여계약에 의한 출연	상속세 면제
상속인의 합의에 의한 피상속인 사후의 출연	상속세 면제

※ 상기의 증여 · 유증 및 사인증여는 모두 적법한 민법상의 법률행위 또는 계약에 해당하여야 한다.

3. 공익법인 등의 범위

공익법인 등의 범위는 상속세 과세가액 불산입에서 기술한 것과 동일하다.

4. 출연시 공익법인 등이 지켜야 할 의무 – 내국법인의 주식 등을 5%(10%) 이하 출연의무 위반시 증여세 과세가액 산입(증여세 추징)

1) 의의

증여자가 공익법인을 통하여 경영권을 지배하기 위하여 주식을 과다출연하는 것을 막기 위해, 공익법인이 내국법인의 의결권 있는 주식 또는 출자지분(이하 "주식 등"이라 한다)을 출연받은 경우에는 해당 주식이 해당 내국법인의 발행주식총수 또는 출자총액(자기주식과 자기출자지분은 제외한다. 이하 "발행주식총수 등"이라 한다)의 5%(상호출자제한기업집단과 특수관계에 있지 아니한 법§48⑪요건충족공익법인 등에 해당하는 경우에는 10%,[403] 자선·장학 또는 사회복지를 목적으로 하며 의결권을 미행사하는 법§48⑪요건충족공익법인 등에 해당하는 경우에는 20%[404]) 이내로 보유하여야 한다(상증세법 제48조 제1항).

2021년부터는 일반공익법인과 성실공익법인의 명칭을 공익법인으로 일원화하고 관련 규정을 정비함에 따라[405] 구 성실공익법인 등은 상증세법 제48조 제11항 각 호의 요건을 충족하는 공익법인 등(이하 "법§48⑪요건충족공익법인 등")으로 칭하고 주식을 발행주식총수의 5%를 초과하여 보유가능한 요건을 합리화하였다.

이에 따라 다음[아래 2)]의 어느 하나의 주식 등을 합한 것이 해당 내국법인의 의결권 있는 발행주식총수 등(자기주식과 자기출자지분은 제외한다[406])의 5%[상호출자제한기업집단과 특수관계에 있지 아니한 법§48⑪요건충족공익법인 등은 10%(20%)[407]]를 초과하는 경우에는 공익법인 등

---

403) 2008. 1. 1. 이후 최초로 공익법인 등에 주식 등을 출연하거나 공익법인 등이 주식 등을 취득하는 분부터 적용한다.

404) 2018. 1. 1. 이후 최초로 공익법인 등에 주식 등을 출연하거나 공익법인 등이 주식 등을 취득하는 분부터 적용한다. 공익법인을 통한 자선·장학·사회복지활동을 지원한다는 취지로 자선·장학 또는 사회복지를 목적으로 하고, 해당 성실공익법인 등이 출연받은 주식이나 출자지분의 의결권을 행사하지 않는 경우에 대하여 주식 등의 보유한도를 상향조정하였다.

405) 2021. 1. 1. 이후 개시하는 사업연도분부터 적용한다.

406) 2017. 1. 1. 개정에서 공익법인 등이 출연받은 주식 등의 비율 산정방법의 합리성을 제고하기 위하여 내국법인의 의결권 있는 발행주식총수 또는 출자총액을 산정하는 경우 그 내국법인의 자기주식과 자기출자지분을 제외하도록 하였다. 2017. 1. 1. 이후 취득하는 분부터 적용한다.

407) 종전에는 성실공익법인 등의 요건을 충족하는 것만으로 적용여부가 결정되었으나, 공익법인의 공익성을 제고한다는 취지에서 2017년부터 적용대상이 상호출자제한기업집단과 특수관계가 없는 성실공익

이 증여받은 것으로 보아 증여세 과세가액에 산입한다.

- [출연 목적, 의도, 동기 등의 영향] 판례(대법원 2017. 4. 20. 선고 2011두21447 전원합의체 판결)에 따르면, 위 주식 초과분을 취득하기만 하면 과세가액에 산입하는 것은 아니다. 이 판례에 따르면 내국법인의 최대주주였던 자라고 하더라도 그 실질이 편법적으로 기업을 지배하려는 것이 아니고 회사의 경영성과에 따른 수익을 공익법인에 귀속시킴으로써 지속적이고 안정적인 재정적 기반을 구축할 수 있도록 하는 주식출연에 대하여는 증여세 세제혜택을 받을 수 있다.[408]

2) 5%(10%, 20%) 계산의 범위

이때에 공익법인 등이 내국법인의 주식 등을 출연받은 시기에 아래 주식 등을 합하여 발행주식총수 등의 5%[상호출자제한기업집단과 특수관계에 있지 아니한 법§48①요건충족공익법인 등은 10%(20%)] 초과 여부를 판정한다(상증세법 제48조 제1항).

① 출연받은 주식 등

② 출연 당시 해당 공익법인 등이 보유하는 동일한 내국법인의 주식 등

③ 출연자(출연자가 사망한 경우에는 상속인을 포함) 및 그의 특수관계인이 해당 공익법인 등 외의 다른 공익법인 등에 출연한 동일한 내국법인의 주식 등

④ 출연 당시 출연자 및 그의 특수관계인으로부터 재산을 출연받은 다른 공익법인 등이 보유하고 동일한 내국법인의 주식 등

이때 "출연자의 특수관계인"은 출연자와 상증세법 시행령 제2조의 2 제3항 각 호의 어느 하나에 해당하는 관계에 있는 자[409]를 말한다(상증세법 시행령 제37조 제2항). 그러므로 상속인이 출연자라면 피상속인이 다른 공익법인에 유증한 주식도 합하여 판정하여야 한다(재산-639, 2009. 3. 26. ; 재재산-1104, 2009. 6. 22.).

3) 판정시기 등

① 초과출연 여부의 판정을 출연일 현재를 기준으로 하므로, 출연시점에는 일시적으로 한도를 초과하였다 하더라도 연도 중에 매각하여 주주명부의 폐쇄일 직전일 등 계산기준시점(상증세법 시행령 제37조 제1항)에 초과하지 않은 경우라도 초과출연으로 보아

법인 등으로 한정되었다. 2017. 7. 1. 이후 취득하는 분부터 적용한다.

408) 이 판례의 의미에 대해서는 윤현경, 박훈, "공익법인 주식출연시 증여세 과세가액 불산입 인정 요건에 대한 소고-대법원 2017. 4. 20. 선고 2011두21447 전원합의체 판결을 중심으로-", 조세와 법 제10권 제2호, 2017. 12., pp.37-70 참조

409) 이 책 '보론 21 상증세법상 특수관계인 규정 검토' 참조

증여세를 과세한다. 또한 이 날을 기준으로 초과부분의 취득 여부 및 초과출연한 부분에 대한 가액의 평가액도 판단한다. 권리의무확정주의에 따른 것으로 보아 타당하다.

② [상속세와 비교] 그러나 ㉮공익법인 등이 유상증자에 의하여 주식을 취득하는 경우 유상증자일이 속하는 사업연도의 주주명부 폐쇄일 혹은 권리행사기준일, ㉯공익법인 등이 보유하고 있는 주식 등을 발행한 내국법인이 자본 또는 출자액을 감자시킨 경우 감자를 위한 주총결의일이 속하는 연도의 주주명부 폐쇄일까지 유예기간을 두어 그 기간 내에 초과분을 처분하는 경우에는 증여세 과세대상에서 제외하고 있다(상증세법 시행령 제37조 제1항 제2호 및 제3호). 결국 위의 날이 주식 등의 초과부분에 대한 계산기준일이 되는 것이다[410].

그리고 이때에 증여세 과세가액에 산입하는 금액은 5%(10%) 초과하는 주식수에 1주당가액을 곱하여 계산하면 될 것이다.

4) 법§48⑪요건충족공익법인 등의 범위 및 법§48⑪요건충족공익법인 등에 해당하지 않게 되는 경우 과세가액 산입

(1) 법§48⑪요건충족공익법인 등의 범위에 대해서는 '상속세편'[411]을 참조하기 바란다.

(2) 법§48⑪요건충족공익법인 등에 해당하지 않게 되는 경우 과세가액 산입

법§48⑪요건충족공익법인 등이 내국법인의 의결권 있는 발행주식총수 등의 100분의 5를 초과하여 주식 등을 출연(출연받은 재산 및 출연받은 재산의 매각대금으로 주식 등을 취득하는 경우를 포함한다)받은 후 법§48⑪요건충족공익법인 등에 해당하지 아니하게 된 경우[412], 일반적인 공익법인 등에 해당하게 되므로 5% 초과하는 주식 등의 가액에 대해 증여세 과세가액에 산입한다.

- **과세가액** : 이때 증여세 과세가액은 그 과세가액에 산입해야 할 사유가 발생한 날 현재 해당 공익법인 등이 초과하여 보유하고 있는 주식 등의 가액을 기준으로 한다. 이 경우 "과세가액에 산입해야 할 사유가 발생한 날"이란 법§48⑪요건충족

---

410) 공익법인이 보유하고 있는 주식을 발행한 내국법인이 자본 또는 출자액을 감소시킨 경우 법 제48조 제1항 단서에 의한 주식의 초과부분에 대한 가액의 평가기준일은 주주명부폐쇄일이 아닌 감자를 위한 주주총회결의일로 보아야 한다. 대법원 2016. 7. 27. 선고 2016두36116 판결.

411) 이 책 '법§48⑪요건충족공익법인 등에 주식 등을 10% 초과 출연한 경우 상속세 과세가액 산입' 참조

412) 법§48⑪ 요건을 충족하지 아니하게 된 경우. 다만, 해당 요건 중 출연재산가액의 1% 상당액 이상 사용 의무 요건은 2022. 1. 1. 이후 개시하는 사업연도 분부터 적용한다.

공익법인 등에 해당하지 아니하는 사업연도의 종료일을 말한다(상증세법 시행령 제40
조 제2항 ; 재산-1471, 2009. 7. 17.).

5) 주식보유비율(5(10, 20)%) 제한이 적용되지 아니하는 공익법인 등의 범위 및 주식 출연제한규정 위배시 과세가액 산입[413]

(1) 주식보유비율 제한이 적용되지 아니하는 공익법인 등의 범위

이에 대해서는 '상속세편'에서와 같다.

(2) 주식 출연제한규정 위배시 과세가액 산입

- 추징 : 공익법인 등의 주식 등의 출연과 관련하여 다음의 어느 하나에 해당하는 경우에는 해당 공익법인 등이 초과하여 보유하고 있는 주식 등의 가액을 증여세 과세가액에 산입한다(상증세법 제48조 제12항).
  ㉠ 상증세법 제48조 제2항 제2호 단서에 따른 공익법인 등(주식보유비율 제한이 적용되지 아니하는 공익법인 등)이 법§48⑪요건충족공익법인 등 또는 국가·지방자치단체가 출연하여 설립한 공익법인 등에 해당하지 아니하게 되거나, ㉡ 해당 출연자와 특수관계에 있는 내국법인의 주식 등을 해당 법인의 발행주식총수 등의 5%를 초과하여 보유하게 된 경우

- 과세가액 : 이때 증여세 과세가액에 산입해야 하는 경우에는 그 과세가액에 산입하여야 할 사유가 발생한 날 현재 해당 공익법인 등이 초과하여 보유하고 있는 주식 등의 가액을 기준으로 한다. 이 경우 "과세가액에 산입해야 할 사유가 발생한 날"이란 다음 각 호의 어느 하나에 해당하는 날을 말한다(상증세법 시행령 제40조 제2항 ; 재산-1471, 2009. 7. 17.).
  ① 위 ㉠의 공익법인 등에 해당하지 아니하게 된 경우에는 법§48⑪요건충족공익법인 등에 해당하지 아니하는 사업연도의 종료일
  ② 위 ㉡의 해당 법인의 발행주식총수 등의 100분의 5를 초과하여 보유하게 된 날

---

413) 이 책 '상속세편-사후관리의 예외 : 위 1), 2)기준을 초과하여 출연하여도 상속세 과세가액 불산입' 참조

5. 출연 이후 공익법인 등이 지켜야 할 의무(사후관리) – 의무 위반시 즉시 증여세 부과 및 관련 가산세가 있는 경우 가산세 부과

1) 의의

(1) 의의

증여자가 공익법인 등을 통하여 경영권을 지배하기 위하여 주식 등을 과다취득하거 나 조세회피의 수단으로 악용하는 경우 등 법령에서 정하는 의무를 이행하지 아니하 는 경우 즉시 증여세를 추징한다. 그리고 관련 가산세가 있는 경우에는 가산세를 부 과한다.

- [증여세 부과 및 관련 가산세의 의미] 이와 같은 공익법인에 대한 증여세 부과는 당초 공익사업 출연행위와는 별도로 그 과세요인이 발생한 때에 증여세를 부과하 는 것이므로 부과징수권의 소멸시효와는 무관하다. 즉, 당초 출연행위에 대한 과 세가 아니라 공익법인의 의무위반에 따라 출연자와는 상관없이 별도의 과세요건 이 성립되고 이에 따라 그 의무를 위반한 공익법인에게 징벌적 증여세를 부과하는 것이다.

이런 점에서 이러한 의무위반에 대한 세금의 추징과 관련 가산세의 부과는 증여세 의 형태로 부과하는 것이지 상속세로 부과하는 것이 아니다.

공익법인 등이 아래의 사후관리의무를 위반하는 경우에는 그 사유가 발생한 날[414] 에 공익법인 등이 증여받은 것으로 보아 즉시 증여세를 부과하도록 규정하고 있으 며 의무위반으로 인해 증여세가 추징되는 경우 별도의 가산세는 부과되지 아니한 다(재산-186, 2011. 4. 12. ; 재재산 46014-321, 1995. 8. 17.).[415]

---

414) 종전에는 사후관리의무 위반사유가 발생 시 증여일이 명시적으로 규정되어 있지 않았으나, 2019. 12. 31. 상증세법 개정을 통해 위반사유가 발생한 날을 증여일로 보도록 함으로써 사후관리 기준을 명확화 하였다.

415) 과소납부세액에 대한 지연이자적 성격인 납부지연가산세는 그 대상이 될 수 있다고 판단한 사례(적부 2003-2032, 2003. 6. 24.)가 있으나, 이는 출연 시점에 주식취득(보유) 제한(5%)을 위반하여 주식을 출연함에 따라 상속세과세가액불산입 요건을 충족하지 못한 상태임에도 불구하고 상속세과세가액불 산입을 적용한 상속세 신고에 대하여 결정이 이루어진 것이므로, 일단 요건을 충족하여 적법하게 상속 세과세가액불산입을 적용받은 이후에 사후관리의무 위반사유가 발생하는 경우의 가산세 적용 여부와 는 달리 취급되어야 할 것이다.

(2) 구조

① 공익목적 달성을 위한 의무

아래에 열거한 내용은 재산을 출연받은 공익법인 등이 출연받은 재산에 대해 증여
세가 과세되지 않도록 직접 공익목적 달성을 위해 지켜야 할 의무이다.

따라서 이러한 의무를 해태하는 경우에는 과세가액 불산입을 취소하고 출연받은
재산을 과세가액에 산입하거나(아래 (가)) 즉시 증여세를 부과하고(아래 (나)~(자)),
추가로 관련 가산세가 있다면 가산세를 부과한다(아래 (다), (라), (차)의 기준비율미달사
용 및 (카)~(하)).

(가) 내국법인 발행주식총수의 5%(10%, 20%) 이하 주식 출연 ⇨ 출연시 지켜야 할
의무

(나) 출연재산의 3년 내 직접 공익목적에 사용

(다) 출연재산 운용소득의 직접 공익목적에 사용

(라) 출연재산 매각대금의 3년 내 직접 공익목적에 사용

(마) 내국법인 발행주식총수의 5%(10%, 20%) 이하 주식 취득 및 보유

(바) 특정 요건[416]을 갖춘 법§48⑪요건충족공익법인 등의 의결권 제한

(사) 자기내부거래 금지

(아) 특정계층에만 공익사업 혜택 제공 제한

(자) 공익법인 해산시 잔여재산 국가 등에의 귀속

(차) 공익법인 등의 의무지출제도

(카) 동일 내국법인 주식보유기준 준수의무

(타) 계열기업 주식보유한도 유지의무

(파) 출연자 등 이사 및 임직원 취임 제한

(하) 특수관계기업 광고 · 홍보행위 금지

② 협력의무

아래에 열거한 내용은 재산을 출연받은 공익법인 등이 공익목적 달성 여부를 관
리하기 위해 지켜야 할 협력의무이다. 따라서 이러한 의무를 해태하는 경우에는
과세가액 불산입은 유지하되 그 의무위반에 대해 일정한 가산세를 부과한다.[417]

(가) 출연재산 등에 대한 보고서 제출의무

(나) 장부의 작성 · 비치의무

---

416) 상증세법 제16조 제2항 제2호 가목
417) 이 책 '가산세' 참조

(다) 외부전문가의 세무확인 및 보고의무

(라) 외부회계감사를 받아야 할 의무

(마) 법§48⑪요건충족공익법인 등의 의무이행 여부 신고의무

(바) 전용계좌 개설·사용의무

(사) 공익법인 결산서류 공시의무

(아) 공익법인 등의 회계기준 적용의무

(자) 기부금영수증 발급내역 작성·보관·제출의무

(차) 계산서합계표 등 자료제출의무

(3) 연대납세의무 문제(상증세법 제4조의 2 제6항, 같은 법 시행령 제3조의 3)[418]

일단 증여세 과세가액 불산입이 되면 증여세가 부과되지 않으므로 연대납세의무의 문제는 생기지 않는다. 그러나 상증세법 제48조의 규정에 의하여 공익법인 등이 증여세 또는 가산세 추징사유가 발생한 경우에는 증여세가 부과되고 연대납세의무도 함께 발생하게 된다.

그렇더라도 출연자가 해당 공익법인의 운영에 책임이 없는 경우로서 대통령령이 정하는 경우에는 연대납세의무가 면제된다. 이때에 대통령령이 정하는 경우란 ㉮ 상증세법 제48조의 규정에 의한 증여세 또는 가산세 부과사유 발생일부터 소급하여 재산출연일까지의 기간이 10년 이상이면서, ㉯ 위 ㉮의 기간 중 출연자(상증세법 시행령 제38조 제10항에 따른 자를 말한다) 또는 그의 특수관계인이 해당 공익법인의 이사 또는 임직원(이사를 제외한다)이 아니어야 하며, 이사의 선임 등 공익법인의 사업운영에 관한 중요사항을 결정할 권한을 가지지 아니하는 경우이어야 한다.

이는 당초 출연자와 특수관계인이 공익법인의 운영에 참여하지 아니하여 귀책사유가 없는 경우에까지 출연자에게 연대납세의무를 지워 증여세를 부담시키는 것은 과도한 면이 있는 점을 감안한 것이다.

(4) 추징 등의 대상에서 제외되는 출연재산

• [추징제외 출연재산] 공익법인 등에의 출연재산에 대한 사후관리를 함에 있어, 불특정 다수인으로부터 출연받은 재산 중 출연자별로 출연받은 재산가액을 산정하기 어려운 재산으로서 종교사업에 출연하는 헌금(상증세법 시행령 제38조 제1항)은 사후관리대상 출연재산(의무위반시 추징되는 재산)에서 제외[아래 2) 내지 5) 및 8) 내지 10)]한다(상증세법 제48조 제2항 본문 단서).

---

418) 이 책 '증여세 연대납세의무' 이하 참조

즉 불특정다수인으로부터 출연받은 재산으로 출연자별로 가액의 산정이 곤란(출연자별 가액산정이 가능하다면 추징에서 제외되지 않음(재산-56, 2009. 8. 28.))하고, 공익법인 사후관리 대상이 되는 출연재산과 같이 상속세·증여세 회피수단으로 이용될 소지가 거의 없으므로 사후관리대상에서 제외된다. 그리고 이때의 헌금에는 부동산·주식 또는 출자지분으로 출연하는 경우를 제외하므로, 결국 현금으로 헌금하는 재산에 대해서만 사후관리에서 제외한다(상증세법 집행기준 48-38-3). 따라서 이에 대해서는 그 의무를 해태하더라도 증여세를 부과하거나 가산세를 부과하지 않는다.

- [사후관리대상 출연재산으로 볼 수 없는 경우] 공익법인 사후관리규정의 입법취지가 공익법인이 출연받은 재산을 공익목적사업에 사용할 것을 조건으로 증여세를 면제하는 것이므로 사후관리대상은 증여세를 면제받은 재산에 한정해야 한다. 그러므로 그 공익법인이 자신의 자금으로 직접 유상으로 취득한 재산의 경우는 취득 당시 출연받은 재산으로 보기 어려워 증여세 과세사유가 성립될 여지가 없어 증여세를 면제받을 수 없으며, 동 재산을 양도하거나 양도금액이 다른 용도로 사용되는 경우에도 그 양도소득에 대하여 당해 공익법인에 대한 법인세 과세사유는 될 수 있으나 증여세 과세요건에 해당되지 않는다(조심 2010구3122, 2011. 5. 17.).

(5) 출연재산에 대한 증여세 추징사유

공익법인 등이 출연받은 재산 등에 대하여 증여세가 추징되는 사유는 다음과 같은 의무를 지키지 않는 경우인바, 이하에서 차례로 설명하기로 한다(상증세법 집행기준 48-38-1).
① 출연재산의 3년 내 직접 공익목적에 사용
② 출연재산 운용소득의 직접 공익목적에 사용(기준금액 미달사용은 가산세)
　출연재산이나 출연재산의 매각대금이 일시적이고 비경상적으로 발생하여 그 사용을 단기간에 강제하기 곤란한 것과 달리, 운용소득은 매년 계속 반복적·경상적으로 발생하기 때문에 1년 이내에 사용하도록 하고 있다.
③ 출연재산 매각대금의 3년 내 직접 공익목적에 사용(2년 이내 기준금액 미달사용은 가산세)
④ 내국법인 발행주식총수의 5%(10%) 이하 주식 취득 및 보유
⑤ 특정요건[419]을 갖춘 법§48⑪요건충족공익법인 등의 의결권 제한
⑥ 자기내부거래 금지
⑦ 특정계층에만 공익사업 혜택 제공 제한
⑧ 공익법인 해산시 잔여재산 국가 등에의 귀속
⑨ 공익법인 등의 의무지출제도(기준금액 미달사용은 가산세)

---

419) 상증세법 제16조 제2항 제2호 가목

구 분	사후관리 증여세 추징요건	추징방법
(1) 공익목적사업에 사용하지 아니한 경우	① 직접 공익목적사업의 용도 외에 사용한 경우	증여세 추징
	② 출연받은 재산을 출연받은 날부터 3년 이내에 직접공익목적사업에 사용하지 않은 경우	
	③ 출연받은 재산을 수익용 또는 수익사업용으로 운용하여 그 운용소득을 직접공익목적사업 외에 사용한 경우	
	④ 출연받은 재산의 매각대금을 공익목적사업 외에 사용하거나 매각한 날부터 3년이 지난날까지 직접공익목적사업 사용실적이 매각대금의 90%에 미달하는 경우	
	⑤ 제16조 제2항 제2호 가목에 따른 요건을 모두 충족하는 공익법인등[420]이 출연받은 주식 등의 의결권을 행사한 경우	
	⑥ 공익법인 사업종료시 잔여재산을 국가 등에 귀속시키지 아니한 경우	
	⑦ 직접공익목적사업에 사용하는 것의 혜택이 특정 일부에게만 제공되는 경우	
	⑧ 공익법인의 자기 내부거래	
(2) 주식보유비율을 초과하여 주식을 취득하는 경우	⑨ 출연받은 재산이나 운영소득을 내국법인 주식 등을 취득하는데 사용하여 출연자 및 공익법인의 주식보유비율이 5%(10%, 20%)를 초과하는 경우	
(3) 기준금액에 미달하게 사용하는 경우	⑩ 위 ③의 운용소득을 기준금액에 미달하게 사용하거나 ④의 매각대금을 매각한 날부터 2년 동안 기준금액에 미달하게 사용하는 경우	증여세를 추징하는 것이 아니라 가산세만 부과됨
	⑪ 공익법인 등의 의무지출 기준금액에 미달하여 사용하는 경우	

이때 직접공익목적사업에 사용한 금액이 재원별로 구분할 수 있는 경우에는 실제구분에 의하고 구분할 수 없는 경우에는 출연재산 운용소득, 출연재산 매각금액, 출연받은 재산, 그 밖의 재산의 순서대로 사용한 것으로 본다(상증세법 기본통칙 48-38…4 ④, 같은 법 집행기준 48-38-4 ⑤).

---

420) 주식보유한도 100분의 20을 적용받는 공익법인 등

2) 출연재산의 3년 내 직접 공익목적에 사용의무(상증세법 제48조 제2항 제1호)

(1) 의의

출연받은 재산을 직접 공익목적사업 등의 용도 외에 사용하거나, 출연받은 날부터 3년 이내에 직접 공익목적사업 등에 사용하지 아니하거나 3년 이후 직접 공익목적사업 등에 계속하여 사용하지 아니하는 경우[421]에는 그 사유가 발생한 날에 대통령령으로 정하는 가액을 공익법인 등이 증여받은 것으로 보아 즉시 증여세를 부과한다(상증세법 제48조 제2항 제1호).

- [출연받은 날부터 3년 이내의 의미] 공익법인 등이 재산을 출연받아 고유목적사업에 사용할 건물은 건축하는 경우, 출연받은 날부터 3년 이내의 판단은 건물신축공사를 착공한 때를 기준으로 한다(재산-360, 2010. 6. 4.).

(2) 직접 공익목적사용의 범위

여기에서 '직접 공익목적사업 등에 사용'한다는 의미는 다음과 같다(상증세법 제48조 제2항 제1호 괄호, 상증세법 시행령 제38조 제2항). 즉 직접 공익목적사업에의 사용은 그 의미가 출연목적에의 사용으로서 상당히 포괄적으로 해석된다(상증세법 기본통칙 48-38…3 참조).

① 직접 공익목적사업에 충당하기 위하여 수익용 또는 수익사업용으로 운용하는 경우

② 공익법인 등의 정관상 고유목적사업에 사용하는 것

    ㉠ 포함 : 그러므로 공익법인 등이 그 공익법인 등의 정관상의 고유목적사업의 수행에 직접 사용하는 자산을 취득하는 데 소요된 금액은 이를 직접공익목적사업 사용금액에 포함한다.

- 인건비(퇴직금 포함)를 제외하는 명문의 규정이 없으므로 고유목적사업 수행을 위해 사용인의 인건비로 지출한 금액은 전액 직접공익목적사업에 사용한 것으로 본다(서면4팀-605, 2005. 4. 22. : 서일 46014-10228, 2003. 2. 28. : 재산상속 46014-200, 2001. 2. 22. : 서면4팀-451, 2008. 2. 22.).

    ㉡ [직접공익목적사업 외 사용은 아니나, 직접공익목적사업 사용실적에는 제외] 그러나 공익법인 등이 운용소득으로 수익용 재산을 취득한 금액은 직접공익

---

421) 2020. 12. 22. 법 개정을 통해 공익법인 등이 출연받은 재산을 출연받은 날부터 3년 이후 직접 공익목적사업 등에 계속하여 사용하지 아니하는 경우를 사후관리 위반사유에 추가하였다. 이는 2021. 1. 1. 이후 개시하는 과세기간 또는 사업연도 분부터 적용하며, 2021. 1. 1. 전에 개시한 과세기간 또는 사업연도 분에 대해서는 법 제48조 제2항의 개정규정에도 불구하고 종전의 규정에 따른다.

목적사업 사용금액에 포함하지 아니한다(상증세법 기본통칙 48-38…3). 이는 운용 소득으로 수익용 재산을 취득한 금액은 직접공익목적사업 외에 사용한 것으로 보아 증여세를 부과하는 것은 아니지만 직접공익목적사업에 사용한 실적에는 포함되지 아니한다는 말이다(서면4팀-1478, 2005. 8. 22.).

- 그러한 맥락에서 출연받은 재산을 직접 공익목적사업에 충당하기 위하여 수익용 또는 수익사업용으로 운용하는 경우 직접공익목적사업 등에 사용하는 것으로 보지만, 출연재산의 운용소득인 이자소득금액(혹은 임대소득금액)을 다시 정기예금으로 적립한 금액(혹은 직접공익목적사업에 사용하지 아니한 임대보증금의 반환에 사용한 금액)은 직접공익목적사업 외에 사용한 것으로 보아 증여세를 부과하지는 않으나 정기예금으로 다시 적립한 금액은 직접공익목적사업에 사용한 금액에는 포함하지 않는다(재산-895, 2010. 12. 2. ; 재산-174, 2010. 3. 19. ; 서면4팀-2016, 2004. 12. 10.).

  그런데 만약 임차인으로부터 수령한 임대보증금을 직접공익목적사업에 사용한 후 임대소득을 임대보증금 반환목적으로 예치한 경우에는 그 운용소득을 직접공익목적사업에 사용한 것으로 보는 것이 타당하다(이는 임대보증금을 그대로 예치한 후 운용소득인 임대소득을 직접공익목적에 사용하는 것과 동일한 모습이다)(서면4팀-898, 2004. 6. 18.).

- 또한 공익법인 등이 내국법인의 의결권 있는 발행주식총수의 100분의 5를 초과하여 출연받음으로써 같은 법 제48조 제1항 단서규정에 의하여 부과된 증여세를 당해 공익법인 등이 출연받은 재산으로 납부하더라도 그 증여세로 납부한 금액을 직접 공익목적사업 외에 사용한 것으로 보아 증여세를 과세하지는 않는다(서면4팀-408, 2005. 3. 22.).

- 학교법인이 출연받은 재산을 주택자금대여금으로 사용하는 경우도 마찬가지다(재재산-89, 2011. 2. 1.).

ⓒ 제외 : 다음의 어느 하나에 해당하는 경우는 제외한다(상증세법 시행령 제38조 제2항).

　가. 법인세법 시행령 제56조 제11항에 따라 고유목적에 지출한 것으로 보지 아니하는 금액

　　즉 해당 사업연도에 다음 각 호의 어느 하나에 해당하는 법인의 임원 및 종업원이 지급받는 근로소득(소득세법 제20조 제1항 각 호)의 금액의 합계액(이하 "총급여액"이라 하며, 해당 사업연도의 근로기간이 1년 미만인 경우에는 총급여액을 근로기간의 월수로 나눈 금액에 12를 곱하여 계산한 금액으로 한다. 이 경우 월수의 계산은 역에 따라 계산하되, 1월 미만의 일수는 1월로 한다)이 8천만원을 초과하는 경우 그 초과하

는 금액은 고유목적사업에 사용 또는 지출한 인건비(법인세법 시행령 제56조 제6항 제1호)로 보지 아니한다. 다만, 해당 법인이 해당 사업연도의 과세표준을 신고(법인세법 제60조)하기 전에 해당 임원 및 종업원의 인건비 지급규정에 대하여 주무관청으로부터 승인받은 경우에는 그러하지 아니하다.

㉮ 법인세법 제29조 제1항 제2호에 따라 수익사업에서 발생한 소득에 대하여 100분의 50을 곱한 금액을 초과하여 고유목적사업준비금으로 손금산입하는 비영리내국법인

㉯ 사회복지법인 및 장학재단(조세특례제한법 제74조 제1항 제2호 및 제8호)에 해당하여 수익사업에서 발생한 소득에 대하여 100분의 50을 곱한 금액을 초과하여 고유목적사업준비금으로 손금산입하는 비영리내국법인

이는 장학재단 및 사회복지법인 등이 임원 등에게 과다한 인건비를 지급하여 공익법인 운영의 신뢰성 · 투명성을 저해하고 변칙적인 상속 · 증여로 이용되는 문제점이 있어, 주무관청의 승인을 받지 아니하고 공익법인이 지급한 1인당 연간 인건비가 8천만원을 초과하는 경우에는 그 초과금액은 고유목적사업에 사용하지 아니한 것으로 보도록 하였다.[422]

나. 해당 공익법인 등의 정관상의 고유목적사업에 직접 사용하는 시설에 소요되는 수선비 · 전기료 · 전화사용료 등의 관리비를 제외한 관리비는 직접 공익목적사업에 사용한 금액으로 보지 않는다. 그러므로 직접사용시설 관리비는 포함된다.

• 즉 공익법인의 일반관리업무용 사무실의 임차료, 관리비, 회의참석수당 등은 간접적이므로 제외한다.

• 출연받은 부동산(토지, 건물)을 간호사 등 종업원의 숙소로 사용하는 경우에는 법 제48조 제1항 제1호에 규정하는 수익사업용으로 운용하는 경우에 해당하므로 해당 수익사업에서 발생한 수익을 직접 공익목적사업 등에 충당한 경우에는 직접 공익목적사업 등에 사용한 것에 해당한다. 다만, 그 수익사업에서 발생한 수익을 직접 공익목적사업에 충당했는지 여부는 사실판단할 사항이다(상속증여세과-166, 2014. 5. 29. : 재재산-735, 2012. 9. 6.).[423]

---

422) 2012. 2. 2.이 속하는 연도에 최초로 개시하는 과세기간 또는 사업연도분부터 적용한다.

423) 출연받은 부동산(건물, 토지)을 동 의료법인의 사용인(고용의사, 종업원 등)의 숙소 및 체육시설로 사용할 경우에는 직접 공익목적사업 외에 사용한 것으로 본다고 해석한 예규(재삼 46014-1577, 1999. 8. 19.)와는 배치되는 내용으로 직접 공익목적사업 등에 사용한 것으로 볼 수 있는지 여부는 해당 공익법인의

③ 출연받은 재산(출연받은 재산에서 발생한 운용소득 포함)을 해당 직접 공익목적사업에 효율적으로 사용하기 위하여 주무관청의 허가를 받아 다른 공익법인 등에게 출연하는 것.[424] 다만, 주무관청 또는 주무부장관이 없는 경우에는 관할 세무서장이 허가하여야 한다.[425]

그러므로 허가를 받아 출연하면 되며, 공익법인 등 사이에 목적이 같을 것을 요하지 않는다(재산-161, 2011. 3. 30.).

(3) 직접공익목적 사용금액의 범위

직접공익목적사업 등에 사용한 금액의 범위는 다음과 같으며(상증세법 기본통칙 48-38…2), 이에 해당하는지는 당해 공익법인의 고유목적사업 및 당해 출연재산의 이용현황 등 구체적 사실관계를 확인하여 판단한다(서면4팀-1322, 2006. 5. 11.).

① 출연재산이 현금인 경우

　㉠ 직접공익목적사업용 재산을 취득하기 위하여 지출한 금액

　㉡ 직접공익목적사업비로 지출한 금액

　　• 영리법인과의 거래 여부에 불문하고 그 지출의 목적에 따른다(재산-455, 2010. 6. 28.).

　㉢ 수익사업용 또는 수익용재산을 취득하기 위하여 지출한 금액

　　• 현금을 출연받아 금융회사 등에 예금하여 수입하는 이자소득으로 공익법인의 고유목적사업에 직접 사용하는 경우(서면4팀-1988, 2007. 6. 27.)

② 출연재산이 현금 외의 재산인 경우

　㉠ 직접공익목적사업에 사용하는 재산의 금액

　　• 공익법인 등에 해당하는 교회가 출연받은 재산을 담임목사의 사택으로 사용하는 경우에는 포함하나(재산-19, 2009. 8. 25.), 부목사·전도사·선교사의 사택으로 사용하는 경우에는 직접 공익목적사업에 사용하는 것으로 보지 않는다고 해석하고 있다(다만, 당해 부목사 등의 사택이 교회의 경내에 소재한 경우로서 종교의 보급 기타 교회를 목적으로도 사용하는 경우에는 이를 직접 공익목적사업을 수행하기 위하여 사용하는 것으로 볼 수 있음)(서면4팀-1278, 2006. 5. 4.). 그러나 이에 해당하는지는 당해 공익법인의 고유목적사업 및 당해 출연재산의 이용현황 등 사실관계를

고유목적사업 및 출연재산의 이용현황 등의 사실관계를 확인하여 판단하여야 할 것이다.

424) 공익법인이 2000. 12. 31. 이전에 다른 공익법인 등에게 재산을 출연한 경우로서 2001. 1. 1. 이후 세무서장이 상속세 및 증여세를 결정하기 전에 주무관청의 허가를 받은 경우에는 상속세 및 증여세법 시행령(2000. 12. 29. 대통령령 제17039호로 개정된 것) 제38조 제2항 단서 및 동 시행령 부칙 제4조 제1항의 규정에 의하여 직접 공익목적사업에 사용한 것으로 보는 것임(재재산 46014-81, 2001. 3. 21.).

425) 2013. 2. 15. 이후 주무관청 또는 주무부장관의 허가를 요청하는 분부터 적용

확인하여 판단할 것이지, 사용자가 누구인가라는 형식적인 면으로 판단할 일은 아니다.

- 학교법인에 기숙사 건물을 신축하여 운용기간 경과 후에 기부채납시(신축하여 먼저 학교에 기부채납하고 운영권을 갖는 경우 포함)는 직접공익목적용 재산의 출연에 해당한다(서면4팀-783, 2004. 6. 3.). 기부채납과 운영권은 직접적 대가관계로 보지 않기 때문이다.

ⓛ 수익사업용 또는 수익용재산으로 사용되는 재산의 금액

- 장학단체가 출연받은 재산의 임대료수입으로 장학금을 지급하는 경우(재산-939, 2010. 12. 13.)

ⓒ 해당 출연재산을 매각한 대금으로 위 ①의 용도에 지출한 금액

- ⓐ 출연받은 재산의 매각대금으로 정관상 고유목적사업의 수행에 직접 사용하는 재산을 취득하거나 운용기간이 6월 이상인 수익용 또는 수익사업용 재산의 취득 및 운용에 사용하는 경우(재산-916, 2010. 12. 10.). 따라서 출연재산 매각대금으로 주식을 취득한 후 6개월 미만 보유한 경우에는 직접 공익목적 사업에 사용한 실적에 해당하지 않는다(재산-470, 2011. 10. 11.). ⓑ 출연받은 재산 또는 출연받은 재산의 매각대금으로 차입금을 상환하는 경우에는 그 차입금이 직접공익목적사업에 사용되었는지에 따라 출연받은 재산 또는 출연받은 재산의 매각대금의 직접공익목적사업에 사용 여부를 판단한다(서면4팀 -3225, 2007. 11. 7. : 서일 46014-11259, 2002. 9. 26.).

(4) 출연재산의 반환시 증여문제

공익법인 등이 공익사업에 출연한 재산을 당초의 출연자에게 반환하는 경우의 증여세 과세문제가 발생한다. 이에 대해서는 기본적으로 상증세법 제4조 제4항의 증여재산의 반환 혹은 재증여의 과세취급[426]과 그 틀을 같이한다고 보아야 한다. 이는 출연재산의 반환은 출연재산의 직접 공익목적사업 외에 사용한 것이므로 상증세법 제48조 제2항 제1호에 의해 증여세가 추징된다는 점과 일맥상통한다(서면4팀-2999, 2007. 10. 18. : 서면4팀-3003, 2007. 10. 18.). 따라서 금전을 출연받은 후, 그 금전을 출연자에게 반환하게 되면 직접 공익목적사업 외에 사용한 것으로 보아 공익법인에게 증여세가 과세되고, 반환받은 출연자도 그 반환받은 금전에 대하여 증여세 납부의무가 있는 것이다(재산-479, 2011. 10. 13.).

---

426) 이 책 '증여재산의 반환 혹은 재증여' 참조

(5) 증여시기 및 증여재산가액의 계산

① 원칙(상증세법 시행령 제40조 제1항 제1호)

공익법인 등이 출연받은 재산은 3년 이내에 직접 공익목적사업 등에 사용하지 아니한 경우에 증여세가 부과되는 증여재산가액의 계산은 다음과 같다.

㉠ 직접 공익목적사업 등 외에 사용한 경우 : 직접 공익목적사업 등 외에 사용한 날을 증여시기로 보아 평가한 그 사용한 재산의 가액

㉡ 3년 이내에 직접 공익목적사업 등에 사용하지 아니하거나 미달하게 사용한 경우 : 3년이 경과하는 날을 증여시기로 보아(대법원 2018두32804, 2018. 4. 26. ; 서울고등법원 2017누66802, 2017. 12. 13. ; 대법원 2015두50696, 2017. 8. 18. ; 서면4팀-63, 2008. 1. 9.) 평가한 그 사용하지 아니하거나 미달하게 사용한 재산의 가액

㉢ 3년 이후 직접 공익목적사업 등에 계속하여 사용하지 않는 경우 : 3년이 경과한 이후 직접 공익목적사업 등에 계속하여 사용하지 않은 날을 증여시기로 보아 평가한 그 사용하지 않는 재산의 가액

• 증여자별 계산 : ㉮ 직접공익목적사업에 사용한 분이 증여자별로 구분되는 경우에는 실제구분에 의하고, ㉯ 구분되지 않는 경우에는 다음 산식에 따라 안분 계산한 금액에 의한다(상증세법 기본통칙 48-38…5).

$$\text{직접공익목적사업에 사용한 금액} \times \frac{\text{각 출연자별 출연재산가액}}{\text{출연받은 총재산가액}}$$

② 예외

출연받은 재산 중 일부가 다음에 해당하는 사유로 인하여 직접 공익목적사업에 사용할 수 없는 때에는 해당 금액을 출연받은 재산 등의 가액에서 차감한 금액을 기준으로 위의 규정을 적용한다(상증세법 시행령 제38조 제9항, 같은 법 집행기준 48-38-2).

㉠ 공익법인 등의 이사 또는 사용인의 불법행위로 인하여 출연받은 재산 등이 감소된 경우.

다만, 출연자 및 그 출연자의 특수관계인(상증세법 시행령 제2조의 2 제1항 제1호)의 관계에 있는 자의 불법행위로 인한 경우를 제외한다.

㉡ 출연받은 재산 등을 분실하거나 도난당한 경우

(6) 사후관리의 예외 – 증여세 추징 제외

그 사용에 장기간을 요하는 등 출연받은 재산을 직접 공익목적사업에 사용함에 있어

서 다음 중 어느 하나에 해당하는 사유로 출연 받은 재산을 3년 이내에 직접 공익목적사업 등에 전부 사용하거나 3년 이후 직접 공익목적사업 등에 계속하여 사용하는 것이 곤란한 경우로서 상증세법 제48조 제5항의 규정에 의한 보고서의 제출[427]과 함께 납세지 관할 세무서장에게 그 사실을 보고하고, 그 사유가 없어진 날부터 1년 이내에 해당 재산을 직접 공익목적사업 등에 사용[428]하는 경우에는 여전히 증여세를 부과하지 아니한다(상증세법 제48조 제2항 제1호 단서).

① 법령상 또는 행정상의 부득이한 사유 등으로 사용이 곤란한 경우로서 주무부장관 (권한을 위임받은 자를 포함. 다만, 주무관청 또는 주무부장관이 없는 경우에는 관할 세무서장이 허가하여 야 한다[429])이 인정(상증세법 시행령 제38조 제3항)

② 해당 공익목적사업 등의 인가·허가 등과 관련한 소송 등으로 사용이 곤란한 경우[430]

그런데 3년이 경과한 후에 주무부장관으로부터 출연받은 재산의 일부가 출연목적 사용에 장기간 요하는 사실을 법령상 부득이한 사유 등(대법원 2018두32804, 2018. 4. 26. ; 서울행정법원 2014구합55137, 2014. 10. 16.)으로 소급하여 인정받는 경우에도 그 사용기간을 연장한 날까지는 증여세가 과세되지 않는다(재산-150, 2011. 3. 22. ; 대법원 96누3494, 1997. 6. 13.). 한편 주무부장관으로부터 3년 이내 사용이 곤란하다고 인정은 받았으나, 관할 세무서장에게 보고하지 아니한 경우에는 증여세는 부과하지 않고(국심 2004중3694, 2005. 4. 7.) 가산세(상증세법 제78조 제3항에 의해 제출하지 아니하거나 누락된 재산가액에 상당하는 상속세·증여세액 의 1%에 해당하는 보고불성실가산세)만 부과될 것이다. 여기서 주무부장관이란 해당 공익법 인에 대한 허가·검사·감독을 하는 주무관청을 말한다.

3) 출연재산 운용소득의 직접 공익목적에 사용(상증세법 제48조 제2항 제3호 및 제5호)

(1) 의의

① 출연받은 재산을 수익용 또는 수익사업용으로 운영하는 경우로서 그 운용소득을 직접 공익목적사업 외에 사용한 경우에는 그 사유가 발생한 날에 대통령령으로 정하는 가액을 즉시 증여세를 부과한다(상증세법 제48조 제2항 제3호).

---

427) 이 책 '보고서제출의무' 참조

428) 종전에는 보고만 하더라도 증여세를 부과하지 않았으나, 2011. 1. 1. 이후 증여받은 분부터는 부득이한 사유소명 후 1년 내에 직접 공익목적에 사용하도록 하여 제도의 취지에 부합하는 사후관리가 이루어지 도록 하였다.

429) 2013. 2. 15. 이후 주무관청 또는 주무부장관의 허가를 요청하는 분부터 적용

430) 2021. 2. 17. 이후 해당 사유가 발생하는 분부터 적용

② 그리고 위(상증세법 제48조 제2항 제3호)에 따른 운용소득을 기준금액에 미달하게 사용한 경우 미달사용에 대해 증여세를 추징하지는 않지만 상증세법 제78조 제9항에 따른 가산세를 부과한다(상증세법 제48조 제2항 제5호 전단).

(2) 운용소득의 범위(상증세법 시행령 제38조 제5항 및 기본통칙 48 - 38…4, 같은 법 집행기준 48 - 38 - 7)

> 운용소득 = ① - ② + ③
> ① 해당 과세기간 또는 사업연도 수익사업에서 발생한 차가감 소득금액 = (가 - 나 - 다 - 라 + 마 + 바 + 사)
>   가. 해당 과세기간 또는 사업연도의 수익사업에서 발생한 소득금액
>   나. 출연재산과 관련이 없는 수익사업에서 발생한 소득금액
>   다. 상증세법 제48조 제2항 제4호에 따른 출연재산 매각대금
>   라. 공익법인 등이 보유한 주식을 발행한 법인이 합병·분할함에 따른 의제배당액(합병·분할대가 중 주식으로 받은 부분으로 한정한다)으로서 해당 과세기간 또는 사업연도의 소득금액에 포함된 금액
>   마. 고유목적사업준비금
>   바. 해당 과세기간 또는 사업연도 중 고유목적사업으로 지출된 금액으로서 손금에 산입된 금액
>   사. 출연재산을 수익의 원천에 사용함으로써 생긴 소득금액(분리과세된 이자소득 포함)
> ② 해당 소득에 대한 법인세·농어촌특별세·지방소득세 및 이월결손금
> ③ (직전연도 운용소득 미달사용금액 - 미달금액에 대한 가산세)

① 해당 과세기간 또는 사업연도의 수익사업에서 발생한 소득금액

   ㉠ 과세기간 또는 사업연도 : 공익법인 등의 과세기간 또는 사업연도는 해당 공익법인 등에 관한 법률 또는 정관의 규정에 따르되, 과세기간 또는 사업연도가 따로 정해지지 않은 경우에는 매년 1월 1일부터 12월 31일까지로 한다(상증세법 시행규칙 제11조).[431]

   ㉡ '수익사업'에 대한 명문의 규정은 없으나 법인세법 제2조 제3항 및 같은 법 시행령 제3조에 규정된 수익사업에서 발생한 소득으로 해석하고, 운용소득이란 법인세법 제14조의 규정에 따라 수익사업에서 발생한 익금(익금불산입 차감)의 총액에서 손금(손금불산입 차감)의 총액을 차감하여 계산한 소득금액으로 해

---

431) 세법상 법인 또는 개인의 과세소득을 계산함에 있어 기간적으로 구분된 계산단위를 법인세법은 '사업연도', 소득세법은 '과세기간'이란 용어로 표현하고 있으며, 조특법은 법인의 사업연도와 개인의 과세기간을 총칭하여 '과세연도'라는 용어를 사용하고 있다.

석하되 여기에서의 운용소득은 법인세법 제14조의 규정에 의한 각 사업연도 소득과는 다소 차이가 있음에 유의하여야 한다. 예컨대 공익법인이 보유하고 있는 주식을 발행한 회사로부터 받은 배당금(주식배당 포함)은 법인세법 제18조 의 2의 규정에 의한 익금불산입 금액에 관계없이 익금에 산입하여 운용소득을 계산해야 한다(서일 46014-10257, 2002. 2. 28.).

이때 2 이상의 수익사업을 영위하는 경우에는 공익법인 등의 전체 수익사업에서 발생한 전체 소득금액을 기준으로 운용소득을 산정한다(서면4팀-1135, 2005. 7. 5.).

ⓒ '수익사업에서 발생한 소득금액'이라 함은 출연재산으로 영위하는 수익사업에서 발생한 소득금액만을 의미하고, 출연재산과 무관한 수익사업에서 발생한 소득금액은 포함하지 아니한다고 해석함이 상당하다 할 것이다(대법원 2007두26711, 2010. 5. 27.).

ⓐ 여기에는 출연재산 매각금액을 제외한다(재삼 46014-212, 1999. 1. 30.). 이때 출연재산 매각금액이란 공익법인 등이 출연받은 재산 및 출연받은 재산으로 취득한 재산 중 매각한 재산의 금액을 말한다(상증세법 기본통칙 48-38…4 제2항).

ⓜ 2021. 2. 17. 개정으로 실제 사용이 가능한 소득으로 보기 어려운 법인의 합병 및 분할에 따른 의제배당금액(법인세법 제16조 제1항 제5호 및 제6호, 소득세법 제17조 제2항 제4호 및 제6호, 합병·분할대가 중 주식으로 받은 부분으로 한정한다)을 운용소득에서 제외함으로써 운용소득 산정방식을 합리화하였다.[432]

ⓗ 그러나 고유목적사업준비금(법인세법 제29조 제1항)과 손금에 산입한 고유목적사업비는 포함한다.

수익사업회계에서 고유목적사업에 사용하기 위하여 고유목적사업준비금을 설정하는 경우에 동 준비금은 법인세법상 비용으로 인정(그러므로 소득금액에서 제외된 상태이다)하여 주기 때문에, 운용소득의 80% 이상을 직접공익목적사업에 사용하는지를 결정하기 위한 운용소득의 범위에는 다시 포함시켜야 한다.

또한 "해당 사업연도 중 고유목적사업비로 지출된 금액으로서 손금에 산입된 금액"을 가산하도록 하여 해당 연도에 손금산입된 고유목적사업비가 운용소득 및 사용실적에 포함되지 아니함으로써 사용실적이 주로 과소 계산되는 문제점을 해소하였다.

---

432) 2021. 2. 17. 이후 가산세를 결정하는 분부터 적용

ⓐ 출연재산을 수익의 원천에 사용함으로써 생긴 소득금액

이 소득금액에는 분리과세를 선택한 이자소득도 운용소득에 포함한다.

② 이월결손금이란 법인세법 제13조 제1호에 의한 결손금으로서 법인세 과세표준계산에 포함되었거나 자산수증익 등과 상계된 금액을 제외한 나머지 금액으로 보아야 할 것이다.

③ 그리고 사업용 고정자산이나 그 밖의 수익의 원천이 되는 재산을 처분하거나 평가함으로써 생긴 소득은 출연받은 재산의 운용소득에 포함하지 않는다(상증세법 기본통칙 48-38…4 제1항). 즉, 비경상적인 수익은 운용소득에 포함하지 않는다.

(3) 직접공익목적 사용의 범위

기본적으로 앞에서 설명한 직접공익목적 사용의 범위와 그 틀을 같이한다.

공익법인 등이 운용소득으로 수익용 재산을 취득한 금액은 직접공익목적사업 사용금액에 포함하지 아니한다(상증세법 기본통칙 48-38…3)는 의미는, 운용소득으로 수익용 재산을 취득한 금액은 직접공익목적사업 외에 사용한 것으로 보아 증여세를 부과하는 것은 아니지만 직접공익목적사업에 사용한 실적에는 포함되지 아니한다는 말이다(서면4팀-1478, 2005. 8. 22.). 그러므로 미달사용가산세의 대상이 될 수 있다.

(4) 운용소득 사용기준

① 사용기준금액(상증세법 시행령 제38조 제5항)

출연재산을 수익사업에 사용한 결과 발생한 운용소득에 대하여는 앞서 본 운용소득금액의 80% 이상을 그 소득이 발생한 사업연도의 말일로부터 1년 내에 직접공익목적사업에 사용하여야 한다.[433] 사용기준비율을 일정 비율로 한 것은 정상적인 목적사업수행을 위해 공익법인에 필수적으로 소요되는 사용인의 인건비 등 경상적 관리비의 사용을 배려한 조치이다.

㉠ 사용시점 : 이때 목적사업 사용시점은 수익사업에서 목적사업으로 전출하는 시점이 아닌 실제로 목적사업에서 동 금액을 전입받아 이를 집행한 날로 해석하여야 한다.

---

433) 2020. 12. 22. 상증세법 개정을 통해 일반공익법인과 성실공익법인을 통합하여 공익법인으로 일원화함에 따라 2021. 2. 17. 상증세법 시행령 개정을 통해 운용소득의 직접공익목적 사용기준비율을 80%로 일원화하여 운용소득의 직접공익목적 사용의무를 강화하였다. 이는 2022. 1. 1. 이후 개시하는 사업연도 분부터 적용한다.

ⓛ 1년 이내 사용의 의미
  • 법문상으로만 보면 운용소득은 소득이 발생한 사업연도의 말일로부터 1년 내에 사용하라고 하여 해당 연도 발생분을 다음 해에 사용하도록 하고 있으나, 해당연도에 발생한 소득을 해당 연도에 고유목적에 사용하는 경우에도 법인세법상 고유목적사업준비금을 고유목적에 사용한 것으로 인정하고 있고 일반적인 예산편성과 집행에도 해당 연도의 수익소득으로 해당 연도의 고유목적사업비에 충당하는 것을 감안하여 해당 과세기간 사용도 고유목적 사용으로 인정하도록 하였다(상증세법 시행령 제38조 제6항).
  • 한편 다른 공익법인 등에 조건부 출연 후 그 조건이 성취되지 않아 반환받은 금전은 그 반환일이 속하는 사업연도 종료일부터 1년 이내에 직접공익목적사업에 사용하여야 가산세를 부과하지 아니한다(서면4팀-3119, 2007. 10. 31.).
ⓒ 운용소득 사용의 의미 : 출연재산 운용소득의 사용은 출연재산 운용소득을 재원으로 하여 직접 공익목적사업에 사용한 금액뿐 아니라(상증세법 기본통칙 48-38…4 제3항), 출연받은 재산을 재원으로 하여 사용한 금액도 포함하여야 한다.
ⓡ 고유목적사업준비금과의 관계 : 고유목적사업준비금을 손금으로 계상하지 아니하고 수익사업에서 생긴 소득을 당해 법인의 고유목적사업 등에 직접 지출한 경우에는 그 금액을 고유목적사업준비금을 계상하여 지출한 것으로 보기 때문에(국세청 법인 46012-2758, 1998. 9. 25. : 서이 46012-10111, 2003. 1. 16.), 수익사업소득의 50%만을 손금에 산입하는 소득이 있는 공익법인의 경우 운용소득의 80%를 사용하기 위해서는 고유목적사업준비금 손금산입 한도초과로 인해 법인세가 부과된다. 따라서 수익사업소득을 고유목적사업준비금에 손금산입할 수 있는 범위를 넓히도록 개선하는 것이 바람직하다.
② 사용의무의 탄력적 적용(상증세법 시행령 제38조 제6항)
출연재산 운용소득 등을 공익사업에 사용함에 있어 사업연도별로 많이 지출하거나 적게 지출할 수 있으므로 사용의무 기준금액과 사용실적을 각각 5년 평균액(이때 결손이 발생한 사업연도의 소득금액은 영(0)으로 보는 것임(재산-273, 2009. 9. 21.))을 기준으로 계산할 수 있다. 즉, 해당 사업연도에 미달사용금액이 있더라도 운용소득과 공익사업에 사용한 실적을 해당 사업연도와 직전 4사업연도와의 5년간 평균하여 그 사용금액이 사용기준금액에 미달하지 않으면 적정하게 사용한 것으로 본다. 다만, 사업개시 후 5년이 경과되지 아니한 경우에는 사업개시 후 5년이 경과한 때부터 적용한다.

이러한 특례규정은 법인세법상의 공익법인의 고유목적사업준비금 사용기한이 5년이라는 점을 감안하여 운용소득 사용실적 판정기준을 5년간의 평균액으로 할 수 있게 한 것이다.[434]

③ **사용실적**(상증세법 기본통칙 48-38···4 제3항·제4항)

직접공익목적사업에 사용한 실적은 수익사업용 또는 수익용으로 사용하는 출연재산의 운용소득을 재원으로 하여 직접공익목적사업에 사용한 금액의 합계액을 말한다.

(5) 증여재산가액 및 가산세의 계산

① **운용소득을 '직접공익목적사업 이외 사용'에 대한 증여세 추징**

출연재산 운용수익을 직접 공익목적사업 외에 사용하여 증여세가 부과되는 경우의 증여재산가액은 다음에 의하여 계산한다(상증세법 시행령 제40조 제1항 제2호의 2, 같은 법 시행규칙 제13조, 같은 법 기본통칙 48-40···8).

$$\text{기획재정부령이 정하는 출연재산}(\text{직접 공익목적사업에 사용한 분을 제외})\text{의 평가가액} \times \frac{\text{공익목적사업 외에 사용한 금액}}{\text{상증세법 시행령 제38조 제5항의 규정에 의한 운용소득}}$$

㉠ 출연재산의 평가가액 : 여기에서의 출연재산에는 직접 공익목적사업에 사용(상증세법 제48조 제2항 제1호)[앞 2)]한 분은 제외하며, 출연재산의 평가가액이란 운용소득을 사용하여야 할 과세기간 또는 사업연도의 직전 과세기간 또는 직전 사업연도 말 현재 수익용 또는 수익사업용으로 운용하는 출연재산에 대한 대차대조표상 가액을 말한다. 다만, 그 가액이 상증세법 제4장의 규정에 의하여 평가한 가액의 100분의 70 이하인 경우에는 상증세법 제4장의 규정에 의하여 평가한 가액으로 한다(상증세법 시행규칙 제13조 제2항).

그리고 해당 재산 중 공익법인 등이 1년 이상 보유한 주식 등에 대하여는 위의 산식에 불구하고 그 액면가액을 기준으로 계산한 금액에 의한다(상증세법

---

434) 한편 상증세법 시행령 부칙(2000. 12. 29.) 제6조에 의하면 사용실적 판정기준을 5년간으로 하되 이 상증세법 시행령 시행(2001. 1. 1.) 후 5년이 되는 날이 속하는 사업연도까지는 종전의 규정에 의하여 운용소득사용실적을 3년간의 평균으로 계산할 수 있도록 하였다(상증세법 시행령 제38조 제6항). 즉 사업개시 5년 미만인 경우 5년이 경과한 시점에서 판정하므로 위 규정을 적용할 수 없으나 부칙 제6조에서 3년을 적용하였을 때 유리한 경우는 3년을 적용하도록 하였으므로 5년 미만인 경우이더라도 사업개시 3년 이상이라면 종전 규정을 적용할 수 있을 것이다.

시행규칙 제13조 제3항). 이때 공익법인 등이 1년 이상 보유한 주식이라 함은 해당 공익법인 등이 직접공익목적사업에 사용하여야 할 사업연도의 직전 사업연도 말 현재 1년 이상 보유한 주식을 말한다(상증세법 기본통칙 48-40…8).

ⓛ 상증세법 시행령 제38조 제5항의 규정에 의한 운용소득 : 여기에서의 운용소득은 위 (2)의 범위 내의 운용소득을 말한다(상증세법 시행령 제38조 제5항 및 기본통칙 48-38…4).

ⓒ 증여자별 계산 : 한편, 직접공익목적사업에 사용한 분이 증여자별로 구분되는 경우에는 실제구분에 의하고, 구분되지 않는 경우에는 다음 산식에 따라 안분 계산한 금액에 의한다(상증세법 기본통칙 48-38…5).

$$\text{직접공익목적사업에 사용한 금액} \times \frac{\text{각 출연자별 출연재산가액}}{\text{출연받은 총재산가액}}$$

② 운용소득 '미달사용'에 대한 가산세

운용소득 중 사용기준금액에 미달하게 사용하는 경우에는 미달하게 사용한 운용소득의 100분의 10에 상당하는 금액을 공익법인 등이 납부할 세액에 가산하여 부과한다(상증세법 제48조 제2항 제5호, 제78조 제9항 제1호).

$$\text{가산세} = [\text{사용기준금액(운용소득} \times 80\%) - \text{직접공익목적사용금액}] \times 10\%$$

종전에는 미사용비율에 대하여 증여세를 추징하였지만 이로 인해 납세자 부담이 지나치게 크고 증여세를 추징한 이후에는 미사용금액을 공익사업에 계속 사용하도록 유도하기가 어려운 점을 감안하여 가산세 부과로 개정하여 사용을 유도하도록 하였다.

③ 증여재산가액 및 가산세기준금액에서 제외

운용소득 중 일부가 다음에 해당하는 사유로 인하여 직접 공익목적사업에 사용할 수 없는 때에는 해당 금액을 운용소득에서 차감한 금액을 기준으로 상기의 규정을 적용한다(상증세법 시행령 제38조 제9항, 같은 법 집행기준 48-38-2).

㉠ 공익법인 등의 이사 또는 사용인의 불법행위로 인하여 출연받은 재산 등이 감소된 경우

다만, 출연자 및 그 출연자와 상증세법 시행령 제2조의 2 제1항 제1호의 관계에 있는 자의 불법행위로 인한 경우를 제외한다.

ⓛ 출연받은 재산 등을 분실하거나 도난당한 경우

4) 출연재산 매각대금의 3년 내 직접 공익목적에 사용(상증세법 제48조 제2항 제4호)

(1) 의의

① 출연받은 재산을 매각하고 그 매각대금을 매각한 날부터 3년이 지난 날까지 대통령령으로 정하는 바에 따라 사용하지 아니한 경우에는 그 사유가 발생한 날에 대통령령이 정하는 가액을 공익법인 등이 증여받은 것으로 보아 즉시 증여세를 과세한다(상증세법 제48조 제2항 제4호).

② 그리고 출연받은 재산을 매각하고 그 매각대금을 매각한 날부터 3년 동안 대통령령으로 정하는 기준금액에 미달하게 사용한 경우에는 증여세를 추징하지는 않지만 상증세법 제78조 제9항의 가산세를 부과한다(상증세법 제48조 제2항 제5호 후단).

(2) 매각대금의 범위

매각대금이란 매각대금에 의하여 증가한 재산을 포함한 총매각대금에서 자산매각에 따라 부담하는 국세·지방세를 차감한 것을 말한다(상증세법 제48조 제2항 제2호, 같은 법 시행령 제38조 제17항, 같은 법 집행기준 48-38-8). 이때의 매각대금에는 수익용·수익사업용재산의 매각대금, 운용소득으로 취득한 재산의 매각대금, 매각대금으로 취득한 다른 재산의 매각대금을 포함한다(상증세법 집행기준 48-38-9).

(3) 직접 공익목적사업에 사용의 범위 및 매각대금 사용기준

직접 공익목적사업에 사용한다 함은 앞서 살펴본 바와 같으며, 여기에서는 매각대금으로 직접 공익목적사업용, 수익용 또는 수익사업용 재산을 취득하는 경우도 포함한다(상증세법 시행령 제38조 제4항). 다만, 「독점규제 및 공정거래에 관한 법률」 제31조에 따른 공시대상기업집단에 속하는 법인과 같은 법 시행령 제4조 제1호에 따른 동일인 관련자의 관계에 있는 공익법인 등이 출연받은 재산의 매각대금으로 해당 기업집단에 속하는 법인의 의결권 있는 주식 등을 취득한 경우는 제외한다.[435]

그리고 2000. 1. 1.부터는 매각대금으로 일시 취득한 수익용 또는 수익사업용 재산으로서 그 운용기간이 6월 미만인 재산(예. 일시적 요구불 예금 예치)은 직접 공익목적사업용 또는 수익사업용 재산에서 제외된다(상증세법 시행규칙 제11조의 2).

---

435) 2019. 2. 12. 이후 주식 등을 취득하는 분부터 적용한다.

① 매각금액을 '대통령령으로 정하는 바에 따라 사용하지 아니한 경우'

'대통령령으로 정하는 바에 따라 사용하지 아니한 경우'란 출연재산을 매각하고 매각한 날이 속하는 과세기간 또는 사업연도의 종료일로부터 3년 이내에 매각대금 중 직접공익목적사업에 사용한 실적(매각대금으로 직접 공익목적사업용, 수익용 또는 수익사업용 재산을 취득한 경우를 포함한다)이 매각대금의 90%에 미달하는 경우를 말한다(상증세법 시행령 제38조 제4항 본문).

이 경우 해당 매각대금 중 직접 공익목적사업용, 수익용 또는 수익사업용 재산을 취득한 가액이 매각대금의 사용기준에 상당하는 금액에 미달하는 경우에는 그 차액에 대하여 이를 적용한다(상증세법 시행령 제38조 제4항 후단).

② '매각대금을 매각한 날부터 3년 동안 대통령령으로 정하는 사용기준금액에 미달 사용하는 경우'

"매각대금을 매각한 날부터 3년 동안 대통령령이 정하는 기준금액에 미달하게 사용한 경우"라 함은 매각대금 중 직접 공익목적사업에 사용한 실적이 매각한 날이 속하는 사업연도 종료일부터 1년 이내에 매각대금의 100분의 30, 2년 이내에 매각대금의 100분의 60에 미달하게 사용한 경우를 말한다(상증세법 시행령 제38조 제7항 본문).

이 경우 해당 매각대금 중 직접 공익목적사업용 또는 수익사업용 재산을 취득한 가액이 매 연도별 매각대금의 사용기준에 상당하는 금액에 미달하는 경우에는 그 차액에 대하여 이를 적용한다(상증세법 시행령 제38조 제7항 후단).

(4) 증여재산가액 및 가산세의 계산

① 매각금액 중 '공익목적사업에 사용하지 아니한 경우'의 증여세 추징

출연받은 재산을 매각하고 그 매각대금을 공익목적사업 외에 사용하거나 매각한 날부터 3년이 경과한 날까지 공익목적사업에 사용하지 아니함으로써 부과되는 증여재산가액의 계산은 다음에 의한다(상증세법 시행령 제38조 제4항, 제40조 제1항 제3호).

㉠ 공익목적사업 외에 사용한 분

사용기준금액(매각대금의 90%) ×

$$\frac{공익목적사업\ 외에\ 사용한\ 금액}{상증세법\ 시행령\ 제38조\ 제4항의\ 규정에\ 의한\ 매각대금}$$

ⓛ 상증세법 시행령 제38조 제4항의 규정에 의한 사용기준금액에 미달하게 사용한 분

> 해당 미달사용금액

ⓒ 따라서 출연재산 매각대금 중 공익목적사업 외 사용금액과 90%의 비율에 미달 사용액의 합계액이 증여세 과세가액이 된다.

$$\text{사용기준금액(매각대금의 90\%)} \times \frac{\text{공익목적사업 외에 사용한 금액}}{\text{매각대금}} + \text{해당 미달사용금액}$$

② 3년의 기간 중 '사용기준금액에 미달사용 하는 경우' 가산세

매각대금 중 2년 이내에 각각의 비율에 미달하게 사용하는 금액에 대하여는 미달 사용액의 10%의 가산세를 부과한다(상증세법 제78조 제9항 제2호).

> 사용기준금액(1년 내 30%, 2년 내 60%)에 미달하게 사용한 매각대금 × 10%

종전에는 미사용비율에 대하여 증여세를 추징하였지만 이로 인해 납세자 부담이 지나치게 크고 증여세를 추징한 이후에는 미사용금액을 공익사업에 계속 사용하도록 유도하기가 어려운 점을 감안하여 가산세 부과로 개정하여 사용을 유도하도록 하였다.

③ 증여재산가액 및 가산세기준금액에서 제외

출연받은 재산 중 일부가 다음에 해당하는 사유로 인하여 직접 공익목적사업에 사용할 수 없는 때에는 해당 금액을 출연받은 재산 등의 가액에서 차감한 금액을 기준으로 상기의 규정을 적용한다(상증세법 시행령 제38조 제9항, 같은 법 집행기준 48-38-2).

㉠ 공익법인 등의 이사 또는 사용인의 불법행위로 인하여 출연받은 재산 등이 감소된 경우

다만, 출연자 및 그 출연자와 상증세법 시행령 제2조의 2 제1항 제1호의 관계에 있는 자의 불법행위로 인한 경우를 제외한다. 여기에서 사용인이란 임원·상업사용인, 그 밖에 고용계약관계에 있는 자를 말한다.

㉡ 출연받은 재산 등을 분실하거나 도난당한 경우

※ 재산처분시의 사후관리규정 요약 [436)]

1) 매년 사용기준

사용기간	의무 사용비율	미달사용하는 경우
1년 이내	30%	미달사용액의 10% 가산세 부과
2년 이내	60%	미달사용액의 10% 가산세 부과
3년 이내	90%	미달사용액을 증여가액으로 하여 증여세 부과

2) 처분시점의 사용현황에 따른 구분

처분시점		법인세 과세소득	당기순이익	운용소득	사후관리
고유목적 사업용	사 용 (3년간 계속 사용)	×(*)	×	×	매각대금을 3년 이내 공익목적 사업에 사용
	사 용 (3년 미사용)	○	×	×	
	미사용	○	×	×	
수익사업용		○	○	×	

(*) 법인세법 제4조 제3항 제5호 괄호 및 같은 법 시행령 제3조 제2항

① 출연재산은 3년 이내 직접공익목적사업에 사용되어야 함.
② 출연재산을 3년 이내 직접공익목적사업에 사용(수익사업용 또는 수익용재산으로 사용되는 것 포함)하다가 매각한 경우 매각대금은 매각일로부터 3년 이내 직접공익목적사업에 사용되어야 함.
③ 출연재산을 직접공익목적사업에 사용하지 않다가 매각한 경우에도 매각대금은 매각일로부터 3년 이내 직접공익목적사업에 사용되어야 함.

5) 내국법인 발행주식총수의 5%(10%, 20%) 초과 주식취득 및 보유한 경우 즉시 증여세 과세(상증세법 제48조 제2항 제2호)

(1) 의의

출연받은 재산(그 재산을 수익용 또는 수익사업용으로 운용하는 경우 및 그 운용소득이 있는 경우를 포함) 및 출연받은 재산의 매각대금(매각대금에 의하여 증가한 재산을 포함하며 공과금 등에 지출한 금액은 제외한다)을 내국법인의 주식 등을 취득하는데 사용하는 경우로서 취득하는 주식 등과 다음[아래 (2)]의 어느 하나의 주식 등을 합한 것이 해당 내국법인의 의결권 있는

---

436) 국세청, 「2021 공익법인 세무안내」, 2021, 128~129쪽 참조

발행주식총수 등의 100분의 5(상호출자제한기업집단과 특수관계에 있지 아니한 법§48⑪요건충족공익법인 등에 해당하는 경우에는 100분의 10,[437] 자선·장학 또는 사회복지를 목적으로 하며 의결권을 미행사하는 법§48⑪요건충족공익법인 등에 해당하는 경우에는 20%[438])를 초과하는 경우에는 그 사유가 발생한 날에 대통령령으로 정하는 가액을 공익법인 등이 증여받은 것으로 보아 즉시 증여세를 부과한다(상증세법 제48조 제2항 제2호).

(2) (취득시) 5%(10%, 20%) 계산의 범위

출연받은 재산(그 재산을 수익용 또는 수익사업용으로 운용하는 경우 및 그 운용소득이 있는 경우를 포함) 및 출연받은 재산의 매각대금(매각대금에 의하여 증가한 재산을 포함하며 공과금 등에 지출한 금액은 제외한다)을 내국법인의 주식 등을 취득하는데 사용하는 경우 아래 주식 등을 합하여 발행주식총수 등의 5%(자기주식과 자기출자지분은 제외[439], 상호출자제한기업집단과 특수관계에 있지 아니한 법§48⑪요건충족공익법인 등은 10%, 자선·장학 또는 사회복지를 목적으로 하며 의결권을 미행사하는 법§48⑪요건충족공익법인 등에 해당하는 경우에는 20%) 초과 여부를 판정한다.

① 취득하는 주식 등

② 취득 당시 해당 공익법인 등이 보유하고 있는 동일한 내국법인의 주식 등

③ 해당 내국법인과 특수관계에 있는 출연자가 해당 공익법인 등 외의 다른 공익법인 등에 출연한 동일한 내국법인의 주식 등. 이때 "해당 내국법인과 특수관계에 있는 출연자"라 함은 출연자가 해당 내국법인과 아래(상증세법 시행령 제2조의 2 제3항 각 호)의 어느 하나에 해당하는 관계에 있는 경우 해당 출연자를 말한다 (상증세법 시행령 제37조 제2항).

㉮ 상증세법 시행령 제2조의 2 제1항 제6호에 해당하는 법인(출연자와 상증세법 시행령 제2조의 2 제1항 제1호 내지 제5호가 30% 이상 출자하고 있는 법인)

㉯ 상증세법 시행령 제2조의 2 제1항 제7호에 해당하는 법인(출연자와 상증세법 시행령 제2조의 2 제1항 제1호 내지 제6호가 50% 이상 출자하고 있는 법인)

㉰ 상증세법 시행령 제2조의 2 제1항 제1호부터 제7호까지에 해당하는 자가 발행주식총수 등의 100분의 50 이상을 출자하고 있는 법인

---

437) 2021. 1. 1. 이후 개시하는 과세기간 또는 사업연도 분부터 적용하며 2021. 1. 1. 전에 개시한 과세기간 또는 사업연도 분에 대해서는 법 제16조 제2항 제2호의 개정규정에도 불구하고 종전의 규정에 따른다.

438) 2018. 1. 1. 이후 최초로 공익법인 등에 주식 등을 출연하거나 공익법인 등이 주식 등을 취득하는 분부터 적용한다.

439) 2017. 1. 1. 개정에서 공익법인 등이 출연받은 주식 등의 비율 산정방법의 합리성을 제고하기 위하여 내국법인의 의결권 있는 발행주식총수 또는 출자총액을 산정하는 경우 그 내국법인의 자기주식과 자기출자지분을 제외하도록 하였다. 2017. 1. 1. 이후 출연하는 분부터 적용한다.

④ 취득 당시 출연자 및 그의 특수관계인으로부터 재산을 출연받은 다른 공익법인 등이 보유하고 있는 동일한 내국법인의 주식. 이때 "출연자의 특수관계인"은 출연자와 상증세법 시행령 제2조의 2 제1항 각 호의 어느 하나에 해당하는 관계에 있는 자를 말한다(상증세법 시행령 제37조 제2항).

(3) 판정시기(상증세법 시행령 제37조 제1항)

① 상증세법 제48조 제2항 제2호의 규정에 의한 주식 등의 초과부분은 공익법인이 주식을 취득하는 날 현재 위의 공익법인이 보유하는 주식을 합하여 초과여부를 계산한다.

② 그러나 ㉮ 공익법인 등이 보유하고 있는 주식 등을 발행한 내국법인이 자본 또는 출자액을 증가시키기 위하여 발행한 신주 중 공익법인 등에게 배정된 신주를 유상으로 취득하는 경우에는 그 취득하는 날이 속하는 과세기간 또는 사업연도 중 상법 제354조의 규정에 의한 주주명부의 폐쇄일 또는 권리행사 기준일(주식회사 외의 회사의 경우에는 과세기간 또는 사업연도의 종료일) ㉯ 공익법인 등이 보유하고 있는 주식 등을 발행한 내국법인이 자본 또는 출자액을 감소시킨 경우에는 감자를 위한 주주총회결의일이 속하는 연도의 주주명부폐쇄일(주식회사 외의 회사의 경우에는 과세기간 또는 사업연도의 종료일) ㉰ 공익법인 등이 보유하고 있는 주식 등을 발행한 내국법인이 합병을 함에 따라 그 합병법인이 발행한 주식 등을 취득하는 경우에는 합병등기일이 속하는 과세기간 또는 사업연도 중 상법 제354조에 따른 주주명부의 폐쇄일 또는 권리행사 기준일(주식회사 외의 회사의 경우에는 과세기간 또는 사업연도의 종료일)[440] 까지 유예기간을 두어 그 기간 내에 초과분을 처분하는 경우에는 증여세 과세대상에서 제외하고 있다. 결국 위의 날이 주식 등의 초과부분에 대한 계산기준일이 되는 것이다(재산-934, 2010. 12. 13.).

같은 맥락에서 공익법인 등 보유한 우선주를 보통주로 전환하는 경우 그 전환한 날이 속하는 사업연도 주주명부폐쇄일(이때를 증여시기로 한다)을 기준으로 내국법인의 의결권 있는 발행주식총수의 100분의 5(10)를 초과하는 때에는 증여세가 과세된다(서면4팀-3004, 2007. 10. 18.).[441]

---

440) 2023. 2. 28. 이후 합병법인의 주식 등을 취득하는 경우부터 적용한다.

441) 과세대상 해당 여부는 주주명부 폐쇄일을 기준으로 판단하는 것이나, 동 주식에 대한 증여세 과세가액의 평가기준일은 주주명부 폐쇄일이 아니라 의결권 없는 우선주의 보통주 전환일이다.

(4) 법§48⑪요건충족공익법인 등의 요건

'상속세편'을 참조하기 바란다.

(5) 증여재산가액 계산(상증세법 시행령 제40조 제1항 제2호)

- 이와 같이 내국법인 발행주식총수의 5%(10%, 20%)를 초과하여 주식을 취득(상증세법 제48조 제2항 제2호)한 경우에는 그 초과부분을 취득하는 데 사용한 재산의 가액을 증여재산가액으로 하여 증여세를 부과한다.

  그런데 공익법인 등이 보유하고 있는 주식 등을 발행한 내국법인이 자본 또는 출자액을 감소하는 등(상증세법 시행령 제37조 제1항 제3호)으로 인해 해당 초과부분을 취득하는데 사용한 재산의 가액산정이 곤란한 경우에는 그 해당 초과부분을 상증세법 제60조 내지 제66조의 규정에 의한 재산의 평가방법에 따르도록 하였다(상증세법 시행규칙 제13조 제1항).

- [순차로 다수의 공익법인 등에 출연한 경우] 내국법인의 주식을 소유한 자가 다수의 공익법인 등에 순차로 출연하는 경우, 허용되는 주식보유비율을 초과하는 주식을 출연받은 공익법인 등부터 그 초과분에 대해 증여세 과세가액에 산입한다(재산-235, 2010. 4. 13.).

- [동시에 다수의 공익법인 등에 출연한 경우] 내국법인의 주식을 소유한 자가 다수의 공익법인 등에 동시에 출연하는 경우, 각각의 공익법인의 증여세 과세가액에 해당하는 주식지분은 최대허용 주식보유비율(법§48⑪요건충족공익법인 등이 하나라도 있다면 10%, 그렇지 않다면 5%) 초과분을 각 공익법인 등의 주식보유허용비율(법§48⑪요건충족공익법인 등은 10%, 일반공익법인 등은 5%)을 기준으로 한 초과분 과세 비중(법§48⑪요건충족공익법인 등은 1, 일반공익법인 등은 2)에 따라 안분한다(재산-420, 2010. 6. 21. ; 재산-235, 2010. 4. 13.).

- 그런데 증여세가 부과되는 5% 초과취득분 주식을 처분하고 그 양도대금으로 주식을 5% 초과하여 취득하는 경우에는 다시 증여세를 부과하지 않는다(서일 46014-10053, 2004. 1. 8.).

(6) 주식 취득·보유제한규정 위배 시 증여세 추징

① 추징 : 공익법인 등의 주식 등의 취득 및 보유와 관련하여 다음의 어느 하나에 해당하는 경우에는 해당 공익법인 등이 초과하여 보유하고 있는 주식 등의 가액에 대해 즉시 증여세를 부과한다(상증세법 제48조 제11항, 제12항, 같은 법 집행기준 48-40-2).

ㄱ 법§48⑪요건충족공익법인 등이 내국법인의 의결권 있는 발행주식총수 등의 5%를 초과하여 주식 등을 출연(출연받은 재산 및 출연받은 재산의 매각대금으로 주식 등

을 취득하는 경우를 포함)받은 후 법§48⑪요건충족공익법인 등에 해당하지 아니하 게 된 경우[442]

ㄴ) ㉮ 상증세법 제48조 제2항 제2호 단서에 따른 공익법인 등(주식보유비율 제한이 적용되지 아니하는 공익법인 등)이 법§48⑪요건충족공익법인 등 또는 국가·지방자 치단체가 출연하여 설립한 공익법인 등에 해당하지 아니하게 되거나 ㉯ 해당 출연자와 특수관계에 있는 내국법인의 주식 등을 해당 법인의 발행주식총수 등의 5%를 초과하여 보유하게 된 경우

② 과세가액 : 이때 증여세 과세가액은 증여세를 부과해야 할 사유가 발생한 날 현 재 해당 공익법인 등이 초과하여 보유하고 있는 주식 등의 가액을 기준으로 한다. 이 경우 "증여세를 부과해야 할 사유가 발생한 날"이란 다음 각 호의 어느 하나 에 해당하는 날을 말한다(상증세법 시행령 제40조 제2항 ; 재산-1471, 2009. 7. 17.).

㉠ 위 ㉠, ㄴ) ㉮의 공익법인 등에 해당하지 아니하게 된 경우에는 법§48⑪요건충 족공익법인 등 또는 국가·지방자치단체가 출연하여 설립한 공익법인 등에 해당하지 아니하는 과세기간 또는 사업연도의 종료일

㉡ 위 ㄴ) ㉯의 해당 법인의 발행주식총수 등의 100분의 5를 초과하여 보유하게 된 날

① 내국법인의 주식을 5% 초과하여 출연 받은 후 법§48⑪요건충족공익법인에 해 당하지 아니하게 된 경우 ② 주식출연비율에 제한이 없는 공익법인 이 해당 공익법인 요건을 갖추지 못하 게 되는 경우 ③ 내국법인의 주식을 5% 초과보유하게 된 경우	다음의 금액을 증여세 과세가액에 산입 ① ② 사유발생일이 속한 과세기간 또는 사업연도의 종료일의 주식가액 ③ 내국법인의 주식을 5% 초과 보유한 날의 초과 주식의 가액

(7) 사후관리의 예외-위 기준 초과하여도 증여세 과세가액 산입 제외

① 의의

공익법인의 주식보유한도를 일률적으로 적용함에 따라 공익사업을 위한 안정적 재원조달을 위하여 주식을 보유하는 경우까지 주식보유가 제한되는 애로점을 해 소하기 위하여 다음 중 어느 하나에 해당하는 경우에는 해당 내국법인의 의결권 있는 발행주식총수 등의 5%(상호출자제한기업집단과 특수관계에 있지 아니한 법§48⑪요건충족

---

442) 법§48⑪요건을 충족하지 아니하게 된 경우. 다만, 해당 요건 중 출연재산가액의 1% 상당액 이상 사용 의무 요건은 2022. 1. 1. 이후 개시하는 사업연도 분부터 적용한다.

공익법인 등은 10%)를 초과하여 취득하는 경우에도 증여세가 과세되지 아니한다.

② **요건**

다음 중 하나에 해당하는 경우(상증세법 제48조 제2항 제2호 단서, 같은 법 집행기준 48-38-6)

㉠ 다음의 4가지 요건을 모두 충족시키는 경우(상증세법 제16조 제3항 제1호)

주식출연시의 상속세 및 증여세 과세가액 산입 예외와 같다. 따라서 이에 대한 자세한 설명은 '상속세편'을 살펴보기 바란다.

㉮ 법§48⑪요건충족공익법인 등 또는 국가·지방자치단체가 출연하여 설립한 공익법인 등에 해당할 것(상증세법 제49조 제1항 각호 외의 단서)

㉯ 상호출자제한기업집단과 특수관계에 있지 아니하는 공익법인 등일 것

상호출자제한기업집단은 공정거래위원회에서 매년 4월경에 직전사업연도 기업집단의 재무상태를 기준으로 선정한다(독점규제 및 공정거래에 관한 법률 제9조).

그리고 상호출자제한기업집단과 특수관계에 있지 아니하는 공익법인 등이라 함은 상호출자제한기업집단에 속하는 법인과 독점규제 및 공정거래에 관한 법률 시행령 제3조 제1호의 규정에 의한 동일인 관련자의 관계에 있지 아니하는 공익법인 등을 말한다.

㉰ 출연자와 특수관계에 있지 아니하는 내국법인의 주식 등을 취득할 것

공익법인의 출연자(특수관계인 포함)가 공익법인이 보유한 주식을 발행한 내국법인의 주주가 아닌 경우에는 출연자가 공익법인을 통하여 계열회사를 간접지배할 우려가 없으므로 주식보유한도의 예외를 인정한다.

㉱ 주무부장관이 공익법인 등의 목적사업을 효율적으로 수행하기 위하여 필요하다고 인정할 것

주무부장관은 공익법인의 설립·정관변경·기본재산 처분 등 중대한 사항에 대한 인·허가권을 가지고 공익법인을 관리하고 있으므로 주무부장관이 공익법인의 목적사업을 효율적으로 수행하기 위하여 필요하다고 인정한 경우에만 예외를 인정한다.

㉡ 공익법인의 설립·운영에 관한 법률 및 그 밖의 법령에 따라 내국법인의 주식 등을 출연하는 경우(상증세법 제16조 제3항 제3호)[443]

설립허가 법령에 따라 부득이하게 출연하는 경우 주식보유한도 적용을 배제하기 위한 것이다.

---

443) 2017. 1. 1. 이후 출연받는 분부터 적용한다.

ⓒ 대학기술의 산업화 촉진을 위해 산업교육진흥 및 산학연협력촉진에 관한 법률에 따른 산학협력단이 다음의 요건을 모두 갖춘 주식 등을 취득하는 경우 (상증세법 시행령 제37조 제6항 각 호)

㉮ 산업교육진흥 및 산학연협력촉진에 관한 법률에 따른 산학협력단이 보유한 기술을 출자하여 같은 법에 따른 기술지주회사 또는 벤처기업 육성에 관한 특별조치법에 따른 신기술창업전문회사를 설립할 것

㉯ 산학협력단이 출자하여 취득한 주식 등이 기술지주회사인 경우에는 발행주식총수의 100분의 50 이상(「산업교육진흥 및 산학연협력촉진에 관한 법률」 제36조의2 제1항에 따라 각 산학협력단이 공동으로 기술지주회사를 설립하는 경우에는 각 산학협력단이 출자하여 취득한 주식등의 합계가 발행주식총수의 100분의 50 이상을 말한다), 신기술창업전문회사인 경우에는 발행주식총수의 100분의 30 이상일 것

㉰ 기술지주회사 또는 신기술창업전문회사는 자회사 외의 주식 등을 보유하지 아니할 것

6) 특정 요건을 갖춘 법§48⑪요건충족공익법인 등의 의결권 제한(상증세법 제48조 제2항 제6호, 같은 법 시행령 제40조 제1항 제3호의 2)

(1) 의의

2018년부터 자선·장학 또는 사회복지를 목적으로 하는 법§48⑪요건충족공익법인 등이 출연받은 주식이나 출자지분의 의결권을 행사하지 않는 경우에 대하여 주식 등의 보유한도를 상향조정(10%→ 20%)하였다(상증세법 제16조 제2항 제2호 가목).[444]

이는 의결권 제한을 통한 계열기업에 대한 간접지배 우려가 없는 공익법인 등이 수행하는 자선·장학·사회복지활동을 지원하기 위함이다.

그러나 해당 공익법인 등이 출연받은 주식 등의 의결권을 행사하게 될 경우 해당 공익법인 등을 통해 계열기업을 간접지배할 우려가 있어 본래의 지원 취지에 반하게 되므로 그 위반사유가 발생한 날에 대통령령으로 정하는 가액을 공익법인 등이 증여받은 것으로 보아 즉시 증여세를 부과한다.

(2) 증여재산가액 계산

상증세법 제16조 제2항 제2호 가목의 요건을 모두 충족하는 해당 공익법인 등이 출연받은 주식 등의 의결권을 행사한 날에 발행주식총수 등의 100분의 10을 초과하여 보유

---

444) 2018. 1. 1. 이후 출연받는 분부터 적용한다.

하고 있는 주식 등의 가액을 증여재산가액으로 하여 증여세를 과세한다(상증세법 시행령 제40조 제1항 제3호의 2).

7) 자기내부거래 금지(상증세법 제48조 제3항, 같은 법 시행령 제39조)

(1) 의의

공익법인 등이 출연받은 재산, 출연받은 재산을 원본으로 취득한 재산, 출연받은 재산의 매각대금 등을 특수관계인에게 해당 재산의 임대차·소비대차 및 사용대차 등의 방법으로 사용·수익하게 하는 경우에는 그 제공된 이익에 상당하는 가액을 공익법인 등이 증여받은 것으로 보아 즉시 증여세를 부과한다.

이러한 거래는 비록 사용수익에 따른 이익이 출연자 등에게 귀속되지만, 실질적으로는 당초의 공익목적사업에의 출연이 그 목적을 달성하지 못하는 것이어서 당초출연에 의해 증여받은 공익법인 등에게 증여세를 부과하는 것이다.

(2) 자기내부거래의 범위

자기내부거래(Self-Dealing)라 함은 특수관계인 간에 내부거래를 통하여 무상으로 이익을 이전하는 것을 말한다.

그 거래유형으로는 출연재산 등의 임대차·소비대차 및 사용대차 등(예 : 건물의 임대, 금전소비대차 등)의 방법으로 사용·수익하게 하는 경우를 말한다. 그러므로 여기에서 예시하지 않는 거래형태이더라도 아래의 자기거래금지자와의 거래로 인해 그들에게 사용수익 이익의 귀속이 이루어진다면 본 규정을 적용받는다고 해석하여야 할 것이다.

(3) 자기내부거래 금지자의 범위

공익법인 등과의 자기내부거래가 금지되는 자의 범위는 다음과 같다.

① 출연자 및 그 친족

② 출연자가 출연한 다른 공익법인 등

③ 제1호 또는 제2호에 해당하는 자와 대통령령으로 정하는 특수관계에 있는 자

그리고 ③에서 "대통령령으로 정하는 특수관계에 있는 자"라 함은 다음의 어느 하나에 해당하는 관계에 있는 자를 말하며, 다음의 ㉯~㉮에 따른 출연자에는 상증세법 시행령 제2조의 2 제1항 제1호에 따른 관계가 있는 자(친족 및 직계비속의 배우자의 2촌 이내의 부계혈족과 그 배우자)를 포함한다(상증세법 시행령 제39조 제1항). 그러나 국가 또는 지방자치단체가 공익법인 등에 출연하는 경우, 국가 또는 지방자치단체 및

그 소속공무원, 그 밖의 고용관계에 있는 자는 "특수관계에 있는 자"에 해당하지 아니한다(상증세법 기본통칙 48-39…7).

㉮ 출연자가 비영리법인(민법 제32조의 규정에 의하여 설립된 법인)인 경우에는 그 법인에 대한 출연자 및 그 출연자와 상증세법 시행령 제2조의 2 제1항 제1호의 관계에 있는 자

㉯ 출연자가 영리법인(위 ㉮ 외의 법인)인 경우에는 해당 법인을 출자에 의하여 지배하고 있는 자 및 그와 상증세법 시행령 제2조의 2 제1항 제1호의 관계에 있는 자

㉰ 출연자의 사용인

㉱ 출연자로부터 재산을 출연받은 다른 공익법인 등의 임원

㉲ 출연자가 출자에 의하여 지배하고 있는 법인(상증세법 시행령 제2조의 2 제3항 참조)

㉳ 상증세법 시행령 제28조 제1항 제2호 및 제3호의 규정에 해당하는 관계에 있는 자. 즉, ⅰ) 출연자가 기업집단 소속기업이거나 그 기업의 임원인 경우 그 기업집단 소속의 다른 법인 ⅱ) 출연자가 임원의 임면권의 행사 또는 사업방침의 결정 등을 통하여 법인의 경영에 대하여 영향력을 행사하고 있다고 인정되는 관계에 있는 법인

(4) 자기내부거래에서 제외되는 경우 : 즉 증여세 과세에서 제외되는 경우

공익법인이 출연받은 재산 등을 특수관계인에게 사용 · 수익하게 하더라도 다음에 해당하는 경우에는 증여세를 부과하지 아니한다(상증세법 시행령 제39조 제2항, 같은 법 집행기준 48-39-2).

① 직접 공익목적사업과 관련하여 용역을 제공받고 정상적인 대가를 지급하는 경우

그러므로 정상대가보다 낮은 대가라면 그 차액에 상당하는 가액을 증여받은 것으로 본다.

만약 위의 자기내부거래가 있고 동시에 공익법인이 자기내부거래 금지자로부터 담보제공을 받는 경우 이를 자기내부거래와 대가관계에 있다고 볼 것인가가 문제이다. 물론 당사자 간에 이를 대가관계로 보기로 하는 약정이 있다면 약정에 따라 처리할 것(이때에도 정상가액과의 차이상당액은 증여받은 것으로 본다)이지만, 이러한 약정이 없음에도 담보의 제공으로 인한 경제적 이익을 쉽게 출연재산의 사용 · 수익에 대한 대가로 인정하게 되면 공익법인에 재산을 출연한 자가 공익법인의 대출금에 대하여 일부라도 담보를 제공하기만 하면 그 재산에 대한 증여세 과세를 모두 면하게 되는 불합리한 결과가 초래될 수 있다는 점에서 이를 대가관계로 보

지 않는 것이 타당하다(대법원 2009두17575, 2011. 10. 13.).

② 출연받은 재산을 출연받은 날부터 3개월 이내에 한하여 위 내부거래금지자(상증세법 제48조 제3항 각 호의 어느 하나)에 해당하는 자가 사용하는 경우

③ 위 내부거래금지자가 다음 각 목의 어느 하나에 해당하는 금액을 지급하고 공익법인 등이 출연받은 부동산을 사용하는 경우

　가. 상증세법 시행령 제32조 제3항에 따른 시가

　나. 법인세법 제52조 제2항에 따른 시가로서 같은 조 제1항에 따른 부당행위계산의 부인이 적용되지 아니하는 범위에 있는 금액

④ 상증세법 시행령 제12조 제2호의 규정에 의한 교육사업을 영위하는 교육기관이 기획재정부령이 정하는 연구시험용 건물 및 시설 등을 출연받아 이를 해당 공익법인 등과 출연자가 공동으로 사용하는 경우

여기에서 "기획재정부령이 정하는 연구시험용 건물 및 시설 등"이라 함은 다음 각 호의 어느 하나에 해당하는 것을 말한다(상증세법 시행규칙 제12조).

　㉠ 출연받은 기부금에 의하여 설립한 건물 및 시설

　㉡ 법인세법 시행규칙 별표 2 시험연구용 자산의 내용연수표에 규정된 시설 및 설비

⑤ 해당 공익법인 등이 의뢰한 연구용역 등의 대가 또는 직접 공익목적사업의 수행과 관련한 경비 등을 지급하는 경우

(5) 증여재산가액 계산

공익법인이 출연받은 재산을 특수관계인에게 사용·수익하게 하는 경우 아래 산식에 의거 산정된 가액을 증여재산가액으로 하여 증여세를 과세한다(상증세법 시행령 제39조 제3항, 기본통칙 48-39…6).

① 대가 없이 사용·수익하게 하는 경우 : 해당 출연재산가액

② 낮은 대가로 사용·수익하게 하는 경우 : 그 차액에 상당하는 출연재산가액

$$\text{해당 출연재산가액} \times \frac{(\text{정상적인 지급대가}^{445)} - \text{실제 지급한 대가})}{\text{정상적인 지급대가}}$$

이때 위 산식의 출연재산가액은 과세요인 발생일 현재 상증세법 제60조 내지 제66조의 규정에 의하여 평가한 가액으로 한다.

---

445) MIN[통상적인 지급대가, 법인세법상 시가]

그리고 '정상적인 지급대가'의 계산방법을 명확히 하기 위해 그 산정방법을 아래와 같이 신설하면서 기존의 상증세법 시행령 제32조 제3항을 준용하도록 하였다.[446]

- 부동산임대용역 : 부동산가액 × 기재부령이 정하는 율(2%)
- 부동산임대용역 외의 경우 : 「법인세법 시행령」 제89조 제4항 제2호의 규정에 의하여 계산한 금액

또한 시가 산정 관련 세법간의 일관성 유지를 위해 법인세법 제52조의 제2항에 따른 시가도 정상적인 지급대가에 포함시켰다.[447] 이 경우 저가 임대차 등에 해당하지 않는다.

- (제공하거나 제공받은 자산 시가 × 50% - 전세금 또는 보증금) × 정기예금이자율(2.9%)[448]

(6) 상속세 과세와의 관계

상증세법 제16조 제4항에 의하면 출연재산의 재산 및 이익의 전부 또는 일부가 상속인 및 그의 특수관계인에게 귀속되는 경우에는 상속인 등이 상속받은 것으로 보아 상속세를 부과한다고 규정되어 있어 여기에서의 자기내부거래에 대한 증여세 부과(상증세법 제48조 제3항)와의 관계가 문제가 된다.

이 둘은 특수관계인의 범위, 소유권귀속 여부 등에 차이가 있고, 상증세법 제16조 제4항은 출연단계에서 그 의무위반에 대해 상속세가 부과되고, 출연 이후에 출연자 등에게 사용수익 등으로 인한 이익이 귀속된 경우에는 상증세법 제48조 제3항이 우선 적용된다고 해석하면 될 것이므로, 이 둘 간에는 이중과세의 문제가 발생하지 않는다.

‖ 상증세법 제16조 제4항과 같은 법 제48조 제3항의 관계 ‖

구 분	제16조 제4항	제48조 제3항
과세가액 불산입 세목	상속세	증여세
거래형태	재산 및 그 이익을 상속인 등에게 완전 무상이전함	재산의 임대차 · 소비대차 · 사용대차 등의 방법으로 특수관계인에게 사용 · 수익(저가사용 포함)케 함
재산소유권	특수관계인에게 귀속	공익법인 등에 귀속

---

446) 2013. 2. 15.이 속하는 사업연도부터 적용한다.
447) 2018. 2. 13. 이후 결정 · 경정하는 분부터 적용한다.
448) 2023. 1. 1. 이후 적용, 2023. 1. 1. 전에 개시한 사업연도 분에 대해서는 제6조의 개정규정에도 불구하고 종전의 규정(1.2%)에 따른다.

구 분	제16조 제4항	제48조 제3항
특수관계인	상속인 및 상증세법 시행령 제2조의 2 제1항	상증세법 제48조 제3항 및 같은 법 시행령 제39조 제1항
거래시기	출연시	출연 이후

8) 특정계층에만 공익사업 혜택 제공 제한(상증세법 제48조 제2항 제8호, 상증세법 시행령 제38조 제8항 제2호)

(1) 의의

공익법인이 출연받은 재산 및 직접공익목적사업의 운용시 직접 공익목적사업에의 사용을 사회 전체의 불특정 다수인의 이익을 위하여 사용하지 아니하고, 사회적 지위·직업·근무처 및 출생지 등에 의하여 특정계층에만 공익사업의 혜택이 돌아가도록 하는 경우, 공익법인을 이용하여 특정인들에게 실질적으로 증여의 효력이 발생하면서도 증여세를 부담하지 아니하는 결과가 되므로 출연받은 재산을 공익목적에 맞게 사용하지 아니한 것으로 보아 공익법인에 대하여 증여세를 즉시 과세한다.

(2) 수혜자제한이 인정되는 경우 – 과세 제외

그러나 주무부장관(다만, 주무관청 또는 주무부장관이 없는 경우에는 관할 세무서장[449])이 기획재정부장관과 협의하여 따로 수혜자의 범위를 정하여 이를 다음에 해당하는 조건으로 한 경우는 설령 수혜자를 제한하더라도 증여세가 과세되지 아니한다. 이때 행정권한의 위임 및 위탁에 관한 규정 제3조 제1항의 규정에 의하여 공익법인 등의 설립허가 등에 관한 권한이 위임된 경우에는 해당 권한을 위임받은 기관과 해당 공익법인 등의 관할 세무서장의 협의를 말한다.

① 해당 공익법인 등의 설립허가의 조건으로 붙인 경우

따라서 공익법인의 정관에 수혜자범위를 제한하여 설립허가를 받아 특정지역출신 자녀에게만 장학금을 지급한 것은, 출연받은 이후에 출생지를 제한하여 장학금을 지급하는 것과는 명백히 구별된다고 하겠다(국심 2003서1779, 2003. 10. 15.).

② 정관상의 목적사업을 효율적으로 수행하기 위하여 또는 정관상의 목적사업에 새로운 사업을 추가하기 위하여 재산을 추가 출연함에 따라 정관의 변경허가를 받는 경우로서 그 변경허가조건으로 붙인 경우

---

449) 2013. 2. 15. 이후 주무관청 또는 주무부장관의 허가를 요청하는 분부터 적용

(3) 증여재산가액 계산

① 원칙

공익사업목적이 일부의 특정인에게만 혜택이 주어져 증여세가 부과되는 경우 과세가액 산입액 계산은 혜택을 받은 일부에게만 제공된 재산가액 또는 경제적 이익에 상당하는 가액에 의한다(상증세법 시행령 제40조 제1항 제5호).

② 예외

출연받은 재산 중 일부가 다음에 해당하는 사유로 인하여 직접공익목적사업에 사용할 수 없는 때에는 해당 금액을 출연받은 재산 등의 가액에서 차감한 금액을 기준으로 위의 규정을 적용한다(상증세법 시행령 제38조 제9항).

  ㉠ 공익법인 등의 이사 또는 사용인의 불법행위로 인하여 출연받은 재산 등이 감소된 경우. 다만, 출연자 및 그 출연자의 특수관계인(상증세법 시행령 제2조의 2 제1항 제1호)의 관계에 있는 자의 불법행위로 인한 경우를 제외한다.

  ㉡ 출연받은 재산 등을 분실하거나 도난당한 경우

9) 공익법인 해산 시 잔여재산 국가 등에의 귀속(상증세법 제48조 제2항 제8호, 같은 법 시행령 제38조 제8항 제1호)

(1) 의의

공익법인이 보유하고 있는 재산은 공익사업을 목적으로 출연된 재산이므로 공익 법인이 공익사업을 종료하고 해산시에는 그 잔여재산을 국가·지방자치단체 또는 해당 공익법인과 동일하거나 주무부장관이 유사한 것으로 인정하는 공익사업을 영위하는 공익법인에 귀속시켜야 타당하다.

따라서 공익법인 등이 사업을 종료한 때의 잔여재산을 국가 등에 귀속시키지 아니한 때에는 공익법인 등이 증여받은 것으로 보아 즉시 증여세를 부과한다.

공익법인 등이 사업을 종료한 때가 증여세 납세의무의 성립시기이다.

(2) 증여시기 및 증여재산가액 계산

① 원칙

• 잔여재산을 국가 등에 귀속시키지 아니하여 증여세가 부과되는 경우 잔여재산을 국가 등에 귀속시키지 아니한 때를 증여시기로 하여 국가·지방자치단체 또는 해당 공익법인 등과 동일하거나 유사한 공익법인 등에 귀속시키지 아니한 재산가액(상증세법 시행령 제40조 제1항 제4호)에 의한다.

- 만약 공익법인의 설립허가가 취소되어 출연재산이 직접 공익목적사업에 사용되지 못할 것이 명백한 경우에는 이러한 사유가 발생한 시점에 즉시 증여세를 추징하는 것이 타당하다(조심 2008구3556, 2009. 6. 9. ; 국심 2001서516, 2002. 6. 4.).

② 예외

다음에 해당하는 사유로 인하여 잔여재산을 국가 · 지방자치단체 및 공익법인 등에 귀속시킬 수 없는 때에는 해당 금액을 차감한 금액을 기준으로 위의 규정을 적용한다(상증세법 시행령 제38조 제9항, 같은 법 집행기준 48-38-2).

㉮ 공익법인 등의 이사 또는 사용인의 불법행위로 인하여 출연받은 재산 등이 감소된 경우. 다만, 출연자 및 그 출연자와 상증세법 시행령 제2조의 2 제1항 제1호의 관계에 있는 자의 불법행위로 인한 경우를 제외한다.

㉯ 출연받은 재산 등을 분실하거나 도난당한 경우

(3) 잔여재산의 귀속자에 대한 과세

잔여재산이 국가 · 지방자치단체 또는 동일하거나 유사한 목적을 가진 공익법인 이외의 자에게 귀속되는 경우 그 귀속자에 대하여 증여세(영리법인의 경우 법인세)가 과세된다.[450]

다만, 잔여재산을 주무부장관의 허가를 받아 다른 공익법인 등에 귀속시키는 경우에는 증여세가 과세되지 않는다(재산-1116, 2009. 12. 24.).

(4) 출연재산 반환시 과세문제

공익사업에 출연한 재산을 당초 출연자에게 반환하는 경우에 대하여는 앞서 살펴본 '증여재산의 반환 등'의 일반논리에 의해 판단하면 될 것이다.

10) 공익법인 등의 의무지출제도(상증세법 제48조 제2항 제7호, 같은 법 시행령 제38조 제2항, 제18항, 제19항, 제20항)

(1) 의의

공익법인 등이 기준금액에 미달하여 직접 공익목적사업에 사용한 경우 가산세를 부

---

450) 한편 조세특례제한법 부칙 제17조(2000. 12. 29. 법률 제6297호로 개정된 것) 규정에 의하여 사립학교법 제35조의 2 규정에 해당하는 학교법인이 해산하면서 잔여재산을 잔여재산처분계획서에서 정한 자에게 환원하는 경우 2001. 1. 1. 이후 최초로 증여세를 결정하는 분부터는 상속세 및 증여세법 제48조 제2항의 규정을 적용하여 공익법인에게 증여세를 추징하지 아니하는 것이나, 학교법인의 잔여재산을 환원받은 자에 대하여는 증여세가 부과되는 것임(제도 46014-11768, 2001. 6. 29.).

과한다.[451]

종전에는 지분율 5%를 초과하여 주식을 보유한 구 성실공익법인만을 적용대상으로 하였으나, 출연재산을 공익목적에 적극 활용하도록 유도한다는 취지에서 기준규모 이상의 공익법인까지 적용범위가 확대되어 2021년부터 적용된다.

그리고 2022년부터 지분율 5%를 초과하여 주식을 보유한 공익법인 등이 출연재산 가액의 1% 상당액 이상을 직접 공익목적사업에 사용하지 않은 경우에는 5%를 초과하여 보유하고 있는 주식 등의 가액을 증여받은 것으로 보아 즉시 증여세를 부과한다.[452]

(2) 적용대상

의무지출제도의 적용대상은 내국법인의 의결권 있는 발행주식 등을 5% 초과하여 보유하고 있는 법§48⑪요건충족공익법인과 자산 5억원 또는 수입금액 3억원 이상의 공익법인이다. 종교법인이나 공공기관 및 특정 사업목적으로 특별법에 따라 설립된 법인은 적용대상에서 제외된다.[453]

(3) 기준금액

의무지출 기준금액은 다음의 출연재산가액에 의무지출비율을 곱하여 계산한다.[454]

① **출연재산가액**(상증세법 시행령 제38조 제19항)

직접 공익목적사업에 사용하여야 할 과세기간 또는 사업연도의 직전 과세기간 또는 사업연도 종료일 현재 재무상태표 및 운영성과표를 기준으로 다음의 계산식에 따라 계산한 가액을 말한다. 다만, 공익법인 등이 상증세법 시행령 제41조의 2 제6항에 따른 공익법인 등에 해당하거나 기준규모 이상의 공익법인에 해당하는 경우로서 재무상태표상 자산가액이 법 제4장에 따라 평가한 가액의 100분의 70 이하인 경우에는 법 제4장에 따라 평가한 가액을 기준으로 다음의 계산식에 따라 계산한 가액을 말한다.

---

451) 2021. 1. 1. 이후 개시하는 사업연도 분부터 적용한다.

452) 2022. 1. 1. 이후 개시하는 사업연도 분부터 적용한다. 즉, 2022년부터 주식 등을 5% 초과 보유한 공익법인 등이 의무지출제도를 위반할 경우에는 미달사용액에 대한 가산세뿐만 아니라 5%를 초과하여 보유한 주식 등의 가액에 대한 증여세도 함께 부과된다.

453) 2021. 1. 1. 이후 개시하는 사업연도 분부터 적용하며, 2020년까지는 성실공익법인만이 적용대상이다.

454) 2022. 1. 1. 전에 개시한 과세기간 또는 사업연도에 직접 공익목적사업에 사용해야 하는 금액의 계산에 관하여는 영 제38조 제19항의 개정규정에도 불구하고 종전의 규정에 따른다.

> 수익용 또는 수익사업용으로 운용하는 재산(직접 공익목적사업용 재산은 제외)[455]의
> [총 자산가액 − (부채가액 + 당기순이익)]
> * 총 자산가액 중 해당 공익법인이 3년 이상 보유한 유가증권시장 또는 코스닥시장에 상장된 주권
>   상장법인의 주식의 가액은 직전 3개 과세기간 또는 사업연도 종료일 현재 각 재무상태표 및 운영
>   성과표를 기준으로 한 가액의 평균액으로 한다.

② **의무지출비율** : 1%. 다만, 법 제16조 제2항 제2호 가목에 해당하는 법§48⑪요건
    충족공익법인 등이 발행주식총수 등의 100분의 10을 초과하여 보유하고 있는 경
    우에는 3%가 적용된다(상증세법 제48조 제2항 제7호).[456]

③ **지출대상 : 수익사업 제외**(상증세법 제48조 제7호 후단 괄호)
    공익목적사업 중 소득세법 또는 법인세법에 따라 과세대상이 되는 사업은 지출
    대상에서 제외한다.[457]

(4) 직접 사용의 의미

직접 공익목적사업에 사용하는 것은 공익법인 등의 정관상 고유목적사업에 사용(다
음 각 호의 어느 하나에 해당하는 경우는 제외한다)하는 것으로 한다. 다만, 출연받은 재산을 해
당 직접 공익목적사업에 효율적으로 사용하기 위하여 주무관청의 허가를 받아 다른
공익법인 등에게 출연하는 것을 포함한다(상증세법 시행령 제38조 제2항).

1. 법인세법 시행령 제56조 제11항에 따라 고유목적에 지출한 것으로 보지 아니하는
   금액

2. 해당 공익법인 등의 정관상 고유목적사업에 직접 사용하는 시설에 소요되는 수선
   비, 전기료 및 전화사용료 등의 관리비를 제외한 관리비

이때 출연받은 재산·운용소득·출연받은 재산의 매각대금 및 제8항 제1호에 따른
잔여재산(이하 "출연받은 재산 등"이라 한다) 중 일부가 다음의 어느 하나에 해당하는 사유
로 인하여 직접 공익목적사업에 사용할 수 없거나 제8항 제1호에 따른 국가·지방자
치단체 및 공익법인 등에 귀속시킬 수 없는 경우에는 해당 금액을 출연받은 재산
등의 가액에서 뺀 금액을 기준으로 한다(상증세법 시행령 제38조 제9항).

1. 공익법인 등의 이사 또는 사용인의 불법행위로 인하여 출연받은 재산이 감소된

---

455) 수익사업용 재산 중 공익목적사업용 재산을 제외하는 규정은 2021. 1. 1. 이후 개시하는 사업연도 분부
    터 적용한다.
456) 2018. 2. 13.이 속하는 사업연도분부터 적용한다.
457) 2021. 1. 1. 이후 개시하는 사업연도 분부터 적용한다.

경우. 다만, 출연자 및 그 출연자와 특수관계에 있는 자의 불법행위로 인한 경우를 제외한다.

2. 출연받은 재산 등을 분실하거나 도난당한 경우

(5) 의무지출 미달에 대한 가산세

의무지출 기준금액에 미달하는 경우 기준금액에서 직접 공익목적사업에 사용한 금액을 차감한 금액에 100분의 10에 상당하는 금액을 대통령령으로 정하는 바에 따라 그 공익법인 등이 납부할 세액에 가산하여 부과한다(상증세법 제78조 제9항). 이때 앞서 살펴본 운용소득 미달사용에 대한 가산세와 중복되는 경우에는 더 큰 금액으로 한다.

┃ 증여세를 추징하는 경우 증여재산가액 요약 ┃

사후관리요건을 위배하여 증여세를 추징할 경우 증여재산가액은 추징사유발생일 현재 시가, 시가가 불분명할 경우에는 보충적 평가방법에 따른 평가액으로 하여 증여재산가액을 계산한다.

증여세 추징사유	증여재산가액
① 직접공익목적사업의 용도 외에 사용한 경우	그 사용한 가액
② 출연받은 재산을 출연받은 날부터 3년 이내에 직접 공익목적사업에 사용하지 않은 경우	미달사용액 혹은 사용하지 않은 가액
③ 출연받은 재산을 수익용 또는 수익 사업용으로 운용하여 그 운용소득을 직접 공익목적사업 외에 사용한 경우	직접공익목적사업에 사용하지 않은 출연 재산의 평가가액 $\times \dfrac{\text{공익목적사업 외에 사용한 금액}}{\text{운용소득}}$
④ 출연받은 재산의 매각대금을 공익목적사업 외에 사용하거나 매각한 날부터 3년이 지난날까지 매각대금의 90% 이상을 공익목적사업에 사용하지 않은 경우	가. 공익목적사업 외에 사용한 경우 매각대금의 90% $\times \dfrac{\text{공익목적사업 외에 사용한 금액}}{\text{매각대금}}$ 나. 사용기준금액에 미달하게 사용한 경우 : 당해 미달사용액
⑤ 그 밖의 출연받은 재산 및 직접 공익목적사업을 운용하지 아니하는 경우	국가 · 지방자치단체 · 공익법인 등에게 귀속 시키지 않은 금액
⑥ 직접공익목적사업에 사용하는 것의 혜택이 특정 일부에게만 제공되는 경우	혜택을 받은 일부에게만 제공된 재산가액 또는 경제적 이익에 상당하는 가액

증여세 추징사유	증여재산가액
⑦ 공익법인의 자기 내부거래	가. 대가 없이 사용·수익하게 하는 경우 : 당해 출연재산가액 나. 낮은 대가로 사용·수익하게 하는 경우 당해 출연재산가액 $\times \dfrac{(\text{정상적인 대가} - \text{실제 지급한 대가})}{\text{정상적인 대가}}$
⑧ 출연받은 재산이나 운영소득을 내국법인 주식 등을 취득하는데 사용하여 출연자 및 공익법인의 주식보유비율이 5%(10%)를 초과하는 경우(감심 2000-27, 2000. 2. 22.)	주식보유비율을 초과하여 취득하는데 사용한 재산의 가액
⑨ 제16조 제2항 제2호 가목에 따른 요건을 모두 충족하는 공익법인 등(주식 등을 10% 초과 보유하고 있는 공익법인 등) 같은 목 1)을 위반하여 출연받은 주식 등의 의결권을 행사한 경우	해당 공익법인 등이 출연받은 주식 등의 의결권을 행사한 날에 발행주식총수 등의 100분의 10을 초과하여 보유하고 있는 주식 등의 가액
⑩ 공익법인 등이 의무지출 기준금액에 미달하여 사용하는 경우	가. 주식 등을 5% 초과 보유한 공익법인 등이 의무지출제도를 위반할 경우에는 5%를 초과하여 보유한 주식 등의 가액 나. 미달사용금액에 대한 가산세 추징
⑪ 위 ③의 운용소득을 기준금액에 미달하게 사용하거나 ④의 매각대금을 매각한 날부터 2년 이내 기준금액에 미달하게 사용하는 경우	미달사용금액에 대한 가산세 추징

6. 공익법인이 지켜야 할 의무(사후관리 및 협력의무) - 의무 위반시 가산세 부과

공익법인에게 증여세가 추징되지는 않지만 가산세가 부과되는 공익법인 등이 지켜야 할 의무에는 공익목적 달성을 위한 의무[아래 1)부터 4)까지]와 이에 미치지 않는 수준의 협력의무[아래 5)부터 10)까지]로 구성되어 있다.

1) 동일 내국법인 주식보유기준 준수의무

(1) 의의

공익법인이 동일종목의 주식을 과다하게 보유하기보다는 보유주식을 우량종목 주식 등으로 대체하여 분산 보유하여 주식투자에 따른 위험도를 낮추고, 공익법인에게 일 반법인의 주식을 증여함을 통하여 경영권을 이전시키는 사례를 방지하기 위하여 상 증세법 제49조에서는 1996년 12월 31일 현재 의결권 있는 발행주식총수 또는 출자총 액(이하 "발행주식총수 등"이라 한다)의 5%(공익법인 등의 주식보유기준)를 초과하는 동일한 내 국법인의 의결권 있는 주식 또는 출자지분(이하 "주식 등"이라 한다)을 보유하고 있는 경 우 일정기간이내에 처분 등의 방법을 통하여 주식보유기준 이내를 유지할 것을 규정 하고 있으며, 이를 위반하였을 경우에는 가산세를 부과하고 있다(상증세법 제49조).

(2) 공익법인 등의 주식 등의 보유기준(상증세법 제49조 제1항, 같은 법 집행기준 49 – 42 – 1)

공익법인 등이 1996년 12월 31일 현재 동일한 내국법인의 의결권 있는 주식 등을 5% 초과하여 보유하고 있는 경우에는 다음의 기간 이내에 5%를 초과하여 보유하지 아니하도록 하고 있다.

① 지분율이 5% 초과 20% 이하인 경우 : 1999년 12월 31일까지
② 지분율이 20%를 초과하는 경우 : 2001년 12월 31일까지

(3) 주식보유기준에서 제외되는 공익법인 등

아래의 공익법인 등은 주식투자를 통한 소득을 공익목적에 충실히 사용하는 등 조세 회피의 목적이나 지주회사화하려는 목적이 없는 것으로 보아 5% 내 보유의무에서 제외한다.

① 법§48⑪요건충족공익법인 등

　이에 대한 상세한 설명은 '상속세편'을 참조하면 된다.

② 국가 · 지방자치단체가 출연하여 설립한 공익법인 등 및 이에 준하는 공익법인(상 증세법 시행령 제42조 제2항)

　㉠ 국가 · 지방자치단체가 출연하여 설립한 공익법인 등이 재산을 출연하여 설립 한 공익법인 등

　㉡ 공공기관의 운영에 관한 법률 제4조 제1항 제3호에 따른 공공기관이 재산을 출연하여 설립한 공익법인 등

　㉢ 위 ㉡의 공익법인 등이 재산을 출연하여 설립한 공익법인 등

(4) 5%의 계산범위

다음의 내국법인의 주식 등을 합하여 계산하며, 이때의 주식 등은 제도의 취지상 의결권있는 주식을 의미한다(상증세법 시행령 제42조 제5항).

① 해당 공익법인 등이 보유하고 있는 동일한 내국법인의 의결권 있는 주식 등

② 해당 내국법인과 특수관계에 있는 출연자로부터 재산을 출연받은 해당 공익법인 등 외의 다른 공익법인 등이 보유하는 동일한 내국법인의 주식 등. 이때 "해당 내국법인과 특수관계에 있는 출연자"라 함은 출연자가 해당 내국법인과 아래 (상증세법 시행령 제2조의 2 제3항 각 호)의 어느 하나에 해당하는 관계에 있는 경우 해당 출연자를 말한다(상증세법 시행령 제37조 제2항).

 ㉠ 상증세법 시행령 제2조의 2 제1항 제6호에 해당하는 법인(출연자와 상증세법 시행령 제2조의 2 제1항 제1호 내지 제5호가 30% 이상 출자하고 있는 법인)

 ㉡ 상증세법 시행령 제2조의 2 제1항 제7호에 해당하는 법인(출연자와 상증세법 시행령 제2조의 2 제1항 제1호 내지 제6호가 50% 이상 출자하고 있는 법인)

 ㉢ 출연자와 위 제1호 또는 제2호의 법인과 상증세법 시행령 제2조의 2 제1항 제1호 내지 제5호에 해당하는 자가 발행주식총수 등의 100분의 50 이상을 출자하고 있는 법인

③ 해당 내국법인과 특수관계에 있는 출연자로부터 재산을 출연받은 다른 공익법인 등이 보유하고 있는 동일한 내국법인의 주식. 이때 "출연자의 특수관계인"은 출연자와 상증세법 시행령 제2조의 2 제3항 각 호의 어느 하나에 해당하는 관계에 있는 자를 말한다(상증세법 시행령 제37조 제2항).

(5) 가산세액 계산

따라서 공익법인 등이 상기에 정한 기한이 지난 후에도 동일한 내국법인의 발행주식총수의 5%를 초과하여 보유하고 있는 경우에는 상기의 기한 종료일 현재 그 보유기준을 초과하는 의결권 있는 주식 또는 출자지분에 대하여 매년 말 현재 시가의 100분의 5에 상당하는 금액을 가산세로 부과하되, 가산세의 부과기간은 10년(그러므로 2010년 말까지는 해당 가산세가 부과될 수 있다)을 초과하지 못한다. 즉 해당 공익법인 등(수증자)의 납부할 세액에 가산하여 부과한다(상증세법 시행령 제78조 제4항).

가산세를 부과함에 있어서는 나중에 취득한 것부터 부과한다(상증세법 시행령 제80조 제6항). 이 경우 매각유예기간 종료일 현재 보유하고 있는 주식에 대한 취득시기가 불분명한 때에는 선입선출법에 의하는 것이 타당하다(서일 46014-10158, 2002. 2. 5.).

> 가산세＝위의 기한 종료일 현재 보유기준을 초과하는 주식 등의 매년 말 현재 시가×5%

2) 계열기업 주식보유한도 유지의무

(1) 의의

공익법인의 지주회사화를 방지하기 위해 공익법인이 보유할 수 있는 특수관계에 있는 내국법인(계열기업)의 주식보유 한도를 총재산가액의 30%로 제한하고 이를 위반할 경우 가산세를 부과한다. 다만, 외부감사, 전용계좌 개설 및 사용과 결산서류 등의 공시를 이행하는 공익법인 등에 대해서는 계열기업의 주식보유 한도를 50%로 상향 조정하였다. 이 역시 공익법인 등의 공익성을 강화하기 위한 조치의 하나이다(상증세법 제48조 제9항).

(2) 특수관계에 있는 내국법인의 범위

다음 ①~③에 해당하는 자가 ①에 해당하는 기업의 주식 등을 출연하거나 보유한 경우의 해당 기업(해당 기업과 함께 ①에 해당하는 자에 속하는 다른 기업을 포함)을 말한다.

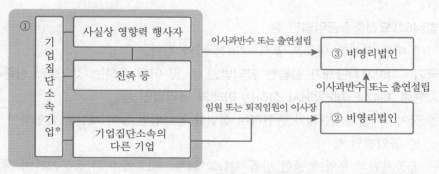

* 독점규제 및 공정거래에 관한 법률 시행령 §3 각 호의 어느 하나에 해당하는 기업집단에 속하는
　계열회사(상증규칙 §2)

① 기획재정부령이 정하는 기업집단의 소속기업(해당 기업의 임원 및 퇴직임원을 포함)과 다음의 어느 하나의 관계에 있는 자 또는 해당 기업의 임원에 대한 임면권의 행사·사업방침의 결정 등을 통하여 그 경영에 대하여 사실상의 영향력을 행사하고 있다고 인정되는 자
　㉮ 기업집단소속의 다른 기업
　㉯ 기업집단을 사실상 지배하는 자

ⓓ ④의 자와 친족 및 직계비속의 배우자의 2촌 이내의 부계혈족과 그 배우자

② 상기 ①의 본문 또는 ㉮의 규정에 의한 기업의 임원 또는 퇴직임원이 이사장인 비영리법인

③ ① 및 ②에 해당하는 자가 이사의 과반수이거나 재산을 출연하여 설립한 비영리법인

(3) 계열회사 주식보유한도

계열회사의 주식보유한도는 아래와 같으며, 이때의 주식 등은 제도의 취지상 의결권 있는 주식 등을 의미한다.

① 공익법인 등이 보유하는 해당 내국법인의 주식 등의 가액이 공익법인 등의 총재 산가액의 100분의 30을 초과하여서는 안 된다.

② 다만 제50조 제3항에 따른 외부감사, 제50조의 2에 따른 전용계좌 개설 및 사용과 제50조의 3에 따른 결산서류 등의 공시를 이행하는 공익법인 등에 해당하는 경우 에는 100분의 50로 그 보유한도를 확대하였다.[458]

(4) 계열회사 주식보유한도에서 제외되는 공익법인 등

다음의 공익법인 등은 계열회사 주식보유한도를 위반하여도 가산세 부과대상이 아니다.

① 법§48⑪요건충족공익법인 등

이에 대한 상세한 내용은 앞서 살펴본 바와 같다.

② 국가 · 지방자치단체가 설립한 공익법인 등 및 이에 준하는 것으로서 상증세법 시행령 제42조 제2항에서 정하는 아래의 공익법인 등

㉮ 국가 · 지방자치단체가 출연하여 설립한 공익법인 등이 재산을 출연하여 설립 한 공익법인 등

㉯ 공공기관의 운영에 관한 법률 제4조 제1항 제3호에 따른 공공기관이 재산을 출연하여 설립한 공익법인 등

㉰ 위 ㉯의 공익법인 등이 재산을 출연하여 설립한 공익법인 등

(5) 초과보유분에 대한 처분유예기한

계열기업 주식보유기준 초과가산세규정은 2000년 1월 1일 이후 최초로 개시하는 사 업연도분부터 적용한다. 단, 1999년 12월 31일 현재 30% 기준을 초과한 경우 초과분 중 1/2 이상은 2000년 12월 31일까지, 나머지는 2001년 12월 31일까지 처분유예기간

---

458) 2009. 1. 1. 이후 개시하는 사업연도분부터 적용

을 두고, 그 기간 내에 미처분한 경우 가산세를 부과한다(법률 제6048호 부칙 제7조 제3항).

(6) 가산세액 계산

위의 (3)의 보유한도를 초과하는 경우 매 사업연도 말 현재 그 초과분에 대한 시가의 5%를 가산세로 부과한다(상증세법 제78조 제7항, 같은 법 시행령 제38조 제14항, 법인세법 시행령 제74조 제1항 제1호 마목).

이때 가산세 대상이 되는 초과보유분을 계산하는 방식을 산식으로 나타내면 다음과 같다.

> 가산세 대상 = 특수관계에 있는 내국법인 주식 등 가액－(총재산가액 × 30%(50%))

① 특수관계에 있는 내국법인 주식 등 가액 ＝Min(이동평균법에 의한 취득가액, 대차대조표상 가액)

그러므로 특수관계에 있는 외국법인의 주식가액이 공익법인의 총재산가액의 100분의 30을 초과하는 경우에는 초과한 주식가액의 5%의 가산세를 부과하지 않는다(서면4팀－441, 2005. 3. 24.).

② 총재산가액 ＝ 공익법인 등의 총재산(해당 내국법인의 주식 등 제외)에 대한 대차대조표상의 가액에 상기 ①의 가액을 가산한 가액

> 가산세 = 가산세 대상 × 5%

한편, 보유기준을 초과하여 보유하는 주식 등에 대한 가산세를 부과함에 있어서는 나중에 취득한 주식 등부터 이를 부과한다(상증세법 시행령 제80조 제6항, 제11항).

(7) 5%(10%) 초과보유와의 관계

본 규정은 공익법인 등이 특수관계에 있는 내국법인의 주식을 보유하는 경우에 동일종목 주식(의결권이 있는 주식) 5%(법§48①요건충족공익법인 등은 10%) 이상의 보유금지의무에 대한 증여세 부과와 별도로, 해당 공익법인의 총재산가액 중 계열사 주식 등 가액(의결권이 있는 주식)이 30%(상증세법 제50조 제3항에 따른 외부감사, 상증세법 제50조의 2에 따른 전용계좌 개설 및 사용과 상증세법 제50조의 3에 따른 결산서류 등의 공시를 이행하는 공익법인 등은 50%)를 초과하여 보유한 경우 매 사업연도 말 현재 그 초과분에 대한 시가의 5%를 가산세로 부과하는 제도이다.

3) 출연자 등의 이사취임기준 준수의무(상증세법 제48조 제8항)

(1) 의의

공익법인에 대한 출연자 등의 사적 지배 특히 타법인의 예속을 방지하기 위하여, 출연자 및 그 특수관계인으로 하여금 공익법인의 의사결정권이 있는 이사취임 및 임직원으로 고용되는 것을 제한하기 위하여 도입된 제도로 공익법인 등의 공익성 강화를 위한 조치이다.

(2) 가산세 부과요건 : [①and②and③] or [①and②and④]

① "출연자 또는 그의 특수관계인"이 이사 혹은 임직원에 취임하여야 한다.

이때 "출연자"란 재산출연일 현재 해당 공익법인 등의 총출연재산가액의 100분의 1에 상당하는 금액과 2천만원 중 적은 금액을 초과하여 출연한 자를 말한다(상증세법 시행령 제38조 제10항).

② "상증세법 시행령 제38조 제11항에서 규정하고 있는 공익법인 등"의 이사 혹은 임직원에 취임하여야 한다.

여기에서 대상 공익법인 등은 다음의 법인을 말한다.

㉮ 출연자와 상증세법 시행령 제2조의 2 제1항 제3호의 관계에 있는 자가 이사의 과반수를 차지하거나 재산을 출연하여 설립한 비영리법인[459]

㉯ 출연자와 상증세법 시행령 제2조의 2 제1항 제4호의 관계에 있는 자가 재산을 출연하여 설립한 비영리법인[460]

㉰ 출연자와 상증세법 시행령 제2조의 2 제1항 제5호 또는 제8호의 관계에 있는 비영리법인[461]

- 가산세 부과에서 제외되는 공익법인 등 : 한편 출연자 등의 이사취임금지 대상인 공익법인 등은 상증세법 시행령 제38조 제11항에서 규정하고 있는데, 의료법인 및 정신의료법인의 경우는 여타 공익법인과는 달리 목적사업 자체가 법인세가 과세되는 수익사업이므로 원활한 목적사업수행을 위하여 특수관계인이 임·직원이 된 경우에는 가산세 부과대상에서 제외하였다(상증세법 시행령 제38조 제11항 괄호, 제12조 제4호).

③ 이사 현원의 1/5을 초과하여 이사가 되어야 한다.

---

459) 이 책 '[보론 21] 특수관계인 범위 중 3.의 자가 이사의 과반수를 차지하거나 재산을 출연하여 설립한 비영리법인' 참조

460) 이 책 '[보론 21] 특수관계인 범위 중 4.의 자가 재산을 출연하여 설립한 비영리법인' 참조

461) 이 책 '[보론 21] 특수관계인 범위 중 5. 및 8.에 해당하는 비영리법인' 참조

출연자 등이 공익법인 등의 이사취임 제한기준인 이사현원의 1/5 이하를 위반하는 경우 기준초과 이사 등에 관련된 경비를 가산세로 징수한다. 이때 5인 이하인 경우 5인으로 보므로 최소한 1명의 취임을 허용한다.

④ 이사가 아닌 임·직원으로 되는 경우이어야 한다.

- 가산세 부과에서 제외되는 임직원 : 이때 의사, 학교의 교직원(기존 학교의 교사뿐만 아니라 교장, 교감, 총장, 학장, 직원도 가산세 부과대상에서 제외, 학교의 직원은 학교회계에서 경비를 지급하는 자에 한함), 아동복지시설의 보육사, 도서관의 사서, 박물관·미술관의 학예사, 사회복지시설의 사회복지사 자격을 가진 사람,「국가과학기술 경쟁력 강화를 위한 이공계지원 특별법」제2조 제3호에 따른 연구기관의 연구원으로서 기획재정부령으로 정하는 연구원[462]은 원활한 공익목적수행을 위해 필요하므로 가산세 부과대상에서 제외한다.

(3) 가산세액 계산

세무서장 등은 이사 수(제48조 제8항의 규정, 기준 이사현원의 1/5 이하)를 초과하는 이사가 있거나, 임(이사 제외)·직원이 있는 경우 그 자와 관련하여 지출된 직접 또는 간접경비에 상당하는 금액 전액을 매년 해당 공익법인 등(수유자)이 납부할 세액에 가산하여 부과한다(상증세법 제78조 제6항).

> 가산세 = 그 자와 관련하여 지출된 직접 또는 간접경비에 상당하는 금액 전액

여기에서 "대통령령이 정하는 직접 또는 간접경비"라 함은 해당 이사 또는 임·직원을 위하여 지출된 급료, 판공비, 비서실 운영경비 및 차량유지비 등을 말한다.

그리고 이 경우 이사의 취임시기가 다른 경우에는 나중에 취임한 이사에 대한 분부터, 취임시기가 동일한 경우에는 지출경비가 큰 이사에 대한 분부터 가산세를 부과한다(상증세법 시행령 제80조 제10항).

다만, 사망 등 다음 각 호의 부득이한 사유로 출연자 또는 그의 특수관계인이 공익법인 등의 현재 이사 수의 5분의 1을 초과하여 이사가 된 경우로서 해당 사유가 발생한 날부터 2개월 이내에 이사를 보충하거나 개임(改任)하는 경우에는 가산세를 부과하지 아니한다.[463]

---

462) 2021. 2. 17. 상증세법 시행령 개정을 통해 가산세 부과에서 제외되는 임직원의 범위에 일정 요건을 갖춘 연구원이 추가되었으며 2021. 2. 17.이 속하는 과세기간 또는 사업연도에 경비를 지출하는 분부터 적용한다.

463) 이사 구성요건 위반에 대한 유예기간 규정은 2016. 1. 1. 이후 결정 또는 경정하는 분부터 적용한다.

① 이사의 사망 또는 사임

② 특수관계인에 해당하지 아니하던 이사가 특수관계인에 해당하는 경우

(4) 가산세 부과 유예기간(1999. 12. 28. 법률 제6048호 부칙 제7조 제2항)

2000년 1월 1일 이후 최초로 개시하는 사업연도분부터 적용하되 1999년 12월 31일 현재 위 특수관계인이 이사 현원의 1/5을 초과하는 경우 그 초과인원 중 1/2 이상은 2000년 12월 31일까지, 나머지는 2001년 12월 31일까지 감소시키는 경우에는 가산세를 적용하지 아니한다.

따라서 기준초과(1/5) 이사의 가산세에 대해서만 유예규정이 있으며, 임직원의 가산세에 대한 유예규정은 없다는 점에 유의하여야 한다.

4) 특수관계기업 광고 · 홍보행위 금지의무(상증세법 제48조 제10항)

(1) 의의

공익법인을 통하여 출연자 및 그 계열사의 사업활동을 지원하는 행위를 금지하기 위하여 특수관계 있는 내국법인을 광고 또는 홍보하는 경우 그와 관련된 경비를 가산세로 징수한다. 이 또한 공익법인 등의 공익성을 강화하기 위한 조치이다.

(2) 가산세 부과요건

① "공익법인 등"이 광고 · 홍보를 하여야 한다.

이때 광고 · 홍보를 하는 공익법인 등에는 제한이 없다.

② 특수관계에 있는 내국법인의 이익을 증가시키기 위하여 광고 · 홍보를 하여야 한다.

여기에서의 특수관계에 있는 내국법인은 위 '2) 계열기업 주식보유기준 유지의무'에서 본 바와 동일하다.

③ 정당한 대가를 받지 아니하고 광고 · 홍보를 하여야 한다.

그러므로 정당한 대가를 받는 경우에는 가산세 부과대상이 되지 않는다.

④ "광고 · 홍보"를 하는 경우이어야 한다.

가산세를 부과하는 광고 · 홍보는 공익법인 등이 다음의 행위를 하는 경우를 말한다.

㉮ 신문 · 잡지 · 텔레비전 · 라디오 · 인터넷 또는 전자광고판 등을 이용하여 내국법인을 위하여 홍보하거나 내국법인의 특정상품에 관한 정보를 제공하는 행위. 다만, 내국법인의 명칭만을 사용하는 홍보는 제외한다.

㉯ 팜플렛 · 입장권 등에 내국법인의 특정상품에 관한 정보를 제공하는 행위. 다

만, 내국법인의 명칭만을 사용하는 홍보는 제외한다.

(3) 가산세액 계산

공익법인 등이 광고·홍보를 하는 경우에는 해당 행위와 관련하여 직접 지출된 경비에 상당하는 금액을 대통령령이 정하는 바에 따라 해당 공익법인 등이 납부할 세액에 가산하여 부과한다(상증세법 제78조 제8항, 상증세법 시행령 제80조 제12항).

여기에서 "직접 지출된 경비"라 함은 다음의 경비를 말하므로, 아래의 비용이 가산세가 된다.

> ① 위 ㉮ (상증세법 시행령 제38조 제15항 제1호)의 경우에는 해당 광고·홍보매체의 이용비용
> ② 위 ㉯ (상증세법 시행령 제38조 제15항 제2호)의 경우에는 해당 행사비용 전액

5) 보고서 등 제출의무(상증세법 제48조 제5항, 상증세법 시행령 제41조)

(1) 의의

상증세법 제48조 제5항의 규정에 의해 과세가액에 산입되지 아니하는 출연재산을 통한 변칙증여를 방지함과 더불어 공익사업에 적정하게 운용되고 있는지를 검토하기 위하여 공익법인 등이 재산을 출연받은 경우에는 그 출연받은 재산의 사용에 대한 계획 및 진도에 관한 보고서를 납세지 관할 세무서장에게 제출하도록 하고 있다(상증세법 제48조 제5항).

그리고 그 의무를 위반할 때에 가산세를 부과하도록 한 것은 공익법인 등이 출연받은 재산에 대한 보고의무를 성실히 이행하도록 하기 위한 규정이다. 특히 고액출연재산에 대한 보고의무를 성실히 이행하도록 하여 공익법인 설립단계부터 실효성 있는 세무관리가 가능하도록 하기 위한 조치이다.

(2) 제출대상 보고서

공익법인 등이 출연받은 재산의 사용에 대한 계획 및 진도에 관한 보고서의 종류는 다음과 같다(상증세법 제48조 제5항, 같은 법 시행령 제41조).

① 결산에 관한 서류(상증세법 시행령 제41조 제1항)[464]

그 서류는 '공익법인의 설립·운영에 관한 법률' 및 그 밖의 법령에 따라 공익법인 등이 주무관청에 제출하는 대차대조표 및 손익계산서(손익계산서에 준하는 수지계산서 등을 포함한다)에 한한다.

---

464) 2007. 2. 28. 이후 최초로 종료하는 사업연도분부터 적용한다.

그러므로 결산보고서를 주무관청에 제출하는 제도가 없는 경우에는 주무관청에 제출할 것이 없으므로 관할 세무서에 동 결산보고서를 제출하지 않아도 된다. 일반적으로 이러한 결산보고서 제출제도에서 결산보고서란 ㉮ 고유목적사업부문 ㉯ 수익사업부문 ㉰ 총계부문별로 작성된 것을 의미하므로, 수익사업을 영위하는 공익법인이 법인세 신고시 수익사업부문의 결산 보고서를 제출하더라도 고유목적사업부문과 총계부문의 결산보고서를 추가로 제출하여야 한다.

② 기획재정부령이 정하는 다음의 서류(상증세법 시행규칙 제25조).

여기에는 출연받은 재산의 명세, 출연재산(출연재산의 운용소득을 포함)의 사용계획 및 진도현황, 상증세법 제48조 제2항 제4호 및 동항 제5호(상증세법 시행령 제38조 제7항의 규정에 해당하는 경우에 한함)의 규정에 해당하는 경우에는 매각재산 및 그 사용명세 그리고 운용소득의 직접 공익목적사업 사용명세가 포함되어야 한다(상증세법 시행령 제41조, 상증세법 시행규칙 제25조).

㉠ 별지 제23호 서식에 따른 공익법인 출연재산 등에 대한 보고서

㉡ 별지 제24호 서식에 따른 출연재산·운용소득·매각대금의 사용계획 및 진도내역서

㉢ 별지 제25호의 2 서식에 의한 출연받은 재산의 사용명세서

㉣ 별지 제25호의 3 서식에 의한 출연재산 매각대금 사용명세서

㉤ 별지 제25호의 4 서식에 의한 운용소득 사용명세서

㉥ 별지 제26호 서식에 의한 주식(출자지분)보유명세서

㉦ 별지 제26호의 2 서식에 의한 이사등선임명세서

㉧ 별지 제26호의 3 서식에 의한 특정기업광고등명세서

(3) 보고서 제출기한

공익법인 등은 상기의 보고서를 사업연도 종료일부터 4개월[465] 이내에 납세지 관할 세무서장에게 제출하여야 한다.

(4) 가산세액 계산

보고서 미제출 가산세액은 출연받은 재산가액 중 보고서로서 제출하지 아니한 분 또는 불분명한 분의 금액에 상당하는 증여세액의 100분의 1에 상당하는 금액으로 하고 있는바, 이는 다음과 같이 계산한다(상증세법 제78조 제3항, 상증세법 시행령 제80조 제5항,

---

465) 2022. 2. 15. 종전 3개월에서 4개월로 개정되었으며, 2022. 2. 15. 전에 공익법인 등의 과세기간 또는 사업연도가 종료한 경우로서 2022. 2. 15. 당시 그 종료일부터 4개월이 지나지 않은 경우에도 적용한다.

기본통칙 78-80…1 제2항). 다만, 이러한 협력의무의 위반에 대한 가산세는 1억원을 한도로 하되, 해당 의무를 고의적으로 위반한 경우에는 그러하지 아니하다(국세기본법 제49조 제1항 제4호).

$$가산세액 = Min[①미제출·불분명분의\ 재산가액 \times 증여세율 \times 1\%, ②1억원]$$

이때에 '불분명한 경우'라 함은 제출된 보고서에 출연재산·운용소득 및 매각재산 등의 명세를 누락하거나 잘못 기재하여 사실을 확인할 수 없는 경우를 말한다.

그러므로 가산세액의 계산은 「제출하지 아니하거나 불분명한 분의 금액에 상당하는 증여세액」이란 제출하지 아니하거나 불분명분의 재산가액을 증여세 과세가액에 산입하였을 경우의 증여세액에서 이를 산입하지 아니하였을 경우의 증여세액을 차감하여 계산하는 것이 아니라 미제출·불분명분의 재산가액에 직접 상증세법 제26조의 세율을 곱하여 계산한 가액으로 적용하는 것이다.

6) 외부 세무확인·회계감사 및 장부작성·비치의무

(1) 외부 세무확인 및 보고·회계감사 의무(상증세법 제50조)

① 의의

공익법인 운영의 투명성을 확보하기 위하여 공익법인 등은 매년 출연받은 재산의 공익목적사업 사용 여부에 대하여 외부전문가를 선임하여 세무확인을 받아야 하고, 그 결과를 납세지 관할 세무서장에게 보고하여야 한다(상증세법 제50조 제1항 및 제2항). 이에 따라 법에서 정한 외부전문가의 세무확인 및 보고의무 등을 이행하지 아니한 경우에는 가산세를 부과하고 있다(상증세법 제78조 제5항).

이러한 취지에 비추어 보면 공익법인에 해당하지 않게 되어 출연받은 재산에 대한 증여세를 납부하는 경우 외부전문가의 세무확인 등 사후관리의무를 이행할 필요가 없다(재산-540, 2010. 7. 26.).

② 외부세무확인 및 보고

ㄱ) 의의

공익법인 등은 출연재산의 사후관리 요건 준수 여부 등에 대하여 과세기간별로 또는 사업연도별로 공익법인 등으로부터 업무수행상 독립된(아래 ㄷ) 외부전문가, 즉 2명 이상의 변호사·공인회계사 또는 세무사를 선임하여 세무확인을 받아야 하고(상증세법 제50조 제1항),[466] 공익법인 등은 납세지 관할 세무서장에게 세무확인의 결과를 보고하여야 한다(상증세법 시행령 제43조 제6항. 상증세법 시행규칙 제14조 제2항).

공익법인 등으로부터 출연재산의 공익목적사업 사용 여부 등에 관련된 외부전문가의 세무확인을 보고받은 관할 세무서장은 그 결과를 일반인들이 알 수 있도록 열람을 허용하여야 한다(상증세법 제50조 제2항).

ⓛ 업무상 독립성 요건(상증세법 시행령 제43조 제1항)[467]

공익법인 등에 대한 세무확인을 할 수 있는 자는 다음의 어느 하나에도 해당하지 아니하여야 한다.

1. 해당 공익법인 등의 출연자(재산출연일 현재 해당 공익법인 등의 총출연재산가액의 100분의 1에 해당하는 금액과 2천만원 중 적은 금액 이하의 금액을 출연한 사람은 제외), 설립자(이하 여기에서 "출연자 등"이라 함) 또는 임직원(퇴직 후 3년[468](해당 기업이「독점규제 및 공정거래에 관한 법률」제14조에 따른 공시대상기업집단에 소속된 경우는 5년)이 지나지 아니한 사람을 포함)인 경우

2. 출연자 등과 제2조의 2 제1항 제1호 또는 제2호의 관계에 있는 사람인 경우

3. 출연자 등 또는 그가 경영하는 회사(해당 회사가 법인인 경우에는 출연자 등이 제19조 제2항에 따른 최대주주 또는 최대출자자인 회사를 말한다)와 소송대리, 회계감사, 세무대리, 고문 등의 거래가 있는 사람인 경우

4. 해당 공익법인 등과 채권·채무 관계에 있는 사람인 경우

5. 제1호부터 제4호까지의 사유 외에 해당 공익법인 등과 이해관계가 있는 등의 사유로 그 직무의 공정한 수행을 기대하기 어렵다고 인정되는 사람인 경우

6. 제1호(임직원은 제외한다) 및 제3호부터 제5호까지의 규정에 따른 관계에 있는 법인에 소속된 사람인 경우

따라서 공익법인의 세무대리를 수행하는 세무사 등이 속한 법인에 소속된 다른 세무사 등(위 제5호 및 제6호) 또는 공익법인의 출연자가 경영하는 개인사업의 세무대리를 수행하는 세무사 등이 속한 법인에 소속된 다른 세무사 등(제3호 및 제6호)은 세무확인 배제대상 외부전문가에 해당한다(서면-2020-법령해석법인-4138. 2020. 12. 30.).

ⓒ 세무확인에서 제외되는 공익법인 등(가산세 적용이 배제되는 공익법인 등)

---

466) 2007. 12. 31. 이전은 매 2년마다, 3인 이상의 전문가로부터 세무확인을 받아야 했다.
467) 2011. 7. 25.부터 시행한다.
468) 2019. 2. 12. 이후 상속이 개시되거나 증여받는 분부터 적용한다.

자산 규모, 사업의 특성 등을 감안한 다음에 해당하는 공익법인 등은 세무확인을 받지 않아도 가산세의 적용이 없다(상증세법 제50조 제1항 단서, 상증세법 시행령 제43조 제2항, 제80조 제9항).

1. 외부전문가의 세무확인을 받아야 하는 과세기간 또는 사업연도의 종료일 현재 재무상태표상 총 자산가액을 합친 금액이 5억원[469] 미만인 공익법인 등

   2014년 개정시 공익법인 등의 투명성 제고를 통한 기부문화의 활성화를 유도하기 위해 공시의무를 강화하는 측면에서 세무확인을 받아야 하는 대상을 확대하였다. 2017년 개정시에는 종전 세무확인 제외대상이었던 외부회계감사 대상 법인도 세무확인서를 제출하도록 의무화하였다. 공익법인의 사후관리제도를 강화하기 위한 것이다.[470]

   여기에서 부동산의 경우 상증세법 제60조·제61조 및 제66조의 규정에 의하여 평가한 가액이 재무상태표상의 가액보다 큰 경우에는 그 평가한 가액을 말한다. 이 경우 "재무상태표상 총 자산가액"이라 함은 당해 공익법인 등의 고유목적사업과 수익사업 등에 사용된 모든 자산의 가액을 말한다(서면4팀-793, 2008. 3. 25.).

   • [총 자산가액이 5억원 미만이더라도 세무확인을 받아야 하는 경우][471]

   다만, 해당 과세기간 또는 사업연도의 수입금액(해당 공익사업과 관련된 「소득세법」에 따른 수입금액 또는 「법인세법」에 따라 법인세 과세대상이 되는 수익사업과 관련된 수입금액을 말한다)과 그 과세기간 또는 사업연도에 출연받은 재산가액의 합계액이 3억원[472] 이상인 공익법인 등은 세무확인을 받아야 한다(상증세법 시행령 제43조 제2항 제1호 단서).

   여기에서 '수입금액'이란 '해당 공익사업과 관련된 「소득세법」에 따른 수입금액 또는 「법인세법」에 따라 법인세 과세대상이 되는 수익사업과 관련된 수입금액을 말하고(상증세법 시행령 제43조 제2항 제1호 단서 괄호), 비영리내국법인의 법인세가 과세되는 각 사업연도 소득은 '제조업, 건설업, 도매 및 소매업 등 「통계법」 제22조에 따라 통계청장이 작성·고시하는 한국

---

469) 2014. 1. 1. 이후 개시하는 사업연도(과세기간) 분부터 적용. 2013년까지는 10억원, 2008. 2. 21. 이전에 상속·증여분에 대해서는 30억원
470) 2017. 1. 1. 이후 개시하는 소득세 과세기간 또는 법인세 사업연도 분부터 적용한다.
471) 2011. 7. 25.이 속하는 과세기간 또는 사업연도에 이에 해당하는 공익법인 등부터 적용한다.
472) 2014. 1. 1. 이후 개시하는 사업연도(과세기간) 분부터 적용. 2013년까지는 5억원

표준산업분류에 따른 '사업으로서 대통령령으로 정하는 사업 또는 수입("수익사업")에서 생기는 소득'(법인세법 제4조 제3항, 시행령 제3조)으로 한정하도록 하고 있다.

2. 불특정다수인으로부터 재산을 출연받은 공익법인 등

이때에는 출연자 1인과 그의 특수관계인이 출연한 재산가액을 합친 금액이 공익법인 등이 출연받은 총재산가액의 100분의 5에 미달하는 경우에 한한다.

3. 국가 또는 지방자치단체가 재산을 출연하여 설립한 공익법인 등으로서 감사원법 또는 관련 법령의 규정에 의하여 감사원의 회계검사를 받는 공익법인 등

이때 가산세 적용배제는 오직 회계검사를 받는 연도분에 한한다. 그런데 국가나 지방자치단체로부터 증여받은 재산의 가액은 증여세 비과세대상(상증세법 제46조 제1호)이므로 애당초 어떠한 사후관리도 받지 않는다고 해석하여야 할 것이다. 같은 맥락에서 보면 증여세가 비과세되는 재산에 대해서도 당연히 세무확인을 받지 않는다(서면4팀-2072, 2004. 12. 17. : 심사증여 2003-3081, 2004. 6. 28.).

㉣ 세무확인 실시기한 및 보고기한

공익법인 등에 대한 외부전문가의 세무확인은 해당 공익법인 등의 과세기간 또는 사업연도 종료일로부터 2개월 이내에 실시하여야 하며, 세무확인절차·방법, 외부전문가의 의무, 세무확인서 및 세무확인기간 등 외부전문가의 세무확인에 필요한 세부사항은 기획재정부령으로 정한다(상증세법 시행령 제43조 제8항, 상증세법 시행규칙 제14조 제3항). 그러므로 대상이 되는 공익법인 등은 매년 세무확인을 받아야 한다.

외부전문가의 세무확인을 받은 공익법인 등[473]은 그 결과를 기획재정부령이 정하는 보고서에 의하여 세무확인을 받은 해당 공익법인 등의 과세기간 또는 사업연도의 종료일부터 4개월[474] 이내에 해당 공익법인 등을 관할하는 세무서장에게 보고하여야 한다(상증세법 시행령 제43조 제7항). 보고 주체가 종전의 외부전문가에서 공익법인 등으로 바뀌었음에 유의하여야 한다. 여기에서 '기획재정부령이 정하는 보고서'란 상증세법 시행령 제43조 제5항의 어느 하나에 규정

---

473) 2012. 2. 2. 이후 최초로 상속이 개시되거나 증여받은 것부터 적용한다.

474) 2022. 2. 15. 종전 3개월에서 4개월로 개정되었으며, 2022. 2. 15. 전에 공익법인 등의 과세기간 또는 사업연도가 종료한 경우로서 2022. 2. 15. 당시 그 종료일부터 4개월이 지나지 않은 경우에도 적용한다.

된 사항(아래 ⑫)에 대하여 상증세법 시행령 제43조 제8항에 따른 외부전문가의 공익법인 등에 대한 세무확인서(아래 ⑭)를 말한다(상증세법 시행규칙 제14조 제2항).

⑫ 세무확인 사항

공익법인이 출연받은 재산을 적정하게 공익목적사업에 운용하고 있는지의 여부 등을 확인하여야 하는데 외부전문가로부터 세무확인을 받아야 할 항목은 다음과 같다(상증세법 시행령 제43조 제5항).

㉮ 출연받은 재산의 공익목적 사용 여부

㉯ 상증세법 제48조 · 같은 법 시행령 제37조 및 제39조에서 규정하고 있는 의무사항 이행 여부

㉰ 그 밖의 공익목적 사업운영 등에 관하여 기획재정부령이 정하는 것

여기에서 "기획재정부령이 정하는 것"이란 다음에 해당하는 것을 말한다(상증세법 시행규칙 제14조 제1항).

ⅰ) 출연받은 재산의 운영 및 수익사업내역의 적정성 여부

ⅱ) 장부의 작성 · 비치의무의 준수 여부

ⅲ) 공익법인 등의 수혜자 선정의 적정성 여부

한편 공익법인 등의 세무확인규정(2009. 9. 30. 국세청고시 제2009-102호) 제4조에서는 외부전문가의 세무확인사항을 아래와 같이 예시하고 있다.

ⓐ 출연재산 및 그 운용에 관한 사항

• 출연재산의 3년 내 공익목적사용 여부 및 사용내역의 적정 여부

• 주식을 출연받거나 취득하는 경우 주식보유기준 초과 여부

• 수익용 또는 수익사업용으로 운용하는 출연재산의 운용소득 중 기준금액이상을 직접 공익목적사업에 사용하였는지 여부

• 출연재산 매각대금을 기준금액 이상 공익사업에 사용하였는지 여부

• 공익사업 수혜자의 적정 여부 등

ⓑ 자기내부거래에 관한 사항

• 출연재산을 출연자 및 그의 특수관계인에게 무상 또는 낮은 가액으로 사용 · 수익하게 하였는지 여부 등

ⓒ 그 밖의 공익법인 등의 운영에 관한 사항

• 이사 중 특수관계인의 기준 초과 여부 및 특수관계인의 임직원 채용 여부

• 특정법인에 대한 광고 · 홍보 여부

- 장부의 작성·비치의무 준수 여부
- 각종 보고서의 제출 여부
- 그 밖의 공익법인의 운영 등과 관련하여 공익목적에 부합되지 않는 사업 또는 행위에 대한 조치사항 등

ⓓ 세무확인 보고
- 공익법인세무확인규정 별지 제1호 내지 제7호

ⓑ 세무확인 보고(상증세법 시행규칙 제14조 제2항 및 제25조 제9항)

외부전문가는 위의 세무확인사항을 확인하여 공익법인 등이 작성한 상증세법 시행규칙 제25조 제1항 각 호 서식(앞의 5),(2)제출대상보고서)의 적정 여부를 검증하고, 별지 제32호 서식에 의하여 세무확인서 등을 작성하여 보고하여야 한다.

[별지 제32호 서식] 공익법인 등의 세무확인서
[별지 제32호 서식 부표 1] 공익법인 등의 세무확인 결과 집계표
[별지 제32호 서식 부표 2] 출연자 등 특수관계인 사용수익명세서
[별지 제32호 서식 부표 3] 수혜자 선정 부적정명세서
[별지 제32호 서식 부표 4] 재산의 운용 및 수익사업내역 부적정 명세서
[별지 제32호 서식 부표 5] 장부의 작성·비치 의무 불이행 등 명세서
[별지 제32호 서식 부표 6] 보유부동산 명세서

ⓐ 기타 외부전문가의 선임제한 및 의무 등에 대해서는 '공익법인 등의 세무확인 규정'에 의한다.

③ **외부 회계감사**

㉠ 의의

공익법인 등은 과세기간별로 또는 사업연도별로 주식회사 등의 외부감사에 관한 법률 제2조 제7호에 따른 감사인에게 회계감사를 받아야 하며, 동 의무를 이행할 때에는 대통령령으로 정하는 회계기준을 따라야 한다[475](상증세법 제50조 제3항, 제50조의 4).

---

475) 2018. 1. 1. 이후 최초로 개시하는 과세기간 또는 사업연도 분부터 적용한다. 2018. 1. 1. 이후 최초로 개시하는 회계연도의 직전 회계연도 종료일의 총 자산가액의 합계액이 20억원 이하인 공익법인과 이 기준 시행일부터 2018년 12월 31일까지의 기간 중에 신설되는 공익법인은 이 기준 시행 이후 최초로 개시하는 회계연도와 그 다음 회계연도에는 단식부기를 적용할 수 있다(기획재정부 고시 제2017-35호, 부칙 제5조).

ⓛ 외부 회계감사대상에서 제외되는 공익법인

다음 중 어느 하나에 해당하는 공익법인 등의 경우에는 회계감사의 대상에서 제외한다(상증세법 시행령 제43조 제3항, 제4항). 다만, 상증세법 시행령 제41조의 2 제6항에 해당하는 공익법인 등은 제외한다.

㉮ ⅰ) 회계감사를 받아야 하는 과세기간 또는 사업연도의 직전연도 종료일 현재 재무상태표상 총 자산가액을 합친 금액이 100억원 미만이고, ⅱ) 해당 과세기간 또는 사업연도의 수입금액과 그 과세기간 또는 사업연도에 출연받은 재산가액의 합계액이 50억원 미만이며, ⅲ) 해당 과세기간 또는 사업연도에 출연받은 재산가액이 20억원 미만인 공익법인 등[476]

세무상 의무대상인지 여부에 대한 예측 가능성을 높이기 위해 기존의 당해 연도 기준을 직전연도 기준으로 변경하였다(세무확인대상여부는 당해 연도 기준임).[477] 이때 부동산인 경우 상증세법 제60조·제61조 및 제66조에 따라 평가한 가액이 재무상태표상의 가액보다 크면 그 평가한 가액을 말한다. 종전에는 총 자산가액 100억원 이상인 공익법인만을 외부 회계감사대상으로 하였으나, 연간 수입금액 50억원 이상 또는 기부금 20억원 이상의 공익법인도 외부 회계감사를 받도록 대상을 확대하였다.

㉯ 종교의 보급 그 밖의 교화에 현저히 기여하는 사업 또는 초·중등교육법 및 고등교육법에 의한 학교, 유아교육법에 따른 유치원을 설립·경영하는 사업을 하는 공익법인 등(상증세법 시행령 제43조 제4항). 다만, 상증세법 시행령 제41조의 2 제6항에 해당하는 공익법인 등은 제외한다.

ⓒ 외부 회계감사의 실시기한 및 보고기한

회계감사를 받은 공익법인 등은 감사인이 작성한 감사보고서를 과세기간 또는 사업연도 종료일부터 4개월[478] 이내에 관할 세무서장에게 제출하여야 한다.[479] 이 경우 관할 세무서장은 제출받은 감사보고서를 일반인이 열람할 수 있도록 하여야 한다. 한편, 감사인의 선임·선임의 제한 등 감사인의 외부감사에 필요한 세부사항은 기획재정부령으로 정한다(상증세법 시행령 제43조 제7항, 제8항).

---

476) 2020. 1. 1. 이후 개시하는 사업연도 분부터 적용한다.

477) 2013. 2. 15. 이후 외부감사를 받는 분부터 적용한다.

478) 2022. 2. 15. 종전 3개월에서 4개월로 개정되었으며, 2022. 2. 15. 전에 공익법인 등의 과세기간 또는 사업연도가 종료한 경우로서 2022. 2. 15. 당시 그 종료일부터 4개월이 지나지 않은 경우에도 적용한다.

479) 종전에는 공익법인에 대한 외부 회계감사는 해당 공익법인 등의 과세기간(사업연도) 종료일부터 2개월 이내에 실시하고, 3개월 이내에 관할 세무서장에게 제출하도록 하였으나, 2011. 1. 1. 이후 최초로 개시하는 과세기간(사업연도)부터는 실시기한을 정하지 않고 제출기한만을 명시하였다.

④ 가산세액 계산

공익법인 등이 외부전문가의 세무확인을 받지 아니하거나 그 결과에 대한 보고를 이행하지 아니한 사업연도와 외부 회계감사를 받지 아니한(상증세법 제50조 제4항에 따라 지정받은 감사인이 아닌 다른 감사인에게 회계감사를 받은 경우를 포함)[480] 사업연도(개인은 과세기간)의 수입금액, 장부의 작성·비치의무를 이행하지 아니한 사업연도의 수입금액의 합계액과 해당 사업연도의 출연받은 재산가액을 합친 금액에 1만분의 7을 곱하여 상속세 또는 증여세로 징수한다(상증세법 제78조 제5항, 같은 법 시행령 제80조 제7항 및 제8항).

> 가산세 = Min[① (세무확인 미이행 또는 결과보고 미이행 사업연도(개인은 과세기간)의 수입금액 + 외부 회계감사 미이행 사업연도의 수입금액 + 장부 작성·비치의무 미이행 사업연도의 수입금액 + 해당 사업연도의 출연받은 재산가액을 합친 금액) × 1만분의 7, ② 1억원]

여기에서 "출연받은 재산가액"이라 함은 상증세법 제50조의 규정에 의한 외부전문가의 세무확인에 대한 보고를 이미 이행한 분으로서 계속 공익목적사업에 직접 사용하는 분을 차감한 가액과 외부 회계감사를 이미 이행한 분으로서 계속 공익목적사업에 직접 사용하는 분을 차감한 가액의 합계액을 말한다.

⑤ 주기적 감사인 지정제도 및 회계 감리제도

　㉠ 의의

　　공익법인의 외부 회계감사의 투명성을 제고하기 위해 일정규모 이상의 공익법인에 대해서는 4년간 감사인의 자유선임 후 기획재정부장관이 2년간 지정하도록 하는 주기적 감사인 지정제도가 도입되었다. 또한 기획재정부장관이 회계 감리 후 감사기준을 위반한 것으로 확인된 감사인에 대하여는 금융위원회에 통보하여 제재가 가능하도록 하였다. 동 제도들은 2019년 개정을 통해 도입되어 2022년부터 적용된다.

　㉡ 주기적 감사인 지정제도

　　일정 규모 이상의 공익법인 등(지정기준일이 속하는 과세연도의 직전 과세연도 종료일 현재 재무상태표상 총 자산가액이 1,000억원 이상인 공익법인 등)이 연속하는 4개 과세기간 또는 사업연도에 대하여 회계감사를 받은 경우에는 그 다음 과세기간 또는 사업연도부터 연속하는 2개 과세기간 또는 사업연도에 대하여 기획재정부장관이 지

---

480) 지정 감사인 관련 가산세 규정은 2023. 1. 1. 이후 감사인을 지정받는 경우부터 적용

정하는 감사인에게 회계감사를 받도록 할 수 있다. 이 경우 기획재정부장관은 감사인 지정 업무의 전부 또는 일부를 국세청장에게 위탁할 수 있다(상증세법 제50조 제4항).[481]

ⓒ 회계감사 적정성에 대한 감리제도

기획재정부장관은 회계감사를 받을 의무가 있는 공익법인 등이 공시한 감사 보고서와 그 감사보고서에 첨부된 재무제표에 대하여 감리할 수 있다. 이 경 우 기획재정부장관은 감리 업무의 전부 또는 일부를 대통령령으로 정하는 바 에 따라 회계감사 및 감리에 관한 전문성을 갖춘 법인이나 단체에 위탁할 수 있다(상증세법 제50조 제5항).[482]

(2) 장부작성·비치의무(상증세법 제51조)

① 의 의

공익법인 등은 소득세 과세기간 또는 법인세 사업연도별로 출연받은 재산 및 공 익사업운용 내용 등에 대한 장부를 작성하여야 하며, 장부와 관계 있는 중요한 증명서류를 비치·보존하여야 한다.

이에 따라 법에서 정한 장부의 작성·비치의무를 이행하지 아니한 경우에는 가 산세를 부과하고 있다.

② 장부의 종류(상증세법 시행령 제44조)

㉠ 상증세법 제51조 제1항의 규정에 의한 장부는 출연받은 재산의 보유 및 운용 상태와 수익사업의 수입 및 지출내용의 변동을 빠짐없이 이중으로 기록하여 계산하는 부기 형식의 장부이어야 하며, 동항의 규정에 의한 중요한 증명서류 에는 수혜자에 대한 지급명세가 포함되어야 한다.

㉡ 다음에 해당하는 경우에는 위 ㉠에 의한 장부를 작성·비치한 것으로 본다.

㉮ 이중으로 대차평균하게 기표된 전표와 이에 대한 증명서류가 완비되어 제 1항의 재산의 보유 및 운용상태와 수입 및 지출내용의 변동을 빠짐없이 기록한 경우

㉯ 해당 수입과 지출에 대한 계산서(부가가치세법에 의한 세금계산서를 포함한다)와 영 수증 등에 의하여 제1항의 재산의 보유 및 운용상태와 수입 및 지출내용 의 변동을 빠짐없이 보관하고 있는 경우

㉢ 또한 공익법인 등의 수익사업에 대하여 소득세법 제160조 및 법인세법 제112

---

481) 2022. 1. 1. 이후 최초로 개시하는 과세기간 또는 사업연도분부터 적용한다.
482) 2022. 1. 1. 이후 최초로 개시하는 과세기간 또는 사업연도분부터 적용한다.

조 단서의 규정에 의하여 작성·비치된 장부와 중요한 증명서류는 상증세법 제51조 제1항에 의하여 작성·비치된 장부와 중요한 증명서류로 보며, 이 경우 해당 장부와 중요한 증명서류에는 마이크로필름·자기테이프·디스켓 그밖의 정보보존장치에 의한 것을 포함한다.

③ 보존기한

위 ②의 장부와 중요한 증명서류는 해당 공익법인 등의 소득세 과세기간 또는 법인세 사업연도의 종료일부터 10년간 보존하여야 한다.

④ 가산세 적용배제

앞에서 살펴본 외부세무확인이 배제되는 공익법인에 대하여는 가산세를 부과하지 아니한다. 왜냐하면 장부작성 등 불이행가산세와 외부세무확인 등 불이행가산세는 하나의 가산세에 포함되기 때문이다. 한편 상증세법상 장부기장·비치의무가 배제되더라도 법인세법 제4조 제3항 제1호 및 제7호의 수익사업을 영위하는 공익법인은 법인세법상 장부의 비치·기장 의무가 있다(법인세법 제112조 단서).

⑤ 가산세액 계산

㉠ 가산세액

공익법인 등이 장부의 작성·비치의무를 이행하지 아니한 사업연도의 수입금액과 외부전문가의 세무확인을 받지 아니하거나 그 결과에 대한 보고를 이행하지 아니한 사업연도, 외부 회계감사를 받지 아니한(상증세법 제50조 제4항에 따라 지정받은 감사인이 아닌 다른 감사인에게 회계감사를 받은 경우를 포함)[483] 사업연도(개인은 과세기간)의 수입금액의 합계액과 해당 사업연도의 출연받은 재산가액을 합친 금액에 1만분의 7을 곱하여 증여세로 징수한다(상증세법 시행령 제80조 제7항 및 제8항).

> 가산세 = Min[① (세무확인 미이행 또는 결과보고 미이행 사업연도(개인은 과세기간)의 수입금액 + 외부 회계감사 미이행 사업연도의 수입금액 + 장부 작성·비치의무 미이행 사업연도의 수입금액 + 해당 사업연도의 출연받은 재산가액을 합친 금액)×1만분의 7, ② 1억원]

여기에서 "출연받은 재산가액"이라 함은 상증세법 제50조의 규정에 의한 외부전문가의 세무확인에 대한 보고를 이미 이행한 분으로서 계속 공익목적사업에 직접 사용하는 분을 차감한 가액과 외부 회계감사를 이미 이행한 분으로서 계속 공익목적사업에 직접 사용하는 분을 차감한 가액의 합계액을 말한다(상증세

---

483) 지정 감사인 관련 가산세 규정은 2023. 1. 1. 이후 감사인을 지정받는 경우부터 적용

법 시행령 제80조 제8항).

　　　　ⓛ 외부세무확인 및 보고 불이행가산세와의 관계

　　　　이 경우 장부의 작성 · 비치의무를 이행하지 아니하여 부과되는 가산세는 전술한 상증세법 제50조에서 설명된 외부전문가의 세무확인에 대한 보고의무 미이행과 외부회계감사 미이행으로 인한 가산세와 동일한 하나의 의무이므로 셋 중의 하나라도 이행하지 않으면 동일한 가산세가 부과된다.

(3) 외부세무확인 및 보고 불이행 가산세의 한도

　　다만 이러한 협력의무의 위반에 대한 가산세는 1억원을 한도로 하되, 해당 의무를 고의적으로 위반한 경우에는 그러하지 아니하다(국세기본법 제49조 제1항 제4호).

7) 법§48⑪요건충족공익법인 등의 의무이행 여부 신고(상증세법 시행령 제48조 제13항)

(1) 의의

　　종전에는 성실공익법인 등의 자격요건을 충족하면 별도의 확인절차 없이 법인 등의 신고만으로 성실공익법인 등에 해당되었고, 다만 공익법인 등이 제출하는 공익법인 등 출연재산 등에 대한 보고서(별지 제23호 서식)에 의해 성실공익법인 등에 해당 여부를 검토할 뿐이었으나, 2013년 2월 15일 시행령 개정을 통해 성실공익법인 등의 확인제도를 도입하여 그 공익성을 강화하였다.

　　이후 공익법인에 대한 사후관리를 강화하기 위하여 2020년 12월 22일 법 개정을 통해 성실공익법인을 공익법인이라는 명칭으로 일원화하고 일정 요건을 갖춘 공익법인(법§48⑪요건충족공익법인 등)에 한해 주식 등을 5% 초과하여 출연 · 취득할 수 있도록 하는 한편 종전의 확인제도에서 신고제도로 전환하였다. 이에 따라 신고대상 공익법인 등(상증세법 제16조 제2항 및 제48조 제1항, 제2항 제2호에 따라 주식 등을 5% 초과 취득한 공익법인 등을 말하며, 제48조 제9항에 따라 총재산가액의 30%(50%)[484]를 초과하여 특수관계 있는 법인의 주식을 보유하는 공익법인 등 및 제49조 제1항에 따라 1996년 12월 31일 현재 주식 등을 5% 초과하여 보유하고 있는 공익법인 등으로서 계속하여 5%를 초과하여 보유하고 있는 공익법인 등도 포함된다)에 해당하는 경우에는 2021. 1. 1. 이후 개시하는 사업연도 분부터 의무이행 여부를 관할 지방국세청장에게 매 사업연도 종료일로부터 4개월 이내에 신고하여야 한다.

---

484) 상증세법 제50조 제3항에 따른 회계감사, 제50조의 2에 따른 전용계좌 개설 · 사용 및 제50조의 3에 따른 결산서류 등의 공시를 이행하는 공익법인 등에 해당하는 경우에는 100분의 50

(2) 신고방법

신고대상 공익법인은 매년 사업연도 종료일부터 4개월 이내에 상증세법 시행규칙 제13조의 2 제2항에 따른 다음의 서류를 납세지 관할 지방국세청장에 제출하여야 한다(③~⑦ 서류는 상증세법 제48조 제5항, 제50조 제2항 및 제50조의 3 제1항에 따라 이미 제출하거나 공시한 경우에는 제출 생략 가능).

① 공익법인 등 의무이행 신고서(별지 제22호 서식)
② 해당 공익법인 등의 설립허가서 및 정관
③ 운용소득 사용명세서(별지 제25호의 4 서식)
④ 이사 등 선임명세서(별지 제26호의 2 서식)
⑤ 특정기업광고 등 명세서(별지 제26호의 3 서식)
⑥ 출연받은 재산의 공익목적사용 현황(별지 제31호 서식 부표 4)
⑦ 출연자 등 특수관계인 사용수익명세서(별지 제32호 서식 부표 2)

(3) 결과통보

납세지 관할 지방국세청장은 위 신고내용을 확인하여 상증세법 제48조 제11항 각 호의 요건 충족 여부를 국세청장에게 보고하여야 하고, 국세청장은 그 결과를 해당 공익법인 등의 과세기간 또는 사업연도 종료일부터 9개월 이내에 해당 공익법인 등 및 주무관청에 통보하여야 한다. 이때 납세지 관할 지방국세청장은 요건 충족 여부 확인을 위하여 해당 공익법인 등 또는 주무관청에 추가 자료제출을 요구할 수 있다.

(4) 가산세액 계산

신고대상 공익법인이 의무이행 여부 등을 신고하지 아니한 경우에는 세무서장 등은 신고해야 할 과세기간 또는 사업연도 종료일 현재 해당 공익법인 등의 자산총액 1천 분의 5에 상당하는 금액을 그 공익법인 등이 납부할 세액에 가산하여 부과한다(상증세법 제78조 제14항).

8) 전용계좌 개설 · 신고 · 사용의무

(1) 의의

종교법인을 제외한 공익법인 등은 직접 공익목적사업용 전용계좌를 개설 · 신고하여야 하며, 이후 직접 공익목적사업과 관련하여 지급받거나 지급하는 수입과 지출로서 일정 거래에 대해서는 전용계좌를 사용하여야 한다(상증세법 제50조의 2).[485]

---

485) 2008. 1. 1. 이후 최초로 공익법인 등이 지급받거나 지급하는 수입 또는 지출분부터 적용한다.

이 제도는 공익법인의 회계투명성 확보를 위하여 마련한 조치로서 개인사업자의 사업용 계좌[486]와 유사한 고유목적사업회계용 전용계좌 개설을 의무화한 것이다. 한편 공익법인의 수익사업회계는 법인세 과세대상인 점을 감안하여 전용계좌 개설·사용 대상에서 제외하였다.

(2) 전용계좌 개설 등의 의무가 있는 공익법인 등의 범위

상증세법 시행령 제12조에 열거하는 모든 공익법인 등이 회계투명성을 담보하기 위해 전용계좌 개설 등의 의무가 있으나, 사업의 특성을 고려하여 상증세법 시행령 제12조 제1호의 사업(종교의 보급 그 밖의 교화에 현저히 기여하는 사업)을 영위하는 공익법인 등은 제외하였다(상증세법 집행기준 50의 2-43의 2-2).

(3) 전용계좌

① 전용계좌 요건

전용계좌란 다음의 요건을 모두 갖춘 것을 말하며, 이와 같은 전용계좌는 공익법인 등별로 둘 이상 개설할 수 있다(상증세법 시행령 제43조의 4 제2항, 제3항, 같은 법 집행기준 50의 2-43의 2-1).

㉠ 금융회사 등에 개설한 계좌일 것
㉡ 공익법인 등의 공익목적사업 외의 용도로 사용되지 아니할 것

② 전용계좌 개설 및 변경·추가

공익법인 등은 최초로 공익법인 등에 해당하게 된 날부터 3개월 이내에 전용계좌를 개설하여 납세지 관할 세무서장에게 전용계좌개설신고서를 제출하여야 한다[487]. 다만, 2016년 1월 1일, 2017년 1월 1일 또는 2018년 1월 1일이 속하는 소득세 과세기간 또는 법인세 사업연도의 수입금액(해당 공익사업과 관련된 「소득세법」에 따른 수입금액 또는 「법인세법」에 따라 법인세 과세대상이 되는 수익사업과 관련된 수입금액을 말한다)과 그 과세기간 또는 사업연도에 출연받은 재산가액의 합계액이 5억원 미만인 공익법인 등으로서 이러한 개설신고를 하지 아니한 경우에는 2019년 6월 30일까지 전용계좌의 개설신고를 할 수 있다(상증세법 제50조의 2 제3항 단서).[488]

---

486) 2006. 12. 소득세법 제160조의 5(사업용 계좌의 개설·사용의무 등) 신설하였다.
487) 기획재정부장관이 공익법인 등으로 고시한 경우 등 설립일부터 공익법인 등으로 보는 경우에는 고시일부터 3개월 이내에 전용계좌를 개설·신고하여야 한다. 이는 2023. 2. 28. 이후 가산세를 부과하는 분부터 적용하며, 2023. 2. 28. 전에 법인세법 시행령 제39조 제1항 제1호 바목에 따라 지정·고시된 공익법인 등의 경우에도 적용한다.
488) 이 단서 규정은 소규모 공익법인 등으로서 공익법인 등에 해당한 지 3개월 이내에 전용계좌를 신고하

전용계좌를 변경하거나 추가로 개설하려는 경우에는 그 사유 발생일부터 1개월 이내에 납세지 관할 세무서장에게 전용계좌변경·추가신고서를 제출하여야 한다(상증세법 시행령 제43조의 4 제10항 및 상증세법 시행규칙 제25조 제6항).

국세청장은 납세관리상 필요한 범위에서 전용계좌 개설, 신고, 명세서 작성 등에 필요한 세부적인 사항을 정할 수 있다(상증세법 시행령 제43조의 4 제11항).

③ 전용계좌 구분기록·관리의무

공익법인 등은 해당 과세기간 또는 사업연도별로 전용계좌를 사용하여야 할 수입과 지출, 실제 사용한 금액 및 미사용 금액을 구분하여 기록·관리하여야 한다 (상증세법 시행령 제43조의 4 제9항).

(4) 전용계좌 사용의무 거래의 범위

공익법인 등은 해당 공익법인 등의 직접 공익목적사업과 관련하여 지급받거나 지급하는 수입과 지출의 경우로서 다음의 어느 하나에 해당하는 경우에는 전용계좌를 사용하여야 한다. 이때 국가 또는 지방자치단체로부터 출연받은 재산에 대하여는 그러하지 않는다(재산-2789, 2008. 9. 11.).

전용계좌를 사용하여야 하는 거래의 범위는 법령(열거규정)에 의해 한정되어 있으므로 현물재산인 부동산의 경우는 이에 해당하지 않는다(조심 2018서2062, 2018. 10. 16.).

① 직접 공익목적사업과 관련된 수입과 지출을 금융회사 등을 통하여 결제하거나 결제받는 경우

여기에는 금융회사 등의 중개 또는 금융회사 등에 대한 위탁 등을 통하여 다음의 어느 하나에 해당하는 방법으로 그 대금을 결제하는 경우를 포함한다(상증세법 시행령 제43조의 4 제4항).

㉠ 송금 및 계좌 간 자금이체

㉡ 수표·환어음·약속어음으로 이루어진 거래대금의 지급 및 수취

㉢ 여신전문금융업법 또는 전자금융거래법에 따른 신용카드·선불카드(선불전자지급수단 및 전자화폐 포함)·직불카드(직불전자지급수단 포함)를 통하여 이루어진 거래대금의 지급 및 수취

② 기부금·출연금 또는 회비를 지급받는 경우

다만, 현금으로 직접 지급받은 경우로서 그 지급받은 날로부터 5일(5일이 되는 날이 공휴일·토요일 또는 근로자의 날인 경우에는 그 다음 날)까지 전용계좌에 입금하는 경우에는 전용계좌 사용의무 거래대상에서 제외하되, 그 기부금·출연금 또는 회비의 현금

지 아니한 경우 시정기회를 부여하기 위한 것이다.

수입 명세를 작성·보관하여야 한다(상증세법 시행령 제43조의 4 제5항).

따라서 학교법인이 학생들로부터 등록금을 받기 위하여 사용하는 계좌와 등록금을 교육사업비로 지출하기 위하여 사용하는 계좌는 이에 해당하지 않으므로 전용계좌의 개설·사용 의무 규정이 적용되지 않는다(재산-3956, 2008. 11. 25.).

③ 인건비·임차료를 지급하는 경우

④ 공익목적 사업과 관련된 100만원을 초과하는 기부금·장학금·연구비·생활비 등을 지출하는 경우(상증세법 시행령 제43조의 4 제6항)

⑤ 수익용 또는 수익사업용 자산의 처분대금, 그 밖의 운용소득을 고유목적사업회계에 전입(현금 등 자금의 이전이 수반되는 경우만 해당함)하는 경우

그러므로 이에 해당하지 않는 출연받은 재산을 정기예금으로 운용하는 경우 당해 정기예금계좌는 직접 공익목적사업용 전용계좌에 해당하지 않는다(재산-2789, 2008. 9. 11.).

(5) 전용계좌 외 거래명세서의 작성 및 보관

공익법인 등은 직접 공익목적사업과 관련하여 전용계좌 사용의무 거래에 해당되지 아니하는 거래에 대해서는 그 거래일자, 거래상대방(확인이 가능한 경우에 한함) 및 거래금액 등을 기재한 전용계좌외거래명세서를 작성하여 보관하여야 하며, 이 경우 전산처리된 테이프 또는 디스크 등에 수록·보관하여 즉시 출력할 수 있는 상태에 둔 때에는 전용계좌외거래명세서를 작성하여 보관한 것으로 본다. 다만, 다음 중 어느 하나에 해당하는 수입과 지출의 경우에는 전용계좌외거래명세서의 작성 및 보관의무를 면제한다(상증세법 시행령 제43조의 4 제7항, 제8항 및 상증세법 시행규칙 제14조의 4, 제25조 제5항).

① 여신전문금융업법에 의한 신용카드매출전표(직불카드, 외국에서 발행된 신용카드, 기명식선불카드 및 기명식선불전자지급수단·기명식전자화폐를 사용하여 거래하는 경우 그 증명서류를 포함한다) 또는 현금영수증을 수취한 지출

② 거래 건당 금액(부가가치세 포함)이 1만원[489] 이하인 수입과 지출

③ 그 밖의 증거서류를 받기 곤란한 거래 등으로서 "기획재정부령으로 정하는 수입과 지출"이란 다음 각 호의 어느 하나에 해당하는 거래에 따른 수입과 지출을 말한다(2010. 3. 31. 상증세법 시행규칙 제14조의 4 개정).

㉮ 소득세법 시행령 제208조의 2 제1항 제2호부터 제8호까지의 경우에 해당하는 거래

---

489) 2008. 12. 31.까지는 3만원

⑭ 소득세법 시행규칙 제95조의 3 제2호부터 제4호까지, 제7호 및 제8호의 2부터 제8호의 6까지의 경우에 해당하는 거래

(6) 가산세액 계산

공익법인 등이 전용계좌를 개설·신고하지 아니하거나, 전용계좌 사용의무 거래에 대하여 전용계좌를 사용하지 아니한 경우 세무서장 등은 다음의 금액을 해당 공익법인 등이 납부할 세액에 가산하여 부과한다(상증세법 시행령 제80조 제15항).

> ① 전용계좌 사용의무 거래에 해당하는 경우로서 전용계좌를 사용하지 아니한 경우 : 전용계좌를 사용하지 아니한 금액의 0.5%에 해당하는 금액
> ② 전용계좌 개설·신고를 하지 아니한 경우 : Max(㉮, ㉯)
> ㉮ (A × B ÷ C) × 0.5%[490]
>
> > A : 해당 각 과세기간 또는 사업연도의 직접 공익목적사업과 관련한 수입금액의 총액
> > B : 해당 각 과세기간 또는 사업연도 중 전용계좌를 개설·신고하지 아니한 기간으로서 신고기한의 다음 날부터 신고일 전날까지의 일수
> > C : 해당 각 과세기간 또는 사업연도의 일수
>
> ㉯ 전용계좌 사용의무 거래금액의 합계액의 0.5%에 상당하는 금액

전용계좌 개설·신고·사용의무 불이행 가산세는 2007년 12월 31일 상증세법 개정 시 신설되었으며, 동 개정규정은 2009년 1월 1일 이후 최초로 개시하는 과세기간 또는 사업연도분부터 적용한다.

9) 결산서류 등 공시의무

(1) 의의

종교법인 등을 제외한 모든 공익법인 등은 재무제표, 기부금 모집 및 지출 내용 등과 같은 결산서류 등을 매년 공시하여야 한다(상증세법 제50조의 3 제1항). 공익법인의 투명성을 확보하고 다수의 이해당사자에게 적시에 정보를 제공하기 위하여 2007년 12월 31일 상증세법 개정시 신설되었고, 공익법인 등의 투명성 제고와 기부문화의 활성화를 유도하기 위해 2014년 개정을 통해 총 자산가액 5억원(수입금액과 출연재산의 합계액은 3억원) 이상으로 공시의무를 강화하였을 뿐만 아니라 상기 금액 미만인 공익법인 등과

---

490) 2022. 1. 1. 전에 법 제50조의 2 제3항에 따른 전용계좌의 개설·신고를 하지 아니한 공익법인 등에 대하여 2022. 1. 1. 이후에 가산세를 부과하는 경우에도 적용

종교단체도 자율적으로 공시하도록 장려하였다. 2019년 개정에서는 공시의무 대상을 모든 공익법인으로 확대하였다. 이에 따라 국민이 실시간으로 공익법인의 활동내용을 확인할 수 있도록 국세청 홈페이지를 통한 '공익법인 결산서류 등 공시시스템'을 설치·운용하고 있다.

(2) 공시대상 법인 및 결산서류 등과 공시기한·공시방법

종교의 보급 그 밖의 교화에 현저히 기여하는 사업을 영위하는 공익법인 등을 제외한 모든 공익법인 등은 다음의 결산서류 등을 해당 공익법인 등의 과세기간 또는 사업연도 종료일부터 4개월 이내에 국세청의 인터넷 홈페이지에 게재하는 방법으로 공시하여야 한다. 즉, 공익법인 등이 국세청의 인터넷 홈페이지에 접속하여 표준서식(상중세법 시행규칙 별지 제31호 서식)에 따라 작성된 결산서류 등을 직접 공시하여야 하며, 자산 규모 등을 고려하여 대통령령으로 정하는 공익법인 등의 경우에는 기획재정부령으로 정하는 간편서식(별지 제31호의 2 서식)에 따라 같은 방법으로 공시할 수 있다(상증세법 제50조의 3 제1항, 상증세법 시행령 제43조의 5 제3항, 제4항 및 상증세법 시행규칙 제25조 제7항, 제8항).

이 때 간편서식을 사용할 수 있는 법인은 결산서류 등의 공시대상 과세기간 또는 사업연도의 종료일 현재 재무상태표상 총 자산가액(부동산인 경우 법 제60조·제61조 및 제66조에 따라 평가한 가액이 재무상태표상의 가액보다 크면 그 평가한 가액을 말함)의 합계액이 5억원 미만인 공익법인 등을 말하며, 해당 과세기간 또는 사업연도의 수입금액과 그 과세기간 또는 사업연도에 출연받은 재산가액의 합계액이 3억원 이상인 공익법인 등과 상증세법 시행령 제41조의 2 제6항(특정 요건을 갖추고 주식 등을 5% 초과 보유하고 있는 공익법인 등)에 해당하는 공익법인 등을 제외한다(상증세법 시행령 제43조의 5 제2항).[491]

① 재무제표[492]

② 기부금 모집 및 지출 내용

③ 해당 공익법인 등의 대표자·이사·출연자·소재지 및 목적사업에 관한 사항

④ 출연재산의 운용소득 사용명세

⑤ 제50조 제3항에 따라 회계감사를 받을 의무가 있는 공익법인 등에 해당하는 경우에는 감사보고서와 그 감사보고서에 첨부된 재무제표

⑥ 주식 보유 현황 등 다음과 같은 사항

---

491) 2020. 1. 1. 이후 개시하는 사업연도(과세기간)분부터 적용하며, 상증세법 시행령 제41조의 2 제6항에 해당하는 공익법인 등에 대한 개정사항은 2021. 1. 1. 이후 개시하는 사업연도 분부터 적용한다.

492) 2020. 1. 1. 이후 개시하는 사업연도(과세기간)분부터 적용한다. 종전에는 재무상태표와 운영성과표를 공시대상으로 규정하였으나, 주석기재사항까지 포함하도록 하기 위해 개정되었다.

㉮ 공익법인 등의 주식 등의 출연·취득·보유 및 처분사항

㉯ 공익법인 등에 주식 등을 출연한 자와 그 주식 등의 발행법인과의 관계

㉰ 주식 등의 보유로 인한 배당현황, 보유한 주식 등의 처분에 따른 수익현황 등

㉱ 내국법인의 의결권 있는 주식 등을 그 내국법인의 발행주식총수 등의 100분의 5를 초과하여 보유하고 있는 공익법인 등으로서 상증세법 시행령 제41조의 2 제6항에 해당하는 공익법인 등의 경우에는 보유주식에 대한 의결권의 행사 결과[493]

㉲ 외부감사를 받는 공익법인의 경우 출연받은 재산의 공익목적사용 현황 등[494] 결산서류를 작성할 때에는 대통령령으로 정하는 회계기준을 따라야 하며(상증세법 제50조의 4), 국세청장은 국세청의 인터넷 홈페이지에 공시하는 방법, 표준서식과 간편서식의 작성방법, 공시하지 않거나 허위공시할 때의 처리 등 공익법인의 결산서류 등의 공시에 필요한 세부적인 사항을 정할 수 있다(상증세법 시행령 제43조의 5 제7항).

(3) 국세청장의 공시요구 및 오류사항 시정요구

① 국세청장, 납세지 관할 지방국세청장 또는 납세지 관할 세무서장[495]은 공익법인 등이 결산서류 등을 공시하지 아니하거나 그 공시내용에 오류가 있는 경우에는 해당 공익법인 등에게 1개월 이내의 기간을 정하여 공시하도록 하거나 오류를 시정하도록 요구할 수 있으며 그 요구는 문서로 하여야 한다.

② 이때 요구를 이행하지 아니하는 공익법인 등에 대하여는 상증세법 제78조 제11항에 따라 가산세를 부과하고 해당 공익법인 등의 주무부장관에게 관련 사실을 통보하여야 한다(상증세법 시행령 제43조의 5 제5항).

(4) 공시서류의 제공

출연받은 재산에 대하여 상속세·증여세가 면제되는 공익법인 등이 공시한 결산서류의 활용도를 높이기 위하여, 국세청장은 공익법인 등이 공시한 결산서류 등을 대통령령으로 정하는 자에게 제공할 수 있다(상증세법 제50조의 3 제3항).[496] 여기에서 "대통령령으로 정하는 자"란 다음 각 호의 어느 하나에 해당하는 자로서 결산서류 등의 제공을 신청한 자를 말한다(상증세법 시행령 제43조의 5 제6항).[497]

---

493) 2018. 1. 1. 이후 개시하는 사업연도 분부터 적용한다.

494) 2013. 2. 15.이 속하는 연도에 최초로 개시한 과세연도 분부터 적용한다.

495) 2023. 1. 1. 세법개정을 통해 종전 국세청장에서 공시·시정요구를 할 수 있는 자의 범위를 확대하였으며, 이 개정규정은 2023. 1. 1. 전에 공시의무 위반 사실이 발생한 경우에도 적용한다.

496) 2012. 1. 1. 이후 최초로 상속이 개시되거나 증여받은 것부터 적용한다.

① 국책연구기관(「정부출연연구기관 등의 설립 · 운영 및 육성에 관한 법률」 제8조 제1항 또는 「과학기술분야 정부출연연구기관 등의 설립 · 운영 및 육성에 관한 법률」 제8조 제1항에 따라 설립된 연구기관)
② 상증세법 제50조의 3에 따라 공시의무를 이행한 공익법인 등
③ 기부금품의 모집 및 사용에 관한 법률 제4조 제1항에 따른 등록청이 전자정부법 제72조 제4항에 따라 기부금을 통합하여 관리하는 시스템의 구축 및 운영에 관한 업무를 위탁한 기관

(5) 가산세액 계산

공익법인 등이 결산서류 등을 공시하지 아니하거나 공시내용에 오류가 있는 경우로서 국세청장 등의 공시 또는 시정요구를 지정된 기한 이내에 이행하지 아니하는 경우에 세무서장 등은 공시하여야 할 과세기간 또는 사업연도의 종료일 현재 해당 공익법인 등의 자산총액의 0.5%에 상당하는 금액을 해당 공익법인 등이 납부할 세액에 가산하여 부과한다. 다만, 간편서식을 적용받는 공익법인 등의 2022년 12월 31일 이전에 개시하는 과세기간 또는 사업연도분의 공시에 대하여는 가산세를 부과하지 아니한다(상증세법 제78조 제11항).

> 가산세=공시하여야 할 과세기간(사업연도) 종료일 현재 해당 공익법인 등의 자산총액 × 0.5%

이때 자산총액이란 공시하여야 할 과세기간 또는 사업연도의 종료일 현재 대차대조표상 총 자산가액을 합친 금액으로 하되, 부동산인 경우 상증세법 제60조 · 제61조 및 제66조에 따라 평가한 가액이 대차대조표상의 가액보다 크면 그 평가한 가액으로 한다(상증세법 시행령 제80조 제16항).[498]

10) 기부금영수증 발급내역 작성 · 보관 · 제출 의무(법인세법 제112조의 2, 소득세법 제160조의 3)

(1) 의의

기부금영수증(기부하는 자가 기부금 소득공제, 기부금 필요경비산입 또는 기부금 손금산입을 받는데 필요)을 발급하는 자는 기부자별 발급내역을 작성하여 발급한 날로부터 5년간 보관하

---

497) 2012. 2. 2. 이후 최초로 상속이 개시되거나 증여받은 것부터 적용한다.
498) 결산서류 등 공시의무 불이행 가산세는 2007. 12. 31. 상증세법 개정시 신설되었으며, 동 개정규정은 2008. 1. 1. 이후 최초로 개시하는 과세기간 또는 사업연도 분부터 적용한다.

제3장 증여세 계산 ┃1231

여야 한다. 그러므로 그 재원의 상당부분을 기부에 의존하는 공익법인 등의 경우 기부금영수증 발급내역을 작성·보관하고 이를 제출하여야 할 의무를 진다.

2021. 7. 1. 이후 전자기부금영수증을 발급하는 분부터는 전자기부금영수증을 기부금영수증의 범위에 포함하고, 전자기부금영수증을 발급한 경우에는 기부자별 발급명세 보관·작성 및 기부금영수증 발급명세, 기부금영수증 발급합계표 제출 의무를 면제한다.

(2) 기부자별 발급명세 작성대상

다음에 해당하는 기부하는 자의 기부금 세액공제, 기부금 필요경비산입 또는 기부금 손금산입을 받는 데 필요한 기부금영수증을 발급하는 자는 기부자별 발급명세를 작성하여야 한다. 다만, 전자기부금영수증을 발급한 경우에는 그러하지 아니하다.[499]

① 2008. 12. 31.까지 : 연간 100만원을 초과하는 금액을 기부하는 자

② 2009. 1. 1.~2009. 12. 31. : 연간 50만원을 초과하는 금액을 기부하는 자

③ 2010. 1. 1.부터 : 액수에 관계없이 기부금을 기부하는 자

(3) 기부자별 발급명세에 포함사항

① 기부자의 인적사항(기부자의 성명, 주민등록번호 및 주소, 기부자가 법인인 경우에는 상호, 사업자등록번호와 본점 등의 소재지)

② 기부금액

③ 기부금 기부일자

④ 기부금영수증 발급일자

⑤ 그 밖에 기획재정부령이 정하는 사항

(4) 기부자별 발급명세 및 기부금영수증 발급합계표의 제출

기부금영수증을 발급하는 자는 보관하고 있는 기부자별 발급명세를 국세청장·지방국세청장 또는 납세지 관할 세무서장이 요청하는 경우 이를 제출하여야 한다.

기부금영수증을 발급하는 자는 해당 사업연도의 기부금영수증 총 발급 건수 및 금액 등이 적힌 기획재정부령으로 정하는 기부금영수증 발급합계표를 해당 사업연도의 종료일이 속하는 달의 말일부터 6개월 이내에 관할 세무서장에게 제출하여야 한다. 다만, 전자기부금영수증을 발급한 경우에는 그러하지 아니하다.[500]

---

499) 2021. 7. 1. 이후 전자기부금영수증을 발급하는 분부터 적용
500) 2021. 7. 1. 이후 전자기부금영수증을 발급하는 분부터 적용

(5) 작성·보관 불이행시 가산세 부과(법인세법 제75조의 4 제1항, 소득세법 제81조의 7 제1항)

기부금영수증을 발급하는 자가 기부금영수증을 사실과 다르게 발급하거나 기부자별 발급명세를 작성·보관하지 아니한 경우에는 다음과 같이 가산세가 부과된다.

① 기부금영수증의 경우

㉮ 기부금액을 사실과 다르게 적어 발급한 경우 : 사실과 다르게 발급된 금액의 100분의 5

㉯ 기부자의 인적사항 등을 사실과 다르게 적어 발급하는 경우 등 : 영수증에 적힌 금액의 100분의 5

② 기부자별 발급명세의 경우 : 작성·보관하지 아니한 금액의 1천분의 2

다만, 상증세법 제78조 제3항의 규정에 의하여 보고서 제출의무를 이행하지 아니하거나, 같은 조 제5항의 규정에 따라 장부의 작성·비치 의무를 이행하지 아니하여 가산세가 부과되는 경우 적용하지 아니한다.

11) 계산서합계표 등 자료제출의무

(1) 의의

납세자간의 공평한 조세부담과 국가재정수입의 효율적 징수를 위해서는 광범위한 과세자료의 수집·활용이 필요하다. 과세자료는 거래 상대방의 세원을 포착하여 과세의 근거가 되게 하는 자료이며 과세자료 제출의무는 국가·지방자치단체를 포함한 모든 납세의무자가 부담하고 있는 협력의 의무이다.

그런데 수익사업이 없는 비영리·공익법인의 경우에도 과세자료 제출의 납세협력의무가 있으므로 수취한 과세자료를 과세당국에 제출하여야 한다.

(2) 세금계산서합계표 및 계산서합계표의 제출

① 세금계산서합계표의 제출

세금계산서를 교부받은 국가·지방자치단체·지방자치단체조합과 아래의 자는 부가가치세의 납세의무가 없는 경우에도 매입처별 세금계산서합계표를 해당 과세기간 종료 후 25일 이내에 사업장 관할 세무서장에게 제출하여야 한다(부가가치세법 제54조 제5항, 같은 법 시행령 제99조).

㉮ 부가가치세가 면제되는 사업자 중 소득세 또는 법인세의 납세의무가 있는 자
(조특법에 의하여 소득세 또는 법인세가 면제되는 자를 포함한다)

㉯ 민법 제32조에 따라 설립된 법인

㉰ 특별법에 따라 설립된 법인

㉱ 각급학교 기성회·후원회 또는 이와 유사한 단체

㉲ 「법인세법」 제94조의 2에 따른 외국법인연락사무소[501]

또한 부가가치세가 면제되는 사업을 영위하는 법인은 재화 또는 용역을 공급받고 세금계산서를 교부받은 경우 매년 2월 10일까지 매입처별 세금계산서합계표를 납세지 관할 세무서장에게 제출하여야 한다. 물론 부가가치세법 제54조 제5항의 규정에 따라 제출할 경우는 제출하지 않아도 된다(법인세법 제120조의 3).

② **계산서합계표 제출**(법인세법 제121조 제5항, 제6항)

법인이 부가가치세가 면제되는 재화 또는 용역을 공급하는 경우 계산서를 작성·교부하여야 한다.

또한 교부하거나 교부받은 계산서의 매출·매입처별계산서합계표를 매년 2월 10일까지 납세지 관할 세무서장에게 제출하여야 한다.

다만, 부가가치세법에 따라 세금계산서 또는 영수증을 작성·발급하였거나 매출·매입처별 세금계산서합계표를 제출한 분에 대하여는 계산서 등을 작성·발급하였거나 매출·매입처별 계산서합계표를 제출한 것으로 본다.

(3) 가산세

① **매입처별 세금계산서 합계표 불성실 가산세**

매입처별 세금계산서 합계표 제출의무를 이행하지 않는 경우에는 그 공급가액의 1,000분의 5[502]에 상당하는 금액을 가산한 금액을 소득세 혹은 법인세로서 징수한다. 다만, 국가 및 지방자치단체, 비수익사업과 관련된 비영리법인의 경우에는 합계표를 제출하지 아니하여도 가산세를 부과하지 않는다(법인세법 제75조의 8 제1항, 법인세법 시행령 제120조 제3항).

② **계산서 합계표 불성실 가산세**

매출·매입처별 계산서합계표 제출의무를 이행하지 아니한 경우에는 그 공급가액의 1,000분의 5[503]에 상당하는 금액을 가산한 금액을 소득세 혹은 법인세로서 징수한다. 다만, 국가 및 지방자치단체, 비수익사업과 관련된 비영리법인의 경우에는 그러하지 아니한다(법인세법 제75조의 8 제1항, 법인세법 시행령 제120조 제3항).

---

501) 2022. 7. 1.부터 적용

502) 2018. 1. 1. 이후 매출·매입처별 계산서합계표 또는 매입처별 세금계산서합계표의 제출기한이 도래하는 분부터 적용(종전 1%)

503) 2018. 1. 1. 이후 매출·매입처별 계산서합계표 또는 매입처별 세금계산서합계표의 제출기한이 도래하는 분부터 적용(종전 1%)

7. 공익법인의 주무관청과 국세청 간 업무협조

공익법인에 대한 감독권을 행사하는 주무관청과 출연재산에 대한 사후관리를 담당하는 국세청 간 업무협조장치를 마련하여 공익법인에 대한 사후관리의 실효성을 제고할 수 있도록 하였다(상증세법 제48조 제6항·제7항, 같은 법 시행령 제41조 제2항 및 제3항, 같은 법 시행규칙 제25조 제2항 및 제3항).

① 이에 따라 공익법인 등의 주무관청은 공익법인 등에 대하여 설립허가, 설립허가의 취소 또는 시정명령을 하거나 감독을 한 결과 공익법인 등이 상속·증여세 부과사유를 발견한 경우에는 다음 달 말일까지 그 공익법인 등의 납세지 관할 세무서장에게 그 사실을 통보하여야 한다.

② 그리고 세무서장은 공익법인 등에 대하여 상속세나 증여세를 부과할 때에는 상속세 또는 증여세를 부과한 날이 속하는 달의 다음 달 말일까지 그 공익법인 등의 주무관청에 그 사실을 통보하여야 한다.

Ⅲ 공익신탁재산에 대한 과세가액 불산입

공익신탁재산에 대한 상속세 과세가액 불산입(상증세법 제17조 제2항, 상증세법 시행령 제14조)의 규정은 증여세에 관하여 이를 준용하도록 되어 있다(상증세법 제52조, 상증세법 시행령 제45조). 따라서 증여재산 중 증여자가 공익신탁법에 따른 공익신탁으로서 종교·자선·학술·그 밖의 공익을 목적으로 하는 신탁을 통하여 공익법인 등에게 출연하는 재산의 가액은 증여세 과세가액에 산입하지 아니한다(상증세법 집행기준 52-45-1).

이와 관련된 자세한 내용은 공익신탁재산에 대한 상속세 과세가액 불산입을 참조하기로 한다.

Ⅳ 장애인이 증여받은 재산의 과세가액 불산입 특례

이해의 맥

장애인이 증여받은 재산을 신탁회사에 신탁하거나 증여자가 장애인을 수익자로 하여 재산을 위탁하는 경우 5억원까지 과세가액에 불산입하고, 이에 대한 사후관리를 받는다.

§관련조문

상증세법	상증세법 시행령	상증세법 시행규칙
제52조의 2【장애인이 증여받은 재산의 과세가액 불산입】	제45조의 2【장애인이 증여받은 재산의 과세가액 불산입】	제14조의 3【신탁재산의 변경】

1. 의의

상증세법에서는 경제적 약자인 장애인의 생활을 돕기 위하여 장애인이 재산을 상속받거나 증여받은 경우에 여러 가지 공제제도를 두고 있다. 이에 따라 장애인에 대한 상속공제(상증세법 제20조 제1항 제4호) 및 장애인 전용보험금에 대한 증여세 비과세(상증세법 제46조 제8호, 같은 법 시행령 제35조 제6항)가 있다. 그리고 장애인에 대한 세제지원의 확대일환으로 장애인이 증여받은 재산을 신탁회사에 신탁(자익신탁)하거나 증여자가 장애인을 수익자로 하여 재산을 위탁(타익신탁)하는 경우에 5억원까지 증여세 과세가액에 불산입(상증세법 제52조의 2, 같은 법 시행령 제45조의 2)하도록 하여 피상속인이 사망 전에 장애자녀 등에게 일정재산을 사전증여하는 데 따른 세부담을 없도록 하였다.

이와 같은 상호보완적 제도를 통해 목돈이나 부동산 등이 있는 경우에는 신탁상품에 가입하고, 그렇지 않은 경우에는 매월 소액의 보험료를 납부하는 장애인 전용보험상품에 가입함으로써 장애인이 증여세의 부담으로부터 벗어날 수 있도록 하였다.

2. 증여세 과세가액 불산입요건

장애인이 증여받은 재산에 대해 증여세 과세가액에 산입하지 아니하기 위해서는 다음의 요건을 모두 만족하여야 한다.

1) 증여자 요건

종전에는 증여자의 요건을 장애인의 직계존비속 등으로 제한하였으나, 장애인에 대한 기부를 활성화한다는 취지로 2017. 1. 1. 개정시 증여자 요건을 삭제하였다. 따라서 증여자가 직계존비속 및 친족을 제외한 타인이더라도 증여세 과세가액 불산입을 적용받을 수 있다.[504]

또한 종전에는 장애인이 재산을 증여받아 그 재산을 본인을 수익자로 하여 신탁하는 자익신탁의 경우만 특례 적용대상이 되었으나, 2019. 12. 31. 개정시 타인이 장애인을

---

504) 2017. 1. 1. 이후 증여받는 분부터 적용한다.

수익자로 하여 재산을 위탁하는 타익신탁의 경우에도 과세가액 불산입의 특례를 적용 받도록 대상을 확대하였다.

2) 수증자 요건

수증자는 아래에 해당하는 장애인이어야 한다.

이때에 장애인이라 함은 아래(소득세법 시행령 제107조 제1항 각 호의 어느 하나)에 해당하는 자를 말한다(상증세법 시행령 제45조의 2 제1항, 같은 법 집행기준 52의 2-45의 2-3). 따라서 이에 해당하기 만 하면 수증자가 비거주자인 장애인인 경우에도 적용된다(재산-606, 2010. 8. 18.).

① 장애인복지법에 의한 장애인

② 국가유공자 등 예우 및 지원에 관한 법률에 의한 상이자 및 이와 유사한 자로서 근로 능력이 없는 자

한편 "상이자 및 이와 유사한 자로서 근로능력이 없는 자"라 함은 국가유공자 등 예 우 및 지원에 관한 법률 시행령 별표 3에 규정한 상이등급구분표에 게기하는 상이자 와 같은 정도의 신체장애가 있는 자를 말한다(소득세법 기본통칙 51-1).

③ 위 ① 및 ② 외에 항시 치료를 요하는 중증환자

여기에서 "항시치료를 요하는 중증환자"라 함은 지병에 의해 평상시 치료를 요하고 취학·취업이 곤란한 상태에 있는 자를 말한다(소득세법 기본통칙 51-2).

3) 증여재산(신탁재산) 요건

이때에 증여대상이 되는 재산은 자본시장과 금융투자업에 관한 법률에 따른 신탁업자 에게 신탁할 수 있는 재산 중 신탁재산으로서 보편화된 금전, 유가증권, 부동산으로 한 정한다.

따라서 필연적으로 상증세법상의 평가가 따르는데, 동산 또는 채권 등은 그 재산가액의 산정이 어려운 점을 감안하여 증여재산에서 이를 제외한 것으로 보인다.

4) 신탁요건

증여세 과세표준 신고기한 내에 다음의 요건을 모두 갖춘 때에는 증여세 과세가액에 산입하지 아니한다.

(1) 자익신탁의 경우(상증세법 제52조의 2 제1항)

장애인이 재산을 증여받고 그 재산을 본인을 수익자로 하여 신탁한 경우로서 해당

신탁이 다음의 요건을 모두 충족하는 경우에는 그 증여받은 재산가액은 증여세 과세 가액에 산입하지 아니한다.

① 자본시장과 금융투자업에 관한 법률에 따른 신탁업자에게 신탁되었을 것(서면4팀 -963, 2004. 6. 29. ; 대법원 2003두11889, 2004. 1. 29. ; 국심 2001중3166, 2002. 3. 7.)

② 그 장애인이 신탁의 이익 전부를 받는 수익자일 것

③ 신탁기간이 그 장애인이 사망할 때까지로 되어 있을 것

다만, 장애인이 사망하기 전에 신탁기간이 끝나는 경우에는 신탁기간을 장애인 이 사망할 때까지 계속 연장하여야 한다.

(2) 타익신탁의 경우(상증세법 제52조의 2 제2항)

타인이 장애인을 수익자로 하여 재산을 신탁한 경우로서 해당 신탁이 다음의 요건을 모두 충족하는 경우에는 장애인이 증여받은 그 신탁의 수익은 증여세 과세가액에 산입하지 아니한다.[505]

① 자본시장과 금융투자업에 관한 법률에 따른 신탁업자에게 신탁되었을 것

② 그 장애인이 신탁의 이익 전부를 받는 수익자일 것

다만, 장애인이 사망한 후의 잔여재산에 대해서는 그러하지 아니하다.

③ 다음의 내용이 신탁계약에 포함되어 있을 것

㉠ 장애인이 사망하기 전에 신탁이 해지 또는 만료되는 경우에는 잔여재산이 그 장애인에게 귀속될 것

㉡ 장애인이 사망하기 전에 수익자를 변경할 수 없을 것

㉢ 장애인이 사망하기 전에 위탁자가 사망하는 경우에는 신탁의 위탁자 지위가 그 장애인에게 이전될 것

3. 불산입 재산가액 계산

해당 장애인을 기준(증여자별로 따로 계산하지 않는다)으로 하여 증여받은 재산가액(그 장애인이 살아 있는 동안 증여받은 재산가액을 합친 금액) 및 타익신탁 원본의 가액(그 장애인이 살아 있는 동안 그 장애인을 수익자로 하여 설정된 타익신탁의 설정 당시 원본가액을 합친 금액)을 합계하여 그 전체 신탁재산 에 대해 5억원을 한도로 증여세 과세가액에 불산입한다(상증세법 제52조의 2 제3항, 같은 법 집행기 준 52의 2-45의 2-2).

---

505) 2020. 1. 1. 이후 신탁하는 분부터 적용한다.

> 증여세 과세가액 불산입 금액 = Min[①, ②]
> ① 그 장애인이 살아 있는 동안 증여받은 재산가액을 합친 금액 또는 그 장애인을 수익자로 하여 설정된 타익신탁의 설정 당시 원본가액을 합친 금액
> ② 5억원

4. 서류의 제출

증여세 과세가액불산입을 받고자 하는 자는 증여세 과세표준신고 및 자진납부계산서에 다음의 서류를 첨부하여 증여세 신고기한 내에 납세지 관할 세무서장에게 제출하여야 한다(상증세법 시행령 제45조의 2 제12항). 이와 같은 서류의 제출은 과세가액불산입을 위한 의무사항은 아니나 사후관리 등을 위해 필요하다.

① 증여재산명세서 및 증여계약서 사본
② 신탁계약서(불특정금전신탁의 계약의 경우 신탁증서 또는 수익증권 사본)
③ 장애인임을 증명하는 서류

5. 사후관리 – 증여세의 추징

1) 의의

장애인에 대한 증여재산 과세가액불산입의 경우에도 특정납세자에 대한 우대조치이므로, 가업 · 영농상속공제 또는 공익법인 등에서 같이 제도의 안정적 운영을 담보하기 위해 일정한 사후관리가 필요하다. 그리하여 사후관리 위배시 그 사유가 발생한 날 증여받은 것으로 보아 증여세를 즉시 부과하도록 하고 있다(상증세법 제52조의 2 제4항).

2) 증여세 추징사유

위 2.의 요건충족으로 증여세 과세가액에 불산입되었다 하더라도 다음의 사유가 발생한 자익신탁의 경우에는 장애인이 증여받은 재산 등에 대하여 증여세가 추징된다.

① 신탁이 해지 또는 만료된 경우. 다만, 해지일 또는 만료일부터 1개월 이내에 신탁에 다시 가입한 경우는 제외한다.[506] 이때 '동일한 종류의 신탁'이기만 하면 되며, 신탁회사가 달라지는 것은 문제되지 않는다(서면4팀-3091, 2007. 10. 26.).

---

506) 종전에는 동일한 종류의 신탁에 가입하는 때만을 추징배제사유로 두었으나, 2017. 2. 7. 이후 추징사유가 발생하는 분에 대해서는 다른 종류의 신탁에 재가입하는 경우에도 추징을 배제한다.

② 신탁기간 중 수익자를 변경한 경우

③ 신탁의 이익 전부 또는 일부가 장애인 외의 자에게 귀속되는 것으로 확인된 경우(서면4팀 – 3857, 2006. 11. 23.)

④ 신탁원본이 감소한 경우

따라서 위 2.의 요건에 해당하여 증여세 과세가액에 산입하지 아니하는 재산을 증여받은 장애인이 위에 해당하는 사유 없이 단지 장애가 치유된 사실만으로 해당 재산가액을 증여받은 것으로 보지는 아니한다(서면4팀 – 3802, 2006. 11. 17.).

3) 증여세 추징시기

위 2)의 추징사유가 발생하여 증여세를 부과하는 날은 다음에 따른다(상증세법 시행령 제45조의 2 제4항). 따라서 비록 과세과액 불산입요건 충족시에는 증여자가 생존해 있었으나 추징사유 발생시에 사망하였다면 증여재산공제는 적용되지 않는다(서일 46014 – 11777, 2002. 12. 31.).

① 신탁이 해지 또는 만료된 경우로서 해지일 또는 만료일부터 1개월 이내에 신탁에 다시 가입하지 아니한 경우 : 신탁해지일 또는 신탁기간의 만료일

② 신탁의 수익자를 변경한 경우 : 수익자를 변경한 날

③ 신탁의 이익 전부 또는 일부가 장애인외의 자에게 귀속되는 것으로 확인된 경우 : 그 확인된 날

④ 신탁의 원본이 감소한 경우 : 신탁재산을 인출하거나 처분한 날

4) 증여세 추징배제사유

위의 증여세 추징사유가 발생하더라도 장애인 본인의 의료비와 간병인 비용, 특수교육비, 생활비(월 150만원 이하의 금액)로 지출한 경우이거나[507] 다음의 경우와 같이 부득이한 사유가 있는 때에는 증여세를 부과하지 아니한다(상증세법 제52조의 2 제4항 단서, 같은 법 시행령 제45조의 2 제6항 및 제9항, 같은 법 시행규칙 제14조의 3).

① 신탁회사가 관계법령 또는 감독기관의 지시 · 명령 등에 의하여 영업정지 · 영업폐쇄 · 허가취소 및 자본시장과 금융투자업에 관한 법률에 따른 신탁업자에게 신탁된 재산이 수용 등의 사유로 처분된 경우로 신탁을 중도해지하고 신탁해지일부터 2개월 이내에 동일한 종류의 신탁에 다시 가입한 때에 한한다.

② 신탁회사가 증여재산을 신탁받아 운영하는 중에 그 재산가액이 감소한 경우

---

507) 2018. 4. 1. 이후 원금을 인출하는 분부터 적용하며, 생활비의 경우 2020. 2. 11. 이후 인출하는 분부터 적용한다.

　　즉 신탁회사에서 증여재산을 운용하는 중에 그 재산가액이 감소한 경우에는 증여세
　　를 추징하지 아니하지만, 장애인 등이 인출하거나 처분하는 등으로 신탁한 증여재산
　　가액이 감소하게 되면 증여세가 과세됨에 유의해야 한다.

③「도시 및 주거환경정비법」에 따른 재개발사업 · 재건축사업 또는 「빈집 및 소규모주
　　택 정비에 관한 특례법」에 따른 소규모재건축사업으로 인해 종전의 신탁을 중도해
　　지하고, 준공인가일부터 2개월 이내에 신탁에 다시 가입한 때[508]

이때 증여세를 부과하지 아니하는 장애인의 범위는 다음과 같다(상증세법 시행령 제45조의
2 제5항).

①「5 · 18민주화운동 관련자 보상 등에 관한 법률」에 따라 장해등급 3급 이상으로 판정
　　된 사람

②「고엽제후유의증 등 환자지원 및 단체설립에 관한 법률」에 따른 고엽제후유의증환
　　자로서 장애등급 판정을 받은 사람

③「장애인고용촉진 및 직업재활법」 제2조 제2호에 따른 중증장애인

본인의 의료비 등의 용도로 신탁재산을 인출하는 장애인은 기획재정부령으로 정하는
장애인신탁 원금 인출신청서와 관련 증빙 서류 등을 인출일 전 3개월부터 인출일 후
3개월까지의 기간 이내에 신탁업자에게 제출하여야 한다(상증세법 시행령 제45조의 2 제7항).
그리고 신탁업자는 제출받은 서류를 해당 의료비 등의 인출일부터 5년간 보관하여야
하며, 원금 인출내역서를 인출일이 속하는 연도의 말일부터 3개월 이내에 관할 세무서
장에게 제출하여야 한다(상증세법 시행령 제45조의 2 제8항).[509]

5) 증여세액의 계산

그리고 사후관리 요건을 위배하여 부과할 증여세액은 다음과 같이 계산한다(상증세법 시
행령 제45조의 2 제11항).

즉 추징할 증여세액은 사후관리 위배사유 발생시의 아래의 재산가액에 상증세법 제56조의
규정에 의한 증여세율을 곱하여 계산한다. 이때의 재산가액은 위의 추징사유발생일 현재
상증세법 제60조 내지 제66조의 규정에 의거 평가한 가액을 말한다(재산-1575, 2009. 7. 30.).

① 신탁을 해지하거나 신탁기간의 만료 후 재가입하지 아니한 경우 및 수익자를 변경한
　　경우 : 신탁재산가액 전액에 상당하는 증여세액

② 증여재산가액이 감소한 경우 : 그 감소한 재산의 가액

---

508) 2019. 2. 12. 이후 신탁을 중도해지하는 분부터 적용한다.
509) 2018. 4. 1. 이후 원금을 인출하는 분부터 적용한다.

③ 신탁의 수익이 장애인 외의 자에게 귀속되는 경우 : 전체 신탁이익 중 장애인 외의 자에게 귀속되는 신탁이익이 차지하는 비율을 신탁재산의 가액에 곱하여 산정

$$\text{신탁재산의 가액} \times \frac{\text{장애인 외의 자에게 귀속된 것으로 확인된 신탁이익}}{\text{신탁이익 전액}}$$

▌장애인이 증여받은 재산에 대해 증여세를 부과하는 경우 요약

(상증세법 집행기준 52의 2-45의 2-4) ▌

증여세 과세사유	과세시기	증여세액계산
① 신탁을 해지하거나 신탁기간이 만료된 경우로서 이를 연장하지 않은 경우	• 신탁해지일 • 신탁기간 만료일	과세사유일 현재의 당해 × 증여세율 신탁재산 가액
② 신탁기간 중 수익자를 변경한 경우	• 수익자 변경한 날	
③ 증여재산가액이 감소한 경우	• 신탁재산을 인출하거나 처분한 날	인출일 현재 감소한 재산가액 × 증여세율
④ 신탁의 이익의 전부 또는 일부가 장애인 외의 자에게 귀속되는 것으로 확인된 경우	• 그 확인된 날	신탁 재산 가액 × $\dfrac{\text{장애인 외의 자에게 귀속된 것으로 확인된 신탁이익}}{\text{신탁이익 전액}}$ × 증여 세율

▌장애인에 대한 비과세와 과세가액 불산입 비교표▌

구 분	장애인 전용보험금에 대한 증여세 비과세	장애인이 증여받은 재산을 신탁회사에 신탁하는 경우에 증여세 감면
관련규정	상증세법 제46조 제8호	상증세법 제52조의 2
장애인(수증자)	① 등록 장애인 ② 등록 상이자	① 등록 장애인 ② 등록 상이자 ③ 중증환자
대상재산	보험금	신탁재산
한도	4천만원	5억원
추징여부	추징되지 않음	사유발생시 추징됨

제4절 증여세 과세특례

▌증여세의 세액계산 구조[510]▐

증 여 재 산 가 액	당해 창업자금 또는 가업승계 주식 등의 가액(수증자 기준으로 중복적용 안됨)
(−) 채 무 인 수 액	부담부증여의 채무인수액
①당해 증여세 과 세 가 액	→ [(①+②)−50억원(100억원/600억원)]은 기본세율 적용대상 증여세 과세가액
②기 과 세 특 례 적 용 된 증 여 세 과 세 가 액	증여시기와 관계없이 기 과세특례 적용받은 과세가액을 합산 (기본세율 적용 증여재산은 합산 안함)
(+) ③특 례 적 용 대 상 당 해 증 여 세 과 세 가 액	Min[(50억원(100억원/600억원)−②), ①]
④특례적용대상 증 여 세 과 세 가 액 합 계(②+③)	50억원[100억원(창업자금)/600억원(가업승계)] 한도
(−) 증 여 재 산 공 제	5억원(가업승계의 경우 10억원)
(−) 재 해 손 실 공 제	상속세 규정 준용
(−) 감 정 평 가 수 수 료 공 제	
증 여 세 과 세 표 준	
(×) 세 율	10%(특례세율)(가업승계의 경우 과세표준 60억원 초과분 : 20%)
증 여 세 산 출 세 액	세대생략 증여에 대한 할증과세 적용여지 없음
(−) 세 액 공 제	납부세액공제·외국납부세액공제. 단 신고세액공제는 적용 안됨
결 정 세 액	
(+) 가 산 세	
차 가 감 납 부 할 세 액	= '총결정세액'
(−) 물 납 신 청 세 액	상속세 규정 준용, 연부연납은 불가
자 진 납 부 세 액	신고납부기한 : 증여일이 속하는 달의 말일로부터 3월 이내

※ 비거주자는 해당사항 없음.

---

510) 증여세 계산구조는 증여세 과세표준 및 자진납부계산서(상증세법 별지 제10호의 2 서식)를 기초로 작성하였다(국세청, 「상속세·증여세 실무해설」, 한국공인회계사회, 2010, 221쪽 참조).

Ⅰ 창업자금에 대한 증여세 과세특례

해의 맥

창업자금의 사전상속제도는 중소기업 창업자금을 증여받은 때에 낮은 증여세 과세 후 상속시 상속세로 정산하는 제도이다.

§관련조문

조특법	조특법 시행령
제30조의 5【창업자금에 대한 증여세 과세특례】	제27조의 5【창업자금에 대한 증여세 과세특례】

1. 의의

창업자금에 대한 증여세 과세특례라 함은 18세 이상인 거주자가 중소기업을 창업할 목적으로 60세 이상의 부모로부터 창업자금을 증여받은 경우, 상증세법의 규정에 불구하고 증여시점에는 10%의 낮은 세율로 증여세를 과세하고 증여한 부모의 사망 시에는 증여 당시의 가액을 상속재산가액에 가산하여 상속세로 정산하여 과세하는 제도로서, 출산율 저하 및 고령화 진전에 대응하여 젊은 세대로의 부의 조기이전을 통하여 경제활력증진을 도모하고자 2005년 12월 31일 도입되었다.

2. 과세특례 적용요건

창업자금에 대한 증여세 과세특례는 다음의 요건을 모두 충족하는 경우에 적용받을 수 있다(조특법 집행기준 30의 5-27의 5-1).

1) 증여자 요건

증여자가 60세 이상[511]의 부모이어야 한다. 만약 증여 당시 부 또는 모가 사망한 경우에는 사망한 부 또는 모의 부모를 포함한다.

---

511) 2007. 12. 31. 이전에는 30세 이상이거나 혼인한 거주자

2) 수증자 요건

수증자는 18세 이상의 거주자[512]이어야 한다.[513] 이 때 창업자금을 받은 자가 수인이면 각각의 수증자별로 창업자금 과세특례를 적용한다.

3) 창업자금 요건

수증자가 창업을 목적으로 창업자금을 증여받아야 한다(조특법 제30조의 5 제1항).

여기에서 창업자금이라 함은 중소기업을 창업할 목적으로 증여받은 토지 · 건물 · 비상장주식 등 양도소득세 과세대상 재산(소득세법 제94조)을 제외한 재산을 말한다.

이때에 소득세법상 양도소득세 과세대상 자산은 다음과 같다.

- 토지 · 건물 또는 부동산에 관한 권리
- 주식 · 출자지분 : 유가증권시장 주권상장법인 주식 · 코스닥시장 상장법인 주식 중 소액주주분 제외한 주식 · 출자지분

> ※ 소액주주
> - 유가증권시장 상장법인 : 지분비율 3% 미만인 경우로서 시가총액 100억원 미만
> - 코스닥시장 상장법인 : 지분비율 5% 미만인 경우로서 시가총액 50억원 미만

- 영업권, 시설물이용권 등 그 밖의 자산

이는 양도소득세 과세대상 재산의 경우 이를 현금화하여 증여하는 경우와 그 재산 자체로 증여하는 경우에 있어 차이가 발생하는 점을 이용하여 증여시점까지의 미실현된 자본이득을 양도소득세 부담없이 수증자에게 이전시키는 효과를 거둘 수 있기 때문이다.

이때에 창업자금은 증여세 과세가액 50억원(창업을 통하여 10명 이상을 신규 고용한 경우에는 100억원)[514]을 한도로 특례가 적용된다. 따라서 한도를 초과하는 부분에 대해서는 일반적인 증여로 보아 기본세율에 의해 증여세를 과세하면 될 것이다.

[제도의 항구화] 종전까지는 일몰규정을 둔 한시적 제도였으나 2014년 개정으로 항구적 제도로 변경하여 창업자금특례제도의 안정적 정착을 도모하였다. 그렇더라도 동 제도의 활용실적이 높지 않다는 점을 고려할 때, 과세특례를 영구화하기 위해서

---

512) 2007. 12. 31. 이전에는 65세 이상
513) 2006. 1. 1.~ 2007. 12. 31.에는 수증자가 '30세 이상이거나 혼인한 거주자'이어야 한다.
514) 2023. 1. 1. 이전에 창업자금을 증여받은 경우에는 종전(30억원(50억원)) 규정에 따른다.

는 제도 활용 실적 제고를 위한 추가적인 조치가 필요할 것으로 보인다. 더불어 창업자금 증여세 과세특례의 경우 제도의 일몰을 폐지하여 영구화한다면 조특법이 아닌 상증세법 본법에 규정하는 것이 조세체계상 더 적절해 보인다.

4) 창업요건

증여받은 날부터 2년 이내[515]에 중소기업의 창업[516]을 하여야 한다(조특법 제30조의 5 제1항 및 제2항).

(1) 여기에서 중소기업이라 함은 다음의 업종을 영위하는 중소기업을 말한다(조특법 제6조 제3항 및 제30조의 5).

1. 광업
2. 제조업(제조업과 유사한 사업으로서 대통령령으로 정하는 사업 포함)
3. 수도, 하수 및 폐기물 처리, 원료 재생업
4. 건설업
5. 통신판매업
6. 대통령령으로 정하는 물류산업
7. 음식점업
8. 정보통신업. 다만, 다음 각 목의 어느 하나에 해당하는 업종은 제외
   가. 비디오물 감상실 운영업
   나. 뉴스제공업
   다. 블록체인 기반 암호화자산 매매 및 중개업
9. 금융 및 보험업 중 대통령령으로 정하는 정보통신을 활용하여 금융서비스를 제공하는 업종
10. 전문, 과학 및 기술 서비스업(대통령령으로 정하는 엔지니어링사업 포함). 다만, 다음 각 목의 어느 하나에 해당하는 업종은 제외
    가. 변호사업
    나. 변리사업
    다. 법무사업
    라. 공인회계사업

---

515) 2020. 1. 1. 이전에는 1년 이내
516) 2007. 12. 31. 이전에는 "창업 목적"이면 되었지 "중소기업 창업 목적"으로 한정되지 않았다.

마. 세무사업

바. 수의업

사. 「행정사법」 제14조에 따라 설치된 사무소를 운영하는 사업

아. 「건축사법」 제23조에 따라 신고된 건축사사무소를 운영하는 사업

11. 사업시설 관리, 사업 지원 및 임대 서비스업 중 다음 각 목의 어느 하나에 해당하는 업종

가. 사업시설 관리 및 조경 서비스업

나. 사업 지원 서비스업(고용 알선업 및 인력 공급업은 농업노동자 공급업 포함)

12. 사회복지 서비스업

13. 예술, 스포츠 및 여가관련 서비스업. 다만, 다음 각 목의 어느 하나에 해당하는 업종은 제외

가. 자영예술가

나. 오락장 운영업

다. 수상오락 서비스업

라. 사행시설 관리 및 운영업

마. 그 외 기타 오락관련 서비스업

14. 협회 및 단체, 수리 및 기타 개인 서비스업 중 다음 각 목의 어느 하나에 해당하는 업종

가. 개인 및 소비용품 수리업

나. 이용 및 미용업

15. 「학원의 설립·운영 및 과외교습에 관한 법률」에 따른 직업기술 분야를 교습하는 학원을 운영하는 사업 또는 「근로자직업능력 개발법」에 따른 직업능력개발훈련시설을 운영하는 사업(직업능력개발훈련을 주된 사업으로 하는 경우로 한정)

16. 「관광진흥법」에 따른 관광숙박업, 국제회의업, 유원시설업 및 대통령령으로 정하는 관광객 이용시설업

17. 「노인복지법」에 따른 노인복지시설을 운영하는 사업

18. 「전시산업발전법」에 따른 전시산업

(2) 그리고 ① 창업이라 함은 소득세법 제168조 제1항, 법인세법 제111조 제1항 또는 부가가치세법 제8조 제1항 및 제5항의 규정에 따라 납세지 관할 세무서장에게 등록하는 것을 말한다(조특법 시행령 제27조의 5 제3항).

공동사업 또는 당해 거주자가 발기인이 되어 설립한 법인에 출자한 경우에는 창업자

금에 대한 증여세 과세특례를 적용받을 수 있는 것이나, 증여받은 자금을 법인에 출자한 사실만으로 창업목적에 사용한 것으로 보지는 아니하는 것이다(서면3팀-1393, 2007. 4. 30.).

② 사업을 확장하는 경우로서 사업용 자산을 취득하거나 확장한 사업장의 임차보증금 및 임차료를 지급하는 경우는 창업으로 본다(조특법 제30조의 5 제2항, 조특법 시행령 제27조의 5 제3항 후단).

③ 창업으로 보지 않는 경우 : 다만, 다음의 어느 하나에 해당하는 경우에는 실질적인 창업이라고 볼 수 없으므로 과세특례가 적용되는 창업으로 보지 아니한다(조특법 제30조의 5 제2항, 30의 5-27의 5-2).

　㉠ 합병·분할·현물출자 또는 사업의 양수를 통하여 종전의 사업을 승계하여 같은 종류의 사업을 하는 경우

　㉡ 종전의 사업에 사용되던 자산을 인수 또는 매입하여 같은 종류의 사업을 영위하는 경우로서 인수 또는 매입한 자산가액의 합계액이 사업개시일이 속하는 과세연도의 종료일 또는 다음 과세연도의 종료일 현재 사업용자산(토지 및 법인세법 시행령 제24조 규정에 의한 감가상각자산)의 총가액에서 차지하는 비율이 30% 초과 50% 미만인 경우

　㉢ 거주자가 영위하던 사업을 법인으로 전환하여 새로운 법인을 설립하는 경우

　㉣ 폐업 후 사업을 다시 개시하여 폐업 전의 사업과 동종의 사업을 영위하는 경우

　㉤ 다른 업종을 추가하는 등 새로운 사업을 최초로 개시하는 것으로 보기 곤란한 경우

　㉥ 창업자금을 증여받기 이전부터 영위한 사업의 운용자금과 대체설비자금 등으로 사용하는 경우(조특법 시행령 제27조의 5 제7항)

　　이는 기존사업의 운용자금·대체설비자금으로 사용하는 것을 창업으로 보지 않는 것은 기존사업의 일부분을 매각한 자금으로 부동산 등에 투자한 후 창업자금으로 기존사업을 축소 전 상태로 환원해 놓는 등 창업자금이 기업의 생산활동이 아닌 개인의 부동산 투기자금 등에 악용될 우려가 있고, 수십 개의 설비 중 일부만을 창업자금으로 대체하거나 기존사업의 이익에서 마련된 운용자금과 창업자금으로 마련된 운용자금이 혼재된 경우에는 사실상 사후관리가 불가능함을 감안한 것이다.[517]

---

517) 국세청, 「2006 개정세법해설」, 2006, 568쪽

④ 추가자금의 창업자금 인정 : 한편, 창업자금을 증여받아 상기의 규정에 의하여 창업을 한 자가 새로이 창업자금을 증여받아 당초 창업한 사업과 관련하여 사용하는 경우에는 위 'ⓐ~ⓑ'에 해당하더라도 특례가 적용되는 창업자금으로 본다. 다만, 그러한 경우에는 위 'ⓓ~ⓑ'을 적용하지 아니한다. 그리고 이러한 추가창업자금도 합산하여 50억원의 한도 내에서 증여세 과세특례를 적용받는 것도 당연하다.

5) 창업자금 사용요건

창업자금은 증여받은 날부터 4년이 되는 날까지 모두 해당 목적에 사용하여야 한다(조특법 제30조의 5 제4항).[518]

6) 특례신청요건

창업자금에 대한 증여세 과세특례를 적용받고자 하는 자는 증여세 과세표준신고와 함께 창업자금 특례신청서 및 사용내역서를 납세지 관할 세무서장에게 제출하여야 하며 (조특법 시행령 제27조의 5 제14항), 그 신고기한까지 특례신청을 하지 아니한 경우에는 여기에서의 특례규정을 적용하지 아니한다(조특법 제30조의 5 제12항). 즉 특례신청은 특례를 적용받기 위한 필수적 요소이다.

3. 효과(창업자금 증여 시 과세특례)

1) 상증세법 제53조(증여재산공제) 및 같은 법 제56조(증여세세율)의 규정에 불구하고(일반재산의 증여에 대한 증여재산공제와 독립적으로 5억원의 공제특례가 적용된다는 의미) 증여세 과세가액에서 5억원을 공제하고 10%의 세율을 적용하여 증여세를 부과한다(조특법 제30조의 5 제1항 전단). 이 경우 창업자금을 2회 이상 증여받거나 부모로부터 각각 증여받는 경우에는 각각의 증여세 과세가액을 합산(합산기간에는 제한이 없다)하여 적용한다(조특법 제30조의 5 제1항 후단).

2) 창업자금에 대하여 증여세를 부과하는 경우에는 재차증여재산의 합산과세(상증세법 제47조 제2항)의 규정에 불구하고 동일인(그 배우자를 포함한다)으로부터 증여받은 창업자금 외의 다른 증여재산의 가액은 창업자금에 대한 증여세 과세가액에 가산하지 아니한다 (조특법 집행기준 30의 5-27의 5-6).

---

518) 2020. 1. 1. 이전에는 3년

3) 창업자금에 대한 증여세 과세표준을 신고하는 경우에도 증여세 신고세액공제(상증세법 제69조 제2항)을 적용하지 아니한다(조특법 집행기준 30의 5-27의 5-6). 창업자금에 대한 증여세 특례에 덧붙여 그 혜택이 중복되는 것을 배제하기 위한 것으로 보인다.

연부연납(상증세법 제71조 제1항)과 관련하여 종전에는 연부연납도 배제하였으나(구 조특법 제30조의 5 제10항), 창업자금에 대한 증여세 특례제도의 실효성을 제고하기 위해 5년간의 연부연납을 허용하는 것으로 개정[519]되었다.

4. 상속이 개시된 경우의 상속세 정산과세 등 창업자금에 대한 기타 과세 특례(조특법 집행기준 30의 5-27의 5-6)

1) 창업자금은 각 상속인별 상속세 납세의무·연대납부의무 및 비율을 산정할 때(상증세법 제3조의 2 제1항) 상속재산에 가산하는 증여재산으로 본다.

2) 또한 창업자금은 상속인에게 사전증여한 재산의 상속재산에의 합산과세(상증세법 제13조 제1항 제1호)의 규정을 적용함에 있어 증여받은 날부터 상속개시일까지의 기간과 관계없이 상속세 과세가액에 가산된다. 이 제도가 차후 상속세 정산을 기초로 하기 때문이다.

3) 상속공제의 한도(상증세법 제24조 제3호)의 규정을 적용함에 있어서는 상속세 과세가액에 가산한 증여재산가액으로 보지 아니한다. 즉, 창업자금으로 인해 증여세 공제한도가 줄어들지 않는다는 의미이다. 창업자금의 사전증여에 대한 혜택을 유지하여 제도의 실효성을 높이기 위함이다.

4) 창업자금에 대한 증여세액에 대하여 증여세액공제(상증세법 제28조)의 규정을 적용하는 경우에는 과세표준비율만큼의 한도(상증세법 제28조 제2항)에 불구하고 상속세 산출세액에서 창업자금에 대한 증여세액을 한도없이 공제한다. 이 경우 공제할 증여세액이 상속세 산출세액보다 많은 경우 그 차액에 상당하는 증여세액은 환급하지 아니한다. 그런데 창업자금에 대한 증여특례제도가 차후 상속시 정산을 전제로 하는 것이라면, 창업자금에 대한 증여세액은 상속세의 선납으로의 성격을 가진다 할 것이고, 그런 점에서는 환급하는 것이 타당하다는 점에서 이러한 취급에 의문이 든다.

---

[519] 2015. 1. 1. 이후 증여분부터 적용

5. 사후관리

1) 창업자금 사용의무

창업자금은 증여받은 날부터 4년이 되는 날까지 모두 해당 목적에 사용하여야 한다(조특법 제30조의 5 제4항).[520]

(1) 창업자금 사용명세의 제출

① 제출시기 : 창업자금을 증여받은 자가 해당 창업자금을 증여받은 날부터 1년 이내에 창업하는 경우에는 다음에 해당하는 날에 창업자금 사용명세(증여받은 창업자금이 50억원을 초과하는 경우에는 고용명세를 포함한다)를 증여세 납세지 관할 세무서장에게 제출하여야 한다(조특법 시행령 제27조의 5 제5항).

㉠ 창업일이 속하는 달의 다음 달 말일

㉡ 창업일이 속하는 과세연도부터 4년 이내의 과세연도(창업자금을 모두 사용한 경우에는 그 날이 속하는 과세연도)까지 매 과세연도의 과세표준 신고기한

② 제출내용 : 이때 창업자금 사용명세에는 다음의 사항이 포함되어야 한다(조특법 시행령 제27조의 5 제8항).

㉠ 증여받은 창업자금의 내역

㉡ 증여받은 창업자금의 사용내역 및 이를 확인할 수 있는 사항

㉢ 증여받은 창업자금이 50억원을 초과하는 경우에는 고용 내역을 확인할 수 있는 사항

(2) 창업자금사용명세서 미제출가산세의 부과

창업자금 사용명세를 제출하지 아니하거나 제출된 창업자금 사용명세가 분명하지 아니한 경우에는 그 제출하지 아니한 분 또는 분명하지 아니한 분의 금액에 1천분의 3을 곱하여 산출한 금액을 창업자금사용명세서 미제출가산세로 부과한다. 다만, 이러한 협력의무의 위반에 대한 가산세는 1억원을 한도로 하되, 해당 의무를 고의적으로 위반한 경우에는 그러하지 아니하다(국세기본법 제49조 제1항 제5호).

---

520) 2020. 1. 1. 이전에는 3년

2) 추징

(1) 증여세와 상속세의 과세

창업자금에 대한 증여세 과세특례를 적용받은 경우로서 다음의 추징사유에 해당하는 경우에는 다음 각각의 금액에 대하여 상증세법에 따라 증여세와 상속세를 각각 부과한다.

[추징사유]

① 증여받은 날부터 2년 이내에 창업하지 아니한 경우 : 창업자금

② 창업자금으로 창업자금중소기업에 해당하는 업종 외의 업종을 영위하는 경우 : 창업자금중소기업에 해당하는 업종 외의 업종에 사용된 창업자금

③ 창업자금을 증여받은 날부터 2년 이내에 창업을 한 자가 새로이 창업자금을 증여받아 당초 창업한 사업과 관련하여 사용하지 아니한 경우 : 해당 목적에 사용되지 아니한 창업자금

④ 창업자금을 제4항에 따라 증여받은 날부터 4년이 되는 날까지 모두 해당 목적에 사용하지 아니한 경우 : 해당 목적에 사용되지 아니한 창업자금[521]

⑤ 증여받은 후 10년 이내에 창업자금(창업으로 인한 대통령령으로 정하는바에 따라 계산한 가치증가분을 포함한다. 포함하여 창업자금 등)을 해당 사업용도 외의 용도로 사용한 경우 : 해당 사업용도 외의 용도로 사용된 창업자금 등

⑥ 창업 후 10년 이내에 다음 중 어느 하나에 해당하는 경우 : 창업자금 등(조특법 시행령 제27조의 5 제8항 및 제9항, 같은 법 집행기준 30의 5-27의 5-5)

㉠ 수증자의 사망

(추징에서 제외되는 경우)

다만, 다음의 어느 하나에 해당하는 경우를 제외

㉮ 수증자가 창업자금을 증여받고 1년 이내에 창업(조특법 제30조의 5 제2항)하기 전에 사망한 경우로서 수증자의 상속인이 당초 수증자의 지위를 승계하여 조특법 제30조의 5 제2항 내지 제6항의 규정에 따라 창업하는 경우

㉯ 수증자가 창업자금을 증여받고 1년 이내에 창업(조특법 제30조의 5 제2항)한 후 증여받은 날로부터 3년 이내(조특법 제30조의 5 제4항)에 창업목적에 사용하기 전에 사망한 경우로서 수증자의 상속인이 당초 수증자의 지위를 승계하여 조특법 제30조의 5 제4항 내지 제6항의 규정에 따라 창업하는 경우

㉰ 수증자가 창업자금을 증여받고 조특법 제30조의 5 제4항의 규정에 따라

---

521) 2012. 1. 1. 이후 최초로 증여하는 분부터 적용한다.

창업을 완료한 후 사망한 경우로서 수증자의 상속인이 당초 수증자의 지위를 승계하여 조특법 제30조의 5 제6항의 규정에 따라 창업하는 경우

ⓛ 해당 사업을 폐업하거나 휴업(실질적 휴업을 포함)한 경우

(추징에서 제외되는 경우)

다만, 다음의 어느 하나에 해당하는 사유로 폐업하거나 휴업하는 경우를 제외

㉮ 부채가 자산을 초과하여 폐업하는 경우

㉯ 최초 창업 이후 영업상 필요 또는 사업전환을 위하여 1회에 한하여 2년(폐업의 경우에는 폐업 후 다시 개업할 때까지 2년) 이내의 기간 동안 휴업하거나 폐업하는 경우(휴업 또는 폐업 중 어느 하나에 한한다).

그런데 창업자금을 증여받아 법인과 개인사업을 각각 창업하여 증여세 과세특례를 적용받은 거주자가 개인사업을 폐업하고 법인에 사업을 양도하는 경우는 영업상 필요나 사업전환으로 인정되지 않으므로 개인사업의 폐업에 대해서는 증여세가 부과된다(재산-167, 2009. 9. 9.).

⑦ 증여받은 창업자금이 50억원[522]을 초과하는 경우로서 창업한 날이 속하는 과세연도의 종료일부터 5년 이내에 각 과세연도의 근로자 수가 다음 계산식에 따라 계산한 수보다 적은 경우: 50억원을 초과하는 창업자금[523]

> 창업한 날의 근로자 수 – (창업을 통하여 신규 고용한 인원 수-10명)

⑧ 증여받은 창업자금이 50억원을 초과하는 경우로서 5년 이내 근로자 수가 줄어든 경우 : 50억원을 초과하는 창업자금

(2) 이자상당액의 부과

창업자금을 증여받은 후 추징사유가 발생하여 상증세법에 따라 증여세와 상속세가 과세되는 경우 다음의 이자상당액을 그 부과하는 증여세에 가산하여 부과한다(조특법 시행령 제27조의 5 제7항).

> 이자상당액 = 결정한 증여세액 × 추징기간 × 10만분의 22

---

522) 2023. 1. 1. 전에 창업자금을 증여받은 경우에 대한 증여세 과세특례에 관하여는 종전 규정(30억원)에 따른다.

523) 2016. 1. 1. 이후 최초로 증여하는 분부터 적용한다.

┃ 창업자금에 대한 증여세 추징 요약 ┃

추징사유	추징대상금액	가산하는 이자상당액
2년내 창업하지 않은 경우	창업자금	
창업자금으로 타업종을 영위	타업종 창업자금	
새로 증여받은 창업자금을 당초 창업사업과 무관하게 사용	당해 목적에 사용되지 아니한 창업자금	
증여받은 후 10년 이내에 창업자금(가치증가분 포함)을 타용도로 사용	타용도로 사용된 창업자금	추징대상금액 × (증여세의 과세표준 신고기한의 다음 날부터 추징사유가 발생한 날까지의 기간) × 1일 22/100,000
창업 후 10년 이내에 해당사업을 폐업하거나 수증자의 사망 또는 당해 사업을 폐업·휴업	창업자금과 이로 인한 가치증가분	
증여받은 창업자금이 50억원을 초과하는 경우로서 5년 이내 근로자 수가 줄어든 경우	50억원을 초과하는 창업자금	

6. 과세특례 적용배제

한편, 본조에 따른 과세특례를 적용받는 거주자는 조특법 제30조의 6 가업의 승계에 대한 증여세 과세특례를 적용하지 아니한다[524](조특법 제30조의 5 제14항, 같은 법 집행기준 30의 5-27 의 5-6). 즉 창업자금이 가업승계에 대한 특례(조특법 제30조의 6)의 적용대상이 되는 주식 등이라면 두 가지 증여세 과세특례 중 하나를 적용받을 수 있다는 것이다.

7. 그 밖의 적용법률

창업자금의 증여세 과세와 관련하여 증여세 및 상속세를 과세하는 경우 조특법 제30조의 5에서 달리 정하지 아니한 것은 상증세법에 따른다(조특법 제30조의 5 제13항).

---

524) 2007. 12. 31. 신설되었다.

Ⅱ 가업승계에 대한 증여세 과세특례

이해의 맥

가업의 사전상속제도로서 중소기업의 주식을 증여받은 때에 낮은 증여세 과세 후 상속시 상속세로 정산하는 제도

§관련조문

조특법	조특법 시행령	조특법 시행규칙
제30조의 6【가업의 승계에 대한 증여세 과세특례】	제27조의 6【가업의 승계에 대한 증여세 과세특례】	제14조의 4【증여세를 추징하지 아니하는 부득이한 사유】

1. 의의

가업의 승계에 대한 증여세 과세특례 제도는 가업을 10년 이상 계속하여 영위한 60세 이상의 부모가 18세 이상의 자녀에게 가업승계의 목적으로 주식 또는 출자지분을 증여하는 경우 가업자산상당액에 대한 증여세 과세가액(아래 각 호의 구분에 따른 금액 한도[525])에서 10억원[526]을 공제하고 10%(과세표준이 60억원[527]을 초과하는 경우 그 초과금액에 대해서는 20%)의 율로 증여세를 과세한 후 상속 시에 정산하는 과세제도로서, 중소기업 경영자가 생전에 자녀에게 가업을 사전상속하게 함으로써 중소기업의 영속성을 유지하고 경제활력 증진을 도모하고자 2007년 12월 31일 도입되었다.

① 부모가 10년 이상 20년 미만 계속하여 경영한 경우 : 300억원
② 부모가 20년 이상 30년 미만 계속하여 경영한 경우 : 400억원
③ 부모가 30년 이상 계속하여 경영한 경우 : 600억원

---

525) 중소 · 중견기업의 원활한 가업승계 지원을 위해 2022. 12. 31. 세법개정을 통해 2023. 1. 1. 이후 증여받는 분부터 증여세 과세가액 한도를 부모의 가업 영위기간별로 차등 적용하여 최대 600억원까지 적용받을 수 있도록 하였으며, 그 이전에 증여를 받은 경우에는 종전 규정에 따라 100억원을 한도로 한다.
526) 2023. 1. 1. 이후 증여받는 분부터 적용하며, 그 이전에 증여받은 경우에는 5억원
527) 2023. 1. 1. 이후 증여받는 분부터 적용하며, 그 이전에 증여받은 경우에는 30억원

2. 과세특례 적용요건

가업의 승계에 대한 증여세 과세특례는 다음의 요건을 모두 충족하는 경우에 적용받을 수 있다(조특법 집행기준 30의 6-27의 6-1).

1) 증여자 요건

증여자가 아래의 가업[아래 3)]을 10년 이상 계속하여 영위한 60세 이상의 부모이어야 한다. 만약 증여 당시 부 또는 모가 사망한 경우에는 사망한 부 또는 모의 부모를 포함 한다.

[최대주주 등 요건] 이때 증여자는 아래[3) 가업요건. ③ 최대주주 등]에서 보는 바와 같이 일 정률 이상의 지분을 보유한 최대주주 등이어야 한다(상증세법 시행령 제15조 제3항). 그러므로 오직 법인만이 가업승계 증여세 과세특례를 적용받을 수 있다(수원지법 2012구합5238, 2012. 7. 20. ; 조심 2011중3102, 2012. 2. 6.).

[증여자 1인 요건] 2010. 12. 31. 이전 증여분에 대한 가업의 승계에 대한 증여세 과세특 례는 60세 이상인 부가 가업을 증여일까지 10년 이상 계속하여 영위한 경우 60세 이상 인 모(경영에 참여하지 않은 경우도 포함)의 주식 등에 대하여도 적용되는 것으로 해석[528]하였 으나(재산-955, 2010. 12. 15. ; 재산-964, 2010. 12. 21.), 2011. 1. 1. 이후 증여분부터는 조특법 제 30조의 6 제1항 단서에 따라 모(경영에 참여하는 경우도 포함)의 주식에 대해서는 증여세 과세 특례를 적용할 수 없다(증여자 1인 조건)[529](재산-53, 2012. 2. 10.).

[최대주주 등의 그룹에 속하는 자 중에서 1인만이 증여자가 될 수 있다] 가업을 갑 (50%)과 을(50%)이 공동으로 경영하는 경우로서 먼저 갑의 자녀가 갑으로부터 해당 가 업의 승계를 목적으로 가업을 승계받는 경우에는 증여세 과세특례를 적용받을 수 있 는 것이며,

① 이 경우 갑과 을이 특수관계에 해당하여 동일한 최대주주 등에 해당하는 경우에는 갑의 자녀가 가업을 승계받은 후 을의 자녀가 가업을 승계받는 것에 대해서는 증여 세 과세특례를 적용받을 수 없다(재산-467, 2011. 10. 7.).

② 그러나 만약 갑과 을이 서로 특수관계인에 해당하지 않고 을과 그의 특수관계인이

---

528) 구 조특법 제30조의 6 제1항에서 최대주주 등이 10년 이상 계속하여 가업을 영위하여야 한다고 규정하 고 있어 실질적인 경영참가를 전제로 하고 있으므로, 세법의 엄격해석의 원칙상 이러한 해석은 문제가 있다.

529) 아래 '수증자 요건' 참조. 이러한 해석은 부모가 가업을 공동소유하고 있는 경우 원활한 가업승계를 목적으로 하는 본 규정의 취지에 비추어 지나치다는 견해도 있다.

갑과 그의 특수관계인과 같은 지분의 최대주주(50%)에 해당한다면, 을의 자녀도 가업승계 증여세 특례를 적용받을 수 있다(재산-165, 2009. 9. 9.).

[대표재직기간 요건 배제] 또한 가업의 사전승계에 대한 증여세 특례를 적용받기 위해 가업상속공제에서와 달리 피승계인인 증여자의 대표재직기간 요건이 필요하지 않다.

[증여일 현재 재직하여야 하는지] 가업승계특례를 통해 기술·경영노하우 전수를 지원하고자 하는 목적은 증여자 요건, 수증자 요건, 사후관리 등을 통해서도 달성될 수 있는 것이므로 증여자인 부모가 반드시 증여일 현재 가업에 종사하지 않더라도 10년 이상 경영 및 주식 보유 등의 기타 요건을 갖춘 경우에는 가업승계특례 적용이 가능한 것이다(서면-2022-상속증여-2304, 2022. 7. 4.).

2) 수증자 요건

(1) 수증자가 18세 이상의 거주자이어야 한다. 이 때 주식 등을 증여받고 가업을 승계한 거주자가 2인 이상인 경우에는 각 거주자가 증여받은 주식 등을 1인이 모두 증여받은 것으로 보아 증여세를 부과한다(조특법 제30조의 6 제2항).[530] 이 경우 각 거주자가 납부하여야 하는 증여세액은 다음의 방법에 따라 계산한 금액으로 한다(조특법 시행령 제27조의 6 제2항).

① 2인 이상의 거주자가 같은 날에 주식 등을 증여받은 경우(동시 증여) : 1인이 모두 증여받은 것으로 보아 증여세액을 계산한 후 각 거주자가 증여받은 주식 등의 가액에 비례하여 안분

② 해당 주식 등의 증여일 전에 다른 거주자가 해당 가업의 주식 등을 증여받고 난 후 증여세를 부과받은 경우(순차 증여) : 후순위 수증자의 경우 선순위 수증자의 증여재산가액을 과세가액에 합산하여 증여세를 계산하고, 선순위 수증자가 납부한 증여세를 공제. 1인이 수차례 나누어 증여받는 경우와 동일하게 과세하는 것이다.

[수증자 1인 요건-삭제] 종전에는 증여자 1인 요건 외에도 수증자 1인 요건이 있어, 가업승계에 대한 증여세 과세특례를 적용받기 위해서는 가업의 승계가 수증자 1인에 전속될 것을 요건으로 하였다(구 조특법 제30조의 6 제1항 단서). 그러나 2019. 12. 31. 개정에서 가업승계 제도의 유연성을 제고한다는 취지로 2인 이상이 가업을 승계하는 경우에도 가업승계자 모두에게 특례 적용이 가능하도록 하였다.

[유류분반환과의 관계] 생전증여분이 민법상 유류분반환청구의 대상이 되어 반환되

---

530) 2020. 1. 1. 이후 증여받는 분부터 적용한다.

면 가업승계에 대한 증여세특례는 그 효력을 잃게 될 것이다.

(2) 수증자 또는 그 배우자[531]가 상증세법 제68조에 따른 증여세 과세표준 신고기한까지 가업에 종사하고 증여일로부터(주식 등을 증여받기 전에 대표이사로 취임한 경우에도 적용) 3 년[532] 이내에 대표이사에 취임하여야 한다(조특법 시행령 제27조의 6 제1항). 가업상속공제 요건과 일치시키기 위해 수증자의 배우자가 요건충족시에도 적용한다.

[승계 후 분할] 만약 가업을 승계받은 후 법인을 인적분할한 경우에는 그 가업을 승계받은 자가 증여일부터 5년[533] 이내 분할법인 및 분할신설법인의 대표이사로 취임하여야 한다(재산-809, 2010. 11. 1.).

[승계 후 합병] 두 개의 가업을 승계한 후 합병하는 경우에는 존속법인이 피합병법인의 사업을 승계하는 경우로서 수증자가 증여일부터 5년[534] 이내에 존속법인의 대표이사에 취임하고 추징사유(조특법 제30조의 6 제2항 각 호의 요건)에 해당하지 아니할 경우 그 주식 등의 가액에 대하여 상증세법에 따라 증여세를 부과하지 아니하는 것이 타당하다(재산-728, 2010. 10. 5.).

3) 가업요건

가업은 상증세법 제18조의 2 제1항에 따른 가업(가업상속공제대상)이어야 한다(따라서 영농상속공제 대상은 제외되며 대신 영농자녀가 증여받는 농지 등에 대한 증여세면제(조특법 제71조)규정을 적용받는다). 즉 증여자가 10년 이상 계속하여 경영한 중소기업(가업)의 승계이어야 한다. 여기서 경영이란 단순히 지분을 소유하는 것을 넘어 가업의 효과적이고 효율적인 관리 및 운영을 위하여 실제 가업운영에 참여한 경우를 의미하는 것이고, 가업의 실제 경영 여부는 사실판단 사항이다(재산-471, 2011. 10. 11.). 한편 2 이상의 가업을 영위하는 경우에는 각 사업장별로 가업해당 여부를 판단한다(재산-1253, 2009. 6. 23.).

그리고 가업 영위기간은 법인설립등기일이 아니라 당해 법인이 처음으로 재화 또는 용역의 공급을 개시한 때부터 기산하는 것이다(재산-489, 2010. 7. 7.).

① 계속 경영

[사업장 이전] 증여자가 10년 이상 계속하여 영위한 사업의 판정시 증여자가 사업장을 이전하여 동일업종의 사업을 계속하여 영위하는 경우에는 종전 사업장에서의 사

---

531) 2015. 2. 3. 이후 증여분부터 적용
532) 2023. 2. 28. 이후 증여받는 분부터 적용하며, 그 이전에 증여받은 경우에는 종전 규정에 따라 5년
533) 2023. 2. 28. 이후 증여받는 분부터는 3년
534) 2023. 2. 28. 이후 증여받는 분부터는 3년

업기간을 포함하여 계산한다(상증세법 기본통칙 18-15…1 제3항).

[법인 전환] 개인사업자로서 영위하던 가업을 동일한 업종의 법인으로 전환(현물출자방법이나 사업양수도 방법 등 ; 개인폐업하고 법인전환이 아닌 법인신규설립의 경우에는 제외)하여 증여자가 법인 설립일 이후 계속하여 해당 법인의 최대주주 등에 해당하는 경우에는 개인사업자로서 가업을 영위한 기간을 포함하여 계산한다(상증세법 기본통칙 18-15…1 제4항).

[분할] 가업에 해당하는 법인을 인적분할한 경우로서 분할법인 또는 분할신설법인 중 분할 전 법인과 동일한 업종을 유지하는 법인의 주식 또는 출자지분을 증여하는 경우에는 분할 전 법인의 영위기간을 포함하여 증여세 과세특례를 적용받을 수 있으나, 분할 전 법인이 가업에 해당하지 아니하면 분할 후의 분할법인 또는 분할신설법인만으로 가업해당 여부를 판단하여야 한다(재산-613, 2011. 12. 26.). 물적분할도 마찬가지다.

[합병] • 가업의 승계에 대한 증여세 과세특례 규정을 적용함에 있어 B법인을 A법인에 흡수합병하고 주된 업종을 합병 전 B법인의 주된 업종으로 변경한 경우 10년 이상 경영한 기업에 해당하는지는 (사업의 동일성의 측면에서 흡수합병한 A법인이) 변경된 업종의 재화 또는 용역을 처음 공급한 날부터 계산하는 것이며, 가업은 피상속인이 10년 이상 계속하여 중소기업을 동일업종으로 유지 경영한 기업을 말한다(재산-755, 2010. 10. 14.).

같은 맥락에서 15년간 운영한 A법인을 설립 후 3년간 운영해온 B법인에 합병한 경우 조특법의 가업승계 증여세 과세특례 규정상 10년 이상 계속하여 경영한 가업에 해당하는지 여부는 (사업의 동일성의 측면에서) 합병법인이 합병 후 사업을 개시한 날부터 시작하여 판단한다(재산-729, 2010. 10. 5.).

• 증여자가 모두 최대주주등인 법인 간의 합병으로 인해 합병 후 존속법인(증여자가 최대주주 등)이 피합병법인의 사업을 승계하여 계속 영위하던 중에 주식 등을 증여하는 경우에 가업영위기간은 (사업의 동일성이 유지되었다는 측면에서) 피합병법인의 사업 영위기간을 포함한다(재산-358, 2010. 6. 3.).

② 중소기업 또는 중견기업

'중소기업 또는 중견기업'의 범위에 대한 해설은 '상속세편 – 가업상속공제'를 참조하기 바란다.

③ 최대주주 등

증여자가 해당 중소기업을 영위하는 법인의 최대주주 또는 최대출자자인 경우로서 그와 특수관계인(상증세법 시행령 제2조의 2 제1항 각 호의 어느 하나에 해당하는 자를 말함[535])의 주

---

535) 이 책 '보론 21 상증세법상 특수관계인 규정 검토' 참조

식 등을 합(이때에는 증여자와 특수관계인 모두를 최대주주 등으로 본다)하여 해당 법인의 발행주식총수 등의 50%(한국거래소에 상장되어 있는 법인은 30%[536]) 이상을 10년 이상 계속(조심 2012중619, 2012. 5. 9.)하여 보유[증여한 해당 주식을 10년 이상 보유하여야 하는 것은 아님(대법원 2019두 44095, 2020. 5. 28.)]하여야 한다(상증세법 시행령 제15조 제3항).

종전 해석에 따르면 가업을 경영하는 자가 가업을 경영하지 아니한 배우자로부터 증여받아 10년이 경과하지 아니한 주식에 대해서는 가업상속공제 및 가업승계특례를 적용하지 않는 것으로 해석(재재산-385, 2014. 5. 14. ; 상속증여세과-153, 2014. 5. 22.)하였으나, 피상속인이 직접 10년 이상 보유한 주식만이 가업상속공제 대상이 되는 것은 아니라고 해석을 정비하였다(기획재정부 조세법령운용과-10, 2022. 1. 5.). 즉 변경된 유권해석과 가업승계에 대한 증여세 과세특례를 적용함에 있어 가업요건의 충족여부는 상증세법 제18조의 2 제1항에 따라 판단한다는 점을 고려한다면 증여자가 최대주주로서 본인과 특수관계인의 주식을 합하여 발행주식총수의 50% 이상을 10년 이상 계속 보유해왔다면, 증여일 현재 10년 미만 보유한 주식(경영에 참여하지 아니한 배우자로부터 증여받은 주식)도 증여세 과세특례 대상에 포함하는 것으로 해석할 수 있다.

한편, 가업의 경우 경영승계와 소유승계가 수반되는데 소유승계가 더 중요한 의미를 지니므로, 법인이 승계될 정도에 해당하는 지분 소유 최저기준을 설정하는 것이 필요하다. 만약 이 '최저지분 계속보유'규정이 예시규정에 불과하다면 대표이사가 소유한 법인의 지분이 1% 내외에 불과해 가업승계와 관련이 없는 경우에도 증여세 과세가액 5억원을 공제하는 결과가 되어 불합리하다.

그러므로 오직 법인만 가업승계 증여세 과세특례를 적용받을 수 있고, 이 점이 가업상속공제에서의 가업과 다르다. 이에 대해 법인과 개인기업 간의 과세형평을 들어 개인기업에의 확대적용을 주장하기도 하지만, 조세법률주의의 원칙상 과세요건이거나 비과세요건 또는 조세감면요건을 막론하고 조세법규의 해석은 특별한 사정이 없는 한 법문대로 해석할 것이며, 합리적 이유 없이 확장해석하거나 유추해석하는 것은 허용되지 아니하고, 특히 감면요건 규정 가운데에 명백히 특혜규정이라고 볼 수 있는 것은 엄격하게 해석하는 것이 조세공평의 원칙에도 부합한다고 할 것이므로(대법원 2001두731, 2002. 4. 12.) 오직 법인기업에만 증여세 특례가 적용된다고 해석하여야 한다.

[추가취득주식 증여] 최대주주 등인 경우로서 해당 법인의 발행주식총수 등의 100분

---

536) 우량 중소기업의 기업공개를 유도할 필요가 있어 2011. 1. 1. 이후 상속개시분에 대해서 30%로 완화하였으며, 2010. 12. 31. 이전 상속개시분에 대해서는 40%를 적용한다.

의 50(한국증권선물거래소에 상장되어 있는 법인이면 100분의 30) 이상인 요건을 충족한 증여자가 타인으로부터 주식을 추가 취득하여 자녀에게 증여하는 경우에도 추가 취득분에 대하여도 과세특례가 적용되어야 한다고 판단된다(재산-559, 2010. 7. 27.).

[명의신탁 주식 포함] 증여자와 특수관계에 있는 자가 명의신탁한 주식이 있는 사실이 명백히 확인되는 경우에는 그 명의신탁한 주식을 포함하여 위 요건을 충족하는지 여부를 판단하여야 한다(재산-897, 2010. 12. 2.).

[할증평가 제외] 최대주주 등의 할증평가와 관련하여 중소기업 및 상증세법 시행령 제53조 제7항에 따른 중견기업의 최대주주 등에 대해서는 할증평가가 제외된다.

4) 승계요건

가업의 승계라고 하기 위해서는 아래의 조건을 모두 만족하여야 한다.

(1) 수증자가 해당 가업의 승계를 목적으로 주식 또는 출자지분[537]을 증여받아야 한다. 여기에서 증여시기에 대해서는 주식 등을 인도받은 사실이 객관적으로 확인되는 날(배당금의 지급이나 주주권의 행사 등)로 하되, 인도받은 날이 불분명하거나 주식을 인도받기 전에 주주명부 또는 사원명부에 기재한 경우에는 예외적으로 명의개서일 등으로 한다.[538]

[특례한도] 이때에 증여받은 주식 등은 증여세 과세가액[539]을 기준으로 가업영위 기간에 따라 아래와 같이 300억원~600억원을 한도로 특례가 적용된다.[540] 따라서 한도를 초과하는 부분에 대해서는 일반적인 증여로 보아 기본세율에 의해 증여세를 과세하면 될 것이다.

1. 부모가 10년 이상 20년 미만 계속하여 경영한 경우 : 300억원
2. 부모가 20년 이상 30년 미만 계속하여 경영한 경우 : 400억원
3. 부모가 30년 이상 계속하여 경영한 경우 : 600억원

[일부승계] 이때 증여자의 보유지분을 모두 승계하지 아니하고 그 일부만을 승계하는 경우에도 증여세 과세특례규정이 적용된다(재산-679, 2010. 9. 9.).

[제도의 항구화] 종전까지는 일몰규정을 둔 한시적 제도였으나 2014년 개정으로 항구적 제도로 변경하여 가업승계의 안정적 정착을 도모하였다. 그렇더라도 동 제도의

---

537) 2010. 12. 27. 개정으로 2013년 말까지로 일몰이 연장되었다가 2014년부터 일몰규정이 삭제되어 항구적 제도가 되었다.
538) 이 책 '증여세 납세의무-증여일' 참조
539) 이 책 '증여세 과세가액' 참조
540) 2023. 1. 1. 이후 증여분부터 적용하며 그 이전에 증여받은 경우에는 100억원을 한도로 한다.

활용실적이 높지 않다는 점을 고려할 때, 과세특례를 영구화하기 위해서는 제도 활용 실적 제고를 위한 추가적인 조치가 필요할 것으로 보인다. 더불어 가업승계 증여세 과세특례의 경우 제도의 일물을 폐지하여 영구화한다면 조특법이 아닌 상증세법 본법에 규정하는 것이 조세체계상 더 적절해 보인다.

5) 특례신청요건

여기에서의 가업의 승계에 대한 증여세 과세특례를 적용받고자 하는 자는 증여세 과세표준신고와 함께 가업승계 주식 등 증여세 과세특례 적용신청서를 납세지 관할 세무서장에게 제출하여야 하며, 그 신고기한까지 특례신청을 하지 아니하는 경우에는 여기에서의 특례규정을 적용하지 아니한다(조특법 시행규칙 제61조 제1항 제12호의 7). 즉 특례신청은 특례를 적용받기 위한 필수적 요소이다.

3. 효과(주식 등의 증여 시 과세특례)

상증세법 제53조(증여재산공제) 및 같은 법 제56조(증여세세율)의 규정에 불구하고(일반재산의 증여에 대한 증여재산공제와 독립적으로 10억원의 공제특례가 적용된다는 의미) 가업자산상당액에 대한 증여세 과세가액(600억원을 한도)에서 10억원을 공제하고 10%의 세율을 적용하되, 과세표준이 60억원을 초과하는 경우 그 초과금액에 대해서는 20%를 적용하여 증여세를 부과한다(조특법 제30조의 6 제1항). 고령화에 따른 가업의 조기승계를 지원하기 위하여 대상을 확대하였다.[541]

[가업재산 상당액] 가업자산상당액이란 상증세법 시행령 제15조 제5항 제2호를 준용하여 계산한 금액을 말한다. 이 경우 "상속개시일"은 "증여일"로 본다.[542] 이에 따라 증여가액 계산은 아래와 같다.

[증여가액 계산] 종전의 계산방식에 의하면 업무무관 자산까지 증여세 특례를 적용받는 주식 등 가액에 포함되게 되어 불합리하다. 이에 아래와 같이 증여재산 중 가업과 관련된 사업용 자산에 한정하여 증여세 특례를 지원[543]하도록 개정하여 특례대상 증여이익 계산을 합리화하였다.

---

541) 2023. 1. 1. 이후 증여분부터 적용
542) 2023. 2. 28. 이후 증여받은 분부터 적용
543) 2014. 1. 1. 이후 증여받는 분부터 적용

$$\text{증여한}\atop\text{주식가액} \quad \times \quad (\ 1 \ - \ \frac{\text{업무무관 자산가액}}{\text{총 자산가액}}\ )$$

[재차증여] 이 경우 가업승계대상 주식 등을 2회 이상 증여받는 경우에 대해서는 명문의 규정이 없으나(재산-2392, 2008. 8. 22.), 동 제도의 취지상 위의 요건을 만족한다면 각각의 가업자산상당액에 대한 증여세 과세가액을 합산(합산기간에는 제한이 없다)하여 적용하여야 한다(상속증여-548, 2013. 9. 11.).

[복수가업] 같은 맥락에서 두 개의 가업을 자녀 1인이 주식 등을 증여받고 가업을 승계하는 경우 주식 등 가액을 합하여 계산한 가업자산상당액에 대한 증여세 과세가액 기준으로 부모의 가업영위기간별 한도(300억원~600억원)로 가업승계 증여세 과세특례를 적용한다.

[합산배제] 증여받은 주식 등에 대하여 증여세를 부과하는 경우에는 재차증여재산의 합산과세(상증세법 제47조 제2항)의 규정에 불구하고 동일인(그 배우자를 포함한다)으로부터 증여받은 주식 등 외의 다른 증여재산의 가액은 주식 등에 대한 가업자산상당액에 대한 증여세 과세가액에 가산하지 아니한다(조특법 집행기준 30의 6-27의 6-7).

4. 증여 후 상장 등에 따른 과세특례

가업의 승계에 대한 증여세 과세특례가 적용되는 주식 등을 증여받은 후 해당 주식 등에 대하여 다음의 어느 하나에 해당하는 증여이익이 발생하는 경우 당초 증여세 과세특례 대상 주식 등의 가업자산상당액에 대한 과세가액과 해당 증여이익을 합하여 100억원까지 납세자의 선택에 따라 앞의 2.의 증여세 과세특례를 적용받을 수 있다(조특법 시행령 제27조의 6 제8항, 같은 법 집행기준 30의 6-27의 6-5). 그리고 이 경우 특례를 적용받은 증여이익은 아래 5. 1)에서 보는 바와 같이 상속세 과세가액에 합산한다.

① 상증세법 제41조의 3에 따른 주식 등의 상장 등에 따른 이익의 증여
② 상증세법 제41조의 5에 따른 합병에 따른 상장 등 이익의 증여

5. 증여 후 상속이 개시된 경우의 정산과세 등 가업승계에 따른 과세특례 대상 주식의 그 밖의 과세특례(조특법 집행기준 30의 6-27의 6-7)

1) [상속세 과세가액에 합산] (정산규정의 의미상) 상속인에게 사전증여한 재산의 상속재산에

의 합산과세(상증세법 제13조 제1항 제1호)에 따른 합산기간 10년을 적용하지 아니하고 증여받은 날부터 상속개시일까지의 기간과 관계없이 상속세 과세가액에 가산하여 상속세를 정산한다(재산-688, 2010. 9. 13.).

2) **[일반증여재산과의 합산배제]** 증여받은 주식 등에 대하여 증여세를 부과하는 경우에는 재차증여재산의 합산과세(상증세법 제47조 제2항)의 규정에 불구하고 동일인(그 배우자를 포함한다)으로부터 증여받은 주식 등 외의 다른 증여재산의 가액은 주식 등에 대한 증여세 과세가액에 가산하지 아니한다(조특법 집행기준 30의 6-27의 6-7).

3) **[가업상속공제와의 관계]** 증여세 과세특례대상인 주식 등을 증여받은 후 상속이 개시되는 경우 (증여일부터 상속개시일까지의 기간과 관계없이 상속세 과세가액에 가산하되)상속개시일 현재 다음의 요건을 모두 갖춘 경우에는 상증세법 제18조의 2 제1항 각 호 외의 부분 전단에 따른 가업상속으로 보아 관련 규정을 적용한다(조특법 시행령 제27조의 6 제9항, 같은 법 집행기준 30의 6-27의 6-6).[544]

① 상증세법 제18조의 2 제1항 각 호 외의 부분 전단에 따른 가업상속에 해당할 것
상증세법 제18조의 2 제1항 각 호 외의 부분 전단에 따른 가업에 대한 구체적인 요건(매출액 평균금액, 피상속인, 상속인 요건)은 상증세법 시행령 제15조 제3항에서 규정하고 있는데, 매출액 평균금액은 주식 등을 증여받은 날이 속하는 사업연도의 직전 3개 사업연도의 매출액 평균금액을 기준으로 판단하며,[545] 피상속인이 되는 최대주주 등에는 가업승계에 따라 주식 전부를 증여하여 최대주주 등이 아니게 된 경우를 포함한다. 따라서 조특법상 가업승계 증여세 과세특례에 따라 피상속인이 보유한 가업의 주식 등의 전부를 증여하여 상증세법 시행령 제15조 제3항 제1호 가목의 요건을 충족하지 못하는 경우에는 상속인이 증여받은 주식 등을 상속개시일 현재까지 피상속인이 보유한 것으로 보아 같은 목의 요건을 적용한다(조특법 시행령 제27조의 6 제9항 제1호 괄호).[546]
다만, 증여자(피상속인)의 대표이사 50% 이상 또는 상속개시일부터 소급하여 10년 중 5년의 재직기간요건(상증세법 시행령 제15조 제3항 제1호 나목)은 적용하지 아니한다 (조특법 시행령 제27조의 6 제9항 제1호 단서, 재재산-547, 2009. 3. 20.). 이는 가업의 사전승계시에는 피승계인인 증여자의 대표재직기간 요건이 불필요하고 이미 가업의 사전승

---

544) 종전 '상증세법 시행령 제15조 제1항에 따른 중소기업(가업상속공제대상중소기업)에 해당할 것'이라는 요건은 삭제되었으며, 이는 2011. 1. 1. 이후 상속이 개시되는 분부터 적용한다.
545) 2023. 2. 28. 이후 상속받는 분부터 적용한다.
546) 2020. 4. 1. 이후 상속받는 분부터 적용한다.

계가 피상속인(증여자)과 상속인(수증자) 사이에 정당하게 이루어졌으므로 가업상
속공제제도의 취지상 굳이 피상속인 및 상속인요건을 요구할 필요가 없다는 판
단에 따른 것이다.

② 수증자가 증여받은 주식 등을 처분하거나 지분율이 낮아지지 아니한 경우로서
가업에 종사하거나 대표이사로 재직하고 있을 것

그리고 수증자가 가업을 승계받기 전 보유한 기존주식을 처분한 후에도 최대주
주 등에 해당하는 경우에는 이 요건을 충족하는 것으로 본다(재산-594, 2010. 8. 16.).
이때 그 구체적인 내용은 아래 6.의 추징사유에 비추어 판단하여야 할 것이다.

4) **[상속세 납세의무, 연대납부의무 및 비율산정]** 증여세 과세특례대상 주식 등과 증여이
익(앞의 4. 증여 후 상장 등에 따른 증여이익)은 각 상속인별 상속세 납세의무 여부·연대납부의
무 및 비율을 산정할 때(상증세법 제3조의 2 제1항) 상속재산에 가산하는 증여재산으로 본다.

5) **[상속공제의 한도계산]** 상속공제의 한도(상증세법 제24조 제3호)의 규정을 적용함에 있어서
는 상속세 과세가액에 차감하는 사전 증여재산가액으로 보지 아니한다. 즉, 가업승계로
인한 주식 등의 수증으로 인해 상속공제한도가 줄어들지 않는다는 의미이다. 가업승계
를 위한 주식 등의 사전증여에 대한 혜택을 유지하여 제도의 실효성을 높이기 위함이다.

6) **[증여세액공제]** 증여세 과세특례대상 주식 등과 증여이익(앞의 4. 증여 후 상장 등에 따른 증
여이익)에 대한 증여세액에 대하여 증여세액공제(상증세법 제28조)의 규정을 적용하는 경
우에는 과세표준비율만큼의 한도(상증세법 제28조 제2항)에 불구하고 상속세 산출세액에서
증여세 과세특례대상 주식 등과 증여이익에 대한 증여세액을 한도 없이 공제한다. 이
경우 공제할 증여세액이 상속세 산출세액보다 많은 경우 그 차액에 상당하는 증여세
액은 환급하지 아니한다.

이로 인하여 가업승계를 위하여 사전증여를 하는 경우에 부담하는 증여세가 상속개시
로 인하여 통상적으로 부담하는 상속세보다 과중하게 되면 생전의 가업승계를 저해하
는 요인으로 작용하게 된다.

7) **[신고세액공제, 연부연납]** 주식 등에 대한 증여세 과세표준을 신고하는 경우에도 증여
세 신고세액공제(상증세법 제69조 제2항)를 적용하지 아니한다(조특법 집행기준 30의 6-27의 6-
7). 가업의 승계에 대한 증여세 특례에 덧붙여 그 혜택이 중복되는 것을 배제하기 위한
것으로 보인다.

연부연납(상증세법 제71조 제1항)과 관련하여 종전에는 연부연납도 배제하였으나(구 조특법
제30조의 5 제10항), 가업승계에 대한 증여세 특례제도의 실효성을 제고하기 위해 연부연

납을 허용하는 것으로 개정[547]되었다.

8) **[법인전환기업의 가업승계를 위한 주식 증여 시 양도소득세 추징 제외]** 개인사업자가 법인전환을 위해 자산을 현물출자하는 경우 양도소득세를 이월과세하되, 취득한 주식을 5년 내에 50% 이상 처분시 추징하게 되는데, 원활한 가업승계를 지원하기 위해 해당 내국인이 가업의 승계를 목적으로 해당 가업의 주식 또는 출자지분을 증여하는 경우로서 수증자가 조특법 제30조의 6에 따른 증여세 과세특례를 적용받은 경우에는 추징에서 제외한다(조특법 시행령 제28조 제10항, 제29조 제7항).[548]

6. 사후관리

1) 증여세의 추징

다음 중 어느 하나에 해당하면 해당 주식 등의 가액에 대하여 상증세법에 따라 증여세를 부과한다(조특법 제30조의 6 제3항, 시행령 제27조의 6 제3항, 제6항 및 제7항).

[사후관리기간 내에 중소기업의 범위를 벗어난 경우] 그런데 가업승계특례를 적용받은 후 5년[549] 안에 중소기업의 범위를 벗어난 경우에는 그 특례를 계속하여 인정할 수 있는지의 여부가 문제될 수 있으나, 가업승계특례의 사후요건에는 기업범위의 요건에 대하여 규정하지 않고 있으므로, 엄격해석의 원칙상 당연히 그 특례가 인정된다고 해석하여야 한다.

(1) 주식 등을 증여받은 수증자가 가업을 승계하지 아니한 경우. 이때의 가업의 승계란 수증자가 증여세 과세표준 신고기한까지 가업에 종사하고 증여일부터 3년 이내에 대표이사에 취임하는 것을 의미한다.

(2) 해당 주식 등을 증여받고 가업을 승계한 수증자가 증여일부터 5년 이내에 정당한 사유 없이 다음의 '추징사유'에 해당하게 된 경우(조특법 제30조의 6 제3항 및 시행규칙 제14조의 5)

---

547) 2015. 1. 1. 이후 증여분부터 적용

548) 2015. 2. 3. 이후 증여받는 경우부터 적용함.

549) 2023. 1. 1. 이후 증여분부터 적용하되, 다음 각 호의 요건을 모두 충족하는 자 및 2023. 1. 1. 이전에 증여를 받은 경우로서 2023. 1. 1. 이후 증여세 과세표준을 신고하는 자에 대해서도 적용한다. 종전 규정은 7년
1. 이 법 시행 전에 제30조의 6 제1항에 따른 과세특례를 적용받았을 것
2. 이 법 시행 당시 주식 등을 증여받은 날부터 7년이 경과하지 아니하였을 것
3. 이 법 시행 전에 종전의 제30조의 6 제3항에 따른 증여세 및 이자상당액이 부과되지 아니하였을 것

(추징사유)

① 가업에 종사하지 아니하거나 해당 가업을 휴업하거나 폐업하는 경우
여기에는 다음의 어느 하나에 해당하는 경우를 포함한다.

　㉠ 수증자(수증자의 배우자를 포함한다)가 주식 등의 증여일부터 5년[550]까지 대표이사직을 유지하지 아니하는 경우

　㉡ 가업의 주된 업종을 변경하는 경우
이때 주된 업종이 변경되었더라도 통계청장이 작성 · 고시하는 한국표준산업분류상의 중분류 내에서 업종을 변경하는 경우 또는 상증세법 시행령 제49조의 2에 따른 평가심의위원회의 심의를 거쳐 업종의 변경을 승인하는 경우에는 증여세가 추징되지 아니한다.[551]
그런데 2개의 서로 다른 사업을 영위하는 중소기업의 주식을 증여받은 후 사업별 수입금액이 작은 사업부문을 물적 분할한 경우에는 주된 업종을 변경한 경우에 해당하지 아니하고(재산-92, 2011. 2. 23.), 주된 업종이 그대로 유지되는 한 농업회사법인으로 전환한 사실만으로는 증여세가 추징되는 것이 아니다(재산-596, 2011. 12. 20.).

　㉢ 가업을 1년 이상 휴업(실적이 없는 경우를 포함한다)하거나 폐업하는 경우

② 주식 등을 증여받은 수증자의 지분이 감소되는 경우
이때에 다음의 어느 하나에 해당하는 경우를 포함한다(조특법 집행기준 30의 6-27의 6-3). 뿐만 아니라 지분의 감소에는 지분율이 감소하지 않더라도 지분의 크기가 감소하는 유상감자도 포함된다(재산-16, 2011. 1. 7.). 왜냐하면 균등 유상감자라고 하더라도 감자대가를 수령하게 되므로 아래의 수증자가 증여받은 주식 등을 '처분'하는 경우로 판단이 되고 또한 균등 유상감자를 통해 증여받은 가업의 순자산 규모가 축소되므로 이는 중소기업의 영속성 유지를 전제로 하는 가업승계 주식의 증여세 과세특례 취지에 반하는 것으로 보기 때문이다(상속증여세과-616, 2013. 12. 10.).

　㉠ 수증자가 증여받은 주식 등을 처분하는 경우
[추징배제] 다만, ⅰ) 합병 · 분할 등 조직변경에 따른 처분으로서 수증자가 상증세법 시행령 제15조 제3항에 따른 최대주주 등(이하 "최대주주 등")에 해당하는 경우 ⅱ)「자본시장과 금융투자업에 관한 법률」제390조 제1항에 따른 상장규정의 상장요건을 갖추기 위하여 지분을 감소시킨 경우(∵ 지분유지요건을 합

---

550) 2023. 2. 28. 이후 증여받는 분부터 적용한다. 종전에는 7년
551) 2020. 4. 1. 이후 업종을 변경하는 분부터 적용한다.

리화)[552]는 그러하지 아니하다(추징배제사유 : 조특법 집행기준 30의 6-27의 6-4).

    ⓛ 증여받은 주식 등을 발행한 법인이 유상증자 등을 하는 과정에서 실권 등으로 수증자의 지분율이 낮아지는 경우

    [추징배제] 다만, ⅰ) 해당 법인의 시설투자·사업규모의 확장 등[법인이 유가증권시장에 상장하기 위하여 실시하는 유상증자는 이에 해당하지 않는다(재산-515, 2011. 10. 31.) ; 신주인수권부사채나 전환사채를 사모형태로 발행하여 사채권자의 권리 행사로 수증자의 지분율이 낮아지는 경우 포함(재산-821, 2009. 4. 29.)]에 따른 유상증자로서 수증자와 특수관계인(상증세법 시행령 제2조의 2 제1항 각 호의 어느 하나에 해당하는 자를 말한다) 외의 자에게 신주를 배정하기 위하여 실권하는 경우로서 수증자가 최대주주 등에 해당하는 경우 ⅱ) 해당 법인의 채무가 출자전환됨에 따라 수증자의 지분율이 낮아지는 경우로서 수증자가 최대주주 등에 해당하는 경우[553]는 그러하지 아니하다(추징배제사유 : 조특법 집행기준 30의 6-27의 6-4).

    ⓒ 수증자의 특수관계인의 주식처분 또는 유상증자 시 실권 등으로 지분율이 낮아져 수증자가 최대주주 등에 해당되지 아니하는 경우

    [유류분 반환시] 그런데 공동상속인의 유류분반환청구에 의해 주식 등을 증여받은 수증자의 지분이 감소되는 경우는 추징이 배제되는 정당한 사유로 명시되어 있지 않다. 그러므로 가업승계와 유류분권의 충돌로 인해 증여세와 이자상당액이 추징되는 문제가 발생할 수 있다.

    한편 주식 등에 의한 증여세 물납은 불가능하므로 상속세에서와 달리 물납으로 인한 지분감소(상속세 추징배제사유)는 발생하지 않는다.

2) 추징이 배제되는 정당한 사유

추징이 배제되는 '정당한 사유'란 다음의 어느 하나에 해당하는 경우를 말한다(조특법 시행령 제27조의 6 제4항, 조특법 집행기준 30의 6-27의 6-4).

이는 열거규정에 해당하는 바, 관련 법령 등에 법원의 파산선고에 따른 폐업을 '정당한 사유'나 '부득이한 사유'로 열거하고 있지 않다(조심 2018서2171, 2018. 9. 10. ; 조심 2017구1237, 2017. 6. 12.).

    (1) 수증자가 사망한 경우로서 수증자의 상속인이 상증세법 제67조에 따른 상속세과세표준 신고기한까지 당초 수증자의 지위를 승계하여 가업에 종사하는 경우

---

552) 2015. 2. 3.이 속하는 사업연도 분부터 적용한다.

553) 2018. 3. 27. 이후 출자전환하는 분부터 적용한다.

(2) 수증자가 증여받은 주식 등을 국가 또는 지방자치단체에 증여하는 경우

(3) 그 밖에 기획재정부령으로 정하는 부득이한 사유에 해당하는 경우(조특법 시행규칙 제14조의 5)

여기에서 "기획재정부령으로 정하는 부득이한 사유"란 수증자가 법률에 따른 병역의무의 이행, 질병의 요양, 취학상 형편 등으로 가업에 직접 종사할 수 없는 사유를 말한다. 그러므로 이민신청은 부득이한 사유에 해당하지 않지만, 수증자가 거주자에 해당하고 계속하여 가업에 종사하는 것으로 확인되는 경우에는 추징되지 않는다(재산-543, 2011. 11. 22.).

다만, 증여받은 주식 또는 출자지분을 처분하거나 그 부득이한 사유가 종료된 후 가업에 종사하지 아니하는 경우는 제외한다(추징사유). 군복무를 마치고 다시 입사한 경우 재입사 전 가업에 종사한 기간을 포함하여 사후관리기간을 계산한다(재산-741, 2010. 10. 11.).

3) 이자상당액의 부과

증여세 과세특례대상인 주식 등을 증여받은 후 전술한 추징사유가 발생하여 상증세법에 따라 증여세가 과세되는 경우에는 다음의 이자상당액을 그 부과하는 증여세에 가산하여 부과한다(조특법 시행령 제27조의 6 제5항).

> 이자상당액 = 증여 당시 기본세율에 의해 결정한 증여세액 × 추징기간(당초 증여받은 주식 등에 대한 증여세의 과세표준 신고기한의 다음 날부터 추징사유가 발생한 날까지의 기간) × 25/100,000

사후관리 요건 위반 시 거주자는 위반 사유에 해당하게 되는 날이 속하는 달의 말일부터 3개월 이내에 대통령령으로 정하는 바에 따라 납세지 관할 세무서장에게 신고하고 해당 증여세와 이자상당액을 납세지 관할 세무서, 한국은행 또는 체신관서에 납부하여야 한다. 다만, 신고·납부 이전에 세무서장 등이 먼저 부과하는 경우는 제외한다(조특법 제30조의 6 제7항).[554] 이에 따라 상속세와 이자상당액을 신고하는 때에는 기획재정부령으로 정하는 가업승계 증여세 과세특례 추징사유 신고 및 자진납부 계산서를 납세지 관할 세무서장에게 제출하여야 한다(조특법 시행령 제27조의 6 제11항).

---

554) 2018. 1. 1. 이후 사후관리 요건을 위반하는 분부터 적용한다.

7. 과세특례 적용배제

가업의 승계에 대한 증여세 과세특례를 적용받는 거주자는 상증세법 제30조의 5에 따른 창업자금에 대한 증여세 과세특례를 적용하지 아니한다(조특법 집행기준 30의 6-27의 6-7). 즉 창업자금이 가업승계에 대한 특례(조특법 제30조의 6)의 적용대상이 되는 주식 등이라면 해당 수증자는 두 가지 증여세 과세특례 중 하나를 적용받을 수 있다는 것이다.

그러나 조특법상 가업승계 증여세 특례규정을 적용받는 거주자 외의 자는 수증자별로 각각 창업자금 증여세 특례규정을 적용받을 수 있다(재산-968, 2010. 12. 22.).

8. 그 밖의 적용법률

가업승계를 위한 주식 등의 증여에 관해서는 제30조의 5 제12항의 규정을 준용하므로, 주식 등의 증여세 과세와 관련하여 증여세 및 상속세를 과세하는 경우 조특법 제30조의 6에서 달리 정하지 아니한 것은 상증세법에 따른다(조특법 제30조의 5 제13항).

┃ 창업자금 증여특례와 가업승계 증여특례의 비교표 ┃

구 분	창업자금 증여특례	가업승계 증여특례
과세구조	특례과세 후 상속시 정산과세	
대상재산	양도세과세대상 이외의 모든 재산	주식(출자지분)
대상중소기업	법인, 개인	법인만
법인기업의 최대주주 요건	해당없음	해당됨
물납	일부가능(양도세과세대상재산, 주식은 제외)	완전 불가능

┃ 가업승계에 따른 증여세과세특례와 가업상속공제의 비교표 ┃

구 분	가업승계 증여과세특례 (조특법 제30조의 6)	가업상속공제 (상증세법 제18조의 2 제1항)
승계인(수증자, 상속인)	18세 거주자	18세 + 2년 계속가업종사
승계인(그 배우자 포함) 대표이사 취임기한	신고기한 내 가업종사+3년 내 대표이사 취임	신고기한 내 임원취임+2년 내 대표이사 등 취임
피승계인(증여자, 피상속인) 경영기간	10년 이상 계속경영	10년 이상 계속경영

구 분	가업승계 증여과세특례 (조특법 제30조의 6)	가업상속공제 (상증세법 제18조 제2항 제1호)
피승계인 대표이사 재직기간	없다	가업영위기간의 50% 이상 또는 10년 이상 또는 상속개시일부터 소급하여 10년 중 5년의 기간
가업	중소기업(중견기업[555] 포함)인 법인만	중소기업(중견기업[556] 포함) (법인 혹은 개인)
신청	필수요건	임의요건
일몰기한	없음	없음

▌가업승계와 관련한 세제지원 제도 요약 ▌

구 분	가업승계 지원제도 내용
① 가업상속공제 (상증세법 제18조의 2)	공제액 : 가업상속재산가액의 100%(300억원~600억원 한도)를 공제 * 피상속인이 10년간 영위한 중소기업에 적용
② 연부연납제도 (상증세법 제71조)	상속재산가액 중 가업상속재산가액의 비율이 • 50% 이상 시 : 총 20년(5년 거치 가능) • 50% 미만 시 : 총 10년(3년 거치 가능) * 연부연납 : 상속 · 증여세 납부세액이 2천만원 초과시 적용 　 - 일반적으로는 허가 후 5년간 연부연납 적용
③ 가업승계 주식 증여세 특례 (조특법 제30조의 6)	특례내용 : 가업주식의 증여세 과세가액(100억원 한도)에 5억원을 공제한 다음 증여세 특례세율(10%, 20%)을 적용해 증여세 과세한 후, 증여자 사망 시 상속재산에 가산시켜 정상세율로 정산 과세 * 특례요건 : 18세 이상 거주자가 10년 이상 영위한 60세 이상의 부모로부터 가업승계 목적으로 해당 가업 주식을 증여받고 적법하게 가업을 승계한 경우 적용
④ 중소기업주식 할증평가제외 (상증법 제63조 제3항[557])	중소기업 및 상증세법 시행령 제53조 제7항에 따른 중견기업 주식을 상속 · 증여받는 경우는 최대주주 주식의 할증평가 규정 적용을 배제하는 조특법 제101조를 삭제하고 상증법에 반영 * 최대주주 소유한 주식의 재산평가시 할증평가 • 중소기업(중견기업) 주식 : 0%[558] 할증평가 • 일반기업 주식 : 20%(지분율 무관)[559] 할증평가

---

555) 종전 매출액 4,000억원 미만
556) 종전 매출액 4,000억원 미만
557) 2020. 1. 1. 이후 상속개시되거나 증여받은 분부터 적용
558) 종전 10%, 15%

구 분	가업승계 지원제도 내용
⑤ 가업상속에 대한 상속세 납부유예(상증세법 제72조의 2)	중소기업에 해당하는 가업을 상속받으면서 가업상속공제 또는 영농상속공제를 적용하지 않은 상속인이 상속받은 가업상속재산을 양도·상속·증여하는 시점까지 상속세를 납부유예함
⑥ 가업승계에 대한 상속세 납부유예(상증세법 제30조의 7)	중소기업에 해당하는 가업의 주식을 증여받으면서 가업승계에 대한 증여세 과세특례를 적용하지 않은 수증자가 증여받은 가업승계 주식등을 양도·상속·증여하는 시점까지 증여세를 납부유예함

가업승계에 대한 증여세의 납부유예

§관련조문

조특법	조특법 시행령	조특법 시행규칙
제30조의 7 【가업승계 시 증여세의 납부유예】	제27조의 6 【가업의 승계에 대한 증여세 과세특례】 제27조의 7 【가업승계에 대한 증여세의 납부유예】	

1. 가업승계에 대한 증여세 납부유예의 의의

1) 의의

본디 납부유예란 원칙적인 납부기한에 불구하고 조세채무의 이행이 곤란하다고 인정되는 납세의무자의 개별적인 사정을 고려하여 일정기간 동안 납부기한을 연장해주는 것으로 중소기업에 해당하는 가업의 주식을 증여받은 경우에 가업승계 증여세 과세특례(조특법 제30조의 6)에 갈음하여 수증자가 증여받은 가업승계 주식 등을 양도·상속·증여하는 시점까지 증여세 납부유예 허가를 받을 수 있도록 한 것이다.[560]

2) 취지

중소기업의 원활한 가업승계를 지원하기 위하여 2022. 12. 31. 법 개정을 통해 중소기업

---

559) 종전 20%, 30%
560) 2023. 1. 1. 이후 증여받는 분부터 적용한다.

에 해당하는 가업의 주식 등을 증여받은 경우 수증자가 승계 받은 가업을 영위하는 기간 동안 증여세 납부 부담 없이 가업을 경영할 수 있도록 증여세 납부유예 제도를 신설하고 수증자가 증여세 과세특례 방식과 납부유예 방식 중 선택할 수 있도록 하였다.

2. 가업승계에 대한 증여세 납부유예의 요건

납세지 관할 세무서장은 거주자가 다음의 요건을 모두 갖추고 증여세 납부유예를 신청하는 경우 가업승계 주식 등에 상당하는 증여세에 대한 납부유예를 허가할 수 있다.

1) 거주자가 중소기업인 가업의 주식 등(주식 또는 출자지분)을 증여받을 것

여기에서 가업이란 상증세법 제18조의 2 제1항에 따른 가업을 말하며, 아래의 요건을 모두 갖춘 중소기업의 주식 등을 증여받는 경우로 한정한다(조특법 제30조의 7 제1항 제1호, 상증세법 시행령 제15조 제1항). 따라서 승계 대상 주식 등이 없는 소득세법을 적용받는 가업의 경우에는 증여세 납부유예를 적용받을 수 없다.
① 별표에 따른 업종을 주된 사업으로 영위할 것
②「조세특례제한법 시행령」제2조 제1항 제1호 및 제3호의 요건을 충족할 것
③ 자산총액이 5천억원 미만일 것
즉 앞서 살펴본 가업상속공제 요건 중 납부능력 요건(상증세법 제18조의 2 제2항) 및 준법경영책임 요건(상증세법 제18조의 2 제8항)을 제외한 나머지 요건(대상가업, 피상속인, 상속인)을 모두 충족한 중소기업을 상속받는 경우에만 적용할 수 있다.

2) 창업자금 증여세 과세특례 및 가업승계 증여세 과세특례를 적용받지 않았을 것

가업승계에 대한 증여세 납부유예는 창업자금에 대한 증여세 과세특례(조특법 제30조의 5) 및 가업승계에 대한 증여세 과세특례(조특법 제30조의 6)와 동시 적용이 불가능하고 둘 중 하나만 선택하여 적용하는 것이므로 해당 증여세 과세특례를 받지 않은 경우에 한해 납부유예를 적용받을 수 있다(조특법 제30조의 7 제1항 제2호).

3) 수증자 또는 그 배우자가 가업에 종사할 것

증여세의 납부유예 허가를 받으려는 경우에는 가업의 주식등을 증여받은 거주자 또는 그 배우자가 상증세법 제68조에 따른 증여세 과세표준신고기한까지 해당 가업에 종사하고 증여일부터 3년 이내에 대표이사에 취임해야 한다(조특법 시행령 제27조의 7 제5항).

4) 납세담보를 제공할 것

가업승계에 대한 증여세 납부유예 허가를 받으려는 납세의무자는 담보를 제공하여야 한다(조특법 제30조의 7 제2항).

5) 법정기한까지 납부유예를 신청할 것

조특법 제30조의 7 제1항 및 제6항에 따라 가업승계에 대한 증여세 납부유예를 신청하려는 자는 상속세 과세표준신고 또는 증여세 과세표준신고(국세기본법 제45조에 따른 수정신고 또는 같은 법 제45조의 3에 따른 기한 후 신고를 포함)를 할 때 증여세 납부유예 신청을 해야 한다. 다만, 상증세법 제77조에 따라 과세표준과 세액의 결정 통지를 받은 자는 해당 납부고지서에 따른 납부기한까지 신청하여야 한다(조특법 시행령 제27조의 7 제1항). 납부유예 신청을 하지 아니한 경우에는 증여세 납부유예를 적용하지 아니한다(조특법 제30조의 7 제8항, 제30조의 5 제12항).

3. 증여세 납부유예 금액

수증자가 증여받은 가업승계 주식 등을 양도·상속·증여하는 시점까지 납부유예하는 증여세는 다음과 같이 계산한다(조특법 시행령 제27조의 7 제4항). 이때 가업자산상당액은 상증세법 시행령 제15조 제5항 제2호(법인세법을 적용받은 가업)를 준용하여 계산한 금액을 말하며, 자세한 내용은 이 책의 '상속세편' 중 '가업상속공제'를 참고하면 된다.

$$\text{증여세 납부세액} \times \frac{\text{가업자산상당액}}{\text{총 증여재산가액}}$$

4. 증여자 및 수증자 요건

증여세 납부유예를 적용받는 가업승계란 상증세법 제18조의 2 제1항에 따른 가업의 승계를 목적으로 주식 등을 증여받는 경우를 의미하는 것이므로 가업승계에 대한 증여세 과세특례 규정에서의 증여자 및 수증자 요건과 동일하다. 따라서 자세한 내용은 이 책의 '증여세편' 중 '가업승계에 대한 증여세 과세특례'를 참고하면 된다.

5. 증여세 납부유예 신청 및 허가

1) 증여세 납부유예의 신청

가업승계에 대한 증여세 납부유예를 신청하려는 자는 상속세 과세표준신고 또는 증여세 과세표준신고(국세기본법 제45조에 따른 수정신고 또는 같은 법 제45조의 3에 따른 기한 후 신고를 포함)를 할 때 다음의 서류를 납세지 관할 세무서장에게 제출해야 한다. 다만, 상증세법 제77조에 따라 과세표준과 세액의 결정 통지를 받은 자는 해당 납부고지서에 따른 납부기한까지 그 서류를 제출할 수 있다(조특법 시행령 제27조의 2 제1항). 아래에서 ②, ③에 해당하는 서류는 뒤에서 설명하는 증여세 납부유예를 재신청하는 경우에 한해 제출한다.

① 기획재정부령으로 정하는 납부유예신청서
② 조세특례제한법 제30조의 6에 따른 과세특례를 적용받거나 같은 법 제30조의 7에 따른 납부유예 허가를 받았음을 증명할 수 있는 서류(조특법 제30조의 7 제6항 제1호에 따라 신청하는 경우만 해당)
③ 가업상속공제를 받았거나 조특법 제30조의 7 제1항에 따른 납부유예 허가를 받았음을 증명할 수 있는 서류(조특법 제72조의 2 제6항 제2호에 따라 신청하는 경우만 해당)

2) 증여세 납부유예의 허가

증여세 납부유예 신청을 받은 납세지 관할 세무서장은 다음의 구분에 따른 기간 이내에 신청인에게 그 허가 여부를 서면으로 통지해야 한다(상증세법 시행령 제69조의 2 제2항).

① 상속세 과세표준신고(증여세 과세표준신고)를 한 경우 : 해당 신고기한이 지난날부터 9개월(증여세의 경우 6개월)
② 국세기본법 제45조에 따른 수정신고 또는 같은 법 제45조의 3에 따른 기한 후 신고를 한 경우 : 수정신고 또는 기한 후 신고를 한 날이 속하는 달의 말일부터 6개월(조특법 제30조의 7 제6항 제2호에 따라 신청하는 경우(재차상속에 대한 증여세 납부유예를 재신청하는 경우)에는 9개월)
③ 상증세법 제77조에 따라 과세표준과 세액의 결정 통지를 받은 경우 : 납부고지서에 따른 납부기한이 지난 날부터 14일

3) 증여세 납부유예의 허가 전 납부지연가산세 면제

상증세법 제77조에 따라 과세표준과 세액의 결정 통지를 받은 자가 납부유예 신청을 한 경우로서 그에 대한 허가여부 통지가 납부고지서에 따른 납부기한을 경과한 경우에

는 그 통지일 이전의 기간에 대해서는 국세기본법 제47조의 4 제1항 제1호(납부고지서에 따른 납부기한의 다음 날부터 성립하는 부분으로 한정) 및 제3호에 따른 납부지연가산세를 부과하지 않는다(조특법 시행령 제27조의 7 제3항).

6. 증여세 납부유예에 대한 사후관리

1) 사후관리 요건 위반 시 증여세 및 이자상당액 추징

납세지 관할 세무서장은 거주자가 대통령령으로 정하는 정당한 사유 없이 아래 (1)~(4) 중 어느 하나에 해당하는 경우 증여세 납부유예 허가를 취소하거나 변경하고, (1)~(4) 에 따른 증여세액과 대통령령으로 정하는 바에 따라 계산한 이자상당액을 징수한다(조특법 제30조의 7 제3항). 이를 위하여 납세지 관할 세무서장은 납부유예 허가를 받은 상속인 이 사후관리 요건을 위반하는지 매년 확인·관리해야 한다(조특법 시행령 제27조의 7 제17항).

(1) 해당 거주자가 가업에 종사하지 아니하게 된 경우(다음 중 어느 하나에 해당하는 경우) : 납부유예된 세액의 전부

① 가업의 주식 등을 증여받은 거주자(주식 등을 증여받고 가업에 종사하는 자가 거주자의 배우자 인 경우 거주자의 배우자를 포함)가 대표이사로 종사하지 않는 경우(증여일부터 5년 이내의 기간 중으로 한정)

② 해당 가업을 1년 이상 휴업(실적이 없는 경우를 포함)하거나 폐업하는 경우

(2) 주식 등을 증여받은 거주자의 지분이 감소한 경우 : 아래 구분에 따른 세액

① 증여일부터 5년 이내에 감소한 경우 : 납부유예된 세액의 전부

② 증여일부터 5년 후에 감소한 경우 : 납부유예된 세액 중 지분 감소 비율을 고려 하여 다음과 같이 계산한 세액

$$세액 = A \times (B \div C)$$

A : 조특법 제30조의 7 제1항에 따라 납부유예된 세액

B : 감소한 지분율

C : 증여일 현재 지분율

이때 '거주자의 지분이 감소한 경우'에는 다음에 해당하는 경우도 포함한다.

① 수증자가 증여받은 주식 등을 처분하는 경우. 다만, 다음 중 어느 하나에 해당하는 경우는 제외한다.

　가. 합병 · 분할 등 조직변경에 따른 처분으로서 수증자가 상증세법 시행령 제15조 제3항에 따른 최대주주 등에 해당하는 경우

　나. 자본시장과 금융투자업에 관한 법률 제390조 제1항에 따른 상장규정의 상장요건을 갖추기 위하여 지분을 감소시킨 경우

② 증여받은 주식 등을 발행한 법인이 유상증자 등을 하는 과정에서 실권 등으로 수증자의 지분율이 낮아지는 경우. 다만, 다음 중 어느 하나에 해당하는 경우는 제외한다.

　가. 해당 법인의 시설투자 · 사업규모의 확장 등에 따른 유상증자로서 수증자의 특수관계인(상증세법 시행령 제2조의 2 제1항 각 호의 어느 하나에 해당하는 자) 외의 자에게 신주를 배정하기 위하여 실권하는 경우로서 수증자가 최대주주 등에 해당하는 경우

　나. 해당 법인의 채무가 출자전환됨에 따라 수증자의 지분율이 낮아지는 경우로서 수증자가 최대주주 등에 해당하는 경우

③ 수증자와 특수관계에 있는 자의 주식처분 또는 유상증자 시 실권 등으로 지분율이 낮아져 수증자가 최대주주 등에 해당되지 아니하는 경우

(3) 고용유지 요건을 위반하는 경우 : 납부유예된 세액의 전부

고용유지 요건이란 아래 ①, ②에 모두 해당하는 경우를 말한다.

① 증여일부터 5년간 대통령령으로 정하는 정규직 근로자 수의 전체 평균이 증여일이 속하는 사업연도의 직전 2개 사업연도의 정규직 근로자 수의 평균의 100분의 70에 미달하는 경우

② 증여일부터 5년간 대통령령으로 정하는 총급여액의 전체 평균이 증여일이 속하는 사업연도의 직전 2개 사업연도의 총급여액의 평균의 100분의 70에 미달하는 경우

(4) 해당 거주자가 사망하여 상속이 개시되는 경우 : 납부유예된 세액의 전부

2) 사후관리 예외 : 정당한 사유가 있는 경우 추징 제외

증여세 납부유예를 적용받은 상속인이 다음 중 어느 하나에 해당하는 경우에는 사후관리 의무를 위반한 것이 아니므로 증여세 및 이자상당액을 추징하지 아니한다(조특법 시행

령 제27조의 7 제7항, 같은 법 시행규칙 제14조의 5).

① 수증자가 증여받은 주식 등을 국가 또는 지방자치단체에 증여하는 경우

② 수증자가 법률에 따른 병역의무의 이행, 질병의 요양, 취학상 형편 등으로 가업에 직접 종사할 수 없는 사유를 말한다. 다만, 증여받은 주식 등을 처분하거나 그 부득이한 사유가 종료된 후 가업에 종사하지 아니하는 경우는 제외한다.

3) 추징세액의 신고납부 및 징수

증여세 납부유예 허가를 받은 거주자가 위 1)의 사후관리 의무를 위반한 경우에는 그 날이 속하는 달의 말일부터 3개월 이내에 대통령령으로 정하는 바에 따라 납세지 관할 세무서장에게 신고하고 해당 증여세와 아래와 같이 계산한 이자상당액을 납세지 관할 세무서, 한국은행 또는 체신관서에 납부하여야 한다. 다만, 이미 증여세와 이자상당액이 징수된 경우에는 그러하지 아니하다(조특법 제30조의 7 제4항).

이자상당액 = A × B × C

A : 조특법 제30조의 7 제3항 각 호에 따른 증여세액(사후관리 위반 사유별 세액)

B : 당초 증여받은 가업의 주식 등에 대한 증여세 과세표준신고기한의 다음 날부터 각 사후관리 위반 사유가 발생한 날까지의 기간

C : 조특법 제30조의 7 제3항에 따른 납부유예 허가의 취소 또는 변경 당시의 국세기본법 시행령 제43조의 3 제2항 본문에 따른 이자율을 365로 나눈 율. 다만, B의 기간 중에 국세기본법 시행령 제43조의 3 제2항 본문에 따른 이자율이 1회 이상 변경된 경우 그 변경 전의 기간에 대해서는 변경 전의 이자율을 365로 나눈 율을 적용

사후관리 위반 사유에 해당하여 증여세 납부유예를 적용받은 증여세와 이자상당액을 납부하려는 자는 조특법 제30조의 7 제4항에 따른 신고를 할 때 기획재정부령으로 정하는 납부유예 사후관리 추징사유 신고 및 자진납부 계산서를 납세지 관할 세무서장에게 제출해야 한다(조특법 시행령 제27조의 7 제16항).

7. 담보 변경 및 보전명령 불이행 등에 따른 증여세 및 이자상당액 추징

납세지 관할 세무서장은 조특법 제30조의 7 제1항에 따라 증여세 납부유예 허가를 받은 자가 아래 중 어느 하나에 해당하는 경우 그 허가를 취소하거나 변경하고, 납부유예된 세액의 전부 또는 일부와 다음과 같이 계산한 이자상당액을 징수할 수 있다(조특법 제30조의 7 제5항).

$$이자상당액 = A \times B \times C$$

A : 조특법 제30조의 7 제5항에 따른 증여세액

B : 당초 증여받은 가업의 주식 등에 대한 증여세 과세표준신고기한의 다음 날부터 아래
　　①~②의 사유가 발생한 날까지의 기간

C : 조특법 제30조의 7 제5항에 따른 납부유예 허가의 취소 또는 변경 당시의 국세기본법
　　시행령 제43조의 3 제2항 본문에 따른 이자율을 365로 나눈 율. 다만, B의 기간 중에 국
　　세기본법 시행령 제43조의 3 제2항 본문에 따른 이자율이 1회 이상 변경된 경우 그 변
　　경 전의 기간에 대해서는 변경 전의 이자율을 365로 나눈 율을 적용

① 담보의 변경 또는 그 밖의 담보 보전에 필요한 관할 세무서장의 명령에 따르지 아니
　한 경우

② 국세징수법 제9조 제1항 각 호의 어느 하나에 해당되어 납부유예된 세액의 전액을
　징수할 수 없다고 인정되는 경우

8. 재차증여 및 재차상속에 따른 증여세 납부유예 허가 재신청

주식 등을 증여받은 거주자의 지분이 감소하거나 해당 거주자가 사망하여 상속이 개시
되는 경우에 해당하여 납부유예된 증여세액과 이자상당액을 납부하여야 하는 자는 다음
중 어느 하나에 해당하는 경우(즉, 증여세 납부유예를 적용받은 후에 재차증여 또는 재차상속이 이루어지는
경우)에는 해당 증여세액과 이자상당액의 납부유예 허가를 신청할 수 있다.

① 주식 등을 증여받은 거주자의 지분이 감소한 경우로서 수증자가 조세특례제한법 제
　30조의 6에 따른 과세특례를 적용받거나 같은 법 제30조의 7에 따른 납부유예 허가
　를 받은 경우

② 해당 거주자가 사망하여 상속이 개시되는 경우로서 다시 상속을 받은 상속인이 상속
　받은 가업에 대하여 상증세법 제19조의 2 제1항에 따른 가업상속공제를 받거나 같은
　법 제72조의 2 제1항에 따른 납부유예 허가를 받은 경우

위와 같이 납부유예 허가를 재신청하는 경우의 납부유예되는 이자상당액은 위 6. 3)의
이자상당액에 100분의 50을 곱한 율을 적용하여 계산한다(조특법 시행령 제27조의 7 제14항 및 제
15항). 즉, 납부유예 허가를 재신청하는 경우 종전 납부유예 증여세액에 대한 이자상당액
중 50%는 면제된다.

납부유예 허가 재신청에 관하여는 담보 제공, 증여세 납부유예에 대한 사후관리(고용유지

요건은 제외), 담보 변경 및 보전명령 불이행 등에 따른 증여세 및 이자상당액 추징 규정(조특법 제30조의 7 제2항 내지 제5항[561])을 준용한다(조특법 제30조의 7 제7항).

9. 증여 후 상속이 개시된 경우의 정산과세 등 가업승계 증여세 납부유예에 따른 과세특례

가업승계 증여세 납부유예를 적용받은 주식 등에 대해서는 다음과 같은 과세특례가 적용된다(조특법 제30조의 7 제8항).

① 각 상속인별 상속세 납세의무 여부·연대납부의무 및 비율을 산정할 때(상증세법 제3조의 2 제1항) 상속재산에 가산하는 증여재산으로 본다.

② 증여받은 날부터 상속개시일까지의 기간과 관계없이 상속세과세가액에 가산(상증세법 제13조의 제1항 제1호)하는 증여재산으로 본다.

③ 상속공제 한도를 계산함에 있어 상속세과세가액에 가산한 증여재산가액으로 보지 아니한다. 즉, 가업승계로 인한 주식 등의 수증으로 인해 상속공제 한도가 줄어들지 않는다는 의미이다. 가업승계를 위한 주식 등의 사전증여에 대한 혜택을 유지하여 제도의 실효성을 높이기 위함이다.

④ 상속세 산출세액에서 공제하는 증여세액공제(상증세법 제28조) 규정을 적용하는 경우 과세표준비율만큼의 한도(상증세법 제28조 제2항)에 불구하고 상속세 산출세액에서 납부유예받은 증여세액을 한도 없이 공제한다. 이 경우 공제할 증여세액이 상속세 산출세액보다 많은 경우 그 차액에 상당하는 증여세액은 환급하지 아니한다.

---

561) 제3항 제4호는 제외

제5절 증여세 과세가액의 계산

 이해의 맥

증여세 과세가액이란 증여세가 과세되어야 할 증여재산의 가액으로 수증자가 거주자 인지 또는 비거주자인지에 따라 차이가 있다.

‖ 증여세 과세가액 계산순서(상증세법 집행기준 47-0-1)[562] ‖

① 증 여 재 산 가 액		(+)본래의 증여재산
		(+)증여예시재산
		(+)증여추정 · 증여의제재산
		(−)합산배제증여재산
② 증 여 재 산 가 산 액		동일인으로부터 10년 이내 수증재산 1천만원 이상(합산 배제증여재산은 제외) (상증세법 제47조 제2항)
③ 비 과 세 재 산 가 액		상증세법 제46조
과 세 가 액 불산입	④ 공 익 법 인 출 연 재 산 가 액	상증세법 제48조
	⑤ 공 익 신 탁 재 산 가 액	상증세법 제52조
	⑥ 장 애 인 신 탁 재 산 가 액	상증세법 제52조의 2
⑦ 과 세 대 상 증 여 재 산 가 액		⑦=①+②-③-④-⑤-⑥
⑧ 채 무 액		부담부증여의 채무인수액(상증세법 제47조 제1항)
⑨ 증 여 세 과 세 가 액		⑨=⑦-⑧

§관련조문

상증세법	상증세법 시행령
제47조【증여세 과세가액】	제36조【증여세 과세가액에서 공제되는 채무】

---

562) 이는 상증세법 시행규칙 별지 제10호 서식〈증여세 과세표준신고 및 자진납부계산서〉를 중심으로 하 였다.

I 의의

1. 의의

증여세 과세가액이란 증여세가 과세되어야 할 증여로 인하여 취득한 증여재산의 가액으로 증여세 과세표준을 계산하기 위한 기초가 되는 개념이다. 이러한 증여세 과세가액의 산정은 수증자가 거주자인지 또는 비거주자인지에 따라 차이가 있으며, 증여자별·수증자별로 계산한다.

2. 개념 구분

1) (총)증여재산가액

증여재산가액이란 증여재산을 화폐가치로 평가한 금전적 가액을 말한다고 할 수 있다. 이러한 관점에서 보면 '가액'이란 증여일 현재의 현황에 의한 재산을 상증세법 제60조 내지 제66조의 규정에 의하여 평가한 재산가액을 말하는 것이다.

2) 과세대상 증여재산가액

그런데 상증세법에서의 계산구조상 과세대상 증여재산가액은 위의 총증여재산가액에서 비과세(상증세법 제46조) 및 공익목적 출연재산 등의 과세가액 불산입(상증세법 제48조, 제52조 및 제52조의 2) 재산가액을 차감한 재산가액을 말한다.

3) 증여세 과세가액

증여세 과세가액이란 과세대상이 되는 증여일 현재의 증여재산에 대해 상증세법 제60조 내지 제66조의 규정에 의하여 평가한 재산가액을 말한다. 그러나 실무에서는 증여세 계산구조상 위의 과세대상 증여재산가액에서, 채무액을 공제한 금액(상증세법 제47조 제1항)에 조세정책적인 목적에서 증여일로부터 소급하여 10년 내에 증여받은 재산가액을 과세가액에 가산한 금액(상증세법 제47조 제2항)을 증여세 과세가액으로 한다.

Ⅱ 계산절차

증여세 과세가액은 증여일 현재 수증재산 중 비과세되는 증여재산가액을 제외하고 과세대상이 되는 증여재산가액(합산배제증여재산 가액은 제외)으로 하되 동일한 증여자로부터 해당 증여 전 10년 내에 증여받은 재산가액이 1천만원 이상인 경우 이를 합산(합산배제증여재산은 제외)하고, 재산을 증여받음에 있어 그 수증재산으로 부담해야 할 채무를 함께 인수한 경우에는 이를 뺀다. 다만, 배우자 또는 직계존비속 간 부담부증여의 경우에는 해당 채무액의 부담 또는 인수가 객관적으로 인정되는 경우에 한하여 이를 공제한다.

그리고 증여세는 증여를 받는 당시의 증여재산가액을 합친 금액을 그 과세가액으로 하는바, 증여재산을 취득하는 데 소요된 부대비용을 증여자가 부담하는 경우에는 부대비용도 증여가액에 포함된다(상증세법 기본통칙 47-0…3 및 47-0…4).

1) 수증자가 거주자인 경우의 증여세 과세가액

수증자가 증여일 현재 거주자인 경우 무제한 납세의무, 즉 증여로 취득한 재산의 소재가 국내인지 국외인지를 불문하고 취득재산 전부에 대하여 납세의무가 있으므로, 증여세 과세가액은 수증자가 증여받은 국·내외 모든 증여재산에 대하여 위의 산식을 적용한다.

2) 수증자가 비거주자인 경우의 증여세 과세가액

수증자가 증여일 현재 비거주자인 경우에는 제한 납세의무, 즉 비거주자가 증여받은 재산 중 국내에 있는 모든 재산(상증세법 제2조 제1항 제1호)과 거주자로부터 증여받은 국외 예금이나 국외 적금 등 해외금융계좌에 보유된 재산 및 국내소재재산을 50% 이상 보유한 외국법인의 주식(상증세법 제4조의 2 제1항 제2호, 같은 법 시행령 제2조 제3항)에 대하여만 증여세를 납부할 의무를 지므로, 증여세 과세가액도 수증자가 증여받은 위 재산에 대해서만 위의 산식을 적용한다.

과세가액에서 차감되는 부담부증여 시 채무부담액

> **이해의 맥**
>
> 증여세 과세가액에서 차감되는 부담부증여의 채무부담액은 민법과는 달리 해당 증여
> 재산에 담보된 증여자의 채무에 한한다.

1. 부담부증여의 의의

부담부증여(민법 제561조)는 수증자가 재산을 증여받으면서 동시에 일정한 부담, 즉 채무의 부담이나 인수 등을 하는 증여를 말한다. 부담부증여에서 상대방은 일정한 급부를 하지만 이는 재산의 이전에 대한 대가의 의미를 가지지 않는다. 따라서 무상성을 유지한다. 다시 말해 부담부증여에서 부담부분은 매매(유상성)와 그 성질을 같이 하는 것이어서, 채무부담액만큼은 사실상 유상으로 양도되는 결과가 된다(상증세법 집행기준 47-36-1).

부담의 이익을 받을 자는 누구든 상관없다. 따라서 증여자 자신이든, 특정의 제삼자이든, 불특정다수인이든 상관없으나, 상증세법상 증여재산가액에서 공제되는 채무는 해당 증여재산에 담보된 채무에 한한다.

여기에서 증여와 부담의 관계는 주종의 관계에 있으므로, 증여가 무효이면 부담도 당연히 무효가 되나 부담의 무효는 반드시 증여의 효력에 영향을 미치지는 않는다.

2. 부담부증여시 부담액의 공제

1) 부담액 공제의 의의

원칙적으로 수증자가 부담하거나 인수한 채무액만큼은 증여로 볼 수 없기 때문에 증여재산가액에서 공제되는 것이 타당하다.

그런데 증여란 무상으로 재산의 소유권을 이전하는 계약인 것이나 부담부증여의 경우 소유권이 이전되는 재산 중에서 채무부담액만큼은 사실상 유상으로 양도되는 결과가 된다. 따라서 세법에서는 양도소득세가 과세되는 부동산등의 재산을 부담부증여할 때 수증자가 부담하는 채무액을 증여가액에서 공제하도록 하되, 동 금액만큼은 부동산 등의 유상양도로 보아 양도소득세를 과세하도록 하고 있다(소득세법 제88조).

부담부증여로 인하여 증여재산가액을 합친 금액에서 차감되는 채무액은 배우자 또는

직계존비속 간 부담부증여의 경우와 이외의 부담부증여의 경우로 구분할 수 있다. 다만, 배우자 또는 직계존비속 간의 부담부증여는 외형적으로 채무의 부담을 가장하여 증여세를 회피할 가능성이 있기 때문에 공제요건을 보다 엄격하게 규정하고 있는 것이다.

2) 부담액 공제요건

부담부증여에서 해당 부담이 증여세 과세가액에서 차감되기 위해서는 다음의 조건을 갖추어야 한다.

① 증여일 현재 해당 증여재산에 담보된 채무이어야 한다.

그러므로 증여 당시에 법원의 확정판결에 의하여 확정되는 채무는 모두 부담부채무로서 공제된다. 이 경우 재판상 화해에 의하여 확정된 채무도 포함된다고 본다(대법원 87누1111, 1988. 5. 10.). 재판상 확정되는 채무인지 여부는 증여 당시를 기준으로 판단하는 것이므로 증여 당시에는 재판상 확정된 채무가 아니었으나 증여 이후에 소송이 제기되어 재판상 확정채무가 되었다 해도 공제할 수 없다고 본다(대법원 87누1242, 1988. 5. 24.). 같은 맥락에서 증여일 이후 증여자명의로 근저당권을 설정한 경우 해당 대출금은 증여재산에 담보된 채무로 볼 수 없다(조심 2009서3249, 2010. 3. 18.).

여기에서 해당 채무에는 비록 해당 증여재산에 담보된 것은 아닐지라도 해당 재산에 직접적으로 관련되어 있는 증여자가 해당 재산을 타인에게 임대한 경우의 해당 임대보증금을 포함한다(상증세법 시행령 제36조 제1항).[563] 이때 증여재산이 임대자산이고 토지와 건물의 소유자가 다른 경우의 임대보증금 공제는 귀속이 구분되는 경우 귀속에 따르고, 귀속이 불분명할 경우에는 증여일 현재 토지와 건물의 시가(시가가 불분명할 경우 보충적 평가방법에 의한 평가액)에 의하여 안분한다(상증세법 집행기준 47-36-4).

외국에서 국내에 반입된 물품을 증여받은 경우 국내에 거주하는 수증자가 해당 물품에 대하여 납부한 관세는 상증세법 제47조 제1항에 규정하는 증여재산에 담보된 채무로 보지 아니하며 증여재산가액에도 포함하지 아니한다(상증세법 기본통칙 47-0…3).

- [소득세법상의 부담부증여-유상이전으로 보는 부담의 범위] 상증세법 제47조 제1항에서 증여세 과세가액은 증여일 현재 증여재산가액의 합계액에서 당해 증여재산에 담보된 채무로서 수증자가 인수한 금액을 차감하는 금액으로 한다고 규정하고 있고, 소득세법 제88조 제1항에 부담부증여에 있어 증여자의 채무를 수증자가 인수하는 경우에는 증여가액 중 그 채무액에 상당하는 부분은 그 자산이 유상으로

---

563) 2003. 1. 1. 이후 증여분부터 적용

이전되는 것으로 본다고 규정되어 있는바, 상증세법 제47조 제1항의 규정은 일반적인 증여세 과세가액의 개념정의로 보아야 할 것이고 그 규정이 바로 부담부증여를 세법상 정의한 것으로 보기는 어려운 점, 소득세법 제88조 제1항에 부담부증여에 있어 증여자의 채무를 수증자가 인수하는 경우에는 증여가액 중 인수한 채무액에 상당하는 부분은 그 자산이 유상으로 사실상 이전되는 것으로 간주한다고 규정하고 있어 수증자가 인수한 증여자의 채무에 중점을 두면서 당해 채무가 증여가액에 담보된 채무인지의 여부에 관하여 달리 제한하고 있지 아니한 점, 소득세법상 양도소득세 과세대상이 되는 양도라 함은 유상계약을 전제로 한 것이나 이와 같은 법의 맹점을 이용하여 거액의 부동산을 담보로 제공하여 채무를 부담한 이후 당해 부동산을 증여형식으로 양도함으로써 양도소득세를 면탈하고 채무를 수증자가 인수하는 방법을 통하여 증여세 부담까지도 회피하는 수법으로 악용될 수 있어서 이를 규제하기 위한 제도적 장치로 부담부증여에 대한 양도소득세 과세제도가 도입된 입법취지 등을 종합해 볼 때, 소득세법 제88조 제1항의 "그 채무액에 상당하는 부분"은 수증자가 인수한 증여자의 채무로 보아야 할 것이고 이를 증여재산가액 중 그 증여재산에 담보로 설정된 채무에만 국한하여 적용할 수는 없다(국심 2000서 2555, 2001. 6. 1.).

② 수증자가 해당 채무를 실제로 인수하여야 한다.

증여자의 채무가 담보된 부동산을 증여받은 경우 그 채무를 수증자가 부담하기로 약정하여 인수한 경우에는 그 증여재산의 가액에서 그 채무액을 공제한 가액을 증여세 과세가액으로 한다(상증세법 기본통칙 47-36…5). 이때 수증자가 증여자의 채무를 인수하였는지 여부는 채무자의 명의를 변경하였는지 여부에 관계없이 당해 채무를 누가 부담하고 있는지에 따라 결정되므로(서면4팀-811, 2007. 3. 8.) 수증자가 실제로 원금 및 이자를 변제하여야 한다.

③ 그리고 담보된 해당 채무는 오직 증여자의 채무에 한한다.

증여세 과세가액에서 차감되는 채무는, 민법상 부담부증여가 부담의 이익을 얻는 자를 상관하지 않는 것과는 달리, 오직 증여자의 채무에 한한다(재산-672, 2010. 9. 7.). 그러므로 제삼자의 채무의 담보로 제공된 재산을 조건 없이 증여받는 경우 증여가액은 증여당시의 그 재산가액 전액으로 한다. 이 경우 해당 재산을 증여받은 수증자가 담보된 채무를 변제한 때에는 그 채무상당액을 채무자에게 증여한 것으로 본다(상증세법 집행기준 47-36-3). 다만, 담보된 채무를 수증자가 채무자를 대위하여 변제하고 채무자에게 구상권을 행사하는 경우에는 그러하지 아니하다(상증세법 기본통칙 47-36…6).

이때 증여자가 부담하는 채무 중 연대보증채무나 물상보증채무는 주채무자가 따로 있어 원칙적으로 공제대상 채무에 포함되지 않고, 다만 주채무자가 변제불능의 무자력상태에 있어 수증자가 그 채무를 변제하더라도 구상권 행사가 불가능한 경우에는 공제대상 채무에 포함된다(서울행법 2010구합31669, 2011. 1. 20.).

그렇지만 제사와 부양의무는 확정된 채무가 아니고, 일반적인 사회통념상으로도 증여재산에 담보된 채무로 보기 어렵다고 본다(조심 2010부3928, 2010. 12. 31.).

3) 부담액의 사후관리

그리고 이러한 요건에 충족되어 그 부담액이 증여세 과세가액에서 공제되더라도 실제로 그 부담액의 변제가 수증자의 자력에 의해 이루어지는지에 대해 과세권자의 사후관리가 이루어질 것이다.

이에 따라 수증자의 주소지 관할 세무서는 인수채무를 부채사후관리대장에 등재한 다음, 향후 누가 부채를 갚았는지에 대해 정기 또는 수시로 사후관리한다.

4) 배우자 또는 직계존비속 간의 부담부증여

(1) 의의

① 배우자 또는 직계존비속 간에 증여가 이루어지면서 증여자의 채무를 수증자가 인수하는 경우 해당 채무액은 수증자에게 인수되지 아니한 것으로 추정한다. 이는 배우자 또는 직계존비속 간에 증여 시 부담부증여로 외형적 형태를 갖추어 채무로 공제받은 후에 실제에서는 증여자가 해당 채무를 반제함으로써 증여세를 회피하려는 의도를 방지하기 위함이다.

② 배우자 및 직계존비속 등에게 양도한 재산을 증여로 추정하는 경우 당해 재산에 담보된 증여자의 채무가 있고 동 채무를 수증자가 인수한 경우에도 ①과 같이 인수되지 아니한 것으로 추정한다(상증세법 집행기준 47-36-2).

③ 그러나 실제로 그 채무액을 수증자가 인수하여 반제하는 경우까지도 포함함은 실질과세의 원칙에 위배된다 할 것이어서 증여일 현재 증여자의 채무로서 수증인이 부담하는 사실이 객관적으로 입증(입증책임은 납세자에게 있다)되는 경우에는 증여세 과세가액에서 공제하고 있다.

(2) 부담액 공제의 요건

배우자 또는 직계존비속 간의 부담부증여에서 해당 부담이 증여세 과세가액에서 차감되기 위해서는 위 2)의 공제요건에 더하여 다음의 조건을 갖추어야 한다.

즉 배우자 또는 직계존비속의 부담부증여(배우자 또는 직계존비속 간의 양도시 증여로 추정되는 경우를 포함한다)시에 증여일 현재 증여자의 채무로서 수증자가 실제로 부담하는 사실이 다음의 방법에 의하여 입증되는 경우에는 그 부담액을 증여세 과세가액에서 공제한다(상증세법 시행령 제10조 및 제36조). 헌법상 보장된 평등권, 재산권, 재판청구권 등의 보장을 위해 진정한 채무인 것이 증빙에 의해 입증되는 경우에는 채무를 증여세 과세가액에서 공제하도록 하였다.

① 국가·지방자치단체·금융회사 등에 대한 채무는 해당 기관에 대한 채무의 존재를 확인할 수 있는 서류를 제출하는 방법

② 국가 등 이외의 자에 대한 채무는 채무부담계약서, 채권자확인서, 담보설정 및 이자지급에 관한 증빙 등에 의하여 수증자가 실제로 부담하는 사실을 확인하는 방법

5) 구체적 판단

한편, 증여계약서상으로는 채무부담여부를 확인할 수 없으나 실질적으로 채무를 부담하기로 약정한 것이 확인된다면 실질과세의 원칙에 따라 공제되는 것이 타당할 것이다(재산-635, 2009. 3. 26.). 같은 맥락에서 배우자간 부담부증여에 있어서 배우자 일방에게 증여하는 임대보증금 채무가 현금증여인지 수증자가 재산을 증여받으면서 당해 재산에 대한 채무를 동시에 인수한 것인지는 채무인수 여부 등에 대한 구체적인 사실을 확인하여 판단하여야 한다(재산-40, 2011. 1. 18.).

그리고 담보부부동산의 증여에 있어서 피담보채무를 인수하지 않은 경우 주채무자의 채무이행 여부 및 담보권실행 여부에 따라 증여재산의 확정적인 권리취득이 좌우되는 상태에 있으므로, 직계존비속 간의 담보부부동산의 증여에 있어서도 주채무자인 증여자의 채무불이행으로 담보권실행이 확실시되고 증여자의 무자력으로 수증자의 증여자에 대한 구상권행사가 실효를 거둘 수 없을 것이 명백한 경우에는 피담보채무의 인수 여부와 관계없이 이를 참작하여 증여세 과세가액을 정할 수 있다(대법원 87누991, 1989. 4. 25.).

원칙적으로 직접채무에 한하여 증여가액에서 공제가능한 것이나 연대보증채무나 물상보증채무로서 주채무자가 변제불능의 무자력상태에 있어 수증자가 그 채무를 변제하더라도 구상권 행사가 불가능하며 수증자가 종국적으로 채무를 부담하리라는 것이 확실시되는 경우에는 공제되는 채무에 포함된다고 보아야 한다(대법원 87누518, 1988. 6. 28.).

┃채무부담액 요약표┃

구 분	세 부 사 항
① 공제요건 (상증세법 제47조)	• 해당 증여 재산에 담보된 증여자의 채무로서 • 수증자가 인수한 금액

② 배우자 또는 직계존비속 간
부담부증여인 경우
(상증세법 제47조 제3항)
	• 배우자 또는 직계존속 간의 부담부증여(배우자 등에 대한 양도
	시의 증여추정 포함)는 원칙적으로 인수하지 않는 것으로 추정
	• 예외
	   – 국가·지방자치단체 및 금융회사 등에 대한 채무
	   – 상기 이외는 채무부담계약서, 채권자 확인서, 담보설정,
	     이자지급에 관한 증빙에 의거 확인시
	※ 금융회사 등은 금융실명거래 및 비밀보장에 관한 법률
	    제2조 제1호에 규정하는 금융회사 등

* 양도소득세 관련 (소득세법 제88조 제1항)	• 부담부증여에 있어서 증여자의 채무를 수증자가 인수하는 경우에 증여가액 중 그 채무액에 상당하는 부분에 대하여 양도소득세 과세 • 비과세요건을 갖춘 1세대 1주택을 부담부증여하는 경우에는 양도소득세가 비과세됨.

동일인으로부터 증여받은 재산 합산과세

 해의 맥

재차증여의 구체적인 합산 여부의 판단은 분산증여로 세부담의 감소가 있었느냐를 기준으로 한다.

이는 동일인으로부터 누진세율을 피해 수개의 재산을 여러 번에 나누어 증여하는 행위를 방지하기 위한 조치이다.

1. 합산과세의 의의

증여세는 원칙적으로 증여건별로 과세하고 또한 증여세율이 기본적으로 누진세율을 채택하고 있음에 따라 동일한 증여자와 수증자 간에 증여행위를 수차 분할하여 이행하는 경우에는 일시에 해당 증여를 이행하는 경우보다 부당하게 증여세 부담을 경감할 우려가

있다. 이러한 문제점을 방지하고 조세의 공평성을 제고하기 위하여 동일한 증여자·수증
자간에 이루어진 증여행위는 일정기간 내의 증여가액을 합산하여 과세하도록 하고, 다만
2중과세를 방지하기 위하여 기왕에 납부한 세액을 공제하도록 하고 있다.

그러나 대법원판례에서는 이러한 합산과세제도를 1회에 수개의 재산권을 증여하되 다
만 증여목적물의 이전을 수회에 걸쳐 분할하여 이행하는 경우에 관한 규정으로 이해하는
듯하나(대법원 80누71, 1980. 8. 12.), 이러한 입장에서라면 증여행위가 각각 독립된 행위로서 인
정만 된다면 비록 합산과세기간 내의 재차증여라 할지라도 합산과세하지 않아야 한다.

그러나 합산과세의 입법취지에 비추어 해당 증여행위들이 각각 독립된 증여행위인가의
여부에 관계없이 무조건 합산과세기간 내에 이루어진 재차증여 등은 모두 합산과세대상
이 된다고 할 것이다.

2. 합산과세의 요건

동일인으로부터 2회 이상의 증여를 받는 경우 첫회 증여 이후의 증여를 재차증여라 하
며, 재차증여가 있는 경우에 그 합산과세 여부를 판단하여야 한다. 재차증여의 경우 합산
과세는 각각 다음의 요건을 모두 충족한 경우에만 성립된다.

① 동일한 증여자로부터 동일한 수증자에로의 증여행위이어야 한다.

재차증여의 합산과세는 동일한 증여자와 동일한 수증자 간의 증여행위를 합산하는
것이다. 따라서 동일한 수증자가 합산과세기간 내에 수차 증여를 받았다 하더라도
그 증여자가 각각 상이한 경우에는 각 증여자별로 증여세 과세표준과 세액을 산출하
여야 하며 합산과세의 대상은 되지 아니한다(상증세법 집행기준 47-36-5).

그러나 증여세는 증여자별·수증자별 과세체계를 가지므로 직계존속이 배우자에
게 일단 증여를 하고 직계존속과 그 배우자가 직계비속에게 증여를 하게 되면 세부
담을 축소할 수 있으므로, 직계존속 1인 및 그 배우자로부터 각각 재산을 증여받는
경우에는 상증세법 제47조 제2항의 규정에 의하여 그 직계존속 및 배우자로부터 증
여받은 재산가액을 합산하여 과세가액을 계산하며, 같은 조 같은 항의 규정에 의한
합산과세대상 여부를 판정함에 있어서도 그 합산한 증여재산가액을 기준으로 한다
(상증세법 기본통칙 47-0…1). 그러므로 비록 부로부터의 10년 내 증여가액이 1,000만원
미만이더라도 모로부터의 10년 내 증여가액을 합산하면 1,000만원을 초과시 합산과
세된다. 그렇더라도 여기에서의 배우자는 민법상 혼인으로 인정되는 혼인관계에 의
한 배우자를 말하는 것이므로 직계존속의 배우자가 이혼 또는 사별한 경우에는 합
산하지 않는다(재산-58, 2010. 2. 1. ; 재산상속 46014-271, 2002. 10. 11. ; 재삼 46014-2411, 1998. 12.

10.). 특히 사별의 경우 이미 사망한 배우자의 증여재산에 대해서는 상속세가 부과되어 사망한 배우자의 무상이전에 대한 과세가 완료되었기 때문이기도 하다. 또한 증여자가 부·모일 경우 계모·계부는 동일인에 포함되지 아니하며, 부와 조부는 직계존속이라 할지라도 동일인에 해당하지 아니한다(상증세법 집행기준 47-36-6 : 재산세과 -399, 2010. 6. 16.).

② 해당 증여가 있는 날로부터 소급하여 10년 이내[564]에 이루어진 증여이어야 한다. 합산과세는 가장 최근의 재차증여일로부터 소급하여 10년 이내에 이루어진 증여가액을 모두 합산하는 것이다. 조세시효기간을 감안하여 10년으로 연장한 것이다. 이때 10년의 계산을 위한 기산일은 상증세법 시행령 제23조의 증여재산 취득시기에 따른다.

③ 합산과세가액이 1,000만원 이상이어야 한다.

10년 이내에 이루어진 증여재산가액을 합친 금액이 1,000만원 이상[565]이 될 때에만 합산과세의 대상이 되며, 1,000만원에 미달할 때에는 해당 재차증여가액에 대하여만 증여세를 납부하면 된다.

이때 1,000만원이란 상증세법 제31조 내지 제45조의 규정에 의한 증여재산가액을 합친 금액(이때의 증여재산가액은 증여세 과세가액(비과세, 과세가액불산입액, 채무인수액을 차감한 금액)을 의미한다)을 말하며 상증세법 제53조에 의한 증여재산공제를 하기 전의 금액을 나타낸다. 이때 증여재산을 취득하는데 소요된 부수비용을 증여자가 부담하는 경우에는 그 부대비용을 증여가액에 포함한다(상증세법 집행기준 47-36-6).

또한 합산되는 증여재산가액은 각각의 증여가 이루어진 시점 당시의 재산가액을 기준으로 하는 것이며 합산과세하는 시점을 기준으로 과거의 증여재산가액을 재평가하는 것은 아니다(상증세법 기본통칙 47-0…1 및 47-0…2, 같은 법 집행기준 47-36-5).

④ 합산배제증여재산이 아니어야 한다.

이에 대해서는 아래 Ⅳ.에서 살펴본다.

3. 국세부과제척기간이 끝난 증여의 합산 여부

재차증여시 종전 증여분에 대한 부과제척기간이 경과한 경우 종전 증여분을 합산과세할 수 있는지에 대해 상증세법상 명문의 언급이 없어 논란이 된다. 이에 대해 검토해 보면

---

564) 1998. 12. 31. 이전에는 5년
565) 1999. 1. 1. 이후부터 적용. 1991. 1. 1.~1998. 12. 31.에는 5년 이내 증여재산 1천만원 이상. 1990. 12. 31. 이전에는 3년 이내 증여재산 2백만원 이상

다음과 같다.

① 종전 증여재산을 재차증여시 증여세 과세가액에 합산하도록 한 상속세법상의 규정은 재차증여 전에 분산증여한 재산을 증여세 과세가액에 합산함으로써 사전에 분산증여한 경우와 그렇지 아니한 경우 간에 세부담의 공평성을 기하려는 세액계산의 특례규정으로 이해되고, 이러한 해석에 기초하여 볼 때 종전 증여재산에 대하여는 해당 증여재산에 대한 부과제척기간의 만료 여부에 불구하고 응능부담과 과세공평을 실현하기 위해서 이를 합산과세하는 것이 타당할 것이다(국심 98전2911, 1999. 9. 3.).

이에 대해 대법원은 동일인으로부터 받은 복수의 증여를 합산과세함으로써 분할증여로 인한 누진세액 경감을 방지하는 한편 종전 증여에 대한 증여세액을 산출세액에서 공제하는 방법으로 이중과세를 피하고 있는 점, 조세법률관계의 신속한 확정을 위하여 국세부과의 제척기간이 만료한 후에는 국세를 부과할 수 없는 점 등을 종합하여 보면, 종전 증여의 증여재산가액을 가산한 재차 증여의 증여세 과세가액이 종전 증여의 부과제척기간 만료에도 불구하고 영향을 받지 않는다고 하려면 이에 관한 별도의 명시적인 구체적 규정이 있어야 가능하다고 보았다(대법원 2013두23195, 2015. 6. 24.).

② 상증세법 제28조(증여세액공제) 제1항 단서 및 제58조(납부세액공제) 제1항 단서와의 관계
상증세법 제28조 제1항 및 상증세법 제58조 제1항에 단서에 의하면 제척기간이 만료되어 증여세가 부과되지 아니한 증여세의 경우 기납부한 세액으로 공제를 적용하지 않도록 명확히 규정하고 있다. 이는 증여세의 부과제척기간이 끝난 증여재산의 경우에도 증여세 과세가액에 합산하는 것을 전제로 하여 이중과세 조정대상을 명확히 한 것이다. 그리하여 국세부과제척기간이 끝난 증여재산에 대해 증여세는 부과되지 아니하지만, 합산과세 및 기납부세액의 적용배제로 결과적으로 증여세가 새로이 부과되는 결과가 된다.

4. 재차증여의 구체적 판단

① 증여받은 재산을 증여일로부터 5년 이내에 타인에게 이를 양도함으로 인하여 소득세법 제101조의 규정에 의한 양도소득의 부당행위계산부인규정이 적용되어 증여자가 타인에게 그 재산을 직접 양도한 것으로 보아 양도소득세를 계산하고 당초 증여받은 재산에 대하여 증여세를 부과하지 아니하는 경우의 그 당초 증여받은 재산의 가액은 상증세법 제47조 제2항의 규정의 규정을 적용할 때, 10년 이내에 동일인으로부터 받은 증여재산가액에 해당하여 증여세 과세가액에 가산하는 것이며, 다만 가산한 증여재산에 대한 증여세 상당액은 상증세법 제58조의 규정에 의하여 증여세 산출

세액에서 공제(납부세액공제 : 상증세법 제58조)하는 것이다(서면4팀-3346, 2007. 11. 20.).

② 증여세 감면제도는 감면요건에 해당되고 수증자가 감면신청을 하는 경우 해당 증여 세액을 감면하는 것으로서 일단 해당 증여가액을 과세표준에 산입하여 산출세액을 계산한 후 세액을 공제하는 방법을 취하고 있다. 따라서 누진세율을 적용하고자 하 는 합산과세제도의 취지에 비추어 볼 때 재차증여시 증여세 감면대상이 있는 경우에 는 해당 증여가액을 합산과세대상에 포함하여 산출세액과 면제세액상당액을 재계산 하여야 한다(재삼 01254-172, 1992. 1. 21.).

③ 증여자가 연대납세의무자로서 납부하는 증여세액은 수증자에 대한 증여로 보지 아 니한다. 그러나 증여자가 연대납세의무자에 해당되지 아니하고 수증자를 대신하여 납부한 증여세액은 상증세법 제36조에 의한 채무면제 등에 따른 증여에 해당하는 것 이며, 동 증여재산의 가액은 상증세법 제47조 제2항의 규정에 의하여 당초 증여재산 가액에 가산한다(상증세법 기본통칙 36-0…1).

④ 증여의제된 명의신탁재산 : 그러므로 증여의제된 명의신탁재산도 당연히 합산되는 증여재산가액에 포함된다(서면4팀-73, 2005. 1. 10.). 이는 명문으로 합산배제하지 않고 있 고, 위의 합산배제증여재산과 달리 증여자를 특정할 수 있는 등 그 성격을 달리하고 있어서 합산하는데 아무런 문제가 없기 때문이다.

⑤ 공익법인 등 출연재산 과세가액불산입 후 의무위반에 대해 추징되는 증여세 : 명문 으로 합산배제하지 않고 있으므로 합산되는 증여재산가액에 포함되어야 할 것으로 보인다. 따라서 상증세법 제48조 제2항의 규정에 의하여 공익법인에게 증여세를 추 징하는 경우로서 증여세를 가산세 부과방식으로 부과하거나 증여세 추징사유발생일 이 당해 출연재산의 출연일부터 기산하여 같은 법 제47조 제2항에서 규정하는 재차 증여 합산기간이 경과한 경우에는 동법 제47조 제2항의 규정을 적용하지 아니함이 타당하다(서일 46014-10053, 2004. 1. 8.). 그러나 여기에서의 증여세가 징벌적 성격이라는 점에서 보면 합산의 타당성에 의문이 든다.

⑥ 재산 취득자금 등의 증여추정으로 과세되는 경우도 동일인으로부터 10년 내 증여받 은 재산가액 합계액이 1천만원 이상인 경우는 합산과세된다(재삼 46014-1906, 1998. 10. 1.).

⑦ 증여세 신고기한인 3월이 지나서 비로소 합의에 따라 소유권이전등기의 말소등기를 마침으로써 반환한 경우 반환 당시까지 증여세 부과처분이 존재하였는지 여부에 관 계없이 그 반환으로 인하여 증여가 처음부터 없었다고 볼 수 없으므로(대법원 2013두 9496, 2013. 8. 30.) 합산과세된다.

다만, 합산과세 취지는 동일인으로부터 수개의 재산을 증여받으면서 누진세율을 회피하기 위하여 나누어 증여하는 것을 방지하기 위한 것이고, 민법상 증여계약이 합의해제된 경우 증여계약의 효력은 상실되어 증여가 처음부터 이루어지지 않은 것이 되는 바, 당초 증여가 합의해제된 후 재차증여된 것은 동일인으로부터 **동일재산**을 증여받은 경우로서 설령 세법(상증법 제31조 및 제47조 해당)상으로는 당초 증여 및 합의해제에 따른 반환시에 각각 증여세를 과세할 수 있다고 하더라도 민법상으로는 당초의 증여계약이 합의해제에 의하여 효력이 소멸되었으므로 위 증여재산 합산과세 규정을 적용함에 있어서도 당초 증여는 없고 재차증여만 있는 것으로 보아 합산과세를 배제하는 것이 타당하다(조심 2011서2867, 2011. 12. 14.).

 합산배제증여재산

합산배제증여재산의 가액은 증여세 과세가액에서 제외되는데, 여기서 합산배제증여재산이란 다음의 증여재산을 말한다(상증세법 제47조 제1항). 즉 동일한 증여자로부터 합산배제증여재산과 다른 증여재산을 함께 증여받은 경우 이를 서로 합산하지 않고 각각 독립적인 방법으로 증여세 과세가액 나아가 과세표준과 세액을 계산한다는 것이다.

1. 합산배제증여재산

① 재산취득 후 해당 재산가치 증가에 따른 이익(상증세법 제31조 제1항 제3호)
② 전환사채 등에 의하여 주식전환 등을 함으로써 주식전환 등을 한 날에 얻은 이익 (상증세법 제40조 제1항 제2호)[566]
③ 전환사채 등을 특수관계인에게 양도한 경우로서 전환사채 등의 양도일에 양도가액이 시가를 초과함으로써 양도인이 얻은 이익(상증세법 제40조 제1항 제3호)[567]
④ 주식 등의 상장 등에 따른 이익(상증세법 제41조의 3)
⑤ 합병에 따른 상장 등 이익(상증세법 제41조의 5)
⑥ 재산 취득 후 재산가치 증가에 따른 이익(상증세법 제42조의 3)[568]
⑦ 명의신탁재산의 증여 의제(상증세법 제45조의 2)[569]

---

566) 관련 호만 해당됨에 유의하여야 한다.
567) 관련 호만 해당됨에 유의하여야 한다.
568) 관련 조만 해당됨에 유의하여야 한다.
569) 2019. 1. 1. 이후 증여로 의제되는 분부터 적용한다. 경과 조치에 따라 2018. 12. 31. 이전 소유권을 취득한 분은 종전의 규정을 적용한다.

⑧ 특수관계법인과의 거래를 통한 이익의 증여 의제(상증세법 제45조의 3)[570]

⑨ 특수관계법인으로부터 제공받은 사업기회로 발생한 이익의 증여 의제(상증세법 제45조의 4)[571]

2. 취지

본 규정은 2003년 12월 30일 상증세법 개정시 신설된 것으로 위의 합산배제증여재산은 해당 재산의 당초 취득 이후의 사건에 의해 영향을 받고 그 이익이 미래에 확정되어 증여자 및 그 원천을 구분하기 어려우므로 다른 증여재산과 합산하여 과세하지 아니하고 개별 건별로 과세하기 위하여 증여세 과세가액에서 제외한 것이다.

① 사전증여 합산배제재산 : 그리고 해당 증여일 전 10년 이내에 동일인(증여자가 직계존속인 경우에는 그 직계존속의 배우자를 포함한다)으로부터 받은 합산배제증여재산가액을 합친 금액이 1천만원 이상이더라도 합산배제증여재산의 경우에는 이를 증여재산가액에 가산하지 않는다(상증세법 제47조 제2항).

또한 합산배제증여재산은 상속세 과세가액을 산정함에 있어서도 가산하는 사전증여재산(상증세법 제13조 제1항)에 포함하지 아니한다(상증세법 제13조 제3항).

② 합산배제재산의 과세표준 : 이처럼 다른 증여재산과 합산하지 아니하므로 논리필연적으로 증여세 과세표준의 계산도 다른 증여재산과 독립적으로 산정할 수밖에 없는데, 합산배제증여재산에 있어서는 해당 증여재산가액에서 획일적으로 3천만원을 공제한 금액에서 증여재산의 감정평가수수료를 차감한 금액으로 한다(상증세법 제55조 제1항 제3호). 다만, 명의신탁재산의 증여 의제(상증세법 제45조의 2)와 특수관계법인과의 거래를 통한 이익의 증여 의제(상증세법 제45조의 3), 특수관계법인으로부터 제공받은 사업기회로 발생한 이익의 증여 의제에 대해서는 예외를 두어 공제 금액(3천만원)의 적용을 배제한다(상증세법 제55조 제3호).

③ 증여세 과세특례재산 : 한편 창업자금에 대한 증여세 과세특례(조특법 제30조의 5)나 가업승계에 대한 증여세 과세특례(조특법 제30조의 6)를 적용받는 증여재산은 각각의 창업자금 혹은 가업승계 증여재산에 대해서는 합산하여 증여세 과세가액을 계산하지만, 다른 증여재산과는 합산하지 않는다. 그래야만 각각의 과세특례의 효과를 온전히 유지할 수 있기 때문이다.

영농자녀가 자경농민으로부터 증여받아 조특법 제71조에 따라 증여세를 감면받은

---

570) 2012. 1. 1. 이후 최초로 개시하는 사업연도부터 발생하는 특수관계법인과의 거래분부터 적용한다.
571) 2016. 1. 1. 이후 최초로 개시하는 사업연도에 사업기회를 제공받는 경우부터 적용한다.

농지 등은 해당 증여일 전 10년 이내에 자경농민(자경농민의 배우자를 포함한다)으로부터 증여받은 다른 증여재산과 합산하지 아니한다(조특법 제71조 제6항, 상증세법 집행기준 71-68 -2). 그렇지만 영농자녀가 증여받은 농지에 대한 증여세의 감면세액에 상당하는 금액을 징수하는 경우 당초 증여받은 재산가액은 동일인으로부터 받은 증여재산가액에 가산한다(재산-823, 2009. 4. 29.).

합산하지 않는 증여재산	관련조문
합산배제증여재산	상증세법 제47조(제31조 제1항 제3호, 제40조 제1항 제2호 및 제3호, 제41조의 3, 제41조의 5, 제42조의 3, 제45조의 2, 제45조의 3 및 제45조의 4)
사전증여 창업자금	조특법 제30조의 5
사전 가업승계재산	조특법 제30조의 6
영농자녀가 증여받은 농지 등	조특법 제71조
증여세 비과세재산	상증세법 제46조
증여세 과세가액불산입재산	상증세법 제48조, 제52조, 제52조의 2
사망한 직계존속으로부터의 사전증여재산	재산상속 46014-271, 2002. 10. 11. ; 재삼 46014-2411, 1998. 12. 10.

제6절 증여세 과세표준의 계산

§관련조문

상증세법	상증세법 시행령
제55조【증여세의 과세표준 및 과세최저한】	제46조의 2【감정평가수수료 공제】

 의의

1. 의의

국세기본법에서는 "과세표준"을 세법에 의하여 직접적으로 세액산출의 기초가 되는 과세물건의 수량 또는 가액으로 정의하고 있으므로(국세기본법 제2조 제14호), 증여세의 과세표준은 세율적용의 기준이 되는 금액을 말한다.

증여세는 원칙적으로 증여자별 · 수증자별로 과세하므로, 그 과세표준도 이 원칙에 의해 아래와 같이 계산한다.

2. 증여재산 유형별 과세표준 계산

1) 증여세의 과세표준은 다음의 구분에 따라 계산한다(상증세법 제55조 제1항)[572]

(1) 명의신탁재산의 증여의제(상증세법 제45조의 2)

> 과세표준 = 해당 명의신탁재산의 금액 − 증여재산의 감정평가수수료

증여의제된 명의신탁재산의 증여세 과세표준을 구분하여 계산하도록 한 것은 증여재산공제를 배제시켜 명의신탁을 이용한 조세회피를 더 철저히 방지하려는 목적에서이다.

(2) 특수관계법인과의 거래 또는 특수관계법인으로부터 제공받은 사업기회를 통한 이익의 증여 의제(상증세법 제45조의 3 및 제45조의 4)[573]

> 과세표준 = 해당 증여의제이익 − 증여재산의 감정평가수수료

증여의제된 특수관계법인과의 거래 또는 특수관계법인으로부터 제공받은 사업기회를 통한 이익의 증여세 과세표준을 구분하여 계산하도록 한 것은 증여재산공제를 배제시켜 특수관계법인과의 거래를 이용한 변칙적인 부의 이전에 대해 더 철저히 과세하여 공평과세를 실현하려는 목적에서이다.

(3) 위 (2)를 제외한 합산배제증여재산(상증세법 제47조 제1항)

> 과세표준 = 해당 증여재산가액 − 3천만원 − 증여재산의 감정평가수수료

그리고 합산배제증여재산의 경우에는 증여자 및 그 원천을 파악하기 곤란하다는 점에서 성격이 다른 일반적인 증여세 과세가액과 합산하여 과세하지 아니하되, 증여재

---

572) 2004. 1. 1. 이후 증여분부터 증여재산 종류별로 구분하여 계산하였다.

573) 2012. 1. 1. 이후 최초로 개시하는 사업연도부터 발생하는 특수관계법인과의 거래분부터 적용한다.

산공제가 적용되지 아니하므로 일정금액 정도(3천만원)를 개산공제로 차감하여 과세표준을 계산하도록 한 것이다.[574]

(4) 위 (1)부터 (3)까지 이외의 경우

> 과세표준 = 증여세 과세가액(상증세법 제47조 제1항) − 증여재산공제액(상증세법 제53조) − 재해손실공제액(상증세법 제54조) − 증여재산의 감정평가수수료

(5) 창업자금 또는 가업승계 증여세 과세특례 적용재산(각각 따로 계산)

> 과세표준 = 증여세 과세가액(상증세법 제47조 제1항) − 5억원(조특법 제30조의 5, 또는 제30조의 6) − 재해손실공제액(상증세법 제54조) − 증여재산의 감정평가수수료

2) 증여세는 원칙적으로 수증자가 증여를 받을 때마다 각 증여자별로 과세표준을 산정하는 것이 원칙이다. 다만, 분할증여를 통한 조세회피를 방지하기 위하여 동일인이 10년 이내에 재차증여를 하는 경우에는 이를 합산하여 과세표준과 세액을 다시 산정한 후 이미 납부한 세액을 공제하도록 하고 있다는 것은 앞서 살펴보았다.

3) 그러므로 합산배제증여재산의 경우에는 다른 어떠한 증여재산(10년 내 증여재산 포함)과도 합산하지 아니하고, 또한 10년 내 합산배제증여재산도 가산하여 계산하지 않아야 하므로, 증여가 발생하는 시점마다 개별 건별로 증여세 과세표준을 계산하여야 한다.

4) 그런데 위 명의신탁재산과 다른 증여재산[위(4)]이 함께 있는 경우에는 명의신탁재산이 합산에서 배제되지 아니하므로, 이 두 가지 유형의 증여재산(10년 내 증여재산 포함)을 합산하여 증여세 과세표준을 산정하여야 할 것이다.

> 과세표준 = [일반 증여세 과세가액 − 증여재산공제액 − 재해손실공제액 − 증여재산의 감정평가수수료] + [해당 명의신탁재산의 금액 − 증여재산의 감정평가수수료]

이 산식에 의하면 결국 증여의제된 명의신탁재산의 증여세 과세표준을 일반증여재산과 구분하여 계산하는 것이 의미를 갖는 것은 합산할 다른 일반 증여재산이 존재하지 않는 경우일 것으로 보인다.

---

574) 2004. 1. 1. 이후부터 적용한다.

과세표준 계산순서

> 증여세 과세가액(앞의 제5절)
> (-)증여공제(=증여재산공제+재해손실공제)
> (-)감정평가수수료
> =증여세 과세표준

 증여공제

1. 증여재산공제(인적공제)

> **이** **해의 맥**
>
> 증여재산공제는 수증자를 중심으로 계산한다. 즉 한 명의 수증자는 하나의 배우자공제, 하나의 직계존속공제, 하나의 직계비속공제, 하나의 그 밖의 친족공제를 한다.

§관련조문

상증세법	상증세법 시행령
제53조【증여재산공제】	제46조【증여재산공제의 방법 등】

1) 의의

증여세 과세표준을 계산하기 위하여 과세가액에서 공제되는 금액을 증여재산공제액이라고 한다.

증여재산공제는 거주자인 경우에만 적용된다. 따라서 증여받을 당시 국내에 주소 또는 거소를 두고 있어야 한다. 그러므로 비거주자인 상태에서 증여받은 후 거주자 신분으로 동일한 증여자로부터 재차 증여받은 경우 증여세 과세가액은 당해 증여 전 10년 이내에 증여받은 재산을 합산하여 계산하되, 증여재산공제는 거주자 신분으로 증여받은 재산에 한하여 적용된다(재산-14, 2009. 8. 25.).

증여재산공제는 친족으로부터 증여받은 재산에 대하여만 공제하는 특별공제이며, 친족이 아닌 사람으로부터 증여받은 재산에 대하여는 증여재산공제를 하지 아니한다.

증여재산공제는 증여자를 배우자, 직계존속, 직계비속, 배우자 또는 직계존비속 외의 친족으로 구분하여 아래 2) 이하에서 설명하는바와 같이 공제금액을 다르게 적용하고 있다.

2) 배우자로부터 증여받은 경우

(1) 이론적 근거

배우자(비거주자 포함)로부터의 증여받은 경우 증여재산공제를 하는 이론적 근거는 크게 두 가지로 구분할 수 있다.

① 동일세대 1회 과세원칙 : 본질적으로 증여세는 한 세대에서 다른 세대로의 세대간에 부가 무상이전될 때에 과세되는 세목으로 고안되었다. 그런데 부부는 같은 세대에 속하므로 부부간의 무상이전에 대해 증여세를 과세하는 것은 수평적 이전에 대해 과세하는 것으로 타당하지 않은 면이 있다. 이런 점에서 배우자간 재산의 무상이전에 대해서는 증여세를 과세하지 않는 것이 타당하다고 본다.[575]

② 공동재산의 분할 : 또한 부부는 사회의 가장 기본적인 생활단위로서 부부재산은 부부의 공동노력의 산물이다. 따라서 이렇게 형성축적된 재산은 그 명의를 누구로 하는가에 상관없이 실질적으로 부부의 공유재산의 성격을 가진다. 이런 관점에서 보면 부부간의 재산의 무상이전은 공동재산에 대한 잠재적 지분을 현실화하는 것에 불과한 것이어서 부의 무상이전이 아니다. 따라서 배우자간의 재산의 무상이전에 대해서는 증여세를 과세하지 않는 것이 타당하다고 해석한다.[576]

(2) 배우자의 의미

현행 민법상 혼인의 성립은 혼인신고를 요건으로 하는 이른바 법률혼주의를 채택하고 있으므로, 여기에서 증여재산공제를 받을 수 있는 배우자는 법률상 혼인관계에 있는 배우자에 한한다(상증세법 기본통칙 53-46…1 제1항). 따라서 사실혼, 즉 실질적으로 동거하여 부부로서의 생활을 하고 있으나 혼인신고를 하지 아니한 경우에는 법률상 혼인으로 인정되지 않으므로 배우자공제의 대상이 되지 않는다(국심 2002중3211, 2003. 3. 18.).[577]

---

575) 현행 상증세법의 세대생략 무상이전에 대해 30% 할증과세하는 제도(상증세법 제27조, 제57조)도 이러한 성격을 반영한 것이라고 볼 수 있다.
576) 우리 민법이 이혼 시 재산분할청구권에 의한 재산분할에 대해 과세하지 않는 것(민법 제839조의 2)과 상속분의 계산시 기여분을 인정한 것(민법 제1008조의 2)은 이러한 사고를 반영한 것이다.
577) 배우자의 범위에 사실상의 혼인관계에 있는 자를 포함할 것인지는 개별법률의 입법목적 등에 비추어 구체적으로 규정하고 있다.

┃ 배우자공제의 적용시기 ┃

적용시기	공제액	근 거
1994년 1월 1일 이후 증여분부터	300백만원×결혼연수＋3,000만원	배우자의 잠재지분은 결혼기간과 밀접한 관련
1996년 1월 1일 이후 증여분부터	500백만원×결혼연수＋5,000만원	배우자의 잠재지분은 결혼기간과 밀접한 관련
1997년 1월 1일 이후 증여분부터	5억원	공제금액 현실화, 중산층 세부담 경감, 세액산출과정 단순화
2003년 1월 1일 이후 증여분부터	3억원	자산소득 부부합산과세제도의 위헌결정에 따른 사전증여통한 조세회피가능성 증가
2008년 1월 1일 이후 증여분부터	6억원	배우자 재산형성 기여도 및 이혼 시 재산분할의 증여세 비과세와의 형평 고려

위와 같이 배우자 증여공제 한도액의 개정에 따라 한도액이 변동된 경우 증여시점을 기준으로 공제한도액을 판단하여야 하므로(서울행법 2008구합37473, 2009. 1. 16.), 거주자가 배우자로부터 2008. 1. 1. 이후 재산을 증여받는 경우에는 10년 이내에 공제받은 금액과 당해 증여가액에서 공제받을 금액의 합계액이 6억원을 초과하지 않는 범위 내에서 공제한다(재산-637, 2009. 3. 26.).

3) 직계존속으로부터 증여받은 경우

거주자가 직계존속으로부터 증여를 받은 경우에는 5천만원을 증여세 과세가액에서 공제한다. 다만, 미성년자가 직계존속으로부터 증여를 받은 경우에는 2천만원을 공제한다(상증세법 제53조 제2호).[578] "미성년자"라 함은 상속개시일 또는 증여일 현재 「민법」 제4조에 따른 성년기(사람은 19세로 성년에 이르게 된다[579])가 도래하지 아니한 자를 말한다(상증세법 기본통칙 53-46…1 ③).

직계존속 여부는 민법 제768조의 규정에 의한 자기의 직계존속인 혈족을 말한다. 이의 구체적인 적용에 대해 보면 다음과 같다(상증세법 기본통칙 53-46…2, 같은 법 집행기준 53-0-3).

① 출양한 자인 경우에는 양가 및 생가에 모두 해당한다. 다만, 친양자의 경우에는 생가의 친족관계가 소멸하므로(민법 제908조의 3) 양가의 상속권만을 가진다.

② 출가녀인 경우에는 친가에서는 직계존속과의 관계, 시가에서는 직계비속과의 관계

---

578) 2014. 1. 1. 이후 증여받는 분부터 적용한다. 종전에는 직계존비속으로부터 증여받은 금액을 모두 합하여 3천만원(직계존속으로부터 미성년자가 증여받은 경우 : 1,500만원)이었다.

579) 2011. 3. 7. 민법 개정-시행일 : 2013. 7. 1.

에만 해당한다.

③ 외조부모는 직계존속에 해당한다.

④ 계모자 또는 적모서자관계도 증여재산공제에 있어 직계존비속관계에 포함한다.

그런데 증여재산공제가 되는 직계존비속의 범위와 관련하여 종전 직계존속과 자녀 간의 증여에 대해서는 증여재산공제를 허용하고 있으나, 계부·계모와 자녀 간의 증여에 대하여는 증여재산공제를 허용하고 있지 아니하여 형평성에 어긋난다는 비판이 있었다. 이에 따라 재혼가정이 증가하는 사회변화의 추세에 따라 계부·계모와 자녀 간(적모서자 포함)의 증여에 대해서도 직계존속과 자녀 간의 증여와 동일하게 증여재산공제를 허용(그렇더라도 상호간에 민법상 직계존비속관계나 친족관계가 성립하는 것은 아니다)함으로써 당사자의 실제의 생활관계를 반영하도록 개선(2010. 1. 1. 이후 최초로 증여하는 분부터 적용)하였다.

그렇더라도 계부·계모와 자녀 간에 한해 증여재산공제가 가능하므로, 계모(부)의 부모로부터 증여를 받는 경우에는 직계존속 증여재산공제가 되지 않는다(재재산-998, 2010. 10. 21.). 또한 부모와 계모·계부 간에 '혼인 중'일 때에만 당해 증여재산공제가 적용되므로, 전처소생의 자녀가 직계혈족인 父가 사망한 후 재혼하지 않은 계모로부터 부동산을 증여받는 경우 직계존비속 증여재산공제가 적용되지 않고, 다만 "6촌 이내의 부계혈족의 처"로서 1,000만원을 공제한다(재산-448, 2010. 6. 28.).

그러므로 상증세법상 직계존속은 수증자의 직계존속과 혼인(사실혼 제외)중인 배우자를 포함한다.

⑤ 여기에서의 미성년자란 민법 제826조의 2에 따라 성년으로 의제되는 자(미성년자가 혼인을 한 때에는 성년자로 본다)를 포함(상증세법 기본통칙 53-46…1 ③)하므로, 미성년자는 결혼하여도 미성년자이다(재산상속 46014-384, 2001. 8. 1.).

⑥ 종전 증여자가 사망하는 경우에도 증여재산공제 금액은 합산하는 것이 타당하므로, 조부로부터 증여받고 증여재산공제를 받았다가 조부 사망 후, 부친으로부터 증여를 받으면서 조부의 증여재산 공제를 포함하여 직계존속 증여재산공제액을 계산하여야 한다(조심 2011서141, 2011. 3. 15. ; 조심 2011서221, 2011. 3. 15. ; 재재산-125, 2011. 2. 18.).

4) 직계비속으로부터 증여받은 경우

거주자가 직계비속으로부터 증여를 받은 경우에는 5천만원을 증여세 과세가액에서 공제한다(상증세법 제53조 제3호).[580]

---

580) 경제적 여건을 반영하여 2016. 1. 1. 이후 증여받는 분부터 상향 적용. 2014. 1. 1. 이후에는 3천만원.

직계비속 여부는 민법 제768조의 규정에 의한 자기의 직계비속인 혈족을 말한다. 이의 구체적인 적용에 대해 보면 다음과 같다(상증세법 기본통칙 53-46…2, 같은 법 집행기준 53-0-3).

① 출양한 자인 경우에는 양가 및 생가에 모두 해당한다. 다만, 친양자의 경우에는 생가의 친족관계가 소멸하므로(민법 제908조의 3) 양가의 상속권만을 가진다.

② 출가녀인 경우에는 친가에서는 직계존속과의 관계, 시가에서는 직계비속과의 관계에만 해당한다.

③ 외손자는 직계비속에 해당한다.

④ 계모자 또는 적모서자관계도 증여재산공제에 있어 직계존비속관계에 포함한다. 그러므로 상증세법상 직계비속에는 수증자와 혼인중인 배우자의 직계비속을 포함한다.

5) 6촌 이내의 혈족, 4촌 이내의 인척으로부터 증여받은 경우

배우자 및 직계존비속이 아닌 6촌 이내의 혈족, 4촌 이내의 인척으로부터 증여를 받은 경우에는 1천만원을 공제한다(상증세법 제53조 제4호).[581] 종전에 그 범위를 친족으로 하면서 이를 시행령에 규정한 것과 달리 법률에 직접 그 범위를 규정하여 조세법률주의를 구현하고 국민이 보다 알기 쉽게 세법을 이해할 수 있도록 하였다. 뿐만 아니라 앞에서 본 바와 같이 종전의 남녀차별적 규정을 개선하는 등 민법 및 다른 경제관련 법령(상법·공정거래법 등)과의 통일성을 도모하였다.

• 사실상 혼인관계에 있는 사람은 종전 증여재산공제가 가능한 친족관계에 속하였으나 이번 개정을 통해 제외하였다.[582]

• 입양자의 생가(生家)의 직계존속과 관련해서는 직계존비속 관계가 우선이므로, 입양자가 수증자인 경우에는 양가 및 생가의 직계존비속에 모두 해당한다.

• 출양자[583] 및 그 배우자와 출양자의 양가(養家)의 직계비속은 종전 증여재산공제가 가능한 친족관계에 속하였으나 이번 개정을 통해 제외하였다.[584]

• 혼인 외의 출생자의 생모와 관련해서는 직계존비속 관계가 우선이므로, 혼인 외 출생자와 그의 생모와는 직계존비속 관계에 해당한다(서면4팀-199, 2007. 1. 16.).

종전에는 직계존비속으로부터 증여받은 금액을 모두 합하여 3천만원(직계존속으로부터 미성년자가 증여받은 경우 : 1,500만원)이었다.

581) 경제적 여건을 반영하여 2016. 1. 1. 이후 증여받는 분부터 상향 적용. 2012. 1. 1. 이후에는 5백만원
582) 2012. 1. 1. 이후 최초로 증여받은 것부터 적용한다.
583) 입양자가 '남의 집에서 양자로 들어온 아들'을 부르는 말이라면, 출양자는 '남의 집에 양자로 보낸 아들'을 부르는 말이다.
584) 2012. 1. 1. 이후 최초로 증여받은 것부터 적용한다.

- 직계비속의 배우자의 2촌 이내의 부계혈족과 그 배우자는 종전 증여재산공제가 가능하였으나 이번 개정을 통해 제외하였다.[585]
- 그러므로 종중과 종중원 관계는 증여재산공제가 적용되는 친족에 해당하지 않는다 (서면4팀 - 3043, 2007. 10. 23.).

한편 계모는 직계존속은 아니나 "4촌 이내의 부계혈족의 처"로서 '4촌 이내 인척'에 해당(재산 - 448, 2010. 6. 28.)되고, 계부의 경우에도 "3촌 이내의 모계혈족의 배우자"로서 '4촌 이내 인척'에 해당되나, 이들의 관계는 부모가 '혼인 중'인 경우에 한해 직계존비속의 관계에 준하여 증여재산공제가 적용된다.

┃ 증여재산공제(인적공제) 변경내용(상증세법 제53조) ┃

구 분		기 간 1991. 1. 1.	1994. 1. 1.	1996. 1. 1.	1997. 1. 1.	2003. 1. 1.	2008. 1. 1.	2014.1.1	2016. 1. 1.
증여자	직계존비속	1,500만원	3,000만원 (미성년자 1,500만원)	좌동	좌동	좌동	좌동	직계존속 : 5천만원 (미성년자:2천만원)	
								직계비속 :3천만원	5천만원
	배우자	1,500만원 + (결혼연수× 100만원)	3,000만원 + (결혼연수× 300만원)	5,000만원 + (결혼연수× 500만원)	5억원	3억원	6억원	6억원	6억원
	그 밖의 친족	500만원	좌동	좌동	좌동	좌동	좌동	500만원	1천만원
	타 인	없음	없음	없음	없음	없음	없음	없음	없음
검토사항		• 거주자가 증여를 받은 경우만 위 구분에 따라 증여재산공제(창업자금 또는 가업승계 주식이면 5억원을 공제) • 결혼연수 1년 미만의 단수 → 1년으로 봄.							

6) 증여재산공제방법

(1) 의의

동일인이 10년 이내[586]에 재차증여를 하는 경우에는 이를 합산하여 증여세 과세가

---

585) 2012. 1. 1. 이후 최초로 증여받은 것부터 적용한다.
586) 1998. 12. 31. 이전 증여분은 5년 이내

액을 산정하는 것이므로 친족공제도 10년 이내에 증여받은 가액에서 상기 금액을 공제받을 수 있도록 하고 있다. 이 경우 증여재산공제액이 증여재산가액을 초과하는 부분은 공제하지 아니한다(상증세법 제53조 제1항).

2003년 12월 30일 상증세법 개정시 증여재산공제는 수증자를 기준으로 해당 증여 전 10년 이내에 공제받은 금액(해당 증여시점에서 공제받은 금액을 말함)과 해당 증여가액에서 공제받을 금액(당해 증여가액을 초과하지 못함)의 합계액이 위의 각호에 규정하는 금액을 초과하는 경우에는 그 초과하는 부분은 이를 공제하지 아니하도록 하였다(상증세법 집행기준 53-46-1). 이는 수증자별로 위의 각 호의 구분에 따른 금액의 합계액(수증자가 성년자라면 7억 1천만원[587])을 증여재산공제의 한도라고 명확히 한 것이다(재삼 46014-2555, 1993. 8. 20.).

한편, 증여세 과세특례가 적용되는 창업자금과 가업승계주식 등은 합산기간의 제한이 적용되지 않을 뿐만 아니라, 동조와 상관없이 5억원을 공제하고 10%(가업승계의 경우, 과세표준이 30억원을 초과하는 경우 그 초과금액에 대해서는 100분의 20)로 과세된다.

(2) 증여시기를 달리하는 경우의 친족공제(상증세법 시행령 제46조 제1항, 같은 법 집행기준 53-46-1)

두 번 이상의 증여가 증여시기를 달리하는 경우에는 최초의 증여세 과세가액에서부터 순차로 공제한다.

(3) 동시 증여의 경우 친족공제(상증세법 시행령 제46조 제1항, 같은 법 집행기준 53-46-1)

2 이상의 증여가 동시에 있는 경우에는 각각의 증여세 과세가액에 비례하여 안분공제한다(재산-446, 2011. 9. 27.).

(4) 감면분 증여가 있는 경우

위 (2), (3)에서와 같은 맥락에서, 감면분과 과세분 증여가 동시에 이루어진 경우는 각각의 증여세 과세가액에 대하여 안분하여 공제하는 것이며, 감면분과 과세분 증여가 그 증여시기를 달리하는 경우에는 2 이상의 증여 중 최초의 증여세 과세가액에서부터 순차로 공제한다(재산-1468, 2009. 7. 17.).

(5) 증여재산공제 대상 증여재산

상증세법상의 증여세 과세대상이 되는 증여재산 중 명의신탁 증여의제 및 합산배제

---

587) 종전 6억8천5백만원. 2008. 1. 1.~2013. 12. 31.에는 6억3천5백만원

증여재산을 제외한 모든 증여재산에 대해 증여재산공제가 적용된다. 따라서 증자에 따른 이익의 증여 규정에 따라 이익을 얻은 경우에도 그 이익에 상당하는 금액을 그 이익을 얻은 자의 증여재산가액으로 하여 증여재산공제를 적용한다(재산-418, 2011. 9. 6.).

7) 소득세법 제97조 제4항과의 관계

거주자가 양도일부터 소급하여 5년 이내에 그 배우자(양도 당시 혼인관계가 소멸된 경우를 포함한다) 또는 직계존비속으로부터 증여받은 자산의 양도차익을 계산할 때 양도가액에서 공제할 취득가액은 각각 그 배우자 또는 직계존비속의 취득 당시 가액으로 한다. 이 경우 거주자가 증여받은 자산에 대하여 납부하였거나 납부할 증여세 상당액이 있는 경우에는 필요경비에 산입한다. 이때에 증여당사자의 관계에 따라 증여재산공제를 하여 증여세가 계산된다.

2. 재해손실공제(물적공제)

해의 맥

　실제로 증여받은 재산상당액에 대해서만 증여세를 과세해야하는 것이 실질과세원칙과 응능부담의 원칙에 합당하므로, 재해로 인해 실물이 존재하지 않아 경제적 이익을 전혀 받지 않았다면 증여세 과세가액에서 빼는 것이 타당하다.

§관련조문

상증세법
제54조 【준용규정】

1) 의의

세법상 증여일은 증여로 인한 재산취득일(상증세법 시행령 제23조)이며, 해당 증여일 현재를 기준으로 증여세 과세표준과 산출세액을 계산하게 된다. 그러나 증여받은 재산이 증여 후 재난으로 인하여 멸실·훼손된 경우 이를 고려하지 아니하고 증여세를 과세한다면 결과적으로 증여로 얻은 이익에 비해 너무 많은 조세를 부담하게 될 뿐 아니라 경우에 따라서는 증여세를 납부하기 위해 자기의 고유재산을 사용할 수밖에 없어 그들의 물적 생활기초가 침해받게 된다. 그러므로 이로 인해 현실적으로 담세력에 곤란을 겪게 되는 납세자의 권익을 제고하기 위해 일정의 재해손실공제가 도입되었다. 한편으로는 실제로 증여받은 재산에 대해서만 증여세를 과세해야 하는 것이 실질과세원칙과 응능부담의 원칙에 합당하므로, 재해로 인해 실물이 존재하지 않아 경제적 이익을 전혀 받지 않았다면 증여세 과세가액에서 빼는 것이 타당하다 하겠다.

증여세 과세표준을 계산함에 있어 차감하여야 할 재해손실공제는 상증세법 제23조(상속세 재해손실공제)의 규정을 준용한다(상증세법 제54조).

이에 따라 타인으로부터 재산을 증여받은 경우로서 증여세 과세표준 신고기한(상증세법 제68조) 이내에 대통령령이 정하는 재난으로 인하여 증여재산이 멸실 · 훼손된 경우에는 그 손실가액을 증여세 과세가액에서 공제한다.

2) 요건(상증세법 제23조 제1항, 같은 법 집행기준 54-47-1)

① 타인으로부터 재산을 증여받은 경우이어야 한다.

따라서 수증자의 거주자, 비거주자여부는 묻지 않는다.

② 증여세 과세표준 신고기한 이내에 일정한 재난으로 인하여 증여재산이 멸실 · 훼손된 경우이어야 한다.

여기에서 재난이란 화재 · 붕괴 · 폭발 · 환경오염사고 및 자연재해 등으로 인한 재난을 말한다(상증세법 시행령 제20조 제1항).

③ 손실가액에 대한 보험금 등의 수령 또는 구상권 등의 행사에 의하여 해당 손실가액에 상당하는 금액을 보전받을 수 있는 경우가 아니어야 한다.

3) 효과(공제액 계산)

위의 요건을 모두 충족하면 다음의 가액을 증여세 과세가액에서 공제한다.

① 재난으로 인하여 손실된 증여재산의 가액에서 보험금 등으로 보전가능한 금액을 차감한 가액으로 한다(상증세법 제23조 제1항 및 같은 법 시행령 제20조 제2항).

> 재해손실공제 = 재해손실가액 − 보험금 · 구상권 등으로 보전가능한 금액

② 그러나 재해손실가액 중 보험금등의 수령 또는 구상권행사 등에 의하여 보전받을 수 있는 가액이 확정되지 아니한 경우에는 재난의 종류, 발생원인, 보험금의 종류 및 구상권행사에 따른 분쟁관계의 진상 등을 참작하여 '적정한 가액'을 그 손실가액으로 한다(상증세법 기본통칙 23-20…1).

4) 신고서 제출

① 의의 : 수증자는 그 손실가액 및 명세와 이를 입증할 수 있는 서류를 대통령령이 정하는바에 의하여 납세지 관할 세무서장에게 제출하여야 한다(상증세법 제23조 제2항). 이에 따라 재해손실공제를 받고자 하는 자는 재해손실공제신고서에 해당 재난의 사실을 입증하는 서류를 첨부하여 증여세 과세표준신고와 함께 납세지 관할 세무서장에게 제출하여야 한다(상증세법 시행규칙 제20조 제4항).

② 미신고 : 만약 이러한 신고서를 제출하지 아니한 경우에는 과세관청이 증여일 현재의 증여재산가액으로 결정한 금액을 기준으로 적용하면 된다(재산-2098, 2008. 8. 1.). 왜냐하면 정부부과조세인 증여세의 성격상 납세자의 신고서제출은 증여세 납세의무의 확정력을 가지지 않는 협력의무의 이해에 불과하고, 증여세 납세의무는 과세관청의 결정(상증세법 제76조)에 의해 확정되기 확정이기 때문이다.

Ⅳ 감정평가수수료

§관련조문

상증세법	상증세법 시행령
제55조【증여세의 과세표준 및 과세최저한】	제46조의 2【감정평가 수수료 공제】

1. 의의

감정기관의 감정평가수수료는 납세의 협력비용으로서 이를 증여세 과세가액에서 공제하여 납세자의 세부담을 덜어주기 위해 도입되었다.[588]

2. 감정평가수수료 계산

'감정평가수수료의 계산'에 대한 구체적 해설은 '상속세편'을 살펴보면 된다. 증여재산의 감정평가수수료는 수증자가 부담하는 수수료를 말한다(서면4팀-143, 2006. 1. 27.).

---

588) 국세청, 「2004 개정세법해설」, 2004. 1, 232쪽

3. 서류의 제출

'서류의 제출'에 대한 해설은 '상속세편'을 살펴보면 된다.

 과세최저한

과세표준이 50만원 미만[589]인 때에는 증여세를 부과하지 아니한다(상증세법 제55조 제2항). 과세최저한 규정은 수증자와 증여자의 친족관계 여부와 상관없이 적용된다(상증세법 기본통칙 55-0…1).

 수증자가 비거주자인 경우의 과세표준의 계산

1. 의의

수증자가 비거주자인 경우, 국내 소재하는 모든 증여재산에 대해 증여세가 부과된다. 이는 수증자의 인적요소에 대해 과세하는 것이 아니라 증여재산, 즉 물적요소에 대해 과세하는 것이다. 따라서 수증자가 거주자인 경우와 같이 인적공제를 하여야 할 타당성이 부족하다.

따라서 인적공제가 적용되지 않는다. 물론 물적공제요소인 재해손실공제의 경우 그 대상을 거주자로 제한하고 있지 않으므로(상증세법 제54조에서는 재해손실공제에 관해 제23조를 준용하게 하면서도 제23조 제1항 중 "거주자의 사망으로 상속이 개시되는"은 "타인으로부터 재산을 증여받은"으로 보도록 함으로써, 상속세와는 달리 수증자를 거주자로 제한하지 않고 있다) 공제대상이 되는데 이 점이 상속세와는 다르다.

2. 감정평가수수료 공제

명문으로 특별한 제한을 두지 않았고 증여재산에 직접 대응하는 비용이므로 감정평가수수료가 발생한 경우에는 공제하는 것이 타당하다.

---

589) 2003. 12. 31. 이전에는 20만원 미만이었다.

제7절 증여세액의 계산

Ⅰ 의의

증여세 산출세액은 과세표준에 세율을 곱하여 산출한다(상증세법 제56조).

이 증여세 산출세액은 각종 공제나 감면세액의 계산, 기납부세액 및 할증과세 적용의 기준이 된다는 점에서 중요한 의미를 지닌다.

Ⅱ 산출세액의 계산

§관련조문

상증세법
제56조【증여세 세율】

1. 세율

1) 현행

상속세 및 증여세 세율은 초과누진세율의 구조로 되어 있으며, 과세표준 1억원 이하의 10%에서부터 과세표준 30억원 초과액의 50%에 이르기까지 5단계로 되어 있다.

즉, 증여세는 상속세의 보완세이기 때문에 증여를 상속보다 중과할 경우에는 부의 동결효과가 발생하여 노년세대로부터 경제활동이 왕성한 젊은 세대로의 재산이전이 원활하게 이루어지지 않아 경제활동이 활성화되지 않는 부작용이 있음을 고려하여, 상속·증여세의 세율 및 과세구간을 통합[590]하여 세제를 단순화함으로써 상속세의 기능을 보완하면서도 상속·증여 간 의사결정에 있어 세부담이 중립적이 되도록 하였다.

한편, 소득 개념을 순자산 증가설의 입장에서 파악한다면 증여재산도 소득을 구성함에도, 상속 또는 증여로 인한 부의 무상이전이 소득세로 과세되지 않는 것을 상속세 및

---

590) 1996. 12. 31. 이전에는 상속세율과 증여세율이 달랐다. 이러한 통합은 장기적으로는 상속세 과세체계를 유산취득세제로 전환하려는 의도가 있는 것으로 보인다.

증여세로 과세한다는 관점에서 보면 상속세 및 증여세는 소득세를 보완하는 기능을 하고 있다. 그런데 현행 소득세의 세율구조와 상속세 및 증여세의 세율구조가 다르다는 것은 조세의 중립성의 측면에서 생각해 볼 의미가 있다.

과 세 표 준	세 율
1억원 이하	과세표준의 10%
1억원 초과 5억원 이하	1천만원 + 1억원 초과액의 20%
5억원 초과 10억원 이하	9천만원 + 5억원 초과액의 30%
10억원 초과 30억원 이하	2억4천만원 + 10억원 초과액의 40%
30억원 초과	10억4천만원 + 30억원 초과액의 50%

2) 경과조치

2000. 1. 1. 이후 납세의무가 성립하는 증여세를 과세함에 있어 이 상증세법 시행 전의 증여분을 상증세법 제47조의 규정에 의하여 합산과세하는 경우로서 그 합산한 과세표준이 30억원을 초과하는 경우의 산출세액은 상증세법 제56조의 개정규정에 불구하고 2000년 1월 1일 이전 증여분이 30억원을 초과하는 경우와 30억원 이하인 경우로 구분하여 다음과 같이 계산한다(상증세법 부칙 제5조(1999. 12. 28.)).

(1) 2000년 1월 1일 이전 증여분이 30억원 초과

다음의 금액을 합한 금액을 산출세액으로 한다.

① 2000. 1. 1. 전 증여분에 대하여 종전의 제26조의 세율 적용한 산출세액

② 2000. 1. 1. 이후 증여받은 재산에 상당하는 과세표준에 50%(30억원 초과분에 대한 세율)를 곱하여 산출한 금액

(2) 2000년 1월 1일 이전 증여분이 30억원 이하

다음의 금액을 합한 금액을 산출세액으로 한다.

① 2000. 1. 1. 전 증여분에 대하여 종전의 제26조의 세율 적용한 산출세액

② 과세표준을 30억원으로 하여 법 제26조의 세율을 적용하여 계산한 금액에서 위 ①의 금액을 차감한 금액

③ 2000. 1. 1. 전 증여분을 합산한 과세표준에서 30억원을 차감한 잔액에 50%(30억원 초과분에 대한 세율)를 곱하여 산출한 금액

2. 특례세율

증여세 과세특례를 적용받는 증여받은 창업자금 및 가업승계 중소기업주식 등에 대해서는 증여재산가액에서 5억원을 일괄공제한 후 10% 세율을 적용한다(조특법 제30조의 5 및 제30조의 6).

┃종전 증여세율┃

1996. 1. 1. 이후			1997. 1. 1. ~ 1999. 12. 31.		
과세표준	세율	누진공제	과세표준	세율	누진공제
2천만원 이하	10%	–	1억원 이하	10%	–
1억5천만원 이하	20%	2백만원	5억원 이하	20%	1,000만원
3억원 이하	30%	17백만원	10억원 이하	30%	6,000만원
3억원 초과	40%	47백만원	50억원 이하	40%	16,000만원
			50억원 초과	45%	41,000만원

3. 산출세액

> 증여세 산출세액 = 증여세 과세표준 × 세율

Ⅲ 세대를 건너뛴 증여에 대한 할증과세

이 해의 맥

세대생략 할증과세는 중간세대가 생존해 있음에도 불구하고 '임의로' 자녀를 제외한 직계비속이 증여를 받는 경우에 적용한다.

§관련조문

상증세법
제57조【직계비속에 대한 증여의 할증과세】

1. 의의

1) 의의

수증자가 증여자의 자녀 이외의 직계비속인 경우에는 각 증여세 과세표준에 기본세율을 곱하여 산출된 금액(산출세액)에 100분의 30(미성년자인 경우로서 증여재산가액이 20억원을 초과하는 경우에는 100분의 40)에 상당하는 금액을 가산하여 과세한다(상증세법 제57조 본문). 부모의 세대에서 자녀의 세대로 증여가 되고 그 자녀에서 다시 다음 세대로 증여가 되면 두 번의 증여세 과세가 되는데 비하여, 세대를 건너 뛰어 조부모로부터 손자녀(또는 그보다 아래 세대)로 바로 증여가 이루어지면 한 번의 증여세밖에 과세되지 않는다. 민법이 사적 자치의 원칙을 기본으로 하므로 세대생략증여는 합법적이지만, 세대생략증여에 대하여 증여세 부담을 가중하는 이유는 다음과 같다.

2) 근거

① 세대를 건너뛴 증여와 그렇지 않는 증여 간에 발생하는 과세상의 불균형을 바로 잡고(1세대1회과세 원칙), ② 세대 생략을 통한 조세회피를 방지하고자 함이다.

3) 제도의 기원

세대생략증여의 중과는 미국의 세대생략이전세(generation-skipping transfer tax)를 지극히 단순한 형태로 본뜬 것이라 짐작된다. 즉 1세대에서 3세대 이하로 건너뛰어 이전되는 재산에 대해서는 별도의 조세를 부과함으로써 부담의 균형을 기하고자 하는 것이 세대생략이전세이다(IRC 제2601조 이하 참조). 미국에서는 방계존비속 간의 세대생략도 과세 대상이 되고, 상속·증여세의 회피의 동기가 아닌 손대(孫代)의 후손에 대한 애정에 기반한 자연스러운 증여에 대해서는 일정한 금액을 세대생략이전 금액에서 공제하여 준다(현행 내국세입법상 100만불).

우리는 이러한 배려 없이 전액 가중과세되며, 또한 직계조부모로부터 증여를 받으면 증여세가 가중되나, 방계인 경우에는 세대를 건너뛰어도 그렇지 않다.

2. 할증과세의 요건

세대를 건너뛴 증여에 대해 할증하여 과세하기 위해서는 다음의 요건을 모두 충족하여야 한다.

① 수증자가 증여자의 '자녀를 제외한 직계비속이어야' 한다.

㉠ 방계혈족 제외 : 따라서 수증자가 직계비속이 아닌 방계비속이거나 혈족에 해당하지 아니하는 경우에는 할증과세되지 않는다(서일 46014-11008, 2002. 8. 2.). 할증과세의 취지에 비추어 불합리한 점이 있어 보인다.

㉡ 부계, 모계 : 여기에서의 직계존비속의 관계는 명문의 규정이 없으나, 부계와 모계를 구분하지 않는다. 따라서 외조부모와 외손자는 직계존비속에 해당한다(재삼 46014-1712, 1997. 7. 14.).

㉢ 판정기준일 : 그리고 증여자의 직계비속에 해당하는 지는 증여일 현재를 기준으로 한다.

㉣ 생략세대수 무관 : 또한 할증과세제도는 생략된 세대의 정도를 고려하지 아니하기 때문에 1세대를 생략하거나 2세대를 생략하거나 묻지 않고 30%의 동일한 할증률을 적용한다. 일반적으로 할증과세를 하는 이유는 부의 무상이전에 대하여 세대별 과세의 형평을 유지하자는 취지라면 1세대 생략보다는 2세대를 생략하여 증여한 경우의 할증률을 더 높게 정하는 것이 논리적이라고 할 수 있다.

㉤ 비거주자도 적용 : 그런데 여기에서 수증자의 자격을 거주자로 제한하고 있지 아니하므로, 수증자가 비거주자인 경우에도 할증과세는 적용된다고 보아야 한다.

㉥ 증여의제도 적용 : 여기에서의 증여에는 수증자와 증여자의 관계를 확인할 수 있는 증여세 과세대상이 되는 모든 증여를 말하는 것으로 보아야 하므로 명의신탁 증여의제 재산에 대해서도 할증과세가 적용된다고 보아야 할 것이다.

② 증여가 생략된 중간세대가 증여자의 세대생략증여시 '생존해 있어야' 한다.

그러므로 증여자의 最近親인 직계비속이 사망하여 그 사망자의 최근친인 직계비속이 증여받은 경우에는 그러하지 아니하다(재삼 46014-2574, 1997. 10. 31.).

이는 상속과세에 있어 대습상속의 경우를 할증과세대상에서 제외하고 있는 것과 동일한 취지이다.

③ 증여세 '산출세액이 존재하여야' 한다.

증여세 산출세액이 존재하지 않는다면 할증과세는 의미가 없다. 이는 아래 산식을 보더라도 당연하다.

3. 과세방식

1) 상증세법 제47조 제2항의 규정에 의하여 증여세 과세가액에 가산하는 증여재산 중 수증자의 부모를 제외한 직계존속으로부터 증여받은 재산이 포함되어 있는 경우 상증세법 제57조의 규정에 의하여 할증과세되는 세액은 다음에 의하여 계산한다(상증세법 기본

통칙 57-0…1, 같은 법 집행기준 57-0-2)(즉 세대생략상속과 달리, 아래 산식의 분자에는 사전 세대생략증여재산가액이 합산되어 계산되므로 기할증과세된 증여세액을 차감하여야 한다.).

(1) 1996년 12월 31일 이전에 수증자의 부모를 제외한 직계존속으로부터 증여받은 재산 (1993년 12월 31일 이전에 증여받은 재산을 제외한다)이 포함되어 있은 경우

$$\text{증여세 산출세액} \times \frac{\text{수증자의 부모를 제외한 직계존속으로부터 증여받은 재산가액}}{\text{총증여재산가액}}$$

$$\times \frac{20}{100} - \text{旣할증과세된 증여세액}$$

(2) 1997년 1월 1일 이후에 수증자의 부모를 제외한 직계존속으로부터 증여받은 재산이 포함되어 있는 경우

$$\text{증여세 산출세액} \times \frac{\text{수증자의 부모를 제외한 직계존속으로부터 증여받은 재산가액}}{\text{총증여재산가액}}$$

$$\times \frac{30}{100} - \text{旣할증과세된 증여세액}$$

(3) 2016년 1월 1일 이후에 수증자의 부모를 제외한 직계존속으로부터 증여받은 재산이 포함되어 있는 경우

$$\text{증여세 산출세액} \times \frac{\text{수증자의 부모를 제외한 직계존속으로부터 증여받은 재산가액}}{\text{총증여재산가액}}$$

$$\times \frac{30(40^*)}{100} - \text{旣할증과세된 증여세액}$$

* 수증자가 증여자의 자녀가 아닌 직계비속이면서 미성년자인 경우로서 증여재산가액이 20억원을 초과하는 경우

(4) 제1호 및 제2호의 규정에 의한 증여재산가액이 모두 포함되어 있는 경우에는 각 호의 구분에 의하여 계산한 금액을 합산한 금액

2) 한편 상증세법 제58조에서는 합산과세의 경우 합산대상 증여재산에 대한 증여당시의 증여세 산출세액(이 산출세액에는 그 당시의 세대생략가산액 제외)을 기납부세액으로 공제하도록 하고 있으나, 旣할증과세된 세액(그 당시의 세대생략가산액)은 합산 후 할증과세액 계산시 차감되기 때문에 납부세액공제의 적용대상이 아니라고 할 것이다(이렇게 해야만 할증의 효과가 유지되며, 이는 상속세의 증여세액공제에서와 같다).

3) 세대생략 할증과세액 계산시 합산과세시의 할증과세액에서 차감하는 기할증과세된 증여세액의 한도액에 대하여 명문규정은 없으나,(재차 증여분에 대한 적정한 할증과세를 위해서는 합산과세시의 할증과세액에서 공제하는 기할증과세된 증여세액의 한도액을 두어야 할 것이며) 그 계산방법은 본세인 기납부세액의 공제방법을 준용하는 것이 타당하므로(재재산-610, 2007. 5. 23.), 그 산식은 다음과 같다(상증세법 제58조 제2항).

$$\text{(한도액) 합산과세 후} \atop \text{증여세 할증세액} \times \frac{\text{해당 증여 전 10년 이내 증여재산가액을 합친 금액의 증여세 과세표준}}{\text{(해당 증여재산가액 + 해당 증여 전 10년 이내 증여재산가액)의 증여세 과세표준}}$$

결국 할증과세액의 계산은 증여세 산출세액의 100분의 30에 상당하는 가액에서 상증세법 제58조 제2항의 규정을 준용하여 계산한 금액을 한도로 계산된 기할증과세된 증여세액을 차감하여 계산하는 것이다(재산-818, 2010. 11. 3.).

 Ⅳ 세액공제

1. 의의

세액공제는 상증세법의 규정에 의하여 정상적으로 계산된 산출세액에서 조세이론적인 측면 혹은 조세정책적인 측면에서 그 목적을 달성하기 위해 만들어진 제도로, 일정한 요건과 방법에 의하여 세액의 일부를 면제하는 것으로 조세의 감면과 유사한 조세지원제도의 일종이다. 이에 따라 증여세에서는 조세이론적으로 이중과세를 막기 위해 납부세액공제와 외국납부세액공제를, 조세정책적으로 성실한 신고를 유인하기 위한 신고세액공제를 두고 있다.

2. 납부세액공제

 해의 맥

납부세액공제는 해당 증여재산에 가산한 합산대상 증여재산에 대한 '계산상의 증여세 산출세액 상당액'을 이중과세 방지차원에서 공제하는 것이다.

§ 관련조문

상증세법
제58조【납부세액공제】

1) 의의

상증세법 제47조 제2항에서는 분할증여에 따른 조세회피를 방지하기 위하여 해당 증여일 전 10년 이내에 동일인으로부터 받은 증여재산가액을 합친 금액이 1천만원 이상인 경우 그 가액을 해당 증여세 과세가액에 가산하도록 하고 있다. 즉 10년 이내의 모든 증여재산가액을 합산하여 1회의 증여로 의제한 후 과세표준과 산출세액을 재계산하도록 하는 것이다. 이 경우 재차증여 이전의 각 증여 시점마다 증여세액을 계산하여 납부하였기 때문에 이를 합산하여 다시 증여세를 과세한다면 이중과세를 피하기 어렵다. 이는 동일한 과세물건에 대한 중복과세이어서 과세물건 간의 수평적 불공평을 초래하므로 조세이론적으로 바람직하지 않다. 그러므로 이를 해소하는 제도가 필요하게 되었는데, 납부세액공제가 바로 그것이다.

이에 따라 해당 증여재산에 가산한 합산대상 증여재산에 대한 증여세액(증여 당시의 해당 재산에 대한 증여세 산출세액)은 합산과세한 증여세 산출세액에서 공제한다(상증세법 제58조 제1항 본문). 그런데 공제할 증여세액은 가산된 증여재산에 대한 증여세액 그 자체가 아니고, 합산과세한 산출세액에 해당 가산한 증여재산의 과세표준이 합산과세 전체 증여재산의 과세표준에서 차지하는 비율을 곱하여 계산한 금액을 한도로 한다.

2) 납부세액공제의 요건

(1) 상증세법 제47조 제2항에 의해 증여세 과세가액에 가산된 합산대상 사전증여재산이 존재하여야 한다.

이는 납부세액공제제도가 사전증여한 합산대상 증여재산에 대한 이중과세를 방지하기 위한 목적이란 점에서 당연하다.

(2) 증여세 과세가액에 가산하는 합산대상 증여재산이 제척기간(국세기본법 제26조의 2 제4항
또는 제5항에 규정된 기간) 만료로 인하여 증여세가 부과되지 않는 경우이어서는 안된다
(상증세법 제28조 제1항 본문단서, 같은 법 집행기준 58-0-2).

재차증여시 종전 증여분에 대한 부과제척기간이 경과한 경우 종전 증여분을 합산과
세할 수 있는지 및 旣납부세액으로 공제할 수 있는지에 대해 상증세법상 명문의 언
급이 없어 논란이 된다.[591] 이에 대해 검토해 보면 다음과 같다.

① 종전 증여재산을 재차증여시 증여세 과세가액에 합산하도록 한 상속세법상의 규
정은 재차증여 전에 분산증여한 재산을 증여세 과세가액에 합산함으로써 사전에
분산증여한 경우와 그렇지 아니한 경우 간에 세 부담의 공평성을 기하려는 세액
계산의 특례규정으로 이해되고, 이러한 해석에 기초하여 볼 때 종전 증여재산에
대하여는 해당 증여재산에 대한 부과제척기간의 만료 여부에 불구하고 응능부담
과 과세공평을 실현하기 위해서 이를 합산과세하는 것이 타당할 것이다(국심 98전
2911, 1999. 9. 3.).

② 상증세법 제28조(증여세액공제) 제1항 단서 및 제58조(납부세액공제) 제1항 단서와의
관계
상증세법 제28조 제1항 및 상증세법 제58조 제1항에 단서에 의하면 제척기간이
만료되어 증여세가 부과되지 아니한 증여세의 경우 기납부한 세액으로 공제를
적용하지 않도록 명확히 규정하고 있다. 이는 증여세의 부과제척기간이 끝난 증
여재산의 경우에도 증여세 과세가액에 합산하는 것을 전제로 하여 이중과세 조
정대상을 명확히 한 것이다. 그리하여 국세부과제척기간이 끝난 증여재산에 대해
증여세는 부과되지 아니하지만, 합산과세 및 기납부세액의 적용배제로 결과적으
로 증여세가 새로이 부과되는 결과가 된다.

(3) 합산과세 후 증여세 산출세액이 존재하여야 한다.

3) 공제세액의 계산

이 경우 공제할 세액은 다음과 같이 계산한다(상증세법 집행기준 58-0-1).

---

591) 이에 대한 구체적 내용은 '상속세편-상속세 과세가액에 가산하는 사전증여재산'을 참조

$$\text{Min} \begin{cases} ① \text{ 합산과세대상 증여재산의 증여세 산출세액} \\ ② \text{ (한도액) 합산과세 후 증여세 산출세액} \times [\text{가산한 증여재산}(\text{해당 증여 전 10년 이내 증여} \\ \quad \text{재산가액을 합친 금액})\text{의 증여세 과세표준} / \ulcorner\text{해당 증여재산} + \text{가산한 증여재산}\lrcorner\text{의 증} \\ \quad \text{여세 과세표준}]^{592)} \end{cases}$$

(1) 원칙

공제세액은 합산과세되는 증여재산의 가액에 대하여 납부하였거나 납부할 증여 당시의 증여세 산출세액이다(상증세법 제58조 제1항).

① 납부세액공제제도는 이중과세를 방지하기 위하여 합산 후 산출세액에서 이미 과세가 이루어진 부분을 빼는 절차이기 때문에 합산된 증여가액에 대한 산출세액이 가산세나 세액공제로 인하여 실제 납부세액과 다르다고 하더라도 산출세액을 공제하는 것이 논리상 타당하다. 이에 따라 공제되는 증여세액은 증여 당시의 해당 증여재산에 대한 증여세 산출세액이다.

② 이처럼 납부세액공제액을 이전 증여 당시마다 실지 부담한 증여세 산출세액 상당액으로 하지 않고 계산상의 증여세 산출세액 상당액으로 한 것은 이중과세를 방지하고자 하는 취지에만 집착할 경우 세액감면 등의 혜택을 유지할 수 없는(실지 부담한 증여세액이 없으므로 증여세액공제액도 없게 되므로) 모순을 제거하기 위함이다.

또한, 한도액을 둔 것은 합산과세대상 기간 중 증여세율이 인하되거나 증여재산공제가 인상되어 합산과세 산출세액이 기왕에 납부하였거나 납부할 세액에 미달하는 경우, 종전 증여세가 정당하게 과세된 것이므로 이를 정산환급하지 않도록 하기 위해서다.

③ 그리고 납부세액공제액은 증여 당시의 당해 증여재산에 대한 증여세 산출세액을 가지고 계산하는 것이므로 증여세 할증과세액은 납부세액공제액으로 공제되지 아니한다(재삼 46014 – 99, 1999. 1. 18.).

그렇지만 직계비속에 대한 증여의 할증과세액 계산시 차감하는 기할증과세된 증여세액은 상증세법 제58조 제2항의 규정을 준용하여 계산한 금액을 한도로 한다(서면4팀 – 3708, 2007. 12. 28.).

④ 동일인으로부터 4차례에 걸쳐 재산을 증여받은 경우로서 4차 증여받은 때에는 1차 증여분을 제외한 2차와 3차 증여분만을 합산하여 과세하는 경우, 납부세액공

---

592) 산식의 분자 · 분모에 있는 '증여세 과세표준'은 2001. 1. 1. 이후 증여분부터 적용하며, 종전에는 '증여재산가액'의 비율에 의하였다.

제액을 계산함에 있어서 "가산한 증여재산의 가액에 대하여 납부하였거나 납부할 증여세액(위 산식의 ①)"은 다음 각목의 세액을 합하여 계산한다(재산-600, 2010. 8. 17.).

　가. 2차 증여분에 대한 세액 : 1·2차 증여분 합산과세시 산출세액에서 1차 증여분에 대한 납부세액공제액을 공제 후의 세액

　나. 3차 증여분에 대한 세액 : 1·2·3차 증여분 합산과세시 산출세액에서 1차와 2차 증여분에 대한 납부세액공제액을 공제 후의 세액

(2) 공제한도액

그러므로 합산과세 세액공제는 위의 산식에 따른 한도액 내에서만 공제가능하다(상증세법 제58조 제2항). 그러므로 가산한 증여재산에 대한 과세표준이 0인 경우 기납부한 증여세액은 공제받을 수 없다(국심 2005서2101, 2005. 12. 30.).

① 이 산식 중 증여재산가액이란 증여재산공제를 하기 전의 금액이며 각각 해당 증여 당시의 평가액을 기준으로 한다.

② 이때의 평가액은 각각 해당 증여가 이루어진 시점에서의 평가액을 합계한 금액을 말하며, 이를 합산과세 시점에 있어서 재평가하는 것은 아니다(상증세법 기본통칙 47-0…2).

③ 위 산식 ②에서 "가산한 증여재산의 과세표준"에 대하여는 가산한 증여재산의 증여 당시 증여세를 과세할 때에 동 증여재산에 대하여 증여재산공제(상증세법 제53조)가 적용된 경우에는 가산한 증여재산에서 그 증여재산공제액을 차감한 금액에 의하고, 증여재산공제가 적용되지 아니한 경우에는 재차증여 합산과세시 적용되는 증여재산공제액을 당해 증여재산의 가액과 가산한 증여재산의 가액으로 안분하여 가산한 증여재산에 해당하는 공제액을 가산한 증여재산의 가액에서 차감한 금액에 의하는 것이 타당하다(재산-289, 2009. 9. 23.).

④ 현행 상증세법에 감면제도에 대한 규정은 없으나, 구조세감면규제법 제58조에서는 영농자녀가 증여받는 농지 등에 대하여 증여세를 면제하도록 규정하고 있으며, 구조세감면규제법 제57조에서는 자경농민 등이 증여받는 농지 등에 대하여 증여세를 면제하도록 규정하고 있었다.[593]

증여세가 면제되는 증여재산가액에 대해서는 합산을 배제하는 규정이 없으므로 [상속세에는 있다(구조세감면규제법 제57조 제4항, 제58조 제5항)] 증여세 과세가액에 포함하여 일단 합산과세 산출세액을 계산한 후 면제세액 상당액을 기납부세액으로 공제하는 절차를 따라야 한다. 이를 산식으로 표현하면 다음과 같다(재산 01254-172, 1992.

---

593) 2006. 12. 31. 이전 면제분에 대해서만 적용

1. 21. 구기본통칙 58-0…1).

$$합산과세시\ 증여세\ 산출세액 \times \frac{증여세가\ 면제되는\ 농지\ 등의\ 가액}{합산과세시\ 증여재산가액}$$

그렇지만 2007. 1. 1. 이후 증여세가 감면되는 영농자녀가 증여받은 농지 등에 대해서는 다른 일반 증여재산과 합산하지 않도록 규정(조특법 제71조 제6항)하고 있으므로, 납부세액공제를 적용할 여지가 없다.

⑤ 이때의 '합산 후 증여세 산출세액'에는 세대생략 증여에 대한 할증과세액은 포함하지 아니한다.

3. 외국납부세액공제

이 해의 맥

외국납부세액공제는 수증자가 거주자 여부에 불구하고 이중과세조정을 위해, 반드시 '신청'해야만 적용받는다.

§관련조문

상증세법	상증세법 시행령
제59조【외국납부세액공제】	제47조【준용규정】 제48조【준용규정】
국제조세조정에 관한 법률	국세조세조정에 관한 법률 시행령
제21조【국외 증여에 대한 증여세 과세특례】	제38조의 2【외국납부세액공제】

1) 의의

중복과세란 동일한 소득의 전부 또는 일부에 대하여 중복적으로 과세관할권이 행사되는 것을 말한다. 여기에서의 과세관할권이란 국내와 국외로 구분한다. 이런 관점에서 보면, 서로 다른 과세관할권이 동일한 납세의무자의 동일 과세기간 내의 동일 과세물건에 대하여 행사되는 경우에는 이론적으로는 과세관할이 다르기 때문에 원칙적으로 중복과세라고 단정지을 수 없다. 그러나 경제적 실질의 측면에서 부담의 중복이 분명하므로 이를 완화 · 조정하기 위해 외국납부세액공제 제도를 두고 있다.

증여세가 상속세의 보완세라는 점에서 상증세법 시행령 제48조는 상증세법 시행령 제21조에서 규정한 상속세의 외국납부세액공제에 관한 내용을 증여세에 준용하도록 하고 있다.

2) 수증자가 거주자인 경우(상증세법)

(1) 세액공제 요건

① 수증자가 거주자이어야 한다.

수증자가 거주자(내국비영리법인 포함)인 경우 증여일 현재 수증자의 국내·외 증여 재산에 대해 증여세를 납부하여야 하기 때문이다. 반면 수증자가 비거주자인 경우에는 국내증여재산에 대해서만 우리나라 증여세가 과세되므로 이의 적용이 필요없다.

② 수증자의 외국소재 증여재산에 대해 외국에서 부과받은 증여세액이 존재하여야 한다.

경제적 부담의 중복을 방지하기 위함이므로 국내에서의 증여세와 별도로 실제로 외국에서 부과받은 증여세액이 있어야 한다. 무제한납세의무자가 외국에 소재한 재산을 증여받은 경우에 그 외국에 소재한 재산에 대하여 외국의 법령에 의하여 증여세를 부과받은 때(증여자가 증여세를 부과받은 경우도 포함(재산-517, 2010. 7. 14.))에는 국내법에 의하여 또 부과되면 이중과세의 현상이 일어나기 때문이다. 따라서 외국법령에 따라 증여세가 면제 또는 감면되는 경우에는 외국납부세액공제가 적용되지 않는다(재산-265, 2011. 5. 31.).

이때에 외국에서의 증여세액 부과는 정부의 증여세 결정시까지 이루어지면 공제가 가능하다. 증여세가 정부의 부과결정으로 납세의무가 확정되는 정부부과조세인 점에서 당연하다 할 것이다.

③ 증여세 산출세액이 존재하여야 한다.

④ 공제를 받기 위해서는 신청을 요한다(상증세법 시행령 제21조 제2항).

외국납부세액공제를 받고자 하는 자는 기획재정부령이 정하는 외국납부세액공제신청서를 증여세 과세표준신고와 함께 납세지 관할 세무서장에게 제출하여야 한다.

(2) 공제세액 계산(상증세법 시행령 제21조 제1항, 같은 법 집행기준 59-0-1)

증여세 산출세액에서 공제할 외국납부세액은 증여세 산출세액에 증여세의 과세표준 중 외국의 법령에 의하여 증여세가 부과된 증여재산의 과세표준(해당 외국의 법령에 의한

증여세의 과세표준을 말한다)에 해당하는 금액이 차지하는 비율을 곱하여 계산한 금액에
의한다. 다만, 그 금액이 외국의 법령에 의하여 부과된 증여세액을 초과하는 경우에
는 해당 증여세액을 한도로 한다.

$$\text{외국납부세액공제} = \text{Min} \begin{cases} \text{① 외국에서 부과된 증여세액} \\ \text{② 증여세산출세액} \times \dfrac{\text{외국법령에 의한 증여세 과세표준}}{\text{증여세 과세표준}} \end{cases}$$

(3) 환율 적용

외국납부세액공제를 적용함에 있어, 외국소재 증여재산의 평가나 외국에서 부과된
증여세액의 원화로의 환산에 대한 명문의 규정이 없다. 증여재산의 평가에서는 평가
기준일 현재의 환율(기준환율 혹은 재정환율)을(상증세법 시행규칙 제15조 제2항 참조), 외국납부
세액은 외국에서 세액을 납부한 때의 환율로 환산하는 것(법인세법 시행규칙 제48조 제1항
참조)이 타당해 보인다.

3) 수증자가 비거주자인 경우(국제조세조정법)[594]

(1) 세액공제 요건

① 거주자가 비거주자에게 국외에 있는 재산(「상증세법」 제4조의 2 제1항 제2호에 따른 재산
중 국외에 있는 재산은 제외)을 증여(증여자의 사망으로 인하여 효력이 발생하는 증여는 제외)하는
경우에,

② 수증자가 증여자의 「국기법」 제2조 제20호에 따른 특수관계인이 아닌 경우로서,

③ 그 증여자가 외국의 법령에 따라 증여세를 납부하고,

④ 증여세 과세표준을 신고할 때 외국납부세액공제신청서와 증명서류를 납세지 관
할 세무서장에게 제출하여야 한다.

만약 외국정부의 증여세 결정 · 통지의 지연, 납부기간의 차이 등의 사유로 증여
세 과세표준을 신고할 때 증명서류를 제출할 수 없는 경우에는 외국정부의 증여
세 결정통지를 받은 날부터 2개월 이내에 외국납부세액 공제 신청서와 증명서류
를 납세지 관할 세무서장에게 제출할 수 있다.

또한 외국정부가 해당 증여재산에 대하여 결정한 증여세액을 경정함으로써 외국
납부세액에 변동이 생긴 경우에도 경정통지를 받은 날부터 2개월 이내에 공제신

---

594) 2015. 1. 1. 이후 개시하는 과세연도분부터 적용한다.

청서 등을 제출할 수 있다. 이 경우 환급세액이 발생하면 「국기법」 제51조에 따라 충당하거나 환급할 수 있다.

(2) 공제세액 계산

그 증여자의 증여세 산출세액에서 공제할 증여세 납부액은 다음의 세액(가산세 및 가산금은 제외)으로서 증여세 납부의무자가 실제로 외국정부(지방자치단체를 포함)에 납부한 세액("외국납부세액")으로 한다.

① 증여를 원인으로 과세하고, 증여한 재산의 가액을 과세표준으로 하여 외국의 법령에 따라 부과된 조세(실질적으로 이와 같은 성질을 가지는 조세를 포함)의 세액

② 위 ①에 따른 세액의 부가세액

다만 외국납부세액은 상증세법에 따른 증여세 산출세액에 상증세법에 따른 증여세 과세표준 중 외국의 법령에 따라 증여세를 납부한 증여재산의 과세표준(해당 외국의 법령에 따른 증여세의 과세표준)이 차지하는 비율을 곱하여 산출한 금액을 한도로 한다. 이 경우 그 비율이 1보다 큰 경우에는 비율을 1로 본다.

$$외국납부 \atop 세액공제 = Min \begin{cases} ① \ 증여를\ 원인으로\ 과세하고,\ 증여한\ 재산의\ 가액을\ 과세표준으로\ 하여\ 외국의\ 법령에\ 따라\ 부과된\ 조세의\ 세액 + 이\ 세액의\ 부가세액 \\ ② \ 증여세산출세액 × \dfrac{외국의\ 법령에\ 따라\ 증여세를\ 납부한\ 증여재산의\ 과세표준}{증여세\ 과세표준} \end{cases}$$

(3) 환율 적용

여기에서 증여재산의 과세표준에 대한 원화환산은 증여일 현재의 「외국환거래법」에 따른 기준환율 또는 재정환율에 따르고, 외국납부세액에 대한 원화환산은 기획재정부령으로 정하는바에 따른다.

4. 신고세액공제

이해의 맥

자진납부와 무관하며 오직 신고기한 내 정확한 신고금액에 대해서만 적용된다.

상증세법	상증세법 시행령
제69조【신고세액공제】	제65조의 2【신고세액공제】

1) 의의

현행 우리나라 조세체계상 증여세는 자진신고납부조세가 아니라 정부가 부과결정하는 조세이다. 그러므로 납세자가 하는 신고는 증여세 납세의무를 확정하는 효력이 없는 단순한 협력의무의 이행에 지나지 않는다. 그러므로 증여세 신고세액공제는 이러한 납세자의 협력의무의 성실한 이행을 유도하기 위해 도입된 것이다.

이에 따라 증여세 과세표준 신고기한 내에 증여세 신고서를 제출한 자에 대하여는 [아래 2)] 증여세 산출세액에서 증여세 징수유예금액과 공제 또는 감면되는 금액을 공제한 금액의 3(5)%[아래 3)]를 증여세 산출세액에서 공제한다.

2) 세액공제 요건

(1) 증여세 과세표준 신고기한(상증세법 제68조) 이내에 증여세 과세표준을 신고하여야 한다.

① 과세표준 신고기한 이내에 신고하여야 하므로 신고기한이 지난 후 수정신고를 한 경우, 그 수정신고분(증액된 부분)에 대해서는 적용되지 않는다(서일 46014 - 10608, 2002. 5. 8.). 이는 신고세액 공제액 산정 시 기초가 되는 산출세액을 증여세 과세표준 신고기한 내 신고한 과세표준에 대한 산출세액으로 한다는(상증세법 시행령 제65조의 2, 기본통칙 69 - 0…1 제1항) 규정에 비추어 타당하다. 즉 신고기한 내 신고한 진실한 과세표준에 대해서만 적용한다. 그러므로 신고한 과세표준에는 증여재산의 평가상의 차이 및 각종 공제액의 적용상 오류 등으로 인한 과다신고금액은 제외된다 (상증세법 기본통칙 69 - 0…1 제3항, 같은 법 집행기준 69 - 65의 2 - 2). 또한 유류분 반환분에 대해서는 증여세 납세의무 자체가 성립하지 않으므로, 이에 따라 증여세 과세표준과 산출세액이 감소되었다면 그에 따른 당초 신고 시 공제받은 신고세액공제도 감액됨이 타당하다(국심 2006서3289, 2006. 11. 30.).

같은 맥락에서 증여세 신고 시 증여재산을 합산하여 신고하지 않은 경우, 증여세 신고를 법정기한 내에 하였더라도 그 금액에 대하여 신고세액공제를 적용하지 아니한다(상증세법 집행기준 69 - 65의 2 - 2).

※ 적정 신고과세표준 산정방향(조심 2011중3212, 2011. 11. 2. ; 재산-35, 2011. 1. 18. ; 국심 2005부2946, 2006. 1. 11.)

최초 과세표준 신고현황	신고세액공제대상 적정 신고과세표준
재산과다 신고금액	신고 과세표준에서 차감한다.
재산과소 신고금액	신고 과세표준에 가산하지 않는다.
채무(공제)과다 신고금액	신고 과세표준에서 차감하지 않는다.
채무(공제)과소 신고금액	신고 과세표준에서 차감한다.

증여세 신고기한(증여일이 속하는 달의 말일로부터 3월 이내)에 대한 자세한 설명은 뒤에서 한다.[595]

② 세금은 일반적으로 신고와 동시에 납부를 하여야만 신고세액공제를 하는데 증여세는 법정기한 내 신고서를 제출하고 납부는 하지 아니하여도 신고세액공제는 할 수 있다(상증세법 기본통칙 69-0…1 제2항, 같은 법 집행기준 69-65의 2-2). 증여세의 과세표준신고가 단순한 협력의무라는 점에서 정당하다.

③ 신고하여야 하는 것은 증여세 과세표준이다.

그러므로 증여세액을 신고하여야 하는 것이 아니라 증여세 과세표준의 신고이면 충분하다. 증여세가 정부 부과조세인 점에 비추어 타당하다.

(2) 증여세 산출세액에서 증여세 징수유예금액과 공제 또는 감면되는 금액을 공제한 금액이 존재하여야 한다.

앞서 살펴본 다른 세액공제와는 달리 증여세 산출세액에서 일정한 징수유예금액과 공제감면세액을 차감한 잔액이 양(+)의 금액이어야 한다.

3) 세액공제액 계산

신고세액공제의 계산을 산식으로 표시하면 다음과 같다.

신고세액공제 = [증여세 산출세액 - 징수유예금액 - 공제·감면세액] × 3(5)%[596]

---

595) 이 책 '증여세의 신고 및 납부' 참조

596) 2018. 1. 1. 이후 증여를 받는 분부터 적용한다. 신고세액공제율의 단계적 인하를 위해 2018년까지는 5%가 적용되며, 2019년 이후에는 3%가 적용된다(부칙 〈15224호, 2017. 12. 19.〉 제8조).

(1) 증여세 산출세액

① 여기에서 증여세 산출세액이라 함은 상증세법 제68조의 규정에 의하여 신고한 과세표준에 대한 산출세액을 말하며(상증세법 기본통칙 69-0…1 제1항), 증여세 산출세액에는 상증세법 제57조의 규정에 의한 세대를 건너뛴 증여에 대한 할증과세액이 포함된다(상증세법 제69조 제2항).

> 증여세 산출세액 = 신고한 과세표준 × 증여세율

② 신고한 과세표준 = 증여세 신고서상의 과세표준 - 신고한 과세표준에 포함된 증여재산의 평가오류로 인한 과다신고금액 - 채무과소신고, 각종 공제과소신고로 인한 과다신고금액

이때의 신고한 과세표준은 정부가 결정한 가액이 아니라 납세자가 신고한 과세표준을 의미한다. 이런 맥락에서 증여세 신고시 합산대상 증여재산을 합산하지 않은 경우 그 금액에 대해서는 신고세액공제가 적용되지 않는다.

(2) 징수유예금액

여기에서 징수유예금액이란 상증세법 제75조의 규정에 의하여 징수를 유예받은 금액으로, 박물관 자료 등에 대한 징수유예금액을 말한다. 이에 대해서는 다음에 살펴본다.

(3) 공제 · 감면된 세액

여기에서의 증여세 공제 · 감면된 세액에는 ① 납부세액공제(상증세법 제58조), ② 외국납부세액공제(상증세법 제59조), ③ 다른 법률이 규정한 공제 및 감면세액이 있다. 이에 대한 자세한 설명은 앞에서 기술하였다.

Ⅴ 세액감면

1. 영농자녀가 증여받은 농지 등에 대한 증여세 면제

조특법	조특법 시행령	조특법 시행규칙
제71조【영농자녀가 증여받는 농지 등에 대한 증여세의 감면】	제68조【영농자녀가 증여받는 농지 등에 대한 증여세의 감면】	제28조【영농 및 임업후계자의 범위】

1) 의의

종전의 구 조세감면규제법 제58조에 의한 '영농자녀가 증여받는 농지 등에 대한 증여세의 면제' 규정을 폐지함과 함께, 후계농업인의 원활한 농업 승계를 계속적으로 지원하면서 동시에 감면규정을 이용한 조세회피를 방지하기 위해 감면한도·감면방식 등을 합리적으로 개선한 새로운 '영농자녀가 증여받는 농지 등에 대한 증여세의 감면' 규정을 조특법 제71조에 신설하였다.[597]

이에 따라 농지·초지·산림지·어선·어업권·어업용 토지 등·염전 또는 축사용지(해당 농지·초지·산림지·어선·어업권·어업용 토지 등·염전 또는 축사용지를 영농조합법인에 현물출자하여 취득한 출자지분을 포함하며, 이하 "농지 등"이라 한다)를 농지 등의 소재지에 거주하면서 영농(양축, 영어 및 영림을 포함)에 종사하는 자경농민이 영농자녀에게 2022년 12월 31일까지[598] 증여하는 경우 해당 농지 등의 가액에 대한 증여세[세대생략 가산액을 포함(재산-2292, 2008. 8. 18.)]의 100%에 상당하는 세액을 감면한다.

2) 감면요건

영농자녀가 자경농민으로부터 증여받은 농지 등에 대해 증여세를 감면받으려면 다음의 요건을 모두 충족하여야 한다. 당해 규정과 같은 조세감면규정은 조세정책상 특혜를 주는 규정이므로 그 감면요건은 엄격하게 해석하여야 한다(조심 2010중3509, 2011. 2. 8.).

(1) 농지 등의 요건

아래의 농지 등의 규모 및 소재지의 요건을 모두 충족하여야 한다(조특법 집행기준 71-68-3). 여기에서의 농지 등에는 다음의 농지 등을 영농조합법인에 현물출자하여 취득한 출자지분을 포함한다(조특법 제71조 제1항 ; 서면4팀-3726, 2007. 12. 28.).

① 감면대상 농지 등의 규모

증여세가 감면되는 농지 등은 증여자인 자경농민을 기준으로 다음 각각의 면적 이내인 농지 등을 그 대상으로 한다(조특법 제71조 제1항 제1호 ; 서면4팀-2405, 2007. 8. 9.).

㉮ 농지법에 따른 토지로서 40,000m² 이내의 농지[599]

"농지"라 함은 전·답 및 과수원으로서 지적공부상의 지목에 관계없이 실제로 경작에 사용되는 토지를 말한다. 이 경우 농지의 경영에 직접 필요한 농막·퇴비사·양수장·지소(池沼)·농도·수로 등의 토지 부분을 포함한다(소법 시행

---

597) 2007. 1. 1. 이후 증여분부터 적용
598) 2015. 1. 1. 이후 증여분부터 적용
599) 2015. 1. 1. 이후 증여분부터 적용

령 제168조의 8 제1항, 법법 시행령 제92조의 5 제1항).

㉯ 초지법에 따른 초지조성허가를 받은 148,500m² 이내의 초지

"초지"라 함은 다년생개량목초의 재배에 이용되는 토지 및 사료작물재배지 와 목도·진입도로·축사(재산-175, 2011. 4. 5.) 및 농림수산식품부령이 정하는 부대시설을 위한 토지를 말한다(초지법 제2조 제1호 ; 재산-3065, 2008. 10. 1.).

㉰ 산지관리법에 따른 보전산지 중 산림자원의 조성 및 관리에 관한 법률에 따라 산림경영계획을 인가받거나 특수산림사업지구로 지정 받아 새로 조림한 기간 이 5년 이상인 297,000m² 이내의 산림지(채종림·산림보호법 제7조에 따른 산림보호구역) (단, 조림기간이 20년 이상인 경우에는 조림기간이 5년 이상인 297,000m² 이내의 산림지를 포함하여 990,000m² 이내의 산림지)

㉱ 축사 및 축사에 딸린 토지로서 해당 축사의 실제 건축면적을 건축법에 따른 건폐율로 나눈 면적의 범위 이내의 것

㉲ 어선법에 따른 총톤수 20톤 미만의 어선[600]

㉳ 수산업법 또는 내수면어업법에 따른 어업권으로서 100,000㎡ 이내의 것[601]

㉴ 40,000㎡ 이내의 어업용 토지 등[602]

㉵ 소금산업 진흥법 제2조 제3호에 따른 염전으로서 60,000㎡ 이내의 것[603]

② 감면대상 농지 등의 소재지

해당 규정을 적용받는 농지 등의 소재지는 다음의 지역 외의 지역에 있어야 한다. 아래의 지역은 농지 이외의 용도로 쓰일 것이 예정되어 있기 때문이다.

㉮ 국토의 계획 및 이용에 관한 법률 제36조의 규정에 따른 주거지역·상업지역 및 공업지역

8년 자경농지에 대한 양도소득세 감면배제(조특법 제69조 및 같은 법 시행령 제66조 제4항 제1호[604])와는 달리 '광역시에 있는 군', '도·농복합형태의 시의 읍·면지역' 의 주거지역·상업지역·공업지역도 증여세 감면이 배제된다.

㉯ 택지개발촉진법에 따른 택지개발예정지구 그 밖에 조특법 시행령 별표 6의 2에

---

600) 2018. 1. 1. 이후 증여분부터 적용
601) 2018. 1. 1. 이후 증여분부터 적용
602) 2018. 1. 1. 이후 증여분부터 적용
603) 2020. 1. 1. 이후 증여분부터 적용
604) 양도일 현재 특별시·광역시(광역시에 있는 군을 제외) 또는 시(「지방자치법」 제3조 제4항의 규정에 의하여 설치된 도·농복합형태의 시의 읍·면지역을 제외)에 있는 농지 중 「국토의 계획 및 이용에 관한 법률」 에 의한 주거지역·상업지역 및 공업지역 안에 있는 농지로서 이들 지역에 편입된 날부터 3년이 지난 농지는 '8년 자경농지에 대한 양도소득세 감면규정'의 적용을 배제한다.

따른 사업지구로 지정된 지역(조특법 시행령 제68조 제4항, 택지개발촉진법 제2조 제3호)

여기에서 조특법 시행령 제68조 제4항 관련 별표 6의 2의 개발사업지구는 다음과 같다.

1. 경제자유구역의 지정 및 운영에 관한 법률 제4조에 따라 지정된 경제자유구역
2. 관광진흥법 제50조에 따라 지정된 관광단지
3. 보금자리주택건설 등에 관한 특별법 제6조에 따라 지정된 보금자리주택지구
4. 기업도시개발특별법 제5조에 따라 지정된 기업도시개발구역
5. 농어촌도로정비법 제8조에 따라 도로사업계획이 승인된 지역
6. 도시개발법 제3조에 따라 지정된 도시개발구역
7. 사회기반시설에 대한 민간투자법 제15조에 따라 실시계획이 승인된 민간투자사업 예정지역
8. 산업입지 및 개발에 관한 법률 제2조 제5호에 따른 산업단지
9. 신항만건설촉진법 제5조에 따라 지정된 신항만건설예정지역
10. 온천법 제4조에 따라 지정된 온천원보호지구
11. 유통단지개발촉진법 제5조에 따라 지정된 유통단지
12. 자연환경보전법 제38조에 따라 자연환경보전·이용시설설치계획이 수립된 지역
13. 전원개발촉진법 제5조에 따라 전원개발사업 실시계획이 승인된 지역
14. 주택법 제16조에 따라 주택건설사업계획이 승인된 지역
15. 중소기업진흥에 관한 법률 제31조에 따라 협동화사업을 위한 단지조성사업의 실시계획이 승인된 지역
16. 지역균형개발 및 지방중소기업 육성에 관한 법률 제9조에 따른 개발촉진지구, 같은 법 제26조의 3에 따른 특정지역 및 같은 법 제38조의 2에 따른 지역종합개발지구
17. 철도건설법 제9조에 따라 철도건설사업실시계획이 승인된 지역 및 같은 법 제22조에 따라 지정된 역세권개발구역
18. 화물유통촉진법 제28조에 따라 화물터미널설치사업의 공사계획이 인가된 지역
19. 그 밖에 농지 등의 전용이 수반되는 개발사업지구로서 농지법·초지법·산지관리법 그 밖의 법률의 규정에 의하여 농지 등의 전용의 허가·승인·동의를 받았거나 받은 것으로 의제되는 지역

▌영농자녀에 대하여 증여세가 감면되는 농지 요약(조특법 집행기준 71-68-2)▐

증여세가 감면되는 농지 등은 다음 요건을 모두 충족하는 농지·초지·산림지·축사용지·어선·어업권·어업용토지 등과 해당 농지 등을 영농조합법인에 현물출자하여 취득한 출자지분을 말하며, 국토의 계획 및 이용에 관한 법률에 따른 주거·상업·공업지역 및 택지개발지구 등에 소재하는 농지를 증여하는 경우에는 증여세가 감면되는 농지에 해당하지 않음.

구 분	내 용
농지	• 직접 경작한 농지로서 40,000㎡ 이내의 것
초지	• 「초지법」에 따른 초지조성허가를 받은 초지로서 148,500㎡ 이내의 것
산림지	• 「산지관리법」에 따른 보전산지 중 산림경영계획을 인가받거나 특수산림사업지구로 지정받아 새로 조림한 기간이 5년 이상인 산림지(채종림 및 산림보호구역 포함)로서 297,000㎡ 이내의 것 • 조림기간이 20년 이상인 산림지는 조림기간이 5년 이상인 297,000㎡ 이내의 산림지를 포함하여 990,000㎡ 이내의 것
축사용지	• 축사 및 축사에 딸린 토지로서 해당 축사의 실제 건축면적을 건축법에 따른 건폐율로 나눈 면적의 범위 이내의 것
어 선	• 20t 미만의 어선
어업권	• 100,000㎡ 이내의 것
어업용 통지 등	• 40,000㎡ 이내의 것

(2) 증여자(자경농민) 요건

이 규정의 적용대상인 농지 등의 소재지에 거주하면서 영농(양축, 영어 및 영림을 포함)에 종사하는 자경농민이라 함은 다음의 지역에서 증여일부터 소급하여 "3년 이상 계속"하여 직접 영농에 종사하는 거주자를 말한다(조특법 시행령 제68조 제1항, 같은 법 집행기준 71-68-4).

① 농지 등이 소재하는 시·군·구(자치구인 구를 말함) 안의 지역

② 상기 ①의 지역과 연접한 시·군·구(자치구인 구를 말함) 안의 지역

③ 농지 등으로부터 직선거리 30㎞ 이내에 있는 지역[605]

(3) 수증자(영농자녀) 요건

영농자녀가 증여세를 감면받으려면 아래의 요건을 모두 충족하여야 한다(조특법 집행기준 71-68-3). 영농자녀가 여러 명이더라도 상관없다.

① 농지 등의 증여일 현재 만 18세 이상 직계비속일 것

---

605) 단, 2008. 2. 22. 이후 최초로 증여하는 분부터 적용

② 증여세 과세표준 신고기한까지, 농지 등이 소재하는 시·군·구, 그와 연접한 시·군·구 또는 해당 농지 등으로부터 직선거리 30킬로미터 이내에 거주하고 증여받은 농지 등에서 직접 영농에 종사할 것

┃ 영농자녀 범위 비교 ┃

영농자녀 증여세 면제(조특법 제71조)	영농상속공제(상증세법 제18조)
영농자녀 = ① and ②	영농자녀 = 1. or 2.
① 농지 등의 증여일 현재 만 18세 이상 직계비속일 것	1. 상속인 = ① and ② and ③
② 증여세 과세표준 신고기한까지 농지 등이 소재하는 시·군·구, 그와 연접한 시·군·구 또는 해당 농지 등으로부터 직선거리 30킬로미터 이내에 거주할 것	① 상속개시일 현재 18세 이상일 것
③ 증여세 과세표준 신고기한까지 증여받은 농지 등에서 직접 영농에 종사할 것	② 농지 등이 소재하는 시·군·구, 그와 연접한 시·군·구 또는 해당 농지 등으로부터 직선거리 30킬로미터 이내에 거주 할 것
	③ 상속개시일 2년 전부터 계속하여 직접 영농에 종사할 것
	2. 상속인 = ① or ② or ③
	① 농어업경영체 육성 및 지원에 관한 법률 제10조에 따른 후계농업경영인 및 어업인후계자
	② 임업 및 산촌 진흥촉진에 관한 법률 제2조 제4호의 규정에 의한 임업후계자
	③ 초·중등교육법, 국세기본법 및 고등교육법에 의한 농업 또는 수산계열의 학교에 재학 중이거나 졸업한 자

3) 영농자녀·자경농민 및 "직접 영농에 종사"·"3년 이상 계속"의 의미

(1) • '영농자녀' 및 '자경농민'이라 함은 자기 소유 농지를 직접 자기의 책임 하에 관리·경작하는 등 농업(축산업 포함(국심 2007중40, 2007. 7. 11.))을 주업으로 하는 자를 의미하고, 다른 직업에 전념하면서 농업을 간접적으로 경영하는 것에 불과한 경우는 해당하지 아니한다고 보아야 할 것이다(감심 2011-115, 2011. 6. 30. ; 조심 2010중3089, 2011. 5. 18. ; 대법원 98두9271, 1998. 9. 22.). 이는 당해 규정의 취지가 자경농민의 직계비속 등에게 증여세를 부과하지 아니하여 계속 영농에 종사하게 함으로써 농촌의 균형발전을 지원하기 위한 것이라는 점에서 타당하다.

같은 맥락에서 증여자가 자경능력이 없고 수증자가 다른 직업을 겸업하더라도 소규모 영세업을 영위하고 농지규모가 작은 경우 등에는 농지를 직접 경작한 것으로 본 사례(조심 2010중297, 2010. 12. 31. ; 조심 2010중2155, 2010. 12. 23. ; 대법원 98두9271, 1998. 9. 22.)

도 있다는 점에서 증여자의 자경능력, 다른 직업의 비중, 경작지와의 거리, 농지규모 등 구체적 사실관계의 확인에 따라 판단하여야 할 것이다.

• "직접 영농에 종사"하는 경우에 대한 판단기준은 「상속세 및 증여세법 시행령」 제16조 제4항을 준용한다. 이 경우 "피상속인"은 "자경농민 등"으로, "상속인"은 "영농자녀 등"으로 본다.

이에 따르면, 자경농민 또는 영농자녀의 영농 관련 소득을 제외한 사업소득금액과 총급여액의 합계액이 연간 3,700만원 이상인 과세기간이 있는 경우에는 그 자경농민 또는 영농자녀가 영농에 종사하지 아니한 것으로 보아 증여세 감면을 적용하지 아니한다.

(2) '자경농민'의 경우 "3년 이상 계속"하여 직접 영농에 종사하여야 한다는 의미는, 자경기간을 통산하여 그 기간을 계산하는 것이 아니라 증여일 이전 소급하여 계속되는 영농기간이 3년 이상이어야 한다는 것이다(재삼 46014-1975, 1996. 8. 29.).

다만, 영농자녀가 증여받은 농지 등에 대한 증여세 감면요건 중 '영농자녀'의 요건에서 농지의 소재지 등에 거주하여야 하는 요건과 증여일 전 3년 이상 영농 등에 종사하고 있을 것의 요건을 폐지하고, 증여세 과세표준 신고기한까지 증여받은 농지 등에서 직접 영농에 종사할 것의 요건으로 완화하였다.

4) 증여세 감면의 종합한도 등

(1) 감면받을 증여세액의 5년간 합계액이 수증자별로 1억원("증여세감면한도액")을 초과하는 경우에는 그 초과하는 부분에 상당하는 금액은 감면하지 아니한다. 이 경우 증여세감면한도액은 해당 감면받을 증여세액과 해당 증여일 전 5년간 감면받은 증여세액의 합계액으로 계산한다(조특법 제133조 제2항, 같은 법 집행기준 71-68-2). 즉 사전증여한 조특법 제71조 재산과는 합산하여 계산하지는 않으나(조특법 제71조 제7항), 각각의 증여시기에 계산된 감면세액의 합계액으로 계산한다.

(2) 위의 제7항을 근거로 과세대상 농지와 면제대상 농지를 동시에 증여받은 경우에는 각각 별도로 증여재산공제와 세액계산을 하여야 하되, 증여재산공제액은 안분하여야 한다(심사증여 2019-0007, 2019. 10. 8.).

사전증여재산과는 합산하지 않으므로(조특법 제71조 제7항), 조특법 제71조의 재산과 그 이외의 증여재산을 함께 증여받은 경우, 각각 증여세를 계산하여 별도로 신고하여야 한다.

(3) 부담부증여의 경우 증여재산가액에서 그 증여재산에 담보된 채무로서 수증자가 인수한 금액을 뺀 금액에도 당해 감면규정이 적용된다(재산-589, 2010. 8. 13.).

5) 사후관리

(1) 감면세액의 납부

증여세를 감면받은 농지 등을 '정당한 사유 없이' 증여받은 날부터 5년 이내에 양도하거나 영농자녀가 '정당한 사유 없이' 해당 농지 등에서 직접 영농에 종사하지 아니하게 된 때(타인에게 임대한 경우 포함)에는 즉시 증여세의 감면세액에 상당하는 금액을 징수한다(조특법 집행기준 71-68-5). 이처럼 증여세의 감면세액에 상당하는 금액을 징수하는 경우 증여자는 수증자가 납부할 증여세에 대하여 연대하여 납부할 의무가 있다(재산-823, 2009. 4. 29.).

그런데 영농자녀가 증여 받은 농지 등을 영농조합법인에 현물출자한 후에도 당해 농지 등에서 직접 영농에 종사하는 경우 현물출자일 전후를 통산하여 5년을 초과하는 경우 감면된 증여세를 추징하지 않는다(서면4팀-3726, 2007. 12. 28. ; 재재산-1546, 2007. 12. 24.).

(2) 증여세가 추징되지 않는 정당한 사유

① 증여받은 날부터 5년 이내에 양도하더라도 증여세가 추징되지 않는 정당한 사유 (조특법 시행령 제68조 제5항, 같은 법 집행기준 71-68-6) 만약 감면한도를 초과하는 1필지를 증여받은 후 일부를 양도하는 경우, 감면한도를 초과하는 부분이 먼저 양도된 것으로 본다(서면4팀-2623, 2007. 9. 10.).

㉠ 영농자녀가 사망하는 경우

㉡ 공익사업을 위한 토지 등의 취득 및 보상에 관한 법률에 따른 협의매수·수용 및 그 밖의 법률에 따라 수용되는 경우

㉢ 국가·지방자치단체에 양도하는 경우

㉣ 농어촌정비법 그 밖의 법률에 따른 환지처분에 따라 해당 농지 등이 농지 등으로 사용될 수 없는 다른 지목으로 변경되는 경우. 이 경우 해당 농지에서 직접 영농에 종사하지 못하게 된 기간은 사후관리기간의 계산에서 제외되는 것이다(재산-352, 2010. 6. 1.). 그렇지만 증여세 감면받은 농지에 대하여 증여받은 날로부터 5년 이내에 농지의 전용허가를 받아 창고를 신축함으로 인하여 당해 농지에서 직접 영농에 종사하지 아니하게 된 경우에는 그 농지에 대한 증

여세의 감면세액에 상당하는 금액이 징수된다(서면4팀-3078, 2007. 10. 25.).

ⓟ 영농자녀가 해외이주법에 따른 해외이주를 하는 경우

ⓗ 소득세법 제89조 제1항 제2호 및 상증세법 제70조에 따라 농지를 교환·분합 또는 대토한 경우로서 종전 농지 등의 자경기간과 교환·분합 또는 대토 후의 농지 등의 자경기간을 합하여 8년 이상이 되는 경우

② 증여세를 감면받은 농지 등에서 직접 영농에 종사하지 아니하더라도 증여세가 추징되지 않는 정당한 사유(조특법 시행령 제68조 제6항, 같은 법 집행기준 71-68-6)

㉠ 영농자녀가 1년 이상의 치료나 요양을 필요로 하는 질병으로 인하여 치료나 요양을 하는 경우

㉡ 영농자녀가 고등교육법에 따른 학교 중 농업계열의 학교에 진학하여 일시적 으로 영농에 종사하지 못하는 경우

㉢ 병역법에 따라 징집되는 경우

㉣ 공직선거법에 따른 선거에 의하여 공직에 취임하는 경우

(3) 이자상당액의 납부

해당 규정에 의하여 감면받은 증여세액을 '감면세액의 납부' 규정에 의하여 징수하 는 경우에는 당초 과세표준 신고기한의 다음날부터 추징사유가 발생한 날까지의 기 간에 1일 1만분의 3의 율을 곱하여 계산한 이자상당액을 납부하여야 한다(조특법 제66 조 제6항, 같은 법 시행령 제63조 제9항, 같은 법 집행기준 71-68-5).

6) 감면신청 등

(1) 감면신청절차

해당 규정에 따른 감면신청을 하려는 영농자녀는 세액감면신청서(조특법 시행규칙 별지 제52호 서식)에 다음의 서류를 첨부하여 납세지 관할 세무서장에게 제출하여야 한다(조 특법 시행령 제68조 제9항 및 같은 법 시행규칙 제28조 제2항, 제61조 제1항 제53호).

① 자경농민 및 영농자녀의 농업소득세 납세증명서 또는 영농사실을 확인할 수 있는 서류

② 해당 농지 등 취득시의 매매계약서 사본

③ 해당 농지 등에 대한 증여계약서 사본

④ 증여받은 농지 등의 명세서

⑤ 해당 농지 등을 영농조합법인에 현물출자한 경우에는 영농조합법인에 출자한 증서

⑥ 증여받은 농지 등의 토지이용계획 확인서

⑦ 후계농업경영인 또는 임업후계자임을 증명하는 서류

(2) 감면신청의 임의성

2008년 12월 26일 상증세법 개정시 납세편의 제고를 위하여 증여세 과세표준 신고기한까지 감면신청을 하지 아니한 경우에도 요건을 갖춘 경우 감면을 적용받을 수 있도록 하였으며, 동 개정규정은 2009년 1월 1일 이후 증여하는 분부터 적용한다.

(3) 감면순위

한편, 영농자녀가 농지 등을 동시에 2필지 이상 증여받은 경우에는 증여세를 감면받으려는 농지 등의 순위를 정하여 감면을 신청하여야 한다. 다만, 영농자녀가 감면받으려는 농지 등의 순위를 정하지 아니하고 감면을 신청한 경우에는 증여 당시 농지 등의 가액이 높은 순으로 감면을 신청한 것으로 한다(조특법 시행령 제68조 제8항).

(4) 신청서 확인

위에 따라 세액감면신청서를 제출받은 납세지 관할 세무서장은 전자정부법 제21조 제1항에 따른 행정정보의 공동이용을 통하여 다음의 서류를 확인하여야 한다. 다만, 신청인이 확인에 동의하지 아니하는 경우에는 이를 첨부하게 하여야 한다(조특법 시행령 제68조 제10항).

① 자경농민의 호적등본 및 주민등록표 등본

② 신청인의 주민등록표 등본

③ 증여받은 농지 등의 등기부 등본

7) 양도소득세 과세특례

해당 규정에 따라 증여세를 감면받은 농지 등을 양도하여 양도소득세를 부과하는 경우 소득세법에 불구하고 취득시기는 자경농민(증여자)이 해당 농지 등을 취득한 날로 하고, 필요경비는 자경농민의 취득 당시 필요경비로 한다(조특법 제71조 제3항). 따라서 농지 등을 양도하는 경우로서 해당 규정에 따라 증여세를 감면받은 농지 등이 포함되어 있는 경우에는 증여세를 감면받은 부분과 과세된 부분을 각각 구분하여 양도소득금액을 계산한다(조특법 시행령 제68조 제7항). 그리고 장기보유특별공제 적용시 보유기간도 자경농민기준으로 계산한다. 그렇지만 조특법 제69조의 규정을 적용함에 있어 '8년 이상 계속하여 직접 경작한 기간'은 증여받은 날(증여등기 접수일)부터 계산한다(서면4팀-2623, 2007. 9. 10.).

그런데 조특법 제71조 제2항의 규정에 따라 증여세 감면세액을 추징하는 경우 동법제71조 제3항의 규정은 적용되지 않는다(서면4팀-2623, 2007. 9. 10.).

8) 상속세 및 증여세 과세특례

(1) 상속세 과세특례

해당 규정에 따라 증여세를 감면받은 농지 등은 상증세법 제3조의 2 제1항에 의한 상속세 납세의무 및 납부비율을 계산할 때 상속재산에 가산하는 증여재산으로 보지 아니하며, 같은 법 제13조 제1항에 따라 상속세 과세가액에 가산하는 증여재산가액에 포함시키지 아니한다. 즉, 상속개시일 전 10년 이내에 피상속인이 상속인에게 증여한 재산가액에 포함하지 아니한다(조특법 집행기준 71-68-2).

(2) 증여세 과세특례

또한, 해당 규정에 따라 증여세를 감면받은 농지 등은 상증세법 제47조 제2항에 따라 해당 증여일 전 10년 이내에 자경농민(자경농민의 배우자를 포함)으로부터 증여받아 합산하는 증여재산가액에 포함시키지 아니한다(조특법 제71조 제6항). 그러나 과세표준계산시 그 증여재산가액에서 직계존속 증여재산공제(5천만원)는 이전증여시 이미 공제되었으므로 추가로 공제하지 않는다(심사증여 2010-117, 2011. 2. 25.).

VI 차가감납부할세액 계산

증 여 세 산 출 세 액	
(-) 박물관자료 등 징수유예세액	박물관자료·미술관자료에 대한 상속세액
(-) 세 액 공 제(세액감면 포함)	납부세액공제·외국납부세액공제·신고세액공제·(영농자녀 증여세 면제 포함)
결 정 세 액	
(+) 가 산 세	신고불성실가산세·납부지연가산세
차 가 감 납 부 할 세 액 (= 총 결 정 세 액)	증여일이 속하는 달의 말일로부터 3월 이내 신고·납부

Ⅶ 자진납부세액 계산

차가감 납부할 세액[606]	
(−) 연 부 연 납 신 청 세 액	납부세액 2천만원 초과시
(−) 물 납 신 청 세 액	납부세액 2천만원 초과 + 부동산·유가증권 비중 50% 초과시
자 진 납 부 세 액[607]	신고납부기한 : 증여일이 속하는 달의 말일로부터 3월 이내

---

606) '증여세 과세표준신고 및 자진납부계산서(상증세법 시행규칙 별지 제10호 서식)'의 ㊶번 참조
607) '상증세법 집행기준 70－66－1' 참조

증여재산의 평가

제1절 재산평가의 원칙

상증세법	상증세법 시행령	상증세법 시행규칙
제60조【평가의 원칙 등】	제49조【평가의 원칙등】 제58조의 3【국외재산에 대한 평가】	제15조【평가의 원칙등】

 재산평가의 기초

1. 재산평가의 의의

1) 평가의 의의

평가란 일정한 현상 또는 대상에 대하여 경제적 가치, 즉 시장가격을 매기는 과정 또는
그것을 화폐액으로 표현하는 과정이라고 말할 수 있다.

따라서 재산의 평가란 재산이 갖고 있는 가치를 화폐액으로 표시하는 과정이라 할 수 있는데, 상증세법상 재산(여기에서의 재산은 상속재산과 증여재산을 포괄한다)의 평가는 상속세·증여세를 과세하기 위하여 과세대상 재산에 대하여 화폐라는 공통의 척도로 동질화시키는 것을 의미한다.

2) 평가의 어려움

증여세 과세에 있어서의 재산평가는 증여일의 시점에 평가하는 것이므로 현실적으로 거래되어 금전화(소득세·법인세는 실제로 거래된 가액을 기준으로 과세된다)되지 않은 재산을 평가하게 되는 것이므로 평가자의 주관이 개입될 여지가 있어 객관성이 결여되기 쉽다(현재 99헌바54 전원재판부, 2001. 6. 28.). 이로 인해 재산평가는 납세자와 과세청 간의 이해가 가장 첨예하게 대립되는 부분의 하나이다.

3) 평가의 중요성

그렇더라도 재산의 가액을 언제 어떻게 평가할 것인가는 증여세의 과세표준에 직접적으로 영향을 주므로, 공정·타당한 평가방법은 중요한 의미를 갖는다. 그러므로 재산평가의 핵심변수는 평가시기와 평가방법이다.

2. 재산평가의 기준일

평가기준일이란 재산의 평가액을 산정하는 기준시점이다. 재산의 가액은 시간이 경과함에 따라 달라질 수 있기 때문에 어느 시점의 가액으로 평가하느냐에 따라 재산의 평가액이 다르게 되고 부담하는 세액도 다르게 된다. 따라서 법적 안정성과 예측 가능성을 제고하고 과세상의 형평을 도모하기 위해 재산평가의 기준시점을 명확히 하여야 할 필요가 있다.

현행 상증세법상 증여재산의 가액은 증여일(評價基準日) 현재의 현황에 의한다(상증세법 제60조 제1항).

구체적으로 재산별 평가기준일을 살펴보면 다음과 같다.

1) 증여재산

일반적인 증여재산은 증여일 현재의 가액으로 평가한다(상증세법 제60조 제1항). 이때 상증세법상 증여일은 민법(증여계약 성립일)과 달리 증여에 의하여 재산을 취득하는 때, 즉 증여의 이행을 받은 날(사실상 이익을 받은 날)로 하고 있다. 즉 상증세법 시행령 제23조에서는 상증세법상에 별도의 규정(상증세법 제33조 내지 제45조의 3)을 두고 있는 경우를 제외한 일반적인 증여의 경우 증여재산의 취득시기에 대하여 규정하고 있는바, 부동산은 등기일, 동산은 인도일 또는 사실상 점유이전일을 원칙으로 하고 있다(상증세법 기본통칙 31 – 23…5). 증여일에 대한 상세한 내용은 앞에서 기술하였다.[608]

2) 합산되는 증여재산

상증세법상 합산배제증여재산(상증세법 제47조 제1항)을 제외하고 해당 증여일 전 10년 이내에 동일인(증여자가 직계존속인 경우에는 그 직계존속의 배우자를 포함)으로부터 받은 증여재산가액을 합친 금액이 1천만원 이상인 경우에는 그 가액을 증여세 과세가액에 가산하여 증여세를 과세한다(상증세법 제47조 제2항). 이때 위의 재차증여재산의 합산과세시 증여재산의 가액은 각 증여일 현재의 재산가액에 의한다(상증세법 기본통칙 47 – 0…2). 그러므로 각각의 증여에 의하여 재산을 취득하는 때, 즉 증여의 이행을 받은 날(사실상 이익을 받은 날) 현재의 재산가액에 의한다. 구체적인 증여시기에 대해서는 상증세법 시행령 제23조에서 규정되어 있으며 이에 대해서는 앞에서 설명하였다.[609]

3. 평가대상

상증세법상 증여재산의 평가는 증여세를 과세하기 위하여 과세대상 재산에 대하여 화폐적 가치를 부여하는 것인데, 경제적 이익의 무상이전이라는 증여의 성격상 평가대상이 되는 재산은 적극적 재산에 한할 것이지 소극적 재산인 부채는 포함되지 아니한다. 한편 엄밀한 의미에서의 소극재산은 아니나 채무면제 등에 따른 이익의 증여유형(상증세법 제36조)에서의 증여재산가액이나 부담부증여의 채무인수액(상증세법 제47조 제1항)처럼 소극적 재산과 관련된 경우에서는, 그 가액이 평가이전에 이미 명백한 것이어서 평가의 문제는 생기지 않는다.

4. 그 밖의 재산평가 관련사항

1) 공유재산의 평가

(1) 원칙

공유재산은 지분별로 구획하지 아니하고 전체로서 평가한 재산가액에 그 공유자

---

608) 이 책 '증여일' 참조
609) 이 책 '증여일' 참조

의 지분비율에 따라 안분한 가액에 의하여 평가한다(상속재산평가준칙 제10조 제1항).

(2) 공유물인 재산의 타인지분에 감정가액이 있는 경우의 평가방법

평가대상 재산이 공유물인 경우 해당 재산의 타인지분에 감정가액이 있는 경우에는 해당 감정가액을 재산의 시가로 볼 수 있다. 다만, 공유물이 현실적으로 각자가 별도로 관리·처분할 수 있고 이에 대한 계약 등에 의하여 그 사실이 확인되거나 상호 명의신탁재산에 해당하여 사실상 이를 공유물로 볼 수 없는 경우에는 타인지분에 대한 감정가액을 평가대상 재산의 시가로 보지 아니한다(상증세법 기본통칙 60-49…3, 같은 법 집행기준 60-49-5).

2) 원물과 과실의 평가

천연과실은 물건의 용법에 의하여 수취하는 산출물(민법 제101조 제1항)로서 그 원물로부터 분리하는 때에 수취권자에게 귀속(민법 제102조 제1항)하므로, 분리 전에는 원물의 가액에 포함해서 평가하는 것이 타당하다. 법정과실은 물건의 사용대가로 받는 금전 그 밖의 물건(민법 제101조 제2항)으로서 수취할 권리의 존속기간 일수의 비율로 취득(민법 제102조 제2항)하므로, 원물과 분리가능한 법정과실의 가액은 원물과는 별도로 평가한다. 다만, 이러한 민법의 규정은 강행규정이 아니므로 다른 거래의 실행이 있는 경우 또는 당사자의 합의로 별도의 정함이 있는 경우에는 그 실행 및 정한 바에 따라 평가한다(상속재산평가준칙 제13조).

3) 연부 등에 취득한 상환완료 전 재산의 평가

그리고 연부 또는 월부에 의하여 취득한 재산으로서 평가기준일 현재 상환이 완료되지 않은 재산에 대하여는 해당 재산의 가액에서 미상환금을 차감한 가액(차감한 가액이 음수이면 '0')으로 평가한다(상증세법 기본통칙 65-0…1, 같은 법 집행기준 65-60-3).

4) 재산평가의 계산단위

상증세법 제60조 내지 제66조의 규정에 의해 재산을 평가함에 있어서 배율에 의한 부동산의 제곱미터당 가액, 상장주식의 1주당 최종시세가액의 평균액과 비상장주식의 1주당가액, 1주당 순손익액 및 이의 가중평균액 등의 계산에 있어 원단위 미만의 금액은 이를 버린다(상증세법 기본통칙 60-0…1).

5) 국외재산의 평가

국외재산을 평가함에 있어서는 먼저 상증세법 제60조 내지 제65조의 규정을 적용하여 평가하고, 이렇게 하는 것이 부적당한 경우에는 해당 재산이 소재하는 국가에서 양도소득세 · 상속세 또는 증여세 등의 부과목적으로 평가한 가액을 평가액으로 하며, 이러한 평가액도 없는 경우에는 세무서장 등이 2 이상의 국내 또는 외국의 감정기관에 의뢰하여 감정한 가액을 참작하여 평가한 가액에 의한다(상증세법 시행령 제58조의 3).

그리고 외화로 표시된 국외재산의 가액은 평가기준일 현재 외국환거래법에 의한 기준환율 또는 재정환율에 의하여 환산한 가액으로 이를 평가한다(상증세법 시행규칙 제15조 제2항).

6) 외화자산 및 부채의 평가

외화자산 및 부채는 평가기준일 현재 외국환거래법 제5조 제1항에 따른 기준환율 또는 재정환율에 따라 환산한 가액을 기준으로 평가한다(상증세법 시행령 제58조의 4).[610]

7) 평가방법의 정함이 없는 재산의 평가

상증세법에서 따로 평가방법을 정하지 아니한 재산의 평가는 상증세법 제65조 제1항 및 같은 법 제60조 내지 제64조에 규정된 평가방법을 준용하여 평가한다(상증세법 제65조 제3항).

8) 기획재정부장관의 평가 세부사항 결정

기획재정부장관은 증여재산을 평가함에 있어서 평가의 공정성을 확보하기 위하여 재산별 평가기준 · 방법 · 절차 등에 관한 세부사항을 정할 수 있다(상증세법 시행령 제49조 제11항). 이에 따라 1994년 8월 8일 현재 상속재산평가준칙이 제정되어 있으나, 이후 세법 개정사항이 반영되어 있지 않아 그 적용에 유의할 필요가 있다.

II 재산평가의 원칙

 해의 맥

상속 · 증여재산의 가액은 원칙적으로 시가에 의하고, 시가를 산정하기 어려운 예외적인 경우에만 보충적평가액으로 한다는 점에서, 우선적으로 적극적인 시가탐색이 필요하다.

---

610) 2012. 2. 2. 이후 최초로 상속이 개시되거나 증여받은 것부터 적용한다.

1. 시가 평가

증여세가 부과되는 증여재산의 가액은 증여일(평가기준일) 현재의 시가에 의하는 것을 원칙으로 하고 있다(상증세법 제60조 제1항). 시가에 대한 상세한 설명은 아래 제3절에서 본다.

2. 보충적 평가

증여받은 재산의 시가를 산정하기 어려운 경우에는 해당 재산의 종류·규모·거래상황 등을 감안하여 상증세법 제61조 내지 제65조에서 규정한 보충적 평가방법에 의하여 평가하도록 하고 있다. 따라서 재산가액을 평가함에 있어서는 시가를 산정하기가 곤란하여 보충적 평가방법에 의하는 경우를 제외하고는 원칙적으로 시가에 의하여 평가하여야 한다.

3. 평가특례

다만, 예외적으로 상증세법 제66조에 규정하는 저당권 등이 설정된 재산(저당권 또는 질권이 설정된 재산, 양도담보재산, 전세권이 등기된 재산)은 해당 재산이 담보하는 채권액 등을 기준으로 평가한 가액과 시가(시가가 없는 경우 보충적 평가방법에 의한 가액)에 의하여 평가한 가액 중 큰 금액을 적용하도록 하고 있다. 이에 대해서는 後에 기술한다.[611]

Ⅲ 시가평가의 원칙

1. 시가의 의의

해의 맥

시가란 "불특정다수인 사이에 자유로이 거래가 이루어지는 경우에 통상 성립된다고 인정되는 가액"으로, 결국 시가로 인정받기 위해서는 해당 가액이 객관성·정상성·적정성(적합성)·타당성을 충족하여야 하며 충족 여부에 대한 입증책임은 주장하는 자에게 있다.

'시가의 의의'에 대한 해설은 '상속세편'을 참조하기 바란다.

---

611) 이 책 '저당권 등이 설정된 재산의 평가'에서 구체적으로 살펴본다.

2. 시가의 범위

해의 맥

상속·증여는 무상이전이므로 평가기준일에 현실적으로 거래가 이루어지진 않지만, 앞의 시가요건을 충족하는 "매매사례가액 등(해당재산 → 동일·유사재산)"이 존재하는 경우에는 이를 시가로 인정한다. 다만, 시장성 있는 상장주식 등의 경우에는 평가기준일 전후 2개월의 "종가평균"만이 시가로 간주된다.

'시가의 범위'에 대한 해설은 '상속세편'을 참조하기 바란다.

3. 시가 적용의 순서

'시가 적용의 순서'에 대한 해설은 '상속세편'을 참조하기 바란다.

4. 시가인정받는 평가기간 산정 개시일
(상증세법 시행령 제49조 제2항, 같은 법 집행기준 60 - 49 - 3)

'시가인정받는 평가기간 산정 개시일'에 대한 해설은 '상속세편'을 참조하기 바란다.

Ⅳ 보충적 평가방법

해의 맥

이 보충적 평가방법은 그 평가액이 시가를 반영함에 있어 적정(객관적이고 합리적)하다는 암묵적 전제를 기반으로 한 정형화된 방법이므로, 조세법률주의 원칙상 여기에 규정되지 않는 다른 방법을 보충적 평가방법으로 사용하는 것은 비록 그 방법이 재산의 실질적 가치를 더 잘 반영한다 하더라도 인정되지 않을 것이다. 단지, 정형화된 보충적 평가방법 내에서의 구체적인 방법의 선택에서는 보다 적정한 평가방법을 선택할 수 있을 것이다.

만약 보충적 평가방법이 적정하지 않다고 인정되는 경우에는 이러한 정형화된 방법에도 불구하고 그 실질적 가치를 가장 잘 나타내는 다른 방법에 의할 수 있는가가 문제이다. 생각해 보면 다른 보충적 평가방법을 사용하여 평가하는 것은 조세법률주의 원칙상 인정되지 않을 것이나, 그 실질적 가치를 반영하는 시가를 산정하는 것은 시가평가의 원칙상 인정될 수 있을 것이다(앞에서 살펴본 시가의 범위는 시가로 인정되는 예시적 규정에 불과하다는 점에서도 이러한 해석이 타당하다). 즉 보충적 평가방법으로서가 아니라 시가산정이라는 측면에서 가능하다는 것이다.

그리고 보충적 평가방법의 변천과정을 통해 알 수 있는 것은 보충적 평가방법(제61조 내지 제65조)이 가장 적정한 시가를 찾아가는 과정에 있다는 점이다.

1. 의의

'보충적 평가방법의 의의'에 대한 해설은 '상속세편'을 참조하기 바란다.

2. 시가산정이 어려운 경우

'시가산정이 어려운 경우'에 대한 해설은 '상속세편'을 참조하기 바란다.

3. 상증세법 제61조 내지 제65조 제1항 규정의 성격

'상증세법 제61조 내지 제65조 제1항 규정의 성격'에 대한 해설은 '상속세편'을 참조하기 바란다.

 평가특례

상증세법 제66조에 의한 저당권 등이 설정된 재산의 평가는 그 재산의 특성(재산의 시가를 반영하는 피담보채권이 존재한다는 것)상 상증세법 제60조의 평가의 원칙에 대한 특례가 인정되며, 이에 대해서는 앞의 '상속세편'을 참조하기 바란다.[612]

---

612) 이 책 '저당권 등이 설정된 재산의 평가' 참조

부동산 등의 평가

§ 관련조문

상증세법	상증세법 시행령	상증세법 시행규칙
제61조【부동산 등의 평가】	제50조【부동산의 평가】 제51조【지상권 등의 평가】 제58조의 3【국외재산에 대한 평가】	제15조의 2【임대가액의 계산】 제16조【지상권의 평가 등】

Ⅰ 의의

  부동산은 오늘날 증여재산에서 가장 큰 비중을 차지하는 재산인 것이 우리나라의 현실이다. 그럼에도 불구하고 다양한 변수에 의해 영향을 받는 부동산가치의 성격상 시가를 산정하기가 쉽지 않을 뿐만 아니라 납세자와 과세관청간의 의견의 일치를 보기도 어렵다. 따라서 실무적으로는 상증세법 제61조에 의한 보충적 평가방법을 사용하는 것이 일반적인 현상이다.

Ⅱ 토지

1. 토지의 정의

  '토지의 정의'에 대한 해설은 '상속세편'을 참조하기 바란다.

2. 토지의 평가방법

  '토지의 평가방법'에 대한 해설은 '상속세편'을 참조하기 바란다.

3. 토지 평가의 구체적 판단

  '토지평가의 구체적 판단'에 대한 해설은 '상속세편'을 참조하기 바란다.

Ⅲ 건물

1. 건물의 정의

'건물의 정의'에 대한 해설은 '상속세편'을 참조하기 바란다.

2. 일반건물의 평가

'일반건물의 평가'에 대한 해설은 '상속세편'을 참조하기 바란다.

3. 주택의 평가

'주택의 평가'에 대한 해설은 '상속세편'을 참조하기 바란다.

4. 오피스텔 및 상업용 건물의 평가

'오피스텔 및 상업용 건물의 평가'에 대한 해설은 '상속세편'을 참조하기 바란다.

5. 건물 평가의 구체적 판단

'건물 평가의 구체적 판단'에 대한 해설은 '상속세편'을 참조하기 바란다.

Ⅳ 지상권 등의 평가

1. 지상권의 평가

'지상권의 평가'에 대한 해설은 '상속세편'을 참조하기 바란다.

2. 부동산을 취득할 수 있는 권리의 평가

'부동산을 취득할 수 있는 권리의 평가'에 대한 해설은 '상속세편'을 참조하기 바란다.

3. 특정시설물이용권의 평가

'특정시설물이용권의 평가'에 대한 해설은 '상속세편'을 참조하기 바란다.

그 밖의 시설물 및 구축물의 평가

1. 그 밖의 시설물 및 구축물의 정의

'그 밖의 시설물 및 구축물의 정의'에 대한 해설은 '상속세편'을 참조하기 바란다.

2. 평가방법

'그 밖의 시설물 및 구축물의 평가방법'에 대한 해설은 '상속세편'을 참조하기 바란다.

 사실상 임대차계약이 체결되거나 임차권이 등기된 재산의 평가

'사실상 임대차계약이 체결되거나 임차권이 등기된 재산의 평가'와 관련된 총론적 설명은 '상속세편'을 참조하기 바란다.

1. 정의

'사실상 임대차계약이 체결되거나 임차권이 등기된 재산의 정의'에 대한 해설은 '상속세편'을 참조하기 바란다.

2. 평가방법

'사실상 임대차계약이 체결되거나 임차권이 등기된 재산의 평가방법'에 대한 해설은 '상속세편'을 참조하기 바란다.

제3절 부동산 이외 그 밖의 유형재산의 평가

§관련조문

상증세법	상증세법 시행령
제62조【선박 등 그 밖의 유형재산의 평가】	제52조【기타 유형재산의 평가】 제58조의 3【국외재산에 대한 평가】

I 선박 · 항공기 · 차량 · 기계장비 및 입목에 관한 법률의 적용을 받는 입목의 평가

1. 선박 · 항공기 · 차량 · 기계장비 및 입목에 관한 법률의 적용을 받는 입목의 정의

'선박 · 항공기 · 차량 · 기계장비 및 입목에 관한 법률의 적용을 받는 입목의 정의'에 대한 설명은 '상속세편'을 참조하기 바란다.

2. 선박 · 항공기 · 차량 · 기계장비 및 입목에 관한 법률의 적용을 받는 입목의 평가방법

'선박 · 항공기 · 차량 · 기계장비 및 입목에 관한 법률의 적용을 받는 입목의 평가방법'에 대한 설명은 '상속세편'을 참조하기 바란다.

II 상품 · 제품 · 서화 · 골동품 · 소유권대상 동물 그 밖의 유형재산의 평가

1. 재고자산 그 밖의 이에 준하는 동산 및 소유권대상 동산의 평가

'재고자산 그 밖의 이에 준하는 동산 및 소유권대상 동산의 평가'에 대한 설명은 '상속세편'을 참조하기 바란다.

2. 판매용이 아닌 서화 · 골동품의 평가

'판매용이 아닌 서화 · 골동품의 평가'에 대한 설명은 '상속세편'을 참조하기 바란다.

3. 소유권대상 동물의 평가

'소유권대상 동물의 평가'에 대한 설명은 '상속세편'을 참조하기 바란다.

4. 그 밖의 유형재산의 평가

'그 밖의 유형재산의 평가'에 대한 설명은 '상속세편'을 참조하기 바란다.

Ⅲ 사실상 임대차계약이 체결되거나 임차권이 등기된 재산의 평가

'사실상 임대차계약이 체결되거나 임차권이 등기된 재산의 평가'에 대한 일반론은 '상속세편'을 참조하기 바란다.

제4절 유가증권의 평가

§관련조문

상증세법	상증세법 시행령	상증세법 시행규칙
제63조 【유가증권 등의 평가】	제52조의 2 【한국거래소에서 거래되는 주식 등의 평가】 제53조 【코스닥상장법인의 주식 등의 평가 등】 제54조 【비상장주식의 평가】 제55조 【순자산가액의 계산방법】 제56조 【1주당 최근 3년간의 순손익액의 계산방법】 제56조의 2 【평가심의위원회에 의한 비상장주식의 평가 등】 제57조 【기업공개준비 중인 주식 등의 평가 등】 제58조 【국·공채 등 그 밖의 유가증권의 평가】 제58조의 2 【전환사채 등의 평가】 제58조의 3 【국외재산에 대한 평가】	제16조의 2 【한국거래소에서 거래되는 상장법인 등의 주식 등의 평가 등】 제17조의 2 【순자산가액의 계산방법】 제17조의 3 【1주당 최근 3년간의 순손익액의 계산방법】 제18조 【매매기준가격 등】 제18조의 2 【액면가액으로 직접 매입한 국채 등의 평가】

 의의

1. 기초개념의 이해

'유가증권 평가를 위한 기초개념의 이해'에 대한 설명은 '상속세편'을 참조하기 바란다.

2. 의의

'유가증권 평가의 의의'에 대한 설명은 '상속세편'을 참조하기 바란다.

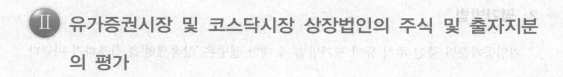

Ⅱ 유가증권시장 및 코스닥시장 상장법인의 주식 및 출자지분의 평가

1. 유가증권시장 및 코스닥시장 상장법인의 주식 등의 의의

'유가증권시장 및 코스닥시장 상장법인의 주식 등의 의의'에 대한 설명은 '상속세편'을 참조하기 바란다.

2. 상장주식 등의 평가방법

'상장주식 등의 평가방법'에 대한 설명은 '상속세편'을 참조하기 바란다.

Ⅲ 비상장법인주식 등의 평가

1. 비상장법인주식 등의 의의

'비상장법인주식 등의 의의'에 대한 설명은 '상속세편'을 참조하기 바란다.

2. 비상장주식 등의 평가방법

'비상장법인주식 등의 평가방법'에 대한 설명은 '상속세편'을 참조하기 바란다.

Ⅳ 기업공개준비 중인 주식 등의 평가

1. 의의

'기업공개준비 중인 주식 등의 평가의 의의'에 대한 설명은 '상속세편'을 참조하기 바란다.

2. 평가방법

'기업공개준비 중인 주식 등의 평가방법'에 대한 설명은 '상속세편'을 참조하기 바란다.

 국채 · 공채 · 사채 및 그 밖의 유가증권의 평가

1. 국채 · 공채 · 사채 · 간접투자증권의 의의

'국채 · 공채 · 사채 · 간접투자증권의 의의'에 대한 설명은 '상속세편'을 참조하기 바란다.

2. 국채 · 공채 · 사채 및 그 밖의 유가증권의 평가방법

'국채 · 공채 · 사채 및 그 밖의 유가증권의 평가방법'에 대한 설명은 '상속세편'을 참조하기 바란다.

 전환사채 등의 평가

1. 전환사채 등의 의의

'전환사채 등의 의의'에 대한 설명은 '상속세편'을 참조하기 바란다.

2. 전환사채 등의 평가방법

'전환사채 등의 평가방법'에 대한 설명은 '상속세편'을 참조하기 바란다.

 예금 · 저금 · 적금 등의 평가

'예금 · 저금 · 적금 등의 평가'에 대한 설명은 '상속세편'을 참조하기 바란다.

제5절　무체재산권 등의 평가

§관련조문

상증세법	상증세법 시행령	상증세법 시행규칙
제64조【무체재산권 등의 평가】	제59조【무체재산권 등의 평가】	제16조【지상권의 평가 등】 제19조【무체재산권 등의 평가】

1. 무체재산권의 정의

'무체재산권의 정의'에 대한 설명은 '상속세편'을 참조하기 바란다.

2. 영업권의 평가

'영업권의 평가'에 대한 설명은 '상속세편'을 참조하기 바란다.

3. 어업권의 평가

'어업권의 평가'에 대한 설명은 '상속세편'을 참조하기 바란다.

4. 특허권 · 실용신안권 · 상표권 · 디자인권 및 저작권 등의 평가

'특허권 · 실용신안권 · 상표권 · 디자인권 및 저작권 등의 평가'에 대한 설명은 '상속세편'을 참조하기 바란다.

5. 광업권 · 채석권 등의 평가

'광업권 · 채석권 등의 평가'에 대한 설명은 '상속세편'을 참조하기 바란다.

제6절   조건부권리 등의 평가

> **해의 맥**
>
> 조건부권리, 존속기간이 불확정한 권리 및 소송 중인 권리의 가액을 평가하는 방법이
> 보충적 평가방법 중에서 가장 불명확하고 추상적이다.

§관련조문

상증세법	상증세법 시행령	상증세법 시행규칙
제65조【그 밖의 조건부 권리 등의 평가】	제58조의 3【국외재산에 대한 평가】 제60조【조건부권리 등의 평가】 제61조【신탁의 이익을 받을 권리의 평가】 제62조【정기금을 받을 권리의 평가】	제16조【지상권의 평가 등】 제19조의 2【신탁의 이익 및 정 기금을 받을 권리의 평가】

1. 조건부권리 등의 평가

'무체재산권의 정의'에 대한 설명은 '상속세편'을 참조하기 바란다.

2. 신탁의 이익을 받을 권리의 평가

'신탁의 이익을 받을 권리의 평가'에 대한 설명은 '상속세편'을 참조하기 바란다.

3. 정기금을 받을 권리의 평가

'정기금을 받을 권리의 평가'에 대한 설명은 '상속세편'을 참조하기 바란다.

4. 가상자산의 평가

'가상자산의 평가'에 대한 설명은 '상속세편'을 참조하기 바란다.

제7절 **국외재산에 대한 평가**

§관련조문

상증세법 시행령	상증세법 시행규칙
제58조의 3【국외재산에 대한 평가】	제15조【평가의 원칙 등】

1. 의의

'국외재산에 대한 평가의 의의'에 대한 설명은 '상속세편'을 참조하기 바란다.

2. 평가방법

'국외재산에 대한 평가방법'에 대한 설명은 '상속세편'을 참조하기 바란다.

제8절 **저당권 등이 설정된 재산의 평가특례**

§관련조문

상증세법	상증세법 시행령	상증세법 시행규칙
제66조【저당권 등이 설정된 재산의 평가의 특례】	제63조【저당권 등이 설정된 재산의 평가】	제19조의 3【신용보증기관의 범위】

 의의

1. 의의

'저당권 등이 설정된 재산의 평가특례의 의의'에 대한 설명은 '상속세편'을 참조하기 바란다.

2. 취지

'저당권 등이 설정된 재산의 평가특례의 취지'에 대한 설명은 '상속세편'을 참조하기 바란다.

 Ⅱ 저당권 등이 설정된 재산의 평가

1. 저당권 · 공동저당권 · 근저당권의 의의

'저당권 · 공동저당권 · 근저당권의 의의'에 대한 설명은 '상속세편'을 참조하기 바란다.

2. 평가방법

'저당권 등이 설정된 재산의 평가방법'에 대한 설명은 '상속세편'을 참조하기 바란다.

 Ⅲ 질권이 설정된 재산의 평가

1. 질권의 의의

'질권의 의의'에 대한 설명은 '상속세편'을 참조하기 바란다.

2. 평가방법

'질권이 설정된 재산의 평가방법'에 대한 설명은 '상속세편'을 참조하기 바란다.

Ⅳ 양도담보재산의 평가

1. 양도담보의 의의

'양도담보의 의의'에 대한 설명은 '상속세편'을 참조하기 바란다.

2. 평가방법

'양도담보재산의 평가방법'에 대한 설명은 '상속세편'을 참조하기 바란다.

 전세권이 등기된 재산(임대보증금을 받고 임대한 재산을 포함)**의 평가**

1. 전세권의 의의

'전세권의 의의'에 대한 설명은 '상속세편'을 참조하기 바란다.

2. 평가방법

'전세권이 등기된 재산(임대보증금을 받고 임대한 재산을 포함)의 평가방법'에 대한 설명은 '상속세편'을 참조하기 바란다.

 담보신탁계약이 체결된 재산의 평가

1. 담보신탁계약의 의의

'담보신탁계약의 의의'에 대한 설명은 '상속세편'을 참조하기 바란다.

2. 평가방법

'담보신탁계약이 체결된 재산의 평가방법'에 대한 설명은 '상속세편'을 참조하기 바란다.

 평가특례

1. 채권최고액이 피담보채권액보다 적은 경우(저당권 또는 질권이 설정된 재산에 한함)

'채권최고액이 피담보채권액보다 적은 경우(저당권 또는 질권이 설정된 재산에 한함)의 평가방법'에 대한 설명은 '상속세편'을 참조하기 바란다.

2. 신용보증기관의 보증이 있는 경우(저당권 또는 질권이 설정된 재산에 한함)

'신용보증기관의 보증이 있는 경우(저당권 또는 질권이 설정된 재산에 한함)의 평가방법'에 대한 설명은 '상속세편'을 참조하기 바란다.

3. 평가기준일 현재 담보제공되지 아니한 재산

'평가기준일 현재 담보제공되지 아니한 재산의 평가방법'에 대한 설명은 '상속세편'을 참조하기 바란다.

4. 수개의 저당권 등이 설정된 재산(저당권 또는 질권이 설정된 재산에 한함)

'수개의 저당권 등이 설정된 재산(저당권 또는 질권이 설정된 재산에 한함)의 평가방법'에 대한 설명은 '상속세편'을 참조하기 바란다.

5. 공유자와 공동으로 담보제공된 공유재산

'공유자와 공동으로 담보제공된 공유재산의 평가방법'에 대한 설명은 '상속세편'을 참조하기 바란다.

6. 채무자

'채무자'에 대한 설명은 '상속세편'을 참조하기 바란다.

7. 상증세법 제60조와 제66조와의 관계(피담보채권액의 크기)

'상증세법 제60조와 제66조와의 관계'에 대한 설명은 '상속세편'을 참조하기 바란다.

8. 그 밖의 유의사항

1) '감가상각비상당액' 및 '외화표시 채권액 등'의 처리에 대해서는 상속세편을 참조하기 바란다.

2) 증여재산평가시 적용가능 여부[1999. 1. 1 이전 증여재산에 한함]

구 상증세법[613](1998. 12. 28. 법률 제5582호로 개정되기 전의 것) 제66조는 저당권이 설정된 재산 등의 상속재산은 제60조의 규정에 불구하고 해당 재산이 담보하는 채권액 등을 기준으로 대통령령이 정하는 바에 의하여 평가한 가액과 제60조의 규정에 의하여 평가한 가액 중 큰 금액을 그 재산으로 한다고 특례규정을 두고 있는바, 조세법률주의의 원칙상 과세요건이거나 비과세요건 또는 조세감면요건을 막론하고 조세법규의 해석은 특별한 사정이 없는 한 법문대로 하여야 하고 합리적인 이유 없이 확장해석하거나 유추해석하는 것은 허용되지 아니한다 할 것인데(대법원 98두1192, 2000. 12. 26. ; 대법원 2000두628, 2000. 3. 24.), 상증세법 제66조는 법문상 상속재산에 관한 규정임이 명백하고 이를 증여재산에 대해서도 적용내지 준용하는 아무런 규정이 없으므로 상증세법 제66조를 증여재산에까지 적용하는 것은 조세법률을 합리적인 이유 없이 확장 또는 유추해석하는 것으로 허용될 수 없다(대법원 2000두10489, 2002. 1. 25. ; 대법원 2000두10045, 2002. 1. 22.)고 해석하고 있으므로 1999. 1. 1. 이전에 증여한 증여재산을 평가함에 있어서는 담보제공자산의 평가특례규정을 적용하기는 어려우므로 실무에 있어서 유의할 필요가 있다.

---

613) 1998. 12. 28. 법률 제5582호로 개정되기 전의 것

05 장 증여세 신고 및 납부

제1절 납세지 및 과세관할

I 증여개시지

증여개시지는 증여시점의 수증자의 주소지 또는 거소지이다. 그러므로 증여자의 주소지 또는 거소지와는 관련이 없다.

증여개시지를 판정하기 위해서는 주소지와 거소지(혹은 주소와 거소)에 대해 따져보아야 하는데 이에 대해서는 앞에서 살펴보았다.

II 증여재산의 소재지

1. 의의

'증여재산의 소재지 의의'는 앞서 살펴본 '상속세편'을 참조하기 바란다.

2. 소재지 판정(상증세법 제5조 제1항, 제2항, 같은 법 집행기준 5-3-1)

상증세법상 '증여재산의 소재지 판정'은 앞서 살펴본 '상속세편'을 참조하기 바란다.

III 증여세의 과세관할 및 납세지

§관련조문

상증세법
제6조【과세관할】

1. 의의

'증여세의 과세관할 및 납세지 의의'는 앞서 살펴본 '상속세편'을 참조하기 바란다.

2. 원칙

1) 수증자의 주소지 관할

증여세는 수증자의 주소지를 관할하는 세무서장이 과세함이 원칙이다.

2) 수증자의 거소지 관할

수증자의 주소지가 없거나 불분명한 경우에는 거소지를 관할하는 세무서장이 과세함이 원칙이다.

3. 예외

1) 증여자의 주소지 관할

다음의 어느 하나에 해당하는 경우에는 증여자의 주소지를 관할하는 세무서장 등이 과세한다(상증세법 제6조 제2항).
① 수증자가 비거주자인 경우
② 수증자의 주소 및 거소가 분명하지 아니한 경우
③ 제45조의 2에 따라 재산을 증여한 것으로 보는 경우[614]

2) 증여재산의 소재지 관할

다음의 어느 하나에 해당하는 경우에는 증여재산의 소재지를 관할하는 세무서장 등이 과세한다(상증세법 제6조 제3항).[615]
① 수증자와 증여자가 모두 비거주자인 경우
② 수증자와 증여자 모두의 주소 또는 거소가 분명하지 아니한 경우
③ 수증자가 비거주자이거나 주소 또는 거소가 분명하지 아니하고, 증여자가 상증세법 제38조 제2항, 제39조 제2항, 제39조의 3 제2항, 제45조의 3 및 제45조의 4에 따라 의제된 경우

---

614) 2019. 1. 1. 이후 증여로 의제되는 분부터 적용한다.
615) 2014. 1. 1. 이후 신고하거나 결정 · 경정하는 분부터 적용한다.

❙ 증여세 과세관할(상증세법 집행기준 6-0-3) ❙

구 분	과 세 관 할
주소지가 분명한 경우	수증자의 주소지를 관할하는 세무서장
주소지가 없거나 불분명한 경우	수증자의 거소지를 관할하는 세무서장
수증자가 비거주자인 경우 수증자의 주소 및 거소지가 불분명한 경우 제45조의 2에 따라 재산을 증여한 것으로 보는 경우	증여자의 주소지를 관할하는 세무서장
수증자와 증여자 모두 비거주자인 경우 수증자와 증여자 모두 주소가 불분명한 경우 수증자가 비거주자이거나 주소 또는 거소가 분명하지 아니하고, 증여자가 상증세법 제38조 제2항, 제39조 제2항, 제39조의 3 제2항, 제45조의 3 및 제45조의 4에 따라 의제된 경우	증여재산 소재지를 관할하는 세무서장

4. 관할 판단

'증여세의 관할 판단'는 앞서 살펴본 '상속세편'을 참조하기 바란다.

제2절 **증여세 과세표준 신고**

해의 맥

증여세는 과세관청의 부과처분에 의해 납세의무가 확정되는 세목이므로, 납세의무자의 모든 과세표준 등의 신고는 단순한 협력의무에 지나지 않는다.

§관련조문

상증세법	상증세법 시행령
제68조 【증여세 과세표준신고】	제65조 【증여세 과세표준신고】

 **정기신고**

1. 의의

　증여세는 납세의무자가 정부에 신고하고 그 신고에 의하여 과세권자가 과세가액과 세액을 확정하는 것을 원칙으로 하고 있다. 증여세의 납세의무가 성립되면 일단 증여세에 관계되는 사항을 정부에 신고하도록 하고 있다. 이러한 증여세의 신고는 증여세 과세표준 신고의무자가 증여세 신고기한 내에 납세지를 관할하는 세무서장에게 법령이 정한 사항을 기재한 신고서(요식)를 제출하는 것을 말한다.

　이러한 증여세 과세가액 및 과세표준의 신고는 납세의무를 확정하는 효력이 없다. 왜냐하면 정부부과 과세세목인 증여세는 증여일에 납세의무가 성립하고 정부의 부과에 의해 확정되기 때문이다. 그러므로 증여세 과세표준 등의 신고는 과세권자의 증여세 확정의 기초자료의 제공이라는 협력의무의 이행에 지나지 않는다.

2. 신고의무자

　증여세 신고의무는 증여세의 납세의무자에게 있다. 따라서 앞서 기술한 증여세 납세의무자와 관련하여 살펴보아야 한다.[616]

3. 신고기한

1) 원칙

　증여세 납부의무가 있는 자는 증여받은 날이 속하는 달의 말일부터 3개월 이내에 상증세법 제47조 및 제55조 제1항의 규정에 의한 증여세의 과세가액 및 과세표준을 납세지 관할 세무서장에게 신고하여야 한다(상증세법 제68조 제1항).

2) 예외

　① 다만, 상증세법 제41조의 3 및 제41조의 5의 규정에 의한 비상장주식의 상장 또는 법인의 합병 등에 따른 증여세 과세표준 정산 신고기한은 정산기준일이 속하는 달의 말일부터 3월이 되는 날로 한다.

---

616) 이 책 '납세의무자' 참조

② 상증세법 제45조의 3 및 제45조의 5에 따른 증여세 과세표준 신고기한은 수혜법인 또는 특정법인의 「법인세법」 제60조 제1항에 따른 과세표준의 신고기한이 속하는 달의 말일부터 3개월이 되는 날로 한다.[617)]

┃ 신고납부기한 개정연혁 ┃

증여시기	증여세 신고·납부 기한
1996. 12. 31. 이전	증여일로부터 6월 이내
1997. 1. 1. ～ 2008. 12. 31.	증여일로부터 3월 이내
2009. 1. 1. 이후	증여일이 속하는 달의 말일부터 3월 이내(다만, 비상장주식의 상장 또는 법인의 합병 등에 따른 증여세 과세표준정산신고기한은 정산기준일이 속하는 달의 말일부터 3월 이내)

종전에는 증여세의 신고·납부기한의 기산일을 증여받은 날로 하였으나, 이는 증여세의 신고·납부 기한이 월 중간에 도래하여 납세자의 착오로 신고·납부기한을 경과할 우려가 있고, 과세관청의 입장에서도 신고서가 수시로 접수되어 신고서 처리 및 관리가 효율적이지 못한 측면이 있음을 고려하여 2008년 12월 26일 상증세법 개정시 증여세의 신고·납부 기한을 "증여받은 날부터 3월 이내"에서 "증여받은 날이 속하는 달의 말일부터 3월 이내"로 개정하였는바, 동 개정규정은 2009년 1월 1일 이후 최초로 증여받는 분부터 적용한다. 즉 상속세 및 증여세의 신고·납부 기한을 알기 쉽게 개정하여 납세편의를 제고하고자 하였는데, 이는 납세의무가 수시로 발생하는 양도소득세도 예정신고 기한이 양도일이 속하는 달의 말일부터 2월 이내와 상통한다.

3) 기한연장

천재·지변 그 밖의 일정한 사유(국세기본법 시행령 제2조 제1항)로 인하여 국세기본법 또는 세법에 규정하는 신고를 위의 기한까지 할 수 없다고 인정하거나 납세자의 신청이 있는 경우에는 관할 세무서장은 일정한 방법(국세기본법 시행령 제3조)에 의하여 그 기한을 연장할 수 있다(국세기본법 제6조 제1항).

4. 신고내용

증여세 과세표준신고는 증여세 과세표준신고 및 자진납부계산서에 의하며(상증세법 시행령 제65조 제1항, 상증세법 시행규칙 제24조 제10호), 그 신고서에 과세표준의 계산에 필요한 증여재

---

617) 2012. 1. 1. 이후 최초로 개시하는 사업연도부터 발생하는 특수관계법인과의 거래분부터 적용한다.

산의 종류·수량·평가가액 및 각종 공제 등을 입증할 수 있는 서류 등으로서 다음의 서류(상증세법 시행령 제65조 제2항 및 상증세법 시행규칙 제24조 제4호, 제6호, 제7호의 서류)를 함께 제출하여야 한다.

1) 증여세 신고서

(1) 본표 : 증여재산 종류에 따라 구분

① 증여세 과세표준신고 및 자진납부계산서(별지 제10호 서식) : 기본세율 적용 증여재산 신고용

② 증여세 과세표준신고 및 자진납부계산서(별지 제10호의 2 서식) : 창업자금 등 특례세율 적용 증여재산 신고용

③ 증여세 과세표준신고 및 자진납부계산서(별지 제10호의 3 서식) : 특수관계법인과의 거래를 통한 증여의제이익 신고용

(2) 부표

① 증여재산 및 평가명세서(별지 제10호 서식 부표)

② 증여재산평가 및 과세가액 계산명세서(별지 제10호의 2 서식 부표)

③ 수증자 등 및 과세가액명세서(Ⅰ)(별지 제10호의 3 서식 부표 1)

④ 지배주주 등과 특수관계인(별지 제10호의 3 서식 부표 2)

⑤ 수증자 등 및 과세가액 계산명세서(Ⅱ)(별지 제10호의 3 서식 부표 3)

2) 사실관계 증빙서류

(1) 증여자의 제적등본

(2) 채무사실을 입증할 수 있는 서류(상증세법 시행령 제36조)

(3) 그 밖의 입증서류

3) 이 법에 의하여 제출하는 서류(해당시 제출)

① 장애인증명서(상증세법 시행령 제45조의 2 제12항 제3호 : 별지 제4호 서식) ; 장애인이 증여받은 재산의 과세가액불산입

② 재해손실공제신고서(상증세법 시행령 제47조 : 별지 제6호 서식)

③ 외국납부세액공제신청서(상증세법 시행령 제48조 : 별지 제7호 서식)

④ 증여세연부연납허가신청서(상증세법 제71조 : 별지 제11호 서식)

⑤ 증여세물납(변경)허가신청서(상증세법 제73조 : 별지 제13호 서식)

한편, 2 이상의 재산을 동시에 증여받은 경우로서 해당 증여재산 중 일부 증여재산에 대하여는 신고서에 기재함이 없이 증여계약서, 등기부등본 등만을 첨부하여 제출만 한 경우에는 그 기재를 누락한 다른 증여재산은 증여세를 신고하지 아니한 것으로 본다(서면4팀-2926, 2006. 8. 24.).

 수정신고

1. 수정신고의 의의

'수정신고의 의의'에 관한 상세한 해설은 '상속세편'을 참조하기 바란다.

2. 수정신고의 요건

'수정신고의 요건'에 관한 상세한 해설은 '상속세편'을 참조하기 바란다.

3. 수정신고의 절차

'수정신고의 절차'에 관한 상세한 해설은 '상속세편'을 참조하기 바란다.

4. 수정신고의 효과

'수정신고의 효과'에 관한 상세한 해설은 '상속세편'을 참조하기 바란다.

5. 경정청구제도와의 차이점

'경정청구제도와의 차이점'에 관한 상세한 해설은 '상속세편'을 참조하기 바란다.

경정 등의 청구

1. 의의

'경정 등의 청구의 의의'에 관한 상세한 해설은 '상속세편'을 참조하기 바란다.

2. 통상적 경정(결정 포함)청구의 요건(국세기본법 45조의 2 제1항)

'통상적 경정청구의 요건'에 관한 상세한 해설은 '상속세편'을 참조하기 바란다.

3. 후발적 사유에 의한 경정청구의 요건(국세기본법 제45조의 2 제2항)

'후발적 사유에 의한 경정청구의 요건'에 관한 상세한 해설은 '상속세편'을 참조하기 바란다.

4. 경정청구의 효과

'경정청구의 효과'에 관한 상세한 해설은 '상속세편'을 참조하기 바란다.

5. 경정청구의 절차

'경정청구의 절차'에 관한 상세한 해설은 '상속세편'을 참조하기 바란다.

6. 증여세에 대한 경정 등의 청구특례(상증세법 제79조 제2항)

§관련조문

상증세법	상증세법 시행령
제79조【경정 등의 청구특례】	제81조【경정청구 등의 인정사유 등】

1) 의의

(1) 의의

① 부동산무상사용이익에 대한 증여유형(상증세법 제37조)은 무상사용 개시일을 증여시

기로 보므로, 실제의 증여이익이 발생하기 전에 미래의 증여이익을 예상하여 소급하여 과세하는 문제가 일어난다. 이런 과세구조상의 논리적 모순 때문에 무상사용기간이 완료되기 전에 더 이상 무상사용할 수 없는 일정한 사유가 발생하게 되면, 잔존하는 사용기간에 대한 증여이익을 다시 계산하여 이에 상당하는 증여세를 환급하여야 하는 문제가 생긴다.

이에 따라 상증세법 제37조의 규정에 의한 증여세를 결정 또는 경정받은 자가 같은 조 제3항의 규정에 의한 부동산무상사용이익의 계산방법에 따라 5년의 부동산무상사용기간 중 부동산소유자로부터 해당 부동산을 증여받거나 일정한 사유로 해당 부동산을 무상으로 사용하지 아니하게 되는 경우에는 그 사유가 발생한 날부터 3월 이내에 결정 또는 경정을 청구할 수 있도록 하였다(상증세법 제79조 제2항 제1호).

② 금전무상대출 등에 따른 이익의 증여(상증세법 제41조의 4)는 대출받은 날을 증여시기로 보므로, 증여이익이 발생하기 전(즉 미래의 증여이익을 예상하여)에 소급하여 과세하는 문제가 발생한다. 그러므로 금전대출기간이 1년이 되기 전에 상환하여 금전무상대출이익이 소멸하는 경우에는 대출기간을 1년이 아닌 그 상환일까지의 기간을 대상으로 증여세를 과세하여야 한다(국심 2007서2211, 2008. 7. 31. ; 재산 − 623, 2009. 3. 25.).

이와 관련하여 종전까지는 금전무상대출 등에 따른 이익의 증여에 대해 부동산무상사용에 따른 이익의 증여(상증세법 제37조)에서와 같은 경정 등의 청구특례규정(상증세법 제79조 제2항)이 없어, 증여세를 1년 단위로 과세하면서 중도상환 등으로 금전의 무상대출 등이 종료된 경우에도 경정청구를 허용하고 있지 않아 납세자의 권리를 침해하는 문제가 있었다. 이러한 비판을 수용하여 이 법[618] 시행 후 최초로 결정 또는 경정하는 분부터는 금전무상대출이익의 증여에 대하여도 중도상환 등으로 무상대출 등이 종료된 경우에는 경정청구를 허용하도록 개선하였다. 다시 말해, 상증세법 제41조의 4 제1항은 대출기간이 정하여지지 아니한 경우에는 그 대출기간을 1년으로 보고, 대출기간이 1년 이상인 경우에는 1년이 되는 날의 다음 날에 매년 새로이 대출받은 것으로 보아 금전무상대출 등에 따른 이익을 계산하도록 규정되어 있으나, 금전무상대출이익은 상환 등으로 언제든지 소멸할 수 있는 점, 위 산식에 따른 기간 도중 위 이익이 사정변경에 따라 소멸하는 경우에도 미경과분에 대하여 환급하거나 공제해 주는 제도를 마련하지 아니한 채 일률

---

618) 상증세법 법률 제9916호, 2010. 1. 1.

적으로 1년 동안 존속하는 것으로 의제하는 것은 조세행정의 편의만을 염두에 두어 납세의무자의 재산권을 과도하게 침해하는 것으로 보이는 점, 세법의 해석·적용에 있어서는 과세의 형평과 해당 조항의 합목적성에 비추어 납세자의 재산권이 부당히 침해되지 아니하도록 해야 한다(국세기본법 제18조 제1항)는 세법해석의 기준 등에 비추어 볼 때, 대출기간 1년이 되기 전에 상환하여 위 금전무상대출이익이 소멸하는 경우에까지 그 대출기간을 1년으로 해석함은 부당하고 이러한 경우에는 그 상환일까지 계산한 금액을 금전무상대출이익으로 봄이 타당하다 할 것이다(국심 2007서2211, 2008. 7. 31.).

이에 따라 상증세법 제41조의 4에 따른 증여세를 결정 또는 경정받은 자가 같은 조 제2항의 대출기간 중에 대출자로부터 해당 금전을 상속 또는 증여받거나 대통령령으로 정하는 사유로 해당 금전을 무상으로 또는 적정이자율보다 낮은 이자율로 대출받지 아니하게 되는 경우에는 그 사유가 발생한 날부터 3개월 이내에 결정 또는 경정을 청구할 수 있도록 하였다(상증세법 제79조 제2항 제2호).

③ 타인의 재산을 무상으로 담보로 제공하고 금전 등을 차입함에 따라 제42조에 따른 증여세를 결정 또는 경정받은 자가 같은 조 제2항에 따른 재산의 사용기간 중에 재산 제공자로부터 해당 재산을 상속 또는 증여받거나 대통령령으로 정하는 사유로 무상으로 또는 적정이자율보다 낮은 이자율로 차입하지 아니하게 되는 경우에는 그 사유가 발생한 날부터 3월 이내에 결정 또는 경정을 청구할 수 있다(상증세법 제79조 제2항 제3호).

(2) 국세기본법과의 관계

한편 국세기본법 제45조의 2(경정 등의 청구)에서는 소송에 의한 판결의 결과로 인하여 과세표준 및 세액이 변동되었을 때에는 그 사유가 발생한 날로부터 2개월 이내에 경정 등을 청구할 수 있는 것으로 규정하고 있다(후발적 사유에 의한 경정청구). 그러나 국세기본법 제3조에서 세법과의 관계는 국세기본법이 세법에 우선하여 적용되나 같은 법 제45조의 2의 규정을 세법에서 별도로 규정하고 있는 경우에는 그 세법이 정하는 바에 따르도록 규정하고 있으므로 상증세법상의 경정 등의 청구특례규정이 국세기본법에 우선하여 적용된다.

2) 부동산무상사용이익에 대한 경정 청구특례(상증세법 제79조 제2항 제1호)

(1) 경정청구요건

부동산무상사용이익에 대한 증여세의 경정을 청구하기 위해서는 다음의 요건을 모두 충족하여야 한다.

① 청구자적격(청구권자)

경정을 청구할 수 있는 자는 부동산무상사용이익에 대한 증여세(상증세법 제37조)를 결정 또는 경정받은 자이어야 한다.

② 경정청구 사유

5년의 부동산무상사용기간(상증세법 시행령 제81조 제5항, 제27조 제5항 후단) 중 부동산소유자로부터 해당 부동산을 상속 또는 증여받거나 대통령령이 정하는 사유로 해당 부동산을 무상으로 사용하지 아니하게 되는 경우이어야 한다(상증세법 제79조 제2항).

여기에서 "대통령령이 정하는 사유"라 함은 다음에 해당하는 경우를 말한다(상증세법 시행령 제81조 제6항).

㉠ 부동산소유자가 해당 토지를 양도한 경우

㉡ 부동산소유자가 사망한 경우

㉢ 위 ㉠ 내지 ㉡의 경우와 유사한 경우로서 부동산무상사용자가 해당 부동산을 무상으로 사용하지 아니하게 되는 경우

③ 경정청구 기한

그리고 위의 사유가 발생한 때에는 그 사유가 발생한 날부터 3개월 이내에 경정을 청구하여야 한다.

④ 경정청구서의 제출

결정 또는 경정의 청구를 하고자 하는 자는 다음의 사항을 기재한 결정 또는 경정청구서를 제출하여야 한다(상증세법 시행령 제81조 제1항).

㉠ 청구인의 성명과 주소 또는 거소

㉡ 결정 또는 경정 전의 과세표준 및 세액

㉢ 결정 또는 경정 후의 과세표준 및 세액

㉣ 경정을 청구하는 사유(상증세법 제79조 제2항의 사유)를 입증하는 서류

㉤ 위 ㉠ 내지 ㉣ 외에 그 밖의 필요한 사항

(2) 경정청구금액 계산

부동산무상사용이익에 대한 증여세의 경정을 청구함에 있어서는 아래 ①의 금액에 ②의 비율을 곱하여 계산한 금액에 대하여 이를 하여야 한다. 이 경우 월수는 역에 따라 계산하되, 1개월 미만의 일수는 1개월로 한다(상증세법 시행령 제81조 제9항).

> 경정청구금액 = ① × ②
> ① 증여세 산출세액(직계비속에 대한 증여의 할증과세(상증세법 제57조) 금액을 포함한다)
> ② 위의 경정청구 사유발생일부터 부동산무상사용기간(5년)의 종료일까지의 월수가 부
>   동산무상사용기간(5년)의 월수(60개월)에서 차지하는 비율

3) 금전무상대출 등의 이익에 대한 경정 청구특례(상증세법 제79조 제2항 제2호)

(1) 경정청구요건

금전무상대출 등으로 인한 이익에 대한 증여세의 경정을 청구하기 위해서는 다음의 요건을 모두 충족하여야 한다.

① 청구자적격(청구권자)

경정을 청구할 수 있는 자는 금전무상대출 등의 이익에 대한 증여세(상증세법 제41조의 4)를 결정 또는 경정받은 자이어야 한다.

② 경정청구 사유

1년의 금전무상대출기간(상증세법 제41조의 4 제2항의 대출기간) 중 대출자로부터 해당 금전을 상속 또는 증여받거나 대통령령으로 정하는 사유로 해당 금전을 무상으로 또는 적정이자율보다 낮은 이자율로 대출받지 아니하게 되는 경우이어야 한다(상증세법 제79조 제2항 제2호).

여기에서 "대통령령으로 정하는 사유"란 다음의 어느 하나에 해당하는 경우를 말한다(상증세법 시행령 제81조 제7항 신설 : 2010. 2. 18. 대통령령 제22042호).

㉠ 해당 금전에 대한 채권자의 지위가 이전된 경우

㉡ 금전대출자가 사망한 경우

㉢ 위 ㉠ 및 ㉡과 유사한 경우로서 금전을 무상으로 또는 적정이자율보다 낮은 이자율로 대출받은 자가 해당 금전을 무상으로 또는 적정이율보다 낮은 이자율로 대출받지 아니하게 되는 경우

③ 경정청구 기한

그리고 위의 사유가 발생한 때에는 그 사유가 발생한 날부터 3개월 이내에 경정을 청구하여야 한다.

④ 경정청구서의 제출

결정 또는 경정의 청구를 하고자 하는 자는 다음의 사항을 기재한 결정 또는 경
정청구서를 제출하여야 한다(상증세법 시행령 제81조 제1항).

　㉠ 청구인의 성명과 주소 또는 거소

　㉡ 결정 또는 경정 전의 과세표준 및 세액

　㉢ 결정 또는 경정 후의 과세표준 및 세액

　㉣ 경정을 청구하는 사유(상증세법 제79조 제2항 제2호의 사유)를 입증하는 서류

　㉤ ㉠ 내지 ㉣ 외에 그 밖의 필요한 사항

(2) 경정청구금액 계산

금전무상대출 등의 이익에 대한 경정의 청구를 함에 있어서는 아래 ①의 금액에 ②
의 비율을 곱하여 계산한 금액에 대하여 이를 하여야 한다. 이 경우 월수는 역에 따
라 계산하되, 1개월 미만의 일수는 1개월로 한다(상증세법 시행령 제81조 제9항).

경정청구금액 = ① × ②

① 증여세 산출세액(직계비속에 대한 증여의 할증과세(상증세법 제57조) 금액을 포함한다)

② 위의 경정청구 사유발생일부터 금전무상대출기간(1년)의 종료일까지의 월수가 금전
　무상대출기간(1년)의 월수(12개월)에서 차지하는 비율

---

4) 무상담보 제공에 따른 금전 등의 차입 이익에 대한 경정 청구특례(상증세법 제79조 제2항 제3호)

(1) 경정청구요건

무상담보 제공에 따른 금전 등의 차입으로 인한 이익에 대한 증여세의 경정을 청구
하기 위해서는 다음의 요건을 모두 충족하여야 한다.

① 청구자적격(청구권자)

경정을 청구할 수 있는 자는 타인의 재산을 무상으로 담보로 제공하고 금전 등을
차입함에 따라 상증세법 제42조에 따른 증여세를 결정 또는 경정받은 자이어야
한다.

② 경정청구 사유

1년의 재산 사용기간(상증세법 제42조 제2항에 따른 기간) 중 재산 제공자로부터 해당 재
산을 상속 또는 증여받거나 대통령령으로 정하는 사유로 무상으로 또는 적정이

자율보다 낮은 이자율로 차입하지 아니하게 되는 경우이어야 한다(상증세법 제79조 제2항 제3호).

여기에서 "대통령령으로 정하는 사유"란 다음의 어느 하나에 해당하는 경우를 말한다(상증세법 시행령 제81조 제8항 신설 : 2017. 2. 7. 대통령령 제27835호).

㉠ 담보제공자가 사망한 경우

㉡ 위 ㉠과 유사한 경우로서 해당 재산을 담보로 사용하지 아니하게 되는 경우

③ 경정청구 기한

그리고 위의 사유가 발생한 때에는 그 사유가 발생한 날부터 3개월 이내에 경정을 청구하여야 한다.

④ 경정청구서의 제출

결정 또는 경정의 청구를 하고자 하는 자는 다음의 사항을 기재한 결정 또는 경정청구서를 제출하여야 한다(상증세법 시행령 제81조 제1항).

㉠ 청구인의 성명과 주소 또는 거소

㉡ 결정 또는 경정 전의 과세표준 및 세액

㉢ 결정 또는 경정 후의 과세표준 및 세액

㉣ 경정을 청구하는 사유(상증세법 제79조 제2항 제3호의 사유)를 입증하는 서류

㉤ ㉠ 내지 ㉣ 외에 그 밖의 필요한 사항

(2) 경정청구금액 계산

무상담보 제공에 따른 금전 등의 차입으로 인한 이익에 대한 경정의 청구를 함에 있어서는 아래 ①의 금액에 ②의 비율을 곱하여 계산한 금액에 대하여 이를 하여야 한다. 이 경우 월수는 역에 따라 계산하되, 1개월 미만의 일수는 1개월로 한다(상증세법 시행령 제81조 제9항).

> 경정청구금액 = ① × ②
> ① 증여세 산출세액(직계비속에 대한 증여의 할증과세(상증세법 제57조) 금액을 포함한다)
> ② 위의 경정청구 사유발생일부터 담보제공기간(1년)의 종료일까지의 월수가 담보제공기간(1년)의 월수(12개월)에서 차지하는 비율

Ⅳ 기한 후 신고

1. 개념

'기한 후 신고의 개념'에 관한 상세한 해설은 '상속세편'을 참조하기 바란다.

2. 취지

'기한 후 신고의 취지'에 관한 상세한 해설은 '상속세편'을 참조하기 바란다.

3. 신고요건

'기한 후 신고의 요건'에 관한 상세한 해설은 '상속세편'을 참조하기 바란다.

4. 효과

'기한 후 신고의 효과'에 관한 상세한 해설은 '상속세편'을 참조하기 바란다.

5. 수정신고와 기한 후 신고의 차이점

'수정신고와 기한 후 신고의 차이점'에 관한 상세한 해설은 '상속세편'을 참조하기 바란다.

제3절   증여세의 납부

§ 관련조문

상증세법	상증세법 시행령
제70조【자진납부】	제66조【자진납부】

의의

1. 의의

과세요건의 충족에 의하여 당연히 성립하여 신고나 부과처분에 의해 확정된 납세의무는 여러 가지 원인에 의하여 소멸하게 된다. 납세의무는 그 본질이 채무이기 때문에 사법상의 채무가 급부의 이행(변제)으로 소멸하듯이 통상적으로 세액의 납부에 의하여 소멸하는 것이 원칙이다. 그러므로 증여세의 납부는 증여세 납세의무를 소멸시킨다.

증여세의 납부의무자(신고의무자)는 신고기한 내에 증여세 과세표준신고와 함께 납세지 관할 세무서장에게 납부하거나 국세징수법에 의한 납부서에 의하여 한국은행 또는 체신관서에 자진납부하여야 한다(상증세법 시행령 제66조 제1항).

2. 자진납부기한

증여세의 납부는 과세표준신고와 동시에 이루어져야 하므로 증여세 자진납부기한은 앞서 살펴 본 과세표준 신고기한[619]과 일치한다.

3. 자진납부세액의 계산

(1) 증여세 산출세액에서 다음에 규정된 금액을 차감한 금액을 납부하여야 한다(상증세법 제70조).

① 박물관자료 등 징수유예금액(상증세법 제75조)

② 납부세액공제(상증세법 제58조), 외국납부세액공제(상증세법 제59조) 및 다른 법률에 의한 공제·감면세액(상증세법 제69조 제1항 제2호)

다른 법률에 의한 공제감면세액으로는 영농자녀가 증여받은 농지 등 감면세액(조특법 제71조) 등이 있다.

③ 증여세 신고세액공제액(상증세법 제69조 제2항 본문)

④ 연부연납을 신청한 금액(상증세법 제71조)

⑤ 물납을 신청한 금액(상증세법 제73조)

(2) ① 여기의 증여세 산출세액에는 납세의무자가 실제로 자진하여 납부할 세액을 말하

---

619) 이 책 '증여세 과세표준 신고' 참조

므로 세대를 건너뛴 증여에 대한 할증과세금액을 당연히 포함한다.

② 이때에 차감항목을 적용하는 순서에 대해서는 명문의 규정이 없다.

③ 그리고 현재 상증세법 이외의 다른 법률에서 증여세의 공제·감면세액으로는 조특법 제71조에 규정하고 있는 영농자녀가 증여받은 농지 등에 대한 증여세 감면이 있다. 그런데 여기에서의 증여받은 농지 등은 다른 증여재산과 합산하여 과세되지 않는다는 점에 유의하여야 한다.

④ 만약 산출세액보다 빼는 금액이 더 크더라도 이는 없는 것으로 보는 것이지 환급하는 것이 아니다.

4. 분납

'증여세 분납'의 내용은 상속세와 동일하므로 앞의 '상속세편'을 참조하면 된다.

5. 납부방법

'증여세 납부방법'의 내용은 상속세와 동일하므로 앞의 '상속세편'을 참조하면 된다.

6. 납부의 효력

'증여세 납부의 효력'의 내용은 상속세와 동일하므로 앞의 '상속세편'을 참조하면 된다.

징수유예

§관련조문

상증세법	상증세법 시행령
제75조 【준용규정】	제77조 【준용규정】

1. 의의

본시 징수유예란 확정된 납세의무의 이행이 어려운 납세의무자의 개별적인 사정을 고려하여 일정기간 동안 그 징수를 늦추어주는 것으로서 납세의무자를 보호하기 위한 제도이다. 그러므로 수증자 국내거주 여부와 상관없이 적용된다(재삼 01254-1643, 1992. 7. 3.).

그리하여 상증세법은 박물관자료 등의 특성상 수증자가 이를 처분하기보다는 계속 보존하기를 원하고 증여세 부담 때문에 이를 숨기는 것을 방지하기 위해 재산의 유상처분 등의 경우까지 그 징수를 유예하고 있다. 그러므로 징수유예란 '비과세'하는 것이 아닌, 증여재산에 포함해 산출한 증여세액에서 당해 재산이 차지하는 비율 상당액을 징수유예하는 것이다(대법원 98두3204, 1999. 6. 22.).

이에 따라 증여재산에 박물관자료 등의 재산이 포함되어 있는 경우에는 증여세액 중 그 재산가액에 상당하는 증여세액의 징수를 유예한다.

증여세의 징수유예는 징수유예대상 자산을 제외한 징수유예세액계산방법, 징수유예세액의 징수, 유예기간 중 상속이 된 경우의 징수유예, 담보제공 등에 대한 규정은 상속세 징수유예와 동일하므로 상증세법 제74조를 준용한다(상증세법 시행령 제77조).

2. 징수유예 요건

1) 징수유예대상 자산

상증세법상 징수유예되는 재산은 등록한 박물관자료 또는 미술관자료(박물관 및 미술관 진흥법 제2조)로서 박물관 및 미술관 진흥법의 규정에 의한 박물관 또는 미술관(사립박물관 또는 사립미술관에 대하여는 공익법인 등에 해당하는 경우에 한한다)에 전시 또는 보존 중에 있는 재산에 한한다.

증여세 징수유예대상은 상증세법 제74조 제1항 제2호에 규정된 박물관자료 또는 미술관자료에 한하며, 상증세법 제74조 제1항 제1호에 규정된 문화재자료는 징수유예대상이 아니다.

또한 박물관자료 또는 미술관자료라 하더라도 증여 당시 박물관 또는 미술관에 보존중인 재산에 한하므로 증여 이후 수증자가 일정한 기한 내에 박물관 또는 미술관에 전시 또는 보존하는 경우에는 증여세 징수유예를 받을 수 없다.

2) 아래 4.의 징수유예배제사유에 해당하지 않아야 한다

3) 담보의 제공

징수유예를 받고자 하는 자는 그 유예한 증여세액에 상당하는 담보를 제공하여야 하고 이 경우 담보의 제공에 관하여는 상증세법 제71조(연부연납)의 규정을 준용하도록 하고 있는바 자세한 내용은 아래 Ⅲ.에서 기술하기로 한다.

이때 징수유예세액에 미달하는 담보를 제공한 때에는 그 담보재산에 상당하는 세액의 범위 내에서 징수를 유예할 수 있으며 담보의 종류 및 그 밖의 사항은 국세기본법 제29조 내지 제34조의 규정을 준용한다(상증세법 기본통칙 71-67…2).

3. 징수유예세액계산

징수가 유예되는 세액은 증여재산가액 중에서 박물관자료가액이 차지하는 비율을 증여세 산출세액에 곱하여 계산한바, 증여재산에는 상증세법 제47조 제2항의 규정에 의하여 증여재산에 가산하는 합산대상 증여재산을 포함한다(상증세법 시행령 제77조).

이를 산식으로 표시하면 다음과 같다.

$$\text{증여세 산출세액} \times \frac{\text{박물관자료 등 가액}}{\text{증여재산가액}} = \text{징수유예세액}$$

이 경우 '증여재산'은 증여세 과세가액 상당액을 말하는 것이며, 세대를 건너뛴 증여에 대한 할증과세액은 징수유예되는 증여세액에 포함된다(서면4팀-1746, 2004. 10. 28.).

4. 징수유예배제사유

박물관자료 등을 증여받은 수증자가 이를 유상으로 양도하거나, 다음의 사유(상증세법 시행령 제76조 제2항)로 박물관자료 등을 인출하는 경우에는 지체없이 유예된 증여세액을 징수한다. 왜냐하면 이 징수유예제도는 수증자가 증여를 받은 박물관자료 등을 계속해서 박물관 등에 전시 보존하는 것을 전제로 한 것이기 때문이다.

이때 "대통령령이 정하는 사유"라 함은 다음에 해당하는 경우를 말한다.

① 박물관 또는 미술관의 등록이 취소된 경우
② 박물관 또는 미술관을 폐관한 경우
③ 문화체육관광부에 등록된 박물관 자료 또는 미술관 자료에서 제외되는 경우

5. 유예기간 중 상속이 개시된 경우의 징수유예

증여세의 징수유예기간 중에 상속이 개시된 경우에는 세무서장은 그 징수유예한 증여세액의 부과결정을 철회하고 다시 부과하지 아니하되(상증세법 집행기준 74-76-2), 상속으로 인한 징수유예를 다시 해야 한다.

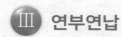 연부연납

 해의 맥

> 과세관청은 연부연납 신청시 법정요건을 충족하는 경우 허가하여야 하는 기속을 받는다.

§관련조문

상증세법	상증세법 시행령
제71조【연부연납】 제72조【연부연납가산금】	제67조【연부연납의 신청 및 허가】 제68조【연부연납금액 등의 계산】 제69조【연부연납가산금의 가산율】

1. 연부연납의 의의

연부연납(年賦延納)이란 증여세를 일시납부가 아니라 연단위로 나누어 납부기한을 연장해 주는 것을 말한다. 증여세의 경우에는 세액이 큰 경우가 많고, 취득재산도 부동산 등 현금화하는데 상당한 기간이 필요한 재산인 경우가 많다. 이러한 경우까지 징수의 편의만을 내세워 일시납부의 원칙을 고수하게 되면 납세의무자에게 과중한 부담을 주게 되고, 경우에 따라서는 짧은 납기 내에 상속받은 재산 자체의 처분을 강요하는 결과가 되어 납세의무자의 생활기초마저 위태롭게 할 우려가 있다. 그렇다면 국세수입을 해하지 아니하는 한도에서 납세의무자에게 분할 납부 및 기한유예의 편익을 제공하는 것이 바람직하다.

이러한 취지에 비추어 볼 때 연부연납은 납세의무자의 납세자력의 유무와는 직접적인 관계가 없다고 할 것이다(대법원 91누9374, 1992. 4. 10.). 이러한 시각은 증여재산인 주식이 아니라도 납세의무자에게 고지세액을 납부할 정도의 자력이 있다는 이유로 과세관청이 연부연납 신청을 반려한 것에 대해 대법원이 위법하다고 판단할 때 의미를 가진 바 있다.

연부연납은 일정한 조건을 충족하고 납세의무자의 신청에 의하여 세무서장의 허가에 따라 납세담보를 제공하여야 하며 연부연납의 내용은 변경되고 취소될 수 있다.

아래에서 살펴 볼 연부연납에 대한 세부사항은 세법개정시 조금씩 변경되어 왔기 때문에 실제 연부연납 적용시에는 적용시기를 부칙을 통해 확인하는 것이 필요하다. 이 책에서는 매년 개정을 하기 때문에 각주로 적용시기를 표시할 수 있는 부분은 특별히 표시하기는 했지만, 실제 적용시에는 부칙 조항을 확인해 볼 것을 권한다.

2. 연부연납 요건

1) 허가를 요건으로 하는 경우

납세지 관할 세무서장은 다음의 요건을 모두 충족하는 경우 납세자의 신청을 받아 연부연납을 허가할 수 있다. 그런데 사실상 연부연납의 허가요건이 모두 갖추어져 있는 경우에는 세무서장은 연부연납을 허가하여야 하는 기속을 받는다고 본다(국세기본법 제19조 참조 : 대법원 2003두4973, 2004. 10. 28. ; 대법원 91누9374, 1992. 4. 10.).

(1) 증여세 납부세액이 2천만원[620]을 초과하여야 한다(상증세법 제71조 제1항).

여기에서 증여세 납부세액은 실질적인 납부부담을 의미하므로, 증여세 산출세액에서 박물관자료 등 징수유예세액, 증여재산공제를 차감하고 가산세를 가산한 금액, 즉 '신고납부세액'('증여세 과세표준신고 및 자진납부계산서'상의 '차가감납부할세액')을 말한다고 해석하여야 한다.

(2) 증여세 과세표준 신고기한이나 결정통지에 의한 납부고지서상의 납부기한까지 연부연납신청을 하여야 한다(상증세법 시행령 제67조 제1항).

① 연부연납을 신청하려는 자는 증여세 과세표준신고시(상증세법 제68조)에 납부해야 할 세액에 대하여 연부연납신청서(상증세법 시행규칙 별지 제11호 서식)를 증여세 과세표준신고와 함께 납세지 관할 세무서장에게 제출해야 한다. 여기에서의 신고에는 국세기본법 제45조 규정에 의한 수정신고를 하는 경우뿐만 아니라 국세기본법 제45조의 3에 따른 기한 후 신고를 하는 경우를 포함한다

② 다만, 그 과세표준과 세액의 결정통지(상증세법 제77조)를 받은 후 해당 납부고지서에 의한 납부기한까지 그 신청서를 제출할 수 있다.

종전에는 증여세를 신고한 후 납부하지 않은 경우에는 연부연납신청을 할 수 없어 현금을 확보하기 어려운 납세자의 경우 세금납부에 어려움이 있었을 뿐만 아니라, 과세표준 신고를 전혀 하지 않은 자는 납부고지서에 의한 납부기한까지 신청할 수 있게 하여 성실하게 신고에 협력한 자를 오히려 불이익하게 대우하는 등 형평이 맞지 않아 납세자의 권리를 침해하는 면이 있었다.

이에 따라 증여세를 신고한 후 납부하지 아니한 경우에도 납부고지서상 납부기

---

620) 2007. 12. 31. 이전 증여분에 대해서는 1천만원

한까지 연부연납신청을 허용하여, 납세자의 납세편의를 제고하였으며, 이 개정규정은 납부고지서상의 납부기한이 2010년 2월 18일 이후 최초로 도래하는 납세자부터 적용한다(상증세법 시행령 제67조 제1항).

결국 상증세법 제77조의 과세표준과 세액의 결정통지는 증여세 과세표준을 신고하지 않거나 신고하고 납부하지 아니한 경우까지도 포함하는 과세관청의 과세표준과 세액의 결정통지를 말한다.

한편 수증자의 주소나 거소가 불분명하여 조세채권의 확보가 곤란하여 증여가가 연대납세의무를 지는 경우(상증세법 제4조의 2 제6항), 그 연대납세의무자가 세무서장으로부터 통지를 받은 경우(같은 조 제7항)에는 해당 납부통지서상의 납부기한까지 그 신청서를 제출할 수 있다(상증세법 집행기준 71-67-1).[621]

위와 같은 연부연납 증여재산(상증세법 시행령 제68조 제1항 제3호)의 연부연납 신청시 납부할 금액에 대하여는 상증세법 제70조의 규정에 의한 자진납부금액을 그 금액으로 보아 적용할 수 있다(상증세법 기본통칙 71-68…3).

(3) 납세담보를 제공하여야 한다.

연부연납을 하고자 하는 자는 이에 상응하는 납세담보를 제공하여야만 하며 납세담보에 관한 사항은 국세징수법 제18조부터 제23조까지의 규정을 준용하게 된다(상증세법 시행령 제67조 제4항, 기본통칙 71-67…2). 따라서 연부연납허가에 필요한 납세담보를 제공하지 아니하였다는 이유로 연부연납을 허가하지 아니한 것은 적법하다(대전고법 2010누1215, 2010. 12. 16.).

이때 연부연납의 신청시 제공한 담보재산의 가액이 연부연납 신청세액(연부연납 가산금 포함)에 미달하는 경우에는 그 담보로 제공된 재산의 가액에 상당하는 세액의 범위 내에서 연부연납을 허가할 수 있다(상증세법 기본통칙 71-67…2 제1항).

① 담보의 종류(국세징수법 제18조)

세법에 의하여 제공하는 담보(이하 "납세담보"라 한다)는 다음 각 호의 어느 하나에 해당하는 것이어야 한다.

1. 금전
2. 자본시장과 금융투자업에 관한 법률 제4조 제3항에 따른 국채증권 등 대통령령으로 정하는 유가증권(국세기본법 기본통칙 29-0…1)
3. 납세보증보험증권

---

621) 2003. 1. 1. 이후 연부연납 신청분부터 적용한다.

4. 은행법에 따른 은행 등 대통령령으로 정하는 자의 납세보증서

5. 토지

6. 보험에 든 등기 또는 등록된 건물·공장재단·광업재단·선박·항공기나 건설기계

② **담보의 평가**(국세징수법 제19조)

납세담보의 가액의 평가는 다음의 규정에 의한다.

1. 유가증권은 담보로 제공하는 날의 전날을 평가기준일로 하여 상증세법 시행령 제58조 제1항을 준용하여 계산한 가액으로 한다(국세징수법 시행령 제19조 제1항).

2. 납세보증보험증권은 보험금액에 의한다.

3. 납세보증서는 보증금액에 의한다.

4. 토지·건물·공장재단·광업재단·선박·항공기 또는 건설기계는 대통령령이 정하는 아래의 가액(국세징수법 시행령 제19조 제2항)으로 한다.

    1) 토지 또는 건물 : 상증세법 제60조 및 제61조에 따라 평가한 가액

    2) 공장재단, 광업재단, 선박, 항공기 또는 건설기계 : 감정평가 및 감정평가사에 관한 법률에 따른 감정평가업자의 평가액 또는 지방세법에 따른 시가표준액

③ **담보의 제공방법**(국세징수법 제20조)

    가. 금전 또는 유가증권을 납세담보로 제공하고자 하는 자는 이를 공탁하고 그 공탁수령증을 세무서장에게 제출하여야 한다. 다만, 등록된 유가증권의 경우에는 담보제공의 뜻을 등록하고 그 등록확인증을 제출하여야 한다.

    나. 납세보증보험증권 또는 납세보증서를 납세담보로 제공하고자 하는 자는 그 보험증권 또는 보증서를 세무서장에게 제출하여야 한다.

    다. 토지·건물·공장재단·광업재단·선박·항공기 또는 건설기계를 납세담보로 제공하고자 하는 자는 그 등기필증, 등기완료통지서 또는 등록필증을 세무서장에게 제시하여야 하며, 세무서장은 이에 의하여 저당권의 설정을 위한 등기 또는 등록의 절차를 밟아야 한다. 이 경우 화재보험에 든 건물·공장재단·선박·항공기 또는 건설기계를 납세담보로 제공하려는 자는 그 화재보험증권도 관할 세무서장에게 제출하여야 한다.

④ **담보의 변경과 보충**(국세징수법 제21조)

    가. 납세담보를 제공한 자는 세무서장의 승인을 얻어 그 담보를 변경할 수 있다.

나. 세무서장은 납세담보물의 가액 또는 보증인의 자력의 감소 그 밖의 사유로 그 납세담보로 국세 · 가산금과 체납처분비의 납부를 담보할 수 없다고 인정하는 때에는 담보를 제공한 자에 대하여 담보물의 추가제공 또는 보증인의 변경을 요구할 수 있다.

⑤ 담보에 의한 납부와 징수(국세징수법 제22조)

가. 납세담보로서 금전을 제공한 자는 그 금전으로 담보한 국세 · 가산금과 체납처분비를 납부할 수 있다.

나. 세무서장은 납세담보의 제공을 받은 국세 · 가산금과 체납처분비가 담보의 기간 내에 납부되지 아니한 때에는 국세징수법 시행령 제22조 제2항 · 제3항이 정하는 바에 의하여 해당 담보로써 그 국세 · 가산금과 체납처분비를 징수한다.

⑥ 담보의 해제(국세징수법 제23조)

세무서장은 납세담보의 제공을 받은 국세 · 가산금과 체납처분비가 납부된 때에는 지체없이 담보해제의 절차를 밟아야 한다.

이런 맥락에서 연부연납을 허가받은 자가 연부연납세액의 각 회분을 납부한 경우에는 동 금액에 상당하는 담보를 순차로 해제할 수 있다(재산-889, 2010. 11. 29.).

(4) 연부연납의 허가를 받아야 한다(상증세법 시행령 제67조 제2항).

① 허가통지 : 연부연납신청서를 받은 세무서장은 다음에 따른 기간 이내에 신청인에게 그 허가 여부를 서면으로 결정 · 통지해야 한다.

㉮ 법 제67조에 따른 상속세과세표준신고 또는 법 제68조에 따른 증여세 과세표준신고를 한 경우 : 증여세 과세표준 신고기한(상증세법 제68조)이 경과한 날부터 6개월(법정결정기한)

㉯ 국세기본법 제45조에 따른 수정신고 또는 제45조의 3에 따른 기한 후 신고를 한 경우: 신고한 날이 속하는 달의 말일부터 6개월[622]

㉰ 다만, 상증세법 시행령 제67조 제1항 단서(위 (2)②)의 경우 : 납부고지서에 의한 납부기한이 지난 날부터 14일

연부연납의 허가는 별지 제12호 서식에 의한다(상증세법 시행규칙 제24조 제12호).

② 허가통지를 하지 않은 경우

---

622) 2020. 2. 11. 이후 신청하는 분부터 적용한다. 종전에는 3개월

위의 기간까지 그 허가 여부에 대한 서면을 발송하지 않은 때에는 허가를 한 것으로 본다.

③ **연부연납 신청기간 중의 특례**

가. 증여세의 과세표준신고시에 연부연납신청을 한 세액[위 (2)①]에 대한 적법한 신청에 대해 납부기한을 경과하여 연부연납허가를 통지(증여세 과세표준 신고기한이 경과한 날부터 9개월 이내)하는 때에는 그 연부연납액에 상당한 세액의 징수에 있어서 연부연납허가통지일 이전에 한하여 납부지연가산세(국세기본법 제47조의 4)를 부과하지 아니한다(징세-775, 2009. 8. 18. ; 국심 94서2353, 1994. 8. 18. ; 대법원 2004두 2356, 2005. 9. 30.).

나. 연부연납 신청을 적법하게 하였는데 연부연납허가에 대한 통지 여부는 납부기한을 넘은 경우, 납부지연에 대한 가산금 및 가산세를 부과하여야 하는지가 논란이 될 수 있다. 신청을 적법하게 한 것에 초점을 맞춘다면 가산금 및 가산세는 부과하지 않는 것이 타당할 것이고, 납부기한을 넘긴 것에 초점을 맞춘다면 부과하는 것이 타당할 수 있다. 2020년 기존의 납부불성실가산세와 가산금이 납부지연가산세로 통합되면서 위 논의는 납부지연가산세를 부과할지에 대한 것으로 귀결된다고 할 수 있다. 국세징수법이 2018. 12. 31. 개정되면서 납부불성실가산세를 납부지연가산세로 통합하고 가산금제도를 폐지하면서 동법 제21조가 삭제되었는데 그 시행은 2020년부터 된 것이다.

납부기한이 지나면 미납세액의 3%가 납부지연가산세로 부과되고, 세목별 세액이 100만원 이상인 경우 납부기한이 지난 1일마다 0.022%의 가산세가 최대 5년간 추가 부과된다. 종전에는 납세자가 납부고지서를 받은 후 기한이 지나 납부할 경우 미납세액의 3%가 가산금으로 부과되고, 세목별 세액이 100만원 이상인 경우에는 납부기한이 지난 1개월마다 0.75%의 가산금이 최대 60개월까지 추가로 부과되었다.

상증세법 시행령 제67조 제3항에 따르면 증여세의 과세표준신고시에 연부연납신청을 한 세액 외의 세액[위 (2)②]에 대해 적법한 신청에 대해 납부기한을 경과하여 연부연납허가 여부를 통지(납부고지서에 의한 납부기한이 경과한 날부터 14일 이내)하는 경우 그 연부연납액에 상당한 세액의 징수에 있어서는 연부연납허가여부통지일 이전에 한정하여 국세징수법 제21조를 적용하지 아니한다고 규정하고 있다. 위에서 본 바와 같이 국세징수법 제21조가 삭제되었는데 이를 제대로 반영하지 않은 것이라 할 수 있다. 가산금이 폐지되어서든 가산금

조항이 적용되지 않든 가산금은 부과되지 않는다. 해당 규정의 취지로 본다면 납부지연가산세 역시 부과되지 않는 것이 타당하고, 이를 명확하게 하는 법개정이 필요하다. 2021년 2월 17일 상속세 및 증여세법 시행령 개정을 통해 국세기본법 제47조의 4 제1항 제1호 및 제3호의 납부지연가산세는 부과되지 않는 것으로 명확하게 정리되었다.

2) 허가를 요건으로 하지 않는 경우

이때 납세담보가 확실하고 안전하다고 보는 다음에 열거하는 담보(국세징수법 제18조 제1호부터 제4호까지)를 제공하여 연부연납 허가를 신청하는 경우에는 위 (1), (2) 및 (3)의 요건만 충족하면 그 신청일에 허가받은 것으로 본다(상증세법 제71조 제1항 후단, 같은 법 집행기준 71-67-2).[623] 따라서 별도의 허가통지 절차는 불필요하다.

① 금전

② 자본시장과 금융투자업에 관한 법률 제4조 제3항에 따른 국채증권 등 대통령령으로 정하는 유가증권[624]

③ 납세보증보험증권

④ 은행법에 따른 은행 등 대통령령으로 정하는 자의 납세보증서[625]

2008년 12월 26일 상증세법 개정시 연부연납제도의 활성화를 위하여 납세담보가 확실(연부연납세액에 대한 담보가 100% 보증되는 경우)하여 평가가 필요 없는 납세보증보험증권, 납세보증서 등을 담보물로 제공하는 경우에는 그 신청일에 허가를 받은 것으로 간주하도록 개정하였는바, 동 개정규정은 2009년 1월 1일 이후 최초로 연부연납을 신청하는 분부터 적용한다.[626]

3. 연부연납금액의 결정

연부연납시 신고납부기한 또는 납부고지서에 따른 납부기한과 납부기한이 지난 후 연부연납 기간(최대 5년)에 매년 납부할 금액은 다음에 따라 계산한 금액으로 한다(상증세법 시행령 제68조 제1항 제1호, 상증세법 기본통칙 71-68…3).

---

623) 2009. 1. 1. 이후 신청분부터 적용한다.
624) 담보의 종류에 대한 개정규정은 2012. 1. 1.부터 시행한다.
625) 담보의 종류에 대한 개정규정은 2012. 1. 1.부터 시행한다.
626) 국세청, 「2009 개정세법해설」, 2009, 173쪽

$$\frac{증여세납부세액}{(연부연납기간 + 1)}$$

이때 매년 납부할 금액은 각 회분의 분납세액이 1천만원을 초과하는 금액 범위이어야 한다(상증세법 시행령 제68조 제1항, 2008년 1월 1일 이후 증여분부터).

한편 연부연납 기간 중에 행정소송 등에 의하여 세액이 감액결정된 때에는 최종 확정된 연부연납 각 회분의 납부기한이 경과한 분납세액을 차감한 잔액에 대하여 나머지 분납할 회수로 평분한 금액을 각 회분의 연납금액으로 한다(상증세법 기본통칙 71-68…4, 같은 법 집행기준 71-67-5, 71-68-1).

위 산식에서 '연부연납기간+1'의 기간으로 납부세액을 분배하는 것은, 위의 산식에 의해 계산된 배분금액을 '연부연납을 신청하는 때'와 '연부연납기간'에 따라 납부하는 것이기 때문이다.

4. 연부연납의 기간

연부연납의 기간은 연부연납 허가일부터 5년[627]의 범위에서 해당 납세의무자가 신청한 기간으로 한다. 다만, 각 회분의 분납세액이 1천만원을 초과하도록 연부연납기간을 정하여야 한다(상증세법 제71조 제2항).

연부연납을 허가함에 있어 분납기간은 납세의무자의 형편을 감안하여 위의 기한 이내로 한다(상증세법 기본통칙 71-0…1 제1항).

5. 연부연납의 취소 또는 변경

1) 연부연납의 취소 또는 변경사유

납세지 관할 세무서장은 연부연납을 허가받은 납세의무자가 다음의 어느 하나에 해당하게 된 경우에는 그 연부연납 허가를 취소 또는 변경하고, 그에 따라 연부연납에 관계되는 세액의 전액 또는 일부를 징수할 수 있다.

(1) 연부연납세액을 지정된 납부기한(2009년 1월 1일 이후 연부연납을 신청한 경우로서 그 신청일에 허가받은 것으로 보는 경우에는 연부연납세액의 납부예정일자)까지 납부하지 아니한 경우

---

627) 2007. 12. 31. 이전 신청분에는 연부연납 허가 후 3년

(2) 담보의 변경 그 밖의 담보 보전에 필요한 관할 세무서장의 명령에 따르지 아니한 경우

(3) 납기 전 징수 사유(국세징수법 제9조 제1항)에 해당되어 그 연부연납기한까지 그 연부연납에 관계되는 세액의 전액을 징수할 수 없다고 인정되는 경우

2) 연부연납의 취소 또는 변경방법

연부연납의 취소 또는 변경사유에 해당하면 상증세법 시행령 제68조 제8항의 방법에 따라 당초 허가한 연부연납을 취소하거나 변경한다(상증세법 제71조 제4항). 이 경우 아래 (1)에 따라 연부연납을 변경하여 허가하는 경우의 연부연납 금액에 관하여는 가업상속 재산 이외 상속재산의 계산식(상증세법 시행령 제68조 제1항 제3호)을 준용하여 계산한 금액으로 한다.[628] 취소 시에는 납부지연가산세가 적용된다.

(1) 납세의무자가 공동으로 연부연납 허가를 받은 경우로서 납세의무자 중 일부가 연부연납 세액을 납부하지 않아 위 연부연납 취소 사유 (1)에 해당하는 경우에는 연부연납 세액을 납부하지 않은 납세의무자("미납자")에 대한 연부연납 허가를 취소하고, 나머지 납세의무자에 대해서는 연부연납기간에서 허가일부터 해당 취소 사유에 해당하게 된 날까지의 기간을 뺀 기간의 범위에서 연부연납을 변경하여 허가하며, 미납자가 납부해야 할 연부연납 세액을 일시에 징수한다. 이 경우 상증세법 제71조 제1항 후단에 따라 제공한 담보(금전, 유가증권, 납세보증보험증권, 납세보증서)로써 해당 세액을 징수하려는 경우에는 먼저 미납자가 제공한 담보(미납자가 다른 납세의무자와 공동으로 담보를 제공한 경우로서 미납자의 담보에 해당하는 부분을 특정할 수 있는 경우에는 그 부분을 말함)로써 해당 세액을 징수해야 한다.[629]

(2) 그 밖의 경우에는 연부연납 허가를 취소하고 연부연납에 관계되는 세액을 일시에 징수한다.

---

628) 2023. 2. 28. 이후 연부연납 허가를 취소, 변경하는 경우부터 적용한다.

629) 이는 복수의 납세의무자가 공동으로 연부연납 허가를 받은 후에 그 중 일부가 연부연납 세액을 납부하지 않은 경우에 모든 납세의무자에 대한 연부연납을 취소하지 않고 그 연부연납 세액을 미납한 자에 대한 연부연납 허가만을 취소하도록 한 것으로 2023. 2. 28. 이후 연부연납 허가를 취소, 변경하는 경우부터 적용한다.

6. 통지의무

'연부연납 허가의 통지의무'에 대한 해설은 상속세와 동일하므로 '상속세편'을 참조하기 바란다.

7. 연부연납허가 전 · 후 일시납부

'연부연납허가 후 일시납부'에 대한 해설은 상속세와 동일하므로 '상속세편'을 참조하기 바란다.

8. 연부연납과 물납의 중복적용 배제

'연부연납과 물납의 중복적용'에 대한 해설은 상속세와 동일하므로 '상속세편'을 참조하기 바란다.

9. 연부연납가산금

'연부연납가산금'에 대한 해설은 상속세와 동일하므로 '상속세편'을 참조하기 바란다.

06장 증여세 부과 및 징수

 해의 맥

국세부과의 제척기간과 국세징수권의 소멸시효의 관계 : 납세의무 성립 → 부과권(징수권을 만들어 낼 수 있는 일방적 권리 ; 형성권 → 결정 혹은 경정) → 납세의무 확정(변경) → 징수권(돈을 얼마 내라는 특정된 채권 ; 청구권) → 납세의무 소멸

제1절 부과제척기간

§ 관련조문

국세기본법	국세기본법 시행령
제26조의 2【국세부과의 제척기간】	제12조의 2【부정행위의 유형 등】 제12조의 3【국세부과 제척기간의 기산일】

 기본개념

1. 의의

부과란 국가가 납세의무를 확정하는 절차(결정, 경정결정, 재경정결정, 부과취소 등 행정처분)를 말한다. 제척기간은 일정한 권리의 법정존속기간이다. 그러므로 국세부과의 제척기간은 국가가 결정 등 행정처분을 할 수 있는 기간을 의미한다.

국세부과에 제척기간을 둔 것은 조세채권·채무관계의 장기적 불안정성을 제거함으로써 납세의무자의 법적 안정성을 보장하기 위함이다.

국세부과의 제척기간은 권리관계를 조속히 확정시키려는 것이므로 국세징수권 소멸시효와는 달리 진행 기간의 중단이나 정지가 없다. 따라서 국세기본법 제26조의 2 제1항 내지 제3항의 기간이 경과하면 정부의 부과권은 소멸되어 과세표준이나 세액을 변경하는 어떤 결정(경정)·(국세기본법 제26조의 2 제2항의 해당 판결·결정 또는 상호합의를 이행하기 위한 경정결정 그 밖의 필요한 처분은 제외한다)도 할 수 없다(국세기본법 기본통칙 26의 2-0…1).

II 증여세의 부과제척기간

1. 증여세의 원칙적 제척기간(국세기본법 제26조의 2 제1항 제4호)

'증여세의 부과제척기간'에 대한 해설은 '상속세편'을 참조하면 된다.

2. 증여세의 특례제척기간(국세기본법 제26조의 2 제4항)

제척기간에는 중단이나 정지라는 개념이 없고 기간이 일단 지나면 끝이지만, 현행법의 제척기간은 소멸시효의 변종인 까닭에 특례제척기간은 실질적으로 소멸시효의 중단이나 정지와 비슷한 기능을 하는 셈이다.

증여세의 특례제척기간은 특히 변칙증여 때문에 만들어진 조문이다.

1) 사유

납세자가 사기 그 밖의 부정한 행위("부정행위")로 증여세를 포탈하는 경우로서 다음에 해당하는 경우에는 위 1.(국세기본법 제26조의 2 제1항 제4호)에 불구하고 해당 재산의 증여가 있음을 안 날부터 1년 이내에 증여세를 부과할 수 있다. 다만, 증여자 및 수증자가 사망한 경우와 포탈세액 산출의 기준이 되는 재산가액(다음에 해당하는 재산의 가액을 합계한 것을 말한다)이 50억원 이하인 경우에는 그러하지 아니하다.

(1) 제삼자의 명의로 되어 있는 증여자의 재산을 수증자가 보유하고 있거나 그 자의 명의로 실명전환을 한 경우

(2) 국외에 소재하는 증여재산을 수증자가 취득한 경우

(3) 등기·등록 또는 명의개서가 필요하지 아니한 유가증권·서화·골동품 등 증여재산을 수증자가 취득한 경우

(4) 수증자의 명의로 되어 있는 증여자의 「금융실명거래 및 비밀보장에 관한 법률」 제2조 제2호에 따른 금융자산을 수증자가 보유하고 있거나 사용·수익한 경우[증여세에 한함]

이번 개정을 통해 수증자 명의의 차명계좌에 있는 증여자의 금융자산을 수증자가 보유하거나 사용·수익하는 등 부정행위로 증여세를 포탈한 경우에 부과제척기간을 연장하여 과세를 강화하였다.[630]

---

630) 2013. 1. 1. 이후 증여세를 부과할 수 있는 날이 개시하는 분부터 적용한다.

2) 제척기간

해당 재산의 증여가 있음을 안 날로부터 1년 이내에 부과할 수 있다. 따라서 사실상 과세당국은 시기의 제한을 받지 않고 증여세를 부과할 수 있게 된다.

3. 그 밖의 특례제척기간(국세기본법 제26조의 2 제2항)

'증여세의 그 밖의 특례제척기간'에 대한 해설은 '상속세편'을 참조하면 된다.

Ⅲ 제척기간의 기산일

'증여세의 제척기간의 기산일'에 대한 해설은 '상속세편'을 참조하면 된다.

Ⅳ 제척기간 만료의 효과

'증여세의 제척기간 만료의 효과'에 대한 해설은 '상속세편'을 참조하면 된다.

제2절 증여세 과세표준 및 세액의 결정과 경정

§관련조문

상증세법	상증세법 시행령
제76조【결정 · 경정】	제78조【결정 · 경정】

Ⅰ 의의

납세의무는 과세요건의 충족에 의해 성립한다. 이렇게 성립된 납세의무는 일정한 행위에 의해 확정되는데, 증여세와 같은 정부부과주의 세목에서는 과세권자의 일정한 행정처분에 의해 납세의무가 확정된다. 이를 조세채무의 결정이라고 한다. 그런데 이러한 결정

(처분)은 신고납세주의 세목에도 해당되는데 납세의무자가 신고를 원천적으로 하지 아니할 때 과세권자가 최초로 세액을 확정하는 것도 결정(처분)이다. 결론적으로 조세채무의 결정은 과세권자가 국세부과권을 행사하여 최초로 세액을 확정하는 행정처분이다.

반면 과세권자는 납세의무가 확정된 후에 그 확정된 납세의무의 내용을 수정할 사유가 생긴 때에는 과세표준과 세액을 증가 또는 감소하는 방법으로 다시 변경할 수 있다. 이러한 수정행위를 경정이라 하며, 이미 확정된 납세의무의 내용인 과세표준과 세액을 과세권자가 수정하는 행정처분을 말한다. 이러한 경정처분은 징수권의 소멸시효가 완성되기 전에는 언제든지 행할 수 있다.

그러므로 결정이라 함은 미확정상태에 있는 조세채권과 채무를 과세관청에게 부여된 권한에 의하여 당연히 행사하는 행정처분인데 반하여, 경정은 확정된 납세의무의 내용을 수정을 가하는 것이기에 명백한 예외적 사유가 발생하지 않는 한 원칙적으로 선행된 조사내용에 대한 수정은 가능한 한 배제되어야 할 것이다. 따라서 경정처분은 결정 후 그 결정된 과세표준과 세액의 오류나 탈루를 발견한 때에 한하여 이를 수정하기 위하여 이루어진다.

 ## Ⅱ 증여세 과세표준 및 세액의 결정

1. 증여세의 결정

'증여세의 결정'은 상속세의 결정과 같으므로 '상속세편'을 참조하기 바란다.

2. 수시결정

'증여세의 수시결정'은 상속세의 수시결정과 같으므로 '상속세편'을 참조하기 바란다.

 ## Ⅲ 증여세 과세표준 및 세액의 경정

1. 증여세의 경정

'증여세의 경정'은 상속세의 경정과 같으므로 '상속세편'을 참조하기 바란다.

과세표준 및 세액의 결정통지

§관련조문

상증세법	상증세법 시행령
제77조【과세표준과 세액의 결정통지】	제79조【과세표준과 세액의 결정통지】

1. 결정의 통지

'증여세 결정의 통지'는 상속세의 결정의 통지와 같으므로 '상속세편'을 참조하기 바란다. 통지시에는 납부고지서에 과세표준과 세액의 산출근거를 명시하도록 하고 있으므로(상증세법 시행령 제79조 제1항), 증여세의 납부고지서에 과세표준과 세액의 계산명세가 기재되어 있지 아니하거나 그 계산명세서를 첨부하지 아니하였다면 그 납세고지는 위법하다고 할 것이나(대법원 99두8039, 2001. 3. 27. ; 대법원 85누56, 1987. 5. 12.), 한편 과세관청이 과세처분에 앞서 납세의무자에게 보낸 과세예고통지서 등에 납부고지서의 필요적 기재사항이 제대로 기재되어 있어 납세의무자가 그 처분에 대한 불복 여부의 결정 및 불복신청에 전혀 지장을 받지 않았음이 명백하다면, 이로써 납부고지서의 하자가 보완되거나 치유될 수 있어 위법한 납세고지로 볼 수 없다(대법원 99두11882, 2001. 6. 15. ; 대법원 99두1212, 2000. 1. 14. ; 대법원 96누12634, 1998. 6. 26.).

소멸시효

이미 확정된 증여세 납세의무에 관하여 국가가 납세고지 · 독촉 · 체납처분 등에 의하여 그 이행을 청구하고 강제할 수 있는 권리인 증여세 징수권은 오랫동안 행사하지 않으면 소멸한다. 이와 관련한 소멸시효에 대한 자세한 설명을 상속세편을 참조하기 바란다.[631]

---

631) 이 책 '상속세 소멸시효' 참조

1. 국세징수권의 소멸시효의 의의

징수권이란 이미 확정된 납세의무에 관하여 국가가 납세고지·독촉·체납처분 등에 의하여 그 이행을 청구하고 강제할 수 있는 권리를 말한다. 소멸시효란 오랫동안 권리를 행사하지 않는 경우 그 권리를 소멸시키는 제도이다

그러므로 국세징수권의 소멸시효란 국가가 국세징수권을 일정기간 행사하지 않는 경우 그 국세징수권을 소멸시키는 제도를 의미한다. 이는 오래된 사실상태를 존중(신의성실의 원칙)함으로써 사회질서의 안정을 도모하기 위함이다.

2. 소멸시효기간

징수권을 행사할 수 있는 때로부터 5년간 행사하지 않으면 소멸시효가 완성된다(국세기본법 제27조 제1항).

3. 소멸시효의 기산일(국세기본법 시행령 제12조의 4)

'증여세 징수권 소멸시효의 기산일'은 상속세와 같으므로 '상속세편'을 참조하기 바란다.

4. 소멸시효의 중단과 정지

'증여세 징수권 소멸시효의 중단과 정지'는 상속세의 결정과 같으므로 '상속세편'을 참조하기 바란다.

5. 소멸시효 완성의 효과

'증여세 징수권 소멸시효 완성의 효과'는 상속세와 같으므로 '상속세편'을 참조하기 바란다.

제5절 증여세원의 적정화를 위한 제도 등

증여세의 과세에 있어 가장 바람직한 형태는 납세자의 자발적인 증여세 신고와 자진납부로 납세비용을 최소화하면서 납세자간에 공평한 부담이 이루어지도록 하는 것이다. 그러나 조세의 본질이 납세자의 재산권에 대한 침해적 성격을 지니므로, 증여세의 공평한

과세를 온전히 납세자의 납세도의(納稅道義)에만 기댈 수는 없다.

오히려 과세권자는 성실한 신고를 하지 않으면 안되도록 증여세원의 양성화를 위한 다양하고 엄밀한 과세시스템을 구축할 필요가 있다. 이러한 측면에서 증여세원의 포착을 위한 아래와 같은 다양한 제도를 마련하고 있다.

 ## Ⅰ 재산세 과세대상 토지 · 건축물 및 주택에 관한 자료의 통지

§ 관련조문

상증세법	상증세법 시행령	상증세법 시행규칙
제80조【자료의 제공】	제82조【자료의 제공】	제21조【상속개시 등의 통지 등】

행정안전부장관 · 특별시장 · 광역시장 · 도지사 또는 특별자치도지사는 재산세 과세대상 토지 · 건축물 및 주택에 관한 자료를 재산세의 과세대상 토지 · 건축물 및 주택, 납세의무자의 명세와 그 과세현황을 해당 연도 10월 31일까지 국세청장에게 통보하여야 한다.

 ## Ⅱ 납세관리인 등

§ 관련조문

국세기본법	국세기본법 시행령	국세기본법 시행규칙
제82조【납세관리인】	제64조【납세관리인 설정신고】 제64조의 2【납세관리인의 업무범위】 제65조【납세관리인의 변경조치】	제33조【납세관리인 설정신고】 제33조의 2【납세관리인신고확인서】 제33조의 3【납세관리인지정통지서】

1. 의의

1) 의의

납세관리인이란 납세자가 주소 또는 거소를 두지 아니한 때에 그 납세지에 거주하는 자를 선정하여 납세자의 국세에 관한 사항을 처리하게 하는 자를 말한다. 이와 같은 납세관리인 등에 관한 규정은 종전 상증세법 제81조(2007년 12월 31일 삭제)에서 국세기본법 제82조로 옮겨져 모든 세법에 공통된 사항으로 기능하고 있다.

2) 선정사유

그러므로 납세자가 국내에 주소 또는 거소를 두지 아니하거나 국외로 주소 또는 거소를 이전하려는 때에는 국세에 관한 사항을 처리하기 위하여 납세관리인을 정하여야 한다. 이때 납세자는 변호사, 세무사 또는 공인회계사를 납세관리인으로 둘 수 있다.

2. 납세관리인의 신고

'증여세 납세관리인의 신고'는 상속세와 같으므로 '상속세편'을 참조하기 바란다.

3. 납세관리인의 지정

'증여세 납세관리인의 지정'은 상속세와 같으므로 '상속세편'을 참조하기 바란다.

4. 납세관리인의 업무범위

'증여세 납세관리인의 업무범위'는 상속세와 같으므로 '상속세편'을 참조하기 바란다.

5. 납세관리인의 변경조치

'증여세 납세관리인의 변경조치'는 상속세와 같으므로 '상속세편'을 참조하기 바란다.

 지급명세서 등의 제출

§관련조문

상증세법	상증세법 시행령	상증세법 시행규칙
제82조【지급명세서 등의 제출】	제84조【지급명세서 등의 제출】	제22조【지급명세서 등의 제출】

1. 의의

증여세는 과세권자의 조사결정방식에 의하여 부과되므로 과세표준 및 세액결정을 위한 자료의 수집이 중요하다. 이에 이러한 자료를 산출해내는 자로서 국내에서 보험금(해약환급금 및 중도인출금 포함) 또는 퇴직금 등을 지급한 자는 지급명세서를, 국내에서 주식 등의 명의 개서 또는 변경을 취급하는 자(명의개서 또는 변경에 관한 확인업무를 국가 또는 지방자치단체로부터 위탁받은 자 및 「자본시장과 금융투자업에 관한 법률」에 따른 투자매매업 또는 투자중개업을 하는 자를 포함)와 신탁업무를 취급하는 자는 그 사실을 상세히 기재한 명세를, 전환사채 등을 발행하는 법인은 전환사채 등의 발행 및 인수자의 명세를 관할 세무서장에게 제출하도록 하고 있다.

2. 보험금 지급명세서의 제출

'보험금 지급명세서의 제출'은 상속세와 같으므로 '상속세편'을 참조하기 바란다.

3. 퇴직급여 등 지급명세서의 제출

'퇴직급여 등 지급명세서의 제출'은 상속세와 같으므로 '상속세편'을 참조하기 바란다.

4. 주권 등 및 특정시설물 등 명의개서 또는 변경내용 제출

'주권 등 및 특정시설물 등 명의개서조서 또는 변경내용 제출'은 상속세와 같으므로 '상속세편'을 참조하기 바란다.

5. 타인신탁재산수탁명세서 제출

'타인신탁재산수탁명세서 제출'은 상속세와 같으므로 '상속세편'을 참조하기 바란다.

6. 전환사채 등 발행 및 인수자 명세서 제출

'전환사채 등 발행 및 인수자 명세서 제출'은 상속세와 같으므로 '상속세편'을 참조하기 바란다.

7. 지급명세서 등 미제출 가산세

'지급명세서 등 미제출 가산세'는 상속세와 같으므로 '상속세편'을 참조하기 바란다.

Ⅳ 금융재산 일괄조회

상증세법
제83조【금융재산 일괄조회】

1. 의의

금융실명거래 및 비밀보장에 관한 법률에서는 금융회사 등에 종사하는 자는 명의인의 서면상의 요구나 동의를 받지 아니하고는 그 금융거래의 내용에 대한 정보 또는 자료를 타인에게 제공하거나 누설하여서는 아니되며, 누구든지 금융회사 등에 종사하는 자에게 거래정보 등의 제공을 요구하여서는 아니된다고 규정하고 있다(같은 법 제4조 제1항 본문). 다만, 조세에 관한 법률에 의하여 제출의무가 있는 과세자료 등의 제공과 소관 관서의 장이 상속·증여재산의 확인, 조세탈루의 혐의를 인정할 만한 명백한 자료의 확인, 체납자의 재산조회, 국세징수법 제9조 제1항 각 호의 어느 하나에 해당하는 사유로 조세에 관한 법률에 의한 질문·조사를 위하여 필요로 하는 거래정보 등의 제공 등의 경우로서 그 사용 목적에 필요한 최소한의 범위 안에서 거래정보 등을 제공하거나 그 제공을 요구하는 경우에는 그러하지 아니하다(개별조회 : 같은 법 제4조 제1항 제2호). 그리고 거래정보 등의 제공을 요구하는 자는 금융위원회가 정하는 표준양식에 의하여 금융회사 등의 특정점포에 이를 요구하여야 한다(같은 법 제4조 제2항).

그러나 조회가 가능하다 하더라도 금융회사 등의 특정점포에 한하여 서면으로 정보제공을 요구하는 방식은 완전한 세원포착에는 한계가 있고, 금융회사 등과 과세관청의 불필요한 행정력이 소모되기 때문에 개인의 금융실명거래의 비밀보장에 저촉되지 않는 수준에서 일정한 자의 금융자산에 한하여 일괄조회를 허용하고 있다.

2. 조회대상자(상증세법 제83조 제1항)

'금융재산 일괄조회대상자'는 상속세와 같으므로 '상속세편'을 참조하기 바란다.

3. 조회대상 금융재산

'조회대상 금융재산'는 상속세와 같으므로 '상속세편'을 참조하기 바란다.

4. 조회내용 및 절차(상증세법 제83조 제2항, 제3항)

'금융재산 일괄조회내용 및 절차'는 상속세와 같으므로 '상속세편'을 참조하기 바란다.

 세무공무원의 질문 · 조사권

§ 관련조문

상증세법	상증세법 시행령
제84조【질문 · 조사】	제86조【질문 · 조사】

1. 의의

증여세는 정부의 결정 및 경정에 의하여 과세표준과 세액이 확정되는 정부부과주의 조세이므로, 과세표준과 증여세액의 확정을 위한 조사 및 직무수행상 필요한 경우에는 세무에 종사하는 공무원에게 납세의무자 등 일정한 자에게 질문 · 조사할 수 있는 권리를 부여하고 있다. 이 경우 세무에 종사하는 공무원은 질문 · 조사하거나 장부 · 서류 등의 제출을 요구함에 있어 직무상 필요한 범위 외에 다른 목적 등을 위하여 그 권한을 남용해서는 아니 된다.

2. 질문 · 조사 대상자

'질문 · 조사 대상자'는 상속세와 유사하므로 '상속세편'을 참조하기 바란다.

3. 질문 · 조사자의 의무

'질문 · 조사자의 의무'는 상속세와 같으므로 '상속세편'을 참조하기 바란다.

4. 그 밖

이 역시 상속세와 그 내용이 같으므로 '상속세편'을 참조하기 바란다.

Ⅵ 납세자별 재산과세자료의 수집·관리

§관련조문

상증세법	상증세법 시행령	상증세법 시행규칙
제85조【납세자별 재산과세자료의 수집·관리】	제87조【인별 재산과세자료의 수집·관리대상】	제23조【인별 재산과세자료의 수집·관리대상】

1. 의의

상증세법에서는 고액재산가에 대한 과세를 강화하고 증여세의 부과·징수업무를 효율적으로 하기 위하여 국세청장으로 하여금 재산관리 전산체계를 구축하도록 명문화하고 있다.[632]

그렇더라도 납세자별 재산과세자료는 개인의 사생활 및 재산권을 침해할 우려가 있으므로 이를 제공하거나 누설하여서는 안되며, 다만 조세쟁송 등 예외적인 경우에만 제한적으로 제공되도록 하여 철저한 비밀보장의무를 부여하고 있다.

2. 납세자별 재산 과세자료의 수집·관리

'납세자별 재산 과세자료의 수집·관리'에 대한 해설은 상속세와 같으므로 '상속세편'을 참조하기 바란다.

3. 납세자별 재산과세자료의 수집·관리대상

납세자별 재산과세자료의 수집·관리대상은 다음에 해당하는 자를 말한다.

① 부동산과다보유자로서 재산세를 일정금액 이상 납부한 자 및 그 배우자

② 부동산임대에 대한 소득세를 일정금액 이상 납부한 자 및 그 배우자

③ 종합소득세(부동산임대에 대한 소득세를 제외한다)를 일정금액 이상 납부한 자 및 그 배우자

④ 납입자본금 또는 자산규모가 일정금액 이상인 법인의 최대주주 등 및 그 배우자

⑤ 그 밖의 증여세의 부과·징수업무를 수행하기 위하여 필요하다고 인정되는 자로서 기획재정부령이 정하는 자

여기에서 "기획재정부령이 정하는 자"라 함은 다음에 해당하는 자를 말한다.

---

632) 국세청, 1997 개정세법해설, 1997, 179~180쪽 참조

㉮ 증여에 의하여 일정금액 이상의 재산을 취득한 자

㉯ 일정금액 이상의 재산을 처분하거나 재산이 수용된 자로서 일정 연령 이상인 자

㉰ 그 밖의 증여세를 포탈할 우려가 있다고 인정되는 자

4. 대상자의 선정 등 기준

'납세자별 재산 과세자료의 수집·관리 대상자의 선정 등 기준'에 대한 해설은 상속세와 같으므로 '상속세편'을 참조하기 바란다.

5. 비밀보장의 원칙

'비밀보장의 원칙'에 대한 해설은 상속세와 같으므로 '상속세편'을 참조하기 바란다.

6. 과세자료 요구방법

'과세자료 요구방법'에 대한 해설은 상속세와 같으므로 '상속세편'을 참조하기 바란다.

Ⅶ 부가세 부과금지

§관련조문

상증세법
제86조【부가세 부과금지】

지방자치단체 그 밖의 공공단체는 증여세의 부가세를 부과할 수 없다. 따라서 증여세에 대하여 지방자치단체 그 밖의 공공단체는 지방소득세 등 지방세는 과세할 수 없다.

증여세에 대한 불복

조세채무의 존부나 금액에 관해 납세의무자와 과세관청 사이에 다툼이 있는 경우 행정부 단계에서 다툼을 해결할 수 있고 소송으로 나아가서 법원의 판결로 다툼을 해결할 수도 있다. 조세채무의 하나인 증여세에 있어서도 이와 같다.

따라서 '증여세에 대한 불복'에 대한 해설은 '상속세편'을 참조하기 바란다.

제1절 행정부 단계

 사전적 절차

1. 과세전적부심사

'과세전적부심사'에 대한 해설은 '상속세편'을 참조하기 바란다.

 사후적 심판절차

1. 행정심판

'행정심판'에 대한 해설은 '상속세편'을 참조하기 바란다.

2. 감사원 심사청구

'감사원 심사청구'에 대한 해설은 '상속세편'을 참조하기 바란다.

3. 경정청구

'경정청구'에 대한 해설은 '상속세편'을 참조하기 바란다.

4. 직권경정

'직권경정'에 대한 해설은 '상속세편'을 참조하기 바란다.

제2절 **사법부 단계**

1. 행정소송

'행정소송'에 대한 해설은 '상속세편'을 참조하기 바란다.

2. 민사소송

'민사소송'에 대한 해설은 '상속세편'을 참조하기 바란다.

1. 의의

　모든 납세자는 조세채무의 성립에서 시작하여 조세채무의 확정을 거쳐 그 소멸에 이르는 전 과정에서 조세법이 정하는 의무를 성실히 이행하여야 한다.

　그런데 만약 이러한 과정 중에 조세법이 정하는 의무를 불이행, 해태하거나 위반한 경우에는 이에 대한 다양한 처벌이 존재하게 된다.

2. 각종 처벌에 대한 이해

1) 가산세

　가장 일반적인 제재로는 가산세가 있는데, 가산세란 세법에 규정하는 의무의 성실한 이행을 확보하기 위하여 세법에 규정하는 의무를 위반한 자로부터 해당 세법에 의하여 산출한 세액에 가산하여 부과하는 금액(가산금은 이에 포함하지 아니한다)으로 일종의 행정상의 제재이다(국세기본법 제2조 제4호, 제47조).

2) 조세벌

　또 다른 차원의 처벌로는 조세벌이 있으며, 조세벌 역시 세법의 실효성 내지 의무이행의 확보를 목적으로 과하는 제재로서 가산세와 그 목적에 있어 공통점이 있다.

3) 가산세와 조세벌의 비교

　그러나 가산세는 국가재정권에 근거해서 세금의 형식으로 부과하는 데 반하여, 조세벌은 일반통치권에 근거해서 형벌의 형식으로 과하는 점이 다르다.

　또한 가산세의 부과에 있어서는 행위자의 책임능력, 책임조건(고의, 과실 등), 법률의 착오유무 등을 고려하지 않지만 조세벌에 있어서는 이를 고려하는 경우가 있다.

그러므로 동일한 의무위반사항에 대하여 가산세와 조세벌을 모두 과하는 경우 가산세는 조세의 형식으로 부과되고 조세벌은 반사회적 범법행위에 대하여 형벌로 과하는 것이기 때문에 이는 이중처벌금지의 원칙에 위배되지 않는다는 것이 통설이다. 물론 이는 형식적 논리이고 실질에서 보면 이중처벌이라고 할 수 있다.[633]

4) 가산세와 가산금의 비교

한편 가산금은 국세를 납부기한까지 납부하지 아니한 때에 국세징수법에 의하여 고지세액에 가산하여 징수하는 금액과 납부기한이 지난 후 일정기한까지 납부하지 아니한 때에 그 금액에 다시 가산하여 징수하는 금액이다(국세기본법 제2조 제5호). 따라서 증여세의 가산금의 법적 근거는 국세징수법임에 반해, 증여세에 대한 가산세의 법적 근거는 국세기본법과 상속세 및 증여세법이다. 또한 이론상으로 가산세는 조세의 형식으로 부과징수하는 데 반하여, 가산금은 국세징수법상의 과태료에 해당되는 것으로서 조세를 납부기한까지 납부하지 아니한 때에 가산하여 징수하는 이자성격의 금액이다.

제2절　가산세

§관련조문

상증세법	상증세법 시행령
제78조【가산세 등】	제80조【가산세 등】

I　의의

증여세의 가산세에 관한 규정은 국세기본법과 상증세법에 각각 별도로 규정하고 있다. 먼저 신고세목 전체에 공통적으로 적용되는 신고불성실가산세, 납부불성실가산세 및 가산세의 감면 등을 국세기본법에 통일적 · 체계적으로 규정하여 세목 간 가산세부과에서의 형평 및 입법의 효율화를 도모하였다(2006. 12. 30. 법률 제8139호).[634] 아울러 상증세법에서 정

633) 최명근, 「세법학총론」, 세경사, 2002, 730쪽
634) 국세청, 「2007 개정세법 해설」, 2007, 7쪽

한 특유한 의무위반에 대해 상증세법에서 개별적으로 규정하고 있다.

가산세가 조세의 1세목으로 되어 있지만(국세기본법 제47조 제2항, 같은 법 기본통칙 47-0…1) 독립된 세목으로 존재하는 것은 아니고 가산세에 상당하는 금액이 증여세액에 가산되어 증여세의 명목으로 징수되는 것일 뿐이어서 본질적으로 증여세 산출세액과 다르다.

즉 가산세는 부과에 기준이 다르고 가산세율도 달라 형식상으로만 증여세로 부과징수될 뿐 실질상으로는 증여세와는 전혀 그 성질이 다르다고 볼 수 있다. 이런 맥락에서 가산세는 과세재산, 과세표준과 관련 없을 뿐만 아니라 산출세액이 없더라도 가산세는 부과징수될 수 있다. 이는 가산세가 부과징수에 관련한 의무를 불이행한 결과에 대한 제재로서 부과된다는 성질에서 비롯된다.

다만 납부할 세액이 없는 경우 신고하지 않은 납세자들의 가산세 부담을 완화하기 위해, 증여세에 대한 결정·경정 시 가산세액을 제외한 추가 납부세액이 없는 경우에는 무신고·과소신고 가산세 부과대상에서 제외한다(국세기본법 제47조의 2 제7항).[635]

 Ⅱ 무신고가산세[636](국세기본법 제47조의 2, 국세기본법 시행령 제27조)

1. 일반무신고가산세액

이에 대한 자세한 해설은 '상속세편의 가산세'를 보면 된다.

여기에는 상장차익(상증세법 제41조의 3 및 제41조의 5)에 대하여 증여세 과세표준 정산신고를 하지 아니한 경우도 포함한다(조심 2010중3713, 2010. 12. 23.).

증여세 납세의무자가 법정신고기한 내에 증여세 과세표준을 관할 세무서장에게 신고한 경우 설령 증여자를 잘못 신고하였더라도 이를 무신고로 볼 수는 없으므로 무신고가산세를 부과할 수 없으며, 그 신고가 유효한 이상 증여세 납부의 효력도 유지된다(대법원 2017두 68417, 2019. 7. 11.).

2. 부정무신고가산세액

이에 대한 자세한 해설은 '상속세편의 가산세'를 보면 된다.

• 명의신탁의 결과로 증여세를 부담할 따름인 명의수탁자가 이를 포탈할 목적으로 주식

---

635) 2010. 12. 27. 신설된 국세기본법(법률 제10405호)에 따라 2011. 1. 1. 이후 최초로 신고·결정 또는 경정하는 분부터 적용한다.

636) 강승수, 「가산세제도의 해설과 적용실무」, 영화조세통람, 2007, 15~54쪽 참조

의 매매가 있었던 것과 같은 외관을 형성하여 그 형식에 따른 주식양수도계약서를 작성하고 대금지급이 이루어진 것처럼 계좌거래내역을 남기는 부수행위 등을 동반하여 과세요건사실인 명의신탁과 같은 부정한 적극적인 행위를 하였다고 보기 어려운 경우라면 부당무신고가산세 부과대상이 아니다(대법원 2018. 12. 13. 선고 2018두36004).

3. 무신고가산세 합계

이에 대한 자세한 해설은 '상속세편의 가산세'를 보면 된다.

Ⅲ 과소신고가산세(국세기본법 제47조의 3, 국세기본법 시행령 제27조의 2)

1. 일반과소신고가산세

이에 대한 자세한 해설은 '상속세편의 가산세'를 보면 된다.

2. 부정과소신고가산세

이에 대한 자세한 해설은 '상속세편의 가산세'를 보면 된다.

3. 과소신고가산세 합계

이에 대한 자세한 해설은 '상속세편의 가산세'를 보면 된다.

4. 이전(以前)증여재산 합산시 재차(再次)증여에 대한 증여세 신고불성실가산세 검토

증여세를 신고 · 납부하였거나 증여세가 과세된 이후 10년 이내에 재차 증여를 하면서 동 증여재산가액에 사전증여재산을 합산하여 신고하지 아니한 경우 신고불성실가산세를 부과함은 당연하다(조심 2010중2999, 2010. 11. 2. ; 재산-787, 2010. 10. 21.).

다만 동일인으로부터의 재차증여시 이전증여재산을 합산하여 과세함에 있어, 이전증여재산에 대해 증여세 신고불성실가산세가 부과되었다면, 재차증여에 대한 증여세 신고시 이를 합산하여 신고하지 않았더라도 재차증여시 증여세 신고불성실가산세를 부과하지 않는 것이 타당하다. 이는 앞서 본 상속세편에서와 같은 논리로, 증여세 본세의 부담이 적지 않은 상황하에서 두 번의 가산세, 그리고 부당신고불성실가산세의 적용까지 되는 경우에는 원본에 가까운 가산세 부담을 질 우려가 있기 때문이다.

이에 따라 증여세 결정·경정 시 이미 무신고 등으로 신고불성실가산세가 부과된 증여재산에 대해서는 합산신고(상증세법 제47조 제2항에 따라 가산하는 금액)를 누락하더라도 중복적으로 신고불성실가산세가 부과되지 않도록 명문으로 규정하였다(국세기본법 제47조의 2 제8항 신설). 즉 신고불성실가산세 적용기준이 되는 증여세의 산출세액을 계산함에 있어 상증세법상의 증여세 산출세액(같은 법 제57조에 따라 가산하는 금액을 포함)에서 같은 법 제58조 제1항의 납부세액공제를 차감한 금액으로 하도록 하였다.

 납부지연가산세(국세기본법 제47조의 5, 국세기본법 시행령 제27조의 4)

1. 내용

이에 대한 자세한 해설은 '상속세편의 가산세'를 보면 된다.

2. 가산세액

이에 대한 자세한 해설은 '상속세편의 가산세'를 보면 된다.

 운용소득 등 미사용 가산세

1. 의의

상증세법 제48조 제2항 제3호에 따른 운용소득을 기준금액에 미달하게 사용한 경우 미달사용에 대해 증여세를 추징하지는 않지만 상증세법 제78조 제9항에 따른 가산세를 부과한다(상증세법 제48조 제2항 제5호).

2. 운용소득 '미달사용'에 대한 가산세

운용소득 중 사용기준금액에 미달하게 사용하는 경우에는 미달하게 사용한 운용소득의 100분의 10에 상당하는 금액을 공익법인 등이 납부할 세액에 가산하여 부과한다(상증세법

제48조 제2항 제5호, 제78조 제9항 제1호).

$$가산세 = [사용기준금액(운용소득 \times 80\%) - 직접공익목적사용금액] \times 10\%$$

이에 대한 자세한 설명은 앞의 '공익법인 등 출연재산의 과세가액 불산입 – 공익법인이 지켜야 할 의무'에서 기술하였다.

 ## 매각대금 미달사용 가산세

1. 의의

출연받은 재산을 매각하고 그 매각대금을 매각한 날이 속하는 과세기간 또는 사업연도 종료일부터 1년 이내에 매각대금의 30% 이상, 2년 이내에 60% 이상을 직접 공익목적사업에 사용하지 아니한 경우 그 미달한 부분에 대하여는 가산세를 부과한다(상증세법 제48조 제2항 제5호).

2. 3년의 기간 중 '사용기준금액에 미달사용 하는 경우' 가산세

매각대금 중 2년 이내에 각각의 비율에 미달하게 사용하는 금액에 대하여는 미달사용액의 10%에 상당하는 금액을 공익법인 등이 납부할 세액에 가산하여 부과한다(상증세법 제78조 제9항 제2호).

$$사용기준금액(1년 내 30\%, 2년 내 60\%)에 미달하게 사용한 매각대금 \times 10\%$$

이에 대한 자세한 설명은 앞의 '공익법인 등 출연재산의 과세가액 불산입 – 공익법인이 지켜야 할 의무'에서 기술하였다.

 ## 동일 내국법인 주식보유기준 초과가산세

1. 의의

공익법인이 동일종목의 주식을 과다하게 보유하기보다는 보유주식을 우량종목 주식 등

제8장 증여세에 대한 처벌 ▮1411

으로 대체하여 분산 보유하여 주식투자에 따른 위험도를 낮추고, 공익법인에게 일반법인의 주식을 [유증·사인증여]·증여함을 통하여 경영권을 이전시키는 사례를 방지하기 위하여 상증세법 제49조에서는 1996년 12월 31일 현재 의결권 있는 발행주식총수 또는 출자총액(이하 "발행주식총수 등"이라 한다)의 5%(공익법인 등의 주식보유기준)를 초과하는 동일한 내국법인의 의결권 있는 주식 또는 출자지분(이하 "주식 등"이라 한다)을 보유하고 있는 경우 일정기간 이내에 처분 등의 방법을 통하여 주식보유기준 이내를 유지할 것을 규정하고 있으며, 이를 위반하였을 경우에는 가산세를 부과하고 있다(상증세법 제49조, 제78조 제4항).

2. 가산세액 계산

따라서 공익법인 등이 상기에 정한 기한이 지난 후에도 동일한 내국법인의 의결권 있는 발행주식총수 등의 5%를 초과하여 보유하고 있는 경우에는 상기의 기한 종료일 현재 그 보유기준을 초과하는 주식 등에 대하여 매년 말 현재 시가의 100분의 5에 상당하는 금액을 가산세로 부과하되, 가산세의 부과기간은 10년(그러므로 2010년 말까지는 해당 가산세가 부과될 수 있다)을 초과하지 못한다. 즉 해당 공익법인 등([수유자] 또는 수증자)의 납부할 세액에 가산하여 부과한다.

다만, 직접 공익목적에 사용한 실적과 그 밖에 그 공익법인 등의 공익 기여도 등을 고려하여 법§48⑪요건충족공익법인 등과 국가·지방자치단체가 출연하여 설립한 공익법인 등에 대해서는 그러하지 아니하다.

가산세를 부과함에 있어서는 나중에 취득한 것부터 부과한다(상증세법 시행령 제80조 제6항).

> 가산세＝위의 기한 종료일 현재 보유기준을 초과하는 주식 등의 매년 말 현재 시가×5%

이에 대한 자세한 설명은 앞의 '공익법인 등 출연재산의 과세가액 불산입－공익법인이 지켜야 할 의무'에서 기술하였다.

Ⅷ 계열기업 주식보유한도 초과가산세

1. 의의

공익법인의 지주회사화를 방지하기 위해 공익법인이 보유할 수 있는 특수관계에 있는 내국법인(계열기업)의 주식보유 한도를 총재산가액의 30%로 제한하고 이를 위반할 경우

가산세를 부과한다. 다만 외부감사, 전용계좌 개설 및 사용과 결산서류 등의 공시를 이행하는 공익법인 등에 대해서는 계열기업의 주식보유 한도를 50%[637]로 상향 조정하였다. 이 역시 공익법인 등의 공익성을 강화하기 위한 조치의 하나이다(상증세법 제48조 제9항).

2. 가산세액 계산

위의 보유한도를 초과하는 경우 매 사업연도 말 현재 그 초과분에 대한 시가의 5%를 공익법인 등이 납부할 세액에 가산하여 부과한다(상증세법 제78조 제7항, 같은 법 시행령 제38조 제14항, 법인세법 시행령 제74조 제1항 제1호 마목).

이때 가산세 대상이 되는 초과보유분을 계산하는 방식을 산식으로 나타내면 다음과 같다.

① 특수관계에 있는 내국법인 주식 등 가액 = Min(이동평균법에 의한 취득가액, 대차대조표상 가액)

② 총재산가액 = 공익법인 등의 총재산(해당 내국법인의 주식 등 제외)에 대한 대차대조표상의 가액에 상기 ①의 가액을 가산한 가액

③ 가산세 대상 = 특수관계에 있는 내국법인 주식 등 가액 - (총재산가액 × 30%(50%))

> 가산세 = [특수관계에 있는 내국법인 주식 등 가액 - (총재산가액 × 30%(50%))] × 5%

한편, 보유기준을 초과하여 보유하는 주식 등에 대한 가산세를 부과함에 있어서는 나중에 취득한 주식 등부터 이를 부과한다(상증세법 시행령 제80조 제6항, 제11항).

이에 대한 자세한 설명은 앞의 '공익법인 등 출연재산의 과세가액 불산입 - 공익법인이 지켜야 할 의무'에서 기술하였다.

 출연자 등의 이사 등 취임기준 초과가산세

1. 의의

공익법인에 대한 출연자 등의 사적 지배 특히 타법인의 예속을 방지하기 위하여, 출연자 및 그 특수관계인으로 하여금 공익법인의 의사결정권이 있는 이사취임 및 임직원으로 고용되는 것을 제한하기 위하여 도입된 제도로 공익법인 등의 공익성 강화를 위한 조치이다.

---

637) 2009. 1. 1. 이후 개시하는 사업연도분부터 적용

2. 가산세액 계산

세무서장 등은 이사수(제48조 제8항의 규정, 기준 이사현원의 1/5 이하)를 초과하는 이사가 있거나, 임(이사 제외)·직원이 있는 경우 그 자와 관련하여 지출된 직접 또는 간접경비에 상당하는 금액 전액을 매년 해당 공익법인 등([수유자] 혹은 수증자)이 납부할 세액에 가산하여 부과한다(상증세법 제78조 제6항).

> 가산세 = 그 자와 관련하여 지출된 직접 또는 간접경비에 상당하는 금액 전액

이에 대한 자세한 설명은 앞의 '공익법인 등 출연재산의 과세가액 불산입 – 공익법인이 지켜야 할 의무'에서 기술하였다.

 특수관계기업 광고·홍보 가산세

1. 의의

공익법인을 통하여 출연자 및 그 계열사의 사업활동을 지원하는 행위를 금지하기 위하여 특수관계있는 내국법인을 광고 또는 홍보하는 경우 그와 관련된 경비를 가산세로 징수한다. 이 또한 공익법인 등의 공익성을 강화하기 위한 조치이다(상증세법 제48조 제10항).

2. 가산세액 계산

공익법인 등이 광고·홍보를 하는 경우에는 해당 행위와 관련하여 직접 지출된 경비에 상당하는 금액을 대통령령이 정하는 바에 따라 해당 공익법인 등이 납부할 세액에 가산하여 부과한다(상증세법 제78조 제8항, 같은 법 시행령 제80조 제12항).

여기에서 "직접 지출된 경비"라 함은 다음의 경비를 말하므로, 아래의 비용이 가산세가 된다.

> ① 상증세법 시행령 제38조 제15항 제1호의 경우에는 해당 광고·홍보매체의 이용비용
> ② 상증세법 시행령 제38조 제15항 제2호의 경우에는 해당 행사비용 전액

이에 대한 자세한 설명은 앞의 '공익법인 등 출연재산의 과세가액 불산입 – 공익법인이 지켜야 할 의무'에서 기술하였다.

보고서 등 미제출 가산세

1. 의의

　상증세법 [제16조 제1항]·제48조 제5항의 규정에 의해 과세가액에 산입되지 아니하는 출연재산을 통한 [변칙상속]·변칙증여를 방지함과 더불어 공익사업에 적정하게 운용되고 있는지를 검토하기 위하여 공익법인 등이 재산을 출연받은 경우에는 그 출연받은 재산의 사용에 대한 계획 및 진도에 관한 보고서를 납세지 관할 세무서장에게 제출하도록 하고 있다(상증세법 제48조 제5항).

2. 가산세액 계산

　보고서 미제출 가산세액은 출연받은 재산가액 중 보고서로서 제출하지 아니한 분 또는 불분명한 분의 금액에 상당하는 [상속세액]·증여세액의 100분의 1에 상당하는 금액으로 하고 있는바, 이는 다음과 같이 계산한다(상증세법 제78조 제3항, 상증세법 시행령 제80조 제5항, 기본통칙 78-80…1 제2항).

> 가산세액＝Min[①미제출·불분명분의 재산가액 × [상속세율]증여세율 × 1%, ②1억원]

　다만, 이러한 협력의무의 위반에 대한 가산세는 1억원을 한도로 하되, 해당 의무를 고의적으로 위반한 경우에는 그러하지 아니하다(국세기본법 제49조 제1항 제4호).

　이에 대한 자세한 설명은 앞의 '공익법인 등 출연재산의 과세가액 불산입 - 공익법인이 지켜야 할 의무'에서 기술하였다.

 외부 세무확인 및 보고·회계감사 불이행 가산세

1. 의의

　공익법인 운영의 투명성을 확보하기 위하여 공익법인 등은 매년 출연받은 재산의 공익목적사업 사용 여부에 대하여 외부전문가를 선임하여 세무확인을 받아야 하고, 그 결과를 납세지 관할 세무서장에게 보고하여야 한다(상증세법 제50조 제1항 및 제2항). 또한 과세기간별로 또는 사업연도별로 주식회사 등의 외부감사에 관한 법률 제2조 제7호에 따른 감사인에게 회계감사를 받아야 한다(상증세법 제50조 제3항).

2. 가산세액 계산

공익법인 등이 외부전문가의 세무확인을 받지 아니하거나 그 결과에 대한 보고를 이행하지 아니한 사업연도와 외부 회계감사를 받지 아니한 사업연도(개인은 과세기간)의 수입금액과 장부의 작성·비치의무를 이행하지 아니한 사업연도의 수입금액의 합계액과 해당 사업연도의 출연받은 재산가액을 합친 금액에 1만분의 7을 곱하여 [상속세]·증여세로 징수한다(상증세법 제78조 제5항, 같은 법 시행령 제80조 제7항 및 제8항). 이때 수입금액이라 함은 법인세법 제4조 제3항에 따른 수익사업에서의 수입금액을 의미한다(재산-168, 2009. 9. 9.).

> 가산세=Min[①(세무확인 미이행 또는 결과보고 미이행 사업연도(개인은 과세기간)의 수입
> 금액 + 외부 회계감사 미이행 사업연도의 수입금액 + 장부 작성·비치의무 미
> 이행 사업연도의 수입금액 + 해당 사업연도의 출연받은 재산가액을 합친 금
> 액) × 1만분의 7, ②1억원]

이때 외부전문가의 세무확인에 대한 보고의무 등을 이행하지 아니하여 계산된 가산세액이 100만원 미만인 경우에는 100만원으로 한다(상증세법 제78조 제5항).[638]

이에 대한 자세한 설명은 앞의 '공익법인 등 출연재산의 과세가액 불산입 – 공익법인이 지켜야 할 의무'에서 기술하였다.

장부작성·비치의무 불이행 가산세

1. 의의

공익법인 등은 소득세 과세기간 또는 법인세 사업연도별로 출연받은 재산 및 공익사업운용 내용 등에 대한 장부를 작성하여야 하며, 장부와 관계있는 중요한 증명서류를 비치·보존하여야 한다.

이에 따라 법에서 정한 장부의 작성·비치의무를 이행하지 아니한 경우에는 가산세를 부과하고 있다(상증세법 제51조).

---

638) 2014. 1. 1. 이후 개시하는 과세기간 또는 사업연도분부터 적용한다.

2. 가산세액 계산

1) 가산세액

공익법인 등이 장부의 작성·비치의무를 이행하지 아니한 사업연도의 수입금액과 외부 전문가의 세무확인을 받지 아니하거나 그 결과에 대한 보고를 이행하지 아니한 사업연도와 외부 회계감사를 받지 아니한 사업연도(개인은 과세기간)의 수입금액의 합계액과 해당 사업연도의 출연받은 재산가액을 합친 금액에 1만분의 7을 곱하여 [상속세]·증여세로 징수한다(상증세법 제78조 제5항, 같은 법 시행령 제80조 제7항 및 제8항).

> 가산세 = Min[①(세무확인 미이행 또는 결과보고 미이행 사업연도(개인은 과세기간)의 수입금액 + 외부 회계감사 미이행 사업연도의 수입금액 + 장부 작성·비치의무 미이행 사업연도의 수입금액 + 해당 사업연도의 출연받은 재산가액을 합친 금액) × 1만분의 7, ②1억원]

2) 외부세무확인 및 보고 불이행가산세와의 관계

이 경우 장부의 작성·비치의무를 이행하지 아니하여 부과되는 가산세는 전술한 상증세법 제50조에서 설명된 외부전문가의 세무확인에 대한 보고의무 미이행과 외부 회계감사 미이행으로 인한 가산세와 동일한 하나의 의무이므로 둘 중의 하나라도 이행하지 않으면 동일한 가산세가 부과된다.

3) 외부세무확인 및 보고 가산세의 한도

다만 이러한 협력의무의 위반에 대한 가산세는 1억원을 한도로 하되, 해당 의무를 고의적으로 위반한 경우에는 그러하지 아니하다(국세기본법 제49조 제1항 제4호).
이에 대한 자세한 설명은 앞의 '공익법인 등 출연받은 재산의 증여세 과세가액불산입 – 공익법인 등이 지켜야 할 의무'에서 기술하였다.

전용계좌 개설·신고·사용의무 불이행 가산세

1. 의의

종교법인을 제외한 공익법인 등은 직접 공익목적사업용 전용계좌를 개설·신고하여야 하며, 이후 직접 공익목적사업과 관련하여 지급받거나 지급하는 수입과 지출로서 일정 거래에 대해서는 전용계좌를 사용하여야 한다(상증세법 제50조의 2).

이 제도는 공익법인의 회계투명성 확보를 위하여 마련한 조치로서 개인사업자의 사업용 계좌[639]와 유사한 고유목적사업회계용 전용계좌 개설을 의무화한 것이다.

2. 가산세액 계산

공익법인 등이 전용계좌를 개설·신고하지 아니하거나, 전용계좌 사용의무 거래에 대하여 전용계좌를 사용하지 아니한 경우 세무서장 등은 다음의 금액을 해당 공익법인 등이 납부할 세액에 가산하여 부과한다(상증세법 제78조 제10항, 같은 법 시행령 제80조 제15항).[640]

---

① 전용계좌 사용의무 거래에 해당하는 경우로서 전용계좌를 사용하지 아니한 경우 : 전용계좌를 사용하지 아니한 금액의 0.5%에 해당하는 금액

② 전용계좌 개설·신고를 하지 아니한 경우 : Max(㉮, ㉯)

㉮ $(A \times B \div C) \times 0.5\%$[641]

A :	해당 각 과세기간 또는 사업연도의 직접 공익목적사업과 관련한 수입금액의 총액
B :	해당 각 과세기간 또는 사업연도 중 전용계좌를 개설·신고하지 아니한 기간으로서 신고기한의 다음 날부터 신고일 전날까지의 일수
C :	해당 각 과세기간 또는 사업연도의 일수

㉯ 전용계좌 사용의무 거래금액의 합계액의 0.5%에 상당하는 금액

이에 대한 자세한 설명은 앞의 '공익법인 등 출연재산의 과세가액 불산입 – 공익법인이 지켜야 할 의무'에서 기술하였다.

---

639) 2006. 12. 소득세법 제160조의 5(사업용 계좌의 개설·사용의무 등) 신설하였다.

640) 2009. 1. 1. 이후 개시하는 사업연도분부터 적용

641) 2022. 1. 1. 전에 법 제50조의 2 제3항에 따른 전용계좌의 개설·신고를 하지 아니한 공익법인 등에 대하여 2022. 1. 1. 이후에 가산세를 부과하는 경우에도 적용

XVI 결산서류 등 공시의무 불이행 가산세

1. 의의

종교법인 등을 제외한 모든 공익법인 등은 재무제표, 기부금 모집 및 지출 내용 등과 같은 결산서류 등을 매년 공시하여야 한다(상증세법 제50조의 3). 공익법인의 투명성을 확보하고 다수의 이해당사자에게 적시에 정보를 제공하기 위하여 2007년 12월 31일 상증세법 개정시 신설되었다. 이에 따라 국민이 실시간으로 공익법인의 활동내용을 확인할 수 있도록 국세청 홈페이지를 통한 '공익법인 결산서류 등 공시시스템'을 설치 · 운용하고 있다.

2. 가산세액 계산

공익법인 등이 결산서류 등을 공시하지 아니하거나 공시내용에 오류가 있는 경우로서 국세청장의 공시 또는 시정요구를 지정된 기한 이내에 이행하지 아니하는 경우에 세무서장 등은 공시하여야 할 과세기간 또는 사업연도의 종료일 현재 해당 공익법인 등의 자산총액의 0.5%에 상당하는 금액을 해당 공익법인 등이 납부할 세액에 가산하여 부과한다. 다만, 간편서식을 적용받는 공익법인 등의 2022년 12월 31일 이전에 개시하는 과세기간 또는 사업연도분의 공시에 대하여는 가산세를 부과하지 아니한다(상증세법 제78조 제11항, 같은 법 시행령 제80조 제16항).

> 가산세 = 공시하여야 할 과세기간(사업연도) 종료일 현재 해당 공익법인 등의 자산총액 × 0.5%

이에 대한 자세한 설명은 앞의 '공익법인 등 출연재산의 과세가액 불산입 – 공익법인이 지켜야 할 의무'에서 기술하였다.

XVI 기부금영수증 발급내역 작성 · 보관 · 제출 의무(법인세법 제112조의 2, 소득세법 제160조의 3) 불이행 가산세

1. 의의

기부금영수증(기부하는 자가 기부금 소득공제, 기부금 필요경비산입 또는 기부금 손금산입을 받는데 필요)을 발급하는 자는 기부자별 발급내역을 작성하여 발급한 날로부터 5년간 보관하여야 한다. 그러므로 그 재원의 상당부분을 기부에 의존하는 공익법인 등의 경우 기부금영수증 발급내역을 작성·보관하고 이를 제출하여야 할 의무를 진다.

2. 작성·보관 불이행시 가산세 부과(법인세법 제75조의 4 제1항, 소득세법 제81조의 7 제1항)

기부금영수증을 발급하는 자가 기부금영수증을 사실과 다르게 발급하거나 기부자별 발급명세를 작성·보관하지 아니한 경우에는 다음과 같이 가산세가 부과된다.
① 기부금영수증의 경우
    ㉮ 기부금액을 사실과 다르게 적어 발급한 경우 : 사실과 다르게 발급된 금액의 100분의 5
    ㉯ 기부자의 인적사항 등을 사실과 다르게 적어 발급하는 경우 등 : 영수증에 적힌 금액의 100분의 5
② 기부자별 발급명세의 경우 : 작성·보관하지 아니한 금액의 1천분의 2
    이에 대한 자세한 설명은 앞의 '공익법인 등 출연재산의 과세가액 불산입-공익법인이 지켜야 할 의무'에서 기술하였다.

계산서합계표 등 자료제출 불성실 가산세

1. 의의

납세자 간의 공평한 조세부담과 국가재정수입의 효율적 징수를 위해서는 광범위한 과세자료의 수집·활용이 필요하다. 과세자료는 거래 상대방의 세원을 포착하여 과세의 근거가 되게 하는 자료이며 과세자료 제출의무는 국가·지방자치단체를 포함한 모든 납세의무자가 부담하고 있는 협력의 의무이다.

그런데 수익사업이 없는 비영리·공익법인의 경우에도 과세자료제출의 납세협력의무가 있으므로 수취한 과세자료를 과세당국에 제출하여야 한다.

2. 가산세

① 매입처별 세금계산서 합계표 불성실 가산세

매입처별 세금계산서 합계표 제출의무를 이행하지 않는 경우에는 그 공급가액의

1,000분의 5[642)에 상당하는 금액을 가산한 금액을 소득세 혹은 법인세로서 징수한다. 다만, 국가 및 지방자치단체, 비수익사업과 관련된 비영리법인의 경우에는 합계표를 제출하지 아니하여도 가산세를 부과하지 않는다(법인세법 제75조의 8 제1항, 법인세법 시행령 제120조 제3항).

② 계산서 합계표 불성실 가산세

매출 · 매입처별 계산서합계표 제출의무를 이행하지 아니한 경우에는 그 공급가액의 1,000분의 5[643)에 상당하는 금액을 가산한 금액을 소득세 혹은 법인세로서 징수한다. 다만, 국가 및 지방자치단체, 비수익사업과 관련된 비영리법인의 경우에는 그러하지 아니한다(법인세법 제75조의 8 제1항, 법인세법 시행령 제120조 제3항).

지급명세서 등 미제출 가산세

1. 의의

국내에서 보험금 등을 지급하는 자는 상증세법 제82조에의 규정에 의해 지급명세서 등을 제출할 의무가 있는바, 지급명세서 등을 미제출 또는 불명확한 자료를 제출한 경우에는 가산세를 부과한다(상증세법 제78조 제12항 · 제13항). 지급명세서 등의 미제출에 대한 가산세 규정은 지급명세서 등의 제출을 담보하고 지급명세서 등의 미제출에 대해 이미 가산세를 부과하고 있는 소득세법이나 법인세법과의 형평성 제고를 위해 2008년 12월 26일 상증세법 개정시 신설된 규정으로, 동 신설규정은 2009년 1월 1일 이후 최초로 지급명세서 등을 제출할 의무가 발생하는 분부터 적용한다.

이는 [수유자] · 수증자에게 [상속세] · 증여세의 형태로 부과되는 것이 아니고, [상속세] · 증여세의 과세근거자료의 수집관리를 위해 그러한 자료를 발생시키는 자들에게 그들의 법인세나 소득세로서 과세하는 것이다.

2. 가산세액 계산

세무서장 등은 상증세법 제82조 제1항 · 제3항 · 제4항 또는 제6항에 따라 해당 지급명

---

642) 2018. 1. 1. 이후 매출 · 매입처별 계산서합계표 또는 매입처별 세금계산서합계표의 제출기한이 도래하는 분부터 적용(종전 1%)

643) 2018. 1. 1. 이후 매출 · 매입처별 계산서합계표 또는 매입처별 세금계산서합계표의 제출기한이 도래하는 분부터 적용(종전 1%)

세서 등을 제출하여야 할 자가 지급명세서 등을 제출하지 아니하거나 누락하여 제출한 경우와 제출한 지급명세서 등에 불분명한 부분이 있는 경우에는 미제출·누락제출분 또는 불분명한 부분에 해당하는 금액(액면가액에 따름)의 0.2%[644](제출기한이 지난 후 1개월 이내에 제출하는 경우에는 0.1%[645])에 상당하는 금액을 산출세액의 유무에 관계없이 소득세 또는 법인세에 가산하여 징수한다.

다만, 상증세법 제82조 제3항의 규정에 의한 주식·출자지분·공채·사채 및 특정시설물을 이용할 수 있는 권리 등의 명의개서 또는 변경명세나 상증세법 제82조 제4항의 규정에 의한 수탁재산 중 위탁자와 수익자가 다른 신탁의 명세의 경우에는 0.02%(제출기한이 지난 후 1개월 이내에 제출하는 경우에는 0.01%)의 가산세율을 적용한다.

지급명세서 등에 불분명한 부분이 있는 경우라 함은 제출된 지급명세서 등에 지급자 및 소득자의 주소, 성명, 고유번호(주민등록번호로 갈음하는 경우에는 주민등록번호를 말함), 사업자등록번호, 소득의 종류, 소득귀속연도 또는 지급액을 기재하지 아니하였거나 잘못 기재하여 지급사실을 확인할 수 없는 경우 및 제출된 지급명세서와 이자·배당소득지급명세서에 유가증권 표준코드를 기재하지 아니하였거나 잘못 기재한 경우를 말하되, 다음의 어느 하나에 해당하는 경우는 제외한다(상증세법 시행령 제80조 제16항).

① 지급일 현재 사업자등록증을 교부받은 자 또는 고유번호를 부여받은 자에게 지급한 경우
② 위 ① 외의 지급으로서 지급 후 그 지급받은 자가 소재불명으로 확인된 경우

Ⅹ Ⅸ 공익법인 등의 의무이행 여부 무신고 가산세

세무서장 등은 법§48⑪요건충족공익법인 등이 제48조 제13항에 따를 신고를 하지 않은 경우에는 신고해야 할 과세기간 또는 사업연도의 종료일 현재 그 공익법인 등의 자산총액의 1천분의 5에 상당하는 금액을 그 공익법인 등이 납부할 세액에 가산하여 부과한다(상증세법 제78조 제14항, 같은 법 시행령 제80조 제18항).

---

644) 2011. 1. 1. 이후 상속이 개시되거나 증여받은 분부터 적용하되, 2010. 12. 31. 이전분에 대해서는 2%를 적용한다.
645) 2011. 1. 1. 이후 상속이 개시되거나 증여받은 분부터 적용하되, 2010. 12. 31. 이전분에 대해서는 1%를 적용한다.

창업자금사용명세서 미제출가산세

창업자금에 대한 증여세 과세특례(조특법 제30조의 5) 규정을 적용함에 있어, 창업자금 사용내역을 제출하지 아니하거나 제출된 창업자금 사용내역이 분명하지 아니한 경우에는 그 제출하지 아니한 분 또는 분명하지 아니한 분의 금액에 1천분의 3을 곱하여 산출한 금액을 창업자금사용명세서 미제출가산세로 부과한다. 다만, 이러한 협력의무의 위반에 대한 가산세는 1억원을 한도로 하되, 해당 의무를 고의적으로 위반한 경우에는 그러하지 아니하다(국세기본법 제49조 제1항 제5호).

 가산세의 감면 등(국세기본법 제48조, 국세기본법 시행령 제28조)

1. 가산세를 부과하지 아니하는 경우

'가산세를 부과하지 아니하는 경우'는 상속세에서와 동일하므로 '상속세편'을 참조하기 바란다.

2. 가산세액의 50%를 감면하는 경우

'가산세의 50%를 감면하는 경우'는 상속세에서와 동일하므로 '상속세편'을 참조하기 바란다.

3. 감면신청

'가산세 감면신청'은 상속세에서와 동일하므로 '상속세편'을 참조하기 바란다.

 가산세 한도(국세기본법 제49조, 국세기본법 시행령 제29조의 2)

1. 내용

다음 중 어느 하나에 해당하는 가산세에 대하여는 그 의무위반의 종류별로 각각 1억원[646]을 한도로 한다. 단, 해당 의무를 고의적으로 위반한 경우에는 그러하지 아니하다.

2. 한도의 대상이 되는 증여세 가산세의 종류

① 가산세 종류

    ㉠ 공익법인이 출연받은 재산의 사용 등에 대한 보고서(상증세법 제48조 제5항) 미제출 등 가산세(상증세법 제78조 제3항)

        • **가산세액** : 미제출 등 금액에 상당하는 증여세 × 1%

    ㉡ 공익법인의 외부전문가 세무확인에 대한 보고의무(상증세법 제50조 제1항 및 제2항) 미이행 등 가산세 및 장부작성 · 비치의무(상증세법 제51조) 불이행 가산세(상증세법 제78조 제5항)

        • **가산세액** : (수입금액 + 출연받은 재산가액) × 7/10,000

    ㉢ 증여받은 창업자금사용명세서(조특법 제30조의 5 제5항) 미제출 등 가산세

        • **가산세액** : 미제출 등 금액 × 3/1,000

    ㉣ 세금우대자료(조특법 제87조의 5 제3항, 제88조의 4 제10항, 제89조의 2 제1항, 제91조 제7항) 미제출 가산세(조특법 제90조의 2 제1항)

        • **가산세액** : 미제출(미통보) 또는 불분명하게 제출(통보)한 계약 또는 해지 건당 2천원

    ㉤ 지급명세서 등(상증세법 제82조 제1항 · 제3항 · 제4항 또는 제6항) 미제출 등 가산세(상증세법 제78조 제12항)[647]

        • **가산세액** : 지급명세서 등을 제출하지 아니하거나 누락하여 제출한 경우와 제출한 지급명세서 등에 불분명한 부분이 있는 경우에는 미제출 · 누락제출분 또는 불분명한 부분에 해당하는 금액의 0.2%(제출기한이 지난 후 1개월 이내에 제출하는 경우에는 0.1%)에 상당하는 금액

    ㉥ 공익법인 등의 의무이행 여부 무신고 가산세(상증세법 제78조 제14항)

② 가산세 한도의 적용기간

    상증세법 및 조특법에 따라 의무를 이행하여야 할 기간단위로 구분한다.

③ 적용시기

    2007년 1월 1일 후 동 가산세와 관련된 의무를 최초로 위반하는 분부터 적용한다.

---

646) 2011. 1. 1. 이후 최초로 결정 또는 경정하는 것부터 중소기업에 대해서는 5천만원을 적용한다(국세기본법 제49조 제1항 제4호 개정).

647) 2011. 1. 1. 이후 최초로 결정 또는 경정하는 것부터 적용한다(국세기본법 제49조 제1항 제4호 개정).

조세범처벌

앞서 제1편 '상속세편'에서 살펴보았듯이 조세범을 처벌하기 위해 1951년 제정된 조세범처벌법이 2010년 1월 1일 법률 제9919호로 전면적으로 개정되었다. 이는 조세범처벌법이 제정 이후 부분적 개정에만 그치고 범칙유형, 형량 등 법의 주요 구조는 제정 당시의 틀을 그대로 유지하고 있어 그간의 경제 · 사회적 여건의 변화를 반영하지 못하여 조세범죄에 효율적으로 대응하지 못하고 있는 현실을 감안한 것이다.

그리하여 개정법에서는 조세포탈죄의 양형체계를 개선하여 고액 · 상습 탈세범에 대한 처벌을 강화하고 단순 행정질서벌 성격의 위반행위는 과태료로 전환하였고 조세범처벌에 있어 책임능력, 종범경감 등 형법상의 책임주의 원칙을 구현하는 등 이 법을 전반적으로 개선하여 법의 실효성을 제고하려 하였다.

조세범처벌과 관련된 일반론 및 증여세에 대한 구체적 내용은 앞서 기술한 '제1편(상속세에 대한 해설) 제8장(상속세에 대한 처벌) 제3절(조세범처벌)'에 따르되, 증여세로 바꾸어 이해하면 될 것이다.

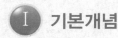 기본개념

1. 의의

'조세범처벌의 의의'에 대한 해설은 '상속세편'을 참조하기 바란다.

2. 조세범의 성질

'조세범의 성질'에 대한 해설은 '상속세편'을 참조하기 바란다.

Ⅱ 조세범의 특수성

1. 주체에 관한 특성

'조세범의 주체에 관한 특성'에 대한 해설은 '상속세편'을 참조하기 바란다.

2. 책임에 관한 특성

'조세범의 책임에 관한 특성'에 대한 해설은 '상속세편'을 참조하기 바란다.

3. 처벌에 관한 특성

'조세범의 처벌에 관한 특성'에 대한 해설은 '상속세편'을 참조하기 바란다.

4. 형량과 책임주의

'조세범의 형량과 책임주의'에 대한 해설은 '상속세편'을 참조하기 바란다.

Ⅲ 조세범의 유형과 그 처벌

1. 유형의 분류

'조세범 유형의 분류'에 대한 해설은 '상속세편'을 참조하기 바란다.

2. 실질적 탈세범

'실질적 탈세범'에 대한 해설은 '상속세편'을 참조하기 바란다.

3. 형식적 탈세범

'형식적 탈세범'에 대한 해설은 '상속세편'을 참조하기 바란다.

4. 조세위해범

'조세위해범'에 대한 해설은 '상속세편'을 참조하기 바란다.

5. 처벌의 특칙과 몰수

'조세범 처벌의 특칙과 몰수'에 대한 해설은 '상속세편'을 참조하기 바란다.

6. 조세포탈의 가중처벌

'조세포탈의 가중처벌'에 대한 해설은 '상속세편'을 참조하기 바란다.

|저|자|소|개|

박 훈

채 현 석

▌약력
- (현) 서울시립대 세무학과 교수
- 서울대 법대 졸업
- 서울대 대학원 석사/박사 졸업
- 일본 동경대 객원연구원
- 미국 UC버클리 로스쿨 방문학자
- 국세청 납세자보호관(본청 국장)
- 조세심판원 조세심판관(비상임)
- 기획재정부 국세예규심사위원회 위원
- 기획재정부 세제발전심의위원회 위원
- 행정안전부 지방세 예규심사위원회 위원
- 국세청 국세행정개혁위원회 세무조사분과위원회 위원장
- 국세청 세무조사감독위원회 위원
- 국세행정 개혁TF 위원
- 국회 입법지원위원
- 서울시 지방세심사위원
- 법제처 법령해석심의위원회 위원
- 대통령 직속 정책기획위원회 산하 재정개혁특별위원회 위원
- 한국세법학회, 한국국제조세협회, 한국세무학회,
  한국지방세학회, 한국조세정책학회 부회장
- 시험위원(변호사시험, 행정고시, 세무사시험, 관세사시험 등)

▌주요논저
"공익활동 활성화를 위한 공익법인 과세제도의 개선방안"(조세연구
19권 1집, 한국조세연구포럼, 2019.3)

"상속세 과세방식 전환 시 법제도적 개선방안 연구-위장분할
방지를 중심으로-"(세무학연구 32권 1호, 한국세무학회, 2015.3,
2인 공저)

"판례에 나타난 명의신탁증여의제 규정의 해석상 논란과 입법적
개선방안"(입법과 정책 6권 2호, 국회입법조사처, 2014.12, 2인
공저)

"한미 상속세조약 도입방안"(세무학연구 30권 4호, 한국세무학회,
2013.12, 2인 공저)

"조세심판원의 상속세 증여세 결정례에 관한 연구"(세무와 회계저
널 14권 5호, 한국세무학회, 2013.10, 3인 공저)

"조세회피방지를 위한 증여세 완전포괄주의 적용의 의의와 한계"
(사법 1권 25호, 사법발전재단, 2013. 9)

▌약력
- 고려대학교 및 동 대학원 경영학과 졸업(회계학전공 :
  경영학석사)
- 서울시립대학교 세무대학원 박사과정 졸업(조세법전공 :
  세무학박사)
- 세동회계법인, 신한회계법인, 한국공인회계사회
  회계감사감리위원회 근무
- 전라남도 결산검사위원, 광양시 및 구례군 결산검사위원
- 순천세무서 과세전적부심사위원회 및 이의신청심사위원회 위원,
  광양시 및 구례군 지방세과세표준심의위원회 및
  지방세과세적부심사위원회 위원
- 한국조세연구포럼, 한국세법학회, 한국세무학회 회원
- 공인회계사, 세무사
- 서울시립대 세무학과 강사, 서울시립대학교 세무전문대학원
  강사
- 서울시립대학교 법학전문대학원 겸임교수
- 광운대학교 법과대학 강사
- 순천세무서 납세자보호위원회 위원장
- 채현석공인회계사사무소 개업
- 한국공인회계사회 상속세·증여세 회원상담 전문위원

▌주요논저
"비상장감리지적기업의 이익조정에 관한 연구"(고려대학교 대학원
석사학위논문, 2002)

"무상이전 자산의 과세제도에 관한 연구"(서울시립대학교
세무대학원 박사학위논문, 2007)

"개인간의 무상이전 자산의 과세문제"(세무학연구 24권 3호,
한국세무학회, 2007.9, 2인 공저)

"취득세감면 실무가이드"(한국공인회계사회, 2017.0., 3인 공저)

허 원

▌약력

- (현) 고려사이버대학교 세무·회계학과 부교수
- 서울시립대학교 세무학과 및 세무전문대학원 석사/박사 졸업
- 서울시립대, 고려대, 한양대, 경희대 등 외래교수
- 국회입법조사처 경제산업조사실 입법조사관
- 대통령비서실 행정심판위원
- 기획재정부 예규심사위원회/세제발전심의위원회 위원
- 국세청 국세심사위원회/국세법령해석심의위원회/
  납세자보호위원회 위원
- 행정안전부 지방세법규해석심사위원회 위원
- 서울시청 지방세심의위원회/과세전적부심사위원회 위원
- 국회입법조사처 조사분석지원위원
- 인사혁신처 국가공무원 시험 출제위원
- 한국세법학회, 한국국제조세협회, 한국세무학회,
  한국조세연구포럼, 한국지방세학회 부회장 및 이사

▌주요논저

"의료법인의 과세제도개선에 관한 연구"(서울시립대학교 세무전문대
학원 박사학위논문, 2010)
"2016년 상속세 및 증여세법 판례회고"(조세법연구 23-1, 한국세법
학회, 2017. 4.)
"2017년 상속세 및 증여세법 판례회고"(조세법연구 24-1, 한국세법
학회, 2018. 4.)
"차명계좌를 이용한 비상장주식의 장외거래 시 명의신탁 증여의제
적용에 대한 소고"(서울법학 26-1, 서울시립대학교 법학연구소, 2018.
5. 공저)
"2019년 상속세 및 증여세법 판례회고"(조세법연구 26-1, 한국세법
학회, 2020. 4.)
"개인기부와 법인기부에 대한 세제혜택 비교 연구"(조세연구 22-4,
한국조세연구포럼, 2022. 12.)

문 희 수

▌약력

- (현) 세무법인 정윤 대표세무사
- 서울시립대학교 세무학과 및 세무전문대학원 석사 졸업
- 삼일회계법인 조세본부
- 안진회계법인 PCS(가업승계팀), 공익법인 전담팀
- 배화여자대학교 겸임교수
- 세무서 국세심사위원회 위원
- 한국세무사회 조세제도연구위원
- 한국세무사회 지방세제도연구위원
- 한국세무사회 전산세무회계 자격시험 출제위원
- 서울지방세무사회 업무정화조사위원

▌주요논저

"고용창출투자세액공제제도 도입이 기업의 유효법인세율에 미치는
영향"(서울시립대학교 세무전문대학원 석사학위논문, 2011)

제12판 **상속·증여세 실무 해설**

2010년 5월 4일 초판 발행
2023년 6월 15일 12판 발행

저 자	박 훈
	채 현 석
	허 원
	문 희 수

발 행 인 이 희 태
발 행 처 **삼일인포마인**

저자협의
인지생략

서울특별시 용산구 한강대로 273 용산빌딩 4층
등록번호 : 1995. 6. 26 제3-633호
전 화 : (02) 3489-3100
F A X : (02) 3489-3141
I S B N : 979-11-6784-180-3 93320

♣ 파본은 교환하여 드립니다.

정가 95,000원